【天津市志】

工会志

天津市地方志编修委员会办公室
天津市总工会
编著

方志出版社
Publishing House of Local Records

图书在版编目（CIP）数据

天津市志．工会志 / 天津市地方志编修委员会办公室，天津市总工会编．—北京：方志出版社，2017.11

ISBN 978-7-5144-2639-7

Ⅰ.①天… Ⅱ.①天… ②天… Ⅲ.①天津—地方志 ②工会工作—概况—天津 Ⅳ.①K292.1

中国版本图书馆 CIP 数据核字（2017）第 266399 号

天津市志·工会志

编　　者： 天津市地方志编修委员会办公室
天津市总工会

责任编辑： 张　昊

封面设计： 战盈彤

出 版 人： 冀祥德

出 版 者： 方志出版社
地址　北京市朝阳区潘家园东里 9 号（国家方志馆 4 层）
邮编　100021
网址　http://www.fzph.org

发　　行： 方志出版社图书经销中心
电话（010）67110500

经　　销： 各地新华书店

排　　版： 北京中文天地文化艺术有限公司

印　　刷： 廊坊市晶艺印务有限公司

开　　本： 889 × 1194　1/16

印　　张： 78.5

字　　数： 887 千字

版　　次： 2017 年 11 月第 1 版　2017 年 11 月第 1 次印刷

印　　数： 0001 ~ 1200 册

ISBN 978-7-5144-2639-7　**定价：** 680.00 元

天津市地方志编修委员会组成人员

《天津市志·工会志》总编审人员

总　　编　关树锋

助理总编　张月光

分志主编　沙　洵

分志编辑　宋铭月　郭天天

评审人员（以姓氏笔画为序）

乔　雁　关树锋　沙　洵　宋铭月　张月光

罗澍伟　周根会　孟令军　崔会肖　谭汝为

《天津市志·工会志》编修委员会

（2006—2016年）

主　　任　林　引

副 主 任　程树梅　朱和慧　葛英秋　李晓春
张琳晔　申静涛　郭振影

委　　员（以姓氏笔画为序）
于　军　王　芳　叶政修　朱维刚　刘　伟
阮水根　杜秋岭　辛传铭　张玉辉　赵　立
赵勇敏　钟殿起　秦建中

执行主编　孟令军

责任编辑　周春生　缪志明　乔　雁　崔会肖

凡 例

一、《天津市志·工会志》（以下简称本志），以马克思列宁主义、毛泽东思想、邓小平理论、“三个代表”重要思想、科学发展观、习近平新时代中国特色社会主义思想为指导，坚持辩证唯物主义和历史唯物主义，运用科学理论和方法，全面系统真实客观地记载天津工会组织的历史与现状，力求思想性、科学性与可持续性统一。

二、本志记述：上限为1866年，下限为2008年。有些事务适当上溯至1840年，下延至2009年。

三、本志体裁采用述、记、志、传、图、表、录，以志为主。

四、本志为《天津市志》一部分志，坚持详近略远，详独略同原则，反映时代特征，突出天津特色。

五、本志采用现代语体文。根据资料和尊重历史事实原则，有些篇目引用原文；综述、简述有叙有议，叙议结合；其他部分采用记叙文体，只记史实不作评述。有些篇目根据不同历史时期与编写内容的要求稍加叙议。

六、坚持实事求是原则，记述事实、时间、地点、人物、过程、结果等依据可靠的资料，确保准确无误。

七、本志“以类录事，事以类从、类为一志”的原则设置，类的划分以工会事业分类标准为主。采用篇、章、节、目体。按科学分类，坚持同一分类标准。

八、大事记以编年体为主，辅以记事本末体。

九、坚持"生不立传"原则。对历届工会领导和有影响的劳动模范作简介，或采用以事录人的方式进行记述。

十、本志采用规范体例，除必须使用的繁体汉字外，均使用简化字；数字使用执行国家有关部门现行规定。

十一、本志资料主要来自天津市档案馆、天津博物馆、天津三条石历史博物馆、天津图书馆、天津市总工会档案室和《天津工运史料》《天津简史》《天津近代史》《天津学运史料》《中共天津党史大事记》及天津历年各种报纸杂志等。

目　录

第三篇 重要会议及活动

第四篇 工会工作

第五篇 人 物

第六篇 附 录

综　述

综 述

天津是中国近代工人最早产生和比较集中的地区之一，是中国工人运动的摇篮之一。天津工人阶级和工会组织具有光荣的革命传统。在土地革命、抗日战争和解放战争中，天津工会始终沿着中国共产党指引的方向，团结和组织广大工人群众，积极投身革命事业，为推翻帝国主义、封建主义和官僚资本主义三座大山，完成新民主主义革命，建立社会主义新中国，进行了艰苦卓绝的斗争，立下了不朽的功勋。1949 年以前的旧中国，帝国主义、封建主义、官僚资本主义的黑暗统治，使天津人民遭受凌辱，饥寒交迫，民不聊生。在中国共产党的领导下，经过数十年艰苦卓绝的英勇斗争，推翻了反动统治，建立了社会主义的新中国。1949 年 1 月 15 日天津解放，天津人民从此获得了新生，天津工会工作进入了一个新的历史时期。从恢复国民经济时期和基本完成社会主义改造，到开始全面建设社会主义时期；从天津改革开放，到加快天津滨海新区开发开放，天津工人阶级始终以国家主人翁的姿态，勤奋工作，无私奉献，为国家的繁荣建功立业。

天津是中国北方名城，明清以来，作为京师门户的天津，地位更显重要。金天德元年（1149 年），金王朝最早在此设“寨”，称直沽寨。元延佑三年（1316 年），元朝仁宗时改名为海津镇。明建文四年（1402 年），明太祖朱元璋的第四子燕王与其侄争夺帝位，发兵由直沽渡河南下，转年，攻取南京即帝位，年号永乐，即明成祖。直沽因是“天子渡河之地”被赐名为“天津”。明永乐二年至四年（1404 至 1406）先后正式设置天津卫、天津左卫、天津右卫三卫，并修筑了天津卫城。后来人们常说的“天津卫”，由此而来。筑城设卫是天津城市发展的重要开端。优越的地理位置，鱼盐之利，廉价的海河运输交通等等，使天津形成北方沿海经济繁荣的重要城市。1840 年以前，天津已成为北方沿海拥有三十余万人口的城市。虽然当时封建经济还占支配地位，但商品经济已相当发展，从而为近代工业和产业工人的产生奠定了基础。

1840 年鸦片战争以后，外国资本强权势力不断加紧侵略中国，加速了封建经济的解体，改变了中国社会发展的方向，使中国一步一步地变为半殖民地半封建社会。天津也逐渐向半殖民地半封建城市演变。特别是 1860 年第二次鸦片战争爆发，英、法、俄侵略军在北塘登陆，入侵天津，进占北京，清朝与之签订《北京条约》，除承认 1858 年 6 月签订的《天津条约》外，并答应开辟天津为通商口岸。在洋务运动时期，清朝开始认识到学习近代先进文化，特别是掌握近代军事技术的必要性，天津作为首都的屏障，成为国防建设的重点，而大直沽及其附近地区，因为地理位置的优越性，很快成为中国引进新技术、新教育的中心，成为洋务运动时期的“开发区”。从历史角度看，当时以大直沽为中心的这个“开发区”，曾引领了中国近代多方面发展的脚步，既有工业、军事、经济方面的，也有文化、教育方面的，成为中国近代举足轻重的发展地区。

以中国共产党领导的天津工人运动和工会运动为主体，从1860年至2008年这一个多世纪以来，是天津工人运动从产生、发展、到成熟的不断前进的历史过程。特别是中华人民共和国成立后，工会组织历经各次政治运动，始终作为中国共产党联系职工的桥梁和纽带，发挥着独特而不可替代的作用。中国共产党的十一届三中全会以来，在中共天津市委、市政府和中华全国总工会的领导下，天津工会坚定不移地推动党的全心全意依靠工人阶级根本方针的贯彻落实，按照一切为了人民，一切依靠人民的基本工作思路，贯彻落实党和国家的一系列改革开放的政策，履行维护职工合法权益的基本职责，组织引导广大职工以主人翁姿态积极投身社会主义现代化建设，在全市经济发展社会进步的整体工作中，全市工人阶级和工会组织发挥了十分重要的作用。

一、新民主主义革命初期天津早期工会组织与活动

天津工人阶级是伴随着外国资本、中国早期的官僚资本和民族资本所创建的近代工业发展的。天津工人阶级在产生和发展的过程中有两个特点：一是工人分布较集中。大部分工人集中于市区和沿海地区；从职业分布看，集中于纺织、铁路、印刷、造船、航运、邮电、盐业、服务业等行业。工人集中，有利于工人的团结和斗争。二是由于大规模的机器工业较少，相当数量的工人是在较小的工厂做工，使用简单的工具操作，实际只能算是手工工人，因而小生产者的思想以致封建思想意识较浓厚，对早期的工人运动带来一定的消极影响。天津工人阶级队伍的发展壮大是在1914年以后。1914年到1918年第一次世界大战期间，西方帝国主义忙于战争，无暇东顾。大战结束后，他们又忙于医治“创伤”，中国民族资本工业得此机会，有一个长足的发展。在天津，1915年裕元纱厂建立，1916年华新纱厂建立，1920年以后，恒源、北洋、裕大、宝成等纱厂陆续开工，六大纱厂规模大而且相当集中，拥有纱锭22.3万锭，工人11560多人。同一时期新建了寿丰、福星、大丰、民丰等数家面粉厂。1915年、1918年，久大精盐公司和永利碱厂相继建立。以六大纱厂、八大面粉厂等近代工业为骨干的天津民族资本工业进入一个繁荣时期。第一次世界大战期间及结束不久，天津民族资本工业迅速发展，涉及行业80个，厂商两千多家，职工人数成倍增长，约有四万人。日本帝国主义乘西方帝国主义无暇东顾之机，夺取原来德国帝国主义在山东的一切特权，同时在上海、青岛、天津等城市兴办纱厂、榨油厂等，以掠夺中国资源。在天津，日本帝国主义资本的企业，1915年为150家，到1921年剧增至360家，增长142%。第一次世界大战结束后，英、美帝国主义卷土重来，在天津的投资也急速增加。英美在天津的企业，1903年有105家，1921年增到134家，增长28%。第一次世界大战期间及结束不久，天津近代民族工业的迅速发展及帝国主义资本的卷土重来在天津投资设厂，促使天津工人阶级队伍不断增加、扩大。到1922年左右，天津工人阶级已有十八万人，形成一支颇具影响的新兴社会力量。

天津工人阶级同全国工人阶级一样，深受帝国主义、封建主义和资本主义的重重压迫和剥削，地位特别低，生活特别艰苦，由于这些压迫的严重性和残酷性，天津工人从产生之日起，就

为反抗压迫奴役进行不懈斗争。生长在半殖民地半封建社会的天津工人阶级，一开始就自觉、不自觉地投身于反对外国侵略者的斗争中。天津工人阶级的早期自发斗争，公开罢工是少数，而多数是怠工、破坏机器、逃跑等。早期工人阶级劳动强度大、工作时间长、工资低微、无安全保护设施，包工、把头等种种苛刻的管理规则十分普遍。遭受如此残酷压迫的早期天津工人，忍无可忍奋起而战，进行反抗。特别是，1916年10月12日，法兵率巡捕武装强占了天津老西开，天津爆发了轰轰烈烈的反抗法帝国主义的斗争。在法国开始侵略西开时，天津人民组织了“国权国土维持会”。10月25日召开了8000余人的市民大会，通电全国，要求与法断绝贸易，抵抗法帝国主义的侵略。11月12日，“法租界”的全部工人和家庭佣工举行了罢工。在工人罢工的影响之下，商店和居民也纷纷迁出“租界”，全体华警也参加了罢工。“法租界”一切公共生活停顿，无水无电，成为一座“死城”，严重地打击了法帝国主义。天津人民反对法国帝国主义侵略的斗争，很快得到全国的响应和支援，斗争声势愈来愈大。工人罢工坚持了三四个月之久。这是辛亥革命以来最大的一次工人阶级自发的有广大市民参加的反帝斗争，初步显示了天津工人阶级的巨大力量。

1919年5月，在北京爆发的“五四”爱国运动迅速传向全国四方，各大城市学生、工人和市民纷纷响应，一个划时代的反帝反封建革命风暴席卷全国，中国革命进入新民主主义革命阶段。“五四”爱国运动的消息传到天津，5月30日，天津7000多码头工人集体宣布拒绝装卸日货，顿时使许多日本轮船漂在河上。海关码头工人的爱国行动，受到各界爱国人士的赞扬，带动了天津工人、店员等迅速投入反帝爱国斗争，各行各业抵制日货运动逐渐展开。1919年夏天，天津各界热烈响应“五四”爱国运动。法租界成立苦力联合会和天津救国十人团联合会，这是包括工、学、商各界的较完善的基层组织。

伟大的“五四”爱国运动，成为中国新民主主义革命的开端，也成为中国现代工人运动的新起点，对天津工人运动产生了极大的影响。“五四”爱国运动以前的天津工人斗争多是自发的、分散的，深受封建行会、帮口束缚，缺乏领导，一些革命活动是追随资产阶级进行的。“五四”爱国运动以后情况就大不相同了，天津广大工人群众在反帝爱国形势的影响下，投身于伟大的“五四”爱国运动，并在其中觉醒和锻炼成长。他们在“三罢”的急风暴雨中经受了锻炼，在马克思主义的传播中接触了革命道理，在劳动补习学校中受到了训练，革命的自觉性和积极性迅速提高。“五四”爱国运动促进了马克思主义与工人运动相结合，也促进了天津共产主义党团组织的建立。工人运动由以前的缺乏组织领导的自发的分散的斗争活动，开始转为有组织有领导有政治目的的工人运动。

天津早期工人运动的历史，是同中国近代民主革命的历史同时兴起、发展和相配合的。它主要分为两个阶段：一是清道光年间鸦片战争到民国8年（1919年）旧民主主义工人运动时期。这是天津工人阶级产生、发展的幼年时期，天津工人阶级还处于“自在阶级”，多数的斗争都是“自发斗争”。二是1919年“五四”运动到1949年10月中华人民共和国成立前的新民主主义工人运动时期。天津工人阶级已由“自在阶级”转变为“自为阶级”，由“自发斗争”转变为“自觉斗争”。这个时期的标志是马克思列宁主义传入中国和天津，并把马克思列宁主义普遍真理同中国工人运动和中国革命具体实践相结合，产生了工人阶级的先锋队中国共产党。

俄国十月革命给中国人民送来了马克思列宁主义。1917 年俄国十月革命胜利的消息通过天津《大公报》《益时报》传到天津，天津工人受到巨大鼓舞。伟大的“五四”爱国运动爆发后，宣传社会主义和反映新思想的报刊大量涌现，形成大规模的马克思主义宣传活动，在思想上武装了天津的先进青年，并通过他们在工人群众中传播。“五四”爱国运动时期的大量报刊、文章通过革命知识分子的宣传介绍，使天津工人阶级受到巨大的鼓舞和影响。“五四”爱国运动后期，随着革命知识分子深入到工人中间去，马克思列宁主义在工人中传播更加具体化。1920 年 11 月，在李大钊和北京共产主义小组的领导、帮助下，天津第一个社会主义青年团小组——张太雷小组创立。1921 年 1 月这个小组创办了供工人阅读的刊物《来报》，辟有国内外新闻、工人状况、杂感、故事、通讯等栏目，以通俗易懂的道理向工人群众、劳苦大众灌输革命思想，反映工人状况、报道国际国内工运消息，指导天津工人斗争，成为天津第一份反映工人社会生活的小报。当时天津革命知识分子的代表人物是周恩来，他提出“快快成立各种组织，各种工会”等。还有不少革命知识分子走向社会展开平民教育活动，先后创办平民学校、工人星期日学校、工厂补习学校、学徒工义务学校、国民半日学校、人力车夫休息处等，分别吸收工人、贫苦市民、店员、徒工等，在教他们学文化的同时，向他们宣传新思想引导他们走上革命道路。1921 年 9 月 11 日在李大钊的指导下，创办了天津第一所工人学校——天津工人工余补习学校。它的建立是宣传马克思主义与天津早期工人运动结合的重要标志之一，是“普及劳工教育的先声”，是“天津劳工运动的一道曙光”。1922 年 5 月 5 日，天津工人工余补习学校为纪念马克思一百周年诞辰，成立“天津五五书报代卖社”。天津市许多工会领袖、革命工作者都是由这个学校培养出来的。工余补习学校在群众中威信很高，因而引起反动当局的惊慌，后以该校“有劳工运动之宣传新思想潮流”为由，蛮横地撤销学校的正当备案，天津工人工余补习学校被迫停止活动。

1921 年 7 月中国工人阶级的先锋队——中国共产党诞生。1921 年 8 月在上海成立了中国劳动组合书记部，作为领导工人运动的中心。劳动组合书记部天津支部于 1922 年下半年成立，负责人是安幸生和李培良。劳动组合书记部天津支部发动天津工人群众积极投入劳动立法，并于同年 8 月 27 日代表天津十多万劳动群众致电“国会”参、众两院议员，要求迅速通过实施《劳动法大纲》。此时，加强领导、加强组织已成为天津工人运动继续发展所迫切需要解决的问题。鉴于革命发展需要和天津地方党团数量的不断增多，中共北京区委决定由于方舟、江浩、李锡九等组建天津中国共产党的地方组织。1925 年秋，中共北京区委改组为中共北方区委，由李大钊任书记，加强领导整个北方党的工作。

为了推动天津人民反帝反封建斗争，中共天津地委决定以发展工人运动为工作重点，在工人中开展工作，大力组织工人阶级队伍，发展工人运动，并以有力的措施提高工人阶级的组织观念和觉悟程度。党在工人中发展党团员，成立工会，开展革命活动。天津地委以工人运动为重点对各项工作做了分工：李宝森、王仲一负责铁路工运；李志新负责印刷工运；卢绍亭、李培良负责纱厂工运；安幸生负责码头工运；宋树藩负责学运和青运；郝久亭、张兆丰负责农运、军运；王贞儒、邓颖超负责妇运。在党的积极推动下，天津工人罢工斗争此起彼伏。

1924年秋，中共天津地委为加强对工人运动的领导，先后派李培良到宝成、裕大纱厂，卢绍亭到裕元、北洋纱厂，周世昌到华新纱厂，韩义到恒源纱厂，宋树蕃到南开地毯厂，创办平民学校，官立一中增设平民学校，吸收“校役夜班”、工厂工人及其他贫民入学。从而使党员、团员与各界群众广泛接触，宣传无产阶级革命思想，启发人们觉悟，进而组织工会，发展党员，领导群众广泛开展经济、政治斗争。不久，中国共产党在宝成纱厂建立了全市纺织业第一个工会组织。1924年，中共地委派邓若良、钱才新到印刷业开展工人运动，成立了印刷业工会。1925年春，中共天津地委陆续在裕元、北洋、恒源等天津各大纱厂建立了工会组织，同年五月，在中共党员卢绍亭、李培良等领导下，五大纱厂工会代表在宝成纱厂开会，成立了天津纺织工会。并先后在印刷、纺织、铁路、学校以及妇女界建立了中共支部。

中共天津地委建立以后，和团员深入各行业，有力地开展了马克思列宁主义的宣传活动和领导天津工人运动。在工人运动方面，从1924年夏秋开始派党员深入工厂，办平民学校，发展会员，很快各行各业都建立起工会。1925年7月18日，在中共党员安幸生等人组织下，“中华海员工业联合会天津支部”在法租界成立。至此，在天津宝成、裕元、北洋、华新、恒源五大纱厂和铁路、印刷、油漆、海员、码头等行业建立起20余个工会组织。在以上工会组织成立的基础上，在天津地委的直接领导下，1925年8月成立了天津总工会。安幸生任总工会执行委员会主任。1924年底仅有工会会员1430人，到了1925年底就达到17900人，1926年底发展到32280人，联系的工人达10万人，占全市工人总数的50%。截至1949年12月，会员已经发展到197295人，占全体工人总数近60%。在产业工人中的会员达到产业工人总数的90%，使党的工作深入广大工人之中。同时，发展了一批优秀工人入党、入团，成为工人运动的骨干。他们在工人运动、学生运动、国民会议运动及各种反帝反封建的活动中，都发挥了重要作用。

天津总工会成立后，全力组织工人投入反帝爱国运动。1925年6月至8月间，天津市广大工人群众在全市各界支持“五卅”的反帝爱国斗争中，掀起了全市第一次罢工高潮，天津党组织领导的三次声势浩大的集会和示威游行，工人阶级均积极参加并发挥主力军作用。接着天津各大纱厂纺织工人、全市印刷工人、外轮的海员和码头工人举行行业同盟大罢工。以这三大行业同盟大罢工为核心，全市形成了工人阶级支持上海反帝爱国斗争的高潮。全市工人运动出现前所未有的热潮，促进了工人阶级觉悟的提高，增强了战斗力，在此期间裕大纱厂工人斗争（俗称“裕大风暴”）在全市产生了很大影响，推动了工人运动进一步蓬勃发展。天津总工会成立后，很重视舆论宣传工作。1925年7月，中共天津地委以总工会的名义，创办出版了工会机关刊物《工人生活》。1926年1月25日创办了《工人小报》，主要内容是：宣传国民革命、交流组织工会和工人运动情况，维护工人权益，提高工人觉悟，激发工人斗志。

1927年上海“四一二”反革命政变、天津“四一八”反革命大屠杀以后，白色恐怖笼罩全市。国民党新军阀取代北洋旧军阀统治天津时期，天津较长时期处于革命低潮。天津工人运动长期承受着国民党反动派的残酷镇压和摧残，反动统治当局害怕革命群众运动，特别是工人斗争触犯了他们本身和帝国主义的利益，便残酷地进行镇压，至此工人运动转入低潮，天津总工会于1927年8月停止活动。

国民党新军阀取代北洋军阀统治天津时期，进占天津的国民党新军阀用反革命的两手对付天津工人群众运动，既实行武力镇压，又通过建立御用工会推行劳工政策进行控制。1928年8月17日，国民党白崇禧曾致电平津卫戍司令部，以“平津工会内有少数共党”为由，要求“两地工会一律解散”。国民党天津市党部以天津“情况不同”，急忙派员把当时筹组中的天津市总工会和下属35个分会以接管和整顿，由国民党天津市政府出面于8月20日发出布告称“各种工会组织乃是保障劳资双方之利益，并无危害产业和生活之趋势，且在本党领导之下，决不使其有危害一方利益之举动”。天津市总工会经过国民党天津市党部的整顿和保护于8月24日正式恢复活动。国民党天津市总工会在国民党天津党部的直接把持下，1928年到1929年4月先后召开两次全市工会代表大会，选举出两届“天津市特别市总工会执监委员会”。这是继华东、华南和四川等地，国民党在北方建立又一御用工会的一部分。国民党统治时期的天津市总工会是国民党天津市党部的御用工具，因而国民党内部的派系斗争也反映到天津市总工会中来。争夺的结果使天津市总工会长期陷于“无形解散”的状态。国民党天津市总工会实际存在两年多的时间，也没有重大活动。到1931年“九一八”事变以后，为适应当时群众抗日救亡情绪的高涨，于12月23日才出现一个“天津市各业工会救国联合会”。国民党当局为剥夺工人的政治权利，多次发布命令、颁布条例禁止工人集会、游行、罢工和自由言论。在国民党保护下，中外资本家变本加厉地剥削欺压工人，资本家为了加强对工人剩余劳动的占有，实行同工不同酬、劳动时间随意延长、克扣工资、劳动安全无保障和失业等威胁工人。1929年国民党社会局的调查表明：天津市几个大纱厂雇佣童工2350人。占全体工人的13.9%，其中女童工占大多数。童工平均年龄仅十二三岁。面对这种重重的压迫、艰难的困境、冷酷的现实，天津广大工人为了生存、为了改变这种悲惨的现状，不顾当局的镇压，纷纷起来进行反抗斗争。1928年国民党进占天津以后到抗日战争爆发前，天津广大工人群众进行各种各样的斗争共317起，其中“九一八”事变以前共有斗争147起；“九一八”事变以后共有斗争170起，这些斗争都经历了许多艰难和曲折。

1928年12月，中共中央派政治局常委、中央组织部部长周恩来到天津，召开中共顺直省委扩大会议，历史上称“十二月扩大会议”。会议由陈潭秋、刘少奇轮流主持。周恩来在会上做了《当前形势和北方党的任务》的政治报告。报告强调了“左倾”盲动主义是党内的主要危险等，从而给天津党组织指明了正确的政治方向。在此基础上，在中共顺直省委的领导下建立了天津市工人联合会，发展秘密会员500多人。天津工人联合会有一个包括五个工厂的纱厂工人工会、一个人力车工人工会和提花工人工会、烟草工人工会等行业组织。为推动城市工人运动的开展，顺直省委决定派三名常委深入铁路、市政、纱厂三个重点产业开辟工作，充分发动群众。派人加强四个区委工作，规定每周汇报研究工作制度。同时，为加强工人中的宣传教育活动，省委、济难会、青年团、铁路总工会分别创办了《北方红旗》《工人生活》《济难专刊》《青工小报》《铁路工人》等刊物在天津印刷发行。这段时间里，广大工人群众发起的斗争遍及铁路、纺织、海员、码头、地毯、火柴、造船、化工、邮政、电车等各行各业，并扩展到绸缎、鞋帽、金银首饰、药业、印刷、针织、提花、造纸、漂染等商业服务业，规模由小到大，由单独到联合，斗争的内容由经济到政治。这一期间有1929年1月津浦路工人抗议当局不发欠薪而开展的“卧轨”斗争。1929年3月平奉路工人因当局拒不执行加薪、发煤条、发制服、发花红等协议的“驱孙”“实现协议”而举行的怠工斗争。1929年6月11日电车工人掀起轰动全市，报刊称之为“世界电车罢工史上少有的五月节罢工风潮”。1929年11月26日，天津英商太古轮船公司所属工厂和船舶部的全体工人举行抗议资本家对工人残酷压迫的联合罢工。还有纺织、地毯、提花、西服店、药店工人等为改善待遇、缩短工时、增加工资、反裁员、反解雇等斗争。1929年，天津党的工作和工人运动较以前有了很大发展，特别是工人群众的斗争，出现了天津工人运动逐步复兴、活跃的局面。这时党内一些同志不满足日常的经济斗争，而要转向发动工人开展大的政治斗争。他们不顾国民党统治之下敌强我弱的历史现状，对刚刚开始活跃起来的工人运动错误的估计为高潮，工人斗争中出现了许多不切合实际的“左”的做法。1930年2月，顺直省委第八任书记上任后，积极推行中央“左”倾冒险主义方针，无视当时的形势和条件，频频命令党员和积极分子每逢纪念日都要出动到市繁华区，举行制造革命影响的飞行集会。1930年3月18日纪念巴黎公社诞生59周年，在劝业场门前举行集会，散发传单，号召工人罢工、学生罢课、士兵哗变和农民打游击等，暴露了革命力量，遭到国民党警察和“法租界”工部局的联合镇压，许多秘密工作人员遭到逮捕，给革命事业和工人运动造成损失。1930年6月，以李立三为代表的“左”倾冒险主义在中共中央占据统治地位后，中共顺直省委的“左”倾错误更加严重，使天津党员只剩二三十人，天津工人联合会也被冲垮，革命工作陷于难以支撑、难以开展的状态。由于“左”倾错误路线在天津的执行，以政治罢工、飞行集会代替了城市工人运动，因而，工厂、企业、商店的群众斗争明显减少，表现得很不得力。从1928年8月到1930年9月全市各区组织的政治罢工、飞行集会达11次之多，而1930年工人群众直接发起的罢工、怠工、抗议斗争只有21起，比1929年减少三分之二。

1930年9月，中共中央在上海召开六届三中全会，纠正了李立三“左”倾错误路线并决定恢复党、团、工会的独立组织和经常性工作。1931年以王明为代表的第三次“左”倾路线，在党内开始了长达四年之久的错误统治，使党和工人运动遭到极大损失。1931年“九一八”事变到1935年底，天津工人运动面临着十分复杂特殊的形势，国民党当局的严厉控制和镇压，日本帝国主义侵略势力步步逼近，中外资本家不断加重的剥削和压迫，特别是党内“左”倾错误路线影响，其间发生的1509起工人斗争中失败和无结果的占62%。其中受“左”倾路线影响以市政和纺织的工人斗争较为突出。1935年至1936年间，日本帝国主义在加紧实施“华北地区特殊化”的同时，大肆对华北进行经济侵略。天津纺织业六大纱厂中的裕大、裕元、华新、宝成等四大纱厂，至1936年均被日资吞并。民族工业的萧条导致大批工人失业，据当时对裕元、宝成、大沽造船所等五个工厂的统计，失业工人即达6500多人。在民族矛盾和阶级矛盾十分尖锐的形势下，1935年至1936年上半年天津工人发起20余起斗争，但由于在多种形式和策略上仍然受“左”倾工运路线影响，大部分在国民党当局的严厉镇压下遭到失败。

由于受三次“左倾”错误路线的影响和危害，党的工作和工人运动蒙受相当严重的挫折和损失。特别是“九一八”事变后，工人群众抗日情绪高涨，“天津各业工会救国联合会”出现，天津地方党组织均因贯彻执行王明“左”倾路线而未重视和利用。他们在敌人势力很强的形势下，继续搞关门主义和冒险主义，强调城市中心论，要求把罢工扩大到一切工厂，发动市内产业按“左”倾路线的要求，用“左”的斗争方式举行没有胜利把握的同盟罢工，甚至要举行几个行业的联合罢工。在“左”倾错误路线的影响下，天津工人运动遭受到相当严重的挫折和损失。在工人运动屡遭挫折趋于低落的形势下，1936年春，刘少奇受党中央委派从陕北秘密来天津，主持北方局工作，贯彻中共中央瓦窑堡会议关于建立抗日民族统一战线，和城市工人运动要以积蓄力量为主要原则的正确策略思想。刘少奇同志来天津主持北方局工作以后，确定了党在白区工作的正确方针，深刻总结了党在白区工作的经验教训，发表了《肃清关门主义和冒险主义》《关于白区职工运动的提纲》等具有重要指导意义的文章，使天津党的工作和工人运动才逐步转向正确轨道。在党的工作和影响下，工人中出现一些新的群众组织，1936年8月大丰地毯工人的“存义志友设社”组织地毯工人同中外资本家斗争。1936年5月28日，中共天津市委在刘少奇同志亲自部署下，发动全市各界群众举行了声势浩大的“五二八”反日大示威，在全国各地的抗日救亡斗争中产生极大的反响。天津“工人救国会”“妇女救国会”“学生救国会”“农民救国会”等群众抗日团体相继涌现，并在此基础上成立“天津各界救国会”。国民党新军阀统治天津时期是革命低潮时期。在此期间，天津工人运动屡遭挫折，其原因除国民党反动统治的严酷镇压外，主要是共产党党内连续发生“左”倾错误所致。

二、抗日战争时期天津工会组织与活动

日本帝国主义侵占天津后，用其刺刀在政治、军事、经济、文化等各方面实行最残酷的法西斯殖民统治，天津已成为一座“人间地狱”。抗日战争时期，广大工人为了反对外来侵略，保卫自身利益，在极端困难险恶的环境中进行了十分艰苦的斗争。那时没有条件搞公开的罢工斗争，只能因地制宜、因时制宜，灵活多样、分散隐蔽地进行斗争。当时工人普遍采取的斗争方式是消极怠工，故意浪费材料，生产废品，制造设备事故，破坏敌人生产，甚至放火焚烧敌人仓库、物

资。工人们还进行反对克扣工资、要求增薪、反对减少实物配给的经济斗争，进行反对日本工头虐待迫害中国工人的斗争。工人群众采取分散隐蔽灵活多样的斗争，有力地配合和支持了根据地军民的抗日斗争。不甘心当亡国奴的天津广大工人开展的这些抗日斗争活动，充分体现了中国工人反对外来侵略的革命传统和坚贞不屈的民族气节，以及在极为艰险的条件下，劳动者具有的智慧和力量。他们灵活多样的斗争，使日本侵略者难以实现其确保占领区的战略意图，有力地配合和支持了根据地军民的抗日斗争。

在日本帝国主义统治时期，天津抗日救亡团体在抗日统一战线的指导下大量出现。例如，“天津抗日东进委员会”，专门以调查和破坏小刘庄大直沽一带纱厂的自来水、发电设备为目标。“天津工人抗日宣传队”“天津工人别动队”“天津工人突击团”等，以工厂工人为主力，在工厂商店基层进行抗日救亡活动。联系工人群众比较广泛的抗日救亡团体是“天津工人救国团”和“天津工人救国联合会”，前者是由中共河北省委派人组织和指导，后者是国民党派人组织和指导。“天津工人救国团”（亦称“天津工人救国团体代表会议”），经过酝酿和筹备，正式建立于1937年11月。主要成员有宝成、北洋、裕大、恒源、华新等几个大纱厂和电车、邮电、济安自来水公司等市政单位的工人。“天津救国联合会”1937年12月成立。天津多数工人抗日救国团体设在天津租界内，工人群众的抗日斗争活动有的在租界地，更多的在全市各角落。例如，日军侵占天津后，有2600名铁路工人庄严声明拒绝为日本侵略者服务，他们突然离职，给当局铁路运输一度造成混乱。1938年8月，铁路装卸工人突然袭击抢劫了一列日军军火列车。天津电话局爱国职工的斗争是天津工人利用租界的有利条件进行抗日斗争的典范。

1938年8月以后，中共河北省委撤出天津，中共天津市委撤销，新成立的中共平津唐点线工作委员会负责三个敌占城市和北宁、平绥两铁路沿线党的工作。贯彻隐蔽精干、长期埋伏、积蓄力量、以待时机的方针，天津城委在1940年建立外围组织。这一时期组织了“中国青年抗日先锋队”“天津青年抗日救国会”“天津各界抗日救国联合会”“天津民族革命联盟”等，对日本帝国主义的压迫奋起反抗，不畏强暴，展开各种分散、隐蔽的斗争，巧妙地与日伪当局的法西斯统治斗争。天津工人把共产党领导的抗日根据地看作是自己斗争胜利的依托和打败侵略者的希望，千方百计地支援抗日根据地。塘沽新河材料厂工人多次向渤海游击队提供成吨的铁管、钢丝盘条等五金器材。1942年到1945年，新港工人从仓库中“拿”出约200多吨钢材从海上运走支援游击队。在天津工人迎接抗日战争胜利的斗争中，天津工人一方面继续在工厂企业坚持开展抗日斗争活动，另一方面注意配合游击队、武工队对天津市区的扰乱性袭击。1945年8月15日，日本天皇宣布无条件投降的消息在天津传开，天津工人和全市人民欣喜若狂，共同庆贺中国人民终于取得抗日民族解放战争的伟大胜利。

三、解放战争时期天津工会组织与活动

抗日战争胜利之初，人们欢欣鼓舞，认为从此将过上美好幸福的生活了。当时市场物价跌落，

在日伪时期见不到的东西都涌现在街头，市面上显出十分繁荣的景象。不久，国民党军政人员在美军的协助下接收沦陷区各军政机关和敌伪产业及物资。这些接收大员贪污腐化，横征暴敛，盗卖敌伪物资，抢占高级住房，酒楼花榭，恣情享受。同时民国政府对战后的经济危机毫无解决办法，一味地滥发纸币，造成通货膨胀，胜利后几个月的时间，人们的心情由欣喜又变为忧虑，感到才离开火坑，又掉进苦海，整个天津又笼罩在阴暗的乌云里。由于国民党的“劫收”破坏，大多数工厂企业不能复工、开业，造成大批工人失业或半失业，他们生活无着落，陷于饥寒困境。物价的上涨更加重广大工人的生活困难。天津市场物价，抗日战争胜利初虽然短时间下跌，很快又回升上去，到 1945 年底已超过抗日战争胜利前的物价水平。抗日战争胜利只 10 个月，市民主要生活物品价格上涨了 35 倍。物价上涨直接威胁着工人生活。天津工人渴望过上和平、民主的新生活。许多工人对国民党当局还抱有幻想。然而，国民党当局倒行逆施的现实，引起广大工人和市民极大的不满和失望。天津工人群众从自己切身感受中逐步认清国民党当局的反动真面目，思想认识日益提高。为了建立和平、民主、独立、富强的新中国和追求幸福新生活，纷纷起来斗争。广大工人群众同国民党反动派英勇果敢的斗争，一直延续到天津解放。国民党当局在“劫收”的同时，依仗他们掌握的从上到下的统治权利对天津工人运动进行控制。1945 年 12 月 7 日建立的“天津失业工人临时救济委员会”和“天津市各工厂劳资纠纷调解委员会”，成为直接控制和压制工人运动的工具。1946 年 7 月 16 日，国民党天津当局又把“劳资纠纷调解委员会”改组为“劳资纠纷评断委员会”，以收到“统一控制的效果，而挽危机”。该会由国民党市政府、党部等十五个机关派出代表组成，堪称“强力机构”，发布公告称:“厂方与工方在争议未解决之前，均按照规定不得以任何理由停工、怠工或罢工，工方不得干涉厂方行政，致碍生产。违者各负其责，依法严惩不贷”，公开表明对工人运动实行镇压。1946 年 4 月 27 日，天津市长张廷谔电请蒋介石和宋子文，要求“齐一步骤”压制工人运动。1947 年 6 月 1 日，天津社会局通令工商界禁止罢工罢市。

国民党各界控制和压制工人运动的另一办法是建立国民党御用工会。日本侵略者投降后，原潜伏在一些工厂中的国民党地下工作人员出面，建立“天津工人联合会”，简称“工联”。他们以保护工厂、不让工人失业为名，在工人中发展扩大自己的势力；也在一些工厂领导工人索要解雇费和改善某些待遇的斗争，以邀买人心、笼络群众。另一些投靠日本侵略者充当汉奸特务的“老国民党员”摇身一变，自称为“地工人员”，在国民党市党部钻营得到几个职位后，出面成立“天津市工人职员救济委员会”（以下简称“工职”）他们以救济工人职员为名，发展国民党员、三青团员，同“工联”争夺群众，扩充势力。两个组织互相攻击，明争暗斗。后经国民党党部、社会局两次调解。才使“工联”与“工职”勉强合作，并于 1947 年 8 月 28 日正式建立起国民党御用的“天津市总工会”，加强对天津工人运动的控制。

在这种形势下，天津工人运动稳步发展。根据中共中央指示精神，1945 年 8 月 28 日成立了“天津市工作委员会”（以下简称“津委会”）并领导天津工人群众斗争。1945 年 10 月 13 日，裕大纱厂 1400 多人工人开展了“要解散费”斗争。1945 年 9 月铁路工人在增资斗争中冲击国民党党部，建立了自己的组织“铁联”。1946年5月30日，国民党水利委员会所属天津海河工程局工人开展提高待遇的斗争。随着斗争的深入，工人斗争从经济斗争逐步转向政治斗争。东亚、仁立两个毛纺厂工人开展了争取工会领导权的斗争。1946年1月和2月，棉四、棉五工人开展反对国民党军警，保卫红色工会的斗争。1946年7月至1947年6月，经天津市社会局“调解”的“工潮”达155起。其中，反解雇、反饥饿、反减薪的斗争有56起。1947年上半年开展反解雇斗争的工厂企业有42家。此时的工人斗争，规模并不轰轰烈烈，但却在各行各业此起彼伏。表明工人斗争觉悟的提高。这一时期出现的天津工运情况，正如冀中区党委城工部在总结中所言，不是说在逆境中工人就没有斗争了，相反，因为物价上涨，工人失业，全国工运高潮影响，不可避免的会产生各种各样的此起彼伏的大小斗争。

随着革命形势好转工人斗争进一步深入发展。经过一年多的军事较量，到1947年7月双方力量对比发生重大变化。国民党军队屡战屡败，人民解放军节节胜利。这鼓舞着天津人民和天津广大工人的反蒋斗争热情。天津工人意识到，自己的每一个具体斗争，不论规模大小，都具有反蒋意义，都是削弱、动摇国民党反动派统治的行动。这一段时间的天津工人运动，在国民党当局高压政策的压制下，没有出现全市性的斗争，然而此起彼伏、零星的日常群众斗争一直未断，行业性的联合斗争逐渐增多。1947年5月以来接连出现的行业性斗争有：地毯业各厂500多名工人的调整工资和反解雇斗争；酒业12个厂870多名工人要求调资斗争；澡堂业28个单位1900多名工人要求按澡资提成的斗争；制香业16个厂590多名工人要求增资的斗争；火柴业部分工厂540多名工人要求调整底薪的斗争；木材业30个厂240多名工人要求增资的斗争；绒毛加工业13个厂640多名工人要求调资和抗议停工的斗争；牛奶业7个牧场90多名工人反解雇的斗争；印刷业63个工厂850多名工人要求调资的斗争；皮鞋业760多名工人要求增资的斗争，还有橡胶织布等行业工人的联合斗争。这些斗争大都经社会局等有关当局“调解”“评判”，工人取得一定的胜利，也有的遭到当局镇压而告失败。在几大行业工人斗争的影响下，天津各行各业广大工人都以请愿、怠工、罢工等不同形式，与国民党反动当局进行争生存、反饥饿、反迫害、反裁员的你死我活斗争。这些大大小小的斗争连绵不断，形成高潮。

天津工人在开展日常斗争的同时，天津党组织坚持开展党内外的组织工作与教育工作，以巩固扩大革命阵地，积蓄壮大革命力量。工人群众日常斗争的深入发展，中共地下党组织的不断加强，为迎接斗争的新高潮创造条件。据国民党天津社会局的统计资料，1947年5月到1948年7月，共发生“工潮”156起。1948年3月至7月，工人斗争趋势上升，已出现高潮的势头。这些群众斗争给敌人以种种打击，加速了国民党反动派统治的灭亡，有力地配合了中国人民解放军第一线的战斗。

国民党统治的民国时期，天津工人阶级紧紧依靠党的领导，正确地贯彻执行了“隐蔽精干、长期埋伏、积蓄力量、等待时机”的方针，密切结合天津实际，运用《关于白区职工运动的提纲》规定的斗争原则、方法策略，使工人运动健康发展。根据当时形势的变化，提出不同的斗争目标，如救济失业工人、开工复工、有饭吃、有工作、反解雇、求生存、反饥饿、反迫害、反南迁等斗争内容。当时仍以经济斗争为主，并教育提高工人群众的政治觉悟，团结各层次群众，争取公开合法的进行斗争。从保护群众利益出发，针对国民党各种损害群众利益的措施、条令等等，组织群众开展斗争。在策略上以利用合法、利用公开为主，把公开与秘密、合法与非合法结合起来，根据形势的变化采取进攻和退却的不同斗争方法，重点放在积蓄力量，准备条件，等待时机。一切组织和斗争形式适应客观要求，不盲动，不脱离群众，不落后于群众，不单独建立红色工会。天津解放前夕，天津工人开展了护厂斗争，迎接天津解放。工会组织发动企业工人组织护厂队，保护企业财产、设备、档案等；给国民党党、政、军、警及其下属写信，瓦解和争取他们；为进城部队带路；组织专门工人队伍，夺取敌人要害部门。当时天津工人运动与学生运动的相互配合，形成了解放战争的第二条战线，以支援解放战争、保护国家财产和迎接解放，有力地配合了人民解放军推翻国民党反动统治。

四、社会主义时期工会组织与活动

新中国的诞生，开创了天津工人阶级和劳动人民当家做主的新纪元。天津解放初期，根据党的“依靠工人阶级建设城市”的指示，迅速建立和发展工会组织，通过工会，团结广大工人群众，协助党和政府恢复发展生产，巩固人民政权，担负起建设新天津光荣而艰巨的任务。在党的领导下，迅速建立发展工会组织。解放初，天津工人运动由华北总工会筹委会天津办事处领导。1949年4月28日至30日，天津市第一届职工代表大会在南开中学礼堂召开，天津市职工总会筹委会宣告成立。天津市工会第一次会员代表大会于1950年1月10日召开，天津市总工会正式成立。总工会的成立，使全市工会组织达到空前的统一和团结，这是天津工会史上划时代的里程碑，标志着天津工会工作从此掀起了新的一页。到2008年为止，在近60年的不平凡岁月中，天津市工人运动和工会组织经历了三个发展阶段，在不同的历史时期和阶段具有不同的工作内容和特点，为天津经济发展和社会进步，创造了辉煌业绩。

（一）组建和发展阶段（1950～1957年）

天津市总工会在组织职工贯彻党的过渡时期总路线，提前完成对资本主义工商业的改造，在第一个五年计划中发挥了巨大作用，工人阶级作为社会主义建设的主力军作用逐步显现，工会工作蓬勃发展，工会的社会地位和社会影响不断提高。

1. 发动职工完成了天津城市和工矿企业的恢复生产和民主改革。在中国共产党的领导下，工会组织团结带领广大工人群众参加“三反”“五反”“镇反”等各项政治运动，组织职工开展民主改革，废除封建把头制度，支援抗美援朝。特别是在贯彻党的方针政策，实行对工商业的社会主义改造，恢复和发展生产中，充分发挥了纽带、支柱和教育作用。在这一重大的历史转变过程中，天津工人阶级和工会组织在党的领导下，认真贯彻了党对资本主义工商业“利用、限制、改造”和“发展生产，劳资两利”政策，创造性地通过劳资协商会议、集体合同和生产竞赛等方式，促进了资本主义工商业的发展和向社会主义的转变。特别是在“五反”运动中，与不法资本家进行面对面的斗争，打退了资产阶级的猖狂进攻。针对复工和提高工资福利待遇等问题而出现的劳资纠纷，工会迅速把工人群众组织起来，深入宣传党的政策，提高认识，统一思想，团结和教育资方人员，共同克服困难，恢复和发展生产，进而实行对资本主义工商业的社会主义改造。同时，教育职工认识到恢复生产是天津人民的最高利益，首先是工人阶级的最高利益，从而为完成和恢复生产的任务做出了巨大贡献。在此过程中，全力加强职工队伍建设和工会组织建设，采取自上而下，发展会员，加大建立工会的力度。1950 年，全市约有职工 344349 人，发展会员 197295 人。其中，全市产业工人约为 137494 人，已发展会员 117520 人。在组织方面，建立了全市性的六个产业工会，包括纺织、化学、五金、铁路、市政、产联，其他如海员、搬运、店员、手工业、盐业、医务等六个工会在筹建中。注重基层组织建设，建立基层 285 个分会，262 个支会，8808 个工会小组。1952 年，全市工会基层组织进一步地巩固与健全，共改进与整顿工会基层组织 1682 个，发展会员 370150 名，达到全市职工 44 万人的 85%，工会基层组织比以前更加健全。在全市 11 个区建立各产业的区工作委员会 62 个，组织联合工作委员会 697 个。

2. 实现了由改革向生产转变。根据国民经济形势和任务的要求，工会组织职工大力开展“比、学、赶、帮”劳动竞赛，总结推广先进操作法，在劳动模范的倡议下，成立技术协作组织，开展技术革新，技术革命运动。1952 年，天津工人阶级积极的响应了毛泽东主席提出的爱国“增产厉行节约，以支持中国人民志愿军”的伟大号召，参加了爱国主义劳动竞赛，贡献了自己的力量。工会组织职工开展群众性技术活动，开展合理化建议活动，评选劳动模范、建立奖励制度等，在生产上取得了很大成效，提出合理化建议 7 万多件，被采纳执行的有 3 万多件，其中可计算价值的 12000 多亿（旧币），并且总结与推广了科学的工作方法与先进经验，因此，不但完成了国家的生产任务，而且超额完成了 5 万亿元（旧币）的增产节约任务，为国家积累了资金，为国家工业化创造了条件。私营企业的职工在“五反”运动中打击了资产阶级的疯狂进攻，清除了资产阶级思想，“五反”后又推动私营企业恢复与发展生产，并建立了协商会议的企业有 2700 户，建立生产合同开展竞赛的有 1700 多家，不仅巩固了劳资关系，而且使生产得到了很大的发展，经过各种运动，职工的阶级觉悟大为提高，在生产上涌现出了大批的劳动模范，改进健全与巩固了工会组织，成为完成国家生产任务的坚强力量，成为政府的坚强支柱。

3. 在动员职工搞好生产的同时，关心和维护职工的利益。推动并积极协助党和政府制定了安全生产劳动保护、劳动保险、困难补助等方面政策措施，积极协助企业行政增加职工收入，办好职工的文化福利事业，保护工人群众的经济利益，解决工人群众的实际生活问题，充分调动广大工人群众的积极性。1951 年，实行了《全国劳动保险条例》，工人的物质生活和文化生活也随着生产的发展而逐渐提高了。当时，天津市已有 237 个单位，141492 名职工实行了劳动保险条例。不符合劳动保险条例规定的单位，也根据条例的原则精神，订立了劳动保险集体合同，共签订了 461 个单位，包括 75357 名职工，加上教育、医务及搬运工人实行生、病、死、伤等几项补助办法的职工 38787 名，全市共有 255636 名职工享受了劳动保险待遇，占全市职工总数 50% 以上，若以每人平均三个直系供养亲属计算，则全市已有半数以上的人口享受到劳动保险的待遇，解除了生、老、病、死、伤、残等困难。在工会的组织下，开展了各种形式的文化补习和扫盲运动，工人业余学校发展到 245 处，工人在业余学校学习者达 123000 人（其中女工 23000 余人）。一年后在业余学校毕业的工人已有 28000 人。工人的物质生活和文化生活水平都显著提高。

4. 努力推行职工代表大会制度，发挥工会组织在处理企业内部矛盾中的调节作用。工会组织开展的各项工作和活动，在全市社会主义革命和建设历史发展进程中发挥了十分重要的作用。

（二）曲折发展阶段（1958 ~ 1978 年）

“文化大革命”期间工会组织遭到破坏，造反派夺权，工会组织被迫停止活动。由造反派组成的“职工代表会议”取代工会组织。许多老劳模老工人和工会干部遭受迫害。即使其间有过一些短暂的恢复，但在总体指导思想上转向“以阶级斗争为纲”。

“文化大革命”开始后，天津市工人阶级和各级工会组织走过了艰难曲折的路程。林彪、江青反革命集团及其在天津的代理人，为把天津变成其复辟篡权的一个重要基地，他们制造派性，分裂工人阶级队伍，残酷打击迫害劳动模范、老工人、工程技术人员，并对天津市工会组织进行了全面破坏。1968 年，他们公然下令“彻底砸烂”工会，诬蔑工会是“生产工会”“福利工会”“全民工会”“工团主义”，是“黑线统治”。1973 年虽然进行了工会“整建”，由于当时在“四人帮”影响下，部分工会领导权被打砸抢分子所窃取，工会工作状况没有得到改变。

天津市有着一支以老工人为骨干的优秀工人阶级队伍，具有光荣的革命传统。林彪、江青反革命集团及其在天津代理人的倒行逆施，在天津市广大职工中遭到了强烈反对和坚决抵制。广大职工特别是一大批劳动模范、老工人和工程技术人员，不仅在政治上和林彪、“四人帮”展开了针锋相对的斗争，而且在极端困难的情况下以高度的主人翁责任感，响应党和国家的号召，坚守生产和工作岗位，坚持进行革新和技术协作，勇敢保护国家财产，发挥了极为重要的作用。这支坚强的职工队伍，无论是十年内乱，或者是强烈地震，都没有压倒他们，充分显示了工人阶级的模范作用。

1976 年粉碎江青反革命集团以后，中共天津市委及时调整了天津市总工会领导班子，并做出了《关于为天津市总工会和各级工会平反的决定》。天津市总工会组成专门工作班子，为老劳模、老工人和工会干部平反冤假错案。广大职工群众和工会干部积极参加揭批查斗争，清算林彪、“四人帮”炮制的“工会黑线统治”和“生产工会”“福利工会”“全民工会”“工团主义”等反动谬论，揭发批判他们残酷打击迫害劳动模范、老工人、工程技术人员和工会干部的违法罪行，为工会工作的恢复和发展奠定了思想基础和组织基础。通过恢复整建工会组织，贯彻全国工会“九大”的会议精神，进一步明确了工会组织的职能和任务，为顺利开展以后的工会工作奠定了良好的基础。

（三）恢复和迅速发展阶段（1978 ~ 2008 年）

1978 年 10 月中国工会九大召开，特别是 1978 年 12 月中国共产党第十一届三中全会之后，天津市工人运动和工会工作开始拨乱反正，得到全面恢复，天津在经济发展和改革开放的新形势下，为工会组织及工会工作提供了新的机遇。天津各级工会紧紧把握这一历史机遇，迎接挑战、积极探索、勇于开拓、创新发展，开创了社会主义市场经济条件下工会工作的新局面。

中国共产党十一届三中全会胜利召开，确定了党在新时期的路线、方针、政策，全党工作着重点转移到四化建设上来。全国工会“九大”根据党的路线，确定了新时期工人运动和工会工作的基本方针和任务，标志我国工人运动的新起点。中共天津市委也正式做出决定，为天津市各级工会组织彻底平反，明确肯定了天津市十七年工人运动和工会工作的方向和成绩，使广大工会干部解除了精神枷锁，解放了思想，振奋了精神，增强了做好工会工作的信心。在中共天津市委和各级党委的领导下，各级工会坚定不移地贯彻执行三中全会以来党的路线、方针、政策，使工会工作得到了迅速的恢复和发展，天津市工会重新焕发生机与活力，各项工作取得长足进步。粉碎江青反革命集团后，在中共天津市委和各级党委领导下，各级工会会同有关部门冲破各种阻力，为劳动模范、老工人平反冤假错案，落实政策。1979 年为全市 3100 多名老劳动模范颁发了“荣誉纪念状”，为他们恢复了名誉。为 736 名蒙受不白之冤的老劳模逐个做出了复查结论，进行平反。并为受审查的 83321 名老工人落实了政策。在落实政策中，许多劳模、老工人表现了高度的阶级觉悟，他们不计个人恩怨，顾大局，向前看，主动找错整过自己的同志促膝谈心，带头做解疙瘩的工作，这对在全市职工中消除派性增强团结起了很好的作用。各级党政领导和工会干部在工作中坚定地依靠先进队伍，充分发挥他们的骨干、带头、桥梁作用。市委和各级党委领导同志经常给劳动模范、先进生产者做报告，并诚恳地征求劳动模范、先进生产者对各方面工作的意见。市委批转了天津市总工会拟订的《天津市先进模范队伍管理工作试行条例》，进一步加强了对先进模范队伍的培养教育和管理工作。

在开创社会主义现代化建设时期，中共中央对工人运动和工会工作作了多次重要指示，特别是中国共产党的十二大和全国工会十大的召开，系统地提出了新时期工人运动和工会工作的方针、任务。党的十二届三中全会通过的《关于城市经济体制改革的决定》，进一步明确了工人阶级和工会组织新的历史使命，明确了新形势下工会的地位和作用。在党中央正确路线、方针的指引下，在市委和中华全国总工会的领导下，全市工人运动和工会工作健康发展、开拓前进。

天津市各级工会组织认真贯彻新时期的工会工作方针和中共天津市委、中华全国总工会的指示，广大工会干部的精神面貌发生了深刻变化，增强了全局观点、改革观点、群众观点，工会工作进一步转到以“四化”为中心，为经济建设和改革服务的轨道上来。

这个时期，工会工作在五个方面取到了开拓性进展。一是把经济工作的难点作为工会工作的重点，在增强企业活力，确保完成各项建设任务上使了劲，出了力。各级工会紧紧围绕党在各个时期的中心任务，广泛发动群众，在改革和建设上充分发挥工人阶级的主力军作用。二是职代会的职权逐步落实，作用日益显著，企业民主管理出现了积极向上、开创局面的好势头。三是广泛开展适合群众特点的活动，职工思想政治工作不断向民主化、群众化方向发展，职工文化、技术教育取得了新的经验。四是为职工说话办事开拓了一些新的领域，受到各方面的重视和职工的欢迎。各级工会想群众所想，急群众所急，从企业实际和职工要求出发，努力为职工说话办事，工作领域不断扩大。五是抓基层、打基础，整顿建家工作取得了明显效果，工会在企业中的地位得到了加强。

面对改革开放和经济建设的新形势和新要求，各级工会坚持从实际出发，勇于探索，大胆创新，在实践中积累了对今后工作发展具有重要意义的宝贵经验。主要工作可以概括为以下五个“坚持”。

一是坚持以经济建设为中心，全面履行工会的社会职能。天津市总工会始终把服从和服务于经济建设这个中心，作为工会各项工作的出发点和归宿。各级工会、各个部门考虑问题、计划工作，首先从经济建设全局出发，自觉地把工作做到经济建设中去，围绕中心，发扬特色，主动到位，在经济建设的实践中，全面履行四项社会职能，从而形成了以经济建设为中心的合力，在全局中发挥了工会的重要作用。实践证明，只有这样做，工会工作才能更好地得到党政的重视、支持和广大职工的拥护。

二是坚持改革开放的基本国策，支持和促进改革开放。不断深化改革是搞活经济的基本动力，也是工人阶级的历史使命。工会始终满腔热情地支持改革、参与改革，自觉地把维护总体利益和职工的具体利益统一起来，把着眼点和注意力放在调动职工群众积极性，挖掘企业活力源泉上，推进企业改革的深化，增强职工群众与企业共命运的责任感，发挥生产者和经营者两个积极性，建设企业利益共同体。同时，坚持从稳定发展的高度出发，积极参与涉及职工利益的各方面改革，反映职工的意见、要求，搞好参政议政，发挥工会民主渠道作用。由于坚持了这样一些重要指导思想和措施，发挥了工会组织在改革开放中的促进作用。

三是坚持党的全心全意依靠工人阶级的根本指导方针，支持和组织职工当家做主。工会始终把贯彻落实这一指导方针作为调动职工积极性的根本来抓。抓舆论，宣传工人阶级的地位和作用，振奋职工精神，统一各方面的思想认识；抓落实，以加强基层民主管理、民主监督为重点，保障职工的主人翁地位和民主权利，致力于把企事业行政管理与职工民主管理统一起来，发挥职工在企事业中的主人翁作用；抓队伍建设，努力提高广大职工的主人翁自觉性和当家做主的能力，使职工队伍更好地适应现代化建设的需要。

四是坚持党的群众路线，密切与职工群众的血肉联系。这是工会赖以生存和发展的重要基础，也是做好工会工作最基本的条件和最鲜明的特色。广大工会干部和工会积极分子自觉扎根于群众中，广泛联系各方面职工群众，不断增进同职工群众的感情，兢兢业业、勤勤恳恳地为职工说话办事，按照职工群众的意愿开展工作，把党的要求同群众的愿望紧密结合起来，以自身的表率作用取得职工群众的信任，进一步密切了同职工群众的血肉联系，从而使工会的凝聚力、号召力不断增强，更好地发挥了工会的桥梁、纽带作用。

五是坚持党的领导，把自觉接受党的领导同独立自主地开展工作统一起来。各级工会自觉地坚持以同级党委领导为主，同时接受上级工会领导的原则。在任何情况下都毫不动摇地同党中央保持高度的一致，认真贯彻执行党的路线、方针、政策，通过工会独立自主、创造性的工作，把党的主张变成广大职工的实际行动。

这些基本经验，是多年来工会实践的科学总结，也是工会工作必须遵循的基本指导思想。并在工作实践中不断丰富发展。

同时注重用工人阶级的先进思想和时代风貌推动天津经济社会建设，创造了一批在全国具有示范引领作用的工作模式。在中共天津市委和中华全国总工会的正确领导、在政府和社会的大力支持下，工会组织高举邓小平理论和“三个代表”重要思想伟大旗帜，全面贯彻落实科学发展观，紧紧围绕实现天津“三五八十”奋斗目标和加快实施“三步走”发展战略的大局，深入贯彻“组织起来、切实维权”工会工作方针，坚定不移地走中国特色社会主义工会发展道路，创造了一批在全国具有示范引领作用的工作模式，涌现了一批在全国具有广泛影响的先进典型，干成了一批在通常条件下看来难以干成的大事，破解了许多制约工会工作发展的深层次矛盾。职工素质工程成为人才强市战略的重要组成部分和全国工会工作的主要活动载体，“满意在天津”实践活动被市领导誉为“推动天津经济社会发展的一大良策”，天津困难职工帮扶中心建设成为职工基本生活的第三道社会保障线和全国工会送温暖工程的主导模式，厂务公开、“三制四书”制度成为基层民主政治建设的基本制度和全国全面推行的工作规范，全国第一份农民工集体合同和工资保障卡成为全国劳动关系和谐企业创建活动的重要条件，以建会建制增活力为主要内容的强基建制工作成为全国工会系统加强基层建设的有效形式，全国第一家实业集团——津工集团的建立开创了我国职工福利事业改革发展的先河并成为天津工会组织时代性的特色品牌，天津职工联合服务中心成为引领全国工会现代化、信息化建设的重要载体。天津市工会被全国总工会誉为“展示中国工会地位、作用、形象的重要窗口”，充分发挥了党联系职工群众的桥梁纽带和国家政权的重要社会支柱作用，为全市经济发展和社会和谐作出了突出贡献。思想上瞄准前沿、思路上高人一筹、实践上领先一步、标准上抢占全国工会工作制高点，是天津工会工作和工人运动创新发展的生动写照。

大事记

天津市工会运动大事记（1866 年—2008 年）

清同治五年（1866 年）

天津机器局创建，清同治九年（1870 年）正式开工。当时政府希望天津机器局所制造的火药可以供给全国，并制造枪炮。

清光绪七年（1881 年）

外国资本在天津兴办第一家工厂企业——高林洋行打包厂。

唐胥铁路竣工，这条 9.7 公里长的铁路，成为中国近代铁路运输系统中最先建成的一条。

清光绪八年（1882 年）

夏天，煤矿工人为了要求平等的工资待遇而举行了罢工，并使大部分矿井陷于停产。

清光绪十七年（1891 年）

开平煤矿工人因外国技师依势欺压中国工人，展开大规模的反压迫斗争，迫使所有外籍技师曾一度离开矿厂。这场罢工斗争由于李鸿章派兵镇压，才暂时平息下去。

清光绪三十年（1904 年）

12 月 美国胁迫清政府签订的《中美会订限制来美华工保护寓美华人条款》（又称《华工禁约》）期满，旅美华侨十余万人联名上书清政府，要求废约，不但遭到美国拒绝，而且反要续订新约，因此激起中国人民的强烈抗议。

清光绪三十一年（1905 年）

5 月 10 日 天津商界派代表参加了在上海举行的反对续订《华工禁约》会议，号召商人们以大局为重，同心协力“举行抵制”“不用美货”。

5 月 23 日 天津《大公报》首先转载了《上海筹拒美国华工禁约公启》全文。

6 月 11 日 天津《大公报》登出启事称“本报不登美商告白”。在《大公报》的带动下，天津的大小报刊对美商及美货的广告一律不予刊登。

6 月 15 日 天津《大公报》增辟“抵制美约要闻”专栏，迅速及时地报道各地抵制美货的动态，刊出《檀香山华人被虐惨状记》等文章，揭露美帝残酷虐待华工的罪行。新闻界的有力宣传，促进了抵制美货运动的迅速展开。

1916 年

裕元纺织公司和寿星面粉厂成立。

10 月 12 日 法兵率巡捕闯入中国警察局老西开驻在所，驱逐中国警察。中国警察拒绝，法兵将中国警察缴械并捕去九人，武装占据了老西开，爆发了轰轰烈烈的反抗法帝国主义的斗争。

11 月 12 日 法租界工人开始罢工，这是这次抗争的主要力量。由于工人阶级的倡导，于是租界内的巡捕罢岗，职工罢职，商人罢市，住户迁移，而租界以外的人民，又以最大的热情拥护这一伟大运动，轰轰烈烈，使法帝国主义者有所畏惧，不得不把已伸出的魔爪缩了回来，二十年间不敢妄动。

1917年

7月 法租界苦力联合会成立，入会者不下300余人。

1919年

5月30日 1919年5月，在北平爆发的“五四”爱国运动迅速传向全国四方，各大城市学生、工人和市民纷纷响应。“五四”爱国运动的消息传到天津。5月30日，天津七千多码头工人集体宣布拒绝装卸日货。码头工人的爱国行动使许多日本轮船漂在河上无人装卸。海关码头工人的爱国行动，受到各界爱国人士的赞扬，带动了天津工人、店员等迅速投入反帝爱国斗争，各行各业抵制日货运动逐渐展开。

6月10日 天津学界继续罢课，商界开始罢市，人力车夫罢工，数十万劳动群众酝酿大规模的反抗斗争。北洋政府被迫派人星夜到津，宣布免去曹汝霖、章宗祥、陆宗舆的职务。

7月4日 天津德国永和公司新河造船厂2000多名工人，为抗议资本家无视工人生命举行罢工。

9月下旬 俄共（布）老党员、后来担任俄共（布）中央委员会西伯利亚局东方民族处主任的布尔特曼到津，同鲍立维同住旧俄租界，会见了李大钊，商谈了组织工会的问题。

11月1日 天津真学社主办的《新生命》创刊。在创刊号上柏夫发表了《劳动问题与俄国革命》一文。文章分析了十月革命爆发的历史原因和社会条件，指出工人阶级的成长壮大是革命成功的阶级基础，马克思社会主义学说是革命成功的思想基础，认为中国无产阶级仅靠经济斗争是解决不了根本问题的，必须“以俄为先例”，实行无产阶级革命，彻底推翻旧社会。

1920年

4月1日 新生社创办的《新生杂志》出版。以发表新生社的主张和介绍新思想为宗旨，“全带社会主义色彩”，热情宣传马克思主义，讨论在天津建立共产党组织问题。

1921年

7月2日至5日 天津租界一千多洗衣工人鉴于铜圆行市低落，物价上涨，生活困难，派代表在南市四海茶楼聚会，决议“每一元工资加半元，并起誓保守他们的团体，不论受何种摧残，决不涣散”。同时，发表了《罢工宣言》。三义庄专给美国营盘洗衣的工人罢工，被美国人报告了特别一区警察当局，遭到镇压，工人李全、范寿德等被捕。罢工被镇压后，全体洗衣工人再次聚会，坚持“不增薪，不放人，决不做工”，罢工后的第三天7月5日，经英领事调停，工人薪金每一元增加四角，被捕工人被释放。罢工的目的达到，工人次日复工。

8月30日 北洋纱厂工人因资本家克扣工人2个月工资而举行罢工，被军警镇压。10月该厂工人再次罢工，并游行请愿，迫使资本家补发工资，斗争取得胜利。此后裕元纱厂工人、各香店工人自发的经济斗争接连发生，但多被军警和保安队镇压。

9月 邓培、王麟书在天津机务段组织建立铁路工会。这是中国共产党在天津建立的最早工会组织。

9月11日 曾赴日留学接受马克思主义的天津法政学校教员于树德、安体诚，在北方分部的指导下，自筹资金，于河北大经路东兴里4段12号正式创办“天津工余补习学校”

10月4日 在北方劳动组合书记部天津支部的发动下，北洋纱厂1000名工人举行游行，诉说自己的悲惨生活，并上书法庭揭露资本家吞食工人工资的罪行。游行队伍被军警驱散，数名工人被捕。

中旬 “天津坚决救国团”成立，其宗旨是“本诸国民爱国之真诚，作坚决之志向”。在该团第一、第二两团成立之后，裕华工厂工人组织起第三、第四团，均加入市民游行大会。

1922年

1月6日 天津700余家成衣铺7000多名工人，成立裁缝同业救国团体，抵制日货。主张凡系日货一概不用；主顾衣服，凡系日货一概不予承做。

1月17日 湖南劳工运动创始人黄爱、庞人铨被反动军阀赵恒惕杀害。消息很快传到天津，天津街头立即出现了传单，号召“劳动者联合起来”，“讨伐万恶的军阀和资本家”，“为黄、庞申冤”。

3月9日 在劳动组合书记部天津支部的发动下，河东制作纸牌刷花工人，要求增加工资，举行同盟罢工，表示“不达目的，决不复工”。

3月12日 中共北京地委派党员邓中夏到津，在天津工余补习学校内建立了天津社会主义青年团。天津团组织设执行委员会，内分书记、出版、宣传三部。团组织的建立，推动了天津工人运动的开展。

3月22日 天津团组织设立劳工部，以开展劳工运动。是日，在给中央的报告中写道：“关于开展劳工运动，目前主要是促进各种工人团体，设立工人教育机关。”

5月1日 第一次全国劳动大会在广州召开，天津工人派代表与会。

5月5日 天津工人业余补习学校为纪念马克思诞生104周年，成立“天津五五书报代卖社”。代售各地出版的文化科学书报，并以其部分收入作为开展工人运动的经费。天津支部以工余补习学校的名义，在补校内开设了“工人图书馆”，并派专人做图书管理员。该馆除一般“备有各种书籍、报纸、杂志”外，还藏有党团组织北方分部赠寄的《新青年》《先驱》《劳动周刊》《工人周刊》等革命刊物，供工人秘密阅读。增设“五五书报代卖社”，专事马克思主义的宣传工作。从而使图书馆和代卖社成为天津支部联系工人的纽带和向工人宣传革命思想的场所，在一定程度上也解决了“许多工友事实上不能受教育”的问题。

6月9日 天津工人业余补习学校在上海的《民国日报》上公布《天津工人图书馆募书启》和《天津工人图书馆章程》。

6月12日 旧国会移京。中国劳动组合书记部天津支部组织工界团体集会游行，并赴老龙头车站散发传单，向即将启程的214名国会议员面陈工人的合理要求。

8月24日 8月中旬天津铁路工人致电声援长辛店、唐山铁路工人的罢工斗争。同时，向铁路局提出增加工资、准许休假、医治疾病、实行8小时工作制等要求，否则实行罢工。铁路局被迫，决定京奉路工人分一、二、三成增加工资，并准许工人休假。

夏季 京奉铁路工会天津分会成立。

9月24日 在北方劳动组合书记部的组织领导下，天津茶食行业工人举行罢工，被军警镇压。

9月 天津印刷工会成立，张兆丰、陶卓然为负责人。

10月23日 开滦煤矿数万工人举行联合大罢工，中国劳动组合书记部北方分部在天津四平道设立罢工指挥部，主要成员有罗章龙、王尽美、邓培。天津工人、学生发起捐款运动，并上街游行，支援开滦矿工。

1923年

2月1日 京汉铁路总工会在郑州举行成立大会，天津铁路工会派代表出席了会议，开会不久，会场即被反动军警包围、捣毁。激起与会代表及全路职工的无比愤怒。4日，京汉铁路总工会宣布京汉路全体总同盟罢工，并发表罢工宣言。

2月4日 为支援京汉铁路工人的政治斗争，天津西沽机车厂工人在中国劳动组合书记部天津支部和铁路工会的发动下，宣布罢工三天。

3月26日 旅顺、大连租界期满。天津各界人民在北方劳动组合书记部天津支部和天津团组织的发动下，掀起了收回旅大和废除“二十一条”的反日爱国运动。

5月7日 “二十一条”密约签订，天津召开“国耻纪念大会”。全市罢工、罢市、罢课。日本驻津领事参与了镇压天津爱国群众的活动。

9月24日 天津茶食行业工人举行罢工，被警厅镇压。

11月30日 茶食行业的胜兰斋、四远香、鹤翔斋、桂顺斋商店职工不畏强暴再次举行罢工。天津总商会致函警察厅，请警厅“严加究办，以维众商”。

1924年

1月17日 湖南劳工会旅津会会员30余人，与塘沽、唐山等地工人代表在天津集会，纪念湖南劳工运动领袖黄爱、庞人铨被害2周年。

2月7日 全国铁路工人代表大会在北京秘密召开，来自津浦、京奉九条铁路的20多名代表出席了大会。大会正式成立全国铁路总工会，邓培任委员长。当天，天津铁路工人和各界代表为纪念“二七”惨案一周年，在天津举行了集会。

5月1日 为纪念“五一”节和京汉铁路罢工中被枪杀的施洋烈士，天津党、团组织发动各界举行游行示威。《妇女日报》专门出版了《五一纪念特刊》，号召劳动者“联合起来，组成一个坚强的团体，”为争取应得的权利，实现劳工专政和共产主义而奋斗。

5月9日 在中共北方区委领导下，根据党章，凡是有党员十几人以上“可以成立地方执行委员会”的规定和天津革命形势的发展，中共天津地方执行委员会成立。于方舟任委员长，江浩（江著元）和李锡九（李立三）分别负责组织与宣传，主要工作放在发展工人运动方面。

秋季 中共天津地委为加强对工人运动的领导，先后派李培良到宝成、裕大纱厂，卢绍亭到裕元、北洋纱厂，周世昌到华新纱厂，韩义到恒源纱厂，宋树蕃到南开地毯厂，创办平民学校，并指导团地委在高等工业、官立一中增设平民学校，吸收“校役夜班”、工厂工人及其他贫民入学。不久，中共天津地委在宝成纱厂建立了全市纺织业第一个工会组织。

12月4日 孙中山为解决中国统一和建设问题北上抵达天津，在码头受到工人、学生、市民约两万余人的欢迎。同时，京汉铁路总工会代表在码头散发传单，被法租界工部巡捕逮捕。

1925年

1月3日 在中共天津地委组织下，天津国民会议促成会在天津县教育会召开成立大会。大会向国民会议提出取消一切不平等条约和限制人民自由的非法法令、保护劳工、改善工人生活等11项要求。

5月1日 天津工人第一次大规模纪念“五一”国际劳动节。天津工人、学生于上午10时举行了天津第一次纪念“五一”示威大游行，显示了天津工人阶级的大团结。

5月1日至7日 第二次全国劳动大会在广州召开，天津代表张寿禄、陶卓然出席了会议。在大会通过的《组织问题决议案》中明确提出：“须特别注意组织铁路、海员、内河及码头运输、矿山、纺织、缫丝、烟草、印刷工人，以及天津、北京、上海、武汉、青岛、大连、长沙、广州、香港、澳门等处重要城市的工会工作。”这对天津工人运动的开展发挥了重大作用。

6月初 “五卅惨案”的消息传到天津，天津各校教职员、学生和个团体群众几万人，为援助上海工人举行大游行。这是天津人民在“五卅”后的首次大型集会。天津学生联合会召开代表大会，决定组织“工人运动委员会”。同时，推举杨凤楼、王应全、史汉清等负责开展天津工人运动。

6月10日 天津各界联合会成立。

6月20日 天津纺织工人、印刷工人联合发表宣言，揭露帝国主义对我国的侵略罪行。联合宣言号召：“全国亲爱的工友，联合起来，走向前线。”

6月21日 各英日洋行均将罢工。日洗衣房罢工。

7月10日 “五卅”惨案发生后，津浦、京奉两路职工联合一致行动，援助上海工人，除捐款外，还积极参加运动。

7月12～16日 宝成纱厂工人为改善生活，援助沪、汉、粤工人，向厂方提出增加工资等要求，遭到拒绝，全厂两千多工人大罢工。当日下午2时开大会，到会者约两千余人，组织纠察队八十余人，以防有人从中破坏。起因由于宝成纱厂资本家无理开除一名女工，激起全厂工人的强烈不满，推举共产党员姬兆生等工会代表向厂方交涉，遭拒绝，扬言要关厂三个月。工人在工会的领导下当晚宣布罢工，除要求那个女工复工外，还要求工会是工人的代表机构等。16日，厂方宣布完全同意罢工要求。工人仅罢工一昼夜，十六日晨开工。这次斗争揭开了天津工人运动高潮的序幕。

7月18日 “中华海员工会联合会”天津支部召开成立大会。

7月21日 停泊在津的顺天、惠州、昌升等五轮海员425人宣布罢工。

7月28日 天津各界联合会被查封。次日，天津各界联合会“向全国通电，谴责帝国主义侵略和军阀卖国罪行，请全国各界主张公道，给予援助。”

7月29日 英太古轮船公司所属87艘轮船海员由于公司强迫扣薪，奉英国海员工会命令，实行总罢工。

8月2日 天津印刷工人宣布全体罢工。在“五卅“运动影响下，天津印刷工人曾在6月底全体“辞事”。

8月4日 天津总工会成立。纺织工会、印刷工会、海员工会、油漆工会等工人团体联名召集全市各工会代表举行成立大会，五十余名代表到会。大会，主席刘亚斋介绍筹备总工会的经过及发起总工会的意义。最后通过了《天津总工会章程》，选举15人为执行委员会，安幸生为委员会主任。至此，中国共产党领导的天津工人阶级群众组织——天津总工会宣告成立。

同日 “天津各界联合会济安会”成立。该会受各界联合会、总工会、学生联合会监督。

8月8日 “天津各界联合会”召开代表大会。

同日 法租界当局封闭海员工会。

同日 天津印刷工人联合大罢工。

同日 宝成纺织厂工人，因作业时间每日达十二小时，工资低微，难维生计，且遇假期厂方尚不发给全薪，愤不能平，举行罢工。加入人数约有千名，要求改善待遇。北洋纱厂工人群起响应，并联合裕大纱厂工人一致行动。

8月9日 “中华海员工业联合会”天津支部召开第一次全体大会。下午，天津总工会、海员总工会发起组织天津罢工工人大示威。

同日 郑家庄宝成、裕大、挂甲寺北洋、裕元各纺纱厂男女工约两万余人，同时包围各工厂，要求增加工资，及取消苛虐罚则。

8月11日 裕大纱厂、宝成纱厂、河西北洋、裕元工人共一、两万人经三小时搏斗，抓获日本凶手和三名士兵，工人死伤20多人。“砸裕大”事件，使“五卅”期间天津以工人为主体的反帝爱国斗争达到前所未有的高潮。

同日 直隶督办公署和督察处用电话召集各界联合会代表安幸生、杨衡南、吕职人等开会，将他们当场逮捕关押，随后，又派便衣特务逮捕了各界联合会会员李散人、黄琴父等人，还通缉学生联合会职员杨凤楼、杨洪涛和印刷工会陶卓然。当天，“天津各界联合会”“总工会”“学生联合会”均遭查封，《救国日报》同时遭查封。天津处在白色恐怖之中，中国共产党领导的群众团体的革命活动完全转入地下。

8月12日 天津反动当局调遣军警一千五、六百人血腥镇压各纱厂罢工工人，工人英勇反抗，死二十余人，伤百余人，被捕四百多人。裕大纱厂工人为最多。工人被捕时，受到军警的摧残。

同日 李景林派兵四百余人镇压裕大罢工，死亡两人、重伤二十余人，轻伤不计。13日，又派兵千余，毙工人二十余人，重伤四十余人，轻伤不计。

同日 天津总工会、纺织总工会为李景林残杀天津罢工工友通电全国。中旬，"砸裕大冶"事件遭血腥镇压之后，中共北方区委及时派宣传部长兼职工运动委员会书记赵世炎到津指导工作。

8月18日 中华海员工业联合会天津支部成立。

同日 无辜被捕的天津纺织工人四百三十余人，截至是日全部无罪释放。被捕的各界代表十多人仍被关押。

9月13日 开滦矿赵各庄煤矿工人不堪英国资本家的压迫、剥削，在"五卅"运动的影响下，组织工会，推举代表多人，办理会务。英国资本家"认为工人代表煽动罢工"，开枪击伤工人，工人投掷砖块以反抗。当地保安队逮捕工人代表，引发该矿爆发了13000人的大罢工。

9月 中共天津地委为了密切配合国民军进攻天津，指派地委委员、天津总工会委员袁子贞会同打入国民军第二军工作的中共党员刘格平、陈家珍一道，在天津市内秘密组织一支以天津各业工会会员为骨干的工人武装别动队。从内部策应，夹攻李景林的守军，迎接国民军进占天津。

10月27日 天津造币厂工人罢工。是夜，一千多工人要求厂方分给花红。

12月24日 倾向革命的国民军在天津工人武装的内应下赶跑了奉系军阀李景林，进入天津，受到人民的欢迎。

12月25日 关押四个月之久的天津各界代表十九人被释放出狱。天津组织了万人集会欢迎国民军和获释代表。

1926年

1月1日 天津总工会恢复活动，天津总工会举行盛大的升旗礼，安幸生代表总工会发表讲话，指出军阀政府只能摧残工会的形式，不能消灭工会的精神，号召各工友加倍努力，以期得到最广大最坚固之团结。从前有组织的各工会如裕元、裕大、北洋、宝成等纺织工会，津浦、京奉铁路工会，油漆、印刷、海员、码头等工会，都纷纷宣告恢复。

1月 为了推动天津人民的反帝反军阀斗争，特别是工人运动，在老铁桥大东旅社的楼上，设立了天津总工会，公开挂牌。中共天津地委决定由天津总工会公开出版《工人小报》《工人生活》。

1月9日 天津总工会发表宣言，指出工会是保护工人利益的组织。

1月21日 天津市总工会为纪念列宁同志逝世两周年，在南市东兴大街平安影院召开纪念大会。

1月25日 天津总工会机关报《工人小报》创刊。这是天津工人阶级的第一份报纸。由中共北方区委宣传部长赵世炎任主编。由于报纸反映工人的生活和呼声，受到工人的欢迎。

1月26日 第二海京地毯厂工人组织工会，代表不幸被捕，工人因此罢工，遭到警察镇压。天津总工会召集各工会代表向当局请愿，得到满意答复。

1月31日 “津浦铁路总工会”天津分会成立。

2月6日 天津《工人小报》第13期出版，刊载了《二七纪念天津总工会通告》和《本报二七纪念增刊预告》。通告要求，各工友2月7日“务必停工参加追悼二七死难诸先烈，庆祝全国铁路代表大会，共同表示我全津有组织工人之阶级纪念。”

2月7日至15日 中华全国铁路总工会第三次代表大会在天津南市第一舞台召开。

2月27日 中共天津地委、天津总工会在裕元纱厂附近广场召开5000名青年工人大会。党、团组织和总工会负责人于方舟、安幸生、李井泉、郭隆真、王星五出席会议，总结了“砸裕大”的经验教训，教育青年工人应有组织、有领导地向资本家和反动当局进行斗争，不要盲目行动。

3月12日 孙中山逝世一周年，“国民党天津市党部”“天津总工会”等举行纪念大会，历时三天。

3月15日 “天津总工会”“反帝大同盟等团体就”“大沽口事件”举行四万多人的紧急集会，强烈抗议日本帝国主义的暴行。

3月下旬 奉系军阀李景林和张宗昌组成的直鲁联军攻下了天津，迫使国民军撤退。各工厂资本家也开始向工人反扑，大批开除工人，一些原工会的积极分子更是首当其冲，如裕元纱厂的工会代表马筱峰、司福祥、孙树宗、何玉亭、左振玉、白振东等都是在这个时候被开除出厂的。其他各厂的情况也都是如此。

3月25日 天津总工会再度被奉系反动军阀褚玉璞查封，接着所有的天津革命团体均被封闭，天津再次处于奉系军阀的白色恐怖之下，天津的党组织和工会工作由公开转入秘密。

5月1日至14日 第三次全国劳动大会在广州举行，699名代表出席会议。天津总工会代表陶卓然被选为全国总工会执行委员。

5月1日 “天津总工会”“秘密筹备纪念五一节”。反动当局获悉后逮捕工人二十余人。

5月19日 天津邮务工人三百余人请愿获得胜利。

5月30日 天津各界纪念“五卅”运动一周年。

6月2日 《工人之路》发表了“天津总工会”请“全国总工会”援助英国煤矿工人总罢工的信件。信件说明了天津工人阶级关注与支援国际工人阶级的精神。

9月7日 文升香店、德盛香店、和益香店工人全体罢工。

9月16日 《工人之路》发表“天津总工会”援助省港罢工的信件。天津总工会表示要率领全津二十万工友竭力援助。

1927年

4月18日 共产党员江震寰等15人在南市广场被奉系军阀枪杀，英勇就义，史称“天津十五烈士”。

6月11日 天津英美烟草公司工人因公司洋经理向三千工人宣布，自14日起停工三个星期，何时开工，视与当局交涉而定，并将工人所存款，照存数发给，工资发至停工之日起。工人向公司方面交涉存款和工资发放问题。公司对工人的合理要求，不但不理，反而加以申斥。全体职工当即停工，最后公司答应了工人要求，斗争取得胜利。

11月18日 李季达、粟泽、姚宝元三人被奉系军阀枪杀，英勇就义。

12月30日 中共天津党组织的创始人、工人运动的开拓者于方舟在玉田被害。

1928年

1月1日 英美烟草公司四千名工人罢工，经调解罢工结束。

2月 裕元纱厂资方强迫工人在农历年关上班，全体工人罢工，并砸坏纱锭一万多个，迫使资方放假5天。

5月 北洋纱厂解雇700余名工人，激起工人罢工。当局逮捕4名罢工领导人。罢工持续到8月份，迫使反动当局释放了被捕工人。

6月18日 恒源纱厂工人大罢工。厂方为节省开支，大批开除工人，将夜班取消，工作量加在早、中班，工人工作一个月仅得半个月工资。为此，工人在祝子杰和韩义的领导下成立罢工委员会，罢工工人向厂方提出准许成立工会、增加工资等四项要求。工人散发传单时遭到军警的镇压，一名工人当场被打死。在准备第二次罢工中，由于叛徒出卖，罢工领导人祝子杰、韩义被捕，罢工失败。

7月22日 中共顺直省委在天津召开扩大会议。工会通过《职工运动决议案》强调指出，必须积极开展工人群众的日常经济斗争，建立赤色工会。

7月23日 华新纱厂工会成立。

7月28日 平奉铁路天津职工会成立。

7月29日 天津邮务工会成立。

8月4日 恒源纱厂工会召开纪念工会成立周年纪念大会。

8月8日 天津邮务工人李殿藻、阎思承二人在东车站无辜遭日兵毒打，伤势严重，目睹者有中外人士百余人，群情激愤。天津邮务工会为此通电全国邮务工会及各报馆、各团体、机关，呼吁声援。

8月17日 国民党新军阀白崇禧致电平津卫戍司令部，以所谓平津工会内有少数共产党为由，要求将“平津两地工会一律解散”。

8月24日 国民党天津市党部宣布“天津总工会”恢复活动。

10月12日 天津邮务工会自今日成立怠工委员会，并举行为期一周的罢工。在政治、经济上给国民党新军阀以打击。

国民党军队到达京津后，天津市即出现了国民党人员，组织党机构，同时组织国民党总工会常务委员会，负责人有戈镜泉、王宏臣、王佩文、贺西千、李净山、尹筱川等，秘书为李汉民，全名“天津特别市总工会执监委员会”，地址设在玉皇阁。

12月5日 “天津总工会”开始进行整顿，国民党天津市党部与“天津总工会”研究成立了（工会）委员会。宣称整顿的目的是要坚决清除内部“不良分子”。鞋业、地毯两工会列为首批整顿对象。

12月底 中共顺直省委在天津法租借召开省委扩大会议。北平、天津等地的代表和参加“六大”的部分代表及全体省委委员参加了会议。会上周恩来传达了“六大”会议精神，刘少奇作报告。

1929年

1月6日 津浦铁路职工三百余人，填写求死志愿书，决定开展“卧轨”斗争，抗议路局九个月不发薪。蒋介石27日致电天津警备司令傅作义和市长崔廷献严加防范并解散其组织。

2月15日 国民党政府曾在1月27日致函北平政治分会，提出禁止成立店员总工会。平津资本家乘机大批开除店员工会的积极分子。

2月24日 天津纱绸布业由于大批开除店员工人而发生工潮。以天津绸纱布华竹号为首的七家商号先后开除店员工人中热心工会工作的积极分子64人，激起罢工。

3月9日 平奉铁路局长朱鸿哲虐待工人，又不执行加薪、发煤条、发制服、发花红等协定，为此八百多工人怠工，提出驱逐局长，实现协定的要求。最后斗争胜利结束。

3月30日 丽丽提花厂125名工人向资本家提出改善待遇增加工资等11条要求，并举行罢工。

4月2日 美隆地毯厂270多名工人举行为时六天的怠工，抗议厂主拒不执行去年11月间怠工所答应的条件。向厂主提出限期答复的要求。厂主驱逐工人出厂，停止供应工人伙食。

4月7日 利源恒工厂因相继开除工人激起工人的反抗，“天津市总工会”请愿，最终厂方被罚款，工人全部复工。

4月21日 “天津总工会”为了严防共产党在其各级工会中的活动，通令所属工会，对所有委员加强训练，以达到“严密组织”“切实防范”的目的。

5月12日 乾昌地毯厂洋经理无故开除工会干事，又不发给工人节日工资，全厂450多名工人举行罢工斗争。

6月11日 电车工人大罢工。比商电车公司破坏工会，曾多次无故开除工人，激怒了工人。于10日成立罢工委员会，同时还组织了六个维持大队和一个交通大队，准备交涉失败后举行罢工时维持秩序。提出改善待遇、实行八小时工作制等要求，公司置之不理，是日11时，一千余名工人举行罢工。罢工使全市电车交通陷于停顿，此事轰动天津。

6月24日 电车工人召开大会庆祝历经半月的大罢工胜利结束，宣布复工。这次罢工的胜利是在天津市各方面的支援下取得的，并得到中共顺直省委的支持。天津各民众团体组织了“电车工人罢工后援会”。

8月17日 “天津总工会”全体执行委员辞职。国民党天津市党部整委会特派候补接管。“总工会”停顿期间，地毯第一、第七工会分会工人全部被辞退，提花工会八十余工人被开除。

8月20日 天津英商海京地毯厂全体四百多名工人举行罢工。该厂规定工人平日家中有事不得请假，否则开除。为此，全厂工人举行罢工。最后斗争取得胜利。

9月18日 国民党“天津总工会”鉴于北洋、宝成两个纱厂工会内部有革命分子活动，下令解散。

10月6日 “天津总工会”举行第三次执、监委会联席会议。

10月13日 天津海河职工会经“总工会”批准召开成立大会。

11月15日 中华全国总工会致信顺直特派员，就军阀混战情况下如何组组织工人进行斗争提出13条意见，并着重在反对“黄色工会”和集中力量在唐山、天津、北平进行城市中心工作方面表述了意见，要求确定以唐山矿工、天津、北平的邮电工人，唐山、天津纱厂工人为中心，建立起北方城市中心工作基础，加紧建立赤色工会，把经济斗争转向政治斗争。

11月13日 平奉铁路天津站数千工人包围“黄色工会”，揭发其出卖工人的罪行。

11月15日 天津英商太古轮船公司全体工人举行同盟罢工。罢工胜利结束。这次罢工是由于英商对工人的残暴统治和增加工时而激起的。

11月24日 华新纱厂工会被国民党市工会以组织“欠健全”“分子尤属复杂”而令其解散。

11月28日 裕元纱厂发生工潮。工人抗议厂方无故开除工人和工人代表，经多次交涉仍不准复工，反而更加虐待工人引起。工潮于12月10日以资方被迫接受条件而胜利结束。

12月26日 天津英商太古轮船公司所属厂、船两部工人举行同盟大罢工，反抗外籍经理的压迫。坚持二十多天，最终取得胜利。

1930年

1月15日 天津《大公报》报道市社会局调查全市工会结果，全市共有工会87处，会员28406人。纺织会员为最多。

1月17日 久处英帝国主义压迫之下的大沽驳船公司海员工人同盟罢工组织维持队严防工贼的破坏行动，向资本家提出工人的七条迫切要求。

1月19日 在恒源纱厂的中共地下党组织为开展“年终双薪斗争”秘密召开党团内部会及工人代表会，因内奸告密，致使到会同志全遭逮捕。

3月1日 中华全国总工会制定了以红五月为中心的工作计划，把包括天津在内的十大城市列为重点，要求这些城市大力发展赤色会员。

3月18日 天津地下党组织以纪念巴黎公社诞生59周年为名，组织工人群众集会，会后进行了游行示威和宣传活动，近千人参加了活动。遭到国民党便衣警察和法国工部局的镇压，当场有三人被捕。

3月22日 天津英商济安自来水公司工人全体怠工。

3月27日 天津市各下级“工会联合办事处”召成立大会。大会通过了接受“天津总工会”、

通电讨蒋、请阎就职等并制定了“工会联合会”章程

4月7日 中国顺直省委根据中共中央指示成立纪念“五一”的总行动委员会，同时决定发动北宁路、开滦五矿同盟，北平市政工人罢工，发动天津以裕大为中心的六大纱厂总同盟罢工和提花工人罢工，以及学生罢课等斗争。

5月26日 天津市邮务职工会为反对国民党政府将邮款解往南京作军费，以及要求邮政改革薪率和增加米贴等问题，于23日开展怠工斗争，历时四天，斗争取得成功。

8月16日 庆生恒地毯厂二百八十余名工人罢工，抗议厂方不准工人复工。

9月28日 天津苏维埃准备委员会成立。其任务是领导讨蒋工农兵及贫农的一切斗争，准备武装暴动，推翻国民党军阀政府。

10月 中共北方局召开扩大会议，决定停止组织顺直省全省武装起义和进攻中心城市，恢复党、团、工会的独立组织和经常性工作。

11月19日 裕大纱厂三十余名工人组织工会，在劝告工人入会时与厂方发生冲突，工人进行怠工斗争。

12月15日 大来地毯厂供食黑面包，全体工人罢食并斗争。法工部局急派探捕弹压，八名工人被捕。

1931年

1月2日 恒源纱厂工人发生罢工风潮。起因是1930年底工人要求厂方发给四万元奖金，厂方只给八千元。

2月13日 “天津市劳资争议处理委员会”成立。这是国民党市党部控制下的所谓解决“劳资纠纷”的机关。

2月17日 中华全国总工会发表《为反对工会法、工厂法、反对国民党黄色工会破坏工人自己的工会宣言》，要求工友们起来反对工厂法，反对“黄色工会”破坏工人的团结，并为建立自己的工会而斗争。

3月21日 天津英商济安自来水全体工人怠工，抗议公司反对工人组织工会和拒绝工人以工会的名义向公司提出的改善工人待遇的12条要求。并组织了“工人纠察队”，表示把斗争进行到底。

3月30日 天津市各业工会成立“援助济安自来水工会后援会”，并开始募捐活动。开滦煤矿工会代表六千多工人发来电报，表示誓作后盾。

4月13日 北宁铁路工会为成立正式工会在津召开首次筹备会议。代表来自前门、丰台、天津、塘沽、唐山等。

5月25日 天津电话职工为反对裁员、要求修改交通部章程以及改善待遇而奋起斗争。

6月7日 天津海河工程局全体工人怠工。这次怠工是因4月9日向局方提出改善生活待遇交涉无果而采取的行动。

6月18日 裕元纱厂细纱车间1300多名工人在摇纱车间取得胜利的鼓舞下宣布罢工，要求厂方增加工资。风潮一起，全厂大乱，全体工人处于怠工状态。执政当局派警察镇压，又派装甲车在厂四周巡逻，罢工工人以绝食抗议。这次罢工摆脱了“黄色工会”和国民党天津当局的领导与约束，因而被指责为“自由行动”。历时五天后，于23日工人含泪复工。罢工在敌人的瓦解与破坏下失败。

6月20日 恒元纱厂工会举行成立三周年庆祝大会。

10月10日 北宁路天津东站货厂机车工人同各站工人一起推举二百多名代表请愿，质问“双十节”为何不放假休息。

10月29日 大直沽日商化学肥料公司资本家无故将工会五名筹备委员及二十余名中国工人开除，激起全体工人愤怒。工人推举代表与日方经理交涉，要求恢复开除工人的工作。日商电告日领事馆派来二十余名警察镇压工人。天津各业工会纷纷支援。

11月2日 天津船业公司举行罢工，抗议当局逮捕三名工人。

11月15日 中共中央通过了《关于职工运动决议案》，要求党的各地方组织和赤色工会组织反帝大罢工；领导工人进行经济斗争；使罢工政治化；广泛运用下层的统一战线来实现赤色工会独立领导工人的斗争；组织工人纠察队及工人自卫队等。

11月26日 津浦铁路全体员工支持奋勇抗日寇的马占山将军所部，捐薪一日。

12月23日 “天津市各业工会救国联合会”由电车电灯、电话、清洁、丹华、水业、猪鬃、津浦、华新、裕元、宝成、北洋等12个工会发起，召开成立大会，并发表宣言。

1932年

1月1日 比商天津电车电灯公司擅自决定车票加价，4日，自来水、纺织等业工会代表请愿。

1月12日 宝成纱厂1800多名工人罢工，抗议资本家借口“营业不振”不发花红。是日，资本家同意每人发花红12元，斗争胜利结束。

1月14日 天津电车电灯公司工人发动驱逐国民党天津市整委会委员刘不同的斗争。是日上午10时，津浦、华新、北洋、电车的工人二百余人以“天津市工商学驱刘联合会”的名义请愿。

1月17日 津浦铁路工人罢工。罢工工人坚决提出发放年终奖金、限期把国民党党棍杨毅调离本路、取消临时保单章程等17项要求。

1月24日 电车工会决定本日全体大罢工。原因系有二百多纠察队员卧轨阻止电车运行，登车殴打售票人员，重伤数人，轻伤三十多人，再次制造混乱，中断交通。

2月7日 天津市各业工会救国联合会在电车工会举行第五次会议，通过全力援助华新纱厂罢工斗争等六项决议。

2月27日 天津英商济安自来水公司工人鉴于公司破坏1931年工潮所协议的条件，全体怠工。

3月6日 天津市各业工会救国联合会在电车工会举行第十次执行委员会议。

本月 新记火锯公司全体工人罢工。

4月1日 《工联救国旬刊》出版。该刊系天津市各业工会救国联合会主办。

4月7日 和记打蛋洋行两千多名女工全体大罢工。该行女工每日工作十余小时，所得工资不过一角上下，并遭到层层剥削和压迫，女工因无工会组织于次日复工。

5月1日 天津市各业工会救国联合会举办“五一”劳动节纪念会。

5月8日 平、津、济三地邮务工会在天津举行联席会议。会议讨论通过请当局从速颁布特种工会法等七条。

5月19日 国有八条铁路为谋求改善工人待遇和共起救国，在津举行联席会议。

7月8日 天津电车电灯公司工人酝酿第三次大罢工。该公司违反第一次工潮时已达成的“取消包工制”协定，又将零活包出去，致使公司工人无活可做。公司借机变动工人的工种和解雇工人。

7月9日 天津各业工会救国联合会举行第五次代表大会。会议讨论了募捐飞机等，并呼吁各方速息内战，一致对外，拯救祖国。

8月4日 天津邮务工会及天津“工联会”派代表参加商讨接待东北邮政工人事宜。

8月20日 日商化学肥料公司工人再度罢工。7月初日本资本家不履行1931年工潮时所订条件，并将全体工人解雇并雇佣新工人，激起工潮。

8月30日 北洋火柴厂资方拒绝前所允诺的条件，还唆使工贼破坏工会，挑动会员与非会员工人发生冲突，当局逮捕去会员几十人，激起全体工人罢工。

9月12日 “天津各业工会联合办事处”召开成立大会。

同日 北宁铁路天津站司机司炉工人推举150名代表向路局工会天津分会事务所请愿。抗议当局开除司机和司炉工等。

10月4日 民丰面粉公司百余名失业工人要求发放解雇津贴。

同日 新纪火锯公司70余名失业工人包围社会局，要求恢复工作。

10月8日 中共河北省委发出关于纪念“十月革命”15周年决议。其中要求天津市于10月底前发行《北方工人》，建立八个工厂小报，创办八个农村小报。

10月16日 “九一八”事变后，东北邮务工人因拒绝为日寇服务，有不少人惨遭杀害。天津邮务工人追悼抗日殉难的邮工。

10月21日 比商电车工会宣布怠工。同时宣布各牌电车照常行驶，一律不售票、不查票。所有工人上班不工作，路灯不熄。

10月24日 天津市各业工会、农会和商民救国会召开全市人民支持电车工人大会。

11月6日 天津电车工人举行大请愿。是日，在当局的调解下复工。当河北发电厂工人进厂复工时，该公司突然借口“煽动工潮，革斥示威”将工会理事包汉文等五人开除，并请来保安队驻厂。为此，一千八百多名工人向该公司和国民党举行规模请愿示威。

11月15日 天津总工会筹备委员会召开第一次筹备委员会，各界工会代表到会，会议修正通过了总工会组织章程并发表宣言。

11 月 17 日 美商倪克地毯厂百余名工人罢工。

11 月 24 日 津浦铁路天津站工会组长和干事 160 余人请愿。到津浦驻津办事处向北上视察的该路管理委员会委员请愿。要求路局缩短发还工人欠薪的时间，将八年改为三年。

12 月 1 日 天津电车工人的怠工斗争以公司被迫接受条件取得胜利。

1933 年

1 月 13 日 宝成纱厂千余工人对厂方拒绝发年终花红不满，举行罢工。

1 月 17 日 平绥、平汉等铁路工人代表在天津举行联席谈话会。会议决定提出，呈请国民党政府准许战区附近地方成立工人自卫团等四条要求。

1 月 24 日 平津两市工会救国会和平绥、平汉、津浦、北宁等铁路工会，为团结起来，扩大抗日力量，在北平多次举行会议。会议决定成立“华北各业工会联合会”。决定在天津举行第三次会议，确定抗日行动计划。

2 月 3 日 天津邮务工会举行记者招待会，宣布近期发生工潮的原委，要求国民党有关当局严惩邮政当局负责人及撤销河北区副邮务长，并电请邮务总工会与华北邮务工会给予支持。

2 月 28 日 中共河北省委发表反对日本帝国主义侵略热河和河北的紧急宣言，号召秦皇岛、唐山、天津、北平的工人进行同盟罢工，反对日本侵略和国民党的出卖；组织工人义勇军、武装起义到前线，坚持和领导抗日战争。

3 月 4 日 津浦铁路全体员工将铁路局所欠十万元工薪赠作捐款，购买战斗机一架，另捐赠一万元慰劳抗日将士。

3 月 27 日 社会局调查，棉纱、洋布、银钱等业所裁工人达到三万五千余人（1931—1933 年宣告歇业造成的工人失业未统计在内）

4 月 12 日 天津市六大纱厂接全国纱厂联合会通知，准备进行减薪及停工，各厂工会在“工联会”召开紧急联席会议。会议决定，呈请国民党市党部严加制止各纱厂减薪或停工等三条。恒源纱厂于 5 月 5 日宣布停工六个月，三千多工人断粮。为此，津市各业工会成立援助恒源工人斗争委员会，实施经济援助。电车、电话、面粉等工会拟定捐款办法。

5 月 1 日 “天津市各业工会救国联合会”举行“五一”国际劳动节纪念会。大会决定通电全国工人组织武装参加抗日活动，援助纱厂工人反对停工减薪斗争。

5 月 2 日 恒源纱厂以沙（纱）业不振等原因宣布停工，6 日千余工人请愿，7 日工人景留生在厂门口服毒身亡以示抗议。斗争中得到天津邮务工会的援助。

上旬 中共河北省委机关由北平移到天津。

6 月 15 日 恒源纱厂工人包围厂“工会”，“工会”派员与厂方交涉，斗争胜利结束。

7 月 1 日 天津比商电车电灯公司工会常委张广兴被打伤，激起全体工人罢工。

7 月 22 日 裕元纱厂两三千工人举行罢工。罢工工人将大门紧闭，不准他人进入。后来保安队、警察和宪兵寻机从小门入内，进行血腥镇压，不少工人受伤，72名工人被捕。

8月9日 裕元纱厂工人代表就厂方因停工并坚持裁减1500名工人向当局请愿。结果按工厂法解雇1004人，各给路费4元。

8月14日 宝成纱厂资本家以营业不振宣布停工，并请来70多名保安队进厂“保护机器”。全厂1800多名工人失业。工人多次请愿，结果资方裁减630余人。

9月15日 宝成纱厂400多工人请愿，被军警阻止和镇压。

9月17日 天津邮务工人全体罢工。抗议汉口英籍邮务长迫害邮务工人、反对工会，并向全国发出通电。

1934年

1月26日、27日 福星面粉公司及其增设的嘉隆福记面粉公司的工人代表请愿。

2月1日 北洋火柴厂公司停业，全体工人失业。火柴业工会因此召开联席会议，丹华、荣昌、北洋等工会代表及厂产业工会干事出席会议。决定派代表向当局请愿，签订解雇条件八项。

2月6日 北洋纱厂宣布停工，1300名工人请愿要求复工。

同日 英商太古码头224名工人罢工。抗议英人不让工人过年，强迫工人卸货。英人被迫让步，工人获得春节放假两天的权利。

2月16日 近期天津市各工厂借故停产甚多，万余工人失业，地方当局派军警镇压。“工联会”召开紧急会议，设法救济失业工人。

4月6日 蒋介石电令各省当局严禁各地工厂工人罢工、怠工。声称“如有此类事情发生，应立即制止和解散其组织”。

5月1日 天津市“工联会”举行庆祝“五一”纪念大会。

5月20日 裕元纱厂织布车间百余工人集会。

5月23日 天津魏家车行六十余名工人因资本家扣减工资举行罢工，取得胜利。

1935年

1月11日 裕元纱厂以营业不振和外债紧逼为由宣布停工，2300多名失业工人推举工会干事请愿，提出停工期间发给工人生活费等。14日，工人要求，如解雇工人必须发给相当的解雇费，保证优先复工权。

3月7日 北洋火柴厂工人宣布绝食进行斗争。该厂2月停工，五百多男女工人失业。公司坚持发给半数解雇费和2月16日以前的饭费。工人坚决反对，集合五百余人向当局请愿。

5月1日 天津“工联会”召开“五一”庆祝大会。纺织、面粉、火柴、邮务、运输、电话、自来水等业工会代表及来宾共80余人出席。之后又召开全市工人代表大会，就筹备组织天津市总工会一事再次作出决定，并确立了原则。

5月6日 筹组天津市总工会的筹备委员会召开第一次全体会议。

6月9日 国民党政府与华北日军司令部密定“何梅协定”，从而把冀察两省主权大部出卖。

日寇势力进而控制了平津、河北，华北地区各爱国团体惨遭镇压，天津工人运动横遭严禁而转入低潮。

1936 年

1 月 29 日 北洋火柴公司的失业工人请求市政府救济。

春 在中共天津地下党的领导下，由天津女青年会出面创办了两所女工业余学校。一所在河东大王庄，上学的多是烟厂女工。一所在河西小刘庄，上学的多是纺织女工。

5 月 28 日 天津近万名工人、学生、市民为反抗日寇增兵华北举行大示威。

10 月 25 日 华新纱厂被解雇的 1200 多名工人推选代表请愿，要求厂方如数发给工人解雇费。

11 月 19 日 天津日商公大第六、第七两纱厂工人为援助上海 26 个日商工厂四万工人反日大罢工散发传单。

12 月 17 日 天津华新织染厂罢工。

1937 年

1 月 “七七”事变起，平津首先陷落，天津工人领袖苑宝璜发起抗日救国运动，得到贾如松、胡恩培的协助，逐渐发展，成立天津市工人抗日救国会。

本月 北洋纱厂工人要求发年终奖金，遭厂方拒绝举行罢工，并取得胜利。

3 月 14 日 天津邮务工会召开追悼全国邮务总工会常务委员兼秘书长赵树生大会。

7 月 15 日 “天津各界联合救国会”在英租界成立。该会是中共河北省委领导下的“华北各界救国会”的分支机构，简称“天津救国会”。16 日该会发出联名通电号召天津各界援助二十九军抗战。

7 月 29 日 河东义信里劳动人民配合铁路装卸工人，冲向停在附近铁道上的一列日本侵华军用车，将车上军需物资抢光。这是天津人民奋起抗日的一次自发爱国行动——抢粮台斗争。

8 月 天津英、法租界内的电话局职工对日伪当局展开了“抗交”斗争。日军占领天津后，第二、五、六电话分局均被接管。第三、四分局在英、法、意租界内，日伪用各种手段企图接管，遭到两局工人的强烈反对，因而开展了抗交斗争。开始于 1937 年 8 月，结束于 1940 年 9 月。

9 月 6 日 “天津工人救国十人团”散发《告工人书》传单，号召工人和全市人民团结起来抵抗日军侵略。

10 月 21 日 刘文波召集宝成、北洋、裕大等纱厂工会代表开会。研究筹建“工人救国团”。

11 月 5 日 “天津工人救国团”在英租界召开成立大会。

11 月 7 日 曾任国民党第六、第七党部常委、天津市总工会委员的牛玉庆，与李成儒秘密组织“工联救国会”及“工会救国十人团”，被天津治安维持会警察局侦缉总队逮捕。8 日，北洋纱厂工会委员商玉珍、徐俊玉及纺织工会范贵被捕，这就是“牛玉庆、商玉珍案件”。

11 月 10 日 “天津工人救国团”秘密召开执委会。

11 月 16 日 “天津工人救国团”为加强领导、积极开展抗日斗争，再次秘密召开会议。

12月2日 “天津工人救国联合会”在英租界山西路松寿里60号召开成立大会。该会纺方针：“团结国共两党工人活动分子，共同努力抗日救国”。

12月7日 裕元纱厂工人为反抗日寇侵略，放火烧毁本厂第一号仓库，一千包原棉化为灰烬。

12月20日 “天津工人救国团”召开紧急会议，决定自本日起暂停活动。该团的中共领导人秘密离津南下。

1938年

1月18日 天津122个民众抗日团体发表声明，不承认“中华民国临时政府”。

2月9日 “天津工人救国联合会”召开理事会议。决定秘密组织各厂工人工会，进行抗日活动。

2月28日 “天津各界工人联合反日大同盟”分部成立。主要任务是联络各厂工人，组织抗日斗争。

3月16日 开滦五矿35000多名工人罢工，至5月4日斗争取得胜利。迫使资方签订《劳资协议》。

6月下旬 公大六厂中共地下工作人员组织“读书会”，团结教育工人开展抗日活动。

7月18日 开滦矿工七7000余人在共产党员周文彬、胡志发等人的领导下举行抗日武装暴动。

10月26日 塘沽新港码头装卸工人借上船机会，把炸药塞进日轮营口丸船舱棉花垛里。营口丸驶离口岸不久就起火，三千吨位的轮船和棉花全部烧毁。

1939年

1月1日 天津纺织工人怀着对日寇的满腔仇恨，公大六厂工人放火焚烧原棉仓库，大火连烧七天，给敌人造成严重损失。

1月10日 公大六厂中共地工人员宋秀明、郭长军等被日本宪兵队逮捕扣押。

7月 公大六厂许多女工通过“拜干姐妹”形式开展抗日斗争。干姐妹之间在磨洋工、损坏设备等斗争中互相帮助、互相掩护。

8月20日 天津被水淹，25日新仓库附近水深达2.4米，直到9月底，市内积水才陆续退下。时间长达一个半月之久，受灾人口有65万左右，成千上万的工人失业，生活空前困难。

9月3日 日本侵略者以救灾为名，由“满洲劳工协会”在天津“招募难民”数千人去关外当劳工。

9月15日 英商太古轮船公司工人罢工，斗争取得胜利。

10月上旬 兴亚铁工厂（动力机厂）李占铭被诬为偷盗，车间工人团结一致向日本工头斗争，最终李占铭得以释放。

下旬 华北交通公司所属天津铁道工厂（机车车辆厂）工人举行怠工斗争，抗议日本工头毒打李宝禄，斗争持续七天，迫使日本工头将其释放。

11月19日 《新华日报》报道，“天津秘密流行着许多救亡刊物，其中，《炼铁工》便是伊伊纱厂工人出版的。一篇署名小峰的女工的速写《压岁钱》表现出了我们工人们胜利愉快的心情和敌人的狼狈窘态。”

1940 年

4 月春 塘沽新港建港工人举行罢工，抗议日本工头野蛮欺压中国工人。日本工头“三齐”被迫调走，罢工取得胜利。

5 月 13 日 中天电机厂 160 多名职工要求增加工资，举行罢工。

下半年 “平津唐点线委员会”撤销，平津城下地下党组织工作由晋察冀分局城工部直接领导。“平津唐点线委员会”曾领导党员、革命群众、市内工厂企业、机关、学校秘密开展对敌斗争。

7 月 1 日 天津《庸报》透露，上半年从天津抓走的“劳工”数以万计，大多是工人、农民、劳苦大众。抓“劳工”使不少人妻离子散、家破人亡。

8 月 27 日 天津中原公司夜间突然爆炸起火，这是“抗日锄奸团”为扩大自身影响所采取的行动。

11 月 16 日 天津英商亚细亚煤油公司工人罢工，公司被迫答应增资要求后，工人复工。

12 月 天津颐中烟草公司全体工人罢工。日本工头为追查领头人，竟抓几名女工绑在电线杆上，火熏、烤打、泼凉水，但她们坚决不吐实，日本工头只好不了了之。

1941 年

3 月 25 日 天津法租界电力华籍雇员举行罢工。提出增加工资、减少工时等九条要求。

本月 抗战后市内第一个中共地下党支部在“中国青年抗日先锋队”（党的外围组织）的基础上建立，它的工作重点放在工厂、铁路和要害部门，在工人中结交朋友，宣传抗日，发展进步力量，为准备反攻积蓄力量。

5 月 17 日 天津地毯工人举行联合大罢工。这次罢工是在日伪残酷统治天津时期，地毯工人为了反抗中外资本家的压迫和剥削，反对帝国主义侵略中国，所进行的一次有计划、有组织的行动，也是这个时期地毯工人规模最大的罢工斗争。在天津工人反帝爱国斗争史上谱写了光辉的一页。

6 月 本月，天津纱厂工人尚前串联梁鸿慈、王立光、尚继增等六、七名青年工人，成立读书会——“艺友文学社”，学唱革命歌曲、在工房出壁报，宣传抗日，并发展进步力量。

7 月 7 日 天津日伪当局通令全市，举行为期两个月的“治安强化运动”。派大量便衣特务到工厂、学校、车站、码头、货栈等处侦查，监视工人和学生、市民，要求“一律保持纯良思想”，镇压抗日活动。

9 月 15 日 日伪当局宣布实行配给制度和物资统制，特别对粮食强行管制、统一收购。这给本来生活已经十分艰难的工人又加上一层压力。

1942 年

1 月初 日商泰兴纺纱厂全体工人抗议伙食低劣，举行罢工两小时。

3月30日 天津日伪当局通令全市自即日起到6月15日实行为期两个半月的“第四次治安强化运动”。同时，派特务到火柴厂、纱厂搜集情报以镇压工人抗日救国活动。

6月 日商二菱酱油厂资本家强迫全厂360多名短工吃玉米面和酱油残渣做的窝头，激怒工人，工人进行“哑巴罢工”斗争。

8月23日 天津丹华火柴公司全体工人罢工。

10月 塘沽装卸工人故意制造事故，破坏港口生产。一次工人把七吨重的大气锤由起重机放落，砸断了日本轮船上的大梁；之后，又在铁道上滚排泥管子，使四节车厢被撞翻倒。

12月 昌和铁工厂部分车间改产军械后，工人们采取怠工、制造事故、生产废品等手段进行斗争。中共中央作出关于注意加强沦陷区工作的决定，派出适合城市秘密工作的干部进入天津市区，开辟工作，天津党组织逐渐恢复活动。党的外围组织“天津青年抗日救国会”建立。

1943年

2月2日 天津纱厂津宇班织布工人举行反饥饿罢工斗争。当局将罢工领袖逮捕送入“红帽衙门”，由于工人坚持斗争，取得胜利。

中旬 泰兴纺纱厂工人为破坏“生产军毯支援大东亚圣战”，巧妙地采用拆掉抽水传动带，捣毁总发动机等办法，使全厂经常无水、无电而被迫停产。

5月 兴满胶皮工厂工人要求提高工资，改善生活，反对加班，反对饥饿，全体工人罢工，工人停机器、拉电闸等方式，与资本家斗争。厂方担心贻误军鞋生产，只好答应。斗争取得胜利。

6月 天津工人和市民为冲破日伪对抗日根据地的禁运、封锁，想方设法输送各种物资，支援抗日斗争。

7月 天津升恒机械厂是日军军械修造所，工人破坏敌人的武装生产，造成日本步枪在战场上“闷口”。

8月 中国共产党的外围组织——“天津市各界抗日救国联合会（原天津青年抗日救国会）”的成员纷纷进入工厂、企业、铁路和学校，发展进步力量，开展抗日工作。

10月中旬 日商内外化学公司工人经常以损坏截门的办法，使炸药原料“甘油”流失，以破坏敌人的军火原料生产。中旬某天，一次流失甘油十吨多。

11月3日 大华皮毛厂工人放火烧毁厂房五间和机器数台，工人常德会被逮捕。

本月 日寇1820侵略部队强令仁立毛纺织厂加工军用毛毯，首批7000条限令1944年8月交货。后又增加17000条，限令1945年底完成。全厂职工在中共地下党的领导下，采取种种方式进行怠工破坏，直到1945年日本投降，这批军毯也没交上。

1944年

1月20日 “军管理颐中烟草公司天津工场”切烟部工人为要求维持最低生活举行罢工，斗争取得胜利。

4月 华北交通公司天津铁道工厂工人王俊臣以练武术等形式团结广大工人秘密展开抗日斗

争，在中共地下党的领导下，采用种种手段破坏敌人急修铁甲车的任务。

下旬　汉沽盐滩工人在中共地下党领导下，反抗日本侵略者的掠夺和残酷压迫，举行联合大罢工。罢工区域长达一百多里，斗争坚持了二十天，最终取得胜利。

5月26日　天津纱厂粗纱工人为抗议日本资本家发给又苦又酸的豆饼、山芋干、棉籽面，举行“集体歇工”斗争，斗争取得了胜利。

6月底　塘沽“劳工营”发生暴动，114人逃出，6人被日军机枪打死。

下半年　天津铁道工厂地下党通过“摔跤队”和“帮穷”（经济互助）形式发展组织，积蓄力量。

9月　本月，振华造纸厂（今天津板纸厂）解雇工人一百多名。

同月　兴华造纸厂（今新风造纸厂前身）工人罢工，资本家强行关闭工厂，致使工人全部失业。

11月7日　东亚毛亚厂一千多名工人罢工，要求提高工资待遇。斗争取得胜利。

11月　公大六厂工人故意造成“卡梭”“断线”事故，破坏日军军需药布生产。泰兴纺纱厂的工人在中共地下党的领导下，展开了一系列的破坏活动。布场的工人陆续把织布机的零件拆卸下来，使一半以上的布机开不了车。织药布的工人制造“卡梭”“断线”来破坏军用药布的试产和投产。织降落伞的工人想方设法偷降落伞，急得日本工头乱叫，也找不出原因。

12月　年底，穷途末路的日军企图挽救战败命运，勒令天津日商几个大纺织工厂拆除设备献钢铁，造成纺织厂全部停工或半停工。成百上千的纺织工人失业，处于极端困难的处境。

本年　成立“天津铁路员工联合会”组成下九股地下党支部，深入工人群众开展经济斗争“天津铁联”是天津铁路员工联合会的简称，是铁路职工在中共地下组织领导下同日伪及国民党统治者开展一系列斗争并取得胜利的基础上成立的，因而在天津铁路职工中有深厚的基础和广泛的影响，是天津铁路工人运动中有领导有组织的先锋队和主力军。

1945年

3月　天津市内各工厂企业工人仇恨日本侵略者的情绪达到极点，斗争已经表面化。公大六厂、东洋造纸厂、中山制铁所等许多工厂，时常发生痛打日本侵略者的事情。

4月30日　华北交通株式会社天津铁道工厂运来十七箱修车器材，工人们得知后立即在地下党支部的领导下把器材全部“偷走”，使敌人抢修铁道任务被迫停。

6月　日本侵略者统治下的天津已经完全处在共产党领导的抗日根据地的包围之中。天津市内党的工作和工人、市民的抗日斗争进入迎接胜利的阶段。

7月上旬　许多日资工厂发不出工资和配给粮食，工人起来斗争，日本资本家被迫拿本厂产品抵押。

7月22日　公大七厂毛绒场突然发生大火，一时浓烟滚滚，火光冲天。虽有全体日本侵略军及消防人员拼命抢救，大火仍然烧了一昼夜。结果，生产军用物资的整个毛绒场变成一片瓦砾。这场大火烧得日本侵略军胆战心惊。

8月15日 日本宣布无条件投降的消息传来，天津工人和市民庆贺抗日战争的伟大胜利。庆贺沦陷时期天津工人阶级和全市市民一道向日本侵略者进行英勇斗争而做出的巨大贡献。

中旬 泰兴纺纱厂工人庆贺抗战胜利，工人们揪出平时作恶多端的松野、平野等日本侵略者痛打，打得他们跪地求饶，表示服罪，并交出工厂钥匙。工人们高呼“我们胜利了”。

8月28日 中共冀中区党委召开天津工作讨论会，宣布成立天津工作委员会，对外称“天津解放委员会”。

9月5日 中共天津工作委员会做出《目前天津市形势与工作方针》和《关于目前工作的补充指示》，就天津党的工作做出了部署和安排。指出在工人运动中，要“组织各厂工人要求厂方与日伪政府发给生活费，组织失业苦力向日伪政府请愿、要求救济等合法运动，另一方面还需组织工人苦力向小贩将敌人的商店、工厂、罪大恶极的汉奸财产收归国有，并向根据地运销等等。”

9月18日 津浦、北宁、平汉等十一条铁路员工400余人代表国民党统治区数万铁路员工在重庆向国民党政府交通部请愿，要求还乡复员，要求救济失业。

9月25日 延安《解放日报》报道，国民党社会部部长古正钢承认，京沪平津等地有600余万工人失业。

本月 中共天津工作委员会发出《关于目前时局的几个问题和工作方针的通知》，其中就工人运动提出指导方针。

9月30日 中共天津市委员会发出《关于美军在塘沽登陆形势下我们紧急工作任务的指示》。

10月4日 国民党天津市“党政接受委员会”成立。工会工作人员十余人，另外聘请了工商界的人士30余人为委员。

10月13日 裕大纱厂工人1450余人，在中共地下党领导下，发起要求改善生活条件的斗争，并取得胜利。双喜纱厂在裕大工人斗争胜利的影响下举行罢工，也取得胜利。

11月25日 津委会职工部关于开展工人苦力工作的布置，根据全党以大力开展工人苦力工作的精神，对津市的工人苦力工作进行部署，并强调工运工作的重要性。工人在城市中是个主要命脉，只有把城市中的工人发动起来，才能把城市工作做好，只有工人工作的开展，才能占领城市、巩固城市和建设新的城市。

11月28日 天津东亚被服厂工人为要求救济呈请社会局调解。

12月2日 天津市12个单位的工人代表三千余人向国民党市政府请愿。提出减低物价、早日开工、救济失业工人、开放仓库等九点要求。市政府被迫答应工人要求。

12月7日 国民党天津市失业工人临时救济委员会召开成立会议，该会报告，天津市各业失业工人约二十二万九千余人，而可得到救济的只有七万人。

12月10日 天津北洋纱厂工人要求提高工资四倍，男工发给棉衣一套，女工发给棉袍一件举行罢工，经社会局调解，厂方答应工人要求，工人于15日复工。

12月14日 天津的上海纱厂八百余工人在中共地下党领导下罢工。提出提高待遇、增加工资的要求。厂方被迫答应工人要求。

12月29日 天津法商电灯房工人要求厂方配给冬煤、改善待遇等五项条件，厂方接受工人的要求。

1946年

1月4日 天津恒源纺纱厂工会干事代表全厂工人向厂方提要求发给年终红利、发给遣散费等四项要求，并提出“对工人之要求，如若否认，则全体工人以罢工相对。”为避免罢工，厂方被迫答应。

1月13日 天津东亚毛呢纺织公司工人要求每人配给面粉三袋、蓝布一匹、袜子两双。该厂对工人的要求不予答复，工人于气愤中将社会局科长刘畏吾痛打，警察局镇压并逮捕五名工人，全厂工人奋起反抗，警察局长李汉元被迫将逮捕工人放回，斗争最终取得胜利。

1月21日 天津电灯公司工人为要求提高待遇罢工。

1月24日 天津市颐中烟草股份有限公司产业分会呈文社会局提出增加工资等三项要求，得到解决。

同日 中纺五厂与“黄色工会”勾结，无礼克扣工人工资，工人代表与厂方交涉，被厂警逮捕。工人因此举行罢工，斗争取得胜利。

1月27日 津浦铁路工厂工人一千四、五百名到铁路局请愿，要求发薪。

1月28日 天津铁路局职工为要求增加工资、反对裁员举行罢工。数千名工人进行示威游行。天津警察局派军警乘摩托车阻拦，冲撞游行队伍。工人顽强抵抗，继续游行。路局被迫答应工人要求。

1月31日 津浦铁路工厂车务处和机务段员工七百余人包围交通部平津区天津分区接受委员办事处，要求发薪，当局被迫答应。

1月 国民党“工联”和“工职”两派的对立。在1946年1月工联与工职进行了多次磋商，终于在双方平分未来国民党总工会职位原则下，达成了初步协议，双方同意“合并组织”。

2月3日 在天津的北宁铁路局所属的检查段、列车段、工务段等工人游行示威。提出每人每月得80公斤米，按市价折合等要求。

2月7日 在中共地下组织的领导下，天津中纺五厂工人孙世琚和四厂工人左振玉（中共党员），带领五厂工人要求改选旧工会，成立新工会。为此与旧工会发生冲突。8日开改选会议，10日成立新工会。为加强工会的领导权，左振玉率中方四场六十余名工人到中方五厂，帮助新工会研究巩固领导权、领导工人开展斗争。

同日 天津市社会局为控制粮价上涨决定实行议价办法。18日，天津粮价猛涨，工人生活困难。各厂工人纷纷要求增资。

2月23日 北平、天津、广州、昆明及华北、华南等地的电报工人约10万人要求提高工资、改善生活实行总罢工。

2月24日 天津市德兴泰铁工厂全体工人为增加工资罢工。

2月28日 北宁铁路局和津浦铁路大厂的员工千余人请愿。提出增加工资、平等待遇、保障员工职业等十条要求。

同日 国民党军事委员会委员长北平行营主任李宗仁电天津市市长张廷谔称：对工人罢工运动，要“由市政府、市党部及天津市各有关机关，定期汇报，随时商讨防止之策”等。

本月 仁立毛纺厂资本家拒绝偿还拖欠的工资，工人在中共地下党的领导下包围该厂，进行斗争。该厂资本家和旧工会被工人围困18小时。

3月5日 国民党中国航空公司华籍员工为要求增加工资举行怠工，各线班机一律停航，全国各站员工积极响应。

3月8日 天津电车电灯公司全体工人约一千四百余名召开反对比商接办该公司大会。会后，工人分乘九辆电车游行示威。

3月10日 天津铁路工人三百余人和唐山到津的代表要求复工及提高待遇到交通部接受委员会天津办事处请愿。

3月13日 天津《大公报》报道，织造、提花、绸布业技术工人三四万人，有十分之九失业。各厂工人联合呈文社会局要求复业。

3月15日 天津中纺二厂全体工人罢工，将厂长和主任禁闭，要求解散旧工会，成立新工会。

同日 天津中纺四厂工会干事左振玉（中共党员），在中纺二厂召集中纺各厂、北洋纱厂等工会干部开会，决定成立“天津市七大纱厂联合会”，负责统一组织领导纺织工人斗争。

3月16日 天津中纺五厂、四厂工人请愿，要求逮捕该厂汉奸。该厂汉奸不满，屡向工人寻衅滋事。国民党第五区党部万宝起率旧工会代表及一大批流氓，手持利刃，到该厂刺杀工人，一名男工被刺成重伤。全体工人强烈要求当局严惩凶手。

3月21日 和记洋行工人给该厂洋经理卡窝下“最后通牒”，提出要么对解雇的工人发三个月工资，要么全部留用，并限期答复，否则采取断然手段。卡窝迫于压力答应了工人的要求。

3月26日 天津中纺四厂失业工人720余人，选出代表请愿复工。

3月27日 天津电信局职工反对比商接受电车电灯公司向全市发出《告市民书》，表示不达目的绝不罢休。

同日 津浦铁路失业职工600余人结队到路局请愿，要求复工。

3月28日 开滦矿务局林西、唐家山两矿工人两万余人举行大罢工。

4月4日 英商天津和记洋行无礼裁减工人，激起工人强烈反对。英人郎弗德招来驻厂美军数十人，武装镇压工人。厂工会请愿，当局被迫召集劳资双方代表协商解决。

4月15日 天津中纺五厂、正昌烟草公司等厂工会代表开会研究援助天津和记洋行工人斗争事宜。

4月20日 天津和记洋行工人要求增资，反对英人砸毁工会牌匾事，获得解决，本日复工。

4月24日 资源委员会天津炼钢厂第一厂工人892人向厂方提出将全部焦炭作为救济失业工人要求，29日，厂方答应工人要求，斗争取得胜利。

4月30日 天津《民国日报》社工人为要求增薪全体罢工。

本月 据天津市政府社会局统计，天津工人罢工，1月为15次，2月13次，3月10次，4月15次，罢工人数达15万人。

5月4日 天津中纺四厂工会代表十余人去中纺五厂联系工作，至厂门口，遭被国民党驻厂军队殴打刺伤，工人目不忍睹，与驻军展开搏斗。同时，工会宣布停工，并拉响警报，向附近各厂发出求救信号。四厂闻笛后，工会负责人左振玉宣布罢工。并率布厂工人支援，行至杨庄子渡口，遭到当地派出所的阻挠。愤怒的工人痛打派出所人员，不少工人跳入海河游至对岸，海河两岸十多个厂的工人闻笛赶到五厂支援，工人的这种行动，引起国民党天津当局极大恐慌，被迫接受工人提出的要求。斗争取得了胜利。

5月14日 天津东亚毛呢纺织厂全厂工人怠工。

5月30日 海河工程局职业工会派代表向该局请愿，提出七项要求，为要求改善待遇发生流血事件。

6月1日 天津中纺三厂工人包围厂长办公室，要求端午节发节日赏金及救济面粉，厂长被迫答复2日内解决工人要求，九百工人要求厂长兑现诺言，否则拒绝进厂上班，得到答复后复工。

6月2日 天津小总会舞场全体人员要求增加饭费、改善待遇而停止工作。

6月5日 国民党北平行营主任李宗仁电令天津市政府、国民党市党部、经济特派员办事处称："据报，天津上海纱厂异党分子潜伏势力甚大，所有工会及有力分子多受其领导掌握，现仍继续扩张赤化势力范围，企图扩大工潮，破坏我工业之生产……希迅查明，以免扩大蔓延。"

6月8日 奉天津警备司令部和天津市副市长杜建时之命，国民党军某部连长率二十余士兵，会同驻厂军警逮捕中纺五厂和四厂进步工人和中共地下党员37人，因证据不足，先后释放30人，其余7人被押送天津警备司令部。

6月9日 电信局职工总会于4月15日开始筹备，定于6月10日正式成立。为此，国民党当局电令制止该会成立。

6月16日 天津中纺四厂和五厂的红色工会被国民党当局解散。

6月21日 海河工程局工人代表请愿中与局长发生冲突，代表不得不进行自卫，被警察三十余人押解至警察六分局。工人要求释放代表被武装驱散。

6月24日 天津海河工程局职业工会为22日海河工程局工人与局方发生冲突事件向全市各单位发出启事，请求支援。

6月26日 天津市各工会在总工会大礼堂召开海河工程局工会后援会筹备会，决定29日召开后援会成立大会。

同日 天津东亚毛纺织公司全厂工人罢工。

6月27日 天津海河工程局职业工会要求严惩该局局长徐世大，释放被捕工人。

6月29日 海河工程局职业工会后援会，在多伦道总工会举行成立大会。

7月13日 天津市长张廷谔为解决东亚毛纺织厂工人罢工事，亲自到该厂召集工人训话，并要求立即复工。

7月14日 天津颐中烟草公司工人要求增资，全厂1700余人停工。

7月16日 天津市政府奉命成立“天津市劳资纠纷评断委员会”。

7月24日 天津中纺五场工人召开秘密会议，研究组建新工会，发动和领导工人斗争等问题。

本月 天津港十余艘船船员罢工，抗议美帝国主义给国民党军队运输军火，并要求释放被捕海员，迫使美方释放三名被捕海员。

8月18日 天津龙泉澡堂工人要求增加工资、组织工会，资方无法应付，宣布停业，使职工失业。

8月19日 天津盛锡福制帽厂工人要求开工和补发工资到社会局请愿。

8月24日 天津警备司令部拟出解决天津当前工潮的意见书。该意见书分析了天津工人运动的形势，工人运动发生的原因，工人采取斗争的方式方法，以及应采取的对策。并提出警备区对付天津工人运动的具体办法和意见。

9月2日 天津铁路局工人在宁园召开大会，决定向路局请愿。5日，平津区间铁路工人千余人到津局办事处请愿。并提出福利问题如何解决等四个问题。

9月5日 天津中纺七厂工人为向厂方要求中秋节发双薪举行罢工。

同日 天津渤海造纸厂全体工人罢工。

9月6日 天津恒源纺织厂工人抗议厂方不发中秋节赏和双薪全体罢工。

9月9日 天津市政府召开党政军“防止工潮紧急会议”对恒源纱厂工人罢工事进行了讨论。最后决议：对此事应取强硬态度先复工；对该厂异党分子由厂方检举，如工潮再行扩大即予以逮捕；关于要求节赏费数额，以五月节标准发。

9月11日 天津东亚毛纺织厂工会仍然坚持要求增加节赏，遭厂方拒绝后，下午全体工人罢工，关闭工厂大门，不答应要求，不许职员出门。天津警备司令部南区稽查所派人将工厂包围，强行驱逐工人出厂，并逮捕三名工人。其余各人极为不满，到稽查处请愿，要求释放被捕工人。工人要求复工，厂方不予允诺。

9月19日 冀北电力公司天津分公司不执行评断委员会评断，工会干事带领300余工人包围社会局，要求当局责令公司执行。

10月2日 国民党政府社会部电天津社会局“查处”平津路局工人罢工。

10月19日 平津铁路局员工对国民党当局解雇工人赴北平请愿。

11月1日 调拨津浦铁路局员工自治会总干事杨连横率24名代表赴天津北站津浦区铁路管理局天津办事处请愿。

11 月 13 日 津浦铁路北段被裁员工集合 700 余人，组成请愿团由工人代表率领从沧州乘车到津浦区铁路局天津办事处请愿。提出收回裁员成命。18 日，未得到路局圆满答复，500 百余名工人集会于北宁公园反对裁员。

11 月 19 日 天津华北造纸厂由于原料缺乏、销路不畅停工，拟遣散全部工人，工人派代表到社会局请愿。

11 月 21 日 津浦铁路津德段车务第七、八两段被裁员工组成“津浦北段被裁员联合请愿会”，于 11—12 月多次请愿。

11 月 30 日 天津市国民党当局出动军警取缔摊贩。致使大批摊贩人员因而失业。12 月 2 日，天津全体摊贩罢市。抗议国民党当局驱逐摊贩的命令。

12 月 2 日 天津北洋火柴公司工人成立工会。

本月 资源委员会所属天津 12 个工厂的 6000 余名职工、天津华源被服厂、津浦铁路北段、天津中纺四厂、开滦煤矿等工人先后以请愿、罢工、联合罢工等形式进行斗争。

1947 年

1 月 市内多家企业工人为提高生活待遇、反对裁员等举行罢工或请愿。如天津飞龙橡胶厂工人联合其他橡胶厂工人为提高生活待遇罢工；天津中纺四厂工人为反对由山西招募的新工人入厂怠工；天津冀北电力公司与旧法国电灯房 2000 余名工人为调整待遇举行罢工；天津福星面粉公司工人公司少发薪金罢工；冀北电力公司平、津、唐各分厂工会联合要求改善待遇向总经理请愿；天津仁立毛纺公司工人要求年终奖金罢工；天津北洋铁厂工人要求改善待遇罢工、天津市机织业 400 余家工厂工人要求年终奖金举行全体罢工。

2 月 天津发生美军枪杀码头工人刘恩宝事件。刘恩宝在美军海河码头做工，因搬运货箱时摔倒，美军上前殴打，刘逃避，被机枪射中九弹，当即死亡。此事激起全市人民和工人的极大愤慨。

2 月 8 日 由于国民党发动内战，天津物价暴涨，引起“二月涨风”。工人无法维持生活，纷纷进行反饥饿、反内战罢工斗争。

2 月 23 日 天津中纺一厂工人，因反抗厂警搜身，与警员发生冲突，打伤三人。反动当局进行武装镇压，拘捕工人 20 余人。

3 月 1 日 到 3 月 3 日，天津地毯业东方、三立等厂为要求增加工资工人罢工。

3 月 20 日 中华火柴厂工人罢工要求调整待遇。

4 月 10 日 资源委员会各工厂企业工会召开联席会议。大会通电要求工人有罢工权。

4 月 21 日 天津市各金店工人为生活所迫推代表向市政府请愿。

本月 三条石德和机器厂工人要求增加工资和组织工会罢工 14 天，厂方勾结军警镇压，工人包围了军警汽车，最终取得罢工胜利。

5 月 4 日 直隶国民党华北联合勤务司令部的天津被服厂工人反对延长工作时间，举行罢工，并发生流血事件。罢工延续四天，最后遭到镇压。

5月10日 天津市澡堂业职业总工会召开成立大会。

5月26日 天津河北中兴公司承包长芦盐务局邓善沽盐滩工程，因包工大柜拖欠工资引起工人愤怒，群起抢夺该处大柜存放的玉米面，反动服务队官兵进行武装镇压，当场击毙工人一名，酿成惨案。

6月1日 天津中纺第六厂工人要求五月节发面粉，因遭厂方拒绝而举行罢工，并取得胜利。

6月20日 天津永德硝子厂（玻璃厂）二百多名工人因厂经理变卖机器不能复工，赴市政府请愿。

7月2日 天津市旅店、饭馆、澡堂、戏院、理发等五行业职工会为反对军警镇压工人运动、非法逮捕工人，向天津地方法院检察处致函。

7月17日 天津市旅店、澡堂、饭店等20余职工会代表赴社会局请愿。

8月4日 天津被服厂工人反对警卫无理检查下班工人，与厂警卫人员发生冲突。警卫班长当场击毙两名工人。工人当即集合抗议，5日，900余名工人召开追悼会，公祭死难工人。派代表与厂方交涉，最终厂方答应工人提出的六项要求。

8月21日 天津敌伪产业处理局第三批解雇工人280余名，被解雇工人派代表向局长请愿。

8月28日 国民党领导的天津总工会各会员代表在耀华中学礼堂开会选出理监事等成立了国民党天津市总工会。计其理事25人，候补8人，并由理事中互推12人为常务理事，另选监事9人，候补3人，另互推三人为常务监事。

9月5日 天津德和铁工厂工人因厂方不允许被裁工人复工举行罢工。

9月9日 天津马尾羊毛包装业职工会，开会决议取消包工制，工头反对取消，工人并呈请社会局解决。

9月21日 天津河东十字街惠利印刷局工人要求追补欠薪，经理纠集流氓暴徒进行镇压，造成殴伤工人的严重事件。事件发生后印刷业所属五个分会要求当局严惩暴徒。18日印刷业的斗争得到电信局、海河工程局、招商局、邮政局、自来水、旅店等各产业、职工工会的支持和援助。

10月5日 中共冀中区党委城工部对天津工作的总结：工人运动还赶不上学运，目前没有什么比较大规模的斗争，而主要是分散零星的小的斗争，而这种小规模、零星的斗争，自发的或有领导的则是非常普遍的，大的有的扩展到一厂或一业的。

10月12日 中药制造业工人自发组织“天津中药制造业职业工会”，并定于13日召开成立大会。警备区司令部竟以该会“有通匪嫌疑”将三名工会筹备人非法逮捕。

10月13日 天津市直隶印字馆全体工人反对遣散工人，举行罢工。

10月15日 因和记洋行欠薪，工人将英人经理等人滞留，声明：不发工资，绝不放行。资方招来武装警察一队，英国驻津总领事等四处“交涉”，仍无济于事。21日，职工家属百余人也冲进账房，表示不发工资，绝不离去。后来以资方发放遣散费结束。

10月26日 天津中纺六厂工人因厂方包庇反动工头而与厂方发生冲突，并痛打总务科长和警卫队长。反动军警开枪镇压，酿成血案。

11月4日 天津中南化学厂全体五百七十余名工人罢工，经社会局、总工会调解，工人答复复工。工人遵约8日复工时，厂方强迫工人填写“契约书”（实为卖身契），并开除工会干事等五名工人，工人9日再次罢工，经调解于17日复工。不料厂方歇业，25日，工人代表赴社会局请愿，社会局劳工科长与工人发生冲突，通知警察局逮捕13名工人代表。

11月20日 天津中纺一至七厂、北洋等十一个工厂工会，召开“天津市棉纺业产业工会”成立大会。

本月 在中共地下组织指挥下，六号门搬运工人为要求将“二八分账制”改为“对半分账制”，罢工三天取得胜利。

12月8日 天津市河北邮政局1600名职工绝食一日，响应全国邮务员工要求增资进行绝食斗争号召，声援和支持全国邮工的反饥饿、反内战斗争。

12月15日 天津市香业工人要求调整工资，举行罢工。

12月24日 天津颐中烟草公司工人反对厂方发表的工资新算法，举行罢工。工人封锁工厂大门，包围厂内洋人，并向厂方提出五项增资要求。取得胜利。

12月28日 天津港的领航、水手罢工，抗议国民党军队枪击进港商船、逮捕船员。

1948年

1月16日 天津化学公司汉沽化学厂工人包围厂办公室、厂长室等处，要求提高工资待遇。

1月27日 天津市公用局为防止和镇压工人罢工成立“公用局稽查队”，队员93人，由警备司令部直接指挥。

1月30日 天津市电汽车工人百余人为反对裁员赴公用局请愿。

3月11日 塘沽新港工程局机械厂工人600多人昨天因为工资问题而罢工。管理船闸的工人同时停止工作，致使新港航道没有轮船出入。

4月2日 天津塘沽新港工程局修船厂一千多名工人为要求提高工资、改善待遇举行罢工，300工人包围厂办公室，厂方被迫答应工人要求，同日下午，工人复工。

4月3日 天津长芦盐务管理局大沽盐田办事处全体员工六百余名罢工，国民党派军警武装镇压，逮捕三名工人，工人被迫于次日复工。

4月12日 天津美古绅银行所属第二地毯厂工人为要求增加工资提高待遇举行罢工。27日又联络尼克洋行工人再次举行罢工。该行经理巴伯森要求“严办罢工工人”，为此工人极为愤怒，坚持罢工。

4月30日 天津国民党当局进行疯狂大搜捕。逮捕市民男九百余人，女百余人，羁押在国民党天津海光寺国民党九十二军军部，施以各种酷刑。

5月1日 天津颐中烟草公司停工，1800余名工人失业。

5月13日 天津新港工程局工人为改善待遇，抗议当局扣发工资举行怠工斗争。国民党当局派兵镇压工运，逮捕工人。

5月14日 天津新港工程局修船厂工人，为反对厂方裁减工人进行罢工。国民党当局以通匪煽动工潮为名进行镇压，非法逮捕地下共产党员和进步工人29名，15日送天津警备区。

7月1日 天津市四十八家电影院职工因向资方要求提高待遇，全部停工。

7月16日 天津市公用局汽车管理处200余人请愿。

7月30日 天津市烟草业产业公司颐中烟草公司分会常务干事代表全厂1800余名工人请愿。

8月14日 华北局城工委指示天津工运工作方针与任务，应是争生存、扩大巩固团结、积蓄壮大力量、准备配合迎接解放军。1. 斗争的基本性质是求生存，即要饭吃、要工作、反饥饿、反关门、反南迁、反迫害、反失业，并在斗争中提高工人的政治觉悟。2. 加强工人与职员的团结，教育工人善于争取职员进行共同斗争。3. 向民族资本家进行统战工作，在劳资两利的条件下，今天共同维持生产，解放后共同发展生产。对于手工业作坊等小企业更可利用各种关系团结一起，反对国民党抓兵，反苛捐重税，要求合理配给贷款等斗争结合起来。4. 依据群众的需要和自愿，利用一切可能存在组织形式组织职工。5. 教育职工熟悉工厂，在解放军占领城市时保护工厂机器和物资，防止破坏并联合各界人士维持秩序，监视反革命分子。

8月23日 联昌印字馆等24家印刷厂工人罢工，要求提高待遇。

8月24日 三条石德和机器厂工人要求发放拖欠工资举行罢工，坚持了25天，最后取得胜利。

9月5日 平津铁路职员和工人齐集于津浦铁路局，因当局借口停用“伪员”，大裁工人而请愿，路警开枪镇压，六人受伤。

9月11日 天津太古、怡和两轮船公司工人要求增加工资举行罢工。

9月23日 资源委员会所属天津各厂工人到社会局请愿。反对国营企业工人的工资按金圆券标准折算。

10月1日 三条石全盛、德和两机器厂工人反对厂方克扣工资，举行罢工，最后厂方答应工人要求，斗争取得胜利。

10月9日 天津中纺一至七厂、恒源、北洋等十余工厂各要求增加工资，厂方找借口迟迟不发，又让工人照常上班，工人向社会局请愿。

10月13日 天津新港发生交通警察殴打工程师的严重事件。新港全体员工和工会代表异常愤怒。次日，工人组成“新港警备组不法官警闯入办公室枪伤职员事件后援会”，要求当局严惩凶手。

10月17日 中央针对当前的情况，及可能发展的情势，肯定明确指出的城市工作方针，“应坚决实行疏散隐蔽、积蓄力量、以待时机”。

同日 塘沽新港工程局裁员1700人，该局工会组织职工请愿，反对裁员。

10月27日 天津公交汽车、电车工人两千余人举行集会并罢工。抗议“币制改革”要求实物发薪。全市交通停顿。次日罢工工人要求立即发给10月欠面粉。天津警备司令陈长捷发布限日出车令，如不复工，治安机关行使职权，恐吓工人。下午3点，工人仍未复工。国民党当局派出两辆装甲车、卡车及宪兵统一检查组，企图镇压工人罢工。下午4时，当局被迫答应工人的条件，全体工人开始复工。

10月28日 天津市印刷业职工工会、天津《益世报》职业工会分会、天津《大公报》职业工会分会、《新星报》职业工会分会联名呈文警察局，提出工人要求工作补助办法。

10月29日 天津电信局1800名职工爆发了一次持续6天的反饥饿、求生存的“饿工”斗争。触动了国民党统治当局最敏感的神经部位——通讯系统。

10月30日 天津电信局工人200余人请愿。

10月31日 天津敌伪产业处理局被遣员工百余人请愿。争取合理待遇。工潮迁延月余，使员工争得三个月资遣费。

11月4日 天津市汽车修配厂工人罢工。厂方被迫答应工人要求，工人下午复工。

同日 天津电信局的“饿工”斗争，经调处，本日复工。同时释放被捕工人28名，其余被捕工人陆续被关押。

11月5日 武汉电信局致电天津市政府，声援天津电信局工人罢工，要求释放被铺工人。

11月11日 国民党政府国防参谋总长顾祝同为天津电信局员工三十余人被捕事，电令天津警备区司令部“妥善处理”，“并查明真相”。

11月15日 天津颐中烟草公司自5月1日停工，已达六个半月之久。本月13日，各部门工人陆续复工。

12月13日 中共中央华北局向平津地下党组织发出在解放与接管城市工作中如何工作的指示。做好组织准备工作，如组织工人纠察队，护厂、护校等。天津按照指示精神，在市内企业普遍成立了工人护厂队、护厂团、纠察队。为保护工厂完整地归于人民所有，迎接解放，工人与国民党军政当局开展英勇斗争，为天津解放做出了贡献。

12月 天津行业工人纠察队三大队三中队在天津战役中徒手夺取国民党警察局六分局。

12月30日 人民解放军天津市军事管制委员会副主任黄敬同志关于军管时期天津职工运动的讲话：进城后的几个紧急任务：（一）发动工人建立和巩固革命的秩序，协助政府肃清特务，处理散兵游勇，维持街头工厂的秩序等，如组织纠察队，保护工厂，防止特务破坏等。（二）发动工人，协助各工厂的军事代表，完成接管工作，并迅速组织复工。（三）适当地解决军管时期工人生活问题。这问题中最重要的是工人的工资问题。（四）在工人中进行教育宣传与组织工作。开始时不马上建立工会，最初建立临时工厂管理委员会，军事代表、厂长、工程师、职员及工人代表优秀积极分子参加，最后决定权属于军事代表。有什么决定，工人代表就带到工人中去，征求工人意见，用这个组织来反映工人意见与工人共同讨论问题，教育工人通过这个组织也来进行其他工人组织，如合作社，纠察队等。

本月 天津工人阶级开展护厂斗争，配合天津解放。天津钢厂第二炼钢厂工人，从1948年就和国民党顽强斗争，粉碎了敌人拆迁南调重要设备的阴谋。造纸厂职工冒敌人炮火进行斗争。天津华北氧气厂的老工人冒生命危险抢救二百多瓶氧气。自来水老工人昼夜不眠地保护机器设备正常运转。渤海造纸厂工人护厂团两次打退流氓的抢劫。天津广大工人迎接天津解放，在护厂斗争中表现了工人阶级的英雄气概。

1949 年

1 月 15 日 华北总工会筹委会天津办事处所属 700 余名干部编成中纺、铁路、工业、交通等 8 个大工作组和 1 个私营企业工作组陆续进入市区，协助军管会接管官僚资本企业，并向私营企业派出工作组。随后，又在各区建立了区职工会办事处。

4 月 14 日 在市人民政府和华北总工会筹委会天津办事处的调解下，天津市 441 件劳资纠纷大部得到圆满解决，全市已有 80% 以上的私营工厂、90% 以上的私营商店相继复工复业。

4 月 17 日 华北总工会筹委会天津办事处召开公私营企业职工代表联席会议。会议选举产生了由 29 名筹备委员组成筹备委员会，负责将于“五一”节前举行的全市职工代表大会筹备工作。当晚，筹备委员会举行第一次会议，选出 9 名驻会委员，宋维静当选为主任，李慧培等为副主任。

4 月 28 ~ 30 日 天津市第一届职工代表会议召开。全市各业职工代表 600 余人出席了会议。会议期间，中央领导同志刘少奇出席会议并做了重要讲话。黄克诚、黄敬等市主要领导同志出席了会议。会议指出工会工作面临的主要任务是建立工会组织，按产业把工人组织起来。会议选产生了由黄火青 55 等名委员会组成的市职工总会筹委会，并选出 60 名出席华北职工代表会议的代表。

5 月 1 日 天津市职工和出席华北职工代表会议的各地职工代表共 1600 余人，举行“五一”国际劳动节纪念集会，中华全国总工会副主席李立三，天津市军管会主任黄克诚，市长黄敬等领导同志出席了会议。李立三在讲话中号召职工群众努力贯彻“发展生产、繁荣经济、公私兼顾、劳资两利”方针：认真学习第六次全国劳动大会决议和刘少奇在天津市职工代表大会上的报告。

5 月 28 日 天津市职工总会筹委会举行首次常委会。黄火青、丘金、刘持钧等 21 名常委出席了会议。会议推选黄火青、丘金为职工总会筹委会正副主任，确定了职工总会筹委会各部门负责人。并对市职工总会章程草案进行了讨论。

《天津日报》讯：市职工总工会筹委会按照华北职工代表会议确立的“以产业行业性质为单位，组织各产业行业工作委员会，进而成立天津市职工总工会”的原则，已分别组成纺织、铁路、市政、化学、五金、产业联合、手工业、运输、店员等九个工作委员会。

9 月 13 ~ 14 日 天津市召开职工代表会议，各业职工代表等 742 人出席了会议。会议期间，全国总工会副主席刘宁一到会讲话，市职工总会筹委会主任黄火青传达了全国工会工作会议决议和精神，劳保部长谷小波传达了市各界代表会议《关于劳资关系暂行处理办法的决议》。

9 月 15 ~ 17 日 天津市首届女工代表会议召开，各业工会女工代表 160 余人出席了会议。

会上，天津市总工会筹委会女工部长丁一报告了天津解放以来的妇女工作。市长黄敬、天津市总工会筹委会主任黄火青等领导同志出席会议并讲话。黄火青在讲话中要求各级工会对女工工作要给予充分的重视。

9月24日 天津市职工总会筹委会召开女工干部会议。会议要求各基层工会加强托儿所的建立和管理工作，并明确企业托儿所由女工部门直接领导。

10月6日《天津日报》发表了天津市总工会筹委会为统一各级工会名称所做的规定。天津市总工会筹委会所属工会组织名称为：纺织业工会、五金业工会、市政工会、海员工会、化学业工会；产业工会联合会、手工业工会联合会、搬运工会联合会、店员工会联合会；天津市总工会筹委会塘大办事处，各业工会所属基层工会组织统称为“分会”。

12月 本年据11月份统计：全市共建立了13个二级工会，281个分会，共发展会员179570人，占全市职工总数344000人的59.8%，其中产业工人会员人数达到该业工人总数的87.3%。

1950年

1月10～14日 天津市总工会首届会员代表大会召开，460余名代表出席了会议。中华全国总工会文教部长刘子久代表全国总工会向大会致贺。会议听取了黄火青关于天津市总工会筹委会半年来工作的报告，确定1950年工会工作的方针，是组织全市职工积极恢复和发展生产，保证完成和超额完成当年生产任务。会上正式成立了天津市总工会，选举产生了黄火青、丘金、谷小波等73名委员和10名候补委员，会议还原则通过了市职工总会筹委会起草的《天津市国营公营企业劳动保险暂行条例草案》。会议期间，市长黄敬到会做了题为“当前形势与工人阶级任务”的报告。大会还向1949年度劳动模范和模范集体颁发了奖品。

1月22日 天津市总工会首次执委会选出常务委员25名，黄火青当选为主任（6月改称为主席）。

2月28日 天津市总工会召开全市职工家属代表会议，会议通过了《职工家属委员会简章》，成立了职工家属委员会。

3月7日 天津市总工会发布《关于如何保证完成生产计划与开展生产运动》的指示，要求各级工会组织加强对生产工作的领导，组织工人制订个人生产计划，开展生产竞赛，订立联系合同与集体合同，改进技术和劳动组织，逐日公布产量，健全工会基层组织。

6月22日 天津市总工会、搬运工会与运输公司分别发出号召，号召全市各业工人与搬运工人紧密团结起来，彻底肃清封建把持制度。

7月26日《天津日报》发表了天津市总工会关于《今后私营企业工会工作意见和计划》。这一文件指出，建立劳资协商会议、订立集体合同是在私营企业实现稳定劳资关系恢复发展生产的过程中摸索到的成功经验，应在全市私营企业中进一步推广。

8月11日 天津市总工会和市人民政府劳动局联合发出关于《加强公私营企业劳动保护工作》的指示。

8月26日 天津市总工会主席黄火青在市政府委员会、各界协商委员会联席会议上，报告《天津市国营公营企业劳动保险暂行条例》的产生过程和具体内容。"劳动保险暂行条例"在这次会议上得到一致通过。

9月1日 《天津市国营公营企业劳动保险暂行条例》及其实施细则开始在国公营企业实行。市政系统之清洁队、医院及学校职工均可享受本条例待遇，私营大中型企业酌情实行。

11月6日 天津市总工会与市妇女联合会、青年联合会联合发表宣言，拥护我国各民主党派于本月四日发表的"抗美援朝联合宣言"。天津市总工会主席黄火青发表讲话，代表天津工人阶级向英勇抗击美帝国主义的朝鲜军民致以崇高的敬意和亲切的慰问，表示加倍努力提高生产，支援朝鲜，保卫祖国。

12月2～3日 中国教育工会中共天津市委员会首届会员代表大会召开。中国教育工会副主席刘子久和黄敏、黄火青等市领导同志出席会议并讲话。会上正式成立了天津市教育工会，杨石先、张国藩、吴大任、肖宋瑜、梁寒冰等27人当选为委员。

1951年

1月11日 天津市总工会举行全市锅炉、翻砂、机械、发电、纺织、电工、面粉、烟草、橡胶等九个技术研究会联席会议。会议总结和交流了各研究会的工作经验，确定了健全和巩固组织机构，普遍开办技术讲座，建立厂级技术研究会等几项任务。

1月21～25日 天津市总工会第二届一次工会会员代表大会召开。会议听取并讨论了黄火青所做的"一年来的工会工作"的报告：通过了"关于工会工作的决议"和"关于工会财务工作的决议"。会议确定1951年工会工作的主要任务是：继续贯彻面向生产的方针，完成全年生产任务：密切结合生产运动健全与巩固工会基层组织；积极推行劳保条例。会议并选举产生了天津市总工会委员会和经费审查委员会的委员及候补委员。

3月24日 天津市总工会召开第二届第二次会员代表大会。会上天津市总工会主席黄火青报告了全市镇压反革命运动的进展情况，号召全市全员积极协助政府检举反革命分子，帮助被骗加入反动会道门的工人迅速向政府登记，把混入工会的反革命分子清除出去；组织护厂队，纠察队，加强企业的经济保卫工作。

4月14日 天津市政府、天津市总工会等单位联合举行"彻底摧毁反动会道门广播大会"。数十万工人、市民收听大会实况后，认识到一贯道等反动会道门的罪恶面目，纷纷要求政府严惩反动会道门的首恶分子，一万余名道徒声明退道。

4月28～29日 天津市总工会举行全市工业技术工作者代表大会。劳动模范和工程技术人员代表270余人出席了会议。会上正式成立了"天津市技术研究总会"。于松如、潘承孝等45人当选为该会委员。

7月10日 天津市劳动模范和广大职工对市军事管制委员会依法处块277名反革命罪犯表示一致拥护，感谢人民政府对反革命分子实行严厉镇压。天津市总工会召开广大职工继续协助政府镇压反革命，保卫人民的幸福生活。

8月18日 《天津日报》公布天津市失业工人救济委员会的统计数字，自1950年6月至1951年8月，全市向失业工人救济委会员登记的失业工人有33940余人，其中被安排就业和组织进行转业训练、生产自救的已达26773人。

11月16日 天津市广大职工在爱国捐献运动中捐款已达150亿元，超额完成了半年内捐献10架飞机的计划。

12月17日 《天津日报》发布了天津市总工会、市民主妇女联合会、市青年团工作委员会联合发出的通知。通知要求全市职工、妇女、青年积极行动起来，投入反贪污、反浪费、反官僚主义的“三反”运动。

1952年

1月19～20日 天津市总工会第三届第一次会员代表大会召开。会议一致通过了黄火青所做的“当前工人运动的中心任务”的报告，决定坚决执行党的决议，动员全市职工广泛开展反贪污、反浪费、反官僚主义的“三反”运动和增产节约运动，努力增加生产，改进管理，为实现增加国家财富五万亿元的目标而斗争。会议选举产生了第三届天津市总工会委员会和经费审查委员会的委员。

2月11日 中国店员工会中共天津市委员会召开全市店员开展“反行贿、反偷税漏税、反盗骗国家财产、反偷工减料、反盗窃国家经济情况”的“五反”运动“捉虎”竞赛动员大会。天津市总工会主席黄火青出席会议，并在讲话中指出，要在全市店员中进行深刻的“五反”教育和阶段教育，使广大店员认清资产阶级的本质，更加积极地投入“五反”斗争。

3月26日 天津市政府为彻底摧毁建筑业中的封建把头制度，特公布《天津市建筑工人统一调配暂行办法》。

4月6日 天津市总工会举行第三届第一次执行委员会议，会上黄火青当选为天津市总工会主席、谷小波、潘长有、李权超当选为副主席，会议还选出了23名常委。会议决定：结合“三反”运动在全市工厂企业中，开展一次彻底摧垮封建残余势力的民主补课运动。

5月24日 天津市总工会召开全市国公营企业女工和职工家属代表会议。天津市总工会副主席潘长有到会讲话，号召国公营企业的女职工积极参加民主改革“补课”工作和爱国增产节约运动。

6月23日 天津市总工会发出指示，要求各级工会组织根据市人民政府颁布的“天津市各级识字运动委员会组织条例”，联合各级行政部门及其他有关部门组成识字运动委员会，加强对识字运动的组织和领导。

7月3日 天津市总工会发布《关于私营中小工厂订立生产合同》的指示，要求私营中小企业工会要坚持以生产为中心的原则，通过订立生产合同，进一步稳定劳资关系，恢复与发展生产。

7月11日 天津市总工会发布《关于调整工会组织的指示》，决定重新调整产业工会的组织形式，建立区工会，撤销天津市总工会区办事处、全市工会组织调整后共有19个产业工会，12个区工会和1个县工会。

9月30日 据全市失业工人救济委员会和劳动介绍所统计，天津解放三年来全市已有15万失业工人被安置就业。

10月1日 天津解放三年来，全市职工已从1949年的34万人增加到54万人，工会会员由1949年的19万人发展到49万人，约占全市职工总数的90%。

10月19日 天津市人民政府公布《关于私营厂店生产、工时、工资及劳保福利等项原则暂行规定》和《关于私营企业调整工资的几项原则规定》。《天津日报》发表社论，题为《正确贯彻“发展生产”“劳资两利”政策的重大措施》。

1953年

1月10～13日 天津市工会第四届会员代表大会召开。中共天津市委代理书记、天津市总工会主席黄火青等领导同志和全市会员代表共500余人出席了会议。会议听取天津市总工会副主席谷小波“关于1952年工会工作及今年工会工作任务的报告”，李权超关于介绍和推广东北五三工厂经验及天津市总工会财务收支情况的报告。会议确定1953年工会工作的中心任务是，继续发动全市职工加强抗美援朝运动，开展爱国主义生产竞赛，积极投入国家大规模、有计划的经济建设，完成当年生产任务。会议通过了《关于推广五三工厂工作经验的决议》和《关于贯彻婚姻法的决议》，选举产生了天津市总工会第四届委员会和经费审查委员会委员。

1月13日 天津市劳动局和天津市总工会发出《关于目前劳动保险工作的通知》，规定《中华人民共和国劳动保险条例》实施细则及有关法令公布前的劳动保险工作。

2月6日 天津市贯彻婚姻法运动委员会举行贯彻婚姻法宣传动员大会。会上副主任委员、天津市总工会副主席谷小波在报告中指出，贯彻婚姻法运动要坚持教育方针，首先肃清封建残余思想，并注意抓住典型教育广大群众。天津市国营和地方国营企业的干部2000余人出席了会议。

3月11日 天津市政府、天津市总工会针对部分私营企业忽视安全生产连续发生工伤事故的情况，发出紧急通报，要求私营企业资方和工会组织，切实加强安全保护措施，迅速解决在安全生产方面存在的问题。

4月21日 天津市总工会发布《关于开展爱国劳动竞赛的指示》，号召全市职工开展劳动竞赛，努力提高产品质量，降低成本，坚持安全生产，以完成和超额完成国家计划的实际行动，迎接“五一”劳动节和第七次全国劳动大会的召开。

4月23日 天津市总工会召开1953年第二次先进小组代表会议。全市劳动模范、先进小组代表和基层工会干部1000余人出席了会议。会上天津市总工会秘书长许明做关于开展爱国劳动竞赛的动员报告，著名模范小组刘长福、王德山小组向全市兄弟小组发出友谊挑战。汽车制配厂汽缸体小组等24个小组当场应战。与会代表一致表示要携手前进，搞好爱国主义竞赛，为进一步支援抗美援朝，建设伟大祖国而努力。

5 月 5 日 天津市总工会举行第四届工会委员会第二次会议。选举栗再温、谷小波等 13 人为出席全国第七次劳动大会的代表。天津市教育局统计，全市共有工人业校 208 所，1647 个班，学员 67468 人；干部业校 46 所，610 个班，学员 26340 人。

9 月 18 日 天津市国营、地方国营、公私合营工业系统和基本建设系统以及私营工厂的党员、劳动模范、工程技术人员和广大职工积极响应市委号召，纷纷展开增产节约竞赛。

10 月 13 ~ 21 日 天津市总工会举行全市基层工会工作会议，各产业、区工会和基层工会干部共 800 余人出席了会议。会上天津市总工会副主席谷小波在报告中指出工会工作面临的基本任务，是把增产节约竞赛运动在现有基础上提高一步，以保证全面超额完成增产节约计划。会议对开展增产节约竞赛运动进行了研究和部署。与会代表在讨论中一致认为建立生产会议制度是把增产节约竞赛与生产管理工作结合在一起的有效方式。

11 月 26 日 《天津日报》发表了对全市纺织、公用等 6 个系统职工，在增产节约竞赛中开展合理化建议的统计数字。据不完全统计，这 6 个系统的职工共提出合理化建议 3680 件，其中有 1620 件已被采纳，预计至 1953 年底可为国家增加 134 亿元。

11 月 30 日 天津市总工会私营企业工作委员会发出《加强私营企业劳动保护工作》的指示。

12 月 17 日 天津市总工会召开全市基层工会干部扩大会议。各产业、区工会和基层工会干部共 2000 余人出席了会议。会上天津市总工会副主席谷小波作了"关于贯彻总路线，把劳动竞赛运动向前推进一步"的报告。会议要求各级工会认真贯彻过渡时期总路线，发动职工深入开展劳动竞赛。

1954 年

1 月 天津市总工会发布号召书，号召天津市职工在胜利完成国家第一个五年计划的第一年计划的基础上，继续深入开展劳动竞赛，保证完成和争取超额完成第一个五年计划第二步的生产计划。

1 月 15 日 天津市部分国营地方国营工厂企业积极开展工人业余技术教育。全市已建有 10 所比较正规的业余技术学校和两个业余技术学习班，参加学习的各行业职工为 3170 余人。一些企业还根据专业技术特点和工人的要求建立了工人业余技术学校和专业学习班。

同日 天津市第二工人文化宫大剧场工程落成，全部建筑面积共 7000 平方米。有一个可容 1500 人的大礼堂，还有美术、戏剧、音乐等研究和舞厅。

2 月 1 日 天津市举行 1953 年劳动模范表彰大会。市委书记、天津市总工会主席黄火青、市长吴德等市领导、劳动模范和各界代表共 2500 余人出席了会议。会上对 1953 年在全市工业、交通运输业及国营商业系统中评选出的 226 名劳动模范、78 个模范小组和 5 个模范车间进行了命名和表彰。是日,《天津日报》介绍了刘长福、钱嘉光、刘祺、郭春云等 17 名劳动模范的先进事迹。

2 月 9 ~ 13 日 天津市总工会举行第四届第四次会员代表会议。会议听取并讨论了天津市总工会副主席谷小波做的题为"把劳动竞赛提高一步，逐步建立工会工作正常秩序"的报告，和天津市总工会私营企业工作委员会主任陈好问关于私营企业工会工作的报告。会议期间市委书记黄火青等领导同志到会讲话。号召全市职工深入开展劳动竞赛，努力完成和超额完成1954年的生产任务。

3月29日 天津市已有16万工人接受正规的业余文化和技术教育。全市业余文化学校已从1949年的20所发展到193所，学员已达到111000余人，此外还有46000余名工人参加了业余识字班的学习。职工业余技术教育也得到进一步发展，全市已有12所正规的业余技术学校，3700余名工人学员正在学习冶炼、电气、建筑等各种专门技术。

4月3日 天津市总工会于2月底开始对私营企业的工会干部进轮训，以加强私营企业工会工作，推动对资本主义企业的社会主义改造。

5月19日 天津市劳动局、市工会联合会召开私营企业劳动保护工作会议。会议检查了私营企业在劳动保护方面存在的问题，决定加强安全生产教育工作。

6月 天津市工会联合会召开的全市第二次工会俱乐部工作会议结束。会上四O八厂工会介绍了俱乐部工作的经验，会议决定在全市各企业工会俱乐部工作中推广这一经验。会议要求各级工会加强对俱乐部工作的领导，以丰富职工的业余文化生活，不断提高职工的思想觉悟。《天津日报》发表短评《进一步活跃职工文化生活》。

7月3日 天津市工会联合会发出《关于开展职工群众体育运动的指示》。要求各基层工会加强对职工体育运动的组织领导，依靠积极分子，有计划地把职工体育运动开展起来。

7月12日 在天津市资本主义工商业中，公私合营这一国家资本主义的高级形式有了相当的发展：1950年全市只有5个公私合营工厂，1953年底增至23个，截至1954年9月上旬全市已有公私合营工厂63个。

11月12日 天津市工会联合会联营企业工作委员会于8、9、12日举行公私合营企业工会工作经验交流会。会议指出私营企业实现公私合营以后，要进一步加强和提高工会工作，以保证完成国家生产计划，进一步推动企业的社会主义改造。

12月20日 天津市评选劳动模范委员会成立。黄火青任主任，冯文彬、谷小波、朱梦苏任副主任。“评选劳动模范委员会”发出“关于评选1954年劳动模范的通知”。

本年全市私营企业工会组织和广大职工积极投入对资本主义工商业的社会主义改造，全市合营企业由1953年占全市工业总产值的6%上升到10%以上。

1955年

1月2～3日 中国教育工会天津市第二届会员代表大会召开。会议总结了首届委员会四年来在促进教学、改善教职员工物质文化生活方面所做的工作，选举产生了中国教育工会天津市第二届委员会和出席天津市工会联合会第五届会员代表大会的代表。

1月31日至2月3日 天津市工会第五届会员代表大会召开，会议审议并通过了谷小波代表市工会联合会第四届委员会所做的“关于两年来的工会工作及今后任务”的报告，和第四届经费审查委员会代表庞德俊做的关于经费审查工作的报告。会议指出：为了进一步发挥工会组织在经济建设中的作用，应把劳动竞赛提高一步，使之向改进和提高技术的方向发展，并与改进企业管理工作结合在一起。同时要围绕劳动竞赛，努力提高职工政治觉悟和技术水平，并逐步改善职工的物质文化生活。会议选出了市工会联合会第五届委员会和经费审查委员会。

3月22日 天津市召开1954年劳动模范大会。市委书记、市长黄火青等领导同志和劳动模范，模范集体代表及各工厂企业职工代表2400多人出席了会议。大会命名表彰了244名劳动模范、100个模范小组和九个模范车间，会上劳动模范代表阎春洪、李淑珍、沈冠青、白丙午等相继发言。

3月26日 天津市有近500个私营企业，18000余名职工于3月初展开了以反浪费为中心的增产节约竞赛。

3月31日 天津市工会联合会召开集体合同经验交流会。会上纺织机械厂等单位介绍的执行集体合同的经验。市工会联合会副主席王文源在讲话中要求各单位结合讨论国家计划，认真订好集体合同，并通过执行集体合同，促进劳动竞赛的开展。

4月9日 天津市100多个手工业生产合作社超额完成第一季度生产计划，《天津日报》发表社论，题为《进一步推动手工业的社会主义改造》。

8月20日 中共天津市委发出《关于在工厂中进一步开展增产节约竞赛运动的指示》。要求全市工厂企业的党政和工会要把动员职工进一步开展增产节约克服一切浪费的劳动竞赛运动作为主要任务，保证完成全年节约7000万元的任务，为实现国家第一个五年计划而努力。

10月5日 天津市对私营工业的社会主义改造取得显著进展：目前全市500人以上的私营工厂已全部实行公私合营；100人以上的私营工厂大部分实行了公私合营，全市合营企业已有275家。

10月10日 1955年以来，在全市36个私营零售行业的11000多家商户中，已有28个行业的7000多家商户和国营有关企业建立了经销、代销等关系，被纳入了国家资本主义轨道。

11月17日 天津市各工厂企业贯彻中共天津市委《关于在工厂中进一步开展增产节约竞赛运动的指示》，广泛推行班组经济核算。据重工、轻工、第一机械、市政和纺织等5个产业工会所属80个单位的初步统计，截至10月底，已有74个企业、1094个小组开展了班组经济核算，并建立了小组节约帐。

12月7～12日 中共天津市委举行扩大会议。会上中共天津市委书记黄火青传达了党中央关于私营工商业改造的指示精神。会议提出了天津市对资本主义工商业改造的全面规划；动员全党认真贯彻中央指示精神，把对资本主义工商业的改造工作推到一个新阶段。

1956年

1月2日 天津市第六届职工业余艺术会演大会在第一工人文化宫开幕。天津市副市长白坚、市工会联合会副主席潘长有、王文源和各基层工会业余艺术活动积极分子2000余人参加了开幕式。

1月10～11日 天津市金融贸易工会召开私营合营商业店员代表会议。会议通过了《告全市公私合营店员书》。10日晚，国营商业各单位职工和公私合营商业职工3000余人举行盛大联欢晚会，庆祝私营商业全行业公私合营。

1月15日 天津市人民委员会举行大会，宣布批准全市50个私营工业行业实行公私合营。至此，全市10个私营工商行业，26000多家私营企业（包括18万余从业人员）全部被批准实行公私合营。《天津日报》发表社论，题为"欢呼津市私营工商业改革的伟大胜利"。

1月17日 天津市手工业已全部实现合作化。全市83000余名手工业工人走上合作化道路，占全市手工业劳动者总数的90%以上。

2月7日 天津市举行1955年劳动模范庆功大会。会上对全市评选出的239名劳动模范、6个模范工厂、16个模范车间和104个模范小组进行了命名和表彰。市委书记、市长黄火青到会讲话，号召全体劳动模范和广大职工深入开展劳动竞赛，争取提前一年完成第一个五年计划。劳动模范代表阎春洪、傅鸿滨、王文学等33人在会上联名提出了在全市广泛开展以提高产品质量为中心的社会主义劳动竞赛的倡议。

2月25日 天津市教育局、市工会联合会和青年团中共天津市委联合举行扫除文盲积极分子大会，会议号召全市职工积极掀起扫除文盲的热潮。

2月31日 天津市工会联合会发布"关于开展先进生产者运动的指示"。

4月14日 天津市各类企业职工积极投入先进生产者运动，第一季度涌现出的先进生产者达13000多人，并有近6000名优秀分子加入了中国共产党。

10月17日 天津市工资改革工作已基本结束。工资改革后，全市各类企业职工以及文化教育卫生事业和国家机关工作人员的全年平均工资比1955年增长了11%。

11月13日 天津市工会联合会召开先进职工家属会议。会上对天津市工厂企业中评选出的47个先进职工家属小组和67名先进职工家属进行了表彰。

11月15日 天津市工会联合会举行先进生产者运动经验交流会。会上市工会联合会副主席王文源在讲话中总结了几个月以来开展先进生产者运动取得的成绩。同时要求各单位加强和改进对运动的领导，纠正在一些单位中存在的形式主义的偏向。

12月 据天津市劳动部门统计，1956年是天津解放以来妇女就业较多的一年，全年共有17710名妇女走上工作岗位，占全市就业人数的30郾92%。从妇女就业的职业性质看，几乎遍及天津市各种生产部门和各个行业。

1957年

2月5日 天津市工会联合会《关于改变地方国营、公私合营企业工会组织的领导关系的意见》一文提出，为适应客观要求，充分发挥区办事处和产业工会的积极性，切实加强对基层的领导必须改变地方国营和公私合营企业工会组织的领导关系。一是撤销专业公司工作委员会，在各区建立重工业，第一机械、纺织、轻工业、商业等五个产业工作委员会。地方国营和公私合营企业基层工会，由各产业工作委员会领导。二是产业工会和区办事处对地方国营公私合营工会组织，实行双重领导。

8月27日 天津市工会联合会关于建立职工代表大会试点情况是，时间紧，任务重，各方面都很重视，除市委工业交通和地方工业部都作了具体指示和部署，各产业党委和各区委直接领导这一工作外，工会在具体推动此项任务中，做了许多工作。天津市工会在7月和8月分别召开了试点厂基层干部会，报告了工会在建立职工代表大会中的工作意见。在市工会召开基层会议以后，随即组织讨论，及时召集汇报，研究解决问题，以掌握和推动试点工作。

11月23日 中共天津市委第一书记黄火青做了《关于整风运动的报告》。报告认真总结和分析了全市整风运动的工作情况，就整风运动中精简机构，干部下放，密切联系群众和各级领导机关和领导实事求是原则，通过整风运动，弄清是非，统一认识，改进工作的情况提出了明确要求。

1958年

1月8日 天津市工会联合会召开整风中工会工作经验交流会，天津纺织机械厂、天津棉纺二厂、天津造纸总厂工会分别介绍了整改中的工会工作经验，有400多名基层企业工会主席出席了会议。

天津市工会联合会副主席王文源同志对整风运动中的工会工作进行了总结。

1月18日 天津市工会联合会组织部，提出《关于精简机构，紧缩编制下放干部工作的总结与1958年干部工作的意见》。在本年初和年末，两度精简机构紧缩了编制。天津市总工会八个部合为七个部，产业工会由14个合为10个。市、区、产业由195个科室减为104个。在人员上，市工会、产业工会由553人减为261人，区办事处由378人减为266人，事业单位由864人减为700人。下放到农村的有239人，同工业生产的13人，充实基层和文教部门的112人。还从市工会、产业工会抽调了55名科级以上干部以加强区办事处和事业单位的工作。

2月13日 天津市人民委员会在第一工人文化宫举行劳动模范大会，表扬和奖励劳动模范对国家社会主义建设事业做出的贡献。1957年全市23个产业工会和区工会系统共评出劳动模范266人，模范小组136个。模范中有工人179人。工程技术人员28人。管理人员20人。其他方面人员39人。这次评选出的劳动模范中，有60%左右是新涌现出来的各行业先进模范人物。

8月12日 毛泽东同志参观了“天津市工业技术革命展览会”。毛主席首先参观了天津拖拉机制造厂的热轧齿轮，详细了解了它的作用。接着又先后参观了化工、纺织、毛麻丝工业。此前后，毛泽东还先后视察了天津市东郊区四合庄乡新立村。参观了“天津进口商品陈列馆”，视察了天津南开大学、天津大学、正阳春烤鸭店。

12月 天津市总工会在全市职工中开展了以技术革命为中心的比先进、学先进、赶先进的劳动竞赛，保证了全市工业生产一再跃进，并提前完成计划。全市工业总产值完成跃进计划的108.5%，比57年增长72%。全市职工提出技术革新建议220余万件。

1959 年

2 月 12 日 天津市总工会召开专门会议对本市工人参加企业管理进行了总结。取得的经验是：两参一改三结合的推行，将在生产中不断地发展、丰富，半年来的实践已经说明，“两参一改三结合”在许多重要方面都有新的发展。各级领导对新的萌芽，要加以支持，使其不断巩固，提高。并充分估计到企业特点和现实任务，使两参一改三结合日臻完善。

6 月 19 日 天津市工会联合会提出“在党的绝对领导下充分发挥工会组织作用”的指示精神，学习和贯彻中华全国总工会党组第三次扩大会议的精神以来，工会组织发生了深刻变化，最突出的是比较彻底地解决了工会和党的关系问题。绝对服从党的领导，在干部中已经树立起来。同时在工作中，进一步贯彻了政治挂帅，以生产为中心的方针，经济主义思想倾向已基本克服。要求各级工会认真贯彻中华全国总工会党组第三次扩大会议精神，做好工会工作。

12 月 天津市总工会宣教部抓好各级工会的扫盲工作，全市各级工会在全市青壮年职工中，共掀起四次扫盲高潮。全年共扫除文盲 7.5 万人，至此，全市青壮年职工中的非文盲率已达 96%。在青壮年职工中，扫除文盲的历史任务已经基本完成。

同月 为了进一步贯彻党的依靠群众办好企业的方针，天津市总工会组织各级工会在基层企业积极抓好两参（干部参加劳动，工人参加管理）一改（改革不合理的规章制度）三结合（领导干部、工人、技术人员三者结合）工作。

同月 据有关资料统计，天津市目前共有 53 万人参加了各类职工学校的学习。青壮年职工入学率占 86.37%。其中扫盲 18776 人，初等学校 261323 人；初中 151073 人；初等技术学校 51985 人；高中 28635 人；中等技术学校 140865 人，高等学校 4365 人。

1960 年

1 月 2 日 天津市总工会提出“关于建立天津市职工业余文学艺术联合会”方案。目的是为繁荣天津市职工文学艺术创作，提高文学创作水平，加强文艺评论工作在职工队伍中培养的文学艺术骨干队伍，并要求各基层建立各种艺术和评论组，与市区相适应，形成职工业余文化活动网络，普及群众文化活动。

1 月 15 日 天津市总工会宣教部总结全市职工群众文化活动取得很大成果，工会文化事业也有很大发展。工会俱乐部由 57 年的 6655 个发展为 11770 个，图书馆由 916 个发展为 1188 个，藏书 190 万余册。正如工人所形容的“生产如龙似虎，生活有歌有舞”。

3 月 7 日 天津市总工会副主席赵冀平在天津市第一次工会俱乐部工作会议报告中指出：天津市职工文化活动已经开始深入到车间，小组已经走出了工厂，形成了一支千军万马的文艺宣传大兵团，群众文化活动，它已经成为党向职工进行共产主义教育，推动生产竞赛的有效形式。

4 月 15 ~ 19 日 天津市总工会召开第七次工会代表大会，确定今后的任务是：高举毛泽东思想旗帜，深入地开展以技术革命为中心的增产节约运动，并大力支持农业，为实现 1960 年天津的工会工作更好更全面的大发展而奋斗。大会选举了第七次工会代表大会领导人员：主席为许明；副主席为张高峰、赵冀平、杨春林、张阁、赵川、张少华（女）、刘长福、钱嘉光、苑兰田

12 月 2 日 天津市总工会为加强企业的班组建议颁布了全市小组划类暂行标准。标准共划分三类、十二款。其中规定第一类班组的标准是：能全面地抓思想、生产和生活工作，积极管好群众的思想，生产和生活。能认真贯彻执行“大抓思想、大抓生活，促进生产的方针。”此标准供各区、产业有关部门在推动班组建设工作中采用。

1961 年

5 月 11 日 天津市总工会发出通知：要求郊区拖拉机站、国营农场、“组织开展了以”质量好，耕地多，用油少、成本低、安全运转为中心，保三秋，争丰收的五好红旗机车竞赛。以实际行动支援农业。

5 月 19 日 天津市总工会召开全市第四次小组会议，会议的主要任务是广泛掀起以提高质量、降低消耗为中心的“五好”小组竞赛，保证实现产品质量、品种、规格齐跃进，把增产节约运动推向新的高潮。

10 月 23 日 天津市总工会 9 月对全市生活困难职工普遍进行了一次补助。据 1012 个单位的 619307 名职工统计，有 88188 人受到补助。开支补助费 460690 元。凡是被补助的职工分别在中秋节、国庆节前领到了补助款。

12 月 天津市人民委员会颁布《天津市关于解决职工生活困难的暂行办法》。根据实际收入情况，对职工和供养的直系亲属的生活困难补助标准做了规定。此本办法适用于天津市工厂企业、商店及事业单位。

1962 年

5 月 11 日 天津市总工会对 1962 年以来开展的增产节约运动情况进行了总结，对基层企业执行岗位责任制纳入竞赛内容，加强责任制群众监督的经验作法给予了充分肯定，同时，分析了增产节约运动中的运动中的一些，提出进一步深入开展增产节约运动的意见。

5 月 23 日 天津工人文学社不断成长壮大，人员达到 80 余人。他们同时又是各区文学小组的骨干成员。文学社除经常召开座谈会讨论成员的作品外还负责向全国性文艺刊物推荐作品。《河北文学》《新港》杂志几乎每期都有工人文学社成员创作作品。

7 月 22 日 天津市总工会宣教部在第一工人文化宫举办了老工人学哲学的总结报告。报告总结了自 1959 年 3 月起，连续举办四期，共培养工人理论学习骨干 360 余人的情况。

7 月 5 日 天津市总工会发出《关于整顿职工困难补助工作的意见》本意见与以前掌握的困补条件所不同的是，各级组织和单位应注意到在国家财政困难时期，必须从严掌握，区别对待，不要采用一律填平补齐的简单作法，以免不利生产，不利团结，不利调动职工自力更生的积极性。

8 月 16 日 中共天津市委转发了天津市总工会党组关于河东区工会召开老工人代表会议情况的报告。河东区工会在报告中就如何做好老工人工作提出以下几点建议：一是端正对老工人的

认识。树立尊重老工人、依靠老工人办好企业的思想，使其真正成为企业的骨干。二是积极改进作风、总结交流做好老工人工作的经验、调动老工人的积极性。三是注意经常关心和积极帮助他们解决生活中的实际困难。四是发挥老工人骨干作用解决生产关键问题。

11月10日 天津市总工会副主席苑兰田在区、产业会议上发表讲话，号召天津市各企业扎扎实实开展增产节约运动，力争超额完成全年的国家计划，讲话指出调整工作已经取得显著成效，由于生产任务的增加和职工精神面貌的变化，劳动竞赛正在广泛地开展起来，越来越多职工群众积极地参加竞赛活动。一个新的生产高潮正在逐步形成。

12月 天津市总工会颁布"五好班组标准"。即：1. 政治思想好；2. 生产好；3. 管理好；4. 技术活动好；5. 互助协作好。

1963年

7月20日 天津市总工会提出《关于在全市职工中进行社会主义教育的意见》。要求广大职工通过社会主义教育、切实提高思想觉悟，划清阶段界限，坚定无产阶级立场，增强阶段和阶级斗争的观点，抵制阶级敌人的进攻，保证生产稳步上升。

1964年

3月10日 天津市总工会提出《关于在11个厂进行评功摆好试点的情况报告》。报告中指出，从1月上旬开始，在天津毛织厂等11个单位的部分车间、班、组共3669名职工中进行了评功摆好试点，收获都比较显著。评功摆好以发扬成绩为主，广泛地调动了群众的积极性。使群众受到了一次生动的自我教育，认真总结了一些单位的先进经验，涌现出许多先进人物，通过评功摆好活动教育了广大干部和职工。

4月23日 天津市经济委员会、天津市总工会联合发表关于转发《群众技术协作积极分子对开展技术协作活动问题的几点建议》的通知。要求各基层企业根据市委1963年召开"学习先进经验、开展技术协作"的精神，总结经验、大搞技术革新、解决本厂和全市的技术难题，为赶上先进水平做出贡献。

5月7日 天津市、区（产业）工会利用工人文化宫、俱乐部阵地，举办了各种形式的学习毛主席著作学习班或讲座。截至当日，第一工人文化宫、第二工人文化宫和市内六区，及塘、汉沽、北郊九个区工会，还有建筑、铁路，文教、医务等四个产业工会，共开办20期学习班，有1883个工厂企业中的工人、干部10124人参加了学习。

5月11日 天津市总工会在第一工人文化宫举行全市1963年"五好"集体、"五好"职工代表大会、共有"五好"企业20个、先进企业81个、"五好"班组115全、"五好"车间53个，"五好"科室82个、"五好"职工5497名受到表彰。

6月26日 天津市总工会颁布《群众技协组织工作条例》。条例共分六章、二十三条。条例规定各级工会都要成立群众性的技术协作组织。凡愿意为社会主义建设贡献力量的职工，都可以参加技协组织的各项活动。条例提出的工会技协组织的具体任务是通过工会技协积极分子，广泛地进行扎根串连活动，并宣传群众技协的重大意义，以吸引广大职工参加活动、不断扩大协作队伍。

9月 天津市总工会提出，深入开展“比学赶帮”运动，加速实现“两赶三消灭”规划，迎头赶上国内和国际先进水平。要求各企业有关领导，应该在职工群众中大力提倡不花钱、少花钱，多办事，勤俭节约，开展技术革新，技术革命。规划指出，天津作为老工业基地，且有支援内地建设的光荣任务，要鼓足干劲，以提高质量降低成本为中心，积极生产国家需要的产品，为国家积累更多资金，是义不容辞的责任。

9月7日—12日 天津市总工会召开第八届代表大会，总工会主席许明做了“加强革命战斗力促进职工革命化、为深入开展三大革命运动而奋斗”的工作报告。大会确定了今后的任务为号召职工参加社会主义教育运动，深入开展比、学、赶、帮、超五好竞赛。中共天津市委书记张淮三向大会作了重要报告，提出了当前形势和任务，就是要实现学赶先进的规划，迎头赶上先进水平。还对工会工作革命化，群众化问题作了重要指示。大会选举许明为天津市总工会主席，苑兰田、张阁、杨春林、孙少华、刘长福、钱嘉光、黄树尢、李波为副主席，黄树尢为秘书长。

10月27日 《天津日报》摘要发表杨拯民副市长在天津市群众技术协作积极分子大会上作的《高举毛泽东思想伟大红旗、广泛开展群众技术协作活动、促进工业技术革命的报告》。杨拯民在讲话中的指出，群众技协活动，是有技术专长的老工人，工程技术人员，自觉自愿地串连起来，利用业余时间，在厂内厂际之间互相协作，解决生产技术关键的群众活动。实践证明，群众技协活动，对于发展社会主义工业生产和技术有着巨大作用。

1965年

2月9日 天津市总工会发布《关于对1964年进厂新工人进行阶级教育的意见》。针对部分新工人阶级和阶级斗争观念淡薄及当工人屈才等思想实际问题，集中三个月时间进行阶级教育，使他们在阶级立场，思想观点上有一个极大的转变，培养教育他们，成为合格的无产阶级革命事业接班人。

10月11日 中共天津市委批转天津市总工会党组《关于在四清运动中整顿基层工会》的意见。整顿基层工会的内容包括整顿和健全职工代表大会组织，整顿会员队伍，以保持工会组织的纯洁性。改选工会组织，调整和充实领导骨干。在“四清”运动中，充分发挥工会组织作用。

1966年

1月17日 天津市总工会提出关于已搞完“四清”的单位，贯彻职工代表大会制的情况报告。报告对已经搞完四清和正在开展四清尚未开展四清单位的不同情况，提出了贯彻执行职工代表大会制的意见。

5月14日 天津市总工会党组提出，贯彻执行中央关于工会工作指示，在“四清”运动中认真进行工会整顿的意见。意见指出刘少奇同志和中央其他负责同志对工会工作做了非常重要的指示，要从“四清”运动中，找出做工会工作，做群众工作的办法，逐步形成一套以毛泽东思想办工会的办法。目前，天津市二批四清运动正在深入开展，更好地组织和建设一支革命化的阶级队伍，是“四清”运动中需要认真解决的一个重要问题。

5月23日 天津市总工会对八个厂“学大庆，创五好”的情况进行了调查，认为天津市棉纺工厂等八个单位“学大庆，创五好”已经有了一些好的路子，好的苗头，好的效果，趋势是很好的，运动是健康的。抓好典型开展比学赶帮，确立了高水准奋斗目标，练就了产品过硬、技术过硬的本领，达到生产技术赶超世界先进水平。

1967年

3月22日 天津市革命职工代表会议召开，来自工业、交通、基本建设、财贸战线的五千多名代表参加了职工代表会议。职工代表会议还作了《关于贯彻执行〈中共中央给全国厂矿革命职工革命干部的信〉的决议》。号召全市职工在毛泽东思想的伟大红旗下团结起来，为夺取革命和生产的双丰收而英勇奋斗。

10月13日 天津市抓革命促生产指挥部召开了题为、掀起增产节约、夺取革命、生产的更大胜利的大会。天钢一炼、第一印刷厂、自来水公司革命群众组织代表发了言。共有来自天津市工交系统7000多人参加了大会。

1968年

5月18日 天津市工代会常委会召开扩大会议。号召全市革命职工，认真学习贯彻中央两报一刊编辑部的重要文章，发展大好形势，在“一批三查”运动中充分发挥工人阶级的主力军作用。

9月7日 从八月中旬以来，全市大批工厂陆续抽调大批优秀工人组成毛泽东思想宣传队，进驻学校和一些上层建筑的单位。许多工厂大多抽调了百分之十左右的工人。

1969年

3月4日 天津市工代会作出关于抓革命、促生产夺取工业战线新胜利的决议。

1970年

3月31日 自3月29日至3月31日天津市召开工人活学活用毛主席哲学思想经验交流会。参加会议的有工人代表、贫下中农代表、驻津解放军代表以及各区、局和部分工厂革命委员会负责人共300多人。

10月5日 10月2日天津市革命委员会第105次常委会议通过了《关于认真学习毛主席哲学著作的决定》。要求全市厂矿、公社、机关、学校、街道和企事业单位，要继续深入开展学习毛主席著作的群众运动。

12月15日 天津市工人阶级发扬自力更生的精神，天津重型机械厂职工自行设计制造了全市第一台六千吨水压机，正式投入生产。从设计到投产，将近十三个月，其中制造、安装、调试用了七个月零八天。制造这台水压，得到了中央有关部门及北京、上海、黑龙江等兄弟省市的积极支援。全市二百多个单位、近三千名重型机器厂的职工参加会战。

1971年

5月9日 天津市革委会生产指挥部召开了“进一步掀起增产节约运动新高潮誓师动员大会”，号召全市职工“鼓足干劲，力争上游，夺取革命生产新胜利”。来自工交建、农业、财贸、文教、卫生各基层单位和各区、局革委会、军宣队，老工人调查团的负责人共有五千多人参加了大会。

9月14日 天津市革委会生产指挥部召开了深入开展增产节约群众运动动员大会，要求全市广大革命职工立即行动起来，迅速掀起以清仓扫库、回收废钢铁为重点的增产节约运动新高潮。各区、局、各系统及工厂企业基层单位负责人五千多人参加了大会。大会要求各单位要抓好以下工作：一是抓紧清仓扫库、清产核资，把积压物资用于建设上。二是回收和上交废钢铁。三是开展节约，技术革新和技术革命活动。四．开展综合利用，变“三害”为“三利”活动。

1972年

11月25日 《天津日报》发表题为《努力增产节约，增加社会主义积累》的社论，号召全市各条战线的广大干部和群众，认真贯彻毛主席革命路线，不断增加社会主义积累，促进了生产建设和各项建设事业的迅猛发展。

12月30日 经过“三大革命”运动的锻炼，天津市有一万六千多名工人光荣地加入了中国共产党，有四万多名青年工人加入了中国共产主义青年团，有两万多名工人担任了各级领导工作。

1973年

4月25～27日 天津市工会召开第十次（九次）代表大会。（注：因“文化大革命”期间有工代会的历史原因，故有“十次”之说，会议按序号应定为第九次代表大会）这是恢复整建工会以后的一次代表大会。出席会议的有1417人，其中产业工人占59%，女职工占31%，代表中有劳动模范、先进生产者、工会干部、工程技术人员，文教卫生工作者，少数民族代表、归国华侨和退休工人、贫下中农代表、解放军代表和职工家属代表。中共天津市委第一书记解学恭、书记刘政分别讲了话，会上选举产生了天津市总工会第十届委员会。

10月17日 天津市革委会生产指挥部召开了工交系统企业管理经验交流会，号召充分发挥工人，干部和工程技术人员的积极性，挖掘现有企业潜力，加快建设步伐。中共天津市委、市革委和有关方面的负责同志各区、县、工交系统各局，公司企业负责人及劳动模范、班组代表5千多人出席了会议、会上、六四一厂、天津动力机厂、天津制鞋厂、津东塑料厂、汽车运输六场等单位介绍了经验。

1974年

5月9日 天津市召开工宣队工作会议市委，市革委会有关部，委的负责同志出席了会议。各区、县、大专院校以及有关局、公司和基层单位负责工宣队工作的同志参加了会议。会议提出，工宣队要积极协助党组织抓好教育、文艺、卫生系统的工作、发展大好形势，推动文教战线各项工作不断向深入发展。会议还讨论了贯彻市委关于进一步发挥工宣队政治作用的意见的具体措施。

1975年

3月25日 天津市总工会组织天津市职工业余文艺会演。这次会演是对天津市职工业余文艺工作成果和经验的一次检阅和总结。

8月8日 天津市革委会生产指挥部召开工交战线技术革新、技术改造经验交流会，号召全市广大职工学理论，抓路线，加快技术革新，技术改造步伐，为尽快实现农业、工业、国防和科学技术现代化努力奋斗。参加这次会议的有工交战线的工人，干部和工程技术人员两万多人。会议提出要加强党的领导，对如何坚持技术革新技术改造，挖潜走自己的路，提出了措施意见。

1976年

2月23日 天津市总工会组织开展职工业余文艺调演活动。中共天津市委，市革委有关部委，天津市总工会，团市委、市妇联，市文化局等单位的负责同志和五十多个区县局的两千多名工厂企业业余文艺骨干参加以开幕式。各区、县、局负责同志。开幕式上，进行了职工业余文艺调演专场演出。

9月2日 天津市召开天津市抗震救灾先进单位和模范人物代表会议。来自全市各条战线抗震救灾第一线的两千五百多名代表和五千多名工农兵群众，机关干部，学生出席了大会。

11月1日 天津市总工会召开天津市职工揭发批判“江青反革命”集团罪行大会。市委、市革委会各部委、天津市总工会、团市委，市妇联的负责同志出席了大会。来自工业、交通、基本建设和财贸战绩的一百多万职工的代表参加会议。天津市手表厂、木构件厂、第一炼钢厂、第一玻璃厂、毛条厂、天津铁路分局天津站、一商等七个单位的职工代表，在大会上揭发“江青反革命”集团的滔天罪行。

1977年

1月31日 中共天津市委召开十万人大会，传达贯彻中共中央关于召开全国工业学大庆会议的通知，号召全市工人阶级，深揭狠批“江青反革命”集团，以抓革命、促生产的优异成绩，迎接全国工业学大庆会议的召开。

9月15日 天津市革委会生产指挥部在市体育馆召开了工交系统技术革新、技术改造表彰大会。各区、县有关负责同志，工业、交通各局、公司和基层单位的领导干部，工人，工程技术人员共六千人参加了大会。大会表彰了十个先进行业，五十五个先进企业，十四个先进车间，五十七个先进班组，117名技术革新能手和72名有贡献的工程技术人员。

1978年

1月16日 天津市总工会召开工会干部座谈会，批判“江青反革命”集团的“工运黑线统治”论。在这次座谈会上，新老工会干部，以大量生动的事实，批判“江青反革命”集团诬蔑工会是“全民工会”“生产工会”“福利工会”，诽谤工会干部是“资产阶级代理人”等反革命罪行。大家一致认为，批判“江青反革命”集团的“工运黑线统治”论，也是把工会整顿好、建设好，使工会工作适应高速度发展国民经济需要的关键问题。

3月28日 天津市召开1978年度劳动模范表彰会。会上受到奖励的特等劳动模范36名，特等模范集体22个，劳动模范607名，模范集体276个，大庆式先进企业408个。

5月17日 天津市总工会召开了来自各条战线的劳模，先进生产者和工会干部共五千多人参加的“传达全国劳模座谈会的精神，大战红五月动员大会”。会议结束前，天津市总工会副主任许明讲了贯彻会议精神的意见。近日来部分区、局党委召开各种会议贯彻落实5月11日大会精神。

8月7～11日 中共中央副主席邓小平到天津视察工作，就贯彻中共十一届三中全会的战略方针，加深理解党在新时期的政治路线、思想路线和组织路线，把天津工作搞上去等问题作了重要指示。邓小平指出：“你们要考虑天津的发展方向。搞一个总体规划，方向定下来，就可搞得活一点，发展快一点。”

11月4日 根据市委要求，市工委政治部、市基建政治部、市财贸政治部、天津市总工会联合举办了劳动模范学习班。参加这期学习的有工交基建和财贸系统劳动模范103人。他们认真学习了叶剑英同志在庆祝中华人民共和国成立三十周年大会上的讲话，学习了国务院召开的表彰全国先进企业和全国劳动模范大会上党和国家领导同志的讲话和有关文件。市委书记、市革委会副主任张淮三同志给学习班讲了如何把天津市建成现代化的综合性工业基地、出口基地和科技基地的设想，动员劳动模范为加快四化建设献计献策。市革委会副主任李中垣同志向学员们介绍了天津市建设四化的情况。

11月20～24日 天津市职工教育工作会议召开。会议传达了全国职工教育工作会议精神，交流了化工局等16个单位大办职工教育的经验，研究天津市1979～1985年职工教育发展规划纲要。中共天津市委书记刘刚、教育部副部长臧伯平出席会议并讲话。

1979年

1月16日 中共天津市委组织部、天津市总工会共同召开落实工人劳动模范政策工作会议，为在“文化大革命”期间老工人、老劳模的冤假错案彻底平反。会议讨论了有关落实工人、劳模政策中的问题，要求各级领导和有关部门，切实把这项工作抓紧抓好，力争在较短时间内完成这一任务。市委责成有关部门拟定了《关于落实老工人，老劳模政策的几点意见》，市革委会还做出了《关于为老劳模颁发劳动模范荣誉纪念状的决定》，这些都有力地推动了全市落实工人，劳模政策的进展。本次会议上，有八个单位介绍了落实工人劳模政策的体会。参加这次工作会议的有各区、县的领导同志、工会干部，落实政策办公室负责同志共三百多人。

3月9～15日 天津市总工会召开了工会工作会议、传达贯彻全国总工会九届二次常委扩大会议精神，讨论、研究如何实现把工会工作转移到以生产为中心的轨道上来。

10月8日 中共天津市委批转天津市总工会、劳动局、卫生局《关于加强劳动保护和工业卫生的报告》指出。报告所反映的天津市目前职工工伤事故、尘毒危害情况是非常严重的。各部门各单位必须高度重视。劳动局、卫生局和工会要加紧进行监督检查。对不符合要求的，要限期改进，危害严重的，要追究责任。

10月15日 中共天津市委批转天津市总工会党组《关于报请批发〈职工代表大会制度若干问题的暂行规定〉的报告》。报告中指出：企业实行党委领导下的职工代表大会制度，是组织职工群众参加企业管理的一个良好形式。恢复和健全职工代表大会制度，对保障职工行使当家做主的民主权利，办好社会主义企业，有着重大作用。各级党委为此要组织广大干部职工深入学习党的十一届三中全会和五届人大二次会议精神，团结一致搞四化，为天津市建设做出应有贡献。

1980年

3月30日 中共天津市委批转市委工交政治部、天津市总工会党组《关于结合企业整顿进行群众评议干部和民主选举基层干部的请示》。报告指出，这是干部制度的一项重大改革，也是整顿好企业的一个重要途径，各级党组织要加强领导，切实把这一工作做好，进一步调动干部职工大干四化的积极性。

3月31日 中共天津市委批转天津市总工会拟订的《天津市先进模范队伍管理工作试行条例》。市委要求，各级党委要切实做好先进模范队伍的管理工作，加强对他们的培养教育，充分发挥他们的作用。

4月5日 中共天津市委、市革委召开1979年度劳动模范表彰大会。会上受表彰的有特等劳动模范42名，特等模范集体27个；劳动模范904个，模范集体498个；大庆式企业、财贸红旗单位292个；先进单位611个。市委第一书记陈伟达出席了大会，市委书记张淮三讲话。出席天津市1979年度劳动模范表彰大会的全体代表，向全市职工发出开展为四化立功活动倡议书。代表们表示，一定不辜负党和人民的期望，要谦虚谨慎，戒骄戒躁，发挥骨干带头作用和桥梁作用，深入开展增产节约，为四化多作贡献。同全市职工一道，为贯彻党的五中全会精神搞好生产和工作，创造新成绩，向中共十二大献礼。

11月27日 中共天津市委员会批转了天津市总工会《关于进行职工生活工作检查的请示》。要求全市各区、县局党委、市委各部委、市人民政府各委办和各人民团体党组认真贯彻执行。

1981年

2月28日 天津市总工会财贸工委召开财贸系统劳动模范座谈会，参加座谈会的劳动模范在学习全国总工会、共青团中央、全国妇联等9个单位联合发出的《关于开展文明礼貌活动的倡议》后提出商业、服务业是社会文明风尚的“窗口”，财贸职工要为建设社会主义精神文明打先锋，不但要通过文明经商、礼貌待客，把党的关怀、温暖送到群众心坎上，还要以自己的模范行为影响他人，影响社会。

4月12日 天津市已建立起一个较完整的职工教育体系。工厂企业办职工学校1120多所，教育行政部门办的文化、技术、外语班1510多个，参加学习的职工达65.7万多人，约占职工总数的 30%。此外，职工高校还有 159 所，在校职工 7.9 万人。据职工教育部门的资料统计，经过几年的努力，天津市已初步建立起一个从初等到高等教育的比较完整的职工教育体系。职工教育办学宗旨是：坚持干什么，学什么，缺什么补什么；为攻克技术关键推行全面质量管理开展职工教育和组织全员培训，为适应转产需要搞培训。有利于促进调整发展生产。全市有工厂企业办的职工学校 1120 多所，教育行政部门办的文化、技术、外语培训班 1510 多个，参加学习的职工 65 万人。

5 月 8 日 中共天津市委、市政府召开天津市 1980 年度劳动模范表彰大会。全市评选出特等劳动模范 50 名，特等模范集体 25 个；劳动模范 909 名，模范集体 509 个。市委第二书记黄志刚、市长胡启立等出席大会，胡启立讲话。

6 月 25 ~ 30 日 天津市第十次工会代表大会召开。出席这次大会的代表有 970 名，分别来自工交、基建、财贸，文教、卫生、科研、农林等各条战线。在代表中，有老劳动模范，也有一批青年先进模范人物；有党政干部、工程技术人员、教育、医务，文艺工作者，工会干部和工会积极分子；有少数民族、归国华侨和台湾省籍的代表。还邀请了退休工人和职工家属的代表参加。在代表总数中，女代表占 22.5%。许明同志在大会上作了工作报告。

9 月 29 日 中共天津市委批转天津市总工会等六单位关于贯彻中央 24 号文件的意见。市委批转的意见明确指出，实行职工代表大会制度，是党的一项重要政策，各级党委对这项工作要切实加强领导。要把贯彻中央 24 号文件，即职工代表大会暂行条例，推行职工代表大会制度，加强民主管理，作为企业整顿的一项重要内容，并同推行经济责任制紧密结合起来。使它逐步完善，切忌流于形式。要制定实施措施，并不断地总结经验，使它逐步完善，确实起到依靠群众民主管理企业的作用。

1982 年

1 月 10 日 来自天津市各条战线的 696 对新婚青年，在市人民体育馆举行集体婚礼，中共天津市委、市人大常委会、市政府和人民团体负责同志出席证婚。这次青年集体婚礼是由天津市总工会、团市委、市妇联联合举办的，前来参加婚礼的新婚青年家长、亲友 3000 多人。

1 月 21 日 天津市劳动模范、先进工作者代表会议隆重举行。会议向全市职工发出“振奋精神作主人，学赶先进多贡献”的倡议书。中共天津市委第二书记黄志刚、市长胡启立、市人大常委会主任阎达开在会上讲了话。

2 月 6 日 天津市总工会办公室对全市群众生活工作情况进行了总结。各级工会同行政有关部门配合，对职工生活方面，做了大量工作。一是广泛开展群众生活互助，为国分忧，为民解愁。二是协助政府搞好住房分配。三是搞好职工信访工作。四是搞好职工业余教育。五是协助行政发展托幼工作。六是搞好退休职工的管理工作。七是帮助一些大龄青年解决婚姻问题。

3 月 15 日 《天津日报》报道具有 60 多年历史，拥有一万一千多名职工的天津碱厂，在进行思想政治工作中，对占全厂三分之一的青年工人从抓学习近代史入手，开展了热爱祖国、热爱社会主义、热爱中国共产党的教育活动，激发了青年工人的爱国主义热情，增强了青年工人的主人翁责任感。

5月1日 中共天津市委召开劳动模范座谈会，庆祝“五一”国际劳动节。中共中央主席胡耀邦出席座谈会并讲话，同天津市劳动模范一起欢度节日。

5月4日 自三月份开始，天津市工交系统在文明礼貌月活动的基础上普通开展了“主人翁教育活动”。在活动中，各单位紧密结合实际，选好教育入手点。一机局党委在活动中要求各级干部处理好几个关系：当主人与做仆人的关系、做好组织领导工作与依靠群众搞好企业的关系、抓物质文明与抓精神文明的关系、处理领导和群众、机关与基层的关系。动力机厂针对青年不了解祖国历史的特点，开展了“学习近代史、继承革命传统”，活动。

5月14日 天津市总工会召开传达贯彻全国劳动模范和先进人物代表座谈会精神大会。市委书记张淮三，市委常委、工交部部长杨慧洁出席会议并讲话，提出工人阶级要不断提高主人翁觉悟和技术水平，走在物质文明建设和精神文明建设的前列。

6月10日 中共天津市委财贸部、市财委、天津市总工会联合召开天津市财贸系统学先进、赶先进动员大会。会上，市委、市政府向全市32万财贸职工发出号召，立即行动起来，响应党中央的，开展学先进、赶先进的活动，重点解决财贸部门服务态度、服务服务问题，努力开创财贸工作的新局面。市委书记、代市长李瑞环，市委副书记、副市长吴振出席大会，李瑞环讲话。

11月9日 天津市基建系统召开青工技术比武总结表彰大会，会上向30名市级“技术能手”、2名市级“优秀女选手”、91名优秀选手及41名助手分别颁发了证书、奖状、奖金及纪念品。代市长李瑞环出席大会并讲话。

11月17日 全国总工会主席倪志福到津，与天津市劳动模范、技术协作积极分子一起座谈，勉励他们做开创新局面的排头兵。

1983年

2月18～20日 中共天津市委、天津市人民政府召开职工教育工作会议。会议总结了1982年天津市的职工教育工作，对1983年职工教育工作进行了安排。会议要求，要继续抓好青壮年职工文化、技术补课和干部培训两个重点。要有计划地积极发展职工中等专业教育，以提高教育质量为中心，继续调整、整顿各类职工高等学校，积极扶持，稳步发展。

3月29日 天津市总工会、市经委、市财政局联合颁布《天津市合理化建议和技术改进奖励实施办法》。颁布实施办法的目的是为了鼓励广大职工深入开展合理化建设活动，开展技术革新活动，推动企业技术进步，改善经营管理，增强企业活力，提高经济效益。

4月7日 中共天津市委、天津市人民政府召开天津市1982年度劳动模范表彰大会，号召全市广大干部、群众向劳动模范和模范集体学习。大会表彰了劳动模范1231名，模范集体529个。其中特等劳动模范62名，特等模范集体19个。中共天津市委第一书记陈伟达在会上讲话。

5月30日 天津市总工会、共青团中共天津市委、市文化局、出版局、天津日报社、市广播事业局联合倡议，从6月起在全市职工中开展“三热爱”读书活动，由市有关部门负责人和一些著名人士组成天津市职工读书指导委员会，市委常委、宣传部长肖元担任主任。

5月30日 天津市总工会召开了市职工技术协作委员会成立大会。全市已有21个区局、71个公司和806基层工会建立了技协、共有会员四万二千多名。会上明确了今后技协工作的任务是，针对全市的具体情况，选择一批对全市有重大影响的课题发展技协组织的优势，组织技协人员技术攻关。促进天津市工业生产的发展。总工会副主席单书任市职工技术协作委员会主任，市长李瑞环任名誉主任。

6月27日 《天津日报》报道天津市广大职工积极响应党中央关于开展读书活动的号召，认真学习上海读书活动的经验，有30多个区、县、局公司建立了职工读书活动领导小组，各工厂企业职工群众的读书高潮兴起。

8月23日 据天津市职工“三热爱”读书活动指导委员会统计：自六月份以来，全市已有68个区、县、局建立了读书活动指导小组。各公司、厂、车间普遍建立了读书指导网，参加读书活动的职工超过二十万人，结合成读书小组一万多个。本市委毛厂、锻压机床厂的积极分子，不但带头读书，还带头演讲，当小先生，当辅导员。学习活动使职工在思想、生产、工作上，反映出扎扎实实的效果。

10月11日 天津市职工“三热爱”读书活动指导委员会在第一工人文化宫召开职工学习《邓小平文选》演讲会。市委常委、宣传部长、市职工读书指导委员会主任肖元到会讲了话，他对职工学《邓小平文选》和深入开展读书活动提出了要求。

12月 天津市总工会宣教部就两年来天津市职工教育工作贯彻国务院《关于加强职工教育工作的决定》和中央五部委在青壮年职工中开展文化、技术、双补的联合通知精神进行了调查。截至6月底，在八十八万应补课的青年职工中，已有二十六万八千人取得了初中文化补课合格证或毕业证，完成了文化补课任务总数的百分之三十。现在文补的在学人数约二十二万四千人，占全体职工总数的近百分之四十。

12月19日 天津市1983年职工业余文艺会演从10月中旬开始，12月中旬结束，特点是文艺节目丰富多彩，健康向上。参加全市会演的共有19个大小剧目，有530多个音乐、舞蹈、曲艺节目，涌现了一批优秀新作，丰富了职工的业余文化生活。

1984年

1月16日 天津市总工会召开职工义务物价监督检查站成立大会。全市二十多个区、局、公司派代表参加。参加人员为区、局公司工会干部，物价专业干部及职工物价检查站成员。天津市总工会，天津市物价局制定并印发了《关于成立天津市职工市场物价监督检查站的试行方案》。方案中，对有些方面做了规定：职工物价监督员，必须正确执行国家政策，模范遵守政府法令，奉公守法，不徇私情；各有关局，应要求主动协助市职工物价监督站的建站工作，在人员、活动等方面，给予大力支持。

3月2日　天津市总工会为纪念“三八”节，动员全市女职工以“自尊、自爱、自重、自强”的“四自”的实际行动投入文明礼貌月活动。组织了天津市2400多名女职工，听取了女工以“四自”为中心内容的演讲会，引发了女工们的极大兴趣，大家一致认为演讲的女工是全市女职工的好榜样，大家要向她们学习，要做到“四自”，无愧于自己争当的八十年代新型女工的形象。

3月13日　天津市总工会在一机局召开现场会，总结交流一机局开展职工道德教育活动的经验。动力机厂、电炉厂、蓄电池厂分别汇报了他们组织开展职业道德教育和开展新风貌竞赛。建设文明班组、文明单位的工作情况。市委常委、宣传部长肖元在讲话中指出，开展职业道德教育，是推动文明单位建设一项很重要、很实际的工作，各级党委要加强这项工作的领导。

3月24日　天津市政府办公厅、天津市总工会、市场委，在天津市河西区推广商业零售服务行业办好“小食堂，小浴室、小厕所”的“三小”经验。据天津市河西区、南开区、河东区、和平区等四个区的不完全统计，已建立小食堂758个，小浴室821个，小厕所569个，不少单位还建立了小更衣室，小托儿所。据在津的中华全国总工会有关领导同志说，1989年4月份将在天津召开现场会，向全国推广天津商业零售服务业办好“三小”的经验。

5月7日　在党的十一届三中全会精神指引下，全市职工教育蓬勃发展，开始形成基本适应全员培训要求的教育体系。经市政府批准，教育部备案的职工大、职工业余大学、电视大学已发展到54所，在校学员5万多人，开设了70多个专业，1980年以来增加毕业生14000多名；职工中等专业学校发展到25所，设置30多个专业，在校学员1万多人；各区、县、局和企事业单位举办的职工中学发展到512所，在校学员23万多人；青壮年职工“双补”教育取得了可喜成果，初中文化补课合格的达到44万余人，初级技术课合格的达到27万余人。已有12个局级系统提前达到党中央、国务院《关于加强职工教育工作的决定》中规定的高限（完成80%）或低限（完成60%）要求；干部培训教育进展很快，几年来有11万名干部参加了各级各类学习培训，其中属于高等教育范围的有36000余人。

6月19日　全市职工“三热爱”读书活动开展的一年来，全市参加读书活动的职工达50万人，读书小组三万多个。广大职工通过读书活动，进一步受到爱国主义、社会主义和共产主义教育，促进了职工素质的提高。天津市职工“三热爱”读书活动指导委员会表彰了市级读书先进个人458名，先进辅导者25名，先进组织者28名，先进小组149个，先进单位37个，号召全市职工向他们学习，把全市职工读书活动长久地、扎扎实实地开展下去。

8月22日　天津市人民政府就天津市总工会等十个单位共同发起的动员和组织全市百万青壮年职工开展技术培训练兵比武活动召开动员会。会上，天津市总工会等十个委办局向市政府领导做了工厂企业开展群众性技术培训和练兵比武活动的汇报，受到市领导的重视和肯定。

9月　天津市总工会宣传部、南开大学哲学系联合就全市职工“三热爱”读书活动进行了调查。自1983年6月截至9月，全市读书队伍拥有职工五十余万，占职工总数的21.7%。涌现出一大批读书活动积极分子和先进单位，这说明全市职工读书活动已初步打开了局面、奠定了群众基础，显示出了强大的生命力。同时，天津市总工会宣传部与南开大学哲学系组成联合调查组，对完成“努力搞好传帮带，顺利实现新老工人的合作与交替”的调研课题情况，进行总结。

9月14日 天津市总工会召开了整顿工会基层组织，建设“职工之家”动员大会。天津市总负责同志分别做了“关于搞好工会基层组织整顿，开展创建‘职工之家’活动意见”的讲话。天津市总工会决定，要用三年时间对全市基层工会普遍进行一次整顿，使基层工会建成职工之家。

9月26日 天津市总工会在第一工人文化宫召开全市职工为改革献计出力，向国庆三十五周年献礼成果汇报会。市委，市人大、市政府和市政协以及市纪检委、市妇联、团市委的负责同志出席了会议。市委领导同志作了重要讲话。

10月3日 天津市总工会统计，截至9月底，全市市内六个区和一商局，医药局，供销社所属5466个小厂、小店中，共兴办小食堂、小厕所、小淋浴室、小托儿所、小存车棚，小更衣室，小俱乐部等小型集体福利16185项。为80%以上的小企事业单位的职工解决了一些生活实际问题，塘沽、汉沽两区也已建成小食堂679个，小淋浴室330个，小厕所474个，使这两区70%以上的小厂小店的职工受益。

1985年

3月13日 天津市召开劳动模范和模范集体表彰大会，有436名劳动模范和117个模范集体受到表彰。在表彰大会上，中共天津市委、天津市人民政府还宣布在劳动模范中命名15名模范标兵，并作出了《关于向模范标兵学习的决定》。市委书记倪志福在会上讲了话。《天津日报》为这次大会召开发表社论《有理想、守纪律、高唱正气歌》。

3月27日 天津市总工会在青年宫召开了天津市职工自学工作经验交流会。据调查，全市有40万职工投身自学活动。参加高等教育自学考试的职工有四万两千多人。天津市总工会决定成立职工自学者学会。这个学会将为自职工提供咨询，推广研究成果，并向有关单位推荐职工自学方面的人才。

4月30日 天津市隆重集会庆祝“五一”国际劳动节和纪念中华全国总工会成立50周年。全国政协副主席杨成武出席，市委副书记张再旺在大会上讲了话。会上天津市总工会受全国总工会委托向25名职工颁发“五一”劳动奖章。

7月5日 天津市总工会出台《职工自学成才奖励暂行条例》。旨在鼓励全市广大职工走自学成才之路，开发智力，开发人才，提高职工队伍素质，以促进技术进步，加速社会主义现代化建设。本条例共分10条20款。包括评选条件，评选标准和评选方法，奖励等方面的内容。

7月19日 天津市总工会出台关于开展争创优秀承包班组竞赛方案。旨在进一步推动企业推行和完善以承包为主的经济责任制，增强企业活力，在工业、交通、基建系统的各企业，特别是在大中型企业中，开展争创竞赛活动。

9月26日 中共天津市委转发市工交部、市委城建部、市委市场管理部、天津市总工会等四单位关于开展职工代表大会工作检查的意见。在市委批转的四单位意见中明确指出，为进一步贯彻落实中共十一届三中全会精神，在经济改革中加强企业民主管理，充分发挥职代会的作用，拟在全市开展一次职工代表大会工作的检查活动。对职代会工作检查活动的指导思想、检查内容、检查范围和方法步骤组织领导及需注意的问题都做了较详尽的规定。

9月 天津市职工技协组织开展有偿技术服务活动暂行办法颁布。暂行办法共分十章三十一条。其中对职工技协开展有偿技术服务的宗旨、范围及有偿技术服务的收费标准作了规定。

10月26日 天津市总工会发起并组织成立的天津市自学者协会理事会预备会，通过了《天津市职工自学者协会章程》，并开始试行。为搞好首次职工自学成才者的评定工作，天津市总工会还制定了“职工自学成才奖励评审工作的实施细则”。对评定标准、奖励等级、注意问题等方面做了规定。

1986年

1月28日 天津市召开民主管理工作会议，来自各条战线的500多名民主管理先进集体和优秀职工代表参加了会议，他们向全市职工发出了倡议书，提出了四条要求：一是认清形势，坚定信心，为巩固发展大好形势做出自己的贡献；二是发扬主人翁精神，为实现“七五”计划献计出力；三是积极参加企业民主管理，促进两个文明建设；四是树立共产主义理想，争当“有理想、有道德、有文化、有纪律”职工，为实现“七五”计划做出更大的贡献。

2月6日 中共天津市委、市政府召开劳模座谈会，来自全市各条战线的200多名新老劳模参加。市委书记倪志福、市长李瑞环在座谈会上向全市劳动模范和各行各业的职工群众提出了四条具体要求：第一，要为端正党风和社会风气作出切实的努力；第二，发扬愚公精神，为“七五”计划建功立业；第三，团结和带领群众，维护安定团结的大好局面。第四，加强学习，提高政治思想和科学文化素质，做“四有”新人。

4月30日 天津市隆重纪念“五一”国际劳动节100周年。中共中央书记处书记郝建秀和市委副书记、市长李瑞环等市领导人出席。市委副书记吴振在讲话中强调指出，在加强物质文明建设的同时，要大力加强社会主义精神文明建设。会上，市领导人代表全国总工会向做出贡献的28名职工颁发“五一”劳动奖章和证书。

7月26日 天津市召开了市商业系统生活工作经验交流会。天津市总工会负责同志指出，为了推动商业系统“三小”“五小”生活福利设施更加普及、完善，市委商业部、市商委、天津市总工会，四月下旬联合发出开展“三小”“五小”生活福利设施大检查通知。两个多月的检查活动，使商业系统职工集体福利设施的建设，有了明显进展，市工会号召各单位工会、要把职工生活列入社会主义劳动竞赛的重要内容之一。要求各级工会再接再厉，把职工生活抓得更好，为振兴商业做贡献。

8月25日 30岁的中专毕业生胡习华设计的中山门蝶式立交桥受到好评，也得到邓小平同志的肯定，他被破格晋升为工程师，晋升两级工资。1987年初，胡习华被《半月谈》杂志评为1986年国内十位新闻人物之一。

9月1～5日 天津市召开第十一次工会代表大会，市委副书记李瑞环、吴振、中华全国总工会副主席章瑞英等领导同志出席了大会。天津市总工会主席潘义清做了“团结全市职工、站在改革前列、为实现七五计划建功立业”的工作报告。会上通过了《天津市总工会关于表彰先进职工之家》，先进职工之友优秀工会积极分子和名誉工作积极分子的决定。潘义清同志当选为天津市总工会主席，单书、杨希禄、于长生、苏兰州、张淑华（女）当选为副主席。

9月14日 于方舟、安幸生烈士塑像在天津第三中学内落成并揭幕。全国政协主席邓颖超同志为塑像题写了碑文。同时，第三中学已故校长、民主革命时期著名爱国教育家马千里先生纪念碑也在校园内重新建成。

10月13日 由中共天津市委工交部、市交委、天津市总工会主持召开天津市交通邮电系统开展树立新风、建文明窗口、创优质服务活动动员大会。张立昌副市长出席会议并讲了话。这次开展“树、建、创”活动，要求交通、铁路、港务、邮电、民航等单位做到：一是行业风气好。不野蛮装卸，不粗暴待客，不敲诈勒索，不偷拿吃要，不以任何名目变相涨价乱收费用，不乱扣乱罚，不刁难货主，不以任何借口向用户谋取私利。二是企业管理好。做到礼貌待客，服务周到，千方百计为用户服务，排忧解难。三是企业管理好。制度健全，生产作业标准，坚持安全生产，达到质量要求。四是容貌秩序好。卫生制度健全，责任落实，生产环境整洁，工作秩序井然。五是团结协作好。六是社会舆论好。经常受到用户、旅客和其他方面的好评和表扬。

1987年

1月28日 天津市总工会有关部门统计，历时两年的整顿建家工作，取得了丰硕成果。全市已有5457个基层工会，建成了“职工之家”，占应建家单位总数的93%。天津市总工会号召各级工会，在市工会十一大精神指导下，围绕深化经济体制改革，继续抓好基层工会的整顿和建设，促进建爱工作向更高的层次迈进。

3月27日 天津市经济技术开发区工会联合会于今日正式成立。开发区工会联合会的主要职责和任务是依法维护职工合法权益，努力建立稳定协调的劳资关系，通过积极有效的工作，努力为职工说话办事，为改善开发区投资环境，维护职工合法权益促进企业发展发挥积极的作用。

5月1日 天津市劳动模范，模范集体表彰大会在第一工人文化宫隆重举行。23名市特等劳动模范、668名市级劳动模范和16个特模集体、235个市级模范集体的代表以及全国“五一”劳动奖章获得者、“五一”奖状获得者在大会上受到表彰。市领导代表市委、市政府和全国总工会向他们颁发了奖章和奖状。

6月7～9日 经天津市总工会报请市委批准，召开教育工会第三次代表大会。全市高校和普教的近300名教职工代表出席了会议。这是自56年召开教育工会二大经历数十年以后，恢复教育工会组织的一次重要会议。市委副书记谭绍文及天津市总工会主席潘义清、市委教卫工委、市教委、市高教局、教育局的负责同志出席了会议。市委副书记谭绍文同志在讲话中强调指出，充分发挥教育系统工会组织的作用，加强学校民主管理，团结带领广大教职工，为社会主义建设培养更多更好的合格人才。代表大会选举产生了新一届的教育工会领导班子。

8月28日 天津市总工会根据市委工交部等四部门《关于开展职代会评议企业工作和评议领导干部活动的请示》的通知，对工交、基建、财贸系统基层单位开展民主评议企业评议领导干部活动进行了总结。据十个区局统计，在2829个基层单位，共提出意见和建议40325条。有24355名基层干部接受了职工代表民主评议。通过民主评议有1260人受到职代会表扬，在职工会民主评议的基础上，有138名因违法乱纪、以权谋私，受到上级主管部门的免职处分。

10月24日 根据津党办发46号文件和中共天津市委“要进一步健全退休职工管理机构”的精神，成立了天津市退休职工管理委员会，这是从事退休职工管理的政群结合的组织。由副市长鲁学政任名誉主任，天津市总工会主席潘义清任主任，天津市总工会副主席张淑华任常务副主任。

12月24日 天津市总工会、天津市劳动局联合发出《关于国营企业建立劳动争议调解委员会有关问题的意见》的通知，要求各级工会与有关部门，密切配合，尽快把企业劳动争议调解委员会建立起来，以维护正常的生产秩序和社会秩序，调动职工积极性、促进社会主义建设。

1988年

4月27日 全市有28名职工、3个单位分别获得“全国五一劳动奖章”和“五一劳动奖状”。荣获“五一劳动奖章”的28名职工，是全市各条战线涌现出来的先进模范人物。他们中有14名工人，5名工程技术人员，3名教师，4名管理干部，演员和医师各1名。获“五一劳动奖状”的三个先进集体是：天津市第二建筑工程公司、天津市肉类联合加工厂和天津制鞋厂。天津机械厂老工人祁业达代表全市先进个人、先进单位进京参加授奖仪式和庆祝“五一”活动。

5月17日 天津市总工会发出通知转发市劳动局《劳动合同制工人保险福利待遇问题》和《国营企业实行劳动合同制暂行规定中几个问题》的文件，要求，各区、县、局工会在推动劳动合同制工作中依照文件执行。

1989年

4月29日 中共天津市委、市政府召开表彰大会，对1988年度作出突出贡献的劳动模范和模范集体予以表彰，授予张世伦等32名同志市级特等劳动模范称号，授予刘家俊等698名同志市级劳动模范称号；授予为民日夜副食商店等19个班组市级特等模范集体称号，授予天津大学化工工程研究室国家重点项目攻关组等187个班组市级模范集体称号。

8月13日 天津市总工会发出通知转发市劳动局《劳动合同制工人保险福利待遇问题》和《国营企业实行劳动合同制暂行规定中几个问题》的文件，要求，各区、县、局工会在推动劳动合同制工作中依照文件执行。

同日 天津市总工会颁布《天津市工会女职工委员会条例》，条例依照《中国工会章程》的规定，明确提出各级工会建立女职工委员会组织，积极开展女职工工作。女职工委员会的主要职责和任务是，依法维护女职工的合法权益和特殊利益，加强女职工劳动保护和提高女职工文化技术素质。

12 月 1 日 中共天津市委商工委、市商委、天津市总工会召开商业系统学习为民日夜商店、学习年景林、比奉献、创“四好”，为津门争光大会。为民副食品日夜商店 19 年来，坚持一年 365 天不关门，一天 24 小时不停业。从 1978 年起，商店连续 11 年被评为市级模范集体、特模集体、文明商店和最佳商店。中原公司服装商场售货员年景林，30 年如一日，热心为顾客服务，多次被评为天津市特级劳动模范和全国商业特级劳动模范。

12 月 12 日 从 1983 年开始，全市职工有组织地开展读书活动，六年来蓬勃发展，经久不衰。先后有 4000 多个企业的 120 万职工参加，而且每年的读书交流活动都有创新，对培养人才，加强基层思想政治工作起到了积极作用。

1990 年

4 月 11 日 由天津市总工会、市经委等 7 个单位共同发起组织的班组长管理知识测评活动，历时三个月，全市共有 64 个区局的 3000 多个企业的 66000 多名班组长，参加了测试活动，在评选表彰会上 124 名市级优秀班组长和十名最佳班组长标兵受到表彰。

4 月 30 日 天津市举行“庆祝五一暨工会系统表彰大会”。大会向获得全国“五一”劳动奖章的 28 名先进个人、10 个先进班组、4 个先进企业、78 个模范职工之家和 215 个工会先进集体、750 名优秀工会积极分子、233 名优秀工会工作者、102 名优秀工会之友颁发了奖章、奖状奖牌和证书。市委书记谭绍文在会上讲话。

5 月 10 日 天津市总工会颁发了《关于加强工会事业单位财务管理工作的若干规定》，共十三条。规定旨在加强工会事业单位的财务管理，不断增强活力和自我发展的能力，推动和促进工会事业的发展。

5 月 21 日 全国总工会劳模报告团第六分团在第一工人文化宫为全市 2000 名先进人物和职工代表作首场报告。市委书记谭绍文、市长聂璧初等和全市职工一起听取了五位全国劳模先进事迹的报告。

8 月 28 日 中共天津市委办公厅发出通知，转发天津市总工会《关于加强和改进工会思想政治工作若干问题的意见》。通知中要求各级常委充分发挥工会在职工思想政治教育中的作用。工会组织要在同级党委的领导下，发挥优势，突出特色，积极主动地做好职工思想政治工作。

11 月 7 日 中共天津市委宣传部、天津市总工会联合召开遵守职业道德，端正行业作风先进事迹报告会。市电力局市区供电公司河北大街营业站副站长杨玉霞、公安河西分局户籍科干部周靖宇、市传染病医院主治医师黄美玲、天津造纸网厂工人王广荣、宝坻县税务分局大钟庄税务所副所长陈明、蓟县人民法院下营法庭庭长刘山森分别介绍了他们在遵守职业道德、端正行业风气方面的先进思想和优秀事迹。市领导同志号召在纠正行业不正之风工作中，要大力宣传和表彰先进典型，以形成廉洁奉公光荣、搞不正之风可耻的社会舆论。

12 月 13 日 中共天津市委宣传部和总工会联合召开全市“双基”（基本国情、基本路线）教育经验交流会。会议传达了中宣部召开的企业“双基”教育（北方片）座谈会精神。天津港务局党委、天津碱厂党委、东风油厂党总支、一轻局工会等介绍了开展“双基”教育的经验。市委宣传部部长谢国祥总结了前一段全市“双基”教育的情况，提出了进一步搞好“双基”教育的安排意见。会议要求，加强领导，把“双基”教育扎实有效地推向深入。

12月13日 天津市总工会红娘协会于今日正式成立，全体会员大会讨论通过了《天津市工会红娘协会章程》。

1991年

1月9日 天津市总工会召开参与安置企业富余职工经验交流会，要求各级工会组织主动为职工分忧解愁，积极参与企业富余职工的安置工作。为稳定大局做贡献。天津市各级工会兴办经济实体327个，安置富余职工4460人，协助行政开展各种经营，三年共安置富余职工10余万人。天津市总工会还在19个产业系统建立了1180个劳模调研服务队，有近2万名劳动模范参加了帮助困难企业扭亏增盈的活动。

1月26日 天津市总工会、天津市计委等十单位联合提出《关于天津市企业民主管理工作站达标考核的意见》。意见中强调指出，在企业升级工作中要把企业民主管理达标考核情况作为综合评价企业管理工作的重要内容，并依据考核标准对企业民主管理工作作出评价。

3月4日 天津市职工中开展的“为国家分忧，为政府作劲，为企业解难”的三为立功活动。天津市总工会发布了表彰决定，对1990年“三为”立功活动中的4413名职工，657个班组，111个单位颁发了立功奖章证书和奖杯。

3月4日 天津市总工会召开全市职工“七五”立功活动总结表彰暨“八五”立功动员大会。会议表彰了1990年度在为“七五”献计出力活动中做出突出贡献的4413名职工，657个班组、111个单位。在“七五”立功活动中，共有21103名职工被授予“七五”立功奖章，有2755个班组被授予“七五”立功奖状，有428个企业被授予“七五”立功奖杯。会议宣布了关于“八五”期间继续组织全市职工深入开展为实现“八五”计划献计出务建功立业活动的决定。

4月30日 中共天津市委、市政府作出决定，授予李津来等38名同志市特等劳动模范称号；授予周焕章等744名同志市级劳动模范称号；授予市畜禽制药厂青年包装组等206个班组市级模范集体称号。市委、市政府号召全市人民向劳动模范向模范集体学习。

同日 天津市召开庆祝“五一”劳动节和表彰劳动模范和模范集体大会。市委副书记刘晋峰宣读了市委、市政府关于表彰劳动模范和模范集体的决定。天津市总工会副主席单书宣读了全国总工会关于表彰“五一”劳动奖章、奖状获得者的决定。市委副书记、市长聂璧初等市领导同志向劳动模范、模范集体代表和荣获全国“五一”劳动奖章和奖状的先进个人和先进班组、企业颁发了奖章和奖状。聂璧初同志在大会上讲了话，向全市广大职工提出了要求和希望。

5月21日 天津市工会劳动保护监督检查条例颁布执行条例，包括四章二十条，分别为总则、机构和工作人员权利和义务、附则。条例指出，工会劳动保护工作必须坚持“安全第一、预防为主，群防群治，防治结合”的方针，工会有权对企业劳动保护方面的2个情况进行监督检查维护职工合法权益。对由于违反国家劳动保护政策、法规、条例等渎职行为而造成严重工伤事故或使国家财产遭受损失的企事业单位及主管部门责任者，有权提请上级部门严肃处理。

9月12～17日 召开天津市工会第十二次代表大会。大会的中心议题及今后的奋斗目标是：团结全市职工，站在改革和建设的前列，为实现天津市宏伟蓝图建功立业。天津市总工会主席潘义清作了工作报告。市委书记谭绍文同志、中华全国总工会副主席杨兴富同志发表讲话。大会通过了对有关问题的决议。潘义清同志当选为天津市总工会主席；于长生、苏兰州、张淑华（女）张子鹏、李淑珍（女）、李大亚当选为天津市总工会副主席。

10月21日 天津市总工会，天津市财政局第五单位联合发出通知，颁布《天津市职工技协开展“四技”活动和兴办科技实体的暂行办法》。通知指出研究制定并实施暂行办的目的，是为了保证技术开发，转让、咨询、服务活动和兴办科技实体的健康发展，充分发挥职工技协在推动全市经济建设和技术进步中的作用。为加强基层单位的技协活动，天津市总工会还将于近日发《天津市工会基层职工技协工作条例》。

1992年

3月26日 天津市总工会统计，在近八年的时间里，全市乡镇企业组建工会工作，在经历了试点、扩大试点和逐步正规发展三个阶段以后，已经在130个乡镇企业建立了工会，在25个乡镇建立了工会工作委员会，会员已发展到2万多人。

7月7日 天津市总工会发出《关于扭亏增盈工作中充分发挥工会组织作用的意见》，意见要求各级工会要把扭亏增盈工作作为自已责无旁贷的主要职责，加强宣传教育，发挥自身优势，组织职工积极参加扭亏增盈的工作，为加快经济发展做出积极的贡献。

8月29日 天津市总工会联合市计委，交委、建委、团市委等十一个部委办成立了“学绝技，创绝招，争做技术名星”工作领导小组。天津市总工会主席潘义清同志任组长，天津市总工会副主席张子鹏同志及有关部委办的负责同志担任副组长。并首次在全市职工中普遍开展“学绝技，创绝招，争做技术名星”的评选活动。

10月5日 天津市总工会、市财政局、市税务局、市退管会联合颁发《天津市各级退管组织退休职工兴办实体有关财务、税收问题的暂行规定》。目前，全市退休职工已近60万人，这是一支有技术专长，能力，管理经验和优良传统的队伍，为鼓励退休职工老有所为，为全市经济发展做贡献，根据中央精神，千方百计开辟多种经营，服务门路，制定本暂行规定。

同日 天津市职工“三热爱”读书活动指导委员会召开开展读书活动十周年总结推动会。全市职工十年来有4000多个工厂企业的近百万职工投入“读书演讲”“读书笔记展览”“家庭藏书展评”等活动。据市职工读书活动办公室统计，22%的职工读书活动积极分子充实到基层宣传教育工作岗位；34%的中青年职工通过读书自学步入大中专学科深造；70%的职工在参加读书活动的同时，积极投入本单位的合理化建议、技术协作等活动，为发展生产力做出了实际贡献。

1993年

2月 天津市总工会组织开展了工会系统“三优”调研成果的评选工作。共评出1992年“三优”调研成果95篇。其中一级优秀成果15篇、二级优秀成果35篇，三级优秀成果45篇。

3月12日 天津市总工会，天津市体改委联合发表，颁布了《关于股份试点企业职工民主管理工作意见》。天津市总工会对于1991年—1993年高层次参与，推进企业转换经营机制做了总结。自1991年以来，天津市总工会先后为了在深化企业改革中充分发挥工会组织的作用，加大高层参与力度，先后与市委、市政府的20多个部委办建立了联系制度，天津市总工会深化企业改革试点工作有关方面的22个领导机构；参与了股份制，股金合作制，国有小型和集体企业租赁经营（国有民营）待改革试点单位审批和调研指导工作；参加了《天津市贯彻〈全民所有制工业企业转换经营机制条例〉实施办法》,《天津市贯彻〈城镇集体所有制企业条例〉实施细则》和《天津市建立现代企业制度试点意见》等50多个法规、政策的研究制定，就改革中的工会和民主管理工作与市委、市政府有关部门联合颁发了31个文件。此外，还就改革中与职工相关的问题向市委、市政府写出调查报告36篇。

4月13日 天津市总工会于今日作出关于表彰1992年在“八·五”立功活动中做出突出贡献的先进职工，先进集体和先进企业的决定。向石化公司炼油厂运输料司机项大成等3961名职工颁发“八五”立功奖章。向微型汽车厂总装车间十一组等951个集体颁发“八五”立功奖状。向天津铁厂等143个企业颁发“八五”立功奖杯。

4月18日 天津市万华股份有限公司董事长丁剑华等27名劳动模范和纺织工业局工会主席王平生等荣获“五一劳动奖章”；天津锻炼压机床总厂等两个先进企业和天津市第六建筑工程公司马宝芝瓦工组等6个先进班组荣获“五一劳动奖状”。

4月21日 天津市召开宣传劳模工作会议。中共天津市委常委刘峰岩在会上提出，要在全市范围内大张旗鼓地掀起宣传劳动模范先进事迹的热潮。同日天津市举行庆祝“五一”国际劳动节暨表彰劳动模范和模范集体大会。大会由市委副书记、市长聂璧初主持，市委副书记、常务副市长张立昌宣读了《中共天津市委、天津市人民政府关于1992年度劳动模范、模范集体的表彰决定》，天津市总工会负责同志宣读了全国总工会颁发“五一”劳动奖章、奖状和全市“八五”立功活动表彰的决定。市委书记高德占在会上讲了话，他号召全市职工以劳动模范为榜样，学习他们的先进事迹和思想，在全市人民中形成一个学先进、赶先进的热潮。

7月31日 开展群众性“学绝技，创绝招，争做技术明星”活动，“学、创、争”活动领导小组发布表彰决定授予王振华等百名同志为“天津市职工技术明星”称号，并以市政府名义颁发证书。同时还对天津市汽车制造厂等25个单位授予“学、创、争”活动优秀组织单位称号。

8月19日 天津市隆重召开“学绝技、创绝招、争做技术明星”活动总结表彰大会，对98名技术明星和25个先进单位进行了表彰。天津市市长张立昌在会上强调，在新形势下要进一步加强工人阶级的主体地位，发挥主力军作用，不断提高职工队伍的整体素质，广大职工要尽主人之责，为加快天津经济发展献计出力。

9月19日 天津市总工会召开工会企事业工作会议，认真总结了近年来工会系统举办的经济实体的工作成果。截至七月底各级工会兴办的经济实体已达3100个，实现产值10.28亿元，实现利税8780多万元，工会企事业取得了长远的发展。这次工会企事业会议还确定了今后的发展目标：力争生产总值30亿元，利税2亿元，从业人员达到5万人。实现上述目标，各级工会要抓好三条线：即工会、技协、退管会齐头并进，结合各自的实际和特点，发展各具特色的经济实体。五个网：即职工消费合作社、职工医疗事业、四技服务机构和科技型经济实体、职工文化、体育、教育事业网络。五个项目：即工会金融事业、工会保险福利事业、工会劳动就业服务、发展配套加工经济实体、外向型企业事业。

9月21日 天津市河北区伟凯纸制品厂有限公司工会成立，它是全市河北区第一家私人企业成立的工会组织。天津市总工会负责同志亲自到会祝贺，首家私营企业组建成立工会，将推动全区私营企业组建工会工作的开展。

11月15日 天津市总工会有关部门统计，全市共有170多家外企组建成立工会，协调解决劳资纠纷60余起。开发区工会联合会做到了维护、协调相辅而行。外商投资企业组建工会和开展工作取得了显著的成效。

11月25日 天津市召开第四届职工自学成才表彰大会。全市有20名自学成才者获奖，24名自学积极分子受表彰，市领导同志，天津市总工会领导同志到会向获奖者颁奖。

12月1日 自天津市总工会、市委农工委，市农委联合下发《关于加强乡镇企业工会工作的意见》以后，天津市乡镇企业组建工会工作明显加快，截至11月13日，已落实并积极开展筹建工会的乡镇企业达152家。

12月8日 天津市十二届人民代表大会常务委员会第四次会议通过了《天津市实施〈中华人民共和国工会法〉办法》并于即日施行。实施办法依照工会法对工会组织的社团法人地位、职责和权利，以及依法开展工会工作，维护职工合法权益的有关问题做了明确规定并指出，任何单位和个人不得侵犯工会的合法权益，凡违反工会法和本办法的规定，阻挠职工组织和参加工会以及对工会工作者依法行使职权进行打击报复的，予以严肃处理；构成犯罪的追究刑事责任。

1994年

1月2～7日 应天津市总工会邀请，日本四日市市立西陵中学校校长冈兴三先生抵津参观访问，并顺访了北京等地。冈兴三校长在津期间拜会了第二南开中学，双方就建立友好校事宜达成了共识。潘义清主席会见并宴请了冈兴三先生。

1月6日 天津市总工会城建工委慰问了城建系统生活有困难的部分劳模和特模，副市长王德惠、市人大副主任、天津市总工会主席潘义清、天津市总工会副主席苏兰洲、市委城建工委书记张旭东、市建委主任刘玉麟等参加了慰问。

1月13日 天津工会女职工委员会召开了一届六次全委扩大会，会上总结了1993年度工作，并对1994年度工作进行了部署。天津市总工会副主席于长生与天津市总工会副主席、市工会女职工委员会主任张淑华出席了会议，市委组织部、市妇联、市人事局、市财政局的部分女领导也参加了此会。

1月15日 天津第二工人文化宫举办了天津市职工灯节联欢会，天津市人大常委会副主任、市总工会主席潘义清与广大职工共同欢度元宵节。

1月24日 天津市总工会邀请日本全日通劳组四日市分会友好代表团一行十二人抵津参观访问，代表团在津期间参观了河西少年宫、地毯厂、电视塔等地。

1月26日 天津市总工会城建工委在南市旅馆街召开了城建系统工会工作会议，城建系统各局、公司（厂）工会主席及党、政领导参加了会议。总结了1993年工作，部署1994年的工作。大会由天津市总工会副主席苏兰洲主持，市人大副主任、天津市总工会主席潘义清、市委城建工委书记张旭东、市建委主任刘玉麟到会并讲话。

同日 天津市总工会财贸工委、市委商工委、市商委有关领导率队深入到市内副食、饮食等行业亲切慰问坚持节日供应，为丰富节日市场辛勤工作的财贸职工。他们先后到特模集体单位贵阳路副食商场、鸿起顺饭庄与一线职工座谈、听建议、送温暖、给职工拜年，天津市总工会副主席张淑华同志、市委商工委副书记张义文参加了慰问活动。

1月27日 天津市工会女职工委员会召开了18个区县工会女职工委员会主任会，就加强区县女工工作问题进行研究，天津市总工会副主席张淑华出席会议。

1月29日 天津市总工会主席潘义清、副主席于长生、张淑华分别陪同市委书记高德占、市长张立昌、副市长李盛霖深入钟表厂、毛条厂、国营印染厂和张风林、刑宋石、马凤谦职工家中开展春节送温暖活动。

1月31日 天津市工会红娘协会在机械局工俱乐部人召开“红娘协会理事会”，会上市工会红娘协向与会的理事及会员单位的代表通报了协会九三年度工作和九四年度设想。通报了协会财务收支情况及“红娘工作十年大庆”活动，天津市总工会副主席张淑华出席会议并讲话。

2月5日 天津第一工人文化宫召开劳动模范与市领导“迎新春、话改革、献计策座谈会”。来自全市各条战线劳模代表90多名分8组与市领导座谈。市领导高德占、张立昌、聂璧初、刘晋峰、李建国、房凤友、李盛霖、刘峰岩、郑质英、张惯文、张好生、叶迪生、庄公惠、王德惠、朱连康、罗远鹏、潘义清、各部委办负责同志及天津市总工会副主席于长生、苏兰洲、张淑华、张子鹏、李淑珍、李大亚参加了座谈会。会后观看了文艺节目。

2月16日 天津市总工会在天津市总工会机关一楼大厅召开“大兴调研之风推动落实九四年工作目标动员大会”，表彰了188名荣获天津市工会系统1993年度“三优”调研成果的作者和两个调研工作先进组织单位。天津市总工会副主席于长生作了1993年调研工作总结和搞好1994年调研工作的报告，天津市总工会主席潘义清就进一步提高认识，加强领导，搞好调查研究工作，推动九四年工作目标的落实讲了话。天津市总各位副主席、天津市总工会各部室、各事业单位领导 150 多人出席了会议。

2 月 27 日 天津市总工会宣教部组织了“万名职工迎市乒赛宣传日”活动，设立宣传站点 100 多个、彩车 22 部，市领导张立昌、李建国、潘义清、张惯文等出席。

3 月 2 日 天津市第一次工会劳动保护监督检查员例会，40 个区县局工会主管主席和劳动保护干部到会，天津市总工会副主席苏兰洲做了重要讲话，会上交流了 6 个区局经验，进一步推动“两个一”和实施“两书”活动的开展，为经济建设保驾护航。

3 月 4 日 天津市教育工会召开“三八”先进青年教师座谈会，会上有天大、南大等十二所院校的先进青年教师代表广大教职工畅谈了教书育人、课堂教学的体会并反映了教育界存在的一些问题。市委教卫工委副书记董志达同志、天津市总工会副主席李淑珍同志、市教育工会主席邹克良同志出席了会议。

同日 天津市教育工会组织高校女职工“庆三八，95 双迎自行车环城赛”。来自全市 14 所高等院校的 1000 名女职工参加了这一活动。天津市总工会副主席李淑珍为竞赛鸣枪。竞赛结束后，体育学院自行车对代表全市高校女教职工向世乒赛组委会和市妇联赠送了锦旗，并请市妇联向全国妇联转交了信件。

3 月 4 日 天津市工会女职工委员会在机械局工会举办了“庆三八座谈暨表彰大会”，来自全市各条战线的女劳动模范、三八红旗手、全国先进女职工的代表 150 余人出席了大会。会上代全国总工会表彰了全国先进女职工 15 名、先进女职工工作者 7 名、先进女职工集体 5 个。表彰了市级优秀女职工工作者和优秀女职工工作积极分子 118 人、优秀女工工作集体 18 个。天津市总工会副主席张淑华出席了会议。

3 月 10 日 中共天津市委城建工委、市建委、市容委、天津市总工会联合在天津宾馆中礼堂召开城建系统迎办第 43 届世乒赛动员部署大会。大会由市委城建工委书记张旭东主持。天津市总工会副主席苏兰洲宣读 1993 年度城建系统窗口建设表彰决定，市领导王德惠、钱其璈、市建委主任刘玉麟、市容委主任李占东参加会议并讲话。

同日 天津市总工会国际部、宣教部联合就全市部分外商投资企业职工思想状况调查事宜召开部分区县局调研部署会。这次调查有 13 个区县局近 100 个基层单位参加，被调查职工 1 万人。

3 月 17 日 天津市总工会、商工委、商委召开“商业系统学先进抓改革促发展创一流大会”，天津市总工会副主席张淑华宣读了《关于在全市商业系统开展向津兴糖酒食品公司学习活动的决定》。中共天津市委商工委副书记宋传义做了在全市商业系统向津兴公司、张高津学习的动员报告。副市长张好生出席会议并讲话。

3 月 30 日 天津市总工会召开了商业系统学先进、促改革、争创优质服务，为“八五”做贡献座谈会。百货大楼营业员邱汝舜、佟楼副食商场经理张世、烈士路粮店经理张兴华及工商局工会主席孙彦柱同志分别作了发言，表达了要在改革开放中大干一场的决心，市人大副主任、天津市总工会主席潘义清，天津市总工会副主席张淑华到会并讲话。

4月1日 天津市召开1993年度“八五”立功活动评选结果新闻发布会。市人大副主任、天津市总工会主席潘义清主持会议，副主席苏兰洲向新闻界发布评选结果，并回答了天津电视台、天津广播电台、天津日报、天津工人报、经济日报驻天津记者站及新华社记者提出的问题。

4月3日 中华全国总工会召开《中华人民共和国工会法》颁布实施两周年座谈会。会上李大亚副主席代表天津市总工会做了题为《制定〈工会法〉实施办法、从立法上推进工会法的贯彻落实》的经验介绍，该发言材料工人日报予以刊载。

4月5～9日 天津市总工会与市委宣传部联合组织了“天津市先进人物事迹报告会”，高德占、张立昌、李建国、聂璧初、潘义清等市领导出席。

4月10～20日 应日本中央劳福协的邀请，苏兰洲副主席随中华全国总工会访日代表团赴日考察访问。在日期间考察了日本工会企事业发展情况，并就双方工会间进一步开展合作与交流交换了意见。

4月12～19日 应日本全递信劳动组合兵库地区本部的邀请，以天津市总工会副主席李大亚为团长的天津市总工会访日代表团一行五人赴日进行友好访问。在日期间，双方交流了工会工作，协商了双方文化、体育交流方案，商讨了选派研修生赴日学习等事宜。

4月14～15日 应中华全国总工会邀请，以福原太郎先生为团长的全日铁道工会总联合会代表团一行五人抵津参观访问。代表团在津期间，拜会了铁路分局工会，参观了天津机务段、食品街。天津市总工会副主席李淑珍会见并宴请了代表团。

4月17～25日 应天津市总工会邀请，以李康熙委员长为团长的韩国仁川港运劳动组合访华团一行六人抵津参观访问。在津期间，代表团拜会了天津市总工会、天津港务局工会并同天津港务局缔结了友好工会关系，代表团还参观了天津港、开发区。潘义清主席会见并宴请了代表团，代表团还顺访了北京、杭州、上海等地。

4月18～20日 应北京市总工会邀请，以社长郑星熔先生为团长的韩国劳动组合总联盟汉城特别市地城本部代表团一行五人访问了天津。在津期间，代表团参观了开发区并同开发区工会进行了座谈。天津市总工会副主席李淑珍会见并宴请了代表团。

4月20日 天津市总工会完成向全国总工会推荐十大杰出职工任务。天津钢厂第二炼钢厂工人王振华当选为全国十大杰出职工。

4月20～21日 应中华全国总工会邀请，以总书记扎利科夫为首的世界工联代表团一行2人访问了天津。代表团在津期间参观了开发区、天津港，游览了文化街、食品街。天津市总工会主席潘义清会见并宴请了代表团。

4月22日 天津市总工会、市委城建工委、市建委联合在天津宾馆中礼堂召开了城建系统劳动模范孙丽华同志事迹报告会，市委城建工委、市建委及有关负责人、天津市总工会副主席苏兰洲到会。

同日 天津市总工会在机车车辆厂召开了职工体育工作现场会，天津市总工会副主席张子鹏到会，市体委黄东生参加了会议，在会上天津十个全国群体工作先进单位参加并分别介绍经验。

4月22～25日 应中华全国总工会邀请，法国总工会刊物《工人生活》摄影记者乔治·阿真斯赫克访问了天津。乔治在津期间，参观了自行车厂、开发区、夏利汽车厂。李淑珍副主席会见并宴请了乔治。

4月24日 中共天津市委城建工委、市建委、天津市总工会联合举办城建系统迎五一便民服务活动日。市委城建工委、市建委负责人及天津市总工会副主席苏兰洲对城建系统的七个服务点及六个工地的职工进行慰问。

4月27日 在天津宾馆中礼堂召开全市庆“五一”暨“八五”立功事迹报告会，参加大会的有来自全市各条战线的劳动模范和“八五”立功奖章获得者代表及区县局党政工领导共1400人。天津市领导高德占、张立昌、李建国、聂璧初、刘晋峰等出席大会。会议由天津市总工会主席潘义清主持，中共天津市委书记高德占作重要讲话。

4月29日 天津市人大常委会副主任、天津市总工会主席潘义清，副主席张淑华到天津市贵阳路副食商场慰问职工，并对该商场在稳定市场、平抑物价、发挥主渠道作用所做贡献予以肯定。并号召天津市商业战线上职工向他们学习，积极配合市政府做好物价监督检查工作，为发展经济、稳定社会多做贡献。

4月底 天津市劳模王振华、孙丽华、徐文恒3人赴北京，参加中华全国总工会召开的“五一”先进模范人物座谈会。

5月1日 举办“‘五一’劳动者之歌”大型歌舞综合文艺演出，李建国、潘义清、房凤友、黄炎智等市领导出席。天津电视台黄金20点节目播放。

同日 为庆祝“五一”国际劳动节，在第二工人文化宫举行了天津市职工长跑活动，天津市人大常委会副主任、天津市总工会主席潘义清为长跑鸣枪。

5月4日 天津市总工会召开天津市第3次合理化建议工作会议。总结1993年合建活动，表彰最佳合建活动的30个最佳成果、30名最佳合建个人和30个最佳组织单位。张立昌市长、副市长李盛霖、市人大副主任潘义清到会，李盛霖宣读表彰决定，钢管公司等5位代表汇报了成果。出席会议的还有各委办、区、局合建负责人共1000多人。

5月6日 天津市总工会在北戴河天津工人疗养院召开了现场办公会。天津市总工会主席潘义清、副主席张淑华出席会议。

5月6～10日 天津市总工会国际部和市工会管理干部学院联合举办天津市外商投资企业工会干部培训班。天津市内40个区县局工会及基层单位参加了学习班。市外经贸委、市劳动局仲裁处、天津市总工会有关部门领导出席会议并讲话。培训期间，学员们系统学习了有关外企法律、法规，外企劳动管理及女职工特殊保护等有关方面的知识。

5月9～11日 应中华全国总工会邀请，西班牙运输、电信联合会代表团一行四人访问了天津。在津期间，代表团参观开发区、天津港、努德莱斯巴食品有限园。李淑珍副主席会见并宴请代表团。

5月12日 部分天津委办负责同志40多人在第一工人疗养院研究、讨论关于在全市开展评选最佳公仆和百名优秀厂长（经理）活动方案。

5月12～15日 应中华全国总工会邀请，以贾米尔。阿赫迈德为团长的巴基斯坦全国工会联合会代表团一行二人抵津参观访问。代表团在津参观了开发区、食品三厂、天津电视塔。李淑珍副主席会见并宴请了代表团。

5月12～16日 应天津市总工会邀请，以舍川武彦执行委员长为团长的日本全电通劳动组合九州地方本部代表团一行六人访问了天津。代表团拜会了天津市总工会、邮电工会。潘主席会见并宴请代表团。代表团还访问了北京等地。

5月16日 应中华全国总工会邀请，以中央执行副委员长山本义治为团长的全日本橡胶产业工会总联合一行26人访问了天津。代表团参观了乳胶厂、古文化街、食品街、地毯厂。天津市总工会副主席李淑珍会见并宴请代表团。

5月17日 天津市经委、天津市总工会等有关部门联合下发了“天津市工业系统国有小型企业和集体所有制企业和租赁经营实施办法”。

5月20日 天津市总工会召开“天津市工会一九九三年度先进集体和个人总结表彰大会”。会议由市人大常委会副主任、天津市总工会主席潘义清主持。中共天津市委组织部长房凤友参加会议并作重要讲话。这次大会共表彰市级模范职工之家100个、模范职工小家200个、工会工作先进集体118个、优秀个人980名。参加此会还有被中华全国总工会表彰的先进集体、个人和市级先进集体、个人代表以及区县局工会主席、组织部长等。

同日 天津市总工会在天津干部俱乐部召开“天津市工会红娘工作十周年纪念会”，会上表彰了十年来在红娘工作中做出突出贡献的红娘标兵10名、先进红娘积极分子85名，红娘工作之友15名，先进红娘工作集体19个。市领导潘义清、鲁学政、老同志许明、李中垣等出席会议。

5月23～24日 天津市工会红娘协会在干部俱乐部燕园举办了“庆祝红娘工作十周年万名职工鹊桥联谊会”，来自全市百余区局的万余名红娘积极分子和求偶职工参加活动。大会为与会人员提供了近万条鹊桥线索。张淑华副主席到会慰问了与会红娘。

5月24日 天津市总工会联合中共天津市委城建工委、市建委召开城建系统合理化建议成果发布会，天津市总工会副主席苏兰洲到会并讲话。

5月28日 天津市总工会财贸工委在乐园宾馆召开合资饭店工会工作座谈会，交流了乐园宾馆、津利华大酒店、北方宾馆、喜来登大酒店在开展劳动竞赛、丰富职工文化生活、解决住房难、建立职代会等方面的经验。天津市总工会副主席张淑华、李淑珍参加会议。

5月31日 天津市总工会主席潘义清、副主席张淑华及女工部、郊县农林工委的负责同志到蓟县棉纺厂幼儿园慰问了幼教岗位工作的保教人员，并向幼儿园的孩子们赠送了“六一”节礼物。

6月2日 天津市总工会、市职工体协、天津奥的斯电梯厂联合组织的“百万职工打乒乓”的开幕式上，市领导张立昌、李盛霖开拍儿，中国国家乒乓球队著名选手马文革、王涛、吕林、乔红等专程到津为大会做精彩表演。市领导李建国、潘义清、张惯文及在津参加国际乒联理事会的国家体委副主任徐寅生等国际乒联官员出席了开幕式。

6月9～10日 天津市职业介绍所在天津市总工会一楼大厅召开了1994年度第二次劳务洽谈会，天津市总工会主席潘义清到会，感谢用工单位帮助停亏企业职工再就业。洽谈会共为96名失业职工找到了工作。

6月15～21日 应天津市总工会邀请，以韩国劳动组合总联盟副委员长、全国港运劳动组合联盟委员长金俊祥为团长的韩国港运劳动联合联盟代表团一行六人访问了天津。在津期间，代表团拜会了天津市总工会、天津港务局工会，参观了天津港、第二工人文化宫，并同天津市总工会签署了双方建立友好关系协议书。天津市总工会主席潘义清会见并宴请了代表团。代表团还访问了吉林、延吉等地。

6月16日 天津市总工会召开机关干部大会，天津市总工会副主席于长生传达贯彻了市区县局领导干部会议精神，并就机关干部深入基层开展调查研究办实事活动进行动员。百余名机关干部在分管主席的带领下组成7个调研组，截至7月初，深入33个区县局和45个基层单位达519人次。在调研中，重点帮助亏损企业出实招、办实事，积极为困难职工排忧解难，进一步稳定职工队伍，调动了职工群众的积极性。

6月17～22日 天津市总工会召开“两个一”活动经验交流会，全市120个区县局劳动保护干部180人参加了会议。会上22个单位交流了经验。天津市总工会副主席苏兰洲到会并讲话，总结了上半年“两个一”活动的开展情况，部署下半年的活动安排。

6月18日 中共天津市委商业工委、市商委、天津市总工会和团市委贯彻高德占同志5月5日学先进座谈会讲话精神，召开了“广泛深入学先进、扭亏增盈做贡献”座谈会。会议由市委商工委副书记宋传义主持，副市长张好生同志、天津市总工会副主席张淑华、市商委副主任季宝华同志参加了会议并分别讲话。

6月19～26日 应天津市总工会邀请，日本全递信劳动组合兵库地区本部执行委员长福本隆司一行二人访问了天津。代表团拜会了天津市总工会、邮电工会。天津市总工会副主席李淑珍会见并宴请了代表团。代表团还访问了北京、西安、苏州、上海等地。

6月22日 天津市召开商口各局党政工领导联席会，天津市总工会副主席张淑华向委、局党政领导通报了一年来商业系统工会开展工作的情况，并就1994年如何开展工会工作征求意见，天津市人大常委会副主任、天津市总工会主席潘义清、副主席于长生、苏兰洲、张子鹏等参加了会议。

6月23日 天津市召开全市工会系统职工培训工作现场推动会，天津市总工会主席潘义清、副主席于长生、张子鹏出席、市各委局领导参加。

6月27日 天津市总工会邀请副市长王德惠深入到亏损企业五建公司谈心服务并做了重要讲话。上半年完成了《我市部分“三资”企业职工劳动条件的跟踪调查》，天津市副市长叶迪生做了重要批示。

7月2日 天津市总工会组织150余名职工进京到北京中山公园参加国庆45周年游园大联欢“天津联欢圈”活动，此工作受到国务院嘉奖和市政府表彰。

7月16日 天津市总工会召开了“天津市互助互济补充保险经验交流会”，天津市总工会主席潘义清、副主席张淑华出席会议。

7月18日 天津市总工会召开贯彻“中华全国总工会十二届三次主席团会议和全国职工民主管理工作会议”精神及部署下半年全市民主管理工作的会议。

7月19日 天津市退管会在塘沽区工会召开“组合建设座谈会”，天津市总工会副主席张淑华参加会议。

同日 中华全国总工会书记处第一书记、副主席张丁华，书记处书记、副主席方嘉德，事业发展部部长石忠信等一行五人到津考察天津市工会企事业发展情况，在津期间，市委常委、组织部长房凤友，市人大常委会副主任、天津市总工会主席潘义清，天津市总工会副主席苏兰洲等陪同中华全国总工会领导考察了天津市电缆厂、高压供电轧钢一厂、市电话局工会企事业并听取了所属局工会的汇报。在津期间中华全国总工会领导还受到市委书记高德占、市长张立昌的会见。

7月29日 应天津市总工会邀请，日本连合三泗地域协议会访华团一行六人来中国进行一周访问。市人大常委会副主任、天津市总工会主席潘义清同志会见并宴请了代表团。

8月1日 天津市召开了庆“八一”座谈会，有60多名荣复转退军人及家属参加了座谈会。会上，市人大副主任、天津市总工会主席潘义清同志向荣复转退军人提出了希望。

8月8日 天津市在北戴河召开商业系统加强劳模管理座谈会。天津市总工会副主席张淑华主持会议，商工委、商委领导及商口各局、区工会主席及部分商业系统劳动模范出席会议。天津市一商局工会、河北区工会在会上介绍了加强劳模管理经验。天津市总工会对加强商业劳模管理工作提出了要求。会议期间，天津市市长张立昌、市政协副主席陆焕生、张昭若等领导看望了商业系统劳动模范代表，向他们表示慰问并与他们亲切座谈合影留念。

8月8日 中华全国总工会在长春市召开了第三次工会企事业工作会。天津市总工会副主席苏兰洲同志参加了会议。会上苏兰洲代表天津市总工会做了题为《全面发展、重点突破建立工会支柱产业》的发言。

8月17日 应天津市总工会邀请，日本中央劳福协会长片冈利男等3人到津参加天津市总工会津工城市信用社迁址典礼，兵库劳动金库与津工城市信用社签订了友好交流意向书。天津市人大常委会副主任、天津市总工会主席潘义清会见了代表团。

8月18日 应中华全国总工会邀请，阿塞拜疆工会总联合会主席萨塔尔·梅赫巴里耶夫一行四人到津访问，天津市人大常委会副主任、天津市总工会主席潘义清会见并宴请了代表团。

8月27日 应中华全国总工会邀请，孟加拉国民族主义工会主席坎德尔阿里为团长的一行2人到津为时一周的访问，市人大副主任、天津市总工会主席潘义清会见并宴请代表团。

同日 天津市总工会召开了市场经济条件下工会工作研讨会，会上天津灯塔涂料股份有限公司、天津卷烟厂、天津乐器公司、天津化工厂等单位工会进行了论文交流。天津市总工会副主席于长生及来自50多个大中型企业和市内9个区工会主席参加了会议。

9月12日 天津市总工会举行津工商厦落成暨津工城市信用社迁址庆典，市领导张好生、鲁学政、房凤友莅临，中华全国总工会领导李奇生、石忠信，天津市总工会七位主席均到会表示祝贺。

9月14日 天津市总工会召开天津市职工第二届“学创争”活动新闻发布会，市委常委、市委宣传部长罗远鹏，天津市总工会主席潘义清，副主席张子鹏以及中央、地方新闻单位负责人、记者参加了会议。

9月15日 天津市总工会召开第五次工会企事业工作会议。全市各区县局工会主席及工会企事业负责同志参加会议。会上传达贯彻了全国第三次工会企事业工作会议精神，提出了全市工会企事业发展思路。天津市总工会主席潘义清同志讲话。

9月16日 在天津市总工会二楼大会议室张淑华副主席主持召开了退休老劳模、退休老工程技术人员、退休老工人座谈会。

9月16日 天津市总工会召开了天津市职工技术明星比武邀请赛及第二届“学、创、争”活动动员大会。市委常委、市委副书记李建国，市委常委、教卫委主任王鸿江，天津市总工会主席潘义清，副主席张子鹏，市有关委局领导及各区县局主要领导和工会主席参加了会议。

同日 天津市总工会主席潘义清，副主席苏兰洲、张淑华、张子鹏、李淑珍、李大亚对纺织、仪表、一轻、二轻、服装、交通等局、公司的特困职工及退休职工入户进行了慰问。

9月19日 应日本全电通五州地方本部的邀请，以天津市人大常委会副主任、天津市总工会主席潘义清同志为团长的天津市工会代表团对日本进行了为时一周的友好访问。

10月10日 张立昌市长批示同意成立天津市职工互助保险合作社。

10月12日 天津市总工会举办为时十天的三期处级干部学习贯彻党的十四届四中全会精神培训班。天津市总工会副主席、党组副书记、直属机关党委书记苏兰洲同志做党员报告并提出了要求。

10月21日 经天津市政府同意，召开了全市学习宣传劳动法动员会，副市长李盛霖同志到会作重要指示，天津市总工会主席潘义清做动员讲话。

10月22日 天津市总工会在天津市电话设备厂举行了天津市职工第14届万名棋手大赛。天津市领导吴震、天津市总工会主席潘义清出席。

10月24日 天津市总主席潘义清就学习宣传劳动法接受天津人民广播电台记者采访，26日天津日报刊登。

10月27日 天津市总工会召开退管会主任会议，天津市总工会副主席、市退管会常务副主任张淑华出席会议，并做了题为“提高认识，共同努力，把退管会服务工作提高到一个新水平”的报告。

10月31日 天津市总工会召开全市工会系统宣讲劳动法大会，天津市总工会主席潘义清进行宣讲。区县局工会主席及公司、大厂工会主席、天津市总工会机关各部门及直属企事业单位负责同志参加了会议。

11月3日 天津市总工会直属机关党委向全体党员干部发出通知，响应中华全国总工会号召“实施送温暖工程”。7日至21日天津市总工会领导亲自参加送温暖活动，有17个党支部深入企业送温暖，在市里影响很大，受到好评。

11月10日 天津市总工会财贸工委、市委商工委、市商委联合召开的商业系统职工民主管理工作交流会。会上粮食局工会、和平区工会、调料一厂党支部、五金站等单位负责同志分别发言。天津市人大副主任、天津市总工会主席潘义清、副市长张好生、全国财贸工委办公室主任邵蕴刚等领导到会并讲话。

11月12日 天津市总工会组织全市21个区县局工会文艺调演活动。共有49个节目分获一、二、三等奖及优秀奖。天津市总工会副主席张子鹏出席了此项活动。

11月13日 应韩国仁川港运劳动组合邀请，以天津市总工会副主席李淑珍为团长的天津市工会代表团访问了韩国。

11月17日 天津市总工会财贸工委在百货大楼组织了“心系困难职工、冬季捐衣送暖”活动，百货大楼向八个局困难职工捐赠200件价值三万元防寒服，市人大副主任、天津市总工会主席潘义清、天津市总工会副主席张淑华出席会议。

11月26日 天津市总工会召开直属党组织书记会议（党委扩大会议），会上交流了党务工作经验，贯彻落实党的十四届四中全会精神。天津市总工会党组书记潘义清、党组副书记苏兰洲参加会议并讲话，市直机关党委书记庞振雄同志参加了会议并讲话。

12月2日 应中华全国总工会邀请，古巴工人中央工会总书记彼得罗·罗斯一行二人在中华全国总工会书记处书记肖振邦的陪同下到天津访问。天津市人大常委会副主任、天津市总工会主席潘义清同志会见并宴请了代表团。

12月10日 天津市总工会召开天津市工会宣传思想工作会议，中共天津市委宣传部长罗远鹏、天津市总工会主席潘义清、副主席张子鹏、李泮祥等出席会议。

12月15日 天津市总工会主席潘义清和天津市总工会各直属单位的分管主席及机关综合部门的领导一起听取了天津市总工会直属企事业领导班子关于1994年业务、经济情况及1995年工资设想的汇报。

12月17日 天津市总工会召开退管工作先进集体、先进个人表彰大会。大会由天津市总工会主席潘义清主持，张淑华作工作报告，中共天津市委副书记、市退管会名誉主任李建国到会讲话。市领导李惠芬、鲁学政、张再旺、吴震、李中桓、许明参加大会。

12月31日 应天津市总工会邀请，日本四日市市西陵中学校长冈兴三先生到津进行为时八天的访问。天津市总工会组织了天津市工会第三次三优调研成果评选，共评出一级成果22篇，二级成果40篇，三级成果106篇，在数量和质量方面均好于前两届。

1995年

1月1日 中共天津市委副书记、市长张立昌在市人大副主任、天津市总工会主席潘义清同志陪同下慰问了河东蔬菜公司职工孙俊萍。

1月5日 天津市工会女职工委员会在一轻局工会召开天津市工会女职工委员会一届七次全委扩大会。天津市总工会副主席张淑华及市工会女职工委员会和部分区局工会女工干部出席了会议。会议总结了1994年工作，提出了1995年工作任务。

1月9日 天津市总工会主席潘义清、副主席苏兰洲、张淑华、张子鹏、李淑珍、李大亚分别慰问微型开关厂等六户困难企业和第一金属制品厂职工王凤美等18户困难职工。市领导高德占、张立昌、李盛霖、聂璧初等同志也参加了慰问活动。

1月10日 天津市领导高德占、张立昌、潘义清陪同中华全国总工会主席尉健行到津参加“送温暖”活动，慰问了困难企业提花织物厂，困难职工有机玻璃纤维厂劳动模范迟松青、利华食品厂退休劳模张玉明、运输一场职工勾德林。

1月19日 天津市总工会在职工之家大厦召开了1995年城建系统工会工作会议。会上总结了1994年工作，部署1995年工作，表彰了项目上的工会之友、工会工作者。市人大副主任、天津市总工会主席潘义清，副主席苏兰洲，市委城建工委书记张旭东，市政府秘书长、市建委主任刘玉麟到会并讲话。

2月6日 天津市总工会“天津市工会调查研究工作会议”。会上宣读了《天津市总工会关于表彰一九九四年度三优调研成果和调研活动先进组织单位的决定》，对168篇调研成果作者和四个先进单位进行了表彰。天津市总工会副主席李泮祥作了调研工作报告，市委研究室副主任梁执礼、天津市总工会主席潘义清到会并讲话。各区县局工会主席、天津市总工会各部、委、事业单位负责人及在津的天津市工会总副主席出席了会议。

2月9日 应中华全国总工会邀请，日本富士通工会第四次“青春之船”先遣团一行五人抵津参观访问。李淑珍副主席会见并宴请了代表团。

2月11日 天津市总工会召开了“《爱国主义实践行》首发式暨班组学习每周一题读本创编五周年”大会。天津市总工会副主席张子鹏同志对读本创编和学用情况作了总结和部署，天津市总工会主席潘义清同志出席了会议并向天津针织厂等单位赠书。

2月15日 天津市总工会在天津钢厂召开“天津市工会职工小家风采展示报告会”。出席大会的有在展示活动中取得突出成绩的工会职工小家代表、区县局工会主席、组织部长及部分基层工会干部的代表、天津市总工会机关各部门负责同志共300余人。出席大会的领导有市人大常委会副主任、天津市总工会主席潘义清，副主席张子鹏、李泮祥同志。

2月20日 应天津市总工会邀请，韩国劳总仁川本部代表团一行六人抵津参观访问。代表团在津期间签署了同天津市总工会缔结友好关系的协议书，评议前瞻性会见并宴请了代表团。代表团还赴北京、上海进行了参观访问。

2月22日 天津市总工会在职工之家召开"天津市职工民主管理工作形势发布会"。参加会议的有各区县工会民管负责人及天津市总工会副主席李大亚。

3月20日 天津市总工会、市物价局在职工之家召开天津市物价监督检查工作会议，会议传达了1995年全国物价监督检查工作会议精神，总结部署了职工物价监督检查工作并表彰了先进。副市长张好生、天津市总工会主席潘义清、市物价局局长翁家禄、市职工物价监督站站长、天津市总工会副主席张淑华、市职工物价监督站副站长、市物价局副局长解世奎、市计委副主任胡崇庆出席会议。

3月21日 中共天津市委商业工委、市商委、天津市总工会在市政府会议楼召开"商业部表彰劳模大会天津分会场表彰会"，会上表彰了天津市荣获九四年度商业部劳模21名，先进工作者1名，并颁发了荣誉证书。商业系统党政工领导及先进工作者200多人参加了会议。市商工委副书记宋传义、张义文，商委副主任施振津同志，天津市总工会副主席张淑华同志参加了会议并颁奖。

3月23日 应天津市总工会邀请，日本互助会九州支部访华团一行二十五人抵津参观访问。李淑珍副主席会见并宴请了代表团。

同日 天津市总工会在河西区工会召开市区工会工作会议，总结市区工会1994年工作，交流经验和1995年工作思路。李泮祥副主席到会并讲话。市区工会主席、天津市总工会研究室主任和有关同志出席了会议。

3月28日 中共天津市委城建工委、市建委、市容委、天津市总工会联合在天津宾馆中礼堂召开了城建系统迎世乒赛窗口建设动员部署大会。会上，天津市总工会副主席苏兰洲宣读了1994年度城建系统窗口建设、行风建设、机关建设先进单位、先进个人的决定，市领导罗远鹏，市委城建工委张旭东等领导到会并讲话。

4月1日 天津市总工会在天津体育中心前广场举行了"迎世乒、迎五一奉献活动动员大会"，1400多名劳动模范和职工代表参加活动，市委副书记李建国把由高德占题写队名的天津市"职工奉献者总队"队旗授予了队员代表。张士珍、王振华等百名劳动模范分别在43届世乒赛会旗上签名，并将它献给了世乒赛组委会，潘义清主席在会上做了动员报告。

同日 天津市职工物价监督站站长、天津市总工会副主席张淑华同志出席市双信办召开的第四届全国物价计量信得过揭晓大会，会后为贵阳路副食商场挂匾。

4月10日 天津市总工会在职工之家召开"天津市百名优秀生产经营者"表彰大会，天津市总工会七位主席及各区县局工会主席、生产部长和“优秀经营者”200余人参加了会议。

4月11日 中华全国总工会召开“全国工会送温暖工程”电话会议，潘义清、苏兰洲、张淑华副主席出席会议。苏兰洲副主席代表天津市总工会做了题为“实施‘送温暖工程’帮促企业扭亏”的经验汇报。

4月12日 应天津市总工会邀请，日本全电通劳动组合九州地方本部代表团一行四人抵津参观访问。代表团在津期间签署了缔结两会友好交流关系的协议书，潘义清主席会见并宴请了代表团。代表团还顺访了北京。

同日 天津市总工会用三天时间请天津市财经学院四位正、副教授为天津市总工会直属企事业单位经理、主任、主管会计及天津市总工会有关部门负责人进行了税务、会计、合同和项目可行性研究等方面的专题培训，天津市总工会副主席苏兰洲同志参加了培训的全过程，并在培训结束后讲话。

4月13日 天津市总工会在津工大厦四楼多功能厅召开了“学、创、争迎世乒比武演练大会”。王鸿江、潘义清出席会议。

同日 天津市总工会在天津电缆总厂召开“天津市实施劳动合同工会工作研讨会”。会上锻压机床总厂等五个企业工会介绍了经验，天津市总工会研究员和部分区局工会办公室（研究员）主任参加了研讨。天津市总工会副主席李大亚、李泮祥出席会议并讲话。

4月15日 天津市总工会组织了“让津城美起来”义务奉献活动。潘义清主席及天津市总工会机关100多名干部参加了奉献活动。全市共有10000多名职工上街清整卫生。

4月20日 天津市总工会在津工商厦广场前组织了庄严的升旗仪式，邀请天安门国旗班的战士为商厦升旗。来自100多个企业的升国旗手及商厦全体员工参加了升旗活动。潘义清、张子鹏、李泮祥副主席及市委宣传部有关同志出席了升旗仪式。

4月25日 中华全国总工会在天津举办了“外商投资企业工会工作国际研讨会”来自日本、印度、法国、意大利等国家的40多位代表出席了会议。潘义清主席出席了开幕式和招待会。这次研讨会学习和借鉴了许多国际外商投资企业工会工作的成功经验，沟通了情况，交流了经验，增进了友谊，加快外商投资企业工会的组建步伐，促进外商投资企业的健康发展起到了积极的作用。

同日 天津市总工会召开了工会干部培训工作会议。有120余个区县局工会的组织干部参加了会议。张子鹏副主席发表了讲话，部署了1995年的工会干部培训工作。

4月26日 天津市财贸系统首场劳动模范事迹报告会在天津宾馆举行。副市长李盛霖、张好生到会慰问并与劳模合影，会上，全国劳模赵伯杰、徐桂兰、刘婷、孙学强和市特模邱汝舜同志分别作了事迹报告，财贸系统劳模“八五”立功先进个人及基层企业先进代表500人参加会议。天津市总工会副主席张淑华主持会议。

同日 天津市总工会在天津宾馆大礼堂召开1994年度劳动模范、模范集体表彰大会，共表彰劳模910人，其中特模123人；模范集体177个，其中特模集体27个。市委、市政府、市人大、市政协的主要领导、各委办负责同志及各区县局党政工领导，劳模和模范集体代表2000余人参加了大会。

4月28日 天津市总工会以天津市总工会主席潘义清和副主席苏兰洲为正、副团长约有81名全模组成的天津代表团在京参加了表彰大会，受到了党和国家领导的接见，并与之合影留念。

同日 天津市总工会郊县农林工委与市农委、农工委宣传部共同举办了农口“迎世乒、庆五一”书画展。书画展历时四天，经过层层选拔推荐有120幅作品入选。市人大副主任、天津市总工会主席潘义清同志、副主席李大亚同志、老同志王结、文化局商局长、市委农委纪检委书记马炳瑞等领导光临并剪彩，有近600人次观展。

5月1日 天津市总工会在天塔组织了天津市职工“迎五一、迎世乒”职工长跑活动。市人大副主任、天津市总工会主席潘义清和市人大副主任许明为长跑鸣枪，有400多人参加了长跑活动。

5月10日 天津市总工会主席潘义清带领有关部室领导到北戴河天津工人疗养院现场办公。天津市总工会副主席张淑华、李泮祥陪同前往。

5月12日 中共天津市委城建工委、天津市总工会在南市旅馆街北楼会议厅召开了城建系统领导干部学习孔繁森、学习劳动模范首场报告会。天津市总工会副主席苏兰洲，市委城建工委副书记沈东海到会并就学习先进模范人物进行了部署。

5月15日 天津市总工会城建工委联合市委城建工委、市建委及有关部门召开了首次工作通报联席会议。市委城建工委副书记沈东海、副局级巡视员唐贡策、市建委副主任王家瑜、天津市总工会副主席苏兰洲到会并讲话。

5月17日 天津市总工会财务部与经审委在职工之家召开“工会经审财务工作交流会”。各区县局工会主席、经审委主任、财务干部参加了会议。天津市总工会主席潘义清、天津市总工会组织部长肖宜珂到会并讲话。

5月21日 天津市总工会城建工委、市建委陪同全建检查团对城建系统五个局、一县等十六个地区进行了历时八天的检查，天津市总工会副主席苏兰洲、李泮祥参加了检查。

5月25日 天津市总工会在河北区区委礼堂召开“天津市私营企业工会组建工作推动会”。市私营企业工会组建推动组成员，各区县党委、政府及有关部门负责同志，各区县工会主席、部分私营企业工会和私营企业经营者的代表120多人出席了会议。市人大常委会副主任、天津市总工会主席潘义清参加了会议并讲话。

5月28日 在天津市总工会副主席李泮祥的陪同下，以中华全国总工会副主席薛昭为团长的全模事迹报告团在津作了两场报告，反响强烈。此间天津市总工会各位主席向中华全国总工会领导汇报工作。

5月30日 天津市总工会副主席张淑华赴大港油田及大港电厂幼儿园八园，入户慰问幼儿园的孩子和保教工作者及油田职工子女。

6月6日 天津市总工会举行工会系统迎办世乒赛工作总结表彰大会，会上表彰了90名先进个人和92个先进集体。天津市总工会主席潘义清给获奖单位、个人颁奖。在津的天津市总工会常委出席了会议，天津市总工会副主席张子鹏做了工作总结。

6月7日 中共天津市委城建工委、市建委、天津市总工会、市容委联合在天津宾馆中礼堂召开了城建系统迎世乒总结表彰大会。建设对123个先进集体及121个先进个人进行表彰。天津市总工会副主席李泮祥到会并宣读了表彰决定。

6月9日 中华全国总工会在机械局工会召开"全国优秀工会干部、优秀积极分子座谈会"。会上天津市总工会代中华全国总工会向受表彰者颁奖。天津市总工会主席潘义清出席并讲话。

6月10日 应中华全国总工会和交流中心的邀请，日本联合千叶友好访华团一行23人抵津参观访问。天津市总工会主席潘义清会见并宴请了代表团。该团在津期间拜会了市政府并参观了食品街、文化街。

6月11日 天津市劳务洽谈会在天津市总工会一楼大厅召开。天津市总工会主席潘义清出席。

6月12日 天津市总工会在工会管理干部学院举办了历时一个月的四期区县局工会领导干部贯彻实施劳动法研讨班，潘义清主席在开班典礼上发表了讲话。天津市总工会其他几位副主席分批参加了研讨班的学习并作总结。

6月21日 天津市总工会在东丽区工会召开了农口区县工会企事业工作会议，会上介绍了积极以俱乐部为依托开展创收的经验，天津市总工会主席潘义清同志、市农委副主任王武静同志、天津市总工会副主席李大亚同志先后发言。

6月23日 天津市总工会在和平区工会会议室召开市内六个区工会主席、商业科长参加的商业小企业工会组织状况及工会工作研讨会。会议就深化改革以来，小企业工会组织状况、民主管理、劳动法贯彻等问题进行研讨。市商委副主任王建涛、天津市总工会副主席李泮祥到会并讲话。

7月1日 天津市总工会在建党七十四周年之际，机关党委在职工之家召开庆"七一"表彰大会。会上对九四年度在开展"创先争优"活动中成绩突出的6个先进党支部、36名优秀党员、14名优秀党务工作者进行了表彰。天津市总工会机关、企事业单位的党员、干部近400人参加了大会。天津市总工会主席潘义清和苏兰洲副主席出席并讲话。

同日 天津市总工会召开了远学孔繁森近学张剑峰见行动现场汇报会。天津市总工会主席潘义清和苏兰洲副主席出席，李泮祥副主席听取汇报并检查工作。

7月3日 天津市总工会在第二工人文化宫大剧场组织全市企业开展行业歌曲展演活动，历时6天。天津市总工会主席潘义清、副主席张子鹏、市文化局高传和等出席了开幕式，共有46个局参加了演出。

7月11日 天津市总工会与市委宣传部在天津职工之家组织召开了"第二届五一新闻奖"评选工作评委会，会上评出一等奖10篇、二等奖20篇、三等奖14篇，市委宣传部副部长刘凤银、天津市总工会副主席张子鹏及中央驻津、新闻单位负责人出席了会议。

7月13日 天津市总工会在津玻壳公司举行签约仪式。天津市第一家集体合同试点企业

——津京玻壳股份有限公司签定集体合同。天津市总工会主席潘义清、市劳动局局长花绍曾出席会议并讲话。

7月15日 天津市总工会应韩国全国港运劳动组合联盟的邀请，以天津市总工会副主席张子鹏为团长的天津市总工会代表团一行六人，对韩国进行了为期七天的友好访问。

7月18日 应中华全国总工会邀请，叙利亚工人工会总联合会代表团一行四人抵津参观访问。代表团在津期间参观了天津港和开发区，李淑珍副主席会见并宴请了代表团。

同日 天津市总工会《在实施劳动合同制度中做好工会工作》经验材料，由潘义清主席在中华全国总工会杭州会议发言，同年工会动态15期全文转载。

同日 天津市总工会常委苏兰洲、张淑华、李淑珍、李大亚、李泮祥、肖宜珂深入冶金局第一钢丝厂等7个单位进行暑期慰问。市经委、交委有关领导也参加了慰问。

7月28日 中华全国总工会在职工之家召开“华北地区工会财务工作协作会”，天津市总工会主席潘义清、中华全国总工会财务部部长姚仲珊到会并讲话。

7月30日 应中华全国总工会邀请，日本四日市西陵中学访华团一行21人抵津参观访问，该团由学生、家长、教师组成，来访目的在于加强与天津市中学师生之间的友好交流，了解中国教育现状。天津市总工会主席潘义清会见并宴请了代表团。

7月 天津市总工会主席潘义清带领天津市总工会副主席、常委及全体机关干部，为宣传职工消费合作社，为职工救急济难基金会捐款，利用每周六、日公休时间，开展了历时四个月的义卖活动。

8月2日 中华全国总工会副主席方嘉德、事业部长石忠信等领导到津，研究在天津市召开全国第四次工会企事业工作会议事宜，天津市总工会主席潘义清、天津市总工会副主席苏兰洲在职工之家就有关具体事宜交换了意见。

8月3日 天津市总工会在第二工人文化宫举办庆祝天津市总工会成立70周年厂歌行业歌曲音乐会。市领导李建国、刘峰岩、潘义清，天津市总工会副主席苏兰洲、张子鹏、李淑珍、李大亚、李泮祥等出席了音乐会。

8月8日 天津市总工会在职工之家召开天津市第二届退休职工代表会议，大会由人大常委会副主任、天津市总工会主席、退管会主任潘义清同志主持，天津市总工会副主席、退管会常务副主任张淑华同志做工作报告，市委副书记、退管会名誉主任李建国同志讲话，市政协副主席李长兴，市政府秘书长张惯文同志参加了会议。

8月20日 应中华全国总工会邀请乌兹别克斯坦卡拉卡乐帕科克共和国工会联合会代表团一行6人抵津考察访问。该团在津期间参观了开发区并与天津市总工会进行了座谈。天津市总工会副主席李淑珍会见并宴请了代表团。

8月22日 天津市总工会城建工委与市委城建工委、市建委有关部门召开了第二次工作通报联席会议，会议重点研究了对城建系统亏损企业中65户特困职工帮救措施；讨论了城建系统加强企业民主管理工作的实施意见；研究了以贯彻实施劳动法推进签订集体合同试点工作突破口的意见。中共天津市委城建工委书记张旭东、市建委主任王家瑜、天津市总工会副主席苏兰洲出席了会议。

8月22日 在职工之家四楼多功能厅召开了“爱国主义实践行”主题教育交流推动会，会上三个受表彰单位介绍了经验。天津市总工会主席潘义清出席并讲话。

8月23日 天津市总工会在职工之家召开信法劳工作会议，李大亚主席出席会议并讲话。

8月25日 天津市总工会在职工之家召开了各区县局工会参加的天津市总工会合同劳动局联合召开的“鉴定集体合同动员大会”。天津市总工会主席潘义清、市劳动局局长花绍增出席并讲话。

8月25日 应天津市总工会邀请，日本兵库劳动金库访华团一行5人抵津参观访问。该团在津期间参观了津工城市信用社和住房合作社，潘义清主席会见并宴请了代表团。

9月 天津市总工会副主席张淑华、天津市总工会女工部部长刘宝桧代表全市女职工参加了“第四次世界妇女大会非政府组织论坛”的活动，就“妇女参政”“女职工劳动保护”“发展托幼园所”等问题，同与会各国朋友进行了交流。

10月1日 天津市总工会在第二工人文化宫组织了庆“十一”游园联欢活动，市领导房凤友、天津市总工会主席潘义清、副主席张子鹏出席并参观了由职工演出的节目。

10月3日 应日本连合三泗地域协议会的邀请，以天津市总工会副主席张淑华为团长的天津市工会代表团一行六人对日本进行了为期七天的友好访问。

10月4日 应中华全国总工会邀请，世界劳联代表团一行四人抵津进行友好访问。该团在津期间参观了开发区和天津港。天津市总工会主席潘义清会见并宴请了代表团。

10月11日 天津市总工会在大港石油管理局工会召开“天津市企业劳动关系与工会工作研究讨论会”。会议传达了中华全国总工会尉健行主席的重要讲话和全国各省市工会研究室主任会议精神。天津市总工会副主席李泮祥出席会议并讲话。

10月19日 天津市总工会应韩国劳动组合总联盟仁川本部的邀请，以天津市总工会副主席李大亚为团长的天津市工会代表团一行六人对韩国进行了为期七天的友好访问。

10月21日 天津市总工会召开天津市乡镇工会工作会议，四郊五县（包括塘、汉、大）及所属乡镇党政工主要领导同志150名参加了会议，天津市总工会主席潘义清、副主席李大亚参加了会议并讲话。

10月22日 应中华全国总工会邀请，香港本地高级公务员协会理事会代表团一行14人抵津参观访问。该团在津期间参观了夏利汽车制造厂和文化街。李淑珍副主席会见并宴请了代表团。

10月24日 天津市总工会召开了历时六天的全国第四次工会企事业工作会议。中华全国总工会副主席书记处第一书记张丁华、副主席方嘉德、经审委主任张富有，市委副书记李建国、市委常委房凤友、市人大副主任潘义清等领导同志出席大会并做经验介绍。来自全国29个省市、自治区及部分中心城市工会负责同志参加了会议，并视察了天津市工会企事业。

10月25日 应中国职工对外交流中心邀请，日本生活协同组合连合会访华团一行3人抵津参观访问。该团在津期间考察了职工消费合作社。潘义清主席会见并宴请了代表团。

10月30日 应天津市总工会邀请，日本全电通九州地方本部访华团一行六人抵天津市参观访问。该团在津期间拜会了邮电工会，参观了长途电信局。潘义清主席会见并宴请了代表团。该团还顺访了西安、苏州、上海等地。

11月1日 天津市总工会召开第二届“学绝技、创绝招、争做技术明星”总结表彰暨百名明星收徒大会。市委书记高德占出席会议并讲话。出席会议的市领导还有李盛霖、罗远鹏、王鸿江、庄公惠、潘义清等。出席会议的人员有百名技术明星及徒弟，“学创争”活动优秀组织单位代表和各区县局主要负责同志近800人。

11月20日 应天津市总工会邀请，韩国仁川港运劳动组合代表团一行六人抵津进行友好访问。该组合于1994年经天津市总工会牵线搭桥和港务局工会建立了友好关系，此次访问协商了今后开展实质性友好交流的方案并拜会了港务局工会。潘义清主席会见并宴请了代表团。

30日 天津市总工会召开“天津市集体合同试点工作交流会”，天津市总工会主席潘义清、市劳动局局长花绍增出席，各区县局及集体合同试点企业参加了会议。

11月份 天津市总工会在二轻俱乐部举办了天津市第十五届万名棋手大赛，张子鹏出席并讲话。

12月1日 应法国总工会的邀请，天津市总工会主席潘义清率领中国工会代表团一行三人出席了法国总工会第四十五次全国代表大会，

同日 市大潮食品公司在天津市总工会一楼大厅举办招聘下岗职工专场劳务洽谈会。市政府副秘书长唐延芹、天津市总工会副主席张淑华参加招聘大会。

12月7日 天津市总工会召开劳动法律监督委员会全体委员第一次会议并下发了活动制度和工作制度，李大亚副主席出席了会议并讲话。

12月13日 天津市总工会城建工委在天津玻璃厂召开了城建系统合建工作现场会，会上表彰在九五年合建工作中做出成绩的十一个先进单位和二十五名先进个人，总结了1995年的工作，对1996年合建工作进行了部署，建材集团等单位介绍了合建工作的经验，市建委副主任、天津市总工会副主席苏兰洲到会并讲话。

12月22日 应中华全国总工会邀请，日本劳动研究机构代表团一行三人抵津参观考察。该团在津期间参观考察了天津新宝天洋家电有限公司和天津汽车工业有限公司，了解了我国企业的改革情况及其关心的问题。李淑珍副主席会见并宴请了代表团。

12月23日 应天津市总工会邀请，日本三重县四日市教育代表团一行十一人访问了天津市。访问期间参观了中、小学并与教师举行了座谈，促进了两国教育界的交流与了解。潘义清主席会见并宴请了代表团。

12 月 31 日 天津市总工会主席潘义清以及在津的副主席慰问化工局退休劳模伊书田等 12 位困难职工。参加元旦送温暖活动的市领导有高德占、张立昌、李建国、李盛霖、王鸿江、杨新成、庄公惠、叶迪生、王德惠、张好生。

同日 天津市总工会城建工委与市委城建工委、市建委有关部门召开了第三次工作通报联席会议。会上研究了召开 1996 年城建系统工会工作有关问题；贯彻实施劳动法推动和加快城建系统平等和签订集体合同的具体意见以及特困职工、劳模的慰问工作。市委城建工委书记张旭东、市建委主任王家瑜、天津市总工会副主席苏兰洲参加了会议。

1996 年

1 月 1 日 天津市总工会主席潘义清陪同高德占、张立昌等市委、市政府领导深入 12 户困难职工家庭开展元旦、春节送温暖活动。

1 月 12 日 天津市总工会联合市委城建工委、市建委在职工之家四楼多功能厅召开了 1996 年度城建系统工会工作会议。会上总结了 1995 年工作，部署九六年工会工作。市人大常委会副主任、天津市总工会主席潘义清，副市长王德惠及有关部委负责人到会并做重要讲话。

1 月 18 日 天津市总工会财贸工委在南市食品街工会会议室，召开财贸系统 1996 年工会工作会议。天津市总工会副主席张淑华参加并讲话。

1 月 19 日 天津市工会女职工委员会在职工之家召开一届八次全委会。总结 1995 年度工作，讨论制定 1996 年计划，天津市总工会副主席、市工会女职工委员会主任张淑华出席会议并讲话。

2 月 8 日 天津市总工会城建工委在六建公司召开城建系统各局工会主席座谈会，天津市总工会副主席苏兰洲参加了座谈会。

2 月 10 日 天津市总工会财贸工委在良园饭店召开商口党、政、工迎新春座谈会。天津市总工会副主席张淑华主持会议，市委商工委副书记宋传义、张玉文，市商委主任李宝华，天津市总工会副主席李泮祥、李大亚、张子鹏，副市长张好生参加并讲话。

同日 天津市总工会在天津市职工之家四楼多功能厅召开“天津市教育工会四届九次全委大会”。会议通过了“关于召开天津市教育工会第五次代表大会”的决议并听取了市教育工会主席邹克良同志年度工作报告及 1995 年工作报告。

2 月 12 日 天津市总工会联合市委城建工委、市建委领导，天津市总工会副主席苏兰洲、张淑华及有关部门负责人，由副市长王德惠带队对城建系统 2 名劳动模范和 2 名特困职工进行了慰问并送去了慰问款。

2 月 14 日 天津市总工会在天津职工之家召开天津市各界劳模、先进人物话“九五”献计策、做贡献座谈会。中共天津市委书记高德占等 24 位市领导到会。

2 月 15 日 天津市总工会主席潘义清同志陪同高德占、张立昌等市委、市政府领导深入 32 户困难职工家庭开展了历时三天的元旦、春节送温暖活动。

2 月 27 日 天津市总工会在职工之家召开第二届“五一”新闻奖表彰大会，市人大副主任、天津市总工会主席潘义清、市委宣传部长李锦坤出席会议并讲话，市委宣传部副部长刘凤银主持会议，天津市总工会副主席张子鹏做工作总结，会上向获奖者颁发了证书和奖金。

3月11日 中华全国总工会法律部贾志明部长一行到津就征求“工会法修改补充意见”“集体合同法”进行了历时三天的调研。

3月15日 天津市总工会在职工之家召开天津市工会1996年度调研工作会议。会上对评选出的205篇优秀成果及调研工作先进单位进行表彰。会议由张淑华副主席主持，李淑珍副主席宣读表彰决定，李泮祥副主席做工作报告，市委研究室副主任曹达室、天津市总工会副主席苏兰洲出席并讲话。

3月27日 中共天津市委书记高德占就工会兴办职工消费合作社、职工互助保险合作社、职工住房合作社、职工旅行社、津工城市信用社等工会企事业题词：“发挥工会优势，发展合作经济”、“努力办好消费合作社，让职工得到更多的实惠”。

3月28日 天津市长张立昌就兴办职工互助保险事业给工会题词：“大力发展职工互助保险事业”。

同日 天津市总工会投资1200多万元兴建的天津市总工会职工消费合作总社配送中心破土动工。

3月29日 天津市总工会召开市工会“第六次工会经济事业工作会议”，市委组织部长刑军、市人大常委会副主任、天津市总工会主席潘义清出席会议并讲话。

4月4日 中华全国总工会召开外商投资企业工会签订集体合同电话会议，天津市总工会副主席李淑珍代表天津市总工会在电话会议上介绍了天津市外商投资企业推动集体合同的做法。

4月5日 中共天津市委书记高德占视察了天津市总工会职工消费合作总社及配送中心，并到天津市总工会机关与工会领导和直属企业领导座谈，充分肯定天津市总工会发展职工消费合作社是为职工办的一件好事，应大力发展下去。

4月10日 天津市商工委、市商委、天津市总工会联合召开天津市商业系统推动集体合同制工作经验交流会。天津市总工会副主席张淑华主持会议，天津市总工会副主席李大亚、市商工委副书记张玉文到会并讲话。

4月11日 天津市总工会副主席张淑华参加了在天津市总工会一楼大厅举办的天津市总工会职业介绍所招聘专场。

同日 天津市总工会、市委城建工委、市建委、市容委联合在天津宾馆中礼堂召开了天津市城建系统“窗口”精神文明建设总结部署大会，会上，天津市总工会副主席张淑华宣读了1995年窗口建设先进集体、先进个人和树立窗口行业标兵的决定，市领导罗远鹏等有关部委负责人到会并讲话。

4月14日 应日本兵库劳动金库的邀请，以天津市总工会副主席苏兰洲为团长的天津市工会代表团一行六人对日本进行了历时七天的友好访问。

4 月 18 日 天津市总工会应日本全电通劳动组合九州地方本部的邀请，以天津市总工会副主席李淑珍为团长的天津市工会代表团一行六人对日本进行了历时七天的友好访问。

4 月 20 日 天津市总工会在职工之家召开天津市职工物价监督检查工作会议，会议由天津市总工会主席潘义清主持，天津市总工会副主席张淑华同志做工作报告，市领导张好生出席会议并讲话。

4 月 22 日 天津津泰公司自行车胎厂召开第三届“学、创、争”活动现场动员大会，市领导房凤友、潘义清、庄公惠出席，各部委办及区县局（总公司）党政工领导 200 余人参加。

4 月 26 日 应天津市总工会邀请，日本全递兵库前委员长西田直胜先生一行七人对天津、北京西安、苏州、上海等地进行了为期九天的友好访问，市人大常委会副主任、天津市总工会主席潘义清会见了代表团。

4 月 27 日 天津市总工会、市委城建工委、市建委开展学徐虎、见行动迎“五一”推进精神文明建设下基层办实事活动，天津市总工会副主席苏兰洲参加了此项活动。

4 月 29 日 天津市纪念“五一”国际劳动节暨“八五”立功成果汇报大会在天津宾馆中礼堂召开。各界劳模代表、职工代表 1000 多人参加，有关委办领导出席。市委书记高德占等 11 位市领导到会。会议由天津市总工会副主席苏兰洲主持。

4 月 30 日 天津市职工参加第三届工人运动会代表团誓师大会，在第二工人文化宫前广场，中共天津市委书记高德占授旗，市长张立昌授会徽旗，李建国致辞，李盛霖为长跑鸣枪，聂璧初、刘晋峰、罗远鹏、潘义清、张惯文等市领导出席大会。

4 月 30 日 天津代表团出现在北京天安门举行的第三届全国工人运动会开幕式，副市长王德惠率队出席。

5 月 4 日 国务院副总理李岚清在中华全国总工会副主席、书记处第一书记张丁华、副主席方嘉德的陪同下到津视察天津市总工会兴办的职工消费合作社，在视察期间，市长张立昌、市委副书记李建国、市人大常委会副主任、天津市总工会主席潘义清陪同李岚清副总理参观了天津 6443 厂、职工消费合作社、天津市总工会职工消费合作社及配送中心、天津市总工会职工消费合作社津工商厦连锁店，并在职工之家与天津市总工会领导及直属企事业“四社”经理座谈，就天津市总工会发展职工消费合作社事业，发表了重要讲话，中华全国总工会为此下发了有关文件。

同日 应天津市总工会邀请，以韩国劳总仁川本部常务副议长襄相益为团长的代表团一行六人，对天津、北京、西安、上海等地进行了为期十五天的友好访问。市人大常委会副主任、天津市总工会主席潘义清会见了代表团。

5 月 10 日 天津市总工会女职工委员会召开“集体合同工作经验交流会”。自来水公司、津美饮料公司等五个单位介绍了经验，天津市总工会副主席、女职工委员会主任张淑华到会并就今后的工作提出了要求。

5 月 14 日 天津市总工会在天津石化公司召开“全心全意依靠工人阶级理论与实践研讨会”，

天津市总工会副主席李泮祥出席会议并做重要讲话。

5月17日 天津市总工会主席潘义清、副主席张淑华及有关部门到北戴河天津工人疗养院现场办公，并为张剑峰佩带“八五”立功奖章，为“剑锋泉”揭篇。

同日 天津市总工会在市政府四楼多功能厅召开“天津市合建成果汇报会”，天津市总工会主席潘义清主持会议并讲话，市长张立昌做了重要讲话。

5月20日 天津市总工会开展的“万名职工自救活动”序幕正式拉开，为特困职工脱贫的天津市职工消费合作社第一家连锁店正式开张营业。天津市总工会领导前去困难户孟俊玲家。

5月21日 中央电视台焦点访谈记者到津，对天津市总工会兴办职工消费合作社进行了采访。

5月27日 应韩国劳动组合总联盟仁川地域本部的邀请，以天津市总工会国际部副部长李晓春为团长的天津市工会代表团一行三人对韩国进行了历时八天的考察访问。

5月29日 天津市总工会城建工委在职工之家四楼会议厅召开了城建系统工会通讯信息站成立大会，天津市总工会副主席李泮祥及市建委、市委城建工委部门负责人到会并讲话。

同日 应中国石化工会的邀请，以日本橡胶产业工会联合会书记长泽田芳彦为团长的代表团一行二十二人对天津市进行了为期三天的友好访问。

5月30日 天津市总工会副主席张淑华及女工部一行，深入到天津市和平保育院、天津市河西一幼慰问了园所保教人员，并向孩子们赠送了节日礼物。

6月1日 天津市成立推行集体协商合同制度工作领导小组，李盛霖同志任组长，潘义清同志任副组长，各有关部委负责人为该领导小组成员。

6月5日 天津市总工会在职工之家四楼会议厅召开了中国教育工会天津市第五次代表大会。市委、市教委、市高教局、教育局、天津市总工会的有关领导和各区县局、各高校的党政工领导也出席了会议。

6月10日 应天津市总工会邀请，以韩国劳动组合总联盟副委员长、全国港运劳动组合联盟委员长吴文焕先生为团长的代表团一行六人对天津、北京、吉林进行了为期七天的友好访问。市人大常委会、天津市总工会主席潘义清会见了代表团。

6月12日 天津市总工会在职工之家召开“天津市工会财务工作会议”，各区县局工会主席、党政领导、财务干部二百多人参加，天津市总工会主席潘义清到会并讲话。

6月15日 应韩国京畿银行劳动组合的邀请，以天津市总工会副主席李泮祥为团长的天津市工会代表团一行六人对韩国进行历时七天的友好访问。

6月19日 应俄罗斯赤塔州工会的邀请，以天津市总工会主席潘义清为团长的天津市工会代表团一行五人对俄进行了历时七天的友好访问。

6月20日 中华全国总工会副主席方嘉德带全国各省市工会事业部长40多人到津参观天津市职工消费合作社。

6月21日 天津市总工会城建工委慰问了金刚桥改造工程工地参建职工，天津市总工会副主席苏兰洲参加了慰问并对市政一、四分公司和天津设备安装公司赠送了锦旗和慰问品。

6月27日 天津市总工会召开全市工会系统信、法、劳工作会议。在会上总结交流了先进经验，并传达贯彻中华全国总工会法律部长会议精神。天津市总工会副主席张子鹏出席并讲话。

同日 天津市总工会在机电总公司工会举行“为九五添光彩、做奋发创业人”读书演讲决赛，市委宣传部副部长郑先进、天津市总工会副主席张子鹏出席并向获奖的13名演讲员颁奖。

7月5日 中共天津市委商工委、市商工委、天津市总工会在职工之家大厦隆重召开天津市商业系统职业道德“双十佳”表彰会。会议由天津市总工会副主席张淑华主持，市商委工委副主任季宝华代表三家宣读表彰决定，市委商工委副书记张玉文代表三家做总结发言，市人大副主任、天津市总工会主席潘义清到会并讲话。

7月12日 天津市总工会主席潘义清率天津市总工会领导深入第一玻璃厂等5个企业慰问暑期一线职工。

7月15日 天津市总工会副主席张淑华，外经贸委杜副主任及天津市总工会财贸工委、外经贸工会的领导慰问了外贸包装公司纸箱厂的职工，检查企业防暑降温落实情况，为职工送去慰问金。

7月23日 国务院副总理邹家华到津视察天津市职工消费合作社及配送中心，中华全国总工会副主席方嘉德、市委副书记李建国、副市长李盛霖、天津市总工会主席潘义清陪同。

7月25日 中华全国总工会组织由二十五人组成的代表团赴加拿大进行了为期十六天的劳动关系培训，天津飞轮有限公司主席郭增梅随团出访。

8月5日 中华全国总工会法律部周万玲处长一行到津，就劳动争议处理工作进行了调研。

8月6日 应中国海员工会的邀请，以秘书长塞兰德为团长的国际海员福利委员会代表团一行三人对天津市进行了友好访问并考察了天津港和新港国际海员俱乐部。

8月8日 天津市总工会、市建委在天津市总工会二楼大会议室召开了城建系统上半年集体合同推动会。总结了上半年集体合同的情况，部署了推动此项工作措施。市劳动局及有关部门负责人、天津市总工会副主席苏兰洲、李淑珍参加了会议。

8月13日 天津市总工会在职工之家召开送温暖工程经验交流会，纺织工业总公司等18个单位交流经验。天津市总工会主席潘义清出席会议并讲话。

8月14日 天津市总工会财贸工委召开商口工会主席联席会，天津市总工会副主席张淑华、商工委副书记张玉文到会并讲话。

同日 应天津市总工会邀请，以俄罗斯赤塔州工会主席古诺年科为团长的代表团一行六人对我国进行了为期七天的友好访问。市人大常委会副主任、天津市总工会主席潘义清会见了代表团。

8月15日 天津市总工会在市人民礼堂举行了“塑造文明新形象、争做奋发创业人”报告会。市领导李建国、潘义清、张惯文和李锦坤部长出席，潘义清主持会议，天津市总工会副主席张子鹏做总结，李建国做了重要讲话，会上天津市总工会副主席苏兰洲宣读了授予赵玉宽等5人获得首批“九五”立功奖章的决定。

8月16日 应中国职工对外交流中心的邀请，以日本滋贺生活协调组合理事长细谷单尔为团长的代表团一行4人对天津市职工消费合作社进行了参观考察。天津市总工会副主席苏兰洲会见了代表团。

同日 应北京市总工会邀请，以越南劳动者总联合会执委会主席团委员、越共河内市委常委、河内市劳动者联合会主席陈光交为团长的代表团一行四人对天津市进行了友好访问。天津市总工会副主席李淑珍同志会见了代表团。

8月19日 应天津市总工会邀请，以日本三重县市市立三龙中学校长冈兴三为团长的四日市教育代表团一行12人对中国进行了为期五天的友好访问。

9月13日 天津市总工会主席潘义清同志参加了在市政协礼堂举行的下岗职工培训班结业典礼。

9月16日 中共天津市委商工委、市商委、天津市总工会、团市委、劳动局联合在劝业场召开商业系统争明星班组和技术明星活动现场会。天津市总工会副主席张淑华主持会议，天津市总工会副主席张子鹏到会并讲话。

9月18日 天津市总工会召开“推动天津市集体合同工作会议”。副市长杨新成代表市委、市政府出席会议并做重要讲话。天津市总工会主席潘义清同志总结部署工作。

9月20日 天津市总城建工委召开了城建系统工会工作研究会成立大会暨理论学习调研成果发布会。市委城建工委、市建委及有关部门负责人、天津市总工会副主席李泮祥参加了会议。

9月25日 天津市总工会召开全市推动集体合同大会。会上河西区、北方食品有限公司介绍了外商投资企业签订集体合同的经验。市人大副主任、天津市总工会主席潘义清、副市长杨新成和天津市总工会副主席李淑珍等参加会议。

9月26日 天津市总工会主席潘义清同志率天津市总工会领导在中秋、国庆两节前夕慰问6户困难职工。

9月29日 应天津市总工会邀请，以日本生活协同组合神户消费合作社组合长理事木村正仁为团长的代表团一行二人对天津市进行为期五天的友好访问，并参加天津市职工消费合作社配送中心开业典礼。天津市长张立昌、中华全国总工会副主席李奇生、市人大常委会副主任、天津市总工会主席潘义清分别会见代表团。

9月30日 天津市总工会职工消费合作总社第二配送中心隆重开业，中华全国总工会副主席方嘉德、市委副书记李建国、组织部长邢军、市政协副主席刘晋峰、市人大副主任鲁学政及市有关各部门和各级工会代表2000多人，参加了开业庆典。日本神户市生活协同组合长木村正仁先生专程来津祝贺。

10 月 1 日 天津市总工会在第二工人文化宫组织“双庆”灯会，市人大副主任、天津市总工会主席潘义清，天津市总工会副主席张子鹏及 1000 多名职工一同联欢并观看焰火。

10 月 10 日 天津市总工会在职工之家召开了市工会十二届七次全委会议。市委常委、组织部长邢军以及天津市总工会十二届委员会委员、十二届经费审查委员会委员参加了会议。会上，天津市总工会主席潘义清同志代表天津市总工会常委会汇报了市工会十三次代表大会的有关筹备情况并传达了市委、中华全国总工会对市工会十三大的重视和指示。会议选举安亭洲、刘凤山、王连金为十二届委员、副主席。

10 月 14 日 天津市总工会在职工之家召开天津市部分劳模和工会干部学习六中全会精神座谈会。市人大副主任、天津市总工会主席潘义清、副主席张子鹏和全国劳模邱明才、张高津等 20 余人出席了座谈会。

10 月 20 日 应上海市总工会邀请，以总书记达尼埃尔·布朗为团长的法国总工会罗纳·阿尔卑斯大臣工会代表团一行五人对天津市进行了友好访问。天津市总工会副主席李淑珍会见了代表团。

10 月 23 日 天津市总工会在职工之家召开了天津市工会第十三次代表大会。市委、中华全国总工会、市人大、市政府、市政协、市纪委、天津警备区的领导同志和老同志及市委、市政府各部委办、团市委、市妇联、市科协和各区县局、总公司（集团）的党政领导同志参加了会议。全市各条战线近 1000 名代表出席了会议。会上，市委书记高德占做重要讲话。天津市总工会主席潘义清同志代表天津市总工会第十二届委员会做工作报告。会议选举产生了天津市工会第十三届委员和十三届经费审查委员会委员。随即召开的十三届一次全委会选举产生了主席、副主席、常委。潘义清同志当选为主席。张子鹏、李淑珍、李泮祥、安亭洲、刘凤山、王连金当选为副主席。张和凯、张仁海当选为常委。十三届经审委一次全委会选举杨东来为经审委主任。

10 月 24 日 天津市总工会在第二工人文化宫大剧场为庆祝工会十三届代表大会的召开，组织了“咱们工人有力量”专题大型文艺晚会。市人大副主任、天津市总工会主席潘义清、副主席张子鹏、李淑珍、李泮祥、安亭洲、刘凤山、王连金及 1000 多名代表观看了演出。

11 月 2 日 中华全国总工会组织由八人组成的代表团对香港、澳门进行为期八天的友好访问。天津市总工会副主席李淑珍任该团团长。

4 日 应天津市总工会邀请，以韩国劳总仁川本部副议长黄昌培先生为团长的经济贸易代表团一行四人对天津市进行了经济贸易交流。市人大常委会副主任、天津市总工会主席潘义清会见了代表团。

11 月 13 日 天津市总工会在职工之家举办了历时三天的区县局宣教部部长学习六中全会精神研讨班。市人大副主任、天津市总工会主席潘义清出席并讲话。张子鹏副主席部署了下一步工作。

11 月 15 日 天津市总工会主席潘义清出席了经审委组织的全市区县局工会经审委负责同志

参加的工作会议并讲话。

11月25日 天津市总工会在宁河县召开“区县农林系统工会送温暖工作经验交流会”。河西区工会、农场局工会、塘沽区工会、宁河县工会分别做了经验介绍，天津市总工会副主席张子鹏主持会议，天津市总工会副主席李泮祥做了报告，29个区县农口局工会主席分管干部70多人参加了会议。

11月26日 天津市总工会应中国职工对外交流中心的邀请，以日本滋贺生协理事长细谷卓尔为团长的代表团一行十七人对天津市进行了考察访问。市人大常委会副主任、天津市总工会主席潘义清同志会见了代表团。

12月5日 天津市工会女职工委员会在职工之家召开了“市工会女职工委员会二届一次全委会”，经民主协商和天津市总工会常委会研究产生天津市总工会第二届女职工委员会。天津市总工会主席潘义清、副主席张子鹏、王连金到会祝贺。

12月12日 天津市总工会在天津电话设备厂举行了第十六届职工万名棋手大赛闭幕发奖大会。市人大副主任、天津市总工会主席潘义清为大会颁奖。

12月22日 应天津市总工会邀请，日本四日市市立三龙中学校长冈兴三先生一人对天津市及山东进行了友好访问。市人大常委会副主任、天津市总工会主席潘义清同志会见了代表团。

12月23日 天津市总工会在市政府四楼会议厅举行了第三届全国工人运动会天津代表团庆功表彰大会。市委副书记、常务副市长、天津代表团团长李盛霖出席会议并讲话。市人大副主任、天津市总工会主席潘义清主持会议。

12月25日 全国职工消费合作社工作会议在京召开，潘义清、卢代盛、孟俊玲分别代表天津市总工会、职工消费合作社及连锁店困难户在大会发言，受到与会代表一致好评。国务院副总理邹家华、李岚清、中华全国总工会主席尉健行、全国人大常委会委员长倪志福出席了会议并做了重要讲话。

12月26日 参加全国职工消费合作社工作会议的各省市、自治区政府秘书长、劳动厅厅长、商业厅厅长和省市总工会主席等全体代表150多人到津考察天津市职工消费合作社、基层社、连锁店店及配送中心。副市长杨新成、天津市总工会主席潘义清与全体代表见面，并分别介绍了天津市近几年改革开放的情况和天津市总兴办职工消费合作社的做法。受到到津代表的一致称赞，并说天津市在职工解困，办实事中在全国带了一个好头。

1997年

1月13日 中共天津市委城建工委、市建委、天津市总工会城建工委联合在职工之家召开了第五次工作通报联席会议。天津市总工会副主席安亭洲主持会议，市委城建工委、市建委负责人参加了会议。

1月15日 中共天津市委城建工委、市建委、天津市总工会城建工委联合在职工之家召开了城建系统工会工作会议暨合建总结表彰会。天津市总工会副主席安亭洲、市委城建工委副局级巡视员唐贡策出席会议并讲话。

1月16日 天津市总工会在石化公司礼堂召开第三届“学创争”中期推动会。市人大常委会副主任、天津市总工会主席潘义清出席了会议，市委常委、市教工委书记王鸿江出席并讲话。

同日 应韩国仁川港劳动组合的邀请，天津工会访韩代表团一行六人历时七天出访韩国。

1月20日 中共天津市委书记高德占、市委副书记、市长张立昌等18位市委、市政府领导，在天津市总工会主席潘义清等主席的陪同下，深入20户劳动模范和困难职工家庭开展元旦、春节慰问活动。

1月21日 应日本南里贸易株式会社的邀请，天津新港豆乃木酒吧董事长夏庆成等二人历时七天赴日参加董事会。

1月22日 应中华全国总工会的邀请，以山田阳一为团长的日本国际劳动财团代表一行三人抵津进行为期三天的参观访问。在津期间参观了开发区、消费合作社配送中心、职业技术师范学院。天津市总工会副主席李淑珍会见并宴请了代表团。

30日 天津市总工会宣教部组织职工专业和业余文艺工作者在天津卷烟厂进行春节慰问演出。市人大常委会副主任、天津市总工会主席潘义清，天津市总工会副主席张子鹏出席会议。

1月31日 天津市总工会城建工委召开城建系统所属局（集团）总公司、院工会正副主席座谈会。天津市总工会副主席安亭洲参加了座谈。

2月1日 中共天津市委城建工委、市建委、天津市总工会联合组织城建系统“窗口”单位迎新春便民服务活动。天津市总工会副主席安亭洲参加慰问活动。

2月3日 天津市人大常委会副主任、天津市总工会主席潘义清、天津市总工会副主席、市职工价格监督检查站站长刘凤山同志带领市职工站工作人员到河西区重点检查了佟楼副食商场、资水道农贸市场等。对节日商品价格、质量标准、计量器具、商品明码标价及缺斤短两情况进行了认真检查，并慰问了一线商业职工。

2月4日 天津市总工会在职工之家召开“劳模迎新春座谈会”，新老劳模共200多名参加座谈会。市委、市人大、市政府、市政协领导出席，天津市总工会各位主席到会，市委书记高德占作重要讲话。

2月6日 广东高路华集团向天津市困难职工捐赠20寸彩电10台，潘义清主席出席捐赠仪式并讲话。

2月13日 应天津市总工会的邀请，日本四日市中小企业考察团抵津进行为期三天的参观访问。

3月6日 天津市工会女职工委员会在职工之家召开女职工“走向成功”事迹报告会。天津市总工会副主席王连金与来自各条战线的三百多名姐妹们一道参加了报告会。

3月20日 天津市总工会、市经委、市交委、市建委、市劳动局、市人民保险公司联合在自来水公司召开了天津市安全先进班组和标兵班组经验交流暨总结表彰大会。对全市企业班组开展创建活动做出贡献的29个安全标兵班组和236个安全先进班组进行了表彰。副市长杨新成出席大会并做了重要讲话，各委分管安全工作副主任、市劳动局副局长也出席了会议。

3月20日 应天津市总工会的邀请，以日本共济会九州支部副支部长岛宏雄为团长的访问团一行5人抵津进行为期三天的参观访问。来访主要是共同商讨11月组织“日中国际交流友好之翼”访华团有关事宜。

3月23日 天津市总工会组织了“海河儿女欢庆香港回归，跑向香港象征性长跑通讯赛”出征仪式，400名队员参加了长跑活动，同时组织了100名劳动模范为迎接香港回归争创文明岗位签字活动，邱汝舜代表百名劳模向百万职工发倡议，并颁发了天津市职工双文明岗位标准。市委副书记李建国、市政府副秘书长张惯文出席了出征仪式。

3月26日 天津市总工会城建工委在五建召开了城建系统工会工作研究理事会第一次会议。天津市总工会副主席安亭洲参加会议并讲话。

3月27日 天津市总工会召开“天津市职代会民主评议企业领导干部经验交流会”。市邮电管理局等11个单位交流了职代会民主评议干部的经验。市人大副主任、天津市总工会主席潘义清出席会议并讲话。

3月30日 应中华全国总工会邀请，以克里斯托夫·任为团长的国际商业店员、职员和技术雇员联合会代表团一行二人抵津进行为期两天的参观访问。天津市总工会副主席李淑珍会见并宴请代表团。

4月10日 应中华全国总工会邀请，以穆汉默德为团长的马来西亚民事雇员工会组织代表团一行5人抵津进行历时三天的参观访问。

4月11日 中共天津市委城建工委、市建委、市容委、天津市总工会城建工委联合在天津宾馆中礼堂召开城建系统弘扬“窗口”精神创建文明行业总结部署大会，天津市总工会副主席安亭洲参加了会议。

4月17日 应中华全国总工会邀请，以事务局长明石洋一为团长的日本JR联合工作访问团一行2人抵津进行为期三天的参观访问。天津市总工会副主席李淑珍会见宴请了代表团。

4月22日 应天津市总工会邀请，以日本全电通兵库县支部执行委员长细井一良先生为团长的访华团一行13人抵津、京、广州等地进行为期7天的访问。市人大常委会副主任、天津市总工会主席潘义清会见并宴请了代表团。

4月24日 天津市总工会在职工之家召开了天津市职工价格监督检查工作会议。会议由市人大常委会副主任、天津市总工会主席潘义清主持，副市长张好生到会讲话，会上市物价局局长翁家禄宣读了表彰先进的决定，市职工站站长、天津市总工会副主席刘凤山，市职工站副站长、市物价局副局长解巨奎分别在会上讲话，并总结部署了职工价格监督检查工作。出席会议的领导还有市计委副主任徐天义、市财政局总会计师魏文生、天津市总工会副主席张淑华、李淑珍、李泮祥、安亭洲。

4月26日 天津市总工会副主席王连金随天津贸促分会代表团，赴法国参加为期十八天的“巴黎国际博览会”活动。

4月30日 天津市总工会在天津宾馆大礼堂召开“劳模表彰暨‘九五’立功表彰大会”。新当选的劳模、模范集体代表、全国五一奖章获得者、职工代表、工会工作者、各委办领导等两千人参加了大会。市委、市人大、市政府、市政协的领导出席会议，市委副书记、市长张立昌做了重要讲话。

同日 中共天津市委商工委、市商委、天津市总工会在职工之家召开商业系统劳模事迹报告会。商业系统九六届市级劳动模范、模范集体、“九五”立功先进个人、集体代表和各级党政工领导共300人参加了会议。商工委书记郭迎秋代表三家发言，天津市总工会副主席安亭洲出席会议。

5月1日 应中华全国总工会邀请，香港工会“五一”参观团一行20人，澳门工会联合会及部分社团组成的澳门工会“五一”代表团一行15人抵津参观访问。

5月6日 应天津市总工会的邀请，日本兵库劳动金库访华团一行4人抵津进行为期五天的参观访问。

同日 中共天津市委城建工委、市建委、天津市总工会城建工委在宾馆中礼堂组织召开全系统劳模事迹报告会，市委城建工委、市建委负责人，天津市总工会副主席安亭洲到会并讲话。

同日 天津市总工会召开天津市总工会直属机关第八次党员代表大会，并完成换届改选工作。天津市总工会党组书记、天津市总工会主席潘义清参加会议并讲话，天津市总工会常委成员应邀列席会议，市直机关工会副书记苏兰洲也到会并讲话。大会选举张子鹏为天津市总工会直属机关党委书记，由13名委员组成的第八届委员会。

5月7日 应天津市总工会邀请，以日本全电通九洲地方本部书记长舍川邦宏为团长的代表团一行7人，抵天津、北京、重庆、武汉等地进行为期八天的参观访问。市人大常委会副主任、天津市总工会主席潘义清会见并宴请代表团。

5月9日 由中共天津市委宣传部和天津市总工会联合下发关于第三届“五一”新闻奖评选的表彰通报，对评出的50篇优秀作品颁发了奖励证书和奖金。市委宣传部副部长刘凤银、天津市总工会副主席张子鹏担任此项活动的主评委。

5月13日 以山本兼正为团长的日本都市清扫关西组第5次访华团一行19人拜会了天津市总工会。天津市总工会副主席李淑珍会见并宴请了代表团。

5月17日 天津市总工会主席潘义清、副主席张子鹏、张淑华、刘凤山及有关负责同志到北戴河天津工人疗养院现场办公。

5月19日 应天津市总工会的邀请，以日置敏彦为团长的日本三泗地区工会代表团一行7人抵天津、北京、上海、苏州进行为期五天的参观访问。市人大常委会副主任、天津市总工会主席潘义清会见并宴请了代表团。

5月20日 天津市总工会在职工之家召开天津市工会系统集团企业清户核资工作动员会。各区县局（集团）总公司工会主席、财务干部300多人参加会议，市人大副主任、天津市总工会主席潘义清、天津市总工会副主席李泮祥、天津市总工会常委、办公室主任张和凯出席了会议。

5月22日 应天津市总工会的邀请，以韩国京畿银行劳动组合委员长孙锡台为团长的代表团一行6人抵天津、桂林、深圳等地进行为期7天的参观访问。市人大常委会副主任、天津市总工会主席潘义清会见并宴请了代表团。

5月24日 应天津市总工会的邀请，以韩国仁川港劳动组合委员长李康熙为团长的代表团一行19人抵天津、北京、西安等地进行为期7天的参观访问。市人大常委会副主任、天津市总工会主席潘义清会见并宴请了代表团。

5月26日 天津市总工会女职工委员会与丽都啤酒公司联合举办“丽都情”纺织下岗女职工再就业活动。天津市总工会主席潘义清出席了签字仪式，三百余名下岗纺织女工与北京丽都公司签订了劳动合同。

6月1日 天津市总工会副主席王连金到下岗女工孙惠萍创办的弱智儿童班，看望了孙惠萍并赠送了全自动洗衣机一台。

6月2日 应韩国劳动组合总联盟仁川地域本部的邀请，以天津市总工会退管会常务副主任张淑华为团长的天津工会出访韩国代表团一行6人对韩国进行为期7天的友好访问。

6月3日 中共天津市委城建工委、天津市总工会城建工委联合在职工之家召开城建系统学习范玉恕劳模座谈会，天津市总工会副主席安亭洲参加座谈。

6月20日 中共天津市委商业工委、市商委、天津市总工会、团市委在天津宾馆中礼堂召开天津市商业系统“颂祖国、迎回归、庆七一”歌咏大会。会上，商工委书记郭迎秋、商委主任罗保铭、天津市总工会副主席安亭洲参加了机关合唱队并上台演唱。

6月27日 中共天津市委城建工委、市建委、天津市总工会联合在水上公园举办全系统迎“七一”庆回归文艺会演。副市长王德惠、市委城建工委书记张旭东、市建委主任王家瑜、天津市总工会副主席安亭洲参加了活动。

6月30日 天津市总工会在天津站前广场举办了“海河儿女欢庆香港回归大联欢活动”。市长张立昌在天塔点燃了1997名长跑队员领跑的主火炬。市委书记高德占点燃了大联欢主会场主火鼎。市人大副主任、天津市总工会主席潘义清主持大联欢活动。市委副书记李建国、房凤友、市领导刘峰岩、王德惠、邢军、罗远鹏、张惯文等出席了联欢活动。

7月1日 天津市总工会在职工之家召开了“七一”表彰大会。天津市总工会常委率500名党员同志向党旗宣誓。大家表示在新形势下紧紧团结在以江泽民为核心的党中央周围，开创工会工作新局面。

7月3日 天津市总工会召开工会实施再就业工作会议。市人大副主任、天津市总工会主席潘义清到会并讲话。

7月9日 天津市总工会主席潘义清等6位主席，深入18个企业开展历时十四天暑期慰问活动。

7月16日 应韩国全国港运劳动组合联盟的邀请，以天津市总工会副主席刘凤山为团长的天津工会访韩代表团一行5人对韩国进行为期七天的友好访问。

7月18日 天津市总工会应中国职工对外交流中心的邀请，以细谷卓尔为团长的日本、中国消费合作社研究会访华团一行9人抵天津进行为期三天的参观访问。

7月21日 中共天津市委城建工委、市建委、天津市总工会城建工委联合召开第六次工作通报联席会议。天津市总工会副主席安亭洲主持会议，市委城建工委、市建委负责人参加会议。

7月23日 应俄罗斯赤塔州工会的邀请，以天津市总工会副主席张子鹏为团长的天津工会代表团一行6人为期7天出访俄罗斯。

8月13日 应天津市总工会的邀请，以俄罗斯赤塔州工会执行委委员罗奇金·维克多·瓦西里耶维奇为团长的代表团一行6人抵天津、北京、北戴河等地进行为期七天的参观访问。市人大副主任、天津市总工会主席潘义清会见并宴请代表团。

8月18日 应天津市总工会的邀请，以日本泗日市市三龙中学校长冈兴三为团长的日本泗日市教育代表团一行11人抵重庆、武汉、上海等地进行为期七天的友好访问。

同日 中共天津市委城建工委、市建委、天津市总工会城建工委联合在职工之家召开深化改革、推动再就业工作经验交流会。天津市总工会副主席安亭洲主持会议，市委城建工委、市建委负责人参加了会议并讲话。

8月19日 应中国职工对外交流中心的邀请，澳门工联会访津团一行1人抵津进行为期两天的访问。

8月21日 应中华全国总工会邀请，以副会长河内山大作为团长的日本工会总联合会代表团一行3人抵津进行为期两天的访问。市人大常委会副主任、天津市总工会主席潘义清会见并宴请代表团。

8月26日 中国财贸工会四届三次常委会议在津职工之家召开。市人大副主任、天津市总工会主席潘义清、副市长张好生到会看望参加会议的全国代表并合影留念。天津市总工会副主席安亭洲参加了会议。

8月28日 应中国海员工会的邀请，新加坡高级海员工会和新加坡海员组织联合代表团一行6人抵津进行为期三天的参观访问。天津市总工会副主席李淑珍会见并宴请代表团。

8月29日 天津市总工会在天津宾馆中礼堂召开了天津市第三届"学创争"总结表彰大会。会上表彰了百名技术明星、百名优秀班组长和先进单位。市人大常委会副主任、天津市总工会主席潘义清、副市长杨新成、天津市总工会副主席张子鹏等领导出席会议。

9月1日 天津市总工会与美仑医药公司举办向下岗职工献爱心捐药活动，潘义清主席到会并讲话。

9月4日 天津市总工会在职工之家组织了欢迎全国职业道德十佳标兵邱汝舜载誉归来欢迎会。市委常委、组织部长邢军出席并讲话，天津市总工会副主席张子鹏、安亭洲出席会议。

9月14日 天津市总工会为庆祝“十五大”胜利召开，开展了小家奉献日活动，市人大副主任、天津市总工会主席潘义清一同慰问了参加奉献的职工。

9月21日 应中国职工对外交流中心的邀请，日本考察研修团一行1人抵津考察赴日研修生。

9月24日 应中华全国总工会邀请，以国际自由工联亚太区域组织主席肯·道格拉斯为团长的国际自由工联亚太区域组织代表团一行8人抵津参观访问。市人大常委会副主任、天津市总工会主席潘义清会见并宴请代表团。

同日 应日本国际劳动财团的邀请，天津开发区工会主席孙胜随中华全国总工会中国工会青年干部考察团赴日进行为期十四天的考察工会工作。

9月26日 应中国职工对外交流中心的邀请，日本消费合作社访华交流团一行12人抵津进行参观访问。

9月29日 应意大利劳盟的邀请，天津铁厂工会主席张维升随中华全国总工会中国工会工作者工会业务考察团赴意执行为期十四天的工会业务考察任务。

10月1日 应天津市总工会邀请，日本九州共济会访华团一行3人抵津参观访问。

10月2日 应国际合作社同盟的邀请，天津市人大常委会副主任、天津市总工会主席潘义清随中国工会职工消费合作社代表团赴英国、瑞典、意大利等国家执行为期18天的职工消费合作社考察任务。

10月7日 应日本日中技能者交流中心的邀请，天津市研修生张钢、高茂东赴日本进行为期15个月的研修交流任务。

10月7日 应中国职工对外交流中心的邀请，日本消费合作社研修会第二次访华团一行7人抵津进行为期2天的参观访问。

10月13日 天津市总工会在二轻局工会举行“班组生产自救现场会”，天津市总工会经保部杨东来部长主持会议，天津市总工会副主席王连金到会讲话，中华全国总工会经济工作部陈部长参加会议。

10月18日 应中华全国总工会邀请，由10个法语国家工会代表组成的代表团一行10人抵津进行为期4天的参观访问。市人大副主任、天津市总工会主席潘义清会见并宴请代表团。

10月28日 应中华全国总工会邀请，以卡夫曼为团长的美国工会代表团一行4人抵津进行为期三天的参观访问。天津市总工会副主席李淑珍会见并宴请代表团。

10月29日 天津市总工会在职工之家召开“工会系统再就业领导小组”会议，市人大副主任、天津市总工会主席潘义清到会并讲话。

11月1日 应天津市总工会邀请，以副支部长岛定雄先生为团长的日本“日中国际交流友好之翼”访华团一行276人抵天津、北京、西安、上海、苏州等地进行为期六天的参观访问。市人大副主任、天津市总工会主席潘义清会见并宴请代表团。

11 月 7 日 天津市总工会在职工之家召开工会系统开展 1997 年度税收、财务、物价大检查动员会。各区县局（集团）总公司工会主席、经审委主任、财务干部 260 多人参加会议，天津市总工会主席潘义清到会并讲话。

同日 财贸系统“工会与困难职工心连心，冬季送温暖大行动”拉开序幕。天津市总工会领导、天津市总工会财贸工委、财贸系统各委、局、社、集团总公司、直属单位工会的领导和工会干部为特困职工捐赠的棉被、毛毯、棉衣和方便面等过冬的御寒用品及生活用品价值达 2900 多元。天津市总工会副主席安亭洲与工会干部分成九路深入到特困职工家中，送去捐赠的物品，并帮助困难职工安排好过冬的生活。

11 月 12 日 中国建设建材工会全国委员会第三届二次全体会议在天津职工之家召开。全建副主席王金铮主持会议，张鸣光做工作报告。市人大副主任、天津市总工会主席潘义清，市人大副主任刘文藩、副市长王德惠到会并讲话，市委城建工委书记张旭东、市建委主任王家瑜，天津市总工会副主席安亭洲参加了会议。

11 月 14 日 天津市总工会在天津职工之家四楼多功能厅召开“动员和依靠全市职工加快企业改革和发展工作会议”。各区县局（集团）总公司工会主席、天津市总工会各位主席、常委、各部门部长、各事业单位主管领导参加会议。市人大副主任、天津市总工会主席潘义清主持了会议，副市长杨新成出席了会议。市委副书记房凤友做了重要讲话。会议下发了津党发〔1998〕28 号《关于依靠和动员全市职工为加快企业改革和发展做贡献》的文件。

11 月 16 日 应日本日中技能者交流中心的邀请，天津塘沽区特斯阀公司车间主任张廉义随中国企业管理者考察团赴日企业进行为期十四天的考察。

11 月 22 日 天津市总工会在职工之家组织 6 个区局宣教部长参加“宣教部长 15 天文件学习班”。中华全国总工会副主席张国祥为学习班做辅导报告，市人大副主任、天津市总工会主席潘义清出席，副主席张子鹏主持并做了动员报告。

11 月 28 日 天津市总工会、市委商业工委、市商委、市委外经贸工委、市外经贸委在职工之家共同召开了财贸系统职工学习邱汝舜“岗位闪光、百颗明星”表彰大会。大会表彰了在财贸职工学习邱汝舜、岗位闪光，争当百颗明星竞赛活动中涌现出的百颗明星。市人大副主任、天津市总工会主席潘义清、副主席安亭洲、市外经贸委主任王述祖、市商工委书记郭迎秋参加了会议。

12 月 4 日 第十七届“今晚报杯”万名棋手大赛闭幕，天津市人大副主任、天津市总工会主席潘义清、老干部吴振、王嘉祥出席了闭幕式。

12 月 18 日 天津市总工会在天津大沽化工厂召开了班组安全建设经验交流、论文研讨会。参加这次会议的代表有市交委、市建委、市劳动局、市人民保险公司有关部门的领导，还有各区县局（集团）总公司工会主席、劳保部长、工会干部和部分企业工会主席、劳保干部共计 60 余人。天津市总工会副主席王连金出席会议。

12月24日 天津市总工会召开城建系统工会工作研究会暨工会主席理论学习成果发布会，市委城建工委副书记魏同森、副局级巡视员唐贡策、天津市总工会副主席安亭洲参加了会议并讲话。

12月29日 天津市总工会在天津市职工之家四楼多功能厅召开“天津市总工会十三届三次全委（扩大）会议”。各区县局（集团）总公司工会主席、十三届全委会委员、天津市总工会各位主席、常委、各部部长、天津市总工会直属企事业单位主管领导参加了会议，市领导房凤友、邢军到会并讲话。

1998年

1月4日 天津市总工会在大港油田召开市工会女职工委员会二届三次全委扩大会，会议总结了1997年工作，研究1998年工作要点，天津市总工会副主席王连金同志出席会议。

1月7日 应中华全国总工会的邀请，以香港工联会副理事长林淑仪为团长的工联会经济考察团一行10人抵天津市进行为期三日的参观访问。天津市总工会副主席李淑珍会见并宴请了代表团。代表团在津期间参观了消费合作社、住房合作社、保险合作社并游览了市容。

1月8日 天津市总工会主席潘义清陪同市委书记、市长张立昌到天津拖拉机厂视察工作，并慰问2户职工从而掀起元旦、春节送温暖活动高潮。12日至14日市委副书记房凤友、天津市总工会主席潘义清分别陪同中华全国总工会副主席方嘉德慰问了困难职工。10日至14日，市委、市政府14位领导同志在天津市总工会7位副主席的陪同下分成14个慰问组慰问了27名劳动模范和困难职工。“两节”期间全市工会系统共走访慰问劳动模范、军烈属、离退休职工、孤老户、伤病残和生活困难职工17万人。

1月16日 中共天津市委城建工委、市建委、天津市总工会城建工委联合在城建大厦召开城建系统工会工作会议。会议由天津市总工会副主席安亭洲主持，市委城建工委副书记魏同森、副局级巡视员唐贡策、市建委副主任滕绍华、建筑业协会秘书长闫宝增参加会议并讲话。

1月21日 天津市总工会在百货大楼股份有限公司新厦举行“天津市社会各界送温暖、献爱心捐赠仪式”。天津市总工会副主席安亭洲、刘凤山同志参加捐赠仪式，天津市总工会主席潘义清参加捐赠仪式并向捐赠单位发放证书。

1月22日 天津市总工会在职工之家举行“天津市1998年春节劳动模范座谈会”。参加座谈的有全市各条战线新老劳模200余人，有七位劳模代表做发言。市领导张立昌、房凤友、罗远鹏、邢军、潘义清、杨新成、炎智、张惯文出席座谈会。

2月12日 中共天津市委城建工委、市建委、天津市总工会城建工委联合在城建大厦召开党、政、工第八次工作通报联席会议。市委城建工委、市建委、天津市总工会领导及有关负责人参加会议。天津市总工会副主席安亭洲主持会议。

2月13日 天津市总工会在职工之家召开天津市工人运动理论研究会成立大会。会上，通过了研究会章程，选举了101人组成的第一届理事会和32人组成的常务理事会，选举了会长、副会长和秘书长。市劳动模范代表致贺词，市社联、市民政局、市委党史研究室领导到会并讲话。市人大副主任、天津市总工会主席、市工运研究会会长潘义清就工运研究会成立的目的、意义、主要任务以及做好 1998 年调研工作做了重要讲话。

2 月 26 日 天津市总工会城建工委在市政局召开城建系统工会工作研究理事会第一次会议。会议由理事长安亭洲主持，会议就研究会开展活动的有关问题进行专题研究，通过城建系统工会工作调研参考课题。

2 月 27 日 天津市总工会在职工之家召开天津市工会系统再就业工作表彰暨动员大会，会议表彰 20 名再就业明星、20 名贴心人、10 个先进集体，会议由张子鹏副主席主持，李泮祥副主席宣读表彰决定，杨新成副市长、潘义清主席到会并讲话，出席会议的领导还有市工商局局长石栋、天津市总工会副主席张淑华、李淑珍、安亭洲、刘凤山、王连金及工商联等。

同日 天津市总工会在工会管理干部学院举行天津市总工会再就业培训中心挂牌成立仪式。副市长杨新成、市人大副主任、天津市总工会主席潘义清出席并参观培训班。

3 月 7 日 天津市工会女职工委员会与十三个区局（总公司）在抗震纪念碑下联合举办“扶贫助难志愿者服务”活动，活动设立政策咨询区、技能培训服务区、再就业成果示范区等，再就业明星孙惠萍到现场为咨询的女职工提供创业服务知识问答。天津市总工会副主席王连金到会看望大家。

3 月 8 日 天津市总工会在市教工俱乐部为下岗女职工举办再就业招聘专场。来自天津市总工会消费合作社等 20 个招工单位到场招聘，天津市总工会副主席刘凤山、王连金到会看望工会干部和下岗职工。

3 月 20 日 天津市总工会在职工之家召开“天津市依靠职工搞好企业优秀经营者事迹报告会”，副市长杨新成、市人大副主任、天津市总工会主席潘义清出席并讲话。

3 月 25 日 应天津市总工会的邀请，以日本电气通信共济会九州支部副支部长岛定雄先生为团长的日本电气通信共济会九州支部访华团一行 6 人抵天津市及桂林、上海进行为期五天的访问。该团在津期间与天津市总工会领导在第二工人文化宫参加植树活动并举行植树纪念碑揭幕仪式。市人大常委会副主任、天津市总工会主席潘义清会见并宴请了该团。

3 月 27 日 应中华全国总工会邀请，以金永男副委员长为团长的朝鲜职业总同盟代表团一行四人抵天津市进行为期三日的参观访问。代表团在津期间参观开发区和消费合作社并游览了市容。市人大常委会副主任、天津市总工会主席潘义清会见并宴请了代表团。

4 月 3 日 天津市总工会在职工之家召开下岗职工应聘三资企业劳动力资源供需恳谈会开发区摩托罗拉等六个负责招聘的外资企业和纺织工业总公司等 12 个区县（总公司）工会主席参加会议。会议由刘凤山副主席主持，潘义清主席到会并讲话。

4 月 8 日 天津市总工会在机械工业总公司工会俱乐部召开再就业明星演讲会，会议由天津市总工会副主席刘凤山主持，下岗明星孙福太、张慧英、王春美介绍事迹，演讲实况复制成录像带发至基层为培训教材。

4月10日 中共天津市委城建工委、市建委、天津市总工会城建工委联合在天津宾馆中礼堂召开城建系统“窗口”建设工作会议。会上，由天津市总工会副主席安亭洲宣读1997年度“文明服务示范窗口、文明服务红旗标兵”和创建文明先进集体、先进个人的决定。

4月17日 天津市总工会在职工之家召开工会基层工作会议。会上表彰1997年度市级模范职工之家118个、模范职工小家198个、工会工作先进集体118个、优秀工会工作者331个、优秀工会积极分子450个、优秀职工之友146个。天津市总工会副主席张子鹏同志出席会议并讲话。

4月29日 中共天津市委城建工委、市建委、天津市总工会城建工委联合在城建大厦召开城建系统讲形势、话改革演讲会。会上，市委城建工委副书记魏同森主持会议，天津市总工会副主席安亭洲到会并讲话，市委城建工委副局级巡视员参加会议。由天津市总工会宣教部、第一工人文化宫、市读书办联合举办的“举旗帜创伟业、爱天津做贡献”主题教育演讲比赛从四月份拉开帷幕，历时五个月。此间，全市有23个区县局、总公司工会的近万名职工参加了不同层次的演讲比赛活动。有10名演讲员闯入决赛，经激烈角逐，分获一、二、三等奖，市委宣教部常务副部长叶厚荣、天津市总工会副主席张子鹏同志出席决赛并为选手颁奖。

5月1日 应日本日中技能交流中心的邀请，经天津市总工会常委会决定，派天津交通饭店张国政、刘明雪两位面点师赴日本进行为期一天的研修任务。

同日 天津市总工会在天津礼堂中剧场召开纪念“五一”国际劳动节暨“九五”立功先进表彰大会。各区县局（总公司）有关负责人员、“九五”立功人员代表、各条战线职工代表等1200人到会。大会由张子鹏副主席主持，王连金副主席宣读表彰决定，潘义清主席做动员讲话，房凤友到会并讲话。

同日 天津市总工会在第二工人文化宫举行全市职工“五一”长跑比赛。来自27个区县局的500余名选手参赛，市人大副主任、天津市总工会主席潘义清出席本次活动。

同日 天津市总工会在第二工人文化宫举行庆“五一”游园大联欢。天津市总工会各位主席出席了游园活动。

5月6日 应日本化学能源矿山工会协议会和新加坡职工总会的邀请，天津市第一轻工业总公司工会主席杨克明随中华全国总工会“中国工会代表团”赴日本、新加坡进行为期十天的友好访问。

5月7日 天津市总工会主席潘义清、副主席张淑华、刘凤山率领天津市总工会有关部门一行11人到北戴河天津工人疗养院现场办公，同时授予王印茹“九五”立功奖章。

5月13日 应日本全国电气通信劳动组合兵库县支部执行委员长细井一良的邀请，以天津市邮电工会主席张云水为团长的天津市工会干部代表团一行6人赴日本进行为期七天的友好访问。

5月19日 天津市总工会、市劳动局、市粮食局、红桥区政府，共同召开天津市会员大厨房泰鑫、宝员服务中心开业仪式。来自各行业的80名下岗职工，每人都领到一辆崭新的三轮车，车上挂着“会员大厨房，百姓的食堂”醒目的标语，库内装着热气腾腾的“实惠”牌馒头，开始下岗职工再就业，出售放心馒头的就业之路。市人大副主任、天津市总工会主席潘义清在开业仪式上讲话。市委商业工委、市商委、市劳动局、市粮食局、红桥区政府等领导出席开业仪式。

5月30日 中华全国总工会、天津市总工会以“托起明天希望”为题，联合开展救助特困下岗职工子女就学活动。中华全国总工会副主席倪豪梅、女工部长唐克碧及天津市总工会副主席王连金入户慰问下岗女职工，并送去了慰问金。此次活动有21个家庭22个孩子受助。

同日 由中共天津市委宣传部、天津市总工会联合组织的第四届“五一新闻奖”评选活动于5月初揭晓，59篇优秀作品分别被授予一、二、三等奖，并颁发荣誉证书和奖金。这次评选活动由罗保铭、潘义清担任评委会名誉主任，刘凤银、张子鹏为评委会主任。

6月1日 应日本全递信兵库地区本部的邀请，以天津市总工会副主席李泮祥为团长的天津市工会干部代表团一行5人赴日本进行为期7天的友好访问。

同日 应中华全国总工会邀请，日本橡胶劳联第九次访华团一行24人抵天津市国际轮胎公司、地毯厂进行为期两天的参观访问。天津市总工会副主席李淑珍会见并宴请代表团。

6月5日 在天津市总工会大会议室召开首批从事物回再就业人员座谈会，20名物回人员和他们所在系统的工会主席参加会议。会议由刘凤山副主席主持，潘义清主席到会并讲话。

6月9日 天津市总工会十三届三次常委会，市委常委、市委组织部长邢军到会宣布市委决定：孙宝树同志为天津市总工会党组书记，提名为天津市总工会主席候选人，待天津市总工会全委会选举决定。

6月10日 应日本电气通信劳动组合九州地方本部执行委员长饭仓则昭的邀请，以天津市总工会主席潘义清为团长的天津市工会干部代表团一行10人赴日本进行为期七天的友好访问。

6月16日 天津市总工会副主席王连金以天津皮皮件厂厂长名义随中国轻工总会考察团赴澳大利亚、新西兰进行为期十五天考察皮革工业和经贸洽谈。

6月18日 天津市总工会在天津市轮胎橡胶工业有限公司召开天津市职工第四届“学、创、争”活动动员会。市委常委、天津市总工会党组书记孙宝树、市人大副主任、天津市总工会主席潘义清出席仪式。

6月23日 天津市总工会在职工之家宾馆召开天津市总工会十三届四次全委会，选举孙宝树为天津市总工会十三届四次全委会委员、天津市总工会主席。同日召开天津市工会代表会议，选举产生出席中国工会十三大的40名天津代表。

6月24日 天津市总工会、市劳动和社会保障局、市工商联在职工之家联合举办下岗职工再就业劳务洽谈会，60个招工单位和3000名下岗职工参加，天津市总工会主席孙宝树、副主席刘凤山到会并讲话。

同日 天津市总工会在工会管理干部学院举办两期“天津市工会劳动工资、社会保障专业人才师资班”。天津市总工会副主席张淑华、刘凤山分别参加了开学典礼。

6月26日 天津市总工会在职工之家四楼会议厅召开“万盛”职工捐资仪式暨城建系统职

工救急济难基金会建立大会。会上，万盛置业发展有限公司向职工救急济难基金会捐款。天津市总工会副主席安亭洲到会并讲话。

6月30日　天津市总工会直属机关党委在职工之家召开庆“七一”表彰大会。会上，对1998年度在开展“创先争优”活动中做出成绩的机关和直属企事业中的11个先进党支部、47名优秀党员、18名优秀党务工作者进行表彰。其中10名被评为市直优秀党员、1名被评为优秀党务工作者、4个支部被评为市直先进支部。市委常委、天津市总工会主席孙宝树出席大会并讲话。

7月1日　天津市总工会在职工之家举行天津市总工会、市劳动和社会保障局联合扶助下岗职工再就业开工仪式，会上向100名下岗职工发放三轮车，天津市总工会主席孙宝树、市劳动和社会保障局局长花绍增、天津市总工会副主席张子鹏、刘凤山出席开工仪式。

7月5日　应中华全国总工会的邀请，以俄罗斯农工综合体工会主席亚历山大·达维多夫为团长的代表团一行4人抵天津市开发区参观访问。市委常委、天津市总工会主席孙宝树会见并宴请了代表团。

7月12日　天津市总工会副主席张子鹏陪同副市长梁肃到液压机械集团公司、华北氧气化学有限公司检查安全生产，慰问高温作业一线职工。天津市总工会其他6位副主席暑期也分别慰问了工业、财贸、城建、区县的14个单位的高温作业一线职工。

7月14日　天津市总工会在迎宾馆邀请黄火青与天津市新劳模共9人座谈会。市委常委、天津市总工会主席孙宝树出席座谈会，副主席王连金向黄火青简要汇报新中国成立以来天津市劳模队伍状况、管理工作、各种待遇及工作、生活等情况。市委副秘书长王树良主持座谈。会上，黄火青与每个劳模握手并回顾新中国成立以来特别是改革开放的大好形势。会后分别与新老劳模合影留念。

7月15日　应俄罗斯赤塔州工会的邀请，以天津市总工会副主席安亭洲为团长的天津市工会干部代表团一行6人赴俄罗斯进行为期七天的友好访问。

7月17日　中华全国总工会在长信大厦会议室召开全国工会促进国有企业下岗职工基本生活保障和再就业工作电话会议，会上北京等5省市介绍再就业工作经验，中华全国总工会张丁华副主席、书记处书记李永安发表讲话。天津市总工会主席孙宝树参加会议并做重要讲话。副主席刘凤山出席会议。

同日　天津市总工会在水利局召开农口局工会上半年工作交流汇报会。11个农口局工会主席出席会议，天津市总工会副主席李泮祥出席会议并讲话。

7月20日　天津市总工会、市纪委在职工之家联合召开“厂务公开、民主管理经验交流会”。中纪委副书记赵洪祝、市委副书记刘峰岩出席会议并讲话，天津市总工会主席孙宝树主持会议。

同日　天津市总工会组织召开“股份制经济与工会工作研讨会”。工运研究会理事单位负责人，区县局工会调研工作负责人和部分企业工会主席90多人参加会议。天津市总工会副主席、市工人运动理论研究会常务副会长安亭洲出席会议并讲话。

7月23日 中共天津市委城建工委、市建委、天津市总工会城建工委联合在职工之家召开党、政、工第九次工作通报联席会议。会上主要通报前8个月市政府考核、城建系统四项经济工作目标及职工生活保障等方面的情况。市委城建工委副书记魏同森、副局级巡视员宋爱新、唐贡策，市建委副主任郝寿义，天津市总工会副主席安亭洲及有关部委负责人参加会议。

同日 天津市总工会在职工之家召开区县工会半年工作交流会。18个区县工会主席出席会议。市委常委、天津市总工会主席孙宝树、天津市总工会副主席李泮祥出席并讲话。

7月25日 应中华全国总工会的邀请，日本国际劳动财团讲学团一行4人抵天津市举行为期三天的讲座，讲座内容为日本的劳动关系、集体谈判、签订集体合同以及解决劳动争议和建立健全劳动法制等。天津市有关区、县、总公司120名工会干部出席了研讨会。市委常委、天津市总工会主席孙宝树会见并宴请代表团。

8月3日 天津市总工会召开各区局（总公司）工会汇报本系统物回人员工作情况汇报会，会上纺织等区局（总公司）工会再就业工作负责人讲了本系统物回人员工作的情况、问题和建议，天津市总工会副主席刘凤山到会并讲话。

8月4日 中共天津市委书记张立昌与市总常委会全体成员进行座谈。会上，市委书记听取了市委常委、天津市总工会主席孙宝树关于下半年全市工会工作思路和安排意见的汇报，并对天津市总工会的工作给予了充分肯定，就全心全意依靠工人阶级、做好下岗职工基本生活保障和再就业工作及各级党委如何进一步重视和发挥工会组织作用等问题作了重要指示。

8月5日 应天津市总工会邀请，以日本四日市市桥北中学校长冈兴三为团长的代表团一行13人抵天津市、辽宁、吉林、大连、北京进行为期五天的友好访问。市委常委、天津市总工会主席孙宝树会见并宴请了代表团。

8月6日 中国非洲经济管理官员培训班代表团一行24人抵天津市开发区参观访问。

8月7日 天津市总工会召开部分困难企业下岗职工座谈会，天津市总工会刘凤山出席会议。

8月10日 天津市总工会在职工之家召开区县工会主席工作会议，天津市总工会主席孙宝树主持会议，李泮祥副主席传达梨树县工会工作经验，张子鹏副主席就全市镇街乡、开发小区建会工作讲话。

8月23日 应中国职工对外交流中心的邀请，香港第一标准薪级公务员评议会访问团一行12人抵天津市开发区、消费合作社、周邓纪念馆进行为期三天的参观访问。市委常委、天津市总工会主席孙宝树会见并宴请代表团。

9月7日 应卢森堡总工会的邀请，天津市总工会副主席李淑珍随中华全国总工会第二批中国工会干部考察团赴卢进行为期十五天的劳动关系考察。

同日 天津市总工会在天津飞轮有限公司现场召开了“天津市职工学抗洪英雄为实现经济增长目标立头功推动会”。会上第二市政公路工程有限公司工会、华特包装机械有限责任公司一分公司工会、飞轮有限公司总经理、劝业（集团）股份有限公司工会做了典型发言，并由范玉恕向全市劳模发出《向抗洪英雄学习》的倡议。全市各区局工会、重点企业党政工近200人参加大会。市委常委、天津市总工会主席孙宝树主持会议。

9月10日 天津市总工会在职工之家四楼多功能厅举行天津市下岗职工再就业成果发布展。市委常委、副市长杨新成，市委常委、天津市总工会主席孙宝树，市人大副主任潘义清等市领导出席了展览会。

9月14日 天津市总工会在蓟县召开区县工会再就业工作研讨会。18个区县工会负责再就业工作的同志出席会议。天津市总工会副主席李泮祥出席会议。

9月16日 天津市总工会在蓟县召开“兴办职工贸易市场现场推动会暨万佳衡器厂捐赠台秤仪式”。18个区县工会主席及分管干部共50人出席会议。天津市总工会主席孙宝树同志到会并讲话，副主席李泮祥、刘凤山同志出席会议。

9月19日 应天津市总工会邀请，以日本全递信劳动组合兵库地区本部前委员长西田直胜为团长的代表团一行5人抵上海、桂林等地进行为期七天的参观访问。

9月21日 天津市总工会在职工之家举办下岗职工物资回收站（点）建立暨第三批物回专车发放仪式。会议由刘凤山副主席主持，张子鹏副主席宣布下岗职工物回站（点）成立，会上向下岗职工发放标牌、承诺牌、专业许可证和200辆三轮车，天津市总工会主席孙宝树、市劳动和社会保障局副局长刁九健出席并讲话。

同日 天津市总工会、市委商业工委、市商委在职工之家召开商口企业“厂务公开、民主管理”工作推动会。商口各局、社、集团总公司，各区及基层企业党委、行政、工会负责同志共260人参加会议。会上，市委商业工委书记郭迎秋就深入推动商口“厂务公开、民主管理”工作进行部署。市委常委、天津市总工会主席孙宝树出席会议并讲话。

9月28日 应中华全国总工会邀请，以埃及工人工会总联合会主席穆罕默德·拉希德为团长的代表团一行5人抵天津市开发区和消费合作社参观访问。市委常委、天津市总工会主席孙宝树会见并宴请代表团。

10月1日 天津市总工会在第二工人文化宫举行全市职工广播操比赛。市委常委、天津市总工会主席孙宝树参加了这次活动。

10月 天津市总工会在天津大礼堂举办为庆祝建国四十九周年迎接中国工会十三大召开举办了“渤海明珠”大型职工文艺晚会。天津市总工会主席孙宝树，市人大副主任潘义清，市政协副主席蔡世彦出席了晚会。

10月18日 天津市总工会在职工之家举行隆重欢送仪式，欢送天津市参加中国工会十三大代表前往北京参加会议，市领导杨新成等领导到会并为代表送行。

10月20日 应中华全国总工会邀请，澳门工会参加中国工会十三大来宾团一行10人抵天津市进行为期两天的参观访问。代表团在津期间参观了开发区、周邓纪念馆。天津市总工会副主席李淑珍会见并宴请代表团。

10月28日 天津市总工会在职工之家举行《今又重阳劳模茶话会》。王连金同志主持会议，天津市总工会各副主席、常委到会与劳模进行座谈，天津市总工会主席孙宝树到会并作重要讲话。

10月30日 天津市总工会召开再就业工作网络区局工会负责人会议，会上纺织等系统介绍了再就业工作经验，天津市总工会副主席刘凤山出席会议并讲话。

11月4日 天津市总工会在职工之家宾馆召开区县局工会领导干部会议。会上，传达中国工会十三大会议主要精神，总结三季度工作，部署后两个月工作。各区县局、总公司（集团）工会主席、天津市总工会各企事业单位行政主要负责人、天津市总工会常委会全体成员参加会议、市委常委、天津市总工会主席孙宝树同志就今后工会工作思路做重要讲话。

11月10日 以柴野泰为团长的日本NTT九州支社访中团一行8人拜会天津市总工会。市委常委、天津市总工会主席孙宝树同志会见代表团。天津市总工会副主席李淑珍参加了会见。

同日 应中华全国总工会的邀请，以杨戈东诺卡为团长的摩尔多瓦工会联合会代表团一行4人抵天津市进行两天的参观访问。代表团参观了开发区及梅兰日兰公司。天津市总工会副主席李淑珍会见并宴请了代表团。

11月12日 天津市总工会在第二工人文化宫举行第十八届职工万名棋手大赛。这次大赛历时十四天，天津市总工会副主席张子鹏参加闭幕式。

11月13日 天津市总工会城建工委在公交三公司召开市工运理论研究会、城建分会成果发布会。会上，发布22篇成果，评出一、二、三等奖及优秀奖，天津市总工会副主席安亭洲参加会议。

11月14日 应中华全国总工会邀请，以议长河内山大作为团长的日本化学能源矿山工会协议会代表团一行9人抵天津市参观访问。在津期间，代表团参观了环球磁卡公司。市委常委、天津市总工会主席孙宝树会见并宴请代表团，天津市总工会副主席李淑珍参加了会见。

同日 天津市总工会在纺织品进出口公司召开财贸系统民主管理工作现场会。外经贸工会、中国天津国际经济技术合作公司党委、亿立达集团有限公司工会、外运储运公司集装箱储运中心工会分别交流落实依靠方针，加强企业民主管理工作经验。天津市总工会副主席安亭洲到会并讲话。

11月20日 应天津市总工会邀请，日本三重县友人代表团一行12人抵天津市进行为期四天的参观访问。天津市总工会副主席李淑珍会见并宴请代表团。

11月24日 天津市总工会在天宝面粉厂召开财贸系统再就业现场交流会。市供销社工会、二商集团总公司工会、国泰粮食储运贸易公司工会交流再就业工作经验。天津市总工会副主席安亭洲到会并讲话。

11月25日 天津市总工会举办“弘扬抗洪精神，为安全生产做贡献”演讲会。有6名由基层选拔出来的职工现身说法，演讲了广大职工运用“两书”开展“两个一”活动事迹和群防群治的作用。经委、建委等领导参加会议，天津市总工会孙宝树主席到会并做重要讲话。

11月29日 中华全国总工会主席尉健行听取中共天津市委常委、天津市总工会主席孙宝树代表天津市总工会常委会的工作汇报。参加汇报人员有天津市总工会常委、部分处室干部及工作人员。

11月30日 中华全国总工会主席尉健行与天津市部分区县局、总公司工会主席和企业党、政、工领导及天津市总工会主席、副主席常委座谈。会前和与会人员合影。

12月11日 应中国职工对外交流中心的邀请，以藤冈武义为团长的日本生协联中日消费合作社研讨会。市委常委、天津市总工会主席孙宝树会见并宴请代表团。天津市总工会副主席李淑珍参加会见。

同日 天津市总工会举行河东区工会职工物资回收公司成立暨物回专车发放仪式，会上下发三轮车30辆，天津市总工会主席孙宝树出席会议。

12月18日 应天津市总工会的邀请，日本友人寺村道生及夫人一行二人抵天津、北京进行为期三天的访问。市委常委、天津市总工会主席孙宝树会见并宴请日本友人，天津市总工会副主席李淑珍参加会见。

同日 天津市总工会召开送温暖、再就业工作座谈会。各网络区局（总公司）工会分管此项工作的副主席和生活部长参加会议，天津市总工会副主席刘凤山出席会议并讲话。

12月25日 中共天津市委城建工委、天津市总工会城建工委联合在城建大厦召开城建系统政务、厂务公开工作推动会。市委常委、天津市总工会主席孙宝树到会并讲话，天津市总工会副主席安亭洲到会。

12月28日 天津市总工会十三届五次全委（扩大）会议召开。会上，讨论和审议市委常委、天津市总工会主席孙宝树代表天津市总工会常委会做的工作报告、讨论经审委工作报告、办理委员替补事项。参加会议的有天津市总工会十三届委员会委员，经审委员会委员，不是委员的区县局、总公司（集团）工会的主席，天津市总工会机关各部门主要负责人，天津市总工会各直属企事业单位主要负责人及天津市总工会常委会全体成员。

1999年

1月4日 天津市总工会女职工委员会二届四次全委扩大会在职工之家召开。市工会女职委主任刘宝荟总结1998年全市女职工工作，布置1999年工作。天津市总工会副主席王连金出席会议并对1999年工作提出新的要求。

1月5日 中华全国总工会研究室主任李永海到津对厂务公开民主管理工作进行调查研究，并与天津市总工会联合撰写关于天津市推行厂务公开情况的调查报告。

1月6日 天津市总工会主席孙宝树出席在粮油集团天宝面粉厂举行的“送温暖、献爱心”万袋面粉发放仪式。仪式由天津市总工会副主席刘凤山主持。

同日 应中华全国总工会的邀请，以总书记扎利科夫为团长的世界工联代表团一行4人抵天津市进行为期两天的参观访问。市委常委、天津市总工会主席孙宝树会见宴请了代表团，天津市总工会副主席李淑珍参加了会见。

1月8日 天津市厂务公开领导小组在职工之家召开“天津市厂务公开民主管理工作表彰大会”授予100家企业为天津市厂务公开先进单位。中纪委副书记刘丽英、全国总工会原书记处书记、政策研究室主任李永海出席会议并讲话。市委副书记刘峰岩，市委常委、组织部长邢军，市委常委、天津市总工会主席孙宝树参加了会议。天津市总工会副主席李淑珍参加了会议。

1月16日 天津市总工会、市妇联、市民政局、今晚报社联合主办第二届“米盖尔”情集体婚礼活动，天津市总工会副主席王连金及主办单位的负责人和百对新人及家属出席婚礼。

1月18日 中华全国总工会书记处书记董力率领检查团到津检查天津市工会送温暖工作，并慰问了天鼎纺织有限公司、第一热电厂和两户劳动模范、困难职工。市委常委、天津市总工会主席孙宝树参加了天津市总工会工作汇报会。

同日 中共天津市委常委、天津市总工会主席孙宝树和天津市总工会六位副主席陪同市委书记张立昌、市长李盛霖等市委、市政府领导，在春节前入户慰问了冶金总公司铁合金厂刘德忠等28位困难职工和劳动模范。

1月20日 应中华全国总工会的邀请，以前日本全电通劳动组合九州地方本部执行委员长阪仓则昭先生为团长的代表团一行6人抵津进行为期三天的友好访问。市委常委、天津市总工会主席孙宝树会见并宴请了代表团。天津市总工会各位副主席陪同参加会见和宴请。天津市总工会副主席李淑珍与代表团就今后双方友好交流方案进行了会谈。

1月26日 天津市总工会召开“天津市教育工会五届四次全委（扩大）会议”。市委常委、天津市总工会主席孙宝树，市委常委、市教卫工委书记邢元敏出席并讲话。天津市总工会副主席李淑珍出席会议。市教育工会主席邹克良主持会议并做1998年全委会工作报告。

1月27日 天津市总工会在津南区双港镇举行港田摩托车公司向下岗职工赠送1000袋面粉仪式，天津市总工会副主席张子鹏和津南区有关领导出席赠送仪式。

2月1日 中华全国总工会副主席倪豪梅，市委常委、天津市总工会主席孙宝树，天津市总工会副主席刘凤山出席在新华路41号举办的天津市总工会再就业服务联社——钟点服务公司揭牌仪式。

同日 天津市工会女职工委员会在职工之家召开“共创一流”座谈会，来自机械、纺织、汽车、区县等30个系统工会女职委签订“共创一流”协议书。中华全国总工会副主席倪豪梅、女工部部长唐克碧，市委常委、天津市总工会主席孙宝树，天津市总工会副主席王连金出席并讲话。

2月7日 中共天津市委城建工委、市建委、天津市总工会联合对房管、市政、园林、公用等上街入户开展迎春便民活动进行慰问，天津市总工会副主席安亭洲参加慰问。

2月9日 市委常委、天津市总工会主席孙宝树入户慰问退休全国劳模张士珍、芦珊。

2月11日 天津市总工会召开劳模迎新春座谈会。会上有六个劳模代表发言，市委常委、天津市总工会主席孙宝树主持座谈会，市委书记张立昌、市长李盛霖等市委、市政府、市人大、市政协等领导出席了会议。

2月25日 天津市总工会召开网络区局困难企业工会主席《关于以第一责任人身份做好帮扶特困职工工作》征求意见会，天津市总工会副主席刘凤山出席会议。

3月1日 天津市总工会在第二工人文化宫举行第十三届“沽上春好”灯展，市人大副主任潘义清出席了开幕式，天津市总工会副主席、常委出席了开幕式。

3日 中华全国总工会女工部副部长王军，天津市总工会副主席王连金深入到河北区王串场二十一段副食店、真理道灯具店对两个女职工再就业集体进行慰问并深入到特困女职工刘玉兰、张学君家中进行慰问。

3月4日 天津市总工会召开了天津市总工会经审委十三届十三次全体会议。天津市总工会副主席李淑珍在听取委员对天津市总工会1998年度预算执行情况和1999年度预算的审查意见，充分肯定经审委在工会经费收管用等方面的审查监督和服务保证作用，并对经审委的工作提出希望。

3月5日 应中华全国总工会邀请，以日本电气通信共济会九州支部副支部长岛定雄先生为团长的代表团一行5人抵津进行为期7天的友好访问。天津市总工会副主席李淑珍和代表团就今后双方的友好交流事宜进行了磋商并宴请了代表团。代表团还访问了西安、北京、上海等地。

3月10日 天津市总工会召开送温暖再就业工作会议，市委常委、天津市总工会主席孙宝树，市政协主席张好生，中华全国总工会保障部副部长徐政辉及天津市总工会六位副主席出席。

3月12日 天津市总工会城建工委、市建委、市委城建工委联合在职工之家召开党、政、工第九次工作通报联席会议。市委城建工委书记张旭东、市建委副主任郝寿义、天津市总工会副主席安亭洲、市委城建工委副局级巡视员宋爱新同志以及有关部门负责同志出席会议。

3月24日 天津市总工会举办中环电子计算机公司向工会特困职工信息网捐赠20台计算机的捐赠仪式。市委常委、天津市总工会主席孙宝树，市科委副主任、市信息化办公室副主任余学林，天津市总工会副主席刘凤山，电子仪表总公司党委书记张来甲，副经理于彦敏出席。

3月25日 天津市总工会召开了“天津市班组安全建设经验交流暨总结表彰会”。会上进行了经验交流，表彰了先进班组，天津市总工会副主席王连金到会并讲话。

3月26日 天津市总工会在天津市职工中开展了历时两个月的“讲成就、讲使命、讲创新、讲贡献”知识竞赛活动。

4月1日 天津市总工会举办“天津市职工第四届‘学、创、争’活动中期推动暨‘岗位创新’交流展示活动”，市委常委、天津市总工会主席孙宝树出席了会议。会上有5个单位和小组就“岗位创新”交流了经验和做法。

4月5日 应天津市总工会的邀请，以韩国劳动组合联盟仁川市本部议长黄顺绿为团长的代表团一行4人抵天津、北京、杭州、上海等地进行为期8天的参观访问。市委常委、天津市总工会主席孙宝树会见并宴请了代表团，天津市总工会各位主席陪同会见。

4 月 8 日 应中华全国总工会的邀请，国际劳工组织东亚多功能工作队工人活动高级专家高木君代一行 2 人抵津进行为期 2 天的参观访问。天津市总工会副主席李淑珍会见并宴请了代表团。

4 月 14 日 中共天津市委城建工委、市建委、天津市总工会联合在市建委多功能厅举行“城建系统签订包保特困职工责任书仪式”。有特困职工的七个局、总公司（集团）的党、政、工主要负责人分别与市委城建工委、市建委、天津市总工会领导签订责任书。市委常委、天津市总工会主席孙宝树到会并做重要讲话，天津市总工会副主席安亭洲参加了会议。

4 月 16 日 天津市总工会召开下岗职工法制教育的探讨（调研）会议。天津市总工会副主席刘凤山出席会议。

4 月 18 日 中华全国总工会在天津召开“全国厂务公开经验交流会”。中共天津市委副书记刘峰岩和市委常委、天津市总工会主席孙宝树分别在大会上做了汇报，天津国际经济技术合作公司、天津市机电工业总公司工会、天津铁厂工会等单位在会上做书面发言。中共中央政治局常委、书记处书记，全国总工会主席尉健行出席会议并做了重要讲话，全国总工会副主席、书记处第一书记张俊九，中共天津市委书记张立昌出席了会议。

同日 天津市总工会副主席李泮祥、天津市总工会副主席安亭洲、市退管会副主任张淑华参加了天津市退休职工之家工程奠基仪式。

4 月 21 日 天津市总工会召开天津市宣传 1998 年度劳动模范新闻发布会。市委常委、天津市总工会主席孙宝树主持会议，市委常委、市委宣传部长罗保铭出席会议并讲话。

4 月 24 日 中共天津市委综合工委、市委商业工委、市商委、市委外经贸工委、天津市总工会财贸工委在职工之家四楼中会议厅召开财贸系统迎“五一”三届以上老劳模座谈会。会上，天津市总工会财贸工委张平均主任向荣获三届以上的劳动模范宣读了慰问信，市委综合工委副主任王海福、市商委副主任季宝华、天津市总工会副主席安亭洲到会并讲话。

4 月 28 日 天津市总工会召开天津市劳动模范表彰大会，市委书记张立昌，市长李盛霖等市委、市政府、市人大、市政协等领导出席会议。

4 月 29 日 天津市总工会举办“开拓者的风采”庆“五一”联欢会。市委常委、天津市总工会主席孙宝树等市领导出席了联欢晚会。

5 月 1 日 天津市总工会在第二工人文化宫前广场举办天津市职工“五一”长跑比赛活动。市委常委、天津市总工会主席孙宝树为长跑比赛鸣放第一枪。有近千名职工参加了比赛。

5 月 9 日 天津市总工会召开常委会扩大会议，强烈抗议以美国为首的北约轰炸我驻南斯拉夫大使馆。8 日晚市委常委、天津市总工会主席孙宝树参加天钢职工集会，代表天津市 280 万职工向美驻华使馆发出抗议信。

5 月 10 日 天津市总工会在职工之家召开“天津市企业集体协商集体合同制度推动会议”。市委常委、天津市总工会主席孙宝树到会并讲话，天津市总工会副主席李淑珍参加会议。

同日 天津市河东区工会主席王宝福陪同市委常委、天津市总工会主席孙宝树，天津市总工会副主席刘凤山为天津市总工会再就业服务联社——河东区物回收购站揭牌发车，并与从事物回收购工作的下岗职工促膝谈心。此次共发放物回三轮车45辆。

5月11日 天津市总工会召开天津市教育系统劳动模范、"九五"立功、三育人先进表彰会。天津市总工会副主席李淑珍出席会议并讲话。

5月14日 中共天津市委商业工委、市商委、天津市总工会共同召开商口劳动模范事迹报告会。市特等劳动模范百货大楼股份有限公司电讯商场音响部主任邱汝舜、市特等劳动模范美膳酒楼厨师长田英凡、市特等劳动模范西站国家粮食储备库主任高斌等做了事迹报告。商口集团公司及直属单位党、政、工会领导，市级劳动模范、"九五"立功先进人物及基层企业干部职工参加了会议。市委商业工委副书记秦嘉琪、天津市总工会副主席安亭洲到会并讲话。

同日 中共天津市委城建工委、市建委、天津市总工会联合在职工之家召开"城建系统劳模事迹报告会"。天津市总工会副主席安亭洲参加了会议。

同日 天津市总工会召开再就业劳动模范座谈会。天津市总工会副主席刘凤山出席会议。

5月26日 中共天津市委城建工委、市建委、天津市总工会联合在建委多功能厅召开党、政、工第十一次工作通报联席会议。市委城建工委书记沈东海、市建委副主任郝寿义、天津市总工会副主席安亭洲以及有关部门负责同志出席会议。天津市总工会城建工委主任郑云茹通报天津市总工会响应全市开展"树立创新意识，加快天津发展"的大讨论，向各级工会提出"发挥职工主力军作用，深入开展创新活动"的要求。

5月30日 应中华全国总工会的邀请，以私铁总联书记长野俊次先生为团长的日本私铁总联第四次访华团一行4人抵津参观访问。天津市总工会副主席李淑珍会见并宴请了代表团。

6月1日 天津市总工会女职工委员会在天津市工会系统开展以"姐妹帮姐妹"为形式的"托起明天的希望"的救助活动。31个区局以智力支持为主，资金救助为辅。以扫除就学障碍为内容，共救助1160个家庭。救助款达24万元。天津市总工会副主席张子鹏、副主席王连金出席捐赠仪式。

同日 应日本连合三泗地域协会的邀请，天津市总工会副主席李淑珍和国际部部长李晓春一行2人赴日本参加日本三泗地区劳动中心成立五十周年庆祝大会和活动。

6月7日 应韩国劳动组合总联盟仁川市本部的邀请，以开发区工会副主席张青彦为团长的天津市工会干部考察团一行9人赴韩进行为期8天的考察访问。

6月18日 应天津市总工会的邀请，以寺村道先生为团长的日本代表团一行13人抵津，进行为期4天的访问。天津市总工会副主席李淑珍会见并宴请了代表团。

同日 应法国社会保障技术咨询公司的邀请，以天津市总工会副主席刘凤山为团长的天津市总工会考察团一行3人赴法国进行为期3天的考察，主要考察职工互助保险业务及洽谈合作事宜。

6月22日 应广西壮族自治区工会的邀请，由越南海防市劳动联盟主席阮春宝率领的海防市劳联代表团一行 7 人抵津参观访问。天津市总工会副主席李淑珍与代表团进行了座谈，双方初步达成了建立友好交流关系的意向。市委常委、天津市总工会主席孙宝树会见并宴请了代表团。

6 月 29 日 应天津市总工会的邀请，以 NTT 劳动组合福冈县支部执行委员长末原精二为团长的日本 NTT 九州地区劳动组合访中团一行 10 人抵津进行为期 8 天的参观访问。市委常委、天津市总工会主席孙宝树及全体副主席会见并宴请了代表团。

7 月 1 日 天津市总工会机关对 1998 年度的先进党支部、优秀党员、优秀党务工作者进行了表彰，并组织参观了静海县、西双堂乡游览观光津城新貌。在周邓纪念馆举行 8 名新入党的同志参加入党宣誓。

7 月 8 日 市委常委、天津市总工会主席孙宝树送老劳模去北戴河疗养。

9 日 天津市总工会召开再就业工作网络会，会议总结部署了工作，交流了思路，30 个网络局再就业负责人参加，天津市总工会副主席刘凤山出席会议。

7 月 14 日 天津市总工会召开“三讲”教育动员会。

7 月 17 日 应中国农林工会全国委员会的邀请，以金义侠为团长的朝鲜农业勤劳者同盟代表团一行人抵津进行为期 4 天的参观访问。天津市总工会副主席李淑珍会见并宴请了代表团。

7 月 22 日 中共天津市委常委、天津市总工会主席孙宝树慰问了电子仪表总公司天磁有限公司和冶金总公司轧三制钢有限公司的一线高温作业职工。

同日 中共天津市委城建工委、市建委、天津市总工会联合由市委常委、天津市总工会主席孙宝树带队到建工集团、市政局、房管局分别承建的罗马花园、友谊路延长线、春华里小区施工地及公用局 8 路车队进行暑期慰问并送去解暑物品。

8 月 1 日 应天津市总工会的邀请，日本四日市教育代表团一行 7 人抵津进行为期 6 天的参观访问。天津市总工会副主席李淑珍会见并宴请了代表团。

8 月 6 日 中华全国总工会政策研究室主任李永海到津对集体合同工作进行调查研究并与天津市总工会联合撰写集体合同工作的调查报告。尉健行对该调查报告做出批示：“天津的经验很好。他们在推行平等协商和集体合同工作中，加强调查研究，注意从实际出发，因地制宜，敢于创新，讲究实效，打开了局面，取得了可喜的成绩，值得各地借鉴。”

8 月 12 日 天津市总工会召开天津市总工会十三届六次全委（扩大）会议。会议的主要内容是贯彻和落实市委七届三次全委（扩大）会议精神，总结对“法轮功”邪教斗争的经验教训，审议和通过“天津市工会关于贯彻市委七届三次全会精神，进一步加强和改进工会思想政治工作的实施意见”。参加会议的人员有十三届委员会委员，各位经审委委员，不是委员的各区县总公司（集团）工会主席或主持工作的副主席，天津市总工会机关各部门和直属企事业单位的主要负责人。会议由天津市总工会副主席张子鹏主持，市委常委、天津市总工会主席孙宝树做工作报告。

9 月 3 日 天津市总工会在建工集团二建嘉海花园工地，市委常委、天津市总工会主席孙宝树为再就业服务联社——工地餐厅揭牌。

9月5日 天津市总工会为迎接1999年天津世界体操锦标赛在第二工人文化宫举行“恒大杯”天津市职工第十九届万名棋手大赛开幕式。市委常委、天津市总工会主席孙宝树，老同志吴振为大赛开棋。

9月6日 中共天津市委城建工委、天津市总工会联合在职工之家召开深化城建系统“厂务公开、民主管理”工作推动会。邀请山西省太原市工交集团总公司经理高潮、工会主席张珩介绍了厂务公开、民主管理方面的经验。天津市总工会副主席安亭洲参加会议。

9月8日 天津市总工会在天津拖拉机厂召开为“国有企业改革脱困献计出力”大会，市委常委、天津市总工会主席孙宝树出席并讲话。

9月15日 应中国职工对外交流中心的邀请，以美国搪瓷学会创始人吾德饶·卡本特先生为团长的搪瓷学会访华团一行30人抵津进行参观访问。代表团成员来自美国、加拿大、英国等7个国家。天津市总工会副主席李淑珍会见并宴请了代表团。

同日 应国际建筑工会的邀请，天津建工集团总工会主席孙明随中华全国总工会中国建筑工会代表团一行5人赴日本、澳大利亚、马来西亚进行为期12天的考察访问。

9月16日 中共天津市委城建工委、市建委、天津市总工会联合慰问城建系统部分特困职工，天津市总工会副主席安亭洲参加了慰问。

22日 天津市总工会召开迎国庆、度中秋劳模茶话会。会上有五位劳模代表发言，市委常委、天津市总工会主席孙宝树主持茶话会。

9月29日 天津市总工会在第二工人文化宫组织了“天津人民庆祝建国五十周年”游园大联欢活动。市委常委、天津市总工会主席孙宝树，市人大副主任潘义清出席了联欢。近万名职工参加了游园联欢活动。

9月30日 天津市总工会组织天津市劳模代表四人进京参加国庆50周年庆典观礼活动。市委常委、天津市总工会主席孙宝树代表市委、市政府、天津市总工会主持欢送仪式并讲话。

10月1日 天津市总工会在第二工人文化宫举行职工迎国庆游园活动，市委常委、天津市总工会主席孙宝树和天津市总工会各位主席、常委出席。

10月2日 应中华全国总工会的邀请，以香港工联会副理事长丁锦源为团长的香港工会国庆观礼团一行19人抵津，进行为期2天的参观访问。天津市总工会副主席李淑珍会见并宴请了代表团。

10月10日 天津市总工会召开主席办公会，市委常委、天津市总工会主席孙宝树传达贯彻中华全国总工会主席团会议精神、研究部署下一步工作。

10月17日 应日本连合三泗地域协议会和三泗地区劳动中心的邀请，以天津市总工会主席孙宝树为团长的天津工会访日代表团一行5人进行为期8天的友好访问。

10月20日 中华全国总工会召开为期三天的全国劳动竞赛研究会第十三次研讨会。天津市总工会副主席王连金致欢迎辞，天津市总工会副主席张子鹏出席会议，市委常委、天津市总工会主席孙宝树出席会议并讲话。中华全国总工会书记处书记纪明波，中华全国总工会经济工作部长王持栋参加会议并讲话。

10月21日 天津市总工会组织区县局、总公司（集团）宣教部长贯彻落实四中全会精神学习研讨班。天津市总工会副主席张子鹏出席并讲话。

10月22日 天津市总工会在南开区工会再就业物回中心举行天津市总工会再就业服务联社——南开区物回收购站揭牌发车仪式，共发放物回三轮车40辆。天津市总工会副主席刘凤山，区委常委、副书记陈伯龄，南开区区工会及区劳动、城管、嘉陵道等有关部门人员参加发车仪式。

11月3日 中共天津市委常委、天津市总工会主席孙宝树，天津市总工会副主席刘凤山为天宝面粉厂馒头工程，河北区工会快餐工程，自行车集团花卉配送中心和三个天津市总工会再就业服务联社揭牌。至此天津市总工会已成立了9个再就业服务基地，直接安置下岗职工5000多人。

11月17日 应英国高德海外发展有限公司的邀请，天津市旅游局工会主席逯九玲随中华全国总工会“中国工会现代企业制度赴英培训团”一行26人赴英国执行工会业务考察培训业务。

11月19日 应中华全国总工会的邀请，以俄罗斯赤塔州工会主席古诺年科为团长的俄罗斯赤塔州工会代表团一行7人抵津，进行为期7天的参观访问。市委常委、天津市总工会主席孙宝树会见并宴请了代表团。天津市总工会各位副主席陪同会见。

11月26日 中央政治局常委、书记处书记、全国总工会主席尉健行到天津调研考察工会工作，就工会工作做了重要指示。中华全国总工会副主席、书记处第一书记张俊九，中共天津市委书记张立昌陪同考察。

12月13日 应俄罗斯独立工联和社会与劳动关系学院的邀请，天津汽车工业（集团）有限公司工会副主席蔡振华随中华全国总工会“中国大型国有企业工会领导人考察团”一行9人赴俄进行友好访问。

12月18日 应越南海防市劳动联盟的邀请，以天津市总工会副主席张子鹏为团长的天津市工会访越代表团一行6人抵越进行友好访问。

12月19日 在天津站前广场天津市总工会承办“天津市人民迎庆澳门回归”联欢活动。中共天津市委书记张立昌，天津市长李盛霖等市委、市政府、市人大、市政协、天津警备区等40多位领导出席了迎庆活动。现场4万名群众参加了联欢活动，天津电视台进行现场直播。中央电视台做了现场插播报道。

12月25日 天津市总工会财贸工委在和平区南京路抗震纪念碑前组织财贸系统劳动模范、技术明星、先进集体和先进个人代表庆回归、迎“两节”义务奉献活动。财贸系统所属商业、外经贸、金融系统四十余家企业，20多名劳动模范为前来的群众现场开展银行、保险业务咨询、服务、展卖活动。天津市总工会再就业服务联社的“实惠牌”馒头、“放心肉”及企业名、特、优、新产品以优惠价格进行展卖。市委常委、天津市总工会主席孙宝树，天津市总工会副主席安亭洲冒着严寒亲临现场，慰问各级工会干部和劳动模范及先进集体、先进个人。

12月28日 天津市总工会召开十三届七次全委（扩大）会议，会议传达贯彻市委七届五次全委会和中华全国总工会十三届二次执委会议精神；总结今年工作、部署明年工作；替补、增补和增选委员、常委。参加会议的人员有十三届委员会全体委员；十三届经审委全体委员；不是委员的区县局、总公司（集团）工会主席或主持工作副主席，天津市总工会机关各部门及天津市总工会直属企事业单位负责人。会议分别由市委常委、天津市总工会主席孙宝树和天津市总工会副主席张子鹏主持。市委常委、天津市总工会主席孙宝树做工作报告。会议还通过了1999年经费审查工作情况和2000年经费审查工作意见的报告。

2000年

1月7日 天津市总工会编写了《跨越新世纪，再创新辉煌》——班组培训每周一题职工学习读本。该读本由市委常委、天津市总工会主席孙宝树题词并作序，张子鹏副主席任主编，由中国言实出版社出版，共发行近四万册，受到基层班组职工的欢迎与好评。

1月12日 市委商业工委、市商委、天津市总工会联合召开了庆两节送温暖、保稳定专题工作会议。会议就认真贯彻市委、市政府提出的不让一户困难职工生活过不去的指示精神，进一步加大今年元旦、春节期间送温暖工作的力度，对特困职工落实包保责任制度提出要求。天津市总工会副主席安亭洲、市委商业工委副书记秦嘉琪出席会议。

同日 天津市总工会和天津市劳动和社会保障局联合下发了《关于开展一九九九年度集体协商集体合同工作先进单位评选表彰活动》的通知（津工发〔2000〕3号）。

1月14日 天津市工会女职工委员会在职工之家召开二届五次全委扩大会，刘宝桧主任总结了1999年工作，布置了2000年工作。王连金副主席出席会议并讲话。

1月18日 天津市总工会职工劳动福利事业管理委员会成立。管委会主任：孙宝树；副主任：安亭洲、刘凤山、张和凯；成员：卢代盛、郝志斌、路益明、魏海玲、马洪振。管委会办公室设在事业部。

同日 中共天津市委城建工委、市建委、天津市总工会联合慰问了城建系统部分劳动模范和特困职工并送去慰问品和慰问金。天津市总工会副主席安亭洲同志参加了慰问。

1月19～21日 中共天津市委、市政府领导同志分多路到工业、交通、城建、财贸、教卫等系统的20户困难职工、劳动模范、退休职工家庭慰问。市委常委、天津市总工会主席孙宝树和各位副主席参加慰问活动。

1月26日 天津市总工会城建工委、市建委、市委城建工委联合在天津市总工会教工俱乐部二楼会议室召开城建系统第十二次党、政、工联席会议，市委城建工委副书记魏同森、市建委副主任郝寿义、天津市总工会副主席安亭洲及有关部门负责人出席了会议。

1月28日 天津市总工会城建工委在天辰公司召开了城建系统工会主席联谊会。会上，通报了城建系统第12次党、政、工联席会议精神，进一步部署了2000年城建系统工会工作。天津市总工会副主席安亭洲同志参加了会议。

2月1日 中华全国总工会政研室主任李永海带队到津进行天津工会送温暖承担第一责任人取得突破性进展的调研。研究室配合，并起草了调查报告。该文在中华全国总工会政研室《工运研究》上发表，并呈报尉健行、张俊九等中华全国总工会领导。

2月2日 天津市总工会召开了“天津市2000年迎新春劳动模范座谈会”。市委常委、天津市总工会主席孙宝树主持会议，出席会议的领导同志有：市委书记、市人大常委会主任张立昌，市委副书记、市长李盛霖，市委常委、市委秘书长王文华，市人大常委会副主任罗远鹏、潘义清，市政协副主席张好生，市政府秘书长陈洪江出席了会议。会上，全国劳模市特等劳动模范林永宁等五位劳模代表先后发言，市领导还和与会的200名劳模一起观看了职工艺术团的文艺演出。

2月18日 天津市总工会在天津礼堂中剧场组织召开“百万职工技术创新活动动员大会”。会议由市委常委、天津市总工会主席孙宝树主持，中华全国总工会书记处书记纪明波也在大会上发表了讲话，范玉恕等五人做代表发言，向全市职工发出了经济投身技术创新活动的倡议书，来自全市各个系统的1000多名职工参加了大会，拉开天津市百万职工技术创新活动的序幕。

2月23日 中共天津市委商业工委、市商委、天津市总工会有关部门在商工委二楼会议室召开了2000年度商口第一次党政工联席会议。天津市总工会副主席安亭洲、市委商业工委副书记秦嘉琪到会并讲话。

2月27日 应中华全国总工会的邀请，以总书记比尔·乔丹为团长的国际自由工联高级代表团一行5人抵天津市参观访问。市委常委、天津市总工会主席孙宝树会见并宴请了代表团，代表团参观了开发区、宝成锅炉集团和中美史克有限公司。

2月29日 天津市总工会财贸工委在粮油集团召开了商口发挥劳模作用，开拓创新，全面上水平座谈会暨商口职工技术创新活动动员会。天津市总工会副主席安亭洲参加了会议并讲话。

3月7日 天津市总工会召开天津市总工会经审委18次全体会议。会议听取了财务部关于上年度决算和本年度预算（草案）的编制情况的报告，听取了经审办关于审计结果的报告。会议经过审查，原则同意天津市总工会财务部和经审办的报告。孙宝树主席出席会议并做重要讲话。

3月16日 天津市总工会召开“天津市工会送温暖工程工作会议”，会议由天津市总工会副主席刘凤山主持，市委常委、天津市总工会主席孙宝树做工作报告。会上对18个送温暖工程先进单位、30名贴心人、10名再就业明星和20名再就业先进个人给予了表彰。市劳动和社会保障局副局长孔长起及市经委、交委有关领导出席会议。

3月23日 天津市总工会工交工委举办了工业系统工会干部技术创新知识讲座，邀请南开大学教授、市经委副主任李朝兴就中国加入WTO做了专题讲座，工交系统有200多名基层工会干部参加，天津市总工会副主席王连金出席并讲话。

3月29日 天津市劳动和社会保障局与天津市总工会联合召开天津市集体协商集体合同工作经验交流会，会上表彰了区县局总公司（集团公司）集体协商集体合同工作先进单位31个，乡镇街、开发小区集体协商集体合同先进单位18个，集体协商集体合同先进企业71个。对外经济贸易委员会工会等三个单位代表受表彰单位介绍了经验。市劳动和社会保障局副局长刁九健、天津市总工会副主席李淑珍总结部署了工作。市委常委、天津市总工会主席孙宝树出席了会议并讲话。

4月 天津市总工会组织开展了“跨越新世纪、再创新辉煌”知识竞赛活动，全市共有93个区县局（总公司）集团工会动员了九万个班组、近百万职工参加了竞赛活动。活动中，共提合理化建议20余万条。有32个优秀组织单位、37个先进班组和60名先进个人受到天津市总工会的表彰奖励。天津市总工会区县农林工委在区县局工会中举行了多形式、多门类技能比赛。在第一中心医院举办“医务护理”技能竞赛，为期一天。共300余人参加这次活动，天津市总工会副主席王连金出席并讲话。在职工之家举办餐饮业“果蔬雕”技能竞赛，为期一天。共200余人参加这次活动，市委农工委书记郑守森、天津市总工会副主席李泮祥、安亭洲出席。

4月1日 天津市总工会工会宣教部、第一工人文化宫、市职工读书活动办公室联合组织了“新千年再展雄风、跨世纪振兴国企”主题教育演讲比赛活动。在经过初赛、复赛之后，于7月14日，在第一工人文化宫宾馆多功能厅举办了演讲决赛。市委宣传部常务副部长叶厚荣、天津市总工会副主席张子鹏以及有关部门的负责同志出席并为获奖者颁奖。

4月3日 天津市总工会副主席安亭洲、刘凤山为房管局“福聚”、粮油集团“放心油”两个再就业服务联社揭牌。

4月10日 天津市总工会城建工委在建工集团召开了2000年度市工运理论研究会城建分会理事会议，会议由理事长安亭洲主持。会上，就研究会的工作及调研课题进行研究，确定了2000年度参考调研课题。

4月13日上午 中共天津市委城建工委、市建委、天津市总工会城建工委联合在宾馆中礼堂召开天津市城建系统“窗口”建设工作会议，会上，由天津市总工会副主席安亭洲宣读了1999年度“服务示范窗口、文明服务标兵、创建文明行业先进集体、先进个人”的决定。

4月20～23日 全国教育工会副主席由国栋及部分省市教育工会主席到津，检查教育系统贯彻《中华全国总工会关于加强教育工会工作的意见》（总工发〔1999〕17号文件）情况，对南开大学、理工学院、河西区、静海县教育工会工作进行检查。天津市总工会副主席李淑珍参加，市教委工委副书记杨希禄同志到会。市委常委、天津市总工会主席孙宝树到会并讲话。

4月22日 管委会在抗震纪念碑广场举办大型天津市总工会直属劳福事业形象展示活动。中华全国总工会副主席方嘉德及天津市总工会在任的主席、副主席全体参加了展示活动，天津市总工会原领导：潘义清、杨希禄、于长生、苏兰洲、李大亚也受邀参加。

4月27日 天津市市长李盛霖在职工之家召集调研再就业和养老金发放工作会议。天津市总工会副主席刘凤山在会上做了《关于工会经济协助政府做好再就业和养老金发放工作的情况汇报》的报告。张子鹏、李淑珍、李泮祥、安亭洲副主席出席会议。

4月30日 天津市总工会在天津礼堂中剧场组织召开了“天津市庆祝五一国际劳动节暨表彰先进大会”，会议由市委副书记、市长李盛霖主持，市委书记、市人大常委会主任张立昌出席并讲话，出席会议的领导同志还有市委常委、常务副市长杨新成，市委常委、天津市总工会主席孙宝树，市委常委、市委秘书长王文华，市委常委、市委组织部长邢军，市人大常委会副主任罗远鹏、潘义清，市政协副主席张好生，市政府秘书长陈洪江。80名新当选的全国劳动模范全部到会，张金刚做了代表发言。会后，市领导与80名全国劳模一一握手并合影留念。会议同时命名并表彰了天津电线总厂厂长殷纪臣等54名“依靠职工优秀经营管理者标兵”。

4月 天津市总工会机关通过公开选拔，竞赛上岗的方式，选拔出天津市总工会机关一正六副七个处级领导职位。

4月30日 天津有线电视台播出了天津市总工会有线电视台《论理说法》节目组联合录制30分钟的宣传工会法节目。

3～4月 天津市总工会进行全国劳动模范的推荐、评选、上报工作，经过层层推荐评选，共推荐、上报了牛星壮等80名作为天津市2000年全国劳动模范候选人，并全部获得了批准，圆满地完成了全模的评选任务，并于4月27日组成“天津市全国劳模代表团”进京，参加国务院召开的表彰大会。

5月1日 天津市总工会在天津市第二工人文化宫举行庆“五一”天津市职工游园大联欢活动，孙宝树同志参加，天津市总工会副主席、常委及机关干部、劳动模范、职工代表3000多人共同参加联欢活动。职工艺术团演出了精彩节目。

由天津市总工会、市体委共同主办的天津市职工第十九届“五一”长跑比赛在第二工人文化宫隆重举行，市委常委、天津市总工会主席孙宝树为长跑鸣放第一枪。来自30多个区、县、局，1240多名职工参加了长跑。

5月3日 天津市总工会副主席王连金深入渤海石油公司和钢管公司企业幼儿园，看望了幼儿园的孩子们，问候了保教人员。

5月12日 天津市总工会工交工委与市委工业工委、市经委联合举办了工业系统全国劳动模范事迹报告会，工业系统各有关总公司（集团）的党政领导和工会主席、企业党政工领导、本届全国劳模和各级先进模范及市依靠职工优秀经营管理者标兵共200多人参加了报告会，市委工业工委副书记张环、天津市总工会副主席王连金出席了会议。

5月14日 为响应全国安委会组织的安全月活动，天津市总工会组织了10个区、局50多个企业在抗震纪念塔前举办了“劳动保护群众监督检查黑板报”展评活动，受到天津市总工会领导和市安委会领导的重视、好评。

5月15日 在天津华一公司召开天津市百万职工技术创新中期推动会。市委常委、天津市总工会主席孙宝树出席并讲话，会上华一公司、市政二公司工会、友谊商厦党委、河北区工会等单位介绍了经验，各区县局及百家联系企业工会主席出席会议，天津市总工会主席张子鹏主持会议。

同日 市委常委、天津市总工会主席孙宝树和副主席李泮祥、刘凤山出席河北区津兴绿色庄园再就业服务联社揭牌仪式并揭牌。

同日 天津市总工会副主席李泮祥、刘凤山为宝坻县“黄土地”再就业服务联社揭牌。

5月16日 在天津礼堂中剧场组织召开了“天津市全国劳动模范事迹报告会”，在会上9名新当选的全国劳模组成事迹报告团做了精彩的事迹报告，市委常委、天津市总工会主席孙宝树同志同与会的1000多名来自全市各条战线的职工一起聆听了报告。

同日 天津市教育工会召开教育系统全国劳模及先进人物表彰座谈会。市委教委工委副书记杨希禄同志、天津市总工会副主席李淑珍及市教委、教育局有关部门负责人出席会议。

5月17日 天津市厂务公开领导小组召开了天津市厂务公开表彰会，共表彰了1999年度市级模范单位35个，先进单位69个。会上，天津冶金集团等3个从不同的侧面介绍了他们深化厂务公开的经验，市委常委、天津市总工会主席孙宝树宣读表彰决定，市委副书记刘峰岩出席会议并讲话。中央纪委书记刘锡荣、全国总工会副主席徐锡澄应邀出席会议并讲话。

5月18日 上午中共天津市委城建工委、市建委、天津市总工会城建工委联合在职工之家四楼多功能厅召开城建系统劳动模范事迹报告会，天津市总工会副主席安亭洲同志到会。

5月16～23日 应天津市总工会的邀请，以越南海防市劳动联盟副主席武代玉为团长的越南代表团一行7人抵天津市参观访问。市委常委、天津市总工会主席孙宝树会见并宴请了代表团。代表团还顺访了北京、上海等地。

5月22日 天津市总工会召开“天津市依靠职工办企业优秀经营者标兵事迹报告会”，会上天津市宇华制衣有限公司总经理龚文林等五名经营者介绍了他们依靠职工办好企业的经验。副市长梁肃出席会议并讲话，市委常委、天津市总工会主席孙宝树出席了会议。

5月22～29日 应日本NTT劳动组合福冈县支部的邀请，以天津市总工会副主席王连金为团长的天津市工会访日代表团一行10人，赴日本进行了为期八天的友好访问。

5月23日下午 中共天津市委商业工委、市商委、天津市总工会在劝业场九楼会议室召开了商口“商业上水平，劳动立新功”座谈会。商口新老劳模代表聚集一堂，以“商业上水平，劳动立新功”为主题，共商实现商业现代化进程和加大实施人才战略等方面的建议86条。天津市总工会副主席安亭洲，市委商业工委副书记秦嘉琪参加会议并讲话。

5月26日 天津市总工会副主席李泮祥、刘凤山为武清县塑料再生、汉沽区“白龙驹”馒头两个再就业服务联社揭牌。

5～10月 天津市职工“世纪之光”文化博览艺术节活动，歌咏、戏剧、小品、书画展览四大项赛事吸引天津市80多个区局近30万名职工踊跃参加，其中近3000人参加市级复赛、决赛，并获等级奖，同时从活动中选拔出一批职工文艺骨干。

6月1日 天津市总工会召开区县局工会领导干部会，天津市总工会常委出席会议。市委常委、天津市总工会主席孙宝树出席并讲话。会议内容主要是进一步动员全市各级工会认真学习江泽民总书记关于“三个代表”的重要思想，推动天津市工会工作全面上水平。

6月2～3日 应中华全国总工会的邀请，日本橡胶工会联合会代表团一行28人抵天津市参观了相关企业。

6月5～12日 应天津市总工会的邀请，以日本NTT劳动组合冲绳县支部委员长屋良宣正为团长的日本NTT劳动组合九州地区各支部青年、妇女干部代表团一行11人抵我国进行友好访问。市委常委、天津市总工会主席孙宝树会见并宴请了代表团。代表团还顺访了北京、上海等地。

6月8日 天津市总工会副主席刘凤山、王连金为电子仪表集团物业管理、劳务输出两个再就业服务联社揭牌。

6月13～14日 在天津市退休职工之家、天津市总工会劳福事业管委会全体领导、各区县局总公司工会、天津市总工会直属企事业单位主管会计认真收听财政部会计司冯淑萍司长推动会计法的讲话，收看会计法电视广播讲座。

6月14日上午 市委商业工委、市商委、天津市总工会在一商集团友谊商厦食堂召开商口职工技术创新活动现场推动会。商口各集团总公司、局、直属单位的党政工领导，创新活动联系点单位60多人参加了会议。天津市总工会副主席安亭洲出席会议。

6月19～26日 应韩国劳动组合仁川本部的邀请，以天津市总工会副主席安亭洲为团长的天津市工会访韩代表团一行6人赴韩进行为期八天的友好访问。

6月27～28日 应广西区总的邀请，以越南海防市劳动联盟副主席阮文昂为团长的越南代表团一行9人抵天津市参观访问。市委常委、天津市总工会主席孙宝树会见并宴请了代表团。

6月30日 为庆祝中国共产党诞辰79周年，天津市总工会直属机关党委在职工之家四楼多功能厅组织召开了庆“七一”表彰大会，市委常委、天津市总工会主席孙宝树参加了会议，并做了重要讲话。天津市总工会副主席、党组副书记、机关党委书记张子鹏在纪念大会上做了工作报告。天津市总工会机关全体党员、干部及直属各劳福企事业单位党政负责人、先进党支部代表、优秀共产党员、优秀党务工作者和党员代表共260多人参加了大会。会上，6个先进党支部，40名优秀党员，17名优秀党务工作者受到了表彰，并颁发了锦旗和证书。

7月10日 天津市总工会常委会批准《天津工运》从2001年起改版为大16开、3个印张，并批准了《天津工运》发行方案及发行经费预算。

同日 天津市厂务公开办公室在天津市华特包装机械有限责任公司第一分公司召开了厂务公开现场观摩会，该公司总经理张国维介绍了他们深化厂务公开的做法，与会同志现场观摩了该公司的厂务公开栏和车间、班组厂务公开工作。天津市总工会副主席李淑珍代表厂务公开办公室出席会议并讲话。

7月10～18日 应韩国仁川市市长和仁川市工会的邀请，市开发区工会副主席李仲为团长的天津市工会代表团一行15人赴韩进行了为期八天的考察访问。

7月11～21日 天津市总工会副主席王连金带队，组织部分工会劳动保护监督检查员对工交、城建、农、区、县6个系统8个单位进行夏季安全检查。落实国务院紧急电视电话会议精神。

7月13日下午 市委城建工委、市建委、天津市总工会城建工委联合召开帮扶特困职工工作例会，对有特困职工的局、总公司（集团）党、政、工落实包保特困职工责任制等方面进行了检查，天津市总工会副主席安亭洲参加了检查。

7月13～14日 天津市总工会在职工之家举办了区县局工会宣教部长学习培训班。天津市总工会副主席张子鹏出席并讲话。办班期间，传达了江泽民总书记在中央思想政治工作会议上的讲话和市委的工作部署。同时进行了座谈交流和工作研讨。

7月15日 在天津华一公司召开天津市百万职工技术创新中期推动会。市委常委、天津市总工会主席孙宝树出席并讲话，会上华一公司、市政二公司工会、友谊商厦党委、河北区工会等单位介绍了经验，各区县局及百家联系企业工会主席出席会议，天津市总工会副主席张子鹏主持会议。

7月16～18日 市委常委、天津市总工会主席孙宝树、副主席刘凤山、王连金赴天津铁厂慰问职工。

7月19日上午 天津市总工会城建工委联合市委城建工委、市建委对市政二公司金纬路立交桥工地、建工集团三建公司民航工地再就业餐厅进行了暑期慰问并送去慰问金及慰问品，天津市总工会副主席安亭洲参加了慰问。

7月20～22日 中华全国总工会书记处第一书记、全国人大内部司法委员会副主任张丁华到津做平等协商集体合同专题调研。天津市总工会研究室、民管部配合，并形成了《天津市工会推行平等协商集体合同制度再上新水平》的调查报告。该文呈报中华全国总工会主席尉健行及书记处全体成员。

7月20～29日 应俄罗斯赤塔州工会的邀请，以天津市总工会副主席李泮祥为团长的天津市工会代表团一行7人赴俄进行了友好访问。

7月21日 在塘沽区召开"第四届送温暖再就业工作研讨会"，会期两天。18个区县、4个农口局工会负责此项工作的部长、分管主席40余人出席会议。

同日 天津市总工会副主席李泮祥深入海豚炭黑有限公司、天津联合包装有限公司慰问企业高温作业职工。区县工委会同女工部在东丽区召开"推动区县农林系统新建企业女职工委员会组建工作专题会"，会期一天。区县、农口局女工会主席、女工干部40余人参加会议，天津市总工会副主席王连金到会并讲话。

7月24日上午 市委城建工委、市建委、天津市总工会城建工委联合在市政三公司召开城建系统厂务公开工作经验交流会，会上，市政三公司等单位进行了经验介绍，并进行了现场观摩。会议由天津市总工会副主席安亭洲主持。

7月29日下午 市委城建工委、市建委、天津市总工会城建工委联合在职工之家召开城建系统第十三次党、政、工联席会议，会议由天津市总工会副主席安亭洲主持，市委城建工委副书记魏同森到会并讲话。

7～8月 天津市总工会开展全市工会工作调研活动。市工会领导带领机关三分之一干部，集中一个月时间，深入70多个区县局和200多个基层单位，与广大基层工会干部和职工群众进行座谈，直接倾听基层和职工的意见呼声，及时掌握职工需求和基层的第一手资料。

8月 天津市总工会在全市组织开展“班组文化创建活动”。一是下发文件做出部署，明确内容，提出具体要求；二是在天津工人报上开辟专栏，展开大讨论；三是与天津有线电视台联合录制典型经验做法专题片；四是于10月26—30日在职工之家举办了两期有500多人参加的基层班组长培训班。此项活动得到各级领导的充分肯定和基层班组的欢迎。市长李盛霖还专门做了批示:“这确实是一个得人心、暖人心、稳人心的活动。”

8月1日 天津市总工会召开天津市总工会各工委和部分区、局（总公司）负责人参加的如何落实第一责任人工作会议。刘凤山副主席主持会议，市委常委、天津市总工会主席孙宝树出席会议并做了落实市政府畅通工程，做好下岗职工稳定、安置、疏导，落实第一责任人工作的重要讲话。

8月3日 中华全国总工会在天津第一工人文化宫宾馆召开全国工会职工劳动福利事业管理体制改革研讨会。中华全国总工会副主席方嘉德、中华全国总工会事业部及全国14个省市工会主席、副主席及事业部长近30人参加了会议，天津市总工会主席孙宝树参加了会议，天津市总工会副主席安亭洲代表天津市总工会在研讨会上汇报了天津市总工会的改革情况。

同日 在天津市总工会二楼会议室召开了部分区参加的物回工作紧急会议。刘凤山副主席主持会议，并传达了孙宝树主席在如何落实第一责任人工作会议上的讲话精神。

8月5～11日 应天津市总工会的邀请，以日本友人冈兴三办为团长的日本四日市教育工作者代表团一行12人，抵天津市参观访问。市委常委、天津市总工会主席孙宝树会见并宴请了代表团。代表团还访问了内蒙古、大同等地。

8月7日 召开天津市总工会保密工作会议。会议通过了《天津市总工会保密工作规定》，与会人员收看了保密教育片，天津市总工会保密委副主任张和凯做保密工作报告，天津市总工会保密委主任李泮祥讲话。机关各部门和直属劳福企事业单位领导和保密干部60余人出席会议。

同日 天津市总工会工交工委、市委交通口岸工委、市交委在民航局联合召开了“进一步深入交通邮电系统厂务公开、民主管理工作座谈会”。天津市总工会副主席王连金、市交委副主任戚荣林到会并讲话，市纪委驻交工委纪检组组长李彪主持会议。交通邮电系统各局、总公司、院、所的纪委书记和工会主席共四十余人参加了座谈会。

同日 河北区副食公司召开成立“河北区副食品公司劳动关系协调委员会”大会，刘凤山副主席、河北区委副书记、区劳动局副局长、区商工委书记、区工会主席等领导出席会议。

8月8日 天津市总工会召开天津市总工会经审委19次全体会议。会议重点审查天津市总工会上半年执行2000年度预算的情况。张子鹏副主席出席会议，并做题为《用“三个代表”重要思想指导和统揽经审工作》的讲话。

8月9日 天津市总工会城建工委会同女工部举办了城建系统局级女职委主任座谈会，天津市总工会副主席王连金参加了座谈。

8月11日 天津市总工会商业工委、市商委、天津市总工会有关部室在商工委二楼会议室召开了2000年度第二次商口党、政、工联席会议。天津市总工会副主席安亭洲、市委商业工委副书记秦嘉琪，市商委副局级巡视员何凤桐出席会议并讲话。

8月16日、24日 在职工之家分别召开天津市总工会直属劳福事业单位党政一把手经济工作汇报会和直属劳福事业单位全体领导班子成员大会，孙宝树主席、安亭洲副主席出席会议并讲话。

8月17日 天津市总工会副主席刘凤山为河北区“靖江路综合市场”再就业服务联社揭牌。

8月15～21日 应天津市总工会的邀请，韩国京仁港运劳动组合委员会崔正范一行4人抵天津市参观访问。天津市总工会副主席李淑珍会见并宴请了代表团。代表团一行还顺访了青岛、北京等地。

8月22日 天津市总工会成立职工董事、职工监事指导委员会市委常委、天津市总工会主席孙宝树出席会议并讲话。该指导委员会设主任委员、副主任委员和特邀委员共13人。主任委员：天津市总工会副主席李淑珍。

8月23日 天津市总工会副主席刘凤山、王连金为二轻第二打火机厂保健型家用电器、一轻“化吉”放心品牌销售、机电“斯波泰克”纯净水三个再就业服务联社揭牌。

8月24日 中共天津市委城建工委、市建委、天津市总工会城建工委联合在市政三公司召开城建系统厂务公开工作经验交流会，会上，市政三公司等单位进行了经验介绍，并进行了现场观摩。会议由天津市总工会副主席安亭洲主持。

8月26日至9月11日 应国际劳工局工人局的邀请，天津市总工会副主席李淑珍率中国工会工作者赴菲律宾、马来西亚、毛里求斯进行了为期16天的考察访问。

8月29日 中共天津市委城建工委、市建委、天津市总工会城建工委联合在职工之家召开城建系统第十三次党、政、工联席会议。会议由天津市总工会副主席安亭洲主持，市委城建工委副书记魏同森同志到会并讲话。

9月8日 天津市总工会津工职业介绍服务中心正式成立，市委常委、天津市总工会主席孙宝树为中心揭牌，副主席刘凤山出席仪式并讲话。

9月9～16日 应中华全国总工会的邀请，日本国际劳动财团劳动问题考察组一行4人抵津专题了解考察了天津市国有、私营、三资企业工会工作情况。天津市总工会副主席刘凤山会见并宴请了代表团。

9月18日至10月2日 应全波兰工会协议会，马耳他总工会的邀请，市委常委、天津市总工会主席孙宝树同志随中国工会代表团一行 4 人赴波兰、马耳他进行了为期十四天的考察访问。

9 月中下旬 天津市厂务公开办公室在各区县局（总公司）和企业进行厂务公开工作自查的基础上，分三组对全市工业、交通、城建、财贸、区县等系统 80 多个区县局（总公司）和企业的厂务公开工作开展了大检查，并形成检查报告上报全国厂务公开办公室。

9 月 20 ~ 21 日 天津市劳动和社会保障局与总工会举办了非公有制建立集体协商机制签订集体合同培训班，未建立集体协商集体合同制度的三资企业和私营企业的企业负责人和工会主席参加了培训。

9 月 21 日下午 天津市总工会城建工委联合市委城建工委、市建委对城建系统房管局、建材集团 2 名特困职工进行了慰问并送去慰问品及慰问金。天津市总工会副主席安亭洲参加了慰问。

9 月 20 ~ 25 日 天津市总工会副主席张子鹏、李淑珍、安亭洲、刘凤山、王连金入户走访慰问了机电、电子仪表等区、局、总公司（集团）的 14 户困难职工，带动了天津市工会系统“迎国庆、送温暖、保稳定”活动的开展。

9 月 26 日 天津市总工会在职工之家召开天津市劳模迎国庆座谈会。市委常委、常务副市长杨新成出席会议并讲话，会上全国劳模李文明、年景林、刘先丽、田英凡等在会上发言，天津市总工会副主席张子鹏做了总结讲话，天津市总工会副主席王连金主持会议。

同日 天津市总工会副主席安亭洲、刘凤山出席建工装饰技术再就业服务联社揭牌仪式并揭牌。

9 月 28 日 天津市总工会、今晚报社、市妇联、民政局联合举办第三届米盖尔情世纪婚礼，在以倡导社会文明，关注公益事业为主题的集体婚礼上，百对新人在滦河源头上种植了 500 亩希望林。天津市总工会副主席王连金出席婚礼。

10 月 1 日 天津市总工会在第二工人文化宫举办了天津市职工“国庆”游园大联欢活动，同时举行了天津市职工“世纪之光”文化博览艺术节闭幕颁奖活动，获奖人员进行了汇报演出。天津市总工会领导及劳模代表，职工群众 3000 多人参加了活动。

10 月 8 日 天津市总工会召开天津市总工会重点工作调研汇报会。张子鹏、李淑珍、李泮祥、安亭洲、刘凤山、王连金副主席代表各自的调研组进行调研成果汇报交流，孙宝树主席发表重要讲话。机关处级以上干部参加。

同日 天津市总工会编辑出版了天津市企业歌曲精选集《企业之声》，该书汇集了全市 40 多个区县局、80 多个企业、行业的歌曲。

10 月 16 ~ 22 日 应香港教育工作者联会和澳门中华教育会的邀请，以市教育工会主席秦砖为团长的天津市教育工会代表团一行 12 人赴港澳进行了为期七天的考察访问。

10 月 17 日至 11 月 2 日 全国厂务公开办公室确定天津市厂务公开大检查免检单位，并邀请天津市总工会副主席李淑珍、天津市总工会民主管理部部长傅贵忠参加了全国厂务公开工作大检查。

10 月 20 日 天津市总工会召开“推进工会工作法制化建设研讨会”，刘凤山副主席出席会议。会议讨论了《推进工会工作法制化意见（征求意见稿）》，并有四个单位分别介绍了开展劳动法律监督、合资企业工会维权等四个方面工作的经验。

10月22～29日 应日本金属工会协议会的邀请，天津医药集团有限公司工会副主席李洪刚随中国产业企业工会干部考察团赴日进行了为期七天的考察访问。

10月24日 天津市总工会在第一工人文化宫退休职工活动中心，召开“天津市总工会再就业服务联社工作会议”。天津市总工会副主席刘凤山主持会议。

10月25～30日 天津市职工计算机培训经过比赛，评出前十名，天津市总工会副主席张子鹏参加表彰。

11月1日 天津市总工会组织有关区县局参加由中华全国总工会、中国文联、中央人民广播电台、中国音协四家联合举办的“中外建三峡杯”新世纪工人歌曲征集活动，天津市共获三等奖一名，优秀奖五名，天津市总工会宣教部荣获优秀组织奖。

由天津市总工会、市体委、《今晚报》社联合举办的“天狮杯”第二十届职工万名棋手大赛圆满成功，市人大常委会副主任潘义清、老同志吴振为获奖选手颁奖。

11月2日 天津市总工会在市退管中心召开市百万职工技术创新论文成果发布会，历时两个月的论文征集活动共收集论文60余篇，有3篇获最佳论文、12篇获优秀论文。

11月3～10日 应香港工联会和澳门工联总会的邀请，天津市总工会女工部部长刘宝桧随中华全国总工会女职工工作者代表团一行12人赴港澳进行了为期七天的友好访问。

11月6日 在天津市职工之家召开了天津工会财务工作暨双先表彰会议。天津市总工会常委会全体领导，各区县局（集团）总公司工会主管财务工作主席和主管会计参加了会议。会上表彰了天津市工会财会先进集体、先进工作者、荣誉工作者，并对近两年工会财务工作的总结及布置近期工作。孙宝树主席做了重要讲话。

11月8日 天津市总工会城建工委在天津胜利宾馆召开2000年度市工运理论研究会城建分会成果发布会，通过层层筛选评出21篇成果，其中会上发布了10篇成果，其余11篇为书面发布，并评出一、二、三等奖及优秀奖。市委城建工委副书记魏同森、天津市总工会副主席安亭洲参加了会议并讲话。

11月15～22日 应日本NTT劳动组合福冈县支部的邀请，以天津市总工会副主席刘凤山为团长的天津市工会青年、妇女干部代表团一行11人赴日进行了为期8天的友好访问。

11月17日 天津市高校第五届青年教师基本功竞赛总结表彰会召开。对获优秀组织奖的6个单位及获一、二、三等奖的89名教师进行了表彰。全国教育工会副主席万明东、市委教卫工委副书记王寒松、市教委领导张福中、天津市总工会副主席李淑珍等领导到会并讲话。

11月21～24日 天津市总工会城建工委联合市委建工委、市建委、天津市总工会人大常委城建环保委、建筑业协会等五部门组成检查组，分两路对全系统贯彻落实《天津市城建系统加强企业民主管理的实施意见》的情况进行了检查，天津市总工会副主席安亭洲参加了检查。

11月25日至12月2日 应韩国劳动组合仁川本部的邀请，以天津市总工会经保部部长杨东来为团长的天津市部分乡镇街工会干部访韩考察团一行12人赴韩进行了为期八天的考察访问。

12月5日 天津市总工会在职工之家召开“天津市新建企业工会组建工作会议”，会期半天。传达贯彻全国新建企业工会组织工作会议精神，部署天津市新建企业工会组建工作。市委常委、天津市总工会主席孙宝树主持。会上张子鹏副主席传达全国新建企业组建工会工作会议精神和尉健行讲话。武清、北辰、和平区委做了典型经验发言。各区县局总公司工会党委分管工会工作的副书记、工会主席以及市新建企业工会组建工作领导小组成员近200人参加会议。

同日 天津市教育工会在天津大礼堂召开纪念天津市教育工会成立50周年大会，来自全市教育战线的近2000名教职工代表参加会议。市委常委、天津市总工会主席孙宝树，市人大常委会副主任副主任王鸿江，市政协副主席周绍熹，杨辉等领导出席会议并接见教育系统劳动模范、优秀工会工作者代表，同与会教职工一起观看了大型文艺演出《园丁之家放歌》。

12月8日 天津市总工会在退休职工之家召开天津市总工会经审委20次全会。会议审议批准1999年度经审工作目标考核评比结果；批准《2000年度经审工作情况和2001年度经审工作意见的报告》同意提交工会全委会审议；批准同级工会审计办法和基本建设项目审计办法。

12月11日 中共天津市委商业工委、市商委、天津市总工会联合在劝业场九楼召开商口职工技术创新活动成果展示会。商口各局、集团（股份）有限公司、社、院及直属单位的党委、行政、工会；商口职工技术创新活动联系点单位的党、政、工领导参加了会议。天津市总工会副主席安亭洲同志、商工委副书记马文举到会并讲话。

12月15日 中共天津市委工交工委与市委工业工委、市经委、市委交通口岸工委、市交委联合举办了工交系统职工技术创新成果发布会。市委工业工委副书记张环、市委交工委副书记黄玉功、天津市总工会副主席安亭洲、王连金出席了发布会。工交系统各局、总公司（集团）的党政工领导和部分企业的工会主席共150多人参加了会议。发布会以展示牌、口头发布等形式对工交系统部分职工技术创新成果进行了展示和发布。会上表彰了工交系统55个职工技术创新活动优秀组织单位。

12月18日 天津市总工会在三建公司举行了“福顺坊豆腐机捐赠仪式”，天津市总工会副主席安亭洲、刘凤山出席仪式。

12月21～22日 天津市工人运动理论研究会财贸分会在开发区鸿发大厦召开了2000年度财贸分会理论研讨会。会议通过了工业增递补黄华昶等15人为天津市工人运动理论研究会财贸分会理事的决定。评选出优秀论文一等奖1篇；二等奖2篇；三等奖3篇和优秀奖8篇。工人运动理论研究会财贸分会的理事近40人参加会议。天津市总工会副主席安亭洲参加会议并讲话。

12月25日 天津市总工会在天宝面粉厂举行了2001年“送温暖、献爱心”面粉、食用油发放仪式。仪式由天津市总工会副主席张子鹏主持，副主席刘凤山汇报了“两节”送温暖活动安排，市委常委、天津市总工会主席孙宝树出席并向困难职工发面、发油。

12 月 25 ～ 26 日 天津市总工会在职工之家召开天津市总工会第十三届八次全委（扩大）会议，市委常委、天津市总工会主席孙宝树，天津市总工会常委及各位委员出席会议。会议主要是总结2000年工作和2001年工作安排，天津市总工会孙宝树代表天津市总工会常委会做工作报告。

2001 年

2 月 15 日 天津市总工会召开百万职工技术创新活动表彰动员大会，总结一年来职工技术创新活动，表彰先进集体和个人。

2 月 26 日 天津市总工会召开工会调研工作会议暨工运理论研究会年会。

4 月 29 日 天津市总工会召开纪念“五一”国际劳动节暨表彰劳动模范、模范集体大会。

6 月 6 日 天津市总工会召开中国教育工会天津市第六次代表大会。

6 月 10 日 天津市总工会制定《关于在社区组建工会加强工会建设的意见（试行）》。

6 月 25 日 天津市总工会在第二工人文化宫隆重推出大型组歌“阳光颂”。

7 月上旬 中共中央政治局常委、全国总工会主席尉健行到津考察，听取了天津市总工会的工作汇报，就建立健全工会维权的监督制约机制问题与工会系统干部进行了座谈。

8 月 23 日 天津市总工会召开第十三届九次全委（扩大）会议，选举散襄军为天津市总工会主席。

10 月 29 日至 11 月 1 日 天津市总工会召开天津市工会第十四次代表大会。市委对这次代表大会给予了高度重视。市党政军主要领导出席了大会，市委书记张立昌作了重要讲话。

2002 年

1 月 8 日 天津市总工会召开直属机关委员会党代会，选举散襄军、张子鹏为出席市第八次党代会代表候选人。

1 月 10 日 天津市总工会在中新药业大厦举办了“情暖万家，津品展示”第三次捐赠仪式，刘凤山副主席主持，市委常委、天津市总工会主席散襄军出席并讲话。仪式上，中新药业集团股份有限公司捐赠了 38.4 万元药品，决定让利销售 600 万元药品。

1 月 11 日 天津市总工会在第一工人文化宫宾馆三楼会议室召开天津市劳动模范调查工作会议。天津市总工会副主席王连金出席并讲话。

1 月 15 日 天津市总工会副主席李泮祥、刘凤山到和平区再就业明星马英开办的现代人餐厅和河东区万新村 14 街农贸市命名并为职工再就业联社挂牌。

同日 天津市总工会在市检验检疫局召开天津工运理论研究会财贸分会理事会，安亭洲主席出席。

同日 天津市教育工会召开六届二次全委扩大会议，天津市总工会副主席赵洪莉出席会议并讲话。

1 月 16 日 根据天津市总工会党组会议研究决定，中共天津市委市级机关工作委员会予以同意，16 日发出成立中共天津市总工会职工劳动福利事业委员会通知。

1月17日 天津市总工会举办特困劳模再就业洽谈会，近200人参加，18个招聘单位与127人签订了意向用工合同。市委常委、天津市总工会主席散襄军、天津市总工会副主席王连金到会看望了招聘人员和应聘的劳动模范。

1月18日 天津市总工会在津工职业介绍服务中心，举办天津市总工会困难职工救助中心成立揭牌仪式。市委常委、天津市总工会主席散襄军主持并讲话，刘凤山副主席介绍了中心情况，市委书记张立昌、市委常委、市委秘书长王文华出席了揭牌仪式。开发区、保税区捐款100万元，中药制药厂捐助30万元的药品，油脂公司捐助了100桶油并让利销售2.32万元食用油。

1月21日 天津市总工会在天宝面粉厂举办了2002年“两节”送温暖、献爱心面粉发放仪式，天津市总工会副主席安亭洲主持，副主席刘凤山汇报了2002年“两节”送温暖活动的安排情况，市委常委、天津市总工会主席散襄军做重要讲话。

1月20～22日 天津市总工会主席、副主席、常委陪同张立昌、李盛霖等市委、市政府领导分16路对劳动模范、困难职工和退休人员开展了元旦、春节送温暖活动。

1月22日 全国总工会党组书记、书记处第一书记、副主席张俊九在市委常委、天津市总工会主席散襄军陪同下到天津市总工会机关看望工会干部，他代表全国总工会对全市工会干部表示亲切慰问，并同工会干部进行了座谈。他还到近日成立的天津市困难职工救助中心，亲切询问了正在来访的每个职工的情况。

同日 中共天津市委常委、天津市总工会主席散襄军随同市委主要领导陪同中央政治局常委、国家副主席胡锦涛慰问了天津两户困难劳动模范和天津第一棉纺厂。

1月29日 天津市总工会召开副处级以上干部会议，传达市委常委扩大会议精神。中共天津市委常委、天津市总工会主席散襄军就认真贯彻落实胡锦涛同志在天津视察扶贫解困工作的重要讲话和张立昌讲话进行了认真部署。

1月30日 天津市总工会召开机关老干部春节座谈会，市委常委、天津市总工会主席散襄军出席会议并讲话，天津市总工会副主席张子鹏主持会议。

1月30～31日 天津市总工会副主席王连金到天钢、二轻集团公司以及交通局所属两个企业为职工再就业联社挂牌。

2月1日 天津工业口党政工联席会议在市经委召开，会上研究了合力推动天津市总工会2002年重点工作的措施，在全局工作中发挥工会组织的作用。市工业工委副书记张环、市经委副主任刘文魁、天津市总工会副主席王连金出席会议。

2月1～10日 中共天津市委常委、天津市总工会主席散襄军、天津市总工会副主席张子鹏、李泮祥、安亭洲、王凤山、王连金、赵洪莉，天津市总工会常委张和凯、张仁海分别带队入户慰问天津市总工会机关离退休人员及离休老干部的遗孀，共计89人次。

2月3日 天津市总工会在天津市和平体育馆举行了“万马奔腾贺新春、劳模欢庆迎佳节”文艺晚会，天津市总工会副主席张子鹏、李泮祥、安亭洲、王连金、刘凤山、赵洪莉和3000多名劳模、职工代表参加晚会。

2月5日 天津市总工会在职工之家召开区县分管书记会议，沟通工作情况、征求工作意见、建议，市委常委、天津市总工会主席散襄军、天津市总工会副主席李泮祥、天津市总工会常委、办公室主任张和凯出席会议。

2月6日 天津市总工会城建工委召开城建系统第16次党政工通报联席会议。天津市总工会副主席安亭洲出席。

2月9日 天津市总工会在职工之家召开“天津市劳动模范迎新春座谈会”，市领导张立昌、李盛霖、杨新成、王文华、散襄军、罗远鹏、潘义清、张好生、王洪江出席了会议。市委书记张立昌作了即席讲话。天津市总工会副主席张子鹏、李泮祥、安亭洲、刘凤山、王连金、赵洪莉和100名劳模代表参加了座谈会。

2月11日 中共天津市委常委、天津市总工会主席散襄军在河西区委党政领导、天津市总工会副主席张子鹏陪同下到河西环卫局珠江分队与他们共度春节，并送去慰问品。

2月12日 中共天津市委常委、天津市总工会主席散襄军在天津市总工会副主席刘凤山陪同下到煤建一厂下岗特困职工田惠霞家中慰问并送去了慰问金。

2月27日 中共天津市委常委、天津市总工会主席散襄军到武清区工会调研，并就民主管理工作做了重要讲话。武清区委书记、分管副书记，天津市总工会副主席李泮祥陪同参加调研。

同日 中共天津市委常委、天津市总工会主席散襄军到武清区出席了武清区“粮油集团群体再就业、主食厨房工程工作汇报会”，并为其第22店开业剪彩。武清区委书记、分管副书记陪同剪彩。

3月1日 中共天津市委商业工委、市商委、天津市总工会在商工委会议室召开商口2002年党政工联席会议。天津市总工会副主席安亭洲出席并讲话。

3月6日 天津市总工会在第一工人文化宫宾馆召开“庆三八姐妹帮姐妹解困手拉手”活动启动会，市委常委、天津市总工会主席散襄军到会并讲话，副主席王连金主持会议。

3月7日 天津市总工会副主席安亭洲为中建六局职业介绍中心挂“天津市总工会再就业服务联社”标牌。

3月14日 天津市总工会召开直属劳福事业工作会议。市委常委、天津市总工会主席散襄军出席并作重要讲话，直属劳福事业单位领导班子成员和机关各部门主要负责人参加。会议总结了2001年全市工会劳福事业发展情况，部署了2002年工作任务。会议要求，工会职工劳福事业要适应社会主义市场经济的发展，加大改革的力度，探索建立与社会主义市场经济体制相适应的职工劳福事业管理模式，推动所有制和管理机制的改革，把工会职工劳福事业做大、做强、做优。

3月15～23日 应越南海防市劳动者联合会的邀请，天津市工会代表团一行9人赴越南进行了友好访问。

3月19～20日 天津市贯彻实施劳动法、工会法推行集体合同劳动合同工作会议在天津宾馆召开。市委常委、天津市总工会主席散襄军主持了会议。天津市总工会副主席赵洪莉传达了全国贯彻劳动法、工会法推动集体合同和劳动合同工作经验交流会议的精神；市委常委、常务副市长杨新成做工作报告。市劳动和社会保障局、天津市总工会、市经济委员会、市企业管理协会、企业家协会负责人分别发言，提出了贯彻意见，市劳动和社会保障局局长花绍增做会议总结。

3 月 20 日 天津市职工素质工程领导小组会在职工之家四楼中会议室召开。市委常委、天津市总工会主席散襄军出席会议，有关委局领导参加了会议。

3 月 27 日 根据国家劳动和社会保障部发布的《工资集体协商试行办法》(第 9 号令)、市劳动和社会保障局《关于贯彻实施劳动和社会保障部〈工资集体协商试行办法〉有关问题的通知》精神，天津市总工会下发《关于工会做好工资集体协商工作的指导意见》，就天津市各级工会代表和组织职工参加工资集体协商、签订工资集体协议，提出了八条意见。

3 月 28 日 天津市实施职工素质工程动员大会在天津宾馆中礼堂会议厅召开，天津市职工素质工程由此全面启动。中共天津市委常委、天津市总工会主席、市职工素质工程领导小组副组长散襄军做动员报告。天津市职工素质工程以提高职工思想道德水准、科学文化水平、专业知识技能和现代心理素质为主要内容。为保证该工程的顺利实施，制定了《关于天津市职工素质工程五年规划实施意见》。

同日 中共天津市委常委、天津市总工会主席散襄军、市工会副主席安亭洲、市退管会副主任张淑华等在北戴河天津工人疗养院会见了正在度假的西班牙驻华大使欧亭尼奥。布雷戈拉特先生及夫人。会谈中，散襄军介绍了我国工会组织体系和天津市工会主要工作，引起了大使的极大关注，希望大使在发展西班牙工会与天津市工会合作上多做工作。

3 月 29 日 天津市教育工会召开民主管理校务公开工作会议，表彰了民主管理先进单位、依靠教职工办学的优秀领导干部，天津大学、轻工业学院、津南区教育局、河北区美术中学介绍了经验。天津市总工会副主席赵洪莉出席并讲话。

3 月 30 日 困难职工救助中心发起的对特困职工子女“一帮一”助学活动的启动仪式在救助中心举行。天津市第二南开中学韩华等 17 名特困职工家庭子女，作为首批受助者接受了捐助。天津市总工会副主席刘凤山出席并讲话。

3 月 31 日 天津市总工会宣教部编撰、人民出版社出版的《新世纪、新挑战、新形象》—2002 年班组培训每周一题读本出版，市委常委、天津市总工会主席散襄军为该书作序。

4 月 2 ~ 8 日 应香港工联会和澳门工联会的邀请，天津市工会女工干部代表团一行十四人赴港澳进行考察访问。

4 月 3 日 天津市总工会城建工委联合市委规划建设工委、市建委在自来水集团召开了规划建设系统实施职工素质工程现场推动暨职工技术创新活动表彰大会。会上，自来水集团介绍了经验，同时，对 2001 年度在职工技术创新活动中涌现出来的职工技术创新标兵、先进单位进行了表彰并对近年来具有广泛推广应用价值的工作法、操作法进行了命名。天津市总工会副主席安亭洲、王连金出席了会议。

4月4日 天津市总工会在职工之家四楼多功能厅召开了天津市总工会2002年保障工作会议。会议表彰了31个送温暖工程先进集体和51名送温暖工程先进个人，命名了开发区、保税区等6家实施送温暖工程基地，交流了先进经验。副主席张子鹏主持会议，副主席刘凤山做工作报告。市委常委、天津市总工会主席散襄军、中华全国总工会保障工作部原部长陈志刚到会并做重要讲话。出席会议的其他领导还有市劳动和社会保障局副局长孔长起、天津市总工会副主席李泮祥、安亭洲、王连金、赵洪莉。

4月5日 天津市总工会工交工委在蓝天集团股份有限公司，召开了天津市工业系统职工素质工程现场推动会。市委工业工委副书记张环和市经委领导参加会议。市委常委、天津市总工会主席散襄军出席会议并做重要讲话。

4月6～13日 应韩国劳动组合总联盟仁川广域市本部的邀请，以天津市总工会副主席王连金为团长的天津市工会代表团一行六人赴韩国进行友好访问。

4月7～21日 应卢森堡工会的邀请，天津市总工会副主席李泮祥随中国工会代表团赴卢森堡进行工会业务考察。

4月9日 天津市总工会在天津市职工救助中心召开为下岗特困职工献岗位活动启动仪式。天津市总工会副主席刘凤山出席启动仪式。

4月11～16日 应日本NTT劳动组合兵库县支部的邀请，经天津市总工会常委会研究，同意以天津电信工会主席董苏敏为团长的天津电信工会代表团一行六人赴日进行友好访问。

4月15日 天津市总工会在机关二楼大会议室召开了以畅谈交流学习市第八次党代会精神为主要内容的天津市劳动模范座谈会。市委常委、天津市总工会主席散襄军出席会议并作了讲话。天津市总工会副主席张子鹏主持了会议。天津市总工会副主席王连金出席了会议。天津市总工会有关部门负责同志列席了会议。

4月17日 天津市总工会召开天津市工会领导干部会议，传达、学习、贯彻市八次党代会精神。市委常委、天津市总工会主席散襄军在会上传达了市八次党代会精神，并作市八次党代会精神的辅导报告。天津市总工会副主席张子鹏主持会议。

4月17～19日 天津市总工会召开天津市工运理论研究会年会暨工会领导干部研修班，会议传达贯彻了全国工会政研室主任会议精神，部署了全年重点调研课题，增替补了市工运理论研究会理事和常务理事，并通过了有关事项。市委常委、天津市总工会主席散襄军，天津市总工会副主席张子鹏出席了会议。

4月19日 天津市政府在天津市总工会二楼大会议室召开座谈会，市委副书记、市长李盛霖同志参加。会议内容：认真贯彻落实市委八次党代会的精神，认真学习深刻理解立昌同志八次党代会的报告，维护全市稳定。市委常委、天津市总工会主席散襄军，天津市总工会副主席刘凤山参加了座谈。市内六区、有关部委办和部分街道负责同志出席会议。

4月20～26日 应香港教育工作者联会和澳门中华教育会的邀请，以市教育工会副主席王家林同志为团长的天津市教育工会代表团一行九人赴港澳进行考察访问。

4月23日 天津市总工会组织全模11名（代替中华全国总工会接待）包括天津的范玉恕、邱汝舜两位全模，另组织天津市劳模20名参加中央电视台在天津港举办的庆祝“五一”劳动节“心连心”演出活动。市委常委、天津市总工会主席散襄军、天津市总工会副主席张子鹏、王连金参加了活动。

4月27日 天津市总工会召开劳模代表进京参加庆“五一”活动欢送仪式。天津市总工会副主席王连金到会并作了讲话。天津市进京的五名劳模代表是：赵淑珍、李庆宏、董奇平、马德起和史书芬。他们在4月28日—30日出席中共中央、国务院召开的庆祝“五一”国际劳动节大会、中华全国总工会召开的劳模座谈会等活动。

4月27日至5月6日 应古巴工人中央工会的邀请，天津市总工会副主席赵洪莉随中国工会代表团赴古巴进行友好访问并出席古巴“五一”庆祝活动。

4月26日 天津市总工会在中医学院第一附属医院新厦由天津市总工会、中医一附院共同举行了爱心医疗救助活动启动仪式。天津市总工会副主席刘凤山出席仪式并讲话。出席仪式的其他领导还有市教委副主任马建标、中医附院院长石学敏、市卫生局有关领导等。

4月28日 天津市总工会为了弘扬先进、崇尚先进、学赶先进，将天津市新中国成立以来健在的11位著名劳动模范的照片，制成大型彩色喷绘图片，悬挂在第二工人文化宫大剧场前厅内。天津市总工会副主席张子鹏、安亭洲、王连金及天津市总工会有关部门负责人参观了劳模图片。11位劳动模范是：单书、司宝通、张士珍、卢珊、年景林、孙汝泉、范玉恕、师春生、邱汝舜、顾月海、叶声华。天津市总工会邀市作家协会编辑出版了反映这11位著名劳模先进事迹的报告文字集。市委书记张立昌题写了书名——“津门楷模”，市人大常委会副主任潘义清为该书题词。

4月30日 天津市总工会在第二工人文化宫大剧场召开《天津市庆祝“五一”国际劳动节大会》。中共天津市委书记张立昌，市委副书记、市长李盛霖，常务副市长杨新成，市委常委、市委秘书长王文华，市委常委、天津市总工会主席散襄军，市人大常委会副主任潘义清，市政协副主席张好生出席了会议。天津市总工会副主席张子鹏、李泮祥、安亭洲、刘凤山、王连金，市委、市政府有关部委办负责同志，各区县局、总公司（集团）党政工负责同志，天津市总机关各部门负责同志，各行各业劳动模范和职工代表参加会议，共计1140人。

同日 天津市总工会在第二工人文化宫举办第21届天津市职工庆“五一”长跑活动，998名职工参加了长跑活动，市人大副主任潘义清出席活动。市委常委、天津市总工会主席散襄军及天津市总工会各位副主席参加了活动。

5月1日 天津市总工会在天津市第二工人文化宫举办天津市职工庆祝“五一”国际劳动节游园大联欢活动。市委常委、天津市总工会主席散襄军及天津市总工会副主席和万名职工群众参加联欢活动。

5月10日 天津市总工会、市委农工委、市农委主办，天津三千科技集团、职工之家宾馆协办的区县农林系统“三千杯”职工技能竞赛，在职工之家宾馆举行。来自18个区县和职工之家宾馆的近80名优秀选手参加了竞赛。北辰区、河北区、宁河县代表队荣获团体前3名。天津市总工会副主席张子鹏、李泮祥、王连金，市农委副主任王刚清，市委商工委、市烹饪协会负责同志，三千科技集团总经理周立和区县农林系统工会干部，共200余人光临大赛现场。

5月13～20日 应日本长野县生活协同组合连合会的邀请，以天津市总工会副主席安亭洲为团长的天津市工会代表团一行六人赴日本进行考察访问。

5月13～28日 应澳大利亚墨尔本市政府和新西兰惠灵顿市政府的邀请，以市委常委、天津市总工会主席散襄军为团长的天津市工会代表团一行十二人赴澳、新进行友好访问和工作交流。

5月15日 全国人大常委、原中华全国总工会副主席杨兴富在天津市总工会副主席张子鹏、李泮祥、赵洪莉陪同下到天津市困难职工救助中心检察指导工作，并听取了有关同志的汇报。

5月17日 天津市总工会与市安全生产监督管理局在职工之家联合召开《天津市“安康杯”竞赛活动总结表彰大会》。天津市总工会副主席王连金出席会议并代表天津市总工会和市安全生产监督管理局作了讲话。

5月21～28日 应日本兵库县教职员组合的邀请，以市教育工会主席秦砖为团长的天津市教育工会代表团一行十二人赴日进行友好访问。

5月21～29日 应天津市总工会的邀请，以越南海防市劳动联盟常委陶元孝为团长的越南海防市劳动联盟代表团一行11人到津进行友好访问。天津市总工会副主席张子鹏会见并宴请了代表团全体成员。

5月23日 天津市物价局、市质量技术监督局、市商委、天津市总工会、市消费者协会在津汇广场联合召开了天津市第四届“价格、计量信得过”单位评选活动新闻发布会。天津市总工会副主席张子鹏出席会议。

5月28～31日 天津市劳动和社会保障局、天津市总工会在静海举办“企业工资集体协商培训班”。各区、县、局（总公司）及所属的试点企业的劳动部门和工会负责同志参加了培训。

5月30日 天津市规划建设工委、市建委、天津市总工会城建工委在天津宾馆中礼堂联合召开了天津市规划建设系统“窗口”建设工作会议。天津市总工会副主席安亭洲出席会议并宣读了对2001年度“窗口”建设先进集体、先进个人的表彰决定。市委教委工委、市教委、市教育工会联合下发了《关于对校务公开工作进行检查的通知》（津党教〔2002〕57号）的文件，对高校和普教系统的校务公开工作进行检查。由市委教卫工委、市教委、市教卫纪工委、市教育工会联合组成检查组分别深入到11所高校、9个区县进行校务公开工作检查，市委教卫工委副书记杨希禄、天津市总工会副主席赵洪莉参加了检查工作。

6月4～5日 应中国能源化学工会的邀请，日本橡胶工会联合会代表团一行十三人抵津参观访问。天津市总工会副主席赵洪莉会见并宴请了代表团。

6月10日 天津市总工会与市委交工委、市交委共同召开天津市交通邮电系统职工素质工程交流推动会。天津市总工会副主席王连金，市交委副主任戚荣林，市委交通口岸工委书记刘明哲到会并讲话。

6月13日 天津市厂务公开民主管理领导小组在大港宾馆召开“天津市非公有制企业厂务公开民主管理工作推动会议”。市委常委、天津市总工会主席散襄军出席会议并讲话。市纪委、天津市总工会、市委组织部、市委工业工委、市劳动和社会保障局、市工商联、市工商局有关领导出席会议。

6月13～15日 由中华全国总工会书记处书记纪明波带队的“国家安全生产万里行”到天津市开展检查活动，天津市总工会副主席王连金陪同参加了迎检工作。

6月13～17日 天津市总工会承办了2002年度华北地区经审工作交流会。参加会议的有全国总工会经审会领导，河北省、山西省、内蒙古自治区、北京市总工会经审会、经审办负责人和基层工会经审会人员。会议以探讨新形势下工会经审工作的新情况、新招法为主题，交流了工作经验，达到了预期的效果。

6月14日 天津市总工会与市劳动和社会保障局、市财政局、市卫生局、市经委等政府有关部门召开第三次联席会议。会议由天津市总工会副主席张子鹏主持，市劳动和社会保障局副局长李秋华、市经委副主任齐茂忠出席会议。

6月14～16日 华北地区工会经审工作交流会在天津市召开。中华全国总工会经审委副主任于心怀出席会议并讲话。天津市总工会副主席张子鹏出席了开幕式并致欢迎词。

6月17～18日 中共天津市委常委、天津市总工会主席散襄军同志、天津市总工会副主席安亭洲与天津市总工会有关部门和天津市总工会劳福事业单位的领导一行五人到上海市总工会进行了考察。

6月20日 中共天津市委常委、天津市总工会主席散襄军带领天津市总工会有关部门深入市政工程局施工工地调研，并慰问战斗在重点工程第一线的市政广大职工。天津市总工会副主席安亭洲和办公室、研究室、城建工委负责人随同调研和慰问。

6月23日 天津市总工会、天津工人报社在天津市总工会津工职介中心共同举办了百家企业向下岗职工献爱心送岗位系列活动首场免费招聘会。张子鹏副主席主持会议，市委常委、天津市总工会主席散襄军做重要讲话。

同日 天津市职工救助中心在劝业华联电器有限公司举行100名特困职工子女助学捐款5万元，向500户特困职工家庭赠送生活用品及百万让利大行动。参加此次活动的有市委常委、天津市总工会主席散襄军，天津市总工会副主席张子鹏、安亭洲。

6月25日 天津市总工会在职工之家召开基层工会工作经验交流会。市委常委、天津市总工会主席散襄军出席会议并作了重要讲话。各区县局总公司工会负责人等200人参加了会议。

6 月 28 日 天津市总工会在职工之家召开庆祝建党 81 周年表彰大会。市委常委、天津市总工会主席散襄军出席并讲话。参加表彰会的还有天津市总工会副主席、常委及机关、劳福事业干部。

6 月 29 日 天津市职工庆七一文艺联欢会在第二工人文化宫大剧场召开。市委常委、天津市总工会主席散襄军，市交委、市城建工委、市科工委、教工委、金融工委、商工委的有关领导及天津市总工会副主席、常委与一千多名职工联欢。

7 月 5 日 中共天津市委商业工委、市商委、天津市总工会以津党商〔2002〕49 号文件，印发了《关于建立健全职工董事、职工监事制度的试行意见》，对商口公司制企业建立健全职工董事、职工监事制度的工作，从五个方面进行规范，从体制和机制上维护职工的合法权益提供了政策依据。

7 月 6 ~ 13 日 应日本工会总联合会等单位的邀请，天津市总工会法律部副部长王金声等 3 人随中国工会基层干部和劳模代表团赴日参加中日两国工会庆祝中日邦交正常化三十周年友好交流活动。

7 月 9 日 天津市总工会在第二工人文化宫宾士球馆举办天津市职工保龄球大赛活动，24 个系统 120 名职工参加。通过比赛，开发区等 6 个单位为优胜者，张子鹏副主席为比赛开球。

7 月 7 ~ 20 日 应日本日中技能者交流中心的邀请，天津市总工会消费合作总社派 2 人随中华全国总工会团组赴日进行综合物流行业业务交流活动。

7 月 11 ~ 17 日 在中共天津市委常委、天津市总工会主席散襄军的带动下，天津市总工会十位副主席、常委分别分 10 路慰问了天津军粮城发电厂等 21 家企业的高温和室外作业的职工。

7 月 17 ~ 24 日 应日本川泷株式会社的邀请，天津市总工会赴日考察团一行十二人赴日进行工作考察。

7 月 22 日 天津市总工会召开天津市职工计算机技能培训一期结业，二期开班仪式（班组长示范班），天津市总工会副主席张子鹏作总结报告，市委常委、天津市总工会主席散襄军出席并讲话。

同日 中共天津市委规划建设工委、市建委、天津市总工会城建工委联合对规划建设系统建工软件大厦工地、建材玻纤总厂平织车间、市政海河大桥工地进行了暑期慰问并送去慰问品。天津市总工会副主席安亭洲同志参加了慰问。

7 月 24 日 天津市总工会在天津宾馆中剧场召开区县局工会领导干部会，天津市总工会主席、常委出席会议。市委常委、天津市总工会主席散襄军作重要讲话。

7 月 25 ~ 30 日 天津市总工会、市物价局、市工商局组成的落实再就业优惠政策抽查组第三小组对武清区、河北区、塑料集团、红桥区的再就业政策落实情况开展了检查。天津市总工会副主席张子鹏带队检查了河北区、塑料集团。

7 月 26 日 天津市总工会、市对外经济贸易委员会、市劳动和社会保障局、市工商局、市工商联、市企业家协会联合签发津工发〔2002〕10号《关于在非公有制企业推行职工民主管理的试行办法》。

8月2日 天津市总工会党组研究决定，在第一工人文化宫、第二工人文化宫、工人报社三个单位11个职位实行领导干部竞争上岗。

8月4日 市政一分公司海河大桥工程部与浙江台州路桥公司劳务队在丹拉高速公路海河大桥工程项目部签订了全国第一份外来工集体合同。这次签订的集体合同涉及外来工劳动安全、卫生、职业培训、生活福利等内容，全国海员工会副主席李全良，天津市总工会副主席安亭洲到会并讲话。

8月5日 天津市副市长孙海麟率体育局领导现场办公，对正在施工建设的第二工人文化宫职工体育健身中心进行调研，中共天津市委常委、天津市总工会主席散襄军代表市工会和全市职工，对体育局利用体育彩票资助职工体育健身中心建设表示欢迎和感谢。

8月6日 天津市总工会城建工委与市委规划建设工委、市建委有关部门在职工之家召开了第十七次工作联席会议。会议由天津市总工会副主席安亭洲同志主持。市委规划建设工委副书记郑建民、市建委副主任郭俊杰同志参加了会议。会上，天津市总工会城建工委主任张怀义同志通报了十六次党政工联席会议确定的重点工作完成情况，研究确定了下半年合力推动的重点工作。

8月21日 天津市总工会主席散襄军在直属劳福事业领导干部会上做重要讲话。

同日 天津市劳模协会工交分会成立。天津市总工会副主席王连金和市委交通工委书记刘明哲、市委工业工委领导参加会。

8月22日 由天津市总工会主办、第二工人文化宫承办的“天津市第二届职工文化艺术节职工京剧大赛”经过复赛、决赛圆满结束，并在职工之家四楼多功能厅举行了颁奖及汇报演出活动，共评出特佳名票3人，十佳名票10人，十佳票友10人，优秀票友8人。天津市总工会副主席张子鹏、安亭洲出席了闭幕活动。

8月23～25日 应中华全国总工会邀请，由全印度工会大会、印度工会中心、印度全国工大组成的三人联合代表团抵天津市参观访问。天津市总工会副主席李泮祥会见并宴请代表团。

8月20日至9月24日 根据中共天津市委《天津市总工会机关机构改革方案》的精神，天津市总工会党组于2002年8月20日开始进行天津市总工会机关机构改革，经过学习动员、人员分流、处级领导干部竞争上岗、部门工作人员双向选择等阶段，于2002年9月24日机关机构改革工作基本结束。天津市总工会机关机构改革方案确定天津市总机关内设21个部门，行政编制163名，工勤编制15名。

8月30日至9月4日 应天津市总工会的邀请，以日本联合三泗地域协议会议长刘滕逸美为团长的出席纪念中国邦交正常化三十周年、中日地方工会友好联谊活动的日本三泗地区劳中心代表团一行三人抵天津、北京、西安进行友好交流活动。天津市总工会副主席张子鹏会见并宴请了代表团，全体副主席出席了会见。

9月3日 应中国海员工会和中国职工对外交流中心的邀请，台湾中华海员总工会代表团一行十人抵天津市参观了天津港和文化街。

9月9～12日 天津市总工会办公室召开了由天津市总工会各工委、各局、总公司工会参加的统计工作会议，传达了中华全国总工会统计工作会议精神，部署了全市工会组织基本状况普查任务。

9月10～21日 应德国符腾堡地区工会联合会的邀请，天津市工会干部代表团一行9人应邀赴德国进行为期十二天的考察访问。

9月14日 应中国职工对外交流中心的邀请，美国陶瓷、音乐、版画艺术访华团一行14人抵天津市参观访问。

9月17日 天津市总工会在职工之家召开学习、宣传、贯彻《天津市实施〈中华人民共和国工会法〉办法》会议，天津市总工会副主席张子鹏、刘凤山出席了会议。各区县局、总公司（集团）工会、机关各部门、直属劳福事业单位负责人以及基层工会代表和劳动模范代表等100余人参加了会议。《天津市实施〈中华人民共和国工会法〉办法》已由天津市第十三届人民代表大会常务委员会第三十五次会议于2002年9月5日通过，自2002年11月1日起施行。

同日 在天津宾馆三楼会议厅召开“天津市贯彻‘两办通知’精神深化厂务公开民主管理工作暨表彰会”。全国总工会副主席、全国厂务公开协调小组副组长倪豪梅、全国厂务公开协调小组办公室副主任常木昌、中纪委党风廉政室副主任赵建明等领导专程到津出席会议，倪豪梅代表全国厂务公开协调小组作了重要讲话。市委副书记、市纪委书记、市厂务公开领导小组组长刘峰岩出席会议并讲话。市委常委、天津市总工会主席散襄军，市委常委、市委组织部部长、市厂务公开领导小组副组长史莲喜及市厂务公开领导小组成员单位的有关领导出席会议。

9月17～24日 应日本中协力促进会的邀请，天津工会基层工会干部代表团一行11人应邀赴日本进行交流访问。

9月20日 天津市总工会经济保护部在狗不理大酒楼召开了天津市劳模厂长经理联谊会成立大会，市委常委、天津市总工会主席散襄军作了书面讲话，天津市总工会副主席王连金主持了会议。20余名全市各行各业的劳模厂长与经理代表出席了会议。

9月21日 在原历史博物馆院内，天津市津工集团正式成立并举行揭牌仪式。市委常委、天津市总工会主席散襄军出席揭牌仪式并讲话，中华全国总工会副主席、党组副书记、书记处书记孙宝树和市人大常委会副主任潘义清为津工集团揭牌。

同日 天津市消费合作总社第100店在东丽区无暇镇开业，市委常委、天津市总工会主席散襄军为第100店剪彩。

9月24日 天津市总工会在自来水集团新开河水厂举行“天津市职工新世纪、新挑战、新形象演讲决赛”，经过激烈角逐，塘沽区金元宝商厦职工陈茹获得演讲比赛一等奖。天津市总工会副主席张子鹏及市委宣传部和自来水集团的领导出席并为获奖选手颁奖。

9月25日 天津市总工会主办、第一工人文化宫和歌德广告有限公司承办的作为天津市第二届职工文化艺术节系列活动之一的“新世界广场杯”歌手大赛颁奖及汇报演出在新世界广场举行。天津市总工会副主席、天津市总工会宣教部、第一工人文化宫主要领导及歌德广告有限公司为获奖歌手颁奖。

9月26日 天津市总工会生活保障部在天津市第一工人文化宫宾馆召开了天津市工会再就业工作会议，天津市总工会副主席张子鹏主持会议，并传达了市再就业工作会议精神，天津市总工会副主席刘凤山同志做了工作报告。天津市总工会副主席王连金、天津市总工会常委张和凯、张仁海、杨东来同志出席了会议。各区县局分管再就业工作的工会领导同志或工会干部及天津市总工会机关各部门负责人100余人参加了会议。

9月28日 天津市总工会女工部参加了由市妇儿工委、市妇联等单位联合主办的纪念《中华人民共和国妇女权益保障法》颁布施行十周年的大型宣传咨询活动，展示了十年来各级工会女职工委员会全面贯彻妇女法的工作成果。天津市总工会副主席王连金出席活动。

10月5～17日 应澳大利亚墨尔本政府和墨尔本皇家理工学院的邀请，以天津市总工会副主席张子鹏为团长的工会考察团一行六人赴澳考察访问。

10月14日 天津市总机关在职工之家召开机关离退休干部庆祝老年节座谈会，李泮祥副主席出席并讲话。机关党委、组织部、办公室、工会的负责人到会，机关离退休干部近百人参加了座谈会。会后，天津市总工会机关向机关每位离退休干部赠送了纪念品。

10月16日 中华全国总工会在北京召开了全国工会经审工作电视电话会议。天津市总工会领导、部分区县局、总公司（集团）工会主席和经审委负责人、机关各部门和津工集团直属劳福事业单位的负责人，共计150余人参加了天津分会场会议。

10月16～18日 应中华全国总工会邀请，以哈萨克斯坦工会联合会主席西雅兹别克·穆加舍夫为团长的哈工联代表团一行10人抵津参观访问。天津市总工会副主席李泮祥会见并宴请了代表团。

10月18日 天津市总工会副主席李泮祥、安亭洲、王连金带队，城建工委、经保部、宣传部、研究室负责人参加，到二建公司就职工技术创新及职工素质工程实施情况进行调研。

同日 天津市总工会副主席刘凤山出席全市各区县局、总公司（集团）工会负责法律工作干部参加的学习、宣传、贯彻《天津市实施工会法办法》培训班并讲话。

10月21～23日 天津市第二届职工文化艺术节“港务局杯”健身交谊舞大赛、“绞股蓝杯”舞蹈大赛经过初赛、复赛、半决赛等阶段的比赛后，在职工之家和静海县举行了决赛及颁奖闭幕仪式。天津市总工会常务副主席张子鹏出席并为两项大赛的获奖者颁发了荣誉证书和奖杯。经层层选拔，共有来自35个区县局、总公司的400余名优秀职工选手参加了全市的决赛。

10月22～24日 天津市总工会副主席王连金到工业系统第六次工人技术比赛的纺织、化工、金跃等行业赛区，对比赛进行现场指导。

10月26日 天津市总工会副主席安亭洲在第二工人文化宫参加了第六届天津工人环卫节，并代表工、青、妇致辞。

10月28日 应韩国京红港运劳动组合和日本日中协力促进会的邀请，天津市工会代表团一行11人访问了韩、日。应日本NTT（日本电报电话公司）劳动组合福冈县支部的邀请，以天津市总工会副主席赵洪莉为团长的天津市总工会代表团一行6人访问日本。

10月30日 天津市总工会在职工之家召开了“天津市总工会女职工委员会三届一次会议”，会议推举产生了天津市总工会第三届女职工委员会，天津市总工会副主席、天津市总工会第三届女职工委员会主任王连金作了题为“团结奋斗，开拓进取，努力推进全市工会女职工工作再上新水平”的工作报告，天津市总工会副主席张子鹏到会作重要讲话，市妇联主席王之球出席会议并讲话。

10月23日至11月5日 天津市总工会领导班子成员带队，分九路深入基层调研基层以上工会及基层工会开展“弘扬危改精深，加快天津发展”大讨论及稳定工作情况。

11月11日 天津市协调劳动关系三方会议第四次会议在职工之家召开，市劳动和社会保障局副局长王元、刁九健，市经委副主任齐茂忠，天津市总工会副主席刘凤山、赵洪莉，市企业联合会、企业家协会副会长刘正华及三方会议单位有关部门的负责人出席，天津市总工会副主席赵洪莉主持会议。

11月20日 天津市总工会主席散襄军在职工之家主持召开了天津市总工会机关及津工集团全体干部大会，传达学习贯彻党的十六大和市委八届二次全会精神以及张立昌的重要讲话。会上，散襄军就深入学习贯彻落实党的十六大和市委八届二次全会精神，向各级工会提出四项要求：一是深入学习党的十六大精神，把思想和认识统一到十六大精神上来。各级工会一定要认真学习、深刻领会，真正做到入耳、入脑、入心，全面准确地把握十六大的精神实质。二是加大宣传力度，把党的十六大精神贯彻到职工群众中去，使十六大精神家喻户晓、深入人心。三是紧密联系实际，推动工会工作进一步发展。四是切实加强对学习贯彻十六大精神工作的领导，把学习贯彻十六大精神不断引向深入。紧密联系天津市的实际，把学习十六大精神同深入开展“弘扬危改精神加快天津发展”大讨论结合起来，坚定广大干部职工加快天津发展的信心。天津市总工会机关党委在机关党员干部中下发了《关于开展学习贯彻党的十六大精神的意见》，要求各支部在学习中突出三个结合，即个人自学与部门集中学习相结合。除周一部务会学习外，每周增加一个专题学习日，并将学习情况记入《党支部工作手册》；分散学习与集中学习相结合，举办读书班；理论学习与提合建相结合。

11月21日 天津市总工会在津南区宝成宾馆，召开2002年度工会预（决）算暨财务检查工作会议。各区县局工会财务主管参加了会议。会议部署了工会预（决）算编制工作、工会财务检查工作；学习贯彻了工会法及《天津市实施工会法办法》。

天津市总工会副主席张子鹏出席并作重要讲话，要求各单位结合新工会法及《天津市实施工会法办法》的宣传贯彻，积极主动抓好年终经费催缴工作。提前采取措施，集中精力，作一次全会动员，进行年终冲刺。尤其加大源头催缴力度，将能收缴的经费最大限度的及时收缴入库。为增强工会整体经济实力和综合服务能力发挥应有的作用。

11 月 22 日 应中国职工对外交流中心的邀请，日本中央劳福协访华团一行 5 人抵天津市参观访问。天津市总工会副主席安亭洲、赵洪莉会见了代表团。

11 月 27 ~ 28 日 天津市总机关党委在机关党员干部中举办“十六大报告学习读书班”。通过学习、辅导、专题交流，结合危改讨论，纵论天津经济的跨越式发展和工会工作创新。谈认识、找差距、定措施、拿招法，规划支部工作、部门建设和个人发展，共提出合建近 80 余条。

11 月 28 ~ 29 日 天津市总工会宣教部在职工经济技术大学，举办了天津市职工第二届计算机知识普及应用比赛，在各级工会层层组织培训、比赛的基础上，来自全市各条战线的 169 名职工参加了市级比赛。

11 月 30 日 应天津市总工会、消费合作社的邀请，日本长野县生活协同组合联合会代表团一行 9 人抵京、津、沪参观访问。天津市总工会副主席安亭洲、赵洪莉分别会见了代表团。

11 月 30 日至 12 月 4 日 应天津市总工会、消费合作社的邀请，日本长野县生活协同组合连合会代表团一行 9 人抵京、津、沪参观访问。天津市总工会副主席安亭洲、赵洪莉分别会见了代表团。

12 月 8 日 津工集团举行津工体育健身中心落成典礼仪式，市委常委、天津市总工会主席散襄军出席落成典礼仪式。

同日 天津市总工会举行天津市总工会再就业指导服务中心成立暨华燊燃气捐赠仪式。华燊燃气董事长沈家燊向中心捐赠 100 万元。散襄军主席向华燊燃气颁发荣誉证书。

12 月 12 ~ 23 日 应瑞典、丹麦五金工会的邀请，天津市总工会办公室主任张和凯同志随中国工会劳动关系考察团赴瑞典、丹麦进行劳动关系考察任务。

12 月 13 ~ 25 日 应台湾省中华联合会的邀请，天津市总工会副主席刘凤山率天津市工会代表团一行 12 人赴台访问交流。

12 月 18 日 天津市总工会消费合作社、市供销社、二商集团在普济道津工超市第一物流中心举行了合作签字仪式，市委常委、天津市总工会主席散襄军出席了签字仪式并讲话。

12 月 21 日 天津市总工会、市体育局、今晚报社共同主办、河西区总工会承办的“瀚金佰”杯第二十二届万名棋手大赛新闻发布会在瀚金佰大酒楼召开。市委常委、天津市总工会主席散襄军、市人大常委会副主任潘义清、老领导吴振及有关方面的负责人和天津市新闻单位的负责人和记者参加了新闻发布会。

12 月 25 日 天津市总工会举行 2003 年元旦春节送温暖活动启动仪式。市委办公厅副秘书长滕锦然参加仪式。天津市总工会主席散襄军、副主席张子鹏、刘凤山到场。

同日 天津市总工会副主席张子鹏出席天津开发区保税区工会联合会的困难职工救助中心、

职工再就业指导服务中心成立和工会联合会网站、职工素质图书室启动仪式。同时，开发区、保税区向市困难职工救助中心捐款100万元。开发区保税区工会联合会主席孙胜，开发区管委会副主任倪祥玉出席活动仪式。

12月27日　天津市总工会召开常委扩大会议，传达贯彻市委八届三次全会精神。中共天津市委常委、天津市总工会主席散襄军出席会议并讲话。会议由天津市总工会副主席李泮祥主持，天津市总工会副主席安亭洲、刘凤山、王连金等领导同志出席，天津市总工会机关各部门处级以上负责人，津工集团直属单位领导班子成员参加了会议。

12月30日　天津市总工会在消费合作社第一物流中心举行2003年元旦春节"两节"送温暖活动启动仪式。市委常委、天津市总工会主席散襄军出席了启动仪式，并向特困职工发放了米、面、油等生活用品，同时启动了多元消费配送专车。市委办公厅副秘书长藤锦然，天津市总工会副主席张子鹏、刘凤山出席了启动仪式。

2003年

1月1日　天津市总工会与今晚报社联合举行"今晚津工电话超市开通仪式暨新闻发布会"。中共天津市委常委、天津市总工会主席散襄军出席活动仪式，天津市总工会副主席安亭洲，今晚报社社长王全来，总编辑贾长华，市商委副主任彭三等有关方面领导出席了活动。

1月3日　宁河县困难职工救助中心成立。中共天津市委常委、天津市总工会主席散襄军出席仪式并为救助中心揭牌。天津市总工会副主席刘凤山出席活动并讲话。这是继天津市开发区保税区工会联合会建立起困难职工救助中心之后的第二家分中心。

1月6～7日　天津市总工会第十四届三次全委（扩大）会议在职工之家召开。市委常委、天津市总工会主席散襄军出席会议并讲话。这次会议的主要任务是，以邓小平理论和"三个代表"重要思想为指导，深入学习党的十六大精神，全面贯彻落实市委八届三次全会和中华全国总工会十三届五次执委会做出的各项部署，动员全市各级工会和广大职工，树立更高标准，焕发创造活力，争做一流贡献，为开创天津现代化建设的新局面建功立业。

1月10日　"瀚金佰杯"天津市职工第二十二届万名棋手大赛在河西区工人俱乐部圆满结束。天津市总工会副主席张子鹏、河西区委副书记张立、河西区总工会主席张炳素等领导向获奖棋手颁奖。

同日　天津市总工会在第一工人文化宫宾馆举行了"天津四达石化公司向劳模捐助仪式"。中共天津市委常委、天津市总工会主席散襄军出席捐助仪式并讲话。天津市总工会副主席王连金主持了仪式，天津四达石化公司经理王贵文代表公司向市劳模协会捐赠20万元。我市11位著名劳动模范和部分困难劳模代表参加了活动。

1月11日　天津市评模领导小组在中共天津市委会议室召开第一次会议。市委常委、天津市总工会主席、市评模领导小组副组长散襄军主持了会议。天津市总工会副主席、市评模领导小组成员、市评模办公室主任王连金和市委、市政府有关部委办局负责同志出席了会议。会议研究并部署了 2002 年度市级劳动模范和模范集体的评选工作。

1 月 13 日 天津市总工会女职工委员会三届三次全委（扩大）会议在职工之家召开。天津市总工会副主席王连金出席会议并讲话。会上，部署了 2003 年天津市女职工工作任务。

1 月 14 日 天津市总工会财贸工委与商业两委在第二工人文化宫会馆中心召开了商口第十五届党、政、工联席会议。天津市总工会副主席安亭洲出席会议并讲话。市委商工委副书记崔镇锡、市商委副主任彭三等出席会议。会上，天津市总工会财贸工委负责人汇报了 2002 年确定的重点工作完成情况。与会各方对 2003 年党政工共同推动的重点工作达成共识。

1 月 15 日 天津市总工会在第一工人文化宫宾馆召开“天津市评模工作会议”。天津市总工会副主席王连金出席会议并讲话。天津市总工会经保部、天津市总工会各工委负责同志和区县局、总公司（集团）评模办主任及主管干部参加了会议。会议部署了 2002 年度市级劳动模范和模范集体的评选工作。

1 月 16 ~ 17 日 天津市总工会城建工委在宝成宾馆召开了天津市工运理论研究会城建分会 2002 年度成果发布会。天津市总工会副主席安亭洲到会并讲话。会上，评选出一等奖 3 个、二等奖 6 个、三等奖 10 个，并予以表彰。

1 月 20 ~ 30 日 中共天津市委常委、天津市总工会主席散襄军，天津市总工会副主席张子鹏、李泮祥、安亭洲、刘凤山、王连金、赵洪莉等领导同志分 9 路，到 112 户天津市总工会机关离、退休干部及离休干部遗孀家中走访慰问。向他们致以新春问候，并送去慰问品。

1 月 21 日 天津和平区困难职工救助中心成立。市委常委、天津市总工会主席散襄军出席并为中心成立揭牌。天津市总工会副主席李泮祥、刘凤山出席了和平区困难职工救助中心成立仪式。这是继天津市开发区保税区工会、宁河县工会之后成立的第三家困难职工救助中心分中心。

1 月 22 日 在市困难职工救助中心成立一周年之际，天津市总工会与各帮扶单位共同召开“共建帮扶特困职工长效机制连心会”。天津市总工会副主席刘凤山出席“连心”会。一些获得救助的困难职工眼含热泪倾诉衷肠，表达感激之情。部分得到白内障复明手术医疗救助的特困劳模和职工代表还在会前游览了津城新貌。

1 月 24 日 天津市总工会城建工委联合市委规划建设工委、市建委对规划建设系统工会劳动模范和 3 名特困职工进行了慰问并送去慰问金。天津市总工会副主席安亭洲、市委规划建设工委副书记郑建民、市建委副主任郭俊杰及有关部门负责人参加了慰问。

同日 天津市总工会城建工委与市委规划建设工委、市建委在第一工人文化宫宾馆召开了第十八次党、政、工联席会议。会议由市委规划建设工委副书记郑建民主持。天津市总工会副主席安亭洲、市建委副主任郭俊杰到会并讲话。会上，天津市总工会城建工委负责同志通报了第十七次党政工联席会议确定的重点工作完成情况，与会各方对党、政、工合力推动的重点工作达成共识。

1 月 27 日 天津市劳动模范迎新春座谈会在职工之家举行。中共中央政治局委员、市委书记张立昌出席了会议，代表市委、市人大常委会、市政府、市政协，向辛勤工作在各条战线的劳动模范和广大职工致以崇高的敬意和新春的问候。市委副书记、市长戴相龙，市委副书记、市人大常委会主任房凤友，市委常委、市委秘书长王文华，市委常委、天津市总工会主席散襄军，市人大常委会副主任邢军，市政协副主席卢金发，市政府秘书长何荣林，市人大常委会秘书长乔富源等领导同志出席了会议。散襄军主持了会议。天津市总工会副主席张子鹏、李泮祥、安亭洲、刘凤山、王连金、赵洪莉和天津市各界劳动模范代表200多人参加了会议。

同日 中华全国总工会副主席李奇生率领中华全国总工会送温暖慰问团来到天津，深入到棉纺四厂等困难企业和庞玉淑、张秀娥等困难劳动模范、困难职工家庭，及天津市职工联合服务中心慰问。中共天津市委常委、天津市总工会主席散襄军，天津市总工会副主席张子鹏、刘凤山等陪同慰问。李奇生对天津市工会构筑帮扶困难职工第三道防线、建立和完善送温暖长效机制给予了充分肯定。

2月1日 中共天津市委常委、天津市总工会主席散襄军慰问了津工集团节日仍工作在一线的职工，其中包括津工大酒店、消费合作社一店、市困难职工救助中心、天津工人报社等单位。向工作在一线的职工同志们拜年。

2月20日 中共天津市委宣传部、市文明办、市委商业工委、市商委、天津市总工会、团市委等部门在滨江购物中心举办了2003年天津商业创服务名牌、商品名牌、企业名牌的启动仪式。商业系统各企业代表在创建企业主题标志牌上签名，并表示以此为契机，加强职业道德建设，提高服务水平。市委宣传部副部长张炳成参加会议并讲话，市委商业工委副书记崔镇锡、市商委副主任卞瑞明、天津市总工会副主席安亭洲等参加会议。

2月28日 天津市工运理论研究会财贸分会在外贸轻工进出口公司召开市工运理论研究会财贸分会年会。会议通过了市理论研究会财贸分会理事替补名单；宣读了2002年论文获奖名单，部署2003年财贸分会重点调研课题，交流了一等奖优秀论文，就财贸工委2003年重点工作进行沟通。天津市总工会副主席安亭洲参加会议并讲话。

同日 天津市经委、天津市总工会、市劳动和社会保障局、团市委等四个单位联合召开天津市第六次工人技术比赛总结表彰会。会上表彰了在工人技术大赛中的先进个人集体。中共天津市委常委、天津市总工会主席散襄军出席会议并作了重要讲话，天津市总工会副主席张子鹏、王连金参加了会议。

3月4日 天津市总工会、市劳动与社会保障局、市经委、市企业家联合会联合召开“天津市工资集体协商工作推动会议”。和平区劳动与社会保障局、市对外经济贸易工会、文光集团有限公司、建工集团机电设备安装公司分别在会上作了发言。天津市劳动与社会保障局局长唐延芹同志对全市工资集体协商工作进行了总结和部署，市委常委、天津市总工会主席散襄军出席会议并作重要讲话。各区县局分管劳动工作和工会工作的负责同志及劳动与社会保障局局长和工会主席参加了会议。

3月5日 为纪念“三八”国际劳动妇女节93周年，天津市总工会女职工委员会在天津市总工会职工联合服务中心会议厅召开了以“加快天津发展，巾帼建功立业”为主题的庆“三八”座谈会，会议由天津市总工会副主席、市女职工委员会主任王连金主持，市委常委、天津市总工会主席散襄军出席会议并作重要讲话。会议对李会芝等18个2002年度全国先进女职工个人、集体和文明家庭进行了表彰。

3月7日 天津市总工会十四届经费审查委员会第七次全体会议在职工之家召开。全会审查了天津市总工会本级2002年度工会经费收支结算和2003年度经费收支预算（草案）。会议原则通过上年度结算和本年度预算（草案）。

3月6～13日 应日本兵库县教职员组合和韩国劳动联合总联盟仁川广域市本部的邀请，天津市总工会副主席赵洪莉等2人赴日、韩进行友好访问。

3月13日 津工集团在第一工人文化宫三楼会议厅召开了天津市津工集团2003年工作会议。出席会议的有市委常委、天津市总工会主席、天津市津工集团董事长散襄军，天津市总工会副主席、天津市津工集团副董事长、津工集团总裁安亭洲，天津市总工会副主席、天津市津工集团副董事长刘风山、王连金，天津市总工会办公室、组织部、财务部、宣教部、研究室、经审委、机关党委、机关工会主要负责人以及津工集团各直属单位领导班子全体成员、受表彰的先进个人和先进集体代表共计130人。刘风山主持会议，王连金宣读表彰决定，安亭洲做题目为“抢抓机遇乘势而上实现工会劳福事业的更大发展”的集团工作报告，散襄军主席在会议最后做了重要讲话。

3月20日 天津市工人运动理论研究会第二次会员代表大会暨工会调研工作会议在职工之家宾馆召开。市委常委、天津市总工会主席、市工运理论研究会名誉会长散襄军在会上作了重要讲话。会议听取了天津市总工会副主席、市工运理论研究会会长李泮祥作的《工作报告》，总结了五年来工运理论研究工作的主要成果和基本经验，部署了今后五年工运理论研究工作的主要任务及2003年度重点调研课题，表决通过了《关于修改〈天津市工人运动理论研究会章程〉的决议》，选举产生了天津市工人运动理论研究会第二届理事会和领导机构，表彰了纺织集团等20家工运理论研究先进分会和169篇优秀调研成果。天津市总工会副主席张子鹏、安亭洲、刘风山、王连金、赵洪莉，天津市总工会和市委研究室、市政府研究室、市社联等有关部门负责人，各区、县、局、集团（总公司）工会主要领导以及部分大中型企业工会主席等300多人出席了会议。

3月24～28日 中共天津市委教卫工委、市教委、市教育工会联合组成检查推动组，先后对南开大学、美术学院、中医学院等十所院校的校务公开工作进行检查，市委教卫工委副书记杨希禄、市教卫纪工委书记郑新建、天津市总工会副主席赵洪莉等领导参加了检查工作，并对高校校务公开工作做出了重要指示。

3月26日 天津市总工会2003年保障工作会议在职工之家宾馆召开。会议对过去一年全市工会保障工作做了简要回顾和总结，分析了保障工作面临的形势，对工会保障工作进行了部署，各区县局、总公司（集团）工会分管主席及保障干部参加会议。市委常委、天津市总工会主席散襄军同志出席会议，并做重要讲话。参加会议的还有天津市总工会副主席安亭州、刘凤山、王连金、赵洪莉。

3月27～28日 应中华全国总工会的邀请，以瑞典职员总工会副主席、瑞典职员五金工会主席玛利。克伦茨为团长的瑞典工会代表团一行三人抵天津市参观访问。天津市总工会副主席赵洪莉会见并宴请了代表团。

4月7日 中共中央政治局委员、市委书记张立昌对天津市退管服务工作给予了高度评价。他在批示中说："退管会做了大量很有成效的工作，受到了广大职工的赞扬，值得表扬。离退休职工人数越来越多，他们需要关心，也有一些具体问题需要解决，我们要尽最大的可能帮助他们，关心他们，千方百计提高他们的生活水平"。

4月8日 天津市总工会召开天津市评模领导小组第二次会议，审议通过了2002年度市级劳动模范和模范集体的评选结果。市委常委、天津市总工会主席、市评模领导小组副组长散襄军主持了会议，天津市总工会副主席、市评模领导小组成员、市评模办公室主任王连金汇报了三个多月来的评模工作情况。

同日 天津市首次评选86名职工艺术家。经过个人申报、基层推荐、专家评审、评委会综和评定、天津市总工会常委会审定，评选出音乐、舞蹈、美术、文学等八个项类的86名职工艺术家，并授予"十五"立功称号，在第一工人文化宫举办了天津市职工优秀艺术成果展。

同日 天津市总工会在第一工人文化宫举行了天津市职工文化协会、天津市职工体育协会成立大会。天津市总工会主席散襄军出席大会并作重要讲话，同时，成立了10个职工文化专项协会和11个职工体育专项协会。

4月10日 天津市总工会在天津卷烟厂召开天津市职工素质工程现场推动会，会上，向第二届职工计算机大赛获奖选手颁发了由国家劳动和社会保障部印制的计算机操作员高级资格证书，播放了2002年全市职工素质工程成果录像专题片，卷烟厂介绍了一组经验，部署下发了2003年全市实施职工素质工程意见及相关文件和计划安排。散襄军主席出席会议。中华全国总工会副主席、书记处书记李奇生率中华全国总工会宣教部部长、处长等六位同志专程到津出席会议，李奇生在讲话中对天津实施职工素质工程取得的成果给予充分肯定和高度评价。参加大会还有14个委办局有关领导，各区县局、总公司（集团）党政领导和工会主席近300人。

4月11日 中共天津市委召开常委会，审议批准了2002年度市级劳动模范973名（其中特等劳动模范55名）和模范集体194个（其中特等模范集体21个）。市委常委、天津市总工会主席、市评模领导小组副组长散襄军出席了会议，天津市总工会副主席张子鹏列席了会议，天津市总工会副主席王连金汇报了评模工作情况。

4月15日 中共天津市委规划建设工委、市建委、天津市总工会城建工委联合在城建大厦后楼多功能厅召开了规划建设系统实施职工素质工程、技术创新活动推动会暨表彰大会。会议由天津市总工会副主席安亭洲主持。会上，建工总承包有限公司工会等三个单位分别介绍了经验，市委规划建设工委副书记郑建民对2002年度实施“职工素质工程”和技术创新活动先进个人、先进集体、先进单位进行了表彰。市建委副主任滕绍华代表规划建设工委、市建委、天津市总工会对2002年全系统职工素质工程和职工技术创新工作进行了总结，并对2003年的工作提出了具体要求。

4月17日 天津市总工会、市教委、天津广播电视大学联合在电视大学举行了天津市工商管理初级资格培训结业暨开放教育大专班开学典礼，张子鹏主席出席并讲话。天津市职工工商管理者（初级）资格培训及大专学历教育，是实施职工素质工程的重点项目，旨在为广大职工提供更多的机会接受高等教育而构筑的一个新的平台，首批参加资格培训的576名职工骨干有505名职工以优异的成绩转入了开放教育大专层次的学习，正式成为天津广播电视大学的学生。

4月20日 天津市总工会为便于下岗失业人员了解享受再就业优惠政策，印制并发放了《天津市再就业新政策汇编》3万册。并将政策发布于工会信息网络上，增加了政策的公开性和透明度，便利了职工群众。

4月22日 中共天津市委宣传部和天津市总工会共同组织开展的“五一”新闻奖评选揭晓。经各新闻单位评选和推荐，报送市级参评作品共41篇，其中有11篇宣传天津市工人阶级先进典型、宣传工会重点工作的优秀作品获得一等奖，其作者同时授予“十五”立功称号。

4月23日 天津市总工会下发津工发〔2003〕7号文件《关于切实做好天津市总工会机关和劳福事业单位预防“非典”工作的通知》。

同日 天津市总工会消费合作总社面对天津突然出现的疫情，提出了四条对应措施：1. 进急需商品，备足货源。2. 低售价，使广大中、低收入者有能力购买。3. 为顾客创造安全放心的购物环境。4. 抓好内部预防“非典”工作，稳定职工情绪，保证正常经营。

4月25日 天津市总工会下发津工办〔2003〕8号文件《关于切实做好非典型肺炎防治工作的紧急通知》。

同日 天津市总工会副主席张子鹏、赵洪莉、市教育工会主席秦砖，代表天津市总工会、代表市委常委、天津市总工会主席散襄军、代表全市广大职工来到市卫生局，向战斗在防治非典一线的医务人员进行慰问，对广大医务人员在防治非点工作中迎难而上、无私奉献的精神表示崇高的敬意，并送去10万元人民币用于一线义务工作人员预防“非典”专用。天津市卫生局党委副书记赵国良、市卫生局工会主席贾怀礼代表市卫生局和卫生系统广大职工，向天津市总工会领导汇报了医务人员在防治“非典”工作中遇到的各种情况和在上级领导的关怀下战胜困难的坚定信心。

同日 天津市总工会党组会议研究决定，天津市总工会有关部门立即与消费合作社协调，共同落实散襄军提出的为5000名特困职工发放预防“非典”物品的工作要求。天津市总工会副主席刘凤山部署工作。

4月25日 天津市总工会与天津市物价局联合下发《关于充分发挥职工价格监督队伍作用

加强当前市场价格监督的紧急通知》（津价检字〔2003〕187号）文件，按照市委、市政府关于防治“非典”工作的要求，进一步加强市场价格监督检查，维护市场价格稳定。

4月28日 天津市总工会在市物价局召开紧急会议，安排部署近期工作。刘凤山副主席、市物价局焦副局长讲话。

4月28～29日 天津市总工会主席散襄军高度召开天津市总工会机关和直属单位副处级以上领导干部会议，部署防治“非典”工作。

5月1～14日 按照中华全国总工会的统一要求，天津市总工会于“五一”节期间，对天津市新中国成立以来当选的全国劳动模范的基本生活状况进行了调查摸底，并由市劳模协会依照困难程度向124名全国劳动模范发放了1000或2000元的困难补助，共发放了困难补助金18万元。

5月7日 天津市总工会召开天津市劳动模范抗“非典”、做贡献座谈会。市委常委、天津市总工会主席散襄军出席会议并做了重要讲话。天津市总工会副主席王连金主持了会议。来自全市各条战线的劳模代表11人到会，大家座谈坚守岗位，抗击“非典”的经验和体会。会上，宣读了劳动模范给全市广大职工的倡议书。

5月9日 津工集团召开2002年度劳动模范、“十五”立功先进集体和先进个人表彰暨座谈会。天津市总工会副主席、津工集团副董事长兼总裁安亭洲出席会议并讲话。

5月12日 天津市总工会副主席张子鹏、安亭洲、刘凤山等天津市总工会领导到职工医院、第一工人文化宫对防范非典工作进行检查。

同日 天津市总工会向全市各级工会组织和广大职工发出号召，要求“依靠科学、抗击非典，积极投身健康大行动”。

5月13～30日 天津市总工会为推动《〈工会法〉实施办法》在外商投资企业中的贯彻落实，天津市总工会印制了5000册《天津市实施〈中华人民共和国工会法〉办法》（中英对照版）免费发放给外商投资企业工会。

5月14日 中共天津市委常委、天津市总工会主席散襄军到乐金电子（天津）电器有限公司看望职工。他代表市委、市政府对坚守在抗击非典生产一线的全体员工表示亲切慰问，对乐金电子（天津）电器有限公司在抗击非典过程中所作的大量工作表示肯定。一同慰问的还有天津市总工会副主席张子鹏、王连金以及天津市总工会有关部门的负责同志。

5月16日 天津市总工会副主席张子鹏、李泮祥、安亭州、刘凤山、王连金、赵鸿莉带领教育工会等有关部门负责人和工作人员，分六路到市卫生局和医科大学所属医院的六名抗击“非典”一线医务工作者家中慰问。

5月20～30日 天津市总工会为了提高工会干部自身素质，加大依法维权力度，印制了5000册《维权在线》小册子，免费发放给基层工会。

5月26日 天津市总工会副主席安亭洲带队慰问了抗击“非典”时期奋战在第一中心医院

改建工程中的建工集团一建、四建、机电公司参建职工。天津市总工会城建工委负责人也一同参加了慰问。

5月27日 天津市总工会副主席赵洪莉带领教育工会干部深入部分中小学，慰问抗非典一线医护人员子女，并向220名小朋友赠送了庆“六一”贺卡和价值30000元的图书资料。

5月29日 中共天津市委常委、天津市总工会主席散襄军来到市急救中心副主任医师刘向家中慰问，向她的女儿吕一凡赠送了小灵通手机。一同慰问的还有天津市总工会副主席王连金、市卫生局副局长田惠光以及天津市总工会有关部门的负责同志。

5月29～31日 天津市总工会女职工委员会、天津市总工会困难职工救助中心为工作在抗击“非典”一线的13名单亲女医护人员排忧解难、办实事，为她们的子女购置了小灵通手机，架起了她们与子女情感交流的桥梁。

5月30日 天津市总工会副主席张子鹏、赵洪莉和教育工会负责同志到卫生局幼儿园，亲切看望战斗在抗击“非典”一线的医务工作者子女，向他们致以节日的祝贺，并同孩子们一起进行了庆“六一”联欢活动。

同日 天津市总工会副主席、津工集团副董事长兼总裁安亭洲出席第一工人文化宫召开的职工代表大会并讲话。

6月3日 天津市总工会副主席王连金到一商集团有限公司友谊商厦调研，对该企业技术创新工作所取得的成绩给予了充分肯定。同时代表天津市总工会授予该企业职工、市特等劳模李洪生“二三一”先进工作法奖牌。

6月4日 天津市职工素质工程领导小组办公室召开第三次会议。天津市总工会副主席、市职工素质工程领导小组成员张子鹏出席会议并讲话，15个成员单位的有关部处和天津市总工会各工委负责人参加了会议。会上，通报了职工素质工程的深入实施情况，对下一步重点工作进行了安排。

6月9日 天津市总工会发出通知，号召在全市职工中广泛开展“破陈规除陋习，文明健康实践行”活动。通知要求各级工会组织以“百万市民环境大清整”活动为契机，通过多种形式教育引导职工树立社会责任意识，建绿色家园；树立生态经济理念，创文明岗位；树立文明行为时尚，做健康职工。

6月13日 天津市总工会召开工会系统推行“绿卡”制度推动会，以进一步落实帮扶特困职工包保责任。天津市总工会副主席刘凤山出席会议并讲话，部分区县局工会和天津市总各工委的负责同志参加了会议。

6月14日 天津市职工集中开展环境大清整义务劳动。天津市总工会副主席张子鹏、李泮祥、安亭洲、刘凤山、王连金、赵洪莉等领导和天津市总工会机关干部分别到劝华集团、公交8路、1路终点站、天津钢厂、天一集团、南开大学、商学院、物资集团机电公司与基层工会干部、职工群众一起参加卫生清整劳动。

6月15日 “隆顺榕”杯《天津市实施〈中华人民共和国工会法〉办法》知识竞赛圆满结束。天津市总工会对获奖的优秀组织单位和个人进行了表彰和奖励。

6月17日 天津市区县系统劳动模范为发展区县经济做贡献座谈会在市职工联合服务中心举行。中共天津市委常委、天津市总工会主席散襄军出席会议并讲话。会上，15名劳模代表结合各自实际，畅谈了学习“三个代表”重要思想学习纲要的体会和在抗击非典、加快区县经济发展中所取得的成绩。

6月18～27日 天津市总工会机关党委下发《关于在天津市总工会机关党员干部中开展认真学习〈“三个代表”重要思想学习纲要业的意见》，并举办学习纲要读书班，每周利用两个半天，集中组织机关处级以上党员领导干部学习“三个代表”重要思想和纲要。研读原著、做好笔记、搞好讨论、开展交流，进一步加深对“三个代表”重要思想的深刻认识和全面把握，用“三个代表”重要思想统领工会工作。

6月20日 天津市总工会副主席赵洪莉出席天津市教育委员会直属单位工会第一次代表大会并讲话。

6月21日 中共天津市委常委、天津市总工会主席散襄军，天津市总工会副主席张子鹏、李泮祥、安亭洲、刘凤山、王连金、赵洪莉等领导同志分别参加了市内六区总工会举办的“破陈规除陋习，文明健康实践行”集中展示活动。活动以图片展览、义诊咨询、文艺演出、体育健身等各种形式，向过往群众进行讲文明、除陋习、强身体的宣传，形成了较强的社会影响力和良好的效果。

7月1日 天津市总工会机关党委组织召开“学习贯彻‘三个代表’重要思想，推动工会工作创新”交流会，以实际行动庆祝建党82周年。市委常委、天津市总工会主席散襄军出席会议并作了重要讲话。会议由天津市总工会副主席张子鹏主持，天津市总工会副主席李泮祥、安亭洲、刘凤山、王连金、赵洪莉及天津市总工会机关全体党员干部和津工集团各直属单位的党政主要领导出席了会议。会上，有5位与会人员分别结合思想和工作实际畅谈了学习体会。

7月3日 天津市总工会财贸工委与市委外经贸工委、市外经贸委召开首次党政工联席会议。天津市总工会副主席安亭洲出席会议并讲话，市委外经贸工委副书记邵毅、市外经贸委副主任赵建中出席会议。会上，天津市总工会财贸工委负责人通报了财贸工委会同外经贸工会已完成的几项重点工作。与会人员对下半年需要党政工合力推动的重点工作进行了深入探讨，并达成了共识。

7月4日 天津市总工会召开区县农林系统工会工作会议。天津市总工会副主席李泮祥出席会议并讲话。会上，表彰了2002年度区县系统新建企业先进单位，下发了区县农林系统工会开展2003年度工作目标考核意见，和平区、河西区、西青区、宁河县总工会分别介绍了工作经验。

7月7日 经中共天津市委组织部批准，天津市总工会决定面向社会招考工作人员并公开选拔副处级干部。通过《天津日报》《今晚报》《天津工人报》及天津市总工会网站向社会发布《招考公告》，共有282人报考。

7月7～30日 天津市总工会副主席刘凤山带队深入到塘沽区、铁路分局、渤海化工集团等7个区局、总公司（集团）工会和南华集团、机车车辆机械厂等18基层工会，就学习宣传贯彻《天津市实施〈工会法〉办法》情况进行了调研。

7月16～17日 天津市总工会经费审查委员会召开第十四届八次全体会议，一致同意免去杨东来同志天津市总工会第十四届经审委主任职务，选举黄晓云同志为经审委主任。

7月17日 天津市总工会十四届四次全委（扩大）会议在职工之家宾馆召开。市委常委、天津市总工会主席散襄军出席会议并作重要讲话。这次会议的主要任务是，认真贯彻市委八届四次全会精神，深入学习胡锦涛总书记"七一"重要讲话和中共中央政治局委员、市委书记张立昌在市委八届四次全会上的重要讲话，深化对"三个代表"重要思想的认识，结合工会实际，对在全市工会系统和广大职工中兴起学习贯彻"三个代表"重要思想新高潮和以"三个代表"重要思想统领工会工作进行动员和部署。

同日 天津市工会代表会议在职工之家宾馆召开。会上，选举产生了天津市出席中国工会第十四次代表大会代表41名。

7月22日 天津市总工会、市体育局在市职工体育健身中心举行天津市职工"文明健康实践行"健身赛开幕式。市委常委、天津市总工会主席散襄军，市人大常委会副主任左明，老同志吴振、潘义清出席开幕式。开幕式由天津市总工会副主席张子鹏主持，安亭洲副主席致开幕词，吴振宣布天津市职工"文明健康实践行"健身赛开幕，潘义清为"汇森杯"天津市职工足球赛开球。出席开幕式的还有天津市总工会副主席刘凤山、王连金、赵洪莉和部分委办局的领导同志以及来自全市各条战线的职工群众。开幕式上，全体参赛的运动员、教练员千人齐做第一套市民广播体操。

7月22～25日 天津市总工会副主席王连金带领中华全国总工会任命的市级监督检查员一行15人，对天津市工业、城建、区县农林系统的LG公司、汽车发动机厂、住宅集团二分公司和蓟县建工集团三公司等单位进行了安全检查。天津市总工会经保部的有关负责同志一同参加了此次活动。

7月29日 天津市总工会组织的天津市职工"'三个代表'在我心中"演讲大赛圆满结束。这次演讲比赛，全市有24个区县局、总公司（集团）的职工参加了初赛，经过激烈角逐，共有54名选手进入复赛，14名选手进入决赛。来自塘沽区的许茹和蓟县的朱明荣获此次演讲大赛的一等奖，天津市总工会副主席张子鹏等领导为获奖选手颁奖。港务局、水利局、钢管公司等9个单位获得优秀组织单位称号。

7月30日 天津市总工会财贸工委召开商业系统工会主席联系会。天津市总工会副主席安亭洲出席会议并讲话。会上，交流了工作经验，研究了下半年重点工作，一致表示要统一思想认识，制定切实措施，确保天津市总工会十四届四次全委扩大会议提出的任务在本系统保质保量地完成。

7月31日 中共天津市委常委、天津市总工会主席散襄军到市第一工人疗养院进行调研。天津市总工会副主席、津工集团副董事长兼总裁安亭洲等一同参加了调研。在听取了疗养院负责同志汇报后，散襄军对建立职工人体检测中心和职工疗养康复中心的方案给予肯定，强调在建设上必须体现高标准、高水平。

8月1日 中华全国总工会做出决定，授予在抗击非典型肺炎疫情中做出突出贡献的31个单位全国五一劳动奖状和59名个人全国五一劳动奖章荣誉称号。全市有4个集体和7名个人受到表彰，他们分别是：市卫生防病中心、天津医科大学抗击非典医疗队、市人民医院抗击非典医疗队、天津中医学院抗击“非典”医疗队和裴鸿烈、马宝璋、申长虹、任新生、单爱兰、轧春妹、董伯岩。

8月4～5日 全国教科文卫工会副主席由国栋率调研组就围绕改革中维护知识分子权益的情况来天津调研座谈，天津市总工会副主席赵洪莉同志和全市教科文卫系统各级党政工领导、劳动模范、先进人物及一线职工的代表分别参加了两天的座谈会。

8月6日 天津市总工会、市商委、市妇联、市烹协、今晚报社、天津电视台等单位联合举办“‘珠江啤酒杯’天津首届民间津菜征集推广烹饪大赛”。市委常委、天津市总工会主席散襄军、天津市总工会副主席安亭洲出席并为优胜者颁奖。

同日 天津市总工会和市物价局在塘沽区总工会联合召开了职工价格监督组织先进集体和先进个人表彰大会。天津市总工会副主席刘凤山、市物价局局长殷淑严到会并讲话。

8月7日 天津市总工会财贸工委召开金融（综合经济）系统工会重点工作座谈会。天津市总工会副主席安亭洲出席会议并讲话。会上，各单位总结交流了工作经验，研究探讨下半年重点工作，并制定下发了《关于加强金融（综合经济）系统工会工作联系的暂行办法》。

8月13日 天津市总工会城建工委与市委规划建设工委、市建委有关部门在第一工人文化宫宾馆召开了第十九次工作联席会议。会议由天津市总工会副主席安亭洲主持，市委规划建设工委副书记郑建民、市建委副主任苏文利到会并讲话。会上，天津市总工会城建工委负责同志通报了第十八次党政工联席会议确定的重点工作完成情况，并研究确定了下半年合力推动的重点工作。

8月14日 天津市总工会女职工委员会举行2003年“托起明天的希望”——对单亲困难女职工子女助学活动启动仪式。市委常委、天津市总工会主席散襄军到会并做了重要讲话。天津市总工会困难职工救助中心拨款近8万元，对单亲困难女职工家庭的100名优秀在学子女发放了助学金，为400名高中学段的单亲困难女职工家庭子女免费提供了市图书馆图书借阅卡。

同日 天津市总工会召开了天津市深入开展百万职工技术创新活动推动会。市委常委、天津市总工会主席散襄军出席会议并作重要讲话。天津市总工会副主席张子鹏宣读了《天津市总工会关于表彰抗击非典先进集体和先进个人的决定》，天津市总工会副主席李泮祥、安亭洲、刘凤山、赵洪莉出席会议。天津市总工会副主席王连金主持会议。会上，表彰了工会系统抗击“非典”先进个人 301 名、先进集体 101 个并授予“十五”立功荣誉称号，交流了全市职工开展技术创新活动的经验和做法。

8 月 14 ~ 20 日 应日本日中协力促进会的邀请，天津区县工会干部代表团一行 12 人赴日本交流访问。

8 月 18 ~ 23 日 天津市总工会组队参加全国职工学习党的十六大精神系列活动知识竞赛和演讲比赛，天津市石化公司和农行天津分行代表队获得知识竞赛一等奖；东丽区朱庄中心小学教师朱家军和长征医院职工陆静获得演讲比赛一等奖。

8 月 19 日 天津市总工会召开建立《民主管理质量体系》试点工作部署会。渤海化工集团等 9 个区县局、总公司（集团）和一航局等 11 个企业的主管主席和民主管理部门负责同志参加了会议。这些单位被确定为天津市首批建立《民主管理质量体系》的试点单位。天津市总工会副主席赵洪莉出席会议并讲话，天津市总工会民管部负责同志对试点工作的具体内容进行了部署。

8 月 24 日 天津市总工会、市体育局、今晚报社主办，河西区总工会承办，市舞蹈家协会、市职工体协和天津电视台体育部协办的“‘中脉蜂灵杯’天津市职工首届体育舞蹈大赛”在实验中学体育馆隆重举行，来自各行各业的 152 对选手分别参加了摩登舞、拉丁舞、交谊舞和吉特巴舞等 4 个项目的比赛。天津市总工会副主席张子鹏、安亭洲等有关领导出席观看了比赛，并为优秀选手颁奖。

8 月 27 日 天津市总工会、市劳动和社会保障局、市经委、市企业家协会联合召开全市协调劳动关系三方会议第五次会议。天津市总工会副主席赵洪莉、市劳动和社会保障局副局长王元、市企业家协会常务副会长刘正华出席会议。这次会议的主要任务是，贯彻 8 月上旬在广东省珠海市召开的“全国三方协调劳动关系工作经验交流会”的会议精神，进一步发挥三方协调机制的作用，促进全市劳动关系的和谐稳定。

9 月 3 ~ 14 日 应韩国仁川市工会和日本兵库县工会的邀请，以中共天津市委常委、天津市总工会主席散襄军为团长的天津市工会代表团一行五人应邀访问韩国、日本。此次访问是天津市工会和韩国、日本工会定期友好交流的一项重要外事活动，继续保持和加强了天津市工会与韩国、日本工会高层间的联系和交往，进一步增进了了解、加深了友谊、促进了交流与合作。

9 月 8 日和 16 日 天津市总副主席李泮祥同志分别到宝坻区和西青区总工会为困难职工援助中心揭牌。区县农林工委为落实散主席要求，各区县总工会下半年全部建立困难职工救助中心指示精神，举办筹建困难职工援助中心培训班，历时 2 天，就国家的方针、政策、工作方式、方法等进行培训。15 个未建中心的区县总工会主管主席和部长参加了培训。已有 8 个区县总工会建立了困难职工援助中心，并按天津市总工会统一规范要求进行工作。

9 月 9 日 天津市教育工会召开庆祝教师节先进模范教师座谈会，来自全市教育系统的劳动模范和先进工作者代表百余人参加了会议。市委教卫工委副书记、市教委副主任王贺胜、市教委负责人王东军、天津市总工会副主席赵洪莉、天津市教育工会主席秦砖等领导出席，与劳动模范教师一起欢度节日。

9月9日 中共天津市委常委、天津市总工会主席散襄军委托，天津市总工会副主席赵洪莉、市教育工会主席秦砖，专程来到天津师范大学亲切看望天津市特等劳动模范、全国著名心理学专家沈德立先生，代表天津市总工会向他赠送了鲜花和纪念品，并致以节日的祝贺。感谢他多年来在发展我国心理研究，培养高级科研和教学人才方面所做出的杰出贡献。希望他保重身体，为我国的心理学研究工作做出更大的贡献。

9月10日 在天津市联合服务中心8号厅召开全市安全生产工作会议，全市80多个区县局总公司（集团）工会系统工会主席、分管主席和负责保护部长参加会议。

9月15日 天津市总工会财贸工委与天津工人报社联合在华联商厦召开了商口、外经贸口办报工作座谈会，会上天津市总工会各位主席就如何全会办报，如何充分发挥工运事业的媒体宣传作用提出了意见和建议，天津市总工会副主席安亭洲同志出席会议并讲话。

9月16～18日 应天津市总工会的邀请，以台湾中华联合总工会理事长吴海瑞先生为团长的代表团一行三人抵天津市参观访问。市委常委、天津市总工会主席散襄军、天津市总工会副主席赵洪莉会见并宴请了代表团一行。

9月17日 天津市总工会在职工之家召开学习、宣传、贯彻《天津市实施〈中华人民共和国工会法〉办法》会议。参加会议的人员有天津市总工会领导张子鹏、刘风山副主席和各区县局工会、总公司（集团）工会、机关各部门和直属劳福事业单位负责人以及基层工会代表和劳动模范等100余人参加。

9月19日 天津市总工会副主席刘凤山代表天津市总工会向天津市副市长崔津渡做了汇报天津市总工会再就业工作情况。按照市政府的要求，由刘凤山主席带队同保障部在22日、23日参加市再就业情况督查组，深入各有关单位检查指导工作，迎接中央检查团的到来。

9月20日 天津市总工会举行了为天津代表团出席中国工会十四大欢送仪式，市委常委、天津市总工会主席散襄军、市政协副主席卢金发及老同志潘义清出席了欢送仪式。

9月22～26日 中国工会第十四次全国代表大会于2003年9月22日至26日在北京召开。天津出席中国工会第十四次代表大会代表共40名，特邀代表4名。散襄军为天津团团长、临时党支部书记，张子鹏为代表团副团长、临时党支部副书记。经过选举，散襄军当选为中华全国总工会十四届主席团委员、张子鹏、董延龄、李文强、张炳素、孙骞等同志当选为中华全国总工会十四届委员会执委，黄晓云当选为中华全国总工会十四届经费审查委员会委员。

9月25日 天津市总工会财贸工委与天津工人报社联合在工商银行天津分行培训中心召开了金融系统工会办报工作座谈会，会上各位主席就如何全会办报，如何充分发挥工运事业的媒体宣传作用提出了很多好的意见和建议，天津市总工会副主席安亭洲同志出席会议并讲话。

9月25～28日 天津市总工会会同市纪委、市委组织部、市工业纪工委，以市厂务公开领导小组办公室的名义在蓟县联合举办了厂务公开民主管理业务培训班，主要就厂务公开与基层班子建设；厂务公开与企业劳动关系协调机制；厂务公开现代企业制度；厂务公开与党风廉政建设及两办通知的出台和厂务公开民主管理的主要载体等内容进行了培训。全市各区、县、委口及部分企事业单位的纪委、组织部、工会等方面的有关负责同志参加了培训。市纪委、市委组织部、天津市总工会、市劳动和社会保障局、市经委有关部门的负责人讲课。市纪委常委、市厂务公开领导小组办公室副主任闫堃代表各有关方面看望了参加培训的人员并讲话。

9月26日 天津市总工会举行出席中国工会十四大天津代表团返津欢迎仪式。天津市总工会副主席安亭洲、王连金、刘凤山出席欢迎仪式，机关全体干部和部分区县局工会干部参加欢迎仪式。

10月1日 天津市职工庆“国庆”游园大联欢暨职工长跑比赛活动在第二工人文化宫举行。老同志潘义清出席并为第22届职工长跑比赛鸣枪。天津市总工会副主席张子鹏、李泮祥、安亭洲、刘凤山等出席游园联欢活动，近千名职工参加长跑活动。

10月4～17日 应德国拜恩州服务行业工会的邀请，天津市工会代表团一行11人赴德国进行交流访问。

10月5～14日 应澳大利亚墨尔本市政府和工会邀请，以天津市总工会副主席李泮祥为团长的天津市工会代表团一行20人赴澳大利亚交流访问。

10月8～15日 应天津市总工会的邀请，韩国劳动组合总联盟仁川广域市本部代表团一行9人抵天津市参观访问。市委常委、天津市总工会主席散襄军会见并宴请了代表团全体成员，天津市总工会副主席张子鹏、李泮祥、安亭洲、刘凤山、王连金一同参加了会见。

10月9日 天津市总工会在职工之家召开天津市区县局工会领导干部会议，传达中国工会十四大精神，结合天津工会工作实际，提出了学习贯彻意见。市委常委、天津市总工会主席散襄军出席会议并作重要讲话，强调要统一思想，提高认识，明确目标，扎实工作，努力开创天津工会工作新局面，团结带领全市职工为加快天津发展，实现“三步走”战略目标而奋斗。会上，天津市总工会副主席张子鹏传达了中国工会十四大精神，安亭洲副主席主持会议，刘凤山、王连金等天津市总工会领导出席了会议。

10月14日 天津市总工会工交工委与市经委、市交委、市科技工委联合召开工交科技系统党政工联席会议。天津市总工会副主席王连金、市交委副主任戚荣林、市科技工委副书记李平等有关领导出席会议。会上，天津市总工会工交工委负责同志通报了中国工会十四大盛况，并介绍了天津市总工会近期的重点工作任务，同时，听取了各委领导对工会工作的意见和建议。市委常委、天津市总工会主席散襄军在这次会议的情况专报上做了重要批示。

10月15日 天津市总工会组织全市劳动模范代表参观天津市“三五八十”成就展，并召开座谈会。劳模们纷纷发言，表示要为加快实施天津“三步走”战略再做新贡献。天津市总工会副主席张子鹏同志出席会议并讲话。

10月16日 中共天津市委常委、天津市总工会主席散襄军为新技术产业园区困难职工帮扶中心成立揭牌并做重要讲话。天津市总工会副主席刘凤山出席揭牌仪式。

10月16日 天津市总工会召开劳动模范和工会干部座谈会。天津市总工会副主席张子鹏出席会议并讲话，安亭洲副主席等天津市总工会领导出席会议。

10月17日 天津市总工会副主席张子鹏代表天津市总工会党组和常委会向市委常委会汇报中国工会十四大主要精神和天津市总工会有关贯彻落实意见。市委常委、天津市总工会主席散襄军出席会议。

10月21日 应天津市政府的邀请，日本神户市工会代表团抵天津市参加天津——神户建立友好城市30周年纪念活动。市委常委、天津市总工会主席散襄军会见并宴请了代表团全体成员，天津市总工会副主席张子鹏、李泮祥、安亭洲、刘凤山、王连金一同参加会见。

10月22日 中共天津市委常委、天津市总工会主席散襄军为河西区总工会困难职工帮扶中心成立揭牌。天津市总工会副主席刘凤山出席并讲话。

10月25日 中国银行天津分行工会在天津市津工体健中心举行第八次职工运动会，天津市总工会副主席安亭洲出席开幕式并表示祝贺。

同日 天津市总工会、市体育局和今晚报社共同主办，河西区总工会承办的“美伦杯”天津市职工第23届万名棋手大赛经过八天激烈角逐，在市青少年培训中心落下帷幕。市委常委、天津市总工会主席散襄军，老同志吴振、潘义清为优胜者颁奖。闭幕式由天津市总工会副主席张子鹏主持，安亭洲副主席出席仪式。

10月26日 天津市总工会在第二工人文化宫举办了以“为实现公平和正义——法律援助在工会”为主题的法律服务和援助咨询日活动。与此同时，和平、武清、宁河、宝坻、西青、津南、开发区保税区等区县困难职工救助（帮扶）中心分别在各自辖区内开展了法律援助咨询活动。天津市总工会副主席刘凤山及各有关区县工会的负责同志出席了活动。

10月27日 中共天津市委常委、天津市总工会主席散襄军为南开区总工会困难职工帮扶中心成立剪彩。天津市总工会副主席刘凤山出席并讲话。

10月28日 天津市总工会城建工委与市委规划建设工委、市建委联合召开规划建设系统“塑企业形象，筑企业之魂”企业文化展示及项目工地、班组建设观摩会。市委常委、天津市总工会主席散襄军、市人大常委会副主任王德惠、市政协副主席王家瑜出席并做了重要讲话。会议由天津市总工会副主席安亭洲主持；市建委副主任苏文利宣读了企业文化展示先进单位的表彰决定；市委规划建设工委副书记郑建民对今后工作进行了部署。

10月30日 天津市总工会副主席安亭洲带领天津市总工会财贸工委、研究室负责人到利金粮油集团就下岗职工再就业工作情况进行调研。重点研讨了“4050”人员的安置，再就业服务联社的发展方向等问题。

10月30日至11月10日 应台湾省中华联合总工会的邀请，以天津市总工会副主席张子鹏为团长的天津工会代表团一行15人赴台访问。

11 月 3 ~ 4 日 天津市总工会女职工委员会在职工之家举办女职工工作培训班。天津市总工会副主席、天津市总工会女职工委员会主任王连金和中华全国总工会工运学院副教授张默讲授了新时期如何做好女职工工作等内容。来自全市各区县局、总公司（集团）和基层工会的女职工干部 300 多人参加了培训。

11 月 4 日 天津市总工会召开学习党的十六届三中全会精神心得交流会。市委常委、天津市总工会主席散襄军出席会议并作了重要讲话。会议由天津市总工会副主席李泮祥主持，安亭洲、刘凤山副主席出席。会上，有 7 名结合自己的思想和工作实际交流了学习心得。天津市总工会机关的全体党员干部和津工集团所属劳福事业单位的主要负责参加了会议。

11 月 9 ~ 19 日 应德国拜恩州服务行业工会的邀请，以天津市总工会副主席安亭洲为团长的天津工会代表团一行 10 人赴德国进行交流访问。

11 月 12 日 中共中央政治局委员、市委书记张立昌到市困难职工救助中心调研。市委常委、天津市总工会主席散襄军，市人大常委会秘书长乔富源等领导陪同调研。调研期间，领导同志听取了救助困难职工的情况汇报，并与部分劳模和困难职工代表进行了座谈。张立昌对困难职工救助中心的工作给予了充分的肯定，强调指出，各级领导干部一定要坚持立党为公、执政为民，大力发扬艰苦奋斗的优良作风，牢记群众利益无小事，想问题、定政策、办事情始终着眼于中低收入的大多数群众，带着深厚的感情关心困难职工生活，干什么事都要首先想着群众，想着基层，处理好“予”与“取”的关系，努力提高全市人民的整体生活水平，把群众的根本利益维护好、实现好、发展好。张立昌等领导还视察了天津市总工会联合服务中心和津工体健中心。

11 月 12 日 应中国职工对外交流中心的邀请，台湾中华联合总工会代表团一行 24 人，抵天津市参观访问。中共天津市委常委、天津市总工会主席散襄军会见并宴请了代表团全体成员。天津市总工会副主席张子鹏、李泮祥、刘凤山参加了会见。

11 月 13 日 天津市总工会副主席张子鹏出席南开区青年教师基本功技能培训基地成立揭牌仪式。

11 月 14 日 天津市总工会副主席刘凤山率有关人员出席中华全国总工会召开的全国工会系统困难职工帮扶中心工作座谈会，并在大会上介绍了天津市打造“困难职工帮扶中心”品牌，构筑工会救急、帮扶、就业、维权为一体的工作新机制的经验和做法。

11 月 20 日 以“赞颂天津发展、展示教师才华、弘扬先进文化”为主题的“天津市第二届教职工文化艺术节书画、摄影优秀作品展”在南开大学东方艺术大楼展厅举行开幕式。天津市总工会副主席张子鹏，市委教卫工委副书记、市教委副主任王贺胜及南开大学、美术学院等单位的党政领导出席开幕式并剪彩。全市各高校、科研院所、区县教育工会主席和参展作品的作者 300 余人参加了开幕式，

11 月 22 日 天津市总工会主办、市职工文化协会和天津海都酒楼协办、职工舞蹈运动协会承办的中国天津“海都世纪杯”首届摩登舞、拉丁舞锦标赛暨城市公开赛在天津市人民体育馆举

行。来自北京、大连、深圳、秦皇岛、石家庄等20个城市的职业选手及各地体育舞蹈院校的师生共600多人报名参加了比赛。市委常委、天津市总工会主席散襄军，中国奥委会副主席吴寿章，天津市总工会副主席张子鹏、安亭洲，市体育局副局长王金芳等领导同志出席观看了比赛。

11月27日 天津市总工会副主席王连金代表天津市总工会，授予参加第九届世界杯女子排球赛的天津籍运动员李珊、张娜、张萍三位同志“十五”立功先进个人荣誉称号，并颁发了奖章和证书。

11月28日 天津市总工会召开“天津市工会基层工作会议”。市委常委、天津市总工会主席散襄军出席会议并作重要讲话。天津市总工会副主席张子鹏总结部署了工作。会议由天津市总工会副主席李泮祥主持，刘凤山副主席出席。市劳动和社会保障局副局长王元、市工商局副局长高天彪应邀出席会议。会上，宝坻区总工会、东洋油墨股份有限公司工会等10个单位分别以不同形式介绍了经验。各区县局、总公司（集团）工会主席及工会组织部长等200余人参加了会议。

12月11日 天津市总工会和市文明办联合召开天津市职工职业道德设建设“双十佳”表彰大会暨先进事迹报告会。会上表彰了市困难职工救助中心等十佳单位、郭宝印等十佳标兵和市电力公司高压供电公司等33个先进单位、王新等31名先进个人；受到表彰的“双十佳”代表作了先进事迹报告。市委常委、天津市总工会主席散襄军出席大会并作重要讲话。天津市总工会副主席张子鹏、安亭洲、王连金，市文明办副主任沈志建出席会议。

12月15日 天津市总工会与天津电台新闻台联合开办的《工会在线》专栏节目正式开播。通过《工会在线》及时反映全市各级工会组织和广大职工在加快实施天津“三步走”战略、全面建设小康社会中所发挥的重要作用。

12月23日 天津市教育工会举办“天津市教育系统教职工迎新年联欢会”。中共天津市委常委、天津市总工会主席散襄军出席并讲话。市委教卫工委副书记、市教委副主任王贺胜、天津市总工会副主席张子鹏、安亭洲、刘凤山、王连金、赵洪莉以及各高校、区县教育主管部门的党政领导出席活动。来自全市教育系统的全国劳动模范、市级劳动模范代表，优秀工会工作者和教职工代表1000余人参加了联欢活动。散襄军等领导同志接见了部分劳动模范和优秀工会工作者代表。

12月23日至2004年1月15日 天津市总工会、市安全生产监督管理局、市消防局、市建委等单位组成八个检查组对天津市104个区县局、总公司（集团）和所属的200多家企业进行安全生产大检查。天津市总工会副主席王连金带队检查了天津市河北区、建工集团等6个集团公司和7个企业的冬季安全生产情况。

12月24日 天津市总工会举行2004年元旦、春节送温暖活动启动仪式。市委常委、天津市总工会主席襄军出席仪式，并向特困职工发放了帮扶“绿卡”，向部分劳动模范、困难职工发放医疗帮扶卡、岗位帮扶通知书、助学救助金等。天津市总工会副主席张子鹏、刘凤山及天津市总工会有关部门、工委和各有关区县局、总公司帮扶中心负责同志出席活动。启动仪式上，刘凤山副主席简要汇报了工会2004年“两节”送温暖活动安排，和平区总工会汇报了帮扶中心的创新做法。

12月30日 天津市总工会下发文件，通报表彰区县农林系统2003年度工作目标考核先进单位。对工作成绩突出、创新效果显著的和平区总工会等22个单位授予“2003年度区县农林系统工会工作先进单位”荣誉称号；对畜牧局工会等10个单位授予“2003年度区县农林系统重点工作先进单位”荣誉称号，并将该文件抄送同级党委、政府（行政）。

12月30～31日 天津市总工会十四届五次全委（扩大）会议在职工之家召开。市委常委、天津市总工会主席散襄军出席会议并讲话。这次会议的主要任务是，以邓小平理论和“三个代表”重要思想为指导，深入学习党的十六大、十六届三中全会精神，全面贯彻市委八届五次全会和中华全国总工会十四届三次主席团（扩大）会议作出的各项工作部署，总结2003年工作，安排2004年任务，团结动员全市各级工会和广大职工，为加快实施天津市“三步走”战略第二步目标建功立业。

2004年

1月13日和17日 中共天津市委常委、天津市总工会主席散襄军先后两次到医院看望慰问原市领导张怀三同志的遗孀、天津市总工会离休老干部宋捷同志。

1月6～12日 中共天津市委常委、天津市总工会主席散襄军，天津市总工会副主席张子鹏、安亭洲、刘凤山、王连金、赵洪莉等领导分六路深入到12户特困职工家中进行慰问，向特困职工送去了慰问金和物品。散襄军还给下岗困难职工张武送去了就业岗位通知书。在入户慰问的同时，还向困难职工广泛宣传了天津“三五八十”所取得的成就，以及“三步走”战略第一步目标的胜利实现和实施第二步战略部署的伟大意义。

1月8日 天津市厂务公开领导小组办公室会议在天津市总工会召开。会议主要总结了2003年厂务公开工作，讨论研究了2004年厂务公开工作的设想。市纪委副书记、市厂务公开领导小组办公室主任吴荣平，市纪委常委、市厂务公开领导小组办公室副主任闫堃，天津市总工会副主席、市厂务公开领导小组办公室副主任赵洪莉，市委工业纪工委书记、市厂务公开领导小组办公室副主任孟宪锋，市纪委、市委组织部、天津市总工会、市委工业纪工委、市工商局、市劳动和社会保障局、市外经贸委等市厂务公开领导小组办公室有关人员参加了会议。天津市总工会副主席赵洪莉主持会议，市纪委副书记吴荣平作了总结讲话。

1月9～10日 中华全国总工会书记处书记陈荣书率慰问检查团到津检查天津市工会系统“两节”期间送温暖工作。市委常委、天津市总工会主席散襄军，天津市总工会副主席刘凤山陪同中华全国总工会慰问检查团深入到困难企业天津第一机床总厂、天津市第一预应力钢丝有限公司和困难退休劳模李耀东、下岗困难职工韩凯、病退困难职工胡昭明家中进行慰问，送去了慰问金和慰问物品。慰问检查团在津期间，听取了天津市总工会副主席张子鹏代表天津市总工会所做的关于天津市工会系统送温暖工作的情况汇报，对天津市工会系统送温暖工作所取得的成绩给予充分肯定。

1月11日　天津市总工会由赵洪莉副主席主持召开了2004年第一次民主管理工作协调小组会议。民主管理部、工交工委、区县工委、城建工委、财贸工委和教育工会同志参加了会议。会议的主要内容是传达贯彻天津市总工会2004年第三次常委会精神，围绕民主管理重点任务指标，明确工作任务，分解任务目标。

1月12～18日　天津市总工会副主席张子鹏、李泮祥、安亭州、刘凤山、王连金、赵洪莉等领导同志，分别带队对天津市总工会108名离退休人员进行了慰问。

1月13日　天津市总工会城建工委联合市委规划建设工委、市建委对规划建设系统4名特困职工进行了慰问，送去慰问品和慰问金。天津市总工会副主席安亭洲、市委规划建设工委副书记郑建民、市建委副主任苏文利及有关部门的负责同志参加了慰问。

1月15日　天津市总工会区县农林工委召开农口局（公司、院）工会主席联谊会。天津市总工会副主席李泮祥出席会议并讲话，对各农口局（公司、院）工会在2003年度所取得的成绩给予了充分的肯定，并就贯彻落实天津市总工会十四届五次全委（扩大）会议精神，结合各自工作实际，突出重点、打出特色，提出了具体的要求。天津市总工会区县农林工委负责同志通报了本系统2004年的工作思路。

1月17日　中共中央政治局委员、中共天津市委书记张立昌和市委副书记、市长戴相龙，市委副书记刘胜玉、邢元敏分别在市委常委、天津市总工会主席散襄军，天津市总工会副主席张子鹏、李泮祥、安亭洲、刘凤山、王连金、赵洪莉等同志的陪同下，入户慰问了天津市12户困难劳模及困难职工，送去了慰问金和慰问品。

同日　中共天津市委常委、天津市总工会主席散襄军分别慰问了离退休的工会老领导黄树尤、孙少华、张子瑜、单书、张淑华同志。

1月18日　天津市劳动模范2004年迎新春茶话会在职工之家举行。中共中央政治局委员、市委书记张立昌出席会议并作了重要讲话。市委副书记、市长戴相龙，市委副书记、市人大常委会主任房凤友，市委常委、市委秘书长王文华，市人大常委会副主任邢军，市政协副主席卢金发等领导同志出席会议。会上，市委常委、天津市总工会主席散襄军致辞。会议由天津市总工会副主席张子鹏主持，李泮祥、刘凤山、王连金、赵洪莉副主席出席会议。与会人员观看了由职工演出的文艺节目。

1月19日　天津市总工会副主席张子鹏、安亭州带领有关部门负责同志专程到北戴河工人疗养院慰问了1927年参加革命的离休老干部、96岁高龄的老红军张剑峰同志。

1月22日　中共天津市委常委、天津市总工会主席散襄军在天津市总工会副主席、津工集团副董事长兼总裁安亭洲等同志的陪同下来到津工大酒店、津工超市一店，慰问了春节期间坚守岗位的一线职工，向大家拜年。

2月5～17日　应澳大利亚墨尔本市政府和墨尔本市工会的邀请，天津市工会代表团一行二十人赴澳培训交流。

2月9日 天津市总工会女职工委员会召开了天津市总工会女职工委员会三届三次全委（扩大）会议，会议总结了2003年、部署了2004年女职工工作，天津市总工会副主席、天津市总工会女职工委员会主任王连金同志出席会议并做重要讲话。

2月11日 天津市商工委、市商委、天津市总工会财贸工委召开了商口第16次党政工联席会议，会上财贸工委主任孙志宾汇报了2003年财贸工委会同商业两委共同完成的几项重点工作，并对2004年需要党政工合力推动的工作进行了深入探讨，并达成共识。商工委副局级巡视员陈树起同志、商委主任彭三同志、天津市总工会副主席安亭洲参加会议并做重要讲话。

2月16日 中共天津市委常委、天津市总工会主席散襄军率津工集团总裁和有关负责人到西青区先达集团就工会管理干部学院与先达集团合作办学事宜进行调研，西青区委、区工会负责同志陪同调研。

2月17～20日 全国厂务公开协调小组办公室一行六人到津，对天津市厂务公开民主管理工作，特别是"三制""四书"的实行情况进行调查研究。调研组由全国厂务公开办公室副主任、原中华全国总工会基层部部长常木昌带队，参加调研的有中纪委办公厅副局级监察专员张瑞红，中纪委办公厅副主任熊学年、中华全国总工会民主管理部综合处处长臧汝翰，中纪委办公厅督查处处长韩平满，中华全国总工会民主管理部综合处干部邵玲。市纪委副书记、市厂务公开领导小组办公室主任吴荣平，市纪委常委、市厂务公开领导小组办公室副主任闫堃，天津市总工会副主席、市厂务公开领导小组办公室副主任赵洪莉和市厂务公开领导小组办公室有关人员陪同调研。

2月18日 中华全国总工会副主席苏立清到天津视察了津工超市配送中心和津工体健中心，并与津工集团领导就工会劳福事业的改革和发展进行座谈。中华全国总工会领导对天津市工会劳福事业多年来的改革发展给予充分肯定，并对津工集团成立一年多来发生的巨大变化和实行企业化运作给予高度评价。市委常委、天津市总工会主席散襄军会见了中华全国总工会领导。津工集团总裁安亭洲，副总裁卢代盛、郝志斌、张保平陪同中华全国总工会领导进行了视察。

2月19日 中华全国总工会在天津市召开全国建筑、交通行业进城务工人员工会组建工作经验现场交流会议。全国各省、自治区、直辖市建筑、交通行业工会的100多名代表参加了会议。中华全国总工会副主席苏立请、中共天津市委常委、天津市总工会主席散襄军、中国海员建设工会主席吴子恒同志出席了大会并讲话。中华全国总工会基层组织建设部部长郭稳才、组织部副部长贾端阳、宣教部副部长贺冰、中国海员建设工会副主席李全良以及市委规划建设工委副书记沈东海、天津市总工会副主席张子鹏、安亭洲等也出席了大会。

3月2日 天津市总工会保障部筹备召开全市工会系统保障工作会议，市委常委、天津市总工会主席散襄军出席会议并作了题为《坚持求真务实把工会保障工作提高到一个新水平》的重要讲话。天津市总工会副主席刘凤山作了题为《协调联动求真务实推进工会保障工作目标化、制度化、长效化》的工作报告。天津市总工会副主席张子鹏主持会议。天津市总工会常委会全体成员、天津市总工会机关各部门及劳福企事业单位的主要负责人出席了会议。全市各区县局、总公司（集团）工会分管保障工作的副主席和保障干部200余人参加了会议。

3月3日 天津市总工会财贸工委召开工会主席联系会，会上各单位总结交流了2003年的工作经验，研究探讨了2004年各项重点工作，并制定下发了《天津市总工会财贸工委工会工作双向考核评价机制暂行办法》，把各项重点工作量化指标纳入考核，并特别突出鼓励体现特色、突破难点。天津市总工会副主席安亭洲出席会议并讲话。

3月4日 天津市总工会法律工作部召开劳动保障监察与工会劳动法律监督工作第二次联席会议。根据劳动和社会保障部、中华全国总工会《关于加强劳动保障监察与工会劳动保障法律监督相互协调配合工作的通知》和市劳动和社会保障局、天津市总工会《关于加强劳动行政监察与工会劳动法律监督工作相互配合的意见》文件精神，双方互聘了劳动法律监督委员会顾问及劳动保障法律监督员。天津市总工会副主席刘凤山、市劳动和社会保障局副局长王元出席了会议并做了重要讲话。市劳动和社会保障局与天津市总工会双方加强合作互聘法律监督员及顾问的举措，在全国尚为首创，此举为维护社会稳定，促进劳动关系和谐将起重要的作用。

3月5日 天津市总工会会议厅隆重举行了“天津市女职工建功立业工程”启动仪式。天津市总工会副主席、天津市总工会女职工委员会主任王连金同志出席会议并作重要讲话。

3月3～5日 应天津市总工会的邀请，以小俣佑二为团长的日本NTT劳动组合九州各支部代表团一行五人抵天津市参观访问。市委常委、天津市总工会主席散襄军会见了代表团并出席了双方建立友好交流关系的签字仪式，副主席赵洪莉代表天津市总工会签署了友好交流关系协议书。天津市总工会有关负责人参加了会见并出席了签字仪式。

3月11日 天津市总工会法律工作部与天津工人报联手开设了“维权在线”启动仪式，这是天津市总工会强化依法治会、依法维权的又一举措。刘凤山副主席出席会议并作重要讲话。“维权在线”提供两种服务方式，一种是法律部专设热线电话，向全市基层工会提供法律政策咨询；另一种是与天津工人报合办“维权在线”专刊，向全市职工提供法律援助。此举旨在落实常委会的要求，加强工会自身法制化建设。在启动仪式上，塘沽区总工会、塘沽区运输总公司工会介绍了经验，有关区县局基层工会和职工代表出席了会议，并当场进行了法律咨询。

3月18～20日 中共中央政治局委员、全国人大常委会副委员长、中华全国总工会主席王兆国与中共中央政治局委员、中共天津市委书记张立昌一起考察了天津市职工联合服务中心、困难职工救助中心和津工体健中心，深入到天津第一机床总厂，看望了困难职工和劳模代表。王兆国在津期间还与部分区县局工会主席进行座谈，并听取了天津市总工会工作汇报。

3月18～20日 中华全国总工会宣传思想工作会议在天津保税区召开，来自全国各省市、自治区、直辖市工会副主席和宣教部长，各全国产业工会及副省级城市工会副主席共130人出席会议。

3月18日 中华全国总工会“五一文化奖”首次颁奖仪式举行。全国总工会副主席、书记处第一书记张俊九，全国总工会副主席、书记处书记黄彦蓉，市委常委、天津市总工会主席散襄军，全国总工会原副主席、书记处书记李奇生向获得“五一文化奖”的单位颁发奖杯和证书。天津市选送的《老两口上网》（山东柳琴），获曲艺类“五一文化奖”。《新的起点》获小品类“评委提名奖”。舞蹈《百炼成钢》、小品《竞选》获入围奖。天津市总工会获得优秀组织奖。天津市总工会副主席张子鹏代表天津市总工会领奖。

同日 中国职工文化体育协会第一次全国会员代表大会在天津隆重召开，中国职工文化体育协会正式成立。大会通过中国职工文化体育协会章程，选举产生了协会首届理事会，并选举产生了协会会长、副会长、秘书长及常务理事。中华全国总工会副主席、书记处书记黄彦蓉当选为中国职工文化体育协会会长。天津市总工会副主席张子鹏当选为常务理事。来自全国31个省市、自治区、直辖市总工会和副省级城市、省会城市职工文化体育协会、18个全国产（行）业文化体育协会、10个全国产业工会共128名代表参加了第一次全国会员代表大会。

3月19日 天津市总工会副主席张子鹏陪同中华全国总工会副主席、书记处书记黄彦蓉、全国总工会宣教部长谷常生及出席全国工会宣传思想工作会议的各省市领导参观考察了开发区保税区工会联合会，天津港务局，保税区汽车城和天津市总工会联合服务中心、困难职工帮扶中心、津工体健中心。天津市总工会副主席李泮祥就天津市总工会三个中心的基本情况向中华全国总工会及各省市领导做了详细介绍。

3月20日 天津市总工会副主席张子鹏在全国工会宣传思想工作会议上作了题为“求真务实，创新发展，努力实现工会宣传思想工作新突破”的经验交流。

同日 第八届全国职工职业道德建设“双十佳”表彰大会在天津召开。中共中央政治局委员、全国人大常委会副委员长、中华全国总工会主席王兆国和中共中央政治局委员、中共天津市委书记张立昌向全国职工职业道德建设“十佳单位”和“十佳标兵”颁发奖牌和奖章，并首次分别授予他们全国“五一劳动奖状”和“五一劳动奖章”。天津市困难职工救助中心获得本届全国职工职业道德建设“十佳单位”荣誉称号和全国五一劳动奖状，天津市总工会副主席刘凤山代表“十佳单位”发言。同时，天津市友谊商厦获得全国职工职业道德建设先进单位称号。王玉成、苗起瑞获全国职工职业道德建设先进个人称号。出席表彰大会的还有市委常委、天津市总工会主席散襄军以及中宣部、中央文明办、国家发展和改革委员会、商务部、国务院纠风办等部门的有关领导。

同日 天津市总工会教育工会召开基层工会组织工作会议，天津市总工会副主席赵洪莉出席会议并讲话。各高校直属单位、各区县教育工会以及部分中小学工会代表100余人参加会议。会上，市教育工会表彰了2003年度工会工作先进单位和先进个人。天津财经学院工会、河北区教育工会、武清区教育工会做了经验介绍。市教育工会主席秦砖做工作报告。天津市总工会副主席赵洪莉代表天津市总工会讲话。

3月22日　天津市总工会城建工委与市委规划建设工委、市建委有关部门在第一工人文化宫召开了第二十次工作联席会议。会议由天津市总工会副主席安亭洲同志主持。会上，天津市总工会城建工委主任张怀义同志通报了第十九次党政工确定重点工作完成情况，并研究确定了合力推动的重点工作。市委规划建设工委副书记郑建民同志、市建委副主任苏文利同志到会并讲话。

4月6日和8日　天津市总工会举办工会系统资产普查工作培训班。天津市总工会副主席、天津市总工会资产普查领导小组副组长安亭洲到会并讲话。天津市总工会机关有关部门、津工集团所属企事业单位、18个区县及所属的文化宫、俱乐部的财务、资产负责人参加了培训。

4月8日　天津市总工会在职工之家召开会议，传达贯彻全国工会宣传思想工作会议精神。天津市总工会副主席张子鹏出席会议并讲话。各区县局、集团（总公司）工会宣教部长等120余人参加了会议。

4月12～15日　华北、东北、西北地区教育工会工作研讨会在天津召开。全国教科文卫体工会主席张宏遵、副主席由国栋及有关领导出席会议。中共天津市委教卫工委副书记杨希禄、天津市总工会副主席张子鹏在会议期间看望了全体代表。天津市总工会副主席赵洪莉出席会议并讲话。

4月13日　部分市人大常委会组成人员和人大代表对天津市贯彻落实工会法及其《天津市实施〈工会法〉办法》的贯彻执行情况进行视察。中共天津市委常委、天津市总工会主席散襄军陪同视察。市人大常委会副主任王德惠、王述祖、梁肃和全国人大常委会委员庄公惠等有关领导参加了视察。

4月14日　天津市总工会召开区县新建企业建会工作会议，总结部署建会工作。天津市总工会副主席张子鹏出席会议并讲话。

4月16日　天津市职工素质工程领导小组办公室会议在天津市总工会召开。领导小组成员、天津市总工会副主席张子鹏出席会议并讲话。会上，办公室负责人总结了2003年全市职工素质工程工作情况，并就2004年重点工作进行了安排部署。各委办局有关部处负责同志通报了2004年各系统围绕实施职工素质工程，重点开展的工作和活动。

4月19～20日　天津市工运理论研究会召开二届三次理论会暨举办工会领导干部工运理论研修班。天津市总工会副主席张子鹏出席会议并讲话。天津市总工会副主席李泮祥、安亭洲出席会议。会上，总结部署了工运理论研究会的工作，通过了关于增补、替补市工运理论研究会第二届理事会理事等项决定，并安排了三讲专题辅导报告。

4月19～21日　天津市总工会与市劳动和社会保障局联合对区县局、集团（总公司）及基层百余名工会干部进行培训。天津市总工会副主席刘凤山出席并做开班动员。培训班聘请了有关方面专家就劳动保障监察、劳动争议处理及办案规则、工伤保险条例、劳动就业及涉及职工权益等方面的法律法规和政策方面内容进行了授课，随后对参训人员进行了考试。考试合格者将取得由市劳动和社会保障局颁发的《劳动保障法律监督员证》，有权依法对用人单位用工情况进行监督。

4月22日 天津市总工会召开学习新的《集体合同规定》座谈会暨新形势下民主管理工作研讨会。天津市总工会副主席赵洪莉、市劳动和社会保障局有关负责同志出席会议并讲话。机电控股集团工会、柯雅美术材料有限公司等十五个集团（总公司）和基层工会分管主席和民管干部参加了会议。

4月27日 天津市总工会、市委规划建设工委、市建委联合在天津市总工会召开规划建设系统建筑行业进城务工人员工会成立暨表彰大会。市委常委、天津市总工会主席散襄军为天津市总工会建筑行业进城务工人员工作委员会成立揭牌并作了重要讲话。会议由天津市总工会副主席安亭洲主持，刘凤山副主席宣读了关于成立天津市总工会建筑行业进城务工人员工作委员会的批复，市建委副主任郭俊杰宣读了对做出突出成绩的20名优秀进城务工人员、10个优秀分包队、10个优秀项目工会的表彰决定，市委规划建设工委副书记郑建民对进一步推动规划建设系统进城务工人员工会组建和维权工作提出了具体要求。会上，播放了城建集团一、二公司组建进城务工人员工会，开展维权工作经验的电视片，河北省驻津建管处、南华建筑安装公司、进城务工人员马凤翔分别介绍了经验。各区县工会主管主席和来自规划建设系统有关局、集团总公司及所属施工企业、外地驻津办事处、区县建管站、进津总承包企业和专业承包企业的党政工领导和进城务工人员代表近200人参加了会议。

4月27日 天津市总工会经费审查委员会召开十四届十三次全委会。会上，传达了中华全国总工会经审委十四届二次全体会议精神，听取和审议了天津市总工会本级2004年第一季度经费预算执行情况的报告和天津市总工会本级2004年度经费预算调整情况的报告，并审议了经审工作目标考核评比办法（修改稿）。

4月28日 天津市总资产普查领导小组召开会议，听取工作进展情况汇报。天津市总工会副主席、天津市总工会资产普查领导小组副组长安亭洲在肯定成绩的同时，明确提出了下一步的工作要求。

4月29日 天津市庆祝“五一”国际劳动节大会在天津礼堂隆重召开。会上，表彰了天津市2004年度全国“五一”劳动奖章、奖状的获得者和天津市2003年度“十五”立功先进个人、先进集体和先进单位。中共中央政治局委员、市委书记张立昌会前接见了先进个人和集体代表并发表重要讲话。市委副书记、市长戴相龙，市委副书记、市人大常委会主任房凤友，市委副书记刘胜玉，邢元敏，市委常委、市委秘书长王文华，市委常委、天津市总工会主席散襄军参加会见。散襄军在大会上讲话。会议由天津市总工会副主席张子鹏主持，王连金副主席宣读了表彰决定。天津市总工会副主席李泮祥、安亭洲、刘凤山、赵洪莉同志，各部委办、区县局负责同志和工会主席等出席了会议。

5月1日 天津市职工庆祝“五一”国际劳动节游园大联欢暨第二届职工体育健身系列活动启动仪式在第二工人文化宫隆重举行。中共天津市委常委、天津市总工会主席散襄军，市人大常委会副主任左明，市政协副主席卢金发，老同志潘义清以及市体育局局长韩振铎，市级机关工委常务副书记苏兰洲，市机关事务管理局党委书记于长生，天津市总工会副主席张子鹏、李泮祥、安亭洲、刘凤山、王连金、赵洪莉等领导出席了庆祝活动。左明为天津市职工足球比赛开球，卢金发为天津市职工第23届“五一”长跑比赛鸣枪。有关区县局和基层党政工负责以及来自全市各行各业的劳模先进和职工代表参加了游园活动。

同日 “一宫杯”2004年天津职工读书节启动仪式在第一工人文化宫隆重举行。中共天津市委常委、天津市总工会主席散襄军，市政协副主席卢金发，潘义清出席启动仪式。出席启动仪式的还有市委宣传部、天津市总工会、市新闻出版局、今晚报社等主办单位和有关方面的领导及来自全市各行各业的职工群众和各界代表。启动仪式上，市作协副主席航鹰发表了热情洋溢的致辞。市领导与读书节主办单位的领导一起，向来自全市各行各业的模范先进人物和优秀班组的代表赠送了书籍。

同日 天津市总工会津工集团职工住房合作社举行“五一阳光”住宅小区隆重推出仪式暨住宅客户认购咨询活动。市委常委、天津市总工会主席散襄军为“五一阳光”住宅小区揭幕。天津市总工会副主席张子鹏、安亭洲、刘凤山、王连金、赵洪莉等领导出席了揭幕仪式。

5月8～18日 应日本日中协力促进会和韩国仁川市工会的邀请，天津市经审、财务干部代表团一行16人赴日本、韩国访问。

5月9～16日 应日本连合三重三泗地域协议会的邀请，以天津市总工会副主席刘凤山为团长的天津市工会代表团一行6人赴日本访问。

5月13日 天津市总工会在职工之家召开“天津市国有企业改制民主管理工作交流会”。市委常委、天津市总工会主席散襄军出席会议并作重要讲话。会议由天津市总工会副主席李泮祥主持，赵洪莉副主席就《天津市总工会关于在国有企业改制工作中充分发挥工会和职代会作用的意见》作了说明。天津市总工会副主席安亭洲、王连金等领导及有关方面负责出席了会议。会上，机电控股集团工会、玻璃总公司工会、风船化学试剂科技有限公司工会等单位介绍了经验。

5月16～26日 应日本日中协力促进会和韩国劳动组合总联盟仁川广域市地域本部的邀请，以天津市总工会副主席李泮祥为团长的天津市工会代表团一行10人赴日本、韩国访问。

5月17日 天津市总工会城建工委在中铁十八局召开了天津市工运理论研究会城建分会2003年度调研成果发布会。天津市总工会副主席安亭洲到会并讲话。会上，评选出一等奖5个、二等奖6个、三等奖9个、优秀奖22个，并予以表彰。

5月17～26日 应俄罗斯独立工会联合会和全波兰工会协议会的邀请，天津市总工会副主席赵洪莉随中国工会代表团赴俄罗斯、波兰进行友好访问。

5月20～21日 中华全国总工会中华全国总工会在北京召开全国工会促进再就业工作经验交流会。中共中央政治局委员、全国人大常委会副委员长、中华全国总工会主席王兆国出席大会并作重要讲话。市委常委、天津市总工会主席散襄军带领天津市总工会有关部门负责同志出席了会议。天津市总工会副主席刘凤山在大会上介绍了天津市工会系统在市委的领导下积极协助政府做好再就业工作的经验做法和成效，并得到中华全国总工会领导和各地工会的充分肯定。

5月23日至6月4日 应澳大利亚墨尔本市政府和墨尔本市工会邀请，以天津市总工会副主席安亭洲为团长的天津市工会代表团一行14人赴澳大利亚访问。

5月24～27日 全国人大常委会委员、全国人大内司委副主任委员刘珩，全国人大常委会委员、全国人大内司委委员李明豫等一行五人到津，就天津市贯彻执行工会法情况进行调研。中共天津市委副书记、市人大常委会主任房凤友会见了全国人大内司委调研组一行，介绍了天津市实现“三五八十”四大奋斗目标，实施“三步走”战略并取得的巨大成绩和工会工作。市委常委、天津市总工会主席散襄军，市人大常委会副主任邢军对调研组到津表示热烈欢迎。市人大常委会副主任王述祖向调研组汇报了天津市近年来经济和社会发展取得的主要成就和贯彻落实工会法的工作情况，并并陪同调研。调研组一行到天津市总工会、钢管公司、开发区保税区工会联合会、武清区等地进行调研。天津市总工会副主席张子鹏汇报了天津工会系统贯彻落实工会法情况，刘凤山副主席全程陪同调研组进行调研。全国人大内司委对天津工会工作给予了充分肯定，并认为值得在全国推广。

5月29日 天津市总工会联合周恩来邓颖超纪念馆、科学技术馆、市妇女儿童保健中心举行“庆‘六一’献爱心，健康快乐母子行”活动启动仪式，为孩子们送上节日的礼品和关爱。市委常委、天津市总工会主席散襄军出席活动并讲话。天津市总工会副主席王连金主持启动仪式，市卫生局副局长田惠光及有关方面的负责同志出席了启动仪式。

6月2～10日 天津市总工会副主席王连金带领天津市总工会有关部门负责人，深入到渤海化工、一轻、二轻、医药集团和交通局所属的13家企业，就工会组织在国有、集体企业改制工作中发挥作用、维护职工合法权益方面的情况进行调研，听取有关安全生产、劳模管理、女职工劳动保护等方面的情况汇报。

6月4日 一轻、二轻、纺织、中环电子、建材、市社六个总公司、集团工会正式建立困难职工帮扶站。天津市总工会副主席刘凤山出席建站仪式。

6月10日 天津市总工会召开工会系统促进再就业工作会议。天津市总工会副主席李泮祥主持会议，天津市总工会副主席刘凤山作工作报告。天津市总工会副主席张子鹏、王连金、赵洪莉以及有关方面的负责人出席会议。

6月14～24日 天津市总工会副主席李泮祥、安亭洲带领天津市总工会有关方面负责分别深入到工交、财贸、城建、区县等系统工会进行专题调研。听取了各系统、各行业、各单位上半年工作的进展情况汇报，了解工作中的实际问题，研究解决问题的办法和进一步推动工作的对策建议。

6月19日 中共天津市委副书记、市人大常委会主任房凤友在职工素质工程简报第57期《‘海鸥’打造蓝领团队，激励机制育人才》一文上做出重要批示：“海鸥手表集团公司培育技能人才的经验很好，值得总结、学习和推广。”22 日，中共天津市委常委、天津市总工会主席散襄军作出批示：“认真落实凤友书记批示精神，总结推广‘海鸥’手表集团的经验，推动全市职工素质工程取得实效”。

6 月 20 ~ 30 日 应台湾中华联合总工会的邀请，以天津市总工会副主席王连金为团长的天津市工会代表团一行 11 人应邀访台。

6 月 21 日 天津市总工会、市安全生产监督管理局联合召开“天津市‘安康杯’竞赛经验交流暨总结表彰大会”。天津市总工会副主席王连金出席大会并讲话。天津市安监局局长张时善主持会议。大会表彰了中华全国总工会和国家安全生产监督管理局命名的 20 个先进企业、3 个优秀组织单位、6 名全国“安康杯”竞赛的优秀组织个人；同时还表彰了天津市 54 个优胜企业、24 个优秀组织单位、15 名优秀组织个人。

6 月 23 日 天津广播电视电影集团工会召开第一次代表大会。天津市总工会副主席赵洪莉出席大会，代表天津市总工会对广播电视电影集团工会成立表示热烈祝贺，并对今后的工会工作提出要求。

6 月 23 日至 25 日 天津市总工会经费审查委员会召开经审工作会议。天津市总工会副主席张子鹏代表散襄军主席到会看望了与会人员，并对提高工会经审工作水平提出了希望和要求。会上，颁发了新修改的《关于区县局、总公司（集团）工会经费审查委员会工作目标考核评比办法（试行）》。

6 月 25 日至 7 月 9 日 应德国魏玛包豪斯大学的邀请，天津市城建系统工会代表团一行 22 人应邀访问德国。

6 月 29 日 天津市总工会联合市经济委员会、市财政局、市劳动和社会保障局、市国税局、市地税局、市工商局、开发银行天津分行、天津海关等单位正式成立了创业者服务中心。该中心专门服务于下岗失业人员及基层企业。天津市总工会副主席张子鹏、刘凤山和各有关单位的负责同志出席了中心成立仪式。

6 月 30 日 天津市总工会召开纪念“七一”暨“树立和落实科学发展观”学习交流会。市委常委、天津市总工会主席散襄军出席会议并作重要讲话。会议由天津市总工会副主席张子鹏主持，李泮祥副主席宣读了天津市总工会党组关于表彰张子正、高嫱的决定，授予他们优秀共产党员称号，命名他们的岗位为优秀共产党员示范岗。天津市总工会副主席安亭洲、赵洪莉等领导出席会议。会上，天津市总工会机关党委授予保障部党支部等 5 个基层党组织先进党支部称号；授予何长海等 21 人优秀共产党员称号；授予张怀义等 5 人优秀党务工作者称号。津工集团艾战军等 25 人、消费合作社等 4 个基层党组织和董建国等 6 人党务工作者同时受到表彰。天津市总工会领导向受到表彰的先进集体、个人颁发了奖牌、荣誉证书。天津市总工会机关 7 名党员、干部向大家介绍了他们的先进事迹及树立和落实科学发展观的学习体会。

7 月 2 日 天津市总工会召开推行《天津市职工素质工程目标管理评估体系》专题会议。天津市总工会副主席张子鹏出席会议并讲话，各区县局、总公司（集团）负责职工素质工程实施工作的150余名同志参加了会议。

7月7日 中共天津市委常委、天津市总工会主席散襄军带队到财贸系统利金粮油股份有限公司就实现下岗职工高水平规模就业进行慰问和调研。天津市总工会副主席安亭洲和天津市总工会有关部门负责人陪同调研。

7月8日 天津市总工会召开区县工会工作汇报会议。市委常委、天津市总工会主席散襄军出席会议并做了重要讲话。会议由天津市总工会副主席张子鹏主持，李泮祥副主席通报了上半年区县工会重点工作的进展情况。全市18个区县和开发区保税区分管工会的副书记、工会主席参加了会议。会前，散襄军和张子鹏、李泮祥、安亭洲、刘凤山、王连金、赵洪莉等天津市总工会领导同志陪同各区县领导，参观了市职工联合服务中心、市困难职工救助中心、天子码头售货棚亭和津工体健中心。

7月9日 天津市总工会女职工委员会在塘沽区总工会召开"'女职工建功立业工程'现场推动会"。天津市总工会副主席、天津市总工会女职工委员会主任王连金出席会议并讲话。

7月13日 天津市规划建设系统帮扶特困职工推动组在天津市总工会召开工作例会，总结上半年帮扶特困职工工作。市委规划建设工委副书记郑建民、天津市总工会副主席安亭洲及有关部门负责同志出席了会议。

7月14日 天津市总工会副主席王连金带队到外贸纺织品进出口公司调研。

同日 天津市总工会召开"天津市集体协商集体合同调研评估活动总结会"。天津市总工会副主席赵洪莉出席会议并讲话。

7月15日 天津市总工会召开天津市区县局工会领导干部会议。总结上半年工作，部署下半年任务。市委常委、天津市总工会主席散襄军出席会议并作重要讲话。会议由天津市总工会副主席张子鹏主持，李泮祥、安亭洲、刘凤山、王连金、赵洪莉副主席出席会议。各区县局工会、天津市总工会机关各部门和津工集团直属劳福事业单位主要负责人200多人参加了会议。

7月17日 天津市第二届职工体育健身系列活动中之一的"立飞杯"职工足球赛在津工体健中心足球场落幕。市委常委、天津市总工会主席散襄军，老同志潘义清，天津市总工会副主席张子鹏、安亭州等领导出席并为优胜队颁奖。

7月21日至8月4日 天津市总工会副主席张子鹏为团长的天津市工会代表团一行11人，应德国萨克森州工会联合会和西班牙中小企业工会联合会的邀请访问德国、西班牙。

7月22日 应中华全国总工会的邀请，以联合会长森清为团长的日本工会总联合会代表团一行3人抵天津市参观访问。中共天津市委常委、天津市总工会主席散襄军会见并宴请了代表团一行。天津市总工会副主席李泮祥、赵洪莉一同参加了会见。

同日 天津市百货大楼集团有限公司举办首届职工文化节暨服务品牌命名大会。天津市总工会副主席安亭洲出席并讲话。

7月22～23日 天津市总工会召开区县总工会困难职工帮扶中心工作研讨交流会。天津市总工会副主席李泮祥、刘凤山出席会议并讲话。

7月26日 天津市总工会十四届经费审查委员会召开第十四次全委会。会议听取和审议了财务部负责同志所作的天津市总工会本级2004年上半年经费预算执行情况的报告，审议批准了经审办提供的对区县局、总公司（集团）工会2003年度经审工作考核评比结果情况的报告。

7月27日 天津市总工会召开民主管理工作领导小组协调会。天津市总工会副主席赵洪莉出席并对下半年进一步推进民主管理工作提出了具体要求。

7月28日 中共天津市委常委、天津市总工会主席散襄军带领市委规划建设工委、市建委、天津市总工会有关领导，深入到建工集团总承包公司、六建公司承建的奥林匹克中心体育场和城建集团二公司改建的地铁1号线西南角站，对进城务工人员进行暑期慰问。

8月2日 中共天津市委常委、天津市总工会主席散襄军到财贸系统二商集团明日通衢家政服务公司进行慰问调研。天津市总工会副主席刘凤山，二商集团党委书记秦嘉琪、总经理季宝华、副总经理张洪起、工会主席段有昌等领导及有关方面的负责同志参加了调研活动。

8月3日 天津市工会促进再就业表彰推动会议在职工之家召开。中共天津市委常委、天津市总工会主席散襄军出席会议并作重要讲话。天津市总工会副主席李泮祥主持会议，刘凤山副主席在会上宣读了表彰决定。天津市总工会副主席安亭洲、王连金出席会议。各区县局、总公司（集团）工会分管保障工作的副主席及干部和天津市总机关各部门、劳福企事业单位负责人，创业者服务中心成员单位领导、工会再就业基地的行政负责人、创岗明星、新发展的再就业服务联社负责人等300余人参加了会议。

8月3～6日 中共天津市委教卫工委、市教委组织召开“高等院校改革发展座谈会”。天津市总工会副主席赵洪莉出席会议并讲话。

8月10～13日 天津市总工会副主席王连金带领全市工会系统劳动保护监督检查团，对天津市建材集团、宝坻区、开发区泰达市政工程局、一航局四公司等单位进行安全检查，重点听取了区、局（集团）和基层工会在事故发生后在安全整改方面所做的工作、采取的措施和职工安全教育、专业培训等情况汇报。

8月12日 天津市“共铸诚信”职工主题辩论赛决赛在第一工人文化宫举行。天津市总工会副主席张子鹏、安亭洲出席活动并为获奖代表队和最佳辩手颁发奖杯和证书。

8月17日 天津市总工会举行“托起明天的希望——天津市工会2004年万名助学活动启动仪式”。市委常委、天津市总工会主席散襄军出席活动并作重要讲话。启动仪式由天津市总工会副主席刘凤山主持，安亭洲副主席出席。天津市总工会保障部、女工部负责人，部分区县局、总公司（集团）工会的保障工作干部及部分受助学生代表和家长代表参加了活动。

8月28日 天津市总工会和华夏医院共同举办华夏扶困助学活动。市委常委、天津市总工会主席散襄军出席活动。天津市总工会副主席刘凤山出席并讲话。活动仪式上，有关方面领导向

10 名受助学生代表发放了助学金，受助学生代表苗欣进行了发言。

9 月 3 日 中共天津市委常委、天津市总工会主席散襄军到汉沽区就进一步加大建会工作力度进行调研和督察指导。天津市总工会副主席李泮祥及天津市总工会有关部门负责同志陪同调研。

9 月 3 ~ 4 日 国务院在京召开全国再就业工作表彰会。会上，天津市困难职工帮扶中心被授予全国再就业工作先进单位荣誉称号，天津市总工会副主席、市困难职工帮扶中心主任刘凤山出席会议并上台领奖。

9 月 3 ~ 8 日 全国职工“共铸诚信”系列活动主题辩论赛“大庆石化杯”决赛在黑龙江省大庆市举行。经过各地初赛选拔，共有 12 支代表队参加决赛。经过激烈角逐，天津代表队荣获铜奖。

9 月 7 ~ 20 日 天津市总工会副主席张子鹏、李泮祥、安亭洲、刘凤山、王连金、赵洪莉等领导同志分别带队，深入到区县局、总公司（集团）工会及基层单位，就工会组建，工会维权，增强基层工会活力等方面的重点工作进行调研和督察指导。

9 月 8 日 全国亿万职工健身行动展示大会天津职工体育代表团出征仪式在天津市总工会八号会议厅隆重举行。在出征仪式上，市委常委、天津市总工会主席散襄军代表市委、市政府向天津职工体育代表团授代表团团旗，并向全体运动员、教练员和工作人员致以亲切的慰问，同时提出明确要求。天津市总工会副主席、市职工体育代表团副团长张子鹏代表天津职工体育代表团全体成员讲了话。

同日 天津市教育工会举行庆祝教师节先进模范教师座谈会暨颁奖仪式。市委常委、天津市总工会主席散襄军出席并讲话。天津市总工会副主席张子鹏、赵洪莉出席会议。会上，受中国教科文卫体工会全国委员会的委托，天津市总工会领导向获得“全国师德标兵”“全国师德先进个人”称号的天津市 12 名教师颁奖。

9 月 8 日 天津市教育工会在天津大学举行向万名教师赠送“尊师保险信用卡”仪式。天津市总工会副主席赵洪莉出席并讲话。教师节期间，市教育工会向全市一万名教师免费赠送保险。

9 月 10 日 中共天津市委常委、天津市总工会主席散襄军到东丽区就落实“组织起来、切实维权”工作情况进行调研和督察指导。天津市总工会副主席安亭洲及天津市总工会有关部门负责同志陪同调研。

9 月 10 ~ 17 日 由全国总工会、国家体育总局联合举办的庆祝建国 55 周年全国亿万职工健身行动展示大会在黑龙江省大庆市举行。天津职工体育代表团参加了三大类 18 个项目的比赛，共获得奖牌 35 枚。其中，团体、个人比赛项目获得金牌 28 枚，银牌 6 枚，铜牌 1 枚。此外，天津职工体育代表团还分别获得优秀组织奖、优秀领队奖和优秀教练员奖。

9 月 10 ~ 21 日 应日本日中协力促进会和韩国劳动组合总联盟仁川广域市本部的邀请，天津市工会代表团一行 14 人访问日本、韩国。

9 月 18 日 南开区教育工会召开第一次代表大会。天津市总工会副主席张子鹏出席大会并讲话。

9月24日 天津市总工会、市委农工委、市农委、市委市级机关工委、市委政法委、市委开发区保税区工委、市烹饪协会等单位在东丽区宾馆，举办天津市职工迎国庆55周年“东丽杯”技能大赛。天津市总工会副主席张子鹏、安亭洲、刘凤山、王连金、赵洪莉，市级机关党委副书记于景文、静海县委副书记陈立东、东丽区委副书记秘长荣、副区长迟广智等领导出席。天津市总工会副主席张子鹏在颁奖仪式上讲了话。各区县、市级机关、政法、开发区保税区、农口局（公司、院）等单位300多人参加了竞赛活动。

9月25日 天津市总工会副主席刘凤山带领天津市总工会保障部有关负责同志入户慰问纺织、机电、中环电子、一轻、二轻、冶金、交通局、河西、飞鸽等9个区局、总公司（集团）的特困企业工作在送温暖一线的王慧荣等10名工会干部。刘凤山同志转达了市委常委、天津市总工会主席散襄军和天津市总工会对他们的亲切问候，并为他们送上慰问金和慰问品。

9月26日 天津市总工会在第二工人文化宫前广场隆重举行天津市职工“歌唱祖国、歌唱天津”国庆联欢会。市委副书记、市人大常委会主任房凤友，市委常委、天津市总工会主席散襄军，市人大常委会副主任左明，市政协副主席曹秀荣，潘义清以及天津市总工会副主席张子鹏、李泮祥、安亭洲、刘凤山、王连金、赵洪莉以及工会前任领导，市各部委办局党政工负责人和来自全市各条战线的劳动模范、职工代表、进城务工人员代表等2000余人出席了联欢会。散襄军在致辞中代表市委、市人大、市政府、市政协向全市人民和广大职工致以节日 的问候和衷心的祝愿。

9月27日 中共天津市委规划建设工委、市建委、天津市总工会城建工委在第二工人文化宫联合举行了“迎国庆、颂祖国、赞天津”职工文艺汇演。市委规划建设工委副书记郑建民、宋爱新，市建委副主任苏文利、郭俊杰，天津市总工会副主席张子鹏、安亭洲等有关方面领导出席并和规划建设系统的干部、职工、劳动模范、进城务工人员1100余人观看了演出。

9月28日 中共天津市委常委、天津市总工会主席散襄军出席中共河北区委召开的河北区工会工作会议并讲话，强调工会组织要为夯实党的执政基础，实现党的历史任务做出新的贡献。

同日 中共天津市委、市政府召开“天津市再就业工作表彰大会”。市困难职工帮扶中心被授予天津市再就业工作先进单位称号；由工会系统推荐的天津市消费合作总社和天津市蓝图再就业服务有限责任公司的李兰云同志，分别被授予天津市再就业先进企业和天津市再就业优秀个人称号。

同日 天津市参加首都国庆55周年庆祝活动的劳模代表一行六人赴京。市委常委、天津市总工会主席散襄军出席天津市总工会举行的欢送仪式并讲话。天津市总工会副主席王连金主持了欢送仪式。此次进京的劳模代表是：天津百货大楼汝舜电器分公司经理邱汝舜、建工集团三建公司副总工程师范玉恕、天津大学国家精密仪器学院教授、院士叶声华、河北区环卫局津门时传祥服务中心工人顾月海、南开中学校长康岫岩、中环半导体有限公司总经理禄大新。

同日 天津市总工会命名天津市兴耀商贸有限公司为工会送温暖基地、工会再就业服务联社，并在兴耀消费品批发市场举行了揭牌仪式。市委常委、天津市总工会主席散襄军及东丽区委书记张有会出席。揭牌仪式由天津市总工会副主席李泮祥主持，东丽区总工会主席张雷洪等有关方面负责出席活动。

9月 天津“五一艺术团”正式成立。该团是在天津市总工会领导下，隶属天津市文化协会的业余表演团队。其前身是天津市职工艺术团。天津“五一艺术团”下设六个分团，分别是民族歌舞团、合唱团、京剧团、曲艺团、朗诵艺术团和舞蹈表演团。

同月 中共天津市委宣传部、天津市总工会联合组织了天津市“五一新闻奖”评选活动，全市共上报参评作品37篇。经评审，评选出一等奖作品8篇，二等奖作品12篇，三等奖作品17篇。市委宣传部和天津市总工会对获奖作品予以表彰，颁发了证书和奖金。天津市总工会对获得一等奖的作者，在个人申报的基础上，授予了天津日报社刘平等7位同志2003年度天津市“十五”立功活动先进个人称号。在全市选送作品参评全国“五一新闻奖”活动中，天津日报刘平选送的《四大体系助推规模就业》获得一等奖，天津电视台王若昀、张东选送的《发挥工会组织优势搭建规模就业平台》获得二等奖，天津电台王栋选送的《劳模公司品牌闯市场的启示》和天津电视台孙涛选送的《“绿卡”——困难职工的安稳卡》获得三等奖。

10月10日 天津市总工会副主席张子鹏向机关全体离休干部通报天津市总工会全年的工作情况和当前的主要任务。

10月11～12日 天津市劳动模范大型义诊咨询活动在天津市职工医院举行。市委常委、天津市总工会主席散襄军亲临活动现场看望和慰问了参加义诊的劳模、医务工作者及有关人员。天津市总工会副主席安亭洲、刘凤山、王连金出席慰问活动。来自全市16家医院的80多名专家和医务工作者现场为劳模义诊咨询服务，全市近3000名退休劳模参加了活动。全市9家制药企业提供了价值几十万元的药品加盟义诊活动。

10月11～21日 根据定期慰问老干部的制度并按照中共天津市委常委、天津市总工会主席散襄军同志的要求，天津市总工会老干部处负责同志在“老年节”前对机关离退休老主席和全体离休干部进行了慰问

10月17～19日 由中华全国总工会、教育部、劳动和社会保障部等九部委联合召开的全国“创建学习型组织、争做知识型职工”活动现场推进会在山东省青岛市召开。天津市总工会副主席张子鹏和天津市总工会有关部门及市教委、市劳动和社会保障局负责人参加了大会。大会授予天津石化公司为“全国创建学习型组织、争做知识型职工活动示范单位”荣誉称号。全市有5个班组荣获“全国职工创新示范岗”荣誉称号，有7名职工荣获“全国职工创新能手”荣誉称号。天津石化公司在会上作了经验介绍。

10月22日 天津市总工会女职工委员会举办防治艾滋病知识讲座，邀请了市卫生防病中心的朱效科主任进行专门授课。天津市总工会副主席、天津市总工会女职工委员会主任王连金出席

并讲话。各区县局、总公司（集团）工会的分管主席、女工部长参加了培训。

10月26日 天津市总工会和市工商业联合会在职工之家举办“共谋发展，共筑诚信，为实现天津‘三步走’战略第二步目标做出贡献——天津市总工会与民营企业家座谈会。”市委常委、天津市总工会主席散襄军，市人大常委会副主任、市工商联合会长张元龙出席会议并讲话。天津市总工会副主席张子鹏、李泮祥、安亭洲、刘凤山、王连金、赵洪莉出席活动。近60名民营企业家和有关方面人士共80多人参加了座谈会。天津滨海投资集团股份有限公司、天津市日商卫生保健用品有限公司、德利得集团的代表，在座谈会上就民营企业的发展和加强工会工作作了发言。

同日 天津市总工会召开“钢管杯”天津市职工第24届万名棋手大赛新闻发布会。天津市总工会副主席张子鹏、安亭洲，市体育局、今晚报社、钢管集团公司、市职工体育协会、河西区总工会、天津体育馆等单位的负责同志出席了会议。全市和中央驻津主要新闻单位的负责人和记者参加了会议。

10月28日 天津市总工会城建工委召开2005年度天津工人报发行工作会议。天津市总工会副主席安亭洲到会并讲话。

11月1日 全国“百佳班组”评选揭晓。天津市女子排球队、天津市自来水集团有限公司供水热线服务网络中心、天钢集团有限公司第二炼钢厂转炉工段乙班三组荣获第四届全国职工职业道德建设百佳班组称号。天津市东丽区大毕庄农村信用合作社营业厅、天津市红旗饭庄有限公司厨房部、天津市汽车运输一场天环客运站、天津港集装箱码头有限公司固修站零修工段荣获全国职工职业道德建设先进班组称号。

11月2日 天津市总工会召开“天津市工会法人资格登记工作会议”。天津市总工会副主席刘凤山出席会议并讲话，对工会法人资格登记工作进行了全面部署，同时就工会法制化建设提出了新的要求。各区县局、总公司（工会）分管主席和工会干部参加了会议。

11月3～4日 全国厂务公开民主管理经验交流会在武汉召开。中共天津市委常委、天津市总工会主席、市厂务公开民主管理工作领导小组副组长散襄军代表中共天津市委在大会上作了题为《完善领导责任制度，确保厂务公开民主管理规范运行》的发言。市纪委常委闫堃、天津市总工会副主席赵洪莉等有关负责人参加了会议。

11月6日 天津市总工会、市体育局、今晚报社和钢管集团有限公司主办，市职工体育协会、河西区总工会、天津体育馆承办的“钢管杯”天津市职工第24届万名棋手大赛开幕式在天津体育馆隆重举行。市委常委、天津市总工会主席散襄军、市人大常委会副主任左明，副市长孙海麟，市政协副主席曹秀荣，老同志吴振、郭春原、鲁学政、潘义清、陶毅民，总工会副主席张子鹏、李泮祥、安亭洲、刘凤山、王连金、赵洪莉等领导同志，市各有关部门和各区县局、总公司（集团）的党政工领导和来自全市各条战线的劳动模范和职工代表、进城务工人员代表及参赛职工棋手等3千余人出席了开幕式。开幕式上，市委常委、天津市总工会主席散襄军向给予本届大赛倾力支持的钢管集团有限公司党委副书记臧忠恕颁发了纪念奖杯。天津市总工会副主席张子鹏致辞。由工业、交通、城建、财贸、金融、农林水利、教育、政法和新闻界等系统的职工代表，中外合资、外资和民营企业的职工代表，进城务工人员、大学生、解放军代表组成的、象征北京奥运的2008名棋手同场同时进行1004盘中国象棋的对垒赛。两位中国象棋女大师吴菊花、吴奕应邀出席了开幕式，并进行了快棋赛表演。设在赛场中央的196平方米的巨大特制棋盘上，由32名少儿扮演的“棋子”，演绎两位大师的走棋招法。比赛结束，经市体育局对比赛的鉴定和公证处公证后，上海大世界基尼斯总部向大赛组委会颁发了《基尼斯中国象棋比赛世界之最》证书。

11月11～12日 应中国能源化学工会的邀请，以日本化学能源矿山劳协副议长铃木辰男为团长的日本化学能源矿山劳协代表团一行5人抵天津市参观访问。天津市总工会副主席赵洪莉会见并宴请了代表团一行。

11月12日 应邀出席中国职工对外交流中心暨中国职工交流中心成立20周年纪念活动的日本、韩国、法国、中国港澳台地区，及各省市的中外嘉宾200人抵天津市参观访问。中共天津市委常委、天津市总工会主席散襄军会见并宴请了中外嘉宾，天津市总工会副主席张子鹏、李泮祥、安亭洲、刘凤山、王连金、赵洪莉一同出席会见。

11月18日 天津市工运理论研究会召开二届四次理事会。会上，传达了中华全国总工会主席王兆国在中华全国总工会“组织起来、切实维权”大调研工作座谈会上的讲话精神，就2005年工会工作思路重点进行了研究论证。会议充分肯定了董延龄、孙明、宋愿兵同志为天津工运理论研究事业所作的重要贡献，并热烈欢送他们光荣离岗。会议增补了耿晓庄、张瑞福、高炜等同志为市工运理论研究会理事成员。市委常委、天津市总工会主席、市工运理论研究会名誉会长散襄军，总工会市副主席张子鹏、安亭洲出席。天津市总工会副主席、市工运理论研究会会长李泮祥出席会议并讲话。

同日 应天津市总工会的邀请，以日本伊藤忠（中国）集团有限公司董事长佐佐木聪吉为团长的代表团一行3人抵天津市参观访问。市委常委、天津市总工会主席散襄军会见并宴请了代表团一行，天津市总工会副主席安亭洲、赵洪莉一同出席了会见。

11月20日 “钢管杯”天津市职工第24届万名棋手大赛在天津青年宫落下帷幕。天津市总工会副主席张子鹏、安亭洲，市体育局副局长王金芳，河西区委副书记黄永刚出席了闭幕式。

11月23日 天津市教育工会召开第七届高校青年教师教学基本功竞赛总结表彰会。市委常委、天津市总工会主席散襄军出席会议并做了重要讲话。市委教卫工委副书记、市教委副主任王贺胜出席会议并讲话。天津市总工会副主席赵洪莉以及各高校的党政领导、获奖的青年教师代表、高校工会代表等参加了会议。

11月24日 中共天津市委常委、天津市总工会主席散襄军在天津市总工会副主席安亭洲及天津市总工会财贸工委等部门负责的陪同下，深入粮油集团利金粮油股份有限公司慰问调研。散襄军对利金公司改制后的发展成果给予了充分肯定，并对其今后的发展提出了指导性意见。

11月26日 天津市总工会区县农林工委在大港区召开区县工会主席工作研究交流会。天津市总工会副主席张子鹏、李泮祥到会并讲话。

11月29日 中共天津市委常委、天津市总工会主席散襄军深入市职工住房合作社“五一阳光”住宅工地进行调研，向工地的一线建设者们致以问候和表示感谢。天津市总工会副主席、津工集团总裁安亭洲随同调研。

11月28日至12月3日 应日本伊藤忠商事株式会社的邀请，天津市津工超市有限公司考察小组赴日本进行为期六天的工作考察。

12月2日 由中华全国总工会主办的2004年度“五一文化奖”歌曲、美术、书法和摄影作品评选揭晓。全市共获16个奖项，取得“五一文化奖”评选活动开展以来的最好成绩。

12月8日 天津市总工交工委召开工交系统工会主席工作联席会。天津市总工会副主席王连金出席会议并讲话。与会同志认真研究讨论了2005年的工会工作。

12月15日 天津职业大学召开第三次教代会暨工会代表大会。天津市总工会副主席赵洪莉出席会议并讲话。

12月17～18日 中华全国总工会法律部、全国人大内司委、最高人民法院调研组一行20余人到津调研指导工作。天津市总工会副主席刘凤山陪同调研。调研组就贯彻落实《工会法》的情况与工会干部进行了座谈、研讨，并视察了市职工联合服务中心、市困难职工救助中心和津工体健中心，对天津工会工作取得的优异成绩给予高度评价。

12月20日 2005年元旦、春节送温暖暨阳光帮扶行动在天津市困难职工救助中心全面启动。中共天津市委常委、天津市总工会主席散襄军出席启动仪式并作重要讲话。天津市总工会副主席、市困难职工救助中心主任刘凤山介绍了阳光帮扶行动筹备情况。天津市总工会副主席王连金和天津日报报业集团、天津工人报社、市财政局、市劳动和社会保障局、市民政局等单位的有关领导同志，部分区县局、总公司（集团）工会分管保障工作的副主席和保障干部，20个帮扶中心、20个帮扶站的主任及捐赠单位代表和困难职工代表出席启动仪式。启动仪式上，散襄军主席和市财政局副局长魏文生共同为“帮扶超市”揭牌。出席启动仪式的领导同志向捐赠单位代表颁发了送温暖基地牌匾及证书，并向受助困难职工代表发放了领取救助物品卡。启动仪式后，受助困难职工代表凭救助物品卡到“帮扶超市”自选了所需物品。

12月22日 中国文学艺术界联合会、中华全国总工会、国务院国有资产监督管理委员会、中央电视台联合主办的“共创辉煌——庆祝建国55周年全国产业（企业）文艺展演”活动中，天津市天铁”金集团《祖国颂——天铁礼赞》文艺晚会荣获铜奖，大港油田集团公司《热土颂》、市级机关工会联合会《庆国庆55周年文艺晚会》、劝华集团《庆国庆55周年职工诗歌演唱会》和中铁十八局《情系青藏高原文艺晚会》荣获优秀奖。天津市总工会荣获优秀组织奖。

12月24日 天津市总工会经审委召开十四届十六次全体会议。天津市总工会副主席张子鹏出席会议并讲话。会议审议批准了提交天津市总工会十四届六次全委（扩大）会议的经审工作报告；审议批准了经审委会议制度；听取了经审办负责同志关于对直属劳福事业单位和下级工会财务收支情况审计结果的报告。

同日 中华全国总工会命名的“劳动模范疗休养基地”揭牌仪式在北戴河天津工人疗养院隆重举行。天津市总工会副主席、津工集团副董事长、总裁安亭洲，天津市总工会副主席、津工集团副董事长王连金和津工集团、北戴河区委、区人大、区政府、区政协的领导及各兄弟疗休养院的领导出席了揭牌仪式。

12月27日 天津市总工会召开常委扩大会议，学习贯彻市委八届七次全会和中华全国总工会十四届二次执委会精神。市委常委、天津市总工会主席散襄军主持会议并作了重要讲话。散襄军强调，学习贯彻市委八届七次全会和中华全国总工会十四届二次执委会精神，是当前各级工会组织和工会干部的重要而紧迫的任务。要以科学发展观为统领，从增强党的执政能力的高度，把思想统一到中央和市委对2005年工作的总体要求上来，在新的一年里，团结动员全市广大职工，为构建社会主义和谐社会，加快我市实施“三步走”战略和五大战略举措，为天津全面建设小康社会、率先实现现代化再做新贡献。会上，天津市总工会副主席张子鹏传达了中华全国总工会十四届二次执委会议精神。天津市总工会副主席李泮祥传达了市委八届七次全会精神。天津市总工会副主席安亭洲、刘凤山、王连金、赵洪莉出席会议。天津市总机关副处级以上干部和津工集团所属单位的党政负责同志参加了会议。

2005年

1月2日 天津市总工会与安捷医院合作，建立困难女职工健康保健基地，首批单亲困难女职工和女劳模在基地接受了免费查体服务。天津市总工会副主席、天津市总工会女职工委员会主任王连金出席了成立仪式。

1月6～7日 天津市总工会在职工之家召开十四届六次（全委）扩大会议。市委常委、天津市总工会主席散襄军出席会议并讲话。这次会议的主要任务是，以邓小平理论和“三个代表”重要思想为指导，用科学发展观统领工会工作全局，深入学习党的十六大和十六届三中、四中全会精神，全面贯彻落实市委八届七次全会和中华全国总工会十四届二次执委会、五次主席团（扩大）会议做出的各项工作部署，总结2004年工作，安排2005年任务，团结动员全市各级工会和广大职工，为加快实施“三步走”战略和五大战略举措，努力实现经济社会全面、协调、可持续发展，构建社会主义和谐社会做出新的更大贡献。会议还审议并通过了《关于2004年经费审查工作情况和2005年经费审查工作意见的报告》。

1月7日 天津市教育工会召开六届六次全委（扩大）会议。天津市总工会副主席赵洪莉出席会议并做重要讲话。市教育工会委员、各高校、直属单位、各区县教育工会主席70余人出席会议。

1月8～19日 应台湾中华联合总工会的邀请，天津市劳动模范代表团一行16人赴台湾进行了访问交流。

1月10～17日　应天津市总工会的邀请，韩国劳动组合联盟仁川广域市本部代表团一行10人抵天津市参观访问。市委常委、天津市总工会主席散襄军会见并宴请了代表团一行。天津市总工会副主席张子鹏、李泮祥、安亭洲、刘凤山、王连金、赵洪莉一同出席了活动。

1月12日　天津市家宝散热器有限公司向市困难职工帮扶中心捐赠5000公斤大米和5000公斤面粉的仪式在市困难职工帮扶中心举行。天津市总工会副主席安亭洲、刘凤山，河西区总工会、河西区工商联的主要领导，家宝散热器有限公司的主要负责人及部分受助职工代表参加了捐赠仪式。

同日　天津市总工会女职工委员会召开第三届四次全委（扩大）会议，总结了2004年工作并部署了2005年任务。天津市总工会副主席、天津市总工会女职工委员会主任王连金出席会议并讲话。

1月13日　中共天津市委商务工委、市商务委、天津市总工会领导及有关部门，召开商务口首次党政工联席会议。市委商务工委副书记邵毅、市商务委副主任赵建中、天津市总工会副主席安亭洲到会并讲话。

1月17～18日　中共天津市委常委、天津市总工会主席、津工集团董事长散襄军，就贯彻党的十六届四中全会和市委八届七次全会精神，深入到直属单位津工超市、天子码头、第一工人文化宫、职工经济大学、天津工人报社、第二工人文化宫进行调研并指导工作。天津市总工会副主席、津工集团副董事长兼总裁安亭洲陪同调研。

1月17日　天津市总工会民主管理工作协调小组召开2005年第一次会议。天津市总工会副主席赵洪莉出席并讲话。

1月18日　天津市总工会召开职工民主管理工作会议。天津市总工会副主席赵洪莉出席会议并讲话。渤海化工集团工会、城建集团工会、河东区总工会的负责同志作了会议发言。

1月19日　应中华全国总工会的邀请，美国旧金山劳工班事会主席、美国服务雇员工会加州分会主席莫尼抵天津市参观访问。天津市总工会副主席赵洪莉会见并宴请来访客人。

1月25日　天津市总工会机关召开保持共产党员先进性教育活动动员大会。会上，中共天津市委常委、天津市总工会主席散襄军作动员报告，对天津市总工会机关保持共产党员先进性教育活动进行部署。市委督导组全体成员出席会议，督导组组长陆额讲了话。天津市总工会机关全体党员干部参加了动员大会。

1月28日　天津市总工会、天津日报报业集团、天津工人报社与天津福泰书画院，在天津市总工会职工之家联合举办阳光帮扶系列活动——“献爱心、送祝福”大型书画义卖笔会。市级老同志刘晋峰、石坚亲临指导。石坚同志还发表了热情洋溢的讲话并带来了书法作品《高瞻远瞩》。天津市总工会副主席、市困难职工帮扶中心主任刘凤山出席义卖活动并讲话。参加此次义卖笔会活动的有天津市总工会、天津市福泰书画院、天津市外总集团、阳光帮扶行动领导小组负责人、著名书画家及部分企业和书画爱好者。这次活动的所有书画作品现场义卖，所得款项全部捐赠给市困难职工帮扶中心，用以帮扶困难职工。

1月31日 天津市总工会津工集团召开2005年工作会议，总结2004年各项工作，部署2005年工作任务，提出要以打造中国工会第一集团为目标，以“两个效益”为中心，以结构调整为主线，实行集约化经营，落实科学化管理，形成多元化开拓，实现规模化发展，为服务工运事业、服务职工群众、服务天津发展做出新的贡献。市委常委、天津市总工会主席散襄军出席会议并作重要讲话。天津市总工会副主席、津工集团副董事长、总裁安亭洲做工作报告。天津市总工会副主席、津工集团副董事长刘凤山、王连金出席会议。

1月25日至2月28日 天津市总工会开展的以实践“三个代表”重要思想为主要内容的保持共产党员先进性教育活动。中共天津市委常委、天津市总工会主席散襄军作了保持共产党员先进性动员报告，并为机关党员干部作了保持共产党员先进性的专题报告。党组其他成员分别在各分管党支部为党员干部讲了保持共产党员先进性的党课。散襄军同志和党组其他成员，都以普通党员的身份参加了天津市总工会机关先进性教育活动专题辅导、学习交流等各项活动。

2月1日 中华全国总工会副主席徐德明率领中华全国总工会慰问检查团在市委常委、天津市总工会主席散襄军陪同下，深入到天津市渤海无线电厂、华特有限公司以及第二钢丝绳厂市级劳模、退休职工万桂林、第三餐具厂下岗困难职工王二利家中进行慰问，并出席在市困难职工帮扶中心举行的中新药业集团向市困难职工帮扶中心捐赠30万元救助物资及100台彩电的仪式。

2月3日 天津市总国工会城建工委联合市委规划建设工委、市建委对规划建设系统4名特困职工进行慰问，并送去慰问品及慰问金。天津市总工会副主席安亭洲、市委规划建设工委书记沈东海、市建委副主任苏文利参加了慰问。

2月4日 中共中央政治局委员、市委书记张立昌在市委常委、天津市总工会主席散襄军，天津市总工会副主席张子鹏陪同下，入户慰问了市劳动模范、红桥区环卫工人刘大江。市委副书记、市长戴相龙在天津市总工会副主席李泮祥陪同下，到居住在南开区荣迁西里的铅笔厂困难职工刘秀芳家中慰问。市委副书记刘胜玉副书记在天津市总工会副主席安亭洲陪同下，入户慰问了困难退休老职工崇孚贵。市委副书记邢元敏在天津市总工会副主席刘凤山陪同下，慰问了和平煤建的病休职工刘淑晶。

2月4～8日 按照天津市总工会副主席张子鹏、刘凤山关于立法参与要体现广泛性、群众性、针对性的要求，天津市总工会法律工作部就《关于对中华人民共和国劳动合同法（草案送审稿）》先后征求了天津市总工会机关6个职能部门及全市40多个区县局总公司工会的意见。本着科学性、严谨性、实效性的原则，对草案进行了逐条逐句地论证修改。经汇总各方面意见，共提出涉及劳动关系、职工合法权益等相关内容的修改建议22条14款。

2月6日 天津市劳动模范迎新春茶话会在市职工之家四楼多功能厅举行。市领导同志与来自全市各条战线的150多名劳动模范代表欢聚一堂，共迎新春。中共中央政治局委员、市委书记张立昌出席茶话会，代表市委、市人大常委会、市政府、市政协，向全市劳动模范和广大职工致以节日的问候和新春的祝福。市领导同志戴相龙、房凤友、刘胜玉、邢元敏、王文华、邢军、卢金发等出席茶话会。市委常委、天津市总工会主席散襄军致辞。

2月9日 中共天津市委常委、天津市总工会主席、津工集团董事长散襄军在天津市总工会副主席、津工集团副董事长兼总裁安亭洲等同志的陪同下到津工大酒店和津工超市一店，看望并慰问了节日期间坚守岗位的一线职工。

2月18日 天津市评模领导小组召开第一次会议，部署在全市开展2004年度劳动模范和模范集体评选工作。市评模领导小组组长、市委常委、天津市总工会主席散襄军出席会议并讲话。会上，市评模领导小组成员、市委副秘书长王树良宣读了市委、市政府《关于评选表彰2004年度市级劳动模范和模范集体的通知》，市评模领导小组成员、市政府副秘书长柴中达宣读了市评模领导小组及办公室人员组成名单。市评模领导小组成员、市评模办公室主任、天津市总工会副主席王连金宣读了《关于评选表彰2004年度市级劳动模范和模范集体的实施意见（讨论稿）》。

2月23日 天津市总工会城建工委联合市委规划建设工委、市建委在市建委城建大厦多功能厅召开2004年度规划建设系统评模工作会议。会议由天津市总工会副主席安亭洲主持，市委规划建设工委副书记宋爱新、市建委副主任郭俊杰到会并对做好评模工作提出了具体要求。

2月28日 天津市职工素质工程领导小组在职工之家召开会议。市委常委、天津市总工会主席、市职工素质工程领导小组副组长散襄军主持会议并讲话。市职工素质工程领导小组全体成员、各委办局有关部门负责同志出席会议。会上，天津市总工会副主席张子鹏通报了2002—2004年度全市实施职工素质工程进展情况和下一步工作要点，并通报了2002—2004年度天津市实施职工素质工程先进个人和先进单位评选工作情况和表彰大会的筹备情况。市劳动和社会保障局副局长于茂东通报了对部分知识型职工职业资格等级的晋升意见。与会同志就以上几项工作进行了讨论并提出了修改意见。

3月7日 天津市总工会“庆‘三八’暨天津市实施‘女职工建功立业工程’表彰大会”在职工之家召开。市委常委、天津市总工会主席散襄军出席会议并讲话。天津市总工会副主席、天津市总女职工委员会主任王连金主持会议。

3月8～14日 应日本日中协力促进会邀请，天津市津工超市有限责任公司考察团一行4人赴日考察访问。

3月10日 中华全国总工会副主席徐德明率中华全国总工会代表团来津考察天津市工会劳福事业工作情况，并就工会劳福事业改革、发展、企业化运作等问题与津工集团领导进行了座谈。市委常委、天津市总工会主席散襄军接见了代表团成员。天津市总工会副主席、津工集团副董事长兼总裁安亭洲参加了座谈。

3月14日 应中华全国总工会邀请，来自菲律宾、印度、比利时、孟加拉等9个国家的14位工会代表来华参加“公务员工会领导能力建设”研讨会。研讨会期间，与会代表专程到津参观访问。市委常委、天津市总工会主席散襄军会见了来访的代表。天津市总工会副主席赵洪莉参加了会见。

3月18日 天津市评模领导小组召开第二次会议，讨论审议全市各系统推荐的天津市80名全国劳动模范和先进工作者名单。市委常委、天津市总工会主席、市评模领导小组组长散襄军出席会议并讲话。天津市总工会副主席、市评模办公室主任王连金汇报了天津市推荐评选全国劳动模范和先进工作者的情况。

3月21日 天津市总工会召开保持共产党员先进性教育活动分析评议阶段动员大会。市委常委、天津市总工会主席散襄军出席会议并作动员讲话。天津市总工会机关全体党员干部及劳福事业单位党组织主要负责同志参加了会议。

3月29日 天津市工会保障工作会议在职工之家举行。市委常委、天津市总工会主席散襄军出席会议并作重要讲话。会议由天津市总工会副主席李泮祥主持，天津市总工会副主席安亭洲宣读《关于表彰工会系统2004年度再就业工作先进集体、再就业贴心人、再就业明星和再就业先进个人的决定》，天津市总工会副主席刘凤山作保障工作报告。会议总结了2004年保障工作情况，交流了典型做法和工作经验，部署了2005年度工作任务。

4月6日 天津市总工会召开"天津市工会调研工作会议暨工运理论研究会年会"。市委常委、天津市总工会主席散襄军出席会议并作重要讲话。会议由天津市总工会副主席张子鹏主持，天津市总工会副主席、市工运理论研究会会长李泮祥作工作报告，天津市总工会副主席安亭洲宣读"表彰决定"。天津市总工会副主席刘凤山、王连金、赵洪莉等领导同志出席会议。会上，表彰了市工会系统2003—2004年度227篇优秀调研成果和39个市工运理论研究会先进分会，交流了工作经验，对2005年的重点调研任务进行部署。

同日 天津市协调劳动关系三方会议第八次会议召开。会议由天津市总工会副主席、市协调劳动关系三方会议副主席赵洪莉主持。市劳动和社会保障局副局长、市协调劳动关系三方会议主席王元，市国资委副主任、市协调劳动关系三方会议副主席李福明，市企业家联合会副会长、市协调劳动关系三方会议副主席刘正华出席了会议。市企业家联合会副会长刘远征应邀出席会议。

4月6日 天津市总法律工作部本着体现维护职工合法权益和督促用人单位依法履行义务的原则，对市社会和劳动保障局《关于加强社会保险登记和社会保险费征缴的规定（征求意见稿）》进行认真修改。在汇总各方面意见的基础上，共提出4项12条修改建议。

4月8日 天津市总工会召开天津市工会法律工作研讨会。天津市总工会副主席刘凤山主持会议并讲话。会上通报了2005年法律工作安排，并就工会依法维权、依法治会，依法协调劳动关系，切实提高维权能力等问题，进行深入研讨。

4月13～14日 应中华全国总工会的邀请，以副会长小柳正治为团长的日本化学能源工联石油部会代表团一行11人专程抵津，来市工会参观访问。

4月20日 天津市总工会、市劳动和社会保障局联合在西青区召开"天津市区县工资集体协商工作推动会"。市委常委、天津市总工会主席散襄军出席会议并作重要讲话。市劳动和社会保障局局长唐延芹作工作报告。会议由市劳动和社会保障局副局长王元主持，天津市总工会副主席赵洪莉，市劳动和社会保障局副局长陈秀英及有关方面负责同志出席会议。会上，交流了工作经验，部署了2005年工资集体协商工作。

4月21日 天津市总工会召开全市工会系统帮扶中心（站）主要负责人专题会议。天津市总工会副主席刘凤山出席会议并讲话。会议部署了“春风送暖、构建和谐天津”活动安排；并征求了对“一网通”即困难职工动态管理网络方案、2005年“金秋助学”活动方案和促进再就业，创新发展再就业服务联社办法的意见。

4月23日 受中共天津市委常委、天津市总工会主席散襄军的委托，天津市总工会副主席、津工集团副董事长兼总裁安亭洲专程到津工超市202店，看望4月13日晚在工作岗位上面对持刀抢劫的歹徒临危不惧、勇敢地与歹徒搏斗、使集体财产免受损失的两位女职工——罗金玲和刘佳。安亭洲同志转达了散主席的批示精神，并向她们表示亲切的慰问。

4月25日 天津市总工会在天津眼科医院举行天津市职工文化活动基地、体育健身基地授牌仪式。市委常委、天津市总工会主席散襄军出席仪式，并和市教卫工委副书记、卫生局党委书记王寒松一起，为天津眼科医院——天津市职工文化活动1号基地和天津市职工体育健身1号基地揭牌。天津市总工会副主席张子鹏、赵洪莉，市体育局副局长王金芳及部分区县局、总公司工会领导出席了仪式。授牌仪式上，首批被命名的有20个市职工文化活动基地和20个体育健身基地。

4月27日 天津市庆祝“五一”国际劳动节暨表彰劳动模范、模范集体大会在天津礼堂中剧场隆重举行。中共中央政治局委员、中共天津市委书记张立昌出席会议并作重要讲话。市委副书记、市长戴相龙主持会议并宣读了《关于表彰2004年度市级劳动模范、模范集体的决定》。市委副书记、市人大常委会主任房凤有，市委副书记刘胜玉、邢元敏，市领导同志邢军、曹秀荣等出席。市委常委、天津市总工会主席散襄军宣读了《关于表彰2004年度“十五”立功先进个人、集体、单位的决定》。会上，市领导同志向受表彰的劳模和先进单位代表颁发了奖章、证书和奖牌，并进行典型发言。会前，市领导同志亲切接见了全市当选的2005年全国劳模和先进工作者。

4月28～30日 由中共天津市委常委、天津市总工会主席散襄军任团长的全市劳模代表团，赴京参加全国劳动模范和先进工作者表彰大会等活动。全市劳模代表团共有80名全国劳动模范、先进工作者和4名特邀代表组成。

4月28日 天津市总工会民主管理协调小组召开2005年第二次会议。天津市总工会副主席赵洪莉出席会议并讲话。

4月29日 天津市厂开办召开“2005年天津市厂务公开民主管理工作座谈会”。市纪委副书记、市厂务公开民主管理领导小组办公室主任吴荣平出席会议并讲话。会议由天津市总工会副主席、市厂务公开领导小组办公室副主任赵洪莉主持。市纪委常委、市厂务公开民主管理领导小组办公室副主任闫堃，市委工业纪工委书记、市厂务公开民主管理领导小组办公室副主任孟宪锋，市劳动和社会保障局副局长王继明出席会议。会上表彰了2003—2004年度天津市厂务公开民主管理工作的先进集体和优秀工作者，并进行典型经验交流。

5月1日 由天津市总工会、市政协办公厅主办的天津市“庆‘五一’彩墨颂群英书画展”在市国展中心隆重开幕。市委常委、天津市总工会主席散襄军，市政协副主席卢金发、曹秀荣、王家瑜等市领导出席。散襄军同志致辞。开幕式由天津市总工会副主席张子鹏主持。出席开幕式的还有天津市总工会副主席李泮祥、安亭洲、刘凤山、王莲金、赵洪莉。开幕式上，市领导向天津市各界劳动模范代表颁发了由中共中央政治局委员、市委书记张立昌题写书名的《海河群英图》画册和《画说天津600年》画册。

同日 天津市首届国际赛马节在市外国语学院前广场举行开幕仪式。市委常委、天津市总工会主席散襄军，市委常委、副市长孙海麟，市人大常委会副主任梁肃出席。出席开幕仪式的还有天津市总工会副主席张子鹏，中国马术协会、中国香港赛马会等有关方面的领导和嘉宾。开幕式上，香港赛马会向天津马术运动协会赠送了运动赛马。

同日 天津市职工住房合作社开发的“五一阳光”住宅项目二期工程举行开工仪式。中共天津市委常委、天津市总工会主席散襄军出席，并为工程奠基。出席奠基仪式的还有天津市总工会副主席张子鹏、李泮祥、安亭洲、刘凤山、王莲金、赵洪莉及参建单位的领导及职工。

同日 天津市总工会、市体育局、今晚报社联合举办的天津市职工第24届“五一”长跑活动在第二工人文化宫举行。天津市总工会副主席安亭洲出席并致词，市体育局副局长王金芳为长跑活动鸣枪。来自全市各条战线的1000余名职工参加了长跑活动，

5月12日 天津市职工素质工程总结表彰暨推动大会在天津宾馆中剧场三楼会议厅召开。市委副书记房凤友出席并讲话。市委常委、天津市总工会主席、市职工素质工程领导小组组长散襄军作工作报告。会议由天津市总工会副主席张子鹏主持，副主席李泮祥、安亭洲、刘凤山、王连金、赵洪莉出席。出席大会的还有市职工素质工程领导小组17个成员单位的领导同志，全市各区县局、总公司（集团）和部分基层单位的党政工团负责同志，以及受表彰的先进单位和知识型职工代表。

5月13日 天津市教育工会召开劳动模范、先进人物代表座谈会。天津市总工会副主席王连金出席会议并讲话。

5月15日 天津市总工会财贸工委和市委商务工委、市商务委在全市金街联合举办商务系统“学先进、比贡献、铸和谐、促发展”劳模风采展示活动。市委常委、天津市总工会主席散襄军出席。市委商务工委书记李国林、副书记邵毅、市商务委副主任张怀亭、天津市总工会副主席安亭洲、王连金及各有关方面负责同志出席活动。

5月15～26日 应台湾中华联合总工会的邀请，天津市工会职业培训代表团一行6人赴台考察访问。

5月16日 天津市总工会副主席赵洪莉在南开大学会见上海市科教工会到津学访团，并与

学访团成员及天津市部分高校工会负责同志进行座谈。

5月17日　“加强民主管理建立和谐新型劳动关系座谈会”在医药集团召开。天津市总工会副主席赵洪莉出席并讲话。会上，就如何进一步加强职工民主管理工作进行了研讨，并为23名民主管理特约联络员颁发了聘任证书。

5月20日　中共天津市委规划建设工委、市建委和天津市总工会城建工委在第一工人文化宫宾馆三楼多功能厅联合召开天津市规划建设系统劳动模范座谈会。市委规划建设工委副书记宋爱新出席会席并讲话，由天津市总工会副主席安亭洲主持会议。会上，苗起瑞等6位劳模代表畅谈了弘扬劳模精神，立足本岗，为实现城市建设协调发展、构建和谐天津做贡献的体会和打算。

5月23日　在第十五届全国书市上，天津市总工会和天津市新华书店（集团）联合举办职工购书专场，并举行赠书仪式。天津市总工会副主席张子鹏、市新闻出版局有关领导出席活动并向全国劳动模范、知识型职工标兵和学习型班组代表赠书。张子鹏同志在赠书仪式上讲话。

5月24日　中华全国总工会经审办副主任李建国率领中华全国总工会审计组一行抵津，对天津市总工会2004年度工会经费收缴、管理、使用及其他规定事项进行审计，同时对天津市工会经审工作进行检查调研。市委常委、天津市总工会主席散襄军会见了中华全国总工会审计组全体人员。天津市总工会副主席张子鹏，天津市总工会经审委主任黄晓云等参加了座谈和调研活动。

5月26日　中华全国总工会经审委主任董力抵津，听取天津市总工会经审工作情况汇报，并深入到基层工会检查经审工作。市委常委、天津市总工会主席散襄军会见了董力一行。天津市总工会副主席张子鹏、安亭洲、刘凤山，天津市总工会经审委主任黄晓云等参加会见。此间，董力还听取有关工会保障工作和津工集团有关资产管理方面工作的情况汇报。

同日　天津市总工会召开“天津市工会干部教育培训工作会议”。市委常委、天津市总工会主席散襄军出席会议并做重要讲话。天津市总工会副主席张子鹏总结了2001年至2004年全市工会干部教育培训工作，部署了2005年教育培训工作任务，天津市总工会副主席李泮祥主持会议。会上，还交流七个单位的工会干部教育培训工作经验。

5月30日　天津市总工会邀请高校医疗单位劳模和医务人员，在全市海河改造工程大沽桥项目工地，为城建系统劳模和进城务工人员进行义诊。市委常委、天津市总工会主席散襄军到现场慰问。天津市总工会副主席安亭洲、赵洪莉等出席活动。

5月31日　中共天津市委规划建设工委、市建委、天津市总工会城建工委联合在财经大学召开规划建设系统进城务工人员工会工作经验交流会。中国海员建设工会副主席李全良、市委规划建设工委副书记宋爱新出席会议并讲话。会议由十总工会副主席安亭洲主持，市建委副局级巡视员杨建华到会。会上，天津市总工会建筑行业进城务工人员工作委员会主任于印其宣读了《关于表彰2004年度工会工作先进个人、先进单位及优秀进城务工人员决定》，还进行了典型经验交流。

同日　天津市教育工会组成检查组，对天津市河西区教育局、河西区四十一中学、中山小学校务公开工作进行检查评估。天津市总工会副主席赵洪莉出席活动。

6月3日 天津市总工会机关举办工运理论“沙龙”首次活动。市委常委、天津市总工会主席散襄军出席活动并作了精彩演讲。天津市总工会副主席李泮祥出席活动并讲话。在这次“沙龙”活动中，宣读了关于组织举办“沙龙”活动的实施方案和近期活动安排，通报了改革开放最前沿地区的工运动态，部署阐释了天津市总工会2005年重点调研课题，并提出明确具体的工作要求。

6月6～12日 天津市总工会与市劳动和社会保障局、市工商业联合会联合举办了民营企业招聘周活动。天津市总工会副主席刘凤山、市劳动和社会保障局副局长于茂东、市工商联副会长王立子参加启动仪式。

6月12日 天津市安全生产委员会在河西区“共创未来广场”举办以“遵章守法，关爱生命”为主题的安全生产月现场咨询活动。天津市总工会副主席王连金出席活动。

6月16日 由天津市总工会、市文化局、天津电视台、天津电台等单位联合主办的“和谐天津，金色五月”——国宴杯万名戏曲票友大赛落幕，在劝业场六楼天乐剧场举行了颁奖仪式暨优秀剧目汇报演出。天津市总工会副主席张子鹏、安亭洲出席活动。

6月17日 中共天津市委常委、天津市总工会主席散襄军到天津市利金粮油股份有限公司进行慰问和调研。天津市总工会副主席、津工集团总裁安亭洲，天津市总工会有关部门和市粮油集团负责同志随同慰问调研。散襄军同志在利金公司实地考察了即将开业的天子码头利金西青分店，听取了利金公司负责同志有关企业发展等情况的汇报。

6月17～30日 应德国教育及科学工会的邀请，天津市工会理论研究会代表团一行14人访问德国。

6月18～27日 应日本日中协力促进会和韩国仁川市工会的邀请，天津市工会干部代表团一行7人应邀访问日本、韩国。

6月22日 天津市总工会与市劳动和社会保障局召开联合执法检查部署动员大会。天津市总工会副主席刘凤山、市劳动和社会保障局副局长于茂东分别讲话。会议确定于6月25日至7月25日，在全市范围内联合开展对用人单位遵守劳动保障法律法规情况执法检查。

6月22至7月5日 应德国工会联合会莱茵河下游分会的邀请，天津市工会劳服事业代表团一行7人应邀访问德国。

6月24至27日 天津市工、交、建、财、教卫、政法系统共200名在职劳动模范，赴北戴河工人疗养院进行为期4天疗休养。市委常委、天津市总工会主席散襄军到天津站送行并发表讲话。

6月24日 天津市总工会机关举办工运理论“沙龙”第二次活动。天津市总工会副主席李泮祥、刘凤山出席活动并讲话。活动中，首先通报改革开放最前沿地区的工运动态，随后，天津市总工会法律部、保障部、民管部负责人分别阐述了如何搞好相关的天津市总工会重点调研课题的设想和打算。

6月24日 天津市总工会财贸工委召开财贸系统工会“强基建制”工作推动会。天津市总工会副主席安亭洲出席会议并讲话。

同日 天津市总工会城建工委召开城建系统“强基建制”工作推动会。天津市总工会副主席安亭洲同志出席会议并讲话。

6月29日 天津市总工会副主席赵洪莉率三方会议办公室成员到南开区及天津鑫茂科技投资集团有限公司进行调研，检查三方机制作用发挥情况。

6月30日 天津市总工会召开“女职工安康保障计划”咨询会。天津市总工会副主席、天津市总工会女职工委员会主任王连金出席会议并讲话。

7月5日 天津市工会系统2005年“金秋助学”活动正式启动。市委常委、天津市总工会主席散襄军出席启动仪式并讲话。天津市总工会副主席刘凤山主持启动仪式，赵洪莉副主席宣读了“金秋助学”工作通知，困难职工在学子女代表当场接受了捐赠。

7月6日 天津市总工会副主席赵洪莉会见台湾中华民国总工会理事长林惠官一行。

7月17日 应天津市总工会的邀请，以理事长吴海瑞先生为团长的台湾中华联合总工会模范劳工代表团一行34人抵津参加“2005年天津市首届两岸劳模职业技能研习营”活动。市委常委、天津市总工会主席散襄军会见了代表团一行并出席了研习营开营仪式。天津市总工会副主席张子鹏、李泮祥、安亭洲、王连金、赵洪莉等领导同志出席了开营仪式以及相关的活动。

7月11～24日 应德国服务行业工会的邀请，天津市工会干部代表团一行16人访问德国。

7月12日 中共天津市委常委、天津市总工会主席散襄军到市供销社所属的英驰不锈钢有限公司慰问调研时强调：全市各级工会组织要抓好“强基建制”工作，大张旗鼓地支持企业改革发展，旗帜鲜明地维护职工合法权益。天津市总工会副主席安亭洲、市供销社党委书记张俊滨及有关方面负责同志陪同慰问调研。

7月14日 天津市总工会、市体育局和市职工体协主办，红桥区总工会和市职工乒乓球协会承办的2005年“雪豹杯”天津市职工乒乓球大赛决赛阶段比赛在天津市第五十一中学体育馆开赛，市委常委、天津市总工会主席、市职工体协主席散襄军，市高级人民法院院长、市职工乒协顾问张柏峰出席了开幕式。出席开幕式的还有天津市总工会副主席张子鹏，红桥区委、区人大、区政府、区政协的领导同志。

7月15日 天津市总工会副主席张子鹏会见了西班牙阿斯图利亚斯大区工人委员会和西班牙阿斯图利亚斯大区劳动者总联盟代表团，并代表天津市总工会分别与其签署了友好交流协议书。天津市总工会副主席赵洪莉出席了签字仪式。

7月18～29日 应台湾中华联合总工会的邀请，以天津市总工会副主席安亭洲为团长的天津市工会干部代表团一行9人赴台访问交流。

7月22日 为落实中华全国总工会要求，天津市总工会联合市劳动和社会保障局、天津天士力集团有限公司在全市职工中开展“天士力杯”“四五”普法有奖知识竞赛活动。为此，天津市总工会专门下发了通知，并印发了竞赛试卷。为深入开展普法宣传，进一步提高全市广大职工群众的法律意识，法律部联合天津市劳动和社会保障局、天津天士力集团有限公司在全市职工中广泛开展

同日 天津市总工会十四届经费审查委员会召开第十八次全委会。天津市总工会副主席张子鹏出席会议并讲话，天津市总工会经审委主任黄晓云主持会议。会议听取和审议了财务部负责同志所做的天津市总工会本级2005年上半年经费预算执行情况的报告，审议批准了经审办提交的《对2004年度区县局、总公司（集团）工会经审工作考核结果的报告》、《对区县局、总公司（集团）工会上年度财务收支情况的审计方案》和《关于贯彻落实中华全国总工会〈省级工会经审工作规范化建设标准业的意见》，并通报了中华全国总工会审计组对天津市总工会的审计情况。

7月23日 天津市总工会副主席刘凤山出席“情系困难职工，国美爱心奉献”——国美天津分公司捐赠空调活动，并发表讲话。

7月25～28日 中华全国总工会集体合同部有关负责人就工资集体协商工作到津调研。天津市总工会副主席赵洪莉一同参加部分集团、企业的调研座谈会。

7月27～29日 应中华全国总工会的邀请，以日本交通运输工会协议会国际局长森崎龙太郎为团长的日本交通运输工会协议会代表团一行四人抵天津市参观访问。天津市总工会副主席赵洪莉会见了代表团成员。

6月25日至7月25日 由天津市总工会、市劳动和社会保障局、市劳动保障监察总队、市内六区和东丽、西青、津南、北辰区总工会和同级劳动保障部门抽调专门人员组成10个联合执法检查组，深入到上述区域内的近千家用人单位开展了执法检查。检查组组长由市劳动和社会保障局局长唐延芹担任，副组长由市劳动和社会保障局副局长于茂东、天津市总工会副主席刘凤山担任。重点检查了加工制造业等劳动密集型企业和商业、服务业、餐饮业、建筑业劳动合同订立情况、参加社会保险和缴纳社会保险以及建立工会组织、实行平等协商和集体合同制度情况。

7月28日 天津市总工会在天津宾馆召开区县局工会领导干部会议。会议认真学习贯彻中央和市委领导对工会工作的一系列重要指示，总结上半年工作，部署下半年任务。市委常委、天津市总工会主席散襄军出席会议并作重要讲话。会议由天津市总工会副主席张子鹏主持，李泮祥、刘凤山、王连金、赵洪莉副主席出席会议。各区县局、总公司（集团）工会主席，天津市总工会机关各部门和津工集团直属劳福事业单位主要负责人共200余人参加了会议。

7月 为贯彻落实天津市总工会召开的在全市国有、集体、私营三个一百强企业开展“强基建制”工作推动会精神，天津市总工会副主席张子鹏、李泮祥、安亭洲、刘凤山、王连金、赵洪莉等领导同志分别带队深入企业进行调研，指导推动“强基建制”工作。

8月1日 天津市总工会“金秋助学”系列活动之一——“让眼睛更明亮”在市眼科医院举行启动仪式。天津市总工会副主席刘凤山出席仪式。100名困难职工在学子女及部分区县局、集

团（总公司）工会分管保障工作的干部参加了此次活动。

8月5日 塘沽区渤海建筑安装工程有限公司在施工中，违反安全用电的有关规定，发生一起重大伤亡事故。天津市总工会副主席王连金闻讯后迅速赶到事故现场，提出了明确要求。

8月11日 天津市总工会副主席赵洪莉会见美国联邦参议员哈格尔助手帕特丽希亚·戴森女士。

8月12日 天津市总工会聘请劳模教师，为100名困难职工在学子女传授科学学习方法；为100名困难学生家长举行提高辅导能力的讲座。

8月18日 天津市总工会“金秋助学”系列活动之一——“看津城发展、强理想信念”夏令营活动在开发区保税区隆重举行。天津市总工会副主席刘凤山、开发区保税区工会联合会的部分领导及华夏医院的领导出席了此次夏令营活动。来自全市部分困难职工子女代表兴致勃勃地参观了开发区建区20周年成果展，游览了开发区保税区区容区貌，并和领导们一起进行了座谈。

8月20日 应中华全国总工会邀请，以主席于尔根·彼得斯为团长的德国五金工会代表团一行9人抵津参观访问。市委常委、天津市总工会主席散襄军会见了代表团一行。天津市总工会副主席张子鹏、赵洪莉出席了会见活动。

8月23日 应中华全国总工会和中国教科文卫体工会的邀请，以日本兵库县教职员工会委员长田治米政美为团长的日本兵库县日中友好教育文化交流代表团一行117人抵华参观访问。天津市总工会副主席赵洪莉在京会见了代表团主要领导成员。

8月23～25日 应中华全国总工会邀请，以蒙古工会总联合会主席索德诺夫木道尔吉为团长的蒙工联代表团一行7人抵天津市参观访问。市委常委、天津市总工会主席散襄军会见代表团一行。天津市总工会副主席张子鹏、李泮祥、赵洪莉出席会见活动。

8月24日 中共天津市委常委、天津市总工会主席散襄军到物资集团金属材料陈塘庄储运公司调研，重点了解工资集体协商工作进展情况。天津市总工会副主席安亭洲、赵洪莉及天津市总工会有关部门负责同志随同调研。

8月24～26日 天津市总工会经费审查委员会召开全市经审工作会议。天津市总工会副主席张子鹏到会看望与会人员，听取了经审工作情况汇报，并对提高工会经审工作水平提出了希望和要求。会上，传达了中华全国总工会和天津市总领导同志对经审工作的指示精神，总结了开展经审工作目标管理考核工作的情况，并提出工作要求，通报了2004年度区县局级工会经审工作考核评比结果。

9月14日 天津市总工会民主管理工作领导小组协调会在天津市总工会常委会议室召开。会议传达学习了散主席在物资集团调研时的讲话，通报了中华全国总工会集体合同部宋琦处长到津调研情况及对天津工资集体协商工作的评价，学习了散主席对此项工作的批示精神，沟通了各委口近期民主管理工作开展的情况。天津市总工会副主席赵洪莉出席会议并讲话。天津市总工会各委口的主要负责同志参加了会议。

9月15日 中华全国总工会在广东省广州市举行全国职工合唱比赛决赛，天津港埠二公司组成60人合唱团代表天津参赛，经过角逐，获得铜奖第一名。

9月16～21日 中华全国总工会在河南许昌举办了“帝豪杯”全国职工纪念中华全国总工会成立80周年知识竞赛决赛，天铁”金集团职工代表天津参赛，荣获团体银奖，天津市总工会获得优秀组织奖。

9月17日 天津市总工会与天津电视台等新闻媒体在天津市总工会机关联合举办了“中秋月圆连心会”，进一步深化了金秋助学活动。市委常委、天津市总工会主席散襄军，天津市总工会副主席刘凤山、王连金参加了本次活动。

9月20日 天津市总工会在军粮城发电厂召开了天津市第二批职工文化、体育示范基地授牌仪式暨现场推动会。天津市总工会副主席张子鹏、安亭洲和市体育局领导同志出席了会议，会上天津港集团有限公司和军粮城发电厂作了经验介绍和交流，有关领导向军粮城发电厂等10个职工文化、体育示范基地授牌。

10月1日 天津市总工会在第二工人文化宫隆重举行天津市职工庆祝建国56周年游园联欢会。市委常委、天津市总工会主席散襄军出席联欢会。天津市总工会副主席张子鹏在联欢会上致辞，天津市总工会副主席李泮祥、安亭洲、刘凤山、王连金、赵洪莉与来自全市各条战线的劳动模范、工会干部和职工群众代表、进城务工人员代表等2万余人参加了联欢活动。

10月3日 应天津市总工会和市职工消费合作社的邀请，日本川泷株式会社代表团一行抵津参观访问。市委常委、天津市总工会主席散襄军会见了代表团一行。天津市总工会副主席赵洪莉一同参加了会见。

10月10日 中共天津市委规划建设工委、市建委、天津市总工会城建工委联合在耀华中学举行了规划建设系统首届职工运动会闭幕式。闭幕式由市建委副主任苏文利主持，市委规划建设工委副书记郑建民做了工作总结，天津市总工会副主席安亭洲宣读了对获奖选手、获奖队、优秀组织单位的表彰决定。

10月12日 天津市总工会在蓟县召开工会劳动保护工作总结表彰会。天津市总工会副主席王连金出席并讲话。

同日 上海市总工会副主席杜仁伟、上海市人大内务司法委局级巡视员王文龙、上海市人大法工委委员王则君等一行8人就厂务公开民主管理工作来天津市总工会进行考察访问，天津市总工会副主席赵洪莉会见考察团。

10月14日 “天津市工会参与国有企业重组改制和关闭破产工作座谈会”在天津市总工会八号会议厅召开。天津市总工会副主席张子鹏出席会议并讲话，刘凤山副主席主持会议，赵洪莉副主席进行工作部署。部分区县局、集团（总公司）的工会主席和天津市总工会有关部门的负责同志参加了座谈会。

同日 天津市服务行业职工技能夺标运动会饭店（餐饮）系统服务技能决赛在天津体育宾

馆举行。天津市总工会副主席张子鹏、市劳动和社会保障局副局长于茂东、市商务委副主任卞瑞明、团市委副书记刘志强等领导出席活动并观看了决赛的全过程。

10月14日 天津市总工会常委会就贯彻全国工会维权机制建设经验交流会议精神，提出天津市工会建立六大维权机制的建设意见，并要求各有关部门制定实施细则。

10月17日 应中华全国总工会邀请，非洲葡语国家工会领导人抵天津市参观访问。市委常委、天津市总工会主席散襄军会见了代表团一行。天津市总工会副主席张子鹏、赵洪莉一同参加了会见。

10月24日至11月4日 应澳大利亚墨尔本市政府、墨尔本市工会和新加坡职工总会的邀请，以天津市总工会副主席王连金为团长的天津市工会代表团一行17人赴澳大利亚、新加坡进行访问交流活动。

10月26日 天津市总工会副主席赵洪莉到天津市第五十七中学，检查河北区教育系统校务公开工作。

10月26至11月4日 应韩国劳动组合仁川市本部和日本NTT劳动组合兵库县总支部的邀请，以天津市总工会副主席张子鹏为团长的天津市工会代表团一行5人，赴韩国、日本进行访问交流活动。

10月27日 天津市服务行业职工技能夺标运动会第二届“银联杯”收银员职业技能大赛决赛在环渤海建材市场礼堂举行。天津市总工会副主席安亭洲、市委商务工委纪检书记马海明等领导出席活动并观看了决赛全过程。

10月27～28日 天津市总工会召开工会经济技术工作研讨会。天津市总工会副主席安亭洲出席会议并讲话。

10月28日 天津市总工会举办学习贯彻党的十六届五中全会精神专题报告会。南开大学经济研究所副所长刘刚教授做了题为“环渤海经济振兴与天津经济发展”的专题报告。天津市总工会副主席李泮祥、安亭洲、赵洪莉与全市各区县局、总公司（集团）工会宣教干部、天津市总工会机关党员干部及津工集团所属企事业单位党政负责同志近300人参加了报告会。

10月31日至11月7日 应日本川泷株式会社的邀请，天津市总工会职工消费合作社考察小组一行三人赴日进行工作考察和建立合资企业的洽谈。

11月8日 受全国人大常委会委托，天津市人大常委会就天津市贯彻劳动法实施劳动合同的情况进行执法检查。天津市总工会副主席刘凤山参加了执法检查，并就当前劳动关系和涉及职工权益问题提出工会的意见主张。

11月14～25日 应瑞典工业职员工会和丹麦HK工会的邀请，以天津市总工会副主席赵洪莉为团长的天津市工会代表团一行9人赴瑞典、丹麦考察访问。

11月15日 天津市总工会在天津大礼堂召开第十四届七次全委（扩大）会议。会议认真学习贯彻党的十六届五中全会和市委八届八次全会精神，审议通过了《关于团结动员全市广大职工为加快推进滨海新区开发开放实现天津更快更好发展建功立业的决议》。市委常委、天津市总工会主席散襄军出席会议并作了重要讲话。

11月16日 天津市总工会在开发区保税区工会联合会大楼召开区县局工会领导干部研讨班暨工运理论研究会理事会全体会议。市委常委、天津市总工会主席散襄军参加研讨班并出席理事会议。研讨会议由天津市总工会副主席张子鹏主持，副主席李泮祥、安亭洲、刘凤山、王连金出席。与会同志听取了中华全国总工会研究室主任李滨生就健全完善工会组织领导下的维权机制建设所作的专题辅导。开发区保税区工会联合会主席孙胜作了经验介绍。大家还参观滨海新区建设成就展，并围绕学习贯彻中央和市委全会精神，落实全国工会维权机制建设经验交流会议和天津市总工会十四届七次全委（扩大）会议工作部署进行分组讨论。

11月18日 天津市总工会举办学习贯彻党的十六届五中全会和市委八届八次全会精神专题报告会。南开大学经济研究所副研究员罗润东博士作了题为“和谐社会与劳资关系”的专题报告。天津市总工会副主席刘凤山与全市各区县局、总公司（集团）工会宣教干部、天津市总工会机关党员干部及津工集团各直属劳福事业单位党政负责同志近300人参加了报告会。

11月21日 中共天津市委常委、天津市总工会主席散襄军带领天津市总工会有关负责同志深入到劝华集团、中原公司、劝业场等基层单位进行调研。在调研中还参观了该集团第二届企业文化展。天津市总工会副主席安亭洲陪同调研。

同日 天津市总工会工交工委举办工交系统中外合资企业中外方经理座谈联谊会。伍德沃德（天津）控制器有限公司等8家工交系统合资企业的中外方经理参加了座谈联谊会。市委常委、天津市总工会主席散襄军出席。天津市总工会副主席张子鹏、王连金及新技术产业园区党工委书记周思纯、管委会主任庞金华、渤海化工集团公司党委书记、董事长王宝弟、中环电子信息集团有限公司副总经理由华东和电话设备厂党委书记、厂长乔日安等出席了座谈联谊会。

11月22日 天津市协调劳动关系三方会议第九次会议召开。会议通报了第八次会议决定的各项工作落实情况；传达了“全国协调劳动关系三方机制工作会议暨表彰大会”会议精神，并就此次会议精神，研究了天津市的工作意见。市三方会议主席王元、副主席李福明出席会议。会议由市三方会议副主席刘正华主持。天津市总工会副主席刘凤山、市企联副会长（秘书长）刘远征应邀出席会议。市三方会议成员及办公室成员参加了会议。

11月22～23日 天津市总工交工委分别召开交通邮电系统、工业系统工会主席联席会。工交系统各局、总公司（集团）工会分别汇报了2006年工会工作思路并就天津市总工会2006年工作提出了建议。天津市总工会副主席王连金出席联席会并讲话。

11月23日 天津市总工会保障部召开全市工会帮扶中心（站）主任工作研讨会。会上，部署了2006年元旦、春节送温暖工作，再就业联社拓展工作和进城务工人员维权工作。天津市总工会副主席刘凤山出席会议并讲话。

11 月 24 日 天津市总工会在全市市政工程设计研究院召开“团结动员规划设计人员为加快推进滨海新区开发开放立头功现场推动会”。市委常委、天津市总工会主席散襄军出席会议并作重要讲话。会议由天津市总工会副主席安亭洲主持。规划建设系统各局、集团公司、院主管工会工作书记、工会主席及所属院、所工会负责同志、部分科研设计人员 120 多人参加了会议。

同日 应中华全国总工会邀请，印尼工会大会、尼泊尔民主工会总联合会、尼泊尔工会总联合会、菲律宾自由工人联合会、锡兰劳工联合会、斯里兰卡种植园工会、锡兰工会联合会等四国七家工会领导人一行 14 人抵天津市参观访问。市委常委、天津市总工会主席散襄军会见了代表团一行。天津市总工会副主席张子鹏、李泮祥参加了会见。

11 月 25 日 天津市总工会、市劳动和社会保障局、市商务委、团市委、市妇联等单位在喜来登大酒店隆重举行天津市服务行业职工技能夺标运动会颁奖暨展示大会。市委常委、天津市总工会主席散襄军出席颁奖仪式并讲话，随后观看了部分优胜选手现场服务技能展示。夺标运动会组委会各成员单位负责同志出席了颁奖仪式，部分区县局、总公司（集团）和基层单位负责人，优胜选手和获奖单位代表等近 200 人参加了大会。

12 月 1 日 天津市总工会召开部分区县局工会主席座谈会，研讨 2006 年工会工作思路。市委常委、天津市总工会散襄军出席会议并讲话。天津市总工会副主席李泮祥、安亭洲出席会议。

12 月 3 ~ 17 日 应联合国国际劳工组织的邀请，天津市总工会副主席刘凤山随同中国工会代表团赴意大利、奥地利参加经济全球化形势下维护职工权益的策略研讨班。

12 月 8 日 天津市总工会举办的天津市职工建设节约型社会技术创新成果展开幕。市委常委、天津市总工会主席散襄军出席并做重要讲话。市政协副主席曹秀荣和全国总工会经济部部长常毅民、市委科技工委副书记李平、天津市总工会副主席李泮祥、安亭洲、王连金、赵洪莉和市劳模、技术创新能手、工会干部代表出席开幕式并观看展览。开幕式上，对 2005 年度天津市优秀职工技术成果进行了表彰并进行了典型成果汇报。

12 月 9 ~ 10 日 中华全国总工会经济部在津召开环渤海地区省市工会经济技术工作研讨会。中国职工技协副会长李永安、中华全国总工会经济部部长常毅民和天津市总工会副主席安亭洲等出席会议并讲话。与会人员参观了天津市职工技术创新成果展、天津港、开发区保税区、天津钢管公司等，并就开展好环渤海区域经济技术活动进行了座谈交流，会议通过了《环渤海地区工会经济技术工作研讨会会议纪要》。

12 月 9 ~ 10 日 应中国职工对外交流中心的邀请，以日本富士通工会书记长外囿幸二为团长的日本富士通工会 2006 年“青春之船”先遣团一行 7 人抵津考察访问。天津市总工会副主席赵洪莉会见了先遣团一行。

12 月 15 日 天津市总工会在天士力集团举行天津市第三批职工文化体育健身示范基地授牌仪式暨现场观摩交流推动会。天士力集团等 40 个基层职工文体活动基地被授予示范基地称号。至此，2005 年创建 100 个文体活动示范基地的任务全部完成。天津市总工会副主席张子鹏出席活动并讲话，安亭洲副主席和市体育局的有关领导以及部分区县局工会主席近百人出席授牌仪式。

12 月 16 日 天津市总工会召开天津工会 2006 年元旦、春节“共筑和谐、真情送暖”活动推动会。市委常委、天津市总工会主席散襄军出席会议并讲话。会议由天津市总工会副主席张子鹏主持，部分捐赠单位领导，为困难职工献岗位企业和各区县局、总公司（集团）工会领导及受助困难职工及子女代表等 100 余人参加会议。

12 月 19 日 应中华全国总工会邀请，哈萨克斯坦工联、吉尔吉斯斯坦工联、塔吉克斯坦工联、土库曼斯坦全国工会中心和乌兹别克斯坦工联等五国工会领导人一行 15 人，来华参加中华全国总工会举办的以“工会与社会保障”为主题的《中国－中亚国家工会研讨会》，专程到天津市参观访问。市委常委、天津市总工会主席散襄军会见了中亚五国工会领导人。天津市总工会副主席张子鹏、赵洪莉出席了会见。

12 月 22 日 天津市总工会召开劳动争议调解组织及个人表彰会。会上，天津市总工会副主席刘凤山、市劳动和社会保障局仲裁处负责同志分别向市自来水集团有限公司劳动争议调解委员会等 4 家获得“全国先进劳动争议调解组织”荣誉称号的组织及塘沽区权益部部长乔习群等 9 名获得“全国优秀劳动争议调解工作者”荣誉称号的个人颁发了奖状及证书。

12 月 23 日 天津市总工会召开农口、市直、政法系统分管书记情况沟通联谊会。天津市总工会副主席李泮祥出席会议并讲话。

12 月 25 日 天津市总工会在第三中心医院举行天津市总工会卫生系统护工入会暨津工会员卡发放仪式。市委常委、天津市总工会主席散襄军出席会议并讲话。天津市总工会副主席张子鹏、安亭洲、赵洪莉及市卫生局、市银联、市商业银行等单位领导出席了活动仪式。

12 月 28 日 天津市总工会召开“凝聚爱心、共筑和谐”天津 2006 爱心企业拔河大赛新闻发布会。天津市慈善协会会长、大赛组委会主任陆焕生，天津市总工会副主席、大赛组委会副主任刘凤山，今晚传媒集团副总编、大赛组委会副主任刘凤山出席会议并讲话。大赛组委会在新闻发布会现场回答了记者的提问。

同日 普利司通（天津）轮胎有限公司举行工会成立仪式。市委常委、天津市总工会主席散襄军出席并为工会成立揭牌。

12 月 30 日 天津市总工会、市教委和市广播电视大学在电大礼堂举行天津市职工素质工程电大开放教育总结表彰暨首届大专学员毕业典礼。市委常委、市职工素质工程领导小组组长、天津市总工会主席散襄军出席仪式并讲话。天津市总工会副主席赵洪莉，市教委副主任龙德毅等领导及首届大专毕业生和在校学员等 500 余人出席活动。

12 月 31 日 天津市教育工会召开教育系统迎新年劳模座谈会暨第三届教职工艺术节汇报演出。天津市总工会副主席张子鹏、安亭洲、刘凤山、王连金、赵洪莉，市委教卫工委领导，各高校、区县教育局的党政领导以及市教育系统劳模先进人物、工会工作者代表等 1000 余人出席活动。座谈会后，与会领导和大家兴致勃勃地观看了大型文艺演出《腾飞》。

2006年

1月6日　天津市总工会在武清开发区逸仙科学工业园“泰达研修中心”召开十四届八次全委（扩大）会议。天津市总工会副主席张子鹏主持会议，天津市总工会副主席李泮祥、安亭洲、刘凤山、王连金、赵洪莉出席了会议。市委常委、天津市总工会主席散襄军出席会议并作重要讲话。

1月7日　天津市总工会、市慈善协会、今晚传媒集团共同举办的“天津2006爱心企业拔河大赛”在天津市总工会职工联合服务中心广场举行。天津市总工会副主席刘凤山主持大赛开幕式。市慈善协会会长陆焕生、今晚传媒集团总编贾长华出席并致辞。天津市总工会副主席张子鹏、李泮祥、安亭洲、王连金、赵洪莉出席开幕式。市委常委、天津市总工会主席散襄军出席并作重要讲话。共有100多家企业参赛。

1月9日　按照天津市政府的要求，市安委会开展“两会”“春节”期间的安全生产督查活动。一月九日天津市总工会副主席、市安委会副主任王连金同志带队（有市安监局、天津市总工会、市公安消防局参加）对河东区政府进行安全生产督查。

1月13日　全国“创争”活动领导小组在北京召开“创建学习型组织、争做知识型职工”活动表彰电视电话会。天津设立分会场，组织收听收看全国表彰大会，天津市职工素质工程领导小组成员天津市总工会副主席张子鹏、市文明办副主任沈志建、市国资委总工程师刘建忠、市商务工委副书记邵毅、市商务委副主任李胜利、团市委副书记刘志强、市妇联副主席吕福玲出席会议，全市各区县局、总公司（集团）职工素质工程领导小组负责同志，及天津市荣获全国学习型组织、知识型职工荣誉称号的单位和职工等100余人参加会议。市职工素质工程领导小组成员、天津市总工会副主席张子鹏做重要讲话。

1月15～23日　应台湾中华联合总工会的邀请，以天津市总工会副主席李泮祥为团长的天津市工会干部代表团一行9人应邀赴台进行交流访问。

1月17日　天津市教育工会召开六届七次全委（扩大）会议。市教育工会六届委员会全体委员、各高校（附院）、科研院所工会、各区县教育工会（工委）的专职工会主席、副主席共80余人参加会议。天津市总工会副主席赵洪莉出席会议并做重要讲话。

同日　在天津市困难职工帮扶中心举行了天津市多米多商贸发展公司、天津市骎骎劳务服务有限公司向市困难职工帮扶中心捐赠两万斤大米和价值5000元的富硒蛋仪式。捐赠仪式由天津市总工会副主席安亭洲主持，天津市总工会副主席刘凤山致辞。天津市总工会向两家捐赠企业颁发“爱心慈善企业”荣誉证书。

1月19日　天津市总工会举行了台资伊阳生化科技（天津）有限公司向市困难职工帮扶中心捐赠500公斤大米仪式。天津市总工会副主席刘凤山出席捐赠仪式并讲话，并向捐赠企业颁发了“爱心慈善企业”荣誉证书。

1月20日　天津市总工会、开发区保税区工会联合会共同举办“心手相连、熔铸希望”联欢会，慰问困难职工。有140余名困难职工及子女参加联欢并参观了开发区区容区貌。

1月23日 中华全国总工会副主席、书记处书记孙宝树率中华全国总工会慰问团一行4人，到天津市送温暖。在中共天津市委常委、天津市总工会主席散襄军等陪同下，看望慰问了特困职工朱永年、退休老劳模年景林、开发区天海公寓的农民工及市困难职工帮扶中心工作人员，给他们带来党和政府，以及工会组织的关怀。

1月24日 天津市津工集团召开2006年度工作会议。天津市总工会副主席、集团副董事长刘凤山主持了会议。天津市总工会副主席、津工集团副董事长、总裁安亭洲作了工作报告。天津市总工会副主席、集团副董事长刘凤山、王连金出席了会议。市委常委、天津市总工会主席散襄军出席会议并作了重要讲话。集团董事会成员、各直属单位领导班子成员及部分中层干部出席了会议，天津市总工会机关各部门负责人、集团合作单位负责人应邀出席了会议。

同日 天津市总工会城建工委联合市委规划建设工委、市建委对规划建设系统部分特困职工、劳动模范和进城务工人员进行了慰问，并送去慰问金及慰问品。市委规划建设工委副书记任树梅、市建委副主任苏文利、天津市总工会副主席安亭洲参加了慰问。

1月26日 天津市总工会在天津礼堂召开劳动模范迎新春茶话会。市领导同志与来自全市各条战线的200多名劳动模范代表欢聚一堂，共话发展成就，喜迎新春佳节。中共中央政治局委员、市委书记张立昌出席茶话会并代表市委、市人大常委会、市政府、市政协，向全市劳动模范和广大职工致以节日的问候。市委副书记、市长戴相龙，市委副书记、市人大常委会主任刘胜玉，市委副书记邢元敏，市领导同志王文华、邢军、卢金发出席茶话会。市委常委、天津市总工会主席散襄军致辞，与会劳模和市领导共同观看了由职工演出的文艺节目。茶话会由天津市总工会副主席张子鹏主持。天津市总工会副主席李泮祥、安亭洲、刘凤山、王连金、赵洪莉出席会议。

1月28日 中共天津市委常委、天津市总工会主席散襄军在天津市总工会、和平区委、区政府以及区总工会负责同志的陪同下，到荣获“天津市模范集体”称号的天解运业有限公司，看望慰问节日里坚守岗位的农民工，送去了“大礼包”等慰问品，并与农民工一起包饺子、吃年夜饭，共度除夕。

2月10日 天津市总工会与市劳动和社会保障局、市国资委、市企业联合会/市企业家协会，联合制定下发了《天津市劳动争议调解委员会组织及工作规则（试行）》。同时，还联合转发了《关于进一步加强劳动争议调解工作的通知》。

2月15日 天津市总工会女职工委员会召开三届五次全委（扩大）会议。会议总结了2005年工会女职工工作，部署了2006年工作任务。天津市总工会副主席、天津市总工会女职工委员会主任王连金出席会议并讲话。

2月16日 天津市总工会在天津工业大学召开天津市民主管理工作会议暨工资协商工作现场会。市委常委、天津市总工会主席散襄军出席会议并讲话。会议由天津市总工会副主席李泮祥主持，天津市总工会副主席赵洪莉作了职工民主管理工作报告。

2月21～23日 中华全国总工会和财政部召集部分省市工会负责同志在津召开困难职工帮扶中心社会化问题调研会。会前，市委常委、天津市总工会主席散襄军会见了中华全国总工会和国家财政部有关负责同志。天津市总工会副主席刘凤山出席会议并讲话。

2月24日 天津市总工交工委召开交通邮电系统第十二次党政工联席会议。市委常委、天津市总工会主席散襄军接见了市委交工委、市交委有关领导同志。市委交工委书记刘明哲、副书记黄玉功、市交委副主任戚荣林、天津市总工会副主席王连金出席党政工联席会议。

2月28日 天津市职工技术协会召开第五次代表大会。会议认真贯彻市委八届九次全会精神，确定了职工技协今后五年工作任务，选举产生了新一届领导集体。市委常委、天津市总工会主席散襄军，市委常委、市委教卫工委书记、市委科技工委书记陈超英出席会议并讲话。天津市总工会副主席张子鹏宣读了《天津市总工会关于表彰职工岗位创新标兵、职工先进操作（工作法）和职工技术创新成果的决定》，天津市总工会副主席、市职工技术协会会长安亭洲作了工作报告，天津市总工会副主席王连金和各有关方面负责同志出席了会议。市职工技术协会全体成员参加了会议。

3月1日 天津市总工会、现代职业安全杂志社召开“加强安全生产教育培训、规范劳动管理”座谈会。天津市总工会副主席王连金同志出席会议并作重要讲话。部分区、集团公司、企业的工会主席、部长及行政安技处长参加了会议并各自介绍了本企业的具体做法。

3月2日 天津市工运理论研究会城建分会在天津市津南区宝成宾馆隆重召开了05年度成果发布会。天津市总工会副主席安亭洲到会并讲话。参加本次会议的还有城建分会理事会成员、研究会成员、上报论文成果的人员，尚未成立研究分会的单位的工会主席、分管干部等共计120多人。会议发布了05年度获奖理论成果，共评出一等奖3篇、二等奖6篇、三等奖12篇，其中有5篇论文进行了现场交流。会议还总结了城建分会2005年工作，并对2006年工作任务进行部署。

同日 应中华全国总工会的邀请，马拉维工会大会代表团抵天津市参观访问。市委常委、天津市总工会主席散襄军亲切会见了以马拉维工会大会总书记奥斯丁·卡里曼奇拉为团长的马拉维工会大会代表团一行。天津市总工会副主席赵洪莉出席了会见。

3月6日 天津市总工会召开“庆‘三八’暨发扬‘四自’精神，加快天津发展，天津市女职工建功立业事迹报告会”，会议由天津市总工会副主席、天津市总工会女职工委员会主任王连金主持，市委常委、天津市总工会主席散襄军出席会议并做重要讲话。

3月7日 天津市总工会副主席赵洪莉、市教育工会主席秦砖出席南开中学庆祝“三八”妇女节大会暨“教工之家”启动仪式。赵洪莉主席为教工之家揭牌，秦砖主席在会上发表讲话。

3月9日 天津市总工会在天津大礼堂召开全市工会保障工作会议。市委常委、天津市总工会主席散襄军出席会议并作了重要讲话。天津市总工会副主席刘凤山作了工作报告。天津市总工会副主席李泮祥主持会议。天津市总工会副主席安亭洲、市劳动和社会保障局、市民政局、天津市总工会负责同志出席了会议，天津市总工会机关各部门及劳福企事业单位的主要负责人、全市各区县局、总公司（集团）工会分管保障工作的主席和保障干部200余人参加了会议。

3月18～26日 应法国总工会下属农林工会的邀请，天津市总工会副主席李泮祥随中国农林水利工会代表团赴法国进行友好访问。

3月23日 巴西、阿根廷、乌拉圭、巴拉圭、智利和玻利维亚六国工会组织的领导人在北京参加中华全国总工会举办的以“工会维权机制建设”为主题的“中国—南美国家工会研讨会”期间专程到津考察工会工作。市委常委、天津市总工会主席散襄军亲切会见了来访的六国工会组织领导人。天津市总工会副主席张子鹏、赵洪莉出席了会见。客人在津期间参观了天津市总工会联合服务中心、信息中心、困难职工帮扶中心并游览了市容。

3月27日 天津市总工会在天津大沽化工股份有限公司召开“强基建制增活力，共筑和谐促发展”现场推动会。会议总结了强基建制工作的成果和经验，明确了2006年工会组织工作的重点任务。市委常委、天津市总工会主席散襄军出席会议并讲话。全市塘沽区、渤海化工集团的党政负责同志及天津市总工会副主席安亭洲、刘凤山、王连金、赵洪莉出席了会议。各区县以及部分局、集团（总公司）和大型企业工会负责人约200余人参加了会议。

3月30日 天津市总工会在天津大礼堂召开了以“建机制、谋和谐、促发展”为主题的工会法律工作会议。市委常委、天津市总工会主席散襄军出席会议并作重要讲话。天津市总工会副主席刘凤山出席会议并讲话。市人大、政府法制办、司法局、高级人民法院、劳动和社会保障局等相关单位领导与天津市总工会主席、副主席一起，为荣获全国工会系统“四五”普法先进单位、先进个人颁发了奖牌和证书。

4月5日 “满意在天津”实践行活动启动仪式在天津站邮电局营业大厅举行。市委常委、天津市总工会主席散襄军出席会议并讲话。会议由天津市总工会副主席张子鹏主持，天津市总工会副主席李泮祥、安亭州、刘凤山、王连金、赵洪莉和市委、市政府各有关部门负责同志出席会议。会上，全国劳模孔祥瑞以及天津站邮电局、中原百货公司、市自来水集团公司、河东区向阳医院、津工集团津工超市窗口服务单位代表，围绕落实“满意在天津”实践行活动的要求，向全市广大职工发出倡议，向全社会做出郑重承诺。

4月10日 中共天津市委常委、天津市总工会主席散襄军出席一商股份有限公司在天津大礼堂举办的“魅力友谊”—天津市商务系统首届职工文体文化艺术节一商友谊职工文艺晚会。天津市总工会副主席张子鹏、安亭洲随同出席活动。

4月12日 中华全国总工会参与国企重组改制和关闭破产工作领导小组办公室副主任何金成一行3人到津调研。天津市总工会副主席赵洪莉陪同调研。

4月15日 天津市总工会与市体育局、和平区人民政府共同举办天津市“威克多杯”职工羽毛球比赛团体赛决赛在和平体育馆隆重开幕。市委常委、天津市总工会主席散襄军出席并宣布大赛开幕。老同志石坚出席开幕式。天津市总工会副主席张子鹏在开幕式上致辞，安亭洲副主席主持。市体育局副局长王金芳、和平区委副书记潘万青出席开幕式。

4月18日 天津市职工素质工程领导小组在天津石化公司召开天津市深化职工素质工程、推进“创争”活动现场推动会。全国“创争”活动领导小组副组长、全国总工会副主席、书记处书记黄彦蓉，市委常委、市职工素质工程领导小组组长、天津市总工会主席散襄军出席会议并讲话。会议由市劳动和社会保障局副局长于茂东主持，天津市总工会副主席张子鹏代表市职工素质工程领导小组做了工作报告；石化公司、天士力集团、富士通天电子有限公司分别作了经验介绍。中共大港区委主要负责同志，市职工素质工程领导小组成员单位的天津市总工会、劳动和社会保障局、经委、国资委、交委、建委、商务委、发改委、农委、教委、财政局、体育局、市文明办、市政府信息办、团市委、市妇联有关负责同志出席会议。

4月19日 天津阿克苏诺贝尔过氧化物有限公司举行工会成立仪式。天津市总工会副主席张子鹏、王连金出席仪式并为工会成立揭牌。

4月20～22日 应天津市总工会和天津通信公司工会邀请，日本NTT劳动组合兵库县总支部和连合神户地域协议会代表团一行14人抵天津市访问交流。市委常委、天津市总工会主席散襄军会见了代表团成员。天津市总工会和通信工会有关负责同志参加了会见。

4月22日 规划建设系统组织窗口单位干部职工开展“践行社会主义荣辱观、让您满意在城建”便民服务日活动。市委常委、天津市总工会主席散襄军进行了慰问并讲话。天津市总工会副主席安亭洲参加了慰问活动。

4月26日 天津市总工会与市劳动和社会保障局、市国资委、市企业联合会/市企业家协会联合制定下发《天津市关于开展“劳动关系和谐企业创建活动”实施意见》，提出拟用三年时间争取使全市企业基本达到A级标准，为构建社会主义和谐天津奠定良好的社会基础。

4月27日 天津市在天津宾馆中礼堂举行庆祝“五一”国际劳动节暨孔祥瑞先进事迹报告会。中共中央政治局委员、市委书记张立昌出席并在报告会前亲切接见孔祥瑞先进事迹报告团成员和全国“五一”劳动奖章获得者。市委副书记、市长戴相龙，市委副书记、市人大常委会主任刘胜玉，市委副书记邢元敏，市领导同志肖怀远、王德惠、卢金发和苟利军、乔富源参加接见并出席报告会。市委常委、天津市总工会主席散襄军致辞。报告会上，天津港煤码头公司操作一队队长孔祥瑞，天津港（集团）有限公司副总裁赵明奎，天津港煤码头公司总经理史文利，天津港煤码头公司设备管理员康建桥，孔祥瑞的女儿、天津工业大学学生孔莹莹分别发言，从不同侧面介绍了孔祥瑞的先进事迹。

4月30日 中共天津市委常委、天津市总工会主席散襄军，市国土房管局局长吴延龙等带着市委、市政府对劳模的关怀和祝福，亲自入户将租房补贴储蓄存折交到了住房困难劳模代表宋金贵、刘桂花手中，让住房困难劳模享受到政府租房补贴政策的实惠。

同日　中共天津市委常委、天津市总工会主席散襄军出席市商务系统在天津大礼堂举行的首届职工文体文化艺术节。天津市总工会副主席张子鹏、安亭洲随同出席活动。

同日　天津市总工会在市人民体育馆隆重举行“为天津腾飞讴歌，为劳动者喝彩”天津市职工庆祝“五一”国际劳动节联欢晚会。市委常委、天津市总工会主席散襄军，市人大常委会副主任王德惠，市政协副主席王家瑜以及老同志吴振、潘义清等出席，与职工一起联欢。出席联欢晚会的还有天津市总工会副主席张子鹏、李泮祥、安亭洲、刘凤山、王连金、赵洪莉和市各委办局、团市委、市妇联、军事交通学院及各区县局党政工领导等。来自全市各条战线的劳动模范、职工代表，外来务工人员代表，外企、私企企业家代表，留学生代表和群众共4千余人参加了联欢晚会。

5月1日　天津市总工会和市体育局在第二工人文化宫联合举办了天津市职工庆祝“五一”国际劳动节游园大联欢暨第25届“五一”职工长跑比赛。来自全市基层单位的60支长跑队伍，共计1000余名职工参加了这一传统赛事活动。市委常委、天津市总工会主席散襄军，老同志潘义清，天津市总工会副主席张子鹏、李泮祥、安亭洲、刘凤山、王连金、赵洪莉与全市广大职工一起参加了游园活动。联欢活动由安亭洲主持，张子鹏致辞，老同志潘义清为职工长跑比赛鸣放第一令枪。

5月3～6日　应中华全国总工会和中国职工对外交流中心的邀请，日本富士通工会“青春之船”访华团一行511人于3日乘船抵津，6日从天津离境。代表团在津期间，参观了天津钢管公司并与职工举行了文艺交流活动，游览了市容和古文化街。

5月11日　为贯彻中华全国总工会通知精神和散襄军主席的重要批示，在5月12日护士节前夕，天津市总工会副主席赵洪莉等来到因公感染非典并发后遗症医务人员、全国三八红旗手、市职业道德十佳标兵、市急救中心副主任医师刘向同志家中慰问，赠送花篮、慰问信及慰问金1000元；到海河医院对仍坚持在岗位工作的因公感染非典并发后遗症医务人员进行慰问，赠慰问信、慰问金每人500元。这次慰问活动涉及人员58名，送慰问金29500元。

5月14～15日　应中华全国总工会的邀请，朝鲜职业总同盟代表团一行6人抵津进行友好访问。天津市总工会副主席张子鹏会见了代表团，赵洪莉副主席出席了会见。代表团在津期间，参观了职工联合服务中心、信息中心、困难职工帮扶中心和天津经济技术开发区。

5月18日　天津市总工会职工维权法律顾问委员会召开了第一次会议。市委常委、天津市总工会主席散襄军出席会议并作了重要讲话。职工维权法律顾问委员会由市人大、市高院、市政府法制办、市劳动和社会保障局、市司法局、市法律援助中心的有关领导，以及南开大学、市委党校、师范大学、政法管理干部学院、工会管理干部学院的专家学者组成。

同日　中共天津市委书记张立昌对津工报〔2006〕21号《关于在我市职工中开展“满意在天津”实践行情况专报》作重要批示：这项活动开展得很好，主旨明确，总体要求很高，是树立天津很好形象，实现经济社会更快发展的良策。

5月19日 中共天津市委书记张立昌对津工报〔2006〕20号《关于中华全国总工会举办全国工会领导干部高级研讨班情况的报告》作重要批示：兆国同志讲话很重要，要认真学习，深刻理解，积极行动。

5月20～29日 应保加利亚支持劳联和匈牙利工联的邀请，天津市总工会副主席张子鹏随中国工会代表团赴保加利亚、匈牙利并途经奥地利进行友好访问。

5月22日 天津市总工会、市教委、今晚传媒集团在天津市总工会八号厅联合举办了2006年“金秋助学”活动启动仪式。市委常委、天津市总工会主席散襄军出席启动仪式并作重要讲话。启动仪式由天津市总工会副主席刘凤山主持。受助困难职工在学子女和受助困难农民工在学子女代表、各区县局、集团（总公司）工会分管保障工作的主席、帮扶中心（站）负责人及天津市总工会保障部、女工部、各工委有关负责同志130余人参加了启动仪式。

5月24日 天津市总工会召开天津市区县推动工会组建工作座谈会。天津市总工会副主席李泮祥通报了区县工会组建工作情况。市委农工委书记崔士光、市委规划建设工委书记沈东海、市委商务工委副书记邵毅、市建委副主任郭俊杰、市工商局副局长张震生出席，并分别就本系统重视和支持工会组建和工会工作提出要求。天津市总工会副主席安亭洲，各区县党委分管书记、区县总工会主席出席。市委常委、天津市总工会主席散襄军同志出席并讲话。

5月24至6月4日 应西班牙阿斯图利亚斯大区劳动者总同盟和葡萄牙工人总联盟的邀请，以天津市总工会副主席安亭洲为团长的天津市工会干部代表团一行五人，赴西班牙、葡萄牙进行考察访问。

5月29至6月10日 应美国加利福尼亚州政府和加拿大伯纳比市政府的邀请，市委常委、天津市总工会主席散襄军率天津市工会代表团一行5人赴美国、加拿大进行访问交流。

5月30日 中共天津市委书记张立昌对津工报〔2006〕22号《及早启动“金秋助学”及时送去党的关怀》作重要批示：很好。

6月5日 天津市工会保障工作干部及帮扶中心工作人员培训班在西青区中北镇开班。培训班以进一步落实散主席提出的“三个转变”、“四个到位”为目标，开展了现场学习、专业培训和互动座谈。首先组织学员参观了中北镇帮扶中心，听取镇工会做好困难职工群众帮扶工作的经验介绍，并就“困难职工救助一网通”的完善与升级，进行专题培训。刘凤山副主席参加了培训活动，并与大家促膝座谈，认真听取进一步改进和做好帮扶工作的建议和要求。近100名基层工会保障干部和帮扶中心工作人员参加了培训。

6月6日 天津大学召开第十四次工会会员代表大会暨第六次教职工代表会议。教育工会主席秦砖参加会议，天津市总工会副主席赵洪莉出席会议并讲话。

6月7日 南开大学召开第十四次工代会暨工会五届教职工代表会议。教育工会副主席秦建中参加会议，天津市总工会副主席赵洪莉出席会议并讲话。

6月11日 天津市第十六次安全生产月的宣传咨询日活动在金街隆重开幕。市安监局、市公安消防局、市质量技术监督局、天津市总工会等各安委会成员单位全体行动，聚集金街为广大市民做安全宣传。天津市总工会王连金副主席等一行陪同副市长孙海麟亲临活动现场，参观了工会系统安全宣传展牌。天津市总工会在“安全月咨询日”活动中积极唱响维权主旋律，以宣传展牌的形式分别从工业生产、城市用电、交通运输、燃气使用、建筑施工等生产、生活的不同角度告知广大市民相关的安全常识、专业知识和实用技能，倡导从业人员安全体面的工作。通过宣传教育突出工会维护职能。

6月14日 天津市总工会举办“《妇女权益保障法》知识讲座”，各区县局、总公司（集团）工会女职工委员会负责同志参加培训，天津市总工会副主席、天津市总工会女职工委员会主任王连金同志出席讲座。

6月15～22日 应天津市总工会和天津港（集团）有限公司工会邀请，以委员长崔正范为团长的韩国仁川港运劳动组合代表团一行11人，来我国天津、辽宁、吉林等地访问交流。

16日晚，市委常委、天津市总工会主席散襄军会见了代表团，天津市总工会副主席、天津港工会有关负责同志参加了会见。

6月19日 天津市总工会副主席赵洪莉会见了日本富士通天株式会社劳动组合执行委员长石浦好雄一行。

6月20日 天津市规划建设系统在市国际贸易与航运服务区物流大厦6号楼项目工地召开“服务滨海，满意城建现场推动会”，天津市总工会向该系统的31家先进农民工工会赠送了电视机、DVD机等慰问品，并向农民工工会会员赠送了“津工卡”。市委常委、天津市总工会主席散襄军出席现场推动会并讲话。市委规划建设工委主要负责同志，市建委、市容委、天津市总工会负责同志，以及市规划建设系统各局、集团公司、科研院所党政负责同志出席会议。

6月21日 天津市总工会主席散襄军深入北辰区科技园区就深入推进外商投资企业工会组建工作开展调研。在召开座谈会上，听取北辰区总工会和部分企业有关工作情况汇报，对企业组建工会工作提出指导意见。散襄军在调研活动中还深入企业看望慰问工作一线的职工。

6月21～22日 中华全国总工会女职工部副部长肖冬等同志来天津市对《企业工会工作条例》的修订进行调研，在天津市总工会常委会议室分别召开了区县局、总公司（集团）和企业的两个座谈会，天津市总工会副主席、天津市总女职工委员会主任王连金同志参加调研。

6月22日 天津市总刘凤山副主席前往北方集团及其所属五矿公司、丝绸进出口公司、食品公司进行民主管理重点工作调研，财贸工委和保障部有关人员陪同。

同日 天津市总刘凤山副主席前往旅游集团及其所属利顺德大饭店、水晶宫大饭店、津食集团进行民主管理重点工作调研，财贸工委和保障部有关人员陪同。

6月26日 天津市总工会副主席刘凤山前往物资集团及其所属燃料油公司、机电公司、九河国际村进行民主管理重点工作调研，财贸工委和保障部有关人员陪同。

6月27日 天津市总工会副主席刘凤山前往农村合作银行及其所属大港支行、西青支行、静海支行进行民主管理重点工作调研，财贸工委和保障部有关人员陪同。

6月28日 天津市总工会副主席刘凤山前往二商集团及其所属冷冻厂、调味品研究所、大港滨城商贸公司进行民主管理重点工作调研，财贸工委和保障部有关人员陪同。

6月22～29日 根据天津市总工会统一部署，天津市总工会副主席王连金亲自带队，工交工委、女工部有关同志陪同深入到了工交系统的机电、冶金、交通、飞鸽、塑料五个行业进行了民主管理重点工作的推动调研。

7月6日 天津市总工会、天津市文化局、今晚传媒集团、天津电视台共同举办的“五一”放歌职工文艺展演暨第二届天津市职工艺术家评选展示（曲艺、小品、戏剧专场）在天津市群星剧场演出，天津市总工会副主席张子鹏和各主办单位评委、专业评委及参演单位的职工群众200余人共同观看了演出。

同日 中华全国总工会召开促进再就业推动帮扶中心工作表彰电视电话会议。天津市总工会副主席、市困难职工帮扶中心主任刘凤山出席北京主会场会议。会上表彰工会促进再就业工作、帮扶中心工作先进单位和先进个人。天津市困难职工帮扶中心荣获全国工会模范帮扶中心称号；天津市总工会、河西区总工会、天津市钟点服务有限责任公司荣获全国工会促进再就业行动先进单位称号；刘凤山荣获全国工会帮扶工作标兵称号；张桂兰、李天生荣获全国工会帮扶工作先进个人称号。天津市总工会是各省市唯一的荣获全国工会促进再就业推动帮扶中心工作的“全项奖”单位。在全国促进再就业推动帮扶中心工作表彰电视电话会议天津分会场上，天津市总工会副主席张子鹏出席会议并讲话。

7月11日 中共天津市委常委、天津市总工会主席散襄军到新技术产业园区，就工会组建工作进行了调研并作了种了重要讲话，天津市总工会副主席张子鹏、王连金陪同调研。

同日 天津市总工会、天津市文化局、今晚传媒集团、天津电视台共同举办的第二届天津市职工艺术家评选展示活动，美术、书法、摄影、文学等专业申报作品展在河西区工人俱乐部开幕。市委常委、天津市总工会主席散襄军，天津市总工会副主席张子鹏、李泮祥出席开幕仪式并参观了展览。展览历时三天，近千名职工观看了展览。

7月16日 在第七届啤酒节中的“天狮杯”爱心救助活动中，天狮集团对财贸系统所属230名绿卡职工进行总额高达12万资金的爱心救助活动，天津市总工会副主席安亭洲出席，财贸工委有关同志陪同出席。

7月17日 天津市劳动和社会保障局副局长于茂东、市财政局副局长魏文生带领两局有关部门负责同志到天津市总工会，就工会协助政府做好促进再就业和帮扶困难职工工作进行调研。市委常委、天津市总工会主席散襄军出席调研座谈会并讲话。天津市总工会副主席刘凤山、王连金，天津市总工会办公室主任、经济保护部部长黄晓云参加调研座谈会。

7月19日 中共天津市委常委、天津市总工会主席散襄军同志到东丽开发区就推进外商企业组建工会进行调研，并深入到日本独资电机电装有限公司、中法劳尔有限公司慰问了工作一线的职工。天津市总工会副主席张子鹏、李泮祥和天津市总工会有关部门负责同志参加了调研活动。

同日 天津市总工会与市劳动和社会保障局、市国资委、市企业联合会/市企业家协会联合召开了“天津市创建劳动关系和谐企业，实施劳动合同三年计划工作推动会”。市委常委、天津市总工会主席散襄军对开好这次会议作出批示，天津市总工会副主席赵洪莉出席会议。

同日 天津市总工会与天津市未来成人自助互助协会在天津市总工会八号厅联合举办了2006年“金秋助学”系列活动之一——“心理健康咨询”与“家长辅导”专题讲座。来自部分区局、总公司（集团）困难企业的200余名困难职工及子女参加了咨询和讲座活动。

7月20日 天津市妇女儿童工作委员会督导组到天津一汽丰田发动机有限公司，对全市工会系统贯彻实施妇女儿童发展纲要、规划的工作情况进行检查督导，天津市总工会副主席、女职工委员会主任王连金、天津一汽丰田发动机有限公司工会做了汇报。

7月24日 应中华全国总工会邀请，比利时工会代表团抵天津总会参观访问。天津市总工会副主席赵洪莉会见了代表团。

7月26日 天津市总工会与作文报社联合为困难职工家庭的中小学生联合开展的2006年“金秋助学”系列活动之一——为困难职工和农民工在学子女小举办的作文专题辅导讲座。来自部分区局、总公司（集团）困难企业的200余名困难职工在学子女参加了讲座活动。

7月27—29日 应中华全国总工会邀请，哈萨克斯坦工会联合会代表团抵天津市参观访问。市委常委、天津市总工会主席散襄军会见代表团一行，天津市总工会副主席张子鹏、李泮祥出席了会见。代表团在津期间先后参观了职工联合服务中心、信息中心、困难职工帮扶中心和集装箱码头并与天津港（集团）有限公司、开发区保税区工会进行了座谈。

7月28日 天津市总工会副主席刘凤山前往二商集团食品公司冷冻厂、石油公司新泰加油站，对该单位农民工进行了慰问活动，财贸工委、民管部负责同志陪同。

7月28日至8月3日 应韩国劳动组合仁川市本部的邀请，天津市工会代表团一行9人赴韩国进行友好访问。

7月28日 中共天津市委常委、天津市总工会主席散襄军来到天津港，深入装卸码头，看望慰问冒着酷热，在露天辛勤劳作的农民工，并为农民工送去防暑降温饮料和防暑药品，还为农民工送去了背投彩色大屏幕电视和DVD播放机。

天津市总工会各位副主席分别带队，深入到天津滨海国际机场扩建工地、津南南建工地、新港船厂、石油集团、食品公司冷冻厂、LG电子公司等工地和企业进行慰问，为农民工送去了防暑降温饮料和防暑药品，背投彩色大屏幕电视和DVD播放机。

8月2日 中共天津市委常委、天津市总工会主席散襄军带领天津市总工会、津工集团有关负责同志，深入工会劳福事业单位调研指导工作，实地察看第一工人文化宫、第二工人文化宫和职工之家改造建设情况，现场研究解决改造工程项目的有关问题，并听取了劳福事业单位负责同志的工作汇报，对下一步工作提出了明确的要求。

8月4日 天津市总工会津工集团在第二工人文化宫召开工作会议。分析集团上半年经济工作，部署下半年经济工作任务。天津市总工会副主席、津工集团总裁安亭洲出席会议并讲话。

8月7日 中共中央政治局委员、全国人大常委会副委员长、中华全国总工会主席王兆国率中华全国总工会领导班子全体成员，在中共天津市委常委、天津市总工会主席散襄军陪同下，到北戴河天津工人疗养院视察调研。王兆国听取了散襄军关于天津市工会劳福事业的情况和发展前景及北工疗发展规划的专题汇报，对天津工会工作和工会劳福事业的发展给予了高度评价，并专程看望了参加天津市总工会组织的休假疗养活动的天津市劳模、一线职工和离退休人员。

8月9～23日 天津市厂务公开民主管理工作领导小组办公室副主任、天津市总工会副主席赵洪莉率市纪委、天津市总工会、市委工业纪工委有关人员，先后对中铁十八局、第三中心医院等六个单位进行了厂务公开民主管理工作的调研检查。

8月10日 天津市总工会、市文化局、今晚传媒集团、天津电视台等联合举办的第二届天津市职工艺术家评选美术、书法项类入围人选笔会在河西区工人俱乐部举行。市委常委、天津市总工会主席散襄军出席。出席笔会的还有天津市总工会副主席张子鹏、河西区副区长张志方，以及各主办单位的负责同志和近百名职工群众爱好者。

8月11日 天津市总工会城建工委在蓟县天城度假村召开规划建设系统工会工作推动会。天津市总工会副主席安亭洲出席会议并讲话。

8月14日 天津市总工会副主席、津工集团总裁安亭洲在职工住房合作社及联建单位领导陪同下，深入“五一阳光”二期“尊园”工地施工现场，代表天津市总工会慰问了正在那里施工的1200余名农民工，并为他们送去防暑降温用品。

同日 应中华全国总工会邀请，乍得工会联合会代表团抵天津市参观访问。市委常委、天津市总工会主席散襄军会见了代表团一行。天津市总工会副主席赵洪莉出席了会见。代表团在津期间参观了市职工联合服务中心、信息中心、困难职工帮扶中心和一汽丰田汽车有限公司，并游览了市容。

8月15日 中共天津市委规划建设工委副书记任树梅、市建委副主任苏文利、天津市总工会副主席安亭洲深入到城建集团总包公司承建的富民桥工程工地、公交集团一公司五路车队，对高温作业的职工、农民工进行了暑期慰问。

同日 天津市精神文明建设委员会办公室、天津市总工会联合开展的第二届天津市职工职业道德建设“双十佳”“百佳班组”评选活动结束。天津碱厂等10个单位获得十佳单位荣誉称号；孔祥瑞等10名同志获得十佳标兵荣誉称号；天发重型水电设备制造有限公司技术部电机室等100个班组获得百佳班组荣誉称号；天津石化机械制造安装工程公司等11个单位获得先进单位荣誉称号；钟永利等10名同志获得先进个人荣誉称号；大港油田集团有限责任公司供水供电公司南部变电工区等46个班组获得先进班组荣誉称号。

8月17日 红桥区召开厂务公开民主管理工作经验交流会。中共天津市委常委、市厂务公开民主管理工作领导小组副组长、天津市总工会主席散襄军出席会议并作重要讲话。天津市总工会副主席李泮祥出席会议。市厂务公开民主管理工作领导小组办公室副主任、天津市总工会副主席赵洪莉出席会议并讲话。

8月19～31日 应澳大利亚墨尔本市政府、工会和新加坡职工总会的邀请，以天津市总工会副主席刘凤山为团长的天津市工会代表团一行21人赴澳大利亚、新加坡进行考察访问。

8月21日 中共天津市委常委、天津市总工会主席散襄军出席渤海化工集团公司以“奉献爱心，共筑希望”为主题的金秋助学活动启动仪式并讲话。天津市总工会有关领导、渤海化工集团党政工领导、捐赠单位代表和部分受助学生及困难职工代表等参加了启动仪式。

8月22日 受中华全国总工会邀请，天津市共有55名全国劳模分三批赴大连、陕西、北戴河参加休养活动。天津市总工会副主席王连金率经保部负责同志分别为天津市参加休养的全国劳模、全国五一劳动奖章获得者送行。

8月23日 新技术产业园区国际创业中心工会联合会正式成立。中共天津市委常委、天津市总工会主席散襄军和园区工委书记周思纯共同为国际创业中心工会联合会揭牌。

8月24～31日 天津市2006年职工职业技能大赛市级决赛全面展开。经全市有关区县局、集团公司层层比赛选拔，196名选手分别在机电工艺学院和宝成集团参加了车工、钳工、焊工组的市级决赛。天津市总工会副主席王连金到决赛现场慰问选手。

8月28日 中华全国总工会干部教育培训工作电视电话会议在北京召开。天津市机电工业控股集团公司工会、建工集团工会、河西区总工会、物资集团总公司工会、一轻集团（控股）有限公司工会、工会管理干部学院分别荣获了全国工会干部教育培训先进单位称号；宝坻区总工会孟晓燕、中港第一航务工程局工会的周密、工会管理干部学院的潘家礼分别荣获了全国工会干部教育培训先进个人荣誉称号。天津市总工会副主席张子鹏出席天津分会场会议并讲话。

8月29日 天津市人大法工委、财经委的领导前来对天津市《企业职工民主管理条例》立法工作进行专题研究，就《条例》所涉及的各有关方面工作提出了具体指导意见。市委常委、天津市总工会主席散襄军会前接见了人大有关方面领导。天津市总工会副主席张子鹏、赵洪莉出席会议。

8月29～31日 天津市总工会会同市安全生产监督管理局，对全市“关爱农民工生命安全与健康特别行动”的开展情况进行抽查。天津市总工会副主席、“关爱行动”领导小组组长王连金带队深入到建工集团师范大学工地、城建集团以及塘沽区长芦制盐场等农民工数量大且相对集中的单位，了解企业落实“关爱行动”的情况。

8月30日 中共天津市委常委、天津市总工会主席散襄军分别深入到河东区向阳医院、市政高速公路投资建设发展公司调研，指导、推动“满意在天津”实践行活动的开展。天津市总工会副主席李泮祥、安亭洲、王连金随同调研。

同日 天津市总工会召开广泛深入开展“劳动关系和谐企业创建活动”座谈会。天津市总工会副主席张子鹏出席会议并讲话。天津市总工会副主席赵洪莉出席会议。

8月31日 天津市总工会与市委规划建设工委、市建委在全市公交、出租行业联合开展的“创建和谐车厢，让您满意在天津”竞赛活动在天津市总工会举行了启动仪式。市委常委、天津市总工会主席散襄军出席并讲话。天津市总工会副主席张子鹏、李泮祥、安亭洲、王连金、赵洪莉，市委规划建设工委副书记任树梅及市公交集团、市客管办、市客运出租汽车行业工委等领导同志出席启动仪式。在启动仪式上，市客管办负责同志宣读了竞赛活动方案，公交和出租驾驶员代表分别进行了表态发言。

9月4日 天津市总工会副主席李泮祥到塘沽区大沽化工厂进行工作调研。塘沽区总工会主席张春鹏、天津市总工会区县农林工委负责同志陪同调研。

9月4～17日 天津市总工会副主席王连金随国家安全生产监督管理总局代表团前往南非、泰国并途经埃及进行安全生产管理考察。

9月4～17日 受全国厂务公开协调小组委托，甘肃、天津、宁夏三地有关人员组成全国厂务公开互检组分别对甘肃、宁夏两省区的厂务公开民主管理工作进行调研检查。市厂务公开民主管理工作领导小组办公室副主任、天津市总工会副主席赵洪莉带队参加。

9月6日 天津市总工会副主席李泮祥到西青区中北镇工业园和天津希利汽车部件有限公司进行工会组建工作情况调研。中共西青区委常委于茂珍、西青区总工会主席张永海、天津市总工会区县农林工委负责同志等陪同调研。

9月8日 天津市总工会副主席李泮祥带领市教育工会负责同志，看望慰问全国劳动模范、天津大学教授叶声华院士，天津市劳动模范、南开大学教授李正名院士。

9月12日 天津市总城建工委在水电基础局召开2007年度《天津工人报》发行会议。天津市总工会副主席安亭洲到会并讲话。

9月13日 天津市总工会召开部分区县总工会视频会议，研究部署下一步外商投资企业工会组建工作。天津市总工会副主席张子鹏，李泮祥出席会议并讲话。会议通报了区县系统工会组建工作整体进展情况。

9月14日 天津国际经济贸易中心正式成立楼宇工会联合会，其中包含35家外资企业总共78家企业中的1400多名员工加入了工会组织。市委常委、天津市总工会主席散襄军到会祝贺，并为工会联合会成立揭牌。天津市总工会副主席张子鹏、河西区党政有关领导同志等出席活动。

同日 天津市总工会“满意在天津”实践行活动中期推动会在燃气集团举行。市委常委、天津市总工会主席散襄军出席会议并讲话。天津市总工会副主席张子鹏主持会议。市委政法委副书记刘琨，国资委党委副书记孟宪锋，市委交通工委副书记黄玉功，市委规划建设工委副书记任树梅，市委商务工委副书记邵毅，市委金融（综合经济）工委副书记王平，市委教卫纪工委书记刘十洲，开发区保税区工委副书记任燚，市委农工委副局级巡视员张福际，天津市总工会副主席安亭洲、刘凤山出席会议。

9月18～23日 受全国厂务公开协调小组委托，全国厂务公开互检组到津对全市厂务公开民主管理工作进行调研检查。中共天津市委常委、市厂务公开民主管理工作领导小组副组长、天津市总工会主席散襄军会见了互检组一行。市厂务公开民主管理工作领导小组办公室副主任、天津市总工会副主席赵洪莉陪同检查。

9月18～19日 天津市职工素质工程领导小组办公室举办首期市级学习型班组创建工作示范培训班。市职工素质工程领导小组成员、天津市总工会副主席张子鹏出席了开班仪式，并作了培训动员。来自全市71个系统和单位的职工素质工程负责同志、工会宣教干部以及一线班组长等110余人参加了培训。

9月19～20日 天津市总工会在蓟县天成宾馆召开了部分区县局工会领导干部座谈会，听取对《天津市工会第十五次代表大会工作报告（征求意见稿）》的总体评价和修改意见。市委常委、天津市总工会主席散襄军出席会议并讲话。天津市总工会副主席张子鹏、李泮祥、安亭洲、刘凤山、王连金和天津市总工会有关部室、各工委的负责同志出席了会议。

9月21日 一轻集团外资企业京瓷（天津）商贸有限公司工会正式成立。天津市总工会副主席张子鹏、王连金和一轻集团党政工领导出席了工会成立大会。

9月25日 天津市职工素质工程领导小组办公室在天津市总工会召开工作会议。市职工素质工程领导小组成员、天津市总工会副主席张子鹏出席会议并讲话。天津市总工会、市劳动和社会保障局、市发改委、市国资委、市经委、市交委、市建委、市政府信息办、市财政局、团市委等有关部门负责同志出席会议。

9月26日 中共天津市委常委、天津市总工会主席散襄军出席天津市总工会职业培训中心暨农民工业余学校成立揭牌仪式并讲话。市劳动和社会保障局副局长孔长起，天津市总工会副主席安亭洲、刘凤山和市人事局、市教委有关负责同志等出席了成立揭牌仪式。

9月27日 中共天津市委规划建设工委、市建委、天津市总工会城建工委联合在第二工人文化宫大剧场举办规划建设系统纪念窗口建设20年暨迎国庆职工文艺会演。副市长陈质枫，市政协副主席王家瑜，市纪检委常委、纠风办副主任李伟，市建委常务副主任苏文利，市委规划建设工委副书记郑建民、任树梅，天津市总工会副主席安亭洲出席。规划建设系统各有关部门负责人，先进人物代表和一线干部职工代表约1000人参加了活动。

同日 天津市总工会召开全市工会新闻宣传工作会议。天津市总工会副主席张子鹏出席会议并讲话。

9月28日 中国天津职工疗休养中心奠基仪式在津南区国家农业科技园区隆重举行。市委常委、天津市总工会主席散襄军出席奠基仪式。中华全国总工会事业发展部副部长张泽鹏，天津市总工会副主席李泮祥、安亭洲、刘凤山，津南区委书记李国文以及来自市和津南区的有关方面负责同志、各界代表数百人出席了活动。

9月29～30日 天津市总工会副主席刘凤山代表市委常委、天津市总工会主席散襄军和天津市总工会深入到部分区县局、总公司（集团）困难企业工会主席家中进行慰问，送去了慰问金，并向他们表达节日问候。

9月30日 中共天津市委常委、天津市总工会主席散襄军率天津市总工会有关部门负责同志，深入工交系统部分困难企业和困难职工、劳模家中，代表市委、市政府看望慰问干部职工和劳模代表，向他们转达了立昌书记和市委、市政府对他们的关怀和节日问候。

10月1日 天津市总工会在第二工人文化宫隆重举行天津市职工庆祝建国57周年游园联欢暨职工文体活动示范基地授牌仪式。市委常委、天津市总工会主席散襄军出席并发表了节日致辞。天津市总工会副主席张子鹏、李泮祥、安亭洲、刘凤山、王连金、赵洪莉和市体育局有关领导出席了活动。

10月9日 天津市人大常委会副主任王述祖、陈洪江带领部分委员和市人大代表对全市企业民主管理的立法情况进行调研。听取了天津市总工会关于《企业民主管理条例》立法情况的汇报并视察了即将开业的职工之家——天津财富豪为商务酒店和正在改造中的市职工体育健身中心。天津市总工会副主席张子鹏、安亭洲、刘凤山、赵洪莉参加了调研。

10月14～15日 由上海市总工会党组副书记、副主席吕永杰带领的上海市总工会事业部和所属企事业单位负责人一行9人，前来天津市交流工会企事业工作。天津市总工会副主席、津工集团总裁安亭洲以及津工集团、部分直属单位负责人与上海市总工会来访同仁进行了座谈。

10月18日 中共天津市委宣传部与天津市总工会联合召开2006年天津市“五一新闻奖”颁奖座谈会暨市工会十五大情况通报会。市委常委、天津市总工会主席散襄军出席会议并讲话。天津市总工会副主席张子鹏主持会议并通报市工会十四大以来重点工作成果及十五大筹备情况。散襄军等领导向2006年天津市“五一新闻奖”获得者代表颁奖。

10月19～20日 天津市总工会在宝成宾馆召开本年度预决算会议。天津市总工会副主席张子鹏出席会议。

10月19日 中共天津市委规划建设工委、市建委、天津市总工会城建工委联合在天津市总工会八号厅召开天津市规划建设系统纪念窗口建设20年暨迎国庆职工文艺会演总结表彰大会。会议由天津市总工会副主席安亭洲主持，市委规划建设工委副书记任树梅出席并讲话。会上宣读了表彰决定。

10月24日 天津市总工会副主席王连金带领天津市总工会经保部工作人员对天津市参加“安康杯”竞赛活动的中建六局等单位进行专项检查。

10月25日 天津市政协副主席曹秀荣带领部分市政协委员视察市困难职工帮扶中心、河西区总工会困难职工帮扶分中心并召开座谈会。市委常委、天津市总工会主席散襄军会见并陪同视察。天津市总工会副主席、市困难职工帮扶中心主任刘凤山向市政协委员们作了工作汇报。

10月26日 天津市总工会在海鸥手表集团召开天津市“劳动关系和谐企业创建活动”现场

推动会。市委常委、天津市总工会主席散襄军出席会议并作重要讲话。天津市总工会副主席张子鹏主持会议，副主席王连金、赵洪莉出席会议。

10月30日 天津市总工会机关召开庆祝老年节座谈会。市委常委、天津市总工会主席散襄军出席并讲话，代表市委、市政府及天津市总工会常委会向机关全体离退休老干部致以节日的祝贺。天津市总工会副主席张子鹏出席座谈会。

11月9日 天津市总工会在开发保税区组织举行了工会职业再就业培训基地启动仪式。市委常委、天津市总工会主席散襄军出席启动仪式，并为首批命名的开发保税区天江公寓、河西区总工会职工俱乐部、天津市总工会干部管理学院三家工会职业再就业培训基地授牌。开发区保税区工委副书记任炎，天津市总工会副主席刘凤山，开发区保税区工委委员、工会联合会主席孙胜，开发区管委会副主任杨仲强，河西区总工会主席张炳素，工会管理干部学院院长刘永强等有关方面领导以及部分农民工代表参加了启动仪式。

11月15日 天津市商务系统举行职工技能大赛暨加油岗位技术比武决赛。市商务工委副书记邵毅、天津市总工会副主席安亭洲及有关部门领导出席活动并讲话。

11月16日 天津市召开职工素质工程推动会。市委常委、市职工素质工程领导小组组长、天津市总工会主席散襄军出席会议并作重要讲话。天津市总工会副主席张子鹏主持会议。天津市总工会、市发改委、市国资委、市经委、市委商务工委、市商务委、市文明办，市劳动和社会保障局、团市委、市妇联等市职工素质工程领导小组成员单位负责同志及各区县局党政工领导等200余人出席了会议。

11月17日 天津市总工会召开第十四届九次全委会。市委常委、天津市总工会主席散襄军代表天津市总工会常委会，传达中共中央政治局委员、市委书记张立昌同志和市委、中华全国总工会对开好天津市第十五次代表大会的指示精神，报告市工会十五大有关筹备情况，并提出开好市工会十五大的具体要求。市委组织部负责同志出席会议，作关于天津市总工会十四届委员会人事变动情况的说明。

11月21～22日 天津市总工会副主席赵洪莉赴广州参加“全国工会推进职工代表大会制度建设经验交流会议”。

11月22日 天津工会2007年元旦、春节“千路万户送温暖、齐心合力铸和谐”活动启动仪式在天津市总工会八号厅举行。市委常委、天津市总工会主席散襄军出席并讲话。启动仪式由天津市总工会副主席刘凤山主持，副主席安亭洲、王连金、崔金和，以及部分区县局、总公司（集团）工会主管保障工作的负责同志等出席了启动仪式。

11月24日 天津市总工会召开天津市工会第十五次代表大会新闻通气会。会议由天津市总工会副主席张子鹏主持，天津市总工会副主席、市工会十五大筹备组秘书长刘凤山出席会议并讲话。

11月30日 天津市工会第十五次代表大会预备会议在天津礼堂中剧场举行。来自全市各条战线的代表出席了会议。会议听取了散襄军同志所作的关于市工会十五大筹备情况的报告；听取了大会代表资格审查委员会的代表资格审查报告；通过了大会主席团名单；表决通过了刘凤山同志为大会秘书长；通过了大会议程和大会选举办法以及确认增补天津市总工会第十四届委员会委员、经费审查委员会委员的决议。会后，代表中的中共党员，参加了全体党员大会。

同日 天津市工会十五大主席团举行第一次会议。会议一致通过了散襄军、刘凤山、李泮祥、赵洪莉、崔金和、高炜、黄淑玲为大会主席团常务主席；表决通过了市工会十五大各次全体会议执行主席名单；表决通过了大会副秘书长名单；通报了各代表团团长、副团长和工作秘书名单。

12月1日 天津市总工会在第二工人文化宫为出席天津市工会第十五次代表大会的全体代表和嘉宾举行了一场由职工艺术家、专业艺术团体和全国著名艺术家联袂演出的大型文艺晚会。市委常委、天津市总工会主席散襄军，老同志刘晋峰出席以及各部委办的有关领导同志和参加工会第十五次代表大会的全体与会代表共同观看了演出。出席晚会的领导还有天津市总工会副主席张子鹏、刘凤山、李泮祥、王连金、赵洪莉、崔金和、高炜、黄淑玲。

12月4日 天津市总工会副主席赵洪莉到市商务工委、市金融工委就如何开展2007年工会工作进行协商，并达成共识。

12月13日 天津市总工会召开区县农林系统“深化强基建制工作，促进构建和谐企业”专题会议。会前，市委常委、天津市总工会主席散襄军同志与与会同志亲切合影。天津市总工会副主席李泮祥同志到会并讲话。天津市总工会经审委主任黄晓云同志、天津市总工会纪检组长、组织部长秦砖同志和天津市总工会民管部、区县农林工委负责同志出席会议。

12月15日 中共天津市委常委、天津市总工会主席散襄军参加商务系统首届职工文化节闭幕式，天津市总工会副主席赵洪莉陪同。

12月21日 天津市总工会主办、天津外国语学院承办的天津市职工英语大赛落下了帷幕。天津市总工会副主席李泮祥、赵洪莉、黄淑玲和经审委主任黄晓云以及各委、区县局（集团）总公司领导和竞赛相关单位代表、参赛选手等400余人出席了职工英语大赛总决赛暨颁奖仪式。

12月22日 天津市总十五届经审委召开了第二次全体会议，天津市总工会经审委主任黄晓云同志主持会议。会议传达了中华全国总工会十四届执委会议和经审委全体会议精神，审议通过了《天津市工会2007年经审工作要点》，并进行了经审工作专题培训。

12月25日 中华全国总工会召开全国工会2007年元旦、春节送温暖活动电视电话会议。市委常委、天津市总工会主席散襄军出席天津分会场电视电话会议，并亲切看望慰问与会工会保障工作干部。各区县局、总公司（集团）工会、各困难职工帮扶中心（站）负责同志及天津市总工会有关部门负责同志参加了会议。

12月27日 天津市教育工会召开六届八次全委扩大会议，学习贯彻市委八届十一次全会、中华全国总工会十四届四次执委会、市工会第十五次代表大会以及市委常委、天津市总工会主席散襄军最近在天津市总工会机关处级干部会上所做的重要讲话精神。天津市总工会副主席赵洪莉出席会议并讲话。会议根据天津市总工会党组的决定，进行市教育工会主要负责人的更替选举，天津市总工会党组成员、常委、组织部长秦砖代表天津市总工会党组宣读了关于推荐李子星同志为天津市教育工会主席候选人的决定。市教育工会六届委员会全体委员，各直属单位专职工会主席、副主席，各区县教育工会主席、副主席共60余人参加会议。

12月28日 天津市总工会副主席高炜带队对规划建设系统城建集团一公司和建工集团、公交集团2名特困职工进行走访慰问，并送去慰问金、慰问物品。

同日 天津市总工会副主席赵洪莉慰问了商务系统部分困难职工和困难企业。

同日 天津市总工会开展“千路万户送温暖，齐心合力铸和谐”走访慰问活动的集中活动。市委常委、天津市总工会主席散襄军率天津市总工会机关28路送温暖小组，各区县局、总公司、集团工会统一行动，分别深入到困难企业和困难劳模、困难职工家中走访慰问。散襄军同志在天津市总工会常务副主席、市困难职工帮扶中心主任刘凤山陪同下，看望慰问了困难企业——天纺集团天一有限公司、原建工集团七建公司病退困难职工苏云仲和渤化集团胶鞋厂退休困难劳模庞淑兰。

2007年

1月4～12日 天津市总工会副主席刘凤山、李泮祥、赵洪莉、崔金和、高炜、黄淑玲，经审委主任黄晓云，纪检组长秦砖等领导带领天津市总工会有关人员分别到开发区保税区、西青区、和平区、北辰区、河西区、津南区、河东区、宁河县检查2006年度组建工会、发展会员和开展工资集体协商工作情况。

1月6～15日 在中国教科文卫体工会二届一次全委会上，天津市总工会常委、市教育工会主席李子星当选为全国教科文卫体工会常委、天津大学党委副书记、工会主席邢敏、市卫生局工会主席胡大宝、市科技工会主席吴全旺当选为委员。

1月4～12日 天津市总工会副主席刘凤山、李泮祥、赵洪莉、崔金和、高炜、黄淑玲，经审委主任黄晓云，纪检组长秦砖等领导带领天津市总工会有关人员到开发区保税区、西青区、和平区、北辰区、河西区、津南区、河东区、宁河县检查2006年度组建工会、发展会员和开展工资集体协商工作情况。

1月16～26日 应台湾中华联合总工会的邀请，天津市劳动模范代表团一行8人应邀赴台进行交流访问。

1月18日 天津市总工会女职工委员会召开三届六次全委（扩大）会议。会上宣布了天津市总工会党组关于黄淑玲同志担任女职工委员会主任职务的决定，并增补了部分委员，会议总结了2006年工会女职工工作，部署了2007年工作任务。天津市总工会副主席、天津市总工会女职工委员会主任黄淑玲出席会议并讲话。

同日 天津市总工会、天津日报报业集团、天津市福泰书画院在第一工人文化宫联合举办大型迎春书画笔会。市委常委、天津市总工会主席散襄军、老同志吴振、刘晋峰、石坚、杨竞衡亲临笔会，看望书画家和职工艺术家，为他们颁发“爱心使者”荣誉证书和奖杯。出席笔会的有天津市总工会、天津日报报业集团、天津福泰书画院、天津工人报社、天津市第一工人文化宫负责人，天津市部分著名的书画家和职工艺术家。

1月25日至2月1日 应天津市总工会的邀请，韩国劳动组合总联盟仁川地域本部代表团一行9人抵天津市进行友好访问。25日晚，市委常委、天津市总工会主席散襄军在财富豪为酒店会见了代表团一行。天津市总工会副主席刘凤山、李泮祥、崔金和、高炜和黄淑玲陪同参加。

1月26日 天津市教育工会召开六届九次全委（扩大）会议，市教育工会主席李子星同志作工作报告。天津市总工会副主席、党组副书记刘凤山同志出席会议并作重要讲话。市教育工会六届委员会委员、直属单位工会主席和区县教育工会主席70余人出席会议。

同日 按照中共天津市委常委、天津市总工会主席散襄军关于给送温暖的人送温暖的指示精神，天津市总工会慰问困难基层工会主席活动正式启动。在天津市总工会领导的带领下，机关干部分成50路，代表天津市总工会对工作在困难基层工会的主席进行了走访慰问，不仅送物质，更送精神，体现了天津市总工会对辛勤工作在一线的困难基层工会主席的关怀。

同日 天津市总工交工委召开了交通邮电系统党政工会联席会议，市委交工委副书记黄玉功，市交委副主任戚荣林、市委交工委副局级巡视员李国民、天津市总工会副主席黄淑玲等领导同志出席会议。

1月31日至2月1日 天津市总工会城建工委在宝成宾馆召开了2006年度市工运理论研究会城建分会成果发布会。天津市总工会副主席高炜出席会议并讲话。天津市总工会党组副书记、天津市总工会副主席刘凤山同志做了重要讲话。天津市总工会副主席李泮祥、津工集团董事长安亭洲、经审委主任黄晓云、纪检组长秦砖同志到会。

2月1日 由中共天津市委常委、天津市总工会主席散襄军作序，天津市总工会编辑，天津教育出版社出版的《和谐开拓奋进》2007年班组培训每周一题读本在全市发行。

同日 中华全国总工会、中央文明办、国家发改委、教育部、劳动和社会保障部等十部委开展的2006年度全国创争活动先进班组和个人评选中，天津市推荐上报的天津港煤码头公司高级技师孔祥瑞和天铁冶金集团公司热力厂汽机车间钳工三班双双荣获全国知识型职工标兵和学习型标兵班组“双十标”称号，另有34个班组被分别授予全国学习型优秀班组、先进班组荣誉称号，35名职工被授予全国知识型职工优秀个人、先进个人荣誉称号。

2月2～3日 由中华全国总工会书记处书记、经审委主任张秋俭率领的中华全国总工会送温暖慰问团，在中共天津市委常委、天津市总工会主席散襄军、副主席刘凤山等陪同下，深入到困难企业和职工家中，看望慰问困难职工、劳动模范和生产一线的职工。张秋俭一行还专程到天津市困难职工帮扶中心视察并与工会干部座谈。

2月4日 天津市总工会与市司法局联合召开工会律师团会议。会议总结了工会依法维权的经验，并就开展工会法律援助工作，发挥律师团作用进行深入研究。天津市总工会副主席高炜、市司法局副局长刘晔出席会议并讲话。

2月5日 中共天津市委教卫工委、市教委、市教育工会召开2007年度第一次工作联席会。天津市总工会副主席赵洪莉出席会议并讲话。会上通报了2007年教育工会工作安排。

2月6日 天津市评模领导小组召开第一次会议，贯彻落实市委、市政府《关于评选表彰2006年度市级劳动模范和模范集体的通知》精神，研究部署评选表彰工作。市委常委、天津市总工会主席、市评模领导小组组长散襄军出席会议并讲话。会议由市评模领导小组副组长、市委副秘书长王津生主持，天津市总工会副主席、市评模领导小组成员刘凤山、黄淑玲出席会议。

同日 应中国职工对外交流中心的邀请，日本中国企业经营管理者考察团一行5人抵我市参观访问。考察团在津期间，参观考察了市职工联合服务中心、信息中心、困难职工帮扶中心、天津利民糖果食品公司和津工超市。

2月7日 天津市总工会财贸工委与市委商务工委、市商务委有关部门，召开了商务系统第三次党政工工作联席会议。市委商务工委副书记邵毅、市商务委总经济师李胜利、天津市总工会副主席赵洪莉出席会议并讲话。

2月9日 天津市评选劳动模范工作会议在远洋宾馆会议厅召开，对天津市评选2006年度市级劳动模范和模范集体工作进行动员部署。天津市总工会副主席、市评模办主任黄淑玲主持会议并讲话。各区县局、总公司（集团）评模办主任和工会分管评模工作负责同志240余人出席了会议。

2月10日 中华全国总工会文工团书记郦先福带领文艺演出小分队深入天津港集团，为参加天津港建设的一线外来务工人员进行了两场精彩的慰问演出。天津市总工会副主席李泮祥陪同并观看了演出。

2月13日 中共中央政治局委员、市委书记张立昌由市委常委、天津市总工会主席散襄军，天津市总工会副主席刘凤山陪同入户慰问和平区百货公司贵阳路基层店退休困难职工徐欣茹；市委副书记、市长戴相龙由天津市总工会副主席李泮祥陪同入户慰问红桥区副食公司门市部经理、退休困难劳模陈光亭；市委副书记、市人大常委会主任刘胜玉由天津市总工会副主席赵洪莉陪同入户慰问城建集团市政公路设备工程有限公司退休职工陈兆龙；市委副书记邢元敏由天津市总工会副主席高炜陪同入户慰问河西区房建公司退休困难职工杨素芬。

同日 天津市总城建工委与市委规划建设工委、市建委有关部门负责人在富蓝特大酒店召开第二十三次工作联席会议。会议由天津市总工会副主席高炜主持。津工集团董事长安亭洲、市委规划建设工委副书记任树梅到会并讲话。

2月14日 天津市劳动模范迎新春茶话会在“职工之家”举行。中共中央政治局委员、市委书记张立昌，市委副书记、市长戴相龙，市委副书记、市人大常委会主任刘胜玉，市委副书记邢元敏，市人大常委会副主任邢军，市政协副主席卢金发和市委秘书长苟利军等领导同志出席茶话会。市委常委、天津市总工会主席散襄军致辞。茶话会由天津市总工会副主席刘凤山主持。全市各条战线的150多名劳动模范代表参加了茶话会。

2月15日 天津市总城建工委联合市委规划建设工委、市建委对该系统部分劳动模范和特困职工进行慰问，送去慰问品和慰问金。天津市总工会副主席高炜参加了慰问。

2月21日 天津市总工会邀请著名相声表演艺术家冯巩及剧组演职人员携贺岁喜剧片《别拿自己不当干部》到天津钢管公司，慰问节日期间坚守岗位的一线职工。市委常委、天津市总工会主席散襄军亲切看望和慰问了职工和剧组人员。天津市总工会副主席李泮祥一同出席了活动。

3月5日 天津市总十五届经审委召开第三次全体会议。天津市总经审委主任黄晓云主持会议。会议对天津市总工会2006年度经费预算执行情况（决算）和2007年度经费收支预算（草案）进行了审查。

3月7日 天津市总工会召开“庆‘三八’暨女职工工作先进表彰大会”。市委常委、天津市总工会主席散襄军出席会议并讲话。天津市总工会副主席、天津市总工会女职工委员会主任黄淑玲主持会议。

3月14日 天津市职工建功“十一五”重点工程“五比一创”劳动竞赛启动仪式在天津港东疆北港池集装箱三期工地现场举行。市委常委、天津市总工会主席散襄军出席启动仪式，并为参赛职工授旗。启动仪式由天津市总工会副主席李泮祥主持，黄淑玲副主席宣读竞赛方案。

3月14～16日 中华全国总工会集体合同部副部长张天文等一行3人到天津市调研工资集体协商工作。天津市总工会党组成员、经审委主任黄晓云陪同调研。

3月15日 中央党校地厅2B班第四党支部30余名学员到天津市总工会职工联合服务中心、信息中心、困难职工帮扶中心、开发区保税区工会联合会参观考察。市委常委、天津市总工会主席散襄军会见了到津的全体学员。天津市总工会副主席刘凤山、李泮祥陪同参观考察。

3月19日 天津市总工会在大港区工会召开关于加强工会资产管理座谈会。天津市总工会副主席崔金和出席会议并讲话。部分区县工会主席、分管资产管理的部门负责人和资产监督管理员参加会议。

3月20日 天津市总工会副主席赵洪莉在天津市总工会组织部、财贸工委有关人员陪同下出席渤海银行工会第一次代表大会。

3月22日 天津市总工会、市教委、今晚传媒集团联合组织的教育系统工会“校园金秋助学”活动启动仪式在天津科技大学举行。中国教科文卫体工会全国委员会主席王晓龙专程到津出席活动并讲话。天津市总工会副主席赵洪莉、市教委副主任李旭炎出席并讲话。所属各单位党政工领导、教师和受助学生代表共200余人参加了启动仪式。天津市总工会确定六所高校作为首批助学活动基地，并为每个活动基地提供10万元的助学资金和一批助学物资。

同日 天津市教育工会根据天津市总工会常委会的工作部署，对天津师范大学申报全国“五一”劳动奖状进行考察。天津市总工会副主席赵洪莉和市教育工会负责同志参加了考察活动。

3 月 23 日 天津市总工会副主席赵洪莉在市委金融（综合经济）工委、天津市总财贸工委有关人员陪同下前往农合行大毕庄支行调研。

同日 内蒙古自治区呼和浩特天津市总工会主席刘涛一行五人到津参观考察天津市总工会职工联合服务中心、信息中心、市困难职工帮扶中心。天津市总工会副主席崔金和陪同参观考察。

3 月 27 日 天津市总工会举特色社会办“树立和落实中国主义工会维权观论坛”。市委常委、天津市总工会主席散襄军出席论并坛作重要讲话。论坛活动由天津市总工会副主席李泮祥主持，副主席赵洪莉、崔津和、高炜、黄淑玲出席。会上，中华全国总工会研究室、市劳动和社会保障局、南开区委、市社科院、渤海化工集团工会、开发区保税区工会联合会和月福汽车装俱商厦有限公司等单位进行了研讨交流。

同日 江苏省总工会工资集体协商工作考察团一行 7 人到天津市学习考察工资集体协商工作。天津市总工会党组成员、经审委主任黄晓云陪同考察。

3 月 28 日 天津市总工会副主席赵洪莉在天津市总工会财贸工委有关人员陪同下前往市委金融（综合经济）工委就举办“金融系统银行业技术比武岗位练兵活动”进行磋商。

3 月 29 日 天津市教育工会在东丽区新越中学召开普教系统工会组建工作现场交流会。会上，东丽区教育局党委、新越中学分别介绍了民办校建会经验。

同日 天津市教育工会在天津理工大学召开高校工会主席会议，研究部署近期工作。

4 月 4 日 天津市总工会、市劳动和社会保障局、市国资委、市企联、企协在天津大礼堂联合召开“天津市深入开展劳动关系和谐企业创建活动推动大会”。市委常委、天津市总工会主席散襄军出席会议并讲话。市劳动和社会保障局党组书记唐延芹作工作报告。会议由市劳动和社会保障局副局长王元主持。市国资委副主任李福明，天津市总工会党组成员、经审委主任黄晓云，市企联、企协副会长刘正华出席会议。

4 月 10 ~ 20 日 天津市总工会副主席赵洪莉分别到劝华集团、中国银行天津分行、市供销社、中国农业银行天津分行调研工会工作。天津市总工会财贸工委负责同志等随同调研。

4 月 10 ~ 11 日 中华全国总工会参与国有企业重组改制和关闭破产工作领导小组办公室副主任王洪泽一行 2 人到天津市调研。天津市总工会党组成员、经审委主任黄晓云陪同调研。

4 月 11 日 天津市职工素质工程现场推动会在天士力集团召开。市委常委、市职工素质工程领导小组组长、天津市总工会主席散襄军出席会议并讲话。会议由天津市总工会副主席李泮祥主持，副主席赵洪莉、高炜、黄淑玲及市职工素质工程领导小组成员单位有关部门负责同志出席会议。

4 月 12 日 天津市总工会召开全市 49 个帮扶中心（站）负责人参加的 2007 年第一季度帮扶中心（站）工作例会。天津市总工会副主席崔金和出席会议。

4 月 13 ~ 15 日 应天津市总工会邀请，新加坡总理公署部长林文兴先生一行 4 人抵津考察。

市委常委、天津市总工会主席散襄军会见了林文兴先生一行。津工集团董事长安亭洲、天津市总工会副主席、津工集团总裁崔金和出席了会见。

4月13～20日 天津市总工会组织百名职工艺术家送文化到基层进班组进行慰问演出。7个小分队演出了7场由职工艺术家自编自演的音乐、舞蹈、戏剧、曲艺等优秀节目。工作在钻井台、采油站、苗圃、车间、班组和工地上的一线职工兴致勃勃地观看了演出。

4月14～29日 应国际劳工组织都灵培训中心的邀请，天津市总工会副主席李泮祥随中国工会代表团赴意大利、德国参加了研讨考察活动。

4月18日 中共天津市委常委、天津市总工会主席散襄军到天津科技大学就新形势下知识分子群体工会工作的创新实践进行专题调研。天津市总工会副主席赵洪莉和市教育工会负责同志随同调研。

4月18～20日 天津市总工会党组成员、经审委主任黄晓云分别到二轻、机电、交通系统有关单位就推进工资集体协商工作和开展劳动关系和谐企业创建活动进行调研。

4月23～28日 天津市总工会副主席黄淑玲率"人员密集场所"检查组，深入基层核查全市春季安全生产大检查第一阶段工作完成情况。

4月25日 应中华全国总工会邀请，前来北京参加"中国—拉美安第斯国家工会研讨会"的拉美五国工会主要领导人专程到津参观考察天津工会工作。市委常委、天津市总工会主席散襄军在职工之家宾馆，会见了到访的外国客人。天津市总工会副主席赵洪莉一同出席了会见。

同日 天津市总工会在财富豪为酒店召开学习物权法做好工会资产产权登记工作会议。天津市总工会副主席崔金和出席会议讲话，天津市总工会副主席高炜，天津市总工会党组成员、经审委主任黄晓云出席会议。会上，市人大常委会法律工作委员会副主任高绍林作了学习物权法的辅导报告。

同日 天津市总工会和市委宣传部联合召开天津市2007年劳模宣传新闻发布会。天津市总工会副主席黄淑玲出席会议，通报了2006年度市级劳动模范和模范集体等评选情况及结果，并回答了记者的提问。市委宣传部新闻处负责同志部署了劳动模范新闻宣传工作并提出具体要求。天津市和中央驻津各新闻单位有关部门负责人和记者参加了新闻发布会。

4月27日 天津市庆祝"五一"国际劳动节暨表彰劳动模范、模范集体大会在天津礼堂隆重举行。市委书记张高丽出席并发表了重要讲话。市委副书记、市人大常委会主任刘胜玉主持大会。市委副书记邢元敏，市委常委、天津市总工会主席散襄军，市人大常委会副主任王德惠，市政协副主席叶厚荣和市委秘书长苟利军，市政府秘书长何荣林和天津市总工会领导同志等出席了会议。会上宣读了《中共天津市委、天津市人民政府关于表彰2006年度市级劳动模范和模范集体的决定》《天津市总工会关于授予2006年度市级"五一"劳动奖章、"五一"劳动奖状的决定》。市领导同志向荣获全国"五一"劳动奖章、市级模范集体代表，向最具影响力劳动模范提名奖获得者、最具影响力劳动模范，颁发了奖章、证书、奖牌和奖杯。会前，张高丽等市领导同志亲切接见了最具影响力劳动模范、最具影响力劳动模范提名奖获得者并合影。

4 月 28 日 天津市总工会在第一工人文化宫新改建的马可·波罗俱乐部演艺大厅隆重举行庆祝“五一”国际劳动节招待会。市委常委、天津市总工会主席散襄军，老同志潘义清出席招待会。天津市总工会副主席刘凤山致辞，副主席赵洪莉主持会议，副主席崔金和、高炜、黄淑玲和新当选的全市最具影响力劳动模范和提名奖获得者，2007 年全国“五一”劳动奖章、奖状获得者和单位代表、2006 年度市级劳动模范和模范集体代表、历届著名劳动模范代表以及包括农民工在内的全市各条战线的职工代表共 200 多人出席了招待会，并观看了精彩的文艺节目。

同日 天津市召开厂务公开民主管理工作会议。市委常委、市厂务公开民主管理工作领导小组组长、天津市总工会主席散襄军出席会议并讲话。市纪委副书记、市厂务公开民主管理工作领导小组副组长吴荣平作工作报告。会议由市委组织部副部长、市厂务公开民主管理工作领导小组副组长齐二木主持。市厂务公开民主管理工作领导小组成员王元，市商务委副主任、市厂务公开民主管理工作领导小组成员刘会春，天津市总工会党组成员、经审委主任黄晓云，市纪委常委、市厂务公开民主管理工作领导小组办公室副主任闫堃，市委工业纪工委、市国资委纪委书记、市厂务公开民主管理工作领导小组办公室副主任赵洪明出席会议。

4 月 30 日 天津市命名首批“工人先锋号”，47 个生产工作一线班组、车间、单位获此殊荣。市委常委、天津市总工会主席散襄军深入到生产工作一线慰问职工，并为天津钢铁有限公司炼铁厂高炉作业区、市邮政公司塘沽邮政速递局两个“工人先锋号”先进集体授牌。天津市总工会副主席黄淑玲在授牌仪式上讲话。

同日 天津市总工会副主席赵洪莉前往劝华集团、一商集团、石油公司出席“工人先锋号”授牌仪式。

5 月 1 日 天津市总工会在第二工人文化宫隆重举行天津市职工庆祝“五一”国际劳动节游园大联欢。同时，拉开了“激情迎奥运，健康伴我行”百万职工迎奥运文体系列活动的序幕。天津市总工会副主席李泮祥、赵洪莉、崔金和，市体育局局长韩振铎、副局长刘树华等领导同志出席，与来自全市各行各业的劳动模范代表、职工代表、进城务工人员代表等 5000 余人游园联欢并观看了各项体育赛事。

5 月 11 日 天津市总工会城建工委在高速公路投资建设发展公司信息管理中心举行了规划建设系统首批“工人先锋号”授牌仪式。仪式由天津市总工会副主席高炜主持，天津市总工会副主席黄淑玲宣读天津市总工会命名首批“工人先锋号”的决定，市委规划建设工委副书记任树梅出席并讲话。

同日 天津市总工会建筑行业进城务工人员工作委员会在天津工程交易中心召开“天津市外地企业签订集体合同工作推动会”。天津市总工会副主席高炜，天津市总工会党组成员、经审委主任黄晓云出席会议并讲话。来自江苏省南通三建集团有限公司等五家进津建筑业企业的负责人与江苏等五省建管处工会联合会同时签订了首家集体合同、工资集体协议。

5 月 12 ~ 13 日 中共天津市委综合经济工委和天津市总工会联合举行天津市银行系统职工岗位技能大赛。市委常委、天津市总工会主席散襄军出席活动，并为获奖选手颁奖。天津市总工会副主席赵洪莉、黄淑玲等一同出席。

5 月 14 ~ 15 日 中华全国总工会副主席、党组书记、书记处第一书记孙春兰率中华全国总工会有关部门负责人一行 6 人到津，就天津工会工作进行调研。在津期间，孙春兰一行在市委常委、天津市总工会主席散襄军等陪同下，先后来到滨海新区、天津港、富士通天电子有限公司、城建集团、钢管公司、津工集团等单位进行调研。在天津港，孙春兰深入到煤码头“孔祥瑞操作队”，为他们颁发了“工人先锋号”铜牌。孙春兰一行还深入到市职工联合服务中心、困难职工帮扶中心、信息中心、津工超市、“五一阳光”住宅社区、第一工人文化宫马可·波罗俱乐部和第二工人文化宫、职工体健中心等地进行考察。在调研中，孙春兰听取了天津市总工会总工会工作情况汇报，对天津市的工会工作给予了充分肯定。

5 月 14 ~ 15 日 以日本全国金属机械制造工会爱知地方本部执行委员长篠崎敏男为团长的日本 JAM 爱知缔结友好交流协议友好访华团一行 10 人，抵津参观访问。

5 月 16 日 天津市总工会副主席赵洪莉前往天津工业大学复合材料研究所、南开大学弱光非线性光子学教育部创新团队，为“工人先锋号”先进集体授牌。

5 月 17 日 全国厂务公开民主管理工作先进单位表彰电视电话会议在北京召开。市委常委、天津市总工会主席、市厂务公开民主管理工作领导小组组长散襄军出席天津分会场会议。市委组织部副部长、市厂务公开民主管理工作领导小组副组长齐二木出席天津分会场会议并讲话。市厂务公开民主管理工作领导小组成员王元，天津市总工会党组成员、经审委主任黄晓云，市纪委常委、市厂务公开民主管理工作领导小组办公室副主任闫堃，市委工业纪工委书记、市国资委纪委书记、市厂务公开民主管理工作领导小组办公室副主任赵洪明等出席了天津分会场会议。

同日 天津市总工会召开区县系统工会组建工作研讨交流会，贯彻落实天津市总工会常委会确定的年度组建工会发展会员的工作目标任务。天津市总工会副主席李泮祥，天津市总工会党组成员、组织部长秦砖出席会议并讲话。

5 月 18 日 天津市总工会在蓟县召开关于工会资产保值增值研讨会。天津市总工会副主席崔金和出席会议。

同日 天津市总工会副主席、天津市总工会女职工委员会主任黄淑玲到蓟县城关镇第一中心小学语文教研组，向她们颁发“全国五一劳动奖状”奖牌。

5 月 24 日 天津市总工会与市国资委联合召开工交系统国企改制退出发挥工会作用现场会。市委常委、天津市总工会主席散襄军出席会议并讲话。

5 月 25 日 劳动和社会保障部、全国总工会、全国工商联共同举办的第三届全国民营企业招聘周启动仪式在天津国展中心隆重举行。全国总工会副主席、书记处书记董力，市委常委、天津市总工会主席散襄军出席启动仪式。天津市总工会副主席李泮祥、崔金和，天津市总工会党组成员、经审委主任黄晓云出席活动。

同日 天津市总工会副主席崔金和陪同中华全国总工会出席第三届全国民营企业招聘周启动仪式的有关领导，深入民营企业天士力集团调研。

5月26日 “陶陶杯”天津市职工羽毛球赛团体赛在和平体育馆开赛。开幕式上，老同志石坚为大赛开拍。天津市总工会副主席李泮祥出席。

5月29日 天津市协调劳动关系三方会议召开主席例会。天津市总工会党组成员、经审委主任黄晓云，市劳动和社会保障局副局长于茂东，市企业联合会/企业家协会副会长刘正华出席会议。

6月7日 日本橡胶劳联代表团一行17人抵天津市参观访问。天津市总工会副主席赵洪莉会见了代表团成员。

同日 天津市总工会党组成员、经审委主任黄晓云出席河北区创建劳动关系和谐企业工作推动会并讲话。

6月10日 天津市总工会、市安全生产监督管理局在天津钢管公司举行了“安全在我心中”巡回演讲首场报告会。天津市总工会副主席黄淑玲、市建委副主任张连选、市交委副主任王昌军、市质监局副局长杨振宁等领导出席活动。

6月12日 天津市总工会、市安全生产监督管理局联合召开了深化“安康杯”竞赛活动推动会。天津市总工会副主席黄淑玲到会并讲话。

6月12～20日 天津市总工会党组成员、经审委主任黄晓云带领有关人员分别到宝坻区、蓟县、北辰区、武清区、电力公司、城建集团、静海县工会，就推进工资集体协商工作和开展劳动关系和谐企业创建活动进行调研。

6月13日 天津市人大常委会副主任王述祖带领部分人大常委和市人大有关部门负责同志到天津市总工会对我市企业职工民主管理条例的立法情况进行调研。天津市总工会副主席刘凤山对《天津市企业职工民主管理条例（草案）》的主要内容进行了汇报，天津市总工会副主席高炜，天津市总工会党组成员、经审委主任黄晓云出席了会议。

6月14日 天津市总工会副主席赵洪莉到天津市银监局就成立地方金融工会事宜进行调研。

同日 天津市总工会女职工委员会召开“学习贯彻市第九次党代会精神暨工会女职工工作理论征文评选发布会”。天津市总工会副主席、天津市总工会女职工委员会主任黄淑玲出席会议并讲话。

6月15日 天津市总工会召开全市工会劳动争议调解工作培训暨推动会。天津市总工会副主席高炜出席会议并讲话。

同日 天津市总工会举办“天津市职工民主管理论坛暨民主管理理论创新、实践创造成果发布会”。天津市总工会党组成员、经审委主任黄晓云出席论坛并讲话。

6月19日 天津市总工会副主席赵洪莉出席天津市第9届美容美发大赛决赛。

6月21日 中华全国总工会专题调研组到津召开县级工会工作调研座谈会。中华全国总工会组织部副部长贾端阳等领导分别听取了天津市总工会及武清、宝坻、静海、宁河、蓟县工会工作的专题汇报。天津市总工会党组成员、组织部长秦砖就天津市县级工会整体工作情况进行了汇报。

6月22日 中华全国总工会加强产业工会工作征求意见座谈会在津召开。中华全国总工会书记处书记陈荣书、中华全国总工会组织部副部长贾端阳、中华全国总工会研究室副主任安建华等领导同志出席会议。北京市总工会、上海市总工会、重庆市总工会和天津市总工会有关负责同志参加了会议。天津市总工会副主席李泮祥、高炜和天津市总工会党组成员、组织部部长秦砖分别在座谈会上发言。

同日 天津市总工会在八号厅举行天津工会2007年“金秋助学”活动启动仪式。天津市总工会副主席刘凤山出席并讲话，副主席赵洪莉出席活动，副主席崔金和主持启动仪式。天津市总工会有关部委负责同志，各区县局、总公司（集团）工会分管保障工作的主席，帮扶分中心（站）的负责同志及受助学生代表、受助学生家长代表等100余人参加了启动仪式。

6月26日 规划建设系统劳模事迹报告会在三建公司召开。市委规划建设工委副书记任树梅，天津市总工会副主席高炜出席。市委规划建设工委、市建委有关部门负责人，各局、集团公司党政工领导同志、先进个人和先进集体代表参加了报告会。

同日 交通邮电系统劳模事迹报告会在天津市总工会八号厅召开。中共天津市委交通工委副书记黄玉功、天津市总工会副主席黄淑玲等领导出席。交通邮电系统各单位党政工负责同志和劳动模范、模范集体、“工人先锋号”及职工代表等100余人参加了报告会。

6月28日 天津市综合经济系统召开劳动模范武秀芬同志先进事迹报告会。报告会由天津市总工会副主席赵洪莉主持。市委宣传部、市文明办、天津市总工会、市委综合经济工委和驻津金融单位有关负责同志，以及该系统2000年以来的市级劳动模范和模范集体代表等近千人参加了报告会。

6月29日 天津市总工会机关召开学习市第九次党代会精神暨创建节约型机关推动会，纪念中国共产党建党86周年。天津市总工会党组副书记、副主席刘凤山出席并讲话。会议由天津市总工会副主席李泮祥主持，副主席赵洪莉、高炜、黄淑玲和天津市总工会党组成员、经审委主任黄晓云出席会议。会上，天津市总工会机关6名党员、入党积极分子向大家介绍了各自学习市第九次党代会精深的心得体会，交流了部门、党支部开展节约型、服务型机关建设的做法和措施。

7月4日 天津市总工会、开发保税区工委联合召开天津市加快滨海新区开发开放劳模事迹报告会。市委常委、滨海新区管委会主任苟利军出席报告会。天津市总工会副主席刘凤山出席会议并讲话，天津市总工会副主席黄淑玲出席会议。来自滨海新区的有关党政工负责同志和劳动模范、职工代表550余人参加报告会。

7月4～5日 全国工会参与国有企业重组改制和关闭破产工作座谈会在天津召开。中华全国总工会副主席、书记处书记董力出席会议并讲话。天津市总工会副主席李泮祥出席会议并致欢迎辞。天津市总工会党组成员、经审委主任黄晓云出席会议并代表天津市总工会介绍工作经验。

7月6日 天津市总工会、市委农工委联合召开“农口落实市第九次党代会精神，建设社会主义新农村劳模事迹报告会”。市委农工委副书记张胜利，天津市总工会副主席李泮祥、黄淑玲出席会议并讲话。

7月9日 天津市总工会党组成员、经审委主任黄晓云带领有关人员到塘沽区总工会，就推进工资集体协商工作和开展劳动关系和谐企业创建活动进行调研。

7月12日 天津市总工会与市国资委联合召开工业系统劳模事迹报告会。市国资委党委副书记孟宪峰、天津市总工会副主席黄淑玲出席会议。

7月13日 天津市总工会党组成员、经审委主任黄晓云出席河北区创建劳动关系和谐企业现场会并讲话。

7月14日 天津市29名全国劳模和全国五一劳动奖章获得者启程赴哈尔滨休养。天津市总工会副主席黄淑玲到车站为他们送行。

7月16日 全国“安康杯”竞赛组委会在北京召开“2006年度全国‘安康杯’竞赛表彰”电视电话会议。天津市总工会和市安全生产监督管理局在天津设分会场，组织了天津市此次获奖单位代表100多人收听收看。天津市总工会副主席黄淑玲出席会议并讲话。

同日 天津市总工会党组成员、经审委主任黄晓云出席市协调劳动关系三方会议办公室工作会。

同日 天津市劳动和社会保障局、天津市总工会、市国资委、市企业联合会/企业家协会联合召开“天津市开展劳动关系和谐企业创建活动座谈会”。市协调劳动关系三方会议主席、市劳动和社会保障局副局长于茂东出席会议并讲话。市协调劳动关系三方会议副主席、天津市总工会党组成员、经审委主任黄晓云出席会议并就三方共同制定下发的《关于进一步推动劳动关系和谐企业创建活动的补充意见》作了简要说明。会议由市协调劳动关系三方会议副主席、市企业联合会/企业家协会副会长刘远征主持。

7月17日 天津市总工会组织全市40名就读中学的困难职工子女，开展了以“金秋助学帮我与希望同行”为主题的赴北大、清华参观学习活动。

7月18～20日 中华全国总工会资产监督管理部专题调研组到津对“工会企事业发展改革及资产监督管理情况”和“构建职工互助互济保障体系”进行调研。中华全国总工会资产监督管理部副局级巡视员袁初明等领导听取了天津市总工会资产部、津工集团及津南、河西、河北、红桥、汉沽、宁河等区县工会资产管理工作的专题汇报。调研组在津期间还赴汉沽区就“汉沽区工会文化宫置换”问题和汉沽区委、区政府、区总工会进行了沟通，并赴文化宫实地考察。天津市总工会副主席、津工集团总裁崔金和就工会资产管理和工会企事业改革发展工作与调研组进行了交流，并陪同调研组到区县调研考察。

7月19日 天津市总工会副主席高炜带领由市有关部门组成的整治非法用工打击犯罪专项

行动市级联合组，奔赴蓟县部分小矿山进行突击检查。

7月19～26日 天津市总工会副主席刘凤山、李泮祥、崔金和、高炜、黄淑玲，天津市总工会党组成员、经审委主任黄晓云和天津市总工会党组成员、组织部部长秦砖分六路慰问重点工程职工。

7月21日 中共天津市委商务工委、市商务委、天津市总工会联合在天津市第八届啤酒节上举办“国美、银联与您心连心——关爱困难职工、农民工”捐赠活动，向天津市部分困难职工家庭和为建设美好天津奉献力量的农民工捐赠彩色电视机150台。天津市总工会副主席李泮祥出席并讲话。

7月26日 天津市总工会副主席崔金和会同市劳动和社会保障局、市国资委有关负责同志，深入冶金、二轻、塑料三个总公司（集团），督查企业开展清偿拖欠职工工资工作。

7月29日至8月3日 中共天津市委教卫工委、市教育工会联合组织教卫系统各高校党政主要负责同志、工会主席暑期赴山东学习考察活动。市委常委、市委教卫工委书记陈超英、副市长张俊芳和市委教卫工委、市教委、天津市总工会、市教育工会及各高校党政工领导一行48人参加考察活动。先后考察山东大学、中国海洋大学、济南长青大学城等，就山东高校改革发展和促进当地经济社会发展的经验和做法进行了深入学访。

7月31日 天津市区县局工会领导干部会议在天津宾馆大剧场2号会议厅召开。市委副书记邢元敏出席会议并讲话。天津市总工会副主席刘凤山作了关于天津市总工会2007年上半年情况和下半年工作意见的报告，李泮祥副主席宣读了天津市总工会、市工运理论研究会关于表彰天津市工会系统2005～2006年度优秀调研成果、工运理论研究会先进分会和工会工作创新实践优秀专题片的决定。会上，天津市总工会领导、党组成员分别就各自分管的工作讲了关于2007年下半年重点工作的指导意见，并向受到表彰的先进集体和个人代表颁了奖。会议期间，与会人员还进行了分组讨论。

同日 天津市总工会副主席刘凤山、高炜深入到市政公路管理局排水管理处防汛指挥部市区分部，慰问汛期坚守一线的排水职工，并送去慰问品。

8月1日 天津市总工会召开天津市职工建功“十一五”重点工程“五比一创”劳动竞赛中期推动会。会上天津市总工会党组副书记、副主席刘凤山讲话，并向参赛的八个重点工程颁发鼓励金。天津市总工会副主席黄淑玲就“五比一创”重点工程劳动竞赛开展以来的情况进行了总结。天津市总工会有关部门及参赛的重点工程单位代表等参加会议。

同日 天津市总工会党组成员、经审委主任黄晓云带领有关人员到河东区总工会，就创建劳动关系和谐工业园区活动进行调研。

8月2日 天津市总工会党组副书记、副主席刘凤山一行到市电力公司天津送变电工程公司承建的盛塘路220千伏变电站工程施工现场，代表天津市总工会慰问了冒着酷暑高温奋战在一线的参建职工。

同日 天津市总工会在郁美净公司召开“天津市创建劳动关系和谐企业劳模经营者座谈会”，以全国劳动模范、一轻集团董事长林永宁为首的21位劳模经营者代表共同签署了《倡议书》，向全市劳模经营者以及各行各业的企业经营者发出积极争创劳动关系和谐企业的倡议。天津市总工会党组成员、经审委主任黄晓云出席并主持会议。市企业联合会/企业家协会副会长刘远征应邀出席了会议。

8月7日 天津市总工会在第二工人文化宫举行劳动合同法专题讲座，特邀参与劳动合同法起草工作的全国总工会民主管理部部长郭军进行主讲。天津市总工会副主席赵洪莉、高炜、黄淑玲，天津市总工会党组成员、经审委主任黄晓云等领导同志、全市区县局集团总公司工会干部及部分基层工会主席、工会积极分子共计1100多人参加了讲座。

8月9日 工交工委在国华盘电公司召开了工交系统工会主席联席会，交流工会重点工作，考察了国华盘电公司班组建设情况。天津市总工会党组成员、副主席黄淑玲出席。

同日 天津市总工会十五届经审委召开了第四次全体会议。天津市总工会党组成员、经审委主任黄晓云主持会议。会议传达了全市区县局工会领导干部会议精神，审议并通过了天津市总工会财务部提交的2007年上半年预算执行情况和天津市总工会经审办的预审结果，听取了天津市总工会经审办提交的几项工作方案的说明，研究确定了下半年几项重点工作。

8月13日 根据《中共中央、国务院关于进一步加强新时期信访工作的意见》和市委关于做好信访和稳定工作的精神，总工会制定并实施“主席信访接待日”制度。接待日为每周一上午半天，由天津市总工会主席在天津市总工会困难职工帮扶中心接待大厅接待来访职工，为职工群众解决最关心、最直接、最现实的实际问题。天津市总工会党组副书记、副主席刘凤山在首次接待日中接待了4名来访职工。

8月14～15日 应中华全国总工会邀请，由布基纳法索劳工总联合会总书记萨尼翁·托雷、布基纳法索劳动者工会联合会总书记纳马·马马杜和布基纳法索劳动者全国联合会总书记韦德拉奥果·洛朗等六人组成的布基纳法索工会联合代表团抵天津市参观访问。天津市总工会党组副书记、副主席刘凤山会见了代表团一行，赵洪莉副主席陪同出席会见。

8月15日 人民日报、新华社、中央人民广播电台、中央电视台、《工人日报》、人民网、中华全国总工会新闻中心等中央各大媒体与《天津日报》、《今晚报》、电台、天津人民广播电台、天津电视台、天津工人报等媒体的记者们，到天津市困难职工帮扶中心进行实地采访，深入困难职工家庭了解情况，走进医院听取被帮扶的患大病重症困难职工的心声，宣传报道天津市困难职工帮扶工作的经验作法。天津市总工会党组副书记、副主席刘凤山向各媒体介绍了天津市工会开展送温暖帮扶工作的思路、做法及建立长效帮扶机制的有关情况。

同日 天津市总工会组织30名受助的在校大学生与蓟县30名困难家庭的中学生开展了“感恩回报，大手牵小手”助学活动。此次活动作为2008年“金秋助学”系列活动之一，深受广大困难职工及其子女的欢迎。活动中，大学生们向蓟县困难家庭的中学生们赠送了学习参考书籍，并互相留下了联系方式，结成了长期互助对子。

8月17日 天津市总工会、市工商联、市个体私营企业协会联合召开了贯彻市第九次党代会精神加快非公经济发展劳模座谈会。市人大常委会副主任、市工商联会长张元龙出席并讲话。天津市总工会党组副书记、副主席刘凤山主持会议，天津市总工会副主席黄淑玲出席会议。市工商联、市私企个体协会有关领导及来自全市各区县的非公经济的100余名劳模代表参加了座谈会。

8月20日 规划建设系统召开“五比一创”劳动竞赛中期推动会，中共天津市委规划建设工委副书记任树梅、天津市总工会副主席高炜、市建委副总工、市重点工程指挥部副指挥王旭东出席了会议。会上，王旭东同志通报了20项民心工程的进展情况，建工集团、城建集团、公交集团、中建六局分别做了经验交流。规划建设系统各局、集团公司、院工会主席及所属部分企业基层工会主席共120多人参加了会议。

同日 天津市总副主席赵洪莉、黄淑玲分别到旅游集团、天津第二市政公路工程有限公司进行调研。

8月28日 天津市总工会成立了劳动关系协调中心。劳动关系协调中心是天津市困难职工帮扶中心工作的一个重要组成部分，是工会组织协调劳动关系的有效载体。中心将以接待职工来信来访、进行劳动争议调解、开展工会法律援助、履行工会劳动法律监督为主要工作职责，积极探索建立渠道畅通、横向联动、快捷高效的维权体系，努力构建多层次、广覆盖的劳动关系协调组织网络，发挥工会在构建和谐社会中的重要作用。

同日 天津市总副主席赵洪莉参加天津市石油公司首家国有企业改制为民营企业瀚达物流商贸有限公司第一届职工代表大会，并作重要讲话。

8月29日 天津市总工会党组成员、经审委主任黄晓云带领有关人员到和平区总工会，就推进小行业性工资集体协商工作进行调研。

8月30日 应中华全国总工会邀请，以东盟工会理事会总书记德莫克里托·门多萨为首的来自菲律宾、马来西亚、泰国、印度尼西亚、越南、老挝、柬埔寨和新加坡等东盟国家的全国性工会组织主要领导人一行29人来华参加中华全国总工会举办的“中国—东盟国家工会领导人研讨会”。研讨会期间，专程赴天津市参观访问。天津市总工会党组副书记、副主席刘凤山会见了代表团一行，天津市总工会副主席赵洪莉出席了会见。

同日 天津市总工会党组成员、经审委主任黄晓云和市协调劳动关系三方会议其他成员单位有关负责同志赴北京，参加在人民大会堂举行的全国模范劳动关系和谐企业表彰大会。天津国际联合轮胎橡胶有限公司等10个企业荣获全国模范劳动关系和谐企业称号。

同日 在中华全国总工会召开的部署创建“工人先锋号”电视电话会议上，天津市总工会党组副书记、副主席刘凤山代表天津市总工会作了典型经验发言。天津市总工会各部门负责同志，各区县局、总公司（集团）工会主席和“工人先锋号”代表共120余人参加会议。天津市总工会副主席李泮祥、赵洪莉、高炜列席会议，副主席黄淑玲会后就天津市贯彻中华全国总工会会议精神，进一步深入开展“工人先锋号”活动作了具体部署。

同日 天津市总工会党组副书记、副主席刘凤山出席河北区工会系统“金秋助学”启动仪式暨“爱心助困基地”成立大会活动并讲话。在会议上，刘凤山副主席为河北区工会建立的“爱心助困基地”揭牌，并向“爱心助困基地”进行了个人捐款。

同日 天津市总工会副主席赵洪莉参加天津市商务系统职工迎奥运全员健身活动旅游杯游泳比赛开幕式。

9月3～6日 天津市协调劳动关系三方会议成员单位——市劳动和社会保障局、天津市总工会、市国资委、市企业联合会/企业家协会联合举办两期“天津市劳动关系和谐企业创建活动培训班”。市总工会党组成员、经审委主任黄晓云，市企业联合会、企业家协会执行副会长刘远征分别作了开班动员。

9月4～7日 全国教科文卫体工会在北京举办首届青年教师师德演讲比赛，天津市教育工会获优秀组织奖。

9月6日 天津市教育工会召开庆祝教师节暨天津市普教系统十佳师德楷模表彰大会。市委教卫工委副书记、市教委副主任李旭炎，天津市总工会副主席赵洪莉、高炜、黄淑玲，天津市总工会党组成员、组织部部长秦砖等出席大会。赵洪莉副主席在会上讲话。

9月7日 天津市协调劳动关系三方会议成员单位联合召开新闻发布会，通报了全市劳动关系和谐企业创建活动开展情况，向天津市荣获“全国模范劳动关系和谐企业”称号的10个企业颁发了荣誉标牌。天津市总工会党组成员、经审委主任黄晓云，市企业联合会、企业家协会执行副会长刘远征出席新闻发布会并回答了记者的提问。

9月10日 天津市非公企业实施职工素质工程现场推动会在天狮集团召开。天津市总工会副主席刘凤山出席会议并讲话。会议由天津市总工会副主席李泮祥主持，天津市总工会副主席黄淑玲及部分区县局、总公司集团有关负责同志和部分非公企业负责同志等200余人出席会议。

9月10～11日 应中华全国总工会的邀请，尼日尔工会联合代表团抵天津市进行友好访问。天津市总工会副主席刘凤山、赵洪莉会见了代表团一行。

9月12日 天津市总工会召开推动基层组织建设工作会议。天津市总工会副主席刘凤山出席并讲话。会议由天津市总工会副主席赵洪莉主持，副主席高炜、黄淑玲和天津市总工会党组成员、组织部部长秦砖出席会议。

9月14日 天津市总工会召开劳动关系协调中心工作人员会议。天津市总工会副主席高炜出席会议并讲话。

9月16日 由国家体育总局、中华全国总工会、天津市人民政府共同主办，天津市体育局、天津市总工会和天津开发区共同承办的“全民健身与奥运同行”首届全国经济技术开发区运动会在天津开发区泰达体育场隆重开幕。开幕式由国家体育总局副局长冯建中主持，中华全国总工会书记处书记陈荣书致开幕词，天津市副市长只升华致欢迎词。天津市总工会副主席黄淑玲出席开幕式。

9月18日 天津市总工会召开工交系统“五比一创”劳动竞赛论文研讨会。天津市总工会副主席黄淑玲出席会议并讲话。天津石化公司工会、中交第一航务工程局有限公司工会、中交天津航道局有限公司工会、天津钢管集团有限公司工会、纺织集团（控股）有限公司工会负责同志在会上发言

9月22日 天津市总工会、市体育局、天津奥足办共同主办的“天狮杯”天津职工迎奥运健步走活动在第二工人文化宫健身广场隆重举行。市政府副秘书长李福海，第29届奥运会天津足球赛区领导小组副组长韩振铎，天津市总工会副主席刘凤山、李泮祥、赵洪莉、黄淑玲以及天狮集团有关领导出席了启动仪式。启动仪式由李泮祥副主席主持。来自全市各行各业的劳动模范、职工群众、进城务工人员代表2000余人参加了健步走活动。

9月24日 天津市总工会副主席刘凤山到天津中医药大学出席教育系统工会深化“校园金秋助学”活动暨第二批助学基地命名仪式，代表天津市总工会向中医药大学颁发基地牌匾及助学金并讲话。同日，天津市总工会副主席李泮祥、赵洪莉、崔金和、高炜、黄淑玲及天津市总工会党组成员、组织部部长秦砖等分别到天津理工大学、天津工业大学、天津医科大学、天津商业大学、天津工程师范学院、天津体育学院、天津城建学院、天津外国语学院、天津职业大学等10所高校，出席教育系统工会深化“校园金秋助学”活动暨第二批助学基地命名仪式，颁发活动基地牌匾、助学金和助学物资。

同日 天津市工会新闻宣传工作会议在市职工之家召开。天津市总工会副主席刘凤山出席会议并讲话。天津市总工会副主席李泮祥、崔金和、津工集团董事长安亭州出席会议。

9月25日 天津市总工会领导张子鹏、刘凤山、李泮祥、安亭洲、王连金、赵洪莉、高炜、秦砖，与离退休老主席亲切交谈并进行了联谊活动。

9月26～27日 天津市总工会在工会管理干部学院举办2007年度全市工会劳动保护监督检查员培训班。天津市总工会副主席黄淑玲出席开班典礼并讲话。

9月27～29日 全国人大常委会委员、全国总工会原副主席杨兴富深入天津市总工会和有关区县局及基层工会开展调研。调研工作主要围绕企业劳动争议调解组织作用的发挥和对《劳动争议调解仲裁法（草案）》的修改建议展开。市人大常委、天津市总工会原副主席张子鹏，天津市总工会副主席刘凤山、高炜陪同调研。

9月28～29日 天津市总工会党组成员、经审委主任，市厂务公开民主管理工作领导小组办公室主任黄晓云带领天津市总工会和市商务委有关人员分别深入到迎新船舶机械有限公司、中环三峰电子有限公司进行厂务公开民主管理工作调研检查。

9月29日 天津市总工会召开天津港北港池集装箱码头三期工程完工暨“五比一创”竞赛现场总结表彰会。天津市总工会副主席刘凤山出席并讲话。会议由天津市总工会副主席黄淑玲主

持，市委交工委书记王世新等领导出席会议。

10月11～13日 由天津市教育工会、《中国教工》杂志社联合主办，天津市、北京市、河北省、山东省、辽宁省五省市和青岛、大连两个中央计划单列市教育工会参加的首届环渤海地区教育工会（5+2）协作年会暨“关爱人才队伍，促进区域发展”合作论坛在天津市财经大学隆重开幕。市委常委、市委教卫工委书记陈超英，全国总工会书记处书记、经审委主任张秋俭出席并讲话。开幕式由天津市总工会副主席赵洪莉主持，天津市总工会党组副书记、主持天津市总工会工作副主席刘凤山致词，环渤海地区五省市和两个中央计划单列市教育工会负责同志共同签署了《环渤海地区教育工会组织关于“围绕战略大局、促进区域发展”建立长效交流协作机制的框架协议》。

10月12日 中共中央政治局委员、全国人大常委会副委员长、中华全国总工会主席王兆国对中华全国总工会信息94期《信息》刊登的《天津市教育工会走进校园，深入开展‘校园助学’活动》作出重要批示：“这是很好的做法和经验。”中华全国总工会副主席、党组书记、书记处第一书记孙春兰作出批示：“请董力、秋俭同志并晓龙、守镇同志阅。可以宣传天津的经验。”

同日 天津市第二批重点工作“五比一创”劳动竞赛首个项目—天铁集团冷轧薄板项目在空港物流加工区天铁集团钢板公司工地启动。市委工业工委、市国资委书记沈伟，天津市总工会党组副书记、主持天津市总工会工作副主席刘凤山讲话，会议有天津市总工会副主席黄淑玲主持，会上领导同志向参赛单位授旗并讲话。

10月15日 天津市劳动模范活动中心成立，天津市总工会党组副书记、主持天津市总工会工作副主席刘凤山出席会议，并为“天津市劳动模范活动中心”揭牌。

10月15～19日 天津市协调劳动关系三方会议副主席，天津市总工会党组成员、经审委主任黄晓云带领市协调劳动关系三方会议成员单位有关人员分别赴广东、福建、浙江学习考察劳动关系和谐企业和工业园区创建工作。

10月17日 天津市总工会、市退管会在天士力集会同市劳动和社会保障局、市财政局联合组织召开天津市退管系统庆祝党的十七大胜利召开及老年节评选总结表彰大会。市老领导吴振、潘义清、天津市总工会党组副书记、主持工作的副主席刘凤山出席并讲话。会议由市退管会常务副主任张子鹏主持，天津市总工会副主席高炜、市劳动和社会保障局副局长陈秀英、市邮政局副局长陈庆和出席会议。

10月17～18日 全国人大内司委副主任张丁华率全国人大内司委工会法调研组一行5人到天津市总工会调研指导工作。天津市总工会党组副书记、主持天津市总工会工作副主席刘凤山向调研组作了专题汇报。市人大常委、天津市总工会原副主席张子鹏、天津市总工会副主席高炜等领导陪同调研。

10月19日 天津市总工会组织60多名离退休干部参观天津市奥体中心，登天塔观市容等活动。天津市总工会党组副书记、主持天津市总工会工作副主席刘凤山出席活动，与离退休老同志共度节日。

同日 应中华全国总工会的邀请，中美洲国家工会联合代表团一行27人抵天津市进行友好访问。天津市总工会党组副书记、主持天津市总工会工作副主席刘凤山、天津市总工会副主席赵洪莉会见了代表团一行。

10月22日 天津市总工会党组副书记、主持工作的副主席刘凤山主持召开了“天津市总工会重点工作咨询顾问首次专题会议”，天津市总工会副主席李泮祥出席会议。会议向咨询顾问颁发了聘书。

10月23～24日 中华全国总工会参与国企重组改制和关闭破产工作领导小组办公室副主任王洪泽一行2人到津就工会参与国有企业关闭破产工作进行调研。天津市总工会党组成员、经审委主任黄晓云会见客人并陪同调研。

10月25日 天津市总工会副主席黄淑玲带队对天津铁路集团等5家单位进行了开展“安康杯”竞赛活动的大检查，并做重要指示。

10月29日 应美国内华达州政府、圣伯纳迪诺工会和加拿大BC省政府的邀请，以天津市总工会副主席赵洪莉为团长的天津市工会代表团一行4人赴美国、加拿大进行交流访问。

10月30日 天津市总工会与市劳动和社会保障局联合召开有部分区县总工会和劳动保障部门参加的劳动关系和谐企业创建活动座谈会。天津市总工会党组成员、经审委主任黄晓云出席会议。

10月31日 天津市总工会在职工之家召开天津市区县局工会干部会议，会议由天津市总工会副主席崔金和主持，天津市总工会党组副书记、主持天津市总工会工作副主席刘凤山出席会议并作重要讲话，天津市总工会副主席高炜、黄淑玲，经审委主任黄晓云、纪检组组长秦砖出席会议。会上还表彰“工人发明家”“职工先进操作法”、“职工优秀技术创新成果”的个人和集体，工人发明家孔祥瑞代表获奖者宣读倡议书。市知识产权局副局长王成出席会议并宣读表彰决定。

11月1日 天津市总工会与市劳动和社会保障局在宝成宾馆联合召开劳动关系和谐企业创建活动座谈会。天津市总工会党组成员、经审委主任黄晓云出席会议。

11月5日 天津市厂务公开民主管理工作领导小组办公室召开会议，总结前一阶段全市调研检查工作情况，研究2008年工作思路。天津市总工会党组成员、经审委主任，市厂务公开民主管理工作领导小组办公室主任黄晓云出席会议并讲话。

11月6日 天津市总工会民主管理工作协调小组召开会议，总结全年民主管理工作重点任务完成情况，并对年末收尾工作作出安排。天津市总工会党组成员、经审委主任黄晓云出席会议并讲话。

11月7～12日 由天津市教育工会举办的第四届教职工文化艺术节书画摄影展在天津大学王学仲艺术展览馆举行。天津市总工会副主席李泮祥、天津大学副校长刘东志等领导同志出席并为开幕式剪彩。全市教育系统各级党政工领导、工会干部、教职工及参展作者200余人参加了开幕式。

11 月 7 ~ 18 日 应美国内华达州政府、圣伯纳迪诺工会和加拿大 BC 省政府的邀请，以天津市总工会副主席崔金和为团长的天津市工会代表团一行 5 人赴美国、加拿大进行访问交流活动。

11 月 14 日 天津市总工会举办学习宣传贯彻党的十七大精神工会干部培训班。天津市总工会副主席李泮祥出席并主持报告会。市委党校教授廖竞和南大经济研究所教授秦海英作了宣讲报告。截止 11 月底，天津市总工会共举办了三期培训班。各区县局工会领导、部分基层单位工会主席、班组长等近 800 人参加了培训。

11 月 14 ~ 27 日 天津市总工会党组成员、经审委主任黄晓云带领有关人员分别深入西青区、新技术产业园区、武清区、北辰区就创建劳动关系和谐企业和工业园区工作进行调研。

11 月 15 日 天津市总工会领导刘凤山、李泮祥、赵洪莉、崔金和、高炜、黄淑玲、黄晓云、秦砖和各位常委率队分 10 路集中入户看望慰问困难职工，送去冬煤、大米、食用油和慰问金，让困难职工能够温暖过冬。

11 月 16 日 天津市总工会领导刘凤山、李泮祥、赵洪莉、崔金和、高炜、黄淑玲、黄晓云、秦砖和各位常委分别深入基层，为全市第二批“工人先锋号”授牌。

11 月 18 ~ 29 日 应拉美工人中央工会和秘鲁总工会的邀请，天津市总工会副主席刘凤山随中华全国总工会代表团，途径英国赴委内瑞拉、秘鲁进行友好访问。

11 月 20 ~ 27 日 天津市教育工会主办的天津市第四届教职工文化艺术节歌手大赛在南开文化宫隆重举行。来自全市教育系统的 136 名歌手参加比赛。

11 月 21 日 天津市总工会召开区县农林系统工会民主管理工作研讨交流会。天津市总工会副主席李泮祥到会并讲话。

11 月 25 日 天津市总工会副主席黄淑玲和市教育工会负责同志出席天津职业大学举办的青年教师专业技能竞赛仪式，并检查指导工作。

11 月 26 日至 12 月 7 日 应澳大利亚墨尔本市政府、维多利亚州工会和新加坡职工总会的邀请，以天津市总工会副主席高炜为团长的天津市工会代表团一行 15 人赴澳大利亚、新加坡进行访问交流活动。

12 月 8 日 天津科技大学“金秋助学受助学生感谢关爱，立志成才”思源学习团一行 40 余人来到天津市总工会，向天津市总工会和教育工会赠送写有“泽流及远春雨润物”、“温暖如家德重恩弘”两面锦旗。天津市总工会副主席刘凤山、天津科技大学党委书记魏大鹏分别讲话并与同学们合影，受救助学生宣读了感谢信。

12 月 10 ~ 20 日 应西班牙阿斯图利亚斯大区劳动者总同盟和葡萄牙全国总工会的邀请，以天津市总工会副主席黄淑玲为团长的天津市工会代表团赴西班牙、葡萄牙考察访问。

12 月 14 日 中华全国总工会召开全国工会 2008 年元旦、春节送温暖活动电视电话会议。天津市总工会副主席刘凤山在北京主会场介绍了天津工会建立健全送温暖工作长效机制的经验。

天津市总工会副主席李泮祥、赵洪莉、崔金和出席了天津分会场会议，崔金和副主席就贯彻落实会议精神进行了部署。

12月18日　天津市总工会副主席赵洪莉、市委商务工委副书记邵毅出席市供销社举办的《抒爱社情怀赞先进楷模》歌咏表彰大会。

12月20～22日　天津市总工会党组成员、经审委主任、市厂务公开民主管理工作领导小组办公室主任黄晓云赴海南参加全国厂务公开工作汇报会。

12月22日　天津大学“感谢工会感知工会”参观团一行40余人来到天津市总工会，向天津市总工会和教育工会献上写有“父辈之家吾辈支撑”匾额，感谢天津市总工会和教育工会对贫困学生的资助。天津市总工会副主席刘凤山、赵洪莉和市教育工会负责同志，天津大学工会主席邢敏等参加了赠匾仪式，并与同学们合影。

12月24日　天津市协调劳动关系三方会议成员单位召开工作会议。市劳动和社会保障局局长孔长起，天津市总工会副主席刘凤山，市企业联合会、企业家协会会长牟怀善出席会议。市协调劳动关系三方会议主席、市劳动和社会保障局副局长于茂东，市协调劳动关系三方会议副主席、天津市总工会党组成员、经审委主任黄晓云，市协调劳动关系三方会议副主席、市企业联合会、企业家协会执行副会长刘远征出席会议并作专题汇报。

12月26日　天津市总工会召开全市工会经济保护工作研讨会。天津市总工会副主席黄淑玲出席会议并讲话。会上，表彰了全市经济保护工作经验招法征集的优秀奖获得者，交流典型经验，部署全国劳动模范的“三金”发放工作，研讨展望了2008年经济保护工作。

同日　天津市总工会女职工委员会召开女职工专项集体合同工作现场交流会。天津市总工会副主席、天津市总工会女职工委员会主任黄淑玲出席会议并讲话。

12月28日　市委常委、市委政法委书记散襄军、市委常委、市委秘书长段春华到天津市困难职工帮扶中心检查工作。天津市总工会副主席刘凤山作工作汇报。

12月29日　中共天津市委书记张高丽，市委常委、市委政法委书记散襄军，市委常委、市委秘书长段春华，副市长陈质枫到天津市困难职工帮扶中心、信息中心检查工作。天津市总工会副主席刘凤山、李泮祥作了工作汇报

同日　天津港25万吨级航道工程“五比一创”劳动竞赛表彰大会在中交天津航道局有限公司举行。天津市总工会副主席黄淑玲主持会议，并宣读天津市总工会关于授予在天津港25万吨级航道工程中做出突出贡献的先进集体、个人“工人先锋号”、“五一”劳动奖章、奖状的决定。市委交工委书记王世新、天津市总工会副主席崔金和出席会议，共同为该工程“工人先锋号”标识揭牌并讲话。

12月31日　中共中央委员会总书记胡锦涛和随行的中央书记处书记、中央政策研究室主任王沪宁，在中共天津市委书记张高丽，市委常委、市委政法委书记散襄军等陪同下，到天津市困难职工帮扶中心视察工作，亲切看望慰问现场工作人员和职工群众。天津市总工会副主席刘凤山

作有关情况的汇报。

12 月 天津市总工会领导刘凤山、李泮祥、赵红莉、崔金和、高炜、黄淑玲、黄晓云、秦砖及天津市总工会各位常委分十路继续深入基层，为全市第二批“工人先锋号”授牌。

2008 年

1 月 2 日 天津市总工会十五届经审委召开第六次全体会议。天津市总工会副主席刘凤山出席会议并讲话。天津市总工会党组成员、经审委主任黄晓云传达了中华全国总工会十四届五次执委会议和经审委九次全体会议精神。

1 月 3 日 天津市总工会副主席刘凤山、崔金和、黄淑玲，市劳模协会会长王连金到职工医院看望慰问在医院免费就诊和住院治疗的劳动模范。

1 月 4 日 天津市总工会举行十五届三次全委（扩大）会议。会议传达了胡锦涛总书记视察市困难职工帮扶中心情况、市委常委扩大会议和中华全国总工会领导重要批示精神；讨论了《天津市总工会2008年工作要点（讨论稿）》、《关于2007年经费审查工作情况和2008年工作要点（讨论稿）》；表决通过了市工会十五届委员会和经费审查委员会委员的增替补人选。天津市总工会副主席、党组副书记刘凤山代表天津市总工会常委会作工作报告。

1 月 6 日 天津市总工会开展了为送温暖的人送温暖活动。天津市总工会领导刘凤山、李泮祥、赵洪莉、崔金和、高炜、黄淑玲、黄晓云、秦砖和各位常委及机关各部门干部，分成58路，深入到300户困难工会干部家中走访慰问。

1 月 10 日 天津市总工会召开全市区县分管书记、工会主席工作会议。天津市总工会副主席刘凤山出席并讲话，李泮祥副主席主持会议。

1 月 11 日 中共天津市委教卫工委、市教委、市教育工会召开2008年度教育系统工会工作联席会议。市委教卫工委副书记杨希禄，市委教卫工委副书记、市教委副主任李旭炎，天津市总工会副主席赵洪莉出席。

1 月 14 日 天津市总工会在职工之家举行记者座谈会，探讨进一步做好工会新闻宣传工作。天津市总工会副主席刘凤山、李泮祥出席会议。全市及中央驻津主要媒体的有关领导、记者参加了座谈。

1 月 14 日至 2 月 1 日 天津市总工会领导刘凤山、李泮祥、赵洪莉、崔金和、高炜、黄淑玲、黄晓云、秦砖，分别对机关离休干部及遗孀、遗属，局级退休干部及70岁以上的退休干部进行了入户走访慰问。共计走访慰问60余人，送去了慰问金和慰问品等。

1 月 15 日 天津市协调劳动关系三方会议召开第十二次会议。市三方会议主席、市劳动和社会保障局副局长于茂东，市三方会议副主席、天津市总工会党组成员、经审委主任黄晓云，市三方会议副主席、市企业联合会、企业家协会执行副会长刘远征出席会议。

1 月 16 日 天津市总工会、市劳模协会在天津市劳动模范活动中心举行“2008年春节送温暖慰问困难劳模启动仪式”。受天津市总工会副主席、党组副书记刘凤山委托，市劳模协会会长王连金和天津市总工会经保部负责同志出席会议。启动仪式上，向困难劳模代表发放了慰问金和电视等生活用品，并对全市432名困难劳动模范发放近30万元慰问金。

同日 天津市总工会召开“依法协调劳动关系暨劳动合同法知识竞赛总结表彰大会”。天津市总工会副主席高炜出席会议并讲话。

1月17日 天津市教育工会召开六届十次全委（扩大）会议。天津市总工会副主席赵洪莉，市委教卫工委副书记、市教委副主任李旭炎出席会议并讲话。

同日 天津市总工会召开财贸系统工会主席联席会议，总结2007年工作，部署2008年任务。天津市总工会副主席赵洪莉出席会议并讲话。

1月18日 天津市总工会与市委规划建设工委、市建委有关部门在华富宫召开第二十四次工作联席会议。会议由天津市总工会副主席高炜主持。市委规划建设工委副书记任树梅、市建委副主任苏文利到会并讲话。会上，通报了第二十三次党政工确定的重点工作完成情况，并研究确定了2008年合力推动的重点工作。

同日 天津市总工会、天津日报社、今晚报社在职工之家联合举办“迎新春、献爱心、铸和谐”名家书画义卖义捐活动。老同志吴振、刘文藩、潘义清，天津市总工会副主席刘凤山、崔金和出席活动仪式。百余名书画家临池作画送祝福、泼墨成书献爱心。近百家企业、80余名劳动模范和热心公益事业的人士共囊善举。本次活动共筹集善款160余万元，全部捐赠市困难职工帮扶中心，专项用于帮扶困难职工。

同日 财政部社会保障司司长孙志筠一行26人到津慰问市困难职工帮扶中心工作人员。天津市总工会副主席、党组副书记刘凤山全程接待孙志筠一行。市财政局副局长陈庆和，社保处有关负责同志陪同慰问。

1月22日 天津市总工会召开关于加强工会资产管理工作会议。天津市总工会副主席崔金和出席会议并讲话。

1月23日 天津市总工会在市安全局召开政法系统工会主席工作会议。天津市总工会副主席李泮祥出席会议并讲话。

1月24日 天津市总工会、市委商务工委、市商务委召开商务系统党政工第四次联席会议。会议由天津市总工会副主席赵洪莉主持。市委商务工委副书记邵毅、市商务委副主任刘惠春出席会议并讲话。会上，通报了商务系统2007年工会重点工作完成情况和2008年主要工作思路和安排。

1月25日 天津市总工会在市水产局召开农口局系统工会主席工作会议。天津市总工会副主席李泮祥出席会议并讲话。

同日 天津市总工会、市退管会等四部门领导深入到困难退休职工、老劳模董湘昆、于淑珍、李希元、孙志德家中进行慰问。天津市总工会副主席、党组副书记刘凤山，市退管会常务副主任张子鹏，市劳动和社会保障局副局长陈秀英，市财政局副局长陈庆和参加了慰问活动。

1月29日 天津市总工会女职工委员会三届七次全委（扩大）会议在天津市总工会八号会

议厅召开。天津市总工会副主席、天津市总工会女职工委员会主任黄淑玲出席会议并讲话。会议总结了2007年工会女职工工作情况，部署了2008年工会女职工工作任务，交流了塘沽区总工会等6个单位签订女职工权益保护专项集体合同的经验做法。

1月30日 中共天津市委书记张高丽入户慰问机电总公司天津发电设备总厂退休劳模庞宗禅。天津市总工会副主席、党组副书记刘凤山陪同慰问。

同日 天津市人大常委会主任刘胜玉入户慰问全市金桥餐饮公司困难职工郑兰月。天津市总工会副主席赵洪莉陪同慰问。

同日 天津市总工会与市司法局、市高级人民法院、市劳动和社会保障局等共同召开了劳动关系争议调解联系会议。天津市总工会副主席高炜、市司法局副局长刘烨等有关方面负责同志出席会议。

1月31日 应澳大利亚墨尔本市政府、维多利亚州工会和新西兰怀多摩市政府的邀请，天津市教育工会代表团一行9人赴澳大利亚和新西兰进行考察交流。

1月31至2月1日 中华全国总工会副主席、书记处书记倪健民率中华全国总工会送温暖慰问团到津，在市人大常委会副主任、天津市总工会党组书记邢明军，天津市总工会副主席刘凤山、崔金和等陪同下深入到困难企业和困难职工家中看望慰问，并到市困难职工帮扶中心视察并与工会干部座谈。

2月1日 天津市总工会召开十五届四次全委会议。会议由天津市总工会副主席刘凤山主持。市委组织部副部长张云鹏首先代表市委作了关于天津市总工会十五届委员会人事变动情况的说明。会议通过了《关于免去散襄军同志天津市总工会十五届委员会主席、委员的建议》和《关于邢明军同志替补为天津市总工会十五届委员会委员的建议》。经出席会议的天津市总工会十五届委员会委员投票选举，邢明军当选为天津市总工会十五届委员会主席。

同日 天津市总工会城建工委联合市委规划建设工委、市建委对该系统部分特困职工进行慰问，并送去慰问品和慰问金。天津市总工会副主席高炜参加了慰问。

2月2日 2008年天津市劳动模范迎新春茶话会在天津礼堂举行。市委书记张高丽出席并讲话。市人大常委会主任刘胜玉，市委副书记、市政协主席邢元敏，市委常委、市委秘书长段春华，市政协副主席王文华，市政协副主席、市政府秘书长何荣林，市人大常委会秘书长王世新，市政协秘书长刘琨出席茶话会。市人大常委会副主任、天津市总工会主席邢明军主持茶话会。

2月4日 天津市总工会副主席刘凤山、黄淑玲入户看望慰问全国著名“蓝领专家”孔祥瑞及其家属。此前，黄淑玲副主席等先后看望慰问了张士珍、年景林、司宝通、赵玉宽、单书、孙丽华等已退休的全国劳模及其家属，并看望慰问因公殉职的公安二级英模韩辉的亲属。

2月16日 天津市人大常委会副主任、天津市总工会主席邢明军深入津工超市配送中心调研指导工作，并对春节期间连续奋战在工作一线的干部职工表示慰问。天津市总工会副主席刘凤山陪同调研。

2月21日 天津市人大常委会副主任、天津市总工会主席、津工集团党委书记邢明军到职工住房合作社调研，在听取了有关负责同志情况汇报会后深入施工现场，对“五一阳光·尊园”项目进行了视察并慰问现场工作人员。津工集团董事长安亭州，天津市总工会副主席、津工集团总裁崔金和陪同调研和视察。

同日 天津市总工会副主席高炜带领城建工委负责同志到城建集团三公司海河赤峰桥项目工地进行慰问，并送去汤圆，与奥运工程施工人员共庆元宵节。

2月22日 天津市总工交工委组织召开了有天津市总工会、市委工业工委、市国资委、市委交工委、市交委、市委新技术产业园区工委等有关部门负责同志参加的党政工联席会议。会前，市人大常委会副主任、天津市总工会主席邢明军看望了出席会议的全体同志。黄淑玲副主席出席会议并讲话。

2月25日 天津市总工会召开2008年天津市工会保障工作会议。市人大常委会副主任、天津市总工会主席邢明军出席会议并讲话。天津市总工会副主席刘凤山做工作报告。天津市总工会副主席李泮祥、赵洪莉、黄淑玲，天津市总工会党组成员、经审委主任黄晓云出席会议。天津市总工会副主席崔金和主持会议。

2月28日 天津市总工会津工集团召开2008年度工作会议。总结2007年的工作，部署2008年的各项任务。市人大常委会副主任、天津市总工会主席、津工集团党委书记邢明军出席会议并讲话。会议由津工集团董事长安亭洲主持，天津市总工会副主席、津工集团总裁崔金和作工作报告。

同日 天津市总工会城建工委召开“规划建设系统工运理论研究成果表彰暨‘五比一创’劳动竞赛成果展示会”。天津市总工会副主席高炜、市委规划建设工委副书记任树梅出席并讲话。市建委总经济师刘翠乔主持会议。

3月5日 天津市人大常委会副主任、天津市总工会主席邢明军，深入到天津市退管服务中心进行调研视察指导工作。市退管会常务副主任张子鹏、天津市总工会副主席高炜等陪同调研。

同日 天津市总工会副主席赵洪莉率领天津市总工会财贸工委有关负责同志深入到物资集团天物金属事业部就民主管理工作进行调研。

同日 天津市总工会女职工委员会召开“庆‘三八’暨天津市女职工建功立业表彰大会”。会议对2006—2007年度93名“建功立业先进女职工”、52个“女职工建功立业示范岗”、10个“女职工建功立业优秀组织单位”进行了表彰。市人大常委会副主任、天津市总工会主席邢明军出席会议并讲话。天津市总工会副主席刘凤山宣读表彰决定，天津市总工会副主席、天津市总工会女职工委员会主任黄淑玲主持会议。

3月6日 天津市总工会召开纪检工作会议。市人大常委会副主任、天津市总工会主席邢明军出席会议并讲话。会议由天津市总工会副主席刘凤山主持。天津市总工会领导班子全体成员，天津市总工会机关副处级以上干部和津工集团各直属事业单位党政负责同志参加了会议。

同日 天津市总工会副主席赵洪莉和市教育工会负责同志分别到天津大学、南开大学等部分高校看望慰问工作在教育科研第一线的女劳模、女专家。

3 月 7 日 天津市总工会十五届经费审查委员会召开第七次全体会议。天津市总工会党组成员、经审委主任黄晓云主持会议。会议对天津市总工会 2007 年度经费预算执行情况（决算）和 2008 年度经费收支预算（草案）进行了审查。

3 月 11 日 天津市总工会机关召开“解放思想、干事创业、科学发展”大讨论动员会。市人大常委会副主任、天津市总工会主席邢明军出席会议并讲话。

3 月 12 日 天津市人大常委会副主任、天津市总工会主席邢明军到天津工人报社调研慰问。天津市总工会副主席李泮祥等陪同调研。

同日 天津市人大内司委主任王桂贤等人到天津市总工会调研指导工作。双方就工会立法参与、开展专项执法检查、加强经常性联系和沟通等问题进行了座谈。天津市总工会副主席刘凤山、高炜出席座谈会。

同日 天津市总工会津工集团召开“解放思想、干事创业、科学发展”大讨论动员大会。集团党委副书记、董事长安亭洲主持会议。天津市总工会副主席、集团党委副书记、总裁崔金和出席会议并讲话，

3 月 14 日 天津市人大常委会和天津市总工会联合召开贯彻实施《天津市企业职工民主管理条例》会议。市人大常委会副主任左明，市人大常委会副主任、天津市总工会主席邢明军出席会议并讲话。市人大常委会内司委主任梁文忠、财经委主任曹达宝、法工委副主任高绍林出席会议。会议由天津市总工会副主席刘凤山主持。市委各工委、各区县党委分管副书记，有关委、局、团体领导，天津市总工会有关领导，各区县、市属企业、中央驻津企业工会主席和部分基层企事业单位党政工负责人参加了会议。

同日 中国农业银行天津分行工会召开第一次会员代表大会，天津市总工会副主席赵洪莉出席会议并讲话。

3 月 17 日 天津市人大常委会副主任、天津市总工会主席邢明军深入到天铁冶金集团冷轧薄板工程看望和慰问一线职工，并授牌“天津市重点工程‘五比一创’劳动竞赛工人先锋号工程”。天津市总工会副主席刘凤山陪同。

3 月 19 日 天津市人大常委会副主任、天津市总工会主席邢明军到市工会管理干部学院、市职工之家（天津财富豪为商务大酒店）、市第一工人疗养院调研。天津市总工会副主席、津工集团总裁崔金和，津工集团董事长安亭洲陪同调研。

3 月 24 日 天津市总工会启动向全市各区县局（集团）、总公司工会代表赠送《结核病防治知识职工普及图本》活动。天津市总工会副主席黄淑玲出席并讲话。市卫生局和市疾病控制中心领导应邀参加赠书仪式。

3 月 26 日 天津市总工会党组成员、经审委主任黄晓云率领天津市协调劳动关系三方会议

办公室有关人员到北辰区就劳动关系和谐企业创建活动进行调研检查。

3月27日 天津市总工会举办《天津市企业职工民主管理条例》专题讲座。天津市总工会副主席高炜出席。市人大法工委副巡视员、条例主要起草人刘刚对条例做了详细解读。

3月28～29日 中华全国总工会帮扶工作会议在津召开。中华全国总工会副主席、书记处第一书记孙春兰出席会议并讲话。中华全国总工会副主席、书记处书记乔传秀主持会议。中华全国总工会副主席、书记处书记徐德明宣读了表彰决定。中华全国总工会副主席、书记处书记董力作总结讲话。市人大常委会副主任、天津市总工会主席邢明军介绍了全市困难职工帮扶中心的工作经验。天津市总工会副主席、困难职工帮扶中心主任刘凤山荣获全国工会帮扶工作突出贡献者荣誉称号，市困难职工帮扶中心荣获全国工会模范帮扶中心荣誉称号。全国31个省、自治区、直辖市总工会约180人参加会议。

3月31日 天津市外商投资服务中心召开第一次会员代表大会。天津市总工会副主席赵洪莉出席会议并讲话。天津市总工会党组成员、纪检组长、组织部部长秦砖出席会议。

4月10日 天津市职工优质服务迎奥运创建"工人先锋号"现场推动会在天津滨海国际机场举行。市人大常委会副主任、天津市总工会主席邢明军出席会议并讲话。市奥足办副主任王金芳，市委交通邮电工委副书记黄玉功，市委规划建设工委副书记任树梅，市委综合经济纪工委书记王平等出席会议。天津市总工会副主席黄淑玲主持会议。

4月12日 天津市总工会与天津大学联合举办的首届"劳动模范高等教育学历班"在天津大学举行开学典礼。市人大常委会副主任、天津市总工会主席邢明军，天津大学党委书记刘建平，党委副书记、工会主席邢敏，市教委副主任刘欣，市劳模协会会长王连金，市工会管理干部学院党委书记杨东来，院长刘永强，天津大学网络教育学院院长孟昭鹏及104名劳动模范学员出席了开学典礼仪式。

4月12～23日 应国际劳工组织都灵培训中心的邀请，天津市总工会副主席赵洪莉随中国工会代表团赴意大利、芬兰参加研讨考察活动。

4月15～16日 制定《企业民主管理条例》研讨会在津召开。中华全国总工会民管部部长、全国厂务公开协调小组办公室主任郭军一行7人出席会议。天津市总工会党组成员、经审委主任，市厂务公开民主管理工作领导小组办公室主任黄晓云出席会议，并与市监察局副局长、市厂务公开民主管理工作领导小组办公室副主任崔朝陪同与会人员考察了天士力现代中药城。

4月16日 天津市总工会工交工委在国华盘山发电有限责任公司召开"工交系统劳动模范迎'五一'座谈会"。天津市总工会副主席黄淑玲出席并讲话。全国劳模孔祥瑞等作了发言。

4月18日 天津市总工会区县农林工委在河西区工人俱乐部召开区县农林系统"解放思想、干事创业、科学发展"劳模座谈会。天津市总工会副主席李泮祥、市劳模协会会长王连金出席并讲话。

同日 天津市总工会城建工委召开规划建设系统劳动模范座谈会。天津市总工会副主席高炜出席并讲话。全国劳模范霞等作了发言。

4月19日 天津市总工会、市退管会、市劳模协会等九家单位联合主办以“行动起来、沐浴阳光、迎接奥运”为主题的轮椅行动启动仪式。市人大常委会副主任、天津市总工会主席、市退管会主任邢明军出席并讲话。市老同志吴振、刘文藩、潘义清，天津市总工会、市退管会、市劳动和社会保障局、市财政局、市民政局、市老龄委、市劳模协会、市残联、市老年基金会等主办单位领导和市园林局、天津卷烟厂等协办单位领导出席启动仪式。

4月21日 贯彻落实党的十七大精神、全面推进厂务公开民主管理工作电视电话会议在北京召开。天津市人大常委会副主任、天津市总工会主席邢明军出席天津分会场会议并讲话。市厂务公开民主管理工作领导小组各成员单位领导等在天津分会场收听收看了会议实况。

4月22日 天津市总工会财贸工委召开“庆五一、迎奥运，解放思想、干事创业、科学发展”大讨论劳模座谈会。天津市总工会副主席李泮祥出席会议并讲话。

4月23日 天津市总工会在天津职业大学召开“校园金秋助学”活动现场推动会。市人大常委会副主任、天津市总工会主席邢明军，市委教卫工委副书记、市教委副主任李旭炎出席会议并讲话。天津市总工会副主席高炜出席会议。

同日 天津市人大常委会副主任、天津市总工会主席邢明军出席南开区纪念“五一”国际劳动节暨改革开放三十年劳模主题访谈活动。会后，邢明军与区委有关领导上台接见劳模并合影留念。市、区总工会领导为劳模代表颁发购书卡和纪念品。

同日 天津市总工会、市安全生产监督管理局联合召开“迎奥运、保安全、百日安全生产竞赛活动”动员大会。市政府副秘书长王志铭、市安全生产监督管理局局长张时善、天津市总工会副主席黄淑玲出席会议。

4月24日 天津市总工会副主席、市困难职工帮扶中心主任刘凤山主持召开全市工会帮扶中心（站）主任工作会议。会议传达了全国工会帮扶工作会议精神，讨论研究了帮扶中心规范化建设问题，安排部署了推进企业职工工资正常增长百企调研和全市工会帮扶工作先进集体、先进个人评选表彰工作。

同日 天津市人大内司委主任梁文忠、副主任于瀛沪到天津市总工会调研座谈。天津市总工会副主席刘凤山、高炜出席座谈会。

4月25日 天津市人大常委会副主任、天津市总工会主席邢明军到天津新技术产业园区调研慰问，并为“天津新技术产业园区工会职工维权中心”揭牌。天津市总工会副主席高炜随同调研慰问。天津市总工会有关部门负责同志，园区骨干企业的工会干部和职工代表等参加了揭牌赠书仪式。

4月28日 天津市庆祝“五一”国际劳动节大会在天津礼堂中剧场举行。市委副书记、市政协主席邢元敏出席大会并讲话。市人大常委会副主任、天津市总工会主席邢明军主持会议。副市长王治平、市政协副主席俞海潮出席会议。会上，天津市总工会副主席刘凤山宣读了关于表彰全市荣获2008年全国“五一”劳动奖章、奖状和全国“工人先锋号”的决定以及全市关于授予

2007年度“五一”劳动奖章、奖状的决定。市领导同志向受到表彰的先进集体和先进个人代表颁发了奖章、证书和奖牌。孔祥瑞等四名同志分别代表先进个人和先进集体做了大会发言。天津市总工会、团市委、市妇联、各区县局和总公司（集团）党政工负责同志以及市有关部门负责同志共800多人参加大会。

同日 天津市参加全国“五一”庆祝和表彰活动的六名先进个人和先进集体代表赴京，天津市总工会举行欢送仪式。天津市总工会副主席黄淑玲，天津市总工会党组成员、组织部部长秦砖出席欢送仪式。

4月29日 天津市人大常委会副主任、天津市总工会主席邢明军深入北辰区企业看望慰问职工和工会干部，并就宣传贯彻《天津市企业职工民主管理条例》情况进行调研。天津市总工会党组成员、经审委主任黄晓云和天津市总工会有关部门负责同志随同调研。

同日 天津市总工会副主席赵洪莉出席天津市旅游集团迎奥运动员誓师大会并讲话。

4月30日 天津市总工会、市公安局联合举行外来务工劳模及家属在津落户准迁证发放仪式。天津市总工会副主席黄淑玲，市公安局户政处负责同志出席仪式并讲话。

5月1日 天津市总工会在第二工人文化宫举行“天津市职工庆‘五一’迎奥运游园大联欢”活动。市人大常委会副主任、天津市总工会主席邢明军出席活动。市体育局局长韩振铎，天津市总工会副主席刘凤山、赵洪莉、崔金和、高炜、黄淑玲，市退管会常务副主任张子鹏，市体育局党委副书记王欢等领导同志与来自全市各行各业的劳动模范代表、职工代表、进城务工人员代表等近千人参加了游园联欢。

5月5～27日 天津市总工会领导刘凤山、李泮祥、赵洪莉、黄淑玲、黄晓云带队，分别深入到部分区县局及企业，就宣传贯彻《天津市企业职工民主管理条例》的情况进行调研，为基层企业送去了该《条例》单行本和《职工代表大会工作手册》。

5月5日 “钢管杯”天津市百万职工迎奥运知识竞赛颁奖暨钢管集团万名职工与奥运同行健身活动启动仪式在钢管集团文体中心举行。天津市总工会副主席李泮祥、市体育局副局长刘树华出席启动仪式，并为获奖单位颁奖。

5月6日 区县重点工程“五比一创”劳动竞赛启动仪式在武清天狮国际健康产业园举行。天津市人大常委会副主任、天津市总工会主席邢明军为活动授旗并揭牌。天津市总工会副主席黄淑玲出席并讲话。

同日 突尼斯劳工总联合会代表团一行4人抵天津市总工会参观访问。市人大常委会副主任、天津市总工会主席邢明军会见代表团。天津市总工会副主席赵洪莉一同会见。

5月8日 天津市总工会副主席刘凤山为全国职工书屋示范点——京津新城凯悦酒店“职工书屋”揭牌并讲话，代表中华全国总工会和天津市总工会向其赠送图书。

5月12～21日 以天津市总工会副主席崔金和为团长的天津市工会干部代表团一行10人赴日本、韩国进行访问交流。

5 月 12 日 天津市总工会举办电气安全技术基础知识和电气设备设施的安全检查标准讲座。天津市总工会副主席黄淑玲出席讲座。

5 月 13 日 天津市总工会组织机关和直属单位干部职工为四川汶川地震灾区捐款 34340 元。

5 月 14 ~ 16 日 广东省企业民主管理立法调研组一行 7 人到津考察学习企业民主管理地方立法工作。天津市人大常委会内务司法办公室副主任于瀛沪、财经预算工作委员会副主任委员孙增民、法制工作委员会副巡视员刘刚，天津市总工会副主席高炜，天津市总工会党组成员、经审委主任黄晓云会见调研组一行，并介绍了《天津市企业职工民主管理条例》的制定出台情况，双方就企业民主管理的地方立法问题进行了座谈交流。

5 月 15 日 天津市总工会在天津师范大学新校区音乐厅举办以“众志成城、抗震救灾，唱响我们共同的心声”为主题的大型职工合唱募捐活动。天津市总工会副主席刘凤山、师范大学党委书记李家祥、副校长于新建出席。全市电力公司、商务委、渤海证券公司等 57 家区县局和基层单位工会，以及现场近千名合唱队员和观众，共为地震灾区捐款 131.19 万元。

同日 天津市总工会机关干部职工再次向四川汶川地震灾区捐款 21100 元。

5 月 16 日 天津市工会代表会议在天津礼堂举行。会议选举产生天津市出席中国工会第十五次全国代表大会代表 42 名。市人大常委会副主任、天津市总工会主席邢明军出席会议并讲话。

同日 天津市总工会副主席黄淑玲出席 2008 民营企业招聘周视频动员会议，并就全市各级工会积极配合相关部门开展民营企业招聘周活动提出具体工作要求。

5 月 19 日 天津市总工会机关全体干部职工悼念四川汶川大地震遇难同胞默哀仪式于 14 时 28 分在机关前院举行。

5 月 20 日 天津市总机关干部职工再次向灾区捐款 13700 元，拉开了全市工会会员“重建家园再献爱心”大行动序幕。

5 月 20 ~ 21 日 天津总工会城建工委承办的全国省级建设工会第一次联委会议在全市职工之家（财富豪为）召开。天津市总工会副主席高炜、中国海员建设工会副主席李建设出席会议并讲话。中国海员建设工会有关部门负责同志及来自全国 22 个省市 39 名建设系统工会领导参加了会议。

5 月 21 ~ 23 日 为支援四川汶川地区抗震救灾工作，天津市总工会机关和直属单位广大党员踊跃缴纳“特殊党费”。共有 221 名党员交纳“特殊党费”228606.6 元。

5 月 22 日 天津市总工会主办、天津市总工会技协办公室承办的《暖通制冷节能技术现状及发展主题报告会》在天津市总工会举行。市科技传播发展基金会主任、市委原常委、市科委主任王成怀出席并讲话。老同志潘义清出席。天津市总工会副主席高炜出席报告会。

同日 天津市总工会举行“天津市劳动模范先进人物、先进单位‘支援灾区、重建家园、再献爱心’大行动”。天津市总工会副主席黄淑玲出席活动并致辞。来自全市各行各业的劳动模范、先进人物、先进单位和工会代表踊跃参与，捐款数额达 621.22 万元。

5月23日 天津市总工会、市委商务工委、市商务委、市商业联合会联合组织了“天津市商务系统职工迎奥运百日服务竞赛活动”启动仪式。天津市总工会副主席刘凤山出席会议并讲话。天津市总工会副主席赵洪莉、高炜及市商务两委、市文明办、市商联会等有关方面领导出席了会议。

同日 天津市总工会领导带队，市教育和卫生系统各级工会干部分别组成20支小分队携带慰问品和慰问金，对战斗在抗震救灾第一线的313名天津市医疗队员家庭开展集中走访慰问活动。天津市总工会副主席刘凤山、赵洪莉及市教育工会负责同志到天津医科大学第二医院感染病学专家宋诗铎和天津医院医生李建江家中慰问。

同日 天津市总工会区县农林工委召开专题会议，研究如何确保六月底前完成年度外企建会任务。天津市总工会副主席李泮祥出席会议并讲话。天津市总工会党组成员、组织部部长秦砖出席会议。

5月24～26日 天津市总工会、市体育局、和平区人民政府主办的“‘数字电视杯’2008年天津市职工迎奥运羽毛球大赛”在和平体育馆举行。天津市总工会副主席刘凤山、崔金和参加了比赛，为本次大赛拉开了帷幕。老同志聂璧初、石坚出席闭幕仪式并为获奖代表队颁奖。本次大赛参赛代表队达50支，三天共进行了403场比赛。

5月27日 天津市总工会副主席高炜出席2008民营企业招聘周启动仪式。

5月28日 中国教科文卫体工会主席王晓龙率领中华全国总工会慰问团专程看望天津市赴抗震救灾第一线的医疗队员家属和首批护送伤员到津治疗的部分医疗队员，代表全国总工会向战斗在抗震救灾第一线的天津医疗队员及家属表示亲切慰问。天津市总工会副主席赵洪莉、市教育工会负责同志等陪同慰问。

6月1日 天津市总工会和市慈善协会主办的“我们都是一家人——‘六一’向灾区小朋友献爱心捐赠仪式”在第二工人文化宫举行。市人大常委会副主任、天津市总工会主席邢明军出席捐赠活动并致词。老同志石坚、陆焕生等出席了捐赠活动。

6月2日 天津市人大常委会副主任、天津市总工会主席邢明军到正在赶制救灾急需物资的环球休闲制品有限公司和新大洋旅游制品有限公司慰问一线职工，并送去慰问金和慰问品。天津市总工会副主席黄淑玲及天津市总工会有关部门负责同志随同慰问。

6月5日 天津市总工会副主席、市困难职工帮扶中心主任刘凤山带领保障部负责同志，深入到和平、冶金、市社、河西等4家困难职工帮扶中心（站），检查推动帮扶中心规范化建设工作。

同日 天津市协调劳动关系三方会议召开主席例会，研究AA级、AAA级劳动关系和谐企业评定和公示事宜。市协调劳动关系三方会议主席、市劳动和社会保障局副局长于茂东，市协调劳动关系三方会议副主席、天津市总工会党组成员、经审委主任黄晓云，市协调劳动关系三方会议副主席、市企业联合会、企业家协会执行副会长刘远征出席会议。

6月6日 天津市总工会副主席、津工集团总裁崔金和，津工集团董事长安亭洲到第一工人疗养院就“工伤康复项目”前期筹备、进展工作情况进行调研。

同日 天津市总工会与市司法局联合组织开展“迎奥运、促和谐、法律援助在行动”活动。天津市总工会副主席高炜、司法局副局长高从善视察活动现场。

同日 天津市总工会党组成员、经审委主任黄晓云带领天津市总工会有关人员深入市供销社，就《天津市企业民主管理条例》宣传贯彻情况和工资集体协商工作进行调研。

6月10日 韩国仁川港运劳动组合代表团一行12人抵津进行友好访问交流。市人大常委会副主任、天津市总工会主席邢明军会见代表团成员。天津市总工会副主席赵洪莉、崔金和一同会见。

同日 天津市总工会副主席刘凤山带领保障部负责同志，深入到大福来餐饮商贸公司及北方服装服饰公司等工会再就业服务联社视察指导工作。

6月11日 天津市工运理论研究会第三次代表大会暨工会调研工作会议在天津市总工会召开。会议总结了近五年来天津市工运理论研究工作所取得的工作成果和主要经验，部署了今后一个时期的调研工作任务；选举产生了市工运理论研究会新一届理事会和领导机构。市人大常委会副主任、天津市总工会主席邢明军出席会议并讲话。会议由天津市总工会副主席刘凤山主持，天津市总工会副主席、市工运理论研究会会长李泮祥做工作报告。市社会科学界联合会副秘书长陈根来，天津市总工会副主席赵洪莉、崔金和、高炜、黄淑玲，天津市总党组成员、经审委主任黄晓云，天津市总党组成员、组织部部长秦砖出席会议。

6月19日 全国“创建学习型组织，争做知识型职工”活动考评组对学习型标兵单位——天津石化公司进行抽检复查。天津市总工会副主席李泮祥陪同进行检查活动。

6月20日 中共天津市委宣传部、天津市总工会召开天津市“五一新闻奖”颁奖座谈会。市人大常委会副主任、天津市总工会主席邢明军出席会议。

同日 天津市总工会津工集团“解放思想、干事创业、科学发展”大讨论座谈会在第二工人文化宫召开。天津市总工会副主席、津工集团总裁崔金和，津工集团董事长安亭洲出席会议。

6月27日 天津市总工会津工集团召开庆祝中国共产党成立87周年大会。天津市总工会副主席、津工集团党委副书记、总裁崔金和出席会议并讲话。津工集团党委副书记、董事长安亭洲主持会议。

同日 天津市退管会召开老劳模、退休职工代表“我的感悟及行动”——抗震救灾座谈会。天津市总工会副主席高炜、市退管会常务副主任张子鹏出席座谈会。

6月28日 天津市人大常委会副主任、天津市总工会主席、市退管会主任邢明军看望慰问正在北戴河休养的老劳模和退休职工代表。天津市总工会副主席崔金和、高炜，市退管会常务副主任张子鹏，津工集团董事长安亭洲随同慰问。

同日 天津市总工会职业介绍服务中心、天津市总工会人才智力服务中心、北方服装服饰有限公司等单位组成首批岗位援助小分队，携带着2000多条就业岗位信息飞赴四川成都灾区。天津市总工会副主席刘凤山到天津滨海国际机场为赴川岗位援助小分队送行。

6月29日 天津市退管会组织退休职工护河护绿和治安巡逻志愿队队员开展迎奥运奉献活动。天津市总工会副主席高炜、市退管会常务副主任张子鹏参加奉献活动。

6月29～30日 中国教科文卫体工会主席王晓龙率全委有关部、处负责同志一行四人到天津市进行新形势下教育工会工作创新发展专题调研。天津市总工会副主席赵洪莉会见王晓龙主席一行。

7月1日 天津市总工会召开纪念中国共产党成立八十七周年表彰先进暨“大讨论”学习交流会。市人大常委会副主任、天津市总工会主席邢明军出席会议并讲话。会上，天津市总机关7个先进党支部、25名优秀共产党员、5名优秀党务工作者受到表彰。有4名同志进行了“解放思想、干事创业、科学发展”大讨论活动的学习体会和工作经验交流。

7月5日 天津市总工会、市体育局主办的“正本杯”天津市职工迎奥运乒乓球大赛在市第五十一中学体育馆举行。市人大常委会副主任、天津市总工会主席邢明军出席并宣布大赛开幕。老同志叶迪生、张柏峰为大赛开球。天津市总工会副主席李泮祥和红桥区主要领导同志出席开幕式。

7月8日 天津市总工会、市退休职工管理委员会、市劳动和社会保障局、市财政局、市劳模协会联合举办的“2008年劳动模范、退休职工代表暑期赴北戴河休养欢送仪式”在天津临时客站软席候车室举行。市人大常委会副主任、天津市总工会主席、市退管会主任邢明军代表市委、市政府看望慰问劳动模范、退休职工代表并为他们送行。欢送仪式由市退管会常务副主任张子鹏主持。天津市总工会副主席高炜、黄淑玲，市劳动和社会保障局副局长陈秀英，市财政局副局长陈庆和，市劳模协会会长王连金出席了欢送仪式。

同日 天津市总工会副主席赵洪莉带队深入一商集团友谊名都店，代表中华全国总工会向获得全国工人先锋号荣誉称号的一商友谊名都女服商场女服一组颁发奖牌和荣誉证书，并看望慰问了辛勤工作的员工。

7月9日 天津市人大常委会副主任、天津市总工会主席邢明军深入到大港油田生产一线调研，并看望慰问了暑期坚守岗位的职工。天津市总工会副主席黄淑玲随同调研。

7月15日和29日 天津市总工会党组成员、经审委主任黄晓云带领有关工作人员分别深入河东区、武清区，调研行业性工资集体协商试点工作。

7月17日 天津市总工会召开了工交系统窗口单位“奥运，我们准备好了”汇报会。天津市总工会副主席黄淑玲出席会议并讲话。

7月18日 天津市总工会召开中期工作会议。会上，总结了天津市总工会机关、津工集团及直属单位上半年以来的工作情况，并对下半年和今后一个时期的重点工作任务作了安排部署。市人大常委会副主任、天津市总工会主席邢明军出席会议并讲话。

7月21日 天津市人大常委会副主任、天津市总工会主席邢明军深入到天津港北港池集装箱码头5—7泊位，一航局“五比一创”重点工程工地，慰问了暑期坚守岗位的职工，并为“工人先锋号”项目揭牌。随后到天津港煤码头公司，向孔祥瑞等职工颁发了全国职工技术创新成果奖奖金。天津市总工会副主席黄淑玲随同慰问。

同日 天津市总工会津工集团举办“反腐倡廉警示教育报告会”。报告会由津工集团董事长安亭洲主持。天津市总工会副主席、津工集团总裁崔金和，天津市总工会党组成员、纪检组组长秦砖出席会议并讲话。河西区检察院副检察长张春明作了专题报告。

7月22～25日 中国教科文卫体工会首次理论研究会议在天津华城宾馆隆重召开。中华全国总工会书记处书记、党组成员、经审委主任张秋俭出席会议并讲话。中国教科文卫体工会主席王晓龙致开幕辞。天津市总工会副主席刘凤山致欢迎辞。天津市总工会副主席赵洪莉，各省、自治区、直辖市教科文卫体公会负责同志以及理论研究员等200余人出席会议。大会讨论通过了《中国教科文卫体工会理论研究会议工作办法》和组委会成员名单，并且召开了第一次组委会会议，对有关事项进行了研究。会议期间，市人大常委会副主任、天津市总工会主席邢明军，天津市总工会副主席高炜，天津市总工会党组成员、经审委主任黄晓云先后看望并慰问各省市到会代表。

7月23日 天津市推进劳动关系和谐稳定工作会议在天津大礼堂召开。会议命名61家企业为“天津市AAA级劳动关系和谐企业”，129家企业为“天津市AA级劳动关系和谐企业”，374家企业为“天津市A级劳动关系和谐企业”。市委常委、副市长崔津渡，市人大常委会副主任、天津市总工会主席邢明军出席会议并讲话。市政府副秘书长陈宗胜主持会议。市劳动和社会保障局局长孔长起代表市协调劳动关系三方会议作主题报告。市劳动和社会保障局副局长于茂东，天津市总工会党组成员、经审委主任黄晓云，市国资委副主任李福明，市企业联合会、企业家协会会长牟怀善、执行副会长刘远征等市协调劳动关系三方会议成员单位领导及市发改委、市财政局有关领导出席会议。

7月23～24日 天津市总工会举行“迎奥运展风采”天津市学习型班组展示大赛活动。天津市总工会副主席刘凤山观看了决赛，并为获奖单位和个人颁发了奖杯。来自全市21个区县局、总公司（集团）的29支代表队参加了比赛。

7月23～26日 中华全国总工会集体合同部到津调研行业性工资集体协商工作，深入部分区县进行座谈研讨。天津市总工会党组成员、经审委主任黄晓云全程陪同调研活动。

7月24～25日 天津市人大常委会副主任、天津市总工会主席邢明军分别深入到全市重点工程河东区真理道安居工程和空客A320项目工地进行工作调研，看望慰问暑期坚守生产工作岗位的一线职工。天津市总工会副主席高炜、黄淑玲分别随同调研。

7月24日 天津市总工会召开“迎奥运、促和谐，区域性劳动争议调解经验交流会”。天津市总工会副主席高炜出席会议并讲话。

7月25日 天津市工会2008年中期工作推动会议在天津市总工会召开。会议深入学习贯彻党中央、市委和中华全国总工会关于做好当前各项重点工作的指示精神，认真总结全市上半年工会工作，提出下半年工作安排。市人大常委会副主任、天津市总工会主席邢明军出席会议并讲话。

7月27日 天津市总工会、市体育局、今晚传媒集团主办的“荣华杯”天津市职工迎奥运第28届万名棋手大赛在河西区工人俱乐部落下帷幕。市人大常委会副主任、天津市总工会主席邢明军，老同志吴振、潘义清出席闭幕式，并为获奖单位和获奖选手颁奖。天津市总工会副主席李泮祥出席闭幕式。

7月28日 天津市人大常委会副主任、天津市总工会主席邢明军对第一工人疗养院工伤康复项目工程进行视察。天津市总工会副主席、津工集团总裁崔金和随同视察。

7月29日 天津市总工会、市商务工委、市商务委、市商业联合会共同举办的“天津市商务系统职工迎奥运百日服务竞赛活动”英语大赛决赛在天津市总工会举行。市人大常委会副主任、天津市总工会主席邢明军赛前看望慰问了参赛选手。天津市总工会副主席刘凤山、李泮祥、赵洪莉、崔金和、高炜和市文明办、商务两委、商联会等有关单位主要负责同志出席决赛现场。

7月30日 天津市总工会工交工委召开工交系统工会主席联席会。天津市总工会副主席黄淑玲出席会议并讲话。

7月31日 天津市总工会经保部、市劳模协会、市档案局共同召开征集天津市劳动模范档案资料工作部署会。天津市总工会副主席黄淑玲、市劳模协会会长王连金出席会议并讲话。

7月 天津市总工会副主席黄淑玲带队分别对汉沽、北辰、南开、津南、大港、武清区等进行安全生产隐患排查治理工作抽查。抽查组成员包括由中华全国总工会、天津市总工会任命的劳动保护监督检查员、安全生产专家等。

8月4日 天津市总工会十五届经费审查委员会召开第八次全体会议。会议审议并通过了天津市总工会2008年度上半年预算执行情况和各区县局、集团（总公司）工会2007年度经审工作规范化建设考核评比结果。市人大常委会副主任、天津市总工会主席邢明军出席并讲话。天津市总工会常委、经审委主任黄晓云主持会议。

同日 天津市总工会副主席刘凤山、高炜深入到市政公路管理局排水管理处天塔站和西南楼泵站慰问为防汛和保奥运排水畅通积极备战的排水职工。

同日 天津市总工会法律部召开了由部分集团总公司工会参加的“迎奥运、促和谐、劳动关系分析研究座谈会”。天津市总工会副主席高炜出席会议并讲话。

8月6日 天津市总工会机关党委举行党课教育讲座。市人大常委会副主任、天津市总工会党组书记、主席邢明军，天津市总工会副主席赵洪莉、高炜，天津市总工会党组成员、组织部长秦砖等领导出席了讲座。天津市总工会党组副书记、副主席、机关党委书记刘凤山为大家讲述了参加中国井冈山干部学院学习的体会。机关全体党员和入党积极分子聆听了讲座。

同日 天津市协调劳动关系三方会议召开主席例会，重点研究推进劳动关系和谐企业创建活动有关问题。市劳动和社会保障局副局长于茂东，天津市总工会党组成员、经审委主任黄晓云，市国资委总会计师吴瑜，市企业联合会、企业家协会执行副会长刘远征出席会议。

8月7日 天津市总工会召开部分局、总公司（集团）工会主席座谈会，市人大副主任、天津市总工会主席邢明军出席会议并讲话。

8月11日 天津市总工会党组成员、经审委主任黄晓云出席河西区美发美容行业首届一次职工代表大会。

8月13日 天津市总工会党组成员、经审委主任黄晓云主持召开市厂务公开民主管理工作领导小组办公室会议。市监察局副局长崔朝、市工商联副会长王国瑛出席会议。

8月20～21日 天津市教育工会召开了教育系统工会民主管理工作研讨会。天津市总工会副主席赵洪莉出席会议并讲话。

8月20～27日 天津市总工会党组成员、经审委主任黄晓云，市监察局副局长崔朝，市工商联副会长王国瑛带领市厂务公开民主管理工作领导小组办公室成员单位同志，深入部分企事业单位业进行厂务公开民主管理工作重点检查。

8月25日 四川德阳市总工会负责同志专程来到天津市总工会赠送锦旗，感谢天津各级工会为抗震救灾做出贡献。天津市总工会副主席崔金和出席会见。

8月28日 天津市总工会副主席赵洪莉出席市供销社举办的职工“风采杯”知识演讲大赛并讲话。

8月29日 中华全国总工会在北京召开了“全国工会维护农民工合法权益工作经验交流暨表彰电视电话会议”。会上天津市第三市政公路工程有限公司工会等4家单位，以及河西区总工会主席张炳素等3位同志分别受到了中华全国总工会的表彰。天津设立了分会场，对天津市维护农民工合法权益工作先进集体、先进个人进行了表彰。天津市总工会副主席刘凤山出席会议并讲话。天津市总工会副主席高炜出席会议并宣读表彰决定。

同日 天津市总工会在河西区工人俱乐部召开区县系统“五比一创”劳动竞赛推动会，天津市总工会副主席李泮祥、黄淑玲出席会议并讲话。

8月 天津市安全生产隐患排查治理工作抽查组深入到渤化集团、轻工行业中的一轻集团、纺织集团、机械制造业中的机电集团、交通运输业的中交一航局、交通集团、铁三院以及大港发电厂等单位进行监督检查。抽查组由天津市总工会副主席黄淑玲带队，成员包括中华全国总工会、天津市总工会任命的劳动保护监督检查员、安全生产专家等。

9月2日 天津市总工会津工集团召开2008年第三次董事会议。天津市总工会副主席、津工集团董事长刘凤山主持会议，天津市总工会副主席、津工集团副董事长、总裁崔金和，天津市总工会副主席、津工集团董事高炜、黄淑玲出席会议。

同日 天津市职工艺术家“送文化到基层”慰问演出小分队来到天津市敬老院，为生活在那里的近500名老人和职工送去了中秋礼品和精彩节目。天津市总工会副主席李泮祥和市民政局有关领导出席慰问活动。

9月3日 天津市总工会召开2008年金秋助学新闻发布会。天津市总工会副主席刘凤山出席会议。

9月4～25日 天津市总工会副主席赵洪莉带领天津市总工会组织部、财务部、财贸工委有关负责同志，分别到市财政局、国家开发银行天津分行、工商银行天津分行、华北石油工会等单位进行调研。

9月4～7日 天津市总工会津工集团召开改革发展研讨会。天津市总工会副主席、津工集团副董事长、总裁崔金和出席会议并讲话。

9月5日 天津市人大常委会副主任、天津市总工会主席邢明军入户慰问了年景林、孙丽华、杨月霞三位全国劳动模范，向他们致以节日的问候和祝福，并送去慰问金和月饼。天津市总工会副主席黄淑玲和有关区局总公司（集团）党政工领导一同慰问。

同日 天津市职工素质工程领导小组办公室在天津市总工会召开工作会议。市职工素质工程领导小组副组长、天津市总工会副主席李泮祥出席会议并讲话。

同日 天津市总工会城建工委在市政公路管理局召开2009年度天津工人报发行会议。天津市总工会副主席高炜出席会议并讲话。

9月8日 天津市教育工会在天津财富豪为酒店多功能厅召开庆祝教师节劳模先进教师中秋茶话会。市人大常委会副主任、天津市总工会主席邢明军，市委教卫工委副书记杨桂华出席会议并讲话。总工会副主席刘凤山、赵洪莉，市委教卫工委委员、市教委副主任于立军，市委教卫纪工委书记刘十洲出席会议。来自全市高等、基础、职业、特殊教育战线的120多名劳动模范、先进教师代表参加了茶话会。

9月9日 天津市总工会城建工委在建工工程总承包公司空客A320工程工地召开规划建设系统"滨海新区重点工程项目'五比一创'劳动竞赛"现场推动会。市人大常委会副主任、天津市总工会主席邢明军出席会议并讲话，并为工人先锋号工程——空客A320项目揭牌。天津市总工会副主席高炜、黄淑玲及有关部门负责人参加了会议。

同日 天津市总工会副主席、津工集团董事长刘凤山到市第一工人文化宫调研。天津市总工会副主席、津工集团副董事长、总裁崔金和一同调研。

同日 天津市总工会党组成员、经审委主任黄晓云主持召开市厂务公开民主管理工作领导小组办公室会议。市监察局副局长崔朝出席会议。

9月11日 天津市文明办与天津市总工会联合召开第三届天津市职工职业道德建设"双十佳"表彰会。市人大常委会副主任、天津市总工会主席邢明军出席会议并讲话。天津市总工会副主席李泮祥主持会议。天津市总工会副主席赵洪莉、市文明办副主任沈志建出席会议。大会授予周恩来邓颖超纪念馆等10个单位"天津市职工职业道德建设十佳单位"荣誉称号，授予王秀红等10名职工"天津市职工职业道德建设十佳标兵"荣誉称号。天津地铁总公司等11个单位和万振凯等10名职工分别被评为先进单位和先进个人。授予十佳单位和十佳个人天津市"五一"劳动奖状、奖章荣誉称号。

9月12日 天津市总工会召开部分驻津单位工会主席座谈会。市人大常委会副主任、天津市总工会主席邢明军出席会议并讲话。会议由天津市总工会副主席李泮祥主持，副主席赵洪莉、崔金和、高炜、黄淑玲，天津市总工会党组成员、经审委主任黄晓云，天津市总工会党组成员、组织部部长秦砖出席会议。

9月21日 天津市总工会召开部分民营企业工会主席座谈会。市人大常委会副主任、天津市总工会主席邢明军出席会议并讲话。

9月22日 天津市总工会、市劳模协会举行“九九重阳节入户慰问老劳模启动仪式”。市人大常委会副主任、天津市总工会主席邢明军出席启动仪式并讲话。启动仪式后，邢明军主席在市劳模协会会长王连金陪同下，入户慰问全国劳动模范崔荫年，拉开对全市70岁以上劳动模范全面入户慰问活动的序幕。

9月23日 天津市总工会城建工委在城建集团三公司赤峰桥项目工地召开“规划建设系统农民工维权机制建设座谈推动会”。天津市总工会副主席高炜出席会议并讲话。

9月23～26日 全国厂务公开民主管理工作调研检查省际互检组一行先后深入天津市钢管集团股份有限公司、一汽丰田发动机有限公司、天士力集团有限公司、第四中心医院、科技大学和鑫茂科技投资集团有限公司等单位，调研检查厂务公开民主管理工作。天津市总工会党组成员、经审委主任黄晓云，市监察局副局长崔朝，市委工业纪工委、市国资委纪委书记赵洪明、市工商联副会长王国瑛等分别陪同检查。

9月24日 天津市总工会主办、市劳模协会承办、山水旅游有限公司协办的“九九重阳节劳动模范畅游奥运火炬传递路线启动仪式”在天津市总工会举行。市人大常委会副主任、天津市总工会主席邢明军出席启动仪式并讲话。天津市总工会副主席刘凤山、李泮祥、赵洪莉、崔金和、高炜、黄淑玲，天津市总工会党组成员、组织部部长秦砖，市劳模协会会长王连金出席启动仪式。

9月25日 天津市总工会津工集团召开直属企事业党政主要负责人会议，部署国庆节期间安全保卫工作。天津市总工会副主席、津工集团副董事长、总裁崔金和出席会议并讲话。

9月25～26日 天津市总工会副主席黄淑玲分别出席红桥区总工会和汉沽区总工会的“五比一创”劳动竞赛推动会并讲话。

9月26日 天津市总工会召开天津市职工服务奥运“工人先锋号”表彰会，向100个先进集体颁发了“工人先锋号”奖牌。天津市总工会副主席黄淑玲出席会议并讲话。

9月28日 天津市总工会、市退管会、市劳动和社会保障局、市财政局联合举办的天津市退休职工庆祝国庆暨老年节文艺演出在第二工人文化宫大剧场举行。市人大常委会副主任、天津市总工会主席、市退管会主任邢明军，老同志吴振、刘文藩、潘义清出席。天津市总工会副主席刘凤山、高炜、黄淑玲，市退管会副主任张子鹏等有关方面负责同志与来自天津市各条战线的1000多名老劳动模范、退休职工代表一起参加庆祝活动。

9月29日 天津市总工会、市体育局在第二工人文化宫举办庆祝新中国成立59周年“白玫瑰杯”第27届天津市职工长跑比赛。市人大常委会副主任、天津市总工会主席邢明军出席，并为长跑比赛鸣枪。天津市总工会副主席刘凤山致辞，天津市总工会副主席李泮祥、赵洪莉、崔金和、高炜、黄淑玲，市体育局副局长刘树华出席活动。来自全市各行各业的劳动模范、职工代表和长跑运动员近千人参加了庆祝活动。

9月 天津市安全生产隐患排查治理工作抽查组深入到建材集团、城投集团以及中建六局、中铁十八局、中铁六局等驻津单位进行监督检查。抽查组由天津市总工会副主席黄淑玲带队，成员包括中华全国总工会、天津市总工会任命的劳动保护监督检查员、安全生产专家等。

10月7日 天津市总工会组织机关近80名离退休同志参观游览“宝成博物景区”。天津市总工会副主席刘凤山代表天津市总工会党组、常委会出席活动并与大家座谈。

10月9日 天津市退管会在天津大学举行第21届退休教职工集体“祝寿会”，为182名寿满70岁退休教职工祝寿。天津市总工会副主席高炜、市退管会常务副主任张子鹏出席活动。

10月10日 天津市总工会、市劳动和社会保障局联合召开“天津市区域行业工资集体协商工作推动会”。市人大常委会副主任、天津市总工会主席邢明军，市劳动和社会保障局局长孔长起出席会议并讲话。市劳动和社会保障局副局长陈秀英主持会议。天津市总工会副主席李泮祥，天津市总工会党组成员、经审委主任黄晓云，市工商联党组书记、第一副会长谷强，市企业联合会、企业家协会副会长刘远征出席会议。

10月14日 天津市总工会召开深入学习实践科学发展观活动动员大会。市人大常委会副主任、天津市总工会主席邢明军出席会议并讲话。动员大会由天津市总工会副主席刘凤山主持。市委第二十检查组组长姬俊英就开展深入学习实践科学发展观活动提出了明确要求。天津市总工会领导班子全体成员、市委第二十检查组全体成员、天津市总工会机关全体党员干部、津工集团及所属事业单位领导班子全体成员出席动员大会。

10月15日 天津市人大常委会副主任、天津市总工会主席邢明军出席大港油田公司工会第六次代表大会并讲话。天津市总工会副主席刘凤山，天津市总工会党组成员、组织部部长秦砖出席会议。

10月16日 非洲国家工会领导人研修班一行26人抵天津市总工会参观访问。天津市总工会副主席崔金和会见了代表团一行。

10月16～21日 天津市总工会副主席黄淑玲带队与市经委等有关部门负责同志分别深入到荣获天津市节能减排企业行动示范基地的中国石油化工股份有限公司天津分公司、大港发电厂、天津华能杨柳青热电有限责任公司、天津天铁冶金集团有限公司（驻津办）、天津钢管集团股份有限公司、天津天钢有限公司、天津化工厂、天津大沽化工股份有限公司、天津军粮城发电有限公司、天津大唐国际盘山发电有限责任公司、天津碱厂等企业进行授牌。

10月22日 天津市总工会和市社会科学界联合会共同举办，作为天津市第六届科普周重要活动之一的“情系外来工”专场活动在滨海新区举行。天津市总工会副主席李泮祥和市社联领导出席活动并讲话。

10月23日 天津市总工会副主席、津工集团总裁崔金和带领集团各部门负责同志到天津报业集团调研学习。

同日 天津市总工会在工会管理干部学院举办2008年度全市工会劳动保护监督检查员培训班。天津市总工会副主席黄淑玲出席开班典礼并讲话。

10月24日 天津市总工会召开十五届五次全委（扩大）会议，学习传达贯彻中共中央总书记胡锦涛在同中华全国总工会新一届领导班子和工会十五大部分代表座谈时发表的重要讲话和中国工会十五大精神。市人大常委会副主任、天津市总工会主席邢明军出席会议并讲话。

10月27～30日 天津市总工会党组成员、经审委主任、市厂务公开民主管理工作领导小组办公室主任黄晓云带队赴四川进行全国厂务公开民主管理工作调研检查省际互检。

10月31日 天津市教育工会、市委教卫纪工委对宝坻区普教系统校务公开工作进行检查。天津市总工会副主席李泮祥出席检查活动。

同日 天津市总工会津工集团举办“学习实践科学发展观活动专题研讨班”。天津市总工会副主席、津工集团总裁崔金和出席并讲话。

11月3～27日 天津市总工会副主席刘凤山分别深入市交通集团大件运输有限公司、市供销社河西物回公司、机电集团（控股）有限公司、天津滨海投资集团有限公司进行调研。

11月3～17日 天津市总工会党组成员、经审委主任黄晓云带领天津市总工会民管部有关负责同志，分别到红桥、汉沽、河北、大港、南开区总工会、农村合作银行、城市投资集团、市合作社等单位进行调研。

11月5日 日本荣电株式会社、荣电劳组第24次友好访华团一行5人抵天津市参观访问。天津市总工会副主席李泮祥会见了代表团一行。

11月10日 天津市总工会财贸工委召开商务系统工会主席联席会议。天津市总工会副主席高炜出席并讲话。

11月11～14日 中华全国总工会副主席、书记处书记张鸣起等一行五人到津进行劳动关系工作情况调研。天津市总工会副主席刘凤山、高炜，天津市总工会党组成员、经审委主任黄晓云陪同调研。

11月13～14日 天津市总工会举办部分区县局、总公司（集团）工会宣教部长培训班。天津市总工会副主席李泮祥出席并讲话。

11月13日 天津市总工会工交工委召开工交系统“五比一创”劳动竞赛论文发布会。天津市总工会副主席黄淑玲出席并讲话。

11月13日和19日 南开区、津南区分别召开区重点工程、重点经济项目“五比一创”劳动竞赛现场推动会，天津市总工会副主席黄淑玲出席并讲话。

11月14日 天津市总工会召开天津市工会冬季送温暖活动启动仪式。市人大常委会副主任、天津市总工会主席邢明军，天津市总工会副主席刘凤山出席并讲话。启动仪式由天津市总工会副主席李泮祥主持，天津市总工会副主席崔金和宣读了《关于表彰天津市工会帮扶工作先进集体、先进个人的决定》。启动仪式上还对全市工会系统评选出的帮扶工作先进集体和先进个人进行了表彰。启动仪式结束后，邢明军主席和刘凤山副主席深入到困难职工家中进行慰问。

11月14日和20日 河北区、中交天津航道局有限公司分别举行了“五比一创”重点工程劳动竞赛启动仪式。天津市总工会副主席黄淑玲出席并讲话。

11月17日 天津市总工会女职工委员会召开“学习实践科学发展观，深化工会女职工工作”会议。天津市总工会副主席、天津市总工会女职工委员会主任黄淑玲出席并讲话。

11月18日 国际工会联合会总书记盖·瑞德一行3人抵天津市参观访问。市人大常委会副主任、天津市总工会主席邢明军会见了代表团一行。天津市总工会副主席刘凤山、李泮祥参加会见。

同日 渤海化工园建设工程“五比一创”劳动竞赛正式启动。市人大常委会副主任、天津市总工会主席邢明军为该项目启动揭牌并讲话。

同日 “大桥杯”2008年天津市焊工职业技能大赛决赛开幕式在天津电建公司焊工培训中心举行。市人大常委会副主任、天津市总工会主席邢明军出席开幕式并宣布开赛。

11月19日 天津市总工会召开2008年度重点调研课题成果表彰暨调研工作座谈会。天津市总工会副主席李泮祥出席并讲话。

11月21日 天津市总工会召开部分民营企业工会主席座谈会。市人大常委会副主任、天津市总工会主席邢明军出席并讲话。天津市总工会副主席刘凤山主持会议。天津市总工会副主席李泮祥传达中国工会十五大精神和中华全国总工会通知精神。天津市总工会副主席崔金和、黄淑玲，天津市总工会党组成员、经审委主任黄晓云，天津市总工会党组成员、组织部部长秦砖出席会议。

同日 天津市厂务公开民主管理工作领导小组召开会议。市人大常委会副主任、天津市总工会主席、市厂务公开民主管理工作领导小组组长邢明军出席并讲话。市委组织部常务副部长齐二木出席会议。

11月24日 天津市职工素质工程领导小组召开会议。市人大常委会副主任、天津市总工会主席、市职工素质工程领导小组组长邢明军出席会议。天津市总工会副主席刘凤山，天津市总工会副主席、市职工素质工程领导小组副组长李泮祥出席会议并讲话。

11月24～27日 天津市总工会副主席刘凤山深入基层，走访慰问了南开、红桥、塘沽、汉沽、冶金、机电、二轻、纺织等8个区县局、总公司（集团）所属的困难企业的党政工干部。

11月24日 天津市总工会副主席高炜出席物资集团50年华诞职工文艺会演。

11月26日 天津市总工会在新技术产业园区召开工会法律援助工作会议。市人大常委会副主任、天津市总工会主席邢明军出席并讲话。天津市总工会副主席高炜主持会议。会上，天津市总工会职工法律援助中心与六家律师事务所签订服务协议。

同日 天津市总工会区县农林工委召开了区县“五比一创”劳动竞赛推动会。和平区总工会、西青区总工会、东丽区总工会、静海县总工会启动并递交“五比一创”劳动竞赛目标责任书。天津市总工会副主席李泮祥出席并讲话。

11月28日 天津市总工会召开党组中心组（扩大）学习交流暨学习实践活动推动会。市人大常委会副主任、天津市总工会党组书记、工会主席邢明军，市委第二十检查组组长姬俊英出席并讲话。天津市总工会副主席李泮祥主持会议。天津市总工会领导班子全体成员、市委第二十检查组全体成员、天津市总工会机关全体党员干部、津工集团及所属事业单位领导班子全体成员参加会议。

12月1～5日 天津市总工会副主席李泮祥、天津市总工会党组成员、经审委主任黄晓云、市委教卫纪工委书记刘十洲及市教育工会负责同志等组成的检查组，分别到天津工业大学、天津财经大学、天津体育学院、天津外国语学院、天津美术学院五所高校进行校务公开、民主管理重点抽查。

12月3日 天津市深化职工素质工程推进“创争”活动总结表彰暨推动大会在天津宾馆中礼堂举行。市人大常委会副主任、天津市总工会主席、市职工素质工程领导小组组长邢明军出席会议并讲话。天津市总工会副主席、市职工素质工程领导小组副组长李泮祥做工作报告。会议对在活动中做出突出成绩的318个先进集体和先进个人进行了表彰，颁发证书和奖牌，并对邓卫华等10名知识型职工标兵各奖励5000元，对天津钢铁有限公司炼铁厂高炉作业区等10个学习型标兵班组各奖励4000元。

12月4日 天津市人大常委会副主任、天津市总工会主席邢明军到塘沽区总工会慰问调研。

12月4～5日 天津市总工会城建工委在宝成宾馆召开2008年度市工运理论研究会城建分会成果发布会。天津市总工会副主席高炜出席会议并讲话。

12月5日 天津市总工会女职工委员会召开女职工重点工作交流研讨会。天津市总工会副主席、天津市总工会女职工委员会主任黄淑玲出席会议并讲话。

12月9日 天津市人大常委会副主任、天津市总工会主席邢明军在市劳模协会会长王连金陪同下，到职工医院看望慰问了正在医院免费治疗的劳动模范及医护人员。邢明军还深入到工伤康复项目施工现场，了解工程进展情况，并听取了有关负责同志的情况汇报。

12月11日 天津市人大常委会副主任孙海麟、左明带领部分市人大常委会委员、市人大内司委委员对《天津市企业职工民主管理条例》贯彻执行情况进行调研，并实地考察了天津市光电集团有限公司和天津桂发祥麻花饮食集团有限公司。天津市总工会副主席高炜、天津市总工会党组成员、经审委主任黄晓云陪同调研。

12月12日 天津市总工会召开会议，传达市委常委扩大会议关于学习中央经济工作会议的精神。市人大常委会副主任、天津市总工会主席邢明军出席会议并讲话。

12月14日 由包起帆、许振超等“时代楷模”组成的全国劳模代表团一行60人，莅临天津参观滨海新区。市委常委、滨海新区工委书记、管委会主任苟利军，市人大常委会副主任、天津市总工会主席邢明军会见了代表团一行。

12月15～26日 天津市总工会领导和机关干部组成56支小分队，走访慰问了300余名困难基层单位党政工干部，为送温暖的人送上一份温暖。

12月16日 天津市协调劳动关系三方会议召开第十三次会议。天津市总工会党组成员、经审委主任、市协调劳动关系三方会议副主席黄晓云出席会议。

12月19日 天津市总工会、市退管会、市劳动和社会保障局、市财政局联合召开“2008年度天津市退管服务工作表彰大会”。市人大常委会副主任、天津市总工会主席、市退休职工管理委员会主任邢明军出席会议并讲话。老同志吴振、潘义清出席会议。天津市总工会副主席高炜主持会议。市退管会常务副主任张子鹏作工作报告。

12月22～26日 天津市总工会举办天津市工资集体协商指导员培训班。天津市总工会党组成员、经审委主任黄晓云出席并讲话。

12月24日 天津市蓝星化工新材料产业园项目“五比一创”劳动竞赛启动。天津市总工会副主席黄淑玲为项目揭牌并讲话。同日，黄淑玲代表天津市总工会、市经委、市发改委、市统计局为国华盘电颁发了天津市节能减排先进单位奖牌。

12月25～27日 天津市人大常委会副主任、天津市总工会主席邢明军，天津市总工会副主席李泮祥出席市委九届五次全会。

12月25日 天津市总工会经审办召开2008年度“上审下”工作总结交流会。天津市总工会党组成员、经审委主任黄晓云出席会议并讲话。

12月26日 中交一航局“五比一创”劳动竞赛、争做“工人先锋号”总结表彰推动会在滨海新区举行。天津市总工会副主席黄淑玲出席会议并讲话。

12月29～30日 天津市人大常委会副主任、天津市总工会主席邢明军，天津市总工会党组成员、经审委主任黄晓云出席中华全国总工会十五届二次执委会和主席团三次全体（扩大）会议。

12月31日 天津市总工会召开常委扩大会议，传达贯彻市委九届五次全会和中华全国总工会十五届二次执委会。市人大常委会副主任、天津市总工会主席邢明军主持会议并讲话。天津市总工会副主席李泮祥、崔金和、高炜、黄淑玲，天津市总工会党组成员、经审委主任黄晓云，天津市总工会党组成员、组织部部长秦砖出席会议。

12月 天津市人大常委会副主任、天津市总工会主席邢明军为《2008年度天津市“工人先锋号”事迹集萃》一书作序。

第一篇

早期工人组织及斗争

概　述

天津工人阶级具有光荣的革命传统。新民主主义革命时期，天津工人阶级是伴随着外国资本、中国早期的官僚资本和民族资本所创建的近代工业而产生发展的。随着洋务派官僚资本企业和民族资本企业的兴起，天津工人突破万数。天津工人同全国工人阶级一样，深受帝国主义、封建主义和资本主义的重重压迫和剥削，地位特别低，生活特别艰苦，由于这些压迫的严重性和残酷性，天津工人从产生之日起，就为反抗压迫奴役，进行不懈斗争。天津工人阶级的早期自发斗争，公开罢工是少数，而多数是怠工、破坏机器、逃跑等。

伟大的“五四”运动成为天津现代工人运动的新起点。天津广大工人群众在反帝爱国的影响下，投身伟大的“五四”运动，并在其中觉醒和成长。五四运动促进了马克思主义与工人运动相结合，也促进了天津党团组织的建立。

1921年9月11日，在李大钊的指导下，由革命知识分子安体诚、于树德负责创办了天津第一所工人学校——天津工人工余补习学校。它的建立是宣传马克思主义与天津早期工人运动结合的重要标志之一，是“普及劳工教育的先声”，是“天津劳工运动的一道曙光”。1922年5月5日，天津工人工余补习学校，为纪念马克思一百周年诞辰，成立“天津五五书报代卖社”。代卖社由十人组成，专门代卖全国各地出版的文化科学书籍和报刊，并以收入的一部分为天津工人运动的经费。后来许多工会领袖、革命工作者都是从这个学校培养出来的。

由于受三次“左倾”错误路线的影响和危害，党的工作和工人运动曾蒙受相当严重的挫折和损失。特别是“九一八”事变以后，工人群众抗日情绪高涨，天津“各业工会救国联合会”出现，天津地方党组织均因贯彻王明“左”倾路线而未重视和利用，他们在敌人实力很强的形势下，继续搞关门主义和冒险主义，强调城市中心论，要求把罢工扩大到一切工厂，市内产业按“左”倾路线的要求，用“左”的斗争方式举行没有把握的同盟罢工，甚至要举行几个行业的联合罢工。在“左”倾错误路线影响下，天津工人运动遭受到相当严重的挫折和损失。直到1936年刘少奇同志来天津主持北方局工作以后，深刻总结了党在白区工作的经验教训，发表了《肃清关门主义和冒险主义》《关于白区职工运动的提纲》等具有重要指导意义的文章，确定了党在白区工作的正确方针。天津党的工作和工人运动才逐步转向正确轨道。

日本帝国主义侵占天津后，天津成为“一座人间地狱”。由于没有条件搞公开的罢工斗争，只能因地制宜、因时制宜，灵活多样、分散隐蔽地进行斗争。当时工人普遍采取的斗争方式是消极怠工，故意浪费材料，生产废品，制造设备事故，破坏敌人生产，甚至以火焚烧敌人的仓库、物资。工人们还进行反对克扣工资、要求增薪、反对减少实物配给的经济斗争，进行反对日本工头虐待迫害中国工人的斗争。他们灵活多样的斗争搅得日本侵略者难以实现其确保占领区的战略意图，有力地配合和支持了根据地军民的抗日斗争。

国民党统治时期，天津工人阶级紧紧依靠中国共产党的领导，正确地贯彻执行了“隐蔽精干、长期埋伏、积蓄力量、等待时机”的方针，密切结合天津实际，运用《关于白区职工运动的提纲》规定的斗争原则、方法策略，使工人运动健康发展。

天津工人阶级紧紧依靠党的领导，密切结合天津实际，根据当时形势的变化，提出不同的斗争目标，如救济失业工人、开工复工、有饭吃、有工作、反解雇、求生存、反饥饿、反迫害、反南迁等斗争内容。当时仍以经济斗争为主，并教育提高工人群众的政治觉悟，利用一切公开的秘密的组织形式，团结工人大多数，作为发动斗争的群众基础。利用敌人矛盾，团结各层次群众，争取公开合法的进行斗争。天津解放前夕，天津工人开展了护厂斗争，迎接天津解放。工会组织发动企业工人组织护厂队，保护企业财产、设备、档案等；给国民党党、政、军、警及其下属写信，瓦解和争取他们；为进城部队带路；组织专门工人队伍，夺取敌人要害部门。当时天津工人运动与学生运动的相互配合，形成了解放战争的第二条战线，以支援解放战争、保护国家财产和迎接解放，有力地配合了人民解放军推翻国民党反动统治，胜利地解放天津。

第一章　工人组织

第一节　天津工人的产生

一、官僚资本工业中产生的天津产业工人

洋务运动中，清政府在天津兴办以军事为主的企业，包括天津机器局、大沽船坞、机器铸钱局（后称造币厂）和电报总局、铁路公司等近代工业企业，诞生了一大批产业工人，可称为中国北方及天津第一代产业工人和工程技术人员。

第二次鸦片战争后，天津被辟为通商口岸，清政府于咸丰十年十二月十日（1861 年 1 月 20 日）任命崇厚为三口通商大臣。1867 年，崇厚在海光寺建立了一个机器厂和炼铁厂，每天雇 1000 至 1200 名中国小工和泥瓦匠、木匠，赶建厂房。海光寺处制造洋枪炮架等，雇本地工人约 50 人，工匠 600—700 人；另一处在城东八里，大直沽东北，人称东局，工作者约 2000 人。

清光绪四年（1878年），李鸿章在天津创办开平矿务局。该局设在海大道（今大沽路），是我国最早使用机器开采的一个大型煤矿，是现在的开滦煤矿的一个组成部分。煤矿于光绪七年（1881年）出煤，雇用矿工约3000余人。1895年有职工17000余人，年产煤约60万吨。

光绪四年（1878年），直隶总督李鸿章创立天津邮政总局。天津邮政总局在市内设分局及分柜共计十七处。1878年4月1日起，在天津海关与北京海关总税务司署间开办定期邮递业务，每天由骑马信差运送邮件，天津至北京线的邮路，全线路程约250里。从事邮务的有巡役3人，信差11人。

清光绪十三年（1887年）经李鸿章奏准，成立天津铁路公司，亦称“中国铁路公司”。唐山到天津的“北洋铁路”完成之后，又延伸到山海关即关外，到1894年共修铁路总长400公里。据统计，从开平煤矿的开办到唐山天津铁路通车，有工人3500余人，与津唐铁路使役的工人共计约为1万余人。

1879年，建立电报总局，下设紫竹林、济宁、清江、大沽口、镇江、苏州、上海等分局七处，雇用了许多员工。

天津电话总局创设于1901年前，位于闸口，初仅供官署及衙邸之用。1901年后，此种电话取消。后丹麦人褒尔阳，得总督衙门及领事团准许，在天津设电话。光绪三十一年，电政大臣盛宣怀在天津设电话。

清光绪二十二年（1896年），天津在东局子建立第一个现代化的铸币厂，铸造银圆，以及半元、二角、一角及五分的钱币，1900年6月铸币工作暂告停顿。光绪二十八年（1902年）天津建造天津造币厂，为北方诸省唯一铸币企业。

清光绪六年正月开工，大沽船厂十一月竣工投产，全厂工人600余名，工匠300余名，均皆福建、广东、宁波等籍。大沽船厂是北方最早的船舶修造工厂，也是当时的一座重要军火工厂，在业各种技术工人有600余人，他们是天津、也是我国北方的第一代造船技术工人。

二、民族资本企业中产生的天津产业工人

清光绪四年（1878年）轮船招商局总办朱其昂开办“贻来牟机器磨房”，地点在紫竹林招商局旁。有磨面机器一座，雇用机器司务（技术工人）两名、小工十余人。是中国人投资使用机器生产的第一家工厂，也是天津的第一家近代民族资本企业。

清光绪十年（1884年），广东三水人罗三佑开设“德泰”，专做机器铁工，是天津第一家铁厂，主要承揽修理轮船及各矿厂所需的铁工活，地点在小白楼附近。

清光绪十二年（1886年），天津武备学堂总办杨宗濂（化名杨鼎祺），与英国汇丰银行买办吴调卿，共同集资一万八千两，在紫竹林外贺家口购地六十四亩，开设“天津自来火公司”，光绪十七年四月（1891年5月），该公司不慎失火。后由吴懋鼎集股份四千五百股，每股银十两，招收约40名工人重新开办。

天津纺织工业工人。裕元纺织公司于1916年开业，该公司计有四百四十万元的资本，全部投产的纱锭有55000锭，500台织机。恒源纺织公司于1918年与直隶模范纺织公司合并，该厂投资额达四百万元，投产的纱锭有2500个，织机300台，职工总数为1600名。华新纺纱公司于1918年开创，拥有资本二百万元，投产纱锭25000个。至1922年，裕元纺织公司、恒源纺织公司、华新纺纱公司、裕大纺织公司、宝成等天津六大纱厂职工人数为11560人。

天津轻工业工人。1903年周学熙被北洋大臣派往日本考察，回来后建议"大兴工艺"，设立直隶工艺总局。五年间先后办起较大合办工厂七家：实习工厂、北洋造纸厂、劝业铁工厂、天津织染缝纫公司、天津造胰公司、天津牙粉厂、天津机械玻璃厂；民办织布为主的工厂十一家：大直沽、大伙巷、双港、葛沽、介园庙等8家织布工厂和福德祠、福星里、白衣庵等三个造胰、木工工厂。

1900 ~ 1914年，受"大兴工艺"的影响，天津陆续办起几十家小型轻工业工厂40余家，其中较为规模、资金在万元以上并使用动力进行生产的有十六家，如北洋烟草厂、中西制药厂、万益织呢厂。此外，食品工业十三家、化学工业十四家、纺织工业十家、重工业五家。

其他制造业：天津其他制造工业主要与西洋行业有关，如羊毛除垢与打包业，制革业，洋灰与制砖厂、油厂、骨粉厂及卷烟厂。中国人经营的工厂中，有1915年创立的天津石棉公司。1918年创立的启新洋灰公司（生产洋灰、砖瓦）和裕津皮革公司（生产皮鞋底，靴料及皮箱料）。启新洋灰公司是北方民族资本第一家大型重工业工厂。在这些新兴产业中早期工人不断增多。

三、民办小厂（场）中产生的产业工人

天津开办的几十家民办小厂（场）是工人阶级又一产生地。主要是铁厂、洗衣、洗毛、缝纫、制帽、烟草、制皂等企业，雇佣工人从几十人到几百人不等。

（1）劝业铁工场：职工200人。

（2）天津铁工场：装饰工、锻冶工、加工职工人数约140人。

（3）德泰铁工厂：职工有铸工15人，锻工31人，机械工104人，木型工12人。

（4）车轮公司：机械工40人，锻工53人，铸工13人。

（5）旭日铁工厂：中国职工55人。

（6）炽昌铁工厂：职工13人。

（7）北洋制皮公司：职工40名。

（8）洗农公司洗毛工厂：职工111人。

（10）织染缝纫有限公司：有技师长1人，技师2人，职工50人。机织部：主要是织成平织及绫织，有技师3人，职工270人。缝纫部：技师1人，职工20人。

（11）胜大有限陆海军帽制造工厂：18名职工。

（12）北洋烟草公司：职工是 49 人。

（13）临记烟草公司：中国职工 105 人。

（14）岩谷烟草公司：职工 100 名（包括日本人 6 名）。

（15）茂泰洋行玻璃工厂：中国职工 61 人。

（16）桑茂洋行肥皂工场：中国职工 8 人。

（17）肥皂工场：职工 6 人。

（18）有限肥皂公司：职工 4 人。

（19）公益洋行肥皂工场：职工 6 人。

（20）华茂昌肥皂公司：职工 4 人。

（21）中国式毛刷厂：男工 26 人，女工 9 人。

四、外国资本企业中的天津产业工人

天津开放为通商口岸后，英、法、美、德、日、俄、意、奥、比等九国陆续在天津租地，在天津开设洋行、银行、工厂。

英商从 1881 ~ 1921 年间共开办打包、卷烟、印刷、自来水、洗毛、汽水、发电、电灯等企业 15 家企业。

法商从 1887 ~ 1922 年间共创办大沽造船厂等 11 家企业。

德商从 1887 ~ 1923 年间开办打包厂等 11 家企业。

希商从 1905 ~ 1920 年间开办烟草企业等 5 家。

比、俄商从 1904 ~ 1923 年开办发电、电车等 7 家企业。

美商从 1914 ~ 1925 年开办美孚石油公司等 11 家企业。

意商从 1916 ~ 1921 年间开办马朝利油厂等 2 家企业。

日商从 1896 ~ 1921 年间开办桑茂洋行石碱工厂等 28 家企业。

上述外商洋行工厂雇佣工人总数为 5064 人。

五、三条石早期机器工业和铸造业

三条石最早建厂的金聚成铸铁厂，创业于 1897 年，有工人 12 人。1910 年工人由 12 人增加到 24 人，到 1913 年工人增到 40 人，仍然没有动力机器。直到 1916 年才装置一些动力设备，转向近代工业生产。三条石最早的一家机器厂是郭天成机器厂，建于 1898 年，1905 年开始制作机器零件。1908 年工人增到 30 人。1912 年开始使用马达带动机床，工人增到 60—70 人，1918 年更名为郭天祥机器厂，成为三条石规模最大的机器业工厂。春发泰机器厂开办时只有一盘炉、一个风箱的夫妻作坊，1914 年仿制日本织布机，1922 年后春发泰机器厂有车床 40 台，工人 200 人。

第二节 工会组织

一、中国共产党领导的工会组织

京奉路工会天津分会。1919年“五四”运动，京奉路唐山制造厂工人邓培、梁鹏万、张云汉等人，成立了“职工同人联合会”（即京奉工人俱乐部，总部设唐山，山海关、丰台、天津设支部），并参加了唐山“六界联合会”组织的唐山站广场的反帝反卖国3万人集会游行。1921年，邓培参加共产主义小组，在中国共产党的领导下，将职工同人会改组，成立工会，邓培任委员长，会址设在唐山。同年9月，邓培、王麟书到天津，在京奉机务段建立了铁路工会组织。1922年，正式建立京奉路工会天津分会。

天津工余补习学校。1921年，安体诚（存斋、存真）、于树德（永滋）留学日本回国，在天津直隶法政专门学校任教。当时，他们对共产主义思想虽还不甚了解，但因受苏联十月革命的影响和日本马克思主义者、京都帝大教授河上肇的熏陶（安、于都曾在京大肄业），对无产阶级革命均极向往，因此他们回国后就创办了这所工余补习学校，作为工人运动的机关。当时因校址在河北（先在三马路、后迁大马路）所招收的学生以恒源纱厂的徒工为最多，也有成年工人和其他工人。学生最多时达四十多人，分两班上课，安、于均亲自任教。课程为语文、算术及时事读报等。次年（1922年）安、于二同志均加入共产党，该校遂成为党的工人运动的机关了。先是安、于未入党以前，该校教员和赞助人中有无政府主义分子参加（如李腾、吕一鸣、姜般若、兰秀山等），致使他们遂出面捣乱，加之恒源纱厂的资方一面限制徒工外出，一面请求警察局取缔本校。1922年暑假期间，该校曾一度被警察局查封，该校转入地下秘密开学，不久又被查封，并逮捕了专任教员一人和其他数人（教员禁闭了半年多，并受拷打，其余同志当即释放）。该校只有一年多的时间就被迫结束，党的工人运动就改用别的方法了。

中国共产党创立初期、中共天津地方组织成立之前，张太雷、于树德、安体诚、李培良、安幸生等早期共产党员即开始在工人群众中开展工作。1921年9月11日，在李大钊指导下，于树德、安体诚创办了天津第一所工人学校——天津工余补习学校，校址设在河北宇纬路东兴里4段12号。在这所以“普及劳工教育”“促进工人觉悟”为宗旨，专门招收工人入学的学校，在附近的工厂区产生了相当大的影响，很快便有数百名工人与学校建立了联系，成为开展革命活动、培养骨干力量、推动工人运动的重要阵地。

印刷工会。1923年初，天津印刷工人陶卓然、宁存德、李含璞等人，联络工友，自发地组织工会。1924年，中共天津地委建立后，立即把开展工人运动作为党的工作的重要内容，为使自发组织起来的印刷工会成为党领导下的工人群众组织，派出党员邓若良、钱才新分别到祥力印刷局和永发印刷局，启发工人觉悟，开展工人运动。经中国共产党党员张兆丰的启发和于方舟、江浩的引导，印刷工会负责人、河北日报社工人陶卓然逐渐接受马克思主义理论，认清工人运动的方向。1925年春，经卢绍亭、李连岐介绍，陶卓然加入了中国共产党。进而陶卓然、邓若良、钱才新组成印刷行业第一个党支部。在党的领导下，印刷工会在革命斗争中力量不断壮大，至1925年“五卅”运动爆发前，会员已发展到一百五、六十人，成为一支重要的革命力量。

纺织工会。1924年秋天，党为了加强对纱厂工人的组织工作，派李培良、卢绍亭等分赴各纱厂，以举办平民学校的方式教育工人，组织工会。首先在宝成和裕大纱厂，李培良开办了一所平民学校，设在宝成和裕大纱厂的后边，两间新盖起来的小房子，设备很简单，门口挂了“平民义务学校”的牌子。学校只招收工人。李培良任教员，工人们都很愿意接近他。从而使党员、团员与各界群众广泛接触，宣传无产阶级革命思想，启发人们觉悟，进而组织工会，发展党员，领导群众广泛开展经济、政治斗争。不久，中国共产党在宝成纱厂建立了全市纺织业第一个工会组织。成立工会时，当时宝成纱厂共有2700多人，参加工会的有1800多人，

1925年4月，宝成纱厂工会成立，卢绍亭发展裕元纱厂工人司福祥、张寿禄、杨泽轩入党，不久，裕元纱厂成立工会。李培良在宝成纱厂发动工人骨干沈玉山、董兆义、姬兆生加入中国共产党。中共天津地委在天津各大纱厂陆续建立工会组织。1925年5月左右，卢绍亭到了平民学校，说是来查学的（实际上是来联系的）。安幸生也常到学校，一天他告诉姬兆生说：“明天选举纺织工会代表。”第二天北洋、裕元、恒源、华新几个棉纺厂的工人代表们都来齐了。卢绍亭、李培良也参加了会议，会上选举纺织工会代表，李培良提议选姬兆生，大家一致同意，宝成工会的成绩很大，80%以上的人都参加工会，在中国共产党的领导下，天津纺织工会诞生了。

海员工会。中华海员工业联合会天津支部于1925年7月18日召开成立大会。奉天、夔州、惠州、昌生、裕生各轮手百余人参加会议，讨论并通过了章程。发表了海员工会宣言：“全国同胞钧鉴，我们海员历受资本帝国主义者的虐待，使我们不能忍受。然我们相信这绝对不是资本帝国主义者对待我们海员，或中国人民局部的一个小小问题，是世界上压迫阶级对待被压迫阶级一种必然的现象。因此，我们若解决这个问题，也不是单独的一个海员问题，及奉天、夔州、惠州、裕生、昌生五个船上的工人问题，必须联络被压迫阶级共同奋斗。因此我们五船海员，于本日十八日将中华海员工业联合会天津支部成立。一切事项，归总会指挥，并郑重声明：我们愿随各地海员之后，共谋人类的幸福，及己身之利益。特此宣言。”随后天津海员工会通电全国：广州中华总工会、香港中华海员联合会总会、上海、广州、汕头支部、全国各工会钧鉴，奉天、夔州、惠州、昌生、裕生五船，在津已将中华海员工业联合会天津支部组织成立，誓遵总会命令。通信由津各界联合会转，谨此电闻。

天津总工会。天津纺织工会、印刷工会、海员工会、油漆工会五大工团，为积蓄实力，凝聚力量，统一工人团体组织，于1925年8月4日联名召集天津各分会代表，召开筹备天津总工

会成立代表大会。参加大会的有二十余个工会组织，代表五十余人。首先由大会主席刘亚斋介绍筹备总会经过，及发起建立天津总工会的意义。之后由各界联合会兼学生联合会代表杨凤楼君演说。会议通过工会章程，并选举成立总会执行委员十五人，各委员分任总务、财政、宣传、组织、纠察五部。安幸生任天津总工会第一任委员长。

据1926年1月统计，天津总工会下属20余个工会组织，即天津海员工会、码头工会、印刷工会、油漆工会、雕刻工会、津浦铁路工会天津分会、京奉铁路工会天津分会、三条石铁厂工会、木器工会、人力车工会、和记罐头厂工会、宝成纱厂工会、裕元纱厂工会、北洋纱厂工会、裕大纱厂工会、恒源纱厂工会、美陆工会、乾昌地毯厂工会、华新纱厂工会、庆生恒地毯厂工会。此外，海京第一工会、海京第二工会、海京第三工会、海京第四工会、烟草工会、电车工会、邮务工会、大沽造船工会、各租界电灯工会和水夫工会积极筹备中。

邮务工会。1928年7月26日，天津邮务工会召开成立大会。会场设老车站邮务总局后院，场内搭席棚。北端高悬邮政旗，棚上悬"天津特别市邮务工会成立大会"白布大字条。参加会员共七百余。天津特别市邮务工会向各界发表宣言："天津一隅，在帝国主义者盘踞之下，所有一切工人，呻吟苦痛，感受莫大之压迫，而尤以我邮务工友为甚。其种种之不平等待遇，工友等所身受之困苦，势难缕述，有超出外人所能臆想者。三十年来，吾邮务工友茹苦含辛，忍辱负重，在帝国主义者执政时期中，于高压之下不得不委曲求全，以冀国民革命势力之来临，今幸北伐军底定幽燕，与民更始，如拨云雾而睹天日，吾工友断不能再行容忍，而听少数主政者之喜怒，以支配吾工友之命运。故凡吾邮务工友，如邮务生、拣信生、信差、邮差、听差、夫役、工匠等等，有奋起团结之必要，是以代表我全体工友之邮务工会不能不急起组织。无论何方有妨害吾工友之权利，及破坏吾人之团体者，当竭群力与之周旋。凡赞助我者，当力谋互助亲善之方，本忠实之思想，鲜明之态度，果敢之精神，稳健之步骤，在合法进行中，求改善吾工友之生活，解除不平等之待遇，以促进全体之福利。故无全体工友为谋切身利益计，为谋邮务发展计，急应共同奋起，本良心之主张，谋本会之进行，以底于大成。遇事既不能畏缩不前，心存顾忌，甘心腐化，又不能遇事躁进，包藏祸心，有意恶化，本先总理大无畏之精神，以符三民主义，首重民生之旨，依合法之途径，以图解决一切。此吾天津特别市邮务工会所具之精神，而郑重为国人告者也。"

天津铁联。"天津铁联"是天津铁路员工联合会的简称，是铁路职工在中共地下组织领导下同日伪及国民党统治者开展一系列斗争并取得胜利的基础上成立的，因而在天津铁路职工中有深厚的基础和广泛的影响，是天津铁路工人运动中有领导有组织的先锋队和主力军。

1944年，全国抗日战争由相持阶段进入大反攻的前期。中共中央为了准备大反攻的到来，解放敌占区大、中、小城市，于当年6月做出了加强城市工作的决定。天津是沦陷区的大城市，早在1943年8月1日，中共天津地下组织即在市内成立了"天津市各界抗日救国联合会"（以下简称"天津抗联"）。1944年根据中共晋察冀中央分局城工部指示精神，冀中十地委要求其所领导的“天津抗联”成员及地下党员要加强天津市的工人工作。凡是有条件的要进工厂去当工人，占领工人阵地，深入工人生活，团结教育工人，在工人中发展组织，组成天津市工人阶级的抗日阵线，打击日本法西斯统治，迎接抗日战争的胜利。“天津抗联”会员积极响应党组织号召，纷纷到工厂去当工人。党派的同志下九股的初步任务是了解情况，熟悉业务，联系群众，站稳脚跟。根据这些要求，他们虚心向工人学习，和新老工人广交朋友。一方面提高业务本领，一方面了解铁路各方面的情况，尤其是工人工作、生活、思想情况，日本人及其汉奸走狗压迫剥削工人等情况。经过一段时间的努力，掌握了技术，在下九股站稳了脚跟，为进一步开展工作打下了基础。当时，日本侵略者为挽救其失败命运，于 1945 年 4 月 1 日宣布铁路军管，并强迫铁路工人为其增加 20% 的军运量，增加了铁路工人的劳动量。中共天津地下党领导有鉴于此，为加强对铁路工人抗日爱国斗争的领导，决定成立下九股地下党支部，支部的建立，标志着下九股工人运动有了领导核心。

日伪统治时期，下九股运转室约有 400 多名职工，其中有几十名日本人占据各班组领导地位，监视着中国职工。下九股职工中人数最多的是搬道、挂钩、信号、车号人员，他们工作的第一线，掌握着行车、编组、始发等关键的环节和部位，责任重大，工作危险。受压迫最深，经济收入最少，处在铁路员工的最底层。下九股工人在政治上，遭受日本帝国主义的压迫奴役，人身权利毫无保障。日本人经常随意打骂工人。日本人为了从精神上奴役中国职工，还规定每天集体点名时，所有职工必须背诵用日语编的 4 个口号。当时有些老职工因为背不下来遭到打骂。汉奸也为虎作伥，骑在工人头上作威作福。面对日本统治者及其爪牙的剥削、压迫，下九股工人燃烧着愤怒的烈火。为了谋求生存，他们采取各种形式进行了不屈的反抗和斗争。但当时的工人斗争还主要是单独的、自发的经济斗争。

下九股地下党支部领导群众起来，有组织地对日本帝国主义及其走狗进行斗争，他们遇到困难一马当先，处事公平，多做少拿，与职工同甘共苦，有时还要吃苦在先，有力地团结了群众，为后来开展的一系列群众斗争打下了坚实的基础。党支部在组织工人为维护自身权益进行的斗争中，逐步提高威信，培养骨干，把工人群众团结在支部周围，并建立公开的工人组织“职工自治俱乐部”。下九股工人群众在地下党支部的组织领导下，很快在斗争中显示出强大的力量。

二、国民党天津市总工会

1928 年，国民党军队到达京津后，国民党人员开始组织国民党党机构，同时组织国民党总工会常务委员会，有戈镜泉、王宏臣、王佩文、贺西千、李净山、尹筱川等，秘书李汉民，全名是“天津特别市总工会执监委员会”，下属 35 个分会，地址设在玉皇阁。

国民党天津市政府于 8 月 20 日发出布告：“各种工会组织乃是保障劳资双方之利益，并无危害产业和生活之趋势，且在本党领导之下，决不使其有危害一方利益之举动。”国民党天津市总工会于 8 月 24 日正式成立。1928 年到 1929 年 4 月，国民党天津市总工会召开两届全市工会代表大会，选举出两届“天津市特别市总工会执监委员会”，执监委员会委员先后有戈镜泉、王佩文、王洪震、李静山、贺西千、丁玉田、刘东江、徐铸、严学川、王竹波、陈文彬、丁华堂、张风祥、施玉臣等。两届执监会之间曾对所属各级工会以“坚决清除会内不良分子”为名进行了清理整顿。1929年5月9日，又令各级工会一律不得向党、政、军、警机关直接交涉工潮纠纷。至1930年1月，国民党天津市总工会所属工会已有87处，包括纺织、提花、铁路、电车、电话、邮政、印刷、海河、地毯、火柴、店员、面粉、化工等各行各业，工会会员28406人，其中男会员25532人，占90%；女会员1911人，占6.7%；童工会员963人，占3.3%。会员中有失业工人2642人，占9.3%。1929年8月，由于国民党派系斗争，国民党天津市总工会宣布，全体执监委辞职，分别由候补执委5人和候补监委3人接替。国民党派系斗争延伸到一些重要的工厂工会，如北洋、宝成和新华等纱厂工会均被总工会下令解散，并派员整顿。1930年3月下旬，争夺国民党天津市总工会领导权的斗争达到高潮，国民党天津市总工会陷于“无形解散”的状态。

1930年，阎冯倒蒋失败，天津市国民党党部由刘不同、鲁荡平等人重新负责组织国民党市党部，但国民党总工会却没有恢复，另由向志清领导成立国民党领导的“工联反日救国会”，负责人向志清、陈文彬（国民党津浦工会）、张广兴（国民党电车工会）、冯纯黎（国民党自来水工会）。

1935年5月，天津市国民党党部奉国民党中央命令，停止活动，当年10月4日，日寇开始捕捉国民党负责人员，国民党党部及国民党工联救国会垮台，负责人一部逃往南京，一部潜伏下来。

1945年8月15日，日寇投降后，天津工厂大半停工，工人失业。国民党天津市党部首先公开办公，袁泽民、李海山、王书阁等，联系各厂工人进入工厂，在工厂中组织“护厂纠察队”。国民党市党部指派夏永春负责，以苑宝璜所领导的“工人救国会”势力为基本力量，组织成立“天津市各业工会联合会”（以下简称“工联”），由夏永春任主任委员，委员有袁泽民、李海山、王书阁。“工联”成立后的一个月，傅秀山等受国民党天津市党部主委时子周、书记长苏吉亨及委员李墨元等的支持，成立国民党“工职救济委员会”（以下简称“工职”），与“工联”相抗衡。

国民党“工联”和“工职”两派的对立到1945年12月，苑宝璜原则上接受了国民党天津市社会局局长胡梦华的“工联工职合作”的调解主张。1946年1月，工联与工职进行了多次磋商，在双方平分未来国民党总工会职位原则下，双方同意“合并组织”，双方历时一年八个月，正式成立国民党天津市总工会时止。按照国民党工会法产生了各工厂的会员代表，1947年9月各会员代表在耀华中学礼堂出席会议，选出理监事等成立国民党天津市总工会。计其理事25人，候补8人，并由理事中互推12人为常务理事，另选监事9人，候补3人，另互推三人为常务监事。

附：1947年9月国民党天津市总工会当选理事人员名单

苑宝璜　国民党市党部委员，原国民党总工会筹备委员主任委员

袁泽民　国民党天津第五区区长、原国民党总工会筹备委员

苏砚田　原国民党总工会筹委

贺西千　原国民党总工会筹委

鲁鹤鹏　旅店业理事长，交通旅馆工人

王汉文　澡堂业理事，清华池工人

于仲琦　饭馆业国民党工会理事

朱曾襄　国民党中纺二厂工会干事

王书阁　国民党中纺二厂工会干事

王鸿荣

巴延庆　脚行把头原国民党总工会筹委

吴广会　原国民党总工会筹委

吴树林　颐中烟草公司工人

李书田　当时赋闲

贾如松　原国民党总工会筹备委员

刘文清　国民党电信局工会

马祥麟　国民党东亚面粉厂工会原筹委

张俊臣　国民党冀北电力工会原筹委

田云浦　国民党电车工会原筹委

王东亮　国民党电工器材业工会

李海山　国民党火柴业工会

贾富庭　国民党中纺六厂工会

任玉祥　国民党澡堂业工会

张树发　国民党中纺五厂工会

李德山　国民党海河工程局工会

当选候补理事的有：

沈双全　国民党机织业工会

赵志铭

刘名远

李文考

李辅卿

董　铨

当选监事的有：

杨在宝　原国民党总工会筹委会书记

戈达文　原国民党总工会筹委会书记

孙玉棋　原国民党总工会筹委会秘书

肖魁生　国民党招商局码头工会

简福泉

刘连锦

殷学川

李瑞成

董寿坤　国民党金银饰品业工会

注：国民党理监事在耀华选出后不久又在社会局开会，互推常务理监事如上。

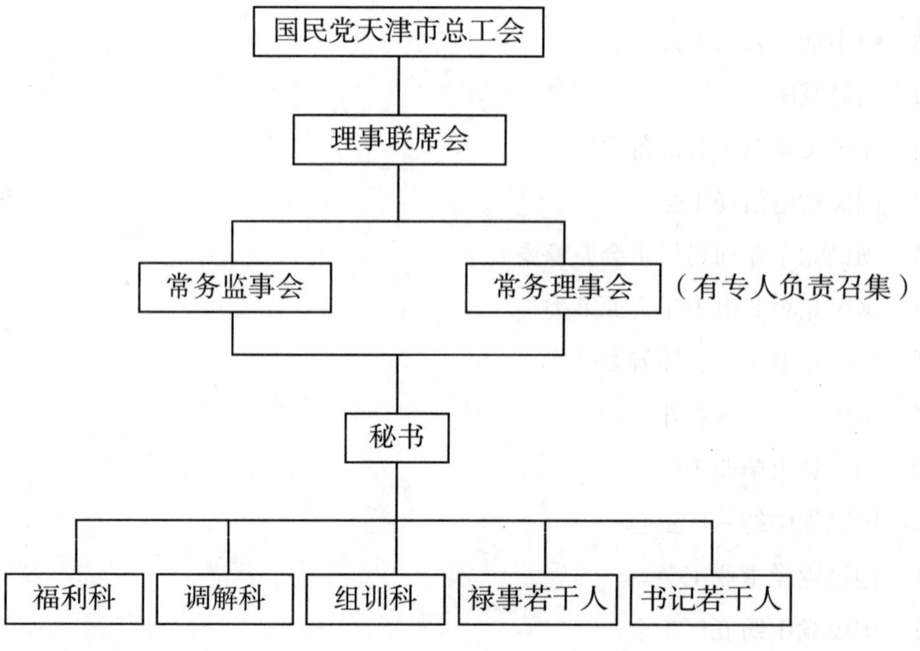

三、其他工人组织

法租界苦力联合会成立。1919 年 7 月 11 日，天津学界罢课，商界罢市，人力车夫罢工。法租界的劳动者成立苦力联合会。该会自联合法租界苦工成立以来，入会者不下三百余人，专以调查奸商维护国货。

天津救国十人团。1919 年夏，天津各界响应“五四”爱国运动。6 月 28 日，天津救国十人团联合会宣告成立。此后，天津各界广泛发展起来十人团组织。救国十人团包括工、学、商各界的较完善的基层组织。每十人为一团，推代表称团代表，二十团公推一代表称十代表，百团称百代表，千团称千代表（以千为止），称某处千代表，或某处第几千代表。参加者所用名片，背面印有团员九人的姓名及住址，加盖团内印章，代作会证。团内成员有对团外人士宣传团的宗旨、吸收成员的责任。它的宗旨有：“消极的责任，即不买日本货物，不用日本纸币，有款不存日本银行，墙壁不许日本张贴广告。积极的责任，是提倡国货，倡办储金，振兴实业。”

良心救国团。天津良心救国团是在 1924 年冬孙中山北上准备召开国民会议时成立的，实际是中共天津地委、中国社会主义青年团天津地委通过油漆工会组织的一个反帝爱国团体。最初发起者是社会主义青年团油漆工人支部的张贵祥（张一清）、傅恩科、田明瑞、张文涛。此后良心救国团成员又有增加，电信局的张乐天（“五卅”运动爆发后，任良心救国团团长）、布包业的张文治等人也成为骨干分子。1924 年底，天津国民会议促成会成立，良心救国团是参加者之一，在国民会议运动中做了许多宣传工作。

随着反帝爱国斗争的深入发展，良心救国团也越来越受人们重视。1925 年 8 月，“砸裕大”事件发生后，反动当局疯狂镇压工人运动，良心救国团也被扣上“煽动工潮”的罪名，遭到查禁，活动被迫转入地下。

国民议会促进会。1925 年 1 月 3 日，在中共天津地委组织下，天津国民会议促成会在天津县教育会召开成立大会，选举江浩、邓颖超、马千里、宋则久为总务委员，于方舟为宣传科主任，安幸生为文书科主任，李散人为交际科主任。大会通过章程、通电，并发表宣言，公然表明“本会以鼓励国民督促政府早日实现国民会议为宗旨。”当前的任务是：“外以攘帝国主义，内以除祸国军阀，”实现民主政治，召开国民会议。大会还通过了国民会议应达到取消一切不平等条约和限制人民自由的非法法令、保护劳工、改善工人生活等 11 项要求。5 日，中共天津地委负责主持召开国民会议促成会宣传工作会议，决定各讲演队在东、西、北讲演所讲演，

反对帝国主义联盟。1924 年 8 月初，安幸生响应北京反帝国主义大联盟的号召，联络天津 26 个团体，成立了“天津反对帝国主义联盟”并任委员长。发表了《反帝联盟宣言》表示与帝国主义决一死战。9 月 7 日，天津反帝大联盟发动全市工商学各界停工停课，举行“九七”示威大会，他在会上说：“帝国主义以中国为殖民地，关税不平等，外货洪溢，为经济上之侵略；北京东郊（交）民巷为太上政府，为所欲为，辛丑条约自订立以来，学商各界，皆受束缚。此为侵

略主义之由来。”提议由大会致函国会，“宣布帝国主义的罪恶。”

天津洋务华员公会。该会发表宣言：“北京段执政、广州胡代帅、天津张督办、各省军民长官、各报馆、各法团、各团体钧鉴：我国地大物博，其富强之本质甲于全球，久为世界各国所共［认］了。自海通以来，外强的侵入，由鸦片战争，甲午之役，庚子事变，割地赔款，累见叠出。政治、经济、教育、实业、水陆交通、关税，种种权限均在外强掌握之中，遂使中国形成列强相互竞争、宰割的半殖民地。数年来，国人奔走呼号，富国强民的声浪蒸蒸日上，而兵匪战祸、人民疾苦，依然成正比例逐渐加甚。此中矛盾应为留心国事者所共见，究此矛盾现象之所以然，恐非大多数同胞所能明白认识：人类生存总是随社会进化所产生的潮流为转移的。我国人民素缺互助的精神与团结的能力，当十八世纪前，尚可以各扫门前雪，休管他人瓦上霜的精神，作孤独生活，无团结之必要。但处于海禁既开，群雄角逐之时，这种孤独主义，实不适于生存了，何况半殖民地的中国随时地都有惨遭外人屠杀之可能的中国人，当然就更不应势如散沙似的，过十八世纪以前的孤独生活。国人们已渐能明了潮流变迁，觉悟到团结互助的必要，故商有商会，学有学会，工农有工农会，惟我在外人企业下服务的同胞，尚无组织之表现。经此次各地大惨杀后，同人等已深刻地明白此点，故特号召天津所有在外企业之下的中国人，组织一洋务公会，本人类爱群共助的天赋，随社会进化的潮流，谋人类共同应有之幸福。本会已于六月二十八日，召集全体会员开正式成立大会，除对唤醒我们的觉悟的沪案，宣言表示竭力予以各种援助外，前［兹］特向全国各界人士宣告本会正式成立。凡我袍泽，在外人或中外合办企业之下服务的职员，本会均十二分的热忱，欢迎入会，并希望各界人士给本会以种种赞助。”

各界联合会济安会。于1925年8月4日下午二时召开成立大会。开会者各界联合会主席团吕职人、辛璞田、郭静华；经济委员会杨少泉、陈祖香；学生联合会杨洪涛；总工会刘亚斋、伍子康、张寿年，其代表十一人。吕职人为主席。会上主席报告本会成立之意义、组织情形及权限。讨论了章程。

工会救国联合会。1931年12月23日，“天津市各业工会救国联合会”（以下简称为“工联会”）由电车电灯、电话、清洁、丹华、水业、猪鬃、津浦、华新、裕元、宝成、北洋等12个工会发起，召开成立大会，并发表宣言。宣言称：“本会成立的使命，一面使下层的革命力量团结坚固，形成强大深厚的革命基础，领导和训练全市工友，集中抗日力量，以促驱日迅速成功；一面与全国民主势力深切结合，一致行动，以作卫国的壁垒。以全市工友的意志为意志，以全市工友的主张为主张，以全市工友的意识为基础，扫除过去包揽把持隔绝群众的罪恶，望全市共患难共生死的工人们完成彻底打倒帝国主义的使命。”会上张广兴等11人当选为执行委员，李德山等五人当选为候补执行委员，韩少甫等七人当选为检察委员，刘仲山等三人当选为候补监察委员。当日起对外办公，启用关防，并报国民党天津市党部整委会备案。紧接着向全国各党政军机关、人民团体及报馆发出通电，揭露国民党新军阀统治以来国内政局之混乱给人民带来的灾难及其原因。通电声称：“在外侮日甚、国难当头之际，特受天津全体数十万工人之请，吁请全国各界立即行动，设立统一领导机关，谋民众意志之集中，民众训练之统一，民主势力之巩固，以期与政府共负治国、救国、建国之重责，共纾国难，庶能使民主政治之实现，救国家民族之危亡”。

1932年1月6日下午二时，“天津市各业工会救国联合会”在电车工会举行记者招待会，各业工会代表参加。会上“工联会”执行委员张广兴宣称：“现在东北完全失陷，国难日急，而政府仍无正当办法，特再由各业工会推举代表发起组织请愿团”，以便“敦促蒋、汪、胡入京共赴国难”。同时宣布已由各业工会选出委员督察工人“不得购用日货”，以杜日寇之经济侵略。又声言：“将由各业工会救国联合会发起组织义勇军，以作政府抗日之后盾。”2月3日，“工联会”就日本帝国主义侵略上海一事向全国各党政军警和民众团体发出御侮救亡的通电，高度赞扬十九路军奋起抗日、英勇杀敌的精神。13日，“工联会”又在电车工会举行临时代表会，有18个工会的代表出席，国民党天津市党部亦派代表参加。会议主席陈文彬首先致辞说：“外侮日迫，国难日极，东北三省实行不抵抗主义相继沦亡，最近上海又发生事变。我们工人已具决心，誓死团结，与日本帝国主义奋斗到底。”国民党市党部代表王成奎亦致辞赞扬工界同胞努力于抗日工作，并向工人们提出一致对外，团结起来作政府后盾，受政府领导和党部指导，共同努力御侮的要求。会议就加紧抗日救国工作进行讨论后通过12项议案，主要有：募捐慰劳沪滨抗日将士，致电声援日本大阪失业工人的斗争，向各业工人宣传日寇侵华罪行，派代表参加由国民党市党部发起的天津各界人民慰劳沪滨抗日将士的活动，向世界公布本会的宗旨等。3月9日，“工联会”电国民党中央，请速调劲旅收复东北失地。4月1日，“工联会”又主办出版了《工联救国旬刊》每期发行1500份。5月1日，天津市各业工会救国联合会为纪念“五一”国际劳动节，在市党部大礼堂举行有各厂代表出席的纪念会。到会达五六百人。会上市党部整委邵华致词，向工人提出：“第一，打倒一切帝国主义用经济侵略手段压迫我们工友；第二，打倒一切封建势力用恶劣手段压迫我们工友；第三，工人本身必须联合一致，不可互相倾轧，争取参政的权利。”会议通过发表告全世界劳动群众书、电请国民党中央政府武力收复失地、发电勉励东北义勇军抗日到底、请国民党中央修改国民党工会法、发表拥护国民党的宣言等提案。在会议进行时，公安局派出警察“维持”秩序，以防“不良分子从中捣乱”。天津各租界也为防止“歹人乘机捣乱”，加强了戒严。

9月15日，“工联会”为筹备“九一八”事件周年会召开执、监委员联席会。决定派员参加天津市各宣讲所和广播电台的宣讲活动；届时向全国发通电提出一致团结抗日；电请政府明令讨伐叛逆、收复失地、否认伪“满洲国”；募集款项购置大刀赠送东北抗日义勇军等。18日，“工联会”发表了“九一八”事件周年纪念告工友书，指出：“我们所受的饥寒是万分的凄惨！我们若再做亡国奴，那更痛苦到十万倍了！那时我们的身躯也一定会当了它们（日寇）射击的靶子。”呼吁政府收复失地，“从精神上和物资上切实援助东北抗日义勇军，实行对日经济绝交”等。同时该会还通电全国各级党部、政府、各民众团体、报馆，希望“凛兴亡之责，激敌忾之念，群策群力，实施共同自救之有效方策，共挽狂澜”。

第二章 重大历史事件及斗争

第一节 早期工人斗争

一、开平矿工要求平等待遇

清光绪八年（1882年）夏，开平矿务局煤矿工人为要求平等工资待遇举行罢工，大部分矿井陷于停产。

二、天津工商学界反对美国的《华工禁约》

光绪三十年（1904年）12月，美国胁迫清政府签订的《中美会订限制来美华工保护寓美华人条款》（以下简称《华工禁约》）期满，旅美华侨十余万人联名上书清政府，要求废约，不但遭到美国拒绝，而且反要续订新约，中国人民强烈抗议。

1905年5月10日，天津商界派代表参加在上海举行的反对续订《华工禁约》会议，代表们一致强烈要求清政府“拒画押，以伸国权而保商利”。会后，以上海商务总会的名义通电包括天津在内的全国二十一个通商口岸，号召商人们以大局为重，同心协力“举行抵制”，“不用美货”。

1905年5月23日，天津《大公报》首先转载《上海筹拒美国华工禁约公启》全文。6月11日，登出启事称“本报不登美商告白”。在《大公报》的带动下，天津大小报刊对美商及美货的广告一律不予刊登。6月15日，《大公报》又增辟“抵制美约要闻”专栏。6月18日，天津商界在北马路商务总会议决“抵制美约，实行不购美货”的办法。商会会长王竹林宣读《不售美货说帖》，指出商店不卖美货是“第一良策”。希望商人们同心同德，一致行动。参加会议的二百余人分别代表绸缎、洋货、竹木、杂货、烟草公司等各行业签字画押，保证不再买卖美国商品，如有违反者，愿认“罚银五万元”。搬运工人拒绝装卸美国货物，车站、码头、仓库积压的美国商品无法转运；印刷工人赶印抵制美货的宣传品；排字工人拒绝排印美商广告；南北洋铁路工人发表公告，号召“凡我铁路、电报及车务、工程人等”，应尽“国民义务”“务宜心心相印，”协力抵制。

三、法租界工人罢工

1905年11月12日，天津“法租界”工人组织工团领导工人罢工。在工人罢工的影响之下，法租界的商店和居民纷纷迁出“租界”，全体华警也参与罢工。法国向“英租界”借用开发电机的司机，“英租界”华工提出如果英国帮助法国，工人们将“以待法人者待之”，英国不敢答应法国的要求。“法租界”无水无电，一切公共生活停顿。

英国公使代表各国公使出面“调停”，提出中法共管老西开，目的是要北洋政府承认老西开是法国土地。北洋政府在工人罢工的压力下，不敢与法国签订条约。工人罢工坚持了三四个月。这是辛亥革命以来最大的一次工人阶级自发的有广大市民参加的反帝斗争，显示了中国工人阶级的力量。

第二节 “五四”运动时期的工人斗争

一、天津工人声援学生活动

1919年5月，北京爆发“五四”运动，消息传到天津，1919年5月23日，天津市十五所中等学校以上的全体学生，为支援北京学生举行了总罢课，并发表罢课宣言和致北京当局的请愿电报。

5月30日，天津七千多码头工人集体宣布拒绝装卸日货。这天，一艘日本货船开进了天津轮船码头卸货，一位浓眉大眼，身膀结实的中年工友从外面闯进来，手里拿着一张红色传单“学生罢课宣言”。工友们见了，个个喜不自胜，肩膀往外一撇，麻包和箱子都扔到地上去了。大家不约而同地围拢上来，这工友一抬脚跨上麻包，敞开大嗓门讲道：“工友们！现在天津的学生们都罢课了，上海的工人老大哥也来了个大罢工，咱们天津的工人，能落后吗？”“不能！”“那么，咱们咋办？大伙说。”——“抵制日货，饿死也不卸日本货！”先是几个人呼喊。“罢工！罢工！罢工！”愤怒的声浪推向四面八方。1919年6月10日，天津学界继续罢课，商界开始罢市，人力车夫罢工，数十万劳动群众酝酿大规模的反抗斗争，天津工人阶级开始登上政治舞台。北洋政府派人星夜到津，宣布免去曹汝霖、章宗祥、陆宗舆的职务。

二、天津救国十人团

1919年6月28日，天津救国十人团联合会宣告成立，此后，天津各界发展起十人团组织，救国十人团是包括工、学、商各界的较完善的基层组织。宗旨是：“消极的责任，即不买日本货物，不用日本纸币，有款不存日本银行，墙壁不许日本张贴广告。积极的责任，是提倡国货，倡办储金，振兴实业。”为实现其宗旨，规定每团十人，互相监督，一人背约，九人自由处置。

1919年11月24日，《天津救国十人团报》创刊。据12月15日天津《益世报》报道：“救国十人团近来加入新团甚为踊跃，除有女界爱国同志会外，新加入者二十余团。油漆、扎彩工人刻已组织一百余团，不日即行加入，表示一致行动。”

1920年3月，救国十人团为营救1月29日被捕代表郭隆真、于方舟等人，特举行会议，要求释放各代表，否则赴上海酝酿实行罢工、罢课和罢市，动员十人团工友罢工，7月17日，代表们出狱。

三、1919年天津工人开展的活动

1919年7月4日，天津德国永和公司新河造船厂2000多名工人，为抗议资本家无视工人生命举行罢工。法租界工人成立苦力联合会。成衣铺工人研究救国，天津一千多家成衣铺开会研究怎样救国，劝诸位裁缝师傅，凡国外面料，一概不做。凡是日本的材料，一律不做，不买，不用。织布工人成立罢工团、电车工人同盟罢工。

四、比国电灯房工人罢工

1920年除夕，比国电灯房工人开展第一次罢工斗争。锅炉房三班共廿六人，烧火的代班工人与另两班代班工人说："年关已到，我们工人也要过个好年。"大家决定让带班工人彭成发找比商总管，要求"年终发双薪"。比商资本家听后不仅拒绝，而且追问："是谁提出让厂方年终发双薪"，彭成发答道："是我！是屋内外站着的所有锅炉房工人，我们辛辛苦苦又一年啦，要求发双薪好过年关"。比商资本家推托说："年终发双薪我不能做主，没有电车电灯公司的同意是不能发的"。工人们大声喊着"不发双薪，我们就停工"！"停工"，比商总管向公司汇报了工人要求发双薪的情况。公司总办答应给圆牌工人增发半个月工资，方牌工人不增发（注：圆牌是职员和一类工作人员，方牌是指一般工人和工友）。这样的答复让工人们"停工"的呼声更加高涨，机房值班的工人听到这呼声，离开值班现场向罢工地点奔去，修配工人听到这呼声撂下手中的活也向罢工地点拥去。在停工停产的紧急情况下，比商给全厂工人增加半个月的工资。当天下午，电灯房每个工人都领到半个月的加薪。

五、天津各界组织召开国民大会声讨日本在闽罪行

1919年12月20日，午后一时，商学各界约三万余人，在南开大操场开露天国民大会。南开操场周围用苇席围障，每当悬一布旗，上书："一致救国，提倡国货"。场之东西各有一门，门首有国旗，国民大会旗、力救福建旗及种种旗帜飘扬，颇为壮观。国民大会开会毕，下午三时十分全体出发。各团体，每人手执一旗，旗上所书者为："睡狮其醒""誓雪国耻""闽鲁灭亡协力挽救""宁为玉碎，勿为瓦全""同胞速醒""力救国危""誓共安危""力救福建、热心国事""大丈夫头可断、而志不可移""匹夫有责""快救青岛""速现天良一致救国""日本人乱杀陶卓然福建同胞"等。其后随行之男女国民尚有数万人之多，游行路线由南马路、东马路、北马路，折入针市街、估衣街、锅店街、毛贾伙巷、宫北、宫南，袜子胡同，回至青年会门首，全体解散。

第三节　第一次工运高潮中的天津工人运动

一、提高工人政治素质

创办工人工余补习学校。1921年9月11日，赴日留学接受马克思主义的天津法政学校教员于树德、安体诚，在北方分部的指导下，自筹资金，河北大经路东兴里4段12号正式创办了“天津工余补习学校”（以下简称补校）。补校以“普及劳工教育”，使工人“利用工作余暇补习学识”，“促进觉悟”为宗旨，求真正达到改变“天津劳工运动最幼稚”的目的。工人工余补习学校建立后，于树德任校长、安体诚任教务主任，教员由李腾、吕一鸣、姜般若、兰秀山等青年团员和热心劳工运动者担任。第一期学生共招收40余人，均为铁路和纱厂工人，分普通和特别两部教授。普通部开设常识、国文、数学、尺牍等课程，特别部则设国文、数学、英语等课目，由工人择修一科或数科。

天津支部以工余补习学校的名义，在补校内开设“工人图书馆”，派专人做图书管理员。该馆除“备有各种书籍、报纸、杂志”，还藏有党团组织北方分部赠寄的《新青年》《先驱》《劳动周刊》《工人周刊》等刊物，供工人秘密阅读。

1922年5月，天津支部增设“五五书报代卖社”，专事马克思主义宣传工作。

二、天津早期共产党组织、工会组织的建立

1920年12月，在李大钊和鲍立维、布尔特曼、缪勒的指导和帮助下，天津早期共产党组织成立，张太雷为书记。该组织与码头工人建立联系，从事组织工会工作。天津共产党组织建立后，在唐山站设立分部，邓培为负责人，成员是所属车站各铁路修配厂的工人。

1921年初，中国劳动组合书记部北方分部，亦称北方劳动组合书记部（以下简称书记部）成立，负责人罗章龙。北方书记部管辖北方十二个省和十六个大城市的工人运动，即顺直、山东、山西、河南、陕西、热河、察哈尔、绥远、甘肃、奉天、吉林、黑龙江和北京、天津、开封、太原、济南、青岛、西安、兰州、沈阳、长春、哈尔滨、郑州、洛阳、徐州、蚌埠、张家口。后全国铁路总工会所管辖的全国各铁路工会，亦包括在内，沿铁路南至上海、武汉、广州、安源、昆明、腾越、蒙自等城市都有工作联系。北方劳动组合书记部天津支部成立。

1921年3月17日，在天津党组织唐山站分部领导下，唐山洋灰公司厂近千名工人为增加工资改善劳动条件而罢工，并在小山附近召开露天大会，坚决要求加薪，斗争取得胜利。

1921年9月，邓培、王麟书在天津机务段建立铁路工会，是中国共产党在天津建立的最早工会组织。

1922年，天津印刷工会成立，张兆丰、陶卓然为负责人。

三、天津早期的共产党组织及领导的工人斗争

天津工人参加反日本占山东旅大斗争。1921年12月9日，在中国共产党发动下，天津工人阶级同全市各界数百人游行示威，并散发传单称："鲁案危险，凡吾国民，亟宜有所举动，以作外交后盾。在北马路商会齐集出发游行，表示民气。"各界群众数千人从总商会出发游行示威，沿途高呼"力争鲁案"等口号。16日，游行队伍增加到数万人。1921年12月18日，天津60余团体数万人在南开操场召开市民大会，会议一致通过：反对会外交涉、取消"二十一条"、无条件收回山东权利、满蒙领土完整等4项议案。马千里和学联会、救国十人团代表先后发表演讲。会后数万群众游行示威，沿途散发传单100余种，20余万张。1921年12月23日，为收回山东权利，天津23个团体代表再次集会，决定致电北京政府和外交代表团不能让步，号召全国各地人民"宜有一致主张"。会上推选杨晓林、马千里为赴国务院外交部请愿代表，即日赴京请愿。

开展劳动立法运动。1922年6月初，在天津刚刚恢复不久的旧国会，发表通电，准备移驻北京，召开国会，酝酿制定宪法。中国劳动组合书记部提出《劳动法案大纲》19条，要求国会通过，同时号召全国工人投入劳动立法运动。天津支部组织各界团体集会游行，表示坚决拥护劳动立法运动，发动工界团体散发传单，广泛宣传劳动立法原则和19条劳动立法大纲。呼吁国会承认工人有集会结社和同盟罢工的自由，要求工人有8小时工作制等合法权益。

6月12日，当旧国会移京时，天津支部又组织工界团体，赴老龙头车站散发传单，向即将起程的214名国会议员，面陈工人的合理要求。随后，各地响应，在全国掀起了劳动立法热潮。8月27日，天津支部致电北京参众两院议员，要求迅速通过实行《劳动法案大纲》，指出被压迫的工人阶级是创造世界财富的真正主人，而资本家和反动军阀官僚，是最残忍的剥削者和压迫者，这种不平等的劳资关系必须要废除。文中写道："世界人类所衣者、食者、住者、何莫非由陶卓然农工劳动者所供给，彼掠夺阶级之资本家、军阀、官僚等，在政治上、法律上、经济上、社会上，概享有种种特权，而我供给人类幸福之源泉者，不得一温饱，且在政治上、法律上、经济上、社会上受尽各种残酷的待遇，天下之不平，更孰有甚于此者"！电文最后大声疾呼："中国劳动组合书记部曾提出劳动法大纲，请两议院通过施行，天津工界同人对该法案大纲，极表赞成，且以为非如此，不足以拯救陶卓然数千万劳动同胞于倒悬之急！"《劳动法案大纲》最后未被国会通过。

天津工人对全国工运的声援和罢工斗争。1922年2月5日，郑州机厂厂长陈福海，无故剥夺工人元旦和春节例假休息的权利，郑州铁路工人俱乐部以郑州机务处全体工人的名义在《工人周刊》上发表宣言，历数陈福海的16条罪状，并向北洋政府交通部、京汉铁路局提出撤换陈福海，改良工人待遇等6项要求。宣言发表后，得到长辛店、石家庄、南口、康庄、唐山、西直门、张家口、天津等地工人组织的支持，北洋政府交通部答应工人的要求，撤革陈福海。

1922年8月24日，长辛店和唐山铁路工人在北方劳动组合书记部的领导下，举行政治大

罢工。天津铁路工人致电声援长辛店、唐山铁路工人的罢工斗争。同时，向路局提出增加工资、准许休假、医治疾病、实行 8 小时工作制等要求，否则实行罢工。铁路局决定京奉路工人分一、二、三成增加工资，并准许工人休假。1922 年 10 月 23 日，开滦煤矿数万工人举行联合大罢工，中国劳动组合书记部北方分部在天津浪花街设立罢工指挥部，主要成员有罗章龙、王尽美、邓培。天津工人、学生发起捐款运动，并上街游行，支援开滦矿工。

1923 年 2 月 4 日，为支援京汉铁路工人的政治斗争，天津西沽机车厂工人在中国劳动组合书记部天津支部和铁路工会的发动下，宣布罢工 3 天。

成立京奉路工会天津分会。1922 年京奉路工会建立天津分会，1923 年 1 月，邓培在唐山召集各站工会代表开会，秘密成立京奉铁路总工会，在第一次全国工人罢工高潮中，津、唐各站工会多次声援京汉、京绥等各地铁路工人的斗争，并派代表参加了长辛店、郑州的多次工会大会。1923 年“二七”惨案后，工人运动转入低潮，工会组织转为秘密活动。

声援“二七”惨案。1922 年 10 月，天津铁路机务段第一次举行了由工人自己主持的全体工人大会，天津机务段的工会组织成立，并选出工会会长。工会组织成立后，立即给北京交通部路局拍了一封电报：“如果路局不答应唐山大厂工会的条件，天津机务段全体工人将与唐山大厂工人采取联合行动，实行怠工！”电报发出后，没有得到任何反映，于是，天津机务段的工人们停止工作，开始怠工。第一天怠工一小时，以后每日递增一小时。怠工第四天（唐山大厂罢工的第九天），路局迫不得已答应了工人们的要求。

1923 年 1 月底，京汉铁路的长辛店、琉璃河、江岸、郑州等十六个站的工会组织，筹备成立京汉铁路总工会，登报声明，确定会址在郑州，2 月 1 日在郑州举行京汉铁路总工会成立大会。

2 月 1 日，天津机务段工会会长作为京奉铁路总工会代表，前往郑州参加会议。

2 月 7 日，吴佩孚对郑州罢工工人进行了血腥镇压，制造了震惊中外的“二七”惨案。当晚，代表们在万年春饭馆召开会议，决定发动京汉全路总罢工。京奉、津浦两路代表奔走全路各站发动工人。天津机务段工会，根据京奉路总工会的议定，领下月薪和春节花红，展开大罢工。津浦铁路工人们约定 13 日上午 5 时举行全路大罢工。

天津机务段的工人和京奉铁路各单位工人，在天津南市第一舞台（今南市东兴大街兴安路小学第五分校）举行“二七”遇难烈士追悼大会。数日后，京奉铁路工人为了表示对“二七”惨案的抗议，又召集全路代表会议，向反动当局提出六项要求：（一）惩办击毙工人之主使；（二）恢复京汉工会，此后不得干涉工人集会结社；（三）此后军警无故不得逮捕工人；（四）此后各路不准送派军人学习司机；（五）休息、病假不准扣薪，过二十年者须酌酬养老费；（六）各路工人无故不准革职。

1922 年 3 月 9 日，在劳动组合书记部天津支部的发动下，河东制作纸牌刷花工人，要求增加工资，举行同盟罢工，表示不达目的，决不复工。1922 年 9 月 24 日，在北方劳动组合书记部的组织领导下，天津茶食行业工人举行罢工，被军警镇压。11 月 30 日，茶食行业的胜兰斋、四远香、鹤翔斋、俗［桂］顺斋商店工人再次举行罢工。

四、天津各界工人的斗争

1921年8月30日，北洋纱厂工人因资本家克扣工人2个月工资而举行罢工，被军警镇压。10月该厂工人再次罢工，并且游行请愿，迫使资本家补发工资，斗争取得胜利。此后裕元纱厂工人自发的经济斗争迭连发生，但多被军警和保安队镇压。1921年10月4日，在北方劳动组合书记部天津支部的发动下，北洋纱厂1000名工人举行游行，诉说自己的悲惨生活，并上书法庭揭露资本家吞食工人工资的罪行。游行队伍被军警驱散，数名工人被捕。

1922年1月6日，天津700余家成衣铺7000多名工人，在青年团员于某领导下，成立裁缝同业救国团体，抵制日货。主张凡系日货一概不用，凡系日货一概不予承做。

1922年2月5日，天津各界8万多人游行示威，沿途高呼口号："日本要亡我们中国！抵制的法子：不买日本货、不卖给日本粮，不用日本钞票，储金办实业，望大家一律实行！"这次游行示威后，以抵制日货、爱国救国为宗旨，鞋工联合会、联合救国团等纷纷成立。

第四节　大革命时期的天津工人斗争

一、革命统一战线的建立及工会活动

1923年6月，中国共产党第三次全国代表大会在广州举行，确定了与国民党联合的统一战线政策。中共北京区委派陈镜湖到天津官立中学开展党的秘密活动，同时在天津铁路和纱厂工人中，从事发展共产党员的工作。

1924年1月17日，湖南劳工会旅津会会员30余人，与塘沽、唐山等地工人代表在天津集会，纪念湖南劳工运动领袖黄爱、庞人铨被害2周年。会议发表宣言，总结了2年来工人运动的情况，呼吁全国工人阶级"携起手来，专为劳动阶级的利益而奋斗。"当天，直隶省当局发布查禁《工人周刊》令，以切断"鼓动工潮之导线"。

1924年2月7日，全国铁路工人代表大会在北京秘密召开，来自津浦、京奉9条铁路的20多名代表出席了大会。大会正式成立了全国铁路总工会，邓培任委员长。当天，天津铁路工人和各界代表为纪念"二七"惨案一周年，在天津举行了集会。

1924年4月14日、27日，中国共产党两次召开筹备会，推举于方舟、邓颖超起草抗议日本及英、美、法侵略中国的传单。

1924年5月1日，为纪念"五一"节和京汉铁路罢工中被枪杀的施洋烈士，天津党、团组织发动各界举行了游行示威。《妇女日报》专门出版《五一纪念特刊》，号召劳动者"联合起来，组成一个坚强的团体，"为争取应得的权利，实现劳工专政和共产主义而奋斗。1924年5月7日，

在天津党团组织发动下，天津“五七”国耻纪念会在南开中学操场举行，参加者有80个团体2万余人。会议由中共党小组长于树德主持，会上阐述了“纪念日本强迫中国承认‘二十一条’九周年”的意义。继由各界代表发言，通过了驱逐外国驻华三大舰队、停止交纳庚子赔款等重大议案。

二、成立天津总工会

1925年8月4日，天津纺织工会、印刷工会、海员工会、油漆工会五大工团，联名召集天津各分会代表，召开筹备天津总工会成立代表大会。参加大会的有二十余个工会组织，代表五十余人。首先由大会主席刘亚斋介绍筹备总会经过，及发起建立天津总工会的意义。之后由各界联合会兼学生联合会代表杨凤楼君演说。会议通过工会章程，并选举成立总会执行委员十五人，各委员分任总务、财政、宣传、组织、纠察五部。选举安幸生为天津总工会第一任委员长。天津总工会成立后，发表宣言：“各界同胞们，英国强盗在各处杀死我们数百同胞，人人都知道的，不必赘述。但是我们天津人士这样沉寂，好似天津这样的商埠内，没有一个中国人了。我们真替素称爱国的天津人士羞。现在天津海员及天津日报工人已全体罢工，他们以为给仇人做活，上对不起祖宗，下对不起儿孙，宁饿死亦不羞死。各界人士们，所谓爱国热心的天津人士们，起来援助一下吧，不要看着贫苦的工人爱国，于自己毫无关系，贻外人以笑话。”

三、天津总工会、海员总工会组织天津工人罢工

1925年8月9日下午二时，由总工会、海员工会发起罢工工人大示威，以表示民意，而引起中外人士注意。当时参加者包括罢工海员、码头工人、印刷工会、油漆工会、纺织工会、总工会、各界联合会、学联会，总计八百余人。自广东会馆出发，经北马路，东马路，而至东浮桥。沿河沿经羲也意页租界，为羲也意页界华捕所阻，交涉多时，终未得经过。返至老车站，大王庄、英美烟公司前解散。1925年8月10日，天津各罢工工人，举行对英日示威大游行。美昌、三井、怡和、太古等码头工人二千余人，印刷工会二十余人，海员工会六十余人，及济安会职员共三千余人。总指挥庞士贵、李宝田、杨宝如三人，另有维持员二十余人。下午三时，自鼓楼南广东会馆出发，出西门，走南马路、东马路、大胡同口、警察厅、老车站、大王庄、英美烟公司前解散。游行队伍高呼口号。

四、天津总工会的恢复及活动

1926年1月1日，天津总工会举行盛大的升旗礼，安幸生代表总工会发表讲话，指出军阀政府只能摧残工会的形式，不能消灭工会的精神，号召各工友加倍努力，以期得到最广大最坚固之团结。会后各分工会代表详细讨论了工会会务工作，总工会委员也进行了调整：粟泽任总工会主任，安幸生为秘书，委员有李铁军、刘亚斋、郭隆真、王星五等人。

天津总工会恢复后，天津各团体赠送总工会匾文，裕元、裕大、北洋、宝成纺织工会敬赠

“天津总工会万岁”；津浦铁路工会敬赠“工人之母天津总工会恢复纪念”；天津印刷工会赠“为工人利益而奋斗”；京奉铁路工会敬赠“工人利益的拥护者”；天津农民协会赠“农工携手万岁”；中国国民党直隶省党部赠“国民革命的领导者”；中华全国总工会赠“中国工人阶级万岁”；海员工会赠“无产阶级革命万岁”；天津妇女赠“劳工神圣”；中国国民党天津市党部赠“国民革命之生力军”；天津学生联合会赠“革命先锋”。

1月4日，在中共天津地委、天津总工会主持下，各团体代表与出狱代表在惠罗春饭庄举行联欢会。会议强调：民众必须与武力结合，“因铲除国中恶势力必须武力”；“称武力者唯国民军，因国民军后边无帝国主义之指挥。”

1月6日，中共北方区委主办的《政治生活》发表文章，庆祝北京、天津总工会成立。

1月9日，天津总工会发表宣言，再次强调工会是保护工人利益的组织，号召被压迫的工人兄弟加入这一组织，为自身解放而奋斗。

1月10日，北洋纱厂工会会员和旅法华工总工会代表、天津总工会代表、津浦铁路总工会天津分会代表共900余人在挂甲寺举行露天演讲会。演讲包括工人与工会切身利益、工友加入工会需遵守的组织纪律、工会会员必须保护工会的名誉、如何识别工贼等七项内容。

1月14日，天津总工会就直系军阀孙传芳秘密枪杀刘华案件发表宣言。宣言叙述了刘华在上海小沙渡罢工和“五卅”期间领导群众反对帝国主义及其走狗的英勇事迹，指出刘华是为全国工人阶级和中华民众利益而死的，呼吁各界同胞以民族利益为重，为刘华报仇。

1926年1月21日，东三省留日学生归国“讨张排日团”在天津总商会招待各界，中共天津地委组织部长粟泽出席招待会并就“讨张排日”问题与该团交换了意见。随即，中共天津地委通过国民党直隶省党部宣传委员会召开特别会议，讨论辅助“讨张排日团”宣传措施。会议决定编写讲演大纲，组成8个讲演队分区宣传。

1月24日，天津党、团组织发动市民10万人为“讨张排日”在南开操场举行国民大会，揭露日本帝国主义及张作霖罪恶行径，一致通过对日绝交、反对对抗国民军之一切军阀，否认日本与奉张一切密约等13项议案。会后举行声势浩大的示威游行，并散发传单40余万张，将天津“讨张排日”运动推向高潮。

1月26日，天津第二海京地毯厂工人组织工会，代表被捕，工人罢工，遭到警察镇压。天津总工会召集各工会代表召开紧急会议商议对策。会后与会代表赴省署请愿，要求孙岳督办“释放被捕代表并惩办警察，以求贯彻给与人民集会自由之前言”。代表们在得到满意答复后退出督办公署。

1月28日，天津总工会获悉全国农商部已将原订工会条例撤回，致电北京于右任、农商部寇厅长，陈述对这一事件的意见。

1月30日，乾昌地毯厂罢工工人及总工会代表35人获释，工人回厂，翌日复工。此前，该厂工人因美国资本家不履行所应若干条件而罢工，厂方勾结军警逮捕工人代表30余人，总工会代表赴厂调停也被扣押。

1月31日，津浦铁路总工会天津分会召开成立大会，到会600余人，刘恩藻主持会议。会上，王麟书报告了筹备经过，各工会代表发表了演说，接着，天津分会宣读成立宣言，指出："我们赶快团结起来，准备充分的力量，并且领导全国民众不与帝国主义勾结的武力相结合，以打倒共同敌人——帝国主义和媚外军阀。""我们深知欲免除工人自身的痛苦，只有如铁一般的团结起来，共同奋斗、共同努力，消灭一切敌人，才能达到我们自身解放的目的。"

1926年1月，中共天津地委改组，李季达任书记，粟泽任组织部长，李逸任宣传部长，江韵清任妇女部长，职工运动由安幸生负责，李培良到宝成纱厂从事基层组织工作，国民运动由于方舟、江浩负责。该月，中共中央在《产业工会发展与统一问题》决议案中指出："切实联合上海、汉口、天津、长沙、河南、山东各处之纱厂工会，筹备组织全国之纱厂总工会。""天津、青岛、南京等处应设法组织码头工会。"天津印刷、邮务工会要"注意工会小组之组织"，"造就普遍工会之干部人才，""发展党的组织，以作工会运动之基础。"

据1926年1月上旬统计，天津总工会下属20余个工会组织，即天津海员工会、码头工会、印刷工会、油漆工会、雕刻工会、津浦铁路工会天津分会、京奉铁路工会天津分会、三条石铁厂工会、木器工会、人力车工会、和记罐头厂工会、宝成纱厂工会、裕元纱厂工会、北洋纱厂工会、裕大纱厂工会、恒源纱厂工会、美陆工会、乾昌地毯厂工会、华新纱厂工会、庆生恒地毯厂工会。此外，海京第一工会、海京第二工会、海京第三工会、海京第四工会、烟草工会、电车工会、邮务工会、大沽造船工会、各租界电灯工会和水夫工会积极筹备中。在津负责天津总工会工作的有安幸生、李铁钧、李培良。

1926年2月1日，中共北方区委和共青团北方区委发出《为反日倒张讨吴警告全国民众书》内容包括反奉战争与日本帝国主义的阴谋、中东路事件与反帝国主义的联合战线、吴张的联合与反奉的联合战线、集中倒张讨吴的力量、扩大反日的联合战线等5个部分，号召人民立即奋起，打倒帝国主义。

2月4日，在中共天津地委的组织下，天津国民"讨张排日"会在天津总商会召开成立大会，到会各界代表80余人。大会通过章程，议决10项议案，选举18名委员。安幸生、杨衡南当选为常务委员，何雪当选为交际委员。

1926年2月7日至15日，中华全国铁路总工会第三次代表大会在天津南市第一舞台召开。参加会议的有各地18条铁路58名代表，天津1000多名工人出席了开幕式。大会由全国铁总负责人邓培主持，康景星致开幕词。李大钊、罗章龙、王荷波出席大会并作了重要报告，李季达代表中共天津地委作了"二七"纪念讲话，天津总工会和全国20多个工会代表先后发言。这次会议有政治、劳动、工人与政治、路工与农民、各路总工会等20余项报告；有组织、宣传、协作、救济、自卫团5项讨论；还有中央局各路代表提案40多件。大会总结过去的工作，提出了今后的任务，通过了致电世界无产阶级、苏联工人、广州国民政府、北方国民军、慰勉港粤工友、抗议军阀残杀工人、反吴侵豫、劳动立法和对政党关系、对农民关系、协作社计划、自卫军组织、对工贼态度等13项决议。大会闭幕时发表了宣言，选出了领导成员，并决定将总部设在天津。会上天津总工会散发了《“二七”三周年纪念日告天津工人》的传单，号召天津工人阶级要“巩固自己的团结，继承“二七”诸烈士的精神，努力前进，争取最后胜利。”

2月21日，津浦铁路总工会天津分会就日本帝国主义出兵东三省，帮助奉系军阀张作霖发表宣言，指出这是“直接向全国民众挑战，”呼吁“全国民众应急速起来，作反抗日本帝国主义的全国战线，一致对日示威，对日经济绝交，唤醒日本无产阶级推翻日本帝国主义国家，打倒日本军阀和资本家。”宣言正告日本帝国主义者必须“从东三省滚出去！”

2月23日，中共北方区委、青年团北方区委联名发出《为反吴战争告全国民众》书，指出“此次反吴的战争是要全国民众一齐起来，与革命的武力站在联合战线之下方能成功。”号召国民革命军的将士，“奋勇前进，出定（兵）中原，即时起来参加反吴的战争”“使南北革命势力联合，会师武汉，促成国民革命的成功。”

1926年2月统计，天津有共产党员600余人，团员500余人，工会会员2万余人。

1926年3月1日，中共天津地委根据北方区委的指示，发动天津各界在总商会联合召开“反英讨吴”大会。到会者300余人，于方舟主持会议。大会通过督促国民政府北伐、致函英领事团抗议英政府等10项议案，选举各界代表13人组成“反英讨吴”大会委员会。同日，驻守天津大沽口的国民军发现奉系军舰在大沽炮台附近活动，企图登岸，国民军开炮将其击退，并于9日敷设水雷，藉以阻止奉舰进犯。

3月10日，英、美、法、日、意、奥、比、西、荷等12国公使，在荷兰使馆开会，认为国民军封锁大沽口违反《辛丑条约》，向北京政府照会，要求撤销一切入京障碍。同日，日本帝国主义出动军舰，掩护奉系军阀部队直逼天津大沽口。国民军鸣炮示警，日舰无视警告，悍然炮击大沽口。国民军被迫反击。

3月12日，中国共产组织借着孙中山逝世一周年机会，在南市大舞台戏院召开纪念大会。参加大会的有国民党人士，有共产党和共青团的负责人，各界知名人士及各行各业的代表等。李大钊和谭平山在会上讲演，李大钊演讲的题目为《各国帝国主义对中国的侵略》，讲了我国同胞如何起来反抗，鸦片战争的前前后后，国民革命的发展形势，唤起人民应该起来挽救中国的危亡。最后，天津总工会代表王星五讲话，号召工人加强纠察队组织，他说“以后要像苏联一样发展工农红军”。

3月15日，中共天津地委发动天津总工会、反帝国主义运动大联盟天津分会、各界妇女联合会、天津同胞反日会、国民党直隶省党部、天津市党部等70余团体4万余人集会，吁请国民军坚决抵抗，挽救国民危亡。

3月16日，日本借口国民军违反《辛丑条约》，纠集英、美、法、意等8国公使向段祺瑞政府提出“最后通牒”，无理要求中国单方面停止军事行动，撤出津、塘等地，并勒令3月18日午前作出答复。面对帝国主义的无耻挑衅和野蛮侵略，天津各界联名发表宣言，“对日严重抗议”

号召"同胞速起，共图根本大计"。

3月18日，北京民众在中共北方区委的组织发动下，举行市民大会，抗议日本军舰引奉军袭击天津，反对八国公使的"最后通牒"。会后向执政府请愿，遭段祺瑞政府卫队屠杀，死40多人，伤150多人，造成"三一八"惨案。惨案发生后，中共北方区委召开紧急会议，提出6项善后措施，并且决定，由学联会、反帝大联盟等社会团体立即通电全国，同时动员报界以及能够撰写文章的人，以报道形式撰文分投上海、天津、武汉等各大城市的报刊，造成全国范围声势浩大的反帝、反卖国政府的群众运动。天津党、团组织迅即响应，发动各界成立"废约驱段"大会，掀起"废约驱段"运动。

3月19日，中华铁路总工会、天津各界联合会、"废约驱段"大会等团体致电北京各界，声援"三一八"惨案，吁请改组政府，枪毙段祺瑞、章士钊、贾德耀诸罪首，以谢国人。表示"全津人民，整装以待，罢市、罢工，在所不惜。"

3月20日，中共中央、青年团中央为段祺瑞政府残杀爱国学生发出紧急通告，提出"这次屠杀较'五卅'尤为严重，再加上现时政局之反动趋势，我们更应以胜过'五卅'之势力来对付此事。"要求鼓动一个全国民众的大运动，不能提出过"左"的口号，要在"讨伐残杀爱国学生的段祺瑞""反对威吓中国的使团通牒""取消《辛丑条约》"的口号下，形成广泛的联合战线。

3月21日，天津各界数十个团体1万余人在南开操场召开"废约驱段"国民大会，由江浩主持。会上，于树德、安幸生分别介绍了"大沽口事件"和"三一八"惨案真相，江浩作了《大沽交涉案和援助北京惨案》的报告，于方舟提出驱逐八国公使出境、电广东政府急速北伐、推翻段政府、组织临时国民政府13项议案。选举江浩、于方舟、安幸生、吕职人、郭隆真10人为请愿代表，向孙岳、鹿钟麟请愿。

3月22日，全国各界联合会致电天津各女校、各妇女团体及女同胞，指出："三一八"惨案是帝国主义与反动军阀相勾结的产物，号召广大妇女奋起，"为民族之独立与自由而战，为中国妇女解放而战。"同日，国民军在帝国主义和奉系军阀的联合夹击下被迫撤出天津，奉系军阀卷土重来。

3月24日，军阀褚玉璞进驻天津，开始实施军阀统治。天津党组织和工会工作由公开转入秘密。

1926年3月25日，天津总工会再度被奉系反动军阀查封，接着所有的天津革命团体均被封闭，许多共产党员和积极分子被捕入狱，大批共产党员与党组织脱离关系，能够继续工作的共产党员仅有数十人，团员减至99人。中共天津地委召开紧急会议，及时采取应变措施：1. 将地委和总工会的机关由大东旅社秘密迁往河北五马路办公，直隶省党部也撤回英租界义庆里40号。2. 将已暴露身份的党组织负责人秘密转移，安幸生赴上海，江浩、李锡九赴张家口，卢绍亭赴陕西，于方舟、李逸分别到宁河、北京暂避，其他一些经常活动在公共场所的共产党员也陆续被派往天津周围各县开展活动。3. 请求中共北方区委调傅茂公（彭真）、郭大该、吴雨铭等到津工作，以加强天津党组织的领导力量。3月底，根据赵世炎的安排，王春元、杨春林、阚家骅、刘华章等共产党员到天津苏联领事馆做保卫工作。3 月下旬，中共北方区委、北京地委及国民党北京特别市党部由翠花胡同 8 号迁到东交民巷苏联大使馆西院的兵营内，继续领导北方地区国共两党的工作和群众斗争。中共天津地委成员，时常以国民党直隶省党部、天津市党部委员的身份出席北京特别市党部的会议。同月，中共天津地委、团地委召开联席会议，讨论在玉田县进一步发展党、团组织问题，会议决定玉田党组织暂由天津管辖，"俟成立特别支部后"由北方区委直接领导。会议还决定在宝成纱厂成立童子军。

1926 年 4 月，中共天津地委派李培良、周世昌、邢克让等深入河西、河北和租界的工厂、学校恢复党组织、发展党员，秘密开展党的活动。至同年 5 月底，他们在河西裕元、北洋，河东宝成、裕大，河北华新等纱厂、地毯厂，津浦路和租界内各印刷厂的工人中发展共产党员，仅河北就发展 20 多名党员和 100 多名工会会员。全国铁路总工会从天津迁至北京，各委员分赴全国指导工作。其中组织部主任往来津浦、沪宁、沪杭、广州沿线，发展党的组织，领导铁路工人开展政治、经济斗争。

1926 年春季，中共中央和北方区委特派员王若飞、陈延年到津，主持召开党、团员大会。会上李季达做了工作报告，王若飞、陈延年就天津的工人运动、学生运动、妇女运动、国民运动如何开展，提出了具体意见。

5 月 1 日至 14 日，第三次全国劳动大会在广州举行，699 名代表出席会议。大会通过职工运动总策略、组织问题、经济斗争的最近目标及其步骤等议案。会上，刘少奇作了《一年来中国职工运动的发展》的报告。

5 月 1 日，中共天津地委秘密筹备纪念"五一"国际劳动节。当局获悉后，派军警分布到各工厂附近，禁止行人通行，并逮捕工人 20 余人。5 月 7 日，中共中央发出第 101 号通告，要求各地党组织在新的形势下，对工人运动要"特别注意于发展工会下层组织的秘密基础，建立工会运动中之党的核心"。通告还提出当前北方的工作重点是："(一) 援助国民军使其不被张、吴所消灭；(二) 普遍地"宣传赤与反赤的差别"，"可不必拿出 K. M. T 及 C. P 的名义去说话，尽量利用一切灰色团体或秘密方法去散布、张贴此种印刷品，"达到深入群众、取得群众，统一革命势力的目的。

6 月 2 日，《工人之路》发表天津总工会请全国总工会援助英国煤矿工人总罢工的信件。信中建议中华全国总工会："一面致电英国工会请其坚持到底，勿轻妥协，非结果圆满，决不复工；一面通告我国各地工会，务对英罢工事予以相当声援，以示世界劳动界之联合精神。"信件反映了天津工人阶级的国际主义精神。

1926 年 6 月 8 日，天津当局广泛张贴《严禁共产党之宣传》的布告，声称"凡有擅立名义鼓动工潮者"，"绝不宽贷"。

8 月，中共天津地委召开扩大会议，讨论在白色恐怖下发展党组织、开展工人运动的问题，改组了各部委："一部委由傅茂公任书记兼宣传委员，邢克让任组织委员；二部委由李培良任书记兼宣传委员，薛世伍任组织委员；三部委由阎瑞生任组织委员，王致隆任宣传委员。”

9月5日，英国军舰炮轰四川万县县城，造成“万县惨案”。天津总工会通电全国各工会、各农民协会、学生会、商会、各学校、各机关、各团体、各报馆，谴责英帝国主义侵略罪行，提出：“罢工、罢课、罢市，以为交涉之后盾，当此一发千钧之际，望国民速起一致行动，打倒英帝国主义，抵制英货，英国必须赔偿损失，取消外人内河航行权，废除不平等条约，非达目的，誓不甘休。”9月8日，《中央政治通讯》第5号刊发中共中央给北方区委的信，要求加强政治宣传和职工运动，“成立并扩大各路车站、开滦五矿、天津城市工人、北京城市工人这四项秘密工会组织。”在此基础上，“即着手发展国民党左派及农运。”9月16日，《工人之路》发表天津总工会援助省港罢工的信件，信中赞扬省港工人“一往直前”，取得很大成绩，谴责英帝国主义在解决罢工问题上“狡诈百端”，“无解决罢工之诚意”，表示率领全体20万工友竭力予以援助。希望省港罢工工人“坚持到底，继续奋斗，以求最后之胜利。”

10月，京奉铁路工会天津分会发动全体工人，向路局提出发还花红的要求，“结果未见胜利”；津浦铁路天津分会“齐心团结”，“工作亦有进展”。另外裕元纱厂工会改组，左振玉为负责人，委员有马德禄、宋金富、于金业、张广伟、杨墨、陈宪富，先后发动工人举行三次罢工。

11月23日，天津警察当局通过英租界工部局，以“组织党部、宣传赤化、阴谋暴动”为由，搜查义庆里40号国民党直隶省党部机关，逮捕共产党员江震寰、赵玉良、陈楚缠、马增玉、王建文、孙宝山、王益三、邬集中和国民党左派王纯善、孙一山、倪家志、王鹤洲、许凤山以及革命群众徐延中、韩玉亭共15人。

11月24日，在《华北晚报》工作的共产党员得知义庆里40号遭到破坏，立即刊发消息示警，随即又有几家报纸转发这一消息，使许多共产党员和国民党员幸免于难。11月25日，英国工部局将江震寰等15人引渡给中国警察当局。为此《向导》周报发表《天津英租界引渡国民党之严重意义》一文，揭露英帝国主义与奉系军阀勾结的罪行。国民政府外交部也提出抗议，要求赔偿损失，声明如果被捕诸人受害，后果将由英国政府负责。正在广州的江浩派共产党员王积衡携国民党中央拨发的5000元营救费，速反天津营救。11月30日，直隶督办公署训令实业厅长朱振名，注意各厂工人，防止其进行革命活动，同时训令教育厅长张佐汉注意中等以上学校学生的革命活动。

12月3日，天津警察厅向各区警察当局下达的训令：“天津工人的地下组织仍在秘密活动，如直隶邮务管理局近日在邮件中查获天津邮务工会发起人撰写的传单和天津总工会寄交天津邮务工会的传单多件，内容都是发动工人进行反抗斗争。”天津邮局为预防工人罢工斗争，请求警察厅通令各区警察当局查禁，倘若发现邮局职工“结社集会”，即给以严厉镇压。训令要求“所属一体严行查禁”。

1927年1月4日，武汉人民庆祝北伐胜利，中央军事政治学院宣传队在汉口英租界讲演，遭到英国巡捕枪杀，死伤30多人，造成“汉口惨案”。中共天津地委、天津总工会召开会议，除悼念死难烈士外，决定扩大反英运动，拥护国民政府提出的8项提案。20日，天津总工会在汉口《民国日报》发表通电，表示“本会率领天津工人，誓为后盾。”

1927年1月24日，中国天津地委一部委书记邢克让、组织委员王致隆和北洋纱厂党支部书记郭起春等6人被捕入狱。月底，一部委重建，司福祥任书记，委员有孙树宗、高志连；二部委由李培良任书记。4月以后由靳子涛接任，王斐然任组织委员，薛世伍任宣传委员，王文正任团部委书记，4月后王之际接任团部委书记。

1月下旬，根据党中央的统一部署，中共天津地委在法租界普爱里72号举行纪念列宁逝世三周年活动，被法国工部局发觉，逮捕了粟泽、傅茂公、靳子涛、王裴然、李培良等30人。趁敌人尚不了解真实情况，李季达通过国民党要人李石曾与法国人的关系连夜营救，第二天被捕人员全部获释。

1927年1月，中共北方区委在工作报告中写道：“天津工人群众发生了些小规模的经济斗争，组织也有发展之望，但因在技术行动方面不慎，前后捕去三四十人，工作数遭打击。”

1927年4月18日，共青团天津地委书记兼国民党天津市党部常委江震寰等15位革命志士在天津南市广场被奉系军阀杀害，史称“天津十五烈士”。临刑前，他们高呼“打倒军阀！”“打倒帝国主义！”“中国共产党万岁！”。

据统计，截至1926年底，天津有中共基层支部24个，459名共产党员，3.2万名工会会员，有组织的工人达10万人左右，约占全市工人的50%。

1927年1月至8月，天津、直隶地区有200余名共产党员被杀，500多人被捕。

五、天津印刷工人的工运活动

1923年初，天津印刷工会成立，陶卓然、宁存德、李含璞为负责人。1924年，中共天津地委建立，派党员邓若良、钱才新同志启发工人觉悟，认清工人运动方向。

1924年秋天，中共天津地委派李培良、卢绍亭举办平民学校，教育工人，组织工会。李培良在宝成开办了平民学校，位置宝成后边，两间新盖的小房子，设备简单，门前挂“平民义务学校”牌子，学校只招收工人，李培良任教员，工人们都很愿意接近他。成立工会时，宝成纱厂共有2700多人，参加工会的有1800多人。工会成立后，在郑庄子东找了几间房子作为办公地点。

与此同时，中共天津地委派卢绍亭到裕元、北洋纱厂，周世昌到华新纱厂，韩义到恒源纱厂，宋树蕃到南开地毯厂，创办平民学校，并指导团地委在高等工业、官立一中增设平民学校，吸收“校役夜班”、工厂工人及其他贫民入学。

1925年春，经卢绍亭、李连岐介绍，陶卓然加入中国共产党，进而陶卓然、邓若良、钱才新组成印刷行业第一个党支部。之后，中共天津地委陆续在天津各大纱厂建立工会组织，并先后在纺纱、铁路、学校以及妇女界建立中共支部。

1925年5月1日至7日，第二次全国劳动大会在广州召开，到会277人，天津代表张寿禄、陶卓然参加了会议。大会决议：“工人阶级必须作政治斗争；中国的民族革命运动，非得无产阶级参加并取得领导地位，提携农民进行，否则是不能成功的。”在大会通过的《组织问题决议案》中明确提出：“须特别注意组织铁路、海员、内河及码头运输、矿山、纺织、缫丝、烟草、印刷工人，以及天津、北京、上海、武汉、青岛、大连、长沙、广州、香港、澳门等处重要城市的工会工作。”

1925年5月底，陶卓然从广州参加第二次全国劳动大会回到上海时，正值“五卅”运动爆发。中共中央在上海郑家木桥西海员工会俱乐部召开各地同志参加的扩大会议。李维汉通知陶卓然参加会议。会上中共中央决定把“五卅”运动扩大为全国性的运动。陶卓然回天津后，立即将中共中央指示向天津地委作了汇报。同时，中共天津地委也得到中央指示，要求迅即发动各界投入“五卅”运动。天津地委在广东会馆成立了“反帝委员会”，主要负责人有安幸生、刘铁牛、李培良、辛璞田和陶卓然。其中安幸生负责英、日码头工人和海员工人罢工斗争；李培良主要负责纱厂工作；陶卓然负责印刷部门的工人运动。

按照地委的指示，首先在工人中宣传“五卅”运动的经过，继而组织工人罢工、游行、抵制英日货，号召广大印刷工人反抗英日帝国主义。

当时在法、日等租界内的印刷厂、局、馆有：天津印字馆，光华印字馆，中东印刷局，东和印刷局，东华印刷局，新昌印刷局，公记印字馆，怡泰印字馆，致中印字馆，祥利印字馆，德泰印字馆，华北明星印字馆，发兴印字馆，兴利印字局，联昌印字馆，永发印务局。除此之外，在中国地界还有一些印刷厂（局、馆），印刷工人总共有数千人。

6月中下旬，在津的英日当局利用报纸《泰晤士报》和《天津日报》，发表文章诬蔑“五卅”运动，针对这种情况，印刷工会研究决定，首先卡断英日的喉舌。7月初，两报社的印刷工人在工会的领导下相继罢工，使两报瘫痪。最后英日厂主不得不出来请求工人复工。印刷工会当即提出8项复工条件：1. 对于此次屠杀案，不得造谣骂中国人；2. 撤换监工；3. 中国人管理工厂；4. 每人每月增加4元；5. 告假不得扣工资；6. 不准虐待工人；7. 不得无故开除工人；8. 每日8小时工作。英日厂主表面答应自7月30日起实行上述条件，但实际并未履行诺言。

同时，为了配合海员工人罢工斗争，印刷工会召开紧急会议，决定举行全市印刷行业大罢工。1925年8月2日，天津3000余名印刷工人发表了援助工友宣言，宣布再次罢工。接着，在天津总工会的领导下，与海员、码头、纱厂工人罢工连成一体，形成巨大的罢工风暴。同时，为了广泛深入地开展宣传活动，印刷工会还创办了印刷局，承印各种反帝爱国的宣传品。

面对工人大罢工，英、日领事向李景林提出抗议，李景林一面派人上街制止工人运动，让消防队用水龙拦阻工人游行，一方面以召集各界代表到省署开会的名义，逮捕他们。接着在东马路、南马路，开始屠杀工人。警察厅还悬赏300元通缉陶卓然，陶卓然从老龙头车站乘车去北京，下车后，发现有便衣盯梢，就换乘洋车跑到一家办喜事的客厅里，换上大褂来到北大第三院，与北京党组织负责人刘仁静取得联系，在他的安排下，陶卓然和其他自天津来的同志组成天津代表团，向北京各界广泛宣传天津惨案的真相。接着天津代表团又与北京区委取得联系，和北京各界一起，在天安门召开声讨李景林、张宗昌，追悼天津、济南等地惨死同胞大会。主席台旁的两个条幅是于右任亲笔写的："工人颈上血，军阀手中铁。军阀手中铁，工人颈上血。"会上，陶卓然代表天津工会报告了天津惨案的情况，会后又到执政府请愿，要求惩办李景林和张宗昌。

1925年8月4日，天津日报华工因要求增加工资举行罢工，罢工工人生活费，由印刷工会按日供给。

六、宝成纺织厂工人罢工

1925年8月8日，天津市宝成纺织厂工人，因作业时间每日记达十二小时，工资低微，难维生计，且遇假期厂方尚不发给全薪，愤不能平，举行罢工。加入人数约有千名，要求改善待遇。北洋纱厂工人群起响应，并联合裕大纱厂工人一致行动，工人将该厂电话线割断，机器捣毁。最终厂方答应工人提出的条件。

1926年3月下旬，奉系军阀李景林和张宗昌组成的直鲁联军攻下了天津，工会活动被严格查禁，原工会的积极分子被大批开除，如裕元纱厂的工会代表马筱峰、司福祥、孙树宗、何玉亭、左振玉、白振东等。

1925年7月15日，宝成纺纱工厂工人以增薪为交换条件，宣布罢工。也议决以下事项：推选页出委员五人负责，并递选候补员五人。当日下午二时开大会，到会者约两千余人，工会组织纠察队八十余人，以防有人从中破坏。宝成纱厂工人罢工要求条件，如小洋改大洋加薪，承认工会为工人意见代表机关等等，均完全允许。

七、"裕大风暴"与反动军阀政府疯狂镇压

1925年八月上旬，裕大纱厂工会告成立。项瑞芝、项瑞成、贺志等七人被推选为代表，暂借宝成工会在敦厚里租用的民房，两厂工会一起办会。

裕大工会成立后，立即按照中共天津地委决定，与宝成、北洋、裕元各厂工会一起研究了谈判条件，投入同盟罢工。他们根据本厂实际，向厂方提出六项要求：1. 要工会办公用的房子；2. 要求八小时工作，四小时学习；3. 增加工资；4. 吃饭时间改为一小时；5. 要求上海英日纱厂开工；6. 让贺志复工。厂方答应了前四条，对后两条拒不答应。李培良根据罢工指挥部的指示，安排宝成工会代表沈玉山带人制作了一面大旗，上书"支援上海'五卅'惨案，替顾正红报仇！"还提出在纺织工会内组织"上海'五卅'惨案后援会"，以应同盟罢工和形势发展需要。

在裕大工会提出条件，等待再次谈判的时候，日商东拓派在裕大"监督"和管事的日本人，与裕大专务董事王克敏密谋，请求军阀政府派军警"弹压"工人运动。十一日，下日班后，项瑞芝准备带人去开会，安排罢工事宜，但厂内已经岗哨林立，各上下工门口都有巡警把守，他们已经出不去了。项瑞芝看到形势不对，急欲出厂，岗哨不但不放行，还口出不逊。工人们愤怒质问他们，警察蛮横无理，先是对工人推推搡搡，用枪托打，举刺刀威吓，当工人拥上前去时，巡警的竟对空鸣枪，厂内大乱。

隔墙的宝成纱厂工会代表听到枪声，立即带领工人赶来支援，与被阻在厂外的裕大夜班工人一起推倒围墙，从几个豁口处冲进厂来，并把事先准备的大旗交给裕大工会代表。青年工人王鹤鸣接过大旗高高举起。众工人看到援军和旗帜，勇气倍增，欢呼声、口号声连成一片，一声枪响，执旗的王鹤鸣应声倒在血泊之中。工人见状立即冲上前去，赤手向军警夺枪，展开了惊心动魄的战斗。突然，飞来一颗子弹将代表项瑞成大腿打伤，接着，骨干王福顺、邢士奇也被打伤，很多人被枪托、棍棒打得皮开肉绽。工人们气红了眼，便拥向公事房，原想找管事的日本人算账，但他们早已躲得无影无踪，工人盛怒之下，把门窗玻璃、桌椅、器皿尽皆砸毁，账册、报表也都撕烂，砸不动的保险柜整个扔进了海河。又冲向机器房，把动力设备和一部分纺纱的机器又砸得破烂不堪。当时，工会代表极力阻拦，劝告大家不要砸机器，可是，局面已经难以控制。

裕大厂内激战之际，聚集在厂外的工人为防止警方调人，几名年轻人爬上电杆，剪断了电话线，使厂内外隔绝，避免了更大的损失。女工郭金梅、潘学文也参加了这一行动。

北洋纱厂听到从裕大厂院传出的枪声，估计出了事，项瑞芝派去送信的人到了，大家听说军警开枪打伤了人，立时不顾本厂工务长苏敬泉的央求阻拦，组织了一百人的敢死队，队长由工会代表王殿文担任。此时，裕元纱厂工会也带人赶来。北洋、裕元工人到达裕大时，战斗已经结束。他们帮助打扫了战场，然后休息待命。

经清查，裕大工人在宝成工人帮助下，从保安队和巡警手里夺得大枪十支，手枪三支，俘虏一个日籍医生和一个企图溜出去给反动当局送信的巡警，还捉住了土城巡官韩秀峰，工人打算把他捆起来投进海河，经韩的同伙毛署员跪地求情，才把他放了。工人方面当场重伤四人，轻伤无数，青年工人王鹤鸣于当夜送医院时，因流血过多，已无法救治。裕大工会代表、当晚执勤纠察队负责人项瑞芝向大家宣布说："刚才督察处来了一个姓陈的代表，自称是督察长，他答应给咱们解决问题，让厂方答应罢工条件，还同意给受伤的工友治伤，所以我让他把被俘的人员和缴获的枪支带走了。他给打了收条……"

奉系军阀李景林得知裕大纱厂被工人砸毁，便一面派陈某哄骗项瑞芝，弄走被俘人员和枪支，另一面令他的侄子李书凤带领保安队一个团埋伏在通往盐坨地的四面路口，等待包抄去开会的工人群众。同时，诱捕各界代表。

次日（12 日）清晨，参加同盟罢工的各厂工人共一万多人，分头向盐坨地聚集时，途中遭到反动军阀李景林保安队的截击，工人队伍接近敌军的火力点时，枪声四起，从庄稼地里窜出无数"黄狗"，把工人围在当中。一部分后撤的工人被逼进裕大厂院。北洋、裕元工人未能逃脱的和被包围的宝成、裕大工人，也都被圈到裕大院内，总计在千人以上。李书凤驻厂巡警刘甫臣在人群中指认工会代表，他指出了宝成工会和纺织工会代表姬兆生，李书凤把姬兆生和被怀疑的工人押进监狱。

自 12 日清晨起，李景林派大批特务在河东、河西纱业工人居住地带和劳动群众经常出入的游乐地区（如"三不管"）清查可疑人员。

军阀政府镇压工人。1925年8月11日下午二时，李景林电召各界联合会代表辛璞田、安幸生、杨衡南、吕职人等，以直隶督办李景林有紧急会议，将各团体代表诱去，代表们到督署，即被扣留。同时，督查处武装署员数百名人员入广东会馆，声称奉督办令，迫使海员等立时出馆，驱散海员码头罢工工人。当晚又分派便衣探员在太平旅馆及河东万隆栈等处，逮捕各界联合会会员李散人、黄琴父、陆荇、杨葆如、王福田等人。

1925年8月12日，李景林派兵四百余人镇压裕大罢工，毙二人、重伤二十余人，轻伤不计。13日，又派兵千余，枪杀工人四五十人，重伤几十人，轻伤无计。七名日本人从中指挥，被工人抓捕一人。至1925年8月14日，各界联合会、学生联合会、纺织工会、广东会馆等均被封闭，各界联合会、学生联合会干部十数名，在督署拘禁。法界的海员工会、印刷工会，有中法官宪严重监视。李景林责令行督查处，悬赏逮捕印刷工会代表我三百元，学生干事杨凤楼、杨洪涛各二百元、许凤山一百元。

裕大工潮被镇压后，中共天津地委立即动员各方力量，呼吁救援。8月12日大屠杀、大逮捕的当天，地委即指示天津总工会、天津纺织总工会联名发出“为李景林残杀天津罢工工友通电”电文，列数裕大工人于开会途中被“四面包围射击”及伤亡惨状后。天津《益世报》工作的共产党员及进步记者报道裕大事件及其事态的发展。消息发往各地。上海《申报》首先转载了天津的报道；省港罢工委员会会刊《工人之路》得到消息，发表了《天津李景林之卖国媚外》的短评，随后又全文载了“通电”，并加按语说：“此次全国反帝国主义之罢工，到处受当地军阀摧残……可见军阀确是帝国主义的走狗”。中共天津地委还组织学生走上街头演说，青年团地委在给上级的《工作报告》中，也提到“裕大纱厂之屠杀”情况。

裕大事件发生后，中共中央、团中央联合发出题为《全国被压迫阶级在中国共产党旗帜底下联合起来呵！》的号召书，勉励工人、学生、兵士“一定永久不息的奋斗”。指出：“只有工人阶级与农民群众及其他一切被压迫民众联合一致，反抗帝国主义和军阀，然后中国工人和一般民众才能得到最后的胜利。”瞿秋白以《五卅运动中之国民革命与阶级斗争》为题，撰文论述“五卅”运动以来各地工运斗争遭受镇压的根源及民族解放运动的趋向，其中特别引述了纺织业的宝成、北洋、裕大各厂斗争结果及“李景林加以空前屠杀和逮捕”，致使“工人和一般民众运动”被“镇压下去”的情况。中共北方区委宣传部长兼职工运动委员会书记赵世炎到津处理善后工作，在地委机关召开干部会，又在日租界德义楼饭馆，以就餐名义召开有关人员会议，对善后工作做了具体安排。离津前，他又布置做好遇害工人及其家属的救济和抚恤工作，赵世炎回京后，亲自发动和组织了“天津各界联合会救援会”。

舆论攻势从天津市扩展到全国，如8月16日下午二时，北京和外地团体联合在天安门广场集会，追悼天津、青岛、江宁等地死难烈士。大会由于右任主席，会场上设烈士灵牌，两旁挂各界人士所送挽联，到会一千余人。会上，有“天津逃来的代表报告情况”。大会通过了决议：1. 要求政府释放各地被拘工人、学生；2. 启封各地被封之团体；3. 抚恤伤亡工人及其家属；4. 禁止军阀政府摧残工人爱国行动。会上还有朝鲜代表发言，并说:“中朝两个民族同受帝国主义压迫之苦，应联合反帝”等。会后被推选的四个代表，到执政府向段祺瑞请愿。8月中旬末，北京各界又在中山公园来今雨轩茶社召开各界联合会议，与会百余团体，共议援助津案办法，并选出代表，组成“援助津案代表团”。此外还有省议会副议长吴廉卿、政法学校校长李秀夫出面，与李景林进行交涉，要求释放被捕学生。上海学生联合会和工商学联合会派出代表三十余人，到津调查事件经过。北京学生联合会亦派代表团来津调查，并将调查结果以《天津惨剧真相》为题，在中共北方区委机关刊物《政治生活》第四十九期上发表。

1925年11月，冯玉祥将军派其所部国民军分四路，围攻驻守天津的奉系军阀。中共天津地委为了密切配合国民军进攻天津，指派地委委员、天津总工会委员袁子贞会同打入国民军第二军工作的中共党员刘格平、陈家珍一道，在天津市内秘密组织一支以天津各业工会会员为骨干的工人武装别动队，从内部策应，夹攻李景林的守军，迎接国民军进占天津。经过一个多月的筹建，建立起一支近三百人的工人武装别动队，队部设在天津英租界义庆里40号，刘格平任大队长、总指挥。下设五个分队。他们在国民军第二军驻津办事处的帮助下，从日商好福洋行购置枪支、弹药、军装，制作了以“两红、一道白”为标志的袖章。秘密进行了军事训练，制定了作战方案。规定一旦国民军总攻天津的战斗打响，工人武装别动队队员立即到指定地点集合待命，攻占奉军李景林的督办公署及军警督察处。

1925年12月23日，国民军对天津城发起总攻。工人武装别动队立即配合。其基干队从日租界出发，向东南城角、东马路进攻，一直攻到东北城角大胡同南口，占领了李景林的军警督察处。

12月中旬，国民军与奉军在津郊激战，奉军溃败，李景林被赶出天津，国民军第三军军长孙岳率部进驻天津。

12月26日，被拘代表出狱。中共天津地委用扎了彩绸的汽车接回代表们，在慧罗春饭庄设宴接风，饭后摄影留念。1926年1月初，全市召开国民大会欢迎国民军和获释代表。会上，中共地委书记李季达，赠予代表每人一枚刻有“革命先锋”字样的纪念章，以示表彰。

八、乾昌地毯厂工人两次罢工斗争

1926年1月1日，天津总工会恢复活动，总工会负责人王星五委派裕元纱厂工会委员司福祥（司呈祥）及工人何玉庭深入到乾昌、庆生恒、荣业等地毯厂开展工作。海京地毯三厂的中共地下党员高志连及团员姚宝元也秘密配合，到各地毯厂进行活动。

1926年初，乾昌地毯厂800名工人，先后举行了两次全厂大罢工。

1926年1月中旬，乾昌地毯厂工人抗议殴打中国工人举行罢工，经过三天斗争，罢工胜利，工人们复工。

1926年1月下旬，天津市总工会派李培良和陶亮同地毯厂的工人联系。谈话中李培良和陶亮了解到工人们的斗争情况和迫切希望成立工会的心情，便趁热打铁，宣传组建工会的重要性，并介绍了其他行业工人在工会领导下斗争的情况。李、陶说明了他俩是天津市总工会派来帮助地毯工人组织工会的。随后讲了组织工会的方法，并告诉了总工会的地点，指定王贵友、贾光碧等6人为组建工会的骨干，并提出要严守秘密。为了进一步提高工人觉悟和对工会组织的认识，李、陶二人将当时天津地委出版的工人运动刊物《工人生活》及工运传单交给王贵友等人。随后，王贵友等6人便在乾昌地毯厂工人中宣传组织工会的重要性，秘密传播《工人生活》刊物，在他们的宣传启发下，很多工人表示坚决参加工会组织。按照李、陶二人的要求，每两架机台8个人为一小组，选小组长一人；每四架机台16人为一大组，选一名工会干事。经过10余天的宣传发动，乾昌地毯厂工会秘密地组织起来了。王贵友、贾光碧、赵谦等人到天津市总工会，把厂内情况向李培良、陶亮汇报。李、陶决定：以厂方无理殴打工人为突破口，提出不准解雇工人、严惩打伤工人的凶手等要求，派代表与厂方交涉。李培良、陶亮与工人代表研究领导罢工斗争的具体计划，李培良起草罢工宣言，呼吁各行业支援地毯业工人罢工斗争。罢工计划：迅速将工人组织起来，成立敢死队、纠察队、交通队。分别由赵二愣、庞绍清、赵谦担任队长，保卫工厂，防止敌人破坏，一切行动听工会指挥。

罢工宣言：乾昌地毯厂工人举行总罢工，是因为资本家不顾工人死活，残酷剥削殴打工人，造成工人伤亡，要求资本家做到5条：1. 不准资方无故解雇工人；2. 不准印度打手再打骂工人；3. 改善劳动条件及生活待遇；4. 实行8小时工作制；5. 工人生病期间不准开除工人、克扣工人饭费。以上5条如资本家不答应，决不复工。望各行业声援地毯工人的罢工。

代表们回厂后，分头将罢工计划传达给工人们，在天津总工会的发动下，各行业工人对地毯工人的斗争给予了有力的支援，总工会还派人向孙岳督办请愿。在各方面的压力下，乾昌地毯厂接受工人罢工条件，罢工取得胜利。

乾昌地毯厂工人因厂主不履行前次罢工所签定的条件，再次罢工。厂方勾结警察逮捕工人及代表20多人。总工会代表在厂调停也被捕。最后总工会与警察所交涉，被捕工人及代表20多人于30日获释，受到总工会开会迎接，然后将工人和代表送回工厂，31日复工。这次罢工斗争，在全市工人中产生了很大影响。刚刚成立的工会组织在斗争中显示出自己的力量。乾昌地毯厂工人的罢工斗争有力地打击了外国资本家的嚣张气焰，促进了天津各行业工人运动的发展。

九、海员工会天津支部的成立及活动

1925年7月18日，中华海员工业联合会天津支部举行成立大会，并发表海员工会宣言："我们海员历受资本帝国主义者的虐待，使我们不能忍受。然我们相信这绝对不是资本帝国主义者对待我们海员，或中国人民局部的一个小小问题，是世界上压迫阶级对待被压迫阶级一种必然的现象。因此，我们若解决这个问题，也不是单独的一个海员问题，及奉天、夔州、惠州、裕生、昌生五个船上的工人问题，必须联络被压迫阶级共同奋斗。因此我们五船海员，于本日十八日将中华海员工业联合会天津支部成立。一切事项，归总会指挥，并郑重声明：我们愿随各地海员之

后，共谋人类的幸福，及己身之利益。特此宣言。”

天津海员工会为昌升海员罢工敬告全国，惠州、夔州二轮船为与昌升号取一致行动，于1925年7月23日下午六点一律罢工，全体约二百人，即时登岸。景星号轮船已加入海员工会，并与夔州、惠州、奉天、昌生、裕生等五船取一致行动，全体工人下船，除一部天津移入家中外，均住广东会馆，得到各界联合会及学生会声援，海员工会每日每人发给大洋三角，以为饭费。

天津大连、大阪（日本码头）、怡和、太古（英国码头）等卸货工人，约二千余人，于1925年8月10日上午全体罢工，由济安会每日发给三角，并于下午举行游行示威。

天津督办李景林，以天津各界联合会，近日举动有逾越范围的事实，于1925年7月29日，下午4时，令警察厅丁厅长解散各联合会。

海员工会天津支部成立不久，由于罢工，该会事务遂见忙碌。该会会所本设于华界，离近码头较近，为便于联系罢工工人，特移于法界平和里——新租会所内办事。海院工会办事公允，受会员之拥护，得各方之信仰，并未受任何方面干涉，1925年8月1日，法捕房派武装至平和里该会会所，不说情由，强迫会内人立刻迁徙，不准停留。海员工会内诸办事人迫不得已，只得屈从，迁至华界办事，并立刻通告各会员，宣告法人侵犯自由之罪状。天津海员工会派代表见法领事，解释海院工会会并不反对法国，法领事当即谅解，允许该会恢复原状，照常办公。

十、天津工人首次纪念“五一”国际劳动节

1925年5月1日，天津各行各业的工人、店员从四面八方向南开中学大会会场集中。集合的队伍一律化整为零，仨一群、俩一伙走向会场。道远的工人，绕过租界，向会场进发。事先预备好的红布旗、五颜六色的小彩旗，由工人分头揣在怀里，藏在袖筒里，秘密带到会场。各路集合的工人队伍到达会场，按指定的组织形式编好队列，撑开大旗，高高举起。大会也准备了许多小三角旗，写着各种革命口号，分发给到会的群众。整个会场包括工人、学生、市民共有一万多人。上午十点钟左右，纪念“五一”国际劳动节大会宣布开始。中共天津地委书记于方舟首先讲话，接着工人代表、学生代表讲话。讲话后，开始示威游行。游行大军中，工人队伍组织得很严密，队前高举革命大红旗，走出南开操场，途经西南城角，沿南马路、东马路前进。沿途有大批军警监视，戒备森严，一路上，示威群众的口号声此起彼伏：“纪念‘五一’劳动节！”“打倒帝国主义！”“收回铁路矿山！”“取消不平等条约！”“不要买卖日本货！”游行队伍转入东马路、大胡同、金钢桥，最后到达河北天纬路终点解散。

十一、天津工人参加党领导的革命活动

工商学界举行“九七”示威大会。1924年8月初，安幸生响应北京反帝国主义大联盟的号召，联络天津26个团体，成立了“天津反对帝国主义联盟”并任委员长。发表了《反帝联盟宣

言》表示与帝国主义决一死战。9月7日，天津反帝大联盟发动全市工商学各界停工停课，举行“九七”示威大会，他在会上说：“帝国主义以中国为殖民地，关税不平等，外货洪溢，为经济上之侵略；北京东郊（交）民巷为太上政府，为所欲为，辛丑条约自订立以来，学商各界，皆受束缚。此为侵略主义之由来”，提议由大会致函国会，“宣布帝国主义的罪恶。”

天津工界参加“五七”国耻纪念。1925年5月，天津学生联合会、国民会议促成会及反帝国主义大联盟、工会等六十余团体，在南开大操场开会，发起天津市民“五七”国耻纪念会，下午一点开会，三点一刻出发游行，六时在大经路散会。当时，南开大操场中央设主席台一座，四周设讲演台八个。设维持、服务人员4人，专司招待签名并指定站立地点。周围由天津童子军十二团分任维持秩序。西部、北部为中等以上各校，东部为小学校，南部为各工人群众团体，秩序井然。到会团体共计二百余校，工、商、学、报等团体，人数约在六万以上。

十二、“五卅”运动时期的工人活动

天津工人声援沪案同胞。1925年5月30日，英印捕枪杀学生等共九人，全埠愤激。中国共产主义青年团天津地方执行委员会书记江震寰同志，连夜召集学生联合会、工会联合会、天津总商会以及其他爱国团体开会，组织反日示威游行。会议决定：各路商店下半旗。31日学生仍在租界讲演，印捕亦未干涉。总商会开会时，工学界万人包围前后门，请愿罢市。各路商界总联合会首先委派商会长方椒伯卒亦签字，预定先在公共租界罢市，提出条件：1. 释放被捕学生。2. 抚慰死者。3. 外人道歉。4. 收回会审公廨。如不得许可，法租界亦罢市援助。并有五万工人准备罢工。

天津布包同业会召开会员紧急会议，做出六项。1. 不用英国钞票。2. 旧存英国货物，限两星期卖出，如不遵者按三倍处罚。3. 印刷传单。4. 加入各界联合会取一致行动。5. 组织讲演团，出发四乡讲演。6. 致函各会员自明日起每晚八时开会，时至四时闭会。并印发附传单。

《天津日报》是日文报纸，但印刷工人俱系华人。该社华工因鉴于此次沪案之惨，决定反对英日两国之行为。不与合作，于5月31日晚间实行罢工。1925年6月，天津纺织工人印刷工人发表示威宣言。

天津工人参加各界市民游行运动。援助上海惨死同胞，1925年6月，天津学生联合会发起成立天津各界联合会，并组织天津各界市民大会，举行大规模的游行运动，表示决心。

1925年6月3日上午十二时，加入游行之各界群众，已开始纷纷至南大之操场。约下午三时许，各界均到齐。总指挥宣告出发时间已到，依次排队进行。队首为各学校学生，次为县教育会，次为各报馆职工，次为各印刷局职工，次为各纺织工，次为各布商店员，次为各制造局，各售品所，各救国团以至理发师及洋车夫亦加入不少。游行路线为南马路、东马路、大胡同、省公署、督办公署、北马路、针市街、估衣街直至大经路，始行散队。一路秩序格外整齐，演说人员随处演说，至东南角，已接近日本租界，官厅方面恐生意外，故派巡警及保安队在该处把守，并有奉军一排架设小机关枪，各士兵虽携有武器，但游行秩序照常严肃，指挥亦极得当。此次游行，团体五百余，人数约在二十万。

参加中共天津地委组织的示威游行。1925 年 6 月 4 日，中共天津地委召开第一次反日示威游行大会，会场设在南开中学大操场。5 月 31 日下午，裕元纱厂工会接到李培良的口头通知，全厂工友参加声援上海惨案的示威游行。工会按照原有的组织形式，10 人 1 小组，3 个小组设 1 个干事，各车间工会负责组织队伍，举凡散传单、呼口号、分发小纸旗等工作，由各级工会干事负责。游行除了工会会员外，非会员、职员、工头都可自愿参加。全厂队伍听从厂工会委员会负责人马筱峰、杨泽轩指挥。

中共天津地委提前通知裕元、北洋两厂，由小刘庄绕过英租界走到佟楼，在佟楼西面整理队伍，直奔炮台庄。裕元的队伍共五千多人编成四路纵队，最前面是厂工会委员会大红旗，上面写“天津裕元纱厂工会”，后列各车间工会大旗。裕元厂后面是北洋厂队伍，北洋厂有两千多人，由工会代表王建文、王学之、业明堂带队。上午 11 点钟左右宣布开会。首先由中共天津地委负责宣传工作的安幸生报告上海惨案的经过，他的讲话不断被口号声打断。安幸生讲后，天津地委书记于方舟讲话，他向大会宣读了急电声援上海的全文，指出天津支援上海工人阶级的使命和今后反日的工作安排。于方舟讲话后，天津国货售品所经理宋则久，代表总商会向大会宣布总商会在津抵制日货的初步安排。之后，学联、女界、国民会议促成会、反帝大同盟等各团体代表讲话。大会最后示威游行，游行的总指挥是政法学校老师靳子平。游行队伍从大会场出发，经由南马路、东马路至官银号。产业工会的队伍走在最前面，每人都手执小旗，振臂高呼口号，“要求严惩杀人凶手”“打倒帝国主义”“与英、日经济绝交”“抵制英、日货”“收回租界”等，还提出反日口号，“收回旅顺、大连”等。队伍转入东马路，马路两边多数商店在门前设立供水站。大会组织的哀告团在卖洋货的商店，劝告他们不要卖日货，要卖国货。示威游行队伍在东北城角（即官银号）宣布解散。

天津工商界捐助沪案罢工工人。1925 年 6 月，永利制碱公司在津职员、工人捐银一千五百元交上海总商会及天津南开大学学生沪案后援会代收。久大精盐公司全体职员、工人捐银三千元。表示杯水车薪，无补万一，匹夫之责，义不容辞。全市洋务华员在广东会馆召集筹备大会，到会者十分踊跃。当场自愿捐助沪案者每人二百元，以后仍陆续援助，以接济罢工工人。天津电话总局职员发起按月抽薪集款援助沪汉罢工工人一事，业经该局全体一致赞成，并议定按月继续办理，截至此案解决之日为止。所有局中人员差役等，于月薪工资内酌提三十分之一，为救济沪案失业同胞生计之用。计每月可以筹集大洋五百十四元二角三分，按月核实汇寄，截至交涉完全胜利为止。

天津国货售品所定于自 1925 年 6 月 20 日，由门市所得余利中按日提出十分之一，送交天津总商会，俟汇有成数汇申，作为援助工人之用，暂以一个月为限，期满查看情形再为酌定。惟国货营业利益甚苦，每千元平均只得利百元，按十分之一可提出十元。津埠著名票友刘叔度、王君宜、王子光、孙洪伊等，特联合发起沪案筹款义务戏，约请京津名角李吉瑞、碧云霞、刘兰秋等辈，在南市大舞台演义务戏三日，所得票资，全数移交沪工商会。公民救国团宣传队，每日为北洋铁工厂讲演沪案情形，该工厂工人颇受感动，议决以每月一日工资捐助上海失业同胞，至沪案完满解决时始为截止。裕元纱厂职工捐款2074元，沪商会电谢裕元纱工捐款。

十三、天津外资企业工人罢工斗争

1925年6月12日，天津英商轮小工罢工致使船只停驶。1925年6月21日，全市各英日洋行买办及职员等罢工。1925年7月12日，日界荣街某日人洗衣房工人，因受日人凌虐，又因沪案刺激，举行罢工。受其影响，其他洗衣房中国工人罢工。各英日洋行华员辞职。

十四、早期工运刊物《工人生活》《工人小报》

1925年，中共天津地委于7月下旬出版了《工人生活》。《工人生活》是64开本的不定期、非卖品小册子，每期二三十页不等，由南市东兴大街新民印字馆承印。采取“讲话”“问答”“唱词”等形式激励工人斗争，内容通俗易懂，适合当时工人的文化水平，深受工人们的欢迎。开始发行千余份，后来增至两千份。地委书记李季达和委员于方舟以及从事工人运动的卢绍亭、李培良、安幸生等都是初期执笔写稿的人。共青团天津地委1925年11月12日给团中央的报告里提到“曾在‘大学’所办之《工人生活》上，多作关于青工的文字”（按：“大学”是在通信里中国共产党的代称）。这也说明团的组织曾在《工人生活》里开辟有关青年工人的专栏。《工人生活》于国民党进入天津后创刊，发行时间为1926年1月下旬。

1926年2月6日，天津《工人小报》第13期出版，刊载了《“二七纪念”天津总工会通告》和《本报“二七纪念”增刊预告》。通告要求，各工友2月7日“务必停工参加追悼二七死难诸先烈，庆祝全国铁路代表大会，共同表示天津有组织工人之阶级纪念。”

1926年3月下旬，奉系军阀褚玉璞卷土重来，国民军撤出天津，革命斗争转入地下，《工人小报》停刊。该刊历时两个多月，印刷发行量每期五千份，除在天津公开发售外，还发行到唐山市各工厂。《工人小报》在天津，除有专人送往各工厂工会组织再转送到工人手中外，还发往一些派报社。以一个“小子”（一个小铜板）批发给派报社，他们以一个“大子”（一个大铜板）卖出，因此，派报社很愿意卖出版的小报。这份小报在宣传国民革命，交流组织工会开展斗争情况，代表工人阶级利益为工人说话，特别是在提高工人的阶级觉悟，团结壮大队伍，推动工人运动等方面，都起了积极作用，在天津是一份有影响的报纸。

十五、各界联合会济安会成立

1925年8月4日下午二时召开成立大会。开会者有各界联合会主席团吕职人、辛璞田、郭静华；经济委员会杨少泉、陈祖香；学生联合会杨洪涛；总工会刘亚斋、伍子康、张寿年，其代表十一人。吕职人为主席。会上主席报告该会成立之意义、组织情形及权限。讨论了章程。（一）定名：天津各界济安委员会联合会。（二）组织：本会委员会，由各界联合会主席团、经济委员长、学生联合会、总工会组织。（三）组织系统：总务股：负本会总务一切之责。会计股：专司收发簿记。文书股：专司收发文件及保存之责。（四）职权：本委员专司收发各处汇交救济罢工工人之款及负发放分配。总务，负责收发分配经济及对外事宜；会计，负责收支簿记专；文书，负责收发文件及保存；（五）本会受各界联合会、总工会、学生联合会监督。（六）附则：本委员会章程自通过之日后实行。会议选举：总务：吕职人、郭静华、刘亚斋、杨洪涛、伍子康当选；文书：辛璞田、陈祖香当选；会计：杨少泉、安保生当选；庶务：陆荐、张寿年当选；存款地点为浙江银行及兴业银行。经费预算三十元，常住事务员刘亚斋。

天津各界联合会济安委员会成立后，发出宣言：打倒帝国主义的新战略，为国人实行经济绝交，尤以受雇于外人之工人同胞，为更有力者。若坚持长久，我中华民族之解放，指顾可期。敝会有鉴于各地及本埠罢工工人日众，为专一事权，及实力援助起见，特组织天津各界联合会济安委员会，于八月四日宣告成立，地址暂设东马路太平旅馆六十三号。深望各团体志士，勇为捐款。直寄本会，至为企盼。特此电闻，统希亮鉴云云。

第五节　土地革命战争时期的工人斗争

一、国民党统治下的天津工人状况和国民党控制的工会活动

1928年6月，国民党进入天津，不到一个月，镇压天津纱厂工人的加薪运动，枪杀恒源纱厂工人郑德山，逮捕恒源及北洋纱厂工人领袖二十余人，封禁京绥铁路总工会，殴打北京电车工人，逮捕北京京华印刷工人十余人，禁止工人集会结社自由，对待罢工工人以军法从事，开除津浦铁路济南车房工人数百人，欠发各铁路工人工资。白崇禧通电停止京津民众运动，解散各工会，李宗仁公开宣言要站在资本主义的战线上向无产阶级进攻。

天津工人的工作时间在十二小时以上，工资四五年来未曾增加，而物价高涨数倍；工头、监工、厂主虐待工人，打骂工人，克扣工人，动辄处罚开除工人，工人无一切言论开会结团体的自由。虽和平交涉运动，亦被诬为共产党，任意开除逮捕、枪杀；铁路工人欠薪四五月至十七月之多，车辆几乎被奉军带走，工人个个全在失业恐慌之中，铁路工人全在军事管束之下；纱厂地毯织布各厂，开除男工换用女工童工；唐山矿工等工厂停工裁人，失业者急剧增加，工资日渐低落。

二、中共工人运动方针

1927年10月24日，顺直省委职工运动确定天津工人经济斗争任务和要求：八小时工作制，童工女工不作夜工；星期节日停工，并照发工资；妇女产前产后应有八个星期（56天）的休息，

照发工资。同等工作须给同等工资；取消包工制；劳动保险及工厂工人住室之卫生设备；增发工资，并物价高涨照加工资；发欠薪及花红；工资须发现金。不得以信用低落的钞票或公债票等代替；失业工人的救济，应由国家及资本家担负（失业工人组织有力的团体）；不得苛待打骂工人；恢复曾经要求所得的条件；工人伙食由工人自己管理；缩短学徒年限。

1928 年 6 月，顺直省委职工运动确定中国共产党职工运动的总任务，是努力发展群众各种经济的日常的大小斗争，领导群众为自己的利益而奋斗，以争取广大的群众在共产党影响和指导之下，并在争斗中将他们组织于赤色工会之内，建立群众组织的基础，同时，在工人群众中，扩大和深入共产党的政治宣传，用各种适当的方法打破群众对于国民党及国民军的任何幻想，使群众从国民党的欺骗之下脱离出来，建立赤色工会的组织。并使工人与农民及兵士建立亲密的联合战线。

1932 年 4 月 15 日，中共河北省委职工运动确定加强职工运动工作是中共的主要任务，要加紧领导并组织工人日常斗争，发动反日罢工，开展重要企业的同盟罢工，争取唐山、天津二大产业中心总罢工的前途，为着要加紧建立赤色工会工作，发展辅助组织，开辟“黄色工会”中工作，发展工人反日会、义勇军，运用下层统一战线策略，组织并夺取最广大的工人群众到党的周围。天津工人运动的任务：制定各厂各业斗争纲领，“五一”前制定红五月总的斗争纲领；抓住裕大作中心发展反日罢工，派人打入和记蛋厂组织第二次罢工，准备六大纱厂的同盟罢工，发动北宁路失业工人斗争；在五一前召集数厂的工人代表会议，讨论并部署红五月斗争，把“罢工纪念五一”口号提到广大工人群众中，五卅以前召集第二次工代会，要包括更多的工人群众，积极准备五卅罢工与示威，工代会须产生执行机关；建立裕大、宝成、北洋、地毯、和记蛋厂、洋车夫等赤色工会或赤色小组，北宁津浦两个赤色小组；建立辅助组织三个（铁路、纱厂与海员、码头工人）；建立北宁路失业工人团一个；建立市政、铁路、纱厂等黄色工会中革命反对派；在斗争中建立工人纠察队、工人自卫队二队；建立工人反日会与工人义勇军，为争取武装而斗争，争取已建立的工人反日会、义勇军中领导，成立天津民众反日联合会；印刷发散红五月斗争纲领与红五月宣言传单至少二万份；马上出版“北方工人”；建立五个工厂小报（裕大、北洋、宝成、地毯、和记）；组织工运训练班（至少十人）；派至少十个同志打入生产部门，特别是铁路、海员、码头、纱厂、市政与和记蛋厂；在沧县建立津浦路赤色小组一个，辅助组织一个；召集女工代表会议与青年工人代表会议，讨论并计划女工、青工的特殊要求与斗争；派工人义勇军参加东北义勇军抗日战争；建立工人反帝同盟；组织工人检查日货队，为“没收日货、救济罢工工人、失业工人”而斗争；立派一个工人到中华全国总工会受训练。

三、天津工人的示威运动

1929 年 12 月 11 日，河北的工人学生，在铁路天津站的大厅门前举行飞行集会，时间正当着工人放工的时候，散工的工人兴高彩烈地自觉参加。12 日晚，恒源纱厂放工，工人又在厂外举行飞行集会，有数十人高呼各种口号。14 日下午，河东、河西的工人、学生在裕元纱厂门前举行飞行集会，影响数百人，有人公开讲演，呼口号时，群众也随着呼口号“打倒资本家”！“增加工资”！三次演习后，群众自动提议召集示威大会。

1929 年 12 月 22 日下午二时，在劝业场、兴业银行、交通旅馆附近，几百群众按时到达示威地点。传单，小标语，飘扬空际，路上行人，争先恐后地抢看，各种不同的口号。示威的群众，经过约半小时之后，向梨栈方面而去，旋即分散行人中，两面长方形的镰刀斧头头红旗，高擎在空中。

四、美隆地毯工人罢工

美隆地毯工厂是美国商人开办的，天津各地毯工厂的花毛（即由地毯刮下来的花毛）均归工人，而美隆工厂独否。1928 年，工人向厂方交涉，厂方认可拨归工人，但至 1929 年，厂方拖延不实行。又由于厂方任意开除工人，驱逐工人离开工厂，不为工人开饭。工人要求将花毛划归工人，取消不合理规定。1929 年 4 月 3 日，美隆地毯厂二百七十余名工人举行罢工。工人要求：1. 停工须发三个月工资。2. 厂方三月内须替工人介绍职业。3. 开厂时旧工人一律上工。4 月 9 日工人方面又提出八项要求条件：1. 复工条件：（1）复工后不得借故关厂；（2）花毛归工人；（3）一律增加工资；（4）罢工期间工资照发；（5）不得开除或裁减工人。2. 关厂条件：（1）关厂时须发给工资三个月；（2）厂方须负责在三月内介绍职业；（3）开厂时旧工人须一律上工。

工人罢工后，厂方态度强硬，决定“闭门停业”，勒令工人立即离厂。国民党的市政府、社会局、市党部、总工会特开会议“调停”，无条件要工人复工。国民党与美领事“调停”的结果，决定了复工办法九条：1. 复工二十七日；2. 二十七日内不辞退工友；3. 二十七日后停业系厂方自由；4. 前经辞退之六名工友均准复工；5. 如因过犯辞退工友须经工会方面及特一区方面认可；6. 工作时间内不得退出开会；7. 花毛仍归厂方，发给四十元奖金；8. 发给工友一元花红。

五、海员工人罢工

1929 年 12 月 17 日，大沽驳船公司海员工人举行罢工，向厂方提出工人七条要求：1. 撤换洋总管葛莱提；2. 加薪问题，（1）工厂各工头，每日加洋五角，（2）工匠每日每人加洋三角，丙、长工每日每人加洋二角；3. 工徒得有技艺者，按级提升工匠，工匠薪金最低限度每日每人洋六角；4. 体恤问题。工友因公受伤者，照发薪金，在船工作或出差失脚落水身亡者，应给恤金二百元，工人有病得有医生证明者，最低限度，照发薪金一个月；5. 凡风雨之日，工友驾船来到，不准随意遣回，扣除薪金，及有特殊情形者，一律发给工资；6. 花红问题，以轮船上工人所得三个月花红为成例，厂方工人须一律待遇；7. 在罢工期间，工友薪金一律发给等七条。并决定在条件未解决以前，不准复工（通过十七日驳船公司海员工人的全体会议）。

第六节 抗日战争时期的工人斗争

一、成立工人抗日救国会

“七七”事变，平津陷落，天津工人领袖苑宝璜，发起抗日救国运动，得贾如松、胡恩培协助，逐渐发展，1938年1月，成立天津市工人抗日救国会。

工运前辈李海山，工人王书阁、袁泽民、崔玉山、陈洁、赵国良、靳承勋、马祥麟、李照明等先后加入。各产业职业工人，闻风兴起，工厂单位，有棉毛纺织厂、火柴厂、面粉厂、化学工厂、烟厂、汽车厂及邮局、电车、电信、码头等工人，均秘密组织抗日分会。工人家属也积极参加，因此，至1938年冬季，达四万八千余人。天津市工人抗日救国会活动频繁，日本侵略军集中力量搜捕救国会核心人员。

二、电话局“抗交”事件

天津电话局在抗日战争前是一个直属国民政府交通部的单位。早期总局设在闸口街，后因军阀混战不断受到干扰，乃以设在英租界的三分局（在今四川路）为总局，闸口街为二、五局，六局在河北，四局在意租界，还有一个八局在河东。其中二、三、四局为自动机，其余的是人工机。

日本侵略军占领天津后，闸口街的二、五局，河北的六局，河东的八局，均被日本侵略军接管，后又接收了法租界的电报局。不久，日本侵略军将电话、电报局合并，成立了“华北电报电话公司”（以下简称“华北电电”），总局设在今河北路北口。电话三、四局坐落在英、意租界，日本侵略军不能武力接管，电话局广大职工展开了“抗交”活动，电话局局长张子奇（国民党员）表示“抗交”到底。日本侵略军施加种种压力，全局职工态度坚决，决不屈服。1938年2月的一天，伪市长潘毓桂突然派人到电话局，见到了负责财务的一个股长，把带来的一颗“关防”交给他，让这位股长马上召集全局职工听他训话。这位股长遭此突然袭击，抱着“关防”，一会便镇定下来，把伪方来人搁在会议室，告诉他全局职工的“抗交”决心。那人只好离去，临行前将其带来的“关防”留下，被局方职工捡起来交给他，他只好接过去，灰溜溜地走了。之后，英租界当局派来士兵在电话局门前站岗，防止继续发生这类事件。

1938年3月，老话务员郝某故去。出殡那天，许多职工去他家吊唁（在河东十字街附近），日本宪兵队派人逮捕前往吊祭的电话三、四局的职工。次日早晨，又在日、法租界交界的路口上截捕了一些人。日本侵略军这次行动使电话局居住在租界外的职工，纷纷携眷进入租界，找不到住处的即住在局里。日本人趁此机会散布种种谣言，蛊惑职工改变“抗交”立场。有些线路工人离开了电话局，技术力量奇缺。总工程师朱彭寿采取措施，动员老工人推荐亲属、子女来局工作，成立短期训练班，授予机线工技术，补充缺额，业务得以维持。日本人又派人潜入租界，打开马路电杆上的电缆分线箱，注入镪水，使一部分电话线路混乱，影响通话。幸线路工人及时抢修，始告恢复。英租界当局唯恐日本人控制租界电话，因此暗中支持张子奇及职工的“抗交”活动，为防止遭到继续破坏，即派出巡捕在每一分线箱下巡逻。在此期间，日本侵略军为达到接管电话局的目的，一再对英租界当局施加压力，甚至扬言要出动军队强行接管。英租界当局担心事态扩大，提出由英、法、意三国派代表暂时代管，得到日方的认可。1938 年 7 月，英、法、意三从形式上接管了电话局，局长张子奇即离职，但并未离开天津。实际上，电话局的“抗交”活动仍在坚持。1938 年 12 月，日本侵略军开始封锁英、法租界，对出入英、法租界的人进行检查。意大利是“轴心国”，因此意租界未被封锁。电话三局在英租界，四局在意租界，中间隔着一条海河，由于日本侵略军封锁租界，使两局之间难于保持联系，修理机器的零件也无法运过海河。四局德籍工人尤德治有一张医生执照，凭此执照每日乘汽车自由通过封锁口，借以保持三、四局之间的联系。德国工人翁格也积极支持“抗交”活动。“抗交”活动中，总工程师朱彭寿是中坚分子，日本侵略军派人向朱游说，许以高位，劝他交出三、四局的机线图，被朱严词拒绝。

1939 年水灾后的一天，日本宪兵队化装潜入英租界，在朱彭寿上班的途中将其劫走。日方向朱索要机线图，被朱严拒，将其折磨而死。日本侵略军对英租界仍不断施加压力，经多次交涉，英、法、意租界当局终于在 1940 年 9 月同日伪签订协定，将电话局的管理权移交日方。职工们闻讯，集合包围了局长室，向英租界驻局代表表示抗议，要求“电话局与租界共存亡”。电话局的“抗交”斗争，以英租界当局对日本侵略军的妥协而结束。电话局“抗交”事件开始于 1937 年 8 月，结束于 1940 年 9 月。前后历时三年有余。

三、天津纺织工人的活动

抗日期间的工人斗争。1939 年 1 月 1 日，公大六厂工人放火焚烧原棉仓库，大火连烧七天，损失严重。1940 年 4 月 17 日下午两点半，该厂仓库又发生大火，烧毁棉花两千包。公大六厂的许多女工以结拜干姐妹的形式，开展对敌斗争。干姐妹之间每天上班前都商量好“一天打几个轴”或“纺多少纱”“织多少布”，不多不少，成绩都一样，日本厂商毫无办法。

1943 年 11 月，日本侵略军 1820 部队令仁立毛纺织厂加工军用毛毯，首批七千条，限令 1944 年 8 月交货。后又增加一万七千条，限令 1945 年底完成。全厂职工在中共地下党的领导下，采取种种方式怠工，直到 1945 年日本投降，这批军毯也没交上。

1943 年 2 月，泰兴纺纱厂工人为破坏“生产军毯支援大东亚圣战”，巧妙地采用拆掉抽水传动带，捣毁总发动机等办法，使全厂经常无水、无电而被迫停产。公大七厂，生产日寇军需的军布、药布、降落伞、军呢等产品。1944 年，工人在中共地下党的领导下，开展了一系列的破坏活动。布场的工人陆续把织布机的零件拆卸下来，使一半以上的布机开不了车。织药布的工人制造“卡梭”“断线”来破坏军用药布的试产和投产。织降落伞的工人想方设法偷降落伞，日本工头找不出原因。该厂的原棉仓库，经常发生大火，1943年、1944年发生的大火不下几十次。敌人把原棉的存放办法改为先露天放一段时间，然后再入库保管。露天堆放的原棉垛照旧“起火”。敌人抓“嫌疑犯”，实行“毒打”“假枪毙”，仍然找不出“放火人”。

中共天津地下党组织根据上级党关于“……随时要打击日本鬼子的侵略战争，凡是生产军用物资的地方和交通运输的要道，我们必须要想尽一切办法进行破坏……”的指示精神，派工人杨树明、夏英武及电工老刘（冀中八分区派到厂来的）等采取行动。1945年7月22日，中午十二点左右，该厂毛绒场突然发生大火，大火烧了一昼夜，生产军用物资成一片瓦砾，值班的日本人跳火被烧死。火烧毛绒场次日，杨树明等离津到文安县城工部汇报战果。

华新纱厂的工人也采取磨洋工的办法与日本侵略军斗争。当时厂内流传着：“磨洋工，磨洋工，拉屎撒尿半点钟，看看不到点，回去再空空。”工人们摸准了日本厂商的生活规律，到夜间十二点一过，工人们就开空车，门口放岗哨，都去睡觉，睡到四点钟，起来干活，但是不出活，日本厂商将“亨司表”装在车头上，监视工人生产。工人们很快掌握了它的技，想办法拨“亨司表”，只见走字，不见出纱，日本厂商不清楚其中的道理。

泰兴纺纱厂工人为增加工资罢工。1942年，泰兴纺纱厂（第一染整厂）全体工人抗议伙食太差（麸皮子窝头），举行两小时罢工，日本厂商改善伙食。1944年5月26日，天津纱厂部分（原宝成纱厂）粗纱工人，抗议每天只能吃苦辣的豆饼、山芋干、棉籽面、豆面，生活太苦，无力干活，实行“集体歇工”抗议示威。日本厂商带领厂警持枪挨家搜查，强迫工人上班。姜汝为、黄安琪、王耀宗、杨月樵等全体26名粗纱工人团结一致，坚强不屈，表示不给棒子面、不加工资，绝不上班。日本厂商被迫答应工人条件，补上一个戳（一个戳即一日工资），加棒子面10公斤。

1944年11月7日，东亚毛麻厂一千多名工人举行罢工，要求提高工资待遇，罢工坚持数日。罢工期间，工人成立了纠察队。罢工得到仁立、中天、中华火柴厂等厂工人的支持，最后厂方答应了工人的要求。

天津恒源纱厂工人为改善伙食罢工。1945年1月，工人们不吃饭，都拿两个窝窝头，坐着不干活。工人们提出改善伙食，并且提出：“吃了饭才可以干活，中饭不好不干活！”厂方无法拒绝这个要求，于是给每人买了两个烧饼，午餐也有改善。

四、天津电业工人的斗争

1935年华北事变后，日本侵略军在大直沽和大王庄之间建起“天津发电所”，总装机容量三万千瓦，1938年3月1日完工发电，是当时华北最大的电厂。

1944年春天，日方扣除天津发电所工人应发的面粉，激起全厂工人的反抗怒潮，工人们进行了一场有组织的怠工斗争。一天清早，在通往天津发电所的必经道路上设人，负责通知怠工，把来上班的工人都分别派往大王庄、大直沽、李善人花园等地集中，等候上班的通知。八小时又过去了，上中班的工人也不见来接班，连班的工人故意逼迫日本厂长乔本说：“再没人接班，我们可要走啦。”日方被迫同工人代表谈判，工人们要求先发面粉后上班。日方无奈，只好用汽车拉来面粉发给工人，怠工斗争才告结束。之后，日方每月给工人加了半袋面粉。

电工北厂工人，团结一致，展开斗争。在比商电灯房的西侧有个电工车间，1944 年日本人接管比商电灯房以后更名为“电工北厂”，主要承担送配电线路维修等工作。

1941 年底，日本人为了加紧生产军用物资，组装了一辆抢修车，一旦电器设备出现故障，停电出了事故，可立即去抢修。电工北厂的工人们为了破坏电力生产，把抢修车零件拆得凌乱不堪，一旦发生紧急事故时，抢修车根本开不出去。

在日本占领时期，由于战争频繁，矿物油来源奇缺，变压器、油开关内便以食用油代替。工人们采取“统统加油”作为一种斗争手段，加进去的食用豆油，工人们再从变压器、油开关内放出来，既可以工人们家中食用，又破坏了供电设备的绝缘性。

1944 年，电工北厂的三名工人，地下党员焦玉润、张振禄、乔云清先后三次完成了上级党组织交给的破坏日本侵略者电力生产的任务。第一次，对西站的变压器放油，使变压器内部无油，绝缘破坏而烧损，使得日本侵略者把持的火车站、酒精厂、面粉厂、电线厂等重要供电部门都停了电。第二次，是对北站外水产前街的变压器，也采用放油烧坏变压器的办法，造成停电事故，使日本兵营、装甲车兵营、橡胶厂、体育场、北宁花园等处断了电。第三次，是对天纬路变压器放油，造成五千伏安两台单项变压器烧毁，使日本兵营、中山公园、军用仓库等重要供电负荷断了电。

五、西站搬运工人破坏铁路运输

1945 年，天津西站搬运工人在党的领导下搞了一次大的破坏，领导人叫赵良。工人们把一个布包偷偷地投到铁轨上，经火车轮子一辗，布都开了，许多布缠在轮子上，火车不得不停下来，破坏了运输计划。

六、长鹤也昌和页工厂工人破坏日本军事生产

该厂为 1936 年日人投资所建，1942 年后改为军事工业。当时工人做枪膛，里边应要绞两遍，（把来幅线磨光）但只绞一遍，里边并没有磨光，日本侵略军第二枪的时候（试枪时）在枪膛中就炸了。这个厂还做迫击炮弹，任务完不成，强迫工人一个多月不让出厂，一天只让睡两三小时觉，于是工人就实行怠工，派一个徒工放哨，大家都去睡觉。工人们做迫击炮弹时，把螺丝扣做的松一点，这种炮弹一打就跑气了，一个也用不成。破坏的方法很多，如日本快投降时，让大家做刺刀，工人们做出刺刀以后，趁夜里扔到树林里去。做的子弹常常不装药。

七、地毯工人联合大罢工

1941 年 5 月，天津地毯工人举行了一次联合大罢工。罢工由 5 月 17 日开始，持续了四天。

1941年春，日伪当局在天津推行第一次“治安强化运动”后，地毯工人深感现实生活的极端困难和失业的严重威胁。5月10日开始，美古绅洋行地毯五厂工人张和、辅友地毯工厂工人安忠信、李振元等几位负责人分头到各兄弟厂活动，酝酿步骤和各项要求。初步议定出四项要求：“1.增加工资，每平方公尺六角；2.改善伙食，每日午餐增加炒菜一次；3.设立工人宿舍，维护工人健康和卫生；4.不准随便解雇工人，若解雇必须发三个月工资。”先以这四项要求分头由各厂向资本家提出，以观动向。同时决定起草“呈文”，由已有联系的十几个厂各推选两名代表共三十多人携带，去“新民会工人分会海河办事处”请愿，采用“合法”手段，要求解决工人困难。“呈文”由辅友工厂工人代表安忠信，找到福盛工厂司账刘金铎，请他代为拟稿缮写。刘金铎拟好呈文后，5月12日，由各厂推选的工人代表三十多人，手持该呈文前往“新民会海河办事处”请愿。海河办事处接到“呈文”又听了工人代表的陈述，把呈文函转天津地毯同业公会解决。地毯同业公会又把工人提出的各项要求通知各地毯厂资本家，限五日内做出具体答复，否则以“默认”工人各项要求处理。这种做法，表面上看来似乎是督促各厂资本家尽快解决，其实是狡猾的同业公会用以暗示各厂资本家想办法“对付”工人的斗争。果然，各地毯厂资本家接到通知的第三天，便集合于同业公会会长宋守成（寿承）在下瓦房开办的大丰地毯厂内，开会讨论对策。会上，有的资本家说“工人要求太高”。有的说“地毯业受欧战影响，是赔钱买卖。”宋守成说：“工人要罢工并非本意，系数个捣乱分子鼓动，若各家筹得若干钱给他们，就不会再煽惑了”。当时，为倪克五厂加工地毯的辅友工厂经理萧自强表示“大家可以凑些运动费”，其他各厂资方则表示“不赞成”。会议最后议定，“地毯业因受欧战影响，生意恶劣，工人要求难以接受”，拒绝了工人提出的要求。

当工人得知呈文请愿之事，被新民会海河办事处和地毯同业公会拒绝，遂由原三十多名工人代表中推选出六名负责人，即：刘振槐（义生工厂工人），张和（美古绅五厂工人），吴学周（协昌工厂工人），李振和、安忠信（辅友工厂工人），孙景余（光明工厂工人）等，再次携带呈文，直接到“天津新民总会”请愿，要求协助解决工人的要求。天津新民总会称“治安强化运动”期间不准随便闹事请愿，不予受理，让工人代表再回海河办事处就地解决。这样，天津新民总会拒不接待；海河办事处拖延推辞不办；地毯同业公会拒不答应工人要求，工人代表看到，用“合法”的正当手续进行请愿，已无望解决，工人代表反复研究决定，秘密通知各厂工人按规定时间，统一行动举行联合罢工，不获胜利，决不罢休。

5月17日下午，联合罢工行动开始。参加统一行动罢工的，首先是6名工人代表负责人所在工厂，即美古绅地毯五厂、辅友工厂、义生工厂、协昌工厂、光明工厂、福盛工厂等。接着，位于元兴南里的义同工厂工人（有83人），玉盛大街的新新工厂工人（有60人），挂甲寺街的和记工厂工人（45人），下瓦房街的聚康工厂工人（有20人），还有其他一些工厂工人都在5月17日下午参加了罢工行动。18、19日两天，又有一些地毯厂工人参加罢工斗争。5月20日，参加罢工的有：恒立成工厂工人（27人），玉兴成工厂工人（23人），协立成工厂工人（14人），普通工厂工人（16人），德商泰隆工厂工人（有64人）等。据新民总会统计，参加罢工的共有四十多个地毯厂，职工约有一千五百多人。罢工的方式，有的工人离厂，有的工人上班不干活，也有的工人到处串连诉说工人的痛苦生活，使没有直接参加罢工的工人，实际上也处于怠工状态，全市地毯工厂完全处于瘫痪之中。

新民总会派员出面让资本家对工人做出一些让步，并对工人许以增加一些工资，“劝解”工人复工；同时暗中请出日本宪兵队干涉，强迫工厂限期复工，否则“严加惩办”。因此，很多工人被迫于5月21日复工，也有些工人因未达到预期目的，名为进厂复工，实在厂里“观望”事态动静，并未真正开工。

工人罢工斗争稍有平静之后，“新民会天津特别市事务局”（以下简称“天津新民总会”）便向伪天津特别市市长发出“公函”，通报这次罢工的情况和提出要求查办的嫌疑分子名单。公函略称：警察局发出“保一字第一四六八号训令”，通令全市各区警察分局调查该管界内地毯工人罢工情况，速予上报市局。

警察局采取公开与秘密相结合的方式，在全市范围内对煽动罢工的工人和“共党嫌疑分子”展开大搜捕，没有抓获到主要的工人代表，逮捕了与罢工有关之人员，对辅友工厂工人代表安忠信的职业介绍人张振纲、辅友工厂经理萧自强、代替工人代表起草撰写呈文的刘金铎、美古绅地毯五厂工人代表张和的亲朋刘德明、光明工厂工人代表孙景余等人，严加审讯。

由于日伪当局认为的主要罢工煽动者、共产党嫌疑分子张和、安忠信等人，早已逃匿无踪，无法拿获归案，最终以查无实据，而不了了之。各厂罢工工人，因得到不同的工资调整工资，便先后进厂复工生产。

第七节　解放战争时期的工人斗争

一、中共工委和市委对工运工作的部署

日本投降后，国民党在社会局设劳工科，科长是杨乐田。凡是成立劳工组织或团体的，均须在此登记和批准，才算合法。否则，就以“通共”或扰乱社会的罪名予以取缔，轻则拘留，重则判刑。国民党天津市党部派出中统特务苑宝璜、李海山、王书阁、吴宜民等组成天津市总工会筹备委员会。

1945年9月5日，中共天津工委部署关于群众运动的工作方针：“目前争取与团结津市广大群众，是我们与国民党夺取天津的重要关键，应配备一定数量的坚强的群众工作干部，但市内区委不作公开工作，要以群众面目出现，在各阶层中均应进行广泛的工作（包括商人、学生、上层分子等），团结各阶层群众，开展广泛的群众运动，在群众运动的开展中，组织各种形式各种名

义的公开的或半公开的群众组织，如工会、脚行会、学生会等等，其中有的是统一的，有的是分散的，越多越广泛越好，市内群众工作干部与党委严格分开，由一些委员秘密领导，不与其他党的组织发生关系。”

1945年11月25日，津委会职工部部署开展工人苦力工作。

第一，工运工作的重要性。工人在城市中是主要命脉，只有把城市中的工人发动起来，才能把城市工作作好，只有工人工作的开展，才能占领城市、巩固城市和建设新的城市。

第二，开展工人运动的充分条件。国民党占据了天津，大部分工厂都停闭，几十万工人失业，短期间无法复工，少数继续维持的工厂，工人则因物价膨胀，工资所得不足糊口，我们目前已有一定的工作基础，只要我积极的领导群众开展斗争，工运就能很快的开展起来。

第三，几个具体任务。一是各区重点：开展工人苦力工作的重点应放在铁路、铁工厂、市政交通工人、电灯电车工人、自来水、海员、洋车夫、脚行、码头工人等身上，根据各区的不同情形，应有不同的重点，如四区应着重津浦大厂、发电所、自来水公司，三区应着重油坊、纱厂、海员、钢厂，二区纱厂、洋车夫，一区电车、公共汽车。

二是调查工作。主要调查市内工厂数目（公营的和私营的），产业工人的数目（包括重工业工人和轻工业工人）。包括：1. 工厂地址。2. 工厂的性质。3. 工厂的资本和机器。4. 工人的籍贯、哪县人多、经理是谁、何党派、何阶层。5. 工厂现在继续营业的有多少，已停止营业的有多少（公营工厂和私营工厂应分开统计）。6. 全市有多少洋车夫，有几家洋车行，那个洋车行有多少洋车，洋车行的住址是哪。7. 三轮车行有几家，各有多少三轮车，共有多少三轮车。8. 码头工人、清道夫、倒粪工人各有多少。9. 那些工厂有黄色工会的组织，那些工厂有三青团的活动。

三是展开各种斗争。1. 在工人要求生活的条件下，展开合法斗争和非法斗争，应以领导合法的日常经济斗争、生活斗争为主要的任务，逐渐提高到政治斗争上去，在合法的斗争不能解决实际问题时，群众性的偷与抢的非法行为，也要领导群众进行，但不是主要的领导方向，主要方向是进行说理的合法斗争，以提高工人斗争意志和团结工人，斗争前要有准备有组织，斗争开始后要提出适当口号。2. 斗争要有原因要有目的，如要求募捐救济、要求发粮发布、反对增加车份等，即可进行斗争。3. 偷和抢是工人贫民为生活所迫不得已的非法行为，应予同情和支援，在国民党不能解决工人生活的情况下，偷与抢的风气仍可能继续发展，应教育工人，使他们正确认识偷和抢的缘故是国民党的官逼民反，是宁当强盗，不甘冻死、饿死的反抗行为，不要单单的讲偷是光荣的，要加强工人们对国民党统治者的仇恨，在领导这一斗争时要注意着重在偷抢国民党的公营工厂和仓库的东西，不要伤害私人的利益，并争取社会舆论的同情。4. 斗争要由小而大，由合法逐渐到非法，在目前一般的不能采用武装斗争方式，要掌握“有理”“有利”“有节”的原则。5. 斗争中要提高警惕性，防止国民党的破坏活动及工贼内奸的从中捣乱。6. 斗争中要广泛团结力量，求得一切可能的同情或支援，要把群众都带起来。7. 要抓紧斗争，给工人以各种宣传和教育，扩大党的影响，在斗争中物色积极分子，吸收其入党及加强组织工作，巩固党与群众的密切联系。

四是大量发展党员和巩固党组织。1. 有组织的产业工人要发展成百分之六十的党员，一般的工人要发展成百分之四十到百分之五十的党员。2. 入党条件（1）对产业工人应放手去发展，工人本身就有半个党员的条件，第一生活上贫苦困难，第二没有政治问题，第三在斗争中表现积极，对党有些认识就可以入党。（2）苦力工人的条件和产业工人同，但要调查他的家庭成份。（3）技术工人、店员、贫市民入党条件：第一政治上没问题，第二要有入党的动机和要求，入党时要经过一定的手续和举行一定的仪式。（4）真正流氓不主张发展。3. 每个工厂和其他部分或村、里、区要建立一个支部。4. 第一个月里要求按原有党员数增加一倍，六个月里要发展到现有的二十倍

五是积极培养干部。1. 工委会继续召开训练班培养工人干部，各区委可短期训练，每个区要动员五个到十个人送工委会受训。2. 区委在三个月中，每个区培养五个到十个工人干部，培养办法除训练外，可采取专人培养办法，或组织这些人到根据地参观，或动员他们参加工人大队，区委可根据实际情况自作计划。3. 培养干部的条件。（1）在工人里面有威信的（男女都可）。（2）对党有认识的、工作积极的。（3）工厂里面有技术的或大公无私的人。

六是扩展组织形式。1. 要多种多样的组织形式（拜盟兄弟、同乡会、姊妹会等），主要是灰色的和合法的。2. 党的组织和工人组织要绝对分开。3. 对“黄色工会”要利用其开展工作，逐渐争取为我方所领导，要求民主实行选举负责人。4. 要设法拒绝参加国民党或设法拖延。5. 健全组织。（1）在发展会员时，一定要利用各种形式（用编小组或用各种团体名义）。（2）组织机构，在领导上根据不同情况，规定之（推举三人至五人至多七人的工作委员）。（3）有了组织时定要建立会议汇报制度，根据不同情况规定之。（4）有了组织时最好建立秘密侦察情报小组，探听敌方和资方消息，避免坏分子破坏。

七是宣传工作。1. 口头宣传（1）应抓紧经济恐慌、物价昂贵，宣传工人或失业工人向政府要求救济，要求发粮发布，并说国军来了没饭吃了，今冬更要困难，反正不能冻死饿死，要联合进行请愿运动。（2）抓住对国民党不满的每一件事，侧面地作宣传，激起工人们的仇恨，或编成民摇、小调、歌子等对国民党的黑暗统治进行揭穿。2. 文字宣传（1）工人报和工人读物（不定期的小册子），报社印出后应大量发到工人手中并设法指导他们阅读，并发动党员干部，供给报社材料，给报纸写稿。（2）其它报纸书籍也要负责传阅。

八是领导工人运动应注意的几个问题：1. 虚心向工人学习，干部要到工人群众中去。2. 加强调查研究工作。3. 要正确认识中国共产党是工人阶级的政党，纠正对工人的不正确认识，纠正用农民的眼光来认识工人。4. 单线领导统一行动，一个事件起来时，各系统要很好配合、此呼彼应，由一点到全面。

天津职工会指导职工运动。1946 年 6 月，天津职工会关于职工运动的指示。

第一，总的是培养工人骨干，利用合法的方式建立各种工人组织，根据群众的切身要求进行小规模的斗争，从斗争中来加强及改造工会组织，并在旧行业中建立联合性质的工会，在时机成熟时来推翻国民党工会，建立工人自己的统一的工会组织。

第二、目前工人运动一般的口号，是“要求救济，要求复工”。这一口号的本身是对国民党统治集团提出的。因为目前私人工厂本身多数经济上发生了恐慌，增加工资及单纯的向厂方要求救济是不能解决问题的，救济总署将运到大批救济粮食及衣服，应该使它主要的落到工人苦力特别是失业工人手里。应该以小的斗争向救济总署请愿，并提出参加救济总署对物资的分配，以备联合的统一的大的斗争。除一般的斗争口号外，应该根据当时各该行业工人的切身要求提出自己适当的口号来。比如要求补发欠薪、待遇平等、工会活动自由等。

三是关于建立工人组织的几个问题。1. 充分合法利用国民党组织工会的机会，即应该抓紧来建立工会组织，充分的利用执行两面政策的经验，建立组织。2. 利用国民党许可组织工会的机会，组织起来到社会局登记，争取合法或公开组织起来半合法的存在着，利用各种斗争机会来争取合法或加入联合的组织争取合法。3. 组织各业联合会的组织，如纱厂联合会，小的同业工厂的联合会等，以使工人组织逐渐走上统一，以积蓄力量。4. 失业工人应该组织他们到原来的产业行业部门的工会问题。

中共冀中区党委城工部对天津工运政策。1947 年 4 月 27 日，中共冀中区党委城工部对天津形势的估计和对天津工运政策：工运工作中，应将买办官僚资本与民族资本在政策、策略指导上有所区别，在民族工厂中，劳资合作可作为宣传内容，至于具体运用，必须在资方改善工人生活的条件下，而后提出劳资合作和适当的增加生产，以免上了资方的当。因为民族资本家同样的对工人剥削，因此必须要有斗争，不斗争他不会主动的改善工人生活，但民营工业也有大中小之分，大的是接近官僚资本，中小的较进步，所以在策略上也有不同。领导斗争上，不仅要善于区别厂方性质和具体情况，而且必须要掌握住不暴露组织和有理有利有节的原则。同时在工运中要注意工人中的统战工作，应强调团结中间分子和群众领袖，以防止厂方利用工人中的封建地区等观念，分化与麻痹工人。应指出天下工人是一家和利害不可分的关系，同时还要注意工人与职员的统一战线，并应有计划的打入“黄色工会”的领导机关中的国民党内部去。另外，在各行各业中也要结合中上层统一战线工作（主要指中小工厂）。

中国共产党对天津工运方针与具体任务的指示。1948 年 8 月 14 日中共中央对天津今后工运方针与具体任务做出指示。

天津工运方针：应是争生存、扩大巩固团结、积蓄壮大力量、准备配合迎接解放军。1. 斗争的基本性质是求生存，即要饭吃、要工作、反饥饿、反关门、反南迁、反迫害、反失业，并在斗争中提高工人的政治觉悟。2. 加强工人与职员的团结，教育工人善于争取职员进行共同斗争。3. 向民族资本家进行统战工作，在劳资两利的条件下，今天共同维持生产，解放后共同发展生产。对于手工业作坊等小企业更可利用各种关系团结一起，反对国民党抓兵，反苛捐重税，要求合理配给贷款等斗争结合起来。4. 依据群众的需要和自愿，利用一切可能存在组织形式组织职工。5. 教育职工熟悉工厂，在解放军占领城市时保护工厂机器和物资，防止破坏并联合各界人士维持秩序，监视反革命分子。

具体任务。第一，在较大工厂工业工人中，主要是要吃饭、反饥饿，但斗争的具体要求上：有的要求恢复已冻结之实物津贴，有的要求多发生活周转金，有的要求追发生活指数，有的要求一部或大部改为实用（物）工资，但在政策与策略指导上，国营官僚资本与民族资本应加以区别。

第二，已减工的工厂工人，可以要求争取发全薪或发减工日之最低生活费。

第三，在已停工之工厂，工人可以提出反失业、要求复工，在复工不可能时要求解雇费，并保留工籍，并在斗争中将工人组织好，以防失业后不易组织，不能起保护机器和将来我建设的作用。

第四，在准备南迁的工厂工人主要的斗争是反南迁，要团结职工，争取民族资本家，利用各种矛盾，争取职工组织护厂委员会，争取社会同情，进行反迁厂的斗争，如非迁不可时要求工人将家属一齐搬走，不能达到一齐走时，要求发安家费或救济费，要求工厂留下办事处，保证不抓兵当兵等。

第五，党对这一斗争，不仅要注意领导，而且应很好研究如何领导。对这一斗争的领导，需要根据当时大多数工人的要求、情绪和主观的力量来决定。在作较大的工厂，党要加强支部的领导，主动的、有计划的、有组织的领导这一斗争，在策略指导上，应是此起彼伏，开始时要争取小的胜利，以提高工人情绪，锻炼与坚定工人的意志，影响其他。在工作基础较弱的工厂（指有支部的），加强支部工作，动员全体党员进行宣传、启发、酝酿工作，在酝酿中发现与团结积极分子，争取多数，而后再有组织有计划的进行斗争，防止少数先进分子的孤身跳舞，暴露组织。在有零星党员的工厂，通过各种社会关系进行酝酿工作，时刻注意成熟时机（指斗争要自发时），争取参加领导，在斗争中团结群众，建立党的威信。

第六，斗争策略。从有理有利出发到适可而止，防止过左口号的提出。同时根据斗争的发展与工人的觉悟，要适时加以政治性的斗争内容，斗争要根据主观力量和大多数工人迫切的要求和意见，避免主观冒险生硬的提出脱离群众。同时，在斗争中，特别在取得胜利后，要注意巩固壮大自己，防止雨过天晴。斗争和团结的策略，要从党的政策出发，对不同性质的工厂，要有不同的态度，联合民族资本家，共同反对帝国主义与官僚资本，党的政策如何具体执行（详见政策部分）。斗争的要求和口号的提出，要适当而有中心，力戒牵扯太广，乱喊乱斗。同时在斗争中，必需严格注意三线配备的精神与原则，防止暴露组织。斗争策略的指导，要根据形势的变化，注意研究与掌握策略的灵活性，形势有利时，要研究如何进攻，形势不利时，要转入工人日常生活零星斗争的领导。重点放在积蓄力量，准备条件，等待时机。注意争取团结职员，反对共同的敌人（详见对职员部分）。善于利用敌人内部的各种矛盾，并在利用矛盾的斗争中，巩固与发展自己，同时要注意敌人的反利用（详见对职员的政策和对党团情报组及工会的政策部分）。

第七，群众的组织形式，要根据群众要求与自愿，组织秘密和公开的、多种多样的组织形式，但公开的组织形式，要防止千篇一律或超过合法组织的内容。

第八，在运动中应抓紧的工作：壮大自己、巩固自己、提高自己，通过各种关系与办法，加强工作较弱、只有零星关系以及厂重要部门之工作，并注意发现与提拔和培养干部。利用同乡同学，开展对民族资本家的统战工作。

二、东亚毛纺厂竞选工会干事的斗争

东亚毛纺厂工会有三种力量。老工会是日本投降后，在国民党操纵下成立的。中国共产党领导的地下组织曾帮助和支持过他们。1945 年 11 月，这个工会成立后不久，根据工人群众的强烈要求，在 12 月下旬组织领导过一次罢工，由于共产党地下工作人员的指导和帮助，工人们齐心协力，罢工取得了胜利，因此在工人群众中有一定威信。

1947 年中秋节，工人们为要节礼，提出厂方应把给月饼和水果的钱折成面粉发给工人，让工人们吃上一顿饺子。厂方不答应，劳资双方僵持不下，工人们举行了罢工。厂方把罢工的事报告了天津市警察局和警备司令部，警司的一个处长带领一排国民党兵，在厂子前门、后门、球场看台上架起了机枪，要镇压工人。这时，工会的一位头头出来，让工人们先回家，说节礼问题由工会跟厂方谈判。工人走了，但工会并未替工人讲话。第二天，一部分工人到市政府请愿，也未解决问题。警备司令部逮捕了东亚工人刘同绪和靳和安。虽经工会干事营救了出来，但节礼问题并未解决，而且还扣了工人们 3 天的工资。罢工遭到失败，工会威信显著下降。尽管如此，老工会还有 1200 名会员，仍占有一定的优势，主要原因：一是工人们对国民党还有幻想，因而对国民党支持的工会也是信任的；二是工人们对工会里少数头头做的坏事不清楚，对他们还抱有希望；三是工会里的干事都是河北人，厂里河北人很多，人称“河北帮”，有一定的群众基础；四是有国民党天津市工联会和市党部的支持，这个工会的头面人物贾凤鸣、朱雪亮、马仲玉等都是国民党员，同时还是国民党区分部委员，参加了“中统”。朱雪亮还当上了国大代表，全厂有 90 多个国民党党员。

再一个是新工会，这一部分人在 1945 年成立工会时未参加工会，也未参加 1946 年的罢工。他们中的核心人物是资本家厂方的亲信，如李守信、钟续诰、张成儒、唐少泉、张金堂、凌喜照等等。还有一部分没有觉悟起来的工人，因罢工胜利后，未分给他们胜利果实，便借机起来反对旧工会，找市工联会，申请单独成立工会，未获批准，于是自称“新工会”。这是一个厂方操纵的工会，其头面人物李守信、张成儒、钟续诰 3 人分别担任国民党 3 个区的分部书记，唐少泉、张金堂、凌喜照等为区分部委员，这 3 个区分部共有国民党党员 102 人。其中有 50% 以上是职员。他们大部分是山东人，宋裴卿的同乡，厂里叫他们“山东帮”，共 200 人左右。

这两个工会外就是共产党组织的力量。该厂于 1947 年建立党支部，有六七名共产党员。另外，还有 20 余名地下工作的骨干，成立了群众工作小组、各种文艺小团体，如歌咏队、话剧团、篮球队、读书会等总计有 300 多人。再加上生活改进会的斗争，给职工解决了“生活指数倒补差”的问题，党员人数虽少，但在工人群众中有很高的威信。力量虽比老工会差一些，但老工会的会员中，拥护和支持积极分子和中间群众也还占有相当的比重。

1948 年 7 月，东亚毛呢纺织厂（以下简称东亚）工会，奉国民党天津市工业联合会之命，进行改选，通过改选，达到他们强化控制工会的目的。东亚厂地下党支部书记曲卓民及时向党领导崔毅作了汇报。崔毅邀李志和曲卓民共同研究东亚的情况后，责成曲卓民召开支部委员会研究对策。崔毅参加了这次会议，他强调支部的任务是掌握工会领导权，利用合法形式“组织群众，带领群众，积极准备迎接解放。”并指出，支委会成员要参加工会的竞选活动，以掌握工会的领导权。

会上，支委会明确了几项措施：第一，以工人名义去联合其他系统地下党人共同竞选。如与麻厂纺麻部、整理部、毛厂第一精纺部的工人联合起来，协同行动。第二，提出宋执玉（现名宋健民）、张国勋、张国钧为候选人。第三，确定麻厂的纺麻部、整理部和毛厂的第一精纺部为重点部门。这几个部门工人人数最多，同时中国共产党的力量比较强。第四，由党员李哲民出面，主动与张国勋联系协商，由曲卓民通知我参加竞选活动并提为候选人。

几天后，李哲民、张国勋、张国钧、张秀泉、马树元、孙蕃根据支委决定，在张国勋家召开了一次协商会，明确以下问题：第一，要通过我们的工作把能够动员的力量——我们的好朋好友，特别是那些受我们党领导和影响的群众团体，如歌咏队、话剧团等，都动员起来，参加竞选活动。第二、通过我们的好朋好友，做好秘密宣传工作。宣传工会是工人们的工会，工人们的工会应当为工人们多办事办好事，能给工人们解决生活上的实际困难。因此，这次改选就是要把“真正”能为工人们办事的人选进工会，选掉那些“会游子”（吃工会的饭不给工人办事的人）。要讲得深点，具体点。比方说，张国勋、张国钧、宋执玉就是能为工人们办事的人。李宗颀、王玉祥、董文彬也可以当选。第三、保证把我们拟定的候选人张国勋、张国钧、宋执玉提出来，才有可能当选。我们要利用自下而上的提名程序，在会员小组提候选人时，就把我们的候选人提出来。李哲民在会上强调，麻厂纺麻部、整理部和毛厂第一精纺部，这三个部门必须充分发动群众，在候选人提名和竞选中起保证作用。会议还决定抵制新工会，不能让他们进入工会，如在提候选人的过程中，发现新工会与工会有矛盾时（因名额所限），宁肯提工会的人也不提新工会的人（因为他们对资本家态度是不同的，一个是保，一个是反。），更不能让李守信等进入工会。为保证竞选的胜利，还要随时注意新工会的活动，以便针锋相对地进行斗争。会后，大家根据会议要求展开活动。

1948 年 7 月 14 日下午 3 时，东亚毛纺厂工会改选。国民党天津市党部、政府、市警备司令部等军警机关、市工业联合会派人参加会议。国民党官员上台讲演，讲演后，大会通过工会小组提候选人名单。共产党的地下工作人员和积极分子，帮助老工人划票、写票、当参谋。因为生产班次的缘故，选举活动到晚上 11 时才结束。选举结果是，上一届老工会的 7 名干事当选 6 人，新入选 3 人，提出的三位候选人，全部当选为候补理事，共 12 人组成理事会。改选后的 6 名老工会理事，在政治上是中间力量。在另外 6 名理事会成员中，张国勋是地下党员。工会改选后，理事会负责人李宗颀建议，由张国勋脱产主持工会的日常工作，他和其他理事都下去劳动，经理事会通过，张国勋当上了常务理事，这对中国共产党十分有利。1948 年 10 月，天津临近解放，张国勋全面掌握了东亚毛呢纺织厂工会的领导权。

1948年12月，中国人民解放军包围天津，石小东回津到宋裴卿家，转交华北局城工部给宋的一封信，并讲了中国共产党和中国人民解放军保护民族工商业的政策，要宋裴卿协助工会组织工人护厂队，以保护工人的安全。此时，张国勋也接到地下党的通知，组织工人护厂队，在工厂楼顶上设流动岗哨，有工人驻厂，准备随时投入战斗。张国勋、张国钧、马树元、李洪绪、季日谟、刘廷显、李兴荣等担任护厂队的指挥员。

三、双喜纱厂工人筹建进步工会的斗争

1944年9月，天津地下党组织派刚从冀中抗日根据地学习回来的党员张家枢到双喜纱厂开辟工作。随她去的还有红色群众曹鸣平、曹鸣钟姐弟二人。到双喜以后，张家枢在纱场试验室当检验工，曹鸣平在工务科当雇员，曹鸣钟在原动部学电工。他们根据党的指示，搬进"工房"、住进"单身"宿舍联系群众，调查解情况。1944年冬、1945年春，马润华、杨恩太、曹鸣钟、曹鸣平等4人被第一批发展入党，并建立党支部，张家枢任书记。1945年8月后，又发展刘增祥、顾全章等10几个党员。到1945年底1946年初，除职员中没有党员外，双喜纱厂各个车间部门都有了党员，要害关键部门都设立了党小组，并团结了许多群众。党支部根据群众要求，推出代表交涉，要求厂方立即复工，如不复工发每人5匹布，维持生活。

这时，厂里的冯培如、王梦符，参加了"天津市工职救济委员会"（以下简称工职派），在厂内设立"分会"，准备筹组工会。"天津市各业工会联合会"（以下简称工联派），派来孙宝钧、刘世泽、朱洪年，在厂内成立"纠察队"，也准备筹组工会。

1945年10月，双喜复工了。工联派和工职派争权夺势，朱洪年腿被打折，冯培如占了上风，自封为双喜的工会理事，筹建工会，并设立了工会筹备办公室。党支部根据上级的指示，领导工人群众，开展了推翻工会的活动。22岁的检验工孙世琚，为人正直，支部书记张家枢亲自培养，使他懂得了革命的真理和工人必须团结起来的道理。

1945年11月，工会筹备办公室传出消息，让工人按着他们定的名单选举冯培如、王梦符、刘庆奎等为理事。孙世琚召集20多人秘密碰头，根据党的指示精神，提出成立"工人秘密自治团"，大家赞成，连夜起草《工人自治团章程》，并由孙世琚、刘永德、彭道三、曹鸣钟负责筹建自治团，发动工人签名。工作开展后，很快就有二三百人报名参加了工人自治团。

12月，工会筹备办公室举行工会选举大会。这一天下午，国民党军警持枪几步一个岗，还架起了机枪。在这种情况下，双喜纱厂工会成立了，王梦符为常务干事，冯培如、刘庆奎、刘永德、贺佩英为干事。贺佩英是中共地下党员，刘永德是进步群众，"工人自治团"筹建人之一。

中共党支部书记张家枢将情况请示汇报，上级指示：第一，争取合法地位，领导合法斗争；第二，利用国民党唱的"言论出版、集会、请愿、结社自由"等高调，进行斗争；第三，斗争要紧密结合群众的迫切要求，采取利用敌人内部矛盾，分化敌人的策略。张家枢召开支委会议，传达上级指示精神，讨论本厂具体行动方案，经研究决定：利用在工会内部失意的刘庆奎、王梦符，

分化工会，攻倒冯培如；借工联派头子苑宝璜仍想在双喜树立自己的势力之机，联系厂内工联派孙宝钧等，共同推翻工会；春节即到，工人要求发面粉过年，工会不管，以此为理由，发动工人选自己的代表，直接向厂方交涉，甩开工会，并依靠积极分子孙世琚出面行动，厂方不答应就罢工。

事情决定后，大家积极准备行动。正巧碰上厂里发工资，报上市价棒子面每 500 克 310 元，厂里按 240 元每 500 克发的。工人群众议论纷纷十分气愤，党支部随机应变，把要求春节发面粉改为要求补发棒子面差额金。通过孙世琚等在群众中开展了活动，并在修理场开了准备会议，研究找厂长斗争的具体办法。

1946 年 1 月 24 日早上，孙世琚领着 30 多个工人代表直奔厂长室。

孙世琚、张家枢被扣的消息，很快传遍各车间。纱场的徐鸣和找到地下党员杨恩太，两人商量，决定按张家枢被捕前的话行动："关车罢工"。一会的功夫，细纱、合丝、打轴的工人首先关了车。地下党员曹鸣平、曹鸣钟、马润华、杨恩太等，广泛活动营救代表，发动工人，坚持罢工，不放代表，工人不散。曹鸣平灵机一动，到电气部，叫顾全章（地下党员）关了大闸，顿时全厂停了电。

罢工的工人群众，从各车间冲了出来，直奔办公室找厂长"要人"。国民党军队架起机枪恫吓工人："谁敢过来，就开枪！"大伙不听那一套，一个劲向前冲。年轻的女工和养成工们，在积极分子孙士荣、田宝珍、齐淑花、孙士兰、刘大奎、苗玉珍等带领下，挺着胸脯，一直冲到机枪面前，对着驻厂国民党军队又唾又骂，质问："为什么克扣工人的钱？！为什么不给工人办事？！"工人要求马上放人，不放不散。僵持半个小时，厂长孔赞华和驻军释放了孙世琚和张家枢。

下午，工人代表与厂方举行谈判，取得胜利。补发克扣的工资：过春节发面粉；以后"关钱"按当日和后 5 天的物价计算。罢工胜利以后，纱场和布场分别选举新的工会小组长，改组了原来的工会小组。同时解散了原"工人自治团"组织。各车间在选举组长的基础上，推出新的工会筹备委员 30 人，打倒御用工会的口号变成了群众行动。

1946 年 2 月 3 日（阳历初二），进步工会筹委趁春节放假，在中纺四厂小学召开工会组长联席会。会上，成立了工人敢死队，李庆云、王老五、孙士荣、田家珍、苗玉珍、孙士兰、齐淑花、徐明和等 71 人参加，李庆云为队长。同时，通过了"请愿呈文"，推出前往国民党市党部和市社会局请愿的代表 20 人。这次会议，认真贯彻了地下党关于有理有利有节地斗争的意图，加强了群众团结，统一了思想和行动。同时，提高警惕，当场粉碎了混进会场的流氓特务李茂臣等企图破坏的阴谋。

请愿代表中，除了工人代表外，还有工联派的孙宝钧和刘世泽两名国民党员。

2 月 5 日（正月初四），双喜代表到市社会局、国民党市党部和警备司令部稽查处请愿。经过长时间多方的交涉，才答应可以改选工会。

正月初六（2 月 7 日），冯培如在李玉祥的支持下，用钱收买流氓打手 100 余人，设七道卡子，准备殴打下班的工人，制造惨案，破坏工会改选。

地下党员曹鸣平等，一面动员工人暂勿出厂，避免伤亡，不要单独行动，一面派出电气部年轻工人张汤元、李庆云飞快地骑车去向孙世琚报信。

1946年2月10日（正月初九），双喜纱厂举行改选旧工会、成立新工会大会。800余名工人在厂院内集合。东亚毛呢厂、中华火柴厂、中山制钢厂和兄弟棉纺厂也派代表参加，"学联"的康力应邀出席。直到10点钟，市党部、社会局、总工会的监选人，迟迟不露面。大会决定由孙世琚和各厂代表及部分本厂代表前往八区党部交涉，工运干事袁泽民、总工会理事苏砚田、李海山等无理要求：改选工会应保留一半名额的旧代表。代表提出，要坚持民主，不能强迫，工人爱选谁就选谁，绝不许保留什么一半名额。双方僵持，协商不下来。孙世琚回厂汇报情况后，大会决定采取请愿措施，组织代表直奔郑庄子，包围八区党部。八区党部被迫出席选举大会。孙世琚请出厂长孔赞华参加，并由他命令驻厂国民党军队维持秩序保护会场。会议在市党部工运干事袁泽民讲话之后，投票选举。孙世琚、张家枢、曹鸣平、王老五、徐鸣和、孙文义、李庆云等7人为新工会理事，孙世琚当选为工会理事长。前3名是中共地下党员，后4名是工人运动的积极分子。

四、棉纺四厂成立赤色工会

天津市棉纺四厂的前身是1939年日本人开办的上海纺织株式会社天津分厂。设备有纺锭29948枚，布机700台，职工1410多人。厂长和技术人员、主要职员均为日本人，中国职员按工人待遇。

在1945年春天，中共中央北方局城市工作委员会派到天津的党员干部李克简，向达生制线厂的刘元春（当年十月由李克简介绍入党）布置任务，要求他进入纱厂，搞工人运动。

上海纱厂（即棉纺四厂）仓库管理员李鸿恩和刘元春为旧相识。李经常向刘借书阅读，刘元春常借给李鸿恩一些进步书籍，如高尔基的《母亲》《高尔基传》。

1945年4月，刘元春向李鸿恩询问上海纱厂工人积极分子的情况，李鸿恩推荐一名汽车司机叫左振玉，很受工人拥护。通过李鸿恩，刘元春与左振玉相识。刘元春向李克简汇报了左振玉的全面情况。李认为左振玉爱国，有正义感，有无产阶级的气质，在工人中有威信，今后可以对他进行工作。

7月，上海纱厂工人自发的进行罢工静坐，要求不再发给烂土豆和发霉玉米面。厂方怕把事闹大，不得不接受了工人的要求。

8月上旬，李克简、刘元春、左振玉在营口道老华利里8号开会，决定成立上海纱厂工会筹委会。日本投降后，为扩大筹委会影响，由左振玉和苏志新等人出面，向国民党军政部驻厂人员交涉，要求发给每个工人一匹布为恤劳金，以补助工人的困苦生活，最后终于获得了胜利。不久，其它棉纺各厂都仿效四厂提出了恤劳金的要求。

1945年10月和11月，左振玉、宋文鼎、苏志新、李希灵和李蕙加入中国共产党。11月下旬，在土城左振玉家中成立了党支部，李克简任书记，左振玉任组织委员，刘元春任宣传委员。支委会研究决定，为正式成立工会做准备。宋文鼎在日校办业余识字班并主编《业余自修周刊》，李希灵协助并撰稿，李蕙负责刻字印刷。支部联系方法是，每星期刘元春去左振玉家中两次，然后回营口道老华利里 8 号找李克简汇报。如果有紧急情况由左振玉到营口道找刘秉铎打电话给刘元春。

宋文鼎开办的识字班于 11 月底开学，开学伊始，40 多名工人入学。12 月出版第一期《业余自修周刊》，刘元春写发刊词，每期周刊发到车间。

11 月底，上海纱厂工会筹委会向厂方提出以下条件：（1）购买玉米面要由筹委会监督并进行投标，玉米面来后蒸出窝头大家尝试。（2）不能随便任用私人，用人必须经筹委会认可。（3）工人下班时不能搜身。（4）职员要从工人中提拔。经过斗争，以上四条厂方都答应了。其中第四条棉纺各厂都仿效办理了。

同时，上海纱厂工会筹委会首先清算杨家父子（日本翻译）罪行，把他们驱逐出厂。接着又斗争了汉奸张文福，取消了他在工厂的特权，并处以罚款。此款后来作了职工消费合作社的基金。

12 月，李克简去宋文鼎家中和双喜纱厂（后改为中纺五厂）的张家枢碰头。张家枢想推翻五厂的工会，建立赤色工会，但找不到领导。张经孙世琚和宋文鼎联系找到李克简，请求他对工作进行指示。李克简说："要发动群众进行合法斗争，争取合法地位。利用国民党的言论、出版、结社、集会、请愿的自由高调进行斗争。斗争要密切结合群众的迫切要求，还要利用敌人的内部矛盾，采取分化敌人的策略。双喜纱厂和上海纱厂之间要互相支援。"

12 月 20 日，中国纺织建设公司天津分公司成立。经理杨亦周，副经理王瑞基、卢统之，总工程师刘持钧。上海纱厂改为中纺四厂，双喜纱厂改为中纺五厂。

1946 年 1 月 10 日，中纺四厂工会正式成立，并向社会局备案。代表由各车间选出，由代表中产生常委共七人。理事长是左振玉，副理事长是郑庆隆，常委有苏志新（人事科）、欧阳潮（自称国民党地下工作）、王廷海（细纱）、袁秀（筒摇）和沈文克（布场）。

1 月的一天晚上，李克简、刘元春和左振玉在营口道老华利里 8 号开支委会，研究春节前如何为提高工人福利待遇向厂方斗争的问题。会上决定的斗争策略是：第一步，提出几条要求。若厂方不答应，就采取第二步行动，组织工人进行罢工斗争。在采取行动前各厂应事先开骨干会，组织起工人纠察队，做好各方面的准备工作。

1946 年春节前后，国民党天津市总工会要求各厂进行反苏游行，对国军进行慰问。李克简、刘元春和左振玉以生产太忙为由抵制。1946 年 3 月中纺四厂工会组织起了 50 余人的工人纠察队，由魏喜明任队长，王鸿德任教练，每天业余时间集合进行训练。

2 月 10 日，中纺五厂成立赤色工会，四厂工会派出苏志新、郑庆隆、王玉起、殷玉臣、沈文光、闻喜铭等百余人，带着跳高跷的腿子，以祝贺为名实际帮助五厂和该厂原工会对抗。

1946 年 3 月，五厂赤色工会和国民党八区分部打官司，四厂派人支持，并动员职工捐款支援。

3 月底，国民党天津市总工会付秀山找宋文鼎到总工会，提出将《业余自修周刊》做为全市刊物，由总工会出钱出地方扩大发行。宋文鼎向党组织报告后，组织决定让宋文鼎以病为由，《业余自修周刊》停止发行。此刊物从1945年12月至1946年3月，共发行16期。

五、毛纺织厂工人争取工会领导权

东亚、仁立两个厂相邻甚近，日本投降前，中共地下党及其影响下的进步力量有一定的基础。国民党接收天津后，这两个私营大厂工人动员起来，争取建立合法工会。

1945年12月，仁立毛纺厂工人以全厂女工占四分之一为理由，选举工会委员时，两名积极分子进入工会，随即以合法身份领导工人要求厂方归还赡养金和储金，取得胜利。1946年6月，又发动工人揭发工会理事赵国良的十大罪状，社会局、市工联会被迫同意撤掉赵国良的职务，经过改选，原打入工会的一个中共地下党员当选工会理事主任，把工会领导权掌握到工人手中。

1945年12月29日，东亚毛纺织厂工人在中共地下党领导下建立合法工会。举行工会成立大会时，国民党社会局和“天津市工人联合会”均派代表出席大会。社会局劳工科长即席“训话”，表示“关心工人疾苦”，支持工人“向资方要求改善生活待遇”。工会成立后，立即领导工人开展要求改善待遇的活动，提出春节前发给每个工人棉布一匹、面粉三袋、袜子两双的要求。经理宋裴卿于1946年1月9日宣布辞职。工人于12日举行全体罢工，并组织工人纠察队。13日该厂董事、监事联席会议决定接收工人全部要求，工会决定14日复工。

同年6月22日、9月10日，东亚毛纺厂工人，为改善待遇又举行两次罢工斗争，获得成功。

六、铁路工人的活动

铁路工人建立“铁联”。1945年9月，北宁铁路局天津东站200余名工人，在党支部的领导下展开一次向站长追索欠薪的斗争。

1946年1月（腊月廿九），北宁铁路工人要求增资，工人代表苏飞、北站电机段包文玉、王某某、吕相如（国民党）、王凤鸣（津大）、霍树清（列车段）、张某某（津浦大厂）、吴振清（机务段）、石川（构内）与路局交涉，代表们提出了工人要求的条件：过年要求双薪，每月薪水津贴十万元。

路局警务处长白某某出面，说“只负责铁路的治安，工人不守法，我要尽我的责任，我管不了增薪的问题。”工人代表要求见局长，局长只答应暂借工人每人两万元，增薪问题还得听信儿，代表们只得退了出来。

1946年1月伊日，工人代表苏飞、吴振清、李润甫到国民党党部催问，党部史克有、阎伊伊接见。他们不承认代表是大家选举的，没有资格来。为了给党部一个回击，北宁铁路许多工人参加，包围国民党党部。

包围党部以后，工人们酝酿着组织工会，1946年2月，天津铁路职工联合会建立起来，工人门踊跃报名参加“铁联”，几天后发展会员一千余人。“铁联”建立之后继续领导群众开展增资斗争，经过会员讨论，提出按物价调整工资、补发欠资、不准打骂侮辱工人、不准随便裁员、保障人权等十几条要求，并以“铁联”的名义印发传单，争取社会同情，扩大影响。

1946年3月，铁路当局采取各种措施破坏“铁联”，先以建立统一的合法工会为名，要把“铁联”与之“合作”，取消“铁联”。然后又以行政命令，把“铁联”主要负责人（都是共产党员）分别调离原单位。在这种情况下，郭华、苏华等中共地下党员根据党组织的决定，从天津车站撤离，“铁联”随之停止活动。

铁路职工的反裁员运动。1946年8月，平津铁路局员工7000多人被调拨到津浦区铁路局，但被录用的不到3000人，其余4000多人均被裁减。9月3日，天津铁路局工人在北宁公园集会，决定向路局请愿。5日，一千多名铁路工人包围平津区路局办事处，要求答复个问题。“一是调京浦路员工是安置还是裁减？二是8月份工资基数是六万还是九万？三是福利问题任何办？四是夏季用煤及服装问题如何办？”路局警察鸣枪镇压，工人暂时散去，路局答应发给失业工人工资和尽快复工。9月24日，天津、北平、唐山、山海关、德州等五区铁路员工联合起来，建立“调拨京浦路员工自治会”，发表宣言。要求“安排工作，发给工资，回原路局工作”。9月底，“自治会”代表赴国民党北平行辕请愿，行辕主任李宗仁被迫答应呈请行政院不再裁员。10月18日，津浦区铁路局宣布裁员1600人，并宣布还要继续裁员2000人。津浦区员工500多人在北宁公园集会反对裁员，并到路局请愿，要求收回成命。10月19日，“自治会”代表再次赴北平请愿。12月14日，又有2000多被裁工人到北站津浦局请愿，要求收回裁减工人的成命。

1946年底，京浦路局以“甄别考试”的办法，对京浦路线被裁员工“择优予以安排”；对平津路线“待命员工”“以定去留”。1947年1月15日，200多被裁员工举行示威，反对甄别考试，要求全部录用。由于“自治会”的坚决抵制，参加考试的只有三四十人，使甄别考试失败。1948年9月5日，平津铁路局员工为反对大裁职工，赴津浦路局请愿，路警实行武力，六名职工当场受伤。铁路职工的反裁员运动一直坚持到新中国成立。

七、电信局职工“饿工”活动

1946年，天津电信局成立电信工会，电信工会中理事监事会共13人，工会理事长吴习三为国民党区分部委员，刘文清是国大代表，李瑞成是军统外围共济社常务监事。1948年7月国民党在警备司令部成立政工处，电信工会经过改选后，电信局秘书兼营业科长胡逸任理事长。

1948年，北平电信局工人在地下党领导下选出反饥饿小组长，10月20日在小组长联席会上，研究决定向当局提出三项要求：1. 每一员工发给救济金300元金圆券；2. 按限价配给每一员工两袋面、一吨煤；3. 工资必须达到按限价买到全部生活必需品。10月27日零时，北平电信局职工开展“饿工”斗争。

北平电信局工人斗争的消息通过多条渠道传到了天津电信局，天津电信职工代表提出，天津电信局向职工发救济金、煤、面等，与北平电信工人条件相同，并提出要以工会的名义通电声援北平电信局的“饿工”运动。

10月28日，电信局各分局职工选出小组代表，晚上聚集到一分局开会。职工中加中共地下党员、地工人员张葆堂、刘长顺、王青青、张广武等都被选为代表参加了会议。会议选出阮正方、张洪智、张世兰、刘长顺、王青青等七人组成主席团。然后，代表散去，主席团成员到蒙古路电信职工宿舍继续开会。参加会议的有主席团的第一套班子，第二套班子及住在该宿舍的少数代表，职工何庆献、孙洪刚、张文泓、李宝春、张涛、张培芝、金文藻等约14人。主席团连夜会议，商讨行动的目标和应采取的策略。

10月29日上午10时，主席团带领200多名代表来到电信总局礼堂，要求工会出面答复条件。此时，二楼会议室里电信局长黄如祖、警司政工处张文焕、社会局劳工科长杨乐田、国民党市党部代表和电信工会全体理监事等人也在商讨对付职工群众的办法。双方僵持，直至大约5点多钟，谈判代表被放出来，但谈判无果。

在电信局职工代表与局方谈判时，市长杜建时、警备司令陈长捷等正在开党政联席会议，讨论电信局工潮问题，决定：“迅速调查，立即抓获处理。”

1948年10月29日6时30分，主席团主席阮正方立即指示联络组刘长顺发布行动命令，全局近两千名职工全面实行了“饿工”。

职工采取行动的同时，陈长捷布置稽察处长、保密局天津站长李俊才、稽察处督察王鲁桥、警察局副局长齐庆斌及社会局杨乐田等到电信局捕人。电信二分局，中共地工人员张广武布置监听警司、宪兵队和警察局的电话，及时得到捕人的消息，立即通知一分局开会的同志们作准备。

军警在一分局共逮捕三十四人，分三批押送到稽察处看守所。二分局张广武、中共地下人员八分局的王青青也被捕。此次，军警共捕去37人，唐津生是到一分局教英语的学生，其余36名均是电信局的职工，他们是阮正方、张志鹏、李宝春、杨金瑛、张文泓、张世兰、郑维新、张荣、张佩芝、张澄溪、孙洪刚、李克明、金文藻、王鑫章、刘长顺、苏兆山、王鸿章、李佩芝、张葆堂、张广武、贾恩鸿、刘湛、张涛、李鸿书、孙秀英、丁洁、高兰珍、许文娟、凌惠文、靳春芳、张淑文、王青青、张良箴、陆贞、曹桂珍、马桂珍。

10月30日清晨，一千余名电信职工在电信二分局集合后，来到警备司令部门外，要求释放被捕职工。职工对总局的包围从上午到深夜12点钟，军警借口“宵禁”时间已到，把职工押上汽车，强行疏散到墙子河外、民园体育场等处。

31日，电信总局在武装警察警戒下，门前布有铁蒺藜，后门停铁甲车一辆，其他各局亦有保警队把门，军警进入交换室、机务室强迫职工复工。

“饿工”一天一天坚持着，得到社会的广泛同情，全国各地如上海、南京、青岛、汉口、唐山、塘沽等电信局职工纷纷通电声援。塘沽、北平局还派代表到津慰问。

僵持中，营救委员会的报务科长的女儿林秋萍提出：“时间拖下去，被捕代表何时放出，不要在这里谈判，派代表到警备部要人吧！”11月3日林秋萍以代表身分在二分局交换室，对大家说：

“警司方面同意放人，局方同意发240元救济金，一袋面，煤以后再解决。为了早日能见到被捕代表，明天中午复工，随即办手续放人……。”群众为了能见到被捕代表，没有提出反对意见。

11月4日中午12时，坚持了6天的电信职工“饿工”斗争结束了，被捕代表释放归来。

八、旅店和澡堂行业的工人运动

成立工会。1946年初，北平东升平地下党支部负责人芦连贵、张振永和王明听取了李焕明在天津开展工作的情况，商讨在天津旅店和澡塘两业发动工人建立工会的事宜，决定争取建立合法工会，发动工人的口号是：“成立职工会，为群众谋福利，反对打骂和解雇工人”。

1946年2月，李焕明根据上级指示的精神，以工人组长的身份，发动和团结工人，在交通旅馆成立工会组织。鲁鹤鹏到劳工科面见科员梁国栋，把职工的生活情况和要求提出来，梁国栋答应帮助解决。并说要想解决工人生活问题，可以成立工会，但必须经过劳工科批准，但在未经社会局批准以前，不能叫资方知道，如资方知道，开除工人，一概不负责任。

鲁鹤鹏与李耀祖等人瞒着资方，提前通知多数工人。在南市美蝶旅店租房间，请中医大夫曹尔诚代写呈文，开始筹备工作。

呈文报到劳工科后，鲁鹤鹏等人每天去催办，由于早已疏通关系，各方工作比较顺利。1946年4、5月间召开筹备会，经劳工科批准之后，立即召集交通旅馆职工，举行工会成立大会。并经党组织同意，邀请澡堂、饭馆业和文艺界职工代表参加大会。会上选举鲁鹤鹏（地下党员）为常务干事、李耀祖（同年六月发展为地下党员）、马俊魁为干事，邵仲明和王思庆为后补干事。

交通旅馆工会成立后，经过与资方交涉，从资方的全部收入中提60%，作为全体职工生活费，每人平均一份，解决职工的最低生活。之后，惠中、世界、巴黎、北辰、孚中和佛照楼等旅店先后成立工会。

争取经济利益。天津市旅馆业的工人，从来没有正式工资，工人赚来的小费钱，资方及其代理人，从中按大份分走，剩下的为工人所有。交通旅馆工人收入的小费统归账房管理，从职员、经理到资本家高新桥，按职权大小分份，高新桥家佣人的工资，也从小费里提取，其余部分当工资发给工人。

交通旅馆筹备成立工会后，工会领导工人向资方提出条件，为每位工人做一套衣服，由经理李鹤琴去办理，交通旅馆为每个工人做了一身衣裳。

交通旅馆职工会成立后，要求资方提高工人收入改善生活。社会局劳工科出面，召集工会代表鲁鹤鹏、李耀祖、马俊魁和同业公会理事长高步云以及交通旅馆资方代理人等开会商谈提成问题。工人代表在会上提出，在全部房金中提取60%，作为工人的工资，在工人代表的坚持下，终于达成协议，提成60%作为工人的工资。经大家商量，交通旅馆取消了小费制度。

长发栈组建职工会。1946年6月，天津市十几个大旅馆，在龙泉党支部的领导下，基本上成立了工会组织，建立行业工会的时机已经成熟。经大会选举，鲁鹤鹏被选为天津市旅店行业职工会的理事长，李耀祖当选为常务监事。之后，鲁鹤鹏凭借在职工中的影响和行业工会理事长的身份，当选为参议员。

大安栈工人组织工会。旅店业行业工会成立后，帮助大安栈工人组织工会，该单位资方派股东李某拿空白支票，到行业工会，把支票交给交通旅馆职工会干事马俊魁，鲁鹤鹏和马俊魁除拒绝。大安栈职工会在行业工会的帮助下成立起来。

长发栈组建职工会。天津市旅店业同业公会，是旅店业资方组织。他们的代表人物是：理事长高步云，常务理事是伦敦饭店的经理年光尧和长发栈的经理李仲元，以上三人全系中统特务。高、年、李三人在伦敦饭店商讨，决定用给职工提成的钱收买鲁鹤鹏，拿出五条金子，通过社会局的梁国栋行贿，被鲁严词拒绝。鲁对梁说："你把这笔钱救济难民吧。"

1947 年春天，长发栈组建职工会，李仲元发觉，他在社会局工商科搞了一张歇业证贴在门口，要停止营业，解雇工人。工人代表张文斌等报告了鲁鹤鹏，经与支委李焕明商量。由鲁鹤鹏、李耀祖等地下党员带着一百多名工人到工商科去请愿。齐联科再三向工人保证查办科员高某，收回歇业证，并将此案交回劳工科解决。

中共地下党员叶恩贵、许金荣、李耀祖，带领马俊奎等十七名工人代表到市政府门前绝食请愿。鲁鹤鹏在押期间，法官黄哲开庭问案。鲁鹤鹏指出，这是伪造事实，有意陷害。鲁鹤鹏请的律师李景光出庭辩护，驳斥原告李仲元捏造的十条罪状。高步云、年光尧通过监狱科长，强迫鲁鹤鹏收贿款，借以软化鲁的意志。地下党支部派党员李耀祖等人，到监狱探望鲁鹤鹏，由李耀祖把钱退回高步云。

最终，警察局将鲁鹤鹏和其他被扣押的职工释放出狱。此后，为解决职工的复工问题和职工解雇期间的生活问题，鲁鹤鹏等二十一名职工代表又赴市政府请愿。

经过几次斗争，长发栈职工会终于成立了。大部分工人复工，工人从资方每天房金收入中，提成 30% 作为工资。

九、联勤杜鲁门路军装工厂的罢工斗争

1947 年 5 月工人下班一拥而出，拒绝出门搜身，警卫班长下令开枪，两名工人当场被击毙。工人立即聚集于工厂大院提出抗议。5 日，全厂职工 900 多工人举行追悼会公祭死难工人。同时与厂方交涉，要求严惩凶手，以杀人罪论处；对死难工人发抚恤金，并按生活费指数每月发其家属生活费；保障工人的生命安全；肇事官兵应当局严肃制裁。同年 8 月 4 日联勤杜鲁门路军装工厂工人召开纪念会，要求取消门卫搜身制度等。1947 年 8 月 21 日，联勤杜鲁门路军装工厂 300 多工人和多伦道特约军装厂 700 多工人先后举行罢工，要求增加工资，改善待遇。厂方于 6 日答应工人提出的大部分条件。

十、天津各行业开展的工人活动

1946 年 7 月至 1947 年 6 月，经天津市社会局"调解"的"工潮"达 155 起。其中，反解雇、反饥饿、反减薪的斗争有56起。另据国民党天津社会局统计资料，1947年5月到1948年7月，共发生“工潮”156起。1946年7月5日爱克门铁厂、华昌工厂；8月20日龙泉澡堂，8月7日霈记印刷局；8月20日义生造纸厂；9月5日义大染厂；9月20日协和印刷厂；1947年2月20日裕德橡胶厂；3月1日颐中烟厂；4月29日北洋影院；6月25日震海橡胶厂；7月1日博明机器厂；7月10日天昌染厂；7月24日义生工厂；7月25日冀新橡胶厂；7月25日德和铁厂；8月1日和记蛋厂；8月30日直隶印字馆；9月1日复兴联合军装厂；9月17日华北火柴厂等，先后展开以反饥饿、求生存为内容的反解雇、反裁员、反减薪的工人运动。

1946年11月17日，天津机器厂及各分厂、炼钢厂、化学厂、中央电工器材厂、造纸厂等十二个单位全体工人派代表向国民党天津社会局递交“调正待遇意见书”，要求按生活指数调整工资低薪。12月5日再次到社会局请愿，严正声明按社会局发表的工人生活指数，则工人每月工资已减低一半，与原应得工资相比每半月相差万元以上，个工人已不能维持生活，工人代表要求24小时内答复，“否则发生意外，难负其责”。到12月10日，因仍无答复，全体工人6000余人赴社会局示威请愿，最后各厂厂方被迫答应工人的部分要求。

1946年12月19日，天津机器厂及各分厂工人举行“怠工斗争”。班上的工人开动机器，打空转，不干活，还把住厂门、仓库、电话。化学厂、炼钢二、三分厂、电工一厂的工人也相继分别举行“怠工斗争”。天津警备区司令部、警察局、市党部、社会局等国民党党政军机关进行调解，组成“劝导团”分别“调导”。终于“劝导团”口头答应增加工资问题，各厂工人于12月25日暂先复工。

1946年12月，天津机器厂一、二、三分厂，造纸厂，电工器材厂，化学厂，汽车厂，炼钢厂等八个单位工人举行联合罢工，反对当局在物价飞涨的情况下减少工资，要求收回无理措施，改善工人待遇。

1947年6月1日，天津马车、地车等搬运工人为反对天津市政府滥征养路费公开举行请愿斗争。地毯业各厂500多名工人的调整工资和反解雇斗争；酒业十二个厂870多工人要求调资斗争；澡堂业28个单位1900多工人要求按澡资提成的斗争；制香业十六个厂590多工人要求增资的斗争；火柴业部分工厂540多工人要求调整低薪的斗争；木材业30个厂240多工人要求增资的斗争；绒毛加工业十三个厂640多工人要求调资和抗议停工的斗争；牛奶业7个牧场90多工人反解雇的斗争；印刷业63个工厂850多工人要求调资的斗争；皮鞋业760多工人要求增资的斗争，还有橡胶织布等行业工人的联合斗争。这些斗争大都经社会局等有关当局“调解”“评判”，工人取得一定的胜利，也遭到当局的镇压而告失败的，原因多是资方坚持停工歇业并与当局勾结对付工人。

1947年底，塘沽新港工人（领航、水手）为抗议国民党军队枪击进港商船，逮捕无辜船员，举行罢工。1948年3月11日，塘沽新港工程局机械厂600多工人和船闸管理工人，迫于粮价狂涨，要求提高待遇，同时举行罢工，并选派6名逮捕向局方请愿。13日，斗争取得初步胜利，工人复工。4月2日，新港修船厂1000多名工人为要求提高待遇举行罢工，300多名工人集体向局方请愿。1948年5月12日，工人又为反对托发工资问题举行罢工。13日局方强迫工人“检举煽动工潮的人”。警察局以“有通牒共匪鼓动工潮的嫌疑”逮捕了29名工人。在几大行业工人斗争影响下，天津各行各业广大工人以请愿、怠工、罢工等不同形式，与国民党当局举行争生存、反饥饿、反迫害、反裁员的斗争。

十一、国民党对工人运动的控制

1945年12月7日，国民党建立以社会局局长胡梦华为主任、国民党中央社会部专员阮子平为副主任的“天津失业工人临时救济委员会”和由天津市党政接收委员会、国民党中央经济部、财政部、军政部等各部驻津特派员办事处、市党部、市警察局、市社会局等七个机关代表组成的“天津市各工厂劳资纠纷调解委员会”。

临时救济委员会在其报告中称：“天津各业失业工人约22.9万人，可救济的只有7万人。”1946年1月3日，该会向社会局呈报失业工厂登记情况时，又称：“本会成立以来各工厂踊跃登记，其中失业者占十分之八、九，至今仍有未复工者，故工人生活困难。”

天津市市长张庭谔、副市长杜建时为此曾数次“电陈”国民党行政院院长宋子文。其中，1946年1月19日电报称：“近来津市工潮潜伏，东亚毛纺织厂工人已有聚众伤及社会局科长事……东亚即发其端，各厂相继效尤。近复有仁立毛织厂、电车公司、法国电灯公司、自来水公司等工人纷纷请资方改善待遇，增发物资，限期答复，情势严重，地方治安最为重要，工人结体请愿，此风断不可长。”1946年4月27日，天津市长张廷谔电请蒋介石和宋子文。

1947年6月1日，天津社会局通令工商界禁止罢工罢市。津警备司令部宣布，自1日午十二时起，实行戒严法，在戒严时期内，工商界不得有罢市、罢工之行为。

1946年7月16日，国民党天津政府把“劳资纠纷调解委员会”改组为“劳资纠纷评断委员会”，以收到“统一控制的效果，而挽危机”。该会由市政府、党部等十五个机关派出代表组成。发布公告称：“厂方与工方在争议未解决之前，均以按照规定不得以任何理由停工、怠工或罢工，工方不得干涉厂方行政，致碍生产。违者各负其责，依法严惩不贷，公开表明对工人运动实行镇压。”

十二、天津工人迎接天津解放

解放初期党有关工会运动的政策法令和指示。1948年12月30日，人民解放军天津市军事管制委员会副主任黄敬同志在“关于军管时期天津职工运动”的讲话中，对天津工人迎接天津解放做出指示：1. 发动工人建立和巩固革命的秩序，协助政府肃清特务，处理散兵游勇，维持街头工厂的秩序等，如组织纠察队，保护工厂，防止特务破坏等。2. 发动工人，协助各工厂的军事代表，完成接管工作，并迅速组织复工。3. 适当地解决军管时期工人生活问题。这问题中最重要的是工人的工资问题。4. 在工人中进行教育宣传与组织工作。开始时不马上建立工会，最初建立临时工厂管理委员会，军事代表、厂长、工程师、职员及工人代表优秀积极分子参加，但最后决定权属于军事代表。

中纺二厂工人开展护厂运动。1948 年人民解放战争取得决定性的胜利，蒋介石军队陷于更大的困境。国民党反动派决定，“天津中纺公司”立即迁移到长江以南，主要的纺织机器也得迁走。中纺二厂厂长彭雪舟在部分工程技术人员和保全工、木工中部署了“南迁”的准备工作；让木工着手准备装机器的木箱，让保全工准备好拆机器的工作。党组织得到这一情况后，果断地做出两项决定：一是发动全体地下党员和基本骨干向职工作广泛宣传，抵制“南迁”机器，提出广大职工易于接受的口号：“搬走机器就是砸了工人的饭碗”“‘南迁’就是让工人失业”。二是做好保全工和木工的发动工作，拒绝为“南迁”拆卸机器，机器完好地被保存下来。

1948 年 12 月下旬，中共天津市委员会派耿益盈部署中纺二厂护厂措施。第一，向国民党的高级管理人员和反动党团、军、警及青邦头子等发出警告信，告诫他们不准破坏工厂，要坚守岗位、保护工厂、立功赎罪。张贴“中国人民解放军入城约法八章”传单，向全体职工进行宣传动员工作，要以主人翁的姿态保护好工厂，严密监视敌人，协助中国人民解放军解放天津。第二，动员组织工人参加“护厂纠察队”，保卫工厂安全，防止破坏，如遇破坏工厂的敌人做坚决的斗争。

李鸿安部署组织成立四百人的“工人护厂纠察队”，由地下党员带领迅速行动，分区域负责保护各车间及要害部门。徐志平负责纱场；李文典负责布场；王玉峰负责电动部；李文发负责修理场及监视中统特务王林宗；李树江负责场外及监视厂工会；李万玉、张贺年等负责仓库及前大门；李树泉负责露天仓库和后门。此外，由韩家礼带领其他人负责在厂内巡逻。

1949 年 1 月 14 日夜，耿益盈和李鸿安亲临中纺二厂，由韩家信引见，以中共华北局城工部天津办事处身份，在前楼地下室向厂长彭雪舟等人交代党的政策。要他们尽职尽责，坚守岗位，等待党的接管。

东亚毛纺厂工人护厂迎解放。1948 年 12 月初，冀中系统领导楚云向张国钧传达护厂指示。张国钧约张国勋、马树元、张秀泉三人开会，传达了上级指示，准备两套方案：1. 如果敌人来得多，就组织全厂工人与他们讲理；2. 如果敌人来得少，就把他们打出去。工人们准备了砖头、木棒、石灰袋子等物件守护着工厂。

1949 年 1 月 14 日晚，张国勋按上级领导的布置，由马树元执笔，草拟一张布告：“奉上级令，为协助人民解放军顺利开辟工作，维护本公司产业安全，并建立革命新秩序，特组织工人纠察队，希本公司工友踊跃参加为荷。”布告贴出后，很快就有许多工人报名。纠察队由地下党员张国钧、李洪绪，地下关系张国勋、马树元、张秀泉负责。

1949 年 1 月 15 日清晨，东亚公司完整无损地回到了人民手里。天津解放后两天，东亚公司正式开工。

永利碱厂工人的护厂运动。1948 年 12 月下旬，人民解放军包围塘沽，中共地下党员史振江、史振河、杨庭焕等人，接受塘沽地下党负责人张阁布置的保卫工厂。党地下工作人员张师仲是厂里高级职员，为了护厂，他带领工人进入南北楼，将各制碱塔内的存水放掉，以防发生冻坏事故，有效地保护了塔器。年底，战争越来越紧，永利的工头们纷纷逃走，为了保护工厂，工人们住在厂里，几天不睡觉，坚守在岗位上。他们保全了工厂，保全了设备，直到1949年1月17日清晨塘沽解放。

天津机器厂工人展开护厂运动。天津机器厂共产党员邢本贵是一位老技术工人，他和刘宝兴发现有破坏分子在厂内盖地堡，地堡的顶部有电线，想用大型电雷一举炸毁这个工厂。天津机器厂工人运动的直接领导者何其浩，让刘宝兴负责，完成剪断电雷引线这项艰巨任务。1949年1月14日晚，刘宝兴顺着墙根找到事前看好的地方，迅速剪断电线。

天津机器厂工人们在党的领导下，成立了护厂纠察队。刘宝兴、郑国栋、邢本贵、陈宝玉、王庆云、商瑞起、姚洪福、郑指美、石含义等工人，日夜守在厂里，担负起护厂任务。1949年1月16日，天津市军事管制委员会派来的郭栋才、陈乃弟、李玉盛、胡达佛等军代表接管了天津机器厂。

天津行业工人纠察队徒手夺取国民党警察局六分局。1948年11月，中共中央华北局决定，以区级干部为主，挑选优秀地下党员和骨干组成行业工人纠察队，里应外合做好接管城市工作。工人纠察队由五个大队十七个中队，约七百余人组成的，主要分布在国民党天津市警察局、几个分局及区公所、市政府、天津县政府、铁路、电台、车站、面粉公司、纺纱厂及仓库重地。城工部明确天津地毯工人、地下党员干部张鹤年，地下工作的党员干部何其浩二人，为天津行业工人纠察队第三大队第三中队的队长和政委，中队下设两个班。

国民党天津警察局第六分局位于威尔逊路（今解放南路）的东侧，全员430人，下属一个分驻所（在三义庄）、十六个派出所，分布在陈塘庄、挂甲寺、东楼、塘沽路、厦门路、西楼、丁家花园、马场、土城、贺家口、小刘庄、大营门、三义庄、义园前、陶谦路、吴家窑。每个派出所有所长、警长和警察十人左右，有五支长枪、一支手枪的装备。天津战役中，六分局所在街道，是中国人民解放军由津郊南面向市中心前进的要道。

1949年1月15日早晨六点多钟，天津行业工人纠察队第三大队第三中队，按照事先的周密部署，在三中队政委何其浩和队长张鹤年率领下，二十九名地下党员和纠察队员，徒手英勇地夺取国民党天津警察局第六分局，缴获了该局及系统的全部枪支和“三册一档”（指枪册、人员册、户口册、局档案），控制了周围局面。何其浩集合六分局所有人员，宣传共产党进城政策《约法八章》，之后，命令孟昭培立即召集局属单位的负责人立即到局。张鹤年、何济广安排武装的纠察队员，分别到后院电话八局、分局外门前及马路上布岗。六分局所属各派出所所长和警察陆续到达，有百十人。何其浩又宣讲了一次《约法八章》，提出要按照共产党的“三原”（指原单位、原职、原薪）政策，速回各自单位坚守职责。1月15日下午6点左右，军管会任命分局长郑大坤到任，何其浩将六分局的全部枪支和“三册一档”顺利移交。

十三、黄敬关于天津职工运动的讲话

1948年12月30日，人民解放军天津市军事管制委员会副主任黄敬在关于天津职工运动的讲话中指出："天津工商业仅次于上海，工人有30多万，产业工人有7万多人，他们是天津人民中最基本的主力，新民主主义建设的基本力量。我们进城后最根本的工作是工人运动，发展工业，恢复秩序，其根本环节，就在于天津的工人运动。进城后的几个紧急任务：（一）发动工人建立和巩固革命的秩序，协助政府肃清特务，处理散兵游勇，维持街头工厂的秩序等。（二）发动工人，协助各工厂的军事代表，完成接管工作，并迅速组织复工。（三）适当地解决军管时期工人生活问题。这问题中最重要的是工人的工资问题，工资问题如何处理，有三种意见：1. 以11月6日国民党调整的工资为标准，按当时物价，折合成人民券，以"铱"为单位发给（按1铱1斤麦，2斤小米，1斤半煤，1方尺布）；2. 按1948年标准计算；3. 按国民党的薪给，我们根据地的薪资来给工资。三种办法哪一种好，大家研究讨论。对保护工厂，很快就来复工的人，我们进城以后，即先发半月工资，以维持其生活。对一切工人旧有的福利习惯（如请假、生产优待、婚丧假等）一切仍保留旧有的制度，不轻易改变。进城后成立工厂委员会，迅速组织工人合作社，让他来办理1. 粮食配给；2. 兑换金圆券，这两件事，都必须给工人以方便和优待，在解决这两件事情上组织工人。（四）在工人中进行教育宣传与组织工作。开始时不马上建立工会，最初建立临时工厂管理委员会，军事代表、厂长、工程师、职员及工人代表优秀积极分子参加，但最后决定权属于军事代表。"

十四、天津市总工会改造旧企业

至1949年3月，天津市有三十多个私营企业，开展了生产竞赛获得了初步成绩，提高了产量质量，及时或提前完成了生产任务，增多了利润并大大改造了劳动条件。

一般参加竞赛的工厂都建立了民主管理性质的劳资协商会议，大华染厂经理筹划建立新的会计簿记制度，亚光电器厂资方根据工人的能力技术重新调整了过去不合理的（按工龄与戚友关系为依据的）工资状况，洪生织布厂资方在劳协会上也承认了过去订工资时有过偏心，要通过生产竞赛，考察每个职工的工作能力，成绩和工作态度来具体地调整工资。有一些资本家（如华北、享大，大华及许多竞赛厂）已能信任工会并依靠工会来把生产搞好。

市工会在7月28日《天津日报》上曾有专论，基本的精神是适合于私营工厂的情况，但因为私营工厂的情形更为复杂，问题更多，例如有些工厂职员和工人的工资待遇相差悬殊，引起工人很大意见，有的职员能力很差却担任工厂中重要职责等，而职员又大多和资方有着戚友乡邻关系问题，牵连较多。但是这些问题将来是一定要逐步解决的，需要多多考虑研究，谨慎从事稳步前进。

十五、首届职工代表大会

天津市首届职工代表会议于1950年13日上午9时在耀华礼堂隆重举行。到会代表七百四十二人，包括铁路、纺织、市企、搬运、海员、产联、五金、化学、手工业、盐业、店员等十一单位。

十时半，由天津市总工会筹委会女工部长丁一传达中华全国总工会副主席李立三关于组织问题的报告和总结。李立三在工会组织问题上指出，在一年左右完成把全国工人阶级基本上组织起来的任务，是一件艰巨而光荣的工作。在工作方法上，首先要放手发动群众自己去建立工会，反对关门主义。要先将重心放在产业工人身上。有工会组织的地方（如东北）应广泛发起征收会员运动；在仅有工会筹委会的地方，再行发展；没有职工代表会的地方，要首先组织职工代表会。在店员和手工业中，将建立工会和订立集体合同相结合；码头运输工会的建立，要结合废除包工头运动。其次，关于干部问题的解决，李立三指示强调干部应来自群众中。工会应注意培养提拔工人中的积极分子。会议对工会名称、组织系统、工会编制、经费问题，均做了明确统一的规定，对工厂管委会、常委会和工会性质也做了详细的解释。

第三章　宣传与教育

第一节　宣传

一、天津最早介绍马克思主义的书刊

1911年夏，天津出版《维新人物考》一书，其中有专写《马格斯》（即马克思）一章（第50页）。此书卷首有序，署“宣统三年”“燕南华承”。所谓“燕南”系前代文人好“古雅”而对天津的别称，是天津最早介绍马克思的文章。它说：“马格斯，德国社会学家及法学家也。法国千八百四十八年革命，马氏与闻其事。后之伦敦，从事著述。千八百六十四年立‘万国工人会’。其最著之著作为《产业》。”由于早年社会学的翻译，对音及译意上不很准确，在此书中，“万国工人会”即“国际工人协会”（“第一国际”1864年9月28日成立于伦敦）；《产业》即《资本论》。作者华承，系天津著名书法家华世奎的族叔。

二、《新生命》创刊

1919年11月1日，天津真学社主办的《新生命》创刊。该刊宗旨是："抱住一个特别的意见，牺牲一切虚荣心、利己心，求适于现代和能改造一切环境的真理，创造一种新生命，打破旧的、过去的和将过去而没过去的，和应该过去而仍站住的，或非真理而却自夸为真理的，阻碍新生命发展的东西，"主张彻底推翻旧的社会制度，求得一切社会问题的"根本的解决"。在创刊号上，柏夫发表了《劳动问题与俄国革命》一文。文章分析了十月革命爆发的历史原因和社会条件，指出工人阶级的成长壮大是革命成功的阶级基础，马克思社会主义学说是革命成功的思想基础，认为中国无产阶级仅靠经济斗争是解决不了根本问题的，必须"以俄为先例"，实行无产阶级革命，彻底推翻旧社会。

三、成立"觉悟社"和"新生社"

1919年9月16日，天津学生联合会和天津女界爱国同志会的20名男女进步青年组成了革命团体觉悟社。由周恩来主编的《觉悟》杂志于1920年1月20日出版第1期，100余页，将近10万字。第1期上发表了周恩来撰写的3篇文章和5首白话诗。其中《觉悟》一文是该刊的发刊词，仅600余字。文中写道："人在世界上同一切生物最大的区别，就是人能够'觉悟'，一切生物不能够'觉悟'。'觉悟'的起点，由于人能够知道自己。因着觉悟，遂能解决人生的人格、地位、趋向，向进化方面求种种适应于'人'的生活。"周恩来认为，"'觉悟'是一个不断前进的进化过程，'觉悟'的人，必定是不满意现状，去另辟一条新道，接续不断地往前走，去求无穷的进化。"

"新生社"是在李大钊指导下于1919年9月建立并开展活动的，第一个活动地点在现建设路芸芳里二号，第二个活动地点在现泰安里三号。该社在1920年4月1日出版过《新生》杂志，刊物的宗旨是："发表'新生社'的主张，介绍新思潮，这是一份带有社会主义色彩的革命刊物。"这个社的成员以省一中学生为骨干，有于方舟（兰渚，省一中）、王天麟、韩麟符（致祥，省一中）、安幸生（毓文，省一中）、卢棘瑜、李小五、王隶华、王同华等十余人。后来，该社改组为马克思主义研究会并出版了会刊。

四、马克思列宁主义在天津传播

1919年，《新青年》《每周评论》《少年中国》等进步报刊，在北洋大学、北洋法政学校、南开中学和天津中华书局设立代卖处。大胡同中华书局和王揆生、胡维宪协助办理的南开书报贩卖团也能买到，俄国十月革命思想和马克思主义学说在天津传播。天津先进分子开始提出"快快成立各种组织、各种工会"的主张和"知识阶级与劳动阶级接近"的号召，并走向社会，创办平民夜学校、国民半日学校、工人星期日学校、学徒义务学校、工厂补习学校、人力车夫休息处等，知识分子与工农群众初步结合起来。

天津出版的《觉悟》《天津学生联合会报》《南开日刊》《新生命》等进步刊物，也发表了一批宣传马克思主义的文章，如《觉悟的宣言》《社会主义与中国》《中国的劳动家应该怎样去做》《马克思劳动时间的主张》《布尔什维司目和布尔什维克》《劳动问题与俄国革命》等。周恩来不仅写文章、翻译文章进行宣传，在狱中也给难友们系统地讲读马克思主义。李大钊、陈独秀曾到天津，参加社团活动，传播马克思主义，指导革命工作。邓中夏也曾运用长辛店的工作经验指导天津的工人组织与斗争。

五、天津出版第一份关于工人运动的报纸

1920年，天津组建社会主义青年团小组，张太雷任小组书记，地点在今建国道91号。团小组建立一个月，即在天津出版第一份关于工人运动的报纸——《劳动》（日刊，又叫《来报》），最早直接向工人群众宣传革命思想和马列主义，后来，遭到法租界巡捕的查封，并没收了大量马克思主义书刊。团小组将报社迁出租界，改出《津报》。天津社会主义青年团小组不但创办《来报》，而且还出版《工人》周刊。该团小组曾在天津官立中学、南开学校等处发售《共产党宣言》和《共产党》月刊，并把李大钊在《新青年》杂志上发表的《我的马克思主义观》一文印成小册子发行。此外，团小组还派人到唐山等地开展活动，领导工人斗争，把马列主义的宣传与工人运动初步结合起来。

六、《工人生活》与《工人小报》

1925年"五卅"运动高潮中，中共天津地委为了使天津的工人运动更深入、持久地发展起来，于是年七月下旬出版了《工人生活》。《工人生活》是六十四开本的不定期、非卖品小册子，每期二三十页不等，由南市东兴大街新民印字馆承印。采取"讲话""问答""唱词"等形式，开始发行千余份，后来增至两千份。地委书记李季达和委员于方舟以及从事工人运动的卢绍亭、李培良、安幸生等都是初期执笔写稿的人。

"五卅"运动以后，冯玉祥所部国民军于1925年12月占领天津。中共天津地委利用有利形势，加强对天津工人的宣传教育，除了继续出版《工人生活》，于1926年1月25日又出版《工人小报》，该报由中共北方区委赵世炎主编，邢克让等参加编辑工作。

《工人小报》创刊号是用红色油墨印刷的，每份卖铜圆二枚，创刊号免费赠送三天。在这期里开头就向工人表明："《工人小报》是天津总工会出的报，也是天津几十万工友、大伙共有的一张小日报……小报上说的全是工人自己的话，为的是工人阶级的利益，也算是各处工友大伙共有的报。"

《工人小报》每期约五千字，在一、二版的报缝里还写了"工会是工人的生命"，各行各业的"工人都得组织自己的工会"字样。在三、四版的报缝里提出"《工人小报》是工人自己的报

纸，劝你的朋友都看《工人小报》的口号。

1926 年 2 月 7 日，在天津召开铁总“三大”。2 月 6 日出版的《工人小报》刊载了《天津总工会通告》，指出“二七纪念，是中国工人阶级最沉痛、最光荣的纪念。”号召天津工人正值“全国铁路总工会在津开第三次代表大会”时，“举行盛大之纪念会，各工友是日务必停工，参加大会，追悼二七死难诸先烈。”

1926 年 3 月下旬，奉系军阀卷土重来，党领导下的革命组织转入地下,《工人生活》和《工人小报》继续秘密发行，并改为油印。

七、中共地下党在东亚工人中组织剧团活动

1946 年，东亚毛纺厂工人王学敏组织“劳晶实验剧团”，剧团有三四十名进步工人，其中有中共地下党员石小东，在厂内当职员，曾在国立音乐学院专修班学习，会作词、谱曲和指挥。1946 年“五一”节，剧团上演田汉的《回春曲》。之后，东亚厂方把石小东调往工厂驻北平办事处。石小东将北平“祖国剧团”和演剧二队的进步剧本，供“劳晶实验剧团”排练。1947 年春，石小东被调回天津东亚，石小东把北平学生中流行的许多革命歌曲，带回了东亚毛纺厂，在各车间组织歌咏队，不到 10 天先后组成了“雷队”“虹队”“火队”“汞队”“星队”等 5 个车间歌咏队。最后“劳晶实验剧团”也以“剧人队”参加，组成一个 200 余人的大型歌咏队。1948 年“五一”节，歌咏队举办演出专场，其中有苏联的《光明赞》《青年歌》和冼星海的《黄河大合唱》中的几支主要歌曲《黄水谣》《河边对口曲》《船夫曲》《怒吼吧，黄河！》。

1948 年“双十”节，“劳晶实验剧团”上演陈白尘的大型七幕讽刺剧《裙带风》。

第二节　教育

一、俄共（布）到津商谈组织工会学习马列主义问题

1919 年 9 月下旬，俄共（布）老党员、后来担任俄共（布）中央委员会西伯利亚局东方民族处主任的布尔特曼到津，同鲍立维同住旧俄租界，会见了李大钊，商谈了组织工会的问题。在这期间，他们同天津、北京的大学生建立了广泛的联系，“几乎每天晚上都有一个又一个的团体”到他们的公寓去，“了解工人阶级在十月社会主义革命中所起的领导作用”，“学习列宁的《帝国主义是资本主义的最高阶段》”，“分析孙中山的著作”，“讨论有关中国问题”。

二、天津第一所工人学校

1921 年 9 月 11 日，在李大钊的指导下，安体诚、于树德负责创办天津第一所工人学校——

天津工人工余补习学校。它的建立是宣传马克思主义与天津早期工人运动结合的重要标志之一，是“普及劳工教育的先声，是天津劳工运动的一道曙光”。1922年5月5日，天津工人工余补习学校，为纪念马克思一百周年诞辰，成立“天津五五书报代卖社”。代卖社由十人组成，专门代卖全国各地出版的文化科学书籍和报刊，并以收入的一部分为天津工人运动的经费。

三、平民学校

1924年初秋，平民学校在裕元纱厂附近。学校有两个老师，一个叫卢绍亭，另一个叫李培良。平民学校的课本是老师们自己编印的。以后，六大纱厂附近设了三处平民学校，即裕元附近河西小刘庄耦耕里一处，由卢绍亭担任老师，负责裕元和北洋两厂的工人教育；另有裕大纱厂北边河东郑庄子一处，由李培良担任老师，负责裕大和宝成两厂的工人教育；第三处设在河北华新纱厂附近，由周振东（周世昌）担任老师，负责华新、恒源两厂的工人教育工作。

四、天津地委、总工会召开青年工人大会

1926年2月27日，中共天津地委、天津总工会在裕元纱厂附近广场召开5000名青年工人大会。党、团组织和总工会负责人于方舟、安幸生、李井泉、郭隆真、王星五出席会议，总结了“砸裕大”的经验教训，教育青年工人应有组织、有领导地向资本家和反动当局进行斗争，不要盲目行动。与会者先后发表讲演，题为《青工的痛史》《青工与工会》《男工与女工》《青工与SY》。纱厂工人还自编自演话剧，表现了男女工人与资本家斗争到底的无畏精神。会上散发8种传单3000余张,《工人生活》2000余册。

第二篇

组织机构

概　述

天津市总工会是中华全国总工会的地方组织，是天津市地方工会组织和产业工会地方组织的领导机关。天津市工会组织的最高权力机构是天津市工会代表大会和由它选举产生的工会各届委员会，常务委员会和正、副主席由全体委员会选举产生。

天津市总工会组织最早建立于1925年8月4日。由于当时形势所迫，天津市总工会组织只存在两年，1927年8月，天津总工会停止活动。天津市总工会成立于1950年1月。自天津市总工会成立至2008年，除1958年至1967年曾属河北省总工会领导外，一直隶属全国总工会领导。其间共召开15次工会代表大会。

天津市总工会定名于1950年第一次会员代表大会，1954年5月1日至1958年8月底，根据工会“七大”通过的工会章程规定，将天津市总工会更名为：“天津市工会联合会”。1958年9月1日，中华全国总工会贯彻中央成都会议关于“工会组织应当实行产业和地方相结合，以地方为主的指示”，将“天津市工会联合会”名称恢复为“天津市总工会”至今。

20世纪50年代初期，天津市总工会机关设一室、一处、七部。1955年召开天津市工会“五大”以后，天津市总工会机构设置变更为：一室、一处、十部。产业工会设置，除铁路、邮电、海员工会等全国性产业工会外，天津市总工会设有纺织、轻工业、五金化学、市政、搬运、店员、文艺工作者、教育工作者、医务工作者等十几个产业工会组织。市内的和平、河北、河西、南开等行政区，当时统一划分为一区、二区、三区等11个区。天津市总工会在各区设办事处，实行天津市总工会产业工会和区办事处双重领导体制。1958年年初和年末在市委的直接领导下，工会曾两度精简机构紧缩了编制。在机构方面，天津市总工会由8个部合并为7个部，市属产业工会由14个合并为10个，市、区、产业由195个科室减为104个科室。天津市总工会分别于1960年4月和1964年9月组织召开了第七次、第八次工会代表大会，天津市总工会机构设置为：一室、一处、七部。行业工会主要有纺织、轻工业、化学、冶金、军工、电力、第一机械、第二机械、交通运输、商业、金融、建筑、公用等产业。有些随着相应建立起来的行政管理局，产业工会更名为某局工会。由于一些工业企业归市里统管，各区办事处的各工作委员会撤销。

粉碎“江青反革命集团”以后，中共天津市委改组了天津市工会领导班子。遵照市委的指示精神，为劳动模范和工会干部落实政策，平反冤假错案，许多工会干部陆续回到工会工作岗位。当时天津市总工会机构设置为一室五部。市内六个区，塘沽、汉沽、大港和四郊五县相继召开代表大会，建立区工会、县总工会。1981年6月和1986年9月召开了第十次、第十一次工会代表大会。讨论确定了改革开放形势下工会组织的职能和任务。为适应形势发展的要求，天津市总工会机构设置和区县局工会组织又有了新的变化。天津市总工会机构设置为：十部、四室、一处和教育工会、财贸工委、城建工委、郊县农村工委。为加强企业民主管理、职工文化技术教育和劳动保护等项工作，增设了民主管理工作部、教育部、劳动保护部等部门，并在1997年6月恢复建立了天津市教育工会组织。截至1993年底，根据形势任务的要求，天津市总工会机构设置为：九部、两室、三处和财贸工委、城建工委、郊县农村工委、天津市教育工会、经费审查办公室。宣传部、教育部合并为宣教部，生产部、保护部合并为经济保护部，为加强工会企事业的管理，设立了事业部，为加强工会财务审计工作，成立了经费审查办公室。进入新的历史时期，1996年10月23日，召开天津市工会第十三次代表大会。

2001年10月29日，召开天津市工会第十四次代表大会。2006年12月1日，召开天津市工会第十五次代表大会。天津市总工会机构设置为：三室、十部、一处；机关党委、机关工会、纪检组；财贸工委、区县工委、城建工委、工交工委、教育工会。2002年9月21日天津市总工会下属天津津工集团成立。

第一章 市级工会

第一节 建制沿革

一、天津市总工会的成立

1924年7月，中共天津地委建立，把组织和发动工人作为中心任务，派中共党员深入工厂，开办平民学校，发展党员，建立工会。至1925年上半年，党组织在宝成、裕元、北洋、华新、恒源五大纱厂和铁路、印刷、油漆、地毯、海员、码头等行业建立了20多个工会组织。

1925年8月4日，中共天津地委在天津广东会馆召开天津市工会代表大会，出席大会的工会代表50多人。会议通过了《天津市工会章程》，选出15名执行委员，组成执行委员会，成立天津总工会。执委会下设总务、财政、宣传、纠察、组织五部，由执行委员分工负责。委员长安幸生并负责总务，刘亚斋负责组织，陶卓然负责宣传，伍子康负责财政，张寿年负责纠察。天津总工会成立后，立即全力以赴投入反帝爱国运动，领导工人进行政治斗争和经济斗争，成功地领导了天津印刷工人、海员码头工人和纺织工人等一系列罢工斗争。天津地委以总工会名义出版了机关刊物《工人生活》。1926年1月至3月天津总工会出版《工人小报》，赵世炎任主编。随着形势的变化，天津总工会几经周折后由公开转入秘密活动。1927 年 8 月，天津总工会停止活动。

1948 年底，中共天津市委在河北省霸县胜芳村组建，并筹建华北总工会筹委会天津办事处。

1949 年 1 ~ 5 月，天津市职工总会筹委会建立，这期间，天津市职工运动由华北总工会筹委会天津办事处领导。天津解放，华北总工会筹委会天津办事处将华北局党校、原天津城工分配来的干部、中央团校、华北职工干部学校、华大市训班以及各大军区转来、全国总工会派来协助工作的所属干部 700 余人，按照天津市各大企业的接管组织机构编成中纺、铁路、工业、交通、摩托、电讯、市政企业、联勤等 8 个大工作组，1 个私营企业工作组和按系统组织的 29 个接管小组，陆续进入市区，主要配合接管，领导职工迅速恢复发展生产，维持并稳定工人生活。进城后，在市内各区设立职工会办事处，由市办事处统一领导。1 月 26 日，天津工会办事处正式宣布对外办公，地点在现和平区和平路 306 号（原伦敦大楼），3 月迁入解放北路 74 号。华北总工会筹委会天津办事处主任先后由李伯、黄火清担任，副主任丘金，秘书长张伯森。

华北总工会筹委会天津办事处，自从进入天津市到天津市职工总会筹委会建立期间，积极领导天津职工运动，配合接管、恢复发展生产、稳定职工生活、实行工厂管理民主化。到 4 月全市已有 129 个单位建立了临时职工代表会，有组织的产业工人达 118000 余人。

1949 年 4 月 28 ~ 30 日，天津市第一届职工代表大会在南开中学礼堂召开，出席和列席代表 600 余人。中共中央书记处书记，中华全国总工会名誉主席刘少奇在大会作了报告。报告明确指出工人运动的主要任务是恢复生产，发展会员，建立工会组织，按产业把工人组织起来。天津市军管主任黄克诚，市长黄敬都亲临致辞。会议选举产生了天津职工总会筹委会执行委员会 55 名，候补委员 10 名，天津市职工总会筹委会宣告成立。5 月华北总工会筹委会天津办事处结束工作，天津市职工运动由天津市总工会筹委会领导。

5 月 24 日，在天津市职工总会首届执委会上，丘金代表华北总工会筹委会天津办事处，向执委会报告了天津解放后工运情况，讨论了黄火青提出的今后工作建议及工会组织形式问题，选出职工总会筹委会常务委员 23 名。28 日召开首次常委会，推选黄火青为天津市职工总会筹委会主任，丘金为副主任，讨论了天津市职工总会章程草案。

1949 年 10 月 6 日，天津市总工会筹委会为统一规定各级工会名称，天津市总工会筹委会所属工会组织名称为：纺织业工会、五金业工会、市政工会、海员工会、化学业工会；产业工会联合会、手工业工会联合会、搬运工会联合会、店员工会联合会；天津市总工会筹委会塘大办事处，各业工会所属基层工会组织统称为“分会”。

1950 年 1 月，天津市总工会正式成立。

截至 1952 年底，全市基层工会组织 17069 个，会员人数 45.6 万人。

1955 年，中华全国总工会提出产业工会以垂直领导为主，同时接受地方工会领导的体制，天津市总工会更名为天津市工会联合会。1958 年根据中央会议精神，工会组织体制实行产业与地方相结合，以地方为主的体制，天津市工会联合会又改名为天津市总工会。

截至1963年底，全市基层工会组织3079个，会员人数77.2万人。

20世纪80年代，基层工会和会员人数进一步增加，截止到1986年底，全市基层工会已有7059个，会员人数达到232.8万人。

截至1993年底，全市基层工会组织共有9218个，会员人数达到234.8万人。

1950年1月天津市总工会正式成立至2008年，其间除1958年至1967年曾属河北省总工会领导外，一直隶属全国总工会领导。共召开15次工会代表大会。

二、建立产业工会

1949年5月，天津市总工会筹委会根据产业划分的原则，在天津市建立21个产业工会。由于天津工业的复杂性、分散性及不平衡性，在实际工作的开展中遇到许多困难和问题，1950年12月，天津市总工会重新整顿产业工会。保留的产业工会有：铁路、海员、五金、化学、搬运、建筑、盐业、民用航空、纺织、市政、轻工业、店员、食品（另建立一个“文教”）。合并的产业工会是：①电业、邮政、电信并入市政工会。②财金并入店员工会。③教育文艺、新闻出版印刷、医务等四个合并建立一个文教工会。之前的21个产业工会合并为14个产业工会。

文教工会包括文艺、教育、医务、新闻出版印刷等四个工会，其总的领导上设一个文教工作委员会，吸收4个单位的主席和部门负责人，以及大基层工会主席参加。每月定期以会议形式分别研究讨论四个单位的工会工作，并处理解决实际问题，工作委员会设主任一人，秘书一人，负责领导全盘文教工会的工作。四个单位的部门合并办公，工作仍按照原分工，各负其责，同时推出总的部门负责人一人，统一接受上级领导，各部门对基层的工作关系仍照合并以前原旧不动。

调整的产业工会是：①原属轻工业工会之造纸、火柴、橡胶、骨胶及玻璃、洋灰、划入化学工会领导。②原属轻工业工会之毛巾、棉毛等纺织品制造，划入纺织工会领导。③制药业由店员划入化学工会领导。④合并者全部按新产业工会划入。

三、规定工会编制

天津市总工会成立后，对工会编制作了具体规定：第一，基层工会：①200人以上基层按照工会法规定设脱产干部。②101人以上到200人以上的基层工会，设脱产干部一人。③不满100人的基层或分散单位，按产业人数平均每400人设脱产干部一人，由上级工会统一使用。第二，区办事处按编制各增添二人。第三，各产业工会：①3000人以下的产业工会一律设机关脱产干部4人。②1000人以下的产业工会按每800人设机关脱产干部一人计算（如10000人的产业工会，其机关干部可设12人）。③1000—30000人的产业工会，其超过一万人之部分按每200人设机关脱产干部一人计算。（如30000人的产业工会，其机关干部可设29人）。④3000—50000人的产业工会其超过30000人之部分按每800人增设机关脱产干部一人计算。（如50000人的产业工会，其机关干部可设 40 人）。⑤ 50000 人以上其超过 50000 人的部分按 2500 人增设机关脱产干部一人计算。（如 65000 人的产业工会，其机关干部设 46 人）。

四、调整工会组织

1952 年 7 月 11 日，天津市总工会发布《关于调整工会组织的指示》，决定重新调整产业工会的组织形式，建立区工会，撤销天津市总工会区办事处，全市工会组织调整后共有 19 个产业工会，12 个区工会和 1 个县工会。

1955 年 1 月 2 ~ 3 日，中国教育工会天津市第二届会员代表大会召开。会议总结了首届委员会四年来在促进教学、改善教职员工物质文化生活方面所做的工作，选举产生了中国教育工会天津市第二届委员会和出席天津市工会联合会第五届代表大会的代表。

1957 年 12 月，天津市总工会制定关于改变地方国营、公私合营企业工会组织的领导关系的意见。第一，撤销专业公司工作委员会，在各区建立重工业、第一机械、纺织、轻工业、商业等五个产业工作委员会（职工人数少的设工作员），把地方国营企业和所有公私合营企业（包括现在产业工会领导的大型合营企业和区办事处领导的中小型合营企业）的基层工会组织，一律委托各产业工作委员会具体领导。产业工作委员会是产业工会和区办事处领导基层工会组织的工作机构，它主要在区办事处的领导下进行日常工作，任务是统一贯彻产业工会和区办事处关于群众生产工作及其他中心工作的计划具体帮助基层保证完成和超额完成国家计划，并负责向产业工会和区办事处报告工作执行情况，反映基层工会和职工群众的意见与要求。第二，产业工会和区办事处对地方国营与公私合营企业工会组织实行双重领导后的分工如下。区办事处的主要任务是贯彻区委和市工会的指示、决议，并向区委和市工会报告工作。根据本区实际情况及产业工会的工作计划，统一安排产业工作委员会的工作，并指导其实现；指导所属基层工会组织与发动职工开展劳动竞赛，总结、推广先进经验与工会工作经验；领导所属工会组织，开展宣传、劳保、组织、工资、财务、女工家属等部门工作，指导本区体育协会的活动，协助区委和市工会管理本机关和产业工作委员会的干部；负责每个时期的政治运动和合营企业内部的社会主义改造。

产业工会的主要任务：会同相应的局制订和贯彻本产业或某一行业一定时期劳动竞赛的方向、指标、措施以及评比奖励办法；会同相应的局组织与发动厂际竞赛、同工种竞赛，总结交流本产业和某一行业的先进经验及重要工会工作经验；会同相应的局制订改进生产、改善劳动条件、提高职工物质与文化生活的重要措施，并协助与监督其实现；组织产业必要的统一性活动。工会各项工作都是有一定联系的，产业工会和区办事处的任务虽然作了上述分工，但很多具体工作中双方必须按照互相支持、互相帮助、主动协商、分工协作的原则办事。如果区办事处认为产业工会的计划或是产业工会认为区办事处在安排产业工作委员会的工作上有不尽妥善之处，应主动协商解决。

产业工会和区办事处的任务改变后，相应的调整机构，调配干部。各区办事处健全办公室，负责生产、工资等工作，较大的区增设宣传、劳保、组织、财务四个科，较小的区不设科，设各项业务指导员负责部门工作。女工家属工作由劳保科负责，不单设女工科。市工会抽调一定数量的领导骨干配备到区办事处和产业工作委员会，加强它们的领导力量以适应工作需要。

为贯彻党的八届二中全会和三中全会的决议精神，进一步改变工会系统机构多、编制大和克服由此产生的官僚主义，提高工作效率节约经费开支，1958年在市委的直接领导下，两度精简机构紧缩编制。在机构方面，天津市工会8个部合并为7个部。市属产业工会由14个合并为10个。市、区、产业由195个科室减为104个科室。在人员编制方面，市工会、产业工会由年初的553人，成为261人，减少52.8%；区办事处由378人减为266人，减少29.63%；事业单位由864人减为700人，减少19%。在精简机构、紧缩编制工作中，贯彻中共中央和市委关于“下放干部，进行劳动锻炼”以及“加强基层和薄弱环节”的指示精神。1958年12月，下放到农村239人，到工业企业13人，充实基层和支援文教部门112人，总计共下放264人，占应下放人数571人的63.75%。除此以外，从市工会、产业工会抽调55名科级以上干部，加强区办事处和事业单位的领导，根据需要调整了部分产业的骨干力量。

1987年6月7～9日，为贯彻落实党的十一届三中全会精神，进一步在全社会形成尊师重教的社会风气，充分调动广大教职工的积极性，经天津市总工会报请市委批准，召开教育工会第三次代表大会。全市高校和普教的近300名教职工代表出席了会议。这是自1956年召开教育工会二大后，恢复教育工会组织的一次重要会议。

1996年6月5日，召开天津市教育工会第五次代表大会。中共天津市委、市教委、市高教局、教育局、天津市总工会的有关领导和各区县局、各高校的党政工领导也出席了会议。

2001年6月6日，召开天津市教育工会第六次代表大会。

第二节　内部机构

天津总工会始建于1925年8月4日，当时天津总工会执委会下设总务、财政、宣传、纠察、组织五部，由执行委员分工负责。

1950年1月召开天津市首届会员代表大会，正式成立天津市总工会。天津市总工会机关设办公室、行政处、组织部、宣传部、劳保部、生产部、女工部、青工部、财务部。

1955年天津市工会召开“五大”以后，天津市总工会机关机构设置变更为：一室、一处、十部。即：办公室、秘书处、生产部、工资部、组织部、宣传部、劳动保护部、劳动保险部、私企部、财务部、女工部、体育部。

产业工会除铁路、邮电、海员工会等全国性产业工会外，天津市总工会设有纺织、轻工业、五金化学、市政、搬运、店员、文艺工作者、教育工作者、医务工作者等十几个产业工会组织，各产业工会人员编制为十几个人或二十几个人不等。

天津市内和平、河北、河西、南开等行政区，统一划分为一区、二区、三区等十一个区，天津市总工会在各区设办事处，工会干部为30至40人左右，人员统一归天津市总工会管理。各区办事处设有办公室、组织科、财务科和纺织、五金、轻工业等工作委员会。各区办事处的工作委员会实行天津市总工会产业工会和区办事处双重领导体制。由于市属工业企业一度归市统一管理，一度又下放到区里，因此产业工会干部随企业归属而调整变化。

1958年1月18日，天津市工会联合会部署了精简机构紧缩编制下放干部工作，年初和年末在市委的直接领导下，两度精简机构紧缩编制。在机构方面，天津市总工会由8个部合并为7个部；市属产业工会由14个合并为10个；市、区、产业由195个科室减为104个科室，市属疗养院由3个合并为2个。在人员编制方面，市工会、产业工会由年初的553人，减为261人，减少52.8%；区办事处由378人减为266人，减少29.63%；事业单位由864人减为700人，减少19%。根据中共中央和市委关于“下放干部，进行劳动锻炼”以及“加强基层和薄弱环节”的指示精神。1958年12月，下放到农村239人，回工业生产13人，充实基层和支援文教部门112人，总计共下放264人，占应下放人数571人的63.75%。除此以外，从市工会、产业工会抽调55名科级以上干部，加强区办事处和事业单位的领导，根据需要调整了部分产业的骨干力量。

20世纪60年代，天津市总工会机构设置为：办公室、行政处、生产部、宣传部、生活部、组织部、财务部、女工部、国际联络部。除铁路、邮电、海员、盐业等全国性产业工会外，产业工会主要有纺织、轻工业、化学、冶金、军工、电力、第一机械、第二机械、交通运输、商业、金融、建筑、公用等。有些随着相应建立起来的行政管理局，产业工会更名为某局工会。由于一些工业企业归市里统管，各区办事处的各工作委员会撤销。天津市总工会设文教卫生工作委员会，负责文教卫生系统的工会工作。这种体制一直延续到“文化大革命”以前。“文化大革命”期间，工会组织遭到严重破坏。职工代表会议（工代会）取代工会组织。

1973年5月，召开天津市工会第九次代表大会，中共天津市委改组了市工会领导班子，天津市总工会机构设置为：办公室、组织部、生产部、劳保部、宣教部、女工部。各产业工会陆续恢复工会组织和开展工作。市内六个区，塘沽、汉沽、大港和四郊五县相继召开代表大会，建立区工会、县总工会。此时各区县工会干部编制在天津市总工会，干部管理以地方党委为主，天津市总工会协助管理。

1981年，天津市总工会调整机构，设立信访处。1984年5月设法律顾问处，与信访处合署办公。为加强企业民主管理、职工文化技术教育和劳动保护等项工作，增设了民主管理工作部、教育部、劳动保护部等部门。

天津市总工会机构设置为：办公室、研究室、工运史研究室、信访处、组织部、宣传部、教育部、生产部、民主管理工作部、生活部、劳动保护部、女工部、财务部、国际联络部、技术协作办公室、教育工会、财贸工委、城建工委、郊县农村工委。

天津市总工会于1991年9月召开第十二次工会代表大会，天津市总工会机构设置为：办公室、行政保卫处、老干部处、信访处、组织部、事业部、财务部、生活保险部、宣传教育部、经济保护部、国际联络部、民主管理工作部、女工部、研究室、财贸工委、城建工委、郊县农村工委、天津市教育工会、经费审查办公室。宣传部、教育部合并为宣教部，生产部、保护部合并为经济保护部，为加强工会企事业的管理，设立了事业部，为加强工会财务审计工作，成立了经费审查办公室。1997年6月恢复建立了天津市教育工会组织。教育工会同时兼管文教卫生系统的工会工作。

进入20世纪90年代，工会企事业有了一个较大的发展，天津市总工会直属企事业包括：技协办公室、津工实业公司、经济实业服务中心、第一工人疗养院、北戴河工人疗养院、中国职工旅行社天津分社、新港国际海员俱乐部、工会管理干部学院、职工经济技术大学、第一工人文化宫、第二工人文化宫、教工俱乐部、天津工人报社、职工住房合作社、津工房地产交易中心津工城市信用社。按照党委领导行政隶属关系所建立的区县局（总公司）工会组织已达120多个，铁路、邮电、海员、教育等行业工会仍属于全国性产业工会组织。

2001年10月29日，召开天津市工会第十四次代表大会。根据市委《天津市总工会机关机构改革方案》的精神，天津市总工会党组于2002年8月20日进行天津市总工会机关机构改革，经过学习动员、人员分流、处级领导干部竞争上岗、部门工作人员双向选择阶段，2002年9月24日，机关机构改革工作基本结束。天津市总工会机关机构改革方案确定天津市总工会机关内设21个部门，行政编制163名，工勤编制15名。

2002年9月21日，天津津工集团正式成立。天津津工集团是在天津市总工会直属福利事业基础上组建的事业集团，对市总工会直属福利单位实行统一管理，负责规划、管理、协调、服务、监督。津工集团实行董事会领导下的总裁负责制，机构设置为：人力资源部、资产管理部、事业拓展部、集团办公室。

2003年7月7日，根据工作需要，经中共天津市委组织部批准，天津市总工会面向社会招考工作人员并公开选拔副处级干部。通过《天津日报》《今晚报》《天津工人报》及天津市总工会网站向社会发布招考公告，共有282人报考。经过资格审查确认，有214人符合应试条件。

2006年12月1日，召开天津市工会第十五次代表大会，天津市总工会机构设置为：办公室、组织部、老干部处、法律工作部、事业部（资产管理部）、研究室、生活保障部、宣教部、财务部、经济保护部、国际部、女工部、经审办、民管部、机关党委、纪检组、机关工会、财贸工委、区县工委、城建工委、工交工委、教育工会。

第二章　区县工会

第一节　和平区总工会

一、组织沿革

天津市和平区总工会前身是天津市一区职工会办事处。1949年1月，华北总工会筹委会天津市办事处决定，在市内各区设职工会办事处。1949年3月，一区职工会办事处成立，由天津市办事处统一领导。根据中央“发展生产，繁荣经济，公私兼顾，劳资两利”的指示，教育和发动工人复工复业，恢复生产。同时成立劳资协商会，调解劳资纠纷，并着手进行发展会员，建立基层工会，把产业工人组织起来的工作。同年5月成立产联工会后，一区职工会办事处撤销。

1950年7月，天津市总工会决定建立天津市总工会第一区办事处，为天津市总工会的派出机构，派遣张幼东为一区工会办事处秘书，在区委的领导下，组建基层工会，发展会员。同年11月任命张警民为一区工会办事处主任，并逐步按五金、轻工、纺织、店员等行业配备工会干部。一区工会办事处建立后，一方面深入各行业宣传党的方针、政策，启发工人觉悟；另一方面整顿了基层工会组织。截止到1952年，全区27344名职工中，有25122人加入工会组织，占全区职工总数91.1%。在五金、轻工、纺织、食品、新闻印刷、店员等行业中，共成立172个基层委员会，250个组织员联合工作委员会。

1952年10月，天津市调整行政区划，一区区域扩大，各工业系统领导体制随之调整，原市属部分企业划归所在区。根据天津市总工会决定，一区工会办事处改称天津市第一区工会，成为一级工会组织，下设办公室、组织科、生产科、劳保科、财务科、宣传科和几个行业工作组。1953年8月，为改进工会的组织领导，工会内部组织机构进行调整，加强了产业委员会工作。

1954年5月，根据全国总工会关于地方工会改为地方工会联合会的决定和市工会联合会的通知，一区工会改为天津市工会联合会第一区办事处，仍为市工会联合会的派出机构。

1956年2月1日，根据天津市总工会关于“各区办事处的名称，应分别根据新区名称加以变更”的指示，更改名称为天津市工会联合会和平区办事处。此间，区委对区工会办事处领导成员进行多次调整。

1956年10月，天津市调整行政区划，建立新的和平区，原和平、新华、城厢三个区的工会办事处合并组成“天津市总工会和平区办事处”。和平区办事处设立第一办公室、第二办公室、商业科、文教医务科、宣传科、生活福利科、三轮建筑工作委员会。

1961 年 12 月，根据天津市总工会组织机构变动的情况，和平区工会办事处工作部门也相应进行调整，改设办公室、工业科、财贸科、宣传教育科、组织科、生活福利科、俱乐部等。

1964 年 10 月，根据中共天津市委调整企业领导体制的指示，天津市总工会决定成立一机、二机、冶金、化工、纺织、轻工等 6 个产业工作委员会。和平区工会办事处将其所属的 66 个工厂企业划出。此后，和平区工会办事处的工作重点侧重于加强财贸工作，并相应的加强对区属工业、文教系统的工作。此时，各科室撤销，在和平区工会办事处统一领导下设办公室，办公室内分为工业组、财贸组、文教组、医务组负责各系统的群众生产（业务）工作。宣传、生活（女工）、组织、财务、劳保、会议等工作均在办公室领导下进行。

1966 年 5 月，"文化大革命"开始，工会工作受到错误批判，工会办事处机关受到冲击。

1968 年 1 月 10 日，和平区召开"革命职工代表大会"，成立"和平区革命职工代表会议常务委员会"，3 月更名为"天津市革命职工代表会议常务委员会和平分会"。同年 12 月，市革委会津革〔1968〕191 号文件，错误地批转市工代会《关于深入批判修正主义工运路线砸烂旧工会的报告》，宣布各级工代会接管工会，至此，区工会办事处日常工作被迫停止。

1973 年 5 月 16 日至 18 日，和平区工会在工人剧场召开了首次代表大会。选举产生了和平区工会委员会委员 32 人（暂空 5 人）。在第一次全委会议上，选举出常委 10 人（暂空 1 人）、主任 1 人、副主任 2 人。区委常委、区革委会副主任刘德周兼任主任，李萍、曲法仁任副主任。

1976 年 10 月，全区各项工作开始走上正轨，区委调整了区工会的领导成员，工会工作得到迅速恢复。

1979 年 2 月，根据天津市总工会的意见要求，和平区工会再次更名为天津市总工会和平区办事处，调整了机构设置，下设办公室、文教科、商业科、俱乐部等工作部门。

1983 年 3 月，为适应集体企业经济的发展，根据天津市总工会的决定，和平区工会办事处成立集体企业科。1987 年 3 月，设立城建集体科。

1989 年 9 月 18 日至 19 日，召开了和平区工会第二次会员代表大会，选举产生了和平区工会第二届委员会。再次成立了天津市和平区工会。下设办公室、组宣科、文教卫生科、经济工作科、权益科、退休职工管理委员会办公室、工人俱乐部等工作部门。并于 1992 年成立了经济实业管理办公室。1995 年 8 月又将下属的工人俱乐部和工人剧场分为两个事业单位。

1998 年 9 月 16 日至 18 日，召开和平区工会第三次代表大会，选举产生和平区工会第三届委员会。同年 12 月，按照区委、区政府的统一要求，工会机关进行机构改革，内设机构为 7 个职能部室，分别是：办公室、研究室、组宣部、权益部、商业城建工作部、街道私企外企工作部、文教卫生机关工作部。区工会下属科级事业单位两个：和平区工会工人俱乐部和工人剧场。区工会机关行政编制 25 人。

2006 年，和平区总工会对机关内设部室进行了改革调整。调整后，原来的"五部一室"（办公室、组宣部、权益部、商业城建部、街道私企外企部、文教卫生机关部）调整为“四部两室”，（办公室、研究室、组织部、宣教部、权益部和民管部），行政编制20人。

二、历届工会会员代表大会

1973年5月16日至18日，和平区工会在工人剧场召开了首次会员代表大会，选举产生和平区工会委员会委员32人。

1989年9月18日至19日，根据天津市总工会将办事处改为区工会的要求，在工人剧场和区委党校召开和平区工会第二次会员代表大会。选举产生了和平区工会第二届委员会委员19名。第二届经费审查委员会委员5名。第一次全委会议选举产生常委7名，霍忠任主席，谷月敏、韩家祺任副主席。第二届经审委员会选举赵荣任经审委员会主任。

1998年9月16日至18日，和平区工会第三次代表大会在八一礼堂召开。选举产生了和平区工会第三届委员会委员19名，第三届经费审查委员会委员5名。第一次全委会议选举常委5名，陈靖宇任主席，谷月敏、齐景国任副主席。经费审查委员会第一次会议选举谷月敏为经费审查委员会主任。

2003年9月21日，和平区工会第四次代表大会在第二南开中学报告厅隆重召开。选举出了和平区总工会第四届委员会委员19名、经费审查委员会委员5名。陈靖宇同志再次当选为和平区总工会主席，马桂平、田行超同志为副主席，马桂平同志为经费审查委员会主任。

2008年1月15至16日，和平区工会第五次代表大会在和平区会议中心隆重开幕。选举产生了和平区总工会第五届委员会和经费审查委员会，陈靖宇为和平区总工会第五届委员会主席，刘晨、周志为副主席，季伟、范建强为常务委员，田行超为和平区总工会第五届经费审查委员会主任。

三、劳动竞赛

1950年区工会成立后，迅即组织和动员工会会员积极投身恢复和发展生产工作中去，提倡议、订公约，大力开展爱国主义增产节约劳动竞赛，推动私营企业生产，完成国家的加工订货任务，支援全国解放和抗美援朝。

1958年，区工会组织全区71家商店开展以“五满意”“插红旗”为内容的社会主义劳动竞赛活动。1959年，在全区商业战线职工中掀起学、赶、超光复道副食品商店的“五好”红旗竞赛运动。1973年开始，组织全区职工开展工业学大庆、财贸“双学”竞赛活动。1986年后，组织全区职工开展“七五”“八五”“九五”“十五”“十一五”（从2006年开始改为“五一劳动奖章”）立功竞赛活动，充分调动全区职工的积极性，为社会主义建设献计出力。

1960年开始，在全区职工中开展技术革新和技术革命活动。

1981年开始，开展服务操作技术练兵比赛活动。

1999年开始，开展了万名职工经济技术创新工程活动，每届以区委、区政府命名表彰10名“技术创新十佳明星”、10个“技术创新十佳明星小组”和若干条“最佳合理化建议”。

2000年，和平区劳动模范协会召开二届二次会议暨《时代楷模》首发式。公开发行的《时代楷模》是和平区第一部全面记述了新中国成立50年来全区劳动模范、模范集体的先进事迹，集中反映了以历届劳动模范为代表的全区广大职工的时代精神和为全区建设和发展做出的重要贡献的书籍。

2005年，和平区总工会在中共天津历史纪念馆建立了和平区劳动模范事迹展室，宣传介绍和平区自新中国成立以来的近300名劳动模范的事迹。建成后，干部、职工争相参观，展室日均接待100人次，累计有3200人次进行了参观。

2008年5月20日，和平区劳模协会在天津双菱中学报告厅召开三届三次会员大会，号召各级劳动模范和模范集体为四川地震灾区捐款。和平区总工会主席、劳模协会会长陈靖宇主持会议在捐款仪式上共收到捐款292570元。5月29日，和平区总工会在区委、区政府办公楼三楼会议室举行了“和平区总工会系统抗震救灾捐款仪式”，来自全区各系统的55个工会组织代表参加了捐款仪式，共捐资20万余元。

四、维护职工权益

20世纪50年代初，和平区工会贯彻落实中央人民政府颁布的《劳动保险条例》的同时，在职工中建立起职工互助储金会，开展互助互济活动，对生活特殊困难的职工进行补助；兴建职工宿舍490间，解决2975人的住宿问题。兴建职工休养所和营养食堂224处，试建托儿所9处，实施职工医疗费全免或半免的治疗办法，使患病职工得到治疗。1958年以后，职工集体生活福利事业有了相应发展，至1964年共开办幼儿园4个、食堂600个、托儿所142个、保健站52个。还建立基层俱乐部18个、图书馆123个、藏书83009册，活跃了职工业余生活。1984年，结合本区商业网点集中和营业场地狭小的特点，因地制宜兴办“五小”，解决职工吃饭、淋浴、更衣、午休及上厕所难的问题，共建小食堂978个、小淋浴486个、小厕所864个和近千个小更衣室、小休息室，改变了过去职工“吃饭冷热不保，午休满街乱跑，更衣站岗放哨，下班脸盆洗澡”的困难状况。

1988年5月，成立了和平区退休职工管理委员会，此后在各基层单位普遍建立了退管组织，开展了以“五个老有”为内容的退管服务活动，坚持为退休职工办好事、送温暖，更好地维护了退休职工的合法权益。

1990年，建立和平区工会女职工委员会，健全基层工会女工组织，认真贯彻《女职工劳动保护规定》，切实维护女职工的合法权益。1992年，成立和平区劳动模范协会，做好全区劳动模范的管理和服务工作。1999年，经过多方努力协调为49名劳模解决了历年积压拖欠的13万余元医药费的问题。1995年至2000年，全区兴办了职工消费合作社117家，销货额达340多万元，向职工让利52万元，使两万多名职工受益。

2003年1月21日，和平区困难职工救助中心在和平区总工会成立，中共天津市委常委、天津市总工会主席散襄军，天津市总工会副主席李泮祥、刘凤山，和平区委书记刘琨，区委副书记、区长李润兰，区委副书记潘万青出席揭牌仪式。2004年3月20日，和平区总工会主席陈靖宇在市职工之家就和平区总工会如何做好劳动模范和特困职工的维权工作向王兆国主席做了汇报，王兆国主席给予充分肯定。2007年11月8日，作为和平区委、区政府解决市民生活20项民心工程之一的“和工民生菜市场”开业。和平区副区长王玉柱、和平区总工会主席陈靖宇出席开业仪式为市场揭牌。坐落在万全道与宁夏路交口的“和工民生菜市场”由和平区总工会投资兴建。

1991～2008年，全区各级工会在抓好“送温暖，献爱心”活动中，帮扶特困职工，不让一户过不去。积极协助政府和企业帮助下岗职工再就业，率先建立了“天津市总工会职工再就业培训中心和平区分中心”，培训下岗职工五万人次。

五、参与民主管理

1957年2月，和平区工会开展在10个基层单位进行建立职工代表大会的试点工作。1958年7月，天津市总工会召开动员和经验交流会，交流和平区公私合营缝纫机厂推行职工代表大会制度的经验。

1981年，和平区财贸、城建、教育、卫生等系统的基层单位，相继恢复和建立职工代表大会制度，分别在基层厂、店、站一级建立民主管理委员会，门市部班组建立民主管理小组，形成三级民主管理网络。1987年，职工代表大会制度的五项职权在和平区进一步得到落实，职工群众评议企业工作、评议领导干部的“双评”活动已形成制度，民主对话活动在部分单位实行。

1991年，和平区煤建公司首先推行签订集体合同工作，1996年，以贯彻劳动法为契机和突破口，和平区工会大力推进签订集体合同工作。

2003～2008年，和平区政府与和平区总工会先后召开五次联席会。和平区工会主席陈靖宇代表区总工会提出的议题，区政府主要领导的予以明确答复。

六、职工教育

1955年开始，和平区工会通过举办业余学习班和读报小组等形式对职工进行阶级教育和时事政策教育，15161名职工参加读报学习等活动。1978年，和平区总工会举办电工、制图、刀具、制冷、无线电及应用数学等业余技术学习班19期，培养技术骨干1100多人。

1983年开始在和平区职工中开展“三热爱”读书活动和读书演讲比赛活动。和平区“三热爱”职工读书指导委员会被评为市级先进单位，并出席了全国总工会召开的职工读书活动经验交流会。和平区总工会以工人俱乐部为阵地，坚持开展多种形式的职工文化活动和体育活动。和平区工会工人俱乐部曾两次被全国总工会评为“全国职工文化先进单位”，连续多年被天津市总工会评为“职工体育工作先进单位”。2001 年 4 月 21 日，和平区总工会召开了职工思想政治工作经验交流会，下发《关于进一步加强和改进工会思想政治工作的意见》。

2002 年，和平区成立了由区委主要领导同志任组长，全区 16 个有关部、委、办为成员的和平区实施“职工素质工程”领导小组。区委下发了《和平区职工素质工程五年规划》《和平区落实〈天津市职工素质工程五年规划〉实施意见》。2006 年，区委、区政府在和平区房管局会议室召开“和平区实施职工素质工程五年规划总结表彰大会”。中共天津市委常委、市职工素质工程领导小组组长、天津市总工会主席散襄军，区委书记李润兰出席会议并作重要讲话。

七、组织建设

和平区工会 1984 年开展整组建家活动。1989 年，和平区工会按照中共中央〔1989〕12 号文件要求，进一步加强了各级工会领导班子建设，落实了企业基层工会主席同级副职待遇。同时加强对工会干部的培训，以全面提高工会干部的整体素质。

1995 年，和平区工会被全国总工会评为“干部培训工作先进单位”。1999 年 5 月，成立了天津市工人运动理论研究会和平区分会，坚持办好《和平工会信息》，连续多年被天津市总工会评选为信息工作先进单位和优秀理论研究分会。

2000 年 7 月 31 日，天津市第一个街道社区工会组织“和平区新兴街工会朝阳里社区分会”成立，中共天津市委常委、天津市总工会主席孙宝树同志出席了成立大会和揭牌仪式，并和区委书记刘琨同志一起为朝阳里社区分会揭牌。2001 年，全区 95 个社区于 4 月 26 日全部建立了社区工会，吸纳会员 2093 人，成为天津市第一个全部成立社区工会的城区。

2003 年 5 月 20 日，在防治非典和经济发展的紧要时期，和平区委召开工会工作会议，中共天津市委常委、天津市总工会主席散襄军，和平区委书记刘琨、区长李润兰及区人大、区政协的主要领导出席会议。和平区委下发了《中共和平区委关于进一步加强工会工作的意见》(津和党〔2003〕62 号)。

2007 年 3 月 7 日，和平区总工会主席陈靖宇被中华全国总工会授予“女职工之友”荣誉称号，并接受天津市总工会的表彰。

至 2008 年底，和平区总工会建立基层工会组织 585 个，共有职工 90330 名，会员 89861 人。

第二节 河西区总工会

一、组织沿革

1949 年 2 月天津市总工会成立天津市第六区职工会。6 月，六区职工会撤销。1950 年 7

月，天津市总工会在第六区设办事处。1953 年 5 月，将办事处改建为天津市总工会第六区工会。1954 年，又改为天津市工会联合会第六区办事处。1956 年 1 月，更名为天津市工会联合会河西区办事处。1958 年 9 月，又更名为天津市总工会河西区办事处。到 1959 年底，全区的职工已达 81500 人，比解放初增加 6 倍。1958 年至 1964 年，驻区的国营企业按轻纺、轻工、冶金等行业组成的工会均在区内设办事处。1964 年 10 月，区内的 78 个企业的工会组织转入市冶金、化工、一机、二机、轻工、轻纺等 6 个行业的产业工会。1966 年 6 月“文化大革命”开始，工会被迫停止活动。1968 年 1 月，在极左思潮干扰下成立的“河西区革命职工代表大会”取代了工会组织。

1973 年 5 月，工代会撤销，成立河西区工会。1979 年 2 月，河西区工会改称为天津市总工会河西区办事处。1986 年底，全区基层工会组织发展到 315 个，工会小组 2288 个，会员 35806 人。1989 年 6 月，天津市总工会河西区办事处再次改组为河西区工会。到 1995 年，全区共有工会会员 36000 人。2002 年河西区工会更名为河西区总工会。截至 2008 年底，河西区总工会下属基层工会组织 1340 个，工会会员 118464 人。河西区工人俱乐部是区总工会的直属事业单位。

二、历届工会会员代表大会

1973 年 5 月 18—19 日，召开了河西区第一次工会代表大会，出席代表 793 人，会议听取并通过中共河西区委书记王守西所作的工作报告，选举产生河西区工会第一届委员会，委员 27 人，常务委员 19 人，主任安云峰、副主任许秀清、孙祥瑞。

1989 年 6 月 22 ~ 25 日，召开了河西区工会第二次代表大会，代表 200 人，会议听取并通过天津市总工会河西区办事处主任杨宗信所作的工作报告，选举产生河西区工会第二届委员会，委员 17 人，常务委员 7 人，主席杨宗信，副主席董致祥、刘慧亮；选举产生经费审查委员会，委员 5 人。

1996 年 11 月 21 ~ 22 日，河西区工会召开第三次会员代表大会，代表 200 人，会议听取并通过河西区工会主席王戈所作的工作报告，选举产生河西区工会第三届委员会，委员 10 人，常务委员 9 人，主席王戈，副主席董致祥、刘双武；选举产生经费审查委员会，委员 5 人。

2002 年 4 月 6 ~ 8 日，召开了河西区工会第四次代表大会，代表 200 人，会议听取并通过河西区工会主席张炳素所作的工作报告，选举产生河西区工会第四届委员会，委员 13 人，常务委员 8 人，主席张炳素，副主席刘双武、赵晓薇；选举产生经费审查委员会，委员 5 人。

2007 年 9 月 14 ~ 16 日，召开了河西区工会第五次代表大会，代表 200 人，会议听取并通过河西区工会主席张炳素所作的工作报告，选举产生河西区工会第五届委员会，委员 14 人，常务委员 11 人，主席张炳素，副主席高久生、赵晓薇；选举产生经费审查委员会，委员 5 人。

三、劳动竞赛

20 世纪 50 年代初期，河西区工会围绕国家和天津市的主要任务组织和发动工会会员大力恢复和发展生产。1952年，河西区工会与之订立恢复生产协议书的工厂有107户，订立生产合同的有61户。有95户开展了生产竞赛。1956年公私合营，河西区合营工厂244家，职工12753人。合营后各工厂工会在职工中开展提合理化建议活动，1956年第二季度，全区工业系统98个单位统计，每月平均完成产值计划104.6%。1958年，河西区工会组织职工开展了指标赛、千台时赛、同机台赛、红花赛、突击手赛、武松赛、穆桂英赛等多种形式的社会主义劳动竞赛。1961年，河西区开展技术革新活动，中共河西区委召开万人技术革命竞赛誓师大会，河西区工会和团区委联合发出“关于开展超百万件革新建议周”活动的号召，河西区职工提革新建议3157239件，实现了704361件，其中重大革新建议277041件，实现了90777件。自1950年至1963年涌现出市级劳动模范393名。

1977年，河西区开展社会主义班组劳动竞赛，156个班组创历史最好水平，271个班组因取得显著成绩跨入先进行列。河西区工会于1978年在全国科学大会上被授予先进集体称号。1985年至1989年，区工会在全区职工中开展“为完成七五计划献计出力”活动，涌现出劳动模范和先进工作者5304人（次），模范集体、先进集体908个（次）；有182人（次）获得全国“五一劳动奖章”和市“七五”立功奖章。

1990年开始，区工会在全区职工中开展“人人提一条合理化建议，人人为企事业贡献一百元利润，人人为增效益做一件好事”和“为实现八五计划建功立业”活动。1995年，评选出市级劳动模范和先进工作者53名（次），模范集体、先进集体11个（次）；有274人获“八五”立功奖章，55个集体获“八五”立功奖状。3人评为全国劳动模范、先进工作者。1996年，全区工会深入开展以技术创新、合理化建议、劳动竞赛为主题的“九五”立功活动，至2002年全区职工提合理化建议46581件，创效4293万元。970名（次）职工、84个（次）集体单位受到市级“九五”立功表彰。

2003年，全区工会系统启动“我为河西发展做贡献、我为企业发展当先锋”主题竞赛活动，通过开展各种形式的岗位立功、技术比武、劳动竞赛、节能降耗，动员职工为企业单位的发展献计出力。截至2008年，全区开展劳动竞赛、技术比武462场，涉及企事业单位247家，参与职工52092人次，组织职工提合理化建议11700多件，采纳5722件，创经济效益771.7万元；申报职工技术创新成果89项、职工先进操作法6项，区房管局陈洪萍被评为天津市职工十大先进操作法，直接创效1225.5万元。评选出全国劳动模范2人，全国“五一”劳动奖章获得者2名、全国“五一”劳动奖状先进单位2个。天津市劳动模范60名，劳动模范集体16个。市级“十五”立功先进个人和“五一”劳动奖章获得者254人（次）、“十五”立功先进集体和“五一”劳动奖状获得单位103个（次）。2008年，河西区总工会被授予全国“五一”劳动奖状先进集体荣誉称号。

四、维护职工合法权益

1958年，河西区工会加强企业职工代表大会和职工大会工作，全区2838个生产小组参与企业日常管理，占总数的94%，协助解决生产计划、企业管理和职工福利问题。“大跃进”期间，职工代表大会制度基本停顿。1961年，职代会工作有了发展和提高，93%的区属企业建立了职代会制度。

1979年，河西区工会率先在教育、卫生系统普遍建立了“教工代表大会”和“医务工作人员代表大会”制度，其后全面推开，把民主管理组织扩展到科室与班组，形成三级民主管理网络。

1986年，河西区开展评议企业工作和评议领导干部的“双评”活动，50名局、公司主要党政领导接受职代会的民主评议。1991年河西区工会强化基层的民主管理，加强基层职代会工作，贯彻“五个坚持”，即：“坚持职代会例会制度；坚持按职代会细则办事制度；坚持行政领导接待日制度；坚持职代会审议制度；坚持民主管理达标考核制度”，使参政与民主管理工作得到进一步加强。

1997～2002年，河西区工会会同组织部、纪检委、财政局、审计局等部门对企业经营决策、廉政建设、国有资产保值增值进行了测评，进一步维护了职工民主和经济权益，积极推行平等协商、集体合同工作，签约率达60%。

2004年，适应企业改制重组、结构调整和各种所有制经济发展的新形势，强化了企业改制过程的民主管理，保证了河西区内改制企业职工切身利益问题得到优先解决。同时，不断探索非公企业民主管理的实现形式，在天津市召开了首家街道区域性职代会，并在13个街道全面铺开，扩大了非公企业民主管理工作的覆盖面。从完善协调社会利益、劳动关系矛盾入手，在国有集体企业和事业单位实施了《集体协商工作计划书》，在非公企业推行了《和谐企业共建承诺书》

同年，河西区总工会联合区劳动局在全市建立首家“职工维权服务站”，把劳动部门的执法权与工会组织的监督权有机结合起来。

2005年，河西区总工会就世界500强在津企业建会工作制定河西区推动实施意见，召开各街分管工会领导和工会主席会议，专题部署，并实行周例会制度，定期通报建会情况。滨海新区工会对所属区域内9家500强在津企业逐一调查，摸清底数，向企业发建会函、致总部函等形式，要求其建会，维护职工合法权益。同年，河西区总工会创新开展“职工代表日”活动，每年中期组织100名职工代表到滨海新区和河西区重点企业单位参观学访，同时提合理化建议，至2008年参加活动的职工代表达500人次。

2006年，河西区国货航在全区企业中开展了劳动关系和谐企业创建活动，培养选树了1家劳动关系AAA级和谐企业、5家AA和谐企业和78家A级和谐企业。

截至2008年，河西区1435家非公企业建立了各种形式的民主管理制度3278家企业签订了集体合同，覆盖职工60133人；签订工资集体协议3223家，覆盖职工57526人；1408家企业单独签订了女职工专项集体合同，覆盖女职工35353人。河西区“职工维权服务站”，自成立至2008年共受理了职工来信来访32000余人次。

五、提升职工队伍素质

1956年公私合营初期，工会对职工进行了系统的无产阶级阶级教育和社会主义教育，全区833名职工参加了学习。1957年，组织职工开展“签师徒合同”“互教互学”活动，有784人（次）参加。1964年，举办职工专业技术班145个，入学人数达13318人。1974年至1977年，广泛开展文艺活动，举办文艺学习班7个，培养文艺积极分子300余人；开办技术培训班6个，参加培训的有700余人，对新技术、新工艺进行推广。

1980年，建立体育协会14个，参加市级比赛62项。同时，成立书法研究会，会员25人。1989年，举办为“八五”献计创最佳岗位知识百题竞赛，8000余名职工参加竞赛。

1991年配合中国共产党建党七十周年举办了“咱们工人跟党走”演讲比赛和征文活动。1993年区工会成立“河西区职工思想政治工作研究会”，开展了职工思想政治工作研讨。1994年还开展了“社会主义市场经济的呼唤”知识答卷活动和职工文化博览月活动。1997至1999年结合庆祝建党80周年、香港澳门回归等重大活动，开展了职工知识竞赛、文艺会演等活动。

2000年，天津市总工会推广宣传越秀路街工会“与职工签订包保责任书”和拒绝“法轮功”邪教的经验。

2003年，河西区成立职工素质工程领导小组，先后制发《职工素质工程五年规划》和《第二个五年计划》。至2008年，全区510家企事业单位实施职工素质工程，161家企业单位推行市职工素质工程目标管理评估体系，建立职工素质档案27619份，建立培训基地77个，形成三级培训工作网络。全区参加各种培训的人数达到职工总数的80%，技术上等级人数达到20%以上。大力开展职工普法教育，2005年被全国总工会授予“‘四五’普法工作先进单位”。

2004年，河西区总工会被国家体育总局授予“全民健身周活动先进单位”称号。2005年，河西总工会又被全国总工会和国家体育总局授予2001—2004年“全国群众体育先进单位”称号。

2006年，河西区工会通过市场化运作，对河西工人俱乐部进行改革，使其成为开展职工文化活动的阵地，承办“天津市职工棋手大赛”，举办“劳动者之歌”“新河西人”才艺展示、职工书画展等活动。成立音乐、舞蹈、书画、摄影等8个职工文体协会，指导基层工会建立了220个业余文体团队，创建181个班组小乐园，培养出19名职工艺术家和大批职工文体活动骨干，在全市“五一”职工长跑比赛中实现了6连冠。2006年，组建电影流动放映队，深入社区企业免费放电影达300余场。同年，河西区区被全国总工会授予“工会干部培训工作先进单位”。

六、为职工办实事解难题

1952年，河西区工会组织开展职工互助活动，发展储金组织87个，全区三分之二以上的职工参加，互助金额18.8亿元（旧币），对特殊困难的职工分别情况给予定期或一次性补助。1959年，据34个工厂统计，建职工宿舍37703平方米，建职工食堂72个，受益职工43782

人。1962 年，在国家经济困难的情况下，河西区用于困难职工补助开支共 925496 元，补助棉衣 30910 人（包括家属 21866 人）；补助布票 113500 尺、棉花票 7068 斤，基本上解决了职工吃饭穿衣两大问题。

1983 年，河西区总工会推广河西五金交电公司永进商店为职工建“小浴室、小食堂、小厕所”“三小”生活福利设施的经验。1984 年 2 月 5 日《工人日报》以头版头条予以报道。1984 年 3 月 24 日市政府办公厅、天津市总工会、市商委在河西区少年宫召开现场会，天津市市长李瑞环、全国总工会副主席章瑞英出席并讲话。至 1994 年底，河西区 15 个公司建立 473 个浴室，“三小”普及率达 93.8%。

1984 年 6 月，河西区总工会成立红娘协会，在基层建立红娘组织 322 个。1990 年 6 月，中共中央政治局常委李瑞环为河西区工会红娘协会副会长刘津英题写“红娘状元”的匾额。中共河西区委、区政府召开大会，命名刘津英为“红娘状元”。1985 年，河西区成立职工物价监督检查站，建立三级职工物价监督体系，开展检查 39325 次，查出违价 1621 件，为消费者挽回损失 23006.29 元。1988 年，建立河西区退休职工管理委员会，基层建立退休职工管理组织。

1991 年，河西区成立劳动模范协会，建立劳模保健门诊，为 100 多名历届劳模办理优先就医证，定期安排劳模疗养。与有关单位协调，为住房困难的劳模解决住房 70 间。

1996—2002 年，河西区总工会在全区范围开展送温暖活动，成立各级送温暖活动领导小组。组织 1200 支小分队，13000 人次参加了各项救助活动，慰问职工 22970 人次，慰问金额 1199 余万元。

2003 年，河西区总工会成立困难职工帮扶中心，建立困难职工动态管理档案，并成立全市首家困难职工帮扶超市。2003 年河西区总工会成立西泰家政公益性公司，联合驻区企事业单位建立了 18 家再就业基地，达成了就业供需联盟。并与区劳动局、工商局、工商联等有关部门联合举办了 20 多次下岗失业人员免费招聘专场。

2004 年，河西区总工会被中华全国总工会评为“全国促进再就业工作示范单位”，2006 年又被中华全国总工会授予“再就业工作先进单位”称号，西泰家政公益性公司被授予天津市再就业先进工作单位。河西区总工会撰写的调研论文《怀着感情，尽心竭力做好下岗再就业工作》获全国工会工作创新与实践调研一等奖，并被《祖国万岁——建国 60 周年理论创新》《中国当代理论创新与实践》等刊物转载。

2003—2008 年，帮助 3080 名职工实现再就业。为 420 人（次）困难劳模、职工进行了免费体检，为 1046 名困难学生提供了助学资助，合计用款达 1450 余万元。

2008 年，河西区总工会主席张炳素被授予全国关爱农民工先进个人，组宣部部长杨广顺被评为全国组建工会工作先进个人，河西区总工会帮扶中心被评为天津市模范帮扶中心，副主席赵晓薇被评为天津市帮扶工作标兵。在区委区政府和劳模法人单位的支持下，筹资 100 万元在全市率先建立了“关爱劳模专项资金”，使劳模长效帮扶有了物质基础。

第三节 南开区总工会

一、组织沿革

1949年1月天津解放后，南开区筹建天津市职工会第十一区，区委书记兼任办事处主任，下设轻工、纺织、五金、劳力四个工作组。同年6月，因市区组织机构变化，区职工会办事处予以撤销，职工工作由天津市总工会各产业工会驻区分会负责。

1950年7月，中共天津市委决定在各区建立天津市总工会办事处，天津市总工会第十一区办事处正式成立。南开区工会成立至2008年，因区、天津市总工会名称变更和区工会体制、管辖范围调整，区总工会名称、机构设置、人员编制随之发生多次变化。

1949年1月~6月，称天津市职工会第十一区办事处。

1950年7月~1952年8月，称天津市总工会第十一区办事处，设主任1人，秘书1人，干部3~5人，未设科室。时任主任曹振中。

1952年8月，称天津市总工会第七区工会，设有办公室、组织科、宣传科、生产科、劳保科等科室。1954年5月，改称天津市工会联合会第七区办事处，同年建立区工人俱乐部，1956年1月，改称天津市工会联合会南开区办事处，1958年9月改称天津市总工会南开区办事处。

20世纪50年代末和60年代初，编制增加到45人，这一时期科室设置有：办公室、组织科、宣传科、劳保科、女工科、财务科、生产科（后改工业科）、商业科、教育科。1964年四季度，全市工业体制调整，工业企业的党群工作由各区领导改为市工业局领导，区工会管理范围缩小到财贸、文教卫行业和部分二轻系统工厂的基层工会，因此撤销科室建制，人员编制减至11人。这种状况持续到1966年5月"文化大革命"开始。在此期间历任主任：陈冰、朱光智、杜伟章、赵忠民、刘文德，历任副主任：朱光智、赵逢驹、刘永春、刘文德、张延年。

1966年5月~1973年4月，"文化大革命"开始后，工作一度被中断，1967年四季度建立工代会，取代区工会。

二、历届工会会员代表大会

1973年5月，在南开文化宫召开南开区工会第一次代表大会，工会重建。重建后的区工会负责领导财贸、城建、文教卫系统的基层工会，定编13人，未建科室，1979年1月，改称天津市总工会南开区办事处。

1983年后，街管企业开始建立工会，区工会增设了物价监督、劳动仲裁等工作，人员编制逐步增加到22人。1985年重建科室，相继增设退休职工管理委员会、劳模协会、红娘协会、职工物价监督检查站等工作机构，配备专职或兼职干部、聘请离退休人员从事日常工作。

1973年5月至1989年3月，历任主任：李淑文、吕章成、雷石强、贾增志，历任副主任：赵育民、董光富、齐志民、邹继丰、李俊卿、李祥、姚彩云、王有彬。

1989年3月，改称天津市南开区工会，召开区工会第二次代表大会，选举贾增志为主席，姚彩云、王有彬为副主席。科室设置为办公室、权益部、财贸部、文教部、城建部。

1994年，召开区工会第三次代表大会，选举产生第三届工会领导班子和工会经费审查委员会。主席贾增志，副主席田春林、荀英华，经审委主任田春林。科室设置为：办公室、三产办公室、基层部、权益部。

1998年，召开区工会第四次代表大会，选举产生第四届工会领导班子和工会经费审查委员会。主席杨佩英，副主席张伟、齐桂荣，经审委主任姚荣章，工会设常委11人。科室设置为：办公室、基层部、组宣部、权益部、实业部。

2003年，改称天津市南开区总工会，召开区工会第五次代表大会，选举产生区工会第五届委员会和经费审查委员会。主席杨佩英，副主席张伟、齐桂荣，2006年副主席为张伟、叶国海。科室设置为：办公室、基层部、保障部、组织部、宣教部、财务部、实业部。

2008年，召开区工会第六次代表大会，选举产生区工会第六届委员会和经费审查委员会。主席王维宁，副主席张伟、冉然。科室设置为：办公室、基层部、保障部、组织部、宣教部、民管部、财务部。区总工会在职15人，本科及以上学历12人。副局级干部1人，处级3人，科级10人。

三、主要工作概述

1957年1月至1966年5月，南开区各级工会组织以“以生产为中心，生产、生活、教育三位一体”为指导方针来开展工作，开展劳动竞赛集中力量抓生产，组织职工开展“解困救贫”为重点的生活互助工作，帮助职工普及小学文化，建立职工代表大会制度和工会信访制度。

1966年5月至1976年10月“文化大革命”期间的十年，南开区工会和各基层工会历经停止工作、撤销机构、重新整建、再次恢复的过程。整建后工会恢复中断九年的评选先进工作，加强职工队伍建设，重新接管生活保险工作，开展职工业余文化活动。

1976年“文化大革命”结束后，全国进入社会主义现代化建设新时期，这一时期区工会的主要工作是在恢复整顿基层工会组织的基础上，围绕党的工作重点转移到经济建设上来的决策，发挥工会组织的建设、参与、维护、教育四项职能，提高职工队伍的政治思想素质，发动职工为发展南开经济献计出力，加强企事业民主管理工作，为职工群众办实事。

四、建立联席会议制度

2002年6月，在南开区人民政府第125次常务会议上，讨论并通过区总工会与区政府拟定的《关于加强政府系统与工会组织联系的意见》，并以区政府文件转发。9月，召开“职工信息采集联络员”聘任会，聘任17名党政领导、工会主席、工会干部、劳动模范作为区政府与区总工会进行联系工作的联络员。10月，召开南开区人民政府第136次常务扩大会议暨南开区政府与区总工会首次联席会议，区总工会提交大会通过建立南开区职工服务中心的工作方案，区劳动局、司法局、教育局三个成员单位的负责人就再就业、法律援助、职工培训工作做表态发言。2004年12月，召开区政府与区总工会第二次联席会议，区政府通报首次联席会议议题的落实情况，区总工会就下一步做好签订集体合同、工资集体协商工作提出议题。2007年1月，召开区政府与区总工会第三次联席会议，区总工会首先介绍工作情况，并提出本次联席会议两大议题：一是充实配备12个街道总工会和三个工会联合会专职工会工作人员，解决专项经费问题；二是提高特困职工救助标准，解决区财政对区内困难职工帮扶中心投入的增加问题。区人事局、财政局、劳动和社会保障局、招商办、兴南街办事处等责任部门主要负责同志进行表态发言。

五、劳模管理

劳动模范评选工作从1949年开始，1964～1972年中断9年，1972～1980年每年评选一次，自1981年开始每两年评选一次劳动模范。全区评选出全国劳动模范、先进工作者8名，天津市特级劳动模范9名，天津市最具影响力劳动模范提名奖1名，天津市劳动模范833人次，国家部级先进个人17名，天津市特等模范集体3个，天津市模范集体61个。1991年成立南开区劳动模范协会，负责劳模管理工作，每年定期为劳模及各类先进人物进行查体、慰问、办理保险、组织治疗休养等。以弘扬新时期劳模精神为主题，开展劳模帮扶、劳模品牌公司、劳模志愿者服务队、事迹报告会、劳模主题访谈会等活动，宣传在经济社会发展中的先进典型。

六、困难职工帮扶中心

2003年10月，南开区总工会成立区困难职工帮扶中心，中心成立以来，坚持做大、做强“送温暖”、“金秋助学”、长效帮扶三大品牌，完善特困救助、信访接待、职业介绍、法律援助四项职能，成立爱心超市和爱心捐赠服务站。五年来，共筹集资金264.8万元，帮扶困难职工7160人次，帮扶困难劳模160人次。每年与区劳动和社会保障局、区工商联等部门联合举办免费招聘专场，提供岗位7000多个，近3000人在招聘会上达成意向，对困难职工、困难劳模采取按需帮扶、一人一策的方法，使200余人实现再就业。中心被评为2006年度天津市“五一”劳动奖状先进集体，2008年中心通过天津市总工会首批考核验收，获得天津市总工会最高额度为5万元的拨款，被评为2008年度天津市工会模范帮扶中心，荣获2008年度天津市工会帮扶工作标兵称号1人。同年在广开街将街内小规模建会企业和社区零散会员纳入帮扶范围，成立天津市首家社区帮扶站，建站经验在全市推广。

七、职工素质工程

南开区工会制定并完成《2003—2007年职工素质工程第一个五年规划》，2003 ~ 2007年五年间，全区参加读书活动的职工10余万人次，80%以上单位实施职工培训考核和持证上岗制度，建立职工素质档案或评估卡19891人，评选出市级职工素质工程目标管理四星级单位1个，三星级单位4个，天津市职工职业道德建设“双十佳”标兵1人，天津市职工职业道德建设先进单位1个；评选出一批全国和市级“知识型职工”“学习型班组”“示范职工书屋”等先进典型，开展三届南开区职工职业道德和经济技术创新评选活动，选树一批先进标兵和十佳技术工人。举办职工卡拉OK大赛、“祖国颂”歌咏比赛、“五一”文艺会演、“我与奥运同行”职工运动会等活动。

八、民主管理

在企业改组改制中，南开区各级工会源头参与，与区体改委、经贸委等部门配合，维护企业利益和劳动者利益的统一，保证企业改革顺利推进。与区纪委、区委组织部联合，深化厂务公开民主管理工作，先后有8家企业被评为市级厂务公开民主管理先进单位，7人被评为优秀工作者，鑫茂集团被评为全国厂务公开民主管理先进单位，在全市介绍经验。

全区建立职代会制度的企事业单位有1578家，占建会单位的92%。签订集体合同608份，覆盖企业1219家，覆盖职工27840人；签订区域性集体合同219份，覆盖企业1188家，覆盖职工19414人；签订工资专项集体合同企业1188家；签订区域性工资专项集体合同企业775家；签订女职工专项保护协议581份。全区创建天津市A级劳动关系和谐企业21家，AA级劳动关系和谐企业1家。超额完成天津市总工会下达的各项任务。争取区人大支持，在全区推行《天津市企业职工民主管理条例》。

九、维权机制

开展区域性劳动争议调解工作，与区劳动和社会保障局建立协调机制，对申请仲裁案件进行先期调解。聘请专职律师对侵害职工合法权益的案件开展法律援助。参与劳动、公安等部门组织的各项用工大检查活动。全区建立职工劳动保护监督检查委员会29个，各级工会全员参加天津市安康杯竞赛活动，累计参加安全生产检查98次，累计答卷2万多人次，提出事故隐患和职业危害整改意见3200余条，参加职工伤亡事故调查处理5件，参加“三同时”审查项目3项。

十、组织建设

南开区工会在全市首个实行入会登记制，率先成立科技园、外资企业、私营企业工会联合会，组建12个街道总工会和209个社区工会，健全工会组织网络体系。连续超额完成天津市总工会下达的建会任务，增量保持全市第一，至2008年全区工会组织共计1753个，涵盖法人单位2805个，会员总数110419人。举办工会法、《企业工会工作条例》和劳动合同法等专题讲座，提高工会干部队伍政策水平，累计培训3000多人次。通过党课教育、工作研讨、参观学习、轮岗交流等形式教育干部转变作风树立形象。南开区总工会被天津市总工会评为“工运理论研究先进分会”，荣获全国优秀工会工作者称号1人，广开街道总工会荣获全国百家示范乡镇（街道）工会，南开社区学院荣获全国模范职工之家称号。汶川地震发生后，第一时间组织全区工会系统劳模先进人物及工会会员捐款45万余元，捐款数额居区县首位。工会档案、财务、经费审查等基础工作运行规范，为工会开展工作提供保障。

2007年，南开区总工会在全市成立第一支专职工会工作者队伍，为全区12条街和科技园、外资企业、三资企业联合会配备27名专职工会工作者，退休和下岗人员所占比例大，均具备一定文化程度、政治素质和工作经验，现已成为基层工会工作的生力军，在基层建会工作中发挥重要作用，使南开区新建基层工会和基层工会总数两项指标均居全市前列。

第四节　河北区总工会

一、组织沿革及历届工会会员代表大会

天津解放不久，中共天津市二、三区委开始筹建职工会。1949年3月20日，华北总工会筹委会驻津办事处决定，在天津市、区正式设立职工会办事处，由天津市办事处统一领导。二区职工会办事处主任由中共二区区委书记安力夫兼任，办公地点在学堂街3号。三区职工会办事处主任由中共三区区委书记李权超兼任，办公地点在律纬路18号。1950年6月，根据天津市总工会常务委员会决定，天津市二、三区工会办事处成立。

1952年10月，二、三区合并，二、三区职工会办事处合并组成天津市总工会第三区办事处。有会员1900人。办公地点在宙纬路29号。1953年5月1日改称天津市总工会第三区工会。1954年4月21日改称天津市工会联合会第三区办事处。1956年1月改称天津市工会联合会河北区办事处，会员发展到2万多人。1957年底，一些市属工厂、商业陆续下放到河北区管理，千人以上大厂30多个，会员增至11万多人。工会办事处机构随之扩大，下设组织科、宣传科、劳保科、商业科、财务科、办公室和重工、纺织、轻工等6个工作委员会。工会干部增加到70多人。1958年7月21日，天津市工会联合会河北区办事处改称天津市总工会河北区办事处。

1964年冬，根据中共天津市委指示，天津市总工会决定，将第一、二机械，重工，化学，纺织，轻工等6个工业局所属工厂企业和中央直属工厂的基层工会组织，划归各对口工业局工会

委员会领导，有9万多名会员转出，全区工会会员还剩2万多人。工会河北区办事处原有各科室和工作委员会机构设置全部撤销，只保留办公室负责日常工作。

1973年5月，河北区工会在河北区工人俱乐部大剧场召开了河北区工会第一次代表大会。同年6月，工会组织机构设置：办公室、宣传组、生产、财贸组。在册人数13人。1979年3月，复称天津市总工会河北区办事处。天津市总工会河北区办事处设宣传科、生产科、办公室。1979年8月，工会组织机构变化：正式设二科一室（商业科、宣传科、办公室），在册人数16人。1984年9月，工会组织机构变化：将原来一室二科调整为四科一室（商业科、集体企业科、宣教科、组织科、办公室），在册人数19人。至87年底，共有会员3.67万人。1973年6月~1988年7月，历任主任：徐彦明、郭勇、齐国良、张继信、张家瑞；历任副主任：齐国良、李祥、刘桂山、侯世琪、关宏民、张俊英。

1988年7月，召开了河北区工会第二次代表大会。选举产生第二届工会委员会和经费审查委员会，选举张家瑞为主席，张俊英、于树堂为副主席。新的一届工会委员会产生后，原天津市总工会河北区办事处复称天津市河北区工会，机构设置调整为经济工作部、职工权益部、组织部、宣教部、办公室，在册人数22人。1992年5月，于树堂、徐义萍为副主席。

1993年5月，河北区工会召开第三次代表大会。选举产生第三届工会委员会和经费审查委员会，选举张家瑞为主席，于树堂、徐义萍为副主席，徐义萍为经审委主任。第三次代表大会后至1995年底，机构设置又调整为经济事业部、基层工作部、职工权益部、组织宣传部和办公室，另设女职工委员会，在册人数22人。至1995年12月，全区共有基层工会436个，会员3.78万人。1998年6月，赵洪莉为主席，同年11月徐义萍、冯宏杰为副主席。

1998年11月，召开了河北区工会第四次代表大会，选举产生第四届工会委员会和经费审查委员会，选举马德香为区工会主席，徐义萍、冯宏杰为副主席，徐义萍为经审委主任。河北区工会机构设置无变化，在册人数19人。1999年3月，河北区工会机构进行临时调整，内设2个常设部门和5个临时部门。2个常设部门是办公室和经济事业部。5个临时部门是基层退管部、权益女工部、组宣民管部、经济实业开发部和财务部。同年9月，经区委组织部任命部分部门负责人后，河北区工会机构设置仍恢复为四部一室，即组织宣传部、经济事业部、职工权益部、基层工作部和办公室（内设女职工委员会和退管办公室）。河北区工会领导班子无变化。在册人数18人。2003年，改称天津市河北区总工会。2003年4月，冯宏杰、张娟娟为副主席，冯宏杰为经审委主任。

2004年4月，召开了河北区工会第五次代表大会，选举产生河北区总工会第五届委员会和经费审查委员会。选举刘俊英为主席，冯宏杰、刁卡勇为副主席，冯宏杰为经审委主任。科室设置为：办公室、基层部、权益部、组宣部、经济事业部。2006年4月，李春学为副主席，刁卡勇为经审委主任。同年6月，机构设置又调整为“四部一室”（办公室、权益部、组宣部、民管部、财务部）。2007年4月，选举张景云为主席。

二、促进公私合营

1953年，国民经济恢复任务完成后，中共中央提出了过渡时期总路线，要求加速对私营工商业和手工业的社会主义改造，实现全行业的公私合营。河北区工会先后从伟氏制药厂、华南制线厂等单位选调12名工人骨干送往河北大学脱产培训半年，成为工人政治教员，在宣传过渡时期总路线工作中起到了重要作用。1954～1956年，河北区逐步实现了对私营工商业的全行业公司合营。河北区工会先后选派了18名工会干部，分别到合营企业担任公股代表，还输送一批基层工会干部走上公私合营企业领导岗位。

三、技术革新和劳动竞赛

1958～1959年，全国大搞技术革新和技术革命运动，天津制鞋厂、锻压机床厂等10单位的职工提出技术革新建议共2047件，被采纳和实现的占81.08%。大中华橡胶厂等4个单位为国家节约和增产总计306万元。1986—1993年，全区各级工会组织开展了“为国家分忧，为政府作劲，为企业解难”的大讨论，全区职工提出合理化建议62953件，其中采纳了32753件，创经济效益5290万元。1999～2003年，共建立、扩建、改造各类职工素质培训基地68个，24980人得到系统培训；提出合理化建议14750件，采纳实施3987件。2004～2008年，以“当好主力军，建功十一五，和谐奔小康”为主题，相继开展了建功重点工程（项目）“五比一创”、争创“工人先锋号”“满意在河北”服务窗口单位职工实践行、河北区“十大技能型”职工和“十大金点子”评选等劳动竞赛活动。累计参赛职工4.6万人次，开展技术创新、技术攻关142项，提出合理化建议11680条。

四、职工素质工程

2004—2008年，以“创建学习型班组，争做知识型职工”活动为载体，不断提升广大职工的思想政治和业务技能素质。广泛开展专题学习、岗位培训、岗位练兵、知识竞赛、技术比武等活动。河北区累计培训职工3.2万人次，组织1.6万名职工开展了96个工种近408次技术比武活动。

五、劳动模范工作

1949—1964年、1973—1980年，均开展一年一度的评选市级劳动模范、先进生产（工作）者、模范集体和先进集体活动。1965—1972年，因“文化大革命”中断。

1982—1994年改为两年一度进行评选，至1995年，40多年来河北区评选出全国劳动模范37人，市级特等劳动模范70人，市级劳动模范、先进生产（工作）者共282人。1999～2003年，全区共有318名（次）职工、75个（次）集体、19个（次）单位获得市级“九五”“十五”立功先进称号；58人（次）被评为天津市劳动模范，其中5人（次）被评为天津市特等劳动模范、2人被评为全国劳动模范、4人荣获全国“五一”劳动奖章，18个（次）单位被评为天津市模范集体，其中3个（次）单位荣获天津市特等模范集体称号。2004 ~ 2008年，河北区先后有3名同志分别荣获“全国劳动模范”“全国五一劳动奖章”“天津市最具影响力劳动模范提名奖”称号，63名同志荣获“市级劳动模范”称号，13个集体荣获“市级模范集体”称号；177名职工、45个集体和15个单位荣获“市级五一劳动奖章（奖状）”称号。在全国工会系统率先举办了“劳模论坛”，连续开展了三届河北区“十大劳模品牌”评选活动，“百名劳模助百困”活动，得到中共天津市委的高度评价。

六、民主管理

1985 ~ 1995年，河北区各级工会组织认真贯彻了职代会条例和企业法。建立职工代表大会制度的单位由1989年的70%增加到1995年的94%，职工代表总数达3407人，共培训职工代表5500人次。

1999 ~ 2003年，厂务公开工作在党委领导和行政部门支持下逐步形成了“一个转变，三个结合”。建立和完善了劳动关系预警机制网络体系，使“预测、预审、预报、预防”的“四预”制度得到落实。

2004 ~ 2008年，河北区工会协助区人大、区政协对工会法等有关法律法规的执法检查和视察。并对对区域性集体合同和工资集体协议签订工作进行探索，推动平等协商集体合同和工资集体协商制度的落实，以每年递增20%的幅度推进，维护了职工的核心权益。

企业劳动争议调解组织、工会法律志愿者队伍不断扩大，五年来累计免费提供法律政策咨询服务600余人次。探索建立非公、民营企业工会劳动保护监督机制。累计处理职工来信来访800多件，结案率达到100%。创建劳动关系和谐企业活动向纵深发展，河北区共有和谐企业197家，其中A级178家，AA级11家，AAA级8家。健全和完善厂务公开制度，规范公开内容和程序，推动“三制”、“四书”的落实。截至2008年，河北区实行厂务公开民主管理的非公企业近170家。

七、帮扶和再就业

1989年，在区人民政府的支持帮助下，河北区工会组织集资兴建了8000平方米的廉价商品房，解决了部分职工住房困难的问题。1990年以来，河北区工会持续开展了“走百家门、办百家事、解百家难”的“三百”活动。2400多名专兼职工会干部深入基层班组为2.40万多职工办实事3万多件，成立了生活服务互助组1200多个，帮助职工解决修房、裁剪、缝纫、买菜、买煤、买粮、理发等问题21万多件。2003年，河北区总工会建立困难职工帮扶中心，开通帮扶绿色通道。通过履行困难职工帮扶、信访接待、免费职介、法律援助等职能，及时解决职工中存在的实际困难。2007年，在全市率先成立了区县工会一级的“爱心助困基地”，收到相关企事业单位、劳动模范、全区工会干部捐款7万余元，拓展了帮扶困难职工的新渠道。2004—2008年，河北区各级工会组织共走访慰问困难职工22000人次，发放款物累计价值280万元，有力发挥了社会保障体系的补充作用。加强对困难职工的创业和就业培训工作，举办计算机操作、烹饪、美容美发、家政服务等各类培训15班次，培训困难职工5250人次，为他们自立自强奠定了基础。筹建再就业基地8个、再就业服务联社5个、公益性组织2个。多次举办河北区困难职工招聘会，共帮助1500名下岗职工实现了就业和再就业。深入开展金秋助学活动，累计发放金秋助学款80余万元，河北区没有一名困难职工子女辍学。

八、工会组织建设

在全市率先建立了市场、楼宇、农民工工会联合会和养老机构行业工会联合会，以及工商联会员企业、科技民营企业、外商投资企业工会联合会，形成了河北区总工会、街道总工会、社区工会联合会纵横交错、各有侧重的工会组织网络。工会基层组织和会员从2003年底的378个、26000人，发展到2008年底的728个、89000人，新建基层组织350个、新增会员63000人，工会组建和会员发展实现了重大突破。2008年，以区委名义召开了河北区工会工作会议，完成了街道建立总工会工作。98个社区全部配备了工会干部。举办了河北区工会工作论坛，开展了“十佳工会组织、十佳工会干部”评选表彰活动，在新建民营企业中开展“双爱双评”活动，在改制后企业开展“星级达标”活动。不断深化“职工之家”建设，使各级工会组织基本实现了“建起来、转起来、活起来”的目标。

九、自身建设

开展“我骄傲，我是工会人”征文演讲比赛，与区委组织部联合举办党工共建工作培训班，坚持和完善分片调研例会制度、基层工会工作百分考核制度，使工会干部的业务素质和执行力得到增强。

积极开展工会理论研究和实践探索，提出了一系列对策性意见和建议，分别在市委、区委和中华全国总工会、天津市总工会有关刊物上发表。宣传工作力度不断加大，分别在中央电视台、《工人日报》、《天津日报》、《今晚报》、天津电视台、《天津工人报》等主流媒体宣传和介绍我区工会工作的创新做法和经验累计达410次，信息工作连续5年位居全市工会系统前列。工会档案、财务、经费审查、退管、女工等基础工作运行规范，为工会开展工作提供保障。

第五节　河东区总工会

一、组织沿革

1949年3、4月，华北总工会筹备委员会天津市办事处在境内四、五区建立职工会办事处。1949年3～6月，张学林任天津四区工会主任，黄华任五区工会主任。1950年7月，天津市总工会派干部组建天津市总工会第四、五区办事处。1950年7～10月，刘忠任天津四区工会主任，张云鹏任天津四区工会主任。1950～1952年10月江占标任五区工会主任。1952年10月，四、五区工会办事处合并，更名为天津市总工会第四区工会，张云鹏任合并后的四区工会主任。1954年5月更名为天津市工会联合会第四区办事处。1956年1月，第四区工会办事处更名为天津市总工会河东区办事处。1953年4月至1956年4月，刁志国任四区工会主任。1956年1月至1957年崔巍任河东区工会办事处主任。1957年2月至1958年7月，邵谈成任河东区工会办事处主任。1958年7月至1960年4月，黄树尤任河东区工会办事处主任。1960年9月至1964年10月，邵谈成河东区工会办事处主任。1964年10月至1968年11月，丁守言任河东区工会办事处副主任（主持工作）。1966年"文化大革命"开始，工会被迫停止活动。1973年5月，恢复活动。1989年3月，天津市总工会河东区办事处改称天津市河东区工会。2002年1月按照天津市总工会要求更名为河东区总工会。

二、内部机构

河东区总工会在1998年之前，所辖的企业基本全是全民所有制和集体、所有制的性质，因此河东区总工会的内部机构以行业系统设置，有办公室、商业科、城建科、文教科和权益部。

1998年，随着改革的不断深化，非公企业逐渐兴起，特别是一些原有的全民所有制、集体所有制企业转制、重组，全区的企业格局发生了很大的变化。区总工会为了适应这一变化，对内部设置进行了调整，内部机构设置由以行业系统划分的格局改为以工会自身的业务性质划分，设置办公室、组宣部、基层部、权益部和实业部"四部一室"。

2002年，根据当时的工作需要，撤销实业部，增设财务部，区总工会内部设置为办公室、组宣部、基层部、权益部和财务部"四部一室"。

2008年，为了强化工会组织的培训活动和劳动竞赛竞赛活动，搞好基层工会组织的宣传文化活动，增设宣教部，区总工会设置为办公室、组织部、宣教部、基层部、权益部和财务部"五部一室"。

三、历届工会会员代表大会

1973年5月，召开河东区工会第一次代表大会，选举产生河东区工会第一届委员会，委员33名。主席丁守言，副主席宋英（女）、王宗岩。财务由天津市总统一管理，区级工会不设经审委。

1988年12月，召开河东区工会第二次代表大会，选举产生河东区工会第二届委员会，委员17名。主席李殿明，副主席程佩元、王淑霞（女）。选举产生了河东区工会第二届经费审查委员会，委员5名，主任程佩元。

1994年10月，召开河东区工会第三次代表大会，选举产生河东区工会第三届委员会，委员19名。主席臧自为，副主席程佩元、邢宝凤（女）。选举产生了河东区工会第三届经费审查委员会，委员5名，主任程佩元。

1999年11月，召开河东区工会第四次代表大会，选举产生河东区工会第四届委员会，委员21名。主席王宝福，副主席曹树明、李红梅（女）。选举产生了河东区工会第四届经费审查委员会，委员5名，主任曹树明。

2004年12月，召开河东区工会第五次代表大会，选举产生河东区工会第五届委员会，委员21名。主席王宝福，副主席高维禄、张莉（女）。选举产生了河东区工会第五届经费审查委员会，委员5名，主任高维禄。

四、基层工会组织建设

1955年，河东区仅有职工8173人，基层工会组织378个，工会会员7606人。到2008年末，河东区职工达11.2万人，基层工会组织1699个，河东区有工会会员10.1万人。2005年以来，河东区总工会为了更好地贯彻落实中华全国总工会“组织起来、切实维权”的总体工作要求和天津市总工会的工作部署，以宣传贯彻工会法为契机，加大了工会组建工作的力度，取得了良好的效果。2005年，河东区总工会通过区政府与工会联席会议，把宣传贯彻工会法定为区政府各职能部门的一项任务。在执法检查中纳入工会法的内容，大大地促进了河东区各类企业依法建会工作的开展。2006年，河东区总工会向区委建议，把学习贯彻工会法作为区党校处级班必修课，每年由河东区总工会聘请专业人员协助党校搞好工会法课程的学习讲座，提高了基层领导对工会工作和建会工作的认识。2007年，河东区总工会在深入调查研究的基础上，大胆创新，成功地组建了街道零散务工再就业人员工会联合会，把河东区12个街道一万余名下岗职工和街道辖区内饭店零工、修理行业职工等零散务工人员组织到工会组织中。2008年，区总工会根据全区楼宇经济和经济园区的迅速发展，把建立楼宇经济组织工会作为重点，通过抓试点，召开现场推动会，大力推进楼宇经济组织和经济园区组建工会联合会工作。大直沽街道伯苓大厦楼宇经济组织工会联合会在组建的同时，还建立了经济办公室，协调楼宇内120多家经济组织，共同制定促进职工稳定、有序竞争、共同发展的有关制度。

五、劳动竞赛和职工素质工程

20世纪50～60年代，河东区总工会以组织发动全区职工开展增产节约、“比、学、赶、帮”等活动为主。1960年，开展争做肖德训、李之珍式革新闯将活动，当年全区评出革新闯将12024人，闯将小组1646个。从1986年起，区工会按照天津市总的统一部署，围绕五年计划开展立功活动，每年评选立功活动的先进个人和先进集体、先进单位，先后开展了“七五”“八五”“九五”“十五”“十一五”立功活动，使全区的劳动竞赛活动形成了制度化，全区职工劳动竞赛活动成效逐年提升，产生了一大批立功活动先进单位和先进人物。到2008年末，河东区已产生历届劳模248人次，全国模范和先进工作者5人，产生市级立功先进个人506人次。全区职工共提出技术创新、合理化建议5861条，实施1310条，创效310万元。

2002年8月，河东区成立了职工素质工程建设领导小组，并制定《河东区职工素质工程五年规划》。到2008年末，河东区已有44个基层工会实施职工素质工程，河东区建立职工培训中心（基地）87个，开展技术比武活动57场，参与职工近万人次。自2002年之后，河东区总工会把劳动竞赛作为职工素质工程建设的一项重要内容，形成了培训、技术比武、劳动竞赛紧密结合的配套式活动，全区职工的整体素质明显提升。

六、维护职工合法权益

1949年初，河东区工会组织成立之时起，就通过每年组织店员、工人与资方协商签订劳资合同，保险合同等方式维护职工合法权益。1953年之后，河东区工会每年组织发动职工学习，培养职工劳动技能，学习文化知识。河东区工会组织经常协助劳动部门依法处理劳动纠纷；每年都配合安全管理部门开展安全生产大检查，并主动争取企业行政支持，增添安全设施，防止工伤事故和职业病，不断改善企业生产条件和职工工作环境。

1998年，建立河东区工会法律顾问处；局、街、公司一级的调解委员会也相继建立，河东区拥有一支500余人组成的调解员队伍；基层（车间、站、对、所）调解委员会达403个。1994年9月，工会法律顾问处为河东区商业系统9个公司的7000余名退休职工连续4个月未领到提现金一案，向市、区有关部门反映，在总工会法律顾问处的支持下，使这一重大侵权行为得以解决。1995年以贯彻实施劳动法为契机，在3家不同经济性质的企业（国有东海商厦集团有限公司、私营正士包装机械实业有限公司、外资林迪克制衣有限公司）进行平等协商签定集体合同试点工作。是年，河东区80%职工签定劳动合同。同年，区内1家外资公司发生劳资纠纷案，中方82名职工集体罢工。河东区总工会法律顾问处依据《中华人民共和国劳动法》做劳资双方工作，资方接受了劳方复工的10项要求，使劳资纠纷得以解决。至1993年，河东区总工会法律顾问处共受理各类侵犯职工权益案200余件，为职工免费咨询3000余人（次），被评为1995年度全国工会法律工作先进集体。

为维护职工合法权益，河东区总工会加快了新经济领域中的工会组建步伐。截至 1995 年，在河东区 19 个街道建立街一级的地域性工会组织，河东区在街一级汉工会组织，并在 16 家私营企业、21 家“三资”企业组建了基层工会。

2001 年，河东区总工会在全区完成了厂务公开民主管理和平等协商集体合同两项制度，由局公司一级延伸到独立核算的门店、班组和二级企业，进一步加强了工会组织的维权力度。1998 年和 2002 年，河东区在全市率先建立了区劳动关系三方协调机制和街道一级的劳动关系三方会议制度。2005 年之后，河东区总工会把建立工资协商制度、签订工资协议和推进非公企业建立职代会制度作为重点工作，组织人员深入企业调研，不断创新建制方式，破解工作难题。2005 年，推出了签订区域性工资协议的举措，解决了街道非公小企业签约难的问题；2007 年，大力推进行业、工业园区和楼宇经济组织的建制工作，并与组建工作紧密结合，通过推广建会、建制、建家三同时的工作方法，大大地提高了非公企业建立工资协商制度、集体合同制度，签订工资协议工作的比例，到 2008 年末，全区已有 85% 的企事业单位建立了厂务公开、职代会、工资集体协商等各项民主管理制度。

七、送温暖工程

20 世纪 50 年代至 60 年代中期，河东区工会发动基层工会和企业职工成立互助会，为生活上突发困难的职工提供帮助，工会组织每年都在重大的节日慰问困难职工，为困难职工提供救济。

自 1994 年起，河东区工会把困难职工帮扶中心正式列入重点工作，设置了专门的责任部门，每年筹集专线资金用于职工帮扶工作。区工会开始对全区特困职工实行动态管理，上下联动建立了公司一级，分会一级，班组一级的三级包保责任制度，一级管一级，层层负责，并制定包保责任人对困难职工直接负责制；建立特困职工“绿卡”发放制，建立特困职工档案，并由过去节日慰问的形式并为常年救助。

2003 年 11 月，成立了河东区总工会困难职工帮扶中心。到 2008 年末，区总工会帮扶中心除了专门的信访接待，免费职业介绍及法律援助办事机构外，还拥有一个 200 余平方米的帮扶困难职工再就业培训场所和帮扶超市。区总工会困难职工帮扶中心自成立以来，每年筹集专项资金 15 万元，通过各级工会筹集帮扶专用款达到 120 余万元。从 2004 年至 2008 年，平均每年办法困难职工达一千人次，发放帮扶款物达 50 万元。河东区总工会开展的冬季送温暖、夏季送凉爽、金秋助学、农民工帮扶等活动已成为工会工作的品牌，在全区有一定的影响。2005 年，河东区总工会帮扶中心被中华全国总工会评为帮扶工作先进单位，中心负责人胡新跃被中华全国总工会评为先进工作者。

八、职工文化活动

新中国成立初，河东区工会组织的职工文化活动以基层工会自行组织为主，活动形式基本上是围绕节日开展文化娱乐活动，包括组织职工观看电影、戏剧，组织单位职工文艺会演。基层工会也选送一些职工文艺骨干参加天津市总工会第一文化宫和第二文化宫的业余文化团体。1986 年，由天津市总工会和河东区政府共同投资，在河东区津塘公路大直沽后台建成河东区工人俱乐部，占地6.5亩，建筑面积3500平方米。主体建筑为一个两层观众台、1100座席，五道幕舞台的影剧院。当时活动以放电影，举办各类业余培训班为主。1994年，河东区工人俱乐部由全额拨款事业单位变为自收自支企业化管理的事业单位，俱乐部除了电影放映外，建立的七彩虹娱乐厅对外经营，以放录像和台球为主要经营项目创收。

俱乐部自1986年成立以来，坚持每年深入基层辅导，每两年举办一次全区班组文化擂台赛，鼓励职工自编自演，自娱自乐。1986年，俱乐部成立了"津沽职工书画社"，成立之时画社成员达30余人。1994年之后，俱乐部在努力创收，维持运作的同时，坚持开展职工文化活动，成立了职工艺术团，每年"五一""国庆""春节"深入基层演出。河东区职工文化活动坚持多年，培养出一大批职工文艺骨干。2003年，河东区市政园林局职工自编自演的小品《竞选》代表天津市参加了在山东省举办的全国职工小品大赛，荣获金奖。河东区工人俱乐部孙荣刚、河东区文化馆刘德印、区工会干部焦士宝和餐饮公司职工倪万珠四名同志被天津市总工会评为天津市职工艺术家。

九、工运理论研究

1995年，河东区工会成立天津市工运理论研究会河东区分会，专门负责全区工运理论研究活动，并将这一活动制度化，每年召开一次年会和一次理论研究成果交流会。针对新时期工会工作的特点和当年工会重点工作，年初提出调研课题，有目标地把课题委托基层工会和河东区总工会部门完成。1995年，分会有会员23人，其中区工会4人，基层工会19人。到2008年，分会已发展到36人，其中区总工会7人，基层工会29人。分会成立以来，有效地促进了区工会重点工作顺利推进，破解了一些工作难题，如2002年通过调研，成功推进厂务公开民主管理向独立核算的小门市部、车间班组下沉；2005年在全市率先建立街道一级总工会；2007年成立街道零散务工再就业人员工会联合会以及通过推进区域、行业、楼宇经济组织建立工会联合会破解非公小企业建会难、签订工资集体协议难等工作难题。2008年全区形成调研成果32篇，天津市总工会《天津工运》理论刊物为河东区出刊理论研究成果专辑，发表文章23篇。分会成立以来，连续多年被天津市总工会评为先进分会。

第六节 红桥区总工会

一、组织沿革

1949年3月，建立第九区职工会办事处。办事处主任由中共区委负责群工工作的委员兼任。同年4月，第九区职工会办事处撤销。

1950年7月，建立天津市总工会第九区办事处。1952年10月，天津市区划调整，改称第八区；区工会办事处改称天津市总工会第八区办事处。1953年，改为天津市第八区工会。1954年4月，改为天津市工会联合会第八区办事处。1956年1月，第八区改为红桥区；天津市工会联合会第八区办事处改称天津市工会联合会红桥区办事处。1958年7月，改称天津市总工会红桥区办事处。

1973年5月，恢复天津市红桥区工会。1979年2月，改为天津市总工会红桥区办事处。自建国至此时期，张兴齐、孙秀珍、马治安、胡长富等同志先后任主席、主任。内设机构为办公室、商业科、城建科等，同时设行业工会。

1988年12月，改为天津市红桥区工会。区工会机关内设机构为办公室、商业科、城建科、教卫科。后改为办公室、基层科、教卫工委、实业部。

1998年2月区工会内设机构改为办公室、经济民管部、生活权益部、组织宣教部。2001年1月，改为天津市红桥区总工会。2004年3月，增设财务部。

二、历届工会会员代表大会

1953年2月11～12日，召开第八区工会第一次会员代表会议，正式代表122人；列席代表152人；大会选举产生了由19名委员组成天津市第八区工会执行委员会；办事机构称为天津市第八区工会。

1973年5月17～19日，召开红桥区工会第一次代表大会，正式代表599人，列席和特邀代表293人；选举产生了红桥区工会第一届委员会，由31名委员组成。

1988年12月8～9日，召开红桥区工会第二次代表大会，正式代表200名；大会选举产生红桥区工会第二届委员会，由19名委员组成。杨志强同志为主席，宋金铭、孔繁林同志为副主席。1993年，改选吴景泉同志为主席。

1994年3月14～16日，召开红桥区工会第三次代表大会，出席大会的正式代表200名，列席和特邀代表42名；选举产生由19名委员组成的第三届委员会；经三届一次全委会议选举，吴景泉为主席，宋金铭、孔繁林、李欣茹为副主席。1998年4月，改选周嘉琦为主席。1997年9月，增补姜凯为副主席。

1999年6月8～10日，召开红桥区工会第四次代表大会；出席会议代表204名，列席和特邀代表25名；选举产生由19名委员组成的第四届委员会；经四届一次全委会议选举，周嘉琦为主席，姜凯、孔繁林、杨书苓为副主席。2001年4月，改选郑俊富为主席。2002年，增补安建君为副主席；2004年，增补甘永为为副主席。

2004年9月21～22日，召开红桥区工会第五次代表大会，出席会议代表151名，列席和特邀代表50名；选举产生由21名委员组成的第五届委员会；经五届一次全委会议选举，郑俊富为主席，甘永为、安建君为副主席。2007年4月，补选方立民为副主席、主席。2008年10月，增补刘胜林为副主席；2009年5月，增补郭华为副主席。

三、组织建设

2008年，红桥区总工会提出“非公企业发展到哪里，党的工作就开展到哪里，工会组织就覆盖到哪里”，以党建带工建，全力推进建会任务完成；将“党委领导、行政支持、工会运作、社会参与”的工作机制和管理体制落实到建会工作之中，把建会任务分解到各个基层，落实到责任人。建立红桥区总工会、街道总工会和社区、园区工会三级的建会工作责任制，明确责任，分块划片，落实建会任务；与区委组织部共同印发了《关于在非公有制企业深入开展“党建带工建，党工共建”工作的意见》，在非公企业形成党建带工建，党工共建的工作格局，不断推进工会自身建设与发展；以“五有、六好”创建标准为内容，搞好工会干部培训，提高创新与发展能力，推动基层工会规范化、制度化、标准化建设。2008年，新建工会组织137家，发展会员10891人。截止到2008年底，已有基层工会910家，会员72000人，形成一只强有力的工会工作体系。

四、厂务公开民主管理

红桥区总工会把厂务公开民主管理工作作为维护职工权益，促进企业和谐发展的基本形式，工作中落实厂务公开民主管理“三制”“四书”制度和厂务公开重大事项报告、备案制度，区内各类企事业单位职代会召开备案率达91%。就学习贯彻《天津市企业职工民主管理条例》进行调研和座谈，听取敬一堂药业有限公司、正本电器有限公司、正鑫商贸有限公司等不同性质的单位学习贯彻《天津市企业职工民主管理条例》、调动广大职工参与企业民主管理的情况汇报。

五、集体协商制度工作

截止至2008年，全区共签订集体合同88家，工资协议1655家，女职工专项协议87家，共计1830家，并在全市率先破解了小企业签订工作难的课题，得到了天津市总工会的充分肯定。

六、创建和谐劳动关系

2008年，红桥区政府与区总工会联席会上，其中一个重要议题就是不断深化红桥区劳动关系和谐企业创建工作，会议要求区政府各有关部门要充分认识创建劳动关系和谐企业的重要性和迫切性，要明确责任，相互配合，合力推动创建工作，把创建劳动关系和谐企业作为构建和谐红桥的一项长期战略任务，融入红桥区经济社会发展的总体布局之中，通过积极开展创建活动，促进企业发展社会和谐。红桥区总工会就创建内容、申报时间、创建目标等，对全区各类企业进行了专题部署。全区有21个企业第三次申报了A级劳动关系和些企业。

七、评模评先

红桥区的评模评先突出“三个坚持”：一是坚持扩大覆盖面，体现先进性，把评先的过程作为学习先进，争当先进的过程，调动广大职工积极性、发挥职工主力军作用的过程。二是坚持面向基层、面向一线，切实评出在工作中勇挑重担，争创一流，取得显著成绩的基层组织、一线职工和专业技术人员中的先进典型，在全区深化改革，推动经济发展，推进科技进步，以及为重点工程做出突出贡献的先进典型。三是坚持公开、公平、公正的原则，切实把事迹突出、群众公认的先进人选和集体评选出。

八、送温暖工程

红桥区总工会建立帮扶动态管理网络，建立以特困救助、法律援助、政策咨询、免费职介为主要内容的帮扶中心；建立区职工法律援助机制，建立“三级”职工诉求反映网络，及时为困难职工提供有效服务；筹措资金，不断提高困难职工的救助标准。2008年，投入帮扶资金80多万元，绿卡职工“两节”帮扶标准比前一年提高了一倍。红桥区总工会困难职工帮扶中心荣获“天津市工会帮扶中心工作先进集体”荣誉称号。

九、劳动竞赛和岗位立功

红桥区总工会组织全区广大职工深入开展各种形式的劳动竞赛和岗位立功活动，深入开展“当好主力军、和谐奔小康”岗位立功实践活动。广泛开展以比技术创新、比科学管理、比又好又快、比安全生产、比团队和谐，在创建精品工程中争创“工人先锋号”为主要内容的“五比一创”劳动竞赛，积极组织职工开展“小改革、小发明、小创造、小创新、小建议”为主要内容的群众性的技术发明、技术攻关、技术创造活动，充分发挥职工群众的聪明才智，提升企业产品的技术能级，增强企业的核心竞争力，激发广大职工的创造热情。

十、职工素质工程和文体活动

红桥区总工会的区职工体协成功举办了多次天津市职工乒乓球大赛。同时，组织区内基层单位职工开展七人制职工足球大赛、“红桥杯”职工乒乓球大赛和红桥区职工扑克三项赛。红桥区职工体协连续30年被评为全国优秀群众体育先进组织。

万隆大胡同商业中心职工书屋被评为全国“职工书屋”示范点，科贸园区、天骄集团、西沽街道、红桥医院等“职工书屋”评为市级示范点。

第七节 塘沽区总工会

一、组织沿革

塘沽区自1860年以来，航运、造船、化工、铁路、装卸搬运、商业职工队伍发展迅速。

1946年秋，国民党塘大区特别党部在塘大区成立总工会，书记长张世森兼任工运指导员，永利碱厂工会理事长马树林任总工会理事长。永利碱厂工人、中共地下党于有亭于1948年9月趁改选之机，通过竞选打入其内部。区内工人阶级在中共地下党员的组织领导下进行了多次斗争，锻炼了工人阶级队伍。天津解放初，共有职工15229名。

天津解放后，塘大区军事管制委员会民运部，于1949年初选配20余名干部组成塘大职工问事处，筹建基层工会组织。1949年5月，成立天津市总工会塘大区工会筹备委员会。8月，建天津市总工会塘大办事处。1951年3月9日，撤办事处，建塘大区工会委员会，共有职工15229名。1952年2月19日，改名塘沽区工会委员会。1956年上半年，改为天津市工会联合会塘沽区办事处。1958年9月，根据中华全国总工会“精简机构，节约开支”的指示，天津地区海员工会（在塘沽部分）、盐业工会、搬运工会三个产业工会并入塘沽区办事处。“文化大革命”开始后，工会组织瘫痪。

20世纪60年代，塘沽区职工人数达45042人、基层工会113个、工会小组3426个。1966年12月，“工代会”取代各级工会。

1973年初，塘沽区委抽调张学诚等14名干部负责恢复和整健全区各级工会组织工作，组建区工会。1979年2月，根据天津市总工会的指示，将原天津市塘沽区工会委员会改为天津市总工会塘沽区办事处，取消委员会建制改为天津市总工会的派出机构。

1988年，天津市总工会在津工发1O2号文件《关于市总工会所属各区办事处改为区工会的几点意见》要求各区办事处改为区工会，至此将原塘沽区办事处改称为塘沽区工会。90年代初，塘沽区有职工98093人、基层工会组织235个、工会小组7134个。

1995年，拥有600多家企业的塘沽新经济技术开发区成立工会联合会，在全市的三资企业尚属首家。

1995年10月5日，根据天津市总工会常委会关于“理顺普教系统工会体制的指示精神”和市教育工会建立区县教育工会的实施意见，经区工会和区教委研究，市教育工会批准，正式建立“中国教育工会天津市塘沽区委员会”（以下简称塘沽区教育工会）。共有工会组织100个，教职工共近7000人，其中会员6689人。

1995年12月，百货大楼工会委员会成立，实现了私企建会的零突破。

2002年1月，根据津工发〔2002〕2号文件精神及工会法的有关规定，经天津市总工会常委会议研究，天津市塘沽区等15个区工会更名为塘沽区总工会。

2003年5月，滨海集团率先成立天津市首家建筑行业外来工工会分会。到2008年底，塘沽区共有职工133666人，会员130594人，基层工会组织928个。

二、历届工会会员代表大会及工会内部机构设置

塘沽区工会组织成立以来，共召开8次会员代表大会。

1951年5月23～25日，塘沽区工会召开第一次代表大会。出席代表130名，选举产生第一届工会委员会，委员27名、执行委员4名。主席张阁，副主席史振江（兼）。选举产生第一届经费审查委员会，委员6名。塘沽区工会设办公室和组织、生产、劳保、文教、财务5个部。

1952年8月4～6日，塘沽区工会召开第二次代表大会。出席代表116名。选举产生第二届工会委员会，选举执行委员28名。主席张阁，副主席史振江（兼）。选举产生第二届经费审查委员会，委员8名。

1954年3月29～31日，塘沽区工会召开第三次代表大会。出席代表98名，选举产生第三届工会委员会和25名执行委员。王长群任塘沽区工会主席，高玉宝、李正春任副主席。选举产生第三届经费审查委员会，委员6名。组织机构设置为"一室五科"：即为办公室、组织科、宣传科、生产科、劳保科、财务科，私企工作组。王长群于1954年12月调任塘沽区委副书记。

1955年7月18日塘沽区委正式任命工会领导人，李振藩任区工会主席，李正春、高玉宝任区工会副主席。

1956年3月，李振藩调区委工作。1956年11月23日，塘沽区委任命李正春为塘沽区工会主席，高玉宝为副主席。

全面建设社会主义时期，经工会党组研究，将科改部，设"一室五部"，即办公室、组织部、宣传部、生产部、劳保部、财务部；直属三个工委：即店员工委，建筑工委、公路运输工委。

1958年9月，天津市总工会本着精简机构，厉行节约，提高工作效率的原则，将天津市总工会塘沽区工会委员会改称天津市总工会塘沽办事处。1958年12月1日，塘沽区委任命工会领导人，尔朝柱任区工会主任，副主任为李正春、高玉宝、张成华。经塘沽区工会党组研究，改部为科，设置"两室五科"：行政办公室、生活办公室、组织科、宣传科、生产科、劳保科、财务科。

1960年9月，塘沽区委调区工会主任尔朝柱到新港人民公社任党委书记，1964年4月塘沽区委任命工会领导，高玉宝任主任，副主任为张成华、常乐民。

1962年7月，城市人民公社解体，塘沽区委任尔朝柱为塘沽区工会主任，高玉宝免去主任职务任副主任，常乐民任副主任。

1966年3月，天津市总工会调尔朝柱到天津建筑工会工作。塘沽区委重新任命塘沽区工会领导班子，副主任高玉宝主持全面工作，常乐民、杨士裕、郝惠轩任副主任。

1973年5月18—20日，塘沽区工会召开第四次代表大会，出席代表700名，特邀代表100名。选举出第四届工会委员会，执行委员35名、常委14名。李熙为塘沽区工会主任，副主任为郝惠轩、张学诚。选举出席市工会代表大会代表60名。此次代表大会没有选举经费审查委员会。经第四届工会委员会研究决定，组织机构设置为"一室二组"，即：办公室、组宣组、生产组。

1979年2月，塘沽区工会委员会改为天津市总工会塘沽区办事处，组织机构设置为"一室四组"，即：办公室、生产组、宣传组、组织组、劳保组。

1980年2月，中共塘沽区委决定免去工会主席李熙与副主席沙洪秀的职务，副主任常乐民主持全面工作，副主任为郝惠轩。

1981年12月，中共塘沽区委决定加强区工会领导班子，杨万荣为主任，副主任常乐民、郝惠轩。

1984年3月，中共塘沽区委调整区工会领导班子，杨万荣任主任，副主任为焦再泉、崔广志，同时组织机构做了较大调整，设置“三室四科”，即办公室、法律顾问室、技术协作办公室、工业科、财贸科、文教卫生科、宣传科。

1986年6月，杨万荣同志因年龄关系提出辞去工会主任职务，区工会领导班子重新调整，焦再泉任主任，张春鹏任副主任。

1988年12月28～30日，召开第五次代表大会。出席代表275名，特邀代表35名。选举产生第五届工作委员会，委员27名、常委9名。塘沽区工会主席为焦再泉，副主席张春鹏。选举产生第五届经费审查委员会，委员9名。组织机构设置“二室五部”，即：办公室、经济技术协作办公室、生产保护部、民管组织部、宣传部、生活保险部、文教卫生部。

1993年3月，经塘沽区工会五届常委会研究决定，并经天津市总工会批准，调整组织机构，设办公室、基层工作部、权益保障工作部、经济事业部、区女职工委员会办公室。

1993年12月17～18日，召开第六次会员代表大会，大会在天碱俱乐部召开。出席代表200名，选举产生第六届工作委员会，委员25名、常委7名。焦再泉任主席，副主席张春鹏、于泳。选举产生第六届经费审查委员会，委员9名，主任刘玉华（女）。组织机构设为办公室、基层工作部、权益保障工作部、经济事业部、区女职工委员会办公室。

1994年6月，塘沽区委决定调焦再泉任区长助理，由张春鹏主持塘沽区工会全面工作。

1996年4月，根据上级机关要求，塘沽区工会经费审查委员会下设办公室。财务室从机关办公室分离出来，单独成立财务部。

1997年6月17日，经中国教育工会中共天津市委员会和区委的批准，召开塘沽区教育系统工会第一次代表大会，会议产生了第一届中国教育工会塘沽区委员会，任刘佩珠为教育工会主席。

1998年12月29～30日，召开第七次会员代表大会，会议在渤海宾馆召开，出席代表共168名，选举产生第七届工作委员会，委员23名、常委5名。主席张春鹏，副主席刘玉华（女）、李学明、刘廷国。选举产生第七届经费审查委员会，委员9名，主任刘玉华（女）。

2002年5月区委同意塘沽区总工会机构改革方案，设8个职能部门和1个全区产业工会：办公室、基层民管组织建设部、权益保障工作部、经济技术事业部、女职工部（塘沽区女职工委员会办公室）、财务部、对外联络部、区总工会经费审查委员会办公室、中国教育工会天津市塘沽区委员会。

2003年12月27～28日，在渤海度假村召开塘沽区第八次会员代表大会。出席代表共200名。选举产生第八届工作委员会，委员24名、常委5名。主席张春鹏，副主席刘廷国、孟春玲。选举产生第八届经费审查委员会，委员9名，任刘佩珠（女）为主任。

2008年4月，由于工作需要，中国教育工会天津市塘沽区委员会工作归属塘沽区教育局党委管理，塘沽区总工会另成立教科文卫体工作部。

三、劳动竞赛

1950年，塘沽区工会响应天津市总工会“工会工作必须面向生产”的号召，开展班组竞赛，塘沽区有1328个小组订立小组公约，15252名职工参加班组竞赛。1952年开展爱国增产节约竞赛，新港和工程局、港务局、大沽盐场、新河船厂、电业局等单位的工人分别创造了“移锚不停车”“循环砌坡法”“多拖多带法”“流水操作法”“四角扒盐法”“单人摇线法”等各行各业许多先进工作方法。共有16个单位的16233名职工参赛。

1961年，发动职工投入以提高质量、降低消耗为中心的增产节约运动，进行了小组“八大员”的培训。1975年初，召开了“工业学大庆”经验交流会，选出6个企业30个集体代表和32名个人出席天津市工业学大庆经验交流。

1987～1994年，组织开展具有地区性、跨行业，高层次的厂长（经理）竞赛，仅1990年参赛单位就有143个有420名书记、厂长（经理）、工会主席参赛，289人次分别被授予竞赛优胜者奖，组织优胜奖和保证奖。

1994～1996年，全区职工共开展三届“滨海立功杯”竞赛。

2004、2005、2007年，先后在天津碱厂、大沽化工、海晶集团等单位召开了塘沽区职工素质工程现场推动会、塘沽区职工素质工程交流表彰推动会。

2007年，经市级目标管理评估考核，塘沽区天津碱厂、长芦海晶集团有限公司、天津大沽化工股份有限公司、天津滨海投资集团股份有限公司等四家企业被命名为“天津市职工素质工程目标管理四星级单位”，网通集团天津市塘沽区分公司被命名为“天津市职工素质工程目标管理三星级单位”。

2005年，海晶集团吴宝恩、实验学校刘颖获得全国技术创新能手称号。新港船厂陈建军获市级知识型职工标兵，天津碱厂王金柱获市级知识型职工，4个优秀班组，2名优秀组织者获市级先进称号，海晶集团、滨海集团获先进单位称号。在全国技术比武大赛上，新港船厂陈建军获全国焊接比赛第2名的好成绩并获市级知识型标兵称号，海晶集团魏海军获全国车工技术比武优秀奖和天津市车工技术比武第四名。

2007年6月金元宝集团黄建斌被全国总工会命名为“知识型员工”称号，大沽化工厂环氧丙烷为全国“优秀学习型班组”称号。

四、技术协作与合理化建议

1954年，中华全国总工会工会发布关于“开展技术革新的决定”，工会组织劳动模范、技术人员、工会干部分两批到北京参观鞍钢技术革新展览会，推广了王崇伦、闫春洪的技术革新首创精神，介绍了大沽化工厂孙维忠、永久沽厂井恩德积极开展技术革新的经验。

1958 年 8 月，工业系统召开技术革新者群英誓师大会，同时举办大型的实物、模型、照片、图表展览。并评出技术革新先进企业 3 个，先进车间 5 个，先进小组 26 个，革新能手 357 名。1982 年，塘沽区工会成立技术协作办公室，有 50% 的企业相继成立技术协作组织。1984 年，塘沽区职工技协有 7 个专业队，成员 200 人实行有偿服务，全年收入 59985 元，为国家创利 19500 余元，并在全区推广了清洗锅炉新材料腐殖酸钠等新技术、新工艺、新材料 12 项。1986 年，增加了喷涂焊、通讯报道等新的研究，形成了管理人员、技术人员、能工巧匠三结合的组织形式，专业队全年活动 153 次，现场技术协作服务 55 次，取得经济效益 26900 元。基层工会技协组织发动工人为企业献计献策，提合理化建议 9147 件，采纳 2976 件。

1991 年，全区各基层工会开展竞赛种类 320 余个，涉及内容企业的生产、管理、经营等方面，合理化建议提案 24747 件，采纳 12224 件，实施 4091 件，实现效益 6500 万元，双增双节实现效益 2216.97 万元。

五、职代会

天津解放初期，工会工作组深入工厂企业在积极组织恢复生产的同时建立临时职工代表会。1950 年 5 月，改选职工代表，9 月根据华北地区职工代表大会“关于在国营企业中建立工厂管理委员会的决议”，在国营企业建立管理委员会。1957 年，在私营企业试行建立民主管理委员会。1958 年建立职工代表大会的单位有 65 个，1986 年达到 181 个，《全民所有制工业企业职工代表大会条例》下发后，40 余个企业开展了对企业工作和领导干部民主评议。

1982 年，区工会举办基层单位党委、行政办公室主任参加的学习班，学习《职工代表大会暂行条例》。全区有 43 个单位建立了职工代表大会制度。1986 年，全区已建立职代会制度的单位 162 个，职代会召开率在 80% 以上。1998 年，按天津市总工会要求，进一步完善职代会制度，全区职代会召开率 90%。

2006 年，区总工会下发《塘沽区总工会做好职工代表大会规范化建设工作的意见》，严格规范企事业职代会制度，实现职代会工作的规范化、标准化。

六、厂务公开

1999 年，塘沽区工会推行厂务公开，强化民主管理工作。2004 年，全区厂务公开民主管理工作得到市有关领导的肯定和新闻媒体的关注，《天津工人报》、天津市总工会网站都先后刊发报道了经验和做法。滨海集团股份有限公司还被评为全国厂务公开民主管理工作先进单位。

2008 年 3 月 1 日，《天津市企业职工民主管理条例》正式实施。塘沽区总工会及时制定实施办法，通过悬挂宣传横幅，开展宣传咨询、组织专家释疑等形式进行广泛深入宣传。424 家国有大中型企业、事业单位实行厂务公开率达到 90% 以上；在有的城镇辖区内，50 人以上非公企业厂务公开率已达到100%。

2003～2004年度、2005～2006年度、2007～2008年度，塘沽区厂务公开民主管理工作领导小组被市厂务公开民主管理工作领导小组授予“天津市推动厂务公开民主管理工作先进单位”。

七、劳动关系

1996年，塘沽区工会开展签订集体合同工作，对企业职工董事、职工监事制度作了明确规定，基层劳动争议调解组织已发展到40%以上，并积极参与劳动仲裁。

2004年，为了促进劳动关系的和谐稳定，建立了由塘沽区总工会、区劳动局、经贸委和高新技术开发区等四部门组成的“塘沽区协调劳动关系三方会议制度”。2007年成立工资集体协商工作领导小组，进一步完善国有企业集体合同和工资集体协议工作，签订女职工权益专项集体合同40份，签订工资集体协议316份，圆满完成了天津市总工会下达的280家的目标。

2008年，塘沽区签订工资集体协议的企业521家，其中非公企业288家。区域行业性工资协议9家，覆盖职工53371人，大部分到劳动部门备案。同时，有270家企业开展工资集体协商满意度测评，涉及一线职工4025人，涉及高管298人，协议履约率达到85%以上。2008年，塘沽区被天津市和谐企业创建领导小组命名的A级劳动关系和谐企业53家，2A级企业6家，3A级企业1家。

八、建设职工之家

1985年，塘沽区开展建设“职工之家”活动。1995年4月，在大沽化工厂召开以“强基建制增活力，共筑和谐促发展”为主题的全市“建家”工作现场会，天津市总工会主席散襄军出席会议并作重要讲话。塘沽区委副书记、区长出席会议，来自全市工会系统170余人参加会议。2005年5月，塘沽区市政工程局工会获得“全国模范职工之家”荣誉称号。至此塘沽区有“全国模范职工之家”4个天津碱厂工会、大沽化工厂工会、滨海集团工会，区级模范职工之家20个，区级先进职工之家21个。

九、安全生产

1950年至1951年，中央人民政府和天津市政府相继颁布《劳动保险条例》，区工会组织人员到各业校利用课间宣讲《劳动保险条例》的重要意义，并翻印《劳动保险工作》2520汇集册，发至各基层单位组织工人学习。

1952年8月份，区工会与区政府联合开展全区安全大检查，发现不安全因素6704件，年内解决3246件。1959年，进行广泛深入的安全教育。组织各种形式安全教育活动470次，受教育职工达291899人次。1996年，认真实施安全生产“两书”“三同时”制度。参加“三同时”审验项目9项，提出建议23条，均被采纳。在全区开展了安全生产五好班组竞赛，使用“两书”

提出隐患 5699 次，整改 5601 次，整改率为 98.28%；避免伤亡 7 人，挽回经济损失 90 余万元。

1998 年 10 月，全国总工会和国际劳工局工作会议在海南省召开，塘沽区工会就推广应用国际劳动局有毒有害化学物质信息卡工作介绍经验，并被中华全国总工会授予该项工作的全国先进单位。

2006 年，开设“渤建农民工安全生产大讲堂”，深入长芦海晶集团、新港船厂等农民工聚集的生产一线为农民工开展专场培训，宣讲安全法律法规，帮助企业解决安全生产的热点、难点问题。

1999—2009 年，总工会联合安全生产监督管理局等部门连续 10 年组织各企业开展“安康杯”劳动安全竞赛活动。2004 年至 2006 年，区总工会连续三年被全国总工会和国家安全生产监督管理局评为全国“安康杯”竞赛优秀组织单位，共有 4 个基层单位 12 次获得全国“安康杯”优胜企业。

十、送温暖

1962 年，春节、国庆节期间，为 2503 名老工人增加了副食品补贴，筹集棉布 49000 尺、棉花 1550 公斤发给冬季棉衣困难职工，组织 900 多名生活困难的职工家属参加生产自救活动。

为解决职工临时困难开展职工互助活动，1952 年开始在职工中建立互助储金会。1982 年，塘沽区生活互助活动发展到十五种，各种生活互助组 2371 个，参加人数 30103 人，受益职工为 61000 人次，占职工总数的 76%。1983 年发展为 15 万人次。1984 年，据 98 个单位统计，共建立食堂 223 个，浴室 189 个，托儿所 114 个，女工卫生室 32 个，俱乐部 37 个，图书室 179 个藏书达 27 万册。1996 年，区工会首批向 20 多个亏损企业中的 84 户特困职工发放了生活用品“红卡”，特困职工可持“红卡”到区工会按月免费领取生活必需品一份，并对困难职工实行了建档建卡的动态管理。

2003 年 11 月，塘沽区困难职工帮扶中心成立，实现了帮扶中心工作与“送温暖”工作的整合，形成了直面对接、快捷帮扶、专项服务、上下联动的运作机制。2006 年至 2009 年，“金秋助学”活动共为 168 名困难职工子女提供助学服务，累计款额 12 万。

十一、职工思想教育

抗美援朝和民主改革运动中，开展了“谁是最可爱的人”教育，并邀请赴朝鲜慰问团，全国子弟兵母亲、战斗英雄等做报告 8 次，参加报告会近万人。

1963 年，塘沽区工会与区团委、妇联联合举办学雷锋大型展览，展出 35 天，参观人数达两万余人。

1983 年，塘沽区工会组织开展振兴中华读书活动，塘沽区有读书小组 735 个，参加职工 12486 人。

1991 年，在塘沽区工交建财系统开展“宣传工人阶级主人翁精神，振兴塘沽经济”的主题系列活动，先后举行了“征文评优、电视片展映、劳模事迹展览”等活动 127 项。1995 年 5 月，以全国总工会副主席薛昭为团长的全国劳模报告团，在市委常委、市委组织部部长房凤友和市人大常委会副主任、天津市总工会主席潘义清陪同下，在天碱俱乐部为 1400 名职工做了专场事迹报告会。

1991年起，天津市总工会每年编印《职工班组学习每周一题读本》提供班组学习使用，并配合读本举办知识竞赛，演讲比赛等系列活动。塘沽区工会在抓全区班组读本学习的同时，精心组织全区职工参加，每年参赛职工规模达4万人左右。塘沽区工会连年获得市级优秀组织单位。

为加强职工的思想工作，区工会自1983年—2000年共召开19次职工思想政治工作会议。

2003年“非典”期间，塘沽区总工会在职工教育上创新工作方法，在《天津工人报》上开辟四期专版，教育职工群众用科学的心态面对“非典”，用科学的方法和努力工作的态度同“非典”作斗争。2008年，长芦海晶集团海丰公司“职工书屋”成为天津市首批30个全国示范点之一。2009年，滨海集团“职工书屋”也成为全国示范点，另有市级“职工书屋”示范点5家，7家区级滨海特色“职工书屋”。

十二、职工培训

1949年塘沽区工会开始建立职工业余学校，到1950年初建职工业校21所，140个班，有学员5780人，专业干部11人，教员230人，并选派14名业校教员参加天津市总工会举办的教员训练班，为业校培养人才。1949年至1962年共培训工会干部和积极分子18837人次。

1975年，在工人文化宫建立塘沽区工人政治夜校和职工技术夜校，开办工人学理论培训班14期，4000名工人学员较系统地学习了政治学基础知识。2003年，塘沽区总工会结合下岗职工“两低一高”的特点（即劳动技能低、文化程度低、本人年龄高），免费举办下岗职工技能培训班5期，培训下岗职工300人次，培训科目有家政服务、裁剪、计算机初级中级、电工等技术工种，提高了下岗职工的就业技能和市场竞争能力。2009年，面临全球金融危机，为提高职工队伍整体素质和应变能力，塘沽区总工会组织“大学习、大培训、大提高”活动，与相关部门共同开展在岗、转岗、就业和创业等技能培训，共开设培训班285次，共计17670课时，培训职工13694人，获劳动部门培训合格证1211人，实现再就业4021人。

十三、文体活动

1950年，由各工厂企业46465人捐款，兴建塘沽工人文化宫。1951年4月建成。1975年，区职工文艺演出25场242个节目，其中创作节目占63%，1400余人参加演出，并召开区文艺经验交流会，评出先进集体19个，102名优秀业余文艺骨干。1982年，塘沽盐场创作演出的评剧《大沽遗恨》先后赴津、京演出，受到全国总工会领导的好评。1987年5月，开展塘沽区职工文化月活动，组织3200名职工的诗歌大联唱，举办了近700名职工参加的“五一”长跑比赛。还组织了交谊舞赛、钓鱼、篮球、桥牌和棋类赛、漫画展览、集邮展览等活动。全区有近80000人次参加文化月各项活动。

1996年4月，塘沽区工会在全区职工中开展“文化博览月”和“宣传展览月”活动。举办先进模范人物座谈会和事迹展览、奔向2000年职工长跑和乒乓球赛等系列活动。部分企业组织了职工业余京剧队、评剧队、文艺演出队为职工巡回演出，还举办了各种演唱会和体育活动及职工书画、版画、摄影、收藏、集邮等展览。全区6万余名职工参加。1998年5月，全国总工会授予塘沽区工会“全国职工体育先进单位”。2004、2005、2006年，获天津市职工体育工作先进单位荣誉称号。2005年，利用3个市级文体活动基地、7家区级文体阵地等职工体育健身阵地，广泛开展职工喜闻乐见的文体活动。2008年，长芦海晶集团海丰公司“职工书屋”成为天津市首批30个全国示范点之一，此外，建立7家区级“职工书屋”示范基地。

十四、信访工作

1984年7月1日，塘沽区工会成立法律顾问室，解决工人来信来访与法律咨询问题。1986年，区总工会被评为天津市总工会信访工作先进单位。1998年4月，区工会法律顾问室被全国总工会评为“全国工会法律工作先进单位”。

2004年，天津市总工会在塘沽区举行“维权在线”启动仪式，加大了依法维权的力度，并为改制企业提供法律政策服务。

为落实全国法律援助工作会议精神，2009年8月，区总工会与司法局共同成立法律援助工作站，主要代理劳动争议以及工会组织和工会工作者合法权益受到侵犯的案件。

十五、女工工作

1955年，塘沽区开展女工工作，11个单位建立女工工作委员会，对女职工就新婚姻法进行宣传，同时还进行了妇幼卫生知识和避孕知识教育，配合有关部门检查工厂企业歧视妇女的问题。1986年，以实施《基层工会女工工作委员会条例》为内容，开展对女职工的自尊、自爱、自重、自强教育。1989年，首次评选女工工作积极分子，赵嘉风被评为全国女工工作积极分子，并评出市级先进个人5名，先进集体2个。1998年，塘沽区工会女职工委员会被全国总工会评为“全国工会先进女职工集体。”

2004年，天津市总工会在塘沽区召开“天津市女职工建功立业工程现场推动会”，介绍了塘沽区通过建立组织保证机制、资金支持等多项工作经验。全市区县局、总公司（集团）100多名女主席、女工干部参加会议。同年，塘沽区总工会女职工委员会荣获全国女职工工作先进集体称号。2007年，天津市总工会在塘沽区召开了推行女职工专项集体合同工作的现场会，在全市推广了塘沽区推行经验，海晶集团工会女职工委员会在会上进行经验介绍。来自全市18个区县的工会领导20余人参加会议。同年，塘沽区总工会女职工委员会再次荣获全国女职工工作先进集体称号。

十六、退管工作

1992年9月22日，根据中共天津市委办公厅〔1987〕46号文件有关指示精神，经塘沽区委研究同意，成立塘沽区退休职工管理委员会。2002年，成立了天津市首个乡镇退管组织——新城镇退休职工管理委员会。退休职工由1992年的20776人，发展到2009年的8万余人，共组建了11个街镇退管会，79个社区退管小组，459个退管片组，专兼职退管服务人员达900余人。

2005～2007年，举办三届退休职工文化艺术节，全面展示退休职工健康、文化、风采、艺术成果。至2009年，塘沽区活跃着各种退休职工文体队伍148支，队伍人员达13000多人。活动阵地130多个，占地23000多平方米，每年参加活动人员达30000多人次。

第八节　汉沽区总工会

一、组织沿革

1949年3月，汉沽特别区组建，1949年6月召开职工代表大会，成立汉沽特别区总工会筹备委员会。1949年10月，随着汉沽镇的组建，更名为汉沽镇总工会筹备委员会；1950年9月召开首次会员代表大会，成立汉沽镇总工会。1954年1月，汉沽镇改建为汉沽市，汉沽镇总工会更名为汉沽市工会联合会。1958年6月，汉沽市改建为天津市汉沽区，1958年9月，汉沽市工会联合会工会更名为天津市总工会汉沽区办事处。1960年3月，随汉沽区改建为汉沽市，更名为汉沽市总工会。1962年8月，汉沽市改建为天津市汉沽区。9月，工会又改建为天津市总工会汉沽区办事处。

“文化大革命”时期，汉沽区的工会组织受到冲击，被“革命职工代表大会”所取代。根据上级统一部署，1973年5月召开第八次会员代表大会。

1976年10月，“文化大革命”结束，汉沽区工会组织工作步入正轨。1979年2月，汉沽区工会改建为天津市总工会汉沽区办事处。1987年3月，天津市总工会汉沽区办事处改建为天津市汉沽区工会。2002年2月，天津市汉沽区工会更名为天津市汉沽区总工会。

二、历届工会会员代表大会

1950年9月15～17日，汉沽区工会召开首次会员代表大会，出席代表人数约一百人，议题是：贯彻党的“发展生产、繁荣经济、公私兼顾、劳资两利”的总方针，发动开展劳动竞赛。选举产生汉沽镇总工会第一届委员会，委员19名，常委9名。牛英任汉沽镇总工会主席，戴国恩为副主席。

1953年4月21—23日，召开第二届会员代表大会，出席代表人数120人，主要议题是：贯彻以生产为中心，生产、生活、教育三位一体的工会工作方针。选举产生了第二届委员会，委员23名，常委9名。冉树芳任主席，副主席宋健。

1955年3月7—10日，召开第三届会员代表大会，出席代表人数69人，议题是：宣传贯彻党在过渡时期的总路线，动员职工协助政府完成对资本主义工商业和手工业的社会主义改造，开展以技术革新为主要内容的劳动竞赛。选举产生了第三届委员会，委员23名，常委11名。主任戴国恩，副主任赵林、王连举。

1956年3月27～30日，召开第四届会员代表大会，出席代表人数40人，主要议题是：动员组织职工继续开展社会主义劳动竞赛，为提前完成第一个五年计划而奋斗。选举产生第四届委员会，委员25名，常委11名。戴国恩任主席，副主席为赵福祯。

1957年4月1～4日，召开第五届会员代表大会，出席代表人数107人，主要议题是：号召全市职工开展以增产节约为中心的社会主义劳动竞赛和先进生产者运动。选举产生了第五届委员会，委员33名，常委19名。戴国恩任主席，副主席为赵福祯。

1962年5月4～6日，召开第六届会员代表大会，出席代表人数104人，主要议题是：贯彻执行国民经济“调整、巩固、充实、提高”的方针，开展以“高产、优质、低耗、低成本、保安全”为中心的社会主义劳动竞赛。选举产生第六届委员会，委员31名，常委17名。戴国恩任主席，副主席为赵林。

1969年1月13～16日，召开“革命职工代表大会”被视为第七次会员代表大会，出席代表人数约100人，主要议题是：搞好“斗、改、批”。

1973年5月16～18日，召开第八次会员代表大会，出席代表人数295人，主要议题是：深入开展“批修整风”和工业学大庆的群众运动，掀起增产节约新高潮。选举产生了第八届委员会，委员35名，常委22名。主任徐信，副主任王永信、唐云彩。

1988年11月16～17日，召开第九次会员代表大会，出席代表人数274人，主要议题是：动员广大职工，发扬主人翁精神，在全区改革和建设中发挥主力军作用。选举产生第九届委员会，委员29名，常委13名。主席刘亮，副主席刘庆海。

1993年11月24～26日，召开第十次会员代表大会，出席代表人数241人，主要议题是：团结动员全区职工，为振兴汉沽经济建功立业。选举产生了第十届委员会，委员27名，常委11名。主席张之昌，副主席刘庆海、刘秀兰。

1999年11月17～18日，召开第十一次会员代表大会，出席代表人数223人，主要议题是：高举邓小平伟大旗帜，团结动员广大职工为实现汉沽跨世纪宏伟目标努力奋斗。选举产生了第十一届委员会，委员25名，常委12名。刘宝勇任主席，副主席为王绍敏、孙建山。

随着形势的变化工会内部部室也相应变化：1949～1990年，设置了办公室、生产科、劳保科、宣教科、职工技协办公室。1991年，实行科改部，分别设置了办公室、经济保护部、生活保险部、宣传教育部、经济事业部、组织部。1998年5月，增设权益部，强化职工维权工作。2002年，增设财务部、帮扶中心。汉沽区总工会机构设置：办公室、组织部、宣传教育部、经济保护部、生活保障部、权益部、财务部、职工技术协会、帮扶中心。下属事业单位1个：工人文化宫。

三、工会组织建设

1949～2008年，汉沽区总工会按照工会法、《工会章程》规定，按时召开会员代表大会，研究制定各个时期工会工作目标任务，选举产生各届工会领导班子，机构健全，组织完善，工作有序开展。基层工会组织发展迅速，特别是随着经济体制改革的不断深化，新建企业蓬勃发展，工会组织也不断向个体私营企业发展。

1987年7月，建立第一个乡镇企业工会即大田庄乡棉纺厂工会。

1998年，汉沽区总工会于按类别、性质分类组建了14个系统工会工作委员会和8个街道、乡镇工会工作委员会，作为总工会的派出机构，具体负责系统、乡镇、街道所辖基层工会委员会的协调管理工作。

四、权益维护

1949～2008年，汉沽区总工会通过参政议政途径，在研究和制定涉及职工切身利益政策、规定和实施改革措施时，充分代表和表达职工意愿和要求。在企业中通过开展平等协商签订集体合同和工资集体协议协调劳动关系，维护好职工切身利益，并通过职代会、厂务公开等其他形式，组织职工参与本单位的民主决策、民主管理和民主监督，充分发挥职工主人翁作用。

五、民主管理

1985年4月，汉沽区总工会召开了首届“加强企业民主管理，搞好职工代表大会工作”经验交流会以后，汉沽区总工会每两年召开一次汉沽区厂务公开民主管理工作现场推动会，总结推广各基层单位的先进经验。在推动劳动关系和谐企业创建工作中，截至2008年底已创建劳动关系A级AA级企业16家。在工资集体协商工作中，截至2008年底，全区基层工会完成建制189家，签订工资集体协议146家。

六、女工工作

汉沽区工会每年“三八”妇女节前，举行女职工建功立业表彰大会。截至2008年，汉沽区共485名女职工获得建功立业先进个人称号。为调动和发挥女职工的积极性、创造性，汉沽区总工会女职工委员会广泛开展了丰富多彩的文娱活动，如女职工拔河大赛、跳绳大赛、毽球大赛、趣味运动会、女职工美容保健知识讲座等。

七、职工素质教育

1958年，汉沽区总工会在工人文化俱乐部召开由千余名职工代表参加的抗议美英帝国主义侵略中东罪行大会。1978年，汉沽区工会召开有基层工会干部参加的彻底批判“工运黑线统治”

论，不断端正工会工作的方向座谈会。1988年，天津市职工读书办公室发起天津市职工书评大赛，汉沽赛区45个单位7000多名职工参加书评活动，评出了《党的基本路线职工读本》等汉沽区职工喜爱的10本书。近年来，工会号召广大职工深入学习了党的各届代表大会文献，学习劳动法、工会法、《工会章程》、《女职工劳动保护条例》以及中华全国总工会、天津市总工会等上级工会若干有关思想建设的决议和文件。

汉沽区总工会在开展“创建学习型班组，争做知识型职工”活动中，组织职工开展每周一题的读书活动，并建立一批图书室、图书角，汉沽盐场、天津化工厂先后被授予全国“职工书屋”示范点。汉沽区总工会组织开展“大学习、大培训、大提高”活动，2008年培训各类人员20395人。

1949 ~ 2008年汉沽区累计培训各类人员7万多人。

八、建设职工之家

自1984年开展职工之家建设起，汉沽区总工会按照天津市总工会提出的六条标准在基层工会开展“职工之家”建设活动，召开了“整顿工会组织，建设职工之家”工作会议，审定了汉沽区工会办事处关于开展“整组建家”活动规划和“整组建家”验收标准细则。汉沽区各单位紧紧围绕职工小家创建活动，坚持职工之家建设同企业发展战略结合，同职工思想教育结合，同职工民主管理结合，同提升职工队伍整体素质，打造核心竞争力结合，以建家育人、建家固基、建家强家为着力点，不断创新建家模式，发展建家内容，强化建家管理，职工之家成为思想教育的阵地，技术学习的课堂，民主管理的平台，文体活动的场所。

九、职工文化活动

1984年6月，汉沽区举重队在天津市第十届职工运动会取得优异成绩，汉沽棉纺厂于宝森打破了天津市职工运动会82.5公斤级挺举和同级举重成绩的记录，创汉沽区举重历史上最好成绩，夺得两枚金牌，一枚铜牌，同时还被评为精神文明运动员。1989年至2008年，汉沽区总工会成功举办13次大龄青年鹊桥会、联谊会。2008年，汉沽区总工会、区政法委等部门联合举办“庆五一、迎奥运、平安天津志愿者千人健步行”活动。3000名汉沽区各界劳动者和志愿者代表齐聚滨河广场，参加千人健步行活动。

十、职工生活

汉沽区总工会坚持开展对困难劳模、困难职工、孤老户、伤病残职工、单亲困难职工、困难退休职工、外来务工人员和困难企业的解困帮扶工作，大力实施“送温暖”工程。先后成立“送温暖”工程领导小组、“困难职工帮扶中心”，保证扶贫解困工作的顺利进行。从1996年开始，汉沽区总工会年年开展困难职工调查，全面了解和掌握困难职工的实际情况，做到家庭情况清、思想状况清、特困原因清、技术特长清、就业需求清，建立困难职工档案并输入微机实行动态管理。

1996 ~ 2008 年的 14 年间，汉沽区总工会慰问困难职工、困难劳模、孤老户、单亲困难职工、外来务工人员 33580 余人（次），发放米、面、油及慰问金近百万余元。

汉沽区总工会开展党政机关党员与困难职工结对子活动，各结对子单位通过开展对结对子户的走访慰问和帮扶活动。汉沽区已有 85 个党政机关和事业单位与 177 名困难职工成为结对子户。

2000 ~ 2008 年，汉沽区总工会每年都开展“金秋助学”活动，为 850 余名困难职工子女发放助学金 96 万元。

2002 ~ 2005 年，汉沽区总工会开展为单亲母亲、困难职工在学子女免费查体活动。自成立帮扶中心，汉沽区总工会为 271 名特困职工发放绿卡，基层工会对 343 名特困职工进行责任包保。

十一、劳动竞赛

20 世纪 80 年代，汉沽区总工会开展技术培训比武活动和小发明、小改革、小改造、小建议为主要内容的社会主义劳动竞赛活动。

1990 年 5 月，汉沽区总工会贯彻市双增双节大会精神，开展“三为”立功活动，号召广大职工“当主人，做奉献”。从 1991 年开始先后开展了比绝技、创绝招、争做技术明星活动和十项比武、百相攻关、千员培训、万条合建活动。

2008 年，为应对金融危机对汉沽区经济带来的困难和不利影响，在汉沽区职工开展了“同舟共济保增长、建功立业促发展”为主题活动和以“比技术创新”为主要内容的“五比一创”劳动竞赛活动，及合理化建议活动。

1985—2008 年，汉沽区总工会每年都开展不同主题的金点子征集活动。共收集金点子 284670 件，实施 142722 件，创效益 4.35 亿元

1991 年 6 月，汉沽区工会定 5 月 20—6 月 20 日为“合理化建议活动月”。

十二、劳模管理

1992 年 5 月 20 日，汉沽区工会编撰发行《主人翁风采》，全书分《劳模篇》《奉献篇》《经验篇》《奋进篇》《文化篇》五部分，收入 335 篇文章，约 49 万字，印刷 5000 册。

汉沽区总工会建立劳模数据库，对劳动模范实行动态管理，对天津市总工会每月实行零报告制度。每年“五一”国际劳动节，汉沽区总工会都在汉沽电视台、汉沽电台、报纸开辟专栏，集中宣传他们的模范事迹，营造了良好的舆论氛围。每年“五一”国际劳动节、国庆节、九九重阳节、元旦、春节等节假日，区委、区政府、区总工会领导深入到部分退休老劳模家中进行慰问，为劳动模范送去慰问金、慰问品，并且定期组织劳动模范免费体检和赴外地参观学习、考察。

第九节　大港区总工会

一、组织沿革和内部机构

1980年6月成立大港区工会办事处，王舒元任副主任。区工会成立初期设办公室。1989年12月，增设民管部、生活权益部。1992年2月，建立大港区工人俱乐部，为科级事业单位。1996年12月，大港区进行党政机构改革，大港区工会内设办公室、民管部、生活权益部。2002年1月起至今，大港区工会更名为大港区总工会，设3个职能机构，办公室、组织宣传部、经济保障部。

二、历届工会会员代表大会

1988年12月13～15日，大港区工会召开第一次代表大会，选举产生区工会第一届委员会，委员11名，常委5名，李永光任主席，副主席为张义敏。选举产生区工会第一届经费审查委员会，委员3名，主任为张振平。

1993年12月21～22日，大港区工会召开第二次代表大会，选举产生区工会第二届委员会，委员15名，常委7名，李永光任主席，副主席为张义敏。选举产生区工会第二届经费审查委员会，委员5名，主任为张义敏。

1996年4月，刘作明任大港区工会主席，张义敏、陈招刚任工会副主席。

1999年12月26～28日，大港区工会召开第三次代表大会，选举产生区工会第三届委员会，委员23名，常委13名，刘鹏任主席，副主席李金芳、路长春。选举产生区工会第三届经费审查委员会，委员5名，主任李金芳，副主任张振平。

2002年1月，陶知敏任区工会副主席。

2002年，大港区总工会被评为“天津市民主管理工作先进单位”。

2003年荣获“全国推动厂务公开工作先进单位”称号。

2005年3月16～17日，大港区工会召开第四次代表大会，选举产生区总工会第四届委员会，委员23名，常委13名，主席刘鹏、副主席刘锦霞。选举产生区总工会第四届经费审查委员会，委员5名，主任刘锦霞。

2005～2007年，大港区总工会被评为“天津市推动厂务公开工作先进单位”，2007年再次被评为“全国推动厂务公开工作先进单位”。

2008年10月，卢燕利任工会副主席。大港区有基层工会1006家，涵盖独立法人单位2326家，会员97746人，专兼职工会干部962人，形成区、街（镇）、社区（村）三级工会组织网络。

2007～2009年，大港区创建A级、AA级“劳动关系和谐企业”44个，“工人先锋号”1个。

三、劳动竞赛

2000年，大港区工会成立大港区职工技术创新活动领导小组，同年，开展以“繁荣大港是我的责任”活动。2002年开展“在开展大港第三次创业中立新功”、2004年开展“我为大港腾飞担重任”、2006年开展“我为建设和谐大港做贡献”、2008年开展“我为加快滨海新区发展，促进大港有为跨越做贡献”为主题，以“五比一创”为主要内容的职工技术创新技能比武建功立业活动。

2000—2008年，参加劳动竞赛的职工达108166余人（次），提出有益于经济发展的合理化建议11158条，采纳6358条，完成技术攻关731项，开展小发明、小创造等“五小”活动1568项，直接和间接创造经济效益约5.8亿元。

四、劳模管理

1994～2009年，大港区先后推荐评选出全国“五一”劳动奖章获得者2名，天津市劳动模范32名，劳动模范集体3个，窦树华同志荣获天津市最具影响力劳动模范提名奖。市级“十五”、“十一五”立功先进个人161名，其中两名同志荣获“天津市职工艺术家”称号；市级“十五”、“十一五”立功先进集体34个，先进单位8个。1994—2009年，大港区总工会每年都召开劳模座谈会，每个评模年都举办有区领导参加的劳模表彰颁奖会议。

2001年区劳模协会成立后，每年召开一次理事会议，做好劳模疗养、慰问、体检、荣誉津贴发放等工作。组织劳模参加社会活动，2007年“金秋助学”活动中，42名劳模捐款54700元。《天津工人报》以《大港区工会金秋助学凸显榜样作用——劳模解囊感人至深》为题，对捐赠活动及劳模的崇高思想境界给予高度赞扬。

五、职工培训。

2002年以来，大港区53892名职工参加了各种技术培训，30392名职工取得了资格证书，9628名职工技术上等级。涌现出全国知识型职工1名，天津市知识型职工先进个人1名，学习型先进班组2个，学习型组织先进单位1个，大港医院周恩利被评为第二届天津市职工职业道德建设“十佳标兵”。

2008年，在“全民阅读”和“职工书屋建设”活动中，大港医院获全国“职工书屋”荣誉称号，天津网通大港分公司荣获市级“职工书屋”称号。

六、文体活动

2005年至2008年，大港区总工会举办大港区消夏纳凉工会专场演出。2006年举办了“我爱天津，发展滨海”大港区职工书法、美术、摄影作品展，2007年邀请天津市职工艺术家走进车间和工人联欢。同年，大港区总工会牵头与有关单位举办“中国作家走进滨海新区（大港）采风活动”。著名作家蒋子龙、梁晓声等深入油田、车间、农村、高校，与劳模、职工文学爱好者及师生进行座谈交流并赠送作品。

大港区总工会主席刘鹏于2003年出版《刘鹏短篇小说集》、2006年出版《太阳花》、2007年出版《爱殇》等短、中、长篇小说,《天津工人报》等报刊予以连载。刘鹏被评为天津市职工艺术家，为中国作家学会会员。

七、奉献爱心

2008年，组织开展了“重建家园、奉献爱心”，向汶川地震灾区大型捐赠活动，全区职工捐款人民币319368.62元。87名劳动模范向灾区捐款619500元，140名“十五”“十一五”立功人员等先进人物捐款157580元。大港医院组成医疗队赴地震灾区实施救助。

八、职代会

大港区各级工会都以职代会为基点，召开不同形式的职工民主管理会议，截至2009年，全区建立职代会、职工大会制度的企业840家，建制率达到85%。

2002年开始，大港区总工会将厂务公开、民主管理工作由国有、集体企业向非公有制企业延伸，制定了《在全区非公有制企业实行职工（代表）大会制度的意见》。当年，大港区已建会的393家非公有制企业100%建立了职代会制度，超额完成天津市总工会下达的30%指标,《中国工运》2003年第三期作了报道。

2002年,“天津市非公有制企业厂务公开、民主管理工作推动大会”在大港区召开。大港区委在会上介绍经验。中共天津市委常委、天津市总工会主席散襄军出席大会，对大港区此项工作给予了充分肯定。

面对金融危机，2009年500余家企业召开了职代会或其它形式的民主管理会议，征集合理化建议2000余条。

九、权益恳谈日

2006年，大港区总工会与区纪检委开展了以职工与企业经营者之间进行对话为主要形式的“权益恳谈日”活动，同年在7家非公企业率先推行。2006年,《天津工人报》《中国工运》分别进行报道，并写进了2006年《中国工会年鉴》。2007年,《天津工人报》又以《大港区深化厂务公开民主管理工作促进劳动关系和谐互利双赢——“恳谈会”搭建起劳资沟通平台》为题，对此项工作再一次给予充分肯定。“权益恳谈日”做法作为“推进工会工作创新发展”先进经验再次写进了07年《中国工会年鉴》。

至2009年，全区已有180家非公企业开展了恳谈活动。活动共征集合理化建议1092条，采纳547条，实施352条，直接或间接创经济效益420余万元。

十、集体合同、工资集体协议

2002年，大港区393家非公企业100%签订工资集体协议。2004年，大港区407家非公企业100%签订了工资集体协议，分别超额完成天津市总工会下达的40%、50%的指标。2005年被评为“集体合同签订工作先进单位”，2006年被评为“工资集体协议签订工作先进单位”。2008年，大港区300余家建立女职工委员会的工会组织全部签订了女职工专项集体合同，签订率达到100%。2009年，工资集体协议签订1823家，集体合同签订1871家，提前超额完成天津市总工会下达的1610家和1328家的目标任务。

在抓好签订工作的同时，加大履约情况的监督检查力度，全区集体合同、工资集体协议履约率均达到100%。

十一、劳动争议调解

2002年，大港区工会在召开的贯彻工会法、劳动法，推行《集体合同》《劳动合同》工作会议上做了经验介绍。2008年，重新调整了区镇两级劳动争议调解委员会，大港区建立健全劳动争议调解组织159个，配备调解员625人。几年来成功调解劳动争议10余起，参与仲裁7起。

十二、安全生产

严格检查督促企业搞好职工安全生产工作，深入开展“安康杯”竞赛，坚持“两个一”和“两书”制度，搞好职业病防治。区总工会经济保障部多次被评为“大港区安全生产先进单位”。

十三、维护农民工权益

2005年，大港区总工会与有关部门制定了《关于加强维护进城务工人员合法权益工作的意见》，大港区委、区政府以“两办”文件转发全区贯彻执行，天津市总工会将该工作意见作为经验向全市工会系统进行转发。

针对农民工工资拖欠问题，大港区总工会每年都会同有关部门进行大检查。2003、2004年，成功调解三起企业拖欠农民工工资纠纷。其中一起由于调处及时，避免了150多人群体上访事件的发生。2003年，张家口万全县农民工王贵兵将一面写有“维权卫士”的锦旗送到了区总工会。2006年对36家建筑安装企业的87处工地进行检查中，为1275名农民工清欠工资167.8万元。大港区总工会多次收到合法权益得到维护的农民工送来的锦旗。2008年，大港区总工会为河北农民工李跃成解决了工伤医疗费用和赔偿款27000元，李跃成送来锦旗，称区总工会为“维权楷模、民工亲人”。

《天津工人报》和《工人日报》对此项工作分别进行了报道，给予充分肯定，大港区总工会在维护外来务工人员合法权益工作方面的做法和经验，写进了2006年《中国工会年鉴》。

十四、“送温暖”工程

2003年，大港区困难职工帮扶中心成立。2009年，在10个街、镇、开发区、石化产业园区建立了困难职工帮扶站。

2000～2008年，大港区工会系统共筹集送温暖资金560余万元，慰问困难职工23750人（户）次。“金秋助学”活动中，为二百多名困难职工子女发放30余万元助学金。

十五、再就业

2005～2008年，大港区工会与431家民营企业联合开展招聘活动，4290人达成就业意向。

十六、女工和退休职工管理

2002年，组织退休职工“庆重阳、登盘山”，同年，参加天津市“美伦杯”健身舞比赛，获得优秀组织奖和表演奖。2003年，退休职工刘宝永、杨承厚被评为天津市第四届老年健康之星。2005年开展“看大港变化，为大港发展贡献余热”活动。大港区总工会被多次被授予“天津市模范退休职工之家”“天津市退管工作先进单位”的荣誉称号。

2005～2008年，大港区工会开展“女职工建功立业工程”活动，同年，大港区城市管理综合执法女子形象示范岗荣获市级“女职工建功立业标兵”称号。2008年，网通大港分公司文静、天联宾馆刘丽红被评为“天津市用户满意服务明星”。

十七、组织建设

1999～2008年，大港区工会建会率一直保持在96%以上。1999年中央政治局常委、全国总工会主席尉健行到天津视察工作，听取大港区总工会短期突破性建会工作汇报，并给予充分肯定。

2004年，大港区总工会加大在新建企业中组建工会的力度，成立以区党政工主要领导为成员的“大港区新建企业组建工会工作领导小组”，合力建会298家，发展会员10338人，超额完成天津市总工会下达的任务指标。同年，大港区总工会被评为“天津市新建企业工会组建工作先进集体”，中塘镇被中华全国总工会授予“全国新建企业工会组建工作先进单位”荣誉称号。

2007年，大港区总工会将建会的工作重点放在外资企业上面，经过努力，韩国等外资企业建会39家，建会率占外资企业90%以上。

2009年，面对金融危机，积极整合多方力量，深挖建会潜力，全区建会53个，涵盖法人单位153家，发展会员4510人，分别提前完成天津市总工会下达年度目标任务的106%、191%和113%。

2003年和2008年，大港区总工会主席刘鹏作为天津市代表，出席中国工会十四大和十五大。

十八、队伍建设

2007年，大港区总工会完善工会干部培训制度，确定了“四项原则”和“六种培训方式”即：全员培训、学以致用、注重能力和改革创新原则；集中培训、分类培训、以会代训、工会领导干部研讨讲座、采取请进来走出去的方法及制定工会干部培训菜单方式。《天津日报》以《菜单式教学按新需施教——大港区总工会创新工会干部培训方式》为题，对大港区总工会创新培训工作的做法给予充分肯定。

自2003年，大港区总工会与区委组织部、区委党校联合，开展了工会知识进党校课堂活动，为处、科级领导干部讲授工会工作知识，至2008年，已举办10余期，累计培训工会干部1980人（次），培训率为206%（工会干部962人）。

2003年，与区人大联合，举办了区人大任命的政府成员和区属500万元以上产值企业的厂长经理参加的工会法培训班。同年，大港区人大常委会对全区工会法执行贯彻情况进行了检查。

十九、工会理论研究

大港区总工会主席刘鹏撰写的论文《抓住机遇实现新建企业建会的短期突破》被2001年新华出版社编辑的《面向21世纪中国共产党建设研究》一书采用。《选用人才德为先》2002年在国际文化出版社出版的《中国社会发展研究文汇》发表。《充分发挥工会组织作用，切实维护职工合法权益》被2005年中国工人出版社出版的《中国工会工作》采用。大港区总工会副主席刘锦霞撰写的论文《疏通企业民主管理渠道，构建企业和谐劳动关系》在2007年中国工人出版社编辑的《中国产业工运理论研究与实践》一书刊登。大港区总工会主席刘鹏的工作业绩被写入中国人事出版社出版的2002年《中国人才词典》。

二十、基层工会建设

大港区总工会以职工之家建设为主要内容，分别制定街、镇、开发区，国有、剥离企业和机关、事业单位工会工作考核细则。至2008年，评选出全国模范职工小家1个，市级模范职工之家8个，模范职工小家11个，先进集体5个，优秀工会积极分子21人，优秀工会之友10人，优秀工会工作者18人。2005年，在全国百家示范乡镇工会评选活动中，中塘镇工会被全国总工会授予“全国百家示范乡镇工会”光荣称号。

二十一、工会经济工作

2006年，成立天津港工经济咨询服务有限公司，截止到2006年底，公司累计为全区七十多家企业融资1亿8千多万元，为五百多位群众提供免费的专业咨询，二十多人取得五百多万元的贷款。

第十节　西青区总工会

一、组织沿革和历届工会会员代表大会

西青区于1953年5月建区，天津市总工会设区工作员制，戴洪斌任负责人，工作人员为刘裕华。1956年初，天津市总工会撤销驻区工作员，成立天津市总工会西郊区工作委员会，未任命负责人。1958年9月，随西郊区建制撤销，工会并入南开区。1963年3月，恢复天津市总工会西郊区工作委员会，“工委”由3人组成，陈振庚任主任，工作人员为何世勤、刘长友。

1973年6月，召开西郊区工会第一次会员代表大会，选举产生委员22名。会议选举谢校亭为工会主任，于茂珍、刘山林为副主任。1979年2月，天津市总工会西郊区工作委员会改称天津市总工会西郊区办事处。1980年2月，任命郭正起为天津市总工会西郊区办事处主任。

1990年4月，召开西郊区工会第二次会员代表大会，选举产生委员15人，经审委员5人。会议选举于茂珍为工会主席，孙振绩为副主席，孙振绩兼经审委员会主任。1993年12月，区工会召开二届十二次全委会议，免去孙振绩工会副主席职务，增补童金岭为工会副主席。

1995年10月，召开西青区工会第三次会员代表大会，选举产生委员21名，经审委员9名，常委7名。会议选举于茂珍为工会主席，张文立（6月）为副主席。2000年4月，区工会召开工会三届十四次全委会议，同意于茂珍辞去区工会主席职务，选举滕国玲为区工会第三届委员会委员、常委、主席。2000年11月，召开工会三届十六次全委会议，选举苗洪生为工会副主席。

2001年6月，召开西青区工会第四次代表大会，选举产生委员23名，经审委员9名，常委7名。会议选举滕国玲同志为工会主席，张文立同志、苗洪生同志为副主席，张文立同志兼经审委主任。

2002年9月，召开西青区工会四届六次全委会，增选赵金玺为工会常委、副主席。

2004年5月，召开西青区工会四届十次全委会，增选姜辉为区总工会常委、副主席。

2004年11月，根据区委组织部津西党组发〔2004〕58号文件，提名张永海任西青区总工会副主席（正处级）。免去张文立、赵金玺区总工会副主席职务。

2006年6月，根据津西党发〔2006〕17号文件，报天津市总工会批准，张永海任区总工会主席，滕国玲不再担任区总工会主席职务。

2006年6月，根据区委组织部津西党组发〔2006〕32号文件，提名龙万兴为区总工会副主席。根据区委组织部津西党组发〔2006〕33号文件，任命姜辉为西青区总工会副主席（正处级）。

2008年4月，召开西青区工会第五次代表大会，选举产生委员29名，经审委员5名，常委7名。会议选举张永海为工会主席，姜辉、龙万兴为副主席，姜辉同志兼经审委主任。

截至2008年底，西青区总工会共有基层工会1805个，其中独立基层工会组织1749个，联

合基层工会组织56个，会员人数136971人，其中女职工60702人。

西青区总工会共有在编干部13人。根据西青区委津西党发〔2002〕12号《关于印发西青区工会职能配置、内设机构和人员编制规定的通知》文件内容，按照职责分工内设3个科室，办公室、组宣部、权益部，下设职工俱乐部。主要职责是组织和动员全区各级工会和广大职工为建设和谐西青建功立业，工作内容包括：落实职工素质工程目标，搞好对职工教育培训工作，提升职工队伍综合素质；广泛开展职工经济技术创新活动，促进经济技术不断发展；履行工会基本职责，加强维权机制建设，切实维护职工合法权益；完善职工民主管理机制，不断提高民主政治权利的实现程度；完善困难职工帮扶机制，全心全意为广大职工办实事，做好事，解难事；加强工会自身建设，不断扩大工会组织覆盖面等方面。

二、职工建功立业活动

2003—2008年，全区开展劳动竞赛企业达85%以上，参赛职工达15万余人次；开展技术创新、技术攻关2600多项，提出合理化建议3万余条，创造经济效益1.2亿元。《西青区职工素质工程第一个五年规划》全面完成，制定并启动了《西青区职工素质工程第二个五年规划》。以“创建学习型班组，争做知识型职工”活动为平台，广泛开展了专题学习、岗位培训、岗位练兵、知识竞赛、技术比武等活动，累计培训职工40多万人次，有8360名职工晋升一个技术等级；建立学习型班组2100个，涌现出了天津中津制药有限公司精制车间、天津市百奥生物制品有限公司等一批市级“学习型班组”和“天津市职工素质工程目标管理星级单位”。

三、工会维权机制建设

西青区总工会与区政府建立联席会议制度，为基层工会解决实际问题。区总工会与区劳动行政部门、企业上级主管部门建立劳动关系三方协调机制，推动涉及职工利益问题的及时解决。基层维权网络建设逐步健全。至2008年底，建基层企业劳动争议调解委员会283家，街镇、开发区劳动争议调解中心10家。建立职工代表大会制度的企（事）业单位达1228家。平等协商、集体合同制度进一步健全。全区建立平等协商集体合同制度的企业达到1677家，覆盖职工116147人。

西青区总工会被评为“天津市工会推动工资集体协商先进单位”，西青区创造的区域性平等协商经验，被中华全国总工会命名为“1+N”工作模式。截至2008年底，102家企业被确定为“A级劳动关系和谐企业”，7家企业被确定为“AA级劳动关系和谐企业”，1家企业被确定为“AAA级劳动关系和谐企业”。

四、送温暖工程

西青区困难职工帮扶中心自成立至2008年，通过自筹资金、行政拨款、职工和社会捐助等多种形式，协调筹集帮扶款1000多万元，帮扶救助各类困难职工1.8万人次。“送温暖工程”实现制度化、社会化，元旦、春节、国庆和中秋等重大节日走访慰问困难职工。“金秋助学”活动，帮助困难职工子女。协调区内企事业单位与困难职工子女结为帮扶对子，开展“一帮一”助学，直到困难职工子女完成学业。劳模服务工作扎实开展。坚持为劳模办实事、办好事，劳模的政治生活、健康体检、年节慰问、养老保险和疗养等各项待遇得到有效落实，劳动模范干事创业、无私奉献的激情更加高涨。

五、工会组建建设

西青区总工会成立区建会工作领导小组，形成“党委领导、政府支持、工会运作、各方配合”的建会工作格局，截至2008年底，西青区总工会有基层工会1805个，其中独立基层工会组织1749个，联合基层工会组织56个，发展工会会员136971人。西青区九个街镇和西青经济开发区全部建立了总工会，成立了151个村、园区工会，形成了“三级管理、四级网络”的工作格局。

西青区各级工会深入推进以建会、建制、增活力为主要内容的“强基建制”工作，调动基层总工会围绕区域中心任务独立开展工作的积极性，西营门街总工会被中华全国总工会命名为“全国百家示范乡镇（街道）工会”。

在非公企业中广泛开展了以“双爱双评”为基本内容的职工之家建设活动。10个单位被评为“市级模范职工之家”，西青开发区天津和仁昌光电子有限公司工会被评为“全国双爱双评工作先进单位”，中北镇侯台集团公司工会被评为“全国模范职工之家”。

六、工会自身建设

2007年，西青区总工会举办了西青区工会干部学习贯彻党的十七大精神辅导讲座，工会思想理论和业务知识巡回宣讲，新任工会主席脱产培训等多种形式的教育培训活动。组织职工开展知识竞赛、演讲会、专题学习报告会、“品质长征”等思想政治教育活动。

《立足实际，勇于创新，实现外企工会组建工作新突破》和《西青区区域性集体合同的实践与思考》等多篇论文分获市调研成果二、三等奖。工会领导机关坚持上级为下级服务、全会为基层服务的工作理念，工作重点、指导服务全力向基层倾斜，形成了“一级带着一级干，一级做给一级看”的服务机制。

第十一节　北辰区总工会

一、组织沿革和历届工会会员代表大会

1948年12月，天津县成立，天津县（现北辰区）工会同时建立，时称天津县职工会。1949

年3月，天津县建立职代会，1951年10月改称总工会，杜士林任主席。

1953年5月，天津市人民政府发出《关于撤销天津县人民政府建制成立四个郊区人民政府的指示》，原天津县的三、四区改为津北郊区，11月成立天津市总工会津北郊区办事处，设主任一名。1955年6月，津北郊区更名天津市北郊区，津北郊区工会办事处随之改称北郊区工会办事处。1958年“大跃进”时期，区工会办事处随北郊区建制一并撤销，分别并入天津市总工会河北区与红桥区办事处。1962年2月，恢复北郊区建制。1963年8月1日，成立天津市总工会北郊区工会委员会，设主席一人。

1966年“文化大革命”开始，区工会停止活动。1968年1月，成立天津市职工代表大会北郊区分会。

1973年6月，北辰区工会恢复，设主任、副主任各一人。1979年2月，根据全国总工会“九大”提出的四级管理精神，将原北郊区工会更名天津市总工会北郊区办事处。1990年4月底，根据天津市总工会〔1988〕津工发102号文件《关于天津市总工会所属办事处改为区工会的几点意见》，北郊区工会办事处改称北郊区工会。1993年3月更名北辰区工会。2002年，北辰区工会改称北辰区总工会。

1953～2009年，北辰区工会共召开6次工会会员代表大会，历届工会代表大会均结合党的中心工作审议工作报告、经费开支和财务工作报告及选举产生新一届工会委员会。其中，区工会第一次代表大会资料略缺。

1973年6月5日，北郊区工会第二次代表大会在北郊礼堂召开，会期3天。出席代表大会代表231名，列席代表65名，特邀代表36名，共计332名。会议选举李祥等效人为常务委员会委员，推选李祥为区工会主任，李明兴为副主任。

1990年4月26日，北郊区工会第三次代表大会在区工人俱乐部召开，会期3天。出席代表157名，特邀代表11名。选举出区工会第三届委员会委员15名，经费审查委员会委员3名，常务委员会委员5名。孙绍武当选为主席，王国良为副主席，邵维让为经审委主任。

北辰区工会第四次代表大会于1995年12月27日在区招待所小礼堂召开，历时1天。出席大会代表165人，特邀代表58名，选举出委员会委员15名，经费审查委员3名，常委5名。选举孙志兰为主席，孟祥和为副主席，邵维让为经审委主任。北辰区工会第五次代表大会于2001年10月17日在北辰区苍园宾馆召开，历时一天。出席大会代表182名，选举出委员会委员19人，经费审查委员会委员3人。选举常委7名，选举张金锁为主席，孟祥和、崔同爱为副主席。

第六次代表大会于2007年5月23日在北辰区工人俱乐部召开，出席代表178人。大会选举出第六届委员会委员25人，经费审查委员会委员5人。选出9人为常委，杜汉先为主席，吴庆荣、马春艳为副主席，杨金莉为经费审查委员会主任。

自1973年6月北辰区工会第二次代表大会以后，至1991年3月，北城区工会分组开展工作。北辰区工会工作人员划分两组，分别设一名组长。一组负责组织建设、生活保障、财务、女工、文档、秘书、信访、劳动争议及机关事务管理等项工作，另一组负责宣传教育、经济保护、群众生产、民主管理等项工作。为加强机关建设。1991 年 3 月 29 日，经区编委批示同意，北辰区工会下设“一室两部”，即办公室、组织宣传部、经济保护部。办公室负责：文档、秘书、信访、法律顾问、劳动仲裁、财务、女工、机关事务。组织宣传部：负责工会组织建设、宣传教育、文体、文化事业。经济保护部：负责生产、民主管理、劳动保护、劳动保险、群众生活。至 2008 年北辰区总工会机构设置未有重大变更。

二、维护职能

北辰区各级工会组织普遍建立储金会，对困难职工进行生活补助，并经常在职工中开展互助互济活动。协助行政兴办小浴室、小食堂、小更衣室、小托幼园所、小医药室“五小”生活福利设施。区工会还坚持在元旦、春节“两节”期间慰问困难职工，从 20 世纪 80 年代起开展“送温暖”活动，一直延续至 21 世纪。

90 年代后期，北辰区工会实施再就业工程，为下岗职工举办转岗技能培训班和招聘专场，并推行集体协商和集体合同制度。至 2003 年，北辰区 9 镇、119 个村农工商公司和 704 个企业签订了集体合同或协议，覆盖职工 47103 人。建立劳动争议调解委员会 662 个。建立送温暖基金会 2 个，基金总额 117 万元。2007 年 11 家企业被命名为“天津市 A 级劳动关系和谐企业”，其中天士力集团有限公司被命名为国家级“全国创建和谐劳动关系模范企业”。维护职工的卫生健康和生命安全，维护女职工“四期”（经、孕、产、哺）的身心健康。工会对职工进行安全教育，开展“安全月”活动，开展安全大检查，改善职工劳动条件，改善劳动保护和安全生产设施。

2008 年，北辰区总工会根据《推动世界 500 强在津企业组建工会工作方案》，制定四项切实可行措施，并对未建会企业，以北辰区总工会文号下发《关于坐落在辖区内世界 500 强外企组建工会的通知》，要求企业必须在 9 月前组建工会。北辰区总工会主席带队深入有关乡镇和未建会企业开展指导、服务和宣传。在北辰区宜兴埠镇的高丘六合（天津）工业有限公司，是该镇最大外资企业，一直是北辰区建会的重点和难点。借此次集中行动，北辰区总工会和宜兴埠总工会共同努力，通过采取“直线组建、曲线推动、一线动员”的措施经过努力，促其成功建会。

三、建设职能

20 世纪 50 年代，北辰区工会开展以增产节约为内容的爱国主义劳动竞赛和技术革新运动。60 年代，开展比、学、赶、帮活动，掀起以支援农业为中心的增产节约运动。70 年代开展“工业学大庆”运动，仅工业系统就实现技术革新 134 项、提合理化建议 3321 件。80 年代开展以增产节约、增收节支为内容的“双增双节”劳动竞赛，开展“七五”建功立业活动。1991—1995 年，开展为国家分忧、为政府作劲、为企业解难“三为”为内容的“八五”建功立业活动。1996—

2000年，开展以“经济增实力、单位增活力、企业增效益、职工增收入”为内容的“九五兴辰杯”立功竞赛和合理化建议活动。在劳动竞赛活动中，涌现出一批劳动模范、模范集体及市、区级先进企业、先进集体和先进个人。2006年6月，北辰区总工会联合团区委、区劳动和社会保障局和区工经委举办北辰区2006年“青春建功新农村、我与企业共奋进”大规模职工岗位练兵、技术竞赛活动，开展各类职工技能竞赛126场，涉及企业107家，参赛职工达4400余人。

四、参与职能

北辰区总工会代表和组织职工参与国家和社会事务管理，参与企业、事业和机关的民主管理，在基层建立和完善职工代表大会，民主评议企业领导干部，大力推行厂务公开，落实职工的知情权，参与权和监督权。

截至2008年，北辰区总工会6次召开职工代表大会，代表通过会员和职工的推选产生，代表投票选举产生各界工会委员会。北辰区工会历届负责人被选为区人大常务委员和区政协常委会委员，参加视察、调研并提交提案，同时积极与区委、区政府有关安全监督、劳动仲裁、房屋改革等项工作，实现民主管理源头参与，维护职工的合法权益。

在企业及各行政事业单位实施职工代表大会制度，每年召开1至2次职工代表大会。1981年，北辰区工会贯彻天津市总工会《职工会代表大会制度若干问题的暂行规定》率先在商业，粮食、建筑系统等一些单位推行职工代表大会制度，至1982年，北辰区36个企业中有18个建立职工代表大会制度，1986年在教育、卫生、文化系统进行试点，1988年全面推开。1990年各企业召开首次职工代表大会。至1995年北辰区建立职工代表大会制度125个，1996和1997年，制定了《北辰区乡镇企业职工（代表）大会规范化试行办法》。2000年，北辰区有733个企业（单位）建立职工代表大会制度并召开了职工代表大会。开展评议企业和评议领导干部的“双评”活动，推行厂务公开，规范公开内容建立公开栏。通过民主管理，民主监督，给企业带来生机，促进了企业（单位）沿着正确的方向发展。2004年，北辰区已有228家企业、125家事业单位实行厂务公开民主管理，至2006年增长为453家，占北辰区工会组织总数的85%。2008年，厂务公开、民主管理工作不断拓宽领域，绝大多数已建会企业都已实行厂务公开民主管理。

五、教育职能

1985年起，北辰区总工会配合全区普法教育组织全区职工学习工会法、劳动法等专业法律知识。

北辰区工会成立以来，举办轮训班，脱产培训班，对职工进行文化补习，通过岗位练兵，技术达标，现场比武，知识竞赛等灵活多变的活动，引导和组织职工学技术，学业务提高实际操作能力。以工人俱乐部为阵地，利用重大节日组织职工自编自导、自演文艺节目和群众性歌咏活动。职工体育活动采取面向基层，面向群众，贯彻普及与提高相结合以普及为主的方针。经常开展体操、跑步、跳绳、踢毽等大众性体育活动。同时，组织田径、球类、棋类、游泳等项比赛，组织单项代表队参加天津市职工比赛活动。

第十二节　津南区总工会

一、组织沿革

1953 年 5 月，天津市总工会驻南郊区工会工作员制成立，由赵中晋、邓廷玉负责。

1956 年 10 月，天津市教育工会建立南郊区工作委员会，林中旺任主任委员，刘声任专职秘书。南郊区供销社、银行南郊区办事处、南郊区中心粮店先后建立工会组织。

1958 年 9 月，南郊区并入河西区，撤销天津市教育工会南郊区工作委员会，南郊区教育工作委员会所领导的中小学基层工会同其他行业的基层工会均划归河西区工会领导。

1963 年 5 月，建立天津市总工会南郊区工作委员会，刘声同志负责工作。

1973 年 5 月，召开南郊区第一次会员代表大会，大会选举产生第一届委员会委员 25 人，第一届委员会选举产生了常委会委员 7 人，姜言谆任主任，刘声任副主任。

1979 年 2 月，天津市南郊区工会更名为天津市总工会南郊区办事处，刘梦杰任主任，未到位，刘声任副主任主持工作。

1988 年，刘声任副主任主持工作，赵联合为工会副主任。

1990 年 12 月，召开南郊区第二次会员代表大会，大会选举产生第二届委员会委员 13 人，常委 4 人，邵晋祥任副主席。第二届工会经费审查委员会委员 3 人，主任赵琳。

1990 年，根据天津市总工会指示，天津市总工会南郊区办事处更名为天津市南郊区工会，刘声任调研员主持工作，邵晋祥为工会副主席。同年 7 月，经区委和天津市总工会批准设立一室一部，即办公室和组宣部。

1992 年 3 月，天津市南郊区工会更名为天津市津南区工会。

1994 年 6 月，邵晋祥任工会主席，陈桂萍任工会副主席。1996 年，邵晋祥退休。

1996 年 3 月，召开第三次会员代表大会，大会选举产生第三届委员会委员 17 人，常委 7 人，刘玉柱任工会主席，陈桂萍任副主席；第三届工会经费审查委员会委员 5 人，赵琳任主任，唐世省副主任。

1998 年，赵琳任副主席，同年 12 月刘玉柱主席退休。

2001 年 10 月，召开津南区工会第四次代表大会，大会选举产生第四届委员会委员 21 人，常委 9 人，崔金和任工会主席、赵琳任副主席；第四届工会经费审查委员会委员 5 人，主任赵琳，副主任唐世省。

2001年12月，区委同意《津南区工会机关机构改革方案》，设办公室、组宣部、经济保护部。区工会机关行政编制10人，其中主席1人，副主席2人，科级干部职数3人。

2002年，天津市津南区工会更名为天津市津南区总工会。

2005年1月，陈广璐任区总工会副主席。

2006年11月，区总工会主席崔金和调天津市总工会任副主席。

2007年4月，刘义民任区总工会主席，毕永祥任副主席。

2007年10月，召开津南区工会第五次代表大会，大会选举产生第五届委员会委员25人，常委9人，刘义民任工会主席，毕永祥、陈文璐任副主席；第五届工会经费审查委员5人，主任陈广璐，副主任唐世省。

2008年9月，张永清作为天津市第六批援疆干部选派到新疆喀什地区伽师县工作，任伽师县委副书记，临行前任区总工会副主席。

二、党工共建

2004年2月16日，津南区总工会和区委组织部联合下发南党〔2004〕组字第18号文件《关于在非公有制企业中开展党工共建活动的意见》。4月7日，津南区委召开非公有制企业“党工共建”工作会议，区委常委、区委副书记姚奎彦、组织部长韩远达了参加会议。同年7月，成立了由区委副书记姚奎彦任组长的区“党工共建”领导小组，在北闸口建筑公司召开建筑行业“党工共建”推动会，下发了《关于在进区、驻区企业和分包队中组建工会、加强工会工作的意见》，并下达了目标任务，区委副书记姚奎彦、天津市总工会副主席李泮祥等领导出席会议。2004年8月，区委副书记姚奎彦、区总工会主席崔金和带领区委组织部、区总工会干部组成的“党工共建”活动督查组，对全区各镇、长青办事处、津南开发区等10个单位开展“党工共建”工作情况进行督查，建立季度通报制度，将党建和工建工作纳入基层党建目标考核体系。2004年发展会员4.88万人，新发展基层工会352家，年内增加88.22%。

2005年，津南区总工会把“强基建制”与“党工共建”有机结合，提出建立健全镇街总工会的工作思路并加以实施。津南区总工会、区委组织部联合下发《关于镇、长青办事处建立总工会的实施意见》，在葛沽镇召开建立总工会现场推动会，在全市率先完成镇街筹建总工会的任务。针对津南区“区属开发区、镇属工业园区、村属工业集中地”的实际，开展建立健全村级工会联合会，镇工业园区工会联合会组建工作。使全区各镇工业园区全部建立了联合会，并且巩固规范和新建了149家村级联合会，实现了全域覆盖的目标。2005年共新建工会组织125家，发展会员11294人。

2006年，津南区总工会与津南区委组织部、区外经贸委、区劳动和社会保障局、区工商局联合制定下发了《关于加快外商投资企业工会组建和加强工会工作的意见》，在明确工作意义的基础上提出要坚持“党工共建”、横向联动、依法建会、创新发展，加快外商投资企业工会组建步伐，并从外商投资企业的特点出发开展工会工作，依法规范和改善外商投资企业的劳动关系；

成立了由区委分管书记任组长，常务副区长和区总工会主席任副组长，区委组织部、区总工会、区外经贸委、区劳动和社会保障局、区工商局为成员的领导小组，具体推进外商投资企业建会工作。各镇、开发区也相应成立领导小组；落实考核奖励措施，把外商投资企业建会列入镇、开发区党委目标考核，落实责任、严格考核，营造上下联动、合力推动的工作局面，确保外商投资企业建会任务的完成；向各镇、园区下发了《告知书》《外商投资企业建会登记表》，广泛宣传中国工会的性质、意义、作用及建会程序。2006年，津南区建外商投资企业工会329家，达到外商投资企业总数的98%，超额完成天津市总工会要求的232家的任务数，完成全年任务的141%。其中独立建会的225家，涵盖建会90家，新增会员20735人，从而使津南区基层工会总数达1107家，会员总数达12.6万人。

2007年，继续坚持以“党工共建”为依托，发挥区、镇两级工业园区和村工会联合会的作用，深入基层调查研究，实行目标责任制，加强分类指导，加快基层工会的组建。2007年，津南区净增基层工会组织130家，发展会员17979人，完成天津市总工会建会任务的160%，使津南区基层工会组织总数达到1242家，会员144775人，提前超额完成建会任务。津南区总工会建会先进经验在《天津工人报》刊登，受到天津市总工会的好评。

2008年，以新建企业、外资企业和规模以下非公企业为组建重点，发挥区、镇两级工业园区和村工会联合会作用，严格实行目标责任制，实现津南区净增基层工会组织246家，发展会员30688人，分别完成天津市总工会下达任务的176%和199%，同时还组建了津南区第一家行业工会（区餐饮业工会联合会），使津南区基层工会组织总数达到1488家，会员174697人。

三、“五比一创”劳动竞赛

2008年初，津南区总工会成立以区总工会主席刘义民为组长的“五比一创”竞赛活动领导小组，研究制定《关于津南区开展“五比一创”劳动竞赛活动的安排意见》，在津南区的重点工程、工业企业、服务行业三个领域推进“五比一创”劳动竞赛。确定“比服务、比效率、比业绩、比作风、比廉政，创行风政风十佳单位、做十佳人民满意公仆”为主要内容的竞赛活动，在津南区餐饮业工会联合会、环保产业工会联合会、电子行业工会联合会、小站迎新集贸市场工会联合会开展具有行业特色的劳动竞赛。

将竞赛活动与“共同约定行动”、“大学习、大培训、大提高”和发挥劳动模范作用相结合。召开竞赛活动推动大会，举行“共同约定”签约仪式，确立南洋工业学校、农广校为区级“大学习、大培训、大提高”活动培训基地。截至2008年底，津南区共有500余家企业签订“共同约定行动”承诺书，覆盖职工5万余人，新建职工学习培训基地12个，举办各类培训班500余期，培训在岗职工24103人。在劳模企业家的引领下，500余家企业、70000名职工参加“五比一创”劳动竞赛活动，合理化建议4302件，产生效益1631万元，技术革新545项，发明创造34项，其中获国家专利有14项。

第十三节　东丽区总工会

一、组织沿革

1949年10月，天津县二区（东郊区前身），建立了教职员业工会筹备委员会，并经天津县总工会批准，成为东郊地区最早的一个基层工会。1953年5月，原天津县的二区及一区的部分村，改建为津东郊区，尚不具备成立驻区工会办事处或组建区工会工作委员会的条件，而设驻区工会工作员制。天津市总工会派王增辉、梁洪儒、贾恩波为津东郊区工作员，负责全区27个基层的工会工作。

1954年初，全区教育、卫生、供销社等系统的基层工会保留会籍停止活动1956年初撤销天津市总工会派驻东郊区工作员。1958年10月撤销东郊区划归于河东区，各系统工会统一于天津市河东区办事处领导。1962年2月，恢复东郊区建制。1963年6月1日，筹建天津市总工会东郊区工作委员会。1964年1月11日，经区委批复东郊区工会工作委员会由8人组成，即区工委主任李恒泰（兼），副主任赵占元（兼），委员陈德义、刘新忠、阎焕元、王焕志、许振发、郝宝友。1964年9月，调张明远任区工会秘书。1966年5月“文化大革命”开始，工会各级组织停止活动，各企事业单位的工会组织被“工代会”取代。

1973年5月18～20日，召开东郊区工会第一次代表大会，选举产生东郊区第一届工会委员会，委员22名、常委7名。主任梁铭勋，副主任李学勤（兼）、王洪贤。

1979年2月8日，东郊区工会改为天津市总工会东郊区办事处，梁铭勋任主任，王洪贤任副主任。1981年4月梁铭勋离休，王洪贤主持工作。1983年11月，王宝通为办事处副主任。1988年12月，刘铭海任区工会办事处主任。

1989年10月30至11月1日，召开东郊区工会第二次代表大会。选举产生东郊区第二届工会委员会，委员13名、常委5名。主席刘铭海，副主席王宝通。选举产生东郊区工会第二届经审委员会，主任孙学义。东郊区工会办事处改为东郊区工会。

1990年4月，经东丽区编委批示同意在东丽区工会下设办公室、组宣科、经保科、俱乐部四个科室机构。

1991年7月，孙玉芳任区工会副主席。1994年5月，张雷洪任区工会主席。

1994年12月，召开东丽区工会第三次代表大会。选举产生东丽区工会第三届委员会，委员15名、常委7名。主席张雷洪，副主席王宝通、孙玉芳。选举产生东丽区工会第三届经审委员会，委员7人，主任孙学义。

1999年12月，召开东丽区工会第四次代表大会，选举产生东丽区总工会第四届委员会，委员 22 名、常委 6 名。主席张雷洪，副主席王宝通。选举产生东丽区工会第四届经审委员会，常委 6 名，主任郭文博。

2000 年 9 月，孙婵娣任区工会副主席。2001 年 12 月 29 日，经东丽区委津丽党发〔2001〕67 号文件批准《天津市东丽区工会机关机构改革方案》，东丽区总工会下设办公室、经保部、组宣部、财务部、经审委，另保留俱乐部。

2003 年 11 月 10 日，经东丽区机构编制委员会津丽编字〔2003〕10 号文件批复，建立东丽区困难职工帮扶中心。

2004 年 12 月 6 ~ 8 日，召开了东丽区工会第五次代表大会。选举产生了东丽区总工会第五届委员会，委员 23 名，常委 9 名，主席张雷洪，副主席孙婵娣；选举产生了东丽区总工会第五届经费审查委员会，委员 4 位，主任孙婵娣。

2007 年 1 月，徐树青任区总工会主席职务，免去张雷洪工会主席职务。

二、组织建设

1949 年 10 月，东郊区建立教职员业工会筹备委员会，是东郊地区最早的基层工会，会员身份主要为小学教师、装卸工人、基层供销合作社职工等。1956 年初，基层组织 46 个，基本形成了比较完整的东郊区工会系统组织机构。1976 年 12 月，东丽区工会全面恢复整顿工会系统工作，组织结构趋于完整，会员人数达 11900 人。

改革开放以来，农村产业结构发生深刻变化，乡镇企业以及其他新经济组织蓬勃发展。外商投资企业、私营企业和小型分散企业依法建会成为工作重点。对此，区总工会组建了一批区域性、行业性联合工会。如中国北方五金城、徐庄个体劳协、开发区外商投资公司等工会联合会，涵盖企业 2109 个，覆盖职工 76327 人。自 2006 ~ 2008 年，建会工作保持年均 200% 以上的增长率，发展会员保持年均 300% 以上的增长率。截止到 2008 年底，东丽区有基层工会 1386 家，涵盖单位 2109 家，职工 131370 人，会员 127904 人，其中农民工会员 23857 人。以“职工之家”“双评双爱”等活动为载体，积极致力于基层工会活力建设。截止到 2008 年底，“合格职工”之家合格率达 92%。获得市级以上“建家”荣誉的单位 46 个，个人 72 名。荣获天津市和谐劳动关系 AAA 级企业 2 家，新立街工会被评为全国乡镇工会工作先进单位。

三、劳动竞赛

新中国成立以来各个经济建设时期，东郊区总工会围绕党的指示精神，以节约增效、技术创新等为宗旨，组织开展主题各异形式多样的劳动竞赛、合理化建议、技术比武。组织职工组队参加全市职工计算机技术操作、珠算平打、医务护理、教师演讲、板书、果蔬雕、冷菜图案拼、书法、餐厅服务英语等多种技能大赛，共 10 余人获奖，区总工会多次荣获中华全国总工会、天津市总工会颁发的优秀组织单位奖。据不完全统计，截至 2008 年，共举办培训班 320 余期，参加各种竞赛和接受培训的人数近120万次；实现技术革新6千余项，创经济效益近6000万元，召开区级以上先进技法经验推广会50余次。

1986年7月，成立东丽区职工技术协会，发展基层技协组织806个，会员6.9万余人；组织企业申报职工技术成果6项，申报建设节约型社会职工技术新成果3项。职工提合理化建议累计6万余条，被采纳8千余条，创经济效益近3000万元；自1987年以来，评选出全国、市级劳动模范、“十五”立功、“五一”劳动奖章等各种光荣称号的先进人物902人次，集体和单位60个；每年召开一次区级先进表彰大会；编辑出版了报告文学《前列》《群众作家》专刊——《时代楷模》《楷模》等先进介绍宣传专辑，年均印制3000册。开展以安全生产为主题的竞赛、宣传、咨询、检查和慰问等活动，年均投入资金3万元。

四、职工教育

建国初期，在职工中相继开展“劳动创造世界”“谁养活谁”以及中国革命和中国共产党等唯物史观的教育，初步树立了工人阶级主人翁的思想意识和新的劳动态度，对新生共和国的巩固和建设奠定了良好的思想政治基础。在以后各期的社会主义建设中，以政治思想、科学文化、道德法制等为主要内容，开展职工理论学习、法制政策教育、文化补习、技术业务培训以及演讲、诗朗诵、歌唱、书画展、球类、棋类比赛等多种形式的文体活动。至2008年底，区级以上培训班年均10次，培训职工3000人次，基层工会培训班年均300次，受训职工3万人次。96%以上的企业建立了图书室、文化阵地。文体活动企业覆盖面达95%以上，参与职工年均5万人次。职工文化普及率100%，其中90%中青年职工具有高中文化水平，95%具有基本专业技能。乡镇街、教育、供销等近20个系统工会成立了职工业余文艺演出剧团，年均为企业、社区以及乡村职工群众演出120余场，观众达56万人次。自1980年第一次举办职工业余书画、摄影展以来，截止到2008年，全区工会系统共举办展览229次，参展作品2.3万余件，近百幅作品入选天津市美展，其中《引滦入津图》参加了全国美展。1984年10月初开始，经过一年多的筹备，展出了由业余骨干完成的长城写生画341张，近万名职工和学生参观，在全国产生了较大影响。

五、民主管理

1980年，东丽区工会从试点到全面推广建立健全职工代表大会制度工作，同时开展“双评”活动。伴随改革开放的不断深入，民主管理工作的内容、范畴渐次丰富，平等协商集体合同制度取得了长足发展。不断完善的工会与同级政府联席会议制度及镇街乡劳动关系三方协调组织，加强对劳动关系的协调监督检查纠正，推动工会维权工作，维护广大职工的合法权益。截止到2008年，东丽区工会系统国有、集体企业职代会建制率达100%，非公建会企业职代会建制率达到98%以上；职代会召开率达95%。全区有1218家企业建立了企业民主管理制度；1203家企业建立了平等协商机制，建制率88%。其中有975企业通过集体协商签订了工资集体协议，签约率达81.1%，覆盖职工81442人，建立女职工权益专项集体合同573份，覆盖职工12565人。2006、2007年建制工作排名全市第二，2008年签订工资集体协议全市名列第一。实行公司制企业职工董事、职工监事制度建设企业达500家。年均举办劳动合同法、《天津市企业职工民主管理条例》等法制专题讲座6期，受训人员1500人次。每年与劳动和社会保障局、安监局等部门一道进行劳动合同法用工大检查，连年总计纠正违法违规行为127起。

六、送温暖

2003年11月，东丽区总工会建立困难职工帮扶中心的建立，其中“送温暖”工程为重点、亮点，工作囊括“两节”慰问、“金秋助学”、“一帮一结对子”等活动。截止到2008年，投入资金312万元，对389户困难职工建档案实行动态管理，救助特困职工、劳模、工会干部、单亲女职工、孤寡老人等7863人次，救助困难职工子女就学375名。与基层企业联合举办劳动技能就业培训班46期，培训下岗失业人员9600人次；与区有关部门联合举办下岗失业及农民工招聘会12次，组织接待应聘人员3万人次，实现再就业4638人。

据不完全统计，东丽区工会系统职工中，农民工人数为51109人，占职工总数近40%。对此，东丽区总工会集中强化农民工队伍的帮扶工作。截止到2008年底，东丽区总工会组织帮扶救助农民工370人次，培训2160人次，投入资金23万元，救助农民工子女就学23人。与区劳动保障局、区建委联合，为农民工追讨欠薪51万元，接待农民工来信来访13件，并全部妥善解决。东丽区总工会荣获2008年中华全国总工会命名的“农民工合法权益保障先进集体”光荣称号。

第十四节 武清区总工会

一、组织沿革和历届工会会员代表大会

1945年4月，路南武清县建立工人抗日救国会，解放战争时期更名工人联合会。1946年9月2日，更名津武县工人联合会，关东兴任主任。路北武清县于1946年3月，建立工人联合会，林一任主任。路南路北合并后，武清县未建县级工会组织，只成立搬运工会。1949年12月，组建县工会筹备委员会，毛松林任主席。1950年，建立武清县总工会。1953年10月1日，改称县工人联合会。1958年，安、武合并改称县总工会。“文化大革命”开始后，工会组织瘫痪，被“工代会”取代。1973年，恢复工会组织。2000年，撤县建区，改称武清区工会。2002年1月起更名为武清区总工会。2002年10月，建立区政府与区总工会联席会议制度。2003年12月4日，召开武清区政府与区总工会首次联席会议。

1950年11月29日，召开武清县工会首届会员代表大会，正式成立县总工会。1953年4月18日召开武清县工会第三届会员代表大会，与会代表66人，列席参加的基层工会主席20人，大会选举委员15人，候补委员4人，经费审查委员会委员3人，候补委员2人，刘胜兴当选主席。1955年3月20日，召开武清县工会第四届会员代表大会，参加会议的正式代表61人，列席代表8人，选举委员11人。1957年4月21日，召开武清县工会第六届会员代表大会。1960年1月18日，召开武清县工会第七届会员代表大会。1964年8月10日，召开武清县工会第八届会员代表大会，选举委员15人，其中常委7人，经费审查委员会委员3人，主任委员刘连生，柴振民当选主席。1973年5月21日，召开武清县工会第九届会员代表大会，重新建立武清县总工会，大会选举委员35人，其中正式委员31人，候补委员4人，常委7人。1980年4月15日，召开武清县工会第十次代表大会，与会代表186人，选举委员21人，柴振民任主席。1986年6月28日，召开武清县工会第十一次代表大会，选举委员19人，其中常委7人，选举经费审查委员会委员3人，主任委员倪宏志，崔振江当选主席。1993年8月，补选刘士合为委员、常委、主席。1994年9月6日，召开武清县工会第十三次代表大会，选举委员21人，常委9人，确认刘士合为主席，选举经费审查委员会委员3人，王强为主任委员。1999年11月25日，召开武清县工会第十四次代表大会，与会代表234人，大会选举委员27人，常委9人，经费审查委员会委员9人，孟昭杰为主任委员。2000年12月29日，武清县第十四届委员会委员、常委直接过渡为武清区第一届委员会委员、常委。2001年1月4日，召开武清区工会第一届委员会第一次全体会议。2005年11月28日，召开武清区总工会第二次代表大会，与会代表102人，列席代表45人，选举委员29人，常委11人，经费审查委员会委员5人，孟昭杰为主任委员。2007年7月21日，补选王占海为委员、常委、主席。

1950年，武清县总工会下设组织部、文教部、工资生产部、劳动保护部、青工部、女工部，并设秘书一名。同时建立武清县工人俱乐部。2000年12月5日，武清县工人俱乐部更名为天津市武清区工人俱乐部，更名后规格级别为区属科级。2002年5月21日，武清区总工会机关设办公室、综合业务部、财务部。

1998年11月，中共中央政治局常委、全国总工会主席尉健行在天津市亲自听取武清县工会工作汇报。是年，武清县总工会在全国工会十三大上被授予“全国先进县工会”荣誉称号。1999年11月28日，中共中央政治局常委、全国总工会主席尉健行和全国总工会常务副主席、书记处第一书记张俊九在中共天津市委主管领导，中共天津市委常委、天津市总工会主席孙宝树的陪同下，到武清县考察工会工作。尉健行对武清县的工会工作及今后的工作思路给予了充分的肯定，并对今后的工会工作作出了重要指示。改革开放以后，工会工作进一步加强。2008年底，全区有基层工会1199个，涵盖单位1840个，发展会员135070人。

二、组织建设

1986年，武清区工会建立基层工会245个，会员22300人。1993年始在乡镇企业组建工会，至1998年有基层工会416个，会员45476人。2003年有基层工会672个，涵盖独立法人单位842个，会员53170人。2004年，基层工会839家，涵盖法人单位1388个，覆盖职工87648人。2005年，新组建工会62家，发展新会员12000人。武清区建会总数达783家，涵盖法人单位1259个，会员总数80422人，覆盖职工86650人。2006年，新发展会员2.3万人，职工入会人数同比增长了29%，会员总数达到10.4万人；新组建基层工会152家，建会数量同比增长了19%，基层工会总数达到935家。2007年，新增会员1.6万人，职工入会人数同比增长了16%，会员总数达到12万人；净增基层工会117家，建会数量同比增长了13%，基层工会总数达到1052家。2008年，根据天津市总工会制定《推动世界500强在津企业组建工会工作方案》，武清区总工会部署所属3家500强企业分别选出一名组织员，由武清区总工会联合覆盖。2008年，新增工会会员15000人，职工入会人数同比增长了18%，会员总数达到13万人。新增基层工会147家，建会数量同比增长了14%，基层工会总数达到1199家。

三、民主管理

1989年，武清区总工会抽查县办企业，对682项危及职工安全、健康的隐患提出限期整改意见。1995年，制定劳动合同实施方案不经职代会通过不得实施的条例，职代会参与评议干部、民主选举行政领导。1997年，下发《武清县乡镇企业职工代表大会规范化试行办法》，154家乡镇企业建立职代会制度。同年9月，与中共武清县纪检委联合召开“企务公开、民主管理”工作推动会。1989年底，全县76家国有企业和114家城镇集体企业全面开展企务公开、民主管理工作。全县有2400名职工代表参加了中共武清县委组织部、纪检委共同组织的加强企业廉政建设、企务公开、企业“双评”活动，对76家国有企业、114家集体企业的426名干部进行民主评议，调整3个班子，调整干部27人。1999年，国有和国有集体控股的公司制企业，90%以上实行了职工代表进入董事会和监事会制度。同年，全县建立工会的企业100%建立了劳动争议调解委员会，调解劳动争议132件。

四、维护职工合法权益

2000年，接待解决职工来访、调解劳动争议2948件。2001年，615家企业建立平等协商集体合同制度、签订集体合同或集体协议，签订率80.7%。2002年，武清区签订集体合同或协议达669家，占建会企业的93.3%，覆盖职工人数41139人，覆盖率为86.8%。2002年初，武清区总工会会同区纪委共同下发《关于做好2002年厂务公开民主管理工作的通知》，195家国有集体和国有集体控股企业全部召开了职代会，实行了厂务公开，535家非公有制企业中，294家50人以上的企业建立了职工（代表）大会制度，占应建企业的98%，213家50人以下的小企业建立了平等协商对话制度，占应建企业的90%。2002年，企业劳动争议调解委员会共处理劳动争议178件，涉及职工6910人，涉及拖欠工资、保险、工伤、企政分流、解聘、辞退、工时等各种问题。

2003年，500家企事业单位召开职工（代表）大会，占应召开单位的92.5%，204家小企业建立了平等协商对话制度，占应建企业的90%，签订集体合同的企业511家，占应建会企业96.4%，28家企业化管理的事业单位全部签订了集体合同。2004年，出台《武清区厂务公开民主管理工作优秀单位和合格单位的评选办法》。武清区企事业单位民主管理工作建制率达到90%以上，合格率32%，平等协商集体合同建制率93%。调处争议案件513件，涉及职工9933人，拖欠工资140.85万元，追回拖欠工资138.85万元。2005年，国有集体企业厂务公开民主管理工作建制率达到100%，非公有制企业达到90%以上，出台《关于非公有制企业推行职工民主管理工作的实施细则》《厂务公开民主管理工作合格单位、优秀单位的评选办法》，建会企业平等协商建制率达到100%，集体合同的签订率达到85%。同年，制定下发《基层劳动争议调解委员会工作细则》和《关于引导职工依法信访的工作意见》，区总工会和基层调解委员会共调处争议案件712件，涉及职工16312人次，调解成功率达98%，对26家矛盾集中的企业进行了重点排查。

2006年，新签订集体合同274份，集体合同总数达513份，覆盖企业710家，签订率达到建会企业的80%；签订工资协议503份，覆盖企业699家，签订率达到建制企业的75%。2007年，新签订集体合同123份，集体合同总数达474份，覆盖企业723家，签订率达到建会企业的70.2%；签订工资集体协议645份，覆盖企业910家，签订率达到建制企业的93.7%。2007年，全区各级工会成功调解121起劳动争议，涉及职工1215人，追补金额80余万元。2008年，集体合同总数达558份，覆盖企业827家，签订率达到建会企业的75%；签订工资集体协议628份，覆盖企业1110家，签订率达到建制企业的98%。调解62起劳动争议，涉及职工1062人，追补金额364万元。共有103个企业被命名为"天津市A级劳动关系和谐企业"，4个企业被命名为"天津市AAA级劳动关系和谐企业"。武清区区域性劳动争议调解工作、行业工资集体协商工作经验在全市经验交流会上进行交流和推广。

五、职工经济创新

1986年，武清区工会组织各行业开展劳动竞赛287次。1994年，全县363个基层工会开展劳动竞赛，27300人参加，竞赛项目207个。1997年，开展劳动竞赛92项，38000名职工参加，创效益3500万元。1998年，开展劳动竞赛172项，创效益420万元。2000年，全区劳动竞赛项目1152个，11760名职工参加，创效益3456万元，增收节支4365万元。2002年，组织劳动竞赛224次，创效益1153.5万元。2006年，参加劳动竞赛19531人次。2008年，参加劳动竞赛21528人次。

1994—2008年，在天津市"八五"立功、"九五"立功、"十五"立功活动以及"五一劳动奖章"、"五一劳动奖状"评选活动中，先进个人398人次、先进集体和先进单位97个，全国劳动模范7人，天津市级劳动模范239人。

1987年，武清县工会开展"我为'七五'提合理化建议"活动，收集合理化建议3099条，行政采纳1978条，提高经济效益900余万元。1992年，全县各工会共提合理化建议5695件，采纳3210件，创经济效益234万元1997年，提建议2800条，采纳率达42%，创效益3800万元。2000年，提建议10368件，采纳9120件，创效益3984万元。2002年提合理化建议6178件，采纳3435件，创效益1560.7万元，奖励有关人员115.52万元，仅教育系统提合理化建议就达3000多条。2004年，职工共提合理化建议4521条，被采纳1884条，创效益2577万元，达成各种劳资协议598件。2005年，提合理化建议2521条，采纳1765条。2006年，职工共提合理化建议3063条。2008年，提合理化建议3253条，已实施1801条。

1987年，武清县工会成立职工技术组织，完成技术攻关43项，引进新技术38项，开发新产品21种，改进工艺87项，创经济效益1200万元。1992年武清县职工共攻克技术难关219项，创经济效益71万元；小发明、小创造65项，创经济效益53万元。1998年，完成技术攻关90项，创效益1298万元。2000年，完成技改攻关项目472个，创效益720万元；实施小项目、小发明、小设计、小改进、小窍门3120个，创效益3046万元。2002年，593家企业、4万多名职工参加技术创新活动，完成技术攻关项目81项，创效益2179.56万元。2003年，完成创新项目161项，创效益2634.2万元。2005年，参加各种技术创新活动的职工达到了3119万人次，完成技术攻关64项，直接和间接创造经济效益2900万元。2006年，完成技术创新项目131项，直接创造经济效益5000多万元。2008年，完成技术创新项目149项。

1994年，武清县471个企业，共6150名职工参加技术比武，竞赛项目156项，评选出138名县级技术能手。1996年，组织岗位练兵328次、技术比武310次，参加人数21000余人，树岗位标兵528名，结师徒对子2100余对。2000年，组织技术比武487次，参加职工人数27580人次。2001年完成技术攻关111项，创效益1396.8万元。2002年，开展技术比武78场次，涉及工种254个，参加人数12360人。

六、教育培训

1987年5月，武清县工会举办职工法律知识竞赛，1000余名职工参加，结合法制教育，开展行业、职业道德教育。是年，各级工会开展“创优质产品”，“假如我是用户”，“学先进、正商风”等活动。1989年，县工会及时深入到面粉厂、煤建公司、供电局、自来水管理站等与人民生活密切相关的单位与职工谈心，稳定职工情绪和生产秩序。

1994年，培训职工31139人，培训投资额317万元。1995年，举办《中华人民共和国劳动法》培训，21000人参加。举办各类技术业务培训班1263班次，培训职工41476人次。2000年，培训职工9072人次。2002年，制定《关于落实〈天津市职工素质工程五年规划〉的实施意见》，并部署具体推动计划。全年参加岗位技能培训的20579人，其中技术技能上等级人数1425人，参加计算机、外语、法律等新知识新技能培训的人数4266人。2003年，参加各种岗位技能培训的60000人次，技术技能上等级的2197人，参加学历教育的2387人，参加计算机、外语、法律等新知识新技能培训的3985人，掌握2门以上技术成为复合人才的1867人，建立职工素质档案

12344份。2004年，完成岗位技能培训3.53万人，新知识、新技能培训4514人，职业技能上等级4231人，在机关事业单位和100人以上的企业中建立职工档案累计达到39000万多份，占职工总数的60%。2005年，全区共培训职工30807人次，其中1669人次技术上一等级。2007年，建立学习型班组900多个，一线职工参加各类专业技术培训的比例提高到80%，实施职工素质工程的覆盖面拓展到全区乡镇局单位的90%以上。

七、送温暖

1989年，工会系统成立女职工工作委员会76个，至1990年多次为青年举办集体婚礼。1990年，武清县总工会协助有关部门为近百名职工安排再就业。各级工会组织为职工建小浴池、小理发室、小存车棚、小伙房计1500余处，托幼园160余处。1994年，为10户特困职工募捐26188元，慰问职工21432人，费用28万元。1995年，开展“进万家门，知万家情，解万家难，暖万家心”活动，慰问职工4761人次，投入资金119万元。同年建立武清县扶贫解困基金，金额130万元，每年向特困职工发放13万元，救助800多人次，并总结出了扶贫解困“十招法”在全市推广。

2000年，武清县工会筹集慰问金104万元，走访慰问职工1200余人。对478名特困职工落实了包保联系。2001年，对304名特困职工落实包保责任，筹集并发放慰问金72.8万元，慰问困难职工和离退休职工667人。武清区扶贫解困基金办公室向188名特困职工发放了18.1万元的扶贫解困基金，继续为108名特困职工办理了“特困职工优待证”。2002年，发放困难补助18万元，救助特困职工191人，慰问离退休、困难职工1310人，共募集17.46万元救助危重大病职工。2003年12月，成立困难职工帮扶中心，至2008年底，帮扶中心共救助困难职工2664人次，投入资金180余万元。2004年，对649户困难职工进行了经济救助，救助金额达65万元，带动基层为60多名特困户子女进行助学；为168名特困职工发放了特困证；成立职工互助互济基金会6个。

2005年，武清区各级工会组织慰问救助困难职工达1300多人次，救助困难学生280名，共发放救助金100余万元；下发优待证180多件，职工直接受益12万元。2006年，共筹集资金63万余元，救助困难职工家庭630户。2007年，共救助困难职工687人，发放救助金65.2万元，基本生活品救助物资1000余份。2008年，共救助困难职工662人，发放救助金46.2万元，基本生活品救助物资1000余份。

第十五节　宝坻区总工会

一、组织沿革和历届工会会员代表大会

1946年恢复单一县制后的宝坻县的党政工作人员，在辖区各村发动雇工群众，成立雇工工

会。给地主、富农当长、短工的工人参加自己的组织后，首先向地主、富农算剥削账，开展增资活动，雇工工资普遍提高。在此基础上，开展抗日斗争、减租减息、清算复仇、土地改革、开展大生产等运动。土地平分后，雇工分得了土地，成为农民，农村雇工工会随之而取消。

新中国建立后的最初几个月，宝坻县的工人活动由中共宝坻县委直接负责。在县委有关部门指导下，县内几十名搬运工人于1950年建立起宝坻县恢复单一县制后最早的工会组织即搬运工会。搬运工会不断向工人进行革命传统教育，发动工人搞好生产，保障工人权益，举办福利事业，在工人群众中树立威信，促进了全县各系统基层工会组织的建立和发展。

1951年11月，宝坻县在11个系统46个基层工会组织的基础上，召开县第一次职工会员代表大会，成立宝坻县总工会，设主席、副主席。1953年10月，改称宝坻县工会联合会（以下简称县总工会）。县总工会建立后，协助县委、县人民政府对私营工商业实行社会主义改造，组织职工开展技术革新、技术改造、增产节约、社会主义劳动竞赛等。1955年县工会联合会建立职工俱乐部，组织职工参加文娱体育活动，丰富职工生活。1959年10月，县工会联合会恢复原来的名称——宝坻县总工会。到1966年“文化大革命”前夕，全县工会会员人数达到3969人。“文化大革命”开始，总工会被取消，工会活动停止，被“工代会”所取代。1973年6月，县工会虽然得到恢复，但下属工会组织恢复缓慢，到“文化大革命”结束时，仅建立起6个局级工会。

1976年10月后，经过重建、整顿，新建基层工会组织，会员人数得到迅速发展，至1983年全县工会组织达到193个，工会会员达到18867人。至2000年，全县有企业工会组织309个，会员63220名。2008年全区建成基层工会组织1442个，发展会员13.2万人，企业建会率和职工入会率在全市领先。为适应社会主义现代化建设的需要，推进企业的民主管理，工会积极组织职工学习文化，学习技术，广大职工素质日益提高，为推进两个文明建设做出了积极贡献。宝坻县总工会建立以来，到1996年11月共召开11次职工会员代表大会，

1999年1月10日，宝坻县总工会召开第十一届委员会第四次全体会议，依照法定程序选举孙守权同志为宝坻县总工会第十一届委员会委员、主席。

2001年10月，国务院批准宝坻撤县设区。宝坻县工会第十一届委员会改建为宝坻区工会第一届委员会，依据《中国工会章程》和有关规定，2001年11月召开宝坻区工会会员代表会议，以无记名投票方式，选举孙守权同志为宝坻区工会第一届委员会主席，郝青云、王晓敏同志为天津市宝坻区工会第一届委员会副主席。原宝坻县总工会第十一届委员会的委员、常委自然过渡为宝坻区第一届委员会委员、常委。

2003年2月18—19日，宝坻区工会第二次代表大会召开，会上选举产生了宝坻区总工会第二届委员会和第二届经费审查委员会。孙守权同志当选为宝坻区总工会第二届委员会主席，王晓敏、吕俭二位同志当选为副主席；何广文同志当选为宝坻区第二届经费审查委员会主任。

2007年1月26日，宝坻区总工会成立党组，孙守权同志任区总工会党组书记，郭慧学同志任副书记，吕俭、孟晓燕、李连军任党组成员。

2008年12月29日，宝坻区工会召开第三次代表大会，会上选举产生了宝坻区总工会第三届委员会委员33名，常委11名，第三届经费审查委员会委员5名。郭慧学同志当选为宝坻区总工会第三届委员会主席，孟晓燕、李连军当选为副主席；宋金亮当选为宝坻区第三届经费审查委员会主任。

宝坻区总工会内设办公室、组宣部、权益保障部和生产生活部，下辖工人俱乐部和职工活动中心。

二、建功立业活动

2003～2008年，宝坻区总工会组织全区各级工会开展劳动竞赛、岗位练兵和技术比武1.6万场次，职工提合理化建议近20万条，技术攻关4万多项，推广先进技术200多项；1家单位获得全国“五一”劳动奖状，1人被评为全国劳动模范，37人被评选为市级劳动模范。159人、36个集体（单位）荣获市级劳动奖章、奖状。80%以上的工会组织实施了职工素质工程，建立职工素质档案，培训职工20万人次。职工技术创新成果荣获市级科技创新一等奖16个，130个荣获二等奖。

三、维护职工合法权益

宝坻区总工会建立并坚持定期召开宝坻区总工会与区政府的联席会议，协调解决涉及职工利益、工会事业发展等重大问题。参与区政府关于劳动就业、社会保障、安全生产、职工教育等政策文件的研究和制定，维护职工的合法权益。坚持联席会议制度作法被中华全国总工会以经验汇编方式向全国工会系统做了推介。

推行以工资集体协商为重点的平等协商集体合同制度、以厂务公开为重点的企业民主管理制度，积极构建和谐稳定的劳动关系。截至2008年底，宝坻区集体合同和工资集体协议覆盖企业1279家，占建会企业总数的92%，覆盖职工72312人。60%以上的非公企业建立职代会制度，30%以上的非公企业实行厂务公开制度。130家企业达到劳动关系和谐企业A级标准，2家企业取得劳动关系和谐企业AA级标准。

四、帮扶救助困难职工

2003～2008年，宝坻区总工会就筹集救助款物158.17万元，走访慰问困难职工3738户，直接帮扶救助的职工近6000人次，协调就业岗位400多个，帮助273名困难职工或子女实现了就业再就业。“金秋助学”活动共向355名特困生发放助学金23万余元。为179名市级以上劳动模范、195名特困职工投保了意外和医疗保险。四川汶川地震发生后，宝坻区工会系统为灾区捐款95.3万元。

五、职工文体活动

2008年“五一”前夕，宝坻区总工会联合有关部门举办首届职工艺术节，包括职工书法优秀作品展、摄影优秀作品展、美术优秀作品展、美术优秀作品展及5场职工自编自演的文艺节目，历时一个月，参观展览和观看文艺节目的总人数近2万人次。2008年9月，在职工中开展了以“为招商引资牵一线、为赶超发展献一计、为经济腾飞立一功”为主题的“三个一”活动，有76名职工牵线谈成项目84个，投资总额10.2亿元。职工提出发展建议5438条，其中涉及全区工作的385条。128个企事业单位、2.57万名职工参与立一功活动，创造效益4337万元。2008年11月，会同有关部门组织宝坻区首届职业技能大赛，设服装制版、车工、焊工等十个比赛项目，近2000名选手参赛，300余名选手、300余件作品进入决赛，获奖选手分别被授予“宝坻区职业技能标兵”和“宝坻区技术能手”称号。

六、基层组织建设

至2008年9月底，宝坻区建成基层工会组织1442家，发展会员13.2万人，企业建会率和职工入会率在全市领先。职工之家建设不断深入，组织了对基层工会干部的系统培训，完善考核激励机制，推动基层工会工作的规范化、制度化建设。先后各有2家单位被评为全国和市级“工人先锋号”，1家被评为全国“双爱双评”先进企业，2家企业、1名个人受到全国总工会表彰。

第十六节 静海县总工会

一、组织沿革和历届工会会员代表大会

1949—1958年静海县属河北省天津专区所辖，1967年1月属天津市专区管辖，1973年至今属天津市管辖。

1951年10月，静海县工会召开第一次工会代表大会，选举产生静海县工会联合会第一届委员会，选出委员15人，常委5人，李裕武当选工会主席，并选举产生了第一届经费审查委员会，委员3人。

1955年3月22～25日，在静海镇召开第二次职工代表大会，选举产生静海县第二届代表委员会，委员会委员17人，常委7人，选举刘锡俊为工会正主席，杨仲芬为副主席。

1964年8月13～15日，召开静海县第三次职工代表大会，选举产生静海县总工会第三届委员会委员11人，常委3人，主席刘锡俊，经审委员会委员5人。

1968年1月5～10日，静海县召开工人代表大会，参加代表330人，选举产生第四届代表委员会，委员会委员35人（女2人），常委15人，主任由刘忠和担任，副主任四人。

1973年6月4日，召开静海县工会第五届职工代表大会，选举产生委员会委员21人，常委15人，经审委5人，选举刘锡俊任工会主席。

1980年4月21日，召开静海县总工会第六次代表大会，选出委员21人，常委7人，刘锡

俊任工会主席，副主席高长苓。选出经费审查委员会委员5人，主任高长苓。1983年10月11日，孙树华调县工会任副主席；1983年4月11日，胡万全调县工会任工会副主席。

1986年6月19日，召开静海县总工会第七次代表大会，选举产生了静海县总工会第七届工会委员会，委员21名，常委9人，潘起华任工会主席，孙云兆任副主席，经审委员会5人，秦秀兰任经审委主任。

1992年3月29日至31日，召开静海县总工会第八次职工代表大会，选举产生静海县总工会第八届代表委员会，委员21人，常委9人，董国政任工会主席，孙云兆、高金玉（女）任副主席，经审委员会委员5人，孙云兆任主任。

1997年6月1—3日，召开静海县总工会第九次代表大会，大会选举产生静海县总工会第九届委员会和经费审查委员会。九届委员会委员由21人组成，常委9名，朱泽广当选为工会主席，高金玉（女）、董秀忠当选为副主席，经费审查委员会5人、主任董秀忠。

2000年6月29日，张宝忠任第九届委员会常委委员，工会副主席，2001年1月9日调出工会。

2002年1月25日，召开静海县总工会第十次代表大会，大会选举产生静海县总工会第十届委员会和经费审查委员会，委员会委员共41人，常委11人，朱泽广当选为工会主席，胡德玲（女）、许世明当选为工会副主席，经审委员会7人，经审委主任由胡德玲担任。因县政府调朱泽广主席兼任县开发区领导工作，2002年5月15日至2003年2月21日调袁景生到县总工会任党组书记，主持工会日常工作；2003年2月25日，陈绍山调工会任副主席（4月22日全委会补选），2005年8月调出。

2007年12月1日，召开静海县总工会第十一次代表大会，大会选举产生了静海县总工会第十一届委员会和经费审查委员会，静海县总工会第十一届委员会由41人组成，常委13人，朱泽广当选为工会主席，郭强、胡德玲（女）当选为副主席，经审委员由7人组成，赵秀强任经审委主任。

1973年，静海县总工会内设办公室、财务室。1981年，县编制办批准建工人俱乐部。随着社会经济发展，维护职工权益和生活保障工作和乡镇企业建工会工作的发展，1992年至1998年，增设组宣部和经保部。1998年10月机构改革，内设办公室、基层工作部、生产生活部、财务部和工人俱乐部。2006年，增设宣传部，行政编制10人，事业编制6人。

2008年末，全县建立工会组织的企事业单位达到1512家，会员12.5573万人，其中乡镇非公企业建会1178家，县直行政和企事业单位95家，村级工会239家。全县共有专、兼职工会干部4476人。基层工会建立经审组织1151个、女职工组织490个、劳动保护监督检查组织863个、劳动争议调解组织488个、劳动法律监督组织659个。

二、劳动竞赛和经济技术创新活动

1951年，静海县工会联合会组织全县各级工会开展向马恒昌先进小组迎战劳动竞赛活动，全县68个小组674人参加竞赛，涌现出3个模范小组，30个模范个人。1951 ~ 1961年，全县职工提合理化建议1953条，实现802条，创可计算经济效益53723元，技术改造36项。改革开放后，静海县总工会先后研究制定了两个《静海县职工素质工程五年规划》。

1990年，全县有32个局级企业建立了职工技术协会，完成技术攻关191项，为县办企业和乡镇企业创直接经济效益近千万元。1991年，静海县总工会经静海县教育局批准成立了职工应用技术学校，开设英语口语班、计算机操作班、服装裁剪班、烹饪班、食用菌养殖技术班等，学员达五百多人次，1993年，获市业余教育先进单位奖。2007年，静海县总工会举办了首届职工科技成果展，分酿造、金属加工、装备制造、农业水利、轻工、乐器、文教卫生等8大专题。参展企业运用图文、实物、现场讲解和多媒体等形式，集中展示近五年全县广大职工围绕加速产品升级换代、提高产品科技含量和企业自主创新能力所取得的丰硕成果，其中包括科技创新成果、优秀操作法和“金点子”建议，这些创新成果还被制作成光盘和课件发放到企业职工手里，使职工足不出户就能学到先进的技术和操作方法。

1978—2007年，全县各基层工会累计开展技术比武2229场，完成技术攻关1097项，其中绞股蓝白酒、天立钙醋等项目在国际和全国获奖，创经济效益19681.46万元，全县职工累计提合理化建议69207件，实施34450件。

60年间全县涌现出市级劳模198名，特模7名。2607名职工和638个集体、244个单位获县级、市级“立功”表彰。

三、民主管理

新中国初期，静海县工会联合会组织国营工厂和私营企业分别建立了管委会和劳资协商会议制度，开展企业民主管理工作。1979年，贯彻天津市总工会制定的《职工代表大会制度若干问题的暂行规定》，建立企业职工代表大会制度。到1990年底，有108个单位建立职工代表大会制度。职工代表大会积极参与企业承包方案和有关重大决策讨论。1989年，“共保合同”制度在县第二化肥厂、纺织厂、焊条厂等单位得到实施和推广，评议企业、评议领导的双评活动形成制度。

2002年，县属国有企业改制，县委转发《关于在国有企业改制中充分发挥工会和职代会作用的意见》，在企业改制、人员分流、保险续接等涉及职工切身利益的问题上，听取职工的建议和意见，推动了职代会制度建设。同年，803家非公有制企业建立以职代会为基本形式的厂务公开制度，439家非公有制企业开展“双爱双评”活动。2007年，县总工会筹建静海县企业联合会、静海县企业家协会，建立健全政府、工会、企业家协会三方协商会议制度，规范工会与政府的联席会议制度和乡镇村三方会议制度。创建AAA级、AA级和A级和谐企业50家。

四、签订集体合同

1996年，静海县第一家企业签订集体合同，首批覆盖职工85人。经过30年，到2008年，全县各类企业累计签订集体合同（协议）902份，其中企业单独文本314份，涵盖企业914家，覆盖职工70133人。累计签订工资协议583份，覆盖职工41994人。2008年，企业职工工资收入21626元，增长20%，列五区县之首。102家企业签订了女职工专项集体合同。基层劳动保护监督检查委员会，由1997年的58个增长到661个。

五、送温暖活动

1978年，静海县工会组织基层单位普及小食堂、小浴池、小托儿所、小厕所、小更衣室的“五小”生活福利设施，至1990年全县有托儿所52个，职工食堂117个，职工浴室141个。1996年，县总工会建立了“静海县职工救济互助基金”。2003年，成立静海县困难职工帮扶中心，开通28915151热线求助电话，建立融资金帮扶、物质帮扶、岗位帮扶、助学帮扶、医疗帮扶和法律援助为一体的综合性帮扶平台。中心建立以来，为146名特困职工落实包保责任，帮助64名退休劳模办理荣誉津贴，66名困难职工、劳动模范申请免费就医和免费疗养，累计为2140名困难职工解决生活困难，化解上访750多人次。

1978～2008年，静海县各级工会共筹措发放送温暖资金1186.21万元，直接慰问困难职工32227人次，累计为困难职工子女助学806人次，提供资金30万元。

同时，静海县总工会积极协助行政完善退管会建设，累计为退休和孤老病残做好事、实事1121件。1998、1999年度获天津市总工会和天津市总工会退管会评选的“模范退休职工之家”奖。

六、再就业

1986年以后，静海县总工会积极配合政府，大力推进再就业工作，建立工会劳服企业、再就业服务基地、服务联社10家，累计安置下岗失业人员2652人，培育了李洪革、李文森等一批再就业带头人。与劳动和社会保障局、工商联联合组织“民营企业招聘周活动”，累计为下岗和失业人员推荐岗位4288个。与劳动局联合建立静海县职工再就业培训学校，免费培训下岗失业人员813人，职业技能培训1231人，提升培训199人，农民工培训2227人，实际完成培训4470人。

七、工会自身建设

1978年，静海县总工会开展建立基层工会工作，建立基层工会组织192家，会员4425人。1996年，静海县总工会根据形势变化，将新经济组织建会作为一项重要工作，到1997年底，静海县28个乡镇全部建立工会委员会，167家新经济组织建立了工会组织，会员30426人。其中，乡镇企业128家，外商投资企业29。到2002年基本建立了县、乡、村、企四级工会组织网络。2002年后，静海县总工会坚持建管结合的原则，组织开展企业工会规范化建设活动，大力推行《企业工会工作条例》的实施，并针对事业机关、乡镇、园区和企业单位的工作实际分别制定出台了《企业工会工作制度》《机关事业单位工会工作制度》和《乡镇园区工会工作制度》，80%的基层工会组织实现了有牌子、有屋子、有人员、有账目、有公章、有档案，为工会工作的有序开展奠定了坚实基础。大邱庄镇总工会获得全国百家示范乡镇工会称号，供电有限公司工会获得全国模范职工之家称号。

1980年，县总工会召开静海县第一次女职工代表大会，选举了第一届女职工委员会，委员11人。到2008年全县女职工组织已经达到了490个。

基层工会干部最初212人，发展到2008年为4476人。其中46个县直机关设有专职工会主席，并全部落实了同级副职待遇，18个乡镇设有专职工会副主席，全部落实科级待遇。改革开放30年间，静海县有2790人次工会干部参加工会专业知识上岗培训。全会为基层服务的工作理念进一步深入，干部力量、工作重点、经费使用、指导服务全部向基层倾斜，静海县总工会拿出专项资金为全县各乡镇配备了电脑，实现了静海县总工会与乡镇工会的网络互联。同时，还围绕加强基层工会干部作风建设，先后开展了工会主席下基层到班组，工会主席“三个一”、工会干部“三个一”，基层工会主席日志等。形成了“一级带着一级干、一级做给一级看”的服务机制。工会经费收入逐年稳步增长，财务管理、资产管理制度不断完善。工会经费审查委员会建设进一步加强，审计监督力度不断加大，中华全国总工会予以高度评价。

八、职工文化生活

1981年，静海县总工会建立工人俱乐部、求知室、图书室、游艺厅等文化教育设施。每年组织职工开展文艺会演、体育竞赛，交谊舞培训。2002年，协助天津市总工会组织举办天津市比赛。2008年，静海县总工会举办静海县首届职工文化艺术节，整个活动历时6个月，先后举办了职工摄影作品展、职工技术创新成果评选和创建优秀企业文化单位等活动。同时，创建2个全国职工书屋示范点，市级职工书屋5个，引导广大职工不断提高思想政治觉悟和科学文化知识水平。

第十七节　宁河县总工会

一、组织沿革和历届工会会员代表大会

1948年12月，宁河县解放，开始筹建工会，设立宁河县总工会筹备委员会，1951年9月宁河县总工会正式成立，同年建立基层组织44个，会员发展到3232人，占全县职工总数的50%。1954年1月改称“宁河县工会联合会”。建立基层工会64个，会员5007人。1958年，基层工会68个，会员7092人，占职工总数的75%。1959年9月，宁汉合并，宁河县工会联合会与汉沽区总工会合并为天津市总工会汉沽区办事处，办公地点设在汉沽。1961年6月，宁汉分家，恢复为宁河县总工会，有基层工会94个，会员6744人，占职工总数的82%。1966—1973年，由于“文化大革命”的冲击，工会组织瘫痪。1973年6月，宁河县恢复各级工会组织，当年恢复基层工会69个，有会员5682人。到1986年基层工会发展到202个，会员22103人，占职工总数的88%。1989年，基层工会发展到209个，会员20546人，占职工总数的84%。1996年，基层工会发展到334个，会员28046人，占职工总数的90%。到2008年底，基层工会发展到813家，其中：行政机关59家，事业单位86家，工交系统37家，农林系统17家，商贸系统53家，金融系统7家，其他554家。发展会员93499人，入会率达到100%。

1951年9月，宁河县工会召开第一次工会代表大会，出席代表56人，选举产生执行委员会委员24名，戴国恩任主席。1952年10月，召开第二次代表大会。出席代表63人，选举产生执行委员会委员21名，于瑞卿任主席。1955年3月，召开第三次代表大会。出席代表100人，选举产生执行委员会委员19名，常委5人，于瑞卿任主席。1957年7月2日至5日，召开第四次代表大会。出席代表70人，选出执行委员会委员19名，常委5人，于瑞卿任主席。1962年1月26日至28日，召开第五次代表大会。出席代表111人，选举产生执行委员会委员21名，杜忠任主席。1963年7月11日至13日，召开第六次代表大会。出席代表94人，选举产生执行委员会委员21名，杜忠任主席。1964年7月，召开第七次代表大会。出席代表105人，选举产生执行委员会委员19名，杜忠任主席。1980年8月6日至8日，召开第八次代表大会。出席代表196人，选出执行委员会委员17名，主席牛焕新。1986年7月8日至10日，召开第九次代表大会。出席代表209人，选举产生执行委员会委员21名，李仲三任主席。1991年12月19日至21日，召开第十次代表大会。出席代表220人，选举产生宁河县工会第十届委员会委员21人，经费审查委员会委员5人，陈德山任主席，副主席陈春泉。1995年7月，张芝田接任陈德山职务，任宁河县总工会第十届委员会委员、常委、主席。

由于工会工作的特殊性，至1996年宁河县总工会一直没有明确设立科室。

1996年12月11日，召开第十一次代表大会。出席代表220人，选举产生宁河县第十一届委员会委员25人，张芝田任主席，副主席为陈春泉、杨淑存（女），常务委员张博、陈学洪；经费审查委员会委员5人，主任张博，副主任董学礼。2002年7月19日，宁党发〔2002〕62号文件《关于印发〈宁河县总工会职能配置、内设机构和人员编制规定〉的通知》，明确县总工会机关内设三个部（室），即办公室、组宣部、生活保障部。2005年3月，刘克忠接任张芝田职务，任宁河县总工会第十一届委员会委员、常委、主席。2005年8月，刘艺君接任杨淑存职务，任宁河县总工会第十一届委员会委员、常委、副主席。2007年5月，王庆华接任陈春泉职务，任宁河县总工会第十一届委员会委员、常委、副主席。2008年7月18日召开第十二次代表大会。出席代表230人，选举产生宁河县总工会第十二届委员会委员27人，主席刘克忠，副主席王庆华、刘艺君（女），常务委员张博、李双明；经费审查委员会委员5人，主任张博，副主任付占运（女）。

二、组织职工开展社会主义劳动竞赛

1951年，宁河县工会开展以“抗美援朝，保家卫国”为内容的劳动竞赛，全县183个工会小组，2960名职工订立爱国公约。全县职工在捐献飞机、大炮运动中，捐款9000多万元。1956

年，宁河县工会开展争当先进生产者的劳动竞赛，涌现出全国劳动模范3人，省级劳动模范4人。1962年，开展以支援农业为核心的社会主义劳动竞赛，涌现出先进集体单位66个，先进生产者976人。20世纪70年代，开展“工业学大庆”生产竞赛。

1978年，中共十一届三中全会以后，开展以提高经济效益为核心的增产节约竞赛和技术练兵比武活动。1979—1986年，市级劳动模范30人（次）。截止到2008年，3人被评为全国劳动模范，165人被评为市（部）级劳动模范。2003—2008年，宁河县总工会坚持以科学发展观为统领，围绕中心，服务大局，求真务实，积极组织，全面启动，广泛实施职工素质工程。形成了党委统一领导，行政主要负责，工会组织实施，社会各方面配合的工作格局。645个单位建立职工素质档案54000余份。在“创建学习型班组，争做知识型职工”活动中，天津荣亨集团技术开发部被评为全国学习型班组，天津滨海电器有限公司总经理曾凡岭被评为全国学习型职工，宁河供热公司被评为全国“职工书屋”。

2008年10月，宁河县职工建功“十一五”、重点工程“五比一创”劳动竞赛启动，天津市总工会副主席黄淑玲、县委副书记刘建国、副县长李润得参加启动仪式。

三、企业的民主管理

新中国建立初，工业企业普遍建立管理委员会，工人参与企业管理。1978年，中共十一届三中全会以后，宁河县总工会在企业单位普遍建立职工代表大会制度，其任务是：审议企业重大决策，监督行政领导和维护职工合法权益。基层工会是职代会的日常工作机构。到1986年7月，96.7%的企业建立职代会制度，108个单位建立了“职工之家”。

四、开展职工教育和职工文体活动

1957年，宁河县工会组织各系统基层单位兴办文化补习学校，参加学习的职工达4500人。1962年，据34个单位统计，1222人参加文化学习。1978年，中共十一届三中全会以后，宁河县工会开展振兴中华读书演讲和知识竞赛活动，到1989年全县成立各类读书小组222个，参加读书活动的职工有1472人。1984年，宁河县工人俱乐部落成并使用。

2005年4月，投资40余万元，建成宁河县职工活动中心，修建室外职工篮球场2个。每年“五一”“十一”期间，举办全县职工拔河比赛、职工篮球赛。2007年初，县委、县政府投资近1000万元，改建宁河县工人俱乐部大礼堂为宁河城乡规划展馆，先后组织数万名职工进行参观。

五、关心职工生活和开展送温暖活动

到1989年底，宁河县全县共有托幼园所66所，职工食堂89个，浴池51个，建起互动基金85个，互动金额10万余元。

1995年5月，在宁河县委、县政府的大力支持下，成立了宁河县困难职工救助基金会，筹

集资金105万元，每年“两节”为300多名特困职工解决生活困难。2003年1月，宁河县工会率先在全市区县成立困难职工帮扶中心，至2008年帮扶中心累计帮扶特困职工4591人次，发放救助款物84.88万元。为499名大中小学生发放助学金60余万元。

2008年底，宁河县建立集体合同和协议的企业达691家，占建会企业的80%以上，覆盖职工59081人。

第十八节 蓟县总工会

一、组织沿革和历届工会会员代表大会

1946年5月，蓟县建立工人联合会，设主任、副主任。1947年11月，蓟县工人联合会撤销，将工会工作纳入农民联合会。1949年冬，蓟县县委遵照《中华人民共和国工会法》及中共河北省、通县地委的安排部署，组建蓟县工会筹备组。筹备组的主要任务是负责县总工会和基层工会组织的建立及广泛发动、吸收工人入会等工作。到1950年底，全县共建立基层工会委员会7个，工会会员83名。

1952年11月，蓟县首届工会会员代表大会在县城召开，出席会议的正式代表52人，列席代表9人。大会选举产生蓟县第一届工会委员会组成人员，张凯任主席，副主席为丁长保。

1955年3月，蓟县第二次工会会员代表大会召开，出席会议的代表87人，列席代表11人。大会选举产生了蓟县第二届工会委员会组成人员，主席为丁长保、吴子泉和于伯川。

1964年10月，蓟县第三次工会会员代表大会召开，出席会议的代表80人，列席代表13人。大会选举产生第三届工会委员会组成人员，于伯川任主席。

1973年6月，蓟县第四次工会会员代表大会召开，选举产生蓟县第四届工会委员会组成人员，薛福山任主席，副主席为王文瑞、郭占魁。

1980年5月，蓟县第五次工会会员代表大会召开，出席会议的代表235人。大会选举产生了蓟县第五届工会委员会组成人员，赵森任主席，副主席为杨维俊、赵久贵、赵恩禄、杨永珍（女）。

1986年9月，蓟县第六次工会会员代表大会召开，出席会议的代表238人，列席代表15人。大会选举产生了蓟县第六届工会委员会组成人员，赵恩禄任主席，副主席为谢永发、杨永珍（女）、李景贵、冯桂芹（女）。

1992年3月，蓟县工会第七次代表大会在工人俱乐部召开，出席会议的正式代表132人，大会选举产生了蓟县第七届委员会组成人员，谢永发任主席，副主席为李景贵、冯桂芹（女）、张洪臣。

1997年10月，蓟县工会第八次代表大会在银河宾馆召开，出席会议的代表154人，大会选举产生了蓟县第八届委员会组成人员，谢永发任主席，副主席为冯桂芹（女）、张洪臣，2002年

12月补选副主席高鹏远，2004年11月补选副主席魏继红（女），2006年8月补选副主席陈国山。

2008年9月，蓟县工会第九次代表大会在渔阳宾馆召开，出席会议的代表201人，大会选举产生了蓟县第九届工会委员会组成人员，刘晓梅（女）任主席，副主席为陈国山、杨洪杰（女）。选举产生了本届经费审查委员会组成人员，主任朱晓玲（女）。截止到2008年底，全县基层工会组织821个，工会会员突破十二万人。

1952年，蓟县首届工会会员代表大会召开，内设主席、副主席，后配备秘书一名。1992年，增设办公室。1999年1月，设立三部一室，分别是生产生活部、组选民管部、财务部和办公室。

二、职工素质工程

蓟县总工会组织全县各级工会广泛组织开展了“三热爱”读书、“争做学习型职工、创建学习型组织”及班组每周一题读书竞赛活动，提高了职工的政治和业务素质。2002年，蓟县总工会制定《蓟县职工素质工程第一个五年规划》，推行职工素质工程目标管理评估体系，建立蓟县职工素质工程的组织领导、目标规划、教育培训、资金保证、考核评价、政策激励和监督保障为一体的长效机制。截至2007年底，蓟县实施职工素质工程的企事业单位达到86%，建立职工素质档案2万份，累计7.2万人次职工参加了189个工种的专业技术培训，2.8万名职工晋升了技术等级。

三、劳模管理

蓟县工会培养、选拔、推荐出一批在全国和天津市有广泛影响的先进代表，其中624名职工和111个集体单位受到市级“十五”立功表彰，11名职工荣获全国劳动模范和全国“五一”劳动奖章，198名职工获市级劳动模范光荣称号，3个车间、班组、科室荣获市级“工人先锋号”和女职工建功立业示范岗称号，充分展示了蓟县工人阶级的优秀品质和时代风貌。2000年，蓟县工会组织编写了《劳动者之歌》，对劳模事迹进行宣传。2007—2008年，与县广播电视局联合录制30期“奉献者之歌”和“劳模风采”等电视宣传片。

四、送温暖工程

1994年，蓟县总工会在全市第一个建立职工互助基金。1999年，蓟县工会率先建立下岗职工再就业市场。2003年，蓟县工会困难职工帮扶中心挂牌成立。2005年，蓟县工会筹措资金4.22万元，为困难职工家庭购买彩电52台。2008年，蓟县工会系统形成了完善的三级救助网络，三级共建立困难职工档案2560份，困难职工包保责任得到层层落实。蓟县工会与蓟县教育局联合为困难职工子女办理了学杂费减免卡，与蓟县卫生局合作为困难职工办理了就医优惠卡，开展“关爱劳模保健康”医生与劳模结对子活动，与伊扬生化天津科技有限公司、中国欧美同学基金会等合力推动工会金秋助学活动。1998—2008年，蓟县各级工会组织共筹措送温暖资金980万元，慰问困难职工家庭1.8万人次。蓟县工会直接筹措慰问款物240万元，慰问困难职工家庭2346户次，慰问乡镇企业职工360人次，外来务工人员180人次。筹措助学款85万元，资助困难职工子女就学927人次。

五、维权机制建设

1998～2008年，蓟县总工会接待职工来信访2000多件，建立基层劳动争议调解委员会325个，调节劳动争议256件。建立职工工资支付保障制度和工资正常增长机制，建制单位达到597家，涵盖职工69970人，其中签订集体合同411份，签订工资集体协议327份。国有集体企业职代会制度建制率达到了100%，非公企业民主管理建制421家。2006年，蓟县总工会共参与58家企业的破产、兼并、和改组改制工作，参与过程中，蓟县总工会反映职工的意见和呼声，宣传党的方针政策和有关法律法规，维护职工合法权益。2007年，蓟县有11家和3家企业分别被授予天津市A级和AA级和谐企业称号。

六、组织建设

1979年，蓟县基层工会101家，车间工会组织20个，职工总数10667人，工会会员9469人。蓟县总工会不断加强基层工会建设，以非公企业建会和农民工入会为重点，以“基层组织建设年”为载体，突出重点抓创建，夯实基础抓规范，示范带动抓发展，工会基层组织建设工作连年取得突破性进展。到2008年底，蓟县累计建会821家，涵盖企业969家，会员发展到12万人。同时蓟县工会以贯彻《企业工会工作条例》为契机，制定基层工会工作规范化手册，组织开展百企互学互查活动。

第十九节　滨海新区工会

一、组织沿革和历届工会会员代表大会

1986年2月22日，天津市总工会批准建立天津经济技术开发区工会，同时成立筹备组，杨育坤任组长，崔广志任副组长。

1987年3月27日，召开天津经济技术开发区工会第一次代表大会，选举产生第一届委员会，委员13名，天津经济技术开发区工会联合会正式成立，崔广志任主席。

1988年11月，开发区工会联合会设组织宣传部、职工权益部。

1990年3月，开发区工会联合会增设办公室、女工部、体育部。

1992年3月27～28日，天津经济技术开发区工会联合会召开第二次代表大会，选举产生第二届委员会，崔广志任主席。

1995年2月，开发区工会联合会增设财务部。

1995年9月26日，天津经济技术开发区工会联合会召开全委会，选举孙胜任工会联合会主席。

同年12月18日，天津市总工会批准孙胜任天津经济技术开发区工会联合会第二届委员会常委、主席。

1992年6月，经天津市总工会批准，成立天津港保税区工会，选举王庭秀为主席。

2000年9月，经中共天津市委决定，正式成立天津开发区保税区工会联合会，孙胜任主席。同年12月，经天津市总工会和中共天津市委开发区保税区工委研究同意，撤销天津开发区工会联合会和天津港保税区工会，组建天津开发区保税区工会联合会，孙胜任主席，王庭秀、李翀、张青彦任副主席。

2000年12月，经中共天津市委开发区保税区工委同意，原组织宣传部分设为组织部和宣传部。

2002年1月16日，天津开发区保税区工会联合会召开第一次代表大会，选举孙胜为主席，王庭秀、张青彦、吴寅秋为副主席。

2004年3月，天津开发区保税区工会联合会增设企业工作部、文体部。

2007年4月25日，天津开发区保税区工会联合会召开一届九次全委会，选举张小林为主席。同年12月20日，天津开发区保税区工会联合会召开第二次代表大会。

2008年4月3日，滨海新区贯彻市委关于将市委开发区保税区工委并入市委滨海新区工委的决定，天津开发区保税区工会联合会也随之并入天津市滨海新区工会。同年6月3日，天津市总工会批准天津开发区保税区工会联合会更名为天津市滨海新区工会。

2009年3月，经天津市滨海新区工委同意，天津市滨海新区工会设立办公室、组织部、权益部、宣教部、研究室、经审办。下辖天津开发区工会、天津港保税区工会及直属单位工会等13个二级工会组织，拥有会员20余万人。

2007年12月底，召开二次代表大会，提出“以科学发展观统领工会全局，求真务实推进重心下移，锐意创新谋求率先发展，不遗余力促进区域和谐”的新理念，并在组织机构、工作机制、用力方向上进行一系列调整。

二、维护职工合法权益

滨海新区工会建立工会网站、职工维权短信平台、职工维权热线、职工法律触摸屏系统等四位一体维权信息平台。在非公企业和外来工公寓成立职工法律服务站。建立职业化维权队伍，设立劳动关系委员。在全国工会中率先推行公职律师试点，并建立与各功能区劳动部门、商会和法院联合议事、处理争议的制度。

三、工资集体协商

滨海新区工会起草并促使开发区管委会出台《开发区优化社会分配机制构建和谐社会的指导意见》及附属七个相关文件。与开发区劳动人事局、国际商会共同制定《推进工资集体协商工作方案》，联合下发《关于推进工资集体协商工作的通知》等文件。工资集体协商纳入政府年度工作任务。使开展工资集体协商、签订工资协议并经开发区劳动行政部门审查通过的企业，由开发区管委会按企业每年工资协议确定的一线职工工资实际增长额的15%予以财政奖励。

四、职工素质

滨海新区工会与9所高等院校联合办学，实施工会会员学费打折、学成奖励，扩大基层职工的培训受众层面。举办文化艺术节、区运动会、慰问演出、家庭文化展示等多种文化体育活动。参与区域公共文化服务体系建设，滨海新区工会斥巨资为外来工建立职工素质图书室，在各公寓建立职工文化广场，举办百余场流动课堂，组织泰达职工艺术团为外来工演出。

五、基层工会建会

滨海新区工会下发了《关于在开发区保税区劳务工、外来工中组建工会的意见》，在开发区和保税区分别建立了"非公企业工会联合会"，强化了非公企业工会工作，实现新区工会组织的分层管理和组建工作的全覆盖。2006—2007年，建会工作达到高潮，至2008年已累计建会4200家，发展工会会员20余万人。

六、为职工办实事

滨海新区工会围绕和谐与服务打造了工会十大品牌，即会员基地、建功立业活动、职工困难帮扶中心、文化广场、流动课堂、信息化维权、窗口形象、劳动关系委员、一线工作法、职工艺术团十大品牌。

"会员基地"品牌：坚持会员优先、关注民生民本；"职工困难帮扶中心"品牌：关注困难职工就医、就业、生活和子女就学；"流动课堂"品牌：送知识送文化到一线；"文化广场"品牌：活跃外来工业余文化生活；"信息化维权"品牌：为职工提供24小时不间断维权服务；《工会通讯》和工会网站：架起与基层、与职工沟通的桥梁；"一线工作法"品牌：构筑工会系统自上而下的服务体系和自下而上的社会评价体系。

第三章　直属机构

第一节　工会直属机构的发展沿革

1949年7月，天津市总工会组建天津工人日报社。同年，天津市政府拨给原意租界回力球场大楼，拨款3千万元（旧币）开始筹建第一工人文化宫。1950年4—5月，第一工人疗养院（现名天津市职工医院）、北戴河工人疗养院（现含金海湾度假村）相继建成投入使用。1952年5月，占地445亩的第二工人文化宫初步建成开放。其后至1966年，兴建新港国际海员俱乐部、职工业余技术大学（现名职工经济技术大学）、工会干部学校（现扩建升格为工会管理干部学院）和柳林职工疗养院。

1973年，开展恢复整顿工会组织工作，天津市革命委员会陆续行文，将绝大部分劳福事业单位交还天津市总工会管辖。

改革开放以后，天津市总工会坚持为职工群众服务、为推进工运事业服务、为发展生产力服务的“三服务”宗旨，开办和组建了19家新的企事业单位，总数达到26家。

1984年，天津市总工会试行承包制。1988年4月，天津市总工会机关设立事业部，协助天津市总工会常委会管理直属劳福事业单位，指导工会系统劳福事业工作。1989年，对直属劳福事业单位实行“八定一清”（定业务工作；定经济效益和发展基金、福利基金、奖励基金比例；定基本建设、设施改造及发展基金投向；定管理服务；定廉政建设及民主管理；定安全保卫；定福利基金使用；定奖惩；清产核资）服务经营承包责任制。1992年6月29日，召开天津市工会经济工作会议，下发《关于加快发展工会企业的若干意见》和《关于加快天津市总工会直属事业单位改革的若干试行意见》。

1986～1991年，天津市总工会恢复天津工人报和第一工人疗养院，扩建工会管理干部学院、工人业余技术大学、新港国际海员俱乐部和北戴河天津工人疗养院，新建和扩建了一批区县局工人文化宫、俱乐部，其他文化宫、俱乐部也增添了活动项目。

1988—1995年，天津市总工会新建13家直属机构，涉及金融、保险、商贸、旅游、房地产、交通运输、餐饮住宿、劳务等领域。津工城市信用社、职工住房合作社、职工互助保险合作社、职工消费合作总社统称“四社”的几个单位，其开办时间在全国工会系统均为第一，为中华全国总工会所关注。职工住房合作社自1989年3月至2008年，累计开发建成住宅小区11个，计30万平方米，先后为4000多户职工解决了住房困难和改善了居住条件。职工互助保险合作社自1994年10月至2002年9月，先后开设职工补充养老保险、女职工安康保险和意外伤害险等险种，团体社员800多家，参保职工10万余人。累计保费收入1.2亿元，支付补充养老保险金3500万元，医疗和意外伤害62万多元。津工城市信用社于1988年2月5日成立，1996年11月8日划归商业银行。

1991年9月，天津市工会第十二次会员代表大会期间，天津市总工会在所属事业单位推行各种形式的责任制，实行干部聘任制度，各事业单位经济效益平均以每年28.3%的水平增长。在天津市政府和中华全国总工会的支持下，新建工人报社大楼和市职工体育活动中心；扩建第一工人疗养院、北戴河工人疗养院和教工俱乐部。对第一工人文化宫、第二工人文化宫和新港国际海员俱乐部进行改造，增添了新的活动设施；同区县政府和局行政一起，为两个市区、三个郊区、一个县和一些局建起了职工俱乐部，并对两个市区的职工俱乐部进行了改造。同时，天津市总工会组建了市职工旅行社、经济实业服务中心、建房合作社等一批新的事业单位。在基层办起工会经济事业310个，安置4900多名富余职工和待业青年，创利税3800多万元。

1993年9月19日，天津市总工会召开工会企事业工作会议，总结了近年工会系统举办的经济实体的工作成果。截至1993年7月底，各级工会兴办的经济实体已达3100个，实现产值10.28亿元，实现利税8780多万元。这次工会企事业会议还确定了今后的发展目标：力争生产总值30亿元，利税2亿元，从业人员达到5万人。为实现上述目标，各级工会要抓好“三条线”，即工会、技协、退管会齐头并进，结合各自的实际和特点，发展各具特色的经济实体。“五个网”，即职工消费合作社职工医疗事业、四技服务机构和科技型经济实体、职工文化、体育、教育事业网络。“五个项目”，即工会金融事业、工会保险福利事业、工会劳动就业服务、发展配套加工经济实体、外向型企业事业。

1994年7月19日，中华全国总工会书记处第一书记、副主席张丁华，书记处书记、副主席方嘉德，事业发展部部长石忠信等一行五人到津考察天津市工会企事业发展情况，在津期间，中共天津市委常委、组织部长房凤友，市人大常委会副主任、天津市总工会主席潘义清，天津市总工会副主席苏兰洲等陪同中华全国总工会领导考察了天津市电缆厂、高压供电轧钢一厂、市电话局工会企事业并听取了所属局工会的汇报。8月8日，中华全国总工会在长春市召开了第三次工会企事业工作会。天津市总工会副主席苏兰洲参加会议，会上苏兰洲代表天津市总工会做了题为《全面发展、重点突破建立工会支柱产业》的发言。同年9月15日，在天津干部俱乐部召开天津市第五次工会企事业工作会议。全市各区县局工会主席及工会企事业负责同志参加会议。会上传达贯彻了全国第三次工会企事业工作会议精神，提出了天津市工会企事业发展思路。天津市总工会主席潘义清做重要讲话。1994年10月10日，张立昌市长批示同意成立天津市职工互助保险合作社。

1995年10月24日，在职工之家召开历时六天的全国第四次工会企事业工作会议。中华全国总工会副主席书记处第一书记张丁华、副主席方嘉德、经审委主任张富有，中共天津市委副书记李建国、市委常委房凤友、市人大副主任潘义清等领导同志出席了大会，并做重要讲话以及经验介绍。来自全国29个省市、自治区及部分中心城市工会负责同志参加会议，视察了天津市工会企事业，总结和推广天津市工会开办和管理职工劳福事业的经验。

1996年3月29日，天津市总工会召开市工会“第六次工会经济事业工作会议”，中共天津市委组织部长邢军、市人大常委会副主任、天津市总工会主席潘义清出席会议并讲话。

2000年1月，天津市总工会职工劳动福利事业管理委员会成立，管委会办公室设在事业部。8月3日，中华全国总工会在天津第一工人文化宫召开全国工会职工劳动福利事业管理体制改革研讨会。中华全国总工会副主席方嘉德、中华全国总工会事业部及全国14个省市工会主席、副主席及事业部长近30人参加了会议，天津市总工会主席孙宝树参加会议，天津市总工会副主席安亭洲代表天津市总工会在研讨会上汇报天津市总工会的改革情况。

2001年底，天津市总工会直属劳福事业单位从业人员2723人，总收入421.96万元，利润

1191.59万元，净增值1643.97万元。

2002年1月16日，天津市总工会党组会议研究决定，中共天津市委市级机关工作委员会予以同意，成立中共天津市总工会职工劳动福利事业委员会。2002年3月，管委会制发《天津市总工会直属劳福事业单位管理办法》。当年，天津市总工会直属劳福事业单位发展到26家。2002年8月2日，经天津市总工会党组研究决定，在第一工人文化宫、第二工人文化宫、工人报社三个单位11个职位实行领导干部竞争上岗。

第二节 津工集团

2002年9月21日，经天津市机构编制委员会办公室批准，天津市津工集团挂牌成立，对天津市总工会直属事业单位实行统一管理，负责规划、管理、协调、服务、监督。

津工集团实行董事会领导下的总裁负责制。机构设置为人力资源部、资产管理部、事业拓展部、集团办公室。津工集团直属事业单位包括天津市消费合作社、职工互助保险合作社、职工住房合作社、津工房地产开发公司、津工实业公司、津工驾驶员培训学校、津工出租汽车公司、工石石油公司、第一工人文化宫、第二工人文化宫、职工之家、新港海员俱乐部、中国职工天津旅行社、职工医院、北戴河工人疗养院、天津工人报社、工会干部管理学院、职工经济技术大学、技术协作办公室、工会经济实业服务中心、退休职工管理中心、人力智力服务中心、津工职业介绍中心、津工物业管理中心、天津市职工体育健身中心、津工投资发展有限公司，共26个单位。

2002年9月集团成立后，天津市总工会经费投入直属企事业的资金降至平均每年1000万元以下。津工集团直属企事业向天津市总工会提供工程施工建设及其他资金平均每年1600多万元。

2003年3月13日，津工集团在第一工人文化宫三楼会议厅召开了天津市津工集团2003年工作会议。出席会议的有中共天津市委常委、天津市总工会主席、天津市津工集团董事长散襄军，天津市总工会副主席、天津市津工集团副董事长、津工集团总裁安亭洲，天津市总工会副主席、天津市津工集团副董事长刘凤山、王连金，天津市总工会机关主要负责同志及津工集团各直属单位领导班子全体成员、受表彰的先进个人和先进集体代表共计130人。刘凤山主持会议，王连金宣读表彰决定，安亭洲做题为“抢抓机遇乘势而上实现工会劳福事业的更大发展”的集团工作报告，天津市总工会主席散襄军做重要讲话。

2004年，津工集团对工会的存量资产，组织专门力量进行工会资产权属界定工作，取得工会管理干部学院、第二工人文化宫等共计建筑面积10.97万平方米的房屋所有权证和面积32.72万平方米的土地使用证。同年，津工集团用第一工人文化宫大剧场、第二工人文化宫体健中心、职工之家大酒店的资产使用权与经营方合作，吸引社会资金近一亿元对原有设施进行升级改造，建筑面积增加了2万多平方米，工会资产增值近2亿元。

2005年1月31日，津工集团召开2005年工作会议，提出要以打造中国工会第一集团为目标，以“两个效益”为中心，以结构调整为主线，实行集约化经营，落实科学化管理，形成多元化开拓，实现规模化发展，为服务工运事业、服务职工群众、服务天津发展做出新的贡献。2005年经营收入超过10亿元，利润达到2018万元。

2006年8月7日，中共中央政治局委员、全国人大常委会副委员长、中华全国总工会主席王兆国率中华全国总工会领导班子全体成员，在中共天津市委常委、天津市总工会主席散襄军陪同下，到北戴河天津工人疗养院视察调研。王兆国同志听取了散襄军主席关于天津市工会劳福事业的情况和发展前景及北工疗发展规划的专题汇报，对天津工会工作和工会劳福事业的发展给予了高度评价。

第三节 职工消费合作总社

1996年3月28日，天津市总工会投资1200多万元的天津市总工会职工消费合作总社配送中心破土动工。1996年5月4日，中共中央政治局委员、国务院副总理李岚清在中华全国总工会副主席、书记处第一书记张丁华，天津市市长张立昌，天津市人大常委会副主任、天津市总工会主席潘义清等陪同下，先后到天津六四四三厂职工消费合作社、天津市总工会职工消费合作总社和津工商厦连锁超市实地考察并听取工作汇报。6月20日，中华全国总工会副主席方嘉德带全国各省市工会事业部长40多人到津参观天津市职工消费合作社。同年7月23日，中共中央政治局委员、国务院副总理邹家华，到津考察了天津电缆总厂职工消费合作社、天津市总工会职工消费合作总社和津工商厦，详细了解了职工消费合作社帮助困难职工解决实际问题的情况，对进一步办好职工消费合作社谈了具体意见。9月30日，天津市总工会职工消费合作总社第二配送中心隆重开业，中华全国总工会副主席方嘉德、中共天津市委副书记李建国、组织部长邢军、市政协副主席刘晋峰、市人大副主任鲁学政及市有关各部门和各级工会代表2000多人，参加了开业庆典。日本神户市生活协同组合长木村正仁先生专程到津祝贺。

1996年5月21日，中央电视台焦点访谈记者到津对天津市总工会兴办职工消费合作社进行采访，6月4日向全国播放。12月25日，全国职工消费合作社工作会议在京召开，潘义清、卢代盛、孟俊玲分别代表天津市总工会、职工消费合作社及连锁店困难户在大会发言，受到与会代表一致好评。国务院副总理邹家华、李岚清、中华全国总工会主席尉健行、全国人大常委会委员长倪志福出席了会议并做了重要讲话。12月26日，参加全国职工消费合作社工作会议的各省市、自治区政府秘书长、劳动厅厅长、商业厅厅长和总工会主席等全体代表150多人到津考察天津市职工消费合作社、基层社、连锁店店及配送中心。副市长杨新成、天津市总工会主席潘义清与全体代表见面，并分别介绍了天津市近几年改革开放的情况和天津市总工会兴办职工消费合作社的做法。受到到津代表的一致称赞，并说天津市在职工解困，办实事中在全国带了一个好头。

截至2002年9月，职工消费合作总社发展102家连锁津工超市。连续3年被中国连锁店企业协会授予“中国连锁业百强企业”称号，名列全国工会系统百强企业第二名。

2002年12月，天津市总工会职工消费合作社荣获由中华全国总工会、中宣部、国务院纠风办、国家外经贸委联合授予的第七届全国职工职业道德建设十佳单位称号，这是天津市唯一获得此殊荣的单位。

截至2002年底，职工消费合作社在全市建立起3000多家基层消费合作社，400余家连锁点、店，58家连锁超市，为下岗职工提供1000个就业岗位，岗位涉及门店店长、值班长、会计、收银员、理货员和司机等。

2003年进入中国连锁超市百强行列，与劝业场、家乐并列天津连锁业前三名。

2003年，职工消费合作社开通“今晚津工电话超市”，消费者需要购买日用生活用品，联系“今晚津工电话超市”，员工会送货到家。1月1日，天津市总工会与今晚报社联合举行了“今晚津工电话超市开通仪式暨新闻发布会”。中共天津市委常委、天津市总工会主席散襄军出席仪式，天津市总工会副主席安亭洲，今晚报社社长王全来，总编辑贾长华，天津市商委副主任彭三等有关方面领导出席活动。2004年，消费合作社的零售总额达3亿元。

2001—2004年，为职工让利7000多万元。“两节”期间，支出100万元慰问困难职工。

至2006年10月，职工消费合作社发展达300家门店，2005年因城市道路拓宽改造拆迁撤店近50家，减少营业额近1亿元，经营收入仍突破7亿元。

第四节　天津市退休职工管理委员会

1987年8月27日，天津市总工会党组向中共天津市委上报了《关于建立天津市退休职工管理委员会的请示》。请示指出，天津市现有退休职工40多万，预计今后每年还将增加2万人左右。退休职工为社会主义革命和建设事业做出了贡献，是社会的宝贵财富。做好退休职工的管理服务工作，使他们安度晚年，在两个文明建设中发挥余热。因此，这是一项重要工作。为了更好地组织、指导和推动基层单位的退休职工管理服务工作，天津市总工会建议成立天津市退休职工管理委员会。

1987年10月24日，中共天津市委办公厅转发天津市总工会党组《关于建立天津市退休职工管理委员会的请示》的通知。经中共天津市委批准，成立了天津市退休职工管理委员会，鲁学政任名誉主任，因工作变动，根据市委书记高德占同志1993年10月21日的指示，中共天津市委副书记李建国任市退管会的名誉主任，同时调整了部分因离退休和工作变动的副主任。

至1993年底，3696个企业按规定应建退管组织，已建的有3388个，占应建的91.66%，比1991年的82.67%，提高了8.99%；106个区县局中有101个应建退管组织，已有95个建立了退管机构，占应建的94%，比1991年的81.8%，提高了12.2%。已建退管片组达8392个片组长近一万余人，基本形成区局、企业、车间、片组四级服务网络。

退管会组织各级退管机构1993、1994两年的主要工作：一是慰问救助特困户657户，重点照顾孤老5044户，对年老多病、生活不能自理的2639户进行包保，全市参加包保的积极分子30000多人次。二是对退休早、工资低、生活确有困难的给予定期或不定期的经济补助，两年来共补助了136.624人次，补助款达6691.995元。三是为退休职工分房3333间，调换房3421间，帮助修房6851间。四是为病残退休职工拆洗缝站、买煤、买菜等89885人次，护理危重病人36123人，体检83491人次，建家庭病床10358张。五是为93000多位高龄老人祝寿，礼品费达1523400元，各级退管会与党政领导一起慰问了55万人次。六是组织11500人次到外地休养，组织64173人次游览祖国大好河山，市退管会连续五年组织退休劳动模范到北戴河工人疗养院休养共500多人次。

1993年夏季，天津市长李瑞环得知天津市老劳模在工人疗养院，在天津市人大主任聂璧初和天津市总工会主席潘义清陪同下，亲切接见老劳模。

1994年，天津市从事退管工作的人员6475人，其中专职1629人，兼职4474人，聘用离退休老同志372人。各单位为提高退管工作人员素质，采取培训班、研讨会、经验交流会等形式进行培训。据统计两年来有3.6万人次参加不同层次的培训学习。

1994年12月17日，天津市总工会、市退管会召开天津市退休职工管理服务工作第二次先进集体、先进个人表彰大会，总结交流经验。

1995年8月8日，天津市第二届退休职工代表会议在职工之家召开，大会由天津市人大常委会副主任、天津市总工会主席、退管会主任潘义清主持，天津市总工会副主席、退管会常务副主任张淑华做工作报告，市委副书记、退管会名誉主任李建国讲话，天津市政协副主席李长兴，天津市政府秘书长张惯文参加了会议。

1995年，天津市工会和退管会大力宣传贯彻《天津市保护老年人合法权益若干规定》，维护退休职工合法权益。1995年，依法调解处理各种侵权案件5457起，对退休职工不能按时领到足额退休金，看病、报销药费难等来信来访及时予以调查，协调处理，作到件件有答复，事事有着落。

天津市退管会以一、二宫为基地，开办两所退休职工老年大学，5347人参加学习。部分基层退管会因地制宜建立了退休职工活动站（室）566个，市退管会在塘沽、汉沽、西青、红桥、河西建立了五个区级活动站，为退休职工提供了活动阵地，组织各项活动5万多场次，120多万人次参加。各级退管会还根据季节特点和年节假日开展小型趣味体育比赛、文艺演出、钓鱼、棋牌、书法、绘画等活动17787场次，有38万多人次参加。老年节期间与天津市总工会红娘协会组织了首届“枫叶正红”鹊桥联谊会，60多位红娘为百名老人牵线。

1999年4月18日，天津市退休职工之家工程奠基仪式。退休职工之家工程是天津市政府

1999年二十件实事之一。该工程建筑面积近6000平方米，坐落在第一工人文化宫小花园内，2000年5月交付使用。

2000～2002年，各级退管会组织主要工作：一是组织退休职工开展献计出力活动，全市1.7万人次献计1.7万件，被采纳4862件，创经济效益1203万元。二是2002年全市有9306人参加献计献策活动，合理化建议7599件，采纳2308件，创效益1000多万元。三是各级退管会组织9935名有技术专长的工程技术人员、老工人传授技艺，共培训3万多名在岗职工。四是推荐或鼓励有一定工作能力热心社会工作的老同志1.7万多人参加街改建设、社区服务、市场管理、治安巡逻，教育下一代等社会公益事业。五是2002年各级退管会服务组织处理信件35221件，解决涉及赡养、住房、财产和家庭纠纷等各种矛盾。

截至2003年9月，全市106个区县局（总公司）共有退休职工90万人，基层退管会3399个，退休职工群管片组9983个，专兼职退管干部4778人。20个街，263个居委会建立了退管组织，社区片组达5128个，比2002年增加了1674个，形成了政群结合、专群结合的四级服务网络。同时，建立健全《创建退休职工之家办法》《孤老退休职工管理办法》等各项制度。

1988～2003年，退管会连续15年会同劳动、财政部门组织退休劳模赴北戴河等地休养，参加的人数由最初的每年100人逐渐增加到现在的每年1000人。

2004～2008年，天津市退管会组织各级退管机构开展的主要工作。一是落实3072名孤老退休职工的生活包保制度，建立管理服务档案，参加包保工作的6300余积极分子与孤老职工签订《孤老职工包保责任书》。二是配合老年基金会、天津市卫生局等部门为100名退休劳模免费诊治牙疾、视力和听力常见病的检查咨询。三是组织退休劳模到国际老龄村休养。四是配合医改，建立了社区保健站128个，帮助2315人建立了家庭病床。五是在两节期间开展送温暖活动，走访慰问12.6万名退休职工，解决退休职工的实际困难25675件。六是与天津市劳动和社会保障局建立每季一次的例会制度，共同研讨社会化管理的方式和途径。七是共建各类活动室（站）766个，总面积达10余万平方米，参加活动的退休职工72万余人次。建立共有文体组织3405个，参加人数近10万人。建立书画、文体等各类学习班4348期，8万余名退休职工参加了学习。八是继续办好第一、二工人文化宫老年大学，学习人数达5000余人。九是组织开展老年节庆祝活动，举办了天津市首届退休职工“美伦杯”健康操（舞）比赛。组织了250名退休劳动模范游览月牙河、复兴河，开展了“游津城、谈巨变、赞改革”活动，会同老龄委开展了退管系统“老年健康之星”评选活动。十是2003年7月，组织天津市退休职工学习胡锦涛总书记“七一”重要讲话，落实“三个代表”文明健康实践行健身活动展示。

2008年4月19日，天津市总工会、市退管会、市劳模协会等九家单位联合主办以“行动起来、沐浴阳光、迎接奥运”为主题的轮椅行动启动仪式。天津市人大常委会副主任、天津市总工会主席、市退管会主任邢明军出席并讲话。老同志吴振、刘文藩、潘义清，天津市总工会、市退管会、市劳动和社会保障局、市财政局、市民政局、市老龄委、市劳模协会、市残联、市老年基金会等主办单位领导和市园林局、天津卷烟厂等协办单位领导出席启动仪式。

2008年6月27日，天津市退管会召开老劳模、退休职工代表“我的感悟及行动”抗震救灾座谈会。天津市总工会副主席高炜、市退管会常务副主任张子鹏出席座谈会。6月28日，天津市人大常委会副主任、天津市总工会主席、市退管会主任邢明军看望慰问正在北戴河休养的老劳模和退休职工代表。天津市总工会副主席崔金和、高炜，市退管会常务副主任张子鹏，津工集团董事长安亭洲随同慰问。6月29日，市退管会组织退休职工护河护绿和治安巡逻志愿队队员开展迎奥运奉献活动。天津市总工会副主席高炜、天津市退管会常务副主任张子鹏参加奉献活动。9月28日由天津市总工会、市退管会、市劳动和社会保障局、市财政局联合举办的“天津市退休职工庆祝国庆暨老年节文艺演出”在第二工人文化宫大剧场举行。市人大常委会副主任、天津市总工会主席、市退管会主任邢明军，吴振、刘文藩、潘义清出席。天津市总工会副主席刘凤山、高炜、黄淑玲，市退管会副主任张子鹏等有关方面负责人与来自全市各条战线的1000多名老劳动模范、退休职工代表一起参加了庆祝活动。10月9日，天津市退管会在天津大学举行第21届退休教职工集体“祝寿会”，为182名寿满70岁的退休教职工祝寿。天津市总工会副主席高炜、市退管会常务副主任张子鹏出席活动。

第五节　困难职工帮扶中心

天津市总工会于2002年1月18日创建全国第一家困难职工帮扶中心，采取直接面对困难职工快捷救助的工作方式，通过特困救助、免费职介、信访协调、法律援助和帮扶超市五个帮扶平台，及时帮助困难职工解决实际问题，把党和政府的温暖送到千家万户。

2002～2007年天津市帮扶中心的主要工作如下。1.入户帮扶。中心向社会公布求助热线电话，不论是职工本人，还是亲属邻居，只要打来电话基本符合特困救助条件，中心立即入户，核实后当场救助。至2007年止，接听热线电话36000余人次，入户救助46500余户。2.现场帮扶。中心直接接待职工群众，当场对特困职工给予紧急救助，只要能证明属于特困职工，当场就给予资金和物品的救助。几年来，已急难救助6.95万人次。中心坚持急事急办、特事特办。3.岗位帮扶。中心对下岗特困职工及其子女提供就业、再就业、技能培训、信息咨询、职业介绍、跟踪联系一条龙服务，帮助8.76万名下岗失业人员及其子女实现就业、再就业。4.助学帮扶。根据困难职工子女就学遇到的实际困难，中心积极联系热心社会公益事业的单位和个人，开展助学活动。帮扶中心推出了多种助学模式。如“一帮一”“一帮多”实名助学，冠名基金助学等。并由送物质向送精神、向送智力延伸，由资助上学向培养成才发展。同时，将助学对象延伸到困难农民工子女。现已助学5万余人次。并为2000余名困难家庭子女进行免费眼疾普查，为240名同学免费配镜和眼疾治疗，同时为1000多名困难学子进行脊柱健康普查。5.医疗帮扶。针对特困职工看病难、就医难的问题，中心联合医疗单位为6名特困职工免费做了心脏搭桥手术，为300名患有白内障的困难职工免费做了人工晶体植入手术，为8.4万名困难职工进行免费体检，为300名困难老劳模建立了家庭病房，中心还为困难职工免费提供了价值200余万元的常备中成药。中心成立以来，信访协调达3.01万人次，法律咨询服务与法律援助达3.51万人次。中心工作人员仅用4天时间，就解决了115名职工奔波两年未解决的集体劳动争议案件，企业最终拿出了40万元补偿了拖欠职工的养老保险和经济补偿金。

自成立至2007年，天津市帮扶中心直接帮扶困难职工36.9万人次，其中，生活救助8.2万人次，岗位救助8.76万人次，助学救助5万人次，医疗救助8.4万人次，法律服务和法律援助3.51万人次，信访协调3.01万人次。全市58个帮扶中心（站）总计帮扶困难职工达150多万人次。

2007年8月15日，人民日报、新华社、中央人民广播电台、中央电视台、工人日报、人民网、中华全国总工会新闻中心等中央各大媒体与天津日报、今晚报、电台、天津人民广播电台、天津电视台、天津工人报等媒体的记者们，到天津市困难职工帮扶中心进行实地采访，宣传报道天津市困难职工帮扶工作的经验作法。天津市总工会党组副书记、副主席刘凤山，向各媒体介绍了天津市工会开展送温暖帮扶工作的思路、做法及建立长效帮扶机制的有关情况。

天津开发区保税区管委会连续五年向中心捐款580万元。香港华燊燃气公司董事长沈家燊，听说市里创建帮扶中心，把准备开业庆典请明星助兴的20万元捐给了中心，到中心参观后再次捐赠100万元。其母病逝时，他又将老人生前8万元积蓄捐给了中心。许多企事业单位和个人定期向中心捐助资金和物资。一位化名“君心”的中年女士，连续四年定期捐款，并且还包保资助了5名困难学生。还有许多隐姓埋名的老党员、老干部向中心捐赠。

2005年和2007年，天津市帮扶中心两次主动申请社会审计部门对帮扶资金、物资的使用和管理情况进行全面审计。

帮扶中心先后荣获全国“五一”劳动奖状、全国和天津市职工职业道德建设“十佳”单位、全国和天津市再就业先进单位、全国精神文明建设工作先进单位、全国信访系统优秀集体、全国巾帼文明示范岗、天津市模范集体等称号。

全国总工会将天津帮扶中心的做法作为“天津模式”向全国工会系统推广，当时在全国县级以上总工会已建立了3000多家帮扶中心。

第六节　工运理论研究会

天津市工人运动理论研究会是天津市社会科学界联合会所属的市级学术团体。1998年2月

13日，天津市总工会召开天津市工人运动理论研究会暨1998年度调研工作会议。会议通过了《天津市工人运动理论研究会章程》和研究会领导机构，天津市工人运动理论研究会宣告成立。第一届理事会由100人组成，常务理事会由28人组成。会长：李泮祥，副会长：潘镇贵，秘书长：李子星，副秘书长：邢世忠。这次会议的中心议题是重视和加强新形势下工会系统的调查研究、理论研究，针对深化企业改革的实际，部署今后调工作。市社联、市民政局、市委研究室的负责同志、劳模代表到会祝贺并讲话。部分大专院校的专家学者、各区县局、部分大企业工会负责同志200余人出席了会议。

天津工人运动理论研究会是由工会组织、工会工作者、热心工人运动理论政策研究的人员自愿结成的学术性、非营利性的社会组织。

2003年3月20日，天津市工人运动理论研究会第二次会员代表大会暨工会调研工作会议在职工之家宾馆召开。中共天津市委常委、天津市总工会主席、市工运理论研究会名誉会长散襄军在会上作了重要讲话。会议听取了天津市总工会副主席、市工运理论研究会会长李泮祥的工作报告。工作报告总结了五年来工运理论研究工作的主要成果和基本经验，部署了未来五年工运理论研究工作的主要任务及2003年度重点调研课题。会议表决通过《关于修改〈天津市工人运动理论研究会章程〉的决议》，选举产生了天津市工人运动理论研究会第二届理事会和领导机构，表彰了纺织集团等20家工运理论研究先进分会和169篇优秀调研成果。天津市总工会和市委研究室、市政府研究室、市社联等有关部门负责人，各区、县、局、集团（总公司）工会主要领导以及部分大中型企业工会主席等300多人出席了会议。市工运理论研究会第二届一次理事会选举产生第二届理事会领导机构，名誉会长：散襄军，会长：李泮祥，副会长：刘树功、李子星，秘书长：李子星（兼），副秘书长：郭振影。2008年6月11日，天津市工人运动理论研究会召开第三次代表会议暨2008年工会调研工作会议。会议选举产生第三届理事会领导机构，名誉会长：邢明军，会长：李泮祥，副会长：陈根来，秘书长：郭振影，副秘书长：厉晨。

2008年11月2日，天津工运理论研究所于天津市工会管理干部学院挂牌正式成立。天津工运理论研究所是天津市总工会所属的工运理论研究基地。基本职责是：研究中国特色社会主义工会发展道路的理论与实践；承接中华全国总工会委托天津市总工会的调研课题；完成天津市总工会确定的各项研究课题；配合天津市总工会工作部署，有针对性地研究基层工会工作面临的重点、难点问题；承担基层工会有关咨询服务任务以及组织相关的理论研讨和培训工作等。它的成立，标志这天津工运理论研究工作从组织和力量上又向前推进一步。

《天津工运》作为天津市总工会主管的机关刊物，始终致力于宣传党的方针路线政策，宣传天津市总工会常委会的工作思路与举措，传播社会主义市场经济的新观念和理论动态，交流各级工会的先进经验和创新成果，反映职工群众的意愿要求与工会组织的政策主张。自1986年建刊，《天津工运》一直遵循社会主义方向和四项基本原则，坚持正面宣传的舆论导向，办刊质量不断提高，无论是在文章题材、文字容量、栏目设置、版式设计、印刷装帧等方面，都受到基层工会和兄弟省市工会同行的好评。《天津工运》采用大16开四封铜版彩印，每月中旬出版，每期48页，全年12期，由市委印刷厂负责照排印刷。《天津工运》由天津市总工会研究室主办，下设《天津工运》编辑部，主编1人（研究室主任兼），副主编1人，专职编辑2人，发行兼会计1人，以上人员均具有大专以上学历，负责编辑出版月刊的日常事务。

第七节 工会干部管理学院

天津市工会管理干部学院是1985年2月经天津市政府批准国家教育委员会备案的独立设置成人高校。1999年开展普通高等职业教育，是天津市首批开展高等职业教育的公办高校之一，2001年与天津大学合作共建天津大学网络学院第四教学中心。天津市工会管理干部学院是集普通高等职业教育、成人高等教育、网络本科教育、开放式教育为一体，致力于培养应用型、复合型、管理型的社会各类专门人才。

天津市工会管理干部学院以第三产业和新兴行业的职业教育为重点，设影视艺术系、旅游系、经济系，开设音像数字技术、计算机网络技术、电视节目主持人、广告电脑制作、环境艺术设计、物流管理、国际市场营销（连锁企业经营管理）八个专业，建立了电视摄录编，演播室、录音室、校园电视台、计算机网络、图形设计、餐饮服务、客房服务、形体训练、物流和连锁经营的模拟实验室等。天津大学网络学院第四教学中心开设艺术设计、绘画、数字音乐创作与传播三个专业。

第八节 天津工人报社

1949年7月，天津工人日报社组建，天津工人报机构设置：工会部、摄影部、编辑部、文体部群工部、专刊部、总编办、办公室、广告部、东方周末、发行公司。天津工人报社隶属津工集团。

第三篇

重要会议及活动

概　述

新中国的诞生开创了天津工人阶级和劳动人民当家做主的新纪元。天津解放初期，根据党的“依靠工人阶级建设城市”的指示，迅速建立和发展工会组织，团结广大工人群众，协助党和政府恢复发展生产，巩固人民政权，担负起建设新天津光荣而艰巨的任务。当时，天津工人运动由华北总工会筹委会天津办事处领导。1949年4月28日至30日，天津市第一届职工代表大会在南开中学礼堂召开，天津市职工总会筹委会宣告成立。在5月24日的首届执委会上，选出职工总会筹委会常务委员23名。在28日首次常委会上，推选黄火青为天津市职工总会筹委会主任，丘金为副主任，并讨论了天津市职工总会章程草案。在这个时期，天津工人阶级在全国总工会，中国共产党天津市委与天津市人民政府的正确领导与帮助下，迅速完成恢复生产的任务。完成恢复生产任务是天津市人民共同努力的结果，工人阶级是担当此项任务的主力军。

天津市工会第一次会员代表大会于1950年1月10日召开，天津市总工会正式成立。到2008年为止，天津市总工会共召开了十五次代表大会。天津市工人运动和工会组织在不同的历史时期和阶段具有不同的工作内容和特点，开展了卓有成效的活动，为全力推动天津改革开放、经济发展和社会进步，创造了辉煌业绩。

三年经济恢复时期，在党和人民政府的正确领导下，天津工人阶级切身体会到两个大变化。第一，在政治上，解除了帝国主义、官僚资本、封建势力的压迫，政治上获得解放，工人从被压迫的阶级变成了领导阶级，这一根本性质的变化，决定性地影响和调动工人在恢复生产的积极性。第二，在经济上，党领导的人民政府，当天津一解放便组织了战后经济恢复，规定按优待比率兑换工人手中的伪金圆券，同时规定按玉米面价格折合发工资的制度，又支出大批物资，支持职工组织合作社，保证了职工生活稳定。

天津市总工会筹委会在党的领导下开展了各项工作和活动。召集各种代表会议，传达与讨论政府的政策，传达刘少奇的报告，纠正“左”的偏向，停止过高要求，正确解决劳资关系，讨论劳资关系处理办法。采取多种形式宣传马克思主义，加强对工人阶级的政治教育，提高了工人阶级的觉悟。工人阶级政治觉悟的提高，先进分子的核心作用，加上生活的稳定，这就使工人群众看到自己业已成为领导阶级，因而出现了自觉劳动的态度，这就是推进生产恢复的伟大动力。

在向社会主义转变的重大历史转变过程中，天津工人阶级和工会组织，在党的领导下，认真贯彻了党对资本主义工商业“利用、限制、改造”和“发展生产，劳资两利”政策，创造性地通过劳资协商会议、集体合同和生产竞赛等方式，促进了资本主义工商业的发展和向社会主义的转变。在改造过程中，正确执行了党对民族资产阶级又团结又斗争的方针，支持其有利于国计民生的一面，同时通过一系列限制与反限制的斗争，特别是“五反”运动，与不法资本家进行面对面的斗争，打退了资产阶级的猖狂进攻。天津工人群众和工会组织在向社会主义转变的历史进程中，表现出了高昂的革命精神，发挥了主力军作用。这期间，工会围绕着复工和提高工资福利待遇等问题，迅速把工人群众组织起来，深入宣传党的政策，提高认识，统一思想，团结和教育资方人员，共同克服困难，恢复和发展生产。

工会组织主动协助政府制订处理劳资关系的法规性文件——《天津市劳资关系暂行处理办法》。《天津市劳资关系暂行处理办法》，是在天津解放初期处理劳资关系亟须具体规定的情况下，根据“发展生产、繁荣经济、公私兼顾、劳资两利”的新民主主义经济建设的总方针和刘少奇同志对天津工作的指示，由天津市总工会负责起草，经广泛征求意见和反复讨论修改后，于1950年1月18日，以天津市军事管制委员会名义发布的处理劳资关系的法规性文件。这一文件既充分体现了党的城市工作方针，又集中了各方面特别是私营企业工会组织处理劳资关系的经验，为正确处理劳资关系提供了切实的依据。

这个时期，工会积极组织职工开展劳动竞赛和合理化建议活动。经过1949年底生产节约运动，1950年红五月大生产竞赛，1951年爱国主义劳动竞赛及爱国增产节约竞赛运动，大大提高了劳动生产率。据1950年1月至1952年9月统计，职工共提合理化建议72254件，采纳30954件，创造价值1261.6635亿元。由于生产的提高，也改善了工人的生活，使工资提高了40%至81%。大部分工厂实行了奖励，仅天津钢厂超额奖就占每月平均工资18.30%。职工生活的改善又激发了劳动生产率不断地提高。

在三年恢复时期，天津工人不仅已经光荣地完成了恢复生产、支援前线和继续巩固工会组织的任务，而且锻炼提高了自己的队伍，并给社会主义建设和工人运动的发展打下了坚实的基础和提供了有力的保证。

1953年至1958年是国家建设的第一个五年计划时期，天津市总工会要求全市的工人、职员、技术人员毫无例外地坚决地投入到祖国建设中来，为保证胜利完成五年计划贡献一切力量。

在这一时期，为了满足大规模国家经济建设的需要，各级工会把培养工会干部作为重要任务之一，除多设工会副职、实行后备名单、专职培养干部外，还要大量训练基层工会干部。在基层工会主要干部中多设副职，各厂基层工会主席、车间工会主席可设两人至三人，以便大量向党、行政输送干部及适应工会工作的需要。除此之外，还经常注意发动和组织职工反对官僚主义，纠正不深入了解实际情况、对工作不严肃负责对群众意见和要求不认真处理等不良倾向。

在这一时期，工会充分发挥广大职工的积极性、创造性，保证增产节约任务的顺利完成。一是坚持以生产需要为依据组织群众活动，克服竞赛与生产要求脱节的形式主义现象。二是扭转了领导群众运动中的“正常化”思想，善于在适当时机组织与领导群众运动的高潮，把群众高涨的政治热情引导到生产上去。三是根据生产需要，在充分发动群众的基础上，加强对技术工作的领导，以提高职工技术水平，突破生产上的薄弱环节。并及时总结推广先进经验、合理化建议、技术研究、技术学习等项工作，并注意发挥工程技术人员和老技术工人的作用。四是，社会主义竞赛是广大职工的普遍行动。由于工种不同、要求不同、特点不同，组织劳动竞赛的各种形式和方法根据不同情况灵活加以运用。五是在竞赛中加强小组工作，认真开展评选先进小组活动，充分发挥小组作用，为竞赛奠定广泛的群众基础。

1958年和1959年随着生产的高速度发展，工人阶级的队伍迅速壮大。全市职工总数已经由大跃进以前的66.8万人发展到108.6万人（均包括汉沽区在内）。同时，由于街道工业的迅速发展，全市街道居民参加生产的已经达到14.7万余人。城市的面貌已经发生重大变化。

这个时期，天津市各级工会在党的领导下，全面动员职工群众，大搞以技术革新、技术革命为中心的增产节约运动，动员职工群众进一步发扬“见先进就学，见后进就帮”的风格，技术革新做闯将，学习先进经验做尖兵，见先进就学，学了就用，做到上下齐动手，掀起先进经验大推广的高潮。为推动运动迅速健康地向前发展，使技术革新和技术革命沿着正确的、科学的、全民的轨道前进，工会坚持放手发动群众，大搞群众运动，最广泛地把广大职工充分发动起来，大搞学先进、赶先进、超先进、帮后进的社会主义劳动竞赛，广泛开展生产运动会、大兵团作战、对口赛、对手赛、一条龙赛。大评大比，大树标兵，大搞协作，使群众运动生动活泼、热气腾腾，推动各项工作高速度前进。

从1960年召开天津市工会第七届代表大会到1964年第八届代表大会，全市工会组织在党和上级工会的领导下，紧密围绕这个时期党的政治任务和中心工作，与各部门密切协作，在职工中进行了大量的思想工作和组织工作。各级工会不断地向职工进行了形势任务的教育，革命传统的教育，提高了职工的阶级觉悟，使广大职工紧密地团结在党的周围。各级工会动员和组织广大职工开展了以五好为目标的比学赶帮竞赛，广泛地组织了群众技术协作活动，促进了技术革新、技术革命的发展，有力地保证了国家计划的完成和超额完成。

“文化大革命”期间工会组织遭到破坏，许多老劳模老工人和工会干部遭受迫害。即使有过一段短暂的恢复，但指导思想上也离开了以经济建设为中心，转向“以阶级斗争为纲”。这一时期一些基层单位的职工群众响应党和国家的号召，坚持生产岗位，开展工人学习理论和职工技协活动。1973年按照中央的指示精神，全市开始恢复整建工会组织。1973年4月25日至27日，中共天津市委召开工会第九次代表大会筹备工作会议。天津市工会第九次代表大会于1973年5月26日至31日召开。选举产生了天津市总工会第九届委员会。大会通过决议，号召全市工人阶级，在党的领导下，进一步发挥工人阶级的主力军作用，团结全市广大职工，为我国社会主义革命和社会主义建设做出新的贡献。1976年粉碎“江青反革命集团”以后，中共天津市委及时调整了天津市总工会领导班子，并做出了《关于为天津市总工会和各级工会平反的决定》。天津市总工会组成专门工作班子，为老劳模、老工人和工会干部平反冤假错案。通过恢复整建工会组织，贯彻全国工会“九大”的会议精神，明确了工会组织的职能和任务，为顺利开展以后的工会工作奠定了良好的基础。

中共十一届三中全会胜利召开，天津市各级工会紧跟党的工作着重点转移，坚持以四化建设为中心，发动群众开展增产节约运动，组织为“四化”立功的劳动竞赛。在劳动竞赛中，广大职工响应中共天津市委的号召，学上海，赶先进，创名牌，争第一，有效地促进了产品质量的提高和品种的增加。在中共天津市委和各级党委领导下，各级工会会同有关部门冲破各种阻力，为劳动模范、老工人平反冤假错案，落实政策。1979年为全市3100多名老劳动模范颁发了“荣誉纪念状”，为他们恢复了名誉。为736名蒙受不白之冤的老劳模逐个做出了复查结论，进行了平反。并为受审查的83321名老工人落实了政策。中共天津市委批转了天津市总工会拟订的《天津市先进模范队伍管理工作试行条例》，进一步加强了对先进模范队伍的培养教育和管理工作。

遵照中共中央关于发扬社会主义民主和普遍建立职工代表大会的指示精神，在中国共产党的领导下，各级工会为恢复和建立职工代表大会制度，维护职工当家做主的民主权利，做了不懈的努力。职工代表大会制度的恢复和发展，对维护职工当家做主的民主权利，促进企业整顿，加强民主管理，推动增产节约，改善干群关系，办好集体福利，调动职工群众的积极性，起了重要的作用。工会组织广大职工积极参加管理，认真讨论企业的大事，努力把生产搞上去，帮助和监督干部正确地贯彻执行党的方针、政策，维护企业行政的集中统一指挥，正确处理生产和生活、长远利益和目前利益的关系，表现了高度的主人翁责任感。这个时期，工会大力加强政治思想工作，对广大职工深入进行党的路线、方针、政策的教育，坚持四项基本原则的教育，形势任务的教育，发挥了工会共产主义学校的作用，职工业余教育有了迅速的恢复和发展。这期间，工会关心职工群众的疾苦，维护职工的物质利益，为群众办了许多好事。天津市总工会协同有关部门对职工生活水平进行了调查，制定了新的生活困难补助标准。把党的温暖送到千家万户，密切了党和群众的联系，进一步调动了职工群众四化建设的积极性。

在党的领导下，各级工会加强了自身建设。特别是1979年4月，中共天津市委发出《关于加强党对工会工作领导通知》以后，各级工会整顿工作进展较快。多数单位已经调整充实了领导班子，在此基础上，改选了工会委员会。科研、教育、文化、卫生单位的工会组织已经恢复，被“四人帮”排斥在工人阶级队伍之外的广大知识分子重新回到工会组织中来。天津市总工会恢复工会干校，区、县、局工会和许多基层工会也分别举办了各种学习班，帮助工会干部和积极分子提高政策和业务水平。工会财务工作已经恢复。各级工会围绕收、管、用三个环节，建立了财务制度，勤俭节约，为群众服务，为工会各项活动的开展提供了物质条件。

1981年6月26日天津市工会第十次代表大会胜利召开。中共天津市委津党发〔1980〕38号批转天津市总工会党组《关于筹备召开天津市工会第十次代表大会的请示》中指出：“文化大革命前，我市召开过八次代表大会。‘文化大革命中’，‘工代会’被算为一届工会委员会，因此，1973年工会整建时召开的市工会代表大会为第十次代表大会。”1980年12月，市委在《关于为天津市总工会和各级工会平反决定》中指出：“1968年由各级工代会接收工会是错误的。为进一步澄清是非，拨乱反正，我们认为应否定‘工代会’为一届委员会。并将1973年召开的市工会第十次代表大会改为第九次代表大会，本届为第十次代表大会。”

党的十二大和全国工会十大的召开，完整地提出了新时期工人运动和工会工作的方针、任务，为工会指明了继续前进的方向。党的十二届三中全会通过的《关于城市经济体制改革的决定》，进一步明确了工人阶级和工会组织新的历史使命，明确了新形势下工会的地位和作用。在党中央正确路线、方针的指引下，在市委和中华全国总工会的领导下，全市工人运动和工会工作健康发展、开拓前进，在经济、教育、科技体制改革和两个文明建设中作出了重要贡献。天津市工人阶级奋发向上，锐意改革，为全面完成“六五”计划确定的各项任务，艰苦奋斗，顽强拼搏。广大职工同全市人民一道，万众一心，艰苦奋战，消除强烈地震造成的巨大破坏，克服了重重困难，取得了一个又一个胜利，全部完成了“六五”计划规定的主要任务和指标。

在这一时期，工会组织认真贯彻新时期的工会工作方针和市委、中华全国总工会的指示，特别是经过整党，广大工会干部的精神面貌发生了深刻变化，增强了全局观点、改革观点、群众观点，工会工作重新转到以“四化”为中心，为经济建设和改革服务的轨道上来，工会工作取得了开拓性进展，主要是，把经济工作的难点作为工会工作的重点，在增强企业活力，确保完成各项建设任务上使了劲，出了力。工会紧紧围绕党在各个时期的中心任务，广泛发动群众，在改革和建设上充分发挥工人阶级的主力军作用。在国民经济调整时期，组织广大职工开展了“国家有困难，我们怎么办”的大讨论和“献千元、多贡献”活动，为克服暂时困难，搞好经济调整出了力。在争取财政经济状况根本好转中，各级工会把广大职工组织到增产增收的劳动竞赛中来，对确保全市财政上缴任务的超额完成，发挥了重要作用。随着经济体制改革的全面开展，各级工会致力于开发活力源泉，增强企业活力，推动企业改革，并组织开展争创优秀承包班组竞赛，促进经济责任制的落实。国家“七五”计划的建议，进一步激发起广大职工改革和建设的热情。各级工会及时组织各行各业职工广泛开展“为实现‘七五’计划献计出力、建功立业”活动。

这期间工会工作和活动的主要特点是，一是竞赛与经济责任制紧密结合，向企业的经营管理、技术开发、销售服务等各个领域深入发展，把各个层次的职工都组织到竞赛中来。二是职代会的职权逐步落实，作用日益显著，企业民主管理出现了积极向上、开创局面的好势头。三是广泛开展适合群众特点的活动，职工思想政治工作不断向民主化、群众化方向发展，职工文化、技术教育取得了新的经验。四是为职工说话办事开拓了一些新的领域，受到各方面的重视和职工的欢迎。各级工会想群众所想，急群众所急，从企业实际和职工要求出发，努力为职工说话办事，工作领域不断扩大。五是抓基层、打基础，整顿建家工作取得了明显效果，工会在企业中的地位得到了加强。由于整顿建家同改革紧密结合，适应了提高企业素质的需要，得到了党政领导的重视和支持，出现了党政工共建一个家的生动局面。

工会的事业有了新的发展。恢复了天津工人报和第一工人疗养院，扩建了工会管理干部学院、工人业余技术大学、新港国际海员俱乐部和北戴河天津工人疗养院，新建和扩建了一批区县局工人文化宫、俱乐部，其他文化宫、俱乐部也增添了活动项目，充实了活动内容。这些事业单位在为基层、为职工服务上都做出了很大成绩。

在七五计划期间，全市广大职工和各级工会组织在市委和中华全国总工会的领导下，以经济建设为中心，坚持四项基本原则和改革开放，开拓进取，阔步前进，健康发展，是天津市工会工作全面发展的时期。各级工会组织在党的领导下，紧紧围绕改革和建设的全局，勇于探索，大胆实践，扎实工作，积极进取，在办实事、求实效上下功夫，许多方面取得了开拓性的进展。

在八五计划期间，天津市各级工会组织，在市委和中华全国总工会的领导下，紧紧围绕改革、发展、稳定的大局，解放思想、开拓进取，各级工会的认识和行动更加统一。认真落实工会工作总体思路，勇于代表维护职工合法权益，工会的作用更加突出。充分调动职工群众的积极性，扎实工作，大胆创新，工会工作的成效更加显著，在许多方面取得新进展。

在这个时期，各级工会动员和组织广大职工，围绕深化企业改革，加快经济发展，提高经济效益献计出力、多做贡献。“夺百杯”“三比、三创”以及具有行业特点的劳动竞赛广泛开展，群众性合理化建议活动逐步深入，技术协作、发明创造活动更加扎实。几年来，全市职工提合理化建议521万件，实施124万件，实现重大攻关850多项，有力地促进了经济效益的提高。在“八五”立功活动中，涌现先进个人2.2万人（次），先进集体5600多个，先进企业700多个（次），有81名职工荣获全国劳动模范和全国先进工作者的光荣称号。

各级工会积极推动劳动法各项规定的落实，新经济组织工会组建的步伐进一步加快。符合建会条件的外商投资企业工会组建率达92%，乡镇企业工会组建率达到66%，143家私营企业组建工会。指导和帮助职工签订劳动合同，积极推行平等协商、协商谈判和签订集体合同。各级工会认真落实工会法和天津市的实施办法，围绕落实工会工作总体思路，举办区县局工会领导干部理论研讨班。深入开展学习孔繁森、田守道、张剑峰的活动。工会领导班子建设进一步加强，90%的区县和大部分局、总公司（集团）工会主席，落实了同级副职待遇。以“促改、创效、育人”为主要内容的建家活动不断深入。在开展的“展树”活动中，涌现出全国模范职工之家61个，市级模范职工之家891个，评选市级工会积极分子1700多人（次），工会之友360多人（次），优秀工会工作者800多人（次）。为适应转机建制的要求，积极探索总公司（集团）工会工作的运行机制，建立、健全新经济组织工会联合会，推进乡镇工委、街道工会的建设。

在这期间，工会全面实施“送温暖工程”，把做好困难企业、困难职工的工作，作为重点来抓。摸清底数、建档立卡，对困难职工的状况实行动态管理。各级工会联系改革发展和职工思想实际，结合迎办43届世乒赛，持续不断地开展了“做四有职工、为八五奉献”“爱国主义实践行”等一系列教育活动。连续三年，在全市开展“学绝招、创绝技，争做技术明星”活动，有200多万职工投身到这一活动，总结推广了一批职工创造的先进操作经验，有300名职工获市级技术明星称号。这一时期，工会开展了大量扎实有效的工作和活动，创造了许多可贵的经验。

在九五计划期间，工会开展的工作与活动紧紧围绕加快天津发展的大局，深入贯彻工会工作总体思路和“五突破一加强”的基本要求，以推动落实党的全心全意依靠工人阶级根本指导方针为主线，以争创全国工会工作先进地区之一为动力，以实现“三个最大限度”为目标，积极探索具有时代特征和天津特点的工会工作新路子，重点工作实现了突破性进展，取得了阶段性成果，带动了整体工作的全面上水平。

这期间工会适应依法维护职工合法权益的需要，认真把握劳动关系的深刻变化，加大劳动关系矛盾的协调力度。平等协商、集体合同工作从实际出发，依据“两个坚持、两个灵活”的指导原则，确立了“坚持五个必须、把握五个统一”的基本要求，以深化认识为先导，以健全组织为基础，以突破难点为关键，以覆盖全员为目标，整体推进，分类实施，实现了建制工作的突破性进展。工会的职工法律援助组织正在逐步建立，法律援助的范围正在扩大，效果日益明显。天津市劳动关系调解正在逐步实现规范化、网络化、制度化。

这期间工会适应企业改革攻坚和结构调整的新形势，以加强基层民主政治建设为着眼点，以提高职工代表大会质量为关键环节，在全国率先推开了厂务公开民主管理工作。全会上下按照坚持“三个原则”、处理好“四个关系”的工作思路，结合各自的实际，突出重点，扎实推进，进一步健全了党委统一领导、党政共同负责、有关方面合力推进、职工群众全员参与的领导体制和工作机制，牢牢把握要害是公开、关键是真实、实质是监督、载体是职代会、目的是促进企业改革和发展的基本原则，取得了明显成效。公开的内容向改革、改组、改制中的重点问题集中，公开的范围向生产经营困难企业、非公有制企业、教卫科研事业单位拓展，公开的层次向重要权力部门和关键岗位延伸，公开的辅助形式更加灵活多样、实用有效，促进了职代会质量的进一步提升。职工对职代会的认可程度有了明显提高，保障了职工的政治地位和民主权利。

实施送温暖工程和协助政府做好再就业工作，始终摆在全会工作的突出位置。全面落实市委提出的“不让一户职工生活过不去”和中华全国总工会关于“第一责任人”的要求，率先在全国工会系统提出了当好特困职工“第一知情人、第一报告人、第一帮助人”的工作职责，形成了“以雪中送炭、拾遗补缺为定位，以帮扶特困职工为重点，以职工互助保障与社会保障体系相互衔接、相互补充为方向”的工作思路，坚持党委政治保证、行政资金保证、工会责任保证，健全和完善了动态管理、包保联系、多方协调、热线预警和互助互济五项制度，构筑了推进送温暖工程的六级管理网络，开辟了下岗职工集体创业、规模就业、群体脱困的再就业路子。

这个时期工会以建设“四有”职工队伍为目标，把思想政治工作融入和贯穿于维护职工合法权益各项重点工作的全过程。天津市总工会《关于加强和改进工会思想政治工作意见》的出台，提高了全会上下对新时期思想政治工作极端重要性的认识。“转变思想观念，创新从我做起”大讨论和“举旗帜、创伟业、爱天津、做奉献”等系列主题教育活动的开展，极大地激发了广大职工搞好国有企业和天津大有希望的信心，增强了职工群众对党和政府的信任。班组文化创建活动的展开，激发了企业细胞的活力，探索了新形势下加强班组建设的有效载体。以“颂党绩、唱祖国、爱家乡、赞巨变”为主旋律，以迎庆港澳回归和重大节日为契机的大型系列文化活动的示范和引导，带动了基层文化活动的广泛开展，营造了健康向上的文化氛围。加强工会文化阵地建设，大力宣传科学、反对迷信，积极开展同“法轮功”邪教的斗争，抵制了“法轮功”邪教对职工队伍的侵蚀。为困难职工送钱物、送精神、送观念、送信息、送脱贫致富办法“五送”活动的持续开展，体现了工会思想政治工作的鲜明特色，对理顺职工情绪，鼓舞职工士气，振奋职工精神起到了重要作用。

这一时期是天津市工人阶级在改革中经受洗礼，在竞争中拼搏奉献，在发展中与时俱进的时期，工会开展的活动在变化中大胆探索，在创新中实现突破，在发展中不断提升。为今后工作奠定了基础，也积累了许多宝贵的经验。

2002年以来，在中共天津市委和中华全国总工会的领导下，全市工会组织高举马列主义、毛泽东思想、邓小平理论和“三个代表”重要思想伟大旗帜，以科学发展观为统领，紧紧围绕天津经济社会发展的大局，按照胡锦涛总书记提出的“扩大工会工作覆盖面，增强工会组织凝聚力”的基本要求，深入贯彻“组织起来、切实维权”的工作方针，坚定不移地走中国特色社会主义工会发展道路，全面实施“11333”基本工作思路，不断推进理论创新和实践创造。全市工会工作在矛盾、困难和挑战面前，夺得了一批全国工会工作的单项冠军和荣誉奖项，创造了一批在全国具有示范引领作用的工作模式，干成了一批在通常条件下看来难以干成的大事，破解了许多制约工会工作发展的深层次矛盾，展现了天津工会组织和广大工会干部勇于开拓、与时俱进的时代形象，是天津工会工作发展的最好时期之一。

这个时期各级工会把推进改革、促进发展作为工会工作的第一要务，紧紧围绕加快实施“三步走”战略和五大战略举措，在全市广大职工中坚持不懈地开展形势任务和责任使命教育，大力宣传中央、市委的重大决策和战略部署，大力宣传“三五八十”所取得的重大成就和天津发展的美好前景，大力宣传工人阶级肩负的历史使命和重大责任，旗帜鲜明地弘扬主旋律，理直气壮地讲大道理，不断统一思想，增强信心，极大地激发了广大职工的主人翁积极性，为深化改革、加快发展、保持稳定奠定了坚实的群众基础。

工会适应时代进步的要求，紧紧围绕人才强市战略，在全国率先实施了职工素质工程。在市委、市政府的高度重视和大力支持下，建立了党委领导、政府负责、工会实施、各方配合的领导体制，纳入市委、市政府的年度工作意见并转发了《天津市职工素质工程五年规划》。依据21世纪劳动者素质的国际评价标准，制定并推行了职工素质工程目标管理评估体系，建立健全了集组织领导、目标规划、教育培训、素质档案、资金保证、考核评价、政策激励和监督保障为一体的长效机制。职工素质工程的开展，促进了群众性“十五”立功活动的不断深化，提高了百万职工技术创新活动的知识含量和科技含量。

这个时期，各级工会坚持把建立和谐稳定的社会主义新型劳动关系作为促进和谐社会建设的切入点。和谐稳定的劳动关系是良好的投资环境和企业发展环境的基础。工会宏观参与体系不断完善，市、区县局和乡镇街三级工会与政府联席会议制度、协调劳动关系三方会议制度更加规范，市和区县两级职工维权服务中心全部建立，立法参与、政策参与的渠道更加畅通。工会维权的政策法规体系建设取得新的进展，先后参与了几十部涉及职工切身利益的国家和地方法律法规、政策文件的制定和修改，继天津市《工会法实施办法》颁布后，《天津市企业职工民主管理条例》已列入市人大立法计划。工会组织领导下的维权长效机制基本形成，社会化维权体系和工作格局不断完善。天津市总工会倡导的农民工和城镇职工“四个一样”的工作原则得到中华全国总工会充分肯定。全国第一份农民工集体合同、农民工工资集体协议在天津市签订，配合政府在全国率先完成了农民工工资集中清欠工作，实行了农民工工资月发放、季结算制度，农民工权益保障已经纳入各级工会维权的重点领域。

这个时期，各级工会坚持把为职工群众办实事、做好事、解难事，作为密切党与职工群众血肉联系的根本途径。以资金帮扶、物质帮扶、岗位帮扶、助学帮扶、医疗帮扶和法律援助为重点，完善帮扶载体，创新帮扶模式，创建了全国工会系统第一家困难职工帮扶中心，探索出一条符合市场经济规律、适应社会化趋势、具有天津特点的工会保障工作的新路子，形成了市级帮扶中心、区县帮扶分中心、集团总公司帮扶站和六级送温暖管理网络相结合的经纬式帮扶体系。

在各级工会的共同努力下，天津市工会保障工作取得了突破性进展。送温暖由节日活动型向长效机制型转变，由保障城镇困难职工为主向保障农民工在内的不同弱势职工群体拓展，由生活救助和岗位帮扶为主向满足困难职工群体的多元需求着力，由参与和办实事为主向参与、帮扶、监督、促解全方位延伸，由工会内部帮扶为主向系统化、社会化帮扶体系发展，由立足扶贫济困向凝聚力量、共铸和谐方面提升，进一步形成了物质与精神帮扶同步、输血与造血帮扶并举、节日与经常帮扶并重、工会与社会帮扶结合的工作新格局，被中华全国总工会确立为“天津模式”在全国全面推广。市困难职工帮扶中心先后荣获全国“五一”劳动奖状、全国再就业工作先进单位、全国精神文明建设工作先进单位、全国职工职业道德建设“十佳”单位、天津市劳动模范集体等荣誉称号，天津工会成为各省市中唯一荣获全国工会促进再就业、推动帮扶中心工作的“全项奖”单位。

各级工会把加强基层工会建设作为增强党的阶级基础、扩大党的群众基础、巩固党的执政地位的一项战略任务。牢固树立全力抓基层、全会增活力、全面上水平的工作理念，坚持建起来、转起来、活起来的工作目标，深入推进以建会、建制、增活力为主要内容的“强基建制”工作，立足最大限度地把职工组织到工会中来，团结在党的周围。工会组建工作取得了突破性进展，全域覆盖、全面推进的建会目标责任体系进一步完善，创造了党建带工建、服务促组建、源头抓建会等多种工作方式，探索了津工会员卡、会员活动基地、为职工办实事等多种吸引入会方式，进一步形成了党委领导建会、企业自觉建会、职工主动入会、上级工会帮助指导建会、政府和社会各方支持建会的发展态势和工作格局。

在这个时期，工会把深入推进自身改革和建设作为工会工作创新发展的关键环节和重要保证。坚持用马克思主义中国化的最新成果武装全会，指导实践。引导广大工会干部解放思想，转变观念，不断提高思想理论水平和工作创新能力，干部队伍的整体素质显著提升。广大基层工会干部在实践中所形成的“妈妈心、婆婆嘴、闲不住的两条腿”精神，已成为天津市工会干部时代形象的具体体现，在全国工会广泛倡导。服务全会、服务基层、服务职工的阵地建设全面推进。

这个时期，天津市工运事业和工会开展的工作与活动创新发展实践的基本经验是：一是必须坚持自觉接受党的领导和工会工作的正确政治方向，在思想上、政治上、行动上始终与中央和市委保持高度一致。二是必须坚持用科学发展观统领工会工作，始终把工会工作全面融入经济、政治、文化、社会建设和党的建设的总体格局和主流机制。三是必须坚持围绕中心、服务大局，始终把团结动员全市职工共谋发展、共创和谐、共享成果统一于工会工作的各个领域。四是必须坚持从灵魂深处关心职工群众的安危冷暖，始终保持与职工群众的血肉联系。五是必须坚持主动维权、依法维权、科学维权，始终致力于劳动关系双方的良性互动、互利双赢。六是必须坚持工会理论创新和实践创造，始终把握工会工作创新发展的主动权。七是必须坚持“高水平是财富、低水平是包袱”的工作理念，始终追求工会工作的领先优势。

第一章　工会代表大会

第一节　天津市工会第一次会员代表大会

1950年1月10日至14日，天津市工会第一次会员代表大会在工人文化俱乐部举行，历时3天半。到会会员代表465人，缺席33人，代表全市344349职工、197295名会员。

这次会议的主要任务是成立天津市总工会，确定1950年工会工作方针和任务，通过《天津市国营公营企业劳动保险条例草案》，选举出席天津市第二届各届人民代表会议的职工代表。

天津市市长黄敬到会向全体代表作了题为《当前形势与工人阶级任务》的报告，共分天津解放一年来天津市职工运动成就、目前国际与国内形势、私营工厂中的管理制度问题和反对官僚主义与发扬民主四个部分。

中华全国总工会文教部部长刘子久到会讲话，充分肯定了天津市的工人阶级，认真贯彻毛主席“发展生产，繁荣经济，公私兼顾，劳资两利”的正确指示，在恢复与发展生产事业上做出的辉煌成绩，改变了天津的面貌。同时还提出了1950年天津工人阶级的主要任务是：(1)在公营工厂中要消除国民党留下来的不合理制度；(2)提倡新的能够推动生产的合理建议，创造新记录与负责制等运动；(3)搞好工人阶级的劳动保险与福利事业，帮助广大职工解决生、老、病、死等困难问题，使工人能够无顾虑地安心生产；(4)把国民党时期搞得混乱不合理的工资制度彻底加以改革，使之能刺激与顾虑广大职工的生产积极性；（5）把工人学习做得更好，强调工人不仅要继续学习政治文化，更要学习技术。

天津市副市长刘秀峰在讲话中提出，希望在1950年内公营工厂中采用新的管理方法，学习苏联和大连先进的科学管理经验，实行定员、定料、定量、定质，并规定奖励办法，使生产逐步增加；在私营工厂中，同样采取新的科学管理方法，工人一方面保证自己的政治自由，一方面自觉地遵守劳动纪律。会议听取了天津市总工会筹委会主任黄火青作的工作报告，报告对总工会筹委会半年来工作进行了总结，同时也就今后中心任务提出两个基本问题：一是发展生产问题。指出，发展生产是全体人民最高利益，号召工人阶级应主动联合其他革命阶级胜利完成这一任务，工会应随着生产的发展想法改善工人生活，才能把工人阶级远大利益—发展生产与目前利益—改善生活真正密切地结合起来，以保持并进一步发挥工人在生产中的积极性。二是发展与巩固工会组织。在组织上要密切结合中心工作，在半年内把尚未参加工会的20万工人组织起来；在建立工会的地方，逐步达到大家办工会的目的。大会圆满完成了任务，确定了1950年的工会工作方针，是组织全市职工积极恢复和发展生产，保证完成和超额完成当年生产任务。会议原则通过了《天津市国营公营企业劳动保险暂行条例草案》。

大会还向1949年度劳动模范和模范集体颁发了奖品。会议成立了工会系统的天津市职工公债催推销委员会；选举出席天津市第二届各界人代会的职工代表100名。最后，大会向全市工人发出号召，号召全体工人为了克服目前财政经济上的严重困难和推动生产的迅速发展，要更紧密地团结在党的周围，为完成1950年生产任务而再接再厉继续奋斗。1月22日召开了首次执委会，会上黄火青提出今后工作三点任务：（1）发动会员完成1950年生产任务；（2）深入工厂，加强领导，搞好重点调查；（3）私营企业中，解决年终分红问题。

会上正式成立了天津市总工会，选举产生了天津市总工会第一届执行委员会委员73名，候补执行委员10名。会议选出天津市总工会第一届执委会委员25名和主任、副主任（1950年6月改为主席、副主席）3名。黄火青为主任，邱金、王老五为副主任。

第二节　天津市工会第二次会员代表大会

1951年1月21日至25日，天津市工会第二次会员代表大会在工人文化宫（现第一工人文化宫）举行，历时5天。到会正式代表446人，列席代表29人。

中央人民政府外交部副部长伍修权将军、中华全国总工会副主席刘宁一，中华全国总工会组织部长栗再温等三人莅临大会。

会议要求，1951年工会工作应注意以下三项：继续开展爱国主义生产竞赛，大力贯彻劳保条例；巩固与健全工会基层组织。伍修权将军登台讲话，作题为：“在联合国安理会控诉美帝的经过及影响”的报告。

中华全国总工会刘宁一副主席讲话中，对天津市全体工人去年努力工作所获的显著成果表示热烈庆贺，并相信在这次大会之后，各种工作将有更大收获。刘宁一提出三点希望：（1）工会应贯彻群众路线精神。（2）工会干部应努力提高自己的思想认识、组织能力及业务水平。（3）结合抗美援朝运动，多做实际工作。

中华全国总工会组织部栗再温部长讲话。栗再温提出两点意见：（1）天津市工会会员虽已发展到二十八万余人，但全市尚有百分之三十以上的职工尚未组织起来，这是今后重要的组织工作之一。（2）目前在全国范围内，大城市工会组织工作较好，小城市则较差，在同一城市内，大产业工会组织工作较好，小产业则较差，存在着不平衡现象，这是值得今后注意改进的。会议听取了天津市总工会主席黄火青所作的工作报告，确定1951年工会工作的主要任务是：继续贯彻面向生产的方针，积极推广先进经验，更广泛深入地开展爱国主义生产竞赛，为完成全年生产任务而奋斗；密切结合生产运动，健全、巩固搞好基层组织；积极推行劳保条例，建立劳动保险委员会和会议制度。大会明确了“密切结合生产运动，健全巩固搞好基层组织”是当前工会工作的方针，通过了《关于工会工作的决议》和《关于工会财务工作的决议》。

大会选举产生了天津市总工会第二届委员会委员49名，候补委员10名；选出第二届经费审查委员会委员7名，候补委员3名；选出天津市工会系统出席市第三届人代会工人代表团代表118名。2月18日召开二届一次委员会，选出天津市总工会二届委员会委员19名，黄火青和王老五分别当选为主席、副主席。

第三节　天津市工会第三次会员代表大会

1952年1月19～20日，天津市工会第三届会员代表大会举行，历时2天，出席会议代表530人。

天津市总工会主席黄火青作报告。会议决定响应市委的号召，开展一个全市规模的增加生产、厉行节约、反对贪污、反对浪费、反对官僚主义的广泛群众性运动，充分发挥现有生产设备的潜在能力，改进经营管理，为实现增加国家财富50000亿元（旧币折合现人民币5亿元）的目标而奋斗，以支援抗美援朝的完全胜利。

大会一致通过了黄火青的报告并形成大会决议，选举产生了天津市总工会第三届执委会委员58名，选举第三届经费审查委员会委员11名。4月6日召开三届一次执委会，讨论了近期的工会工作，推举出天津市总工会第三届执委会常务委员23名。黄火青同志当选主席，谷小波、潘长有、李权超当选为副主席。

第四节　天津市工会第四次会员代表大会

天津市工会第四次会员代表大会于1953年1月10日至13日举行，历时4天。出席会议代表500余人。中共天津市委代理书记、天津市总工会主席黄火青，天津市人民政府副市长吴德亲临参加。

副市长吴德作报告。天津市总工会副主席谷小波在大会上作了“关于天津市总工会一九五二年的工作和今年工作方针任务”的报告。

会议形成两项决议《关于推广五三工厂工作经验的决议》和《关于贯彻婚姻法的决议》。会议选举产生了天津市总工会第四届委员会委员49名，候补委员9名；选出第四届经费审查委员会委员7名，候补委员4名。2月18日举行四届一次全委会，会上选出天津市总工会四届常务委员19名。黄火青当选为主席，谷小波、李权超、潘长有当选为副主席。

第五节　天津市工会第五次会员代表大会

天津市工会第五次会员代表大会于1955年1月31日至2月3日在第一工人文化宫举行，历时4天。出席会议的代表360人，代表全市57万工会会员。

中华全国总工会副主席刘宁一到会并讲话，对天津工会组织提出了希望和要求，指出，就目前来说，我们在生产工作中技术落后是个大问题，因此，就要求用学习技术、改进与提高技术、掌握新的技术的方法——革新技术的方法组织群众劳动，这样才能更快速地建设我们的国家。同时还要围绕着生产中的关键问题来开展合理化建议，改变生产中的薄弱环节，挖掘企业的潜在力量，使生产水平不断提高。这就是用技术革新的工作方法，用引导职工群众技术水平普遍提高的方法组织群众劳动。他强调，在全国各地的工会组织中，当前严重的问题之一，就是存在着官僚主义，民主生活不健全，工会组织不了解群众的意见和要求，缺乏群众性的批评与监督。所以必须注意发扬工会的民主，开展批评与自我批评，克服官僚主义现象，健全工会的民主生活。工会必须开展批评与自我批评，健全民主生活，把工会工作放在群众监督之下，密切与群众的关系，否则就要脱离群众，脱离群众是工会工作最大的危险。为了做好群众工作，密切联系群众，使工会组织具有广泛的群众基础，必须十分注意发挥积极分子的作用。工会是工人阶级的群众组织，是党联系群众的纽带，工会必须吸引更多的有觉悟、有能力，又为群众所拥护的积极分子参加各项实际工作，并通过他们和广大职工建立密切的联系。只有这样，工会工作才会有稳固的基础。工会组织领导工作中，应注意调查研究工作，深入地了解职工群众的生活、思想和生产中的情况，只有把情况弄清楚了，工作才有办法，决定的办法才能符合客观实际情况，适合群众需要，因而也能和职工群众相结合，这样工作的效果也就会好些。

天津市工会联合会副主席谷小波在报告中指出：根据中国共产党天津市第一次代表大会的决议和上级工会的指示，今后应作好以下几项工作：（1）大力开展劳动竞赛，继续贯彻竞赛与改进技术、改进管理相结合的方针，以保证全面、超额完成国家计划。（2）进一步宣传贯彻国家在过渡时期的总任务和四中全会的决议精神，继续加强对职工进行共产主义教育，不断提高群众的社会主义觉悟。（3）在发展生产的基础上，根据需要和可能，积极主动地改善职工群众的物质文化生活。（4）密切工会与群众的联系，改进领导方法，进一步建立工会工作的正常秩序。（5）加强私营和公私合营企业的工会工作，进一步协助政府加强对资本主义工商业的社会主义改造。大会一致通过了《关于两年来的工作报告的决议》和《关于财务工作报告的决议》，选举产生了天津市工会联合会第五届委员会委员49名，候补委员4名。2月8日召开五届一次全委会，讨论通过了《天津市工会联合会1955年工作计划纲要》，选出天津市工会联合会五届委员会常务委员14名；谷小波当选为主席，潘长有、许明、陈向好、王一达、王文源当选为副主席。

天津市工会第五次代表大会还向在朝鲜的中国人民志愿军前线部队发去致敬电。

第六节　天津市工会第六次会员代表大会

天津市工会第六次会员代表大会于1957年4月1日至6日召开。历时五天。谷小波同志在天津市工会第六次会员代表大会上的工作报告中指出：1957年是第一个五年计划最后的一年，也是为我国第二个五年计划作准备的一年。因此，动员全市职工响应中共中央八届二中全会增产节约的号召，全面地开展先进生产者运动，发扬工人阶级艰苦奋斗的优良传统，千方百计地克服困难，保证完成和超额完成国家计划，为第二个五年计划创造巩固的基础，就成为摆在工会面前的一项极为重要的任务。增产节约不仅仅是克服暂时困难的手段，也是我们建设社会主义的长远方针，是发展社会主义经济、扩大社会主义积累的基本方法。勤俭办工厂、勤俭办商店，勤俭办一切国营事业和合作事业，勤俭办一切其他事业，什么事情都应当执行勤俭的原则。这就是节约的原则，节约是社会主义经济的基本原则之一。又指出：摆在我们工会面前的任务是伟大而艰巨的。我们要加倍的努力，切切实实地深入下层，深入群众，认真依靠群众，听取群众的意见和要求，克服领导劳动竞赛的公式化和形式主义，实事求是的针对生产的需要组织不同形式的竞赛，并且十分注意随着国家政治经济形势的巨大发展所出现的群众运动的高潮，组织这个高潮，推动这个高潮。在劳动竞赛中不断用共产主义武装职工思想，提高他们建设社会主义自觉性。在关心职工政治生活的同时，关心职工物质生活和文化生活，维护职工的物质利益和民主权利。总之，我们应当深刻地记住，我们全部力量的源泉在于我们能够密切地依靠工人阶级和人民群众。相信我们天津市的工会组织，在党的领导下，经过进一步地密切联系群众，一定能在社会主义事业中发挥更大的作用。会议选举产生天津市工会第六届委员会委员54名，候补委员8名。大会选举谷小波为天津市工会联合会主席，选举陈好问、潘长有、王文源、张高峰、杨春林、赵冀平为副主席。

第七节 天津市工会第七次会员代表大会

天津市第七次会员代表大会于1960年4月15日至19日举行，历时5天。出席会议代表1100余人。

中共天津市委第一书记万晓塘，河北省总工会主席于致远到会讲话。万晓塘主要讲了五个问题:（1）形势问题;（2）技术革新和技术革命问题;（3）文化改革问题;（4）人民公社问题;（5）关心职工生活问题。在关于职工生活问题中，他首先强调各级党委、行政领导、工会必须把关心和安排职工生活作为一项经常的重要任务。搞技术革命，工人干劲大，生活问题要解决好。领导一定要注意几个问题:（1）注意劳逸结合。要有苦战，也要有休整，搞过几天苦战后，要休息一下。要有突击，也要有经常。（2）注意安全。现在大搞技术革命，有些新技术我们掌握不那么快，容易出事故。（3）粮食问题。两年大跃进，粮食增长很快。但总的讲，粮食还是紧张的。有些人确实不够吃，要解决。因苦战吃的多是临时问题，要用临时办法解决。（4）住房问题。现在比较紧张。特别是大办街道工业、集体生活事业以来，房子比较紧张。最后还要政治挂帅，教育干部要与群众同甘共苦，挤出些办公室给工人们住。（6）卫生体育问题。有些厂的卫生还不够好，工人体育活动也较少，应该认真搞一搞。

于致远针对支援农业技术改造问题，提出六项主要任务：第一，大力支援农村抗旱斗争和水利建设。这是实现农业大丰产的根本关键。在这方面，天津市职工担负着很大任务，并在前一段已经作出很大成绩。第二，大量创造和制造新式农业机具，改良旧农具，及时修配农业机具。第三，大量制造化肥、农药。这是保证农业大丰收的一个重要方面。不仅要保证完成生产计划，而且要大力试制新产品。第四，充分发挥天津市老工业、大工业基地的作用，积极帮助县锁及社办工业的发展。第五，帮助公社逐步实现饮食、缝纫、农副产品加工、牲畜饲养等方面的机械化、半机械化。第六，积极帮助公社培训技术人才，壮大农业技术力量。这是加速农业技术改造中的一项重要任务。

天津市总工会主席许明代表第六届委员会作了题为《高举毛泽东思想旗帜，深入地开展以技术革命为中心的增产节约运动》的工作报告。提出今后的任务是：更高地举起毛泽东思想的旗帜，继续贯彻党的总路线和一整套两条腿走路的方针。在党的领导下，动员全市职工树雄心、立大志，奋发图强，自力更生，高度发扬不断革命精神和共产主义风格，进一步掀起学习毛泽东思想运动；大搞技术革新和文化革命；大力支援农业技术改造；积极参加组织城市人民公社的工作，千方百计地全面超额完成1960年国家计划，加速技术改造，向高、精、尖进军。大会一致通过了许明的报告，并形成决议。通过了《告全市职工书》。选出天津市总工会第七届执行委员会委员80名，候补委员7名。许明当选为天津市总工会主席。张高峰、赵冀平、杨少华、刘长福（不脱产）、钱家光（不脱产）、苑兰田当选为副主席。李振华当选为经审委主席，白丙午当选为副主席。

第八节　天津市工会第八次会员代表大会

天津市工会第八次代表大会于1964年9月7日至12日在第一工人文化宫举行，历时6天。出席列席会议代表共1500余人。

中共天津市委书记处书记、市长胡昭衡出席大会。市委书记处书记张淮三向大会做了《关于当前形势任务》的报告。

天津市总工会主席许明代表第七届执委会作了题为《加强革命战斗力，促进职工革命化，为开展三大革命运动而奋斗》的工作报告。

大会认真讨论了张淮三和许明的报告，并形成大会决议。大会选出天津市总工会第八届执行委员会委员81名，候补委员13名。12日召开八届一次执委会，会上选出第八届执委会常务委员15名。选出第八届经审委委员7名。许明当选为主席，苑兰田、张阁、杨春林、孙少华、刘长福（不脱产）、钱嘉光（不脱产）、黄树尤、李波当选为副主席。赵川、白丙午当选为经费审查委员会正副主席。

第九节　天津市工会第九次会员代表大会

“文化大革命”期间，天津市工会工作受到错误的批判，大部分工会干部下放劳动，各级工会组织陷于瘫痪状态。1973年4月，根据中央指示精神，开始进行筹备召开工会代表大会的工作。同年5月召开天津市工会第九次会员代表大会，重新恢复了天津市总工会。

天津市工会第九次代表大会于1973年5月26日至31日召开。全体代表认真学习了毛主席关于批修整风和工会工作的一系列重要指示，总结了天津市工会工作中两条路线斗争的历史经验，选举产生了天津市总工会第九届委员会。大会通过决议，号召全市工人阶级，在毛主席革命路线的指引下，深入开展批修整风运动，进一步发挥工人阶级的主力军作用，团结全市广大职工，为我国社会主义革命和社会主义建设做出新的贡献。

出席这次大会的有1417名代表，其中，产业工人代表占百分之五十九，女工代表占百分之三十一，许多人是无产阶级“文化大革命”和“批修整风”中涌现出来的积极分子。代表中有劳动模范、先进生产者、工会干部、工程技术人员、文教卫生工作者，以及少数民族和归国华侨的工人代表。一百多位退休老工人、贫下中农、人民解放军和职工家属的代表，特邀出席了大会。

中共天津市委第一书记解学恭在大会上讲话。中共天津市委书记刘政代表市委在大会上作了《高举“九大”团结胜利的旗帜，为巩固无产阶级专政而斗争》的报告，号召全市广大工人群众，要牢记党在整个社会主义历史阶段的基本路线，认真学习马克思主义、列宁主义、毛泽东思想，深入开展批修整风运动，不断提高阶级斗争觉悟。大会经过充分酝酿和协商，根据毛主席关于无产阶级革命事业接班人的五项条件和老中青三结合的原则，选举产生了天津市总工会第九届委员会，委员会由119名委员组成。委员中大多数是不脱产的工人，女委员占百分之三十。经过第一次委员会选举和中共天津市委批准，天津市总工会常委25名，张福恒为主任，黄树尤、林启予、王满迎、李长茂、卢珊、运淑媛（女）、李淑文（女）、杨春林为副主任。

第十节 天津市工会第十次会员代表大会

天津市工会第十次会员代表大会于1981年6月25～30日在第一工人文化宫举行，历时6天。出席会议代表970人。

中共天津市委第二书记黄志刚、全国总工会副主席陈宇到会讲话。黄志刚讲话强调，天津市第十次工会代表大会，是粉碎“四人帮”以后的第一次全市广大职工代表齐集的盛会。天津市的工人阶级有着光荣的革命传统，无论是在新民主主义革命时期，还是在社会主义革命时期，无论是参加社会主义建设，还是同林彪、“江青”反革命集团做斗争，都表现出了英勇顽强的革命精神和高度的聪明才智，建立了一次又一次的功绩，谱写了一曲曲胜利凯歌。粉碎“四人帮”以后，特别是党的十一届三中全会以来，各级工会在党的领导下，紧紧围绕社会主义现代化建设，在宣传贯彻党的主张、方针、政策，维护工人群众的权利，推动社会主义劳动竞赛，关心群众生活等方面，进行了大量的工作，为巩固和发展我市的大好形势做出了重要贡献。在全党全国的工作着重点转移以后，广大职工以崭新的姿态，投身于工作和劳动中，为社会主义现代化建设做出了新的贡献，涌现出一大批先进模范人物。实践再一次证明，天津市工人阶级是一支久经考验的优秀队伍，各级工会是市委和各级党委的有力助手。最后黄志刚对今后工作提出四点意见:（1）认清形势，坚决贯彻执行中央关于国民经济调整的方针。（2）认真实行企业的民主管理，让职工群众充分行使当家作主的权利。（3）加强职工教育，建设一支有社会主义觉悟、有文化科学知识、有专业技术和经营管理经验的职工队伍。（4）切实加强党对工会工作的领导。

会议听取了天津市总工会副主任许明作的工作报告。报告中指出，粉碎“四人帮”以后，广大职工群众和工会干部欢庆获得第二次解放。大家义愤填膺，积极参加揭批查斗争，清算林彪、“四人帮”炮制的“工会黑线统治”和“生产工会”“福利工会”“全民工会”“工团主义”等反动谬论，揭发批判他们残酷打击迫害劳动模范、老工人、工程技术人员和工会干部的法西斯罪行。在市委和各级党委领导下，对各级工会的领导班子进行了调整充实，整顿了工会组织。经过揭批查斗争和组织整顿，为工会工作的恢复和发展奠定了思想基础和组织基础。报告强调今后工会工作任务：一是以发展消费品生产为重点，以提高经济效益为目标，广泛深入开展为四化立功的社会主义劳动竞赛。二是组织职工学政治、学文化、学技术，建设一支具有高度政治觉悟、掌握现代科学技术、有高度组织性、纪律性的产业大军。三是进一步推行和逐步完善职工代表大会制度，保证职工行使当家做主的民主权利。四是关心群众疾苦，做好职工生活工作。五是加强工会建设，使工会成为党联系工人群众的坚强纽带，成为受群众拥护和信任的“工人之家”。

大会一致同意许明的工作报告，并形成决议，号召全市广大职工和各级工会组织，要高举马列主义、毛泽东思想的伟大旗帜，更加紧密地团结在党中央周围，坚持四项基本原则，振奋精神，同心同德，艰苦奋斗，百折不挠，出色完成天津市增产节约计划和财政上缴任务，为把我国建设成为现代化、高度民主、高度文明的社会主义强国而努力奋斗。大会还通过了《关于学习、宣传、贯彻党的十一届六中全会公报的决议》《关于工会财务工作报告的决议》和《关于向李秀芬同志学习的决议》。大会选举产生了天津市总工会第十届委员会委员 97 名。在 30 日召开的十一届一次全委会上，选出天津市总工会第十届常务委员会委员 21 名。选出天津市总工会第十届经费审查委员会委员 9 名。许明当选为市总工会主席，黄树尤、单书、杨春林、孙少华、张子瑜、卢珊、李森荣、刘惠根、李之珍（不脱产）、李祺祖（不脱产）当选为副主席。单书当选为经审委主任，王书全、沈延祚当选为副主席。

第十一节 天津市工会第十一次会员代表大会

天津市工会第十一次会员代表大会于 1986 年 9 月 1 日至 5 日在第一工人文化宫举行，历时 5 天。出席会议代表 990 人，其中新老劳动模范占 50% 以上，女代表占 25%，35 岁以下占 33%。

另外邀请了105名老工会工作者、退休职工、职工家属和个体劳动者的代表参加了大会。

中共天津市委副书记、市长李瑞环，市委副书记吴振，中华全国总工会副主席章瑞英出席会议并作了重要讲话。

天津市总工会主席潘义清代表第十届委员会作了题为《团结全市职工，站在改革前列，为实现‘七五’计划建功立业》的工作报告。大会一致同意报告中提出的“七五”时期天津市工人运动和工会工作的主要任务和工会自身改革和建设的各项要求，号召全市职工站在改革前列，为实现“七五”时期建设目标，把天津市建设成为繁荣、昌盛、文明、美丽的社会主义现代化新天津做出更大的贡献。要求全市工会组织要认真贯彻执行新时期的工会工作方针，坚持以四化建设和改革为中心，锐意改革，开拓进取，充分发挥工会组织的优势，做好职工思想政治工作，建设“四有”职工队伍，更大规模地开展“为实现‘七五’计划献计出力、建功立业”的群众活动，大力加强企事业队伍的民主管理，积极参与国家和社会事务管理，努力为职工说话办事，维护职工的合法权益，加快工会自身改革和建设的步伐，密切工会与职工群众的联系，把广大职工更加紧密地团结在党的周围，在推进经济体制、政治体制改革中，进一步开创天津市工人运动和工会工作的新局面。大会还通过了《关于工会财务工作报告的决议》，对全市200个先进“职工之家”，300名先进“职工之友”，500名优秀工会积极分子和50名名誉工会积极分子进行表彰，分别授予锦旗、奖状和荣誉证书。

大会选出天津市总工会第十一届委员会委员97名、候补委员19名和经费审查委员会委员7名。在工会十一届一次全委会上，选出天津市总工会十一届全委会常务委员10名。潘义清当选为天津市总工会主席，单书、于长生、苏兰州、张淑华分别当选为副主席。孙少华当选为经审委主任，王书全当选为副主任。

第十二节　天津市工会第十二次会员代表大会

天津市工会第十二次会员代表大会于1991年9月12～15日在天津礼堂举行，历时6天。全市共选出正式代表984名，其中工人代表占30.28%，荣获区县局以上各类光荣称号的先进人物占70%。还有老工会工作者、退休职工、个体劳动者97名作为特邀代表列席了大会。

中共天津市委、市顾委、市人大、市政府、市政协、市纪委和警备区领导谭绍文、聂璧初、刘晋峰、张立昌、吴振、杨惠洁、杨竞衡、杨志华、王旭东、刘曾坤、李建国，老同志许明，以及中华全国总工会副主席杨兴富出席了大会。市委书记谭绍文和中华全国总工会副主席杨兴富作了重要讲话。谭绍文在讲话中充分肯定了天津工人阶级的主力军作用，高度赞扬了天津市的职工队伍是一支团结的、有觉悟的、特别能战斗的队伍。

会议听取了天津市总工会主席潘义清作的《团结全市职工，站在改革和建设的前列，为实现我市宏伟蓝图建功立业》的报告。报告全面总结了工会十一大以来的工会工作在各个方面取得的开拓性进展。主要经验是，坚持以经济建设为中心，全面履行工会的社会职能，坚持改革开放的基本国策，支持和促进改革开放，坚持党的全心全意依靠工人阶级的指导方针，支持和组织职工当家作主；坚持党的群众路线，密切与职工的联系；坚持党的领导，把自觉接受党的领导同独立自主地开展工作结合起来。同时提出了今后五年的总任务是，坚持党的基本路线和全心全意依靠工人阶级的根本指导方针，以经济建设为中心，全面发挥工会的维护、建设、参与、教育四项基本职能，团结全市职工，以高度的主人翁责任感和紧迫感，站在改革和建设的前列，投身新技术革命，为振兴天津，实现宏伟蓝图建功立业。其主要任务是：（1）紧紧围绕经济建设全局，组织和动员职工扎扎实实地开展社会主义劳动竞赛，努力提高经济效益；（2）大力加强民主管理和民主监督，切实保障职工在企事业中的主人翁地位和民主权利；（3）积极参与和促进各项改革，尽心竭力地为职工说话办事；（4）努力提高职工的思想政治和科学文化素质，建设“四有”职工队伍。报告还对积极稳妥地推进工会改革和建设提出了具体要求。

大会一致通过了工会工作报告，并形成了决议。大会提出，各级工会必须积极稳妥地推进自身的改革和建设，努力把工会组织建设成为党领导的，独立自主、充分民主、职工信赖的工人阶级群众组织。

大会号召全市职工，认清当前面临的形势，明确工人阶级肩负的光荣使命，坚定社会主义方向和共产主义信念，胸怀全局，团结进取，艰苦奋斗，无私奉献，以高度的主人翁责任感，积极投身“八五”立功活动，推进企业深化改革，搞好重点建设，调整产品结构，扩大对外开放，发展科技教育事业，在社会主义物质文明和精神文明建设中，充分发挥工人阶级的主力军作用，确保天津市安定团结的政治局面和经济建设持续、稳定、协调发展，为振兴天津，服务全国，走向世界做出新的更大的贡献，为胜利实现第二步战略目标而努力奋斗。最后大会选出了天津市总工会第十二届委员会委员 117 名，经费审查委员会委员 9 名。14 日举行的十二届一次全委会选举十二届委员会常务委员 10 名。潘义清当选天津市总工会主席，于长生、苏兰州、张淑华、张子鹏、李淑珍、李大亚当选为副主席。潘秀运当选为经审委主任。

第十三节 天津市工会第十三次会员代表大会

天津市工会第十三次会员代表大会，于 1996 年 10 月 23 日至 26 日举行。代表天津市 280 余万职工的 978 名代表出席这次代表大会。他们来自天津市工交、城建、财贸、科教文卫等各条战线。代表中，有在生产一线做出贡献的工人、技术人员、经营管理干部，有教师、医务、文艺、体育工作者，有企事业单位的党政领导、各级工会干部和工会积极分子。其中区县局（总公司）以上先进人物占 69.1%，女职工代表占 33.7%，青年代表占 28%，还有少数民族、归国华侨、三资企业、乡镇企业和私营企业代表。

中共天津市委、市人大、市政府、市政协、天津警备区的领导高德占、张立昌、李建国、房凤友、刘晋峰、刘峰岩、金仁燮、罗远鹏、邢军、潘义清、张惯文、刘惠根以及许明出席了开幕式。全国总工会副主席、党组副书记、书记处书记杨兴富和中华全国总工会组织部部长肖锡甲专程从北京赶来参加会议。

中华全国总工会副主席杨兴富在天津市工会第十三次代表大会上的贺词中，对天津市工会工作予以高度的评价。

潘义清作了题为《团结动员广大职工为实现天津市“九五”计划和跨世纪宏伟目标努力奋斗》的工作报告。

大会一致通过了工会工作报告，并形成决议。最后大会选出天津市工会第十二届委员会委员 125 名，经费审查委员会委员 11 名。潘义清当选为天津市总工会主席，张子鹏、李淑珍、李泮祥、安亭洲、刘凤山、王连金当选为副主席。杨东来当选为经审委主任。

第十四节　天津市工会第十四次会员代表大会

天津市工会第十四次会员代表大会于 2001 年 10 月 29 日至 11 月 1 日举行。出席大会的代表 792 人，他们分别来自天津市公交、城建、财贸、农林、科教、文卫等各条战线。他们有在生产工作一线作出突出贡献的工人、技术人员、经营管理干部，有教师、医务、文艺、体育工作者，有企事业队伍的党政领导、各级工会干部和工会积极分子。在代表中，区县局、总公司（集团）以上先进人物占 72%，女职工代表占 34.7%，青年代表占 25.6%，还有少数民族、归国华侨的代表。天津市总工会还邀请了老工会工作者、部分党政干部列席了会议。这次大会具有广泛的群众性和代表性，反映了全市职工队伍的整体风貌，体现了广大会员群众的意愿和要求。

出席会议的有中共天津市委、中华全国总工会、市人大、市政府、市政协和市纪委的领导同志。还有市委、市政府有关部委办、团市委、市妇联、市科协及各区县局（总公司）的党政领导同志。

中共天津市委书记张立昌在大会上作重要讲话。他充分肯定了天津工人阶级在“九五”时期，为开创天津市改革开放和社会主义现代化建设新局面做出的贡献。高度评价了全市各级工会组织，紧紧围绕党的中心任务，突出履行维护职能，取得的显著成效。

中华全国总工会党组副书记、书记处书记孙宝树在讲话中，对天津市广大职工和各级工会作出的贡献，给予了充分肯定。并对天津工会工作提出了具体要求。

天津市总工会主席散襄军在大会上作了题为《认真实践“三个代表”重要思想，忠实履行基本职责，团结和动员全市职工为实现天津跨越式发展而努力奋斗》的工作报告。报告指出，天津市工会工作取得了显著的成绩和长足的发展。群众性“九五”立功活动成绩显著；劳动关系协调机制实现突破；基层民主政治建设不断发展；送温暖工程深入实施；工会思想工作扎实有效，工会自身建设不断加强。报告中指出今后五年工会工作的主要任务是：（1）深入开展群众性“十五”立功活动，全面实施“职工素质工程”，为加快团结发展建功立业；（2）健全完善以“两项制度”为重点的维权机制，强化微观维权实效，充分发挥基层工会协调稳定劳动关系的基础作用；（3）强化工会领导机关责任，加强宏观维护的力度，为基层工会开展工作提供支持和保证；（4）进一步转变工会作风，加强工会自身建设，推进工会群众化、民主化、法制化。

大会一致通过工作报告并形成决议。大会选举天津市总工会第十四届委员会委员125人，选出天津市总工会第十四届委员会常务委员12人。选举散襄军为天津市总工会主席，张子鹏、李泮祥、安亭洲、刘凤山、王连金、赵洪莉为副主席。杨东来为经费审查委员会主任。

第十五节　天津市工会第十五次会员代表大会

天津市工会第十五次会员代表大会于2006年12月1日至12月4日举行。来自全市各条战线的近千人代表，肩负着全市300多万名职工的重托参加了大会。中共中央政治局委员、中共天津市委书记张立昌、市长戴相龙、市人大常委会主任刘胜玉等领导同志出席了会议。中华全国总工会副主席、党组副书记、书记处书记孙宝树专程到津出席会议。张立昌在讲话中指出，一定要发扬优良传统，坚持更高标准，追求更高水平，始终站在时代前列，更好地肩负起历史赋予的神圣使命。并对今后工作提出四点意见：（1）必须始终坚持全心全意依靠工人阶级的方针，充分发挥工人阶级的主力军作用；（2）必须大力提高职工队伍整体素质，不断发展工人阶级的先进性；（3）必须切实维护职工群众的合法权益，促进劳动关系的和谐；（4）必须切实加强党对工会工作的领导，密切与职工群众的联系。孙宝树在讲话中对工会工作提出了具体要求。

散襄军在会议上作了题为《坚持以科学发展观统领更好工作全局，团结动员全市职工为全面加快和谐天津建设，实现“十一五”发展的新跨越而奋斗》的工作报告。报告中明确了今后五年工会工作的指导思想是：以邓小平理论和“三个代表”重要思想为指导，坚持用科学发展观统领工作全局，认真贯彻落实党的十六届五中、六中全会和市委八届九次、十次全会精神，推动党的全心全意依靠工人阶级方针贯彻落实，坚定不移地走中国特色社会主义工会发展道路，以推进天津发展、建设和谐天津为第一要务，以扩大工会工作覆盖面、增强工会组织凝聚力为基本要求，以理论创新和实践创造为根本动力，深入落实“组织起来，切实维权”的工作方针，准确把握经济关系和劳动关系发展规律、工人阶级队伍发展规律、工人运动和工会工作发展规律，始终坚持主动维权、依法维权、科学维权，努力促进劳动关系和谐、企业和谐、社会和谐、不断提高工会工作群众化、民主化、法制化和社会化水平，团结带领广大职工在加快滨海新区开发开放、实现团结“十一五”发展的新跨越中，充分展示全市工人阶级、工会组织、工会干部的时代作为。

大会一致通过了工作报告，并形成了决议。最后大会选出了天津市工会第十五届委员会委员125名，经费审查委员会委员25名。散襄军当选天津市总工会主席，刘凤山、李泮祥、赵洪莉、崔金和、高炜、黄淑玲当选为副主席。黄晓云当选为经审委主任。

2008年2月1日，天津市工会第十五届委员会举行第四次会议。会议选举天津市人大常委会副主任、天津市总工会党组书记邢明军为天津市总工会主席。

第二章　重要活动与工作

第一节　新中国建立初期的工会工作及活动

一、贯彻工会法加强工会组织建设

整顿健全工会组织。1950年1月10日至14日天津市工会第一次会员代表大会在工人文化俱乐部（现第一个文化宫）举行，会议的主要任务是成立天津市总工会。同时，会议对私营企业工会工作提出了明确的意见，指出工人阶级在私营企业中，对生产与生产管理不能采取漠不关心的态度，应采取和资方协商的方法，解决工厂管理问题，使生产走上正常状态。并明确了工会应争取主动，搞好生产，发动工人，团结职员、技术人员，推动资方积极改进经营发展生产。同时，工会提议建立劳资协商会议，车间生产会议，提出了发展生产和发展与巩固基层组织的任务。

1949年1月至1950年1月，全年共发展新会员87646人，新建工会基层组织（包括联合基层组织）788个，另有组织员461个，新建工会小组4707个，新建（包括组织变更）市产业工会5个，经过整顿或改进的基层组织共有267个。全市共有会员284941人，占全市职工人数67.8%，工会小组17757个，基层组织（包括组织员）2026个（其中已建立车间委员会的有54个单位，已建立各种工作委员会的有104个单位）。据市政、店员、化学等六个产业工会统计，提拔基层委员 391 人，在 9 个产业工会基层中清洗了不纯分子 104 人。

根据天津市职工总会筹委会首届执委会关于组织的精神，整编工人队伍，划分 21 个产业工会，计有纺织、五金、化学、铁路、邮政、电信、轻工业、市政、建筑、财金、店员、搬运、电业、海员、教育、文艺、医务、新闻、民用航空、盐业、食品等。并且除了原有的塘大区办事处外，又在市内各区先后建立十一个区办事处，加强对私营小厂的领导，并重点开展生产竞赛。大中型工厂及小厂工会工作得以平衡发展。

表 3-2-1-1　天津市各产业职工人数一览表（1）

行业	所属企业	企业个数	会员数	非会员数	职工总数
天津市轻工业工会工作委员会	制纸、火纸、骨胶、玻璃料器、橡胶、颜料、制墨、油漆、纽扣、制革、榨油、皮毛、肠衣、搪瓷、鞋帽、粘板制板、地毯、猪鬃、被服、染整、装具、耐火器材、马尾工厂、草帽辫、文具、油脂化学（肥皂化妆品）、制刷、玩具、家具、赛璐珞、毛巾等	173	24103	5192	29295
天津市食品工业工会工作委员会	打蛋、面粉业、烟草业、食品化学公司、土产公司、汽水、制冰、味之素、糖、酱油、华北酒业专卖、渔业、牛奶厂、糖果饼干等	71	7981	2271	10977
天津市财政金融业工会委员会	银行钱庄、财政局、金融处、海关、税务机关、保险事业等	135	8215	2762	10977
天津市建筑业工会工作委员会	窑业、营造厂、公私建筑公司、木行、石厂、建筑工人（包括泥、瓦、木、油、锯木、棚匠、管子匠、建筑师）等	86	15320	3036	19621
天津市文化艺术工作者工会工作委员会	从事电影戏剧艺术、中苏友好协会、旅行社、文艺协会、曲艺协会、文化局、文联、博物馆等工作的人员	76	1418	3036	4454
天津市新闻出版印刷工业工会工作委员会	报社、出版、印刷、通信社、广播电台、铸字制版、装订、新闻出版系统等的工作人员	35	1206	325	1531
天津市教育工作者工会工作委员会	大、中、小学教职员、校工社教机关（包括图书馆、文化馆、业余学校）幼稚园、教养院、保育院、教育局等	400（约）	0	9759	9759
天津市手工业工会工作委员会	五金、纺织染、化学、衣鞋、理发、机米、小家具制造、屠宰、煤球等		21299	9121	30420
天津市搬运工会筹备委员会	码头、三轮、运输、马车工人、冰业装卸	138	38044	3527	41571

续表

行业	所属企业	企业个数	会员数	非会员数	职工总数
天津市市政工会	自来水、汽车公司、清洁队、电车公司、公用局、卫生工程局、运输公司、海河工程局、建设局、水利处、挑担、公产清管局、摆渡、汽车行、被雇佣司机	16	9405	2465	11960
天津市医务工作者工会筹备委员会	公立医院（包括塘人）私立医院、传染病院、牙科、妇产科、眼科、卫生事务所、制药厂、卫生局、公立护士学校、诊疗所、中医（被雇佣者）、葡萄糖厂、医疗器材制造厂等	47	2947	2292	5239
中国纺织工会中共天津市委员会	纺织、棉织、麻织、丝织、毛织、针织、印染、（另附中纺机械厂）等	169	32518	2404	34922
天津市化学工会	染料业、酸碱业、海水工业、石棉、碳酸钙、洋灰、炼焦炭等	32	4473	412	4885
天津市五金工会	炼钢业（制钢厂、铁合金厂、电极厂）、电工制造、翻砂业、拔丝、铁丝、制丝、制钉、（机器制造业、制配厂、橡胶配件厂、自行车厂、公司与示范厂），工业局机器厂。私营制造工具面粉机业、塘大铁工厂、中央燃料部天津办事处等开滦矿务局（暂时划入）	146	10363	1459	11822
华北区海员工会筹备委员会	轮船公司船舶、木船、招商局、修船厂、新港工程局		9718	1678	11446
天津市电业工会筹备委员会	发电厂、法商电力等	8	1800	36	1836
中国邮电工会	邮政十五个支局、储汇局、储汇局办事处、管理局。电讯六个分局，总局、收信台、第四仓库、北联、塘沽等	31	3206	57	3263
长芦区盐业工会	大清河、汉沽、塘沽、大沽等盐滩		5776	3188	8964
中国铁路工会天津区委员会天津办事处	木工厂、养气厂、营业所、办事处、旅行服务所、材料厂、机务段、车务段、工务段、电务段、检车段、工程队、东站、西站、北站、塘沽、局内电气、修造厂、铁路工厂、扶轮中小学、职工班、车站装卸工人、铁道部兵团修理厂等	24	11558	1189	12747
天津市机关工作者工会	包括市委系统、政府系统（属于各产业工会的不包括在内）、妇联、青联、青委、天津市总工会等部门的工作人员			3440	3440
天津市店员工会筹备委员会	包括旅店、澡堂、五金、饭馆、药业、茶粮业、绸布、货栈、颜料、煤木、教育用品、食品、百货公司（油脂公司、茶叶公司、蚕丝公司）、石油公司等部门的职工、贸易公司	4916	25442	17478	42920

说明：各业工会单位数及职工人数根据 1950 年 5 月份统计数字

表 3-2-1-2 天津市职工人数、会员人数、基层工会个数一览表（2）

年度	职工人数	会员人数	基层工会（个）	区县、产业、办事处
1949 年	344300	197200	285	7 个产业工会，
1950 年	440463	284341	2917	产业工会 21 个，区办事处 12 个
1951 年	482517	390437	10410	区工作委员会 62 个，组织员联合会 697 个
1952 年	535130	456152	17069	
1954 年	537172	489416	14973	
1958 年	866044	541838	1908	
1959 年	1069211	737596	2860	
1960 年	771888	574291	1224	
1963 年	900050	772944	3079	
1973 年	1273353	1169342	3956	建立区县局工会 73 个，公司工会 212 个
1981 年	2022816	1863689	5556	
1985 年	2405796	2284638	6948	局级（产业）工会 73 个，市级办事处、区工会、县工会 18 个
1986 年	2454507	2328019	7059	局级（产业）工会 79 个，市级办事处和区工会 13 个、县工会 5 个
2005 年	3489469	2690000	16199	
2008 年	3800000	3677518	26999	

说明：部分年度天津市职工人数、会员人数、基层工会个数根据天津工运史资料统计数字

二、调动职工积极性恢复国民经济

开展生产竞赛。根据天津解放前夕统计，全市 35 万名工人中，有近 20 万失业工人，占职工总数 57.4%，工人生活极端困苦。因此，天津解放后迅速解决工人失业问题，安定工人。华北总工会筹委会天津办事处入城工作以后，成立生活福利部，把救济和安置失业工人的工作首先承提起来。华北总工会筹委会于 1949 年 3 月 6 日召开职工代表大会，贯彻“稳定职工生活，以保证迅速恢复生产”的方针，组织工人义务劳动，解决中央调拨的 6000 万公斤粮食的运输、储藏和分配工作。并组织工人群众民主选举代表，根据工人的情况负责陆续发放救济粮食。

天津市总工会和纺织工会在恒源、北洋两纱厂做示范典型，组织生产竞赛，工厂增加利润，工人改善待遇，生产管理制度有改进，总结出“发展生产贯彻劳资两利，发动生产竞赛帮助与推动资方改进其生产管理制度”的宝贵经验。

1950 年天津市总工会组织开展红五月大生产竞赛，宣传李兆珍小组搞好团结，分工负责的经验，全年涌现 42 个模范小组。

1951 年 5 月 7 日，天津市人民政府公布“评模决定”。“评模决定”规定模范小组的五项标准，小组工作有明确的目标，全市 5000 多小组订立争取做模范小组规划。

1951年天津市总工会组织全市职工开展“爱国主义劳动竞赛及爱国增产节约竞赛运动”，竞赛形式主要是小组竞赛，竞赛内容是研究技术与建立制度，同时发起向马恒昌小组应战活动。全市参加竞赛小组达7000余个，涌现出先进小组380个，模范小组115个。

1950年初至1951年底，天津市总工会提出“变行政计划为群众计划”，先由行政自上而下的布置，经过群众自下而上的讨论，再由行政平衡分析，自上而下的批准，达到均衡生产。

1952年5月22日，天津市总工会召开常委扩大会议，出席与列席会议的有常务委员、执行委员、各部正副部长、各产业工会和各区办事处负责人共六十余人。会议讨论并通过工会工作方针，决定加紧做好爱国增产节约竞赛运动的准备工作，于6月份起在国公营企业中陆续展开竞赛。在私营工厂中，如条件具备，亦应展开竞赛。

1950年1月—1952年9月，全市职工共提合理化建议72254件，采纳30954件，创造价值1261.6635亿元。

建立企业管理委员会。入城初期，华北总工会筹委会天津办事处立即派出700多名干部，组成纺织、摩托、联勤、电讯、私企等工作组到各工厂企业和各区去，进行职工群众的组织与教育工作，发动工人协助接管、复工复业，并根据华北总工会筹委会天津办事处关于建立职工代表会的具体实施方案，组织职工代表会，各工厂企业职工经过民主讨论和充分酝酿选出了自己的代表，成立职工代表会。各单位职工代表分工负责，着手进行协助接管清点、组织职工学习、举办福利等工作。

据1950年5月3日天津市总工会统计国营工厂建立管理委员会情况：1.市政工会所属25个单位：已经成立的共12个，较好的3个，一般的8个，较坏的2个，准备成立的1个，没成立的12个。2.产联工会所属36个单位：已经成立的共10个，一般的10个，准备建立的3个，没成立的23个。3.化学工会所属31个单位：已经成立的26个，较好的2个，一般的21个，较坏的3个，准备成立的1个，没成立的4个。4.纺织工会所属12个单位：已经成立的11个，较好的1个，一般的8个，较坏的2个，没成立的1个。5.铁路工会所属17个单位：已经成立的14个，较好的1个，一般的12个，较坏的1个，准备成立的1个，没成立的2个。6.五金工会所属17个单位：已经成立的16个，较好的2个，一般的13个，较坏的1个，没成立的1个。

国公营厂单位：已经成立的89个，较好的9个，一般的72个，较坏的9个，准备成立的3个，没成立的43个。

救济失业工人。1950年5月23日，以天津市总工会、天津市劳动局为主，会同共青团、妇联、民政局等单位，成立天津市失业工人救济委员会，并在各区设立专门组织，为全面开展对失业工人的救济安置工作提供了重要的组织保证。为了筹措资金，迅速解决失业工人的生活困难，安置他们的工作，稳定国计民生，市工会号召在业的各公私营企业、在职工人伸出友谊之手，援助失业的阶级弟兄。各公私营企业和工人分别拿出工资总额或个人工资的1%，交纳救济金，帮助失业工人解难。同时，许多社会团体、职工会、同业工会、私立医院、外商、在业职工纷纷捐款、捐粮、捐物，市工会收到捐款718513万元，棉衣被褥等物品上千件。粮食5035880斤。市工会和各区的工会干部、积极分子日夜奔忙，深入工人家里，访贫问苦，问寒问暖，送衣物钱粮上门，为最困难的15807户送去了衣物钱粮物品折64611万元。

为使失业工人生活得到妥善的安置，市工会采取安置失业工人工作、以工代赈、生产自救、转业训练、回乡生产等方式，解决他们的生活和工作。在以工代赈工作中，天津市总工会十分关心工赈工人的生活和政治文化教育，按月发给工赈费，保证其家属的生活，组织职工学习文化、政治，参观展览、看电影，提高职工素质，掌握生产技能。1950～1952年组织失业工人53000名修路，疏浚河道等市政建设工程40余项，后53000名工赈工人全部转为天津市建工局的正式工人。

天津市总工会同劳动局共同起草制定《关于失业工人医疗、丧葬补助暂行办法》，失业工人最感困难的生、老、病、死问题得到解决。到1952年底，基本解决了解放前遗留的失业工人的安置工作，天津市失业工人救济委员会撤销。

成立天津市技术研究总会。1950年7月，天津市总工会为了进一步推动全市工人的技术学习，交流工作经验，提高生产效率。在劳模座谈会与全市技术研究会的基础上，首先召开锅炉技术专业会议，成立锅炉专业技术研究会。继之全市组织翻砂、机械、电工、汽轮发电机、面粉、烟草、橡胶、纺织等九个专业技术研究会。

1951年1月11日天津市总工会举行锅炉、翻砂、机械、电工、汽轮发电机、面粉、烟草、橡胶、纺织等九个专业技术研究会联席会议。会议总结和交流各研究会的工作经验，确定健全巩固组织机构，这些专业技术研究会普遍开展了开办技术讲座，建立厂级技术研究会等工作，为巩固和进一步发展这一工作，打下了良好基础。

1951年4月8～29日，天津市总工会召开全市工业技术工作者代表大会，劳动模范和工程技术人员270余人参加会议，正式成立“天津市技术研究总会”，更广泛地推动了技术研究会的工作。

第一次劳模大会。1950年9月20日上午，天津市第一次劳模大会在中国大戏院隆重举行。全市各国营企业、工厂和恒源、北洋等私营大厂劳动模范及党、政、工、团等部门负责人共约1500余人参加会议。

苏联专家戈列金代表苏联劳动人民向天津市的劳模致以最热烈的敬礼。

天津市副市长刘秀峰作五、六、七三个月生产竞赛总结报告。在报告中，他详尽的说明和分析了此次竞赛的成绩、缺点和一些初步经验，并号召全体劳模在今后的竞赛中，和全体职工一起，共同努力，争取天津市的生产能在更短期间得到更大的胜利。

总结报告结束后，即开始发奖。发奖人为刘秀峰副市长、黄火青主席。全市79个特等劳模、189个一等劳模及4个一等模范单位、11个二等模范单位、43个模范小组的代表，在乐声中相继登台受奖。

劳模代表潘长有、于松如、李兆珍相继讲话。

劳模写给毛主席的一封信。1952年4月，天津市劳动模范潘长有等天津市国公营工厂21名劳动模范和先进生产者五一前夕联名写信给毛主席，提出保证进一步开展爱国增产节约运动。

三、劳资关系

签订集体合同。1949年11月，天津市总工会筹委会在《关于当前工会工作任务》中指出：“目前的中心工作是巩固已建立的工会，发展会员建立新的组织，用最大的关心解决工人中存在的合理的又可能解决的要求，以巩固工会在工人中的威信，加强工会组织与群众的联系。在公营企业中，组织生产节约运动，整顿劳动纪律，协同工厂行政建立奖励制度，提倡创造发明，提高生产效率，发动打破纪录竞赛，解决劳保福利等问题。在私营企业中，组织工人讨论天津市各界代表会议通过的劳资关系处理办法，组织签订劳资集体合同。在执行上述任务中巩固与发展工会的工作。”

私营企业中签订劳资集体合同，发展会员，建立工会。一是保持资方的积极性，保护工人阶级的利益。二是签订集体合同，是私营企业工作的中心环节。三是规定：凡政府公布的有关工人问题的法令，总工会的指示决定，必须详细阅读，选择讨论体会其精神，记着其规定，不能单独阅读者，应组织集体阅读，讨论。在进行集体合同的工作中，每一干部和工人，均应研究劳资关系处理办法，并阅读有关的参考文件，体会和掌握其政策的精神，在讨论之中，注意解决工人中的各种思想偏向。四是签订集体合同与组织工会工作相结合，在已建立工会的大私营企业中，应结合签订集体合同的工作使工会组织健全巩固起来，在尚只有少数会员或根本还没有发展会员的小私营工厂商店中，应结合签订集体合同的工作，发展会员建立工会。

劳资协商会。1950年1月，天津市总工会和纺织工会总结东亚劳资协商会的做法，并选择北洋和恒源纱厂作为推广劳资协商会的试点单位。

1950年1月18日，天津市军事管制委员会发布《天津市劳资关系暂行处理办法》。《天津市劳资关系暂行处理办法》是根据“发展生产、繁荣经济、公私兼顾、劳资两利”的新民主主义经济建设的总方针和刘少奇对天津工作的指示，由天津市总工会负责起草，经广泛征求意见和反复讨论修改的处理劳资关系的具体规定。

1950年3月底，天津市总工会向各产业工会发出抓住重点企业，推广劳资协商会的号召。在此期间，中央人民政府劳动部于1950年4月29日发出《关于在私营企业中建立劳资协商会议的指示》，对劳资协商会议的目的、性质、代表组成、协商内容和程序等都做了明确的规定，有力地推动了劳资协商会在天津私营企业中的推广和完善。在各级工会组织的努力下，至1950年9月中旬，建立劳资协商会的私营企业除东亚、北洋、恒源三个厂之外，还有中天电机厂、福星和寿丰面粉厂，永利和久大化工厂、利中酸厂，丹华火柴厂等企业；私营商业中建立劳资协商会的有惠中饭店、大昌五金行、正兴德茶庄、中华百货售品所、谦祥益和瑞蚨祥绸缎庄、达仁堂和乐仁堂药店等。1950年，全市共有125个大中型企业建立劳资协商会。

通过劳资协商会废除落后陈旧的管理制度，如恒源纱厂劳资协商会根据工人们的要求，废除了侮辱工人的“搜身制”。在恒源纱厂的带动下，北洋纱厂、东亚毛织厂、耀华玻璃厂等私营企业也都相继废除了“搜身制”。一些私营企业的劳资协商会还建立和改善了工厂的生产、管理和奖励等制度。

四、组织职工参加各项政治运动

捐献“天津工人号”飞机、大炮、坦克。1951年6月5日，天津市总工会号召全市职工广泛开展争取模范生产竞赛，捐献“天津工人号”飞机、大炮、坦克支援前线。广大职工在爱国捐献运动中捐款达150亿元，超额完成半年内捐献十架飞机的计划。

废除封建把持制度。天津解放初期，一些行业中残留着封建把持制度，解放初期，全市开展了大规模的民主改革运动，废除封建把持制度。在这场被工人们称作第二次解放的伟大的民主改革运动中，搬运工人尤为突出。

根据刘少奇“脚行制度要根本改革。要适当、充分、有分别、有步骤”的指示，搬运行业于1949年5月，由原区委书记安力夫，张羽时筹组了搬运工人工作委员会（后改称天津市搬运工会联合会），确定了搬运工作的方针、政策，决定把64000多搬运工人组织起来，进行反封建、反把持斗争。6月17日、25日，分别召开了搬运工会干部大会和工人代表大会，对建立工会、吸收会员，组织广大搬运工人开展废除封建脚行制度的斗争，做了具体的部署。会议还贯彻了民主改革的方针、政策。大会以后，全市搬运工人纷纷行动起来，普遍成立了工会组织，广泛开展了宣传教育，使民主改革的各项方针政策深入人心。随后还建立了运输公司、工人管理委员会，由工人参加搬运业务的管理。

1950年2月，中国搬运工会第一次全国代表大会通过的《关于废除各地搬运事业中的封建把持制度的暂行处理办法》为天津搬运工人的反封建、反把持斗争提供了重要的法律依据。1950年6月，天津市总工会、搬运工会联合会与运输公司，分别发出号召，号召广大工人兄弟与搬运工人兄弟，热烈拥护政府逮捕大脚行头刘德山等七名首恶分子的措施，并号召工人紧密团结起来，提高警惕，彻底肃清搬运事业中的封建把持制度。

组织职工参加“镇反”运动。1951年3月24日，天津市总工会召开了第二届二次会员代表大会，出席全市工会会员代表四百余人。

天津市总工会主席黄火青作了题为“镇压反革命与巩固人民民主政权”的报告。指出人民政府对待反革命分子的政策一点也没有变，过去是现在仍是执行镇压与宽大相结合的方针。对死不回头，血债累累的反革命分子是非严厉镇压不可的，并不是现在镇压太多，而是过去镇压得不够。至于那些罪恶较轻，真诚悔过自新的分子，还是会得到宽大处理的。

黄火青对全市工人阶级提出三项号召：（一）动员家属及群众，协助公安机关，检举特务匪徒，以保证生产建设及抗美援朝前线的胜利。（二）开好控诉会，提高阶级觉悟，劝告被骗加入一贯道等反动道会门的工人速向政府登记。对被逮捕的曾混入工会的特务、恶霸、匪徒等，要立即开除其工会会籍。（三）提高警惕，应配合行政，把政治上可靠的积极分子组织成护厂队及纠察队，加强工厂、企业、财经等部门的安全保卫工作，尤其是保卫生产关键部门和车间的安全。加强保密工作，教育工人不要对外乱讲本部门的生产情况。

7 月 10 日，天津市军事管制委员会依法处决 277 名反革命罪犯。拥护政府摧毁反动会道门。1951 年 4 月 8 日，天津市总工会发表告全市工人、职员书，号召天津市工人阶级，除坚决拥护关于彻底摧毁反动会道门的决议外，并应发挥工人阶级的模范带头作用，广泛深入宣传，发动广大群众揭发反动会道门的罪恶。工人、职员及家属中的道徒，应依照市府与协商委员联席会的决议的原则，带头到政府进行登记及停止活动。被骗道徒应积极开展控诉首恶分子及反道、退道运动，协助政府把反动会道门的一切组织和活动彻底摧毁，以巩固人民民主政权，保卫工人阶级的永久利益。

4 月 14 日天津市政府、天津市总工会等单位举行“彻底摧毁反动会道门广播大会”，一万余名道徒声明退道。

组织职工参加“三反”“五反”运动。1952 年 1 月 6 日，天津市召开了开展“五反”运动的广播动员大会，天津市“五反”运动开始。天津市总工会主席黄火青在会员代表大会上号召全市工人阶级立即行动起来，站到斗争的前列。

1952 年 2 月 11 日，中国店员工会中共天津市委员会召开号召全市店员开展“反行贿、反偷税漏税、反盗骗国家财产、反偷工减料、反盗窃国家经济情况”的“五反”运动捉虎竞赛动员大会。天津市总工会主席黄火青出席会议，在讲话中指出，要在全市店员中进行深刻的“五反”教育和阶段教育，使广大店员认清资产阶级的本质，更加积极地投入“五反”斗争。

1952 年 3 月 22 日，天津市总工会召开了私营企业工会干部大会。会上黄火青主席指示在继续追查大盗窃犯的同时，要按照党中央制定的标准，对资本家分别做出结论，进行有理、有利的斗争。

1952 年 4 月 6 日，天津市总工会举行第三届第一次执行委员会议，会上黄火青当选为天津市总工会主席、谷小波、潘长有、李权超当选为副主席，会议还选出了 23 名常委。会议决定：结合“三反”运动在全市工厂企业中，开展一次彻底摧垮封建残余势力的民主补课运动。

1952 年 4 月 17 日，天津市总工会召开私营企业职工大会，天津市市长黄敬做了题为“‘五反’后新的劳资关系”的报告。他在报告中指出，“五反”是为了清除不法资本家的“五毒”行为，而不是要消灭资产阶级。“五反”运动后，工人阶级要进一步团结和监督资本家搞好私营企业的生产。会后，为了使“五反”后私营企业工会工作和生产事业能够继续发展，1952 年 6 月 9 日，天津市总工会召开了团结资方搞好生产的经验交流大会，使私营企业的广大工会干部进一步明确了党的政策和自身肩负的任务。

五、劳动保护

实施《劳动保险条例》。1950 年 1 月 10—14 日，天津市工会首届会员代表大会召开，会议还原则通过了市职工总会筹委会起草的《天津市国营公营企业劳动保险暂行条例草案》。

1950 年 9 月 1 日,《天津市国营公营企业劳动保险暂行条例》及其实施细则，开始在国公营企业实行。市政系统之清洁队、医院及学校职工均可享受本条例待遇，私营大中型企业酌情实行。

1952 年 6 月 1 日政务院批准了天津市国营公营企业劳动保险暂行条例，天津市人民政府于 6 月 24 日正式公布命令全市国公营企业实行。

落实五项集体劳保事业。1952 年 8 月，天津市总工会为了保障职工的健康，制定了五项集体劳动保险事业的规定，于 1952 年 8 月 1 日起实行。五项集体劳动保险事业是：

（一）海滨劳动模范休养所：凡是区级以上个人劳动模范、模范小组的主要人员、转入企业工作的战斗英雄、非直接生产单位的模范工作者，都可以入所休养（但以实行劳保条例的单位为主）。每期休养人数暂定一百五十人，休养期限为半个月。休养员休养期间的工资由企业的行政或资方照常付给，并且不能影响全勤。伙食费每人半月为五十工资分，除市级以上劳动模范及转入企业工作的战斗英雄由所里供给全部伙食外，一般休养员要自己缴纳二十五工资分。已经实行劳动保险条例单位的休养员，往返路费由休养所负责，没有实行劳动保险条例的由所在企业的行政或资方与休养所各负担一半。

（二）工人疗养院：职工有慢性病或是身体弱经疗养可收效的，或在动手术后的恢复期的，经本单位医务室或特约医院医师提出、基层工会提出意见、经疗养院核准就可入院疗养。住院期间的住院费、治疗费、药品费等，实行劳保条例的单位，每人每月暂定十万元，没实行劳动保险条例的十五万元，这项费用由企业行政或资方负责。疗养期限以三个月为限，伙食费暂定每天三点四工资分，疗养员出一半，劳保金补助一半。因工负伤的职工和市级劳动模范或转入企业工作的战斗英雄，所在单位已实行劳动保险条例的，本人应负担的一半伙食费由企业行政或资方支付；未实行劳保条例的全部由企业行政或资方支付。

（三）业余休养所：基层工会应根据本单位的具体条件，积极协助企业行政或资方举办业余休养所。不能单独举办的可与邻近企业联合举办。身体弱还能坚持工作而需要增加营养的职工，或对生产有贡献的老技术工人和技术人员，经工会小组提名、医务室检查、劳保委员会批准，就可以入所休养。休养期间暂定一个月，每期休养人数原则规定为本单位职工总数的百分之二。休养所的房屋、设备、人事管理等费用都由企业行政或资方负担，休养员伙食费规定每月为九十工资分，本人负担一半，其余一半由天津市总工会经管的劳保剩余基金支付。

（四）营养食堂：收入条件、经费开支、营养期限、申请手续等办法与业余休养所一样。

（五）牛奶站：实行劳动保险条例的单位，确实不好解决房子问题，也没有食堂的，可举办牛奶站。身体弱或四十五岁以上的老技术工人，或因工作性质损害身体健康的，都可经工会小组提名，医务室检查、劳保委员会批准就可入站。每天供给牛奶半斤，费用由劳保金支付。牛奶站暂定两个月一期，每期人数原则规定为本单位职工总数的百分之三。未实行劳动保险条例的单位也可成立牛奶站，费用由企业行政或资方供给。

同时，天津市总工会还制定关于海滨劳模休养所收容休养员之规定。

为困难职工治病。1951 年 1 月至 10 月，天津市总工会组织各区办事处及塘大工会等 13 个单位，为困难职工减免医疗费用治病，治疗 10645 人，治愈 766 人。

六、加强职工政治启蒙教育和文化技术教育

动员职工参与学习。天津市举办短期脱产轮训班最早的是公用局。该局在各厂进行初步的政策教育之后，针对当时工作任务多，力量分散，领导困难，不易搞好等问题，决定抽调一批干部专门负责办学习班。聘请华北总工会筹备委员会天津办事处主任李颉伯、丘金及干部讲课。从 1949 年 2 月 8 日至 4 月 2 日先后办了 4 期，轮训了 1063 人，占当时公用局系统职工的一半。

1949 年 3 月 30 日华北总工会筹委会天津办事处宣传部召开各公营企业各工作组负责学习的有关人员会议。交流各厂学习经验和研究如何进一步组织学习的问题，天津市总工会在会上适时地推广了公用局举办短期脱产学习班的经验。

1949 年 4 月刘少奇到天津视察，传达党的七届二中全会精神。4 月 24 日对天津工作作了指示。谈到工会工作时特别提到要将工人组织起来，进行初步的马克思主义教育。他说："赤色的革命工人运动，就是马克思主义与工人结合起来。"要求在工人中进行唯物史观、劳动创造世界、社会发展史、阶级与阶级斗争、中国革命基本问题、目前革命阶段各项政策、组织问题等教育，使工人树立新的人生观。启蒙教育运动掀起一个新的热潮，到 1949 年底全市参加短期脱产训练班的有 22949 人，加上业余训练班、车间学习班等共达 86941 人。至 1950 年上半年在天津市 34 万工人中，约有一半工人接受了马克思主义基本理论教育。其中不少人成为工会、青年团和妇女干部，不少人成为光荣的共产党员或青年团员。

天津市军管会主任黄克诚在 1950 年 2 月 1 日天津日报职工生活专栏第一期的题词是："为巩固与加强工人阶级在人民革命和新民主主义建设中的领导作用，首先要加强工人的政治教育，提高工人阶级觉悟。"

识字运动。天津棉纺一厂成立了识字运动领导组织，下设指挥部，负责领导、推动识字运动。1952 年 6 月 20 日举行动员大会，中国纺织工会中共天津市委员会文教部李鸿安部长、该厂厂长张振华、该厂工会主席王福元均出席大会并讲话。

搬运工会识字运动委员由工会主席耿益盈任主任委员，搬运公司经理赵西安、港务局业务处处长张国让分任副主任委员，运输工会主席池中鳌、码头工会主席沈玉泉等 13 人为委员，并于 1952 年 6 月 21 日举行首次会议，有关单位领导干部纷纷发言，一致认为这是一个伟大的政治任务，坚决保证其顺利完成。

1952 年，6 月 23 日天津市总工会发出指示，要求各级工会组织根据市人民政府颁布的《天津市各级识字运动委员会组织条例》，联合各级行政部门及其他有关部门组成识字运动委员会，加强对识字运动的组织和领导。天津市广大工人、妇女和一般劳动市民大规模开展推行祁建华速

成识字法的识字运动。

各区和各产业工会正陆续筹备建立各级识字运动委员会，组织力量，推动这一运动全面开展。在七月份内，全市职工、群众业余学校学员 21 万人全部完成学会两千字的任务。

开展职工文化技术教育。基层技术教育是在 1951 年 1 月陆续开展起来的。当时是在基层普遍进行抗美援朝、镇压反革命的爱国主义教育，大大提高了广大职工政治觉悟的条件下，于 1 月 17 日全市各厂向马恒昌小组应战的条件下开展起来的。马恒昌小组不出废品的原因，其中有一项很重要的工作是组织小组技术学习，提高工人的技术水平，因此，天津市各厂职工在应战时，都提出要组织小组技术学习。特别是从 4 月底全市召开了工业技术工作者代表大会之后，由于许多工厂的技术人员参加了这一项工作，使各厂技术学习普遍地组织起来。据当时 44 个厂的统计，参加技术学习的有 11040 人，占 44 个厂的直接生产工人的 35.8%，其中有 419 位技术人员参加了这一工作。学习形式（1）小组技术研究会。1951 年时，工人的文化水平是很低的，当时普遍处在扫盲阶段，如初小班学员有 46791 人，高小班有 6721 人，中学班有 1852 人。当时主要采取小组技术会的形式学习，主要的内容是：集体研究和解决生产中发现的困难问题，集体提出合理化建议与讨论专业技术研究会的理论。

专业技术研究会。自 1950 年以来，市工会联合会和五金、地方等产业工会先后组织了锅炉、翻砂、机械、焊接、电工、汽轮发电机、橡胶、钙粉、烟草、植物油等十个专业技术研究会，对改进生产、提高技术起了一定作用。

技术学校。在天津市技术研究会的关怀和指导下，天津市总工会和五金工会协同市教育局，于 1952 年 9 月举办了电工和机械等两个工人业余技术学校。

表 3-2-1-3　1949 年 1 月—12 月工人训练班人数统计表

类别	人数	类别	人数
脱产训练班	22949 人	不脱产训练班	9356 人
业余补习班	47163 人	识字班	1985 人
车间学习班	2482 人	技术研究班	3006 人
共计	86941 人		

表 3-2-1-4　工人业余学校人数统计表

年级	班级	人数	年级	班组	人数
一年级	65	2585 人	二年级	53	1600 人
三年级	37	1131 人	四年级	31	930 人
五年级	26	782 人	六年级	11	325 人
初中一	13	402 人	初中二	2	54 人

七、职工文化设施

建设第一工人文化宫和第二工人文化宫。1949年底，天津市总工会筹委会决定，着手筹建“天津市工人文化俱乐部”，天津市政府当即拨出原意租界的“回力球”场大楼，并资助3000万元（旧币）开始筹建。天津市总工会主席黄火青主持全面筹建工作。第一工人文化宫开幕时称“天津市工人文化俱乐部”，1950年2月与工人文工团合并，5月改称“天津市工人文化宫”。

建后的第一工人文化宫，拥有一座简易剧场，兼作室内体育活动场地，一个游艺活动室和一个小剧场。

1950年元旦，第一工人文化宫正式开幕。周恩来总理赠送一批图书，表示祝贺。黄敬市长专为文化宫题写了祝词：“战斗式的工作，文化式的休息。”开幕式上，天津市市长黄敬、副市长刘秀峰、黄火青主任亲临主持和剪彩。全市三十多个工厂企业和一些文化团体单位连续三天在文化宫阵地上演出文艺节目，广大职工凭会员证或介绍信即可进入第一工人文化宫，参加各种文化娱乐活动。

1951年，天津市政府和天津市总工会拨款百万元筹建天津市第二工人文化宫。第二工人文化宫地处河东中山门，占地445亩。1952年7月5日，天津市第二工人文化宫正式建成开幕，天津市总工会主席黄火青参加了开幕式并亲自剪彩。

文化宫活动。文化宫为基层培训工人宣传员200多人；配合反封建斗争，组织专场演出《搬运工人翻身记》等；配合党在过渡时期总路线、总任务的宣传，举办了社会主义工业化讲座、图片展览等；配合增产节约竞赛，承办发明创造实物展览，先进事迹展览，吸引了天津市和外地参观学习者有20多万人。

第二节　“一五”计划时期的工会重大活动

一、贯彻总路线，推进劳动竞赛运动

部署和推动劳动竞赛运动。1953年4月21日，天津市总工会发布《关于开展爱国劳动竞赛的指示》，号召全市职工开展劳动竞赛，努力提高产品质量，降低成本，坚持安全生产，完成和超额完成国家计划，迎接“五一”劳动节和第七次全国劳动大会的召开。

1953年12月17日上午，天津市总工会在第一工人文化宫召开基层工会干部扩大会议，动员各基层工会干部认真贯彻总路线，深入开展劳动竞赛。出席者有各产业工会、区工会及基层工会专职干部，以及有关单位的党、行政、青年团负责干部共2500余人。天津市总工会副主席谷小波作“关于贯彻总路线，把劳动竞赛运动向前推进一步”的报告。

谷小波首先说明在职工群众中，认真推行总路线的宣传教育的重要意义。

谷小波传达中华全国总工会主席赖若愚在全国总工会主席团第三次会议上的“把劳动竞赛向前推进一步”的发言。

关于天津市如何贯彻总路线，把劳动竞赛向前推进一步，谷小波提出初步意见:（一）大力组织技术学习，推广先进经验，开展合理化建议工作。几种行之有效的技术学习办法，一种是钢厂、纺织厂、动力机厂等举办的正规的业余技术学校，这种学校适合比较复杂的、大的、有条件的工厂；一种是组织定期的技术学习结合本厂生产上的问题，容易组织也容易联系实际，可以实行；一种是师徒合同，根据新工人增多的情况，可考虑组织师徒的合同。（二）工会对竞赛的领导。应了解掌握行政计划，发挥工会作用，发动群众解决。工会干部要下车间发现问题、掌握重点小组、研究行政报表制和工会委员会定期讨论计划完成情况。此外，逐步建立车间生产会议，并适当地建立厂级的会议制度。

1955 年 2 月 3 日天津市工会第五次代表大会给解放军前线部队致敬电，表示天津市的全体职工，将以忘我的劳动来增加生产，厉行节约，从各方面支援解放军前线部队。

1956 年 2 月 7 日，天津市举行 1955 年劳动模范庆功大会。会上对全市评选出的 239 名劳动模范、6 个模范工厂、16 个模范车间和 104 个模范小组进行了命名和表彰。市委书记、市长黄火青到会讲话，号召全体劳动模范和广大职工深入开展劳动竞赛。劳动模范代表阎春洪、傅鸿滨、王文学等 33 人在会上联名，提出了在全市广泛开展以提高产品质量为中心的社会主义劳动竞赛的倡议。

1957 年 12 月 2 ~ 10 日，中国工会第八次代表大会召开，许多工厂的职工提出了“响应党的号召，超额完成第一个五年计划，向工会‘八大’献礼”的口号。12 月 14 日，炼钢部李侗来小组工人加强技术协作，炼一炉钢的时间比计划缩短了两个多小时。国营天津动力机厂的职工为了超额完成全年增产节约计划，展开了生产竞赛，到 12 日全厂已多做出 5000 工时的活。公私合营轧钢三厂二车间乙班在工会“八大”召开期间提出了在 12 月份内增产 150 吨的保证。许多工厂职工阅读了工会“八大”胜利闭幕的消息和大会通过的“告全国职工书”以后，极为兴奋，有的单位职工举行了座谈。大家纷纷表示要坚决响应党的号召，贯彻工会“八大”决议，深入开展社会主义竞赛，迅速掀起一个新的生产高潮，迎接第二个五年计划。

开展先进小组活动。1953 年 4 月 23 日，天津市总工会召开先进小组代表会议。全市劳动模范、先进小组代表和基层工会干部 1000 余人出席会议，与会代表一致表示要携手前进，搞好爱国主义竞赛，为建设伟大祖国而努力。

7 月 24 日，天津市总工会在第一工人文化宫召开 1953 年第三次劳动模范、先进小组代表会，动员进一步加强小组工作，巩固劳动纪律，深入开展爱国劳动竞赛，以争取全面、均衡地完成国家生产计划。

会上，听取自行车厂压材班小组学习刘长福小组经验搞好生产、天津钢厂二分厂车间工会组织小组生产会议，棉纺六厂细纱车间第一小组小组长的领导方法等三个经验介绍。报告最后号召到会劳动模范和先进小组代表，在深入开展爱国劳动竞赛中创出更好的成绩，带动广大职工完成和超额完成1953年国家生产计划。

1955年8月20日，中共天津市委发出《关于在工厂中进一步开展增产节约竞赛运动的指示》，要求全市工厂企业的党政和工会动员职工，把开展增产节约和劳动竞赛运动作为主要任务。天津市总工会认真贯彻执行中共天津市委的指示，广泛推行班组经济核算。据重工、轻工、第一机械、市政和纺织等五个产业工会所属八十个单位的初步统计，截至1955年10月底，推行班组经济核算和小组节约帐的，已有74个工厂、1094个小组。

1957年5月天津市工会联合会召开全市工厂企业和交通运输业的先进小组代表会议，动员全市工厂企业职工积极开展先进小组运动。会议指出：开展先进小组运动的目的是要求各企业内的各个小组围绕着生产关键问题，不断地改进工作方法、提高技术水平，千方百计地提高产品质量，节约原材料，增加产量，保证完成和超额完成国家计划，争取做先进小组。会上，天津市工会联合会副主席王文源，就有关开展先进小组运动的各项问题作了说明。

会议还交流了小组工作经验。国营天津钢厂四分厂轧钢甲班小组的小组长王富贵，介绍他们小组经常分析生产关键、解决生产关键问题，组织群众提合理化建议、学习先进技术的经验。这个小组由于小组工作做得好，七年多以来，月月完成国家计划。国营天津自行车厂压材工段代表李玉和介绍他们小组节约钢材的经验。这个小组的组员们研究采取了以普通材料代替贵重材料、利用废料和边料、零料、少用巧裁、化零为整等节约办法，节约钢材52吨，并且使190多吨呆余料和边头料都重新用在生产上；计划节约69吨钢材。国营天津第四棉纺织厂细纱乙班三组组长相玉兰也介绍了小组注意针对组员的思想情况，进行政治思想教育，开展批评和自我批评，加强团结，以及在生活上互相关心的经验。

天津市总工会从以下几方面指导基层工会规范争创先进小组工作。

首先明确小组竞赛的目标。小组竞赛的目标是保证完成小组的生产计划。凡是能够完成小组计划的主要指标（包括产量、质量、节约），保证质量，未发生任何责任事故，并具有一定先进事迹（如提高质量、节约原材料、降低成本、减少废次品，学习先进经验、掌握新技术、试制新产品，集体提出合理化建议、改进设备、改进操作、改进工艺、团结互助、帮助落后者转变、与兄弟小组互助协作等等）的小组，经群众讨论同意，可授予先进小组光荣称号。各基层工会可根据上述精神，结合本企业的具体情况，适当修订原有的先进小组条件。

充实小组的活动内容，使所有的小组逐步做到:（1）关心生产。能够经常通过生产会议，分析小组生产关键，并且针对小组关键组织技术活动（包括学习先进经验，组织技术互助，开展技术研究等），不断地克服生产上的薄弱环节，保证完成增产节约任务。（2）关心思想。能经常注意政治思想工作，定期召开小组生活会，开展批评与自我批评，并加强政治、时事学习，以不断提高职工群众的阶级觉悟，发挥积极性和创造性。（3）关心生活。能经常关心群众的物质和文化生活，帮助职工解决生活上的困难，发扬互助友爱的精神。

加强对先进小组运动的领导：(1)基层工会要加强车间工会的工作，帮助车间研究小组工作，解决小组工作中存在的问题，通过车间这一环节把广大的小组带动起来。各基层工会应注意重点深入先进小组，总结和传播先进小组的经验。此外重点帮助关键小组解决生产上的问题，以保证全厂计划的完成。(2)车间工会委员会委员可分工包干、深入小组，帮助小组分析生产上的关键问题和群众思想情况，并给予帮助。(3)妥善安排小组的业余活动时间，每月至少有二至三次业余时间交给小组自己去支配，以使小组有时间解决问题。(4)有计划地培养训练小组长和小组骨干，提高他们的领导水平。(5)定期评选先进小组，评选时间应与评选先进生产者时间统一起来，一般以一季为宜。评选前应注意总结经验，评选时必须经过群众讨论。集体奖与个人奖不要相差悬殊，以免造成争个人先进、忽视集体先进的偏向。

开展先进生产者运动。1956年7月，天津市工会联合会向各基层工会部署推动开展先进生产者运动。要求各级工会组织切实把先进生产者运动开展起来，认真贯彻执行中华全国总工会“关于开展先进生产者运动的决议”，迎接党的第八次代表大会，并继续发扬广大职工建设社会主义的热情，深入开展社会主义竞赛，提高产品质量，增加新品种，提前和超额完成第一个五年计划。

先进生产者运动是社会主义竞赛运动中的一种具体组织形式。开展先进生产者运动的基本要求是通过总结推广先进生产者的先进经验，组织先进生产者帮助其他工人，组织其他工人向先进生产者学习，以先进带动落后，达到普遍的提高，不断地扩大先进生产者的队伍，使生产达到先进水平。先进生产者运动的组织范围应包括参加社会主义竞赛的全体工人、工程技术人员、管理人员以及公私合营企业中的私方实职人员。全市工业、商业、交通运输业凡完成任务、保证质量、未发生重大责任事故，并具有以下一项先进事迹的个人或单位，经过群众评选，即可由各级工会组织和相应的行政部门授予先进生产者、先进工作者或先进单位的荣誉称号。1. 连续三个月（可跨季度）完成国家计划或超额完成季度国家计划，在质量、产量方面有显著成绩（集体作业生产单位的个人以对完成本组或本工段计划有显著成绩为标准）；2. 节约原材料、电力、燃料，废品、次品较国家计划显著降低，对降低产品成本有显著成绩；3. 学习先进经验，掌握新技术，或试制新产品方面有显著成绩；4. 改进技术设备，改造操作方法，改进工艺过程，或改善劳动组织方面有显著成绩；5. 保证生产供应和人民生活需要，并在加速资金周转、降低经营费用、减少商品损耗、提高服务质量方面有显著成绩；6. 能经常帮助生产落后的个人或单位达到先进水平。上述各项条件中，保证优等质量是必须条件，凡不能达到质量指标者，无论达到其他何项指标，均不能取得先进生产者、先进工作者或先进单位的光荣称号。

各产业工会和同级行政应根据上述标准结合本产业特点，按工种订出不同的要求和平均先进指标。各企业的工会和行政根据上级制定的标准结合本单位的具体情况，按工种或车间、单位制定具体要求和平均先进指标，作为评选的依据。各企业的先进生产者标准应与企业内的竞赛条件一致起来，经过一定时期，标准内的要求和指标可以修改。

先进生产者运动的总结、评比：车间、工段应及时公布成绩，并表扬先进人物，小组应结合班组经济核算公布成绩，基层每季结合厂内竞赛评比一次。凡达到先进生产者标准者，由工会和行政授予先进生产者、先进工作者或先进单位的荣誉称号。如有突出贡献或有突出转变者，也应及时授予荣誉称号。均应登光荣榜、颁发奖状及物质奖励。奖金由企业奖励基金中开支。在开展先进生产者运动中，各级工会组织必须做好以下几项工作：1. 向广大职工广泛深入地宣传先进生产者运动的意义，组织职工学习先进生产者标准。使先进生产者标准成为每一个职工的努力方向。和群众修改竞赛保证条件工作结合起来，发动群众以实际行动保证争取实现先进生产者标准中所规定的要求和指标，争取做先进生产者。并应及时地宣传先进生产者的先进思想、先进事迹和先进经验。2. 在先进生产者评比时，要认真总结先进生产者的经验，制定推广先进经验的计划，针对生产关键问题，有目的、有计划地加以推广。推广先进经验除一般方法外，应着重在厂、车间、工段、小组按工种组织先进经验学校。组织方法应活泼多样，重大先进经验推广后，应用行政规程制度巩固下来。此外要更加广泛地组织先进工人与落后工人之间的技术互助，技术人员与工人之间的技术协作，发动群众签订教学合同、互教互学、师徒合同，发动职工群众向先进生产者学习。总结推广先进经验工作，应发动工程技术人员参加，并充分发挥他们的作用。在推广先进经验中对实行计件工资制的工人应采取平均工资等办法，保证工人不致因学习先进经验操作不熟练而暂时收入下降。3. 要经常注意支持先进生产者的倡议和创举，反对保守，反对右倾思想，为他们准备必要的工作条件，经常关心他们在生产中遇到的困难。特别是对合理化建议工作，应采取分级处理办法，迅速处理，并按国务院规定及时奖励。更应及时根据生产关键提出课题，使群众明确方向。4. 社会主义竞赛的其他工作方式，如生产会议、专业会议、班组经济核算等，在先进生产者运动中更应广泛地推行和巩固提高。5. 切实注意安全。加强对职工进行遵守操作规程的教育，注意机器维护和检修，限制任意加班加点。

1956 年，总结和推广先进经验是全年运动中的中心工作，根据七个区的统计，全年共总结推广 5200 项先进经验。

1957 年天津市各区都召开了先进生产者代表会议，听取先进生产者的要求，了解他们的困难，帮助解决，同时交流先进生产者活动经验，从而提高他们带动群众的能力。

二、加强职工群众劳动保护工作。

1953 年，天津市劳动局和天津市总工会发出“关于劳动保险工作的通知”，规定《中华人民共和国劳动保险条例》实施细则。

天津市总工会贯彻全国工会第一次劳动保护工作会议精神，加强全市工会群众劳动保护工作，主要有以下几个方面：

一是提高干部和群众对安全生产的认识。全国工会第一次劳动保护工作会议指出：“预防和消除生产中的伤亡、疾病是一项重要的政治任务。这种观点必须在所有的经济工作人员及工会干部的思想上明确起来”。为了贯彻会议这一要求，多数产业工会和工会基层委员会，均对劳动保护积极分子组织了脱产的或不脱产的训练。在1956年初的社会主义高潮期间，组织全市企业进行安全卫生大检查，发现和解决了许多安全设施方面的问题，批判了某些经济工作人员和工会干部对安全生产的模糊认识。

二是进一步改善劳动条件。根据不完全的统计，仅1956年全市就有203个企业编制了安全技术措施计划，投资总额达250万元，为保证正确地使用经费和按期实现计划，上述企业中有153个单位签订了劳动保护协议书。在全市资本主义工业合营后的首次安全卫生大检查中，解决问题三万余件，投资50余万元。几年来通过采取降温措施，降低了高温车间的温度；几次电气设备的检查，更换了破损电线，并将工作手灯和接触金属物的悬挂照明的电压变220伏为24伏—32伏，有效避免了触电事故；各种机械的传动部分，多数安装了防护设备；个人防护用品的供应则更加普遍；工作时间问题也逐步得到了解决，绝大多数企业均实行了八小时工作制。

三是组织工人群众参加劳动条件改善的工作，扩大积极分子队伍。根据全国工会第一次劳动保护工作会议精神，在一些工会基层委员会中建立和健全了劳动保护工作委员会，特别是在不少的工会小组里设立了劳动保护检查员。如永利碱厂劳动保护检查员贾士才同志在检修洗塔工作中，拯救了四个人的生命。国棉四厂劳动保护检查员等积极分子，通过劳动保护检查员建议簿，在不满两年的期间即提出827项有关安全生产建议，其中768项已获得解决。

三、推动私营工商业的社会主义改造

加强私营企业工会组织建设。1954年9月1日，天津市工会联合会关于加强私营企业工会工作的决议指出：“几年来，天津市私营企业工会组织在各级党委统一领导下，在协助政府贯彻对资本主义工商业利用、限制和改造的政策上，已取得了很大的成绩，职工群众的社会主义觉悟已空前提高，发挥了工会组织的作用，有力地推动了资本主义企业社会主义改造的工作。目前绝大部分私营工厂已分别发展成为不同形式的国家资本主义而纳入国家计划轨道，我们深信：在党和人民政府的领导下，资本主义工商业社会主义改造的事业将会日益取得更大的胜利。因此，必须贯彻市工会联合会关于整顿组织工作的计划。（一）原来基础较好、较健全的工会，要在现在基础上提高一步，并注意逐步建立工会正常秩序和培养积极分子的工作。（二）分工不明、职责不清的基层工会，要根据生产需要，划清职责，明确分工，并建立必要的工作制度。凡逾期未进行改选的基层工会，应定期进行改选。（三）对于组织不纯以及违法变质为资本家所利用的基层组织，必须大力进行组织整顿，发扬正气，撤销坏分子。对于蜕化变质的基层组织，应毫不姑息地予以解散，同时应在教育工人提高觉悟的基础上，重新建立新的组织，以维护工人阶级利益，贯彻党的政策。”

1956年2月21日，天津市工会联合会关于私营商业合营后整顿工会组织的情况报告指出：

"目前，全市私营商业自合营挂牌后，已全部进行了规划，行政组织机构也安排就绪，为了照顾到各产业工会现有力量，便于区工会领导，按行政机构区一级建立了基层委员会。具体情况是：（一）凡按区设总店的行业，均在区总店建立了基层工会，在25人以上的经理区建立了分会，下设小组。不足25人的就按经理区设小组，无经理区的就按门市部设小组，人数过少的设联合小组。（二）凡有天津市总工会店的行业，均在经理区建立了基层，区内无经理区的在25人以上的门市部建立基层。不足廿五人的建立了组织员。（三）跨区的总店（即一个总店领导两三个区的经理区或门市部）都在总店内建立了基层工会。总店设在哪区，就由哪区工会办事处负责组织和领导。（四）天祥、劝业市场两单位分别建立了基层，按楼间设立了分会和小组。"

从1956年1月12日向各区办事处提出整顿工会组织意见后，到2月4日止，全市公私合营商业已建立了134个基层筹备委员会，38个组织员。

基层工会建立之后，为了解决行业统一性问题（如竞赛、交流行业经验、工资福利等），由金贸工会在各公司建立工作委员会，工作委员会由基层工会主席和产业所派干部组成，负责领导有关统一性工作。因此，各区基层和组织员是受区办事处和工作委员会的双重领导。

在整顿组织中，采取了边检查、边解决、边整顿的方法，一般的由区店员工作委员会提名，经干部讨论和会员大会通过，再正式成立、分工。在整顿组织过程中遇到某些具体问题，原则上尊重区领导意见，征求个别意见，以共同研究、共同协商的方法解决。

参与私营企业利润分配。私营商业利润分配工作是贯彻党对私营商业利用、限制、改造政策的具体措施，同时亦是一项巨大的制度改革工作。这项工作是在大张旗鼓和广泛深入地贯彻总路线、店员觉悟大大提高的基础上进行的，因而尚较顺利。

1954年1月，天津市劳动局公布《私营商业利润分配办法》，工会组织在党委的统一领导下，与各有关部门的密切配合，依靠广大积极分子，采取以教育为主、教育与处理相结合的方式，采取依靠多数、争取少数、培养典型、树立旗帜等方法，在四个月的长时间中，进行广泛深入地教育工作和组织工作，其发展大致可分三个阶段。

1. 准备阶段。在工作正式开展之前，各区事先对此项工作进行必要的准备工作，对商店利润情况进行初步摸底，并布置基层组织干部进行控制。2. 处理阶段。1953年12月下旬劳动局公布九项原则，各区工会在党委领导下，召开了党团员、骨干分子、基层干部大会，结合总路线、联系思想进行政策教育和阶级教育，并组织讨论，分头贯彻。同时配合各有关部门，分析情况，根据先易后难、依靠多数、争取少数的原则，确定步骤，按照不同阶段的不同问题，召开大会、小会，表扬先进人物、先进思想和事迹，通过算细账、生活对比、深入访问等方式，推动组织力量进行处理。3. 收尾和举办福利事业阶段。各区工会对私分单位采取坚持原则、特殊情况另行照顾的作法进行了严肃的处理工作，推动缴款和未了工作。据统计，全市实行利润分配的商店共1601户（占全市有工会组织的商店16.9%），已解决1395户，占总户数87.1%，未解决206户，占总户数12.9%（若将一区除外，未解决的仅占5.6%）；有上缴部分的商店共115户（占全市有工会组织的商店 1.8%)，应缴金额 141.1 亿，已缴 74.2 亿，占总额 52.6%。

发动私营企业职工积极投入安全卫生运动。1953 年，天津市总工会所属各区工会，发动各区私营工厂的广大职工，积极投入安全卫生运动。大部分私营工厂的职工行动起来，进行环境卫生大扫除，清除了室内外积存的大量垃圾和污物。如三区伟迪氏制药厂工会，利用蚊、蝇模型，黑板报、点将台、问答栏等方式向职工进行宣传，很受职工群众的欢迎。二区老茂生糖果厂生产车间的地板，五年多没擦了，糖和泥积成了疙瘩，有的地方糖泥积的有三寸厚。过去该厂的工人认为“这是脏行业没办法干净”；这次工人们自动利用休息时间，把地板冲刷干净。志成工厂的工人们把车间里积存了二十年的垃圾尘土三千多斤全部清除了出去，车间里的二千多块玻璃也都擦得干干净净。有些工厂的资方对严重危害工人生产安全的设备，也作了初步改善。如宏业工厂厂方请人检修了七年来从未曾检修过的小锅炉；二区同祥织布厂，过去织布机因为跑梭时常打伤工人，已经在机器旁边安装了铁丝网，马达皮带上也装设了安全罩。

加强私营企业劳动保护工作。1953 年 1 月份开始天津市劳动局和天津市总工会，对全市私营橡胶、染料染整等行业的锅炉安全进行检查，共检查了 410 个工厂、锅炉 480 余台。经过这次检查，所有使用锅炉的私营工厂都检修了旧有的锅炉，大部分工厂并增配了安全附件，建立了检修保养制度，有的工厂还更换了新的锅炉。

1953 年 11 月 30 日，天津市总工会私营企业工作委员会发出《加强私营企业劳动保护工作》的指示。指示说:“本市私营工厂企业开展增产节约竞赛以来，各厂职工热烈地投入竞赛，并已取得了很大成绩。但是，由于许多私营工厂的资方不顾工人健康，忽视安全生产，工伤事故不断发生。如私营华明电线厂因试验电线设备不合格，致于 1953 年 11 月 6 日发生惨痛的工人伤亡事故。又如私营新安电机厂资方，任意加班加点，仅十月份加班加点时间即占其十个月总数的 40.34%，致使工人身体健康受到损害，工伤事故增加。该厂十月份的工伤事故即比九月份增加 44%，情况十分严重。目前私营工厂中不断发生工伤事故的原因，主要是许多私营工厂的资方唯利是图，不顾工人安全，没有认真地改进工厂安全工作，改善机器安全设备，设置必要的防护用品和制订安全操作规程。有些私营工厂的资方甚至借口增产节约，降低工人的福利待遇。这种现象是不能容许的。”

1954 年 5 月 19 日，天津市劳动局、市工会联合会召开私营企业劳动保护工作会议。会议检查了私营企业在劳动保护方面存在的问题，决定加强安全生产教育工作。号召私营工厂企业在增产节约运动中加强劳动保护工作。

加强公私合营企业工会工作。1955 年 9 月 24 日，天津市总工会关于公私合营过程中的工会工作情况报告中指出:“对资本主义企业进行社会主义改造的重要步骤之一，就是实行公私合营。在合营过程中，工会的任务是繁重的，特别是在合营后的初期，由于企业的基本性质已经变化，工会工作必须随此变化相应的改变自己的活动范围和工作方法，切实加强工会的组织建设工作，才能更好地发挥工会组织作用，充分地发动与组织全体职工，支持公股代表搞好生产，管好企业，保证国家计划的完成。”

第一，工会的任务。合营前工会的任务主要是：在区委直接领导下，党政工团密切配合，步调一致，教育职工弄清“为什么实行合营”，发动职工积极协助公股代表做好清产定股工作，并以搞好生产的实际行动迎接合营。基层工会主要抓以下工作：（一）召开职工大会，说明公私合营的优越性，号召全体职工支持做合营工作的干部，做好摸底的工作。（二）委员会拟定“生产、合营两不误”的行动计划，委员具体分工负责，一方面结合总路线的教育，向群众宣传合营的优越性和怎样清算估值的具体政策，并具体组织清点财产的工作；一方面动员和组织全体职工积极地以提高生产、提高质量、降低成本等实际行动，迎接合营。（三）欢迎公股代表正式入厂，结合庆祝合营，根据生产任务，发挥职工的积极性和创造性，深入开展劳动竞赛。

合营后工会要解决的问题，就是要进一步弄清企业性质的变化和工会工作的关系，以及工会在合营后任务、作用是什么，来克服职责不清、干部思想混乱的现象。解决的方法：（一）组织工会干部学习和检查工作，并逐步改善职工物质生活和文化生活。（二）参加上级工会举办的合营训练班或邀请上级工会干部讲课，明确合营后应该抓什么和怎样抓。（三）基层自己开办训练班。通过学习、讨论，澄清混乱思想，明确任务，使工会干部明确了企业性质的基本变化、工会的任务和作用，鼓舞工会干部的工作信心。

第二，健全工会组织，克服兼职，制定必要的工作制度。解决这个问题有两种情况，（一）合营后不久即到民主改选期，通过改选而健全工会组织。如华北化工厂、合成橡胶厂等单位，在党的领导下适当地分配干部，留下工会的主要力量，通过有准备有计划地民主改选，70%的老委员连选连任，既保存了工会主要干部，又克服了兼职现象。（二）合营后离改选期尚远，暂以聘请干事代做具体工作的办法，解决因兼职照顾不了工会工作的困难。如新民化工厂合营后，工会宣传委员兼任了党支部书记和人事科长，工会组织委员兼任了团支部书记和车间主任，再担任具体的工会工作困难很大，但又不到改选期即由本人提出，委员会讨论决定，聘请干事一人代做具体工作，使工作未受损失。整顿健全组织的同时，健全定期召开委员会、小组生产会议、组长联席会议和计划、检查汇报等制度。

第三，改进工作方法，转变工作作风。工会在合营后必须注意深入生产、深入小组进行细致的组织工作，切实掌握“调查研究、以点带面”的工作方法推动工会一切工作，而不应满足于单纯地动员号召，只有改变工作方法，才会更具体地体会工会的职责任务，从而发挥工会在合营企业中的作用。

四、建立职工代表大会

天津市工会联合会于1957年7月11日召开各区所属第二批试点厂基层干部会，8月15日又召开了各产业所属第二批试点厂基层干部会，报告了工会在建立职工代表大会中的工作意见，并交流了华北缝纫机厂和裕蚨胶厂的典型经验。

天津市工会联合会召开基层会议以后，有的产业工会立即组织讨论，有的厂向职工进行思想教育，讨论和学习本厂职工代表大会章程草案，讲明建立职工代表大会的意义、作用和目的，以及职工代表大会本身的性质、任务和职权范围。在干部中进行群众路线教育，加强其群众观念；在职工中进行当家作主教育，弄清“民主与集中”“自由与纪律”“个人与集体”的正确关系，提高其对职工代表大会的正确认识。同时，及时召集汇报，研究解决问题，根据本单位的具体情况，提出了试点工作意见和计划安排，并召开干部会议作具体布置。

1957 年 12 月，根据重工、轻工、一机、电业、建筑、市政、纺织、铁路、二机等九个产业和和平、城厢、河北、河东、新华、河西、南开、红桥等 8 个区的统计，有 225 个工厂建立职工代表大会（或职工大会）制度，其中 71 个国营工厂，50 个地方国营工厂、104 个公私合营工厂。选举代表都采取“群众酝酿、群众提名、群众选举”的办法，群众表示满意。

五、完善基层工会工作

推进基层民主改选工会委员。1956 年基层民主改选工作，主要要求基层普遍进行总结与改选，上半年 4 月底以前，全市 18 个产业工会推动 875 个基层进行了改选、城厢、河北两个区的 109 个基层 311 个组织员进行改选；下半年 10 月以后，据 8 个产业、区统计，182 个基层单位进行了改选，452 个基层改选。全市基层除了新合营企业因改组并厂而未改选外，都进行总结与改选。

基层民主改选，根据民主简便原则确定选举方式方法。为数不少的基层根据群众对“领导提名候选人”“等额选举”不习惯的情况，分别采取了群众满意的“小组提名”“多额选举”办法。也有不少基层群众认为“领导提名候选人”可以照顾全面，就根据群众意见采用“领导提名”办法。但无论哪种提名方法，今年都尊重了群众意见确定候选人。如北洋纱厂领导提出候选人初步名单，经群众讨论有三个不同意，结果根据群众的推荐换了三个候选人，群众很满意。有个老工人这样说：“过去只知道能给候选人提优缺点，这次真把我们不同意的给换了。”所以委员当选后都受群众拥护。许多基层考虑了群众方便，有的分班、分段、分片进行投票，有的组织群众利用上下班前后的时间到投票站投票，克服了过去开大会选举、投完票等着唱票，一弄就是两小时大会的现象。

有领导地安排积极分子。大多数基层在党的领导下研究了积极分子挑选、提拔、配备问题。首先分析现有积极分子情况，考虑积极分子的工作能力、思想觉悟、兼职情况、政治历史情况等等，提出分配意见，同时根据需要提出补充新积极分子的名单，经党委审查同意，然后通过选举手续（某些不妥当的，按群众意见更换）。取得群众公认。这样有领导地、细致地安排积极分子，基本上能达到正确选拔政治清楚、有工作能力、为群众拥护的积极分子或新生力量担负工会各种领导工作，减少兼职，扩大积极分子队伍。

建立与整顿基层工会工作秩序。1953年在天津市总工会贯彻中国工会第七次代表大会决议，学习五三工厂经验、贯彻市委克服“五多”指示以及全市基层工作会议，基层工会对工会的性质和基本任务的理解是，工会要以主要力量组织群众搞好生产。1954年，在贯彻全国二次基层工作会议和天津市工会四届四次代表会议的精神下，根据中华全国总工会“围绕着竞赛并为了竞赛，有计划有步骤地建立工会正常秩序”的方针，先后提出整顿组织、划分范围、培养运用积极分子、加强工会工作计划性，保证劳动竞赛的正常开展。基层工会工作秩序的建立与整顿就围绕着竞赛的逐步正常开展相辅进行了以下具体工作。

健全组织，明确职责。在组织上吸收大批积极分子充实与加强各部门工作机构，使工会组织从思想上与组织上进一步适应于生产和群众的需要。划分业务范围采取的方法步骤主要是：组织干部学习文件（上级指示及别厂经验），明确目的和要求；在提高认识的基础上，由领导带头检查工作，分清哪些是该干没干、不该干的干了，从而使划分范围有所依据。整顿组织和划分范围是密切结合着做的。根据基层具体情况，有的是先整顿后划范围，有的是先划范围后健全组织，基本上做到“有任务就有组织”“有组织就有任务”。

加强工作计划性，改进工作方法加强工作计划性，首先要围绕竞赛的三个程序，配合行政组织群众活动，保证完成国家计划。经验证明，订好工作计划使之现实、具体，其关键在于抓住以下三点。第一，切实从实际出发并正确贯彻领导意图；第二，以行政生产管理计划为主体，提出积极配合办法；第三，制定计划要有群众基础等三个环节。

认真执行工作计划。执行工作计划，主要抓住三点：第一，加强深入调查研究工作。对群众生产工作或工会建设工作进行调查研究，掌握具体情况与工作变化，分析研究抓要害，想办法，及时解决。调查的方法有召开座谈会、参加活动、家庭访问或个别漫谈、组织检查汇报、分析统计资料、观察测定等多种多样；研究的方法基本上有两种：一人提出方案，大家集体讨论研究；大家共同分析研究。第二，培养重点，以点带面。一般的选择基础条件好的为经常重点，选择具有代表性的为临时重点，领导亲自帮助分析、教育提高认识、总结改进工作等方法，有目的地培养先进经验或找体会，然后加以总结，灵活运用举办训练班或工作会议交流经验、组织观摩表演、工会干部掌握并带下去贯彻等方法大力推广。第三，认真检查工作计划。采取逐级汇报、重点抽查、定期检查以及周碰头会等办法，检查计划执行情况，掌握进度，发现经验和薄弱环节或计划中有不当之处，及时采取措施解决实际问题，通过专题总结和工作小结来不断提高工作效率。

培养工会工作积极分子。首先，在积极分子的挑选上，一般是经过研究、党委批准、本人同意，因此，新选任的积极分子对工会工作热情而安心，更适应工会面向生产联系群众的要求。其次，从明确职责任务和交代每一时期的当前具体工作，帮助积极分子解决“干什么”的问题。明确经常职责任务的主要方法，是划分和学习职责范围；交代具体工作的主要方法，是通过具体研究讨论月工作计划和周进度工作安排。与此同时，采用业余训练班、组织业务学习、设副职带徒弟、组织经验交流会等方法教给积极分子具体办法，使其明确“怎样干”。1954年前三季度，全市基层开办业余训练班295期，参加的干事小组长委员等共有28913人次。

建立制度适应工作的发展。基层工会能坚持并起到一定作用的制度主要有：第一是计划、检查制度；第二是职工大会制度；第三是干部业务学习制度。

重视和加强工会小组会的工作。1955年4月，天津市总工会指导基层工会加强工会小组建设。加强小组工作，在小组生活中开展批评与自我批评，这是健全工会民主生活的基本问题，而推动这一工作的最重要方法之一就是健全工会小组会。

为了进一步引起各基层对健全工会小组会工作的重视，根据各厂的点滴经验及实际情况，天津市总工会对加强工会小组工作提出指导意见：

（一）必须从思想上明确工会小组会的具体作用。工会小组会是发扬民主、启发群众政治热情和生产积极性、教育群众、关心群众生活的重要形式之一。因此，必须切实重视健全工会小组会的工作，加强对这一工作的具体领导。

（二）工会小组会的内容包括传达工会决议、报告小组工作、讨论工会工作并提出批评和建议，以及讨论解决有关思想作风、生活困难、劳动纪律、时事学习、团结互助等方面问题和一切工会会务工作。

（三）开好工会小组会，在方法上应该注意：1. 会前要做一定的准备工作，研究小组会的内容、要求、开发及应注意事项，通知群众每次小组会的内容。2. 组长掌握会场要注意启发群众情绪，充分发扬民主，开展批评与自我批评。3. 会后应注意检查会议效果，不断改进方法，提高小组会的思想水平。

（四）从时间上、制度上保证工会小组会的按月召开，并加强具体领导。其方法主要是：1. 在党的领导下，具体研究规定召开工会小组会的时间，争取把小组会列入全厂会议安排日程中去。2. 基层应及时掌握小组会召开的情况。并根据实际需要，统一规定小组会内容。3. 重点深入小组帮助解决问题。并注意总结与交流开好小组会的工作经验，特别是总结交流小组长领导方法的经验。

加强工会系统的民主生活和政治思想工作。1957年10月25日，天津市总工会下发关于进一步加强工会系统的民主生活和政治思想工作的意见。意见指出：大鸣大放期间一部分同志提出了有关进一步加强机关民主生活和政治思想工作的问题，建议市工会领导将一定时期的工作计划和总结向全体干部作报告，并组织讨论听取意见，同时经常向干部报告思想情况和国内外政治形势。从目前本机关的实际情况来看，在这两方面的工作中确实存在着缺点，需要改进和提高，为此，特提出以下改进意见：（一）建立和健全民主生活制度。1. 报告工作的制度。2. 传达常委会有关决议的制度。3. 传达中华全国总工会和市委有关决议的制度。（二）进一步加强政治思想工作。1. 定期报告思想情况。2. 根据形势需要经常向干部作有关国际、国内政治形势的报告。3. 各单位党组、分党组、行政负责人、组织部门和党支部应注意通过各种方式经常加强与干部的联系，了解他们的思想情况，给予必要的帮助。（三）上述制度经市工会党组及常委会通过后，各单位应立即贯彻执行并责成市工会组织部督促检查执行情况，每半年向党组及常委会汇报一次。

六、职工工资与职工生活

建立群众工资工作组织。1955年4月，天津市召开第一次工会工资工作会议，各产业和基层工会组织传达和讨论会议精神，对工资工作从思想上树立新的认识。截至1955年12月，根据六个产业工会及塘沽区工会132个基层单位的统计，已有80个单位建立工资工作委员会或就原生产单位工资委员会建立工资组。天津市总工会及纺织、轻工业工会培训班，培养工资干部350人，此外不少基层工会组织举办业余工资讲座或业余训练班，仅纺织工会及轻工业工会系统就培养了积极分子2860人。

加大群众工资工作力度。1956年9月17日，天津市工会联合会对加强今后工会工资工作的几点意见中指出：目前，国营、地方国营工业工人工资改革工作已基本结束。经过此次改革，职工生活水平有一定提高，工资制度得到进一步合理。在改革中工会组织充分发动了群众参加了此项工作，通过实际工作的锻炼，工资委员、积极分子的业务、政策思想水平，也有所提高。为了巩固成绩和找出开展日常工作方向可在改革结束后，做一次总结。总结的目的是：找出今后工作方向，把群众热情引向生产，对群众再进行一次按劳付酬原则的教育。总结内容：（1）经过此次改革在工资制度、工资关系上有哪些改进，哪些问题已解决或未解决。（2）工资水平的增长与生产增长的关系怎样。（3）工资改革中群众工作经验、教训。职工思想水平有哪些提高及改革前后职工思想变化。（4）提出今后日常工作的方向。在总结时可将工作进行一次检查，检查贯彻执行政策方面情况如何，在检查的基础上来总结。在总结过程中要结合教育群众在生产上指出努力方向，把群众热情巩固起来。

（一）加强工资工作委员会。改革结束后根据具体情况对工资工作委员会要加以整顿，有缺额的应补充，最好去掉或减少兼职，积极分子适当地吸收到工资委员会来。产业工会可根据具体情况举办训练班或讲座。训练内容根据工作计划的需要，训练计划要和基层的工作计划衔接起来。

（二）改进和建立奖励工资制。对现行奖励制度进行一次全面的检查，检查时可广泛听取群众对奖励的意见和要求。并根据检查的结果，向行政提出修改的建议。在执行中监督行政正确地计算和及时发放奖金，并将贯彻中的问题随时协助行政解决。产业工会可协助有关局，拟定统一的奖励条例。颁发各厂执行，并根据中华全国总工会转发劳动部对奖励工作的指示与有关局商定重点厂进行试点。吸取经验，指导各厂。

（三）协助行政改进和推行计件工资制。现行计件工资中，定额、劳动组织、企业管理等方面存在许多问题，定额偏高偏低，定额修改期太短，劳动力配备不合理，原材料供应不及时，因此应对现行计件工资进行调查分析。检查工人完成定额情况工作物与工人技术等级符合程度、工作地布置及计件工资的计算和分配等情况，从中发现问题，提出建议，协助、督促行政解决，以提高现行计件工资的质量。并逐步实行计件工资率。

（四）协助行政拟定贯彻经常升级制度和开展群众性的技术教育工作。产业工会应建议和协助有关工业局，拟定统一升级制度，并贯彻执行。在日常工作中，经过技术鉴定，工人技术确实提高，生产上又需要即应升级，防止该升不升。影响工人提高技术的积极性。在技术教育工作方面，工会主要是发动组织互教互学，签订师徒合同，并规定在一定期限内达到提高一级的技术水平，以争取抵消保留工资和等级。

（五）检查工资基金计划执行情况。产业工会要对有关局的工资基金计划进行一次检查，并推动基层学习国棉二厂工会检查工资基金工作经验，或举办小型训练班或讲座，交流工资基金方面的业务知识和检查方法。

（六）整顿工资接待站。工资接待站是贯彻国家劳动政策，广泛吸收群众意见，充实日常工资工作内容的良好形式，因此要求各基层工会组织，在工资改革工作的基础上，广泛征求职工对接待站的意见，进行整顿健全使其成为工资委员会的经常工作方法之一，并设专人负责接待工作，启发职工反映计件、定额、奖励等方面的问题，使它活跃起来。产业工会应总结推广举办较好的单位的经验，以提高接待站的工作。

加强职工生活工作。1956年12月22日，天津市工会联合会关于当前职工物质生活方面的主要问题与意见中指出：两年来，各级工会在关心职工物质生活方面作了许多工作。根据16个产业和9个区不甚完全的统计，1956年1—9月份即有114607人次得到补助款1712912.31元。历年来，职工本人或家属患病而亏欠的医疗费用得到清理，用于解决疾病欠款补助的费用11个产业八个区共计186万8千余元。全市国营商业、农场、影剧业与公私合营工业均相继实行劳动保险条例，目前全市实行劳动保险条例的职工已达40万人，劳动保险费用的支出相当于增加工人工资的10%，公私合营商业也执行了国营商业原订的保险合同。由于加强了对长期病号的治疗和管理，近千个慢性病职工已恢复健康。防治疾病工作在一些单位里已有改进，制定了防治疾病统一措施计划。几年来，政府和企业行政给职工修建了住宅1213021平方米，其中1956年建143739平方米。市工会也集中了500万元，准备在1957年修建一批职工宿舍。全市现有工厂托儿所397个，收托乳儿9800名，比1954年底增加了19.8%。通过上述措施改善职工物质生活，推动了生产的发展。目前工资水平还不高，部分职工生活上还有一定困难：住房紧张、疾病情况严重、托儿机构就赶不上需要。这些问题是长期的，我们必须注意继续反对工会工作中的官僚主义，时刻关心这些问题的逐步解决，特别是对以下几个主要问题应迅速地研究解决。

（一）困难补助工作，提出以下意见：1. 修订补助办法：市工会准备只在补助范围、标准、经费来源等方面作原则性规定，由产业工会与局协商订出具体办法。其次是修订职工本人最低生活标准，准备将轻体力劳动者的生活标准定为12—15元，主食超过轻体力劳动者最高标准的按实际需要提高标准。工会组织应该充分利用自己的经费，来帮助职工解决困难，按照规定标准补助不够开支时，应由行政负责补贴。2. 补助办法规定后，必须认真贯彻。经小组讨论确定长期补助对象，检查补助款的使用情况，特别是注意发挥群众的监督作用。3. 采取帮助困难职工提高技术和在必要条件下帮助有劳动力的家属就业，组织家庭副业等，从积极方面去帮助职工解决困难。4. 作好临时性一次补助。职工在日常生活中都可能遇到特殊困难（如家属患病、修房等），这些困难应该通过一次补助的办法解决。5. 困难补助工作必须和互助储金会工作结合，职工遇有困难不但当时无办法，而且长期亦不能解决的即应给予补助，一时无办法而可以自行逐步解决的，就可由互助储金会借款。

（二）职工住宅问题。调整互换现有职工住宅，工会组织应在工人群众中进行互助友爱教育，切实做到在自愿基础上进行互换和调整。公私合营企业在规划改组过程中，可能空出一些房子，这些房屋稍加修缮，可改作职工住宅，应充分利用。此外，还应协助行政作好宿舍管理工作，多班制的工厂，在单身宿舍应尽可能做到分班居住，并切实改进宿舍的卫生状况。

（三）女工特殊困难问题。1. 各单位应根据需要与可能单独或联合举办托儿所，并在家属集中居住地区设立收托婴幼儿的机构，使出所后的儿童有处寄托。企业扩建或女职工增加时，应相应地增加收托名额。2. 为节省企业开支，应大量发展家属托儿站与幼儿园，房屋由行政调剂，并由行政负担全部开办费与经常费的三分之二，家长负担全部饮食费与经常费的三分之一。3. 本单位确无条件建立托儿机构或不敷需要的，可采取依靠街道托儿站或发展寄托户的办法解决，并应适当补助街道托儿站的修建费、设备费。4. 大量发展家属委员会领导下具有互助性质、收费低廉的家属缝洗组；分散居住的女工，缝洗问题可请就近的妇代会协助解决。并教育职工和家属，提倡婆媳、夫妻间在家务劳动上的合理分工，以减轻女职工过重的家务劳动。

（四）防治疾病问题。1. 有计划有目的地经常进行卫生教育，并建立群众性卫生制度；2. 加强对宿舍、食堂、浴室等集体福利设施的卫生管理，切实办好现有基层疗养事业；3. 改善劳动条件，严格限制加班加点，在修订定额与推广先进经验时必须防止单纯增加工人劳动强度；4. 改进医疗制度，提高医疗质量；5. 定期给职工进行体格检查，对现有患病职工加强治疗和管理，帮助病人及时解决治疗、疗养与生活上的困难；6. 帮助病愈职工迅速恢复工作，在复工初期必须给予照顾。行政、工会、医疗卫生部门必须密切合作，定期分析生病原因，共同研究防治措施，分工负责执行，互相督促检查，才能收到效果。解决职工疾病问题，除了明确工作内容和工作方法外，还必须充分发挥医务卫生人员的作用。因此，应教育职工遵守医疗制度和尊重医务人员，同时积极帮助医务人员提高政治觉悟，改进工作作风与服务态度，切实关心他们的生活。使医务人员真正感到关心和支持，更好地为工人健康服务。

总之，关心职工物质生活是一件细致工作，涉及的面很广，我们绝不能只解决报告中提到的几个主要问题而忽视其他方面的工作，对职工生活必须给予经常的全面关怀。因此要求各级工会组织经常深入实际，密切联系群众，了解群众疾苦，根据本单位本系统情况，订出改进措施，积极贯彻实现，使工会组织在关心职工生活方面的工作切实得到改进。

七、职工文化技术教育

工人政治教育和技术教育。1955年12月，天津市总工会在关于如何发挥工会组织在工人政治教育和正规技术教育工作中的作用的意见中指出，为了发挥工会组织在这两项工作中的作用，协助党委和行政把工人政治教育和正规技术教育搞得更好，提出意见如下：一是协助党委和行政作好教育工作计划。在协助制订计划中，工会应根据市委关于“整顿巩固、稳步发展、改进教学、提高质量”的政治教育工作方针，及“技术教育与生产相结合，与当前技术上存在着的关键问题及技术革新运动相结合”的方针，并根据市工会联合会“关于本市工厂企业职工、技术、文化业余教育安排问题的意见”，结合本厂生产发展和当前需要以及工人的文化、技术水平，协助党委和行政制订计划，确定教育的目的、形式和内容，调整政治、技术、文化学习，避免工作中的盲目性和形式主义。二是开学时应协助党委和行政作好招生工作。三是在整个学习过程中应当及时掌握学员思想，经常不断向工人进行“为社会主义而学”的思想教育。应掌握学员出勤率，了解缺勤学员的缺勤原因，表扬全勤刻苦学习的学员，树立先进人物，带动落后部分。对于个别不重视学习或违反学习纪律的学员，要进行说服教育。四是搜集工人对教学内容和教学方法上的意见，帮助教员分析和解决，协助党委和行政充实与改进教学。五是作好学习的辅导消化工作。六是加强教员的工作信心。七是为了保证作好这几项工作，工会内部应当建立以下组织和制度：1. 基层工会委员会至少每半年要讨论一次工人政治教育和正规技术教育工作。2. 工会小组应关心工人的学习，具体帮助解决困难问题。3. 大厂基层宣传委员会中，可建立教育组，小厂中可设立教育委员（或指定一名宣传委员会的委员专门负责这项工作）。教育组和教育委员都在宣传委员会的领导下进行工作。4. 在职工中普及科学技术。

1956年9月10日，天津市举行第一次职工科学技术普及工作积极分子大会。大会由天津市工会联合会和天津市科学技术普及协会联合召开。出席大会的有335名科学普及工作积极分子，连同基层工会负责人等，共近800人。在这些积极分子中，有热心科学技术普及工作的工程师、大学教授、医生，也有刻苦学习钻研技术的技术员和工人。会议认为，天津市几年来在广大职工中开展科学技术普及工作有一定成绩，涌现出不少优秀讲解员、学员和组织人员。会议列举事实说明：广大职工如果要提高技术水平，以至有所发明创造，必须努力掌握科学技术知识。同时，科学技术工作者如果把他们的科学知识和广大职工的操作经验结合起来，就能为社会主义事业做出更大的贡献。今后应更好地组织科学技术工作者参加普及科学知识的宣传队伍，使科学技术的宣传工作种类多、阵地多、次数多，帮助职工掌握科学知识，并破除残存的迷信思想，树立唯物主义世界观。会议指出，科普协会的工作方针主要是为生产建设和思想建设服务。几年来，在这方面虽然做了不少工作，但还远远赶不上形势的发展。科普协会的会员发展得还不够广泛，在全市工厂中，现有会员还不足全部工程技术人员的十分之一。特别是在宣传内容和宣传质量上，还不能满足不同工种不同程度的要求，这都是今后必须大力改进的。会上，中共天津市委员会文教部部长梁寒冰、市工会联合会副主席王文源、市科学技术普及协会副主席张国藩和科学普及工作积极分子费振德、李宝林等都讲话。大会选出32位出席全国第一次职工科学技术普及工作积极分子大会的代表。

1956年1月初至9月初，天津市共有1473名科学技术人员参加天津市科学技术普及协会。连同前两年发展的会员，津市科学技术普及协会已在工厂、学校、医院等256个单位中吸收2975名科学技术工作者入会。科学技术普及协会已经建立天文地理、化学化工、生物农学、医学、机构、物理、纺织、电力电讯等八个学组，还准备建立数学、水利、土木建筑三个学组，目前正在编拟许多适合群众需要的宣传资料。津市科学技术普及活动几年来有很大开展。在与有关部门配合下，为工人组织了纺织、电工、锅炉、速成看图、数学等讲座。

开展职工文化技术教育。第一个五年计划期间社会主义建设和社会主义改造事业正在突飞猛进，迫切需要大量的科学技术人才和管理人才。因此，大力开展职工业余教育，迅速提高职工的文化水平和技术水平，就成了工会组织一项迫切而光荣的任务。天津市总工会把开展职工业余教育工作作为工会组织负有的重大历史责任，抓实、抓好、抓出成果。

在党和政府的关怀下，几年来，天津市的职工业余教育有了一定的发展，职工的文化水平有所提高。截至1957年初，全市职工中有86000人摆脱文盲状态，另外还有32000多人已经在高小班毕业，1800人已经在初中班毕业。还有184000多职工仍在参加业余学习。但是，从全市范围来看，一般职工的文化水平还是不高的。不足高小毕业程度的职工还占全市职工总数的70%左右，而且有50%左右还是文盲和半文盲，其中包括不少劳动模范和工厂企业的基层干部。由于一般职工的文化水平不高，使企业管理水平、技术水平的提高受到很大的限制，直接间接地影响了劳动生产率的提高。为了提高广大职工的文化水平和技术水平，为了更好地完成天津市向全国新建企业部门输送人才的任务，就必须在全市职工中大力开展扫除文盲工作，积极发展从小学到大学的职工业余教育。

在开展职工业余教育的工作中，工会组织担负着重大的任务。

第一，为了保证职工业余教育工作的顺利开展，各级工会组织首先要积极协助教育行政部门和企业行政方面认真贯彻执行全国职工业余教育工作会议的精神，依靠职工做好职工业余教育工作的全面规划。要求各产业系统、各厂以至车间、小组都要根据实际情况订出本单位今后十二年内分期、分批发展职工业余教育的具体指标，并且根据职工们的不同的文化水平拟订出不同的学习要求和学习计划。同时，在执行规划当中，各级工会组织还要加强经常的督促检查，保证规划的顺利实现。

第二，工会组织对职工们的业余学习时间负有监督和保证的责任。要积极帮助职工合理安排学习时间。一方面工会组织的活动，不应占用规定的职工业余学习时间；另一方面，工会组织还有责任监督有关方面不得侵占职工们的业余学习时间，使职工们的学习得到切实的保证。

第三，工会组织应做好职工业余学习的宣传工作和组织工作，特别是要大力进行扫除文盲的组织动员工作。工会组织的文化事业，如俱乐部、图书馆、广播站、黑板报、电影队和工会刊物等，都应当为扫盲工作服务。同时，还要教育参加业余学习的职工，发扬刻苦钻研的学习精神；组织职工交流学习经验等。

第四，认真帮助职工解决学习中的实际困难，特别是要帮助女工解决带孩子的困难。根据1956年棉纺三厂的调查，未参加业余学习的1451个文盲中，带孩子的女工占44.5%；该厂细纱工段未参加学习的271个文盲中，带孩子的女工占百分之70%。因此，工会组织特别是工会女工部门，应该积极设法帮助解决。除尽量动员其家属加以照管以外，还可以根据实际情况，采取举办托儿站、儿童乐园，或与工厂附近的街道联系建立寄托户等办法加以解决。

第五，关心教师的提高和他们的教学工作。工会组织必须对教师加强思想教育，巩固他们为职工业余教育事业服务的思想，帮助他们改进教学方法和解决教学中遇到的一些具体困难。

第六，对于不能参加正规业余学习的职工，各级工会组织要采取"识字小组""包教包学""文化送上门"等多种方式，把他们组织起来，进行业余学习；另外，也可以与企业行政方研究，对于有剩余的劳动力或有条件抽调出的少数职工，组织他们分批分期地脱产学习。有的（像建筑业）还可以利用生产空隙和工闲季节等，集中进行扫除文盲工作。最后，为了推动职工业余教育工作的顺利开展，工会组织还必须协助教育行政部门和企业行政方面做好评奖工作。对于职工业余教育工作有显著成绩的单位和教师、学习成绩优良的学员，应该予以一定的奖励和表扬。

职工技术教育。1953年小组技术研究会已经发展为小组生产会议，小组生产会议的内容重点是围绕计划，研究与改进技术和改进劳动组织，推广与学习先进技术经验，特别是苏联先进经验，提高技术，提合理化建议，保证计划的实现。

专业性的技术学习：一般是按工种组织学习，内容有技术理论课结合实际表演，辅以由老技术工人讲授经验。名称极不统一，有的叫技术课，学习班，或叫技术讲座，至1953年参加学习的有3000多人。1956年，根据和平、河北、河东、南开四个区统计共有技术学习班222个，15400多名职工参加学习；红桥、城厢等五个区统计，共有各种技术教学合同4031份。另外根据和平、河北、城厢三个区统计共有技术研究会260个。

师徒合同：该种形式是采取"学中干，干中学"、"做什么，学什么"的教学方针。一般的是根据生产的需要排出教学进度，双方提出保证，填表交领导审查，最后在大会上签订实施。这样的过程，是为了启发教和学双方的自觉性和积极性，并贯彻严肃对待合同的态度。1953年，根据当时22个厂的统计，订师徒合同的有115对，计有1104个徒工参加了学习，在提高技术水平方面是起着一定的作用。如钢厂、汽车公司经过半年的学习，已经学会过去需要一、二年才能学会的技术。1954年二、三月份在重工业、工业局、公用局、纺管局、铁路局、交通港务等六个单位所属50个工厂的统计，有36个厂有师徒合同，订立合同的有1499对，参加学习的青年有1755人。

技术研究会（专业生产会议）：技术研究会是根据生产技术急待解决的问题产生的，发展到

1953年，技术研究会是以车间为单位，组织技术上有经验的同工种的工人，研究与解决生产技术上的关键问题，对保证计划的完成起着重大的作用。第一，专业生产会议所采取的方法是，学习技术理论与总结、推广先进经验相结合。如发电二厂锅炉车间六号炉，分析出煤耗任务完不成的主要原因是由于工人的基本技术理论知识不懂和操作上的混乱不统一所造成，因而就一方面由技术人员向工人讲解操作上的基本知识，一方面研究和总结三班工人中的先进操作经验，统一操作，解决了煤耗的问题。如机械技术研究会于八月中旬协同重工业党委和五金工会开展了全市性铸工同工种竞赛，竞赛中推广漏模、硬模、压边水口等先进技术经验，因而提高了质量，解决了生产中重大技术问题。天津钢厂铸钢学习了硬模经验，仅铸十六块大铁板即节省工时2464小时，并节省大批洋钉、砂子等，合计给国家节约财富5.527万元，九月份并因而超额完成任务。第二，解决安全问题，促进了安全生产。锅炉技术研究会于1953年4月底召开锅炉安全技术会议，由锅炉技术研究会结合天津市过去发生过的锅炉爆炸事故，讲解有关锅炉安全常识及锅炉安全检查问题，会后并组织检查了安全问题比较严重的华光染厂和光华造纸厂等两次，重点检查各厂也进行。第三，促进理论与实际相结合、技术人员与工人相结合。如电业局供应科工程师温克昌，以其所学并结合多年实际经验，讲解了马达维护与检修，讲课时还不断以工人在讨论中提出的实际经验充实了讲课内容，工人感到收获很大，当他调到北京工作时，工人送他一面旗子，而且互相间还不断地联系。

业余技术学校。1954年针对新工人增加的情况，吸收学员学习文化课，参加较正规的业余技术学校。此种学习形式除以厂为单位举办外，尚有各局处举办的，一般的是由于该工种人少，厂无力举办。如地方工业局所属轻、纺二处举办电工、锅炉、保全等三种技术学习班，以便培养和提高该工种工人的技术水平。

技术学校。在天津市技术研究会关怀和指导下，天津市总工会和五金工会协同市教育局于1952年9月举办了电工和机械等两个工人业余技术学校，1953年9月又先后成立了分校。（1954年上半年的统计）总校和分校共有21个班，学员有842名，其中机械总校有7个班，240人，分校有8个班，338人；电工总校有3个班，107人，分校有3个班，150人。这些学员是来自全市140余个生产单位。在刚成立时，由于缺乏经验，采取保送的办法，而且在学员的文化程度方面也没有一定的限制，加之工会和行政对参加学习的干部、党团员在时间方面未能给予保证，因而中途退学的很多，流动性也较大。自1953年以来，招生改为考试，合格者录取，投考的条件是具有高小程度与四级工的技术水平者。这样可以使学员的文化与技术水平相差不多，在教学中减少很多困难，并可以完成一定教学目的。技术学校是按工种组织工人技术学习；教学目的是由四级工经过学习后提高为六级工；教学内容是以技术理论课为主，辅助以主要的文化课（算术、物理或化学）；教学时间是二年至二年半毕业。经过整顿后，1953年以来基本上克服学员流动现象，出勤率达到90%以上。

艺徒学习班。具体的方法和步骤是：当艺徒到厂之后，先进行组织性、纪律性的教育，并由安全科重点进行安全教育，然后分配到各车间编成小组展开学习。1954 年 3 月份，根据地方工业局、公用局、军需生产部、纺管局、重工业系统 108 个厂的统计，有 90 个厂开展技术学习。14089 人参加了艺徒训练班、文化宫组织的技术学习。技术讲座，1953 年上半年的统计，电工技术讲座吸收定员人数是 170 人左右，根据工厂生产三班制的情况，每次实际出席人数为八、九十人；1953 年下半年增加到 250 人，每次出席 140 人，包括 68 个生产单位。讲课内容为马达接线、简单计算、节约用电、变压器试验等。通过讲座得到一定的收效。如棉纺六厂职工通过听“节约用电”后，检查出空气压缩机浪费现象。电气焊接技术讲座：1953 年 9 月成立，每二周举行一次，参加人数有 120 人，包括有 64 个单位，从 9 月至 11 月共举行 6 次。讲座内容有：电石及氧气的制造、性质及使用，电石罐、保险罐之构造、作用及安全作用，电焊准备工作及基本操作，气焊操作问题，焊接检查法等。临时性的专题讲座：目的是为了配合中心，解决当前生产中存在的问题，通过讲座，直接或间接地为生产服务；其特点是没有固定的教学计划、对象与时间（一般是根据讲座内容，临时发布消息，吸引工人参加）。每次参加有 150 人左右。该讲座从 1953 年 9 月 15 日至 11 月 22 日共举办 16 次。（3）短期技术学习班：目的是根据生产的需要，在短期内进行几次较系统的技术理论讲座，解决当前生产中的一定问题，时间虽短，但有一定的教学计划，对象与时间。自 1953 年 8 月以来，前后共举办两个学习班。锅炉学习班，教学内容有：小型锅炉一般构造原理，锅炉检修，锅炉安装等。教学时间为两个月，每星期一次，每次三小时。对象为中小型工厂的锅炉工人。每次参加有 69 人，占总数的 90% 左右。电工技术学习班：目的是配合增产节约运动，为国家节约财富，保障安全地进行生产。教学内容为一般的电气常识，节约用电，安全规程等。教学时间是三个月，每 2 星期一次，对象是五金工会所属的各厂电工，每次参加有 100 人左右，占总数 70%。

生产技术研究室工作。1953 年下半年开始此项工作。目前所起的作用，主要是配合搞好技术讲座。如通过生产技术研究的一些科学仪器、图表、模型进行实物教学，进一步帮助学员理解讲座的内容。准备购置一些普遍适用于各厂所需的仪器、模型、图表，如电工、锅炉、机械、电气焊等的设备，吸引和组织工人、技术人员、工程师到技术研究室，研究生产中存在的关键问题，以便配合技术革新工作。

推广 408 厂工会俱乐部经验。1954 年 6 月 12 日，天津市工会联合会第四届第八次常务委员会议同意宣传部《关于在全市范围内推广本市 408 厂工会俱乐部工作经验》的报告。工会俱乐部工作是工会工作的重要部分。中国工会第七次全国代表大会指出：“工会组织应充分利用俱乐部与文化宫作为教育群众的场所，开展体育活动，把满足工人群众的休息和正当娱乐的要求和政治技术、文化教育结合起来。”

天津市 408 厂工会俱乐部以政治时事和生产技术的讲座、展览会、文艺晚会、图书阅览、体育和棋类比赛等多种多样的活动，向工人群众进行了广泛的共产主义教育，并与之相结合地满足了工人群众的休息和正当娱乐的要求。408 厂在工作中总结以下三条基本经验：（一）必须在党的领导、行政的支持、团队配合下进行工作。(二)必须做好政治时事教育、生产技术教育和开展文艺体育活动、组织正当娱乐三方面的工作，并使我们互相结合。(三)必须依靠积极分子做好俱乐部的工作，必须利用各种方法吸引众多的工人群众及其家属参加俱乐部的各种活动。我们认为408厂工会俱乐部的方针是明确的，经验是良好的，应在全市推广，以使工会俱乐部工作提高一步。为此，特做如下决议：一是，各级工会组织必须加强俱乐部的领导，定期在工会委员会上加以讨论，及时肯定成绩，纠正缺点：特别注意加强政治思想领导，提高俱乐部工作人员的政治水平与业务水平。二是，已建立俱乐部的基层工会，应普遍学习408厂的经验，结合本厂具体情况，拟定计划与步骤，切实改进自己的工作。在学习408厂俱乐部的经验中，应反对保守思想；同时应防止生搬硬套和形式主义偏向。三是，尚未建立俱乐部的基层工会，应根据408厂的经验，有计划地开展群众文化工作，为今后建立俱乐部创造条件。(四)各产业工会应在所属基层工会的俱乐部中选择一两个重点，研究推广408厂经验，作为样板，以此指导其他各厂的俱乐部工作。(五)各区工会办事处，应根据408厂的经验的精神，结合本区的具体情况，开展以区(或片)为单位的群众文化工作。(六)各级工会组织要在推广408厂工会俱乐部工作经验的过程中，及时总结，交流经验，特别注意发现新的经验。

满足职工文化生活需要。1957年以来，天津市工会联合会把开展职工文体活动，作为调动职工积极性的主要载体。几年来，工会系统的文化事业是有发展的，随着事业发展，职工文化生活也在不断地改善。截至1957年12月全市已有工会电影放映单位37个，俱乐部(室)298个，图书馆(室)485个，藏书达963926册。随着建设事业的发展，工厂企业中的业余文化艺术活动组织在不断扩大，1957年上半年，已有25790个职工参加了戏剧、歌舞、曲艺、美术、创作等文艺活动，组织了1220个小组；有29363人参加了各项体育运动队，体育协会已发展到1316个，会员已达108741人；市文化宫和业余艺术学校，几年来在工人中培养近万名的艺术活动积极分子，他们在开展职工文化生活中起着骨干作用。通过以上活动场所设备和广大业余积极分子活动，使职工群众的文化生活得到一定程度的满足。1957年上半年统计，为职工演出戏剧、歌舞、曲艺等998场，观众达552718人(次)；工会电影放映单位演出电影2822场，观众达191700人次；俱乐部(红角)还通过报告、讲演、展览、组织野游、参观、说书、朗诵等多种活动活跃职工的文化生活。

开展职工读报活动。根据中共天津市委和天津市总工会的指示，为了及时地对职工进行党的方针政策和形势任务的教育，从1952年10月份起，天津市总工会重点开展职工读报活动。

10月初，天津市总工会连续发出通知，重申各级工会组织在党委的统一领导下，加强对职工读报工作的领导，更广泛地把读报活动开展起来。为了方便职工读报，还明确规定用工会经费，给工业、交通、基建系统的每个工会小组订一份《天津日报》。

随后，各产业、区工会和区工人俱乐部都结合中心工作，组织力量，深入基层，推动这一工作的开展。据邮局统计，11月份天津日报比九月份增加了一万二千多个订户。如一机工委十九个单位的947个小组，过去仅有报纸125份，已增加到893份，交通工会在津的1047个班组，原来只有报431份，已增至937份。在几个主要的产业，除去三班制或两班制合用一份的外，已经基本上做到组组有报纸了。

在落实订报的同时，各单位还采取措施，推动小组读报活动的普遍开展，建立健全小组的读报制度，挑选、补充读报员，有的单位总结交流小组读报工作经验，培训了读报员。仅据一部分产业（工委）、区工会、区俱乐部的统计，十至十一月份即组织经验交流会18次，开训练班16次，训练了两千多名读报积极分子。天津市总工会和有些产业工会下厂，“蹲点”的领导干部，也亲自给小组工人读报，有的还帮助厂里举办读报训练班，给读报员讲课。

读报也帮助职工进一步树立赶、超先进的思想，积极投入增产节约运动。标兵大会期间，推动各级工会组织抓好小组读报工作，组织全市职工学习胡市长的报告和标兵的经验。通过学习，很多小组职工找了与标兵的差距，激起了赶超先进的决心和信心。

在组织职工读报活动中，组织职工学习王杰事迹和推动当前生产工作紧密结合，和当前的形势任务和战备教育结合，针对职工的思想情况，有的放矢地解决几个问题，把王杰一心为革命的崇高精神转变为促进职工思想革命化，推动当前生产和工作的动力，为开始执行的第三个五年计划做好准备。

第三节　社会主义革命和建设时期的工会工作

一、工会组织建设

为贯彻中共八届二中全会和三中全会的决议精神进一步改变工会系统机构多、编制大和克服由此产生的官僚主义，提高工作效率节约经费开支。1958年1月18日，天津市工会联合会部署精简机构紧缩编制下放干部工作。

精简机构工作中，在中共天津市委的直接领导下，天津市工会联合会贯彻中共中央和市委关于“下放干部，进行劳动锻炼”以及“加强基层和薄弱环节”的指示精神，结合整改工作，提出撤销不必要的机构，减少层次合并部分性质相近的产业和部门：取消体协、劳保会计等各种事业编制，以达到大量减少上层，充实下层，抽调大批干部参加劳动锻炼。在机构方面，天津市总工会由8个部合并为7个部；市属产业工会由14个合并为10个，市、区、产业由195个科室减为104个科室。

缩编和下放干部的工作，本着“加强机关工作，改造锻炼干部，充实基层和薄弱环节”三者兼顾的原则。在下放干部之前，对于各单位哪些干部可以留在机关，哪些干部需要下放，抽调哪些干部加强基层，哪些单位的干部需要调整，进行了自下而上的摸底排队和统筹安排，到1958

年底，市工会、产业工会的人员编制，由年初的553人，精简到261人，减少52.8%；区办事处由378人减为266人，减少29.63%；事业单位由864人减为700人，减少19%。截至1959年初下放到农村的239人，回工业系统的13人，充实基层和支援文教部门的112人，总计共下放264人，占应下放总人数（571人）的63.75%。除此而外，还从市工会、产业工会抽调了55名科长级以上干部加强了区办事处和事业单位的领导，根据需要调整了部分产业的骨干力量。

根据党的干部工作路线的要求对干部进行经常全面的考察了解，全面的锻炼和培养提高干部的政治、文化和业务水平，以适应工会工作发展的要求，1958年天津市工会联合会对此工作提出以下意见。

第一，根据党的政策要求和工作发展需要，全面的锻炼和提高干部。（一）加强干部的政治思想教育工作。通过报告的方式向全体干部进行政治思想教育。健全机关的行政会议制度，通过检查工作，开展批评和自我批评。（二）加强在实际工作中培养提高干部的工作。各级领导层层负责培养干部，关心自己领导下的干部的工作情况，帮助总结研究问题，加强监督检查，培养他们的主动性和克服困难的精神。（三）有计划、分批的组织现有干部参加体力劳动或到基层去做实际工作，根据市委的具体布置，在1958年初制订下放干部进行劳动锻炼和抽调干部脱职学习的规划，抽调干部轮流到党校和中华全国总工会干校脱职学习。

第二，继续下放和处理编外干部。根据市委布置，继续下放处理现有编外干部。对已经下放的干部进行一次复查，对少数病弱不适合农业劳动的工作人员进行妥善安置处理。

第三，加强对下放干部的管理工作。（一）各单位领导干部下乡与下放干部一起劳动或座谈，了解他们的生产、生活、学习情况，帮助他们解决思想问题和实际生活困难。同时还利用节日，组织下放干部座谈、联欢，向他们进行政治思想教育。（二）加强对各队队长的领导，帮助他们建立经常的思想工作制度和学习、成绩制度，听取他们的汇报，帮助他们解决工作中的困难问题。（三）各单位组织（人事）部门通过和下放干部联系的办法，对下放干部进行经常的考察了解工作。

1958年3月8日至26日，中共中央在成都召开有中央有关部门负责人和各省、市、自治区党委第一书记参加的工作会议（即成都会议），讨论和通过《关于1958年计划和预算第二本账的意见》和《关于发展地方工业问题的意见》等40多个文件。会后，根据成都会议精神，改变体制，实行以同级党委的领导为主，在实际工作中，党的中心工作就是工会的中心工作的要求，1959年6月19日，天津市工会联合会提出《关于在党的绝对领导下充分发挥工会组织作用的指示》。

第一，学习和贯彻中华全国总工会党组第三次扩大会议的精神以来，工会组织无论在思想、组织上和业务工作上都发生了深刻的变化，最突出的是比较彻底的解决了工会工作中的根本问题——工会和党的关系问题，绝对服从党的领导的观念，在干部中，特别是在各级领导干部中，已经树立了起来。贯彻党的中心工作就是工会的中心工作，各级工会组织都是根据党对企业各项工作的统一部署和对工会的要求，安排自己的行动计划。在企业中，由于党的领导的进一步加强，党、政、工、团思想统一，步调一致。

为了适应客观要求，成为党的得力助手，必须调动起一切积极因素，充分发挥工会组织作用。为此，提出以下几点意见：基本上表现在两个方面：一方面是认真贯彻党的指示；另一方面是向党反映情况，提出建议。

充分发挥工会的助手作用，必须作好以下两点：（1）根据党对整个工作的统一部署和对工会的要求，妥善的安排自己的行动计划和各个部门的工作。（2）工会干部必须经常深入群众、深入实际，加强调查研究，了解生产、生活和职工思想等方面的情况，提出问题，拿出办法，向党汇报，听取指示。

第二，整顿健全组织。1. 在基层的机构设置上，必须本着既便于党的领导，又便于加强工会工作的精神。应当注意的是；机构设置不要经常变动。变动要经过试点，要慎重，不要草率从事，并且要妥善地安排积极分子的工作，不要使他们“失业”。现在有一些积极分子，因机构变动，无工作做了，基层应当把他们很好地使用起来。2. 凡是基层、车间或部门，组织不健全，委员有缺额的，应迅速通过改选或聘请的方式补齐缺额。专职干部配备不当的，应请党委适当的调整。在整顿组织时，应特别注意充实下层，加强车间和小组的领导力量。3. 现在有一部分基层还是筹备委员会，尚未建立正式工会，有的在组织上是比较混乱的，各区应抽个适当时间，召开一次会议，帮助和推动他们整顿组织、建立正式工会。

第三，正确培养使用积极分子，充分发挥积极分子的作用。充分发挥积极分子的作用，除在日常工作中正确地培养使用以外，当前主要抓两项工作：1. 加强对积极分子的训练。2. 开展积极分子评比。今后各级工会组织必须加强对组织工作的领导，设专人负责这项工作，基层和车间应把组织委员很好地使用起来：各级组织部门必须经常向领导反映情况，提出建议在委员会的领导下积极进行工作，以便使工会工作适应客观形势要求，充分发挥党的助手作用。

第四，健全民主制度，活跃民主生活。1. 各基层必须迅速地把基层集体领导制度健全起来，并坚持执行。今后，党和上级工会对每个时期工作的指示，要在委员会上传达讨论，并且妥善地、全面地安排自己的计划，以保证工会的各个部门都了解并能认真执行党和上级的指示，都能发挥作用。2. 基层工会应该积极协助党和行政建立与健全在党委领导下的职工代表大会制度，并在贯彻这项制度中，发挥应有作用。

1963 年 4 月，为贯彻执行中华全国总工会制订的《国营工业基层工会工作条例》，根据市委指示，天津市工会联合会和各区、产业工会共同选择 26 个基层进行条例试点，为了推动这项工作，召开数次经验交流会，介绍了印刷一厂紧密结合增产节约运动加强工会小组工作的经验；棉纺三厂对照条例照镜子、找差距、组织积极分子比学赶的经验；俊兴织绸厂领导干部“引火烧身”、发动群众鸣放整改的经验等。这项工作进行到 8 月结束。

根据条例要求和群众意见，这些单位都认真进行整改。在整改中，多数单位是从两方面进行的。一是基层工会把群众鸣放的意见、整理排队，发动各级组织、各个业务部门，一齐动手整改，该哪个部门负责的事，就交给哪个部门去处理。各车间、各部门都在委员会上把群众意见逐条进行研究，把主要问题纳入工作计划，一般性的问题责成专人负责解决，暂时解决不了的问题，也向群众作了答复，基本上做到件件有着落。比如，印刷一厂工会宣传委员会，对职工提出的文体工作不活跃的意见，就根据该厂班次多，居住地点分散，搞大活动有困难的情况，在车间中开展了小型多样的文娱活动，群众很满意。对要求工会发电影票的意见，向群众作了解释，说明了工会规定只能在“三大节”才能买票和工会经费的困难，群众也没有意见了。二是在推动各部门整改的同时，基层和车间领导上集中力量抓重点，抓主要问题。

关于加强小组工作。例如，詹庄子砖瓦厂，群众对工会最大的意见是竞赛没抓起来，工会在试行条例中，根据群众意见，首先抓住贯彻以生产为中心，生产、生活、教育三位一体的工运方针，发动群众开展竞赛。在竞赛中，加强了思想工作，向群众进行个人利益和集体利益关系的教育，提高群众的生产积极性。通过这些工作，生产显著提高，中型制砖机的日产量，由 28500 块提高到 40000 块，小型制砖机的日产量，由 24000 块提高到 30000 块，产品的合格率和煤耗等指标，都达到了全国先进水平。

1963 年 12 月 7 日，天津市总工会关于试行“国营工业基层工会工作条例”的情况报告中指出，通过试行条例，基层工会工作都有不同程度的提高，主要表现在以下几方面：一是提高工会干部和积极分子对工会工作的认识，树立责任感和光荣感。二是工会干部的工作作风有很大转变，健全工会委员会的集体领导。三是进一步健全部门工作，工会的各项经常工作开始树立起来，一般部门能围绕中心安排自己的活动。四是加强小组工作，活跃了小组的民主生活。五是会员受到一次工会性质、任务的教育，提高了会员对工会的认识。

在试行条例中，各级党委经常听取工会的汇报，明确方向，帮助解决问题。企业行政都进行有力的配合。

1965 年 1 月，中共中央制定《农村社会主义教育运动中目前提出的一些问题》，共二十三条。根据“二十三条”和中央指示，1965 年 10 月 11 日，中共天津市委批转天津市总工会党组《关于在四清运动中整顿基层工会的意见》，对在“四清”运动中整顿基层工会问题提出意见。

二、群众生产运动

1958 年 5 月，中共八大二次会议，正式通过“鼓足干劲、力争上游、多快好省地建设社会主义”的总路线。全市职工在党的领导下，开展以技术革命为中心的比先进、学先进、赶先进劳动竞赛。全市工业总产值完成跃进计划的 108.5%，比 1957 年增长 72%。全市职工提出了技术革新建议 220 余万件；试制成功 6300 多种新产品，其中属于高、精、大、尖和优质产品有一千种；在 1600 多种产品的质量上赶上或超过国内外先进水平。

1958 年的劳动竞赛活动中的主要工作有以下几项。

第一，加强党的领导，不断提高广大职工的政治思想觉悟，统一思想认识，使竞赛成为广大职工自觉的劳动方式。1. 根据每一个时期的政治经济形势、企业生产关键问题和不同地区、部门、工种的具体条件，提出口号，推动劳动竞赛发展。2. 向职工明确竞赛的具体方向和目标，使群众都知道为什么赛和赛什么，把职工的智慧和干劲集中到突破生产关键上来。要做好向职工交底工作，领导向群众具体讲清任务、意义、方向、有利条件、措施和关键，使职工明确具体奋斗目标，了解完成这一项任务对全局的影响。3. 针对障碍生产跃进的思想问题、技术问题，抓住对立面，组织职工展开大鸣大放大字报大辩论，加强群众性自我教育，教育和影响广大职工不断提高政治思想觉悟，统一思想认识，把广大职工的智慧与干劲都调动起来。4. 加强生产鼓动工作，使群众经常保持饱满的政治热情，也是推动竞赛运动不断向前发展的重要条件。气可鼓、不可泄，劳动竞赛中必须继续加强生产鼓动工作，必须更加广泛地运用这些有效的方法。

第二，开展以技术革命为中心内容的劳动竞赛，引导广大职工用革新技术的办法去突破生产关键，对某些重要工艺设计和产品设计进行了创造性的改革，提高生产机械化的程度，减轻劳动强度，提高劳动生产率。

1959 年继续大跃进，各厂围绕着生产关键问题，开展多种竞赛形式，广大职工掀起学先进、赶先进、超先进、帮后进的竞赛热潮，从赛指标发展到赛技术，开展技术表演赛。边表演、边总结、边推广，缩短推广先进经验的过程。许多老工人的绝招，在表演赛中被发掘出来，零散点滴的经验，经过群众表演汇集成套。据河东、河西、河北、南开四个区的统计，在技术表演赛开展后的一个多月中，总结推广先进经验 46000 项。技术表演赛破除旧的企业管理制度 117 项，建立或修订适合生产发展的新制度 456 项。

1959 年的技术革新、技术革命运动的主要工作。一是领导与群众相结合。领导分析当前生产情况，提出初步规划意见。然后，分车间、按工序全面发动工人讨论，发动职工进一步充实规划内容，使规划订的逐步完善起来。根据河东、河西、红桥三个区的 452 个厂的调查，有 80% 以上的厂制定规划。二是专业力量与业余力量相结合。据河东区 40 个工厂调查，共组织了业余加工厂 354 个，10891 名工人参加，一周时间改进旧设备 989 台，制造土洋设备 411 台。改进设备与改进管理相结合，保证了“落后就变，变而不乱”。天津制鞋厂结合发动职工自制和改进设备的同时，广泛地组织工人根据生产需要改进操作、改进劳动组织，使工人能够掌握革新的机器或改进的机器的操作技术，适应新的生产要求。

第三，全面沟通、内外协作。对重大的机械化项目，采取“全面大沟通、内外大协作”的方法。纺织机械厂在车间之间、工段之间，深入广泛地开展了互相挂钩，互相支援的协作运动。工人刘德发在制作四轴组合机床和积木式车床时，木型和铸件都没有正式的计划安排，便于工人自己到木型和铸工车间搞协作，本来这两项革新是一个半月实现的，结果五天时间就完成了。按行业、按工种建立协作组，组织协作。南开区组织了八个专业协作组，其中较大的铸工专业组，根据各厂技术、设备能力，采取分工包干的方法。技术力量较强的拖拉机厂负责制图、晒图；纺织器材厂、内燃机厂等负责制作；第一翻砂厂负责铸件；卫南机械厂负责部分木型等，使重大的机械化项目得到迅速实现。

第四，大抓选型、定型、配套、推广工作。对革新成果采取了大抓选型、定型、推广的办法。按行业、按工种地组织展览会、现场会、比武会，把全行业职工创造出来的先进机具集中起来，进行群众鉴定，是一个好办法。天津市建筑系统就是运用这个方法，组成了土方、钢筋、混凝土、木工、油工、抹灰、水暖、白铁和垂直水平运输等九个主要工种机械化、半机械化的龙和一项综合砌砖操作法，群众称之为“九龙一法”。

1959年1～9月份，全市共提出革新建议4971506件，相当1958年提出件数的2.31倍；1—6月提出的建议的人数就达311427人，将近全市职工总数的三分之一，比1958全年提建议的人数还多。根据已实现项目不完全计算，全年创造财富184283150元。

1959年以鼓干劲为纲，宣传“总路线、大跃进、人民公社”三面红旗，推动生产高潮。各厂领导干部采取边参加生产、边发现问题解决问题、边指挥生产的“三边方法”，亲临第一线大抓宣传队伍和先进生产者队伍，领导、技术人员、老工人三结合，及时评比检查，公布成绩，使上一个高潮的经验得到巩固和发扬，下一个高潮准备工作更充分，组织的更好。

1959年初，在天津市劳模会上，中共天津市委指出：“小组工作活跃了，全厂、全市的工业战线也就活跃了。”“小组本身有很多便于它进行工作的有利条件，也是我们抓工作必须从小组入手的客观基础。那就是小组能够更具体地掌握工人思想，根据具体情况，贯彻党的指示，开展群众性的自我教育，从而把每个工人的积极性都更充分地发挥出来；小组也能够具体地掌握生产上每一细微环节的问题，了解工人的技术条件和设备情况，从而在组织竞赛上更为得心应手；小组还能具体地掌握职工的学习、生活等方面的情况和需要，使每一个职工都能一心一意地搞好生产。”

各区和产业工会贯彻中共天津市委提出的加强小组工作的指示，召开先进小组代表会议和小组工作会议，树立标兵，交流经验，开展小组竞赛。第二季度初，中共天津市委在工业会议上，提出全面加强和提高小组工作的方向，号召开展生产好、团结好、参加管理好、文化技术学习好、安全卫生好的“五好”小组运动，和以小组为基础的同行业、同工种、同产品、同类人员的“四同”竞赛。为贯彻中共天津市委的工业会议精神，天津市总工会按行业总结不同工种和不同生产特点的小组工作经验和生产技术经验，分别召开了棉纺织和机械行业小组工作会议，树立标兵，交流经验，明确了在各个不同行业、工种的小组如何贯彻市委工业会议精神，深入开展以技术革命为中心的增产节约红旗竞赛运动的具体方向和方法。各区和产业工会按行业开展了“五好”小组运动，以小组为基础的同工种和同产品竞赛。各基层和车间也加强对小组的领导，调整了组织，配备了骨干。广大小组也都加强了小组的核心领导，定期以“五好”特别是生产好这一中心要求来衡量自己的工作，积极向先进小组学习，采取全面提高的措施，许多小组的生产与工作水平跃进了一大步，达到“五好”的小组由年初的30%左右上升到50%左右。第三季度开始，市、区和产业工会推动基层、车间加强对小组工作的领导，总结交流先进基层、车间领导小组工作的经验，从市到车间，树立了一整套先进小组标兵。在“小组活动周”里，各级工会一齐动手，大搞标兵小组的经验交流活动。许多基层、车间工会组织，在运动中对小组做了具体分析，干部亲临第一线，深入重点小组，抓两头，带一般，帮助小组突破关键，越来越多的小组提前完成计划，越来越多的厂和车间做到了“满堂红”。到9月中旬，有141806个小组提前四天完成9月份计划。在决战第四季度中，组织小组提前跨进60年的学、赶、超、帮竞赛和“先进经验推广月”活动。

1960年5月6日，天津市总工会贯彻中共天津市委指示，开展以技术革新和技术革命为中心的五大运动，工作意见指出，“从现在起，立即掀起一个轰轰烈烈的增产节约群众运动的高潮，以技术革新和技术革命为中心，开展五大运动：以钢为纲的生产翻番运动；支援农业抗旱和农业技术改造的运动；以大办无线电、仪表为中心的向高、精、尖进军运动；‘四化’和推广新工艺、新技术的运动；多种经营，综合利用，大办小土群等运动，组织生产更大的跃进。根据市委对当前工作的部署，在五、六月份工作中，我们应当突出地做好如下几项工作。”

第一，继续大抓成龙配套地推广先进经验、新技术、新工艺，获得大面积的丰收。各级工会应当下最大的力量做好这项工作，对先进技术经验大力进行总结，使之普及、巩固和提高，使一切行之有效的先进技术经验，都迅速开花结果。

一是各区、产业工会除应继续推广中共天津市委提出的十七项先进经验，搞深、搞透以外，还应根据当前生产薄弱环节，根据生产翻番的要求，抓住重点，把现有的先进经验配套成龙，再安排一批普遍推广的先进经验和新工艺、新技术项目。二是用大搞群众运动的方法推广先进经验。要切实做到定项目、定指标、定措施、定时间、定责任，限期推广。继续运用组织战役的方法，放手发动群众，连续组织战役，不断掀起高潮，保证规划实现。三是普遍建立“三结合”技术研究推广站、先进经验推广队、业余科学研究所等群众性总结推广先进经验的组织。凡已建立的，应积极加强领导，丰富内容；在尚未建立的行业、工种，应根据需要，迅速建立起来。四是切实加强推广先进经验的具体组织工作。凡已确定推广的先进经验，应当一抓到底，抓检查、抓帮助，及时解决推广先进经验过程中遇到的思想、技术、材料、设备等方面问题，直到先进经验普遍开花结果。五是加强共产主义协作的组织工作。组织技术上、材料上的互相支援，互相配合。各种已有的组织协作的好经验，要认真总结，加以交流和推广。六是对实行煤气化，各区、各产业工会应认真地抓一下。

第二，普遍开展群众性的技术学习，快速掌握新技术，以适应技术革新和技术革命运动不断发展的需要。

群众性的技术学习虽已普遍开展，但还不能满足。群众性的学习要从以下几方面开展：一是发动基层制定组织开展群众性技术学习规划。二是任务和重大的技术革命研究项目，吸收劳动模范、工程技术人员参加，迅速建立一批群众性的科学研究组织，制定科研规划。三是各区、产业俱乐部中，应迅速建立和发展无线电俱乐部、无线电研究会、无线电训练班，吸收无线电爱好者参加。

第三，广泛开展学、赶、超、帮竞赛，在广大职工中迅速形成“学、赶、超”肖德训、李之珍，争做革新闯将的热潮。

当前“学、赶、超、帮”竞赛应以市委提出的五大运动为内容，在企业单位可全面考核五个方面，在不同的车间、小组和广大职工中应以生产翻番为基础，根据具体情况确定其他有关的内容，并定期组织大检查、大总结、大评比、大推广。改进领导方法，提高领导水平。（一）技术革新和技术革命运动向着生产翻番，向积极采用新工艺、新技术，猛攻高、精、尖；向大搞原材料综合利用和原材料生产；向系统改革企业管理工作等方面发展。（二）发动广大职工制定学、赶、超规划。在厂、车间、小组亦应制定培养谦德训、李之珍式革新闯将的规划。（三）全市开展“百、万、十万名革新闯将运动”。（四）要求各区、产业工会对当前基层开展“学、赶、超”谦德训、李之珍运动的情况立即进行一次重点的检查，摸清情况、经验和问题，进行部署，使市委指示精神切实贯彻下去。

1961年中共天津市委第一书记万晓塘在工业会议上提出，当前工业、交通、基本建设战线上总的任务是大规模地开展整风运动，做好政治思想工作，贯彻群众路线，继续抓生活，开展技术革新、技术革命，把以提高质量、降低消耗为中心的增产节约运动推向新高潮的指示。1961年5月19日，天津市总工会召开全市第四次小组会议，会议的主要任务是掀起以提高质量、降低消耗为中心的“五好”小组竞赛，保证实现产品质量、品种、规格齐跃进，把增产节约运动推向新的高潮。

会上，为进一步开展“五好”小组竞赛，提出活动的几点意见：广大小组及各级工会组织，要积极响应市委的号召，按照特等模范小组倡议中的内容，认真发动群众，狠抓小组工作。以提高质量，降低消耗为中心，狠抓几个环节。第一，必须广泛向群众进行提高质量观念的教育，使群众明确提高质量的重大意义。第二，积极响应中共天津市委号召，普遍开展群众性的质量大检查。检查的内容应包括思想、指标、设计、工艺、设备、操作、管理、清洁等方面。建立群众性的责任制度，更好的健全小组管理。第三，开展技术革新，技术革命运动。当前技术革命的主攻方向是：切实贯彻党中央提出的八字方针，提高质量，增加品种，降低消耗，节约原材料、燃料、降低成本，提高劳动生产率。各小组要大搞操作技术大练兵，总结交流先进操作技术经验，不断提高职工的科学技术水平。第四，针对提高质量降低消耗的需要，建立健全小组管理，特别是技术管理。以此为中心建立群众性的岗位负责制，积累和交流有关提高质量降低消耗的管理工作经验。第五，广树质量标兵，深入开展学赶超创竞赛活动，作到人有标兵、物有样板。在竞赛中要切实订出小组和个人行动计划，针对薄弱环节，组织开展工序之间的一条龙协作赛。在竞赛中还要认真贯彻劳逸结合，关心职工的安全和健康，模范的遵守劳动纪律，以高度主人翁的精神发挥最大的主观能动性，为实现质量品种规格的跃进创造出优异的成绩而奋斗。

1962年11和12月，广大职工围绕实现国家计划和增产节约任务，作好1963年生产准备工作，开展增产节约运动。

老工人和先进生产者用实际行动搞好生产，影响和带动广大群众。发电设备厂老工人王振山，带领着一部分低级工和工作“捣水结构”，为保质、保量、按时完成任务，他在五天五夜中只睡八小时，坚持生产，不下火线。市劳模、同盛和织布厂老工人王瑞起，针对改换品种后普遍完不成定额的关键，带头攻破技术关，帮助群众达到定额。机械铸造厂的许多老工人、先进生产者访问了解协作加工单位的要求，积极提高铸件质量，同时在计划外为兄弟厂临时加工了300多种部件，共十吨多铸件。

据对293个重点企业分析，259个单位增产节约运动已经发动起来，其中127个单位，运动形成小高潮。许多企业提前和超额完成1962年的生产计划，并在提高质量、降低消耗、增加品种规格、提高劳动生产率等方面，做出显著成绩。天津自行车厂在提前完成全年计划的基础上又增产一万六千辆，投产了适销农村的新型自行车，供应市场各种主要零件200万件。振华造纸厂生产名牌产品“马头牌”草板纸，十月以来合格率一直保持99%以上，成本不断降低。他们在提高质量、降低成本的基础上，提前一个多月完成了全年计划，产值、产量、质量、劳动生产率、上缴利润等都比1961年有较大的提高，还增加了三个新品种。1962年全市工业总产值完成了101.9%。此外，不少企业在千方百计地完成1962年增产节约任务的同时，还适应支援农业、支援市场的需要，积极地对1963年生产做好准备。生生暖瓶厂在提前23天全面完成1962年全年计划以后，又订出增产127000个的计划，同时，根据农村需要初步安排了1963年第一季度计划，增加了短型带铁提环的竹壳热水瓶生产。

1963年1月15日，中共天津市总工会党组在关于广大职工为全面实现国家计划，进一步深入开展增产节约运动的情况报告中指出，增产节约运动能够迅速、健康地向前发展，根本的动力和条件是：党的八届十中全会精神进一步深入贯彻，经济形势继续好转。同时，各级组织也都采取了有效措施进一步加强了竞赛的组织领导，比较突出地作好以下几方面的工作。

第一，从检查计划进度入手，不断地明确实现计划中的新生产关键，把广大职工的积极性组织到实现计划的具体奋斗目标上来。河北区分析64个单位，联系完成全年计划和1963年生产准备的要求，确定新的具体的竞赛目标，组织群众不断地围绕全厂关键，展开竞赛活动，促进增产节约运动步步深入发展。天津制锹厂全年质量计划平均92%，前几个月只达到平均91.2%，经过测算，最后11、12两个月必须把质量搞上去，达到94%，才能保证全年的质量指标，发动群众围绕这个关键，在竞赛中广泛开展技术革新，使质量逐步上升，保证了质量计划的完成。

第二，扎扎实实地开展技术革新，组织群众运用革新巧干方法，力争“五好”，确保增产节约计划的实现。仅11月和12月上半月，据263个单位不完全的统计，共提出革新建议1301件，实现了943件，占72.5%。从红桥区53个单位已实现的379件革新来看，主要内容有五项：改进设备、工艺装备82件；改进操作方法37件；改进工卡胎具58件；改进工艺、改进设计配方39件；其他包括充实提高过去不完善的革新项目重新投产共113件等等。组织职工开展技术革新，企业的主要做法是：(1)从分析生产、解剖关键产品，解决生产实际关键问题。(2)运用

“三结合”形式，以老工人为骨干，充分发挥老工人和技术人员的合作作用。（3）坚持“放手发动群众，一切经过试验”的原则。（4）试验成功并经鉴定确认可行的革新建议，及时总结组织推广，纳入工艺规程或制度。（5）建立健全合理化建议的经常工作，加强技术革新活动的组织领导。

第三，认真总结推广先进经验，广泛开展比学赶帮活动，保证更多的人和班组全面超额完成国家计划。许多单位在实现国家计划和增产节约任务的过程中，比较自觉地注意组织职工总结推广先进经验，广泛开展比学赶帮活动。这不仅使竞赛更加生动活泼有力，而且有效地推动越来越多的班组和个人超额完成生产计划。由于“比、学、赶、帮”活动活跃，河北区有119个单位的生产都比头一个月提高了，完成计划的班组，11月占83.8%，12月上升到89.04%。

企业的主要做法是：从生产实际需要出发，从符合群众要求出发，发现先进经验；上下结合，依靠群众“议、比、选”来总结先进经验；组织群众参观访问，吸引群众自觉地学赶先进；重点试验，取得成绩，由点到面，逐步扩大；采取灵活多样的方式方法，作好大多数的工作，等等。第四，调动职能人员的积极性，组织科室竞赛，使企业管理工作和群众生产竞赛密切结合，互相促进，步步深入，更好地实现各项技术组织措施。开展以分管指标和业务专职为主要内容的科室竞赛。通过这样的科室竞赛，进一步明确了科室与科室、科室与车间的职责，科室每个职能人员的任务和责任也进一步得到落实，不断加强和改进管理工作。

1963年天津市总工会各产业工作委员会，根据生产需要组织造纸、铸造、铅丝、元钉、铁丝、印染、棉纺等七个同工种、同产品、同行业竞赛的劳动竞赛。活动中，各产业工会围绕生产关键，着重抓总结推广先进经验，开展群众性厂际技术活动这一环节。在铸造、造纸、棉纺三个同工种、同行业厂际竞赛中，吸收了老工人、先进生产者、工程技术人员，建立“三结合”的技术协作委员会或技术研究小组，有计划、有目的组织他们调查研究和解决行业性的生产技术关键，组织厂际之间技术协作，帮助一些工厂解决重大的技术关键问题，并依靠他们广泛联系群众，推动厂内技术活动的开展。

1963年7月1日。天津市总工会党组关于进一步开展同行业、同工种、同产品厂际竞赛的意见指出：根据厂际竞赛状况和各行各业特点，下半年，要突出地抓好以下几种类型厂际竞赛。（一）同工种厂际竞赛。同工种厂际竞赛内容，根据生产关键确定。例如，造纸行业打浆同工种竞赛目标是缩短打浆时间，提高打浆质量，节约电耗。铸工以提高铸件质量，降低报废率，提高铸件物理性能和稳定生产秩序，贯彻铸工61条为主要内容。玻璃行业大炉同工种竞赛，以稳定炉温，提高料质和降低煤耗为主要目标。纺织保全同工种竞赛，以满足上下道工序要求，提高平、擦车质量和工艺部件的合格率为内容。（二）同产品厂际竞赛。重点抓好机里行业的面粉机、水泵、刹车管；橡胶行业的元宝鞋、手推车内外胎、球鞋；染料行业的元青等重点产品。开展同产品厂际竞赛的总的要求是，以提高质量为中心，生产一等品和优等品，做到“工精、耐用、物美、价廉、适销、对路”，并力争赶上国内或国际先进水平。可根据不同类型的产品不同时期的具体生产技术状况，确定不同的具体竞赛内容。如生产元青的三个厂竞赛目标是提高收获率，提高细度，减少不溶物。（三）企业之间对手（对口）厂际竞赛。这种竞赛是由生产性质相同，基础相似或面临的问题、任务等条件基本相同的企业。竞赛目标和要求，由各企业经过对比酝酿达成协议。签订竞赛公约（合同），经常交换情况，互相观摩访问，定期检查评比。可先组织以下几种类型的对手赛。

（一）规模相同，基础相似的对手赛。如起重机厂和锻压机床厂规模相似，都是1962年先进企业，争作63年先进企业，开展对手赛。（二）同类产品的对手厂际竞赛。如面粉机厂和棉花机厂，汉沽机械厂和第七内燃机厂。（三）同类性质问题的对手厂际竞赛。如内燃机厂与手推车厂，都是任务不同的企业，以开展积极承担加工任务，做到不亏本的对手赛。（四）一般性的同行业厂际（车间）竞赛。竞赛可由各个工业局（公司）为主，按工业系统，统一组织。

开展厂际竞赛的重要环节是：针对关键，有计划、有目的地组织技术互助，开展群众性技术活动，总结推广先进经验。竞赛目标以实现"五好"企业全面完成国家计划为主要内容。结合本行业的具体情况和关键提出具体的要求，制订统一的竞赛条件，定期检查评比，互相交流经验，开展厂际之间"比学赶帮"活动。竞赛中加强总结交流经验活动，组织大厂帮小厂，老厂帮新厂，先进帮落后。

根据在全国轻工业厅局长、工会主席会议精神，为了推动京津两地生产十个同类单一产品企业职工的比学赶帮竞赛，1964年1月京津两地局、工会领导经过协商确定，围绕着"二赶、三消灭"的要求，开展以提高质量、降低成本为中心的同产品对口赛，密切两市往来，加强技术协作，互学互帮，携手共同追赶全国先进水平。被列为这次同产品竞赛项目的是同人民生活关系比较密切的轻工业品：缝纫机、闹钟、金笔、铅笔、搪瓷制品、电池、罐头、香皂、牙膏和啤酒。生产上述产品两地共22个厂，其中天津12个厂。2月下旬两地22个厂的厂长、工会主席、技术人员和老工人在北京签订了比学赶帮竞赛协议书会议。京津两地22个生产厂组织了"互相检查比学赶帮竞赛协议书执行情况的活动"，交流经验，促进天津各厂按时实现与北京对口厂签订的学帮协作项目，并为7月份在天津市召开的二季度竞赛评比总结质量鉴定工作做好准备。

1964年2月，天津市总工会为进一步调动工商界人士努力建设社会主义的积极性制定了《关于工商界先进生产者（工作者）的评比试行标准》。

第一，工业系统工商界先进生产者（工作者）的标准：1. 接受党的领导好。听毛主席的话，跟共产党走，走社会主义道路，拥护党的方针政策，遵守政策法令，虚心向工人阶级学习，认真进行自我改造。2. 完成任务好。按质按量，全面完成生产任务，发扬"一厘钱"的精神，厉行节约。3. 遵守纪律好。遵守劳动纪律和规章制度，保证安全生产，爱护机器设备和公共财产。4. 经常学习好。认真学习毛主席著作和时事政策，并能联系实际，改造思想，努力钻研技术业务，积极发挥专长，贡献力量。5. 团结互助好。能帮助别人，也能接受别人的批评帮助，团结互助，搞好协作，正确对待公私共事关系。

第二，财贸系统工商界先进生产者（工作者）的标准：1. 接受党的领导好。听毛主席的话，跟共产党员走，走社会主义道路，拥护党的方针政策，遵守政策法令，虚心向工人阶级学习，认真进行自我改造。2. 执行政策完成任务好。严格执行党的各项政策，及时反映群众意见，不断改进服务方法，做好供应、购销工作，按时完成任务。3. 爱护公共财物好。发扬“一厘钱”精神，勤俭节约，精打细算，爱护公共财物，杜绝差错事故，作到账账、账物相符。4. 经常学习好。认真学习毛主席著作和时事政策，并能联系实际，改造思想，努力钻研技术业务，积极发挥专长，贡献力量。5. 团结互助好。能帮助别人，也能接受别人的批评帮助，团结互助，搞好协作，正确对待公私共事关系。6. 服务态度好。树立为政治、为生产、为群众服务的三大观点，待人和气，服务周到，正确地宣传党的方针政策，耐心解答顾客提出的有关问题，不断提高服务质量。

1964 年 1 月上旬，在天津毛织厂、第二铁丝厂、第一玻璃厂等十一个单位的部分车间、班组共 3669 名职工中进行了评功摆好试点。评功摆好以发扬成绩为主，以表扬为主，人人有份，鼓励和启发群众发扬成绩，纠正缺点的自觉性，广泛地调动群众的积极性。1964 年 3 月 10 日，中共天津市总工会党组关于在十一个企业进行评功摆好试点的情况报告。

评功摆好以“五好”为纲，坚持“四个第一”“四个为主”的精神组织活动，根据第一玻璃厂、色织三厂、天津毛线厂、运输一场等四个已评完的试点单位看，各厂都是先组织职工重温“五好”标准，先谈评功摆好的感想和收获，树立正确的评比态度，评选结果都是比较成功的。评选以后，各厂举行了庆功大会，总结大评大摆的工作，宣传好人、好事、好思想、好风尚、好经验。

立功活动的内容围绕当前生产来组织。特别是突出了提高质量、降低成本的中心要求。不少试点单位还提出了学上海、赶先进、大搞比学赶帮、大搞技术革新，并围绕上述要求给群众明确具体关键。立功方向明确，目标清楚，群众积极性得到更大发挥，大大促进生产。

在摆功基础上，评选“五好”职工、“五好”班组和单项“能手”。“五好”职工，“五好”班组都是按照中央和市规定的统一标准进行评选的。单项能手根据市提出的质量、节约、技术（革新）生产等四个方面评选。

1964 年 4 月 23 日，天津市总工会、天津市经济委员会《关于转发“群众技术协作积极分子对开展技术协作活动问题的几点建议”的联合通知》指出：目前，全市群众技术协作活动，自去年十一月份以来，有了较迅速地发展。市、区以及部分基层的群众技术协作队伍不断扩大，解决不少“老大难”关键问题，对缩短差距赶先进水平，起很大的作用。但大部分基层的协作活动，还没有开展起来。为了进一步推动全市群众技术协作的开展，现将群众技术协作积极分子对开展“技术协作活动的几点建议”转发给你们。并要求各基层企业根据市委去年召开“学习先进经验，开展技术协作”大会的精神，对你厂群众技术协作活动情况，认真地进行一次研究，总结经验，找出问题，分析原因，采取措施，加强领导，把群众技术协作活动纳入企业领导的工作议事日程，以调动广大职工的积极性、创造性，学习推广先进经验，大搞技术革新、技术革命，推行新工艺、新技术，解决本厂和全市的生产技术难题，为赶上先进水平做出贡献。

1964年，根据中共天津市委指示，全市工业、交通、基本建设、财贸系统各单位于3月下旬开展发动群众评选“五好”，至4月20日基本结束。1964年4月30日，天津市总工会发布关于全市评选1963年“五好”集体、“五好”职工的情况报告。

全市工业、交通、基本建设、财贸系统各单位共评出“五好”职工5502名（占职工总数的0.8%）；各种能手19916名（占职工总数的2.92%）；“五好”班组1115个（约占班组总数的2.4%）；“五好”车间54个；“五好”科室87个；“五好”企业45个；先进企业54个。在此基础上，又从“五好”职工和“五好”班组中选拔了出席市代表会的代表，并由文教、医务、文艺、郊区、天津专区等方面推荐部分代表。共计出席市代表会的“五好”职工代表706名，班组代表302名，科室代表27名，“五好”车间54名，“五好”企业51名，先进企业54名，总计为1194名。在出席市的“五好”代表中，集体占40.9，个人占59.1%。在个人和班组、科室代表中，党员占70.63%，团员占9.08%，群众占19.62，民主党派占0.67%，男83.57%，女16.43%；工龄16年以上的老工人占50.39%。1962年天津市特等劳动模范和模范班组共99名，此次当选为“五好”代表的76名，一般“五好”的4名，落选19名（占19%）。

评选的步骤是：（1）进行思想教育，明确评选目的意义，组织职工学习“五好”标准；（2）发动职工对照“五好”条件，用肯定成绩、总结经验的方法提名；（3）领导吸收班组代表、老工人进行初审，提出候选名单：（4）群众讨论候选名单，领导再次审查，报区批准。

1964年9月4日，天津市总工会在各郊区拖拉机站，国营农场职工中组织开展“保三秋夺丰收”五好红旗机车竞赛。全市各拖拉机站、农场的职工，贯彻省、市农业机械工作会议精神，各级党委加强了对拖拉机站的领导，充实力量，提高经营管理水平，并扩大技术队伍，增加机车139台，对扩大机耕面积，完成耕地任务奠定有利基础。为此组织开展“以耕地多、质量好、成本低、用油少、安全运转为中心的保三秋夺丰收五好红旗机车竞赛”，掀起为农业立功运动的新高潮，提出几点意见：首先解决耕的问题，千方百计地采取一切有效措施，提高拖拉机利用率，发挥最大的效能，力争多耕、耕好。要求机车出勤率达80%以上。第二，千方百计地夺取秋季丰收，积极为秋耕、秋种做好准备，并要求给明年粮食增产创造条件打下基础。第三，下半年的任务，特别是“三秋”的任务十分艰巨，全市要保证完成300万亩，力争完成420万亩的耕地任务。

各区拖拉机站、农场在区委的领导下，应有专人负责做好日常竞赛的具体组织工作。站和机耕队在实际耕作活动中，加强对机车小组的领导，通过日常具体工作，搞好竞赛活动，及时总结交流先进经验，插红旗树标兵，定期公布成绩进行总结评比。各区工会，要把会议精神向区委进行汇报，并在区委的领导下，认真做好传达贯彻工作，结合本区的具体情况提出具体要求，加强对竞赛的领导与检查。

1964年12月22日天津市总工会提出《有关加强技术协作组织领导的意见》。

1965年12月6日，中共天津市委工交政治部、市委基建政治部、天津市总工会联合开展

“五好”运动总评工作。步骤和方法如下。

第一，要求群众性“五好”总评，必须坚持政治挂帅，贯彻“一分为二”方法，充分发扬民主。评比内容必须突出“政治思想（工作）好”，坚持贯彻“一好带四好”的精神。

第二，群众性总结是总评的中心环节。总结内容是：根据“五好”标准要求，检查实现规划的情况因行、因组、因人制宜，突出重点，紧紧抓住质量、品种，从思想风格、技术革新等主要方面，总结经验教训，肯定成绩、找出问题、明确前进方向。

第三，发动群众，民主评比。在评比中必须认真发扬民主，贯彻群众路线。把评比的具体原则、方法、步骤交群众掌握。由群众根据“五好”和能手条件充分酝酿提名，民主评议，实行“几上几下”，够条件者即可评选，领导不下限制数字。对“五好”、能手组织群众复检验收。

第四，总评工作必须和讨论落实明年规划，推动当前运动密切结合。进一步发动群众争“五好”、创“五好”结合讨论明年规划，制定“五好”规划。

第五，加强领导。根据党委抓总，政治部、工会积极主动负责的精神，组织有关部门密切配合共同抓好，加强具体领导。

关于总评的范围、时间、条件、奖励：第一，范围。这次“五好”总评在工、交、建系统内进行，主要是在群众中评选“五好”班组、“五好”个人和能手，企业、车间、科室、技术和管理人员只进行“五好”检查，确实突出够条件者可向上推荐，经公司、局党委核实、审查确定（“五好”企业要经市批准），三、四类企业一般可不进行“五好”总评。财贸系统参照此意见精神另行起草办法，单独进行。文教、卫生等其他单位不进行总评。第二，时间。四清运动已结束和尚未进行的单位，可于12月或明年1月进行总评，于1966年1月底前总评结束。正在开展四清运动的单位，把这次总评活动可在四阶段中间进行。第三，条件。“五好”班组、“五好”职工一律根据中央统一制定的“五好”标准结合本企业具体情况进行评选。在某一方面有突出贡献或专长的职工可评为质量、节约、技术等单项能手。评选“五好”或“能手”，一律不下比例数，不下控制指标，群众公认够条件的，有多少评多少。出席市“五好”代表大会的代表，从一般“五好”职工、“五好”班组中选拔，共1500名。其中“五好”职工代表占60%，“五好”班组代表占405。名额由市统一分配。第四，奖励。“五好”职工、“五好”班组，以河北省天津市人民委员会名义授予“五好”称号，并分别颁发证书（过去是奖章）和奖状。

1966年5月起，天津市总工会调查八个厂“学大庆，创五好”的情况。八个厂是棉纺二厂、天津针线厂、国营印染厂、纺织机械厂、第一机床厂、天津机床厂、手表厂、华北缝纫机厂。

三、职工生活

天津市总工会1959年和1960年，在抓好生产的同时加大对职工的生活工作力度。1959年春季，为适应市场供应情况，各单位普遍采取“粗粮细作”“素菜荤作”“一菜多作”等办法，主副食花样翻新，仍然保证了职工吃好。在大干八九月和提前跨进1960年的决战中，掀起全市生产后勤竞赛高潮，普遍打破按时开饭、看病、接送托儿等旧常规，生产上的标兵赛、能手赛、师徒赛、协作赛、挂钩赛、一条龙赛、技术表演赛等形式也在后勤竞赛中广泛采用。涌现出大批先进集体和个人，市、区、产业和厂都树立了一批标兵，1959年底评选出市级的先进食堂、保健站、托儿所、集体宿舍154个，先进炊事、医护、保育、宿舍工作人员287名。四个单位的后勤代表出席了全国群英会，棉纺三厂的托儿所和纺织机械厂的大食堂被评为1959年度天津市特等劳动模范小组。“当好后勤兵，支援大跃进”成为炊事、医务、保育员等后勤人员的共同口号，直接地为生产服务、为群众服务。

1961年9月，天津市总工会对全市生活有困难的职工普遍进行一次补助。凡是被补助的职工，分别在中秋节、国庆节前领到了补助款。补助后，平均生活费基本上达到10元。据1012个单位的619307名职工统计，有88188人受到补助，占职工总数的5.35%，开支补助费360690元，平均每人补助18.86元。其中家庭平均生活费低于10元被列为长期补助户的22369人，占职工总数3.61%，共补助290541元；平均生活费高于10元，因临时性困难受到补助的10619人，占职工总数1.74%，共补助170149元。

1961年10月23日，中共天津市总工会党组关于职工困难补助工作的报告中指出，通过这一工作，对职工生活情况了解得更全面具体。普遍填写生活卡片和对困难户的调查研究，领导上对每个职工的家庭人口、收入、生活水平、困难原因等，一般都已心中有数。这次补助工作群众满意，对生产起到促进的作用。这次补助工作的特点是：

第一，党委、工会委员会反复讨论，具体安排，分管生活工作的书记、主席亲自抓、听汇报，深入困难职工家庭访问调查。行政有关部门也大力配合支持，认识一致，行动迅速。

第二，宣传教育工作比较深透，对政府关心群众生活的措施都衷心拥护。

第三，自始到终依靠群众，深入调查研究，充分发扬民主。这次各单位都根据职工的不同生活水平进行分类排队，对困难户挨个进行调查访问，核实了家庭人口、收入，摸清了家底积蓄和生活安排及好坏，然后民主评定，公布初步确定的补助名单，广泛征求群众意见，基本上做到了实事求是，公平合理。

第四，补助办法规定得比较明确，同时向群众公布，由群众掌握。

1962年4月5日，中共天津市总工会党组关于解决职工困难补助经费的意见。根据中共天津市委指示，把生活标准提高到10元，加强困难补助工作后，基本上保证了困难职工的基本生活，普遍反映良好。但标准提高后，开支增大，一直入不敷出。据995个单位的62万职工统计，1961年9—12月份（按10元标准计）平均每月补助46万元。按全市100万职工推算，每月补助费的开支约为74万元，而实际收入仅38万元，收支相抵，每月亏约36万元。如行政停拨补助经费后，则只有工会拨缴会费20%的一个来源，每月可收入8万元，按照1961年的开支情况，1692后每月亏约66万元。

故凡是有条件的单位，行政应该继续拨缴困难补助经费不足开支时，暂由工会动用结存款予以补贴。具体意见是:（一）财贸、文教系统，在国家没有改变提拨福利费的比例以前，职工困难补助经费原则上由各单位自给自足。个别单位自给自足有困难的，暂由工会给予补助。（二）工业、基建、交通运输等单位，从企业奖励金中提出25%作为职工困难补助经费，不足开支时，暂由工会补贴。（三）1962年一季度一部分单位由行政垫付的困难补助费，一律作为预拨经费，不再收回。按以上办法解决，如果工业、基建、交通运输等单位都能月月全面完成六项经济指标，则每月最多能提取困难补助经费38万元，即每月最少还差15万元。工会实用有430万元，也只能补贴二十八九个月。但是，有些单位很难月月全面完成六项指标，有的单位甚至全部要由工会补贴。此外，财贸、文教系统有些单位也可能做不到自给自足。故实际上是维持不了二十几个月的。不过这样解决，估计在明年以内，补助经费还不会出现大的问题。

四、贯彻落实职工代表大会制

1961年下半年，根据七十条精神和市委指标，绝大部分单位整顿和加强职工代表大会制度。天津市总工会就怎样认真实行职工代表大会制度，使之充分发挥作用，做了一些重点调查和举行了一些座谈。

1962年1月9日，天津市总工会关于国营工业企业实行职工代表大会制的情况和意见中指出,《国营工业企业工作条例（草案）》中规定了“每个企业都必须认真实行职工代表大会制”。职工代表大会制是依靠群众办好企业的好制度，这个认识必须在企业领导者思想上明确起来。因此，当前通过学习试行“七十条”，检查总结几年实行职工代表大会制的经验，统一思想，提高认识，为今后更好地实行这一制度打下良好的思想基础，是十分必要的。

（一）必须明确职工代表大会制的性质和任务。“七十条”规定“企业的职工代表大会制，是吸引广大职工参加企业管理和监督行政的重要制度。”有些单位把这一制度变成管理企业的一个权力机构，是不利于党委统一领导的，不利于党委领导下厂负责制的贯彻，也不利于发挥工会的组织作用。只有作为一个重要制度，在党委领导下，各个组织紧密协作，认真贯彻，接受群众对自己工作的监督，这一制度的实行才会顺利。但是必须指出，对实行这一制度，绝不能成为可有可无，每个企业领导者要十分重视职工群众的民主权利，应该给职工代表大会规定比较明确的任务。

对职工代表大会的任务,“七十条”作出原则规定，即“职工代表大会”要讨论和解决企业管理工作中的重要问题；讨论和解决职工群众最关心的问题。为了便于遵循，还应做如下具体规定：1.讨论厂长的工作报告和企业的生产、技术、财务、劳动工资等重要计划，讨论保证实现上述计划的重要措施，并检查执行情况，提出批评建议；2.讨论有关职工生活方面的工作和经费收支，在不违背上级规定和在合理可行的情况下做出决议，交有关部门执行，并检查执行情况，提出批评建议；3.对任何领导人员的错误和缺点提出批评，对严重失职、作风恶劣的领导人员，可以建议上级管理机关进行处分和撤换；4.对不符合本企业实行情况的某些计划、要求、规定，可以建议上级管理机关进行修改，但在未修改前，仍然要贯彻执行。

对上述任务，企业领导者应予保证实现。但是，实现上述任务的目的是为了解决问题和改进工作，所以，不一定在每届每次大会上都无主次地加以讨论，而仍应根据党的中心任务，群众的意见要求，从实际出发确定。这样，既可以保证在企业各项重要工作上充分发扬民主，又不致事事都先要经职工代表大会通过，而影响行政工作的正常进行。

职工代表大会闭会期间，要按生产单位或工作单位组成代表小组，它的基本任务是，在同级工会主持下，开展必要的活动，及时反映群众的意见和要求，督促与检查大会决议的执行。

每个职工代表在会上可以行使批评建议与发言表决之权，在贯彻大会决议上，负有更重要的责任。因此，可以对职工代表提出如下三点要求：第一积极直接和正确解释大会决议，在执行上以身作则，起带头作用；第二经常了解群众的意见要求，及时向有关领导反映，第三参加由工会组织的代表检查决议执行情况的活动，督促与帮助（在力所能及的条件下）有关方面实现决议。

（二）必须充分发扬民主，使职工代表具有广泛的代表性。职工代表必须具有广泛的代表性，企业中各类人员应有适当的代表名额，不应使职工代表大会成为先进分子会议或者干部会议，应使职工代表大会能反映各方面的意见和要求。成为领导和广大职工群众加强联系的很好形式。代表中的直接生产工人代表应占绝对多数，一般不应少于全部代表的三分之二。在选举方法上，要从实际出发，保证群众有充分选择机会，正确行使自己的民主权利，在一般情况下，可以按车间（工段）划分选区，有些单位也可按小组划分选区；实行多提少选办法，如果群众同意，也可实行等额选举办法；由群众在小组内广泛或限额提候选人，经过车间（工段）领导与各小组商量，从中选定全车间（工段）的候选人名单，再交给群众讨论确定，然后实行无记名投票选举。车间以上党政工团领导干部一定经过选举产生代表，如果分配到小组，经过群众提名更好。这对干部是个很好的考验也是密切干群关系所必要的。

把对领导的要求和对群众的要求结合起来。比如讨论生产计划的落实，既要讨论广大职工群众应该做好的事，象挖潜力，遵守操作规程，提高技术等；也要讨论领导应该做好的事，像提供必要的生产条件和劳动条件，克服瞎指挥等。会议要解决什么问题和怎么解决，主要是通过厂长工作报告和大会决议这两个文件体现出来。因此，在起草厂长工作报告的时候，要做许多调查研究，召开各种座谈会、专业会、代表会预备会，组织各方面职工进行讨论，在报告中能反映群众的正确意见要求，使这个报告符合党的方针政策任务要求，符合实际情况，有群众基础，然后再向职工代表大会提出报告，这样才能引导大会开好。报告以后，还必须组织职工代表讨论，以至组织广大职工讨论。

大会决议必须认真组织执行与检查，保证实现。只有言行一致，见到实效，职工代表大会的作用才能发挥。保证实现大会决议首先是领导的责任，但也是全体职工的责任。

党委进行统一安排，加强检查与监督十分重要。应该推动行政、工会、共青团组织把大会决议内容纳入各自的日常工作计划中去，积极组织实现，并加强自上而下的督促检查。在职工代表大会闭幕后，召开党、政、工、团的成员代表和干部会议，专门讨论如何保证实现决议问题，确定具体措施。实行不扣帽子，不抓辫子，不打棍子，耐心听取各种不同意见，平等对待群众讨论问题；在安排会议时间上，使代表有更多的时间进行酝酿讨论；以实际行动，采纳群众的合理意见，表示领导的决心。

在酝酿讨论过程中，群众会提出千百条意见，这些意见除去能够纳入厂长工作报告、大会决议的以外，还会有不少须要有组织的专门加以处理。不然，就很容易使这些意见被丢在一旁。群众在提了意见之后，非常想知道他们的意见是否正确，是否得到采纳。领导一不注意，没有交代，就会影响群众的积极性。而目前，确有一些领导同志不大注意，这些零碎、细小的意见，不注意收集，或者收集了不予处理，也有的根本不敢收集。但是，群众有意见是客观存在的，必须严肃对待。从一些单位的经验看，解决这个问题，必须是从领导思想上要十分尊重群众的意见，并善于推动组织，依靠群众。

各个车间可以召开职工大会，把传达与贯彻大会决议加以具体化，并通过车间职工大会吸引职工群众讨论与解决车间管理工作中的重要问题和职工群众最关心的问题，接受群众的监督。车间职工大会至少每季度也要召开一次。组织职工代表督促与检查决议执行，是依靠群众参加管理、发挥监督作用，保证决议实现的很重要一环，各级工会应认真加以组织。除各车间工会要组织职工代表小组进行监督检量活动以外，基层工会还应组织一部分职工代表对某些车间、部门的工作进行考察。

贯彻职工代表大会制，是在企业党委统一领导下，党、政、工、团组织的共同任务，不需要设立常设机构，会议的召开和闭会期间的日常工作由工会主持，工会和行政协作。

各级工会应把贯彻这一制度作为整个组织的一项重要的，经常的任务，积极主动做好。工会各个部门应把自己的业务工作和职工代表大会的有关工作密切结合起来，并把实现大会决议作为自己工作的一项重要内容。

工会会员代表大会与职工代表大会的性质不同，不能互相代替，但是，由于它们要讨论和解决的问题很多是一致的，为了避免会议重复，使会员代表大会的作用发挥得更好，在召开会员代表大会时，可以和职工代表大会合并召开，但也可以不合并召开。代表可以互相兼任，一次选出。合并召开时，应保证每一年有一次职工代表大会安排专门时间讨论工会工作和经费收支，改选工会领导机构。

企业行政要在党委领导下，积极主动参加职工代表大会的工作，承担必要的任务。如：准备工作报告，会同工会研究与提出议题、处理群众意见、起草决议、方案、组织决议的执行与检查。

党的领导是实行职工代表大会制的根本保证。加强政治思想工作，教育广大干部树立依靠群众办好企业的观点，尊重职工群众的民主权利，教育广大职工发扬高度的主人翁责任感，十分重要。对大会的议题、主要文件、决议的执行情况，要进行研究讨论，以保证党的方针政策全面地得到贯彻。

在一般情况下，500人以上的单位，可以召开职工代表大会，500人以下的单位可以召开职工大会。但是，这只是一般规定，在执行上不能机械掌握，还应根据生产组织的特点，开会讨论与解决问题的方便等，由本单位党组织自行决定开什么样的会议。两千人的大车间也可以开职工代表大会。无论开什么样的会议，至少每年应开四次，根据需要，还可以多开。

1965年9月，全国总工会召开省、市、自治区工会主席座谈会，中共天津市委认为，中华全国总工会这次座谈会的精神是很重要的，指示天津市总工会在工会干部中传达贯彻，统一思想认识，切实做好群众工作，充分调动群众积极性，发挥群众监督作用。

1965年10月11日，中共天津市委批转《天津市总工会党组“关于在四清运动中整顿基层工会”的意见》。整顿基层工会的内容包括：整顿和健全职工代表大会组织，整顿会员队伍，以保持工会组织的纯洁性。改选工会组织，调整和充实领导骨干。在四清运动中，充分发挥工会组织作用。

1966年1月，天津市总工会对已搞完四清的单位贯彻职工代表大会制情况提出意见。

经过这段试点，以下做法还是比较好的。

第一，可以把企业各方面存在的问题，充分暴露出来，经过分析，找出主要矛盾和群众最关心的问题，使职工代表大会的议题和决议，有广泛的群众基础。第二，发动群众鸣放，领导直接听取意见，对克服官僚主义，增强群众观点，有很大作用。同时，领导干部虚心听取了群众意见，在研究整改时，就便于统一思想。是促进领导思想不断革命，企业管理不断革命的一条重要措施。第三，过去开职工代表大会，是少数人的事，是领导说大家听，群众不大关心。这次试点，改为给群众创造条件，让大家畅所欲言，先听大家的，从始至终听大家的，经过充分讨论再作出决议。这样，才能使群众感到真的当家作主了，说话算话了，企业搞得好坏有自己的份了，从而积极性提高了，责任感增强了，对职工代表大会关心了，使职工代表大会决议的实现有了可靠保证。

（三）职工代表大会，是否真正发扬民主，能否真正成为群众监督的权力机关，更重要的是整改得怎样，决议实现得如何。凡是搞得比较好的单位，都狠抓了这个问题。

（四）党委要加强领导，工会要正确地组织群众监督。职工代表大会，是党委领导下实行群众监督的制度，是职工群众监督干部、监督企业工作的权力机关。实行这个制度，必然牵扯到企业的各个部门、所有的干部，特别是各级领导干部。因此，必须党委加强领导。从几个单位看，党委主要应抓好四件事：1. 抓活思想，及时发现和解决干部的思想问题。2. 统一各方面的步调，集中各方面的力量，使开好职工代表大会，成为企业一定时期的中心工作。3. 支持群众的正确意见，狠抓改进工作，改进作风，实现大会决议。4. 加强对职工代表的教育，不断提高代表的政策、思想水平，使他们既敢于监督、善于监督，又能起到骨干、带头、桥梁作用。工会是职工代表大会的常设机构，如何做好职工代表大会的具体组织工作，我们感到有两个问题很重要：一是组织群众监督不能脱离党的中心，必须紧紧跟上党的中心，保证党的中心任务的完成。再是组织群众监督，不仅要积极地向有关方面反映群众意见，更重要的是主动地发动群众，协助有关方面解决问题。在这一段，由于基层工会注意了这两个问题，所以受到各方面的重视和支持，形成企业一定时期的中心工作，效果是比较好的。同时，也发挥了工会组织的作用，密切了工会与各方面的关系。

3月份，天津市要开展一次政治与业务、政治与经济、政治与技术的大讨论。通过这次讨论，对突出政治，做好群众工作，发挥群众监督作用，靠工人阶级办好企业，将起很大的推动作用。总结几个职工代表大会开得比较好的典型，写个贯彻这个制度的意见，报请市委批转下去，以进一步提高干部对群众监督的认识，提高接受群众监督的自觉性，全党动手搞好这项工作。

为了更好地指导和推动这项工作，继续深入蹲点，进一步研究如何开好职工代表大会，如何组织好经常的群众监督，及时总结交流经验。

五、文体教育活动

1960年1月2日，天津市总工会制定关于建立职工文联剧院及业余艺术学院的方案。具体任务：职工文联（简称）任务是组织会员根据党的需要进行创作，对职工创作思想及创作道路中的问题进行评论，加强对全市职工创作及评论的领导。培养天津市职工文学艺术创作及评论工作中的尖端人才和培养职工业余文学艺术家，并组织他们学习，主要学习毛泽东思想。编辑推荐职工优秀作品。组织领导：职工文联附设在文化宫，受天津市总工会领导，文联最高组织为委员会，委员会设委员11—15人，主委由总工会主席担任，委员会下设四个协会，一个编辑部，四个协会，即作协，戏剧协会，音乐协会，美协，分别吸收文学，诗歌、戏剧、曲艺、音乐，美术的业余爱好者。另设编辑部，编辑部设编委5—7人，主编由部长担任，副编设专职人员，出版月刊，“工人录”，刊登工人创作作品及评论文章。会员：凡职工文艺爱好者，有较高创作写作水平自愿申请，经区工会及区委同意，市职工联合会即可接受为会员，会员在会内应享受所承担义务。

“天津市职工业余艺术剧院”具体任务：①贯彻业余文艺方针，组织学习，加强政治思想领导。②加工整理区及基层出现的尖端节目，以加强对全市文艺活动的示范指导作用。③培养工人阶级的京、评、梆；话、音、歌、舞、曲等等业余艺术家及优秀演员。④接受重要任务演出。组织领导：设第一文化宫，由天津市总工会领导，部设办公室，设专职干部2—3人，剧院最高领导为院务委员会，委员会成员在院长领导下，由各团长组成，剧院下共设：戏剧、曲艺、舞蹈、歌咏、民间乐、西乐等团。剧院成员：每年年终会演及进行一次总调整，全市最优秀的演员。剧院活动方式：一般不做定期活动及演出，全体团员必须为各区艺术团体成员，在区内进行日常活动，市里在一定时间，组织不定期活动。

天津市职工业余艺术学院：具体任务：①为区及基层业余教育培养骨干及师资。②提高市级优秀演员，优秀文学，诗歌，美术，理论等积极骨干的理论水平、思想水平和艺术理论知识水平。③研究编选职工业余艺术教育的教材，提高全市职工业余艺术教学水平。

组织领导：学院设院长3人下设教处主持日常教学，设专职干部2～3人，院长在市总工会领导下进行工作，具体工作由市文化宫负责主持。学院下设教学研究室，设专职干部3人研究教学，组织编写教材，辅导学员学习，编印出刊学习资料及学生作业选集。

学员：学员对象为基层和区里骨干及政治思想、生产、学习及在文艺上有培养前途的职工。学习时间为半年至一年一期，每期学员四百至六百人。

1960年1月15日，天津市总工会开展职工群众文化工作的意见中指出：两年来，天津市职工群众文化活动，工会文化事业也有很大发展，工会俱乐部、红角由57年的665个发展为1177个。图书馆由916个发展为1188个，藏书190万余册。随着社会主义建设事业的继续跃进，职工文化工作还不能满足现实的需要，1960年是我国社会主义建设取得更大胜利的一年，职工文化工作也必将在两年跃进的基础上出现一个更大的跃进局面。为此，将提出以下几点工作意见：

第一，继续扩大职工业余文艺组织与队伍，并在普及的基础上不断地提高，形成职工业余文艺组织网。在全市现有3766个文艺团队84838人的基础上，再发展1000个团队20000人，成为约5000团队，十万人的演出大军，并分为四级建成演出活动网。

一级是车间文艺组（或称宣传队）。大工厂车间与中、小工厂的分厂的上半年建立起来。全市大力推广国棉四厂细纱乙班文艺组的经验。二级是各工厂基层根据本厂职工需要及条件，分别艺术形式，建立各种艺术团队，其中必须建立歌咏队，经常向全厂推荐红色歌曲，全市推广“六号门”艺术团十年来坚持创作与活动经验。三级是区级工会或俱乐部建立职工业余艺术团，按各区不同特点有重点地建立，逐步发展（如河东区的曲艺，河北区的舞蹈，和平区的演唱、曲艺，河西区的戏曲等等）。四级是市级职工业余艺术剧院，下分戏曲、话剧、舞蹈、歌咏、民间乐、曲艺等队，各队设队部，队部成员在剧院院长领导下，形成剧院核心领导，剧院人员每年年终会演后进行一次总调整。

第二，扩大职工文艺创作队伍。全市在现有1203个文学及美术创作小组11421人的基础上，再发展一千小组一万人，成为两千小组两万余人的创作骨干队伍，并分为三级建成创作活动网。（1）千人以上大工厂建立职工创作委员会，下设各个小组，起码应有文学、美术、戏曲、音乐四个小组。千人以下工厂建立创作小组（三人即可）。（2）区工会或俱乐部在党委领导下，与文化馆结合，建立职工文学艺术创作研究小组。全市推广南开区经验。（3）市里在文化宫除继续巩固整顿文学社及美术研究小组外，再将现有职工业余艺术团整顿成为各种艺术创作研究小组。

第三，建立一支职工文艺评论队伍。各级工会组织应有自己的评论骨干队伍，全市初步建立起500人。分为三级形成职工评论活动网。

（1）各区在有条件基层试点建立评论小组，每区至少要在年底建立起十个小组。（2）区一级吸收部分有理论水平、政治思想好及有一定评论能力的基层党、政、工、团干部、文化宣传工作干部和有相当水平的职工，建立起区文艺评论组，有条件的可分形式。（3）市文化宫建立五个评论组，即文学、美术、书籍、艺术、电影等组。

1962年7月22日，天津市总工会总结了举办老工人哲学班情况。天津市第一工人文化宫从1959年3月开始举办老工人业余哲学学习班，到1962年2月办到第四期。3年10个月，为工厂企业培养了工厂理论学习骨干360余人。

1963年河东区工会调查了64个基层，其中有20几个单位1459人学习毛主席著作。南开区工会对12个厂的调查，1963年3月开展学习雷锋运动以后，150人学习毛主席著作，十一月开展“五好”竞赛增加563人。

1963年7月20日，天津市总工会下发《关于在全市职工中进行社会主义教育的意见》。进一步讲清国家利益和工人切身利益的一致性，消费和积累的正确关系，教育职工从六亿人民出发，从发展生产出发，发扬识大体、顾大局的集体主义思想，正确处理个人利益和国家利益、目前利益和长远利益的关系。

工会组织的任务。在职工进行社会主义教育，是当前工厂企业中的一项重要的政治任务，工会各级组织必须充分认识做好这项工作的重大意义。必须在党委的领导下，根据党委的部署和要求，召开工会委员会，把整个工会组织动员起来，使计划落实。

各级工会组织必须在党的领导下，做好以下几件工作：1. 加强小组的思想工作。小组是进行自我教育的主要阵地，为此，要求各基层工会特别注意训练小组长的工作，除了前述的训练内容以外，还应帮助小组长学习“红色宣传员”的思想和经验，学会用扎根串连的方法做思想工作，做落后人的工作，一个一个地解决思想问题，一步一步地把组内工人都团结和组织起来。各基层工会都必须抓好一两个重点小组，真正深入下去，帮助工作，总结经验，拿出样板，具体指导其他小组的工作。2. 办好社会主义教育展览。展览是一种有效的教育形式，在这次社会主义教育中，市、区、产业、基层工会都应注意采用。3. 试办老工人业余讲师团。老工人用自己的亲身经历对年轻一代进行阶级教育，通过讲厂史、家史、个人斗争经历，对青年工人进行生动的阶级教育。基层单位老工人业余讲师团的活动方法，应注意学习上海杨树浦发电厂的经验，同时应该注意组织老工人学习，帮助他们交流讲课经验。4. 加强文艺形式的宣传活动。各单位的俱乐部和各种文艺组织，应根据职工的喜好，广泛组织观看革命影剧、阅读革命书刊、演唱革命歌曲、说唱革命故事、朗诵革命诗歌等活动。5. 调查当前职工思想情况和工人队伍的组织情况。

1964年4月16日，天津市总工会总结职工学习毛主席著作的情况，职工学习毛主席著作的方式主要有四种。一是学习班。第一、第二工人文化宫和河北、南开、河东、红桥、和平、汉沽几个区工会共办九个毛主席著作学习班。分期分批轮训干部劳动模范、老工人和学习积极分子。各基层共输送4280人参加学习。除第一工人文化宫、第二工人文化宫的干部班，其他班每周占半天工作时间学习以外，其他都是业余时间学习。河北区的工人班，原计划招收学员150人，结果，五十多个基层输送了400人，辅导员班原计划招收160人，最后有1200人到班学习。有的工人没能参加学习，几次找区工会要求帮助解决。杨柳青柴油机厂、永久沽厂、棉花机厂等单位，也办班培养骨干。

有的厂在业校开办毛主席著作学习班，组织工作由业校负责，厂领导负责讲课。俊兴丝绸厂、丝棉织印染社、振华造纸厂三个厂办了四个班，学习时间与学文化的时间相同，每周两次四小时。

有的业校为配合职工群众学习毛主席著作活动，在语文课中增添了毛主席著作的课文。河西区饮食公司和福利公司办的业校，26个班中，有25个班在三、四月份内讲四篇毛主席著作。

二是学习小组。据河东区工会统计，约占学习人数的70%。当前学习小组有两种：一种是根据居住远近条件自由结合的。工人在家里、集体宿舍学，或在厂里学。电车公司、色织二厂、第一车俱厂就有这样的小组。另一种是以生产小组为单位，小组建立了学习制度，在固定的时间内集体学。色织五厂“三八”小组，18个工人，从1959年就学习毛主席著作。开展“五好”竞赛以后，她们根据“五好”标准的要求，把学习毛主席著作定为制度，针对小组的思想、生产情况，提出学习十五篇毛主席著作的计划。

三是个人自学。这种形式占学习人数的10%。

四是全厂、全车间、全工段的职工集中听讲，分散阅读、讨论。第一铁丝厂友谊制药厂、油漆厂，采取这种领导统一选定文章，统一讲解，统一组织学习

为了进一步加强工人学习毛主席著作的领导和推动工作，天津市总工会要求区、产业工会在党委的统一领导下，围绕中心把组织工人学习毛主席著作的工作切实地抓起来。提倡有目的的学，活学活用，学用结合。

1964年5月7日，天津市总工会宣传教育部总结学习毛主席著作骨干队伍的情况。截至四月中旬，第一、第二工人文化宫和河北、南开、和平、河西、河东、红桥、塘沽、汉沽、北郊九个区工会，以及建筑、铁路、文教医务、铁路第三设计院四个产业工会，共开办20个毛主席著作学习班，参加学习的有1883个工厂企业中的工人和干部10124人。河西、汉沽两个区统计，1331个学员中，工人占60%，他们多是小组长和毛主席著作学习积极分子，南开、河西、汉沽、建筑的统计，1738个学员中，党团员占80%。南开区31%的学员是市级劳动模范和区、厂级先进生产者。

各班每期的期限也不相同。每周讲一次，每次二至三小时的，大都是三四个月为一期。两周讲一次，每次两小时的大都是六七个月为一期。除三个干部班每周占半天工作时间讲课外，其余各班都是在业余时间讲课。

中共天津市委宣传部和各区委、党委对这20个学习班很重视，帮助学习班订计划、请教员、出教员。有的区委还下通知或在会议上向基层党委提出要求。红桥、河北等区的区委书记在开学典礼大会上还讲了话。学习班得到了各方面的协助和大力支持，其中有九个班是市委宣传部理论教育处、市委党校、南开大学、医学院、哲学社会科学联合会、历史研究所负责讲课。

课程设置。二十个班中，除第二工人文化宫的班是系统讲解“毛泽东选集”以外，其余学习班都是根据市委宣传部提出的工人、干部的学习篇目安排的。讲课内容根据讲课表顺序进行，而

是群众学那篇，班里就讲那篇，基层搞什么中心工作，班里就选讲有关的主席著作。比如建筑的班，多数工人在学习“实践论”，班里就讲“实践论”，学员把辅导群众学习中不能解决的问题，带到班里讨论、研究，或由班里解答。由于学员是带着任务学，带着问题学，学习情绪始终饱满。在两个半月的学习过程中，38 个工人学员从没有一人掉队。

教师问题。在二十个班中，有十一个班的教员是区、产业自己解决的。讲课人有区委书记、区委、党委部长、区、产业工会主任、主席、部长、科长，区团委书记，区武装部主任，以及区党校教员，和大厂党委宣传部长、工会主席等领导干部。

此外，第一工人文化宫、塘沽区工人文化宫，河西、汉沽区工人俱乐部开办两个职工业余政治师范学校，五个哲学班，两个政治经济学班，工人干部 6168 人参加学习。

河北区共办三个班。一个基层党政工团领导干部班，一个辅导员班，一个工人班。各班都有不同目的要求。要求领导干部首先自己学好，便于领导群众学习。要求辅导员“一辅一”，即一个人辅导一个组，一个工段，一个车间的群众学习，并提出自己的计划。要求工人“一串一”，即一人串连一个人或一个组学习毛主席著作。

第四节　“文化大革命”时期的工会工作

一、工会组织及活动

1967 年 3 月 22 日天津市革命职工代表召开会议，来自工业、交通、基本建设、财贸战线的五千多名代表参加职工代表会议。职工代表会议作《关于贯彻执行〈中共中央给全国厂矿革命职工革命干部的信〉的决议》。

1968 年 3 月，天津市革命职工代表会议常务委员会要求全市工人阶级立即行动起来，参与“一批、三查”运动。

1968 年 7 月，天津市工代会提出关于清理阶级队伍工作的意见。放手发动群众，依靠群众，深入开展“一批、三查”运动。

1968 年 8 月中旬以来，天津市大批工厂陆续抽调工人参加毛泽东思想宣传队。天津轧钢三厂薄板车间一个小组 19 名工人，在抽调 10 名工人参加工人毛泽东思想宣传队以后，留下 9 名工人坚持生产。

1968 年 12 月 18 日，天津市革命委员会批转市工代会《关于深入开展批判修正主义工运路线及彻底砸烂旧社会的报告》（津革〔1968〕191 号），宣布由各级工代会接管工会。

天津市工会第九次代表大会于 1973 年 5 月 26 日至 31 日召开。全体代表认真学习了毛主席关于工会工作的一系列重要指示，总结了天津市工会工作经验，选举产生了天津市总工会第九届委员会。出席这次大会的有1417名代表，其中，产业工人代表占59%，女工代表占31%。代表中有劳动模范、先进生产者、工会干部、工程技术人员、文教卫生工作者，以及少数民族和归国华侨的工人代表。一百多位退休老工人、贫下中农、人民解放军和职工家属的代表，特邀出席了大会。

中共中央天津市委第一书记解学恭在大会上讲了话。中共天津市委书记刘政同志代表市委在大会工作了《高举“九大”团结胜利的旗帜，为巩固无产阶级专政而斗争》的报告，号召全市广大工人群众，要牢记党在整个社会主义历史阶段的基本路线，认真学习马克思主义、列宁主义、毛泽东思想，不断提高觉悟。他要求各级党委切实加强对工会工作的领导，努力把工会办成广大工人学习共产主义的学校，充分发挥无产阶级专政的坚强柱石的作用。

大会经过充分酝酿和协商，根据老中青三结合的原则，选举产生天津市总工会第九届委员会，委员会由119名委员组成。委员中大多数是不脱产的工人，女委员占30%。

1973年全市各工业局、公司和工厂，先后增派700多名工人参加工人毛泽东思想宣传队。

1976年7月，工人宣传队和贫下中农宣传队进驻天津市750所大中小学和58个卫生文教单位。

二、群众性生产运动

1968年5月25日，天津市总工会、天津市经委制定关于增节运动竞赛活动的“五好”条件。并在全市开展当“五好”工人，做“五好”班组，办“五好”企业的竞赛活动。

“五好”工人条件：一是政治思想好。站稳工人阶级立场，听党的话，坚持真理，敢于斗争；不断革命，力争上游，抢困难，让方便，做无产阶级革命战士。二是生产（工作）好。不断提高质量，保证安全生产，爱惜公物，反对浪费，积极进行技术革新，参加比学赶帮竞赛活动，全面完成和超额完成国家计划。三是遵守纪律好。坚守生产（工作）岗位，听从指挥，严格执行各项规章制度和工艺纪律，自觉地遵守劳动纪律和执行党和国家的政策、法令。四是学习政治文化技术好。努力学习毛主席思想，掌握文化技术知识，虚心学习先进经验，勤学苦练，不断提高政治、文化、技术（业务）水平。五是团结互助好。爱护集体，关心同志，尊师爱徒，虚心接受批评，诚恳帮助别人，主动搞好协作。对科室干部来讲，应称为“五好干部”其条件基本同于“五好”工人条件，但其中还应强调“深入生产，联系实际，倾听工人意见”，搞好本职工作。

“五好”班组条件：一是政治思想好。二是生产好。三是管理好。四是技术活动好。五是互助协作好。

科室也大体适用于这个“五好”班组条件。但在工作方面应强调完成分管指标和业务专责好，在管理方面应强调业务建设好。

“五好”企业条件：一是集体领导和干部工作作风好。二是政治思想工作好。三是政治技术文化学习工作好。四是企业管理好。五是完成计划好。

天津市革命委员会生产指挥部1973年10月17日召开了工交系统企业管理经济交流会议。会议号召全市工厂企业坚决执行毛主席革命路线，以路线斗争为纲，进一步加强企业管理，充分发挥广大工人、干部和工程技术人员的革命积极性，多快好省地建设社会主义。中共天津市委、市革委和有关方面的负责同志参加了这次会议。

参加会议的有各区、县、工交系统各局、公司、工厂企业的革委会主任、副主任、工会主任、团委书记以及劳动模范、班组代表等5000多人。基建、军工、财贸等方面的部分单位的代表也参加了这次会议。会上，市委负责同志和市生产指挥部负责同志讲了话。在这次会上，有六四一厂、天津动力机厂、天津制鞋厂、津东塑料厂、汽车运输六场等单位介绍了企业管理的经验。

三、参加抗震救灾

1976年7月28日凌晨唐山发生地震，强震波及天津。8月4日天津第一玻璃厂恢复生产，工人们生产大批注射器、输液设备针头接管和盐水吊筒等。1976年8月5日，天津市总工会举行工人理论骨干、先进生产（工作）者代表座谈会。与会同志学习了中共中央给地震灾区人民的慰问电。

震后，天津市工交建战线工人投入抗震救灾恢复生产中，交通局为灾区抢运物资，不到一个月的时间，出车九万七千多车次，共运送抗震救物资和人民生活物资三十九万多吨。立新搪瓷厂恢复生产急需移动式气泵，第八玻璃厂知道后，立即把自己正用着的气泵支援给这个厂，而自己却抢修了一台旧的气泵使用，为立新搪瓷厂恢复生产创造了条件。建工局在二十多天的时间里，帮助几十个单位排除险情，同时，还为医院抢建了一万五千多平方米临时简易病房，为居民抢建了一万多平方米临建住宅。市房管局直属房产公司担负着和平区公产房屋的管理和修缮任务。新港船厂震后一直没有停顿外轮修理工作，到现在已经抢修了五条大型货轮；一些修船、造船的收尾工程，从震后第二天就恢复生产。各车间打破工种界限，集中力量进行突击，仅用十二天的时间，就先后使四条船离厂出航，其中“向阳”号和“天华”号，已经参加了抗震救灾的工作。

四、教育宣传

1968年6月18日上午，天津市革命职工代表会议常务委员会，召开了立即在全市广大革命职工中掀起大办毛泽东思想学习班动员大会，5000余名职工参加了大会。

1970年3月29日天津市举行“工人活学活用毛主席哲学思想经验交流会”。会议上，代表们交流活学活用毛主席哲学思想的经验和体会，第二毛纺织厂老工人李长茂，介绍了在学习“老三篇”的基础上学好用好毛主席哲学著作的心得体会。从1958年开始学哲学的国棉四厂老工人王淑珍，介绍了用毛主席的哲学思想的心得体会。国棉四厂革委会介绍了他们如何提高认识，认真抓好工人活学活用毛主席哲学思想的经验。

1974年年初至6月，天津第一机床厂、天津动力机厂、天津市机床厂、天津机械厂、大港油田、天津广播器材厂、天津化工厂和大沽化工厂等单位举办的十四所“七二一”工人大学，陆续开学。这些工厂采取了“自愿报名，群众推荐，车间党支部审查，党委批准”的办法，选拔了一批工人为工人大学学员。

为了办好“七二一”工人大学，各厂都建立由工厂党委负责同志参加的领导小组，并从技术部门抽调骨干力量做工人大学的专职教师，同时采取厂校挂钩形式，聘请了一部分厂外大学的教师兼任一部分课程。工厂办大学得到社会上的支持。天津大学和河北工学院的教师分别到天津第一机床厂、天津动力机厂帮助制定教学计划，编写教材，并担任一些课程的讲课工作。

这几个工厂办工人大学，都坚持从本厂的生产、科学研究和技术革新的实际需要出发，设置专业，安排课程，注意引导学员在初中的基础上，着重理论方面的提高，培养学员分析问题和解决问题的能力。

1975 年 4 月 27 日，天津市职工业余文艺会演胜利闭幕。中共天津市委、市革委会负责人，中共天津市委、市革委会有关部门负责同志、天津市总工会、团市委、市妇联、市民兵指挥部负责同志、各区、县、局的有关负责人，以及来自工交、财贸等各条战线的职工业余文艺骨干 2300 百人，参加在第一工人文化宫举行的闭幕式。

参加这次会演的有来自天津市工业、交通、财贸、文教等各条战线的尽万名业余文艺战士，并演出 172 场，六百多个文艺节目，观看会演的观众近 25 万人次。

闭幕式上，天津市总工会领导对这次职工文艺会演做了总结发言。中共天津市委、市革委有关部门负责同志，市职工文艺会演领导小组成员，向评选出来的 67 个先进单位，319 名先进个人，154 个优秀节目发奖。

1975 年 7 月 21 日，天津市总工会在第一工人文化宫联合召开“七二一”工人大学教育革命经验交流会。会上，介绍了上海机床厂办好“七二一”工人大学的经验。中国远洋公司天津分公司党委和大沽化工厂党委分别介绍了向上海机床厂学习，办好“七二一”工人大学的经验。

第五节　社会主义建设在徘徊中前进时期的工会活动

一、拨乱反正

1976 年 11 月 1 日，天津市总工会在天津市人民体育馆召开了天津市职工揭发批判“江青反革命集团”大会。中共天津市委和市革委会负责同志出席大会。市委领导在会上讲话。中共天津市委、市革委会各部委、天津市总工会、团市委、市妇联的负责同志和来自天津市工业、交通、基本建设和财贸战线的一百多万职工的代表出席了大会。天津市手表厂、木构件厂、第一炼钢厂、第一玻璃厂、毛条厂、天津铁路分局天津站、一商局等七个单位的职工代表在大会上发言。

1978 年 6 月，党中央做出抓纲治津的重要指示。中共天津市委领导主持召开老工人、老劳模座谈会，听取他们对落实政策的意见。中共天津市委还责成有关部门拟定了《关于落实老工人、老劳模政策的几点意见》，天津市革委会做出了《关于为老劳模颁发劳动模范荣誉纪念状的决定》。

二、开展群众生产运动

1978年8月14日，天津市总工会召开工会工作先进集体、优秀工会工作积极分子表彰大会，表扬299个先进集体和689名优秀工会积极分子，并发奖状和奖品。

会上，和平区工会、第三建筑公司工会、棉纺一厂工会劳保工作委员会的代表和工农兵商场自行车缝纫机工会小组长，分别介绍了做好工会工作的经验。

天津市总工会负责人在讲话中，要求各级工会组织和工会积极分子积极行动起来，努力做好工作。

三、关心群众生活

天津市总工会重点抓好职工食堂和托儿所、幼儿园的竞赛。动员炊管、保教等后勤部门的职工投入到竞赛中来，不断提高对做好后勤工作重要意义的认识，努力做好本职工作，千方百计地为生第一线服务，保证广大职工有充沛的精力抓革命、促生产。

第六节　改革开放初期的工会工作

一、发挥工会在经济建设中的作用

1980年1月5～10日天津市总工会召开工会工作会议。学习和贯彻党中央关于工会工作的重要指示和中华全国总工会九届二次执委（扩大）会议精神，认真总结工会"九大"以来的工作经验，部署今年工会工作任务。会议确定1980年全市工会工作的主要任务是：继续贯彻党的十一届三中全会精神，动员和组织全体职工，全面贯彻调整国民经济八字方针，广泛深入开展增产节约运动，学大庆、赶上海，为四化立功，扎扎实实地提高质量，增加品种，降低消耗，增加利润，努力扩大出口，千方百计地完成和超额完成国民经济计划，以优异的成绩迎接1980年全国劳动模范大会的召开。为了完成工会肩负的职责，会议要求：第一，要广泛深入地开展以优质、高产、多品种、低消耗、安全生产为主要内容的增产节约劳动竞赛，组织职工群众大搞挖潜、革新、改造，在全市开展百万件双革和合理化建议运动。第二，各级工会要坚决维护职工行使当家作主的权利，认真贯彻执行市委批转的《职工代表大会制度若干问题的暂行规定》，在继续抓好职工代表大会制度的推广工作的同时，组织好职工代表的经常活动，不断提高工作水平。

第三，要加强职工群众的思想政治工作，深入进行党的思想路线和政治路线的教育。要结合职工思想实际进行四项基本原则的教育，继续批判林彪、“江青反革命集团”的流毒和影响。第四，维护群众切身利益，切实安排好职工生活。要千方百计地抓紧解决那些急待解决而又可能解决的问题。当前，要协助有关部门尽力做好职工调资、住房和待业子女安排等问题；对于一时无力解决的问题，也要实事求是地做好说服解释工作，尽可能地解除群众大干“四化”的后顾之忧。

参加工作会议的有各区、县、局和部分基层工会干部共2400余人。

1981年8月17～19日，天津市总工会召开工作会议。出席会议的有各区、县、局、部分公司和重点企业的工会负责干部共230余人。

与会者学习中央有关指示精神，并分析全市的生产形势。轧钢一厂、人造纤维厂、第一染整厂、一轻局工会等单位代表，介绍发动职工群众民主建立经济责任制，开展增产节约“献千元”活动的经验。

会议要求各级工会深入发动职工，继续发扬“国家有困难，我们来承担”的主人翁精神，广泛深入地开展“献百元”、“献千元”活动，把增产节约立功竞赛进一步引向深入。各单位要联系本单位的实际，发动职工比先进，找差距，挖潜力，订措施，使后四个月的增产增收任务进一步分解落实到班组和个人。要搞好宣传鼓动工作，及时表彰好人好事，充分发挥先进模范人物和先进集体的骨干、带头、桥梁作用。各级工会要协助行政积极推行经济责任制，把经济责任、经济效果、经济利益结合起来。通过推行经济责任制，做到“任务层层包干，经济分级核算，指标逐项分解，责任落实到人，联产联利计奖，奖励超额劳动，多超多奖，少超少奖，不超不奖，完不成任务受罚”，切实解决奖金发放中“吃大锅饭”的平均主义。推行经济责任制要同加强政治思想工作紧密结合起来，教育职工正确处理生产和生活，国家、集体与个人利益的关系。会议要求各单位要召开一次职工代表大会，发动群众检查上半年完成计划的情况，修订后四个月的增产增收计划，争取增产增收任务的完成。

1985年1月23日，天津市总工会召开十届六次全委（扩大）会，会议指出增强企业活力是经济体制改革的中心环节。工会工作要紧紧围绕增强企业活力开展各项活动，开拓工会工作的新路子的出发点和着眼点。各级工会要从本单位的实际出发，采取切实有效的措施，加强企业民主管理。落实中央赋予工会和职工代表的三项权力，使职代会工作今年有比较大的突破，从而带动起工会的各项工作，取得比较大的进展。

1986年3月28日，天津市总工会十届八次全委（扩大）会议，会议的主题是“关于动员全市广大职工发扬主人翁精神，深入开展为实现‘七五’计划献计出力活动”。会议决议指出党的全国代表会议通过的第七个五年计划的决议，展示了今后五年我国社会主义现代化建设的宏伟蓝图，极大地鼓舞了全市工人阶级建设四化大业的奋斗意志，广大职工积极响应党中央团结奋斗，再展宏图的伟大号召。会议号召全市职工迅速行动起来，反浪费、挖潜力、上水平、求效益，人人争创“五个一”：人献一条计，工作创一流，做一件好事，贡献一百元，正风立一功，为推进各项改革和两个文明建设，扎扎实实地迈出“七五”的第一步，确保完成和超额完成1986年财政收入和各项任务，做出新的贡献。各行各业各个单位，都要发动职工制订献计出力、建功立业，争创“五个一”的规划和措施。

各级工会要把加强职工的思想政治工作、建设“四有”职工队伍摆到重要位置。要组织职工认真学习全国人大六届四次会议精神，继续深入地向职工进行理想和纪律教育、形势和政策教育、争取党风和社会风气根本好转的教育，不断提高职工的思想觉悟，明确自己的历史责任，着眼全局，立足本职，多做贡献。要下大力量抓好职业道德、职业责任、职业纪律的教育，使职工队伍的素质更好地适应改革和两个文明建设的要求。

会议决定，1986年底，将对争创“五个一”取得最佳成绩的一百个单位、一千个班组、一万名职工进行表彰。同时动员各级工会要大力宣传先进，表彰先进，造成学赶先进、奋发向上、立功光荣的新风尚，把献计出力、建功立业的群众活动不断推向新的高潮，取得实实在在的效果，充分发挥工会组织应有的作用。

1986年初，天津市总工会根据市委四届四次全委扩大会议精神，紧紧围绕全市经济建设中心，动员全市职工开展“我为七五献计出力，振兴天津建功立业”的活动。相继在全市推广了棉纺六厂在工人中开展“不让厂长为难，我为七五献计出力”活动。据12个区局一至四月份的统计，共提建议127000多件，已被采纳的有55000多件。

如第二机床电器厂用户拖欠货款一百多万元，企业资金周转遇到困难，无力购买原材料，生产面临难以维持的局面。职工代表、老工人石昆知道情况后，连夜给厂领导写信，表示国家有困难，匹夫有责，厂里有困难，职工应尽义务。要求从三月份起，每月从自己工资中扣五十元交给厂里，直到资金周转正常为止。在他的带动下，全厂700多职工，有202人次借钱给厂里，少则一百元，多则一万元，连退休老工人、准备结婚的青年也拿出钱来帮助企业渡难关。仅七天就集资177000多元，为企业解了燃眉之急。在发动群众献计出力的同时，各单位的领导比较注意主动帮助职工群众解决一些实际困难，据12个区局的统计，干部为职工办好事11000件。

1986年6月27日，天津市总工会召开大会，把全市职工献计出力活动进一步引向深入。会上，造纸三厂、力生制药厂、起重设备厂，分别介绍了他们在困难面前，领导班子振奋精神、扎实工作，坚持改革，使企业不断强化经营，适应市场变化的需要，创出好的经济效益的经验；在完成企业生产任务中，积极组织和发动管理人员和工程技术人员深入班组，帮助班组改进管理，改进工艺技术的经验和集群众智慧，支持群众首创精神，诚恳为群众服务，调动职工积极性的经验。

1986年，天津市总工会与有关部门联合，制定《合理化建议和技术改进实施细则》。

1990年各级工会组织劳模先进、技协骨干成立调研服务队，深入停亏企业开展调研服务，为停亏企业出谋划策，进行技术攻关。全市共设立1401支调研服务队，有22409人参加调研服务活动，先后深入到372个企业，调研服务2622次，帮助企业解决难题3164件，增加经济效益3100多万元。

1991年10月，天津市工会经济保护工作会议召开。这次会议是天津市总工会十二大闭幕以后召开的第一次全市性工会工作会议，也是十几年来首次召开工会经济保护工作的专业会议。

1986～1991年，天津市职工中有197万人次提出合理化建议240多万件，采纳84万多件，实现56万多件，组织技协积极分子攻克技术关键39260项，创效益24多亿元。

二、表彰宣传先进

1980年4月5日，天津市举行1979年度劳动模范表彰大会，参加大会的有各级领导干部和老劳模、老工人共两万人。会议提出："全市职工紧急动员起来，坚决响应党的五中全会号召，广泛深入开展增产节约运动，人人为四化立功，个个为四化多做贡献，确保完成和超额完成全年国家计划，做好各项工作，以优异的成绩迎接全国劳动模范代表大会的召开，向党的十二大献礼！"

大会评出特等劳动模范42名，特等模范集体27个，市级劳动模范904名，模范集体498个，大庆式企业、红旗单位292个，先进单位611个。中共天津市委、市革委会领导同志陈伟达、张淮三、刘刚、王一夫、冯勤、张福恒、李研吾、王恩惠、杜新波、郝田役、杨慧洁、白桦等同志，向特等劳动模范、特等模范集体和部分大庆式企业、红旗单位的代表分别颁发证书、奖状和锦旗。

天津市委书记张淮三代表市委、市革委会讲话。

出席天津市1979年度劳动模范表彰大会的代表，向全市职工发出开展为四化立功活动的倡议书。倡议书提出，广大职工热烈拥护党的五中全会精神，决心在党的正确路线指引下，为把天津市建设成为现代化的工业基地、科学技术基地和外贸出口基地而努力奋斗。

全国劳动模范、市特等劳动模范、棉纺一厂工人李秋荣，市特等劳动模范、第二建筑公司技术科长董玉田，市特等模范集体、天津自行车厂车圈成型一班代表白振华，全国劳动模范、市特等劳动模范、南开大学教授何炳林，市特等模范集体、南开区掩骨会副食门市部代表姜秀芬等同志发了言。他们表示一定不辜负党和人民的期望，要谦虚谨慎，戒骄戒躁，发挥骨干、带头和桥梁作用，同全市职工一道，为贯彻党的五中全会精神，搞好生产和工作，创造新成绩，向党的十二大献礼。

1984年5月22日，天津市总工会召开劳动模范、先进生产（工作）者会议，动员劳动模范、先进生产（工作）者和全市各条战线职工积极参加和支持改革，做改革的促进派。市领导向劳动模范、先进生产（工作）者和各条战线职工提出五点要求。

参加大会的有劳动模范、先进生产（工作）者代表，部分企业的党政负责同志和各级工会干部共2400多人。

1987年4月21日中共天津市委宣传部、天津市总工会下发《关于在全市开展学习和宣传劳动模范和模范集体活动的通知》。通知说，劳动模范和模范集体是天津市工人阶级的优秀代表，学习和宣传劳动模范和模范集体，是为了进一步推动天津市各条战线广大干部和职工群众，以劳动模范和模范集体为榜样，在全市形成学先进、讲理想、做主人、多贡献的良好社会风气，推动天津市社会主义物质文明和精神文明建设的深入发展，进一步发展天津市的大好形势。

各部门和各单位在开展学习和宣传劳动模范和模范集体的活动中要采用报告会、演讲会、对话会、谈心会和美术、摄影、广播、黑板报，以及录音、录像等多种多样的形式和方法，并把宣传全市的劳动模范和模范集体同宣传本部门、本单位的劳动模范、先进典型结合起来，把宣传活动搞得生动活泼，深入人心。各新闻单位要集中一段时间有计划地搞好宣传报道工作。天津市总工会将会同电视台联合制作有关电视录相专集，并向全市播放。各部门、各单位在开展学习和宣传劳动模范和模范集体活动中，要注意厉行节约，注重实效，防止形式主义。

1987 年 2 月 17 日，天津市总工会召开“天津市职工 1986 年为实现‘七五’计划献计出力表彰大会”。中共天津市委副书记吴振和市人大常委会、市政府、市政协的领导出席了大会。大会由天津市总工会主席潘义清主持。大会宣布了评选出的 1986 年为实现七五计划献计出力 100 个先进单位、907 个先进班组、8252 名先进职工名单并颁发“七五立功奖状”、“七五立功奖章”和证书。天津自行车厂党委副书记田竹宝、第六棉纺厂一细纱甲班二组组长王惠珠、第三建筑工程公司加工厂钢筋车间主任冯国惠等先后发言，介绍了他们献计出力、争创“五个一”的经验。

天津市副市长张立昌和天津市总工会主席潘义清讲话，向先进集体和先进个人表示祝贺，希望他们发扬成绩，再接再厉，继续努力，建立新功，号召广大职工要学习被表彰同志的先进思想和先进经验，积极响应市委、市政府的号召，投身增产节约、增收节支运动，开展争创“五个一”的活动，为保证天津市改革、开放顺利进行，经济建设的持续稳定发展，充分发挥主力作用，做出更大的贡献。

1987 年开始，工会连续三年在全市组织开展了安全生产竞赛活动显著成效，在安全生产竞赛中，全市共评出市级安全生产先进局 30 个，先进班组 300 个，先进个人 900 名。

1988 年，天津市总工会改进评模办法，采取基层班组投票，厂职代会差额选举的方式产生劳模。

1988 年度劳动模范、模范集体评选工作贯彻了津党办发〔1988〕41 号文件出的实行民主推荐、差额评选的原则，评模工作有一定新意，透明度高，民主性强，调动了职工和领导两个积极性，产生了较好的社会影响。

全市共评选出劳模模范 732 名，模范集体 207 个。其中，特等劳动模范 30 名，特等模范集体 19 个。732 名劳动模范中，一线职工 530 名，占总数的 72.4%，其中企业工人 372 名，占总数的 50.8%；干部 202 名，占总数的 27.6%，其中领导干部 79 名，占总数的 10.8%；机关工作人员（首次参加评模）10 名，占总数的 1.4%。党员 610 名，占 83.3%；团员 23 名，占 3.1%。女职工 143 名，占 19.5%；老劳模 252 名，占 34.4%。科教文卫人员 150 名，占总数的 20.5%；个体劳动者 8 名，占总数的 1.1%。

207 个模范集体中，企事业单位的班组 175 个，占 84.5%，企事业单位的科室 31 个，占 15%；机关科室 1 个（河东区检察院经济检察科）占 0.5%。

首次从机关工作人员里评出的十名劳动模范中，区局领导干部四名，他们是河西区区长刘峰岩、市外经贸委、外办副主任庄逸凯、市政工程局局长王天麟、市建工局总工高光宗。其他六名是：市妇联办公室副主任杨桂云、安全局六处处长欧惠生、市重点工程指挥部工程部副部长张温山、塘沽区环保局局长曹金荣、北郊区计生委调研员佟光华、冶金局办公室干部邓淑芳。

劳动模范中还有大型企业领导干部六名。他们是天津铁厂厂长赵之泉、棉纺一厂厂长李宝明、光电通讯公司总经理张平安、大沽化工厂厂长孙维忠、大港发电厂厂长韩立人、服装联合总公司副总经理龚文林。

表3–6　1986—1990历年“七五”立功个人、班组、企业统计数

年份	先进个人	先进班组	先进企业
1986年	7964	846	100
1987年	4231	483	65
1988年	2261	371	50
1989年	2234	398	102
1990年	4413	657	111
总计	21103	2755	428

1991年3月4日，天津市总工会对在1990年“三为”立功活动中做出显著成绩的李津来、杜存婷等4413名职工、六建二公司马宝芝小组等657个班组、天津油墨公司等111个单位予以表彰，颁发“七五”立功奖章、证书和奖杯。

三、班组建设

1985年5月19日，天津市总工会制订关于开展争创优秀承包班组竞赛方案。为进一步推动企业推行和完善以承包为主的经济责任制，调动职工的主动性、积极性、创造性，增强企业的活力，提高经济效益，天津市总工会决定在工业、交通、基建系统的各企业，特别是大中型企业中，开展争创优秀承包班组竞赛。

第一，参加竞赛范围：工业、交通、基建系统各企业，凡实行以承包为主各种形式经济责任制的班组（队），包括生产技术、经营管理部门（人员）的单项承包或课题承包，均可参加竞赛。

第二，竞赛条件：优秀承包班组必须做到“三好一领先”，即：(1)国家、集体、个人三者利益关系处理得好。(2)责、权、利结合得好。(3)两个文明一起抓得好。(4)各项经济技术指标要领先。(5)加强检查，择优推荐。(6)12月份，市评比领导小组对各局申报的单位进行抽样检查验收，明年初市总结表彰百个优秀承包班组。

第三，奖励办法：本着精神鼓励为主的精神，对优秀承包班组发给优秀承包班组奖牌。

第四，根据以上精神，各局工会联系本系统的实际情况，制定本系统的活动办法，立即发动，扎实组织，务求实效。

1986年，天津市工业、交通、建筑和商业各系统，共有质量管理小组16300多个，取得了4192项成果，其成果率为28.3%。

1987年6月1日，为进一步推动企业班组建设，认真贯彻执行中华全国总工会和国家经委《关于加强工业企业班组建设的意见》和天津市委工交部、市经委、市交委、天津市总工会、市企管协会《关于加强工交企业班组建设的意见》，天津市总工会下发关于深入开展班组升级竞赛的通知。通知要求各基层工会组织要认识开展班组升级竞赛的重要性，并把这一活动列入重要议事日程，积极会同行政认真抓好，以推动企业班组建设工作健康而顺利地发展。班组升级竞赛要以“三创”（即：创新产品、新工艺、新技术、新材料；创优质产品、优质服务、优质工程；创经济技术指标历史最好水平）为主要内容，以提高产品质量，降低消耗，提高经济效益为目的，以赶超天津市和全国同行业同类班组先进水平为目标。

合格班组、信得过班组和先进班组的基本条件是：

（一）合格班组。是对班组的起码要求，只有基本具备以下条件方可成为合格班组。1.组织健全、有能胜任工作的班组长、工会组长和工管员。2.班组经济责任制和岗位责任制落实。3.建立健全了必要的管理制度。4.有政治思想工作制度。5.能按月全面完成生产（工作）任务和各项经济技术指标。

（二）信得过班组。在达到合格班组的基础上，各行各业的广大班组要努力争创信得过班组。信得过班组主要是指产品质量、工作质量和服务质量信得过。其基本要求是：1.班组成员牢固地树立起“质量第一”观念和为用户服务，为下道工序服务的思想。2.认真推行全面质量管理，严格执行工艺和操作规程，各种原始记录健全。3.能经常围绕企业的目标和本班组生产（工作）中存在的质量问题，制订切实可行的改进计划，并取得明显成果。4.在完成本班组生产（工作）任务和各项经济技术指标的基础上，各项质量指标必须达到同行业、同类产品的先进水平。

（三）先进班组。在达到前两个台阶的基础上，评选各级先进班组和模范集体。其基本条件是：1.思想政治工作活跃，全体成员能遵纪守法，有高尚的职业道德，有强烈的主人翁责任感和集体观念。能主动搞好上下工序、班组、部门之间的团结协作。2.能全面、均衡地完成生产（承包）、工作任务，主要经济技术指标达到天津市或全国同类班组先进水平，或在产品质量、服务质量、工程质量、运输质量、工作质量、降低物质消耗、研制新产品、开发新技术等方面有显著成绩。3.有完善的经济（承包）责任制和健全的基础工作管理制度，能严格执行工艺操作规程，安全、文明生产成绩显著，推行现代化管理，尤其全面质量管理效果突出。4.积极推与应用国内外先进技术成果，岗位练兵、技术表演、技术革新、合理化建议、发明创造等成绩突出，效果显著。5.班组骨干力量强，政治思想、技术（业务）水平高，会干会管，工会小组健全，群众工作活跃，民主作用发挥得好，形成团结一致的战斗集体。

通知要求各单位要把创“三组”的基本条件充实到班组竞赛中去。“三组”的考核、验收和审批手续，参照〔1986〕津工发130号文《关于加强工交企业班组建设的意见》提出的“广泛开展创先进班组竞赛”的意见执行。“三组”命名和表彰办法是：

第一，合格班组，经验收后，由企业发给合格证；信得过班组，大中型企业由企业验收，中小型企业可由企业验收与上级主管部门抽验相结合，验收后由区县局（公司）工会会同有关部门共同审核命名；先进班组按级评选和命名，并颁发证书和适当奖励。

第二，验收和命名，可采取定期或不定期两种办法进行。验收和命名后，每年检查一次，合格者保持称号，不合格者取消称号，不搞“终身制”。

第三，先进班组，采取层层选拔的办法产生。“七五”期间，天津市总工会每年要在各级先进班组中，评选一定数量成绩突出的班组，按年度授予“七五立功奖状”。在此基础上，每两年评选一次市级模范集体（与评模同步进行）。

通知最后要求，各区县局（公司）工会和基层工会，应根据通知精神，制订“七五”期间本系统、本单位开展创“三组”竞赛规划。天津市总工会每年将根据各系统开展班组升级竞赛的进展情况，组织相应的竞赛和成果汇报，交流推广先进经验等活动。

1987年，天津市经济委员会、天津市总工会联合下发《关于在班组建设中进一步加强质量活动的通知》。通知指出中共中央《关于制定国民经济和社会发展第七个五年计划的建议》中，把坚持把提高经济效益，特别提高产品质量放到十分突出的位置上来。1986年七月，国务院颁发的《关于加强工业企业管理若干问题的决定》中，把“积极推行和完善全面质量管理，建立质量保证体系。”作为“抓管理、上等级”的首要任务。因此，企业在班组建设中加强质量管理，就是落实中共中央建议和国务院决定的具体措施，各单位、各企业要积极开展班组质量管理活动，使质量管理活动成为班组管理的重要内容。

通知要求，各级工会在开展班组升级竞赛和评定“合格班组”“信得过班组”及“先进班组”的活动中，在已规定条件的基础上增加下列内容：

合格班组：1. 广泛、深入地开展全面质量管理教育，每年进行不少于24小时课程内容的教育，教育面要达到80%以上。2. 班组建立了质量管理小组正常活动制度。3. 班组能针对影响工序质量的主导因素，实行切实控制，并建立起能够稳定生产合格品的工作秩序。4. 能够针对班组生产和服务、存在的质量问题，进行质量管理小组活动，围绕提高产品质量降低原材料和能源消耗，提高生产效率和经济效益，开展质量攻关和工艺、技术的小革小改及合理化建议活动。

信得过班组（在达到合格班组后，方能评定信得过班组）：1. 围绕企业的目标和本班组生产中存在的质量问题，制订切实可行的改进计划，并按照全面质量管理的科学方法不断开展活动，并取得有显著价值的成果。2. 班组的每个成员都要树立起“质量第一”的观念，在执行按标准图纸、工艺生产上，一丝不苟；在操作上，精益求精。每个成员都要掌握并能熟练的运用班组质量管理活动常用的几种工具。3. 对工序质量管理出现的异常现象，能够及时进行分析，采取措施，使之经常处于良好状况。4. 牢固树立起“为下道工序服务”、“使下道工序满意”的思想，定期访问下道工序、虚听下道工序的意见，切实改进质量，及时向上道工序反馈信息。真正做到使下道工序信得过，企业信得过。

先进班组（在达到信得过班组后，方能评定先进班组）：1. 不断组织质量攻关，不断提高产品质量和工作质量，为产品创优做出贡献，经济效益显著。2. 按照“PDCA”循环的科学程序开展活动，及时进行成果评价和经验总结，从实践中不断提高班组成员发现问题、分析问题和解决问题的实际能力。3. 班组每个成员都能自觉地参加质量管理活动，经常开展技术练兵，技术比武活动，经常切磋全面质量管理的心得体会。

四、基层工会组织建设

1986 年筹建天津开发区工会。1987 年 3 月天津市开发区工会召开工会第一次代表大会，正式成立天津经济技术开发区工会联合会，基层工会 8 家。

1989 年天津市总工会下发《关于乡镇企业组建工会的试行意见》。

1989 年 9 月 23 日，天津市总工会下发《关于建立健全各级工会女职工委员会的意见》，意见指出：为适应改革形势发展的需要，更好地表达和维护女职工的合法权益和特殊利益。根据《中国工会章程》规定，天津市总工会常委会研究决定：“全市各级工会都应按规定建立健全女职工委员会”。

《关于建立健全各级工会女职工委员会的意见》对建立女职工委员会的必要性、工会女职工委员会的组织建设、设置组成及女职工委员会委员的素质做出明确的规定。意见最后要求，凡建立工会组织的区县局和产业工会都要建女职工委员会。凡有女会员 25 人以上的基层工会都要建女职工委员会；25 人以下的设女职工委员，承担女职工委员会的任务。已建立女工组织的基层工会应根据上述精神，将现有的女工工作委员会改建为女职工委员会。

1990 年 12 月 8 日，天津市总工会向市民政局上报关于建立“天津市工会红娘协会”的报告。自 1984 年以来，全市工会系统遵照中办文件精神，发挥工会组织的优势，充分利用工会阵地，采取群众的事情群众办的原则，在帮助大龄职工群众婚姻难上做了大量工作，收到了明显的社会效益。近年来，随着工会“红娘”工作社会影响的扩大，中老年丧偶、离异的职工也纷纷要求工会帮助解决再婚问题，为更多、更好地解除职工的后顾之忧，各级工会先后建立了红娘工作组，红娘协会等群众性红娘活动组织。为统一天津市工会系统的红娘组织，加强对红娘工作的管理，提高服务质量，从保证社会和政治稳定的大局出发，通过解决未婚职工的婚姻问题，调动广大职工的生产和工作的积极性，促进经济发展，天津市总工会建立“天津市工会红娘协会”。

五、建家工作

1984 年，天津市总工会每季度发布一期全市建家进度通报，送各区县局党委。为了摸清全市建家的特点和并验收质量，天津市总工会有关部室和工委联合抽验组，对十二个已经验收的“职工之家”进行了抽验。据丝绸公司、二轻局、化工局、塘沽区、红桥区、医药局等10个区局统计，有300多个单位民主管理工作和建家工作同时验收合格。

1984年9月，天津市总工会举办工会工作开拓创新经验展评会。展评会的主题是“关心全局大事，主动参政议政，立志自强奋进，加快建家步伐。”

展会上展出200多项经验，涉及工会各方面工作。如二机局工会抓基层工会建家，在全系统突出抓职代会评议企业工作、评议领导干部，开展职工评议和投信任票活动的经验；化学试剂总厂工会在建家中，发动会员评议工会工作和工会干部，由会员直接选举基层工会主席的经验；河北区工会开展建家活动坚持标准公开，群众把关的经验；汉沽区工会提出的建家要登合格、先进、模范三个阶梯的经验等等。许多工会干部说，展评会进一步明确了建家的方向，学到了方法，一定要结合自己的实际把工作搞上去。一些党政领导参观展评会后，表示一定要为工会工作开绿灯，全力支持工会搞好建家。红桥区委书记张椿当场决定成立区建家工作领导小组，由区委主要领导任组长，并经常召开会议研究建家工作。

1985年初，天津市总工会十届六次全委扩大会议，明确提出把建家工作作为搞活基层的一个重要内容，摆在工会工作的重要位置上，并根据中华全国总工会关于年底完成建家任务过半的要求，结合全市的实际情况，确定了1985年的整建规划，要求各级工会切实把建家工作抓紧抓好。

1985年9月，天津市总工会召开十届七次全委扩大会议，进一步把民主管理和建家作为全会的一项重要工作，提出具体的要求和部署，强调要在保证质量的前提下，加快建家步伐。同时命名电器工业公司工会为“职工之家”标兵的决定，号召各级工会干部学习和发扬“三种精神”，加强自身建设，加快整建步伐，保证高标准、高质量地按期完成建家任务。

1985年底，全市有54.92%的基层工会创建“职工之家”验收合格。

1986年，各区、县、局工会在普及合格“职工之家”建设的基础上，开展复查和创建“先进职工之家”活动。全市有5457个基层工会组织，按照六条标准验收合格，建成“职工之家”，占应建家单位总数的93%，全市各级工会组织贯彻中华全国总工会关于“抓基层、打基础、促改革”的指导方针，开展建家工作。31个区、县、局工会全部完成建家任务；23个区、县、工会完成百分之九十以上。至1986年底，全市整顿基层工会组织，建设“职工之家”任务基本完成。

1987年1月，全市5457个基层工会建成“职工之家”，占应建家单位总数的93%。

1988年，天津市总工会对77个区县局的2313个基层工会的调查统计，1527个基层工会选配同级党政副职一级的干部担任主席.

1988年，天津市总工会在全市开展以增强基层工会活动力主要内容的建家活动。

1989年，天津市总工会全委（扩大）会议把增强基层工会组织的活力作为全年三项重点任务之一，对该项活动的指导思想、活动形式和具体做法上都明确了要求，并提出天津市总工会和区县局工会，要坚持一般号召和具体指导相结合的领导方法，积极探索搞活基层工会工作的新路子，狠抓“百点”“百手”活动，即联系一百个试点单位，总结一百手增强基层工会活力的新招法。

1989年，天津市总工会以“三给、一创、两促进”（即给思路、给办法、给样板，为基层创造良好的外部环境，在促进基层工会搞活动的同时，促进基层企事业搞活）为主要内容，在各区县局工会组织中开展为基层服务竞赛，37个区县局工会，荣获“为基层服务优胜单位”称号。

1990年4月中华全国总工会召开基层工作会议，并于当年五月发出“关于继续深入开展建家活动的决定”。天津市总工会常委会在区县局工会主席和组织部长会议上，传达了中华全国总工会基层工作会议精神。尔后，天津市总工会召开历时三天的基层工作会议，会议总结交流33份典型经验，分析全市基层工会组织状况，研究确定继续深入建家活动的基本目标和基本要求，明确在工会小组开展建小家活动的“知、参、学、做、帮、建”六字内容。知：小组工作要通知全体会员、协助行政组长做到“五公开”，即任务、分配、考勤、劳保用品发放、职工困难补助等公开。参：搞好班组民主管理，使职工人人参与决策、参与管理、参与分配、落实班组民主管理的职责。学：搞好政治、技术业务学习，活跃小组的文化生活，发挥工会小组的课堂作用。做：立足本岗，搞好本职，围绕班组中心工作，开展多种形式的劳动竞赛和合理化建议活动，搞好班组（部门）工序间的团结协作，完成小组的各项工作任务。帮：搞好互助互济，帮生活、帮思想、帮工作，做到矛盾不上交、一般问题不出组，不断增强小组的凝聚力和向心力。建：搞好小组的组织建设和制度建设，民主选举工会组长，并形成小组骨干核心。

1991年4月，天津市总工会召开基层工作会议，总结交流继续深入开展建家开展以来新涌现的典型经验，并就继续深入建家活动的理论和实践问题进行充分讨论。会议根据中华全国总工会有关文件精神和各级工会干部的实践，把继续深入建家活动的新要求、新特点简要概括五个原则，即“全局作用原则”“合力建家原则”“整体功能原则”“动态过程原则”和“群众认可原则”。会议还从马克思主义哲学和政治经济学的高度，重点分析建小家活动的实质和特征。同时，还全面分析全市工会小组的现状，全市16万工会小组中，全面落实建小家“六字”内容的约占5%，中间状态的约占35%，落实不好的约占60%，多数工会小组还处于若明若暗，活动时有时无，职责似是而非，组长无所适从的状况，从正反两个方面论证了各级工会深入开展建家活动的紧迫性。

1991年末，天津市总工会对在全市抽取596个基层工会的开展问卷调查，其中三级建家全面开展的基层工会354个，占调查总数的59.76%；在部分分会、小组开展试点的227个，占37.89%；尚未开展的14个，占2.33%。

1991年底天津市总工会常委会召开年度基层工作会议。会议研究确定全市今后五年继续深入建家活动的总体目标，明确全市基层工会建家工作的指导思想、组织目标和制度建设的要求，强调要加强新时期工会工作理论的研究探讨。密切工会同职工群众的血肉联系，在解决职工“两个感受不深”和推进“两个充分发挥”上取得明显效果。会议讨论提出：争取今后三年内，全市实现“六落实”（即六字内容的落实）的小组达到小组总数的40%；五年内实现“六落实”的小组达到小组总数的60%。1992年是全党集中精力贯彻中央工作会议精神，增强大、中型企业活动力和提高企业经济效益的重要一年，也是实现天津市继续深入建家三年近期规划的关键一年。根据中华全国总工会会议文件要求和全市建家的实际状况，同时确定1992年继续深入建家活动，总的指导思想是：紧密围绕增强大、中型企业活力和提高企业经济效益这个中心，继续深入开展建设职工之家活动，从普及和提高的结合上，掀起大总结、大表彰、大宣传、大学习、大推动的高潮，在解决职工“两个感受不深”和推进“两个充分发挥”上取得明显成效。

1991年，天津市总工会把竞争机制引入区县局工会为基层服务竞赛之中，开展了为基层服务夺杯赛，评选出10名优胜单位和20名先进单位。

六、女工组织建设

1989年9月23日，天津市总工会下发《关于建立健全各级工会女职工委员会的意见》，意见指出，为适应改革形势发展的需要，更好地表达和维护女职工的合法权益和特殊利益，根据《中国工会章程》规定，天津市总工会常委会研究决定：“全市各级工会都应按规定建立健全女职工委员会。”

第一，女职工委员会是具有广泛的代表性，表达和维护女职工的合法权益和特殊利益的女职工组织。它的基本任务是代表和维护女职工的合法权益和特殊利益。它以同级工会领导为主，同时接受上级工会女职工委员会的领导。建立工会女职工委员会是工会工作改革的需要，是工会自身组织建设的需要，是代表和维护女职工合法权益的需要，是推进男女平等的需要。因此，女职工委员会要贯彻执行工会工作方针和同级工会代表大会的决议。结合女职工的实际需要，按照女职工的意愿和要求开展工作。

第二，女职工委员会的建立和健全是搞好工会女职工工作改革的重要内容，各级工会要把建立健全女职工委员会的工作列入工会工作的议事日程。由分管主席负责，搞好试点，制定规划，积极稳妥地搞好组织建设工作。

第三，女职工委员会可根据需要，按照条件，由女职工民主选举或民主协商推荐产生，经同级工会委员会批准。其任期与同级工会委员会相同。女职工委员会一般设主任1人，副主任1～2人，委员若干人。女职工委员会主任由同级工会女（正、副）主席担任，无女主席的单位，主任可通过一定的民主程序产生，副主任由专（兼）职女工干部担任。女职工委员会委员应由热爱工会女职工工作，熟悉工会业务，思想政治素质较好，具有一定的文化知识和组织领导能力的工会女工干部（积极分子），工会分管女工工作的女领导，各方面女职工代表及有关部门的女同志组成。女职工较多的地区、（系统）单位，女职工委员会设办事机构，配备相应的专职干部，负责处理女职工委员会的日常工作。同时肩负着工会女工工作职能部门的任务；女职工较少的单位，要设专（兼）职女工干部，承担办事机构的任务。

第四，凡建立工会组织的区县局和产业工会都要建立女职工委员会。凡有女会员 25 人以上的基层工会都要建立女职工委员会；25 人以下的设女职工委员，承担女职工委员会的任务。已建立女工组织的基层工会应根据上述精神，将现有的女工工作委员会改建为女职工委员会。

七、建立工会红娘协会

1990 年 12 月 8 日，天津市总工会向市民政局上报关于建立“天津市工会红娘协会”的报告。报告说，红娘工作是全市各级工会组织中开展的一项有特色、有实绩、有影响，颇受社会和职工群众欢迎的群众性工作，它的影响波及全国，跨越国界，引起美、德、日等国社会学者及新闻工作者的关注。红娘工作以为企业服务为核心，以帮助求偶职工解难为目的，立足于推进社会的文明与进步，立足新时期职工婚姻文化的发展与繁荣，通过两万余名红娘积极分子把党的温暖和工会组织的关怀带给职工群众，把无尽的爱意与无私的奉献精神留在职工的心中，为增强企业的吸引力与凝聚力，调动职工的积极性发挥了作用。早在 1981 年，天津市纺织局、建工局等单位针对众多大龄返城知青“恋爱难，婚姻难”的问题，利用工会女工工作积极分子队伍，热心为大龄未婚职工服务，组建“红娘”组，为大龄未婚职工架起了座座“鹊仙桥”。1984 年五月，天津市工会红娘工作受到了中央书记处的首肯，陈云等中央领导同志曾就此专门作出了批示，指出，三十岁以上未婚青年的婚姻问题是一个很大的社会问题，各级党组织要给予重视和关心，工会妇联和共青团应作为一项重要工作认真抓好。以此为契机，天津市工会组织以帮助择偶职工解决婚姻难为主要内容的红娘工作蓬勃展开。至此，天津市工会红娘工作的发展已有十个年头。

工会红娘工作在各级党政领导的关心、支持、帮助下，经过 6000 余个红娘组，20000 余名红娘积极分子的努力，服务范围不断拓宽，活动形式不断创新，产生了良好的社会效应。十年来，红娘工作对象已由三十岁以上大龄青年发展到适龄未婚青年及中老年离异、丧偶职工；由健全人发展到残疾职工。据对 36 个区、局的不完全统计，各级红娘组织先后组织各类活动 10460 场（次），为 43 万余人提供过服务，提供线索 100 万条，使 30496 对职工喜结良缘。

红娘工作的发展兴盛不衰的重要原因是来自市委、市政府及区局企业党政工领导的帮助和支持，从 1986 年市政府批建鸳鸯楼，解决成婚职工住房难，到老市长李瑞环当红娘，解决油田一线职工的婚姻问题，使油田 634 名一线职工喜结良缘；从天津市总工会建立红娘协会，为企业红娘工作提供服务，到各级领导出资奖励红娘，无一不渗透着各级领导对红娘工作的支持。红娘工作的兴旺、发展同样也来自于社会方方面面的鼎力相助，既有为牵线搭桥提供无偿服务的民委、残联、妇联的通力合作，也有为成婚职工解决住房、户口问题而劳碌奔波的现场办公。红娘工作的实践让我们品尝了成功的甜蜜，红娘工作的成功让我们感受到牵一根红线，建一个家庭、稳四方人心的欣慰。广大热心红娘用辛劳、用汗水，用一颗滚烫的心描绘了两个文明的蓝图，书写了职工婚姻文化的新篇章。

八、职工代表大会

1979年9月27日，中共天津市总工会党组向中共天津市委报请批发《职工代表大会制度若干问题的暂行规定》。

为了推动全市工厂企业迅速恢复和健全职工代表大会制度，加强民主管理，参照全国总工会有关文件的精神，针对全市前一段推行这个制度中提出的问题，拟定了《职工代表大会制度若干问题的暂行规定》，并征求部分企业党委书记、厂长、劳动模范、工会主席的意见，大家一致认为，在全国没有统一规定之前，很有必要搞个暂行规定，以便有所遵循。

中共天津市委批转了天津市总工会提出的《职工代表大会制度若干问题的暂行规定》等文件。各系统各企业党委认真落实市委指示精神，抓好建立健全职工代表大会制度工作。1979年，据工业、交通、基建、财贸的15个局统计，300人以上的企业有74%的单位恢复和建立了职工代表大会制度，其中千人以上的单位，召开过职工代表大会的占百分之86.3%。

1985年9月26日，中共天津市委转发市工交部、市委城建部、市委市场管理部、天津市总工会等四单位《关于开展职工代表大会工作检查的意见》。市委批转的四单位意见中明确指出，为进一步贯彻落实党的十一届三中全会精神，在经济改革中加强企业民主管理，充分发挥职代会的作用，拟在全市开展一次职工代表大会工作的检查活动。对职代会工作检查活动的指导思想、检查内容、检查范围和方法步骤组织领导及需注意的问题都做了较详尽的规定。中共天津市委副书记吴振、副市长张立昌及市企业整顿领导小组的负责同志亲自参加动员部署工作。多数区县局及基层单位都建立了检查领导小组，据47个区县局统计，党政主要领导同志参加实际检查的有1159名。

为贯彻中共天津市委文件精神，开展职代会工作检查，天津市总工会制定出企业职代会工作分类标准为先进单位、合格单位、限期补课单位、不合格单位四类，其中先进单位，即能落实中央〔1981〕24号文件精神和其他指示，职代会组织、制度健全，在经济承包责任制中推行三级民主管理，并在改革中发挥了重要作用，成效显著。

1986年6月，依照1985年9月市委办公厅以津党办发〔1985〕53号文件转发市委工交部、城建部、商工部和天津市总工会《关于开展职代会工作检查的意见》总结检查情况。

此次职代会工作检查覆盖全市工交、基建、财贸系统3407个基层单位，有3018个单位开展了检查，占88.6%。根据8个区局268个基层的抽样分析，检查工作搞得好的和比较好的有255个单位，占95%；不认真，不得力的占5%。检查把重点放在提高对民主管理的认识上，放在职代会审议企业重大决策、推进企业改革的作用上。围绕这个重点广泛听取职工代表和职工群众的意见。仅一商局22个公司和102个单位，就召开了各种类型座谈会6650多个，有7600多人参加。

这次检查的3018个单位中，基本形成三级民主管理体系的有667个单位，占22.1%；三级民主管理不够健全有1865个单位，占61.8%；制度坚持不好，职权不落实，职工民主权利得不到保证的，有486个单位，占16.1%。

各区县局评选表彰民主管理先进集体462个，优秀职工代表3116名。在此基础上评选表彰市级民主管理先进集体38个，优秀职工代表505名，同时还表扬了53个在民主管理工作中做出成绩的单位。

在职代会工作检查中，天津油漆厂、自动化仪表厂、新河船厂和电机厂等单位提出了较为有效的审议程序和方法：(1)厂长提前把交职代会审议的事项发给代表做好准备，或由厂长向职代会提交两套以上方案审议；(2)工会和职代会参与企业重大决策的制订，献计献策；(3)针对厂长决策方案召开专业会议分项审议，或对生产经营目标进行分解审议；(4)在审议的基础上，由工会与厂或车间行政签订集体承包合同或协议，保证企业重大决策的实施。

这次检查工作组对职代会工作提出以下意见：

第一，要认真贯彻市委办公厅〔1986〕18号文件转发天津市总工会党组《关于工会组织参与国家和社会事务管理的意见》，党委要切实加强对民主管理工作的领导，支持工会和职代会依法行使职权，保障职工的民主权利；行政领导要尊重工会和职代会的职权，保证职工的合法权益；工会要主动参政议政，切实把民主管理工作作为工会工作的重点。

第二，努力推进企业民主管理向纵深发展。职代会要坚定不移地支持厂长（经理）负责制，坚持以审议企业的重大生产经营决策为重点，全面落实审议、通过、决定、评议监督和推荐选举等各项职权。

第三，各级党委要注意按照中央和市委的要求，遵照工会章程的规定选配好基层工会主席，大中型企业的较大车间也要按照同样的要求配备专职工会主席；要调整职工代表的结构，适当增加技术人员和管理人员的比例，但工人代表一般不少于50%；要建立健全以职代会为基本形式，以班组民主管理为基础的企业民主管理体系。

第四，各级党政工都要加强民主管理理论的研究，通过研究解决课题，推动民主管理工作的迅速发展。

九、群众评议干部、评议企业工作

1980年1月25日，中共天津市委工交政治部、中共天津市总工会党组“关于结合企业整顿进行群众评议干部和民主选举基层干部的请示”。根据中央、市委的指示精神和工交系统的实际情况，现对推行群众评议干部和民主选举基层干部，提出如下意见：

第一，关于群众评议干部。评议的范围，主要是厂级和科室、车间的领导干部。评议干部要着眼于教育干部，要全面地客观地分析每个干部的优缺点，指出努力方向，鼓励其发扬成绩，克服缺点，不断前进。

第二，关于民主选举基层干部。民主选举干部要抓好以下几个环节：(1)向干部和职工宣传民主选举的目的、意义。(2)从始至终充分发扬民主，尊重职工群众的民主权利。(3)发动群众评议干部，使群众全面了解干部，促进干部提高思想，转变作风。(4)采取领导和群众相结合的办法，自下而上推荐候选人，进行民主选举。(5)对落选干部要做好思想工作，妥善安排。对当选的干部要加强培养训练。

对民主选举基层干部中的几个政策问题，提出的意见是：(1)民主选举产生的车间主任、工段长、班组长，任期一般为两年，连选可以连任。(2)职能科室的负责人一般不实行选举，但工人多的科室的负责人，应实行民主选举。(3)根据能上能下、能进能出的精神，适当安排落选干部的工作。(4)民主选举产生的干部，不要轻易变动。因工作需要必须补充干部时，应由群众补选。如暂时不能选举，可先由领导委派代理职务，经过一段时间，再行补选。(5)具备条件、受群众拥护的非党干部，可以被选举担任行政领导职务。

1985年12月14日，天津市总工会开展职代会评议企业工作和评议领导干部活动。主要内容是：

第一，评议活动要求。开展"双评"，要紧紧围绕推进企业改革、提高经济效益和社会效益，促进党风和社会风气的根本好转，发展安定、团结的大好形势来进行。要把"双评"活动同组织发动职工开展献计献策活动结合起来，要通过这一活动落实职代会职权，使企业领导工作进一步适应改革和四化建设的要求。

第二，评议的内容与重点。评议企业工作，一是看企业的领导班子建设、经营思想、经营管理决策和各项改革措施的实施以及增强企业活力等方面的情况；二是看企业在提高产品质量、降低能源和原材料消耗、增加出口换汇、加速技术开发和促进技术进步、搞活商品流通、提高经济效益和社会效益。

第三，评议工作的基本方法。(1)加强思想工作，把"双评"过程作为向干部、工人进行思想教育的过程。(2)组织职工代表采取多种形式检查企业工作，要着重检查职代会决议和企业重大决策的落实情况，抓住企业中的主要问题有针对性地进行评议。(3)厂长(经理)要向职代会报告工作。(4)企业领导班子在群众评议的基础上，召开生活会，制订个人和集体的整改措施，并向职代会汇报，请职工代表监督落实。(5)在评议的基础上，职代会根据干部的治厂实绩，提出对企业领导干部奖惩和任免的建议。上级主管部门应及时研究、考核、审批。

第四，组织领导。"双评"工作，由各区县局党委统一部署，企业要在基层党组织的领导下进行。根据现有经验，评议活动可由职代会主席团主持，吸收工会、组干、纪检等部门参加组成工作班子，负责具体组织实施。今后"双评"要形成制度，每年一次。

1986年始，天津市总工会和区县局工会部署下，基层企事业单位普遍开展了双评工作。

新河船厂通过"双评"制定了《关于开展"双评"活动的制度》。职代会建立了评议、监督干部专门委员会，使"双评"制度化、程序化。

市政四公司职代会对群众有意见，不称职的四名领导干部，下达罢免建议通知书，公司党委鉴于他们的态度较好，限期半年改正，若还不称职，即行罢免。

中央制药厂、公共汽车三厂制定了转变领导作风的十条规定。

冶金系统围绕“双评”培训职工代表，学习班225个，培训干部2500人，职工代表6300人。

天津铁厂职代会评议11名厂级领导干部，提出优点共226条，缺点98条，献计102条。

汽车工业公司、丝绸公司抽样分析，双评中职工共提出意见和建议1705条，其中提高产品质量、降低物质消耗、改善经营管理方面的意见建议就有1364条，占整个意见总数的80%以上。

一机系统先后有6名职工递万言建议书。天津起重设备厂职工华少伟，向厂领导递交了27000字的建议书，对改革中影响效率、效益的五个管理方面的问题提出意见。厂党委两次召开专题会议进行研究，号召全厂向华少伟同志学习，全厂职工共献计1900条。

棉纺四厂二分场产品质量低，领导束手无策，是个“老大难”，“双评”中，职工代表批评领导对群众积极性估计不足，使领导干部受到很大启发教育，制定了晴30支纱创优一条龙方案，职工开展了单项承包赛，建立了创优信息反馈牌，维修了15台细纱机，结果使这种产品一跃夺得市级优质产品。

丝绸公司东方丝织印染厂针对解决原材料管理不善，浪费大的问题，职工代表提出37条合理化建议，厂长办公会立即决定采纳了12条。

二轻局文教用品十三厂在“双评”中，职工代表认真分析了企业的经营形势，认为去年底搞出了三项新产品，今年正式投产，经济效益应当高一些，但今年计划定低了，批评领导保守，厂长虚心接受了代表提出的意见，同职工代表一起研究措施，把全年实现利润由原来的30万元提高到40万元，增加了近三分之一，并时间过半任务过半。

物资局金属公司西站仓库，职工代表对有的领导干部提出尖锐批评，指出一名副主任未经职代会讨论就分得一间房子，还有四名领导干部违反财会制度，领取了倒休费200多元。仓库领导班子虚心接受了代表的批评，一名副主任主动退还了一间房子，其余几名领导干部也将领取的200多元倒休费退回。

冶金局冶修一厂针对领导干部购买高级轿车的问题，在“双评”中职工代表提出了批评，厂党委召开生活会统一思想认识，明确表态虚心接受代表的意见，决心在端正党风中做表率。决定将高级轿车卖出，购进一辆普通轿车为职工服务。

天津铁厂“双评”后，从优秀工人中选拔了一批干部充实到中层，免去了两名不胜任该职的干部，表彰奖励15名中层以上贡献突出的干部。

轧钢三厂针对“双评”中指出深入实际解决问题不够的问题，书记、厂长在三、四两个月内，5次带领科室干部，深入车间班组现场办公，先后解决了两个车间生产管理上的问题，为群众生产、生活实事472项。

冶金建设公司在双评中代表提出，两年多来没有解决的机构臃肿、人浮于事、效率不高的问题，这次齐心协力，仅两周内就解决了，精减了34名干部充实生产第一线。

建工局第二建筑工程公司在“双评”中，职工代表提出企业管理基础工作差，使用民工过多的问题，党政领导接受了职工代表的意见成立民工管理科，实行民工独立核算制度，解决了施工中的混岗问题。

市政四公司在“双评”中，职代会对4名不称职的中层领导干部下达了罢免建议书。这几名干部多次找到职工代表检查自己的缺点错误，最后经党委研究，尊重职代会的意见，给予半年考察期限，再经职代会复议，如仍未改正错误免除职务。

建材工业公司通过“双评”在全公司开展“四个一”活动：在职工中开展“关心干部说一句知心话，热爱企业献一条计策；在干部中开展尊重主人提一条改进措施，当好仆人办一件实事”。

二机局元件公司在评议中对领导干部进行了“动态测评”。

渤海石油公司落实职代会监督干部的民主权利，与组织部、纪检部门密切配合，成立了24个以职工代表为主体的“维护党风、社会风气监督哨”。

天津动力机厂在评议的基础上，还组织职工代表对评议工作进行“复诊”，对代表评议意见的反馈情况，民主生活会召开会的情况，整改措施的落实情况进行复查。

1986年5月14日，天津市总工会在关于职代会开展“双评”活动的情况通报：自市委办公厅以86年1号文件转发市委工交部、城建部、商工部和天津市总工会《关于职代会开展评议企业工作、评议企业领导干部活动的意见》以后，截止到四月底，按照文件规定规围的工交、基建、财贸系统所涉及的71个区县局（1985年以后新建单位不包括在内）统计，已有55个区县局部署开展了“双评”占77.5%。据一机、二机、丝调、物资、建材五个局的413个企业分析，开展评议的企业有292个，占70.1%。

十、源头参与依法维护

1987年12月24日，根据国务院发布的《国营企业劳动争议处理暂行规定》和天津市人民政府颁发的《天津市贯彻〈国营企业劳动争议处理暂行规定〉实施细则》的要求，天津市总工会、天津市劳动局印发《关于国营企业建立劳动争议调解委员会有关问题的意见》，统一部署建立企业劳动争议调解委员会。

1989年一季度，天津市总工会对工、交、建、财等15个局的176个企业工会参与劳动工资制度改革情况作了问卷调查。176个企业中，中型企业占60.8%。根据问卷内容反映出的基本情况是：85.2%的工会认为“工会应该代表职工积极参与劳动工资制度的改革，独立自主行使职权，为职工说话办事”。有5%的工会认为“没必要参与”。但在实际工作中，仅有6%的工会能够独立提出劳动工资改革方案，18%的工会能够与行政共同拿出改革方案，而76%的工会根本就没有参与过这方面的调查、研究和制订方案的工作。

当工会与行政对企业劳动工资改革产生分歧意见时，能够行使否决权的职代会有5%，能够据理提出修改意见的占25%，有8.5%的职代会从未审议过企业劳动工资改革方案。

被调查的15个局工会中，只有1个配备了专职干部，有2个配备了兼职干部。企业工会配有专兼职干部的占 14.8%，建立群众工资委员会的占 6.8%。

调查显示，广大职工对目前的状况不甚满意，认为工会在这个问题上是“摆设”，工会没有代表职工说话，反而成了行政的“挡箭牌”。45.8% 的职工认为工会参与是有名无实，28.5% 的职工对工会提出了尖锐的批评，认为工会不敢替职工说话。

1989 年 6 月 21 日，天津市总工会“对工会参与劳动工资制度改革状况的调查”进行总结分析，认为工会没有参与进去的原因有四个方面。

第一，上级工会对基层工会指导不力。首先工会较多的是“软参与”，对有关政策的制定和实施缺乏影响力。其次对基层典型的指导不够，没有及时把各地工会参与的经验和信息传播给各级工会。

第二，长期以来工会的工作重点不突出，维护职能没有落到实处。尽管全国工会九大后恢复了工会工资工作，十一大突出了工会的维护职能。但实际工作中往往习惯于过去的宣传、教育、生产、生活的排位。此外，工会对劳动工资工作，还存在一个认识过程。比如具体干什么、怎么干的问题，工会抓这项工作的特点在哪，怎样才不和行政重复。这些问题应当解决，没有解决。

第三，工会干部的理论、政策和业务水平不适应此项工作。企业劳动工资制度改革，需要工会参与研究解决的重大课题很多，但是，如果没有一定的理论基础、政策水平和劳动工资方面的业务知识，是很难肩负起这项改革重任的。

第四，行政方面对工会参与工资改革工作的认识，也影响和制约着工会发挥作用。在调查的 176 个单位中，有 29% 的企业行政认为劳动工资改革是行政的事，工会没有必要参与，工会参与是对行政的不信任，因而他们对工会参与表示反感、反对。

调查对工会如何改变参与不到位的现状，提出了几点建议：第一，各级工会领导要认识到劳动权利、劳动报酬是职工最基本的权力和利益。如果工会不能有效地替职工说话，就失去了赖以存在的基础。第二，要建立强有力的组织系统，以保证各级工会在参与改革时做到有人管。第三，加强培训工作，提高各级工会组织的参与能力。第四，加强工会劳动工资工作的理论研究。第五，建立起工会与计划、劳动、财政、统计、物价等有关方面组成的松散型群众劳动工资工作联席组织，沟通信息，推动工作的发展。

1990 年，天津市总工会与市政府有关部门联合下发了《关于企业开好 1990 年首次职代会的意见》。1991 年与市委有关部门联合下发了《关于在“质量、品种、效益年”活动中充分发挥职工民主管理作用的通知》。

十一、企业民主管理

1981 年 9 月 29 日，中共天津市委批转天津市总工会等六单位关于贯彻中央 24 号文件的意见。市委批转意见：实行职工代表大会制度，是党的一项重要政策，各级党委对这项工作要切实加强领导。要把贯彻中央 24 号文件，即职工代表大会暂行条例，推行职工代表大会制度，加强民主管理，作为企业整顿的一项重要内容，并同推行经济责任制紧密结合起来。使它逐步完善，切忌流于形式。要制定实施措施，并不断地总结经验，使它逐步完善，确实起到依靠群众民主管理企业的作用。对天津市总工会、市委工交部、基建部、财贸部、组织部和市经委的意见，各单位结合实际情况研究执行。

1984年下半年，天津市总工会在全市范围内进行了一次民主管理工作大检查，活动强调三点要求：第一，按“四化”要求调整配备基层工会领导班子。第二，工会和职代会要在增强企业活力，提高经济效益上发挥作用。第三，要结合企业改革建立民主管理体系，落实三个职权。

据二轻局统计，经过民主管理工作大检查，有120个基层工会调整配备了领导班子，当年建成“职工之家”。石化公司、二商局、供销社、汽车工业公司、北郊区等单位，还就落实基层工会主席待遇、保持工会干部的相对稳定等问题，由党委下发文件，做出了具体规定。

1986年1月28日天津市召开民主管理工作会议，来自各条战线的500多名民主管理先进集体和优秀职工代表参加了会议，他们向全市职工发出了倡议书，提出了四条要求：一是认清形势，坚定信心，为巩固发展大好形势做出自己的贡献；二是发扬主人翁精神，为实现“七五”计划献计出力；三是积极参加企业民主管理，促进两个文明建设；四是树立共产主义理想，争当“有理想、有道德、有文化、有纪律”职工，为实现“七五”计划做出更大的贡献。

1987年12月，天津市总工会、天津市劳动局联合下发《关于充分发挥工会和职代会在企业内部分配中作用的通知》。一是企业行政在国家规定的工资总额（包括增资指标）和政策范围内，研究制订企业的工资、奖金分配形式和具体实施办法，以及调资升级时间、对象等工作时，必须吸收工会主席参加。二是企业工会应积极协助行政，根据国家有关劳动工资政策、法规和按劳分配原则，制定企业分配方案和实施办法，做好职工思想工作，宣传党和国家政策，教育职工正确处理好国家、集体、个人三者利益关系。三是职工代表大会应对企业内部的工资、奖金分配工作进行审议、监督，并建立必要的民主程序。实施方案应提前交给职工代表，以保证充分讨论时间。如在执行中需要对已通过的方案和决议作出变更时，应经职代会重新讨论通过，并监督执行。四是企业领导干部的工资晋级、奖金额度和职务津贴的确定，必须经职代会主席团和代表组长联席会议审议通过，并按干部管理权限上报审批。五是企业工会应积极协助行政推行经济责任制，完善承包体系，搞活奖金分配。克服平均主义，使奖励制度真正起到促进生产，改善经营管理，提高经济效益的作用。工会和职代会有权定期对各种奖金的使用、管理情况进行检查、监督，并积极提出改进建议。六是企业工会应指定专人配合行政做好企业内部工资、奖金分配工作。有条件的企业的可逐步建立不脱产的群众工资工作委员会。企业行政要为工会参政、议政提供条件，及时传达上级有关劳动工资工作文件的精神，帮助工会干部熟悉政策和提高业务水平。

1991年1月26日，天津市总工会、市经委、市交委、市计委、建委、商委、市外经贸委、市科委、市教卫委、市农委关于天津市企业民主管理工作达标考核的意见。

为了贯彻企业法和《职工代表大会条例》，推进企业民主管理，经研究确定，自1991年开始，在企业中结合建设职工之家和企业升级开展民主管理达标活动。企业民主管理没有达标的，企业工会不能评为职工之家。在企业升级工作中要把民主管理达标考核情况作为综合评价企业管理工作的重要内容。

天津市企业民主管理达标考核办法和条件：企业民主管理达标考核实行否决条件考核和全面百分考核相结合的办法.即在否决条件考核通过的基础上再进行全面百分考核，考核分在75分以上者视为达标合格，并颁发达标证书。否决条件规定了不能达标的情况。

全面考核条件包括“组织制度、职权落实和党政工在企业民主管理工作中的职责”三个方面，共分15条细则考核基层单位职工代表大会实施情况。

1986 ~ 1991年，职代会共提出提案51万件，其中生产经营方面的提案22万多件，实现提案29万多件；生活经营方面提案14万多件。

据1990年至1992年的不完全统计，各企业通过召开职代会，围绕生产经营共征集大会提案12万件、合理化建议40多万条，3年共增创效益20亿元。在企业经营机制、经营方式和产权结构不断变革的过程中，天津市各级工会逐步加强了高层次参与和源头参与。

1991年，河北区工会利用联席会议制度提出组建街办企业工会议题，河北区政府领导决定为每个街增设1名工会专职干部编制，随后在10个街道陆续建立了工会组织。

1990年至1992年，全市范围内开展了职工代表培训活动，共培训师资135人，全市22万名职工代表普遍培训一次。工业、交通、城建、财贸企业在1991年和1992年开展了企业民主管理达标活动，两年中共有425个企业被评为天津市企业民主管理达标单位。

十二、建立技协组织　开展有偿服务

1983年5月30日，天津市总工会召开了职工技术协作委员会成立大会，参加会议的有天津市市长李瑞环、市人大常委会副主任李中垣、天津市总工会主席许明以及各有关部委办、科协、共青团负责人。天津市市长李瑞环担任职工技术协作委员会名誉主任，天津市总工会副主席单书担任市职工技术协作委员会主任。李瑞环指出，技协队伍是实现翻两番的一支主要力量，无论是搞技术改造还是新建企业，无论是引进国外设备还是搞地区间经济技术合作，都离不开技协队伍。在谈到技协今后的工作和发展方向时，他说，技协之所以有很强的生命力，就在于技协成员有着不计较个人得失的共产主义精神，就在于工人和技术人员能够在技协组织中互相尊重、齐心协力。他们的实践证明，开展职工技术协作活动，是把物质文明和精神文明结合起来，把理论和实践结合起来，把知识分子和工人结合起来的好形式。今后，技协要不断加强和扩大自己的组织，对新成员进行教育，以保持技协的好传统。同时，要针对全市的具体情况，选择一批对全市生产有影响的、较为重大的课题，有计划地组织攻关。全市各方面要大力支持技协活动，为他们解决实际问题，使他们更好地发挥作用。

1985年3月27日，为贯彻《国务院关于技术转让的暂行规定》和天津市总工会十届六次全委扩大会议精神，开放技术市场的新形势下，交流技术信息，繁荣技术贸易，天津市总工会技协办公室发布《关于收集企业、职工有偿转让的技术成果的实施意见》。意见指出：收集“成果”的范围是比较广泛的，总的说，一是收集企事业单位的；二是收集职工群众个人利用工余业余时间创作的成果（包括离休退休的职工等在内）。凡是具有先进性、实用性的技术成果以及技术诀窍，这里包括职工五小（小发明、小创造、小革新、小改进、小建议）和“五新”（新产品、新花色、新配方、新造型及新的美术图案案）等，对于提高产品质量，节约能源与原材料消耗，降低产品成本，改善劳动环境，加强经营管理，提高经济效益的科研成果都要收集。具体内容有四个方面：1. 企业愿意有偿转让的产品工艺技术成果项目；2. 企业愿意提出的难题招标项目；3. 企业或职工愿意有偿转让的“五小”（小发明、小创造、小革新、小改进、小建议）项目和“五新”（新产品、新花色、新配方、新造型及新的美术图案）设计项目；4. 企业愿意招聘国内和国外具有专长特艺、技术诀窍和专门知识的技术管理人才。收集成果工作注意掌握三个原则：一是自愿的原则；二是实用的原则；三是推广的原则。

要求各级工会技协组织明确专人负责此项工作，并做好以下两项工作：第一，开展宣传工作，组织职工学习《职工技协报》第 14 期《国务院关于技术转让的暂行规定》，国家经委副主任林宗棠就技术转让的暂行规定答记者问，以及《职工技协要积极投入技术市场》等文章。第二，在充分发动群众办理转让“成果”登记工作的基础上，基层工会和技协组织要逐项进行审查，不仅对文字函意要清楚进行把关，而且对技术经济具体效益要进行把关。

1985 年 9 月《天津市职工技协组织开展有偿技术服务活动暂行办法》颁布。暂行办法共分十章三十一条，其中对职工技协开展有偿技术服务的宗旨、范围及有偿技术服务的收费标准作了规定。

1989 年下半年，天津市职工技协在全市范围内开展了“解难题、增效益”活动，据全市 24 个区、县、局的不完全统计，共有 51 万名职工参加了这一活动，为企业解难题 6545 项，取得可计算的经济效益 20916 万元。7 月 21 日，中共天津市委副书记、常务副市长张立昌批示：“总工会这一活动已收到明显效果，为此向总工会和参加这项活动的同志表示衷心感谢。”

1989 年，各级技协组织与有关部门结合，着重抓量大、面广、耗能多的锅炉、热处理炉、加热炉、冲天炉、民用炉、注塑机、汽车等十几个方面的节能工作，狠抓了远红外线、硅酸铝纤维、新型烧嘴、酸洗除垢、明火反烧、三重喉管等十七项新工艺、新技术、新材料的推广应用。全市有热处理炉二千多台，装机总容量近十万千瓦，是一只大电老虎。各级技协的热处理专业组在热处理炉上推广应用硅酸铝纤维这种新型隔热保温材料。全市已在五百多个单位、九百多台热处理电加热炉上应用了这种新材料，一般节电百分之三十以上，全年约可节电一千五百万千瓦时。

1989 年，天津市职工技协高级科技工作者协会成立。

1990 年全市各级技协组织 62 个，据 12 个工业局技协统计，专业协会（队、组）2456 个。

1990 年天津市职工技协高级科技工作者协会发展会员 700 名，其中具有高级职称的占 62%。研制了 9 项新产品，其中 3 项申请了专利，5 项填补了国内空白。

1990年2月，天津市技协第三次代表大会召开。会议动员全市职工和技协组织，贯彻落实五中全会和市委五届全体扩大会议精神，增强责任感、紧迫感，发扬工人阶级为国家分忧，为市政府作劲，为企业解难的优良传统，深化改革，发展天津市大好形势。

会议总结了全市区县局技协组织的情况。区县局建立技协组织的单位由83年的22个发展到58个，基层技协组织已由1983年的1232个发展到1800个，各级应用技术协会、专业队伍已达到4676个，全市技协会员队伍由1983年的4.8万人发展到近17万人。1983 ~ 1990年，全市各级技协组织共开展技术攻关39770项，创经济效益4.824亿元。1988 ~ 1990年以来，全市职工技协系统共完成有偿技术合同12137项，创社会效益6.5亿元。

为更好地发挥职工技协的作用，进一步探索职工技协的自身改革。

第一，积极投入反浪费、找差距、挖潜力、增效益的“双增双节”运动中去，把调整产品结构、推进企业的技术改造、技术进步、节约挖潜，提高经济效益，作为职工技协的主攻目标，要在改进企业经营管理，挖掘内部潜力提高科技水平，推动技术进步上下功夫，为企业走上投入少，产出多、质量高、效益好的经济发展新路子献计出力。

第二，积极参与企业技术管理，发展企业的技术民主。职工技协应着重在以下几方面参与技术民主管理:（1）经常听取职工群众的意见，调查研究企业的经营情况和生产技术上的主要问题，集中群众智慧，主动向企业行政和职工代表大会提出建议;（2）组织技协会员对企业行政的技术发展规划、技术改造方案等，进行技术论证，当好行政的参谋;（3）参与合理化建议的管理工作，帮助职工完善建议方案，支持和保护职工的积极性;（4）参与有关生产技术的检查，针对存在的问题，发动技协会员献计献策，协助行政加以解决。

第三，努力加强思想、队伍和组织建设，进一步提高职工技协的战斗力。职工技协的全体会员要进一步提高主人翁觉悟，在技协的各项活动，包括有偿技术服务中，都要坚持讲传统、讲风格、讲团结、讲奉献，继续发扬为国家分忧，为市政府作劲，为企业解难的主人翁精神，积极投入“三为”立功活动。

第四，进一步加强对职工技协活动的领导，更好地推动职工技协业的发展。各级工会要认真总结职工技协活动的经验，联系当前治理整顿、深化改革的实际，提高对开展职工技协活动、发展职工技协事业重要性和必要性的认识，把职工技协活动列入工会的重要议事日程和工作部署，调动职工群众的积极性，深入开展双增双节运动等方面的工作。

1990年2月，天津市职工技协开展“三为立功”活动向全市职工技协会员提出倡议：

第一，认真学习贯彻党的十三届五中全会和市委五届五次会议精神，认清形势，统一思想，正确认识当前形势，贯彻“双稳”方针，增强战胜困难的勇气和信心。坚持四项基本原则，坚持改革开放，为建设有中国特色的社会主义，克服当前困难，艰苦奋斗、奋发图强。

第二，坚决响应市委、市政府的号召，发扬工人阶级主人翁精神和职工技协的优良传统，积极投入到“双增双节”运动中去，积极开展为国分忧、为市政府作劲、为企业解难，无私奉献的

“三为立功”活动，大力组织技术攻关，在提高质量、降低消耗、节约能源和适应市场需要，改变产品结构等方面下功夫，见成效。争取到年底每个企业技协搞成一项较大的发明创造或开发出一项新技术成果，每个应用技术协会、专业队（组）攻克一项生产技术关键，每名技协会员创经济效益500元。

第三，要大力加强以“主人翁的精神、艰苦奋斗的作风、优质服务的本领”为核心内容的职工技协精神文明建设。大力表彰在“双增双节”和“三为立功”活动中涌现出来的先进人物、先进集体。及时总结宣传他们的先进思想、先进事迹、先进经验，提倡顾全大局、团结一致，克服困难，无私奉献的精神，反对“一切向钱看”的错误倾向。

第四，充分发挥职工技协的群体优势，立足本企业，面向全社会，在积极开展有偿技术服务的同时，有偿无偿相结合，以有偿补无偿，在扶贫、济困中见风格、显威力、练本领，在技术攻关的实践中，发现人才，发展组织，壮大“三结合”的职工技协队伍。

1990～1992年，天津市技协市与各区、局技协，先后帮助239个单位，解决了256个技术课师；举办各种技术讲座、技术表演和召开现场会等638次；有26000多人参加；推广新工艺、新技术和各种先进技术经验183项；举办各种技术学习班53个，为各单位培训技术骨干8000多人。此外，还总结、编写和出版技术资料32种、72000份。

1991～1992年市职工技协各协会阵地活动达到19600人次，组织技术交流252次，16100余人参加，举办技术讲座159次，达600多课时，培训技术骨3682人。

1992年6月份，天津市职工技协举办了“第三届全国四新防腐成果展览会”。

十三、安全生产和劳动保护

1985年8月21日，天津市政府以津政发〔1985〕142号文，批转了市计委、经委、建委、劳动局、卫生局、总工会六个部门拟定的《关于生产性基建和技改工程项目要严格执行劳动保护“三同时”的意见》，附有“安全和工业卫生专篇内容提要”和“生产性基建、技改工程项目劳动保护措施审批表”建立了审批手续，是天津市“三同时”项目审查验收的重要地方法律规定。

1986年1月6日，天津市总工会同市劳动局、卫生局、总工会联合下发了《关于对生产性基建和技改工程项目“三同时”实行分级管理的通知》。依项目投资额为准，确定为三百万元以上、三百万元以下五十万元以上和五十万元以下的三级管理。

1986年，天津市总工会同市劳动、卫生部门撰写了《关于进一步加强三同时工作的意见》，意见分别抄报市政府和天津市副市长张立昌，张立昌的批示是“要求市计委、经委、建委等部门都应引起重视，在立项、扩初时都要注意三同时”。

1986年举办5期劳动保护培训班，培训500名学员.根据企业要求深入基层传授劳动保护专业知识，普及的人员达5000多人次，各区县局工会先后举办了458期培训班，培训学员4839人。

1987年1月8日下发了《关于生产性基建和技改工程项目初步设计中安全和工业卫生专篇

编写要求的通知》，使“专篇”设计更为具体化，同时就“专篇”的编制、审核、审定工作做了“封面格式和目录格式”规定。

1987年，天津市总工会根据天津市粉尘作业的企业严重超标状况，对8个粉尘危害严重的企业进行系统的调查分析，写出了题为《本市部分企业粉尘调查情况》的调查报告，提出了治理粉尘危害的建议报送市政府。

1988年1月20日天津市总工会下发了〔1988〕8号文，对工会系统参加“三同时”工作做了若干规定。

1988年，天津市总工会同市劳动局、卫生局联合下发了〔1988〕565号文，决定对工程项目实行预验收。同市计委、经委、市劳动局、卫生局联合下发了〔1988〕410号文，对生产性基建、技改工程项目的可行性报告中安全与工业卫生内容提出了编写要求。

1990年，对劳动保护用品发放、使用、管理存在的问题进行调查分析，提出6条对策意见。

1990年，天津市总工会与劳动保护协会共同组织培训近6000人次的班组长学习班，对考试合格的学员颁发结业证书。天津市总工会经济保护部编写了培训教材和《工会劳动保护手册》，《安全系统工程简明教材》。

1991年任命市级以上工会劳动保护监督检查员91名；全市基层企业企建立工会劳动保护监督检查委员会2823个，比1986年增加了703个；工会小组劳动保护检查员95500，比1986年的84055名增加了11445名。1985～1991年，各级工会劳动保护监督检查员安全生产检查28684次，查出事故隐患135626项。1985～1991年，全市各级工会共参加基建、技改工程项目审查验收1979项，占工程项目总数的90%，其中劳动保护专项投资达4亿元，占工程项目总投资钱的8%，提出整改建议6000条。

1991年10月25日，天津市工会参加建设工程项目“三同时”审查验收会议，会上对“三同时审查验收”工作做了分析：工会参加“三同时”项目审查的方法，是以纲带目抓龙头，监督、辅助同并举，坚持原则兼实情，上下结合严把关。

加工纸实验厂在技改项目中存有工艺设计不合理问题。设计中仍继续沿用压敏粘剂涂布工艺。这种工艺不适应新工艺要求。厂工会对这个问题抓住不放，几次到厂找工程技术人员研究，最后在工艺上作了适当调整并采纳了无毒甲基含氢硅油浮液代替原有毒材料。厂方、设计部门和审查部门都比较满意，验收效果也不错。

天津电瓷电器厂生产任务年年递增，粉尘危害十分严重，尘肺病例不断增加，却因资金缺乏而无力改造。在审查过程中得知这个厂想利用技改项目机会进行粉尘治理全面改造，而立项贷款又是专款专用。市总工会几次向市人大、市经委反映，建议把年度劳动保护措施经费的一部分支持这个厂。几经周折后，拨款35万元。

一轻局采取“三审一会签一盖章”的做法，对本系统的项目进行全面考查。“三审”中的“一审”，是在项目正式审查前，工会参与局内预审会议、提出预审意见；“二审”，是对一、审中存有的重大隐患或严重尘毒危害问题，待设计改进后进行复审；“三审”，是参加对项目的正式审查（包括市管项目）。局工会每次审查前都先到厂进行调查。

天津冶金局工会采用寓监督于协助的办法，与行政领导及基建、安全环保和计划等部门取得联系，阐明工会参加“三同时”项目审查验收的重要意义，得到各方面支持，1986年刻的“三同时”审批专用章于1988年终于启用了。到1990年底已审查验收了25个项目。

1990～1991年上半年，天津市总工会共参加17个局的项目审查349项，验收了281个项目。三百万元以上的市管项目有205项，三百万元以下五十万元以上的区、县、局管项目为144项。在审查验收的项目中，天津市总工会共提出建议1788条，采纳了1576条，采纳率为88.14%。

十四、关心职工生活

1980年11月，根据中华全国总工会发出的“关于开展职工生活工作检查的通知”和“市委关于抓好职工生活的指示”，天津市总工会党组提出了在天津市进行生活检查工作的意见，中共天津市委批转各级党委贯彻执行。

各级党政领导同志根据相关指示亲自部署检查任务和具体要求，采取基层自查和单位之间互查相结合的办法，由党、政、工会负责同志，安技、行政、财会等有关部门和职工代表组成检查组，通过召开各类座谈会和进行家庭访问等形式，广泛征求了职工和家属对生活工作方面的意见。对检查出的问题经过整理汇总，做出落实计划，并提交职工代表大会研究讨论，做出决议。对暂时无法解决或需上级解决的问题，也向群众进行解释交代，取得群众谅解。

1984年3月，天津市政府在河西区召开了兴办“三小”设施现场会。同年5月，全国总工会在天津召开了全国小企事业单位职工生活福利工作经验交流会。

1985年，全市应建“三小”的5161个小企事业单位，已兴建小淋浴4154个，小厕所4600个，小食堂（蒸饭点）全部普及。

1988年3月，天津市总工会生活保险部对机械、一轻、一商、交通、建工五个局所属十三个全民企业1687名退休职工的生活状况进行了调查，退休费不足50元的占50%以上，70元以下的占86%。在1687名退休职工中有56%的人需供养配偶。调查分析了当前退休职工享受退休费及生活福利待遇方面存在的主要问题第一，物价上涨影响退休职工的生活水平。第二，洗理费和书报费停发，退休职工意见大。第三，部分集体企业退休职工的退休费没有保障。第四，有些全民企业退休职工医疗和供养直系亲属半费医疗待遇下降。第五，老年福利设施不足。

调查针对上述存在的问题，提出以下意见和建议。（一）建议实行退休费与物价指数挂钩，使退休职工的实际生活水平不致因物价上涨而下降。（二）继续发给退休职工洗理费，发给退休干部书报费。（三）建议政府有关部门尽快研究制定集体企业退休费统筹方案，使集体企业退休职工的退休费来源有保障。（四）尽快将全民企业退休职工医疗费用纳入统筹范围。（五）鉴于退休职工退休费普遍偏低的情况，建议政府放宽对退休职工再工作的政策。

允许各级退休职工管理服务组织，组织兴办为发展老年事业的经济实体，在税收上给予优惠。用退休职工自己的力量，来满足他们的需要，减轻国家负担，发展老年事业。

1989 年 1 月，天津市总工会会同市劳动局、人事局、财政局联合发出了《关于今年春节职工生活困难补助的通知》，并按照通知要求，召开了各区、县、局工会主席会议。天津市总工会主席潘义清亲自部署，天津市总工会机关集中 14 个部门的主要力量，先后深入到 72 个区、县、局和 27 个重点单位进行调查研究，推动该项工作开展。各区、县、局工会把低收入职工困难补助工作当作一项政治任务来抓，深入重点，服务基层，从上到下实行层层包保，帮助基层，特别是帮助困难大、问题多的单位抓好落实。

二轻局在全市中，是低收入职工较多的单位，局长王树明局长组织局工会、财务处、劳资处、行政处多次研究，为基层解决了 7 万元困难补助经费。一商局主动地为所属商业服装公司划拨困难补助经费 1 万元。

绝大多数基层单位响应市委的号召，春节期间积极开展了为职工“办好事、送温暖”活动，在 1 月 25 日左右基本上把低收入职工生活困难补助工作做完，不少单位领导为使他们过好春节，亲自把补助费送到家中，做到了困补工作一户不漏。

据 62 个区、县、局的 4287 个企业统计，得到当月补助的有 71302 人，长期补助的有 11817 人，占职工总数的 0.61%；临时补助的有 59485 人，占职工总数的 3.1%；得到春节一次性补助的有 45952 人，占职工总数的 2.4%。共发补助金 3672994 元，人均 31 元。

1989 年 3 月 9 日，天津市总工会向市政府上报《关于进一步做好对低收入职工生活困难补助工作的意见》。意见认为，一轻、二轻、冶金、纺织、交通、建材、房管、一商等八个局的 1046 个单位，没有执行津劳险字〔1988〕264 号文件的企业就有 157 个（全民 16 个，集体 141），占 1046 个单位的 15%。这些单位低收入职工，每月需要给予补助的约有 6500 人，占这些单位职工总数的 7% 左右。此外，在市区及郊县所属零售商业、服务业、建筑业中的低收入职工困难面比上述还要更大一些。因此，春节一次性补助落实后，经常性的困难补助仍是个问题。需要引起有关部门高度重视，认真研究解决办法。

第一，为了切实保障城镇低收入职工家庭的基本生活，各级工会要会同行政有关部门，对 1988 年 7 月份四种副食品价格放开后，市劳动局、财政局、总工会发出的津劳险字〔1988〕264 号文件《关于适当提高城镇职工生活困难补助标准的通知》的贯彻情况做深入的调查研究，一个单位一个单位的帮助算细账，研究解决措施，认真落实困难补助工作。

第二，全民所有制企业补助经费开支有困难的，要严格贯彻津劳险字〔1988〕264 号文件精神，按照第三、四条的开支渠道办理；对个别集体所有制企业补助经费开支有困难的，经济效益较好的主管局、公司要参照劳动局、人事局、总工会、财政局《关于今年春节职工生活困难补助的通知》中第四条要求，请主管局、公司统筹安排给予经济上的支持；对于主管局和公司也无力解决的，建议市政府责成主管局会同财政局等部门研究解决办法，以保障低收入职工的最低生活需要。

第三，建议市政府有关部门和各主管局对“小、微、亏”企业的生产经营问题列入主要议事日程，作专题研究，帮助他们开展多种经营，改变产品结构，并从技术、资金、原料上给予扶植，以渡过难关，扭亏为盈，提高企业的经济效益，提高职工的个人收入，减少困难补助面。

第四，建议市政府有关部门，各主管局、对产品不对路，生产经营不景气的“小、微、亏”企业，统筹安排，组织生产经营好，效益好，有后劲的企业搞好行业内的、跨行业的，不同所有制的企业联合体，扭转“小、微、亏”企业面貌。

第五，各级工会组织要协同行政继续搞好“扶贫”工作，有条件的单位大力开办第三产业，组织生产自救，工会、技协要在资金、信贷上给予支持，帮助低收入职工家庭增加收入。

1989 年 4 月初至 6 月底，天津市总工会对低收入及贫困职工状况进行了调查。根据全国总工会的部署安排，天津市总工会常委会进行了专门研究，为这项调查工作增拨经费，组成以分管主席张淑华为组长的工作小组，具体负责调查工作。

调查前期起草了《天津市低收入及贫困职工状况调查方案》，编写了《有关填写调查问卷的一些注意事项及指标解释》，编制了整个调查工作进度计划，召开了有调查任务的局、区工会负责同志会议部署调查工作，落实了具体调查点等。

这次调查涉及冶金、纺织、交通、建工、二商局及河北区所属 46 个基层单位，按经济性质划分。全民所有制 36 个、集体所有制 10 个；按行业划分，工业企业 16 个，交通运输企业 8 个、建筑企业 6 个、商业饮食服务业 12 个、科教文卫事业单位 4 个；按企业规模分组大型企业 1 个、中型 10 个、小型 26 个；按经济效益分。效益好的 12 个，一般的 23 个、效益差的 11 个。

这些企事业单位共有职工 48710 人，按照中华全国总工会调查方案的要求，对其中的 10000 名职工个人及家庭收入情况进行了普查。经统计有 2834 名职工家庭人均生活费收入低于天津市人均 70 元的标准。根据调查规范从 2834 名低收入及贫困职工中，抽取了 1000 名职工进行了问卷调查。其中冶金局 180 名、纺织局 450 名、交通局 110 名、建工局 120 名、二商局 50 名、河北区 90 名。1000 份问卷按时间要求全部收回，回收率达 100%。调查问卷经组织调查员认真复核后进行微机处理，将数据软盘和有关报表于 5 月 10 日前按时报到中华全国总工会。经中华全国总工会验证合格问卷 990 份。合格率 99%，在各省、市名列前茅。完成问卷调查后，天津市总工会对 46 户职工家庭进行了跟踪调查，调查组直接到 11 户职工家庭进行访问，详细询问了他们的家庭生活状况，向他们宣传了党和政府的扶贫政策。

十五、物价监督

1984 年 1 月 16 日天津市总工会、市物价局共同建立了职工市场物价监督检查站，职工物价监督检查组织分为一级站、二级站和三级站。

一级站为市职工物价监督检查总站，由天津市总工会和市物价局领导。总站设办公室，天津市总工会和市物价局专职干部与聘请的离退休职工 2 至 4 人组成，设职工监督检查员 100 人。二级站为区职工物价监督检查站，由区工会和区物价局专职干部与聘请的离退休职工 2 至 4 人组成，设职工物价监督检查员 30 人。三级站是区站根据需要，按商业、饮食业和服务业网点的分布情况设立的职工监督检查分站。分站在街道或较大型企业或事业单位中成立，根据需要，安排一定数量的职工物价监督检查人员。市区物价部门负责职工监督检查活动的业务指导和培训工作。

1986 年 8 月 8 日，天津市总工会、天津市物价局向市委、市政府提出《关于加强职工物价监督工作的报告》。

1984 ~ 1986 年，职工物价监督检查组织，在红桥、河西、河东、河北、南开、汉沽建立了 6 个区站，40 多个企事业单位建立了厂站，职工物价监督员有 2114 人，形成了市、区、厂三级职工物价监督网络。组织职工物价监督员 61859 人次，进行节日供应、时令商品等多种形式的物价大检查，检查了 53871 户次、174401 商品次，表扬了一大批物价信得过的厂店，纠正上万件违价行为，处理 5568 件违价案件收缴罚没款 108041 元。各级物价监督组织，向市、区党委、政府以及有关部门，写了有关市场物价方面的调查报告和情况简报等材料 169 件。

1984 年初至 1987 年底，查处各类物价违法 14850 件，其中万元以上的重大案件 591 起，经济制裁总额达 4230 余万元。

1988 年，职工物价监督厂站发展为 73 个，全市已有职工、街道群众和企业内部职工物价监督检查员、信息 2000 余人。

1991 年 8 月 6 日,《工人日报》头版头条发表了《职工物价监督站反映群众呼声引起政府重视——天津狠刹缺斤短两歪风》为题的报道,《人民日报内参》《天津日报》也作了报道。

1991 年，天津市职工市场物价监督检查总站的《控制物价上涨是当前职工最关心的社会经济问题》调查报告，上报市政府和全国总工会。

1988 年初至 1994 年底，年均查处处物价违法案件 2 至 3 万件。

十六、安置企业富余职工

1989 年 10 月天津市总工会组织劳模调研服务活动，到停亏企业调研服务，解决难题。天津市总工会主席潘义清担任劳模服务总队总指挥。

1990 年 3 月天津市总工会拨出 200 万元，设立“扶助停亏企业专项基金”，至 1990 年末，为 41 个企业共贷款近 400 万元。同年，先后有七个工业局工会设立“基金”筹资 305 万元，帮助 35 个停亏企业。天津市津工城市信用社为 179 个困难企业发放贷款 2200 万元。

1990 年中共天津市委、市政府成立了以副市长李慧芬为组长，天津市总工会主席潘义清为副组长的“市稳定生产、稳定生活领导小组”。

1990 年全市各级工会兴办的多种经营企业 317 个，安置 4462 名富余职工。19 个产业系统成立劳模服务队 1180 个，为 327 个停亏企业调研服务 1586 次，解决难题 460 多个。

1990年天津市总工会召开安置企业富余职工经验交流会，天津市总工会主席潘义清对工会如何安置富余职工的工作提出了要求会上，还就进一步做好工会参与安置富余职工工作的提出了几点意见：第一，适当调整力量，把工会参与安置富余职工的工作列入重要的议事日程。第二，深入调查研究，广开安置渠道。各级工会要摸清本系统、本单位富余职工的和放长假职工的情况和存在的问题。千方百计地拓宽安置渠道，多形式地为富余人员放长假职工的复工创造条件。第三，积极做好富余职工和放长假职工择业意识的转变工作。加强对职工的思想教育，使他们树立正确的择业观念，发扬自力更生，艰苦奋斗的精神，承担起企业需要干的工作。第四，继续协助行政，发展多种经营，千方百计安置富余职工。各级工会要发挥好群众组织信息灵的作用，为企业开展多种经营献计献策，同时要开好职代会，组织职工群众讨论有关决策。第五，有条件的企业工会，应本着为职工群众服务的宗旨，积极稳妥地发展工会的经济实体，扩大安置容量，尽可能地多安置富余职工。第六，注意抓好典型，总结经验，努力开创工会参与安置就业的新局面。切实把工会参与安置企业富余职工和放长假职工的工作抓出成效，为稳定队伍、稳定社会、发展经济做出贡献。

十七、职工来信来访

1981年至1986年9月的五年中，天津市总工会处理职工来信来访，为职工提供法律咨询17300多件。

十八、建立工会研究员活动制度

为落实天津市总工会十二大关于加强工运理论政策研究的精神，推动基层工会工作健康发展，1991年12月，天津市总工会建立了工会系统的研究员活动制度，主要内容是如下。

第一，凡热心工会理论政策研究。具有较长时间基层工作实践。有一定马克思主义理论水平和写作能力的同志，经基层工会推荐。天津市总工会研究到同意，由本人填写登记表，所在单位党委同意并盖章，报天津市总工会研究室经分管主席审批后，颁发聘书，确认为天津市总工会研究室研究员。

第二，研究员实行两年一度聘任制。研究员每年要为《天津工会工作》撰写调研报告及理论政策研究文章，积极投稿者具备下届被聘资格。若连续两年在《天津工会工作》上没有文章刊登即自动解聘。

第三，研究员要认真学习马克思主义工运理论，学习党的路线、方针、政策，深入实际，深入群众，调查研究本单位及全市有关工运及工会工作的经验或教训，及时反映改革开放中工会工作出现的新情况、新问题，职工关心的热点及有关信息等，及时汇报研究成果。

第四，研究员要积极参加天津市总工会研究室组织的有关会议和研讨活动。努力承担、完成研究室布置的调研课题。发现、推荐基层涌现的工运理论骨干，扩大研究员队伍。

第五，研究室负责组织研究员的日常活动。年初召开年度调研课题发布认定会；每季召开一次研究员例会，学习有关材料，交流工作经验督促调研课题的落实；年终召开工运理论研讨会，对取得优秀研究成果的研究员予以表彰。

第六，研究室负责建立研究员业绩档案，对所刊用的稿件，撰写调研报告及理论政策研究文章等填表造册留档。

十九、工会干部培训

1979年8月20至9月23日，天津市总工会举办两期工会宣传干部学习班，参加学习的有203人，其中局工会干部14人，公司工会正副主任11人、干部24人，基层工会正副主任39人，宣传及其他干部120人。每期半个月，主要是学习和讨论实践是检验真理的唯一标准，为了把这个学习和讨论落到实处，还学习了阶级状况和主要矛盾问题，关于“八字”方针以及民主与法制等问题。

二十、职工业余教育

1979年底对全市38个区、县、局的2251个基层单位进行了调查，其中办学的有459个，占20%；在1073324名职工中，入学人数为119005人,（包括当时为考工而举办的各种短训班学习的83287人在内），入学率为10.9%。若除去各种短训班，只计算正规文化、技术班的学习数，则只为33718人，入学率为3.3%。

1980年5月，在工交、建15个局所属1571个基层单位进行了调查，其中有392个办了学，占24.95%，在872471名职工中，有126349人入了学，入学率为14.48%。1980年暑期，全市区办职工中学理科高中毕业生1414人，考试合格的占76.4%。1980年9月，市委批转化工局办职工教育的经验。1980年河北、塘沽区两所职工大学校舍扩建已动工。1980年，一商局办学单位由开始的15%增加到96%，有48%的职工入学。全市教育行政部门的职工教育经费和修缮费共计317万余元。

1980年开始，全市职工高等学校分期分批进行审批，有26所工厂企业和区办职工大学、22所职工中学和中专已由市人民政府批准立案。

1981年中共天津市委市政府召开职工教育工作会议，研究落实中共中央、国务院《关于加强职工教育的决定》的措施。中共天津市委书记张淮三、市委第二书记黄志刚出席会议并讲话，市委常委、工农教育委主任杨慧杰做了报告。会议提出了今后对职工学习文化知识、全员培训方面的要求，讨论了进一步健全在职教育领导体制，广开学路，多种形式办学，以及调动办学单位、教师和学员积极性的政策、措施等。1981年11月天津市总工会召开主人翁教育经验交流会。

1982年2月天津市总工会召开第十届第二次全委会，天津市总工会主席许明做了题为:《提高职工的主人翁责任感，充分发挥工人阶级的主人翁作用，为建设社会主义物质文明和精神文明而奋斗》的报告，会上交流了天津碱厂、第二构件厂的经验。此外，天津染料厂、六号门运输场、天津碱厂、大化纤、棉一、棉三、色织三厂、天动、运输三场、和平运输场，764厂、第二自行车等单位都创造了好经验。

1982年工会参与了职工教育委员会制订本单位的职工教育规划、计划、实施政策、规定等各项具体工作。车间班组工会发动和组织职工入学。同年的全市教育战线评选先进活动中，第一次增加上300名优秀学员，以市政府名义给予表扬。

1982年5月天津市总工会组织先进模范人物培训。首先摸清四十岁以下历届市级劳动模范的人数、文化程度和学习状况、学习要求；另一方面同市委组织部、经委、建委和一教育局磋商，请各委办和工业局先办起11个初中文化补课和大专预料班，请区教育局选择一批中学举办了60个初高中文化补习班，共吸收市局两级先进440人脱产学习（其中市劳动模范和劳模集体代表191人）。

1982～1984年，天津市工人业余技术大学和第二工人文化宫、五所区工人俱乐部以及一轻、二轻等局工会，每年开办400多个班，吸收学员20000多人，结业学员大专班1500人，中专班七八千人，加上初、高中文化、外语等专业，合计共达14000～15000人。

二十一、职工读书活动

1983年6月上海市职工"振兴中华"巡回演讲团到天津市传经送宝。天津市总工会成立读书活动指导委员会，全市78个区县局中，72个成立了职工读书活动指导小组，并设立了日常工作机构。各基层企业也成立了由党委领导下的工会、团委、教育等部门组成的读书活动指导小组，形成了"四级指导网"。天津市职工读书活动指导委员会，倡导把《邓小平文选》作为读书活动的第一本书来读，并举办了《邓小平文选》读书辅导班。

天津钢厂在1983年6月底向各分厂下发了专门文件，对这项活动的组织、发动以及内容、形式都做了周密的部署和安排。天津钢厂党委副书记牵头，工会、团委、科协、教育等部门组成了"读书活动推动委员会"，各车间（工段）成立读书小组1166个，11000多名职工加入读书活动。

1983年8月，天津市组织了"学《邓选》演讲团""赞文明反污染演讲队""军民共赞精神文明演讲会""迎春演讲会""市读书演讲大会"等大型活动七次，基层巡回演讲活动万余次，听众达百万人。冶金局演讲队到涉县铁厂，工人们欢呼"老八路宣传队又回来了！"天津市人民银行六名演讲员被选进总行演讲团，走遍全国29个省市。

1984年，全市成立读书小组三万多个，参加读书活动的职工达五十多万人，约占天津市职工总数的21%。全市有十余万职工先后参加了《工人日报》《天津日报》《天津工人报》举办的"爱国主义百题竞赛""迎国庆百题赛"。

天津自行车厂各车间举行"读书汇报会""读书笔记展览会""诗歌朗诵会""读书征文比

赛”“抽签答题”“故事会”“灯谜会”“击鼓传花会”等与读书有关的多种活动，在娱乐中穿插一些趣味性、知识性的问答题，增强读书活动的吸引力。

铁道部天津机车车辆机械厂热处理车间建立了图书阅览室，购进四百多本书，订阅三十多种期刊和近十种报纸，组建了八个读书小组。

天津工艺美术厂在《闪光的生活道路》专题读书活动中，把职工读书中遇到的问题放到青工政治理论培训班中去，通过辅导来解决。辅导分为由浅入深的三个步骤。第一步，要求辅导学员们读好《闪光的生活道路》，帮助他们弄懂为什么要向张海迪学习；向张海迪学习什么；怎样向她学习；尔后又组织学员们重读《路在残废姑娘的脚下延伸》等书，明确张海迪事迹的思想基础。第二步，通过学习《本色·传统·使命——工人阶级常识读本》一书，弥补青年职工普遍存在的理论素养不足的问题，提高青工们的理论水平。第三步，把重点放在学习张海迪的理想、人生观问题上，辅导员引导学员们思考并讨论“你怎样以张海迪为榜样，立志做一个有理想、有文化、有道德、守纪律的劳动者？”的问题。

天津色织三厂联系共产主义教育，开展了“赞共产主义因素，放共产主义火花”的读书活动，读书活动中重点组织《闪光的生活道路》等书的阅读。

天津自行车厂分阶段、分层次地对读书活动进行辅导，建立一支辅导员队伍。

1984年4～5月，天津市总工会宣传部与南开大学哲学系组成联合调查组，本着实事求是的原则，对全市职工“三热爱”读书活动进行调研。调查研究活动按五个步骤进行：首先，调查组邀集市级优秀读书演讲员和部分工厂的读书活动指导组的同志分别开了座谈会，同时查阅了有关资料，对读书活动的开展情况有了一个初步了解。第二步，对长征胶鞋厂、起士林食品厂、东亚毛纺厂等十五个不同类型的工厂进行抽样调查，旨在“不带框框”发现新的情况。第三步，对天津钢厂、国棉一厂、色织三厂等八个工厂进行典型调查，总结普遍性的经验。第四步，对长征胶鞋厂张东友、第二钢丝绳厂陈慧等人进行了个人调查，探寻他们勤奋读书的思想动力。第五步，在占有上述资料的基础上，进行分析，撰写专题调查报告

1984年9月，全市职工“三热爱”读书活动调查报告结题。调查报告分三个部分，第一部分叙述了全市职工读书活动的基本情况；第二部分分析了全市迅速开展职工读书活动的原因。调查概况五个方面的原因：一是各级领导重视，抓组织落实和骨干带头作用，使读书活动迅速打开局面；二是采取多种形式；三是坚持“四自”原则与读书活动的组织性相结合，防止和克服形式主义；四是加强读书活动的辅导工作；五是联系实际读书，使青年工人们思想水平有了明显的提高。调查报告的第三部分是分析了全市开展职工“三热爱”读书活动效果：一是读书活动坚定了广大职工“三热爱”的信念，加深了对党的路线、方针、政策的理解；二是读书活动促进了青工教育，使青年精神面貌发生了可喜变化；三是读书活动促进了职工政治理论和文化、技术素质的提高，对职工队伍的知识化起了推动作用；四是通过读书活动，发现和造就了一大批优秀人才。

二十二、职工自学成才

1985年11月29日，根据中央“开发智力，培养人才”的指示精神，经中共天津市委批准，天津市职工自学者协会成立。这项工作时1985年天津市总工会为职工办的十件实事之一。天津市总工会确定职工自学者协会的主要任务如下。

一是加强教育引导。推动各级自学组织，采取生动活泼的方式，帮助自学职工树立远大革命理想和正确的学习目的，以顽强的毅力和科学的方法，奋起求知，刻苦自学、立志成才。

二是开展学习交流和学习互助活动。职工自学者协会应该不愧为职工自学者的学习团体和培养造就人才的学校，要以自学成才的职工为基本骨干，按不同学科和专业，建立小组或分会，开展自学成果交流，互相切磋学习经验，组织课题攻关，举办讲座，使不同水平的职工都能受益。

三是认真听取并及时反映自学职工的要求和意见，切实维护职工正当的学习权益，依靠各方面力量，大力开展多种形式的助学活动，积极为职工自学疏通渠道，提供方便，帮助解决困难。

四是开展理论研究工作。积极探索职工自学成才的规律，大力宣传和表彰职工自学成才的先进典型，总结交流开展职工自学活动的经验，编辑出版有关职工自学的报纸、刊物。

五是积极向有关方面推荐人才，会同有关部门研究探索解决对自学成才职工的考核、认定、使用、待遇问题，会同有关部门对自学成果进行鉴定、推广转让。

1985年11月19日，天津市总工会制定《关于职工自学成才奖励评审工作的实施细则》。规定职工自学成才评审奖励的等级分为：特等奖、一等奖、二等奖、三等奖四个等级。

一等奖：通过刻苦自学，在工农业生产和科学技术方面，必须要有达到或超过世界先进水平的发明创造，对促进科学技术进步，提高经济效益和社会效益有重大贡献者。通过刻苦自学，在社会科学方面其作品和学术理论必须有创见或建树，得到国内同行的公认并在国际上有一定影响，在促进两个文明建设中有重大贡献者。

二等奖：通过刻苦自学，在工农业生产和科学技术方面，其发明创造、技术改进、采用新技术新工艺、研制新产品等，必须达到国内先进水平，并在全市同行业有一定影响，对促进工农业生产，科技进步做出突出贡献者。通过刻苦自学，在社会科学方面，其作品和学术理论，应当有创见，得到全市同行的公认并在国内有一定的影响，在促进两个文明建设中有突出贡献者。

三等奖：通过刻苦自学，在工农业生产和科学技术方面，其发明创造、技术改进、合理化建议，以及推广新技术、新工艺、新材料等方面，应达到全市同行业先进水平并取得显著的经济效益和社会效益者。通过刻苦自学，在社会科学方面，其作品和学术理论应取得优异成绩，在全市同行业有一定影响，在两个文明建设中，做出显著贡献者。

特等奖在一等奖入选者中，从自学经历刻苦感人，成绩卓著，并在国内、外有重大影响者中择优选拔。

同时明确了此项工作的指导思想、成立专业评审小组的要求和评审工作中应注意的几个问题。

1982 年 2 月，天津市总工会号召女职工为社会主义争光，为新中国妇女争气。争光、争气要做到“四自”。文件强调，妇女彻底解放事业是中国共产党领导的革命斗争，共产主义事业的一个组成部分。天津市女职工已占全体职工总数的 40% 以上，顶起生产建设的“半边天”。妇女的自身表现是否得到社会的尊敬、重视和支持，是转变几千年来形成的重男轻女思想的一个重要因素，“四自”是维护妇女合法权益的需要，是提高女职工自身素质，适应四化建设的需要。因此，广大女职工应以“四自”为准则指导生活、工作、学习，争做八十年代的新型女工。

二十三、工会思想政治工作

1990 年，为贯彻落实《中共中央关于加强和改善党对工会、共青团、妇联工作领导的通知》精神，按照培养有理想、有道德、有文化、有纪律的职工队伍的要求，天津市总工会制定《关于加强和改进工会思想政治工作若干问题的意见》。

明确工会思想政治工作的根本任务和基本内容，要求各级工会要按照同级党委的部署和上级工会的要求，积极主动地开展思想政治工作，在搞好基础教育的同时，重点抓好对职工的形势政策教育和日常思想政治工作。引导广大职工增强信心，振奋精神，齐心协力克服困难，努力提高经济效益和社会效益。

指出工会思想政治工作要以“坚持经济建设为中心、坚持正面教育、坚持自我教育、坚持思想政治工作与解决实际问题相结合”为原则，适应工会思想政治工作不同的内容、不同对象的需要，采用群众喜闻乐见、生动活泼的形式和方法，把教育的思想性、艺术性、知识性、趣味性融为一体，增强工会思想政治工作的吸引力。同时要求各级工会把工会思想政治工作的重点放在基层，健全和完善班组政治学习制度，及时准确地了解和掌握职工的思想状况，深入实际，调查研究，分类指导，扎扎实实做好工作，为加强基层思想政治工作创造必要条件，做好服务工作。

对工会思想政治工作遵循的基本原则和方法做了如下解释：工会思想政治工作要在党组织的统一领导下进行。要坚持理论联系实际的优良传统，坚持以经济建设为中心，坚持四项基本原则，坚持改革开放的基本路线，调动职工中的一切积极因素，动员和组织群众投身于改革和建设之中，促进国民经济持续稳定协调地发展。

坚持面向大多数。注意先进性和广泛性的结合，分层次、有重点地开展多种形式的思想教育活动。

坚持正面教育。经常用马列主义、毛泽东思想和社会主义思想去教育和武装广大职工群众，提高他们的政治觉悟。各系统、各部门、各单位要注意培养和树立自己的先进典型，善于发现和弘扬职工群众中的先进人物和先进事迹。

坚持自我教育。职工群众中蕴藏着极大的社会主义积极性，工会要引导职工群众自己教育自己，以达到自我管理、自我激励、自我提高、自我升华。

坚持思想政治工作与解决实际问题相结合。要从尊重人、关心人、理解人出发，积极解决实际问题，把党的温暖送到职工心坎上。

各级工会干部要牢固树立工作重点在基层的观念，发扬党的相信群众，依靠群众，从群众中来到群众中去的优良传统和政治优势，转变工作作风，改进工作方法，密切联系群众。要经常深入群众，深入实际，调查研究，分类指导，扎扎实实做好工作，为加强基层思想政治工作创造必要条件，做好服务工作。

各级工会要把思想政治工作摆上议事日程，采取有力措施，认真部署、检查。工会各部门要结合自己的业务工作，密共同搞好职工思想教育工作。

要加强队伍建设，要加强组织建设，建立健全工会宣传教育机构。要加强阵地建设，工会的文化宫、俱乐部、学校、图书馆（室）及工人报刊等，要坚持正确的政治方向。要加强对工会思想政治工作的理论研究，运用理论和典型经验指导工作，制定出促进各级工会思想政治工作经常化、制度化、规范化的有关条例和必要的考核办法，使工会思想政治工作切实得到加强和改进。

第七节　社会主义现代化建设时期的工会工作

一、工会源头参与

1992 年 4 月天津市总工会就股份制试点工作，向市体改委主管股份制试点工作的领导和部门请教，搜集有关股份制的学习资料。同年 8 月召开了股份制试点企业工会工作研讨会。在此基础上，工会起草了拟与市体改委联合下发的《关于股份制试点企业职工民主管理工作意见》，同年 11 月提交市政府召开的全市第一次股份制试点工作会议讨论。会上发现一些试点企业的经营者对工会草拟的意见不十分理解，会后工会一方面认真吸纳经营者们提出的合理意见，一方面通过到试点企业调研，努力与经营者沟通思想，还专门召开了试点企业董事长、总经理座谈会。最后主要就以公有制为主体的股份制企业社会主义性质不变，坚持职代会制度和董事会、监事会中应有职工代表等问题达成了共识。1992 年在股份制改革试点中，天津市 19 家股份有限公司全部坚持了职代会与股东会并存。

1993 年初，天津市总工会在股份合作制试点企业的调研过程中，发现民主选举厂长是集体企业的一个普遍问题，也是实行股份合作制的关键问题。天津市总工会调查之后，从集体企业的产权出发提出意见，认为实行股金合作制是贯彻集体企业条例的有益探索，职工具有企业劳动者和所有者双重身份，是股金合作企业最突出的特征，因此厂长必须要通过企业的最高权力机构职工大会或职代会选举产生，并且这也是解决政企不分和搞活集体经济的关键一环。经过协商很快达成共识，并下发《关于股金合作试点企业民主管理暂行规定》，全市实行股金合作制试点的企业普遍民主选举厂长。

1993 年 3 月，天津市总工会出台《关于股份制试点企业职工民主管理工作意见》。

1993 年 12 月 8 日，天津市天津市人大常委会颁布《天津市实施工会法办法》，同时实施。1993 年，天津市总工会参与制定《天津市贯彻〈全民所有制工业企业转换经营机制条例〉实施办法》。

1993 年天津市进行“国有民营”试点，天津市总工会到试点企业调查各方面反映。其中职工群众反映最突出的问题，就是对文件规定的国有企业采取个人或合伙经营，以企业资产折旧和税后利润做为经营者分期取得企业全部财产权的资金，认为不合理。工会认为职工群众的反映很有道理，如果这样做不但造成国有资产流失，而且无偿占有了职工的劳动，“国有民营”不应涉及企业产权的转移。工会的意见引起市改革试验领导小组全体成员的重视，及时改正这一规定。

同年，各区县局工会利用联席会议等制度就劳动工资、社会保障、安全保护、住房保险等方面问题与同级政府（行政）商议 237 件，解决 171 件，全市建立职代会制度的 5887 个基层单位通过职代会提出提案 6.8 万件，全年实现提案 3.7 万件，实现率达 54%。

1991 ~ 1993 年，天津市总工会与中共天津市委、市政府 20 多个部委办建立联系制度；进入了市搞活国营大中型企业改革试验、集体企业放开经营试点、现代企业制度试点等 22 个领导机构；参与了股份制、股金合作制、国有小型和集体企业租赁经营（国有民营）等各种改革试验试点的单位审批和调研指导工作。

1994 年，天津市进行建立现代企业制度试点，天津市总工会在《天津市建立现代企业制度试点意见》初稿中，发现民主管理的内容表述还不够明确，与市有关部门反复协商，经过多次地协调达成共识。《天津市建立现代企业制度试点意见》在不违背公司法和国务院精神的前提下，从地方特色和可操作性出发，规定试点企业实行职工代表大会制度，规定国有投资主体设立的有限责任公司，以及国有资产为主体的有限责任公司和国有资产控股的股份有限公司，其董事会成员中均应有职工代表，董事会、监事会中的职工代表由公司职工代表大会选举产生。

同年天津市总工会参与制定《天津市贯彻〈城镇集体所有制企业条例〉实施细则》与《天津市实施〈中华人民共和国妇女权益保障法〉办法》。参与研究拟订了《天津市建立现代企业制度试点意见》和《国有小型企业和集体企业租赁经营实施办法》，与市有关部门联署下发了《外商投资企业劳动管理规定》等 15 个有关政策文件。120 多个区县局工会中约 40% 的工会组织与同级政府（行政）建立了联席会制度，5% 准备年内建立。

1991～1994年，天津市总工会与市委、市政府有关部门联合颁发了31个文件；此外，还就改革中与职工相关的问题向市委、市政府写出36篇调查报告。

1995年天津市纺织局工会为保障工会的参与地位，与局党委联合制定《关于加强工会组织源头参与的意见》，对工会参与的指导思想、重点内容、方法渠道到参与的原则和保障措施作出规范性的要求，使各级工会的源头参与有了政策遵循。二轻局工会针对外商投资企业增加、劳资关系复杂等问题，与党政联合下发了《二轻局外商投资企业工会工作实施细则》。

1991～1995年，天津市总工会先后与中共天津市委、市政府30多个部、委、办、局建立了经常性的联系，联合下发了《关于企业内部分配中发挥工会和职代会作用的通知》《关于加强乡镇企业工会工作的意见》等31个文。据对31个区县局工会统计，各级工会组织与同级党政联合下发了340多个文件，在各级人大、政协会议上，重点发言136次，提出参政议政提案228件，被采纳166件，使257项职工关心的社会问题得到不同程度的解决。

1992～1994年天津总工会直接参与起草制定了81个地方法规和政策文件。其中代表职工提意见、建议153项，被采纳147项，采纳率达96.7%。根据对31个区县局工会问卷统计1992～1994年参与制定同级政府（行政）改革政策文件128个。股份制改革试点的原19个国有企业都坚持了“两会并存”；实行股金合作、股份合作、放开经营、租赁经营等各种形式改革的200多家工业企业民主选举了厂长。

1995年，天津市总工会总结“工会进行高层次参与工作”。认为“把握全局、抓住重点、结合实际、体现特色”是这一阶段工会组织源头参与的显著特点。工会进行高层参与，主要是把群众的意见和呼声及时反映到市委、市政府，使市领导机关制定的各项改革政策法规广泛吸收群众意见，有群众基础。对工会进行高层次参与有四个方面的认识。

第一，高层次参与从一定意义上讲是指在某一较高层次上党政各方面工作的一种沟通，而且是一种平等的沟通。相信工会的目标都是一致的，一些不同认识多是工作角度的不同而产生的。工会应学会交换方位思考问题，通过相互理解，达到相互支持。这种参与也会开拓思路，更好地在服从服务全局中发挥工会组织的作用。

第二，高层次参与要有一股锲而不舍的精神，同时要讲求工作艺术，把原则性与灵活性结合起来，注意与各有关部门进行思想交流，思想上的交流有助于工作的开展。

第三，高层次参与要求工会干部不断提高自身素质。工会干部要加强学习，掌握有关的政策、法律，熟悉现代经济管理知识，研究经济关系和劳动关系。

第四，高层次参与是相对的，各级工会组织都有一个高层次参与问题。下一级工会的参与应当成为上一级工会参与的基础，上一级工会的参与是对下一级工会参与的支持和服务。要逐步形成工会上下贯通的民主参与体系。

总结认为工会组织在多层次参与方面存在的的主要问题是：第一，工会多层次参与制度仍不健全，渠道还不通畅。调查中发现，工会的法律地位与实际地位反差过大，部分单位在制定改革方案时没有吸收工会领导参加，依然存在以党代工、以政代工的现象。目前，天津市约半数左右的区县局和基层工会与行政没有建立联席会制度，近 60% 的股份制试点企业工会主席尚未进入董事会，少数单位借改革之名随意撤并工会组织，职代会的职权得不到应有的落实。第二，工会组织整体参与还不够有力。据对 131 名各级工会领导干部的问卷统计，有 39.4% 工会组织处于“被动参与、事后参与、低层次参与”的状态。工会的立法参与和政策参与存在短期行为，总体上还处于“来什么、议什么；搞什么、参什么”的状态。第三，缺乏工会源头参与的法律保障和规范制度。工会干部普遍反映，目前工会组织还没有立法建议权，还没有一个约束各级政府（行政）保障工会参政议政职权落实的法律、法规，没有形成规范的工会参与机制，使工会参与职能难以履行。

1994 ~ 1997 年，天津市总工会先后参与《加强和改进国有企业党建工作的实施意见》《城镇养老保险条列》《城市职工最低生活保障线》《中华人民共和国集体合同法》《工会法补充规定》等 16 个涉及职工切身利益和工会权益的法律法规和政策文件的研究、论证和制定。各区县局（总公司）工会通过参与，就加强职代会对权益资产重组、减员增效方案审议等有关问题，与同级党委联合下发意见，规范企业改革的民主程序。

2002 年 2 月 16 日，天津市政府系统与天津市总工会建立联席会议制度，并出台《天津市政府与工会组织联席会议制度的若干规定》。规定特别强调，全市政府系统要分四个层次与相应的工会组织建立联席会议制度。一是天津市政府与天津市总工会的联席会议，主要从天津市实际出发，就政府的一些重大政策特别是涉及职工切身利益的重大问题，在决策出台前，充分听取工会意见，做好调查研究工作，出台后，及时反映实施中的问题，提出意见和建议，并就全市在改革发展中有关劳动就业、生活保障、生活福利和全市职工普遍关心的问题进行研究。二是各区县人民政府与区县工会的联席会议要从各区县的实际出发，就劳动就业、生活保障、生活福利和职工群众的生活问题进行研究。三是天津市政府所属部门，要根据各自的职责，就主管的工作和本系统的业务与天津市总工会相关部门和产业工会组织进行研究和交流，协调和解决涉及部门、本系统职工切身利益的具体问题。四是各街、乡、镇的政府机构要加强与工会基层组织的联系，就涉及人民生活的具体问题，进行协调和沟通。还要求，联席会议确定的事项，要形成会议纪要。会议纪要由政府系统和工会组织的办事机构共同起草，经政府部门审定后，以政府纪要的形式下发，有关部门和工会组织应认真贯彻执行，政府系统的监督机构负责督促检查，落实结果要在下一次联席会议通报。

天津市市长李盛霖在会议讲话中指出，天津市政府出台一些重大政策，特别是涉及职工切身利益的重大问题，要充分听取工会的意见。政府通过四个层次与相应的工会组织建立联席会制度，为工会源头参与直接反应职工意见和要求创造了良好的条件。市领导对特困职工的生活十分关心，每年两节期间政府都拨几十万元专款慰问困难职工，并分多路深入到困难职工的家中慰问，帮助一些特困职工解决子女就业、减免子女的学费、以及劳模医药费报销等一些实实在在的问题，职工感受到了党和政府的温暖。

二、推行平等协商集体合同制度

1994年，天津市总工会组织各区县局工会参与研究和宣传劳动法。

1995年1月1日劳动法正式实施。天津市总工会在1995年的工作任务中提出：各级工会要把贯彻实施劳动法作为工作重点来抓。要引导职工全面把握劳动法的基本内容，指导帮助职工签订好劳动合同并依法监督劳动合同的履行，保障职工利益。要坚持协商谈判制度，代表职工签订集体合同。1995年并联合召开动员部署大会，首先确定20户企业为首批试点单位，力争年内达到100户，平等协商、签订集体合同工作作为贯彻实施劳动法的重要内容摆上工作日程。

1995年天津市总工会成立推行集体合同工作领导小组，在全市形成了工会与劳动部门联合推进集体合同试点工作的局面，做到七个联合：一是联合实验。1995年3月末首先在京津玻壳有限公司实行集体合同企业试点。7月13日我市第一家试点企业集体合同正式签约。二是联合服务。1995年8月11日天津市总工会与天津市劳动局联合制定下发《天津市关于进行集体合同试点工作的意见》。三是联合动员。1995年8月25日，天津市总工会与天津市劳动局联合召开集体合同工作动员大会。四是联合审批。天津市总工会与劳动局分别于9月、10月、11月联合审批了国有企业、私营企业、外商投资企业共147家试点企业。五是联合培训。1995年9月14日至11月17日，天津市总工会举办三期集体合同试点单位培训班，共培训劳资干部、工会干部和企业法定代表人400余人。六是联合指导。帮助和指导试点企业进行协商和文本的起草。七是联合交流。1995年11月30日，天津市总工会与劳动局联合召开“天津市集体合同试点工作经验交流会”。通过以上“七个联合”的工作，至1995年底，全市有67家企业签订集体合同。

1996年4月22日，天津市总工会、天津市劳动局等11个单位联合制定《天津市实行集体协商集体合同的意见》，对天津市推行集体协商和集体合同制度提出了具体意见，意见的实施在全国尚属首举。1996年6月1日，天津市成立了由市政府牵头的推行集体合同制度工作领导小组，各区县建立了相应的领导机构。1996年8月29日，天津市总工会、劳动局联合下发“集体合同工作第一次联席会议纪要”。9月18日和25日天津市总工会分别召开“推动天津市集体合同工作会议”和“全市推动集体合同大会”。到1996年底，全市签订集体合同的企业1556家，其中现代企业试点企业213家，外商投资企业275家，国有企业682家，集体企业302家，私营企业30家，乡镇企业54家。

1997年2月3日，天津市总工会和天津市劳动局召开集体合同合作第二次联席会议。5月15日天津市总工会、劳动局联合下发“积极推行集体协商集体合同制度的意见”，5月下旬又联合召开“推动集体合同工作会议”，会议提出1997年全市实行集体协商集体合同制度的工作重点将放在外商投资企业、私营企业和现代企业制度试点企业。同时特别要把劳动争议多发企业作为重点。9月2日至4日，天津市总工会举办天津市集体合同职工协商代表培训师资班。截至1997

年11月底，全市签订集体合同的企业大3108家，覆盖职工105万人。其中国有、集体企业和以公有产权占主导地位企业2122家，外商投资企业496家，乡镇企业410家，私营企业80家。部分系统的签订率达到100%。

1998年，天津市各级工会组织建制度抓履约，继续推进集体协商、签订集体合同工作。截至1998年底，有4196家企业实行了集体协商集体合同制度，占全市各类企业总数的59%，其中国有企业、集体企业的签订率以分别达到74%和65.8%，乡镇企业、外商投资企业、私营企业的签订率分别达到建会企业总数的33.1%、42.7%和36.3%。

1999年天津市总工会提出“健全和完善集体协商、集体合同制度，是建立依法协调劳动关系有效机制”，总的要求是做到“两个坚持”“两个灵活”，即：不论企业经营效益好坏，不论任何所有制，都必须坚持集体协商、集体合同制度；结合不同企业的实际，集体合同的内容、标准可以灵活，签订的形式可以灵活，循序渐进，逐步提高，重在建立机制。

1999年8月6日至12日，中华全国总工会调查组到津，对全市集体合同工作进行调研，专项总结天津市工会工作的经验。中华全国总工会尉健行同志对此批示：天津的经验很好。他们在推进平等协商和集体合同工作中，加强调查研究，注重从实际出发，因地制宜，敢于创新，讲究实效，打开了局面，取得了可喜的成绩，值得各地借鉴”。1999年11月，天津市总工会、天津市劳动和社会劳动保障局等联合召开了协调劳动关系三方联席会议，并商定在全市区县局总公司（集团）建立三方联席会议制度。

2000年天津市总工会提出“全面把‘握五统一’的基本要求，立足实际，实事求是，在提高集体合同的质量上下功夫”，同时，总工会又进一步提出：落实这一要求，要突出“四个强化”：第一，突出因企制宜，强化区域性合同的实效；第二，抓住矛盾，强化协商、谈判机制；第三，坚持以变应变，强化应变措施；第四，加强监督检查，强化履约兑现。

2000年3月29日，天津市总工会与天津市劳动和社会保障局召开了集体协商集体合同工作经验交流会，表彰1999年度区县局、总公司（集团）推动集体合同工作先进单位31家，乡镇街、开发小区先进单位18家和集体协商集体合同先进企业71家。4月24日，总工会和市劳动和社会保障局联合下发了《关于在非公有制企业推行集体协商签订集体合同的意见》。8月，天津市总工会召开专门工作会议，深入推动集体合同工作。9月20日至21日，天津市总工会与市劳动和生活保障局联合举办了非公有制企业建立集体协商签订集体合同培训班。截至2000年底，全市建制企业已从1998年的3274家增长到11906家，占企业总数的97%，覆盖职工由原来的80万人，增加到220.59人，占职工总数的87%。其中，国有和国有控股企业2711家，占总数的93%，乡镇集体企业4364家，占建会的100%，外商投资企业1147家，占建会企业85%，私营企业3684家，占建会企业的100%。困难企业有400余家也建立了机制。根据54个局（总公司）293家困难企业的统计，有74家企业通过平等协商解决劳动争议192起，214家企业解决拖欠职工工资、医疗费等费用10433万元。

2001年4月18日，天津市总工会成立了天津市工会集体协商集体合同工作咨询委员会，开辟5个增效电话，为基层工会提供集体协商集体合同工作的法律、政策咨询。截至2001年底，全市建立平等协商集体合同制度的企业，有5年前的809家发展到1.2万家，建制率达90%，覆盖职工200余万。

2002年，天津市总工会推行“工资集体协商制度”，在企业内部建立工资分配的正常增长与制约机制。职工的工资不是由企业经营者一人说了算，而是通过一年一次的谈判，与企业进行谈判协商，由职工民主参与工资分配，确定职工每年的工资增长幅度，幅度不受限制，同时，还根据企业的实际状况，谈判是否维持工资现有水平问题，使职工和企业对工资达成共识。此外，对效益不好的企业，也可以协商清欠拖欠职工工资的办法。对非公有制企业，建立工会的由工会代表职工进行工资集体协商，签订“工资协议书”，尚未建立工会的由职工民主推选代表，或由企业上级工会组织代表职工与企业进行工资集体协商。对公有制企业，由工会代表职工进行工资集体协商，可根据协商确定工资水平，突破原有的国有企业工资“两低于”的调控规定，自主确定工资水平，不实行封顶。2002年本市包括国有、集体、三资企业在内的试点达到30余家，并逐步把这种新型工资制度扩大到全部所有制企业。

三、推行厂务公开制度

1997年下半年，天津市总工会在全市国有企业中推行厂务公开制度，这是在全国率先推行这项制度。至1998年底，全市3051个国有企业中85.96%的企业推行此项制度，其中有54.97%的企业初步达到规范化要求，并有1499个城镇集体企业、股份合作企业和乡镇企业也实行了厂务公开制度。

1998年11月26日至30日，中华全国总工会主席尉健行来天津考察工会工作，对天津工会工作给予充分肯定，并指出，在新的一年，希望天津市在厂务公开上能够大胆迈进一步，适应新的形势。集中抓一下厂务公开来推进职代会制度建设，积累经验，向全国介绍。

1999年1月，中华全国总工会研究室主任李永海来津，对厂务公开、民主管理工作进行调研，并与天津市总工会联合撰写了关于天津市推行厂务公开情况的调查报告。1月8日，天津市厂务公开领导小组召开了“天津市厂务公开民主管理工作表彰大会”授予了100家企业为天津市厂务公开先进单位。

1999年4月18日，全国厂务公开领导小组办公室在天津召开“全国厂务公开经验交流会”。中央纪委、国家经贸委、全国总工会、中共天津市委、市政府和天津市总工会领导同志参加了会议。会议认为实行厂务公开，切实加强职工民主管理和民主监督，有效地调动了职工群众当家作主的积极性，凝聚了职工群众的智慧和力量，促进了企业的改革发展和稳定，具有十分明显的作用和现实意义。

1999年，天津市总工会重点对18个区县局、总公司的831个企业进行检查考核，比较规范的企业 425 个，占 51.1%，主要是国有大中型企业；存在不同程度形式主义的 318 个，占 38.3%，主要反映在中小企业。调查显示，厂务公开制度已经被大多数党政力度所认可、所接受。

2000 年，天津市总工会建立健全厂务公开工作的“四个途径”和“六项制度”。“四个途径”即：结合企业调整重组，向产权制度变革领域拓展；结合强化企业经营管理，向企业经营管理的关键环节和重点部位延伸；结合加强企业领导班子建设，向干部管理制度改革的领域推进；结合企业党风廉政建设，向规范企业领导人员经营管理权力行为延伸。“六项制度”即目标责任制、定期报告、职工评价、效能监督、考核奖励、责任追究。

四、推动企业开好职工代表大会

天津市总工会要求各企业将开好首次职代会，作为动员职工围绕企业中心发挥主人翁作用的入手点，每年都有特色和发展。1994 年突出产权变动问题的审议，1995 年突出扭亏增盈，1996 年突出企业招待费报告制度。1996 年企业首次职代会召开率达到 83.2%。高教、普教系统的职工代表大会建制率达到 100%。据天津市总工会 1996 年对工业、交通、城建等 53 个区县局（总公司）的统计，开展民主评议企业领导干部的单位，占建立职代会制度单位的 60%。

1997 年初，天津市总工会提出“全市各级工会要进一步加强调查研究，要积极参与养老保险和住房制度改革，主动参与医疗制度改革的试点，参与生育保险的政策研究，积极参与工伤保险改革方案的制定。坚持和完善职代会制度，加强职工民主管理、民主参与和民主监督”。各级工会紧紧抓住坚持职工民主管理制度，拓宽职工民主参与渠道，健全职工民主监督机制三个关键环节不放松，保障职工主人翁地位在企业落实。

1997 年 4 月，首次职代会搞“双评”的企业达到 69%，有 60% 的企业实行了业务招待费向职代会报告制度。1997 年 6 月，公有制企业职代会召开率达到 81.25%。有 90% 以上现代企业制度试点单位的工会主席以职工代表大会的身份进入了董事会，副主席进入监事会。1997 年底，共有 2851 个国有企业的 10135 名领导干部接受了评议，评议率达到 92.79%。根据职代会建议，调整企业领导班子 869 人，调整企业领导干部 1552 人，其中充实 889 人，免职和停职 663 人，促进了企业领导班子的勤政廉政建设。

五、基层工会组织建设

1993 年 5 月，天津市河北区召开个体私营企业工作会议，成立三资企业和私营企业组建工会工作指导小组，对组建私人企业工会的政策和可行性进行了研究，会上决定以伟凯纸制品有限公司为试点单位，推动全区私人企业组建工会工作的发展。伟凯纸制品有职工 45 人，除老板之外，全部加入工会组织。

9 月 21 日下午，天津市河北区伟凯纸制品有限公司工会成立，是天津市河北区第一家私人企业组建的工会。天津市总工会副主席于长生到会祝贺。会上，天津市总工会副主席于长生对新组建的工会提出了要求。他指出，近几年，私人企业发展很快，目前全国已发展到13.6万家，这些企业为国家的经济建设和发展，发挥了一定的作用，私人企业的职工，是中国工人阶级的一部分，是国家的主人，同样享受我国法律所赋予的各项政治、经济权利。私人企业工会组织要协调好职工与企业的关系，维护职工的合法权益。

至1993年底，天津市三资企业中建立工会组织的有466家，比1992年增长146%，占应建总数的52%；乡镇企业已建126个，比上年增长28%。1994年各级工会继续抓好外商投资企业、乡镇、私营企业的工会组建工作。外商投资企业工会组建率达70%，乡镇企业达到40%，部分私营企业建立了工会组织。

1995年，天津市新建外商投资企业工会618家，累计已有1552家外商投资企业建立了工会组织，占应建工会组织的90%。在各区县局工会的推动下，全市已有788家乡镇企业建立了工会组织，组建率达到77%。156个乡镇建立了工会工作委员会或联合会，发展会员1.2万人，私营企业组建工会的试点进一步扩大，18个区县局实现了零的突破，已建会99家。

1996年6月，天津市总工会召开基层工作会议，决定继续在基层开展建设“职工之家”活动，并按照总体思路的要求，突出维护职责，结合天津的实际，提出“建家”十条基本要求。一要认真贯彻劳动法，建立平等协商制度，签订好集体合同。在提高经济效益，扭亏、停亏、组织生产自救上成效明显；二要完善企业领导体制，在建立董事会和监事会的企业中，经过民主选举，工会主席代表职工进董事会，副主席进监事会；三要建立劳动争议调解委员会，人员比例合理，制度健全，发挥工会在协调劳动关系中的作用，调解成功率大80%；四要建设一个全心全意为职工服务、团结进取、创造性开展工作的好班子，职工群众认可率一般达到65%% 以上，市级模范家达85% 以上。女职工委员会、经费审查委员会及各专门委员会健全。并积极开展工作；五要坚持开好职代会，民主管理做到经常化、制度化、网络化。国有企业要依法落实好职代会的审议权、审查同意否决权、审议决定权、评议监督权。集体企业的厂长要由职代会选举产生；六要确立起体现自身特色的企业精神和职业道德规范，企业的精神文明建设成效显著；七要坚持三级建家，以组为基础，职工小家合格率达到80% 以上，先进、模范小家要占有一定的比例；八要坚持实施送温暖工程，办好工会三产，建立“新三小”（小互助保险合作社、小消费合作社、小解困困难基金），做到有组织、有活动、有效果；九要坚持安全生产“两书制度”，开展“两个一”活动，企业无重大人身伤亡事故；十要收足、管好用好工会经费，收缴率不低于85%，无违纪现象。

天津市总工会按照这十条基本要求，制定《关于贯彻工会工作总体思路，继续深入开展建设“职工之家”活动的意见》，并根据所有制，行业特点和企业改革进程不同特点，对国有企业、新经济组织以及机关事业单位分别拟定了不同的市级模范条件。同时，为推动“建家”活动不断深入，天津市总工会制定了五项措施：一是改革评选方法。二是选树“双百”典型。三是提高领导服务水平。四是加强理论研究。五是加强组织领导。使十条基本要求落到实处。

1996年，天津市总工会集中抓好中小企业的工会组建，新建会212家，累计达到应建工会数的96.5%。16个区县成立了专门工作领导小组，各级工会一方面积极推进乡镇企业组建工会，新建103家，一方面加强乡镇工委的建设，全市227个乡镇中209家建立了委员会，占乡镇总数的92%。

1997年，天津市外商投资企业新建工会139家，累计达到应建工会数的92%。乡镇企业和私营企业下级工会达到102家和100家。

1998年天津总工会加大与市、区县两级党委、组织部、编委、人事局的协调，在全市351个乡镇、街道、开发小区中全方位建会，把原有工作委员会全部改建成工会委员会，并调剂解决了这一级工会组织的专职干部配备，全市建立乡镇工会224个，建立街道工会80个，分别达到应建工会的95.7%和70.8%，初步形成了与行政体制相对应的工会组织体制。

1999年，天津市总工会在调研的基础上制定《关于在放开搞活国有小企业过程中加强工会组织建设的意见》《建立联合基层工会的意见》《新建企业建会的意见》等一系列指导性文件。各级工会坚持改制到哪里，工会组织建设就及时跟到哪里。集团工会规范性组建工作由点到面开展，全市280家企业集团，近百家按照联合制、代表制的原则建立集团工会委员会。在组织层次上，创建了村一级工会组织，形成了镇、村、企业工会组织网络；在组织形式上，打破单一的委员会形式，创建了联合基层工会、工会联合会、工会小组和工会组织员等多种形式。全市新建企业组建工会5681家。

2000年，天津市总工会建立和完善"以建促管，以管促建，管建并举常变常建，常连常管"的工作机制，确立"立足所有企业，面向全体员工"的建会思路。利用机遇抓建会、运用典型促建会、以服务带建会，截至2000年底，全市建会10595家，发展会员48.52万人。

2000年，天津市总工会把住企业开业关，做到企业开业及时建立工会。同时实行经费政策倾斜，从市内九区工会上缴经费中拿出130万元，用于新建企业工会开展活动，拿出20万元免费为新建企业工会订阅《工人日报》《天津工人报》。

2001年，天津市总工会制定《关于异地经营新建企业组建工会的实施办法》，建会工作做到不漏建、不重管。总工会还制定了《关于加强社区（村）工会组织建设的意见》。全市新建企业建会11480，会员52959人，2001年实际比2000年新增1285家，新增会员44090人，组建社区工会834家。

2001年，天津市总工会、市建委、市规划建设工委联合下发《关于在进津、驻津施工企业和分包队中组建工会，开展工会工作的实行意见》。

六、女职工委员会工作

1992年3月天津市总工会女职工委员会统计，工交、建材等女职工集中的62个区县局工会中，有56个系统完成了自身的改建工作，建立基层工会女职工委员会3594个，先后组织各级女工干部培训班924期，培训女工干部和女工积极分子25336人.

天津市各级女职工委员会以经济为中心，结合女职工的特点，为企业发展生产做好“加一把力”的工作。化工局工会女职工委员会在广大女职工中组织了“巾帼建功业，奉献在八五”的竞赛活动，组织广大女职工投身“科技兴化”活动中。纺织局10万巧织女在局工会女职工委员会组织的“做主人、挑重担，我为八五做贡献”的竞赛中，严把操作质量关，广泛开展操作大练兵活动，会场上下、操作岗位，处处摆上比武的擂台，使46%的一线操作女工技术达到一级手水平，比赛前提高了17%，级外手比赛前降低了64.1%电子仪表局的广大女职工在局工会女职工委员会组织开展的“三为五争”活动中，组织各种形式生产竞赛1062项，参与新品开发329项，创效益6000万元。据对机械局等18个局的不完全统计，通过各种形式的竞赛，提合建150396条，采纳46196条，实现10786条，创效益89711万元，收到明显效益。

至1993年3月，60个区、县、局建立女职工委员会，34个区、县、局工会主席由妇女担任，31个区、县、局制定了《女职工劳动保护细则》，仅18个区局就培训了《中华人民共和国妇女权益保障法》“小教员”3000多人．

工业系统的工会组织通过职代会、企管会等渠道，纠正并制止了少数企业出现的下岗“一刀切”、强迫女工提前下岗待业和女职工代表比例偏低等侵犯女职工合法权益的现象与行为。一轻局工会督促行政有关部门，在女职工较多的131个企业建立了女工卫生室。化工局工会督促基层企业把女工从不适宜的岗位上调换下来。纺织局工会结合待业女工占80%以上的特点，发动基层企业工会建立了女子学校，3万多名女职工参加了学习和培训，增强了女工的岗位竞争力。

七、组建社区工会

2001年6月天津市总工会制定《关于在社区组建工会加强工会建设的意见（试行）》。意见指出，社区是指居住在一定地域内的人们所组成的社会生活共同体。目前，全市社区的范围一般是指经过区街管理体制改革后作了规模调整的居民委员会辖区。根据社区实际，按联合制、代表制原则建立社区工会联合会或工会委员会、工会经费审查委员会。工会主席可由居委会党组织的书记或副书记兼任。女职工在十人以上的应同步建立女职工委员会。凡符合工会社团法人条件的可以进行工会社团法人登记。

社区工会具有基层工作和工会机关双重职能，主要承担基层工会职能，接受居委会党组织和街道工会双重领导，以社区党组织领导为主。社区工会实行条块结合、以块为主的管理体制。对辖区内行政无主管上级的基层工会实行直接领导，驻辖区基层工会仍以行业管理为主，社区工会采取建立联谊会制度的办法，加强与驻辖区企事业工会之间的联系，共同开展职工喜闻乐见、形式多样的活动，实行资源共享、社区共建。

社区工会的主要任务是指导帮助新建企业组建工会、建立集体协商、集体合同制度；参与协调劳动关系，调解劳动争议；配合社区实施各种社会保障制度并监督执行，协助再就业服务中心，帮助失业人员实现再就业；开展适合新建企业和社区服务活动，提高职工思想道德素质和科学文化素质，调动职工积极性；通过社区成员大会或代表大会等形式，组织职工参与社区管理，增强职工社会责任感，促进社区两个文明建设；督促基层工会依法拨交工会经费；兴办社区服务的各类经济实体。

八、开展劳动竞赛

1994 年天津市总工会围绕企业转机建制，增强企业活力，提高经济效益，组织各级工会开展“三比三创”“夺百杯，为八五立功”竞赛活动。劳动竞赛内容主要包括产品升级换代、招商引资、经营管理、开拓市场、推动科技进步等多方面内容。各级工会结合本系统、本行业的实际开展了“二次创业”“小包租”等竞赛活动，收到了显著的效果。1994年底，天津市总工会对“夺百杯，为八五立功”竞赛活动中涌现出的 4000 名先进职工、1000 个先进集体，100 名优秀经营（管理）者进行了表彰。截至 1994 年底，全市职工提合理化建议 120 万件，创效益 8.5 亿。实现技术攻关 5100 项，创效益 2.69 亿元。在“八五”立功活动中，涌现先进个人 2.2 万人次、先进集体 5600 多个、先进企业 700 多个。

“九五”期间，全市各级工会组织职工开展以“经济增实力、企业增效益、职工增利益”为主要内容的“三增加”活动，及“为实现九五计划献计出力、建功立业”为主题的立功竞赛活动，引导职工围绕实现“两个根本转变”，围绕改革、发展、稳定的大局，充分调动广大职工积极性、智慧和创造力，抓住企业发展的重点、生产经营的难点、扭亏增盈的关键点和职工队伍素质的薄弱点，开展多种形式的立功竞赛活动。

1997 年 7 月，天津市总工会开展“九五”立功活动，以“职工奉献百元、百组岗位自救、帮促百家解难、搞活企业百招”为内容的职工献计出力活动。“四百”活动要求职工从岗位做起，将人献一计、岗献百元作为量化“九五”立功活动考核指标。同时，创新活动方式：上级工会统一部署、分类指导，基层自主安排、自选方法，激发广大职工的积极性和创造力。全市 80% 以上的职工投入一活动，涌现出以范玉恕、帅春生、邱汝舜、顾月海、许京军等一大批在全国和本市有广泛影响的典型代表，1.65 万名职工和 4000 个集体受到市级“九五”立功表彰，有 3034 名职工荣获全国劳动模范、“五一”劳动奖章、市级劳动模范称号。

2000 年，天津市总工会组织全市职工开展了以“百万职工技术创新活动”为主要内容的“九五”“十五”立功活动，在活动内容上，紧扣增强企业科技开发能力、市场竞争能力和抗御风险能力这一主题，抓新产品开发、产品质量、市场营销、节能降耗、技术攻关等关键环节，挖掘职工的智慧和潜能。

2001 年天津市总工会组织各级工会紧密结合各自重点难点，开展各有特色的竞赛活动。工交系统把结构调整、产品更新换代、提质降耗、安全生产作为职工技术创新活动的主攻方向；财贸系统结合搞活流通、服务创新，组织职工学习先进榜样、选树服务品牌；外贸系统围绕创出口规模、创最佳效益，开展了岗位创一流活动；城建系统把提高工程质量作为重点，在职工中总结和推广先进操作法、工作法，大力推行新技术、新工艺、新材料。

九、“八五”时期劳动保护工作的任务和目标

一是以搞活企业为重点，积极开展经济保护调研和对策研究工作。天津市总工会和区县局工会从实际出发，认真加强对经济建设、社会发展和改革开放中出现的新情况的调研，组织包括各方面专家，学者在内的职工群众和工会干部进行科学的对策研究和论证，集中群众智慧，提出政策性意见和建议，为党和政府科学决策提供依据。天津市总工会和区县局工会每年要完成两项经济劳动保护方面课题的调研，拿出有定量分析，有一定理论水平，有可行性实施意见的调研报告，为市委市政府和各区县局党政领导科学决策服务。基层工会也要积极参与对企业经营，安全生产活动的调查分析，提出工会的对策建议，并通过职代会等渠道组织职工积极审议企业重大经营决策。

二是动员和组织搞活企业的主力军，投入以质量创优、品种创新、效益创佳为主要内容，各具特色的社会主义劳动竞赛中来。要发动广大职工立足岗位，开动脑筋，挖掘内部潜力，搞好双增双节，在提高产品质量、开发研制新产品、增加适销产品，搞好企业技术改造、加速企业技术进步、降低消耗，降低成本、减少资金占用、加强协同作战、确保重点建设、活跃市场购销、发展外向型经济、搞活大流通、把劳动竞赛的范围进一步拓宽到生产、技术、经营、管理各个领域。各行各业要根据上述要求，结合自己的实际，确定竞赛的具体目标。在劳动竞赛中，强调扎扎实实，取得实效。提倡工会“扛指标”，继续运用“献百元”、“献千元”等各种好形式，为企业增收节支多做贡献。每年全市职工要实现增收节支两亿元的目标。

三是挖掘企业活力的源泉，广泛、深入地开展群众性合理化建议、技术革新、发明创造和技术培训、岗位练兵、技术比武活动。天津市总工会决定每年三月份为“合理化建议月”。在职代会召开前夕，集中一段时间开展合建的宣传，表彰合建、革新的先进人物和最佳建议，发动职工围绕生产、经营、管理、技术等方面出主意、献计策，要重视发挥科技人员在合理化建议和发明创造活动中的作用，继续坚持工人、工程技术人员、领导干部和工厂、大专院校、科研单位两个“三结合”，共同努力把科研成果尽快转化为生产力。工会要进一步加强对这一活动的领导，健全制度，加强培训，推广创造学，不断提高合理化建议的质量，并抓住创造性的设想，使之上升为技术革新和发明创造。力争用五年或更长一些时间，全市合理化建议的提出率达到年人均一件，采纳率、实施率、奖励兑现率要比“七五”期间有大幅度提高。

职工技协组织在合理化建议、技术革新和发明创造活动中大有作为。充分发挥广大技协积极分子和技术能手的攻坚作用，组织他们发扬协作精神，解难题、攻关键，在老企业的技术改造和重点工程的技术攻关上做出新的贡献。天津市企业中青年工人已占一线生产工人的80%，因此，必须把职工的技术素质作为一件大事来抓，必须抓快、抓早、抓好。岗位练兵和技术比武活动是提高职工技术素质的重要措施，各级工会要和行政有关部门共同把这项工作开展起来。全市要每

两年举行一次技术比武活动，在每次全国性的技术比武活动中要争取部分项目名列前茅。凡是总结出的成熟的先进操作法、工作法、经专家鉴定认可后大力抓普及推广。

四是夯实企业活力的基础，加强班组建设、搞好班组升级竞赛。要把劳动竞赛的目标落到班组，推动班组的合理化建议，技术革新和争创最佳岗位、最佳质量、最佳效益的竞赛活动。要健全班组的各项制度，严格质量、工艺、设备等各项管理，落实经济责任制，搞好班组的经济核算。班组升级赛要与工会小组“建小家”活动密切配合，形成合力，共同把班组建设推向新水平。

五是发挥先进模范人物作用，推动学赶先进活动持续开展。各级工会要重视发挥先进模范人物的骨干、带头和桥梁作用，通过他们的作用，带动职工学赶先进，争创一流，多做贡献。劳模、技协调研服务活动要继续开展，要按专业调整、巩固、发展劳模，技协调研服务队，市和各区局两级，要保持二百支左右的调研服务队，每个大中型企业至少要有一支先进人物调研服务队。各调研服务队每年要确定一至两项重点课题，并努力取得成果。全市每两年评选一次市级劳动模范和模范集体。在改进完善评选办法的同时，加强对劳模的宣传工作。每届评选后都要选择13至50名劳模组成若干事迹报告团，开展为期一个月左右的宣传活动，各级工会都应把这方面的工作加强起来。全市在“八五”期间每年要评选一次“八五”立功奖章获得者和“八五”立功奖状获得集体。以此激励全市职工争创先进，推动全市学赶先进活动持续开展。

六是加强对尘毒治理的监督检查，不断改善职工劳动条件。要认真负责地参加新建、扩建、改建项目的“三同时”审查工作，参加率要达到100%，努力提高对“三同时”存在问题所提整改措施的可行性，使整改措施执行率达到90%。

“八五”期间，要在全市90%以上的有尘毒作业企业建立、完善职工的职业健康档案，基本掌握全市职工中职业病患者的底数，并逐步做到对职业病的产生及发展施行有效的监控，尘毒作业企业的尘毒作业点合格率在“七五”期间达到的基础上要提高10%。

七是努力贯彻“安全第一、预防为主”的方针、加强安全检查。各级工会要继续贯彻“安全第一、预防为主”的安全生产方针，突出预防为主，把各种事故隐患消灭在萌芽中。天津市总工会决定，各级工会使用“隐患限期整改通知书”。加强对企业安全生产、工业卫生工作的监督。隐患整改率要达到80%以上。各企业要有50%以上的班组做到安全达标，安全生产状况符合国家经委和中华全国总工会颁发的《班组安全建设纲要》的要求。

十、合理化建议活动

1992年，天津市总工会在全市各行各业组织开展发布合建成果、评选表彰最佳合建成果、最佳合建个人和最佳合建组织单位的活动。活动范围是：全市各条战线、不同所有制企事业单位的干部、职工，经自下而上层层发布合建成果，凡1992年以来提出的，有完整的合建统一“征集卡”，采纳、实施后经济（社会）效益创单位、行业、系统领先水平的合建成果，均有机会被评为相应范围的最佳合建成果。凡1992年以来，提出合建数量最多，被采纳、实施率最高，实现经济（社会）效益居本单位、本行业、本系统领先水平的职工，均有机会被推荐、评选为相应范围的最佳合建个人；凡1992年以来，单位人均合建提出率、采纳率、实施率、奖励率以及实际创效益居行业、系统领先水平，并按照有关规定，及时、足额兑现奖励，合建管理、组织机构运转健全，管理办法和统一表卡使用规范的单位，均有机会被推荐评为相应范围的最佳合建组织单位。这项活动一直持续到1994年1月份。

1992年1～10月底，据工交、城建、财贸、科委、市区不完全统计，合理化建议63.95万件，采纳22.45万件，采纳率35.1%，已实施13.16万件，实施率58.62%，创造或节约经济效益5.19亿元。

十一、开展班组长管理知识测评活动

1998年10～12月底，天津市总工会、市劳动局、市经委等七个单位共同发起和组织的全市班组长管理知识测评活动，各级领导把搞好这一活动作为改善企业管理，增添企业后劲的一项基础工作，亲自动员和部署。机械管理局所属企业都有一位分管厂长负责，落实了组织，明确了分工，并重点抓三个环节：一是企管、工会、教育直接服务到班组；二是车间在时间上给予保证；三是具体方法和措施行之有效。建工、冶金、电子仪表、粮食、物资、纺织等局抽调干部成立测评办公室。

建工局专门为测评编写了《班组长管理知识问答》等辅导材料，对1340名班组长进行了3至7天的脱产培训。第五建筑公司生产任务紧，采取业余学习的方法，利用每天下班后的时间对班组长进行培训，出勤率达92%以上。机械系统所属企业共翻印复习提纲和辅导材料一万多份，接受培训的班组长达11000人次。冶金局参加再培训的班长达4323名，占已培训班组长总数的80%以上。粮食局把培训与企业升级结合起来，按照企业升级要求编写了《班组长培训讲课提要》。人民面粉厂修机组长通过培训后，把全厂200多台设备5000个运转部位的维修任务都落实到人，建立"三定""三严"制度。在全局的"培训效果问卷"中，98%的车间主任对这次测评活动表示满意。电子仪表局还结合行业特点，开设了"社会主义初级阶段理论、产品经营、商品经济、市场竞争、产品推销、信息反馈"等内容培训，拓宽了班组长的管理知识。第三半导体器件厂班组长通过培训提高了产品竞争观念和质量意识，他们生产的高压硅堆产量第四季度比去年同期提高了32.2%，产品合格率比培训前提高了31.4%。

活动历时三个月，64个区局、近3000个基层单位、66744名班组长参加，评选出市级优秀班组长125名，其中最佳班组长标兵10名，市级班组长培训工作先进单位18个。

十二、帮助企业扭亏增盈

为贯彻落实国务院的《关于深入开展企业扭亏增盈工作的通知》精神，天津市总工会1992年7月7日下发《关于在扭亏增盈工作中充分发挥工会组织作用的意见》，对充分发挥各级工会

组织的作用，发动群众打一场企业扭亏增盈的攻坚战，提出具体实施意见。

第一，转变观念，明确职责，把扭亏增盈摆到工会工作的突出位置。工会帮助和参与企业扭亏增盈工作要把着眼点和立足点必须放在企业自身，针对企业自身存在的薄弱环节，发动群众挖掘企业内部潜力和活力，要不断研究扭亏增盈工作中出现的新情况、新课题，从中选准工会在此项工作中的位置，发挥应有作用。基本要求是：挖掘和调动职工积极性、智慧和创造力，组织和支持职工当家作主，团结和带领广大职工站在改革和建设的前列，为企业扭亏为盈献计出力建功立业。

第二，搞好扭亏增盈的组织发动宣传教育工作，带领广大职工自觉投身扭亏增盈工作。组织发动宣传教育工作要充分体现针对性和群众性，要紧紧围绕企业的难点和重点，组织发动职工为完善实施有效的扭亏措施及企业的大政方针献计出力，把职工群众积极性引导到扭亏增盈中来。

第三，发挥工会自身优势，为企业扭亏为盈使实劲。工会要发挥自身优势，瞄准企业关键问题使实劲。带领职工积极支持企业内部机制的转换，通过职代会帮助企业制订出切实可行的改革方案；要针对企业自身的薄弱环节，广泛开展各种行之有效的劳动竞赛和合理化建议、技术改革活动；要针对企业、行业和系统存在的技术、产品、设备、管理等方面的难题，组织劳模、技术骨干和先进人物开展调研服务，技术攻关活动；要在提高职工的技术素质上下功夫，及时总结推广先进操作法和管理法，使职工技术业务水平更加适应企业发展的需要。

第四，转变活动方式，为企业扭亏增盈工作办实事。工会要选准扭亏工作的入手点，积极开展好调查研究工作，这是抓好扭亏增盈工作的重要环节，千方百计地发展工会经济事业，不断壮大自己的经济实力，因地制宜地发展多种经营，开辟第三产业，兴办经济实体，举办贸易市场等，积极为富余职工和停产企业职工创造就业机会找出路，使他们待中有业，劳有所得。

1993 年 12 月 11 日，天津市总工会对天津动力机厂等 53 个单位工会组织予以通报表彰，并颁发奖状以资鼓励。天津动力机厂等 53 个单位工会组织在工作中，充分贯彻工会工作坚持以经济建设为中心的指导思想，体现发挥工会作为行政可靠的支柱作用，体现了工会干部工作的主动性、创造性和胸怀全局、不怕困难、开拓创新精神，他们的工作得到了党政和职工的普遍赞誉，也值得各级工会认真学习。希望各基层工会在抓好帮助企业扭亏增盈的同时，围绕优化产品结构，提高产品质量，降低成本消耗，搞好安全生产，提高经济效益，广泛深入开展的“双增双节”活动。

1994 年，全市各级工会开展对亏损企业帮扶活动，天津市总工会直接联系 30 个亏损企业，天津市总工会领导分工负责，深入基层，调查研究，帮助亏损企业从加强管理、开发新品、筹措资金、生产促销等方面为企业出谋划策，解决实际问题，使 21 个企业在扭亏、减亏上取得成效，减亏额达 813.34 万元。

十三、表彰先进

1992年4月6日，中共天津市委宣传部、天津市总工会联合下发《关于开展学习和宣传“八五”立功先进个人和先进集体活动的通知》。通知明确，1992年“五一”国际劳动节前夕，天津市总工会将表彰一批全市各条战线在改革开放和社会主义现代化建设中涌现出来的先进个人和先进集体，拟授予3800多人“八五”立功奖章，1000多个集体“八五”立功奖状。

各新闻单位在“五一”国际劳动节前后适当集中力量，利用各种形式，有计划地做好“八五”立功先进个人和先进集体宣传报道工作，通过并辟专栏、专题节目某多种方式，形成学赶先进的社会舆论。五月底，对新闻单位在开展“八五”立功先进个人和先进集体宣传中的优秀记者、优秀稿件、优秀专栏进行评选表彰并予以奖励。

1993年4月13日，天津市总工会下发《关于表彰一九九二年在“八五”立功活动中做出突出贡献的先进职工、先进集体和先进企业的决定》，决定指出：为表彰“八五”立功活动涌现出的先进集体和个人，天津市总工会决定，向石化公司炼油厂运输科司机项大成等3961名职工颁发“八五”立功奖章，向微型汽车厂总装车间十一组等951个集体颁发“八五”立功奖状，向天津铁厂等143个企业颁发“八五”立功奖杯。

十四、劳动模范工作

2002年1月17日，天津市总工会为生活困难的劳模及其家属举办了一场再就业洽谈会，近200名劳模及家属到场洽谈，120余人与用工单位达成用工意向。天津市总工会希望劳动模范带头转变择业观念，积极参与到市场竞争中来。各级党委和行政要从实践“三个代表”重要思想的高度来认识做好困难劳模帮扶工作的意义，千方百计为他们解决后顾之忧，切实维护好包括劳模在内的广大职工的利益。建立劳模解困资金，生活档案，要形成定期走访，实行包保责任制等具体制度，要进一步动员社会各届为劳动模范们摆脱困境慷慨解囊，奉献爱心。

2002年“五一”前夕，天津市总工会在第二工人文化宫修建津门楷模园。津门楷模园是天津市总工会为已故劳动模范修建的，纪念他们在天津市建设中为国家做出的突出贡献。园内首批安放5名已故著名劳模塑像。塑像按真人一比一的比例，青铜铸造，人物生活化、形象逼真。

为已故劳动模范塑像建楷模园，为全国首创。天津市总工会广泛听取了各方建议，经各行推荐，决定首先为5名劳模塑像，这次塑像的5名已故劳模是：市人大代表、全国劳动模范、天津钢厂原班长、副厂长刘长福；国内外著名化学家、教育家、中国科协副主席、全国科技先进工作者、南开大学原校长杨石先；国内外著名内分泌学家、医学教育家、全国科技工作者、原天津医学院院长朱宪彝；全国优秀工会工作者、市级劳动模范、天津铁厂工会原主席田守道；全国公安一级英模、市劳动模范、天津市公安交管局一中队原民警戴成江。

天津市总工会为搞好典型人物的宣传，经市有关部委办协商，确定了不同时期的模范代表人物：单书、张士珍、年景林、范玉恕、邱汝舜、顾月海、卢刚、司宝通、孙汝泉、叶声华 11 名。不但在“五一”前夕进行重点宣传，还为他们出版了《津门楷模》报告文学。

十五、安全生产与劳动保护

为贯彻中华全国总工会三个条例和天津市总工会经济保护工作会议精神，建设一支群众性的安全防范队伍，搞好群众劳动保护工作，天津市总工会于 1992 年 1 月 18 日开展“一九九二年劳动保护监督检查员和劳动保护监督检查委员会组织整顿工作”。

第一，天津市总工会在 1992 年任免一批监督检查员，各区县局将已经离退休或调离岗位的同志名单和现在从事劳动保护工作的部长、专职干部名单报到天津市总工会经保部、时间截止至 2 月底。

第二，各区局可以根据自己的情况选择一批群众劳动保护工作骨干任命局级监督检查员，使其协助市监督检查员工作、局级监督检查员，证书由各区局自行印制。

第三，已任命的市、区、局各级监督检查员行使监督检查职权时，要持证上岗。

第四，各区、县、局要根据本系统的特点健全监督检查组织，形成以行业为主，地区为辅，行片结合，交叉的组织网络。并选出网片组织负责人。绘制监督检查员组织网片联络图。定期开展网片组织活动。各基层监督检查员会要补充配备一定量的工程技术人员或有安全工作经验的老同志，参加基层工会劳动保护监督检查委员会工作。

十六、处理职工来信来访、法律咨询和劳动争议

1993 年，天津市总工会信访法律顾问处处理职工来信来访 1458 件。其中，反映欠发工资和退休费、不能及时足额报销医疗费、大病等不到所需费用方面的问题 911 件，占信访总量的 62%；接待集体上访 37 批 521 人。而 1992 年同期仅有 12 批 358 人。

天津市总工会主席潘义清批阅 18 封职工来信，天津市总工会法律顾问处妥善处理。如华美食品厂女工邓永荣写信反映她体检验血造成的后遗症问题；床单一厂沈洪波写信反映 2.5 平米住房困难问题，法律顾问处下厂核实情况，召开协调会，使久拖不决的两个问题得以解决。

1993 年，法律顾问处共发 27 期信息，中共天津市委市府采用 8 条，天津市领导做批示的 8 条。如河东社会保险分公司将与区劳动局在分家中的矛盾转嫁到退休职工的身上，在统筹单位正常交纳统筹费的情况下，停发了 4 个单位 600 余人的两个月退休金，造成这些老工人生活困难而上访。法律顾问处及时发信息，向市领导反映情况。在市领导的过问下，河东保险分公司拨发了一个月的退休金。由于矛盾未彻底得到化解，1993 年 12 月份发展到停发 4000 余人退休金的严重局面。天津市法律顾问处发布了跟踪信息，引起市领导的高度重视，立即责成有关部门组成调查组，进行调查处理，使问题迅速得以解决。又如：运输四厂职工反映：河东医院租赁该场房屋办甲肝病房，且隔离措施不力问题，法律顾问处发布信息后，主管局和单位高等重视，妥善处理

此事。

1993年，全年接待处理职工来信来访1458次，涉及欠发、欠报工资、退休金、医疗费等问题911件，占信访总量62.4%。年内接待集体信访37批，521人，分别是1992年的308%和146%，其中涉及欠发工资、退休金的28批，357人，分别占集体访总量的75.7%和68.5%。1997年至2002年间，天津市总工会信访处接待职工来信来访41928件。其中，接待来访39323件（集体访549批，7736人次），处理职工来信2659件，办结率100%。

十七、为工会组织和职工提供法律服务

1993年6月10日，天津市总工会律师事务所正式成立，天津市总工会主席潘义清为律师事务所挂牌。事务所成立后，建立顾问点10个，代理案件10件。1993年7月28日，律师事务所响应司法部的号召，走上街头进行法律义务咨询服务，解答咨询78人次。

1993年，天津市总工会律师事务所为各级工会组织提供免费服务，如代理了总工会汕头路房屋案、交流中心的汽车租赁案、技协的两个经济纠纷案，以及新新制药厂工会主席被不当扣留案。

1993年，天津市人大和天津市总工会常委会授权天津市总工会法律顾问处，起草天津市实施工会法办法的任务。在与市人大协调争取列入人大立法计划后，着手起草工作。法律顾问处首先调查研究，听取各部门意见，查找大量的法律法规政策资料，初稿形成后，下发各区县局工会征求意见，分别召开了三个不同层次、不同行业的座谈会，全面倾听意见。在征求工会内部意见的基础上，又征求了市委市政府21个有关主管部门的意见。初稿报市人大后，又与人大有关部门共同反复修改，形成了报人大常委会的草案。1993年12月8日，经十二届市人大常委会第四次会议审议，获全票一次通过。

1993年，天津市总工会法律顾问处参与中华全国总工会法律部转给的《劳动法》《企业劳动争议处理条例》《企业劳动争议调解委员会组织及工作规划》以及市劳动局转给的《天津市实施〈中华人民共和国企业劳动争议处理条例〉细则》的修改征求意见工作，表达了工会组织的意见和建议。

十八、劳动争议工作

1993年，天津市总工会法律顾问处先后调查了8个区局、9个企业工会开展劳动争议处理工作的情况，针对天津市工会劳动争议处理工作实际，就如何贯彻条例搞好基层调委会的建设等工作，提出7个方面的36条对策，并总结棉纺四厂、河北区五金交电公司两个基层工会开展劳动争议调解工作、协调劳动关系的经验。在调研的基础上，撰写天津市劳动关系变化和劳动争议状况的调查报告，参加中华全国总工会研讨会。

为进一步推动劳动争议处理工作，1993年天津市总工会法律顾问处举办了两期培训班，培训区县局工会及基层工会劳动争议工作干部240余人。在天津市总工会的带动下，二轻、纺织、机械、河北、河东5个区局工会分别举办了工会干部培训班，培训300余人。

十九、工会法律援助

1995年7月天津市成立劳动争议调解委员会的企业达2547家，占全市建工会组织多单位总数的28.6%，比1994年增长10%。按基层单位经济类型分组，国有企业占已建总数的69.8%，城镇集体单位占24.4%，外商投资企业占2.4%，乡镇集体企业占3%，有两家私营企业也筹建了劳动争议调解委员会。1995年1～7月，各调解委员会共处理劳动争议735件。引起争议的主要原因是变更、解除、终止、续定劳动合同，以及劳动报酬、保险福利、生产工作条件等方面的矛盾。1996年天津市劳动争议调解委员会有3350个，组建率达54%。1997年组建率达到72%，三级劳动法律监督委员会的网络逐步形成，使大量的劳动争议问题在基层解决。各级工会培训了80名工会法律工作者和1702名劳动争议调解员和劳动法律监督员。1998年，劳动争议调解委员会组织建设组建率达80%。

2000年，天津市总工会在依法治会、依法维权方面主要抓了几项工作。一是积极参与立法和政策制定。天津市总工会参加了天津市人大立法论证会，向立法机关反映职工的意见和呼声。参与《天津市劳动就业管理条例》等法律、法规和政策的修改和制定。二是建立劳动关系协调和预警机制。三是加强工会劳动法律监督工作。天津市总工会与市劳动保障局联合下发了《关于加强劳动行政监察与工会劳动法律监督工作相配合的意见》，建立了联合检查、协助办案等五项制度。在《天津工人报》开设信访、法律、劳动争议热线专栏，开展舆论监督。共接受职工200余件，并进行了公开报道，收到了较好的社会效果。四是成立职工法律咨询中心。为428人次的职工提供法律咨询，代写诉状63件，代理劳动争议仲裁和诉讼案4件。五是开展基层工会法人资格登记和申领代码工作。六是开展法制宣传教育。天津市总工会编写《新法规政策选编》，无偿发放基层工会。在天津有线电视台录制、播放工会法电视专题片。2001年，天津市总工会与市劳动和社会保障局共同召开另外天津市首届劳动行政监察与工会法律监督工作联席会议。会议安排了工作，互聘了市劳动监察员和天津市总工会劳动法律监督委员会顾问。年内举办了劳动检察员培训班，160余名工会干部被市区劳动监察部门聘任为劳动监督员。各级工会抽调70余名劳动检察员联合开展为期一个月的劳动保障法律监督检查活动。检查共分43个专项检查组，检查各类用人单位1279家，涉及职工22.8万人，查处各类违法案件674件。

二十、送温暖活动

1992年1月，天津市总工会组织开展“串百家门，解百家难，暖百家心”活动，要求各级工会发挥自身优势，广泛发动群众，切实搞好节日期间的职工生活工作。

1月20日，天津市总工会主席潘义清深入停亏企业和特困职工家庭，共商振兴企业大计，慰问职工，拉开了全市工会系统办实事、送温暖活动的序幕。至春节前，据机械局、二轻局、化工局、纺织局、交通局、城建局、公用局、河北区等32个区、局不完全统计，各类义务服务组织

22612个，参加服务人员116423人，为职工义务修房7158间，修理家用电器45806件，修理自行车156430辆，裁剪缝纫服装148926件，理发、烫发374070人次，为病、伤、残和孤老户职工扫房、刷浆13374间，拆洗被褥11046条，拆洗衣服16525件，为59132户代买煤、粮、菜、年货等。

节日期间，全市各级工会广泛开展走访慰问活动，32个区局不完全统计，共慰问各类困难职工65623户，送慰问品价值达903176元。各级党政工领导开展谈心服务活动，召开各类人员座谈会1573个，参加座谈的达29608人，各级工会还举办年货市场664个，为职工代买年货总价值约774.4万元，举办中、小学生寒假班673个，收学生17422人。

1995年，天津市总工会组织各级工会组织狠抓三项工作：第一，摸清底数，实行动态管理。在调查摸底的基础上，对14个区局414个困难企业的1712名困难职工建立了困难职工卡片，对他们的困难情况实行动态管理。建立了“亏损企业职工生活状况”月报表制度，及时分析困难职工的生活状况。工会组织的建档立卡、动态管理工作。第二，推动各级工会建立“困难职工救济基金”。各级工会多方筹措资金，积极建立困难职工救济互助金，在各级工会的共同努力下，基金额已由上半年的200万元增加到1056万元。根据市委、市政府关于稳定社会、稳定职工队伍的指示精神，基金会全年拨款30万元，为纺织、一轻、二轻等10个重点单位特困企业的困难职工给予了生活补贴。第三，帮助下岗待业职工实现再就业。

1996年天津市总工会和各级工会协助市劳动部门对1.5万名特困职工发放“绿卡”。

1997年7月，天津市总工会对进一步做好工会再就业工作制定了总体规划，明确未来五年工会再就业工作目标是：按照我国建立社会主义市场经济体制和实现“两个根本转变”的要求，配合行政建立再就业工作的正常机制，坚持对下岗职工择业观念的教育，以适应劳动力市场机制的新要求；职业介绍逐步走向标准化市场化，每年下岗职工再就业率力争提高20%；加大转岗培训力度，每年培训量要以20%的速度递增，逐步形成用工咨询、技能培训、转岗就业一条龙服务；注重从源头参与上维护职工合法权益，形成工会再就业工作的特色模式，千方百计使下岗职工尽早实现再就业。为改革发展创造稳定和谐的社会环境。

同时，按照市委、市政府的要求，成立专门解困的工作结构，制定解困目标责任制和统计考核指标体系，层层落实、按季检查，并把任务完成情况与各级领导的考核、奖惩相结合。对困难企业困难职工中不具备再就业能力的职工发放“困难职工卡”，对持卡下岗人员按月救助，标准为每月222元，对低于退休人员基本生活费标准的退休人员和在岗低于最低工作标准的职工逢节日给予救助。

1997年，天津市总工会拨出20万元专款用于困难企业下岗职工的职工培训，努力提高下岗职工的技术素质。先后举办11次大型劳务洽谈会，为2800多名下岗职工找到工作，直接帮助3500名下岗职工找到新岗位。天津市总工会贯彻落实全国总工会提出的“工会要做帮扶特困职工第一责任人”、中共天津市委、市政府“不让一户困难职工生活过不去”的工作要求，建立健全动态规律、联动包保、多方协调、互助互济等5项制度，完善从基层工会到区县局工会、产业工会、天津市总工会的四级工作组织网络，对特困职工的帮扶按照分级管理、分类实施、上下联动、共同负责的原则抓落实。

1998 年，天津市总工会在全国工会系统率先提出当好帮扶特困职工“四个第一”，明确了五项配套制度。得到中华全国总工会领导尉健行、张俊九的充分肯定和全会的广泛认可。“四个第一”，即工会对特困职工的思想和生活状况，要做到：第一知情人、第一报告人、第一协调人、第一落实人。五项配套制度是：一是摸清底数，完善特困职工动态管理制度。二是明确责任，深化联系特困职工的责任制度。三是争取政策，加强各方协调制度。四是热线联系，建立特困职工预警制度。五是多办实事，建立工会补充保障制度。

1998 年，天津市各级工会已建立 700 多个送温暖工程基金组织，基金总额达到 6000 余万元，全市 1.87 万名特困职工没有一户生活过不去，职工队伍稳定，天津市总工会基本实现了第一责任人的承诺。

1994 年至 1998 年，天津市总工会对全市特困职工和孤老退休职工全部实行了包保责任，筹集并发放重大节日慰问金 1.97 亿元，慰问困难职工 94.5 万户次，对 3.9 万困难职工定期补助 1162 万元，资助特困职工子女 1.1 万人次完成学业。

2001 年中共天津市委书记张立昌、市长李盛霖等就工会系统反映的职工再就业、欠缴职工两金、拖欠工资、低保难办等问题，批复 70 多件，职工切身利益问题得到解决。

二十一、帮助职工再就业

工会系统帮扶特困职工实现再就业实施“输血”与“造血”相结合的思路和方式，通过开办劳动事务代理业务、创办工会再就业服务联社、发展工会劳福事业等，1998 ~ 2002 年帮扶近 17000 名特困下岗职工就业。先后组织 40 多个专业，共计 6000 多期培训班，培训下岗职工 19.9 万人次，帮助他们掌握一技之长，增强了择业技能。并利用多种渠道接待下岗职工求职 10 余万人次，为 1.1 万人次进行登记建档，为 840 名下岗职工提供劳动事务代理服务。

1998 ~ 2002 年，工会系统努力创办了钟点公司、物资回收、绿色庄园、放心油等 34 家再就业服务联社，涉及家政服务、废旧物资回收及加工、种植养殖、劳务输出、物业管理、商品零售、建筑装饰、生产加工、幼儿教育等 9 个门类，安置下岗职工 9894 人次。据全市区县局（集团）统计，工会创办的劳福事业安置下岗职工 1400 多名。

二十二、成立天津市困难职工救助中心

2002 年 1 月 18 日，天津市总工会成立天津市困难职工救助中心，中共天津市委书记张立昌亲自为其揭牌。在成立仪式前，张立昌与天津市总工会班子成员、各区县局工会负责同志、劳动模范和困难职工代表座谈，对天津市总工会成立天津市总工会困难职工救助中心给予充分肯定。

成立仪式上，天津开发区、保税区负责同志代表开发区、保税区向救助中心捐助 100 万元，

并将作为救助中心协办单位，每年支持中心100万元。天津中药制药厂向中心捐助30万元的中成药，天津油脂公司捐助2.6万公斤的食用油。天津困难职工救助中心将采取集中资金、集中物资、集中岗位、集中援助的办法，公厅对遇到特殊困难的职工群体和个人进行一站式服务，发挥保障群众生活的作用。

二十三、创新困难职工救助形式

天津市总工会困难职工救助中心解决职工困难，最初的工作流程是由基层工会上报主管工会，上级主管工会在上报分管局，由分管局工会上报天津市总工会，经核实后，再层层往下批示，这种工作模式，环节多，实效性不强，有时救助到达职工时，可能已失去意义。为了使救助能最快捷地到达困难职工手里，天津市总工会救助中心设立了直面对接式的工作流程，开展“一站式”服务，困难职工直接向中心提供由其所在单位或街道开具的收入证明、医院诊断证明、失业救济金残疾证等相关手续，并填写《救助特困职工登记表》，中心审核后即可解决救助与否。直面对接式的工作流程，使办理救助的速度大大加快，有时困难职工提出申请的当天就能办妥。同时，中心还开展入户调查事宜，困难职工遇到重大变故时，向中心打来救助电话，中心会派出工作人员进入家庭进行调查，如果情况属于救助范围，救助中心可以当场给予300元到500元不等的救助。

此外，救助中心还为寻求帮助的职工提供法律援助，援助的范围是因合法劳动权益受到非法侵害的困难职工等，援助的形式解答有关劳动法律、法规政策，代拟法律文书，审查劳动合同，代理非诉讼案件，担任劳动争议仲裁、诉讼案件代理人。救助中心帮助他们解决了拖欠九个月的工资和养老保险。例如，救助中心以法律手段，帮助天津服装四厂80余名职工解决了拖欠九个月的工资和养老保险，他们为中心送来写有“三个代表的执行者、我们工人的知心人”的锦旗。

中心根据困难职工的不同需要，集中了四大职能：救助特困户、法律援助、接待职工信访和免费职业介绍。中心已为2000多名困难职工推荐工作，让他们重回到工作岗位。

为保证救助中心有足够的“输血”功能，中心建立起了社会化的救助资金筹措渠道。与天津经济技术开发区、天津达仁堂制药二厂等6家单位建立长期合作关系，这6家单位被中心确定为“送温暖基地”，每年向中心提供相当数量的资金、药品和衣物等。

二十四、成立职业介绍所

随着企业改革的不断深化，部分企业出现亏损，一些职工生产性放长假，企业中出现了富余人员。为了使放长假职工，待业职工有活干，有收入，生活有保障，稳定职工情绪，促进改革的顺利进行，天津市总工会决定成立工会职业介绍所。

工会职业介绍所的主要任务是，为劳动力供求双方沟通联系，提供服务。职业介绍的对象为“双停”（或亏损）企业的生产性放长假人员；企业的富余人员；解除劳动合同，领取救济金的待业人员；企业破产后，领取救济金的待业人员；濒临破产，被法院宣告停产整顿企业的精简人员；根据用工单位的需要，举办各种形式的技术培训班，为求职职工创造再就业条件，向政府有关部门提供职工求职信息，为制定就业规划和有关政策提供参考依据。

二十五、职工物价监督检查

1993年，国务院关于全国物价局长座谈会的指示中提出："采取切实有效措施，开展物价检查，抑制物价总水平过快上涨，这是十分及时必要的。"中华全国总工会关于做好物价监督工作的指示中提出："职工物价监督队伍，要在政府所授予的执法范围内，对那些哄抬物价，欺行霸市，缺斤短两，生产和兜售假冒伪劣商品的个人和单位，该管的管，该罚的罚，协助政府部门维持正常的市场秩序。"同年，天津市政府颁布《天津市明码标价管理办法》14号令，天津市各级职工物价监督检查组织，以这些指示与法规为物价监督检查的依据，动员全市物价检查员在全市开展了学习宣传和贯彻活动，并按地区分片包干。

根据天津市物价局1994年10月第208号文件精神，各级职工物价检查组织进一步做好1994年职工物价监督检查工作，文件指示如下。

第一，加强组织领导和队伍建设。各区、县物价局和工会，要把此项工作列入重要的议事日程，并派专人负责其日常工作。各局（公司）工会，要积极协助市站，区站在所属企事业单位建立健全分站。各级职工物价监督组织，应加强对其人员的法制教育，严格依法办案，不断提高业务水平，不断完善内部工作制度和考核奖罚办法。第二，搞好市场检查和企业内部监督。要把市场检查与市场调研结合起来，要把调研与参与有关物价决策相结合起来。职工物价监督的重点，是与人民生活关系密切的基本必需品和服务价格。特别要围绕"菜蓝子""米袋子""火炉子"开展市场检查，把这些检查与推行明码标价，作为现阶段工作重点。要加强企业内部监督，完善内部管理制度，充分行使职工的民主权利，监督企业职能部门是否正确执行物价政策。第三，理顺工作关系，保证正常经费。各区、县物价检查机构，应向同级财政部门，编报预算或申请专款，切实保证工作所需的正常经费。第四，完善办案程序，严格依法办案。对于检查中遇到的超越职工物价监督组织处理权限的价格违法行为，应及时移送当地物检机构，并协助查办。第五，要继续发挥企业物价监督检查人员的积极作用，为稳定市场物价，纠正价格违法行为，保护消费者利益，维护大局稳定，努力做出贡献。

1994年，天津市总工会全年共发表各类物价信息报导107篇，起到了党和政府信息员的作用。

二十六、为劳模开展义诊活动

1998～2002年，天津市总工会每年拨出专款，组织脏、苦、累、险工种的一线劳模免费疗休养，并每年出资60万对困难企业劳模实行免费体检和就医，在此基础上举行的大型义诊咨询活动是结合我市退休劳模的身体状况，有针对性地组织全市各大医院的一些知名专家和医务工作者，现场为老劳模进行多门类的就诊和咨询。

二十七、开展"学绝招、创绝技、争当技术明星"活动

1992年8月份，天津市总工会、市经委等八单位联合发起全市职工"学绝技、创绝招、争做技术明星"活动。

天津市纺织装饰品公司，把提高职工操作水平、提高产品质量，作为"学创争"活动的入手点，对造成毛巾、床单产品残疵的原因进行分析，总结整理出解决质量问题的51篇操作经验，在职工中广泛推广，使这两种产品一等品入库率分别提高8%和1.5%，全行业减亏1010万元。

港务局紧紧围绕搞好优质服务，提高港口信誉开展"学创争"活动，在装卸、理货、电力、仓储、节能等主要工种制定各自的学、创目标，促使许多单舱作业纪录一破再破，提高了港口吞吐量，降低了装卸成本，仅节油一项，创效益189.8万元。

天津市电表公司为满足出口和内销的需要，组织72名有丰富实践经验的职工，总结出精密电表包焊、点焊、搭焊、绞焊、对焊等系列操作法，通过普及推广，使精密仪表的一次合格率大大提高。

天津市重点工程的50万吨无缝钢管项目，自投产以来，在30个工种2000人次中，通过普及先进生产技术的操作技能，使职工们按照国际标准和现代化管理水平的要求，基本掌握了这套世界一流的炼钢连铸设备，炼钢日产超过13炉，达到和超过设计水平。

天津钢厂把争当明星炉长活动作为职工队伍建设的重要措施，提出"既炼优质钢、又出优秀人"的目标。"学创争"活动总结各层次、各类型的操作法和绝招绝技有13000多条，其中有2800多条正在被推广采用。

天津市一商系统许多大商场组织职工搞好商品知识、计算技巧、操作技术等培训，广泛开展规章制度、柜台纪律、服务措施、消费心理等职业道德教育和讲座。

机械局、一轻局、建工局、铁路分局、银行等系统企事业单位，将先进操作法印成教材或小册子发到职工手里，有的拍成录像片播放，还有的组成示范操作表演队、技术传授队深入车间班组，向职工们进行帮、教、带。

冶金、纺织、建材、医药、汉沽等区局不完全统计，"学创争"措施直接用于企业生产，创效益达2亿多元。这些单位的活动搞得扎扎实实、不走过场、不图虚名、注重实效。铁路、化工、市政、二轻等单位，还把激励机制纳入到活动中来，对那些技术精湛、贡献突出的职工给予晋级、晋职奖励，激发了职工学技术、钻技术的积极性。

许多厂长深有感触地说："这次活动帮了企业的大忙，以后不管市里还搞不搞，我们自己还准备坚持搞下去"。一些职工说，"学创争"活动不仅是企业参与市场竞争的需要，也是我们参与岗位竞争的需要。

1993年8月19日，天津市总工会，市经委、市委、建委、商委，劳动局、第二教育局、团市委联合组织的“全市职工学绝技、创绝招、争做技术明星活动表彰大会”在天津宾馆中礼堂隆重召开，98名来自全市各行各业一线职工技术能手的优秀代表，被市政府授予“天津市职工技术明星”荣誉称号，并受到嘉奖，25个先进单位受到表彰。

会上，中共天津市委副书记、市长张立昌就进一步调动职工积极性，发挥广大职工的主人翁作用，为加快经济发展献计出力，提出了三点要求。

第一，在新形势下要进一步加强工人阶级的主体地位，工人阶级是领导阶级，是改革开放和经济建设的主力军。多年来，市委、市政府始终紧紧依靠广大职工群众，不断加强他们的主人翁地位。全市职工群众以高度的政治觉悟和责任感，为国家分忧，为政府作劲，保证了我市改革开放、经济建设和各项工作的顺利进行。在新形势下，各级领导要把尊重工人群众的主人翁地位，无论哪种类型的企业，都要注意发挥工会、职代会等组织的作用，重大生产经营决策要同职工商量，接受群众监督。

第二，必须不断提高职工队伍的整体素质。提高劳动者素质，首先取决于职工队伍自身。一方面，要像受表彰的百名技术明星那样，热爱本职工作，认真研究技术，提高劳动生产率，为国家和企业多做贡献。另一方面，要努力学习掌握新的知识，只有刻苦学习，不断获取新的知识，才能适应形势的发展的需要。各级领导要努力为提高职工素质创造条件。

第三，要立足本职，为加快经济发展献计出力。要进一步增强广大职工群众的主人意识和责任感。要广泛深入地开展献计献策活动。结合调整结构、开发新品和企业扭亏增盈工作，围绕降低成本，提高质量，增加效益，发动职工提合理化建议。让那些劳动出力、工作出色、兢兢业业干事业的人，得到应有的利益，受到社会尊重。

会前，天津市领导张立昌、潘义清、王成怀和有关部委负责人与受表彰的技术明星和先进单位的代表合影留念。

天津市总工会主席潘义清主持了会议并讲话。

二十八、表彰奖励自学成才个人、集体

1993年11月25日，天津市总工会对职工自学成才先进个人和集体进行表彰奖励。根据《天津市职工自学成才奖励条例》，天津市总工会对蔡开仕等20名同志授予自学成才奖；对柏廷利等24名自学成才积极分子予以表彰；授予天津第二棉纺厂动力科电子组等两个单位为天津市职工自学活动先进集体。通过表彰活动，激励全市职工立足本岗，勤奋读书自学，不断提高自身素质更加积极地投身改革和建设。

1992～1994年，天津市总工会、市经委、交委等13个委局，连续两年在职工中开展“学、创、争”活动。首届活动以总结推广先进操作法为重点，组织职工结合本岗，本职工作进行技术培训、技术交流、技术比武，通过自下而上、层层选拔的方法，对各行各业职工技术明星进行评

选。全市7000多个单位，280万职工参加，涉及269个主要行业、3795个主要工种。各级工会以编书、培训、挖掘、观摩交流、组织技术传授队等形式，总结、挖掘、推广先进操作法1.3万多项，推广应用7800项，天津市政府对98名技术明星进行表彰。

1995年天津市总工会、市经委等13个部委联合开展第二届“学、创、争”活动。全市340个行业、3915个工种，约200余万职工参加，评出99名市级技术明星。活动总结推广近万项先进技术和先进操作法，组织技术明星开展“传、帮、带”收徒弟活动。天津市人事局、劳动局明确规定，对技术明星可破格评定技师或高级技师职称。

1996年4月至1997年8月，天津市总工会、市经委等13个部委在全市职工中开展第三届“学、创、争”活动。这届活动突出“抓深入、重质量、求效益、上水平”，把活动落实到基层、班组、个人，形成人人争做技术明星的局面。促进职工队伍整体素质的提高。这届活动体现了五个结合：一是抓尖子与打基础相结合。二是评选市级明星与评选基层能手、标兵、小明星相结合。三是评选明星个人与评选明星班组相结合。四是一次性比武与日常能效考核相结合。五是提高技术素质与提高思想素质相结合。活动主要为组织动员、开展培训、比武选拔三个阶段。1997年8月29日召开了第三届“学、创、争”表彰大会，全市有100名职工被市政府授予技术明星称号，101个班组被命名为市级“技术明星班组”，42个单位获优秀组织单位称号。此次活动中，全市各基层单位评选出10000名技术明星和10000个明星班组。

1998年6月，天津市总工会、市经委等13个部委在全市职工中开展第四届“学、创、争”活动。活动涉及340个行业，主要工种3900多个，参加职工200余万人次。这次活动深化了职工技能培训，参加培训的职工达100万人次，全市近千个企业的40多万职工参加了行业技术比武，评选出技术能手100名，市级技术明星中有93项科技成果获市级以上奖项或技术鉴定，技术明星的知识层次和技术等级高于往年。据统计，截至1999年12月，“学、创、争”活动开展7年，累计参加职工达800多万人次，共有397人被市政府授予技术明星称号，198个基层班组获市级明星班组称号。

二十九、职工素质工程

2002年，天津市总工会启动“提高职工思想道德素质、科学文化水平、专业知识技能和现代心理素质为主要内容，以增强职工学习能力和创新能力为重点，以提升企业自主创新能力和核心竞争能力为目标”的职工素质工程。全市成立以16个委办局负责同志为成员的领导小组，加强对职工素质工程的组织领导。

天津市总工会连续开展两届职工职业道德建设“双十佳”和“百佳班组”评选，制定推广工业、服务业等10个行业的职业道德示范文本，促进精神文明建设活动的深入开展。此外，还在全市范围内开展职工职业技能大赛、下岗失业人员职业技能大赛。全市制定《学习型班组创建学习读本》，通过举办职工读书节、班组长示范培训班、学习型班组创建培训班，加大学习型组织理论普及力度，创建出2.8万个学习型班组。

2002年度30余个省市、地区到津或以各种方式学习借鉴工作经验，天津职工素质工程已成为全国“创建学习型班组，争做知识型职工”活动品牌。

三十、开展百万职工技术创新活动

2000年，天津市总工会按照中共天津市委确定的“乘势而上，开拓创新，全面上水平”的工作基调，围绕抓好结构调整、技术创新、对外开放三件大事，在全市职工中广泛开展了百万职工技术创新活动。

在活动组织上，全市各系统、各行业、各地区按照全市的统一部署，全市近170多万职工的广泛参与。在活动内容上，紧紧扣住增强企业科技开发能力，市场竞争能力和抗御风险能力这一主线，抓住新产品开发、产品质量、市场营销、节能降耗、技术攻关等关键环节，充分发掘职工的智慧和潜能。全市职工提出并实施合理化建议120多万件；组织和完成技术攻关9600多项；成立“五小”活动小组2.1万个，实施“五小”攻关项目21万个，共创经济效益14.5亿元，为促进企业发展做出了重要贡献。在活动方式上，把强化技能培训，提高职工的岗位创新能力贯穿活动的全过程，开展专业操作工人、营销人员、烹饪技师、医务护理、青年教师等多层次、多形式、多门类的岗位练兵、技术比武活动1.1万场次。全市有80%以上的职工被吸引到活动中来。

三十一、评选优秀研究成果

1992年10月，天津市总工会下发关于评选优秀调查报告、优秀政策研究成果、优秀理论研究成果的试行办法。

为鼓励和推动天津市各级工会，深入实际，调查研究，提高天津市工会组织和广大工会干部的理论、政策和工作水平，更好地发挥工会在改革和建设中的作用，促进天津市工运事业的健康发展，天津市总工会决定，从1992年起，在全市工会系统开展评选优秀调查报告、优秀政策研究成果和优秀理论研究成果的“三优”活动。

第一，评选范围：凡本年度天津市工会系统的同志，在工作中形成的调查报告、政策报告、政策研究、理论文章等，均可参加评选。由于种种原因错过本年度推荐时机的调研成果，可作为下年度推荐评选的篇目。

第二，入选条件：“三优”成果入选的基本条件是，对各级党、政、工工作决策有较大的参考价值，或有较大社会影响的文章。

“三优”成果分三个等级，主要参考依据分别是：1.得到中央或中共天津市委、市政府、中华全国总工会批示；或为中央、中华全国总工会、市委、市政府报刊选用发表或在全国有较大影响的调研成果，可申报“一级优秀调研成果”。2.得到天津市总工会和区县局党、政批示；或为天津市总工会或区县局党、政文件报刊转发或发表在本市有较大影响的调研成果，可申报“二级优秀调研成果”。3. 其他入选成果可申报“三级优秀调研成果”。

第三、推荐和评选程序：“三优”成果每年评选一次，由天津市总工会研究室负责具体工作。采取作者申请或组织推荐，归口初评、择优选送和评委会审定的方式进行。初评工作分别由区、县、局工会、市直机关工会和天津市总工会机关工会联合会负责，每年 11 月底前，按天津市总工会确定的篇数，将参与评选的调研成果，按入选条件排出顺序，并附书面意见和推荐依据，报天津市总工会研究室，由评委会审定。

评委会由于长生、李泮徉、肖宜珂、杨东来、王荣荣、张宝乾、傅贵忠、赵凤镛、吴永清组成。

第四，奖励办法：凡评为等级序列的成果，均发“优秀调研成果”证书，并给予一定物质奖励。

三十二、成立天津市工人运动理论研究会

1998 年 2 月 13 日，天津市总工会召开天津市工人运动理论研究会暨 1998 年度调研工作会议。会议通过了《天津市工人运动理论研究会章程》和研究会领导机构。会议的中心议题是重视和加强新形势下工会系统的调查研究、理论研究，针对深化企业改革的实际，对 1998 年度重点调研课题进行了部署。市社联、市民政局、市委研究室的负责同志、劳模代表到会祝贺并讲话。部分大专院校的专家学者、各区县局、部分大企业工会负责同志 200 余人出席了会议。

天津市工人运动理论研究会是在中共天津市委领导的重视和有关方面的积极支持下，经过一个时期的精心筹备正式成立的。这是新形势下不断提高工会工作水平，发展工运事业的一项重要举措。目的在于为了组织社会各方面力量，积极开展新形势下有关职工问题工会问题的调查研究、理论政策研究，推动和促进党的工运事业的发展，更好地为改革、发展、稳定的大局服务。研究会成立以后，一是加强政治思想建设。充分发挥自身优势，组织理论工作者和实际工作者，以专题、报告会、征文等形式，加强政治理论的学习和培训，在加强工会系统的政治思想和理论建设方面，研究会要发挥带头和表率作用；二是加强组织建设。要进一步建立健全研究会的各级组织，针对不同行业的特点建立分会，按照相关的职能和课题组建专门委员会；三是加强作风建设。研究会是群众性的学术团体，工人运动理论研究会更具有广泛联系职工群众的突出特点。深入基层、联系群众，为基层和职工服务，是研究会工作的基本特征。研究会的活动方式，也要充分体现群众性的特点，采取“请上来、走下去”、按“区域分片”、按“行业归口”等小型多样的形式，开展学习培训、调查研究和专题研讨活动。通过研究会的工作和活动，带动各级工会干部摄入基层，体察民情，调查研究，增长才干。通过抓好调研，加强对基层工作的指导、服务和协调，促进工会领导机关转变作风，落实工会工作总体思路，推动重点工作的开展，从而达到加强工会自身改革和建设的目的。

三十三、《天津工运》

2001年《天津工运》扩版增页，编辑部提出《天津工运》要力争做到“质量一流、版式一流、管理一流、队伍一流”，对栏目设置、宣传重点、版式设计、装帧美编等方面加以调整、充实和创新，得到了新闻出版部门、中华全国总工会、天津市总工会领导、外省市工会和本市各级工会的充分肯定与好评，在全国和本市工会系统具有较高的知名度和影响力。2007年在天津市新闻出版署组织的报刊年审中,《天津工运》以办刊宗旨明确，舆论导向正确，内部管理严格，格式标准规范等鲜明特色，审验合格。在天津市第三次刊协代表大会的换届选举中《天津工运》被选为理事单位。

《天津工运》包括：封面要目、编辑部吹风、每月论坛、特稿专稿等。编辑部在栏目设置和内容上不断进行调整改进，加重“党政领导谈”“企业家谈”“工会主席谈”“工会干部谈”“实践与研究”“强基建制”“创新成果选萃”“聚焦农民工”“满意在天津实践行”“经验介绍”“论点摘编”“窗口与品牌”“前沿观潮”“班组擂台”“维权热线”“信息超市”“外埠采风”“广闻博览”“文摘”等栏目的比重和分量。编辑部在注重丰富内容的同时，下工夫改进形式，使刊物图文并茂，相得益彰。首先，扮亮封面，凸显主题。其次，配合重点工作，安排好封二、封三的新闻图片。其三，在封底的职工艺苑上，继续为职工艺术家、工会干部等出艺术作品专刊。此外，在内文中，除继续想方设法为文章配发好照片外，还专设了“图片报道”“一线传真”“广角镜”等栏目，用新闻图片的形式反映基层工会工作经验成果。每年初，都在“编读往来”栏目中，将全年的宣传报道工作的指导思想与目标原则、重点内容、具体要求通报给读者，发布征稿启事。

三十四、兴办工会经济实业

1988年，天津市总工会在全国率先制定企事业单位工会开展多种经营的《暂行办法》。同年，天津市总工会建立天津市工会经济实业服务中心。1992年，天津市总工会召开了“六二九”会议，明确提出加快发展工会企事业的要求。1993年全国第二次工会企事业工作会议后，天津市相继制订了“三五五”发展规划，确定用三年的发展方向和要求，推动天津市工会企事业的全面发展。1994年初，天津市总工会常委会提出“全面发展、重点突破，建立工会经济事业的支柱产业”的设想，把发展职工消费合作社、住房合作社、保险合作社和工会信用社作为工会经济事业的发展重点，使全市工会企事业的发展进入一个新的阶段。

1988年至1992年5月天津市工会兴办经济实业707家其中，天津市总工会兴办的企、事业有26家，区县局工会兴办的有12家。职工住房合作社4年来合作建房7.3万平方米。此外，开办科技实体253家，以退休职工为主的经济实业65家。

1992年6月底天津总工会召开经济工作会议，研究发展天津市各级工会兴办第三产业。在中华全国总工会召开的全国工会企事业工作会议上，天津市总工会介绍了经验体会。

三十五、工会经济事业发展

1993年12月，天津市总工会提出天津市工会企事业发展规划。规划确定今后三年全市工会企事业发展的总目标是：在现有的基础上，工会企事业的规模要有明显扩大，在服务改革开放、服务职工群众、服务工运事业方面的作用要有显著增强。到1996年，工会企事业生产总值要达到30亿元，实现利税要达到2亿元，从业人员要达到5万人，初步形成能够适应社会主义市场经济体制，具有中国工会特色的社团产业。为实现这一目标，要实施“三、五、五”工程，即发展“三条线”，形成“五个网”，突出抓好“五个项目”。

“三条线”就是：工会、技协、退管会要齐头并进，结合各自的实际和特点，在现有的基础上，发展企事业。这三条线都要动起来，利用各自的优势，发展各具特色的经济实体，真正形成工会企事业三个支柱。在今年的基础上，经过三年的努力，实现产值和利税翻一番。

“五个网”就是：(1)职工消费合作社要形成网络。有条件的企事业，都要把职工消费合作社建立起来，让职工在工会的经济实体中，享受直接的物质和精神利益。明年，市职工消费合作社总社要建立起来。(2)职工合作建房要形成网络。有条件的区县局工会，要积极组建职工住房合作分社，吸引更多的企事业单位和职工群众集资合作建房，为职工提供更多的质优价廉的商品房，到1996年全市职工合作建房竣工面积要达到15万平米。同时，积极创造条件，扩大工会房地产综合开发能力，到1996年翻一番。(3)职工疗休养事业要形成网络。以各级工会所属的疗休养院（所）为依托，不断扩大服务范围，提高医疗康复水平，改善疗休养院（所）的设施和条件，力争用三年的时间，把职工疗休养院（所）发展成覆盖全市的集疗养、休养、康复、度假、旅游为一体的综合服务阵地。(4)“四技”服务机构和科技型经济实体要形成网络。以市技协为龙头，以区县局职工技协为依托，以企业职工技协为阵地，吸收各方面的技术力量，围绕搞好企业技术改造和发展高新技术，逐步扩大职工技术活动的范围，形成覆盖全市、面向基层的工会科技服务网络。到1996年，职工技术活动的成交额和结算额比1993年翻一番。(5)职工文化、体育、教育事业要形成网络。经过努力逐步建立起布局合理、门类齐全、面向职工、满足需求的职工文化、体育、教育服务群体。市和区县局的工人文化宫、俱乐部、体育场和各类学校，要发挥辐射作用，不断提高活动水平和服务质量。同时，要坚持一业为主、多种经营，力争用三年的时间做到经费自给有余，增强自我发展能力。

在建设以上“五个网络”的同时，各级工会还要突出抓好以下“五个项目”：一是发展工会金融事业。以津工城市信用社为主体，广泛吸引资金，扩大存款，积极开展证券交易业务，经过三年努力，使津工城市信用社的存款余额有一个较大的增长，成为同行业中领先的、全功能的金融机构。二是发展工会保险福利事业。按照中华全国总工会的部署，创办职工社会保险互助会组织，服务职工群众，增强保险能力。逐步扩大劳动模范、先进人物的人身和补充保险，为先进模范人物解除后顾之忧。同时，要争取社会各方面的支持，兴办社会和职工急需的福利事业。三是发展工会劳动就业服务。健全和完善工会职业介绍机构，建立工会职业培训基地，把职业介绍、职业培训结合起来。同时积极加强对外联系，发展境外劳务输出，把境内职业介绍同境外劳务介绍结合起来，为富余职工创造更多的就业机会。三年内，介绍成功率逐年都要有一个较大的提高。四是发展配套加工经济实体。工会兴办综合利用、配套加工等拾遗补缺型的经济实体大有可为。要充分利用背靠企业的优势，因地制宜发展各种修旧利废、增产节约、资源再生等方面的经济实体。有条件工会企业，可建立自己的工厂，围绕企业主要产品，搞配件加工、维修保养和生产附加产品。到1996年，这一类经济实体的产值和利税，要占全市工会企事业产值和利税的三分之一。五是发展外向型企事业。在扩大对外开放的过程中，要充分发挥与国外工会广泛联系的优势，通过各种渠道吸引外资，开展多种形式的合资合作，利用外资改造现有的工会企事业，发展对外贸易。经过三年的努力，力争外向型经济在工会企事业中占有一定的比重。为保证“三、五、五”工程的实施，各级工会要进一步解放思想，坚定办好工会企事业的信心；建立新的发展机制，加强对企事业的管理；坚持两手抓、两手硬，提高工会企事业的两个效益。

1994年，工会经济实现产值15.2亿元，实现利税1亿多元，安排富余人员7万多人。1995年“两节”期间，支出318万补助困难职工。

1995年，天津市职工消费合作社占地5000平方米，基层工会的职工消费合作社组织相继成立。职工住房合作社下设四个分社，平均每年向职工提供5万平方米的住房。职工互助保险合作社为7640人次的劳动模范办理了终身、养老补充保险，为一万多名职工办理了养老补充储蓄保险。工会信用社存款2.5亿元，在全市信用社中位列第三名。

三十六、马可·波罗国际俱乐部开工

2002年9月21日，第一工人文化宫马可·波罗国际俱乐部建设项目在原第一工人文化宫大剧场举行全面开工仪式。工程是海河综合开发的重点和亮点。建成后的马可·波罗国际俱乐部建筑面积近一万平方米，外檐为意大利回力球管的风貌特色，与马可·波罗广场浑然一体，内部主体结构不变。

三十七、工会友好交流工作

天津市总工会充分利用工会外联优势，为企业招商引资牵线搭桥；利用工会友好交流的渠道，直接参与对外经济活动；立足企业的实际需要，加强对外的实质性交流；学习和借鉴国外工会经验，推动外商投资企业工会工作的开展。

1991年至1996年，天津市总工会先后与日本、韩国、俄罗斯三个国家十四个工会组织建立了友好交流关系，全市35个工会代表团出国访问、考察。接待了来自38个国家和地区、148个工会代表团3360人次到天津访问、参观。通过友好交流，为5个工会企业、事业单位和产业工会与国外工会相应组织建立了友好交流关系。

第八节 加快推进滨海新区开发开放，促进经济社会又好又快发展时期的工会工作

一、强基建制推动建会

2005年，天津市总工会开展“强基建制”活动，提出基层建会和发展会员的目标，在上一年度增长30%的基础上再增长10%。天津市总工会100余名工会干部组成14个推动组，深入基层工会，开展以建会、建制、增活力为主要内容的“强基建制”调研服务活动，各个工作组为基层提供具体服务329件（次）。

中共天津市委常委、天津市总工会主席散襄军将部分外企、私企老板请到天津市总工会进行座谈，了解企业的劳资关系状况和企业经营情况，帮助企业解决问题。之后，全市各级工会将这种服务工作扩展到117个区县局、3887家企业。活动开展后，非公企业纷纷主动组建工会。麦当劳餐饮集团在天津的32家门店同时建立工会，韩国三星集团在天津的两家下属企业成立工会。截至2005年12月，在工会列入“强基建制工作的三百强”企业中，建会率达到93%，各区县新增基层工会748家，新增会员138473人。

“强基建制”工作中，河北区工会以强基建制工作为中心，开展评选“十佳工会干部”、“十佳基层工会”活动。大港区工会将“强基建制”工作责任到人，分片负责，在相关企业建立走访、回访制度，实现企业间的有机互动，取长补短。天津市总工会在困难职工救助中心建了救助困难职工的“绿色通道”。

2005年，1899户企业实行工资集体协商，80万名职工在工资分配问题上开始发出自己的声音。为进城务工人员追讨被拖欠工资12.42亿元。天津市总工会在1000家骨干企业开展医疗互助保障活动试点，帮助困难职工解决看病问题。同年，在全市范围内开展了“金秋助学”活动，资助1万名困难职工子女完成学业。

2003～2006年，天津市总工来相继出台“关于企业改制中充分发挥职代会和工会作用的意见”等一系列政策文件，促使用人单位与10.6万名职工补签劳动合同，监督企业补交劳动保险金额达1.45亿元。

二、推动区县工会组织的建设

2005年，天津市总工会召开推动工会组织工作座谈会。会后，19个区县总工会和开发区保税区工会联合会向同级党委、政府汇报，调整工作重心，明确工作责任，分解工作目标推动组建工

会组织。针对企业注册地和经营地分离大量存在的现象，各区县总工会坚持属地管理的原则，对本区域的未建会企业承担起第一责任人的职责，帮助、协调和督促未建会企业及时成立工会组织。

和平区、东丽区、大港区、河北区等区把工会组建工作列入区县重要议事日程，主管领导定期听取组建工作汇报，并将工会组建工作列入对乡镇、开发区党委绩效考核的重要内容之一。津南区、河西区、塘沽区、静海县等县先后下发"党工共建"指导意见，借助各级党组织和政府的力量优势推动工会组建工作。武清区总工会结合区域内外资企业较多的现状，确定工会组建工作"格局社会化、目标具体化、责任明确化、力量集中化、形式多样化"的"五化"建会思路，最大限度地覆盖不同规模企业，实现外资企业工会组建工作的新突破。北辰区、西青区、宝坻区等区县总工会明确将外资企业建会作为今后一个时期的重点，对于钉子户和空白点采取代行职能和经费支付令，责令限期建会。红桥区总工会借助全区经济普查成果，对区域内外资企业的基本情况及时掌握了解，并建立工作台账和数据库，实行动态管理。蓟县总工会提出了外资企业建会率达100%，同时还加大乡镇街道内的第三产业建会和会员登记工作力度。

2005年，天津市各区县总工会创新建会形式。汉沽区政府领导和部分委员对工会法执行情况进行检查，以此合力推动建会；南开区总工会与区工商联共同发文，合力推动私企建会工作；开发区保税区工会联合会探索直接吸收会员入会的方式。河东区总工会探索建立区域性、行业性工会联合会的有效形式；宁河县总工会与县执法大队成立三轮车协会工会联合会，吸纳会员1661人。截至2006年5月底，区县系统共新建基层工会561家，发展会员74010人，其中外资企业建会46家。

三、推动世界500强在津企业建会

2008年，按照中华全国总工会《关于开展进一步推进世界500强等跨国公司工会组建集中行动的通知》精神，天津市总工会制定《推动世界500强在津企业组建工会工作方案》。

世界500强在津企业共159家，其中109家建立了工会，50家企业尚未建立工会组织。2008年6～9月，天津市总工会组织7个推动组，深入10个相关区县，推动50个未建工会组织的企业建会。承担此次世界500强在津企业建会任务的河西区、和平区、南开区、河东区、东丽区、河北区、北辰区、武清区总工会采取措施，推进世界500强在津企业的建会工作。

2008年7月上旬，中华全国总工会基层部领导到河西区总工会、滨海新区工会，了解世界500强在津企业建会情况，对天津市总工会积极部署和两区的做法、成效给予充分肯定。

截至2008年9月，世界500强在津的128家企业建会，率先完成全国总工会要求的建会任务。

四、工会参政议政

2004年，天津市出台《关于实行企业职工听证会制度的意见（试行）》，天津市总工会全力推动这项制度的落实。《意见》在国资委直接监管企业的所属国有及国有控股企业试行。

意见规定：企业可结合实际，制定具体实施办法。职工听证会，是指企业在决定重大事项特别是涉及职工切身利益的事项前，遵循公开、公平、公正的原则，以会议形式组织企业有关方面人员代表，对其必要性、合理性、可行性进行听证，以此作为职代会审议、通过企业重大决策的前提和必经程序。

企业在以下情况下要召开职工听证会：一是企业重组、改制、破产等重大事项；二是企业较大规模的职工下岗、分流、安置等涉及职工切身利益的重要事项；三是涉及企业改制发展和关系职工切身利益的其它重要事项。职工听证会由企业有关负责人主持，工会联合听证会事项所涉及的相关部门负责组织实施，纪检监察组织负责监督检查。职工听证会有四项权力：参加听证会的人员要经民主程序推荐产生，与会人员应具有广泛性和代表性。听证会事项的直接利益人员代表应占一定比例。职工听证会应在召开职工代表大会7个工作日前召开，企业相关部门应在听证会召开7个工作日前，将召开听证会的时间、地点及听证会上需要论证事项所涉及有关资料通知并送达参加听证会人员。

参加听证会人员享有的权力，一是要求企业负责人或企业相关部门负责人解答有关问题，了解、掌握所听证事项的详细情况。二是收集并反映企业各方面人员对听证会事项的意见、建议。三是对听证会的事项提出意见和修改建议。四是根据听证会内容赋予与会人员的其它权力。参加听证会的人员应履行的义务有：一是遵守会议纪律，维护会议秩序、保守企业商业秘密。二是客观、公正地反映企业广大职工的意见、建议。三是对已经确定的事项，积极协助企业广泛宣传和善释目的意义，保证其顺利实施。四是根据听证会内容与会人员应履行的其他义务。听证会最终结果公开。

五、工会工作受到中共天津市委、市政府重视

2004年，中共中央政治局委员、中共天津市委书记张立昌就专门对工会工作作出22次重要批示，帮助工会协调解决问题。

2001～2008年，市、区县局两级工会先后参与制定涉及这切身利益的文件307项，提出建议和主张382项，党委、政府文件采纳率大92.7%。

中共天津市委每年召开2次市委常委会，专门听取工会工作的情况汇报，指导和帮助工会解决工作中的重大问题和实际困难。对职工素质工程、工资集体协商、工会组建等工会重点工作，市委、市政府都专门成立领导小组和机构，主要领导同志牵头，亲自动员、部署和推动，并出台了一系列政策文件给予保证。在领导干部配备、干部编制职数、财力物力支持等方面给予政策倾斜。如天津市政协会议上，天津市总工会将国企困难职工纳入城市低保的提案提出后，市里协调有关部门为1.1万名困难职工落实了城市低保待遇。根据工会的建议，市里建立了四级政府与工会的联席会议及劳动关系三方协调会议制度，每年围绕工会建议进行协商，形成协议分头落实。在市委领导的倡议下，天津市总工会及各区县工会都建立起了困难职工救助中心，并赋予工会帮扶、参与、监督的职能。为保障中心的资金来源，市委领导要求把中心所需资金纳入各级财政预

算，市政府领导把500万元扶困资金调动使用全交给工会，有效的支持了工会的帮扶工作。

2005年，天津市总工会建立和完善包括快速反应及预警机制、宏观参与机制、劳动关系协调机制、安全生产监督检查机制、困难职工帮扶救助机制、法律援助机制等“六大机制”。直接参与中共天津市委重大决策，提交人大议案、政协提案，层层进入改革领导小组与工作机构，政府与工会四级联席会议制度，劳动关系三方协调机制，工资协商、集体合同制度，与人大和政府有关部门执法检查和联合督察等多种渠道，严格把好维权关口。

六、厂务公开“三制四书”制度

2003年，天津市厂务公开办公室参照ISO9000质量认证办法和工会安全生产监督两书制度，规范了厂务公开“三制四书”制度。

“三制”为厂务公开的领导责任制、考核制、追究制；“四书”为检查“三制”的厂务公开建议书、实施报告、整改通知书、责任追究建议书。2003～2004年，全市1376个企业实行“三制”制度，实施“四书”的企业有1022家。塘沽区、南开区还制定了实施细则，大港区根据“三制四书”的要求，对区属企事业单位进行了检查，查处13个单位厂务公开不到位，下达了整改通知书，提出28条整改措施。河西区实行分类指导，以点带面，按照“三制四书”对企业进行公开评议打分。

2004年2月24日，全国厂务公开办公室、中纪委办公厅及中华全国总工会民管部有关领导来津进行厂务公开工作调研。天津市厂务公开办公室、天津市总工会领导向到津调研的领导全面汇报工作情况。全国厂务公开办公室等领导对天津的厂务公开“三制四书”工作给予了充分肯定。他们认为，天津厂务公开工作一直走在全国的前列，“三制四书”体现深化厂务公开，加强民主管理步步深入。为适应改革发展，天津厂务公开工作着眼点转向研究和推动改制企业、非公有制企业的厂务公开民主管理，天津的厂务公开工作在全国起到引领作用。有条件的情况下，在全国推广是一件非常有意义的事，这是贯彻落实两办通知的重要措施和经验，体现了总书记胡锦涛在中纪委三次全会上“求真务实”的讲话精神。他们希望天津继续以求真务实的精神实践“三制”、“四书”，加大推动力度，注意研究总结，为在全国总结推广这一做法奠定基础。

七、参与国企重组改制和关闭破产

2003～2007年，天津市各级工会组织参与国有企业改制工作，各级工会组织坚持贯彻“三个原则”和“六个到位”指导思想开展工作。

“三个原则”：一是坚持党的领导原则。各级工会在国有企业改制的工作中，进一步强化党的观念，增强依靠党的领导的自觉性，积极争取党的领导，及时向党委反映职工群众的意愿要求和工会的意见和主张，使工会的主张在党委决策中得到体现。二是坚持依法办事的原则。国企改制工作政策性强，工作中每一个环节都努力做到认真学习掌握政策，严格执行政策，特别是对涉及职工切身利益、民主程序等关键问题不打折扣。三是坚持履行工会基本职责的原则。各级工会在参与国企改制工作中，坚持以职工为本，促进改革发展。努力做到旗帜鲜明地支持改革，旗帜鲜明地维护职工合法权益。

“五个到位”：第一组织领导到位。全市各级工会相应成立工会参与国有企业重组改制和关闭破产工作领导小组和办公室。天津市总工会党组副书记、常务副主席担任组长。第二思想发动到位。参与国有企业的改制重组和关闭破产工作，各级工会以座谈会、信函、走访等各种渠道听取职工意见，力求达到企业实际承受能力与职工期望值相统一。第三源头参与到位。一是畅通参与的渠道。坚持“两进入”，即：各级工会主席必须进入同级改制领导小组，工会干部必须进入同级改制工作机构；二是突出参与重点。天津市总工会着重政策参与，如对企业与职工解除劳动关系的补偿标准、改制过程中的民主程序，和进入新企业的职工劳动合同期限等涉及职工切身利益的问题，坚持就高不就低，广大职工的合法权益最大限度地得以维护；三是敢于反映意见。天津机电控股公司工会要求所属的改制企业工会明确提出“允许行政不采纳，不许工会不说话。”替职工说话，说有利于稳定的话，说有法律依据的话。第四履行民主程序到位。首先，强化会前论证。其次，严格界定职权。其三，规范会议制度。第五指导服务到位，包括一是文件指导，二是典型示范。第五帮扶措施到位。天津市总工会将改制企业的困难职工列入重点帮扶对象，统筹安排、分类指导，创造就业机会。

2004年天津市总工会制定下发《关于在国有企业改制工作中充分发挥工会和职代会作用的意见的通知》。

2005年10月16日，天津市总工会召开天津市工会参与国有企业重组改制和关闭破产工作座谈会。会议就贯彻全国总工会和天津市总工会常委会关于进一步加强工会参与国有企业重组改制和关闭破产工作的有关精神，深入研究工会在该项工作中如何更好地发挥作用。天津市总工会副主席、天津市总工会参与国有企业重组改制和关闭破产工作领导小组组长张子鹏讲话。讲话指出：当前，我国国有企业重组改制关闭破产工作进入到一个新阶段，根据国务院常务会议审议通过的国有企业关闭破产工作四年总体规划，今后四年内，国家将对部分国有企业实行最后的政策性关闭破产。这些企业其中相当一部分是职工人数多，企业包袱重，资产质量和经营状况比较差的国有大中型企业，工作难度很大。而天津市将有部分市属企业进入国家四年期的政策性关闭破产计划，这些企业属于职工人数多、企业债务多、资金少的困难和特困企业。同时有相当一部分国有企业要进行重组改制和非生产性破产。中华全国总工会最近成立了参与国有企业重组改制和关闭破产工作领导小组。天津市总工会按照中华全国总工会《关于更好参与国有企业组长改制和关闭破产工作有关问题的通知》要求，经天津市总工会常委会研究决定，专门成立“天津市总工会参与国有企业重组改制和关闭破产工作领导小组”，并制定明确工作内容和职责分工。

在国有企业重组改制和关闭破产工作中，天津市总工会强调做好各方面的工作：一是要提高对工会参与国有企业组织改制和关闭破产工作的重要意义的认识。各级工会组织要从贯彻落实“三个代表”重要思想，树立以人为本的科学发展观，认真落实胡锦涛总书记对工会工作重要指示精神的高度认识工会参与国有企业重组改制和关闭破产工作的重要意义。二是要切实加强领导，形成自下而上的参与体系。凡事有企业重组改制和关闭破产任务的局、总公司（集团）工会和区县总工会都要成立工会参与重组改制和关闭破产工作领导小组和办公室，要落实责任领导、责任部门和责任人。要把这项工作纳入工会工作的重要议事议程。三是要深入细致的做好职工的思想政治工作。各级工会要积极协助党委、行政，紧密结合改制企业的实际，发挥群众工作的优势，做好深入细致的思想工作。四是要切实加强源头参与。各级工会主席要计入其办事机构。要通过三方会议制度，联席会议制度等多条渠道，加大民主参与的力度，充分反映工会的主张和职工群众的意见。五是要严格履行民主程序。企业改制的目的意义、资产和经营现状、相关政策和具体方案做到公开。改制方案必须提交职工代表大会审议，并听取职工意见等。

2006 年天津市总工会制定下发《关于在国有企业改制工作中切实维护职工合法权益的实施意见》。全市工会系统提供 5 万多个就业岗位，安置改制企业下岗职工 2.11 万人。对“4050”职工和丧失劳动能力、残疾、大病、提前内退养等特定职工群体，安置进入托管中心，为他们提供服务。

2006 ~ 2007 年，天津市总工会改制办先后到主要区县局、总公司（集团）和基层企业进行调研，召开改制经验交流会、座谈会、现场会，总结推广改制工作的经验做法，并下发《简报》《信息》。天津市总工会将国家和天津市制定的国有企业改制相关政策汇编成册，免费下发至各级工会。各级工会组织建立改制工作进度定期统计制度，编制改制企业实名录。

八、启动工资集体协商三年规划

2008 年下半年，经天津市总工会常委会研究，制定《天津市总工会发展和谐劳动关系推进工资集体协商工作三年规划》，规划要求从 2008 年下半年至 2011 年，用 3 年时间，建立集体合同制度的企业要达到工会组织企业的 90% 以上。对于不签订工资集体协商的企业、企业工会和企业党政领导、工会主席，在评先评优中将一票否决。

天津市工资集体协商 3 年规划的目标为：2008 年，建立集体协商集体合同的企业达到建立规划组织企业的 85%，其中签订工资集体协议的企业达到建立工会组织的 65%；2009 年，建立集体协商集体合同制度的企业达到建立工会组织的 85%，其中签订工资集体协议的企业达到建立工会组织企业的 70% 以上，覆盖职工达到建立工会组织企业职工的 70% 以上；2010 年、2012 年，建立集体协商集体合同的企业达到建立工会组织企业的 90% 以上，其中签订工资集体协议的企业达到建立工会组织企业的 75% 以上，覆盖职工达到建立工会组织企业职工的 80% 以上。通过在全市建立工会组织的企业中广泛推行工资集体协商制度，推进建立健全企业职工工资协商共决机制、正常增长机制和支付保障机制。

同时，天津市总工会还对工资集体协商工作提出具体工作规划。主要内容有，健全完善监督、制约、考核、激励机制，将工资集体协商机制的建立、签约、履约，纳入劳动保障监察的主要内容；把开展工资集体协商，签订工资集体协议和企业职工工资收入增长情况纳入评选劳动模范、优秀企业家、劳动关系和谐企业、五一劳动奖章和奖状、先进职工之家、优秀工会工作者和优秀工会之友的重要条件。为进一步强化推动工资集体协商的考核激励，经考核，对每年度推动工资集体协商成绩突出的区县总工会、局、集团（总公司）工会及工作人员分别授予五一劳动奖状和奖章。此外，还增设了优秀协商代表和协商金点子职工的评选奖励。

2008 年 11 月 5 日，天津市总工会全面启动《天津市总工会发展和谐劳动关系推进工资集体协商工作三年规划》，全市各区县局、集团（总公司）工会，根据规划的要求，相继出台具体实施方案。

九、工会法律工作

2004 年 3 月 11 日，天津市总工会法律工作部与天津工人报联合开设“维权在线”栏目正式启动。“维权在线”提供两种服务方式，一种是天津市总工会专设热线电话咨询，另一种是天津工人报社的“维权在线”专刊和热线电话受理。按照天津市总工会要求，工会依法维权必须坚持走法制化、制度化、规范化的路子，只有将依法维权融入改革和发展的大局中，才能发挥实际效应。“维权在线”重点宣传报道职工群众关注的热点难点问题，立足于协调劳动关系、维护职工权益、促进权益发展和社会稳定。

2004 年 4 月 13 日，天津市人大常委会副主任王德惠、王述组、梁肃等人大代表，对全贯彻落实工会法情况进行视察，视察中，代表们对全市工会系统取得的成绩给予充分肯定，认为天津市各级工会自觉依法建会、依法治会、依法维护职工的合法权益，在全面提高职工素质、构建多层次维权格局、建立职工长效帮扶机制，加强工会组织法制化等方面作了大量的工作。代表们还指出全市贯彻落实工会法及实施办法存在一些问题，如新建企业建会和工会经费收缴比较困难等。

2004 年 5 月 24 日，全国人大常委会委员、全国人大内司委副主任委员刘珩等一行到津，调研天津市贯彻执行《中华人民共和国工会法》的情况。刘珩一行视察了天津市困难职工救助中心和津工超市，与城建集团等 8 家企业工会主席进行了座谈。中共天津市委常委、天津市总工会主席散襄军介绍了天津市工会紧抓维权维权职能、建立保障困难职工生活第三道防线等情况后，刘珩认为天津市总工会建立全国第一家困难职工救助中心，在全国率先建立起集六大快速反应系统为一体的职工联合服务中心，最早在全国建城建进城务工人员工会，这些开拓型扎扎实实的工作成果，极大地增强了工会组织在维护职工合法权益、为困难职工解难等方面的能力，对调动职工积极性、促进经济发展都起到了重要作用，为全国工会发展也创造了一些好的经验做法，值得推广。刘珩等调研组成员对天津市工会工作给予充分肯定。

2004 年，天津市总工会以“帮扶中心”为载体，将信访接待、协商调解、法律咨询、诉讼代理等工作结合起来，开展法律服务工作。法律工作部的工作人员每天轮流在“中心”值班，接待来访的职工群众和工会干部，答疑解惑、协商争议纠纷。2007 年 8 月，天津市总工会建立“天津市总工会主席接待日”制度，天津市总工会主席、副主席轮流到“中心”与职工面对面交流。2007 年 1 月至 2008 年 8 月，“中心”共接待职工来访 7194 人次，来信 427 件，为职工代写诉状、提供法律援助 120 件，胜诉率 100%，为职工挽回经济损失近 3000 万元。

2006 年 3 月 30 日，天津市总工会召开工会法律工作会议，总结“十一五”期间天津市工会维权工作的主要情况，对 2006 年工会维权工作进行了具体部署。大会提出“工会维权承诺 10 条”及相应的工作措施。

中共天津市委常委、天津市总工会主席散襄军参加会议并讲话，他指出，新形势下工会维权的对象和领域在不断扩展，维权的内涵在不断深化，维权任务愈加艰巨。应当清醒地认识到，工会维权工作一定要走出工会内部循环的小圈子，把维权工作纳入到社会建设和管理的总体格局中，融入社会主流，善于借助社会各方面力量和资源，努力形成“党委领导、政府重视、工会运作、各方支持、职工参与”的工会社会化为全新格局。

2006 年 5 月 27 日，天津市工会系统正式启动工会公职律师试点工作。工会公职律师持有司法行政部门颁发的公职律师职业证，兼有律师和公务员双重身份，只承担工会系统涉及职工权益维护的相关法律问题，不向社会提供其它有偿服务，不以律师身份办理工会系统以外的诉讼案件。有维权工作经验的工会机关现职工作人员参加资格考试后，可获得公职律师的身份，供职或受聘于县级以上工会，专为职工维权服务。工会公职律师的职责和权利广泛，在调查取证、查阅档案材料以及参加律师职称评定等方面与社会律师享有同等权利。

2008 年 11 月 26 日，天津市总工会召开工会法律援助工作会议。会议以贯彻中华全国总工会《工会法律援助办法》为契机，将强化工会法律援助工作与实践科学发展观相结合，积极探索建立方便职工、合力联动、畅通快捷的法律援助服务维权体系，为切实维护职工合法权益，建立稳定和谐劳动关系，促进全市经济又好又快发展，提供良好的法律环境。天津市总工会主席邢明军在讲话中指出，几年来，全市各级工会组织和律师团成员积极围绕天津经济发展的大局，以劳动关系和谐为主线，在维护职工合法权益方面付出了辛勤努力，在促进社会发展，维护社会和职工队伍稳定方面作了大量卓有成效的工作。他指出，加强工会法律援助工作是学习实践科学发展观，坚持以职工为本的本质体现；是推进社会走向文明、走向法制的内在要求；是协调劳动关系，促进社会和谐的现实需要。全市各级工会要充分发挥工会法律援助工作在构建和谐社会中的作用，按照《工会法律援助办法》的要求，从“大维权”的理念出发，从服务职工、方便职工入手，强化法律政策宣传，不断提高广大职工的法制观念让职工提高法律援助深刻认识法律，提高维护自身合法权益的能力采取法律知识讲座、咨询活动等多种形式措施，提高包括农民工在内的广大职工的法律意识和法律素质；积极开展法律援助切实提高服务质量。

天津市总工会职工法律援助中心聘任国浩、击水、易道、法政牛津、杰森、旗帜六家律师事务所为职工法律顾问单位，发挥律师的专业优势，按照区域划分，为坐落在本区域内的职工提供方便快捷的法律服务。

十、维护进城务工人员合法权益

天津城建系统有外来农民工56000余人，2000年成立第一个农民工工会，2001年,《关于在进津、驻津施工企业和分包队中组建工会，开展工会工作的实行意见》下发，2001年~2003年，进城务工人人工会建会率达50%，会员覆盖率达到近70%，至2004年城建系统建立农民工工会255个，34738名农民工加入工会组织。

2004年2月19日，全国建筑、交通行业进城务工人员工会组建工作现场经验交流会在天津召开。会议听取了天津市政一公司工会和农民工代表的汇报。天津城建系统在外来务工人员中组建工会的经验，使参会代表很有感触，他们表示，天津市城建工作扎实、系统，特别是由农民工工会参与集体劳务合同，把工会维权纳入了合同化的轨道，值得他们学习。出席现场会的中华全国总工会负责同志表示，天津在农民工中工会的经验值得在全国推广。

2006年1月，天津市各级工会组织开展农民工工资支付专项检查活动，对本地区、本系统拖欠工资情况进行全面清理。2006年2月22日，全市规划建设系统3亿元农民工工资发放计划如期落实。拖欠2003年的12.09亿元工资全部清理偿还。专项检查活动中，建立了农民工工资“月预付、季结算”制度和预留账户制度，25万农民工办理了工资卡，从制度上彻底解决拖欠农民工工资问题，这一做法成为“天津模式”。

为保障农民工的合法权益，天津市总工会提出要做到“五个一样”，即政治上一样关心，管理上一样规范，权益上一样维护，素质上一样提高，生活上一样照顾，号召农民工“进城务工入工会，有了困难找工会，维护权益靠工会，提高技能到工会”。

2006年7月15日，天津市总工会号召全市各级工会组织开展“向农民工送文化行动”，行动以“送知识、送技能、送电影”为主要内容。号召要求：各级工会组织要推动企业行政建立农民工职业培训示范基地、农民工周末课堂、流动课堂、农民工业余学校，组织举办各种公益性培训，到2010年实现全市农民工100%培训率的目标。广泛开展“绿色证书行动”在劳动行政部门和教育主管部门的支持下，使参加职业技能培训的农民工经过考核鉴定取得相应的职业资格证。天津市职工经济技术大学作为中华全国总工会首批资助建立的农民工业余学校，今后五年每年培训农民工5000到10000名。

全市首批组建6支工会流动电影放映队，每支放映队一年为农民工放映电影80场，观众在3万人以上。各单位充分发挥工人文化宫俱乐部、职工文化体育协会、职工文体活动示范基地和职工读书节、文化艺术节等精神文明建设的作用，广泛开展农民工喜闻乐见、丰富多彩的文化体育活动。定期组织职工艺术家、文艺骨干和职工艺术团深入一线，深入到农民工相对集中、人数较多的区域和企业慰问演出。各单位要把“向农民工送文化行动”与深入推进工会组建和发展会员工作相结合起来，与深化职工素质工程、增强自主创新能力结合起来，最大限度地把农民工组织到工会中来。

2006年9月26日，天津市职工经济技术大学举行工会职业培训中心和农民工业余学校成立揭牌仪式。中共天津市委常委、天津市总工会主席散襄军出席并讲话。

2006年，天津市总工会把农民工建会工作纳入各级党政及主管部门的目标考核中，形成目标明确、规范有序的建会工作推动机制，与天津市建委密切配合，在行政管理方面严格把关，在《资质审查表》和《外地建筑企业进津须知》中，增加了农民工工会组织建设的内容。另外，要求各进津、驻津施工企业工会依法监督企业农民工签订劳动合同，并从规范劳动合同入手，加大监督力度。

十一、开展创建“工人先锋号”活动

2007年，天津市总工会按照全国总工会开展创建“工人先锋号”活动的部署，和中共天津市委书记张高丽提出要把“工人先锋号”进一步做大、做实、叫响的指示要求，成立由天津市总工会领导挂帅的领导小组，各区县、委办相继成立党委领导同志任组长、工会负责同志为成员的创建活动领导小组和办事机构。天津市总工会定期研究“工人先锋号”创建活动，明确不同时期的工作重点，创新活动的形势内容，采取有力措施，抓好典型推动，及时总结经验，在全市形成党委领导、行政支持、工会运作、职工广泛参与的创建选树“工人先锋号”活动工作格局。2007年，天津市总工会开展创建“工人先锋号”先进集体255个。

在“工人先锋号”创建活动中，与“五比一创”劳动竞赛推动本市重点工程建设相结合。在市委、市政府今年确定的重点工程建设（60项重大工业项目、40相民心工程、20项服务业重大项目和145相区县项目）中，控制了以“比技术创新、比科学管理、比又好又快、比安全生产、比团队和谐，‘工人先锋号’精品工程”为主要内容的职工建功“十一五”、重点工程“五比一创”劳动竞赛活动。

“工人先锋号”称号荣获单位、天津市政设计院滨海分院瞄准国际先进水平，在空客A320组装线工程、构建滨海大交通体系、建设临港产业区、东疆保税港等多项重点工程和规划中，完成许多家跨国集团和国际知名设计院叹服的规划设计方案。

中交天津航道局天津港25万吨航道工程项目，是天津市落实党中央、国务院推进滨海新区开发开放的总体部署，加快天津港跻身世界一流大港的重点工程项目。该项目产生了22项技术创新成果，比合同期提前了130天，创出了全国同行业超特大型疏浚工程实际完成工期最短、技术创新最多、吹填造路管线吹距最长的三项之最。

天津市总工会聘请8名全国劳模进行监督检查和服务技能的传帮带，为全市窗口单位树立了一批“标杆”。2008年10月7日，全市100个窗口服务集体在“参与奥运、服务奥运、奉献奥运”活动中，获得“工人先锋号”的称号。

天津港煤码头公司孔祥瑞操作队，在创建“工人先锋号”活动中，提出“你出一份力我出一份力，企业就会增活力；你解决一个难题，我解决一个难题，企业发展就没问题”。全队职工大搞技术革新、技术改造、课题攻关，解决了许多在生产中的难题。“工人先锋号”先进集体、铁道部第三勘察设计院建筑设计分院，承担了京津城际时速350公里的高速铁路北京南、亦庄、武清、天津站房设计任务，在设计中精心组织，精心设计，12项创新课题申报立项，863个科研课题填补了国内空白。

公交集团八路车队，以创最高运营效率、最高安全保障、最高服务水平为目标，为乘客提供爱心服务、便民服务、特色服务，保持乘客好评率100%，成为本市公交行业40多年的服务标杆，并带动整个公交集团涌现5条精品示范线、20条规范化品牌线、100条服务标准线，服务质量全面提升。

2007年，天津市总工会创建143个新时期“工人先锋号”先进集体。

2008年，天津市选树命名涉及70多个行业的“工人先锋号”244个，其中58个集体荣获全国“工人先锋号”称号。全国总工会领导亲临天津市，为“工人先锋号”集体颁发牌匾，并对天津市开展创建选树“工人先锋号”活动给予高度评价。

在创建选树“工人先锋号”活动中，天津市总工会编辑出版《工人先锋号》事迹图书、光盘，征集《工人先锋号》之歌等。

十二、“五比一创”劳动竞赛

2007年，天津市总工会组织各级工会围绕中共天津市委市政府确定的重点工程、重大项目和民心工程，开展“五比一创”劳动竞赛活动。“五比一创”劳动竞赛活动向带动全市经济快速发展的滨海新区重点工程项目延伸，向惠及地方经济发展的区县重大工程延伸。天津市共有100多个区县局（集团）总公司开展“五比一创”劳动竞赛活动，参赛职工100万多人，天津市总工会直接组织的竞赛工程项目125项。全市各行各业职工结合实际、立足岗位，积极参与“节能减排天津职工在行动”“我为节能减排献一计”等活动。“五比一创”劳动竞赛活动中，开展了职工职业技能大赛，20万名职工参加市级竞赛，全市共评出荣获2007年度五一劳动奖章先进个人1493名，五一劳动奖状先进集体434个、先进单位145个。全国五一劳动奖章22名，全国五一劳动奖状单位5个、集体9个。

2008年，全市各级工会围绕中共天津市委、市政府确定的重大工业项目、民心工程、自主创新产业化项目、服务业重大项目和区县重大项目，开展“五比一创”劳动竞赛活动，“比技术成效、比科学管理、比又好又快、比安全生产、比团队和谐”，全市15个区县、集团总公司启动了“五比一创”劳动竞赛项目近40个，参赛职工百余万人。

天津市总工会直接组织推动的“五比一创”劳动竞赛近150个项目。在活动中，天津市总工会主动与项目所属的区县局（集团）总公司工会，基层工会签订“五比一创”劳动竞赛包保责任书，参赛的各地区、各系统、各单位结合项目特点，提出具体有特色竞赛主题，制定贴紧党政所谋、职工所需，具有针对性的竞赛内容和标准。工交系统各级工会围绕天津市确定的重大工业项目，团结动员主攻攻坚克难深化“五比一创”劳动竞赛，已建成的20项工程中，技术水平、环境保护、节能减排、施工质量等方面多项达到全国领先水平。天津电力公司工会开展“五比一创”劳动竞赛，从企业重点工程项目，拓展到机关工作、企业经营管理的各个岗位，全部制定竞赛标准和要求。规划建设系统各级工会结合施工企业农民工多的实际，在“五同”上下功夫，全系统包括农民工在内的21万次职工，开展150多项次的劳动竞赛，为空客A320、富民桥等天津市一批重点工程提前竣工做出贡献。

2008年11月17日天津市总工会决定，授予天津市机电设备安装公司第二分公司258项目部等11个集体“工人先锋号”，授予天铁冶金集团钢板公司等3个单位“五一”劳动奖状，授予苏洪魁等13人“五一”劳动奖章。截至2008年11月底，全市职工提合理化建议并实施的共348713件，创直接经济效益16084亿元。

十三、开展职工技术创新活动

2004年全市11829个基层单位、156.8万名职工直接参与到技术创新活动中来，327.2万人次职工参加岗位技能培训，60.9万名职工的技术等级在原有基础上提升了一个层次，45.27万人次取得国家级资格认证，创建学习型班组2.8万个。全市职工共提合建68.08万件，实施33.9万件；创新先进操作法2110多项，技术攻关5905项，节约或创效在10万元以上技术创新成果468项，共创经济效益17.64亿元。

2005年12月8日，职工建设节约型社会技术创新成果展开幕，展览由天津市总工会主办，展出集实物、图片和多媒体形式于一体的百项成果。成果展开幕式上，天津钢管公司管加工厂、天津港集团焦炭码头公司、市政工程局工会职工技协、统计冷压薄板厂、城建集团工会、东丽区华明集团分别作了典型成果汇报和展示。会上还对2005年度天津市优秀职工技术成果进行了表彰。

天津市总工会主席散襄军讲话说：受到表彰的百项成果和展出的近百项成果，是全市职工近年来开展职工素质工程和技术创新的典型代表，具有示范引导作用，是天津工人阶级勇于自主创新，敢于创全国技术领先水平的真实写照，这次成果展是深入开展职工素质工程和百万职工技术创新的集中展示，体现了全市广大职工坚定“争创一流”夺取“单项冠军”的聪明才智和创造潜能；集中展示了全市广大职工为建设资源节约型、环境友好型社会和发展循环经济做出了实实在在的贡献；集中显示了全市广大职工提高企业自主创新能力，加快推进劳动力成本优势向劳动力素质优势转化的实践创造结晶。各级工会要积极行动起来，组织和引导广大职工认真学习中央和市委全会精神。通过培养典型、弘扬先进，在全市营造一个加快滨海新区开发开放实现天津更快更好发展多做贡献的浓厚氛围。要站在新的历史起点，树立新的发展理念，探索新的活动模式，形成一批具有时代领先水平的职工经济技术创新成果，在团结动员全市职工投身加快滨海新区开发开放、创造天津“十一五”美好未来、促进环渤海区域经济振兴的历史进程中，做出新的更大贡献。

2005年，天津市总工会技协对7个区县局下属52个单位的72项成果进行审核认定，经过专家评审、公示后，其中68项职工技术成果，538名成果完成人获天津市科委颁发的《天津市科学技术成果证书》。2006年2月22日，天津市总工会召开天津市职工技术创新成果暨职工技术协会第五次代表大会新闻发布会。2003～2006年，全市职工共进行技术攻关6000余项，取得重大技术创新成果1572项，共创经济效益32.98亿元。2006～2008年，天津市工会系统共认定技术合同4800余份，实现技术合同成交额3.71亿元，上缴国家税金2200余万元，职工技术创新成果704项，创效330187万元，其中142项职工技术创新成果，经过认定获《天津市科技成果证书》，4项职工成果获第二届全国职工技术创新成果奖，971人获得《天津市科技成果证书》，11人被评为“全国技术能手”，10人被评为天津市首届“职工发明家”，100人被评为“天津市有突出贡献的技师”。

2006年全市12000个基层单位，156万名职工直接参与职工技术创新活动和职工素质工程，330万人参加岗位技能培训，61万名职工技术等级在原有基础上提升了一个层次，45万人次取得国家级资格认证，创建学习型班组2.8万个。

2006年，天津市职工技术创新成果纳入科委科技成果认定和管理工作系列，经天津市科委授权，天津市总工会技协办公室建立比较完善的运行机制，从基层工会的创新项目立项、攻关，到市级的审查、服务、评审、表彰、建档的全过程跟踪服务。在考核项目的实效上，要求技术部门有鉴定，财务部门有核算，企业落到有批示（认可），厂际协作有协议。

2007年，天津市总工会围绕滨海新区重点建设工程和全市重大项目，开展“五比一创”劳动竞赛活动和“满意在天津”实践行活动，创建143个新时期“工人先锋号”先进集体。广大职工立足岗位积极开展技术革新、技术攻关、技术改造、节能减排等活动，共提出合理化建议38.3万条，技术发明1894项，申请专利1029项。广泛开展“我为节能减排献计献策”活动，鼓励职工结合企业实际提出可实施、投入少、见效快的节能减排“金点子”，推进全市重点工程和重大项目服务。

2008年1～6月，天津市职工技协主推职工技术创新成果认定，职工专利代理申报工作，配合《天津工人报》开展职工节能减排“金点子”合建活动。13项成果入选中华全国总工会推荐的百项节能减排优秀成果。技协配合经保部完成“选树节能减排企业行动示范基地”和“三个十”（十大职工发明家、十项先进操作法、十项职工技术创新优秀成果）审核工作。同时，职工技协连续开办焊接、钳工等高技能培训班。

2008年，经天津市劳动和社会保障局批准，天津市职工技协承办“2008年天津市焊接技能大赛”。同年，职工技协举办“科技周节能减排先进技术主题报告会”和几次节能减排先进产品推介会。

至2008年6月26日，“天津市总工会人力智力交流服务中心”吸纳招聘企业达千家，参加招聘的下岗职工和各类人员累计两万余人，派遣劳务工近500人。人才中心按照中华全国总工会和天津市总工会的要求，完成为四川灾区对口推荐劳务用工岗位任务。

十四、节能减排活动

2007年11月，天津市总工会制定实施方案，推出七项措施在全市职工中开展节能减排活动。第一项是开展职工节能减排宣传教育活动。各级工会充分利用各种宣传阵地，宣传节能环保的有关法律、法规和政策，教育引导职工增强节约环保意识，倡导节约型的生产方式和消费方式，自觉养成节能环保的好习惯。要围绕推广节约资源的新技术和帮助职工掌握节约资源的新技能、新方法，开展职工培训。第二项是开展“我为节能减排献计献策”征集“金点子”活动。立足于激发职工的资源节约意识和环境保护意识，发动职工围绕企业生产经营的每一个环节，找漏洞、找原因，有针对性地提出可实施、投入少、见效快的“金点子”建议，努力把职工群众的智慧转化为技术创新成果。第三项是组织职工开展多种形式的节能减排活动。广泛开展节能降耗竞赛、合理化建议、技术革新、发明创造等职工技术活动，积极推动节能减排工作。要通过岗位练兵、技术比武、技术培训等活动，帮助职工学习节能减排知识、技术，掌握节能减排技能，不断提高节能减排能力。第四项是组织开展“津门大工匠”实践活动。组织劳模、专家和能工巧匠深入到重点工程和耗能大户企业开展节能咨询和用能诊断，通过用能诊断，分析现状，挖掘潜力，提出切实可行的节能措施推动企业加强节能技术改造和节能管理，努力实现节能目标。第五项是充分发挥职工技协作用，通过技术进步推动节能减排工作，利用工会职工技协的科技中介机构，开展技术开发、转让、咨询和服务活动，并通过科技成果展示、分布、洽谈等多钟途径，促进职工节能减排技术成果进市场。第六项是把开展节能减排活动与工会开展各项重点工作相结合，把节能减排工作提出的目标、要求，纳入工会开展的百万职工技术创新、素质工程、“满意在天津”实践行、“五比一创”劳动竞赛和创建“工人先锋号”活动中，作为重点内容进行考评。第七项是开展评选表彰“三个百”活动。大力表彰和选拔企业、职工节能减排先进典型，总结经验和作法，推广先进技术、先进操作法和优秀技术成果。评选百个节能减排先进集体（班组、科室、车间），百名节能减排先进标兵，百项节能减排“金点子”优秀成果。

2008年3月，天津市总工会、市经委、市发改委、市统计局联合决定，在全市企业和职工中开展选树节能减排企业行动示范基地活动，确定在2008年列入国家重点监控能耗企业中选树天津市节能减排企业行动示范基地。在企业申报、专家和有关部门考评的基础上，对节能减排工作中取得优异成绩的12家企业，授予“天津市节能减排企业行动示范基地”荣誉称号。

天津市节能减排行动示范基地的12家企业的共同特点是，这些企业均成立了由党委主要领导任组长，行政和工会负责人为成员的节能减排领导小组，制定节能减排工作目标，明确分工职责，划拨专项资金，确保节能减排活动的顺利实施；形成党委直接领导、行政大力支持、工会实施运作、职工广泛参与的节能减排活动的工作格局。这些企业设立了能源管理岗位，并制定《节能目标评价办法》。企业开展的职工从岗位做起，从点滴做起投入节能减排活动中，工会组织开展“我为节能减排献计献策”征集“金点子”活动和小改革、小发明、小设计、小创新、小窍门等“五小”活动，并建立比较健全的节能减排奖励制度。

2008年10月16日，天津市总工会有关领导带队，与天津市经委等有关部门负责同志，代表天津市总工会、市经委、市发改委、市统计局，深入到荣获天津市节能减排企业行动示范基地的中国石油化工股份有限公司天津分公司、大港电厂、天津华能杨柳青热电有限责任公司等企业授牌，对获得节能减排企业行动示范基地称号的12家企业表示祝贺，对企业工会组织发动职工积极投入节能减排活动的工作予以表彰。

十五、劳动保护

2003年，天津市总工会组织开展“安康杯”竞赛，全市44个区县、总公司（集团）参加竞赛活动。参赛企业460个，参赛班组31115个，参赛职工581732人。广大职工通过参加竞赛活动，安全意识普遍提高。违章指挥、违章作业的人员逐步减少。2003年，通过群众性安全检查发现事故隐患6万项，整改90%以上，挽回经济损失1亿元。

2004年5月23日，天津市总工会、市安全生产监督管理局联合召开“安康杯”竞赛经验交流暨总结表彰大会。会上，对54个市级“安康杯”先进企业、24个优秀组织单位和15名优秀组织个人给予表彰。会议要求各企业要继续推动“安康杯”竞赛活动，组织非公有制企业、外资企业等各种类型的企业参加到“安康杯”竞赛活动中来。围绕安全生产的难点和薄弱环节开展工作，不断创新竞赛活动内容。天津市总工会要求，各企业工会对90%以上职工进行安全生产知识培训，还要充分应用现代化手段，发挥互联网的作用，指导“安康杯”竞赛工作。

两书工作制度。2005年，为更好地贯彻“安全第一、预防为主”的方针和在“国家监察、行政管理、群众监督”制度中发挥好监督检查作用，根据中华全国总工会颁布的“工会劳动保护监督检查三个条例”精神，天津市总工会决定在全市企业中建立工会劳动保护监督检查员使用《事故隐患处理通知书》（以下简称“通知书”）和工会小组劳动保护检查员使用《事故隐患报告书》（以下简称“报告书”）工作制度。制度规定：第一，“通知书”和“报告书”都是针对企业在生产过程中存在的设备隐患、职业危害及环境因素和管理方面存在的危及职工生命安全和身体健康的问题，由工会组织代表职工群众提出的书面整改建议。第二，实施“通知书”和“报告书”工作制度，主要是增强职工的安全意识，加强群众性的监督检查作用，促使企业落实国家和地方的有关劳动保护法规、政策，消除事故隐患。“报告书”由工会小组劳动保护检查员在安全检查和听取职工意见的基础上填写，由车间工会负责收集、登记，将确认后的“隐患报告”由车间工会主席签署意见后报企业工会劳动保护监督检查委员会。

企业工会劳动保护监督检查委员会接到报告后，应进行整理分析，尽快复查，签署处理意见后，提交主管厂长拿出解决意见。对职工安全和健康威胁较大又得不到解决的隐患，采用《事故隐患处理通知书》形式提交企业行政有关部门，并通知主管厂长。

企业工会劳动保护监督检查委员会，也可针对在安全检查中发现的事故隐患问题直接使用“通知书”。

企业劳动保护监督检查委员会下达“通知书”后仍解决不了的重大事故隐患。立即报告上级工会组织协调解决。“通知书”和“报告书”由天津市总工会统一印发。

工会小组劳动保护检查员使用的“报告书”一式两联，存根联由车间工会保存。上报联由车间工会报企业工会劳动保护监督检查委员会。企业工会劳动保护监督检查委员会使用“通知书”，由企业工会劳动保护监督检查委员会填写，经工会组织同意向本企业行政发出。“通知书”一式两联，企业工会留一联，交行政有关主管部门一联，待问题解决后将回执联收回、保存。

各级工会组织都有责任帮助基层工会履行好这一工作制度。企业工会要认真抓好“通知书”和“报告书”的统计汇总和分析工作。企业工会在督促企业行政解决隐患问题的同时，还应鼓励职工群众自己动手解决隐患。

2005～2008年，天津市6700家企业的4万多个班组建立了“两书”工作制度，先后有5万多职工提出各类事故隐患6万多项，填写事故隐患报告书1万多份，职工群众自己整改隐患18000多项，制止违章作业12000多起，避免可能给企业造成的经济损失5000万元。

2008年天津市总工会按照全国总工会劳动保护监察三个条列的要求，全面推进建立健全工会劳动保护监督检查三级网络工作，履行工会法、安全生产法等法律法规赋予工会的职责，依法维护职工劳动安全卫生权益，多渠道地开展群众性劳动安全卫生监督检查活动，发动职工群众及时开展“查隐患、堵漏洞、排险情”活动，查处一批安全生产隐患。

同年，天津市总工会参加了生产安全事故调查处理、“三同时”项目评价审查和验收工作，从源头上依法维护职工权益。

同年，天津市总工会组织全市各级工会开展“安全在我心中”巡回演讲活动，“迎奥运、保安全、百日安全生产竞赛”活动。开办生产安全事故调查处理工作辅导班、劳动安全技术讲座，对指导基层工会劳动保护工作。撰写《天津市企业职工卫生状况的调研报告》《天津市工会劳动保护“三级两络”工作情况的调查报告》等调研论文。调整充实强化职工劳动保护监督检查员组织。

截至2008年10月，全市现有天津市总工会任命中华全国总工会备案的劳动保护监督检查员104名，企业车间工会劳动保护监督检查委员会8175个，企业工会小组劳动保护检查员17万名，活跃在生产一线，成为企业安全生产的“第一道防线”。

十六、送温暖与再就业

2002年12月8日，天津市总工会再就业指导服务中心成立。华桑燃气投资有限公司向天津市总工会再就业服务中心捐赠100万元。

服务中心将建立一个覆盖全市工会系统的人力资源库，与各级工会组织及有关单位形成网络系统，收集各类用工信息，为下岗失业人员与用工单位建立起便捷、快速的“绿色通道”，并将采取免费技能培训、免费职业介绍、创办再就业服务联社等方式，帮扶下岗失业人员尽快实现再就业。

2007年3月22日，天津市总工会启动“奉献爱心激励成才”为主题的“校园金秋助学”活动。”活动主旨是以学校党政助学工作体系的拾遗补缺为活动定位，以在天津市高校就学的天津市困难职工子女和遇有特殊困难的外地困难职工子女为重点帮扶对象，以资金助学、业务助学、精神助学为主要内容，以帮助、扶持和培养困难学生完成学业、提升素质、成才发展为活动目标。把助学活动与培养学生成才紧密结合起来，争取党政支持，发挥工会优势，创新助学载体，深化活动内涵、整合社会资源，发动教职工全员参加，把“不让生活困难学生落泪、不让学习困难学生掉队、不让心理困惑学生后退”的活动要求落到实处。

活动内容是，捐资扶助、生活帮扶、勤工助学、知识辅导、心理辅导、政治关心、情感沟通、就业导航。天津市总工会对活动提出三点要求：第一，高度重视，加强领导。第二，广泛发动，形成规模。第三，总结经验，探索规律。加大宣传，扩大影响。

活动资金来源及运作是：1.资金注入。活动启动之初，天津市总工会选择6所大学作为“校园金秋助学”首批活动基地，为每个基地工会提供专项助学资金10万元，每个基地单位行政同时为工会注入10万元以上专项资金用于本校天津市困难职工子女和遇到特殊困难的外地困难职工子女的临时救助工作。2.物资注入。天津市总工会为首批6个活动基地提供600套运动衣和600双运动鞋，后续物资的注入视各高校开展活动的成效酌定，3.资助对象。以在本市高校就读的天津市困难职工子女和遇到特殊困难的外地困难职工子女为资助范围和对象。4.资助方式。由本市困难职工子女和遇到特殊困难的外地困难职工子女本人提出专项申请，校园金秋助学办公室核实甄别，校工会主席审批，给予一次性资助。5.建立定向实名制资助的困难学生档案，实行动态管理。

全市校园金秋助学活动在天津市总工会“金秋助学”活动领导小组的统一领导下进行，天津市教育工会成立“校园金秋助学”活动办公室，负责全市校园金秋助学活动的具体协调和组织工作。各高校成立党委统一领导下的“校园金秋助学”活动领导小组和工作结构，学校工会要担负起活动办公室的职责。

2008年1～3季度，全市各级工会组织创再就业服务联社60家，发放资金补贴564.12万元，帮助4701名下岗人员实现就业。举办156个的免费职业培训班，参加学习24800人次。全市各帮扶中心（站）组织开展免费职业介绍工作173场，推荐33377人次，帮助就业困难人员及其子女20255人实现再就业。

“校园金秋助学”将助学对象延伸到在津就读的四川、陕西灾区大学生。同时，还在大学生中开展工会知识教育。2008年，全市工会系统共筹集助学资金1560万元，为13568名困难学子提供助学帮扶。

2008 年，天津市总工会在 18 个区县、44 个困难职工较多的集团（总公司）工会和 75 个乡镇街和基层企业建立 137 家帮扶中心（站），37 家帮扶中心（站）。同年，在天津市第十届优秀调研成果评选活动中，天津市总工会撰写的《市困难职工帮扶中心牢记职责，用心工作，实实在在为困难职工办实事解难题》的调研报告获得一等奖。这是工会调研成果首次获此殊荣。天津市人大常委会副主任、天津市总工会主席邢明军作出批示："工会调研成果进入一等奖实属不容易，可庆可贺。望再接再厉，力争有更多成果获奖。"

2008 年，天津市总工会开展建立职工工资正常增长机制的百企调研。河西区总工会落实困难职工包保责任制，以生活困难的劳模、特困职工、农民工和孤寡退休人员等困难职工为重点，开展"六送"服务活动。静海县总工会提出"四个增加、一个完善"的工作措施。公交集团困难职工帮扶中心抓好集团领导班子和二级公司工会对持有"绿卡"特困职工包保责任制、集团和二级公司特困职工月跟踪帮扶制度、集团和二级公司特困职工"一网通"动态管理制度，党政工团帮扶推动组定期检查。建工集团困难职工帮扶中心确立特困职工帮扶针对性强、跟踪服务强、实际操作强的"三强"帮扶思路。

十七、中共中央委员会总书记胡锦涛视察天津市困难职工帮扶中心

2007 年 12 月 31 日上午 10 时 58 分，中共中央总书记胡锦涛到天津市困难职工帮扶中心视察。中共中央政治局委员、中共天津市委书记张高丽同志，中共天津市委常委、政法委书记、市总工会主席散襄军同志，中共天津市委常委、市委秘书长段春华同志等陪同。天津市总工会领导汇报了困难职工帮扶中心的情况。

天津市总工会主席散襄军向总书记汇报了中心成立的时间、目的以及中心统一标识代表的含义。胡锦涛步入大厅后马上和等候救助的困难职工亲切握手，仔细询问他们有什么困难、需要什么帮助、是否上保险、是否进入低保等情况，并仔细翻看困难职工的跟踪服务卡，询问每月给予的补助数额。困难职工们心情激动地回答总书记的提问，并纷纷向总书记的关怀表示感谢。

天津市总工会领导陪同总书记先后视察信访接待、农民工维权专口、法律援助、特困救助和免费职介等接待卡位。总书记每到一个卡位都要详细询问正在求助的困难职工和农民工有什么具体困难、解决了没有，并向中心工作人员了解困难职工的生活难点和关注热点问题。总书记听到介绍帮扶中心接待困难职工"四热八心"的文明服务准则时，在仔细翻看困难职工帮扶档案、帮扶中心制度汇编、中心宣传资料和两份社会审计报告时，微笑着点头表示赞许和肯定，连声说："好好好"。在免费职介卡位，总书记向一位求职的下岗女工说："希望你找到一个合适的岗位。明天就是元旦了，祝你新年大吉！"女工激动地说："我今天就是大吉，能见到总书记，我福气真大！"

总书记走入帮扶超市，认真察看米、面、油等生活必需品的价格，对帮扶超市以低于市场价向困难职工供应生活必需品、发放年货大礼包等做法表示赞许和肯定。

总书记对天津市困难职工帮扶工作给予充分肯定，强调指出，成立困难职工帮扶中心是一个创举，既体现了以人为本的精神，也体现了中央关于切实解决人民群众最重要、最直接、最现实的利益问题的要求。困难职工帮扶中心确实是急困难职工之所急、想困难职工之所想，为他们排忧解难，送去了党和政府的关怀，也送去了社会大家庭的温暖，为促进社会和谐做出了贡献。同时，总书记还强调指出，要进一步拓展帮扶的范围，完善帮扶的措施，要搞好培训工作，帮助职工求职就业，从根本上解决他们的困难，更好地为困难职工服务。

上午 11 点 35 分，总书记离开帮扶中心，在中心门口与中心工作人员和困难职工一一握手，感谢中心工作人员所做的工作，并向大家致以新年问候。

为落实好总书记所作的重要指示精神和工作要求，天津市总工会研究提出以下具体措施。

第一，切实做好职工培训工作，特别是下岗失业人员再就业培训工作，帮助更多的下岗失业人员尽快实现就业，从根本上解决困难职工的生活问题。天津市总工会在全市工会系统建立 100 家职工再就业培训中心，重点开展针对下岗失业人员上岗前的技能培训。年内，实现培训下岗失业人员 6 万人次，安置职工达到 4 万人次，岗上培训职工 30 万人次，培训农民工 10 万人次。

第二，积极发展工会再就业服务联社，帮助下岗失业人员规模就业、群体脱困。天津市总工会与市财政局、市劳动和社会保障局联合下发文件，对有发展潜力、市场运行良好、安置一定数量下岗失业人员的经济组织给予优惠政策和资金支持，特别是把适合“4050”人员、技能单一的下岗失业人员就业的社区服务行业，纳入工会再就业服务联社管理扶持范围，协助办理小企业贷款贴息、小额担保贷款、社会保险补贴等，不断扩大安置职工的数量，促进机械制造业、加工业等劳动用工密集型企业和从事社区服务的经济组织，与下岗职工、就业转失业人员、失业登记的被征地农民签订一年以上劳动合同的，按照每人每年 1200 元标准，给予不超过三年的资金补贴，使更多的大龄职工实现稳定就业。

第三，发挥工会协调劳动关系的积极作用，依法维护职工合法权益、促进企业健康发展。抓住劳动合同法和《天津市企业职工民主管理条例》实施的有利契机，在全市各类型企业广泛开展平等协商、集体合同工作，建立工资集体协商制度。完善工会系统劳动关系预报、预警、调处机制。年内建立全市联网、即时互通的劳动关系信息系统，做到企事业单位发生劳动关系纠纷本单位工会及时到场，二十四小时内报告上级工会，简单争议现场解决，三日内未能解决的上级工会派员介入调解，一周内未能解决的天津市总工会派员介入调解。对群体性突发事件，做到当天报告、当天调处、及时解决。

第四，进一步拓展帮扶中心的工作范围，突出帮扶工作的实效性。不仅做到对生活困难职工的物质帮扶，还要努力做到对患大病困难职工的医疗帮扶，联系爱心医院免费为职工查体、提供医疗服务；为困难劳动模范安排家庭病床；深化“金秋助学”活动。

第五，凝聚社会爱心，开展合力帮扶，把困难职工帮扶中心建成体现社会主义大家庭温暖的职工之家。在全市各级帮扶中心设立“爱心捐赠服务站”；在全市基层单位建立1万个职工互助互济小分队，组织劳模企业家与困难职工结对子，为困难职工解决实际问题；定期筹划举办帮扶困难职工的大型爱心义演、义卖、义展等社会公益活动。主动接受社会各界的监督，定期进行社会审计。

第六，进一步建立健全困难职工帮扶中心各项工作制度，提升帮扶工作的整体水平。帮扶中心坚持实行制度化管理、规范化服务、程序化运作，完善和落实文明服务准则、专款专用实施细则、帮扶超市物品发放流程规定，健全每一个工作岗位的职责，全面做好帮扶困难职工工作，让困难职工感受到党和政府的温暖。

十八、开创天津工会工作新模式

筹建职工联合服务中心。2002年，天津市总工会根据中共天津市委要求，部署筹建职工联合服务中心，利用信息化、现代化的手段，完善为职工服务的功能，提高工会服务的效率和效能。“中心”建成五大快速反应系统，即困难职工救助快速反应系统；职工再就业快速反应系统；安全生产与劳动关系预警反应系统；职工多元消费快速反应系统；办公自动化快速反应系统。这五大快速反应系统的建立，全面提升为职工服务的功能，满足不同层面广大职工的需求。

中共天津市委书记张立昌对中心筹建工作十分重视，要求工会工作按照创新是灵魂是动力的思路，更好地为职工服务，同时充分肯定了工会的新举措。

2003年12月15日，天津市总工会与天津电台联合开播《工会在线》专栏节目。重点报道天津市各级工会组织贯彻落实中央和中共天津市委、市政府决策部署，在推进天津实施“三步走”战略目标中，充分发挥桥梁、纽带作用，团结和动员全市广大职工进一步发挥天津工人阶级主力军作用的各项工作和活动；反映中共天津市委对全市工作整体部署和不同时期提出的要求、号召，工会组织及时做出的响应；报道工会组织努力实践“三个代表”，全心全意为职工服务，在职工素质工程、民主管理、下岗再就业、困难职工救助等重点工作的做法、经验和成果；劳动模范及各级先进在各自岗位上为天津的发展和三个文明建设作贡献的事迹；工会组织为职工送温暖、办实事、办好事的典型事例；天津工运事业的发展和成果以及为职工排忧解难、送温暖、办实事等典型事例。

2004～2006年，天津市各级工会组织实施“网上工会”工程，至2006年2月底，全市已有30个区县局工会与天津市总工会远程视频会议系统联网，初步建成覆盖全市工会系统的业务网络。天津市总工会视频会议系统投入了235万元，是一个集音频、视频、图像、文字、数据传输为一体的多媒体信息交互平台。

开发区保税区工会联合会先后在工会网站上开辟了“田律师信箱”“职工留言板”“职工维权短信平台”“职工法律服务中心”，在外来工公寓安装了职工法律知识触摸屏，工会联合会网站开通24小时职工维权热线。

“津工会员卡”。2005年12月，天津市工会会员269万，基层工会委员会16000余家。天津市总工会决定从2006年1月1日起，通过各级工会组织，陆续向全市工会会员免费发放“津工会员卡”。“津工会员卡”不仅是会员的身份证明，也具有普通银行卡的所有功能。“津工会员卡”使用遍及85家不同行业商户和415个特约商户提供消费打折、积分累计、积分消费等优惠服务。同时持卡会员还享受特殊福利，如在工会系统津工超市购物优惠、第二工人文化宫门票的打折、职工医院就医就诊折扣等。天津市总工会专门成立社会工作组，方便没有加入工会的职工领取“会员卡”。

2005年12月25日，天津市总工会举行卫生系统护工入会暨津工会员卡发放仪式。首批发放15万张“津工会员卡”到公交、城建等部门，滨海新区工会会员也将于明年陆续收到此卡。天津市总工会领导说，工会发卡的目的不仅是为了给职工提供更多的生活便利，还要促使没有建立工会的企业尽快成立工会组织。

2006年2月26日，天津市总工会通过网络视频召开区县农林工会系统汇报会，天津市总工会领导通过网络听取各区县总工会对《天津市总工会2005年工作报告》《天津市总工会2006年工作要点》征求意见稿的讨论情况。

十九、对外交流创“天津模式”

天津市总工会坚持贯彻中华全国总工会“独立自主、相互尊重、求同存异、加强合作、增进友谊”的工会对外交流工作方针，把“扩大覆盖面、增强凝聚力”和“组织起来、切实维权”的指导方针落实到包括工会对外交流工作等各方面。2001～2008年，与9个国家和地区的工会组织建立友好往来关系，接待来自74个国家和地区的68批1784位工会客人。组织83个团组667位工会干部出访30个国家和地区，实现6个合作项目。天津市总工会在全国率先组织劳动模范与台湾模范员工互访交流活动，受到两岸同胞好评和国台办肯定。

二十、职工素质工程

2003年初，天津市总工会、天津市教委和天津广播电视大学推出“免试入学”的开放式教育模式，参加培训者经资格培训后，直接进入工商管理专业大学学历学习。2004年，全市100多家企事业近千名优秀职工获得工商管理者（初级）职业资格证书，顺利进入大学学历教育。2004年改进培训课程设置，引入劳动和社会保障部职业技能通用管理能力（基础级）的两门培训课程：《个人与团队管理》《资源与运营管理》。新课程在内容上融入西方现代管理理念，注重实际综合管理能力和技巧培养，有助于全面提升现代“蓝领”必备的职业能力。2004年放宽了招生范围和条件，实现“扩招”，招收名额由原先的1000人增加到2000人，对劳动模范、基层班组长、技术骨干等先进职工代表实行优先录取，并按照有关规定，在学习时间和费用上由企业给予一定的支持。

2004年7月5日，天津市职工素质工程领导小组出台《天津市职工素质工程目标管理评估体系》，并召开专题会议，决定从即日起在全市2000余家基层单位中试行，并逐步在全市范围内推广。

《职工素质工程目标管理评估体系》以ISO9000国家标准为参照，涵盖组织管理、培训管理、职工素质档案管理、目标控制及目标评估管理等程序，对职工素质工程实施标准及执行情况进行了充分量化，着力突出考核评价的科学性、规范性和可操作性。其中包括一般企业按照职工工资总额的1.5%足额提取教育培训经费，从业人员技术素质要求高、经济效益好的企业可按2.5%提取；一次性经费支出达到教育经费10%以上的项目，应由领导小组审议通过后使用；企事业单位应将职工培训纳入厂长（经理）任职目标和经济责任制，接受职代会和上级主管部门的监督和考核；领导小组及办公室应结合职工素质档案逐步在本单位内建立起社会化认证与职工自我评估相结合的职工素质测评机制，作为单位内部职工培训、晋级晋职、评先选优和人才交流的参考依据，以及职工素质状况评估卡、目标分解实施表、目标管理考评表等内容，为全市各个层面指导、推动、落实、监督、评估工作和成果提供了较为系统、科学、规范的参照依据。

2004年，天津市总工会制度发布《天津市职工素质工程五年规划》，该工程包括思想道德品质、基础知识技能、专业知识技能、关键核心技能、现代社会意识、现代心理素质、健康体能要求七项内容。

按照天津市总工会素质工程规划，2004年全市以“创建学习型班组、争做学习型职工”为主题，激发和引导职工多读书、读好书，完成创建5000个学习型班组的目标任务。2004年5月末到6月中旬，天津市总工会举办3期班组长培训班，旨在为各企事业单位创建学习型班组引路。

培训采用学习和观摩相结合的方法，专家、学者和实践工作者，从理论与实践相结合的高度，为学员作了深入浅出的讲解。其中天津师范大学政治与行政管理学院郝贵生教授，多年倾心研究学习行为，他讲授的学习型组织、学习型组织的特征，关于学习的现代理念、学习的方法，学员领会了知识型职工的精髓。社会科学界联合会信息处处长宋琦的讲授，开阔了学员的视野。工会系统培训专家张大发以职工成才的典型，引导大家对读书学习产生了浓厚的兴趣。课堂培训后，组织学员参观天津钢管公司世界一流钢管生产线。培训中，班组长们还参加了读书节答卷考核活动，并获得四个等级的奖励。

2004年，全市开展技术练兵、竞赛5660场次，55.6万名职工参与。10.7万名职工上升一个技术等级，培养高级工1.8万人，技师、高级技师3316人；5.38万名职工参加大专以上学历教育。累计体合理化建议92.3万件，实施17.4万件，创效益1401亿。实施技术创新、技术攻关2371项，可计算经济效益3.4亿元，总结先进操作法1963项。全市2127家基层企事业单位推行职工素质工程目标管理评估体系，建立职工素质档案95.27万份。通过开展“创争”活动，全市创建学习型班组20101个，涌现出一批“蓝领专家”孔祥瑞为代表的当代知识型产业工人。

2002～2005年2月，全市11829个基层企事业单位组织开展职工素质工程，占基层单位总数的91%；参与职工156.8万人，占在岗职工总数的95.6%，其中进城务工人员31.8万人。136.2万人参加了各类学习培训，举办技能比武、技术练兵等活动8110场（次），参与职工65.5万人，24.4万名职工实现技能上等级，1300多个单位实施了职工素质工程评估体系。深入开展“创建学习型组织，争做知识型职工”活动，全市创建学习型班组27491个。

2005年4月23日，天津市总工会召开深化职工素质工程、推进“创争”活动现场推动会。全国“创争”活动领导小组副组长、全国总工会副主席、书记处书记黄彦蓉出席了现场会，并高度评价了天津市实施职工素质工程的做法和取得的成就。

2006年6月，天津市总工会组织开展职工技能大赛，制定天津市职业技能竞赛计划。竞赛内容围绕为全市在建的重大工程项目服务，为提升城市形象服务，为提高百姓生活质量服务这一宗旨，不断拓宽竞赛领域。竞赛范围从国有、集体向非公有制企业发展，竞赛对象从企业职工向农民工拓展，竞赛项目包括数控技能大赛、电子商务大赛、建筑职业技能大赛、汽车维修工职业技能大赛、速录师职业技能大赛等，优胜者可获得不同程度的奖励。参赛职工达百万人次。

全市各级工会组织将重点放在赛前培训和提升职工技能上。工业系统开展“蓝领双证”工程，规划城建系统开办农民工业校，交通、教卫和区县等系统规划开展“流动大课堂”专家讲座、技能培训等多种形式的培训考评活动。

市级一类技能大赛中取得前三名的选手，由天津市总工会授予天津市“五一劳动奖章”荣誉称号；年龄在35岁以下的选手，由团市委授予“新长征突击手”称号；女选手由市妇联授予“三八红旗手”称号；取得第一名的选手由市劳动和生活保障局授予“天津市技术能手”称号，取得第二、第三名的选手作为参评天津市技术能手候选人。在二类大赛中取得第一名的选手，天津市总工会授予天津市“五一劳动奖章”荣誉称号；年龄在35岁以下的选手，由团市委授予“新长征突击手”称号；女选手由市妇联授予“三八红旗手”称号；作为参评天津市技术能手候选人。同时，取得一类大赛前三名和二类大赛第一名的选手晋升两级职业资格；其他优胜选手视参赛人数晋升一级职业资格。

区、县、局、集团公司及企业对取得优秀成绩并平时贡献突出的技能人才给予物质奖励，破格提升，有的选树为“蓝领专家”。技能大赛成为培养和发现人才的载体，机电集团公司坚持在优秀技能标兵和技术能手中评选劳动模范、参评“五一”劳动奖章，通过评赛结合，建立一支由“蓝领专家”、技能标兵、技术能手组成的塔型结构人才队伍，激励机制使广大职工“我要学、我要练、我要赛”的积极性与实践中的创造性不断提高。

2007年9月5日，天津市总工会在退休高技能人才中发起“津门大工匠实践行”活动，将他们在多年生产实践和技术攻关中创造的“绝活”“绝招”传给青年一代工人。“传承技艺再立新功，津门大工匠推动天津又好又快发实践行”活动启动仪式在天津市总工会举行。会上，全国劳动模范司宝通向怀有一技之长的“大工匠”发出倡议：立即行动起来，为实现天津又好又快发展再立新功。锅炉行业高技能退休职工沙龙代表郝培嵩，介绍了他们几年来坚持为天津净化空气、节能减排开展服务活动的事迹。根据活动安排，退休职工将按行业组建“合建”沙龙，开展传承技艺、重点项目建言献策和技术服务活动、“津门大工匠”征文活动、“津门大工匠”劳动模范巡回报告团活动。

2008年，天津市总工会实施“津门大工匠”绝技传递和“关爱专家、服务人才、促进发展”主题行动，开展“导师带徒弟”“师徒绝技代代传”活动。2008年7月1日，在福州“海峡两岸职工创新成果展”上，天津市总工会组团参加的三个项目全部获金奖，取得“大满贯”，为天津工会争得了荣誉。《中国技术市场报》《中国职工科技报》《天津老年时报》《天津工人报》四家报社组织开展了“津门大工匠征文”，先后刊登征文60余篇。

2008年2月，中华全国总工会下发《关于开展全国工会“职工书屋”建设的实施意见》，并召开了“职工书屋”电视电话会议。

按照中华全国总工会的要求部署，结合天津实际，天津市总工会制定《关于全市工会开展“职工书屋”建设工作的实施意见》，提出目标任务，制定落实措施，明确责任分工。天津市总工会拨30万元专款，用于“职工书屋”建设工作。各区县局、基层工会出资30万元用于“职工书屋”基本设施建设。任务是在全市建设30个全国“职工书屋”，300个市级“职工书屋”示范点，通过以点带面，逐步扩大“职工书屋”的覆盖面，全面开展“职工书屋”的建设。

2008年2月，天津市总工会开始建设“职工书屋”，截至10月份建成30个全国“职工书屋”示范点和一批市级“职工书屋”示范点。在30个全国“职工书屋”示范点中，国企18个，非公经济组织8个，社区工会2个，楼宇工会1个，市场工会1个。在原有基础增加投入达到全国示范点标准的27个，新建的有3个。

2008年7月1日，天津市总工会组织的职工“解放思想、干事创业、科学发展”学习竞赛活动圆满结束。全市52名职工获竞赛活动先进个人，塘沽区总工会等41家工会获优秀组织单位。

各级工会以《高举旗帜、科学发展、共建和谐》——班组培训每周一题读本为基本教材，组织征文、演讲、现场竞赛等宣教活动，吸引职工积极参加。许多单位还联系职工思想和工作实际，组织座谈会、下发调查问卷，搜集职工意见建议，了解职工最关心、最直接、最现实的利益问题。同时加大宣传力度，充分发挥板报、宣传栏、广播站等阵地和新闻媒体作用，把学习竞赛活动搞的有声有色，扎实深入。据统计，全市80%的区县局、总公司（集团）工会以各种形式组织职工参赛，全市参加学习竞赛活动职工达169万人。

二十一、开展“满意在天津”实践活动

天津市总工会在全市职工中开展以“增强服务品质、提升服务品位、创建服务品牌”为主要内容的“满意在天津”实践活动。2006年4月5日上午，举行“满意在天津”实践活动启动仪式。全国劳动模范孔祥瑞以及天津站邮电局、中原百货公司、自来水集团公司、河东区向阳医院、津

工集团津工超市窗口服务单位代表，围绕落实“满意在天津”实践活动的要求，向广大职工发出倡议，向社会做出承诺。

天津市总工会主席散襄军发表讲话，动员全市各级工会和广大职工深入搞好“满意在天津”实践活动，同时对实践活动的开展作出部署。他指出，全市各级工会组织要激发职工的主动性，唱响“满意在天津”实践活动的主旋律，让树新风、筑诚信、创和谐、促发展，让您“满意在天津”的口号家喻户晓，深入人心。要立足岗位实践，坚持从我做起，形成活动的广泛性，通过各行各业广大职工的岗位实践，在全市形成一个学先进、赛服务、比贡献，人人为津城增光荣的活动热潮。

2006年9月14日，天津市总工会召开全市职工“满意在天津”实践行活动中期推动会，推广交流在“满意在天津”实践行活动中涌现出的先进典型经验，对深入开展这一活动进行部署。中共天津市委常委、天津市总工会主席散襄军出席会议并讲话。中共天津市委政法委、国资委党委、交通工委、规划建设工委、商务工委、教卫工委、开发保税区工委、农工委、天津市总工会领导出席会议。散襄军在讲话中指出，自今年4月5日“满意在天津”实践行活动启动以来，全市各行各业迅速展开并形成了一定影响。深入开展“满意在天津”实践行活动，要立足发展，着眼全局，进一步深化认识，提高自觉性和责任感。各级工会组织要紧紧围绕行业特色和企业特点，把握主旨，突出特色，进一步体现活动的广泛性、创新性、实效性，要紧紧围绕服务滨海新区开发开放、推动天津更快更好发展的这一战略目标，以服务对象的需求为己任，以服务对象的满意率为根本标准，在活动实践中选树一批全市乃至全国过得硬、叫得响、有示范性和影响力的服务明星、服务品牌和服务窗口单位，形成服务品牌的组合之势，为提升天津的城市美容度，推动经济发展和促进社会和谐做出贡献。讲话同时要求各级工会组织要从实际出发，制定开展“满意在天津”活动的总体规划，在总结实践经验和活动规律的基础上，探索一套集组织领导、目标规划、活动实施、措施保证、考核评价、激励约束等要素为一体的活动体系框架，逐步形成一套科学系统、规范运作的长效工作机制。要在党委领导、行政负责、工会实施、社会配合的领导体制和工作格局。

二十二、工会直属机构工作

2004年6月18日，天津市职工医院与多方社会机构合作，引入社会资金1700万元，与投资方正式签署协议，组建具有国内先进水平的人体检测诊断中心。中心按照国际医疗市场运作的规则，集中天津医疗系统的专家人才资源，引进国际先进的医疗设备，实行多学科专家会诊式综合诊断，在此基础上提供三类人群的治疗保健方案。包括健康人群的保健方案；亚健康人群的康复方案；患病病人的治疗方案。与此同时，职工医院将保留对低收入人群的低收费体检业务，并以检测诊断中心所创的效益，为一部分特困职工提供优质服务。

2006年10月19日天津市职工疗养中心奠基。中共中央政治局委员、全国人大副委员长、中华全国总工会主席王兆国到天津视察时，听取了天津市总工会准备建设新的职工疗养中心的汇报，当即表示支持，并希望中心建成后，不仅为天津职工服务，而且也能为全国各地的劳模服务，为中华全国总工会增添新的疗养基地。

疗养中心按照规模国内最大、水平国际一流标准建设，起点高，要求高。中心具备五大功能国际诊疗中心功能，引进先进设备进行职工在工作过程中身体损害的诊疗和康复；国际会议中心功能，配备大型会议中心和会议室及具备住宿条件，满足商务、会议的不同需要；国际娱乐中心功能，具备游泳、健身、各种市内球类等活动设施，并具有文学、书画、棋类等学习交流场所；国际老年村功能，具备不同区域、不同层次的公寓，为不同层次居住人群提供高质量、各具特色的服务；休闲度假功能，不仅考虑不同人群的不同疗修养需要，而且有企业会所，可以组织职工长期轮流修养。中心选址综合环境、生态、交通等因素，确定坐落在本市津港公路旁的津南区国家农业科技园内，毗邻美丽的天嘉湖风景区，距市中心、天津港和天津滨海国际机场分别为20、25和15公里，总占地74万平方米，总建筑面积达到20余万平方米。中心设计通过国际招标，选定采用美国KSK设计公司方案。突出人性化，体现环保、生态、养生、健康主题。中心布局以一条750米长的景观大道贯穿南北，缀起7个彼此相连的相对独立的小岛，每一个岛上建筑各具特色，围绕岛中心的主题公园而建，具有大空间市内花园，构成相对独立又相互联系、环境幽雅且设施先进、服务完备的疗养环境。

二十三、创新工会宣教文体工作

2003年1月，天津市总工会开展首次评选百名职工艺术家活动。

评选职工艺术家的评选范围是天津市（含驻津单位）企业、事业单位加入工会组织的职工。评选条件：职工艺术家必须具备“十五”立功先进个人的基本条件。同时具备的条件是：1. 积极参加与企业、社会精神文明建设，在推动职工文化活动、促进企业文化建设上有突出表现和贡献，有广泛的群众基础。2. 具有较高的艺术造诣，在艺术领域有所创新、有所发展、有所建树，在社会上具有一定的影响和知名度。3. 艺术成果在政府主办的由政府授权、专业艺术协会主办的国家级、省市级艺术项类大赛或展示活动中获奖或获得特定荣誉称号。4. 长期从事职工业余文化活动，2000年以来进入专业艺术团体的。首届评选的艺术项类为音乐、舞蹈、戏剧、曲艺、美术、摄影、文学等。

全市区县局、总公司共推荐申报者131人。经专家评审以及评审委员会审定，2003年6月评出音乐、舞蹈、戏剧、曲艺、美术、书法、摄影、文学等8个艺术类的86名职工艺术家。根据天津市总工会《关于评选表彰天津市2002年度“十五”立功活动先进个人、集体、单位的通知》精神，对获得职工艺术家称号的职工，同时授予“十五”立功获得先进个人。

2003年4月8日，天津市职工文化协会、体育协会成立。协会由天津工人文学创作社、职工美术、书法、摄影、戏曲、音乐、舞蹈、影视、灯谜等专业协会和天津市职工艺术团等组成。

天津职工体育协会下属的单项协会有乒乓球、羽毛球、门球、足球等11个。

天津市总工会与天津市经委联合牵头，天津工人报、第二工人文化宫及中小企业技术与开发协会承办的天津首届企业文化展示，2003年5月1～5日在天津市第二工人文化宫开幕。企业文化展示的主办方不收取场地费，组委会特意选定天津市十家企业文化建设非常优秀的大型知名企业进入第二工人文化宫，其企业文化形象作为景观的一部分长期免费展示。

企业文化展示内容包括知名企业文化展示和中小企业文化展示和产品推广，其中知名企业文化展示采取室内和室外展示相结合的方式，展示的内容包括：企业的视听识别标记（含产品的识别标志）、企业的行为活动演示、企业的规章制度讲解、企业的精神理念（企业基本价值观、行为准则、道德规范和员工责任感、荣誉感）、企业的发展历程展示、企业营销过程中诚信体系的构建等涉及企业文化的各个方面；中小企业文化展示和产品推广部分，除包含上述各项企业文化展示内容以外，还在室外展地展销凸显自己企业文化内涵的名、优、特、新产品。展会邀请有关人员来津讲演、交流，帮助天津市中小企业了解国外中小企业发展状况。政府机关、科研院所和天津周边省市的中小企业的专业人士前来展会经贸洽谈。展会组委会同时安排参展企业职工文化作品展、参展企业职工健身联谊赛、服饰企业服装展演、美发美容时尚流行趋势展示等特色活动。

2003年5月，天津市职工体协组织全市一百多个区县、总公司（集体）的百万职工，开展以分散活动为标志的“为体质充电，健康通讯赛”，活动项目为晨练、慢跑、球类、跳绳和兴趣体育，对8个系统，参加通讯赛活动的职工有10余万人次。

2003年5月31日，天津市职工文化协会与王莘创作组、市音协联合在第一工人文化宫举办“万众一心、众志成城，抗非典歌曲歌曲CD光盘首发式”，天津市老同志、音乐界著名人士和白衣战士、职工代表等近300人出席首发式。至2003年6月底，协会征集诗歌、对联、灯谜、书法、美术、摄影等作品和文艺节目821件，在天津工人报刊登了百余件作品，发行3期专刊。

同年7月，文体协会组织推出一批活动，职工文化协会特别邀请天津市文艺界知名人士、市职工影视表演艺术协会副主席佟家琪主讲《成人表演艺术浅谈》，佟家琪带领他的4名学生当场演出抗击非典的小品《丰碑一定要立》。天津市职工艺术家张万年讲授“快板书”表演基本功、表演要诀并即兴表演小段《绕口令》《小两口斗闷子》。职工舞蹈运动协会举办了国际标准舞示范表演活动，120多名职工国标舞爱好者参加这一活动。职工文化协会还深入海河开发改造工地现场慰问一线施工人员。职工体育协会于7月下旬举办“市职工体育健身展示系列活动”，相继开展市民广播操、工间操、健身操、大众操、足球、羽毛球、乒乓球，网球等多项赛事，共有参赛队121支进行各类比赛562场，累计参加人数达12万人次。全市“海河新韵”消夏纳凉晚会7月4日在第二工人文化宫隆重开幕。天津市总工会领导和有关部门领导，与千余名职工一起欣赏天津歌舞剧院的艺术家和北辰区职工演员演出的音乐、舞蹈、小品等精彩节目。职工艺术家王虎鸣、刘德印、张万年及著名歌手杨亚男的音乐、曲艺节目。

2004年3月18日，全国总工会“五一文化奖”首次颁奖仪式在天津举行。全国总工会副主席、书记处第一书记张俊九，全国总工会副主席、书记处书记黄彦蓉，中共天津市委常委、天津市总工会主席散襄军，全国总工会原副主席、书记处书记李奇生向获德“五一文化奖”的单位颁发奖杯和证书。本市选送的2部作品获奖,《老两口上网》获曲艺类“五一文化奖“,《新的起点》获小品类“评委提名奖”，两部作品入围,《百炼成钢》入舞蹈类、《竞选》进入小品类入围作品名单。天津市总工会获优秀组织奖。2003年度“五一文化奖”舞蹈、曲艺、小品及图书类的获奖作品，经过由中宣部、国家出版署、中国记协、中国舞蹈家协会、中国曲艺家协会、中国戏剧家协会以及主办单位有关专家、学者和负责同志组成的评委会评选产生。

2006年3月19日，天津市总工会下发通知，要求全市各级工会组织、工会干部和广大职工要认真学习贯彻胡锦涛总书记的讲话精神，按照“八荣八耻”的要求，广泛开展社会主义荣辱观教育，推动形成良好的社会风气，构建社会主义和谐社会，促进职工队伍思想道德建设，为完成“十一五”规划、推进滨海新区开发开放和天津更快更好发展建功立业。

通知强调，要进一步加强以社会主义荣辱观为主要内容的职工思想政治工作，努力提高职工思想道德素质。当前，要把学习贯彻胡锦涛总书记“八荣八耻”重要讲话精神，树立社会主义荣辱观作为加强职工队伍思想政治工作为主要内容，组织广大职工认真学习领会。帮助职工弄清什么是应该弘扬的真善美，什么是应该摒弃的假恶丑。坚持什么，反对什么，倡导什么，抵制什么，都要旗帜鲜明。要坚决反对和抵制价值观念的混乱，善丑不变，美丑不分的现象，大力弘扬工人阶级的崇高思想和优良品质，特别学习劳动模范那种公而忘私、艰苦奋斗、真诚奉献、不计名利、忠于职守、自强不息的优秀品质，用工人阶级的先进思想影响和带动全社会。要紧密联系思想实际，从我做起，从现在做起，从点滴做起，进一步把广大职工的智慧和力量凝聚到现代化建设上来，充分发挥工人阶级在实现“十一五”规划、推进滨海新区开发开放和天津更快更好发展中的主力军作用。

要继续深入开展以诚信为重点的职业道德建设，促进社会主义市场经济的健康发展。要引导职工牢固树立诚信为本、操守为重、守信光荣、失信可耻的信用意识和职业道德观念，组织职工阻止假冒伪劣商品进入流通领域，协助政府打击商业贿赂的种种不法行为，动员职工对商家的进营行为进行监督，调动职工“识假、防假、打假”的积极性，保护好消费者合法权益，维护良好的市场经济持续。

二十四、开展“我与天津大发展”大讨论活动

2007年9月，天津市总工会决定在全市职工中开展“我与天津大发展”大讨论活动。大讨论活动的重点是紧紧围绕天津市第九次党代会确定的天津今后五年发展目标和任务，紧紧围绕市委召开的进一步加快滨海新区开发开放动员大会、实施二十项民心工程现场办公会、推进城乡一体化战略加快社会主义新农村建设工作会议等会议作出的重要部署，紧紧围绕市委副书记邢元敏在全市区县局工会领导干部会议讲话精神的贯彻落实，紧紧围绕2007年全市工会各项重点工作的出色完成，重点把握四个“明确”：明确天津大发展战略意义的重要性和紧迫性，确立自己在天津大发展中的责任感和使命感；明确天津未来发展的目标和任务，确立实现发展从我做起，从现在做起的意识；明确本系统本单位改革发展方向和任务，确立自己的职业规划和工作目标；明确自己岗位工作的职责和要求，确立良好的职业道德和创新精神。

大讨论活动的载体：1. 广泛开展职工思想道德、职业道德教育，把大讨论和作为 2007 年“和谐促发展，建功十一五”主题教育活动的一项重要工作，配合大讨论活动，天津市总工会将编印学习宣传手册，下发到基层，为班组学习提供材料。天津市总工会将适时组织开展竞赛展示活动。2. 以“争创”活动为载体，在基层班组（科室）开展以“和谐新理念、到的新风尚、前沿新知识、关键新技术、管理新机制、快乐新体验进班组”为主要内容的“六进班组”活动，深化职工素质工程，通过创建更多的学习型班组，使大讨论沉到班组，融入到职工思想和实际行动中。3. 按照市委“同在一方热土，共建美好家园”活动的整体部署，结合在职工中深入开展的“岗位比贡献，文明迎奥运”活动，大力倡导岗位文明礼仪和诚信建设为主要的职业道德，选树一批职工职业道德建设“双十佳”典型。4. 深入开展创争“工人先锋号”“五比一创”劳动竞赛和“满意在天津”实践行活动，把职工大讨论引导落实在争创最佳岗位，创造新的业绩上，并作为检验大讨论成效的重要标准。5. 通过大讨论活动，涌现出的职工思想道德教育工作的先进典型，将纳入本年度全国、全市职工思想政治工作创新案例征集评选。6.《天津工人报》将开设“我与天津大发展”专栏，《天津工运》、工会信息、天津市总工会网站及时反映大讨论活动开展的情况综述、先进典型和阶段性成果。

二十五、情系劳动模范

创办劳模 MBA 研究生班。2003 年 9 月 19 日劳动模范 MBA 研究生班在天大科技图书馆举行开学典礼，全市 86 名劳动模范参加学习。劳模研究生课程进修班由天津大学研究生院、管理学院和市劳模协会、津工楷模人才开发服务公司共同举办，劳动模范参加一年的学习，修满 30 学分，可取得天大研究生证书。

创办劳模公司。至 2003 年，全市劳动模范 10010 名，其中有 1200 名左右劳动模范处于比较低的收入水平，年龄在 65 岁以上，退休费 600 元左右，为帮助生活困难劳动模范，2003 年，天津市总工会创办天津劳模公司。天津劳模公司由劳动模范厂长经理及各区县局工会投资建立的股份公司，设有一个总公司和三个分公司，分别从事物流、劳保用品销售、人才培训和软件工程开发等项工作。创办第一年，劳模公司所有股东不分红，拿出赚到的 40 万元，帮助 1200 名困难劳模，一般标准为 200 元左右。

2004 年，天津市劳模公司成立帮助 3000 人次的劳动模范解决困难。2005 年是全国培训年，劳模公司人才培训分公司将在 2004 年开办 MBA 培训班的基础上，再开两个培训班，并发展学位教育。软件工程开发分公司为自来水集团公司开发自来水软件、并创出比其他公司开发的同类软件低 40% 的价格。

举行劳模义诊咨询活动。2004 年 10 月 11 日，天津市职工医院举行为期两天的天津市劳动模范大型义诊咨询活动。来自全市 16 家医院的专家和医务工作者 80 余人现场为劳模义诊咨询服务，全市 3000 名退休劳动模范凭义诊入场券参加活动。参加义诊咨询活动的专家有中国工程院院士、脑血管病专家、中医一附院主任医师石学敏、医大总医院心内科主任医师万征、医大二院心脏科主任医师周长钰、人民医院乳腺科主任医师李维廉、一中心医院耳鼻喉科主任医师杨宝琦、天津医院骨科主任医师周静等专家现场为劳模服务，还有南开医院主任医师周振理、中心妇产科医院主任医师林婉君、胸科医院主任医师郭志刚、眼科医院主任医师王雁、天和医院主任医师任新生等为劳模义诊。天津市制药企业纷纷慷慨解囊为劳模捐助药品，其中天士力集团有限公司捐助价值 48.18 万元的药品，天津金耀集团及天津药业集团捐助价值 15.84 万元的药品，中新药业集团所属 4 家企业捐助价值 15.75 万元的药品，天津美伦医药捐助价值 6.5 万元的药品。

评选最具影响力劳动模范。2007 年 4 月 27 日，天津市召开庆祝“五一”国际劳动节暨表彰劳动模范、模范集体大会。会上市领导向荣获全国“五一”劳动奖章、市级模范集体代表，向最具影响力劳动模范提名奖获得者、最具影响力劳动模范颁发了奖章、证书、奖牌和奖杯。大会对 2006 年度劳动模范和模范集体予以表彰，授予 987 名同志市级劳动模范称号；授予 191 个集体市级模范集体称号。同时，授予孔祥瑞等 13 名同志最具影响力劳动模范称号，顾月海等 13 名同志最具影响力劳动模范提名奖。

2007 年 7 月 4 日，天津市总工会、开发区保税区工委联合会召开天津市加快滨海新区开发开放劳模事迹报告会。会上，全国劳模、全国五一劳动奖章获得者、天津市最具影响力劳动模范、天津港煤码头分公司孔祥瑞，天津市劳动模范、天津港保税区投资促进局局长徐刚，“工人先锋号”先进集体、滨海供电公司客服服务中心的代表于向君，全国五一劳动奖章获得者、“工人先锋号”先进集体的代表、市政设计院滨海分院院长赵建伟等做了事迹报告。天津市总工会副主席刘凤山在讲话中指出，当前，天津的发展正处在一个关键时期。在前所为有的重大机遇和严峻挑战面前，要以更大的决心、更大的魄力、更实的措施，乘势而上，强占先机，努力在各方面走在全国前列。

大会后，天津市教卫系统、工业系统、交通邮电系统，规划建设系统、综合经济系统、农口等也分别举办劳模事迹报告会。

第四篇

工会工作

概　述

天津工人运动坚持以马克思列宁主义，毛泽东思想、邓小平理论、“三个代表”重要思想和科学发展观为指导，始终坚持从天津工人运动的历史实际出发，坚持实事求是，客观性、全面性和科学性相统一的原则。工会组织虽历经各次政治运动，但它始终作为党联系职工的桥梁和纽带，发挥着独特而不可替代的作用。1949 年 1 月 15 日天津解放，从那时起，天津工人运动和工会工作进入了一个崭新的历史阶段。60 多年来，在党的领导下，天津工会组织团结带领全市工人阶级始终以国家主人翁的姿态，勤奋工作，无私奉献，在经济发展、城市建设和职工生活等各项工作中发挥了十分重要的作用。

天津市工会第一次会员代表大会于 1950 年 1 月 10 日召开，天津市总工会正式成立。当时工会工作的主要任务是抓紧建立产业工会和基层工会组织，协助政府解决失业工人的就业问题和生活困难。天津市总工会在调研的基础上，协助政府制定并实施了国有企业劳动保险条列、贫苦工人治病减免办法和工厂安全生产条列等法律法规。在工会组织的带领下，工人阶级积极参加各项政治运动，认真宣传贯彻“发展生产、繁荣经济、公私兼顾、劳资两利”的政策，组织职工积极参加对私营工商业的改造。在党的领导下，创造性地通过劳资协商会议、集体合同和生产竞赛等方式，促进了资本主义工商业的发展和向社会主义的转变。同时，工会通过推动劳资协商会议，进一步维护职工权益，监督资本家不法行为，发挥了不可替代的作用。

天津工会工作在工人群众阶级觉悟和政治、文化水平的提高上，在生产、业务的推动上，在文化生活的改善上，取得了很大成效。这个时期，职工教育主要分成三个阶段：第一阶段，从 1949 年 1 月至同年 8 月，是以启蒙政治教育为重点的阶段。实质上，这一阶段的文艺活动也是启蒙政治教育的一部分。第二阶段，从 1949 年 9 月至 1950 年 4 月，是以开展正规的业余文化教育为重点的阶段。第三阶段，1950 年 5 月至同年 10 月，是以生产宣传鼓动为重点的阶段。工会一切工作都以生产为中心，使职工宣教工作与中心紧相结合。工会组织职工开展生产竞赛，帮助企业度过难关、发展生产。经过 1949 年底生产节约运动，1950 年红五月大生产竞赛，1951 年爱国主义劳动竞赛及 1952 年的爱国增产节约竞赛运动，大大提高了劳动生产率。这个时期，工会开展竞赛工作的主要作法和经验：一是发动群众定计划，变行政计划为群众计划是开展竞赛的第一步，有了计划，群众就有了具体的竞赛目标。二是抓住了面向小组的工作。三是推广先进经验。工会组织卓有成效的工作，极大地调动了广大职工的积极性。在国民经济恢复和发展过程中，涌现出一批劳动模范和先进工作者。1950 年 9 月，天津市总工会召开天津市首届劳动模范大会，这项工作在社会各届和全市职工中引起强烈反响。工人阶级的地位明显提高，工会组织的影响不断扩大。

50年代末到60年代中期，是国民经济和社会发展的第二个五年计划和三年调整时期。这一时期，中国政治、经济领域发生了许多重大事件。面对困难和曲折，在市委领导下，天津市总工会组织和带领广大职工，努力提高自身政治、文化、技术素质，自力更生，艰苦奋斗，全身心地投入大规模的经济建设，为战胜困难和发展经济作出了不可磨灭的贡献。

这个时期在党的集中领导和大搞群众运动相结合的方针指导下，天津工会在职工中开展学先进、赶先进、超先进、帮后进的社会主义竞赛在各条战线上广泛深入地展开。在厂、车间、班组、机台、个人之间都开展了多种多样的对口赛、对手赛、挂钩赛、表演赛、一条龙赛、厂际赛等丰富多彩的竞赛活动，纵横交错、上下挂钩，形成了竞赛成网，标兵成列，比、学、赶、超、帮成风的蓬勃发展的新局面。

这个时期社会主义劳动竞赛，在内容上、组织方法上、组织形式上都有许多新的发展。当时，在社会主义劳动竞赛中广泛运用的几种有效形式：一是生产运动会。这是一种综合性的竞赛运动，有利于全面调动各方面的积极性。二是大兵团作战。这是以企业内一定时期的中心任务为目标，使关键迅速突破。三是技术表演赛。这是以总结交流先进经验为内容，以竞赛为方法，能够高速度地推广先进经验，迅速提高工人技术水平。四是小组竞赛。这是厂内竞赛的基础，它有力地促进小组工作的全面提高。针对部分有技术的老工人下放农村的情况，天津市总工会及时向市委反映，中共天津市委领导批示："老工人不能走，有技术的不能走，已经走了的要赶快追回来"。市工会迅速采取措施加以纠正，避免了生产上的更大损失，稳定了职工队伍和企业生产。

天津工会把关心和安排好职工生活作为一项经常性的主要任务抓实抓好。这一时期，工会首先抓职工集体生活福利工作，组织基层职工食堂开展"粗粮细作"、"素菜荤作"的竞赛，提高服务质量。有条件的单位还养猪种菜，千方百计保证职工吃饱吃好。与此同时，天津市总工会遵照市委指示，组织各级工会认真做好职工生活困难补助工作。通过补助，使困难职工减轻了精神上和经济上的负担。

这一时期经济发展和政治运动交叉进行，工会组织在中共天津市委领导下，克服各种困难，做了大量实际工作，特别是大兴调研之风，就关系全市的重大问题和涉及职工切身利益的问题，及时向市委汇报、反映，提出工会的主张和建议，维护了职工的合法权益，调动和保护了职工的积极性，对于克服暂时困难，保证国家计划任务的完成和超额完成，为全市的经济和生活发展发挥了不可替代的作用。工会组织深入贯彻"工业十七条"，恢复和发展了职工代表大会制度，组织职工民主管理企业，实行"两参一改三结合"，改进企业生产管理和技术管理。这些有益的实践，为工会工作以后的发展提供了经验和借鉴。

"文化大革命"结束后，在党中央和中共天津市委关怀下，天津市工会组织得以恢复。尤其是党的十一届三中全会以后，工会工作进入了一个全新的发展时期。根据中共中央和市委的指示精神，天津市总工会组成专门工作班子为老工人、劳动模范和工会干部平反冤假错案，落实政策。在各级党委领导下，各级工会会同有关部门以坚定立场，深厚的阶级感情，冲破各种阻力，为劳动模范、老工人平反冤假错案，落实政策。各级党政领导和工会在工作中坚定地依靠先进队伍，充分发挥他们的骨干、带头、桥梁作用。进一步加强了对先进模范队伍的培养教育和管理工作。在党的培养和老工人的帮助下，青年工人中先进人物一批又一批地涌现出来。工人阶级的新一代正在茁壮成长。

在这时期，把经济工作的难点作为工会工作的重点，在增强企业活力，确保完成各项建设任务上使了劲，出了力。各级工会紧紧围绕党在各个时期的中心任务，广泛发动群众，在改革和建设上充分发挥工人阶级的主力军作用。在国民经济调整时期，组织广大职工开展了“国家有困难，我们怎么办”的大讨论和“献千元”、多贡献活动，为克服暂时困难，搞好经济调整出了力。在争取财政经济状况根本好转中，各级工会把广大职工组织到增产增收的劳动竞赛中来，对确保全市财政上缴任务的超额完成，发挥了重要作用。随着经济体制改革的全面开展，各级工会致力于开发活力源泉，增强企业活力，推动企业改革，并组织开展争创优秀承包班组竞赛，促进经济责任制的落实。各级工会及时组织各行各业职工广泛开展为实现“七五”“八五”“九五”计划献计出力、建功立业”为主线的群众经济活动。劳动竞赛不断发展。主要特点是，竞赛与经济责任制紧密结合，向企业的经营管理、技术开发、销售服务等各个领域深入发展，把各个层次的职工都组织到竞赛中来，在促进企业转轨变型，提高经济效益，保证城市建设，搞活市场供应，增加出口创汇，发展各项事业，提高城市功能等方面，发挥了越来越大的作用。工业系统各级工会，面对一些企业在生产经营上遇到的困难，积极开展以创优降耗、促销降库、开发新产品、扭亏增盈为主要内容的多种形式劳动竞赛和“解难题、增效益”活动，有力地促进了企业改善经营管理，推进技术进步，提高经济效益。天津市总工会和部分局工会还建立了“扶助停亏企业基金”，解决了一些困难企业的燃眉之急。在“七五”立功活动中，交通系统的“创、建、树”活动，城建系统的创优质工程、十大窗口文明服务竞赛，财贸系统的学赶先进、优质服务竞赛，教育系统的“教书育人，为人师表”活动，卫生系统的“树医德、正医风”活动，效县农林系统围绕抓好“菜篮子”工程、支援农业、服务城市开展的各项活动，对推动经济发展，转变行业风气，建设精神文明，都发挥了积极作用。与此同时，群众性的合理化建议、技术革新、技术协作活动蓬勃开展，成效显著。

在这时期，职工参与民主管理，职代会的职权逐步落实，作用日益显著，民主参与登上新的台阶，车间、班组的民主管理活动初步开展起来。特别是随着改革的深入，企业自主权的扩大，职代会的质量有了很大提高，工会和职代会紧紧围绕改善经营管理，推进技术进步，增强企业活力，提高经济效益，组织职工代表认真审议企业的重大决策，监督行政领导，维护职工的合法权益。

为适应改革开放形势的要求和职工队伍结构的变化，各级工会把加强对青年职工的教育作为思想政治工作的重点，紧密结合每个时期的形势任务和职工的思想实际，着重在职工中进行了理想纪律教育、形势政策教育、职业道德教育，积极探索新时期职工思想政治工作的新途径。多年来，在职工中广泛开展了争当“合格工人”、学习“身边的共产主义因素”“爱厂爱岗”等立意高、起点实的群众自我教育活动，在全市开展的“企业活力从哪里来”的大讨论，对调动职工投身改革、为改革献计献策的积极性起了重要作用。“三热爱”读书演讲活动逐步向多层次、多内容、多形式发展。各级工会还广泛开展了丰富多彩、健康有益的文娱、体育和兴趣小组活动，寓教育于活动之中。在提高职工思想政治素质的同时，各级工会努力提高职工的文化技术素质。在职工中开展了尊重知识、尊师重教的宣传教育活动，积极协助行政基本完成了青年职工的“双补”任务。发动和支持职工结合本职刻苦自学，涌现出一批自学成才的先进典型。群众性的岗位培训、技术练兵比武、操作表演活动，规模越来越大。

天津市总工会多年来在全市职工中开展主题教育系列活动，每年编印下发《班组培训每周一题读本》，以知识竞赛、演讲、辩论、征文等形式宣传党中央和市委精神，先后在全市职工中开展“解放思想、干事创业、科学发展”学习竞赛、“迎奥运展风采学习型班组大赛”等活动。连续三届在全市职工中开展职业道德建设“双十佳”和百佳班组评选表彰活动。天津市总工会引导全市各系统各单位以“创建学习型组织，争做知识型职工”活动为载体，以提高职工的学习能力、实践能力、创新能力为重点，以培养知识型、技术型、创新型职工队伍和增强企事业核心竞争力为目标，不断深化职工素质工程。全市已建成30个全国“职工书屋”。天津市总工会联合市文化局、天津电视台、今晚报社开展了两届职工艺术家评选活动。天津市总工会组织策划全市职工庆祝联欢活动，先后成功举办“阳光大地”、“放歌祖国，赞美天津”、“为天津腾飞讴歌、为劳动者喝彩”等由职工文艺骨干自编自演的大型文艺晚会，得到市领导的充分肯定和社会各届广泛赞誉。天津市总工会组织职工万名棋手大赛、职工长跑比赛举办了近三十届，连续多年开展职工羽毛球、乒乓球大赛。其中，第24届万名棋手大赛以迎接北京奥运会为主题，2008名棋手同时同场博弈，其规模创世界之最，被载入上海吉尼斯记录。

在送温暖工作中，天津工会把建立长效帮扶机制作为重点，把发挥工会第三道保障线作用和不让一户过不去作为工作落脚点。近几年来，天津市总工会建立了职工联合服务中心，利用信息网络技术手段，采取全域覆盖、动态采集、结构化分析数据的方法，根据基层和职工的实际需要，形成了集安全生产处理快速反应系统、突发事件应急控制快速反应系统、困难职工救助快速反应系统、劳动关系预警快速反应系统、再就业保障快速反应系统、职工多元消费快速反应系统为一体的六大快速反应系统。

在新的历史时期，各级工会组织加大建会工作力度，确保工会组织不涣散，会员不流失，坚持把农民工作为职工队伍的新生力量，实行建会考核奖励制度，有效调动全市各级工会组织和工会干部建会工作积极性。针对部分跨国公司和连锁企业建会难的问题进行重点攻关，加大非公有制企业建会工作力度，推动世界500强企业在津企业建会。通过创新工会建会思路、组织形式和活动方式，天津市总工会组建工作圆满完成中华全国总工会下达的任务指标。2008年底，全市共发展会员3677518人，建立基层工会26999个，基层工会涵盖法人单位51699个。

从20世纪70—80年代逐渐壮大基层工会组织、发展会员起步，到20世纪90年代努力在非公有制经济这一新领域组建工会，再到进入新世纪大力推动新经济组织、新社会组织组建工会，工会组建正进入又好又快的时期。在工会组建工作中逐步形成了“五个坚持”的工作思路。全市各级工会组织解放思想，主动适应形势的变化，积极探索创新适应发展的建会模式和方法，建立了建会考核目标管理体系和以属地为坐标的服务管理网络体系。进入20世纪以后，全市各级工会组织按照中华全国总工会提出的“组织起来，切实维权”的工作方针，大力推进新经济组织、新社会组织组建工会，从中华全国总工会到街道工会，从社区工会联合会到行业工会联合会，从零散务工人员和下岗失业人员工会联合会到菜市场工会、保洁工工会，不断创新组建形式，将广大职工最大限度地组织到工会中来。区域性、行业性基层工会，市场工会等多种组织形式得以在全市总结推广，乡镇（街道）工会、村（社区）工会、企业工会的“小三级”组织网络进一步完善，以及基层工会主席产生机制不断探索，都为天津工会组织的发展壮大提供了长效的机制保障。推动在包括外资企业在内的非公有制企业建立工会取得了成效，跨国大企业沃尔马的成功建会经验，带动了更多世界500强在津企业建会的步伐，柯达、麦当劳等一大批跨国外资企业建立工会，使更多职工的切身利益得到维护。更多的农民工加入到工会组织中来。截至2008年12月，全市243个乡镇街即所属开发区、科贸园区全部建立了工会组织，其中81个乡镇街道建立了总工会。全市3331个村、社区中有1698个组建工会组织。工会参与立法和政策制定工作进一步加强，为维护职工合法权益营造了良好法制环境。

坚持走市场化路子，充分发挥工会的组织优势、品牌优势、阵地优势，广泛吸纳社会资金，实行投资主体多元化，做大做强津工集团，不断壮大工会服务职工群众的实力。津工超市连续进入全国商业连锁50强，成为本市门店最多的连锁超市，方便了职工的生活需要。职工住房合作社、津工体育健身中心、工人文化宫、津工驾校、职工疗养院等发展势头良好，成为工会服务职工群众的重要阵地。津工集团保持平稳较快发展势头，经济实力和服务水平不断提升。截至2008年6月底，集团的经营收入达到6.23亿元。

与此同时，天津工会其他各项工作也取得了新的进展。工运理论研究工作创新发展，在全市和全国工会调研成果评比中均获得一等奖；女职工特殊权益保护机制更加完善，“女职工建功立业工程”的载体作用更加明显；以《天津工人报》和《天津工运》为主要载体的工会宣传报道取得新进展；工会经费收缴审计和工会资产监督管理工作取得新成效；区县、工交、城建、财贸、教科文卫体系统工会的职能得到充分发挥；对外友好交流取得了较好的成果。工会工作取得的成绩，得益于市委、中华全国总工会和各级党委的正确领导和高度重视，得益于社会各界的大力支持和联动协作，得益于全市广大工会干部的拼搏创新和无私奉献。

在这个时期，工会事业获得较大发展，在天津市政府和中华全国总工会的大力支持下，新建工人报社大楼和市职工体育活动中心；扩建第一工人疗养院、北戴河工人疗养院和教工俱乐部；对第一工人文化宫、第二工人文化宫和新港国际海员俱乐部进行改造，增添新的活动设施。另外，还组建市职工旅行社、经济实业服务中心、建房合作社等一批新的事业单位。工会经济事业从无到有，规模不断扩大，建立津工城市信用社，在基层办起工会经济事业。工会对外交往更加活跃。开展多种形式的经济、技术和文化交流活动，增进了了解和友谊，扩大了本市工会的国际影响。

在天津工人运动从产生、发展、到成熟的历史过程中，工会组织始终作为党联系职工的桥梁和纽带，在天津的社会发展和经济建设中发挥着独特而不可替代的作用。几十年来，天津市总工会工作在党的领导下不断向前发展，尤其是党的十一届三中全会以来，在市委的领导下，全市各级工会积极适应形势发展变化要求，自觉地把工会工作放到全市改革发展稳定的大局中去认识和把握，立足“三个最大限度”，全面落实“五突破一加强”的目标任务。以突出履行维护职能和推动党的全心全意依靠工人阶级根本指导方针的贯彻落实为主线，以健全完善维权机制、深入推进送温暖再就业工程、广泛开展群众性建功立业活动和提高职工队伍整体素质为重点，以建树工人阶级、工会组织、工会干部“三个时代形象”为动力，以努力实现全国工会工作先进地区之一为目标，不断强化发展的紧迫感、职工的责任感和维权的使命感，自找压力，主动到位，勇于创新，求真务实，工会的各项工作深入发展，总体规模不断扩大，重点工作实现了新突破，整体工作水平进一步提高，社会影响力更加广泛，服务全局、服务职工的作用更加突出。

在中共天津市委和中华全国总工会的正确领导、政府和社会的大力支持下，天津工会组织坚定不移地走中国特色社会主义工会发展道路，不断推进理论创新和实践创造，在经济体制深刻变革、社会结构深刻变动、利益格局深刻调整、思想观念深刻变化、深层次矛盾逐步显现、影响社会和新问题明显增多的外部环境和困难挑战面前，夺得一批全国工会工作的单项冠军和荣誉奖项，创造了一批在全国具有示范引领作用的工作模式，涌现了一批在全国具有广泛影响的先进典型，干成了一批在通常条件下看来难以干成的大事，破解了许多制约工会工作发展的深层次矛盾。职工素质工程已成为人才强市战略的重要组成部分和全国工会工作的主要活动载体，“满意在天津”实践活动被市领导誉为“推动天津经济社会发展的一大良策”，天津困难职工帮扶中心建设已成为政府的第三道社会保障线和全国工会送温暖工程的主导模式，厂务公开、“三制四书”制度已成为基层民主政治建设的干部制度和全国全面推行的制度规范，全国第一份农民工集体合同和工资保障卡已成为全国劳动关系和谐企业创建活动的重要条件，以建会建制增活力为主要内容的强基建制工作已成为全国工会系统加强基层建设的有效形式，全国第一家实业集团——津工集团的建立开创了我国职工福利事业改革发展的先河，并成为天津工会组织时代性的特色品牌，天津职工联合服务中心已成为引领全国工会现代化、信息化建设的发展方向，工会理论创新已成为全国工会系统普遍关注的理论和思想导向，天津工会被王兆国主席誉为“展示中国工会地位、作用、形象的重要窗口”。充分发挥了党联系职工群众的桥梁纽带和国家政权的重要社会支柱作用，为全市经济发展和社会和谐作出了突出贡献。思想瞄准前沿、思路上高人一筹、实践上领先一步、标准上抢占全国工会工作制高点，是天津工会工作和工人运动创新发展的生动写照。多年来，各级党政领导考查工会工作，对本市工会工作在创新实践中取得的经验和进展给予高度评价。

第一章　宣教文体

第一节　职工教育

一、新中国成立初期的职工教育

解放后，天津市各级领导高度重视广大职工政治学习。天津市军管会召集工人代表座谈会，加强工人的政治教育，提高工人阶级觉悟。各厂军代表工作组结合接管、复工、复业工作，组织工人上大课，聘请各机关首长干部讲课，进行政治、政策教育，揭穿国民党反动派的各种诬蔑造谣，消除各种顾虑和怀疑，稳定情绪，逐渐启发阶级觉悟。

1949年1月底，有的企业将职工编成学习组，进行读报，学习毛主席《关于时局的声明》《将革命进行到底》等文章。2月初各厂开始推选临时职工代表和组成临时职工代表会，3月底各厂职工代表会相继成立。职工代表产生后，首先协助军代表及工作组抓了生产恢复及学习二件事。津浦路天津机械厂2月2日成立工人学习班，3月底各公营企业及私营大厂基本上恢复了生产，大部分厂都建立学习组织，开展了有领导有计划的学习。公用局、公务局、摩托处、电信局、邮政局、钢铁厂、中纺、联勤等一些厂开始举办短训班等。

天津市举办短期脱产轮训班最早的是公用局。该局在各厂进行初步的政策教育之后，抽调一批干部专门负责办学习班。聘请华北总工会筹备委员会天津办事处领导及干部讲课。

同年3月30日，华北总工会筹委会天津办事处宣传部召开各公营企业各工作组负责学习的有关人员会议。天津办事处在会上适时的推广公用局举办短期脱产学习班的经验。从而使启蒙教育运动又掀起一个新的热潮。到年底全市参加短期脱产训练班的有22949人，加上业余训练班、车间学习班等共达86941人。

同年4月刘少奇到天津视察，传达党的七届二中全会精神。4月24日对天津工作作了指示，谈到工会工作时特别提到要将工人组织起来，进行初步的马克思主义教育。

1949年4月至1950年初，中共天津市委领导和各级工会在全市范围内开展大规模的政治启蒙教育运动。进行了“劳动创造世界”“谁养活谁”的历史唯物主义基本常识教育，和党对民族工商业政策的教育。教育采取上大课、报告会和短期轮训班等多种形式。市委、天津市总工会的领导同志深入工厂企业为工人群众讲课。政治启蒙教育激发私营企业工人群众的政治觉悟和生产热情。因而1950年上半年在大部分私营企业生产经营面临困难的情况下，工人们为帮助企业度难关，主动降低待遇、减薪停薪，开展增产节约运动，加速私营工商业生产经营的好转。

1950年12月22日，天津市群众识字教育委员会成立。各级工会联合行政组织了识字运动委员会，统一领导工厂的识字工作。

1952年，天津市广大工人、妇女和一般劳动市民大规模开展推行祁建华速成识字法的识字运动。各区、各产业工会纷纷举行动员会，庄严誓师。各级识字运动委员会陆续成立，并有很多的识字班已改用速成识字法教学。至年底，全市有53888名工人在参加识字学习。当时有1443名教师和1512名辅导员在从事工人识字教育工作。到1954年，全市有640家工厂企业形成了制度，有15万多人参加了学习。在文化、技术教育方面，自天津市职工业余教育委员会成立以来，全市已有工人业余文化学校178所，16.4万人参加了正规的文化学习。全市有正规业余技术学校9所2933名三级以上的技术工人参加系统的技术学习。

1952年10月初，天津市总工会连续发出通知，重申各级工会组织在党委的统一领导下，加强对职工读报工作的领导，把读报活动开展起来，并且还明确规定用工会经费，给工业、交通、基建系统的每个工会小组订一份天津日报。各产业、区工会和区工人俱乐部都结合中心工作，组织力量，深入基层，推动这一工作的开展。据邮局统计，11月份《天津日报》比9月份增加了12000多个订户。如一机工委十九个单位的947个小组，过去仅有报纸125份，现已增加到893份，交通工会在津的1047个班组，原来只有报431份，现已增至937份。

二、社会主义革命和建设时期的职工教育

1955年，天津市总工会制定“关于如何发挥工会组织在工人政治教育和正规技术教育工作中的作用的意见”。协助党委和行政把工人政治教育和正规技术教育搞得更好，协助党委和行政作好教育工作计划。在协助制订计划中，各级工会根据市委关于“整顿巩固、稳步发展、改进教学、提高质量”的政治教育工作方针，及“技术教育与生产相结合，与当前技术上存在着的关键问题及技术革新运动相结合”的方针，并根据天津市总工会《关于全市工厂企业职工技术、文化业余教育安排问题的意见》，结合本厂生产发展和当前需要以及工人的文化、技术水平，协助党委和行政制订计划，确定教育的目的、形式和内容，调整政治、技术、文化学习，避免工作中的盲目性和形式主义。开学时协助党委和行政作好招生工作，向工人讲清学习的目的，端正学习态度，并共同与党委和行政编班、分组以及领导学员建立班代表会、班委会和互助小组。

在整个学习过程中及时掌握学员思想，经常不断向工人进行“为社会主义而学”的思想教育。对于个别不重视学习或违反学习纪律的学员，要进行说服教育，同时对学员在学习上遇到的

困难，工会主动协助解决。为了保证作好工作，工会内部建立以下的组织和制度：1. 基层工会委员会至少每半年要讨论一次工人政治教育和正规技术教育工作，并对宣传委员的这项工作进行一次检查；2. 工会小组应关心工人的学习，具体帮助解决困难问题，并应列为小组生活会检查内容之一。学习积极者，小组应给以鼓励，不重视学习者应给予批评；3. 为了避免宣传委员会因此工作而引起的忙乱现象，在大厂基层宣传委员会中，可建立教育组，小厂中可设立教育委员（或指定一名宣传委员会的委员专门负责这项工作）。教育组和教育委员都在宣传委员会的领导下进行工作。

1959 年贯彻党的八届六中全会和八届八中全全精神是政治思想工作和宣传鼓动工作的中心。3 月，天津第一工人文化宫举办老工人业余哲学学习班，截止到 1962 年 2 月，举办老工人业余哲学学习班四期。在 3 年 10 个月内，为工厂企业培养理论学习骨干 360 余人。

1963 年，天津市总工会开展“五好”运动，传达大庆经验，号召各企事业单位大学解放军，学习毛主席著作。

1964 年 4 月 16 日，天津市总工会在总结职工学习毛主席著作的情况中表明：全市职工学习毛主席著作的趋势，日益发展。职工学习毛泽东著作有四种形式：学习班、学习小组、个人自学、全厂（或车间、工段）职工集中听讲。多数学习班的教员分别来自市委宣传部理论处、市委党校、南开大学、医学院、社科联、历史研究所等单位。5 月 7 日，天津市总工会宣传教育部总结学习毛主席著作骨干队伍的情况。市、区（产业）工会利用工人文化宫、俱乐部阵地，举办各种形式的毛主席著作学习班或讲座，为基层培养工人学习毛主席著作的骨干和辅导员。截至四月中旬，有第一、第二工人文化宫（以下简称一宫、二宫），和河北、南开、和平、河西、河东、红桥、塘沽、汉沽、北郊九个区工会，以及建筑、铁路、文教医务、铁路第三设计院四个产业工会，共开办 20 个毛主席著作学习班，参加学习的有 1883 个工厂企业中的工人和干部 10124 人。此外，第一工人文化宫、塘沽区工人文化宫，河西、汉沽区工人俱乐部还办了两个职工业余政治师范学校，五个哲学班，两个政治经济学班，有工人、干部 6168 人参加学习。

1970 年 3 月 29 日至 31 日召开的天津市工人活学活用毛主席哲学思想经验交流会上，第二毛纺织厂老工人李长茂、棉纺四厂老工人王淑珍介绍各自的学习心得体会。

1975 年 7 月 21 日，天津市总工会在第一工人文化宫联合召开七二一工人大学教育革命经验交流会。会上，介绍了上海机床厂办好七二一工人大学的经验。中国远洋公司天津分公司党委和大沽化工厂党委分别介绍了向上海机床厂学习，办好七二一工人大学的经验。中共天津市委、市革委会负责同志出席大会并讲话。会议认为，在毛主席关于理论问题重要指示指引下，全市教育战线形势很好。

三、改革开放和社会主义现代化建设时期的职工教育

1978 年 11 月 20 日至 24 日，天津市总工会召开天津市职工教育工作会议。会议传达了全国

职工教育工作会议精神，交流了化工局等16个单位大办职工教育的经验，讨论研究1979—1985年职工教育发展规划纲要。市委书记和教育部相关领导出席会议并讲话。

1979年8月20至9月23日，天津市总工会举办两期工会宣传干部学习班，有203人参加学习，其中局级工会干部14人，公司工会正副主任11人、干部24人，基层工会正副主任39人，宣传及其他干部120人。每期半个月，主要学习和讨论实践是检验真理的唯一标准，此外，还学习了当前的阶级状况和主要矛盾问题，关于八字方针以及民主与法制等问题。参加学习的同志，热情很高，普遍反映收获很大。

1980年3月，天津市总工会向全会发出通知，要求认真学习邓小平《目前的形势和任务》，要把这一学习作为大事来抓。4月，天津市总工会在关于当前职工教育工作问题的意见中提出，工厂企业的职工业余教育工作由工会负责。到6月，全市约有65万名职工在参加各种学习，约占全市职工总数的30%。其中在159所职工高等学校学习的有7.9万人。这一时期的办学内容和形式大致有：按工种、专业办学；围绕技术攻关办学；针对技术、业务薄弱环节办学；结合推行全面质量管理和经济核算办学；适应转产需要的培训；新工人进厂顶岗培训等。1981年下半年以来，天津市各级工会组织，在各级党委领导下，响应党中央关于建设两个文明的号召，积极地开展工作。11月天津市总工会召开主人翁教育经验交流会。

1982年2月在天津市总工会召开第十届第二次全委会，许明作了题目为:《提高职工的主人翁责任感，充分发挥工人阶级的主人翁作用，为建设社会主义物质文明和精神文明而奋斗》的报告和交流了天津碱厂、第二构件厂的经验以后，各级工会组织在各级党委的领导下开展工作，主人翁教育活动在全市普遍地开展起来。天津染料厂、六号门运输场、天津碱厂、大化纤、棉一、棉三、色织三厂、天动、运输三场、和平运输场，764厂和第二自行车等单位都创造了好经验。

1983年6月，天津市68个区、县、局建立读书活动指导小组，普遍建立公司、厂、车间各级读书活动指导网。报名参加读书的职工已逾20万人，结合成读书小组一万多个。读书活动指导委员会强调全市读书活动要加强党委领导，工会、共青团密切配合；要认真学习上海、北京的经验；要把读书活动和“五讲四美”“三热爱”活动结合起来，和学习朱伯儒、张海迪活动结合起来，和系统教育、政治轮训结合起来，和增产节约劳动竞赛结合起来，做到组织落实、图书供应落实、读书计划落实、辅导活动落实，在思想、生产、工作上反映出扎扎实实的效果。7月3日，天津手表厂提出把《邓小平文选》作为读书活动的第一本书来读，开展学习活动。许多区、局的职工纷纷响应。天津市总工会及时发出通知，做出具体布置。开展学习两个月，全市有近百个单位组织了学习《邓小平文选》心得座谈会。许多单位十分重视从爱国主义教育入手开展好读书活动。自行车厂职工代表大会通过决议，号召全厂职工每人读一本爱国主义的书；选一句爱国主义的格言；讲一段爱国主义的故事；写一篇爱国主义的心得。微电机厂、合成材料厂、第十五服装厂等工厂的青年还组织了社会调查和学海迪爱岗位等活动，把青年们的爱国主义激情引导到热爱社会主义、热爱党的实际行动中来，巩固读书的效果。毛条厂、锻压机床厂的理论学习积极分子不但带头读书，还带头演讲，当小先生、辅导员；第一工人文化宫的职工业余社会科学研究会正在筹划撰写读书辅导文章，到基层进行辅导；许多工厂企业注意把读书活动调动起来的积极性引导到增产节约、提高经济效益活动中来。截至年底，总工会开展以学习《邓小平文选》为中心内容的职工“三热爱”读书活动，已有50多万职工参加，占全市职工总数的21.7%。这些职工成立读书小组3万多个。天津市成立了读书活动指导小组，78个区、县、局中有72个建立了职工读书指导小组。各工厂企业成立了党委领导的由工会、共青团和教育部门组成的读书活动指导小组。

1984年5月22日，天津市总工会召开劳动模范、先进生产（工作）者会议，动员劳动模范、先进生产（工作）者和全市各条战线职工积极参加和支持改革，做改革的促进派。

同年6月，天津市总工会在巩固发展“三热爱”读书活动的同时，普遍开展职业道德教育和群众性的技术练兵、技术比武，提高职工队伍素质。进行职业道德教育，采取群众自我教育的方法，同学赶先进活动结合，发动群众总结先进人物的先进思想和先进经验，对照先进，找出差距，共同议定各行业、各工种、各岗位的职业道德规范，把《全国职工守则》进一步具体化。制定职业道德规范，突出当前要解决的主要问题。要定期检查，表扬先进，充实规范的内容，推动这一教育不断深入，取得实效。在进行职业道德教育中，“读书、讲演”等活动也要突出这方面的内容，促进职业道德教育的开展，提高读书活动的水平。

天津市总工会要求各区县局、公司和基层工会要普遍组织主要工种和关键工种的青年职工开展技术练兵、技术比武。要把这个活动同推动当前生产紧密结合，同全员培训紧密结合，同总结先进工作法、推广先进技术操作经验紧密结合。在这个活动中要注意发挥老工人和工程技术人员的作用，对青年职工传授技艺和技术理论知识。截止到1985年3月，全市约有40万名职工坚持长年自学。

1985年7月，天津市总工会制定《职工自学成才奖励条例》。10月制定《天津市职工自学者协会章程》。11月制定《关于职工自学成才奖励评审工作的实施细则》。11月29日，根据中共中央“开发智力，培养人才”的指示精神，经市委批准，职工自学者协会正式成立，这是天津市广大自学职工的一件大喜事，职工自学活动的蓬勃开展，是全市工人运动的新发展。当时长年坚持自学的职工约有64万人，约占职工总数的24%。1993年1月，天津市总工会、市劳动局、市二教局、市科委、市人事局联署颁发《天津市职工自学成才奖励条例》。11月25日，天津市总工会对职工自学成才先进个人和集体进行表彰奖励。根据《天津市职工自学成才奖励条例》，天津市总工会决定对蔡开仕等20名同志授予自学成才奖；对柏廷利等24名自学成才积极分子予以表彰；授予天津第二棉纺厂动力科电子组等两个单位为天津市职工自学活动先进集体。到2002年，共有402名职工获得市级以上自学成才表彰奖励，其中有30人获得全国职工自学成才先进个人奖励。

1987年，天津市总工会在职工中开展了主题教育，以马列主义、毛泽东思想、邓小平理论和“三个代表”重要思想，引导职工树立正确的世界观、人生观、价值观，激发和调动职工积极性、创造性，推动经济发展。1990年7月，市委转发天津市总工会《关于加强和改进工会思想政治工作若干问题的意见》，指出:“各级党委要指导和帮助工会把思想政治教育放在重要位置上，充分发挥工会在职工思想政治教育中的作用。”从1991年起，以每年的主题教育为重点内容，连续17年编写《班组培训每周一题》职工读本，曾在天津市首届读书节上被评为“全市最喜爱的十本书”之一。

1990年12月13日，中共天津市委宣传部和天津市总工会联合召开全市“双基”（基本国情、基本路线）教育经验交流会。会议传达中宣部召开的企业“双基”教育（北方片）座谈会精神。天津港务局党委、天津碱厂党委、东风油厂党总支、一轻局工会等介绍了开展“双基”教育的经验。市委宣传部部长总结天津市“双基”教育的情况，提出进一步搞好“双基”教育的安排意见。会议要求，加强领导，把“双基”教育扎实有效地推向深入。

1994年，天津市总工会设立“五一”新闻奖，鼓励全市及驻市新闻单位在宣传天津、宣传天津职工、宣传天津工会方面采写更多的优秀新闻作品。截止到2002年，评出获奖作品300余篇，获奖者达千余人次。

1998年2月，依托工会管理干部学院，天津市总工会再就业培训基地成立。在部分区、县、局工会系统组建了36个培训分基地。至2002年，开设专业40多个，举办培训班500多期。2万多名下岗职工参加培训，上岗率为40%。

1999年3月，天津市总工会在全市职工中开展历时两个月的“讲成就、讲使命、讲创新、讲贡献”知识竞赛活动。

2001年，天津市总工会、市经委、市劳动和社会保障局、市信息化办公室联合在职工中开展计算机知识普及、应用活动。全市有34.6万职工参加了活动。4月29日，由天津市总工会宣教部、第一工人文化宫、市读书办联合举办的“举旗帜创伟业、爱天津做贡献”主题教育演讲比赛从四月份拉开帷幕，历时五个月。此间，全市有23个区县局、总公司工会的近万名职工参加了不同层次的演讲比赛活动。有10名演讲员闯入决赛，经激烈角逐，分获一、二、三等奖。

2004年天津市总工会围绕创建学习型班组、争做学习型职工这一主题，引导职工多读书、读好书，完成创建5000个学习型班组的目标任务。5月末起到6月中旬在读书节，举办3期班组长培训班，旨在为各企事业单位创建学习型班组引路。

2006年3月19日，天津市总工会下发通知，要求全市各级工会组织、工会干部和广大职工要认真学习贯彻胡锦涛总书记的讲话精神，按照“八荣八耻”的要求，广泛开展社会主义荣辱观教育。

天津市总工会在全市职工中开展以“增强服务品质、提升服务品位、创建服务品牌”为主要内容的“满意在天津”实践活动。4月5日上午，举行“满意在天津”实践活动启动仪式。动员全市广大职工把思想统一到市委精神上来，把行动落实到本职工作中去，在加快滨海新区开发开放、实现天津科学发展和谐发展率先发展的实践中做出新贡献。9月14日，召开全市职工“满意在天津”实践行活动中期推动会，推广交流在“满意在天津”实践行活动中涌现出的先进典型经验，对深入开展这一活动进行部署。

9月26日，在天津市职工经济技术大学举行了工会职业培训中心和农民工业余学校成立揭牌仪式。

2007年9月，天津市总工会在全市职工中开展“我与天津大发展”大讨论活动。

2008年2月天津市工会“职工书屋”建设全面铺开，截至10月份已建成30个全国“职工书屋”示范点，市级“职工书屋”300个。在30个全国“职工书屋”示范点中，国企18个，非公经济组织8个，社区工会2个，楼宇工会1个，市场工会1个。在原有基础上增加投入达到全国示范点标准的27个，新建的有3个。

7月1日，天津市总工会组织的职工“解放思想、干事创业、科学发展”学习竞赛活动圆满结束。全市52名职工获竞赛活动先进个人，塘沽区总工会等41家工会获优秀组织单位。

9月11日天津市文明办与天津市总工会联合召开第三届天津市职工职业道德建设“双十佳”表彰会。大会授予周恩来邓颖超纪念馆等10个单位“天津市职工职业道德建设十佳单位”荣誉称号，授予王秀红等10名职工“天津市职工职业道德建设十佳标兵”荣誉称号。天津地铁总公司等11个单位和万振凯等10名职工分别被评为先进单位和先进个人。授予十佳单位和十佳个人天津市“五一”劳动奖状、奖章荣誉称号。

同年，各级工会在广大职工中深入开展以“高举旗帜、科学发展、共建和谐”主题教育系列活动，有近10万个班组、229万名职工参与读书宣讲、学习征文、辅导讲座、风采展示等活动。全市评选出职工职业道德建设十佳标兵、十佳单位，评选知识型标兵、学习型组织标兵等各类先进318个，典型示范作用不断强化。

第二节　素质工程

一、开展“学绝招、创绝招、争做技术明星”活动

为提高职工队伍素质，促进全市的经济发展和两个文明建设，自1992年至1994年，天津市总工会、市经委、交委等13个委局，连续两年在职工中开展“学绝招、创绝招、争做技术明星”（以后简称学、创、争）活动。首届活动以总结推广先进操作法为重点，全市有7000多个单位，280万名职工参加，涉及269个主要行业、3795个主要工种。各级工会通过编书、培训、挖掘、

观摩交流、组织技术传授队等形式，总结、挖掘、推广先进操作法1.3万多项，其中7800项得到推广应用。全市推选98名技术明星，市政府进行了表彰。

1995年天津市总工会、市经委等13个部委联合开展了第二届“学、创、争”活动。全市340个行业、3915个工种，约200余万名职工参加，共评出99名市级技术明星。活动总结推广了近万项先进技术和先进操作法，组织技术明星开展了“传、帮、带”收徒弟活动。

1996年4月至1997年8月，天津市总工会、市经委等13个部委在全市职工中开展了第三届“学、创、争”活动。活动突出了“抓深入、重质量、求效益、上水平”的特点，把活动落实到基层、班组、个人。形成人人争做技术明星的高潮。促进职工队伍整体素质的提高。活动主要为组织动员、开展培训、比武选拔三个阶段。

1997年8月29日，天津市总工会召开第三届“学、创、争”表彰大会，全市有100名职工被市政府授予技术明星称号，有101个班组被命名为市级“技术明星班组”，有42个单位获优秀组织单位称号。此外，全市各基层单位还评选出10000名技术明星和10000个明星班组。

1998年6月天津市总工会开展第四届“学、创、争”活动。此次活动涉及340个行业，主要工种3900多个，参加职工200余万人次。全市近千个企业的40多万职工参加了行业技术比武，评选出技术能手100名，市级技术明星中有93项科技成果获市级以上奖项或技术鉴定，技术明星的知识层次和技术等级高于往年。据统计，截至1999年12月，“学、创、争”活动开展7年以来，累计参加职工达800多万人次，共有397人被市政府授予技术明星称号，198个基层班组获市级明星班组称号。

二、全面推行职工素质工程

2002年3月29日以提高职工思想道德水准、科学文化水平、专业知识技能和现代心理素质为主要内容的天津市职工素质工程全面启动。动员职工，积极投身到实施素质工程中，学知识、长本领、强素质。《天津市职工素质工程五年规划》明确提出五年内职工在思想道德、科技文化、体能素质等方面要达到的目标。

2003年天津市总工会、市教委和天津广播电视大学推出了“免试入学，经资格培训后直接进工商管理专业大学学历学习”的开放式教育新模式。一年来，已经有100多家企事业的近千名优秀职工获得了工商管理者（初级）职业资格证书，并顺利进入大学学历教育，进一步提高了全市企事业单位基层班组长和管理人员的素质。2004年，进一步改进培训课程设置，引入劳动和社会保障部职业技能通用管理能力（基础级）的两门培训课程《个人与团队管理》、《资源与运营管理》，并且放宽了招生范围和条件，实现“扩招”，招收名额由原先的1000人增加到2000人，对劳动模范、基层班组长、技术骨干等先进职工代表实行优先录取，并按照有关规定，在学习时间和费用上由企业给予一定的支持。截至2007年2月，全市11829个基层企事业单位组织开展了职工素质工程，占基层单位总数的91%；参与职工156.8万人，占在岗职工总数的95.6%，其中进城务工人员 31.8 万人；建立职工素质档案 66.7 万份，136.2 万人参加了各类学习培训，举办技能比武、技术练兵等活动 8110 场（次），参与职工 65.5 万人，24.4 万名职工实现技能上等级，1300 多个单位实施了职工素质工程评估体系。深入开展“创建学习型组织，争做知识型职工”活动，全市创建学习型班组 27491 个。

2004 年 7 月 5 日，天津市职工素质工程领导小组制定出台《天津市职工素质工程目标管理评估体系》并召开专题会议，决定从即日起在全市 2000 余家基层单位中试行，并逐步在全市范围内推广。《职工素质工程目标管理评估体系》是以 ISO9000 国家标准为参照，涵盖了组织管理、培训管理、职工素质档案管理、目标控制及目标评估管理等程序，对职工素质工程实施标准及执行情况进行了充分量化，着力突出考核评价的科学性、规范性和可操作性。

中华全国总工会王兆国主席在天津视察时，对天津市职工素质工程和“创争”活动取得的成果给予高度评价，指出天津的职工素质工程是开创性的工作，为全国“创争”活动提供了极其宝贵的经验。

2005 年 4 月 23 日，天津市召开深化职工素质工程、推进“创争”活动现场推动会。这是全面落实科学发展观，认真贯彻落实胡锦涛总书记树立社会主义荣辱观重要讲话精神而召开的一次职工素质工程的重要会议。

2006 年 12 月 21 日，天津市总工会主办、天津外国语学院承办的天津市职工英语大赛落下帷幕。天津市总工会副主席李泮祥、赵洪莉、黄淑玲和经审委主任黄晓云以及各委、区县局（集团）总公司领导和竞赛相关单位代表、参赛选手等 400 余人出席职工英语大赛总决赛暨颁奖仪式。

天津市各系统、各单位坚持用科学发展观统领职工素质工程各项工作，把人才资源作为第一资源，把人才资本作为最大资本，把人才优势作为最具有竞争力的优势，把人才战略作为第一战略，以“创建学习型班组，争做知识型职工”活动为载体，以提高职工的学习能力和创新能力为重点，不断深化职工素质工程，在全国开创性地形成了市委决策、政府领导、工会实施、全市各方面积极配合的工作格局。30 余个省市、地区到津、或以各种方式学习借鉴工作经验，天津职工素质工程已成为全国“创建学习型班组，争做知识型职工”活动品牌。

围绕天津经济发展和滨海新区开发开放，全市连续开展两届职工职业道德建设“双十佳”和“百佳班组”评选，还开展了职工职业技能大赛、下岗失业人员职业技能大赛。全市制定了《学习型班组创建学习读本》，通过举办职工读书节、班组长示范培训班、学习型班组创建培训班，加大学习型组织理论普及力度。在广大基层班组职工中形成了全员学习、全程学习和团队学习的浓厚氛围，创建出 2.8 万个学习型班组。

2008 年 7 月 23 日至 24 日，“迎奥运展风采”天津市学习型班组展示大赛活动在天津市总工会举行。来自全市 21 个区县局、总公司（集团）的 29 支代表队参加比赛。天津市总工会领导观看决赛，并为获奖单位和个人颁发奖杯。

第三节　文体活动

一、新中国成立初期的文体活动

1949年1月天津解放，天津工人阶级从此翻身做了华北最大工商业城市的主人。职工群众欢欣鼓舞，他们劳动之余载歌载舞，大唱革命歌曲，扭秧歌舞，演话剧，形成天津职工文化活动的第一个热潮和工人文化宫创建的历史趋势。年底，天津市总工会筹委会决定筹建“天津市工人文化俱乐部”。市政府当即拨出一幢原意租界的“回力球场”大楼，并资助3000万元（旧币）筹建工人文化俱乐部。天津市总工会十分重视工人文化俱乐部的建设，派天津市总工会宣传部副部长王一达任主任（兼），负责全面工作。

1950年元旦，天津市工人文化俱乐部正式开幕。工人文化宫先后开办了戏剧、舞蹈、美术、音乐等学习班，举办了文学艺术、知识讲座、国际形势报告等。

天津市30多个工厂企业和一些文化团体单位连续三天在俱乐部阵地上演出文艺节目，广大职工凭会员证或介绍信即可进入自己的俱乐部，参加各种文化娱乐活动。新中国第一个春节，在工人俱乐部主办了“春节工人公演”和“工人绘画展览”等各类演出70多场。“五一”劳动节，两天共接待群众3万人，带动了全市文化活动的兴旺发达。

1950年2月天津市工人文化俱乐部与工人文工团合并，5月改称：“天津市工人文化宫”。在党和政府及天津市总工会的支持下，工人文化宫多次整修扩建。1951年将“回力球场”改建成能容纳2400人的大剧场，这是当时全市最大的较现代化的剧场，可组织戏剧和电影演出，接待国内外大型剧团演出。工人文化宫在活动中注重配合党的中心工作，开展政治宣传，生产鼓动。如：结合抗美援朝、镇压反革命，举办“反帝宣传周”，为基层单位培训工人宣传员200多人；配合反封建斗争，组织专场演出《搬运工人翻身记》等；配合党在过渡时期总路线、总任务的宣传，举办社会主义工业化讲座、图片展览等；配合增产节约竞赛，承办发明创造实物展览，先进事迹展览，吸引了市内外地参观学习者有20万人之多。截至1951年11月底，已有观众、听众达1139107人。

1951年，在天津市政府和天津市总工会的关怀和支持下，拨款百万元筹建天津市第二工人文化宫。1952年7月5日，天津市第二工人文化宫正式建成开幕。第二工人文化宫建成以后，主要文化设施还在筹建之中，为了配合党的中心工作开展政治宣传鼓动工作，在文化宫后广场，土山等处用园木、竹杆草席搭起席棚子，先后举办“抗美援朝”图片展、“300名市级先进人物事迹”展览、棉纺三厂、恒源纺织厂的“厂史”展览、“增产节约”展览以及“中苏”友好图片展等，参观人数达几十万人，并到基层单位巡回展览扩大宣传面。

二、社会主义革命和建设时期的文体活动

1954年6月12日，天津市工会联合会第四届第八次常务委员会议同意宣传部“关于在全市范围内推广408厂工会俱乐部工作经验”的报告。总结推广408厂俱乐部经验，各厂俱乐部工作已有所改进，全市俱乐部较1953年增加了四分之一。共有俱乐部、文化宫191个，图书馆511个，流动图书箱1009个。截止到11月各厂共举办了政治、时事等报告会、座谈会、展览会1310次，有关生产技术的报告会、讲座和展览会1270次，参加这些活动的职工共47万余人次。

1956年1月2日，天津市第六届职工业余艺术会演大会在第一工人文化宫开幕。中共天津市委和天津市总工会相关领导各基层工会业余艺术活动积极分子2000余人参加了开幕式。天津市工会联合会把开展职工文体活动，作为调动职工积极性的主要载体。随着建设事业的发展，工厂企业中的业余文化艺术活动组织在不断扩大，据1957年上半年统计，已有25790名职工参加了戏剧、歌舞、曲艺、美术、创作等文艺活动，组织了1220个小组；有29363人参加了各项体育运动队，体育协会已发展到1316个，会员已达108741人；市文化宫和业余艺术学校，培养了近万名的艺术活动积极分子，他们在开展职工文化生活中起着骨干作用。工会电影放映单位放映电影2822场，观众达191700人次；俱乐部（红角）还通过报告、讲演、展览、组织野游、参观、说书、朗诵等多种活动来活跃职工的文化生活。

1960年1月2日，天津市总工会制定了关于建立职工文联剧院及业余艺术学院的方案。

1月15日，天津市总工会在开展职工群众文化工作的意见中指出：两年来，天津市职工群众文化活动，这支队伍无论在政治思想上或艺术水平上都得到了大大的提高。工会文化事业也有很大发展，工会俱乐部、俱乐部由1957年的665个发展为1177个。图书馆由916个发展为1188个，藏书190万余册。并提出:（1）继续扩大职工业余文艺演出队伍。继续发动广大职工积极参加文艺活动，利用文艺形式参加党的各项宣传工作。在全市现有3766个文艺团队84838人的基础上，再发展1000个团队20000人，成为约5000团队，十万人的演出大军。并分为四级建成演出活动网;（2）普遍建立车间文艺组（或称宣传队）。大工厂车间与中、小工厂的分厂的上半年建立起来。全市大力推广国棉四厂细纱乙班文艺组的经验;（3）各工厂基层根据本厂职工需要及条件，分别艺术形式，建立各种艺术团队，其中必须建立歌咏队，经常向全厂推荐红色歌曲，全市推广“六号门”艺术团十年来坚持创作与活动经验。（4）区级工会或俱乐部建立职工业余艺术团，按各区不同特点有重点地建立，逐步发展（如河东区的曲艺，河北区的舞蹈，和平区的演唱、曲艺，河西区的戏曲等）。（5）市级建立职工业余艺术剧院，下分戏曲、话剧、舞蹈、歌咏、民间乐、曲艺等队，每年每个团队，每种艺术形式要排练出1—2个乃至更多的尖端节目。（6）扩大职工文艺创作队伍。全市在现有1203个文学及美术创作小组11421人的基础上，再发展1000小组一万人，成为2000小组两万余人的创作骨干队伍，并分为三级建成创作活动网。建立一支

职工文艺评论队伍，全市初步建立起500人。分为三级形成职工评论活动网。市文化宫建立五个评论组，即文学、美术、书籍、艺术、电影等组。市文化宫的艺术学校中训练高级骨干500名，能在区里讲课。委托音协、美协、剧协、音乐学院等专业团体开训练班。1960年培训200名。委托各专业艺术团体带徒弟，培养尖端人材，预计200名，即歌舞剧院60名，艺术剧院30名，音乐学院20名，曲艺团20名，评剧院15名，梆子团10名，京剧团20名，杂技团15名，越剧团10名。

同年，天津市总工会开展职工体育主要活动为：（1）训练工作：选拔市工人男女篮球、足球代表队进行训练；与体委联合举办教练员训练，为区培养水平较高的教练员80—100人；举办体育干部训练班，提高基层干部业务水平100人。（2）竞赛工作：全市工人武术选拔赛（2月）；全市工人足、蓝球锦标赛（3月）；全市工人乒乓球选拔赛（3月）；全市工人乒乓球团体赛（4月）；全市工人射击比赛；14县工人运动会；基层体育工作汇报比赛（9月）；全市第九届工人体育运动大会（7月）；全市工人游泳比赛（8月）；横渡海河比赛（8月）；协作片运动会（11月）；全市工人马拉松比赛（12）；冬季职工越野赛（12月）。同年，天津市总工会开展的群众文化主要活动是：召开群众文化工作会议；2月组织全市第十届职工会演。会演结束后，组织集训，筹备参加全国会演；5月组织第四届职工美展；7月组织第二次工人写作会议，并进行文学作品评奖；组织三次诗赛会（春节、五一、十一）；组织区级俱乐部竞赛（4月初至9月初）；年终召开文艺积极分子大会；出版艺术作品选集四本，文学作品一本，诗歌二本，美术作品一本，经验汇集一本，共九本。

1962年5月，天津工人文学社发展到80余人。文学社除经常召开座谈会讨论成员的作品外还负责向全国性文艺刊物推荐作品。《河北文学》《新港》杂志几乎每期都有工人文学社成员创作作品。

1975年天津市总工会举办市职工业余文艺会演，历时一个多月，于4月27日胜利闭幕。参加这次会演的有来自市内工业、交通、财贸、文教等各条战线的近万名业余文艺战士，演出了172场，600多个文艺节目。

1976年2月23日，天津市总工会组织开展职工业余文艺调演活动。中共天津市委，市革委有关部委，天津市总工会，团市委、市妇联，市文化局等单位的负责人，和50多个区县局的2000多名工厂企业业余文艺骨干参加开幕式。

三、改革开放和社会主义现代化建设时期的文体活动

1983年天津市职工业余文艺会演从10月中旬开始至12月中旬结束，参加全市会演的共有大小剧目19个，有530多个音乐、舞蹈、曲艺节目，涌现了一批优秀新作，丰富了职工的业余文化生活。

1994年天津市总工会主要举办下列职工文化活动：（1）1月15日在第二工人文化宫举办

天津市职工灯节联欢会;（2）举办“五一”劳动者之歌”大型歌舞综合文艺演出;（3）为庆祝“五一”国际劳动节，各行各业职工在第二工人文化宫举行了全市职工长跑活动;（4）举办“京、津、沪”戏曲联合演出;（5）6月2日在河西体育馆由天津市总工会、市职工体协、天津奥的斯电梯厂联合组织的百万职工乒乓球大赛。

1995年6月6日天津市总工会举行工会系统迎办世乒赛工作总结表彰大会，会上表彰了90名先进个人和92个先进集体。11月份，在二轻俱乐部举办天津市第十五届万名棋手大赛。

2000年5至10月，天津市总工会开展职工“世纪之光”文化博览艺术节活动，歌咏、戏剧、小品、书画展览四大项赛事吸引80多个区局近30万名职工参加，其中近3000人参加市级复赛、决赛，并获等级奖，同时也选拔出一批职工文艺骨干；10月8日，天津市总工会编辑出版天津市企业歌曲精选集《企业之声》，该书汇集了全市40多个区县局、80多个企业、行业的歌曲；11月组织有关区县局参加了由中华全国总工会、中国文联、中共中央人民广播电台、中国音协四家联合举办的“中外建三峡杯”新世纪工人歌曲征集活动，天津市共获三等奖一名，优秀奖五名，天津市总工会宣教部荣获优秀组织奖；天津市总工会、市体委、今晚报社联合举办的“天狮杯”第二十届职工万名棋手大赛圆满结束。

2002年8月22日，天津市总工会主办、第二工人文化宫承办的“天津市第二届职工文化艺术节职工京剧大赛”经过复赛、决赛圆满结束，并评出特佳名票3人，十佳名票10人，十佳票友10人，优秀票友8人。9月25日天津市总工会主办的第二届职工文化艺术节系列活动之一的“新世界广场杯”歌手大赛颁奖及汇报演出在新世界广场举行。10月21日—23日，天津市第二届职工文化艺术节“港务局杯”健身交谊舞大赛、“绞股蓝杯”舞蹈大赛经过初赛、复赛、半决赛等阶段的比赛后，在职工之家和静海县举行了决赛及颁奖闭幕仪式。天津市总工会相关领导出席并为两项大赛的获奖者颁发了荣誉证书和奖杯。12月8日津工集团举行津工体育健身中心落成典礼仪式。12月21日天津市总工会、市体育局、今晚报社共同主办，河西区总工会承办的“瀚金佰”杯第二十二届万名棋手大赛新闻发布会在瀚金佰大酒楼召开。

2003年1月，为全面贯彻“三个代表”重要思想和党的十六大精神，进一步落实中共天津市委八届三次全会精神，繁荣职工文化事业，天津市总工会在全市首次开展评选百名职工艺术家活动，全市各区县局、总公司共推荐申报者131人。经层层选拔、专家评审以及评审委员会审定，最后于6月，评出音乐、舞蹈、戏剧、曲艺、美术、书法、摄影和文学等8个艺术类的86名职工艺术家。据天津市总工会《关于评选表彰天津市2002年度“十五”立功活动先进个人、集体、单位的通知》精神，对获得职工艺术家称号的职工，同时授予“十五”立功先进个人荣誉称号。

2003年4月8日，天津市职工文化协会、体育协会宣告成立。市职工文化协会是由天津工人文学创作社、职工美术、书法、摄影、戏曲、音乐、舞蹈、影视、灯谜等专业协会和天津市职工艺术团等组成。天津职工体育协会下属的单项协会有乒乓球、羽毛球、门球、足球等11个。

天津市职工文化协会、职工体育协会成立以后，积极开展如下各项活动:（1）开展抗非典“英雄赞歌”文艺作品征集活动;（2）开展晨练、慢跑、球类、跳绳和兴趣体育活动;（3）举办了“成人表演艺术讲座”;（4）5月1日至5月5日，天津工人报、第二工人文化宫及中小企业技术与开发协会承办的天津首届企业文化展示在第二工人文化宫开幕;（5）7月4日在第二工人文化宫举办“海河新韵”消夏纳凉晚会;（6）7月下旬天津市总工会、市体育局在市职工体育健身中心举行天津市职工“文明健康实践行”健身赛系列活动;（7）8月24日由天津市总工会、市体育局、今晚报主办，河西区总工会承办，市舞蹈家协会、市职工体协和天津电视台体育部协办的“‘中脉蜂灵杯’天津市职工首届体育舞蹈大赛”在实验中学体育馆隆重举行;（8）10月25日天津市总工会、市体育局和今晚报社共同主办，河西区总工会承办的“美伦杯”天津市职工第23届万名棋手大赛。

2004年3月18日，中华全国总工会“五一文化奖”首次颁奖仪式在天津举行。天津市2部作品获奖，2部作品入围。9月8日，全国亿万职工健身行动展示大会天津职工体育代表团出征仪式在天津市总工会八号会议厅隆重举行。在出征仪式上，市委常委、天津市总工会领导向天津职工体育代表团授代表团团旗，并向全体运动员、教练员和工作人员致以亲切的慰问。9月10～17日，由全国总工会、国家体育总局联合举办的庆祝建国55周年全国亿万职工健身行动展示大会在黑龙江省大庆市举行。天津职工体育代表团参加了三大类18个项目的比赛，共获得奖牌35枚。

2004年9月，天津“五一艺术团”正式成立。该团隶属天津市总工会领导，其前身是天津市职工艺术团。天津“五一艺术团”下设六个分团，分别是民族歌舞团、合唱团、京剧团、曲艺团、朗诵艺术团和舞蹈表演团。

2004年11月6日，由天津市总工会、市体育局、今晚报社和钢管集团有限公司主办，市职工体育协会、河西区总工会、天津体育馆承办的“钢管杯”天津市职工第24届万名棋手大赛开幕式在天津体育馆隆重举行。3000余人出席了开幕式。开幕式上，市委相关领导向给予本届大赛倾力支持的钢管集团有限公司党委副书记颁发了纪念奖杯。天津市总工会领导致词。

2005年4月25日，天津市总工会在天津眼科医院举行天津市职工文化活动基地、体育健身基地授牌仪式。天津眼科医院——天津市职工文化活动1号基地和天津市职工体育健身1号基地揭牌。授牌仪式上，首批被命名的有20个市职工文化活动基地和20个体育健身基地。6月16日，由天津市总工会、市文化局、天津电视台、天津电台等单位联合主办的“和谐天津，金色五月”——国宴杯万名戏曲票友大赛落幕，在劝业场六楼天乐剧场举行了颁奖仪式暨优秀剧目汇报演出。12月15日，天津市总工会在天士力集团举行天津市第三批职工文化体育健身示范基地授牌仪式暨现场观摩交流推动会。天士力集团等40个基层职工文体活动基地被授予示范基地称号。

2006年7月15日，天津市总工会号召全市各级工会组织在全市广泛开展以“送知识、送技能、送电影”为主要内容的“向农民工送文化行动”，不断改善和丰富农民工的精神文化生活，提高农民工素质，调动和激发农民工在推进滨海新区开发开放、实现推进更快更好发展中的积极性和创造性。全市首批组建6支工会流动电影放映队，每支放映队一年为农民工放映电影80场，观众在3万人以上。

2007年1月18日，天津市总工会、天津日报报业集团、天津市福泰书画院在第一工人文化宫联合举办大型迎春书画笔会。中共天津市委常委、天津市总工会领导亲临笔会，看望书画家和职工艺术家，为他们颁发“爱心使者”荣誉证书和奖杯。出席笔会的有天津市总工会、天津日报报业集团、天津福泰书画院、天津工人报社、天津市第一工人文化宫负责人和部分著名的书画家和职工艺术家。2月21日，受天津市总工会的邀请，著名相声表演艺术家冯巩及剧组演职人员携贺岁喜剧片《别拿自己不当干部》到天津钢管公司，慰问节日期间坚守岗位的一线职工。4月13日~20日，天津市总工会组织百名职工艺术家送文化到基层进班组进行慰问演出。7个小分队演出了7场由职工艺术家自编自演的音乐、舞蹈、戏剧、曲艺等优秀节目。工作在钻井台、采油站、苗圃、车间、班组和工地上的一线职工兴致勃勃地观看了演出。5月1日，天津市总工会在第二工人文化宫隆重举行职工庆祝“五一”国际劳动节游园大联欢。同时，拉开了“激情迎奥运，健康伴我行”百万职工迎奥运文体系列活动的序幕。天津市总工会、市体育局等领导同志出席，与来自全市各行各业的劳动模范代表、职工代表、进城务工人员代表等5000余人游园联欢并观看了各项体育赛事。5月26日，“陶陶杯”天津市职工羽毛球赛团体赛在和平体育馆开赛。9月16日，国家体育总局、中华全国总工会、天津市人民政府共同主办，天津市体育局、天津市总工会和天津开发区共同承办的“全民健身与奥运同行”首届全国经济技术开发区运动会在天津开发区泰达体育场隆重开幕。国家体育总局副局长、中华全国总工会和市委、天津市总工会相关领导主持并致辞。9月22日，天津市总工会、市体育局、天津奥足办共同主办的“天狮杯”天津职工迎奥运健步走活动在第二工人文化宫健身广场隆重举行。

2008年5月15日，天津市总工会在天津师范大学新校区音乐厅举办以“众志成城、抗震救灾，唱响我们共同的心声”为主题的大型职工合唱募捐活动，电力公司、商务委、渤海证券公司等57家区县局和基层单位工会，以及现场近千名合唱队员和观众，共为地震灾区捐款131.19万元。5月24~26日，由天津市总工会、市体育局、和平区人民政府主办的“‘数字电视杯’2008年天津市职工迎奥运羽毛球大赛”在和平体育馆举行。本次大赛参赛代表队达50支，三天共进行了403场比赛。天津市总工会领导和老同志参加了比赛，并为获奖代表队颁奖。7月5日，天津市总工会、市体育局主办的“正本杯”天津市职工迎奥运乒乓球大赛在市第五十一中学体育馆举行。8月2日，天津市总工会组织市职工艺术家“送文化到基层”慰问演出小分队来到天津市敬老院，为生活在那里的近500名老人和职工送去中秋礼品和精彩节目。9月29日，天津市总工会、市体育局在第二工人文化宫举办庆祝建国59周年“白玫瑰杯”第27届天津市职工长跑比赛，千人参加庆祝活动。

第二章 经济保护

第一节 经济技术工作

一、经济技术革新

天津解放初期，华北总工会筹委会（天津办事处）认识到恢复生产是天津人民的最高利益，首先是工人阶级的最高利益。工会要引导和组织职工群众完成恢复生产的任务。解放后，职工群众感觉到自己是工厂的主人，有了发明创造的动力和机会，不计较报酬，不辞劳苦，贡献自己的经验和智慧。据不完整统计，1949 年天津市各公营工厂职工的发明创造共 560 余件，其中发明 4 件，创造 53 件，改造 133 件，仿造 3 件，改进工作法 60 件，创造新纪录 9 件，节约 130 件，其他 168 件。

1950 年 7 月，为了进一步推动全市工人的技术学习，交流生产经验，提高劳动生产率，在劳模座谈会与全市技术研究会的基础上，天津市总工会组织锅炉、翻砂、机械、汽轮发电机等九个专业技术研究会。100 多名工程技术人员参加，取得很大成效。如锅炉专业技术研究会两个月中对 24 个厂的统计，共节煤 3740 吨；翻砂专业两个月中，有 16 个大厂有重大技术改进；对五个厂的统计，仅一个月就有十项重大技术性问题得到解决并改进。汽车制配厂铁炭之比，由 8 比 1 提高到 11 比 1。棉纺机械厂粗纱锭管废品率，由 50% 降至 5%。面粉专业，共改进技术 34 件，出粉率由 79.49% 提高到 82.14%。汽轮发电机专业方面，电业局一季度较上年同期用电降低 11.72%，机器油降低 14.83%。机械专业在五月中旬到六月底，大力推广高速切削，仅半月时间，有十个大厂实验成功，铣床提高 21 倍，镟床提高 13 倍多。

1952 年，在天津市总工会开展的“找窍门”运动中，加强与推动技术研究会的工作，全市建立 20 个专业技术研究会。据 19 个厂的统计，共建立 42 个专业技术研究会。

1954 年，为适应国家经济建设和人民生活的需要，天津市工会在国营、地方国营和公私合营工厂职工中开展劳动竞赛，改进和提高了原有产品的质量。包括柴油机、自行车、汽车外胎及各种纺织品在内的 70 多种产品的质量有了显著改进。职工们在生产中，发挥创造性，采用代用品，节约原材料，克服了原材料不足的困难，降低生产成本，保证国家计划和增产节约计划的完成。还生产新品种钢锭、起重机、车床、直贡呢等 200 多种新产品。工厂改进企业管理，开展技术革新运动，使生产工人的劳动生产率年比 1953 年平均提高了 10.75%。天津市工厂企业 1954

年总产值比1953年增长了39%，并给国家财政多上缴4128亿元。其中国营工业总产值超过国家计划3%，地方国营超过4%，公私合营超过5%。直到1956年底，全市共有5987个工程技术人员，约占职工总数的1%。副总工程师以上的有1019个，占工程技术人员的17%，总工程师有22人，只占0.37%。工程技术人员，在竞赛热潮中，提出许多重大建议。以津南制革厂为例，工程技术人员提出13项重大建议，在实际的生产上，把提前12个月完成“一五”计划提前到16个月。造纸总厂技术人员与工人一起，仅在1956年2月份就提出了1039件合理化建议，当月用于生产的有122件，采纳的518件。

1956年至1957年初，天津市开展先进生产者运动。1956年第一、二、三季度共评出先进生产者18547人次，其合理化建议创造的价值，按406件计算，全年共创造价值230多万元。此外，市内合营企业广泛开展群众性的技术活动。采取的形式主要是技术教学合同、技术学习班和技术研究会三种。1956年，和平、河北、河东、南开四区统计，共有技术学习班222个，职工15400多名；红桥、城厢等五个区，共有各种技术教学合同4031份。和平、河北、城厢3个区共有技术研究会260个。

1957年天津工业企业的增产节约运动经历了三次高潮：第一次是全市职工找窍门、挖潜力，解决企业计划达不到国家要求的问题；第二次是职工提出全年增产节约二亿二千五百万元的奋斗目标；第三次是全年增产节约任务提高到三亿六千万元。1957年到12月3日，全市工业总产值已提前28天完成全年国家计划。工业企业（包括基本建设、交通、运输、手工业）完成了全年的增产节约任务，并在完成全年国家生产计划基础上，共为国家增产节约四亿五千万元。

同年3月，在先进小组经验介绍中，国营天津自行车厂压材工段代表李玉和介绍他们小组节约钢材经验，以普通材料代替贵重材料，利用废料和边料、零料，少用巧裁，化零为整等节约办法，仅1956年一年节约钢材52吨，并使190多吨闲置的余料和边头料重新用在生产上。

1958年，天津市开展以技术革命为中心的比、学、赶先进劳动竞赛。全市工业生产提前完成计划，工业总产值完成计划的108.5%，比1957年增长72%。全市职工提出技术革新建议220余万件；试制成功6300多种新产品，其中属于高精尖和优质产品就有1000种；在1600多种产品的质量上，超过或赶上国内外先进水平。

1960年5月6日，天津市总工会贯彻市委指示，掀起一个以技术革新和技术革命为中心的增产节约群众运动，共开展五大运动：以钢为纲的生产翻番运动；支援农业抗旱和农业技术改造的运动；以大办无线电、仪表为中心的向高、精、尖进军运动；“四化”和推广新工艺、新技术的运动；多种经营，综合利用，大办小土群等运动，组织生产更大的跃进。

1963年1月15日，天津市总工会党组在关于广大职工为全面实现国家计划，进一步深入开展增产节约运动的情况报告中指出：在1962年十月间讨论落实四季度计划的基础上，11、12月，广大职工围绕实现国家计划和增产节约任务，作好1963年生产准备工作，深入地开展增产节约运动。

1964年3月10日，天津市总工会党组决定在十一个企业进行评功摆好试点活动。在天津毛织厂、第二铁丝厂、第一玻璃厂等十一个单位的部分车间、班组共3669名职工中进行评功摆好试点。十一个单位的试点结果表明，评功摆好以发扬成绩为主，以表扬为主，人人有份，鼓励和启发了群众发扬成绩，纠正缺点的自觉性，广泛地调动了群众的积极性。在评功摆好基础上，评选“五好”职工、“五好”班组和单项“能手”。1964年3至4月份，总工会根据市委指示，在全市工业、交通、基本建设、财贸系统各单位开展评选1963年“五好”集体和“五好”职工活动。各单位共评出“五好”职工5502名（占职工总数0.8%）；各种能手19916名（占职工总数2.92%）；“五好”班组1115个（约占班组总数的2.4%）；“五好”车间54个；“五好”科室87个；“五好”企业45个；先进企业54个。

1965年1至4月份，天津市工交系统职工提出革新建议50000多项，采纳率一般在90%以上，实现40%左右，超过上年总数。5月，一些企业通过迎“五一”会战，发动革新。如二机系统搞“挖宝”活动，挖出2100项革新经验，其中可普遍推广的有543项。

1966年5月起，天津市总工会深入八个厂开展学大庆，创五好的调查。

1968年5月25日，天津市总工会、天津市经委制定关于增节运动竞赛活动的“五好”条件，在全市开展“当五好工人、做五好班组、办五好企业”的竞赛活动，促进增产节约运动进一步深入发展。

1969年天津市总工会开展以工人、干部和技术人员“三结合”的形式开展技术革新运动。截止到年底，全市各工厂企业创造4000多项重大的新产品、新技术、新工艺、新材料，其中一批达到或超过了国内外先进水平，填补了我国工业生产方面的某些空白。

1970年12月，天津市高速度制造出六千吨水压机，并于12月15日正式开锻投产。在北京、上海、黑龙江、山西、山东、四川等兄弟省市支援下，全市机械、冶金、轻工、纺织、化工、铁路、交通、航运、建筑、电业、通讯、公用、市政、物资、商业、服务、银行、科研、高等院校等200多个单位，五万多职工投入大会战，组成了一个无形的水压机制造厂，创造了较大成果。

1973年，天津市“工业学大庆”群众运动中，全市各个企业不断挖潜力，改造陈旧设备进行技术革新，工业总产值比1972年增长了9%以上，全市有83%的产品质量上升，50%的产品质量创历史先进水平，40%的产量的原材料消耗降到了历史上最低的统计数。

1977年9月，天津市在人民体育馆召开工交系统技术革新、技术改造表彰动员大会，表彰了在技术革新和技术改造中作出成绩的10个先进行业、55个先进企业、14个先进车间、57个先进班组、117名技术革新能手和72名有贡献的工程技术人员。

1992年7月7日，天津市总工会关于在扭亏增盈工作中充分发挥工会组织作用的意见指出，为进一步贯彻落实国务院不久前发出的《关于深入开展企业扭亏增盈工作的通知》精神，把扭亏增盈工作作为加快经济发展的一件大事来抓，充分发挥各级工会组织的作用，发动群众打一场企业扭亏增盈的攻坚战。

1993 年 12 月 11 日，天津市总工会表彰帮助企业扭亏增盈成效突出的基层工会组织，对天津动力机厂等 53 个单位工会组织予以通报表彰，并颁发奖状以资鼓励。各级工会组织在邓小平理论指导下，认真贯彻落实党的“十四”大精神，把扭亏增盈工作作为加快经济发展的一件大事来抓，摆到日常工作的突出位置。

二、合理化建议

1950 年，天津市总工会关于进一步开展合理化建议活动提出几个问题：第一，如何把合理化建议活动引导到生产的中心环节上去；第二，对解决了生产难题并有较大贡献（创造发明或技术改进等），如何给予物质奖励或宣传鼓励表扬；第三，如何建立奖励制度、检查制度和会议制度；第四，如何发挥技术人员与技术工人的技术提高和密切结合等问题。

同年，天津市工会“一大”后，各企业工厂大都成立合理化建议委员会。2 月份统计的 23 个公营工厂中，职工共提出合理化建议达 171 件。据统计，自 1950 年 1 月至 1952 年 9 月，共提出合理化建议 72254 件，其中采纳 30954 件，创造与节约价值按一年或一批任务计算，达 1261 亿 6635 万元（旧币值）

1988 年 3 月，天津市总工会与市经委、市财政局联合下发的《天津市合理化建议和技术改进奖励实施办法》及此项工作的“管理规定”，使合建活动这项工作有章可循，有法可依。

1991 年天津市合建和技术改进领导小组成立，组长与副组长分别由市政府与天津市总工会领导同志担任。

1992 年，天津市近百万职工参加的合建活动，共提出建议 100 余万件，采纳了 32.4 万件，实施了 19.3 万件，创经济效益 5.09 亿元，以上四方面分别比 1991 年提高了 34.9%，8%，12.9%，8.8%。

1993 年 1 至 10 月底，天津市工交，城建、财贸、科委职工共提合理化建议 63.95 万件，采纳 22.45 万件，采纳率 35.1%，已实施 13.16 万件，实施率 58.62%，创造或节约经济效益 5.19 亿元。

1994 年天津市合建办和市财政局联合颁布的合建与技术改进的“奖励实施办法的补充规定”，于 1995 年 1 月 1 日实行。1996 年，全市评选出十大合建明星和 39 个明星单位。

1996 年天津市合建办与市财政局联合下发有关文件，使合建工作逐渐纳入规范化管理轨道。截至 11 月全市职工提出合理化建议 147 万件，实施 55 万件，创可计算经济效益 9.5 万元。

1997 年，天津市开展“职工奉献百元、百组岗位自救、帮促百家解难、搞活企业百招”的“四百”为主要内容的献计出力活动取得了显著成效。到 11 月全市职工提合理化建议 31.29 万元，实施 9.94 万件，创可计算经济效益 2.37 亿元。涌现出全国十大能工巧匠叶家良等一批的模范人物。

1998年，天津市总工会开展弘扬抗洪精神“学英雄、见行动、比贡献、立头功“活动，推动各行各业涌现出一大批“创一流产品、保优质工程、赛商品销售、争最佳服务”的立功活动，形成广泛的社会影响，截至11月，全市职工提合理化建议107万件，实施28万件，创经济效益9.2亿元。

1999年，天津市总工会发动广大职工积极开展“学先进、创一流，树立跨越世纪主人翁新形象”活动。据56个区县局、总公司的统计，1至10月份，职工提合理化建议37.7万件，实施12.6万件，创可计算经济效益4.1亿元。

2003年，天津市开始实施加快推进天津“三步走”战略的第一年，也是全市工会工作树立高标准，实现更大突破的重要一年。各级工会组织全面落实天津市总工会“一一三三三”工作思路，团结动员广大职工加快推进天津“三步走”战略工作。在百万职工技术创新活动中，广大职工在技术创新的基础上，向观念创新、机制创新、产品创新、工艺流程创新、经营管理创新、服务营销创新深化，全市130万职工参加活动，提合理化建议37.6万件，实施15.1万件，创效益6.7亿元。

2005年12月8日，天津市总工会举办职工建设节约型社会技术创新成果展，展出了集实物、图片和多媒体形式于一体的百项成果。

2006年6月，天津市总工会制定职业技能竞赛计划，竞赛项目包括数控技能大赛、电子商务大赛、建筑职业技能大赛、汽车维修工职业技能大赛和速录师职业技能大赛等，优胜者可获得不同程度的奖励，为企业培养一批急需的技术技能型及知识技能型人才。在市级技能大赛中取得前三名的选手，由天津市总工会授予天津市“五一劳动奖章”荣誉称号。

第二节　劳动保护工作

一、工会劳动保护

天津市解放后，人民政府贯彻保护劳动者的政策，颁布有关劳动保护的法令，私营工厂企业的劳动条件比解放前有了不少改善，在恢复、发展生产上起了很大作用。但由于部分私营企业对职工生产中的安全不够重视，以致发生工人死伤事故。市人民政府决定随时将恶性死伤事故通报，以此来提高私营企业资方对职工安全的重视，保障职工生命安全。

1950年2月，在天津各级工会的协同下，天津铁路局对天津铁路工厂、北京检车段，古冶机务段三单位的安全设备及工厂卫生，进行重点检查。普查保定、丰台、南口、沧县、唐山，天津等地机器作业各厂，发现各厂安全防护设备不足，工厂卫生情况不好所造成的影响职工健康的问题。随后，天津铁路局开展清洁卫生及生产安全运动。天津铁路工厂清除垃圾三十吨，改善职工生活与生产环境，加强职工的劳动保护。8月10日，天津市颁布《天津市总工会关于工厂卫生暂行条例》，旨在保护工人健康，预防疾病，提高生产效率，适用于一切公私营工厂企业。条例共66个条款，是一部较为全面的工厂卫生规章制度。

1952年1月，天津市总工会在“市工会三大”上强调指出：要进行群众性的安全卫生大检查。建立与健全劳动保护组织，建立与巩固安全制度，把事故减少到最低限度以至完全消灭。

1952年7月底，天津市竞赛委员会发布“加强劳动保护工作的指示”，全市各企业、各生产系统开展安全卫生大检查活动。仅据铁路、市政、后勤、工业局、纺织局，塘沽区及重工业党委所属各厂的不完全统计，通过安检总计提出问题25274件，解决14509件，限期解决及计划解决4330件；用于改善安全卫生设备方面的费用，仅纺织局、铁路、后勤及重工业党委所属各厂，支出计203亿元。通过安检活动，企业领导提高了对劳动保护认识。如通过这次安检，天津车辆厂的严重烟雾问题得到纠正。部分企业建立了劳动保护组织机构。纺织局及重工业党委所属各厂，成立劳保科或安技科，工业局通令各厂成立安全技术劳动保护科；后勤军需生产部筹备建立；搬运公司成立保安科；石油公司储油所成立安全科。各企业通过安检活动，改善设备，建立制度，避免或减少工伤事故。11月份的重大工伤事故比同年1至10月份的平均数减少50%以上；一般工伤事故比最高月份（8月份）减少2.4%。并且涌现出许多安全模范小组。如天津联钢六分厂的胡广惠及吴成安全小组，在一年内消灭工伤事故，疾病缺勤率降低到1.4%，小组荣获厂安全模范称号。

1953年，天津市总工会所属各区工会通过各种会议，向职工进行安全卫生教育，并说明搞好爱国卫生运动对粉碎美帝国主义细菌战的重大政治意义。职工们认识到安全卫生运动的重要性后，积极行动起来，进行环境卫生大扫除，清除室内外积存的大量垃圾和污物。

同年3月，天津市劳动局、天津市总工会针对私营工厂忽视劳动保护现象，忽视职工生命安全，1、2月份连续发生工人因工死伤事故，制定私营工厂改进安全工作的具体办法。劳动局、天津市总工会联合发出紧急通报，规定私营工厂资方和工会基层组织改进安全工作的一些措施，着手改善防护设备，以便迅速扭转这种严重情况。如个别资方仍不予以重视或拒不执行者，及时报告市劳动局或所属区人民政府劳动科。今后各私营工厂企业资方，凡因不重视劳动保护工作，不及时改善或增添安全防护设备，以致发生工伤事故者，按情节轻重分别予以处分或送市人民法院依法惩办。

天津市总工会私营企业工作委员会发出指示，号召在增产节约运动中加强私营工厂企业的劳动保护工作。指示中说，市内私营工厂企业开展增产节约竞赛以来，各厂职工热烈地投入竞赛，并已取得了很大成绩。但是，由于许多私营工厂的资方不顾工人健康，忽视安全生产，工伤事故不断发生。如私营华明电线厂因试验电线设备不合理，致于1953年11月6日发生惨痛的工人伤亡事故。又如私营新安电机厂资方，任意加班加点，不断发生工伤事故，致使工人身体健康受到损害，工伤事故增加。指示中还指出：为了保障工人的安全与健康，保证增产节约竞赛的顺利开展，各私营工厂企业必须加强劳动保护工作，切实贯彻安全生产的方针，认真做到“安全为了生产，生产必须安全”。因此，各区增产节约委员会应该配合各有关部门，组织与发动职工群众保证做好以下几项工作：（1）建议各区增产节约委员会配合各有关方面，教育与督促各私营工厂企业资方重视职工在生产中的安全，切实负责解决目前迫切需要而又可能解决的问题，保证安全生产；（2）贯彻执行天津市人民政府“关于私营厂店生产、工时、工资及劳保福利等项原则暂行规定”，严禁任意加班加点；做好使工人吃好、喝好、睡好的工作，保障工人的安全与健康；（3）在五金、机器、铸铁业中进行机械安全装置，根据生产上的需要与可能，增添个人防护用具，制订符合工作需要的安全操作规程与向工人进行安全教育（尤其是对新工人的教育）的制度。基层工会和较大的组织要订出改进劳动保护工作的具体计划；（4）在12月份对使用锅炉之工厂进行一次检查，并组织各厂进行检修工作；（5）继续解决染整业冬季雾气问题，安装热风排雾设备；（6）防止煤气中毒。要根据去年指示的预防办法，对工人及其家属进行广泛深入的宣传教育，达到消灭煤气中毒死亡事故；（7）建议各区增产节约委员会重视与领导劳动保护工作，按期听取汇报，并帮助劳保部门或基层工会组织制订计划，切实加强私营工厂企业的劳动保护工作，改善工人劳动条件。各区劳保部门应及时地将检查情况汇报私营企业增产节约委员会。

1953年1月至1954年3月，天津市人民政府劳动局、天津市总工会对市内私营橡胶、染料染整等行业的锅炉安全进行检查，共检查了410个工厂、锅炉480余台。经过这次检查，所有使用锅炉的私营工厂都检修了旧有的锅炉，大部分工厂增配了安全附件，建立检修保养制度，有的工厂还更换新的锅炉。在这次检查开始之前，市劳动局和总工会举办一个训练班，对各厂司炉工人进行安全操作教育。各厂司炉工人经过学习和这次检查，提高技术水平，解决很多技术操作问题。

1954年，天津市总工会贯彻全国工会第一次劳动保护工作会议精神加强群众劳动保护工作，总结劳动保护工作方面的主要收获：群众劳动保护工作有了新的进展，劳动条件获得进一步的改善，伤亡事故有所减少。

1955年到1957年的两年期间，天津市贯彻全国工会第一次劳动保护工作会议精神，传达国棉一厂锅炉爆炸事故的教训，进行安全卫生大检查。出现不少连续几个月或几年未发生过事故的个人、小组和车间，职工的劳动条件有了改善。据200多个企业的统计，1955年和1956年改进的安全措施就有3300多项，投资达5300多万元；在防暑降温上，采取措施1200多项，并推进自然通风，给高温作业的工人作体格检查；这些措施保障全市两年没有发生过重大的中暑晕倒事故，保证了生产的正常进行和工人健康。工会的劳动保护组织建立起来并初步发挥了作用，1143个基层中，有367个单位建立群众劳动保护组织（约占1/3），在24000多个小组中，有近9000个小组建立劳动保护检查员（也占1/3）；伤亡数字逐年下降，1953年工伤事故的频率为5.65%，1954年下降到3.67%，1955年又下降到3.51%。

在安全大检查中，天津市各公私合营工厂先后投资50万元改进和增添必要的安全设备，加强劳动保护工作，改善工人劳动条件，解决了24000多件不安全问题。各厂普遍建立和健全劳动保护组织，制订有关安全操作的规程制度。如红桥区，公私合营厂72个单位制订安全操作规程，76个单位建立安全教育制度，48个单位建立劳动保护意识薄，115个单位设立安全技术员，并在基层工会成立劳动保护委员会，78个单位建立小组劳动保护检查员。

1974年天津市总工会与市劳动局、市卫生局等部门联合对全市有毒有害作业情况进行调查，重点调查石棉导致矽肺病的状况和沥清油烟致癌这两个问题。调查的重点企业是天津石棉厂、天津四郊五县石棉制品加工的企业。天津石棉厂全厂1526人，从事有毒害作业职工近1000人，患一期、二期石棉肺的职工有152人，占全厂职工的9.2%。浙江一个为天津做石棉加工的工厂三年内新增石棉肺病人竟以10倍的速度增长。基于此，天津市总工会、市劳动局、市卫生局联合发文要求石棉制品行业必须进行湿式作业并不准将有毒有害作业向农村乡镇企业转移的规定。

1979年10月8日，天津市革命委员会批转天津市总工会、劳动局、卫生局《关于加强劳动保护和工业卫生工作的报告》。要求各部门、各单位必须高度重视职工工伤事故、尘毒危害情况，切实加强领导，采取有效措施，加以解决。特别是工、交、建、财各单位，要做好这项工作。劳动局、卫生局和工会要加紧进行监督检查。对不符合安全卫生要求的，要限期改进，尘毒危害严重又长期不解决的，可令其停产或转产，造成严重后果的应追究责任。

1979年，天津市总工会、市卫生局、市劳动局等单位，根据卫生部、国家劳动总局、中华全国总工会、国家医药管理总局《关于开展职业病普查工作的通知》精神，在天津市开展职业病普查工作。普查的重点是对接触铅、苯、汞、有机磷农药和三硝基甲苯的职工，进行健康状况的检查和生产的卫生学调查。天津市成立由经委、劳动局、卫生局和天津市总工会等单位同志组成的领导小组，经向全市所涉及的企业调研后，制定出从事铅、苯、汞、有机磷等作业的治理措施，保护职工的安全健康。市内各区，由区卫生局负责，组织防疫站、医院职业病科、卫生院和所辖区的工厂保健站医务人员组成普查队伍，集中仪器设备，负责完成所辖区内的普查；各工厂，由厂领导、工会、安技、保健站等部门人员组成了安全卫生普查推动小组，组织落实普查工作；区县卫生局负责组织卫生部门和工矿企业医务力量进行普查；有机磷作业普查由市劳卫所负责，协助天津农药厂完成；三硝基甲苯作业的普查，由红卫医院协助有关工厂完成；对重点危害调查，由市职业病普查技术指导小组制定调查方案，落实分工，各级劳动（安技）部门进行监督，工会解决职业病人的疗养问题。各区和工矿企业的主管部门，结合普查，建立健全了职业病诊断小组，对查出的病人，进行了及时诊断和治疗。在普查的基础上，各企业和主管部门都建立健全了劳动保护和工业卫生管理机构，制订了防尘防毒规划。卫生部门会同企业主管部门制订职业病防治规划，把常见职业中毒的监测、体检，列为日常性工作。

1980年1月7日，天津市革委批转天津市总工会等四部门《关于新建、改建、扩建工程项目必须同时实现安全、卫生和防止会污染设施的规定》。

同年，中共天津市委员会、天津市人民政府批转市经委、天津市总工会、劳动局、卫生局《关于加强安全生产、劳动保护工作的报告》。要求各级经济部门和工厂企业要依靠广大干部和职工群众，充分发挥职工代表大会、各级工会在安全生产上的监督作用，保证安全生产和劳动保护工作顺利实施。各级工会组织干部群众认真学习国务院处理“渤二”事故的决定，吸取教训，解决生产安全问题。发动群众揭问题，找差距，查隐患，订措施，搞整改，搞好安全生产。

1983～1987年，天津市总工会抓住区县局工会劳动保护机构的设置和专职干部配备的契机，使区县局工会劳动保护干部增加到84人，任命市级以上工会劳动保护监督检查员91名；在全市基层企业中已建立工会劳动保护监督检查委员会的有2823个，工会小组劳动保护检查员发展到95500名。各级工会劳动保护监督检查员，依法行使参与、监督检查等职权。

1985～1991年，天津市各级工会共参加基建、技改工程项目审查验收1979项，占工程项目总数的90%，其中劳动保护专项投资达4亿元，占工程项目总投资的8%，提出整改建议6000条，推动全市安全生产，操作点的尘毒污染度，减少到国家要求的标准，改善了企业劳动条件。各级工会把搞好培训，提高劳动保护监督检查人员的业务素质，列入议事日程。举办各种类型的培训班。天津市总工会除选送一部分劳动保护干部去中华全国总工会参加培训外，每年对各区县局工会劳保干部、主席都进行专业培训。1986年到1991年，共举办5期劳动保护培训班，培训学员500名，还深入基层传授劳动保护专业知识，普及达5000多人次，各区县局工会先后也举办458期培训班，培训人数达4839人。

1986年，天津市总工会在参加工程项目“三同时”审查工作中，发现部分企业对此不重视，有的项目不通知工会、劳动、卫生部门审查，就进行实施，造成项目投产后，劳动保护欠帐。天津市总工会、市劳动局和卫生部门撰写了《关于进一步加强三同时工作的意见》，市政府批示“要求市计委、经委、建委等部门都应引起重视，在立项、扩充时都要注意“三同时”，从而为各级工会参加“三同时”审查打通了渠道。

1987年，天津市总工会根据天津市粉尘作业的企业严重超标状况，有针对性地对八个粉尘严重危害的企业进行系统的调查分析，写出了《本市部分企业粉尘调查情况》报告，提出工会对治理粉尘危害的建议，报送市政府。

1990年，天津市总工会针对劳动保护用品发放、使用管理存在的问题进行调查，提出6条对策。同时，天津市总工会还利用参加各种会议时机，直接反映职工意见、参与有关劳动保护的决策。天津市总工会先后参与“天津市劳动保护条例”修改工作，与有关部门起草制定《关于生产性基建和技改工程项目要严格执行劳动保护“三同时”的意见》，市政府予以批转。天津市总工会与市劳动局等部门联合下发《关于督促企业编制安全技术措施计划的通知》；与卫生局联合下发建立《工业企业劳动卫生职业病档案》的通知；使全市劳动保护工作，取得新的成绩。

1991～1995年，天津市总工会在全市90%以上的有尘毒作业企业建立、完善职工的职业健康档案，基本掌握全市职工中职业病患者的底数，逐步做到对职业病的产生及发展施行有效的监控，尘毒作业企业的尘毒作业点合格率在“七五”期间达到的基础上，提高了10%。天津市总工会决定，各级工会使用“隐患限期整改通知书”，贯彻“安全第一，预防为主”的方针，把各种事故隐患消灭在萌芽中。加强工会对企业安全生产、工业卫生工作的监督，使隐患整改率达到80%以上。各企业有50%以上的班组做到安全达标，安全生产状况符合国家经委和中华全国总工会颁发的《班组安全建设纲要》的要求。

1998年11月25日，天津市总工会在职工之家举办“弘扬抗洪精神，为安全生产做贡献”演讲会。会上，由基层选拔出来的6名职工现身说法，演讲了广大职工运用“两书”开展“两个一”活动事迹和群防群治的作用。

2004年6月21日，天津市总工会、市安全生产监督管理局联合召开“天津市‘安康杯’竞赛经验交流暨总结表彰大会”。天津市总工会领导出席大会并讲话。市安监领导主持会议。会上，表彰了中华全国总工会和国家安全生产监督管理局命名的20个先进企业、3个优秀组织单位、6名全国“安康杯”竞赛的优秀组织个人；同时还表彰了天津市54个优胜企业、24个优秀组织单位、15名优秀组织个人。石化公司工会等四个单位交流了开展“安康杯”竞赛的经验。

二、参与立法和决策

解放后，天津市各级工会积极参与立法和决策，从宏观上维护职工安全与健康，不断提高参政议政水平，提高工会的社会地位，扩大工会的社会影响。

1985年8月21日，天津市政府以津政发〔1985〕142号文，批转市计委、经委、建委、劳动局、卫生局、总工会六个部门拟定的《关于生产性基建和技改工程项目要严格执行劳动保护“三同时”的意见》。

1986年1月6日，天津市总工会与市劳动局、卫生局联合下发《关于对生产性基建和技改工程项目“三同时”实行分级管理的通知》。以项目投资额为准，确定为300万元以上、300万元以下50万元以上和50万元以下的三级管理；根据存在难题，天津市总工会同市劳动、卫生部门撰写了“关于进一步加强三同时工作的意见”，分别抄报给市政府，市领导重视并做了重要批示，“要求市计委、经委、建委等部门都应引起重视，在立项、扩初时都要注意三同时”，从而为各级工会参加“三同时”审查打通了渠道。

1987年1月8日，天津市劳动局、卫生局、总工会等四个部门下发“关于生产性基建和技改工程项目初步设计中安全和工业卫生专篇编写要求的通知”，使“专篇”设计更为具体化，同时就“专篇”的编制、审核、审定工作做了“封面格式和目录格式”规定。

1988年1月20日，天津市总工会下发〔1988〕8号文，对工会系统参加“三同时”工作做了若干规定，更好地履行工会系统的监督检查职能；市劳动、卫生、工会与市计委、经委联合下发〔1988〕410号文，对生产性基建、技改工程项目的可行性研究报告中安全与工业卫生内容提出了编写要求，确保能够做好前期工作；市劳动局、卫生局、总工会三家联合下发〔1988〕565

号文，决定对工程项目实行预验收，保证工程项目中劳动保护措施的落实和达到预期效果，把可能出现的问题解决在验收之前。

1990年，天津市总工会针对劳动保护用品发放、使用、管理存在的问题进行调查，通过分析提出6条对策意见。同时，天津市总工会还利用参加各种会议时机，直接反映职工意见、参与有关劳动保护问题的决策。

1991年，天津市政府转发天津市总工会等五部门《关于天津市工业系统安全技术措施计划编制和经费提取使用情况的调查报告》，要求各级工会组织和职代会要加强对企业安技措施计划编制和经费提取使用情况的监督检查，企业行政部门应给予支持。10月25日，总工会总结参加建设工程项目"三同时"审查验收的基本情况表明：天津市的建设工程项目"三同时"审查验收工作，自1985年以来逐步走向正轨，先后下发六个有关文件来保证这项工作的落实。

1992年天津市总工会颁发《天津市工会参加职工伤亡事故调查处理的暂行规定》，旨在健全和完善工会组织参加职工伤亡事故处理的制度。

1997年天津市劳动局，天津市总工会下发《关于加强企业职工伤亡事故报告调查和结案工作的通知》，要求企业发生职工伤亡事故后，从对事故情况的报告，到对事故的调查、原因的分析和责任的处理，企业要同劳动部门和工会组织一起进行。事故单位落实整改，堵塞事故漏洞等情况，劳动部门和工会组织将进行复查，落实事故复查制度。

三、监督检查

按照中华全国总工会颁发的工会劳动保护监督检查"三个条例"的要求，天津市各级工会经过努力，建立健全了劳动保护监督组织，初步形成了一支在市工会领导下的群众性劳动保护检查队伍。

1986年天津市总工会举办5期劳动保护培训班，培训500名学员，并根据企业要求深入基层传授劳动保护专业知识，普及的人员达5000多人次，各区县局工会先后也举办458期培训班，培训人数达4839人。

1991年，天津市总工会针对部分企业领导对安全不够重视，管理混乱，职工安全意识差等问题，联合有关部门在工、交、建、商、外贸、农业系统开展以"一遵、两反、三落实、做一件好事，即遵章守纪、反对违章指挥、反对违章作业、落实安全生产责任制、安全措施、安全组织、为安全生产做一件好事"为主要内容的年度安全生产竞赛。发动全体职工参加安全生产管理和各项安全活动，达到控制事故、减少职业危害，使"质量、品种、效益年"活动得以顺利进行。

1992年1月18日，为贯彻中华全国总工会劳动保护三个条例和天津市总工会经济保护工作会议精神，天津市总工会对劳动保护监督检查员和劳动保护监督检查委员会组织进行整顿。主要作了以下工作：（1）将已经离、退休或已调离工作岗位的天津市总工会任命的监督检查员名单上报天津市总工会经济保护部；（2）各局可以根据自己的情况选择一批群众劳动保护工作骨干任命局级监督检查员，协助市监督检查员工作;（3）市、区、局各级监督检查员行使监督检查职权时，要持证上岗;（4）各区、县、局要根据本系统的特点健全监督检查组织，形成以行业为主，地区为辅，行片结合，交叉的组织网络，并选出网片组织负责人。绘制监督检查员组织网片联络图，定期开展网片组织活动。各基层监督检查委员会要补充配备一定量的工程技术人员或有安全工作经验的老同志，参加基层工会劳动保护监督检查委员会工作。区县局工会要将本系统及基层企业监督检查组织网片、委员会联络图报到天津市总工会经保部。

同年，天津市总工会、市经委、市交委、市城建联合下发《天津市企业班组安全建设实施细则》，细则规定两年评选一次安全生产先进班组和标兵班组，优秀者并可申报“八五”立功和市劳模集体。5月，企业工会开始实施由政府领导签发和天津市安全生产委员会转发的“两书”制度，即工会小组使用《事故隐患报告书》、企业工会使用《事故隐患处理通知书》。初步统计，全市有900个企业，22600个车间、班组使用了“两书”，开展比较好的约占三分之一。截止到9月底，查处事故隐患2091项，解决1769项。

1994年3月，天津市总工会经保部分批对任命的市级工会劳动保护监督检查员进行工作考评。各区、县、局工会劳动保护监督检查员认真回顾了1992、1993年度的工作，提交述职报告，交流工作经验。

1996年市天津总工会出台关于“两书”制度的暂行规定，由市安委会给予转发，旨在对“两书”工作制度做进一步修改和完善。截至2002年，全市有1300多个企业，25000多个班组开展这项活动，使用“报告书”13万余份，“通知书”3万份；全市100万职工参与，查出隐患100多万项，制止违章5万余人次，避免伤亡7千余人次，避免经济损失近11亿元。

1999年天津市总工会与天津市劳动和社会保障局等单位联合转发在国有企业中开展“安康杯”竞赛的通知。对先进单位授予“安康杯”奖，对组织竞赛的先进单位授予“安康杯”组织奖。此项活动开展以来，有41个区县局总公司参加“安康杯”竞赛活动，参赛企业达767个，参赛班组34101个，参赛人数达608720人。天津石化公司等12个企业获全国安康杯竞赛优胜企业；天津港务局等3个单位，获全国优秀组织单位。中国海洋石油渤海公司等47个企业获得市安康杯竞赛先进企业；中国石化集团第四建设公司等18个单位获市优秀组织单位。

1999年天津市总工会制定工会劳动保护监督检查员、基层工会劳动保护监督检查委员会、工会小组劳动保护检查员《工作条例实施细则》，为推动工会劳动保护监督检查工作进一步发展制定了标准。截至2008年10月，全市共有天津市总工会任命中华全国总工会备案的劳动保护监督检查员104名，企业车间工会劳动保护监督检查委员会8175个，企业工会小组劳动保护检查员17万名，活跃在生产一线，成为企业安全生产的“第一道防线”。同年，天津市政府转发了天津市总工会、市纪委，市劳动和社会保障局等九部门《关于加强外商投资企业和私营企业劳动安全工作的通知》，加大了对外商投资企业和私营企业劳动安全工作的监督力度。独立开展监督检查，并逐步向群众化、规范化、科学化方面发展。

2000年5月14日，为响应全国安委会组织的安全月活动，天津市总工会组织了10个区、局50多个企业在抗震纪念塔前举办“劳动保护群众监督检查黑板报”展评活动，受到天津市总工会领导和市安委会领导的重视、好评。

同年，天津市总工会与有关部门联合发文，开展推广应用“信息卡”活动，旨在减少职业危害、维护职工安全健康、保障职工安全生产。此项工作在化工、石化、医药、轻工、油田、冶金等尘毒危害大的行业，普及率达到80%，班组岗位使用率达100%，其他行业普及率达60%以上。

2003年7月22～25日，天津市总工会相关领导带领中华全国总工会任命的市级监督检查员一行15人，对工业、城建、区县农林系统、LG公司、汽车发动机厂、住宅集团二分公司和蓟县建工集团三公司等单位进行了安全检查。天津市总工会经保部的有关负责同志一同参加此次活动。据统计，2003年全市有44个区县、总公司（集团）参加了竞赛活动，参赛企业460个，参赛班组31115个，参赛职工581732人。广大职工通过参加竞赛活动，安全意识普遍提高。违章指挥、违章作业的人员逐步减少，仅2003年通过群众性的安全检查发现事故隐患6万项，整改90%以上，挽回经济损失1亿元。

2003年12月23日至2004年1月15日，由天津市总工会、市安全生产监督管理局、市消防局、市建委等单位组成八个检查组对天津市104个区县局、总公司（集团）和所属的200多家企业进行安全生产大检查。天津市总工会副主席王连金带队检查河北区、建工集团等6个集团公司和7个企业的冬季安全生产情况。通过大检查强化各级领导和广大职工的安全生产意识，促进“百日安全无事故活动”的深入开展。

2004年，天津市总工会、市安全生产管理局为保护广大职工在劳动生产中的权益，要求各企业要推动“安康杯”竞赛活动的深入发展，组织非公有制企业、外资企业等各种类型的企业参加“安康杯”竞赛活动。竞赛围绕安全生产的难点和薄弱环节开展工作，不断创新竞赛活动内容。天津市总工会要求各企业工会要在竞赛活动中充分发挥作用，突出维护职能，发挥工会群众劳动保护监督网络的作用，调动职工的安全生产积极性。各级工会要加强对职工的安全生产知识的教育和培训，激发广大职工学习和应用安全生产知识的积极性。企业对90%以上职工进行安全生产知识普及及培训，创造出良好安全文化氛围。各级工会充分应用现代化手段，发挥互联网的作用，指导“安康杯”竞赛工作。5月23日，天津市总工会、市安全生产监督管理局联合召开了“安康杯”竞赛经验交流暨总结表彰大会。会上，对54个市级“安康杯”先进企业、24个优秀组织单位和15名优秀组织个人进行了表彰。8月10～13日，天津市总工会相关领导带领工会系统劳动保护监督检查团，对建材集团、宝坻区、开发区泰达市政工程局、一航局四公司等单位进行安全检查，重点听取区、局（集团）和基层工会在事故发生后在安全整改方面所做的工作、采取的措施和职工安全教育、专业培训等情况汇报。

2008年，天津全市各级工会以“安康杯”竞赛为活动载体，积极发挥工会组织的优势，提高企业管理者和职工群众的安全生产意识和安全生产素质。天津市总工会在对全市企业进行普查和调研的基础上撰写了《天津市企业职工卫生状况的调研报告》《天津市工会劳动保护“三级两络”工作情况的调查报告》等调研文章，在工会劳动保护工作维护职工生命健康合法权益方面，进行从工作实践深化至理论研讨的积极思考。同时依法参加生产安全事故调查处理，“三同时”项目的评价审查和验收工作等，及时地反映职工群众的愿望和参与安全生产劳动保护等方面的法规政策的制定，从源头上依法维护职工权益。全市各级工会还积极组织职工开展并参加全市的“安全在我心中”巡回演讲活动，“迎奥运、保安全、百日安全生产竞赛”活动等，激活企业领导和一线职工参与安全生产管理与事故隐患排查治理的积极性。

第三章　生活保障

第一节　送温暖工程

一、新中国成立初期的送温暖工程

据解放前夕统计，在全市35万名工人中，有近20万失业工人，占职工总数57.4%，工人生活极端困苦。解放后在党的领导下，迅速解决工人失业问题，安定工人，华北总工会筹委会天津办事处入城后，成立生活福利部，立即把救济和安置失业工人的工作承提起来。

1949年3月6日，华北总工会筹委会天津办事处召开职工代表大会，在全市工人群众中贯彻“稳定职工生活，以保证迅速恢复生产”的方针，在解放初期粮食极其短缺，工人生活极其困难的情况下，组织工人义务劳动，解决了中共中央调拨的6千万公斤粮食的运输、储藏和分配工作。并组织工人群众民主选举代表，根据工人的情况陆续发放救济粮食。

1950年5月23日，以天津市总工会、天津市劳动局为主，会同天津市共青团、妇联、民政局等单位，成立天津市失业工人救济委员会，并在各区设立专门组织。为了筹措资金，迅速解决失业工人的生活困难，天津市总工会号召在业的各公私营企业的在职工伸出友谊之手，援助失业的阶级弟兄。各公私营企业和工人分别拿出工资总额或个人工资的1%，交纳救济金，帮助失业工人解难。同时，许多社会团体、职工会、同业工会、私立医院、外商、在职职工纷纷捐款、捐粮、捐物，天津市总工会共收到捐款718513万元，棉衣被褥等物品上千件，粮食2517940公斤。天津市总工会和各区的工会干部、积极分子，深入工人家里，访贫问苦，问寒问暖，送衣物钱粮上门，为最困难的15807户送去了衣物钱粮物品折64611万元。

同年6月，天津市国公营企业劳动保险暂行条列经政务院批准，于9月1日市人民政府明文通告，宣布正式施行。有160个公营单位先后实行，62615个职工（铁路、邮电、制钢等单位之21669个职工未计在内）及187845个职工家属（平均每人家属三口计），可以享受到保险待遇。在发展生产的基础上改善了职工福利待遇，增添与改进了托儿所、诊疗所、食堂、浴室、宿舍、理发等设备，建立职工互助组织，用职工自己的力量，解决职工自己临时发生的困难。介绍了2461名困难工人享受政府设立的免费治疗。天津市总工会从会费中补助有特殊困难的会员329人。

1951年，天津市实行全国劳动保险条例，工人的物质生活和文化生活也有所改善。全市有237个单位，14.15万职工（其中包括邮电、铁路40个单位，职工2.68万人）实行劳动保险条例。根据条例的原则精神，不符合劳动保险条例规定的461个单位订立劳动保险集体合同，包括7.5万职工，加上教育、医务及搬运工人实行生、病、死、伤等几项补助办法的职工3.87万名，全市共有25.56万名职工享受了劳动保险待遇，占全市职工总数50%以上，若以每人平均三个直系供养亲属计算，则全市已有半数以上的人口享受到劳动保险的待遇，解除了生、老、病、死、伤、残等困难。集体劳动保险事业也有很大发展，有2500余人享受了集体保险的待遇，不能享受到劳动保险的分散流动的工人，政府每月拨出5万公斤小米为贫苦工人减免费治病。

同年，困难工人减免费治病工作自1月份起至10月份止，天津市总工会劳保部和各区办事处及塘大工会等13个单位共治疗患者10645人，计治愈7664人，享受减免治疗的贫苦工人以搬运工人（三轮工人）最多，占总数的26.3%，其次是轻工业工人占20.4%，纺织工人占12.3%，十个月的医疗费共支出1277212566元（旧币），平均每人医疗费合119982元。

8月，天津市总工会举办五项集体劳动保险事业，保障职工健康。1.海滨劳动模范休养所：凡是区级以上个人劳动模范，模范小组的主要人员转入企业工作的战斗英雄，非直接生产单位的模范工作者均可入所休养；2.工人疗养院：职工有慢性病或身体弱经疗养可收效的，或在手术后的恢复期的，经有关部门提出，核准，均可入院疗养；3.业余休养所：基层工会应根据本单位具体条件，协助企业行政或资方举办。对身体弱还能坚持工作而需要增加营养的职工，或对生产有贡献的老技术工人和技术人员，经有关部门批准，可入所休养；4.营养食堂：收入条件、经费开支、营养期限，申请手续等办法与业余休养所一样；5.牛奶站：实行劳动保险条例的单位，目前不好解决房子问题，也没有食堂的，可举办牛奶站。对身体弱或45岁以上的老技术工人，或因工作性质损害身体健康的，都可经工会小组提名，有关部门批准入站。每天供牛奶0.25公斤，费用由劳保金支付。劳动保险条例的实行，解决了全市33万职工的生老病死伤残等困难问题。

1953年，天津市总工会在调整职工工资中作了如下工作。其宗旨是按照八级工资制改革不合理的工资制度。在方法步骤上，首先是认真审查技术标准，这是评级的唯一依据，可保证合理的评定工资，其次是掌握好评级方法，小组评完送交分评委员会审查，再交厂评委员会审查。再次要做到在实行八级工资制度后，除应推行计件工资外还必须配合合理的奖励制度，以保持工人的生产积极性。直到1956年9月，国营，地方国营工业工资改革工作已基本结束。

二、社会主义革命和建设时期的送温暖工程

1956年12月，天津市国营商业、农场、影剧业与公私合营工业、商业均相继实行劳动保险条例，全市实行条例的职工已达40万人，劳动保险费用的支出相应增加工人工资的10%。工会协助行政为职工制定了防病治病的统一措施和计划。

1956年12月22日，天津市总工会关于当前职工物质生活方面的主要问题与意见中指出：两年来，各级工会在关心职工物质生活方面作了许多工作，对经常不能维持最低生活或有临时困难的职工分别给予定期补助或一次补助，有困难自己可以解决但一时周转不开的，也从互助储金会中得到借款。根据16个产业和9个区不甚完全的统计，1956年1—9月份即有114607人次得到补助款1712912.31元。政府和企业行政给职工修建了住宅143739平米，天津市总工会也集中500万元，准备在1957年修建一批职工宿舍。全市工厂托儿所397个，收托乳儿9800名，比1954年底增加了19.8%。

1959年，天津市掀起生产后勤竞赛高潮，普遍打破按时开饭、看病、接送托儿等旧常规，“当好后勤兵，支援大跃进”成为炊事、医务、保育等后勤人员的共同口号。年底评选出市级的先进食堂、保健站、托儿所、集体宿舍154个，先进炊事、医护、保育、宿舍工作人员287名。四个单位的后勤代表出席了全国群英会，棉纺三厂的托儿所和纺织机械厂的大食堂被评为1959年度天津市的特等劳动模范小组。

1961年10月23日，天津市总工会党组关于职工困难补助工作的报告中指出，遵照市委指示，在9月份对全市生活有困难的职工普遍进行一次补助。据1012个单位的619307名职工统计，有88188人受到补助，占职工总数的5.35%，开支补助费360690元，平均每人补助18.86元。其中家庭平均生活费低于10元被列为长期补助户的22369人，占职工总数3.61%，共补助290541元，平均生活费高于10元，因临时性困难受到补助的10619人，占职工总数1.74%，共补助170149元。凡是被补助的职工，分别在中秋节、国庆节前领到了补助款，保证困难职工基本生活开支。

1962年10月，天津市总工会实行职工本人生活费不足14元，家属人均生活费不足10元的可酌情给予生活补助。市劳动局、天津市总工会组织困难职工的家属从事副业生产，在重大节日还给予老工人一些副食照顾。还协同行政举办了私人危房修缮贷款。

1976年10月31日，遵照天津市抗震救灾指挥部的通知精神，各级工会在党委领导下，在天气渐冷的情况下，进一步安排好受灾职工的生活和工作，解决受灾职工的生活困难，如住宿、取暖棉衣、棉被补助问题。

三、改革开放和社会主义现代化建设时期的送温暖工程

1980年11月，天津市总工会根据市委指示和中华全国总工会的通知精神，带领全市各级

工会，进行职工生活工作检查。检查主要内容为：(1) 企业各项集体福利设施，包括食堂、托儿所、幼儿园、保健站、浴室、集体宿舍、女工卫生室、孕妇休息室的工作质量、服务态度以及生活后勤竞赛的开展情况；(2) 根据政策，应当用于职工生活福利方面的各项经费的提取和使用情况，是否得当；(3) 本单位职工迫切要求解决的生活问题，该解决而又能解决的有哪些；怎样解决等。(4) 解决职工生活的重大问题，是否发挥了职代会的作用；是否依靠群众实行民管和监督。通过生活工作检查活动，许多企业提高了后勤工作的服务质量，建造住宅和兴办恢复多种集体福利事业。如一商局建造住宅投资 2078 万元，是全市建房最多的企业局。煤建五厂，到年底，职工平均居住水平达 5 平米。河东、河西煤建公司已做到职工领取结婚证即可分到住房。

由于各级工会的努力工作，各单位在安置待业子女方面较成效。如建筑系统已基本上将全部子女进行安置。一商系统 1979 届以前的待业子女已有 63.9% 得到安置。各企业的两堂（食堂、澡堂）、三所（托、保、厕）都有很大发展。

针对女职工特点，建筑、交通等系统工会已采取多种措施，调整部分女工工种。各单位群众性的互助互济活动帮助职工解决群众的婚、丧、嫁、娶、伤病、修房补屋、拆洗缝补等问题。

1988 年 3 月，天津市总工会生活保险部对退休职工生活状况进行调查。针对部分集体企业退休职工的退休费没有保障的问题，相关部门研究制定集体企业退休费统筹方案；对物价上涨影响退休职工的生活水平的情况，则采取退休费与物价指数挂钩的办法，并适当提高孤老户和退休职工最低保证数标准。继续发给退休职工洗理费，退休干部书报费，以满足退休人员的合理要求；将全民企业退休职工医疗费用纳入统筹范围，保障退休职工医疗待遇。放宽对退休职工再工作的政策，以落实老有所为，多劳多得原则取得报酬，增加退休职工的收入。允许各级退休管理服务组织，举办发展老年事业的经济实体，在税收上给予优惠。

1989 年初，为落实中共天津市委、市政府“为人民办实事”的指示，天津市总工会集中十四个部门的力量，深入到 72 个区、县、局和 27 个重点单位调查研究，重点是推动各区、县、局工会做好低收入职工困难补助工作。据此，天津市总工会开展为职工“办好事、送温暖”活动，力争做到困补工作一户不漏。据对 62 个区、县、局的 4287 个企业的 1918444 名在职与退休职工统计，得到当月补助的有 71302 人，长补的有 11817 人，占职工总数 6.1%；临时补助的有 59485 人，占职工总数的 31%。得到春节一次性补助的有 459452 人，占职工总数的 24%。以上共补发金额 3672994 元，人均 31 元。

在调查中发现有少数小、微、亏企业因经济效益不好，职工比较困难，企业领导无力执行津劳险字〔1988〕264 号文件，特别是集体企业由于职工福利费超支，负担过重，自有资金缺乏，补助工作或补助经费不能落实，从而使少数低收入职工经常性生活补助得不到保障。据一轻、二轻、冶金、纺织、交通、建材、房管、一商等八个局的 1046 个单位分析，没有执行津劳险字〔1988〕264 号文件的企业就有 157 个（其中全民 16 个，集体 141）占 1046 个单位的 15% 在这些单位低收入职工比较困难，每月需要给予补助的约有 6500 人，占这些单位职工总数的 7% 左右。此外，在市区及郊县所属零售商业、服务业、建筑业中的低收入职工困难面还要更大一些。因此建议，春节一次性补助落实后，经常性的困难补助仍是个问题。需要相关部门高度重视，认真研究解决办法，并提出调查意见。

根据中华全国总工会在部分省、市开展低收入及贫困职工状况调查的部署和天津市总工会常委会的安排要求。于1989年4月初至6月底在冶金、纺织、交通、建工、二商局及河北区所属的部分企事业单位进行了低收入及贫困职工状况的调查。这次调查，牵涉到六个区、局所属46个基层单位。按经济性质划分，全民所有制36个、集体所有制10个；按行业划分，工业企业16个，交通运输企业8个、建筑企业6个、商业饮食服务业12个、科教文卫事业单位4个、按企业规模划分，大型企业1个、中型10个、小型26个；按经济效益划分，效益好的12个，一般的23个、效益差的11个。天津市总工会经审委员会为开展这项调查工作增拨了必要的经费，组成了以分管主席为组长，生活保险部部长为副组长的领导小组，抽调生活保险部4位同志成立工作小组，具体负责调查工作。同时，天津市总工会在调查前期作了大量准备工作，主要有：起草“我市低收入及贫困职工状况调查方案”；编写“有关填写调查问卷的一些注意事项及指标解释”，编制整个调查工作进度计划，召开有调查任务的局、区工会负责同志会议部署调查工作，落实具体调查点等。

1992年春节前夕，天津市总工会号召各级工会开展“串百家门，解百家难，暖百家心”活动。天津市总工会领导同志带头深入到停亏企业特困职工家庭进行慰问，拉开了工会系统送温暖活动的序幕。仅据机械局、二轻局、化工局、纺织局、交通局、城建局、公用局、河北区等32个区、局不完全统计，互助互济各种义务服务组织22612个已经活动起来，参加服务人员116423人，已为职工义务修房7158间，修理家电45806件，修理自行车156430辆，裁剪缝纫服装48926件，理发、烫发374070人次，为病、伤、残和孤老户职工扫房、刷浆13374间，拆洗被褥11046条，拆洗衣服16525件，为59132户代买煤、粮、菜、年货等。各级工会的走访慰问活动，从32个区局不完全统计，共慰问各类困难职工65623户，送慰问品价值达903176元。开展谈心、服务活动，召开各类人员座谈会1573次，参加者达29608人。节日期间，各级工会还举办年货市场664个，为职工代买年货约774.4万元。

1993年11月，天津市总工会和各级工会从各渠道征集一笔资金，发起“冬季来临，送职工一份温暖”活动，保障生活困难的离退休职工安然过冬。11月22日，天津市总工会召开部分工业局工会主席会议，研究筹措款项，帮助特困退休职工过冬问题。

1995年天津市总工会和各级工会组织，抓了三项工作：（1）摸清底数，实行动态管理。（2）推动各级工会建立“困难职工救济基金”；（3）帮助下岗待业职工实现再就业。

1996年天津市总工会和各级工会坚持在各项改革中，坚持职工总体受益的原则，从源头上维护职工合法权益。积极参与医疗、住房制度改革等有关方案的研究制定，参与涉及职工利益、关系女职工特殊权益有关法律法规的起草，协助市劳动部门对1.5万名特困职工发放“绿卡”。

1997年，按照中共天津市委、市政府的要求，天津市总工会成立专门解困的工作机构，制定解困目标责任制和统计考核指标体系，层层落实、按季检查，并把任务完成情况与各级领导的考核、奖惩相结合。对困难企业困难职工中不具备再就业能力的职工发放“困难职工卡”，对持卡下岗人员按月救助，标准为每月222元，对低于退休人员基本生活费标准的退休人员和在岗低于最低工作标准的职工逢节日给予救助。

1998年，天津市总工会在继承发展与开拓创新的基础上，在全国工会系统率先提出当好帮扶特困职工“四个第一”，并明确了五项配套制度，得到全国总工会领导的充分肯定和全会的广泛认可。全市各级工会已建立700多个送温暖工程基金组织，基金总额达到6000余万元，全市1.87万名特困职工没有一户生活过不去，职工队伍稳定，天津市总工会基本实现了第一责任人的承诺。

2002年1月18日，天津市总工会成立天津市困难职工救助中心。市领导对天津市总工会成立困难职工救助中心给予充分肯定。困难职工救助中心是中国第一个由工会组织设立的困难职工救助机构，被称为困难职工生活保障的“第三道防线”。困难职工救助中心坚持“雪中送炭、扶贫济困、拾遗补缺”的工作原则，常年服务于困难职工。天津市总工会创新困难职工救助形式，困难职工救助中心通过直面对接式的工作流程，开展“一站式”服务，建立社会化的救助资金筹措渠道，开展救助特困户、法律援助、接待职工信访和免费职业介绍等多项服务，满足困难职工的多钟需要。另外，困难职工救助中心还开展入户调查事宜，困难职工遇到重大变故时，主动向困难职工救助中心打来救助电话，中心会派出工作人员进入家庭进行调查，如果情况属于救助范围，救助中心可以当场给予300元到500元不等的救助。3月30日，困难职工救助中心发起的对特困职工子女“一帮一”助学活动的启动仪式在救助中心举行。第二南开中学韩华等17名特困职工家庭子女，作为首批受助者接受捐助。

2003年1月22日，天津市困难职工救助中心成立一周年，天津市总工会与各帮扶单位共同召开“共建帮扶特困职工长效机制连心会”。天津市总工会领导出席“连心”会。一些获得救助的困难职工眼含热泪倾诉衷肠，表达感激之情。部分得到白内障复明手术医疗救助的特困劳模和职工代表还在会前游览了津城新貌。2004年，天津市困难职工救助中心在国务院召开的全国再就业工作表彰会上被授予全国再就业工作先进单为荣誉称号

2005年8月1日，天津市总工会“金秋助学”系列活动之一——“让眼睛更明亮”在市眼科医院举行启动仪式。100名困难职工在学子女及部分区县局、集团（总公司）工会分管保障工作的干部参加了此次活动。8月18日，天津市总工会“金秋助学”系列活动之一—“看津城发展、强理想信念”夏令营活动在开发区保税区隆重举行。来自天津市部分困难职工子女代表兴致勃勃地参观开发区建区20周年成果展，游览开发区保税区区容区貌，并和领导们一起进行座谈。9月17日，天津市总工会与天津电视台等新闻媒体在天津市总工会机关联合举办“中秋月圆连心会”，进一步深化了金秋助学活动。截至2008年，全市工会系统共筹集助学资金1560万元，为

13568名困难学子提供助学帮扶。许多受助学子感激的说："是工会圆了我的上学梦。""金秋助学"工作获得社会各届的高度评价。

2006年，天津市各级工会与有关部门形成合力，共同开展农民工工资支付专项检查活动。对本地区、本系统拖欠工资情况进行一次全面清理。2月22日，全市规划建设系统已有3亿元的农民工工资发放计划如期落实。2003年拖欠的12.09亿元工资已全部清理偿还。同时，还建立农民工工资"月预付、季结算"制度和预留账户制度，为25万农民工办理工资卡，从制度上彻底解决拖欠农民工工资问题。这一做法成为"天津模式"。7月26日，天津市总工会与作文报社联合为困难职工家庭的中小学生联合开展了2006年"金秋助学"系列活动之一——为困难职工和农民工在学子女举办作文专题辅导讲座。来自部分区局、总公司（集团）困难企业的200余名困难职工在学子女参加讲座活动。

2007年3月，天津市教育工会决定在教育系统工会开展以"奉献爱心激励成才"为主题的"校园金秋助学"活动。活动内容是，捐资扶助、生活帮扶、勤工助学、知识辅导、心理辅导、政治关心、情感沟通、就业导航。3月22日，工会"校园金秋助学"活动启动。天津市总工会动员教育系统各级工会组织和广大教职工，积极主动配合党政助学工作体系，广泛开展"校园金秋助学"活动。8月15日，天津市总工会组织30名受助的在校大学生与蓟县30名困难家庭的中学生开展了"感恩回报，大手牵小手"助学活动。活动中，大学生们向蓟县困难家庭的中学生们赠送学习参考书籍，并互留联系方式，结成长期互助对子。10月12日，中共中央政治局委员、全国人大常委会副委员长、中华全国总工会主席王兆国同志对中华全国总工会信息94期《信息》刊登的《天津市教育工会走进校园，深入开展"校园助学"活动》作出重要批示："这是很好的做法和经验"。中华全国总工会副主席、党组书记、书记处第一书记孙春兰也作出批示："请董力、秋俭同志并晓龙、守镇同志阅。可以宣传天津的经验"。

2007年12月31日，中共中央委员会胡锦涛总书记到天津市困难职工帮扶中心视察。市委相关领导陪同，天津市总工会领导汇报困难职工帮扶中心的情况。总书记胡锦涛对天津市困难职工帮扶工作给予充分肯定，并强调指出：要进一步拓展帮扶的范围，完善帮扶的措施，要搞好培训工作，帮助职工求职就业，从根本上解决他们的困难，更好地为困难职工服务。2008年1月18日，天津市总工会在困难职工帮扶中心成立六周年之际举办"迎新春、献爱心、铸和谐"书画义捐义卖活动，全市100多名书画家参加义捐义卖活动，仅半天时间就募集善款达169万元。天津开发区保税区每年定期捐赠100万元，天津港集团公司在年吞吐量实现3亿吨的大喜日子里，不搞庆典，向市帮扶中心捐款100万元。帮扶中心还出现了无数化名为"君心"的爱心使者，"爱心"精神在帮扶中心闪光。据统计，2008年全市各帮扶中心（站）共接受社会各界捐赠款物904.88万元。

3月28～29日，全国工会帮扶工作会议在津召开。中华全国总工会相关领导和天津市部分领导出席并致辞。市人大常委会副主任、天津市总工会主席邢明军介绍了天津市困难职工帮扶中心的工作经验。天津市总工会副主席、困难职工帮扶中心主任刘凤山荣获全国工会帮扶工作突出贡献者荣誉称号，市困难职工帮扶中心荣获全国工会模范帮扶中心荣誉称号。全国31个省、自治区、直辖天津市总工会约180人参加了会议。

天津市总工会制定了《关于推进困难职工帮扶中心规范化建设的意见》(津工通(2008)11号)，对帮扶中心(站)的领导体制、接待场所和办公设施、工作人员、工作制度以及凝聚社会爱心、开展合理帮扶，拓展帮扶中心的工作范围、突出帮扶工作的实效性，深化工会就业再就业培训工作，积极发展工会再就业服务联社，帮助下岗失业人员规模就业、群体脱困，以创新为灵魂，树立更高标准、提升帮扶工作水平等提出了具体意见。截止到2008年底，已在18个区县、44个困难职工较多的集团(总公司)工会和75个乡镇街和基层企业建立137家帮扶中心(站)，37家帮扶中心(站)通过了规范化建设验收，全面完成了年初确定的建立70家、规范35家的工作目标。

第二节 再就业工作

一、新中国成立初期的再就业工作

1950年，天津市总工会除了协助失业工人随生产的恢复，发展安置工作以外，还采取以工代赈、生产自救、转业训练、回乡生产等多种方式和渠道，妥善安置失业工人，解决他们的生活和工作难题。仅1950年至1952年就组织失业工人53000名进行修路，疏浚河道等市政建设工程40余项，天津市总工会十分关心以工代赈工人的生活和政治文化教育，按月发给工赈费保证其家属的生活，还组织他们学习文化、政治，参观展览、看电影，提高他们的素质。第二工人文化宫即有500名失业工人参加修建。后53000名工赈工人全部转为市建委、市建工局的正式工人。市工会同劳动局共同起草制定了《关于失业工人医疗、丧葬补助暂行办法》，失业工人最感困难的生、老、病、死问题相继解决。到1952年底，基本解决解放前遗留的失业工人的安置工作。

1951年，天津市失业工人自己动手解决生活困难，开展生产自救，寻求就业门路。先后共办19个厂，其中有制绳、帆布、沥青、机米、双林农场等，共吸收了3382名失业工人。

1952年，天津市总工会举办转业训练班，培养财会、土木测绘，保育员、教师等专业人才，使1万余失业工人的工作得到安置。与此同时有262户职工响应政府号召，自动还乡生产，解决就业出路问题。

1977年，天津市总工会先后举办11次大型劳务洽谈会，为2800多名下岗职工找到工作。总工会积极落实全国总工会提出的“工会要做帮扶特困职工第一责任人”的工作要求，坚决贯彻落实市委、市政府“不让一户困难职工生活过不去”的工作要求，建立完善动态规律、联动包保、多方协调、互助互济等 5 项制度，完善从基层工会到区县局工会、产业工会、天津市总工会的四级工作组织网络。对特困职工的帮扶按照分级管理、分类实施、上下联动、共同负责的原则抓落实。

二、改革开放和社会主义现代化建设时期的再就业工作

1987 年，天津市各级基层工会在党政领导支持下，兴办一批多种经营企业。这些企业大部分是小型生产深加工企业，商业服务网点和文化室娱乐服务场所等。仅机械局就兴办 53 个多种经营企业，安置 738 名富余职工，占全系统富余职工的 10%。天津市总工会对企业经营范围、经济性质、人员组成、资金设施来源渠道，以及审批、开办手续和税金、利润分配等都做出了详尽规定，使基层工会有章可循。各级工会兴办的多种经营企业已达 317 个，安置 4462 名富余职工。

1990 年 6 月，天津市停亏企业增多，职工因生活问题上访要求复工的事件增多。市委、市政府十分重视，成立以市政府有关领导为组长，天津市总工会主要负责同志为副组长的稳定生产、稳定生活领导小组。领导小组协调政府有关部门，抓好停亏企业的职工培训，各级工会配合行政，逐步开展职工培训。据统计，大约有 100 多家停亏企业的近万名职工得到培训。10 月，天津市总工会着手组织劳模调研服务活动。天津市总工会主要领导同志担任劳模服务总队的总指挥，全市成立各级劳模服务队 1180 个，队员近两万人，到 327 个停亏企业调研服务 1586 次，解决 460 多个难题。如有些停亏企业资金短缺，对调研服务队的一些建议很难落实。天津市总工会紧缩经费开支，拨出 200 万元，设立“扶助停亏企业专项基金”，从财力上帮助停亏企业启动生产。

1991 年天津市总工会为 41 个企业共贷款 400 万元。先后有七个工业局工会设立“基金”筹资 305 万元，帮助 35 个停亏企业。天津市总工会兴办的津工城市信用社，也调整资金投放方向，为 179 个困难企业发放贷款 2200 万元。使 176 个停亏企业出现转机，2000 多名放长假职工得到了安置。

1992 年 10 月，天津市总工会成立工会职业介绍所。其主要任务是为劳动力供求双方沟通联系，提供服务。职业介绍的对象为：“双停”（或亏损）企业的生产性放长假人员、企业的富余人员、解除劳动合同、领取救济金的待业人员、企业破产后、领取救济金的待业人员、濒临破产被法院宣告停产整顿企业的精简人员。天津市总工会根据用工单位的需要，举办各种形式的技术培训班，为失业职工创造再就业条件，向政府有关部门提供职工求职信息，为制定就业规划和有关政策提供参考依据。

1997 年 4 月，天津市总工会在《21 世纪议程天津行动计划可持续发展的战略与对策》的子课题撰写过程中，总工会对养老保险、失业保险、医疗保险等十个部分进行了研究与探讨，得到了市委、市政府和有关专家的认可。7 月，天津市总工会制定工会再就业工作总体规划，明确今后五年工会再就业工作目标。根据五年规划安排，确定了全市下半年工会再就业工程的基本任务，各级工会要抓好六个方面工作：1. 深刻认识再就业工程的实质内涵，切实做到“真情”投

入；2. 健全工会再就业组织网络，做到哪里有下岗职工，哪里就有工会干部做工作；3. 积极做好下岗职工择业观念的转变工作，做到扶人先扶志；4. 大力抓好转岗技能培训工作，努力使下岗职工“精一、会二、学三”。天津市总工会拨出 20 万元专款用于困难企业下岗职工的培训，努力提高下岗职工的技术素质，使之达到精通一门、会干一种，再学一手，更好地适应市场经济的新要求；5. 努力做好职业介绍工作，努力做好下岗职工的“红娘”；6. 进一步规范企业减员行为，从源头上参与依法维护职工权益。同年，天津市总工会成立了再就业办公室。

1999 年，天津市总工会针对下岗职工进出总工会就业服务中心的问题的调研报告得到市委、市政府的重视和批示，缓解 35 岁以下下岗职工全部出中心的矛盾。天津市总工会还就市养老保险的贯彻实施，医疗保险制度的建立与完善，破产企业职工的安置，职工互助补充保险的开展情况等进行调查研究，形成多篇有价值的调研报告。其中：“困难企业在欠费期间，其参保职工和退休人员仍可继续享受基本医疗保险待遇”“开办养老保险个人缴费柜台服务”“困难企业职工退休时退一还一”“理顺出租车司机的劳动关系和社会保险关系”“建国前参加革命工作享受 100% 退休金的老工人，在实行基本医疗保险中，应享受优惠待遇”“门诊特殊病种范围应扩大”等建议，均已被采纳，并体现于有关政策，维护了这部分职工群体的利益。为配合市民政局出台天津市城镇居民最低生活保障法，工会系统对特困职工调研，把符合低保条件的职工情况提供给民政局，督促符合条件的职工家庭进入低保范围。

同年 11 月 3 日，中共天津市委常委、天津市总工会领导为天宝面粉厂馒头工程、河北区工会快餐工程、自行车集团花卉配送中心和三个天津市总工会再就业服务联社揭牌。至此天津市总工会已成立了 9 个再就业服务基地，直接安置下岗职工 5000 多人。

同年，天津市总工会立足企业，依托区县局工会，建立再就业服务联社，闯出具有天津工会特色的帮助下岗职工集体创业、规模就业、群体脱困的新路，2002 年，再就业服务联社达到 50 家，安置下岗职工总人数达 12000 人次。天津市总工会适时编写《下岗职工再就业指导》专刊和《下岗职工再就业指南》，免费下发职工，引导职工积极参与改革，转变就业择业观念。

2000 年 9 月，天津市总工会成立津工职业介绍服务中心，工会系统帮扶特困职工实现再就业实施“输血”与“造血”相结合的思路和方式，通过开办劳动事务代理业务、创办工会再就业服务联社、发展工会劳福事业等为下岗职工提供职业技能培训和免费职业介绍服务。截至到年底劳务代理人数已达到 1200 人。侧重“造血”创办实体，更是工会系统帮扶困难职工实现再就业重要措施。

2002 年 12 月 8 日，天津市总工会再就业指导服务中心成立。华桑燃气投资有限公司向天津市总工会再就业服务中心捐赠 100 万元。

2004 年 9 月，国务院在京召开全国再就业工作表彰会。会上，天津市困难职工帮扶中心被授予全国再就业工作先进单位荣誉称号。

2006 年 11 月 9 日，天津市总工会在开发保税区组织举行工会职业再就业培训基地启动仪式。

天津市总工会领导出席启动仪式，并为首批命名的开发保税区天江公寓、河西区总工会职工俱乐部、天津市总工会干部管理学院三家工会职业再就业培训基地授牌。

2007 年 8 月 28 日，天津市总工会成立劳动关系协调中心。劳动关系协调中心是天津市困难职工帮扶中心工作的一个重要组成部分，是工会组织协调劳动关系的有效载体。中心接待职工来信来访、进行劳动争议调解、开展工会法律援助、履行工会劳动法律监督为主要工作职责，发挥工会在构建和谐社会中的重要作用。

2008 年，天津市总工会开展建立职工工资正常增长机制的百企调研，解决职工最关心的工资收入问题，对职工工资实现正常增长提出科学可行的建议，让广大职工充分享受改革开放的成果。

同年，天津市总工会联合市财政、市劳动保障部门创新发展工会再就业服务联社，1 ~ 3 季度创再就业服务联社 60 家。发放资金补贴 564.12 万元，帮助 4701 名下岗、失业人员实现稳定就业。同时还发挥工会系统再就业培训基地的作用，举办了 24800 人次、156 个班次的免费职业培训班。开展免费职业介绍工作，全市各帮扶中心（站）组织职业介绍 173 场，推荐 33377 人次，帮助就业困难人员及其子女 20255 人实现了再就业。

第三节　协助政府物价监督

1984 年 1 月 16 日，天津市总工会、市物价局共同建立职工市场物价监督检查站。初步建立起由市劳动模范，先进职工，职工代表、退休职工、工会干部以及政府物价管理人员组成的有近千名职工物价监督员的检查队伍，并在市内九个区及 52 个基层企事业单位，建立职工物价监督站。全市已初步形成三级职工物价监督网络。

职工物价监督检查组织分为一级站、二级站和三级站。一级站，为市职工物价监督检查总站，由天津市总工会和天津市物价局领导。总站设办公室，由天津市总工会和市物价局专职干部与聘请的离退休职工 2 至 4 人组成，设职工监督检查员 100 人。二级站，为区职工物价监督检查站，由区工会和区物价局专职干部与聘请的离退休职工 2 至 4 人组成，设职工物价监督检查员 30 人。三级站，是区站根据需要，按商业、饮食业和服务业网点的分布情况设立的职工监督检查分站。分站在街道或较大型企业或事业单位中成立，根据需要，安排一定数量的职工物价监督检查人员。三级监督检查站有不同的职能和分工。市总站办公室、区站办公室负责职工监督检查组织的思想工作、组织工作和物价监督的日常工作，监督检查分站进行具体的监督检查活动。市区物价部门负责职工监督检查活动的业务指导和培训工作。

职工市场物价监督检查站组织职工物价监督检查活动，检查的重点是民用主要副食品和日用消费品的价格。检查的着眼点是商品的质量标准、计量器具、明码标价及有无缺斤短两，以及生产资料价格情况等。参加检查的职工在10万人次以上，查出一大批违法案件，并配合市、区物价部门和公安部门作出处理。

1986年8月8日，天津市总工会、天津市物价局向市委、市政府提出关于加强职工物价监督工作的报告。到年底，市内和平、河西、南开、红桥、河北、河东六个区均已建立职工物价监督检查组织。

1988年，天津市职工物价监督检查厂站发展为73个。全市已有职工、街道群众和企业内部职工物价监督检查员、信息员2000余人，形成了以国家监督为主，国家与职工监督相结合的物价监督检查网络。随着各级职工物价监督检查组织的建立和网络的形成，各级物价监督组织相继建立健全物价监督检查制度、统计报告制度、学习制度，以及职工物价检查员守则等制度和规章，使物价监督检查工作走上制度化，规范化的轨道。

1991年，在天津市总工会领导下，市物价监督总站写出《控制物价上涨是当前职工最关心的社会经济问题》的调查报告，上报市政府和全国总工会。8月6日,《工人日报》头版头条发表《职工物价监督站反映群众呼声引起政府重视——天津狠刹缺斤短两歪风》为题的报导,《人民日报内参》《天津日报》也作相关报道。

1994年，为深入贯彻全国物价大检查的工作部署和市政府14号令以及《关于开展全市物价大检查的通知》精神，天津市各级物价监督站，组织广大职工物价检查员，认真学习上述各项指示和党的十四届三中、四中全会文件，破除单一的商品价格监督的旧格局，探索市场商品综合监督检查的新格局。针对职工物价监督工作涉及面广、政策性强、难度大的特点，为提高人员素质，保证工作质量，市各级职工物价监督检查站共组织有关专业培训1784人次，系统地培训了各区基层站职工物价监督检查骨干，重点学习各项有关政策规定，为以后工作的开展奠定基础。

职工市场物价监督检查工作的主要内容是进行市场检查。检查方式有以下几种：1. 集中检查，根据市场供应情况和存在问题，集中时间和人力进行检查。如在节日商品供应、物价变动、季节性水果蔬菜集中上市和时令商品上市之时，进行集中检查；2. 专题性检查，在一个时期内针对问题较大、职工意见集中的某一行业，某一商品进行专题性检查；3. 经常性检查，由监督检查分站组织安排，依靠广大群众，发挥职工物价监督检查员的作用，开展群众性的经常的检查活动。

同年，全市各级物价监督组织积极开展调查研究写成信息材料，全年共发表各类物价信息报导107篇，起到了党和政府信息员的作用。各级工会组织和政府部门密切协作，为职工物价监督检查活动创造了必要条件，并得到工商行政管理、税务、计量、卫生、公安部门及有关单位的大力支持与帮助。

1997年2月3日，天津市人大常委会副主任、天津市总工会主席潘义清、天津市总工会副主席、市职工价格监督检查站站长刘凤山带领市职工站工作人员到河西区重点检查了佟楼副食商场、资水道农贸市场等。对节日商品价格、质量标准、计量器具、商品明码标价及缺斤短两情况进行认真检查，并慰问一线商业职工。4月24日，天津市总工会在职工之家召开职工价格监督检查工作会议。市委相关领导出席并讲话，市物价局局长宣读了表彰先进的决定，市职工站站长、天津市总工会副主席刘凤山，市职工站副站长、市物价局副局长解巨奎分别在会上讲话，并总结部署了职工价格监督检查工作。出席会议的领导还有市计委副主任徐天义、市财政局总会计师魏文生、天津市总工会副主席张淑华、李淑珍、李泮祥、安亭洲。

2003年4月25日，天津市总工会与天津市物价局联合下发《关于充分发挥职工价格监督队伍作用加强当前市场价格监督的紧急通知》（津价检字〔2003〕187号）文件，按照市委、市政府关于防治“非典”工作的要求，进一步加强市场价格监督检查，维护市场价格稳定。

第四章　民主管理

第一节　企业民主管理

一、新中国成立初期的企业民主管理

解放军入天津初期，华北总工会筹委会天津办事处派出700多名干部，组成纺织、摩托、联勤、电讯、私企等工作组到各工厂企业和各区去，进行职工群众的组织与教育工作，发动工人协助接管、复工复业，并根据华北总工会筹委会天津办事处关于建立职工代表会的具体实施方案，组织职工代表会。各工厂企业职工经过民主讨论选出代表，成立了职工代表会。各单位职工代表会建立后，代表立即分工负责，积极着手进行协助接管清点、推动职工学习举办福利等工作。

1949年11月，天津市工会筹委会工作是结合恢复与发展生产等。中心工作是巩固已建立的工会，发展会员建立新的组织，解决工人中存在的合理的、又可能解决的要求，以巩固工会在工人中的威信，加强工会组织与群众的联系。

在公营企业中，组织生产节约运动，整顿劳动纪律，协同工厂行政建立奖励制度，提倡创造发明，提高生产效率，发动打破纪录竞赛。解决劳保福利等问题。在私营企业中，组织工人讨论天津市各界代表会议通过的劳资关系处理办法，组织签订劳资集体合同，发展会员，建立工会。主要内容：（1）保持资方的积极性，保护工人阶级的利益；（2）签订集体合同，着手签订合同前须有调查研究，提出问题与工人共同讨论准备方案，并设法了解资方情形及其草案。然后推出代表与资方协商。集体合同有效期间不要过长，大致以半年至一年为宜；（3）签订集体合同与组织

工会工作相结合。工会正式成立，就依据力量与情况去订集体合同。

根据全国六次劳大精神，和政务院颁布的“国营、公营工厂企业建立工厂管理委员会”的指示，市工会组织职工参加企业管理，在工厂企业进行民主改革，选择部分国、公营单位建立了职工代表会和工厂管理委员会等民主管理制度。至1950年5月3日，国公营企业工厂管理委员会成立情况统计是，市政工会所属25个单位，已成立的13个，没成立的12个；产联工会所属36个单位，已成立的10个，准备成立的3个，没成立的23个；化学工会所属31个单位，已成立的26个，没成立的5个；纺织工会所属12个单位，已经成立的11个，没成立的1个；铁路工会所属17个单位，已经成立的14个，没成立的3个；五金工会所属的17个单位，已经成立的16个，没成立的1个。

二、社会主义革命和建设时期的企业民主管理

1957年1月，在中共天津市委的统一领导下，天津市总工会在国营、地方国营和公私合营企业共19个单位中，进行建立职工代表大会制度的试点工作。旨在企业中扩大与健全民主管理，加强群众监督，正确处理人民内部矛盾，发挥工人积极性，搞好生产。职工代表大会的权利是：（1）有权听取厂长报告，讨论工厂的生产计划、技术措施计划，财务计划，并提出批评和建议；（2）有权讨论企业奖励基金、劳动保护拨款、工会经费、劳动保险、医疗卫生等有关职工生活福利问题，在与上级指示、命令不违背的情况下，可以作出决议，行政有义务执行；（3）有权提出撤换领导人员和推荐领导人员的建议；（4）有权建议改变上级命令和规定。

7月11日，天津市总工会召开各区所属第二批试点厂基层干部会。8月15日，市工会召开各产业所属第二批试点厂基层干部会，报告了工会在建立职工代表大会中的工作意见。在第二批试点工作：天津市总工会在重工业工会试点，组织基层领导干部共同学习，提高思想统一认识，解决思想问题；在轻工业工会试点，召开基层会议以后，即组织讨论，及时召集汇报，研究解决问题，以掌握和推动试点工作。有些区如河东、河西、南开等区都根据本区具体情况，提出了试点工作意见和计划安排，并召开了试点厂基层干部会议，作了具体布置，组织了讨论和学习。有些区如城厢区还组织专题经验的交流会。介绍了裕蚨橡胶厂行政在推行职工代表大会制当中的体会和俊兴织布厂怎样选好代表的经验。

同年12月，中共天津市委工业交通部和地方工业先后布置了在第三季度内，在国营、地方国营、老公私合营和有条件的新公私合营工厂中进行第二批试点建立职工代表大会的工作以后，经过各产业党委和各区委研究，计划试点的单位均有所增加。根据重工、轻工、一机、电业、建筑、市政、纺织、铁路、二机等九个产业和和平、城厢、河北、河东、新华、河西、南开、红桥等8个区的统计，有225个工厂建立职工代表大会（或职工大会）制度，其中71个国营工厂，50个地方国营工厂和104个公私合营工厂。

1961年6月，天津市总工会根据七十条精神和市委指标，绝大部分单位整顿和加强了职工

代表大会制。

1962 年 1 月 9 日，天津市总工会在《关于国营工业企业实行职工代表大会制的情况和意见》中指出，国营工业企业工作条例（草案）中规定“每个企业都必须认真实行职工代表大会制”。职工代表大会选举产生工厂管理委员会。它是职工代表大会的常设机构，在职工代表大会闭会期间，代行大会职权。管委会主任一般由工会主席担任。工会通过管委会来吸引群众参加管理，工会日常工作仍发挥其作用—监督作用。

1973 年 10 月 17 日，天津市召开工交系统企业管理经验交流会议。据九个工业局和两个区的不完全统计：区、局领导到 39 个企业蹲点，召开职工参与企业管理经验交流会、现场会 35 次，总结交流 73 个典型经验。部分区、局还举办企业管理学习班。各企业建立合理的规章制度。据八个工业局 858 个工厂企业的统计，已建立七项制度的约占 65%，建立四至六项制度的约占 33%。绝大多数企业根据生产实际需要调整和充实科室，健全生产指挥系统。部分企业开始做使职工更好地参与企业管理的基础性工作，搞好班组建设，逐步建立起由班组到车间、厂部的工人管理网。全市各企业在一些生产领域，不同程度地实现了优质、高产、多品种、低消耗的目标。

三、改革开放和社会主义现代化建设时期的企业民主管理

1979 年，天津市许多企业，为加强民主管理依靠群众办好社会主义企业，召开职代会推动各项工作，实行党委领导下的职工代表大会制度。据化工、纺织、一轻、二轻、冶金、一机、二机等七个局统计，到 6 月底，已有 300 多个基层企业先后召开了职工代表大会，集中群众智慧，搞挖潜、革新、改造，推动增产节约运动的开展。以被命名为大庆式企业的天津化工机械厂为例：年初上级下达的生产计划是，生产化工机械设备 203 台，总重量 1309 吨，产值 408 万元。职工代表大会代表和群众讨论了生产计划，制订出完成化工机械设备 240 台，总重量 1600 吨，产值 593 万元的计划。化工局所属的 100 多个企业中，许多单位生产任务不足，通过职代会的召开，群策群力，解决产品不对路、原材料不足等困难，把生产搞上去。到 11 月底，全局工业总产值提前完成全年计划，比前年同期增长 11%，利润比前年同期增长 19%。丝织厂有托儿所没有小孩食堂的问题长期未解决。厂召开职工代表大会，代表的建议引起厂领导的重视，发动大家出主意想办法，办起了小孩食堂，改善了托儿所环境，群众比较满意。天津砂轮厂职工有 300 多辆自行车，厂里车棚只能存放 100 多辆车，长期没解决。职工代表大会提出解决方案，工人们自己动手，盖起了能存放 400 辆的车棚。

同年，天津市总工会参照中华全国总工会有关精神，制定《职工代表大会制度若干问题的暂行规定》，并征求部分企业党委书记、厂长、劳模、工会主席的意见，9 月 27 报请市委批发。中共天津市委于同年 10 月 15 日批转执行。推动全市工厂企业迅速恢复和健全职代会制度，加强民主管理。

全市工交系统有 50 多个工厂企业试行了民主选举车间主任、工段长、班组长，一些单位对

厂级和科室、车间的领导干部进行了群众评议，有的民主选举了厂长。通过群众评议，把懂生产、懂技术、懂管理、有能力的干部选拔出来，充实到生产第一线的领导班子，同时调动起职工更关心企业建设、支持干部、搞好生产的积极性。

1980年1月，天津市各系统、各企业党委认真落实市委指示精神，抓好建立健全职代会制度工作。据全市工业、交通、基建、财贸的十五局统计，300人以上的企业有74%的单位恢复和建立了职代会制度，其中千人以上的单位，召开过职代会的已占86.3%。1月25日，天津市总工会向市委工交政治部提出《关于结合企业整顿进行群众评议干部和民主选举基层干部的请示》。同年9月13日，市委批转天津市总工会《关于进行民主选举基层企业行政领导人的意见》，要求各区县局党委研究执行。之后，文教、卫生、科研等系统也积极进行了民主选举干部的试点工作。

天津市总工会根据中共中央、市委的指示精神和工交系统的实际情况，对推行群众评议干部和民主选举基层干部提出，群众评议干部是依靠群众教育干部和监督干部的一种好形式，是领导和群众相结合考核干部、选拔干部的一项有效措施，1980年内应普遍实行。评议的范围，主要是厂级和科室、车间的领导干部。评议干部要着眼于教育干部，要全面地客观地分析每个干部的优缺点，指出努力方向，鼓励其发扬成绩，克服缺点，不断前进。对各级领导干部的评议要着重在是否坚决拥护党的政治路线和思想路线；是否大公无私，严守法纪，坚持党性，根绝派性；是否有强烈的革命事业心和政治责任心，有胜任本职工作的业务能力。各单位要根据这个精神，结合各级各类干部现任职务的要求，制订具体的评议条件。

1981年7月13日，为贯彻国务院关于转发《国营工业企业职工代表大会暂行条例》和全国企业民管座谈会精神，中共天津市委批转天津市总工会等五部门《关于贯彻中共中央24号文件的意见》，要求各级党委切实加强领导，把推行职工代表大会制加强企业民主管理作为企业整顿重要内容，并同推行经济责任制紧密结合起来。为贯彻中共中央精神，天津市总工会等有关部门提出要求：1. 各区县局党委要对学习贯彻中共中央24号文件作出部署；2. 各工厂企业对照《暂行条例》，找差距，制订或修订本单位的职代会实施细则；3. 要把加强民主管理作为整顿企业的重要内容，同推行经济责任制、落实利润包干任务紧密结合起来；4. 各级党委要把加强对职代会的领导作为一项重要工作纳入议事日程，以检查贯彻暂行条例情况为内容，推动工厂企业完善职代会制度。

1984年7月9日，天津市总工会成立民主管理工作部，加强企业民主管理工作。根据中共中央、国务院发出的《认真搞好国营工业企业领导体制改革试点工作的通知》，市政府在6月和8月两次批准了工交、基建、财贸系统30个国营企业实行厂长负责制试点。各级工会积极参加了试点工作，天津市总工会深入试点企业调查研究，具体指导企业民主管理工作。并对全市30个试点企业，在实行厂长负责制过程中加强民主管理等问题，做了调查分析，并且提出，实行厂长负责制，要坚持做到两条：一是依靠党的领导，二是依靠群众，依靠职工代表大会。各试点企业通过一个阶段的厂长负责制试点工作实践后普遍感到，企业内部各方面关系比以前顺了，企业的无权、无力负责等情况有了较大改变。党政工团等工作有了一定加强，企业经济效益有了提高。经委系统的 21 个试点企业，产值上，试点后的第三季度比试点前的第二季度提高 4.9%，比上年同期提高 31%。实现利润比上季度提高了 26.4%，比上年同期提高了 55.6%。

1985 年 9 月，中共天津市委办公厅以津党办发〔1985〕53 号文件转发市委工交部、城建部、商工部和天津市总工会《关于开展职代会工作检查的意见》后，全市工交、基建、财贸系统企事业单位普遍开展了职代会工作检查活动，在此基础上进行评比，召开全市职代会工作总结表彰大会，充分发挥职工代表大会的作用，保证职工在企业中的主人翁地位。12 月 14 日，总工会关于开展职代会评议企业工作和评议领导干部活动的请示中指出，随着经济体制改革的发展，天津市工交、基建、财贸系统的一些企业，在党委的领导下，开展“职代会评议企业工作、评议领导干部”的活动（以后简称双评）。为此，天津市总工会建议，在职代会工作检查的基础上，凡企业整顿验收合格的单位，特别是实行厂长（经理）负责制的试点单位，结合整党，选择适当时机，开展职代会评议企业工作、评议领导干部的活动。评议活动的要求是开展“双评”，要紧紧围绕推进企业改革、增强企业活力、提高经济效益和社会效益，促进党风和社会风气的根本好转，发展安定、团结的大好形势来进行。要把“双评”活动同组织发动职工开展献计献策活动结合起来，使企业的生产经营决策和各项改革措施有更广泛的群众基础。评议的内容与重点是：评议企业工作，一是看企业的领导班子建设、经营思想、经营管理决策和各项改革措施的实施以及增强企业活力等方面的情况；二是看企业在提高产品质量、降低能源和原材料消耗、增加出口换汇、加速技术进步等。

1986 年，中共天津市委办公厅转发市委工交、城建、商业三个部和天津市总工会四家《关于职代会开展“评议企业工作、评议领导干部”（简称双评）活动的意见》动员全市有关系统继续开展“双评”工作。1 月 28 日，天津市召开民主管理工作会议，500 多个民主管理先进集体和优秀职工代表参加了会议，向全市职工发出了倡议书，提出了四条要求：1. 认清形势，坚定信心，为巩固发展大好形势做出自己的贡献；2. 发扬主人翁精神，为实现“七五”计划献计出力；3. 积极参加企业民主管理，促进两个文明建设；4. 树立共产主义理想，争当“有理想、有道德、有文化、有纪律”职工，为实现“七五”计划做出更大的贡献。

1987 年初，天津市有 55 个区局结合落实“七五”第一年的任务和进行整改开展双评工作，占应参加双评单位总数的 77.5%。动得比较早的区局现已基本结束，抓紧整改并同职工为“七五”献计献策密切结合，出现了共同促生产、抓效益的新局面，这占多数。有一部份区局结合整改和为“七五”献计献策开展“双评”正处于整理归纳“双评”意见、研究整改措施阶段。这两部份占到三分之二。大约有三分之一的区局暂不搞“双评”活动，其中有的安排到年底再搞。企业的情况大体也如此，据一机、二机、丝调、物资、建材五个局的 413 个企业分析，开展评议的企业有 292 个，占 70.1%。8 月，“双评”活动在全市工交、基建，财贸系统 2829 个基层单位展开。许多职工围绕企业生产经营管理，献计献策。据10个区、局统计，共提出40325条意见和建议。工交、基建和财贸系统共有24355名基层领导干部接受职工代表民主评议，受到表扬奖励的1260人，受到免职处分的138人。“双评”活动，进一步落实了职工民主权利，改善了干群关系。

1991年1月26日，天津市总工会与市政府九部门联合发出企业民管工作实行达标考核的通知。在企业升级中，把企业民管达标考核情况作为综合评价企管工作的重要内容。考核分在75分以上的视为合格。注重考核民管工作在发展生产、搞活经营、加强管理和稳定职工情绪等方面的作用。经验收合格的单位，天津市总工会组织抽查。上一级工会每年都进行年度复查，不够达标条件的，收回《达标证书》。

1993年，天津市总工会与市经委、市工委联合发出关于工业系统集体所有制股金合作试点企业民主管理暂行规定。该规定强调指出：股金合作试点企业的职工是企业的主人，具有所有者与劳动者双重身份，通过职代会等形式民主管理企业；职代会是企业的最高权力机构，其职权是：制定修改企业章程；选举、罢免厂长（经理）、监督企业各级行政领导干部；审议厂长（经理）提交的各项议案；决定企业生产经营方式、方向、长远规划，财务预决算、重大投资建设改造项目；审议并决定企业分红基金的提取和分配方案，职工工资形式、工资奖金分配方案及职工生活福利等重大事项等。

1994年8月11日，天津市总工会与天津市政府联合下发《关于城镇集体企业职工民主管理的实施意见》，即津工发〔1994〕122号文件。

1996年天津市总工会对工业、交通、城建等53个区县局（总公司）的调查统计，开展民主评议企业领导干部的单位，占建立职代会制度单位的60%，取得了很好的效果，发挥了职代会的作用，保障了职工当家作主行使民主监督的权力。

1997年6月，天津市总工会在国有企业中有计划、有组织地全面推行厂务公开制度。据天津市总工会统计，公有制企业职代会召开率达到81.25%。有90%以上现代企业制度试点单位的工会主席以职工代表的身份进入董事会，副主席进入监事会。年底，共有2851个国有企业的10135名领导干部接受评议，评议率达到92.79%。根据职代会建议，调整企业领导班子869人，调整企业领导干部1552人，其中充实889人，免职和停职663人，促进企业领导班子的勤政廉政建设。

1998年8月4日，中共天津市委有关负责人，到天津市总工会调研指导工作时指出：要把厂务公开作为企业民主管理、民主监督的一种重要形式深入抓下去，要在职代会范围内公开，依靠职代会搞好对企业领导干部的民主评议和民主监督。11月下旬，中华全国总工会主席到津考察工会工作，对1999年天津工会工作提出了三点希望，其中指出：希望在厂务公开上能够大胆迈进一步；集中抓一下厂务公开来推进职代会制度建设；希望把签订集体合同工作继续铺开，不管是困难企业、条件好的企业，都要利用集体合同的手段来调整劳动关系。年底，全市

3051个国有企业中已有85.96%的企业推行了厂务公开制度制度，其中有54.71%的企业初步达到了规范化要求，并有1499个城镇集体企业、股份合作制企业和乡镇企业也主动实行了这项制度。其间，市厂务公开工作领导小组制定下发了《关于实行厂务公开制度的实施意见》，进行工作指导。

1999年，天津率先在全国推开厂务公开工作，并一直走在全国的前面，中共中央先后三次召开厂务公开经验交流会和电视电话工作会议，总结交流天津的成功经验。为了使厂务公开工作朝着更科学、更完备的制度化的方向发展，市厂务公开办公室多方征求意见，以强化厂务公开工作的监督、检查、整改为目标，参照ISO9000质量认证办法和工会安全生产监督两书制度，先后规范厂务公开“三制四书”制度。“三制”为厂务公开的领导责任制、考核制、追究制；“四书”为检查“三制”的厂务公开建议书、实施报告、整改通知书、责任追究建议书。据部分行业统计，有1376个企业实行“三制”制度，1022家企业实施“四书”制度。全国厂务公开办公室领导对天津的厂务公开“三制四书”工作给予了充分肯定。1月8日，天津市厂务公开领导小组召开“天津市厂务公开民主管理工作表彰大会”，授予100家企业为天津市厂务公开先进单位。4月，协助全国厂务公开领导小组在津召开了“全国厂务公开经验交流会”。中共中央纪委、国家经贸委、全国总工会、中共天津市委、市政府和天津市总工会领导同志参加了会议。这次全国厂务公开经验交流会的召开，使与会的代表，在积极推行厂务公开促进国有企业改革、发展和稳定的认识上达成共识。大家一致认为：实行厂务公开，切实加强职工民主管理和民主监督，能有效地调动职工群众当家作主的积极性，凝聚了职工群众的智慧和力量，促进了企业的改革发展和稳定。7月，天津市总工会编印《厂务公开的探索与实践》一书。11月中华全国总工会主要负责同志到津调研考察工会工作，对全市厂务公开、民主管理、平等协商、集体合同等工作，给予充分肯定。

2000年，天津市总工会不断拓展厂务公开工作的“四个途径”，建立健全“六项制度”。“四个途径”，即结合企业调整重组，向产权制度变革领域拓展；结合强化企业经营管理，向企业经营管理的关键环节和重点部位延伸；结合加强企业领导班子建设，向干部管理制度改革的领域推进；结合企业党风廉政建设，向规范企业领导人员经营管理权力行为延伸。“六项制度”，即目标责任制、定期报告制、职工评价制、效能监督制、考核奖励制、责任追究制。5月，市厂务公开领导小组召开了“天津市厂务公开表彰大会”，共表彰了1999年度市级模范单位35个，先进单位69个。7～8月，天津市总工会分别在工业、交通、城建、财贸、区县等系统召开厂务公开研讨推动会。9月，厂务公开办公室在各区县局和企业进行厂务公开工作自查的基础上对全市厂务公开工作开展大检查活动。10月17日—11月2日，全国厂务公开办公室确定天津市厂务公开大检查免检单位，并邀请天津市有关领导参加了全国厂务公开工作大检查。

2001年，天津市国有、国有控股和城镇集体企业普遍实行了厂务公开。其中70%的企业达到规范要求；60%以上的乡镇集体企业主动实行厂务公开；70%以上的事业单位实行院务、所务、校务、站务等公开；700多家非公有制企业也自觉实行厂务公开。厂务公开促进职代会质量的进一步提升。基层职代会的召开率、企业招待费审议率、领导干部评议率分别达到90%以上；公司制企业建立职工董事、职工监事制度的分别达到82%和93%，职工对职代会的认可程度有了提高。10月10日，天津市总工会授予市机电控股集团公司工会等18个单位“推动民主管理工作先进单位”称号；授予中铁十八工程局等47个单位“民主管理工作先进单位”称号；授予143人“优秀民主管理工作者”称号；授予66人“民主管理工作优秀党政领导”称号；授予70人“优秀职工代表”称号；奖励了50名同志撰写的一批关于民主管理工作的优秀论文。

2003年8月19日，天津市总工会召开建立民主管理质量体系试点工作部署会。渤海化工集团等9个区县局、总公司（集团）和一航局等11个企业的主管主席和民主管理部门负责人参加了会议。这些单位被确定为天津首批建立民主管理质量体系的试点单位。天津市总工会领导出席会议并讲话，天津市总工会民管部负责人对试点工作的具体内容进行了部署。

2004年2月24日，全国厂务公开办公室、中纪委办公厅及中华全国总工会民管部有关领导来津进行厂务公开工作调研，对天津厂务公开“三制四书”表示充分肯定。同年，天津市出台《关于实行企业职工听证会制度的意见（试行）》，天津市总工会全力推动这项制度的落实，保证国有及国有控股企业重大决策的科学、民主，加强对企业用权行为的民主监督，保障国有资产安全和职工合法权益。

2008年，天津市已建会的非公企业独立建立职代会制度的达到50.7%。劳动关系和谐企业创建取得明显成效，全市已命名A级、AA级、AAA级劳动关系和谐企业分别达到1294家、129家、61家。

第二节　参与国家和社会事务管理

一、参与立法

1992年，天津市总工会参与起草制定《天津市贯彻〈全民所有制工业企业转换经营机制条例〉实施细则》、《天津市职工待业保险暂行规定》、《天津市实施工会法办法》《天津市实施〈妇女权益保障法〉办法》等81项地方法规和政策性文件。代表职工意愿，提出政策主张153项，被采纳147项，采纳率96.7%。据对31个区县局工会统计，工会参与制定同级政府（行政）改革政策文件共有128个。在开展这项工作中，各级工会抓住改革政策出台、工会和民主管理的地位作用、关系职工利益的三个核心问题，参与制定政策法规、审定改革方案和方案的监督实施。另外，及时总结经验，不断拓宽有效的参与途径和渠道。

1994年，天津市总工会参加《天津市贯彻〈全民所有制工业企业转换经营机制条例〉实施办法》、《天津市贯彻〈城镇集体所有制企业条例〉实施细则》和《天津市建立现代企业制度试点意见》等70多个法规、政策的研究制定；就改革中的工会和民主管理工作与市委、市政府的有关部门联合颁发31个文件；此外，还就改革中与职工相关的问题向市委、市政府提交了36篇调查报告。

各级工会积极参与立法，各区县局工会不仅参与了劳动法及有关地方法规的研究制定和宣传咨询，还参与了天津市《关于进行现代化企业制度试点工作的意见》《国有小型企业和集体企业租赁经营实施办法》等改革政策的研究和拟定。与有关部门联署下发了《外商投资企业劳动管理规定》等15个有关政策文件，为工会工作开展创造了条件。基层的职工民主管理和民主监督进一步加强，82%的基层单位召开了首次职代会，注重对改革方案、资产变动、引资合作等企业重大问题进行审议。大多数公司制企业建立职工董事、监事制度，半数以上企业的工会主席进入了董事会。各级工会积极参与医疗制度改革试点和养老保险计发办法等改革措施的制定，维护了职工的合法权益

1997年，天津市职工民主管理、民主监督工作有新的突破。天津市总工会和各级工会适应改革形势的发展，注重立法参与、政策参与和企业改革的源头参与。天津市总工会先后参与《加强和改进国有企业党建工作的实施意见》《城镇养老保险条列》《城市职工最低生活保障线》《中华人民共和国集体合同法》《工会法补充规定》等16个涉及职工切身利益和工会权益的法律法规和政策文件的研究、论证和制定。一些区县局（总公司）工会通过积极参与，就加强职代会对权益资产重组、减员增效方案审议等有关问题，与同级党委联合下发意见规范了企业改革的民主程序。

二、参与改革和决策

1987年12月，天津市总工会、天津市劳动局关于充分发挥工会和职代会在企业内部分配中作用的通知指出：为了认真贯彻落实国务院《关于深化企业改革增强企业活力的若干规定》《全民所有制工业企业职工代表大会条例》以及市委办公厅转发的《关于工会组织参与国家和社会事务管理的意见》的通知（津党办发〔1987〕18号）的有关精神，充分发挥工会和职工代表大会在改进企业内部工资、奖金分配制度方面的作用，使工会参与企业分配工作经常化、制度化。

根据天津市政府12月23日下发的，在市、区（县）建立两级劳动争议仲裁委员会的通知精神，市劳动争议仲裁委员会的一名副主任由天津市总工会一名领导同志担任；区（县）劳动争议仲裁委员会，由区（县）劳动局、工会办事处及与劳动争议事项有关的企业主管部门的代表组成。以便加强工会参政议政，工会参与劳动争议处理的立法、仲裁和调解。

1989年6月21日，天津市总工会开展关于工会参与劳动工资制度改革的情况调查，对工会参与劳动工资制度改革状况进行了总结和分析。一季度，天津市总工会对工、交、建、财等15个局的176个企业工会参与劳动工资制度改革情况作了问卷调查。176个企业中，中型企业占60.8%。各级工会参与劳动工资制度改革的状况是：1.认识有所提高，但主动参与不够。85.2%

的工会认为“工会应该代表职工积极参与劳动工资制度的改革，独立自主行使职权，为职工说话办事”。有5%的工会认为“没必要参与”。仅有6%的工会能够独立提出劳动工资改革方案，18%的工会能够与行政共同拿出改革方案，而76%的工会根本就没有参与过这方面的调查、研究和制订方案的工作。2.利用已经颁布的法规、政策来行使职权欠缺。当工会与行政对企业劳动工资改革产生分歧意见时，能够行使否决权的职代会有5%，能够据理提出修改意见的占25%。有8.5%的职代会从未审议过企业劳动工资改革方案。3.工会劳动工资工作机构不健全。15个局工会中，只有1个配备了专职干部，有2个配备了兼职干部。企业工会配有专兼职干部的占14.8%，建立群众工资委员会的占6.8%。这种状况不仅无法与20世纪50年代的工资工作相比，而且很不适应深化改革的需要。12月，党中央就加强和改善党对工青妇工作的领导发了12号文件，强调要发挥工会“在国家和社会事务管理中的民主参与、民主监督作用”，要使工会“成为广大群众有组织、有纪律、有领导地参政议政的民主渠道”。这是在改革开放的新时期，党中央对工会提出的新要求。

1991年，天津市河北区工会利用联席会议制度提出组建街办企业工会议题，受到政府领导重视，当即决定为每个街增设1名工会专职干部编制，随后在10个街道陆续建立工会组织。

为加强与政府（行政）有关职能部门的工作联系，经常、定期地就职工权益问题沟通信息。天津市总工会先后与市委、市政府30多个部、委、办、局建立同级政府（行政）联席会制度、列席政府常务会议制度、工会咨询委员会制度，联合下发了《关于企业内部分配中发挥工会和职代会作用的通知》《关于加强乡镇企业工会工作的意见》等31个文件。通过联署行文，促进问题的迅速解决和措施的贯彻落实。截至1994年底，120个区县局工会已有40%以上与同级政府（行政）建立联席会议制度。参与协商有关议题237项，解决了171项。如二轻局工会针对外商投资企业增加、劳资关系复杂等问题，与党政联合下发《二轻局外商投资企业工会工作实施细则》，把外商投资企业工会工作纳入了规范化的轨道。纺织局工会为保障工会的参与地位，也与党委联合制定了《关于加强工会组织源头参与的意见》，从参与的指导思想、重点内容、方法渠道到参与的原则和保障措施都作出规范性的要求，使各级工会的源头参与有了政策遵循。

1992年11月，天津市总工会对40个国营大中型企业调查，数据表明企业出台的176项改革方案中，有173项是经职代会讨论通过的，占总数98.3%。各级工会和职代会已成为职工参与改革的主渠道。1990年、1991年、1992年，职代会审查各项议案的否决率分别达到10.7%、11.2%、15.6%。在企业三项制度改革中，各企业普遍把审查各项改革方案作为职代会中心议题，改革方案不经职代会通过，不出台；在股份制改革试点中，市内19家股份有限公司坚持了职代会与股东会并存，探索职工代表在董事会与监事会中的地位和作用；实行股金合作的集体企业，恢复了职代会作为企业最高权力机构的地位。在企业经营机制、经营方式和产权结构不断变革中，各级工会逐步加强高层次参与和源头参与。从天津市总工会、区县局工会一直到基层工会的主席，都分别进入到有同级政府和行政领导参加的改革领导班子，在各项改革政策和措施的研究中，代表了职工意愿要求。

1993 年，天津市总工会强调各级工会要加强高层次参与，推进企业转换经营机制。

1994 年，天津市总工会先后派出 27 人参加经济体制改革领导小组、社会保险制度改革领导小组、劳动仲裁委员会等 22 个改革领导机构，并在 13 个机构任职，直接发挥源头参与作用。如在制定市房改方案中，天津市总工会根据两个多月调查，利用参加机构并担任副组长的有利条件，提出 33 条修改意见，市政府据此又进行了四处较大修改，使方案更趋完善，更符合职工实际承受能力。

1997 年，天津市总工会和区县局工会两级工会主席绝大多数进入了同级党委，近 1/4 担任党委常委以上职务，据对 31 个区县局工会统计，工会主席均担任所在区、县的人大代表或政协委员，其中 13 位主席担任人大、政协常委以上职务，占 42%。

2005 年 10 月 16 日，天津市总工会召开工会参与国有企业重组改制和关闭破产工作座谈会。会议就贯彻全国总工会和天津市总工会常委会关于进一步加强工会参与国有企业重组改制和关闭破产工作的有关精神，深入研究工会在该项工作中如何更好地发挥作用。工会系统参与国企改制始终坚持“三原则”“六到位”。“三原则”:（1）坚持党的领导原则。各级工会在国有企业改制的工作中，进一步强化党的观念，增强依靠党的领导的自觉性，积极争取党的领导，及时向党委反映职工群众的意愿要求和工会的意见和主张，使工会的主张在党委决策中得到体现。（2）坚持依法办事的原则。国企改制工作政策性强，工作中每一个环节都努力做到认真学习掌握政策，严格执行政策，特别是对涉及职工切身利益、民主程序等关键问题不打折扣。（3）坚持履行工会基本职责的原则。各级工会在参与国企改制工作中，坚持以职工为本，促进改革发展。努力做到旗帜鲜明地支持改革，旗帜鲜明地维护职工合法权益。

“六到位”是:（1）组织领导到位。按照中华全国总工会的要求，各级工会相应成立了工会参与国有企业重组改制和关闭破产工作领导小组和办公室。（2）思想发动到位。国有企业的重组改制、关闭破产工作关系到企业的前途和职工的命运，需要广大职工群众的理解、支持和参与。（3）源头参与到位。各级工会组织要加大改制过程中源头参与的力度，努力反映职工群众的诉求，最大限度地维护职工的合法权益。（4）履行民主程序到位。改制企业要开好职代会。（5）指导服务到位。要坚持国有企业改制发展到哪一步，工会的参与、维权工作就跟进到那里，上级工会指导服务与国有企业改制发展同步跟进，努力为基层工会服务。（6）帮扶措施到位。在国有企业改制过程中各级工会协助党政开展了形式多样帮扶活动，做好改制企业的职工安置和生活保障工作，使职工遇到困难有人帮、有人管。天津市总工会认真落实文件精神，将改制企业的困难职工列入重点帮扶对象，统筹安排、分类指导，充分挖掘潜力，创造就业机会。

2008 年，天津市总工会加强参与立法和政策制定工作的力度，维护职工权益。先后参与国家《劳动合同法实施条例》、《天津市就业促进条例》、《贯彻实施〈劳动争议调解仲裁法〉意见》等法规规章政策的修改，与市劳动和社会保障局密切配合，完成天津市《工资集体协商条例（草案）》的起草和调研分析任务，努力推动天津市工资集体协商条例列入市人大立法计划。认真总结《天津市企业职工民主管理条例》的立法经验，研究探索如何适应当前工会重点工作需要，抓住关键环节，推动地方立法。

第三节 集体协商

一、新中国成立初期的集体协商

1949 年 8 月，天津市大昌五金行的店员组建“协商会”。协商会建立后，该行的劳资关系得到稳定，扭转了营业不振的局面，收到明显的成效。此后，一些私营企业中相继出现由劳资双方参加的“劳资座谈会”“工厂管理委员会”“生产业务会”等方式，名称虽不一样，但其实质基本上都是通过协商解决劳资关系和生产上的问题。至 11 月，东亚毛织厂劳资双方各派出五名代表，组成“劳资协商会议”，定期协商解决工厂中的问题，劳资协商会这一形式正式得以确立。11 月，在天津市总工会、劳动局、工商局的帮助、指导下，市造纸、卷烟和三轮车行业，首先订立了集体合同。集体合同就劳资双方的权利与义务、工资、劳保待遇等项内容都做了详细的规定。

1950 年 1 月，天津市总工会和纺织工会总结东亚劳资协商会的作法，选择北洋和恒源纱厂作为推广劳资协商会的试点单位。3 月，天津市总工会向各产业工会发出了抓住重点企业，推广劳资协商会的号召。当资本主义工商业遇到了一定的困难，私营企业的职工响应天津市总工会发出的协助资方克服困难，度过难关的号召，通过劳资协商会主动提出降低工资待遇帮助企业渡过难关。截止到 6 月，全市有 659 家私营工厂企业的工人主动降低工资和福利待遇，帮助企业度过难关。4 月 29 日，中共中央人民政府劳动部发出《关于在私营企业中建立劳资协商会议的指示》，对劳资协商会议的目的、性质、代表组成、协商内容和程序等都做了明确的规定，有力地推动劳资协商会在天津私营企业中的推广和完善。7 月 26 日，天津市总工会制定关于《今后私营企业工会工作意见和计划》。文件指出，建立劳资协商会议、订立集体合同是在私营企业实现稳定劳资关系恢复发展生产的过程中摸索到的成功经验，应在全市私营企业中进一步推广。9 月，天津市总工会统计表明：建立劳资协商会的私营企业，东亚、北洋、恒源、中天电机厂、福星和寿丰面粉厂、永利和久大化工厂、利中酸厂、月华火柴厂等企业；私营商业有惠中饭店、大昌五金行、正兴德茶庄、中华百货售品所、谦祥益和瑞福祥绸缎庄、达仁堂和乐仁堂药店等，全市共有 125 个大中型企业建立劳资协商会。

1955 年 3 月 31 日，天津市总工会召开集体合同经验交流会。纺织机械厂等单位相关领导在会上介绍执行集体合同的经验。天津市总工会领导在讲话中要求各单位结合讨论国家计划，认真签订集体合同，并通过执行集体合同，促进劳动竞赛的开展。

二、改革开放和社会主义现代化建设时期的集体协商

1995年，天津市总工会在的工作任务中提出当前各级工会要把贯彻实施劳动法作为工作重点来抓。要引导职工全面把握劳动法的基本内容，指导帮助职工签订劳动合同并依法监督劳动合同的履行，保障职工利益。坚持协商谈判制度，代表职工签订集体合同。

同年，为贯彻实施劳动法，天津市劳动局和天津市总工会联合制定下发《天津市关于进行集体合同试点工作的意见》，并联合召开动员部署大会，要求先确定20户企业为首批试点单位，力争年内达到100户。为推动工作，天津市总工会成立集体合同工作领导小组，在全市形成工会与劳动部门联合推进集体合同试点工作的局面，在工作中坚持做到七个联合：（1）联合实验。3月末开始首先在京津玻壳有限公司抓实行集体合同企业试点；7月13日，在津玻壳公司举行签约仪式，这是市内第一家集体合同试点企业。（2）联合服务。8月11日联合下发试点工作的意见。（3）联合动员。8月25日，联合召开试点工作动员大会。（4）联合审批。天津市总工会与劳动局分别于9月、10月、11月联合审批了国有企业、私营企业、外商投资企业共147家试点企业。（5）联合培训。从9月14日至11月17日共举办三期集体合同试点单位培训班，共培训劳资干部、工会干部和企业法定代表人400余人。（6）联合指导，帮助和指导试点企业进行协商和文本的起草。（7）联合交流。11月30日，市劳动局和天津市总工会联合召开“天津市集体合同试点工作经验交流会”。至年底有67家企业签订集体合同。

1996年4月4日，天津市总工会副主席李淑珍代表天津市总工会参加中华全国总工会召开的外商投资企业工会签订集体合同电话会议并介绍天津市外商投资企业推动集体合同的做法。4月22日，天津市总工会、市劳动局等11个单位联合制定《天津市实行集体协商集体合同的意见》，对加大推行集体协商和集体合同制度提出了具体意见。为全国首创。6月1日，集体合同制度工作领导小组成立，各区县建立相应的领导机构。8月29日，天津市总工会、劳动局联合下发《集体合同工作第一次联席会议纪要》。9月18日和25日天津市总工会分别召开“推动天津市集体合同工作会议”和“全市推动集体合同大会”。到年底，全市签订集体合同的企业已由1995年的87家发展到1556家，其中现代企业试点企业213家，外商投资企业275家，国有企业682家，集体企业302家，私营企业30家，乡镇企业54家。

1997年2月3日，天津市总工会和市劳动局召开集体合同合作第二次联席会议。5月15日天津市总工会、劳动局联合下发《积极推行集体协商集体合同制度的意见》。5月下旬又联合召开“推动集体合同工作会议”，会议提出1997年全市实行集体协商集体合同制度的工作重点将放在外商投资企业、私营企业和现代企业制度试点企业。同时特别要把劳动争议多发企业作为重点。9月2日至4日，天津市总工会举办集体合同职工协商代表培训师资班。截至11月底，全市签订集体合同的企业3108家，覆盖职工105万人。其中国有、集体企业和以公有产权占主导

地位企业2122家，外商投资企业496家，乡镇企业410家，私营企业80家。部分系统的签订率达到100%。

1998年，天津市各级工会把继续推进集体协商、签订集体合同作为深入贯彻落实总体思路的重点工作，巩固成果抓规范，建立制度抓履约，下力量推进集体协商、集体合同工作。4月，天津市总工会授予轻工业总公司工会等43个单位推动集体合同工作优胜单位称号。截至年底，已有4196家企业实行集体协商集体合同制度，占各类企业总数的59%，其中国有企业、集体企业的签订率以分别达到74%和65.8%，乡镇企业、外商投资企业、私营企业的签订率分别达到建会企业总数的33.1%、42.7%和36.3%。

1999年，天津市总工会提出，建立依法协调劳动关系有效机制是健全和完善集体协商、集体合同制度。总的要求是，做到“两个坚持”“两个灵活”，即不论企业经营效益好坏，不论任何所有制，都必须坚持集体协商、集体合同制度；结合不同企业的实际，集体合同的内容、标准可以灵活，签订的形式可以灵活，循序渐进，逐步提高，重在建立机制。8月6日至12日，中华全国总工会调查组来津对全市集体合同工作进行调研，专门总结工会工作经验。中华全国总工会调查组领导对此作了批示：“天津的经验很好。他们在推进平等协商和集体合同工作中，加强调查研究，注重从实际出发，因地制宜，敢于创新，讲究实效，打开了局面，取得了可喜的成绩，值得各地借鉴。”11月，天津市总工会、市劳动和社会劳动保障局等召开了协调劳动关系三方联席会议，并商定在全市区县局总公司（集团）建立三方联席会议制度。

同年，天津市总工会为在平等协商和集体合同建制工作上打开新的局面，天津市总工会组成8个调查组，由主席和副主席带队，深入243个不同类型企业，就劳动关系变化和平等协商集体合同工作进行了两轮大规模的调查研究，提出在实际工作推进中坚持“五个统一”的分类指导原则：即推行区域性集体合同与签订企业集体合同相统一，合同条款与企业实际相统一，建立协商机制与签订集体合同相统一，重视签约与重视监督履约相统一，签订全面合同与签订单项合同、集体协议、集体协商会议纪要相统一。

2000年，天津市总工会提出全面把握“五统一”的基本要求，立足实际，实事求是，在提高集体合同的质量上下功夫。天津市总工会进一步提出，落实这一要求，要突出“四个强化”：1. 突出因企制宜，强化区域性合同的实效。2. 抓住矛盾，强化协商、谈判机制。3. 坚持以变应变，强化应变措施。4. 加强监督检查，强化履约兑现。3月，天津市总工会与有关部门，授予市机电总公司等31个单位“区县局总公司推动集体协商集体合同工作先进单位”称号；授予西青区西营门街办事处等18个单位“乡镇街及开发小区集体协商合同工作先进单位”称号；授予自来水集团公司等71个单位“集体协商集体合同工作先进企业”称号。4月24日，天津市总工会和市劳动和社会保障局联合下发了《关于在非公有制企业推行集体协商签订集体合同的意见》。8月，天津市总工会召开专门工作会议，深入推动集体合同工作。9月20日至21日，天津市总工会与市劳动和生活保障局联合举办了非公有制企业建立集体协商签订集体合同培训班。截至年底，全市建制企业已从1998年的3274家增长到11906家，占企业总数的97%，覆盖职工由原来的80万人，增加到220.59人，占职工总数的87%，其中，国有和国有控股企业2711家，占总数的93%，乡镇集体企业4364家，占建会企业的100%，外商投资企业1147家，占建会企业的85%，私营企业3684家，占建会企业的100%。困难企业有400余家也建立了机制。据对54个局（总公司）293家困难企业的统计，有74家企业通过平等协商解决劳动争议192起，214家企业解决拖欠职工工资、医疗费等费用10433万元。

2001年4月18日，天津市总工会集体协商集体合同工作咨询委员会开辟5个增效电话，为基层工会提供集体协商集体合同工作的法律、政策咨询。截至年底，全市建立平等协商集体合同制度的企业，由5年前的809家发展到1.2万家，建制率达90%，覆盖职工200余万人。

2002年，天津市包括国有、集体、三资企业在内的工资集体协商制度试点已经达到30余家，并逐步把这种新型工资制度扩大到全部所有制企业。

2003年3月4日，在天津宾馆中礼堂，天津市总工会、市劳动与社会保障局、市经委、市企业家联合会联合召开“天津市工资集体协商工作推动会议”。和平区劳动与社会保障局、市对外经济贸易工会、文光集团有限公司、建工集团机电设备安装公司分别在会上作了发言。

2008年6月，天津市总工会常委会研究、制定的《天津市工会发展和谐劳动关系推进工资集体协商工作三年规划》，要求从2008年下半年至2011年，用3年时间，建立集体合同制度的企业要达到建立工会组织企业的90%以上。对于不签订工资集体协商的企业、企业工会和企业党政领导、工会主席，在评先评优中将一票否决。

天津市工资集体协商3年规划的目标为：2008年，建立集体协商集体合同的企业达到建立工会组织企业的85%，其中签订工资集体协议的企业达到建立工会组织企业的65%；2009年，建立集体协商集体合同制度的企业达到建立工会组织企业的85%，其中签订工资集体协议的企业达到建立工会组织企业的70%以上，覆盖职工达到建立工会组织企业职工的70%以上；2010年，建立集体协商集体合同的企业达到建立工会组织企业的90%以上，其中签订工资集体协议的企业达到建立工会组织企业的75%以上，覆盖职工达到建立工会组织企业职工的80%以上。通过在全市建立工会组织的企业中广泛推行工资集体协商制度，推进建立健全企业职工工资协商共决机制、正常增长机制和支付保障机制。

第五章　劳动竞赛和劳模评选

第一节　劳动竞赛

一、新中国成立初期的劳动竞赛

1949年3月召开的中共七届二中全会明确指出，在城市工作中必须全心全意依靠工人阶级，把恢复发展城市的生产事业作为中心任务。天津市总工会始终按照党的七届二中全会指示精神开展工会工作。1949年初，天津公共汽车公司职工率先提出竞赛办法，开展竞赛活动。1950年天津市总工会成立后，于5、6、7三个月，第一次有领导地开展全市规模的大竞赛，参加竞赛的国营企业160多个，包括9万职工。在竞赛中总结棉纺一厂一细纱乙班变行政计划为群众计划的经验。使群众奋斗目标明确，调动职工生产积极性，不仅对恢复生产作出贡献，而且创造许多新纪录，涌现出王德山、李兆珍、钱嘉光等一批生产能手。

1950年至1951年底，天津市总工会提出“变行政计划为群众计划”，发动工人讨论、补充与修改行政计划，逐步订出个人计划，通过发动工人讨论行政计划来贯彻民主管理。1950年就出现43个模范小组，如李兆珍小组搞好团结，分工负责的经验。1951年随着小组工作的发展，普遍发动订计划，小组计划的内容主要是产量与质量及生活检讨会、技术研究会、读报等制度的规定，个别先进小组订出了财务计划，随着竞赛的发展，参加订计划的面也宽了，4393个小组订出小组计划，直接工人，技术人员，和间接工人都订出计划。在发动向马恒昌小组应战及5月7号市政府公布评模决定后，竞赛形式主要是小组竞赛，竞赛内容是研究技术与建立制度，出现了115个模范小组，如张淑云从群众中来到群众中去的工作方法，陈典衡集中群众智慧改进与提高技术的集体提合理化建议方法等。

1952年7月，天津市总工会在前期“变行政计划为群众计划”的基础上发动了修订计划，广大职工形成大规模的订计划运动，计划内容不但有产量、质量计划、增产节约的财务数字，并且还有保证计划实现的具体办法，许多小组建立统计记录制度，做到小组生产、财务、技术计划，小组做到了心中有数。少数先进小组有成本计划通过成本来指导生产，这时行政计划才真正变为群众的竞赛目标及行动纲领。当时发动职工开展订计划主要采取，一是广泛深入地进行订计划的宣传教育，清除职工对订计划的思想顾虑。二是发动群众订计划一般采取培养典型取得经验，如纺织工会协同棉纺一厂培养总结该厂细纱孟淑媛小组修订计划的经验。全市总结推广刘长福、孟淑媛等小组修订计划的典型经验，大大推动了全市职工订计划的运动。三是发动群众订计划是反浪费、算细账、挖潜力及找窍门的过程，特别是总结推广窍门成为群众订计划的一个特点，7月份在修订计划中全市找出窍门近一万件。四是发动技术人员及管理人员深入车间帮助小组在订计划中解决技术上与计算上的困难。全市近1000余技术人员、管理人员下车间。刘长福小组由于计划人员的帮助，学会按每日原计算法算账，克服了倒凑法不准确的困难，由于技术人员的帮助，找出小组生产关键，改进烘钢炉的烧火方法。根据16个单位的调查，273个生产小组，实行经济核算的占28%，其中根据五个较好的单位统计，实行小组经济核算的占63%。这时小组不仅完成任务多，而且还关心成本的降低，刘长福小组生产不断提高而成本也不断降低，1952年10月份成本比1951年平均月成本降低1.7%，年初订增产节约计划70亿，第一季即完成32亿，7月份修订计划后全年增产节约总值157亿。

1953年12月17日，天津市总工会在第一工人文化宫召开基层工会干部扩大会议，动员各基层工会干部认真贯彻总路线，深入开展劳动竞赛。出席者有各产业工会、区工会及基层工会专职干部，以及有关单位的党、行政、青年团负责干部共2500余人。会上由天津市总工会领导作了“关于贯彻总路线，把劳动竞赛运动向前推进一步”的报告。提出几点初步意见：1. 大力组织技术学习，推广先进经验，开展合理化建议工作；2. 提高工会对竞赛的领导水平，应加强了解掌握行政计划，及时发挥工会作用，发动群众解决，从而保证计划的完成。

二、社会主义革命和建设时期的劳动竞赛

1958年，天津市总工会在党的领导下开展以技术革命为中心的比先进、学先进、赶先进劳动竞赛，保证全市工业生产稳步提高，并提前完成计划。全市工业总产值完成跃进计划的108.5%，比57年增长72%。全市职工提出技术革新建议220余万件；试制成功6300多种新产品，其中属于高、精、大、尖和优质产品就有1000余种；在1600多种产品的质量上赶上或超过国内外先进水平。

1959年，针对生产中存在的问题，天津市总工会除强调提高质量、增加品种、整顿企业管理外，还提出开展政治思想好、生产好、管理好、技术活动好、团结互助好的“五好”小组运动。

1963年7月1日，天津市总工会党组关于进一步开展同行业、同工种、同产品厂际竞赛的意见指出：今年以来，除各工业局（公司）继续按行业开展厂际竞赛外，天津市总工会各产业工作委员会，根据当前生产需要重点地组织了造纸、铸造、铅丝、元钉、铁丝、印染、棉纺等七个同工种、同产品、同行业竞赛在竞赛中，竞赛围绕生产关键，着重抓了总结推广先进经验，开展群众性厂际技术活动这一环节。

同年，天津市总工会先后开展政治思想好、生产好、管理好、技术活动好、团结互助好的“五好”班组、“五好”职工和“五好企业”竞赛，比学赶帮活动从厂内发展到厂际、埠际，从生产、技术发展到思想政治、作风、管理，竞赛的中心内容一直抓住提高质量、降低成本，实效比较显著。

1964年1月，根据全国轻工业厅局长、工会主席会议精神，津京两地局、工会领导为了推动两地生产十个同类单一产品企业职工的比学赶帮竞赛，经过协商确定，围绕着“二赶、三消灭”的要求，开展以提高质量、降低成本为中心的同产品对口赛，密切两市往来，加强技术协作，互学互帮，协手共同追赶全国先进水平。被列为这次同产品竞赛项目的是与人民生活关系比较密切的轻工业品：缝纫机、闹钟、金笔、铅笔、搪瓷制品、电池、罐头、香皂、牙膏和啤酒。生产上述产品两地共有22个厂，其中天津12个厂。二月下旬两地22个厂的厂长、工会主席、技术人员和老工人在北京签订了比学赶帮竞赛协议书会议。

同年9月4日，天津市总工会下发关于组织开展“保三秋夺丰收”五好红旗机车竞赛。组织开展“以质量好，耕地多，用油少，成本低，安全运转为中心的保三秋夺丰收五好红旗机车竞赛”，掀起为农业立功运动新高潮。要求根据实际情况贯彻机车组倡议，大力组织开展“学、赶、超”先进机车竞赛运动。发挥机车作用，完成秋、冬耕任务。

同年，贯彻中共中央指示，学习解放军、大庆、上海等地的先进经验，广大职工层层揭落后盖子，找差距，提措施，定学赶先进规划，比学赶帮运动发展起来。工会运用二分法检查总结1958年以来的竞赛经验和教训，在竞赛的组织领导上做了改进。年终，在“五好”评比中，广泛地总结交流经验，树立各种各样的标兵。同时，在全市范围内，又树立五个“五好”职工、五个“五好”班组和三个“五好”企业，突出取长补短，共同提高，在竞赛中，解决先进与落后的矛盾，依靠先进带动与帮助后进。在竞赛中，抓典型，树标兵，总结推广先进经验。

三、改革开放和社会主义现代化建设时期的劳动竞赛

1979年3月9日至15日，天津市总工会召开工会工作会议，传达贯彻全国总工会九届二次常委扩大会议精神，讨论、研究如何跟上党的工作着重点的转移，实现把工会工作转移到以生产为中心的轨道上来，动员广大职工开展增产节约运动。

1980年1月5日至10日，天津市总工会召开工会工作会议，学习、贯彻党中央关于工会工作的重要指示和中华全国总工会九届二次执委（扩大）会议精神，认真总结工会“九大”以来的工作经验。开展以优质、高产、多品种、低消耗、安全生产为主要内容的增产节约劳动竞赛，组织职工群众大搞挖潜、革新、改造，在全市开展百万件双革和合理化建议运动。

1981年6月，在天津工会第十次代表大会上，天津市总工会领导就如何贯彻中共中央工作会议精神，搞好工会工作，以发展消费品生产为重点，以提高经济效益为目标，开展为“四化”立功的社会主义劳动竞赛。并强调在社会主义制度下开展劳动竞赛，工人阶级以主人翁精神建设自己国家的基本方法。工业战线广大职工要千方百计增加消费品生产，满足人民需要；交通运输战线要进一步改善经营管理，提高服务质量。基本建设战线广大职工要发挥投资效果，保证完成全

市住宅建设任务，为实现年底前解决震灾居民住房问题做出贡献；献身财贸战线广大职工要积极做好市场调研和市场预测，搞好对工农业生产的支帮促，发展对外贸易，安排好市场供应和人民生活；文教、科研单位的职工要加速培养建设人才，发展科研，努力提高科学技术水平；农林、水利部门的职工要不断提高农业生产水平，发展蔬菜和副食品生产，努力解决人民生活和工农业生产用水，支援城市。在劳动竞赛中，要广泛开展比、学、赶、帮、超活动，坚持学上海、赶先进。

1986年1月28日，在天津市民主管理工作会议上，来自各条战线的民主管理先进集体和优秀职工代表，向全市职工发出了“我为‘七五’献计出力，振兴天津建功立业”的倡议。天津市总工会十届八次全委扩大会议号召全市职工迅速行动起来，反浪费、挖潜力、上水平、求效益，人人争创“五个一”：人献一条计，工作创一流，做一件好事，贡献一百元，正风立一功活动。这一活动得到了市领导的高度评价与支持，并亲自修改提出了在“七五”立功活动中争创“五个一”的内容。随后，天津市总工会向全市职工提出“提一条建议，创一流工作、做一件好事，立正风一功，献一百元钱”的要求。各级工会坚持思想领先，坚持不懈地做好群众的发动工作，工业系统各级工会，面对一些企业在生产经营上遇到的困难，积极开展以创优降耗、促销降库、开发新产品、扭亏增盈为主要内容的多种形式劳动竞赛和“解难题、增效益”活动，促进企业改善经营管理，推进技术进步，提高经济效益；交通系统的“创、建、树”活动，城建系统的创优质工程、十大窗口文明服务竞赛，财贸系统的学赶先进、优质服务竞赛，教育系统的“教书育人，为人师表”活动，卫生系统的“树医德、正医风”活动，效县农林系统围绕抓好“菜篮子”工程、支援农业、服务城市开展的各项活动，对推动经济发展，转变行业风气，建设精神文明，都发挥了积极作用。

同年3月28日，天津市总工会十届八次全委扩大会议《关于动员全市广大职工发扬主人翁精神，深入开展为实现“七五”计划献计出力活动的决议》中指出：“党的全国代表会议通过的第七个五年计划的决议，展示今后五年我国社会主义现代化建设的宏伟蓝图，极大地鼓舞全市工人阶级建设四化大业的奋斗意志，广大职工积极响应党中央团结奋斗，再展宏图的伟大号召。”

1990年，天津市各条战线广大职工坚持党的“一个中心、两个基本点”的基本路线，贯彻市委提出的“一切着眼于稳定”“变困难为机遇”的指导思想，紧紧围绕以经济建设为中心，广泛深入地开展为国分忧、为市政府作劲、为企业解难的“三为”立功活动。在经济工作遇到暂时困难情况下，广大职工发扬主人翁精神，在各自的工作岗位上，为四化建设做出了突出的贡献，顺利实现“七五”计划的各项奋斗目标。在此间，全市涌现出一大批先进典型。据13个局统计“七五”时期，各种劳动竞赛共创效益10.26亿多元，全市共有21103人次和2755个班组荣获“七五”立功奖章和奖状。

1991年5月21日，为贯彻落实党的全心全意依靠工人阶级的指导方针，天津市总工会制定群众经济工作条例，组织发动职工，调动职工群众的积极性和创造性，发挥工人阶级的主力军作用。同年10月，市工会经济保护工作会议召开，这是天津市工会十二大闭幕以后召开的第一次全市性工会工作会议，也是十几年来，首次召开工会经济保护工作的专业会议。

1994年，天津市总工会围绕企业转机建制，增强企业活力，提高经济效益，组织各级工会开展“三比三创”“夺百杯，为八五立功”竞赛活动。竞赛主要包括产品升级换代、招商引资、经营管理、开拓市场、推动科技进步等多方面内容。各级工会结合本系统、本行业的实际开展“二次创业”“小包租”等竞赛活动，效果明显。同时，各级工会积极开展对亏损企业帮扶活动，天津市总工会直接联系30个亏损企业，天津市总工会各位领导分工负责，深入基层，调查研究，定点帮助，帮助亏损企业从加强管理、开发新品、筹措资金、生产促销等方面为企业出谋划策，解决实际问题，使其中21个企业在扭亏、减亏上取得成效，减亏额达813.34万元。

1997年7月，天津市总工会针对全市经济形势即企业现状，深入开展“九五”立功活动中，开展以“职工奉献百元、百组岗位自救、帮促百家解难、搞活企业百招”为内容的“四百”职工献计出力活动。要求组织职工从岗位做起，将人献一计、岗献百元作为量化“九五”立功活动考核指标。同时。还创造上级工会统一部署、分类指导，基层自主安排、自选方法的活动方式，激发了广大职工的积极性和创造力，全市有80%以上的职工积极投入了这一活动。在“九五”立功活动中，涌现出以范玉恕、帅春生、邱汝舜、顾月海、许京军等一大批在全国和全市有广泛影响的典型代表，1.65万名职工和4000多个集体受到市级“九五”立功表彰，有3034名职工荣获全国劳动模范、“五一”劳动奖章、市级劳动模范称号，展示工人阶级的主力军作用和时代风貌。

同年，各级工会组织职工开展以“经济增实力、企业增效益、职工增利益”为主要内容的“三增加”活动及“为实现九五计划献计出力、建功立业”为主题的立功竞赛活动，引导职工围绕实现“两个根本转变”，紧紧围绕改革、发展、稳定的大局，调动广大职工积极性、智慧和创造力，根据不同时期的工作目标，抓住企业发展的重点、生产经营的难点、扭亏增盈的关键点和职工队伍素质的薄弱点，坚持立足基层、沉到班组、落实到岗位、重在实效的竞赛活动原则，开展多种形式的立功竞赛活动。

2000年至2002年，按照全国总工会在全国职工中开展经济技术创新工程的要求，天津市开展“百万职工技术创新活动”为主要内容的“九五”“十五”立功活动。按照市委确定的“乘势而上，开拓创新，全面上水平”的工作基调，围绕抓好结构调整、技术创新、对外开放三件大事，天津市总工会在全市职工中广泛开展百万职工技术创新活动。活动得到各级党政的重视支持和广大职工的积极响应。形成党委统一领导、行政全力支持、工会组织实施、职工踊跃参加活动的格局和创新热潮。在开展活动的内容上，紧扣增强企业科技开发能力、市场竞争能力和抗御风险能力这一主题，抓新产品开发、产品质量、市场营销、节能降耗、技术攻关等关键环节，充分挖掘职工的智慧和潜能。在活动组织上，全市各系统、各行业、各地区按照全市的统一部署，结合各自的实际，筹划方案，确定目标，层层发动，深入实施，形成了党委统一领导，行政全力支持，工会组织实施，职工踊跃投入的活动格局和创新热潮，吸引全市近170多万职工的广泛参与。2001年是“十五”计划第一年，天津市总工会继续不断地把群众性技术创新活动引向深入，激励全市广大职工为实现“十五”计划开局之年高起步多做贡献。各级工会紧密结合各自重点难点，开展各有特色的竞赛活动。工交系统把结构调整、产品更新换代、提质降耗、安全生产作为职工技术创新活动的主攻方向；财贸系统结合搞活流通、服务创新，组织职工学习先进榜样、选树服务品牌；外贸系统围绕创出口规模、创最佳效益，开展岗位创一流活动；城建系统把提高工程质量作为重点，在职工中总结和推广先进操作法、工作法，大力推行新技术、新工艺、新材料。职工素质工程的开展，促进了群众性“十五”立功活动的不断深化，提高百万职工技术创新的知识含量和科技含量。各级工会坚持从技术创新关键课题选择素质工程的培训重点，把职工素质的提升及时引导到提高企业自主创新能力、促进全市加快发展上来。

2007年，按照全国总工会开展创建“工人先锋号”活动的部署和中共天津市委提出要把“工人先锋号”进一步做大、做实、叫响的指示要求，全市成立由天津市总工会领导同志挂帅的领导小组，各区县、委办相继成立党委领导任组长、工会负责人为成员的创建活动领导小组和办事机构。天津市总工会定期研究“工人先锋号”创建活动，明确不同时期的工作重点，创新活动的形势内容，采取有力措施，抓好典型推动，及时总结经验，在全市形成党委领导、行政支持、工会运作、职工广泛参与的创建选树“工人先锋号”活动工作格局。

在“工人先锋号”创建活动中，与“五比一创”劳动竞赛推动全市重点工程建设相结合。在市委、市政府确定的重点工程建设（60项重大工业项目、40项民心工程、20项服务业重大项目和145项区县项目）中，开展了以“比技术创新、比科学管理、比又好又快、比安全生产、比团队和谐，创‘工人先锋号’精品工程”为主要内容的职工建功“十一五”、重点工程“五比一创”劳动竞赛活动。按照市委、市政府推动重大项目建设的决策部署，天津市总工会主动与项目所属的区县局（集团）总公司工会，基层工会签订“五比一创”劳动竞赛包保责任书，参赛的各地区、各系统、各单位结合项目特点，提出具体有特色竞赛主题，制定贴紧党政所谋、职工所需，具有针对性的竞赛内容和标准。以“五比一创”劳动竞赛为品牌，以工程项目为纽带，建立集工程设计、施工、监理等为一体的多层次、全方位劳动竞赛考评机制，形成党委重视、行政支持、工会运作、职工参与的工作格局。全市“争创精品工程、创百姓满意医院、建百姓放心市场”等多行业、多领域的劳动竞赛活动全面展开。天津工会直接组织推动的“五比一创”劳动竞赛近150个项目。在开展“五比一创”劳动竞赛过程中，各级工会围绕中心服务大局，主动把党政关注的焦点、经济发展的重点、经营管理的难点列为竞赛的主攻方向。如工交系统各级工会围绕全市确定的重大工业项目，团结动员职工攻坚克难深化“五比一创”劳动竞赛，在已建成的20项工程中，技术水平、环境保护、节能减排、施工质量等方面多项达到全国领先水平；规划建设系统各级工会结合施工企业农民工多的实际，在“五同”上下功夫。全系统包括农民工在内的21万名职工，开展了150多项次的劳动竞赛，为空客A320、富民桥等全市一批重点工程提前竣工做出贡献。

“工人先锋号”号荣获单位天津市政设计院滨海分院瞄准国际先进水平，在空客A320组装线工程、构建滨海大交通体系、建设临港产业区、东疆保税港等多项重点工程的规划中，交出了许多让跨国集团和国际知名设计院叹服的规划设计方案；中交天津航道局天津港25万吨航道工程项目，是全市落实党中央、国务院推进滨海新区开发开放的总体部署，加快天津港跻身世界一流大港的重点工程项目。该项目产生了22项技术创新成果，比合同期提前了130天，创出了全国同行业超特大型疏浚工程实际完成工期最短、技术创新最多、吹填造路管线吹距最长的三项之最。一批荣获“工人先锋号”称号的单位集体，在全市重点建设工程充分发挥了典型引路示范作用；天津电力公司工会开展“五比一创”劳动竞赛，从企业重点工程项目，拓展到机关工作、企业经营管理的各个岗位，全部制定了竞赛标准和要求。

天津港煤码头公司孔祥瑞操作队，在创建“工人先锋号”活动中，提出“你出一份力我出一份力，企业就会增活力；你解决一个难题，我解决一个难题，企业发展就没问题。”全队职工大搞技术革新、技术改造、课题攻关，解决了许多在生产中的难题。“工人先锋号”先进集体、铁道部第三勘察设计院建筑设计分院，承担京津城际时速350公里的高速铁路北京南、亦庄、武清、天津站房设计任务，在设计中精心组织，精心设计，有12个创新课题申报立项，有863个科研课题填补了国内空白，为奥运开幕前运营做出贡献。

“工人先锋号”创建活动中，注重把创建活动与促进企业发展、树立行业标杆相结合。公交集团八路车队，以创最高运营效率、最高安全保障、最高服务水平为目标，为乘客提供爱心服务、便民服务、特色服务，保持乘客好评率100%，成为全市公交行业40多年的服务标杆，并带动整个公交集团涌现5条精品示范线、20条规范化品牌线、100条服务标准线，服务质量全面提升。在“工人先锋号”创建活动中，与选树节能减排企业行动示范基地活动相结合。全市279家年耗煤5000吨标准煤以上的重点耗煤企业和被列入国家重点监控能耗21家企业，开展选树节能减排企业行动的示范基地活动。

在创建选树“工人先锋号”的活动中，天津市总工会发挥工会组织的优势，利用工会宣传阵地和新闻媒体，宣传“工人先锋号”的典型事迹，编辑出版“工人先锋号”事迹图书、光盘，征集《工人先锋号》之歌等，使创建活动成为社会影响力大、群众信誉高、行业覆盖面广的工会工作的“名片”，彰显出天津市总工会开展创建“工人先锋号”活动的特色和深入学习、实践科学发展观的硕果。

2008年，天津市在“工人先锋号”创建活动中，与开展的优质服务迎奥运，创建“工人先锋号”主题实践活动相结合。随着影响力、凝聚力和感召力的提升，创建“工人先锋号”的参与范围，从传统的生产服务行业向多领域全方位最前沿行业扩展，向老百姓关注的医疗服务、菜市场等民心工程扩展。在奥运期间，天津市总工会在全市开展优质服务迎奥运创建“工人先锋号”主题实践活动，得到基层工会和广大职工的积极响应。主要担负奥运服务的窗口单位服务集体纷纷制定优质服务迎奥运创建“工人先锋号”的具体措施和服务承诺书并向全市公布，天津市总工会聘请8名全国劳模进行监督检查和服务技能的传帮带，为全市窗口单位树立了一批“标杆”，提升了天津国际大都市的城市形象。

同年10月7日，100个“参与奥运、服务奥运、奉献奥运”活动的窗口服务集体获得了“工人先锋号”的称号。全市“工人先锋号”创建活动由服务窗口行业向滨海新区、重点工程、生产加工、民心工程、科研教学、党政机关和社会管理岗位等各行各业不断拓展。“工人先锋号”在服务滨海新区开发开放、推动全市科学发展和谐发展率先发展中发挥了标杆引领作用。全市已选树命名涉及70多个行业的市“工人先锋号”244个，并有58个集体荣获全国“工人先锋号”称号。全国总工会领导亲临天津市，为“工人先锋号”集体颁发牌匾，并对全市开展创建选树“工人先锋号”活动给予高度评价。“工人先锋号”创建选树活动，成为全市工会工作创新的响亮的品牌。

发挥工会团结动员广大职工与企业和衷共济，应对国际金融危机，在促进经济平稳较快发展中充分发挥主力军作用，实现“打造新滨海，建设新天津，实现新跨越”的市委的战略部署。截至11月底，全市职工提合理化建议并实施的有348713件，直接创造经济效益16084亿元。全市各级工会在认真贯彻落实中国工会十五大和市委九届五次全会精神的热潮中，15个区县、集团总公司启动了“五比一创”劳动竞赛项目近40个。

第二节　劳动模范评选表彰

一、新中国成立初期的劳动模范评选表彰

1950年1月10日，在天津市第一次会员代表大会上，天津市总工会有关领导关于培养爱护生产模范和建立奖励制度问题中指出：“天津解放已一周年，经过了许多艰苦的工作，我们顺利的完成了恢复生产的重大任务。在恢复生产工作中，广大工人群众表现了很高的积极性，涌现出大批技术上有创造，生产上有功劳的出色人物，工会从这些人物中挑选出13个个人模范，8个集体模范提到全市代表大会上给他们表扬和颁发一些奖品。为什么要在全市代表大会上给他们奖励呢？这不能看作单纯给受奖者个人的鼓励，而是从这里表明我们对生产上有创造有功劳的人物所采取的态度和政策。”

同年9月20日，天津市第一次劳模大会在中国大戏院隆重举行。全市各国营企业、工厂和恒源、北洋等私营大厂劳动模范及党、政、工、团等部门负责人共约1500余人参加会议。全市各单位推选及评模委员会评定出来的个人模范有268名，模范小组有43个，模范单位和工厂有15个。他们是全市79个特等劳模，189个一等劳模，4个一等模范单位，11个二等模范厂，43个模范小组的代表。

同年11月6日，天津市总工会与市妇女联合会、青年联合会联合发表宣言，拥护“抗美援朝联合宣言”。天津市总工会领导发表讲话，代表天津工人阶级向英勇抗击美帝国主义的朝鲜军民致以崇高的敬意和亲切的慰问，表示加倍努力提高生产，支援朝鲜，保卫祖国。

抗美援朝运动开展之初，各工厂劳模便在加紧生产建设强大经济的力量以充实国防的目标下，提出许多从生产战线上打击美帝侵略的鼓动口号。天津钢厂劳模潘长有，在提出“多出一吨钢，多加一分打垮美帝的钢铁力量”的口号以后，发动炼钢部全体职工制订个人与小组的爱国竞赛计划，并以全国模范车间的光荣名义，向全市各厂的车间提出挑战；广大的纺织工人在劳模王德山、王福元等人提出的“一台布机一尊炮，一根绽（锭）子一杆枪”与“消灭坏纱，消灭残布，消灭美帝”的口号下，纷纷制订了提高数量与质量的竞赛条件；全国劳模代表于松如工程师，号召全市工程师与技术人员，进一步将自己的理论知识与工人的劳动热情结合起来，参加爱国生产竞赛。棉纺二厂劳模王德山在保持原有的生产成绩上，带动布厂工友，创造了新纪录。棉纺一厂劳模王福元在突击增产20支纱，紧急按装100多台摇纱机的工作中，率领工友，在最短期间内完成了艰巨的任务。棉纺三厂女工劳模刘荫福捻头效率从10小时11.2个轴增加到12.7个轴，始终保持全市的最高记录，并带动该厂捻头女工，普遍提高了两个轴。恒大烟草厂女工劳模张淑云，创造每日包烟2700盒的最高纪录，超过行政规定的标准产量一倍左右。天津造纸厂劳模宋春华，设法提高一号机的运转速度，并保证出产的纸全为甲等，纸边的耗损降低2%。海河工程处劳模张树和领导快利船的舟孚上、机舱和锅炉三部门签订了联系合同，工作效能显著提高，提前17天完成海河的挖泥计划，每天节省0.8吨的用煤。

1951年，天津市总工会在关于评选劳动模范决定的建议中指出，贯彻全国劳模代表会议“要把评选劳模形成固定制度。每次总结生产工作时，都必需评选劳动模范，而这种评选要依靠平日的生产成绩的可靠记录，在生产有成绩的小组、车间、工厂都应当选出有代表性的模范人物，然后在这个基础上产生省、市、大行政区，整个产业系统以及全国性的劳动模范。”的精神，规定：“全市性的工业劳模，最好每年评选两次（五一和国庆节前各评选一次）”，因此决定全市各公私企业单位，必须在4月15号及8月31号之前，评选出本单位的全市劳模候选人，并将其候选条件报告市评模委员会，以便评选全市劳动模范，及出席全国的劳模代表。并制定了全市劳动模范及模范单位的标准与评选办法。

1952年4月，天津市劳动模范潘长有等21名劳动模范五一前夕写信给毛主席保证进一步开展爱国增产节约运动。天津市国公营工厂企业劳动模范及先进工作者，为庆祝五一劳动节，联名写信给毛主席，报告“三反”运动成绩，并保证深化开展爱国增产节约运动。

二、社会主义革命和建设时期的劳动模范评选表彰

1956年7月，为推动先进生产者运动，天津市总工会向各基层工会部署推动开展先进生产者运动。在先进生产者运动中，车间、工段及时公布成绩，并表扬先进人物，小组结合班组经济

核算公布成绩，基层每季结合厂内竞赛评比一次。凡达到先进生产者标准者，由工会和行政授予先进生产者、先进工作者或先进单位的荣誉称号。如有突出贡献或有突出转变者，也及时授予荣誉称号。均登光荣榜、颁发奖状及物质奖励。

三、改革开放和社会主义现代化建设时期的劳动模范评选表彰

1979 年 1 月，中共天津市委组织部、天津市总工会共同召开落实工人、劳动模范政策工作会议。这次会议总结前一段落实政策的情况和经验，讨论有关落实工人、劳模政策中的问题，要求各级领导和有关部门，切实把这项工作抓紧抓好，力争在较短的时间里完成任务，为发展安定团结的大好形势、加速实现四个现代化的步伐多做贡献。在市委和各级党委领导下，各级工会会同有关部门冲破各种阻力，为劳动模范、老工人平反冤假错案，落实政策。全年为全市 3100 多名老劳动模范颁发了“荣誉纪念状”，为他们恢复了名誉。为 736 名蒙受不白之冤的老劳模逐个做出了复查结论，进行了平反。并为受审查的 83321 名老工人落实了政策。

各级党政领导和工会在工作中坚定地依靠先进队伍，发挥他们的骨干、带头、桥梁作用。中共天津市委和各级党委领导同志经常给劳动模范、先进生产者做报告，并诚恳地征求劳动模范、先进生产者对各方面工作的意见。市委批转了天津市总工会拟订的《天津市先进模范队伍管理工作试行条例》，加强对先进模范队伍的培养教育和管理工作，全市有 21 人荣获了全国劳动模范的光荣称号。

出席 1979 年度劳动模范表彰大会的全体代表向全市职工发出开展为“四化”立功活动的倡议书。倡议书提出：“广大职工热烈拥护党的五中全会精神，决心在党的正确路线指引下，为把全市建设成为现代化的工业基地、科学技术基地和外贸出口基地而努力奋斗。为了加速四个现代化建设，我们倡议：全市工交、基建、财贸、文教卫生、科研等各条战线，开展为四化立功的活动，推动增产节约劳动竞赛更加深入发展，实现 1980 年国民经济增长保八争十的奋斗目标，努力增产增收，为四化建设做出更大的贡献。”

20 世纪 70 年代末期，天津市劳动模范、模范集体的评选和表彰是一年一评，1979 年评出全国劳动模范 23 人，市特等劳动模范 42 人次，市劳动模范 904 人次，共 969 人次。在管理方面，1979 年天津市总工会拟定《关于加强劳动模范队伍管理工作试行条例》，1980 年经市委批转核发，落实劳模政策。

20 世纪 80 年代起每两年评选一次劳动模范和模范集体。1980 年全市评选出市级劳动模范 959 人，其中特等劳动模范 50 人；模范集体 534 个，其中特等模范集体 25 个。市劳动模范中就有 130 名是青年工人，在市特等劳动模范中有 10 名是青年工人。

1984 年 5 月 22 日，天津市总工会召开劳动模范、先进生产（工作）者会议，动员劳动模范、先进生产（工作）者和全市各条战线职工积极参加和支持改革，做改革的促进派。

1986 年 2 月 6 日，中共天津市委、市政府召开劳模座谈会，来自全市各条战线的 200 多名

新老劳模参加。市领导出席劳模座谈会并向全市劳动模范和各行各业的职工群众提出了四条具体要求：1. 要为端正党风和社会风气作出切实的努力；2. 发扬愚公精神，为“七五”计划建功立业；3. 团结和带领群众，维护安定团结的大好局面；4. 加强学习，提高政治思想和科学文化素质，做“四有”新人。

1987 年 4 月 21 日，中共天津市委宣传部、天津市总工会关于在全市开展学习和宣传劳动模范和模范集体活动的通知中指出：我市评选 1986 年度劳动模范和模范集体的工作已经结束。‘五一’节前夕，市委、市政府将召开“天津市劳动模范，模范集体表彰大会”。根据市委指示精神，天津市总工会开展学习宣传劳动模范和模范集体活动，要求全市各级工会在开展学习宣传劳动模范和模范集体的活动中要采用报告会、演讲会、对话会、谈心会和美术、摄影、广播、黑板报，以及录音、录像等形式和方法，并把宣传全市的劳动模范和模范集体同宣传本部门、本单位的劳动模范、先进典型结合起来，把宣传活动搞得生动活泼，深入人心。

1988 年，天津劳动模范、模范集体评选工作贯彻了津党办发（1988）41 号文件的实行民主推荐、差额评选的原则，透明度高，民主性强，全市共评选出劳动模范 732 名，模范集体 207 个。其中，特等劳动模范 30 名，特等模范集体 19 个。

在 732 名劳动模范中，一线职工 530 名，占总数的 72.4%。其中，企业工人 372 名，占总数的 50.8%；科教文卫人员 150 名，占总数的 20.5%；个体劳动者 8 名，占总数的 1.1%；干部 202 名，占总数的 27.6%。其中领导干部 79 名，占总数的 10.8%；机关工作人员（首次参加评模）10 名，占总数的 1.4%；党员 610 名，占 83.3%；团员 23 名，占 3.1%；妇女 143 名，占 19.5%；老劳模 252 名，占 34.4%。

在 207 个模范集体中，企事业单位的班组 175 个，占 84.5%，企事业单位的科室 31 个，占 15%；机关科室 1 个，占 0.5%。

在首次从机关工作人员里评出的 10 名劳动模范中，有区局领导干部 4 名，他们是：河西区区长刘峰岩、市外经贸委、外办副主任庄逸凯、市政工程局局长王天麟、市建工局总工高光宗。其他 6 名是：市妇联办公室副主任杨桂云、安全局六处处长欧惠生、市重点工程指挥部工程部副部长张温山、塘沽区环保局局长曹金荣、北郊区计生委调研员佟光华、冶金局办公室干部邓淑芳。劳动模范中还有大型企业领导干部 6 名，他们是天津铁厂厂长赵之泉、棉纺一厂厂长李宝明、光电通讯公司总经理张平安、大沽化工厂厂长孙维忠、大港发电厂厂长韩立人、服装联合总公司副总经理龚文林。

1990 年，天津市设立 1401 支调研服务队，调研服务队由劳模先进、技协骨干组成，在立足本岗、多做贡献的基础上，深入停亏企业开展调研服务，为停亏企业出谋划策，进行技术攻关。有 22409 人参加调研服务活动，先后深入到 372 个企业，进行调研服务 2662 次，帮助这些企业解决难题 3164 个，增效益 3100 多万元。

1993 年，天津市总工会为劳模办理“补充养老保险”，解决老劳模退休工资偏低问题。补充养老保险由劳模所在单位一次性投保，劳模退休后每月可领取50—70元的保费，以此来提高劳模退休后的工资待遇。

1998年7月14日，天津市总工会邀请黄火青同志在迎宾馆与市9位新劳模座谈。天津市总领导向黄火青简要汇报建国以来全市劳模队伍状况、管理工作、各种待遇及工作、生活等情况。会上，黄火青与每个劳模握手并回顾建国以来特别是改革开放的大好形势。会后分别与新老劳模合影留念。

同年，天津市总工会从代表先进生产力的要求出发，不断突出科教兴国的战略思想。“九五”期间全市共进行了三次评模，在保证一线劳模不少于50%的基础上，把科技人员的比例从15%逐步提高到20%。本年度市级劳模中科技人员155人，比例为16.3%。

同年，天津市总工会选树社会各阶层优秀代表，拓展新典型。正视新出现的各社会阶层的客观存在及其在社会经济生活中的作用。在肯定私企、个体劳动者和有关人员以诚实劳动、合法经营为社会作贡献的基础上，从1998年开始所评选的劳动模范中，有10名私企、个体劳动者劳模，下岗再就业劳模10名，每年评模都与市计生委共同评选出5名计划生育工作者劳动模范。

天津市总工会从1998年开始，每年拿出60万元用于特困企业中劳模免费查体、免费就医治病、免费疗养及补助，解决劳模医药费积压、看病难等问题。截至2002年，天津市总工会对特困企业中劳模免费查体、免费就医治病、免费疗养及补助出资共计300万元，为特困企业中的8000人次的劳模免费查体；对5000余名困难劳模给予了免费治病。组织1000名脏、苦、累、险工种的一线劳模免费到北戴河疗养；还对150余名劳模进行生活补助。通过各级工会的努力，目前全市80%以上劳模每年都能进行一次健康体验，特困劳模能得到适当的免费治疗。

20世纪90年代，天津市每两年评选一次劳动模范和模范集体，1990—1999年，共评出劳模5590人次。加强对劳模的管理，经报请市委市政府同意，撤销个别人劳模称号。

2000年，天津市总工会从职工民主权利出发，强化推荐评选的透明度。1.把好推荐关。在评模实施中，劳模人选的推荐必须经职工代表大会（或职工大会）通过无记名投票方式表决产生；2.层层把握推荐人选的群众认可关。对劳模候选人和集体实行基层、区县局和市级的“三级公示制度”。公示结果在广泛征求群众意见后，再将候选名单上报市评模领导小组审核、批准；3.将全市推荐的80名全国劳模人选名单，首次在《天津日报》《天津工人报》进行三天的公示，使群众参与力度越来越大。

同年，天津市总工会开展“百企助百模”活动，解决困难劳模生活和就业问题。发动经济效益比较好的劳模企业家为特困劳模提供资金资助和就业岗位。在“百企助百模”活动中，为125名无就业能力的特困劳模每人发放1000元的补助金；为127名劳模和家属与用工单位签订再就业合同，协助73名劳模办理低保补助。

2002年1月17日，天津市总工会专门为生活困难的劳模及其家属举办一场再就业洽谈会，近200名劳模及家属到场洽谈，有120余人与用工单位达成用工意向。天津市总工会开展“百企助百模”活动，发动社会各方面力量，帮助生活困难的的劳动模范解决实际困难。截至1月18日，已有70余家企业积极响应，或提供资金，或提供岗位，以实际行动向困难劳模伸出援助之手。

同年4月28日，天津市总工会将全市建国以来健在的11位著名劳动模范的照片，制成大型彩色喷绘图片，悬挂在第二工人文化宫大剧场前厅内。天津市总工会领导与有关部门负责同志首批参观劳模图片。这11位劳动模范是：单书、司宝通、张士珍、卢珊、年景林、孙汝泉、范玉恕、师春生、邱汝舜、顾月海、叶声华。为了配合劳模图片展，天津市总工会邀市作家协会编辑出版反映这11位著名劳模先进事迹的报告文字集。市领导题写了书名——“津门楷模”。“五一”前夕，天津市总工会在第二工人文化宫修建津门楷模园。津门楷模园是天津市总工会为纪念在全市建设发展的不同时期为国家做出突出贡献的已故劳模所修建的。园内首批安放5名已故著名劳模塑像。塑像按真人一比一的比例，用青铜铸造，人物生活化、形象逼真，可敬可爱。

2003年5月1日至14日，按照全国总工会的统一要求，天津市总工会在“五一”节期间，对全市建国以来当选的全国劳动模范的基本生活状况进行调查摸底，并由市劳模协会依照困难程度向124名全国劳动模范发放了1000或2000元的困难补助，共发放困难补助金18万元。

同年9月19日，天津市总工会与天津大学共同努力，专为劳动模范开办的MBA研究生办在天大科技图书馆举行开学典礼。全市86名劳动模范参加学习。劳动模范MBA研究生班在全国尚属首次。劳模研究生课程进修班由天津大学研究生院、管理学院和市劳模协会、津工楷模人才开发服务公司共同举办，劳模通过一年的学习，修满30学分，可取得天大研究生证书。

年底天津市总工会创办天津劳模公司，是由劳动模范厂长经理以及各区县局工会投资建立的股份公司，设有一个总公司和三个分公司，分别从事物流、劳保用品销售、人才培训和软件工程开发等项工作。劳模公司成立一年，帮助3000人次劳动模范解决了不同的困难。这主要得益于市政二公司、市政三公司、天津药业公司、利金粮油集团、天津钢厂、轧钢二厂等为劳模公司在资金积累上的支持。

2004年10月11日，在天津市职工医院举行为期两天的市劳动模范大型义诊咨询活动。来自全市16家医院的专家和医务工作者80余人现场为劳模义诊咨询服务。全市3000名退休劳动模范凭义诊入场卷参加活动，全市九家医药企业提供价值几十万的药品加盟义诊活动。

2005年，天津市劳模公司人才培训分公司将在2004年开办MBA培训班的基础上，再开两个培训班，并向学位教育发展。软件工程开发分公司也为自来水集团公司开发自来水软件，并创出比其它公司开发的同类软件价格低40%的水平，扩展软件开发数量和水平。劳保用品分公司也将扩展服务领域。另外，劳模公司还将与市财经学院合作，创办劳模物业公司。

2006年，中共天津市委、市政府决定，对评选出的2006年度劳动模范和模范集体予以表彰，授予987名同志市级劳动模范称号；授予191个集体市级模范集体称号。同时，授予孔祥瑞等13名同志最具影响力劳动模范称号，顾月海等13名同志最具影响力劳动模范提名奖。

2007年4月27日，天津市召开庆祝“五一”国际劳动节暨表彰劳动模范、模范集体大会。会上市领导向荣获全国“五一”劳动奖章、市级模范集体代表，向最具影响力劳动模范提名奖获得者、最具影响力劳动模范颁发了奖章、证书、奖牌和奖杯。4月30日，市命名首批“工人先锋号”，47个生产工作一线班组、车间、单位获此殊荣。市领导深入到生产工作一线慰问职工，并为天津钢铁有限公司炼铁厂高炉作业区、市邮政公司塘沽邮政速递局两个“工人先锋号”先进集体授牌。

同年，全市各行各业职工结合实际、立足岗位，以“节能减排天津职工在行动”“我为节能减排献一计”等活动主题，开展职工职业技能大赛。20万名职工参加了市级竞赛。全市共评出荣获2007年度五一劳动奖章先进个人1493名，五一劳动奖状先进集体434个、先进单位145个。全国五一劳动奖章22名，全国五一劳动奖状单位5个、集体9个。

2008年11月17日，为表彰在重点建设中做出突出贡献的集体和个人，进一步推动全市重点工程“五比一创”劳动竞赛深入开展，天津市总工会决定，授予天津市机电设备安装公司第二分公司囟258项目部等11个集体“工人先锋号”称号，授予天铁冶金集团钢板公司等3个单位“五一”劳动奖状，授予苏洪魁等13名同志“五一”劳动奖章。12月，市领导为《2008年度天津市“工人先锋号”事迹集萃》一书作序。

第六章 组织技术协作活动

职工技术协作活动是60年代初期，由劳动模范和先进生产者发起的群众性的技术活动，是工人阶级主人翁精神和创造性劳动相结合的产物，是职工群众的一个创举。当时，这支由工程技术人员，能工巧匠和管理干部组成的“三结合”的队伍，发扬共产主义的协作风格，主动承担并攻克许多企业的技术难关，为克服经济困难，发展国民经济作出了积极的贡献，受到了市委、市政府及有关部门领导的重视和赞许。

第一节 技协组织建设

一、社会主义革命和建设时期的技协组织建设

1963年，天津市职工技协活动发展较快，市内成立各级工会群众技术协作委员会。

1964年4月23日，天津市总工会、市经济委员会《关于转发“群众技术协作积极分子对开展技术协作活动问题的几点建议”的联合通知》指出，目前，全市群众技术协作活动，自1963年11月份以来，有较迅速地发展。市、区以及部分基层的群众技术协作队伍不断扩大，解决不少“老大难”关键问题，对缩短差距赶先进水平，起了很大的作用。但大部分基层的协作活动，还没有开展起来。为进一步推动全市群众技术协作的开展，现将群众技术协作积极分子对开展“技术协作活动的几点建议”转发给你们。并要求各基层企业根据市委去年召开“学习先进经验，开展技术协作”大会的精神，对本厂群众技术协作活动情况，认真地进行一次研究，总结经验，找出问题，分析原因，采取措施，加强领导，把群众技术协作活动纳入企业领导的工作议事日程，以调动广大职工的积极性、创造性，学习推广先进经验，大搞技术革新、技术革命，推行新工艺、新技术，解决本厂和全市的生产技术难题，为赶上先进水平做出贡献。

10月，由于工会体制有所变动，轻工、纺织、化工、一机、二机、冶金等六个工委建立以后，在群众技术协作上出现了怎样才能组织领导得更好一些等新问题。为妥善研究解决这些问题，天津市总工会邀请有关区的协作积极分子、工委和俱乐部的干部进行座谈。根据大家的建议和实践的体会，天津市总工会于12月22日提出有关加强技术协作组织领导的意见。（一）继续巩固和提高现有的地区群众技术协作，加强领导。天津市总工会决定按照“加强块块、条条补充，以块为主，以条块结合”的作法。以地区为主，按块块开展协作活动。这样做法已显示出好处。主要是：1. 厂子近，群众参加活动比较方便；2. 参加区协作的行业和工种，比较齐全，便于从各方面研究分析关键，便于各种人才发挥其专长，便于互相串连协作，从而利于多快好省地解决问题；3. 协作对象是面向全区，服务于各行各业，便于就地解决问题。（二）六个工委应下力量加强对按区组织技术协作活动的领导。必须明确：区技术协作活动的组织领导，以所在区的工委为主，工委和俱乐部共同负责，区办事处积极参加，并取得区委和有关部门的支持。工委要固定干部，专职负责有关群众技术协作的日常工作。工委不再按行业设群众技术协作委员会，可以根据实际需要按行业特点设立专业或专题协作组，在区群众技术协作委员会的领导下进行活动。（三）技术协作活动内容来源，主要从以下方面：1. 有关市重点产品项目的生产技术关键问题，由市协作委员会定期下达，提供课题；2. 所在区或行业的有关较大生产技术关键问题，由有关工委和区自己确定课题；3. 由各厂或协作积极分子带上来的一般的技术关键问题。群众技术协作活动，必须合理安排：组织好力量，分轻重缓急，阵地研究和下厂相结合，抓住协作项目，围攻突破。（四）不断整顿和充实协作积极分子队伍。通过审查，建立以先进生产者为先锋，以老工人为骨干，以工程技术人员为参谋的政治纯洁的技术协作积极分子队伍。通过协作活动，特别是通过研究解决重大生产技术关键问题的需要，经过串连，把那些成分好、有觉悟、有技术专长、风格高尚、威信高的老工人和技术人员吸收为协作积极分子，壮大队伍，使协作队伍真正成为一支有觉悟的坚强的技术大军，在组织生产建设中发挥更好的作用。

6月26日，天津市颁布《河北省天津市各级工会群众技术协作委员会组织工作条例》。群众技术协作，打破班组界限、车间界限、企业界限、行业和工种界限，甚至也打破企业、科研机关、高等院校之间的界限，形成一个群众性的社会大协作。

二、改革开放和社会主义现代化建设时期的技协组织建设

1982年，天津市已有21个区局、71个公司和806个基层工会建立技协组织。

1983年5月30日，天津市总工会召开职工技术协作委员会成立大会。市长李瑞环担任职工技术协作委员会名誉主任，4.2万成员的职工技术协作队伍有统一的领导机构。到年底，全市区县局22个单位建立技协组织，基层技协组织发展到1232个，各级应用技术协会、专业队伍已达到4676个，技协会员队伍已发展到4.8万，形成一个工人、工程技术人员、管理干部“三结合”的职工技协队伍。

第二节　技术协作活动

一、新中国成立初期的技术协作活动

1950年7月，天津市总工会在劳模座谈会与全市技术研究会的基础上，首先召开锅炉技术专业会议，成立锅炉专业技术研究会，交流工作经验，提高生产效率。全市组织翻砂、机械、电工、汽轮发电机、面粉、烟草、橡胶、纺织等九个专业技术研究会。这些专业技术研究会中，锅炉、翻砂、机械、汽轮发电机、面粉、橡胶等六个，起了相当大的作用。在团结广大职工，改进生产、提高技术等方面，都获得很大成绩。

二、改革开放和社会主义现代化建设时期的技术协作活动

1985年3月27日，天津市总工会技协办公室关于收集企业、职工有偿转让的技术成果的实施意见中指出：市职工技协收集企业、职工群众有偿转让的技术成果的目的是，为贯彻《国务院关于技术转让的暂行规定》和天津市总工会十届六次全委扩大会议精神；也是为使各级工会和职工技协组织在实行技术商品化，开放技术市场的新形势下，交流技术信息，繁荣技术贸易，为搞活企业建设四化服务；也是为进一步调动广大职工群众，特别是科技人员的积极性、主动性、创造性；也是使职工群众走勤劳致富途径之一。因此，各级工会和职工技协组织要主动和行政密切合作，把这一工作摆上议事日程，从组织上和具体任务上落实到人，从行动上立即着手进行具体组织工作。收集“成果”的范围是比较广泛的，总的说，一是收集企事业单位的，二是收集职工群众个人利用工余业余时间创作的成果（包括离休退休的职工等在内）。收集“成果”的内容也是比较广泛的，凡是具有先进性、实用性的技术成果以及技术诀窍都可以收集，这里包括职工

“五小”（小发明、小创造、小革新、小改进、小建议）和“五新”（新产品、新花色、新配方、新造型及新的美术图案）等。对于提高产品质量，节约能源与原材料消耗，降低产品成本，改善劳动环境，加强经营管理，提高经济效益的科研成果都要收集。具体内容有四个方面：1. 企业愿意有偿转让的产品工艺技术成果项目；2. 企业愿意提出的难题招标项目；3. 企业或职工愿意有偿转让的“五小”（小发明、小创造、小革新、小改进、小建议）项目和“五新”（新产品、新花色、新配方、新造型及新的美术图案）设计项目；4. 企业愿意招聘国内和国外具有专长特艺、技术诀窍和专门知识的技术管理人才。收集成果工作注意掌握三个原则：一是自愿的原则，二是实用的原则，三是推广的原则。

同年 9 月，市职工技协组织开展有偿技术服务活动暂行办法颁布。暂行办法共分十章三十一条。其中对职工技协开展有偿技术服务的宗旨、范围及有偿技术服务的收费标准作了规定。

1987 年 12 月 1 日，天津市总工会制定工会职工技协开展有偿技术服务财务管理试行办法，贯彻财政部〔1987〕财税字第 267 号和中华全国总工会工经总字〔1987〕38 号文件精神。

1989 年，天津市总工会在全市开展“解难题、增效益”活动。据全市 24 个区县局的不完全统计，共有 51 万名职工参加活动，共为企业解难题 6545 项，取得可计算的经济效益 20616 万元。这次活动得到基层同志的欢迎，也得到市经委、科委和市财政局等有关部门的重视和支持。6 月份还举办“第三届全国四新防腐成果展览会”，为推广四新防腐技术作出了贡献。市职工应用技术学校举办各种技术培训班 18 个，培训学员 1147 人。7 月 21 日，中共天津市委领导在工会上报的一份报告上批示：“总工会这一活动已收到明显效果，为此向总工会和参加这项活动的同志表示衷心感谢。”8 月，天津市总工会会同市科委、经委转发市发明协会关于在一厂一校一所搞一项发明创造活动的倡议。各级职工技协积极响应倡议，组织技协会员投入活动。

同年，天津市总工会积极响应市委、市政府“增产节约、增收节支”（以下简称“双增双节”）的号召，职工计协活动取得技术攻关成果近 8000 项，创经济效益 2.5 亿元的显著成绩。

市技协还加强对直属 30 余个协会活动的领导，阵地工作出现新局面，特别是团结吸引高级科技人才参加活动，使协会活动向高技术层次迈进。市职工技协高级科技工作者协会成立一年，发展会员 700 名，其中具有高级职称的占 62%。他们以协会为主导，以实体为依托，建立了津工新技术开发研究所。开展了 9 项新产品的研制，其中 3 项申请了专利，5 项填补国内空白。到年底，市职工技协各协会阵地活动达到 19600 人次；组织技术交流 252 次，有 16100 余人参加；举办技术讲座 159 次，达 600 多课时，培训技术骨干 3682 人。

1990 年 2 月，天津市职工技协开展“三为”立功活动，并向全市职工、技协会员提出倡议。全市 30 家企业的工会职工技协和市级应用技术协会向全市广大职工和技协会员，向各级应用技术协会发出倡议，主要内容：1. 认真学习贯彻党的十三届五中全会和市委五届五次会议精神，认清形势，统一思想，正确认识当前形势，贯彻“双稳”方针，增强战胜困难的勇气和信心。坚持四项基本原则，坚持改革开放，为建设有中国特色的社会主义，克服当前困难，艰苦奋斗、奋发图强；2. 坚决响应市委、市政府的号召，发扬工人阶级主人翁精神和职工技协的优良传统，积极投入到“双增双节”运动中去，积极开展为国分忧、为市政府作劲、为企业解难，无私奉献的“三为立功”活动，大力组织技术攻关，在提高质量、降低消耗、节约能源和适应市场需要，改变产品结构等方面下功夫。争取到年底每个企业技协搞成一项较大的发明创造或开发出一项新技术成果，每个应用技术协会、专业队（组）攻克一项生产技术关键，每名技协会员创经济效益500元；3. 要大力加强以“主人翁的精神、艰苦奋斗的作风、优质服务的本领”为核心内容的职工技协精神文明建设。大力表彰在“双增双节”和“三为立功”活动中涌现出来的先进人物、先进集体。及时总结宣传他们的先进思想、先进事迹、先进经验，提倡顾全大局、团结一致，克服困难，无私奉献的精神，反对“一切向钱看”的错误倾向；4. 充分发挥职工技协的群体优势，立足本企业，面向全社会，在积极开展有偿技术服务的同时，有偿无偿相结合，以有偿补无偿，在扶贫、济困中见风格、显威力、练本领，在技术攻关的实践中，发现人才，发展组织，壮大“三结合”的职工技协队伍。

同年2月，为贯彻落实五中全会和市委五届全体扩大会议精神，进一步搞好治理整顿，深化改革，职工技协第三次代表大会召开。截至2月底，全市区县局有58个单位建立技协组织，基层技协组织有1800个，各级应用技术协会、专业队伍已达到4676，全市技协会员队伍已达到17万人。继市职工技协第三届代表会议召开以后，电子仪表局、二轻局、大港石油管理局等技协，先后召开会员代表会议，总结报告工作，选举新的领导班子，并对所属基层技协进行了组织整顿，使职工技协的组织建设，在巩固中有了发展。

1991年10月21日，天津市总工会、市财政局、市科委、市税务局、市工商局联合下发关于印发《天津市职工技协开展“四技”活动和兴办科技实体的暂行办法》的通知。保证各级工会领导下的职工技协技术开发、转让、咨询、服务活动和兴办科技实体的健康发展。

根据全国总工会《关于加强工会基层职工技协工作的通知》精神，结合职工技协的具体情况，在广泛征求区县局工会技协和基层技协同志意见的基础上，11月19日，天津市总工会印发了关于下发《天津市工会基层职工技协工作条例》的通知（津工发〔1991〕194号）。

2000年，天津市总工会各级技协组织动员和组织广大职工，围绕深化企业改革，加快经济发展，提高经济效益献计出力、多做贡献。据统计：全市职工提出并实施合理化建议120多万件；组织和完成技术攻关9600多项；成立“五小”活动小组2.7万个，实施“五小”攻关项目21万项，共创经济效益14.5亿元。

2005年，天津市总工会技协办对7个区县局下属52个单位的72项成果进行了审核认定，在经过专家评审、公示后，其中68项职工技术成果，538名成果完成人获天津市科委颁发的《天津市科学技术成果证书》。这项工作对鼓励广大职工更广泛地开展技术创新活动，不断提高职工自身素质发挥了积极作用，同时也推动了科技成果转化，活跃了技术市场。

职工技术创新成果已纳入科委科技成果认定和管理工作系列，经市科委授权，天津市总工会技协办公室已建立起一套比较完善的运行机制，从基层工会的创新项目立项、攻关，到市级的审查、服务、评审、表彰、建档的全过程跟踪服务。在考核项目的实效上，要求技术部门有鉴定，财务部门有核算，企业落实有批示（认可），厂际协作有协议。这项工作走在了全国工会系统的前列，创造性地为全市职工搭建了开展自主创新活动的平台。

2006年2月22日，天津市总工会召开市职工技术创新成果暨职工技术协会第五次代表大会新闻发布会。2月28日，市职工技术协会召开第五次代表大会。会议认真贯彻市委八届九次全会精神，确定职工技协今后五年工作任务，选举产生新一届领导集体。宣读《天津市总工会关于表彰职工岗位创新标兵、职工先进操作（工作法）和职工技术创新成果的决定》。

2008年，天津职工技协在全市开展"解放思想、干事创业、科学发展观"大讨论活动。在1—6月份，职工技协主推职工技术创新成果认定，职工专利代理申报工作，配合《天津工人报》开展职工节能减排"金点子"合建活动。由技协上报的节能减排优秀合建获中华全国总工会高度好评。有13项成果入选中华全国总工会推荐推广的百项节能减排优秀成果。技协还配合经保部完成"选树节能减排企业行动示范基地"和"三个十"（十大职工发明家、十项先进操作法、十项职工技术创新优秀成果）审核工作，推动市百万职工技术创新活动再上新水平。同时，技协连续开办焊接、钳工等高技能培训班，并经市劳动和社会保障局批准，承办市焊接技能大赛。技协举办的"科技周节能减排先进技术主题报告会"和几次节能减排先进产品推介会在工会和企事业单位引起强烈的反响，显示了技协服务市场经济的巨大潜力和优势。

技协办接管的"天津市总工会人力智力交流服务中心"以及下属"技协劳务服务公司"靠真诚优质服务和有效的激励型管理机制打市场，在社会上树立良好的服务信誉，截至6月26日，人才中心吸纳的招聘企业已达千家，参加招聘的下岗职工和各类人员累计两万余人，派遣劳务工近500人。人才中心按照中华全国总工会和天津市总工会的要求，在极短的时间里，完成为四川灾区对口推荐劳务用工岗位任务。

3月，天津市总工会、市经委、市发改委、市统计局联合决定在全市企业和职工中开展选树节能减排企业行动示范基地活动，确定2008年首先在被列入国家重点监控能耗企业中选树天津市节能减排企业行动示范基地。在企业申报、专家和有关部门考评的基础上，对在节能减排工作中取得优异成绩的12家企业，授予"天津市节能减排企业行动示范基地"荣誉称号。选树的12家节能减排行动示范基地的共同特点是：均成立由党委主要领导任组长、行政和工会负责人为成员的节能减排领导小组，并制定工作目标，明确分工职责，划拨专项资金，确保节能减排活动的顺利实施。形成党委直接领导、行政大力支持、工会实施运作、职工广泛参与的节能减排活动的工作格局。这些企业建立符合自身实际的节能管理机构，设立了能源管理岗位，制定《节能目标评价办法》，对节能降耗指标实行了能耗公报制度和节能工作问责制，使节能减排的各项工作指标得到真实、准确、及时的落实。这些企业发动职工围绕节能减排，开展了"我为节能减排献计献策"征集"金点子"活动和小改革、小发明、小设计、小创新、小窍门等"五小"活动，并建立比较健全的节能减排奖励制度。

7月1日，在福州“海峡两岸职工创新成果展”上，天津职工技协代表天津市总工会组团参加的三个项目全部获金奖，取得“大满贯”，为天津市总工会争得了荣誉。

技协在天津市总工会和津工集团的领导下，全面贯彻科学发展观，强化以推广新技术、新工艺、新产品、新材料，节能降耗为主题的职工技术交流、人才交流服务，充分发挥职工技协人才、网络、技术优势，高水平履行工会的各项职能，以大社会、大市场、大协作来提升自身的品牌。以帮助青年职工学传统、练技能为目标，会同市退管会开展“津门大工匠实践”活动，一方面组织职工大工匠深入企业为青年工人学技能出点子做示范，另一方面联合《天津工人报》等四家报社开展了“津门大工匠征文”活动，先后刊登征文60余篇，较好地营造了发扬传统，传承技艺，尊重技能，尊重人才的良好氛围。在津门大工匠活动的带动下，职工技协各协会纷纷深入企业，开展技能帮扶和节能减排咨询活动，取得显著成绩。协会开办的高级技能培训班专教绝技绝招，受到学员们的好评。

10月16日，天津市总工会有关领导带队与市经委等有关部门负责同志，代表天津市总工会、市经委、市发改委、市统计局，深入到荣获天津市节能减排企业行动示范基地的中国石油化工股份有限公司天津分公司、大港电厂、天津华能杨柳青热电有限责任公司等企业授牌，对获得节能减排企业行动示范基地称号的12家企业表示祝贺，对企业工会组织发动职工积极投入节能减排活动的工作予以表彰。

第三节　群众技协成效

一、技术创新

天津市各级职工技协在指导思想上坚持为经济建设和企业的技术改造、技术进步，发展生产力服务。活动内容紧紧围绕企业产品的开发，提高产品质量，降低能源和原材料消耗，引进技术设备的国产化，广泛开展了技术攻关、革新创造，推广应用新技术，以及技术培训、技术练兵等多种形式的群众技术活动，对深入开展双增双节运动，提高企业的经济效益和社会效益发挥了积极作用。机械局电焊机总厂职工技协，围绕企业生产。调动职工积极性、创造性，在大力开发新产品上下功夫，从1987年以来，先后研制成功空气等离子切割机、逆变电源二氧化碳气体保护焊机、电焊网多头点焊机、MZ400型埋弧自动焊机、汽车总装多种专用焊机等新产品25种72台。其中11种32台填补了国家空白，6种11台赶上或超过了国际水平，为企业增添了活力和发展后劲。

二、技术扶贫

天津市职工技协还积极响应党中央、国务院提出的帮助穷困地区人民脱穷致富的号召，开展了对甘肃、宁夏地区的技术扶贫工作。通过提供信息、选派人员进行技术咨询、技术改造和技术培训，帮助受援企业提高产品质量，提高经营管理水平和技术发展能力，使一些关停企业恢复了生产。得到了受援地区和企业的欢迎。据甘肃一省统计，技术扶贫所创经济效益就达400余万元。

同时，组织力量支援亏损企业、乡镇企业，“老、少、边、贫”地区和其它兄弟省市，开展技术转让、技术交流活动。”冶金局铁合金厂职工技协，在一年多的时间里，为60余个企业解决了生产技术难题，还救活了两个厂。例如，天津警备区某部所属津西电石厂曾亏损几十万元，面临倒闭，找到该厂要求帮助解决1500KVA炉改炼硅铁，而且要求时间很急。铁合金厂职工技协为支援部队，挽救倒闭企业，派出了最好的工程技术人员，反复勘测，精心设计。他们发扬技协传统，不怕累、不叫苦，不讲生活条件，仅用108天就完成技术改造任务，炼出合格硅铁。到1988年底，电石厂不但收回全部30万元投资，还偿还了亏损的旧账。

三、技术攻关

群众技术协作自开展以来，打破了班组界限、车间界限、企业界限、行业和工种界限，甚至也打破了企业、科研机关、高等院校之间的界限，形成了一个群众性大协作，其主要人员由劳动模范、老工人、工程技术人员、教授、讲师和一部分干部组成。据不完全统计，市内各区、局群协，先后帮助239个单位，解决了256个技术课师；举办各种技术讲座、技术表演和召开现场会等638次，有26000多人参加；推广新工艺、新技术和各种先进技术经验183项；举办各种技术学习班53个，为各单位培训技术骨干8000多人。此外，还总结、编写和出版技术资料32种、72000份。群众称群协队伍是“智多星”“献宝队”。主要体现在：1. 全市有热处理炉2000多台，装机总容量近10万千瓦，是一只“大电老虎”。各级群协的热处理专业组在热处理炉上推广应用硅酸铝纤维这种新型隔热保温材料。全市已在500多个单位、900多台热处理电加热炉上应用了这种新材料，一般节电百分之三十以上，一年估计可节电1500万千万时。2. 服装十五厂从国外引进的喷气、喷水、自动调温熨斗，因水质不好，熨头喷气孔经常堵塞，如送国外维修，相当于再买一台。这个厂到群协求援，在气动技术专业组协助下，解决了这个难题。

第七章 法治工作

第一节 法律服务工作

一、新中国成立初期的法治服务

1949年4月14日，在天津市人民政府和华北总工会筹委会天津办事处的调解下，全市441件劳资纠纷大部分得到圆满解决，全市已有80%以上的私营工厂、90%以上的私营商店相继复工复业。9月1日，市劳动局成立，是当时解决劳资纠纷的仲裁机关。9月5日至8日召开的市首届各界人民代表会议通过了工会起草的《天津市劳资关系暂行处理办法（草案）》。就劳动条件和时间、劳动报酬、休息休假、政治社会活动、雇佣解雇、受雇辞职等事项，明确劳资双方各自的权利、义务。9月13—14日，天津市召开职工代表会议，各行业职工代表742人出席了会议。会议期间，全国总工会到会讲话，市总工会筹委会领导传达全国工会工作会议决议和精神，劳保部长传达市各界代表会议“关于劳资关系暂行处理办法的决议”。

1950年，天津市总工会根据职工要求发出号召，并领导职工在运输行业开展废除封建把持制度的斗争。9月份，全市共召开16次控诉大会。

同年6月，中共中央人民政府颁布施行《工会法》，市各级工会组织全面贯彻、宣传《工会法》，主要做了如下工作：1.发动各级工会干部和部分职工学习工会法。如塘大区70%职工学习过工会法；又如市政、海员、五金、化学等产业工会都通过广播、报刊、大小会议等方式组织工会干部与职工学习讨论了工会法。2.监督行政与资方切实执行政府法令。如督促行政实行劳动保险条例，培养了5574个劳保干事，使绝大部分公营工厂和私营大厂近十万职工及二十余万职工家属享受了劳保待遇。劳动保护方面，工会创办工人疗养院和劳模休养所，举办了春季卫生检查，督促行政改进工厂的安全卫生工作，减少工伤事故。中、小工厂工会，协同劳动局进行缩短工时工作，如六、八、十一等区已有一千一百余工厂、作坊把工时由过去十四至十八小时缩短为十一至十二小时。许多工厂工时缩短后，产量反而增加，做到劳资两利。

1951年6月，天津市总工会在纪念工会法颁布一周年时对全市执行工会法情况做检查。检查情况如下：1.工会法颁布以后，全市进行广泛的宣传教育工作，使广大的职员认识到自已在新国家中主人翁的地位，提高了政治觉悟。2.工会法规定国家赋予工会组织以广泛的权利，如工会有监督国营企业行政方面与私营企业的资方切实执行政府所颁布的一切保护劳动的法令的责任；

同时给工会以各种物质方面的支持和优惠待遇。广大职员则须“维护人民政府法令，推行人民政府政策，以巩固工人阶级领导的人民政权。”3. 基层工会组织建设，基本上扭转了轻视工会组织的思想，据统计，共整顿1097个基层组织，“清洗”1007名不纯分子，新建立2001个基层工会，发展50608名会员，全市共有工会会员336950名。

1952年1月，天津市总工会开展反对不法资本家行贿、偷税漏税、盗骗国家资财、偷工减料、盗窃国家经济情报（以下简称“五反”）运动，全市职工揭发出资本家“五毒”行为12万件。市和各区成立处理“五反”案件的人民法庭，天津市总工会和各区工会负责人分别担任相应法庭的副庭长。

二、社会主义革命和建设时期的法治服务

1956年，在资本主义工商业的社会主义改造中，天津市总工会发动职工协助政府做好清产估值、合营改组等工作，同时把职工积极性引导到发展生产上去，提出“合营推动生产、生产推动合营”。

三、改革开放和社会主义现代化建设时期的法治服务

1981年，天津市总工会调整机构，设立了信访处。1984年5月，天津市总工会设立法律顾问处，与信访处合署办公。到1986年9月的五年当中，天津市总工会处理职工来信来访、为职工提供法律咨询17300多件。

1986年9月，天津市总工会提出开展普法活动。法制建设是政治体制改革的重要内容，是经济体制改革和国家长治久安的根本保证。邓小平同志指出:“加强法制重要的是解决教育问题，根本问题是教育人。”各级工会要高度重视法制宣传和法制教育，采取法律知识讲座、法律知识测验、法律咨询、模拟法庭等群众喜闻乐见的形式，广泛开展普法活动，使广大职工自觉地学法、知法、守法，用社会主义法制规范自己，做遵纪守法的模范。

1993年，为保障工会法在天津市贯彻实施，天津市总工会法律部门承担市人大和天津市总工会常委会授权起草天津市实施工会法办法的任务。在与市人大协调争取列入人大立法计划后，着手起草工作。首先调查研究，听取各部门意见，查找大量的法律法规政策资料，初稿形成后，下发各区县局工会征求意见，分别召开三个不同层次，不同行业的座谈会，全面倾听意见。在征求工会内部意见的基础上，又征求市委市政府21个有关主管部门的意见。初稿报市人大后，与人大有关部门共同反复修改，形成报人大常委会的草案。12月8日，经十二届市人大常委会第四次会议审议，获全票一次通过。天津市总工会法律部门先后参与中华全国总工会法律部的劳动法、《企业劳动争议处理条例》、《企业劳动争议调解委员会组织及工作规划》以及市劳动局转给的《天津市实施〈中华人民共和国企业劳动争议处理条例〉细则》的修改征求意见工作，表达了工会组织的意见和建议。

2003年12月15日，天津市总工会与天津电台联合开播“工会在线”专栏节目。专栏重点报道全市各级工会在贯彻落实中共中央和市委、市政府决策、部署，在推进天津实施“三步走”战略目标中，充分发挥桥梁、纽带作用，团结和动员全市广大职工进一步发挥天津工人阶级主力军作用的各项工作和活动；反映市委对全市工作整体部署和不同时期提出的要求、号召，工会组织及时做出的响应；报道工会组织努力实践“三个代表”，全心全意为职工服务，在职工素质工程、民主管理、下岗再就业、困难职工救助等重点工作上的做法、经验和成果；劳动模范及各级先进在各自岗位上为天津的发展和三个文明建设作贡献的事迹；工会组织为职工送温暖、办实事、办好事的典型事例；天津工运事业的发展和成果以及为职工排忧解难、送温暖、办实事、法律维权等典型事例。5月20日—30日，天津市总工会印制了5000册《维权在线》小册子，免费发放给基层工会，提高工会干部自身素质，加大依法维权力度。

2005年4月8日，天津市总工会召开天津市工会法律工作研讨会。会上通报了2005年法律工作安排，并就工会依法维权、依法治会，依法协调劳动关系，切实提高维权能力等问题，进行了深入研讨。

2006年3月30日，天津市总工会在天津大礼堂召开以“建机制、谋和谐、促发展”为主题的工会法律工作会议。为荣获全国工会系统“四五”普法先进单位、先进个人颁发了奖牌和证书。同时，总结“十一五”期间全市工会维权工作的主要情况，对2006年工会维权工作进行了具体部署。大会郑重提出了“工会维权承诺10条”及相应的工作措施。天津市总工会领导在会议讲话中指出，新形势下工会维权的对象和领域在不断扩展，维权的内涵在不断深化，维权任务愈加艰巨。各级工会组织应当清醒地认识到，工会维权工作一定要走出工会内部循环的小圈子，把维权工作纳入到社会建设和管理的总体格局中，融入社会主流，善于借助社会各方面力量和资源，努力形成“党委领导、政府重视、工会运作、各方支持、职工参与”的工会维权社会化全新格局。5月27日，工会系统正式启动工会公职律师试点工作，职工维护权益将由工会公职律师撑腰。工会公职律师持有司法行政部门颁发的公职律师职业证，兼有律师和公务员双重身份，只承担受聘工会的涉及职工权益维护及工会的相关法律问题，不向社会提供其他有偿服务，不以律师身份办理本单位以外的诉讼案件。有维权工作经验的工会机关现职工作人员在通过相关的资格考试之后，将以公职律师的身份开始供职或受聘于县级以上工会，专门为职工维权服务。工会公职律师的职责和权利广泛，在调查取证、查阅档案材料以及参加律师职称评定等方面与社会律师享有同等权利。

2008年11月26日，天津市总工会召开工会法律援助工作会议。会议以贯彻中华全国总工会《工会法律援助办法》为契机，将强化工会法律援助工作与实践科学发展观相结合，积极探索建立方便职工、合力联动、畅通快捷的法律援助服务维权体系。天津市总工会职工法律援助中心与分别坐落在市内六区的国浩、击水、易道、法政牛津、杰森、旗帜六家律师事务所签订合约，聘任他们为职工法律顾问单位，发挥律师的专业优势，按照区域划分，为本区域内的职工提供方便快捷的法律服务。

第二节 劳动争议调解工作

一、劳动争议处理

1987年12月，天津市政府下发《关于建立劳动争议仲裁委员会的通知》。市劳动争议仲裁委员会由劳动局、总工会、计委、经委、建委、交委、农委、商委、外经贸委、教卫委等单位负责同志组成。区县劳动争议仲裁委员会也由相应单位代表组成。同月，市劳动局制定《关于国营企业建立劳动争议调解委员会有关问题的意见》。企业劳动争议调解委员会由职工代表、企业行政代表和企业工会委员会的代表兼职组成。调解委员会在企业职工代表大会领导下工作，办事机构设在企业工会。调解委员会主任由企业工会代表担任。同月，市人民政府颁布《天津市贯彻〈国营企业劳动争议处理暂行规定〉实施细则》，共四章33条。1989年—1990年两年当中，天津市总工会和区县局工会共接待职工来信来访18万件，办结率92%。

同年12月24日，天津市总工会、市劳动局印发《关于国营企业建立劳动争议调解委员会有关问题的意见》的通知。通知中指出，企业建立劳动争议调解委员会，是劳动制度改革的需要，是为正确、及时地处理劳动争议，维护正常的生产秩序和社会秩序，调动职工积极性，促进社会主义建设的需要。通知中还规定调解委员会处理劳动争议的程序。各级工会组织、企业主管部门和各级劳动行政部门，要密切配合、统一部署，尽快建立企业劳动争议调解委员会。

根据国务院发布的《国营企业劳动争议处理暂行规定》和天津市人民政府颁发的《天津市贯彻〈国营企业劳动争议处理暂行规定〉实施细则》的要求，天津市总工会对全市国营企业建立劳动争议调解委员会的问题提出如下意见：1. 劳动争议调解委员会是设在企业内部的处理劳动争议的协调性组织，负责调解解决本企业行政和职工之间因履行劳动合同发生的争议。2. 国营企业（含中共中央和外地在津企业）以及外商投资企业均应建立劳动争议调解委员会，（以下简称“调解委员会”）。设有分厂（或者分公司，分店）的企业，应当在总厂（或者总公司，商店）设立一级调解委员会，在分厂（或者分公司，分店）设立二级调解委员会。经二级调解委员会调解不成的劳动争议，当事人可以向一级调解委员会申请调解，也可以直接向企业所在区，县仲裁委员会申请仲裁。国家机关，事业单位、社会团体根据需要并具备条件的，也可以建立调解委员会，以调解本单位因履行劳动合同而发生的劳动争议。3. 调解委员会由职工代表、企业行政代表和企业工会委员会的代表兼职组成。职工代表由职工代表大会（或职工大会）推举产生；企业行政代表由企业行政方面指定；工会代表由工会委员会指定。调解委员会具体人数由职工代表大会（或者职工大会）提出并与厂长协商确定。调解委员会主任在调解委员会成员中选举产生，或者由工会代表担任。4. 调解委员会在职工代表大会领导下进行工作，其办事机构设在企业工会委员会。工作任务量大的企业，根据实际需要可适当设置专职工作人员。5. 上级劳动行政机关、工会组织和企业主管部门，对调解委员会的工作有指导和监督检查的责任。6. 调解委员会调解劳动争议，必须坚持调查研究，遵守双方自愿的原则，不得强迫。要依据事实，宣传法律、法规和有关劳动政策，正确处理国家、企业和职工个人三者的利益关系，维护当事人双方的合法权益。当事人双方在适用法律上一律平等。

1993 年，在天津市总工会常委会的领导下，工会法律工作以党的十四大精神、邓小平同志重要谈话为指导思想，做好职工来信来访、法律咨询服务和劳动争议处理工作。

部分企业由于生产经营不景气，特别是某些亏损企业，职工的某些待遇和生活保障不能落实。再加上某些企业法人依法管理企业的观念淡薄，职工来信来访反映的实际问题处理起来相当棘手。面对信访工作的困难局面，工会法律工作主要抓了四个方面的工作。1. 重视集体访和领导批信，把稳定大局作为头等大事来抓。2. 积极宣传改革，引导职工理解改革、支持改革，为企业改革创造一个良好的外部环境。在企业进行三项制度改革中，部分职工对精减下岗、转岗、分配上的倾斜、承包、租赁等不理解，因此上访，讨个说法。针对这些来访职工思想上的困惑，工会把解释政策与耐心的宣传、教育结合起来，引导职工理解企业的困难，动员职工齐心协力与企业共度难关。对一些有特殊困难的职工，尤其是一些孤老户要向主管局领导反映，以保障他们的晚年生活。3. 纠正企业对职工的侵权行为，维护职工的合法权益。4. 强化信息工作，为各级领导提供有价值信息。面对深化改革中出现的新情况新问题，充分发挥信息的特殊作用，及时反映职工意见和要求，为各级领导了解社情民意、进行决策提供第一手资料。全年共发 27 期信息，市委市府采用 8 条，市领导做批示的 8 条。经发信息后，引起主管局和单位重视，妥善处理了事件，维护了职工的身心健康。截至年底，共处理职工来信来访 1458 件。其中，反映欠发工资和退休费、不能及时足额报销医疗费、大病得不到所需费用方面的问题 911 件，占信访总量的 62%，成为热点问题。共接待集体上访 37 批 521 人。而 1992 年同期仅有 12 批 358 人。批次是 1992 年的 3.5 倍，人数是 1992 年的 1.5 倍。其中，欠发工资和退休金的 28 批 357 人；承包、租赁、合并、拆迁安置方面的集体访 9 批 164 人。

1993 年，天津市总工会成立天津市总工会律师事务所，向工会组织和广大职工提供法律服务，开创工会法律工作的新局面。6 月 10 日，天津市总工会领导亲自为律师事务所挂上牌子。事务所成立后，律师积极拓展业务，建立顾问点 10 个，代理案件 10 件。7 月 28 日，律师事务所响应司法部的号召，走上街头进行法律义务咨询服务。解答咨询 78 人次。律师事务所牢记服务宗旨，为各级工会组织和职工免费提供服务。

1995 年 7 月，天津市总工会为贯彻实施劳动法，参与调整劳动关系成为工会工作的重点。全市有 2547 家企业建立劳动争议调解委员会，占全市建工会组织单位总数的 28.6%，比 1994 年增长 10%。按基层单位经济类型分组，国有企业占已建总数的 69.8%，城镇集体单位占 24.4%，外商投资企业占2.4%，乡镇集体企业占3%，有两家私营企业也筹建了劳动争议调解委员会。各调解委员会共处理劳动争议735件。引起劳动争议的主要原因是变更、解除、终止、续定劳动合同，以及劳动报酬、保险福利、生产工作条件等方面的矛盾。

1996年，天津市各级工会积极推动劳动争议调解委员会的建设，全市已有3350个企业建立调解组织，组建率达54%。9月30日，天津市总工会法律顾问处举办历时三个月的区县局工会、基层工会“两员”干部培训班，共举办8期820人培训。此外，市各级工会与组织部配合举办三期区县局工会主席法律学习班。

1997年，天津市劳动争议调解委员会的组建率达到72%，三级劳动法律监督委员会的网络逐步形成，大量的劳动争议问题在基层解决。各级工会重视做好职工来信来访工作，开展法律咨询服务，培训80名工会法律工作者和1702名劳动争议调解员和劳动法律监督员，在稳定职工队伍中发挥了积极作用。

1998年，天津市劳动争议调解委员会组织建设组建率已达80%。

2000年，经天津市总工会常委会同意，市司法局批准，天津市总工会成立“天津市总工会职工法律援助中心”，并向全市区县局工会下发工会法律援助试行办法。法律工作部的工作人员每天轮流在“中心”值班，认真接待来自各方的职工群众和工会干部，答疑解惑、协商争议纠纷，帮助职工解决实际问题。

面对经济关系、劳动关系发生的深刻变化，天津市总工会积极推进工会法制建设。天津市总工会在依法治会、依法维权方面主要抓了几项工作：1. 加大参与立法和政策制定。天津市总工会参加了市人大立法论证会，向立法机关反映职工的意见和呼声。参与了《天津市劳动就业管理条例》等12项法律、法规和政策的修改和制定。2. 建立劳动关系协调和预警机制。3. 加强工会劳动法律监督工作。天津市总工会与市劳动保障局联合下发了《关于加强劳动行政监察与工会劳动法律监督工作相配合的意见》，建立了联合检查、协助办案等五项制度。同时，在天津工人报开设信访、法律、劳动争议热线专栏，开展舆论监督。共接受职工投稿200余件，并进行了公开报道，收到了较好的社会效果。4. 成立职工法律咨询中心。为428人次的职工提供法律咨询，代写诉状63件，代理劳动争议仲裁和诉讼案4件。5. 开展基层工会法人资格登记和申领代码工作。6. 开展法制宣传教育。天津市总工会编写《新法规政策选编》，无偿发放基层工会。在天津有线电视台录制、播放工会法电视专题片。

2005年4月8日，天津市总工会召开市工会法律工作研讨会。会上通报了2005年法律工作安排，并就工会依法维权、依法治会，依法协调劳动关系，切实提高维权能力等问题，进行了深入研讨。天津市总工会本着“预防为主、基层为主、调解为主”的原则，注重劳动关系协调机制建设，在全市建立了区域性劳动争议调解组织和企业劳动争议调解组织，形成了一支集劳动争议调解员、劳动关系信息员、劳动法律监督员、劳动政策宣传员为一体的维权队伍，使劳动争议最大限度的解决在基层，解决在萌芽，为确保职工队伍稳定和社会稳定奠定了重要基础。其次，天津市总工会为指导和推动基层工会做好劳动关系预警、预测、预控和预报工作，在深入调研的基础上，多次召开劳动争议调解经验交流和业务培训会议，总结企业在改革中坚持协调劳动关系、化解各种矛盾的经验，以及总结非公有制企业加强劳动争议调解的经验。

为了扩大工会维权工作的社会影响，畅通工会协调劳动关系的社会渠道，形成“工会—劳动—司法”劳动争议调解的联动维权机制，天津市总工会积极联系沟通有关部门，与市司法局、市劳动和社会保障局、市高级人民法院共同召开联席会议，建立了经常性的联席会议制度。同时，天津市总工会还成立了工会律师团，先后聘请了50名专职律师，为职工开展法律援助，深受广大职工和基层工会的欢迎。

2007年2月4日，天津市总工会与市司法局联合召开工会律师团会议。会议总结工会依法维权的经验，并就如何开展工会法律援助工作，发挥律师团作用等进行深入研究。8月，天津市总工会为强化“中心”的帮扶职能，建立起“天津市总工会主席接待日”制度，由天津市总工会主席、副主席轮流到“中心”与职工面对面交流。利用每周一上午半天时间，天津市总工会各位主席在帮扶中心现场接待来访职工，及时快速地帮助职工解决现实问题。建立起工会法律顾问委员会、职工律师团、职工法律服务志愿者三支队伍，加大工会法律咨询、法律援助的力度。天津市总工会困难职工帮扶中心从2007年初成立工会律师团以来，共聘请了50名专职律师，为职工提供法律援助。仅2007年1月至2008年10月，就接待职工来访7194人次，来信427封，为职工代写诉状、无偿为职工提供法律援助120件，胜诉率100%，共为职工挽回经济损失近3000万元，有力维护了职工合法权益。

二、法律监督

2001年，天津市总工会与市劳动和社会保障局共同召开天津市首届劳动行政监察与工会法律监督工作联席会议，双方互聘了市劳动监察员和天津市总工会劳动法律监督委员会顾问。天津市总工会举办劳动检查员培训班，160余名工会干部被市区劳动监察部门聘任为劳动监督员。各级工会抽调70余名劳动检查员联合开展为期一个月的劳动保障法律监督检查活动。检查共分43个专项检查组，检查各类用人单位1279家，涉及职工22.8万人，查处各类违法案件674件。

2004年3月4日，天津市法律工作部召开劳动保障监察与工会劳动法律监督工作第二次联席会议。根据劳动和社会保障部、中华全国总工会《关于加强劳动保障监察与工会劳动保障法律监督相互协调配合工作的通知》和市劳动和社会保障局、天津市总工会《关于加强劳动行政监察与工会劳动法律监督工作相互配合的意见》文件精神，双方互聘了劳动法律监督委员会顾问及劳动保障法律监督员。3月11日，天津市总工会法律工作部与天津工人报社联手开设的“维权在线”正式启动，这是天津市总工会系统强化依法治会、依法维权的又一举措。在启动仪式上天津市总工会领导说，此举旨在落实天津市总工会常委会的要求，奠定维权长效机制，延伸维权的内涵，促进全市劳动关系和谐稳定，并以此为契机，加强工会自身的法制化建设。要通过加大宣传报道的力度，向职工普及法律法规知识，增强职工群众依法自我维护的意识，并从中交流工会依法维权的经验，提高工会依法维权的能力和水平，拓宽工会维权的路子。“维权在线”提供两种服务方式，一种是天津市总工会专设热线电话咨询，另一种是天津工人报的“维权在线”专刊和热线电话受理。按照天津市总工会要求，工会依法维权必须坚持走法制化、制度化、规范化的路子，只有将依法维权融入改革和发展的大局中，才能发挥实际效应。“维权在线”宣传报道的重点，着眼于职工群众关注的热点难点问题，立足于协调劳动关系、维护职工权益、促进企业发展和社会稳定，并将工会的劳动法律监督职能通过多钟渠道充分发挥出来。

第八章　女工工作

第一节　工会女职工工作

一、女职工组织建设

1989年8月13日，天津市总工会颁布《天津市工会女职工委员会条例》，条例依照《中国工会章程》的规定，明确提出各级工会建立女职工委员会组织，积极开展女职工工作。女职工委员会的主要职责和任务是，依法维护女职工的合法权益和特殊利益，加强女职工劳动保护和提高女职工文化技术素质。9月23日，天津市总工会关于建立健全各级工会女职工委员会的意见中指出，为适应改革形势发展的需要。更好地表达和维护女职工的合法权益和特殊利益。根据《中国工会章程》规定，天津市总工会常委会研究决定：“全市各级工会都应按规定建立健全女职工委员会”。并强调，女职工委员会是具有广泛的代表性，表达和维护女职工的合法权益和特殊利益的女职工组织；女职工委员会的建立和健全是搞好工会女职工工作改革的重要内容，各级工会要把建立健全女职工委员会的工作列入工会工作的议事日程，由分管主席负责，搞好试点，制定规划，积极稳妥地搞好女职工组织建设工作；女职工委员会可根据需要，按照条件，由女职工民主选举或民主协商推荐产生，经同级工会委员会批准；凡建立工会组织的区县局和产业工会都要建立女职工委员会。凡有女会员25人以上的基层工会都要建立女职工委员会；25人以下的设女职工委员，承担女职工委员会的任务。已建立女工组织的基层工会应根据上述精神，将现有的女工工作委员会改建为女职工委员会。

2002年10月30日，在职工之家召开“天津市总工会女职工委员会三届一次会议”，会议推举产生天津市总工会第三届女职工委员会，审议并通过了“团结奋斗，开拓进取，努力推进本市工会女职工工作再上新水平”的工作报告，天津市总工会和市妇联领导到并会作重要讲话。

二、维护女职工合法权益

1949年9月15—17日，天津市首届女工代表会议召开，各行业工会女工代表160余人出席了会议。会上，天津市总工会筹委会女工部长报告了天津解放以来的妇女工作。市政府和天津市总工会筹委会主任等领导出席会议并讲话。在讲话中要求各级工会对女工工作要给予充分的重视。

1949年9月24日，天津市职工总会筹委会召开女工干部会议。会议要求各基层工会加强托儿所的建立和管理工作，并明确企业托儿所由女工部门直接领导。

1950年5月，中共中央人民政府颁布婚姻法。天津市总工会为推广、贯彻婚姻法，作了大量宣传教育工作，获得一定成绩，自由自主的婚姻显著增加，民主和睦、团结生产的新家庭日渐增多，打骂虐待以及买卖、重婚等现象已减少。但买卖婚姻与限制自由恋爱的现象仍然存在，女工或职工家属遭虐待自杀的事件屡有发生。因此天津市总工会决定在全市职工及职工家属中开展贯彻婚姻法运动。在运动中各级工会作了以下工作：1. 在全市工人群众中，普遍深入地开展婚姻法的宣传工作，揭发批判各种封建思想的残余，树立新的婚姻制度，从根本上摧垮封建的婚姻制度。2. 调查研究婚姻法执行情况，树立先进典型，以提倡男女平等、婚姻自主、家庭和睦的新风气。3. 对严重的压迫虐待及其他违法事件，各级工会必须协助政府加以处理。

1951年，天津日报刊登全市私营中小工厂中某些违反工会法与劳资两利原则，欺压工人及男女同工不同酬等不合理现象报道后，引起天津市总工会办事处、各区委会等有关机关及许多中小工厂劳资双方的注意和重视。天津市总工会三、四、六、八等区办事处深入基层调查情况，并把过去工作中的缺点，在干部会上或报纸上做检讨。四区等发动全区中小工厂的基层工会干部，根据报纸展开讨论和检查，并召开全区基层工会主席、组织员的联席会，研究改进办法。不少工厂的资方，有的也主动到劳动局或天津市总工会办事处，商讨改进。在天津市总工会的领导下，在有关机关的协助，及劳资双方的协商，大部分私营中小工厂改进男女工同工不同酬及女工长期当临时工，并受着资方无理欺压的不合理现象。

1953年，根据中国人民政治协商会议共同纲领有关保护妇女在政治、经济等各方面与男子平等的权利及保护女工特殊利益的规定，减少其在生产中的特殊困难，以保证生产任务的完成，天津市制定《保护女工暂行条例》。

1955年，天津市总工会加强女工工作，努力提高女职工政治、文化、技术水平。经研究发现影响女工进步的问题主要有以下几个：1. 孩子问题。过去曾协助行政建立了许多托儿所，但绝大部分仅收乳婴，且仅在生产时间收托，开会、学习、夜班后睡眠等时间女工的孩子还无人照顾，出所以后的孩子亦没有帮助女工适当安置；二是家庭问题。女工家庭中劳动力少，承担繁重的家务，下班后还要尽“媳妇之道”，甚至受虐，影响休息和学习；三是思想问题。部分女工对家务事的兴趣比对学习进步的兴趣大得多，缺乏事业心和钻研精神。

天津市总工会女工部作了如下工作来提高女职工政治、文化、技术水平，解决女职工面临的这些问题。1. 利用各种可能帮助女工解决孩子问题。逐步做到在学习、开会、夜班后睡眠时间女工的乳婴有人照顾；举办托儿站，在学习、业余活动和下夜班睡眠时间收托女工的孩子；建立寄托户（解决的问题同前）；调整托儿所的劳动组织，延长收托时间。2. 教育家属关心和帮助女工进步。使女职工家属了解女工积极生产、养家、哺育子女对国家、家庭后代有很大贡献。3. 加强女工的思想教育和生活指导，让女工和一般工人群众一起接受教育。其次还应注意女工的特殊教育。如举办讲座、召开会议介绍先进女工的先进思想和克服困难的经验、组织保健站、托儿所对女工进行妇婴卫生的宣传教育。

1982 年，天津市女职工已占全体职工总数的 40% 以上，顶起生产建设的“半边天”。2 月，天津市总工会提出为社会主义争光，为新中国妇女争气，女职工要做到“自尊、自爱、自重、自强”（简称“四自”）。指导女职工的生活、工作、学习，号召女职工争做 80 年代的新型女工。1993 年，天津市各级工会采取多种措施维护女职工合法权益，在工业系统，工会组织通过职代会、企管会等渠道，纠正并制止少数企业出现的下岗“一刀切”、强迫女工提前下岗待业和女职工代表比例偏低等侵犯女职工合法权益的现象与行为。如一轻局工会督促行政有关部门，在女职工较多的 131 个企业建立了女工卫生室。化工局工会督促基层企业把女工从不适宜的岗位上调换下来。纺织局工会结合待业女工占 80% 以上的特点，发动基层企业工会建立女子学校，3 万多名女职工参加学习和培训，增强女工的岗位竞争力。截至 3 月，已有 60 个区、县、局建立了女职工委员会，34 个区、县、局工会主席由妇女担任，31 个区、县、局制定了《女职工劳动保护细则》。仅 18 个区局就培训了《中华人民共和国妇女权益保障法》“小教员”3000 多人，维护女职工权益正走向法制轨道。

各级工会结合企业女工思想实际，开展“巾帼立功、学先进，比奉献，为‘八五’建功立业”等多种形式的教育，号召女职工参与改革、关心企业、多做奉献。化工局工会女职工委员会组织“巾帼建功业，奉献在八五”的竞赛活动，组织女职工投身“科技兴化”活动中。纺织局 10 万巧织女在局工会女职工委员会组织的“做主人、挑重担，我为八五做贡献”的竞赛，严把操作质量关，开展操作大练兵活动，46% 的一线操作女工技术达到一级手水平，比赛前提高了 17%。电子仪表局的女职工在局工会女职工委员会组织开展的“三为五争”活动中，组织各种形式生产竞赛 1062 项，参与新品开发 329 项，创效益 6000 万元。据对机械局等 18 个局的不完全统计，通过各种形式的竞赛，提合理化建议 150396 条，采纳 46196 条，实现 10786 条，创效益 89711 万元，女职工在经济建设中的作用日益突出。

1995 年 9 月，天津市总工会相关领导代表全市女职工参加“第四次世界妇女大会非政府组织论坛”的活动，就“妇女参政”“女职工劳动保护”“发展托幼园所”等问题，同与会各国朋友进行交流。

1997年，天津市工会女职工委员会借助政协领导巡视之机，反映下岗女工状况，提出建议和措施，被政协采纳并将报告提交市政府，推动政府有关政策的出台。3月6日，市工会女职工委员会在职工之家召开女职工“走向成功”事迹报告会。天津市总工会领导与来自各条战线的300多名姐妹们一道参加报告会。

1999年2月1日，天津市工会女职工委员会在职工之家召开“共创一流”座谈会，来自机械、纺织、汽车、区县等30个系统工会女职委签订“共创一流”协议书。中华全国总工会和天津市总工会相关领导出席并讲话。6月1日，天津市总工会女职工委员会在工会系统开展以“姐妹帮姐妹”为形式的“托起明天的希望”的救助活动。31个区局以智力支持为主，资金救助为辅。以扫除就学障碍为内容，共救助1160个家庭，救助款达24万元。

同年，天津市总工会女工工作围绕改革、发展、稳定的大局，认真贯彻工会工作的总体思路，落实《女职工劳动保护规定》，解放思想，积极实践，实现源头参与，高层次参与，使女职工劳动保护工作走上巩固、创新、发展的规范化道路。在女职工劳动保护工作中天津市总工会女工部组织女职工干部学习，向企业领导、社会各方面及女职工宣传，有线电视、广播、板报是宣传的主要形式，知识竞赛、专题讲座、培训班是学习的课堂。相继印发《天津市实施女职工劳动保护规定办法》8000余册，挂图8000余套。对全市120个区县局及大型企业的劳资、安技、工会女职工干部进行拉网式培训。并注意搞好源头参与，实施多层次参与。在实施劳动法的过程中，在推行现代化企业制度试点单位建立联络员制度，及时提出《关于工会女职工委员参与平等协商和集体合同工作的意见》，并结合规定拟定集体合同中女职工劳动保护条款的内容提示。截至1999年3月，已有47个区县局协助行政建立行业的女职工劳动保护办法。在机电、仪表、纺织、化工、医药等12个重点行业的基层单位，女职工劳动保护建制率达80%以上。全市已建立集体合同机制的4000多个企业中，基层女职工委员参与率达97.06%。其中。合同中设有女职工劳动保护专章的达74.34%，有专款的达26.76%。

2002年3月6日，天津市总工会在第一工人文化宫宾馆召开“庆三八姐妹帮姐妹解困手拉手”活动启动会，中共天津市委常委和天津市总工会相关领导出席并讲话。

2003年8月14日，天津市总工会女职工委员会举行2003年“托起明天的希望”——对单亲困难女职工子女助学活动启动仪式。天津市总工会领导到会并做重要讲话。天津市总工会困难职工救助中心拨款近8万元，对单亲困难女职工家庭的100名优秀在学子女发放了助学金，为400名高中学段的单亲困难女职工家庭子女免费提供了市图书馆图书借阅卡。

天津市总工会女职工委员会在劳动保护、劳动就业和妇女保健等方面，为企业和女职工办实事、办好事，先后举办下岗再就业的劳务咨询、洽谈活动，为女职工提供法律知识、政策指导、就业实践、择优技巧等培训服务。并为400余名下岗女工免费查体、为乳腺癌等疾病的女职工提供保险服务和特困下岗女职工提供项目资金扶助。

三、表彰先进

1994年3月4日，天津市总工会女职工委员会在机械局工会举办“庆三八座谈暨表彰大会”，来自各条战线的女劳动模范、三八红旗手、全国先进女职工的代表150余人出席了大会。会上全国总工会表彰全国先进女职工15名、先进女职工工作者7名、先进女职工集体5个。表彰市级优秀女职工工作者和优秀女职工工作积极分子118人、优秀女工工作集体18个。

2006年3月，天津市总工会召开庆“三八”暨天津市实施“女职工建功立业工程”表彰大会，会上92名“建功立业先进女职工”、49个“女职工建功立业示范岗”、10个“女职工建功立业优秀组织单位”获奖。

第二节 工会“红娘”工作

一、“红娘”组织建设

1981年，天津市纺织局、建工局等单位针对众多大龄返城知青“恋爱难，婚姻难”的问题，利用工会女工工作积极分子队伍，热心为大龄未婚职工服务，组建“红娘”组，为大龄未婚职工架起“鹊仙桥”。

1990年12月13日，天津市总工会红娘协会正式成立，全体会员大会讨论并通过《天津市工会红娘协会章程》。

二、工会“红娘”助力职工幸福

1984年5月，天津市工会红娘工作受到中共中央书记处的首肯，陈云等中共中央领导同志曾就此专门作出了批示，指出，三十岁以上未婚青年的婚姻问题是一个很大的社会问题，各级党组织要给予重视和关心，工会妇联和共青团应作为一项重要工作认真抓好。以此为契机，天津市总工会组织帮助择偶职工解决婚姻难为主要内容的红娘工作蓬勃展开。

全市工会系统遵照中办950号文件精神，发挥工会组织优势，利用工会阵地，采取群众的事情群众办的原则，在帮助大龄职工群众婚姻方面做了大量工作，收到明显的社会效益。随着工会“红娘”工作社会影响的扩大，中老年丧偶、离异的职工也要求工会帮助解决再婚问题。为解除职工的后顾之忧，各级工会先后建立红娘工作组，红娘协会等群众性红娘活动组织。

1990年12月8日，天津市总工会向市民政局上报关于建立“天津市工会红娘协会”的报告。这样能够统一全市工会系统的红娘组织，加强对红娘工作的管理，提高服务质量。解决未婚职工的婚姻问题，调动广大职工的生产和工作的积极性。

1994年1月31日，天津市工会红娘协会在机械局工人俱乐部召开“红娘协会理事会”，会上市工会红娘协会向与会的理事及会员单位的代表通报了协会1993年度工作和1994年度设想。通报协会财务收支情况及“红娘工作十年大庆”活动，天津市总工会领导出席会议并讲话。5月20日，天津市总工会在干部俱乐部召开“天津市工会红娘工作十周年纪念会”，会上表彰十年来在红娘工作中做出突出贡献的红娘标兵10名、先进红娘积极分子85名，红娘工作之友15名，先进红娘工作集体19个。5月23—24日，天津市总工会红娘协会在干部俱乐部燕园举办“庆祝红娘工作十周年万名职工鹊桥联谊会”。来自全市百余区局的万余名红娘积极分子和求偶职工参加活动，大会为与会人员提供了近万条鹊桥线索。天津市总工会领导到会慰问了与会红娘。

红娘工作成为各级工会组织为职工办好事，办实事的重要渠道，有着职工需要、企业满意、社会认可、无偿服务的独特优势，成为工会组织的传统工作。在各级党政领导的关心、支持、帮助下，经过6000多个红娘组，20000多个红娘积极分子的努力，服务范围不断拓宽，活动形式不断创新，产生良好的社会效应。红娘工作对象已由三十岁以上大龄青年发展到适龄未婚青年及中老年离异、丧偶职工；由健全人发展到残疾职工。工作范围由市内企业发展到郊区企业及油田、海港；由文化、技术密集的岗位发展到苦脏累险岗位。活动方式由帮助职工寻找意中人牵线搭桥，到为职工创造宽松和谐的环境自我展示，自由结识，使他们在愉悦的气氛中相识、相知、相恋；由为老年人找伴侣到为独身老人找法定继承人和遗赠抚养人，红娘工作实现了多层次，全方位服务。据对36个区局的不完全统计，近十年来，各级红娘组织先后组织各类活动10460场（次），为43万余人提供过服务，提供线索100万条，使30496对职工喜结良缘。

第九章　调查研究

第一节　工会调查活动

一、新中国成立初期的工会调查研究活动

1951年12月，天津市总工会为了解职工状况，健全各级企业工会组织，救济失业和困难职工，对全市职工队伍状况进行了调查。调查市产业工人情况、产业工人阶级性、工人的来源、店员组织概况、店员类型（阶层划分）。各行业脑力劳动者概况、阶层分析和手工业工人劳资关系、工时、工资等进行分析。

二、社会主义革命和建设时期工会调查研究活动

1955年，天津市总工会第五次会员代表大会指出：为进一步整顿组织、健全机构、划清业务范围和明确职责任务，必须是在便于加强竞赛的领导和切实关心群众生产的思想指导下进行，同时应注意进一步摆脱事务，挑选和提拔积极分子来领导各级组织。此外，还必须进一步改进各级工会组织的领导方法和工作方法，克服工作中一般化的缺点。提倡各级工会必须深入基层、车间，加强调查研究工作，深入研究问题的实质，认真总结推广经验。有效地发现和解决工作中的具体问题，同时提倡工会干部除了认真学习五三厂、中长路和苏联工会工作经验外，还必须学习经济知识和生产技术知识。只有不断提高我们的业务知识和思想水平，才能更有效地克服一般化的缺点，做好工作。

1957年，天津市总工会第六次会员代表大会指出，当前工会工作中存在许多问题，根本原因是工会组织和工会干部日益滋长的官僚主义作风。许多工会领导干部大部分时间坐在办公室里开会、处理文件、听汇报，很少踏踏实实的深入群众对具体问题进行深入的调查研究，和群众之间有了一定的隔阂，这样在工作中就会产生形式主义。邓小平同志在党的八次代表大会的报告中指出："离开群众的经验和群众意见的调查研究，那么，任何天才的领导者也不可能进行正确的领导。"这句话对全体工会工作者有着十分深刻的教育意义。

据此，天津市总工会要求工会领导干部认真克服漂浮在上、不深入、不接近群众的工作作风。加强调查研究，系统的解决工会工作的一些问题。今后提倡各级工会组织对当前工会工作中一些重大问题有计划的进行系统的调查研究，领导干部应当亲自参加。

1960年4月15日，天津市总工会第七届会员代表大会指出：要在工作中认真地贯彻党的群众路线，经常深入群众，深入基层，抓主流、抓先进、抓典型。在蓬勃发展的群众运动中，要善于敏锐地发现新事物、支持新事物，要注意研究运动中的新问题，总结新经验，更好地跟上运动的发展，完成党交给的任务。

1960年10月，天津市总工会调查河西、河北两区的北洋、恒源、三钢、人民制药、土产挑选、毛织、香皂和动力等8个厂职工群众的文化活动情况。调查结果表明，群众文化活动是一个大发展、大普及的大好形势，而且，群众文化工作已经活跃在车间，小组和食堂。更加紧密、及时配合党的各项中心任务，向群众宣传了党的方针政策，具有广泛的群众性。

1964年9月12日，天津市总工会第八次会员代表大会指出：工会干部应该按照党委的统一规定，争取更多的时间参加集体生产劳动。今后的方向要逐步做到不脱产，利用业余时间进行工会工作。要经过试点，摸索和创造经验。干部参加生产劳动，要定岗位、定时间、定任务，彻底放下架子，虚心向老工人学习，模范地遵守劳动纪律，学习和掌握生产技术，成为名符其实的劳动者。工会干部参加劳动，要与调查研究，解剖典型结合起来。要发扬实事求是、调查研究的作风。要经常深入班组，做调查研究，掌握第一手资料。工作扎扎实实，讲究实效，做笨工作，从

点做起。

1966年5月，天津市总工会调查纺二厂、天津针线厂、国营印染厂、纺织机械厂、第一机床厂、天津机床厂、手表厂、华北缝纫机厂等八个厂学大庆，创五好的情况。调查分析表明：这八个厂学大庆创五好有一些好的路子，好的苗头，好的效果，但也还有不少问题。总的来看，趋势是很好的，运动是健康的。

三、改革开放和社会主义现代化建设时期的工会调查研究活动

1981年6月25日，天津市总工会第十次会员代表大会指出，天津正处在重要的历史转折时期，形势的发展向全市工会干部提出了许多的问题和新的任务。各级工会干部要努力学习党的路线、方针、政策，一切从实际出发，进一步解放思想，注意研究新形势、新特点、新问题，总结新经验，不断提高工作水平。基层以上各级工会组织，必须切实改进作风，把工作重点放在基层，要面向基层，深入基层，为基层服务，克服“机关化”的作风。各级工会领导干部都要深入实际，抓住带有政策性、倾向性的问题调查研究，加强对基层的领导和帮助。

1984年4—5月，天津市总工会宣传部、南开大学哲学系联合调查组开展职工队伍调查。重点深入到天津四新纱厂（现为天津第六棉纺厂）、天津染料厂等企业开展社会调查，力求在如何发挥老工人“传帮带”作用方面，总结一点成功的经验，为改进职工思想政治工作，搞好社会主义精神文明建设，提供参考意见。

同年，天津市总工会宣传部和南开大学哲学系组成联合调查组，对全市职工读书活动开展的状况作调查，及时总结经验，推动职工读书活动向纵深发展。这次调查研究活动大体按五个步骤进行：首先，调查组邀集市级优秀读书演讲员和部分工厂的读书活动指导组的同志分别开了座谈会，同时查阅了有关资料，对读书活动的开展情况有一个初步了解；第二步，对长征胶鞋厂、起士林食品厂、东亚毛纺厂等15个不同类型的工厂进行抽样调查，旨在不带框框发现一些新的情况；第三步，以天津钢厂、国棉一厂、色织三厂等八个工厂进行了典型调查，初步总结带着普遍性的经验；第四步，对长征胶鞋厂张东友、第二钢丝绳厂陈慧等人进行了个人调查，探寻他们勤奋读书的思想动力。第五步，在占有上述资料的基础上，进行分析，撰写专题调查报告。研究调查表明抽样调查的15个工厂中，共有职工31530多人，有7518人参加读书活动，占职工总数的24%。

从调查结果发现，职工“三热爱”读书活动在全市迅速发展，主要有主观和客观两个方面的原因。客观上，“三热爱”读书活动集中地反映十年动乱耽误学习，搅乱思想，而又担负四化重任的职工群众特别是一代青工的迫切要求。从主观上讲，读书活动的各级组织者和参加读书活动的主体——广大的青年和职工群众，不断提高思想认识主动适应时代的要求。

1989年4月初至6月底，根据全国总工会在部分省、市开展低收入及贫困职工状况调查的部署和天津市总工会常委会的安排要求，天津市总工会在冶金、纺织、交通、建工、二商局及河

北区所属的部分企事业单位进行低收入及贫困职工状况的调查。

这次调查，牵涉到六个区、局所属46个基层单位。按经济性质划分。全民所有制36个、集体所有制10个；按行业划分，工业企业16个，交通运输企业8个、建筑企业6个、商业饮食服务业12个、科教文卫事业单位4个、按企业规模分组大型企业1个、中型10个、小型26个；按经济效益分。效益好的12个，一般的23个、效益差的11个。

这些企事业共有职工48710人。按照中华全国总工会调查方案的要求，对其中的10000名职工个人及家庭收入情况进行了普查。有2834名职工家庭人均生活费收入低于全市人均70元的标准。根据调查规范又从2834名低收入及贫困职工中，抽取了1000名职工进行了问卷调查。其中冶金局180名、纺织局450名、交通局110名、建工局120名、二商局50名、河北区90名。1000份问卷按时间要求全部收回，回收率达100%。经组织调查员认真复核分析后，将数据软盘和有关报表于5月10日前按时报到中华全国总工会，经中华全国总工会验证合格问卷990份。合格率99%，在各省、市名列前茅。完成问卷调查后，天津市总工会立即组织了对46户职工家庭进行了跟踪调查，天津市总工会调查组直接到11户职工家庭进行访问，详细询问他们的家庭生活状况，向他们宣传党和政府的扶贫政策。与他们探讨脱贫的路子。

1986年9月，天津市总工会第十一次会员代表大会指出：总工会和区县局工会，都要以改革的精神，在领导方法和领导作风上实现“四个改变”：1. 把工作的立足点真正转到给基层排忧解难，为基层开展工作、发挥作用创造条件上来，彻底改变要求多、部署多，基层难以应付的局面。2. 加强调查研究，总结交流经验，提供业务咨询，实行分类指导，彻底改变一刀切、一般化的领导方法。3. 加强政策研究、理论研究，及时给基层指方向、拿办法，彻底改变参政议政水平不高，政策、理论指导不够有力的状况。4. 经常深入群众，扎根于群众之中，同职工交知心朋友，反映群众呼声，尽力帮助群众解决实际问题，彻底改变程度不同的脱离实际、脱离群众的官僚主义作风。

1989年10月27日，天津市总工会部署在全市开展关于抓紧搞好企事业单位放长假职工情况调查。力求摸清全市停产半停产状况或职工放长假的企事业单位职工生活状况和职工生活最低保障情况。

1991年10月，根据国家统计局和全国总工会统办字〔1991〕128号文件精神，经天津市总工会和城市社会经济调查队协商，本着“团结合作、平等协商、优势互补、共同提高”的原则，达成关于加强合作、共同搞好全市职工状况调查工作的协议。通过此项调查，了解职工家庭的经济状况及生活水平，深入研究同职工队伍相关的各类社会经济问题，以便为各级党政领导制定涉及职工切身利益的政策和调动职工投身改革和建设的积极性的措施提供依据。

1991年12月，天津市总工会第十二次会员代表大会指出：加强工会信息、统计和理论政策研究，是工会参政议政的迫切要求，也是工会自身建设的重要内容。各级工会要增强信息意识，重视统计工作，充实力量，健全制度，完善网络，提高水平。要以中共中央12号文件为指导，密切联系实际，认真学习和研究党的群众工作理论，使工会工作建立在坚实的马克思主义理论基础之上。要着重研究和探讨如何把全心全意依靠工人阶级的指导方针真正落到实处，工会如何在搞活大中型企业中充分发挥应有的作用，如何更好地为推进科技进步和提高劳动者素质服务，以及加强知识分子工作，加强“三资”企业工会工作，加强乡镇企业和街办企业工会工作等问题。各级工会特别是天津市总工会要切实加强这方面工作，拿出研究成果。同时，要重视总结历史经验，加强对工运史的研究。

第二节　工会理论研究工作

一、工会理论研究

1991 年 12 月，天津市总工会建立工会系统的研究员活动制度，加强工运理论政策研究的精神，推动基层工会工作健康发展。研究员所需的条件为：1. 凡热心工会理论政策研究、具有较长时间基层工作实践、有一定马克思主义理论水平和写作能力的同志，经基层工会推荐，天津市总工会研究同意，由本人填写登记表，所在单位党委同意并盖章，报天津市总工会研究室经分管主席审批后，颁发聘书，确认为天津市总工会研究室研究员。2. 研究员实行两年一度聘任制。研究员每年要为《天津工会工作》撰写调研报告及理论政策研究文章，积极投稿者具备下届被聘资格。若连续两年在《天津工会工作》上没有文章刊登即自动解聘。3. 研究员要认真学习马克思主义工运理论，学习党的路线、方针、政策，深入实际，深入群众，调查研究本单位及全市有关工运及工会工作的经验或教训，及时反映改革开放中工会工作出现的新情况、新问题，职工关心的热点及有关信息等，及时汇报研究成果。4. 研究员要积极参加天津市总工会研究室组织的有关会议和研讨活动。努力承担、完成研究室布置的调研课题。发现、推荐基层涌现的工运理论骨干，扩大研究员队伍。5. 研究室负责组织研究员的日常活动。年初召开年度调研课题发布认定会，每季召开一次研究员例会，学习有关材料，交流工作经验督促调研课题的落实，年终召开工运理论研讨会。对取得优秀研究成果的研究员予以表彰。7. 研究室负责建立研究员业绩档案，对所刊用的稿件、撰写调研报告及理论政策研究文章等填表造册留档。

1998 年 2 月 13 日，在天津市总工会召开天津市工人运动理论研究会暨 1998 年度调研工作会议上，天津市工人运动理论研究会宣告成立。会议通过《天津市工人运动理论研究会章程》和研究会领导机构。会议的中心议题是重视和加强新形势下工会系统的调查研究、理论研究，针对深化企业改革的实际，对 1998 年度重点调研课题进行部署。市社联、市民政局、市委研究室的负责同志、劳模代表到会祝贺并讲话。部分大专院校的专家学者、各区县局、部分大企业工会负责同志 200 余人出席了会议。

天津市总工会领导在讲话中指出：市工人运动理论研究会是在市委领导同志的重视和有关方面的积极支持下，经过一个时期的精心筹备正式成立的。这是新形势下不断提高工会工作水平，发展工运事业的一项重要举措。成立市工人运动理论研究会，可以更好地贯彻落实党的十五大精神，以邓小平理论为指导，从理论和实践的结合上积极探索和研究社会主义市场经济条件下，工人运动和工会工作的新情况、新问题，更好地适应改革、发展形势的要求，做好新时期工会工作，进而带领广大职工，在全市两个文明建设中充分发挥工人阶级的主力军作用，都具有重要意义。各级工会应当抓好以下四项工作：一是围绕大局，突出重点，精心组织好重大问题的调查研究；二是采用科学方法，既重调查更重研究，推动工会系统的调研工作上质量上水平；三是加强协调与协作，借助社会各方面的力量开展调研工作；四是注重实效，努力抓好调研成果的转化和应用。

天津市总工会领导强调，在当前的形势下组建天津市工人运动理论研究会，绝不是为了赶时髦、走形式、摆样子，目的是组织社会各方面力量，积极开展新形势下有关职工问题、工会问题的调查研究、理论政策研究，推动和促进党的工运事业的发展，更好地为改革、发展、稳定的大局服务。研究会成立以后，就要着手做好一些基础性工作和开展经常性的活动。1. 加强政治思想建设。研究会要充分发挥自身优势，组织理论工作者和实际工作者，以专题、报告会、征文等形式，加强政治理论的学习和培训，在加强工会系统的政治思想和理论建设方面，研究会要发挥带头和表率作用；2. 加强组织建设。要建立健全研究会的各级组织，针对不同行业的特点建立分会，按照相关的职能和课题组建专门委员会；3. 加强作风建设。深入基层、联系群众，为基层和职工服务，是研究会工作的基本特征。研究会的活动方式，要体现群众性的特点，可采取“请上来、走下去”、按“区域分片”、按“行业归口”等小型多样的形式，开展学习培训、调查研究和专题研讨活动。通过研究会的工作和活动，带动各级工会干部深入基层，体察民情，调查研究，增长才干。

2000 年 2 月，中华全国总工会政研室主任带队来津进行天津工会送温暖承担第一责任人取得突破性进展的调研。天津市总工会研究室、理论研究会全力配合，并起草调查报告。该文在中华全国总工会政研室《工运研究》上发表，并呈报尉健行、张俊九等中华全国总工会领导。7 月 20—22 日，中华全国总工会书记处第一书记、全国人大内部司法委员会副主任张丁华到津做平等协商集体合同专题调研。天津市总工会研究室、民管部配合，并形成了《天津市工会推行平等协商集体合同制度再上新水平》的调查报告。该文呈报中华全国总工会尉健行主席及书记处全体成员。

2003 年 3 月 20 日，天津市工人运动理论研究会召开第二次代表大会和工会调研工作会议。

2005 年 6 月 3 日，天津市总机关举办工运理论“沙龙”首次活动。市委常委、天津市总工会领导出席活动并作精彩演讲。在这次“沙龙”活动中，宣读关于组织举办“沙龙”活动的实施方案和近期活动安排，通报改革开放最前沿地区的工运动态，部署阐释天津市总工会 2005 年重点调研课题，并提出明确具体的工作要求。6 月 24 日，天津市总工会机关举办工运理论“沙龙”第二次活动。天津市总工会领导出席活动并讲话。在活动中，首先通报改革开放最前沿地区的工运动态，随后，天津市总工会法律部、保障部、民管部负责人分别阐述如何搞好相关的天津市总工会重点调研课题的设想。11 月 16 日，天津市总工会在开发区保税区工会联合会大楼召开区县局工会领导干部研讨班暨工运理论研究会理事会全体会议。与会同志听取中华全国总工会研究室领导就健全完善工会组织领导下的维权机制建设所作的专题辅导。开发区保税区工会联合会领导作经验介绍。大家还参观滨海新区建设成就展，并围绕学习贯彻中共中央和市委全会精神，落实全国工会维权机制建设经验交流会议和天津市总工会十四届七次全委（扩大）会议工作部署进行了分组讨论。

全市工会系统的理论研究工作，主要有以下几方面的特点：一是，围绕全市改革发展稳定的大局，理性思考工会工作的创新发展思路。在纷繁复杂的新形势面前，各级工会加强调查研究，注重理性思考，运用辩证和发展的眼光，分析形势，把握方向，正确处理两个维护的辩证关系，找准工会工作与全市工作大局的最佳结合点，坚持把工会工作定位在服从服务于改革发展稳定的大局，落脚在引导好、保护好、发挥好广大职工投身改革建设的积极性上，不断调整、充实、发展新时期的工运理论，充分发挥调查研究在推进新时期工会工作中的基础性作用。使工会工作在全市整体工作中的摆位更加突出，作用更加明显。二是，积极推进工会工作的与时俱进，在理论创新中解放思想、凝聚力量。在新的历史时期，各级工会不断深化对新时期工人运动和工会工作基本规律的认识，以创新的精神研究新情况，解决新问题，敢于超越前人，突破固有模式，在全国工会系统率先形成了一批具有导向性和前瞻性的工运理论成果。比如，“三个最大限度”基本工作思路的确定，体现了对新时期工会工作本质要求的准确把握；厂务公开“三个原则”、“四个关系”的倡导和这项工作“四个延伸”“五项制度”的深化，突破了制约工作发展的瓶颈；落实帮扶特困职工第一责任人的职责，从提出“三个第一”“五项制度”和工会送温暖工程引入市场化运作方式的尝试，到运用结构分析的办法，形成长效帮扶机制，促进了送温暖工作的经常化、制度化、社会化；职工素质工程的指导思想、操作体系、工作机制的建立，为工会工作与企业发展的有机结合找到了一条有效途径，实现了增强企业核心竞争力和增强职工生存发展能力的统一；工会劳福事业按照市场经济规律运作，走投资主体多元化的路子，优化总量，盘活存量，为津工集团的成立和发展拓展了思路、增强了后劲，等等。这些工作思路的形成，适应了新形势、新任务的要求，是全会上下深入开展调查研究、善谋多思的结果，从而形成了一套具有天津特色的工会工作创新思路。三是，着力于履行维护基本职责，调查研究发挥了重要作用。各级工会紧紧围绕履行基本职责，针对职工关心的热点、难点问题，加强调查研究，敢于为职工说话，维护职工合法权益。我们的调研成果越来越多地成为工会参与立法和政策制定的重要依据，越来越多地成为引起各级党政领导重视的情况和建议，越来越多地被吸纳到解决职工关心的热点、难点问题的政策文件中，越来越多地成为指导各级工会创新发展的工作思路。比如，进行的困难职工群体思想状况调查、百家现代企业制度试点企业调查、百家困难企业季度调查、全市医疗保险制度运行情况的调查等等，真实地反映基层和职工的想法和愿望，明确提出了工会的建议主张，通过情况通报或专题汇报的形式报送市委、市政府主要领导和有关职能部门，引起了各方面的高度重视，使一些问题得到了有效的解决，从源头上维护了职工的合法权益。各区县局和基层工会结合本行业、本地区实际，在调查研究基础上提出的意见和建议，受到党政各方面的普遍重视，不少成果已成为党政决策的重要依据，对深化改革、促进发展、保持稳定发挥了重要作用。四是，密切与基层工会、广大职工的联系，调查研究拓展了上下沟通的渠道。天津市总工会机关和各区县局总公司（集团）工会始终把调查研究作为密切与基层、职工联系的重要渠道，每年都确定较大规模的专题调研或开展调研月活动，由主席和各位副主席亲自带队，组织精兵强将，集中部门力量，深入基层开展调研。各级工会深入到企业生产一线，深入到条件艰苦、问题明显、矛盾突出的地方，深入到困难职工家中，直接听取基层和职工的意见、要求，掌握第一手资料。同时，各级工会把调查研究和推动指导基层工会工作紧密结合起来，密切与同级党政的沟通，帮助基层工会解决实际困难，抓住工作中的难点，搞好面对面的指导，为基层工会开展工作提供服务。多数工会的领导干部坚持拿出三分之一左右的时间，深入基层了解情况，带动全会形成了乐于服务基层、勤于研究思考的风气，进一步增强了与广大职工的感情，对转变工会工作机关化、行政化倾向起到了很好的促进作用。五是，工会调研工作网络基本形成，工运理论研究会自身建设取得长足进展。各级工会把调查研究摆上重要位置，加强领导，精心组织。研究分会逐步发展壮大。全市工运理论研究分会已经由最初的 43 个发展到现在的 88 个，行业分会组织体系实现全域覆盖，不少党政领导、政协委员、专家学者和其他社会团体成员积极参与工运理论研究，扩大了队伍，拓宽了视野，提升了工运理论研究的社会融合程度，促进了研究水平的不断提高。对重点调研课题的协调指导不断加强；调研队伍的素质进一步提高；调研成果激励机制不断完善。

2007 年 11 月 25 日，天津市总工会经市人大常委会审议通过《天津市企业职工民主管理条例》。

2008 年 6 月 11 日，天津市工人运动理论研究会召开第三次代表会议暨 2008 年工会调研工作会议。据不完全统计，从 1991—2008 年，全市各级工会、工运理论研究会撰写各类理论研究成果 6000 余篇。其中许多重要观点被各级党政工领导采纳或在有关政策文件中得到体现，受到各级党委、政府（行政）和工会表彰的有 2000 多篇。

同年，全市工运理论研究分会已发展到 90 个，个人会员发展到 1677 人，实现行业分会组织体系的全域覆盖。组织的工运理论研讨“沙龙”活动、工会领导干部高级研讨班、树立和落实中国特色社会主义工会维权观论坛、工会工作形势任务专题讲座、跨地区工会工作交流活动等，提升了各级工会干部的政治意识、大局意识、群众意识和创新意识，促进全市工会工作整体水平的不断提高。各研究分会坚持加强管理自律，修订完善研究会章程和实施意见，坚持按期改选换届、完善研究分会组织架构。特别是伴随着工运理论研究在社会范围内的影响不断加大，一大批党政领导、政协委员、专家学者和其他社会团体成员积极参与研究会工作，促进了研究会的社会融合度，有效提升了工运理论研究的凝聚力和影响力。

天津市工运理论研究会定期开展的困难企业、困难职工状况分析，搭建了市委、市政府和基层职工群众的快捷“信息通道”，如关于企业职工和退休职工对工资增长要求的意见反馈，为全市增资的科学规划提供了依据；关于困难职工对煤气、水、电费的承受程度调查，使有关职能部门的价格调整更趋合理，等等。

同年 11 月 2 日，天津市工运理论研究所在市工会管理干部学院正式挂牌成立。天津市工运理论研究所是天津市总工会所属的工运理论研究基地。其基本职责是：研究中国特色社会主义工会发展道路的理论与实践；承接中华全国总工会委托天津市总工会的调研课题；完成天津市总工会确定的各项研究课题；配合天津市总工会工作部署，有针对性地研究基层工会工作面临的重点、难点问题；承担基层工会有关咨询服务任务以及组织相关的理论研讨和培训工作等。

二、调研成果评选

1992 年，天津市总工会在全市工会系统开展评选优秀调查报告、优秀政策研究成果和优秀理论研究成果的争创优秀调查报告、优秀政策研究成果和优秀理论研究成果（以下简称“三优”）活动。并下发天津市总工会关于评选优秀调查报告、优秀政策研究成果、优秀理论研究成果的试行办法。评选范围：凡本年度天津市工会系统的同志，在工作中形成的调查报告、政策报告、政策研究、理论文章等，均可参加评选。由于种种原因错过本年度推荐时机的调研成果，可作为下年度推荐评选的篇目。“三优”成果入选的基本条件是对各级党、政、工工作决策有较大的参考价值，或有较大社会影响的文章。“三优”成果分三个等级，主要参考依据分别是：1. 得到中共中央或市委、市政府、中华全国总工会批示；或为中共中央、中华全国总工会、市委、市政府报刊选用发表或在全国有较大影响的调研成果，可申报“一级优秀调研成果”。2. 得到天津市总区县局党、政批示或为天津市总工会或区县局党、政文件、报刊转发或发表在全市有较大影响的调研成果，可申报“二级优秀调研成果”。3. 其他入选成果可申报“三级优秀调研成果”。“三优”成果推荐和评选程序是每年评选一次，由天津市总工会研究室负责具体工作。采取作者申请或组织推荐，归口初评、择优选送和评委会审定的方式进行。初评工作分别由区、县、局工会、市直机关工会和天津市总工会机关工会联合会负责，每年 11 月底前，按天津市总工会确定的篇数，将参与评选的调研成果，按入选条件排出顺序，并附书面意见和推荐依据，报天津市总工会研究室，由评委会审定。评委会由于长生、李泮祥、肖宜珂、杨东来、王荣荣、张宝乾、傅贵忠、赵凤镛、吴永清组成。奖励办法：凡评为等级序列的成果，均发“优秀调研成果”证书，并给予一定的物质奖励。

1993 年 2 月，天津市总工会下发关于表彰 1992 年度“三优”成果的决定。各区、县、局工会以邓小平同志南巡重要谈话为指导，坚持从实际出发，深入基层、开展调查研究。根据《关于评选优秀调查报告、优秀政策研究成果、优秀理论研究成果的试行办法》，评委会对各区县局工会和天津市总工会各部门申报的112篇参评成果进行了认真评选，共评出一级优秀成果15篇，二级优秀成果35篇，三级优秀成果45篇。对优秀调研成果予以表彰并对作者颁发荣誉证书给予适当物质奖励。

同年，天津市总工会在全市工会系统开展“争创百篇优秀调研成果”活动。这是1993年天津市总工会确定的“三个百千万”目标之一。评选范围为：九三年度（1992年12月—1993年11月底）全市各级工会干部撰写的有关社会主义市场经济下工会工作为主要内容的、并被同级或上级党委、行政、工会采纳或报刊选用的调查报告、政策研究和理论研究成果。根据评选“三优”的《试行办法》，适当提高一、二级优秀调研成果条件，评委会对各区县局工会和天津市总工会各部门各单位申报的209篇参评成果进行评选，共评出优秀调研成果188篇，其中一级12篇，二级25篇。三级151篇。天津市总工会决定对以上优秀调研成果予以表彰，并对作者颁发荣誉证书，给予一、二级成果作者适当物质奖励，促进工运事业健康发展。

1994年1月，天津市总工会下发关于表彰九三年度“创三优”调研活动先进组织单位的决定。在开展“争创三优调研成果”活动中，全市各区县局工会加强了对调研工作的领导，取得较好成果。尤为突出的是医药局和南开区工会，医药局工会获一级调研成果2篇，二级调研成果1篇，三级的调研成果10篇，南开区工会获一级调研成果1篇，三级调研成果10篇。经评委会审议报天津市总工会常委会审批，决定授予医药局工会和南开区工会“九三年度‘创三优’调研活动先进组织单位”奖，予以表彰。

2002年，在全国工会优秀调研成果评选中，天津市总工会研究室和工会管理干部学院联合完成的《职工队伍内部结构的变化及其相互关系的研究与思考》《实现工会工作更大突破和加快发展的几点思考》两篇成果，分别获得一等奖和二等奖，实现天津市总工会连续三年获得全国工会优秀调研成果一等奖的目标。其中，获奖成果中的许多理论观点、工作思路、创新举措引起中华全国总工会领导同志的高度重视，被起草的中国工会十四大工作报告所引用和吸收。

2008年，在天津市第十届优秀调研成果评选活动中，天津市总工会撰写的《市困难职工帮扶中心牢记职责，用心工作，实实在在为困难职工办实事解难题》的调研报告。获得市委的高度评价，获调研成果一等奖。这是工会调研成果首次获此殊荣。市人大常委会副主任、天津市总工会主席邢明军作出批示：“工会调研成果进入一等奖实属不容易，可庆可贺。望再接再厉，力争有更多成果获奖。

三、《天津工运》

1986年,《天津工运》建刊，办刊的核心理念“以人为本”。《天津工运》始终坚持“高举旗帜、贴近实际、提高质量、办出特色”的办刊宗旨，以吃透上情、掌握下情，适应变化、求深求新，领导肯定、基层欢迎为标准，瞄准全国最新工运动态，及时反映市委、天津市总工会重大工作部署，挖掘基层最新的工作经验，关注党政各方对工会组织的评价，反映职工群众的呼声企盼。内容上求新，形式上求活，方法上求实，时间上求快，校对上求准。

2001年，《天津工运》扩版增页，编辑部明确提出《天津工运》要力争做到“质量一流、版式一流、管理一流、队伍一流”，对栏目设置、宣传重点、版式设计、装帧美编等方面不断加以调整、充实和创新，得到了新闻出版部门、中华全国总工会、天津市总工会领导、外省市工会和全市各级工会的充分肯定与好评，在全国和全市工会系统具有较高的知名度和影响力。

编辑部每年都要到一些基层单位召开座谈会，专门了解工会干部和职工群众对办刊、学刊、用刊情况的反映，与会人员提出了许多好的建议和想法，对编辑部启发很大，编辑部根据大家的意见和建议，不断改进工作，创新思路和招法，提升刊物质量，满足不同层次读者的需求，使其成为展示工会形象的窗口，研究工运理论的园田，维护职工权益的阵地。

《天津工运》的创新工作一直走在全国工会的前列，为了使读者能够及时了解上级工会的指示精神，天津市总工会领导同志的一些新思路、新观点、新要求，基层工会的一些新招法、新做法、新经验，以便结合各自的实际做好工作，每期工运都要认真考虑并安排重要位置和版面来突出宣传重点，引起读者关注。其中包括：封面要目、编辑部吹风、每月论坛、特稿专稿等。每期刊物的重点是什么，读者一目了然。编辑部在栏目设置和内容上不断进行创新调整改进，强化指导性、实用性、知识性、权威性和信息量，突出维权特色，加重“党政领导谈”“企业家谈”“工会主席谈”“工会干部谈”“实践与研究”“强基建制”“创新成果选萃”“聚焦农民工”“满意在天津实践行”“经验介绍”“论点摘编”“窗口与品牌”“前沿观潮”“班组擂台”“维权热线”“信息超市”“外埠采风”“广闻博览”“文摘”等栏目的比重和分量。再次在形式创新上下功夫。编辑部在注重丰富内容的同时，下功夫改进形式，使刊物图文并茂，相得益彰。1. 扮亮封面，凸显主题；2. 配合重点工作，安排好封二、封三的新闻图片。3. 在封底的职工艺苑上，继续为职工艺术家、工会干部等出艺术作品专刊。此外，在内文中，除继续想方设法为文章配发好照片外，还专设了“图片报道”“一线传真”“广角镜”等栏目，用新闻图片的形式反映基层工会工作经验成果。

2007年，《天津工运》在市新闻出版署组织的报刊年审中，以办刊宗旨明确，舆论导向正确，内部管理严格，格式标准规范等鲜明特点，审验合格。在召开的天津市第三次刊协代表大会的换届选举中《天津工运》被选为理事单位。《天津工运》在指导推动工会工作上水平、创一流上见实效。根据自身定位和实际，确定了“巩固总量、提升质量，确保《天津工运》办刊水平走在全国前列”的目标。

第十章 组织工作

第一节 建会工作

一、新中国成立初期的建会工作

1949年4月17日，华北总工会筹委会天津办事处召开公私营企业职工代表联席会议。会议选举产生了由29名筹备委员组成的筹备委员会，负责将于“五一”节前举行的全市职工代表大会筹备工作。当晚，筹备委员会举行第一次会议，选出9名驻会委员，宋维静当选为主任，李慧培等为副主任。4月28—30日，天津市第一届职工代表会议召开，全市各业职工代表600余人出席会议。会议期间，中共中央领导出席会议并做重要讲话。市委相关领导出席会议并指出工会工作面临的主要任务是建立工会组织，按产业把工人组织起来。会议选举产生包括黄火青在内的55名委员组成的市职工总会筹委会，并选出60名出席华北职工代表会议的代表。

1949年5月1日，天津市职工筹委会和出席华北职工代表会议的各地职工代表共1600余人，举行“五一”国际劳动节纪念集会，中华全国总工会、天津市军管会、市委等领导出席会议。李立三在讲话中号召职工群众努力贯彻“发展生产、繁荣经济、公私兼顾、劳资两利”方针，认真学习第六次全国劳动大会决议和刘少奇在天津市职工代表大会上的报告。5月28日，市职工总会筹委会举行首次常委会，21名常委出席了会议。会议推选黄火青、丘金为职工总会筹委会正副主任，确定职工总会筹委会各部门负责人，并对市职工总会章程草案进行了讨论。

天津市职工总工会筹委会按照华北职工代表会议确立的“以产业行业性质为单位，组织各产业行业工作委员会，进而成立天津市职工总工会”的原则，分别组成纺织、铁路、市政、化学、五金、产业联合、手工业、运输、店员等九个工作委员会。11月份统计，全市共建立13个二级工会，281个分会，共发展会员179570人，占全市职工总数344000人的59.8%，其中产业工人会员人数达到该业工人总数的87.3%。

1950年1月，天津市职工总会召开第一届会员代表会，在会上明确的提出发展生产和发展与巩固基层组织的任务。

1952年，天津市总工会围绕着生产进行发展与巩固基层组织和培养提拔干部等工作。2月开始，天津市总工会派大批干部配合产业工会搞重点厂的工作调研，发现问题并总结经验。4—5月，天津市总工会继续派干部由党、工、团联合组成工作组，到各大中型工厂进行整顿和健全组织工作。经过整顿或改进的基层组织共有267个，占整个基层组织13%。据市政、店员、化学等六个产业工会统计共提拔基层委员391人，在9个产业工会基层中清洗不纯分子104人。保证5、6、7三个月生产竞赛运动的开展，并于运动末期，把运动中涌现的生产模范积极分子吸收到工会中来，培养提拔一批干部充实工会，共提拔脱产干部234人（其中产业工人129人，非直接生产工人58人，学生及其他45人）占现有干部总数20.9%，其中天津市总工会正副主席、部长、不脱产委员、产业工会主席一级的干部92人中就有工人干部56人占60.8%，如王老五同志当选了天津市总工会副主席，赵川、孙少华同志等当了天津市总工会部长，郑泽奎、杨春林当了纺织工会副主席。

同年6月，根据全国组织工作会议精神，天津市总工会整编工人队伍，新划分和新建立产业工会，划分为21个产业工会，有纺织、五金、化学、铁路、邮政、电信、轻工业、市政、建筑、财金、店员、搬运、电业、海员、教育、文艺、医务、新闻、民用航空、盐业、食品等。并在市内先后建立十一个区办事处，加强对私营小厂的领导，受到中小厂职工的欢迎，使大中型工厂及小厂工会工作得以平衡发展。9月，天津市总工会开办基层工会干部培训班，共调训工会干部285人，其中脱产干部140人，不脱产的正副主席67人，委员68人，小组长10人。开办生产竞赛运动训练班，培养干部和积极分子。根据纺织、五金、化学等六个单位统计，培养基层委员4319人。

二、社会主义革命和建设时期的建会工作

1954年，天津市工会重视健全工会小组会工作，根据各厂的经验及实际情况，对加强工会小组工作提出指导意见：1. 必须从思想上明确工会小组会的具体作用。工会小组是基层的细胞，每个职工都参加小组，一切日常思想上、生活上、工作上的意见和要求都便于在这里发表。2. 工会小组会的内容很广包括：传达工会决议、报告小组工作、讨论工会工作并提出批评和建议，以及讨论解决有关思想作风、生活困难、劳动纪律、时事学习、团结互助等方面问题和一切工会会务工作。这就很显然，工会小组会和小组生产会议是有区别的。3. 开好工会小组会，在方法上应该注意会前要做一定的准备工作。4. 从时间上、制度上保证工会小组会的按月召开，并加强具体领导。

同年，根据中华全国总工会"围绕着竞赛并为了竞赛，有计划有步骤地建立工会正常秩序"的方针，贯彻全国二次基层工作会议和天津市总工会四届四次代表会议精神，天津市总工会先后提出整顿组织、划分范围、培养运用积极分子、加强工会工作计划性等具体工作，推动基层工会建设工作，工会工作秩序开始好转。

基层工会工作秩序的建立与整顿，就是围绕着竞赛的逐步正常开展相辅进行工作：1. 整顿健全组织，划分业务范围；2. 培养工会工作积极分子；3. 建立必要制度。基层工会制定的制度主要有:（1）计划检查制度。（2）职工大会制度。（3）干部业务学习制度。

1955年4月，天津市工会指导基层工会加强工会小组建设。在小组生活中开展批评与自我批评，这是健全工会民主生活的基本问题。

1956年，天津市工会开展基层民主改选工作，要求基层普遍进行总结与改选，并认真发扬民主，开展批评与自我批评。各产业工会、区办事处重视这项工作，有的深入基层重点帮助，有的组织经验介绍，有的印发简报，推动基层民主改选工作的开展。4月前，全市18个产业工会推动875个基层进行了改选、城厢、河北两个区推动109个基层311个组织员进行了改选；10月以后，据8个产业、区统计，推动182个基层进行了改选，452个基层正在改选。全市基层除了新合营企业因改组并厂而未改选外，一般的都进行了总结与改选

根据民主简便原则确定选举方式方法。不少的基层工会根据群众对“领导提名候选人”“等额选举”不习惯的情况，分别采取了群众满意的“小组提名”“多额选举”办法。也有不少基层群众认为“领导提名候选人”可以照顾全面，就根据群众意见采用“领导提名”办法。

1957年10月25日，天津市工会下发关于进一步加强工会系统的民主生活和政治思想工作的意见。意见指出有关进一步加强机关民主生活和政治思想工作的问题，建议市工会领导将一定时期的工作计划和总结向全体干部作报告，并组织讨论听取意见，同时经常向干部报告思想情况和国内外政治形势。

1958年1月18日，天津市工会部署精简机构紧缩编制下放干部工作。为贯彻党的八届二中全会和三中全会的会议精神，进一步改变工会系统机构多、编制大和克服由此产生的官僚主义，提高工作效率节约经费开支，年初和年末在市委的直接领导下，两度精简机构紧缩编制。

同年，天津市总工会制订下放干部进行劳动锻炼和抽调干部脱职学习的规划。协助有关行政部门加强对经常性的业务学习的领导，提高干部的业务水平。有计划的、分批的组织现有干部参加体力劳动或到基层去做实际工作，抽调干部轮流到党校和中华全国总工会干校脱职学习。

1959年6月19日，天津市总工会关于在党的绝对领导下充分发挥工会组织作用的通知中指出：学习和贯彻中华全国总工会党组第三次扩大会议的精神以来，工会组织无论在思想、组织上和业务工作上都发生了深刻的变化，最突出的是比较彻底的解决了工会工作中的根本问题——工会和党的关系问题，绝对服从党的领导的观念，在干部中，特别是在各级领导干部中，已经树立了起来，为了保证党对工会的绝对领导，根据成都会议精神，改变了体制，实行了以同级党的领导为主。在实际工作中，贯彻了党的中心工作就是工会的中心工作。基于此，天津市总工会提出几点意见：一方面是认真贯彻党的指示，另一方面是向党反映情况，提出建议。

1963年12月7日，天津市总工会关于试行“国营工业基层工会工作条例”的情况报告中指出，中共中央批转中华全国总工会党组“关于调整充实基层工会干部的报告”和市委批转天津市总工会“关于加强基层工会工作的意见”以后，各级党委对工会工作更加依靠和重视，不少单位调整配备工会专职干部，扩大工会积极分子队伍，工会作用得到进一步的发挥。

1965年，全国省、市、自治区工会主席座谈会，讨论了中共中央关于工会加强群众工作，

组织群众监督，克服官僚主义的指示，并提出了整顿基层工会的若干意见。为了具体贯彻这次会议的精神，根据中共天津市委关于四清运动的部署，10月11日，市委批转天津市总工会党组《关于在四清运动中整顿基层工会的意见》。意见提出：1. 对整顿工会的要求。整顿工会的过程，也是重新组织阶级队伍的过程。在四清运动中，适时地对工会组织进行必要的调整和充实，充分发挥工会组织作用。2. 整顿的内容和方法。整顿和健全职工代表大会，是职工群众参加企业管理、监督干部、监督企业工作、实行三大民主的重要途径。在四清运动中，要切实进行整顿，充分发挥作用。3. 整顿会员队伍。在整顿会员工作中，要向职工进行工人阶级革命传统和历史责任的教育，号召职工当一名好会员，增强工人阶级的光荣感和责任感，使群众热爱工会。凡符合工会会员条件的非会员，可根据他们在运动中的表现，陆续吸收入会。

在四清运动中，改选工会组织，调整和充实工会各级领导骨干，是整顿工会组织的重要环节。对基层工会委员会、车间工会委员会、工会小组三级都要进行整顿。调整和改选各级工会领导骨干，对原来的工会干部和积极分子要一分为二，避免不必要的大换班。对于有一般四不清错误的，经过检查，要大胆使用，在运动中考验、锻炼他们。对问题多不适合继续做工会工作的干部，应当进行调整。工会干部要做到“能上能下”，经群众选举担任工会干部，落选后即回原生产岗位。在四清运动中，要把涌现出的立场坚定、办事公道、热心为群众服务、在群众中有威信的优秀分子，选入工会领导岗位，充实工会骨干。工会主要领导干部，特别是一把手，应当选择具备上述条件的本企业的老工人担任，企业行政干部一般不兼任工会主要领导职务。

减少工会脱产干部，工会干部要和群众打成一片，成为群众中的一员。小型企业的工会和大、中型企业的车间工会，要做到半脱产或不脱产。大、中型企业的厂级工会，除保留少数几名必需的专职干部外，其余也要做到半脱产或不脱产。工会脱产的专职干部要有更多的时间参加体力劳动。不脱产的工会主要领导干部（包括基层工会委员会及车间工会正副主席），由企业规定给予每周一天到一天半的时间，学习党的政策，研究处理工作。

三、改革开放和社会主义现代化建设时期的建会工作

1978年8月14日，天津市总工会召开工会工作先进集体、优秀工会工作积极分子表彰大会，表扬了299个先进集体和689名优秀工会积极分子，并发了奖状和奖品。会上，和平区工会、第三建筑公司工会、棉纺一厂工会劳保工作委员会的代表和工农兵商场自行车缝纫机工会小组长，分别介绍做好工会工作的经验，并联系实际，揭发批判“江青反革命集团”对工人运动和工会工作的干扰破坏。

1979年，在中共天津市委和各级党委领导下，各级工会会同有关部门为劳动模范、老工人平反冤假错案，落实政策。给全市3100多名老劳动模范颁发了“荣誉纪念状”，恢复了名誉。为736名蒙受不白之冤的老劳模逐个做出复查结论，进行平反。并为受审查的83321名老工人落实了政策。

1986年初筹建天津开发区工会，1987年3月召开工会第一次代表大会，正式成立天津经济技术开发区工会联合会。开发区工会联合会顺应大招商、大开放的新形势，重视基层工会的组建工作。坚持重点放在大中型企业、外商独资企业、员工人数多的企业，从了解企业建会的可能性到协助企业选配工会干部，做到成熟一个组建一个，保证组建质量。其中，1986年的组建数到年底可达40多家。在抓工会组建的同时，积极向外商宣传改革开放的政策，宣传中国工会的性质、职能，宣传开发区发展建设的形势，使外商加深对开发区、工会组织的了解，使外商能够理解和支持企业的工会工作。联合会作为职工的代言人，代表和维护职工的合法权益，努力建立稳定的协调的劳资关系。一年间，他们接待来访、协调有关部门解决劳资纠纷60余起，还参与了开发区有关法规的制定，对涉及职工利益的条款提出了有益的建议。

1989年天津市总工会下发《关于乡镇企业组建工会的试行意见》。全市组建工作有这样几个特点；各区、县、乡镇党委重视和支持，是抓好乡镇企业组建工会工作的重要保证；各级工会积极探索，创造条件，闯出自己的样子；组建工会程序和形式因势利导、灵活多样；天津市总工会努力为各级工会创造良好的外部环境。

1993年5月，天津市总工会大力推动私人企业组建工会工作。河北区召开个体私营企业工作会议，成立三资企业和私营企业组建工会工作指导小组，对组建私人企业工会的政策和可行性进行了研究，决定以伟凯纸制品有限公司为试点单位，推动全区私人企业组建工会工作的发展。伟凯纸制品有职工45人，除老板之外，全部加入了工会组织，并于8月21下午，经民主选举产生了工会委员会和工会经费审查委员会。9月21日下午，伟凯纸制品有限公司工会成立，是河北区第一家私人企业组建工会。私人企业工会的指导思想是共谋企业发展，维护职工的合法权益，与投资者合作共事，促进企业发展。

1994年，天津市各级工会认真抓好外商投资企业、乡镇、私营企业的工会组建工作。外商投资企业工会组建率达70%，乡镇企业达到40%，部分私营企业建立了工会组织。

1995年5月25日，在河北区区委礼堂召开“天津市私营企业工会组建工作推动会”。市私营企业工会组建推动组成员，各区县党委、政府及有关部门负责同志，各区县工会主席、部分私营企业工会和私营企业经营者的代表120多人出席了会议。市委和天津市总工会相关领导参加会议并讲话。同年，全市新建外商投资企业工会618家，累计已有1552家外商投资企业建立了工会组织，占应建工会组织的90%。在各区县局工会的推动下，全市已有788家乡镇企业建立工会组织，组建率达到77%。156个乡镇建立工会工作委员会或联合会，发展会员1.2万人，18个区县局实现零的突破，建会99家。在抓好组建工会的同时，各级工会加强对新经济组织工会的领导，依法维护职工合法权益。

1996年，天津市各级工会集中抓好中小企业的工会组建，新建会212家，累计达到应建工会数的96.5%。有16个区县专门成立了工作领导小组，一手抓建会，一手抓提高，新组建工会的私营企业已超过百家。同时，各级工会一方面积极推进乡镇企业组建工会，新建103家，一方面加强乡镇工委的建设，全市227个乡镇中已有209家建立了委员会，占乡镇总数的92%。

1997年，天津市外商投资企业新建工会139家，累计达到应建工会数的92%；乡镇企业和私营企业工会分别达到102家和100家。

1998年，天津市新经济组织工会组建力度加大，使外商投资企业、乡镇企业、私营企业工会组建率不断提高，以分别达到具备建会条件企业总数的90%、42%和65%；在继续抓好新经济组织组建工会的同时，天津市总工会加大与市、区县两级党委、组织部、编委、人事局的协调，在全市351个乡镇、街道、开发区中开展全方位建会。把原有工作委员会全部改建成工会委员会，并调剂解决这一级工会组织的专职干部配备，全市建立乡镇工会224个，建立街道工会80个，分别达到应建工会的95.7%和70.8%，初步形成与行政体制相对应的工会组织体制，为加强对新经济组织工会的领导和管理奠定了基础。

1999年，天津市总工会坚持适应改革、同步对应、依法规范、逐步完善的原则，确立随变随建、随开随建、随进随入、随建随管的推进方法。在调研的基础上制定了《关于在放开搞活国有小企业过程中加强工会组织建设的意见》《建立联合基层工会的意见》《新建企业建会的意见》等一系列指导性文件。取得一定的效果：一是改制的中小企业的重建、调整和理顺关系工作有了新的发展。各级工会坚持改制到哪里，工会组织建设就及时跟到哪里。二是集团工会规范性组建工作由点到面有了较大进展。全市280家企业集团，已有近百家按照联合制、代表制的原则建立集团工会委员会。三是初步形成条块结合的新建企业工会领导体制，加快新建企业建会的步伐。四是在组织层次上，创建村一级工会组织，形成镇、村、企业工会组织网络；在组织形式上，打破单一的委员会形式，创建联合基层工会、工会联合会、工会小组和工会组织员等多种形式。全市新建企业组建工会5681家。

2000年，天津市总工会坚持一手抓组建，一手抓发挥作用。建立和完善“以建促管，以管促建，管建并举常变常建，常连常管”的工作机制。确立“立足所有企业，面向全体员工”的建会思路。1. 利用机遇抓建会。以学习贯彻“三个代表”的重要思想指导建会；以开展“三讲回头看”活动促建会；以行政强化管理手段支持建会；在人口普查中摸底建会；请党委实行党建考核带动建会。2. 运用典型促建会。3. 以服务带建会。截至2000年底，全市建会10595家，发展会员48.52万人。

天津市总工会把握新建企业的常变性，建立自建自管的工作机制。抓住建与管的力度。抓住组建乡镇街、开发小区一级工会组织的这一环节，逐步向社区、村级工会延伸，把住企业开业关，做到企业开业及时建立工会。

天津市总工会加强对基层工会工作指导，编写《新建企业工会工作简明读本》加强干部培训，实行经费政策倾斜。天津市总工会从市内9区工会上解经费中拿出130万元，用于新建企业工会开展活动，拿出20万元免费为新建企业工会订阅《工人日报》《天津工人报》。指导新建企业开展建设职工之家活动。

2001年，天津市总工会制定《关于异地经营新建企业组建工会的实施办法》，解决异地经营企业建会工作中的“两不管”或盲区问题，力争做到不漏建、不重管。同时，天津市总工会还制定了《关于加强社区（村）工会组织建设的意见》，加快新建企业工会组建工作。全市新建企业建会11480，会员52959人，比2000年新增1285家，新增会员44090人，组建社区工会834家。6月，天津市总工会结合全市实际情况制定《关于在社区组建工会加强工会建设的意见（试行）。各级工会在推动社区工会组织建设中，根据居委会的实际情况，坚持以党建带工建，以点带面，逐步推开。

同年，天津市总工会、市建委、市规划建设工委联合下发《关于在进津、驻津施工企业和分包队中组建工会，开展工会工作的实行意见》，使进城务工人员中建立工会组织的工作进入了一个全面发展新阶段。

2003年，天津市工会建会率达50%，会员覆盖率达到近70%，并在一批重点队伍中建立职工代表大会制度和平等协商集体合同制度。

2004年2月19日，全国建筑、交通行业进城务工人员工会组建工作现场经验交流会在天津召开。与会代表听取市政一公司工会和农民工代表的汇报后，对天津在城建系统外来务工中组建工会表示了极大的兴趣，均表示天津市城建工作扎实、系统，特别是由农民工工会参与集体劳务合同，把工会维权纳入了合同化的轨道，值得他们学习，出席现场会的中华全国总工会负责同志表示，天津在农民工中工会的经验值得在全国推广。

天津城建系统有外来农民工56000余人。从2000年第一个农民工工会建成到2004年，城建系统已经建立农民工工会255个，有34738名农民工加入工会组织。近年来，工会组织团结带领广大农民工为天津的城市建设做出了贡献。

2005年，天津市总工会100余名工会干部组成14个推动组，由领导带队深入上百个区县、近千个基层工会，开展以建会、建制、增活力为主要内容的“强基建制”调研服务活动。7月，为贯彻落实好天津市总工会召开的在全市国有、集体、私营三个一百强企业开展“强基建制”工作推动会精神，天津市总工会相关领导分别带队深入企业进行调研，指导推动“强基建制”工作。

同年天津市总工会提出，基层建会和发展会员的目标要在上一年度增长30%的基础上再增长10%。天津市总工会借助“强基建制”活动，强化对基层企业和工会的沟通与服务。天津市总工会领导分别将部分外企、私企老板请到工会来，亲自和他们座谈，与他们交心，了解企业的劳资关系状况和企业经营情况，并对了解到的情况进行分析整理研究，及时向有关部门进行反馈，帮助企业克服困难，积极争取经营者对工会工作的理解和支持。各级工会将这种服务工作扩展到117个区县局、3887家企业。据统计，“强基建制”活动开展后，各个工作组为基层提供具体服务329件（次）。

同年天津市总工会召开推动工会组织工作座谈会，会后，19个区县总工会和开发区保税区工会联合会及时向同级党委、政府作汇报。并调整工作重心，明确工作责任，分解工作目标，落实到责任部门和责任人。各区县总工会借势借力，多角度，多形式的开展建会工作。和平区、东丽区、大港区、河北区等6个区县把工会组建工作列入区县重要议事日程，主管领导定期听取组建工作汇报，并将工会组建工作列入对乡镇、开发区党委绩效考核的重要内容之一。津南区、河西区、塘沽区、静海县等9个区县先后下发“党工共建”指导意见，借助各级党组织和政府的力量优势推动工会组建工作。通过“强基建制”活动的开展，许多企业主认识到，工会组织不是企业的“对手”而是“帮手”，非公企业纷纷主动组建工会。麦当劳餐饮集团在天津的32家门店同时建立工会，韩国三星集团在天津的两家下属企业，也成立工会。截至2005年12月，在工会列入“强基建制”工作的“三百强”企业中，建会率已经达到93%。各区县新增基层工会748家，新增会员138473人。

“强基建制”工作重点在基层，重在企业，重在实效。在推行“强基建制”的过程中，河北区工会以“强基建制”工作为中心，开展评选“十佳工会干部”“十佳基层工会”活动。大港区工会将“强基建制”工作责任到人，分片负责，在相关企业建立走访、回访制度，实现企业间的有机互动，取长补短。

各区县总工会坚持属地管理的原则，对本区域的未建会企业承担起第一责任人的职责，帮助、协调和督促未建会企业及时成立工会组织，解决企业注册地和经营地分离的现象。武清区总工会结合区域内外资企业较多的现状，确定了工会组建工作“格局社会化、目标具体化、责任明确化、力量集中化、形式多样化”的“五化”建会思路，最大限度地覆盖不同规模企业，实现外资企业工会组建工作的新突破。北辰区、西青区、宝坻区等区县总工会明确将外资企业建会作为今后一个时期的重点，对于钉子户和空白点拟采取代行职能和经费支付令，责令其限期建会。红桥区总工会借助全区经济普查的成果，对区域内外资企业的基本情况及时掌握了解，并建立工作台账和数据库，实行动态管理。

各区县总工会在推动工会组建工作中还注重发挥工会优势，形成区县、乡镇、村（社区）三级工会组织联动。区县总工会负责本区域组建工作的统筹安排；村（社区）负责了解区域内企业基本情况，宣传组建工作；乡镇街负责所属企业组建工作，承担组建目标任务。蓟县总工会提出了外资企业建会率达100%，同时还加大乡镇街道内的第三产业建会和会员登记工作力度。各区县总工会还通过整合资源、创新形式拓展建会。汉沽区政府领导和部分委员对工会法执行情况进行检查，以此合力推动建会。南开区总工会与区工商联共同发文，合力推动私企建会工作。开发区保税区工会联合会还积极探索直接吸收会员入会的方式；河东区总工会探索建立区域性、行业性工会联合会的有效形式；宁河县总工会与县执法大队成立三轮车协会工会联合会，吸纳会员1661人。

2008年，按照中华全国总工会《关于开展进一步推进世界500强等跨国公司工会组建集中行动的通知》精神，天津市总工会及时制定了《推动世界500强在津企业组建工会工作方案》，在全面摸底的基础上，确定世界500强在津企业共有159家，其中109家建立了工会组织。明确从6月下旬至9月底之前，由天津市总工会领导带队，组织部、区县工委人员参加，分成7个推动组，对50个未建工会单位和有关区县全力推动。

方案下发后，承担500强在津企业建会任务的10家区县总工会高度重视，积极研究部署，制定有效措施全力推动。同时，天津市总工会7个推动组由天津市总工会领导带队分别深入到有关区县总工会听取进展情况汇报，对建会难点企业共同研究探讨解决措施，世界500强在津企业建会工作稳步推进。天津市总工会组织部加强与中华全国总工会基层部的沟通，做到及时将全市关于推动500强在津企业建会的措施、方案及整体推动情况随时上报中华全国总工会。

北辰区总工会接到天津市总工会通知后，制定四项切实可行措施，并对未建会企业，以北辰区总工会文号下发《关于坐落在辖区内世界500强外企组建工会的通知》，要求企业必须在9月前组建工会。区总工会主席亲自带队深入有关乡镇和未建会企业指导、服务和宣传，引起乡镇党政和未建会企业高度重视，取得明显的效果。坐落在北辰区宜兴埠镇的高丘六合（天津）工业有限公司，是该镇最大外资企业，一直是北辰区建会的重点和难点。借此次集中行动，北辰区总工会和宜兴埠总工会共同努力，通过采取“直线组建、曲线推动、一线动员”的措施经过努力，促其成功建会。河西区总工会就世界500强在津企业建会工作及时向分管书记汇报，制定了河西区推动实施意见，召开各街分管工会领导和工会主席会议，专题部署，并实行周例会制度，定期通报建会情况。所属5家企业中有2家已建会，另一家正着手组建。滨海新区工会对所属区域内9家500强在津企业逐一调查，摸清底数，通过向企业发建会函、致总部函等形式，要求其建会。已有5家建会，2家已承诺建会。中华全国总工会基层部有关领导7月上旬分别到河西区总工会、滨海新区工会了解世界500强在津企业建会情况，对天津市总工会积极部署行动和两区的做法和成效给予充分肯定。武清区总工会辖区3家500强企业均坐落武清开发区，经过多方面积极做工作，由于现在单独组建还有很大的难度，经过协商，3家企业分别选出一名组织员，由武清区总工会联合覆盖，下一步再经过努力促其单独组建工会，此外，承担此次世界500强在津企业建会任务的和平区、南开区、河东区、东丽区、河北区总工会也采取措施，依靠党政的支持，积极推进世界500强在津企业的建会工作。截至2008年9月，世界500强在津企业159家企业中已有128家企业建会，率先完成全国总工会要求的建会任务。

同年，各级工会组织加大建会工作力度，确保工会组织不涣散，会员不流失，坚持把农民工作为职工队伍的新生力量，实行建会考核奖励制度，有效调动全市各级工会组织和工会干部建会工作积极性。通过创新工会建会思路、组织形式和活动方式，全市工会组建工作圆满完成中华全国总工会下达的任务指标。各级工会以贯彻落实《企业工会工作条例》为抓手，深入开展建家活动，与非公企业“双爱双评”活动结合起来，共评选出模范职工之家150个，模范职工小家297个，工会工作先进集体198个，全国模范职工之家24个，全国模范小家24个，推广了各类基层工会的典型经验，推动基层工会组织活力不断增强。

各级工会按照“组织起来、切实维权”的根本要求，健全完善工会组织体系，创新建设职工之家的方法。在工会组建、发展会员和不断健全完善工会组织体系工作方面，各级工会坚持党建带工建、工建服务党建、党工共建共同发展的指导思想，形成了党委亲自抓、行政配合抓、工会全力抓的工作格局。

各级工会积极创新工会组建模式，大力推行区域性、行业性基层工会联合会、联合基层工会和楼宇工会、项目工会、市场工会等建会形式，重点加强乡镇（街道）工会建设。目前，全市243个乡镇（街道）及区属开发区和1689个村（社区）全部建立工会组织。针对国有企业改制，重点加强工会组织的跟进，确保组织不断线、工作不断档、会员不流失。针对工会干部队伍建设，坚持按照适应市场经济的方法开展选聘职业化工会工作者，把好工会主席选配关，全市已初步建立了一支70人的职业化工会工作者队伍。

全市各级工会组织积极克服农民工人员分散、流动性大的问题，采取在项目工地建会、在分包队伍建会、在劳务承揽单位建会等多种模式，最大限度地把他们组织到工会中来。截至年底，全市工会共发展农民工会员99万人。

第二节　建家工作

1984年，天津市总工会在全市进行民主管理工作大检查。在大检查中，天津市总工会突出强调三点要求：第一，按“四化”要求调整配备基层工会领导班子。第二，工会和职代会要在增强企业活力，提高经济效益上发挥作用。第三，要结合企业改革建立民主管理体系，落实三个职权。这些工作保证了检查内容与建家验收内容的协调统一，同步进行。一些单位从实际出发，结合这次大检查，对符合六条标准的基层工会，同时进行“建家”验收，加快“建家”的进度。据丝绸公司、二轻局、化工局、塘沽区、红桥区、医药局等十个区局统计，就有300多个单位民主管理工作和建家工作同时验收合格，这样做有利于基层工会在短时间内解决“建家”中存在的一些较大的难题。据二轻局统计，经过民主管理工作大检查，有120个基层工会调整配备领导班子，当年建成“职工之家”。石化公司、二商局、供销社、汽车工业公司、北郊区等单位，还就落实基层工会主席待遇、保持工会干部的相对稳定等问题，由党委下发文件，做出具体规定。

同年9月14日，天津市总工会召开整顿工会基层组织，建设“职工之家”动员大会。天津市总工会负责同志做了“关于搞好工会基层组织整顿，开展创建‘职工之家’活动意见”的讲话。天津市总工会决定，要用三年时间对全市基层工会普遍进行一次整顿，使基层工会建成职工之家。

1985年，天津市各级工会认真贯彻全国总工会组织部在石家庄和丹东召开的建家工作经验交流会精神。在十届六次全委扩大会议，天津市总工会明确提出把“建家”工作作为搞活基层的一个重要内容，摆在工会工作的重要位置上，并根据中华全国总工会关于年底完成“建家”任务过半的要求，结合全市的实际情况，确定今年的整建规划，要求各级工会切实把“建家”工作抓紧抓好。为了具体贯彻落实全委扩大会议精神，天津市总工会多次召开区县局工会干部大会和“建家”工作汇报会，进一步学习有关“建家”工作的文件和兄弟省市工会“建家”工作的先进经验。各区县局工会普遍通过召开“建家”现场会、经验交流会和举办工会干部学习班等形式，层层进行发动，提高认识，统一思想，使各级工会干部树立起搞好“建家”的责任感和紧迫感。许多单位根据上级的要求，对照先进找差距，抓薄弱环节，采取“帮在前，验在后”的方法，改变以往工作的被动局面。

天津市总工会每季度发布一期全市建家进度通报，并送各区县局党委，以引起各级党委的重视。各级工会和各部门都注意调查研究，发现和培养典型，总结经验。天津市总工会先后总结交流19个不同类型的典型经验，区县局工会分别在各系统、各行业的小单位中搞一些试点，精心指导，具体帮助，对难度较大的单位蹲点剖析，与党政共同研究解决实际问题。天津市总工会有关部室和工委联合抽验组对12个已经验收的“职工之家”进行抽验，摸清全市前一段建家的特点和验收质量，推动“建家”工作的扎实发展。

同年9月，天津市总工会举办工会工作开拓创新经验展评会。主题是关心全局大事，主动参政议政，立志自强奋进，加快建家步伐。展出的200多项经验，涉及到工会各方面工作，并且适合不同行业、不同类型基层的要求，为抓好“建家”提供了大量活的教材，成了“建家”工作的学习班。如，二机局工会抓基层工会建家，在全系统突出抓职代会评议企业工作、评议领导干部，开展职工评议和投信任票活动的经验；化学试剂总厂工会在“建家”中，发动会员评议工会工作和工会干部，由会员直接选举基层工会主席的经验；河北区工会开展建家活动坚持标准公开，群众把关的经验；汉沽区工会提出的“建家”要分合格、先进、模范三个阶梯的经验等等。许多工会干部说：“展评会使我们进一步明确了‘建家’的方向，学到了方法，一定要结合自己的实际把工作搞上去。”一些党政领导同志参观展评会后，表示一定要为工会工作开绿灯，全力支持工会搞好“建家”。红桥区区委书记张椿同志，当场决定成立区“建家”工作领导小组，由区委主要领导同志任组长，并经常召开会议研究“建家”工作。

1986年，天津市各区、县、局工会在建家工作中坚持一手抓建家进度，一手抓巩固提高。在普及合格“职工之家”建设的基础上，开展复查和创建“先进职工之家”活动，加强基层工会组织的自身建设，促进工会各项工作的开展。到年底，全市已有5457个基层工会组织，按照六条标准验收合格，建成“职工之家”，占应建家单位总数的93%。各级工会组织认真贯彻中华全国总工会关于“抓基层、打基础、促改革”的指导方针，有力地推动建家工作的开展。有31个区、县、局工会全部完成了建家任务；有23个区、县、局工会完成了90%以上；对77个区县局的2313个基层工会的调查统计，已有1527个基层工会选配了同级党政副职一级的干部担任主席，一些大中型企业车间分会的领导班子也得到不同程度的调整和加强。全市整顿基层工会组织，建设“职工之家”任务已基本完成。

1987年，天津市各级工会根据天津市总工会第十一次代表大会关于开展建家工作，要向先进、模范“职工之家”发展的要求，以常抓不懈、开拓创新的精神，继续抓好基层工会的整顿和建设，促使建家工作向更高的层次迈进。

1988年，天津市总工会在全市开展以增强基层工会活动力主要内容的建家活动。

1989年天津市总工会全委（扩大）会议把增强基层工会组织的活力做为全会全年三项重点任务之一。在活动形式上，继续开展争创先进和模范职工之家的活动；在指导思想上，坚持“三全、五制、一统一”；在具体做法上，天津市总工会和区县局工会坚持一般号召和具体指导相结合的领导方法，积极探索搞活基层工会工作的新路子，狠抓“百点”“百手”活动，即联系一百个试点单位，总结一百手增强基层工会活力的新招法。逐步强化基层工会组织自下而上的运行机制，提高自转功能，有效解决“上热、中温、下凉”的“半截子”工会问题。

1990年5月，为了贯彻中华全国总工会召开的基层工作会议和“关于继续深入开展建家活动的决定”，天津市总工会常委会决定对中华全国总工会基层工作会议精神的传达贯彻分两步走。首先在区县局工会主席和组织部长会议上传达中华全国总工会基层工作会议精神，召开历时三天的基层工作会议。会议总结交流33份典型经验，并在全面分析全市基层工会组织状况的基础上指出：当时存在的主要问题是不少企业中职工对自己是企业的主人、对工会是职工之家感受不深。据当时对部分先进和模范职工之家的1912名职工的抽样调查，对自己是企业主人感受不深的占63.55%，对工会是职工之家感受不深的占53.59%。为了更好地贯彻中华全国总工会基层工作会议精神，紧密结合全市建家工作的实际，会议研究确定继续深入建家活动的基本目标和基本要求，明确“十二个字，六句话”继续深入建家的具体任务和在工会小组开展建小家活动的“六字”内容。即把“支持和组织职工当家做主，密切工会同职工群众的血肉联系”做为当前和今后一个时期继续深入建家活动的基本目标；把“为了逐步实现这个目标，各级工会组织要集中精力，通过三年左右时间的努力，力争使大多数基层单位，在解决职工群众“两个感受不深”，推进“两个充分发挥”（即充分发挥工人阶级的主力军作用和充分发挥工会连接党和职工群众的桥梁纽带作用）上取得明显的效果作为基本要求。把建家任务概括为：“支持、组织、团结、引导、解难、自身”这十二个字，即1. 支持职工参加企事业的决策和管理；2. 组织动员广大职工确保实现企事业改革和发展的目标；3. 不断增进职工队伍的团结；4. 引导职工自我教育、自我管理；5. 尽心竭力地为职工排忧解难；6. 积极稳妥地推进工会的自身建设和改革。把在工会小组建小家的内容概括为“知、参、学、做、帮、建”六个字。即：“知”小组工作要通知全体会员、协助行政组长做到“五公开”，即任务、分配、考勤、劳保用品发放、职工困难补助等公开。“参”搞好班组民主管理，使职工人人参与决策、参与管理、参与分配、落实班组民主管理的职责。“学”

搞好政治、技术业务学习，活跃小组的文化生活，建立文明整洁、有家庭气氛的活动阵地，发挥工会小组的课堂作用。“做”立足本岗，搞好本职，围绕班组中心工作，开展多种形式的劳动竞赛和合理化建议活动，搞好班组（部门）工序间的团结协作，完成小组的各项工作任务。“帮”搞好互助互济，帮生活、帮思想、帮工作，做到矛盾不上交、一般问题不出组，不断增强小组的凝聚力和向心力。“建”搞好小组的组织建设和制度建设，民主选举工会组长，并形成小组骨干核心。

1991 年 4 月，天津市总工会召开基层工作会议，总结交流继续深入开展建家开展以来新涌现的典型经验，并就继续深入建家活动的理论和实践问题进行充分讨论。会议根据中华全国总工会有关文件精神和各级工会干部的实践，把继续深入建家活动的新要求、新特点简要概括五个原则，即“全局作用原则”“合力建家原则”“整体功能原则”“动态过程原则”和“群众认可原则”。会议还从马克思主义哲学和政治经济学的高度，重点分析了建小家活动的实质和特征。会议还全面分析了全市工会小组的现状：在全市 16 万工会小组中，能全面落实建小家六字内容的只占 5% 左右，中间状态的约占 35%，落实不好的占 60% 左右，多数工会小组还处于那种活动时有时无，职责似是而非，组长无所适从的状况。理论的导向和对现状的分析，从正反两个方面增强了各级工会干部继续深入开展建家活动的自觉性和紧迫性，有力地推动了全市建家活动健康、稳步的发展。对 8 个区局工会建家活动的统计，工会小组中已建成合格职工小家的已平均达到 35%。

同年，围绕党的七中全会和中共中央工作会精神，天津市总工会在基层工作会议上研究确定全市今后五年继续深入建家活动的总体目标。目标是在今后五年中，要在努力实现建家三年近期目标要求的基础上，通过优化基层，加强车间，强化班组，使基层工会建立起一个自下而上的运行机制，不断增强基层工会的整体功能。在指导思想上，进一步树立围绕全局，全面发挥工会各项职能作用，坚持会员为主体，依靠会员办会，强化工会工作的群众性、民主性、公开性，努力开掘活力源泉；在组织上，努力建设一支强有力的工会干部队伍和积极分子队伍，提高他们自觉独立开展工作的能力；在制度建设上，建立和完善基层工会及车间分会、工会小组的工作规程，引导工会工作向规范化、制度化发展；在理论上，要加强新时期工会工作理论的研究探讨，以进一步组织和支持职工群众当家做主，密切工会同职工群众的血肉联系，在解决职工“两个感受不深”和推进“两个充分发挥”上取得明显效果。天津市总工会常委会讨论提出：争取今后三年内，全市实现“六落实”（指建小家六字内容的落实）的小组达到小组总数的 40%；今后五年内，实现“六落实”的小组达到小组总数的 60%。

同年天津市总工会对全市 596 个基层工会的问卷调查，三级建家全面开展的 354 个，占 59.76%；在部分分会、小组开展试点的 227 个，占 37.89%；尚未开展的 14 个，占 2.33%。这一阶段，主要做了以下六个方面的工作：1. 层层狠抓认识的提高，不断增强开展建家活动的自觉性。2. 层层狠抓建家意见、办法的研究制定，使基层建家有章可循。3. 层层狠抓“活动”重点的下沉，实行三级建家，组为基础，向职工群众倾斜的政策。4. 层层狠抓试点，培养典型，不断提高典型的配套水平，充分发挥典型的辐射作用。5. 层层狠抓干部培训和政策咨询，为建小家活动的不断深化提供必要的指导服务。天津市总工会紧密围绕继续深入建家的有关内容举行专题报告会，请中华全国总工会领导同志就国际形势和工会工作做报告，直接培训基层工会主席及基层以上工会干部 3000 余人次。

1992 年是实现天津市继续深入建家三年近期规划的关键一年。根据中华全国总工会会议文件要求和全市建家的实际状况，确定继续深入建家活动总的指导思想是：紧密围绕增强大、中型企业活力和提高企业经济效益这个中心，继续深入开展建设职工之家活动，从普及和提高的结合上，掀起大总结、大表彰、大宣传、大学习、大推动的高潮，在解决职工“两个感受不深”和推进“两个充分发挥”上取得明显成果。重点抓好以下六个方面的工作：1. 召开本年度工会工作总结表彰大会，大力宣扬在全市工会组织中经自下而上评选产生的基层工会工作的 30 面红旗（即大家、小家、个人各 10 面）。2. 积极采取各种有效措施，狠抓天津市总工会三年建家规划进度计划的落实，努力实现三年近期规划时间过半，实现目标任务过半。3. 按照中华全国总工会基层部的要求部署，有计划地搞好现有全国模范家的复查和新的全国模范家的推荐申报工作。4. 在调查研究，充分准备的基础上，召开全市 1992 年基层工作会议，召开一个集成果展示、经验交流和理论研讨于一体的多功能会议。5. 围绕搞好大、中型企业，在着力搞好调查研究的基础上，适时组织召开一次大、中型企业建家工作推动会。6. 加强天津市总工会各部门之间的密切配合和通力合作，认真搞好各有特色的分类指导，主动加强天津市总工会同市委、市政府各有关部委之间的横向联系，有效推动基层工会建家活动。

1996 年 6 月，天津市总工会召开基层工作会议，决定继续在基层开展建设“职工之家”活动，并按照总体思路的要求，突出维护职责，结合实际，提出“建家”十条基本要求，使工会工作总体思路落实到基层。天津市总工会按照这十条基本要求，制定了《关于贯彻工会工作总体思路，继续深入开展建设“职工之家”活动的意见》，并根据所有制，行业特点和企业改革进程不同特点，对国有企业、新经济组织以及机关事业单位制定不同的市级模范条件。天津市总工会制定五项措施推动“建家”活动不断深入，分别为改革评选方法、选树“双百”典型、提高领导服务水平、加强理论研究、加强组织领导，使十条基本要求真正落到实处。

第十一章　工会费用管理

新中国成立后，随着工会组织的发展壮大，工会经费的收入和支出也不断增加。1950 年，国家颁布工会法，明确了工会独立管理经费的原则，并且规定了工会经费的四项主要来源，即会员交纳的会费、行政或资方按职工工资总额的百分之二拨交的工会经费、工会举办各项事业的收入、政府或行政的补助。

天津市工会会员交纳的会费，是根据全国总工会的规定按工资收入的百分之一计算的。自1950年至1965年的16年间，全市会员交纳会费5.151万元。随着工会法的贯彻实施，各工商企事业的行政或资方依法按职工工资总额的百分之二，向工会组织交纳工会经费。自1952年至1965年的14年间，共拨交工会经费1亿2924万余元。以上两项共计收入1亿8075万余元。

天津解放初期，天津市总工会和部分产业工会办机关生产单位，创建化学厂、造纸厂、建筑合作社、皮鞋合作社、皮毛合作社、酱油厂等，解决一部分工人失业问题，取得一定的经济效益。后来根据国务院规定，交给政府有关部门经营或停办。在此期间，天津市总工会接管了回力球场，改建为第一工人文化宫，成为天津市第一个工人文化活动阵地。并且组建电影队和工人文工团（文工团后并入人民艺术剧院）。

1953年，中国工会“七大”的财务工作报告，明确提出“三服务”的财务工作方针，为工会经费的开支指明方向。这一时期，全市新建第二工人文化宫和七个区级俱乐部，以及工会管理干部学院、国际海员俱乐部，加上第一工人文化宫，总建筑面积达73800余平米，有的产业工会与行政也投资兴建了俱乐部，特别是较大的基层工会都开辟了自己的活动阵地。在开展职工各项活动方面，重点在基层。除满足职工文艺、体育、宣传等开支外，主要用于职工的业余文化、技术教育方面，这项开支达4846万余元。

1966年，“文化大革命”开始，天津市工会工作受到影响，会费停收，经费停拨，工会经费结余被冻结上缴财政。全市共上缴了2286万余元，整个工会经费的收支停止。

1978年12月，全国总工会与财政部联合发出通知，恢复行政拨交工会经费的办法。天津市将工会经费的百分之六十五留给基层和公司工会使用；区、局工会根据不同情况，留有不同的比例，一般的为百分之十五至二十；郊、县工会留百分之三十；上解全国总工会百分之五；其余留在天津市总工会。全国总工会还作出会员按基本工资的百分之零点五交纳会费全部留归基层工会使用的规定。

1979年至1986年，天津市会员共交纳会费3912万余元。行政方面拨交工会经费26866万余元，两项共收入3亿778万余元。八年中的总支出2亿5879万余元（包括上解全国总工会1325万余元），占总收入的14.08%。全市各级工会组织运用工会经费，围绕经济建设中心，为职工办大量的好事、事实。把经费主要用于加强两个文明建设，开展职工业余教育，提高职工队伍的文化、技术素质，以及用于增强企业活力，开展形势宣传、生产鼓动、职工文艺、体育、兴趣爱好活动等方面，这部分开支约占工会经费总收入的60%。为扩大中国文化活动阵地，新建区、郊县及文化宫、俱乐部等七处，8000平米的职工业余技术大学舍楼，扩建工会管理干部学院和10000平米的国际海员俱乐部文化楼。建筑面积共53000余平米，相当于“文化大革命”前工会文化教育事业建筑总面积的71.88%。一些郊县结束多年工会没有职工文化活动阵地的历史局面。

有些局和基层工会也相继建立俱乐部，到1986年全市各级工会已建立起1842个文化宫、俱乐部，使职工文化活动阵地有了较大的发展。

随着改革形势的深化，在用好、用活工会经费，各级工会组织有了新的探索和创新。增加读书演讲活动、知识智力竞赛、兴趣爱好小组、自学成才奖励等方面的开支；增添为职工群众服务性的开支，开展理发、照相、修车、裁剪、缝纫、家电维修等服务项目；解决慰问退休孤老职工、伤病住院职工买慰问品的开支，花钱不多，效果明显，关心职工，群众满意，感动家属，影响深远。一些基层工会和事业单位开辟工会经费收入的新途径——兴办第三产业，既服务职工群众，又增加社会效益和经济效益。

1991年4月，天津市总工会重新新修订了《基层工会经费使用原则，开支范围和标准的试行规定》，基层工会的经费开支，均按此规定执行。

文件规定了工会经费使用原则是：要贯彻工会工作方针，落实为职工群众服务，为发展工运事业服务的宗旨；要贯彻执行《中华人民共和国会计法》和有关财政法规，及上级工会规定的各项财务制度，严肃财经纪律，不得用工会经费请客送礼，分钱分物，严禁滥发奖金。不得动用工会经费开支“赞助费”、“开办费”、“报名费”等各种名目的捐款；工会经费实行预算、决算制度。预、决算必须经同级工会经费审查委员会审议通过后，报上级工会批准。没有预算，不得开支；使用工会经费要根据需要与可能，勤俭节约，量入为出，分别轻重缓急，统筹安排，压缩行政经费，尽量把经费用在群众活动方面，考虑多数职工需要和实际效果；工会经费使用要充分发挥民主，广泛听取职工群众的意见，定期公布帐目，接受职工群众监督。

文件对会员活动费、业余教育费、宣传活动费、图书阅览费、文艺活动费、体育活动费、工会建设费、工会行政费、职工集体福利事业补助费、工会结余经费等工会经费开支范围和标准做了具体规定。为了更好地贯彻落实工会工作方针、达到用好工会经费的目的根据中华全国总工会“补充规定”的精神，对于没有规定的开支项目，只要不违反国家财经政策，符合工会工作方针，经经费审查委员会同意，基层工会可根据工作的实际需要决定开支，但不是工会举办的活动，不能由工会经费开支。

各级工会为适应社会主义市场经济发展和规划工作的需要，在收好、管好、用好工会经费方面进行了大胆改革创新，为工会各项工作提供了物质保证。天津市总工会先后修订了《区县级工会财务工作竞赛评比暂行办法》、《关于对局级工会经费收缴超解回拨奖励的暂行规定》、《对挪用截留工会经费处罚条列》等规定，促进了工会经费的拨交工作。为了不断提高财务工作水平，天津市总工会坚持开展财务竞赛，确定指标，量化任务，将收缴率、增长率、超收超解率同时纳入竞赛条件一并考核，出台《超解经费同比例递增回拨》办法，激励和督导各级工会更好地收好经费。天津市总工会坚持加强政策指导，建章建制，规范财务管理，搞好对下服务，制定职工消费合作社、职工救济互助金基金、基层工会投资和借款、加强工会企业资产等一系列规定。借财务大检查和整顿会计秩序，清理预算外资金的时机，针对存在的问题积极进行整改。

1991年至1995年，天津市总工会为扩大工会企事业的发展，更好地为职工群众服务、为各级工会服务，始终贯彻增收节支，积累一点资金，努力搞一点建设的精神。采取每年攒一点，向有关部门借一点，再向银行贷一点的筹资方式，建造2.4万平方米的职工之家，建成8640平方米的津工大厦。截止到1995年年底，天津市总工会经费收入14682万元，加上前几年经费结余2465万元，减本级总支出15682万元，累计经费结余1465万元。

1996年，天津市总工会出台和修订《关于加强局级工会互助组活动的若干意见》、《关于进一步规范会计秩序的意见》、《关于对经费回拨经费的管理和使用问题的暂行办法》、《天津市总工会经费超收留成基金和财务专用基金管理办法》等一系列文件。有条件的单位实行会计工作电算化。坚持每半年开展一次财务、会计检查活动。

2001年至2005年，天津市总工会工会经费收入增长较快，工会经费收入途径不断扩大，筹集资金的领域不断拓宽，工会组织的整体经济实力进一步增强，为工会组织切实全面履行各项社会职能、突出维护职能提供了强有力的资金支持和物质保障。截至2005年，全市各级工会用于开展职工活动、再就业培训、送温暖工程、推动工会组建、事业支出以及对下级工会的补助等支出共计12.4亿，占工会经费总支出的84.64%。5年间天津市总工会经费总收入27235.38万元，总支出26754.51万元。

天津市总工会抓住新工会法实施的有力契机，结合实际，把工会经费收缴纳入《天津市实施〈工会法〉办法》的主要条款，首次作出未建立工会组织的单位，要向上一级工会拨缴经费的规定和事业单位工会经费实行集中划拨、对部分区县实行税务部门代收的做法及时进行调研，参与指导和重新修订了区县局、总公司工会经费收缴工作年度考核办法等。天津市总工会注重财务工作建设，健全财务制度，强化基础工作，财务管理水平进一步提高。在此期间，天津市总工会先后制定了《天津市总工会本级预算管理办法》、《天津市总工会机关财务管理办法》、《关于进一步加强直属单位财务管理工作的意见》以及天津市困难职工帮扶中心救助资金、物品管理发放等制度规定，规范了财务管理，提高了工作效率。

第五篇

人　物

概 述

1921年7月中国工人阶级的先锋队——中国共产党诞生，1921年8月在上海成立了中国劳动组合书记部，作为领导工人运动的合法组织。劳动组合书记部天津支部于1922年7月成立，负责人是安幸生和李培良。劳动组合书记部天津支部发动天津工人群众积极投入劳动立法，并于同年8月27日代表天津十多万劳动群众致电国会参、众两院议员，要求迅速通过实施《劳动法大纲》。加强领导、加强组织已成为天津工人运动继续发展所迫切需要解决的问题。根据革命发展需要和天津地方党团数量的不断增多，中共中央决定由于方舟、江浩、李锡九等组建天津党的地方组织。1925年秋，中共中央在北方建立了中共北方区委，由李大钊任书记，负责领导整个北方党的工作，从此，中共天津地委的工作和天津工人运动，在中共北方区委的直接关怀下蓬勃开展起来。

中共天津的党组织建立，正值国共两党在全国推动反帝反封建军阀统治的斗争。为了推动天津人民反帝反封建斗争，中共天津地委决定以发展工人运动为工作重点，在工人中开展工作，大力组织工人阶级队伍，发展工人运动，并以有力的措施提高工人阶级的组织程度和觉悟程度。党在工人中发展党团员，成立工会，开展革命活动。在党的积极推动下，天津工人罢工斗争此起彼伏。1921年7月至1922年7月，天津工人举行规模较大的罢工不下十次。

1924年秋，中共天津地委为加强对工人运动的领导，先后派党员、团员到纱厂、地毯厂创办平民学校，并指导团地委在高等工业学堂、官立一中增设平民学校，吸收“校役夜班”、工厂工人及其他贫民入学。从而使党员、团员与各界群众广泛接触，宣传无产阶级革命思想，启发人们觉悟，进而组织工会，发展党员，领导群众广泛开展经济、政治斗争。党在宝成纱厂建立了全市纺织业第一个工会组织。1925年春，中共天津地委陆续在裕元、北洋、恒源等天津各大纱厂建立了工会组织。同年五月，在中共党员卢绍亭、李培良等领导下，五大纱厂工会代表在宝成纱厂开会，成立了天津纺织工会。

党员和团员深入各条战线，有力地开展了马克思列宁主义的宣传活动和领导天津工人运动。1925年7月18日，在中共党员安幸生等人组织下，“中华海员工业联合会天津支部”在法租界成立。至此，在天津宝成、裕元、北洋、华新、恒源五大纱厂和铁路、印刷、油漆、海员、码头等行业建立起20余个工会组织。在以上工会组织的成立的基础上，在天津地委的直接领导下，1925年8月4日成立了天津总工会。

1926年1月1日，天津总工会举行盛大的升旗礼，安幸生代表总工会发表讲话，指出军阀政府只能摧残工会的形式，不能消灭工会的精神，号召各工友加倍努力，以期得到最广大最坚固之团结。会后各分工会代表详细讨论了工会会务工作，总工会委员也进行了调整：粟泽任总工会主任、安幸生为秘书、委员有陶卓然、李铁军、刘亚斋、郭隆真、王星五等人。天津总工会是中共天津地委领导的天津最早的全市性工人阶级团结、战斗、联合的群众性组组织。它的成立体现了天津全市工人群众在中国共产党的领导下实现大联合、大团结，依靠自己的力量谋求解放、奋勇前进的意愿。天津总工会是在五卅运动中天津工人掀起轰轰烈烈的斗争高潮中诞生的，它的诞生标志着天津工人运动跨入了新的历史时期，在这个时期涌现出了许多工人运动的领袖和人物，为以后天津工人运动的发展奠定了坚实的基础。

1950年1月10日至13日，召开天津市工会第一次代表大会。会议选举黄火青为主席，丘金、王老五为副主席。1951年1月21日至25日，召开了天津市工会第二次代表大会。会议选举黄火青为主席，王老五为副主席。1952年1月19日至20日，召开天津市工会第三次代表大会。会议选举黄火青为主席，谷小波、潘长友、李权超为副主席。1953年1月10至13日，召开天津市工会第四次代表大会。会议选举黄火青为主席，谷小波、潘长有、李权超为副主席。同年4月，中共中央任命黄火青为中共天津市委书记，天津市总工会工作由谷小波主持。1954年1月，根据全国总工会加强产业工会的决定，将天津市总工会更名为“天津市工会联合会”。1955年1月31日至2月3日，召开天津市工会第五次代表大会，会议选举谷小波为主席，潘长友、许明、陈好问、王一达、王文源为副主席。1957年4月2日至6日，召开天津市第六次代表大会。会议选举谷小波为主席，陈好问（9月病逝）、潘长友、王文源、张高峰为副主席。1958年4月6日，潘长友调任河北省总工会副主席；10月，赵冀平任天津市总工会副主席。1959年5月19日，谷小波调任中共河北省委工业交通部部长；10月，许明代理天津市总工会主席。1960年4月15日至19日，召开了天津市工会第七次代表大会。会议选举许明为主席，张高峰、赵冀平、杨春林、张阁、赵川、孙少华、刘长福（不脱产）、钱嘉光（不脱产）、苑兰田为副主席。1964年9月7日至12日，召开了天津市工会第八次代表大会。会议选举许明为主席，苑兰田、张阁、杨春林、孙少华、刘长福（不脱产）、钱嘉光（不脱产）、黄树尤、李波为副主席。1966年5月后，开展“文化大革命”，工会工作受到错误地批判，工代会取代工会。1973年，中共天津市委根据中央17号文件精神，颁发津党发59号文件，组成整顿、健全工会筹备小组。组长张福恒，副组长黄树尤、林启予、王满迎、运淑媛和组员等14人。筹备召开天津市工会第九次代表大会，重新恢复和建立天津市总工会。1973年5月26日至31日，召开了天津市工会第九次代表大会。会议选举张福恒为主任，黄树尤、林启予、王满迎、李长茂、卢珊、运淑媛、李淑文、杨春林为副主任。1978年2月，市委决定改组天津市总工会领导班子，分别批准许明、单书、张子瑜、孙少华四名老工会干部、老劳模任天津市总工会副主任。免去王满迎、运淑媛、李淑文的工会领导职务。李长茂病逝。林启予调天津市地震局后被捕。调整后的天津市总工会领导班子是：副主任许明、黄树尤、单书、卢珊、杨春林、孙少华、张子瑜。1979年12月，中共天津市委津党发

294号文件《关于为天津市总工会和各级工会平反的决定》。1981年6月25日至30日，召开了天津市工会第十次代表大会。会议选举许明为主席，黄树尢、单书、杨春林、孙少华、张子瑜、卢珊、李森荣、刘惠根、李之珍（兼）、李祺祖（兼）为副主席。1983年9月市委贯彻领导干部新老交替、新老合作的原则，对天津市总工会领导班子进行了调整。许明任市人大常委会专职副主任。杨春林、张子瑜离休。黄树尤任天津市总工会主席，杨希禄、单书、孙少华、苏兰州、冯延祥、李之珍（兼）、李祺祖（兼）任副主席。1984年10月，于长生任天津市总工会副主席。1986年3月，黄树尤因年龄关系提出辞去天津市总工会主席职务。天津市总工会十届八次全委扩大会议同意黄树尤的请求，并增补潘义清为第十届委员会委员、常委、主席。1986年9月1日至5日，召开了天津市工会第十一次代表大会。会议选举潘义清为主席，单书、杨希禄、于长生、苏兰州、张淑华为副主席。1991年9月12日至15日，召开天津市工会第十二次代表大会。潘义清当选天津市总工会主席，于长生、苏兰州、张淑华、张子鹏、李淑珍、李大亚当选为副主席。1996年10月23日至26日，召开天津市工会第十三次代表大会。潘义清当选为天津市总工会主席，张子鹏、李淑珍、李泮祥、安亭洲、刘凤山、王连金当选为副主席。1998年6月潘义清调任天津市人大常委会副主任。1998年6月23日在天津市总工会第十三届委员会第四次工会代表会议上孙宝树当选天津市总工会主席，2001年调任全国总工会。2001年10月29日至11月1日，召开天津市工会第十四次代表大会。选举散襄军为天津市总工会主席，张子鹏、李泮祥、安亭洲、刘凤山、王连金、赵洪莉为副主席。2006年12月1日至12月4日，召开天津市总工会第十五次代表大会。散襄军当选天津市总工会主席，刘凤山、李泮祥、赵洪莉、崔金和、高炜、黄淑玲当选为副主席。2008年1月散襄军调任市政法委书记。2008年2月1日天津市总工会第十五届委员会第四次会议选举邢明军为十五届委员会主席。

伟大的时代铸就着世纪的英雄。在人民共和国的建设发展中，涌现出一批又一批劳动模范，1949年至2008年全市共评出劳动模范28870人次，他们是中华民族的精英，是天津工人阶级的杰出代表，是天津社会主义建设的功臣和楷模。

第一章　人物传略

于方舟（1900—1928），原名于兰渚，又名芳洲。1900年9月15日生于河北省宁河县（现为天津市宁河县）。

“五四”运动爆发，他投身于反帝爱国斗争，组织直隶省立第一中学学生救国团并被推举为团长。此后，组织“新生社”，出版《新生》杂志。

1920年1月29日，与周恩来等率天津市爱国学生千余人赴直隶省公署请愿，除要求省长曹锐代电中央驳回日本通牒，拒绝山东问题直接交涉，坚决维护国家主权外，并要求恢复各界联合会和学生联合会，释放被捕代表，不干涉人民集会、结社，言论、出版自由等，遭到当局的野蛮镇压，被捕入狱。在狱中，与周恩来一起共同创办“读书团”，组织狱中难友学习并讨论政治、学术和社会问题。获释后，被开除学籍。回到家乡后，组织农民开展反对“租地改苇地”的斗争并取得胜利。

1923年经李大钊介绍加入中国共产党。1924年在中共中央和北方区委的领导下，正式建立中共天津地方执行委员会并召开了成立大会，讨论并确定中国共产党在天津的具体工作方针和行动纲领，被选为中共天津地方执行委员会委员长。同年3月9日，中国社会主义青年团天津地方执行委员会召开重建大会，他在会上做了报告，并被选举为执行委员会委员长。

1924年1月，根据中共“三大”精神，他出席国民党第一次全国代表大会并被选为国民党中央候补执行委员。回津后，建立国民党直隶省党部，被选为主要负责人。

1925年初，天津各界人民国民会议促成会成立，参加者70余团体，他当选为宣传科主任。在他的组织和领导下，宣传活动从市区深入到县城。

五卅惨案后，以于方舟为首的中共天津地委迅速将各阶层的人民组织起来，沪案后援会纷纷成立。工会组织也在反帝斗争中迅速发展，天津总工会于同年8月宣告成立。中共中央为加强对天津、河北地区革命斗争的领导，派李季达来天津，任中共天津地委书记，他任组织委员。

根据中共天津地委的决定，他领导天津电车工人罢工斗争。全市电车工人罢工，全部电车停驶，给比商资本家以经济制裁和政治揭露。

1926年3月国民党直隶省代表大会上，他阐明共产党关于统一战线的方针，会议通过关于开展工人、农民、青年、妇女、商民等群众运动的决议案，并在选举中保持了共产党员在统一战线中的领导地位，回击国民党右派的篡权阴谋。

1927年10月，以中共顺直省委委员兼组织部长的身份直接领导玉田暴动，终因寡不敌众被俘遇难。为缅怀烈士的业绩，让南开学子永远记住于方舟这个光辉的名字，南开大学在新开湖畔敬塑了烈士半身石像，彭真亲笔题词，他的家乡人民为他塑像，建造了于方舟烈士陵墓、陵园。李瑞环同志称之为“津门之光”。

于树德（1894—1982），又名永滋，1894年2月29日出生于河北省静海县唐官屯村。早年参加同盟会，投身民主革命。

1909年入天津法政专门学校。1911年11月，参予组建“天津共和会”，联络各阶层人士策划起义。民国6年（1917年）毕业后，留学日本，读书期间，他和周恩来同参加“新中学会”，任执行干事。

1921年回国，任教母校。9月，在李大钊指导下，与安体诚在天津河北恒源纱厂附近大经路创办天津工余补习学校，由其任校长，安任教务主任。不久经李大钊介绍加入中国共产党。在学校里边向工人传授文化知识，边宣传马克思主义，并先后建立专为工友服务的天津工人图书馆、工人乐群会、五五书报代卖社等进步组织。

1922年1月，作为天津代表出席共产国际在莫斯科召开的远东共产党及民族革命团体大会，并在大会宣言上签字。3月12日，中国社会主义青年团天津地方执行委员会在天津工余补习学校成立，他被推选为书记部主任。当年6月，当局以"有劳工运动之新思想潮流"为由，强令将天津工余补习学校解散。此后，他辗转各地，从事党的工作。

1924年1月，在广州召开的国民党第一次代表大会上，他被选为中央执委（毛泽东、瞿秋白、林伯渠、张国焘为候补执委）。一届一中全会上，他被指定为国民党中央委员会北京执行部常务委员。2月，担任天津最早的党组织——中共天津小组组长；当年3月，天津各团体联合召开追悼列宁大会，他任大会主席，并介绍列宁略史。

1926年1月，在国民党第二次代表大会上，他再次当选为中央执委。会上，他就"西山会议派"问题作了专题发言。在他和国民党左派的共同努力下，大会通过"弹劾西山会决议案"、"处分违犯本党纪律党员决议案"，维护统一战线。3月，他参加天津各界举行的"废约驱段"国民大会后，被直鲁联军密探拘捕，经多方营救获释。

1928年2月3日，他被开除国民党党籍。此后，他脱离组织关系。曾任燕京大学教授，贵州省合作社管理处处长，国民党政府监察院委员，国大代表等职。1933年在北平参与为李大钊烈士举行公葬和立碑的群众活动。

新中国成立后，他应毛泽东、周恩来邀请，由南方来到北京，历任第二、三届全国政协委员，第四、五届全国政协常委，中华全国供销合作总社监事会副主任。1982年2月18日因病在北京逝世。

于致远（1911—1986），字乾莆，又名于志远，河北省石家庄人。1930年加入中国共产主义青年团。1931年9月任共青团北平市委委员。同年11月至1932年初任共青团北平市委书记。1936年12月加入中国共产党。历任北平师范大学团支部书记，北平西城区团委书记、北平城区团委书记，中华民族解放先锋队北平师范大学文学院副分队长等。全国抗日战争时期，任西安民先队队长。

1942年7月任中共冀中区委青年工作委员会书记、青年救国会组织部部长。后进延安中共中央党校学习，任一部第三分支部支部委员。参加整风运动。1945年4月至6月作为晋察冀代表团成员参加中共七大。

解放战争时期，直接参与领导天津市内党的地下工作。1946年1月至8月任中共天津市委宣传部部长、天津工委职工工作委员会副书记（至1946年9月）。同年10月至1948年4月任中共天津工委职工工作委员书记。1947年5月至1948年1月任冀中区党委城工部天津市内三人领导小组组长，负责工人运动。1948年1月任晋察冀中央局城工部平津工人运动委员会（亦称工运室）委员。曾任中共中央华北局城工部秘书长兼研究室主任。

天津解放后，1949年1月至1956年10月任中共天津市委委员、秘书长。1949年2月至7月任中共天津市委直属委员会书记。1950年12月至1952年10月任中共天津市委办公厅主任兼研究室主任。1951年3月至1953年5月任中共天津市委保密委员会副主任。1952年10月至1954年12月任中共天津市委办公厅主任。1952年10月至1955年2月、1958年1月至6月任中共天津市委农村工作委员会主任。1953年5月至11月任中共天津市委保密委员会主任。1954年7月至1958年6月任中共天津市委常委。

1955年2月至1957年12月任中共天津市委农村工作部部长。1958年4月以后，任中共河北省委委员。6月起任河北省总工会主席。同月至1961年9月任中共河北省委职工工作委员会书记。1960年2月至1966年5月任河北省政协常务委员。1961年9月起任河北省总工会党组书记。

“文化大革命”中受冲击。1979年7月至1983年4月任天津市第五届政协副主席。1980年7月至1983年3月任天津市政协党组副书记。1983年12月至1985年10月任天津市顾问委员会常委等职。第三届全国人民代表大会代表。1986年12月因病在天津逝世。

王仲一（1901—1931），原名振翼，字壮飞，1901年8月出生于山西省天镇县（现河北省阳原县）小盐厂村。

1919年8月，与贺昌等在太原创办《平民周报》。翌年，在《平民周报》上发表署名“虎啸”的文章，痛斥资产阶级学者胡适和社会党党魁江亢虎的讲学。

1921年秋，加入中国共产党。1922年5月5日，参加在广州召开的中国社会主义青年团第一次全国代表大会和劳动大会。回到太原，发动大国民印刷所工人的第一次罢工斗争。同年秋，到南京浦镇机厂开辟党的工作，与王荷波、王国珍3人组成江苏省第一个党小组——浦口党小组。在“二七”大罢工中，他参加了罢工最高领导小组，并驻守北京前门车站，负责郑州以北的联络任务。罢工受挫后，他又根据党的指示，与津浦铁路工会主席王荷波一起，在2月9日发动卧轨斗争，使津浦铁路南段交通一度中断，浦口、浦镇的水陆交通处于瘫痪，有力地支援京汉铁路的罢工斗争。

1923年6月，到广州参加党的第三次全国代表大会。同年9月，李大钊根据他熟悉蒙语的条件，调他到中共北方区民族委员会工作，并参与创建中共蒙藏学校支部。

1924年，受北京区委和中国劳动组合书记部的派遣到张家口专门做党的工作。成立张家口市工人俱乐部，由他主持，虞和卿任总干事。

1925年夏，根据中共北方区委的指示，与江浩共同着手筹建中共张家口地委，同年9月底至10月上旬，他参加中共中央四届二中全会扩大会议，会上决定成立中共张家口地委。10月，参加“西北农工兵代表大会”的筹备工作。11月间，李大钊亲自主持大会并担任农工兵大同盟书记；他被选为大同盟中央执行委员。

1925年冬，他直接领导“要小米、饱肚子”的索薪斗争并取得胜利。同年腊月，代电灯工会起草《罢工宣言》。1926年，他又代起草电灯工会和公司方面的《劳资互惠合同》，提交工人们秘密讨论。之后与资方交涉，终于双方签字以“合同”的形式定下来。

南昌起义起义失败后，党派他到天津工作。同年9月22日顺直省委改组。他为省委常委、工委书记。为贯彻“八七”会议精神，组织玉田暴动，因寡不敌众而失败。

1928年，在张家口电灯工会，他极力恢复了1926年的《劳资合同》，并补发一年欠薪。4月，赴莫斯科出席中共第六次全国代表大会，并被选为候补中央委员。六大闭幕后，返回上海，由中央分配到中华全国总工会做党团工作。

1931年2月16日，他被国民党当局逮捕入狱。在狱中，受尽折磨壮烈牺牲。

邓中夏（1894—1933），字仲澥，又名邓康。湖南宜章人。1917年进北京大学读书，发起组织北京平民教育演讲团。1919年五四运动时，任北京学生联合会总干事，参与火烧赵家楼。1920年发起组织北京大学马克思学说研究会，并在李大钊指导下，创办《劳动周刊》及长辛店劳动补习学校。为中国共产党最早党员之一。

1921年初，邓中夏创办长辛店劳动补习学校，11月出版进步刊物《劳动音》，在工人群众中宣传马克思主义。在《劳动音》的创刊号上，发表题为“唐山煤矿葬送工人大惨剧”的文章，用血淋淋的事实详尽地揭露唐山矿九道巷10月14日的瓦斯大爆炸引起几百人惨死井下的人间悲剧。成为早期的工人运动的启蒙刊物，也为天津、开滦的工运走向深入做了思想准备。

1922年当选中国劳动组合书记部主任。中国劳动组合书记部因被查封而由上海迁到北京后，常到津指导工人运动，并把天津、唐山作为开展劳动立法运动的重点城市。在他的领导下，以开滦矿工为主体的唐山劳动立法同盟宣告成立，并进行大规模的示威游行，通电全国各团体及国会，要求通过立法大纲。开滦煤矿爆发五矿工人同盟会大罢工，帝国主义、反动军阀政府对手无寸铁的罢工工人开枪射击，制造流血惨案。他返回北京工作后，始终比较关注天津的工人运动，为激励罢工工人，在北京曾破指血书：“亲爱的同志们，你们一定要坚决同帝国主义斗争到底，争取罢工胜利。”后来他在《中国职工运动简史》一书中对此惨案进行客观详尽地描述。

1925年中华全国总工会成立，任秘书长兼宣传部长。1933年被国民党杀害于南京雨花台，年仅39岁。

卢绍亭（1901—1928），原名硕棠，化名廉益民。河北省丰润县岳村（原隶属于直隶省宁河县）人。五四运动发生后，他积极投身革命运动。

1924年加入中国共产党，驻进中共天津地委机关，专职进行革命工作，同年被中共天津地委选派领导工人运动，开办平民学校，领导“砸裕大”事件，开展抵制日货运动，期间还担当着天津国民会议促成会等多个进步团体的领导人。3月任中国社会主义青年团天津地方执行委员会候补委员。中共天津地方执行委员会成立后，任京绥铁路总工会南口分工会秘书、中共张家口地方执委会职工运动委员会书记。7月，中共天津地委在法租界普爱里成立，当选为委员。8月29日，反帝国主义运动联盟天津分会成立，任委员。

1925年初，新成立的裕元纱厂工会领导工人针对厂警施暴、打骂工人的恶行开展斗争，厂方被迫向工人们赔礼道歉，并开除了打人的厂警。9月因身份暴露，化名卢亦民，被李大钊领导的中共北方区委派往京绥铁路总工会担任南口分工会秘书（领导职务）。期间，往返于北京的平谷、延庆、昌平一带，发展许多党员，帮助基层建立党支部。

1926年4月又被调到张家口领导革命斗争，任中共张家口地方执行委员会职运会书记，并负责张家口总工会工作，公开身份是国民党察哈尔省党部组织部长。8月根据中共北方区委的指示和李大钊同志的安排，加入冯玉祥的国民军，任方振武部政治部主任，期间与刘伯坚、邓小平共事。9月，先后担任冯玉祥所领导的国民联军第六、七路军政治处处长，转战于陕西、甘肃、宁夏、内蒙等西北各地。

1928年春，调任中共陕西省执委，不久，又被陕西省委派遣，化名廉益民，到国民联军许权中（共产党员）旅负责政治工作。5月奉陕西省委命令，与刘志丹、唐澍、吴浩然、高克林、谢子长等将部队改编为"西北工农革命军"，宣布起义，任军委委员兼政治部主任。6月20日，在中共山西省委领导的渭华起义中中弹牺牲。1984年，邓小平同志为卢绍亭等在渭华起义中壮烈牺牲的烈士们题写碑文"永垂不朽"。冀东烈士陵园、天津烈士博物馆，都安放着他的生前遗物。2006年烈士的家乡也立碑纪念。

白振东（1905—1962），1905年7月出生在河北省宝坻县。1921年，在裕元纺纱厂做工，参加中国共产党在海河西岸裕元、北洋纱厂附近的工人聚集区办的"平民学校"的学习，接受革命道理。他率先在天津市成立裕元纺纱厂工会，并被选为工会主席。1924年初，组织工人向资本家提出增加工资、实行8小时工作日等要求，取得胜利。于1924年5月加入中国共产党。

五卅运动后，因积极组织和参加捣毁天津裕元纺纱厂的活动被捕入狱。在敌人的严刑逼供下立场坚定，誓死不屈。1925年10月，被保释出狱。1926年5月，在彭真同志的领导下，先后担任裕大纺纱厂党支部书记和天津市第八区区委委员，继续组织裕大、北洋纺纱厂的工人进行斗争。

"七七"事变后，奉党组织"宣传群众，组织群众，开展抗日斗争"的指示，1938年在石景山制铁所开展地下工作。他先后将经过斗争考验、立场坚定的4名工人发展入党。在他的宣传下，炼铁炉旁、炼焦窑旁、建筑工地上，中国工人不愿当亡国奴的呼声越来越高。他们采用"磨洋工"等多种斗争形式同日寇进行周旋。

1945年8月15日，日本帝国主义投降后，国民党政府派接收大员接管石景山制铁所（后改称石景山钢铁厂）。他借机组织工人开展反对拖欠工资等斗争，得到群众的拥护和支持。

1948年，与在石景山钢铁厂的其他地下党员共同发动工人群众，反对厂方把设备南迁。经过地下党的多方工作，来拆迁设备的重庆工人采取消极怠工的办法，使国民党的设备南迁计划落空。

1948年秋天，国民党为抵抗共产党的进攻，决定在石景山、赵山、鬼子山、金顶街山上及铸造厂东南角修筑水泥碉堡，他承揽到修筑铸造厂东南角碉堡的部分工程。修建碉堡的民工布置施工时，要求在修建每个碉堡四周炮眼时，将炮眼的外侧抬高6厘米，使之严重影响敌人射击的准确性，以减少人民解放军在攻打碉堡时的伤亡。

1949年2月4日，彭真和刘仁把他和王长林接到北京市委，两人参加全体地下党员大会，受到了叶剑英、聂荣臻、罗荣桓和薄一波的接见。会后与彭真合影留念。1962年病故葬在八宝山革命公墓。

司呈祥（1901—1986），原名司福祥，又名施传祥，1901年9月28日生于山东省临邑县夏口村。1924年7月参加纱厂平民学校，结识中共天津地委委员李培良和天津早期工人运动领导人。在卢绍亭等共产党员的启发下，他与崔桂昌、马筱峰秘密建立裕元工会。1924年11月按照天津地委的安排，他着手迎接孙中山北上和开展国民会议运动工作。12月4日司呈祥带领一千多裕元纱厂工人，会同全市各界群众隆重欢迎孙中山。

1925年天津市纺织工会成立，他被选为委员。1925年6月初，上海“五卅”惨案爆发后，6月5日，经过司呈祥等人的努力工作，全厂数千名工人组织起来，冲破厂方的限制，到南开操场集会，声援上海人民的反帝爱国斗争。8月，天津二十几个工会在天津地委的组织下，联合成立天津市总工会，他当选为总工会委员。1925年9月，经李培良、崔桂昌介绍加入中国共产党。

1926年初，重新组建裕元工会，任主任，并与其他领导人一道，恢复天津市总工会，任副主任。他与安幸生、王兴五、李景泉、郭隆真一道，组织三千多青年工人召开大会，总结砸裕大的经验教训。“三一八”惨案后，他率领工人召开“废约驱段”大会。之后，国民民军撤出天津，奉系军阀卷土重来，革命形势急剧变化，“取缔共产党活动”“查禁工会”等，他被开除出厂。5月，经人介绍到北洋纱厂当摇纱工人。8月底，中共天津地委决定在北洋纱厂组织罢工，他组织摇纱车间全体工人举行罢工，迫使资本家释放被捕工人，增加工资。12月22日，在与天津地委成员集会时被工贼出卖，不幸被捕，一月后敌人未抓到他们的任何把柄，不得不分批释放。

1927年11月中共天津地委书记李季达、组织部长栗泽惨遭杀害，傅茂公（彭真）接任市委书记，司呈祥专门负责小刘庄、贺家口、小滑庄、东、西楼五村农民反霸斗争，并建立各村党支部，后成立“五村农民护理佃权委员会”。

1928年12月，中央军委书记、组织部长周恩来到天津，他向周恩来汇报五村农民运动和纱厂工人运动情况。

1929年5月，中共天津市委由于顺直省委委员李德贵、王藻文叛变，省委和中共天津市委遭到严重破坏。傅茂公等重要领导人遭逮捕。司呈祥也被法租界工部局逮捕，被判四个月有期徒刑。在大革命失败后，天津党组织改为单线领导。他直线联系人傅茂公在狱中，他出狱后与党组织失去联系。

1949年天津解放后，他向党组织提出恢复党籍。彭真给他写过证明信。但仍未解决党籍问题。1955年被提拔为干部，从事工会工作，写有《参加天津早期革命活动的回忆》详细，忆及当年的工运情况。1961年4月27日被借调到中共天津建党纪念馆工作。

粉碎“江青反革命集团”后，他又一次向党组织提出重新入党的申请。1979年，赴京参加刘仁的追悼会时，看望了彭真，彭真再次向中共天津市委提出要尽快解决司呈祥的组织问题。1981年4月18日批准他重新入党的申请。1986年2月22日，在天津第二棉纺厂隆重举行的司呈祥同志遗体告别仪式上，彭真特意从北京打来电话，对他一生给予高度评价，说他是“天津最早入党工人之一，是纱厂领袖之一”。

刘格平（1904—1992），曾用名刘子敏、刘襄侬，1904年3月11日生于河北省孟村回族自治县大堤东村。

1919年，参加反帝、反封建的“五四”运动。1922年7月在天津加入社会主义青年团。1925年春，受天津党组织派遣，到河南省新乡国民二军开展兵运工作。同年秋，与共产党员张隐韬组建津南农民自卫军。

1926年，由团员转为中共正式党员。8月，他回津南地区创建党组织，在沧县直隶省立第二中学创建津南地区第一个党支部。

1927年初，创建中共沧县堤东区委员会，相继在大堤东村创建中共津南特委，任第一届特委书记。随后，先后在津南广大地区建立河间献县联合县委、盐山庆云县委、沧州县委、盐山杨马连工委、宁津城东工委等一大批党的地方组织。同年，在献县东部地区组织领导了“借粮吃大户”的斗争。同年秋，任中共顺直省委军事委员兼津南特委书记。按照党的“八七”会议精神和省委的指示，创建“津南革命军”。

1928年6月，在庆云县和盐山县一带组建津南革命军第一支队，由于告密被国民党逮捕。

1932年秋，回沧州担任中共津南特委军事委员。1934年4月，在庆云县领导津南马颊河民工暴动。同年4月20日，在成立农民自卫军大会上，受伤被捕。1944年4月，刑满出狱。8月，中共渤海区党委任命他为天津临时工作委员会书记。1945年5月，调任山东回民协会主任。1946年秋，任华东局民运部副部长。1948年2月，任中共渤海区委第一副书记、组织部长兼渤海军区副政委。1949年2月，任华东南下纵队渤海三支队第一书记兼政委。同年5月，任华东人民革命大学党委书记兼副校长。

1949年8月，参加第一届全国政治协商会议。当选为中央人民政府委员，并任命为中央民委副主任。1952年兼任党中央民族学院第一副院长。同年，党中央任命他担任中共中央统战部副部长、中央民委党组书记。1950年至1952年，受党中央、毛主席的派遣，代表中央人民政府率领中央访问团对西南、西北各少数民族地区进行访问。1953年至1956年，担任中国巴基斯坦友好协会会长。1955年3月3日，国务院任命他为中央民族学院院长。1954年、1959年，连续两届当选为全国人大常务委员会委员，人大常委会民族委员会主任委员。1958年初，受党中央派遣，到宁夏筹建回族自治区，担任筹建领导小组组长。10月，当选为宁夏回族自治区第一届区政府主席。

1960年至1964年，在中央党校学习，后被派到山西省担任副省长。经党中央和毛主席批准，

1967年1月任山西省党的核心领导小组组长，山西省革委会主任，北京军区政委，山西省军区第一政委。

1983年被提名为第六届全国政协委员，同时，他还是第八届、第九届中央委员会委员。在党的八届一中全会上，还当选为中央监察委员会委员。1992年3月12日在北京逝世。

江浩（1880—1931），1880年11月13日出生于直隶（今河北省）玉田县北刘家桥，原名江文浩，字竹源，后改为江浩，常用江著源、江著元等名。

1908年，留学日本，参加同盟会，从事推翻清政府的革命活动。1911年10月，与王葆真、张继、李锡九等人，设立同盟会北方支部机关。1912年8月，孙中山将同盟会与统一共和党等合并成立国民党。在天津成立国民党燕支部，江浩任燕支部交际科干事和评议部评议员。1913年当选为国会参议院候补议员。1917年7月，参与孙中山发动护法运动。"五四"爱国运动爆发后，与在广州的国会议员发表通电要求释放被捕学生，"严办卖国贼曹汝霖、章宗祥、陆宗舆，以谢天下"。

1920年底回到北京，在李大钊的帮助下，参加北京共产党小组。1922年，以国会议员身份继续从事革命活动，他在国会内外大力宣传"劳工神圣"思想，因而被人称为"劳工神圣者"。同年10月，开滦五矿工人举行大罢工后，他在国会内联络28名议员向政府提出质问，要求弹劾杨以德，声援工人的罢工斗争。

1923年"二七"惨案发生后，与王葆真等议员在参众两院议员联席会议上发言，指责军阀当局屠杀工人的罪行。同年6月，为抵制曹锟的贿选阴谋，江浩和李锡九等人带领185名议员愤然离京南下，并发表离京《宣言书》，坚决反对曹锟贿选总统。

1924年1月20日至30日，出席中国国民党在广州举行第一次全国代表大会，根据中共党组织的指示，返津，同于方舟、李锡九一起共同担负起创建中共天津地方执行委员会和国民党直隶省党部的重任。2月底，建立国民党直隶省党部，他是主要负责人。同年9月，与于方舟、李锡九召开中共天津地方委员会成立会议，会上，选举于方舟为书记，他负责组织，李锡九负责宣传，并决定中共天津地委机关就设在该处。

1924年孙中山先生应冯玉祥的邀请北上，12月4日抵达天津。天津地委发动两万余群众到码头隆重欢迎并召开天津各团体代表欢迎孙中山先生大会，他向大会报告孙中山的病情，同时发起成立天津国民会议促成会。

1925年1月3日，天津国民促成会召开成立大会，被选为总务委员。3月1日，由中国共产党联合国民党左派发起和领导的国民会议促成会全国代表大会在北京召开，他与于方舟、邓颖超等10名天津代表参加大会，被选为常务委员。3月12日，孙中山先生在北京病逝，他领导筹备在天津召开追悼大会的各项活动。4月18日上午，天津市民几万人隆重举行了孙中山先生追悼大会，担任大会主席。"五卅惨案"发生后，和邓颖超等联络各爱国团体，于6月10日成立天津各界联合会。在各界联合会的组织下，天津各界纷纷成立"沪案后援会"。参加各界联合会的爱国团体由30多个发展到200多个。6月30日，和邓颖超等各界联合会主席团成员领导全市各界人民举行大规模的示威游行。

1926年1月，和于方舟、邓颖超出席在广州召开的国民党第二次全国代表大会，被选为国民党中央候补监察委员。同年3月，主持召开直隶省国民党代表大会并在大会作《政治报告》，并当选为国民党直隶省党部执行委员。3月21日，天津140多个团体的万余群众在南开操场召开“废约驱段”大会，他在会上作“为大沽交涉案，为援助北京惨案”的报告。5月初，奉调去广州。1931年，病逝于海参崴，终年51岁。

安幸生（1902—1927），天津北辰人。1918年，考入直隶省立第一中学（今天津第三中学）。五四运动爆发后，和于方舟等革命青年积极响应，参与筹备成立天津学生联合会，带领本校学生参加天津各界国耻纪念日示威游行。

1919年10月，与于方舟、韩致祥等同学组织成立新生社，这是与周恩来等人的“觉悟社”大约同时诞生的一个由进步青年组成的团体。两团体一出现，即引起李大钊的极大关注。在李指导下，“新生社”成员研读《新青年》《少年中国》等革命性刊物，思想视野因之大开。他在李大钊直接指导下，认真学习研究马克思主义，提高了思想觉悟和认识水平。1920年4月1日，创办《新生》杂志，担任主编，撰写大量诗文、社论，介绍马克思主义。

同年秋，依“马克思主义研究会”创始人李大钊之意见，“新生社”改组为“马克思主义研究会”。随后，根据李大钊的指示，天津“马克思主义研究会”改组为“社会主义青年团”，他任委员。

1922年，经罗章龙介绍，加入中国共产党。1922年6月初，旧国会在津召开国会，制定宪法。中国劳动组合书记部明确提出了旨在保护工人权益的《劳动法案大纲》，要求国会予以通过。他率天津支部组织天津各界团体集会游行，坚决支持“劳组”总部的劳动立法要求，呼吁国会给工人以集会结社与罢工之自由，并实行8小时工作制。在旧国会开始离津移京，他亲率天津支部与其他团体，集赴于老龙头火车站，一面散发传单，一面向即将启程的214名国会议员面陈劳动立法之愿。8月27日，他再以天津支部之名义，致电北京参议两院议员，要求通过《劳动法案大纲》。9月24日，天津支部组织天津茶食行业工人举行大罢工。10月，天津支部发动北洋纱厂1000名工人举行大罢工。1923年2月，天津支部发起支援京汉铁路工人政治斗争的募捐与罢工活动。

1924年，中共天津地委成立，他任执委，负责工人运动。“五卅”运动爆发后，北方区委马上派赵世炎来津，与天津地委书记李季达、工运负责人安幸生会合，组成“天津海员罢工委员会”，成立中华海员工会天津支部。7月18日该支部成立大会，“夔州”“惠州”“奉天”“昌升”“裕生”5游轮的百余名代表参加会议，他当选支部书记。同年8月4日，中共天津地委组织纺织、印刷、油漆、地毯、铁路、制鞋等20多个工会成立天津总工会，他当选为委员长。于8月9、10两日，他接连组织全津工人大游行。另外，天津总工会还重点组织海河沿岸的北洋、裕大、宝成、裕元各纱厂的工人罢工。11日，工人罢工等遭到直隶总督李景林血腥镇压，他身陷囹圄。

12月24日和其他18名各界代表被释放。中共天津地委书记李季达，亲自在慧罗春饭庄为安幸生等出狱代表举行慰问大会，并向他们每人赠授“革命先锋”纪念章一枚。

1926年1月1日，天津总工会举行重新升旗仪式，安幸生主持。他还积极筹办天津总工会机关报，报名为《工人小报》，当月25日出版。

1927年5月，参加中共“五大”。回津后，奉调前往北京，同蔡和森、王荷波一起从事恢复北方区委和北京市委的工作。8月1日，北方党组织新的领导机构中共顺直省委正式成立，他担任中共顺直省委组织部长兼北京市委组织部长。10月10日，顺直省委和北京市委机关遭到破坏。10月17日，他不幸被捕，11月11日被秘密杀害。

新中国成立后，党中央决定，在北京八宝山革命公墓为安幸生等18位烈士举行忠骨安葬的隆重仪式，周恩来总理亲自参加葬仪。“文化大革命”后，其母校天津三中（前身是直隶省立第一中学），为其在校园设立塑像，以供师生们随时瞻仰；其家乡北辰区双口镇中河头村，则在故居内开辟纪念室，用志不忘其人。

李大钊（1889—1927），字守常，河北乐亭人。1907至1913年，就读于天津北洋法政专门学校。1920年3月，在北京大学成立马克思学说研究会。9月，在北京发起组建共产主义小组，是中国共产党最重要创始人之一。10月，李大钊按照俄共的建党原则和方式，在马克思学说研究会基础上，在北京秘密建立共产党早期组织——北京共产主义小组。

1921年中国共产党成立后，负责北方区委。在其指导下，天津出现第一批工运领袖，诞生第一所专为工人开办的工余补习学校及第一个专为工人开设的图书馆。早期的天津工运领袖安体诚、李培良等，都由其介绍入党。“天津工余补习学校”除教授文化课之外，还通过各种方式，向工人宣传马克思主义和十月革命的意义，以无产阶级在俄国取得革命胜利的事实教育工人、启发工人，唤起工人的阶级觉悟。天津报纸称它是“普及劳工教育之先声”。上海的《民国日报》赞扬它是“天津劳工运动的一道曙光”。

1922年3月，到津指导工人运动，又派张昆弟、陈应人、张隐韬等来津协助天津工余补习学校开展工作，还让他们将《共产党》《工人周刊》《劳动界》《苦力》《向导》《国际通讯》等宣传马克思主义的刊物带到学校，供师生阅读。同时，在李大钊指导下天津工余补习学校内建立社会主义青年团，推动天津工人、妇女、青年运动的开展。

1923年6月，中共“三大”决定任命李大钊为党中央驻北京代表，担任中共北方区执行委员会委员长，负责北京、天津、直隶及西北、华北、东北及山东、河南等地的党组织工作。所以，李大钊十分关心天津党组织的建立，1924年3月，按照其具体指示，天津建立了共产党小组，成员5人，组长于树德，直属中共北京区委领导。

天津的党团员数量日益增多，客观上要求加强天津党的领导。为此，李大钊多次派人到天津，并亲临天津指导党组织的创建工作。1924年9月，中共天津地方执行委员会宣告成立。委员4人：于方舟、江浩、李锡九、张兆丰，于方舟任地委书记，江浩、李锡九负责组织和宣传。

后来天津地委增设农工部，由张兆丰、李培良负责；增设妇女部由邓颖超任部长。

1926年3月12日，天津总工会与国民党天津市党部在南市大舞台召开孙中山逝世一周年大会，他应邀出席并讲话。1927年4月6日，李大钊被奉系军阀逮捕，4月28日，惨遭杀害。

李季达（1900—1927），字世昌，四川巫山县城关镇人。1923年秋，加入旅欧共青团，次年春，转为党员。同年9月，赴莫斯科东方大学深造。

1925年回国，在上海从事革命活动。同年6月，任中共天津地方执行委员会书记，发动天津各界群众，声援五卅运动。8月，天津总工会成立，他以总工会负责人的身份统一领导天津工人斗争，组织天津纱厂工人集会和游行，组织"砸裕大"事件，打响了"五卅"运动后天津工人运动第一炮，取得了革命斗争的胜利。同时，积极协同中共北方区委领导的天津海员大罢工。12月25日，在惠罗春饭店设宴，慰问19名被反动军警关押四个多月的工会代表和各界代表，并以国民大会的名义，向他们颁发"革命先锋"纪念章。

1926年1至3月，他连续组织七次大规模的群众集会和纪念活动。2月在全国铁路总工会第三次代表大会暨纪念"二七"三周年大会，代表天津地委高度评价"二七"烈士的意义与价值。天津大沽口事件和北京"三一八"惨案发生后，李季达和天津地委决定于3月21日召开了天津"废约驱段"国民大会，强烈抗议日舰进攻大沽口，炮击国民军和段祺瑞血腥屠杀北京请愿群众的罪行。8月，在北洋纱厂首先发动罢工斗争，并取得胜利，天津总工会组织再度成立。同年11月23日，中共天津地委组织部部长、天津市党部常委江震寰等15人遭逮捕。

1927年1月，粟泽、傅茂公等30多名党、团组织领导人又遭逮捕，总工会组织被破坏，他多方奔走营救。6月，中共临时顺直省委在天津成立，他任省委宣传部长、工人部长兼中共天津市委书记。8月16日，他与夫人、中共天津市委妇运负责人王贞儒在南开体育社典华学校内被捕。11月18日下午，被枪杀，时年27岁。天津《益世报》纪曰：其在刑场，大义凛然，"气壮山河，怒发冲冠"，"壮烈情景，感天惊地，鹄立候观的津埠人民，无不为之感动"。

李铁夫（1901—1937），原名韩伟键，化名金元镐、胡国明、韩国李，云岗等。他出生在朝鲜东北部咸镜南道洪原的一个农民家庭。1928年流亡中国在上海光荣地加入中国共产党。

1931年，接受中共的指派，赴北平工作，出任党的外围组织——北平反帝国主义大同盟党团书记。1932年9月，先后担任中共河北省委宣传部长、组织部长。1933年，中共河北省委机关遭到破坏。5月18日，他在北平秘密出席反帝大同盟党团会议时，被国民党当局逮捕押往南京监狱。同年7月15日，经党组织和朝鲜同志营救，保释出狱。后与天津文化同盟党团书记张秀岩以假夫妻相掩护，后结为伉俪。

"九一八"事变后，北方党组织发动一系列武装暴动，致使党组织和群众斗争屡被破坏，很多党员被捕牺牲，损失严重。从党的利益出发，他秉笔直书，对局势进行了客观估计和分析，从1933年11月至1934年2月，相继撰写《关于党内问题的几个意见》《关于目前整顿组织的几个意见》《关于官僚主义的严重性》《"左"倾机会主义的反动性》《党内斗争和自我批评》《转变基础和反关门主义的问题》《反帝运动不开展的原因是什么》等一系列文章和意见书。

连续八次上书中共河北临时省委，要求改变斗争策略，还把部分文章投到党的北方刊物《火线》上。5月，被打成“右倾机会主义反党分子”，失去组织联系和工作条件。虽蒙冤，仍坚持工作。

1936年，刘少奇受中共中央委派，到天津主持北方局工作，贯彻瓦窑堡会议精神，纠正“左”倾错误。李铁夫夫妇恢复组织联系，李铁夫任中共河北省委书记兼中共天津市委书记，其妻任市委副秘书长，参加了中共天津市委日常工作。主持市委工作后，帮助法商学院、南开大学筹建起党支部，还建起“民众救国会”“工人救国会”“农民救国会”。市委还组织广大群众反对日货走私。

1937年5月，根据中央指示，作为白区工作代表奔赴延安，参加中国共产党全国代表会议和全国党的白区工作会议。在会上，他两次发言中，批判“左”倾关门主义倾向，受到与会人员的普遍关注。毛泽东与他促膝谈心时，为他和张秀岩“受了打击，受了冤屈”而鸣不平。由于他长期在白区从事党的地下工作，积劳成疾，党中央留他在陕甘宁西北局边工作、边休养，最终医治无效逝世。

李培良（1904—1931），天津人。五四运动爆发后投身革命运动。1921年9月，中国劳动组合书记部北方分部在北京成立，他被委任为天津特派员，随后中国劳动组合书记部天津支部成立，出任副主任。1922年3月12日，中国社会主义青年团天津地方执行委员会成立，任委员。年底经李大钊、罗章龙介绍，加入中国共产党。

1924年中共天津地委建立，任委员。1924年8月，反帝国主义运动联盟天津支部成立，任委员。

1925年2月，任中共天津地委农工委员会负责人之一（该委员会当年6月改名职工委员会）。4月，在宝成纱厂建立第一个基层党支部，并建成全天津纱业第一个工会组织。6月，主持天津纺织工会成立大会。7月，《工人生活》杂志在天津创刊，任编辑并撰稿。11月，天津地委改组，继续担任地委职工运动委员会负责人。他深入纱厂工人，组织工人开展工人运动，在宝成、裕达纱厂附近的庆元里创办平民义务学校，以教员身份在工人中传播革命思想，培养工人运动骨干。发动和组织了著名的“闹宝成”“砸裕大”工潮，并亲自指导海河两岸纱厂的联合大罢工。

1926年，任中共天津地委第二部委书记。后多次被捕，屡遭刑讯，始终坚贞不屈。之后担任中共唐山市委书记、北京市委书记。1931年再度入狱，营救出不久即病逝。

张太雷（1898—1927），原名复，谱名曾让，字泰来。投身革命后改名椿年、春木、太雷。1898年6月出生于江苏常州。1915年，参加抗议日本提出旨在灭亡中国的“二十一条”和声讨袁世凯卖国罪行的运动。1916年考入天津北洋大学。

1918年，为反对段祺瑞政府与日本秘密签订《共同防敌军事协定》，他参加学生爱国运动，与直隶女子师范学校学生代表郭隆真、南开学校代表马骏等建立联系。1919年2月在北洋大学发起成立进步团体“社会建设会”。

1920年3月，参加北大马克思学说研究会。同年秋，经李大钊介绍，参加北京共产党早期组织，成为国内第一批中共党员。不久，受李大钊指派回到天津，负责创建天津社会主义青年团。10月，天津社会主义青年团在天津正式成立，他与吴南如、谌小岑、胡维宪等7人出席成立会。在成立会上，他提出青年团奋斗的宗旨是“研究和实现社会主义”。会议通过由他起草的团章，并选举他任书记。之后，他提议创办《劳报》作为青年团开展宣传工作的阵地，这是天津最早的工人报纸。该报被查封后，又易名《来报》继续出版。天津青年团除了出版报纸以外，还组织团员到天津官立中学、南开学校等处发售《共产党宣言》和《共产党》(月刊)，并把李大钊在《新青年》上发表的《我的马克思主义观》一文印成小册子，在进步知识分子中发行。

1920年11月，经他提议和批准，谌小岑秘密前往唐山京奉铁路机车厂，听取有关工人运动的情况，并就发动工人成立工会等问题进行调研。1922年5月5日，中国社会主义青年团举行第一次全国代表大会，他主持并致开幕词。1925年第三次全国团代会上，中国社会主义青年团易名中国共产主义青年团，他当选为总书记。1927年在领导广州起义作战中牺牲。

1981年，在庆祝中国共产党成立60周年大会上，党中央将他列入中共创建时期12位重要领导人的行列。1998年，在纪念他诞辰100周年座谈会上，党中央对这位党的早期领导人做出高度评价。2009年新中国成立60周年之际，他入选“100位为新中国成立做出突出贡献的英雄模范人物”。

罗章龙（1896—1995），湖南浏阳人，又名阶、仲言。中国共产党创始人之一。1915年入长沙长郡中学，与同在长沙就读的毛泽东结为好友，被称誉为“管鲍之交，后无来者”。1918年与毛泽东发起新民学会。1920发起组织北京大学马克思主义研究会，并主编《工人周刊》。

参加举办长辛店工人补习学校并到南口、唐山等地作路矿工人状况的调查，还主编了宣传工人运动的刊物——《工人周报》。1921年中国共产党成立后，任北方区委负责人之一。同年中国劳动组合书记部成立，任北方分部主任。与李大钊培养了安幸生等天津第一代工运领袖，并推动天津最早的工人学校——天津工余补习学校的诞生。其后几年，他频繁奔走于长辛店、天津、唐山、石家庄、哈尔滨等陇海沿线与津浦沿线等地参加工人运动。结识大批路矿工人领袖，比较著名的有：史文彬、王俊、邓培、王荷波、孙方鹏、姚佐唐等。其中不少人经他介绍加入中国共产党。他参与组织北方地区的工会，先后参加领导1921年底的陇海铁路大罢工、1922年长辛店八月大罢工和十月开滦五矿大罢工等。

1923年在领导京汉铁路大罢工时，他和铁路工人一道在长辛店与反动军警搏斗中光荣负伤。罢工结束后，他一面组织善后救济工作，一面编写并于当年三月出版了《京汉工人流血记》一书。该书为中共第一份详尽报道“二七”斗争史实的重要文献。

1926年2月，出席在天津国民饭店、南市第一舞台召开的中华全国铁路总工会第三次代表大会，发表讲话，并当选为委员长。后任全国总工会委员长，主编中华全国总工会机关刊物《中国工人》。

赵世炎（1905—1927），字琴生，号国富，笔名施英，重庆酉阳人。1922年留法期间，筹备少年中国共产党，被推选为书记。同年，经胡志明介绍，加入中国共产党。1923年赴苏联莫斯科东方大学学习。次年回国，参加中共北方区委工作。

1924年，应李大钊要求，回国工作。先后任中共北京地方执委会委员长、中共北方区执委会宣传部部长兼职工运动委员会主任，协助李大钊领导北方各省的革命斗争。

1925年，五卅惨案发生后，他领导和组织游行、罢工、罢课，声援上海人民的斗争，后组织和发动天津日商纱厂工人大罢工、开滦五矿工人大罢工、天津海员大罢工和赵各庄矿工人大罢工，使北方地区的声援活动和群众斗争连成一片，沉重打击帝国主义和反动军阀。

1925年8月，北方区委派他来津工作，到津后在英租界义庆里40号召开中共天津地委扩大会议，鼓励大家“总结经验、接受教训、鼓起勇气、继续斗争”，不能“因为斗争遭到挫折而灰心丧气”。

1926年1月25日，天津总工会创刊了《工人小报》，亲任主编，每期发稿、编排，都亲自过目。同年3月22日，天津地委和总工会遂又转入地下。他亲撰一份《告别工人书》，告诉天津工友:“反动军阀的卷土重来，只是暂时的得手，只要广大民众团结起来，坚持革命斗争，反革命势力一定会被推翻。”

1927年中共第五次代表大会上当选为中央委员。同年7月，因叛徒出卖在上海遭逮捕，从容就义，时年26岁。2009年，他被中央宣传部、中央组织部等11个部门评为“100位为新中国成立作出突出贡献的英雄模范人物”。

郭隆真（1896—1932），女，原名淑善，化名石衫、石珊等，回族，河北大名人。1913年入天津直隶女子师范学习，与邓颖超为校友。

五四运动爆发后，她主持召开预备班积极分子大会，和刘清扬、邓颖超等一起筹备成立有600多人参加的天津女界爱国同志会。5月25日，天津女界代表在江西会馆召开各界妇女代表会，宣布成立天津女界爱国同志会，被选举为演讲部部长。9月16日，周恩来、郭隆真、邓颖超等20余人开会，决定成立觉悟社出版刊物《觉悟》。

1920年11月7日，与周恩来、张若名等人赴法求学。1923年，经周恩来介绍加入中国社会主义青年团，同年转为中国共产党。1924年秋，被派往苏联莫斯科东方大学学习。

1925年5月，奉调回国，在北方区党委领导下工作，被党组织委派到国民党北京特别市党部妇女部工作，任妇女委员会委员，创办《妇女钟》《妇女之友》刊物。1926年1月1日，任改组后的天津总工会委员，负责女工工作。2月27日，与于方舟、安幸生等出席在天津裕元纱厂附近举行的数千名纱厂青年工人参加的大会并讲话，鼓励天津青年工人与反动当局和资本家斗争到底。同年，在党的指示下，在北京西城创办缦云女子学校，担任主持人。1927年春，为掩护其他同志撤退，被捕入狱，判处12年徒刑，经营救，于1928年底释放。

1929年初，南下寻找党组织，在上海邂逅邓颖超，与党中央取得联系。1929年春，党中央派她赴东北工作，在中共满洲省委从事职工运动，建立由共产党人领导的工人委员会。1930年3月，被调回沈阳。不久她被选为中共满洲省委委员，满洲省委职工运动委员会书记。

1930年6月，党中央派她前往青岛任山东省委委员，青岛市委常委、宣传部长，负责重组党组织，参加中共山东省委的领导，任省委妇委书记。先后创办《红旗报》、《海光报》等革命刊物。1931年11月2日，被捕入狱。5月4日凌晨，她和邓恩铭等同志一起被杀害。

彭真（1902—1997），原名傅茂公，山西曲沃人。1922年考入山西省立第一中学，参加进步组织青年学会，接受马克思主义。

1923年加入中国社会主义青年团，同年加入中国共产党，是山西省共产党组织的创建人之一。大革命时期，彭真任中共太原支部委员、书记，中国共产主义青年团太原地委书记，中共天津地委二部（区）委、一部（区）委、三部（区）委书记，中共天津地委组织部部长、职工运动委员，在太原、石家庄、天津、唐山等地组织领导工人运动、学生运动。同年，在太原主办以工人为主要学员的成人夜校，参与组织反对曹锟贿选的斗争和成立太原民权运动大同盟。

1924年，参与筹建国民党山西省党部，开展国共合作工作，同国民党右派排斥共产党员的活动进行斗争，参加领导成立太原和山西省的国民会议促成会。

1925年，指导成立山西工人联合会和太原总工会，发动工人群众和各界民众反对阎锡山强征房屋估价税的斗争，五卅惨案后发动山西各界声援上海工人、学生的反帝斗争。在石家庄领导恢复正太铁路总工会，任正太铁路总工会秘书。

1926年，彭真作为正太铁路总工会代表出席在天津召开的第三次全国铁路工人代表大会。先后组织领导石家庄和天津的纱厂工人斗争。大革命失败后，他任中共天津市委代理书记、书记，中共顺直省委（当时领导北平、河北、山西、山东、察哈尔、河南等省市党的工作）常委、组织部部长、代理书记，是中国共产党在北方地区的主要领导人之一。4月奉命从北京来津，任天津地委宣传部长，分管工人运动，指导工运开展。5月，天津地委决定组建三个区委，由其兼任河北区委书记，后任小刘庄区委书记。同年8月，根据其提议，天津地委决定在革命力量较强的北洋纱厂发动群众罢工斗争，以带动其他工厂，重振反动军阀卷土重来后天津工人运动士气。此次罢工由其与李季达等直接领导与指挥，最终取得胜利。

1927年春，天津地委将所属区委改组为三个部委，其兼任一部委书记。8月，天津地委改为中共天津市委，仍任宣传部长。11月，市委书记李季达被害，由其代理市委书记。

1928年1月至7月，任顺直省委代理书记、宣传部长、组织部长，仍兼管天津工作。同年10月至1929年1月，任天津特区委书记，具体领导纱厂、烟厂、铁路、人力车、地毯等行业的工人斗争，深入宝成、裕大纱厂，以和工人“拜把子”“交朋友”方式，向工人群众传播革命思想，并指导裕大纱厂成立第一个党支部。

1929年2月至5月，任天津工作办事处书记、组织部长、职工运动委员会书记，继续领导天津的工人斗争。1929 年 6 月，因叛徒出卖而在津被捕，被判处 9 年零 11 个月有期徒刑，关押在小西关第三监狱。狱中虽遭受酷刑摧残，仍坚贞不屈，多次领导绝食斗争。1935年刑满出狱后，任中共天津工作组负责人，组织领导天津各界群众开展抗日救亡运动。1936 年，任中共北方局代表、组织部部长，并直接领导中华民族解放先锋队总队部。1937 年 5 月，作为白区代表团主席参加在延安召开的党的全国代表会议，任大会主席团成员并在会议上发言。解放后，历任中共北京市委书记、全国政协副主席、全国人大委员长等。

蔡和森（1895—1931），字润寰，号泽膺，湖南湘乡人。与毛泽东为挚友。1918 年，与毛泽东等组织新民学会。1919 年，赴法留学，接受共产主义思想，阅读上百种介绍马克思主义和俄国革命的书籍。他多次致信毛泽东，还致函陈独秀。在这些信函中，他第一次提出“明目张胆正式成立一个中国共产党”的主张，毛泽东复信，称赞他的主张“见地极当，我没有一个字不赞同”。

1921 年底回国，由陈独秀介绍，加入中国共产党，留在中央，主要负责党的理论宣传工作。他筹备创办党中央机关报《向导》周报并任首任主编，《向导》一经创刊发行就被誉为黑沉沉中国的“一线曙光”，四万万同胞思想上的“向导”。他也被誉为“《向导》的灵魂”。同时，他还是《向导》的主要撰稿人，单独署名的文章就有 134 篇。

1927 年回国，任中央宣传部长。同年 5 月，中共五大结束后，以中央代表身份来津，听取中共天津地委的汇报，决定将顺直省委机关设在天津。八七会议后，和王荷波来北方，由王任北方局书记，他任常委兼秘书长。王牺牲后，他继任北方局书记，在津召开顺直省委会议，明确提出天津为北方工运中心，要在斗争中建立工会组织。不久，中央取消北方局，由其作为中央代表在津工作。

1928 年 1 月 27 日，主持对顺直省委二次改组。随后，召开工会代表会议，创办《天津工人报》，领导天津工运斗争。后被党中央调上海工作。

1931 年 6 月，因叛徒出卖在香港被捕，随即被港英当局引渡到广州。1931 年 8 月 4 日在广州军政监狱就义，年仅 36 岁。

2009 年 9 月 14 日，蔡和森被评为“100 位为新中国成立作出突出贡献的英雄模范”之一。

第二章　人物简介

第一节　工人代表

马金台（1912—1964），河北景县人。13岁来津，在地毯厂做工。1936年夏，工作于大丰地毯厂，受中共地下党员阮务德影响，开始萌生阶级觉悟，以组织工友练武、唱戏为掩护，团结乾昌、华泰、新新、鸿兴、海京等地毯厂工人，组成工人团体——存义志友会，抵制资方无故解雇工人和增加劳动强度。后在斗争中被捕，入狱后半年始被放出。天津解放后，组织易工地毯社，任社主任。曾当选天津第一届人大代表。

王星五（1905—1933），原名王佐仁，又名王荩臣，化名袁敬臣等。1922年日商纱厂做工。曾在日本培训，期间组织兄弟同盟会，任负责人。1923年起，受邓恩铭影响，接受马克思主义。1925年春，加入中国共产党。五卅运动爆发时，任厂工人总代表，领导和组织工人罢工，被逮捕入狱。出狱后，经党组织安排，到北京工作。1926年1月1日，当选为改组后天津总工会负责人，与李井泉、谭雅谊等住在贺家口段家胡同北一处住房。2月27日，与于方舟、安幸生等，出席在天津裕元纱厂附近举办的数千名青年参加的纱厂工人大会，并作讲话，勉励工人继续斗争。1933年，病逝于济南反省院。

王俊臣（1908—1985），静海人。1944年加入中国共产党，在天津铁路津浦大厂团结工人群众，组织破坏日军装甲车生产。日本投降后，任该厂地下党支部书记，在天津工运负责人于致远指导下，组织工友先后开展了要求增资和补发欠薪的斗争、抵制裁减工人的斗争、反对接收大员外运工料的拦车斗争等。还以唱京戏、练摔跤等方式，在工人中发展积极分子，曾介绍西站搬运工人张兆明、董震加入中国共产党。1948年1月3日，被捕，狱中坚贞不屈。同年下半年出狱，经组织安排，到解放区学习。天津解放后，回天津任津浦大厂接管组组长。后曾写有《回忆白色恐怖下的于致远同志》，追忆当年工运活动。

王崇实（1915—1938），天津蓟县人。王崇实自幼勤奋好学，学习成绩优异。尤喜文学书刊，不仅功课好、书法好，而且颇具写作才能，从13岁时开始能临帖“文心雕龙”，笔锋刚劲有力。十四五岁时练习写作。先写童话，后又写小说和诗歌。从目前已知他的作品有《雕王的故事》《麦田里的风波》《一颗真的葡萄》《一个乡下姑娘》《在花园门外》《转眼成人的孩子》及长诗《镜与炼》等。

“九一八”事变后，积极投入革命活动。1933年加入中国共产党。党组织派他到唐山的林西、古”一带从事工人运动。他经常出入矿区，结识了不少的穷苦矿工，王崇实借此向他们宣传革命思想，同他们一起罢工斗争，一起遭受工头和日本人的毒打，很快使他们成为知心朋友。后来王崇实的生活范围逐渐扩大，足迹不仅遍及开滦五矿，并且还经常前往天津，在报馆、书店谋求一点工作，积极参加天津文化战线的对敌斗争。

1936年，由于工作需要，党调他回蓟县开展工作。

1936年，回蓟县工作，在别山镇和朱华山村学校当教员。1938年4月，被中共河北省委任命为中共蓟县县委书记。7月中旬，建立了冀东抗日联军第五总队，他担任总队政治主任。7月31日，率领暴动队伍配合八路军主力一举攻克了蓟县县城。8月16日，率领暴动队伍奔赴玉田，配合冀东抗日联军洪麟阁部攻克了玉田县城县。17日，暴动队伍一部遭日军围困，他率部前往解围，中弹牺牲。

王磷书（1893—1930），一作王麟书，字富珍，河北唐山人。与邓培在天津铁路机务段建立天津最早的工会组织。1922年夏，京奉铁路工会天津分会成立，任该分会负责人。1924年初，到苏联莫斯科东方大学学习。1925年回国，建立津浦铁路总工会天津分会，任负责人，作为组织工人学习、开展工运活动的机关。1930年，在哈尔滨被捕牺牲。

邓培（1883—1927），字少山，原名邓配安，化名唐凤鸣，广东三水人。出身贫苦工人家庭，14岁时，到天津天德泰机器厂学徒，后入京奉铁路唐山制造厂做旋床工。五四时积极投身运动。1921年加入中国共产党。同年9月，与王磷书建立天津铁路机务段工会，此为党在天津所建立的第一个工会。1922年，赴苏联参加远东各国共产党及民族革命团体大会。回国后，领导唐山各矿工人开展斗争。同年10月23日，领导开滦煤矿数万工人大罢工，他任指挥之一。1923年，任京奉铁路总工会委员长。1924年2月7日，全国铁路总工会成立，当选为委员长。1926年2月7日至9日，全国铁总第三次代表大会在天津南市第一舞台、法租界民国饭店召开，他亲自主持该次大会，再次当选为委员长。会议决定，将全国铁总会址定在天津。1927年2月到汉口参与主持召开全国铁路工人第四次代表大会，任主席团委员。1927年4月22日，在广州被国民党政府杀害。

田学昭（1912—1985），女，化名李秀珍，河北大城人。中国共产党地下党员。1936年，受中共天津市委指派，到公大六厂从事工运。建立厂地下党支部，任支部书记。以拜干姐妹、组织姐妹团、办读书会等形式，广泛接触工友，组织罢工斗争。七七事变前，厂里发生日本人殴打女工事件，她发动工友停车罢工，迫使日本人赔礼道歉。1938年被捕，坚持斗争，1945年出狱。建国后历任中共北京市清河制呢厂、北京毛纺厂党委宣传部长、北京商学院党委组织处副处长、委副书记。1985年2月病逝。

邢克让（1907—1994），又名邢洪予，河北正定人。1925年加入中国社会主义青年团。1926年1月年加入中国共产党。在中共天津地委书记赵世炎的领导下，从事天津总工会机关刊物《工人小报》的编辑工作。同年5月，天津地委按地域分成三个部委，其任管辖河北一带的二部委书记，组织开展反对工头欺压、要求礼拜日休息的斗争，并取得胜利。12月又任分辖租界区的一部委书记。还曾担任中共顺直省委职工运动委员会委员、天津总工会组织部长等。1927年1月，有人告密，与司祥福、郭起春等一同被捕。同年夏天，直奉两军在马厂交战，让其与郭起春为奉军运输弹药，乘机逃脱。

曲世忠（1917—1986），又名曲卓民，山东青州人，中国共产党员。曾在天津东亚公司开展工运工作，1948年8月中共渤海区委城工部在该厂建立两个地下党支部，他任该厂第一党支部书记。同年10月，奉命撤至解放区。后又回津领导工友迎接天津解放。

李克简（1919—1993），又名李克坚、李国琛，河北黄骅人。1937年参加革命。1938年，加入中国共产党并赴陕北公学学习。1944年12月，奉命回津工作，先后发展左振玉等多名纱厂工人加入中国共产党，并在中纺四厂建立地下党支部，任书记。1946年1月，领导中纺四厂工会，采取合法方式，开展各种斗争，推动各纱厂间工友相互支援。同年5月，中纺五厂发生驻场军警迫害四厂、五厂工会代表事件，即组织两厂举行大罢工，迫使当局答应工人提出的惩办凶手、赔偿损失、撤换驻厂军警的三项要求。该项斗争，震动全市。他努力学习革命理论，宣传中国共产党的方针政策，为建立抗日统一战线，巩固抗日民主政权，做了大量的宣传鼓动工作和群众工作。

解放后，先后担任天津军管会秘书处副处长、市委宣传部宣传处副处长、市政府新闻出版社副处长、文教委员会秘书长、天津日报副总编辑，新晚报、天津晚报社长、总编辑、市政府文教委员会副主任等职。"文革"中受冲击，1973年恢复工作，1984年5月至1988年任地方志编修委员会总编辑室主任。1993年11月2日因病逝世，享年74岁。

乔国桢（1907—1945），原名乔如桢，化名高子香，陕西葭县人。1924年加入中国共产党。1929年，在唐山领导矿工斗争时被捕，后得越狱，将腿摔伤。经党组织安排，到天津疗伤，任中共下边区（今河西区，包括河东部分地区）区委书记、北方局职工运动委员会书记。指派周铁忠到宝成纱厂开展工人运动，播传革命火种，并和周铁忠结为伉俪。用他们在郑庄子、小刘庄的两处住地，作为北方局职工运动委员会机关活动地点，指导工人运动。1930年4月29日，在杨庄子32号开会时被捕。狱中与狱友坚持斗争。1931年5月15日出狱。

1937年，乔国桢赴莫斯科住院治疗。1941年9月，他与杨之华（瞿秋白夫人）、苏大妈（苏兆征夫人）、瞿独伊等一同离苏回国。1943年2月7日，被捕入狱。1945年他因肺病于新疆监狱逝世。

刘元春（1919—1990），天津人。1945年，加入中国共产党。奉派进入中纺三厂，发展工人骨干，1947年在厂中建立党支部，亲任书记。组织"红色工会"与"黄色工会"巧妙周旋。天津解放前夕，组织工人开展护厂斗争。解放后，任棉纺三厂第一任党总支书记。

刘亚（1917—1984），又名刘凤台，河北蠡县人。1937年加入中国共产党。先后任蠡县县委敌工部部长、城工部部长。日本投降后，奉派来津，任华北局天津特派员等，领导西市大街、万德庄等地工人斗争，并在今河北区一带开展工运工作，指示何其浩在天津机器厂发动工人破坏军工生产。解放后，任天津三区区委书记、区长、政协主席。

江震寰（1904—1927），河北玉田人。革命元老江浩之子。1924年在津加入中国社会主义青年团，不久加入中国共产党。同年被中共北方区委推荐入黄埔军校，为该校第一期学员。肄业后，到苏联莫斯科东方大学深造。1926年10月回国，在天津扶轮小学以教员为掩护，任中国社会主义青年团天津地委组织部长。他深入工人群众，启发其觉悟，在纺织工人中建立地下党组织和工会。1926年，被反动军阀逮捕，始终坚强不屈。转年，被杀害于南市上权仙影院对过空场，为著名“天津十五烈士”之一。

安体诚（1896—1927），字存斋，出生于直隶省（今河北省）丰润县（今唐山市丰润区）阎家铺村，1918年，在日本参加了爱国学生团体——新中学会，与周恩来、童启颜（冠贤）、于树德（永滋）等人结下了深厚的革命友谊。1921年回国，应邀到天津法政专门学校任教，讲授马克思主义经济学。同年9月，在李大钊的指导下，他和于树德一起创办了天津工余补习学校，担任补习学校主任。稍后，学校又创办了“五五”书报代卖社，专门推销全国各地出版的马列主义和新文化运动的书刊。1922年初，经李大钊介绍加入中国共产党。后任中国劳动组合书记部北方分部领导成员兼天津特派员、中共北京区委委员。春末，中共北京区委调他到北京工作。1927年5月，在龙华英勇就义，时年31岁。

阮务德（1914—1938），化名张德民，河北山海关人。1933年就读天津法商学院，为该院学生自治会负责人之一。1935年“一二九”运动爆发后，任天津学联负责人之一。不久，加入中国共产党。1936年夏，在文化补习班中对工人开展思想启蒙教育，大丰地毯厂工运领袖马金台，即受其影响。后被捕，狱中坚拒自首书上签字。七七事变后被释放，在抗日部队做政治工作，于作战中牺牲。

苏更（1920—1976），原名张金雯，化名张家枢，天津人。1944年加入中国共产党。同年9月中旬，奉派进入双喜纱厂，以做工为掩护，在工人中传播革命思想，发展工人党员。1945年3月，任该厂地下党支部书记。日本投降后，成功领导全厂工人推翻国民党与御用工会，建立起由三名中共地下党员和四名积极分子组成的红色工会。红色工会成立后，发动工人为改善生活、争取民主权利而展开斗争，曾两次举行震撼全市的大罢工，都取得最终胜利。

李泽（1917—1977），河北三河人。1922年加入中国共产党，任京绥铁路第一个党支部书记。1928年任张家口市组织部长。1929年根据中共天津特区委书记彭真的指示，在河北恒源纱厂、津浦大厂及天津站开展工运工作，发展工人党员。同年6月，因叛徒出卖而入狱。

李峙山（1896—1939），女，原名李毅韬，河北盐山人。1918年毕业于直隶第一女子师范，留校任教。五四运动爆发后，被推选为天津女界爱国同志会副会长。后参加觉悟社和女星社。1923年5月1日，与邓颖超等召集10余名青年集会，举办天津首次五一国际劳动节纪念活动。会议提出在天津开展工人运动的步骤和方法。1924年，与邓颖超等创办《妇女日报》，任总编辑。

1925年加入中国国民党。

李震瀛（1896—1937），又名李宝森、李泊之，化名李震因、李振因，天津人。早年考入南开学校，与周恩来同校。五四运动发生时，任天津学生联合会干事，并参加了觉悟社，代号为28，又参与创办《觉悟》杂志。1921年加入中国共产党，旋被派往上海，任新成立的中国劳动组合书记部干事，兼《劳动周刊》编辑。后辗转各地从事工运和党的领导工作。1925年5月，奉命回天津，负责铁路工人运动的组织。不久又被派往上海。1930年曾任全国总工会执行委员会代委员长。1931年因参加反对中共四中全会的活动被开除党籍。之后在天津敦庆隆绸缎庄当店员，1937年病逝。

何毅（1915—1961），女，原名孙广菇，山东曲阜人。1938年加入中国共产党，一直在鲁南从事地方工作。1942年调至八路军第一一五师政治处。1945年赴延安参加了中共七大。1945年11月，调东北工作，任佳木斯妇联主任等。1946年2月，任中共冀中区天津工作委员会下设的天津职工运动委员会委员。1948年5月，任中共天津市委职工委员会书记。同年底，得知国民党军队将在中纺七厂设立炮兵阵地，召集该厂共产党员作专题研究，组织工人开展了反对厂内驻兵的斗争。解放后，先后任中共中央中南局妇联副秘书长、广东总工会女工部部长等。

冷楚（1899—1962），原名冷述孝，字曙晓，河北易县人。1926年加入中国共产党。任共青团绥远地委书记兼宣传部长。后任河北省反帝大同盟委员、京保特派员。1933年7月来津，进入天津市各业工会救国联合会，从事工运领导工作，发展数十名工人积极分子加入反帝大同盟，并秘密筹划市政工人大罢工。1933年12月3日，国民党公安局特务队抓捕天津市各业工会救国联合会主要成员，他撤至北平。1937年后，主要活动在太行根据地。新中国成立后，任中央政法干校副校长等。

张兆丰（1890—1930），又名献瑞，字兆丰。工人党员。大革命时期，曾对天津印刷工人自发组织的印刷工人联合救国会负责人陶卓然进行启发教育，引导其接受马克思主义和革命思想，从而将该组织改造为党领导的天津印刷工会。"五四"运动前夕，到天津在同学许志远主办的《河北日报》社当记者。1924年6月5日天津市学生、工人及各界爱国人士万余人，在南开中学广场召开大会，他带领印刷工人队伍参加集会并到省长公署示威、请愿。天津警察厅长杨以德指挥大批军警镇压，他英勇地与军警进行说理斗争，继而展开搏斗。1924年中共天津地委成立，他任农工部委员。1925年8月29日，天津反帝国主义运动大同盟召开"九七"全市大罢工、罢课、罢市筹备会，被推举为筹备委员。1928年在苏联出席中共六大，回国后参加顺直省委工作，曾任省委委员兼军委副书记、军委书记。1930年到河北磁县等地组织农民暴动，任中共北方局平汉北段"兵暴"委员会委员。在河北栾城领导"兵暴"工作时被捕。11月遭杀害。

张昆弟（1894—1932），号芝圃，湖南益阳人。1921年回国，在中国劳动组合书记部北方分部工作。奉李大钊之命，与陈应人等来津，深入天津机厂等，向工人宣传马克思主义。1922年，加入中国共产党，一直在铁路系统从事工人运动。1923年，他又发动正太铁路和石家庄的广大工人参加“二七”大罢工，遭到北洋军阀的残暴镇压。李大钊总结这次罢工的教训，撤销北京区委，成立北京地委，李大钊仍任书记，由张昆弟担任工农部部长，负责恢复北方各省的工人运动，与张国焘一起是李大钊工作的两位得力助手。1925年，当选为全国铁路总工会总干事长兼党团书记。大革命失败后，与蔡和森等来津恢复中共北方局领导机构。1929年1月，中共顺直省委由周恩来主持在津进行了改组，并成立职工委员会，由其任书记。后转到苏区工作，1932年遭到王明“左倾”路线的迫害致死。

张隐韬（1902—1926），原名张宝驹，又名张仁超，字酮宁，河北南皮人，1921年11月，被北京马克思学说研究会接纳为通讯会员。1922年春，以京奉铁路工人夜校教员身份，向铁路工人宣传革命，后经罗章龙、安幸生等介绍，加入中国共产党，并与于树德等人一起，在天津工余学校创办工人图书馆、工人乐群会，并担任设在校内以马克思生日命名的五五书报代卖社主任。1924年，受党组织之派，入黄埔军校，成为第一期学员。1925年秋，组织津南农民自卫军，举行武装起义，任司令兼党代表。1926年春，受反动武装伏击被俘，后英勇就义，年仅24岁。

陈少敏（1902—1977），女，原名孙肇修，山东寿光人。1928年加入中国共产党。“九·一八”后，先后入天津和记蛋厂、宝成纱厂，以做工为掩护，在女工中传播革命思想。后到中共天津市委工作。

陈应人（1899—1937），原名陈蔚英，曾用名有陈洪涛、陈福涛等，湖南江华人。1918年，参加驱除军阀张敬尧的斗争。1920年，参与中国社会主义青年团的筹组。后入苏联莫斯科东方劳动大学学习，并加入中国共产党。回国后，奉派到北京铁路工会工作，并任中共北方局职工运动委员会书记。1922年3月27日，李大钊来津，对天津工人运动作出指示，并决定派其与张昆弟、张隐韬等到津协助工作。1924年7月，受中共北京区委指派，来津协助工人运动的开展。1927年5月，中央决定建立顺直省委，派其来津参与筹建。同年8月上旬，顺直省委在天津成立，担任工人部部长兼省委秘书长。1937年病逝。

金城（1906—1975），原名靳子涛，河北饶阳人。五卅运动爆发时，住天津河东大王庄，积极参加运动，而加入中国共产党。1926年，任天津特三区党支部书记，常深入大王庄英美烟草公司、开滦矿务局北方售品处的工人当中，宣传爱国思想。年底，任中共天津地委职工运动委员会委员。1927年1月下旬被捕。出狱后，在大王庄创办工人夜校，以传播革命思想，培养工人骨干，组织红色工会。1927年7月，天津地委改组为中共天津市委，由其负责工运。1928年秋，任管辖海河左岸大王庄、大直沽、郑庄子一带的中共下边区委书记。年底，任天津特区委委员。1926年春，任中共顺直省委天津办事处组织部长。同年6月，因叛徒出卖而被捕。1936年出狱后，赴冀中根据地活动。

周铁忠（1901—1990），女，原名周耀华，湖南汉寿人。1925年加入中国共产党。1929年7月来津，在中共北方局与柳直荀、毛泽民等一起作地下工作，10月中旬，受中共北方局职工运动委员会书记乔国桢指派来宝成纱厂开展工人运动，并负责照顾乔国桢的生活。后和乔国桢结婚。同年12月22日，其郑庄子住地便被查抄，有孕在身的她被捕。在狱中，受尽酷刑，始终守口如瓶，并在狱中生下女儿。左翼青年作家根据其事迹，创作千行叙事诗《铁大姐》，由天津夜鹰文艺社于1930年5月1日出版，书首特意标注："献给在狱中的铁大姐"。出狱后，转到山东省委工作。解放后，在天津纺织局工作，任天津政协委员。

赵川（1925—1968），又名赵连仲，静海人。1945年加入中国共产党。日本投降后，受中共晋察冀城工部派遣，到天津恒源纱厂组织工人开展斗争，在工人中享有很高威信，工友们亲切称其为"三哥"。先后发展多名党员，并在该厂成立工人夜校，还将厂内国剧社改造为党的活动阵地。天津解放后，曾任天津总工会副主席。

郝清玉（1904—1935），河北正定人。1924年加入中国共产党。1926年任中共正定地委委员。1928年奉调来津，任中共顺直省委常委。1929年7月上旬，参与已遭破坏的中共天津党组织的恢复工作，负责纱厂系统的工运。

贺三多（1905—1973），字效尧，山西临县人。1925年1月，加入中国社会主义青年团。1926年加入中国共产党。1927年秋，组建中共临县县委，任书记。1930年来津，任中共天津特区委常委。化名孙为奇、老西，开展工人运动。不久任河北区委书记。旋因到恒源纱厂研究罢工事宜，而被逮捕入狱。后调到西安工作，于1973年8月25日在西安逝世。

秦茂轩（1916—1928），原名柄丰，山东济南人。1922年考入山东工业学校，1925年加入中国共产党。五卅运动发生后，任济南学生联合会总务委员、济南雪耻会经济委员。遭张宗昌通缉，调至北京全国铁路总工会工作。1926年来津，从事工运。1927年初，任中共天津地委第二部书记，因领导北洋纱厂、裕元纱厂的工人罢工而被捕。经多方营救，始得出狱，后继续奔波京津间，在铁路工人中开展工作。后于进京列车上被捕，1928年5月，就义于北京安定门外。

袁子贞（1887—1927），别名袁利、钟声、袁尧、袁字真、严自贞，1922年加入旅欧中国少年共产党，不久转为中共党员。1924年受党组织委派到石家庄开展工人运动，任正太铁路总工会秘书。任1925年8月4日成立的天津总工会委员。后受中共天津地委之命，与刘格平、陈家珍在市区秘密建立一支以天津各业工会会员为骨干的工人武装别动队，配合国民军对天津的进攻。这支300多人的工人武装，在攻城战斗打响后，从城内呼应，英勇善战，为将奉系军阀驱出天津，做出应有贡献。1927年8月任中共天津市委委员。1927年8月13日遭敌逮捕，同年11月18日被杀害。

徐彬如（1902—1990），又名答文雅。安徽萧县丁里镇徐王庄人。1929年10月，任河北区区委书记，重点在恒源纱厂开展工运工作，住在该厂工人赵锡泉家里，先后组建恒源纱厂、造币厂地下党支部。后在赵锡泉家开会，研究组织工人开展"年关花红"斗争事宜，被人告密，而遭逮捕。被释放后先后在西安和东北参加革命工作。解放后，主持筹建中国革命博物馆，后任馆长、名誉馆长，成为党内少有的文博专家和党史专家，1990年5月24日因脑出血和心肺衰竭病逝。

郭长年（1918—1939），公大六厂工人。1936年参加中共地下党员于文在东楼组织的短期学校读书会，受到思想启蒙。经党组织安排，1938年进入公大六厂做地下工作。1939年元旦，厂内发生大火，与田民等被抓进日本宪兵队，被活活打死。

姬兆生（1902—1969），山东人。宝成纱厂工人。1925年，参加厂附近的平民义务学校学习，结识了李培良，经其介绍，加入中国共产党，协助其发动工人，开展运动。先后在宝成、裕大两厂建立工会组织，并在裕大建立天津纱业第一个党支部。1925年6月，天津纺织总工会成立，经李培良提议，他当选为负责人。五卅运动中，积极带领纱厂工人，数次参加天津市民声援上海工人的反帝爱国示威活动，并三次组织宝成纱厂工友罢工，同反动资本家进行经济和政治的斗争。8月，在海河两岸四纱厂同盟大罢工中，亲率宝成纱厂工人，支援裕大工友，被捕入狱，在狱中，与同被逮捕入狱的共产党员成立临时党支部，任支委，进行了绝食斗争。国民军赶走奉系军阀后的第二天，即1925年12月25日，中共党组织授予他“革命先锋”纪念章。新中国成立后，口授斗争经历，由作家周骥良整理，结成《大风暴之歌》一书，1959年由中国青年出版社出版。

谌小岑（1897—1992），湖南安化人。五四运动中，与周恩来、邓颖超结下深厚友谊，共同创建觉悟社，代号41。1920年10月，与张太雷创建天津社会主义青年团。成立会上，即决定要与工人运动相结合，为工人创办一张报纸。同年11月9日召开的第六次全体会议上，由其报告该报的出版经费解决的情况。会议确定该报要“优先注意工人问题”，“供工人阅读”。次年1月4日，报纸创刊，取名《劳报》，由其任经理兼编辑，此为张太雷之提议，因其在北洋大学读书时，即编过《北洋大学日刊》。《劳报》出版不到两星期，即被天津警察厅以“宣传过激主义”查封。之后易名《来报》继续出版。来报，即英语劳动之谐音，意为为劳动者所办之报。未到一月，又被警察厅勾结法租界巡捕房而将报社封闭。解放后，曾任国务院参事。1992年11月27日逝世，享年95岁。

鲁鹤鹏（1925—1991），天津人。交通旅馆工人。1946年加入中国共产党。多次领导交通旅馆工人开展经济斗争。1946年4月，支持成立交通旅馆工会。并在此基础上，成立旅馆行业工会，当选为理事长。

谭平山（1886—1956），号鸣谦，广东高明人。早年加入同盟会。1917年，入北大学习。1919年，参加五四运动。1920年，回广东参与创立早期广州共产党组织。1921年中国共产党成立后，任中共广东支部书记。1923年，参加中共三大，当选中央执委。四大、五大继续当选中央执委。1926年3月21日，天津总工会与国民党市总部在南市大舞台召开孙中山逝世一周年大会，他应邀出席并作讲话。后被开除党籍。1945年任中国国民党革命委员会中央常委。解放后，历任中央人民政府委员、中国国民党革命委员会副主席等。

魏振华（1900—1930），河北大成人。从小做工，在济南加入中国共产党。1927年来津，在天津机厂以电工为掩护，开展工人运动，发动工人同黄色工会作斗争，曾发动工友痛打工贼董锦荣。1929年6月，因叛徒出卖而入狱。1930年，因病得不到医治惨死狱中。

附：记载资料不全的人物

所记人物共238人，因历史资料记录不全或资料散失，修志人员虽尽努力，仍很难查找到其相关信息。因涉及事件影响较大，修志人员本着负责任的态度，将其作为历史把人物记录下来，以供后人纪念并查找。

丁铁若 生卒年不详，女。中纺二厂地下党组织上级负责人之一。天津解放前夕，与李鸿安共同部署护厂工作，建立党组织和读书会，领导了天津解放前的护厂斗争和接管准备工作。在其家星夜印制警告信、传单与工人纠察队袖标，布置专人粘贴、传递与分发。

于金业 生卒年不详，裕元纱厂工人。1928年初，曾与左振玉等奉在津领导工作的傅茂公（即彭真）之命散发传单。他们采取夜间往各家门缝里塞、白天在谦德庄、下瓦房、小白楼、劝业场等闹市区撒等方式，多次散发中共地下党的传单。

于恩荣 生卒年不详，裕元纱厂工人，中国共产党党员。1925年，裕元纱厂工会成立，任委员，负责细纱车间。五卅运动爆发后，与工友掀起巨大工潮。1928年，进入裕大纱厂。将已在裕大工作的原裕元工运骨干段春运、王玉双等发动起来，并将被裕大开除的工运骨干刘凤林设法介绍进去，使裕元逐渐恢复起一批进步工友。1929年夏，裕大建立第二届党支部，任支部书记，与白振东等一起领导了以减轻劳动强度为内容的罢工，并取得胜利。曾因筹备五一大罢工而被捕。

马玉明 生卒年不详，工人。1919年五四运动中，联合法租界300多工人，于7月11日成立苦力联合会，任会长。该会专做“调查奸商、维持国货”之事，社会影响很大。

马金池 生卒年不详，原解放区干部。1946年1月10日，天津中纺四厂成立工会，受组织派遣，来津到中纺四厂开展工作。经李克简安排，住在厂工会，任厂工会秘书，参与工运活动。曾任中共冀中区天津工作委员会下设的天津职工运动委员会委员。不久后又回解放区。

马筱峰 生卒年不详，天津裕元纱厂工人，中国共产党地下党员。1925年，裕元纱厂组建工会，任主要负责人之一，并负责织布车间。五卅运动爆发后，率领全厂工友参加了全市示威大游行。后又带领众工友参加了海河两岸纱厂的巨大工运风潮。后被厂方开除。

马德禄 生卒年不详，天津裕元纱厂工人，经工友左振玉介绍，加入中国共产党。1926年曾积极参加该厂反对厂方增加细纱机看台面斗争，与工友曹成行等出面，代表工人向厂办公室交涉，遭警察捆绑羁押。后被左振宇指挥工人强行讨还，而被释放。

王之侃 生卒年不详，中纺七厂工人，中国共产党地下党员。天津解放前夕，积极参加护厂斗争，在解放军攻打天津的1949年1月14日之夜，冒着炮火坚守于厂内，并于转天清晨主动与前来接管工厂的军代表接头，协助其工作。

王元成 生卒年不详，裕大纱厂工人。1925年7月23日，裕大纱厂工会正式组建，由其任委员。没有房子，便和宝成纱厂工会一起办公。两厂还订立互援联盟。随后发动“砸裕大”工潮，遭军警武装镇压。

王长林 生卒年不详，裕大纱厂工人。1925年，中共地下党组织策动该厂工人项瑞芝在工友中成立工会。项瑞芝回来后，招他在项父做包饭的饭房内，将工会半公开地成立起来。

王长清 生卒年不详，公大六厂工人。1945年，由中共地下党员穆建亭介绍，加入中国共产党，与王长青、崔桂喜、张世友组成地下党小组，任小组长，组织工友开展各项斗争。

王玉起 生卒年不详，中纺四厂工人。1946年1月，该厂工会在党领导下成立，时遭流氓捣乱。某日，流氓白宝华将自己头划破，而诬左振玉所为。警察不由分说，将左振玉羁押。他带领工友，找到代理厂长，强烈要求将左振玉保出，否则举行罢工。迫使厂方出面，要回被拘押的左振玉。同年，五厂工会成立，作为四厂代表之一前往祝贺。同年5月4日，与另外一些四厂工人到五厂研究工运事宜，与五厂厂警发生冲突，引发沿河20多个工厂工人的前来支援。

王玉峰 生卒年不详，中纺二厂工人。1942年，参加由李鸿安和韩家信组织的工人读书会。在厂地下党支部领导下，积极参加各种斗争。天津解放前夕，分工负责保护厂电动部的安全。

王世林 生卒年不详，一作王世麟。天津解放前夕，受中共党组织派遣，到恒源纱厂，在天津工运负责人何毅、于致远指导下，开展工人斗争的领导工作。以修理科技术员为掩护，任该厂地下党支部书记。曾成功组织了该厂1946年中秋节工人罢工。并于天津解放前夕组织工友专设保护墙，用以保护即将回归人民的该厂电机机组。解放后，写有《于致远同志教我搞工运》一文，忆及当年的工运活动。

王竹波 生卒年不详，津浦大厂工人。1925年冬，王麟书在今河北区三马路仁仁里组织工人学习，他为积极参加者之一。

王何波 生卒年不详，浦镇机厂工人代表。1923年与济南机场工人代表李广义等到津，向天津工人介绍京汉铁路总工会成立大会遭军阀吴佩孚残酷镇压之具体情况，号召天津工人“以罢工来支援京汉铁路的弟兄们”。

王郅隆 生卒年不详，中国共产党党员。1927年1月，受上级指派，到津指导北洋纱厂开展工运。后在该厂摇纱车间党支部书记郭起春家研究工运事宜，被人告密，与郭起春、邢克让等一同被捕，后机智装作贩油商，当庭被释放。

王泽 生卒年不详，女，中国共产党党员。1944年6月，受中共晋察冀城工部指派，到天津恒源纱厂，以文化教员为掩护，组织工友开展各项斗争。

王建文 生卒年不详，北洋纱厂工人。1925年6月5日，与业明堂带领北洋纱厂2000多名工人，参加了天津第一次全市示威大游行。1926年11月22日，在英租界义庆里40号被英租界当局抓捕，并引渡给天津军阀政府。1927年4月18日，与众共产党人被集体杀害，是著名“天津十五烈士”之一。

王学之 生卒年不详，北洋纱厂工人。1925年6月5日，与王建文、业明堂带领北洋纱厂2000多名工人，参加了天津第一次全市示威大游行。

王贵友 生卒年不详，乾昌地毯厂工人。1926年1月—2月间，受工运领袖李培良、陶亮的影响启发，偕同工友贾光碧、赵谦、邢玉珂、张锡倩、连金波等，秘密组建厂工会。某次一工友被工厂印度看门人打伤，并被咬掉手指，他即和工友罢工抗议，而遭警察逮捕。工友们坚持“不释放方代表不复工”的斗争。最后，特一区警察署署长出面，才平息了此事件。

王振江 生卒年不详，津浦大厂工人。1929年由李泽、魏振华介绍，加入中国共产党。在党组织领导下，在工友中开展组织和发动工作。

王桂新 生卒年不详，中纺二厂工人，中国共产党地下党员。天津解放前夕，积极参加工人护厂纠察队。一发炮弹击中一纺场的纱房，他奋不顾身，勇敢冲进其中，将纱房大火扑灭。

王益三 生卒年不详，又名王益山，裕元纱厂工人，中国共产党地下党员。1925年，裕元纱厂组建工会，任粗纱车间工会负责人，积极参加了当年天津海河两岸纱厂的巨大工运风潮。1926年11月22日，在英租界义庆里40号被英租界当局抓捕，并引渡给天津军阀政府。1927年4月18日，与众共产党人被集体杀害于南市，是著名“天津十五烈士”之一。牺牲后，由司呈祥与强树林、李德贵及王益三的儿子前去收尸，将尸体掩埋于老大河岸边（东楼）。

王润芝 生卒年不详，裕元纱厂工人，1925年经李培良介绍，加入中国共产党。1925年海河两岸纱厂掀起巨大工运风潮，积极投身其中。

王鸿德 生卒年不详，中纺四厂工人。1946年1月，该厂工会在党领导下成立，时遭流氓捣乱。特组成50余人的工人纠察队，由其担任教练。

王德山 生卒年不详，又名王远涵，人力车夫。1927年，在中共天津负责人傅茂公（即彭真）指导下，与强树林组建让人力车夫工会，由其任副主任。

王藻文（？—1929），男，在苏联时曾用名雅勃洛奇金，河北张家口人。青少年时，在张家口京绥铁路当工人。1921年参加京绥路车务同人会。同年冬结识中共京绥路工会党团书记何孟雄，接受革命宣传教育，参加工人运动。1922年10月27日参加京绥铁路工人总罢工，加入敢死队。1925年，组织京绥铁路总工会，任委员长。后任张家口总工会委员长。1926年到津，当选天津总工会主席。1927年，任中共天津地委执委，负责职工运动。同年任中央职工运动委员会委员。1928年，出席在津召开的顺直省委改组会议，当选中共六大代表，任顺直省委书记。同年5月，赴苏联参加中共六大，当选中央委员。回津后，仍在顺直省委工作。

方青（1924—？），女，原名郑锦如，天津人。“七七事变”前后，积极参加进步学生运动。1940年，在中共地下党组织领导下，在河东郭庄子、贾家沽一带小学校开展抗日活动。1943年秋，奉派进入裕丰纱厂，团结工人，传播革命思想，并带领工人开展为改善生活待遇而进行的斗争。1944年加入中共共产党。

方培元　生卒年不详，1931年“九一八”后，作为天津华新纱厂工会代表，与其它十几家工会，组成天津市各业工会救国会，任该会秘书，积极开展抗日救亡活动。

邓乃杰（1923—？），又名张禹，河北大成人，中国共产党党员。1946年在仁立织呢厂发展工人党员，建立地下党支部，并任书记。后奉命撤至解放区。

邓若良　生卒年不详，共产党员。大革命时期，奉中共天津地委指派，到祥力印刷局开展对印刷工人的宣传和发动工作。

左振玉（1909—？），又名左振武，天津人。1926年进裕元纱厂做工，同年加入中国共产党。厂工会负责人司呈祥因领导工运斗争被开除工厂后，他成为裕元纱厂工会的主要领导者。同年，组织工友反对厂方增加细纱机看台面，斗争中，几名工人代表被警察捆绑羁押，他即发动全厂工人关车罢工，并组织工人纠察队，迫使厂方释放工人代表，并满足工友罢工条件。同年冬，因组织反对无辜开除工人的斗争，遭当局悬赏二百大洋通缉。经组织安排，暂时到安东工作。

1927年底，返津。1928年初，在其西楼家中与正在津领导工作的傅茂公（即彭真）接上头，奉其命组织裕元纱厂工友散发传单。1929年，因叛徒出卖而遭逮捕，被判刑11个月。狱中参加了彭真领导的集体绝食斗争。1930年出狱后，先后在德商谦信洋行和瑞典驻津领事馆，以开汽车为掩护，继续领导裕元纱厂举行罢工斗争。

1937年，因叛徒告密左振玉再度被捕。半年出狱后，与组织失去联系。1945年，他与中共北方局城工委恢复关系，10月重新入党。1946年1月，在中纺四厂成立工会，任理事长。并在其组织下，成立天津七大纱厂联合公会，5月领导了中纺四厂、五厂的联合罢工，并取得胜利。6月奉命撤至解放区口解放后，写有《一九二九年的狱中斗争》一文，忆及当年的斗争生活。

石中　生卒年不详，女，化名钱秀茹。1944年9月，受中共晋察冀城工部指派，到天津恒源纱厂，做纺场验纱工和织布工，担任中共地下厂支部委员。利用擅剪鞋样专长，广泛接触女工，宣传革命道理，组织女工开展斗争。

业明堂　生卒年不详，北洋纱厂工人。1925年6月5日，与王建文、王学之带领北洋纱厂2000多名工人，参加了天津第一次全市示威大游行。

卢苗根　生卒年不详，中国共产党天津早期活动家。1925年，天津海河两岸各纱厂联合掀起巨大工潮，遭军阀政府残酷镇压。他遵中共天津地委安排，深入英美烟草公司，向工人发表慷慨讲演，动员群众声援纱厂工人。后遭反动军阀政府逮捕。

田鸣瑞　生卒年不详，油漆业工人。1924年，与潘乐天、张贵祥、傅恩科、张文涛等，组织良心救国团。该团1925年参加了欢迎孙中山莅津的活动，并在五卅运动爆发后，参加了全市示威大游行。

田民　生卒年不详，河北文安人，原名田俊义。1938年进入天津公大七厂学徒。1938年加入八路军。1943年加入中国共产党。1945年受冀中区委天津工作委员会派遣，到天津公大七厂，任地下党支部书记，以各种方式，团结工人群众，破坏日寇军工生产。日本投降后，与杨树明组织工人请愿活动遭逮捕，不久即被放出。后调至石家庄工作。1949年1月15日天津解放，以工作组副组长接收中纺七厂。

冯东生 生卒年不详，事迹未详。1946年2月，中共冀中区天津工作委员会下设天津职工运动委员会，曾任该委员会委员。

邢玉珂 生卒年不详，1926年1月、2月间，受工运领袖李培良、陶亮的影响启发，与工友贾光碧、赵谦、王贵友、张锡倩、连金波等，在厂内秘密组建工会组织。

邢本贵 生卒年不详，津机器厂工人。由工友郑国栋介绍，加入中国共产党，并与郑国栋及另一名共产党员刘宝兴结成该厂第一个地下党支部。1947年，曾组织发动了厂内要求增资的工人斗争，并最终取得了胜利。天津解放前夕，国民党军在其厂办公楼旁筑设一地堡。他奉命和刘宝兴对其进行监督，结果发现地堡的电线有可能连接炸工厂的电雷。后由刘宝兴在天津解放前夜将其电线剪断，保护了工厂的安全。

吕湘如（1912—？），河北丰润人。少年时，在铁路做工。“九·一八”事变后，在天津机务段当擦车小工。1932年于扶轮职工夜校读书时，结识教员刘希孔，并由其介绍，加入中国共产党。先后任天津铁路工人抗日救国会秘书、中共天津机务段东一区委联络员、扶轮夜校党支部书记、天津东区区委书记等，领导了铁路下九股地段、纺纱厂等工人斗争。

吕职人 生卒年不详，教育界人士。1925年五卅运动爆发后，任天津总工会与各界团体组建的天津各界联合委员会委员。其时宝成纱因厂警打伤一工人孩子引发工人罢工，双方形成僵局。受中共天津地委书记李季达指派，与安幸生以联合会名义，到宝成纱厂进行调解。迫使厂方答应工人们提出的医疗受伤儿童、保证不打骂工人、增加工资等复工条件，使罢工取得了胜利。曾在天津督办李景林办公室，当面反驳了其“工人罢工秩序乱”的指责。随后即向李季达作了“估计反动当局可能要对工人镇压”的汇报。不久被反动当局拘捕，关入监狱。四个多月后，国民军将天津反动军阀驱走，始得出狱，荣获“革命先锋”纪念章。

朱子和 生卒年不详，天津站工人。1929年由李泽、魏振华介绍，加入中国共产党。在党组织领导下，在工友中开展组织和发动工作。

朱峥（1917—？），原名朱淑宜，女，静海人。在河北省立女子师范上学时，积极参加“一二九”运动。1938年，经张秀岩介绍，加入中国共产党。1937年“七七事变”后，先后入北洋纱厂、华北机械厂，以拜干姐妹的方式，开展女工工作。并负责裕大纱厂、裕丰纱厂、颐中烟厂党的地下联系工作。1939年3月（一说1938年4月）调冀热察根据地工作。

伍子康 生卒年不详，1925年8月4日，担任天津总工会第一届委员，其余事迹未详。

任佩荣 生卒年不详，恒源纱厂工人。1946年端阳节，该厂中共地下党支部决定发动工人讨要“节礼”。其作为工人代表，出面与诸工友向厂方工会展开说理斗争，最终取得圆满胜利。

因敢于为工友说话，被工友亲切称为“小老虎”。

任树荣 生卒年不详，天津女师学生，中国共产党地下党员。1936年，受中共天津市委的指派，到公大六厂从事工运。以拜干姐妹、组织姐妹团、办读书会等形式，广泛接触工友，组织罢工斗争。

任颜恒 生卒年不详，北洋纱厂摇纱工人。1928年初，中共天津负责人傅茂公（即彭真）拟派天津工运领袖司垦祥赴苏联学习，因遭司母坚决阻拦而未果。后傅茂公将他送往苏联。

刘凤山（1906—？）天津人。宝成纱厂工人。1925年五卅运动发生时，为工人运动的骨干，在运动中加入中国共产党。1928年，奉派到裕大纱厂，以做工为掩护，领导工人斗争。1930年被捕。出狱后仍坚持开展工运活动。1930年任中共天津市委委员，负责天津纱业党的地下工作和工人运动。1931年任中共天津市委书记。

刘文秀 生卒年不详，北洋纱厂粗纱车间工人。1926年8月，中共天津党组织为打破当时反动禁锢，决定在该厂粗纱车间发动一次罢工斗争，要求提高工人工资。罢工开始后，他即作为工人代表，和张凤林及另外一个工友被厂警抓去。地下党组织决定细纱车间亦随之罢工，以作声援，迫使厂警不得不将被抓代表释放。

刘文波 生卒年不详，华新纱厂工会委员。1937年10月21日，曾集宝成纱厂、北洋纱厂、裕大纱厂、恒源纱厂等厂工会代表，在教堂后中和里57号开会，研究成立工人救国团事宜。经紧张筹备，成立大会于11月5日在英租界树德中学召开，各纱厂代表20余人出席，选出9人为执行委员，3人为常务委员。

刘文蔚（？—1976），又名赵云生，陕西神木人。1925年由刘志丹介绍，加入中国社会主义青年团。1927年加入中国共产党。1929年8月来津，9月任下边区委书记，1930年，任中共河北区委书记。深入华新纱厂工人宿舍，进行发动和组织，曾组织该厂工人到法租界天增里举行纪念“三一八”惨案的示威游行。后因叛徒出卖，被逮捕入狱。1936年出狱后，转陕北根据地工作。

刘亚斋 生卒年不详，原唐山工运领袖。1925年，党组织派富有工运经验的他来天津，负责天津总工会筹备事宜。经细致准备，天津总工会于当年8月4日在广东会馆举行成立大会。会上，他以大会主席身份，向各界工会代表报告整个筹备经过，讲述成立总工会重要意义，并当选为首届委员。此后，为总工会机关刊物《工人生活》撰稿，出任由天津总工会、天津学生联合会、天津各界联合会组成的天津各界联合济安会的常住事务员，专负接济工人收发款项之责。后在领导工人大罢工中，被反动军警逮捕，先关入军警督察处拘留所，后转入直隶第一监狱，直至年底国民革命军赶走奉系军阀，始得出狱，荣获中共天津地委颁发的“革命先锋“纪念章。1926年1月，天津总工会成员重新进行调整，他继续担任委员一职。

刘英伦 生卒年不详，裕大纱厂工人。1945年前后，任中共裕大纱厂党支部成员。日本投降后，与党支部书记刘思敏共同策划了向厂方索要遣散费的工人斗争。其时，为日本人所开的裕大纱厂，尚未由中国方进行接收，已停产的工厂此前已裁掉大批工人，许多工人陷于生活无着状态。党支部决定发动工人向日本人索要遣散费。他便带领工友拦截厂长佐藤汽车，并到国民党市政府、市党部进行交涉。经过45天不屈不挠的斗争，最终使工友得到布匹补偿。

刘枫 生卒年不详，女，又名刘伯勤，天津人。1947年6月，由中共渤海区委指派，在天津东亚公司开展工人党员发展工作。1948年6月，建立该厂第二党支部，任书记。同年10月，奉命撤至解放区。

刘树森 生卒年不详，河东纺织总仓库工人，该厂唯一一名中国共产党地下党员，受中共冀中九分区直接领导。天津解放前夕，团结库中工友，防止敌人败退之际实施破坏，巧妙将被服库和粮秣库及保警队的枪支弹药控制起来，并将1万件棉纱、30余万匹棉布、2万余包原棉、60余部运输汽车及其他一些机器设备，于天津解放后如数交给接管人员。

刘枫 生卒年不详，东亚毛纺织厂工人，中国共产党地下党员。1948年8月，中共渤海区委城工部在该厂建立两个地下党支部，他任其中一个支部的支部书记，领导工友迎接天津解放。

刘国固 生卒年不详，恒源纱厂细纱工人。1925年，在党员韩义的领导下组织秘密工会。1928年春，厂方无理开除大批工人，并加大在岗工人工作量。他与祝子杰等组成罢工委员会，领导工友开展斗争，最终取得胜利。后在筹划另外的罢工斗争中，由叛徒出卖，与诸多的组织者一起被捕，并分别被判刑。

刘宝兴 生卒年不详，天津机器厂工人。由工友郑国栋介绍，加入中国共产党，并与郑及另一名党员邢本贵结成该厂第一个地下党支部。1947年，组织发动了厂内要求增资的工人斗争，并最终取得了胜利。1948年10月他和郑国栋抓住厂里拖欠工人工资、工人强烈不满之机，发动工友采取磨洋工、做残次品等方法，破坏国民党生产风雨雷阻止解放军进攻天津的计划。1949年1月14日晚将电线剪断，阻止撤退前炸毁工厂的计划，用工厂的完整迎接天津解放。

刘思敏（1920—？），河北文安人。1944年10月，加入中国共产党。1945年，由冀中来津，开展地下工作。在裕大纱厂、裕丰纱厂、制铁所等处，以打短工为掩护，在工人中发展党员，先后建立裕大纱厂地下党支部和裕丰纱厂地下党支部，任书记。日本投降前后，在郑庄子地区建立地下军小队，机智灵活开展斗争。1946年4月，奉命撤离天津。

刘振槐 生卒年不详，义生地毯厂工人。1941年5月，与辅友地毯厂工人安忠信、李振元、协昌地毯厂工人吴学周、光明地毯厂工人孙景余、美古绅洋行工人张和，共同组织了天津地毯业有史以来规模最大的一次、有1500余工人参加的联合大罢工。罢工自5月17日开始，整整持续4天，致使全市地毯业瘫痪。工人的罢工要求是：增加工资；改善伙食；设立工人宿舍；不准随便解雇工人等。要求最终得到了部分满足。由于此事件是发生在日本人“治安强化运动”推行时期，故而社会震动很大。事后，罢工领导人被迫离津。

刘樾 生卒年不详，中国共产党地下党员。1948年，受中共党组织委派，到恒源纱厂秘密从事工人组织工作，发展青年工人韩连义加入党组织。

齐美才　生卒年不详，津浦大厂工人。共产党员。1945年日本投降后，国民党接收大员从厂里偷运物资，他与另一地下党员发动工人展开了反偷运斗争。

齐英才　生卒年不详，中国共产党党员。天津解放前夕，受中共党组织委派，在恒源纱厂从事工人斗争的组织发动工作。

关居正　生卒年不详，一作关居元，裕元纱厂工人，经工友左振玉介绍，加入中国共产党。1926年积极参加该厂反对厂方增加细纱机看台面的斗争，与工友曹成行、马德禄出面，代表工人向厂办公室交涉，遭警察捆绑羁押。后经左振宇指挥工人强行讨要，而被释放。

汤森年　生卒年不详，1925年5月1日，代表天津工人，参加长辛店举行的千名铁路工人纪念五一劳动节的游行集会，并报告五一劳动节历史。

安忠信　生卒年不详，辅友地毯厂工人。1941年5月，与同厂工人李振元、光明地毯厂工人孙景余、协昌地毯厂工人吴学周、义生地毯厂工人刘振槐、美古绅洋行工人张和，共同组织了天津地毯业有史以来规模最大的一次、有1500余工人参加的联合大罢工。罢工自5月17日开始，整整持续4天，致使全市地毯业瘫痪。最终提出的罢工要求得到了部分满足。由于此事件发生在日本人“治安强化运动”推行时期，故而社会震动很大。事后，罢工领导人被迫离津。

许广庭（1915—？）塘沽新河人，永利碱厂工人。1934年加入中国共产党，任中共塘沽工人特别支部书记。1936年因组织工人罢工，而暴露身份，遂离开塘沽，到外地工作。解放后，曾任大连市市长

许敬安　生卒年不详，中纺七厂工人，中国共产党地下党员。1948年年底，国民党军队拟在该厂设立炮兵阵地，他曾奉组织之命，与其他地下党员发动工人开展了抵制厂内驻兵的斗争。

孙世琚　生卒年不详，双喜纱厂检验工。1945年日本投降后，国民党在厂里组织的工会筹委会勾结厂方欺压工人。在中共地下党支部书记苏更指导下，他秘密联络工友，组成工人自治团。选举工会时，将一名共产党员和一名积极分子选入其中。御用工会主要负责人横行霸道，引起工人不满。地下党支部决定由其出面代表工人要求改组工会。厂驻军竟先后将其与苏更扣压。遂引发全厂大罢工。厂方不得不将其和苏更释放。释放后，即加入中国共产党。后经过艰苦斗争，终将御用工会推翻，由工人直接选出三名地下党员、四名积极分子组成的新工会组织，由其出任其理事长。

孙树宗　生卒年不详，裕元纱厂工人。1925年，该厂工会成立，任摇纱车间工会负责人。曾在厂警打骂工人时，挺身而出，据理怒斥，使得厂警班长、人事科长直接出面道歉。后经司呈祥介绍，加入中国共产党。积极参加了当年海河两岸纱厂的巨大工运风潮。

孙振江　生卒年不详，天津站工人。1929年由李泽、魏振华介绍，加入中国共产党。在党组织领导下，在工友中开展组织和发动工作。

孙景余　生卒年不详，光明地毯厂工人。1941年5月，与辅友地毯厂工人李振元、安忠信、协昌地毯厂工人吴学周、义生地毯厂工人刘振槐、美古绅洋行工人张和，共同组织了天津地毯业

有1500余工人参加的联合大罢工。罢工自5月17日开始，整整持续4天，致使全市地毯业瘫痪。最终提出的罢工要求得到了部分满足。由于事件是发生在日本人“治安强化运动”推行时期，故而社会震动很大。事后，罢工领导人被迫离津。

纪北海 生卒年不详，纺织工会代表。五卅运动期间，积极投身期间。天津奉系军阀政府，于1925年8月11日逮捕不少工运领袖，他亦在其中。先关押在大胡同军警拘留所，后送往第三监狱。国民军赶走奉系军阀后的第二天，即1925年12月25日，中共党组织租用两辆汽车，将包括他在内的获释代表接到慧罗春饭庄，以为慰问，并为每人颁发一枚“革命先锋”纪念章。

苏志新 生卒年不详，中纺四厂人事科科员。1945年10月加入中国共产党。受地下党支部指派，在工友中大力宣传组建工会的好处，于1946年1月10日在厂内正式建立工会组织，担任常务委员。同年2月，中纺五厂成立工会，由其作为四厂代表之一，前往祝贺。

李万玉 生卒年不详，中纺二厂工人，中国共产党地下党员。1946年夏，中纺五厂工人在要求增加工资的斗争中，有工友被厂警打伤。经二厂地下党支部韩家礼、徐志平安排，刚下夜班的他，即率众前往，支援五厂工人斗争。天津解放前夕，积极参加护厂斗争，与工友张贺年负责仓库和大门的安全。

李山 生卒年不详，恒源纱厂工人。1929年由李泽、魏振华介绍，加入中国共产党。在党组织领导下，在工友中开展组织和发动工作。

李广义 生卒年不详，津南机厂工人代表。1923年，和浦镇机厂工人代表王何波等到津，向天津工人介绍京汉铁路总工会成立大会遭军阀吴佩孚残酷镇压的具体情况，号召天津工人“以罢工来支援京汉铁路的弟兄们”。

李子华 生卒年不详，中纺四厂工人。1946年5月4日，和其他一些四厂工友前往中纺五厂商议工运事宜，与五厂厂警发生冲突。他飞速骑车赶回四厂，将消息报告给厂工会的苏志新。苏志新立即布置工友前往支援，在过海河时，又与水上警察发生冲突，因而引发“砸水上派出所”事件。

李元春 生卒年不详，达生纱厂工人。1944年10月，经中共华北局城工委李克简介绍，加入中国共产党。受李指派，深入上海纱厂（即后来的天津棉四）开展工运工作。联系上已与党组织失去联系的左振玉，并发展该厂子弟小学教员宋文鼎、会计科员李希灵、李蕙、人事科员苏志新为工运骨干，由他们在工人中宣传成立工会之益处，于1945年成立了全市第一个工会筹委会。同年10月将上述骨干发展为共产党员（左为重新入党），并建立地下党支部。1946年1月10日，推动已改名为中纺四厂的该纱厂正式成立工会。

李文发 生卒年不详，中纺二厂工人，中国共产党地下党员。1946年冬，厂内工友强烈要求厂方按实物发放工资。厂方拖延不应。在地下党支部安排下，由其和另一地下党员李文典共同组织，举行停车罢工，逼迫厂方答应了工人的要求。天津解放前夕，积极参加护厂斗争，负责修理场的安全和监视中统特务活动。

李文成 生卒年不详，华新纱厂工人。1926 年 2 月，在中共党组织推动下，该厂工会成立，由其担任财务负责人。

李文典 生卒年不详，天津中纺二厂工人，中国共产党党员。1946 年冬，厂内工友强烈要求厂方按实物发工资。厂方拖延不应。在地下党支部的安排下，由他和另一地下党员李文发共同组织，纱厂工人举行停车罢工，逼迫厂方答应了工人的要求。天津解放前夕，积极参加护厂斗争，负责布场的安全。

李文斌 生卒年不详，天津华新纱厂工人。1926年2月，经中共党组织推动，该厂工会成立，由其任总代表。

李书田 生卒年不详，华新纱厂工人。1932 年 2 月，因不满厂内国民党黄色工会对工人的欺压，与其他十几名工友组织了华新纱厂工会保管委员会，宣布接管工会，而为国民党市党部拒绝，并被定为“暴动”，欲以严究。他们即发动厂内工人罢工要求厂方取消黄色工会。最终遭当局镇压。

李志新 生卒年不详，1925 年前后，奉中共天津地委之命，深入南市一带印刷业比较集中地区，广泛接触和联系印刷工人，进行思想发动和组织工作，将印刷工人原先自发组织的印刷工人联合救国会，改造为党所领导的工会组织。同年底被捕众工运领袖出狱后，所获“革命先锋”纪念章，由其在美丰金店定制。

李希灵 生卒年不详，中纺四厂会计科科员。1945 年 10 月，加入中国共产党。在工友中进行建立工会的宣传，于 1946 年 1 月 10 日成立厂工会。与同时入党的宋文鼎、李蕙等，在工人中建立业余识字班，并创办《业余自修周刊》，由其撰写稿件。该周刊至 1946 年 3 月为止，共出版 16 期，在工友中产生了很好的影响。1946 年 5 月 4 日，四厂工友前往中纺五厂商议工运事宜，与五厂厂警发生冲突。得讯后，他即率领工友前往支援，在过海河时，又与水上警察发生冲突，因而引发了“砸水上派出所”事件。

李金铭 生卒年不详，津浦大厂工人。共产党员。1945 年日本投降后，一些国民党接收大员从厂里偷运物资，他与另一地下党员发动工人展开了反偷运斗争。

李树泉 生卒年不详，中纺二厂工人，中国共产党地下党员。1947 年秋，与另一地下党员赵金铭带领工人，向厂方提出改善工人伙食的要求。斗争中，将食堂的饭桌掀翻，是为著名的“砸饭团”事件。

李振元 生卒年不详，辅友地毯厂工人。1941 年 5 月，与同厂厂工人安忠信、协昌地毯厂工人吴学周、光明地毯厂工人孙景余、义生地毯厂工人刘振槐、美古绅洋行工人张和，共同组织了天津地毯业有史以来规模最大的一次、有 1500 余工人参加的联合大罢工。罢工自 5 月 17 日开始，整整持续 4 天，致使全市地毯业瘫痪。

李振刚 生卒年不详，上世纪四十年代，在今河北区一带工厂开展工运工作。1944 年，在天津机厂工人王俊臣家，发展其加入中国共产党。日本投降后，指示王俊臣不要暴露身份，并将其安排到津浦大厂作地下工作。1949 年 1 月 15 日天津解放后，任天津机厂党代表、厂长。

李铁钧 生卒年不详，一作李铁军。任成立于 1925 年 8 月 4 日的天津总工会第一届委员。1926 年 1 月 1 日天津总工会改组，仍任委员。其余事迹未详。

李鸿安（1926—？），天津人。1942 年在特一中上学时，受革命思想影响，参加抗日青年读书会，并在纺织工人中建立工人读书会。1945 年 5 月，前往解放区。后回津从事地下工作。1946 年加入中国共产党。以做小生意和当小学教员为掩护，在工人中开展组织发动工作。同年在中纺二厂建立地下党支部，先后发动反对接收大员克扣工人工资、支援五厂工友罢工、要求按实物发工资、反对出入饭厅搜身等斗争。天津解放前夕，组织二厂工人反南迁，并在其家组织刻印警告信、传单和制作工人纠察队袖标，还以中共华北局城工部代表名义，当面向厂长交代中共政策，促使该厂顺利实现被人民政府接管。解放后，长期在天津党政部门工作。

李瑞林（1920—？），原名张荣耀，河北献县人。抗战时加入中国共产党。1944 年春，由晋察冀中央分局城工部派进天津，通过同乡关系进入制铁所做工，在制铁所、纺纱厂、油厂中发展工人骨干，直至天津解放。

李锡芳 生卒年不详，恒源纱厂人事科职员，中共地下党员。充分利用职务之便，配合地下党组织了解厂内人员的情况。在天津解放前夕的护厂斗争中，以“拜把子”的方式，将厂物料科、原动部等要害部门控制在手里，住厂三天三夜，保护工厂，迎接天津的解放。

李鹏 生卒年不详，天津机器厂工人。1947 年，曾在该厂地下党支部的推动下，积极参加要求增资的工人斗争，并最终取得胜利。

李震 生卒年不详，中国共产党党员。1946 年 2 月底，中共冀中区天津工作委员会在原工人工作委员会之基础上，成立天津职工运动委员会，由其任书记，负责在天津工人中开展组织发动工作。1948 年 7 月，中共华北局城工部下设平津工运委员会，由其任副主任。

李蕙 生卒年不详，公大四厂会计科科员。1945 年 10 月加入中国共产党。在工友中进行建立工会的宣传，于 1946 年 1 月 10 日成立厂工会。并在地下党支部指派下，与同厂的苏志新、李希灵为工友创办《业余自修周刊》，负责该刊的刻印。至 1946 年 3 月，共出刊 16 期，在工友中产生了很好的影响。1946 年 5 月 4 日，四厂工友前往中纺五厂商议工运事宜，与五厂厂警发生冲突。得讯后，他即率领工友前往支援，在过海河时，又与水上警察发生冲突，因而引发了“砸水上派出所”事件。

李德贵 生卒年不详，裕元纱厂工人，中国共产党党员。参加了 1925 年海河两岸的纱厂工潮。1926 年奉系军阀在天津卷土重来后，与司昱祥奉组织指派，到北洋纱厂开展工作，任粗纱车间地下党支部书记。1928 年 1 月 27 日，蔡和森在天津主持中共顺直省委改组会议，确定由他和王振德负责工人运动。这年 11 月上旬，中共天津特区委成立，彭真任书记，由其负责工运。同年 12 月 15 日，周恩来到津，与天津特区委座谈，曾听取其工运情况汇报。

杨友仁 生卒年不详，乾昌地毯厂第一批工人。1925年秋，该厂刚建成不久，副经理马连珍对工人欺压剥削甚重，引起工人不满。他和结为把兄弟的同厂工人薛连贵、高胜棠、赵喜生遂要求辞职，而遭马的殴打。四人奋起反抗，用刀将马的右手四指砍掉，并将其腹部扎穿，马经抢救始脱险。事后，赵喜生逃走，他和薛连贵、高胜棠则被警察抓走，关进监狱，半年后才放出。此即为轰动一时的“刀砍马连珍”事件。

杨玉贞 生卒年不详，女，恒源纱厂工人，共产党员杨俊贞之妹。1946年中秋节，曾积极参加地下党组织推动的向厂方讨要“节礼”的罢工斗争。

杨金英 生卒年不详，中纺七厂工人，中国共产党地下党员。1948年底，国民党军队拟在该厂设立炮兵阵地，他曾奉党组织之命，与其他地下党员发动工人开展了抵制厂内驻兵的斗争。

杨泽轩 生卒年不详，又名杨茂如，后改名杨茂茹，裕元纱厂工人，中国共产党地下党员。1925年，裕元纱厂工会成立，为负责人之一。后天津总工会成立，任主要负责人之一。五卅运动爆发后，率领全场工友参加了全市示威大游行。后又领导海河两岸纱厂工人掀起巨大工潮。遭反动军阀政府派军警残酷镇压后，到码头工人中慷慨讲演，动员群众声援纱厂工人。后被逮捕入狱。

杨宝如 生卒年不详，某纱厂工人，天津最早的工人共产党员之一。1925年天津纺织总工会成立，他和姬兆生为主要负责人。同年8月，奉中共天津地委之命，与安幸生等人沿火车站至大王庄一带，发动码头装卸工2000多人罢工，在广东会馆集会，会后进行示威游行。当月19日，天津总工会发动全市大罢工，并从广东会馆出发，再作大游行，他为这次大罢工总指挥之一，被反动军警逮捕。各界群众强烈呼吁释放被捕人士，但作为纺织业工人代表的他，当局却始终不肯开释，并谓“死罪可免，活罪难饶”。直至年底国民军将奉系军阀从天津赶走，始得出狱，被中共天津地委授予“革命先锋”纪念章。

杨春霖 生卒年不详，仁立毛织厂工人。1946年春节前夕，工人们强烈要求年终双薪按实物发放。资本家却大诉其苦，极不情愿，御用工会也站在资方一边。中共地下党组织便发动工友举行罢工，由其担任工人纠察队队长。他指挥工友截断电话线，关闭大小厂门，把守办公楼和高级职员宿舍，怒斥前来说服他们的伪总工会和国民党市总部的代表，迫使资方答应了工人的要求，斗争最终取得胜利。

杨树市 生卒年不详，中国共产党地下党员。1947年夏，任中纺七厂地下党支部书记，组织工人开展各种斗争。后因支部成员杨洛增被捕，而奉命撤至解放区。

杨树明（1922—？），河北文安人。1939年来津，进入公大七厂当工人。1945年，在津加入中共文安县委城工部。7月，发动工人破坏日寇军毯生产，与夏英武等一起，将厂内毛绒放火烧光。1945年11月，经何毅介绍，加入中国共产党。后公大七厂改名为中纺七厂，任该厂地下党支部书记，因组织工人请愿而遭逮捕，不久即出狱。1947年，奉命撤至解放区。1948年底，曾在华北总工会天津办事处工作。1949年天津解放，随工作组接收中纺七厂，担任厂警卫队队长。

杨俊贞 生卒年不详，中国共产党地下党员。1945年冬，与中共恒源纱厂地下党员董桂珍、周淑芳等一起，组织工友开展要求改善食堂伙食的斗争。

杨洛增 生卒年不详，中国共产党地下党员。1945年12月，任中共中纺七厂党支部组织委员，与支部书记杨树明、宣传委员张润萍一起，组织工人开展罢工斗争。1947年被逮捕入狱，在国民党警备司令部被折磨一个多月，始被释放。出狱后，继续在厂内开展工运斗争。

杨黑 生卒年不详，裕元纱厂工人。1928年初，曾与左振玉等奉在津领导工作的傅茂公（即彭真）之命散发传单。他们采取夜间往各家门缝里塞、白天在谦德庄、下瓦房、小白楼、劝业场等闹市区撒等方式，多次将中共地下党的传单作了散发。

杨碧云 生卒年不详，女，仁立毛织厂工人，中国共产党地下党员。1945年12月，国民党准备在该厂成立御用工会。因她与梁淑贤在工友中威信较高，党组织派她二人打入御用工会，虽然国民党在工人中散布流言蜚语，攻击她们二人有政治背景，不给她们竞选发言机会，但她们仍然成功当选工会理事。1946年春节前夕，工人们强烈要求年终双薪按实物发放。资本家极不情愿，御用工会也站在资方一边。她和梁淑贤便旗帜鲜明地要求工会为工友说话。后经工友罢工斗争，迫使资方答应了工人的要求，斗争最终取得胜利。

杨德生 生卒年不详，裕大纱厂工人。1925年7月23日，裕大纱厂工会正式组建，由其任委员。没有房子，便和宝成纱厂工会一起办公。两厂还订立互援联盟。随后发动“砸裕大”工潮，遭军警武装镇压。

连金波 生卒年不详，1926年1月、2月间，受工运领袖李培良、陶亮的影响启发，与工友赵谦、张锡倩、王贵友、邢玉珂、贾光碧等，在厂内秘密组建工会组织。

肖明 生卒年不详，事迹俟考。1948年7月，中共华北局城市工作委员会下设平津工运委员会，负责领导北平与天津的工人运动，由其任主任。

吴雨铭 生卒年不详，1920年3月参与发起成立北京大学马克思学说研究会，1921年加入中国共产党。1923任京汉铁路总工会筹备会副总干事、京汉铁路总工会中共党团组织负责人之一，领导了著名的京汉铁路工人二七大罢工。1929年7月上旬，以中共顺直省委常委身份，直接参与已遭破坏的中共天津党组织的恢复工作，负责铁路系统的工运领导。1930年被国民党当局逮捕。1931年脱党，后叛变。1937年起任国民党政府湖北省粮食管理专员。1940年加入国民党，解放后，1950年12月被人民政府逮捕，被判处无期徒刑。1959年死于狱中。

吴雨清 生卒年不详，1926年8月，接替郭大该，担任中共天津市委委员，负责职工运动。

吴学周 生卒年不详，协昌地毯厂工人。1941年5月，与辅友地毯厂工人安忠信、李振元、义生地毯厂工人刘振槐、光明地毯厂工人孙景余、美古绅洋行工人张和，共同组织了天津地毯业有史以来规模最大的一次、有1500余工人参加的联合大罢工。罢工自5月17日开始，整整持续4天，致使全市地毯业瘫痪。工人的要求最终得到了部分满足。由于此事件是发生在日本人“治安强化运动”推行时期，故而社会震动很大。事后，罢工领导人被迫离津。

何玉亭　生卒年不详，一作何玉庭，裕元纱厂工人。1925年经司呈祥介绍，加入中国共产党。积极参加1925年海河两岸纱厂的工运风潮。被厂方开除。1926年1月下旬，受天津总工会委员王星五指派，与司呈祥到天津乾昌地毯厂、荣业地毯厂、庆生恒地毯厂等，帮助各地毯厂建立工会组织。

何庆云　生卒年不详，仁立毛织厂工人。1946年春节前夕，工人们强烈要求年终双薪按实物发放。资本家却不情愿，御用工会也站在资方一边。中共地下党组织便发动工友举行罢工，由其担任工人纠察队副队长。他和工友截断电话线，关闭大小厂门，把守办公楼和高级职员宿舍，怒斥前来说服他们的伪总工会和国民党市总部的代表，并出面和资方交涉，要来10袋面给坚持罢工的工友做晚饭，迫使资方答应了工人的要求，斗争最终取得胜利。

何其浩（1916—？），河北蠡县人。1938年加入中国共产党。长期在冀中一带工作。1943年，奉派到天津从事地下工作。1944年，进入昌和铁工厂工作，发展工人李占元入党，并派其入裕丰纱厂发展党员和工人骨干，建立裕丰纱厂地下党支部。1948年底，任华北局城工部天津工人纠察队第三大队第三中队政委。并在天津机器厂发动工人破坏敌人大型电雷生产计划，保护工厂和工人安全。

邹元善　生卒年不详，纱厂工人。1928年初，曾与左振玉等奉在津领导工作的傅茂公（即彭真）之命散发传单。他们采取夜间往各家门缝里塞、白天在谦德庄、下瓦房、小白楼、劝业场等闹市区撒等方式，多次将中共地下党的传单作了散发。

辛冬　生卒年不详，女，化名陈小兰，天津木斋中学学生。1944年加入天津抗联会，1944年9月，奉中共党组织指派，进入双喜纱厂，以做工为掩护，开展工厂斗争。与另两名进入双喜纱厂的女党员苏更、朱琪组成地下党小组。后建立了地下党支部，由其任书记。在启发女工觉悟方面，做了很多工作。

沈文光　生卒年不详，中纺四厂工人。1946年2月10日，中纺五厂工会成立，由其作为四厂工会代表之一，前往祝贺。同年5月4日，和其他一些四厂工人前往五厂商议工运事宜，与五厂厂警发生冲突，从而引发沿河20多个工厂的工人前来支援。

沈玉山　生卒年不详，宝成纱厂摇纱车间修理机器工人，积极参加共产党员李培良在工厂附近所办的平民义务学校。他是南方人，在厂里南方工人中有一定威信，经其带动，不少南方工友都参加平民义务学校学习。1924年冬，由李培良发展为中国共产党党员，为党在宝成纱厂培养的第一个党员。1925年4月，宝成纱厂工会成立，任负责人之一。会址设在郑庄子敦厚里。在五卅运动爆发后的"砸裕大"事件中，带领宝成纱厂工人过河支援裕大工友。曾专制一面大旗，上书12个大字：援助上海惨案，为顾正红报仇。

宋文鼎　生卒年不详，上海纱厂（即后来的棉四）子弟小学教员。1945年10月加入中国共产党。在工友中宣传建立工会之必要，并于1946年1月10日在厂内正式成立工会。受地下党支部指派，在子弟学校内创建工人业余识字班，主编《业余自修周刊》。至1946年3月，该周刊共出刊16期，在工人中产生了很好的影响。

宋秀茹 生卒年不详，女，公大六厂职工。1936年，参加共产党员田民在厂内组织的姐妹团，秘密开展斗争。1939年元旦，厂内发生大火，与田民等被日本人抓进宪兵队，虽经拷打，但未供出任何情况，后被释放。

宋金富 生卒年不详，裕元纱厂工人。1928年初，曾与左振玉等奉在津领导工作的傅茂公（即彭真）之命散发传单。他们夜间往各家门缝里塞，白天在谦德庄、下瓦房、小白楼、劝业场等闹市区多次散发中共地下党传单。

张大帅 生卒年不详，此为其绰号，裕元纱厂工人。1928年初，曾与左振玉等奉在津领导工作的傅茂公（即彭真）之命散发传单。他们夜间往各家门缝里塞，白天在谦德庄、下瓦房、小白楼、劝业场等闹市区多次散发中共地下党传单。

张小堂 生卒年不详，烟草公司工人。中共地下党组织领导下的工运骨干。1929年，天津地下党组织遭受重创，20多名干部被逮捕，他亦遭得此劫，被判刑入狱11个月。

张广玉 生卒年不详，津浦大厂工人。1929年由李泽、魏振华介绍，加入中国共产党。在党组织领导下，在工友中开展组织和发动工作。

张广兴 生卒年不详，电车工人。1931年任天津电车工会常务理事。"九一八"事变后，联合12个工会，组成天津市各业工会救国联合会，任执行委员，积极组织工人开展抗日救国运动。1933年12月3日，国民党公安局特务队以"共党嫌疑"为名，将其和秘书陶字明、扶轮中学教员阎兴华等逮捕，后被判刑。

张凤林 生卒年不详，天津裕元纱厂摇纱工。1925年，海河两岸纱厂工人在中共党组织领导下，掀起工潮，反动军阀政府派军警残酷镇压，他被枪杀于厂内。

张凤林 生卒年不详，北洋纱厂粗纱车间工人。1926年8月，中共天津党组织为打破当时反动禁锢，在该厂粗纱车间发动一次罢工斗争，要求提高工人工资。罢工开时后，他即作为工人代表，与刘文秀及另外一个工友被厂警抓去。地下党组织决定细纱车间亦随之罢工，以作声援，迫使厂警不得不释放被抓代表。

张文忠 生卒年不详，华新纱厂工人。1932年2月，因不满厂内国民党黄色工会对工人的欺压，与其他十几名工友组织了华新纱厂工会保管委员会，宣布接管工会，而为国民党市党部拒绝，并被定为"暴动"，欲以严究。他们即发动厂内工人罢工要求厂方取消"黄色工会"，最终遭当局镇压。

张文治 生卒年不详，布贩。1924年，与潘乐天、张贵祥、田鸣瑞、张文涛等，组织良心救国团。1925年该团参加了欢迎孙中山莅津的活动，并在五卅运动爆发后，加入天津各界联合会，发表《泣告书》，号召各界人民团结起来，与英日帝国主义决一死战。

张文涛 生卒年不详，油漆业工人。1924年，与潘乐天、张贵祥、傅恩科、田鸣瑞等，组织良心救国团。1925年该团参加欢迎孙中山莅津的活动，并在五卅运动爆发后，加入天津各界联合会，发表《泣告书》，号召各界人民团结起来，与英日帝国主义决一死战。

张玉升　生卒年不详，裕大工会代表。五卅运动期间，积极投身其间。天津奉系军阀政府于1925年8月11日逮捕不少工运领袖，他亦在其中。先关押在大胡同军警拘留所，后送往第三监狱。国民军赶走奉系军阀后的第二天，即1925年12月25日，中共党组织租用两辆汽车，将包括他在内的获释代表接到慧罗春饭庄，以为慰问，并为每人颁发一枚"革命先锋"纪念章。

张世友　生卒年不详，公大六厂工人。1945年由中共地下党员穆建亭介绍，加入中国共产党，与王长青、崔桂喜、王长清组成地下党小组，组织工友开展各项斗争。

张兆明　生卒年不详，又名赵亮，西站搬运工人。1949年秋，由中共地下党员王俊臣介绍加入中国共产党，开展秘密对敌斗争。

张兆荣　生卒年不详，中纺二厂工人，中国共产党地下党员。1946年，在厂地下党支部的领导下，和另一地下党员郑木兰公开发起"征友"活动，用以掩护党的地下斗争。

张寿年　生卒年不详，1925年8月4日成立的天津总工会委员之一。同月，天津反动当局疯狂镇压工人运动、逮捕各界代表事件，他受中共天津地委指派，与国民党中央委员王法勤一同，赴京联络各方，设法营救被捕工友及各界代表，使135名受伤者及时得到中国救济会的救济。

张寿禄　生卒年不详，裕元纱厂工人，中国地下党员。1925年，裕元纱厂工会成立，任委员。与印刷工人陶卓然作为天津代表，参加在广州召开的第二次全国劳动大会。会后，参加党中央在上海召开的临时会议。同年8月4日，天津总工会成立，任委员。

张志发　生卒年不详，华新纱厂工人。1932年2月，因不满厂内国民党黄色工会对工人的欺压，与其他十几名工友组织了华新纱厂工会保管委员会，宣布接管工会，而为国民党市党部拒绝，并被定为"暴动"，欲以严究。他们即发动厂内工人罢工要求厂方取消"黄色工会"，最终遭当局镇压。

张和　生卒年不详，美古绅洋行工人。1941年5月，与工友地毯厂工人安忠信、李振元、义生地毯厂工人刘振槐、光明地毯厂工人孙景余、协昌地毯厂工人吴学周，共同组织天津地毯业有史以来规模最大的一次，有1500余工人参加的联合大罢工。罢工自5月17日开始，持续4天，致使全市地毯业瘫痪。工人要求最终得到部分满足。由于此事件是发生在日本人"治安强化运动"推行时期，故而社会震动很大。

张春景　生卒年不详，中纺二厂工人。天津解放前夕，积极参加护厂斗争。发现厂内发电场的锅炉设备中弹着火，即组织全力抢修，确保工厂及时供电。

张贵祥（1902—？），又名张一清，天津人。22岁时，与张文涛、傅恩科等，创办天津良心救国团，任副团长。1924年12月4日，孙中山来津，他率领数百工人会同各界群众到码头欢迎。1925年，天津油漆工会成立，被推选为负责人。同年8月4日，天津总工会成立，他代表油漆工会出席，并被推选为第一届委员。8月9日下午，率众参加天津罢工工人大示威。1926年，加入中国共产党，任油漆业党支部书记。1927年1月，与天津地委和总工会许多负责人同时被法国工部局拘捕，后经营救被释放。出狱后，任地委第三部委员。1928年后，与党组织失去联系。解放后，写有《我所知道的党在天津早期活动片段》。

张健生 生卒年不详，女，在津读书，参加中国共产党。1925年奉系军阀在天津卷土重来后，曾奉命到北洋纱厂与司呈祥接头。又曾在河东和记蛋厂做女工工作，并任三部委委员。1928年，受上级指派，到天津北洋纱厂开展工运，帮助左振玉建立厂地下党支部。不久，即被中共天津地委委员王藻文调走。后与王藻文结为夫妇。

张润萍 生卒年不详，中国共产党地下党员。1945年12月，任中共天津中纺七厂地下支部宣传委员，与支部书记杨树明、组织委员杨洛增等一起，组织工人开展罢工斗争。

张鸿宾 生卒年不详，事迹未详。1946年2月，中共冀中区天津工作委员会下设天津职工运动委员会，曾任该委员会委员。

张葛 生卒年不详，中共塘沽地下党负责人之一。1945年8月15日到塘沽，主要负责永利碱厂和铁路。1947年秋，碱厂的临时工因要求增加工资，有的遭解雇。他便启发大家以向厂方借钱维持生活的方式，争取实现被解雇工人复工。该厂每年厂庆，照例要为工人增资，但1948年，厂方却决定工人工资不再增长，这引起众工人的不满。他便和厂地下党支部书记史振江发动工人以减产来作抗议。工友们包下的工厂打井工程。本来合同规定，以实物付工钱，但后来厂方又违约，欲以纸币支付，这将使工人利益受损。他又发动工友据理力争，最终维护工友的利益。

张锡倩 生卒年不详，女，1926年1—2月间，她受工运领袖李培良、陶亮的影启发，与工友贾光碧、赵谦、王贵友、邢玉珂、连金波等，在厂内秘密组建工会组织。

张鹤年 生卒年不详，志和永地毯厂工人，中国共产党地下党员。因组织津鸿兴地毯厂工人罢工而遭解雇。进入志和永地毯厂后，在工友中继续进行发动组织工作，先后发展赵义、王德田、赵义文等加入中国共产党，建立合线车间地下党支部，任支部书记，组织工友开展各项斗争。

张瑞生 生卒年不详，裕大纱厂工人。1925年7月23日，裕大纱厂工会正式组建，由其任委员。没有房子，便和宝成纱厂工会一起办公。两厂还订立互援联盟。随后发动“砸裕大”工潮，遭军警武装镇压，被逮捕。

陆妙根 生卒年不详，一作陆苗根。海员工会天津支部代表。1925年五卅运动爆发后，英商怡和、太古两洋行，急令在香港的“夔州”“惠州”等5轮和停泊在上海的“顺天”“景星”2轮，驶往奉系军阀占据的天津，以防海员“骚动”。为了粉碎外商破坏罢工的企图，中共北京区委派遣赵世炎前往天津，会同李季达、安幸生等人组成“海员罢工委员会”。当“夔州”“惠州”等轮船抵达天津后，李季达、安幸生等立即与“夔州”轮船海员陆苗根等取得联系，发动各轮船海员425人全部离船。同年8月11日，反动奉系军阀当局对天津群众运动施行残酷镇压，拘捕各界人士甚多，他亦在其中。后迫于强大舆论压力，当局将几百名一般工人放出，唯对其在内的各界代表不肯开释，并谓“死罪可免，活罪难饶”。直至年底国民军赶走奉系军阀，他才和其他各界代表得以出狱，获受中共党组织颁发的“革命先锋”纪念章。

陈士玉 生卒年不详，天津机器厂工人。1947 年，在该厂地下党支部的推动下，积极参加要求增资的工人斗争，并最终取得胜利。

陈世琨 生卒年不详，恒源纱厂修理钳工。日本投降后，在该厂地下党组织的领导下，带头参加因厂主变更而索要“遣散费”的斗争。1946 年，又在党组织的安排下，参加该厂职工消费合作社的管理工作，将该消费合作社变成党组织的一块阵地。解放后不久，调到全国总工会工作，直至离休。

陈宝玉 生卒年不详，天津机器厂工人。1947 年，在该厂地下党支部的推动下，积极参加要求增资的工人斗争，并取得胜利。

陈宪富 生卒年不详，裕元纱厂工人。1928 年初，与左振玉等奉在津领导工作的傅茂公（即彭真）之命散发传单。他们采取夜间往各家门缝里塞，白天在谦德庄、下瓦房、小白楼、劝业场等闹市区多次散发中共地下党的传单。

邵光琦 生卒年不详，冀中四支队负责人之一。1946 年，通过其远亲李耀荣，到天津中纺二厂，以在布场做挡车工为掩护，进行工人发动和情报搜集工作。

金泉 生卒年不详，原名郭自秋，中国共产党党员。1947 年 11 月底，受中共北岳区委指派，到津开展工作。他利用乡亲关系，在南开、河北一带工厂、商店做工人、店员工作，从中发展革命力量。

金爽（1923—？），女，天津人。1944 年加入中国共产党。后在仁立毛织厂、东亚公司从事地下工作，组织工人开展斗争。为天津职工工作委员会书记于致远夫人。

周心农 生卒年不详，纺织工会代表。五卅运动期间，积极投身期间。天津奉系军阀政府，于 1925 年 8 月 11 日逮捕不少工运领袖，他亦在其中。先关押在大胡同军警拘留所，后送往第三监狱。国民军赶走奉系军阀后的第二天，即 1925 年 12 月 25 日，中共党组织租用两辆汽车，将包括他在内的获释代表接到慧罗春饭庄，以示慰问，并为每人颁发一枚“革命先锋”纪念章。

周世昌 生卒年不详，原名周哲东、周振东，曾赴法国留学，与周恩来等组织共产主义小组。1925 年秋来津，在河西纱厂开展工人运动。后遭逮捕。经党组织营救出狱后，在河北恒源纱厂、华新纱厂、津浦大厂一带继续开展工运活动。在华新纱厂办一露天课堂，后又在此基础上开办职工补习学校，对工人进行文化教育和思想启蒙。1926 年 10 月离津。

周树泉 生卒年不详，天津机械厂工人。19 世纪 40 年代，由中共晋察冀中央分局派来天津从事地下工作，与胡平交往密切，协助其开展工运斗争。

周树基 生卒年不详，周树泉之兄，19 世纪 40 年代，由中共晋察冀中央分局派来天津从事地下工作，经胡平介绍，加入中国共产党，并协助其开展工人斗争。

周淑芳 生卒年不详，中国共产党地下党员。1945年冬，在中共恒源纱厂与董桂珍等一起，组织开展要求改善食堂伙食的斗争。

郑广茂 生卒年不详，北洋纱厂工人，1926年加入中国共产党，积极参加工人运动。1927年1月，在郭起春家开会研究工运工作，因有人告密，与郭起春、邢克让等一起被捕，在军法处关押三个月才被放出。

郑庆隆 生卒年不详，中纺四厂工人。1946年2月，中纺五厂工会成立，由其作为代表之一，前往祝贺。

郑木兰 生卒年不详，中纺二厂工人，中国共产党地下党员。1946年，在厂地下党支部的领导下，和另一地下党员张兆荣公开发起“征友”活动，用以掩护党的地下斗争。

郑松林 生卒年不详，津浦大厂工人。1925年冬，王麟书在今河北区三马路仁仁里组织工人学习，他是积极参加者之一。

郑国栋 生卒年不详，天津机器厂工人。1946年，中共地下党干部何其浩将其发展为该厂第一个党员。其后他又发展工友刘宝兴、邢本贵入党，组成该厂第一个地下党支部。1948年10月他抓住厂里拖欠工人工资、工人强烈不满之机，发动工友采取磨洋工、做残次品等方法，破坏国民党生产风雨雷阻止解放军的进攻天津的计划。

郑明章 生卒年不详，烟草公司工人。中共地下党组织领导下的工运骨干。1929年，天津地下党组织遭受重创，20多名干部被逮捕，他亦遭得此劫，被判刑入狱11个月。

项瑞芝 生卒年不详，宝坻人。裕大纱厂工人。兄弟多人都在裕大做工，在工友中很有威信。中共党员李培良在纱厂开展工作时，通过其动员工友加入工会。1925年7月23日，裕大纱厂工会正式组建，由其和贺志等任负责人，委员有其兄项瑞成、张瑞生、熊玉山、杨德生、王元成。没有房子，便和宝成工会一起办公。两厂还订立互援联盟。8月12日，北洋纱厂、裕元纱厂与裕大纱厂数千工人准备开联合大会，军警开枪抓捕，幸得逃脱，遂被厂方开除。后遵裕元纱厂地下党员崔桂昌之命，散发革命传单。未及散发，同伴吕秋凯被抓，他机智将整袋传单销毁。吕秋凯将其供出，随即遭逮捕。狱中受到严刑拷打，耳朵被辣椒水灌聋。年底，国民军赶跑奉系军阀，始得出狱，获赠中共党组织颁发的“革命先锋”纪念章。新中国成立后，写有回忆录《记一九二五年砸裕大事件的前前后后》。

项瑞成 生卒年不详，宝坻人。裕大纱厂工人。1925年7月23日，裕厂工会组建，其弟项瑞芝等为负责人，他为委员。在随后的“砸裕大”工潮中，大腿被前来镇压军警用枪弹打断。

赵云生 生卒年不详，1930年任中共河北区委书记。曾深入华新纱厂工人宿舍，进行发动和组织，并组织该厂工人到法租界天增里举行纪念“三一八”惨案的示威游行。

赵金铭 生卒年不详，中纺六厂工人，中国共产党地下党员。1947年秋，带动工友要求厂方改善工人伙食，斗争中，将食堂饭桌掀翻，是为著名的“砸饭团”事件。厂方发现其为带头者，便借故将其解雇。经地下党组织安排，又去中纺二厂开展工运斗争。

赵喜生 生卒年不详，乾昌地毯厂第一批工人。1925年秋，该厂刚建成不久，副经理马连珍对工人欺压剥削甚重，引起工人不满。他和结为把兄弟的同厂工人薛连贵、高胜棠遂要求辞职，而遭马的殴打。四人奋起反抗，用刀将马的右手四指砍掉，并将其腹部扎穿，马经抢救始脱险。事后，他得以逃脱，薛连贵、高胜棠和杨友仁则被警察抓走，关进监狱，半年后才放出。此即为轰动一时的"刀砍马连珍"事件。

赵谦 生卒年不详，1926年1—2月间，受工运领袖李培良、陶亮的影响启发，与工友贾光碧、张锡倩、王贵友、邢玉珂、连金波等，在厂内秘密组建工会组织。

赵锡泉 生卒年不详，恒源纱厂工人，工运积极分子。1929年，中共河北区委书记徐文雅住在其家。后徐文雅在其家召开工运会议，被人告密，同时被逮捕。

赵静茹 生卒年不详，女，恒源纱厂工人。1948年，国民党势力在该厂搞御用工会的选举，在中共地下组织的安排下，她成功入选，成为地下党组织在该工会的耳目。

胡平 生卒年不详，20世纪40年代，由中共晋察冀中央分局派至天津，领导工人开展斗争。发展工人周树基、王品清等加入中国共产党。

胡维宪 生卒年不详，1918年入南开学校读书，任校刊《南开校风》、《南开思潮》编辑。1919年11月27日，发表《社会主义与中国》，认为"社会主义是将来中国必经的阶段"。为觉悟社成员。1920年10至11月间，加入由张太雷组建的天津最早的团组织——天津社会主义青年团小组，并与谌小岑共同创办天津最早的工人报纸《劳报》。

姜国泰 生卒年不详，津浦大厂工人。1946年2月，在反对国民党接收大员偷运物资及讨要欠薪斗争中，勇敢夺下军警枪支，并带头拦截津浦铁路办事处处长的汽车。

祝子杰 生卒年不详，恒源纱厂细纱工人。1925年团结在中共地下党员韩义身边，组织秘密工会。1928年春，厂方无理开除大批工人，并加大在岗工人工作量。他与刘自固等组成罢工委员会，举行全厂大罢工，最终取得胜利。后在筹划另外的罢工斗争中，由于叛徒出卖，与诸多的组织者一起被捕，并分别被判刑。

姚廷芝 生卒年不详，天津机厂工人。1921年5月1日，曾代表天津工人参加在长辛店娘娘宫举行的纪念五一国际劳动节千人大会。

姚宝元 生卒年不详，海京地毯厂工人，社会主义青年团团员。1926年下旬，受天津总工会委员王星五指派，协助司呈祥、何玉庭在各地毯厂建立工会组织。1927年8月，因叛徒告密，被特务逮捕。这年11月，与李季达、粟泽等天津党领导人被集体枪杀，为著名"天津十五烈士"之一。

姚鸿福 生卒年不详，天津机器厂工人。天津解放前夕，在该厂中共地下党支部领导下，积极参加该厂的护厂斗争。

贺志 生卒年不详，裕大纱厂工人，中共党员李培良在纱厂重点培养的工人骨干之一。经其与其他工人骨干分头在工友中动员，于1925年7月23日成立了裕大纱厂工会，并任负责人之一。

同年8月11日被天津奉系军阀政府逮捕，先关押在大胡同军警拘留所，后送往第三监狱。1925年12月25日，中共党组织租用两辆汽车，将包括他在内的获释代表接到慧罗春饭庄，以为慰问，并为每人颁发一枚“革命先锋”纪念章。

耿益盈 生卒年不详，中共河北武强县委城工部部长。1946年春进入天津，受何毅领导，在江苏路开一合盛西服店作掩护，与李鸿安一起在中纺二厂组建地下党支部。天津解放前夕，组织中纺二厂开展护厂斗争，向厂里管理人员及反动党团分子寄发警告信，要他们不准损害工厂的一切设施。当面向流氓头子李耀荣交代党的政策，告诫其不得破坏工厂。同时，又组建工人纠察队，分班昼夜巡逻护厂。并亲临中纺二厂，向厂长彭雪舟提出保护好工厂的要求。天津解放后，负责接管原公用局运输事务所。后任天津搬运工会主席。写有《在天津从事地下工作的岁月》一文，忆及当年的工运活动。

贾光碧 生卒年不详，1926年1—2月间，受工运领袖李培良、陶亮的影响启发，与工友赵谦、张锡倩、王贵友、邢玉珂、连金波等，在厂内秘密组建工会组织。

夏英武 生卒年不详，中共地下党员。1945年，受中共文安县委指派，到天津公大七厂组织工友破坏敌人军毯生产，曾与杨树明等一起，于同年7月一把火将该厂毛绒全部烧光。1948年5月离津。

柴连福 生卒年不详，恒源纱厂工人领袖之一。1946年，在该厂地下党组织策划下，厂内成立工人夜校，他积极参加组织工作，并利用厂国剧社，作工友发动工作。

钱才新 生卒年不详，中国共产党员。大革命时期，奉中共天津地委指派，到永发印刷局，对印刷工人进行思想宣传和组织发动工作。

徐志平 生卒年不详，公大六厂工人。为李鸿安、韩家信1942年所组织的工人读书会成员之一。1946年初，厂方（已改名为中纺二厂）克扣工人工资，他和韩家信等带领工友作罢工斗争，并取得胜利。后经李鸿安介绍，加入中国共产党。同年下半年，该厂成立地下党支部，任宣传委员。组织工友于本年夏举行要求按放实物发工资的斗争。天津解放前夕，积极参加护厂斗争，与韩家信负责警告信、传单的投递和张贴，并负责纱场工人护厂纠察队。

殷玉臣 生卒年不详，中纺四厂工人。1946年2月10日，中纺五厂工会成立，由其作为四厂工会代表之一，前往祝贺。同年5月4日，与一些四厂工人前往五厂商议工运事宜，与五厂厂警发生冲突，从而引发沿河20多个工厂的工人前来支援。

高志连 生卒年不详，小刘庄海京地毯三厂工人，中国共产党地下党员。1926年下旬，受天津总工会委员王星五指派，协助司呈祥、何玉庭在各地毯厂建立工会组织。后任中共天津三部委委员。1927年8月，因叛徒告密，该厂地下支部遭破坏，他闻讯得以逃脱。

高胜棠 生卒年不详，乾昌地毯厂第一批工人。1925年秋，该厂刚建成不久，副经理马连珍对工人欺压剥削甚重，引起工人不满。他和结为把兄弟的同厂工人薛连贵、赵喜生遂要求辞职，而遭马连珍的殴打。四人奋起反抗，用刀将马的右手四指砍掉，并将其腹部扎穿，马经抢救始脱险。事后，赵喜生逃走，他和薛连贵、杨友仁则被警察抓走，关进监狱，半年后才放出。此即为轰动一时的“刀砍马连珍”事件。

郭三公 生卒年不详，天津工人。1921年抵制日货斗争中，曾以“天津劳工界郭三公”之名，制作传单散发，上云：“马道临崖收缰晚，船到江心补漏迟。不招兵，不屯粮，逼得日本叫亲娘。什么法子呢？就是不卖给日本米。不用枪，不用炮，逼得日本去上吊。什么法子呢？就是不买日本货。家贫出孝子，国乱显公诚。劝同胞，意念相同。劝同胞，早注意，存出钱来办实业，永远不买日本货。”

郭大该 生卒年不详，1926年中共天津地委改组，由其负责职工运动。其他事迹未详。

郭起才 生卒年不详，北洋纱厂工人，1926年加入中国共产党，积极参加工人运动。1927年1月，在郭起春家开会研究工运工作，因有人告密，与郭起春、邢克让等一起被捕，在军法处关押一个月，才被放出。

郭起春 生卒年不详，北洋纱厂工人，中国共产党地下党员。1926年，在北洋纱厂摇纱车间建立地下党支部，任支部书记，在工友中从事组织发动工作。1927年1月，上级负责人邢克让在其家开会，因工贼出卖，而与邢等一同被捕，关押在军法处。夏天，直奉两军在马厂交战，让其与邢克让为奉军运输弹药，他俩乘机逃脱。

陶卓然（1902—？），又名陶亮、陶子明，武清人。天津《河北日报》印刷工人。任天津印刷工人联合救国会负责人。

1925年加入中国共产党。年中，中共天津地委法租界和南市建立印刷工会，任该会委员长。同年8月，又任反帝国主义运动联盟天津分会委员。12月，再任天津国民会议促进会发起人。

1925年5月，与裕大纱厂工人张寿禄出席在广州召开的第二次全国劳动大会，会后参加党中央在上海为五卅之事召开的临时会议。同年6月，代表天津80万民众的反帝爱国统一战线组织——天津各界联合会在天津商会成立，任委员。组织两报社工人举行罢工抗议英、日在津所办《泰晤士报》《天津日报》对五卅运动的污蔑。7月，党领导下的《工人生活》在津创刊，任编辑之一，主要负责收集稿子。8月4日，天津总工会在广东会馆宣告成立，任委员。8月，天津总工会在广东会馆举行集会，后遭反动军阀镇压，被迫潜往北京，在刘仁静安排下，和其他来北京的天津代表，向北京各界广泛宣传天津惨案的真相，并和北京各界一道，参加在天安门召开的追悼天津、济南等地惨死同胞大会。会上，代表天津工会报告天津惨案发生的情况。9月7日，天津10万民众举行声势浩大反帝游行，各界停工、停课、停业，他是该活动筹备者和指挥者之一。

1926年1月1日，天津总工会对组织成员进行调整，他当选为委员。同年2月7日，国民军撤出天津。中共天津地委转入地下，随后将组织机构作调整，按地区分为3个部委，他被委任为租界部委的书记。5月1日至14日，第三次全国劳动大会在广州召开，他作为天津代表出席，并当选为总工会执行委员。1931年2月23日天津市各业工会救国联合会（简称天津工联会）成立，他任该会秘书。1933年12月3日，与工联会主要成员张广兴、阎兴华，被国民党当局逮捕判刑。解放后，写有回忆录《天津印刷工会与印刷工人大罢工》。

黄桂生 生卒年不详，恒源纱厂工人，中国共产党地下党员。1925年，与地下党员韩义一起，在该厂组织秘密工会。1928年春，厂方无理开除大批工人，并加大在岗工人工作量。他与祝子杰、刘自固等组成罢工委员会，举行全厂大罢工，最终取得胜利。后在筹划另外罢工斗争中，被叛徒出卖，与诸多的组织者一起被捕，并分别被判刑。

曹成行 生卒年不详，裕元纱厂工人。1925年，经工友左振玉介绍，加入中国共产党。1926年，积极参加该厂反对厂方增加细纱机看台面的斗争，与工友曹成行、马德禄出面，代表工人向厂办公室交涉，遭警察捆绑羁押。后被左振宇指挥工人强行要回。

崔桂昌 生卒年不详，裕元纱厂实验室负责人，与天津工运领袖李培良为同学，1924年加入中国共产党。1925年作为中共天津纱厂支部成员，负责裕元纱厂、裕大纱厂平民学校的联络工作，发展司呈祥等工人积极分子加入中国共产党。任裕元纱厂工会成立负责人之一。同年8月，在海河两岸纱厂的工运风潮中，被反动军警逮捕入狱。国民军赶走奉系军阀后的第二天，即1925年12月25日中共党组织授予他“革命先锋”纪念章。

崔桂喜 生卒年不详，公大六厂工人。1945年由中共地下党员穆建亭介绍，加入中国共产党，与王长青、张世友、王长清组成地下党小组，组织工友开展各项斗争。

崔毅（1923—？），山东淄博人。1937年加入中国共产党。1946年12月，由中共渤海区委指派，到天津东亚公司开展工运领导工作。

章巍 生卒年不详，女，又名乌兰。在北平读书时，参加中华民族解放先锋队。七七事变后，由中共地下党组织安排来津，通过田民进入公大六厂当验布工，组织女工开展各项斗争。1939年初厂内发生大火后离津。

商瑞起 生卒年不详，天津机器厂工人。天津解放前夕，在该厂中共地下党支部的领导下，积极参加该厂的护厂斗争。

阎伯琴 生卒年不详，中纺七厂工人，中国共产党地下党员。1948年底，国民党军队拟在该厂设立炮兵阵地，曾奉党组织之命，与其他地下党员发动工人，开展抵制厂内驻兵的斗争。

董兆义 生卒年不详，宝成纱厂摇纱工人，1924年，常到共产党员李培良所办的平民义务学校，并带动其他工友来参加学习。经李培良培养而加入中国共产党。经其与其他工人骨干共同筹划，该厂工会于1925年5月成立，全厂2700多人中有1800多人参加。随后组织厂内的第一次反对降低工人工资罢工。罢工进行三天，迫使资方恢复工资。

董桂珍 生卒年不详，女。1945年4月，受晋察冀城工部派遣，到恒源纱作织女工发动。曾组织工友开展要求改善食堂伙食的斗争。

董震 生卒年不详，又名赵亮。西站搬运工人。1949年秋，由中共地下党员王俊臣介绍，加入中国共产党，组织工友开展秘密对敌斗争。

韩义　生卒年不详，中国共产党员地下党员。1924年中共天津地委成立后，奉派到恒源纱厂开展工人运动。1925年，与另一地下党员黄桂生一起，在厂内组织秘密工会。1928年春，厂方无理开除大批工人，并加大在岗工人工作量。与黄桂生、祝子杰、刘自固等组建罢工委员会，举行全厂大罢工，最终取得胜利。后在筹划另外罢工斗争中，被叛徒出卖，与诸多的组织者一起遭逮捕，被判刑8年。

韩振泉　生卒年不详，裕元纱厂工人。1925年，天津海河两岸纱厂工人在中共党组织领导下，掀起巨大工潮，反动军阀政府派军警残酷镇压，他被枪杀于山药地里。

韩家礼　生卒年不详，公大六厂工人。为李鸿安、韩家信1942年组织的工人读书会成员之一。1946年初，厂方（已改名为中纺二厂）克扣工人工资，他挺身而出，带领工友进行罢工斗争，并取得胜利。后经李鸿安介绍，加入中国共产党。同年下半年，厂内成立地下党支部，任组织委员。组织工友于本年夏举行要求按实物发工资的斗争。

韩家信　生卒年不详，公大六厂工人。1942年，与李鸿安一起，参加抗日青年读书会。后在其家与李鸿安共同组织工人读书会，组织工友采取各种隐蔽方式，开展抗日活动，并曾到解放区学习。1944年，在组织罢工斗争中被人告密，经组织安排，暂时离津。1946年回厂（已改名为中纺二厂）工作。由李鸿安介绍，加入中国共产党，在厂内建立地下党支部，任支部书记，组织工友开展各种经济、政治斗争。天津解放前夕，积极开展护厂斗争，与徐志平负责警告信、传单的投递和张贴，并带领工友在厂内的巡逻。

韩毅　生卒年不详，女，在津读书学生。1928年，奉中共党组织指派，协助左振玉在贺家口开设左记杂货铺，作为北洋纱厂和东楼人力车夫开展工运斗争的秘密联络点，负责向工人传达上级指示。

粟泽（？—1927），1925年9月，由中共北方区委派遣来津，协助中共天津地委书记李季达恢复党组织和工运斗争。到津后，即先到郑庄子慰问纺织工人家属。同月底，新的天津地委组成，任组织部长。1926年8月，根据傅茂公（彭真）提议，决定在革命力量相对集中的北洋纱厂举行罢工，他与李季达、傅茂公一起，将指挥部设在法租界五号路，亲自指挥这场罢工，并最终取得胜利。1927年1月下旬，在新成立的天津城市工人俱乐部开会时，与傅茂公等被军阀当局逮捕，后被党组织营救出。1927年大革命失败后，再次被捕，同年11月18日，与中共天津市委书记李季达同时被当局杀害。

傅玉儒　生卒年不详，裕元纱厂工人。1925年，该厂工会成立，任织布车间工会负责人。经李培良介绍，加入中国共产党。与众工友积极参加了海河两岸纱厂的巨大工运风潮。

傅恩科　生卒年不详，油漆业工人。1924年，与潘乐天、张贵祥、田鸣瑞、张文涛等组织良心救国团。该团1925年参加欢迎孙中山莅津的活动，并在五卅运动爆发后，参加全市示威大游行。

温喜明　生卒年不详，中纺四厂工人。1946年1月，该厂工会在党领导下成立，曾遭流氓捣乱，特组成50余人的工人纠察队，由其任队长。同年2月，中纺二厂工会成立，由其作为代表之一，前往祝贺。

强树林 生卒年不详，人力车夫。1927年，在中共天津负责人傅茂公（即彭真）指导下，与王德山组建人力车夫工会，由其任主任。1929年被捕，因与检察官有关系，得以取保释放。

甄元和 生卒年不详，1933年曾任中共天津市委职工部部长，负责领导工人运动。其他事迹未详。

路行 生卒年不详，中国共产党天津早期活动家。1925年，天津海河两岸各纱厂联合掀起巨大工潮，遭军阀政府残酷镇压。他遵中共天津地委安排，深入英美烟草公司，向工人发表慷慨讲演，动员群众声援纱厂工人。后遭反动军阀政府逮捕。

窦文山 生卒年不详，中纺七厂工人。因参加中共地下党组织发动的罢工斗争而遭被捕，后被释放。

阚家骅 生卒年不详，1926年受中共党组织委派，来津开展工运工作。在贺家口小公益里以开办工人夜校名义，领导工人进行各种斗争。曾推动组织了裕元纱厂反对增加细纱看台面的斗争，并最终取得胜利。

翟淑珍 生卒年不详，女，中纺五厂工人，因参与罢工斗争而被厂方开除。1946年，遵照中共天津纺织行业负责人何毅指示，进入中纺二厂，继续开展工运斗争。天津解放前夕，接到上级关于火速向五厂传递做好迎接解放军进城准备的紧急指示后，不顾其生命危险，迅即设法渡过海河前去传达。

熊玉山 生卒年不详，裕大纱厂工人。1925年7月23日，裕大纱厂工会正式组建，由其任委员。没有房子，便和宝成纱厂工会一起办公。两厂还订立互援联盟。随后发动“砸裕大”工潮，遭军警武装镇压。

熊凤歧 生卒年不详，烟草公司工人。中共地下党组织领导下的工运骨干。1929年，天津地下党组织遭受重创，20多名干部被逮捕，他亦遭得此劫，被判刑入狱11个月。

潘乐天 生卒年不详，电话局职工。1924年，与傅恩科、张贵祥、田鸣瑞、张文涛等，组织良心救国团，任团长。1925年该团参加欢迎孙中山莅津的活动，并在五卅运动爆发后，加入天津各界联合会，发表《泣告书》，号召各界人民团结起来，与英日帝国主义决一死战。

薛连贵 生卒年不详，乾昌地毯厂第一批工人。1925年秋，该厂刚建成不久，副经理马连珍对工人欺压剥削甚重，引起工人不满。他和结为把兄弟的同厂工人杨友仁、高胜棠、赵喜生遂要求辞职，遭到马的殴打。四人奋起反抗，用刀将马的右手四指砍掉，并将其腹部扎穿，马经抢救始脱险。事后，赵喜生逃走，他和高胜棠、杨友仁则被警察抓走，关进监狱，半年后才放出。此即为轰动一时的“刀砍马连珍”事件。

穆绍桐 生卒年不详，津浦大厂工人。1925年冬，王麟书在今河北区三马路仁仁里组织工人学习，他是积极参加者之一。1926年1月，春节前夕，津浦大厂已有三个月未发工人工资。

他在地下党组织的领导下，发动工人讨要工资，掀起工潮。随后津浦铁路总工会天津分会便在津成立。

穆建亭　生卒年不详，中国共产党地下党员。1945年11月，受冀晋三分区城工部指派，到津从事工运。以理发为掩护，广泛接触工人，先后介绍公大六厂保全工王长清、食堂工人崔桂喜、细纱保全工张世友等加入中国共产党，并建立地下党小组。

魏连水　生卒年不详，恒源纱厂工人。1921年至1922年，在于树德、安体诚创办的天津工余补习学校学习，觉悟大增，多次领导恒源纱厂的工人罢工斗争，经人介绍加入中国共产党。后奉派到其它纱厂工作，继续领导工人开展斗争。

魏鹤林　生卒年不详，河北文安人。解放前，在津拉洋车，后与其本家兄弟、共产党员魏鹤年建立联系，开始在东货场从事地下工运工作。利用与搬运工人接近和熟悉的有利条件，向他们宣传革命道理，帮他们提高关注切身利益的阶级意识，与脚行头展开斗争。还组织抗日放火团，策划实施多起针对日军军需物资的破坏行动。1943年，他和胞弟赵景全、邻居王守珍火烧华蒙仓库，1944年化装成搬运工人，深入敌营用雷管炸毁华北物资总库中的子药库（军火库），延迟日本侵略者的进攻计划，配合华北抗日武装斗争。同年加入中国共产党，继续在货场宣传和发动工人群众，并搜集敌人军运情报。

第二节　天津解放后工会领导人

本节所列人物均为天津解放后至2008年历届天津市工会主席。

黄火青，天津解放初任天津市总工会筹备委员会主任。1950年1月至1955年1月期间历任天津市总工会第一至第四届工会主席。湖北襄阳人，1901年6月出生，1926年参加中国共产党，在襄阳一带从事农民、学生工作。1927年赴苏联学习军事三年。红军长征时任红十四、红九军团政委。以后先后担任中央党校秘书长，晋、察、热、辽中央分局副书记兼组织部长。1952年任中共天津市委副书记兼组织部长，1958年任中共东北局书记、中共辽宁省委第一书记。文化大革命期间受到冲击和迫害。文革后恢复工作，1978年任最高人民检察院检察长。1982年任中央顾问委员会常委，1991年不再担任领导职务。

谷小波，1955年1月至1959年5月任天津市总工会主席。河北省定县人，1912年出生，大学文化，学生出身，1936年加入中国共产党，参加革命后曾任县委书记、县长、专署秘书、主任、专员，晋察冀分区党校组教科副科长，冀中公安局侦察科长。天津解放初期曾任中共天津市一区（现和平）区委书记，天津市总工会筹备委员会秘书长兼劳保部长。1950年至1952年任天津市总工会秘书长，1959年5月后调至中华人民共和国外交部任驻外使节。

许明，女，1960年2月至1978年4月任河北省妇联副主任。1959年10月至1966年9月；1978年2月至1983年9月任天津市总工会主席。河北省高阳县人。1918年5月出生。1938年3月参加革命工作。1938年7月参加中国共产党。1938年3月至1949年2月任深泽县妇女抗日救国联合会组织部长、主任，冀中七分区妇女抗日救国联合会组织部长兼妇委书记，抗日救国联合会妇女部长，冀中区妇联副主任。1949年2月至1956年3月任天津市妇联组织部长、秘书长、副主席。1956年3月至1960年2月任天津市妇联主任，河北省妇联副主任。“文化大革命”期间遭受迫害。文革后1978年至1980年任天津市总工会主席，党组书记。全国总工会九届执委会常委。1980年至1983年任天津市人大常委会副主任，天津市总工会主席。1983年至1988年任天津市人大常委会副主任、党组成员，1991年离休。

张福恒，1971年任市委常委，1973年至1978年任天津市总工会主席，河北省固城县人，1931年10月出生。1945年在天津市河北区三条石学徒，后在天津市第一机床厂工作。1960年加入中国共产党，1970年任天津市第一机床厂副书记、副主任。1974年任市革委会副主任，1980年任市环卫局副局长，1990年任市环卫局副局级巡视员，1991年退休。

黄树尤，1983年9月至1986年3月任天津市总工会副主席，党组副书记，天津市总工会主席。河北省饶阳县人，1925年2月出生。1941年3月参加工作。1941年至1949年在冀中军区抗属中学学习，后任中共饶阳县二区区委宣传委员、青年委员。冀中区泊头市二区青联主任、泊头市委组织部干事、团市委负责人。1949年至1954年任天津市总工会组织部科长。市五金、化学、电力工会办公室主任。1954年至1958年任市第一机械工会主席，1958年至1960年任河东区工会主任、河东区委常委。1960年至1964年任天津市总工会秘书长、党组成员。1964年至1969年任天津市总工会副主席，党组成员。1969年至1973年任市邮电局革委会主任、交通局党委常委、局革委会副主任。1973年至1983年任天津市总工会副主席、党组副书记。而后担任天津市总工会主席，市十届人大代表。于1994年离休。

潘义清，1986年2月至1998年任天津市总工会主席。辽宁省大连人，1936年5月出生。1953年3月参加工作。1953年在大连石油七厂技校学习。1954年在大连石油七厂由工人至班组长、工段长、车间主任。1969年任天津一石化炼油分厂党总支副书记、副厂长。1971年任天津一石化党委副书记，副厂长、厂长。1979年任化工局党委副书记、副局长。1980年任天津石油化纤工程指挥部临时党委副书记、副总指挥。1983年至1986年任天津市经委副主任、党组副书记，1986年2月任天津市总工会主席，党组书记。1988年任天津市人大常委会副主任。

孙宝树，1950年12月生，山东宁津人。1971年12月加入中国共产党，1968年12月参加工作。中央党校研究生学历。1968年为天津市第二建筑公司一工区工人，保卫组、政工组干部。1974年任天津市第二建筑公司团委副书记。1975年任天津市第二建筑公司二工区革委会副主任。1976年任天津市第二建筑公司革委会副主任。1977年任天津市建工局团委副书记。1980年至1983年天津大学工业管理工程系建筑管理工程干部专修科学习。1983年任天津市纪委委员，市第二建筑公司党委副书记。1984年任天津市纪委委员、检查二处处长。1988年任天津市纪委常委、检查二室主任。1993年任天津市纪委副书记。1996年任天津市纪委副书记、蓟县县委书记，中共天津市委常委、蓟县县委书记。1998年任中共天津市委常委，天津市总工会主席。2001年任全国总工会党组副书记、书记处书记。2002年任全国总工会副主席、党组副书记、书记处书记、机关党委书记。2003年任全国总工会副主席、党组副书记、书记处书记、机关党委书记，中央直属机关工委委员。

散襄军，1954年6月出生，湖北襄樊人，硕士研究生文化。1970年12月参加工作。1975年6月加入中国共产党。经济师、高级政工师。1970年12月天津市自行车厂工具车间工人、团支部书记；1975年9月天津大学无线电系计算机专业学生、团支部书记；1978年9月天津大学系统工程研究所教师、计算机系软件教研室教师、团支部书记、天津大学党委常委、团委书记；1985年11月共青团中共天津市委副书记、书记；1994年7月天津港保税区工委书记、管委会副主任、主任；1998年11月天津市塘沽区委书记，天津港保税区工委书记、管委会主任；2000年9月天津市外经贸委主任、市委外经贸工委副书记、市委滨海新区工委、开发区保税区工委副书记，天津港保税区管委会主任；2001年7月后历任中共天津市委常委，市外经贸委主任、市委外经贸工委副书记、市委滨海新区工委、开发区保税区工委副书记，天津港保税区管委会主任，天津市总工会主席、党组书记。

邢明军，1951年5月出生，河北安国人，抚顺石油学院石油化工系炼制干部专修科毕业，大专学历，高级经济师，1971年12月加入中国共产党，1968年12月参加工作。1968年在天津第一石油化工厂参加工作，先后任车间副主任、副厂长、厂长。1984年任天津石油化工公司副经理。1986年起，任天津石油化工公司经理，后兼任市乙烯工程指挥部党委副书记、副总指挥。1995年任天津石油化工公司党委书记。2002年任天津市人民政府经济协作办公室主任。2007年3月起，任中共天津市委综合经济工委书记。2008年1月任天津市人大常委会副主任、天津市总工会主席。

第三节 天津市部分劳动模范

本节所记天津市部分劳动模范，为天津市各个历史时期，在天津市有代表性，在全国有影响力的劳动模范人物。

潘长有，天津市劳动局原副局长，天津市总工会原副主席、河北省总工会原副主席。1950年全国劳动模范。全国总工会第八、九届执委。

1950年元旦，潘长有和工友们在写给毛泽东的决心书上签上了自己的名字，提出1950年要使钢产量提高3.3倍。为提高钢产量，缩短维修时间，延长炼钢炉龄，他同工友们一起开展技术革新，首次把过去“冷修”马丁炉的方法改为“热修”，使修炉时间缩短六分之五，全年可节省修炉时间64天，为国家多生产当时价值一千多万斤小米的钢锭。当发现碾子房熟白云石粉妨害工友健康，他就想法要解决这一问题，并号召工友们一起想办法。他还提出用铁管装镁砂修砌白灰炉，每次能节省舶来品镁砖三千块，当时价值十余万斤小米，使白灰炉寿命由40炉钢增加到60炉。潘长有同志创造了优异成绩，被评为全国特等劳动模范，受到了毛泽东的亲切接见。

潘长有同志曾历任天津市总工会副主席、市劳动局副局长等领导职务。

单书，1956、1959年全国先进生产者。他是新中国初期在普通工人岗位上成长起来的著名工人技术革新专家，职工技术协会的创始人之一。1954年他首次把“圆筒筒瓦”改为“带梢筒瓦”，进而又改为“胶木水瓦”解决了轧钢机的技术关键。他曾任天津大明轧钢厂工人、天津轧钢一厂工程师、总工程师等职务，1978年起任天津市总工会副主席，至1994年11月退休。他是全国首届职工技术协会副会长，从1963—2007年一直担任天津市职工技术协会会长职务，并享受国务院专家津贴。党的十二大代表，第五、六、七届全国政协委员，曾出席了全国工会八大、九大、十大并任执委。

刘长福，是上世纪五十年代初期天津钢厂线材部盘条轧钢车间生产小组组长，1959年全国劳动模范，1951年天津市特等劳动模范，1950、1952、1953、1954、1955、1965年天津市劳动模范。后担任天津钢厂副厂长。

1951年国家经济恢复时期，刘长福为降低消耗、多生产钢材，支援国家建设，针对生产中存在的“作业率低”、“事故多”、“废品率高”等问题，在全国率先推行职工小组经济核算制，他带领小组全体成员确定了产量、质量、原材料消耗、人工、机器检修等五个指标为核算指标，把许多繁杂，片断的原始资料，归纳并设计成为五种原始记录表格，逐日进行登记、核算，最后体现为小组直接成本，算出增产和节约成本的价值，每日在组内宣布。具体做法概括起来是“五有”（有计划、有计算、有纪录、有制度、有技术）和“两个结合”（领导和群众结合、工人和技术人员结合），极大地鼓舞了班组职工为国家建设做贡献的热情。经过努力，刘长福小组的机时产量由三点六五吨上升到四点一七吨；作业率由百分之六十四上升到百分之七十；一级品率由百分之九十上升到百分之九十六。1952年，刘长福小组在原订七十亿元（当时币值）增产节约目标基础上，全年增产节约实际达到一百九十三亿元（当时币），折合购买十三架喷气式战斗机支援了抗美援朝。当时的中央重工业部钢铁工业局，指示全国钢铁企业推广刘长福小组经济核算制的先进经验。

孙桂珍，女，棉纺二厂织布挡车工，退休。她曾4次获天津市劳动模范，4次获天津市特等劳动模范称号，1959年获全国劳动模范称号，曾作为中国人民代表3次出国，访问苏联、东欧和南美。她以“分段分节换梭，合理计划巡回”改进和发展了全国“五一织布工作法”，创造出简化装纬换梭接头操作。她创造的五查方法，形成了《孙桂珍先进织布操作法》，运用这种操作法，布批由 180 转 / 分钟增加到 230 转 / 分钟，在换梭装纬工作量增加 26% 的情况下，她连续 4 年没出一尺次布，提高劳动生产率 52%，成为闻名全国的巧织女。

邢燕子，女，1958 年参加工作，天津市北辰区人大常委会原副主任，享受全国劳模待遇。1958 年，18 岁的邢燕子初中毕业。她没有回到父母所在的天津市区，而是积极响应党中央号召，满怀改变家乡落后面貌、做祖国第一代有文化农民的豪情壮志，回到当时的宝坻县司家庄村，每天与乡亲们一起去插秧苗、种庄稼。司家庄村是个缺少劳力的穷村，在那里，她和农民打成一片，村里劳动力少，她先是组织成立幼儿园，解放妇女劳动力，后来干脆带领女团员，组成了“燕子突击队”。很快，“燕子突击队”从 7 人扩大到了 16 人，影响带动全村妇女干了起来。冬季，她带着突击队员砸开三尺厚的冰结网打鱼，晚上打苇帘子，3 个月就给村里挣了 3600 多元钱，种下 430 亩高产麦，向荒洼要粮。她经历了艰苦生活的考验，数年如一日地忘我劳动，为农村社会主义建设事业作出了突出成绩，在我国农村经济最困难的时期成为“发奋图强，扎根农村，大办农业”的青年典型。曾先后 5 次受到毛泽东接见、13 次受到周恩来接见。她的先进事迹引起全国青年学生的强烈反响，成为影响一代人的青年标兵。她是中共九大至十三大代表，在中共十大、十一大、十二上被选举为中央委员，在第三届全国人民代表大会上被选为大会执行主席坐在主席台第一排。1960 年 10 月她随河北省慰问团赴福建前线慰问海陆空三军。1975 年，为庆祝中国与罗马尼亚开航一周年，作为团长率团访问罗马尼亚。

朱宪彝，天津医学院原院长。1978 年全国先进科技工作者，1951、1982 年天津市特等劳动模范。

朱宪彝教授是我国临床内分泌学的创始人和奠基人之一，也是杰出的医学教育家。从 1934 年开始，他就投入钙磷代谢的系统研究。他第一次阐明了软骨病与佝偻病发病机制中钙、磷、维生素 D 的变化规律，提出了最佳治疗方法。先后十余年中发表学术论文三十余篇。这些数据迄今仍为一些世界权威学者所引用。1958 年率先主持开展防治地方性甲状腺肿与克汀病研究，创建跨学科的临床内分泌学研究机构，组织临床和基础 20 余个学科协同攻关，亲自带队深入病区调查，通过对下丘脑—垂体—甲状腺轴系功能变化规律及病因与发病机理等系统研究，建立了甲状腺轴系激素放射免疫测定诊断技术，提出有效的防治方法，经推广应用，至 1987 年全国已有 15 个省市基本上控制了该病的发生发展；该研究成果达国际先进水平，曾获国家科技进步二等奖。其对代谢性骨病研究的卓越成就亦被国内外所推崇，被国外著名骨代谢专家誉为“维生素 D 缺乏和软骨病临床研究的先驱”“代谢性骨病研究的奠基石”“当代钙磷代谢知识之父”。

杨石先，著名的教育家、化学家，中国科学院院士。曾当选第一至五届全国人大代表，第五、六届全国政协常委。1949 年至 1950 年任南开大学校务委员会主席，1957 年至 1969 年、1979 年至 1981 年出任南开大学校长。1978 年全国科技大会先进工作者。

杨石先青年时代就立志要成为一个科学家，做一个对国家有用的人。1918 年杨石先结束了清华学堂的学业后赴美国康奈尔大学应用化学科学习。1923 年，杨石先来到南开大学任教，他把这里作为自己潜心追求“教育救国”道路的起步之地。1929 年—1947 年间，杨石先又先后两次远渡重洋，刻苦求学，并最终回到祖国，圆他的教育救国梦。

1949年，杨石先作为教育界的代表出席了第一届全国人民政治协商会议，并参加了开国大典。1955年，中国科学院学部成立，杨石先任数理化学部委员、化学组组长并担任学部常务委员。1962年，杨石先创建了我国高校第一个化学研究机构——南开大学元素有机化学研究所。杨石先先生是中国农药化学和元素有机化学的奠基人与开拓者，化学科学研究的卓越组织者，他致力于高等教育和科学研究60余年，培育了几代科技人才，其中10余人被选为中国科学院院士。他在农药化学和有机磷化学研究领域先后发表学术论文40余篇，研制了杀虫剂久效磷、除草剂燕麦敌、杀菌剂、叶枯净等十几种新农药。杨石先先生以极高的学术威望和杰出的科学贡献而蜚声海内外。

司宝通，天津制鞋厂技术工人，1989年退休。从1960年至1978年十一次被评为天津市劳动模范、天津市特等劳动模范。1978年荣获全国劳动模范称号。

他出身贫苦，14岁就在盐滩当童工，是共产党把他从苦海中解救出来。1949年进入制鞋厂，他把对党的热爱、情感倾泻于工作中。作为一名制鞋工人，他干一行、爱一行，钻一行，不仅成为制鞋技术的行家里手，而且成为技改技革的能工巧匠。天津解放初期制鞋工艺大部分是手工操作，为了让工人兄弟从马架上站起来，他积极响应党的号召，大搞技术革新，技术革命。自己设计、自己绘图、自己研制，先后制成了起钉机，改造了进口绷楦机等30余种设备，并与工人们一道设计了5条胶粘生产线和模压鞋生产自动线。这些革新成果不仅减轻了工人的劳动强度，提高了生产力，而且促进了制鞋技术的发展。

张士珍，女，河北区光复道副食品商店售货员，曾任光复道基层店副经理，天津市蔬菜公司副经理、工会主席。1959年被评为天津市特等劳动模范，出席全国群英会。1979年被评为全国劳动模范、全国“三八”红旗手、天津市特等劳动模范。三次受到毛主席接见，五次受到周恩来总理接见。几十年如一日，勤勤恳恳为党为人民工作，虚心向老业务员学习生意经，不断丰富服务本领，在为消费者服务中，做到态度好、商品全、拿货快，并建立联系制度，开展“串百家门”送货上门活动，被誉为“群众的贴心人”。担任领导职务后。她“身不离柜台、手不离秤杆”，一年三百六十五天不脱工作服，不坐办公室，坚持为五保户、双职工送菜上门。1995年退休后，还时刻想着企业的改革发展，为企业走出困境发挥余热，受到广大职工的好评。

孙丽华，女，河西区环卫局退休职工，曾于1988、1990、1992、1994、1996年获天津市特等劳动模范称号，1990、1995年获全国先进工作者称号，1992年获全国“五一”劳动奖章。她热爱环卫工作，每天总是提前一个小时出工，拖后四五个小时收工，清扫的14000平方米的街道是部颁标准的2.5倍。为保证清扫质量，把标准提高到“两扫四保”，创造了标杆路面。由于过渡劳累，曾昏倒在马路上，公休、节假日从不休息，累计加班36000多小时，在平凡的岗位上创造了不平凡的业绩。她乐于助人，为希望小学、困难职工和受灾地区捐款捐物。义务照顾孤寡老人十几年如一日，牺牲休息时间，为队里义务修车补胎两万辆次。退休后积极参加居委会工作和社区建设，以她的无私奉献精神在人民群众中树立了共产党员光辉形象。

孙汝泉，天津市鸿起顺餐饮有限责任公司董事长、总经理。曾于1992、1994、1996、1998、2000、2002年获天津市特等劳动模范称号，1990、1994、2000年获全国劳动模范称号，1987、1999年获全国“五一”劳动奖章。他坚持诚信经营，严格管理，企业连续7年营业收入居全市餐饮业之首，跻身全国餐饮500强和天津市百强企业。他具有强烈的改革意识，在全市餐饮业第一家实行租赁承包，第一家实现连锁经营，第一个进行公司制改造，实施品牌战略，实现规模发展。他依靠职工办企业，重视职工队伍素质建设，强化职工道德和专业技能培训，参加全国烹饪大赛摘金夺银，为发展“津菜”“清真菜”做出了努力。他严格自律，不搞特权，把自己置身于群众监督之下。虽然身患重病，坚持常年不休息。关心社会弱势群体和困难职工，每年捐款万元以上，为构建和谐社会做出了积极贡献。

年景林，中原公司服装商场售货员。曾先后荣获首届全国“五一”劳动奖章、全国十佳营业员、天津市劳动模范和特等劳动模范、全国劳动模范等荣誉称号，被选为全国第六、七届人大代表、七届人大主席团成员。几十年，他站在平凡的三尺柜台，全心全意为顾客服务，作出了不平凡的业绩。他视顾客如亲人，从来都把顾客的困难当作自己的困难，宁愿一人难，换得万人甜，最大限度地满足顾客的要求。他通过小小的三尺柜台，传播着社会主义精神文明，把一片真情洒向顾客亲人。被社会广泛誉为北京一团火（张秉贵）天津一片情（年景林），曾被誉为中国商业的“南马（马贵宁）北年（年景林）”“马派艺术”“年派哲学”。

范玉恕，天津第三建筑工程有限公司副总工程师。从事施工管理改造20余年来，始终以“老老实实做人、结结实实盖楼”的人生理念指导自身工作。共主持建设了25项35万平方米的工程项目，做到了项项优质，履行了一名劳动模范“不向社会交付一平方米不合格工程”的郑重承诺和神圣职责。它在施工管理中创建总结出的“8.5.15”项目管理工作法，被建设部推广为全国项目管理培训教材。他先后获得1995年度、1998年度天津市特等劳动模范，1995年度、2000年度全国劳动模范，1999年被中宣部授予“人民不会忘记共和国建设者”称号，2000年度全国职业道德“双十佳”标兵，1997年被建设部授予全国建设系统行业标兵称号，被誉为“群众信得过的建房人”。他组织施工的体育中心主馆、电力大厦两项工程获得国家建筑工程质量最高荣誉奖—鲁班奖。他在工程施工中注重科技创效、技术创新，主持施工的金皇大厦工程被建设部评为“国家级应用新技术样板工程”。

侯锋，天津市农业科学院名誉院长、黄瓜研究所名誉所长。全国工程院院士，著名蔬菜育种专家。育成三代黄瓜品种，研究成果始终居国内领先地位，部分成果达到国际领先水平。获国家发明二等奖、国家科技进步二等奖、中国工程科学技术奖等科技奖励16项，2001年获首次颁发的天津市科技重大成就奖。1998年被评为全国先进工作者，第六、七、八届全国政协委员。

顾月海，天津市河北区环卫局“津门时传祥”环卫服务中心掏粪工人。1980年他摒弃社会偏见当上掏粪工人，几十年来，他始终坚持在一线艰苦的岗位上，勤勤恳恳，任劳任怨，拼博进取，做出许多不平凡的业绩，获全国先进工作者、全国“五一”劳动奖章、全国城市美容师、连续五次获得天津市劳动模范（其中两次市级特等劳动模范）荣誉称号。2001 年天津市委原书记张立昌为顾月海题词“津门时传祥”。2002 年当选为中国共产党十六大代表，2003 年被推选为天津市第十一届政协委员。顾月海是一个跨世纪的劳动模范，在他的身上既体现出环卫战线老一辈劳模默默无闻、任劳任怨的“老黄牛”精神，又体现新一代环卫职工思想开拓、拼博进取的创新精神。

杜智，医学博士、教授、肝胆外科专家，时任天津市第三中心医院院长。2000 年全国先进工作者，2000 年天津市特等劳动模范，2001 年全国优秀科技工作者，1995 年享受政府特贴专家，1996 年，有突出贡献中青年专家，1994 年，天津市授衔肝胆外科专家，1999 年，全国优秀院长，2003 年，全国“五一”劳动奖章、全国防治非典工作优秀共产党员。

杜智始终把全心全意为病人服务作为对患者的庄严承诺，努力建设诚信和谐医院、百姓放心医院，成为一位让病人和家属满意、职工满意、社会满意的好院长。1998 年，在全国率先进行“病人选医生”的医疗模式和用人、分配机制改革，让所有患者自主择医，享受到诚信优质的服务。卫生部等 8 部委向全国推广了经验，中央主要媒体作了连续报道。2004 年以来，该院相继率先在全国公立医院实施了“住院患者包餐”和“无家属陪伴”等举措，闯出了一条突破现有医疗服务模式瓶颈的新路子。

叶声华，天津大学测试计量技术及仪器国家重点学科技术带头人，中国工程院院士。在学科建设、科研、人才培养等方面都做出了重要贡献。他出色完成了国家基金、863、重点攻关等项目 30 余项，完成的国家自然科学基金重点项目被推荐为 2002 年机械工业重大成果。2005 年获国家技术发明二等奖，1999 年获国家科技进步二等奖、1998 年获国家进步三等奖，还获省部级二等以上奖 12 项。2002 年天津市技术发明一等奖和自然科学二等奖。成果获得广泛应用，如视觉检测技术，解决了 100% 在线测量难题，成功用于汽车制造，成百倍地提高了功效，2002 年经过投标，又成功地用于一汽大众捷达生产线；准直技术，突破基准精度、瞄准技术、误差补偿等难点，成功用于近程反导舰炮武器系统的摇摆台中，及造船、航天航空等；发明了现场校准方法和装置，解决了现场条件下量值的传递与大型仪器空间尺寸校准难题，成功地解决了无缝钢管直线度在线测量世界难题。还发表论文 180 篇以上，SCI、EI 收录 60 余篇以上，出版著作《激光在精密计量中的应用》和《激光测量技术》。培养高质量博士教改成果获 1997 年国家级教学成果二等奖。2002 年他领导的国家重点学科评为全国同类学科第一、国家重点实验室评估位于前列。2000 年度荣获全国劳动模范称号。

孔祥瑞，天津港股份有限公司煤码头分公司操作一队队长兼党支部书记，高级工人技师。先后在天津港一公司、六公司固机队作司机、任队长，是伴随天津港建设发展而成长起来的新时期知识型产业工人。1994 年以来，9 次被评为天津市“八五”“九五”“十五”立功先进个人；先后荣获 1998 年度天津市劳动模范、2000 年度天津市特等劳动模范、2001 年全国“五一”劳动奖章、2005 年度全国劳动模范、2006 年度全国优秀共产党员、2006 年度中华技能大奖、感动中国 2006 年度人物、2007 年天津市最具影响力劳动模范等称号。

在30多年港口一线工作实践中，他把全部精力倾注在港口建设发展上，放弃了多次学习深造的机会，始终坚持在实践中学习，在实践中提高，潜心钻研，积极进取，学习先进技术，勇于创新实践，由一名技术工人成长为“蓝领专家”。在天津港冲击亿吨大港的2001年，他主持创新“门机主令器星形操作法”，使门机每一次作业可节省时间15.8秒，平均每天多干480吨，当年创效1600万元。这一操作法被市总工会命名为“孔祥瑞操作法”，被授予“天津市职工十大先进操作法”之一，在同行业推广。他主持的“门座式起重机中心集电器”技改项目，被授予2003年国家级实用型发明专利。近年来，他主持开展技术创新项目50多项，为企业创效6200多万元。

作为队长，他以身作则、率先垂范，严格管理、培育人才，他所在的队有多人获得全国技术能手和各级先进称号，带出了一支技能型、知识型高素质的队伍。

范霞，女，原天津市公交一公司五路车队一名普通的驾驶员，现任天津市公交集团安全服务处副处长。1998年度天津市劳动模范，2005年全国劳动模范，2000、2002年天津市特等劳动模范，2001年全国五一奖章。2004年全国技术能手；2005年全国劳动模范；2006年全国城市公共交通十大标兵；2007年天津市最具影响力劳动模范。

在20多年的驾驶生涯和车厢服务工作中，她始终坚持“完善自我，为服务注入灵魂”的服务宗旨，主动与全国劳模李素丽结对子，共同研究新时期车厢服务的新方式，编写了车厢服务百例，开通了“范霞节日服务热线”。她不断钻研驾驶、安全与节油的关系，创造了“四六一四”工作法，荣获全国技术能手称号，成为全国公交系统唯一获此殊荣者。

王宝泉，天津女子排球队主教练。2003年评为天津市劳动模范；2004年全国“五一劳动奖章”；2005年全国先进工作者，2006年评为天津市最具有影响力劳动模范。自2001年执教天津女子排球队以来，他带领女排姑娘奋力拼搏，从保级边缘的弱队，成长为夺得全国女排联赛六冠王的一流球队，并培养输送了张娜、李珊、魏秋月等多个国手，铸就了“顽强拼搏、团结协作、勇于突破，敢打必胜的天津女排精神”。

郭宝印，天津市西青区李七庄王兰庄村党支部书记。他政治坚定，作风优良，以自己的行动践行着入党誓言，多年来，他迎难而上，拼搏创业，办企业，搞市场，建新村，带领群众闯出一条致富之路。积极进取，开拓创业，使集体经济不断发展壮大，组建了拥有25家企业，集化工、制药、橡胶等行业的津兰集团公司。建设了天津家电商城、旧物调剂市场、食品批发市场、农贸水产批发市场，旧机动车交易等商贸物流业，到2003年底，村集体已拥有固定资产6亿，年创利税3190万元，农民人均纯收入9000多元。他心系群众，甘当公仆，尽心竭力地为民造福，拖着多种疾病之身，把一个贫穷落后的农村发展成为经济发达、环境优美、文明富裕、功能齐全的社会主义现代化新农村。

由于他不平凡的业绩，先后荣获全国十大杰出青年、全国明星青年、乡镇企业家、全国新长征突击手、天津市劳动模范、天津市特等劳动模范等荣誉称号。

戴景明，河北省大元建筑工程劳务分包有限公司的农民工，天津二建建筑工程有限公司的劳务队长。1995年荣获“民进河北省先进个人”称号、2006年、2008年两次荣获“天津市劳动模范”称号、2007年荣获天津市“五一”劳动奖章、2008年还作为天津市农民工代表光荣出席了中国工会第15次全国代表大会、2009年荣获全国“五一”劳动奖章。作为中宣部和全国总工会唯一重点宣传的农民工典型，他的事迹被中央电视台、天津电视台、中央人民广播电台、人民日报等多家主流媒体争相报道。

天津市2007年最具影响力劳动模范

2007年2月，天津市评模办公室部署2006年度市级劳动模范和模范集体评选工作。为大力表彰和宣传在天津市实现“三五八十”奋斗目标、实施“三步走”战略和五大战略举措中，涌现出的各行各业有突出贡献的先进模范人物，激励和鼓舞全市人民，全面落实科学发展观，抓住和用好天津新的上升期，为推进“三步走”战略和五大战略举措取得新进展，推进滨海新区开发开放取得新突破，推进和谐天津建设取得新成效，实现天津又好又快发展做出更大贡献，中共天津市委、市政府决定在全市范围内评选表彰2006年度市级劳动模范1000名和模范集体200个，同时评选近五年来最具影响力的10名劳动模范。经过基层推荐、市委有关部委和区县党委审核，共产生27名候选人。在3月21日经投票选出13名（含并列）最具影响力的劳动模范，名单如下。

孔祥瑞 52岁，中共党员，大专文化，高级技师，天津港股份有限公司煤码头分公司孔祥瑞操作队队长。

荣誉称号：1998年度天津市劳动模范；2000年度天津市特等劳动模范；2001年、2007年全国五一劳动奖章；2005年全国劳动模范；2006年度全国优秀共产党员；2006年度中华技能大奖，感动中国2006年度人物；2007年天津市最具影响力劳动模范。

卢彦昌 42岁、汉族、中共党员、硕士研究生、正高级工程师、享受国务院特殊津贴。

荣誉称号：1998年全国医药系统劳动模范；1999年第三届中国优秀青年科技创业奖；2000、2002年度天津市劳动模范；2000年中国五四青年奖；2001年度国家科技进步二等奖；2005年全国劳动模范；2007年天津市最具影响力劳动模范。

武秀芬 女，52岁，汉族，中共党员，大专文化，经济师，东丽农村合作银行大毕庄支行党支部书记、行长。

荣誉称号：2000年度天津市劳动模范；2002年度天津市特等劳动模范；2004年全国五一劳动奖章；2005年全国劳动模范；2007年天津市最具影响力劳动模范。

李连群 39岁，汉族，中共党员，大学文化，二级警官，天津市公安局户政管理处副处长。

荣誉称号：1997年、1998年、1999年全国优秀人民警察；1999年天津市十大杰出青年卫士；2000年全国特级优秀人民警察；2000年度天津市劳动模范；2007年全国五一劳动奖章；2007年天津市最具影响力劳动模范。

王宝泉 46岁，汉族，中共党员，大专文化，国家级教练员，市体育局体工大队女排教练。

荣誉称号：2002 年度天津市劳动模范；2004 年全国五一劳动奖章；2005 年全国先进工作者；2007 年天津市最具影响力劳动模范。

田风英　女，49 岁，中共党员，硕士研究生，高级经济师，中法合资王朝葡萄酒酿酒有限公司副总经理。

荣誉称号：2002 年度天津市劳动模范；2002 年国家级创新成果二等奖；2003 年国家科技进步二等奖；2003 年中国十大杰出经销经理人；2005 年全国劳动模范；2006 年中国酒业十大金牌操盘手第一名；2007 年天津市最具影响力劳动模范。

刘春海　43 岁，汉族，中共党员，研究生，北辰区双街镇双街村党总支书记。北辰区双街镇党委副书记、双街村党总支书记、双街置业集团有限公司董事长。

荣誉称号：2000 年天津市劳动模范；2005 年全国劳动模范；2006 年全国先进党务工作者；1998 年中国十大杰出青年农民企业家。

王京　53 岁，汉族，大学文化，正高级工程师，享受国务院特殊津贴，天津钢管集团股份公司技术中心高级工程师。

荣誉称号：2000、2002 年度天津市劳动模范；2002 年天津市技术创新一等奖；2004 年天津市技术创新标兵；2005 年国家科技进步二等奖；2007 年全国五一劳动奖章；2007 年天津市最具影响力劳动模范。

王立福　52 岁，汉族，中共党员，大专文化，高级经济师，静海县团泊镇张家房子村党支部书记，华源工业公司董事长。

荣誉称号：1998 年度天津市劳动模范；2000 年度天津市特等劳动模范；2001 年天津市优秀共产党员；2006 年第四届中国农村十大致富带头人；2007 年度天津市最具影响力劳动模范。

许京军　41 岁，汉族，博士研究生，教授，南开大学物理学院特聘教授、博士生导师。

荣誉称号：1998 年度天津市劳动模范；2000 年度天津市特等劳动模范；2000 年第十一届中国十大杰出青年；2002 年全国五一劳动奖章；2004 年中国青年科技奖；2005 年国家自然科学二等奖；2006 年中国青年科学家奖；2007 年天津市最具影响力劳动模范。

范霞　女，原天津市公交一公司五路车队一名普通的驾驶员，现任天津市公交集团安全服务处副处长。

荣誉称号：1998 年度天津劳动模范，2005 年全国劳动模范，2000、2002 年天津市特等劳动模范，2001 年全国五一奖章。2004 年全国技术能手；2005 年全国劳动模范；2006 年全国城市公共交通十大标兵；2007 年天津市最具影响力劳动模范。

马丽莉　女，53 岁，汉族，中共党员，研究生，中学高级教师，和平区第十一幼儿园党总支书记、园长，华夏未来幼教集团总园长。

荣誉称号：1998 年天津市优秀家庭教育工作者；2000、2004 年度天津市普教系统优秀教师思想政治工作者；2001 年全国模范教师；2005 年全国先进工作者；2007 年全国五一劳动奖章；

2007年天津市最具影响力劳动模范。

高斌 49岁，汉族，中共党员，研究生，高级工程师，天津利金粮油股份公司董事长。荣誉称号：1996年度天津市劳动模范；1998年、2000年度天津市特等劳动模范；1999年内贸部劳动模范；2001年全国优秀党务工作者；2002年全国自强劳动模范；2004年全国五一劳动奖章；2005年全国劳动模范；2007年天津市最具影响力劳动模范。

天津市2007年最具影响力的劳动模范提名奖名单

赵治明　袁滨渤　顾月海　张芝泉　陈宝贵　李学忠　祁连海　李　锁　王　平
张同生　刘晓程　张良喜　张祥青　窦树华

第三章　人物名表

第一节　历届工会委员会委员名录

天津市总工会第一届委员会委员、候补委员、主席、副主席名单

时　　间：1950年10月14日

主　　席：黄火青

副 主 席：丘　金　王老五

委　　员：黄火青　丘　金　谷小波　王青青　林　超　丁　一
王老五　张丰年　王　林　刘　庸　贺霖良　王郁文
张德安　阎　镇　张玉兰　黄靖华　石　影　张淮三
李　杰　吴　明　王志平　赵　涌　李震刚　陈宝玉
张学孔　何家庆　侯富山　赵春兰　朱秀贞　庞茂祥
张羽时　李鸿儒　何　毅　曾寿隆　于世惠　朱连如
宋春化　邵春芳　孙少华　刘清洲　孙同凯　高　恺
刘持钧　刘德元　李权超　李宝爱　朱学然　张维贤
苏振东　张　阁　郭尚义　赵　川　陈昭祥　杨子华
杨宝森　王　海　黄玉春　崔仲仁　刘文书　姚贻枚
谭保宪　刘　旺　孙月恒　韩继文　于守仁　陈家森
林明远　张吉柱　蒋隆枢　齐玉松　张玉辉　崔振生
连　贵

候补委员：于秀媛　蒋振宝　苏世福　王世麟　甘海潮　闻雅泉
王铭增　尹子华　孟广义　只重生

天津市总工会第二届委员会委员、候补委员、主席、副主席名单

时　　间：1951年1月25日

主　　席：黄火青

副 主 席：王老五

委　　员：黄火青　王老五　谷小波　丁　一　王　林　吴　明
石　英　李权超　王一达　阎　镇　王青青　许　明
李兆珍　赵　川　潘长有　陈好问　郭尚义　王　祺
宋春化　孙少华　黄靖华　王世霖　张丰年　蒋振宝
闻雅泉　赵春兰　王文远　庞茂祥　陈典衡　郭敏敏
李春篱　贺林良　黄玉春　李宝爱　钟铭馨　魏振华
孙同凯　白云峰　孙庆时　郭金铭　萧采瑜　刘　旺
董布胜　刘　庸　曾寿隆　张　阁　刘德元　张恩和
凌　波

候补委员：王铭增　刘　辉　徐洪江　吴玉琴　高溪亭　张维贤
吴毓春　张炳祥　张吉柱　杨廷溪

天津市总工会第二届经费审查委员会委员名单

委　　员：周朝平　王斯予　董宝亭　王锡珍　李东元　叶祖尧
韩家礼

候补委员：冯建章　田承志　吴学云

天津市总工会第三届委员会委员、候补委员、主席、副主席名单

时　　间：1952年1月20日

主　　席：黄火青

副 主 席：谷小波　潘长有　李权超

委　　员：黄火青　谷小波　李权超　石　英　丁　一　沈　毅
王一达　陈好问　潘长有　王青青　赵　川　苏　更
李兆珍　孙少华　钱嘉光　阎　镇　宋春化　郭敏敏
王世霖　郭尚义　庞茂祥　许　明　万福恩　刘德元
刘　亚　耿益盈　黄靖华　赵占英　赵春兰　黄玉春
陈典衡　高国栋　魏振华　王　琪　李春篱　金　奎

王文源　钟铭馨　刘　旺　刘鸿书　闻雅泉　张恩和
孙同凯　陈涌澄　萧采瑜　阎功德　张　阁　刘宝忠
徐洪江　萧　鲁　吴玉琴　凌　波　刘　辉　徐孟昌
程国樑　杨廷焕　姚增义　刘德茂

天津市总工会第三届经费审查委员会委员名单

委　　员：韩家礼　叶祖尧　冯建章　田承志　周朝平　蓝宝亭
袁而卓　王斯予　贾秀全　孟昭琴　张克诚

天津市总工会第四届委员会委员、候补委员、主席、副主席名单

时　　间：1953年1月13日

主　　席：黄火青

副 主 席：谷小波　潘长有　李权超

委　　员：黄火青　谷小波　李权超　潘长有　许　明　沈　毅
陈好问　赵　川　邢业人　王文化　苏　更　王一达
孙少华　郭毓敏　庞茂祥　王青青　郭尚义　丁　一
阎　镇　王文源　李兆珍　杨春林　曾寿窿　宋春化
傅鸿宾　张　阁　刘长福　钱嘉光　耿益盈　齐英才
魏振华　韩家礼　黄玉春　苏　英　李春蔼　刘德元
万福恩　李吉祥　曲卓民　高国栋　赵占英　陈典衡
杨国忠　孙芸竹　张恩和　闻雅泉　萧采瑜　姚增义
赵春兰

候补委员：王福元　邢生荣　胡玉珍　杨廷焕　吴玉琴　李仲明
陈涌澄　林清渭　高玉宝

天津市总工会第四届工会经费审查委员会委员名单

委　　员：庞德俊　田承志　张克诚　史镇江　刘炳生　赵仲田
张连贵

候补委员：韩甲民　刘海亭　张振亚　刘金彪

天津市总工会第五届委员会委员、候补委员、主席、副主席名单

时　　间：1955年2月3日

主　　席：谷小波

副 主 席：潘长有　许　明　陈好问　王一达　王文源

委　　员：丁　一　王胜利　王一达　王志平　王文源　王金栋

王青青　白丙午　曲卓民　宋春化　谷小波　辛　东
李宪梁　李兆珍　李鸿安　李吉祥　李克简　李宝珊
吴金生　吴玉琴　苑阑田　陈好问　陈典衡　耿益盈
孙少华　孙炳霄　孙云竹　郭毓敏　郭韵江　高玉宝
许　明　黄树尤　曾寿窿　鸿宾傅　万福恩　焦登运
张高峰　张　阁　杨春林　赵　川　赵冀平　齐英才
潘长有　刘长福　刘德元　阎春洪　韩家礼　萧采瑜
庞茂祥

候补委员：邢生荣　范留长　姚增义　黄玉春　张连甲　张恩和
赵清华　魏振华

天津市总工会第五届经费审查委员会名单

委　　员：王连生　李振华　李兴淑　孙维忠　张化新　赵仲田
庞德俊

候补委员：李占铭　秦宝魁　马之旺　张克诚

天津市总工会第六届委员会委员、候补委员、主席、副主席名单

时　　间：1957年4月6日

主　　席：谷小波

副 主 席：潘长有　陈好问　王文源　张高峰　杨青林　赵冀平

委　　员：王文源　王青青　白丙午　刘长福　齐英才　曲卓民
宋春化　谷小波　邵清华　邢生荣　辛　东　何　方
李宪梁　李兆珍　李宝珊　李鸿安　李桂荣　李正春
李树林　吴玉琴　吴　克　丘金华　苑兰田　陈好问
陈典恒　马　骥　耿益盈　范留长　孙少华　孙云竹
孙国荣　孙桂凤　郭韵江　黄树尤　黄鸣凤　傅介民
焦登运　张高峰　张恩和　张镇远　张成华　张连甲
张化新　张　阁　杨春林　赵　玉　赵　川　赵冀平
郑尔章　潘长有　韩家礼　萧采瑜　魏振华　庞明德

候补委员：刘淑兰　刘维新　国　兴　侯庆云　高淑华　孙荫蓉
杨好月　杨万荣

天津市总工会第六届经费审查委员会委员名单

委　　员：王文来　王连生　李占铭　李振华　高淑珍　孙维忠
秦宝魁

候补委员：屈连升　马荫南　张克明

天津市总工会第七届委员会委员、候补委员、常务委员、主席、副主席名单

时　间：1960年4月19日

主　席：许　明

副主席：张高峰　赵冀平　杨春林　张　阁　赵　川　孙少华
刘长福　钱嘉光　苑兰田

天津市工会第七届常务委员会委员名单：

王青青　王志平　孙少华　刘长福　曲卓民　辛　冬
李　波　李振华　李宝珊　沙富廷　赵冀平　赵　川
赵　玉　马　骥　许　明　黄树尤　张高峰　张　阁
张子瑜　杨春林　韩家礼

天津市工会第七届执委会委员名单：

万宝瑜　王志平　王青青　王凯泰　王家祥　王　英
白丙午　甘希增　刘长福　刘淑兰　刘秀兰　曲卓民
孙少华　孙国荣　孙云竹　孙荫蓉　孙学文　孙维忠
辛　东　李　波　李少川　李宝珊　李兆珍　李树林
李光明　李振华　李宝印　李兆福　吴　克　吴玉琴
吴秀昆　沙福建　邢生荣　单　书　周文娟　林德时
居士英　屈连升　范留长　相玉兰　郑韵书　段成昌
陈典衡　赵冀平　赵　玉　赵忠民　赵景魁　马　骥
秦宝魁　高玉宝　徐新华　许　明　张高峰　张　阁
张子瑜　张祖荫　张全和　张荣范　张士珍　张化新
张连甲　张文田　张占会　张镇远　崔荫年　森　林
焦登运　黄树尤　付介民　杨万荣　杨文兴　杨春林
钱嘉光　钱　春　韩家礼　萧采瑜　萧　华　魏慎明
庞明德

候补委员：王志永　王凤岩　王桂兰　李凤山　尚秀珍　徐　明
张进仁

天津市总工会第七届经费审查委员会委员名单

主　席：李振华

副主席：白丙午

委　　员：甘希增　李宝印　屈连升　孙维忠　崔荫年

天津市总工会第八届执行委员会委员、常务委员、主席、副主席名单

时　　间：1964年9月12日

主　　席：许　明

副 主 席：苑兰田　张　阁　杨春林　孙少华　刘长福　钱嘉光　黄树尤　李　波

秘 书 长：黄树尤

常务委员：许　明　苑兰田　张　阁　杨春林　孙少华　刘长福　钱嘉光　黄树尤　李　波　赵　川　马　骥　张子瑜　辛　东　沙富廷　刘　英

委　　员：丁　立　王青青　王连捷　王玉珍　王稼祥　甘希增　尔朝柱　史　淳　边叔杨　白丙午　田　骏　卢　珊　孙少华　孙桂珍　孙占奎　孙国荣　孙云竹　孙善力　刘长福　刘　英　刘淑兰　刘广荣　刘宝忠　李　波　李森荣　李兆珍　李树林　李少川　李克勤　李长荣　李凤山　辛　冬　沙福廷　何廷生　何广鑫　邢生荣　邢德锁　吴德茂　吴秀坤　吴宝太　苑兰田　邵谈成　陈玉峰　陈典衡　林悦民　林德时　单　书　居士英　马　骥　马瑞增　相玉兰　赵忠民　赵　川　赵德俊　高连元　高卓瑞　秦宝魁　许　明　张子瑜　张振远　张荣范　张玉树　张　阁　张致广　张化新　张淑英　张士珍　张振奎　张永清　黄树尤　黄淑芳　郭祝山　萧　华　森　林　彭泽民　杨春林　杨乃荣　钱嘉光　钱　春　韩家礼　庞明德

候补委员：王同伦　田世修　孙礼平　刘虎山　朱桂梅　吕风亭　沈其栋　陈万丰　马汝琴　符世芳　戚桂兰　张克田　董金窍

天津市总工会第八届经费审查委员会委员、主席、副主席名单

主　　席：赵　川

副 主 席：白丙午

委　　员：甘希增　孙国荣　吴秀坤　吴德茂　李克勤

天津市工会第九届委员会委员、候补委员、主席、副主席名单

时　　间：1973年5月31日

主　　任：张福恒

副 主 任：黄树尤　林启予　王满迎　李长茂　卢　珊　运淑媛　李淑文　杨春林

常　　委：王文兴　王龙祥　王洪斌　王满迎　卢　珊　齐子升　牟友清　安凤云　孙长瑞　沙元海　李长茂　李淑文　李崇德　李森荣　杨春林　运淑媛　邢金秀　祁美荣　吴敏章　张书田　张连友　张福恒　林启予　赵振和　黄树尤

天津市总工会第十届委员会委员、常务委员会、委员及主席、副主席名单

时　　间：1981年6月30日

主　　席：许　明（黄树尤1983—1986年）　（潘义清1986年2月）

副 主 席：黄树尤　单　书　杨春林　孙少华　张子瑜　卢　珊　李森荣　刘惠根　李之珍（不脱产）　李祺祖（不脱产）　杨希禄、苏兰州、冯延祥（1983年9月）、于长生（1984年10月）

委　　员：黄树尤　单　书　杨春林　孙少华　张子瑜　卢　珊　李森荣　刘惠根　李祺祖　何家庆　戴宝贤　高树楷　王凤英　吕国才　蔡　新　郑金玲　李树坤　尹俊岭　于长生　马　骥　沙福廷　彭吉发　王青青　李续宗　李克勤　王清江　廉　刚　邵谈成　赵德俊　王叔田　司宝通　张玉山　李　燕　尤志明　鲁光寅　孟宪章　相玉兰　崔昆峰　林德时　张树建　崔荫年　陈　铣　叶迪生　周文娟　王林春　齐子升　赵忠民　刘虎山　陈其尧　张荣范　董会文　柳恒昌　孙秀镇　李纪札　刘宝瑞　张永清　郑韻书　岳　进　付振林　刘镜波　王秀海　王贵森　孙　明　田凤梧　李长昆　赵志纯　魏连成　戴白晓　年景林　张士珍　王洪钧　古博华　孙芸竹　张化新　李少川　张敬如　姜永亲　丁守言　马兴才　焦万元　翟　康　孙树桐　刘振远　郝振亚　苏士珍　沙裕珠　杨万荣　缴锡良　刘庆胜　刘恩江　柴寿海　柴振民　李宝荣

单书当选为经审委主任，王书全、沈延祚当选为副主任

天津市总工会第十一届委员会委员、候补委员、主席、副主席名单

时　　间：1986年9月5日

主　　席：潘义清

副 主 席：	单　书	杨希禄	于长生	苏兰州	张淑华	
委　　员：	于长生	于淑珍	马福祥	王凤英	王凤贵	王玉华
	王作友	王秀海	王学勤	王宝玲	王春发	仇祥凯
	孔宪斌	尹俊岭	卢　珊	田守道	叶迪生	冯延祥
	司宝通	年景林	朱　杰	刘　声	刘　辉	刘玉茹
	刘虎山	刘荫江	刘振玉	刘振远	刘道来	刘福来
	齐　利	江　洪	许凤琴	孙玉和	孙治兰	孙孟芳
	孙浩生	孙淑贤	谷　泽	苏兰州	苏志贤	杜崇萍
	李　燕	李学志	李俊印	李荣纯	李树坤	李树德
	李树珍	李祺祖	杨希禄	杨宗铭	肖宜珂	单　书
	张士珍	张子鹏	张书成	张金利	张建国	张明明
	张宝钧	张家振	张家瑞	张淑华	陆巨川	陈步菊
	陈其尧	陈金凯	邵维让	范文伯	范玉森	罗洪光
	罗相铎	金鸿宾	周学智	郑国民	相玉兰	秦　勇
	贾重海	夏玉兰	徐桂兰	高兰成	高春玲	黄树尤
	曹启军	崔士武	文　富	葛　目	韩俊明	韩瑞霞
	焦再泉	童会文	谢洪柱	樊振庄	潘义清	潘起华
	戴宝贤					
候补委员：	王本英	朱仁才	刘玉伯	刘连贵	刘登云	孙永华
	苏艳捷	李颖超	李德良	吴忠甫	张文豪	张丽娴
	武长安	金克璋	赵静芬	耿世和	殷广华	黄祯寿
	崔学英					

天津市总工会第十一届经费审查委员会主任、副主任、委员名单

主　　任：孙少华（女）

副 主 任：王书全

委　　员：（以姓氏笔画为序）

王书全	孙少华（女）	吕国才	张兴齐	郝宝兰（女）	徐承玺
蔡　新					

天津市总工会第十二届委员会委员、常务委员、主席、副主席名单

时　　间：1991年9月15日

主　　席：潘义清

副 主 席：于长生　苏兰州　张淑华　张子鹏　李淑珍　李大亚

常务委员：潘义清　于长生　苏兰州　张淑华　张子鹏　李淑珍
李大亚　李泮祥　肖宜珂　相玉兰

委　　员：于长生　于学文　于茂珍　王凤贵　王平生　王本芙
王志海　王建国　王波忠　王春发　王家振　邓月华
尹家棹　尹簅太　田　芳　田守道　古庭芳　甘桂林
刘　亮　刘　辉　刘公民　刘东渊　刘连起　刘金来
刘祖让　刘荫江　刘铭海　孙世明　孙玉和　孙丽华
孙治兰　孙绍武　孙浩生　孙淑贤　朱凤霞　汤同孝
邢承德　邢淑玲　曲增寿　谷　泽　张　岩　张子鹏
张立忠　张兴华　张旭锦　张志英　张忠发　张金凯
张宝均　张家瑞　张淑华　李大亚　李子林　李永光
李仲三　李连生　李忠汉　李金顺　李泮祥　李俊印
李津来　李淑珍　李殿明　陈大树　陈炳林　陈家忠
陈家祥　杨天和　杨志强　杨希禄　杨宗信　杨学钧
吴文城　佟凤琴　陆巨串　苏兰州　宋延东　宋连波
邹克良　肖宜珂　杜海荣　邵晋祥　单　书　周　宏
武长安　范文伯　范玉森　赵万民　赵鸿桂　相玉兰
娄贵明　耿　捷　夏玉兰　高兰成　郭文焜　郭庆礼
贾兆亭　贾怀礼　贾增志　袁玮大　黄士宏　黄淑芝
曹久利　崔　广　崔振江　曾　明　谢永发　韩玉诚
韩跃增　焦再泉　董延龄　鲁剑叶　潘义清　霍　忠
穆德伟　戴成洪　籍　薇

天津市总工会第十二届经费审查委员会委员名单

主　　任：潘秀运

副 主 任：袁文多

委　　员：王世明　刘计之　张　静　张金琪　李祖映　徐　亮
袁文多　焦耀贵　潘秀运

天津市总工会第十三届委员会委员、常务委员、主席、副主席名单

时　　间：1996年10月26日

主　　席：潘义清　　（孙宝树1998年）

副 主 席：张子鹏　李淑珍　李泮祥　安亭洲　刘凤山　王连金

委　　员：

于云岭	于茂珍	于彦敏	么桂娟	王　戈	王风华
王风贵	王本芙	王平生	王连金	王杰昆	王和清
王建国	王家振	尹庆志	尹泰伦	古廷芳	司国仓
回学谦	朱云春	朱泽广	刘士合	刘公民	刘凤山
刘玉柱	刘庆海	刘秀珍	刘作明	刘金茹	刘媛媛
刘　婷	齐宝陵	关牧村	安学芬	安亭洲	孙志兰
孙丽华	孙治兰	孙　胜	苏兰州	李子林	李玉良
李伟芳	李安平	李纯民	李泮祥	李树发	李津来
李艳敏	李振声	李素珍	李淑珍	李维君	李富堂
李广维	杨云祥	杨均风	杨克明	杨国军	杨建萍
吴云熙	吴汶城	吴景泉	邱明才	董风琴	余孟莹
邹克良	宋连波	张子鹏	张云水	张仁海	张玉喜
张芝田	张　伟	张伟华	张　丽	张雷洪	张和凯
张春鹏	张素华	张家瑞	张继香	张淑华	张维升
张福林	陆洪敏	陈大树	陈子良	陈和平	陈炳林
金世雄	周克丽	郑道俊	孟庆军	段有昌	姚志国
袁红珠	贾怀礼	贾增志	夏玉兰	顾月海	高兰成
高锡利	郭庆礼	凌　强	黄晓云	曹树国	崔　鸣
康丽莉	逯九玲	董延龄	韩玉成	韩淑香	黑锦国
谢永发	蔡津生	臧自为	翟仕英	暴士鸿	潘义清
薛富余	霍　忠	魏汉珍	魏淑琴		

天津市总工会第十三届经费审查委员会委员名单

主　　任：杨东来

副 主 任：路益明

委　　员：

马文鹏	王世明	史春英	白　毅	李祖映	杨东来
张金其	张　博	赵　利	费祥龄	路益明	

天津市总工会第十四届委员会委员、常务委员、主席、副主席名单

时　　间：2001年11月1日

主　　席：散襄军

副 主 席：	张子鹏	李泮祥	安亭洲	刘凤山	王连金	赵洪莉
常务委员：	散襄军	张子鹏	李泮祥	安亭洲	刘凤山	王连金
	赵洪莉	张和凯	张仁海	杨东来	郑云茹	卢代盛
委 员：	马志德	马德香	尹春圃	户海印	王 戈	王 建
	王 欣	王开建	王平生	王秀洁	王连金	王国强
	王宝福	王宝福	王建国	王金龙	王家振	王晓晔
	卢代盛	司国仓	宁红云	左 坚	艾传刚	刘 颖
	刘 鹏	刘 静	刘士合	刘士新	刘凤山	刘庆和
	刘宝勇	刘金凤	刘胜利	孙 明	孙 胜	孙守权
	孙宗亮	安学芬	安亭洲	庄宝红	朱天慧	朱泽广
	邢爱增	齐宝陵	何旭军	吴彤向	宋光耀	宋愿兵
	张 伟	张 军	张 鹏	张子鹏	张仁海	张月华
	张玉俊	张玉增	张伟华	张庆梅	张芝田	张和凯
	张金芸	张金锁	张春鹏	张桂莲	张素华	张艳红
	张新杰	张福林	张雷洪	李 杰	李 虹	李才雄
	李曰亭	李学忠	李泮祥	李俊英	李树发	李洪明
	李胜运	李家武	李艳梅	李蕴才	杨月霞	杨东来
	杨庆临	杨克明	杨佩英	杨国军	陈 莉	陈宪明
	陈靖宇	孟宪峰	武莉亚	苗风来	郑云茹	郑俊富
	郑道俊	段有昌	赵洪莉	秦 砖	诸葛丽芝	贾怀礼
	郭艳芬	顾月海	顾晓东	高 飞	高卫东	高兰成
	崔金和	常 颖	黄晓云	龚 悦	散襄军	董书发
	董延龄	董志安	董苏敏	谢永发	訾维刚	鲍 兰
	裴洪玉	暴士鸿	腾国玲	潘学文	臧义顺	

天津市总工会第十四届经费审查委员会委员名单

主　　任：杨东来

副 主 任：路益明

委 员：	马玉贤	马运通	张 励	张 博	张秀来	杨风茹
	杨东来	陈和平	逯九玲	蒋万和	路益明	

天津市总工会第十五届委员会委员、常务委员、主席、副主席名单

时　　间：2006年12月4日

主　　席：散襄军　　（邢明军 2008 年）

副 主 席：刘凤山　李泮祥　赵洪莉　崔金和　高　炜　黄淑玲

常务委员：黄晓云　秦　砖　李子星　李　颜　郝志斌

委　　员：丁红莹　于启荣　马志德　孔庆亮　孔祥瑞　文　武

王　兵　王　杰　王　静　王文周　王玉莲　王忍利

王志玲　王怀梅　王连金　王宝福　王建国　王绍祖

王淑霞　王景奇　冯亚青　左鸿奎　石桂臣　艾传刚

关有利　刘　冰　刘　健　刘　琳　刘　鹏　刘士合

刘士新　刘凤山　刘凤琴　刘全福　刘克忠　刘俊英

刘胜利　刘琮怡　吕小刚　孙　胜　孙守权　孙丽君

安亭洲　庄宝红　朱　军　朱兆林　朱泽广　江国华

齐洪恩　严　蕾　吴彤向　宋广耀　张　帆　张　励

张子鹏　张世军　张永海　张玉林　张玉增　张伟华

张庆梅　张学信　张春鹏　张津策　张炳素　张艳红

张铁丽　张新杰　张瑞福　张雷洪　张冀苏　李　颜

李子星　李明娟　李泮祥　李海禄　李蕴才　杜　智

杨　静　杨克明　杨志卫　杨佩英　沈国俊　肖　兰

邱汝舜　陈　莉　陈宪明　陈振宇　陈靖宇　武莉亚

罗荷根　范　霞　郑俊富　段有昌　胡大保　赵洪东

赵洪莉　赵毓珉　郝志斌　秦　砖　贾瑞兴　郭庆连

郭建生　郭艳芬　顾月海　高　炜　高卫东　高永会

崔金和　曹文暖　严世俊　黄晓云　散襄军　曾昭娟

焦志惠　董志安　谢永发　韩树林　裴洪玉　暴士鸿

薛利军　魏春华

天津市总工会第十五届经费审查委员会委员名单

主　　任：黄晓云

副 主 任：路益明

委　　员：丁福生　马玉贤　冯建宽　孙　梅　孙家宽　张　胸

张　博　张秀来　张宝新　张晓蕾　肖红领　苏　楠

辛崇华　单万水　孟晓燕　苗中丽　赵翰华　柴恭娟

郭景璐　高　虹　崔家林　黄晓云　蒋万和　路益明

管兴桥

第二节　天津市职工先进模范人物名录（1950～2008年）

1949年至1979年30年期间，天津市评选先进模范出现不同的称号，有劳动模范、先进生产（工作）者、五好职工、某系统标兵等称号，虽然称号不同，但选拔标准一致，均享受省部级劳动模范待遇。1979年之后，全部统一为劳动模范称号。

一、天津市出席历届先进生产（工作）者代表会议代表名单（1950—1979）

天津市出席1956年全国先进生产者代表会议先进生产（工作）者名单（200名）

郭正邦	杨锡恩	路绎如	邱光河	张世勤	井恩德
魏宝珍	茹摇赝	刘宝忠	孙惟忠	何佩文	鲁慕颐
郭兴荣	赵庆福	纪玉祥	阎春洪	李万清	范以贤
陈宗智	宋玉宪	毛敬伦	解家兴	张摇礼	孙树桃
丛同义	金桂林	林德时	国摇兴	王春和	沈国栋
薛佩文（女）	张树勋	刘树兰（女）	徐绍年	王夙臣	褚玉玺
刘文彬	林昌富	刘　云（女）	孙安民	袁少逸	王泽华
刘树森	崔晓山	杨广才	毕春森	秦向俭	王有仁
王国发	杨培堂	张治安	龚玉章	孙福全	王风林
芦金梁	尚桂生	许桂荣（女）	刘玉珍（女）	马桂珍（女）	李鸿麟
牛俊山	王玉亭	高维荣	马文敏（女）	王银山	李华元
赵培才	张　敏	杨凤起	高馨斋	王凤山	刘兴隆
岳景泰	张朵山	唐本善	张克明	侯庆云	戚海潮
伍铁安	肖益勋	张成诚	孙丕瑞	谢福根	闫　申
王士民	何凤歧	边效曾	边绍金	田本裕	何越教
刘　超	安惠义	郭长达	刘金培	石树铮	吴玉森
孙思印	李摇云（女）	刘庆海	姜振元	古元升	康文才
宋如海	殷达邦	姚濯新	周摇宏	陈典衡	董恩富
张玉英（女）	赵树森	刘林清	高虎臣	赵士和	王汝常
孙永琪	钱摇春	李连城	耿立生	李长发	赵德如
钱日昌	竺洪浜	竺宏奎	孙万荣	董永光	马长江

施国道	崔树清	谢亮壁	徐汝达	张摇军	孙庆年
魏鸿烈	张淑华（女）	刘克瑾	陈宝义	温宝琴（女）	纪连和
白丙午	王白石	郭树强	张摇铭	孙云竹（女）	王清儒
张天民	韩俊卿（女）	喻宜萱（女）	李润杰	陈摇健	崔摇澂
贺家李	边叔杨	张敏英（女）	方先之	张天惠	李少川
于传福	吴摇敏（女）	周秦玉（女）	王如慧（女）	李尚文	孙宗棠
石永康	官玉琴（女）	刘淑娟（女）	张凤楼	萝长命	刘元章
钱可俊	蔡树梅（女）	刘长锁	苏宝仲	韩立朝	许英才
高恒卿	孔祥琰	张玉林	范文华	杜摇溥	唐振有
王世珍（女）	王树君	贾少君（女）	庞宗禅	郭芝榕	邢祝升
徐梦思	单摇书	周子中	张树清	赵秀荣（女）	万淑英（女）
郑吉森	穆怀福	王摇玲（女）	鲍春伶	杨占明	何摇昂
董士林	陈宝林				

1956年天津市先进生产者名单

电业　建筑　财贸　公用（219名）

潘世华	张文有	王金田	林葆年	纪玉祥	周凤池
曹连生	王士琦	于恩元	王洪志	刘宝善	王卓林
郭金荣	夏庆民	王云峰	李霖滋	邵春林	赵　恒
张季田	孙宝宽	邢祝升	郝振清	李文越	侯志增
孙学和	杨文彬	李连庆	韩象山	高长峰	付振海
侯庆云	郭玉洞	杜鸿铎	郑岫山	王文全	杨秀芳
徐国明	张克明	王少甫	董鑫泉	王金贵	杨春明
何兆印	李福顺	阚永玉	张永瑛	孟庆寿	李金禄
刘宝贤	冯万起	巴玉明	郭芝榕	徐文蔚	张修令
徐英俊	赵永顺	张德生	石纪堂	吴岐山	张德辉
刘长和	杨　正	李国璋	贾锡康	陈自仲	刘俊元
边根来	周柏林	尤　才	陶志义	王德友	孙济川
姬秉中	刘金鉴	王凤臣	曹作正	郭万学	陈淑兰（女）
钱仲渊	赵宝玉	刘克谨	徐国祥	路永发	李锡琴（女）
陈宝义	薛瑞峰	王国福	吕锡行	韩德仲	李岱剑
王培建	张振忠	张　鹤	朱建国	魏秀兰（女）	付德润
李天如	骆建铠	罗悦慧	贾长荣	张子春	陈洪春

高奎元	魏海荣	曹凤祥	齐日新	孙绍田	马隆昌
李治瀛	曹瑞亭	马恩瑞	王庆德	张绍纯	李景华
徐锦昌	蓝荣柏	杨玉珍（女）	贾　起	樊克宽	林玉亭
朱玉秀（女）	崔培正（女）	郑元洪	蒋淑琴（女）	樊兆桢	马全有
刘洪发	刘恩锡	周书德	孙士彭	施锡祯	马为信
杨雨田	杨占波	史金树	王俊臣	杨迺昌	罗少波
赵淑兰（女）	吴佩进	李长明	杨忠文	张玉珍	李春景
郭洁臣	刘振华（女）	赵淑英（女）	宋惠珍（女）	单家禄	马玉兰（女）
范仲达	李世春	叶子青	马恋琴（女）	曹月娥	薛文起
刘继胜	赵学刚	母家琛	袁福俊	郑治斌	王湛清
邵士铭	梁叔兴	张玉英（女）	李德荣	杜乃权	徐汝达
何家学	段成昌	毛学勤	赵金锁	于雅海	熊梦德
赵树森	林润家	边义和	郑德祥	王少林	崔向洪
俞淑珍（女）	郑德元	杜　甫	杨益生	刘林清	宋德恒
魏志选	戚振峰	孙聿洞	马国柱	秦殿玉	周魁元
张允昌	陈集敏	田宝珠	陈殿发	冷永盛	张凤柱
吕连升	杨敬泉	杜荫栢	张忠义	张孝政	王树青
李松茂	戴德恒	律振龄	王洪太	赵春文	贾世新
董振仑	王文山	李玉福			

河北区（30名）

苏宝仲	张振景	王泽华	曹　敏	靳锡虎	房仁宝
葛通义	李绍斌	周玉振	刘守全	李文章	孙洪友
王国祥	张之懋	左清和	王士林	张锡山	李长和
裘照民	韩德贵	吴宗贵	王树青	王林春	侯茂春
朱芝法	刘青砚	李文焕	房淮垣	石成玉	高堃载

河东区（11名）

高宪廷	高恒卿	徐永和	王宗义	赵兴浩	杨如年
周恩怀	张振起	王宝树	蒲增泰	杨霁村	

河西区（13名）

齐汇源	芦兴玉	王　森	张凤岐	赵万祥	朱长贵
常　佚	王维新	程润泽	孟庆森	冯　俊	邢　玺
王淑明（女）					

南开区（24 名）

王玉云	安宝金	孙凤祥	范秀梅	谢宝贵	张凤华
李昭炳	曲法义	丁春寿	周培康	郑学程	李金才
钱见远	冯光辉	杨锦英	郭凤柱	王福桐	樊书记
倪连群	蔡坤明	左书平	王继伦	宫济民	薛贵荣

红桥区（33 名）

苏文训	刘元章	邓兰青	张继善	赵国忠	张广福
苗和生	董喜瑞	林启明	张明显	孙荣华	邢长生
程继增	张玉松	吕鸿奎	占凤鸣	曹瑞林	刘新起
蒋在山	梁鹏程	赵孟卿	司振东	何笑风	孙凤霄
陈宝行	冯学兰（女）	孙宗良	李鸣勋	回秉暄	王法新
周廷选	李玉庚	张　连			

和平区（29 名）

崔荫年	魏天成	国诚祯	黄以敏	佐学铭	林华生
王秀峰	杜恒均	徐瑞竹	李文华	杨春良	魏季超
齐鸿顺	张宪卿	王瑞池	白淑英（女）	尹玉珍	陶增惠
周永安	王锦荣	张秀英（女）	张文豪	王志洪	李春魁
于文科	张连皋	李振国	吕华浦	郑庆银	

城厢区（30 名）

史俊生	梁　栋	王文善	徐敬舆	苗邑青	张书臣
李文荣	王愧青	萧锡甫	朱玉珍	赵宗澄	张志广
国皓东	王世英（女）	赵秀珍（女）	苏明杞	李　明	郑林如
韩秀芳（女）	魏茂仁	李瑞生	李国卷	支增瑞	孙富有
崔永春	姚锺祺	黄兆贵	乔兆祥	王秉琨	张家义

塘沽区（38 名）

孙维忠	于福茂	吴桂生	张朝绅	周洪发	张文庆
侯云程	王永领	张庆义	刘锡山	刘祥林	于培荣
郑吉森	杨公勤	柴凤昆	刘儒仁	锺银清	张会彬
刘恩泉	王　玲（女）	张庆祥	周士田	李　俊	孔宪城
鲍春伶	顾以僖（女）	任宝全	陈文启	郝梦歧	谢发起
金福长	颜昌绂	吴承兰	赵立明	邵云义	郑金声
井恩德	魏云昌				

重工　机械　化学（188名）

杨锡恩	万桂庭	路　绎	邱光河	段文正	张斗顺
刘多弗	王锡林	李万海	赵士宾	刘福厚	单　书
张国有	周子中	郭吉庆	孙在通	孙宝华	叶恭纫
王永福	王建永	马金路	张万桂	刘子玉	王景庭
周志华	崔梦周	吴师圣	王绍良	王兆永	金咏潮
路瑞亭	王树楷	赵福荣	王云起	徐庆长	孙二林
刘树德	国绍斌	朱凤和	周宝根	房鸿儒（女）	冯玉兰（女）
赵金山	唐延年	杨福胜	李培臣	石明远	董尚芙
王金永	景运通	张本红	冯汗祥	邹德纯	张福才
赵学孝	郑守坚	李守权	吴文家	王政永	郑瑞珊
张文义	张质洞	苏琪铨	王玲云（女）	刘俊文	刘保威
王　富	胡葆廉	张恒检	武世耀	周宗禹	武奎元
苏尚义	赵　敏	韩永宽	张玉玺	李桂和	周大礼
刘恩友	从同义	郭连城	国　兴	张森滋	崔新奇
李万清	高兰馨	潘昌运	王　宝	马义龙	吴俊铎
张士祥	刘增荣	陈希贵	杨玉树	陈一民	侯文义
张才林	王健常	王俊秀	赵桂池	杨国庆	刘炳起
姜洪宽	王川祯	王凤至	张世级	王景田	解家兴
韩玉美	郭文成	张中建	崔秀文（女）	张伯南	贾　琦
王宝珠（女）	赵裕光	杨淑珍（女）	王玉明	李润新	陆庆林
王金柱	李长英	杨家珍	王经伦	陈俊明	王永广
陈应球	曲锡苓	龙秀娟（女）	韩世彬	周学仁	孙盛义
赵书声	贾秉钧	高富生	周宝义	马香琴（女）	赵荣朝
刘洪发	孙树桃	李　江	徐玉清	刘致华	孙文声
李家祥	丛贯芝	左维岳	张俊峰	胡年康	杨正荣
李涵芝	顾应琪	王选忠	王政令	叶惠延	焦福祥
蒋孔青	贺根富	武振清	林德时	赵克宽	暴淑华（女）
付行本	孙克杰	姚松海	杨德元	白文平	杜礼明
吕淑珍（女）	滕俊禄	吴学勤	克国椽	王恩澄	徐根初
王佩儒	周学义	王俊延	韩学诚	杨春明	李得封
王世俊	牛绪汉	张文书	鲁慕颐	李彤年	陈冠立
张文彩	卞滢新				

纺织局（121 名）

贾金泉	刘玉珍（女）	庞庆福	姚桂珍（女）	高学玉（女）	孙桂珍（女）
任鸿儒	孙风茂	李韶山	邸树三	王银山	潘淑兰（女）
张淑兰（女）	李长明	李淑珍（女）	马桂荣（女）	宁春福（女）	纪永祥
杜秀文（女）	孙维慈	芦金良	刘兴隆	李宝林	贾炳琴（女）
张桂芝（女）	张永泉（女）	马桂珍（女）	李仁山	张自仁	张文有
宋君明	李玉池	闫增年	马其麟	吴宝林	刘风玉（女）
刘汉泉	徐春荣	高维荣	赵培才	石永发	吕桂珍（女）
李学武	苏玉珍（女）	王德彪	王洪亮	冯俊荣	李雪文（女）
孙玉琴（女）	吕明琏	刘俊敏（女）	王淑珍（女）	姚淑清（女）	孙洪昌
明秀珍（女）	陈乔治	李桂岭（女）	李士钧	魏玉芝	崔玉英
路洪生	岳景泰	张家贵	王小弟（女）	孙淑琴（女）	周守信
王志兰（女）	吴玉田	苏连臣	樊桐英（女）	朱恩通	李金兰（女）
曹树林	吴尊重	张学礼	刘耀先	安罗凯	吴玉兰（女）
李希来	李玉珍	刘义山	杨淑华（女）	王长玲（女）	宋颜芳
孙承义	陈福生	张巨义	张继盛	万淑珍（女）	赵镇江
孙丕琪	范钦富	王盛林	于文彬	张春起	赵鸣声
贾秀武	李珍贵（女）	梁世英（女）	甄献来	任俊有	孙学娣（女）
顾松岚	王祥祯	温立民	符士芳	徐淑言（女）	孙茂盛
吴奎源	孔祥琰	李宝华	高馨斋	史平安	李华元
王永平（女）	张维俊	毕秀云（女）	周士若	刘德华	李宝和
李树秀					

文艺（10 名）

杨兰芬	张振周	叶士芳	蔡化千	颜美怡	韩德荣
李化洲	钱金超	付文元	赵松樵		

轻工交通文教（180 名）

季奎元	宋春化	郭忠德	张式兰（女）	王玉清	刁树奎
李忠亭	刘淑兰（女）	郎树棠	田金铭	储礼为	陈淑珍（女）
宋奎珍（女）	刘学义	陈早旸	丁连江	袁少逸	王淑琴（女）
魏振浩	孙学平	段光宽	李耀宗	付长江	安桂兰（女）
刘　云	杨立兴	廉心华	孙长聚	李玉芳（女）	苏玉廉
杜景福	靳洪智	赵智成	王德良	刘明兰（女）	刘志广
杨福增	冯万起	王义兰（女）	李子珍（女）	岳砚田	王振兰

王洪年	孟继珍	刘印堂	王景增	曹士清	杨金岭
刘志成	张国本	刘宝德	许贺麟	张贺鸣	朱清宝
英风梧	杨顺发	王世贵	史如王圭	张树勋	刘文彬
刘洪宾	李维素	张光亚	蔡淑珍	王寿国	陈文亭
杜新和	孙兰芬（女）	杨家祥	邵长富	褚玉玺	孙安民
朱可臣	满鹏年	李　俊	杨风林	戚秀芝（女）	贾少君（女）
尹耀环	刘耀增	刘祝三	周乃庚	王淑芝	徐绍年
张宏举	姜连生	高树发	刘　锦	陈丽荣（女）	孙　文
殷仲斌	张起贵	王清臣	王玉坤	王淑芬（女）	苗芝敬
何连兴	苏头光	侯恩义	郭景文	庞宗禅	张书凯
吴宝太	李子庆	李振芝	张汝骐	龚玉璋	王风林
刘云环	孙树亭	赵士和	郑德义	高虎臣	张盛森
王汝常	杨金生	王长贵	袁世荣	杜克礼	张家福
翟廷柱	杨玉珊	王风玉（女）	陈玉峰	郭秀峰	李寿培
韩荣懋	李玉书	王学仁	穆成有	李振华	白明有
王庆荣	郝志奎	崔常山	孙恩和	关茂林	姜恩华
代宝和	王贵有	王锡林	张松清	金　伟	王泽坤
周汉清	沈之介	耿廷馥	王洪吾	吴毓森	孔广漪
王俊臣	杨国明	李廷华	王子祥	李长清	杜文彬
刘金培	康文才	颜景凯	俞荣才	蒲文顺	冯炳新
姜振元	芦兴礼	张风洲	石树铮	周子平	马金生
于和祥	韩世增	郑喜秋	芦云峰	牛付华	张风桐
路秀峰	龚隽容（女）	韩志贞（女）	朱金瑞（女）	马竟生	胡立富

学校（15名）

郑天挺	张述祖	宋汉英	裴学海	刘铁铮	崔骏声
杨　馨	张敏英	徐人佑	苗祝年	郭福田	朱秀葵
丰世喜	王长福	张淑清			

邮电（19名）

李宝轩	吉振增	吴恩诚	许风栋	钮云娟	王希源
单宝仁	姚濯新	张福祥	张浜生	孟广胜	范洪宣
刘万清	刘家驹	王　钺	郭长发	刘学举	孙友兴
赵光藻					

港务内河（32名）

钱　春	韦志鹏	张　煜	孙万荣	赵德如	杜永荣
李文元	朱金禄	王树德	言良士	董永光	毕栋臣
宁潜云	仇玉栋	肖庆林	朱洪和	马元寰	王守章
杨廷举	赵　乱	钟福章	王成起	于永德	王大壮
高富亭	杨汝发	吕金荣	刘广东	刘文林	张文素（女）
李忠先	邓国治				

1956年天津专区出席
河北省第一届先进生产者代表会议代表名单（34名）

周玉侠	杨恩宝	柳兴弟	吴起发	王　臣	张宝树
李文惠	周吉庆	刘月帆	陈焕富	王增瑞	肖德有
郭维章	殷树楠	张炳忠	赵宗孟	刘培华	刘宝玉
姜学文	商　林	康百起	于光弼	党书祥	康百里
刘延相	旋希军	胡玉高	王继五	冯占国	刘书成
王振兴	杨占明	陈锁成	冉守信		

天津市出席1959年全国工业、交通运输、基本建设
财贸方面社会主义建设先进生产者代表会议代表名单（104名）

张万海	王长海	单　书	阎国明	刘长福	张玉树
李茂林	王宝增	李子珍	赵继树	于功德	鲍志荣
许金亭	李金财	林德时	刘虎山	刘玉山	樊文治
姜洪宽	初茂松	任佑增	张文田	白寿峰	张朝富
周吉庆	李相文	郭树行	王同伦	刘栋臣	周凤悟
刘俊礼	王永生	周学仁	崔荫年	穆成锐	于文俊
刘宝忠	栾慎行	谭庆襄	田培基	万宝瑜	冯春立
赵　珀	宋根街	勒志明	王春占	徐茂忠	尚秀珍（女）
江雪英（女）	张克善	田纯泉	于思源	王宝富	董玉田
高虎臣	王凤玉（女）	郑德义	孙　环	钱　春	穆瑞清
吴宝太	邵长春	李志起	英秉钧	于俊凤（女）	苑广金
肖德训	赵天成	孙荫韩	张同升	王叔田	李万清
王会文	王淑珍（女）	何　春（女）	孙桂珍（女）	李学武	张宝顺
吴秀昆	刘淑珍（女）	孙丰霄	王芸生	刘书琴（女）	张召信

张吉连	王锡候	李金林	魏天成	王桂兰（女）	居世英（女）
于鸿章	石永春	张士珍（女）	魏鸿烈	马玉兰（女）	白芳芹
郭启惠（女）	左树奎	孙荫蓉（女）	刘惠兰（女）	卞瀛洲	孙凤祥
郭殿权	贾长荣				

1959年天津市工业、交通运输、基本建设、财贸方面先进生产者代表会议代表名单

和平区（116名）

王同伦	王叔田	王锡侯	张子连	肖品之	董秀珍（女）
解金声	李振如	张光启	白今海	靳成祥	李继春
门殿俊	王三良	王文启	黄同双	唐顺泉	杨俊华
任建业	李子珍	阎书奎	王宝曾	卞滢新	安国良
吕华溥	杨连坤	李书庄	何广鑫	刘万鹏	刘振香
张溪源	赵洪志	高馨斋	江雪英（女）	张克善	李　禄
于瑞和	王秀兰（女）	武宝仁	李宝臣	田纯泉	许国章
谷玉亭	褚文洪	姚　敏	陈润馨（女）	张沛仑	孟宪起
续子才	褚秀英（女）	张志朋	郭宝贵	冯鸿书	杨世荣（女）
胡鸿义	于胜朝	孙德忠	刘坤珍	焦德民	董世奎
李广谦	高奎元	郭殿权	郭树强	陈宝义	巴领基
周克宏	齐鹏扬	裴文海	王景成	王丙午	赵桂兰（女）
温煜元	褚恩信	苗玉州	郭启慧（女）	贾则恕	王白石
孙少文	陶积强	于禄华	于凤兰（女）	徐欣茹（女）	张士珍（女）
杨雨田	杨在春	魏天成	丁恩华	韩宝坤（女）	李克勤（女）
李　欣（女）	国鸿顺	孟庆荣（女）	刘永海	董世权	刘慎芝
孙荫荣（女）	朱家琦	高树范	冯宝树	侯常林	高　敏（女）
王浩然	王学敏（女）	孙文惠（女）	左树奎	白芳芹	张连芳
耒希俊	刘长兴	张兆年	陶宗豫	张宝庆	贾保金
刘文清	李银兰				

河北区（119名）

李金才	穆成锐	肖德训	田培基	苑广金	王春占
王宝富	赵继树	王芸生	于功德	樊文治	居世英（女）
刘德友	赵振和	林清菊（女）	路淑英（女）	张福江	常永利
郭连成	刘文清	胡培林	武玉璞	苏宝仲	沈金章

李长英	高　谦	陆德明	孟祥瑞	刘中儒	张振奎
陈国梁	田学增	吕广福	张义增	黄永奎	许守礼
刘秉环	刘殿忠	赵桂馨	李凤梧	耿清和	赵国彬
李宝才	李增会	王泽华	张墨林	王林春	马金宝
高恒卿	刘世俊	张绍忠	鲁慕颐	郭衍禄	王锡九
杨瑞起	郝振苓	桂文焕	吴廷信	王良贵	王振昌
祝成询	葛西贞（女）	傅国有	王永贵	李金玉	李俊武
徐恩华	刘义珊	范江田	舒宗华	秦日增	杨玉芬（女）
张致广	王述俊	刘宝林（女）	阎锡芝	刘明庭	刘武胜
刘力田	刘树甲	徐桂金	朱增顺	刘锡峰	高洪烈
冯敏学	孙耀祥	信廷杰	白永勤	狄　萍（女）	蓝玉珍（女）
高书良	孔庆恩	安玉桐	曾志长	于得水	王务清
杜景福	范福盛	林淑兰（女）	阎树清	宋　琏	李建华
杜锡荣	于德成	于海瑞	徐建华（女）	刘宝俭	张春生
芦　明（女）	李梦梅（女）	盛悌林（女）	赵淑英（女）	王世祥	刘思海
冯德印	张玉珍	陈　梅（女）	王玉琴（女）	慕英杰（女）	

河西区（111 名）

孙振仓	李景文	韩宝荫	张万清	谢宝树	单　书
张洪义	周梦楼	戴光元	孙金琦	王兆永	吴根炎
陈　亨	李春荣	袁德华	王述禹	谢景太	王振华
杨绍哲	刘伯民	王时英	李鸣九	刘虎山	王德钧
王希顺	张明山	吴运久	李玉山	张广岩	刘云萍
刘文禄	高俊峰	周学仁	王宝禄	崔荫年	孙士恩
单福星	高云兰（女）	刘顺义	冯桂珠（女）	刘鑫荣	张家贵
孙桂珍（女）	刘广荣（女）	傅同利	杜树林	陈二留	阎增年
高学玉（女）	纪永祥	苏志安（女）	王淑珍（女）	肖卓林	杨凤玉（女）
何　春（女）	顾松岚	马桂珍（女）	邱守全	张福增	李长玲
郭逢柱	宫济民	张　青	贾秀武	郜马氏（女）	王秉银
刘金铭	岑夏元	卜世杰	徐植檀	邓万贵	穆瑞清
赵德俊	宋春和	宋春元	张玉亭	王振廷	霍兴年
程嵩川	王维新	薛文起	张洪彬	张春羽	魏鸿烈
朱紫东	武筱亭	古淑琴（女）	张林贤	刘文光	柴寿海
王津宜（女）	马国荣	李树芝	华森年	尹洪滨	张德馨

刘恩奎	程凤英（女）	张子发	王宝林	商宪平	东俊升
范锡富	林云起	郭文兰	陶其微（女）	张连城	马忠良
刘栋臣	郑守坚	沈荣汀			

河东区（138名）

贾恩庆	刘长福	丘光河	郭长荣	张宝旺	孙绍礼
王永福	张玉山	于文凯	范金华	孙大起	李怀臣
肖德福	郭玉林	阎国明	戴树旺	李志海	吕占杰
李桂珍（女）	孙文芳	韩子祥	钱守本	张玉才	魏书元
李万清	王学田	刘全柱	邢振声	程玉祥	林德时
崔英杰	赵世文	杨　蕴	李永华	傅世禄	巩凤岗
何钦朋	于景龙	张绍彬	王仁山	施宝山	刘治纯
周　诚	张永禄	姜洪宽	高兴凯	刘源义	张书诚
李殿武	张尽性	高东升	张安福	李学武	王银山
牛兰英（女）	宋秀琴（女）	姚淑敏（女）	韩佩珍（女）	高振声	梁立周
金翠娥（女）	潘淑兰（女）	赵歧山	周德林	高玉春（女）	刘淑珍（女）
周　连（女）	于世惠	王子和	姜淑英（女）	张宝顺	黄爱荣（女）
张桂珍（女）	何少泰	靳志明	陶金兰（女）	王春贵	刘龙治
何玉昆	李宝和	李玉柱	王景山	刘汉文	傅东强
刘春生（女）	刘凤珍（女）	张金铭	韩德胜	宋国海	李春芳
张钟福	唐勋臣	张振如	李文玉	栾慎行	阎玉明
靳子玉	穆祥发	张金华	张玉山	刘淑兰（女）	宋锡池
郑文芬（女）	王　滨	岳鹤寿	李树桐	张树桐	林树芳
于洪章	张国林	王玉珍（女）	刘桂芳（女）	石永春	聂树仁
王庆祥	傅书文	王疆泰	焦顺通	都寿燕	孙再荣
杨秀英（女）	张淑玲（女）	高宝萍（女）	马玉兰（女）	李秀琴（女）	周恩怀
王玉英（女）	冯锦章	马振明	宫锦章（女）	赵世卿	孟昭甫
贾长荣	张文奎	刘群生	郜耀国	郑殿林	刘振清

南开区（64名）

任佑增	初茂松	张文田	张国良	王润兰（女）	魏春海
王世英	周洪奎	崔延义	吕洪寅	张国臣	罗凤杰
崔新奇	张连才	赵克敏	王衡山	张宝福	李富荣（女）
王淑敏（女）	谢宝贵	汪树常	魏东年	李继聪	王明泉
李玉万	王振留	尚秀珍（女）	骆文庆	李炳迟	李存义

李文成	朱志刚	韩附传	张树林	韩宏田	马万亭
刘振起	郑同禄	周焕清	桂增仁	李树林	王庆江
张继龙	杜锡发	周培康	李文成	张淑珍（女）	于俊凤（女）
苏文光	苗嘉斌	朱泉根	张淑青（女）	姚宝祥	石连弟
孙凤祥	范秀梅（女）	王会吉	王宪章	陈佩平	王长新
李群羊	元之明	李春龙	何彦辉（女）		

红桥区（106名）

武奎元	赵国忠	周凤梧	张朝富	李玉亭	郜金玺
赵玉衡	沃棉相	毕先甫	王正立	张续泉	刘元章
封敏瑞	姜金城	于文美	刘凤九	孙凤荣	焦葑州
刘世奎	田世春（女）	王永生	许连成	吴秀昆	孙丰霄
徐茂忠	魏树龄	钱惠林	孙玉成	毕玉淳	刘　敏（女）
丁志明	王景林	刘惠年（女）	刘公仁	孙万春	钱福林
刘学源	赵之森	李书林	李治乱	王哲清	李运起
侯娟文（女）	王金堂	张德福	李宝廷	张俊明	郝墨林
赵天成	邵廷祥	英秉钧	崔凤亭	赵春来	曹清莲（女）
张宝金	李奎元	孙荫韩	魏连城	王金玲（女）	刘文彬
王墨林	吴奎元	赵雨村	黄淑芬（女）	王桂英（女）	韩振敏（女）
张玉山	刘广福	李庆元	刘玉林	郑桂林	徐秀明
谭庆襄	杜新民	王文海	田祯祥	商宪同	王砚明
陈叔良	李庆恒	石锡运	呼玉田	高连城	蓝金华（女）
张淑兰（女）	刘玉兰（女）	李福善	赵秀云（女）	徐振铎	张杏霜（女）
扈长春	林玉芳（女）	刘汝岭	赵学纲	徐国祥	王金城
卞瀛州	赵桂荣（女）	王桂兰（女）	于凤来	郭玉琴（女）	史俊生
钱仲渊	孙秀珍（女）	杨淑琴（女）	翟志清		

塘沽区（61名）

李茂林	郑云庆	刘增坤	杨玉和	韩云如	郑德起
王宝琴	刘俊卿	马　金	张玉树	宁培义	吴林山
李广生	吴宝太	邵长春	田杰龙	龚玉章	王连荣
高承敬	何金垣	杨克武	叶　森	田春奎	鲍志荣
林镜清	罗凤岐	钟振发	刘文福	郭宝发	施振明
赵国安	赵宝伦	张式钧	肖凤池	张同群	崔锡轩
邵延明	贾德怀	刘书元	郑吉森	宁文林	钱　春

仇玉栋	赵德如	张文申	刘国顺	张　友	王瑞春
孙宗和	程荣惠	傅宝群	王茂和	任连奎	王志会
刘惠兰（女）	唐万荣	王云喜	刘恩泉	雷孝山	郭金禄
崔玉振					

电业系统（9名）

乔国祥	于国源	谢连元	王国明	董家福	赵培芳
焦登运	吴治荣	管庆安			

汉沽区（33名）

刘宝忠	宋有泽	杨硕文	杨振德	张雪君	赵林章
杨恩杰	王会文	刘书成	李魁臣	陈邦贤	韩宝荣
李广福	关文成	李相文	杨金弟	王连珍（女）	李作功
王凤岐	郭洪太	高振声	李志永	吴子臣	孙志彦
李秀峰	滕麟功	李成贵	贾秀川	杨润华	王秋艳（女）
姜幼文	姜洪模	杨占明			

建设系统（50名）

董玉田	李俊海	张金铎	张云峰	李景宽	李芳润
张秀田	高长峰	黄清臣	张同惠	陈玉林	王鸣祥
李桂林	张国安	侯万武	吕德海	彭松茂	张华亭
李荫周	王玉孚	路德生	吕成林	刘书正	吴秉和
王富明	王化云	孙振海	陈自仲	薛　勤	陈继先
张植机	张连元	张克田	孙聿洞	邱相武	王权中
李德成	孙水深	吴春庆	王东玉	张宝芳	张连福
尤　才	李景春	李金台	刘广义	王文林	林　桐
魏玉仑	于学海				

铁路系统（36名）

冯春立	赵　珀	宋根衔	傅宝金	刘英年	王富贵
白忠民	杨志文	王家滨	周文义	李鸿猷	韩方龙
张宝玉	高　洁（女）	杨俊才	韩振龙	李世元	郑海瀛
邢玉祥	郝炳忠	马春林	古元升	穆蓬元	刘福顺
李殿忠	王振东	张　维	王恩弟	吴毓森	万宝瑜
袁绍武	周友才	叶宗荣	张光禄	张德荣	邢连平

交通运输系统（42名）

高虎臣	郑德义	王凤玉（女）	郑全吉	孙　环	黄恩锡

张继光	王行信	刘国祥	王俊发	王玉珍（女）	赵树森
张再田	刘金华	姜士兰（女）	王汝常	白文荫	谢世楞
杜向才	徐振发	顾玉林	陈同伟	刘宝珍	张淑珍（女）
王连发	梁纪明	张　煜	张连甲	耿昆山	董少平
辛月星（女）	傅希德（女）	赵翰文	刘桂荣（女）	赵富有	孙兆祥
白广顺	王连祯	高玉书	白明友	张永清	

邮电系统（6名）

于文俊	刘文娟（女）	吕继堂	马　伦	刘世明	曹永连

霸县（7名）

鞠怀秀	李德贵	左　勋	贾乃峰	李伯刚	刘慧蓉（女）
韩玉珍					

黄骅县（10名）

王希春	杨金城	张延荣	王竹林	邢玉珍（女）	李志起
杨振帮	孙凤清	张文祥	井文柱		

河间县（6名）

刘书琴（女）	董茂深	于景云	赵长春	吴兰东	黄进宝

吴桥县（6名）

史广训	刘连城	康金昌	浦国德	肖文杰	张吉连

武清县（10名）

杨汝贤	刘俊明	肖成玉	刘荣伶	苏广雨	李淑兰（女）
胡永海	刘自兴	陈　英	郭树行		

静海县（12名）

刘俊礼	杨金升	安兆发	周吉庆	周秀波	张树祺
郝旭东	刘云珍（女）	李培琴（女）	张家祥	陈乃楼	卢仲江

任丘县（4名）

许金亭	吴宝森	李开芳	杨汝岐

宁津县（4名）

焦长亭	孙振亭	张同升	冯智今

交河县（11名）

温庆云（女）	刘福凯	吴佩兰（女）	韩玉池	孙先林	张洪雁
房锡科	何振芝	肖永和	白寿峰	赵树申	

盐山县（4名）

李庆普	张树林	王教元	王青山

沧县（9名）

李金林	姚克英（女）	张召钵	张希文	吴俊山	李德发
强元禄	侯国安	汤玉文			

献县（8名）

张召信	郭道宣	樊凤年	魏玉宣	郝永臣

国营农场（15名）

张万海	丁守信	路群弟（女）	郑汝广	王立宝	宋子芬（女）
滕林功	李成贵	解万瑜	尹彦臣	赵连峰	胡润芝
杨俊生	庞彦秀	曹志延			

1959年天津市出席河北省

工业、交通、基本建设先进生产者代表会议代表名单（377名）

景玉宽	张洪义	丘有富	吴根炎	田祯祥	王金钵
杨德春	郭长荣	王文华	武振远	张玉山	阎国明
郭恩耀	李增会	郭衍禄	高洪烈	阎树清	魏立成
张庆学	张文秀（女）	章吉傅	单　书	伍建中	张汉章
陈瑞衡	孙金琦	孙绍礼	孙再通	王秉德	张金河
宋清林	宋俊峰	张克昌	王文祥	李凤梧	刘凤俊
王林春	张墨林	张玉祥	刘泽永	王宪州	王民政
王洪超	苏春令	沈发荣	吴振海	侯德山	韩绍臣
刘玉海	杨连春	林德时	崔英杰	刘振山	潘绍儒
李金财	沙秀升	王滨清	井福源	张龙海	周学仁
崔荫年	邢万和	王锡候	王宝生	张友臣	赵金贵
张永禄	盛春智	孙志德	田培基	陈国梁	王政永
刘文清	张广岩	王振华	周盛舜	李玉山	李继春
王宝禄	张梦林	李学成	张子莲	曾庆祥	张俊杰
郜金玺	王正立	赵玉恒	高登伦	任佑增	谭海铮
陈长发	施振明	傅宝群	李相文	陈玉森	任连业
路永波	肖品芝	靳桂英（女）	李庆枝	韩耀忠	刘金友
周温厚（女）	王连和	武奎元	苏春芳	初茂林	王树德
孙瑞九	张连成	张启华	李洪谋	栾慎行	刘宝忠
陈振华	李树林	吴宝林	袁德华	吕华浦	贾永玉（女）
王泽华	吴廷信	赵继树	张玉树	宁培义	李春荣

安国良	卞瑛新	刘世俊	王振昌	陈宝亨	李茂林
赵秀云（女）	李学武	赵岐山	周莲英（女）	王景山	李宝和
韩树和	张双仁	周焕清	曹金英（女）	刘　敏（女）	罗振玉
洪淑贞（女）	宋桂敏（女）	李淑珍（女）	陶金兰（女）	靳志明	郑灿升
刘振起	李文成	李继聪	孙玉增	毕于淳	张以鹏
田纯泉	杨金宗	王伯延	林淑兰（女）	余小妹（女）	舒宗华
符士芳	李志明	何　春（女）	马桂珍（女）	孟宪璞	苏志安（女）
张　清	王淑珍（女）	许国璋	高馨斋	房德起	王务清
梁树楷	孙凤和	高云兰（女）	孙桂珍（女）	刘广荣（女）	刘顺义
杨俊生	庞彦秀	曹志延			

1959 年天津市出席河北省

工业、交通、基本建设先进生产者代表会议代表名单（377 名）

景玉宽	张洪义	丘有富	吴根炎	田祯祥	王金钵
杨德春	郭长荣	王文华	武振远	张玉山	阎国明
郭恩耀	李增会	郭衍禄	高洪烈	阎树清	魏立成
张庆学	张文秀（女）	章吉傅	单　书	伍建中	张汉章
陈瑞衡	孙金琦	孙绍礼	孙再通	王秉德	张金河
宋清林	宋俊峰	张克昌	王文祥	李凤梧	刘凤俊
王林春	张墨林	张玉祥	刘泽永	王宪州	王民政
王洪超	苏春令	沈发荣	吴振海	侯德山	韩绍臣
刘玉海	杨连春	林德时	崔英杰	刘振山	潘绍儒
李金财	沙秀升	王滨清	井福源	张龙海	周学仁
崔荫年	邢万和	王锡候	王宝生	张友臣	赵金贵
张永禄	盛春智	孙志德	田培基	陈国梁	王政永
刘文清	张广岩	王振华	周盛舜	李玉山	李继春
王宝禄	张梦林	李学成	张子莲	曾庆祥	张俊杰
郜金玺	王正立	赵玉恒	高登伦	任佑增	谭海铮
陈长发	施振明	傅宝群	李相文	陈玉森	任连业
路永波	肖品芝	靳桂英（女）	李庆枝	韩耀忠	刘金友
周温厚（女）	王连和	武奎元	苏春芳	初茂林	王树德
孙瑞九	张连成	张启华	李洪谋	栾慎行	刘宝忠
陈振华	李树林	吴宝林	袁德华	吕华浦	贾永玉（女）

王泽华	吴廷信	赵继树	张玉树	宁培义	李春荣
安国良	卞瑛新	刘世俊	王振昌	陈宝亨	李茂林
赵秀云（女）	李学武	赵岐山	周莲英（女）	王景山	李宝和
韩树和	张双仁	周焕清	曹金英（女）	刘　敏（女）	罗振玉
洪淑贞（女）	宋桂敏（女）	李淑珍（女）	陶金兰（女）	靳志明	郑灿升
刘振起	李文成	李继聪	孙玉增	毕于淳	张以鹏
田纯泉	杨金宗	王伯延	林淑兰（女）	余小妹（女）	舒宗华
符士芳	李志明	何　春（女）	马桂珍（女）	孟宪璞	苏志安（女）
张　清	王淑珍（女）	许国璋	高馨斋	房德起	王务清
梁树楷	孙凤和	高云兰（女）	孙桂珍（女）	刘广荣（女）	刘顺义
尚秀珍（女）	肖振丰	张玉山	陈立基	李德良	刘春林
于洪章	石永春	刘源义	李万青	苑广金	赵淑英（女）
阎万增	李金玉	王道义	卜世杰	岑夏元	姚俊茂
李雅臣	武宝仁	王叔田	梁启贞（女）	李秀兰（女）	刘　举
白芳芹	徐国祥	张宝金	赵雨村	杜新民	张继龙
李淑敏（女）	杨占明	靳桂荣（女）	孙凤清	陈邦贤	吴志成
刘宝来	李云升	杨恩杰	刘金章	王会文	张文祥
李魁臣	韩玉荣	吴宝太	贾荣祥	昝俊莲（女）	杨培臣
李树华	何金华	傅祥顺	叶　森	田春奎	高明升
郑德义	王凤玉（女）	赵世凯	赵士和	傅希德	刘桂荣（女）
赵富有	姚玉桥	刘国祥	李秀峰	王永德	王连发
李　信	张言鸿	李长发	钱　春	赵德如	孙　环
王崇仁	王行信	赵树森	刘林清	姜世兰（女）	王汝常
陈益达	耿昆山	刘长发	陈殿柱	吴紫林	葛绍富
孙宗和	张宝玉	齐杏林	韩万龙	刘同炎	张　维
穆相和	孙世骏	宋根街	高瑞清	冯春兰	李庆和
胡立富	傅宝全	蔡文起	万宝瑜	周友才	王凤林
邢玉祥	郑海沄	白忠民	王富贵	陈秀欣（女）	张根庆
沈士莲	范立富	李洪猷	马　伦	孟宪尧	康金昌
齐国森	孟广胜	刘玉镗	吴淑敏（女）	于文俊	石炳善
赵树申	段　琪	孙桂舫（女）	吕继堂	徐　斌	王钰亭
陈峰义	藩世华	焦登运	董玉山	赵培芳	董家福
李锡亭	吴治荣	孙士恩	于金锋	苏来章	王绍坤

邓炳南	陆康生	张学坤	王国明	于长昆	邢凤山
王长顺	谢连元	于恩元	王宝锦	秦孟斋	顾松岚
张振雄	陈祖桐	张　超	孙晋策	贾佩山	杨金城
焦长亭	刘玉明	王金海	王云堂	鞠怀秀	周吉庆
张金忠	王庆明	张吉连	苏树桐	胡玉明	樊凤年
张宝城	李景宽	刘连甫	张庆海	段子明	周长锁
张振武	陈自忠	张克田	暴学森	孙水深	于锡忱
王维新	马忠良	丁文斌	高长峰	王鸿祥	董玉田
刘书正	王化云	王文林	朱德斌	韩桂林	王权中
李贻铭	尤　才	徐梦思	魏富贵	陈宝成	

1959 年天津市出席河北省工业、交通运输、基建、科学技术等方面社会主义建设先进生产者代表会议代表名单（479 名）

王三梁	焦德民	王世英	石文年	王林春	张学忠
李增会	田祯祥	孙金琦	孙振仓	单　书	张万清
刘长福	丘光河	郭长荣	张宝旺	孙绍礼	张玉山
于文朝	范金花	魏书元	李怀臣	肖德福	郭玉林
阎国明	戴树旺	李志海	张玉才	韩子祥	钱守本
鲍志荣	刘文福	赵国安	傅宝群	关文成	李相文
樊文治	李金才	张建国	张义增	穆成锐	周凤梧
郜金玺	郭树珩	王树森	刘桂芬（女）	刘世奎	张朝富
王永生	武奎元	赵玉恒	赵国忠	樊如林	李桂明
焦长亭	孟繁长	鞠怀秀	李庆普	蔡少顺	李瑞丰
杨金升	刘俊礼	周秀波	许金亭	张希文	吴俊山
张兆钵	刘栋臣	白寿峰	何振芝	王竹林	杨金城
李玉山	王希顺	王国明	于恩源	焦登运	赵培芳
管庆安	董家福	吴治荣	李德发	张洪雁	王振华
张广岩	刘虎山	王宝禄	杨绍哲	高文华	周学仁
崔阴年	肖文武	林德时	李永华	何钦鹏	王仁山
刘治纯	张永禄	姜洪宽	尹振山	杜向才	李殿武
张尽性	耿清和	裴福庆	王同伦	肖品之	董秀珍（女）
崔长福	王锡候	李继春	张子连	石玉山	任佑增
初茂松	张文田	罗凤杰	李茂林	杨玉和	王宝琴

郑云庆	韩云如	刘俊卿	张玉树	吴林山	宁培义
刘宝忠	张雪君	杨振德	于功德	赵继树	王良贵
李成水	李　芸（女）	傅国有	郭春贵	李文玉	奕慎行
靳子玉	宋国海	王　斌	谭庆襄	唐延年	张恩普
陈　亨	何广鑫	杨连坤	李子珍	吕华溥	王宝增
安国良	刘振香	李树林	周培康	张淑清（女）	李繁如（女）
李玉珍（女）	徐桂金	王芸生	杨玉芬（女）	蓝玉珍（女）	王春占
舒宗华	刘德友	毕玉淳	张德福	钱会林	孙丰霄
徐茂忠	魏树岭	刘　敏（女）	刘惠年（女）	赵之森	侯娟文（女）
吴秀昆	孙万春	钱福林	刘顺义	刘广荣（女）	孙士恩
孙桂珍（女）	王淑珍（女）	苏志安	陈二留	阎增年	何　春（女）
顾松岚	郭逢柱	刘宝珍	贾秀武	张　清	王秉银
李学武	王银山	姚淑敏（女）	赵歧山	高玉春（女）	刘淑珍（女）
陶金兰（女）	李功博	周连英（女）	张宝顺	黄爱荣（女）	靳志明
王春贵	李宝和	王景山	张俊龄	田纯泉	宋金维
江雪英（女）	张克善	张志鹏	张　德	郭宝贵	楚海贤
尚秀珍（女）	王振留	李继聪	王明泉	韩符傅	骆文庆
李文成	宋彦芳	李富荣（女）	赵永起	王务清	张致广
肖德训	苑广金	李俊武	于得水	冯敏学	于德成
信廷杰	白永勤	徐恩华	赵雨村	王金玲（女）	张宝金
魏连城	孙荫韩	杜新民	郑桂林	英秉钧	张洪彬
卜士杰	穆瑞清	赵德俊	王振亭	王维新	岭夏元
霍兴年	陶其微（女）	李盛田	张连城	唐勋臣	张钟福
高家政	韩德胜	李万清	王学田	张玉山	刘淑兰（女）
孙德忠	谷玉亭	王叔田	许文光	杨世荣（女）	刘坤珍
门殿俊	武宝仁	张沛仑	王秀兰（女）	李宝臣	李庆元
于俊凤（女）	王庆江	杜锡发	李文成	刘源义	王述俊
刘自兴	樊凤年	李开芳	刘恩全	张树祺	于景云
张吉连	李芳润	王瑞营	高长峰	侯万武	王鸣祥
张金铎	张华亭	董玉田	刘书正	王富明	曹瑞林
王化云	孙振海	张振武	张克田	丘相武	朱德斌
薛　勤	林　桐	张宝芳	李德成	赵天成	商宪同
马忠良	岳鹤寿	刘文清	姚宝祥	强元禄	黄进宝

安兆发	陈　英	张绍棠	孙水深	吴春庆	魏玉仑
刘广义	尤　才	王东玉	王文林	于学海	倪永康
王恒禄	魏宝通	刘书元	郑吉森	丁文斌	吴子臣
王宝富	许　明	朱　立	孙献林	夏金宝	谷化富
万宝瑜	张光禄	张德荣	周友才	袁绍武	李世元
王富贵	马春林	穆蓬源	刘富顺	白忠民	赵　珀
刘英年	傅宝金	周文义	李洪猷	郑海潭	古元升
张　维	王振东	宋根街	韩万龙	杨俊才	吴玉森
韩振龙	冯春立	李殿忠	杨志文	田培基	胡培林
于文俊	马　伦	曹永连	刘世明	赵春苓（女）	南继祥
李伯纲	康金昌	吴宝森	魏玉轩	郑德义	董少平
高虎臣	傅希德	赵翰文	白广顺	王连祯	王凤玉（女）
张永清	白明友	孙　环	王行信	刘金华	姜士兰（女）
赵树森	王汝常	王俊发	耿昆山	张　煜	张淑珍（女）
王连发	谢士楞	顾玉林	韩玉池	张立森	孙宗和
程荣惠	王文才	马振江	秦载明	肖凤鸣	阎学敏
王宝琳	姚玉桥	贾宝金	张宝庆	张兆年	张树林
侯国安	卢宗江	黄恩锡	钱　春	仇玉栋	赵德如
张文申	张　有	王瑞春	杨德胜	邵长春	龚玉章
田春奎	何金垣	王会文	陈帮贤	杨恩杰	郭洪太
韩玉荣	吴宝太	李志超	杨振邦	姬金祥	井文柱
孙凤清	李兰贵（女）	刘恩荣	刘树忠	许桂兰（女）	强宝才
李广洲	徐金荣	李连清	刘振东	赵国栋	魏焕深
李海顺	石宝桢	相玉兰（女）	张家贵	何家荣（女）	康维信
刘长合	卢　珊	段成昌	王文彬	杨提名	孙宝宽
孙庭元	许金宝	郭玉栋	王宝文	刘锡荣	戴光元
纪正智	赵树申	顾锦武	邹厚福	张春羽	

1959 年天津市出席河北省财贸系统先进工作者代表会议代表名单

商业系统（171 名）

刘传钵	白芳芹	温煜元	李克勤（女）	高　敏（女）	刘慎芝
王浩然	侯长林	于禄华	郭树强	高奎元	孙荫荣（女）
贾长荣	刘惠兰（女）	尹洪滨	孙凤祥	遇学跃	贾秀川

杨润华	卞瀛洲	卢　明（女）	张连芳	张士珍（女）	马玉兰（女）
开洪章	石永春	赵世卿	刘恩泉	唐万荣	魏鸿烈
李梦梅（女）	魏天成	褚恩信	居士英（女）	王桂芝（女）	穆云波
王宪章	冯锦章	国洪顺	李　欣（女）	孟庆荣（女）	王景成
裴文海	刘永海	王雅臣	王玉英（女）	郜耀国	王秋艳（女）
史俊生	雷孝山	傅成朴	武筱亭	张玉芬（女）	成凤英（女）
秦振玉	韩宝坤（女）	丁恩华	王世珍（女）	兰金华（女）	安汝昆
李福善	林玉芳（女）	张广明	慕英杰（女）	姜洪模	王津宜（女）
朱紫东	马国荣	杨雨田	杨在春	董世泉	于明禄
刘长兴	张国林	聂树仁	梁玉珍（女）	元云明	何彦辉（女）
陈佩平	姜又文	孙秀珍（女）	刘玉兰（女）	柴宗亭	王书海
王玉琴（女）	陈　梅（女）	刘淑琴（女）	张文绪	刘恩普	张召信
姚克英（女）	吴佩兰（女）	张敬学	康泽如	陈乃楼	刘云珍（女）
于洪祥	郭金禄	赵连城	古淑琴（女）	刘恩奎	刘文光
张林贤	韩宝成	宗家振	陈福荣（女）	高树范	朱家琦
孙文惠（女）	于凤兰（女）	徐欣茹（女）	周克宏	巴领基	齐鹏扬
王丙午	苗玉洲	赵桂兰（女）	来希俊	郭殿权	宫锦章（女）
周恩怀	孙在荣	马汝文	崔　斌	杨佩君	李淑文
李群羊	范秀梅（女）	王惠吉	王凤来	赵桂荣（女）	呼玉田
郭玉琴（女）	纪振华	钱仲渊	阎恩荣	张玉珍	蒲国法
许桂珍（女）	邸贺维	袁景泉	白桂起	刘福寿	刘秀兰（女）
黄金荣（女）	吴福海	刘连仲	张文山	朱书开	王素琴（女）
王世孔	史志文	张连荣	窦志秀	张世文	李淑敏（女）
胡广胜	邸生林	刘会荣（女）	邢玉珍（女）	胡庆德	田杰俊（女）
冯知今	王志香（女）	许亮清	王金岭（女）	温庆云（女）	杜树芝
王玉恩	张从海	刘宝全			

粮食系统（28名）

王希春	王青山	韩炳冉	陈玉海	赵奎章	李金林
李天祥	张加祥	吴兰东	李福宁	紫寿海	高岐温
冯宝树	刘广海	郑殿林	刘群生	张杏霜（女）	徐国祥
王金城	韩树起	吴联兴	郭炳恩	车宝勤	王世祥
高连城	杨占明	焦顺通	陈宝义		

外贸系统（18 名）

王云锡	李树芝	孙少文	王白石	陶积强	贾则恕
傅书文	杨秀英（女）	高保萍（女）	张淑兰（女）	刘汝令	赵秀云（女）
赵淑英（女）	安秋霞（女）	王士亮	郭启惠（女）	左树奎	冯德印

财政系统（11 名）

李春龙	乔普成	刘炳巽	陈　宽	徐松茂	高兴如
张春山	赵保玺	骆连弟	孙宝玉	华森年	

银行系统（20 名）

杨德林	王子记（女）	李长乐	陈正涛	孟昭甫	孙彩文（女）
王学敏（女）	钟克俭	李培琴（女）	刘在博	李同兰（女）	杨汝贤
肖文杰	孙傅厚	司淑慧（女）	陶宗豫	张德馨	叶子青
刘福凯	汤玉文				

天津市出席 1960 年全国教育和文化、卫生、体育新闻方面社会主义建设先进工作者代表大会代表名单（25 名）

陈天池	黄惠文（女）	史绍熙	孙振棠	王松青	刘　丽（女）
王如惠（女）	王　明	张淑青（女）	徐仲涵（女）	赵慕梁	童会文
李长茂	王增秀（女）	袁瑞云（女）	于光弼	张　铭	韩俊卿（女）
魏万盈	鄞志群	李淑文（女）	张化新	孙荫韩	朱稚舒
刘德润					

1960 年天津市教育和文化、卫生、体育等方面先进工作者名单（1408 名）

黄惠芝（女）	陈天池	李培育	刘　丽（女）	王　明	王如慧（女）
王松青	宋学义	于光弼	黄淑瑞（女）	卢宝鉴	晋桂香
袁瑞云	杨瑞生	单　英（女）	沈权清	董世义	李长茂
史绍熙	李苏中（女）	徐仲涵（女）	马苓台（女）	刘铁铮	张淑英（女）
张淑清（女）	韩春友	高汉章	杨淑敏	李春林	黄秀兰（女）
王增秀（女）	聂素荣（女）	杨永泰	田秀英（女）	李宗义	王锡珉
童会文	金鹤泉	赵慕梁	孙经武	石则昌	舒扬桀
范恩锟	俞肇基	陈志芳	宫嘉成	高鸿如（女）	张　宽
张云祥	赵　刚	杨生茂	李宜燮	薛多诚	陈金荣
傅尚文	马振汉	沈宏康	汪镇藩	高熙曾	李宗尧
顾子范	孙模世	张殿明	朱庆太	于爱民	赵宝祁

白佩祥	皇甫凤栖	佟明达	梁肇基	徐岳生	关合珍（女）
齐寿泉	安瑞凤	吴翼平	李明芬（女）	孙嘉惠	陈道中
邓凤姣（女）	盛延龄	王　忠	王秉仁	管锦康	程理浚
王兰诚	陈际林	陈萌生	齐兆艺（女）	牟伟民	邹仁鋆
孟久玉	吴品先	马　磊（女）	靳博华	程淑荷（女）	王玉琦
刘鹤鸣	岳世武	李家骐	陈家琦	穆成宽	邢锡波
贺骥侪	王毓芳（女）	曾昭均	史国显	李成义	许克亮
范克文	田德宝	徐　彰	丁素先（女）	陈泽久	曹玉林
焦　杰	郑寯延	金成攘	刘鸿禄	管彦鳌	战欣荣
李树芝	老云香（女）	武海秋	张延礼	唐宝禄	张颐彭
张延发	范玉茹（女）	俞作邦	宋庆昌	王洪藻	邵蕴冰（女）
齐长平（女）	尹恕贞（女）	陶桂英（女）	邢凤台	赖宗清	邢鸿基
唐家麟	朱丰亨	郑履仁	徐士明（女）	杜凌汉	穆瑞琦
宋秀清（女）	岳　敏（女）	田景元	张文英（女）	梁淑英（女）	田守仁
张书云（女）	张辅仁	张兴祁	洪冠华（女）	谷俊茹（女）	靳维贤（女）
王积兰（女）	高显庭	孙月娴（女）	韩兰芬（女）	冯秀文（女）	蔡秀莲（女）
杨惠敏（女）	高　贤	田印德	王英林	陈文成	王世翕（女）
田　珍（女）	王国华	刘　权	郭始平	郑德庆	王家祥
王树瑞	陈光辉	魏亿文（女）	张　澄	董　莱（女）	贾文敏（女）
刘子沄	马桂荣（女）	刘　琪（女）	李文英（女）	朱元兰（女）	张淑云（女）
常静华（女）	刘　铎	孟昭信	马声逵	李鸿仓	谷志凯
蒋成元	赵启明	马振丰	李梦霞（女）	张书珍（女）	邢金霞（女）
刘洪年	吴丽雯（女）	张泉芳	郝迺诚	吴秉竹（女）	齐　录
岳星辰	边叔扬	王新政	孙振棠	王宗敏	段德金
朗钟麟	谢榴云（女）	温鸿隆	叶一帆（女）	李　杰	陈铭焯
高子明	张希彭	黄克琴（女）	林永禄	于　潮	李惠珍（女）
宋守泽	叶家玉	董玉华（女）	王桂林	王怀珍	梁云凤（女）
王仲侠（女）	岳文英（女）	傅积雍	王福钧	毛　亭（女）	曹尔霞（女）
章世芹（女）	刘秀清（女）	刘恩坤（女）	郑安琪	宋梦怀	王希平（女）
郭　旭（女）	宋慧贤（女）	金英姬（女）	龙秀珠（女）	赵以贞（女）	赵秀芝（女）
王希贤	姜建宁	赵一心	周　铮	王荣棠	姜樾龄
平稚芬（女）	叶学礼	董秉瑛（女）	张守正	刘耀才	王金芝（女）
金守真（女）	宋玉凤（女）	赵向南	杜金钟	李国煦	高立华（女）

解培清	孙静玉（女）	王淑琴（女）	王顺岁	张仲选	马希良
郑嘉诚	陈宝群	李桂珍（女）	孟宪令	郑咏兰（女）	邢惠民
吴金鸾（女）	裴铁山	任宝树	徐宝珍	李文彩	杨玉珍（女）
王瑞香（女）	姜厚里	杨春富	曹淑琴（女）	刘骊姝（女）	蔡雨田
李学姝（女）	李家富	杨振清	张长盛	李文英（女）	张象芝（女）
李隆绩	孙　洁（女）	赵名翔（女）	唐敬涛	尹卯寅	李子云
杨万举	曲铁山	孔　岳	杨　峰	陈汝梅	孔令梅（女）
梁文娥（女）	孙淑芳（女）	王景星	林子潭	刘子衡	单清枝（女）
张德卿	齐树棠	谢树森	刘子刚	蔡恩江	程中惠
周至善	刘长在	董春来	王均昌	杨金娟（女）	徐金遂（女）
夏桂芳（女）	赵国华	金淑环（女）	王安营	骆洪涛	柳玉朴
白同江	石振芳	傅继祥	耿书春	赵益千	张兰芳
张　静	曹　忠	姚嘉荣	张泽荣	赵奎新	叶津育（女）
万忠恒	曹　清	于维章	杨新铭	王广泽	齐夫荣
白宗良	张国华	刘元领（女）	陈凤桥	刘玉波	魏昭博
耿盛杰	张书更	郭志荣	官金凯	李春辉	翟瑞云
董芝业	张文彬	何　文	蒋农田	史文普	张建华
薛　玲（女）	马凤池（女）	马文俊	杨思谦	马忠良	刘印华
朱维铉	刘金泽（女）	杨香云（女）	赵家贤	陈玉德	李玉林
王　悦	魏福堂	刘佩芬（女）	刘汝海	吴玉文（女）	王殿元
陈和琴（女）	侯显枢	刘炳忠	王惠民	贺金地	刘扶元
李忠昭	曲鹤兰（女）	陈海轮	苏发俊	王友林	回淑珍（女）
商孝荣	庞柳森	黄耀桥	毕肇樽	田和平	朱凤池
刘方铭	刘洪福	刘振声	范秀英（女）	朱云华	杜树敏
曹炳慧	刘艳琴（女）	霍静敏（女）	徐天佑	苑铁军	戚俊波
伊金刚	徐恩英（女）	范连如（女）	李云亭	李振洪	韩荣芬（女）
李全升	韩淑棉（女）	刘树成	滕仁义	姬宪令	于振洪
王珍玺	王开新	杨庆平（女）	曲克勤	郭星弼	刘镜辉
任福秋	王德华	李灿华	张丙云	赵国瑞	李国才
焦光有	吴淑娥（女）	王丙银	黄和轩	陈金茹（女）	陈士祥
陈　政	李桂福	贡文斌	陈瑞增	张振华	张经友
翟荣藩（女）	张文渤	屈佩芳（女）	曹桂芳	安育慰	张　泽
李子和	刘明东	马立亭	周福琪	时美辰	李玉荣

王承玺	胡学勤	萧韵明	刘书卿（女）	刘俊兰（女）	张振东
赵广英（女）	袁维明	王文波（女）	尹俊增	王振芳	张文兰（女）
胡慧芝（女）	李硕舫	王学文	霍长泰	尚仲平	刘振媛（女）
杨彦修	于均年	王靖华	孙景春	刘惠森	马玉清
郭景琪	杨超男（女）	邓淑贞（女）	翁兆良	王守臣	岳洪英（女）
张文生	王印清	艾连恩	王长香（女）	于兆庆	段玉华（女）
柴凤歧	刘法琴（女）	杨凤臣	马佩营	刘宝珍	马生光
杨秀华（女）	张长代（女）	李炳臣	张庆贵	刘维新	周瑞清
张淑芹（女）	边　和	安德才	冯广文	郭连祥	李惠琴（女）
宋银兰（女）	高领弟（女）	刘在山	郝树春	张增顺	郭志远
于万合	赵殿振	米淑兰	钱聪宇（女）	孙　义	朴景丰
王士纯	刘明赫	张绍昌	王学芝（女）	李振超	满焕章
李锁利	尚春峰	李殿云	孙玉生	何书珍（女）	张士英
卢桂春	齐玉茹（女）	谢俊兰（女）	李士珍（女）	谢文兰（女）	朱森林
王泽香（女）	赵晔朴	张之祥	张德山	关维本	韩书华
林景周	于树琴	赵宏福	李铁申	潘群英	李素芬（女）
蔡庆宗	李丛林	李虎臣	焦长炳	刘振环	李云治
王德民	柴秀明	单玉芬（女）	刘树章	王金玉	耿长志
张崇国	王韵琴	王春木	梁万禄	张泽怀	王子杰
张大水	柳明来	万文琴（女）	万福利	刘连增	胡桂荣（女）
王大享（女）	史书全	王焕芳（女）	郭鸿恩	李汝娥	赵书川
赵九川	杨秀兰（女）	王绍亭（女）	李荷香	马保顺	柳逢山
张凤阁（女）	潘朝福	李润深	王顺义	陈友祯	孙玉霞（女）
贾兰友	王立顺	秘锡金	李淑贤（女）	马淑文	郝书田
李凤云（女）	王志平	李树桂（女）	姚贺成	石　伦	刘士兰（女）
牛玉英（女）	张宝增	刘吉成	杨连歧	段光照	张子林
陈胜德	王海峰	李现国（女）	王金枝	葛文香（女）	李占恩（女）
龚贺先	杨树峰	马朝立	蔺风江	王宗利	穆丽英（女）
王秀华（女）	李志忱	张义宽	孙焕金	范自强	尚县敏
杨金宝	曾宪成	曹永杰	李东海	李金枝	刘　欣
吴金峰（女）	回德义	张秘兰（女）	张梅兰（女）	田增会	韩云凤（女）
孙克文	许凤治	李秀林	逯汝汉	张景福	杜占元
郭玉柱	张庆胜	颜文昌	例俊兰（女）	陈秀芝（女）	周志芬（女）

潘桂荣（女）	杨世昌	王树银	王振山	王炳章	苏长河
李克难	林祥义	于学曾	王兰芝	迟秀芬（女）	韩景岩
张瑞英（女）	张继尧	杨春考	王桂英	吕连起	邵金元
张秀贵	周敏清	李国茹（女）	李宝明（女）	苏天敏（女）	李淑玉（女）
白翠贤（女）	马显廷	李秀廷（女）	许　才	李海棠	胡永海
张慎德	吕平禄	马景龙	李洪振（女）	王淑英（女）	孙玉华
李森林	张村苓（女）	刘庆明	吴兆河	赵玉发	孙淑明（女）
张福治	王玉兰（女）	白佩玉	李淑英（女）	阎树桐	王居邠
罗树祥	周长胜	窦效曾	王清臣	刘庆云	李之良
黄金生	王立春	刘德甫	李守委	姜俊兰（女）	杨立华（女）
胡立芬（女）	刘殿选	张文炳	刘维元	张兰英（女）	陈升彦
王金芝（女）	李秀英（女）	邢如亭	范升堂	宗启云	高淑芹（女）
项宝静	刘怀田	李植兰（女）	马桂荣（女）	孙树华（女）	刘广全
张中南	傅国荃	李森滋	于学孟	张恩禄	李炳中
李永芬（女）	韩克昌	李明春	张文田	李继聪	孙凤祥
杨凤兰（女）	叶克成	傅文田	曹振环	龚文林	朱学廉
蔡培元	任凤来	刘新铭	于方博	孟昭如	李俊岭
王世起	刘信田	张宝勋	姚志强	孙亮修	王庆增
魏书全	马庆春（女）	张捷臣	郭春源	崔正芬（女）	王曼云（女）
孙荫蓉（女）	李之珍	岳青芳	张金良	王保璋	任贵提
田绍文	杨一娜（女）	张秀娥（女）	戴虎贤	陈贤炜	鲁执中
侯秀如（女）	郭占武	王庆馨	刘鑫荣	单　书	张玉明
何　春（女）	石金龙	张则义	陈庚生（女）	张秀兰（女）	游素秋（女）
徐桂芳（女）	刘象贤	萧凤珍（女）	王少华（女）	秦国敏（女）	张绍琴（女）
张恩启	次生勤	李炳辰	房治华	宫修华（女）	钱言信
刘生敏（女）	吴士良	宋　杰	王克清	张世级	张义增
金秀英（女）	石文年	邢宝珩	刘德义	刘殿增	刘永明
赵桂荣（女）	华玉淳	张洪江	刘希玉（女）	温永清	刘辅升
韩玉兰（女）	孟宪章	贾淑兰（女）	宋孝先	刘以礼	张文筠（女）
李国华	运兆福	尚　镛	陈殿学	刘代泉（女）	郑惠芬（女）
李剑明	王镜波	王树新	刘宝昆	吴学清	张丽华（女）
韩玉珍（女）	孙焕珍（女）	刘洪汉	金守洁	魏长庚	傅汝正
陈永泉	许敬珍（女）	于刚毅	原广泉	房玉春（女）	胡文秀

张德智	张华菡（女）	伉宝琦	陈宝庆	张凯莹	晏德江
国　强	李明达（女）	张锦秀	李德成	陈化同	王秉文
王德恒	郭武杰	冯玉兰（女）	楼佑文	陆佩珍（女）	田俊昌
王凤玉（女）	刘增海	刘煜辉	赵春桐	夏英华	李增仁
李淑兰（女）	吴宗璘	吴咏诗	程　毅	严宗达	邵士文（女）
张维林	田文伯	韩俊卿（女）	张　铭	高喆民	魏万盈
蒋秀珍（女）	郭秀金（女）	董文华	张长茂	卢　昭	孔繁英（女）
萧德福	张墨泉	张书智	尔淑珍（女）	刘兆林	高宝峰
孟昭有	尚洪琪	赵桂生	张俊德	孙西萍	刘杰谶
王少楼	郭炳堃	吴永禄	于根弟（女）	张广怀	谷玉亭
戴　仁	萧福荣	王秀泉	何云起	孙峻山	张学勤（女）
刘学伦	王宝祯	韩俊清	董　枫	孟翠英（女）	梁云峰
单宝峰	王跃庭	岳韵宗	陈佩君（女）	筱少卿（女）	王紫苓（女）
王裕民	苏世明	李玉燕（女）	陈亚华	王义庆	范志芳（女）
于美玲（女）	谭梅芳（女）	徐家树	李树元	吴锡和	张玺贵
张　永	朱嘉新	毛毓秀	李庆良	筱美英（女）	李松珍
唐传枢	丁少山	周文如（女）	袁文君（女）	李增龙	尹玉芬（女）
徐润强	王秀珍（女）	潘希文	陈贺田	张国太	蔡庆铎
王积洲	吴玉林	贺瑞科	王炳珠	梁寿山	刘国荣
张采庭	张学芳	孙祖言	徐长玉	陈焕英	张艳云（女）
张鹏春	筱艳生（女）	张之录	小盛春	康福元	齐彩春（女）
夏少坤	孙品光	白连芝（女）	宋丽君（女）	王秀珍（女）	张素英（女）
徐宝根	张连勤	邓义章	邢其奇	张继先	孟庆福
张树义	梁宪文（女）	卢宝苓（女）	庄永成	何庆枝	王传鲁
赵秀荣（女）	张知行	刘凤兰（女）	程宇清	华玉蕙（女）	杨志光
郭世堂	郭文发	赵恩禄	黑兰杰	柳向忱	张秀林
张胜全	杨泽春	苏占明（女）	秦少先	李耀钢	祁崇礼
陈玉如	张书香	蔺思九	杨连奎	施克珍（女）	王福全
张凤华（女）	宋春满（女）	张秀英（女）	马云袖	姜桂敏（女）	于世铎
安凤生	王玉兰（女）	庞俊振	张化新	冯英镇	张润波
周肇五	王奎智	李淑文（女）	李树娟（女）	张玉英（女）	张荣庆
张景森	鄷志祥	孙荫韩	郝燕江	刘绍海	尹世清
马胜骧	应世灏	祁敏如（女）	陈宏光	张锦秀（女）	吕翔之

张正明	李学勤	翟　一（女）	张丽蓉（女）	周　朗	周秦玉（女）
金家瑞	曹景云	王兆铭	朱德民	张振舜	张庆荣
耿寿卿	王季儒	吴恩荣	马庆龙	黎祯祥	宛吉斌
万志忠	郝　憨	白家祯	宋文桀	郑学谦	吴文起
赵秀麟（女）	杨荫峨	孙英元	王幼文（女）	王淑珍（女）	姜永之（女）
罗秀文（女）	郭汝志（女）	刘兆敏（女）	高梦霞（女）	徐苹芬（女）	孙毓敏（女）
万明明（女）	贾　春	于惠敏（女）	吴　敏（女）	胡玉芝（女）	张锡玲（女）
诚爱慈（女）	黄梦如（女）	王书深	白锦慧（女）	杨洪珍（女）	刘淑琴（女）
李德俊	傅文贞（女）	刘玉琨	董春荣	侯志奎	周树屏（女）
傅子侠（女）	张素秋（女）	王淑云（女）	张晨光	吴增儒	鲁瑞征
赵志学	田世琪	范积芬（女）	胡宝琦	宋希林	刘金鉴
郑世福	刘国芬（女）	么树茂	张文博	卢惠忱	王树声
刘宝林	孙玉琴（女）	莫林松	胡绍杰	马洪滨	胡忠义
赵福祥	李荣伦	师俊兰	阎国忠	王子厚	缪淑娟（女）
田兴烈	王实滨	赵云程	卢建梅（女）	史义国	王木兰（女）
赵书万	张汝金	张沛芬（女）	徐桂英（女）	张燕凤（女）	吴振华
肖兰英（女）	张淑荣（女）	田锡福（女）	魏涌源	李文珩（女）	苗渭宜
布兰馨	李焕英（女）	高省三	张谦六	李素玲（女）	索希春
张平溥	史更生	郝希彭	杨海澄	王昭明	吴竹铭
孙廷章	崔士华（女）	张汝鹨	杜幼卿	李莲坤	张利辉
窦振歧	邓弼臣	孟广信	齐泽文	胡庆立	安宗智
王希和	王英杰	柳忠言	葛俊治	左清莲	石宝祯
徐克才	刘连仲	段春华	王全连	孟松年	孙寿松
单泽普	楚全福	李　德	石连弟	黎瑞珍	任连奎
熊宝田	陶索清（女）	孙淑兰（女）	陈淑贞（女）	金翠娥（女）	李秀珍（女）
苗淑芳（女）	徐桂琴（女）	杨华仙（女）	王春堂	张传成	池仰琪
韩　琪	郑淑珍（女）	刘跃斗	邢玉书（女）	齐楚杰	张玉如
梁滨生	冯宝书	张燕波	李　珍	刘文华（女）	冯恩明
濮仲源	孙景山	黄品一	朱吉祥	白继荣	李　英（女）
白守成	萧淑成（女）	高淑梅（女）	唐绍华（女）	李郁荣（女）	吴章林
李雅琴（女）	任秋华（女）	李成斋	韩宝元	王启明	于和江
张玉升	陈墨林	吕永士	曹作堡	陈广荣（女）	杨宝兰（女）
孙万荣	孙庆林	何明灿	郝长利	赵德善	冯荣会（女）

周淑品（女）	聂联英	王玉枝	韩景枝	刘世民	王　梅
刘学谦	董秉森	王绍福	张玉玺（女）	倪寿生	阎秀朴（女）
蔡淑珍（女）	陈吉祥	倪炳训	刘万钧	贾秀珍（女）	张文平
何振南	胡庆春	徐淑环（女）	董淑坤（女）	李宝林（女）	金秀轩
王墨霞（女）	蔡之静	李绍林	田淑明	毛可善	苑炳辛
栾连信	张景和	邱世存	王永胜	牛福生	张淑心（女）
王汉亭	刘春轩	稽佩俊	杨顺义	朱尚木	郝志敏
张振华	张维和	田成锦	孟昭义	王厚基	张　杞
张光禄	李歧珍	赵鸿达	翟兆鹤	朱稚舒	黄在中
马景荣	刘本善	钱　奎	杨长清	马加诚	刘绍臣
罗金铭	杨春林	孙乃余	刘会兰（女）	同兰珍（女）	张　旭
马德福	许树清	李福臣	张国任	王嘉仁	王美丰
郭振卿	吕　奎	史志中	冀台鲜	李祖训	崔景云
马希玲	薛玉玺	刘　恩	王永生	孙诒琳（女）	方荣章
陈秋来	马克良	王瑞德	关　非	刘义政	季大中
曹国章	刘德润	金汝振	张　璘（女）	邢金玉	王采兰
李润杰	常宝霆	秦廷珠	陈广仁	于宝起	李国常
高东亭	于家齐	史　望	王瑞兴	赵　虹（女）	史宝瑗
杨王圭年	冯兆玲	冯百祥	张希圣	于文海	张淑华（女）
马金銮	薛万良	赵格辰	董光明	张驹铭	王源成
回达喜	满言占	周文民	张宗舜	彭秀生	高恩和
魏德明	张乃生	张济忠	曹式洪	陈沛然	王　伦
陈省三	傅华康	王乐新	张裕丰	王　健	孙　力
朱学安	樊生广	张德才	马振卿	王维均	康　健
王　飞	傅增华	王思周	汤士忠	陆　行	任吉向
金静宜（女）	张兰芳（女）	汪文亚	梁希璞		

1960 年天津市出席河北省教育和文化、卫生、体育、新闻方面社会主义建设先进工作者代表会议代表名单（351 名）

黄惠芝（女）	俞肇基	石则昌	史绍熙	陈天池	张云祥
陈道中	郑鹤延	陈家琦	白佩祥	孙模世	于爱民
管锦康	史国显	李成义	清白音	佟明达	王玉琦
王毓芳（女）	赵春桐	李宗义	岳清芳	孙焕珍（女）	金鹤泉

童会文	吴学清	陈殿学	王树新	张恩禄	傅国荃
沈权清	张玉明	杨一娜（女）	李家骐	郭春源	张宝勋
魏书金	张捷臣	王曼云（女）	李长茂	刘希玉（女）	王锡珉
刘永明	马　磊（女）	赵慕梁	刘象贤	张秀兰（女）	徐桂芳（女）
陈宝庆	原广泉	胡文秀	于刚毅	傅积雍	王仲侠
张淑英（女）	董玉华（女）	王怀珍	边叔杨	张希彭	孙振棠
刘铁铮	王如慧（女）	平稚芬（女）	张守正	王淑琴（女）	解培清
王松清	张淑清（女）	赵启明	孟昭信	刘　铎	李梦霞（女）
陶桂英（女）	齐叔平（女）	穆瑞琦	岳　敏（女）	杜凌汉	张文英（女）
邢风台	李培育	韩兰芬（女）	王英林	田印德	高　贤
张书芸（女）	田守仁	刘　丽（女）	徐仲涵（女）	王瑞香（女）	杨玉珍（女）
张淑云（女）	杨春富	杨振清	马芩台（女）	王　明	郑嘉诚
郑禄兰（女）	岳瑞芬	邢锡波	丘元才	杨淑敏（女）	晋桂香（女）
吴素娥（女）	王秉银	董荷轩	陈金茹（女）	周志芬（女）	于学曾
陈秀芝（女）	卢宝鉴	焦光有	王兰芝	马立亭	尚先敏
王绍亭（女）	张凤阁（女）	李荷香	宋书全	夏桂芳（女）	李汝娥
王均昌	李春林	孙立生	于万河	张士英	白同江
卢桂春（女）	刘印华	杨香云（女）	曾现成	杨宝金	段广照
赵泉贤	王增秀（女）	王惠民	韩淑棉（女）	宋学义	黄淑瑞（女）
刘洪福	杨庆萍（女）	任伏秋	毕肇樽	郭星弼	朱凤池
单　英（女）	李占恩	杨瑞生	马文骏	刘佩芬（女）	侯显枢
何　文	薛　玲（女）	韩春友	田增会	逯汝汉	白润通
李子和	岳洪英（女）	李洪振（女）	翁兆良	尹俊增	刘怀田
马桂荣（女）	边　和	刘鸣鹤	赵殿振	袁瑞云（女）	刘树章
聂素荣（女）	唐敬涛	梁文娥（女）	孔令梅（女）	蔡庆宗	马生光
杨凤臣	高汉章	杨秀华（女）	孙淑明（女）	杨荣泰	王靖华
王长香（女）	刘玉波	耿书春	王海峰	张泽荣	田秀英（女）
白翠贤（女）	胡永海	李秀婷（女）	王承玺	赵广英（女）	刘玉卿（女）
贡文彬	于光弼	李云治	王音员琴	刘振环	黄秀兰（女）
焦长炳	王焕芳（女）	刘金鉴	张荣庆	范秋芬（女）	张锡玲（女）
吴　敏（女）	于惠敏（女）	张庆荣	田世祺	王兆铭	李树娟（女）
周　朗	周秦玉（女）	周肇玉	李淑文（女）	应世灏	刘润田
卞学铿	刘绍武	董书生	诚爱慈（女）	徐苹芬（女）	徐学谦

翟　一（女）	张丽容（女）	罗秀文（女）	宛吉斌	熊宝田	冯英镇
张玉英（女）	杨华仙（女）	徐克才	吴竹铭	张化新	张景森
师俊兰（女）	鄞志祥	任秋华（女）	胡忠义	孙荫韩	崔士华（女）
于和江	孙世骏	傅子侠（女）	任运奎	苗渭宜	赵福祥
李雅琴（女）	田书明	刘少海	王茂林	张润波	胡庆春
王希和	陈吉祥	安淙智	郝延江	孟广信	耿振海
柳忠言	胡庆立	刘万君	齐泽文	葛俊智	张桂滋（女）
曹作宝	王奎智	王英杰	满言占	回达喜	赵格辰
王源成	高哲民	张　铭	韩俊卿（女）	邢奇琪	赵恩禄
王紫玲（女）	张俊德	何云起	张玺贵	单岩峰	谷玉亭
肖福荣	韩俊清	孟昭有	赵秀荣（女）	魏万盈	于根弟（女）
郭世堂	孙凡英（女）	施克珍（女）	徐长玉	于世铎	王玉兰（女）
李庆良	筱美英（女）	张秀英（女）	筱艳生（女）	安风生	张树义
梁宪文（女）	郭秀金（女）	徐润强	何庆芝	庄永城	卢宝玲（女）
庞俊振	蒋秀珍（女）	李增龙	张秀林	黄在中	杨长清
嵇佩俊	吕　奎	李岐珍	杨顺义	田成锦	朱稚舒
朱尚木	张维和	马加诚	孟昭义	刘绍臣	翟兆鹤
方荣章	马德福	许树清	陈秋来	佟兰珍（女）	孙美丰
张　旭	马克良	王瑞德	王厚基	刘德润	李润杰
常宝霆	张　琳	秦廷珠	于宝起	于家齐	华玉惠
张希圣	张淑华（女）	史　望	王彩兰（女）	李忠昭	任风来
张秀娥（女）	梁万路	李树东			

1963 年天津市五好职工代表大会代表名单

和平区（54 名）

周邦丰	王润忠	陈广元	王叔田	王吉业	张书绅
韩绍先	梁家全	何广鑫	杨连堃	潘奎德	张祖良
王瑞祥	李文江	王文启	于　河	赵洪起	郑吉栋
方立清	裴福庆	柳搬来	萧文武	王同伦	高起让
李之珍	蔡永福	邳振庭	张洪文	马树珍（女）	张克善
贾宝金	耳占海	李子相	阎文成	陈富荣（女）	王春彤
国洪顺	王学敏（女）	张滋生	高　敏（女）	徐欣茹（女）	武玉华（女）
谢承芳（女）	东玉珍（女）	董世权	杨再春	毛颖述	边叔扬

沈希咏（女）	刘秀清（女）	马惠敏（女）	王彬如（女）	周绪增	于德海

河北区（79名）

马连山	王文仲	周连宝	朱桂梅（女）	阎树清	王锡九
陆纯礼	孙占奎	刘之阁	何在中	孙礼平	郭守仁
王政永	陆忠仁	李世臻	王宝巨	李宝增	杨隆华（女）
张文友	高贵忠	苏宝中	刘西庚	张振奎	周连智
刘文东	齐　全	孙恩元	朱正英	郭长龄	章金铭
任俊霞（女）	刘恒波	李增会	司宝通	张树敏	张致广
王玉良	苑广金	陈宝华	孙义民	李玉桥	张庆祥
于德成	李　禄	邓树枫	吕凤亭	师成喜	刘瑞云
曹桂凤（女）	林名川	刘其明	赵成玉	滕天成	林联和
余小妹（女）	林淑兰（女）	王芝生	李荣盛	房文海	张宝荣
高和顺	刘增显	符士芳	贾金学	孟庆和	张　利
崔　镇	崔广才	宁相亭	张士珍（女）	陈　梅（女）	杨士俊
卢　明（女）	居世英（女）	汤荫荃	王子记（女）	王　明	刘若平
张　澄					

河东区（82名）

齐子升	肖德福	郭长荣	邱光河	高恩福	王德琛
朱洪元	王宝立	郭学瑞	刘智明	谢福根	杨思贤
宋俊峰	杨庆胡	王余盛	杨光宇	林德时	沈祝山
杨绍荣	刘占梅	高兴凯	郭世勋	刘金维	李维恒
刘延桓	李学武	薛玉珍（女）	朱桂兰（女）	王玉珍（女）	殷秀芳（女）
蒋永山	韩佩珍（女）	姜淑英（女）	项桂兰（女）	吴尊重	刘淑珍（女）
牛凤兰（女）	李开太	高维马辛	王春贵	侯桂荣（女）	刘龙治
李秀贞（女）	吴振津	杨桂荣（女）	高德华	刘忠才	姜守忠
郑延龄	范士亭	李杏元（女）	刘淑兰（女）	徐振堃	刘锡臣
韩凤桂	孟繁智	宋国海	张洪民	阎玉明	张念伦
李绍伯	李其昌	刘孟德	刘俊玉（女）	曹云升	段文海
赵连义	邢书桂	陈英杰	崔玉林	马玉兰（女）	张玉奎
刘群生	宫锦璋（女）	赵田林	张秋香（女）	宋长瑞	刘汉池
张文英（女）	董顺康	宁翠莲（女）	刘中枢		

河西区（70名）

李淑芝（女）	刘玉清	张子厚	马振贵	徐荣怀	郑绍谦

高志清	赵德俊	张克全	郭景文	杨顺发	刘金如
贾同生	郭庆善	吴运久	韩师斌	高树清（女）	孟立掌
刘虎山	于贵江	刘家赞	樊福深	王振华	吴德洪
杨绍哲	贺全喜	陈　亨	袁德华	高少华	韩义章
朱玉昆	阎吉和	单福星	蔡洪池	华莲茹（女）	高云兰（女）
刘顺义	刘广荣（女）	孙桂珍（女）	阎增年	苏志安（女）	王淑珍（女）
高学玉（女）	相玉兰（女）	杨凤玉（女）	杨秀荣（女）	弓如达	杨树林
刘兴隆	李致月	齐建功	单　书	李金水	李宗荣
王世文	孙振仓	郭玉宽	宋恩远	刘永昌	李石屏
安增禄	薛品山	朱紫东	魏洪烈	陈少敬	李沛然
傅国英（女）	刘自生	李文洁（女）	常士婷（女）		

南开区（70名）

徐世福	王汝芬	王振江	庞永生	张广林	田光林
高树旺	刘合聚	马兆库	张凤鸣	李炳辉	李玉柱
朱才林	袁克俊	蒋林根	孙正木	杨树义	韩远振
李芝桂	孙秀英（女）	曹学智	申宝恒	高增瑞	戚桂兰（女）
王金庆	曹振江	姜惠德	杨秀斌	刘长才	任宝林
孔繁兴	马维绪	蔡辅山	孙绍宗	孙家宝	萧忠胜
郭炎芳	刘德珊（女）	瞿贞贞（女）	邵淑娟（女）	田绍光	张汉域
张秉嵋	胡志弟	滕宝菊（女）	刘恩波	古洪树	王梅仙（女）
王长永	林延庆	李恩昌	李忠信	李炳迟	王瑞起
马凤岭	焦万元	孙凤祥	元之明	何景儒	崔连会
尚贵钧	张国发	宋秀荣（女）	李长珍	杨才生	张玉江
谢全泰	刘　铎	张淑英（女）	徐春印		

红桥区（55名）

钱惠林	刘敬普	李永华	卞瀛洲	吴秀坤	巩凤岗
张俊田	胡俊升	王正立	张云福	姜世和	律德胜
张瑞发	石振江	陈德明	李玉芬（女）	王成朴	张续泉
贾松顺	白家祺	李福先	孙万春	胡锡华	魏树龄
郑玉英（女）	郭生兰（女）	李庆英（女）	李承斋	于忠友	赵焕峰
魏连城	吴文清	齐宝书	张承明	王洪兰（女）	王乐祥
刘淑洁（女）	孙安民	王立生	陈克峰	束方元	孙秀珍（女）
陈　静（女）	穆云波	王士珍（女）	史俊生	董俊华（女）	郭玉琴（女）

林昌富	张杏霜（女）	许 明	胡景炎	王松青	张淑清（女）
孙廷璋					

塘沽区（41名）

张玉树	龚玉章	吴宝太	郑金山	刘万昌	陈垂瑜
李殿琛	陈世楷	张桂芳（女）	王云亭	姬洪顺	刘兆生
齐元义	蓝裕麟	郑景和	王宝荣	吴景柱	李振鹏
张洪奎	施振明	陈宝山	郑吉森	王玉珍（女）	张式钧
王长安	丁文斌	张玉甫	李玉清	吕文祥	陈国森
刘惠兰（女）	王喜有	王俊起	张连星	李学勤	许广林
王金谭	张文宗	唐万荣	田捷龙	李存虎	

汉沽区（16名）

刘宝忠	李凤林	张玉环（女）	杨长在	赵林章	刘庆胜
薄洪起	刘书成	张金和	李锡会	张文友	关文成
冯寿绵	韩玉荣	苏庆顺	蔺崇泰		

郊区（10名）

赵世卿	田池清	陈佩平	刘尔晏	贾宝恩	成凤英（女）
柴寿海	赵春山	卢学文	刘佳砚（女）		

手工业（44名）

汪连城	阎少奎	阚洪忠	孟宪增	陈英森	齐春相
冀守珍（女）	韩景文	程贵清	郭福增	刘金钊	修永禄
董 荣	史宝栓	张玉山	郑福泽（女）	韩振敏（女）	刘志刚
王桂英（女）	李桂恩（女）	邵玉兰（女）	高从旺	杜振明	孙德忠
明学文	李 祥	陈长山	杨德海	刘广修	李宝和
李廷瑞	刘玉林	吴坤然	邵庆林	李恩贵	张桂珍（女）
王汝琴	曹义仁	何改义	程德惠	李文兰（女）	张洪勋
曾广钰	王瑞志				

电业（7名）

纪玉祥	张家振	童会文	李恩元	崔家禄	马树智
郑玉琴					

交通（14名）

张永清	陈锡九	董少平	赵铭远	秦进言	钮金奎
赵翰文	刘金生	张振远	寇卯子	王学兴	陈世明
安学铭	张小永				

港务（8名）

杨兰怀	纪大典	刘学珍（女）	张德元	刘金才	丘光普
杨洪珠	郭曙堂				

铁路三院（22名）

鄢凤树	孙宝昌	朱宏仁	尤满红	王富贵	张文淑（女）
董国俊	周子平	林玉盛	刘振远	宋根街	郭林江
萧从生	陈宝昆	郑效英	张福昌	田文明	翟文汉
苗玉来	叶蜚章	王玉彬	李月娥（女）		

建筑（26名）

卢　珊	薛　勤	董玉田	刘长合	刘匡时	徐文昌
高凤春	王鸣祥	张作友	彭松茂	佘　敬	王长林
孙锡珍	齐子明	张巧珍（女）	陈宪龙	田景岩	高振瑞
郭芝榕	刘嘉麟	赵明柱	张宝芳	贾树贵	王长荣
刘文华	王柏增				

邮电（6名）

程庆元	曹福兴	田瑞江	姜培秀（女）	王永和	顾延源

公用（11名）

姜士兰	刘金华	宋道洪	袁洪文	马汝琴（女）	王学文
张祥林	李德成	张庆云	路振海	王毓书	

商业（39名）

郭殿权	巴领基	赵学英（女）	蒋　贵	金润芝	李玉珂（女）
王　惠	荣际恩	李耀楼	杨茂甫	尹洪宾	韩宝成
孙玉莲	李克勤（女）	安凤云（女）	李金荣	马福祥	霍茂山
卢秀荣（女）	徐桂芳（女）	齐秀荣（女）	许学琴（女）	孙宝亭	于洪章
魏天成	臧　镜	安玉桐	郭松岩	宗克焕	王玉林
何玉山	聂树仁	陈宝义	周俊成	裴文海	果福海
赵富荣	刘庭台				

文教医务（24名）

尚天裕	左清莲	吴　敏（女）	周　朗	吴咸中	赵宝林
王兆铭	刘志莲（女）	叶希贤	王金良	张荣庆	侯玉朴（女）
张化新	郝　寿	江泽生	陈家琦	谭郁彬	周逸江
王　全	高　鹏	陈天池	张　铭	高喆民	李润杰

劳动局（2名）

高如珍	冯福祥				

天津专区（23名）

李长志	孙志彦	韩树起	陈桂荣（女）	杨占明	李相文
吴国柱	贾德海	魏　谦	王宝森	薛有田	张树春（女）
谢玉发	司淑蕙（女）	纪学孟	王文海	杨志增	许金廷
李瀛洲	毕大德	孙培英	田丽芬（女）	康泽如	

1964年天津市工业、交通、基本建设系统标兵名单（8名）

孙占奎	刘淑兰	司宝通	刘广甫	王增善	冯光明
张永清	李基荣（女）				

1973年天津市工业学大庆先进生产（工作）者名单（63名）

黄福禄	黄世梅（女）	孙连池	张永顺	史炳顺	李治中
景奉宝	武在宁	王海民	张宏年	江　波	赵文琴（女）
祝秉臣	胡玉兰（女）	王树德	王庆亭	郭守仁	王逸樵
李汝新	王新国（女）	郭中抱	梁万和	王余胜	阎　凯（女）
唐玉臣	张俊田	欧敬亭	岳建忠	王玉华（女）	隋伟东
赵智鹏	李惠娟（女）	赵金玲（女）	刘占乾	巩风岗	袁　建
王中平	谢嘉珍（女）	方立言	吴淑华（女）	陈淑英（女）	张三秋
刘淑珍（女）	刘兰亭	刘光义	吴运久	冯书江	蒋淑卿（女）
王风来	段素珍（女）	卢继纬	田秀英（女）	马明德	杜德成
常志旭	张杰臣	郭汉民	梁殿贵	商学敏（女）	王金良
马宗田	赵振生	肖培芬（女）			

第二机械工业局（32名）

苏兰洲	王世兰（女）	达宝哲	王　琳	刘世英	李惠芬（女）
翁立容（女）	郭彦森	张祥根	杨利红（女）	张玺贵	徐茂林
于元宾	张宝玉	李秉歧	刘九歧	巩金森	孙素颖（女）
韩志明	宋芝山	索忠库	吴建平	齐　卫（女）	李凤云
于秀英（女）	黄才勇	李振江	游菊香（女）	国全义	靳建华（女）
张国壁	栗淑兰（女）				

冶金工业局（23名）

齐子升	王卫军	胡　星	金广桥	马林祥	王秋红（女）

刘瑞强	王士林	张才珊	张羽凤（女）	郭树泰	张书珂
李玉琴（女）	刘佐孟	张兴汉	冯友兰（女）	钱守本	张义和
赵惠津（女）	王双来	刘德芬（女）	张秀荣（女）	柴冠会	

纺织工业局（53名）

林淑兰（女）	尚丽琴（女）	容学明（女）	李耀华（女）	王文新（女）	张贵卿
曹俊义	王桂珍（女）	张振江	赵　斌	张歧山	李玉香（女）
毛秀英（女）	张金才	张成华	杨二平（女）	董淑芬（女）	孙汝淇（女）
尹长通	任宜训	刘学源	储义兰（女）	费桂苓（女）	曲邦瑞
谭素芬（女）	郭风秋	韩振海	倪忠旭	周连璧	李秀华（女）
李天祥	王富琴（女）	马世瑞	陈荣麟	王卫国	宁宝敏（女）
王秀荣（女）	王　莹（女）	龙启荥	鲁志萍（女）	杨秀荣（女）	张继军（女）
曹燕君（女）	吴智慧（女）	殷静文（女）	管兆义	姜淑英（女）	赵培才
徐惠敏（女）	孔桂英（女）	常会书	郝秀珍（女）	张光芳（女）	

化学工业局（43名）

李书庄	杨恩宝	潘天福	姜润秀（女）	李振海	王玉龙
李国斌	孔德昌	王有永	叶之恒	郝景贵	王　礼
毛启仁	庞淑兰（女）	刘浩然（女）	潘学刚	朱玉昆	孟宪爱（女）
柳家昌	赵益新	李　峰	王羡孔	邢德生	韩永英
李梦龙	燕子祥	陈　亨	谭庆祥	刘真寿	王新三
赵久福	韩穗孙	杨桂云（女）	陈永利	贾金庆	杜明义
侯振起	赵丽英（女）	宁桂芳（女）	王宝增	刘荣馨（女）	刘　钦
王子成					

第一轻工业局（54名）

李金雪	王吉业	何锡元	郝宝琪	张洪志	李世生（女）
高天友	司宝通	王淑清（女）	王宝珍	庞玉海	万文藻
韩荣珍（女）	张凤云（女）	陆敬尧	曹振江	张清轩	王　云
安玉桐	何凤歧	张大美	高秀芳（女）	侯殿臣	杨淑荣（女）
王志清	关梓泮	国传训	蒲兴国	王　铭	刘宝田
刘淑兰（女）	徐铁钢	张庆祥	戎学珍（女）	佟为功	刘桂珍（女）
王福来	冯文友	刘秀媛（女）	陈传志	杨俊峰	李　禄
董文田	张丽娟（女）	丁绍明	王玉芬（女）	李进宝	管庆玺
幕清洁	刘庆胜	李延昌	刘玉沛	刘金荣（女）	杨淑琴（女）

第二轻工业局（10 名）

李秀兰（女）　戴　筠（女）　刘海江　董玉珍（女）　唐崇福　柴声云
路希杰　黄新凤（女）　阎恩兹（女）　陈殿试

交通局（15 名）

徐殿发　李桂凤（女）　陈锡九　杜廷发　杨淑荣（女）　崔学起
梁桂琴（女）　屈广明　冯建成　吴宏雁（女）　赵树起　常广富
阎树林　薛世凯

电业局（4 名）

康继增　刘瑞政　胡连喜　姜国俊（女）

邮电管理局（3 名）

郭淑芬（女）　杨熙林　李世雯（女）

物资管理局（3 名）

呼玉田　李桂香　李泉永

天津铁路局（16 名）

王臣忠　邵宝珠　高同霞（女）　丁汝兰（女）　范忠芳（女）　季喜云
秦　善　吴玉森　赵宝仁　商秉贵　梁国臣　施宝山
陈宝昆　赵连生　董国俊　金凤梧

天津港务管理局（5 名）

张宝林　钱冬香（女）　赵宝润　白锡瑞　阎长林

天津航道局（2 名）

赵习文　李金华

第一航务工程局（4 名）

王玉珍（女）　曾栋贤　胡金根　陈作贵

铁路第三设计院（4 名）

曹振华　沈友清　彭道广　宋质彬（女）

中国远洋运输公司天津分公司（2 名）

王贵森　朱洪勤

大港油田（21 名）

任书代　任秀岩　刘俊清　王　臣　董欣礼　庞兴隆
邵洪弟　王景云（女）　刘金荣　郭永崇　马顺发　李云山
牟友清　安学芬（女）　刘有财　张发玲（女）　杨承义　王永远
方文娟（女）　张　权

六九八五工程指挥部（10名）

韩　旺　郭东宗　魏殿彬　马忠慧（女）　吴惠兰（女）　陈凤利
吴师丛　张伯奇　杜一云（女）　柴根义

建港指挥部（3名）

王道昌　王连佑　姜志成

公用局（9名）

李嘉树　李世荣　王德福　韩希铭　吕俊香（女）　孙淼淼（女）
李桂萍（女）　苏惠兰（女）　池佩良

房地产管理局（11名）

陈连山　苏秀珍（女）　王佩祥　王凤山　崔泽云（女）　张春选
蔡作义　周宝芝（女）　张连雨　张子波　谢德才

建筑工程局（12名）

孙臻庭　强万长　冯树基　丁汝君（女）　常金忠　韩修华
赵风升　任敬禄　张兆环　侯庆来　乔文泉　李文荣

市政工程局（12名）

华玉祥　刘肥头　刘春山　苏银锁　张景泉　王树林
张振昆

建筑材料工业局（10名）

赵志纯　傅玉峰　钟宝森　王金兰（女）　贾树贵　钟淑琴（女）
吴依诊　白玉芝（女）　齐之绥　刘继军

规划设计管理局（5名）

张广川　魏洪霞（女）　傅　玉　李振东　孙金相

第一商业局（6名）

孙银环　李秀英（女）　吴财元　韩炳礼　陶宝健　刘英俊

第二商业局（8名）

王秀英（女）　王玉林　陈桂英（女）　龙德玲（女）　崔庆武　杨秀艳（女）
尹树荣　罗海山

粮食局（3名）

温　敏　金俊升　沙元海

对外贸易局（3名）

张淑玲（女）　傅书文　霍玉明

水产局（2名）

段书兰（女）　李祥云

文教系统（1名）

贾玉江

和平区（11名）

宋 娜（女）	王文敏（女）	段凤池	甘凌云（女）	李振莲（女）	朱德谦
林润章	王学礼	陈阿兰（女）	李加利	孟宪增	

河北区（13名）

刘永昌	焦渤海	李根生	王花亭（女）	龚玉芝（女）	孙连元
宋新芳（女）	韩仲元	王丞连	孟庆泽	王文雨（女）	马兴才
张淑兰（女）					

河东区（11名）

刘云萍（女）	何宝贵	于素芬（女）	赵学强	张纯清	王嘉凯
杨士铎	刘凤山	张银锁	杨树源	沈宝琴（女）	

河西区（11名）

姜士林	刘玉祥	杨云秀（女）	夏淑琴（女）	孙丰奎	崔文霞（女）
杨少西	孙宝田	王金钟	李贵萍（女）	张万禄	

南开区（14名）

朱宝英	刘连温（女）	杨志铭	刘桐轩	张汝芬	马金花（女）
慈宗礼	谷素慎（女）	马凤英（女）	王金鹏	于俊凤（女）	吕培松
韩俊华	李迎昌				

红桥区（14名）

路振海	刘贵山	冯世华	武金和	包宗杰	张淑珍（女）
田士军（女）	周志虹	李金凤	王荣和	段守才	王兰桥
周俊华（女）	刘子升				

塘沽区（13名）

李振鹏	张同友	李义峰	穆瑞堂	周进喜	曹玉珊
郑吉森	吴宝兴	米学海	张秀花（女）	张兴华	赵宝海
许洪尝					

汉沽区（4名）

尹继林	杨克礼	王绍贤	赵 卓

东郊区（5名）

李建敏（女）	赵 英	范金生	冯长青	李相忠

西郊区（3名）

张子运	张 更	李恩江

南郊区（6名）

王洪生	陈金祥	王玉林	徐玉宽	苏海峰	穆春生

北郊区（2名）

丛振国	刘恩光	于学厚	孟玉英

蓟县（2名）

张茂旺　柳子贵

武清县（2名）

王福信　王本发

宝坻县（2名）

李宝荣　张双义

静海县（2名）

汪鹤元　张志林

宁河县（2名）

冯云生　董文杰

1974年天津市工业学大庆先进生产（工作）者名单

第一机械工业局（67名）

欧敬亭	朱国强	陆学勤	郭守仁	李汝新	王逸樵
唐玉臣	李　丽（女）	赵文琴（女）	张宏年	江　波	孟繁荣（女）
刘占乾	徐克明	隋卫东	李慧娟（女）	陈国炳	肖培芬（女）
吕兰锷	谢嘉珍（女）	薛春来	王海民	王中平	郭奎雄
郑文广	赵振生	马宗田	丁淑英（女）	王金良	王树彬
郭汉民	王庆鸿	张永顺	景奉宝	李瑞林（女）	郭凤珍（女）
史炳顺	武在宁	黄世梅（女）	王树德	常继书	崔荫年
王余胜	胡玉兰（女）	梁万和	祝炳臣	黄万成	刘兰亭
段淑珍（女）	张俊茹（女）	庞长振	巩凤岗	马万全	马明德
赵振和	田秀英（女）	常志旭	张杰臣	杜德成	芦继纬
刘淑珍（女）	方立言	张三秋	阎玉珍	唐明跃（女）	苑忠清
王玉华（女）					

第二机械工业局（32名）

刘文玉	刘世英	达宝哲	苏兰洲	杨利红（女）	卢连华（女）
张玺贵	杜崇谦	郭彦森	翁立荣（女）	李秉岐	刘九岐
顾泽苍	巩金森	罗传炎	于元宾	孙素颖（女）	宋芝山

张国璧	韩秀云（女）	国全义	靳建华（女）	栗淑兰（女）	于秀英（女）
游菊香（女）	李凤云	齐　卫（女）	吴建平	索忠库	李凤玲（女）
裴福庆	张宝玉				

冶金工业局（25 名）

武金元	陈家惠	张秀荣（女）	刘爱军（女）	陈广生	李文志
陈镜兰	张兴汉	张义和	姜汉如	齐　康	刘佐孟
张才珊	郭树泰	赵惠津（女）	张书珂	王卫军	王双来
梁悦成	李玉琴（女）	张家麒	王士林	金广桥	韩金泉
马林祥					

纺织工业局（58 名）

郝秀珍（女）	张永惠（女）	朱春友	韩　玲（女）	孔桂英（女）	邢宝珍（女）
段静文（女）	马立生（女）	樊志广	陈金荣（女）	郭　薇（女）	张继军（女）
杨秀荣（女）	崔　英（女）	龙启荥	王　莹（女）	郭　微（女）	孙丽珍（女）
汤文生	王卫国	林淑兰（女）	容学明（女）	王文新（女）	李耀华（女）
高文慧（女）	龚健增（女）	王清海	张贵卿	任宣训	孙汝琪（女）
董淑芬（女）	曲邦瑞	李颖慧（女）	费桂岭（女）	吴振明	储义兰（女）
尹长通	张岐山	王桂珍（女）	张振江	刘树兰（女）	王淑兰（女）
李玉香（女）	曹俊义	常会书	赵　斌	张光芳（女）	张成华
高宝岐	张金才	毛秀英（女）	韩振海	倪忠旭	周连壁
郭凤秋	谭素芬（女）	朱丽群（女）	李天祥		

第一轻工业局（46 名）

李金雪	王吉业	何锡元	张洪志	高天友	李世生（女）
迟连章	浦兴国	张庆祥	戎学珍（女）	王　铭	赵德俊
孙淑英（女）	朱自富	冯文友	王室恬	张志花（女）	刘秀媛（女）
陈连恩	陈传志	朱玉良	曹振江	陆敬尧	李殿武
万文藻	韩荣珍（女）	张清轩	张凤云（女）	安玉桐	王　云
何凤起	张大美	高秀芳（女）	侯殿臣	国传训	王隋珍（女）
郑　坚	陶其微（女）	司宝通	王淑清（女）	王宝珍	吴彤向
宋广秀	张淑云（女）	倪寿丰	陈宝瑜		

第二轻工业局（12 名）

李世玉（女）	岳忠德	代　筠（女）	黄新凤（女）	唐崇福	阎恩慈（女）
路希杰	周学明	魏清秀（女）	吴淑华（女）	刘海江	陈殿试

化学工业局（32名）

潘义清	王世杰	栾慎行	庞淑兰（女）	王　礼	毛起仁
柳家昌	朱玉昆	李书庄	赵益新	燕子祥	韩永英（女）
陈　亨	赵久富	王新三	李梦龙	刘贞寿	韩穗孙
张玉荣（女）	王策功	贾金庆	穆祥惠（女）	杜明义	杨桂云（女）
陈永利	徐志卫	刘　钦	赵金忠	郑秀萍（女）	饶林生
周金城	郝景贵				

大港油田（25名）

邵洪弟	肖祝友	袁桂德	兰友全	刘由平	李云山
牟友清	安学芬（女）	蒋国明	张惠兰（女）	董欣礼	谢火祥
王忠武	杨承义	苏玉祥	马顺发	李新楚	张发玲（女）
刘金荣	方文娟（女）	王景云（女）	朱守江	邹世良	胡绍仁
刘碧昆					

电业局（4名）

张建亚	康继增	李子瀛	何金玲（女）

第二机械工业部第三研究院（1名）

张绍清

交通局（16名）

常广富	赵树起	阎树林	吴宏雁（女）	屈广明	王茂春
薛世凯	陈锡九	李桂凤（女）	赵桂生	刘贵山	陈学增
张淑兰（女）	范玉祥	孙树亭	石廷发		

天津铁路分局（19名）

薛清泉	王文秀	王臣忠	邵宝珠	田国庆	刘秀珍（女）
范忠芳（女）	季喜云	秦　善	常桂荣	傅士禄	梁国臣
丁伯云	陈宝昆	赵连升	王宝玲（女）	王新华（女）	董国俊
孟庆瑞					

铁道部第三设计院（2名）

曹振华	彭道广

天津港务管理局（7名）

白锡瑞	钱冬香（女）	李明河	张　忠	赵宝润	刘淑云（女）
张宝林					

邮电管理局（2名）

郭淑芬（女）	李世雯（女）

天津航道局（3名）

王道昌　赵习文　张如千

中国远洋运输公司天津分公司（2名）

王贵森　朱洪勤

建筑工程局（20名）

孟繁忠　孟庆寿　高崇岭　李福顺　冯树基　张树林
常金仲　郑学农（女）　于炳江　任敬禄　马福林　韩修华
侯庆来　乔文泉　张金英（女）　张兆环　王宏文　曹生富
周宝生　李月芹（女）

建筑材料工业局（7名）

钟宝森　吴依诊　赵志纯　刘福刚　齐之绥　王金兰（女）
贾树贵

市政工程局（6名）

张景泉　刘春山　华玉祥　刘肥头　朱桂华（女）　李云忠

交通部第一航务工程局（4名）

王玉珍　陈作贵　胡金根　田盛志

建港指挥部（3名）

肖克勤（女）　王连佑　姜志成

七〇四工程指挥部（2名）

李德贵　柴文藻

规划设计管理局（1名）

孙金相

公用局（10名）

苏慧兰（女）　赵洪珍（女）　杨宝祯　林寿耆　王德福　韩希铭
胡立田　解基林　张淑英（女）　赵金亮

房地产管理局（5名）

苏秀珍（女）　周宝芝（女）　高宝焕（女）　郭芝榕　张春选

天津涉县铁厂（6名）

刘志勇　陈凤利　韩　旺　吴惠兰（女）　喻娴武（女）　郭东宗

物资管理局（6名）

杨润清（女）　陈瑞琴（女）　秀茂田　杜贵仁　呼玉田　唐秀山

第一商业局（9名）

费秀珍（女）　吴财元　何启云（女）　刘英俊　汪德仁　陶宝健

赵家驹	王会生	宋述贤			

第二商业局（10名）

崔庆武	罗海山	王秀英（女）	延瑞芬（女）	贾凤来	张文波
龙德玲（女）	王贵祥	薛宝田	王玉林		

粮食局（4名）

刘永生	胡景云	王桂荣（女）	武恩庆		

对外贸易局（9名）

李德清	崔明臣	张淑玲（女）	张天荣（女）	屠小三	任宝金
杜洪涛	王金城	孙剑荣			

农林局（1名）

张景荣

水产局（1名）

郭守玉

民政局（2名）

朱宝英	刘永昌				

文化局（1名）

沈大慈（女）

和平区（11名）

李加利	甘凌云（女）	宋　娜（女）	王文敏（女）	李振莲（女）	王学礼
段凤池	王　英	林润章	贺文伶（女）	孟宪增	

南开区（16名）

马金花（女）	张汝芬	王传哲（女）	刘桐轩	吕培松	韩俊华
刘连温（女）	杨致铭	孙秀珍（女）	李群海	慈宗礼	谷素慎（女）
王金鹏	马凤英（女）	宋福奎	谢德才		

河东区（12名）

杨士铎	张凤云（女）	王嘉凯	刘凤山	蔡作义	何宝贵
崔泽云（女）	贾玉珂	赵秀英（女）	张银锁	赵学强	徐世博

河北区（14名）

李根生	焦渤海	孟庆泽	王文雨（女）	龚玉芝（女）	孙连元
王花亭（女）	宋新芳（女）	韩仲元	班景秋（女）	杨淑珍（女）	李长清
马兴才	郎玉兰（女）				

河西区（11名）

郭大生	张万禄	李忠华（女）	崔文霞（女）	孙丰奎	夏淑琴（女）

姜士林	王玉臣	王佩祥	张宝田	杨绍熙	

红桥区（13名）

郑连山	王衍诰	周志虹	武金和	包杰宗	李学勤（女）
段守才	王兰桥	马志谦	张淑贞（女）	任桂林	陈连山
刘子升					

塘沽区（32名）

李振海	王玉龙	李国斌	刘增芳（女）	林宝荣（女）	王有水
叶之恒	丁绍明	管庆玺	史汝珍	王玉芬（女）	李进宝
李文荣	王　伟（女）	翟学起	吕德山	刘德新	穆瑞堂
周进喜	曹玉珊	李振鹏	李义峰	张同有	李祥云
米学海	冯书江	李仁和	郑宝凤（女）	辛玉菁（女）	郑吉森
张嘉瑞	高秀兰（女）				

汉沽区（13名）

刘庆胜	慕清洁	杜月山	王　友	姜润秀（女）	刘玉沛
徐殿发	赵　卓	张进臣	尹继林	陈丽娇（女）	王志清
王绍贤					

东郊区（5名）

赵　英	王德和	孙　芝（女）	李建敏（女）	范金生

西郊区（3名）

张　更	宋珍茹（女）	罗俊良

南郊区（2名）

穆春生	侯学敏

北郊区（1名）

孟玉英（女）

宁河县（2名）

冯云生	董文杰

宝坻县（2名）

李宝荣	张双义

武清县（2名）

宫敬全	王本发

蓟县（2名）

王淑霞	柳子贵

静海县（1名）

张志林

1975年天津市工业学大庆先进生产（工作）者名单

第一机械工业局（67名）

欧敬亭	陆学勤	朱国强	郭守仁	李汝新	王逸樵
刘子鑫	张宏年	高国胜	胡作宽	李惠娟（女）	陈国炳
刘占乾	徐克明	孟繁荣（女）	李　丽（女）	杨富余	吕兰锷
肖培芬（女）	李长升	薛春来	黄云义	刘树茂	魏庆亮
王金良	赵振生	李金升	李秀芳（女）	王树彬	王笃荣（女）
张永顺	刘桂贤（女）	景奉宝	王庆鸿	郭凤珍（女）	霍淑珍（女）
李瑞林（女）	李连生	张雅君（女）	马　云	胡玉兰（女）	梁万和
崔荫年	祝炳臣	黄万成	王树德	刘兰亭	巩凤岗
吴恩旺	张兰英（女）	马万全	马明德	赵振和	田秀英（女）
王章鹏	张杰臣	卢继纬	杜德成	施德福	刘淑珍（女）
方立言	阎玉珍	张三秋	苑忠清	王玉华（女）	仲宝庆
黄世梅（女）					

第二机械工业局（31名）

刘文玉	苏兰洲	杨利红（女）	达宝哲	杜崇谦	张玺贵
刘世英	卢连华（女）	刘九岐	郭彦森	顾泽苍	李秉岐
顾吟菊（女）	巩金淼	于元滨	孙素颖（女）	宋芝山	张国璧
韩秀云（女）	国全义	靳建华（女）	栗淑兰（女）	于秀英（女）	游菊香（女）
李凤云	齐　卫（女）	吴建平	索忠库	李凤玲（女）	裴福庆
邓泽培					

冶金工业局（25名）

冯及增	张才珊	陈竞兰	郭树泰	刘佐孟	刘桂琴（女）
齐英昆	王卫军	张兴汉	金广桥	李玉琴（女）	赵惠津（女）
纪清秀（女）	高宝善	刘爱军（女）	齐　康	张义和	姜汉儒
张连恩	张书珂	陈广生	李和田	马林祥	刘佩孚
张秀荣（女）					

纺织工业局（57名）

张慧云（女）	张永惠（女）	朱春友	孔桂英（女）	昝家兰（女）	刘庆祥
马立生（女）	项桂兰（女）	樊志广	郭　薇（女）	陈金荣（女）	张继军（女）

杨秀荣（女）	崔　英（女）	龙启荥	王　莹（女）	胡盘山	孙丽珍（女）
汤文生	王卫国	林淑兰（女）	任鸿儒	容学明（女）	李耀华（女）
王文新（女）	龚健增（女）	高文慧（女）	张贵卿	王桂珍（女）	薛宏鑫
张振江	孔广礼	张跃华	赵　斌	刘树兰（女）	王淑兰（女）
李玉香（女）	张景茹（女）	孙汝琪（女）	王宝和	曲邦瑞	李颖慧（女）
费桂岭（女）	吴振明	尹长通	宋学志（女）	张成华	张金才
王惠敏（女）	毛秀英（女）	韩振海	秦　虹（女）	倪忠旭	张树惠（女）
周连璧	朱丽群（女）	李天祥			

第一轻工业局（43名）

李金雪	邵桂芝（女）	刘金城	王吉业	何锡元	张洪志
李世生（女）	迟连章	杨津华（女）	何凤起	王　云	安玉桐
高秀芳（女）	张大美	金英顺（女）	国传训	陶其微（女）	张庆祥
戎学珍（女）	蒲兴国	孙淑英（女）	朱自富	王淑清（女）	司宝通
薛元文	赵树槐	秦延才	张志花（女）	陈连恩	王室恬
贾铁成	刘秀媛（女）	曹振江	陆敬尧	李殿武	万文藻
张凤云（女）	宋景禄	王　铭	董文田	张忠华	张淑云（女）
周德深					

第二轻工业局（12名）

刘海江	张振发	李秀兰（女）	岳忠德	周学明	凌风波
魏清秀（女）	路希杰	吴淑华（女）	沈琴堂	高启亮	翁金发

化学工业局（34名）

倪常荣（女）	郝景贵	李万银	刘淑娥（女）	李书庄	朱玉昆
庞淑兰（女）	王　礼	王世杰	毛启仁	柳家昌	栾慎行
赵益新	孟宪爱（女）	韩永英（女）	周炳祥	燕子祥	康大振
杨桂云（女）	唐秀凤（女）	贾金庆	陈永利	穆祥慧（女）	徐志卫
赵金忠	孙　勇（女）	陈　亨	王新三	王策恭	何广鑫
赵久富	韩穗孙	刘淑梅（女）	薛　彬		

大港油田（23名）

任秀岩	袁桂德	肖祝友	牛润琴（女）	谷振英	安学芬（女）
刘俊秀（女）	曾其欠	苏玉祥	张　华（女）	马晓燕（女）	黄碧云
谢庆标	邹世良	高仲祥	李新楚	马顺发	刘金荣
朱连来	刘德全	方文娟（女）	郝玉花（女）	吴春香（女）	

海洋石油勘探指挥部（4名）

祁胜利 陈桂芝（女） 刘春燕（女） 董欣礼

电力局（4名）

康继增 张建亚 李子瀛 何金玲（女）

印刷工业局（5名）

丁　华（女） 王兰桥 陈传志 侯殿臣 朱玉良

天津涉县铁厂（6名）

栾秉富 陈凤利 郭东宗 孙晓朋 刘志勇 喻娴武（女）

第二机械工业部第三研究院（2名）

张绍清 陈国樑

交通局（16名）

王洪树 戴　时 马志章 赵树起 阎树林 吴宏雁（女）
林为群 王茂春 李桂凤（女） 陈锡九 赵桂生 范玉祥
郝清祥 陈学增 刘贵山 孙树亭

天津铁路分局（17名）

王文秀 王臣忠 秦　善 邵宝珠 薛清泉 王宝玲（女）
田国庆 季喜云 董国俊 赵连升 常桂荣 刘秀珍（女）
丁伯云 梁国臣 张文才（女） 王　义 傅士禄

铁道部第三设计院（1名）

彭道广

天津港务管理局（7名）

阎长林 李云芳（女） 王云通 白锡瑞 于德龙 张宝林
钱冬香（女）

邮电管理局（3名）

郭淑芬（女） 张振家 杨熙林

天津航道局（3名）

赵习文 王道昌 张如千

中国远洋运输公司天津分公司（2名）

王贵森 叶大清

建筑工程局（21名）

刘凤玉 李福顺 刘印山 于树林 冯树基 王忠鲁
史玉昆 于炳江 魏玉江 任敬禄 韩修华 乔文泉

张金英（女）	王珍寅	刘　义	曹生富	谭玉兰（女）	杨忠国
李月芹（女）	宋　纲	王　伟（女）			

建筑材料工业局（9名）

赵志纯	钟宝森	贾树贵	吴依诊	钟淑琴（女）	高文生
刘明泉	齐之绥	于树基			

市政工程局（10名）

华玉祥	刘肥头	李云忠	孙凤英（女）	张景泉	张道瑞
崔秀梅（女）	吴惠玲（女）	季满堂	薛　勤		

建港指挥部（3名）

王连佑	尹炳新	姜志成

交通部第一航务工程局（4名）

卢丽生	陈作贵	胡金根	刘东红（女）

大港电厂工程指挥部（2名）

庞金程	刘兆魁

蓟玉煤矿（1名）

李德贵

规划设计管理局（2名）

孙金相	李永祥

公用局（10名）

戴爱兰（女）	杨宝祯	林寿鹏	董朝友	赵洪珍（女）	王德福
韩希铭	解基林	张淑文（女）	张希刚		

房地产管理局（6名）

李家姮（女）	李福长	梁庆超	郭芝榕	张春选	张靖禹

物资管理局（9名）

唐秀山	李长明	杨润清（女）	吴财元	季茂田	马恩生
杜贵仁	陈瑞琴（女）	孙铁山			

第一商业局（7名）

费秀珍（女）	史文革	汪德仁	刘英俊	宋述贤	赵家驹
张来福					

第二商业局（6名）

崔庆武	王贵祥	薛宝田	王玉林	王秀英（女）	罗海山

粮食局（5名）

李怀忠	胡景云	熊梦吉	魏新眇（女）	吴砚国

对外贸易局（7名）

任宝金	王金城	李德清	张天荣（女）	孙剑荣	张淑玲（女）
崔明臣					

供销社（3名）

延瑞芬（女）	张文波	贾凤来

农林局（1名）

张景荣

水产局（1名）

郭守玉

民政局（3名）

刘永昌	王春华（女）	朱宝英

文化局（1名）

沈大慈（女）

和平区（13名）

李振莲（女）	王文敏（女）	宋　娜（女）	贺方伶（女）	甘凌云（女）	林润章
白桂兰（女）	高永刚	杨富明	王学礼	李加利	孟宪增
段凤池					

南开区（15名）

赵云霞（女）	王传喆（女）	高阿君	慈宗孔	谷树慎（女）	李群海
杨致铭	孙秀珍（女）	孟淑玉（女）	张汝芬	张训安	孙淑凤（女）
李国良	吕培松	谢德才			

河东区（11名）

刘凤山	贾金英（女）	何宝贵	吴祥兰（女）	张银锁	张风云（女）
张月美（女）	赵学强	卢思恕	李绍智	杨士铎	

河北区（14名）

焦渤海	李根生	韩仲元	宋新芳（女）	李玉坤（女）	陈旭荣（女）
孟庆泽	王花亭（女）	王文兰（女）	白福英（女）	李长清	班景秋（女）
段春华	马兴才				

河西区（12名）

姜士林	王玉臣	郭大生	张万禄	祝秀英（女）	张桂荣（女）
夏淑琴（女）	孙丰奎	王佩祥	张惠敏（女）	巩学仁	李恩汉

红桥区（14名）

武金和	李学勤（女）	马志谦	张淑贞（女）	刘子升	张　健

夏桐兰（女） 任桂林 曹树兴 张玉荣（女） 周志虹 郑连山
金 城 杨志芬（女）

塘沽区（29名）

史汝珍 丁绍明 管庆玺 王玉芬（女） 王宝春 邵克章
王玉龙 李振海 李国斌 刘增芳（女） 李宝华 姜桂臣（女）
周进喜 刘德新 曹玉珊 穆瑞堂 刘秀凤（女） 李义峰
张同有 郑吉森 刘春有 高秀兰（女） 冯书江 米学海
辛玉菁（女） 郑宝凤（女） 翟学起 吕德山 李祥云

汉沽区（14名）

刘庆胜 董连东 武少英（女） 王绍贤 慕清洁 杨恩宝
徐殿发 尹继林 陈继英（女） 王志清 赵 卓 刘玉沛
张进臣 韩凤荣（女）

东郊区（5名）

李建敏（女） 范金生 赵 英 刘芝升 崔永朋

西郊区（3名）

姜小景 张 更 罗俊良

南郊区（5名）

邓玉兰（女） 侯学敏 穆春生 秦凤高 李华星

北郊区（2名）

郑贵珍（女） 于学厚

宁河县（2名）

董文杰 冯云云

宝坻县（2名）

李玉荣 张双义

武清县（5名）

宫敬全 石海惠（女） 王本发 王秉恕 李 善

蓟县（2名）

柳子贵 李国芸（女）

静海县（2名）

王金章 马树立

1975 年天津市财贸学大庆、学大寨先进工作者名单

一商局（20 名）

陈宝祥	边纪华（女）	吴文兰（女）	白静文（女）	尹树鸽（女）	张新芳
孙荫桐	丁玉来	韩立生	张来福	李福兴	史文革
阎永泰	费淑文（女）	程伯儒	李淑珍（女）	何　清	张　强
朱云江	靳从善				

二商局（17 名）

王继山	杨美香（女）	曹　刚	蒋桂英（女）	孙世彭	冯习钟
陈树林	李俊龙（女）	陈长涛	刘树恒	孟继元	王洪钧
宋翠云（女）	苏秀梅（女）	高　敏（女）	张春祥	赵文志	

外贸局（12 名）

孙怡昕（女）	周凤亭	朱宝成	陈震宇	徐桂生	冯宗兴
王福谦	李庆生	张士兰（女）	孙宝亭	孙文甲	安国才

粮食局（5 名）

李庆森	韩宝荣（女）	魏新眇（女）	王玉莲（女）	熊梦吉

财政局（2 名）

刘秀昶	庾存忠

银行（4 名）

章恩成	王学敏（女）	李宝红（女）	王光前

和平区（23 名）

彭义祥	庞万滋	崔桂华（女）	王江南	马润萍（女）	刘恒阳
窦永茂	刘桂芳（女）	马国庆	杜大力	李庆轩	赵万江
陶家荣（女）	王庆祥	王　宗	张滋生	王化太	王全义
尹铭珍（女）	王　珍（女）	冯　卫（女）	孙文轩	王明奇	

河东区（13 名）

张胜利	杨俊荣（女）	李金柱	臧广兰（女）	赵田林	宋福生
齐玉玲（女）	汝玉荣（女）	毛富清（女）	王秀增	宋春生（女）	郅芳琴（女）
刘玉玺					

河北区（14 名）

宋杰雁（女）	张士珍（女）	乔惠兰（女）	邢伯瑛（女）	彭素芬（女）	刘颖莉（女）
周春兰（女）	刘俊华（女）	杨秀兰（女）	郭洪成	王　平	司景舜
吕　松	李凤君（女）				

河西区（12名）

姜宝珍（女）　马宝慧（女）　王庆山　杨玉兰（女）　姬德龙　罗春海
王长秀（女）　黄振山　张连岭　邵秀芝（女）　吕宝珍（女）　刘　森

红桥区（16名）

朱洪景　王秀芹（女）　马新美（女）　静宝林　陈步菊（女）　肖桂荣（女）
李美旗（女）　马玉芬（女）　陈以维（女）　刘振威　束方元　左玉琴（女）
李俊萍（女）　熊文秀（女）　王秋梅（女）　马可义（女）

南开区（15名）

高益泰　刘玉华（女）　张秀萍（女）　郭喜春（女）　姚　丽（女）　阚清源
张玉华（女）　冯兰英（女）　杨凤文　金连志　张广文　强之元
李秉均　刘洪荣（女）　吕贵明

塘沽区（10名）

李俊云　齐文萍（女）　刘玉华（女）　赵玉玲（女）　许茂林　刘文香（女）
李连香（女）　王贵连　高兰英（女）　郭翔轩

汉沽区（4名）

杨文霞（女）　李淑娟（女）　徐桂英（女）　刘建国

东郊区（4名）

高本畿　张谊华（女）　李玉山　戴玉梅（女）

西郊区（7名）

张国昌　郑凤岭　刘蟠瑞　王庆申　贾巧荣（女）　王俊岐
刘玉昆

南郊区（7名）

张德云（女）　张庆雨　由文郁　李之莲（女）　柴寿海　李树珩
胡艳玲

北郊区（5名）

崔金爽（女）　石云玲（女）　张志信　吴士第　李福潭

武清县（7名）

王　荣　鲍志和　刘旭升　甄配云（女）　马铁民　董　才
龚文楼（女）　杨会文（女）

静海县（8名）

岳宜英（女）　荆学珍　梁洪台　刘静武　李乃惠　杨万祥

蓟县（8名）

杜景福　吴会林　赵景玉　王秀云（女）　张大春　原英花（女）

刘　庆	徐桂英（女）				

宝坻县（8名）

牛德山	李善普	王洪勋	芮　华（女）	邢秀敏（女）	李孟武
杨树恩					

宁河县（6名）

谈乔霞（女）	吕广珍	王福兴	姜玉玲（女）	王太玲（女）	尚克信

水产局（1名）

史莲娣（女）

机关事务管理局（1名）

李福义

物资局（1名）

张金富

农机局（1名）

郭世昌

1976年天津市工业学大庆先进生产（工作）者名单

第一机械工业局（65名）

陆学勤	欧敬亭	张承远	张宏年	刘子鑫	高国胜
郭守仁	李汝新	任庆斌	胡作宽	陈国炳	冯秀娣（女）
刘占乾	徐克明	祁成明	杨富余	林德时	李　丽（女）
吕兰锷	肖培芬（女）	高树瑞	陶遵谟（女）	黄云义	王　文（女）
赵振生	李秀芳（女）	李金升	王金良	郭凤珍（女）	李连生
霍淑珍（女）	张永顺	王庆洪	景奉宝	温振江	李端林（女）
黄世梅（女）	马爱民（女）	崔荫年	胡玉兰（女）	梁万和	刘文东
祝炳臣	马　云	王树德	吴恩旺	仲宝庆	刘万平
巩凤岗	李洪强	黄万成	刘兰亭	马明德	赵振和
郭振文	王德凤	张建国	田秀英（女）	杜德成	张三秋
刘淑珍（女）	方立言	卢思恕	孙彭春	郭温德	

第二机械工业局（31名）

栗淑兰（女）	梁士华（女）	宋芝山	张国璧	靳建华（女）	国全义
马建成	景翠琴（女）	李凤云	齐　卫（女）	索忠库	葛　平
张连明	裴福庆	苏兰洲	刘文玉	刘士英	张玺贵
达宝哲	王静芳（女）	杜崇谦	许海峰	刘振秀（女）	顾吟菊

刘九岐	顾泽苍	郭彦淼	王福枝	巩金森	孙素颖（女）
于元滨					

冶金工业局（26 名）

冯及增	马林祥	王忠和	张才珊	陈镜兰	刘佐孟
刘桂琴（女）	崔学泉	董宝常	王卫军	纪清秀（女）	金广桥
张兴汉	翟春元	李玉琴（女）	赵惠津（女）	高宝善	刘爱军（女）
张连恩	齐　康	张义和	姜汉儒	郭树泰	魏家江
张书珂	刘佩孚				

第一轻工业局（38 名）

李金雪	何锡元	王吉业	高成章	迟连章	郝宝琪
邵桂芝（女）	张洪志	赵华来	蒲兴国	孙淑英（女）	朱自富
张庆祥	戎学珍（女）	赵树槐	刘广杰	王室恬	陈连恩
李　禄	颜桂芝（女）	曹振江	李殿武	万文藻	张凤云（女）
宋景禄	杨津华（女）	张大美	王　云	安玉桐	何凤起
郑　坚	陶其微（女）	国传训	金英顺（女）	董文田	张忠华
张淑云（女）	周德深				

第二轻工业局（38 名）

司宝通	王淑清（女）	薛元文	吴俊峰	岳忠德	张振发
李秀兰（女）	张成华	吕志发	张金才	王惠敏（女）	毛秀英（女）
李根生	李绍智	杨士铎	谷元富	孟宪增	刘海江
吴淑华（女）	宋娜（女）	杨致铭	焦渤海	沈琴堂	马志谦
杨兰屏（女）	段凤墀	高阿君	李恒章	路希杰	魏清秀（女）
凌凤坡	周学明	慈宗礼	杨志芬（女）	李加利	高启亮
翁金发	陈殿试				

纺织工业局（50 名）

张慧云（女）	张永惠（女）	崔津生（女）	孔桂英（女）	张福英（女）	刘庆祥
高树春（女）	樊志广	李善言	陈金荣（女）	李淑兰（女）	张继军（女）
杨秀荣（女）	崔　英（女）	龙启荣	魏淑芳（女）	黄　侃	王保林
徐梦元	林淑兰（女）	任鸿儒	容学明（女）	李耀华（女）	高文慧（女）
龚健增（女）	范同洪（女）	张贵卿	孙汝琪（女）	曲邦瑞	费桂岭（女）
吴振明	尹长通	王宝和	王桂珍（女）	张振江	薛宏鑫
张耀华	王淑兰（女）	王秀荣（女）	张景茹（女）	赵　斌	许少梅（女）
韩振海	秦　虹（女）	倪忠旭	吕金萍（女）	周连璧	李天祥

朱丽群（女）	邢庆森				

化学工业局（35名）

王占起	张松敬	李泽厚	王连甲	张海声	李万银
郝景贵	王　礼	庞淑兰（女）	王世杰	李书庄	栾慎行
朱玉昆	赵益新	柳家昌	孟宪爱（女）	崔锡术	杜明义
王作栋	穆祥惠（女）	陈永利	燕子祥	康大振	周秉祥
张玉桐（女）	徐志卫	孙　勇（女）	赵金忠	陈　亨	王新三
王策恭	何广鑫	赵久富	韩穗孙	刘淑梅（女）	

电力局（9名）

张建亚	何金玲（女）	孙宝玲（女）	李子瀛	钱国忠	杨金海
马继明	康继增	朱桂艳（女）			

邮电管理局（4名）

郭淑芬（女）	张振家	杨熙林	陈桂喜		

大港油田（26名）

肖祝友	任秀岩	袁桂得	李柏青（女）	曾其欠	蒋国明
刘俊秀（女）	李月芬（女）	徐玉珍（女）	李亚平	苏玉祥	赵兴元
庞兴隆	黄碧云	王祥洲	邹世良	邵洪弟	韩宝玉
李新楚	马顺发	高仲祥	朱连来	方文娟（女）	刘光照
杨承义	王俊玲（女）				

第二机械工业部第三研究院（1名）

张绍清

交通局（21名）

王洪树	戴　时	刘玉琨	马志章	赵树起	阎树林
吴宏雁（女）	林为群	王茂春	刘绍洲	李　进	孙树亭
刘贵山	何宝贵	范玉祥	郝清祥	王广海	赵桂生
赵宝贤	陈锡九	李桂凤（女）			

天津港务管理局（7名）

阎长林	王云通	李云芳（女）	白锡瑞	于德龙	张宝林
钱冬香（女）					

中国远洋运输公司天津分公司（2名）

王贵森　叶大清

天津航道局（7名）

张如千　王道昌　赵习文

天津铁路分局（16 名）

王文秀　王臣忠　赵连升　丁伯云　王宝玲（女）　季喜云
董国俊　刘秀珍（女）　梁国臣　博世录　王　刚　岳有才
王希阁　王子珊　薛清泉　邵宝珠

铁道部第三设计院（2 名）

曹振华　伊熙祖

天津涉县铁厂（5 名）

高世禄　郭东宗　刘志勇　韩成田　张志英（女）

印刷工业管理局（5 名）

侯殿臣　朱玉良　王兰桥　陈传志　丁　华（女）

海洋石油勘探指挥部（3 名）

倪良坤　黄国胜　杨木成

建筑工程局（26 名）

孟繁忠　郭绍增　杨春明　刘印山　李福顺　冯树基
于树林　部淑芬（女）　王忠鲁　史玉昆　储光明　于炳江
周玉霞（女）　魏玉江　孙凤英（女）　李云忠　韩修华　韩忠华（女）
张金英（女）　乔文泉　曹生富　谭玉兰（女）　毕玉发　刘　义
黄世尧　李锡祥

市政工程局（11 名）

刘肥头　华玉祥　张景泉　李春桂（女）　马景山　吴惠玲（女）
滕金恒　赵　云　解基林　薛　勤　晋玉龙

房地产管理局（8 名）

郭芝榕　张景禹　梁庆超　刘长森　赵国宝　田海龙
沈树嘉　吴振中

建筑材料工业局（9 名）

赵志纯　李玉萍（女）　于树基　钟宝森　贾树贵　齐之绥
李加明　张俊昆　刘少英（女）

规划设计管理局（2 名）

李永祥　孙金相

公用局（11 名）

戴爱兰（女）　杨宝祯　赵洪珍（女）　王德福　韩锡铭　董朝友
张希刚　李连春　林润章　张淑文（女）　林寿鹏

地震局（1名）

赵惠君（女）

交通部第一航务工程局（5名）

陈作贵　丁建华　胡金根　刘东红（女）　卢丽生

建港指挥部（3名）

姜志成　司徒占　尹炳新

天津蓟玉煤矿（1名）

李德贵

天津大港电厂工程指挥部（1名）

张　静（女）

国家建委一局（2名）

刘志湖　刘经华

李港铁路工程指挥部（2名）

李宝仁　顾守德

治理南北排污河工程指挥部（1名）

齐金洲

石油化纤厂工程指挥部（1名）

孙锡玉

第一商业局（9名）

王砚贤　宋述岭　史文革　费秀珍（女）　赵家驹　汪德仁
刘英俊　张来福　伏双锋

第二商业局（7名）

崔庆武　郭宝成　刘加印　张福旺　毛丰端　罗海山
王洪海　薛宝田

粮食局（6名）

韩志平　韩宝荣（女）　胡景云　熊梦吉　李怀忠　吴砚国

对外贸易局（7名）

王云锡　杜洪涛　张淑玲（女）　任宝金　李德清　王金成
孙剑荣

供销社（6名）

侯树林　贾凤来　延瑞芬（女）　王洪钧　张文波　乔念虎

物资管理局（9名）

马恩生　杜贵仁　陈瑞琴（女）　季茂器　唐宝成　吴财元

于莉莉（女）	唐秀山	刘子斌			

农林局（1名）

刘福江

水产局（2名）

谭福茂　郭守玉

文化局（1名）

刘文高

民政局（3名）

刘永昌　朱宝英　王春华（女）

和平区（7名）

高永刚	贺方玲（女）	王学礼	李振莲（女）	刘朝俭	王全义
白桂兰（女）					

河北区（9名）

孙淑珍（女）	白福英（女）	秦进茂	刘洪年	耿子明	王风山
马兴才	段春华	李庆福			

河东区（6名）

张凤云（女）	陈瑞萍（女）	秦秀荣（女）	杨　旭	张立秋	刘凤山

河西区（7名）

夏淑琴（女）	张桂荣（女）	朱　光	姜士林	巩学仁	王佩祥
李恩汉					

南开区（9名）

李洪年	张汝芬	孙淑凤（女）	陈慧英（女）	孟淑立（女）	张训安
孙秀珍（女）	谢德才	王魁林			

红桥区（10名）

李学勤（女）	金　城	邓双珩	郑连山	金福根	李　革（女）
朱　立	夏桐兰（女）	刘子升	曹树兴		

塘沽区（30名）

吴振春（女）	马宝成	王宝春	丁绍明	管庆玺	胡宝恒
王宝琴	李国斌	杨　艾（女）	姜桂臣（女）	李宝华	李义峰
张同有	刘秀凤（女）	曹玉珊	周进喜	穆瑞堂	李祥云
王秀山	王　伟（女）	邱玉峰	张连和	崔学起	吕德山
冯书江	郑吉森	邹立业	米学海	郑宝凤（女）	高秀兰（女）

汉沽区（12名）

李彭楼	杨恩宝	刘庆胜	王凤成	慕清洁	陈继英（女）
赵　卓	陈洪合	徐殿发	韩凤荣（女）	王志清	张进臣

东郊区（5名）

范金生	李建敏（女）	赵　英	孙桂森	刘艺升

西郊区（3名）

罗俊良	姜小景	于普恩

南郊区（5名）

赵东生	邓玉兰（女）	秦凤高	赵学兰（女）	郭秉荣

北郊区（2名）

于学厚	李淑芬（女）

宁河县（2名）

陈绍军	冯云生

宝坻县（3名）

李宝荣	李建章	吴怀礼

武清县（4名）

宫敬全	王本发	甄秀敏（女）

蓟县（2名）

李国芸（女）	柳子贵

静海县（1名）

王金章

天津市出席1977年全国工业学大庆会议

先进生产（工作）者名单（18名）

崔荫年	林德时	苏兰州	戎学珍（女）	司宝通	庞淑兰（女）
杨秀荣（女）	冯及增	王文秀	黄壁云	阎长林	张建亚
黄国胜	刘玉昆	韩修华	赵志纯	李德贵	王云锡

1977年天津市工业学大庆先进生产（工作）者

第一机械工业局（63名）

欧敬亭	张承远	陆学勤	张宏年	杨以茂	刘子鑫
高国胜	马鸿志	谭锡华	任庆彬	杨富余	王克圣
刘占乾	胡振邦	肖培芬（女）	黄云义	孟子玉	高树瑞
俞永锦	刘树茂	张亚雄（女）	赵振生	李金升	艾明辉

贾德胜	郭凤珍（女）	霍淑珍（女）	景奉宝	何凤英（女）	张金升
李泊生	史秉顺	廖莲苍	黄世梅（女）	胡玉兰（女）	梁万和
祝秉臣	马　云	吴玉金（女）	张　杰	李淑敏（女）	马振山
王余胜	仲宝庆	李洪强	巩凤岗	刘万平	吴恩旺
何玉兰（女）	穆铁柱	范殿香	郭珍文	田秀英（女）	张建国
赵树明	吴伟元	郁道银	赵振和	卢思恕	魏秀华（女）
王汉忠	张三秋	孙克礼			

第二机械工业局（30 名）

栗淑兰（女）	靳建华（女）	宋芝山	张国壁	国全义	王炳恒
刘文英（女）	马建成	索忠库	陈世英	陈凤林	杨　军（女）
张志芬	杜崇谦	王静芳（女）	许海峰	何家力	刘世英
张玺贵	刘文玉	阎占江	郭彦森	顾吟菊（女）	刁永言
刘九岐	王福枝	于元宾	杨世平	孙素颖（女）	贺明亮

冶金工业局（26 名）

李承新（女）	周瑶琴（女）	王林春	武连起	张玉庆	李怀德
金广桥	徐国庆（女）	朱华堂	李玉琴（女）	赵惠津（女）	付玉辉
郭树泰	张书珂	刘柱和	张占岭	张淑珍（女）	许克文
刘海泉	姚金龙	王文康	张惠兰（女）	刘小刚	张　兴
黄利生	刘树山				

第一轻工业局（40 名）

何锡元	迟连章	吕智德	刘金城	叶文华	高成章
柳建业	张鸿志	杨昌弟（女）	张庆祥	李莉英（女）	朱自富
孙淑英（女）	陈立发	刘树林	王　云	何凤起	高秀芳（女）
孙凤栖	于云岭	张伯启	曹振江	宋景禄	徐绍华
张淑华（女）	张凤云（女）	马朝杰	于巧明（女）	颜桂芝（女）	李文忠
李　禄	陈连恩	廉鹤林	陶其微（女）	张宏举	陈明德
宋德森	谢永林	杨世恩	周德深		

第二轻工业局（36 名）

王明聚	吕秀文（女）	薛元文	吴俊峰	毛秀英（女）	贺文起
张称华	周国立	刘志刚	李恒章	杨兰屏（女）	马志谦
陈霜荣（女）	段凤池	王丕连	刘玉林	王　兰	李秀兰（女）
岳忠德	曹静鸣	魏清秀（女）	唐崇福	张兴彬	孟宪增
李耀峰	焦渤海	杨致铭	宋　娜（女）	杨士铎	李玉章

王晓敏（女）	高长海	马起龙	付占斌	高启亮	陈殿试

纺织工业局（46名）

崔津生（女）	段韶英（女）	路永凤（女）	高树春（女）	孟昭金容	郑成群（女）
潘应麟	龙启荣	魏淑芳（女）	阎淑芝（女）	孙金才	张贵卿
黄恬熙（女）	任鸿儒	容学明（女）	范同洪（女）	高文惠（女）	龚建增（女）
王惠珠（女）	吴家骥	孙宝智	费桂苓（女）	梁振洲	王振平
吴振明	郝卫东（女）	刘学源	廉光明	毛玉根（女）	于汉文
许少梅（女）	王桂珍（女）	张跃华	张振江	孔广礼	王秀荣（女）
张景茹（女）	赵燕林	付洪珍（女）	吕金萍（女）	严同春	李天祥
王秀萍（女）	李　维（女）	邢庆森	杜启勋		

化学工业局（30名）

孙宝章	王金生	张海声	李万银	陈锦生	贾志芬
王振林	栾慎行	王世杰	王　礼	张国本	欧新海
龙启祉	赵益新	孟宪爱（女）	刘学文	宋鸿荣	燕子祥
张玉桐（女）	康大振	付佩云（女）	王新三	王策恭	赵久富
韩穗孙	陈　亨	徐志卫	陈冠立	张承伯	刘淑梅（女）

电力局（7名）

张建亚	孙宝玲（女）	张孝义	马继明	钱国忠	梁宝清
何金玲（女）					

邮电管理局（5名）

陈堃喜	许文娟（女）	于云成	刘镜波	郭淑芳（女）

大港油田（25名）

肖祝友	任秀岩	王永安	曾其欠	蒋国明	李月芬（女）
孙秀镇	苏玉祥	刘志欣（女）	李国德	徐海源	丁阿四
邵洪弟	王欣国	李新楚	高仲祥	朱连来	于全福
汤千年	吴　涛	宋德明	刘光照	贾肇华	张二祥
王化敏					

华北第三研究院（2名）

廖声觉	张邵清

交通局（19名）

甄庆和	程　丽（女）	赵庆和	储　锐（女）	张士林	李云凤
张万年	孙树亭	杨学起	陈连仲	王喜民	李　进
谢信符	王宝金	郝清样	范玉祥	吴锁宽	王广海

赵桂生	赵宝贤				

津港务管理局（5 名）

李明河	白锡瑞	于德龙	李云芳（女）	刘风森

中国远洋运输公司天津分公司（2 名）

叶大清	刘宗升

天津航道局（2 名）

唐阿毛	张如千

天津铁路分局（22 名）

邵宝珠	秦　善	石景林	梁国臣	董国俊	刘秀珍（女）
王春玲（女）	李作民	付有礼	许凤华	刘荣富	翁殿权
刘文生	冯俊义	薛学生	刘金禄	李群先	吴俊生
崔俊青	班善麟	李本澄	陈秀敏（女）		

铁道部第三勘测设计院（3 名）

王永芳	徐懋善	王作声

天津涉县铁厂（7 名）

段民生	郭　宁（女）	张志英（女）	吉登泽	王洪臣	朱清明
高世禄					

印刷工业管理局（6 名）

洪伯年	陈传志	朱大有	李银书	黄云芹（女）	许　敏（女）

海洋石油勘探指挥部（6 名）

邓邦贵	黄国胜	郑兆森	皱秋和	陈桂芝（女）	顾兴根

建筑工程局（14 名）

刘万福	孙臻庭	刘印山	于树林	王忠鲁	李瑞春
魏玉江	张万正	韩忠华（女）	马金生	刘　义	翟广忠
王淑荣（女）	张超洞				

市政工程局（10 名）

华玉祥	张景泉	李春桂（女）	郝留起	赵　云	吴惠玲（女）
王玉敏（女）	晋玉龙	王瑞芝	刘玉堂		

房地产管理局（8 名）

常德禄	狄勤和	马云庆	刘庚寅	范良正	张景禹
田海龙	陈贵全				

建筑材料工业局（9 名）

钟宝森	孟繁枝	李树荣	于树基	王永亮	孙秀珍（女）

金宝贵　宋国光　刘凤彩

公用局（12名）

陈兰普　邢学敏（女）　宋凤琴（女）　李忠训　李宝荣（女）　郑金玲（女）
董朝友　范玉娟（女）　刘金赞　李德荣　揭巧玲（女）　齐　利

地震局（1名）

伍富昆

交通部第一航务工程局（4名）

蔡劼刚　陈立红（女）　吴光贤　郭永泰

建港指挥部（3名）

王士义　程桂芝　徐培泉

天津蓟玉煤矿（2名）

高建昌　王玉礼

天津大港电厂工程指挥部（5名）

陈　群　康继增　沈国明　华宝琳　张　静（女）

李港铁路工程指挥部（1名）

杨连成

治理南北排污工程指挥部（1名）

齐金洲

天津石油化纤厂工程指挥部（3名）

李金喜（女）　潘维涛　赵　嫣（女）

第一商业局（11名）

汪德仁　宋述贤　李学忠　费秀珍（女）　卢剑梅（女）　李金浦
王金柱　李宝吉　白国枢　张来福　孙玉琏

第二商业局（11名）

刘恩波　崔庆武　赵惠珍（女）　郭宝成　毛丰端　张福旺
刘家印　张连芳　罗海山　王鸿海　曹秀珍（女）

粮食局（7名）

胡景云　熊梦吉　白芳臻　杜福顺　刘士芬（女）　焦顺通
韩志平

对外贸易局（13名）

李宝玉　冯雪梅（女）　张淑玲（女）　李德清　任宝金　王金城
于洪瑄（女）　张德春　孙建荣　杜鸿涛　石长春　张天荣（女）
王淑芬（女）

供销社（10名）

薛建友	张寿明	延瑞芬（女）	张文波	王玉清	庄玉英（女）
刘吉洪	侯树林	贾凤来	邢金利		

物资管理局（8名）

马恩生	高应嘉	陈瑞琴（女）	刘茂新	段方田	吴财元
刘子斌	薛成来				

农林局（2名）

周玉兰（女）	陈汉洲				

水产局（3名）

郭守玉	付瑞才	周春芳（女）			

文化局（3名）

王启玉（女）	刘文高	王文清			

民政局（3名）

王春华（女）	朱宝英	刘永昌			

科学技术委员会（2名）

张天树	马立业				

公安局六处（2名）

曲福海	安志坚				

和平区（8名）

李振连（女）	高永刚	崔秀华（女）	刘凤珍（女）	甘凌云（女）	贺方伶（女）
白桂兰（女）	蔡永杰				

河北区（7名）

耿子明	白福英（女）	孙淑珍（女）	贾玉春	昝桂芬（女）	李振逵
韩荣曾					

河东区（7名）

秦秀荣（女）	陈瑞萍（女）	许英格（女）	王凤华（女）	史清山	张立秋
孔祥礼					

河西区（8名）

张桂荣（女）	孙凤奎	姜士林	王毛生	薛　桐	张玉珍（女）
王佩祥	李恩汉				

南开区（10名）

胡永珍（女）	丁树生	张敏芝（女）	张俊玉（女）	张汝芬	王世林
陈明义	付奎昌	寇俊哲	孙长安		

红桥区（10名）

郑秀娟（女） 郑连山 陈万智 李景霞（女） 邓双绗 李 革（女）
刘传勋 张训泉 夏桐兰（女） 许 铭

塘沽区（29名）

丁绍明 王富强 管庆玺 韩凤德 王文斌 王宝琴
刘庆喧 徐淑琴（女） 李宝华 张永清 张同友 魏本涛
赵文杏 穆瑞堂 周进喜 李克成 王建全 史庭福
王秀珊 肖广林 吕德山 米学海 郑宝凤（女） 杨志文
李仁和 宋万昭 尤福钊 张 云 范秀荣（女）

汉沽区（15名）

张长在 李士富 王洪喜 何敬孝 李曰霞 王坤波
崔宝珠 苏金平 韩晓民 邱玉春 陈洪河 李金霞（女）
杨庆文 崔跃庭 张进臣

东郊区（7名）

范金生 李建敏（女） 王明然 王加义 龚玉兰（女） 陈国新
李志刚

西郊区（5名）

罗俊良 姜小景 阎桂芬（女） 岳继芝（女） 屈新泰

南郊区（5名）

刘其民 赵凤桐 吕树枝 赵学兰（女） 张庆玉

北郊区（4名）

刘明起 孙国义 李树芬（女） 于学厚

宁河县（4名）

陈绍军 邢柏生 杨占明 邢士庆

宝坻县（3名）

吴怀礼 李建章 王荣平

武清县（5名）

曹士龙 张大庄 刘德昌 王本发 王秉恕

蓟县（4名）

贾德明 刘素秋（女） 王春海 孟庆宇

静海县（4名）

张荣富 李树芳 王金章 刘克成

外省市援津抗震救灾建设先进生产（工作）者（8名）

王孝勤	王孝年	张宏发	朱　斌	王绍刚	孙瑞成
程用远	刘长贵				

1977年天津市财贸学大庆、学大寨先进工作者名单

一商局（20名）

王金柱	鲍洪崑	卢剑梅（女）	王　娟（女）	田瑞霖	蒋立信
赵秉钧	李金甫	李学忠	刘廉之	王俊良	李宝吉
孙文甲	崔　春	尹淑鸽（女）	徐福立	孙玉莲	何德成
孙荫桐	白国枢				

二商局（8名）

曹秀珍（女）	宋德明	王淑敏（女）	张连芳	李俊龙（女）	吴仿军（女）
刘恩波	赵会珍（女）				

市供销社（8名）

高　敏（女）	王培华（女）	王克华	薛建友	张寿明	陈长涛
王玉清	邢金利				

粮食局（4名）

杜福顺	焦顺通	张杏霜（女）	刘士芬（女）

外贸局（14名）

王福谦	李宝玉	苏　勇	张天荣（女）	石长春	张德春
张福林	姜忠权	于洪瑄（女）	姚玉玺	朱宝成	刘宝成
孙宝亭	王淑芬（女）				

财政局（5名）

邱炬华（女）	刘秀昶	王　莲（女）	王美灵（女）	酆遇兴

银行（5名）

弓健秋	赵　娴（女）	王学敏（女）	王平安	孟云生

财贸“五七”干校（1名）

刘冠林

机关事务管理局（2名）

冯东平（女）　臧瑞欣

和平区（23名）

吉发增	宓增义	于　琪	窦永茂	刘恒阳	刘家朋
于庆泉	李进德	宋丽梅（女）	侯跃彬	崔桂华（女）	王　宗

陶家蓉（女）	单永瑞	赵万江	庞万滋	王　珍（女）	张滋生
金克章	杨茂林	刘桂芳（女）	马国庆	王江南	

红桥区（19 名）

赵士杰	刘义洪	陈清香（女）	史俊生	陈步菊（女）	束方元
王月琴（女）	王世永	苏红军（女）	马　钧	付长年	李淑云（女）
马新美（女）	王鹿鸣	王锦圣	于恩俊	李俊萍（女）	冀兰芳（女）
戴涵功					

河东区（17 名）

王桂贞（女）	程风兰（女）	张学芬（女）	王秀增	毛富清（女）	郭迎春（女）
李培兰（女）	杨翠兰（女）	张燕玲（女）	马芳琴（女）	马丽英（女）	马俊生
颜振香	赵田林	贺淑珍（女）	崔广娴（女）	齐玉珍（女）	

河西区（13 名）

王庆山	王鸿章	阎景芝（女）	高维廉	王德起	姬德龙
张维惠	刘　森	王长秀（女）	孙树桐	王金英（女）	沈家聪
张书增					

南开区（17 名）

张振杰	李福田	刘玉华（女）	任玉珍	宋福奎	刘洪荣（女）
李炳钧	张秀萍（女）	冯兰英（女）	阚清源	张玉华（女）	王玲珍（女）
王树森	边文兴	李永春	于永安	张广文	

河北区（16 名）

彭素芬（女）	邢伯瑛（女）	乔惠兰（女）	周春兰（女）	杨秀兰（女）	司景舜
吕　松	赵翠荣（女）	孙秉珍（女）	李世俊	阚庆恒	何新年
刘锡庆	尹金凤（女）	赵进生	王　婷（女）		

塘沽区（16 名）

刘丽娟（女）	李世臣	刘文香（女）	姜斯坦	王锦香（女）	许茂林
张立仓	刘玉华（女）	李连香（女）	王双荣（女）	李俊云	孙玉兰（女）
孟祥珍（女）	郭金禄				

汉沽区（7 名）

张永安	侯长文（女）	张新民（女）	张敬华（女）	杨克敏	董恩芬（女）
徐恒礼					

东郊区（6 名）

李玉山	赵世卿	纪文珍（女）	赵元龙	陈凤梅（女）	崔会娟（女）

西郊区（8名）

刘玉昆	刘海亭	姚传智	张国昌	刘云珍（女）	陈佩平
张文祥	孟兆兴				

南郊区（9名）

成风英（女）	刘志才	李树珩	张振亭	王洪玉	邢寿华
由文郁	张庆雨	姚淑敏（女）			

北郊区（7名）

冉来起	李 亮	孙秀英（女）	兰启布	刘敬福	苏春明
石云玲（女）					

蓟县（9名）

王秀云（女）	王九如	张大春	沈 英	王永清	张宝山
孙文祥	刘福增	杜景福			

宝坻县（8名）

李多珍（女）	芮福贵	崔汇川	霍永丰	郑绍辉	刘汉臣
李善普	董淑芬（女）				

武清县（9名）

金占云（女）	岳洪燾	邱凤祥	王学忠	于廷友	李克姣（女）
李友和	王 荣	刘金成			

宁河县（9名）

杨占明	宋玉芝（女）	王太玲（女）	赵廷驹	商汝俊	丁九顺
吕广珍	谈乔霞（女）	刘敬荣（女）			

静海县（7名）

杨万祥	李盈洲	张子兰（女）	高富升	刘 震	韩金山
王风巢					

天津市　出席1978年全国　财贸系　统

双学会议先进生产（工作）者名单（9名）

张士珍（女）	李克琴（女）	王洪勋	柴寿海	肖桂荣（女）	邵克荣（女）
王云锡	彭义祥	王洪均			

天津市出席1978年全国科技大会先进工作者名单（41名）

杨竟衡	李友庆	张宏年	余存杰	何家力	刁永言
皱德纯	陶其微（女）	戎学珍（女）	于云岭	李祺祖	宋瑶缄

邢铁森（女）	杨风筠	刘纪方	陈　亨	唐觉敏	李文亮
高维荣	陈川爵	叶蜚章	杨石先	史绍熙	赵今声
贺家李	王梓坤	张光寅	高振衡	朱宪彝	俞霭峰（女）
吴咸中	尚天裕	张化新	白云祥	牛　景	周光俊
齐之绥	夏里杨	凌风坡	王熏芳（女）	何炳林	

二、天津市出席历届天津（全国）劳动模范代表会议代表名单（1949—2008）

1949 年天津市特等劳动模范（13 名）

张德安	宋春化	刘荫福（女）	冯国祥	王家珍	于世惠
陈　玉	杜文成	刘万清	王久德	朱连成	王连凯
如鹏酣					

天津市出席 1950 年全国工农兵劳动模范代表大会劳动模范名单（13 名）

于松如	姜振元	王世麟	王德山	李兆珍（女）	宋春化
陈典衡	刘宝忠	潘长有	钱嘉光	魏振华	张树和
李墨林					

1950 年天津市劳动模范名单

特等劳动模范（79 名）

于松如	王德山	王世麟	宋春化	李兆珍（女）	陈典衡
潘长有	钱嘉光	魏振华	于秀华（女）	井　斌	王连仲
王福禄	王鸿亮	王淑兰（女）	王家珍	王福元	田宪荣
田承志	田文玉	杜文成	杜鸿模	吴宝成	何月烽
李忠厚	李墨林	李纪海	李世荣	宋云汉	季占礼
林长富	周苓玲（女）	姚金起	胡惠兰（女）	范国昌	陶宝荣
徐芳林	陈益谦	陈广宝	陈涌澄	陈文忠	马德新
陆得诚	马锡三	马惠谦	高连芳	高秀荣（女）	高殿元
黄聚才	翟炳顺	张淑云（女）	张德安	张恩和	张树和
张松年	崔志正	郭文元	冯云章	冯国祥	程国梁
傅本兴	杨万禄	刘文光	刘荫福（女）	刘齐英	刘云升
郑兆煌	赵金华	杨萃芳	杨廷焕	谢颐年	刘新成
刘鑫荣	刘秉平	刘贵有	戴金城	穆瑞堂	薛蕃荣

薄峻吉

劳动模范

纺织组（73 名）

李长贵	王金英	边家珍	戴玉兰	吴国栋	宁小力
吴津生	苏秀珍	李鸿玉	许风鸣	唐彦章	傅尚德
张士魁	张曰恕	陈万春	张贺生	王秉钧	陈秀敏
王桂珍	勾惠芳	朱淑英	杨恩树	郑　俊	马根奎
刘墨濂	王文藻	鲍连发	杨忠祺	陈玉柱	杨丽华
吕素兰	呼亚麟	白瑞雪	高祥再	孙家明	石占东
王树瑞	于世惠	张景玉	何学礼	邢风珍	梁宝昆
庞玉淑	陈　志	刘秀琴	张玉和	季文彩	杨宝文
孟兆寅	张广秀	高金山	杨伯苗	安振华	沙富廷
王奎祯	陈子荣	李顺义	张玉元	吕素琴	韩秀芬
佟家祥	陈国栋	曹廷选	刘德心	郭展雄	马国良
王德文	郭玉成	陈德明	张学玲	于慧珠	王万鹏
杨生祥					

天津铁路局（73 名）

何文安	刘瑞凤	陈小六	刘焕祺	柳长甫	杜　辉
王果然	王　检	佟友三	徐尔昌	刘恩华	黄　旭
宋　涛	刘世栋	康天新	李汝霖	孔德兴	李恩第

五金组（23 名）

刘长福	刘广和	张连元	彭俊生	刘子玉	高学谭
雷长鸿	周聚顺	张国福	王　迁	李宝光	陈国珍
万振远	王树文	石占明	时鸿书	杨文清	陈云衢
苏学端	寇文宝	李玉山	李培元	史世英	

工业局（17 名）

张思齐	黄　新	齐海永	吕耕云	薛文铸	褚玉玺
刘长福	刘和义	王桂林	宋健民	胡玉珍	周长发
苑素雯	戴俊山	马铁良	杨宗湘	尹凤仁	

轻工业组（15 名）

李艳芝	王云生	赵荫堂	李世儒	王德金	卢之新
李连斌	杜宝林	王云贵	马春田	傅财生	穆瑞清

刘铭祥	么世亨	顾汉荣			

公用组（20名）

耿庆祥	费振德	刘　霖	孟长龄	王辅中	程云龙
薛培光	刘春年	褚金铭	刘德元	孙长有	张文俊
刘庆奎	朱松南	李茂槐	于湖春	李凤阁	刘万清
董文联	陈继先				

塘大区（11名）

袁尔卓	沈华文	潘洪年	于秀媛	李效曾	袁鼎秀
陈德贤	高玉宝	尚泽龙	孙学孔	王玉廷	

盐业（5名）

赵魁忠	孟兆成	刘文才	杨金平	尚凤卿

其他组（4名）

张德会	蒋鸿恩	于　田	张炳祥

天津市总工会提名（3名）

荣　耀	刘毓芳	董希圣

1951年天津市劳动模范名单

特等劳动模范（63名）

钱嘉光	李兆珍（女）	金　奎	张化新	张淑云（女）	潘长有
陈典衡	徐敬生	张树和	王德山	宋春化	魏振华
刘长福	张连贵	邢德禹	房鸿昌	刘金榜	郭展雄
吴俊良	杜乃权	洪宝顺	杜鸿模	钱端有	刘茀祺
张金源	田承志	王云贵	雷海瀛	陈涌澄	沈冠青
刘议光	褚玉玺	张松年	罗文斌	张连云	李宪梁
陈宝玉	张俊先	孟淑媛（女）	于秀华（女）	李艳芝（女）	王世麟
刘增林	张彬儒	沈春贵	宋久增	董妍斌（女）	戈凤山
金桂林	薄峻吉	杨廷焕	黄聚财	陈立清	赵桂兰（女）
张达卿	马春田	朱宪彝	万福恩	陶翔云	刘宝忠
赵占英	杨士海	刘金彪			

去年特等劳动模范今年继续当选者（36名）

于松如	王福元	陈广宝	赵金华	翟炳顺	王鸿亮
刘鑫荣	李忠厚	刘荫福（女）	胡惠兰（女）	马德新	高连芳
刘贵有	刘云升	高秀蓉（女）	程国梁	李纪海	田宪荣

杨萃芳	吴宝成	冯国祥	刘秉平	陶宝荣	宋云汉
季占礼	范国昌	谢颐年	田文玉	马惠谦	陆德成
马锡三	王家珍	张恩和	高殿元	刘新成	李墨林

劳动模范

五金业（33名）

陈作福	刘广和	陈作祥	陆绍康	王云才	张念远
宋茂桐	程靖国	杨万禄	刘寿民	吴永来	田祯祥
杨树棠	傅鸿宾	寇文宝	陈云衢	张玺久	李鸿宾
李文清	刘雅亭	刘宝兴	薛蕃蓉	周聚顺	尹达鹏
王静明	李光锷	赵延龄	杨学敏	何月峰	陈国珍
吴玉斌	孙广来	孙占荣			

纺织业（55名）

杨桂珍（女）	王淑玉（女）	王贵发	齐淑琴（女）	王宝安	孙玉荣（女）
王玉珍（女）	陈大焕（女）	韩佩贞（女）	李大顺（女）	安凤琴（女）	尚宝琛
马根奎	张秀兰（女）	杨丽华（女）	张富发	焦文元	杨恩树
赵文杰	刘瑞呈	王淑兰（女）	薛敏贵（女）	李英田	王大元
袁泽敏（女）	杨维信	封树仁	呼亚麟（女）	黄翠屏（女）	韩凤来
刘永泉	姜淑英（女）	刘秀兰（女）	呼金宝	孙淑珍（女）	庞庆福
李子华（女）	苏志安（女）	常六顺	孙锡兰（女）	孟绍寅	张金声（女）
李淑珍（女）	陈元达	王奎祯	孙连珍（女）	田俊云（女）	刘玉兰（女）
孔祥绅	陈国栋	陈学仁	齐仁山	赵宗仁	王连仲
闫庆余					

轻工业（42名）

卢子新	刘恩香	宋春元	孙振义	刘铭祥	穆瑞清
郭连凤（女）	潘德朋	杜宝林	范子玉	刘治平	杨金媛（女）
康德悦	冯锡田	孙少年	薛世勤	杜　魁	王仁朴
张海生	黄继贤	刘世贵	史玉柱	穆玉珍（女）	冯文章
王荣敏（女）	李秀珍（女）	马同寿	赵福昌	庞宗祯	侯殿铭
李章勋	刘东阁	宗　权	孙广文	颜　征	商振荣
杨江生	李俊伦	陈文忠	李少华	李焕祥	李廷芳

工业局（39名）

孙家祥	胡宝璋	薛文铸	张凤兰（女）	许振清	杨锦章

张连沧	陈世铎	辛鹤龄	叶淑华（女）	杜文成	张金志
刁树海	孙长清	黄　新	贺庆余	蒋明如	叶如舟
杨桂珍（女）	王斯予	孙玉普	周长发	傅叙均	尹茂有
刘洪山	崔晓山	姜殿山	李绍先	杨荣善	刘文彬
丁世明	张少甫	刘宗信	袁国通	刘文焕	张金声
赵世林	王砚田	杨金铭			

化学（4名）

周自保	曹连荣	郑树仁	张庆春

铁路（8名）

刘焕祺	柳长甫	孔德兴	梁书义	毛敬伦	郭文元
程文彬	范思华				

市政（22名）

李宝兴	赵桂舫	尚林河	李金铭	许陶坚	褚金铭
李凤岐	刘云书	薛培光	刘春年	刘奇英	李茂槐
朱松南	王富才	马占朝	程云汉	王广甲	孙元兴
姜华亭	高振邦	王仲林	任佑增		

邮电（12名）

王金戎	姜松林	张贤明	毕玉璐	李凤山	崔志正
崔思九	李毅锋	李凤阁	崔金英（女）	李禄魁	赵启盛

电业（2名）

刘景洲	赵宝珊

纺织业私企厂（17名）

王德文	靳凤娟（女）	齐英才	林大亭（女）	王淑兰（女）	杨生祥
孙金鸣	张国勋	贾炳琴（女）	张泽九	韩玉珍（女）	李金鸣
杨清轩	沈永才	王栋才	尹福荣	高金峰	

轻工业私企厂（7名）

袁顺其	马荣群	王文玉（女）	曹作正	杨子平	刘振功
刘德起					

其他（145名）

刘绍清	傅宝森	贾金庆	张衍昌	张绍忠	林昌富
任家骏	郭万鹏	王宝元	张福泽	冯云章	于德海
沈华文	穆瑞堂	井　斌	袁鼎秀	孙维忠	陈德贤
李效曾	孙孝庭	白秉钧	吴学文	袁尔卓	刘涌祥

冯　泰	高玉宝	张克智	许长贵	郑凤有	刘金友
王宝贵	杨振梅（女）	李绍武	史振河	董宝树	王瑞祥
程宝珊	王玉廷	刘子祥	王慧珍（女）	张宝光	赵宝田
张广居	刘梦杰	杜伯强	赵连峰	刘永琴（女）	蒋宝政
朱绍峰	吴芳禄	郝凝祥	石锡运	苏建国	何辅信
张云成	王建林	张富堂	纪振邦	程国弼	于万香
田春海	杨燕庆	刘德生	高　奇	韩师尧	马芝旺
栗兰鑫	李世良	王庆和	范立文	顾春鸿	夏俊珍
唐玉起	张　克	姚君秋	黄俊民	王殿福	吴凤兰（女）
李玉山	金如邦	陈英杰	魏连城	李竹波	陈继先
袁俊声	冯文光	王云华	贾富荣	蔡宝贵	刘蕙茹（女）
王景福	赵西山	胡德位	陈树科	刘武秀	刘润来
穆成宝	于士俊	李家琛	张士忠	李桂英	徐孟昆
陆银惠	俞霭峰（女）	汤言英（女）	张天惠	刘熙融（女）	傅本兴
刘文才	唐宗杰	王连山	赵魁忠	王亭生	尚广和
吕庆海	徐宝元	张盛森	吴振声	袁玉清	安士海
武法时	杨毓琦	杨秀甫	郭元兴	吕钟瑜	卢为书
李学义	董秉彝	林　青	赵　路	白云峰	赵佩如
佟树旺	孙芸竹（女）	高声金	李庆增	李家声	阎安昆
朱锦文（女）	郑淑敏（女）	吴玉琴（女）	赵春有	韩春祥	张克荣
施学良					

去年劳动模范今年继续当选者（93名）

李长贵	边家珍（女）	吴津生	唐彦章	傅尚德	张士魁
张曰恕	甯小力	王秉钧	陈秀敏（女）	王桂珍（女）	郑　俊
王文藻	鲍连发	杨忠祺	陈玉柱	勾惠芳（女）	吕素兰（女）
刘墨濂	白瑞雪	孙家明	王树瑞（女）	于世惠	张景玉
何学孔	高祥再	梁宝昆	庞玉淑（女）	陈　志	张玉和
杨宝文	季文彩	张广秀	杨伯苗	安振华	陈子荣（女）
张玉元	佟家祥	曹庭选	刘德心	马国良	郭玉成
陈德明	郑秀英（女）	刘子玉	张连元	彭俊生	杨文清
苏学瑞	万振远	王　迁	李宝光	王树文	雷长鸿
杨金平	尚凤卿	于秀媛（女）	尚泽龙	蒋鸿恩	董希圣
于　田	王德金	王云生	赵荫棠	李世儒	齐海永

吕耕云	刘长福	刘和义	王桂林	宋健民	胡玉珍（女）
苑素雯（女）	戴俊山	马铁良	杨宗湘	尹凤仁	刘庆魁
程云龙	刘德元	张文俊	耿庆祥	孙长有	刘　霖
刘万清	董文联	何文安	刘瑞凤	陈小六	刘恩华
王　俭	康天新	李汝霖			

1951 年天津专区出席河北省工业劳动模范代表会议代表名单（14 名）

刘保忠	刘润来	杨克继	常安然	马树庆	王子君
王秉驹	秦彦德	杨士海	刘振吉	刘宝忠	杨明旭
郝炳兰	刘景满				

1952 年天津专区出席河北省第二届工业劳动模范代表会议代表名单（56 名）

刘宝忠	曹煜立	贾克德	邵学朋	黄绍雄	董振元
张宝祥	唐云秀	杨文华	杨士海	庞士荣	王德林
王益臣	赵乐明				

1953 年天津市劳动模范名单

国营工业（纺织在外）（56 名）

刘长福	孙文秀	窦伯禹	邱光河	卢志平	孔祥祺
钱阿文	赵连仲	吴永鑫	赵元吉	杜鸿模	刘文清
李兴源	张兆起	王鸿升	阎春洪	杨洪发	陈桂山
冯技骥（女）	刘文俊	杨熙庆	范留长	刘德发	赵庆昆
杨方朱	刘长富	刘玉祥	马德修	解富贵	田树生
温兆滨	焦登运	李润坤	毛敬伦	许广源	何兆行
杨鑫儒	卢之信	赵世忠	王世昌	黄才顺	孙玉普
刘志贤	贾恩昭	易华甫	李绍祥	杨德昌	夏海楼
赵淑珍（女）	潘德朋	庞崇禅	程广遥	刘宝元	王聚武
张恩荣	宗　权				

国营纺织工业（41 名）

王宝安	王福元	王银山	王富臣	李淑珍（女）	李长荣
王玉珍（女）	张大兰（女）	王志恭	姚连泰	贾大荣（女）	杨玉桂（女）
许桂荣（女）	刘荫福（女）	何学孔	周志珍（女）	温世兰（女）	张乃如（女）

施宝荣（女）	董琴秀（女）	高淑珍（女）	庞庆福	阎增年	姚桂珍（女）
李桂明	王淑珍（女）	杨艺林	尹寿田	朱恩通	张学礼
周德苓（女）	李宪梁	王家祥	品志臣	智儒村	孙洪敏（女）
秦日增	陈天恩	钱嘉光	王传钰	陈凤和	

地方国营企业（24名）

薛鸿文	李玉山	崔晓山	金福裕	锺承宪	董玉田
范宝山	张克明	李华元	张俊儒	胡宝德	薛文铸
王金栋	焦驿亭	王鸿祥	赵元升	孙家祥	杜文成
江孝贤	孙富有	王佩儒	吴焕君	褚玉玺	吕广章

公用事业（14名）

刘茀祺	王文学	邢桂林	赵树森	陈起发	徐庆荣
刘奇英	刘云书	王汝常	周学礼	翟廷柱	刘金彪
王富才	张盛森				

铁路（6名）

孙有元	赵宝萍	王化余	路云九	董家彬	李吉元

交通港务（6名）

施学良	陈守义	钱　春	孙恩纯	王宝森	赵世河

邮政电信（6名）

毕玉璐	王文秀	王振铎	孟宪斌	郭秀云（女）	孙蕙敏（女）
崔志正	周　宏（女）				

塘沽区（18名）

孙维忠	何佩文	周正修	张文明	张连甲	竺鸿魁
葛连芳	边洪仁	邱玉琪	郑吉森	杨全平	蔡文忠
冯云章	郑金声	史庆元	王洪海	魏云昌	程宝山

建筑市政工程（17名）

段子明	桑奎文	徐子厚	尤　才	史宝章	汪文清
王树森	徐广成	赵华庭	赖庆治	陈连启	孙德志
于雅海	郭建奎	张玉春	孙翕然	赵福田	

国营商业（9名）

陈宝义	郭树强	白丙午	石锡运	杨士海	焦顺通
宫作祥	王白石	刘德三			

公私合营工业私营工业（27名）

林昌富	金桂林	王中甲	孙仲五	杨生祥	杨德山

吴玉兰（女）	夏大发	吕广鸿（女）	梁桂珍（女）	高丽华（女）	顾松岚
任鸿儒	王文台	励炳远	耿宪祥	高树滋	夏金符
张树勋	周浩源	赵庆云	康恩贵	郭增祥	吴玉琴（女）
黄天平	白鹤龄	冯德民			

1953 年天津专区出席河北省第三届

工业劳动模范代表会议代表名单（9 名）

庐兰文	郝恩荣	崔振清	杨文华	王继武	孟繁长
杨恩保	魏德福	刘宝忠			

1954 年天津市劳动模范名单

国营工业（纺织在外）（49 名）

阎春洪	杨锡恩	邱光和	宋春化	孙正木	路绎如
易华甫	万桂庭	金宝玺	卢之信	马增惠	刘长福
杨鑫儒	孙文秀	毕翰文	张斗顺	孔祥琪	柴凤有
孙在通	李万海	张连起	周银生	陆德明	陈宗智
郭士富	殷凤祥	王永广	赵庆昆	许广源	何兆先
李万清	刘文俊	李桐玉	田树生	纪玉祥	于恩源
陈恩有	赵裕光	武振绪	宁培福	穆瑞清	孔祥荣
赵云珍（女）	李绍祥	段广宽	龙杰辰	夏海楼	庞宗禅
宗　权					

天津纺织管理局（33 名）

李淑珍（女）	孟庆海	秦日增	郑焕利	卢金梁	许桂荣（女）
贾大荣（女）	孙洪敏（女）	智儒村	温世兰（女）	庞庆福	孙　煜
韩廷树	李长明	杨玉桂（女）	张子荣（女）	张大兰（女）	阎增年
王洪义	陈长银	宁春福（女）	邢文台	姚学文	明秀珍（女）
王淑珍（女）	李淑珍（女）	贾德凤（女）	王富臣	王凤书	赵俊和
张建芝	王银山	崔熙蓉（女）			

地方国营重工业局（16 名）

单　书	解家兴	沈冠青	金桂林	刘学礼	任广成
冯德民	孙念吉	孙广元	刘雨清	高金先	蔡　梦
孙树桃	金汝昆	李焕庸	莫荣阳		

地方国营纺织工业局（13名）

李华元	任鸿儒	朱光发	王文台	杨凤起	吕广鸿（女）
苏桐祥	牛俊山	孙三惠（女）	顾松岚	孙汝典	李桂荣（女）
夏大发					

地方国营第一轻工业局（10名）

费金池	王家琪	林昌富	邹玉山	丛训滋	刘　云（女）
杨绶曾	王金栋	赵元升	焦驿亭		

地方国营第二轻工业局（9名）

刘鸿钧	庄逸荣	孙安民	褚玉玺	吴玉琴（女）	吕广章
程玉昆	顾允真（女）	商长印			

塘沽区（13名）

孙维忠	郑金声	冯云章	谢光蘧	井恩德	程宝山
张文明	何佩文	张玉树	郑吉森	宁培义	赵连成
周正修					

私营工业（14名）

王中甲	郭万鹏	杨德山	励炳远	黄天平	耿宪祥
夏金符	阎家雄	高树滋	王桂馥	方兰春	孙仲五
刘长锁	张正甫				

铁路（12名）

刘金培	石树铮	崔玉杰	李玉浩	于治新	顾芷青（女）
刘品华	于和祥	张玉文	杨廷勋	蔡文起	董家彬

交通港务（12名）

钱　春	施学良	赵德如	余祚安	葛连芳	竺洪奎
竺洪宾	穆瑞堂	吕禄庚	张炳根	边洪仁	耿立生

交通运输管理局（10名）

陈广德	刘维新	张盛森	徐惠忠	高虎臣	刘金彪
赵士和	李茂槐	翟廷柱	朱锦章		

公用局（10名）

刘奇英	赵树森	刘云书	王文学	徐庆荣	刘林清
唐振有	张玉英（女）	苏长有	王汝常		

邮局（5名）

张恩和	王文秀	姚濯新	续绍勋	王振铎

电信局（5名）

陈典衡	周　宏（女）	崔志正	董连升	张恩荣	

建筑市政工程（18名）

傅鸿宾	段子明	徐梦思	李绍武	邢祝升	桑奎文
徐子厚	张克明	于雅海	汪文清	王树茂	马景臣
陈连启	蔡俊武	齐墨林	金普林	杜　甫	张玉春

国营商业（13名）

王白石	宫作祥	张荫兰	胡得位	孟祥林	白丙午
郭树强	陈宝义	张振景	张淑华（女）	杨润城	王金森
孙书绅					

公共卫生（2名）

詹炳寅	郭建奎				

1954年天津专区出席

河北省工业劳动模范代表会议代表名单（11名）

吴振生	白树文	傅庆禄	刘宝忠	杨恩保	杨占明
王树生	孟繁长	杨文华	张海泉	张绍焕	

1955年天津　市劳动　模范名　单

重工业（22名）

杨锡恩	杨萃芳	邱光和	刘长福	路绎如	单　书
周子中	鳍慕颐	于开江	张斗顺	朱凤和	王鸿年
孙在通	夏海楼	李万海	柴凤有	刘泽起	孙士凤
万桂庭	赵元吉	王士俊	梁兆熊		

机械工业（37名）

阎春洪	庞宗禅	贾秉钧	国　兴	陆德明	隋伟东
刘如山	郭连城	杨鑫儒	金宝玺	陈宗智	范以贤
林德时	高兰馨	张　礼	田培基	李万清	王政永
解家兴	孙凤章	高　谦	丛同义	宋玉宪	许向鸿
孙树桃	武振绪	于振平	王永广	金桂林	毛敬伦
何　昂	唐荣学	邹德纯	周银生	杨德山	于文科
程润泽					

纺织工业（49名）

洪　敏（女）	淑　珍（女）	桂　荣（女）	王银山	春　福（女）	李长明

孙 煜	卢金梁	桂 珍（女）	桂 铃（女）	桂 荣（女）	洪 庆（女）
淑 珍（女）	韩庭树	金 岚（女）	文 敏（女）	秀 珍（女）	广 荣（女）
玉 珍（女）	淑 珍（女）	赵培才	银 秋（女）	桂 珍（女）	庞庆福
岳景泰	李玉奎	赵鸿霖	姚学文	吴宝林	熙 蓉（女）
王义清	王富荣	刘云升	李华元	牛俊山	任鸿儒
杨凤起	顾松岚	桂 珍（女）	苏桐祥	齐绪南	刘兴隆
姜国栋	于学琨	任俊有	刘德华	王国梁	宗振金英
蒲增泰					

轻工业（33名）

羌逢戍	宋春化	杨 铨	淑 兰（女）	刘 云（女）	费金池
徐绍年	卢之信	阎家雄	杨广才	许万龄	刘树森
少 芳（女）	孙安民	敏 如（女）	刘宝仁	何连兴	吴廷信
佩 文（女）	陈冠立	岳砚田	李绍祥	刘文彬	张树勋
褚玉玺	沈国栋	李恩起	王嘉祺	李景山	穆瑞清
刘长锁	罗长命				

电业（7名）

张文有	赵树才	李传文	纪玉祥	韩家祥	刘宝善
马增慧					

铁路（14名）

刘金培	石树铮	王 建	杜文彬	崔玉杰	姜振元
张宝祥	张秉德	李廷华	路秀峰	颜景凯	蔡文起
徐继荣	俞荣才				

建筑工程（5名）

傅鸿宾	侯庆云	李绍武	张克明	邢祝升

市政（14名）

王文学	赵树森	张玉英（女）	杜 甫	徐汝达	刘林清
唐振有	段成昌	王鸿泰	赵金锁	刘国祥	于雅海
孟繁文	王树君				

交通运输（8名）

高虎臣	赵士和	陈广德	王汝常	张盛森	翟廷柱
袁世荣	韩荣懋				

海员（11名）

彭绍曾	赵德如	竺鸿奎	竺鸿宾	杜永荣	孙万荣

董永光　耿立生　朱洪河　钱　春　白璋华（女）

邮政电信（10名）

陈典衡　周　宏（女）　姚濯新　范洪宣　李炳法　张福祥
齐天莲（女）　孟广胜　张滨生　赵鸿儒

金融贸易（16名）

白丙午　郭树强　陈宝义　王白石　张　淑（女）　张振景
胡德位　赵云珍（女）　皮恩成　纪连合　魏鸿烈　王凤臣
孙书绅　石永康　刘克瑾　陶榴英（女）

盐业（2名）

孙福全　杨培堂

塘沽区（11名）

何佩文　谢光蘧　郑金声　井恩德　李茂林　张玉树
冯云章　刘凤岐　郑吉森　孙维忠　程宝山

1957年天津市劳动模范名单

重工机械工业（17名）

尚洪书　郭连城　邱光河　韩振毅　林德时　何绍庆
时鸿钧　王永福　马春和　田培基　唐文治　郑瑞珊
韩永宽　赵　敏　武魁元　李鸣九　祝祥兴

纺织工业（27名）

孙桂珍（女）　王银山　刘广荣（女）　王淑珍（女）　李学武　何秀珍（女）
张汉卿　苏志安（女）　高学玉（女）　李庆元　胡金海　姚淑敏（女）
王志兰（女）　邸树三　吴尊重　陈淑兰（女）　孙宝魁　孙士恩
丁淑珍（女）　寇秀兰（女）　纪永祥　黄爱荣（女）　单福星　范　文
李德明　周玉珍（女）　韩玉贵

轻工业（15名）

刘淑兰（女）　于俊楼　苑广金　于淑兰（女）　张玉山　王者祥
李连斌　李绍祥　宁书勤　陈淑珍（女）　刁树奎　许德宽
李金玉　刘有仁　王者祥

建筑（15名）

郭玉栋　陶志义　张福义　崔茂勋　雷凤林　张振武
牛国栋　孙学和　崔永泉　陈玉林　田书奎　王庆和
尤　才　王学敏　卞荣祥

铁路（13名）

路秀峰	李廷华	郭金矿	王仁三	靳其荣	刘振远
王福起	白忠民	康文才	熊保印	王禄荣	周子平
田成瑞					

市政公路（16名）

郑德义	王少林	赵士和	孙　环	刘林清	王连法
姚金铸	刘金华	李德荣	赵树森	李玉福	高虎臣
陈国杰	丘相武	储如鹏	戚振峰		

铁道部第三设计院（1名）

陆大同

邮电（5名）

周　宏（女）	于文俊	张福祥	王希元	续绍勋

电业（6名）

于恩源	郭金荣	李文玉	王鸿志	李景文	于长昆

金融（3名）

赵学刚	叶子青	魏玉麟

海员（9名）

李长发	鲍志荣	巩振东	卢学庭	耿昆山	钱　春
王道昌	赵德如	杜永荣			

内河（4名）

李秀峰	于永德	宋礼堂	王国良

商业（32名）

魏鸿烈	郭树强	王白石	刘金鉴	钱仲渊	陈宝义
王凤臣	孙荫荣（女）	魏天成	赵宝玉	范秀梅（女）	张士珍（女）
华连元	国鸿顺	刘宝森	杨雨田	贾长荣	金润之
崔淑兰（女）	柴寿海	李宝启	丁恩华	唐万荣	孙凤祥
任宝金	刘维汉	阎学良	宋庆泉	郭金禄	窦恩贵
孙少文	刘义和				

盐业（3名）

吴宝太	李连科	傅祥顺

和平区（10名）

崔荫年	于文科	顾德恒	杨淑敏（女）	李子珍	薛化丰
刘汝湘	彭继生	陈焕卿	张泽民		

河北区（23名）

朱永昌	吴玉兰（女）	苏仪廉	王泽华	崔新奇	王麟春
孙民桥	毕恩来	侯桂珍（女）	王伯延	曹克军	苏宝平
张绍忠	王抱起	金守宗	张连志	刘武胜	柴淑英（女）
湛鹏云	靳光华	杜锡莱	王金城	周　英	

河西区（17名）

单　书	王炳钧	张　兴	徐希武	左维岳	王荣泉
马桂珍（女）	任俊有	孙玉印	李宝和	刘兴隆	甄献来
王维新	彭万新	刘鸿宾	郭景文	张祥福	

河东区（8名）

李万清	刘洪发	刘玉林	王政苓	刘万平	陶金兰（女）
陈桂山	张荣久				

新华区（7名）

高馨斋	任鸿儒	张玉华（女）	滕兴洲	车仙亭	金书亭
曹作正					

南开区（11名）

李金财	王振留	李存义	阴发锐	张殿阁	宫济民
李继聪	郭逢柱	于兰阁	刘德华	孟昭发	

城厢区（8名）

陈冠立	卞滢新	王凤涛	徐恩华	张致广	马克达
刘玉珍（女）	钱连珠（女）				

红桥区（11名）

岳砚田	赵雨村	张树茂	徐国祥	夏永良	孙丰霄
林昌富	张国本	王金昌	张继祥	石明远	

塘沽区（3名）

李茂林	赵立明	张世勤	王宝琴	张玉树	张文明

1958年天津市劳动模范名单

河北区（145名）

王政永	刘文清	田培基	梁树楷	胡培林	支国禄
郭衍禄	余小妹（女）	王泽华	李志明	张龙海	刘武胜
王振昌	李锡钧	王锡九	李宝才	李增会	王绍海
许守礼	李振茹	王希顺	刘凤俊	高洪烈	蓝耀宗

王道义	郝振苓	吴廷信	刘克钧	杜景福	王 毅
宋金池	欧宝林	韩宝元	王珣忠	苑广金	赵振林
梅永棋	郭 云	齐 玲（女）	王永贵	唐悦仁	范福盛
于金峰	杨永祥	王伯延	杜锡莱	白庆芝（女）	林淑兰（女）
孙凤和	李跃东	何桐宝	张福新	贾金学	彭维汉
王西洋	符士芳	于海瑞	于德宽	王金城	樊云川
张墨林	王宾清	李凤梧	焦树江	张明山	王德钧
瞿志铭	沈愈久	潘绍儒	孔繁印	李友智	张世级
靳光华	张锡楼	赵振和	周存义	马明德	武玉璞
房德起	薛 琮	张恩贵	刘长清	戚兰洲	杨茂土
魏士礼	邢广太	郭连成	李长英	沈金璋	于瑞忠
崔新奇	王宝富	赵继树	郝振瑞	郭景春	李均平
张殿成	刘连会	王林春	阎树清	李金玉	徐恩华
刘长锁	王长俊	李春芳	赵成玉	吴相臣	崔文良
高仲福	赵桂馨	刘世俊	张凤桐	冯立山	孔繁华
曹献堂	舒宗华	蒋文漠	井富源	阎万增	安玉桐
盛春智	杨恩普	李雅臣	孙志德	孙德明	王务清
魏正昌	冯德印	任宝金	常慎义	赵淑英（女）	杜洪涛
居士英（女）	刘恩海	卢 明（女）	王子记（女）	王世祥	叶子青
彭素芬（女）	常志林	李梦梅（女）	盛娣林（女）	傅桂珍（女）	傅连才
郑瑞和					

河东区（140 名）

林德时	胡广文	于洪章	刘淑兰（女）	周 诚	袁少逸
石永春	李万清	赵岐山	宋俊峰	林 希	王景山
孙绍礼	陈振华	刘洪发	施宝山	刘振山	靳志明
陈毓荣	宋桂敏（女）	王玉英（女）	王疆泰	王宝锦	孟昭甫
罗金毅	许淑珍（女）	陈立基	郈耀国	刘龙治	张安福
欧敬亭	张金桥	孙绍义	王银山	邱光河	李学武
李文发	刘增石	马振名	齐子升	王成仁	朱恩通
刘治纯	陈则平	刘振清	张玉山	孙宝魁	魏长庚
于淑兰（女）	史振远	王学田	邵桂荣	贾长荣	王文华
聂树仁	王仁山	刘信义	雷洁莲（女）	聂 林	秦孟斋
郭津生	归长生	高兴凯	阎国明	刘淑珍（女）	季叔江

么万起	何秀珍（女）	刘源义	王秉德	李永华	王恩庆
李德良	马玉兰（女）	周莲英（女）	刘汉文	李恩俊	巩凤岗
赵金贵	李春荣	焦顺通	黄贵仁	孙文芳	郭长荣
张玉山	张国林	蒋玉珍（女）	娄瑞林	傅世禄	陈瑞森
李洪谋	刘恩波	王桂珍（女）	张友臣	顾文生	傅书文
郭瑞祥	王永福	戴树旺	安发永	徐福庆	张文魁
张宝旺	宋清林	张钟富	高玉春（女）	陶金兰（女）	冯锦章
王玉珍（女）	张金宝	黄世强	李文昌	刘玉祥	杨少洪
张展明	王文生	张淑玲（女）	张桂珍（女）	宋秀琴（女）	赵世文
杨德春	刘全柱	宫锦章（女）	张永禄	傅佑良	周恩怀
刘群生	樊凤祥	王金祥	孙在通	戴玉山	周德林
王连生	孔绍田	孙在荣	谢洪波	贾树贵	潘云义
曾宪文	张春泉				

河西区（99名）

单　书	周学仁	张洪彬	赵玉杰	孙桂珍（女）	王淑珍（女）
田祯祥	孙金琦	马国荣	张膺九	简志坚	纪永祥
刘广荣（女）	马桂珍（女）	弓如达	魏鸿烈	赵宝玉	李玉山
赵德俊	李宝和	卜世杰	宋春元	刘金铭	张广岩
李春荣	杨凤午	穆瑞清	陶其微（女）	岑夏元	邓万贵
贾炳中	徐植檀	王维新	钟树义	李树之	元德华
周梦征	李长林	吴根炎	王广全	李俊成	王振庭
吴运久	崔荫年	王振华	邢万和	李鸣九	刘虎山
程嵩川	霍兴年	张玉庭	周盛舜	张连城	刘趁新
戚振前	马忠良	张振生	冯桂珠（女）	高云兰（女）	刘顺义
孙世恩	单福星	张家贵	刘鑫荣	傅同利	郭逢柱
尚秀珍（女）	杨凤玉（女）	顾松岚	张　清	李建华	苏志安（女）
赵二留	孟宪朴	高学玉（女）	阎增年	邱守全	韩树和
张福增	张洪义	景玉宽	伍建中	王兆永	陈镜兰
陈瑞衡	王金钵	赵树枝	张林贤	古淑琴（女）	朱子东
武育静（女）	柴寿海	邢祝亨	武筱亭	秦凤树	尹洪滨
张德馨	武助臣	王宝生			

和平区（158名）

王叔田	高学文	刘淑琴（女）	罗振玉	杨金宗	韩金瀛

李家琛	牛仁昌	田纯泉	白芳芹	尹　杰（女）	任洪儒
杨洪义	韩殿林	高馨斋	罗淑珍（女）	李宝林	江雪英（女）
胡士奇（女）	李少义	左树奎	来希俊	杨义元	许国章
姚俊茂	马其昌	杨家祥	张国栋	武宝仁	刘　举
张少卿	张以鹏	李　禄	孙泽林	董振恒	门殿俊
洪淑贞（女）	孙汝江	王秀兰（女）	季俊明	李子珍	张宝林
卞滢新	关世铭	孟振发	吕华溥	孙世豪	王宝曾
安国良	贾永玉（女）	刘景山	刘振香	胡德元	朱庆华
黄永强	高松年	傅瑞发	张泽民	萧品之	张光启
吕广福	李学成	蔡宝田	李殿贤	王同伦	赵锡义
王宝禄	夏双印	任建业	段国钧	黄同双	李庆林
任九慈	侯汉振	马自先	王宝禄	王锡侯	靳成祥
路永波	王凤涛	张梦麟	任技武	黄永祥	孙文洪
宋作堪	王三梁	张朝仪	刘多三	于瑞和	杨俊华
王本轩	周润田	靳桂荣（女）	曾庆祥	张子运	梁启贞（女）
汲惠良	袁彩琴（女）	李宝臣	尉凤萍（女）	张奎荣（女）	张西元
贾茂文	程德勤	刘兆荣	黄世泉	李秀兰（女）	李庆余
南洪琪	窦永茂	张瑞松	安鸿久	郭树强	金润芝
张士珍（女）	孙荫荣（女）	王白石	魏天成	丁恩华	国洪顺
刘金鉴	杨雨田	孙少文	陈宝义	乐鹤琪	齐鹏扬
李克勤（女）	张惠娣（女）	张连芳	朱家奇	王浩然	周克宏
郭殿权	高文日夭	李　欣（女）	于禄华	王成岩	王凤鸣
贾则恕	刘长兴	刘慎芝	高奎元	巴领基	徐锦昌
酆志祥	王学敏（女）	陶积强	王志明	阎增亮	徐桂珍（女）
侯长林	东玉珍（女）	裴文海	王雨兰（女）	王景成	翟凤林
何树林	陶宗豫				

红桥区（94 名）

孙玉增	毕玉淳	汪宝树	周鸿琴（女）	魏连成	徐国祥
王金玲（女）	魏立成	谭庆祥	王秉锟	张树茂	周温厚（女）
韩耀忠	郜金玺	张俊杰	王正立	陈玉森	李振朝
孙亭章	史俊生	刘振瀛	韩廷生	钱惠林	曹俊义
马国宝	刘　敏（女）	卞瀛洲	吴振荣	赵学纲	孟兆祥
武奎元	杨敦才	张续泉	李箴娟（女）	刘惠年（女）	孙玉成

张清海	戴德裕	赵雨村	归宝升	刘文彬	赵春来
张宝金	林玉芳（女）	崔凤亭	陆宝斌	孙荫韩	李文祥
张成海	尚祝三	英炳钧	刘振德	高连城	王金峰
李玉亭	赵国忠	李清技	刘东瑞	李凤鸣	王德坤
沃棉相	张起华	张朝富	毕先甫	刘金友	张绍臣
石文仁	孙丰霄	吴秀昆	李耀廷	兰凤鸣	许　明
张燕顺	柴玉锁	王哲清	沈英魁	王桂兰（女）	赵秀云（女）
呼玉田	王世珍（女）	穆云波	赵桂荣（女）	苗邑青	钱仲渊
张杏霜（女）	张淑兰（女）	吴魁元	邵亭祥	陈广波	赵玉衡
郝增庆	杜新民	李庆元	李长义		

南开区（63名）

金汝昆	任佑增	戚桂兰（女）	苗嘉斌	周培康	朱全根
张文华	刘振起	王振留	孙凤祥	元之明	范秀梅（女）
张继龙	张义增	陈长发	初茂松	张国臣	周汝卿
谭海镜	张克昌	苏春芳	廖辅章	靳海峰	李金财
王振远	程棣培	张文田	李雪祥	范文华	刘合聚
李树林	孟昭发	傅秉仁	李庆玉	曹金英（女）	赵文珍（女）
宋彦芳	胡培刚	李继聪	魏东年	周焕清	朱克阳
张树林	张清瑞	白福臣	于春发	迁学跃	王会吉
何艳辉（女）	金毓榛	王宪章	王长新	苏文光	尚双智
刁华兴	姚宝祥	赵克敏	朱志刚	彭淑英（女）	纪寿昌
魏树荣	罗永利	郭玉明			

塘沽区（52名）

李茂林	吴宝太	钱　春	李文元	张同群	李　信
姜树元	鲍志荣	傅宝群	张玉树	刘惠兰（女）	鄞金山
杨玉和	郑德起	陈宝亨	王宝琴	张学文	杨培臣
傅祥顺	朱洪河	赵宝伦	萧凤池	陈宝成	李文升
锺喜甲	李洪源	汪文岐	仇玉栋	李大德	李长发
赵德如	杜永荣	王贵德	王树德	杜文生	路振东
刘文福	施振明	孙瑞九	张式均	孙宗和	郑吉森
王茂如	宁培义	刘俊杰	张文明	宁文林	李淑敏（女）
王云喜	刘恩泉	刘荣汉	唐万荣		

汉沽区（22名）

刘宝忠	李魁臣	韩玉荣	关文成	贲春韶	邵宝如
王鹤亭	齐德元	张雪君	丁文彬	张荫棣	王连珍（女）
陈邦贤	王会文	杨恩杰	姜洪模	贾荣祥	邵建珍（女）
吴子臣	刘志英	郭庆圣	贾秀川		

建设系统（106名）

卢　珊	刘长合	夏庆民	李景宽	许金宝	李文士
王鸣祥	黄家礼	刘振山	段子明	李锡福	陈自仲
王文林	张克田	陈兆龙	于西庚	朱德斌	张值机
李金榜	王权中	徐梦思	尤　才	李跃东	刘连甫
王学敏	张云峰	左振忠	张同惠	王　俭	杨淑琴（女）
高长峰	陈春平	庞志群	张国安	刘占义	吕德海
张云阁	李桂林	侯万武	张玉岐	吴振刚	张庆宽
牛国栋	王玉孚	张庆海	屈连香	张金铎	梁雨生
董玉田	刘书正	杨春明	刘文炳	何其荣	蒙宝玉
萧　耕	韩庆云	段有洪	周长锁	高宝宏	吴秉和
周连山	王化云	孙振海	雷庆和	田文祥	张振武
张金生	张广贵	段成昌	蔡得水	高瑞林	张墨亭
苏建中	刘玉林	暴学琛	张振声	陈海泉	薛　勤
韩桂林	王连法	高祥发	赫祖先	张义发	王宝树
郑世芬	崔庆林	李德成	吴恩科	孙水深	熊梦德
纪正智	李贻铭	于锡忱	刘宝才	王佩云	魏富贵
杨提明	王东玉	张玉芳	储立勋	孙济川	胡士标
张言鸿	周甲山	丁纪明	林　桐		

铁路系统（38名）

冯春立	范立富	孟兆余	张　维	邢玉祥	王建功
赵　珀	白忠民	路秀峰	孙士俊	王富贵	傅宝金
郭金矿	沈士莲	靳其荣	李庆和	杨祯祥	郑海瀛
胡立富	宋根街	蔡文起	张宝玉	齐吉林	颜景凯
何开明	高绍林	张根发	穆祥和	李洪求	张凤州
万宝瑜	宋国祥	张德荣	谢广华	张光禄	张金魁
薛尚禹	周友才				

市政公路（40名）

孙　环	郑德义	赵树森	王汝常	刘国祥	耿昆山
王连发	陈世凯	王凤玉（女）	王玉林	王行信	丁伯岐
李秀峰	赵士和	赵翰文	李津培	姜士兰（女）	刘长发
王成起	张宝庭	白明友	傅希德	王崇仁	张连甲
邱洪林	张振远	王连祯	王文吉	张继光	王玉珍（女）
张恩奎	于国源	薛世凯	高玉书	赵富有	刘金华
陈益达	刘林清	姚玉桥	刘桂荣（女）		

电业系统（10名）

谢连元	于恩元	于长昆	李子瀛	董家福	张振雄
焦登运	潘世华	李锡亭	乔国祥		

邮电系统（8名）

于文俊	孟广胜	吕继堂	续绍勋	穆瑞明	刘荣波
孙克明	王钰亭				

文教医务系统（43名）

何炳林	杨仲耆	傅尚文	王明慧	王亚杰	于爱民
徐仲涵（女）	秦文虎	孟昭信	邢鸿基	刘骊珠（女）	刘玉涵（女）
李淑云（女）	王长福	王如慧（女）	刘以礼	林必锦	吴恩惠
周肇伍	冯英镇	罗秀文（女）	王幼文（女）	李淑文（女）	张荣庆
王忠平	吕华玺	刘　凯	韩俊卿（女）	高喆民	张　铭
筱艳生（女）	周文如（女）	王紫苓（女）	李庆良	张玺贵	韩俊清
刘铁铮	温洪隆	解培青	屈学孟	李长蓉（女）	王兆铭
徐平芬（女）					

1959年天津市劳动模范名单

特等劳动模范（67名）

单　书	王文华	李金才	林德时	姜洪宽	田培基
初茂松	张文田	张朝富	张振奎	李相文	王锡侯
鲍志荣	崔荫年	王永生	李之珍	穆成锐	刘宝忠
张玉树	李茂林	周培康	谭庆襄	王叔田	肖德训
吴宝太	李万清	王会文	于俊凤（女）	刘淑兰（女）	孙桂珍（女）
吴秀坤	靳志明	刘淑珍（女）	王春占	李学武	刘广荣（女）
赵永起	王芸生	毕于淳	卢　珊	刘长和	董玉田

杨提明	薛　勤	冯春立	宋根街	万宝瑜	范立富
郑德义	高虎臣	赵树森	钱　春	于恩源	于文俊
张士珍（女）	孙荫蓉（女）	郭树强	魏天成	居世英（女）	于洪章
石永春	张召信	张化新	刘铁铮	李金林	白寿峰
刘俊礼					

劳动模范

河东区（93名）

刘长福	邱光河	郭长荣	孙绍礼	魏书元	范金华
张玉山	孙大起	张宝旺	王富贵	郭玉林	肖德福
李怀臣	阎国明	李志海	戴树旺	钱守本	韩子祥
张玉才	栾慎行	靳子玉	高兴凯	赵洪岩	刘增石
李文玉	王永庆	董顺康	王　斌	王学田	李永华
傅士禄	任九慈	崔英杰	赵世文	刘治纯	张永禄
何钦鹏	王仁山	刘源义	王述俊	王银山	牛兰英（女）
姚淑敏（女）	李功博	高玉春（女）	周连英（女）	祝五经	张宝顺
朱恩通	陶金兰（女）	王春贵	李秀珍（女）	张俊领	王景山
朱庆华	孙文起	吴清华	吴尊重	周德林	赵岐山
张玉山	唐勋臣	高家政	张钟福	韩德胜	许玉兰（女）
宋国海	张洪民	李宝和	姚玉桥	李树桐	岳鹤寿
张国林	王玉珍（女）	聂树仁	陈振达	傅书文	焦顺通
孙再荣	朱吉祥	马玉兰（女）	宫锦章（女）	周恩怀	王玉英（女）
冯锦章	孟昭甫	郃耀国	贾长荣	张文奎	刘群生
赵世卿	冯德印	李金芝			

河西区（79名）

王兆永	孙金金奇	陈瑞恒	张洪义	张万清	谢宝树
孙振仓	张恩普	陈　亨	唐延年	李长林	李玉山
王希顺	张明山	张广岩	王振华	杨绍哲	刘虎山
王时英	周学仁	于景龙	刘顺义	孙士恩	高云兰（女）
张家贵	单福星	傅同利	刘鑫荣	顾松岚	何　春（女）
马桂珍（女）	杨凤玉（女）	张　青	贾秀武	郭逢柱	王淑珍（女）
苏志安（女）	纪永祥	阎增年	陈二留	高学玉（女）	孟宪朴
王宝禄	王秉银	相玉兰（女）	刘玉卿	刘玉珍	刘趁新

卜世杰	岑夏元	王维新	刘栋臣	郑守坚	高汝珍
霍兴年	张洪彬	陶其孅	李俊成	张玉亭	王振庭
穆瑞清	赵德俊	张连城	魏洪烈	武筱亭	柴寿海
朱紫东	马国荣	张林贤	尹洪滨	李树芝	成凤英（女）
古淑琴（女）	张德馨	华森年	王津宜（女）	刘文光	马忠良
袁德华					

河北区（88名）

李增会	郭衍禄	王锡九	王林春	阎树清	阚洪忠
张中兰	于功德	王良贵	赵继树	郝振瑞	傅国有
陈锡九	李成水	郭春贵	王永贵	王泽华	刘德有
路淑英（女）	樊文治	高　谦	王政永	赵振和	陈国梁
戚秉权	王宝富	苏宝仲	邢万钧	张建国	张义增
侯增新	毕先甫	高恒卿	胡培林	李长英	沈金章
田学增	常荣利	李风梧	于海瑞	徐桂金	马来锁
刘锡峰	王务清	孙风和	彭维汉	朱增顺	林淑兰（女）
余小妹（女）	范福盛	李玉珍（女）	兰玉珍（女）	李印杰	高洪烈
白永勤	冯敏学	刘明庭	徐恩华	安玉桐	李金玉
英玉本	张致广	于德成	吴忠成	刘武盛	李俊武
刘树甲	信庭杰	苑广金	于得水	沙宝楼	李梦梅（女）
王玉琴（女）	彭素芬（女）	卢　明（女）	王世祥	叶子青	赵淑英（女）
杜洪涛	王文才	孙广海	李海顺	郭连成	杜振明
李金町（女）	温兰英（女）	宋华忠	盛娣林（女）		

和平区（112名）

董秀珍（女）	于鸿林	王同伦	李玉峰	张梦麟	路永波
崔长福	赵延龄	张子连	曾庆祥	王海滨	韩鑫沄
裴福庆	周润田	唐顺泉	李继春	杨起瑞	陈光弟
唐永君	解金声	钱锡康	赵志江	江雪英（女）	张克善
田纯泉	宋金维	许国章	刘瑞臣	滕宝菊（女）	门殿俊
于瑞和	武宝仁	李宝臣	张沛仑	杨世荣（女）	王秀兰（女）
许文光	赵锡义	程春林	谷玉亭	孟宪起	贾茂文
郭宝贵	刘坤珍	韩凤鸣	王宝增	李子珍	安国良
何广鑫	杨连坤	卞滢新	刘振香	吕华溥	阎书奎
陈书荣（女）	肖品之	李少义	李书庄	杨振铎	张溪源

王三梁	杨俊华	贾宝金	张光年	张宝庆	刘文清
左树奎	高奎元	郭启慧（女）	白芳芹	李克勤（女）	陈宝义
郭殿权	巴领基	张连芳	周克宏	金润芝	王白石
刘　举	孙光禄	范立刚	魏元泰	宋秀缘	孙德忠
王淑兰（女）	许桂兰（女）	陶宗豫	裴文海	王景成	褚恩信
孙少文	于禄华	刘慎芝	王浩然	王学敏（女）	国洪顺
来希俊	丁恩华	李　欣（女）	杨雨田	高树范	侯常林
高　敏（女）	刘长兴	宋庆泉	董士权	韩宝成	徐立强
刘金鉴	史义国	酆志祥	徐克才		

红桥区（65名）

刘世奎	沃棉相	郝增庆	张俊杰	王正立	王德坤
刘金有	李玉亭	刘东瑞	韩跃忠	张俊田	陈广波
周凤梧	郜金玺	赵国忠	赵玉衡	武奎元	张续泉
孙凤霄	徐茂忠	刘　敏（女）	钱惠林	孙玉成	魏树龄
刘惠年（女）	兰凤鸣	李跃庭	孙万春	顾阿大	孙荫韩
王金玲（女）	刘文斌	张宝金	王树生	英秉钧	李庆元
赵雨村	杜新民	吴奎元	曹清连（女）	赵天成	田祯祥
张清海	晏立祥	张金堂	许　明	赵秀云（女）	张淑兰（女）
高连城	张杏霜（女）	王桂兰（女）	穆云波	王世珍（女）	史俊生
卞瀛州	赵桂荣（女）	钱仲渊	林玉芳（女）	刘恩荣	姚玉宝
钱福林	曹俊义	刘学元	王秉锟	王锡珉	

南开区（45名）

王世英	张淑珍（女）	李树林	张淑清（女）	任佑增	张国良
王润兰（女）	王衡山	张国臣	罗凤杰	石玉山	崔新奇
尚秀珍（女）	韩符传	李继聪	朱志刚	王振留	李文成
韩洪田	刘振起	张文华	郑同禄	王庆江	杜锡发
李文成	苗嘉斌	元明之	何延辉（女）	孙凤祥	王宪章
于春发	遇学跃	王会吉	王长新	范秀梅（女）	陈佩平
姚宝祥	石连第	姚长林	李存义	楚海贤	赵启明
苗学宽	张　璞（女）	沈权清			

塘沽区（35名）

王洪勋	杨玉和	王宝琴	郑云庆	王淑云（女）	宁培义
罗凤岐	刘文福	赵国安	施振明	傅宝群	邵长春

何金垣	田春奎	龚玉章	田捷龙	叶　森	李兰桂（女）
唐万荣	刘慧兰（女）	刘恩泉	雷孝山	王云喜	萧凤池
魏宝通	刘书元	郑吉森	宁文林	程荣惠	孙宗和
仇玉栋	赵德如	张文申	杨德胜	贾德怀	

汉沽区（27名）

张雪君	杨振德	赵林章	宋有泽	杨恩杰	陈帮贤
刘书成	李奎臣	郭洪太	韩玉荣	李广福	关文成
魏焕深	丁文彬	吴子臣	祝茂盛	王凤岐	赵春苓（女）
王连珍（女）	杨金弟	杨占明	姜洪模	姜又文	贾秀川
杨润华	陈正涛	乔福成			

建筑工业（50名）

李芳润	张云峰	张秀田	高凤春	王瑞营	高长峰
张同会	陈玉林	庞志群	孙连池	杨淑琴（女）	李桂林
吕德海	张国安	彭松茂	张庆宽	吴振刚	张华亭
张金铎	刘书正	王富明	曹瑞林	吴秉和	王化云
孙振海	苏金海	陈自仲	荆广环	王文林	林　桐
于学海	张克田	丘相武	孙聿洞	张连元	朱德斌
张植机	陈继先	李德成	孙水深	魏玉仑	王权中
吴春庆	张连福	王东玉	张宝芳	尤　才	陶志义
刘广义	杨嘉靖				

铁路（28名）

吴毓森	傅宝金	刘英年	赵　珀	白忠民	马春林
王富贵	郑海瀛	李世元	刘福顺	穆逢源	郝炳中
杨志文	周文义	韩方龙	李洪猷	张宝玉	张　维
王振东	杨俊才	古元升	韩振龙	张光禄	张德荣
袁绍武	薛尚禹	杨荫峨	周有才		

交通运输（27名）

董少平	傅希德	赵汉文	徐甫英	白广顺	王连祯
孙兆祥	王凤玉（女）	张永清	白明友	王汝常	王俊发
孙　环	赵金锁	黄恩锡	姜士兰（女）	刘金华	王连发
张淑珍（女）	张　煜	耿昆山	张连甲	谢士楞	顾玉林
耿清和	阎绍昌	王行信			

电力工业（8名）

焦登运	王国明	管庆安	吴治荣	靳宝林	王卓林
王连海	董家福				

邮电（6名）

续绍勋	穆瑞明	曹永连	吕继堂	马　伦	刘世明

文教卫生部门（48名）

范恩锟	舒扬桀	程光仲	傅尚文	黄惠芝（女）	孙模世
江泽生	何其忱	梁肇基	陈家琦	靳博华	王毓芳（女）
高子明	梁云凤（女）	王如慧（女）	徐世明（女）	邢洪基	刘　铎
刘　丽（女）	徐仲涵（女）	刘骊珠（女）	朱稚舒	姜越岭	解培清
张仲选	蔺崇泰	吴恩惠	周肇五	金家瑞	罗秀文（女）
田锡福（女）	张荣庆	宋文桀	张庆荣	周　朗	王兆铭
李庆良	冯英镇	吴　敏（女）	王紫苓（女）	张　铭	周文茹（女）
筱艳生（女）	高哲民	韩俊卿（女）	韩俊清	单宝峰	魏万盈

国营农场（6名）

兰华武	张万海	牛铁龄	康树全	滕林功	宋子芬（女）

各县（6名）

张希文	李德发	王庆明	刘志华	赵书元	南继祥
强元禄	黄淑瑞（女）	姚克英（女）	杜树枝	齐宝华	李志起
姬金祥	王希春	李宝慧	孙德祥	王树生	张树琪
卢仲江	安兆发	赵广进	张家祥	陈乃楼	王惠民
何振芝	王淑芹（女）	张洪雁	吴佩兰（女）	刘福凯	张敬学
鞠怀秀	刘通槐	孟繁长	刘慧蓉（女）	张文彬	范汝林
张继连	徐金荣	康金昌	孙宝玉	车宝琴	刘恩全
刘淑琴（女）	许金亭	范丙刚	刘淑荣（女）	康泽如	李广洲
范风年	魏玉轩	郭树珩	刘荣令	刘自兴	苗友林
李庆普	张树林	蔡少顺	王青山	焦长亭	刘金升
张同升					

1960年天津市劳动模范名单

特等劳动模范（88名）

王文华	萧德福	孙金琦	单　书	孙绍礼	林德时
田培基	崔英杰	李金才	鲍志荣	傅世禄	李之珍
崔荫年	刘虎山	申宝恒	王永生	王锡侯	张吉连

张宝乾	刘俊礼	薛有田	白寿峰	毕大德	李茂林
王泽华	张玉树	周培康	谭庆襄	李学武	王振留
张振奎	孙桂珍（女）	刘广荣（女）	苏来镇	王春占	王芸生
毕于淳	何　春（女）	刘淑珍（女）	靳志明	萧德训	孙荫韩
王叔田	司宝通	李万清	赵德俊	王庆江	吴宝太
于俊凤（女）	于恩元	童会文	卢　珊	董玉田	薛　勤
张钟福	杨提明	陈锡九	钱　春	耿昆山	高虎臣
白广顺	郑德义	范立富	陈宝崑	宋根街	万宝瑜
王权中	张士珍（女）	孙荫蓉（女）	郭昌仪（女）	李金林	张召信
郭树强	焦万元	于洪章	石永春	李克勤（女）	魏天成
居世英（女）	魏洪烈	唐万荣	马玉兰（女）	卞瀛洲	刘淑琴（女）
张化新	王　明	刘铁铮	夏兰菇（女）		

劳动模

和平区（92 名）

裴福庆	王同伦	路永波	刘东峰	白今海	杨起瑞
李书庄	何广鑫	杨振铎	张克善	江雪英（女）	许国章
吴　嶽	孙玉玺	周永安	袁彩琴（女）	张树森	王秀兰（女）
孙德忠	王万春	解品青（女）	刘本泰	贾宝金	张宝庆
周宝林	刘文清	郭芝榕	许桂兰（女）	田宝英（女）	孙乃贵
许文光	焦德民	张友武	陈湛英（女）	杨连坤	牛进岗
刘德祥	王文启	穆瑞明	杨国庭	李连枝	孙振棠
孔德安	董惠敏（女）	张宝勋	郭春源	尚天裕	左清莲
叶希贤	罗秀文（女）	孙模世	马腾骥	刘金鉴	史义国
王佩珍（女）	金英姬（女）	徐克才	周文茹（女）	张连芳	王文忠
刘文瑞	尹惠文（女）	王庆春	杨再春	国洪顺	朱家琦
高　敏（女）	王浩然	于禄华	张滋生	高奎元	裴文海
白芳芹	来希俊	金润芝	徐立强	郭殿权	陈宝义
郭启慧（女）	左树奎	孙少文	王学敏（女）	王禄熙	徐欣茹（女）
韩宝成	陶宗豫				

河西区（100 名）

陈瑞衡	尹文章	王兆永	张洪义	孙振仓	王振昌
袁德华	杨凤午	李春荣	陈　亨	常志梅（女）	王廷魁

李长林	张广岩	刘家俊	张明山	王希顺	郭庆善
李玉山	王宝禄	杨绍哲	于德安	段贵兰（女）	张广顺
杜守忠	安鹤樵	王培树	周学仁	杨银香（女）	刘文奎
王振华	王宝森	王时英	穆瑞清	李连彬	张连成
崔德起	刘宝林	陈光民	郭景文	卜世杰	岑夏元
李俊成	王振廷	马桂珍（女）	顾松岚	单福星	孙士恩
刘顺义	高云兰（女）	刘鑫荣	张家贵	傅同利	高学玉（女）
相玉兰（女）	陈二留	孟宪朴	纪永祥	王淑珍（女）	苏志安（女）
阎增年	萧绍成	刘宝珍	张　清	王兰根	徐桂琴（女）
韩梦兰（女）	宋春茂	高茹珍	宋守泽	阎宝山	马忠良
熊希梦	安增禄	朱子东	张雨呈	武筱亭	刘文光
尹洪滨	张林贤	石淑琴（女）	张玉芬（女）	华森年	张德馨
柴寿海	李树芝	成凤英（女）	徐仲涵（女）	刘　丽（女）	龚继华
马振汉	张庆荣	周　朗	曹善卿	白佩祥	苏福英（女）
李庆良	陈克式	翟秀英（女）	张秀娥（女）		

河东区（117 名）

丘光河	齐子升	张玉山	郭长荣	孙大起	赵文清
李恩俊	刘子龙	王志永	李怀臣	戴树旺	钱守本
韩子祥	程维宝	阎国明	袁芳林	张玉才	陈阿毛
王宪洲	刘增石	李文玉	康恩起	吴景安	王　斌
董顺康	张尔奎	栾慎行	李祥仲	王述禹	唐延年
黄淑珍（女）	何钦鹏	袁继明	李亭芬	姜洪宽	高兴凯
王川贞	王寿山	高东升	郭世勋	郭荣桂	王锡民
王英奎	王仁山	魏阿毛	郭培贵	侯文库	张安福
张玉龙	张玉山	刘淑兰（女）	杜文成	张国林	杨振起
陈立基	宋国海	唐勋臣	张洪民	李光照	陆国祥
田维敏（女）	牛兰英（女）	蔡　铨	李文才	朱桂兰（女）	周德林
高玉春（女）	姜淑英（女）	赵岐山	吴尊重	高殿瑞	朱恩通
张宝顺	王春贵	陶金兰（女）	李秀珍（女）	郭逢桂	蔡淑珍（女）
张振霞（女）	孙文启	王景山	张国林	聂树仁	陈振达
傅书文	冯德印	王恩洪	朱吉祥	高宝萍（女）	都寿燕
贾长荣	张文奎	张玉福	刘群生	郃耀国	宫锦章（女）
孟昭甫	赵世卿	宋长瑞	拱有生	刘汗文	匡梅兰（女）

关兆珍（女）	孙寿荣（女）	李淑英（女）	孙恩元	胡之祥	任淑英（女）
刘树忠	李寿培	赵连义	姚玉桥	姚殿荣	张荣庆
徐士明（女）	李培育	武国山			

河北区（112 名）

李增会	阎树清	朱金云	唐妙芳（女）	刘秉才	陈洪荣
郭衍禄	王锡九	陆纯礼	孟广炎	于功德	傅国有
李宗义	王良贵	蒋乃燮	韩金祥	王政永	赵振和
梁金洪（女）	沈金章	胡培林	夏金声	顾有宝	王宝富
苏宝仲	高贵忠	刘连会	孙文华	戚炳权	刘德友
袁志成	宋华忠	高恒卿	樊文治	董怀明	孙礼平
刘云起	张志彬	毕先甫	李金波	邢佑堂	孙秀彬
唐趁意	侯国森	刘西庚	薛汝盛	郑瑞珊	徐兆忠
王纪珠（女）	张国壁	刘武胜	苑广金	张志广	李金玉
于德水	王化敏	夏纪栋	任永杰	李俊武	杜景福
于德成	冯敏学	武宝仁	任建生	刘树甲	杜振明
王印柱	王宪增	张秀兰（女）	王西洋	余小妹（女）	林淑兰（女）
范福盛	纪凤鸣	马来锁	贾金学	马殿奎	张桂卿
尹金发	蓝玉珍（女）	高增珍	刘富贵	符士芳	王庆华
任伯泉	孙广海	张俊贤	史润田	路少文	白永勤
巴岭基	盛悌林（女）	王玉琴（女）	王世祥	陈　梅（女）	魏正昌
卢　明（女）	徐桂芳（女）	王　昆	高树范	程　毅	朱稚舒
杨振清	杨玉珍（女）	张象芝（女）	张谦六	王兆铭	阎连春（女）
陈秀芬（女）	韩振东	王汝勤	温兰英（女）		

红桥区（81 名）

李振友	张俊杰	王德坤	赵福和	孟庆池	郜金玺
李玉庭	李永华	刘金友	孙宝全	张俊田	杨凤荣
王正立	许文芦	庞春轩	阎凤岐	赵继树	张清海
魏连成	刘永福	吴文清	王金玲（女）	郑贵林	李玉璋
王俊发	王秉锟	李　禄	杜新民	祝延铭	刘玉林
蔡长在	李庆元	吴奎元	孙丰霄	魏树苓	钱惠林
孙万春	刘学源	李耀庭	刘惠年（女）	钱福林	顾阿大
曹俊义	刘　敏（女）	刘映书	白家祺	杨士杰	邢国良
武奎元	张续泉	刘东瑞	史俊生	穆云波	王桂兰（女）

张　明（女）	高连城	钱仲渊	孙秀珍（女）	张杏霜（女）	纪振华
董成武	林玉芳（女）	于凤来	杨德林	郭玉琴（女）	安汝坤
陈　静（女）	何玉龙	张春炎	朱国清	岳金生	姚玉宝
赵慕良	解培清	王松青	张淑清（女）	刘杰谦	赵宽赤
刘永明	吴　敏（女）	孙廷璋			

南开区（83名）

张文田	袁宝珍（女）	王振远	戚桂兰（女）	任佑增	孙绍宗
李金和	王润兰（女）	王占春	宋文斌	崔新奇	李景福
王炳彦	朱志刚	罗凤杰	张连才	鲍既清	李希元
王世英	孙家海	张连富	张子连	郭永庆	赵荣起
孙洪敏（女）	刘瑞臣	韩洪田	尚秀珍（女）	许宝财	楚海贤
李玉万	郑洪亮	田纯泉	滕宝菊（女）	田文俊	韩棣英（女）
王德福	金桂深	吴章林	孟繁运	张佩仁	张新法
刘坤珍	毕俊岐	赵　宜（女）	李树林	王秀侠（女）	贾茂文
刘淑珍（女）	于凤兰（女）	李淑文（女）	曾凡茹（女）	王宪章	何彦辉（女）
元明之	张兰萍（女）	王惠吉	于春发	陈　铁	宗家振
郝英俊	邵学庭	商金荣（女）	张洪勋	刘万明	郭文芝
王丽荣（女）	苗学宽	李文兰（女）	刘金洲	李宝庆	韩玉川
姚宝祥	徐芝宇	张淑英（女）	赵启明	沈权清	宋文檠
于福元	史绍熙	孙庆福	薛多诚	酆志祥	

塘沽区　（52名）

王宝琴	王洪勋	吴文龙	殷长林	杨玉和	苗占元
郑德起	刘金铭	李广生	任凤云	邵长春	叶　森
田捷龙	何金垣	龚玉章	刘成鑫	罗凤岐	张文涛
刘文福	王玉生（女）	张式钧	赵国安	任玉佩	王凤桥
李兰贵（女）	李文久	莫杏生	赵德如	赵守绪	张文林
仇玉栋	孙宗和	史守香	萧凤池	魏玉通	崔锡轩
赵金岭	邦金阁	刘书元	郑吉森	袁忠惠	邢　财
雷孝山	王俊起	张玉芳	杨玉明	李凤香	郑詠兰（女）
苗谓宜	任连奎	筱艳生（女）	李玉章		

电力（4名）

焦登运	程永兴	刘云禄	乔国华

建筑（23名）

王学敏	左长兴	高凤春	杨淑琴（女）	张同会	侯朝栋
张国安	吕德海	侯万武	彭松茂	高寿彭	张作有
邱家定（女）	杨联溯	李锡福	侯连生	张锦秀	王富明
曹瑞林	刘　强	刘福海	陈自仲	杨石麒	

建设（12名）

张连元	孙聿洞	张克田	梁西林	陈继先	朱德彬
张国瑞	晏德江	陈兆龙	刘振芳	吴春庆	齐墨林

建材（12名）

安兆发	尤　才	王东玉	张宝芳	霍兴年	刘永太
李良坤（女）	段文海	贾树贵	佘　敬	刘寿玉	卢书径

铁路（23名）

周子平	刘　琪（女）	郭林江	古元升	郭金矿	陈惠珍（女）
鄢风树	张风堂	李洪献	铁奉申	高文彬	纪文华
陈柏年	李焕章	刘春元	韩振龙	郝炳忠	邢玉祥
裴景山	王富贵	贺耀贵	赵坤元	张树亭	

交通运输（10名）

董少平	钱玉俊	傅希德	赵汉文	赵富有	王连祯
王凤玉（女）	张永清	张振远	李振海		

邮电（6名）

刘文绢（女）	韩家琪	张维林	刘世明	马　伦	胡凤翥

公用（4名）

姜士兰（女）	刘金华	李德成	孙　环	王行信	张祥林

文艺（4名）

韩俊卿（女）	王紫苓（女）	高吉吉民	张　铭		

各县（80名）

达培增	赵国珍	蔡绍顺	卢仲江	李翠兰（女）	高玉明
杜树芝	袁立峰	叶锦水	刘亦工	张文林	焦长亭
杨书敏（女）	刘恩全	马永琴	齐洪山	王其玉	王淑瑞（女）
倪宝琚	赵立德	张延荣	王英杰	李志起	孙凤清
刘长卿	张万海	胡庆德	何振芝	王淑琴（女）	房西珂
汪书香	李万山	温庆云（女）	王金苓（女）	刘福凯	晋桂香（女）
卢保鉴	孟藏者（女）	王德富	吴存秀	李长贵	许善荣（女）

王淑英（女）	陈桂荣（女）	董凤羽	韩春友	刘 旺	李广兴
何占深	鞠怀秀	马文骏	范丙刚	康泽如	吴宝申
柳忠言	郭树珩	陈 英	胡永海	董怀忠	李惠达（女）
李西光	安育慰	王奎智	刘东杰	车宝勤	孙宝玉
林清德	李增田	岳鸿英（女）	赵锐民	姜德成	展彬坤
张召钵	吴俊山	魏吉侠	李长春	刘志华	黄淑瑞（女）
赵恩昌	高云霞（女）				

1961年天津市劳动模范名单

特等劳动模范（56名）

齐子升	肖德福	林德时	张振奎	杨志增	王锡侯
高增瑞	张宝乾	王同伦	李之珍	傅世禄	崔荫年
申宝恒	刘虎山	孙桂珍（女）	李学武	刘广荣（女）	王芸生
毕于淳	王振留	钱惠林	王春贵	肖德训	司宝通
吴宝太	孙荫韩	张玉山	张玉树	路希杰	曾广钰
靳宝林	董会文	范立富	宋根街	万宝瑜	钱 春
张永清	姜士兰（女）	陈锡九	卢 珊	董玉田	杨提明
张士珍（女）	焦万元	魏天成	李克勤（女）	居世英（女）	魏洪烈
于洪章	马玉兰（女）	卞瀛洲	李长志	郭树强	唐万荣
边叔扬	张化新				

劳动模范

和平区（78名）

王三梁	杨起瑞	白今海	路永波	崔长富	裴福庆
王文启	常立田	杨连坤	何广鑫	张玉福（女）	李连枝
刘德祥	牛进岗	王叔田	张书绅	王秀兰（女）	王润忠
许文光	张继荣	周邦丰	张洪文	罗淑珍（女）	王万春
张克善	元子玉	邳振廷	孟凡君	刘祝三	刘本泰
贾宝金	冯德明	张惠亭	张云生	黄兆凤（女）	贾则恕
武国祯	刘文瑞	王禄熙	王庆春	东玉珍（女）	徐欣茹（女）
于禄华	高 敏（女）	尹惠文（女）	杨再春	国洪顺	张滋生
丁恩华	王学敏（女）	裴文海	荣吉恩	周俊成	韩宝瀓
金润芝	徐立强	郭殿权	孙荫蓉（女）	王浩然	肖相书

王熏芳（女）	张金华	王天予	沈希咏（女）	蒋麟书（女）	马惠敏（女）
尚天裕	马腾骧	刘金鉴	左清连	孙毓敏（女）	王佩珍（女）
赵　琪	周绪增	周文如（女）	高如珍	王紫玲（女）	张　铭

河北区（72名）

阎树青	王锡九	郭衍禄	桂文焕	蒋乃燮	王明川
董金环（女）	曹桂凤（女）	刘其明	赵冠雄	李金财	王政永
赵振和	孙书文	施有义	高贵忠	孙文华	高恒卿
王宝富	曹秀兰	胡培林	孙占奎	沈金璋	杨焕卿
宋华宗	孙礼平	何在中	李春田	邢佑堂	刘恒波
苑广金	杜景福	张致广	于德成	冯敏学	武宝仁
李金玉	任建生	刘瑞云	刘荣盛	王宪增	卢海泉
王金池	符士芳	王西洋	高和顺	林淑兰（女）	余小妹（女）
马来锁	王振中	贾金学	张桂卿	郭昌仪（女）	陈　梅（女）
王玉琴（女）	刘宝泉	卢　明（女）	高树范	巴领基	徐桂芳（女）
王庆华	任伯泉	史润田	王　明	杨玉珍（女）	段春华
王兆铭	李鹤芩	张秀兰（女）	李文发	郑瑞珊	徐兆忠

河东区（84名）

王文华	郭长荣	钱守本	肖长清	董振江	孙大起
魏书元	程维宝	丘光河	毛洪均	史忠才	杨国亭
陈阿毛	侯文库	何钦朋	高兴凯	张玉铭	唐顺泉
冯占魁	郭世勋	李维恒	刘金维	单维平	唐延年
董顺康	王　斌	黄淑珍（女）	于吉田	蒋真如	郑延龄
杜文成	张玉山	魏长发	张洪民	宋国海	孟繁智
唐勋臣	张念伦	蒋永山	李文才	田维敏（女）	韩佩珍（女）
朱桂兰（女）	薛玉珍（女）	蔡　铨	刘淑珍（女）	高殿瑞	吴尊重
姜淑英（女）	李开太	牛凤兰（女）	朱恩通	李秀珍（女）	李华元
靳志明	邵云孚	史文明	刘忠才	姜守忠	赵连义
李寿培	聂树仁	石永春	张玉奎	贾长荣	蒋　贵
宫锦璋（女）	钱仲渊	宋长瑞	张秋香（女）	张玉福	刘群生
陈宝义	崔玉林	傅书文	孟昭甫	赵世卿	屈书彬
安瑞凤	李培育	张文英（女）	许振发	王锡民	陈国祯

河西区（76名）

单　书	张洪义	孙振仓	张万清	孙金琦	陈瑞衡

李玉山	郭庆善	宋守泽	王振华	张友武	杨银香（女）
刘宏芬（女）	王培树	箕阿康	满淑媛（女）	赵瑞集	窦海萍
姚宝仁	崔广荣（女）	徐荣怀	杨顺发	郭景文	赵德俊
穆瑞清	李连斌	孟祥林	阎吉和	袁德华	韩义章
王廷魁	陈　亨	杨绍哲	何　春（女）	马桂珍（女）	杨秀荣（女）
高学玉（女）	苏志安（女）	王淑珍（女）	相玉兰（女）	阎增年	肖绍成
韩树和	滔根丑	张　清	刘兴隆	单福星	高云兰（女）
刘顺义	张家贵	刘福寅	李玉阁	夏兰菇（女）	熊希梦
安增禄	朱子东	程凤英（女）	陈少敬	柴寿海	尹洪滨
马福祥	武筱亭	张玉芬（女）	刘文光	于振善	龚继华
刘　丽（女）	萧作沛（女）	张树芸（女）	刘铁铮	周　朗	卞学鉴
赵焕义	王兰根	韩俊卿（女）	高喆民		

南开区（70 名）

王子洪	刘炳钧	韩洪田	田文俊	牛仁昌	王瑞起
李忠信	郑洪亮	郭春波	田世惠（女）	韩棣英（女）	腾宝菊（女）
王庆山	张佩任	韩文平	孟繁运	兰生周	高树旺
陈泽田	赵永起	刘振起	胡俊升	张连才	张长在
赵克敏	鲍既清	李希元	霍连凯	崔新奇	李景福
刘长才	周陪康	王秀霞（女）	袁克俊	任佑增	戚桂兰（女）
刘俊礼	孙绍忠	王振远	张德满	屈自荣	郭永庆
姜惠德	王世英	马恩慈	李宝庆	刘淑琴（女）	韩玉川
寇俊哲	张玺源	徐春印	宋文启	酆志祥	张淑英（女）
赵启明	王梓坤	陈阴谷	孙凤祥	于凤兰（女）	元之明
何景儒	何延辉（女）	卢秀荣（女）	于春发	王宪章	尚贵钧
孙继文	张国发	陈佩平	万淑芳（女）		

红桥区（66 名）

李永华	娄长发	张俊田	孙宝全	张明山	张金山
律德胜	孟宪忠	毕树森	王振普	王树森	杨仲秋
许文芦	庞春轩	孙凤荣	刘学源	魏树岭	孙万春
李跃庭	胡锡华	于忠友	张连元（女）	沈洪波	周洪喜
刘秀庭（女）	李成斋	王淑敏（女）	李　禄	吴文清	刘锡安
文尧增	魏连成	李建华	刘永福	张善明	谭庆襄
王鸣球	赵惠荣	赵连存	孙洪运	史俊生	孙秀珍（女）

王桂兰（女）	穆云波	于凤来	王士珍（女）	陈　静（女）	郭玉琴（女）
肖锡甫	董俊华（女）	林昌富	张杏霜（女）	林玉芳（女）	李汝彦
高连成	翟景祥	胡景炎	刘杰谦	张淑清（女）	王松青
孙廷璋	陈家征	赵慕良	童文涤	张续泉	吴奎元

塘沽区（35名）

杨玉和	李梦祥	吴文龙	谢光巨	王洪勋	郭文明
田捷龙	龚玉章	王云亭	刘庆华	鲍志荣	罗凤岐
杜文轩	郑维俊	黄志奇	杨景元	丘光普	齐兆来
史守香	郑吉森	肖凤池	张义铭	林洪友	刘惠兰（女）
杨玉明	崔永华	王俊起	筱艳生	李志梧	任连奎
邢　财	陈仪根	张砚农	王喜有	袁忠惠	

天津专区（22名）

岳洪英（女）	董淑珍（女）	薛有田	巩　泽	刘永贵	张庆贵
许金廷	李瑞峰	强学彬	李瀛洲	杨凤田	刘庆余
张润波	白槐年	李玉生	刘自兴	刘振东	谢玉发
于光弼	张培铭	王俊林	宋荣江		

铁路（17名）

陈宝昆	王富贵	郭金矿	李玉浩	董国俊	李秉强
郭林江	鄢凤树	李金禄	陈柏年	孙宝昌	赵吉昌
周子平	杨振清	古元升	叶蜚章	王泰微	

交通运输（12名）

董少平	钱玉俊	赵铭远	钮金奎	赵汉文	李振海
刘金生	陈世明	张振远	张　玺	耿昆山	贾福江

公用（7名）

刘金华	马汝琴（女）	王行信	王学文	张祥林	李德成
张庆云					

邮电（6名）

刘文娟（女）	潘玉梅	周福祥	程庆元	胡凤翥	相文会

电业（4名）

于恩源	程永兴	纪玉祥	周志成

建筑（13名）

王嘉恩	安则禹	徐文昌	张忠亮	张国安	侯朝栋
王鸣祥	刘长合	杨金生	郭成迪	杨　正	齐子明

朱嘉祥

建设（3名）

薛　勤	刘文华	李殷亭			

建材（10名）

张宝芳	锺宝森	张润普	段文海	霍兴年	刘永泰
王洪兰（女）	贾树贵	赵明柱	卢书经		

手工业、公社工业（23名）

王桂英（女）	张玉兰（女）	崔德起	刘汉文	王广益	张连成
王俊发	郭福增	尹成泰	刘玉林	孙德忠	刘家林
田宝英（女）	刘俊长	王凤乔	傅希杰	王汝琴	张洪勋
金秀英（女）	戴连禄	张连富	李淑英（女）	曾宪文	

1962年天津市劳动模范名单

特等劳动模范（66名）

于洪章	王叔田	赵德俊	司宝通	吴宝太	孙荫韩
路希杰	张玉山	曾广钰	孙桂珍（女）	刘广荣（女）	刘淑珍（女）
李学武	于小妹（女）	王春贵	钱惠林	王振留	赵根丑
徐文银	谢光臣	刘宝忠	张玉树	吴文龙	何广鑫
曹桂凤（女）	董顺康	李之珍	林德时	王同伦	张振奎
傅世禄	高增瑞	李永华	申宝恒	刘虎山	李瑞峰
齐子升	单　书	萧德福	靳宝林	张永清	范立富
松根街	钱　春	姜士兰（女）	周福祥	陈锡九	董玉田
杨提明	张士珍（女）	郭树强	李克勤（女）	马玉兰（女）	卞瀛洲
居世英（女）	焦万元	魏天成	张滋生	李长志	张化新
边叔扬	董惠文	李家禄	相玉兰（女）	卢　珊	刘长合

劳动模范

河东区（66名）

邱光和	郭长荣	高恩福	郭殿义	钱守本	杨庆胡
陈　检	高兴凯	唐顺泉	高美林	单维平	李维恒
唐延年	孙树林	刘金维	王余胜	樊本义	李其昌
曹云生	范士亭	郑延龄	张洪民	杜文成	刘淑兰（女）
徐振堃	陈泽田	张念伦	孟繁智	宋国海	张　德

张安福	李文才	蒋永山	薛玉珍（女）	孙秀兰（女）	朱桂兰（女）
吴尊重	姜淑英（女）	李开太	牛凤兰（女）	刘龙志	史文明
杨桂荣（女）	李　祥	高德华	刘忠才	姜守忠	赵连义
刘文有	刘群生	崔玉林	赵田林	宋长瑞	张玉奎
张秋香（女）	赵世卿	李树元	武国山	李培育	张文英（女）
冯玉胜	李秀珍（女）	魏书元	邢书桂	何钦鹏	杨恩贵

河北区（60名）

阎树清	王锡九	陆纯礼	周连宝	周士若	杨焕卿
沈金璋	孙占奎	王政永	李梧芳	王宝富	李金才
高贵忠	孙文华	李宝增	高恒卿	何在中	孙礼平
刘文东	宋华宗	苑广金	陈宝华	杜景福	张致广
刘瑞云	李金玉	侯茂春	于德成	谷云田	董金环（女）
赵成玉	林明川	刘其明	张玉英（女）	林淑兰（女）	王芝生
李荣盛	王宪增	卢海泉	刘增显	高和顺	符士芳
贾金学	张桂卿	王庆华	秦进言	李长清	王登阁
郑瑞珊	徐兆忠	任俊霞（女）	王有春	郭昌仪（女）	卢　明（女）
高树范	陈　梅（女）	王　明	刘骊珠（女）	朱稚舒	段春华

河西区（59名）

王世文	张万清	郭庆善	李玉山	王振华	刘家俊
篑阿康	刘加占	刘宏芬（女）	宋守泽	张友武	王培树
赵瑞泉	陈　亨	袁德华	阎吉和	韩义章	杨顺发
王彦伯	孟祥霖	郭景文	徐荣怀	刘文彬	高云兰（女）
刘顺义	张家贵	单福星	蔡洪池	张秀媛（女）	马桂珍（女）
杨秀荣（女）	何　春（女）	刘兴隆	李致月	齐建功	陈长山
韩树和	刘福寅	萧绍成	薛品山	熊希梦	安增禄
刘　丽（女）	吴世未（女）	韩襄生	符春榜	罗吉元	武筱亭
陈少敬	成凤英（女）	柴寿海	李沛然	魏洪烈	朱紫东
高学玉（女）	苏志安（女）	阎增年	贺炳炎	赵焕义	

和平区（48名）

王锡侯	王文启	裴福庆	李文江	王三梁	崔长富
战邦新	王润忠	周邦丰	张继荣	白玉杰	张书绅
卢树起	朱才林	李连枝	杨连堃	邳振廷	张鸿文
元子玉	李廷瑞	张克善	马淑珍（女）	贾宝金	张惠亭

张云生	李子湘	刘本泰	孟繁君	韩绍先	董世权
董玉珍（女）	国洪顺	杨再春	毛颖述	丁恩华	于禄华
徐欣茹（女）	高　敏（女）	王学敏（女）	许海滨	沈希咏（女）	梁云凤（女）
马惠敏（女）	于秀媛（女）	周绪增	王彬如（女）	王承立	吴长龄

红桥区（48 名）

张俊田	许文芦	王正立	律德胜	王振普	孙洪运
胡俊升	石振江	张瑞发	刘学源	胡锡华	魏树岭
白家祺	张连元（女）	孙万春	李福先	于忠友	周同万
徐春芳（女）	王淑敏（女）	刘锡安	吴文清	魏连城	齐保书
王树苓（女）	李建华	赵焕峰	林昌富	束方元	肖锡甫
孙秀珍（女）	史俊生	穆云波	张杏霜（女）	赵春山	郭玉琴（女）
王士珍（女）	董俊华（女）	陈　静（女）	胡景炎	许　明	刘杰谦
张淑清（女）	王松青	孙延璋	王青海	张续泉	吴奎元

南开区（48 名）

王殿兴	杨秀娥	齐雪楼	李　俊	任佑增	戚桂兰
刘俊礼	郭永庆	屈自荣	李希元	鲍既清	刘长才
张长在	赵克敏	王士英	张国玺	王维生	王庆山
赵荣起	刘振起	宋景禄	金桂深	张佩任	高树旺
周培康	孙国瑞	袁克俊	王秀侠（女）	腾宝菊（女）	刘恩波
韩棣英（女）	赵泰兴（女）	林延庆	尚秀珍（女）	胡志弟	王瑞起
刘炳均	张汉城	于道让	田世惠（女）	郑洪亮	万淑芳（女）
刘德利	李宝庆	寇俊哲	徐春印	马淑英（女）	刘　铎
张淑英（女）	尚贵钧	张国发	孙凤祥	安宝金	元之明
何景儒	陈儒平				

塘沽区（28 名）

唐万荣	陈垂瑜	王洪勋	孙志和	姬洪顺	石金钟
王云亭	田捷龙	吴景柱	杜文轩	王汝金	郑维俊
齐兆来	史守香	郑吉森	崔永华	王俊起	叶伯年
王喜有	刘惠兰（女）	筱艳生（女）	邢惠民	许广林	李贵兰（女）
韩爱荣（女）	王金谭	萧凤池	张桂芳（女）		

汉沽区 （19 名）

李凤林	李习章	杨长在	王振和	谢景泰	陈帮贤
薄洪起	刘庆胜	王会文	董　甫	冯寿绵	韩玉荣

关文成	王连珍（女）	苏庆顺	张作斋	刘书城	解桂荣（女）
刘荫增					

电业（19名）

付隆道	纪玉祥	周志成	程永兴

铁路、三院（15名）

陈宝昆	鄢凤树	孙宝昌	李玉浩	董国俊	周子平
王富贵	郭林江	李　忠	李树英	林玉盛	孙纯玉
王会杰	叶蜚章	王玉彬			

交通（9名）

董少平	赵鸣远	钮金奎	赵汉文	李振海	刘金生
张振远	陈世明	耿昆山			

公用（9名）

刘金华	宋道洪	袁洪文	李德成	张祥林	马汝琴（女）
王学文	张庆云	范永平			

邮电（4名）

刘文娟（女）	潘玉海	张万有	程庆元

港务（4名）

杨景元	周　玉	丘光普	郭曙堂

建筑（12名）

徐文昌	高凤春	郭成迪	王鸣祥	张国安	柴甫元
任育光	齐子明	刘广义	吕宝镜	王振兴	侯朝栋

建材（11名）

孙济川	张宝芳	钟宝森	张润普	段文海	王洪兰（女）
贾树贵	赵明柱	阎新和	吴凤庄	吕凤岩	

建设（4名）

刘文华	薛　勤	李殿亭	李玉麟

商业（35名）

郭殿权	巴领基	金润芝	徐立强	华炳光	钱仲渊
刘仲山	李耀楼	荣际恩	韩宝澂	李玉珂（女）	孙玉连
尹洪滨	李汝彦	刘文瑞	石永春	聂树仁	何玉山
林玉芳（女）	安玉桐	王玉林	卢秀荣（女）	齐秀荣（女）	孙德秀
徐桂芳（女）	傅书文	马福祥	陈宝义	萧相书	苏宝有

蒋　贵　孟昭甫　吴国祯　周俊成　裴文海

文教医务（20 名）

马腾骧　尚天裕　左清莲　周　朗　刘志莲（女）　吴　敏（女）
王兆铭　候玉璞（女）　张荣庆　叶希贤　冯文潜　陈天池
陈阴谷　郭霭春　于振善　王　全　王执中　江泽生
阎书德　王　惠

文艺（5 名）

韩俊卿（女）　高喆民　张　铭　孙祖言　裘爱花（女）

天津专区（20 名）

刘永才　董淑珍（女）　王保森　薛有田　谢玉发　刘振东
张丕铭　于光明　翟艳祥　张润波　李玉生　杨志增
康泽如　李志岩　孙培英　孙志彦　李相文　杨占明
李瀛洲　吴国柱

手工业、社办工业（27 名）

刘永福　孙德忠　刘玉林　孟繁运　韩文平　尹成泰
王广益　郭福增　王桂英（女）　张洪勋　王汝琴　董　荣
张宗汉　李秀英（女）　傅文芝　樊继生　于文兰（女）　张宝贵
孟宪增　李荣华　李桂恩（女）　韩松林　陈玉兰（女）　李文兰（女）
张连富　李仁义　王瑞志

社办福利事业（1 名）

张淑云（女）

劳动局（1 名）

高如珍

业余教育（2 名）

张秀兰（女）　王锡琨

天津市 1977 年度工业学大庆表彰大会授奖名单（14 名）

劳动模范标兵

单　书　潘义清　王文秀　司宝通　吴文龙　韩修华
戎学珍（女）　韩荣珍（女）　李继扎　阎树林　张永惠（女）　郭芝榕
戴爱兰（女）　赵志纯

劳动模范

第一机械工业局（31名）

张俊田　果玉田　刘玉禄　胡祚宽　冯秀娣（女）　郭守仁
李汝新　何载中　赵金庭　林德时　腾德来　吕兰锷
王金良　王　文（女）　李瑞林（女）　李月明　刘学齐　张永顺
王庆鸿　王树德　杨克忠　刘文东　黄万成　刘兰亭
高恒卿　王德凤　藏俊华　段书梅　刘淑珍（女）　方立言
赵寿亭

第二机械工业局（14名）

战帮新　苏兰州　任俊霞（女）　丛汲泉　张　录　裴福庆
李凤云　郑志娥（女）　葛　平　李宗滨（女）　柳搬来　达宝哲
巩金淼　焦文兰（女）

冶金工业局（9名）

齐子升　冯及增　张才珊　张兴汉　王忠和　马林祥
邢铁森　王守成　张连恩

第一轻工业局（18名）

李金雪　郝宝祺　邵桂芝（女）　何宗涛　郭淑英（女）　郑春林
蒲兴国　安玉桐　李殿武　万文藻　刘广杰　王室恬
金英顺（女）　高瑞峰　郑　坚　程少祥　陈保证　赵德俊

第二轻工业局（16名）

张云娥（女）　张海泉　杨泽山　周学明　凌风坡　张振发
王惠敏（女）　路希杰　关树田　元见义　王锦章　谷元富
刘海江　崔　昆　吴恩明　翁金发

纺织工业局（23名）

李秋荣（女）　刘庆祥　孔桂英（女）　樊志广　陈金荣（女）　李淑兰（女）
吕汝祥　武玉璞　黄　侃　林淑兰（女）　李耀华（女）　王淑媛（女）
袁大用　王宝和　石维岭　薛鸿鑫　胡兰书　赵　斌
张秀英（女）　娄瑞林　韩振海　周连壁　倪忠旭

化学工业局（12名）

王占起　张景全　柳家昌　李书庄　庞淑兰（女）　朱玉昆
杜明义　穆祥惠（女）　石秀兰（女）　何广鑫　吕致臣　郝景贵

电力局（1名）

李子瀛

邮电管理局（1名）

崔宪玲（女）

大港油田（9名）

袁桂德　梁士河　刘俊秀（女）　赵兴元　王淑芳（女）　黄碧云
皱世良　马顺发　刘金荣（女）

交通局（8名）

郭瑞成　王吉堂　马志章　尹凤义　白明友　何宝贵
刘绍洲　陈锡九

天津港务管理局（4名）

康宝祥　孔繁荣　阎长林　张宝林

中国远洋运输公司天津分公司（1名）

王贵森

天津航道局（2名）

赵习文　王道昌

天津铁路分局（9名）

陈俊生　田进国　王臣忠　韩　琦　夏宏身　岳　进（女）
王秋霞（女）　付世录　王子珊

铁道部第三勘测设计院（1名）

彭道广

天津涉县铁厂（2名）

王金升　刘志勇

印刷工业管理局（2名）

朱玉良　侯殿臣

海洋石油勘探指挥部（1名）

杨木成

建筑工程局（10名）

孟繁忠　李福顺　李同鑫　刘振江　蔺俊元　史玉昆
于炳江　孙凤英（女）　乔文泉　曹生富

市政工程局（1名）

刘肥头　王柏增　冯生华　薛　勤

房地产管理局（3名）

梁铁双　梁庆超　回俊荣

建筑材料工业局（3名）

张俊昆　　贾树贵　　齐之绥

规划设计管理局（1名）

李永祥

公用局（4名）

李连春　　赵洪珍（女）　郑顺平　　李忠诚

交通部第一航务工程局（2名）

陈作贵　　胡金根

天津蓟玉煤矿（1名）

李德贵

天津大港电厂工程指挥部（2名）

徐占庆　　朱桂艳（女）

天津石油化纤厂工程指挥部（1名）

孙锡玉

第一商业局（2名）

史文革　　刘英俊

对外贸易局（1名）

王云锡

供销社（1名）

王洪钧

物资管理局（6名）

季茂田　　窦淑明（女）　于桂芬（女）　张慧聪（女）　李宜清　　胡　增

农林局（1名）

阮锦文

水产局（1名）

李祥云

和平区（3名）

王学礼　　杨素华（女）　于春福

河北区（5名）

王凤山　　马兴才　　秦进茂　　崔占谱　　段春华

河东区（2名）

张书元　　张月美（女）

河西区（3名）

夏淑琴（女）	朱　光	巩学仁			

南开区（4名）

孙秀珍（女）	陈惠英（女）	任泽田	陈崇泰		

红桥区（4名）

李学勤（女）	白月亮	曹树兴	朱　立		

塘沽区（12名）

马宝成	胡宝恒	吴振春（女）	赵立明	张玉树	林镜清
李义峰	翟学起	魏忠好	邹立业	冯树江	高秀兰（女）

汉沽区（6名）

刘庆胜	慕清洁	杨恩宝	赵　卓	徐殿发	王志清

东郊区（1名）

刘芝升

南郊区（2名）

曹福通	周永昌				

宁河县（1名）

陈玺廷

宝坻县（1名）

李宝荣

武清县（2名）

杨万升	杜景福				

蓟县（2名）

张继善	柳子贵				

静海县（1名）

李金海

1978年度劳动模范名单

特等劳动模范（36名）

司宝通	张玉树	李秋荣（女）	崔荫年	张玉山	闻致义
张士珍（女）	董玉田	吴咸中	苏士珍	李祺祖	阎树林
姜洪宽	宋景禄	毛玉根（女）	庞淑兰（女）	尹俊岭	潘义清
黄碧云	林淑兰（女）	王　娟（女）	付秉孝	刘镜波	宁书勤
陈占贵	胡祚宽	王福重（女）	戴爱兰（女）	彭义祥	赵志纯

李纪札	孟繁忠	王庆山	穆瑞堂	段春华	姬洪营

劳动模范

第一机械工业局（59名）

赵振生	彭学荣（女）	张永顺	廖连苍	郭守仁	何国敬
孙秀珍（女）	刁培松	张洪年	刘玉禄	王忠铭	曹振起
刘学奇	王庆洪	郭凤珍（女）	黄世梅	周　斌	马俊祺
巩凤岗	李玉山	穆铁柱	赵建平	林乐福	梁有余
宋鼎康	王风来	栾用瑾	王树德	王余胜	胡玉兰（女）
祝秉臣	萧顺堂	赵大凯	腾德来	黄万成	杨克忠
胡俊升	任宝林	刘文本	梁万和	孟凡君	藏俊华
吴伟元	郭振文	段书梅	王德凤	田秀英（女）	孙克礼
董铁军	赵寿亭	赵金亭	刘树忠	之宝理	果玉田
欧敬亭	张绍庆	张继泉	李瑞林（女）	李汝新	

第二机械工业局（28名）

丛汲泉	任俊霞（女）	张　录	国全义	李凤云	郑鼎泉
蒋斌生	王炳恒	裴福庆	李宗滨（女）	刘世英	柳搬来
杜崇谦	张志芬	苏兰州	达宝哲	何家力	朱　光
阎占江	张玺贵	杨素华（女）	战邦新	焦文兰（女）	刘九歧
蔡茂甲	巩金森	张永才	张国壁		

冶金工业局（21名）

马林祥	张才珊	刘洪勋	张华英	周瑶琴（女）	孙洪运
王林春	张玉庆	朱话堂	张兴汉	孙文秀	王忠和
宋宝文	李东升	刘柱和	黄利生	张连恩	韩万英
王守成	姚金龙	高树楷			

第一轻工业局（32名）

戎学珍（女）	赵德俊	郑春林	李金雪	何锡元	迟连章
郝宝琪	郭淑英（女）	韩荣珍（女）	张淑华（女）	刘占新	李忠言
安玉桐	金英顺（女）	高瑞峰	程少祥	李　录	马家禄
陈保证	俞　锦	王叔田	刘金城	何宗涛	岳长发
陈瑞萍（女）	郑秀娟（女）	曹振江	杨　英	何凤起	刘庆文
万文藻	娄洪兴				

第二轻工业局（47名）

刘茂新	杨泽山	刘海江	倪庆波	周学明	翁金发
凌风坡	张明显	王学礼	赵国瑞	唐崇福	张海泉
刘玉林	张云娥（女）	白玉梅（女）	贾永富	姚振有	陶海晏
曹绪来	董尚文	张树敏	韩吉忠	张振发	孙熙胜
刘志刚	张桂英（女）	苏祖芬（女）	孙美疆（女）	张兴彬	王玉阁（女）
马志谦	杨致铭	齐吾民	崔德山	郭恩权	张秀敏（女）
马起龙	陈振卯	白月亮	刘义珍（女）	王毛生	包承勋
高金福（女）	吴恩明	陈景洲	曹静鸣	王丕连	

纺织工业局（45名）

张永惠（女）	蒋友松	刘瑞祥	庞世玲（女）	刘庆祥	刘宝洪
孔桂英（女）	段韶英（女）	任俊英（女）	高树春（女）	路永凤（女）	陈金荣
李淑兰（女）	王学义	杨秀文（女）	齐大玉（女）	郑成群（女）	杨秀荣（女）
崔宝珍（女）	郝培嵩	李耀华（女）	田世惠（女）	张松珍（女）	王凤英（女）
高兰英（女）	王晓鲁（女）	袁大用	陈效邦	孔广礼	薛鸿鑫
娄瑞林	王桂珍（女）	王秀荣（女）	于翰文	胡兰书	许少梅（女）
韩振海	何翔冠	韩慕军	周连壁	王淑媛（女）	王惠珠（女）
郑书林	刘学源	李 维（女）			

化学工业局（26名）

张景全	何广鑫	李书庄	栾慎行	张承伯	朱玉昆
陈 亨	杜明义	周大保	龙启祉	柳家昌	腾之理
刘振洲	李志刚	张国本	张法会	王素青（女）	王占起
张俊玉（女）	段永昌	王作栋	陈锦生	贾志芬（女）	张寿强
康大振	石秀兰（女）				

电力局（4名）

李子瀛	张启华（女）	梁宝清	齐长善

邮电管理局（2名）

刘懋进	于云程

大港油田（16名）

赵兴元	陈文利	梁世河	刘俊秀（女）	曾其欠	窦永兴
皱世良	马顺发	于全福	高仲祥	宋德明	袁桂德
徐海源	李新楚	王化闽	徐同台（女）		

华北第三研究院（1名）

王清堂

天津涉县铁厂（4名）

郭东宗　魏殿彬　肖占平　张晓华

印刷工业管理局（3名）

张振东　陈传志　雒　耕

海洋石油勘探局（4名）

牛世广　曾恒一　曾德双　安长生

交通局（16名）

马志章　尹凤义　王吉堂　郭瑞成　张岐山　肖照岳
张彦庄　程　丽（女）　姚树华　白明友　郜万清　郝清样
封瀛洲　陈锡九　薛世凯　刘绍洲

天津铁路分局（19名）

韩　琦　吴俊生　李　国　孙　波　王春玲（女）　董国俊
陈树贺　陈俊生　张福来　刘明臣　夏宏身　付世禄
王秋霞（女）　高世明　窦云汉　高相臣　张玉增　秦　善
岳　进（女）

天津港务管理局（6名）

邢培智　康宝祥　王景春　韦自起　杨春泉　张宝林

天津航道局（2名）

赵习文　王道昌

铁道部第三勘探设计院（2名）

彭道广　徐懋善

中国远洋运输公司天津分公司（3名）

王贵森　朱洪勤　李贞国

建筑工程局（16名）

李秀生　庞官文　姚树英　王忠玉　刘振江　蔺俊元
史玉昆　刘国俊　于炳江　张万正　韩修华　乔文泉
王栋宾　刘广礼　潘祥茂　王淑荣（女）

建筑材料工业局（7名）

杨淑华（女）　杨淑惠（女）　齐之绥　张俊昆　钟宝森　叶桂馨
王万掌

市政工程局（8名）

冯生华　陈学仁　张振昆　刘肥头　王柏增　张连元
刘长安　晋玉龙

房地产管理局（8名）

刘文清　锅芝榕　梁铁双　刘进财　马云庆　梁庆超
于有顺　陈贵全

公用局（10名）

赵洪珍（女）　牛程鹏　李连春　郑金玲（女）　揭巧玲（女）　李德荣
李忠诚　郑顺平　齐　利　刘金赞

规划管理局（1名）

林　桐

交通部第一航务工程局（4名）

陈作贵　胡金根　黄文奎　陈川爵

国家建委第一工程局（1名）

徐占庆

天津大港发电厂（1名）

华宝琳

天津石油化纤厂（2名）

范瑞林　孙锡玉

天津电力建设公司（2名）

蔡宝奎　朱桂艳（女）

外省市援津单位（1名）

李金江

第一商业局（11名）

孙荫桐　许克义　孙玉琏　赵德祯　蒋立信　智利元
伏双峰　卢剑梅（女）　史文革　崔淑兰（女）　李克勤（女）

第二商业局（6名）

崔庆武　刘恩波　张连芳　张宝文　齐宝山　王金和

粮食局（3名）

熊梦吉　胡景云　杜福顺

外贸局（4名）

王云锡　苏　勇　石长春　孙剑荣

供销合作社（6名）

王洪钧 高 敏（女） 刘汝瑶 武国祯 贾风来 侯瑞香（女）

人民银行（2名）

王学敏（女） 陶宗豫

物资管理局（5名）

许兆纲 窦淑明（女） 李迎祥 张慧聪（女） 李宜清

农林局（3名）

阮锦文 华玉春 张福德

水产局（2名）

付瑞才 郭守玉

大专院校（6名）

阎宝吉 张敬如（女） 王嘉龄 陈家琦 吴恩惠 邓庆湖

体育运动委员会（6名）

周 玲（女） 郭瑞山

教育局（1名）

王松青

文化局（3名）

孙芸竹（女） 刘家宜（女） 黄珏生

卫生局（4名）

尚天裕 张化新 李少川 刘志莲（女）

民政局（2名）

宋华宗 朱宝英

水利局（1名）

周光俊

科学技术委员会（1名）

沈保丰

和平区（11名）

金克章 宋丽梅（女） 东玉珍（女） 陈其云 邵克荣（女） 崔桂华（女）
于春福 张庆荣 刘振远 张廉声 周 静（女）

河北区（11名）

刘锡庆 王凤山 李长清 韩荣曾 马兴才 韩之云（女）
张肖卿（女） 周春兰（女） 彭素芬（女） 丛德明 孙秉玲（女）

河东区（9名）

马玉兰（女）	赵田林	韩恩相	王国祯	李济森	王　容（女）
蒋孝真（女）	孔祥礼	张受良			

河西区（9名）

周　朗	王洪章	姬德龙	王桂森	孙树桐	巩学仁
梁风岐	张金珍（女）	张同印			

南开区（15名）

焦万元	徐佰芬（女）	苏莜秋	吕贵明	任玉珍	李迎昌
时泽祥	陈崇太	任泽田	付奎昌	吕英泉	孙养林
姜广和	陈东生	刘洪荣（女）			

红桥区（12名）

束方元	于凤来	王士珍（女）	肖桂荣（女）	赵士杰	陈文华（女）
朱　立	韩文生	郭卫中	宋士魏	郑志雄	曹树兴

塘沽区（25名）

吴文龙	杨有余	高殿元	王富强	王文斌	魏本涛
王秀珊	邵克章	冯书江	魏忠好	米学海	范秀荣（女）
皱立业	高秀兰（女）	李邦林	张秀玲（女）	潘世彬	赵会成
张义华	张义田	王双荣（女）	李世臣	陈永福	韩爱荣（女）
王世濂					

汉沽区（15名）

王克善	付德朋	王楚申	张梓淇	刘庆胜	张恩明
慕清洁	徐殿发	韩晓民	陈洪河	赵　卓	于春茂
董恩芬（女）	邵承柱	刘祥林			

东郊区（4名）

赵世卿	刘芝升	李宝珠	陈鸿昌

西郊区（2名）

罗俊良	陈佩平

南郊区（4名）

柴寿海	成凤英（女）	曹福通	由文郁

北郊区（2名）

刘铣哲（女）	龙德雨

宁河县（4名）

庄长富	陈绍军	姚胜利	齐淑珍（女）

宝坻县（4名）

李宝荣	王洪勋	孙承禄	刘思信		

武清县（6名）

郝书文	杨万升	王绍贤	王　江	王奎智	白云祥

蓟县（5名）

张继善	柳子贵	孟庆宇	王永清	李桂芹（女）	

静海县（5名）

卢仲江	李淑芳	李金海	韩秀增	杨万祥	

天津市出席1979年国务院表彰工业交通基本建设战线全国劳动模范代表会议代表名单（10名）

陈占贵	李秋荣（女）	万桂庭	崔荫年	刘宝忠	李祺祖
张玉山	赵志纯	陈俊生	陈　亨		

天津市出席1979年国务院表彰农业、财贸、教育、卫生、科研战线全国劳动模范代表会议代表名单（13名）

张守才	董绍林	尹俊岭	张士珍（女）	何炳林	白云祥
王福金（女）	尚天裕	彭义祥	王　娟（女）	王云锡	周　静（女）
宋丽梅（女）					

1979年度劳动模范名单

特等劳动模范（42名）

李秋荣（女）	崔荫年	张玉树	李纪扎	赵志纯	尹俊岭
陈占贵	王福重（女）	吴咸中	李祺祖	郑金玲（女）	董玉田
杨秀文（女）	陈　亨	张玉山	阎树休	宁书勤	孟繁忠
彭义祥	宋丽梅（女）	何炳林	陈俊生	林淑兰（女）	王凤英（女）
郝明良	倪庆波	王　娟（女）	苏士珍	张敬如（女）	程少祥
郝培嵩	刘镜波	杨淑华（女）	张士珍（女）	王云锡	余韫珠（女）
李长清	周　朗	白云祥	周　静（女）	刘清泰	胡祚宽

劳动模范

第一机械工业局（71名）

王树德	胡玉兰（女）	祝秉臣	萧顺堂	赵大凯	巴　雅

滕德来	胡振邦	郝友三	黄万成	陈　尧	任宝林
胡俊升	刘世珍	孟繁钧	梁万和	刘文东	寇卯子
周佩香（女）	孟宪华	周　斌	王庆鸿	郭凤珍（女）	穆铁柱
高景祥	赵建平	张宝兰（女）	高恒卿	庞树琪	梁有余
张明昌	臧俊华	吴伟元	张耀曾	刘荣振	曹继奎
段书梅	范大尧	廖连苍	王玉堂	孙秀珍（女）	何国敬
任庆斌	李汝新	刁培松	刘庆魁	王锡林	栾用瑾
高以华	董铁军	孙克礼	李升和	李成群	张宏年
曹振起	李瑞林（女）	路玉芬（女）	杨志平	刘学奇	赵寿亭
刘树忠	赵金亭	高兰馨	支宝理	果玉田	欧敬亭
张金山	冯秀娣（女）	巩凤岗	张亚雄（女）	王嘉祚	

第二机械工业局（22名）

陈玉璞	柳搬来	杜崇谦	刘金维	李宗滨（女）	张志芬
李俊荣（女）	叶迪生	何家力	达宝哲	魏凤英（女）	苏兰洲
王仁霖	刘俊荣（女）	战邦新	焦文兰（女）	于家纯	蔡茂甲
陈国珍	刁永言	于瑞春	徐振学		

第一轻工业局（59名）

宋景禄	张淑华（女）	李金雪	张玉俊	冯懋雄	迟连章
李英顺	郭淑英（女）	叶淑英（女）	邵桂芝（女）	赵德俊	李秋山
戎学珍（女）	苏兰甫	弓敬芝	马家禄	回德金	李　禄
刘占新	刘桂琴（女）	姜佐文	俞　锦	杨　英	付淑琴（女）
陈保证	宋德森	刘庆文	何凤起	刘　品	陈宏武
万文藻	曹振江	陈瑞萍（女）	郑秀娟（女）	李忠言	安玉桐
李士芬（女）	鹿道华	张大美	贺美华（女）	雒　耘	张振东
王玉珍（女）	岳长发	韩婉华（女）	肖忠胜	于晓东	廉心华
夏延秋（女）	孙洪祥	秦天巨	刘金城	王叔田	何宗涛
董长顺	郑春林	詹益群	白玉峰	李华利	

第二轻工业局（66名）

王玉阁（女）	李鹤年	高金福（女）	张树敏	韩吉忠	萧德训
刘志刚	李　燕	王庆生	王春荣（女）	陆志达	宋子英
张桂英（女）	苏祖芬（女）	刘玉林	张振发	王学礼	韩宝珠（女）
郑启贤	田西峰	姚振有	唐崇福	杜振明	孟玉芬（女）
崔美玲（女）	陶海晏	崔德山	韩树和	周学明	刘海江

张海泉	孟宪增	包承勋	董尚文	孙美疆（女）	郭恩权
鲁祥兴	江国卿	王莉华（女）	刘茂新	张登娥（女）	曹绪来
孙熙胜	范金生	赵国瑞	马启龙	陈景洲	张秀敏（女）
张鹏程	董玉兰（女）	白月亮	周会敏（女）	张文菊（女）	陈振卯
李洪年	贾永富	杨泽山	张明显	张继忠	凌风坡
吴恩明	石毓胡	马长彬	刘义珍（女）	刘连起	翁金发

纺织工业局（60名）

蒋有松	庞世玲（女）	刘瑞祥	张永惠（女）	孙文清（女）	陈学诗
马绍云（女）	刘庆祥	孔桂英（女）	陈希敏（女）	张学琪（女）	高树春（女）
靳淑学（女）	任俊荚（女）	刘世兰（女）	李淑兰（女）	袁继耀	张芝禄
齐大玉（女）	张德兰（女）	郑成群（女）	王秀英（女）	谢　玲	崔宝珍（女）
陈效邦	袁大用	薛鸿鑫	孙永华	孔广礼	杨玉荣（女）
娄瑞林	王秀荣（女）	毛玉根（女）	刘学源	韩玉华（女）	李　维
唐觉敏	朱长苓	周连壁	何翔冠	肖万和	李耀华（女）
田世惠（女）	王玉霞（女）	裴淑云（女）	于汉文	许少梅（女）	胡兰书
苏秉彝	单宝慧（女）	于焕然	李淑萍（女）	吴秀玲（女）	王晓鲁（女）
高兰英（女）	王淑嫒（女）	郑书林	王惠珠（女）	米雪民（女）	杨金柱

化学工业局（29名）

庞淑兰（女）	张学凯	李书庄	柳家昌	龙启祉	栾慎行
张国本	张俊玉（女）	郭晶宇（女）	段永昌	杜明义	陈锦生
张世泰	刘玉良	汲惠良	李志刚	黄志启	刘龙畴
刘振洲	周大保	靳子玉	何辅信	王作栋	张寿强
石秀兰（女）	王占起	杨宗铭	朱理琛	董连举	

电力工业局（5名）

李子瀛	齐长善	林葆年	王祥瑞	董会文

邮电管理局（7名）

粟特荣	刘懋进	王同伦	于云程	周元禧	陈堃喜
王炳恒					

大港油田（20名）

江锡华	孙秀镇	窦永兴	黄碧云	梁世河	徐同台（女）
刘光照	蒋国明	徐金宝	于全福	陈文利	赵兴元
宋德明	马顺发	刘志欣（女）	徐海源	吴春香（女）	孙述瑞
邹世良	李光季				

华北第三研究院（1名）

王清堂

涉县铁厂（4名）

郭东宗	魏殿彬	刘大菽	聂双喜

海洋石油勘探局（6名）

牛世广	郑兆森	曾恒一	曾德双	彭维尧	杨明君

国防工办（19名）

蒋斌生	宋芝山	李恩荣	魏彦章	马志刚	郑鼎全
齐　宁（女）	应日曾	王学刚	李风云	张续泉	吕兰锷
张　录	边新锷	国全义	任俊霞	张世级	赵振生
彭学荣					

医药管理局（12名）

张法会	巩金森	杨立绪	张承伯	腾之理	素　青（女）
张如璧	费秀珍（女）	张永才	张书琴（女）	张淑敏（女）	白万林

交通局（25名）

程　丽（女）	王吉堂	郭瑞成	闻兆铭	马志章	张岐山
尹凤义	肖照獄	张彦庄	储　锐（女）	白明友	李云凤
宋锦章	封瀛洲	郜万清	郝清祥	姚传和	王明镜
陈锡九	薛世凯	章继仁	李兰芬（女）	周德恩	刘绍洲
马幼海	张家绪	高玉琢	韩　琦	岳　进（女）	

铁路分局（21名）

张家绪	高玉琢	韩　琦	岳　进（女）	高金国	沙占有
高树滋	夏宏身	王秋霞（女）	石国斌	邓宝亭	周子平
李国	傅世禄	高世明	黄国俊	陈树贺	张福来
高相臣	窦云汉	杨廷俊			

港务管理局（7名）

邢培智	王景春	白锡瑞	杨春泉	张宝林	赵德如
汪惠远					

航道局（3名）

张如千	王道昌	兰正德

铁道部第三勘测设计院（2名）

郭宝刚	奚云飞

天津远洋运输公司（3名）

王贵赤	李贞国	朱洪勤			

建筑工程局（23名）

李秀生	李富龄	董永华	庞官有	刘振江	王忠玉
王玉林	冯文顺	王忠鲁	蔺俊元	孙国润	张万正
董振福	王栋宾	孙长胜	周树兴	乔文泉	李洪泉
杜亢之	刘广礼	潘祥茂	吴学成	居　芬（女）	

建筑材料工业局（13名）

叶桂馨	张鸿图	张秀玲（女）	王万掌	齐之绥	范国胜
钟宝森	王国忠	邢宋石	杨淑惠（女）	芦　举（女）	王殿秋
李振萍（女）					

市政工程局（12名）

万庆和	冯生华	高秀英（女）	邵大车	刘肥头	杨万楼
冯　茂	宋立才	晋玉龙	王柏增	张世华	刘长安

园林管理局（1名）

孙宝成					

房地产管理局（8名）

沈春兰（女）	陈贵全	梁铁双	张连雨	赵德友	张子义
梁庆超	刘进财				

公用局（16名）

牛程鹏	郭秀芳（女）	赵洪珍（女）	戴爱兰（女）	刘锡斌	李宝荣（女）
李德成	郑顺平	牵连春	王季雄	石俊发	揭巧玲（女）
刘金赞	孙仲生	李德荣	李忠诚		

规划设计管理局（2名）

唐本善	林　桐				

建港指挥部（1名）

朱秀峯					

第一航务工程局（5名）

陈作贵	胡金根	陈川爵	黄文奎	游越华	

大港发电厂（1名）

华宝琳					

石油化纤厂（5名）

范瑞林	孙锡玉	刘管生	张长喜	赵　嫣（女）	

天津电力建设公司（2名）

蔡宝奎　朱桂艳（女）

外省市援津单位（2名）

李金江　阮坤生

第一商业局（12名）

许克义　尹淑鸽（女）　刘英俊　马　骏　孙玉琏　年景林
赵德祯　刘淑华（女）　蒋立信　伏双峰　吴振沄　李之骥

第二商业局（10名）

张格孝　张宝文　齐宝山　张连芳　毕长禄　刘恩波
崔庆武　李秀兰（女）　高　杰　王金和

粮食局（6名）

胡景云　熊梦吉　杜福顺　焦顺通　韩志平　岳松林

对外贸易局（7名）

石长春　富恩承　孙建荣　李宝玉　于洪瑄（女）　李节香（女）
刘宝成

供销合作社（10名）

王洪钧　高　敏（女）　刘汝瑶　张文波　许伟业　李光增
冯长海　刘吉洪　郑道俊　武国祯

水产局（3名）

王宝雷　王文歧　郭守玉

中国人民银行天津市分行（4名）

王学敏（女）　王子记（女）　陶文俊　苏家蔷（女）

中国银行（1名）

陶宗豫

物资管理局（8名）

许兆纲　窦淑明（女）　蒋烧章　于桂芬（女）　李迎祥　李宜清
张慧聪（女）　胡　增

农场管理局（5名）

袁明恩　华玉春　李树坤　张福德　吕汉芬（女）

水利局（1名）

贾殿宦

服务局（1名）

杨国钰

旅游局（1名）

刘文彬

民政局（3名）

朱宝英　宋华忠　齐　力

生产服务管理局（2名）

迟观福　张士兰（女）

大专院校（16名）

王梓坤　郑天挺　付筑夫　申泮文　史绍熙　严宗达
杨天祥　张绍艺　朱宪彝　陈路德（女）　耿贯二　闫宝吉
王嘉龄　陈家琦　王兆铭　刘伯午

科学技术委员会（4名）

沈保丰　马立业　王新灵（女）　陈忠芳

卫生局（8名）

尚天裕　张化新　刘志莲（女）　杜梓伯（女）　董金增　王德延
魏景文　姜永亲（女）

环境卫生局（1名）

王碧山

教育局（1名）

王松青

文化局（3名）

黄钰生　骆玉笙（女）　于淑珍（女）

出版局（3名）

许　敏（女）　陈传志　赵克明

体育运动委员会（2名）

郭瑞山　周　玲（女）

天津日报社（1名）

冯百祥

和平区（19名）

东玉珍（女）　邵克荣（女）　刘家朋　崔桂华（女）　金克章　杨雨田
高庚水　牟贞淑（女）　吉发增　张尚志　于春福　于秀媛（女）
韦　力　王辅成　伉铁侠　刘振远　张廉生　张庆荣
龙凤海

河北区（18名）

韩荣曾	王凤山	马兴才	李世俊	彭素芬（女）	邢伯英（女）
刘锡庆	周春兰（女）	丛德明	王西萍（女）	孙秉玲（女）	王士儒
段春华	李念著	何月萍（女）	韩之云（女）	张肖卿（女）	惠博光

河东区（14名）

马玉兰（女）	赵田林	韩恩相	杨翠兰（女）	王保顺	宋建章
张受良	史清山	孔祥礼	徐冀生（女）	李济森	王　容（女）
卢奋燕（女）	陈景雲				

河西区（14名）

吴宝山	姬德隆	孙树桐	王桂森	王洪章	王庆山
董致祥（女）	张金珍（女）	凌肇元	巩学仁	梁凤歧	郭平川
刘虎山	周殿英（女）				

南开区（18名）

焦万元	苏筱秋（女）	任玉珍	徐柏芬（女）	李迎昌	时泽祥
吕贵明	刘洪荣（女）	高玉珍（女）	傅奎昌	寇俊哲	孙养林
翟　康	李爱萍（女）	张　璞	苏翔远	陈崇泰	李崇五

红桥区（17名）

韩文生	朱　立	刘义洪	于恩俊	陈文华（女）	于凤来
肖桂荣（女）	赵士杰	束方元	王士珍（女）	王月琴（女）	刘学曾
郭卫中（女）	王志义	于静贞（女）	曹树兴	刘作先	

塘沽区（47名）

倪镇生	吴文龙	刘曾坤	宋春亭	袁树滋	郑德起
王富强	王文斌	高殿元	石汝海	吴文森	诸立清
赵修佩	沙裕珠	李柱石	魏本涛	翟学起	鲁振祥
魏忠好	赵会成	王秀珊	邢克章	韩云如	潘世彬
刘广有	冯书江	张玉凤（女）	范秀荣（女）	任秀珍（女）	邹立业
张英侠	高秀兰（女）	张秀玲（女）	张义华	郭金禄	韩爱荣（女）
万德林	李荣杰（女）	王世濂	王绍春	李凤香	王兰溪
张义田	陈永福	孙玉兰（女）	王双荣（女）	郑吉森	

汉沽区（21名）

慕清洁	刘庆胜	赵振帮	李月侠	刘宝忠	傅德朋
王克善	张忠林	王楚申	徐殿发	张梓淇	李若文
董恩芬（女）	于春茂	陈洪河	孙井生	邵承柱	王孝文

王志清　杨占柱　李长和

东郊区（8名）

张俊杰　赵元隆　赵世卿　王学成　翟惠娟　陈鸿昌
李宝珠　孙祖言

西郊区（6名）

陈佩平　罗俊良　孙世安　庞华威　余孟莹（女）　张恩寿

南郊区（9名）

成凤英（女）　由文郁　柴寿海　杨家环　王　昭　郭树亭
赵学兰（女）　沈富春　曹福通

北郊区（5名）

张佩华　郭洪文　刘铣哲（女）　龙德雨　张凤莲（女）

宁河县（7名）

李庆珠　庄长富　宁宝海　李如英　王天铎　孟宪桥
王泰苓（女）

宝坻县（7名）

孙承禄　刘恩信　高继增　王鸿勋　郭力军　李宝荣
王子贵

武清县（6名）

王绍贤　王　江　赵　华　刘惠荣　柳学洙　张大庄

蓟县（9名）

王永清　魏恩培　马德福　李桂芹（女）　张继善　孟庆宇
柳子贵　高瑞华　闻致义

静海县（5名）

韩秀增　苏致深　李树芳　刘　迎　杨万祥

冶金工业局（28名）

刘洪勋　姬洪营　魏长贵　张华英　周瑶琴（女）　孙洪运
王林春　张玉庆　高树楷　孙文秀　张兴汉　董洪远
宋宝文　李东升　杨敏之　魏增彬　马林祥　刘柱和
万桂庭　边锋刚　韩万英　万桂林　王世文　黄利生
张连恩　王锡九　王国治　王守成

第一轻工业局（59名）

宋景禄　张淑华（女）　李金雪　张玉俊　冯懋雄　迟连章
李英顺　郭淑英（女）　叶淑英（女）　邵桂芝（女）　赵德俊　李秋山

戎学珍（女）	苏兰甫	弓敬芝	马家禄	回德金	李　禄
刘占新	刘桂琴（女）	姜佐文	俞　锦	杨　英	付淑琴（女）
陈保证	宋德森	刘庆文	何凤起	刘　品	陈宏武
万文藻	曹振江	陈瑞萍（女）	郑秀娟（女）	李忠言	安玉桐
李士芬（女）	鹿道华	张大美	贺美华（女）	雒　耘	张振东
王玉珍（女）	岳长发	韩婉华（女）	肖忠胜	于晓东	廉心华
夏延秋（女）	孙洪祥	秦天巨	刘金城	王叔田	何宗涛
董长顺	郑春林	詹益群	白玉峰	李华利	

第二轻工业局（66 名）

王玉阁（女）	李鹤年	高金福（女）	张树敏	韩吉忠	萧德训
刘志刚	李　燕	王庆生	王春荣（女）	陆志达	宋子英
张桂英（女）	苏祖芬（女）	刘玉林	张振发	王学礼	韩宝珠（女）
郑启贤	田西峰	姚振有	唐崇福	杜振明	孟玉芬（女）
崔美玲（女）	陶海晏	崔德山	韩树和	周学明	刘海江
张海泉	孟宪增	包承勋	董尚文	孙美疆（女）	郭恩权
鲁祥兴	江国卿	王莉华（女）	刘茂新	张登娥（女）	曹绪来
孙熙胜	范金生	赵国瑞	马启龙	陈景洲	张秀敏（女）
张鹏程	董玉兰（女）	白月亮	周会敏（女）	张文菊（女）	陈振卯
李洪年	贾永富	杨泽山	张明显	张继忠	凌风坡
吴恩明	石毓胡	马长彬	刘义珍（女）	刘连起	翁金发

纺织工业局（60 名）

蒋有松	庞世玲（女）	刘瑞祥	张永惠（女）	孙文清（女）	陈学诗
马绍云（女）	刘庆祥	孔桂英（女）	陈希敏（女）	张学琪（女）	高树春（女）
靳淑学（女）	任俊荚（女）	刘世兰（女）	李淑兰（女）	袁继耀	张芝禄
齐大玉（女）	张德兰（女）	郑成群（女）	王秀英（女）	谢　玲	崔宝珍（女）
陈效邦	袁大用	薛鸿鑫	孙永华	孔广礼	杨玉荣（女）
娄瑞林	王秀荣（女）	毛玉根（女）	刘学源	韩玉华（女）	李　维
唐觉敏	朱长苓	周连壁	何翔冠	肖万和	李耀华（女）
田世惠（女）	王玉霞（女）	裴淑云（女）	于汉文	许少梅（女）	胡兰书
苏秉彝	单宝慧（女）	于焕然	李淑萍（女）	吴秀玲（女）	王晓鲁（女）
高兰英（女）	王淑媛（女）	郑书林	王惠珠（女）	米雪民（女）	杨金柱

化学工业局（29 名）

庞淑兰（女）	张学凯	李书庄	柳家昌	龙启祉	栾慎行

张国本	张俊玉（女）	郭晶宇（女）	段永昌	杜明义	陈锦生
张世泰	刘玉良	汲惠良	李志刚	黄志启	刘龙畴
刘振洲	周大保	靳子玉	何辅信	王作栋	张寿强
石秀兰（女）	王占起	杨宗铭	朱理琛	董连举	

电力工业局（5名）

李子瀛	齐长善	林葆年	王祥瑞	董会文

邮电管理局（7名）

粟特荣	刘懋进	王同伦	于云程	周元禧	陈堃喜
王炳恒					

大港油田（20名）

江锡华	孙秀镇	窦永兴	黄碧云	梁世河	徐同台（女）
刘光照	蒋国明	徐金宝	于全福	陈文利	赵兴元
宋德明	马顺发	刘志欣（女）	徐海源	吴春香（女）	孙述瑞
邹世良	李光季				

华北第三研究院（1名）

王清堂

涉县铁厂（4名）

郭东宗	魏殿彬	刘大菽	聂双喜

海洋石油勘探局（6名）

牛世广	郑兆森	曾恒一	曾德双	彭维尧	杨明君

国防工办（19名）

蒋斌生	宋芝山	李恩荣	魏彦章	马志刚	郑鼎全
齐　宁（女）	应日曾	王学刚	李风云	张续泉	吕兰锷
张　录	边新锷	国全义	任俊霞	张世级	赵振生
彭学荣					

医药管理局（12名）

张法会	巩金森	杨立绪	张承伯	腾之理	素　青（女）
张如璧	费秀珍（女）	张永才	张书琴（女）	张淑敏（女）	白万林

交通局（25名）

程　丽（女）	王吉堂	郭瑞成	闻兆铭	马志章	张岐山
尹凤义	肖照狱	张彦庄	储　锐（女）	白明友	李云凤
宋锦章	封瀛洲	郜万清	郝清祥	姚传和	王明镜
陈锡九	薛世凯	章继仁	李兰芬（女）	周德恩	刘绍洲

马幼海	张家绪	高玉琢	韩　琦	岳　进（女）	

铁路分局（21名）

张家绪	高玉琢	韩　琦	岳　进（女）	高金国	沙占有
高树滋	夏宏身	王秋霞（女）	石国斌	邓宝亭	周子平
李　国	傅世禄	高世明	黄国俊	陈树贺	张福来
高相臣	窦云汉	杨廷俊			

港务管理局（7名）

邢培智	王景春	白锡瑞	杨春泉	张宝林	赵德如
汪惠远					

航道局（3名）

张如千	王道昌	兰正德			

铁道部第三勘测设计院（2名）

郭宝刚	奚云飞				

天津远洋运输公司（3名）

王贵赤	李贞国	朱洪勤			

建筑工程局（23名）

李秀生	李富龄	董永华	庞官有	刘振江	王忠玉
王玉林	冯文顺	王忠鲁	蔺俊元	孙国润	张万正
董振福	王栋宾	孙长胜	周树兴	乔文泉	李洪泉
杜亢之	刘广礼	潘祥茂	吴学成	居　芬（女）	

建筑材料工业局（13名）

叶桂馨	张鸿图	张秀玲（女）	王万掌	齐之绥	范国胜
钟宝森	王国忠	邢宋石	杨淑惠（女）	芦　举（女）	王殿秋
李振萍（女）					

市政工程局（12名）

万庆和	冯生华	高秀英（女）	邵大车	刘肥头	杨万楼
冯　茂	宋立才	晋玉龙	王柏增	张世华	刘长安

园林管理局（1名）

孙宝成					

房地产管理局（8名）

沈春兰（女）	陈贵全	梁铁双	张连雨	赵德友	张子义
梁庆超	刘进财				

公用局（16名）

牛程鹏	郭秀芳（女）	赵洪珍（女）	戴爱兰（女）	刘锡斌	李宝荣（女）
李德成	郑顺平	牵连春	王季雄	石俊发	揭巧玲（女）
刘金赞	孙仲生	李德荣	李忠诚		

规划设计管理局（2名）

唐本善	林　桐

建港指挥部（1名）

朱秀峯

第一航务工程局（5名）

陈作贵	胡金根	陈川爵	黄文奎	游越华

大港发电厂（1名）

华宝琳

石油化纤厂（5名）

范瑞林	孙锡玉	刘管生	张长喜	赵　嫦（女）

天津电力建设公司（2名）

蔡宝奎	朱桂艳（女）

外省市援津单位（2名）

李金江	阮坤生

第一商业局（12名）

许克义	尹淑鸽（女）	刘英俊	马　骏	孙玉琏	年景林
赵德祯	刘淑华（女）	蒋立信	伏双峰	吴振沄	李之骥

第二商业局（10名）

张格孝	张宝文	齐宝山	张连芳	毕长禄	刘恩波
崔庆武	李秀兰（女）	高　杰	王金和		

粮食局（6名）

胡景云	熊梦吉	杜福顺	焦顺通	韩志平	岳松林

对外贸易局（7名）

石长春	富恩承	孙建荣	李宝玉	于洪瑄（女）	李节香（女）
刘宝成					

供销合作社（10名）

王洪钧	高　敏（女）	刘汝瑶	张文波	许伟业	李光增
冯长海	刘吉洪	郑道俊	武国祯		

水产局（3名）

王宝雷　　王文歧　　郭守玉

中国人民银行天津市分行（4名）

王学敏（女）　王子记（女）　陶文俊　　苏家蔷（女）

中国银行（1名）

陶宗豫

物资管理局（8名）

许兆纲　　窦淑明（女）　蒋烧章　　于桂芬（女）　李迎祥　　李宜清

张慧聪（女）　胡　增

农场管理局（5名）

袁明恩　　华玉春　　李树坤　　张福德　　吕汉芬（女）

水利局（1名）

贾殿宦

服务局（1名）

杨国钰

旅游局（1名）

刘文彬

民政局（3名）

朱宝英　　宋华忠　　齐　力

生产服务管理局（2名）

迟观福　　张士兰（女）

大专院校（16名）

王梓坤　　郑天挺　　付筑夫　　申泮文　　史绍熙　　严宗达

杨天祥　　张绍艺　　朱宪彝　　陈路德（女）　耿贯二　　闫宝吉

王嘉龄　　陈家琦　　王兆铭　　刘伯午

科学技术委员会（4名）

沈保丰　　马立业　　王新灵（女）　陈忠芳

卫生局（8名）

尚天裕　　张化新　　刘志莲（女）　杜梓伯（女）　董金增　　王德延

魏景文　　姜永亲（女）

环境卫生局（1名）

王碧山

教育局（1名）

王松青

文化局（3名）

黄钰生　骆玉笙（女）　于淑珍（女）

出版局（3名）

许　敏（女）　陈传志　赵克明

体育运动委员会（2名）

郭瑞山　周　玲（女）

天津日报社（1名）

冯百祥

和平区（19名）

东玉珍（女）　邵克荣（女）　刘家朋　崔桂华（女）　金克章　杨雨田
高庚水　牟贞淑（女）　吉发增　张尚志　于春福　于秀媛（女）
韦　力　王辅成　伉铁侠　刘振远　张廉生　张庆荣
龙凤海

河北区（18名）

韩荣曾　王凤山　马兴才　李世俊　彭素芬（女）　邢伯英（女）
刘锡庆　周春兰（女）　丛德明　王西萍（女）　孙秉玲（女）　王士儒
段春华　李念著　何月萍（女）　韩之云（女）　张肖卿（女）　惠博光

河东区（14名）

马玉兰（女）　赵田林　韩恩相　杨翠兰（女）　王保顺　宋建章
张受良　史清山　孔祥礼　徐冀生（女）　李济森　王　容（女）
卢奋燕（女）　陈景雲

河西区（14名）

吴宝山　姬德隆　孙树桐　王桂森　王洪章　王庆山
董致祥（女）　张金珍（女）　凌肇元　巩学仁　梁凤歧　郭平川
刘虎山　周殿英（女）

南开区（18名）

焦万元　苏筱秋（女）　任玉珍　徐柏芬（女）　李迎昌　时泽祥
吕贵明　刘洪荣（女）　高玉珍（女）　傅奎昌　寇俊哲　孙养林
翟　康　李爱萍（女）　张　璞　苏翔远　陈崇泰　李崇五

红桥区（17名）

韩文生　朱　立　刘义洪　于恩俊　陈文华（女）　于凤来

肖桂荣（女）	赵士杰	束方元	王士珍（女）	王月琴（女）	刘学曾
郭卫中（女）	王志义	于静贞（女）	曹树兴	刘作先	

塘沽区（47 名）

倪镇生	吴文龙	刘曾坤	宋春亭	袁树滋	郑德起
王富强	王文斌	高殿元	石汝海	吴文森	诸立清
赵修佩	沙裕珠	李柱石	魏本涛	翟学起	鲁振祥
魏忠好	赵会成	王秀珊	邢克章	韩云如	潘世彬
刘广有	冯书江	张玉凤（女）	范秀荣（女）	任秀珍（女）	邹立业
张英侠	高秀兰（女）	张秀玲（女）	张义华	郭金禄	韩爱荣（女）
万德林	李荣杰（女）	王世濂	王绍春	李凤香	王兰溪
张义田	陈永福	孙玉兰（女）	王双荣（女）	郑吉森	

汉沽区（21 名）

慕清洁	刘庆胜	赵振帮	李月侠	刘宝忠	傅德朋
王克善	张忠林	王楚申	徐殿发	张梓淇	李若文
董恩芬（女）	于春茂	陈洪河	孙井生	邵承柱	王孝文
王志清	杨占柱	李长和			

东郊区（8 名）

张俊杰	赵元隆	赵世卿	王学成	翟惠娟	陈鸿昌
李宝珠	孙祖言				

西郊区（6 名）

陈佩平	罗俊良	孙世安	庞华威	余孟莹（女）	张恩寿

南郊区（9 名）

成风英（女）	由文郁	柴寿海	杨家环	王　昭	郭树亭
赵学兰（女）	沈富春	曹福通			

北郊区（5 名）

张佩华	郭洪文	刘铣哲（女）	龙德雨	张凤莲（女）

宁河县（7 名）

李庆珠	庄长富	宁宝海	李如英	王天铎	孟宪桥
王泰苓（女）					

宝坻县（7 名）

孙承禄	刘恩信	高继增	王鸿勋	郭力军	李宝荣
王子贵					

武清县（6名）

王绍贤	王　江	赵　华	刘惠荣	柳学洙	张大庄

蓟县（9名）

王永清	魏恩培	马德福	李桂芹（女）	张继善	孟庆宇
柳子贵	高瑞华	闻致义			

静海县（5名）

韩秀增	苏致深	李树芳	刘　迎	杨万祥

1980年度劳动模范名单

特等劳动模范（50名）

叶迪生	李　燕（女）	王凤英（女）	彭义祥	张化新	程少祥
王　娟（女）	郑金玲（女）	周　静（女）	白云祥	李金雪	李祺祖
陈占贵	张玉山	倪庆波	姚振有	李秋荣	杨秀文（女）
林淑兰（女）	谢　玲（女）	郝培嵩	胡祚宽	李俊荣（女）	李东升
栾慎行	李书庄	陈　亨	刘竞波	于云程	闫树林
刘清泰	王明镜	陈俊生	董玉田	赵志纯	杨淑华（女）
叶桂馨	刘笃刚	张士珍（女）	王云锡	尹俊岭	傅德刚
何炳林	郑天挺	张敬如（女）	吴咸中	姜永亲（女）	周　朗
王福重（女）	齐　利				

劳动模范

第一机械工业局（74名）

刘庆魁	李汝新	任庆斌	靳宝仲	陈树柏	王玉堂
廖连苍	韩相珏	李登科	徐世熙	汪淑慧（女）	罗凤杰
寇卯子	王骥腾	刘学奇	王怀君	周佩香（女）	曹继奎
张耀曾	吴伟元	何元良	段书梅	刘荣振	范大尧
王树德	肖顺堂	赵大顺	巴　雅	祝秉臣	胡玉兰（女）
黄万成	郝友三	韩文林	腾德来	胡振邦	陈　尧
任宝林	徐联升	刘文东	崔荫年	梁万和	孟繁钧
侯立尊	李学勤（女）	高秀珍（女）	姜兴业	高景祥	穆铁柱
石　顺	李纪强	赵建平	高恒卿	张明昌	高以华
王传祯	贾金祥	郭地祥	董铁军	张永国	王希斌
董新义	赵寿亭	支宝理	王翠仙（女）	果玉田	杨黎明（女）

于林生	张承远	张金山	路玉芬（女）	范秉兰（女）	杨志平
冯秀娣（女）	赵金亭				

第二机械工业局（25 名）

李宗滨（女）	张志芬	陈玉璞	吴　凡	沈树基	蔡益先
刘金维	魏风英（女）	达宝哲	李立凯	霍连凯	张桂芬（女）
苏兰洲	王仁霖	刘俊荣（女）	战帮新	于家纯	梁天琪
黄自林	李维恒	蔡茂甲	于瑞春	韩绪民	陆一骏
刘殿祥					

冶金工业局（25 名）

刘洪勋	姬洪营	魏长贵	胡保勤	赵铭钧	吴玉和
周瑶琴（女）	王林春	高树楷	董洪远	贺宝元	魏增彬
杨敏之	王　克	刘柱和	边锋刚	王凤美（女）	张廷相
黄利生	王启增	王锡九	姚金龙	索元成	王国治
王守成					

第一轻工业局（61 名）

张玉俊	冯懋雄	李英顺	李世林	叶淑英（女）	李爱民（女）
郭淑英（女）	张文豪	郝玉增	于晓东	夏延秋（女）	李向扬
徐全德	苏兰甫	蒲兴国	林佐先	弓敬芝	戎学珍（女）
赵德俊	李秋山	刘桂琴（女）	张淑华（女）	刘占新	姜佐文
鹿道华	李士芬（女）	贺美华（女）	王玉柱	安玉桐	回德金
马家禄	詹益群	陈茂昌	王福长	张玉华	李华利
雒　耘	张振东	郝明良	宋德森	陈保证	王叔田
王吉业	崔玉文	董长顺	靳继周	刘淑杰（女）	陈宏武
轧金朋	杨　英	曹振江	郑秀娟（女）	陈瑞萍（女）	万文藻
高述贤	宋景禄	刘庆文	刘玉莲（女）	岳长发	肖忠胜
范忠武					

第二轻工业局（59 名）

郭士华	李鹤年	高金福（女）	苑广金	陈宝华	韩吉忠
王玉阁（女）	张树敏	韩树和	贺文起	崔德山	田西峰
郑启贤	王学礼	陈文庄（女）	杜振明	孟玉芬（女）	唐崇福
李万青	杨泽山	吴英烈	包承勋	董尚文	孟宪增
刘茂新	郭树元	董玉兰（女）	张秀敏（女）	张金钟（女）	范金生
孙熙胜	曹绪来	阎国治	石毓湖	宁潜睿	陈振卯

张文菊（女）	李洪年	刘海江	周学明	江国卿	王莉华（女）
凌凤坡	马起龙	张继忠	常玉春	刘义珍（女）	刘连起
周会敏（女）	丁福刚	李九苓	王庆生	刘宝生	王春荣（女）
宋子英	张桂英（女）	周乃疆	陆志达	刘庆华	

纺织工业局（64名）

张永惠（女）	蒋友松	庞世玲（女）	刘瑞祥	孙文卿（女）	朱莉华（女）
孔桂英（女）	陈希敏（女）	马绍云（女）	李爱茹（女）	刘文治	靳淑学（女）
高树春（女）	张学琪（女）	李淑兰（女）	刘世兰（女）	张芝禄	吴金钟
张德兰（女）	齐大玉（女）	王秀英（女）	毕玲玲（女）	王玉霞（女）	田世惠（女）
胡学兰（女）	贾树君（女）	王振英（女）	米雪民（女）	王惠珠（女）	郭惠英（女）
毛玉根（女）	韩玉华（女）	多瑞祯	陈效邦	袁大用	秦日增
唐觉敏	李　维（女）	于庆五	李淑萍（女）	王晓鲁（女）	高兰英（女）
于焕然	王承善	娄瑞林	张永华	杨玉荣（女）	王秀荣（女）
马永成（女）	赵剑英	单宝惠（女）	苏秉彝	胡兰书	于汉文
许少梅（女）	萧万和	朱长岭	周连壁	何翔冠	王亨义
刘植邦	杨金柱	吕锡谌	杨凤祥		

化学工业局（27名）

张学凯	柳家昌	龙启祉	郭晶宇（女）	吕国才	尹书田
张秀兰（女）	张世泰	汲惠良	陈锦生	李铁良	王奎元
李志刚	黄志启	刘龙畴	张宏熙	沈维新	何辅信
王作栋	陈如意（女）	张寿强	石秀兰（女）	孙宝章	杨宗铭
朱理琛	董连举	王　奇			

医药管理局（11名）

滕之理	张承伯	张法会	张书琴（女）	张如璧	张尔奎
杨立绪	费秀珍（女）	王作田	巩金森	张永才	

电力工业局（6名）

林葆年	王祥瑞	齐长善	安广桐	邓秋俊（女）	童会文

邮电管理局（4名）

王同伦	王炳恒	栗特荣	昝成林

海洋石油勘探局（4名）

李纪扎	曾德双	杨木成	曾恒一

大港油田（12名）

江锡华	孙秀镇	黄碧云	李光季	蒋国明	宋德明

刘光照	魏国友	吴克信	杜树勋	李延美	周凤英（女）

大港电厂（3名）

高秋来	华宝琳	胡福春

涉县铁厂（6名）

魏殿彬	刘大菽	茹立芳	王寿年	朱宝康	高清太

石油化纤厂（3名）

赵　嬿	张长喜	高秉钧

天津电力建设公司（2名）

蔡宝奎	刘国钧

华北第三研究院（1名）

王清堂

交通局（22名）

程　丽（女）	王金永	王吉堂	郭瑞成	张歧山	石培岩
白朋友	张彦庄	储　锐（女）	赵文印	宋锦章	郜万清
姚传合	郝清祥	房义忠	尹建民	陈锡九	薛世凯
李兰芬（女）	王传杰	刘绍洲	马幼海		

铁路分局（22名）

吴毓森	崔明英（女）	张金兰（女）	韩　琦	袁　善	张家绪
高相臣	窦云汉	李　国	岳　进（女）	潘金荣	高树滋
高玉琢	冯　义	杨廷俊	穆文波	邓宝亭	赵凤云（女）
周子平	王秋霞（女）	马幼航	沙占有		

港务管理局（7名）

王景春	程连仲	刘庆祥	张宝林	赵德如	郑寿华
高　舟					

航道局（3名）

兰正德	王寿江	张殿杨

第一航务工程局（4名）

陈作贵	刘瑞坤	陈川爵	吴玉贵

铁道部第三勘测设计院（3名）

周长怀	张大同	郭宝刚

天津远洋运输公司（3名）

朱洪勤	罗正明	王树奎	李贞国

国防工业办公室（19名）

阎文成　蒋斌生　石玉珍（女）　吕兰锷　张续泉　张绍武
应曰曾　王学刚　郑鼎泉　田少生　张　录　任俊霞（女）
王秀玲（女）　张　世　刘国贞　边新锷　熊长鑫　国全义
邹德成

建筑工程局（23名）

孟繁忠　李富龄　李秀生　庞官友　董永华　王忠玉
王玉林　王忠鲁　马金秋　辛立冬　张仲义　何殿起
董振福　孔庆义　周树兴　王栋宾　孙长胜　乔文泉
李洪泉　吴学成　潘祥茂　刘广礼　杜亢之

建筑材料工业局（11名）

钟宝森　邢宋石　范国胜　张鸿图　王万掌　李振萍（女）
王国忠　李学信　杨金海　只文正　赵惠民

市政工程局（11名）

刘肥头　邵大车　马景山　刘桂荣　晋玉龙　万庆和
杨福玲（女）　高秀英（女）　刘长安　张士华　王柏增

园林局（2名）

李悦莲（女）　孙宝成

房地产管理局（7名）

梁铁双　郭永勤　张子义　梁庆超　张连雨　赵德友
陈贵全

公用局（16名）

郭秀芳（女）　卢永军（女）　郭　云（女）　单淑民（女）　戴爱兰（女）　刘锡斌
牛程鹏　于仲敏（女）　李宝荣（女）　李连春　郑顺平　李德成
李忠诚　李德荣　刘金赞　姜炳坤

规划设计管理局（3名）

张广川　唐本善　张　杰

环境卫生局（1名）

王碧山

第一商业局（10名）

赵德祯　李之骥　马恒祥　孙玉琏　许克义　马　俊
范茂荣（女）　尹淑鸽（女）　年景林　刘淑华（女）

第二商业局（10名）

李秀兰（女）	刘恩波	严志祥	崔庆武	高玉书	王金和
乔学惠	毕长禄	张格孝	张宝文		

粮食局（6名）

李文俊	胡景云	王凤楼	熊梦吉	杜福顺	焦顺通

对外贸易局（9名）

石长春	李节香（女）	刘宝成	孙剑荣	骆子华	吴英俊
牟耀先	刘玉琦	杨洪元			

进出口商品检验局（1名）

富恩承

水产局（2名）

刘玉亭　　汪文歧

供销合作社（10名）

成世才	武国祯	刘吉洪	许伟业	张文波	王洪钧
刘汝瑶	李光增	郑道俊	姜中田		

中国人民银行天津市分行（4名）

王学敏（女）　王子记（女）　苏家蔷（女）　朱元樑

中国银行天津市分行（1名）

陶宗豫

中国人民建设银行天津市分行（1名）

古　泰

农场管理局（6名）

吴孝先	袁明恩	刘建宗	李树坤	华玉春	罗泽田

国家物资总局天津办事处（1名）

李宜清

物资管理局（7名）

窦淑明（女）	许兆刚	于桂芬（女）	张惠聪（女）	李冠卿	胡　增
李迎祥					

服务局（1名）

杨国钰

旅游局（1名）

刘文彬

民政局（3名）

盛贵生	朱宝英	刘桂英

劳动服务局（2名）

孙金荣（女）	迟观福

大专院校（18名）

伍镜波	魏德泰	刘　豹	周廷铠	吴恩惠	窦克忱
杨学涵	刘　文	阎宝吉	傅桂清（女）	王嘉龄	郭　春
任宝成	陈家琦	刘伯午	李　明	肖仲任	陈　迹

卫生局（9名）

董金增	王德延	杜　伯（女）	魏景文	周秦玉（女）	徐萍和（女）
边天羽	张久山	张金合			

教育局（2名）

魏　元	李　舒

体育运动委员会（1名）

朱庆元

文化局（5名）

黄钰生	骆玉笙（女）	于淑珍（女）	刘家宜（女）	周省如

出版局（3名）

陈传志	赵克明	王启玉（女）

天津日报社（1名）

李长凯

科学技术委员会（3名）

沈保丰	高金生	王新灵（女）

和平区（22名）

崔桂华（女）	高庚水	邵克荣（女）	刘家朋	牟贞淑（女）	金克璋
东玉珍（女）	宋丽梅（女）	张尚志	杨雨田	沈春兰（女）	尤凤海
于春福	韦　力	王辅成	刘振远	于秀媛（女）	张廉声
伉铁侠	孙家钧	张庆荣	王季儒		

河北区（19名）

王西萍（女）	周春兰（女）	何月萍（女）	周淑琴（女）	杨则飞	刘锡庆
李长青	王占生	陈清振	彭素芬（女）	潘大信	邢伯英（女）
吴德贵	马兴才	梁启民	曹文凤（女）	惠博光	韩之云（女）
丛得明					

河东区（12名）

马玉兰（女）	张文漪（女）	王保顺	杨翠兰（女）	韩恩湘	徐冀生（女）
宋建章	孔祥礼	李济森	陈景云	王　容（女）	卢奋燕（女）

河西区（13名）

郭平川	孙树桐	王桂森	姬德龙	吴宝山	王洪章
梁风歧	董致祥（女）	巩学仁	周殿英（女）	张金珍（女）	凌兆元
刘虎山					

南开区（19名）

苏筱秋（女）	高玉珍（女）	李崇五	任玉珍	徐伯芬（女）	李迎昌
时泽祥	吕贵明	刘洪荣（女）	宋福奎	傅奎昌	丁海龙
陈崇泰	陈东生	孙养林	翟　康	杜　珍（女）	张　璞（女）
龚守宪					

红桥区（20名）

郭卫中	韩文生	朱　立	刘学曾	张金兰	王士珍（女）
赵克勤	刘义洪	杨桂珍（女）	于恩俊	陈文华（女）	王月琴（女）
张金祥	苏士珍	王志义	张志元	韩健生	夏　茵（女）
田柳堤	于静贞（女）				

塘沽区（46名）

袁树滋	吴文龙	韩云如	张相兰（女）	高殿元	王湛华
石汝海	孙会如	钱朝友	孙崇庄	陈长明	雷祥荣
沙裕珠	赵修佩	诸立清	端　标	翟学起	燕立先
王秀珊	杨春宁	潘世彬	张玉凤（女）	于学增	刘广有
邹立业	范秀荣（女）	冯书江	任秀珍（女）	宋吉凤（女）	张秀玲（女）
戴晓英（女）	张英侠	秦芝香（女）	郑吉森	肖清洁	孙玉兰（女）
田树起	陈永福	常占鳌	高连升	王兰溪	郭金禄
王世濂	李荣杰（女）	万德林	李鉴惠（女）		

汉沽区（26名）

张忠林	王克善	张长在	傅德明	邵克章	唐云祥
李玉柱	高明阔	慕清洁	赵振邦	刘庆胜	陈洪河
徐殿发	王志清	王玉敏（女）	张治国	张　淇	李金江
阮坤生	李若文	钟士英	董恩芬（女）	孙景生	张敬华
杨占柱	刘云生				

大港区（1名）

王　昭

东郊区（7名）

张鹤龄	杨润兰（女）	陈润香（女）	纪文珍（女）	张俊杰	王学成
翟会娟					

西郊区（5名）

陈佩平	庞华威	刘海亭	金承林	张恩寿

南郊区（5名）

柴寿海	曹福通	由文郁	杨家环	郭树亭

北郊区（7名）

龙德雨	金孝刚	郭洪文	张培华	邸广惠（女）	刘宪哲（女）
郭志成					

宁河县（6名）

刘玉海	王泰苓（女）	孟宪桥	戴秀庚（女）	王东平	朱宝勤

宝坻县（10名）

王富海	任守礼	王荣平	王洪勋	白宝珊	孙福存
刘思信	翟德宝	王树清	高志春		

武清县（10名）

刘惠荣（女）	冯　平	张淑英（女）	杜庆芝（女）	冯作欣	柳学沫
周　林	孙树起	贾金增	陈世忠		

静海县（8名）

韩秀增	李树芳	刘　迎	张子兰（女）	李春先	杨恩风（女）
权万鹏	孙宝岩				

蓟县（8名）

闻致义	柳子贵	李桂芹（女）	吕子岩	王永清	杨树生
魏恩培	赵乃荣				

1982年度劳动模范名单

特等劳动模范（62名）

巴　雅	叶迪生	苏兰洲	李祺祖	程少祥	李　燕（女）
姚振有	陈占贵	倪庆波	吴英烈	马永成（女）	毛玉根（女）
王玉霞（女）	郝培嵩	谢　玲（女）	李树庄	张宏熙	李东升
李滋刚	杨宗铭	郝清祥	刘清泰	潘全荣	于云程

葛　目	于桂芬（女）	年景林	董玉田	叶桂馨	范国胜
杨淑华（女）	赵志纯	李志刚	叶家良	刘丝秀（女）	张士珍（女）
王云锡	邹仁鋆	张光寅	张以谟	朱宪彝	张化新
黄伯柱	于淑珍（女）	骆玉笙（女）	周　静（女）	彭义祥	韦　力
尹俊岭	阎景芝女	周惠康	周　朗	王培德	李新风（女）
刘笃刚	傅德刚	张金祥	郭卫中（女）	慕清洁	齐　利
白云祥	王振远				

劳动模范

一机局（86名）

廖莲苍	王玉堂	韩相珏	杨德明	孟繁禄	崔晓芬（女）
汪淑慧（女）	寇卯子	王怀君	罗凤杰	刘鸿昇	薛宗琛
刘学奇	高金泰	费恩和	石　顺	穆铁柱	商建伟
周永福	陈　路	高景祥	高恒卿	李纪强	姜兴业
张宝林	郝宝兰（女）	王昌国	王传祯	申继民	刘荣振
张耀曾	曹继奎	吴伟元	何元良	魏宝元	范大尧
李自强	胡振邦	腾德来	任宝林	赵志娟（女）	郝友三
韩文林	陈　尧	于世明	张志杰	孟繁君	梁万和
刘文东	侯立尊	孙德铎	李学勤（女）	祝秉臣	胡玉兰（女）
萧顺堂	拓朋惠	赵大凯	王树德	张永国	王喜斌
董新义	秦廷莲（女）	董铁军	祁业达	郭地祥	于明福
贾金祥	支宝理	李全来	果玉田	杨黎明（女）	张承远
于林生	张宏年	杨志平	陈玉川	路玉芬（女）	杨玉林
张健武	王金生	李汝新	靳宝仲	胡祚宽	冯秀娣（女）
孙克庄	李忠诚				

二机局（24名）

张桂芬	魏凤英	李立凯	战邦新	李维恒	于家纯
黄自林	陆一骏	刘殿祥	韩绪民	梁淑珍（女）	吕　健
祖秀庄（女）	张曰德	于兴润	王占存	孙　毅	李险清
高克香（女）	王德景	徐进兴	张向东	张　萍	王仁霖

一轻局（67名）

李金雪	张玉俊	吕志德	杜海瑞	姜国利	李世琳
叶淑英（女）	李爱民（女）	杜世英（女）	吴金顺	张文豪	于晓东

李向扬	夏延秋（女）	武长安	庞国明	骆宁之	国传训
李秋山	戎学珍（女）	弓敬芝	张纯亮	何奎栓	蒲兴国
黄茂林	徐全德	王宝田	方世龙	刘桂琴（女）	姜佐文
张淑华（女）	鹿道华	李士芬（女）	贺美华（女）	安玉桐	古少春（女）
安俊华	岳士琳（女）	回德金	王福长	李华利	陈茂昌
詹益群	张玉华	刘广杰	刘恒岐	宋德森	张法智
靳继周	王吉业	贺旭阁	王叔田	常素德（女）	陈宏武
刘淑傑（女）	杨　英	薛玉珠（女）	曹振江	郑秀娟（女）	韩增萍（女）
王廼莉（女）	高述贤	宋景禄	刘庆文	刘玉莲（女）	岳长发
聂春生					

二轻局（67名）

任容玲（女）	傅邦维	郭士华	李鹤年	苑广金	王叔模
韩吉忠	杨爱菊（女）	陈宝华	崔　崑	刘宝生	王庆生
陆志达	乐秀威	周廼疆	刘世钰	宁潜睿	赵富云（女）
崔广林	王惠中	马起龙	高崑岭	郭培英	吴庆友
韩树和	李建阁	贺文起	崔德山	杨福明（女）	田西峰
贾　茂	王晓钧	郑启贤	王学礼	陈文庄（女）	胡国成
马雨田	江国卿	董尚文	包承勋	李秀芝（女）	孙耀祥
张贵明	马秀廷	郭树元	刘义诊（女）	张玉珍（女）	丁福刚
刘连起	周学明	杨玉兰（女）	刘海江（女）	凌凤坡	张继忠
常玉春	孙熙胜	曹绪来	闫国治	王明桥	唐崇福
杜振明	张金钟（女）	张文菊（女）	高占表	张国钧	穆瑞赏
刘庆华					

纺织局（80名）

朱莉华（女）	傅向红（女）	刘俊杰（女）	孙玉云（女）	张万华（女）	刘文治
孙桂英（女）	李爱茹（女）	刘秀萍（女）	刘松彬（女）	靳树学（女）	王桂欣（女）
路永凤（女）	刘世兰（女）	魏健强	陈　静	张芝禄	张德兰（女）
郑淑芳（女）	刘淑梅（女）	毕玲玲（女）	王秀英（女）	多瑞桢	韩玉华（女）
刘俊文（女）	肖　敏	王振英（女）	李新华（女）	杨建冬（女）	胡学兰（女）
田世惠（女）	芦玉春（女）	只文正	贾树君（女）	杨金华（女）	王维生（女）
路淑玲（女）	王玉升	刘美云（女）	孙家树	于焕然	袁大用
李金萍（女）	朱正荣	娄瑞林	赵剑英	孙永华	杨玉荣（女）
王秀荣（女）	于芳春	于汉文	苏秉彝	胡兰书	单宝慧（女）

许少梅（女）	王志敏（女）	吴长福	刘金芬（女）	王永兴	萧万和
朱长苓	郭惠英（女）	姚志强	许宏娥（女）	米雪民（女）	于庆伍
纪永辽	孙桂林	刘植邦	王亨义	桑会生	杨金柱
吕锡谌	杨凤祥	韩幕军	周连璧	何翔冠	汪冬冬（女）
李致成	霍赞臣				

冶金局（42 名）

方文鑫	周瑶琴（女）	孙洪运	朱仁才	王林春	蒋秉权
魏增彬	贺宝元	朱绍奇	周福深	贾玉兰（女）	杨敏之
刘柱和	李子珍（女）	刘郁芬（女）	张廷相	郭艳美（女）	张殿诚
王海春	王启增	王锡九	索元成	谈卫东	唐耀勋
曹颜顺	经振鹏	王国治	张建明	刘洪勋	杨凤春
孟宪岭	朱　龙	吴玉和	赵铭钧	方兰荣	石景存
杨耀亭	荣立芳	朱震康	刘石生	孙福林	张双亭

化工局（40 名）

伊书田	尤启祉	张学凯	柳家昌	吕国才	栾慎行
张乃驹	李仲涛	李玉祥	刘玉芳	史丽英（女）	巨洪升
张国本	陈锦生	王　奇	张世泰	于　澄	李云清
王治伯	王春兰（女）	黄志启	窦福梅（女）	马金林	柏孝达
孙木林	沈维新	高少华	刘振洲	张永代	曹国安
李锡芬（女）	何辅信	华克襄	王作栋	陈如意（女）	刘炳琪
张寿强	王季昌	张惠山	王永泉		

医药管理局（15 名）

张永才	巩金森	杨士平	李金台	李广辉	张尔奎
张书琴（女）	张承伯	张如壁	费秀珍（女）	王作田	杨立绪
马洪宾	张沛芬（女）	腾之理			

电力局（7 名）

林葆年	邓秋俊（女）	王祥瑞	王怀玉	张连杰	韩炳义
童会文					

无线电力局（15 名）

蒋斌生	林金松	边新锷	刘广明	赵文宪	赵铁顺
吴　凡	沈树基	蔡益先	朱家玲（女）	董长生	李宗滨（女）
李俊荣（女）	陈玉璞（女）	王金章			

石油化学公司（2名）

孙宝章	朱理琛				

邮电局（8名）

王炳恒	郭玉兰（女）	刘懋进	陈君祥	戚其春	李学志
韩　伟	杨家珍				

海洋石油勘探局（7名）

杨作卿	刘桂芝（女）	曾德双	牛世广	曾恒一	杨贤华
陶炳全					

石油化纤厂（6名）

赵　嫵（女）	霍新培	朱学云	赵金榜	刘文治	庞学武

大港油田（22名）

江锡华	黄碧云	吴克信	刘光照	高建友	倪进初
孙玉祥	许金福	张金生	符传符	刘树山	田景伟
韩新山	陈炳谦	单永才	王志芳（女）	张宝亭	谢国章
杨明珍（女）	密世源	刘运华	黄德才		

国防科工办（16名）

刘国祯	吕兰锷	郑鼎泉	田少生	萨克思	邹德诚
熊长鑫	黄才勇	王思达	张绍武	张绍华	于桂兰（女）
丁庚南（女）	任俊霞（女）	应曰增	刘权利		

交通局（28名）

王金永	马绍洪	苏瑞庭	孙锡凤	石培岩	阎树林
李文荣	张彦庄	储　锐	赵文印	李云凤	谷志强
郜万清	尹建民	孙鼎隆	房义忠	魏凤尧	吴连才
傅卫生	孙树亭	魏春生	王永庆	王传杰	李兰芬（女）
薛世凯	孙连生	陈锡九	王春禄		

铁路分局（30名）

冯　峰	王会云（女）	赵洪泉	张惠欣（女）	康淑琴（女）	焦宝善
何之军	张大全	刘淑敏（女）	高相臣	李　国	高树滋
刘济民	张增禄	李荣国	高玉琢	魏庆华	杨廷俊
邓宝亭	岳玉珠	刘桂英（女）	郭善骥	周子平	高金国
王　英	王秋霞（女）	宋广尧	马幼航	沙占有	唐　德

港务管理局（9名）

张光辉	刘玉河	程连仲	郝德发	任存玉	刘庆祥

王丰年	刘炳曙	邱锁亮			

航道处（2名）

高尚武	宋家太				

第一航务工程局（5名）

刘瑞坤	陈德辉（女）	王吉明	高洪富	叶伯荣	

大港发电厂（3名）

王国荣	胡福荣	班长利			

天津远洋运输分公司（4名）

张永年	龚坤佑	王贵森	李贞国		

电力建设公司（3名）

蔡宝奎	刘国钧	靳春才			

铁道部第三勘测设计院（3名）

郭宝刚	黄建鹏	瓮永成			

核工业部第三研究院（1名）

王清堂					

物资管理局（9名）

窦淑明（女）	姚志才	于焕娣（女）	白德刚	李迎祥	李冠卿
胡　增	李宜清	丁同洲			

建工局（27名）

孙玉弟	孟繁忠	刘万福	姚树英	董永华	王玉林
张万书	王忠玉	王忠春	翟　斌	刘振海	段宝起
何殿起	张仲义	孔庆义	董振福	赫庆洲	王克昌
王秀山	周树兴	李云会	李洪泉	蓝　健	王春凤
吴学成	潘祥茂	叶少华			

建筑材料工业局（13名）

钟宝森	赵会民	陈忠德	邢宋石	王万掌	李振萍
王绍明	李利增	张宏图	杨金海	陈养兰（女）	朱义兰（女）
宋长恩					

市政工程局（13名）

田凝寿	刘肥头	马贵英	穆胜喜	宋立才	林文安
杨福玲	郭金栋	冯印祯	金玉兰（女）	王淑训（女）	张汝亮
刘文华					

园林局（2名）

李悦莲（女） 李宝忠

房地产管理局（9名）

李宝琨	朱学柱	孙书信	薛小鹏	赵鸿钧	郭永勤
陈贵全	陈振凯	荀芳悟			

公用局（23名）

常　翔	董振华	单淑华（女）	张双洪	祁　敬	邢惠生（女）
李宝荣（女）	杨　敏	李连春	夏玉竹（女）	许风琴（女）	窦桂芝（女）
冯洪山	李德成	郑顺平	刘殿山	李嘉瑞（女）	史学林
王炳纯	郑金玲（女）	郭秀芳（女）	郭　云	于仲敏（女）	

规划局（3名）

穆鸿飞 张　杰 唐本善

中国建筑第六工程局（8名）

于桐林	阎振吉	高筱舟	陈则礼	阮坤生	阮成笔
卿昌富	李金江				

水泥工业总设计院（1名）

潘震岳

一商局（20名）

王俊良	许立铭（女）	于惠琴（女）	马　骏	张建菁（女）	许克义
戚惠玲（女）	邵克荣（女）	刘其瑞	周春兰（女）	冯志仁	范茂荣（女）
陶保健	孙玉连	马恒祥	刘淑华（女）	刘君珍（女）	王昭芸（女）
刘凤媛（女）	王　娟（女）				

二商局（11名）

李秀兰（女）	高玉书	马金凯	毕长禄	胡少清	乔学慧
王金和	张格孝	张尚志	张永顺	冯立君（女）	

粮食局（9名）

焦顺通	李文俊	熊梦吉	胡景云	杜福顺	王凤楼
李世昌	吕汉河	李宗凯			

外贸局（12名）

王　飞	马贵昌	刘玉琦	吴英俊	牟耀先	张文忠
孙剑荣	王陆平	王玉生	贾　清	杨洪元	骆子华

供销合作社（7名）

张文波 姜中田 柳文藻 王嘉琦 成世才 郑道俊

庄玉英（女）

建设银行天津分行（1名）

古　泰

人民银行天津分行（6名）

苏家蕾（女）	朱元梁	赵凤翔	吴克临（女）	李秋茹（女）	杨桂英（女）

水产局（3名）

李秀起	刘玉亭	洪神童

市集体经济办公室（1名）

杨淑清（女）

大专院校（25名）

吴咸中	何炳林	王培堂	宋秉泽	刘　豹	王梓坤
魏德泰	高振衡	苏　菊	窦克忱	陈嘉琦	李吉龙
杨国琛	郭霭春	任宝成	阎宝吉	蒋听培	孟绍田
杨增武	李　明	胡逸先（女）	何　塑	黄祯寿	韩俊玉（女）
凌肇元					

卫生局（11名）

宋建章	魏景文	张久山	夏　茵	边天羽	郭巨灵
李树玲	李维廉	钱绍诚	郑鹏然	姚玉荣（女）	

教育局（2名）

何月萍（女）	梁奕锭（女）

体育运动委员会（2名）

张贵来	刘树华

科学技术委员会（2名）

李景德	杜炳辉

地质局（1名）

冉天智

文化局（3名）

韩嘉谷	翟乾祥	赵松涛

出版局（3名）

陈传智	王文清	王沛霖

天津日报（1名）

李长凯

农场管理局（9名）

吴孝先 袁明恩 华玉春 李树坤 刘建宗 尹彦臣
周金汉 郝文起 李玉松

水利局（1名）

胡济民

水电部天津勘测设计院（1名）

商学坤

民政局（4名）

盛贵生 刘桂林 宫瑞武 冯淑香（女）

民航局（1名）

郭汉业

旅游局（1名）

田奎春

市机关行政管理局（1名）

杨国钰

和平区（27名）

杨雨田 赵宝志 李立庆 刘家朋 韩恭生 东玉珍（女）
金克璋 崔桂花 董书瑞 牟贞淑（女） 于春福 胡炜昌
王季儒 张庆荣 沈春兰 杨文藻 郭奎柱 于秀媛
伉铁侠 孙家钧 阎治身 刘振远 张 玲 罗绍泉
高志新 谢振江 于庆泉

河北区（22名）

曹文凤 王西萍（女） 丛德明 马兴才 张兰贵 惠博光
李长清 陈清振 吴德贵 孟祥媛（女） 杨则飞 彭淑芬（女）
邢伯英（女） 韩芝云（女） 刘 英 戚广学 潘大信 王辛铭
梁启民 白玉和 宋士珍（女） 聂惠源

河东区（21名）

马玉兰（女） 张文漪（女） 王玉璞 杨翠兰（女） 卢步云 王保顺
何荫庭 张树清 王 义 陈洪福 王金连 王景恒
卢奋燕（女） 李世勋 陈景云 云希聪（女） 李济森 王 容
孙鸣弟 全云昌 赵永琢（女）

河西区（19名）

李 艳 岳 明 刘树啟 董致祥（女） 闫承甫 刘洪宾

姬德隆	曲树君（女）	梁孟儒	吴宝山	丛玉珍（女）	许志安（女）
余伯钦	张金珍（女）	王怀逖	韩淑琴（女）	吴步昇	周殿英（女）
王福重（女）					

南开区（27名）

杜蕴珍（女）	陈东升	张　璞	刘淑芳（女）	翟　康	孙养林
祃秀梅（女）	龚守宪	李兰菊（女）	周盛德	张卫生	迟观福
张凤祥	丁海龙	傅奎昌	苏至贤（女）	赵文豹	张保健
张子正	史铁福	李迎昌	任玉珍	姜国玲（女）	苏筱秋（女）
李崇五	吕贵明	许金龙			

红桥区（22名）

苏士珍	陈文华（女）	李俊萍（女）	于恩俊	宋书萍（女）	赵克勤
王月琴（女）	贾希桐	许文田	李重成	韩文生	刘学曾
刘彦斌	郭留安	韩建生	魏鸿书	王连笑	张志元
赵兰海	杜幼卿	杨桂珍（女）	杨德祥		

塘沽区（46名）

吴文龙	殷长林	张相兰（女）	侯起生	王湛华	孙会和
王志福	杨长凯	孙崇庄	钱朝友	卞端标	赵修佩
褚立清	王少岐	朱德柱	王华山	刘广有	杜桂琴（女）
于学增	秦芝香（女）	冯书江	王广浩	肖清洁	石福来
刘克言	邹立业	范秀荣（女）	任淑凤（女）	许贵忠	张宝珍（女）
王兰溪	高连阴	王嘉宾	郭金禄	孙玉兰（女）	田树起
初子嘉	李荣杰（女）	万德林	李鉴蕙（女）	王世濂	陈秉常
张　湘	刘广瑞	严福谦	吴　云（女）		

汉沽区（30名）

张忠林	张长在	吴霄汉	邵克章	傅德朋	应广厚
张梓祺	时君竹	王志清	钟士英	张治国	徐殿发
梁宝柱	董恩芬（女）	王彩云（女）	张敬华	谢云霞（女）	王　树
陈洪河	崔可学	孙井生	邱玉香	李若文	杨玉山
王洪喜	赵振帮	唐云祥	刘立庄	包克义	高明阔

大港区（4名）

王　昭（女）	窦育恒	高云龙	张桐芬（女）

东郊区（12名）

张鹤令	陈鸿昌	刘敬生	纪文珍（女）	李学淑（女）	石占坤

翟惠娟（女）	刘炳虎	许淑玲（女）	丁庆德	冯洪苓（女）	张海清

西郊区（8名）

高明仁	高凤岐	刘玉坤	金承林	于广林	张恩寿
陈佩平	庞华威				

南郊区（8名）

于月明	张惠萍（女）	杨家环	柴寿海	王连铎	何清年
张振亭	沈富春				

北郊区（8名）

闫富贵	张佩华	苏长宏	杨学芹（女）	付佩谊	邸广惠（女）
刘铣哲（女）	李成钢				

武清县（15名）

刘惠荣（女）	孙树印	周　林	陈世忠	杜淑云（女）	杨信符
刘振宗	李　澄	果兆洪	刘焕洵	田　绢（女）	王世元
董　惠	袁佩友	张　荣			

静海县（12名）

莒梦成（女）	韩秀增	汪鹤元	张子兰（女）	刘世民	王洪芳
刘　迎	刘淑清（女）	李曾云	韩承桂（女）	杨恩凤（女）	刘植成

宁河县（10名）

庄长富	张玉霞（女）	王泰苓（女）	陈树海	赵芦华（女）	戴秀庚（女）
齐淑珍（女）	于增清	孟宪桥	曹永龙		

宝坻县（11名）

孙振成	任守礼	孙福存	李振忠	朱凤臣	郭力军
王鸿勋	郑桂花（女）	任宝良	阎　琛	张天祥	

蓟县（11名）

谢云祥	吕子岩	王运海	王景春	孟宪鹏	杨树生
王永清	魏恩培	李桂琴（女）	陈德信	高达银	

引滦工程指挥部（19名）

关建海	王小京	董长锋	闫进喜	杨炳生	李治业
李小童	田永林	杨昌泉	姚雷生	李会彬	陈建平
薛继连	鞠玉明	李跃德	管福荣	武德厚	刘乃娟（女）
陈作贵					

1984年度劳动模范名单

特等劳动模范（15名）

王业震	张文豪	耿世和	王俊发	年景林	余国琮
吕　新	袁维本	乔玉屏（女）	刘美云（女）	于云程	郭巨灵
贾鸿涛	侯　锋	韩之云（女）			

劳动模范

第一机械工业局（22名）

石　顺	张宝林	李　正	郝宝兰（女）	曹继奎	王建平
陈鸿章	赵锡寰	张志杰	李自强	韩文林	张以禄
陈　耿	戴　键	邢福钦	张启禄	于河田	戴必祯
姜兴业	王树德	祁业达	靳宝仲		

第二机械工业局（7名）

窦淑英（女）	马成良	杨金生	张占昆	张丽娴（女）	梁淑珍（女）
王忠猷					

第一轻工业局（17名）

邢起富	聂春生	武长安	韩增萍（女）	张玉俊	田泽恒
张锡霆	史宝龙	陈松涛	孟三良	贺旭阁	戎学珍（女）
李祺祖	张兆理	岳士琳（女）	李俊萍（女）	庞国明	

第二轻工业局（15名）

李林潘	唐攻麟	张文菊（女）	吴英烈	傅帮维	丁福刚
蓝鸿文	薛景泽	龚文林	丁　钧	杨洪魁	杨玉兰（女）
贾　茂	王惠中	王明桥			

纺织工业局（15名）

孙永华	于焕然	张国玉	杨文华（女）	张万华（女）	张秀芹（女）
孙凤丽（女）	毛玉根（女）	刘景虞	李学武	李桂珍（女）	安绍松
刘秀萍（女）	曹俊义	苏艳杰（女）			

冶金工业局（9名）

曹志成	方兰荣	时　坚	张国玉	曹彦顺	蒋秉权
贾玉兰（女）	朱仁才	刘郁芬（女）			

化学工业局（11名）

李　玺	李瑞铭	龙启祉	柏孝达	蔡胤昌	马甲香（女）
尹书田	张世伦	沈维新	李书庄	王中祥	

医药管理局（7名）

许世信	王子良	陆敏贤	腾之理	张永才	张尔奎
王作田					

电力工业局（5名）

王三立	张连杰	韩炳义	汪锦华	段德利

无线电联合公司（3名）

王金章	蔡益先	李宗滨（女）

石油化工公司（2名）

王杨升	徐　谦（女）

邮电管理局（4名）

李学志	刘懋进	刘红旗	王静波

渤海石油公司（3名）

谭树人	刘桂芝（女）	白兴武

国防科工办（6名）

卢秀敏（女）	吴谋和	唐汉云	郑鼎泉	任俊霞（女）	于桂兰（女）

交通局（5名）

刘振玉	郜万清	郝清祥	王仁旺	谷志强

天津铁路分局（4名）

徐学政	夏宏身	杨玉庭	张惠欣（女）

港务局（3名）

赵珍义	王陆平	金贵林

航道局（3名）

张洪明	宋秀德	谢洪柱

交通部第一航务工程局（4名）

王龙新	陈川爵	黄文奎	王吉明

大港发电厂（2名）

王国荣	程改民

物资管理局（3名）

宋宝树	张淑珍（女）	丁同州

大港石油管理局（4名）

王宏基	高主德	吴克信	张贵郎

汽车工业公司（4名）

韩相玉	寇卯子	崔津瑞（女）	费恩和

烟酒公司（2名）

庄逸凯　杜玉微（女）

丝绸公司（4名）

许宏娥（女）　杨效斌　郭文英（女）　孙秀荣（女）

远洋运输公司（1名）

马德义

第一商业局（4名）

刘凤媛（女）　张玉荣　孙玉莲　于惠琴（女）

华北电力建设公司（1名）

杨秀岩

铁道部第三勘测设计公司（2名）

戴彦谆　阮德发

建筑工程局（13名）

张少魁　杜有亮　孟庆岭　冯国惠　李　昆　游瑞娣（女）
周树兴　李云会　夏荣阁　刘荫江　黄世尧　赵和煦
蓝　健

建筑材料工业局（9名）

叶桂馨　王绍明　储智洪　范国胜　杨　敏（女）　魏伯英（女）
李利增　曹启军　朱　桂

市政工程局（5名）

高玉林　田凝寿　杨作云　刘金刚　孙承忠

园林管理局（4名）

范文斌　李悦莲（女）　叶家良　师俊茹（女）

房地产管理局（8名）

王积惠　朱学柱　苟芳梧　赵文岗　柏宴秀　付春生
常玉清　刘洪武

公用局（10名）

许凤琴（女）　常　翔（女）　唐增乐　陈志枫　刘　莉（女）　窦桂芝（女）
翟砚章　关喜荣（女）　池佩良　史学林

规划设计管理局（6名）

张　杰　王振刚　高永孚　张元祎　刘玉堂　张广川

中国建筑第六工程局（6名）

于桐林　朴振丰　阮坤生　高振华　杨水波　李金江

天津水泥工业设计院（1名）

陈涵萱

地质矿产局（2名）

刘占芳　赵宗善

中国石油化工总公司第四建设公司（2名）

潘祥茂　莫英杰

民政局（6名）

齐　利　郑荣臣　赵明之　李成钢　王宝林　刘桂林

机关行政管理局（1名）

王立阁

第二商业局（7名）

蒋文杰　乔学惠　马金凯　张永顺　崔庆武　王长顺
胡少青

粮食局（3名）

王景忠　岳　明　吕汉和

对外贸易局（2名）

吴英俊　石璧茹

天津市供销合作社（5名）

成世才　葛玉久　韩立文　叶俊生　吴恩普

中国工商银行天津分行（3名）

刘凤莲（女）　赵学纲　王玉华（女）

水产局（1名）

刘福来

天津市集体经济办公室（2名）

赵金荣　张玉珍（女）

天津市个体劳动者协会（3名）

刘喜林　李金华　王家芳（女）

高等教育局（26名）

钱荣坤　沈含熙　陶克毅　方克立　邢公畹　来新夏
李　强　邓国才　石毓澍　吴咸中　史书俊　屈荫生
齐　桐　刁筱辉　顾汉卿　杨溥臣　李洪兴　李克永
肖敦余　贺家李　袁孝竟　周　恒　贾有权　庞卓恒
郭霭春　金锡祥

卫生局（6名）

郭　亮　王其芳　张丽蓉（女）　张听新　钱绍诚　金洪宾

市教育局（1名）

许先进

体育运动委员会（2名）

严　红（女）　刘树华

中国医学科学院血液研究所（1名）

宋增璇（女）

社会科学院（1名）

房良钧

文化局（3名）

关牧村（女）　于淑珍（女）　王美芳（女）

出版局（1名）

王沛霖

气象局（1名）

郭大敏

农林局（2名）

张金刚　戴冠英

渤海农工商联合公司（4名）

魏建英　张文彬　杜天赐　房世和

天津农业科学院（1名）

吕淑珍（女）

水利局（1名）

张风泽

水电部天津勘测设计院（1名）

石　栋

和平区（12名）

孙元明　纪佳君（女）　金克章　韩恭生　韦　力　王洪林

闫治身　刘振远　王德亮　胡炜昌　马万里　李秀兰（女）

河北区（9名）

徐凤英（女）　王凤文　聂惠源　惠博光　李新风（女）　刘国英

刘笃刚　马兴才　王建刚

河东区（10名）

刘德禄　董志钢　崔光智　王　义　王学红（女）　杨翠兰（女）
王玉璞　束中平　张文漪（女）　刘连贵

河西区（13名）

岳　明　白中和　赵凤霞（女）　郭德芬（女）　梁孟儒　姜万瑶
周　朗　王培德　丛玉珍（女）　许志安（女）　张金珍（女）　吴宝山
钱秋云（女）

南开区（9名）

杜蕴珍（女）　高梅珍（女）　刘　婷（女）　姚淑珍（女）　曹玉山　姜国玲（女）
张凤祥　史铁福　苏志贤（女）

红桥区（9名）

李洪深　陈良才　王连孝　刘燕茹（女）　周焕章　于静贞（女）
贾希桐　赵克勤　王宝瑞

塘沽区（9名）

肖卫国　万德林　李鉴蕙（女）　韩有生　邵凤崇　张金利
杨长凯　刘广瑞　李玉珍（女）

汉沽区（8名）

尹庆志　曹柏林　谢云霞（女）　张立民　马玉潭　董恩芬（女）
赵振邦　刘　玺

大港区（1名）

王　昭（女）

南郊区（1名）

陈景荣（女）

东郊区（3名）

张富歧　翟兴龙　纪文珍（女）

西郊区（1名）

张宝洪

北郊区（2名）

张家深　邸广惠（女）

武清县（3名）

朱志达　刘涣洵　张　荣

静海县（2名）

王爱云（女）　刘植成

宁河县（2名）

董希知	吴玉龙

宝坻县（2名）

王子贵	李淑霞（女）

蓟县（3名）

王作友	黄春华（女）	秦殿元

1986年度劳动模范名单

特等劳动模范（23名）

熊长鑫	郝宝兰（女）	石金洪	刘桂芝（女）	王惠中	毛玉根（女）
李金雪	张世伦	刘振玉	曹启军	朱兆芳（女）	徐凤英（女）
叶桂馨（女）	年景林	金克璋	杨翠兰（女）	刘友钧	王连笑
刘宏泉	肖卫国	王云祥	齐　利	石毓澍	

劳动模范

机械工业管理局（39名）

姜丁西	刘怀生	邢乘骏	耿世和	李　军	王汝政
王传祯	陈鸿章	安立平	刘赐萱（女）	孙海明	李思源
王振起	冯秀兰（女）	张玉春	王树德	赵锡寰	赵志娟（女）
杨国栋	王铁梁	王丽俊（女）	梁万和	赵宝宽	董铁军
祁业达	林泰华	王　鹏	戴必祯	魏志培	刘炯辉（女）
李学琴（女）	李　珊	李自强	韩文林	胡鹏程	张亚雄（女）
孙德铎	刘家铭	曹继奎			

电子仪表工业管理局（16名）

骆云辉	蔡茂甲	杨金生	梁淑珍（女）	马　雁（女）	杨霁辉
梁桂香（女）	巩建民	叶新泰	马成良	高美芳（女）	韩　树
张书维	郑鼎泉	张志标	李经建		

冶金工业局（21名）

曹志成	何家麟	周福深	绳　明	冯冠武	陈洪军
张东生	李建绍	朱仁才	张桂良	邢承德	王士俊
方兰荣	史振忠	张兴汉	姜翠云（女）	王春贵	贺　霖
刘郁芬（女）	刘殿普	陈瑞恒			

纺织工业局（43名）

苏艳杰（女）	孙永华	张　岩（女）	李季英（女）	谢　玲（女）	翟洪岩
张芝禄	李双起	张乐仙	季洪英（女）	孙凤丽（女）	白林静
张秀琴（女）	何　冰（女）	刘景虞	马书云	刘　倏（女）	李桂珍（女）
曹泽涵	郝美荣（女）	关学思	吕志高	吴常福	刘家樑
于庆五	桑会生	张国玉	霍赞臣	李淑芳（女）	孟兆会
刘松彬（女）	陆景瑞（女）	刘士萍（女）	穆永洁（女）	杨翠萍（女）	赵会敏（女）
陈秀盘（女）	杨凤祥	邓乃义	高月萍（女）	祝浩业	蒋伯祥
王惠珠（女）					

化学工业局（20名）

李瑞铭	荣双义	伊书田	李书庄	刘玉芳	赵洪崑
张俊跃	李　凡	蔡胤昌	董连举	柏孝达	沈维新
王治伯	王化吉	陈东升	王世耀	李常青	代宝海
宋双喜	曹爱书				

第一轻工业局（40名）

邢起富	张玉俊	崔玉香（女）	郭文绍	刘兰香	李殿武
刘梦起	严志刚	杨文来	孟三良	侯宗兰（女）	聂春生
万桂芹（女）	俞　锦	张学刚	屈金旭	姜佐文	田泽恒
张锡霆	候家瑞	王德景	周宗德	孙燕宁	贺旭阁
杨凤顺	张玉铭	刘治强	姜国利	宋景禄	张义媛（女）
党忠仁	范忠武	时永安（女）	庞国明	张希珍	曹淑霞（女）
刘金儒	李子珍	武长安	张金玲（女）		

第二轻工业局（27名）

杜有义	冯金范	刘学敏（女）	贾　茂	张杏芬（女）	龚文林
张千里	张克生	常缙武	丁福刚	李学义	杨玉兰（女）
陈振英（女）	王明桥	段锡超	张文菊（女）	苑振谦	沙克勤
凌风坡	许会珍（女）	杨洪奎	姚金生	吴纯国	尚子荣（女）
马雨田	安文汉	蒋铭伦			

医药管理局（8名）

杨世平	王子良	曹振宇	李连兴	张永才	腾之理
韩振华	段学忠				

无线电联合公司（7名）

蔡益先	边新锷	张学潜	刘世英	刘国才	张玉林

黄淑芝（女）

汽车工业公司（8名）

费恩和　刘学奇　王希泉　张辉光　孟凡禄　张宝金
赵其礼　李玲崑

丝绸公司（3名）

董维玲（女）　孙秀荣（女）　王富营

中国烟草总公司天津市公司（1名）

杜玉薇（女）

大港石油管理局（14名）

张贵郎　牛　喜　邓月华　李延美　赵志华　胡长生
李玉荣　赵青春　杜　春　祝隆魁　苏再英　衡　志（女）
贺德庆　王德仁

石油化工公司（6名）

刘洪余　项大成　张长喜　张立祥　杨宗铭　马敬全

国防科学技术工业办公室（5名）

唐汉云　张续泉　董德有　杨世澄　任俊霞（女）

电力工业局（4名）

汪锦华　秦凤山　周振纲　张青青

中国海洋石油总公司渤海石油公司（3名）

陶炳全　白兴武　王　岩

大港发电厂（1名）

马　琢

交通局（14名）

郝清祥　郜万清　王仁旺　郑式贤　吕作禄　王孝正
律振堂　唐　樱　鲁玉霞（女）　黄存基　邢作英　方井树
张洪生　张永生

邮电管理局（4名）

王静波　王安平　徐爱桂（女）　王永申

北京铁路局天津铁路分局（16名）

楚象祯　刘择方　常玉萍（女）　朱秀芳（女）　马云奇　张　明
郑德津　张钦荣　刘振德　鞠士智　丁庆年　金国威
李永平　陆恩成　王志仁　王宝贵

港务局（6名）

金桂林	王廷福	刘庆祥	刘鼎臣	景国清	张吉先

交通部天津航道局（2名）

谢洪柱	由显伟

交通部第一航务工程局（2名）

王龙新	宁潜云（女）

铁道部第三勘测设计院（2名）

仇祥凯	朱鸿业

天津远洋运输公司（2名）

梁国栋	周德伦

公用局（14名）

刘　莉（女）	耿凤英（女）	张志英（女）	吴天庆	庞德发	李秀芬（女）
许凤琴（女）	史学林	刘树瑜	唐曾乐	陈顺来	池佩良
李秀森	葛庆昌				

房地产管理局（3名）

朱学柱	刘洪武	赵文岗

建筑工程局（19名）

刘长顺	张松年	冯国惠	赵连海	常世忠	王宪伟
梁树振	李　昆	许宝兰（女）	陈　东	宋正清	李云会
金树德	郝克东	赵立勋	张少魁	杜有亮	宋连荣
吴忠甫					

建筑材料工业局（11名）

杨　敏（女）	李利增	刘继军	方书臣	刘军荣	魏伯英（女）
赵子林	赵春树	陈万江	刘月玲（女）	于德清	

市政工程局（8名）

李德良	陈玉凤（女）	张　虎	蒋淑兰（女）	胡习华	王淑敏（女）
赵振章	肖荣玺				

规划设计管理局（2名）

张元讳	庄敬仪

园林管理局（3名）

李悦莲（女）	叶家良	张德林

中国建筑第六工程局（6名）

于桐林	朴振丰	包应中	黄海燕	何金聪	石卫民

地质矿产局（1 名）

刘占芳

国家建材局天津水泥工业设计研究院（1 名）

彭守正

中国石油化工总公司第四建设公司（3 名）

吴学成　莫英杰　张书成

地方铁路局（1 名）

李春元

中国市政工程华北设计院（1 名）

许广森

第一商业局（12 名）

刘凤媛（女）　张玉荣　孙玉琏　杜存婷（女）　马元田　傅杰成
康　强　张仲山　赵德祯　邵克荣（女）　于惠琴（女）　刘惠民

第二商业局（9 名）

齐宝山　严志祥　胡少青　王长顺　张相斌　张格孝
蒋文杰　韩永昌　赖长声

供销合作社（5 名）

吴恩普　叶俊生　李松林　张　权　李厚昌

粮食局（5 名）

郝志成　董　杰　岳　明　翟文强　何　昱

对外贸易局（5 名）

李宗义　王　抗　王陆平　石壁茹　穆守荫

物资管理局（5 名）

李艳玲（女）　李耀亭　迟元桂（女）　李文达　刘广和

旅游局（1 名）

韩　海

南市食品街（1 名）

崔庆武

中国工商银行天津市分行（3 名）

刘凤莲（女）　王玉华（女）　吴克临（女）

中国人民建设银行天津分行（1 名）

古　泰

中国人民保险公司天津分公司（1名）

李胜全

高等教育局（23名）

李宝震 殷勤凡 杨溥臣 王桂芝（女） 姚宝书 沈建国
齐植兰（女） 王辛巧（女） 吴振勇 任国权 高尔森 杨瑞森
吴金城 李正名 孔令智（女） 李敬之（女） 窦克忱 方佩华（女）
韩俊玉（女） 杨湘庆 曹聪孙 陈家琦 黄予南

卫生局（5名）

韩茂棠 王金达 高广伟 汪传润（女） 马连珍

文化局（3名）

王立军 国庆丽（女） 刘胜利

出版局（2名）

魏 伟 张朝玺

血液学研究所（1名）

陈 璋（女）

体育运动委员会（2名）

沈福儒 陶象乾

科学技术委员会（1名）

孙大泽

农工商总公司（4名）

张 嶺（女） 杨桂林 李加祥 黄长海

农林局（1名）

张金刚

水产局（1名）

刘福来

水利局（1名）

张存民

农业科学院（2名）

欧阳寿如 侯 锋

农业机械管理总站（1名）

戴冠英

气象局（1名）

王宝成

华北电力建设公司（1名）

张建业

铁道部第十八工程局（4名）

刘以升　兰远均　王克太　唐良杰

生产服务合作社联合社（1名）

王淑芳（女）

个体劳动者协会（9名）

王家芳（女）　张俊琍　韩文光　杨逢林　高志新（女）　崔继信
周海兰（女）　林伟卫（女）　万树明

机关行政管理局（1名）

杨国钰

民政局（5名）

李成钢　刘桂林　赵鸣之　陈　革　宫瑞武

水利电力部地质勘探基础处理公司（1名）

高仲璞

公安局（5名）

荆新华　昝文起　巩凤林　李景春　王　谦

劳改工作管理局（3名）

杨永才　刘世强　崔志良

天津经济技术开发区（1名）

王述祖

和平区（14名）

韩恭生　叶家静（女）　孟宪禧　李秀兰（女）　乔玉屏（女）　胡炜昌
阎治身　张文雁（女）　王鸿林　王德亮　郭沪生　马万里
李景宝　王建春

河北区（12名）

聂惠源　刘长河　惠博光　杨学钧（女）　韩之云（女）　刘笃刚
马兴才　王建刚　王玉和　张金兰（女）　陈有才　霍本来

河东区（12名）

张文漪（女）　谢　铭　于巨福　刘连贵　王　义　周桂兰（女）
梁宇宏　董志刚　王树尤　葛志洪　邢学信　王学红（女）

河西区（13名）

王培德　李　兢　姬德隆　李淑文（女）　姜万瑶　宋美丽

李金平	孙汝泉	岳　明	白中和	张福清	王玉琴（女）
梁孟儒					

南开区（12名）

高梅珍（女）	张凤祥	靳家彦	姜国玲（女）	刘　婷（女）	曹玉山
史铁福	苏至贤（女）	吴英群	张兴华（女）	王德礼	郭成通

红桥区（14名）

王　竞	郭卫中（女）	宋玉星	高荣辅	李洪深	曲培泉
周焕章	贾希桐	陈光亭	吕国珍（女）	邢淑玲（女）	刘嘉俊
温洪藻	杨志刚				

塘沽区（21名）

刘庆喧	赵奎生	吴文龙	王湛华	郑元怀	王景波
李　志	卞端标	孟宪文	韩有生	李玉珍（女）	孙世荣（女）
张金铭	刘广瑞	李景才	孙玉兰（女）	王宝坤	辛淑娥（女）
万德林	李鉴惠（女）	欧　键			

汉沽区（12名）

赵振帮	李有德	杨德明	赵克占	刘　玺	王建国
王立国	崔如超	董恩芬（女）	陈家忠	刘硕海	马克胜

大港区（2名）

张庆恩	邓敬文

东郊区（4名）

李万祥	李绍富	何凤贵	苏友廷

西郊区（3名）

张庆坤（女）	张淑华	史学信

南郊区（4名）

慕山君	杜宝山	徐春芬（女）	吕德成

北郊区（3名）

段德金	张　芹（女）	张为民

武清县（6名）

沈建业（女）	王志谦	杜淑云（女）	蒋春辉	董　渭	刘　海

宝坻县（6名）

李淑霞（女）	王子贵	任宝良	王绍宗	梁德仓	冯　连

蓟县（5名）

王作友	潘振华	黄秀怡（女）	王明华（女）	刘福贵

静海县（5名）

王振杰	韩承桂（女）	只炳生	刘植成	杜家生

宁河县（5名）

于秋丽（女）	吴玉龙	杨国福	杨洪平	代秀庚（女）

1988年度劳动模范名单

特等劳动模范（32名）

陈鸿章	祁业达	刘全儒	吴玉琨	吕　新	刘金来
陆景瑞（女）	孙永华	邢承德	石金洪	张世伦	刘桂芝（女）
王笑难	周云彪	曹启军	赵子林	张松年	张书成
陈顺来	蒋淑兰（女）	孙丽华（女）	徐凤英（女）	柴金梁	陈　杰
杜存婷（女）	张兴华（女）	年景林	杨学钧（女）	董尔文	姚建铨
窦克忱	杜宝山				

劳动模范

机械工业管理局（35名）

姜丁西	杨国栋	王汝政	孙立文	白福全	郝宝兰（女）
李　军	韩文林	杜仲俊	姜桂荣	刘永清	王丽俊（女）
梁万和	赵志娟（女）	贾敬普	李克敏	宋鼎康	赵宝宽
王树德	张玉春	刘凤琨	刘怀生	么　强	郑毅强
安立平	杨致光	马长勇	林泰华	胡鹏程	刘俊岭
张满城	刘文智	刘赐萱（女）	张亚雄（女）	陈　耿	

电子仪表工业管理局（28名）

柴慈泽	张平安	张新芳（女）	杨缉光	薛蕃荣	张茹意（女）
孙志刚	孙文岩	张学潜	杜崇谦	刘俊亭	叶新泰
梁桂香（女）	代向茹（女）	陈振甲	赵铁顺	张有渭	王凤祥
韩丽华（女）	蔡茂甲	张　兰（女）	黄淑芝（女）	黄才勇	车承华
禄大新	胡　琦	马成良	李经建		

冶金工业局（25名）

邓淑芳（女）	段光尧	李德明	张治忠	穆瑞安	张奉山
于维生	赵之泉	智炳信	侯世兴	张东生	刘德振
王宝珠	邢家宝	杨秋生	陈祥泰	杨洪星	刘如琦
陈炳泉	王世安	刘福安	张洪桐	林长河	朱静维

张兴汉

纺织工业局（47 名）

李宝明	李淑芳（女）	张　岩（女）	李香香（女）	刘松彬（女）	孟兆会
祝艳美（女）	刘士萍（女）	腾巧灵（女）	李宗民	孙凤丽（女）	赵惠敏（女）
张春英（女）	于淑琴（女）	欧爱华（女）	谢　玲（女）	李季英（女）	季洪英（女）
周贺年	白林敬	何　冰（女）	李纪铎	王学强（女）	李青春（女）
刘　滁（女）	李桂珍（女）	陈景奇	刘月龙	卜金英（女）	张继善
赵春玲（女）	李双起	蒋伯祥	陈秀盘（女）	朱凤霞（女）	孙万春
刘宝根	杨翠萍（女）	张凤林	孙秀荣（女）	董维玲（女）	陈贵发
桑会生	刘庆臣	翟洪岩	张树明	于庆五	

化学工业局（20 名）

马俊华	沈维新	张英杰	杨　檀	李瑞铭	王作武
李书庄	王　礼	荣双义	倪淑敏（女）	彭华敏（女）	孙淑贤（女）
董连举	周祥津	汤仙荣（女）	葛效叶	宋双喜	伊书田
闫阎凤山	管同侃				

第一轻工业局（41 名）

郭家骅	张玉俊	刘文发	李金雪	张希珍	汤立珍（女）
刘志强	刘月祥	田泽恒	束效先	于镇权	周宝美（女）
崔玉香（女）	刘振玖	杨凤顺	李正明	李　涛（女）	李温尚
张　强	国传训	马晏荣	洪伯年	孟三良	岳俊达
侯家瑞	王春华	丁学锋	田荫生	李林祥	宋景禄
张学刚	万桂芹（女）	党忠仁	张义媛（女）	刘梦起	刘庆文
李双印	屈金旭	孙燕宁	周大达	严志刚	

第二轻工业局（28 名）

龚文林	胡玉芬（女）	云希德	赵洪平	信连廷	苑振谦
刘东渊	孙志龙	谢凤华	凌凤坡	关淑田	马雨田
尚子荣（女）	王惠中	王明桥	陈振英（女）	姚振有	王建国
张文菊（女）	许会珍（女）	凌　强	范金生	王桂兰（女）	刘秉臣
郭长友	郭剑秋（女）	王志新	刘其华		

医药管理局（10 名）

刘万林	曹惠民	康志贵	张尔奎	张沛芬（女）	李家胜
徐升耀	段宗文	杨世平	李广辉		

汽车工业公司（10 名）

张宝金　边新生　储礼庭　费恩和　徐滨宽　吴金良
张振先　张辉光　赵秉铃　魏志培

天津市烟草专卖局（1 名）

杜玉微（女）

大港石油管理局（14 名）

沈天阳　侯建辉　张致祥　邓月华　薛世和　赵乌金
陈其贵　李洪彩　刘孟涛　衡　志（女）　秦若辙　王文龙
徐　璃（女）　毛泰生

石油化工公司（6 名）

项大成　张春葳　赵锡之　刘振友　赵广臣　宋庆祥

国防科技工业办公室（6 名）

田俊利　张续泉　彭宝英　杨建木　王清堂　吴谋和

电力工业局（4 名）

汪锦华　王兆远　秦凤山　周振刚

中国海洋石油总公司渤海石油公司（4 名）

钱力行　张卫生　曾恒一　刘　迪（女）

大港发电厂（2 名）

韩立人　程改民

交通局（9 名）

唐　樱　刘振玉　邢作英　律振堂　郝清祥　王宝发
李梦馥　刘仲田　马幼海

邮电管理局（4 名）

王静波　邢凤珍（女）　徐爱桂（女）　王安平

北京铁路局天津铁路分局（18 名）

李永平　金国威　常玉萍（女）　王宝贵　朱秀芳（女）　王德昌
赵利民　丁庆年　佟文瑞　刘玉珍（女）　徐学政　王志仁
周克明　李祥顺　刘振德　张忠和　李宝顺　陆恩诚

港务局（5 名）

金桂林　董建民　刘庆祥　景国清　林均衡

交通部天津航道局（2 名）

谢洪柱　李韶华

交通部第一航务工程局（2名）

王龙新　田兰华（女）

铁道部第三勘测设计院（3名）

邢洁自　韩保法　孙连起

天津远洋运输公司（2名）

韩　青　傅品杰

公用局（12名）

吴天庆　马义民（女）　葛庆昌　张志英（女）　胡润海　王际义
郑太琪　孟宪君　袁利海　朱庆华　林五海　池佩良

房地产管理局（3名）

朱学柱　刘洪武　张东华

建筑工程局（18名）

杜有亮　刘长顺　刘印山　常世忠　赵连海　冯国惠
任光和　贾启洲　刘鸿安　安存良　李　昆　樊铁柱
赵立勋　国金生　陈　东　于桂和　凌道安（女）　高光宗

建筑材料工业管理局（10名）

赵春树　孙乃政　李俊成　许广津　郭玉杰　刘仲安
刘月玲（女）　宋铁明　赵开联　刘荣堂

市政工程局（6名）

张志生　赵振章　张　虎　陈金生　张君达　朱兆芳（女）

规划设计管理局（2名）

庄敬仪　陈振中

园林管理局（2名）

叶家良　尹宝仓

中国建筑第六工程局（5名）

岳朝明　何金聪　李秀庆　陆俊梁　王福久

中国石油化工总公司第四建设公司（1名）

李鸿鹏

铁道部第十八工程局（4名）

马洛生　蒋庭树　黄恩友　黄新吉

国家建设局天津水泥工业设计研究院（1名）

廖正光

地方铁路局（1名）

李春元

重点工程指挥部（1名）

张温山

中国天津化学工程公司（1名）

章荣林

中国有色金属工业总公司华北地质勘探公司（1名）

魏树德

第一商业局（11名）

马元田	刘建君（女）	赵德祯	邵克荣（女）	沈方诚	张鑫基
符伯亚	杜则瑞	张玉荣	张仲山	傅杰成	

第二商业局（9名）

王洪奎	齐保山	于润潭	王长顺	赵庆祥	刘瑞棠
刘元计	赖长声	严志祥			

供销合作社（5名）

成世才	刘石贵	付凤珍（女）	周荣泽	宋连峰

粮食局（4名）

洪国枢	刘文建	岳松林	崔荣生

对外贸易局（6名）

祁菱艳（女）	肖俊发	王恩锡	冯宝良	刘恩桥	魏海东

中国工商银行天津分行（3名）

王玉华（女）	吴克临（女）	岳茂林

旅游局（1名）

赵伯杰

中国人民银行天津分行（1名）

刘鸿年

高等教育局（21名）

于春敖	蔡高厅	寇纪淞	屠国祯	胡国定	王庆人
薛敬孝	戴树桂	吴文华	田宗真（女）	石毓澍	吴训一
黄国明	王吉广	李宝震	李玉明	戴冠雄	王玉琦
石学敏	叶詠年	徐岳生			

卫生局（5名）

孙福泉	杜梓伯（女）	郑志雄	吴学霖	孙江秋（女）

文化局（2名）

张幼麟　　刘　颖（女）

新闻出版管理局（3名）

郑法清　　张天民　　魏　伟

体育运动委员会（1名）

张洪云（女）

血液学研究所（1名）

严文伟（女）

科学技术工作委员会（2名）

孙大泽　　赵世信

农工商总公司（5名）

韩凤兰（女）　李厚普　　杨桂林　　杨宝华（女）　傅同起

农林局（1名）

谷守贤

渔工商联合公司（2名）

刘培英　　齐兆秋

水利局（1名）

宋克俭

农业机械化管理总站（1名）

于翰波

气象局（1名）

武登会

农业科学院（2名）

魏酒荣　　侯　峰

水利电力部海河水利委员会（1名）

陈长泰

蔬菜公司（1名）

张格孝

农学院（1名）

华保仁

乡镇企业局（1名）

王景云

生产服务合作社联合社（1名）

李宝和

个体劳动者协会（8名）

崔继信	王家芳（女）	江　伟	李寿德	于世厚	杨宜洪
刘凤才	周海兰（女）				

机关行政管理局（2名）

杨国钰	王立阁

物资管理局（5名）

石国华	高庆文	刘永富	迟元桂（女）	王殿铭

民政局（4名）

门洪玉	刘桂林	李树发	齐　利

公安局（6名）

杨金海	冯惠民	史荣生	刘柏青	张　勇	李跃军

天津国家安全局（1名）

欧惠生

劳改工作管理局（3名）

蔡格言	康遵生	孟昭昇

天津市总工会（1名）

许金有

市妇女联合会（1名）

杨桂云（女）

天津经济技术开发区（1名）

梁建三

和平区（17名）

阮端伦（女）	王希萍（女）	张华民	王洪林	胡炜昌	马洪江
金克璋	王建春	叶家静（女）	孟宪禧	崔士杰	马万里
赵学谦	李秀兰（女）	王景珍（女）	马式惠	姜致永	

河北区（13名）

霍本来	陈有才	刘笃刚	惠博光	王建钢	刘长河
姜百明	张淑琪（女）	程玉璋	张玉芳（女）	林惠祥	李向阳
张惠林					

河东区（15名）

王　涛	庄　岩	贾宏湘	马启昌	葛志洪	周桂兰（女）

王俊英（女）	东广琪	邢学信	穆德伟	王学红（女）	于巨福
刘连贵	丁恩惠	曲受东			

河西区（15名）

张福清	管玉环	孙汝泉	王家琪	王雪昌	曹德裕
宋美丽（女）	宋玉兰（女）	王玉琴（女）	郭　仁	张万怡（女）	李珍耀（女）
张本惠（女）	王春梅（女）	杨爱华（女）			

南开区（15名）

王士发	曹玉山	王德礼	孙爱莉（女）	高梅珍（女）	史铁福
姜国玲（女）	吴英群	周月易	于长生	王茂树	单树增
徐连芳（女）	孙长亭	赵树棠			

红桥区（15名）

周焕章	刘桂琴（女）	董秀荣	王秋梅（女）	曹永丰	王　竞
王连笑	周瑞安（女）	陈云燕（女）	林　萍（女）	刘嘉俊	黄绍文
温洪藻	辛长勤	邢淑玲（女）			

塘沽区（23名）

曹金荣	李景才	孙维忠	谢恩海	肖卫国	刘庆暄
王爱景（女）	胡继华	吕德山	王志海	吴兆坤	聂瑞丰
李　志	王宝昆	张桐英（女）	刘广瑞	万德林	李雪春（女）
路文胜	卞端标	辛淑娥（女）	陈敬一	李鉴蕙（女）	

汉沽区（12名）

赵振邦	尹庆志	郝保岭	王振德	赵克占	杨德明
周振郁	王立国	殷善元	郭善礼（女）	齐占坡	郝汝铨

大港区（2名）

杨桂兰（女）	张兴仁

东郊区（4名）

李万祥	陈鸿昌	高金玉	刘长凤（女）

南郊区（5名）

孙余杰	付广金（女）	戴长坤	袁贵德	何洪成

西郊区（5名）

张庆坤（女）	史学信	张淑华	张克茹（女）	刘振刚

北郊区（4名）

马玉芝（女）	张为民	段德金	佟光华（女）

蓟县（8名）

马志芬（女）	王秀芝（女）	韩继华	黄秀怡（女）	梁贵云	金　旺
何宝华	刘宏泉				

宝坻县（6名）

张玉广	王绍宗	常群伶	吴秀明	陆绍武	王景新

武清县（7名）

王　强	陈云涛	康文义	陈　祥	李淑玲（女）	吴玉生
王奎祝					

静海县（6名）

元哲民	刘万勇	曲锡玲（女）	刘植成	王树红	刘汝盛

宁河县（6名）

岳桂发	刘振喜	李树趁（女）	姜之利	靳丽娟（女）	邵志宽

1990年度劳动模范名单

特等劳动模范（38名）

李津来	孙志国	康秋环（女）	焦渤海	赵之泉	张　岩（女）
孙万春	曹惠民	孙淑贤（女）	徐昇耀	张金凯	项大成
邓月华	刘桂芝（女）	金国威	王静波	赵子林	陈顺来
张松年	冯国惠	刘洪武	张书成	陈　杰	年景林
杜存婷（女）	黄润秋	高广伟	袁启明	蔡超群	王志海
杨学钧（女）	穆德伟	郭雅素（女）	孙丽华（女）	杜宝山	柴竹金
张平新（女）	谷守贤				

劳动模范（744名）

机械工业管理局（44名）

林太华	祁业达	荣友棣	刘承胜	胡宝恒	刘赐萱（女）
童振声	李洪林	付长发	王树德	刘淑珍（女）	王汝政
徐连弟	郑毅强	么　强	胡　翔	赵锡元	张巨良
钱学纯	刘凤琨	宋鼎康	张遒利	贾敬普	白福全
马小亮	肖乘仁	王丽俊（女）	杨国栋	邢国臣	曹继奎
杨志信	高　斌	张续泉	郝宝兰（女）	陈鸿章	杨建木
安玉辰	缪建新	李世祥	刘建明	冯浩然	杨致光
戴崇明	刘永清				

电子仪表工业管理局（29名）

门　平	杨继光	李建华	米思贤	张学潜	杜崇谦
柴慈泽	张平安	冯云强	纪立俊	胡　琦	李震平
梁桂香（女）	赵铁顺	赵喜全	温殿雄	张仁松	王黎明
刘俊亭	孙文岩	王新立	孙　娟（女）	王凤祥	裴爱玉（女）
王志坚	刘琳惠	朱才德	高治安	李经建	

冶金工业局（29名）

宫先贵	冯景华	张振纲	张东生	刘洪勋	王振华
李文彪	周　义	石金洪	张治忠	邢承德	王锡堂
于维生	孙向亭	李　欣	傅正泉	李学明	刘仁福
张洪桐	曹天明	王雨生	霍全省	陈祥泰	李银贵
王德深	张德成	蔡　梦	王世安	林振文	

纺织工业局（46名）

李香香（女）	宋桂霞（女）	李宝明	刘秀萍（女）	孟兆会	吴顺义
刘世平（女）	祝艳美（女）	腾巧玲（女）	尚云荣（女）	孟秋云（女）	赵惠敏（女）
杨绪华	于淑琴（女）	谢　玲（女）	欧爱华（女）	刘淑英（女）	李胜利
于焕然	朱凤霞（女）	李季英（女）	何　冰（女）	赵凤英（女）	张桂敏（女）
初乃力（女）	靳秀珍（女）	王同有	赵春玲（女）	刘宝祥	王富营
张　英（女）	宋桂娟（女）	张凤林	金　卫（女）	刘青砚	郭惠明（女）
张　民	王贺新（女）	袁　丽（女）	刘月龙	任　爽（女）	王公华
张春亭	桑会生	翟洪岩	温聚和		

化学工业局（21名）

沈维新	王　礼	董连举	管同侃	宋双喜	纪燕利
刘连起	黄其俊	郭春利	阎凤山	李凤云（女）	陈志卿
王之枌	赵玉宽	李振庭	王作武	李瑞铭	张英杰
李竹祥	马　昭	张世伦			

第一轻工业局（36名）

李正明	刘振玖	周宝美（女）	杨凤顺	胡桂珍（女）	符开嶺
于振权	徐化正	张登武	党中仁	刘庆文	宋景禄
刘梦起	王广荣（女）	张冠连	鲍振山	侯家瑞	贾　録
屈金旭	蔡振江	张连生	曹惠珍（女）	万桂芹（女）	于云岭
洪伯年	孟三良	赵金铭	霍明亮	张震宗	张　强
田泽恒	李　涛（女）	项金旗	张旭锦（女）	王志国	傅连顺

第二轻工业局（31 名）

赵洪平	高崑岭	胡本来	王连金（女）	孙学敏	孙之祁
果万隆	许会珍（女）	宋金贵	凌　强	刘其华	凌凤坡
尚子荣	孙志龙	张文菊（女）	苑振谦	祖月明（女）	姚振有
王秀华（女）	王佐仲	王惠中	王建国	关树田	邓学孟
谢凤华	孙志毅	王明桥	刘秉臣	王晓钧	张千里
刘金来					

医药管理局（8 名）

李家胜	杨士平	康志贵	李广辉	王　云	姚孟昌
李满飞	曹振宇				

电力工业局（4 名）

杨玉霞（女）	赵　辅	田家玉	汪锦华

汽车工业公司（12 名）

费恩和	徐滨宽	边新生	李根源	张太川	张辉光
马秉恒	褚礼庭	刘　耀	张振先	牛世光	李宝树

飞鸽自行车集团公司（天津）（10 名）

刘全儒	张玉俊	王锁柱	王建庭	沈　阳	肖炀芙
杨晓松	姜　适	刘茂峰	申淑芬（女）		

服装联合总公司（5 名）

云希德	龚文林	贾珊珊（女）	王　瑛（女）	茹建国

大港石油管理局（15 名）

牛星壮	杨兴祖	薛世和	赵乌金	李洪彩	韩振光
秦玉礼	杨在岩	石彦民	王三元	唐有喜	吴国臻
王爱娟（女）	李延美	董伯起			

天津石油化工公司（5 名）

李连合	申月明	唐　杰	刘振友	陈则福

渤海石油公司（5 名）

徐庆国	张　铁	缪阿土	王振华	梁　罡

烟草专卖局（1 名）

林　希

天津大港发电厂（1 名）

程改民

交通局（9名）

张立忠 刘振玉 邢作英 宫克勤 张长跃 程俊杰
郝清祥 马幼海 杨友林

北京铁路局天津铁路分局（19名）

陆恩诚 周克明 徐廷祥 张益纯 张 明 王志海
庞禄森 王志仁 董香泉 张钦荣 李敬颜 鲁剑叶（女）
彭淑觉 杨冠荣 吴艳荣（女） 任海波（女） 王德昌 徐宝香
王润生

邮电管理局（4名）

周凤莲（女） 郑子华 姚胜利 丛培鎧

港务局（6名）

于 江 吴国强 景国清 杨世樵 赵春贤（女） 胡振杰

交通部第一航务工程局（4名）

王笑难 赵洪范 高双娃 黄传志

交通部天津航道局（2名）

谢洪柱 李樵民

天津远洋运输公司（2名）

傅品杰 李君恕

铁道部第三勘测设计院（3名）

史玉新 皱康意 赵定定（女）

公用局（12名）

孟宪君 韩金华 刘庆贺 张桂兰（女） 石俊芳（女） 张志英（女）
刘更荣 袁立海 杨桂珍（女） 朱庆华 温秀全 张成武

建筑工程局（17名）

杜有亮 李伟方（女） 高文化 李洪彬 李文宽 常世忠
任光和 李振邦 李 崑 段宝起 张长明 马子刚
张万来 马云来 齐炳光 韩金榜 国金生

建筑材料工业管理局（10名）

孟客庭 孙乃政 石洪海 王振海 王顺来 许广津
魏伯英（女） 迟松青 刘仲安 李俊成

市政工程局（10名）

张大群 王咸智 张君达 高贤顺 高庸民 马文翰
庞其源 鞠文达 王云明 朱兆芳（女）

房地产管理局（3名）

朱学柱　楚　康（女）　王建洲

规划设计管理局（2名）

张伯慈　刘祖玲（女）

园林管理局（1名）

张洪旺

地质矿产局（1名）

田树信

房地产开发经营集团（1名）

魏永泉

地方铁路管理局（1名）

李春元

铁道部第十八工程局（4名）

杨玉刚　廖金福　王建国　李成林

中国建筑第六工程局（5名）

孙承志　冯国强　王华鼎　蒋和坤　薛卫民

天津水泥工业设计研究院（1名）

谢瑞瑶

中国石化第四建设公司（2名）

姜文福　李鸿鹏

化工部第一设计院（1名）

胡道立

中国有色金属华北地质勘查局（1名）

马春生

第一商业局（13名）

杜则瑞　傅杰成　张瑞禾　李树春　马元田　张庚良
沈方诚　李　林　刘振山　於文娟（女）　刘建章　陈凤森
张高津（女）

第二商业局（9名）

刘元计　龚秀兰（女）　刘梦福　王长顺　刘瑞芳（女）　岳福生
于润潭　王洪奎　周有起

粮食局（5名）

洪国枢　韩志平　崔荣生　李国跃　王炳和

供销合作社（5名）

王轾忠　　王素林（女）　李根生　　付凤珍（女）　尹沛林

物资管理局（6名）

卢明轩　　许志讯　　高庆文　　刘永富　　迟元桂（女）　吴显堂

劳动局（1名）

孙盛纯

税务局（1名）

马　傑

高等教育局（25名）

赵汉权	侯景文	王荫乔	石学敏	韩　冰	王金泉
李家祥	薛　华	杨宝琦	刘玉岭	王树萱	孙凤明
王惠棣	李景松	穆大才	陈炳富	魏宏运	葛墨林
浦佩玉（女）	赵金城	郑妙瑢（女）	窦克忱	窦克枕	任中原
孙光军					

教育局（1名）

刘呈年

卫生局（4名）

刘克利　　宋继昌　　鲁焕章　　王季儒

文化局（2名）

刘光启　　籍　薇（女）

新闻出版管理局（3名）

李化一　　魏　伟　　姚重庆

对外贸易局（6名）

顾德乾　　马世钢　　刘恩桥　　白玉玲（女）　孟昭利　　褚方楷

旅游局（2名）

赵胜利　　赵伯杰

立达（集团）公司（1名）

王海津

天津经济技术开发区（2名）

王　文　　樊本固

科学技术工作委员会（1名）

孙大泽　　黄德玉

科学技术协会（1名）

赵世信

国家安全局（1名）

石　英

公安局（8名）

周云彪　韩茂林　尚先宣　张月强　王坤跃　马志刚
赵元钧　李建祥

司法局（1名）

矫　捷（女）

劳改工作管理局（3名）

袁文波　王家琨　秦鸿举

民政局（3名）

王文玲（女）　盛贵生　李树发

体育运动委员会（1名）

张　丽（女）

蔬菜公司（1名）

郝志勇

渔工商联合公司（3名）

施国安　孙玉钊　齐兆秋

农工商总公司（5名）

徐文恒　侯士力　赵广忠　张吉祥　刘瑞琪

牧工商总公司（1名）

郭洪书

水利局（1名）

张震燮

海河水利委员会（1名）

朱良兴

农业科学院（1名）

刘瑞符（女）

机关行政管理局（1名）

王立阁

监察局（1名）

高年华

中国工商银行天津市分行（3名）

黄大壮　王玉华（女）　张　霖

中国农业银行天津市分行（1名）

李金生

中国海关总属天津海关（1名）

夏春祥

商业街（1名）

柴金梁

中国船舶第七研究院第七0七研究所（1名）

蔡开仕

核工业理化工程研究院（1名）

潘文杰

和平区（18名）

张华民　金克璋　李秀兰（女）　曾　明（女）　王希萍（女）　胡炜昌
赵学谦　姜致永　张立英（女）　马洪江　马式惠　崔士杰
王建春　魏　琦（女）　房淑英（女）　孟宪禧　马万里　何东有

河西区（16名）

孙汝泉　曹德裕　杨丽华（女）　王香年　王春梅（女）　宋美丽（女）
张学文　辛秀英（女）　王培德　张琉珏（女）　薛树文　张福清
田　宁（女）　王子云　王玉琴（女）　赵宝玉

河东区（15名）

于巨福　何东起　丁恩惠　汤洪福　周桂兰（女）　陈玉海
窦宝林　王玉珂　焦学琪（女）　韦炳新　张光明　苏桂冬
李家宏　王俊英（女）　田文元

河北区（16名）

霍本来　李向阳　张惠林　刘笃刚　姜百明　程玉璋
张玉芳（女）　林惠祥　刘长河　惠博光　高秀兰（女）　王玉和
侯长城　谢真知（女）　刘慈麟（女）　唐桂芬（女）

红桥区（17名）

周焕章　王秋梅（女）　张树元　韶华荣　陈金德　董秀荣
李棕凤（女）　宋玉昆　赵之珩　杨志刚　朱娟娥（女）　刘家俊
辛长勤　吕国珍（女）　邢书玲（女）　温洪藻　黄绍文

南开区（17名）

张兴华（女）	史铁福	王士发	孙爱莉（女）	吴英群	于长生
曹玉山	王德礼	周月易	刘 婷（女）	迟中天	陈爱丽（女）
张恩荣	鲍于静（女）	衡庆凤（女）	赵世刚	李树革	

塘沽区（24名）

韩福林	赵庭忠	冯 玲（女）	王宝坤	苏学明	孙志广
谢迎春	刘金文	李振平	刘庆暄	胡继华	步士才
谢恩海	孙维忠	肖卫国	付云凤（女）	李鉴惠（女）	刘继荣
李雪春（女）	王金玲（女）	李景才	路文胜	曹金荣	陈敬一

汉沽区（14名）

尹庆志	李连存	邵日芬（女）	任松元	董玉林	郭善礼（女）
牟彬善	齐德元	赵克占	杨德明	邵道路	殷善元
胡玉海	周振郁				

大港区（2名）

陆肇驹	窦利振

东郊区（4名）

李万祥	庞树义	李文娴（女）	徐桂兰（女）

西郊区（5名）

张庆坤（女）	张淑华	赵恩霞（女）	刘永福	张秀贤（女）

南郊区（5名）

何洪成	王铨生	石存茂	李厚龙	吕德成

北郊区（3名）

李平安（女）	张为民	安宝津

蓟县（8名）

马志芬（女）	张秀英（女）	周秀兰（女）	王连凤	李汉义	齐宝增
陈 明	刘宏泉				

宝坻县（8名）

董尔文	吕宝庆	郭金山	陈 明	周世海	张永柱
李春英（女）	张金玲（女）				

武清县（8名）

田 领	范宝珍	邸会清（女）	刘 全	高仰山	门绍彬
朱志宽	赵 华				

静海县（7名）

高树平	王　强	刘永泰	韩承柱（女）	靳广惠	殷翠阁
付德元					

宁河县（6名）

高庆增	兰洪武	孙连文	李振宽	杨慕森	靳丽娟（女）

特邀代表（8名）

王家芳（女）	崔继信	于世厚	李寿德	张俊琍（女）	赵宝贵
许兆荣	任相春				

1992年度劳动模范名单

特等劳动模范（52名）

丁剑华	王连金（女）	刘东渊	马　昭	杨志信	支　涛
孙志国	王振华	赵之泉	曹惠民	徐升耀	王　英（女）
刘金生	张桂敏（女）	于焕然	周振郁	梁家栋	金国威
于　江	高文化	张长明	刘洪武	张书成	迟松青
童文威	杨桂珍（女）	张桂兰（女）	孙丽华（女）	李向阳	陈　杰
刘建章	年景林	赵伯杰	韩志平	何东有	刘　婷（女）
穆德伟	周焕章	孙汝泉	孙钟林	谈　遒	任中原
宋继昌	杨学钧（女）	王培德	杜宝山	柴竹金	张永柱
吕淑珍（女）	徐文恒	靳广惠	何华英		

劳动模范（837名）

机械工业管理局（49名）

马小亮	冯浩然	帅明珍（女）	陆开元（女）	李连友	孙长正
胡宝恒	殷自力	刘德彬	李津来	祁业达	孟凡立
李洪林	殷纪臣	李景春	刘占元	王兆民	董国才
徐庆有	田世文	刘凤琨	张金生	肖承仁	傅长发
刘文忠	董金会（女）	张月芳（女）	童振声	蔡维一	石秉恕
李　瑞	戴崇明	钱学纯	郑毅强	潘　键	于玉林
贾志东	荣友棣	刘承胜	尹秀清（女）	杨致光	缪建新
张德贵	王书田	张玉珠	王鸿连	徐连弟	高　赟
张巨良					

电子仪表工业管理局（29 名）

张平安	吴　玠	刘振铭	林永宁	朱福民	匡登鹏
顾慰君	季昭南	王黎明	张绪萍（女）	温殿雄	景成俊
车承华	商木宝	周一仁	门　平	张　锐	王玉生
王志坚	孙文岩	张仁松	裴爱玉（女）	龚宝伟	董春玲（女）
李　英	曹金凤（女）	张云峰	孙山岭	朱才德	

冶金工业局（33 名）

刘清国	王克仁	田守道	江书清	段民生	王大同
高文江	马学福	王炎祥	刘德忠	段光尧	王承懋
高锡利	杨家勇	于维生	孙向亭	李　欣	高承海
李银贵	刘增云	石连汉	陈振龙	曹天明	魏金海
李富祥	贾秀云（女）	陈祥泰	刘连庄	张奉山	陈春国
薛忠诚	王信成	张占伟			

纺织工业局（46 名）

孙传英（女）	蔡陆琴（女）	吕鹤芳（女）	刘生友	刘淑梅（女）	张惠玲（女）
李福芹（女）	王焕娣（女）	张春亭	杨志明（女）	温聚和	张继香（女）
高友山	张凤仪	袁　丽（女）	万玉田（女）	郑平生	许铁林
张　英（女）	赵凤英（女）	乌企陶	石玉梅（女）	蔡翠红（女）	刘振龙
王贺新（女）	郭惠明（女）	王同友	赵春玲（女）	李双起	翟洪岩
邓乃义	邓卫生	梅　丽（女）	祝艳美（女）	孙宝旭	左克勤（女）
刘淑英（女）	李胜利	史淑芬（女）	周雪琴（女）	张风林	金　卫（女）
李　雁（女）	刘媛媛（女）	马艳萍（女）	卜金英（女）		

化学工业局（21 名）

孙淑贤（女）	宋家驹	李瑞铭	汪庆芳	李贵平	牛敬泉
马卫东	宋双喜	裴守友	张风山	黄其俊	王明来
刘真东	刘长义	王　礼	于德宇	赵玉宽	张英杰
孙晋坡	杜　勇	李渭坤（女）			

第一轻工业局（47 名）

霍明亮	周翼轮	赵启墉	赵学智	符开岑	赵铁惠（女）
刘振久	李正明	王述香	曹惠珍（女）	万桂芹（女）	王利华
王国才	高贵来	苏　佐	张茂园	刘连仲	贾　录
屈金旭	王玉芝（女）	田泽恒	张　强	刘庆文	宋景禄
王金广	周明龙	周松年	杨玉玺	谢贵锁	付连顺

陈荣序	贺国成	李　涛（女）	项金旗	张玉俊	王建庭
王锁柱	沈　阳	杜庚寅	李英顺	郑少悌	徐沐茂
赵秀琴（女）	赵相文	运首山	周宝美（女）	何山文	

第二轻工业局（30名）

张　军	赵卓殊	张秋长	孙学敏	张树桐	孙熙胜
王立权	邓学孟	焦渤海	王晓钧	张致广	皱玉诚
肖淑秀（女）	郑连山	金宝明	岳全惠（女）	刘广修	冯敬文
谢风华	宋金贵	戴淑兰（女）	吴启诚	王秀华（女）	经淑芬（女）
王明桥	王建国	范金生	项学卿（女）	刘金来	刘秉臣

医药管理局（9名）

杨士平	王　云	李家胜	姚孟昌	张淑芬（女）	刘淑贤（女）
李初青（女）	王国英（女）	乐鹤祺			

电力工业局（4名）

赵　辅	杨玉霞（女）	田家玉	那大路

汽车工业公司（15名）

张宝金	刘增斌	钱照庆	李克成	张太川	王承芬（女）
牛世光	陈家立	张金凯	赵家良	刘绍敏	姜文华
曹宗杰	田国庆	朱　军			

服装联合总公司（4名）

龚文林	魏春华（女）	贾姗姗（女）	茹建国

大港石油管理局（15名）

陈增红	邓月华	赵玉建	杨均风（女）	王振忠	姜　宏
马先平	雷正辉	张欣然	曾　斌（女）	秦玉礼	姜德民
苑维霞（女）	谢　华	薛金禄			

天津石油化工公司（6名）

项大成	李连合	杨桂琴（女）	刘振友	吴连发	符盼安

渤海石油公司（6名）

王振华	袁光宇	贾国平	冯志诚	徐庆国	张希福

烟草专卖局（1名）

杨淑薇（女）

大港发电厂（1名）

白振明

交通局（9名）

张立忠　李治海　宫克勤　姚万林　程俊杰　张长跃
郝清祥　吴永金　马幼海

邮电管理局（5名）

邓树成　王连锁　刘士良　陈　萍（女）　单忠全

北京铁路局天津铁路分局（19名）

孙金廷　林鸿震　刘子蕊　王美荣（女）　仇香华　张玉君
尚福立　戴建乡　李小合　张　杰（女）　王连义　曹义德
缪诗霖　蒋言兴　徐福廷　刘　兴　侯希海　孙凤岭
王志仁

铁道部第三勘探设计院（3名）

刘奇瑾　王金秋　杜　参

天津港务局（5名）

吴国强　王文艳（女）　靳福忠　邱锁亮　韩文才

第一航务工程局（4名）

周宏青　高贵元　栾国声　陈蔚凡

天津航道局（2名）

李樵民　肖俊明

天津远洋运输公司（2名）

任允琪　李慎余

航运公司（1名）

杨友林

第一航务勘察设计院（1名）

郭莲清（女）

天津海上安全监督局（1名）

于洪波

公用局（13名）

李道新　刘庆贺　石俊芳（女）　张志英（女）　刘更荣　袁立海
任向前　孟宪君　苏克胜　张成武　阎树德　赵克生
陈顺来

建筑工程局（17名）

李伟芳（女）　宋连荣　杜伯平　韩立新　孙洪邑　李文宽
范玉恕　刘忠点　任光和　邢福祥　韩　儒　马宝芝

段宝起 门西平 韩金榜 国金生 陈　东

建筑材料工业管理局（11 名）

孙乃政 孟客庭 赵子林 王顺来 石洪海 王振海
张树元 贡文杰 刘德兰 吴梦晖 王春起

市政管理局（9 名）

包同华 王淑训（女） 庞其源 张多马 耿晓庄 孟令义
衣桂华 刘文栋 侯菊生

房地产管理局（4 名）

楚　康（女） 石德起 胡志平 刘泰华

规划设计管理局（2 名）

张伯慈 韩振标

园林管理局（2 名）

叶家良 张维礼

房地产开发经营集团（1 名）

魏永泉

地方铁路管理局（1 名）

邝先福

铁道部第十八工程局（4 名）

赵文刚 张法学 杨国贤 赵民立

中国建筑第六工程局（6 名）

姜福新 张兴国 裴文新 张庆深 王维国 沈　慧（女）

天津水泥工业设计研究院（1 名）

赵子祥

中国石化第四建设公司（3 名）

何爱武（女） 李鸿鹏 姜文福

中国天辰化学工程公司（1 名）

虞敬丽（女）

中国有色金属华北地质勘察局（1 名）

林永强

中国市政工程华北设计院（1 名）

常玉春

无缝钢管工程指挥部（1 名）

田　军

城市建设学院（1名）

杨贺来

城乡建设委员会（1名）

张温山

第一商业局（13名）

杜存婷（女）	张高津（女）	刘淑华（女）	沈方成	李　林	孙爱军（女）
邱汝舜	华志菊（女）	王云成	刘振山	程桂英（女）	汪秀玲（女）
刘　林					

第二商业局（10名）

李文玉	周有起	崔金鑫	张宝燕（女）	王长顺	刘瑞棠
王洪奎	李文荣	于润潭	金忠和		

粮食局（6名）

李国跃	阎盛奇	娄贵明	宁潜茂	洪国枢	孙宝明

供销合作社（6名）

孔祥武	王铨忠	许百龄	林香玲（女）	刘　全	付凤珍（女）

石油总公司（1名）

佟建清

南市食品街（2名）

柴金梁　　张家雪

对外贸易局（6名）

刘恩桥	曹迎建	石慕深	皱　康	陆凤藻	丁建新

旅游局（1名）

耿福林

立达集团（2名）

王海建　　葛子平

物资局（8名）

贾国忠	杨　雨	王志忠	张永明	王　健	卢明轩
王秀豪	吴显堂				

财政局（2名）

马　桀　　刘　红

中国工商银行天津市分行（4名）

张　霖	朱建龙	刘　红（女）	宋敏中（女）

中国农业银行天津市分行（1名）

李金生					

中国石化销售华北分公司（1名）

马桂江					

高等教育局（24名）

耿运琪	俞辛焞	李宪庆	田华明	陈荣胜	陆凤兰（女）
徐宝强	杨保和	马腾骧	宋国祥	邱明才	范作民
顾振亚（女）	李　深	杜连祥	张学铭	马翰章	张立民
史国有	李梦华	王鸿金	张伯礼	李少川	韩　冰

文化局（2名）

赵洪太	孟广禄				

广播电视局（1名）

姚志国					

市体委（2名）

田　雷	王会凤（女）				

卫生局（6名）

田惠光（女）	张智龙	修　平（女）	邓诗林	孙江秋（女）	高广伟

新闻出版管理局（2名）

白希鸧	魏　伟				

教育局（1名）

郭亦勤					

市直属机关（8名）

李树森	朱禾青	王健玲（女）	杨保民	褚宝刚	仪宏伟
秦贞奎	肖淑招（女）				

机关行政管理局（2名）

庄友道	李永琦				

民政局（4名）

李树发	王文玲（女）	刘桂林	门洪玉		

劳改工作管理局（3名）

王惠龄	王家琨	李世祺			

公安局（7名）

张　辉	戴成江	肖万通	徐德华	曹作刚	刘永礼
周建峰					

科学技术工作委员会（2名）

拾景年　谭东球

经济技术开发区（3名）

郭永刚　王　强　李　虹（女）

天津海关（1名）

杨光明

中国船舶第七研究院第七0七研究所（1名）

贺　伦

核工业理化工程院（1名）

张志忠

农场局（5名）

韩凤兰（女）　赵广忠　王金华　马同生　王之棣

水产局（2名）

刘丽华（女）　刘万元

畜牧局（1名）

李茂祥

农机局（1名）

于泳深

水利局（1名）

刘书勤

蔬菜公司（1名）

张怀津

和平区（19名）

房树英（女）　孟宪禧　回贵祥　崔士杰　张慧敏（女）　苑宝君
魏　琦（女）　刘淑琴（女）　王希萍（女）　张华民　赵玉萍（女）　张敬之（女）
苑久润　王克贤（女）　田建国　马洪江　张立英（女）　姜致永
倪　媛（女）

河西区（16名）

宋美丽（女）　张学文　辛秀英（女）　张福清　赵宝玉　张　世（女）
吴　玲（女）　赵静荣（女）　王学成　王家祥　肖金立　赵　宏
王景明　宋玉璞　周宝仲

河东区（16名）

丁恩惠　何东起　王成功　徐树林　王秀英（女）　沈鸿铭

刘宝松	李家宏	张　岚	王俊英（女）	徐芝蕃（女）	龚林禄
金生洪	周桂兰（女）	张铁树	窦宝林		

河北区（16名）

霍本来	刘长河	张惠林	王玉和	唐桂芬（女）	高秀兰（女）
刘慈麟（女）	张淑琪（女）	顾月海	陈　辛	马卫星	刘　洁（女）
于秀卿（女）	李素玲（女）	张宝祥	王子禄		

红桥区（18名）

刘嘉俊	李重成	杨凤华	邵华荣	杨　勇	冯连兴
辛长勤	吕国珍（女）	朱娟娥（女）	王连笑	刘振洪	许浩全
张克杰	黄绍文	尚学礼	王希勇	王月琴（女）	邢淑玲（女）

南开区（17名）

陈爱丽（女）	王士发	李占起	许明华（女）	曹金恒	崔文翰
栾德波	周月易	迟中天	赵世刚	陈　璋	王桂儒（女）
井素芬（女）	张北海	杨立明	张兴华（女）	李树革	

塘沽区（26名）

曹金荣	李景才	刘家骐	田宝森	岳鑫龄	宁培海
刁望荣	张青树	尹德悦	姜俊海	谢思海	肖卫国
沈德华	刘树华	丛翠芳（女）	杨喜萍（女）	赵庭忠	苏雨兰（女）
杨洪顺	路文胜	娄恩春	刘淑萍（女）	付云凤（女）	王金玲（女）
李　萍	陈敬一				

汉沽区（14名）

王学利	李连存	邵如双	孟庆东	王子良	王振宇
王振元	赵立芝（女）	李勋臣	任松元	白淑英（女）	董玉林
王树生	杨焕生				

大港区（2名）

刘二明	张振树

东丽区（6名）

李万祥	徐桂兰（女）	高金玉	李　勇	刘祝林	赵秀芳（女）

西青区（7名）

聂秀康	张秀贤（女）	刘永福	汪凤歧	张玉斌	赵恩霞（女）
张文义					

津南区（6名）

吕德成	石存茂	朱连淳	宋世慧（女）	范俊萍（女）	何蔚轩

北辰区（6名）

张为民　李平安（女）　徐恩生　安保津　董振华　王仲贤

蓟县（11名）

梁贵云　王振荣　王树理　杨玉清　王景明　张平新（女）
高德君　陈巨儒　郑育良　王　敬　周长泉

武清县（11名）

李树海　温孝谦　邓广泉　张永军　诸葛万义　任富松
赵玉良　周绍贵　李万华　孙树仁　胡天荣（女）

宝坻县（9名）

张龙山　孙承禄　李　广　李德亮　赵宝禄　朱连旺
陈光星　王国芳　王文余

静海县（10名）

赵增乃　胡克龙　王日贵　傅印芝（女）　肖培基　孙连江
赵培龙　朱德胜　韩承桂（女）　李春和

宁河县（7名）

谈守仁　马俊良　吕殿增　李汉臣　刘伯祥　郝忠新
陈庆环（女）

东丽区（4名）

张许生　李玉明　汤宗友　王文彪

西青区（4名）

于胜起　张同生　丁永平　崔继永

津南区（3名）

王孝杰　孙凤安　韩永生

北辰区（2名）

张鸿鹏　杨建国

蓟县（2名）

张金国　张广振

武清县（3名）

苏文和　马洪亮　翟云奎

宝坻县（2名）

张春铭　霍洪敏

静海县（3名）

张怀德　尚印武　韩学书

宁河县（3名）

王宝光　高庆成　张　椿

塘沽区（1名）

邢玉良

汉沽区（1名）

李洪志

大港区（1名）

王长立

特邀代表（18名）

崔继信	张俊利（女）	李寿德	白云富	任相春	王丽华（女）
刘士安	梁秀生	尹茂堂	赵升云	赵以俭	陈　铁
吴凤来	于文树	于学军	许兆荣	柴宝成	于世厚

1994年度劳动模范名单

天津市特等劳动模范（122名）

王振华	冯浩然	杨志信	李津来	孙志国	林永宁
刘振铭	李建绍	邓卫生	刘媛媛（女）	史书芬（女）	温聚和
马　昭	赵玉宽	张国维	万桂芹（女）	魏　伟	项金旗
焦渤海	王连金（女）	杨士平	姚孟昌	那大路	田家玉
李克成	牛世光	龚文林	王　瑛（女）	杨均风	刘振友
程俊杰	张立忠	于　江	李樵民	陆鸿飞	杨桂珍（女）
张桂兰（女）	范玉恕	张长明	迟松青	刘洪武	张书成
张高津（女）	刘建章	刘　林	韩志平	赵伯杰	徐文恒
赵嘉祥	孙汝泉	王希勇	徐桂兰（女）	刘　婷（女）	孙长亭
李景才	尹庆志	李洪志	聂秀康	杜宝山	龚世权
刘玉林	黄秀齐	禹作尧	陈立新	邵福生	程　魁
王洪生	邓学孟	金国威	王淑训（女）	谈　遒	邱明才
吕淑珍（女）	王希萍（女）	孙丽华（女）	王培德	杨学均（女）	李向阳
何华英	蔡开仕	王作元	蒋永义	崔　鸣	支　涛
孙文岩	邢承德	高锡利	张慧玲（女）	张继香（女）	李贵平
张　强	宋宝珍	姜国栋	刘庆贺	陈顺来	单新法
李伟方（女）	高文化	何爱武（女）	蒋炳权	崔文翰	邱汝舜
洪国枢	刘　全	汪秀玲（女）	马　杰	龙以明	宋继昌

郭瑞山	张志明	岳增世	周桂兰（女）	李家宏	王子禄
王桂儒（女）	宁培海	朱德柱	王孝杰	柴竹金	王景明
李大山	张同生				

天津市劳动模范（787 名）

机械工业管理局（45 名）

秦子骞	齐雪楼	王玉瑛（女）	赵宝宽	赵廷忠	刘　锐
刘庆彦	王　喆	刘恩厚	许鸿波	刘德彬	李梦楼
童振生	张月芳（女）	满荣继	孟昭舟	王兆民	冯东升
徐庆有	杨德祥	张金生	石秉恕	多华璞	肖承仁
张　华	刘振桐	王均厚	白春祺	董国才	刘文忠
田世文	董金慧	刘金选	宋志刚	卞京盛	刘仁群
李学忠	马济泉	马玉春	王世潭	杨　青	张兴华
康文彬	沈长荣	李景春			

电子仪表局（26 名）

姜土林	张朝中	张文铭	刘　宏	景成俊	王庆华
姜海纯	商木宝	车承华	胡宝瑞	周一仁	门　平
张　锐	王凤歧	肖春华	谢树新	云景乾	孔祥植
杨振华	李正阳	董春玲（女）	朱才德	裴爱玉（女）	李玉泉
高孟江	周茹莉（女）				

冶金工业局（33 名）

段光尧	宋金桐	王锡堂	孙向亭	曹铁成	苏忠富
王钟明	赵之泉	张志鹏	张多信	任登云	吕珍清
李凤琢	高义勇	薛忠诚	孙泰霖	万志勇	马学福
李盛柱	于永明	王振来	杨　昆	林桂新	张铁良
张建国	任唯杰	刘德忠	姜连庆	李平臣	贾秀云（女）
李俊勇	郝双檩	何占明			

纺织工业局（39 名）

马艳萍（女）	李宝明	蔡陆琴（女）	孙传英（女）	吕鹤芳（女）	李国平
尚云荣（女）	梅　丽（女）	左克芹（女）	李福琴（女）	姚建国	吴文轶（女）
杨　红	周雪琴（女）	王耀华	路　杰	张红心	马文庆
阎兆民	孙增幅	吴紫凤	张凤仪	白冬云（女）	朱海波
陈学勇	唐华兴	张　英	彭桂莲（女）	姚春美（女）	郭云凡

高友山	许凤娣（女）	乌企陶	朱玉敏（女）	石玉梅	樊　敏
牛元祥（女）	姜美玲（女）	刘桂华（女）			

化学工业局（19名）

田鸿础	郑友湘	葛春麟	马云平	吕国海	张衡本
刘　刚	李海清	张文祥	王庆芳	赵　仕	郭振明
许长起	宋家驹	周广钧	曹树国	张维田	刘长义
郭宝君					

第一轻工业局（40名）

丁剑华	霍明亮	付均和	曹惠珍（女）	李　涛	鲍福生
陈　深	柴家贵	邱守义	梁　华	杨玉玺	吴金忠
于云岭	张国良	刘千海	王振清	隋津诚	屈金旭
王玉芝	杨贵起	宋玉华	刘长顺	王述香	田德禄
曾　磊	高贵来	栾伍先	董希国	孙大路	徐志强
沈　阳	王锁柱	宋桂林	史文芳	徐沐茂	范式清
杨义学	康秋环（女）	彭延平			

第二轻工业局（27名）

王玉良	肖淑秀（女）	李吉生	常树林	赵卓珠	祖月明（女）
赵迎春	经淑芬（女）	史新生	李金凤（女）	王连江	王家伟
江喜玲（女）	殷勇臣	郑连山	焦尉全	范金生	王惠中
高崑岭	孙熙胜	沈德润	胡本来	韩树和	吴启成
隋长胜	戴裕成	冯敬文			

医药管理局（9名）

师春生	李林涛	尚明杰	席农圃	李瑞生	慕建业
孟庆军	刘士刚	王　通			

电力工业局（3名）

刘学智	汤金生	白　靖

汽车工业公司（15名）

高南珪	潘国荣	冯金生	李艳梅（女）	李育风（女）	陈家立
刘长盛	陈义周	张太川	张述岩	张宝金	穆祥才
赵家良	朱双源	田国庆			

服装联合总公司（3名）

魏春华（女）	茹建国	胡曼林（女）

大港石油管理局（16名）

张长生	曹秀兰（女）	邹　景	顾本厂	张文建	孙家祥
黄乃央	苏金龙	段德培	李鹤岭	姜德民	吴永平
张金成	杨俊全	安治华	高　钧		

天津石油化工公司（6名）

李汀甡	安久玉	单汝实	霍新培	杨桂琴（女）	刘义忠

海洋石油渤海公司（6名）

杨素云（女）	李泽温	邓运华	曾庆明	冯志诚	冯会友

天津钢管公司（2名）

静大军	张金钢

烟草专卖局（1名）

杨淑薇（女）

大港发电厂（1名）

邢文海

交通局（8名）

刘福祥	宫克勤	姚万林	翟顺利	王莹琮	吴永全
王家利	王建国				

邮电管理局（5名）

邓树成	商芝福	张　同	王永成	陈　萍

北京铁路局天津铁路分局（14名）

孙秀国	李富才	许广忠	钟金榜	李存良	郭莲芝（女）
朱仁德	田更旺	郑树森	刘　仓	董守奎	齐维华
刘俊英（女）	赵军成				

铁道部第三勘测设计院（3名）

叶启民	冯所辉	王召祜

天津港务局（7名）

刘宝恩	常　胜	苏玉忠	韩文才	胡振杰	王　伟
邱锁亮					

第一航务工程局（4名）

李积平	张　智	孙玉明	刘子琪

天津航道局（1名）

金永瑞

天津远洋运输公司（1名）

侯文钦

航运公司（1名）

崔　杰

第一航务勘察设计院（1名）

邢　复

天津海上安全监督局（1名）

于洪波

公用局（12名）

于宗澍（女）	阎树德	赵克生	苏克胜	么桂娟（女）	张成武
张吉祥	李庆增	王玉和	张　宁	陈建华	史维信

建工集团总公司（14名）

宋连荣	杜伯年	耿立新	孙　维	孙洪邑	刘中点
王二林	韩铭锁	苏德忠	常颜和	殷文仲	陈　东
韩金榜	孙　维				

建筑材料工业管理局（9名）

于清潜	刘增洲	孟昭旭	贡文杰	郭　源	张树元
王春起	林汉涛	陈　震			

市政工程局（10名）

孙德伟	盛子良	杨万楼	童文成	张泉芬（女）	韩淑川
李贺峰	栾继军	张长青	庞其源		

房地产管理局（4名）

石德起　楚　康（女）　刘庆年　吕　明

规划土地管理局（2名）

廉敬民　韩领弟

园林管理局（2名）

郑启丽（女）　周鸿声

环境保护局（1名）

宫　伟

房地产信托集团公司（1名）

马鹤亭

房地产发展（集团）股份有限公司（1名）

魏永泉

地方铁路管理局（1名）

刘捷洲

第十八工程局（4名）

倪家保　谭志悦　施哲生　隋冠英

中国建筑第六工程局（6名）

陈会奎　李金江　冯学忠　郭栓存　石丛志　吴润龙

天津水泥工业设计院（1名）

杨振文

中国石化第四建设公司（3名）

李鸿鹏　杨忠义　丁海芹（女）

华北地质勘察院（1名）

胡玉平

中国市政工程华北设计研究院（1名）

张　悦

天津城市建设学院（1名）

吴淦卿

第一商业局（12名）

韩文彬　沈方成　王　娟　华志菊（女）　李　林　刘淑华（女）
张四芸（女）　李振山　孙爱军（女）　王云成　陈　杰　杜存婷（女）

第二商业局（10名）

张玉田　郭寿颐　陈林英　田英凡　汤利飞（女）　郑泽方
李文玉　张宝燕（女）　孙全胜　贾永生

粮食局（5名）

孙宝明　武恩庆　赵玉树　李玉兴　杜立军

供销合作总社（4名）

朱继国　林香玲（女）　王铨忠　陈玉福

石油总公司（1名）

崔恩贵

南市食品街（1名）

张家雪

对外经济贸易委员会（7名）

曹迎建　石慕深　宋兴庭　王锡明　文墨华（女）　于世平
李秀兰

旅游局（1名）

耿福林

天津立达（集团）公司（2名）

葛子平　王海津

物资集团总公司（6名）

李树林　段方田　杨　雨　高应嘉　张凤歧　曹继伟

财政局（1名）

赵吉刚

国家税务局（1名）

高立凤

工商银行天津分行（4名）

朱建龙　刘　红　王荫榕　付永宏

中国石化销售华北公司（1名）

芦万春

中国物资储运天津公司（1名）

谢泽晖

乙烯工程指挥部（1名）

王金榜

高等教育局（23名）

刘俊生　姜恩永　刘恩波　陈宴清　王荫庭　张自立
马腾骧　刘孝翔　姚　智　喻娴武　史书俊　蔡　捷
杨培杰　庞德春　李兰友　于玉林　何成华　易溥藤
李绍武　石学敏　邵祖燕　姚盛昌　常斗南

文化局（2名）

关牧村（女）　王　幸（女）

广播电视局（2名）

张　泉　王金博

体育运动委员会（2名）

张晓石　安仲欣（女）

卫生局（6名）

李维廉　周祥宁　张志尧　田成瑞　陆　芸　罗连城

新闻出版管理局（2名）

杨学端　郑秀桂（女）

天津电影制片厂（1名）

刘玉春

教育局（1名）

刘观武

市直属机关（7名）

陈　震　张祖良　王建玲（女）　陈国鑫　朱胜民　程绍琦
张树华

机关行政管理局（2名）

尚　超　郑全喜

民政局（3名）

李树发　门洪玉　王文玲（女）

劳改局（3名）

黄昌华　张　忠　边吉臣

公安局（5名）

杜跃军　郭金诚　袁　玲　陆福永　于建政

科学技术工作委员会（3名）

石国栋　孙慧敏（女）　拾景年

天津市经济技术开发区（3名）

何才夫　周洪霞（女）　杨　斌

天津港保税区（2名）

王振华　孙亚宁

天津海关（1名）

邹志武

中国船舶第七研究院七0七研究所（1名）

程光耀

核工业理化工程研究院（1名）

陈美聪

农工商总公司（5名）

韩凤兰（女）　赵广忠　邱庆宗　王金华　王传芳

水产局（3名）

王福德　兰福生　邢全祥

农业机械局（1名）

张　钧

水利局（1名）

刘云波

蔬菜公司（1名）

张怀津

农林局（1名）

苏　强

海河水利委员会（1名）

陈长泰

和平区（17名）

姜致永	王克贤（女）	方耀明	庞长海	田建国	陈胜缺
郭育春	张惠敏（女）	刘淑琴（女）	魏　琦	于淑贞（女）	屠　政
回贵祥	芮跃进	林兆健	苑久润	兰文豹	

河西区（15名）

赵宝玉	张福清	张　世（女）	赵静荣（女）	吴　玲	周宝仲
张学文	王家祥	萧金立	赵　宏	王景明	宋玉璞
樊青丽	刘毅发	孔繁丽			

河东区（15名）

汤红福	葛志洪	金生洪	杨荣祖	程占魁	董志刚
王杰士	王玉芝（女）	李金生	牟效民	李年香（女）	冯文仲
张文漪	姜　明	丁恩惠			

河北区（16名）

张淑琪（女）	霍本来	刘长河	唐桂芬（女）	高秀兰（女）	张宝祥
顾月海	刘　洁（女）	于秀卿（女）	马卫星	单锡忠	王　新
阮　洪	程梦祥	焦连亭	常忠怀		

红桥区（16名）

王月琴	徐金昌	阎金生	冯连兴	朱绢娥	李玉存
王小平	刘振洪	王志玲	杨凤华	郑长福	杨志刚
邵华荣	宋书萍	刘　齐	王维国		

南开区（16名）

纪根起	马金铸	耿吉山	郑瑞东	陈　璋	郑雨声
华方佑	高玉芬（女）	梁建科	张国华（女）	丁云翔	周金龙
李占起	李正吉	宋立田	李　欣（女）		

塘沽区（27名）

刘德玲（女） 张青树 梁家栋 靳宝瑞 张立柱 张富生
尹德悦 潘洪春 姜俊海 赵金江 张士彬 张 华（女）
李文才 王金玲（女） 贾 禄 杨洪顺 韩维锁 卢占发
何宝堂 毛杨柱 田宝森 李鉴蕙（女） 李玉兰（女） 苏雨兰（女）
张民发 王少俊 张德凤

汉沽区（14名）

周振郁 王振宇 陈家珍 王学利 姚书通 万会祥
韩俊起 钱金元 赵立芝（女） 刘树轩 张世俊 董玉林
李金禹 吴林先

大港区（4名）

赵福楼 窦如深 郝贵森 蔡连海

东丽区（9名）

张新发 李万祥 张恩远 毕林祥 赵宝山 张树金
刘凤翔 刘敦柱 张树党

西青区（9名）

刘永福 赵恩霞（女） 杨洪跃 田素堃（女） 崔继永 李连志
宋富仁 张荫朋 郝祥宝

津南区（9名）

孙凤安 李厚龙 何慰轩 石存茂 冯元骏 朱连淳
俞芃善（女） 刘文水 马海泉

北辰区（8名）

周春玲（女） 吕玉岗 王俊强 韩景田 张为民 王仲贤
夏启明 金玉珍（女）

蓟县（11名）

高 金 金 柱 陈 党 张 永 于志江 胡开兴
马永忠 赵忠双 贾树山 马 勤 张家广

武清县（14名）

董椿英 纪创新 刘秀敏（女） 杨广维 刘长英（女） 王承洪
杨建田 蒋金辉 胡天荣（女） 刘景利 张振宏 赵俊起
张宗起 周宗海

宝坻县(11名)

霍洪敏（女） 阎树村 任福贵 牛玉书 李东元 高贺书（女）

张泽明	王永成	齐汝柏	王希琴	张龙山	

静海县（12名）

靳广惠	胡炳昌	张殿瑛	只炳生	韩承桂（女）	赵增翽
杨旭萍（女）	刘一山	张永祥	边少怀	刘　荣	刘佩秋

宁河县（12名）

高庆增	卞文华	陈启明	李瑞山	张巨东	吴凤述
张尔功	王胜全	陈德山	运志国	庄朝荣	王云伯

1996年度劳动模范名单

天津市特等劳动模范（53名）

牛星壮	李津来	张国维	宋玉华	马　昭	赵玉宽
邓卫生	张继香（女）	师春生	马学福	林永宁	姚孟昌
龚文林	李克成	温和平	徐庆有	李樵民	钱冬香（女）
闫树德	陈　东	刘洪武	刘庆贺	李伟方（女）	孙　维
范玉恕	张书成	徐桂兰（女）	韩文彬	邱汝舜	韩志平
卢桂章	王静康（女）	高广伟	李向阳	孙丽华（女）	孙汝泉
景志刚	赵嘉祥	施玉林	李正吉	李家宏	李景才
钱金元	程致平	张金城	张同生	耿玉顺	张延军
任福贵	李振宽	兰福生	李树发	张高津（女）	

天津市劳动模范（925名）

机电工业总公司（46名）

陈洪俊	徐庆有	殷纪臣	娄春靖	冯浩然	江顺玲
张鹏举	寇国清	胡贵云（女）	杨光吉	李学忠	马济泉
吴　胜	刘兴然	刘运来	李津来	刘富强	沈宪民
戴崇明	赖军社	战春卿	张世田	多华旗	杨志信
王肇元	韩桂英（女）	冯养浩	董金惠（女）	宋国栋	杨西樵
宋志刚	李长海	朱宝林	卢行志	吴洪儒	李文汉
刘振桐	张　华	李　红	刘　勍	石秉恕	齐雪楼
王玉瑛（女）	王俊标	张德贵	张洪元		

电子仪表工业公司（28名）

胡宝瑞	王　宝	张　锐	李洪仁	朱联政	张　良
顾大军	孙卫东	肖春华	禄大新	张朝忠	杨振华

刘　洪	景成俊	林永宁	谢伯年	董春玲（女）	刘振铭
于崇实	李玉泉	郑金木	李兴华	商木宝	云景乾
孔祥植	沈兆应	张云峰	马　达		

冶金工业总公司（35名）

王承懋	王万海	张玉成	邢承德	高锡利	刘志嘉
张维升	张立尧	杜彦利	苏显坤（女）	马建国	翟连城
侯宪红	李胜一	马学福	万志勇	宁孝清	胡光文
张宝忠	韩贵义	冯宝国	曹铁城	李富祥	刘德忠
张保东	苏忠富	程瑞杰	任义智	邢立英	冯春玲（女）
唐振山	方荣刚	殷文巨	高德昆	于泽光	

纺织工业总公司（42名）

杨月霞（女）	孟宪凤（女）	孙学智	王安霞（女）	蔡陆琴（女）	李国平
刘生友	孙宝旭	梅　丽（女）	张慧玲（女）	王洪娜（女）	吴　文（女）
杨　红（女）	路　杰	梁国强	郑平生	张红心	娄雅芳（女）
丁振民	许凤娣（女）	姚春美（女）	张继香（女）	王集乐	白冬云
李志强	翟洪岩	陈学勇	刘桂花（女）	姜　谨	姜美玲（女）
闫兆民	邓卫生	张桂芳（女）	芦厚华	许育才	张树明
乌金陶	高纪选	戴学咸	刘瑞钢	张建勤（女）	李维忠

化学工业公司（23名）

曹树国	李春来	王景禹	宋家驹	赵玉宽	李玉樑
李贵平	魏金昇	王洪发	葛春麟	姚少华	刘登水
马　昭	赵洪胜	阮锦林	管同侃	李华宁	刘长义
王利远	赵洪益	孙祯祥	吴　勇	周会清	

一轻总公司（34名）

马连祺	吴连平	霍明亮	冯宝平	王述香	王玉芝（女）
张立强	杨玉玺	梁　华	谢贵锁	孙永生	谷玉梅（女）
魏玉发	刁桂生	孟庆波	丛和生	缪惠民	项金旗
陈光伦	刘　津	梁玉树	赵爱玲（女）	张国维	付均和
赵宝亮	孙燕宁	高贵来	彭金香（女）	巩玉红（女）	于金奎
张旭谨（女）	宋玉华	于宗华	傅连顺		

第二轻工业局（30名）

沈德润	王连金	马友好	焦尌泉	董双喜	韩连雨
孟永祥	张文林	孙熙胜	焦渤海	王锦屏	李振声

殷勇臣	温和平	于　锦	经淑芬（女）	高　军	彭淑琴（女）
李惠明	崔福昌	祖月明（女）	范金生	尹春源	李吉生
赵洁芝	胡宝华	李金凤（女）	贾　成	刘作人	薛　奇

医药集团有限公司（9名）

师春生	王晓东	孙保卫	姚孟昌	杨世平	孟庆军
李文敏（女）	傅秀英（女）	张芝田			

中国华北电力集团公司天津市电力公司（5名）

张淑珍（女）	刘国柱	白　靖	那大路	汤金生	

天津汽车工业（集团）有限公司（18名）

王承芬（女）	刘小平	牛世光	潘国荣	李俊来	何毅明
李克成	李宝茯（女）	刘和喜	张希宁	刘　舜	陈家立
张述岩	李育凤（女）	田桂瑛（女）	耿炳文	董茂勋	张学松

服装联合总公司（4名）

龚文林	王桂荣（女）	魏春华（女）	茹建国		

大港油田集团有限公司（16名）

牛星壮	周晓东	杨均凤（女）	顾本厂	张义胜	李国恒
葛月光	酒思君	王树禹	崔永和	李　波	杨　阳
刘　聪	朱桂珍（女）	邵美玲（女）	姜洪兴		

天津石油化工公司（7名）

赵俊仁	李洪庆	周恩利	董春梅（女）	丛俊生	陈在钫
张俊民					

中国海洋石油总公司渤海公司（6名）

邓运华	齐凤华（女）	冯志诚	刘立名	周　强	李晓东

天津钢管公司（3名）

蒋秉权	张金钢	静大军			

烟草专卖局（1名）

杨淑薇（女）					

飞鸽自行车集团公司（天津）（7名）

史文芳	孟令福	宋桂林	徐志强	王锁柱	孟静媛（女）
周连发					

国防工业（8名）

宋福春（女）	孙海平	杨雪红	李恒高	左忠新	温佩成
韩宝通	李景春				

天津造船公司（3名）

李　志　李世斌　郭树祥

中国华北电力集团公司天津大港发电厂（1名）

张　毅

中国华北电力集团公司盘山发电厂（2名）

施跃文　谷大可

交通局（9名）

杨文光　杨建秋　宫克勤　姚万林　翟顺利　孟庆学
王家利　王永德　赵明月

邮电管理局（6名）

赵景学　何　巍　刘先丽　尤　军　李振华　孙留刚

天津铁路分局（14名）

曹义德　常玉萍（女）　金国威　张贵生　王志良　季金禄
王金良　陈瑞芹（女）　蒋春平　李江春（女）　姚红升　韩福志
王振双　李子林

铁道部第三勘测设计院（3名）

严明察　亓双进　李凤芹（女）

天津港务局（8名）

钱冬香（女）　陈顺义　张孝武　常　胜　张友明　李宝元
韩文才　魏培林

交通部第一航务工程局（4名）

宋世珠　褚爱平　赵洪生　高贵元

交通部天津航道局（2名）

李樵民　金永瑞

天津远洋运输公司（3名）

邢锡庆　张国永　王新华

中国国际航空公司天津分公司（1名）

田振虎

交通部第一航务工程勘察设计院（1名）

杨希宝

交通部天津海上安全监督局（1名）

王玉兰（女）

地方铁路管理局（1名）

荣思海

公用局（17名）

杨书田	刘庆贺	秋月珠（女）	刘立山	王玉和	张 宁
陈建华	史维信	吕淑珍（女）	张吉祥	王宗元（女）	刘留栓
王维霞（女）	于宗澍（女）	陈顺来	闫树德	么桂娟（女）	

建工集团总公司（18名）

陈 东	李伟方（女）	赵锡铭	张顺民	孙 维	董佩琛
李宝俊	李朋元	范玉恕	王福生	李 本	付俊成
王立成	蒋志富	方学礼	常颜和	段立华	汪朝平

建筑材料集团总公司（10名）

任建疆	刘增洲	王春起	李国伟	郭 源	陈 震
陆树桐	于德清	何宝珠	何秀全		

市政工程局（11名）

罗学义	张克成	刘世善	刘恩成	王鹤鸣	穆瑞恩
陈银顺	王淑训（女）	刘崇洁	栾继军	孙德伟	

房地产管理局（4名）

吴德贵	楚 康	刘洪武	刘庆年

规划设计土地管理局（2名）

魏福清	张家臣

园林管理局（2名）

康新民	刘园春

中国石化第四建设公司（5名）

何爱武（女）	张书成	马祥洲	齐福春	贺友才

第十八工程局（5名）

杨胜强	吴登银	苏金忠	范成国	康秀江

中国建筑第六工程局（5名）

陈会奎	高治生	路子泰	李胜甫	韩学武

天津水泥工业设计院（1名）

段希胜

房地产信托集团公司（1名）

季 林

房地产发展（集团）股份有限公司（1名）

李国富

建设发展总公司（1名）

赵起生

环境卫生局（1名）

王祥麟

地质矿产局（1名）

孙德海

中国水利水电基础工程局（1名）

李旺时

华北地质勘探局（1名）

刘杰升

中国市政府华北设计研究院（1名）

陈荣清

益商集团总公司（15名）

韩文彬	王玉成	郭淑芬（女）	邱汝舜	许长明	王　涛
张肆芸（女）	杜存婷（女）	汪秀玲（女）	王云城	刘振山	李　林
刘淑华（女）	华志菊（女）	王立忠			

食品工贸集团总公司（9名）

赵军凯	田英凡	赵学文	王长顺	穆德安	徐嘉琦
孟宪海	郭寿顺	严贺平			

粮食局（8名）

高　斌	洪国枢	韩志平	徐常善	于金海	裴宝森
刘文章	徐大明				

供销合作总社（6名）

王铨忠	贾国明	张志平	林香玲（女）	王连喜	刘　伟

南市食品街（1名）

张家雪

对外经济贸易委员会（6名）

张福先	石慕深	李　萍	贾洪泽	贾明贵	曹迎建

旅游局（1名）

赵伯杰

南市食品街（1名）

姜永江

物资集团总公司（6名）

王志忠	白德刚	段方田	韩文江	邱德起	齐兰香（女）

财政局地方税务局（2名）

张家林（女） 赵吉刚

国家税务局（2名）

高立凤（女） 周连训

工商银行天津市分行（4名）

刘　红（女） 付永宏 冯志民 张世光

中国农业银行天津市分行（2名）

徐桂兰（女） 李凤艳（女）

天津市城市合作银行（1名）

时桂荣（女）

中国石化销售华北公司（1名）

刘宝惠

服装展销中心（1名）

呼义清

财贸管理干部学院（1名）

周晓丰（女）

高等院校（28名）

陈祖培	王淑琴（女）	任明中	宋国祥	蔡　捷	佟庆禹
程幼强（女）	沈德立	李德军	蒋敦斌	冯国林	王静康（女）
孙雨耕	叶声华	李　琴（女）	熊洪允	朱凤瀚	卢桂章
刘　育	吴文华	李绍武	魏克新	陆俭国	边建国
华　梅（女）	戴锡孟（女）	高铭鼎	胡熙武		

中国医学科学院血液学研究所（1名）

杨纯正

卫生局（7名）

王万隆	李维廉	孙江秋（女）	高广伟	田惠光（女）	王撷秀（女）
宋继昌					

新闻出版管理局（2名）

杨兆信（女） 王书朋

文化局（2名）

关牧村（女）　任大星

教育局（1名）

刘宝光

体育运动委员会（1名）

张　瑜（女）

广博电视局（1名）

姜　申

市直属机关（8名）

李树森　杨维长　杜仁初　刘学博　白建国　程绍琦
卢代盛　张高津（女）

机关行政管理局（2名）

李永琦　杨爱国

民政局（3名）

李树发　王文玲（女）　李连冬

公安局（8名）

魏训伟　李　铮　西国英　刘树万　高　宽　郭　东
林　军　马双庆

监狱管理局（2名）

邓昌贵　徐志清

劳教工作管理局（1名）

陈光辉

科学技术工作委员会（3名）

胡其志　冯兴安　雷风徐

天津海关（1名）

林鹤臣

天津经济技术开发区（3名）

杨　斌　甘　露（女）　李增寿

天津港保税区（2名）

韩礼禄　耿树春

国营农场管理局（3名）

赵宝昌　魏中华　韩凤兰（女）

农业机械局（1名）

刘宝利

水利局（1名）

曹大正

蔬菜公司（1名）

张怀津

农林局（1名）

苏　强

水产局（3名）

兰福生　　赵长顺　　苑自建

水利部海河水利委员会（1名）

郭　潇

畜牧局（1名）

王东来

农业科学院（1名）

王炳君（女）

中国农业机械华北公司（1名）

郭莲月（女）

和平区（20名）

赵嘉祥	施玉林	孔庆昇	姜致永	陈文彰	马万里
李长宏	岳增世	芮跃进	王克贤（女）	郭育椿	张恩纶（女）
屠　政	房淑英（女）	尚金利	回贵祥	方耀明	刘继唐
赵淑珍（女）	蓝文豹				

河西区（18名）

孙汝泉	孙丽华（女）	王培德	景志刚	张　世（女）	吴　玲（女）
宋玉璞	赵静荣（女）	赵　宏	樊青丽（女）	陆文祯	刘毅发
曹揆菱（女）	黄艳芬（女）	张金英（女）	刘桂云（女）	佟丽丽（女）	梅淑华（女）

河北区（20名）

李向阳	王子禄	顾月海	常忠怀	高秀兰（女）	马卫星
阮　洪	单锡忠	霍本来	刘　洁	王　新	刘长河
李凤珍（女）	陆铁钢	靳砚伟	李寿康（女）	高克勤	张存祥
刘泽汉					

南开区（19名）

李正吉	马金铸	刘清华	纪根起	郑智江	刘嘉惠
耿吉山	崔文翰	马德起	张志刚	宋立田	杜金霞（女）
王玉兰（女）	封 琢	晁建华	刘云有	丁云翔	孙长亭
赵 静（女）					

河东区（18名）

丁恩惠	冯文仲	赵文和	姚秀珍（女）	郭彩霞（女）	尤宝南
许爱莲（女）	窦宝林	汤洪福	邓福来	董悦来	耿寿轩
陆大用	龙起高	李家宏	李年香（女）	徐 东	李金生

红桥区（19名）

胡同发	徐金昌	杨凤华	马贺瑞	王小平	刘 齐
王维国	钱智良	闫金生	张凤铭	孙荣俊（女）	穆怀国
肖先逵	张玉明	马羡民	王国忠	吴金海	高凤琴（女）
张大彪					

塘沽区（27名）

刘忠发	李桂娟（女）	刘子禄	幺锦强	尹德悦	冯万洪
回金义	董金周	李家华	朱殿荣	李景才	张民发
张贵德	吴慧友	胡景彩	苏雨兰（女）	何宝堂	何玉华（女）
王少俊	马秀岐	卢占发	韩维锁	杨洪顺	赵 坤
李玉兰（女）	李坚蕙（女）	韩凤桐			

汉沽区（16名）

钱金元	万会祥	郑德元	尹庆志	李连存	邵若龙
王子良	李 勇	刘树轩	王作元	王振宇	李金禹
李绍山	邵慧娟（女）	赵立芝（女）	史春风（女）		

大港区（5名）

郭凤岩（女）	刘华建	徐振礼	孙香然（女）	郭庆良

东丽区（7名）

李建国	赵宝山	赵振祥	张恩远	崔洪金	陈玉柱
沙占琪					

津南区（9名）

朱连淳	邢纪武	刘万亮	邵印泉	马庆骥	宋怀利
李彦生	李崇信	黄永生			

西青区（7名）

张荫朋	房贵英	马桂连	郑子行	汤　军	刘永福
董景川					

北辰区（7名）

韩景田	周春玲（女）	田兆祥	陈武鹏	王仲贤	穆祥友
王俊强					

宁河县（9名）

张瑞忱（女）	杨绍山	李桂凤（女）	宋子凤（女）	卞文华	崔永良
于国成	韩富元	满鹤柏			

武清县（13名）

陈树平（女）	程致平	张宗起	雷秀英（女）	侯云平	马允英（女）
于振丽	毛国良	郭久苓	王学义	赵鹏鹃	曹作昶
常建生					

静海县（10名）

张殿英	刘启祥	孙连江	叶华铭	王希云	刘秀梅（女）
韩承桂（女）	高德水	张希刚	张玉银		

蓟县（11名）

张金城	王　田	张文举	王翠联	宋跃生	张维友
贾　连	李春生	刘荣方	李子凤（女）	朱振国	

宝坻区（9名）

王明泽	王志田	韩淑香（女）	李　华	王永春（女）	苏福仲
王希琴（女）	李友臣	朱建国			

乡镇企业（30名）

任福贵	刘玉林	闫树存	杨金宝	李振宽	康瑞琪
王善春	苏文合	翟云奎	李连和	马　含	乔茂松
薛思明	张耀廷	柴竹金	耿玉顺	康立文	刘乃兰（女）
吴凤海	刘金川	王孝杰	孙凤安	张凤起	张同生
李连志	高桐胜	王云凤	孙凤梧	李文明	刘训俊

农民（20名）

张延军	赵书忠	邓子和	韩自贵	黄继茂	于培玲（女）
金万昆	袁庆明	王　明	马敬厚	徐广才	赵德霖
朱学谦	傅宝玉	刘寿国	高玉强	赵文杰	陈秀林
刘维海	郭瑞岐				

个体经营、私营企业（5名）

柴宝成	傅长华	白芳礼	李寿德	于世厚

1998年度劳动模范名单

特等劳动模范（53名）

（以姓氏笔划为序）

于海介	马祥洲	马德起	王子禄	王玉和	王华山
王孝杰	牛星壮	叶声华	田英凡	刘乃兰（女）	刘文英
刘生友	刘学博	孙汝泉	孙江秋（女）	师春生	吕淑珍（女）
任福贵	李文明	李正吉	李长海	李学忠	李春来
李家宏	陈　震	杨月霞（女）	宋玉朴	邱汝舜	张玉明
张金英（女）	张学松	张金钢	张国维	张家林（女）	林永宁
范玉恕	岳增世	孟繁立	赵民立	赵克生	赵锡铭
高　斌	高桐胜	顾月海	耿玉顺	徐庆有	袁红珠（女）
龚文林	曹秀明（女）	韩文彬	董双喜	景志刚	

天津市劳动模范

机电工业总公司（44名）

李淑兰（女）	包庆金	张克春	任致祥	江顺岭	郭金明（女）
王　喆	白春祺	张桂翰	李明山	丁　毅	周任远
闫　霞	徐学良	廖　璞	沈宪民	高　炜	李俊明
樊连波	田世文	王晓素（女）	陈洪俊	李正华（女）	龚华嵩
牛维卿（女）	王万囤	杨德健	韩桂英（女）	李　红	李秀喜
胡明月	孟光辉	宋春林	李长海	张耀臣	孟繁立
杨延平	宋志琨	王德春	张　华	李绍权	寇国清
徐庆有	孙艳凤（女）				

电子仪表工业总公司（26名）

林永宁	禄大新	朱联政	李昭德	周一仁	杨振奇
宋春民	褚少立	孔祥植	马　达	杨隆祥	邓炳彦
张秉军	刘凤英（女）	陈　欣	云景乾	杨文宣（女）	郑金木
王俊铁	周大丁	温锡海	张　斌	刘　洪	杨振华
苗恩君（女）	许　敏				

冶金工业总公司（29名）

李福明	任义智	戴荣贵	牛秀兰（女）	冯　琳（女）	杨国庆

冯春玲（女）	李广元	王会清	李明远	赵兴金	郑关鸿
武海云	谢西和	赵福来	田友信	贺二兴	芦玉新
王令生	罗永生	叶学清	万志勇	胡振海	翟金柱
郑铁群	赵宝群	刘金利	李俊勇	回金柱	

纺织工业总公司（37名）

宁津云	刘　迟	任志铭	许铁林	路　杰（女）	梁国强
张桂芳（女）	白冬云（女）	姚建国	郭长江	田国香（女）	王振英（女）
马恩阔	韩　红（女）	姜美玲（女）	刘奎元	刘生友	赵淑娟（女）
李国平	李　彤（女）	贺伟平	王贵铭	何　顺	陈开明
李贵苓（女）	刘桂花（女）	杨月霞（女）	王金霞（女）	孟宪凤（女）	康照华
孙学智	胡维源	栾凤祥	于永胜	马文庆	周雪琴（女）
任美玲（女）					

渤海化工集团公司（25名）

张克栋	冯延忠	吴从水	张成军	李华宁	伉大器
袁启宗	金鸣国	王润身	薛秉华	杨士杰	李鸿运
侯新生	程文彦（女）	张铁城	杨国梅（女）	马卫华	姚少华
戴文惠（女）	王　媛（女）	石建国	葛春麟	李春来	王文选
徐宗琪（女）					

一轻工业总公司（33名）

张国维	沈乃源	姜肃敌	张金奎	赵启墉	张景彦
付均和	李杏林	李春刚	周　梅	赵爱玲（女）	叶四萍（女）
束效先	高学忠	赵宝亮	张建辉	张春鸿	冯宝平
武玉成	张建平	谢贵锁	于万秋	郑春利	张家祥
刘　津	陈世斌	潘宝起	于金奎	赵学琪	王玉来
潘玉艳（女）	夏园园（女）	栾武先			

二轻工业总公司（26名）

沈德润	李明浩	马宝林	于永明	刘德祥	韩连雨
孙裕先	李吉生	赵洁芝	邱孝琴（女）	刘丽荣（女）	李惠明
张永顺	鲍　兰（女）	李振声	董　喆	胡光伟	董双喜
刘作人	焦葑泉	高世森	王锦屏	张　镇	刘玉林
陈宝生	温和平				

医药集团有限公司（11名）

师春生	孙保卫	周荣林	马顺起	张芝田	付秀英（女）

王晓东	江永萍	康　强	袁雪海	刘子扬	

电力公司（7名）

蒋亦兵	张淑珍（女）	刘化英（女）	孙卫东	赵　凯	蔡福生
董　江					

汽车工业（集团）有限公司（20名）

谷学军（女）	孙　敬	王汉卿	李俊来	宋淑华（女）	柳祖玺
何义明	杨振濂	张学松	李　恭	张洪滨	李政山
张述岩	翟善强	王书凤（女）	高南珪	刘大众	田聪明
赵志杰	梁石岗				

中孚国际集团有限公司（4名）

龚文林	刘光藻	赵彩凤（女）	杨建武		

大港油田集团有限责任公司（18名）

牛星壮	魏昌进	孟祥江	王怀梅（女）	周小东	杨玉志
张义胜	杨正军	蔡红昌	董占桥	千惠铭	窦树义
顾晓贤	张绍山	李洪香（女）	吕希稳（女）	徐晓东	姜洪兴

石化集团天津石油化工公司（9名）

刘铁山	周秀利	张凤珍（女）	董建新	霍新培	刘义忠
周恩利	赵士满	徐　伟			

钢管公司（3名）

张金刚	静大军	宋嘉鹏			

烟草专卖局（1名）

张　利					

飞鸽集团有限公司（9名）

宋桂林	徐志强	周俊儒	方淑申（女）	史文芳	鲍金山
孟令福	黄燕来	孟静媛			

国际工业（10名）

于长发	丁国辉	杨应怀	李建江	宋福春	李文农
闫文昭	杨　刚	王学荣（女）	潘毓强		

造船公司（3名）

吴金成	高云强	吴锡平			

大港发电厂（2名）

王中方	王庆秀				

国华盘上发电有限公司（2名）

张仕杰　田敬元

天津有色金属集团有限公司（2名）

杨秋生　叶祖林

交通局（8名）

杨建秋　孟庆学　李庆宏　王永德　晁振雁　冯喜增
张　雷　杨向荣（女）

邮电管理局（6名）

林　刚　杨文升　付彦生　冯雷兰（女）　刘先丽（女）　张正植

天津铁路分局（14名）

袁红珠（女）　邓进军　张玉林　郝瑞海　刘卫国　崔凤庆
赵　勤　许永民　李亚彬　卜彦明　李述武　张振兴
田慧芳（女）　何宝强

铁道部第三勘测设计院（3名）

张　涵　张长和　刘志义

天津港务局（10名）

何　锋　杨国冬　刘贵河　宋宝贵　祁　虎　孔祥瑞
李宝元　张　浩　王凤琴（女）　付晓霞（女）

交通部第一航务工程局（3名）

翟文忠　王万仲　苗中海

交通部天津航道局（2名）

金永瑞　戴喜平

中远散货运输有限公司（3名）

赵兴华　陈福贵　陈金龙

中国国际航空公司天津分公司（1名）

任志军

交通部第一航务工程勘察设计院（1名）

袁长澄

交通部天津海上安全监督局（1名）

杨宝生

地方铁路管理局（1名）

董　甫

交通部天津水运工程科学研究所（1名）

竺存宏

市交委直属单位（1名）

何孝荣

公用局（17名）

范 霞	李金琪（女）	刘立山	王玉和	张 宁（女）	赵克生
李树泉	刘建生	张吉祥	吕淑珍（女）	陈建华	王维霞（女）
王宗元（女）	杨立成	姚秀珍（女）	蔺志刚	刘魁斌	

建工集团总公司（18名）

支树鹏	赵锡铭	高振有	吴 军	张铁发	苗起瑞
白云旺	范玉恕	王福生	马 骏	宋 旭	王立成
刘奎生	兰洪波	郑玉林	段立华	郑志文	虞晓童（女）

建材集团总公司（10名）

李庆云	杨卫平	杜建华	李 勇	周学义	陈 震
于继光	李宝太	孟兆瑞	郭 源		

市政工程局（12名）

田 温	李凯建	王秀林	王宏仁	于炳泽	王志杰
李玉琦	张 梅（女）	刘旭凯	王玉秀（女）	马连三	李福汉

房地产管理局（4名）

杨克逖　钟金山　王连起　路 红（女）

规划设计土地管理局（2名）

赵元祥　宋树发

规划设计土地管理局（2名）

孙国昱　李秀兰（女）

房地产发展（集团）股份有限公司（1名）

李国富

规划设计土地管理局（1名）

季 林

环境卫生管理局（1名）

王祥麟

环境保护局（1名）

洪佩怀

城市建设学院（1名）

王启山

中国石化集团第四建设公司（5名）

杨国书 马祥洲 刘贵杰 孙 萍（女） 谈忠明

第十八工程局（5名）

邓中才 周顺海 叶桂秋 赵民立 魏贤坤

中国建筑第六工程局（4名）

张宝清 高治生 石丛志 宋爱惠

天津水泥工业设计院（1名）

许 芬

地质矿产局（1名）

李国祥

天辰化学工程公司（1名）

黄信良

中国水利水电基础工程局（1名）

张学仁

益商集团总公司（17名）

张 蓉 姬振明 王立忠 刘玉琴（女） 郭淑芬（女） 邱汝舜
许长明 张淑琴（女） 韩文彬 王玉成 陈贵祥 赵铁红（女）
杜安华 王 涛 梁晓刚 毛雁俊（女） 李洪生

二商集团总公司（9名）

郭寿颐 孙晓芹（女） 于财勇 梁建平 吴学启 闫贺平
孙茂兰（女） 田英凡 孟宪海

粮油集团有限公司（9名）

刘文建 徐常善 王大光 李中林 郭永兰（女） 赵 军
高 斌 钟铁砚 刘世华

供销合作总社（4名）

贾志大 张文英（女） 贾国明 郑文辉

南市食品街（1名）

鲍家驹

财贸管理干部学院（1名）

高尔曼（女）

对外经济贸易委员会（6名）

贾明贵	仝津玲（女）	张福仙	张立刚	季　明	段志华（女）

旅游局（1名）

安永刚

旅游局（2名）

郑　钢	邱路红

物资集团总公司（5名）

张华友	祝立新	王学和	段大新	韩文江

国家税务局（2名）

高立凤（女）	周连训

地方税务局（2名）

张家林（女）	张宝年

中国农业银行天津市分行（1名）

李凤艳（女）

中国银行天津市分行（1名）

张殿生

中国工商银行天津市分行（4名）

陈世祥	张忠智	田　野	于　梅（女）

天津市商业银行（2名）

林　路	时桂荣

中保财险有限公司天津市公司（1名）

刘金秋

津能投资公司（1名）

韩卫国

社会保险基金管理中心（1名）

李永亮

高等院校（34名）

刘文英	宋礼成	李明智	许京军	杨栋梁	张伟平
叶声华	张伟力	徐延献	邢　敏	刘玉珊（女）	白景升
顾晓鲁	林秀珍（女）	孙惠敏（女）	孙江秋（女）	强万明	宋国祥
方　桢	芦绍强	李绍武	励维志	夏晓阳（女）	李嘉禄
杜连祥	武彦民	扈启曙	庞广昌	王文君（女）	崔春翔
顾永真	张　勇	关和平（女）	沙明荣（女）		

中国医学科学院血液学研究所（1名）

韩明哲

卫生局（9名）

张大宁　王撷秀（女）　杜　智　李　捷　孙晨熹　马秀坤（女）
杨文娟（女）　高企贤（女）　阚世廉

新闻出版管理局（2名）

杨清文　谭　锋

文化局（2名）

赵秀君（女）　赵洪文

教育局（1名）

伊道恩

体育运动委员会（1名）

吴卫凤（女）

广博电视局（1名）

印永清

天津日报社（1名）

刘家林

今晚报社（1名）

穆娴静（女）

市直属机关工作委员会（7名）

刘学博　田生亮　王天举　祝尔娟（女）　王　静（女）　赵树森
金树华

机关行政管理局（2名）

李　欣（女）　李永琦

民政局（3名）

李建设　晋朝荣（女）　任庆荣（女）

公安局（9名）

解　辉　徐颖军　李孟贵　陈吉强　李树根　刘长明
张振怀　匡金枝（女）　秦子义

天津市国家安全局（1名）

张世五

监狱管理局（2名）

朱德福　邓昌贵

劳教工作管理局（1名）

韩起章

科学技术工作委员会（7名）

何国任	伍丰林	高　翔	杜振远	韩文礼	李学忠
高振镛					

天津海关（2名）

高　岚（女） 武建中

经济技术开发区（7名）

许建民	高建华	赵　琪	邢荣华	魏　新	王建萍（女）
郭　莹（女）					

保税区（2名）

邢　城 海新安

计划生育委员会（5名）

王秀兰（女）	李慧英（女）	赵延芬（女）	韩淑芬（女）	宁淑兰（女）

再就业（10名）

张树本	张福来	刘爱琴（女）	王春美（女）	李家贞（女）	张慧英（女）
夏立颖（女）	刘　维	陈　平（女）	寇永欣		

和平区（19名）

岳增世	郭育椿	赵嘉祥	兰长燕（女）	尚金利	屠　政
魏恩禄	方耀明	李长宏	李长青	周　莉	芮跃进
金永信	赵麟祥	董长松	周永庚（女）	甄季平	田秀盈（女）
李启文					

河西区（19名）

孙汝泉	宋玉朴	张金英（女）	景志刚	樊青丽（女）	陆文祯
刘毅发	黄艳芬（女）	刘桂云（女）	佟丽丽（女）	梅淑华（女）	周宝仲
邢克敏	温世存	徐立起	张　荣	刘惠文（女）	王培枝
朱兆林（女）					

河北区（20名）

王子禄	顾月海	常忠怀	阮　洪	王　新	陆铁钢
李寿康（女）	高克勤	郑宏泉	张国智	王振荣	杨发清
王贵武	冯春安	张　起	李凤珍（女）	关志成	夏淑琴（女）
刘泽汉	严明净（女）				

河东区（18名）

邓福来	李诚荣（女）	黄俊霞（女）	张树清	邓新民	曹凤林
姚秀珍（女）	杜世起	刘旭明	张家俊	梁志杰	杨耀森
李年香（女）	徐　东	李家宏	高　军	梁耀桓	刘德印

南开区（18名）

李正吉	刘永源	王金祥	郑智江	纪根起	张连香（女）
马德起	宋立田	杜金霞（女）	康岫岩（女）	张巾帼（女）	韩　铁
李桂敏（女）	李树革	韩树森	刘金有	张志刚	孟爱英（女）

红桥区（19名）

王国忠	刘恩发	徐金昌	龚立春	陈国发	刘国庆
李森田	刘　琳	胡杏娟（女）	张静秋	刘大江	张玉明
王　竞	李　敏	张玉彬	张英凤（女）	王小平	马贺瑞
杨洪年					

塘沽区（26名）

张桂英（女）	杨占龙	李尚仁	杨乐英	赵建英	孙家宽
陈玉池	王永成	李宝忠	吕金城	卢占发	王华山
张民发	胡景彩	焦福利	王少俊	马秀岐	张贵德
张　彬	韩维锁	韩殿君	冯　玲（女）	刘　瑛（女）	李玉兰
张福荣（女）	王玉琴（女）				

汉沽区（16名）

李贺银	王占忠	赵立群	万会祥	刘文凯	孙春雁
王子良	杨国良	王文校	张金云（女）	蒋立功	曹月旗
李金禹	王艳玲（女）	邵慧娟（女）	唐广娟（女）		

大港区（3名）

郭庆良　郭凤岩（女）　王天喜

农业科学院（1名）

闻凤英（女）

水产局（1名）

施国安

畜牧局（1名）

王东来

水利部海河水利委员会（1名）

刘守金

农林局（1名）

李少华

天津农垦集团总公司（3名）

魏忠华	朱　兵	李丽英（女）

中国农业机械华北公司（1名）

郭莲月（女）

水利局（1名）

刘云波

东丽区（7名）

韩桂忠	崔洪金	陈玉柱	赵振祥	魏荣龙	任仲朴
李秀凤（女）					

津南区（8名）

潘学军（女）	张富玲（女）	李厚龙	宋怀利	刘文水	邵印泉
李彦生	费德才				

西青区（8名）

郑子行	郭宝印	房贵英	王士轩	丁志芳	张学珍（女）
李树元	董景川				

北辰区（6名）

闫希军	高玉强	高学章	林树森	周福林	鲍秀兰

静海县（9名）

杜春喜	曹迎新	张希刚	刘天胜	米金洪	罗龙强
肖印明	孔德静（女）	章　静			

武清县（12名）

耿德山	曹秀明（女）	卢志莲（女）	岳长兰（女）	杨德芹（女）	李树清
侯凤江	何万田	郭玉刚	商仁信	赵福河	王学印

宝坻县（9名）

周　丽（女）	王　莉（女）	秦光远	崔金祥	王广舜	王　忠
刘景耀	王小华（女）	李　民			

蓟县（9名）

杨蕴华（女）	代永占	程　元	马振忠	方宝良	张　景
张志强	臧义顺	刘玉强			

宁河县（10名）

梁士忠	牛国平	王　强	张克岭（女）	崔淑凤（女）	张洪成

崔永昶	庄以庶	曾繁柱	孙德玲		

乡镇企业（29名）

刘乃兰（女）	宋茂胜	边宝臣	耿玉顺	王俊强	陈武鹏
周新民	高桐胜	李连志	张印朋	张文利	张凤起
王孝杰	于海介	高占有	李宗海	任福贵	刘玉林
吴树新	李文明	禹作尧	陈立新	赵江斌	刘明享
魏子珍	陈　辉	张耀庭	王守宽	张　洪	

农民（20名）

刘国寿	李有玺	刘永富	何洪云	马敬厚	徐广才
金秋立	李增坤	王立福	刘　伟	李克俭	刘洪成
袁庆明	张云赏	吕卫臣	陈秀林	陶国新	王凤桐
张水山	于锁柱				

个体劳动者协会（5名）

于世厚	李寿德	王智慧（女）	池春起	朱绍德

私营企业协会（5名）

柴宝成	武国维	付长华	叶家静（女）	尚玉祥

2000年度劳动模范名单

特等劳动模范（54名）

师春生	刘志嘉	闫希军	李正华（女）	刘生友	杨素芬（女）
王怀梅（女）	陈宝生	陆大新	白春祺	李金明	马宝林
韩贵义	姜肃敌	张　良	孔祥瑞	李庆宏	苗起瑞
周学义	田　温	吕淑珍（女）	范　霞（女）	陆宝麒	邱汝舜
高　斌	张家林（女）	张福仙	王玉成	李洪生	李重庆
孙汝泉	顾月海	张莲香（女）	黄俊霞（女）	张英凤（女）	齐　琳（女）
张耀廷	刘乃兰（女）	李彦生	周新民	杨继敏	韩铁军
王立福	庄朝荣	冯　莉	刘永源	朱兆林（女）	王春美（女）
许京军	王清月	杜　智	徐颖军	冯星安	郝德敏（女）

劳动模范（917名）

机电工业控股集团公司（38名）

刘仁群	蒋鹏环	任致祥	李　荣	张桂翰	马海春
李认清	袁　玮	闫仲鸣	张春玲（女）	夏永利	边家驹

赵振生	张清泉	曹肇麒	叶董平	郑国俊	韩培君（女）
吴文果	唐 锐	田治津	郭大辉	冯学忠	张宝泉
项佩琳（女）	王德春	马庆民	王春艳（女）	李志生	戚丽珉（女）
罗津弘	王炳来	刘林起	王进宽	赵清亮	王爱云（女）
孙世元	田树槲				

电子仪表工业总公司（26名）

张秉军	李昭德	李玉峰	王利泉	顾玉成	高 瑛
杨文宣（女）	陈世运	高福林	许中兴	宁红云（女）	牛玉麟（女）
杨隆祥	陈树荣	郑启民	张树明	肖培兴	周建波
王志崇	朱子良	胡忠民（女）	肖 琪	张晓华	卢世璜
李洪仁	戴克臣				

冶金工业总公司（24名）

堵亚光	胡振海	陈红军	龚 悦（女）	孟昭勤	郑关鸿
张水方	邢万有	商进泉	陈太生	陈同义（女）	张振祥
李有新	孟 璐	吴汝沛	刘连会	刘金利	张永利
邵来宁	陈丽华	王朝普	牛秀兰（女）	曲滨贤（女）	侯建伟（女）

纺织工业总公司（31名）

王金霞（女）	张晓燕（女）	高建瑞	张 伟	赵淑娟（女）	李 彤
夏和平	陈 静	单式维	郑卫东	刘金凤（女）	王延红（女）
陈宝君（女）	高秀满（女）	李雪梅（女）	魏乃云	刘智国	李云霞（女）
武全胜	常秀兰（女）	韩 红	贺伟平	李印弟	刘广胜
舒连荣（女）	刘 君	刘奎元	王印辉	宁津云	杨炳香（女）
白佩清					

天津渤海化工集团公司（21名）

韩耀增	赵 巍	王 伟	马留锁	田万辉	王 杰
薄隐刚	刘志远	石建国	吕维俊	刘建军	何树起
冯振荣（女）	陈晓康	金鸣国	田精全	梁玉明	熊必琪（女）
刘金森	蔡洪军	戴文惠（女）			

一轻总公司（29名）

李春刚	刘兴刚	罗 杰	王晓晔	邢连华	白淑云（女）
武玉成	耿砚田	薛利军	石桐锁	张德政	白立军
宋治和	张金奎	王贺喜（女）	王媛萍（女）	杨 平	马春鹏
吕 明	王玉来	孙 磊	张保康	潘四新（女）	徐宝兴

魏淑荣（女）	叶四萍（女）	林德芬（女）	朱晓静（女）	王英大	

二轻集团（控股）有限公司（23名）

王玉清	杜建华	孙茂芳（女）	吴瑞梅（女）	范开文	顾晓东
孙新华	曹文暖（女）	张雨生	杜新民	高　瑛	何清泉
刘玉林	周兰英（女）	张永顺	鲍　兰（女）	秦　朴	李全保
林永春（女）	李广仁	张永泓	刘海潮	胡广伟	

医药集团有限公司（16名）

卢彦昌	于连元	朱延哲	孙保卫	侯玉生	赵宏声
孙文忠	刘昌孝	唐伍全	冯建文（女）	倪　静	唐　唯（女）
刘　庆	杨　效	郑铁豹	江永萍		

中国华北电力集团公司天津市电力公司（8名）

马永青	邢佩福	于凤林	王少学	王　欣	阎哲丽（女）
李慧清	陈国庆				

天津汽车工业（集团）有限公司（18名）

王福强	胡凯玲（女）	翟善强	杜秋良	王书凤（女）	李政山
宋淑华（女）	朱庆奇	王永生	李　恭	冯冀平	刘锡发
刘国福	钱国平	刘大众	陈延东	周金城	韩俊元

天津中孚国际集团有限公司（4名）

刘光藻	钟秀明	杨　英（女）	张淑霞（女）

大港油田集团有限责任公司（19名）

陈俊利（女）	刘志强	张润树	苏俊青	夏艳铎	郭毅葳（女）
霍如军	杨　斌	张文胜	刘海波	嵇成高	韩学忠
黄乃央	张胜传	封永和	陈　乔	柴子金	巩忠义
孟祥江					

天津石油化工公司（9名）

柳　荣	韩国栋	魏大勤	卢素红（女）	袁仲金	董建新
窦双云（女）	张满红	刘长峰			

天津钢管公司（4名）

张吉甫	朱学强	李　刚	王　京

中国烟草总公司天津市公司（2名）

张　利	任德川

飞鸽集团有限公司（9名）

崔　平	马志刚	张　瑾（女）	李国宏	周俊儒	宋保华

于铁生　黄燕来　赵维新

国防工业（8名）

杜贡生　王国成　孙学文　王学荣（女）　张凤鸣　陈连武
徐寿岩　赵建魁

中国华北电力集团公司天津大港发电厂（2名）

李瑞欣　张宗来

天津国华盘山发电有限责任公司（2名）

杨仲达　王祖强

天津有色金属集团有限公司（3名）天津有色金属集团有限公司（3名）

方荣刚　叶祖林　王永杰

天津天铁冶金集团有限公司（8名）

孙　起　李海禄　武玉海　曹荣贵　刘海红　梁明宽
李怒兴　葛焕静（女）

天津塑料集团有限公司（3名）

曹常在　方壮尧　徐爱达（女）

中国海洋石油渤海公司（2名）

王庆华　张春阳

中国联合通信有限公司天津分公司（1名）

李震平

交通局（6名）

周来友　王民生　郭宝暖　高绍勇　王敏红（女）　张　雷

中国电信集团天津市电信公司（3名）

腾　勇　林　伟　杨　桦（女）

邮政局（2名）

林　刚　宋桂祥

天津移动通信有限责任公司（2名）

刁连芝　苑满红（女）

北京铁路局天津铁路分局（13名）

李奎斌　王　军　高延军　张玉栋　刘文明　陈永安
唱润新　劳志工　李卫天　刘　毅　张治华（女）　袁淑君（女）
赵永宽（女）

铁道部第三勘测设计院（3名）

陈立寰　聂　影（女）　王　稳

天津港务局（10名）

张连生　宋桂兰（女）　周月山　侯彦凯　赵春生　马全胜
方　琴　张省利　吴　超（女）　王恩德

中港第一航务工程局（3名）

陈忱南　朱晓晨　鲍国忠

天津航道局（2名）

李大伟　陈香文

中远散货运输有限公司（3名）

毕立孔　柳健雄　杨佐昌

中国国际航空公司天津分公司（1名）

王　彤

天津滨海国际机场（1名）

杨明光

东方通用航空公司（1名）

李胜三

中交第一航务工程勘察设计院（1名）

王美茹（女）

天津海事局（1名）

陈英俊

地方铁路管理局（1名）

张秀成

交通部天津水运工程科学研究所（1名）

李文涛

天津建工集团总公司（18名）

马政红　田志强　蔡鸿胤　吴　军　付金栋　吴庆祥
梁　平　白云旺　马　骏　张佩文　姜树维　兰洪波
姚振鹏　杨家安　刘奎生　孟永来　虞晓童（女）　魏宝江

建筑材料集团总公司（9名）

任长来　张　宏　郝森树　毕凤平　刘凤鸣　徐正清
周　雁（女）　齐振海　肖志光

天津市市政工程局（12名）

刘兰强　韩　军　王清泉　张泉芬（女）　赵惠川　崔丙申
姜　义　薛　萍　赵建伟　纪振荣　于炳泽　朱　光

房地产管理局（5名）

路　红（女）　牛玉玲　郎作连　王学平　肖新方

公交集团有限公司（6名）

李金琪（女）　丁文柱　韩连芝（女）　蔺志刚　刘魁斌　杨冬梅（女）

燃气集团有限公司（4名）

郭和玲（女）　郭成庚　张大刚　宣大民

自来水集团有限公司（4名）

李文华（女）　李树泉　刘建生　肖连华

规划设计管理局（2名）

刘景梁　刘俊卫

园林管理局（2名）

周玉华　杨　华（女）

房地产开发经营集团（1名）

徐建忠

市容环境管理委员会（1名）

刘淑兰（女）

环境保护局（1名）

刘兴华

天津市城市建设学院（1名）

毛　犇（女）

中国石化集团第四建设公司（1名）

钟甘林　赵竞成　王泽琪　谷玉英（女）

中国铁路第十八工程局（5名）

徐建雄　褚延芳　赵兴存　张义勋　赵广发

中国建筑第六工程局（4名）

陈友东　宋爱惠（女）　张广清　席华武

天津水泥工业设计研究院（1名）

许景曦

地质矿产局（1名）

吴玉凯

中国天辰化学工程公司（1名）

严义培

中国水利水电基础工程局（1名）

韩　伟

中国市政工程华北设计研究院（1名）

徐　强

中国有色金属工业总公司华北地质勘查局（1名）

杨振付

一商集团有限公司（8名）

姬振明　王玉环（女）　冯　强　毛雁俊（女）　张春选　李　洪
葛　林　杨连发

二商集团有限公司（9名）

闵连桢　郑广泉　吕永泉　于财勇　吴学启　李国杰
钱国良　贾奎林　赵　军（女）

粮油集团有限公司（8名）

缴桂玲（女）　蔡津生　马金恒　王维章　董凤轩　王　颖
董英贤　杨庆勇

供销合作总社（5名）

李国瑞　郑　诚　李建路　杜鼎山　孟宪敏（女）

天津百货大楼股份有限公司（1名）

张淑琴（女）

天津劝业华联集团有限公司（5名）

唐吉霞（女）　赵迺怡　陈贵祥　梁晓刚　孙学华

南市食品街（1名）

鲍家驹

财贸管理干部学院（1名）

袁光建

中石化股份有限公司天津石油分公司（1名）

张国强

对外经济贸易委员会（8名）

王德荣　仝津玲（女）　马红锋（女）　陈丽华（女）　于险峰　单　工
周晋奎　王世祥

对外经济联络局（1名）

赵树华

旅游局（1名）

张大为

物资集团总公司（3名）

李正忠　王学和　董　宁（女）

中储发展股份有限公司（1名）

降明山

国家税务局（2名）

陈玉荣（女）　王克忠

物资集团总公司（1名）

张宝平

天津市商业银行（2名）

张富荣（女）　张秀清

农村信用合作社联合社（3名）

武秀芬（女）　李　惠（女）　汪忠龙

津能投资公司（1名）

周庆翔

社会保险基金管理中心（1名）

李永亮

审计署京津冀特派员办事处（1名）

童仕欢

中国农业银行天津市分行（1名）

苗　诚

中国银行天津市分行（1名）

夏明莹

中国工商银行天津市分行（1名）

张　杰

中国人民保险公司天津市分公司（1名）

王建华

高等院校（36名）

张春霆	黄　田	姚康德	杭建民	戴居丰	张伟平
顾　沛	朱光华	李明智	李维安	郝希山	朱理玮
宋诗铎（女）	李　强	张维铭	冯世庆	畅继武	张嘉兴
王晓林	赵增国	徐大同	陈治怀	张滨江	王　洪（女）

郭津生	刘金亮	尹贻林	石淑兰（女）	李金利	蒋秀明
阎殿然	马书林	戴锡孟（女）	王　平	杨雁行	陈　英（女）

高等院校（9名）

刘　兵	张大宁	沈中阳	江　涛	马宝通	张云山
郭志刚	王　雁（女）	韩玉荣（女）			

新闻出版社（2名）

谭　锋　　石婉荣（女）

文化局（1名）

刘　颖（女）

教育委员会（1名）

胡爱新（女）

教育科学研究院（1名）

庞学光

体育局（1名）

赵俊民

广播电视局（1名）

张　仑

天津日报社（1名）

魏月新（女）

今晚报社（1名）

于素扬

天津电影制片厂（1名）

胡春桐

和平区（17名）

李克栋	李素颖（女）	杨贵明	刘立群	张　俊（女）	王云慧（女）
王德兴	李学敏（女）	尹东华（女）	金永信	曾建辉（女）	康　静（女）
沙明俊	潘天佑	杨德增	何俊伟	鲁　霖	

河西区（17名）

王宝成	王培枝	刘凤榕（女）	孙世权	邢和利	张　荣（女）
李　嫣（女）	李和芝（女）	陈萍红（女）	姜　桓	赵春香（女）	徐立起
徐正慧（女）	殷　海	袁滨渤（女）	温世存	董长琴（女）	

河北区（19名）

陈　正	刘玉岭	尚贞荣	阎山林	夏淑琴（女）	白金海

孙志全	李裕明	孙锡藻	马学斌	关志成	冯春安
王春易（女）	王柯伟（女）	杨　芳（女）	张　起	单桂生（女）	郑　钺
刘文有					

河东区（17 名）

李诚荣（女）	李春青	张泽钧	张洪飞	董春驹	杜闽南
刘洪明	郭棣兰（女）	刘凤霞（女）	李树恒	师小钦（女）	杜世起
曹风林	王桂芬（女）	武亦文	刘德印	邱鸿春	

南开区（16 名）

郑瑞东	李维琴（女）	张　君	赵长忠	张　军	仲新萍（女）
卢　琪（女）	梁振义	李卫东	晁建华	马式午	刘淑霞（女）
柴金强	柴宝忱	韩树森	朱宝安（女）		

红桥区（18 名）

刘　琳（女）	闻　达（女）	吴宝来	赵建明	何　正	李玉芳（女）
陈祯祥	陈国发	朱文春	王国忠	甄云利	徐宝义
李志强	季惠芬（女）	刘　成	艾伯亭	阴志刚	张静秋

塘沽区（26 名）

王恩珍（女）	刘智清	王俊恒	马炳兴	金广俊	李恩庆
云集林	方文达	李长友	佟玉祥	史淑华（女）	韩殿军
焦福利	方淑英（女）	孙云东	王国良	周敏莲（女）	张德群
王春红（女）	刘　颖（女）	徐松巍	王发敏（女）	董　光（女）	王胜红
张心德	吕金城				

汉沽区（17 名）

赵长孝	杨学义	李孟喜	张东民	刘硕川	张国忠
李彭宽	陈术岩	邵月芝（女）	李　娟（女）	曾月旗	蒋立功
李　萍（女）	唐宗成	孙永胜	张颖生（女）	李会霞（女）	

大港区（7 名）

齐庆利	窦介甫	曾洪甫	李长安	刘　刚	赵松龄（女）
崔忠良					

农业科学院（1 名）

丁伯良

水产局（1 名）

朱维昌

畜牧局（1名）

王东来

水利部海河水利委员会（1名）

何　杉

农林局（1名）

李秀文（女）

天津农垦集团总公司（3名）

李占敏（女）　刘连超　王广林

水利局（1名）

万日明

东丽区（11名）

郑明星　宋宝莉（女）　邵长华（女）　邢爱憎（女）　刘松文　刘义然
孙洪森　魏荣龙　侯梦珍（女）　王嘉杰　姬　辉

津南区（12名）

吴　晶（女）　阎长玲（女）　元志玲（女）　张西林　费德才　李树元
王玉和　林桂发　王富来　赵树海　恽少起　张文利

西青区（13名）

丁二领　马占平（女）　于盛起　王家来　刘长海　只万民
李连辉　陈志强　张光亭　张庆梅（女）　范培芝（女）　郭宝印
韩增霞

北辰区（12名）

张　建　周福林　刘志新　田秀海　赵殿奎　张桂莲（女）
李　杰　金秋立　李增坤　刘春海　郑桐海　何云崇

武清区（16名）

丁　静（女）　王春珍（女）　王　凤　申立远　梁增泰　郑宝环
康绍恩　崔恩闪　刘福泉　单玉明　王景成　胡宝泽
毛兴东　孙奎东（女）　陈宝贵　施淑芬（女）

静海县（13名）

张兆亮　潘云婷（女）　王瑞强　谭景祥　戴臣将　阎维忠
曹殿江　董世良　张忠瑞　刘天胜　张家诚　禹作胜
杨绪文（女）

宝坻县（13名）

王　瑜　陈国胜　李　仪　刘志奇　李连宏　单振华（女）

王连金	王　辰	王继良	贾连玉（女）	李桂环（女）	崔绍祖
王如潮					

蓟县（15名）

赵玉环	刘　旺	于　河	王宝义	叶占民	高术宇
刘瑞岐	王学艳（女）	康民安	王　新	李　银	任月荣（女）
顿继武	王建国	侯豁然（女）			

宁河县（11名）

刘素琴（女）	杜志玲（女）	腾　策	李俊奇	董在成	李振海
薄荣来	么庆顺	王立金	阎　渤	冯炳瑞	

市直机关工作委员会（8名）

王茂林	田生亮	张　勉	刘　莹	刘书祥	刘盎然
王　静（女）	刘谦智				

机关行政管理局（2名）

孟繁玉	高　林				

政法委员会（16名）

赵年伏	穆瑞峰	田淑英（女）	李连群	杜迎建	孙占权
刘立峰	于　泽	李　平	李明海	何俊江	何墩怀
周嘉勇	陈　捷	邹明玉（女）	张树森		

科学技术委员会（6名）

吕光明	孙云富	王万新	李冬梅（女）	宋春艳（女）	张祖胜

天津海关（2名）

任国权	蔡　昕				

天津开发区保税区（9名）

程　强	高　翔	彭发祥	徐克贤（女）	高　翔	王素香（女）
郑维骅	贺景敏（女）	杨国荣（女）			

计划生育工作者（5名）

范钖琴（女）	郝惠荣（女）	李宝海	陈子秀（女）	李洪春	

私营企业、个体劳动者（9名）

武国维	杜克荣	高文光	刘　明	辛建生	田集中
王淑云（女）	范宗仁	王　丹（女）			

下岗再就业人员（9名）

赵宝桐	张凤玲（女）	刘素华（女）	张桂敏（女）	刘雅芬（女）	郭全喜
马文波	张　民	于丽娟（女）			

2002年度劳动模范名单

天津市特等劳动模范（55名）

（按姓名笔划排序）

王　忠	边少怀	田更旺	仝津玲（女）	丛培金	刘　颖（女）
刘云生	刘志远	刘志嘉	刘金凤（女）	孙汝泉	孙宝卫
朱兆林（女）	师春生	张广玮（女）	张云亭	张伯礼	张连香（女）
张英凤（女）	张金奎	张国维	张新景	张嘉兴	李文华（女）
李金禹	李洪生	李春青	李恩茹（女）	李福汉	李震平
杜新民	沈德立	邱汝舜	孟昭勤	武秀芬（女）	苗起瑞
范　霞	郑子行	金秋立	费德财	赵年伏	赵明月
赵惠川	郝希山	殷纪臣	郭如丰	郭宝印	顾月海
高　斌	崔永良	崔洪金	康　静（女）	韩贵义	甄云利
滕　勇					

天津市劳动模范（918名）

机电工业控股集团公司（36名）

王吉成	杨学军	周越英（女）	张清泰	李　玮	周维刚
冯学忠	张宝泉	刘会柱	费金红	赵锡仁	尹新生
项佩琳（女）	牛　兴	盛开明	侯春华	陶富强	刘书元
李金生	王建中	王志高	石　璎	高云旭	戚丽珉（女）
张思元	潘　海	王春艳（女）	马庆民	马　斌	张如祥
廖　群	张文娟（女）	王庆禹	杨万生	刘金秀	焦贵德

电子仪表工业总公司（29名）

姜保坤	闻天基	吴立兴	樊本茹	马　严	李　阳
秦克景	马　俊	孙国安	万德平	李晓辉	张成民
牛贺群	王宏飞	杨连奎	陈万扬	李光霞（女）	沈浩平
牛玉麟（女）	孙宝山	刘宝茹（女）	张志强	肖培兴	徐明军（女）
张志健	万文雅（女）	孙玉珠（女）	陈金祥	高孟江	

纺织集团（控股）有限公司（32名）

高建瑞	李月起	张晓燕（女）	夏和平	张瑞生（女）	王镜超（女）
王延红（女）	陈宝君（女）	李雪梅（女）	高秀满（女）	魏乃云	闫京莉（女）
岳德纲	戴学咸	胡颖超	常秀兰（女）	郭立钢	任志铭

张明月（女）	王铁锁	孙长水	白振起	刘 华	房世惠（女）
马树堂	王洪娜（女）	武全胜	丁振民	曲义海	卞 镇
徐艳荣（女）	梁秀华（女）				

冶金工业总公司（23名）

杨玉金	候 葵	杨伟增	史啓芳	张宝忠	刘殿利
张水方	吴来俊	刘 玉	张宏强	高德强	王钟明
郎 娟	秦国营	李建民	郑永祥	李耀明	杨会生
刘振福	李有新	姚玉芬（女）	孙国和	管玉新	

医药集团有限公司（15名）

黄早生	黄 斐（女）	孟 红（女）	高海春	魏玉林	李 宁
安鸿杰	杨 效	佟永领	王桂英（女）	储玉玲（女）	徐国庆
杨连祥	许玉昆（女）	詹原竟			

渤海化工集团公司（21名）

高明贤	黄德宏	韩耀增	邵 巍	李国强	王春生
苏国兴	朱祥忠	郝 力（女）	张兴华	任立强	付仁庚
马卫东	魏文生	李 宏	韩玉林	张富强	沈忠志
申 健	方义伦	董素娟（女）			

一轻集团（控股）有限公司（27名）

邢连华	薛利军	白淑云	刘宏军	杨义学	时子贤
潘四新	朱 勤（女）	朱晓静	林馥霖	李惠敏	史宝龙
沈乃源	李兆龙	吴建明	贾和春	马春鹏	魏淑荣
宋治和	王新芝	张建辉	朱鸿兰	陈益昆	姚建华
李春立	许勤虎	刘俊心			

二轻集团（控股）有限公司（25名）

谷迺奇	季中强	刘树根	齐士平	林敏信	高双成
孟淑萍（女）	范开文	郭永禄	曹文暖（女）	顾晓东	井建勇
王宝新	黄 勇	朱 静	刘素华（女）	刘 燕（女）	于 锦（女）
鲁振香（女）	张云燕（女）	李树义	甘立新	庞力生	张云来
张永泓					

汽车工业（集团）有限公司（11名）

张世甲	刘晓勃	宋 建	杨洪春	刘国福	康炳义
闫 利	高全岭	赵春生	胡各荣	曹 萍	

钢管有限责任公司（4名）

李德运　李　刚　王　京　卢振宗

中国华北电力集团公司天津市电力公司（8名）

宋敬尚　李秀芬（女）　李卫卿（女）　李秉实　郭学军　邢佩福
梁宝全　姜　义

国防工业（9名）

盛　郁　吴辅兴　赵　强　史文杰　何彩凤（女）　胡树清
田　鸿　李　缮　于建中

大港油田有限责任公司（19名）

田太行　冯振山　张国宏　韩学中　陈继武　于　旺
朱建政　王　峰　李艳凤（女）　李凤霞（女）　徐炯峰　丁桓臣
王翠霞（女）　马淑岩（女）　郭树文　张润树　董树政　孟立新（女）
曾　强

石油化工公司（9名）

刘铁山　王毅力　尹　枫　白爱民　卢素红（女）　彭伟忠
万慧英（女）　安俊军　张连生

中国海洋石油渤海公司（2名）

赵贵杰　杨　寨

中国华北电力集团公司天津大港发电厂（2名）

安省魁　杨援朝

国华盘山发电有限公司（1名）

贺桂林

天铁冶金集团有限公司（12名）

刘超英　金复生　吴剑平　赵发义　代淑娥（女）　毕军霞（女）
李会芝（女）　刘　乐　邢金泉　耿起河　韩庆波　林士光

飞鸽集团有限公司（6名）

于维强　蒋战利　罗　芸（女）　沙云澍　赵维新　于铁生

烟草专卖局（2名）

刁周会　李政业

有色金属集团有限公司（2名）

章　左　李永林

塑料集团有限公司（3名）

李葵荫　白晋华　赖云龙

中国汽车技术研究中心（1名）

赵 航

环球磁卡集团有限公司（3名）

张 忠　赵 富　缪惠民

金耀集团有限公司（3名）

卢彦昌　杨凤翃　朱延哲

交通局（6名）

尹恩会　王 岗　白玉成　庞文华　程进祥　梁来增

铁路分局（12名）

李继宗　毕俊甫　张景凤（女）　史秀梅（女）　刘艳红（女）　李景伟
孟海军　马秋生　樊 屹　赵立仁　王 建　何衍明

铁道第三勘察设计院（3名）

赵 奕　刘永超　齐春雨

地方铁路管理局（1名）

丁林生

港务局（9名）

马桂兰（女）　满德刚　马维墩　高文禄　马会军　马全胜
苏连川　蒋洪有　吴 超（女）

中远散货运输有限公司（4名）

李 毅　王国荣　刘玉宝　闵希侯

第一航务工程局（3名）

魏兴华　孙 义　李健双

航道局（2名）

李大伟　刘德成

海事局（1名）

崔永发

第一航务勘探设计院（1名）

尹锡泽

水运工程科学研究所（1名）

赵冲久

国航天津分公司（1名）

岳其任

航道局（1名）

王俊波

邮政局（2名）

王凤勇　　廉　清（女）

中国网通集团天津市通信公司（3名）

刘　斌　　赵淑英（女）　梅　冬

移动通信有限公司（2名）

邓映峰　　赵春蕾

电话设备厂（1名）

吴玉书

建工集团（控股）有限公司（18名）

李建军（女）	王月强	张克明	刁士俊	张瑞森	朱贵喜
耿建津	王清朝	李建立	肖广福	顾广惠	郭　葱
刘海鸣	杨建国	李玉河	张建民	于新文（女）	魏宝江

建筑材料集团（控股）有限公司（10名）

魏惠云	郭青臣	张正安	杜建华	聂鸿丽（女）	赵长发
宋国光	王大千	王惠民	赵忠义		

市政工程局（11名）

何大川	于立军	韩占荣	李慧明	张宝林	张光汉
马白玉（女）	李　骥	危金阳	姜　义	吴秉军	

房地产管理局（1名）

徐玉明

住宅建设发展集团有限公司（5名）

刘　奇　　孙传华　　关淑妹（女）　王士林　　邓永胜

公交集团有限公司（6名）

王桂香（女）　丁文柱　　韩连芝（女）　蔡茂婕（女）　张　勇　　杨冬梅（女）

燃气集团有限公司（5名）

董　岳（女）　武　岳　　郭和玲（女）　郭成更　　宣大民

自来水集团有限公司（3名）

肖连华　　郭学智　　韩砚萍（女）

规划和国土资源局（2名）

王国良　　史延玉

园林管理局（1名）

陈 涛

房地产开发经营集团有限公司（1名）

王 纯

中国石化集团第四建设公司（4名）

孙松贵 谢 伟 沈荣伟 王国华

中国铁路十八局集团有限公司（5名）

户海印 程文才 杨福清 朱思理 周顺海

中国建筑第六工程局（4名）

邹忠斌 孔广艳（女） 王彦龙 张鹏举

水泥工业设计研究院（1名）

许景曦

地质矿产局（1名）

田树信

中国天辰化学工程公司（1名）

孙 钺

中国水利水电基础工程局（1名）

徐方才

中国市政工程华北设计研究院（1名）

张 毅

华北地质勘察局（1名）

刘瑞臣

市容环境管理委员会（1名）

张志海

一商集团有限公司（7名）

任 宏（女） 张宝生 张汉涛 曹建明 张春选 葛 林
冯 强

二商集团有限公司（7名）

孙凤桥 吕永泉 刘建平 孙洪佩 李国杰 孙晓芹（女）
林俊松

粮油集团有限公司（6名）

黴桂玲（女） 王维章 黄英贤 董福生 王家禄 张玉泉

物资集团总公司（6名）

安慧民　郭建中　陈克勇　葛登龙　李正忠　袁　娟（女）

供销合作总社（5名）

王　华（女）　齐鸣声　李建路　周连起　郑文辉

劝业华联集团有限公司（5名）

孙学华　王　蕾（女）　梁益林　孟益发　石铁栋

石油集团有限公司（1名）

孙　祺

百货大楼有限公司（1名）

史建华

财贸管理干部学院（1名）

袁光建

对外经济贸易委员会（14名）

王俊玲（女）　赵树华　刘建军　杜青岩　李　竟（女）　战英男

王世祥　陈天倚　冯美娟（女）　石金花（女）　周淑湘（女）　王乃彦

刘和平　王德荣

中国工商银行天津市分行（1名）

刘惠新

中国农业银行天津市分行（1名）

苗　诚

中国银行天津市分行（1名）

王洪杰（女）

国家开发银行天津市分行（1名）

韩　军

财政局（地方税务局）（2名）

张　丽（女）　孙明娜（女）

社会保险基金管理中心（1名）

杨燕丽（女）

商业银行（2名）

张秀清　张跃刚

农村信用合作社联合社（1名）

张　玲（女）

津能投资公司（1 名）

刘育明（女）

国家税务局（1 名）

王季梅（女）

财政部驻天津市财政监察专员办事处（1 名）

赵　莹（女）

审计署京津冀特派员办事处（1 名）

吴占利

中储发展股份有限公司（1 名）

降明山

渤海证券有限责任公司（1 名）

齐朝晖

和平区（17 名）

李学敏（女）	曹　影（女）	李永善	姜　若（女）	杨明政	郭振彬
任占杰（女）	王　浩	律宝顺	王春景	王爱珍（女）	任师随
徐建强	钟　英（女）	赵光普	夏淑英（女）	刘　平	

河东区（17 名）

陈茂生	张春荣（女）	吴士芹（女）	杨其刚	李可定	刘玉琴（女）
孟昭正	张殿岐	孙力捷（女）	周永福	李树恒	韩润明
张连英（女）	刘增慧	吴桂珍（女）	郭长伦	武亦文	

河西区（17 名）

陈萍洪（女）	姜　桓	董长琴（女）	王宝成	温世存	袁滨渤（女）
李　嫱（女）	邢和利	徐正慧（女）	李辉忠	刘春鑫	周传勇
李恩喜（女）	姜德义	张　维（女）	范　君（女）	赵淑珍（女）	

南开区（17 名）

赵长忠	郭梦琪	刘　林	肖学平	徐　青	梁　虹（女）
张　军	柴金强	张福琦	项宝柱	孟昭平（女）	焦利民
郭玉薇（女）	李恒印	赵　铮	张秀玲（女）	徐振德	

河北区（19 名）

马学斌	王柯伟（女）	历秀文	关志成	闫山林	朱志刚
孙　砀	陈　正	宋津利	李裕明	李锡久	张为民
张文馥（女）	张宝珉	张美兰（女）	杨　芳（女）	尚贞荣	赵　欣
胡坤友					

红桥区（17名）

李志强	马洪欣（女）	张宝元	季惠芬（女）	李玉芳（女）	袁振民
郭　华	康振强	朱文春	李绍育	马静茹（女）	毕　霞（女）
张静秋	李克山	赵尔增	董连琴（女）	方金华（女）	

塘沽区（26名）

刘建文	汤吉彦	刘玉才	刘恒达	杜树发	王连胜
赖振国	刘广荣	张志元	张金茹	陈秀岩	牟万福
刘玉峰	李文达	张宏发	贾立杰	陈　勇	张永发
潘　伟	黄博和	卢宗瑞（女）	李　坤	任景华（女）	王发敏（女）
张桂凤（女）	王富荣（女）				

汉沽区（17名）

米　勇	邵宝顺	崔玉霞（女）	崔永洪	马信华	李彭克
李彭宽	邵月芝（女）	唐宗成	李　萍（女）	邱志宏	邵树全
王建勇	李国春	李伯菊（女）	邵乃英（女）	李朋同	

大港区（6名）

刘世贵	李　杰	王绍山	闫宝林	张秀云（女）	张文荣（女）

东丽区（11名）

宋文华（女）	宋茂斌	孙荣志（女）	张伯良	张金海	王成功
张惠敏（女）	范喜宏	刘桂芳（女）	吴志强	魏宝桐	

西青区（12名）

张文秋	高桐胜	刘长海	刘贤忠	王家来	陈秀英（女）
张富贵	杨炳申	丁二顺	韩增霞	王连会	王　静

津南区（12名）

郭俊义	张锡海	刘长兰（女）	李维金	张连起	田景华
周耀光	唐国栋	马恩成	赵燕祥	李树祥	韩国增

北辰区（12名）

郑桐海	魏鹏忠	陈　玉	王树林	张　建	袁克祥
田玉光	赵绍军	赵永良	张振华（女）	刘立生	江乐泽

武清区（16名）

尹瑞琪（女）	曹建芳（女）	史学忠	王克霞（女）	王福英（女）	韩会祥
王家仲	张广钊	刘会延	黄万泉	张春刚	李俊华
杨焕和	姚文霞（女）	曹起富	张树林		

宝坻区（13名）

毕立言	杨占山	李荣付	赵永亮	闫桂芸（女）	唐东强
王东立	鲁宗红（女）	邢瑞军	杨伯奎	李印奎	李树民
张振国					

静海县（12名）

陶淑岭	李秀苹（女）	于智玖	杨继贤	朱维轩	史会林
郭　强	吕　超	张宝成	吴丛峰	罗松森	马文山

宁河县（11名）

霍丽娜（女）	王素华（女）	付士勇	于学彬	刘志国	贾巨新
王凤行	杨振太	李德元	奚占芳	王　琢	

蓟县（14名）

王宝义	刘瑞岐	张　景	金小双（女）	张素玲（女）	尹秀红（女）
刘加胜	赵　银	王　武	高振华	刘士龙	张绍先
冯景仁	吴佐更				

水产集团有限公司（1名）

施坤生

水利部海河水利委员会（1名）

张永顺

农业科学研究院（1名）

李共群（女）

农业局（1名）

王瑞卿（女）

蔬菜总公司（1名）

赵锡文

中国农业机械华北公司（1名）

杨书德

水利局（1名）

王得军

农垦集团总公司（3名）

田凤英（女）　张景和　张家国

高等院校（31名）

宫占奎	孙　骞	周其林	齐寅峰	张　琚（女）	周立群
刘耀昌	王树新	张国雄	邢宝凤（女）	赵学明	邹德侬

田　心（女）	张连云	万　征	畅继武	只达石	孙保存
郑　帼（女）	宗华敬	李　康	修　刚	孟昭毅	吴炳岳
何元东	李志刚	许春生	华玉林	李维利	魏大鹏
刘书瀚					

教育委员会（1名）

高洪涛

卫生局（10名）

范宝利	王学谦	任新生	刘　冬	刘　钢	刘鸿梅（女）
周振理	林婉君（女）	郭志刚	王　雁（女）		

文化局（3名）

王　平　　张　克　　刘建超

新闻出版局（1名）

刘炳文

天津日报报业集团（1名）

李　铎

今晚报社（1名）

吴隆模（女）

广播电视电影集团（3名）

李　安　　董法昌　　刘素琴（女）

体育局（2名）

王宝泉　　谭　雪（女）

中国医学科学院中国协和医科大学血液学研究所（1名）

韩忠朝

中国医学科学院放射医学研究所（1名）

王继先

市级机关（8名）

马金萍（女）	漆　玲（女）	张志顺	张　勉	王印茹（女）	马方菲
潘允康	郑　凯				

机关事务管理局（2名）

李建华　　杨爱国

政法委员会（17名）

王书臣	王沛勇	王　梅（女）	李东来	张玉祥	闫家琪
张振陟	李国中	路新界（女）	李景云	邳德清	刘秀琴（女）

张士奎	骆　明	陈　捷	冯立伟（女）	唐文发	

科技工委（7名）

李鹤鹏	鲍鸿春	方燕萍（女）	李延兴	黄骁卓	王　宏
李　华					

开发区保税区（11名）

鞠英年	李　钰	高　翔	庞鸣凯	牛　素（女）	邢荣华
曹铁忠	王书申	史　红（女）	周　立	孔繁昌	

计划生育工作者（4名）

郭金星	吴凤荣（女）	范兰书（女）	刘兰瑞

优秀经营者

个体劳动者（8名）

刘建琪	赵凤旺	杨旭超	王淑云（女）	赵玉娟（女）	郝德利
张建伟	陈　静（女）				

私企人员（20名）

张桂宗	王树林	张国基	许忠杰	杨茂秀	王　淮
陈长茂	王贵文	钱连达	段　磊	付玉成	国连军
邹　凌	刘永远	夏　伟	谭学增	杜克荣	段文谦
霍汉祥	张来福				

2004年度劳动模范名单（975名）

机电工业控股集团公司（36名）

张双清	侯金艳（女）	吕　杰	袁圣捷	吴永胜	刘华芬（女）
张　军	延绪强	杨学军	李晓玲（女）	金　毅	安健祥
杨　光	霍爱林	张　建	杨正新	邵春华	贾瑞兴
武振岭	陈　健	马近起	韩念果	李学元	胡　虹（女）
杨泳年	蒋　莉（女）	吕贺东	高和新	陈　杰	刘金秀
宋宝敬（女）	付　睿	杨万生	徐红英	李纪刚	张文英（女）

中环电子信息集团有限公司（30名）

孙兴文	焦延和	陈　鸣	程焕新（女）	张树海	宁普双（女）
李振宗	阎　健	王继业	马学迎	贡立奇	张振江
汤鸿钧	杨金国	万德平	李秀云（女）	肖宝安	王建昌
杜唐宝	刘和平	李　续	潘　扬（女）	宋国庆	陈春禄
刘德祥	邓慧梅	寇泽田	胡广玉	李　铭	史国君

纺织集团（控股）有限公司（32名）

严金卫	杨静（女）	辛欣	付涛	张瑞生（女）	董满贵（女）
马宝柱	王镜超（女）	王丽（女）	汪静红（女）	付文双（女）	王建
魏凤桐	孙凤玲（女）	刘欣	刘敦平（女）	尹清升	张林
徐艳荣（女）	赵蓓（女）	谷凤兰（女）	于长弟	段玉民	冯金龙
王留桂	陈桂荣（女）	李政国	卢玉芳（女）	宋金英（女）	唐建国
赵建民	刘学义				

冶金集团（控股）有限公司（20名）

彭士俊	李国仁	王玉宝	阎润民	李赞权	崔少为
刘新奎	张纯忠	臧广珠	左正	范锡华	高建新
宋怀宝	毛爱菊（女）	田庄强	郭文军	张建国	李桂云（女）
慕芳速	赵骏				

医药集团有限公司（16名）

詹原竞	张宝桐	王桂英（女）	朱晓晶	刘文伟	陈坚
边新群	张彦森	张磊	李艳（女）	骆强	陈昆
王振铃（女）	韩松勇	邹美香（女）	杨秀敏（女）		

渤海化工集团公司（21名）

黄淑玲（女）	王大弟	富士平	陈凌兰（女）	李树旺	刘泰岭
王德勇	王春生	张利军	李国强	申健	余逸
勾兆光	田淑英（女）	高德明	陈新	张淑芳（女）	葛广海
王家浚	芮福宏	曲波			

一轻集团（控股）有限公司（27名）

王新生	王德明	朱勤（女）	张保康	吴建杰	肖福兴
时子贤	张金凤（女）	王平（女）	于春来	刁丽璇（女）	张立强
马顺利	杨义敏（女）	肖冬	岳明	张震宗	赵文刚
杨津生	赵自明	夏鹏	王自起	刘俊心	叶樱（女）
许勤虎	张维良	管崑			

二轻集团（控股）有限公司（26名）

谷廼奇	季中强	刘建国	赵建旭	马秀娟（女）	栾洁
付振伟	王长清	张广跃	李肇强	李秀景（女）	王桂兰（女）
孟昭芬（女）	王宝新	权怀平	黄勇	王惠生	鲁振香（女）
唐颖（女）	姜静（女）	崔淑贤（女）	曲和平	闫曙光（女）	杜新燕（女）
黄兰英（女）	刘德胜				

汽车工业（集团）有限公司（11 名）

张　军　李绪明　倪立春　黄庆辰　鲁　宁　潘云生
赵春生　陈　莹（女）　刘海萍（女）　郝致洲　郑启和

钢管集团有限公司（5 名）

安士亮　李德运　陆永生　张旦天　严泽生

总工程师

电力公司（8 名）

朱克全　刘继平　李秀芬（女）　张之鹏　骆津海　耿世春（女）
钱品香（女）　高鸿源

国防工业（9 名）

陈桂娥（女）　张凤鸣　宋利权　张玉龙　王树刚　徐景云
李　辉　罗　萍（女）　王有兴

大港油田集团有限责任公司（20 名）

郭如峰　马金山　黄巨臣　高和记　陈继武　胡春文
田　戈　张军民　黄会增　牛琴锡　钱晓辉　张国志
宋小菊（女）　王喜梅（女）　王占良　刘淑梅（女）　王连敏（女）　孟令津
袁淑琴（女）　刘宝珠

石油化工公司（9 名）

张世忠　彭乾冰　金钦中　仇少雨　李　斌　董振兴
王雅萱（女）　左仲惠（女）　张　勇

中国海洋石油渤海公司（2 名）

耿　铁　吴学文

华北电网有限公司天津大港发电厂（2 名）

王志强　张国庆

国华盘山发电有限责任公司（1 名）

王祖强

天铁冶金集团有限公司（13 名）

刘志嘉　朱德升　孟大勇　姚成胜　林艳敏（女）　祁庆芳（女）
王喜民　齐砚田　李　强　杨华义　赵禄伟　吴锐奇
刘守法

天津钢铁有限公司（6 名）

李　琦　陈建国　陈乃禾（女）　陆明春　韩富生　谢广平

飞鸽集团有限公司（6名）

寇常有　李锡林　崔云沛　金　英（女）　马　浩　张玉华（女）

烟草专卖局（2名）

刁周会　于长瑛

有色金属集团有限公司（2名）

宋　军　毛允正

中国联合通信有限公司天津分公司（1名）

杜　军

塑料集团有限公司（3名）

薛　增　董胜来　张召惠

天津中德现代工业技术培训中心（1名）

李胜武

环球磁卡集团有限公司（3名）

徐　髯　赵　富　刘同宝

金耀集团有限公司（4名）

王延年　马　强　李　中　师春生

交通局（7名）

何　军　郝　维　王伟光　苏　敬　王敏红（女）　曹世成
李　啸

天津铁路分局（12名）

薛玉霞（女）　李振生　李　胜　韩淑义（女）　王殿彪　郑　鹰（女）
宗世怀　郭　浩　高　才　范德维　龙　锐　张树通

铁道第三勘察设计院（3名）

李凤芹（女）　胡旭红　王俊峰

铁路集团有限公司（2名）

张凤鸣　滕秀起

天津港（集团）有限公司（10名）

纪鸿恩　马桂兰（女）　翟学成　杨祥海　王义发　沈　健
苏连川　蒋洪有　陈翠荣（女）　王玉国

中远散货运输有限公司（5名）

郑良杰　田润海　孙宝珠　赵树海　张国栋

中港第一航务工程局（3名）

季文光　王作军　吴利科

航道局（2名）

郑宗国　张学忠

海事局（1名）

赵殿荣

中交第一航务工程勘察设计院（1名）

戚玉红

交通部天津水运工程科学研究所（1名）

郝品正

中国国际航空股份有限公司天津分公司（1名）

赵　岩

邮政局（3名）

裴立娟（女）　李秋生　周铁胜

中国网通（集团）有限公司天津市分公司（3名）

律　斌　李红月（女）　崔秀芝（女）

天津移动通信有限责任公司（2名）

李　杰（女）　童晓兰（女）

新技术产业园区（3名）

王卫东　商淑秀（女）　李如和

科技工委（4名）

李　华　高永会　汪惟惟　毛德宝

建工集团（控股）有限公司（17名）

陈　怡（女）　魏宗骐　张俊凤（女）　冉隆林　徐忠富　白满顺
陈印桥　张永贤　宫　强　杨俊伟　吴松年　任明毅
杨建国　王希来　刘海鸣　赵建华　张　砺

建筑材料集团（控股）有限公司（9名）

刘秋生　杜连达　赵长发　张亚军　赵万鹏　葛文禄
江　海　邢三元　董继华

市政工程总公司（7名）

陈景山　刘文江　李树茂　梁广彪　张宝林　周里智
苏宝耀

城建集团有限公司（9名）

韩振勇　吴金锁　庞长江　贾　亮　曹文胜　胡寿奎
姚国强　赵春生　汪济堂

公共交通集团（控股）有限公司（7名）

哈　鹏　高　宏（女）　张建生　商胜利　蔡茂婕（女）　张　勇
韩建刚

燃气集团有限公司（5名）

魏树松　董　岳（女）　武　岳　张文娟（女）　王晓莉（女）

自来水集团有限公司（4名）

刘津强　韩砚萍（女）　马亚净　王国印

规划和国土资源局（2名）

李春梅（女）　窦华成

住宅建设发展集团有限公司（4名）

高　煌　康　庄　程　洁（女）　邓永胜

园林管理局（1名）

梁树民

中国石化集团第四建设公司（3名）

刘知法　梁　伟　苏秀丽（女）

中国建筑第六工程局（4名）

王　俊　王晓江　袁银书　于莲芝（女）

中铁十八局集团有限公司（6名）

李永军　杜洪举　张贵忠　苗福启　刘家文　李传森

房地产信托集团公司（1名）

李　惟

天津水泥工业设计研究院（1名）

胡也明

地质矿产勘查开发局（1名）

曹淑萍（女）

中国天辰化学工程公司（1名）

焦公社

中国水利水电基础工程局（1名）

彭善民

中国市政工程华北设计研究院（1名）

王　昭

住房公积金管理中心（1名）

韩　梅（女）

一商集团有限公司（9名）

王连明　李林凯　吕长顺　王丽萍（女）　张汉涛　陶　铨
何爱国　罗　维　薛延年

二商集团有限公司（7名）

王荫发　石宝华　张治国　邢旭来　丁云志　陈光利
田承恩

粮油集团有限公司（7名）

田凤贵　赵振江　裴广青　蓝瑞生　刘效民　乔　洪
赵国英（女）

中国石油化工股份有限公司天津石油分公司（2名）

邢景东　闻　冲（女）

对外经济贸易委员会（15名）

单　工　李　竞（女）　战英男　王利兵　商德顺　李素红
冯美娟　林秀丽（女）　苏君华　肖绪泉　孙海滨　白文彬
马　建　郑文杰（女）　陈天倚

劝业华联集团有限公司（6名）

陆恩龙　刘瑞萍（女）　梁益林　石铁栋　司永胜　王　蕾（女）

财贸管理干部学院（1名）

陈　卓

物资集团总公司（6名）

安惠民　陈克勇　张晓轩　邱德起　袁　娟（女）　单宝杰

供销合作总社（5名）

韩恩麒　刘政民　刘学刚　商兆杰　吴宝成

财政局（地方税务局）（2名）

李燕龙　杜　彬

社会保险基金管理中心（2名）

高云发　李玉梅（女）

商业银行（2名）

尚学锋（女）　李国红

农村信用合作社联合社（2名）

郑　新（女）　张莉颖（女）

国家税务局（2名）

李秀清（女）　刘继芹（女）

财政部驻天津市财政监察专员办事处（1名）

孟慧民（女）

中国工商银行天津市分行（1名）

赵义民

中国农业银行天津市分行（1名）

孙艳荣（女）

国家开发银行天津市分行（1名）

黎维彬

中国农业银行天津市培训学院（1名）

龚　涛（女）

中储发展股份有限公司（1名）

田润峰

中国银行天津市分行（1名）

张金霞（女）

和平区（18名）

张清秀（女）	徐发伦	唐　坤（女）	黄　倩（女）	徐崇鹏	仉秀洪
冷世雄	王传萍（女）	张秀英（女）	李炳书	李富贵	梁　森
王连胜	李继娇（女）	李日伟	可广欣（女）	刘天锁	贾凤莲（女）

河东区（18名）

张万远	孙士勇	李绍华	刘霄华	沈国胜	何　建
王连友	海秀敏（女）	张执凯	李研学	张　举	王雅洁（女）
刘亚文	李桂芳（女）	宁书成	孟　新（女）	林　琳（女）	韩　颖（女）

河西区（18名）

齐　薇（女）	安　媛（女）	杜　晖（女）	刘　一	付志刚	吴希刚
杨万立	任树森	郝广富	李辉忠	万鹏祥	王建强
刘棚朝	周传勇	刘金玲（女）	杨冬生	赵家来	王秀琴（女）

南开区（18名）

于焕生	毛　利	冯永起	权怀新	吕强民	邬学青（女）
刘学茹（女）	刘海晏	安惠敏（女）	祁连海	芮双显	李占国
李宝善	张同卫	张雅梅（女）	赵淑萍（女）	黄松茂	韩　丽（女）

河北区（18名）

历秀文	王晶瑶（女）	王琳华	孙本开	孙玉栋	许树丰
吴兰英（女）	张为民	张庆元	杨韶武	汪有汉	周玉泉

柳建军	胡坤友	郭长玲（女）	程兆芹	成俊义	韩久江

红桥区（18名）

马华山	王宗钊	史天成	史文志	白　岚（女）	刘大江
苏光际	李树志	肖　克	陈淑芳（女）	张云树	张　武
姜德志	徐天成	徐永有	殷玉华（女）	崔德俊	魏玉玲（女）

塘沽区（26名）

张维忠	吴宝恩	刘志强	任岐领	刘继龙	赵长生
李森梨	杨双英	张玉珍（女）	张世福	任利杰	袁世明
赵　萍（女）	钟晓龙	牟万福	王政坤	路树岭	程家福
王在崇	王立军（女）	张玉群	杨国刚	段　红（女）	郑保国
吴桂荣（女）	殷富强				

汉沽区（17名）

陈云钊	李国海	周　晶（女）	杨宗东	张良喜	王洪德
张瑞成	殷付中	赵祝生	徐大力	史少景	任　杰
刘洪喜	杨卫东	王　琪	王志强	李朋同	

大港区（7名）

李庆忠	薛　辉（女）	王润东	薛　建	杨瑞明	季秀莲（女）
马鸣超					

东丽区（13名）

张孟星	赵治明	王金柱	崔玉璞	孙树元	柴寿山
贾秋生	常　莹（女）	赵元花（女）	刘　耘（女）	赵爱军（女）	杨爱莉（女）
高林华					

西青区（14名）

宋德成	张文秋	张惠俭	勾树松	只万民	孙秀华（女）
田金元	高秀冬（女）	王海龙	邓学东	孙秀茹（女）	郭忠会
蔡志萍（女）	芦德永				

津南区（13名）

龚义成	张福芸（女）	王志群	田树纯	张文升	徐福生
回庆平	刘延奎	张永山	张继波	纪宝宏	宁存利
窦克清					

北辰区（14名）

于广龙	于　静（女）	兰香艳（女）	安中荣（女）	刘安廷	刘福颖（女）
周富义	赵志厚	赵绍军	高克俭	袁克祥	穆瑞安

魏晓东　魏鹏忠

武清区（16名）

赵克良	李文祥	王淑华（女）	王　毅	刘贵平	张儒增
薛连华	王　清	王祖昌	关印宏（女）	石柏年	王恩成
李津浩	李晓军	张海清	韩　涛		

宝坻区（15名）

王士秀（女）	杨永玲（女）	王维祥	戴　洪	陈立光	马长泽
邢惠芝	李河龙	王守义	李秀双	辛延伶	王东明
崔雅臣	王　生	许万举			

静海县（15名）

刘振岩	赵永远	孙文利	杨洪文	陈绍茹（女）	陶立庆
程广会	黄万山	于俊森	高　志	刘永贺	刘庆奎
刘建芬（女）	李凤禄	李润华			

宁河县（12名）

董恩兴	范全太	王德柱	赵凤来	刘克萍（女）	陆晶明
张芝香（女）	张洪岭	王井海	苗建生	李润更	孟宪起

蓟县（14名）

张立海	李元柱	张志敬	吴杰军	赵　欣	孙凤桐
董振坤	张长春	王翠香（女）	闫　红（女）	苏朝霞（女）	李　锁
刘　和	王艳忠				

渔业发展服务中心（1名）

张　勤（女）

水利局（1名）

李惠英（女）

中水北方勘测设计研究有限责任公司（1名）

席燕林

水利部海河水利委员会（1名）

郭书英

农业科学院（1名）

李加旺

蔬菜总公司（1名）

张玉柱

天津农学院（1名）

靳润昭

农业局（1名）

陈玉春

农业机械局（1名）

高宝成

农垦集团总公司（2名）

陈振来 马清华

政法委员会（16名）

杜 涛 郭 杰 靳绍华 孙福强 魏 洁（女） 刘国华
孟昭德 李国平 唐云洪 李海柱 闫静珍（女） 王宝强
韩津生 张永刚 徐宝宏（女） 王万喜

机关事务管理局（2名）

姜 伟 王彭彧

市级机关（9名）

李凤琴（女） 王红卫（女） 佟允上 何孝荣 李砚军 高 勇
王 岩 马芳菲 杨福玉

开发区保税区（11名）

赵世伟（女） 李建宁 陈乃克 侯永明 张家勇 张伟力
朱浩波 曹秋芬（女） 郑同才 叶树人 梁绪树

高等院校（37名）

卜显和 廖代正 卜文俊 孙 云 盛 斌 孙广平
余贻鑫 于海生 余建星 朱家玲（女） 孙 彦 林漫群
訾自强（女） 高 平 赵凤喜 林 珊（女） 郑 军 王 平
吕晓龙 陈 莉（女） 侯建新 游泽清 徐桂芝（女） 李 妍（女）
刘安军 徐国胜 何文章 李树丽（女） 于义良 魏荣宝
周禄新 肖红叶 张晓希（女） 郭树群 蒋志华 都业富
李建国

中国医学科学院血液学研究所血液病医院（1名）

王建祥

教育科学研究院（1名）

王家骏

教育委员会（1名）

国赫孚

卫生局（12名）

姚　晖（女） 崔乃强 赵堪兴 陆　伟 董荣华 单爱兰（女）
秦英智 任众环 轧春妹（女） 任新生 黄兆强 只达石

文化局（3名）

岳　宏 曾照娟（女） 王　平

新闻出版局（2名）

曾永晨 赵本建

广播电视电影集团（1名）

邢树民

天津日报报业集团（1名）

邓效锋

今晚报社（1名）

杜仲华

计划生育工作者（5名）

吴宗毅 吴凤兰（女） 赵焕生（女） 郭文萍（女） 卢桂凤（女）

个体劳动者（10名）

陶正勇 周　凯 朱宝钧 郝双庆 刘桂洲 卢　萍（女）
王兆杰 王庆强 张海宽 李金鹏

民营企业人员（24名）

李兰云（女） 李凤军 白少良 董霄龙 张雪岩 陈　起
张　彤（女） 于克国 窦树华 高学刚 张祥青 许忠杰
高　增 苗振元 董文智 李秀敏（女） 靳秀云（女） 张芝泉
林心宪 李守民 刘　津 王淑霞（女） 尔　悦 王　敬（女）

外来务工人员（5名）

马凤翔 王锦龙 李振刚 史小波 刘俊刚

2006年度劳动模范名单（987名）

天津市最具影响力劳动模范（13名）

孔祥瑞 卢彦昌 武秀芬（女） 李连群 王宝泉 田凤英（女）
刘春海 王　京 王立福 许京军 范　霞 马丽莉
高　斌

天津市最具影响力劳动模范提名奖（13 名）

赵治明	袁滨渤（女）	顾月海	张芝泉	陈宝贵	李学忠
祁连海	李　锁	王　平	张同生	刘晓程	张良喜
窦树华					

机电工业控股集团公司（30 名）

柴　瑞	王　彤	韩再全	徐立兰（女）	刘　杰	贾瑞兴
隋　岩（女）	沈凤美（女）	刘家兰（女）	陈瑞明	李津菊（女）	赵江斌
陈一建	史　祺	王　杰	何慧珍（女）	冯宝泉	王旭东
王　巍	单庆臣	李效革	潘立国	董　毅	王津利
阎仲鸣	徐　东	罗津弘	刘义才	李万林	张佩娟（女）

中环电子信息集团有限公司（26 名）

关建华	孙国栋	张　杰（女）	刘　猛	郭忠川	尚奎明
蔡椿军	刘以懿	聂书香（女）	张　静（女）	李　铁	生文青（女）
秦世杰	周维忠	门国良	崔卫国	伦绍梅（女）	朱志欣
周启彤	胡汝林	王　恒	韩　红	孙贵铮	郭吉仁
李国强	崔俐明				

天津纺织集团（控股）有限公司（28 名）

孙建祥	王建成	张天彪	吕元华	周相建	李　鹏
李政国	刘炳才	张雪梅（女）	王彩玲（女）	王　丽（女）	何晓郁（女）
张广利	刘智勇	张连星	彭　诚	张悦生（女）	丁士礼
张德祥	赵福政	曹金萍（女）	杨　静（女）	陈　军	张俊丽（女）
于中昌	王双丽（女）	门前程	刘织娟（女）		

冶金集团（控股）有限公司（19 名）

王建民	崔长柏	李艳竹（女）	姚　舰	王顺成	王淑荣（女）
李金锁	霍惠君	赵润国	李桂林	王文喜	王作超
吕春国	张金利	赵生庆	敬成贵	孔维军	刘德江
黄道荣					

医药集团有限公司（13 名）

刘　英（女）	丁　爽（女）	李春波	刘余强	高世忠	赵　艳（女）
郑　炜（女）	张宗鹏	杜汉良	郑永萍（女）	张秀生	刘文伟
韩松勇					

渤海化工集团公司（20 名）

米　镇	王礼均	魏文生	王福明	褚　建	王国栋

何禄宽	鲁　泳	蒋　亿（女）	李仲涛	杨恒华	刘振军
王永红	张国永	高　华（女）	刘军英（女）	高乃斌	许伯骏
李仲福	冯振荣（女）				

一轻集团（控股）有限公司（27名）

李胜彬	张淑敏（女）	石志云	王德明	周文霞（女）	肖福兴
赵国望	于　城	杜双来	梁肇起	张子扬	阎建臣
曲瑛年	李　凯	姜得祥	赵建民	李军通	王兆珍（女）
王祥河	宋忠利	高福海	刘秀明	贾文彬	常　琨
王艳玲（女）	李　申	付国强			

二轻集团（控股）有限公司（24名）

李玉亮	郝振清	李兆光	李　鹏	吴俊恒	王延谨
韩伟强	李金栋	沈伟智	吴建凯	李广仁	高德民
王羿翱	郑淑兰（女）	李云爽	姜　静（女）	赵文华（女）	韩惠春
芦万铭	张连莹（女）	李自岐	王淑萍（女）	闫　安	曹新来

汽车工业（集团）有限公司（5名）

吴敬群	谢长青	潘云生	郭　卉	胡津生

天津钢管集团股份有限公司（7名）

刘云生	郑福利	姜桂连	李建湘	路永生	许文妍（女）
李　钢					

电力公司（9名）

李晶生	杜福庆	李宝年	吴利欣	张家宝	石　岱
何学东（女）	李　芳（女）	曲道平			

国防工业（9名）

赵春阳	孙广利	柴德明	张志勇	王树春	张建忠
李永翔	王民强	徐　辉（女）			

大港油田集团有限责任公司（18名）

孙洪彬	秦自强	柴寿山	陈田勇	魏春明	刘　晖
王旭波	唐立志	马　宁	王茂琴（女）	刘　英（女）	温　玲（女）
刘淑梅（女）	李之燕（女）	宗　杰	吴　勇	孟令津	胡乙川

中国石油化工股份有限公司天津分公司（9名）

李文华（女）	张宝忠	王国栋	冯桂祥	张爱东（女）	贾树军
赵跃华	荣义伟	张文虎			

中国海洋石油渤海公司（2名）

周建彬	刘光成

华北电网有限公司天津大港发电厂（2名）

李金涛	王建锋

国华盘山发电有限责任公司（1名）

赵岫华

天铁冶金集团有限公司（13名）

吕春风	李文发	张贵卿	薛耀东	申义振	郭咏珺（女）
陈志敏（女）	代淑宏（女）	徐　伟	刘瑞东	马建国	李善彬
刘树青					

天津钢铁有限公司（6名）

杨选民	凌遵峰	华宗玲（女）	雷传东	谷建津	苏建宇

飞鸽集团有限公司（5名）

王德福	贾桂梅（女）	崔云沛	张彭年	李宝凤（女）

烟草专卖局（3名）

刘宝荣	刘美玲（女）	李钢成

有色金属集团有限公司（1名）

郭　鸿

中国联合通信有限公司天津分公司（1名）

李长禄

塑料集团有限公司（3名）

郝福江	董胜来	陈玉纲

天津中德现代工业技术培训中心（1名）

陈　宽

环球磁卡集团有限公司（3名）

满　伟	马永利	王洪喜

金耀集团有限公司（4名）

郝于田	王福军	郭崇义	李　媛（女）

中国第一汽车集团公司天津事业部（7名）

陈延东	郑福荣	董月厚	张立杰	韩文禹	杨　众
刘　静（女）					

交通（集团）有限公司（8名）

王玉香（女）	吴凤刚	张志杰	时凤奎	徐大顺	李　辉

牛友谊　　冯喜增

北京铁路局天津铁路办事处（7名）

李文珍（女）　刘学梅（女）　高　峰　姚绍宾　任其新　杨绪成
郭建生

铁道第三勘察设计院（2名）

胡建明　　周铁征

铁路集团有限公司（2名）

何永亮　　丁玉群

天津港（集团）有限公司（9名）

李港有　刘桂河　王义发　金学智　王桂荣（女）　张民茹（女）
王玉国　刘　峰　于汝民

中远散货运输有限公司（4名）

刘津民　张海申　宋光治　蔡学成

中交第一航务工程局有限公司（3名）

路宪法　张志华　武永涛

中交天津航道局有限公司（2名）

张绍华　桑鹏强

海事局（1名）

杨会明

中交第一航务工程勘察设计院有限公司（1名）

刘　晔

交通部天津水运工程科学研究所（1名）

李一兵

中国国际航空股份有限公司天津分公司（1名）

胡玉录

邮政局（3名）

谢　霞（女）　张长喜　王秀红（女）

中国网通（集团）有限公司天津市分公司（3名）

施俊峰　宋　葵（女）　律　斌

中国移动通信集团天津有限公司（2名）

薄今纲　阚建杰

科技工委（4名）

邢子红（女）　于海峰　郑书忠　刘国林

新技术产业园区（3名）

王　新（女）　方　健　张玉海

建工集团（控股）有限公司（10名）

刘长禄　齐金岱　韩培俊　穆瑞刚　胡井远　高志伟
李　斌　李　剑　许新建　李雅丽（女）

建筑材料集团（控股）有限公司（7名）

任绳祖　张利民　肖威枫　郑会文（女）　赵宏杰　崔红卫
景海鹰（女）

市政公路管理局（8名）

杨　光　范永茂　孙妍枫　刘润有　郝　强　赵　宏
孙连起　孙永兴

城建集团有限公司（7名）

殷增民　吴艳苓（女）　贾利亨　于洪涛　李湘云　齐孝生
樊兆强

公共交通集团（控股）有限公司（8名）

哈　鹏　高　宏（女）　张建生　商胜利　郑　瑾　张　勇
关书麟　桑晓东

燃气集团有限公司（5名）

张文娟　苗长青　付玉玲（女）　张子腾　王红妹（女）

自来水集团有限公司（4名）

史金妹（女）　李金生　李连宾　陈　卓

规划局（2名）

孙　银　李文春

国土资源和房屋管理局（1名）

任　华（女）

住宅建设发展集团有限公司（2名）

张景洪　刘向明

中国石化集团第四建设公司（4名）

崔贵峰　周正清　孙晓晨　王素雪（女）

中国建筑第六工程局（4名）

柴广录　李　健　董立辉（女）　安文河

中铁十八局集团有限公司（6名）

李宪文　高元甲　汤新华　孟文林　王志杰　辛日红（女）

房地产开发经营集团有限公司（1名）

王晓荣（女）

环境保护局（1名）

蔡　凌（女）

天津水泥工业设计研究院有限公司（1名）

徐培涛

地质矿产勘查开发局（1名）

李　宏

中国天辰化学工程公司（1名）

王志远

中国水电基础局有限公司（1名）

赵存厚

中国市政工程华北设计研究院（1名）

王　琦

天津华北地质勘查局（1名）

李鲲鹏

住房公积金管理中心（1名）

韩　梅（女）

中冶天工建设有限公司（1名）

白　力

城市基础设施建设投资集团有限公司（1名）

吴大伟

一商集团有限公司（9名）

王洪新　吴玉通　孙长来　王　枫　王善廷　张凤华（女）
王玉敏　林云明　董　骅

二商集团有限公司（6名）

王玉莹　卞庆春　张和平　刘建军　孙彦柱　王　华（女）

粮油集团有限公司（7名）

姚德军　高志奎　李金海　韩淑琪（女）　李景瑞　王永建（女）
杜欣华（女）

物资集团总公司（5名）

姜　阳　宋五德　于继成　王　强　李乐群

劝业华联集团有限公司（6名）

刘树明　　张培忠　　陈伟华（女）　陶建斌　　司永胜　　孟令超

天津海关（2名）

白树林　　缪　斌

中石化天津石油分公司（3名）

荆建忠　　万国营　　赵丽华（女）

天津出入境检验检疫局（2名）

王利兵　　郑文杰（女）

旅游（控股）集团有限公司（2名）

甄春旭　　郭　佳（女）

北方国际集团有限公司（4名）

李　煜　　左志毅　　张　雷　　董国强

商务委（1名）

陶宗琍（女）

财贸管理干部学院（1名）

陈　卓

利和进出口集团有限公司（3名）

白文彬　　陈红卫（女）　魏　萍（女）

市粮食局（1名）

陆　依

供销合作总社（5名）

郭贺祥　　郭玉芳　　王淑慧（女）　仲新顺　　衡巨兴

市财政局（地方税务局）（2名）

王世弟（女）　王宏凯

市社会保险基金管理中心（2名）

张宗华　　仇玉宝

商业银行（2名）

夏振武　　哈　建

农村合作银行（2名）

田捷清　　卢志和

国家税务局（2名）

马谭晶（女）　季凤立

审计署京津冀特派员办事处（1名）

孟庆生

中储发展股份有限公司天津事业部（1名）

岳宜富

国家开发银行天津市分行（1名）

黎维彬

中国人寿保险股份有限公司天津市分公司（1名）

吴淑敬（女）

中国人民财产保险股份有限公司天津市分公司（1名）

田　怡（女）

中国农业银行天津市分行（1名）

陈海燕

中国银行股份有限公司天津市分行（1名）

刘书艳（女）

和平区（19名）

李喜凤（女）	励临泉（女）	褚新红（女）	蔡培浩	杨萃亭（女）	曲丽敏（女）
李　智	杜成林	杨增庆	田　梅（女）	耿　静（女）	申亚玲（女）
刘淑云（女）	李富贵	郭　勇	郭雅云（女）	毕敬明（女）	鞠志年
胡广水					

河东区（18名）

刘霄华	刘志强	刘少军	王宝新	朱正敬	王金义
王　娟（女）	李树林	陈　琳（女）	刘志琪	郭宝祥	马连凤（女）
王明珠（女）	李文琴（女）	牛世清	张春玉（女）	张春迎	王　燕（女）

河西区（19名）

李铭祥	刘金玲（女）	李和平	赵　静（女）	李玉昆	张延江
安　媛	王秀文（女）	刘冬梅（女）	孙　艳（女）	钟　友	赵水仙（女）
王可有	王鸿魁	张　凯	孙金强	何　春	房义方
刘惠庆					

南开区（18名）

刘玉梅（女）	刘海晏	闫红年	齐俊萍（女）	李志新	吴学军（女）
韩伟光（女）	孙　伟（女）	张　颖（女）	濮孟久	刘　林	李淑英（女）
王　芳（女）	宗恒义	邵振忠	苏昆山	张金利	杨世政（女）

河北区（17名）

于建水	阎作礼	吴永生	王　津（女）	宋国凯	李汉杰
王茂桐	来宝和	邹　勇	伊伯云（女）	陆玉凤（女）	郝　静（女）
刘颖霞（女）	寇玉明	郭长玲（女）	孙桂萍（女）	潘　毅	

红桥区（17名）

陈顺伶	王　京（女）	艾　霞（女）	马仰江	辛宝忠	韩祥义
王保平	王鸣竹（女）	刘　莉（女）	刘家成	王　欣（女）	吴志军
张玉奇	殷玉华（女）	李金利	宋世平	张光宇	

塘沽区（24名）

李凤华	殷万岭	吴宝恩	王金柱	张富启	张宝春
张长岑	李秀顺	王浚龙	孙　伟	杨绍松	普小兵
邵明达	姚景春	刘德宝	张桂芬（女）	赫连建敏（女）	郝福玲（女）
付桂兰（女）	韩秀英（女）	杨景贵（女）	胡健民	耿玉玲（女）	曹宝勇

汉沽区（15名）

张东民	宋顺利	周荣会（女）	杜永和	刘宗贵	周兴贵
王化富	李铁全	张金芸（女）	朱兰稳（女）	郭志晏	杨云同
许树林	张立英（女）	刘麦生			

大港区（8名）

王德利	马爱斌（女）	张承敏（女）	张殿文	包津燕（女）	刘学茜
张明水	李维亮				

东丽区（14名）

崔洪友	许会芳	崔凤祥	高世华	杨铁顺	杜凤瑞
张东发	张凤鳌	李维秋	闫平清	郭永强	田国发
宋志功	董凤霞（女）				

西青区（15名）

孙继光	戴忠年	王海龙	崔凤鹏	孙　勇	周长明
张广达	姜美武	赵光勋	刘启阁	刘俊英（女）	傅俊月（女）
张学林	刘维汉	牛在景			

津南区（14名）

范玉林	董俊生	范玉海	张福芸（女）	郭德清	孙晓光
王文祥	王春红（女）	董宝林	林桂发	田树纯	邱富国
郑兆喜	李文鹏				

北辰区（13名）

周富义	段洪余	田东平	左同保	刘恩起	刘安廷
李德明	黄洪生	赵志厚	耿玉宏	王树江	武士荣（女）
庞惠青（女）					

武清区（15名）

李寿刚	张秀山	张建国	杨中东	刘建新（女）	常建忠
何建凤（女）	任立功	诸葛昌锁	谭　昕	孙永生	王守礼
杜茂珍（女）	贾长华	王俊江			

宝坻区（15名）

曹艳君（女）	李振起	任志刚	袁金成	王　云	吴春森
赵仕民	马志新	张秀霞（女）	闫崇方	王　荃	杨志刚
李传凯	郭学印	高贺芝（女）			

静海县（14名）

于广松	王季麟	叶柏存	边自春	乔建英（女）	刘树峰
张洪立	翟永福	崔庆功	魏文泉	元景雨	薛兴恺
吕福成	刘学武				

宁河县（12名）

李建国	刘文宇	王宝安	王志胜	刘宗明	黄庆珠
李凤英（女）	张洪明	韩付永	薄立江	张景祥	裴志合

蓟县（13名）

吴永年	朱振勇	刘大方	王福元	魏云志	高青山
朱德金	刘　江	朱金保	刘秀明（女）	赵　宏	高翠莲（女）
刘　忠					

开发保税区工会（14名）

穆卫才	张虎昌	侯永和	彭玉洁	李伟玉（女）	刘金兴
吴树桐	倪鸿宾	徐　岗	张　林	张学鸿	张晓东
齐桓刚	尚志武				

农垦集团总公司（3名）

张春娅（女）	彭传文	刘少强

水产集团总公司（1名）

郭世敳

水利部海河委员会（1名）

刘瑞臣

中水北方勘查设计有限公司（1名）

王摇云

农业机械局（1名）

薄克明

蔬菜总公司（1名）

郭立群

农业局（1名）

李柏润

农业科学院（1名）

孙德岭

水利局（1名）

张秀亭（女）

公安局（10名）

毕顺利 谢 勇 王立成 马 辉 王向华 张 沛
马松田 权玉庆 张 燕（女） 杨宝琴（女）

民政局（3名）

陈宝崑 李存荣（女） 高文敏（女）

监狱管理局（2名）

刘松文 李如强

劳教局（1名）

杨志秋

安全局（1名）

安全局

市级机关（9名）

刘长珍（女） 刘德安 李建威（女） 王 杰 牛伯成 唐冬林
席 军 刘群立 王 兵

机关事物管理局（2名）

王立祥 崔树海

高等院校（35名）

王南湜 马庆株 李学潜 乐国安 张万光 靳世久
刘金兰（女） 舒炎泰 元英进 练继建 高 建 孟昭毅
张 蕴（女） 邵宗鸿 徐德生 王长利 张文清 刘佩梅（女）
张兴祥 樊顺厚 戎 贤 张 桦（女） 董培蓓（女） 李振亮

杨世风	孙　钰（女）	李红媛（女）	曹继华	唐　达	韩景献
孙增涛	胡建平	姜　陆	刘善云（女）	董　刚	

中国医学科学院血液学研究所血液病医院（1名）

常子奎

教育科学研究院（1名）

张武升

教育委员会（1名）

李　健

卫生局（13名）

王毅军	马宝通	曲芃芃（女）	江国虹（女）	张春荣（女）	张富霞（女）
李　平	李月川	姚　鑫	杨文秀	张宗礼	李金年
李　燕（女）					

文化局（3名）

刘建超　　赵　骞　　李　凯

新闻出版局（2名）

甘以雯（女）　　明庆贞（女）

天津广播电视电影集团（2名）

王　勇　　沈国华

天津日报报业集团（1名）

邓效锋

今晚传媒集团（1名）

马志林

体育局（1名）

王　洪

计划生育工作者（5名）

王香英（女）　　李凤英（女）　　程广忠　　刘桂琴（女）　　王　浩

个体劳动者（9名）

师玉兰（女）	肖卫宁	刘建琪	胡辉彬	高枝虎	王秉庆
范声平	回玉萍（女）	刘亚波（女）			

外来务工人员（31名）

郭　军	苏现凯	李江锋	戴景明	李桂成	程制国
杜秉森	姜锦祥	栗献增	王铁义	秦培国	郭中朝
叶光辉	王长勇	杜兴军	王允杰	徐文华	张和明

谭贵凯	刘志军	杨　奎	李晓林	张荣华（女）	李成奎
徐伯永	马春生	陈亚珍（女）	梅成林	高秋红（女）	王本龙
李　清（女）					

私营企业人员（43名）

张祥青	刘霄飞	戴　林	王　辉	曹学斌	尹建民
逯　鹰	张玉珊（女）	沈耀俊	高　健	庞长春	田宏伟
李　佳（女）	邢艳萍（女）	彭亚萍（女）	马成喜	敬守存	周安生
张云宝	张良喜	姜茂国	王树领	江　涌	佟　洁（女）
张春静（女）	张富贵	方恩正	王树林	左树青	周文起
于　静（女）	李　莉（女）	赵军屹（女）	李金元	杨金山	张庆怀
韩宝起	刘凤岐	陈金城	王守月	兰术雨	于建华
宋秀东					

2008年度劳动模范名单（995名）

天津百利机电控股集团有限公司（24名）

吴　日	宗保全	范钦赞（女）	徐　澍	李金兰（女）	刘文起
吴　江	王　钧	王秀洁	谢利平	郑红琴（女）	王　健
田健民	范有树	于德志	匡振东	单庆臣	吕为理
柴宝连	高培琴（女）	李向进	陈一建	刘文芳	李云霞（女）

中环电子信息集团有限公司（21名）

李金荣	石全旺	魏晋峰	周宝生	王新华	陈振山
李志辉	姜　真（女）	叶　明	郑晓林	马世琴（女）	姜　宏（女）
高树良	周玉英（女）	魏利剑（女）	王东江	彭同心	陈新一
刘丽英（女）	赖　杰	毛永福			

天津纺织集团（控股）有限公司（23名）

贾春影（女）	张兵兵（女）	赵福政	霍洞亮	庞　靖	杨学荣（女）
赵德胜	高长乐	董春苗（女）	刘顺喜	王凤秀（女）	陈嘉新
周廉立	卞　镇	刘全麟	谢桂荣（女）	许志英	刘广太
孔维顺	雷　琴（女）	赵永清	边春和	李　忆（女）	

冶金集团（控股）有限公司（18名）

耿玉泉	卢荃志	侯德琼（女）	姚　舰	张　军	吴元立
万文波	王昌荣	王铁军	迟　涛	曲德成	于福山
王文忠	谢进国	郭　鑫	李尚武	张　英（女）	丰亚萤

医药集团有限公司（13名）

姜根华	刘遵利	侯　璐（女）	高鸣柱	朱晓晶	李文丽（女）
白长忠	司端运	王　琳（女）	李　清（女）	张　健	冯　顺
张　焰					

天津渤海化工集团公司（16名）

李　梅（女）	王世积	孙家祥	余海艳（女）	霍文良	张铁柱
窦宏仪（女）	邓燕群	刘世和	黄涵波	刘金富	谭　杰
陈庆同	肖京喜	王　旭	沈伯弘		

一轻集团（控股）有限公司（25名）

李　凯	李胜彬	曹常在	王付东	陆金艳（女）	张胜利
孟昭崇	沙济洪（女）	安志伟	何　荣（女）	马树魁	边志泉
王津强	马志强	邓永红（女）	徐勇虎	王力跃	肖　云
于　城	马广礼	李　萍（女）	张建国	李继海	安俊华
王　玲（女）					

二轻集团（控股）有限公司（19名）

杨小峰	赵　立	张锁柱	冯振平	王淑萍（女）	张连莹（女）
张金栓	叶储秀（女）	多海龙	郭玉岑	韩淑君（女）	孔繁泉
曹志国	徐连起	杨宝林	肖希立	时玉笃	张云亮
付洪节					

天津汽车工业（集团）有限公司（4名）

王宝海	吴敬群	刘宝重	李伟星

天津钢管集团股份有限公司（8名）

刘云生	郭广新	梁海泉	刘俊虎	俞宏亮	张福顺
张传友	孙　宇（女）				

电力公司（10名）

谢　辉（女）	李　刚	吴毓铭	孙　斌	冯景丽（女）	于志平
谢　浩	王俊峰	赵　枫	蔡津卫		

国防工业（9名）

拜耀斌	张　静（女）	何建立	朱家涛	张　琪（女）	顾均晓
郭肇敏（女）	樊勇利	刘　锋			

中国石油天然气股份有限公司大港油田公司（18名）

何书梅（女）	葛红江	贾金辉	任瑞川	冯　刚	张家良
李学锋	尤立红（女）	武　玺	乔卫东	李光旭	张庆善

彭　俊　黄跃进　曹凤华（女）　凌子春　牛海琪　刘华林

中石化股份有限公司天津分公司（12名）

窦如华　曲文正　史东明　李玉松　王亚洲　刘木柱
孙全胜（女）　周利军　聂常明　李振利　白志英（女）　马淑燕（女）

中国海洋石油渤海公司（3名）

段继营　苑　青（女）　刘春祥

天津大港发电厂（3名）

朱绍武　甄宏宇（女）　窦锡亭

天津国华盘山发电有限责任公司（1名）

张丙刚

天津大唐国际盘山发电有限责任公司（1名）

张志刚

天津天铁冶金集团有限公司（15名）

刘玉全　刘芳生　李争强　王　耀　韩长保　付翠灵
时秉旭　姜俊刚　赵立成　杜彦朝　吴广兴　张双太
李迎春（女）　尹桂霞（女）　杨继伟（女）

飞鸽集团有限公司（3名）

张志勇　阚威武　谢丽荣（女）

烟草专卖局（3名）

张广博　刘宝荣　徐延锋

天津有色金属集团有限公司（1名）

姜　钢

中国联合网络通信有限公司天津市分公司（4名）

王　磊　张守华　王建华（女）　纪　娜（女）

天津中德现代工业技术培训中心（1名）

杨中力

天津环球磁卡集团有限公司（2名）

谢德欣　王志通

天津金耀集团有限公司（7名）

田景文　王志华　张　晋　李　静（女）　张　鹏　周　航
贾复伯

长芦盐业总公司（1名）

王金起

天津钢铁有限公司（8名）

刘伟民	杨建发	刘桂华（女）	苏　亮	赵子祥	李志慧
时东生	韩贵义				

中国第一汽车集团公司天津事业部（10名）

韩新亮	张　军	程文明	罗　平（女）	张立杰	杨桂江
刘建文	孙春健	孙　新	王世淼		

蓝星（天津）化工有限公司（2名）

冯益民　代汝强

中国石油集团渤海石油装备制造有限公司（4名）

姚广平　周　东　魏昌进　金建滨

中国石油集团渤海钻探工程有限公司（8名）

郭忠启	周志安	库　辉	刘国庆	曹美萍（女）	吕志忠
刘建东	秦永和				

北京铁路局天津铁路办事处（6名）

吴玉成　王建华　张国生　李　红（女）　王　毅　管树军

铁道第三勘察设计院集团有限公司（3名）

王长进　李义兵　谷邛英（女）

天津港（集团）有限公司（9名）

贾爱红（女）	许树有	段江山	闫　武	张瑞元	张民茹（女）
李　伟	张丽丽（女）	许景宏			

中远散货运输有限公司（3名）

许遵武　于智民　赵宗亮

中交第一航务工程局有限公司（3名）

陈旭涛　刘贺云　童建兰（女）

中交天津航道局有限公司（2名）

周静波　孔宝忠

天津海事局（1名）

隋旭东

中交第一航务工程勘察设计院有限公司（1名）

朱子平（女）

交通部天津水运工程科学研究所（1名）

张光玉

天津滨海国际机场（1名）

赵春峰

中国国际航空股份有限公司天津分公司（1名）

郭　伟

邮政公司（2名）

田玉海　冯万颖（女）

中国移动通信集团天津有限公司（2名）

闫五四　张　华（女）

天津国际贸易与航运服务中心（1名）

王泽伟

天津市道路运输管理处（1名）

崔锡锋

天津市地方海事局（1名）

王　兵

天津港引航中心（1名）

刘遵清

交通（集团）有限公司（8名）

梁卫国　肖福祥　吕广信　王　发　于宗耀　刘福水
李志琴（女）　侯　莹（女）

铁路集团有限公司（2名）

李成芳　张慧君（女）

天津新技术产业园区（4名）

许庆伟　宋庆文　陈　勇　师新利（女）

市政公路管理局（6名）

邓象进　赵希望　翟　钧　周卫峰　于立军　郝学华

公共交通集团（控股）有限公司（8名）

王　欣　高　宏（女）　张建生　孙秀华（女）　刘贵华（女）　桑晓东
郑　瑾　关书麟

燃气集团有限公司（6名）

白金秋（女）　付玉玲（女）　姜　念　赵国森　刘　冰　王红妹（女）

自来水集团有限公司（4名）

王　健　刘　田　高　慧（女）　黄　勇

规划局（4名）

李文春　孙鸿新　黄晶涛　沈　锐

国土资源和房屋管理局（1名）

冀思珍（女）

天津住宅建设发展集团有限公司（2名）

支树鹏　李　军

中国石化集团第四建设公司（4名）

田学军　肖　刚　吴振艳（女）　刘国林

中国建筑第六工程局有限公司（5名）

吴春军　曾坤建　黄春生　刁厚臻　周　敏（女）

中铁十八局集团有限公司（6名）

薛新广　张　健　祝天祥　黄　林　孔凡成　宋鹤庆

房地产信托集团公司（1名）

刘景雨

天津水泥工业设计研究院有限公司（1名）

于兴敏

地质矿产勘查开发局（1名）

张俊红（女）

中国天辰工程有限公司（1名）

崔华丽（女）

中国水电基础局有限公司（1名）

张源智

中国市政工程华北设计研究总院（1名）

吴凡松

住房公积金管理中心（1名）

韩　梅（女）

中冶天工建设有限公司（2名）

于　龙　王传利

天津城市基础设施建设投资集团有限公司（5名）

鲍立楠　周桂华（女）　刘盛春　李金良　郎素平（女）

市政建设集团有限公司（1名）

李春津

建工集团（控股）有限公司（9名）

王少华　鲁福源　李锦春　魏秀海　李　纲　徐　敏（女）
姚宏兴　雒明月　王大卿

建筑材料集团（控股）有限公司（7名）

毛　玥（女）　王冬梅（女）　王和平　金　洁　尹靖华　高国章
杨仁喜

天津城建集团有限公司（6名）

郭春林　张宝联　张　术　刘若梅（女）　刘伯军　张振学

一商集团有限公司（9名）

韩志强　孙　梅（女）　王玉敏　何建国　杨嗣欣　陈文勇
刘泽丽（女）　陈　斌　金仲骐

二商集团有限公司（6名）

高建国　刘　毅　葛建华　王德发　康胜捷　穆瑞勇

粮油集团有限公司（7名）

戈立新　方维锁　王艳华（女）　朱金桥　薛晓冬　王文红（女）
余万春

劝业华联集团有限公司（6名）

赵　红（女）　李　洋（女）　李维国　刘伟平　赵　伟　孟令超

北方国际集团有限公司（4名）

桑义钦　李　群　倪　峻　鲁　彤

物资集团总公司（5名）

姜　阳　宋五德　杨洪来　贾建国　熊荣浩

旅游（控股）集团有限公司（2名）

张大为　王　红（女）

天津利和进出口集团有限公司（3名）

王培勇（女）　魏　慧（女）　褚建国

供销合作总社（5名）

王　鲸　王立群　田荣杰　李顺来　王　克

中国石油化工股份有限公司天津石油分公司（3名）

孙玉起　郑　莹（女）　于自安

市商务委员会（1名）

李中媛（女）

天津海关（3名）

吴洁健 白 琳 白 莹

天津出入境检验检疫局（2名）

葛宝坤 魏振晓

财贸管理干部学院（1名）

董 杰

市财政局（地方税务局）（2名）

王克冰 蔡 进

中国人民银行天津分行（1名）

张玉忠

中国工商银行天津市分行（1名）

马 明

市社会保险基金管理中心（2名）

边红梅（女） 戴 峥

天津银行股份有限公司（2名）

田 瑛（女） 王 凯

天津农村合作银行（2名）

孙 敬（女） 李志刚

国家税务局（2名）

伊洪信 兰树强

审计署京津冀特派员办事处（1名）

苑宝良

天津滨海农村商业银行股份有限公司（1名）

郭春燕（女）

中国银行业监督管理委员会天津监管局（1名）

马 英（女）

中国农业银行天津市分行（1名）

庞 亮

中国银行股份有限公司天津市分行（1名）

李 蕾（女）

中国人民财产保险股份有限公司天津市分公司（1名）

李树芬（女）

和平区（18名）

周　辽	马文明	王福荣（女）	黄　涛	赵承荣	李　新
杜　卉（女）	付　莹（女）	王　瑛（女）	孙正人	李树玲（女）	白建民
韩　桓（女）	吴国宝	邱益笙	梁英奇	钱铁桩	方雪梅（女）

河东区（17名）

夏秀存	肖　璟（女）	高玉霜（女）	回金义	姚绵兴	陈　杰（女）
高歌今（女）	刘志兰（女）	王贺海	宋　萍（女）	李建新	孙宏瑞（女）
杜国森	王存召（女）	沈志辉	张志勇	李金德	

河西区（17名）

李铭祥	邢凤林	范秀娥（女）	李旭生	文和平	吴刚强
吴向东	艾维民	孙茜妮（女）	张延江	魏欣宇（女）	吴晓红（女）
徐长群	王　芸（女）	赵亮才	孙立元	韩学师	

南开区（17名）

李蕴章	李冬来	刘宏宝	张津军	杨志成	杜洪钧
张伟忠	刘　方（女）	高自强	焦光旭	谷梦琴（女）	王　敬（女）
高敬祥	王　军	刘　艳（女）	李守训	王文斌	

河北区（18名）

马　洁（女）	王凤芝（女）	邓雪荣（女）	冯德成	关虹鹏	刘　卓
许树丰	邢克实	张津叶（女）	张晓利	陆　伟（女）	陈淑荣（女）
季　虹（女）	段崇伟（女）	郝　静（女）	贾凤鸣	顾　辉	寇玉明

红桥区（16名）

唐　瑶	杨恩来	郑　莘	许　刚	王士珍（女）	刘永安（女）
曾昭伦	张乃正	阎家坤（女）	潘　红（女）	孙鸿毅（女）	郑焕珍（女）
郭　瑾（女）	从毓臣	冯兴源	刘　集		

塘沽区（23名）

尹　琪（女）	张建国	吴满彬	崔立国	张学亮	田维建
张树荣（女）	张桂芬（女）	宋玉虹（女）	张伏民	王德发	王　肃（女）
于学光	李　静（女）	路　磊	张铁海	王春凡	王文芝（女）
廉洪生	沈　伟	李春国	王长青	张心德	

汉沽区（18名）

李祯祥	董玉才	高树乐	绳建利	芦连茹（女）	王海文
邵喜然	张　丽（女）	李志刚	刘玉壮	刘润凤（女）	吴东风
白正三	郭全妹（女）	赵洪东	张月萍（女）	崔红东	黑永成

大港区（9名）

易　莉（女）	魏静华（女）	田风如	张会起	王三和	薛兴杰
徐练海	苏贵军	朱家龙			

东丽区（16名）

夏达军	杨志勇	张金柱	吴宗旺	刘卫星	郝志强
姜文义	宋家祥	张长河	崔家颖	张洪福	刘桂泉
刘学颖	张松梅（女）	肖广娟（女）	冯春秀（女）		

西青区（16名）

于绪芬（女）	余薪泽	赵宝忠	刘　颖（女）	姚俊来	张家利
赵春跃	刘富吉	韩志国	张庆梅（女）	付金龙	蔡淑英（女）
张玉通	孟繁秋	李振华	王树明		

津南区（14名）

刘维庆	赵　刚	杨国清（女）	刘建始	孙德珍（女）	张立群
张　帆（女）	徐道琮	梁广东	董家玉	韩永明	戴德仲
曹体君	游仪良				

北辰区（16名）

张玉才	韩广发	马芝琪（女）	闫尔本	殷国明	朱学澜
李德明	周　军	耿玉凤（女）	张增海	宁延生	张　奇
胡曰钢	王　英（女）	张立荣（女）	赵廷三		

武清区（16名）

王明花（女）	唐红海	黄士宝	吴建柱	贾鸿林	王亚琪
屈　明	史永旺	王　敏（女）	王若鹃（女）	王宏宇（女）	郭立华（女）
冯书军	刁殿军	田宝辉	吕宝国		

宝坻区（16名）

张绍江	高秀梅（女）	史春林	张德广	王云茹（女）	顾伯儒
韩文彬	哈德卿	孙连军	张志国	孙文孝	王　营
王　瑞	张志友	李晓艳（女）	李广臣		

静海县（14名）

张金良	张福宾	尚洪振	陈金宝	孙　明	孙文林
张汝兴	杨克彬	张延林	张志隆	王兆仁	李家维
朱玉贵	崔悦星				

宁河县（13名）

曾凡岭	邱长青（女）	阚文广	郑先灵（女）	王建章	运志祥

赵金荣	刘俊仕	田学岐	武桂宪	庄以荣	赵仲春
朱庆昌					

蓟县（13名）

刘燕南	徐向忠	乔茂海	李红梅（女）	李志春	刘加彦
汪宝良	张俊如	陈炳旭	张俊宝	贾华军	张新贵
吴佐顺					

滨海新区（15名）

田磬林	李培军	魏　来	张海遥	朱浩波	胡雨笠
王　峥（女）	田新建	顾少军	侯焕昌	张　苓	齐书鹏
史春晖	刘月智（女）	董欣伟			

水产局（1名）

孙金生

水利部海河委员会（1名）

陶汉初

农业科学院（1名）

李加旺

蔬菜总公司（1名）

李　健

水利局（1名）

周潮洪（女）

农垦集团总公司（3名）

白智生　　傅同起　　任万英（女）

天津农学院（1名）

高梅秀（女）

中水北方勘察设计有限公司（1名）

任东红

农业局（1名）

王学忠

市级机关（9名）

王忠信	张万和	王泽军	杨书源	李庚生	张志逵
何　林	王世来	窦华港			

机关事务管理局（2名）

杨玉林　　曹丽娟（女）

民政局（2名）

徐宝宏（女） 王万喜

监狱管理局（2名）

韩宝晔 马四友

公安局（11名）

孙国忠 杨 彬 杨 光 刘志新 姚家旺 王金城
孙爱如（女） 叶茂栋 焦立华 张肖革 张锡顺

劳教局（1名）

于永泽

安全局（2名）

张景诗 魏和建

高等院校（39名）

郁道银 张香文 马其诚 尧命发 徐友浩 程 鹏
何自力 孔勇发 白 钢 武东生 郭凤林 钟 跃
张云亭 王 瑛（女） 韩瑞发 李筱荣 王秀阁（女） 刘 涛（女）
袁志好 欧阳杰 肖长发 牛萍娟（女） 齐承英 王昌禄
侯庆喜 任碧云（女） 申 江 陈庆森 罗云林 张柏丽（女）
于铁成 卢双盈 孙奇涵（女） 胡建华 黄力平（女） 于世宏
王晓明（女） 沙秋军（女） 杨久俊

卫生局（12名）

赵津生 徐 磊 刘洪亮 黄 立（女） 刘功姝（女） 刘懿禾（女）
周 军（女） 隋 兵 佟小光 王玉玲（女） 赵 强 庞 华

文化局（3名）

刘毅民 赵 骞 张晶晶（女）

新闻出版局（2名）

邢立宏 庞 丽（女）

天津广播电视电影集团（2名）

谢百勤 李秀英（女）

天津日报报业集团（1名）

穆秀玲（女）

今晚传媒集团（1名）

王 克

科技工委（4名）

叶缘民	孙晓明	李　薇（女）	张其滨

计划生育工作者（5名）

刘秀华（女）	王永华（女）	史艳芳（女）	刘志美（女）	马树利

个体劳动者（9名）

仝雅斌	孙　玄	信丽蕊（女）	张婼婼（女）	王兆杰	张　震
刘智莉（女）	刘连国	田淑华（女）			

外来务工人员（19名）

杜建静（女）	苏现凯	程俊普	李兰贞（女）	管锦春	张作宏
刘海英（女）	戴景明	白文红	刘玉栋	吕攻文	吴盛柱
冯玉国	俞　斌	李洪喜	刘海滨	严立森	朱　博
王金刚					

私营企业人员（48名）

叶　晨	韩志永	王奎凤（女）	文　飚	王新生	丁　冰
徐政刚	李　军	杨印海	张锡霞（女）	陈来富	贺　历
王　伟	庞建平	门继萍（女）	刘友祥	齐克勤（女）	杨志宏（女）
范长保	李素花（女）	杜　健	高振有	申随章	孟庆如
马超英	刘庆明	魏盈革	刘建兴	邹　凌	范金山
杜宝新	赵太金	张荣华（女）	李振东	田文海	刘子红（女）
刘洪军	项金生	陈福祺	吴益群	刘运斌	勾东海
李茂津	马宝山	王淑仿（女）	杨学永	杨连元	张学军

特殊表彰的天津市劳动模范（截至到2008年9月）

1. 2000年授予奥运会运动员桑雪天津市特等劳动模范荣誉称号，授予高静、王敏同志天津市劳动模范荣誉称号；

2. 2003年6月追授卫生系统裴鸿烈、孙家华、孙晓荣、赵世勇、马宝璋同志天津市劳动模范荣誉称号；

3. 2004年授予奥运会运动员张萍、张娜、李珊、谭雪天津市劳动模范荣誉称号；

4. 2008年授予奥运会运动员陈一冰、佟文、王鑫、谭雪、田佳、李娟、张娜、魏秋月，教练员吴卫凤、赵奇、李清；残奥会运动员王丽静、夏东、王芳、杨博尊、王君、徐志林、车冕、杨晨，教练员侯国庆、阎建华、吕树培等22名同志天津市劳动模范荣誉称号；

5. 2008年9月，经中国共产党中央委员会、中华人民共和国国务院批准，荣获“北京奥运会、残奥会先进个人冶的仇淑君、孟宪东、闫建华、刘顺来、李凤树等5人享受全国劳动模范待遇；

6. 2008年10月，经中国共产党中央委员会、中华人民共和国国务院、中华人民共和国中央军事委员会批准，荣获“全国抗震救灾模范冶的刘冬梅、张祥青、刘卓、华勇等4人享受全国劳动模范待遇。

三、国务院表彰的全国劳动模范和全国先进工作者名单（1989—2005）

天津市1989年全国劳动模范和先进工作者名单（81名）

祁业达	郝宝兰（女）	张世伦	李书庄	肖卫国	陆景瑞（女）
孙永华	季洪英（女）	孙凤丽（女）	石金洪	邢承德	张东生
刘全儒	周宝美（女）	吕　新	刘金来	姚振有	杨宝华（女）
杜崇谦	费恩和	赵振帮	刘桂芝（女）	沈天阳	曹振宇
汪锦华	项大成	张玉俊	杜玉薇（女）	刘庆暄	张续泉
徐学政	常玉萍（女）	王笑难	刘振玉	王静波	刘庆祥
李　昆	张松年	叶桂馨	曹启军	陈顺来	葛庆昌
张书成	徐凤英（女）	周焕章	孙汝泉	张兴华（女）	年景林
李秀兰（女）	金克璋	石璧茹	王绍宗	伊书田	谢洪柱
孙儒良	张耀发	王育华	陈武成	王奎华	柴竹金
毕玉和	杨玉成	张同高	禹作敏	刘宏泉	张华民
李鉴蕙（女）	李宝震	古　泰	周云彪	佟光华（女）	侯　峰
陈鸿章	武长安	熊长鑫	吴玉琨	齐　利	朱兆芳（女）
孙丽华（女）	金鸿宾	窦克忱			

天津市1995年全国劳动模范和先进工作者名单（81名）

王振华	李建绍	冯浩然	杨志信	李津来	孙志国
林永宁	刘振铭	邓卫生	刘媛媛（女）	温聚和	史书芬（女）
马　昭	赵玉宽	张国维	万桂芹（女）	焦渤海	王连金（女）
徐桂兰（女）	项金旗	李克成	牛世光	龚文林	杨均凤（女）
王　瑛（女）	刘振友	尹庆志	杨士平	那大路	（满）田家玉
姚孟昌	程俊杰	张立忠	于　江	李樵民	陆鸿飞
杨桂珍（女）	张桂兰（女）	范玉恕	张长明	迟松青	刘洪武
张书成	张高津	刘建章	刘　林	韩志平	赵伯杰
徐文恒	赵嘉祥	孙汝泉	王希勇	刘　婷（女）	孙长亭
李景才	李洪志	聂秀康	杜宝山	龚世权	刘玉林
黄秀齐	禹作尧	陈立新	邵福生	程　魁	王洪生
邓学孟	金国威	王淑训（女）	谈　遒	魏　伟	邱明才

吕淑珍（女）	王希萍（女）	孙丽华（女）	王培德	杨学均（女）	李向阳
何华英	蔡开仕	刘山林			

天津市 2000 年全国劳动模范和先进工作者名单（81 名）

韩连雨	刘丽荣（女）	宋桂林	于金奎	王玉芝（女）	付均和
马学福	刘志嘉	张金钢	孟繁立	李正华（女）	张学松
张太川	张继香（女）	杨月霞（女）	刘生友	王桂荣（女）	刘化英（女）
董齐平	江永萍（女）	师春生	牛星壮	董春梅（女）	王润身
张克栋	万会祥	刘凤英（女）	祁　虎	李庆宏	张国永
刘先丽（女）	袁红珠（女）	赵民立	王玉和	吕淑珍（女）	赵锡铭
陈　震	田　温	范玉恕	王华山	韩文彬	邱汝舜
田英凡	张　蓉（女）	贾明贵	岳增世	孙汝泉	张同生
王孝杰	李增坤	韩自贵	张振宏	李文明	张云赏
刘乃兰（女）	耿玉顺	于海介	张志忠	闻凤英（女）	李学忠
李长海	李振宽	郭　潇	叶声华	云景乾	赵淑珍（女）
张金英（女）	李寿康（女）	杜金霞（女）	冯　玲（女）	王天喜	李绍武
关牧村（女）	杜　智	董　震	董喜宽	顾月海	马德起
方耀明	张家林（女）	王家新（女）			

天津市 2005 年全国劳动模范和先进工作者名单（81 名）

王春艳（女）	徐学良	王　喆	张晓燕（女）	王洪娜（女）	吴来俊
薛利军	曹文暖（女）	李卫卿（女）	王怀梅（女）	佟　伟	安俊军
孔祥瑞	田更旺	王凤勇	范　霞（女）	李福汉	王玉成
温世存	王春美（女）	李　阳	刘昌孝	赵　巍	陈晓康
刘超英	卢彦昌	张春阳	李凤芹（女）	褚延芳	仝津玲（女）
陈乃克	刘志远	许宪平	田　军	郭如峰	苗起瑞
武秀芬（女）	杜新民	王德荣	甄云利	田凤英（女）	韩贵义
闫希军	张金奎	禄大新	张　良	赵惠川	高　斌
杨连发	张连香（女）	庄朝荣	崔洪金	郑子行	张耀廷
刘春海	韩铁军	禹作胜	于　河	郭宝印	周新民
罗荷根	马式午	郭久苓	李厚龙	于建政	李鹤鹏
沈德立	李嘉禄	张伟平	张伯礼	王撷秀（女）	张嘉兴
康　静（女）	黄俊霞（女）	刘　颖（女）	马丽莉（女）	朱兆林（女）	李砚军
王宝泉	李　安	倪克军			

第六篇

附　录

第一章 资料辑存

第一节 新中国成立前的资料

一、"救国十人团"救国办法

青岛去，山东亡，中国亡，国要亡了，他人军队警察都要来了。他们数十万、数百万、男男女女、老老小小的人民，都欢天喜地的到我们国里来住家享福了。我们的房屋任他住，我们生人死人，养猫养狗，都要向他纳税。我们切菜裁纸都不用刀。我们的姐妹妻女任他非礼。我们商店的货物，任他取用。我们拉人力车的苦同胞，就是跑着吐血他也不想给一个铜钱。奴隶，牛马，鱼肉，打杀，病死。以上所说的话，无一字不是事实。请我四万万同胞睁开眼睛向鸭绿江边望一望就明白了。我将亡未亡、未亡而亡的中华民国四万万同胞呀！这一道黑漆漆万劫不复的地狱门，就在眼前了！要救非拚命不可！非四万万同胞齐心协力拚命救不可！救的方法恨〔很〕多，我想了一个方法，名教〔叫〕救国十人团。这个方法是人人做得到的，又容易实行，又可以持久，请大家斟酌斟酌。倘要认为不错，就请分头实行起来。国民从前对于外交发生激愤的时候，因为没有精密组织的团体，没有脚踏实地的办法，所以不久消灭了，所以外国人笑我国民爱国热心只有五分钟仇人也。认定我"民气"两个字是不成问题的，所以他才敢胆大妄为。

救国十人团办法：

（甲）组织：（一）每十人为一团，推一代表，百团曰团长代表（以团为单位）。（二）十团公推一代表，曰十代表，百代表；千团为千代表（以十为止）曰某处千代表，曰某处第几千代表。（三）每人所用名片（[分]普通特别）背面刊团友九人之姓名。（四）对于团外更须竭力劝导（每人须劝导十人以上）。

（乙）消极责任：（一）提倡国货，誓死不买仇人货物，自给房屋，不许仇人贴广告。（二）有款存仇人银行〔的〕应立刻提出，并不得使用仇人银行纸币。（三）各人均代表其家庭负责以同居为限。（四）十人互相监督以人格或生命为担保（一人背约九人得自由处分之）。（五）消极责任至我国国权土地完全恢复时为止。

（丙）积极责任：（一）团友每人每月须储蓄国币二角以上（愈多愈好），积至一元即送银行存储（不得存入仇人银行）。（二）提倡储蓄以为培养国力基础。（三）国内外千代表百人以上时，即开一救国团代表大会，商办左列各事：

（子）组织国民储蓄银行。

（丑）组织国民实业总公司。某省某地某种原料出产最富，即于某省某地设制造相宜某种物品之工厂，各工厂均受成于民国实业总公司。

（寅）所有储蓄金均改为国民实业总公司投金。

（附要求）

（一）看后送人，一传十，十传百，百传千，千万〔传〕万。（二）能翻印遍送更好。（三）望报馆多多登载。

《南开日刊》（第19号）1919年6月26日

救国十人团联合会简章

第一章 总纲

第一条 （定名）救国十人团联合会。

第二条 （宗旨）专为联络已组成之十人团，广通声气，互相监督，实行十人团规则，俾收实效。

第三条 （地址）本会暂假西门里美以美会福音堂为临时事务所。

第四条 （内容）本会内容共分两部、六科：两部曰执行部，曰评议部；六科曰编辑科，曰会计科，曰交际科，曰储蓄科，曰调查科，曰庶务科。

第五条 （职员）本会设会长［ ］人，副会长二人，由团代表在团友中公推之。执行部设部长一人，由团代表在团友中公推之。部员六人，以各科科长充之。评议部设部长一人，由部员互推。部员不及五百团时，以十代表充之。五百团以上，以百代表充之。编辑科设科长一人，科员无定额。会计科设科长一人，科员一人。交际科设科长一人，科员无定额。储蓄科设科长一人，科员二人。调查科设科长一人，科员无定额。庶务科设科长一人，科员无定额。以上各科科员均由团代表在团友中公推之，科长由科员互推。

第二章 职权

第六条 （会长）会长总理全会一切事宜，副会长襄理全会一切事宜。会长因事不到时，由副会长代行职权。

第七条 （执行）本会执行部受会长之指挥，执行会中一切事务。

第八条 （评议）本会评议部专管评议会内会外交来评议事项，公决后交会长，再交执行部执行之。

第九条 （编辑）本会编辑科，专管会中一切文件、著作、书报、存留稿等事。

第十条 （会计）本会会计科，专管会中除储款外之一切银钱帐目。

第十一条 （交际）本会交际科，专管会中对外一切交际上之事项。

第十二条（储蓄）本本〔会〕储蓄科，专管各团储款及关于储款一切帐目。其办法另有详章。

第十三条（调查）本会调查科，专管搜罗各处已组成之十人团，通知交际科，共谋联络之方法，并调查关于提倡实业、振兴国货之各种事项。

第十四条（庶务）本会庶务科，专管本会一切庶务。

第三章　会议及选举

第十五条（会期）本会通常大会，每年一次，在每年阳历一月订期行之。

职员每半月一次，团代表会每月一次，其日期自定之。惟通常大会，如团友众多，无此大地势，不能全数容纳时，得临时变通之。如遇紧急事项，均可由会长招集临时会。

第十六条（决议）凡会议皆以到会人之多数取决。

第十七条（改选）本会职员，每年通常大会时改选一次。不满千团时，作为临时职员，待满千团，虽不满一年，亦即另行改选之。

第五章　团编制通知法及徽章

第十九条（编制）凡有组成之十人团，自推团代表，照定式印成名片（正面印团代表某名，背面印团友九人之名。团友名片正面印团友某名，背面印团代表与团友八人之名）报告本会，由本会编列号数，通知团代表。如有自行集合之十团百团者，亦然（十代表名片印某团团代表，某团十代表某名，百代表名片印某团团代表。某团至某团十代表。某团至某团百代表，某名）如不能自行集合十团百团者，则由本会代行集合之。

第二十条（通知）凡本会有应通知各团之事，且通知千代表，由千代表各自通知百代表，由百代表各自通知十代表，由十代表各自通知团代表，由团代表各自通知团友。其通知书及邮费，均由本会发给之。

第二十一条（徽章）本会团友团代表，十代表，百代表，千代表，应佩徽章如左订：（一）团友白地红字字样，救国十人团。（二）团代表红地白字字样，十人团团代表。（三）十代表黄地黑字字样，十人团十代表。（四）百代表蓝地白字字样，十人团百代表。（五）千代表黑地红字字样，十人团千代表。

第六章　出团另则改章

第二十二条（出团）凡团友查有非法行为，或借会招摇及故意破坏会务等事，均得勒令出团。

第二十三条（另则）本会各部各科。得另拟办事规则。

第二十四条（改章）本章程如有未尽完善之处，得由职员会议决增改，交大会通过之。再，本会为结合十人团为一气，组织十人团联合会，现已拟定章程，并拟定十人团储金规则。此联合会乃各方面十人团之联合会，非一方十人团之联合会［　］。在全国联络一气，由一县而一省，由一省而全国。已订地址，已举职员，均系临时，诸君幸勿以我分之。本会附志。

（注：此章程中无第四章，也无十八条，估计漏之，此文均按原文录之）

《南开日刊》（第 53.54.55 号）1919 年 8 月 2—5 日

十人团规则

一、本团组织以十人为额数，公推一正副代表。二、本团以提倡国货，抵制日货，坚持到底为宗旨。三、本团友互相监督，倘有私购日货者，被诸团友查确，当即罚洋十元。四、本团如遇有应当捐款之事，临时再作商议，并每月须储蓄大洋二角（愈多愈好）以上，所助之款暂交代表收存，以备储金之用。五、本团凡遇有妨碍团体之处，团友即得协力抵抗，如个人偶有过失，悉由一已负责，与团体无涉。六、本团如有一人背约，九人得自由处分之。七、本团之组织原系出于良心上之发动，决非儿戏之事，同志诸君既入团体，务必严行遵守。

同志人：张宝瑚（团代表）、赵兹伦（团员）、李钧（副代表）、张纯忠（团员）、李福增（团员）、种玉洁（团员）、郭其昌（团员）、王步瀛（团员）、邢文儒（团员）、王全顺（团员）。

《南开日刊》（第 13 号）1919 年 6 月 14 日

二、第一次工运高潮时期工余补习学校章程

现值经济实业竞争时代，凡百事业，胥成于工，此劳工神圣名词，所以为各界公认也，惟工人若不施以教育，则优胜劣败、天然淘汰，自所不免。兹有人于河北东兴里、组织工余补习学校，其规定章程，探志于下：

第一条，本校以使工人利用工作余暇，补习学识为宗旨，定名曰天津工余补习学校。

第二条，本校先设第一校，经天津河北宇纬路、东兴里四段二号，第二以下等校，以后相机创设。

第三条，本校每校聘专任教员若干人，补助教员若干人、校务由专任教员办理。

第四条，本校分二部，一普通部，二特别部。普通部招收识字之工人，而授以工人常识、国文、数学、尺牍等，特别部分国文科、英语科、数学科，得由工人择修一科或数科。本校鉴于工人之要需，得于各部增设其他科目。

第五条，本校学生以十五岁以上之工人为限，本校附设国民学校，专教育工人子弟，但国民学校学生不在此限。

第六条，本校经费以维持员之出资及特别捐充之，凡担任本校常年费者为本校维持员。

第七条，本校授课时间，依当地工人实际之状况而定。

第八条，本校学额，依教室之容受量而定。

第九条，本校依当地工人之需要，得附设工人阅报室，及工人图书馆等。

第十条，本规程由本校关系人提议，经教务会议之同意，得随时修改。

天津《益世报》1921 年 9 月 6 日

三、早期天津工人图书馆章程

第一条，本馆附设于天津河北工余补习学校第一校内，而为其一部。

第二条，本馆以增进工人知识，促进工人觉悟为目的。

第三条，本馆为达前条目的，设备各种书籍、报纸、杂志等，以供工人阅览。

第四条，本馆故为工人所设，如坐位有空隙时，虽非工人亦可阅览。

第五条，本馆设主任一人，由工余学校教务干事兼任之。

第六条，本馆细则另定之。

上海《民国日报》副刊《觉悟》1922年6月9日

四、早期天津五五书报代卖社章程

第一条：本社于马克思诞生纪念日“五月五日”成立，故定名曰五五书报代卖社。本社附设于天津工余补习学校内。

第二条：本社以介绍文化和科学的书报为目的。

第三条：本社资本总额不定，每股五元，可随时增股。

第四条：本社社员可随时加入，但须缴纳一股以上。

第五条：本社社员每人一个议决权。

第六条：本社设立正副主任各一人，由本社同人公推。

第七条：本社盈余，除开支经营费外，以一半按股分配，以一半定劳动运动费。

第八条：本章程经社员总会之决议，可修改之。

天津河北宇纬路工余补习学校内

五五书报社代卖社启

本社主任　张隐韬

副主任　于树德

五、天津妇女国民会议促成会章程

一、定名：天津妇女国民会议促成会。二、宗旨：促成国民会议早日实现，代表妇女的利益而奋斗。三、组织：本会设委员十五人，管理本会一切对内、对外事宜，并分设总务、交际、文书、宣传、组织五股，每股设股长一人，股员人数按照各股事务情形酌定之。四、选举：委员由大会选出，各股股员由委员互选，各股长由各股股员选任之。五、任期：委员任期半年，连选得连任。六、会员：各界妇女同情于本会宗旨者均得为本会会员。七、职权：关于本会全体事宜，取决于委员会。该会由总务股长召集，并作主席。八、入会：直接与本会接洽或来函通知，经委员会通过，即得为会员。九、经费：会员自由捐助或募捐。十、通信处：天津河北达仁女学邓颖超处。十一、附则：本章程如有不适用时，有会员十人以上提议，经大会通过，得修改之。

上海《民国日报》1924年12月31日

六、各界联合会章程

第一章总纲。第一条：定名：天津各界联合会。第二条：本会以团结天津各界，本互助精神，谋民族之解放为宗旨。第三条：本会借天津北马路总商会为会址。第二章组织。第四条：本会以各界团体为基本单位。第五条：本会以代表大会为最高机关。第六条：本会执行机关以执行委员会为最高机关。第三章代表大会。第七条：本会以本埠各团体、选代表二人组织之，惟学生联合会得出代表六人。第八条：本会设主席团五人，由代表互选之。第九条：本会每月开大会一次，但于重要事件，得临时由主席团召集之，或有二十团体要求开会时亦得召集之。第十条：本会职权如左：(一)议决本会规章，(二)议决本会一切进行事宜，(三)质问和弹劾，(四)选举本会细则另定之。第四章执行委员会。第十一条：本会以执行委员若干人组织之。第十二条：本会为办公便利起见，得设以下各种委员会(一)经济委员会，(二)调查委员会，(三)书记委员会，(四)交际委员会，(五)庶务委员会，(六)宣传委员会。第十三条：本会职权如左：一、执行代表大会议决一切事情。二、得交议于代表大会。三、提议及受质问时得出席代表大会宣言，但无表决权。四、报告本会执行议案及其他进行事件于代表大会。第十四条：细则，由本会另订之。第五章会务。第十五条：本会及加入各团体，均须努力实现本会议决案。第十六条：本会及入会各团体，对于地方各种公益事业须尽量参加，对于民众务须联络，尤其对于平民应予以同情之援助。第六章经费。第十七条：本会经费，由本埠各团体自由捐助之。第十八条：本会遇有特别事故，由代表大会议决之，得集募特别捐。第七章附则。第十九条：本章程有未尽事宜，由十团体以上之提议得修改之。第二十条：本章程自通过之日实行。

天津《益世报》1925年6月19日

七、天津海员工会章程

一、第一条定名　中华海员工业联合总会天津支部。

二、第二条宗旨。

1. 本互助精神化除畛域之偏见，协谋改良生活，增高地位，图全体海员之利益，得到共同幸福；2. 增进智识，唤起海员工人阶级之自觉；3. 遵从总会宗旨，及议决事项。

三、第三条会员

1. 凡永久或暂时在津之海员，均得为本会会员；2. 对本会有发言权、表决权、选举和被选举权；3. 享受本会谋得之一切利益，及受本会补助之权；4. 有遵守会章，及决议并尽力拥护本会，为本会尽忠服务之义务。

四、每船每行五人为一小组，公推组长一人，并由该本行各组长公推干事一人，再由该本船各行长公推总干事一人，同时有两船以上时，得联络关系，开总干事联席会议，组织秘书处，分任文书、组织、纠察、交际、庶务、交通各部。

……

3. 组织部：组织小组及训练会员；4. 纠察部：纠察会员之行动；5. 交际部：负对外交际事项；6. 庶务部：负会内一切庶务事项；7. 交通部：司宣传消息之责。

……

六、第六条会议　总干事联席会议、各干事会议、各组长会议，及小组会议，均每两日一次，但遇特别事故，得召集临时会议。

七、第七条规约

1. 会员有背反议决案及章程之行动者开除之；2. 不得无故出会；3. 会员均得受秘书处之委托，不得推诿。

八、第八条会费　暂不征收，欲自由捐者听便。

九、第九条附则　本会章程各船干事会议决之施行，但接得总会章程后，本暂用草章即宣告废除。

天津《益世报》1925 年 7 月 23 日

八、总工会宣言

天津总工会成立后，发表宣言云：各界同胞们，英国强盗在各处杀死我们数百同胞，人人都知道的，不必赘述。但是我们天津人士这样沉寂，好似天津这样的商埠内，没有一个中国人了。我们真替素称爱国的天津人士羞。现在天津海员及天津日报工人已全体罢工，他们以为给仇人作活，上对不起祖宗，下对不起儿孙，宁饿死亦不羞死。各界人士们，所谓爱国热心的天津人士们，起来援助一下吧，不要看着贫苦的工人爱国，于自己毫无关系，贻外人以笑话。

天津《大公报》1925 年 8 月 10 日

九、济安会宣言

天津各界联合会济安委员会成立，于前日发出宣言云：打倒帝国主义的新战略，为国人实行经济绝交，尤以受雇于外人之工人同胞，为更有力者。若坚持长久，我中华民族之解放，指顾可期。敝会有鉴于各地及本埠罢工工人日众，为专一事权，及实力援助起见，特组织天津各界联合会济安委员会，于八月四日宣告成立，地址暂设东马路太平旅馆六十三号。深望各团体志士，勇为捐款。直寄本会，至为企盼。特此电闻，统希亮鉴云云。

天津《大公报》1925 年 8 月 8 日

十、河北省委关于加紧领导唐山、天津罢工决议（节录），1932年3月4日

1.目前河北工人罢工运动，自从年关斗争后，继续向前发展到更高的阶段，一般的从反攻走到进攻（普遍的要求增加工资），带着非常浓厚的政治性质（反对黄色工会要求建立自己的工会与国民党军警武装冲突反对帝国主义），表现再接再励的顽强性与坚决性，在唐山曾爆发伟大的开滦五矿数万工人的同盟罢工，在天津有裕大、北洋、宝成、裕元、华新、恒源六大纱厂先后起来斗争，怠工与罢工有津浦路工人大罢工，北宁路失业工人的斗争，济安自来水工人、电车工人、电灯工人的斗争，还有地毯工人与洋车工人等的斗争。所以目前的罢工浪潮不只是包括各重要企生并且包括唐山、天津重大中心产业区域，不只有了局部产业的同盟罢工的形势（唐山五矿的同盟罢工、天津五大纱厂与市政工人的斗争），并且开辟了在唐山与天津整个城市总同盟罢工的前途。

2.唐山与天津的罢工斗争是自发的，各个斗争间缺乏组织上的联系。党与赤色工会跟不上斗争的发展，我们的领导作用很薄弱，虽然工人群众反黄色工会的欺骗工人与破坏罢工作用，随着国民党的崩溃而益见破产，但是许多斗争是在他们影响之下，而被他们引导到合法的道路上（如改组后的宝成、华新工会），这是最大的缺点。

3.争取怒潮般的罢工运动的领导，发展各业工人为经济要求为建立自己的工会的斗争，领导开滦五矿第二次同盟罢工，领导并扩大天津自来水电灯电车的斗争，为全部市政企业工人的同盟罢工，组织各大纱厂的罢工，而汇合成全都纱厂业的同盟罢工，深入铁路工人，发展罢工斗争，把各厂各业工人罢工斗争联合起来，把在业工人与失业工人的斗争，密切的联系起来，加紧反帝反国民党的宣传，使各业工人为经济要求、为建立阶级工会的斗争，联系到反对日本帝国主义攻打上海天津，反对英帝国主义派兵唐山，反对帝国主义瓜分中国，反对帝国主义国民党联合进攻中国苏维埃红军与劳苦群众，反对第二次世界大战，反对帝国主义的政治罢工与示威，号召工人拥护上海总同盟罢工，争取唐山与天津总同盟罢工的前途，使罢工运动形成反帝反国民党运动的主力军，与上海总同盟罢工和红军革命战争汇合起来，这样来回答中外资本家对工人阶级的进攻，这样来回答国际帝国主义瓜分中国与进攻中国苏维埃革命，这样来争取苏维埃政权在几个重要省区首先胜利。这是摆在河北党与赤色工会面前的中心任务。

（1）……略

（2）加紧领导天津各纱厂的斗争，组织全部纱厂工人的同盟罢工：天津五大纱厂曾先后爆发要求花红、增加工资、反对黄色工会的罢工或怠工，得到了部分胜利，这些罢工怠工大部分是自发的没有赤色工会的领导，在斗争过程中受资本家国民党黄色工会的欺骗与破坏，各个工厂的斗争彼此不发生密切的联系，各厂工人要求增加工资五分，但资本家只允许增加三分或二分，几个要花红的斗争没有圆满解决，黄色工会虽然改组，但结果还是被国民党改组派利用，新选出的委员依然不能代表工人利益，又缺乏阶级斗争的纲领，广大工人群众是不满意的，所以改善生话的

要求与建立自己工人阶级的工会，仍然是目前各纱厂工人的中心要求。现在资本家与国民党正在企图取消工人已经取得的胜利条件，准备新的进攻，如黄色工会或改组后的黄色工会当然是站在资本家国民党方面卖力。这里就是新的罢工斗争必然还要爆发的前提，事实上有些工厂工人已经酝酿着进一步的斗争了。华新纱厂又实行罢工，要求二十年花红四十日，照发上次怠工的工资，要求二十年第四季度特别奖金等，我们必须抓住这一斗争做中心，加紧对这一斗争的领导，并扩大到其他纱厂。在宝成纱厂要提出反对资本家借口三班倒加重工作，增加成年工人工资，由厂方发给学徒工资等等要求来发动斗争，联系到反对美帝国主义与国民党的口号，深入各工厂，加紧厂内活动，提出各厂工人的要求强迫资本家承认。在领导各厂斗争中最重要的是提出赤色纲领（应包括青工女工的特殊要求与失业工人要求），与黄色工会对立起来，指出建立真正的阶级工会的必要，无情的揭破黄色工会欺骗工人，破坏斗争的作用，引导工人群众打倒黄色工会的斗争。采取下层统一战线的策略，建立起群众的斗争委员会或罢工委员会来领导斗争，不准黄色委员代表工人向资方交涉，绝对不容许黄色走狗参加斗争委员会或罢工委员会，由工人自己选出的代表去要求资本家承认条件。斗争完结后把罢工委员会转变成工厂委员会，同时加紧建立赤色工会的工作。这是保证斗争胜利，消灭黄色工会影响的最好方法，指出各厂工人联合斗争的必要，组织各厂工人的代表会议，成立总的斗争委员会或罢工委员会，反对黄色走狗参加，这样来争取数厂的罢工，以至于全部的纺织业的同盟罢工，在斗争委员会或罢工委员会中须有女工、青工、失业工人代表参加，在斗争的开始就要加紧工人纠察队的组织，吸收青工、女工、失业工人等参加，对裕大失业工人要求恢复并扩大失业团与纠察队（不容许黄色走狗参加），领导他们向国民党市政府社会局示威要求救济，反对国民党派军警压迫失业工人。同时要向厂方要求恢复工作，反对解雇，发给救济金，鼓动失业工人提取存货拍卖来救济自己，加紧反日本帝国主义，反国民党的宣传鼓动，使失业工人要求救济、要求工作、反对解雇等斗争，发展成为反对日本帝国主义与国民党的斗争，号召其他纱厂援助裕大失业工人的斗争，严防资本家国民党黄色工会利用裕大失业工人来破坏罢工运动的企图，开厂后要向厂方（不管仍是日本资本家或中国资本家）要求关厂期间工资照发，并进一步的要求增加工资，特别要加紧组织赤色工会与工厂委员会。

（3）加紧领导自来水工人与电车电灯工人的斗争，组织市政企业的同盟罢工：济安自来水工人于二月二十七日晨实行总怠工了，电车与电灯工人已决定一致怠工了，这是工人要求增加工资、反对黄色工会的欺骗与国民党的调停的坚决表示，我们必须深入工人群众中，提出斗争纲领，指示他们运用下层联合战线建立罢工委员会与赤色工会，绝对拒绝黄色工会代表工人说话，组织并扩大工人纠察队，成立自来水工人与电车电灯工人斗争的联席代表会议与总的领导机关，在这一形势之下发展全天津市政工人的同盟罢工是可能的，立刻派人到邮政电话汽车等工人中工作，号召他们与自来水、电车电灯工人一致斗争，努力达到同盟罢工，提高他们反帝反国民党的情绪，使斗争发展到更高的阶段，特别要派工人代表到纺织工人中活动，与纺织工人开联席会议，使市政工人与纺织工人斗争汇合起来。派人到各市政企业中做破坏工作，向群众提出赤色纲领，组织革命反对派夺取群众，一直做到消灭黄色工会建立赤色工会。

（4）加紧在天津北宁铁路中工作，领导在业工人与失业工人的斗争：立刻确定津浦路与北宁路工人与失业工人的斗争纲领，在黄色工会中建立革命反对派，一刻不放松的揭发黄色委员欺骗工人、帮助国民党路局破坏工人斗争的企图，向黄色工会中群众提出赤色斗争纲领，夺取他们在赤色纲领之下参加革命反对派，为自己切身利益，为反对国民党军警压迫，为反对黄色工会而斗争，加紧宣传反对日本帝国主义进攻上海，反对帝国主义瓜分中国，尤其是反对帝国主义国民党军阀运输军队去打苏区红军，号召他们用罢工手段来拥护上海总同盟罢工，反对帝国主义国民党共同压迫反帝运动。号召津浦北宁二路工人代表会议，订出共同的要求纲领，并且组织铁路工人与矿工、市政工人、纺织工人等的代表会议，组织失业团或失业委员会，号召失业工人向路局要求工作，要求救济，把在业工人与失业工人的利益密切的联系起来，加紧建立赤色工会辅助组织等。

（5）加紧在海员码头工人、洋车夫、火车夫、地毯工人及其产业与手工业工人中工作：天津地毯工人与洋车夫曾屡次爆发斗争，我们必须提出他们的要求纲领发动斗争，对校工建立工会与改善待遇斗争必须加紧领导，特别要派人打入海员码头工人中工作，建立赤色工会辅助组织等，把他们团结起来，提出要求发动斗争。特别要加紧日本船海员中工作，号召他们为反对日本帝国主义而罢工，号召码头工人拒绝运日货与海员联合举行反日罢工。

（6）争取唐山、天津总同盟罢工的前途：我们抓住唐山、天津的罢工浪潮，利用目前群众反帝反国民党的形势来准备唐山的总罢工和天津的总罢工，与上海总同盟罢工联系起来，这是河北党面前的主要政治任务。

（7）（8）……略

（9）……前略

目前在职工运动中的主要组织任务，是建立赤色工会，但我们必须建立各种各样的辅助组织（俱乐部工人学校，足球队，兄弟会，姊妹团，识字班）来团结工人扩大赤色工会的影响，到广大工人群众中以至于最落后的工人群众中。在天津特别要与各支部中实际工作中机会主义与与"不动"消极悲观等倾向作斗争，许多同志因为不了解目前政治形势与工人斗争形势，因为不了解党的路线策略，因为不会应用有效的工作方式与方法，对工作困难表示失望或束手无策，不肯做刻苦的群众工作，不能很耐心的去做厂内活动，普通的表现"不动"的现象以致党的指示不能执行，许多自发的斗争白白过去，这是天津党内严重的现象，必须马上克服。

摘自顺直省委档案，藏于唐山市档案馆

第二节　新中国成立后的资料

一、天津市总工会筹委会关于文化教育经费用途暂行办法的规定，1949 年 11 月 15 日

根据全国总工会颁布的关于文教经费的暂行规定及天津实际情况拟定出以下暂行办法。

1. 此项款项如公私营工厂企业等，于每月开支工资之日按月拨给等于全体职工工资总额之百分之一点五交该厂该业工会为文教经费。各级工会留用比例如下：1. 凡能自办教育文娱事业之工厂企业，百分之七十留该厂、业自用。向上逐级交百分之三十。2. 凡不能自办教育事业之工厂企业等，百分之四十留该厂、业自用。向上逐级交百分之六十。3. 凡各产业行业工会所属各厂、业如有半数以上能自办文教事业者。该产业行业工会得将抽出之文教经费百分之四十缴总工会，百分之六十留该行业工会自用。如有半数以下能自办文教工作者，得将百分之五十缴总工会，百分之五十留会自用。

2. 文教经费之使用原则：1. 文教经费之收支与使用由各厂企业工会组织负责，受全体职工的监督，缴纳文教费之产业所属职工均可享受，但工会会员有优先权。2. 文教经费之使用重点应放在工厂各业或行业举办之职工群众性的政治、文化、技术、教育事业与文娱活动支配与使用，由各级工会文教部门负责计划本级之文教费开支，必须保证合理，避免铺张浪费。

3. 文教经费开支范围：1. 印刷职工学习所用之补助教材费。2. 夜校聘请教员之补助费。3. 职工学习及文娱活动之奖励金（如奖学金奖品等费用）。4. 职工夜校识字班所用之黑板粉笔及学生测验时需用之纸张费。5. 职工俱乐部所需之领袖像片、标语、地图、漫画等及其他文娱活动（包括体育用具）。6. 职工业余剧团歌咏队购置简单的乐器、化妆品之费用。7. 工会出版黑板报、壁报及小刊物之费用。8. 工会筹备图书馆，订购书报费。

4. 下列各项一律不得用文教经费内开支：1. 职工子弟学校之经费。2. 脱离生产之职工学校或训练班之费用。3. 职工俱乐部及夜校之修建费。（以上三项经费应由行政或政府教育经费内开支）4. 职工学习自用之课本及文具费。一般由职工自备（这一项不绝对化）。5. 行政部门与干部订购书报费（由工厂企业行政负责开支）。6. 制赠贺幛贺旗及招待会餐、庆功、劳模会之一切费用（由工会办工费开支）。

5. 开支比例：1. 教育费应占百分之六十。2. 文娱费不得超过百分之四十。

6. 天津市总工会征集之文教经费每三个月向所属各工会公布一次其动用范围如下：1. 出版职工刊物。2. 印刷教材读物。3. 开办职工正规业余学校（以学校文化馆为主的）由教局开支。4. 组织全市职工文娱活动及放映电影等。5. 补助市俱乐部阅览室经费。6. 其它文教经费。

7. 各行业产业工会征集之文教经费每三个月向所属工会公布一次，向天津市总工会汇报一次

其动用范围如下：1. 抽调所属各厂职工集训时之联合短期训练班办公费。2. 出版以产业行业为单位的小册子或刊物。3. 所属各产业联合成立的业余剧团、歌咏队之化妆品及演出费。4. 补助产业行业工会主办的俱乐部阅览室经费。5. 组织产业行业性的文娱活动。

8. 建立健全保管及会计制度。1. 各级工会对文教费的收支必须建立和健全文教费的独立会计制度。各级工会应归专门管理经费的干部或部门管理。2. 实行预决算制：各工厂企业的工会组织对文教费的开支每月应向直属上级工会造报预算和决算以便审核备查，收支报告表内应注明厂数及享用文教用费的人数及工厂所属产业系统，各工厂企业工会及直属上级工会应将文教费之收支报告表在当地之报纸刊载以便所属之职工检查。

注：产业工会有全国性组织者，其应缴本市地方总工会的比例数，待与中华全国总工会商定后再另行通知。

天津市总工会档案筹委会　第309卷，1949年11月

二、天津市总工会关于私营企业职工代表会的规定　1949年

（一）职工代表会的性质与职权

1. 职工代表会在目前正式职工会未建立的情况下，一方面是发动群众、发起建立职工会，并保证职工利益，领导职工教育福利等工作的职工群众组织。另一方面如全体职工（或大多数）对资方有意见和要求时，均由代表会任劳方之当然代表，与资方进行协商和交涉。资方必须承认其合法权利并尊重其地位。

2. 职工代表会的代表是由各生产单位推选出来的，每个代表须经常反映本单位的职工对工厂管理方协商交涉。另方面厂方管理上有关全厂重大问题（如生产计划、修改制度等）在资方同意条件下，可向代表会做报告，并听取代表会之意见和建议，以利于改善工厂管理制度及提高生产效率。

3. 厂方管理会议（如厂务会议、科务会议）后，厂方愿聘请代表会参加时可派遣若干代表参加。

4. 职工代表会应发起建立职工会，由代表会推选若干人，成立职工会筹备委员会，进行职工会一切筹备与日常工作。筹备委员会主任，应由筹备委员会委员民主推选最强的委员担任之。筹备委员会所进行之群众工作，如订立劳资合同，与资方协商修改不合理制度，评议工资、分红与奖金之规定，发动生产，组织学习，举办福利事业，及文化娱乐活动等，均由筹备委员会提到代表会议讨论，作出决定由筹备委员会执行。筹备委员会必须定期向代表会做工作报告，听取建议与批评，以便改进工作。筹备委员会成立后，原有的代表会主席团（常委会）及其所设各部应即撤消，并将其职务转交筹备委员会。

（二）职工代表会的组织

1. 职工代表会之代表，是由所属的各生产部门的基层组织（如小组或班）直接选举产生的一小组或班，根据人数多少，选举一人或二人，以每二十人至三十人选一代表为原则（如果一业务单位人数虽少，但很重要，亦可选一代表）。

2. 各职工代表会每一代表、代表其固定的职工人数，即直接对其所代表的职工负责（代表当选后，即按生产单位将职工编成小组，代表为当然组长），如所代表的职工认为代表不称职时，得随时撤换之。

3. 全市各行业及产业代表会，及职工会筹备会议联席会，由私企工作委员会另定之。

4. 全市职工代表会由市办事委员会定之。

5. 代表会均由工作组负责召集职工，选举组成之。

（三）职工代表会代表选举办法

1. 职工代表条件：

①热心忠实为群众办事，为职工所拥护者。

②学习工作积极者。

2. 凡属该厂职工（包括工人职员、男女工、童工）均有选举权利被选举权。

3. 凡具有下列情形之一者，目前暂无当选代表之资格。

①解放前曾为国民党、三青团之负责人者。

②解放前曾参加国民党、三青团，虽无职务，但行为很坏，尚未坦白者。

③解放前曾为国民党伪工会负责人者。

④来自农村之地主成份者，本人是地主且劳动尚不足五年者。

⑤资方之代表者（如经理、副经理，正副厂长、人事科长等）。

4. 已经当选的代表，有下列情况之一者，得经代表的职工小组随时撤换改选之。

①中途发现代表行为不端，不能代表本小组及全体职工利益，为本组半数以上职工所反对者。

②某一代表被小组一时同意选出，但为全体代表或半数以上反对，认为不能代表全体职工之利益者，即可提交该组重选之。

5. 凡因革命活动而加入伪工会、国民党、三青团等组织的职工、本人可提出声明，经审查并向职工群众提出证明后，应有参加选举与被选之权利。

6. 工人、职员的代表分别进行选举，工人按基层生产单位选举之，职员到单位按情况分别选举之。

四、会期与代表任期

1. 暂定各厂代表会每两个星期召开一次，有特殊情况得召开临时代表会议。

2. 各厂职工代表会，暂定两个月改选一次，各代表会如有四分之一的代表向选举人提议，经半数以上选举人或代表同意改选时，可随时进行改选之。

五、职工会筹备委员会之职责

1. 根据职工代表会之决议工作执行计划。

2. 为了推动该厂中职工会一切工作，可分工办事，其条例另定之。

3. 督促检查代表会领导下的一切组织与活动，并总结执行大会决议之情况，向大会作报告。

4. 筹备委员会任期与代表会同，如有个别不称者，可经代表会过半数决议撤换之。

5. 负责召集定期代表会议。

六、代表会及代表的职责

1. 要负责向选出他的直接小组或单位传达代表会的一切决议与报告，并保证代表会议执行，切实负责将其选举单位的职工意见，反映到筹委会及代表会去，真正做到代表会与群众的联系密切，使各工厂职工经过自己的代表，达到团结与思想行动上的一致。并使职工对资方的要求与建议得到合理的解决。

2. 对职工会筹备委员会和代表中不称职者，可由代表会议上讨论，罢免或要小组改选。

3. 讨论与检查职工会筹备委员会的工作。

4. 对工会工作有成绩或生产上好的职工，可发动民主评功鼓励，并建议工会办事处和厂方给一定的奖励。

（附）

职工会筹备委员会委员（主任在内）与代表均不脱离生产，活动在工余时间行之。如有特殊情况，非耽误一定工作时间不可时，得经职工会筹备委员会主任批准，向厂方提出请假，请假时工资照发，但每月不得超过四天。

天津市总工会办公室卷，187卷1949年

三、天津市人民政府关于救济失业工人暂行办法，1950年5月25日

第一章 总则

第一条 为救济失业工人，减轻其生活困难，并帮助其逐渐就业转业起见，特制定本办法。

第二条 救济失业工人，应以以工代赈、生产自救为主，而以举办转业训练帮助回乡生产及发放救济金等为辅助办法。

第三条 救济范围，原则上暂以各国营、私营、合作社经营的工商企业及码头运输事业中的工人在解放以后失业者为限。

第二章 执行救济工作的机构

第四条 本市失业工人救济委员会，在市人民政府领导下设立之，计划并指导一切救济事宜，由市政府指派劳动局、建设局、民政局、对外贸易局、合作总社，并约请总工会、青年联合会、妇女联合会、工商业联合会等有关机关团体之代表九人至十一人组成之，并设主任委员一人，副主任委员一人或二人，由市人民政府任命之。

第五条 在失业工人救济委员会之下，设立执行工作机构，受主任委员直接领导，进行工作。其组织如下：

一、办公厅：办理有关救济工作的一切日常行政事项。

二、组教处：

（1）办理失业工人统计，并制发、收集、保管、失业工人一切表格材料等；

（2）组织失业工人还乡转业，协助劳动介绍所介绍本市或外区工作，并组织和领导工赈队；

（3）办理失业工人宣传教育及转业训练等事项。

三、工赈处：办理以工代赈，筹办各项工程事项。

四、救济处：办理救济金之审核、发放等事项。

五、生产处：办理生产自救、举办手工业作坊、农场等生产事宜，研究并审查每个生产事业的计划，及对各种生产事业的检查与指导。

第六条　各处工作及干部由各有关部门担任，组教处由总工会和民政局，救济处由劳动局，工赈处由建设局，生产处由合作总社等分工负责，各处干部除处长可以兼职外，副处长以下干部需有专任人员。

第七条　必要时各区得设立救济分会，其组织另定之。

第三章　救济基金

第八条　救济基金的来源如下：

一、所有本市国营、私营、合作社经营的工厂、作坊、商店的行政方面或资方，均须按月缴纳所付实际工资总额百分之一，上述各种企业及码头运输等事业的在业工人，亦应按月缴纳所得实际工资百分之一，作为救济失业工人基金。

（1）救济金之缴纳，暂定半年，逐月缴付，半年后如需继续救济则延长之。（2）工人个人每月所得实际工资在一百二十市斤以下者，可不缴付。（3）停工或半停工的工厂、商店工人，只拿少许补助费或只管饭者，不缴纳救济金。（4）按年发放工资的商店，缴纳救济金时，应参照相等的按月发薪之商店作标准或以去年的实际工资计算之。（5）临时工——按月领薪之长期性的临时工，按月缴纳百分之一的救济金，亦得享受各种救济办法。临时性之临时工，不缴纳救济金，对其失业者，可参加以工代赈和生产自救。（6）三轮车工人缴纳救济金办法，由三轮工会另订之。（7）资方确实亏累不堪者，亦可酌情减免之。

二、中央人民政府与市人民政府拨给的救济基金。

三、各界自愿捐助的救济金。

第九条　救济金收缴办法另订之。

第四章　失业工人的登记办法

第十条　凡符合本办法第三条规定的失业工人，均可申请登记。

第十一条　失业工人的登记，基本上按行业办理，由失业工人救济委员会委托天津市总工会所属各业工会之基层组织办理之，如尚未建立工会基层组织者，由各业工会直接办理之，并按行业和地区办理编队。

第十二条　失业工人申请登记时，须提交下列证件：

一、申请人原来工作的工厂、商店等所发的证明文件，如因原工厂商店歇业，无法取得证件者，须有原厂店工人二人之证明。

二、申请人现在居住地区的派出所发给的证件，证明确为住在该地的失业工人。

第十三条 曾在几个企业工作过的失业工人，只能在一处登记。

第十四条 经天津市总工会审查合格的失业工人，统由失业工人救济委员会发给登记证。

第五章 救济办法

第十五条 以工代赈：

一、以工代赈工程范围，为浚河、修堤、植树、修理下水道、修建马路、公园等有益于市政建设的事业。

二、工赈工程所需经费，由失业工人救济基金项下拨付，其工资部分，原则上不得少于全部工程费用百分之八十，材料与工具部分不得多于百分之二十，超过百分之二十者，由市政建设费内开支。

三、工赈工资，一般均应采取计件制，在工资标准未确定前，每人每日发给玉米面四市斤至六市斤作为临时工资，但至迟须在开工半月内规定计件工资的标准，如无法计件的工资，仍每日以四市斤至六市斤玉米面为标准，技术人员与管理人员的工资，由工赈处拟定提交失业工人救济委员会通过决定之。

四、工赈的工作时间，一般以八小时为原则，在工作时间外，每日应有一小时至二小时的学习时间。

五、在参加工赈工程的工人中进行文化教育、娱乐等事项，统由组教处负责筹划并举办之。

六、工赈工程结束时，参加工赈工程的失业工人的安置或救济办法，由失业工人救济委员会决定之。

七、失业工人如因特殊原因不能参加以工代赈或工程人数不够时，其家属亦得参加。

第十六条 生产自救：

一、生产自救应以举办手工业工厂、作坊、农场等为主，但以不损害本市现有工商业为原则。

二、每个举办生产自救事业的计划，经失业工人救济委员会生产处审查批准后，得提请失业工人救济委员会从救济基金中拨给一定数量的补助金。

三、失业工人救济委员会生产处对各种生产自救事业，应随时进行检查与指导。

第十七条 还乡生产：

一、失业工人自愿还乡生产者，由失业工人救济委员会放给本人及其家属所需之车票或船票外，并给以一定的救济金。其标准为：失业工人本人发给五十市斤至一百市斤，其直系家属每人发给三十市斤至五十市斤。

二、自愿还乡之失业工人，由失业工人救济委员会发给证明文件，以便当地人民政府在可能范围内给以帮助，使其能够在乡从事生产。

第十八条 介绍其他地区就业。

第十九条 发放救济金的规定：

一、领取救济金限于符合本办法第一章第三条规定的失业工人，工龄在一年半以上，而不能参加以工代赈及生产自救工作者。

二、失业工人的救济金，按下列标准发给之：

（1）失业工人本人每月发给玉米面四十五市斤，受其供养之直系家属在本市居住者，每人每月发给十五市斤，连同本人及其家属在内，最多发给九十市斤为限。（2）学徒本人每月发给三十市斤，其家属不发救济金。（3）半失业工人所得工资无法维持生活者，得按实际情况酌量予以临时救济。

三、发放救济金的手续如下：（1）由工会基层组织调查评定每个失业工人应领救济金数额，转请各业上级工会审查。（2）各业工会应将审查合格的领取救济金人数造具名册，送交天津市总工会转请失业工人救济委员会批准后，按照名册签发粮票或支票，交由原工会组织系统转发已审查合格的失业工人本人。

四、有左列情形之一者不发救济金。

（1）在解雇时已领取一定时期工资的解雇费，尚未满期者。（2）本人或其家庭有其他收入能维持生活者。（3）受其他机关救济者。（4）业经回乡生产，为企图领取救济金而重返城市者。（5）年老退休之工人已按劳保条例领取救济金和补助金者。

五、受救济之失业工人，有左列情形之一者，得停发其救济金：（1）经劳动局介绍或自行就业和复工者，其救济金发至就业复工日为止。（2）参加以工代赈或生产自救者，其救济金发至开始工作之前一日为止。（3）有就业机会而无故拒绝者，停发救济金。（4）有参加以工代赈或生产自救工作的机会而无故拒绝，或已参加而中途无故退出者，停发救济金。

六、以欺诈方法或其他不正当行为领取救济金者，除追还所领之救济金外，并送司法机关予以惩处。

第廿十条 失业工人的教育工作：

失业工人救济委员会应会同天津市总工会及有关部门有计划地对失业工人进行教育工作，以提高其文化、政治、技术水平，并尽可能根据社会需要，组织各种转业训练。

第六章 附则

第廿一条 本办法经天津市军事管制委员会及天津市人民政府批准后施行之。

第廿二条 本办法之解释权及修改权，在军管时期属于军事管制委员会，军管时期结束属于天津市人民政府

《天津日报》，1950年5月25日

四、天津市职工总会章程草案

第一章 总纲

第一条 本会定名为天津市总工会。

第二条 本会是工人阶级的群众团体，它以团结全市职工，保护职工利益，争取工人阶级的彻底解放，并联合全市各民主阶级人民，为建设新天津而奋斗为宗旨。

第二章 会员

第三条 凡在本市各种公私企业，行业，以及机关学校中工作以出卖劳力所收入之薪资为全部或主要生活来源，并依法取得职工成份之体力劳动者与脑力劳动者，不分民族、性别、年龄、宗教、信仰，赞成本会章程，经会员一人介绍，自愿加入本会，并缴纳会费，即为本会会员。

第四条 凡国民党，三青团区分委以上人员，及特务分子或其他反动政治集团的负责人员，在未经人民政府登记审查恢复公民权者，不得加入本会为会员，工作未满一年之流亡地主暂时不能加入本会为会员。

第五条 本会会员入会以自愿为原则，并有退会之自由。

第六条 本会会员之权利。

（一）有对本会一切工作与各种设施进行讨论、提议与批评之权。

（二）在会内有选举与被选举之权。

（三）有享受本会及所属职工会所举办之各种文化、教育及福利事业之权利。

第七条 本会会员之义务。

（一）有遵守本会宗旨，章程及执行本会决议之义务。

（二）有向本会经常报告会务与工作之义务。

（三）有向本会按期缴纳会费及介绍会员之义务。

第三章 组织

第八条 本会为中华全国职工总会所属的一级组织，服从全国职工总会领导，遵守其会章，执行其一切决议。

第九条 本会在产业中按产业性质建立各业职工会，以生产部门为单位（如厂、场、站、段等）建立基层组织，在行业中按职业性质建立各种职业职工会，并按各行业与职业性质建立分会为基层组织。

第十条 本会之组织原则为民主集中制，即少数服从多数，下级服从上级，本会所属各级职工会服从本会一切决议和指导。

第十一条 全市会员代表大会为本会最高权力机关其职权与召集方法如下：

（一）全市职工代表大会之职权为决定和修改本会章程，决定本会工作方针与任务，听取讨论审查本会执行委员会之报告，并改选本会委员会。

（二）全市职工代表大会暂定半年举行一次，由委员会召集之，出席代表必须在半数以上方得开会，遇有特殊情况或经本会三分之一以上会员之要求时，委员会得决定提前或延期召开之。

（三）本会委员会委员在任期内，如经众多会员认为有个别不称职者，可提出要求委员会得召开临时会议，经二分之一以上出席之委员表决通过撤换之，如有全体会员三分之一以上认为较多之常委不称职时，委员会得召开临时会员代表会议，撤换并改选之。

（四）出席全市会员代表大会之代表数额及选举办法，由委员会制定之。

第十二条　由全市会员代表大会选举委员及候补委员若干人，组织本会委员会，在代表大会闭幕期间，为本会最高权力机关，委员会全体会议每一月举行一次，由常务委员会召集之，但须有半数以上委员出席方为有效，如有特殊情况，或有三分之一以上之委员请求时得提前或延期召开。

第十三条　由委员会选举主任一人，副主任若干人，领导会务。

第十四条　由正副主任及委员会选举之常务委员若干人，组织常务委员会，对委员会负责，驻会办理一切会务。

第十五条　本会设秘书长一人，经常务委员会选任，在正副主任领导下处理本会日常行政。

第十六条　本会得设下列各部，进行日常工作。

（一）组织部：负责审查会员及其会章，征收会费，调整提拔培养干部，调查统计及一切有关组织事项，并帮助无工会组织之职工群众组织职工会。

（二）宣教部：管理宣传、文化、教育、娱乐等，及其他有关宣传教育工作，并帮助各分会建立以上各种活动及各职工会之宣教工作。

（三）生产部：指导各职工会参加工厂企业管理，实行生产竞赛劳模运动，检查劳动纪律，研究工资制度，调整工资问题，生产计划，技术经验，及其他有关生产的工作。

（四）劳动保护部：管理并指导劳动保险事宜，审查劳动契约，及各职工会之福利工作，并协助政府进行工厂中卫生安全设备之检查与介绍职业、协助转业。

（五）青工部；管理或指导各职工会之有关青工、童工工作。

（六）女工部：管理或指导各职工会之有关女工工作。

（七）办公室：在正副主任领导下协助常务委员会经常研究，计划、检查、总结有关职工运动之一切工作。

（八）秘书处：在秘书长领导下，管理文书，收发及一切对内外日常行政事宜。

（九）总务处：在秘书长领导下掌握与管理本市各业职工会预决算之审核，款项之拨付，供给制度之规定，及本机关总预算之编造与一切有关供给与总务事宜。

第十七条　为了更有条理、有系统的进行工作，在市职工总会领导下得设下列各种产业与行业等工会（各职工会之性质及工作范围另定之）。

（一）纺织业职工会（二）铁路职工会（三）市政职工会（四）五金业职工（五）化学业职工会（六）各产业联合工会（七）海员职工会（八）手工业职工会（九）运输苦力工会（十）店员职工会（十一）文化教育者职工会（十二）机关工作者职工会。

第十八条　各部设部长一人，办公室设主任一人，秘书处设处长一人，必要时均得设副职，各部门与办公室主任，由常务委员兼任或由常务委员会选任之，各部、处根据工作之需要得设各科及干事若干人，由常务委员会聘任之。

第十九条 各产业与行业职工会设主任一人，副主任一人至三人，委员若干人，主任由委员选举，必要时得由本会常务委员会从该职工会委员中指定之，各工会按工作需要可设立各科办事处。

第二十条 本会在各区必要时得设办事处，办理本会某些日常会务。

第二十一条 本会及所属各产业行业等职工会，为与广大职工取得密切联系，便于听取职工之建议与批评，籍以充实领导，应经常召开全市或各产业行业职工代表会议，其召集办法另定之。

第四章 经费

第廿二条 本会所属各职工会之会员须按月缴纳所得工薪百分之一为会费。

第廿三条 本会所属各职工会暂定将其所收会费百分之七十作为该职工会经费，百分之三十交纳本会为经常费用（由本会将总收入之百分之三十交中华全国职工总会）。会费每月交纳一次。

第廿四条 本会所属各职工会之经费，如有特别困难时，得经本会常务委员会批准，停止其向本会缴纳的责任，必需与可能时，本会还须酌量情形给以补助。

第廿五条 本会经费，除征收会费外，其不足部分得请求政府补助之。

第廿六条 本会及所属各职工会之经费开支应定期向所属职工会公布，并报告上级。

第五章 附则

第廿七条 本章程系由天津市职工代表大会通过，由市职工总会实行，在代表大会通过前市职工总会筹委会曾根据本章程草案进行工作。

第廿八条 本会所属各职工会须根据本章程自行制定其章程，但在原则上不得与本会章程相抵触。

第廿九条 本章程草案，如有不适合时，得交下届会员代表大会讨论修正之。

第三十条 本章程草案之解释权属于天津市职工总会。

天津市总工会档案党组永久卷第51卷，1952年

五、天津市总工会关于评选劳动模范决定的建议，1951年

全国劳模代表会议的总结中指示："要把评选劳模形成固定制度。每次总结生产工作时，都必需评选劳动模范，而这种评选要依靠平日的生产成绩的可靠记录，在生产有成绩的小组、车间、工厂都应当选出有代表性的模范人物，然后在这个基础上产生省、市、大行政区、整个产业系统以及全国性的劳动模范。"并规定："全市性的工业劳模，最好每年评选两次（五·一和国庆节前各评选一次）。"因此决定：本市各公私企业单位，必需在本年四月十五号及八月三十一号之前，评选出本单位的全市劳模候选人，并将其候选条件报告市评模委员会，以便评选本市劳动模范，及出席全国的劳模代表。现将本市劳动模范及模范单位的标准与评选办法公布如下：

甲、劳动模范及模范单位的标准：

第一、劳动模范的标准。

凡本市已取得公民权的一切公私营企业中的职工（包括工厂、企业、作坊、商店、生产合作

社、运输部门等）均有因本身积极工作，经过评选，获得劳动模范光荣称号的权利。凡公私营企业中的职工，个人订有经常的生产计划或工作计划，恪守劳动纪律，又有确实的记录足以说明其经常完成或超过工作任务者，才得提出作为劳模候选人（在确实无无法订出计划或个人计划与确实无法作工作记录的职工中，由该部门订出与上述条件近似的标准，经上一级工会与行政组织批准，报市评模委员会后实行）。

凡已具有上述基本条件，又具有下列条件之一者，均得经过逐级评选或市评模委员会直接评选成为劳动模范。

1. 保持下列条件超过本单位一般职工的。（一）工作或产品质量符合规格（根据各单位的质量规格与一级品的百分率来定）。（二）爱护机器工具，节约原材料。（三）产量超过计划，或工作超过计划。

2. 创造了新的工作法或新的劳动组织形式，在本单位内能推广使用，因此提高了生产效率的。

3. 在技术上或生产设备上有改进创造、发明或提出重要合理化建议，因此提高了部门或全厂生产效率者（提高质量、产量或节省时间、人员与原材料）。

4. 在建设新的企业管理制度，或执行新的企业管理制上，有显著成绩者（新的企业管理制度，着重于克服无人负责的现象而建立生产责任制、联系制、交接班制。与克服企业管理上心中无数的现象，推行定额制方面）。

5. 组织一个小组、一个车间、一个工作班队、或一个工厂的经常性生产竞赛有显著成绩的代表人物（包括小组内的积极分子与工会、行政的干部在内）。

6. 耐心地以技术经验或科学技术知识传授别人，在培养徒工与技工上有显著成绩者。

模范小组的标准。

第二、本市一切公私营企业中的生产小组或业务小组，应据下列五个条件评选之，均得经逐级评选成为模范小组。1. 订有经常的小组计划（每周的、每月的、或每一批具体任务的），实际的生产成绩又经常超过计划，保持产品或工作的质量与数量，节约原材料或爱护机器工具，超过本单位一般的生产小组或工作小组的。2. 小组内订有明确的分工负责制与经常的检查制度，经常公布成绩，因而在实际上推进了本组全体组员积极工作者。3. 订有小组劳动公约，又能切实执行，保持巩固劳动纪律的。4. 有经常的小组检讨，能认真检查出工作上的优缺点，切实进行批评与自我批评，因而加强了组内外团结，推进了全组工作的。5. 有经常的技术学习与技术互助，因而改善了工作方法，或改善了劳动组织，或提高了本组技术者。

第三、模范工厂的标准（模范车间同此）

凡本市一切公私营工厂，具有下列基本条件者，得由该厂直接向市评模委员会提出，或由该厂之上级工会组织与行政组织提请市评模委员会，按其本身条件与在生产竞赛中进步的程度，经过评选而成为本市的模范工厂。

模范工厂的基本条件如下：

一、在生产成绩方面:（一）能经常保持产品的质量符合规格，经常保持一级品占较高的百分率，或经常保持不出重大责任事故，或在克服工作差错上有显著成绩。（二）能切实掌握较严格的预决算，经常保持制造费用与管理费用不超过或低于预算。（三）能经常完成或超过计划完成的产品数量，或能经常按定货合同如期交货。

二、在民主管理方面，认真重视工人的意见，订有定期答复职工意见的制度，而又经常切实执行者，凡该厂职工提出有关改进生产、改善管理的意见，均不被压抑或忽视并能定期地，按其合理与否、能办与否，分别予以采纳实行或答复解释，或申明需延长答复的期限，到期分别答复或实行。

三、工会确能面向生产，为群众所拥护，并在行政协助之下，确切了解生产计划，并有半数以上的职工或小组经常订有正确的生产计划，开展了较经常的生产竞赛，有经常的统计数字与检查记录足以说明生产成绩。

四、在公私兼顾、劳资两利原则下，即在生产提高、成本降低、公营工厂的行政完成或超过上缴国家利润的任务或资方有利可图的条件下，经常实行物质奖励又适当地改善了职工福利设施者。以上基本条件均应有具体的统计记录及该厂绝大多数职工所公认才能确立。

凡本市一切公私营工厂具有上述基本条件，才得被提为候选模范的单位，模范厂应视其本身的基础，及在生产竞赛中的进度来评定。凡本市一切公私营工厂具有上述基本条件，再具有下述条件之一者，即可经过评选成为模范厂。

（一）在贯彻经济核算制度方面有显著成绩，能精确及时掌握成本，在降低成本上有显著成绩者。

（二）在推行定额管理及贯彻生产责任制方面有显著成绩者，即是：1. 在该厂生产过程中的各个主要环节上，均作过切实分析，有了定额，而这种定额又符合“平均先进定额”原则的。2. 克服无人负责现象方面有切实成绩，即该厂生产过程中的各个主要环节上与各种主要的职工均实行了专责制，又建立了生产联系制度与交接班制度。

（三）建立了切实的统计制度与检验制度，能确切说明该厂各单位生产的确实情况。其生产成绩在一般生产同类产品，机械设备又大体相同的工厂中较高者。

注：如有因工作特殊，无法具有上述基本条件或模范等级条件者，应由各该单位的上级工会组织与行政组织拟具适合于各单位的基本条件与模范等级条件，报市评模委员会批准后实行。

乙、保持劳动模范的光荣：

凡一九五〇年被评选为本市劳动模范者，仍保持经常超过生产计划，并仍在生产中发挥带头作用或推动作用者，经该厂职工代表会同意，仍得保持劳动模范的光荣称号，并在五一及国庆节时应获得名誉奖励（如奖章、奖状等）。如一九五 0 年被评选为劳动模范者又创造更新的成绩，应按其新的成就予以奖励。

丙、评选劳动模范的办法：

第一、在一厂范围选模的办法（作坊、生产合作社、商店、公司、与其他企业单位、运输部门同此）：评选劳模基本上应根据经常的生产记录，故各厂应逐月将其完成计划的状况经该厂在津市之上级行政组织或直接报市评模委员会，以便于切实评选模范厂。

凡本市一切公私营工厂的工会组织应经常掌握所属各小组逐月完成计划的状况，各车间委员会应经常掌握每个工人完成任务的状况，以便于评选劳动模范。

但鉴于本市各企业单位统计检查记录未尽精确，或统计检查记录尚不能完全说明各种真实情况，因此又规定，评选劳模时应辅之以民主评议。其具体步骤如下：1. 由该厂工会委员会协同该厂行政负责人员及有关之负责人员共同提出本厂劳模候选名单，将该名单与各个人在生产或工作中的主要成绩在本厂内公布五天至一个星期。2. 由该厂工会组织领导各工会小组（或生产小组）进行民主评议，审查候选名单，在评议中可以提出撤销某些候选人，可以重新提出候选名单上不曾列入的某些人作候选人。3. 该厂工会委员会协同该厂行政负责人员及有关负责人员共同根据成绩记录与群众意见进行审查，确定劳模名单。4. 将该名单在全厂职工代表大会上或全厂职工大会上逐一审查表决通过。

第二、各厂经上述同等手续产生全市劳模候选人。

第三、各厂提出全市劳模候选人之后，提交该厂之上级工会组织与该厂在本市之上级行政组织，提交本市评模委员会审查、比较、评定本市劳模。

第四、本市出席全国的劳模代表，应由市评模委员会提请，全市职工代表大会审查、评定之。

天津市总工会档案生产部第 257 卷，1951 年

六、天津市总工会关于举办集体劳动保险事业的规定，1952 年 8 月 1 日

关于海滨劳模休养所收容休养员之规定

一、为使劳动模范、模范工作者及转入企业工作之战斗英雄得到一定的休假及更多交流经验的机会，特举办劳模休养所，并列为集体劳动保险事业之一。

二、入所条件：1. 区级以上之个人劳动模范；2. 模范小组主要人员；3. 转入企业工作之战斗英雄；4. 对生产有贡献的老年技术工人与技术人员；5. 非直接生产单位之模范工作者。

但以实行劳动保险条例单位之工人与职员合乎上述条件者为主。

三、因目前条件所限，休养员不得携带婴孩入所。

四、每期休养为半个月，休养人数根据现有设备暂定为一五 0 人，但随着该所的扩充情况，可由天津市总工会随时决定增加。

五、休养员费用：

1. 休养期间工资，由企业行政或资方按原薪支付，并不得影响全勤；2. 往返旅费：实行劳动保险条例单位休养人员之旅费，概由所内负责；非实行劳动保险条例单位休养人员之旅费，由该企业之行政或资方与所内各负担二分之一；3. 伙食费：暂定半月五 0 工资分，除由休养员自行缴

纳廿五工资分基本伙食费外（如系市级以上劳动模范及转入企业工作之战斗英雄，基本伙食费免收），余均由所内补助。

六、入所手续：每期由天津市总工会按产业统一分配名额，各基层委员会应根据第二项规定条件选择休养员，并填写休养员登记表交上一级工会审核，天津市总工会批准后，于指定日期集体入所。

七、本规定经市人民政府批准公布后实行。

关于工人疗养院收容疗养员的规定

一、为使身体衰弱，病情轻微，不能坚持工作的工人与职员得到适当的疗养机会，藉以迅速恢复健康，减免疾病的发生与发展，特举办工人疗养院，并列为集体劳动保险事业之一。

二、入院条件：凡本市职工，且合乎下列条件之一者，均可申请入院疗养：

1. 慢性疾病，经疗养可收到一定效果者；2. 手术后恢复期；3. 身体衰弱，经疗养可恢复健康者；但以实行全国劳动保险条例单位之工人与职员为主，同时应首先选送生产上表现积极，工龄较长及从事劳动强度较大或有害身体健康工作之直接生产者。

三、凡患有结核性病、精神病、性病、癞病、非经主要治疗不能痊愈及短期疗养不能见效，概不得申请入院疗养。

四、疗养期间：每期以三个月为限，疗养员经疗养期满仍不能见效或在疗养期间发生需主要治疗病症者，由院方通知该基层单位办理转院手续，但疗养期满，虽未恢复健康，而经检查确无较重病症，无需主治者，可呈请天津市总工会劳保部批准，继续疗养，其继续疗养期间以一个月为限，疗养员如未到规定日期，即行痊愈，应提前出院。

五、入院手续：

1. 凡合乎上列条件之职工，由医务室或特约医院医师负责提出，并在入院申请书上写明其简要病历及诊断，介绍至工会基层委员会（入院申请书可根据各单位之需要往各产业工会劳保部及各区工会领取）。2. 经工会基层委员会提出意见后，将入院申请书寄交工人疗养院。3. 工人疗养院负责审核并分期答复原单位。

六、疗养员疗养期，住院、治疗、药品、化验、伙食等费用按以下规定办理：1. 住院费、治疗费、药品费、化验费等实行全国劳动保险条例单位之疗养员，每月每人收 100000 元，非实行单位每人每月收 150000 元，此项费用，概由企业行政或资方负担。2. 伙食费：每人每日伙食标准为三点四工资分，疗养员本人负担一点七工资分，余由劳保金内补助。但因工负伤之职工，及市级以上之劳动模范或转入企业工作之战斗英雄，实行全国劳动保险条例单位者，其本人负担部分应由企业行政或资方支付，不实行全国劳动保险条例单位者，则全部伙食费由企业行政或资方支付。

七、本规定自五二年八月一日起实行，其解释权、修改权属市人民政府劳动局与天津市总工会劳保部。

关于基层举办业余休养所的规定

一、为使身体衰弱而仍能坚持工作之工人与职员，利用业余时间，通过增加营养，纪律生活，卫生教育，以祈在短期内恢复健康，养成纪律生活习惯，学会一定的保健常识减少疾病率，并提高工人与职员的生产积极性，特规定工会基层委员会应根据本单位之条件积极协同企业行政或资方举办业余休养所，并列为集体劳动保险事业之一。

二、入所条件：凡本企业之工人与职员有权享受劳动保险待遇并合乎下列条件之一者，均可申请入所。

1. 身体衰弱而仍能坚持工作而需增加营养者；2. 对生产有贡献之老年技术工人和技术人员。但同等条件之劳动模范、模范工作者及转入企业之战斗英雄有入所优先权。

三、患传染性病，及需要主治病症者概不得申请入所。

四、休养期限：每期一个月，期满仍不能恢复健康者，应转送医务室或特约医院治疗，若检查确无病症不需治疗可连续休养一期，但提前恢复健康者应提前出所。

五、每期休养员名额：原则规定为本单位全体职工总数的百分之二，但可根据本单位劳动保险基金之收支情况，在不影响支付工人与职员各项劳动保险费用原则下，可酌情增减，但最多不得超过百分之五。

六、入所手续：1. 工会小组提名。2. 医务室或特约医院根据入所条件详细检查，开具证明。3. 劳动保险委员会根据检查结果和收容量批准入所。

七、经费开支：1. 房屋、设备、人事、管理费用等均由企业行政或资方负责。2. 休养员伙食费每月九十工资分，除由休养员本人负担四十五工资分基本伙食费外，余均由天津市总工会经管之劳动保险剩余基金中补助。

八、各企业业余休养所于每期结束后五日内，作出工作总结分送天津市总工会、劳动局及上一级工会各一份备查。

九、各企业举办业余休养所时，需事先将全部计划送交上一级工会提供意见，经天津市总工会审核批准并向劳动局备案后，方得举办。

十、凡目前确因条件限制，不能单独举办业余休养所的单位，可联合邻近情况相同的单位共同举办。

十一、本规定经市人民政府批准公布后实行。

关于基层举办营养食堂的规定

一、凡暂因条件不够（主要为缺乏房屋）的企业单位，为使身体衰弱而仍能坚持工作的工人与职员，通过增加营养，即可迅速恢复健康，以减免疾病的发生和发展，及提高劳动生产率，应举办营养食堂，并列为集体劳动保险事业之一。

二、关于营养食堂之收人条件，经费开支，营养期限，申请手续等具体办法，可参照《关于举办业余休养所之规定》办理。

三、各单位举办营养食堂时，需事先将全部计划送交上一级工会提出意见，天津市总工会批准并向劳动局备案后方得举办。

四、各营养食堂于每期结束后五日内，需作出书面总结，分交天津市总工会、劳动局及上一级工会各一份，以祈及时发现问题，改进工作。

五、本规定经市府批准公布后实行。

关于成立牛奶站的规定

一、在实行劳动保险条例的某些单位里，目前确实难以解决房子问题时亦无食堂设备，职工人数又少，则可根据需要成立牛奶站以促进职工身体健康，同时应根据劳动保险条例的精神将牛奶站列为集体劳动保险事业之一。

二、入站条件：1.身体衰弱确系缺乏营养者。2.四十五岁以上之老技术工人。3.因工作性质，损害身体健康情节显著者。按此条件由工会小组提名，经医务室或医院检查，劳动保险委员会审核批准。

三、每人每天供食牛奶半斤，费用由劳动保险基金内支付。

四、食具由企业行政或资方供给，烧煮事宜可委托伙食团或厨工办理。

五、暂定两月为一期，每期人数，原则规定为本单位全体职工总人数的百分之三，但可根据劳动保险基金之支付情况与职工身体健康之程度，酌予增减。

六、各基层在成立牛奶站前，需按本规定提出具体规章和计划，经上一级工会提供意见，天津市总工会审核批准并向劳动局备案后实行。

七、本规定经市人民政府批准公布后实行。

附注：未实行劳动保险条例之单位，亦可参照本规定成立牛奶站，其费用概由企业行政或资方支付。

天津市总工会档案　长期卷第154卷，1952年8月1日

七、天津市总工会关于工厂卫生暂行条例1950年8月10日

第一章　总则

第一条　本条例为保护工人健康，预防疾病，提高生产效能制定之。

第二条　本条例适用于一切公私营工厂企业。

第二章　环境卫生

第三条　工厂内应经常打扫，保持清洁。

第四条　工厂内道路应保持平坦，夜间须有足够照明。为技术用途所设之陷坑应有围垣或盖板。

第五条　在行人道与轨道交叉处，应有明显的标志。

第六条　排水沟渠，应按时清扫与修理。

第七条　原料、成品、半成品，应存放于指定地点，并应顾及装卸时的便利和安全。

第八条　工厂内暂时存放及生产中之废料、垃圾、原料与半成品，应采取必要措施，及时处理。

第九条　宿舍如在工厂内，应另设出口，以便利工人出入。

第三章　工作场所

第十条　一切工作房、机器设备及其他工作地点，均应保持清洁整齐，并根据生产情况，自行规定清扫制度。

第十一条　凡工作地点及通行道路，不得堆积原料、成品与半成品。

第十二条　在工作房之适当地点，应设垃圾箱，收集废料与垃圾。垃圾箱每日至少清除一次，并按时消毒。对有毒之废料与垃圾，应设特制之垃圾箱收集之。各工厂企业并应规定管理和清除办法。

第十三条　工作房应设有足够之有水痰盂，并应每日或每班清洗和消毒。

第十四条　根据生产条件，允许吸烟之工作房，应有足够之烟灰缸。禁止吸烟之工作房，应另设吸烟室，吸烟室须有通风装置与烟灰缸。

第十五条　工作房地面、墙壁与天花板，均应经常保持完好状态。墙壁、天花板之粉刷与油漆期限，由各厂根据生产条件自行规定之。

第十六条　阴沟、水渠与排水道应经常覆盖，定期疏浚。

第十七条　工作房应根据生产条件，在休息时间打开窗户，流通空气。

第十八条　工作房应设有盖箱子，以存放不入伙工人自带之食物。在可能条件下，应别设房屋或在食堂中加设桌凳，以供其进食和休息，并须有食物加热的设备。

第十九条　对有害健康的工作房，不得在其中吃东西。

第二十条　对工人应供给清洁开水，盛水及饮水用具应加盖，并应每天洗涤之。

第廿一条　工作房之地面系潮湿及传热者（石头的、混凝土的等），其工作地点应装设站板，以预防脚部潮湿及受凉。

第廿二条　工作房如因工作需要，在寒冷季节须经常打开门窗者，应有遮风装置，如帷幕、护墙等，以防受冷感［冒］。

第廿三条　暖气设备与通风装置，应经常检查和清扫，遇有损坏立即修理。

第廿四条　关于通风装置与暖气设备，各工厂企业自行制定使用与管理办法，该办法中须规定：

甲、所有通风装置、暖气设备，应按照季节气候与工作需要加以调整的方法。

乙、通风器、通风管与清除灰尘与气体装置等之清洁期限与修理期限。

第廿五条　窗子和天窗启闭之装置，应经常清洁，加油和检查之。

第廿六条　凡工作房与附设房屋中，均应尽量利用天然光线。生产设备、成品、半成品等不得堆放有碍光线之处。透光处之玻璃，应定期清洁。

第廿七条 照明装置（电门、电灯、电线等）应保持清洁完好，按照具体情况，规定清拭期限，每月不得少于四次，并应定期检查电线线路。

第廿八条 灯泡损坏时，应立即以同样光度的灯泡更换之。

第廿九条 局部照明须用磨光灯泡使不刺目。

第三十条 生产过程中发生强烈与尖锐响声者，应尽可能于单独的工作房中进行。

第三十一条 凡有大量热能、气体与蒸汽发生之生产过程，其工作房内应设有足够之窗户或其他通风设备。

第三十二条 凡发生大量蒸汽的生产过程（染厂、洗涤处等），须在特别房屋中进行之。在此种房屋内，应设法防止雾气之形成，及水蒸汽凝结于墙壁和天花板上。

第三十三条 工作时散放有害健康的蒸汽、气体与灰尘之机器，应经常检查及修理，以保持密闭。对特别有害之蒸汽与气体（二硫化炭、氰化物等）的生产过程，尤应设密闭器具，勿使逸出。

第三十四条 生产过程中，有水或其他液体降落于地面，则其地面须光滑、坚固、且为液体所不能渗透者，此种房屋应设有液体所不能渗透的排水沟，且须易于清扫，并应覆盖。

第三十五条 凡粉末之装入、转装以及过筛、捣碎、粉碎等形成粉末之过程，应在特别隔离且设有可关闭的机械装置之房屋中进行。

第三十六条 机器的皮带、转轴、齿轮等危险部分，应有安全装置，以免发生灾害事故。机器间距离应宽敞，过道之宽度，应不得少于一公尺。

第三十七条 凡与取暖无关之蒸汽管及高温器皿等，均应设有隔离之防护设备。

第三十八条 工作中撒散或逸出有毒物质时，应立即予以消毒，或排除之。其办法由各工厂企业自定之。

第三十九条 保存于房屋中之有毒物质，应采取预防办法，使任何人未经允许，无法取得。

第四十条 工作中有灰尘与蒸汽可能使人中毒或有害口腔、鼻腔者，应供给工人漱口用之消毒水。

第四十一条 工作房中有危害健康之气体、灰尘与蒸汽时，应根据规定标准发给工人特制之口罩、帽盔等防护用品。

第四十二条 有强光、灰尘、火花、碎片及刨屑等伤害眼睛与面部之工作，应根据规定，发给工人眼镜、面具、帽盔等防护用具。

第四十三条 工作中经常有水及其他液体降落之地面，应发给工人胶鞋或防水靴。

第四十四条 有传染危险之物质与物品，应经消毒室使之消毒。

第四十五条 工具、工作服和防护用品，在有传染危险之生产中，应定期消毒，并供给工人洗手用之消毒剂。

第四十六条 凡在工厂中有下列情况之一者，应根据标准发给工人特制之工作服及手套：

甲、有灼烫皮肤、烧损或钩挂衣服等危险者。

乙、有飞散毒性，刺激性及传染危险之物质者。

丙、有经常使衣服腐蚀或潮湿及根据工作条件易于肮脏者。

第四十七条 工作服与便服不得存放于机器上或工具箱中，亦不得放置于工作地点附近。

第四十八条 工作服与便服存入衣箱时，应遵照下列之规定：

甲、有害健康与有毒物质生产部门之工作服或染有灰尘之工作服，均应存放于单独的箱内。

乙、在存放便服的箱内，应留出专放鞋类之空间。

丙、衣箱内不得存放食物及其他物品。

丁、衣箱内应经常消毒。

第四十九条 有危险性与危害性的工作部门，其负责人应教育工人使其了解工作中之危险性与危害性，并监督工人在工作时间内，执行一切预防办法；依法取得个人安全用品之工人，亦应接受指示，仔细练习使用，并学会“简便的”检查方法。

第五十条 每一工作房，均应经常备有必要之急救药品。

第四章 生活需要之房屋（食堂、浴室、盥洗所、厕所等）设备。

第五十一条 每一工厂企业，均应设有食堂、浴室、盥洗所、厕所等生活需要之房屋设备，供给工人使用。

第五十二条 食堂、浴室、盥洗所、更衣室、厕所等生活需要之房屋设备，应每日打扫，定期消毒（洒石炭水、开水洗涤等），并经常通风，必要时应设机械通风之装置。

第五十三条 食堂内应有必需之餐具、桌凳、衣架、窗户照明等设备，冬天应装置取暖气管或火炉，保持适当温度，夏天应有纱窗、纱罩等，以防苍蝇飞入。

第五十四条 食堂内一切设备及用具，均须保持清洁。餐具用后，必须用热水或自来水冲洗。每次饭后餐桌应以热水擦洗。墙壁、窗户、天花板、地面、照明等应经常扫除。抹布应常洗常换，保持清洁。

第五十五条 厨房内桌案及用具，应保持整齐清洁。并不得存放一日用量以上食物及一切与炊事无关物品。

第五十六条 厨房内应注意通风与蒸汽及灰尘之排除。

第五十七条 炊事员应遵守下列规定：

甲、穿白色工作服或围裙，并保持清洁；

乙、注意个人卫生；

丙、定期检查身体。

第五十八条 浴室应有足够之热水，以供全体工人使用，冷热水管开关应安全，易于操纵。如无冷热水开关调节装置，则水的温度，应依据生产的性质，在摄氏廿八度至三十七度之间。

第五十九条 浴室内须保持必要之温度，出入口应有外室或遮风设备。

第六十条 浴室之排水道、站脚板、小便池应经常清洗之，洗涤与排除之水，不得积留于地面上。

第六十一条 公共浴池应经常换水，保持清洁，并应禁止皮肤及其他传染病患者使用。

第六十二条 厕所内应保持清洁经常消毒、注意防蝇，站脚板、小便池与排水道应经常清洗之。地面应保持干燥，夜间应有照明设备。

第六十三条 厕所应有取暖设备（暖气、火炉等）及自动之闸门，其温度不得与工作房悬殊过大。

第六十四条 厕所不够者，应增加或扩大之，其标准如下：

甲、使用人数在二十五人至五十人者，应设便桶或便坑两个，使用人数在五十一人至一百人者，男厕所应设便桶或便坑三个，女厕所应设便桶或便坑四个；一百人以上，男厕所每增加五十人应增加便桶或便坑一个，女厕所每增加四十人应增设便桶或便坑一个；

乙、男女厕所应分开、各有闸门。女厕所应设有马桶，以供孕妇之用；

丙、男厕所中除便桶外，应另设个人小便池，其设备不得采用未涂珐琅质之金属，其数目应与便桶数相等；厕所中可用小便槽代替个人小便池，此种小便槽之长度，应按每一便桶 0.4 公尺比例计算，并应有冲洗设备。

第六十五条 厕所茅坑如无下水道，应注意下列事项：

甲、地点应在工场宿舍附近之适当地点，并须避免污及水源；

乙、构造应便于清除和检修，并须密盖；

丙、粪便应经常清除，勿使堆积。

丁、厕所应有优良的通风设备，以免发生恶臭。

第六十六条 公共洗手处应有肥皂及经常更换之毛巾。水龙头之数目，应不少于二十五人一个。如无自来水与下水道者，则装设有漏水活塞之盛水器及特设之污水收容器。

天津市总工会档案劳保部　永久卷第 349 卷，1950 年 8 月

八、天津市保护女工暂行条例，1953 年

第一条 根据中国人民政治协商会议共同纲领有关保护妇女在政治、经济等各方面与男子平等的权利及保护女工特殊利益的规定，减少其在生产中的特殊困难，以保证生产任务的完成，特制订本条例。

第二条 本条例适用于一切国营、私营、公私合营及合作社经营之工厂、企业的女工及女职员。（以下简称“各单位”或“女工”）

第三条 女工与男工的工作技术和效能相等时，应得同等报酬。凡女工体力能够胜任的工作，应给与男工同等的工作及学习技术的机会。

第四条 禁止解雇或变相辞退怀孕或生育的女工。

第五条 怀孕满七个月的女工，如体力对原工作不能胜任时，或原工作有碍婴儿健康者，经本单位医务室或特约医院证明及行政（或资方）与工会根据其具体情况协商决定调换或减轻工作

以后，其工资仍照原工资发给，计件工按前三个月实际工作日的平均工资发给。

第六条 怀孕满六个月和乳婴未满四个月的女工禁止加班加点，怀孕满八个月的女工禁止从事夜班工作。

第七条 凡女工有一周岁半以下的婴儿满二十人以上的单位，应设置托儿所，如有特殊困难者，可暂设哺乳室，未满二十人者，应根据具体情况采取各种办法解决女工托儿问题，如设立托儿间、托儿站、联合举办之托儿所或指定适当哺乳处所。

第八条 对有未满一周岁婴儿的哺乳女工，每隔三至四小时应给予哺乳时间十五分钟，如为双生子自乳者，应给予三十分钟，其哺乳往返时间由各单位按哺乳处所与厂房之间距离自行规定。哺乳及往返时间按工作时间论，工资照发，计件工按基本工资发给，无基本工资者，按其当日平均工资发给。

第九条 女工产假生育前后应休假五十六天，怀孕三个月以内小产者，休假十五天；怀孕三个月以上不满七个月者，休假三十天，工资照发。计件工资者，产假工资应依其怀孕五、六、七三个月期间的平均工资计算，如系小产，按其小产前三个月平均工资计算。此项规定必须在本企业工龄满一年以上者方得享受，半年以上不满一年者工资按百分之五十发给，不满半年者不发。

第十条 在女工较多的大厂，应设立女工卫生室，若厂方条件不足者，应有代替卫生室的简便设备。

第十一条 凡实行中华人民共和国劳动保险条例的单位，本条例与之有相抵触之处，照保险条例办理。各单位已实行的保护女工办法，其待遇标准高于本条例者，一般不得降低，特殊不合理者，经行政（或资方）与工会协商同意后可适当修改或取消。

第十二条 各行业单位可依照本条例的规定结合其具体情况制定实施办法，分别报请市人民政府劳动局审查同意后执行。个别单位对以上各项待遇规定执行确有困难者，经行政或资方与工会组织协商同意后，申请市劳动局审查批准变通办理。

第十三条 本条例自公布之日起实行。

天津市总工会档案女工部第415卷，1953年12月

九、天津市总工会关于私营工业职工福利奖金处理试行办法

一九五三年，市劳动局曾制定了“四马分肥”具体办法，来代替旧有不合理的私企分红制度。新的办法实行后，对于职工所得部分（福利奖金）的处理，必须要有正确的安排，而本市私营企业特点是，单位分散，规模大小不一，利润情况悬殊，职工生活状况也不一致：大厂职工劳保福利、文娱设备均较完善，中、小厂则不但原有设备差，而现有条件也不足。因而，在不同类型工厂，职工要求也不同。为此，提出下列原则意见，以便在处理此项工作上有所遵循。

甲、分配原则：职工福利奖金分做两部分：生产奖励部分、集体福利部分。

（一）职工生产奖励部分的分配：1. 按照“四马分肥”提取职工福利和奖金后，即完全取消

旧有的年终双薪、花红、馈送制度。职工应在福利奖金中提取一部分，作为生产奖励。2. 生产奖励部分，占全部福利奖金的比例不得超过 50%；但企业人少而福利奖金多者，职工生产奖励部分最多又不得超过两个月工资。3. 已调整工资，但旧例未并入或部分并入工资者，以及未经调整工资而企业仍存在旧例者，应根据职工觉悟程度，教育职工尽量降低生产奖励部分的比例。4. 已调整工资而旧例完全并入工资，或未经调整工资而无旧例者，职工生产奖励部分占全部福利奖金的比例，应较其它情况的工厂低些。5. 职工生产奖励部分，是生产上的奖励，和双薪、花红、馈送等旧例本质不同。因此，应一律采取评奖的办法分给工人。生产成绩大的多分，成绩小的少分或不分。

（二）职工集体福利部分的分配：1. 分做“举办集体福利事业”和“补助职工特殊困难”两部分。2. 补助职工特殊困难部分的比例最多不得超过职工集体福利部分的 20% 至 30%；如人少福利奖金多者，又以不得超过全厂职工平均十五万元为限。3. 职工集体福利部分，除掉“补助职工特殊困难”部分外，完全作为举办集体福利事业之用。

乙、集中原则举办集体福利部分，根据各厂条件不同，分独立举办福利事业、联合举办福利事业与集中举办福利事业三种类型。

（一）独立举办与联合举办福利事业者，厂内职工福利奖金不往工会区办事处上缴。本厂不能独立或联合举办福利事业者，一律上缴工会区办事处，集中筹办。

（二）类型条件：1. 具备下述条件任一项可独立举办福利事业：（1）本厂旧有集体福利设备基础者；（2）职工福利奖金除掉生产奖励部分外，尚能解决本厂迫切需要的福利事业者。2. 具备下述两项条件，可联合举办福利事业：（1）本厂有相当数额的福利奖金，而又无独立举办的能力者；（2）工厂之间地区相近，而需要和要求相同者。3. 本厂福利奖金少，不能独立和联合举办者，一律为集体举办福利事业者。

（三）上缴部分不足一百万元者，则不上缴，由基层掌握运用。

举办集体福利事业的原则：

（一）举办原则：1. 举办事业，应根据群众的实际需要，解决大家的长远问题，照顾到群众的集体生活。2. 举办事业，掌握稳步发展的方针，反对盲目冒进，脱离实际：并应照顾全面，加强职工间的团结。3. 举办联合福利事业，必须照顾到行业特点、地区特点；并要强调集中合理，反对分散使用。4. 在举办事业上应力求简单、朴素、经济、实惠，反对铺张浪费，形式主义。

（二）独立或联合举办福利事业由工会区办事处协助进行。集中举办福利事业由工会区办事处统一举办。

（三）举办事业的范围，应根据情况的需要与可能，灵活掌握。

独立举办福利事业者（一般适用范围）：1. 根据该厂需要与可能，可以逐步解决职工家属宿舍问题，在建筑质量上应力求朴素、坚固，但无论条件好坏，对于职工盲目过高的要求，均应予以批判解释。2. 扩大、改善托儿设备。逐步解决女工的托儿要求和适当的改善托儿环境。3. 建立职工业余疗养设备。照顾病情严重，而传染性强的职工进行隔离休养。4. 扩大、建筑职工文化、体育活动场所，如俱乐部、体育场等，并提倡相近大厂共同筹建。

联合举办和集中举办福利事业者（一般适用范围）：1. 根据职工切身需要，首先应举办联合托儿站、联合淋浴站。以上两项事业，必须按照行业特点、地区特点决定之（如女工集中地区则应筹办联合托儿站，职工集中地区则应筹办淋浴站）。（1）联合托儿站，可与妇联联合筹办。所需经费可与有关资方协商共同出资举办之，范围不能过大或过小，一般托儿站约十至三十名托儿为宜。（2）联合淋浴站，由工会区办事处领导举办，资方负责职工澡资。2. 筹建职工文化、体育活动场所。应根据地区需要，建立中、小型俱乐部、体育场。

（四）对于补助职工特殊困难部分的使用，应以解决职工切身迫急的需要为原则，不得随意平分。具体使用范围由区办事处确定之。

丁、各区举办集体福利事业，必须取得党委的批准或同意，在举办前，应充分调查研究，周密计划，提出全面方案，经市工会联合会批准后方可举办。

戊、在基金使用方面，应保持一定的后备力量，以备必不可少的经常费用；同时应建立必要的经费抽查制度，以监督经费的正常开支。

天津市总工会档案合营部第488卷，1954年12月

十、天津市干部工人业余初等中等学校各种制度修订试行草案　1953年8月24日

一、名称：

1. 工人、干部业余中等及初等学校应分别定名为："天津市第 ×× 工人（干部）业余中学"、"天津市第 × 区第 × 工人（干部）业余初等学校"及"天津市 ××（机关）干部业余中学（初等学校）"、"天津市 ×× 厂工人业余初等学校"（厂校原有名称维持原状）。2. 工人、干部业余学校其相当于中学程度之班次定名为：初中班、高中班（总称中学班）。年级划分为初中一年上期、初中一年下期、初中二年上期等，简称可作：初中一上、高中一下等。其相当于高小程度之班次定名为高小班。年级划分为高小一年上期、高小一年下期等。简称可作：高一上、高一下等。其相当于初小程度之班次定名为初小班。年级划分为初小一年上期、初小一年下期等，简称可作：初一上、初一下等（凡以上之"等"字得解释为"以此类推"）。

二、考勤制度：

1. 学员因公、病、事、婚、丧、产假不能到校上课时，必须事先填具请假单请假，由所属行政单位或工会签署证明。公休、公出等得以公假计算。一般党、团、工会活动及其他会议等不得列为公假，特殊情况者例外。2. 学员因特殊情况不能事先到校请假时，必须由所属行政单位或工会开具证明，说明理由，事后请求补假，补假手续须于缺课到校之日起三日（学习日）内完成之。3. 凡未履行请假及补假手续而不到校上课之学员，概以旷课论。迟到早退现象应查明情况，适当进行说服教育，启发学员自觉的遵守学习纪律。4. 各校应每月将学员出席情况公布。校内公

布各班出席率，班内公布学员之缺勤名单。5. 各校应保持与学员所属单位之密切联系。学校应于期末将学员出席情况通知其所属单位。全勤之学员应予适当表扬。6. 各校考勤工作应由教导处掌握，班主任具体负责。

三、学员学籍处理办法：

1. 凡在校学习之学员，除试读生外，均得承认其学籍。2. 学员只能在一校保有学籍，不得同时在两校取得学籍。3. 学员因工作调动或其他原因，不能继续学习者，得准其休学、转学及退学。但休学期限，不得超过一年。4. 学员请求休学、转学、退学时，须持有所属工会或行政单位之证明文件说明原因，到校办理手续，学校得根据情况，发给休学、转学或肄业证明书，并附发学业成绩及出勤情况表。因工作调动，临时转往他校者，经学员要求，原校可保留其位置。5. 凡持有转学证明书及成绩单之学员，转学时可转入任一干部及工人业余中学或初等学校。但必须经过学校审查认为程度适合，且应视学校之容纳条件而定（工人学习不得转入干部业余中学或初等学校）。6. 学员请假超过全学期三分之一者，予以休学；有下列情况者：①产假。②区校三班倒的学员。③公出，得改为试读生，俟后考试成绩及格，准予升级或毕业。7. 学员连续旷课两周，或累计旷课四周，经动员仍不到校上课者，予以除名，并通知其所属单位。除名学员一律不予学籍证明。

四、考试考绩制度：

1. 入学考试：甲、凡本市工厂、企业、机关之工人、干部均可报考，学历不限。乙、入学考试包括新生及编级生两方面：1. 新生：所谓新生是指报考一年级（初中班和高小班）上期的学员。新生入学必须经过入学考试。考试科目初中一年上期应包括高小班所有各科；高小班一年上期则应包括初小班所有课程，不得少考任何一科。2. 编级生：编级生入学时必须经过严格地考试。考试科目包括其报考年级班次前一学期的所有科目。考试标准必须达到与本班进度相衔接的程度，不得少考任何一科降低标准，以便保证质量而避免造成教学上的困难。

2. 学期考试：甲、期中考试：只记各科考试成绩，平时分数不予计入。乙、期末考试：成绩计算方法为：平时分（包括临时测验、作业、笔记、课堂提问等）占 30%，期中考试分占 30%，期末考试占 40%。

3. 毕业考试：考试科目由教育局及天津市总工会根据实际情况规定为：毕业班级所学之科目或整个学程中所修之各种科目，科科都不及格者，不予补考，留级学习：一科以上不及格者予以补考；仍不及格者，不准毕业，不及格科目予以重修，经考试及格后方准毕业。各种考试的计分方法均以科为单位评定，废除以往的乘授课时数及加全学期总平均的计算方法。

4. 为鼓励学员学习，并提起各单位对学员文化学习的重视，每次考试成绩应在课堂公布（如学员要求时应准予看卷），并于期末将学员考试成绩及出勤情况，分别通知其所属行政单位或工会以便于其所属单位对其在文化学习上的成绩进行检查。

5. 补考：甲、学员学期各科成绩均不及格者予以留级，不得补考。乙、中学班学员学期考试三科不及格者，不准补考，留级学习。两科不及格者，应予补考；仍不及格者予以留级。一科不及格者可以升级，但必须改为试读生，学期考试及格后得转为正式生。丙、高小班学员学期考试三科以上不及格者不予补考，语文、算术两科不及格者留级。一科不及格者可以补考；仍不及格者留级。其他科目不及格者可以补考：一科仍不及格者可以升级，但必须改为试读生，学期考试及格后转为正式生。丁、初小班学员学期考试，两科不及格者留级。一科不及格者可以补考，仍不及格者留级。戊，凡学期考试不及格者或未参加考试者，应于下学期开学前进行补考。未参加期中考试者，必须在学员返校后的一周内由班主任负责进行补考。但如遇学员学籍处理办法第六条之情况者，得转为试读生。

五、以前公布之各种制度作废，均按本草案之规定办理。

十一、天津市军事管制委员会关于劳资关系暂行处理办法（节录），1949 年 9 月

（前略）**第一条**　为了贯彻“发展生产、繁荣经济、公私兼顾、劳资两利”的经济政策与劳动政策特制定本办法

第二条　本办法适用于一切私营工商企业。

第三条　私营企业主（以下简称私方）与被雇佣之工人、职员、店员、学徒及杂工（以下简称劳方）间之关系，凡属本办法未规定者，得依劳资双方签订之集体合同或劳动契约之规定办理。凡未签订集体合同或劳动契约者，可依照惯例办理，但该集体合同、劳动契约或惯例均不得与本办法之精神相抵触。

附注：集体合同系为规定劳资双方之权利义务，一定时间的书面合同，在同一行业劳资双方，可订立同一行业或产业之总的集体合同，在一个工厂企业中的劳资双方亦可订立单独的集体合同。劳动契约为规定某一工厂企业中之一部分劳动者或一个劳动者与资方之具体劳动条件的契约。

第四条　劳方有受雇解约参加工会及一切政治社会活动之自由与权利，资方不得限制或强迫劳方受雇解约，有劳动契约者，须依劳动契约办理，无劳动契约者，如中途辞职，须于辞职前 5 天通知资方，其负有生产或经营之责任者，须将经办事项移交清楚，方得离职。

第五条　各工商企业之管理规则及工作场所之工作规则，由资方拟定，经工会同意，送请人民政府劳动局批准备案后，劳方须切实遵行，如有违反上规则者，资方有按规则中之规定经以处分或解雇之权。各工商企业之管理规则及工作场所之工作规则，不得与人民政府颁布之法令，及劳资双方签订之集体合同相抵触。

第六条　资方因生产或工作上需要，有雇佣与解雇工人及职员之权，资方解雇工人及职员，有集体合同及规约者得依集体合同及规约之规定办理，无集体合同及规约者，须于解雇前 10 天，通知劳方，并酌给劳方遣散费，但因职工违反厂铺规之应解雇者不在此便。

第七条　在较大工厂商店资方解雇劳方而应付给劳方遣散费时，其数额应按工厂商店之生产及经营情况与职工厂龄长短而定。凡服务半年以上，10 年以内者，最低不得少于半个月，最

高不得超过3个月实际工资；但工作服务在10年以上者，其遣散费可酌量增加，其原规定超过此例者仍照旧，但季节工人、临时性临时工、集体承揽工、小商店小作坊之工人店伙等，其解雇时，各照其惯例办理，不用本条规定。企业转兑主职工照旧者，不作解雇论。

第八条 工会认为资方对工人职员之处分与解雇不合理时，有向资方提出抗议之权。如资方不接受时，得依本办法第二十九条解决劳资争议办法处理。

第九条 所有工厂商店因不可能克服之困难而不能开工复业或须歇业或转业者，向人民政府申请批准。

第十条 要资方复业或扩大经营而招雇职工时，凡解放前因政治活动被解雇之职工，及解放后解雇之原有职工，合乎招工条件者，应尽先录用或逐渐补用；但因过失被解雇者，不在此例。

第十一条 资方招用原有职工时，须采用书面通知或登报通告之办法，原有职工须于接到书面通知后10日内，或登报之日起15日内报到，并按期到厂工作，否则即作弃权论。资方在原有职工不足生产需要或不符招用条件时，得另招新职工，但在资方并未添用新职工时，原有职工不得提出强行复工之要求。

第十二条 资方已得政府批准而停工歇业时，如无力偿还所欠职工之工资与解雇费或其他债务者，须报告劳动局，由劳动局召集劳资双方协商合理办法处理之。资方所有房屋、机器、原料、家具等均不得私交劳方或工会处理，劳方及工会亦不得自行接收和分配上述财产。

第十三条 职工每日劳动时间以8小时至10小时为原则，如因生产需要或有害职工身体健康之生产部门，得由劳资双方协议延长或缩短职工工作时间，每日最高不得超过12小时，手艺工人、店员、学徒及一般杂务人员的劳动时间及休假，原则上均照旧例，但工作时间过长，影响职工身体健康，应酌予缩减。

第十四条 年节及纪念日假期，均照政府规定办理，无规定者依习惯、休息日及事例，暂时均照各个企业的旧例办理，如有不合理者，在劳资双方订立集体合同时由双方协议在合同中规定。

第十五条 劳方参加工会开会有其他娱乐教育活动，均不得占用生产时间，工厂中的工会组织负责干部，如有必要占用生产时间，须取得资方同意，但平均每月不得超过两个工作日，工资照发。如职工根据市政府军管会、天津市总工会之指示，被选为人民代表或团体代表参加会议者，参加会议期间之工资，由召集会议之机关或团体发给。

第十六条 各工商企业之工资在1949年大部均经过调整，实行一般应维持原状，如仍有不合理者或资方营业萎缩与发达，工资需作增减之调整时，劳资双方可协商调整，但须呈劳动局批准，或在订立集体合同中解决之。

第十七条 工资发给以每月两次适宜，小商店作坊仍照旧例。

第十八条 为保障职工实际工资免受物价变动影响，应依照政府统一公布之系数或以一种或数种实物价格为工资之标准。

第十九条 在规定时限外之加工工资，应高于平时每日工资额。放假日及休息日需要加工者，其加工工资照旧例。

第二十条　凡男女职工有同等技术作同等之工作而效力相同者，应得同等之报酬。

第二十一条　各企业原有供给职工膳宿、奖金等规定者，均得维持旧例，年节馈送分红双薪等，如工资制度不合理或解放后工资已增加，或工资制度已改变者可由劳资双方协商修改之。

第二十二条　凡正式工人按件给资者，应同等享受年终双薪分红及奖励等待遇，政府规定之假期，工资亦应照发（包括临时工在内），其方法可按平均工资计算之，休息日之工资照旧例。

第二十三条　学徒与养成工之津贴与其他待遇，一般按旧有规定办理，其过于恶劣者应有适当改善。学徒年限，一般以 3 年为宜。

第二十四条　学徒及养成工与技术或业务知识传授人（即师傅）间，应严守尊师爱徒原则，学艺者须尽心学习，努力生产；传授者须尽心传授、禁止打骂虐待。

第二十五条　女工及女职员生育前后休息时间，双乳儿的哺时间，旧有规定者，照原规定办理，如尚无规定或规定过少者，应规定生育前后休息共 45 天，小产怀孕在 3 个月以内者，休息 15 天，怀孕在 3 个月以上者，休息 30 天，工资照给。乳儿哺乳，每 4 个小时哺乳一次，每次 15 分钟至 25 分钟。如规模较小企业执行此条确有困难者，得另协议，经劳动局批准执行之。

第二十六条　各企业已有职工福利设施，一般照旧，未举办者得出资方斟酌经济力量逐渐举办。凡职工因进行工作而致受伤或残废者，在医疗期间，应由资方照发工资并担负其医药费，凡职工因工受伤而残废或死亡者，资方应给以一定之抚恤金，其数额由劳资双方协议在集体合同中规定之。职工病假期中的待遇及职工因病残废之抚恤费，照各企业旧有之规定办理，如原来没有此项规定或规定过低者，得由劳资双方协议在集体合同中规定之。

第二十七条　解决劳资关系中各种问题之合同，应由各企业劳方之工会代表（工会未成立时由该企业职工代表会议推这一定数量之代表）与出资方会同企业工会召开会员大会或代表会所选出之代表，在自愿平等之基础上协议签订之。此项合同经政府劳动局批准后，所有各企业之劳资双方，均应遵照执行。在集体合同签订之后，该行业中之各个企业劳资之间可以签订执行集体合同之协定，如有特殊问题在集体合同中未包括者，可在上述协定中作补充规定，但不得与集体合同之内容相抵触并须呈劳动局备案。

第二十八条　各企业职工如未订立集体合同，或在集体合同之外向资方提出要求者，应事先经由该企业工会与天津市总工会审查，并由该企业工会与天津市总工会派人会同该企业之职工代表向资方或资方之同企业工会交涉，以平等协商方法订立协定，由劳资双方共同遵守之。

第二十九条　在某一企业之劳资双方发生争议，无法取得一致意见时，应由劳资双方请求该企业工会与同企业工会派出之代表，会同双方当事人，共同协商解决之，如仍无法取得一致意见时，任何一方得请求市人民政府劳动局调解之。调解无效得由劳动局仲裁之。在协商调解仲裁未成立前，双方均得维持生产原状，资方不得有停厂、停资、停伙及其他减低待遇之处置，劳方也应照常生产与遵守劳动纪律，劳资双方之一方对仲裁不服时，得依司法程序向法院控，由法院判处之。在法院未判决之前，双方均应遵照劳动局仲裁之决定之办法。

第三十条 劳资争议均应按上条规定之手续解决，任何一方均不得向对方采取人身侮辱等之强迫行为。

第三十一条 本办法之解释权与修改权，在军管时期属军事管制委员会，军管时期结束，属市人民政府。

第三十二条 本办法自公布之日起施行。

《天津接管史录》上卷，第604—608页

十二、天津市劳动局关于产业重新划分及领导方面的几点意见（节录） 1950年12月

自去年五月我们根据产业划分的原则，在本市建立二十一个产业工会以来，年余来的工作证明这个原则方向大体上是正确的，但由于本市工业的复杂性、分散性及不平衡性，在实际工作的开展中遇到许多困难和问题，主要是产业的划分过分的强调了产业性，影响了各方面的领导关系，因此，我们提出，重新整顿某些产业工会，进一步加强地方总工会的领导，兹将情况具体解决意见简述如下：

一、产业划分方面：按不同产业分别建立产业工会这个原则是正确的，但在具体工作中过分强调原则有很多不方便：我们觉得划分产业工会，不应单强调行业。几个主要产业，如铁路、海员、纺织、五金、店员等应建立全国性产业工会，而单位过少，且小的产业，如新闻出版印刷、医务、文艺等可以建立联合委员会，以照顾职业行业建立行业工会。如单位很小，也要成立产业工会，其作用比起大的产业就小得多了。这样只是形成多头垂直，或强调系统，造成了地方产业工会钻空子及闹独立性等现象，而影响了与地方总工会的关系，在某些具体工作指导上发生了矛盾。因为全国产业工会不十分了解下面的实际情形，它的决定与指定或者是一般的原则与号召；或者就不一定完全适合当地的情况。加上当地工业的复杂性与分散性，意见与工作就会不统一，可拿下列一些具体例子来说明：

组织形式方面：①搬运工会的组织形式，全国搬运工会的意见是成立区级组织领导基层，而搬运工会是根据我们的意见成立行业工会领导基层。事实证明，这样做对工作是方便的。②全国店员工会规定了五种组织形势，有三个地方意见不一致，首先是建立国营商店工作委员会，我们的意见是不如与私企合并。其次是成立市行业委员会与区工作委员会，我们认为行业组织可以取消，以区级组织进行工作。第三是规定三人以下的小单位，可编入附近的小组中或联合组织小组，选举组织员一人，这与组织员的建立原则有矛盾。

关于产业工会的划分：总的方面是不过份强调产业性，尽量照顾行业职业，建立产业工会。同时暂不强调全国产业领导的所有统一性。为了工作方便，目前应加强天津市总工会的领导。天津市总工会并有意识的逐渐培养各产业工会工作上的独立性。因此我们认为有些产业工会，应该合并，有些产业工会应该调整其领导范围。

1. 保留者：铁路、海员、五金、化学、搬运、建筑、盐业、民用航空、纺织、市政、轻工业、店员、食品（另建立一个“文教”）

2. 合并者：①电业、邮政、电信、并入市政工会。②财金并入店员工会。③教育、文艺、新闻出版印刷、医务等四个合并建立一个文教工会。

在这些合并单位，以上设立不成为一级的工作委员会，如市政工作委员会（包括市政、电业、邮电等）、店员工作委员会（包括店员及财金）这样就减少廿一个产业工会成为十四个单位了。以上合并的单位，应该集中办公。这样就①领导集中，②能及时研究解决问题，③节约房屋并可减少勤杂人员。

3. 调整者：①原属轻工业工会之造纸、火柴、橡胶、骨胶及玻璃、洋灰，划入化学工会领导。②原属轻工业工会之毛巾、棉毛等纺织品制造，划入纺织工会领导。③制药业由店员划入化学工会领导。④合并者全部按新产业工会划入。其他一般的不动。

文教工会的组织领导问题：文教工会共包括文艺、教育、医务、新闻出版印刷等四个单位。其总的领导上设一个文教工作委员会，吸收四个单位的主席和合并后之部门负责人，以及大基层工会主席参加。每月定期的以会议形式分别研究讨论四个单位的工会工作并处理解决实际问题，工作委员会设主任一人，秘书一人，负责领导全盘文教工会的工作。四个单位的部门工作，可以合并办公，仍按照原来分工，各负其责，并推出总的部门负责人一人，统一接受上级所给的任务，通过工作委员会然后在本部门内（由原四个单位的部长参加）统一研究办法，决定后分头执行，最后汇报上级工会。此外尽可能吸收部分不脱产的积极分子参加工作（每周以一、二次为宜，不要经常的叫到产业工会来）。各部门对基层的工作关系仍照合并以前原旧不动。

编制问题：

1. 基层：① 200 人以上之基层按照工会法规定设脱产干部。② 101 人以上到 200 人以下之基层设脱产干部一人。③不满 100 人之基层或分散单位，按产业人数平均每 400 人设脱产干部一人，由上级工会统一使用。

2. 区办事处——按现在编制各增添二人。

3. 各产业工会——

① 3000 人以下之产业工会一律设机关脱产干部四人。② 10000 人以下之产业工会按每 800 人设机关脱产干部一人计算（如 10000 人之产业工会，其机关干部可设十二人）。③ 10001——30000 人之产业工会，其超过一万人之部分按每 1200 人设机关脱产干部一人计算。（如 30000 人之产业工会，其机关干部可设二十九人）。④ 30001——50000 人之产业工会其超过三万人之部分按每 1800 人增设机关脱产干部一人计算（如 50000 人之产业工会，其机关干部可设四十人）。⑤ 50000 以上其超过五万人之部分按 2500 人增设机关脱产干部一人计算（如 65000 人之产业工会，其机关干部设四十六人）。

天津市劳动局永久卷第 15 号，1950 年 12 月。

十三、天津市总工会关于解决职工生活困难的暂行办法，1961年

（一）根据目前国家的经济情况，本着从六亿人口出发、工农生活水平不能相差太远的精神，制订本暂行办法。

（二）本办法适用于天津市的工厂企业、商店及其所属的事业单位。目前本市各企业所执行的困难补助办法与本办法相抵触者，皆按本办法执行。

（三）职工的生活困难，首先必须依靠自己的力量和通过群众互助的方法解决。

即：1. 通过提高技术、家属参加生产、从事各种副业等方法增加劳动收入；

2. 量入为出，妥善安排、计划生活，贯彻勤俭持家方针，以减少支出；

3. 节约储蓄，把可以节省的钱积攒起来，以解决临时发生的特殊困难；

4. 参加互助储金会。职工和他们的家属还可自由结合，组织适合习惯的各种形式的互助组，以便通过互助借款的办法解决生活中的临时困难。

（四）困难补助的对象只限在职固定职工和他们的在本市居住的供养直系亲属。

但不包括下列人员：

1. 在被剥夺政治权利期间的人；

2. 按新规定的每月仅领取生活补贴费期间的学徒工；

3. 有劳动力不积极从事劳动与不服从就业分配的供养直系亲属；

4. 属于动员回乡对象与在1957年底以后从农村迁居来津的供养直系亲属。

（五）职工及其供养直系亲属（父、母、夫、妻、子、女）符合下列条件时，可以申请补助：

1. 生活一贯勤俭简朴，而一切收入仍不够本人每月12元、供养直系亲属七周岁以下的每人6元（但七岁以下人口超过三人时，每增加一人，递减一元）、七周岁以上的每人7元的生活水平的；

2. 发生意外灾害或其他临时性的特殊困难，依靠平日积蓄与互助借款确实无力解决的。由于下列原因之一造成的困难，不得申请补助：

（1）职工因请事假减少收入的；

（2）生活上不勤俭，不节约储蓄，有钱就花，奢侈浪费，致使遇有临时困难时无力解决的。

（六）符合补助条件的职工，每月最多只能申请补助一次。每次补助款数的最高限额，由各单位根据具体情况规定。

（七）申请批准补助的手续：职工发生困难符合补助条件时，应由本人申请，经工会小组深入调查进行评议提出意见，最后由基层工会（或车间工会）审查批准。

（八）基层工会（或车间工会）每月应将被补助的职工姓名、补助金额向群众公布。发现虚报、冒领现象时，经查明属实后，应将骗取之补助费追回。

（九）补助经费的来源：

1. 基层工会会费收入中的 20% 部分；

2. 企业奖励金中 10% 的职工救济部分；

3. 没有提取企业奖励金的单位，以上经费不足时，由行政负责解决。各单位应将以上经费统一管理，并根据自给自足的原则掌握使用。经费有结余的单位，可拨出一部分或大部分给互助储金会作为周转金。

（十）经常向职工和家属贯彻“勤俭建国、勤俭持家”的方针，并进行艰苦朴素教育，向他们反复讲明生活困难首先要由自己负责解决，解决生活困难的主要方法是增加劳动收入和群众互助。在进行补助的同时，更应具体地配合政治思想教育工作，向被补助者讲明补助的意义、经费来源、补助条件等，并帮助分析困难原因，研究提出具体解决方法。

（十一）本暂行办法由天津市人民委员会公布之日起执行。

天津市总工会档案生产部第 164 卷，1961 年 12 月

十四、河北省天津市各级工会群众技术协作委员会组织工作条例，1964 年 6 月 26 日

第一章　总则

第一条　为了进一步把“五好”职工、有专长技术的老工人、青年工人、工程技术人员组织起来，带动全市职工群众互相学习，互相帮助，取长补短，共同提高，有组织、有领导地开展群众性技术协作活动，活跃比学赶帮“五好”竞赛，实现增产节约计划，为支援国家经济建设，支援农业和市场需要做出贡献。

第二条　各级工会都要成立群众性的技术协作组织。定名为“××× 工会群众技术协作委员会”。它是各级工会的工作部门，是工会群众生产的一部分，受同级工会领导，而在业务上受上级工会群众技术协作委员会的领导。

第三条　各级工会群众技术协作委员会，是在群众性的技术协作活动的基础上，采取自下而上的推荐或通过群众技术协作积极分子代表会产生，经同级工会批准建立。委员会任期不定。

第四条　各级工会群众技术协作委员会，在一切活动中，必须坚持政治挂帅，坚持四个第一，发扬党的优良传统和共产主义协作风格，广泛地进行扎根串连。启发与组织广大职工群众自觉自愿地参加技术协作活动。凡愿意为社会主义建设贡献自己力量的（包括退休职工），都可以参加本市各级工会群众技术协作委员会所组织的各项活动。

第五条　各级工会群众技术协作委员会的活动，均应贯彻以班组为基础、以厂内为主、厂内厂际相结合的原则。各项活动应在业余时间进行，必要时经有关部门同意下，也可在生产（工作）时间进行。

第六条　各级工会群众技术协作委员会，必须积极主动地取得同级经济部门、科学技术协会、科学研究部门、大专校院的技术指导和帮助。遇有重大生产技术难题和带有普遍意义的新工

艺、新技术，应与科协协作，共同组织“三结合”会议，研究解决和推广。

第七条 各级工会群众技术协作委员会的各项活动，必须实事求是，讲求实效。既要充分发挥群众的大胆创造精神，又要坚持一切经过试验的原则。对行之有效的项目，建议并协助行政纳入工艺规程中去。

第八条 各级工会群众技术协作委员会，必须认真贯彻执行党提出的“以农业为基础，以工业为主导发展国民经济总方针”和“多快好省建设社会主义总路线”。根据“奋发图强，自力更生，艰苦奋斗，勤俭建国”的方针精神，发动与组织职工解决生产技术上的“老大难”关键和传播推广先进技术经验，推行新工艺、新技术，提高工人的技术水平。

第二章 各级工会群众技术协作委员会的组织和具体任务

第九条 组织。

（一）各级工会群众技术协作委员会的组织成员，除有积极参加与组织群众技术协作活动的“五好”职工、老工人、青年工人、工程技术人员外，还应有同级行政经济部门、工会、共青团、科学技术协会等有关单位负责同志参加。市级委员会由25人至35人组成；区、产业由17至25人组成；基层由9至21人组成。委员会中推选主任委员1名，副主任委员若干名。

（二）市、区、产业工会群众技术协作委员会，下设办公室为日常办事机构，并设专职干部。

（三）基层工会群众生产工作委员会，为群众技术协作委员会日常办事机构。

（四）基层单位的车间或工段也应建立群众技术协作队（或组），其人数根据需要而定。

（五）基层单位的各个生产班组，根据需要与可能条件，建立群众技术协作活动小组，其人数根据班组人数多少与需要确定。

（六）市、区、产业、基层单位的工会群众技术协作委员会，根据需要可设若干专业或临时性的协作组，其人数根据需要确定。专业组内推选出组长1名，副组长、秘书若干名。

第十条 具体任务。

各级工会群众技术协作委员会，当前均应围绕着“赶上两个先进水平、消灭三个落后”的规划，特别是针对提高产品质量和降低成本这个中心，努力完成下列任务。

（一）根据“两赶上、三消灭”规划所指出的生产技术难题，动员与组织职工进行技术协作、技术研究，开展技术革新、技术革命活动。

（二）广泛地组织传播、推广外地、本市、本企业的先进技术经验，采用新工艺、新技术。

（三）总结、传播专长特艺技术；基层工会群众技术协作委员会还应配合行政加强基础性技术工作，组织职工大练基本功，提高广大职工技术水平。

（四）各级工会群众技术协作委员，应经常地指导与帮助下一级工会群众技术协作委员会开展活动，培养典型，树立样板，总结交流群众技术协作经验。

（五）各级工会群众技术协作委员会，应通过自己的积极分子广泛地进行扎根串连活动，并宣传群众技术协作的重大意义，以吸引广大职工群众活动，不断扩大协作队伍。

第三章　各级工会群众技术协作委员会的有关制度

第十一条　会议制度。市级委员会每半年召开 1 至 2 次；区、产业委员会每季度召开 1 至 2 次；基层委员会每季召开 3 至 4 次（基层一般应占业余时间开）。全体委员会议主要内容是：讨论计划，安排重大活动，总结工作。各级全体委员会议，根据需要可临时召开。

第十二条　汇报制度。各级工会组织应经常向党委汇报活动情况、经验、问题，以便取得具体领导和支持。

第十三条　资料积累、保管制度。各级工会群众技术协作委员会，对革新的技术、推广的经验、研究的课题、解决的关键，都要加以登记、整理，立卷保管，并逐月逐级上报。

第十四条　技术情报交流制度。对具有普遍意义或重大的技术革新、新工艺、新技术等，由原单位画出草图，写技术说明，逐级上报，以便在全市范围内组织交流和推广。

第十五条　专长特艺技术登记制度。各级工会群众技术协作委员会，应经常注意发现与整理各行各业职工的专长特艺技术，进行详细登记，逐级上报，以广泛传授他们的专长特艺技术和解决特殊性的生产技术难题。

第十六条　保密制度。对保密性的新工艺、新技术、新经验、新产品，应严格执行国家保密规定。级工会群众技术协作委员会，向外交流的上述技术资料，需经同级科学技术情报部门或总工程师审查。

第四章　各级工会群众技术协作委员会解决生产技术问题程序

第十七条　各级工会群众技术协作委员会解决生产技术问题，根据统一领导，分级负责的原则进行。

第十八条　基层单位的生产技术关键问题等，必须先由班组、车间、厂逐级解决，如确有困难，再逐级上报区、产业和市，以便使区、产业、市更有计划、有目的地集中优势技术力量，解决更重大的生产技术难题。

第十九条　凡是需要上一级帮助解决的问题，均应说明现状和准备改进和设想与改进后的经济价值。

第二十条　凡是认为某一技术的改进对保证安全生产、全面完成国家计划、实现增产节约某一方面有极大效益，而又有可能办得到的，如得不到本级工会群众技术协作委员的支持，可越级上报，请求帮助。

第五章　各级工会群众技术协作委员会活动经费

第廿一条　群众技术协作活动的经费，列为各级工会组织的事业费，另编预算。

第六章　附则

第廿二条　本试行草案经天津市一九六四年　月　日群众技术协作积极分子大会通过，并经天津市总工会批准，本市各级工会组织均应遵照执行。

第廿三条　群众技术协作是个新生事物尚缺乏完整经验，本试行草案还需在实践中不断充实。各级工会组织在试行中应不断调查研究，及时发现问题、总结经验，连同试行情况、意见及时反映给天津市总工会。

天津市总工会档案党组　第245卷，1964年

十五、天津市总工会关于先进模范队伍管理工作试行条例，1980年

全市各条战线的劳动模范、先进生产（工作）者和先进模范集体，在社会主义现代化建设中作出了突出的贡献。他们是工人阶级的优秀代表，是广大职工群众的学习榜样。为了在四个现代化的建设中，涌现更多的先进模范人物和先进集体，不断提高他们的水平，充分发挥他们在各项工作中的带头、骨干和桥梁作用，根据全国总工会《劳动模范工作暂行条例》有关规定，特制订本条例。

第一条　评选先进生产（工作）者、劳动模范及先进模范集体，必须是在生产（工作）中取得优异成绩，对四化建设作出较大贡献，并为群众所公认者。先进模范个人和集体，要由基层单位的职工群众反复酝酿，充分讨论、民主评选产生。厂级以上先进模范个人和集体，需经职工大会或职工代表大会讨论通过。要严防包办代替，弄虚作假。

第二条　先进模范个人和集体的荣誉称号分为：市级特等劳动模范、特等模范集体；市级劳动模范、模范集体；先进生产（工作）者、先进集体。市级特等劳动模范、特等模范集体、劳动模范和模范集体，由市委和市人民政府命名；先进生产（工作）者和先进集体，由区、县、局党政领导机关以及公司、基层单位命名。

取消先进模范人物的荣誉称号要十分慎重。必须取消的，要经原授予机关批准。

第三条　认真做好树标兵和总结推广先进经验的工作。从市到基层，要层层树立标兵，使广大职工有学赶的目标。要运用各种形式，宣传先进模范人物和集体的先进思想和事迹。要认真总结和推广他们的先进经验，使先进的技术水平和生产水平逐步普及，成为全社会的水平。要加强思想教育，大力提倡争当先进光荣、甘居落后可耻的社会风尚，抵制和纠正那种讽刺打击先进者的不良现象。

第四条　加强对先进模范队伍的培养教育。要使他们始终高举马列主义、毛泽东思想的伟大旗帜，坚持四项基本原则，解放思想，实事求是，勇于创新，敢于负责，刻苦学习，力争上游，谦虚谨慎，密切联系群众，成为模范地贯彻执行党的政治路线和思想路线，聚精会神搞四化建设的促进派，解放思想的促进派，安定团结的促进派。

要经常向他们讲形势，讲党的路线、方针和政策，交任务，提要求，使之能够及时了解整个形势和党的中心任务，明确自己肩负的重任，更好地发挥作用。要经常了解他们的思想和工作状况，帮助他们不断提高思想，支持他们的工作和技术革新，鼓励他们发扬首创精神，为四化建设多做贡献。要给他们创造学文化、学技术的条件，包括脱产和业余学习，参加国内外经济技术交流活动，参观国内外先进产品展览，以及外出参观学习等，使他们尽快地掌握先进的科学技术。

根据需要，组织有关科技专家帮助总结劳动模范、先进生产者的技术革新、创造发明和先进技术经验，从理论上进行分析提高。要关心他们的生活，热情帮助他们解决生活上的实际困难。

第五条　先进模范人物处在生产第一线，同群众联系紧密，对管理企业、组织生产勇于提出建议，是办好企业的重要依靠力量。企业领导人要同他们保持密切的联系，定期或不定期地召开先进模范人物座谈会，重大事情主动找他们商量，认真听取他们的意见。这是在企业工作中贯彻执行党的群众路线的一条重要渠道。

第六条　加强对先进模范人物的考察了解工作，及时把符合干部条件的优秀分子提拔到各级领导岗位上来；把具备党员条件的优秀分子吸收入党。工会要积极地、认真负责地向党委推荐。

第七条　先进模范队伍的日常管理工作，在各级党委领导下，由工会负责。各级工会根据任务，设专职人员或指定兼职人员负责这项工作。基层工会负责本单位的各级先进模范个人和集体的管理工作。局、区、县工会除管理本级命名的先进个人和集体外，重点做好本地区、本系统市级以上劳动模范和模范集体的管理工作。天津市总工会负责掌握市级劳动模范和模范集体的情况；重点管理在津工作的全国劳动模范和模范集体、市级本届特等劳动模范和特等模范集体，以及著名老劳动模范。

第八条　工会要加强先进模范队伍的日常管理工作。各级工会应经常了解自己管理范围内的先进模范队伍的情况，力求做到：知道他们的本人历史和家庭情况；及时知道他们的先进思想和事迹的发展情况；知道他们受表彰后的新规划和新贡献；知道他们的主要优缺点；经常知道他们所在单位领导与群众的反映。

工会组织要主动向党委提出加强先进模范队伍的意见，为党委当好参谋和助手。要定期对先进模范队伍工作进行检查、总结。基层工会每半年结合评比进行一次全面检查；局、区、县工会每年进行一次全面检查，总结经验，提出改进意见，报告同级党委和上一级工会。

第九条　各级工会要建立先进模范队伍档案。属于本级工会一般管理的，应建立花名册，并掌握其主要事迹；属于本级工会重点管理的，应按人和集体建立档案，包括：登记表、先进事迹、重大变更情况（如提干、调出、处分、退休、死亡等）。

先进模范人物调动时，其档案应随转新单位的工会组织。全国劳动模范和市级劳动模范的调动以及重大变动情况，要及时报告上级工会。

第十条　注意控制先进模范人物的社会兼职，参加非生产性的社会活动，以及接待外单位的访问。市级劳动模范的社会兼职和外出参加社会活动，由天津市总工会控制。各单位和各部门，需要劳动模范兼任职务或外出参加非生产性的活动，要与主管部门协商。

十六、关于贯彻落实市委批转《天津市先进模范队伍管理工作试行条例》的通知，1980 年

一、各级工会要组织工会干部认真学习市委的批语和《条例》，提高对加强先进模范队伍建设重要意义的认识，弄清《条例》的内容和要求。在学习领会文件的基础上，联系实际，总结过

去在先进模范队伍管理工作上的经验和差距，制定出落实《条例》的行动计划。

二、结合传达贯彻市劳动模范表彰大会，立即动手，扎扎实实做好树立标兵和总结推广先进经验的工作。市、区县局、公司、基层都要树标兵，为广大职工明确学赶目标，团结和带动广大职工广泛开展为四化立功活动，推动增产节约。

三、着手建立先进模范队伍管理的基础性工作。要结合当前开展的立功汇报活动，全面掌握和分析先进模范队伍的情况，并按照管理范围，把先进模范队伍的档案建立起来。

四、组织落实。各级工会都要明确专职或兼职人员，分管先进模范队伍的管理工作。

五、在进行以上工作的基础上，按照《条例》要求，逐步把各项工作开展起来，使先进模范队伍的管理工作经常化、系统化、制度化，充分发挥先进模范队伍在四化建设中的重要作用。

劳动模范和先进集体，在推动生产的发展方面起了显著作用，对社会主义建设事业作出了贡献，他们体现了社会发展的方向，是先进生产力的优秀代表，是广大职工学习的榜样。为了在四个现代化的建设中，涌现更多的劳动模范和先进集体，不断提高他们的水平，充分发挥他们的带头、骨干桥梁作用，工会组织必须在各级党委领导下，与有关部门紧密配合，负责做好劳模的经常工作。

一、劳模工作的基本原则和要求：

第一条 评选劳模的根本标准，必须是在推动生产方面起了显著作用、对社会主义建设事业做出了较大贡献的个人和集体。

第二条 评选劳模的方法必须坚持民主评选的原则，由群众充分讨论，反复酝酿，民主评选产生。要严防包办代替，弄虚作假。

第三条 劳模是先进生产力的优秀代表，各级工会组织要保护他们的社会主义积极性和革命的首创精神，敢于为他们说话撑腰。要积极宣传他们的模范作用，认真总结和推广他们的先进经验，支持他们的革新创举，在人民群众中造成尊重、爱护和学习劳模的风气，形成争当先进光荣、甘居落后可耻的社会舆论。

第四条 加强劳模队伍建设。要教育劳模始终保持同人民群众的血肉联系，谦虚谨慎，戒骄戒躁，使他们一刻也不脱离群众，要尽量减少他们的兼职，适当控制他们的非生产性活动，要给他们创造各种学习条件，使他们不断提高政治、经济、技术、管理、文化科学水平。

第五条 要经常了解和掌握劳模的学习、生活和工作等情况，定期与不定期的召开劳模座谈会，注意听取他们的意见和要求，经常分析他们的思想状况，针对不同对象制订培训规划，不断提高劳模的水平。

第六条 各级工会组织要密切同劳模的关系，关心他们的生活，帮助他们解决生活中的实际困难；对劳模的伤、病、亡等要妥善处理。

第七条 劳模是群众评选出来信得过的人，他们是干部队伍的后备军。各级工会组织有责任积极认真地向党和行政部门推荐适合而又能胜任的劳模到适当的领导岗位上，充分发挥他们的作用，为四化做出更大的贡献。

第八条 取消荣誉称号要慎重，除主要事迹是伪造、以及因犯罪受刑事处分者外，一般不应取消其荣誉称号。凡取消荣誉称号的，必须经过授予单位批准。

二、分级负责：

第九条 劳动模范的管理工作要坚持分级管理的原则，以地方管理为主，产业管理为辅，基层管理为重点。

第十条 基层工会要掌握本单位先进生产（工作）者的基本情况，经常调查了解，定期分析研究。要经常向党委和上级工会汇报有关工作情况，提出培养、教育、提拔、使用以及改进工作的建议。

第十一条 省市、自治区、省辖市总工会掌握本省、市、自治区、省辖市工作的中华人民共和国劳动英雄和全国劳动模范的基本情况，经常了解培养、提拔、使用等方面的情况，注意总结经验，研究解决管理工作中出现的问题。

第十三条 中华全国总工会负责做好中华人民共和国劳动英雄和劳动模范的管理工作。

三、工作制度

第十四条 定期检查。基层单位半年结合评比进行一次全面检查；省、市、自治区每年检查一次，总结经验，找出问题，提出改进意见，分别报告本单位本地区党委和上一级工会组织。中华人民共和国劳动英雄和全国劳动模范的重大变化，应及时报告中华全国总工会。

第十五条 建立劳模档案。档案应包括：登记表、先进事迹、重大情况变更，如提干、退休、死亡、取消荣誉称号等。

第十六条 中华人民共和国劳动英雄、全国劳动模范、省、市、自治区、省辖市劳动模范以及先进生产（工作）者调离本单位时，应办理转移手续，并报告上一级工会组织备案。

第十七条 各级工会都要设专人或指定人员兼管劳动模范的管理工作。

天津市总工会档案生产部，1980 年 12 月

十七、天津市职工技协组织开展有偿技术服务活动暂行办法，1985 年 9 月 4 日

第一章 总则

第一条 职工技协组织是各级工会领导下的开展职工技术协作活动的群众性组织。基本任务是吸引和组织本企业（单位）、本系统、本地区热心于技协活动的工人、工程技术人员、干部和退（离）休职工，为推动技术进步，提高职工素质和提高经济效益，开展技术攻关、技术交流、技术服务、技术培训等活动。

第二条 职工技协开展有偿技术服务要坚持发扬技协的光荣传统，贯彻按劳分配原则，要兼顾国家、集体、个人三者经济利益。在有偿技术服务活动中要明确和坚持：

1. 职工技协活动属于社会公益活动，各级技协组织不是生产实体和经济实体，有偿技术服务

的收入，主要是为了解决、弥补各级技协组织活动经费的不足，因此，有偿技术服务要坚持从低收费原则，不能以盈利为目的，更不能偏离技协的性质与任务。

2. 各级职工技协组织应坚持为提高企业经济效益和社会效益为目的。必须在确保本单位生产任务完成的基础上，为适应发展加强横向经济联系，积极开展厂际、地区间的有偿技术服务活动。

3. 应坚持以业余时间活动为主的原则。充分发挥职工技协队伍“三结合”的技术优势，为企业提供技术服务，不从事一般生产加工。不得侵犯企业的技术和经济权益。

4. 根据技术也是商品的原则，技协组织的有偿技术服务活动要实行合同制。

第二章 技协活动的范围

第三条 根据技协组织的性质和任务，各级职工技协组织可开展下列内容的有偿技术服务活动：1. 为企、事业单位解决技术改造、消化吸收引进技术中的技术难题；2. 为企、事业单位解决开发研制新产品、新技术、新工艺、新材料中的攻关项目。3. 为企、事业单位改进工艺装备和生产设备提供技术指导；4. 为企、事业单位提供技术咨询、技术设计、技术论证和技术信息中介等项目；5. 为企、事业单位提供特种设备和引进设备安装调试中的技术指导；6. 科技成果转让；7. 举办各类技术培训班，技术讲座和展览会，推广交流“四新”技术等；8. 发行职工技协组织出版技术书刊和技术资料。

第四条 下列内容的项目不属于技协有偿技术服务范围：1. 本单位和外单位生产的产品和零部件的生产加工任务；2. 本企业（单位）收回的外协作项目；3. 各类产品的推销和原材料的供销；4. 土建等劳务性的项目；5. 研究、设计院的技协组织不能承接本市、本系统行政已下达的科研项目。

第五条 凡属工艺性加工、设备维修、推广本企业的“四新”技术和企业产品及技术图纸、技术资料出售后的技术服务、技术咨询等应由企业行政承接。如行政因故实施不了的，可由行政委托技协组织实施。

第三章 收费标准

第六条 凡可计算经济效益的项目，一般按受益单位取得的年增值部份的 5% 到 10% 的比例计算收费。

第七条 凡不易计算经济效益的项目，可由协作双方根据工作量的大小、技术难易程度、企业增收节支效益等因素，协商确定收费金额。

第八条 对支边扶贫的技协项目，应在收费上采取优惠政策。对一些经济贫困的企业，可采取缓收、减收或免收。

第九条 凡属科技成果转让和涉外技术服务项目，按国务院有关规定办理。

第十条 凡由本企业行政承接后委托技协组织实施的项目，技协可收取技术服务费，其收入由企业行政按规定缴纳各项税收，税后留利部分，由行政与技协各得 50%。

第四章　纳税

第十一条　职工技协组织有偿技术服务收入按规定交纳营业税及其附加税，对符合第三条所列的有偿技术服务活动范围的净收入暂免征所得税；不属于有偿技术服务活动范围的应按规定缴纳所得税。

基层职工技协组织，凭市职工技术协作委员会（下简称市技协）的批准证书，向本单位所在区税务部门办理纳税登记及领用市税务局统一发货票。

第五章　分配

第十二条　职工技协的有偿技术服务收入，必须严格按市技协的规定交纳团体会费。

第十三条　技协组织在完成有偿技术服务项目中动用企业设备、动力消耗以及职工占用业内时间（需事先经企业行政同意）的工时等，均应按规定向企业行政拨付补偿费。

第十四条　有偿技术服务净收入中可提取 10 ~ 20% 的金额用于直接参加项目实施人员的技术服务报酬。此项报酬不计入本单位奖金总额，免征奖金税。

需提取现金支付技术服务报酬时，必须在现金支票背面加盖“天津市技术合同登记专用章”（22 号）银行才能凭以支付。

第十五条　职工技协会员的非职务性的个人技术成果的转让，按市政府津政发（1986）第 16 号文规定和市政府有关规定办理。

第十六条　职工技协组织支付的报酬，在分配中要贯彻按劳分配原则，严格防止与项目无关人员参加分配，否则，按规定计征奖金税，奖金税额由技协事业活动经费中支付。

第六章　管理及合同登记

第十七条　基层技协组织开展有偿技术服务，须是经市技协、区、县、局职工技协委员会（下简称区、县、局技协）已批准建立的技协组织，并要填报《天津市职工技术协作委员会团体会员审批表》，送主管区、县、局技协审核签署意见后，报经市技协批准发证，方可实行有偿技术服务。未经批准发证的，一律不得实行有偿技术服务。

第十八条　职工技协组织承担的有偿技术服务项目，均按市技术市场协调指导小组规定，使用统一规格的《天津市技术交易合同书》签订合同。

第十九条　基层技协组织签订的有偿技术服务合同，要经主管区、县、局技协严格按着技协有偿技术服务活动范围的规定，审查合同内容，对符合规定的合同要填写《技术合同登记表》，报经市技协（受市技术市场协调指导小组委托）办理审核登记手续，加盖技术交易合同专用章后，方为合法技术交易合同。未经登记的，不得组织实施。

第七章　团体会员团体会费

第二十条　经市技协批准发证的基层技协组织，需按季交纳团体会费。

第二十一条　团体会费的交纳和数额。凡已建立区、县、局技协的基层技协组织，按当季签订的有偿技术服务合同的技术交易总金额（指当季已结算的项目），上交主管区、县、局技协

3%，上交市技协 3% 的团体会费。

所在系统的区、县、局工会尚未建立技协组织的基层技协组织，应将 6% 的团体会费全部上交市技协。

市技协将在收取的团体会费中提取 2% 上交中华全国职工技协委员会，提取 10% 的金额上交天津市总工会，作为工会事业的发展基金。

第二十二条 基层技协组织交纳团体会费后，应按季填报《季度有偿技术服务统计表》，分别报送市和区、县、局技协，作为交纳团体会费原始凭证。基层技协组织应将应交的团体会费，一律交主管区、县、局技协，再由区、县、局技协将应交市技协的团体会费转交市技协。

凡基层技协团体会员的主管区、县、局未建技协组织的，由基层技协将团体会费直接交市技协。

第二十三条 团体会费按季交纳，交纳时间为下季度第一个月的十五日前。

第八章 技协活动经费使用范围

第二十四条 各级技协有偿技术服务净收入的余额是各级技协开展活动的经费补充来源，主要用于发展技协活动，其使用范围如下：1. 技协组织行政费用。主要用于购置必要的设备、仪器等，改善技术培训、技术交流的条件和手段。用于开支技协日常办公费、临时人员费、会议费、差旅费，对各级技协组织在有关横向经济交往中，根据“必需、合理、小额、从简”原则，按市委、市政府颁发的有关文件规定列支招待费。2. 技协组织活动费用。主要用于培训技协积极分子必要的费用开支及购置图书技术资料、放映科技电影、组织各种技术交流、技术讲座、培训场地租赁费、讲课酬金等。3. 奖励费用。主要用于对技协活动作出成绩的技协会员和技协干部的表彰、奖励。基层单位技协先进个人奖励面应控制在技协会员总数的 10%，奖励金额人均全年不得超过一百元。市、区、县、局技协组织，可在基层技协上交的 3% 团体会费中提取 3% ~ 5% 的金额，用于对技协干部和直接从事组织有偿技术服务人员的适当奖励。4. 集体福利费用。主要用于组织技协会员集体福利事业（不包括旅游或变相旅游活动），以及对因技协活动造成病伤职工的部分补助、慰问等。

在支付上述费用后，尚有结余时，根据需要与可能可以为工会建设“职工之家”和为本单位职工集体福利设施提供部分资助。

第九章 财务管理

第二十五条 各级技协组织必须按市技协下发的《关于本市职工技协组织会计工作暂行规定》建立财务会计管理制度。一切财务收、支，接受同级工会经费审查委员会和财税部门的监督、审查，执行银行现金管理的有关规定。

第二十六条 各级职工技协组织的有偿技术服务收、支，一律采用银行转账支付结算形式，基层职工技协可利用同级工会银行账号，但必须另立技协分类账册。区、县、局技协可单独在银行申请设立专户。

第二十七条　凡经批准开展有偿服务的技协组织必须按月填报《关于本市职工技协组织会计工作暂行规定》中的《基层技协资金平衡表》、《基层技协资金活动情况明细表》，对不按期填报或不如实填报的，可由上级技协组织会同有关部门共同研究，收回该技协组织的有偿技术服务证书。

第二十八条　各级职工技协组织都要做到财务会计帐目清楚、手续完备，使用技协活动经费须经职工技协委员会讨论同意。购置各类财产要建立财产帐目，涉及到购置集控、专控商品，其额度按规定渠道申请办理。

第十章　其它

第二十九条　各级职工技协组织可按照本办法结合具体情况制定本单位实施细则，报上级工会技协组织备案核查。

第三十条　凡以职工技协组织的名义，已办理税务登记的各级职工技协组织，从本办法实施之日起，均按本办法执行。

第三十一条　本暂行办法从下发之日起执行，原天津市总工会津工（1986）187 号文同日失效。

天津市总工会档案技协办公室资料　1985 年

十八、天津市职工技协应用技术协会组织章程，1985 年 11 月 30 日

第一章　总则

第一条：天津市职工技协各专业应用技术协会（以下简称“应用技术协会”），是在天津市职工技术协作委员会领导下的群众性技术团体。

第二条：“应用技术协会”的宗旨，是在党的路线、方针、政策指引下，遵照“中国职工技术协作组织章程”，团结本专业各方面的技术力量，组织各区、局、公司、企事业、科研单位、大专院校的工程技术人员、科研人员、管理干部及能工巧匠，开展技术攻关、技术交流、技术培训、技术咨询、技术开发、技术推广等多种形式的技术协作活动，推动行业技术进步，增强企业活力，提高职工的技术素质，推进两个文明建设，为实现四化服务。

第二章　任务

第三条：“应用技术协会”的主要任务是：1. 发动职工提合理化建议，鼓励职工搞技术革新，发明创作，促进行业技术进步。2. 开展群众性的技术协作，接受上级有关部门和企业委托的技术攻关、技术开发、技术考核、鉴定，组织力量解决行业性生产技术关键。3. 组织开展技术交流、技术咨询、技术开发、技术承包、技术贸易市场等技术服务，推广新技术、新设备、新工艺、新材料以及先进的操作方法，支援中小企业，帮助后进地区开发新技术，沟通企业和地区之间的横向联系。4. 组织技术培训，采用多种形式提高技术工人和科技人员的技术水平和操作技能。5. 根据中华全国职工技协的有关部署，开展地区技术协作和职工对外交流活动。6. 创办本协会的刊物，编辑有关资料，为本协会各成员服务。

第三章 会员

第四条：各专业“应用技术协会”按以下原则接受团体会员和个人会员。

1. 凡各区、局、公司和企业技协组织的应用技术协会及有关专业队（组），均为该协会的团体会员。团体会员应有指定的负责人和联络员，保持同本协会的联系，并在业务上受本协会理事会的指导。2. 凡在专业技术上有贡献的劳动模范、先进生产者、工程技术人员和大专院校讲师、教授及科研单位的科技人员，包括能工巧匠，由本人申请或局技协组织的推荐，经本协会理事会同意，可以接受为个人会员。

第五条：会员的权利和义务

（一）权利：1. 有选举权和被选举权。2. 可优先参加本协会组织的各种活动。3. 可优惠享受本协会组织的技术革新、发明创造、科研成果转让推广。4. 可参加本协会组织的技术改进、技术开发，取得成果后，分享荣誉、奖励。5. 本人参加的技术服务项目取得经济效益后，按有关规定可取得合理技术服务酬金。6. 可对本协会的工作提出建议和批评意见。

（二）义务：1. 遵守本协会章程和执行本协会各项决议。2. 积极参加本协会的活动和完成协会交办的各项任务。3. 在不损害本单位权益的前提下，积极提供本单位生产技术、经营管理和技术革新、科研成果信息和个人技术经验，推进社会技术进步。4. 对本专业协会的技术发展提合理化建议。5. 积极向本协会创办的刊物、资料提供稿件。6. 按规定交纳协会规定的有关费用。

第四章 组织领导机构

第六条：会员代表大会（或会员大会），是各协会开展民主管理的组织形式，它的职责是：1. 审查本协会工作报告和对外的文件。2. 制定和修订协会章程。3. 审查本协会财务预决算。4. 推举理事会人选。会员代表大会一般情况下二年召开一次。

第七条：协会领导机构：1. 理事会由会员代表大会选举产生，报市职工技协委员会聘任。理事会设会长一人、副会长若干人、秘书长一人、副秘书长若干人，组织常务理事会。2. 由秘书长和副秘书长组成秘书处，负责处理日常工作。3. 理事会根据需要，可聘请名誉会长一名和顾问若干名。

第五章 经费

第八条：一、来源：1. 职工技协的拨款。2. 社会资助及其它收入。二、管理：严格遵守财经制度，按市职工技协办公室规定的有关办法管理使用。

天津市总工会技协办公室资料 1985 年

十九、天津市总工会职工自学成才奖励暂行条例 1985 年 7 月 5 日

第一条 为鼓励我市广大职工走自学成才的道路，开发智力，开发人才，提高职工队伍素质，以促进技术进步，加速社会主义现代化建设，特制定本条例。

第二条 本条例适用于未经脱产或半脱产在高等院校学习，而通过自学（包括在业余大学学习，每周占用工作时间不超过两个半天）达到或相当于大学专科文化水平的本市职工。其中具备以下条件之一者，可以申请职工自学成才奖励：（一）在科学技术方面有创造发明者；（二）有重大的技术改进、技术革新或合理化建议，并经过实验研究和实际应用取得显著经济效益者；（三）在生产、工作实践中总结了很有价值的系统性经验，成为本职工作的行家里手者；（四）在企业经营管理工作或思想政治工作中取得创造性成绩者；（五）在学术和技术理论研究方面取得重要成果者；（六）在文化、教育、体育、卫生等方面有特殊造诣和突出贡献者；

第三条 职工自学成才奖励，贯彻精神鼓励与物质鼓励相结合，以精神鼓励为主的原则。奖励分为四等，特等奖：授予称号，发奖状、奖章和奖金800元；一等奖：发荣誉证书、奖章和奖金500元；二等奖：发荣誉证书、奖章和奖金400元；三等奖：发荣誉证书、奖章和奖金300元。

第四条 职工自学成才奖励暂定每两年评定一次（如有特殊情况，可随时申报审定奖励）。每次奖励名额由天津市总工会确定。奖金由天津市总工会设立的“职工自学成才奖励基金”中列支。

第五条 对于荣获市级职工自学成才奖励者，建议党政有关部门作为职工本人今后晋级和评选先进的依据之一。

第六条 申请职工自学成才奖励，由各区、县、局工会审查推荐。职工本人也可向所在单位工会组织申请，工会经过核实后向上一级工会申报。

申报职工自学成才奖励，应包括下列内容：（1）填写《职工自学成才事迹登记表》。（2）申请人自学的情况（自学的内容、达到的水平及考核依据）。（3）申请人所作出的贡献的详细内容（要经局以上主管部门审核盖章）。（4）申报单位的审核意见。

第七条 对获市级职工自学成才奖的职工，事后如发现弄虚作假或剽窃他人成果者，经查明属实，应撤销其荣誉，追回奖金，并按情节轻重予以处理。

第八条 天津市总工会设立职工自学成才奖励评审委员会，负责本条例的实施。该委员会聘请本市有威望的专家、学者和有关部门的负责同志组成。

第九条 本条例解释权属天津市总工会。

第十条 本条例自发布之日起试行。

天津市总工会资料，1985年

二十、天津市职工自学者协会章程，1985年10月26日

第一章 总则

第一条 天津市职工自学者协会是广大自学职工自愿结合的群众性组织。

第二条 本协会的宗旨是：遵照党中央关于“尊重知识，尊重人才”的指示精神，团结教育广大职工发扬主人翁精神，结合企事业科研生产、工作发展的需要，积极进行智力开发；动员各方面力量，通过组织开展各种活动，支持和鼓励职工走自学成才的道路；维护职工正当的学习权益。为提高职工队伍的思想政治和科学文化素质，培养各级各类专门人才，推进经济体制改革，促进科技进步，实现管理现代化，提高经济效益和社会效益，加速社会主义现代化建设做出贡献。

第二章 任务

第三条 本会的主要任务：

1. 推动各级自学组织教育引导职工树立远大革命理想和正确的学习目的，以顽强的毅力和科学的方法，奋起求知，刻苦自学，立志成才；2. 认真听取并及时反映自学职工的要求和意见，切实维护职工正当的学习权益，依靠各方面力量，大力开展多种形式的助学活动，积极为职工自学疏通渠道，提供方便，排忧解难；3. 积极研究探索职工自学成才的规律，大力宣传和表彰自学成才的先进典型，总结交流开展职工自学活动的经验，编辑出版有关职工自学的报刊；4. 会同有关部门对自学者的成果进行评估、鉴定、推广和转让工作；5. 积极向有关方面推荐人才，会有有关部门逐步研究解决对自学成才职工的考核、认定、使用、待遇等政策性问题。

第三章 组织

第四条 凡本市职工自学者组织，承认本会章程，参加本会的活动都可以提出申请，经本协会批准后，即可为本会团体会员。

第五条 本会的最高权利机关是理事会，理事会理事由天津市总工会聘请，由下列人员组成：1. 本市各条战线职工自学成才的先进人物代表；2. 热心支持职工自学活动的著名专家、学者和有关方面人士；3. 市科技、教育、组织、劳动人事等部门的负责人；4. 区、县、局职工自学组织的代表。理事会理事任期 2 年。

第六条 理事会职责：1. 选举产生常务理事会；2. 制订、修改本会章程；3. 制定协会年度工作计划，领导所属机构开展工作；4、发展组织，推动各级自学者协会开展活动；5、监督审查协会活动经费。

第七条 理事会设名誉理事长一人、理事长一人，副理事长若干人，常务理事若干人，秘书长一人，副秘书长一至二人。理事长、副理事长、常务理事、秘书长均由理事会选举产生。每两年选举一次。

第八条 理事会原则上每年召开两次，必要时由理事长临时召集。理事会闭会期间，常务理事会执行理事会的决议，领导协会的工作，对外代表市职工自学者协会。日常工作由秘书长主持。

第九条 理事会根据工作需要，逐步建立健全办事机构，开辟活动阵地。

第十条 各区、县、局和企事业单位要积极创造条件，建立职工自学者协会，负责组织职工开展自学活动。各级职工自学者协会要接受同级工会的领导，和上一级职工自学者协会的指导。

第四章 经费

第十一条 经费来源：

1. 从天津市总工会的工会经费中拨款；2. 本协会举办各种活动的收入；3. 有关方面和个人的资助。

第五章 附则

第十二条 本章程解释权归本会理事会。

第十三条 本章程经理事会通过后试行。

天津市总工会资料，1985 年 12 月

二十一、天津市人民政府关于颁布《天津市贯彻〈国营企业劳动争议处理暂行规定〉实施细则》的通知，1987 年 12 月 29 日

各区、县人民政府，各委、局，各直属单位：

现将《天津市贯彻〈国营企业劳动争议处理暂行规定〉实施细则》予以颁布，望遵照执行。

[天津市贯彻《国营企业劳动争议处理暂行规定》实施细则]

第一章 总则

第一条 为妥善处理劳动争议，保护国营企业行政（以下简称企业行政）和职工的合法权益，维护正常的生产秩序和社会秩序，促进社会主义建设，根据国务院《国营企业劳动争议处理暂行规定》精神，结合天津实际情况，制定本细则。

第二条 本细则适用于全市国营企业行政与职工之间发生的下列劳动争议：

（一）因履行劳动合同发生的争议；

（二）因开除、除名、辞退违纪职工发生的争议。

第三条 处理劳动争议，要依据事实，宣传法律、法规和劳动政策，坚持以调解为主，就地、及时解决的原则，维护当事人双方的合法权益。当事人双方在适用法律上一律平等。

第四条 发生劳动争议的当事人，因故不能参加仲裁的，经仲截委员会批准，可以委托代理人参加仲裁，被委托人应向仲裁委员会提交授权委托书。

第五条 发生劳动争议的职工一方，人数在十人以上，并且具有共同理由的，为集体劳动争议。

集体劳动争议的职工当事人应当推举一至三名代表参加调解或者仲裁，并应提交全体职工当事人共同签署的全权委托书。

发生劳动争议的职工一方，人数在四至九人的，可参照集体劳动争议的规定办理。

第六条 因履行劳动合同发生的争议，当事人可以向企业劳动争议调解委员会（以下简称调解委员会）申请调解，经调解不成的可向企业所在区、县劳动争议仲裁委员会（以下简称仲裁委员会）申请仲裁。

因开除、除名、辞退违纪职工发生的劳动争议，当事人应当直接向企业所在区、县仲裁委员会申请仲裁。

第二章 调解和仲裁机构

第七条 企业均应设立调解委员会。

设有分厂（或者分公司、分店）的企业，应当在总厂（或者总公司、总店）设立一级调解委员会；在分厂（或者分公司、分店）设立二级调解委员会。经二级调解委员会调解不成的劳动争议，当事人可以向一级调解委员会申请调解，也可以直接向企业所在区、县仲裁委员会申请仲裁。

第八条 调解委员会由下列人员兼职组成：

（一）职工代表；（二）企业行政代表；（三）企业工会委员会代表。

职工代表由职工代表大会（或者职工大会，下同）推举产生，企业行政代表由企业行政方面指定；工会委员会代表由企业工会委员会指定

调解委员会具体人数由职工代表大会提出并与厂长协商确定。

第九条 调解委员会主任由调解委员会成员选举产生。

调解委员会在职工代表大会的领导下进行工作。调解委员会的办事机构设在企业工会委员会。

第十条 仲裁委员会受理劳动争议，实行一次裁决制度。

市和区、县设立仲裁委员会。

市仲裁委员会负责处理涉及人数较多、影响面大、政策性强的重大劳动争议，同时指导区。县仲裁委员会的工作。

区、县仲裁委员会，负责处理本区、县行政辖区内的企业发生的劳动争议。

市和区、县仲裁委员会指导企业调解委员会的工作。

第十一条 仲裁委员会由下列人员兼职组成。

（一）同级劳动行政机关的代表；（二）同级工会的代表；（三）与争议事项有关的企业主管部门的代表或者企业主管部门委托的有关部门的代表。

前款三方代表的人数相等。仲裁委员会组成必须是单数。经仲裁委员会协商并一致同意，可以约请有关单位的代表列席仲裁会议。市仲裁委员会由市劳动局、天津市总工会和与争议事项有关的企业主管部门的负责人组成。

区、县仲裁委员会由区、县劳动局和区、县工会办事处及与争议事项有关企业主管部门的负责人组成。仲裁委员会成员名单报请区、县人民政府批准，并报市仲裁委员会备案。

在处理劳动争议事项需要仲裁时，由每方一名负责人共三人组成仲裁委员会，通过召开仲裁会议的形式进行仲裁。各方负责人因故不能出席时，可以委托本单位同级其他负责人或者有关部门负责人代理参加。

第十二条 市和区、县仲裁委员会主任分别由市和区、县劳动局负责人担任。市和区、县劳动局的劳动争议仲裁处、科，既是同级劳动行政机关的职能机构，也是同级仲裁委员会的办事机构。

仲裁委员会办公室正副主任由劳动部门的劳动争议仲裁处、科的负责人担任。仲裁委员会可以根据需要确定仲裁工作人员若干人。在处理劳动争议事项时，由仲裁委员会指定仲裁工作人员

组成仲裁工作小组，负责查证事实，对劳动争议双方当事人先行调解，调解不成的可以提出裁决建议，提交仲裁委员会仲裁会议讨论后作出仲裁决定。对情节简单的劳动争议，也可由仲裁工作小组依照程序直接调解和裁决。

第十三条　仲裁委员会成员和仲裁工作人员有下列情况之一的，必须自行回避，当事人也有权以口头或书面方式申请其回避：

（一）劳动争议当事人或者当事人的近亲属；（二）与劳动争议有利害关系；（三）与劳动争议当事人有其他关系、可能影响公正仲裁的。

第十四条　仲裁委员会对回避申请应及时作出决定，并以口头或者书面方式通知当事人。

仲裁委员会成员的回避，由仲裁委员会决定；仲裁工作人员的回避，由仲裁委员会主任决定；对不合理的回避申请应予驳回。

第三章　处理劳动争议的程序

第十五条　调解委员会进行调解，必须遵守当事人双方自愿的原则，对任何一方不得强迫。

经调解达成协议的，应当记录在案，双方当事人应当严格执行。

调解不成的劳动争议，当事人任何一方可以向企业所在区、县仲裁委员会申请仲裁。

第十六条　调解委员会受理的劳动争议，应当自当事人口头或者书面申请调解之日起，三十日内结案；到期未结案的，以及达成协议后一方或双方翻悔的，应当视为调解不成。

第十七条　当事人向仲裁委员会申请仲裁，应当提交书面申请和有关证明，并按被诉方人数提交副本。因履行劳动合同发生的劳动争议，凡经调解委员会调解不成的，在申请仲裁时，应提交企业调解委员会出具的有关证明。

属于因履行劳动合同发生的争议，当事人应当从争议发生之日起六十日内，或者从调解不成之日起三十日内，向仲裁委员会提出。

属于因开除、除名、辞退违纪职工发生的争议，当事人应当自企业公布处理决定之日起十五日内，向企业所在区、县仲裁委员会提出。

第十八条　仲裁委员会收到书面申请后，应当在七日内作出受理或者不予受理的决定。仲裁委员会决定受理的，应当自作出决定之日起五日内将书面申请的副本和应诉通知书送达对方当事人，对方当事人应在十日内提交答辩书和有关证据。对不予受理的，应当作出说明。

对方当事人不按时提交或者拒绝提交答辩书或有关证据的，不影响案件的审理。

仲裁委员会在处理劳动争议过程中，可向有关单位查阅或调阅与案件有关的档案、资料和原始凭证，有关单位应如实提供材料、出具证明。

第十九条　仲裁委员会受理的劳动争议，应当在查明事实的基础上进行调解，促使当事人相互谅解，达成协议。

第二十条　仲裁委员会对调解达成的协议，应当制作调解书，由双方当事人签字，由仲裁工作人员和仲裁委员会主任署名，并加盖仲裁委员会印章。调解书送达后即具有与仲裁决定书同等的法律效力。

第二十一条 经仲裁委员会调解未达成协议的，或者调解书送达前当事人一方或双方翻悔的，仲裁委员会应当及时仲裁。

第二十二条 仲裁委员会应当在仲裁前四日，将仲裁时间、地点以书面方式通知当事人。当事人接到两次通知，无正当理由拒不到场或未经仲裁委员会允许中途退场的，对申诉人按撤诉处理；对被诉人按缺席仲裁。

第二十三条 仲裁委员会进行仲裁时，应当认真听取双方当事人的陈述，可以再行调解，调解仍未达成协议的，仲裁委员会经协商后，按照少数服从多数的原则作出仲裁决定。对协商中的不同意见，必须如实记录。

第二十四条 仲裁委员会作出仲裁决定后，应当制作仲裁决定书，由仲裁委员会成员和仲裁工作人员署名，并加盖仲裁委员会印章，送达双方当事人。当事人应在送达回证上签名或盖章。当事人在送达回证上的签收日期为送达日期。

当事人拒绝接收仲裁决定书的，送达人应当约请有关组织的代表或其他人到场，说明情况，在送达回证上记明拒收的事由和日期，由送达人、见证人签名或盖章，将仲裁决定书留在当事人单位或住处，即视为送达。

第二十五条 仲裁委员会受理的劳动争议案件，应当在六十日内结案。

第二十六条 当事人一方或者双方对仲裁不服的，可以在收到仲裁决定书之日起十五日内向人民法院起诉；一方当事人期满不起诉又不执行的，另一方当事人可以申请人民法院强制执行。

第二十七条 发生劳动争议的企业行政当事人与职工当事人不在同一地区的，由职工当事人工资关系所在地仲裁委员会受理，并通知企业行政或其委托代理人，到受理地参加仲裁。

第二十八条 仲裁委员会进行仲裁，应当收取仲裁费。

仲裁费的收取标准按劳动人事部的有关规定执行。具体收费办法由市劳动局会同有关部门另行制定。

第四章 罚则

第二十九条 当事人干扰调解、仲裁活动，扰乱工作、生产秩序或者拒绝、阻碍国家机关工作人员执行职务的，由公安机关按照《中华人民共和国治安管理处罚条例》的有关规定处理，构成犯罪的，提交司法机关依法追究刑事责任。

第三十条 处理劳动争议的工作人员违反本细则，情节严重的，由其所在单位给予行政处分；构成犯罪的，提交司法机关依法追究刑事责任。

第五章 附则

第三十一条 国家机关、事业单位、社会团体因履行劳动合同发生的劳动争议，可以比照本细则执行。

外商投资企业发生的劳动争议，可参照本细则执行。

第三十二条 本细则由市劳动局负责解释。

第三十三条 本细则自颁布之日起施行。

天津市总工会资料，1987 年

二十二、工会职工技协开展有偿技术服务财务管理试行办法，1987 年 12 月 1 日

为了加强对职工技协的财务管理，保证有偿技术服务活动广泛、深入地开展。根据财政部（87）财税字第 267 号和中华全国总工会工经总字（1987）38 号文件精神，制定本试行办法。

一、方针原则

1. 必须贯彻执行工会职工技协要为经济建设服务、为技术进步服务、为提高职工技术素质服务的方针和工会财务工作要为职工群众服务、为工会建设服务、为两个文明建设服务的方针。

2. 必须贯彻执行国家、单位、个人三者利益相结合的原则，在有偿技术服务中，做到社会效益与经济效益共同提高、循环增长，不断推动职工技协事业蓬勃发展。

二、管理体制

工会职工技协的财务管理体制，实行统一领导、分级管理的原则。就是要在全国总工会和全国职工技协委员会所规定的有关方针、政策、原则、制度的统一领导下，由各级工会和职工技协委员会分级管理。分级管理的主要内容如下：

1. 县及县以上工会职工技协委员会开展有偿技术服务，都必须建立有偿技术服务机构；基层职工技协可以直接开展有偿技术服务活动，不另设机构。

2. 各级工会要从人力、物力和财力上尽可能地帮助同级职工技协委员会建立有偿技术服务机构，并视同工会的事业单位进行领导和管理。各级工会职工技协的有偿技术服务机构，都要逐步做到按企业化管理，独立核算，自负盈亏。

在创办初期经费（包括业务费和管理费）不足时，可报请主管工会给以差额补助。县及县以上工会职工技协的有偿技术服务机构，都应建立独立的财务机构；基层职工技协开展有偿技术服务的财务工作，可由主管基层工会的财务工作委员会代管。

3. 各级工会对所属职工技协的有偿技术服务机构，应运用行政、经济和法律三结合的手段进行领导，并对其经营管理进行财务监督和控制；各级职工技协委员会对所属有偿技术服务机构的经营管理，进行业务监督与控制。各级工会职工技协有偿技术服务机构，应在责权利相结合的原则下，逐步推行经营承包责任制和行政首长负责制，并按规定向主管工会和主管职工技协委员会上交一定比例的活动经费，所需专项设备、专项大修或扩建支出，在本单位提留的有关专项基金中不敷开支时，可报请主管工会根据需要与可能，拨款补助。

4. 各级职工技协委员会的财务工作，可以根据实际情况，自行管理、由同级工会财务部门（或工会机关财务部门，下同）代管或由与之合署办公的有偿技术服务机构财务部门代管。

5. 各级职工技协委员会，应按年从所收有偿技术服务机构和下级职工技协委员会交来的经费收入总额中，提取一定比例，逐级向上一级职工技协委员会交纳活动经费。各省、市、自治区职工技协委员会上交给全国职工技协委员会的活动经费，应为其年收入总额的5%。其余各级职工技协委员会上交活动经费的比例，由有关上下级职工技协委员会协商决定。

三、工会职工技协有偿技术服务机构的财务管理

1. 职责权限

（1）宣传贯彻主管工会和主管职工技协委员会所布置的有关方针、政策、原则和制度，并结合本单位的实际情况，制定实施办法。

（2）根据本单位与主管工会和主管职工技协委员会签订的经营承包合同和业务活动计划，编制相应的财务计划，并保证和监督财务计划的切实执行。同时要按时检查总结业务计划和财务计划的执行情况，按时编制财务预（决）算报告。财务计划和财务预（决）算报告，均应向主管工会财务部门和主管职工技协委员会各上报一份备查。如主管工会财务部门和主管职工技协委员会对所报财务计划和财务预（决）算报告提出修改意见时，应及时加以改正。

（3）根据有关规定收好、管好、用好本单位的资金与财产。要加强经济核算，努力增收节支，在保证不断提高社会效益的前提下，不断提高经济效益。要按规定交纳税金，及时上解有关经费，合理分配盈利，正确提取与使用各项专用基金。

（4）参与签订各项有偿技术服务合同，监督与促进合同的正确履行。

（5）严格遵守财经纪律，并向一切违反财经纪律的现象作斗争。

2. 财务计划

（1）职工技协有偿技术服务机构的财务计划，应根据其业务计划按年编报。

（2）职工技协有偿技术服务机构应按月和按年编报财务计划执行情况的预（决）算报告表。其格式在《工会职工技协有偿技术服务会计管理试行办法》中规定。

3. 收入管理

（1）收入原则

A. 服务第一，优质薄利，平等协商，自愿互利。

B. 按效论价，无效不收，困难单位，减免收费。

（2）收入范围

A. 技术服务收入。包括技术攻关，技术改造，开发新产品和消化、吸收、引进新技术，推广新工艺、新技术、新材料，工程、设备、工艺、设计等方面的收入。

B. 技术咨询收入。包括提供技术资料、技术信息、技术论证、解答技术课题等方面的收入。

C. 技术培训收入。包括举办技术培训班、技术讲座等收入。

D. 技术转让收入。包括技术成果转让及中介服务，技术交易会、技术承包、技术入股、技术出口等方面的收入。

E. 其他技术服务收入。包括除以上四项以外的其他有偿技术服务收入。

（3）收费标准

A. 可以计算经济效益的技术攻关、技术改造和开发、推广新技术等项目，一般可按年实际净增产值的 10% 左右收取服务费；难以计算的上述项目，可根据技术水平、难易程度、实际工时、设备耗费等因素双方商定服务费。所需代购原材料、辅助材料的费用，可以先行垫付，再向有关委托单位实报实销，不计入业务收入；也可以在所收服务费以外，增收一笔原材料费及 3 ~ 8% 的管理费和应纳税金。

B. 新产品设计项目，一般可按年产值的 5% 左右收费；工程、设备设计项目，一般可按工程造价的 5% 左右收费；工具、模具、夹具等工艺设备设计项目，一般可按造价的 10% 左右收费。

C. 改善劳动条件、安全生产、消除环境污染、技术测试、质量分析、排除故障、技术指导等项目，可按实际情况，双方协商计算收费。

D. 技术咨询、技术培训和技术转让三类项目的收费标准。各地工会和职工技协委员会可参照地方标准结合自身实际情况予以规定。

以上所规定的各项技术服务收费标准，各地工会可会同职工技协委员会，结合当地情况，因地制宜、因事制宜地作出具体规定。

4. 支出管理

（1）开支原则：精打细算，厉行节约，用得适当，讲求实效。

（2）开支范围

A. 税金。包括按规定应交纳的税金。

B. 业务成本

直接费用。包括能源消耗，交通运输，折旧费，对企业经济补偿，外厂协作，技术测试，教材资料，图书资料、教学用具，中介信息费，讲课费，咨询费，劳酬费，原材料费（向委托单位实报实销的不计入）等。

间接费用。包括应摊入成本的管理费。其明细项目如下：

①人事费：本单位在职职工（包括固定职工、合同制职工、其他职工）的工资和附加工资，以及按规定支付的各种工资性质的补贴。

②公务费：办公、邮电、水电、公用取暖、差旅、燃料等费用。

③家具用具摊销费：价值在 50 元以上但不够固定资产标准的财产物资应在当月摊销的费用。

④零星购置费：价值不足 50 元一次摊入成本的零星物品购置费用。

⑤其他业务费：在无偿技术服务中的费用。

⑥保险费：按有关项目收入的一定比例计提，转入事业发展基金，作为支付安全保护措施和支付保险公司保险金之用。

⑦修缮费：固定资产、家具用具修理修缮费。

⑧折旧费：管理部门按月提取的固定资产折旧费。

C. 上交经费。包括按规定上交给主管工会和主管职工技协委员会的活动经费（盈利积累较少的单位，可报经主管单位批准减、免交纳）。

D. 专项设备与大修理支出和基本建设支出，均不计入成本。所需资金，在自留事业发展基金、更新大修基金中解决；如有不足可报请主管工会和主管职工技协委员会拨给专款。

（3）开支标准

A. 技协积极分子劳酬费，可按业务收入扣除税金和其他业务成本后的余额中，提取 15% 支付。

B. 其他各项费用的开支标准和上交经费的比例，除全国总工会和全国职工技协委员会另有规定外，均由各主管工会和主管职工技协委员会参照地方有关规定，加以规定。

5. 成本计算与盈利分配

（1）有偿技术服务应按技术服务、技术咨询、技术培训、技术转让和其他技术服务等收支分别按月计算成本和盈亏。

（2）各项业务费，均直接在有关各类有偿技术服务成本帐户中列支。

（3）每月支出的管理费，应先按各类有偿技术服务当月收入份额比例分摊，再于每类有偿技术服务中按每个合同项目当月收入份额比例分摊。

（4）每项有偿技术服务收入减去营业税、城建税、教育附加费，减去业务成本和上交经费后的余额为经营盈利。经营盈利加其他收入减其他支出后的余额为盈利总额。盈利总额减应交所得税和能源交运建设基金（这两项税费免交部分转入本单位事业发展基金）后的余额即为税后留利。

（5）税后留利按如下比例进行分配

A. 事业发展基金。按 60% 提留，可用于发展职工技协事业，更新设备，设施维修，改善劳动条件，组织各项活动，投资兴办经济实体和以丰补欠、留作后备等方面。

B. 集体福利基金。按 25% 提留，可用于技协积极分子和本单位工作人员集体福利，基层职工技协对工会举办“职工之家”和企业行政举办集体福利的一次性资助等方面。但不得支付一切违反规定的费用和各项摊派费用。

C. 奖励基金。按 15% 提留，可用于在技协积极分子和本单位工作人员中评选先进集体或先进个人表彰、奖励方面。

四、县以上职工技协委员会的财务管理

1. 职责权限

（1）宣传贯彻开展职工技术有偿服务活动及财务管理的有关方针、政策、原则、制度，并结合本地区、本产业的实际情况制定实施办法。

（2）会同有关工会财务部门同所属有偿技术服务机构签订经营承包合同，并协助与推动合同的履行。

（3）审阅所属有偿技术服务机构报来备查的财务计划和决算报告。对所发现的问题，应及时提出意见。

（4）按照规定收好、管好、用好职工技术委员会本身的资金与财产，并对本单位的经济活动和财务收支进行核算与监督。

（5）对所属职工技协有偿技术服务机构的财务管理和各项专用基金的管理，进行业务指导和监督检查。

2. 收支管理

（1）管理原则。各级职工技协的经常费（包括行政费和业务活动费），目前暂由同级工会供给，应逐步创造条件转为所属有偿技术服务的机构供给。

职工技协委员会所收下级职工技协委员会和所属有偿技术服务机构交来的活动经费收入，还不足以用来支付本身经常费支出的，其一切经费收支均列在同级工会经费有关事业活动收支项目中统一管理；上述活动经费收入，足以支付本身经常费支出的，其一切经费收支应单独管理，独立核算。其财会工作，可以自行管理，可以委托同级工会代管，也可由所属有偿技术服务机构代替。

（2）收支范围

A. 技协收入。包括所属有偿技术服务机构和下级职工技协委员会上解的经费收入，同级工会、政府拨款收入，有关方面资助收入和其他收入（如银行存款利息收入）等。

B. 技协支出。包括开展各项技协业务活动费支出，行政费支出和上解技协活动支出等。

天津市总工会资料，1987 年

二十三、天津市退休职工管理委员会组织工作试行办法，1987 年 8 月

第一章　总则

第一条　为充分体现党和政府对退休职工的关怀和照顾，体现社会主义制度的优越性，促进社会主义物质文明和精神文明建设，根据中共天津市委津党办发［1987］46 号文件和中华全国总工会、劳动人事部关于加强退休职工管理服务工作的要求，结合天津实际，制定本试行办法。

第二条　各级退休职工管理委员会（以下简称退管会），是在同级党政领导和同级工会指导下，政群结合，从事退休职工管理服务工作的组织。其宗旨是搞好退休职工管理服务工作。

第二章　组织

第三条　市、区、县和建立工会组织的局（公司）、基层建立三级退管会。

第四条　市退管会，由天津市总工会，市政府有关委、办和财政、人事、劳动、卫生、民政等局及市妇联、市保险公司组成，由市政府一位副市长担任名誉主任，天津市总工会主席任主任；设常务副主任一名，副主任若干名，分别由上述单位领导同志担任。下设办公室，负责退休职工管理服务的日常工作。办公室设在天津市总工会。

第五条　各区、县、局（公司）退管会由行政、工会以及劳动、财政、卫生等部门组成，不设名誉主任，主任委员由行政领导担任，副主任委员由工会负责同志担任。

第六条 退休职工在五十人以上的基层企、事业单位要建立退管会。基层退管会由行政、工会、劳动、人事、财务、卫生等部门及退休职工代表组成。一般设主任、副主任二至三名，分别由行政、工会负责人担任。退管会以五至十三人组成为宜。

退管会下设办公室，由行政调配必要专职人员，亦可聘用一定数量的身体健康、有一定组织和工作能力、热心为退休职工服务的退休职工，实行专群结合，自我服务。

退休职工不足五十人的单位，要建立退管组，行政要指定专人，工会主动配合，共同做好退休职工的管理服务工作。

第三章 任务

第七条 各级退管会的任务是：

1. 贯彻执行党和政府有关退休职工工作的方针、政策，维护退休职工的合法权益。

2. 向退休职工进行党的路线、方针、政策和法制道德的宣传教育，教育退休职工发扬工人阶级优良传统，保持工人阶级本色。

3. 组织、鼓励有条件的退休职工参加街道基层政权建设、从事社会公益活动。组织身体健康、有专长特技的退休职工继续为发展生产、繁荣经济做贡献。

4. 组织退休职工参加有益身心健康的文娱、体育活动。

5. 关心退休职工生活，反映退休职工呼声。协助行政，发动群众，积极为退休职工办好事办实事，为退休职工排难分忧。

6. 做好聘用退休职工参加生产经营服务的组织管理工作。

7. 因地制宜，兴办为退休职工服务的第三产业和福利事业。

8. 总结交流退休职工管理服务工作经验，宣传表彰先进。

第八条 市、区县局退管会，要认真搞好调查研究，参与政府和行政有关退休职工政策、规定的制定，为基层退管会服务，加强对基层退管会的指导。

第四章 制度

第九条 建立退休职工代表会议制度。市退休职工代表会议每二年召开一次；

区、县、局退休职工代表会议每年召开一次；基层单位每半年或一年召开一次。总结安排工作和讨论审议退管会经费使用情况。

第十条 各级退管会应建立健全必要的工作、管理制度。

第五章 经费

第十一条 退管会（组）的经费来源，由以下三部分组成；

1. 按规定提取的退休管理服务经费；

2. 行政从税后留利中拨给的补贴；

3. 退管会经办的各项事业和管理费收入；

第十二条 各级退管会的经费，专款专用，任何部门和个人不得挪用。

第十三条 各级退管会经费由同级工会代管，受同级工会经费审查委员会监督。具体管理办法另行制定。

第六章 附则

第十四条 本试行办法由市退管会负责解释和修改。

第十五条 此办法自一九八八年一月一日起实施。

天津市总工会资料，1987 年。

二十四、天津市经委、天津市总工会、市财政局关于合理化建议和技术改进奖励实施办法，1988 年 3 月 29 日

第一章 总则

第一条 为鼓励广大职工积极提合理化建议，开展技术革新活动，推动企业技术进步，改善经营管理，增强企业活力，提高经济效益，根据国务院一九八六年修订发布的《合理化建议和技术改进奖励条例》和国家经委一九八七年发布的《合理化建议和技术改进奖励条例实施细则》，结合天津情况，制定本办法。

第二条 只有同时具有进步性、可行性和效益性的合理化建议和技术改进项目，才能按本办法评奖。

进步性，是指建议者所提的方案、措施对本单位（或本系统）原有事物有所改进、完善和提高。可行性，是指方案、措施在实践中可以实施。只指出问题的现象或仅提出建议、设想的名称，而无解决问题的具体办法者，属于一般性意见，不能视为合理化建议和技术改进项目。效益性，是指项目实施后可以带来经济效益或社会效益。

第三条 本文所称“合理化建议”是指有关改进和完善企、事业单位生产技术和经营管理方面的办法和措施；所称“技术改进”，是指对机器设备、工具、工艺技术等方面所做的改进和革新。

合理化建议与技术改进应以提高产品质量、降低物质消耗、提高劳动生产率与企业经济效益为重点。其主要内容是：

（一）工业产品质量和工程质量的提高，产品结构的改进，生物品种的改良和发展，新产品的开展；

（二）更有效地利用和节约能源、原材料以及利用自然条件；

（三）生产工艺和试验、检验方法，劳动保护、环境保护、安全技术、医疗、卫生技术，物资运输、储藏、养护技术以及设计、统计、计算技术等方面的改进；

（四）工具、设备、仪器、装置的改进；

（五）科技成果的推广，企业现代化管理方法、手段的创新和应用，引进技术、进口设备的消化吸收和革新。

第四条 凡在企业、事业单位现代化管理的组织、制度、方法和手段等方面提出带有改进、创新因素的办法和措施，经实施后对提高企、事业素质、管理效能、经济效益、社会效益有明显作用者，均可以作为合理化建议给予奖励。其内容包括：

（一）在管理理论、管理技术上有创见，对提高生产经营管理、科研、教学、设计水平，提高经济效益和社会效益有指导作用；

（二）在管理组织、制度、机构等方面提出改革办法或改进方案，对严格工艺纪律，提高工作效率和提高企、事业单位的应变能力或服务能力有显著效果；

（三）应用国内外现代化管理技术和手段，取得经济效益或社会效益。

本条所说的管理，除含本办法第三条涉及的内容外，还包括质量、标准、计划、物资、设备、财务、销售、人事、信息等方面的现代化管理。

第五条 工程技术人员、管理干部在完成本职工作的前提下，在岗位责任制范围内提出的项目，虽与本身职责有直接关联，但具有创新因素，采用后取得经济效益或社会效益的，可视为合理化建议和技术改进。

在学习、借鉴国内外已有的先进技术、经验、成果的基础上有所创新，首次应用采纳单位者，也应视为合理化建议和技术改进。

运用现代管理和科学技术，改进设计、工艺、实施材料代用提高质量、降低成本，加速工程进度取得经济效益者，应视为合理化建议和技术改进。

第六条 对消化、吸收引进技术，加速进口设备、原料、材料、元器件、零部件、配套件等国产化有改进性的办法、措施，或革新方案设计取得显著经济效益者，可视为合理化建议和技术改进。但对实施涉外合同已有明确规定的事项，不能视为合理化建议和技术改进。

第七条 对提合理化建议和技术改进者的奖励，实行精神鼓励和物质奖励相结合的原则。

第二章 奖励等级和标准

第八条 凡被采用的可以计算出经济效益的合理化建议和技术改进项目，应首先由有关业务部门计算其年节约或创造价值的数额，并由财务部门审核。

合理化建议和技术改进项目采用后的年节约或创造的价值，是指上述价值扣除实施费用后的净增价值，自采用之日起，按十二个月为计算期。年节约或创造价值的计算方法如下：

（一）节约价值计算：

1. 工时节约价值 =（原定额工时 – 改进后定额工时）× 计算期前一年平均工时费用计算期实际产量 – 工艺改革费用。

实施费用包括：为改革工艺所支付的一切费用及工艺改革后需增加的费用支出。其中，属于添置固定资产的，其折旧费，按该固定资产折旧年限平均分摊。

其它一次或逐年分摊（下同）。

2. 原料、燃料、材料、动力等节约价值 =（原实际平均先进单位消耗定额 – 改进后实际单位消耗额）× 该物资单价 × 计算期的实际产量 – 工艺改革费用。

物资单价，指计算期内的国家调拨价。没有国家调拨价的物资，按实际购价计算。如系替代材料，其单价应按被替代材料的国家调拨价计算，如替代材料的购价低于被替代材料国家调拨价，按其实际单价计算。

3. 减少废品节约价值 = 成品或半成品单件价值 ×（改进前六个月的平均废品率 – 改进后六个月的平均废品率）× 计算期实际产量 – 工艺改革费用。

4. 工程设计节约价值 =（单项工程的审定预算 – 合理化建议和技术改进项目实施后的单项工程决算）× 采用合理化建议和技术改进项目设计单项工程施工项数 – 施工工艺改革等实施费用。

（二）新工艺创经济价值计算：

创经济价值 =（老工艺产品或半成品等的平均先进单位成本—新工艺产品或半成品等的单位成本）× 计算期的实际产量。

新工艺产品的成本指产品的工厂成本，半成品的成本指工厂内部核算的产品成本，上述产品成本均包括工艺改革费用。

（三）新产品、新花色创经济价值计算：

新产品创经济价值为该产品所创利润。

新花色创经济价值 =（改进后十二个月的平均销售单位利润 – 改进前十二个月的平均销售单位利润）× 计算期实际销售量。

享受减免税待遇的新产品，在计算经济价值时，仍按原规定税率计算销售税金。

第九条　可计算经济效益的项目，其奖励分为六个等级，并按其经济效益大小确定在该等级范围内的奖金额。

本条所称“以上”，含本数；所称“以下”，不含本数。

第十条　对被采用的难以计算经济效益的项目，应根据其作用大小及解决问题的难易程度、应用范围等，确定其奖励等级。但被采用的项目，须经一年实际验证后，再由评审委员会或评审小组审定。必要时，由单位职代会审定。

奖金额和荣誉奖可参照本办法第九条规定的奖励等级发放。

各行业、各单位可在本条规定的基础上，制定适合本行业、本单位的具体奖励办法。

第十一条　合理化建议和技术改进项目采用前，采用单位的工时、原材料、燃料、消耗指标，已达到国际先进水平的，按采用后取得的年节约或创造的价值，比照第九条规定的奖励等级，提高一个等级奖励。移植、推广国内已经应用的科技成果，在本单位提出合理化建议和技术改进取得显著经济效益和社会效益者，比照第九条规定的奖励等级降低一个等级奖励（相当于第九条规定的第五等级者，可按该等级奖金额的 50% 发奖）。

第十二条　合理化建议和技术改进项目实施若干年后才能一次性见效的项目（如建筑工程），可以预先估算其节约或创造价值的总额，再除以实施年限，作为该项目的年节约或创造价值。

第三章 奖励办法

第十三条 职工（集体或者个人）提出的合理化建议或者进行的技术改进，必须经过试验研究和实际应用，并在企业、事业单位的生产或工作中取得成效，方可获得奖励。

第十四条 合理化建议和技术改进项目采用后，奖励必须兑现，奖金应及时按标准发给。对于必须在实施十二个月后才能实际累计计算出年节约或创造价值的项目应从实际累计计算出价值之日起三个月内发给奖金；对可以预先估算出年节约或创造价值的项目，应从决定采用之日起六个月后的三个月内按标准发给奖金；对必须实施若干年后才能一次性见效的项目，在采用的同时，可估算出年节约或创造价值，并应从项目实施之日起六个月后的三个月内发给奖金的三分之一，待全部节约或创造价值实现后，补发其差额部分。

第十五条 凡被采用并确定为技术储备的合理化建议和技术改进项目，可预先估算出年节约或创造价值，由采用单位按照本办法第九条规定的第五个奖励等级的限额酌情发奖，待实施投产后，按实际效益评定相应的奖励等级。补发奖金时，应当扣除已发给的奖金额。

第十六条 个人完成的项目，奖金全部发给本人。已调离采用单位而未获奖者，采用单位应将奖金、奖状转发给本人。

集体完成的项目，奖金应在项目参加者中按贡献大小进行分配。建议的内容难度大，方法具体而实施较易者，在分配奖金时，建议者方面可获得奖金额的大部分，实施者方面获得奖金额的小部分；建议内容难度小，而实施难度较大者，在分配奖金时，建议者方面可获得获金额的小部分，实施者方面可获得奖金额的大部分。具体分配比例，由采用单位决定。

合理化建议和技术改进项目的获奖者，其业绩记入本人档案，作为日后评选先进、考核晋级、评定职称、聘任职务等的依据之一。

对于一贯积极认真提合理化建议的职工、干部，其建议虽未被采用，所在企、事业单位可根据具体情况给予适当的荣誉奖励。

第十七条 集体完成的项目，参加者以本办法第二十九条规定的《合理化建议和技术改进项目登记表》中填写的人员名单为准。如需变更建议者名单，经采用单位认可后，方可视为项目参加者。

第十八条 内容相同的合理化建议和技术改进项目，以《合理化建议和技术改进项目登记表》上登记的日期为准，奖励领先提出者。

第十九条 被采用的项目不得重复得奖。一个合理化建议或技术改进项目的内容符合两种以上奖励办法时，应当按照奖金额较高的奖励办法奖励；一个合理化建议或技术改进项目经再次评审提高了奖励等级，再次发给奖金时，只补发其差额部分。

第二十条 企业、事业单位的书记、厂（矿）长、经理、院（所）长、工会主席等领导干部提出的合理化建议和技术改进项目，其奖励应报上级主管部门批准。

第二十一条 对提高工效和降低物质消耗的合理化建议的技术改进项目，原工时和物质消耗定额可以给予六个月至一年的保留期。特殊情况下，采用单位可以自主决定延长或缩短保留期。在保留期内，应继续发给超产奖和节约奖。

第二十二条　合理化建议和技术改进项目的奖励标准如下：

（一）对获合理化建议和技术改进项目一至五等奖的，由采用单位审查批准，并按规定发给奖励；

（二）合理化建议和技术改进项目特等奖由市审批。被评为特等奖的项目，由采用单位发足奖金四千元，并由市补发四千元以上的差额部分。

（三）采用单位支付的奖金，企业单位计入成本，事业单位在业务收入或事业费中列支。

第二十三条　获特等奖和一等奖的，由市人民政府发给奖状、证书；获二等奖的，由局发给奖状、证书；获三等奖以下的，由采用单位发给证书或口头表扬。

第二十四条　合理化建议和技术改进项目的奖金，免征奖金税。免征程序按有关规定办理。

第二十五条　对经济效益较高，但本单位无法实施的合理化建议和技术改进项目，呈报主管局处理，也可以通过技术市场转让。

第四章　组织领导

第二十六条　由市经委、市总工会、团市委、市科协、市财政局的负责同志组成市合理化建议和技术改进工作领导小组，负责推动全市合理化建议和技术改进工作。市经委、市总工会负责同志担任领导小组组长、副组长。领导小组下设市合理化建议和技术改进工作办公室，负责处理全市合理化建议和技术改进的日常工作。

由领导小组吸收有关专家组成市合理化建议和技术改进项目评审委员会。

第二十七条　各有关局成立合理化建议和技术改进工作领导小组，负责领导所属单位的合理化建议和技术改进工作。由领导小组吸收有关专家组成局合理化建议和技术改进项目评审委员会，负责有关项目的评审工作，并协调所属单位在项目评审工作中发生的争议。

第二十八条　企、事业单位应成立合理化建议和技术改进领导小组，由单位行政负责人、工会主席、总会计师、总经济师、总工程师组成，负责领导本单位的合理化建议和技术改进工作，并负责组织项目的评审及对有关人员的奖励等工作。各企、事业单位的工会负责合理化建议和技术改进活动的组织发动和日常领导工作。

第二十九条　合理化建议和技术改进项目，须由建议者填写《合理化建议和技术改进项目登记表》，必要时应附有图纸、数据、资料等。从填表之日起，项目提出者即有义务向采用单位详细说明情况，回答问题。

第三十条　企、事业单位收到《合理化建议和技术改进项目登记表》后，应及时责成本单位有关业务部门对项目进行评议，作出是否应当采用的结论，将《合理化建议和技术改进项目登记表》连同结论说明，送交本单位合理化建议和技术改进工作领导小组审批。领导小组要及时给提出者以明确的答复，答复的期限，一般项目不得超过一个月，重大项目不得超过三个月。项目未被采用时，应向建议人说明原因。

第三十一条 属于产品设计和生产工艺改进的项目，应经过小批试生产验证，检验部门鉴定合格，正式纳入工艺规程，而且资料齐全后，方能投入批量生产，并从采用之日起计算年节约或创造的价值。

第三十二条 采用单位应积极创造条件，在奖金、材料、人力、工时等方面给予支持，促使合理化建议和技术改革项目尽快实现。

第三十三条 企、事业单位合理化建议和技术改进工作领导小组，应接受职工代表大会的监督，每年向职工代表大会报告合理化建议和技术改进项目的采纳、实施、奖励等工作情况，并回答职工代表提出的问题和质询。

第三十四条 对弄虚作假骗取荣誉者，应当由授奖单位撤销其荣誉称号，扣回其所得奖金；情节严重的，由所在单位给予行政处分，并追究经济责任。

第五章 附则

第三十五条 凡一九八六年六月四日以前采用和评奖的合理化建议和技术改进项目的评审和奖励，按津政发〔1984〕166号文规定办理。

凡一九八六年六月五日以后采用的合理化建议和技术改进项目的评审和奖励，一律按本办法办理。

第三十六条 本办法适用全民所有制企、事业单位。非全民所有制单位可参照执行。

第三十七条 本办法由市合理化建议和技术改进工作办公室负责解释。

第三十八条 各单位可根据本办法，结合实际情况，制定具体实施办法，并报上级主管部门备案。

第三十九条 本办法自发布之日起施行。原津政发〔1984〕166号文件即行废止。

天津市总工会经保部资料，1988年

二十五、天津市工会女职工委员会条例，1989年9月

第一章 总则

第一条 为加强我市工会女职工工作，更好地表达和维护女职工的合法权益和特殊利益，根据《中国工会章程》的规定，特制定本条例。

第二条 女职工委员会是具有广泛的代表性，表达维护女职工合法权益和特殊利益的女职工组织。它以同级工会领导为主，同时接受上级工会女职工委员会的领导。

第三条 女职工委员会要贯彻执行工会工作方针和同级工会代表大会的决议，结合女职工工作的实际，根据女职工的意愿和要求开展工作。

第二章 组织原则

第四条 女职工委员会实行民主集中制的原则，重要问题要经过集体讨论作出决定。

第五条　女职工委员会委员根据需要，按照条件，由女职工民主选举或民主协商推荐产生，经同级工会委员会批准。委员离、退休或工作调离，其委员资格自然免除。

第六条　女职工委员会一般设主任一人，副主任 1—2 人，委员若干人。

女职工委员会主任一般由同级工会女（正、副）主席担任，无女主席的单位，其主任通过一定的民主程序产生并享受同级工会副主席待遇。副主任一般由专（兼）职女工干部担任，享受同级工会中层待遇。

第七条　女职工委员会委员由工会分管女工工作的女领导、女工干部（积极分子）、各方面女职工代表和有关部门的女同志组成。

第八条　女职工较多的地区（系统）、单位，女职工委员会设办事机构，配备相应的专职干部，负责处理女职工委员会的日常工作，同时兼负着工会女工工作职能部门的任务。女职工较少的单位，要设专（兼）职女工干部，承担办事机构的任务。

第九条　女职工委员会任期与同级工会委员会相同。

第十条　凡建立工会组织的区、县、局和产业工会都要成立女职工委员会。

第十一条　有女会员 25 名以上的基层工会设女职工委员会。25 名以下的设女职工委员，承担女职工委员会的任务。

第十二条　女职工委员会是妇联的团体会员。妇联对女职工委员会必要的业务指导，通过市、区（县）同级工会女职工委员会实现。

第三章　女职工委员会的任务和职责

第十三条　女职工委员会任务

1. 代表和维护女职工的合法权益和特殊利益，维护女职工在政治、经济、文化、教育、劳动、社会和家庭等方面的权利。向一切歧视侮辱、残害女职工的行为作斗争，推进男女平等。

2. 加强女职工劳动保护。督促、协助有关部门贯彻落实女职工劳动保护政策、法令、规定。建立健全女职工劳动保护规定和设施，保护女职工的身心健康。

3. 帮助女职工提高思想道德和文化技术素质。引导教育女职工树立自尊、自信、自立、自强的精神，做有理想、有道德、有文化、有纪律的职工，为发展生产力和推进四化进程做出贡献。

4. 了解关系女职工切身利益的特殊问题和困难，收集反映女职工的意见和要求，积极督促、协助行政搞好有关女职工生活福利设置的建设，为女职工办好事、办实事，解除她们的后顾之忧。

第十四条　女职工委员会的职责

1. 确定本地区（系统）、单位女职工工作任务。

2. 指导、协调本地区（系统）、单位的女工工作；组织必要的活动；为基层服务；为女职工服务。

3. 调查研究，向工会组织及有关方面反映女职工的意愿和要求。

4. 参与制定有关保护女职工特殊利益的政策、法规。

5. 开展理论研究，培训女工干部。

第四章　经费

第十五条　开展女职工工作所需经费，在工会经费中开支。

第五章　附则

第十六条　本条例由市工会女职工委员会制定和解释。如与全国总工会女职工委员会条例抵触时，按全国总工会女职工委员会条例执行。

天津市总工会女工部档案　第201卷，1989年

二十六、天津市工会劳动保护监督检查条例 1991年5月2日

第一章　总则

第一条　为保障职工在生产劳动过程中的安全健康，充分发挥工会组织维护职工权益的职能，促进四化建设的发展和改革、开放的顺利进行，根据中华人民共和国宪法、工会法和国家劳动保护法规的有关规定，依照全国总工会颁布的“工会劳动监督检查的三个条例”精神，结合本市情况，制定本条例。

第二条　工会代表职工群众行使监督检查职权，是我国实行“国家监察、行政管理和群众监督”体制中的一个组成部分；是与经济建设和各项生产经营活动密不可分的重要工作；也是坚持以经济建设为中心，履行工会社会职能的重要体现。

第三条　工会劳动保护工作必须坚持“安全第一、预防为主，群防群治、防治结合”的方针；坚持执行政策和劳动保护法规的严肃性与劳动保护工作以促进经济发展为最终目的工作方针。

第四条　贯彻中华全国总工会劳动保护的三个条例，必须围绕实现十年规划和“八五”计划任务中天津市总工会提出的群众劳动保护工作任务来具体贯彻实施。

第五条　本条例适用于市属和本市境内的建立工会组织的企事业单位（含外资、中外合资经营的单位及其主管部门）。

第六条　本条例由工会组织实施；工会会员代表大会负责监督检查。

第二章　机构和工作人员

第七条　按照劳动保护工作实行国家监察、行政管理、群众（工会组织）监督相结合之体制，本市各级工会组织均应建立劳动保护监督检查机构，设置监督检查人员。

天津市总工会和区、县、局两级工会组织的劳动保护监督检查委员会，分别由中华全国总工会、天津市总工会任命的专职劳动保护监督检查员、聘请的兼职劳动保护监督检查员和各该级工会分管主席（主任）组成。

第八条　市和区县局两级工会劳动保护监督检查员，应具有较高的政策水平，熟悉劳动保护

业务，有独立工作能力，能密切联系群众，热心维护职工权益，勇于坚持原则。

天津市总工会的劳动保护监督检查员，要具有助理工程师以上的技术职称或理工科大专文化程度，或从事五年以上劳动保护工作、经验丰富的科级以上干部。区县局级工会劳动保护监督检查员，要从事三年以上劳动保护工作，具有相当高中（中技）文化程度的专职工会劳动保护干部。

天津市总工会劳动保护监督检查员，由天津市总工会考核申报，中华全国总工会任命；区县局工会劳动保护监督检查员，由同级工会考核申报，天津市总工会任命，并报中华全国总工会备案。除专职的外，还可聘请有关部门熟悉劳动保护业务或有技术专长的同志担任兼职工会劳动监督检查员。均发任命证书。各级工会劳动保护监督检查员的免职、调动和处分需征得上级工会劳动保护部门的同意，报任命机关批准。

第九条　凡有职工三百名以上的基层工会和车间工会，建立劳动保护监督检查委员会。三百名职工以下的基层工会和车间工会，设劳动保护监督检查员。

各级工会劳动保护监督检查机构和人员均在同级工会领导下和上级工会劳动保护部门指导下工作。

第十条　基层（车间）工会劳动保护监督检查委员会，通过民主协商产生。经同级工会委员会批准。委员应由熟悉劳动保护业务，热心劳动保护工作，勇于坚持原则、群众信任的职工担任。

劳动保护监督检查委员会由 7 至 15 人组成，设主任委员 1 人、副主任委员 1—2 人，主任委员应由基层（车间）工会委员会成员担任。任期与基层（车间）工会委员会同。

第十一条　工会小组，设工会小组劳动保护检查员一人。

劳动保护检查员由工会小组民主选举产生，在工会小组长领导下工作，任期与工会小组长同。

工会小组劳动保护检查员应是具有劳动保护基本常识，热心劳动保护工作，勇于坚持原则，群众信任的条件。

第三章　权利和义务

第十二条　市和区县局工会劳动保护监督检查委员会及其成员的主要职权如下：

一、宣传党和国家劳动保护政策、法令，监督其贯彻执行。对由于违反国家劳动保护政策、法规、条例等渎职行为而造成严重工伤事故或使国家财产遭受损失的企事业单位及其主管部门的责任者，有权责请其上级部门严肃处理。必要时有权向执法机关提出控告，追究其法律责任。

二、参与相应的行政部门制定有关安全生产、劳动保护法律、法规和条例，并监督其贯彻执行。

三、监督检查劳动保护措施经费的提取和使用。对未按规定提取或使用不当者，提出意见或建议，如有争议，各自报请上级领导部门裁定。

四、监督检查劳动措施计划的制定和执行，检查生产、劳动保护设施，发现问题，提出口头或书面建议，限期解决。

五、参与新建、改建、扩建、引进或全厂性技术改造工程项目的劳动保护设施与主体工程同时设计、同时施工、同时投产的审查，经工会审查同意盖章后，方得施工和投产。

六、参与有关劳动保护科技成果和新技术的鉴定，对有关产品的安全性能进行监督检查。

七、在生产劳动过程中，发现有下列情况之一的，有权向企事业单位的行政及指挥人员提出停产解决的建议，并及时报上级工会。如无效，应支持或组织职工拒绝操作，撤离危险现场，职工工资照发。

1. 领导违章指挥，强令工人冒险作业；

2. 机器设备、劳动环境存在重大不安全隐患，或尘毒危害特别严重，有条件改善而不改善的；

3. 企事业单位发生重大事故和急性中毒以后，险情尚未消除，没有采取必要的安全措施的；

4. 新建、改建、扩建、引进或全厂性技术改造工程项目的劳动保护设施与主体工程没有执行同时设计、同时施工、同时投产的规定，存在严重危害职工安全健康因素的。

八、监督检查“企业职工伤亡事故报告和处理规定”的执行，参加因工伤亡（含急性中毒）的调查，监督检查重大伤亡事故性质的认定、上报和处理。重大事故结案和处分责任者，应事先听取工会劳动保护监督检查部门的意见，未经工会劳动保护监督检查部门盖章同意，不得结案。

九、会同女工工作部门监督检查国家有关保护女职工规定的执行，切实做好女职工的“四期”保护工作。

十、凡伤亡事故，尘毒危害和三废污染严重的企事业单位，不能评为先进单位，或先进职工之家。已经授予先进荣誉称号的，有权要求其上级机关撤销荣誉称号，工会在劳动保护工作中因监督不力，而造成严重后果的，有权追究责任，并提请严肃处理。

十一、工会劳动保护监督检查员在执行任务时，应出示“工会劳动保护监督检查员证”、有关单位必须提供方便，不得阻挠进入生产（工作）现场或到有关部门了解情况、索取资料、参加会议、听取反映，对有意阻挠、扰乱监督检查正常工作，进行诬陷、报复者，有权要求上级机关严肃处理，对触犯刑律的向执法机关提出控告。

十二、劳动保护监督检查员，应认真学习，不断提高政策、业务水平、忠于职守、奉公守法；严格遵守保密制度；工作中要同劳动、卫生、环保、经委、公检法、新闻等部门密切配合，互相协作。

十三、劳动保护监督检查员必须正确行使自己的职权、积极工作、面向群众，为基层服务，深入调查研究，多办实事。对成绩显著者，应给予表彰奖励；对玩忽职守、滥用职权、营私舞弊者，视情节轻重，分别给以批评教育、行政处分、撤销监督检查员职称，直至追究法律责任。

第十三条 基层（车间）工会劳动保护监督检查委员会的职权：

一、向职工群众宣传党和国家劳动保护政策、法规、条例及企业的安全卫生规章制度，并监督协助企业行政贯彻落实。以群众喜闻乐见的形式，结合实际，经常职向工群众进行遵章守纪和劳动保护科学技术知识的教育，并宣传好人好事。以提高群众的安全意识和安全技术素质，增加法制观念和自我保护能力。

二、参与企业制定安全生产责任制、安全操作规程等各项安全卫生规章制度、督促企业行政、教育职工群众认真贯彻落实。经济承包合同中必须有安全内容。在推行经济承包责任制、考核生产（工作）成绩、评比先进时，要把执行安全生产责任制，遵守安全操作规程和劳动纪律，作为评比、计分、计酬的重要条件。

三、监督企业行政按国家规定提取并正确使用劳动保护措施经费。督促、协助行政落实安全技术措施计划。确保劳动条件得到应有的改善。

四、经常检查生产设备、劳动保护设施和劳动环境的安全卫生状况，发现问题立即报告，并督促有关部门及时解决，使其保持完好状态。遇有较重大事故隐患向行政发出"隐患整改通知书"。

五、定期向职工代表大会汇报工作情况，主动接受职工代表大会和职工代表的监督检查。遇有重大事故、隐患和严重职业危害，有关改善劳动条件的意见或建议，要提交职工代表大会列入议程，作出决议。并会同职工代表检查落实情况，以确保整改措施的落实。

六、监督检查扩建、改建和技术改造工程项目的劳动保护设施严格按照与主体工程同时设计、同时施工、同时投产规定的执行。

七、参加因工伤亡事故和职业病害的调查、处理，协助查清事故原因，总结经验教训，督促行政采取防范措施，提出对事故责任的处理意见。对造成重大伤亡事故和财产损失严重的主要责任者，有权代表职工及家属提出控告，追究其法律责任。

八、督促企业行政按照国家规定发放劳动保护用品；认真执行国家关于职工工作时间和休息时间的规定，除特殊情况（例如抢救事故、节日检修、限期的外贸任务等）外，制止加班加点。

九、会同女工工作委员会做好女职工的劳动保护工作，监督和协助企业行政执行国家有关保护女职工的规定，根据女职工的生理特点，制止女职工从事有害于身体健康的生产劳动。

十、对于违章指挥、强令工人冒险作业，存在重大事故隐患和严重职业危害，或者发生事故后，未采取必要的措施、险情尚未消除等各种因素，危及职工生命安全和会造成财产损失时，有权代表职工向企业行政或现场指挥人员提出停产解决的建议；如无效，即应支持或组织职工停止操作，撤离危险现场，职工工资照发。

第十四条　劳动保护监督检查委员会成员在执行任务时，企业行政必须提供方便，不得阻挠他们进入生产（工作）现场或向有关部门了解情况、索取资料、召集会议、听取意见。对有意阻挠和破坏监督检查正常活动或对监督检查人员进行打击报复者，应报告有关上级机关要求严肃处理；对触犯刑律的，向执法机关提出控告。

第十五条　劳动保护监督检查委员会（成员），应认真学习，提高自己的安全技术水平和政策水平，模范地遵守党和国家的政策法令。工作从实际出发，密切联系群众，坚持原则，敢于斗争。工会对工作成绩显著者应给以表彰和奖励；对于玩忽职守，行使监督检查权不力者，给以批评。

第十六条 小组劳动保护检查员职责：

一、协助班组长开展好安全日活动，组织本组职工学习党和国家的劳动保护政策法令、企业的安全卫生规章制度和安全技术、工业卫生知识交流经验，提高安全技术素质和安全意识。

二、协助班组长经常对本组工人，特别是新工人和调工种工人进行安全教育，督促其爱护并正确使用劳动保护设备和防护用品。认真执行安全操作规程和各项安全卫生规章制度。

三、经常检查各种生产设备的安全装置和防尘防毒设施的状况，发现问题，立即向班组长反映，督促解决，并发动群众提合理化建议，自行解决力所能及的问题，保证经常处在良好状态，正常运转。

四、协助班组长和有关部门检查有毒有害、易燃易爆等危险物品的运输、保管和使用情况，发现问题，督促有关部门立即解决，保证安全。

五、发生伤亡或中毒事故，立即报告，并积极参加抢救工作，协助班组长分析事故原因，采取有效措施，防止事故重复发生。

六、督促班组长，按规定及时领取、发放防护用品，并指导工人正确使用。

七、协助班组长，做好本组女工经期、孕期、产期、哺乳期的特殊保护工作。

八、协助班组长做好交、接班的安全检查，发现问题向上一班询问清楚，向下一班说明情况，并及时反映，督促解决。

九、建立小组安全记录制度，记录安全活动内容、群众的意见或建议、发现的隐患和整改情况以及好人好事等。

第十七条 劳动保护检查员的权利

一、有权制止任何人违章指挥、违章作业，并将情况及时向领导和有关部门报告。对于不听劝阻者，有权提出处罚建议。

二、发现生产设备、作业环境存在明显的重大事故隐患，随时可能危及工人生命安全，会造成财产损失的紧急情况下，有权停止作业，并组织工人立即撤离危险岗位，及时向领导报告。工人工资照发。

三、因进行正常的劳动保护监督检查活动活动受到打击报复时，有权越级上告，要求严肃处理。

第四章 附则

第十八条 本条例的解释权授予天津市总工会。

第十九条 天津市总工会可根据本条例制定实施细则。

第二十条 本条例自公布之日起执行。

天津市总工会资料，1991 年

二十七、天津市工会基层职工技协工作条例，1991 年 11 月 19 日

为贯彻全国总工会《关于加强工会基层职工技协工作的通知》，更好地发挥基层职工技协的作用，进一步加强基层职工技协工作，特制定本条例。

第一章　总则

一、职工技术协会是工会领导下的群众性科技团体。为国家作贡献，为企业解难题是职工技协活动的宗旨。基层职工技协工作是整个职工技协工作的基础，是基层工会工作的重要部分，是基层工会建设“职工之家”的重要内容。搞好基层职工技协工作对提高工会在企事业单位的地位，增加工会凝聚力和活力具有重要意义，也是实现工会以经济建设为中心宗旨的最好体现。因此，各级工会必须重视基层职工技协工作。

二、职工技协活动是工人阶级的主人翁精神和社会主义协作精神的生动体现，是推动企业技术进步，提高职工技术素质的一种有效形式与手段。基层职工技协队伍是落实党中央关于科技是第一生产力、实现第二次战略转移的一支重要科技力量。加强基层职工技协工作就能使职工技协在社会主义物质文明和精神文明建设中发挥积极作用。

三、基层职工技协活动的主要目标是：推动企业技术进步，提高企业经济效益和社会效益；提高职工技术素质，建设“四有”职工队伍；促进科技成果转化，加速社会生产力的发展。为实现上述目标，基层职工技协要以经济建设为中心，着重围绕技术关键的协作攻关；传统技术的革新改进；高新技术的发明创造；实用技术的开发应用；先进技术与操作方法的交流推广（概括为协作、革新、发明、开发、交流）等方面开展活动。

四、基层职工技协要在工会的领导下，切实履行工会建设、维护、参与和教育的四项社会职能，尤其是建设职能。基层职工技协要参与本单位的技术民主管理，推动本单位决策的科学化、民主化。基层职工技协与其它科技性社会团体，工作要互相配合、互相支持，但其办事机构不能相互代替或并为一体。基层职工技协要加强与行政的配合与联系，主动争取支持与帮助。

五、基层职工技协要发扬光荣传统和优良作风，即为国分忧的主人翁精神，艰苦奋斗的创业精神，任劳任怨的奉献精神，刻苦钻研的求实精神，无私无畏的拼搏精神和团结协作的集体主义精神。

第二章　基层职工技协的组织建设、思想建设和业务建设

六、基层职工技协组织是指基层工会所建立并实施领导的职工技术协会。建有基层工会委员会的企、事业单位，要按照《中国职工技术协会章程》建立基层职工技协组织。

七、基层职工技协组织实行委员会制，委员会下设办公室。委员会的组成，应体现工会与行政、群众性与专业性、管理型与活动型相结合的特性，又要具有一定的权威性，应由工会领导、会员代表、企业行政主管领导和有关部门负责人和技术专家所组成。委员会要建立活动制度，定期研究技协工作，充分发挥委员会委员的作用。

八、基层职工技协组织要根据需要和上级技协组织的要求，建立技协分会、技协小组。也要按专业或攻关项目组建专业技术协会或专业队（组），定期开展活动。并向上级专业技协推荐优秀会员，加强整个技协组织的纵向联系。

九、基层职工技协要加强技协干部队伍建设。大中型企业要建立职工技协办公室，配备必要的专职工作人员，负责日常工作；小型企业要建立专、兼职相结合的办事机构，指定专人负责职工技协工作。技协办公室可聘请退离休职工任工作人员，但办公室负责人由工会专职技协干部担任。

十、区县局、公司的职工技协组织要建立对基层技协干部的管理制度，基层工会调整技协干部要征求上一级职工技协组织的意见。同时，要加强基层技协专、兼职干部的思想、业务培训，不断提高基层技协干部队伍的思想、业务素质。

十一、要积极稳妥地做好职工技协会员的发展工作。要把那些积极参加群众技术活动，并具有一定技术专长、管理经验的职工，包括技术工人、工程技术人员、经营管理人员和领导干部，特别是劳动模范和各级先进人物，吸收到职工技协组织中来。

十二、基层职工技协办公室要责成专人负责会员发展和日常的组织管理工作。要完善技协会员登记、注册制度，建立会员档案，如实记载会员的专长特艺、活动成果、表彰奖励等情况。基层职工技协组织每年要进行一次组织整顿，做好会员的充实调整。

十三、基层职工技协组织要坚持会员大会或会员代表大会制度。基层职工技协每年要召开一次会员大会或会员代表大会，总结工作、制定计划，选举新的领导机构。

十四、加强对职工技协会员的思想政治教育。特别是技协宗旨，光荣传统和奉献精神的教育，增强他们的主人翁意识，提高他们参加活动的自觉性。要总结会员的模范事迹，树立先进会员典型。

十五、基层职工技协组织要关心和爱护职工技协会员，帮助他们解决生活、工作中的困难，并尽可能为他们创造学习条件和交流经验的机会，提高会员的技术业务水平，总结推广会员的专长特艺和实用技术。定期对在职工技协活动中做出优异成绩、突出贡献的会员和技协工作者给予表彰奖励。

第三章　基层职工技协活动的原则

十六、坚持以内为主、内外结合的原则。以内为主就是要立足本单位，把活动的重点放在为本单位排忧解难上，把本单位技术上的难点作为技协活动的重点。内外结合，就是要开展单位之间及跨行业、跨地区的技术协作，积极参加上级职工技协所组织的各种活动。要在保质、保量完成任务的前提下，利用工、业余时间开展活动。

十七、坚持群专结合的原则。职工技协活动是面向广大职工和技协会员开展的公益性和服务性的群众技术活动，因此要发挥工人、技术人员和领导干部，企业、科研部门和高等院校两个“三结合”的优势。发挥全员参与的群体优势。要与专业技术部门、专业科技队伍相结合。提倡实干加巧干。

十八、在技术服务活动中坚持有偿不唯偿、有偿补无偿、奉献多提倡的原则。开展技术服务活动，是在社会主义初级阶段有计划商品经济中，职工技协发挥自身优势，参与技术市场，促进科学技术转化为生产力和发展职工技协事业的需要。因此，基层职工技协要把发扬无私奉献精神与执行有偿服务的现行政策结合起来，不以盈利为目的，大力开展技术服务活动。

第四章　基层职工技协的任务和活动内容

十九、基层职工技协的任务是：

1. 发动技协会员参加合理化建议活动，以实施合建的技术项目和企业生产技术难题为目标，开展技术攻关、技术革新活动。

2. 以提高企业技术进步为目的，积极推广新技术、新工艺、新材料、新设备。参加引进技术和设备的消化、吸收和创新工作。

3. 发动技协会员和职工开展群众性科研活动，激励发明创造，组织技协会员开发新产品、新技术。

4. 组织开展和积极参加上级技协组织的跨企业、跨行业、跨地区的技术协作、技术扶贫、帮困扭亏活动。

5. 以提高职工技术素质为目的，组织技术练兵、技术比赛、技术交流，技术培训等活动。

6. 为加速科技成果的转化与应用，不断增加职工技协的活力，基层职工技协要努力创造条件，开展技术服务活动。

7. 参与技术民主管理，维护职工技协会员和职工群众的合法技术权益。参加技术论证与评议，如工人技师的评定、技术进步奖励的推荐、合理化建议的论证与实施验收、奖励的评审等。

二十、基层职工技协开展技术服务活动，要按天津市有关政策和规定，办理各种手续，严格控制技术服务范围。技术服务活动应以自行组织为主，也可由区县局公司职工技协统一组织。在分配上要兼顾国家、协会和会员的三者利益，及时兑付劳酬与奖励，不得任意提高劳酬发放标准和扩大发放范围。

二十一、基层职工技协可以在行政的支持下，组织技协会员和职工参与或承包本单位的技术改造、技术攻关、技术改进、新产品开发试制、引进设备国产化等任务，并且要依照有关规定与协议兑现劳酬或奖励。

二十二、基层职工技协根据条件，可按有关规定兴办推动技术进步、促进科技成果转化商品的技工贸为一体的科技型企业实体，其资金来源、经营方式、运行机制、财税政策等要按有关文件规定执行。

第五章　基层职工技协的财务管理

二十三、基层职工技协要合理使用技协经费，做到专款专用，并坚持预决算和审批制度。对动用数额较大的费用，必须经技术协会委员会讨论通过。其他部门不得对技协经费任意抽调和动用。对经费的支出项目必须按有关规定列支，并做到帐目清楚，单据合法，手续完备。对职工技协经费的来源、使用、结余等执行情况，每半年要向同级技术协会委员会进行报告。

二十四、职工技协财务应纳入基层工会财务的统一管理，单独建立账户，独立核算。基层职工技协必须重视和加强财务管理，建立健全财务会计制度，并建立相应的检查措施。职工技协购置各类财产要建立财产账，对上级及有关部门布置的各种报表做到填报准确、及时。

二十五、基层职工技协的财务工作，要严格执行财政法规和财务制度。每半年要进行一次财经纪律执行情况的自查，并将自查结果报上级职工技协组织和同级工会经审委员会，并接受上级职工技协组织和工会财务、经审部门以及财政、审计部门的监督、检查。要支持财会人员发挥服务、管理和监督审查的职能，并维护财会人员的合法权益。

二十六、基层职工技协要严格按上级有关对财会人员的标准配设。大中型企业职工技协必须设专职财会人员。要创造条件，提高财会人员的思想、业务素质，并保持基层职工技协人员相对稳定。

第六章 加强工会对职工技协的领导

二十七、各级工会要重视和加强对职工技协的领导。基层工会要把职工技协工作列入工会工作的议事日程，经常进行研究与指导。要定期召开专门会议听取技协工作汇报，并部署工作。上级工会要把基层职工技协工作列入考核基层工会工作的内容之一，进行检查和评比。

二十八、基层工会要加强职工技协领导班子的建设，做好技协干部的培养和选配。要创造条件提高技协干部的素质。在评选先进生产者和劳动模范时，基层工会应考虑有贡献和成绩突出的技协干部和会员，并征求基层技协组织的意见。要关心技协干部的生活，对他们生活上的困难给予帮助。

二十九、基层工会要支持职工技协按照协会章程发挥优势，独具特色地开展工作，帮助职工技协协调各方面的关系。基层工会要按《中国职工技术协会章程》的规定给职工技协拨付经费。基层工会要在建设“职工之家”的同时，建设好职工技协的活动阵地，并作为评议“建家”活动的一项重要指标，予以考核。

第七章 附则

三十、本条例适用于建立工会和技协组织的企业（含乡镇企业）、事业单位。

三十一、本条例解释权属市总工会技协办公室。

天津市总工会资料，1991年

二十八、天津市总工会、市财政局、市科委、市税务局、市工商局关于印发《天津市职工技协开展“四技”活动和兴办科技实体的暂行办法》的通知，1991年10月21日

各级工会，科委、工商、财税系统各单位：

充分发挥职工技协在推动天津经济建设和技术进步中的积极作用，保证各级工会领导下的职工技协技术开发、转让、咨询、服务活动和兴办科技实体的健康发展，现将《天津市职工技协开展“四技”活动和兴办科技实体的暂行办法》印发给你们，望认真贯彻执行。

附:《天津市职工技协开展“四技”活动和兴办科技实体的暂行办法》

天津市职工技协开展“四技”活动和兴办科技实体的暂行办法

为推动我市职工技术协作活动健康、稳定发展，根据有关法规和政策规定，结合天津实际，特制定本办法：

第一章 职工技协开展“四技”活动和兴办科技实体的宗旨及范围

第一条 各级职工技协是同级工会领导下的职工科技性社会团体。其活动宗旨是通过开展技术开发、技术转让、技术咨询、技术服务（以下简称“四技”）和技术攻关、技术革新、技术协作、合理化建议、发明创造等群众技术活动，开发职工智力，推动企业技术进步，提高职工技术素质，促进社会生产力发展。

第二条 职工技协根据国家《技术合同法》及有关技术市场法规开展“四技”活动，同时要发扬技协传统，坚持“有偿不唯偿，有偿补无偿，奉献多提倡”的原则。主要目的是用技协组织的科学成果和会员的专长特艺，有组织地为社会服务，以其收入弥补技协活动经费的不足。

第三条 职工技协可用自身技术条件开展本企业生产经营项目以外的技术开发、技术转让、技术咨询、技术服务等“四技”经营活动。兴办科技实体的，还可开展与自身服务有关的从课题选项、研制、试生产直至配套产品销售的科研开发和技、工、贸一条龙服务项目，以及技术性的生产加工、维修劳务等。

第二章 职工技协开展“四技”活动和兴办科技实体企业登记的审批程序

第四条 职工技协开展“四技”活动和兴办科技实体，必须依照《中华人民共和国企业法登记管理条例》及其《实施细则》办理登记。

1. 依照中华人民共和国《工会法》和“中国职工技术协会章程”，工会是社团法人，各级职工技协是同级工会领导下的科技团体。各级工会可根据其具备的条件，兴办非独立核算的“四技”经营机构或独立核算、独立承担民事责任的科技型企业法人机构（以下称科技实体），同级工会的职工技协是这些机构具体承办者，应和企业行政机构及生产经营机构区分开来。

2. 各级工会开办的“四技”经营机构和科技实体，其经济性质均应为集体所有制。

3.“四技”经营机构的名称可称为:“天津市 ×× 单位职工技术协作服务部”，科技实体应有独立的名称。

第五条 审批程序

1. 各级工会为开展“四技”活动和兴办科技实体的主办单位，天津市总工会技协办公室和区、县、局（公司）工会技协办公室是同级工会授权负责审批“四技”经营机构和科技实体的主管部门。

2. 凡职工技协申办“四技”经营机构或科技实体的，由主办工会向区、县、局（公司）工会提交“天津市职工技协‘四技’经营机构登记申请报告”或“天津市职工技协科技实体登记申请报告”，由区、县、局（公司）工会批复后报天津市总工会技协办公室核批。

3. 举办“四技”经营机构和科技实体经天津市总工会技协办公室批准，按津政发（1987）137号文件规定，办理技术商品经营和工商、税务等登记手续。

第三章 职工技协开展“四技”活动和兴办科技实体的资金筹集、税收、奖酬、劳动工资

第六条 资金来源

1. 由主办单位工会职工技协负责筹集，动用工会经费结余和“四技”活动收入结余，应经工会委员会或技协委员会讨论。

2. 经人民银行市分行批准，可在实体和技协会员中筹资，利率可高于同期居民定期储蓄利率的40%。实体集资用于流动资金的，可在税前付息。

3. 实体税后留利中生产发展基金的10～30%，要用于补充自有流动资金。

4. 实体经批准用于产品开发、技术改造、设备更新等方面的技措贷款，经主管税务机关核准，可用投产后贷款项目新增利润归还贷款本息的60%。

第七条 税收

1. 职工技协开展以“四技”为内容的技术经营活动和兴办科技实体的“四技”收入，年净收入所得在三十万以下的，暂免征收所得税，超过三十万元的部分，按八级超额累进税率征收所得税。

2. 新开办的科技实体，从取得第一笔收入的月份起，免征产品税（增值税）、营业税、所得税一年，免税期满恢复征税后，个别企业纳税确有困难的，按照税收管理体制的规定，经主管税务部门审批核准，可适当给予减免税照顾。

3. 实体研制的新产品列入市科委、市经委计划内研制的项目，可按市政府对新产品减免税的有关规定办理。

4. 对实体当年实现利润超过上年的增长部分，经税务部门核定，可在征收所得税前提留30%，转入企业生产发展基金和福利基金，其中生产发展基金不低于60%。

5. 对上年亏损当年扭亏为盈的，经企业申请，税务部门核定，可视情况适当减免本年度所得税，减免额不得高于上年亏损。

6. 实体经营活动中的必要的业务洽谈费用，可在不超过销售额的千分之五范围内从严掌握，据实由销售费用列支，不得预提。

7. 实体减免的税金要转入生产发展基金，不准挪作它用。

第八条 奖酬和劳动工资

1. 职工技协可从实现的“四技”合同净收入中提取15%～20%，用于奖励从事项目的有关人员，此项奖励免征奖金税。

技术合同项目净收入为技术合同交易总额减掉原材料、辅助材料，备品备件、外购半成品、燃料、动力、加工、装配、运输装卸等费用。

2. 科技实体的劳动工资和计税工资奖励金额比照城镇集体企业现行标准执行，对少数专业骨干待遇自定，但需经主办工会和税务部门的批准，其工资在不超过本企业职工标准工资二倍的范围内，可在税前列支。主办单位职工标准工资偏高的，单独计算奖金额，按人均年交金额不超过标准工资的五个半月掌握（含一个月分红），不征奖金税。

3. 全民所有制派入实体的职工和实体安排的富余职工，原所有制身份不变，离、退休后仍享受原单位待遇。这些职工的基本工资留原单位使用。

第四章　职工技协开展“四技”活动和兴办科技实体的管理

第九条　各级工会、职工技协都要按天津市总工会制定的“技协财务管理细则”的规定加强“四技”活动和所属科技实体的财务管理，按时填报《天津市职工技协“四技”经营活动审计表》并接受同级工会财务部门、经费审查委员会和地方财政、审计部门的监督检查。

第十条　职工技协开展“四技”活动和兴办科技实体中，如动用所在企业的设备、能源、材料和借用企业在职人员，应征得行政的批准同意，并进行经济核算，予以补偿。

第十一条　职工技协科技实体的从业人员，一律执行聘任制、合同制，实体负责人（经理）由主办单位工会及职工技协确定人选，在聘任协议书中明确经营目标、任期、责任，负责人（经理）离任前，主办单位工会经审委要进行离任审计。

第十二条　职工技协开展“四技”活动和科技实体所鉴定的技术合同，要经市科委设在天津市总工会技协办公室的技术合同认定登记机构进行技术合同认定登记。凡开展“四技”活动的工会经营机构，按照营业额的3.5%上交团体会费，其中交区、县、局（公司）工会2%（含局属公司技协的0.5%）；交天津市总工会1.5%。

第十三条　上交天津市总工会和区、县、局（公司）工会的团体会费除按规定比例上交全国总工会外，全部转入同级工会经费，作为职工技协专项资金。

第十四条　技协组织在“四技”经营活动中取得收入后，其技协活动经费的列支范围及结余的分配比例：

1. 技协组织开展技术活动的业务费用：无偿技术攻关、岗位练兵、技术比武、技术交流、技术讲座、购置样品、样机和一般测试仪器的费用、论证费、测试费、鉴定费等。

2. 技协组织行政费用。用于开支技协日常办公费、会议费、差旅费、保险费、公证费、劳动保护费、误餐费、临时人员费、购置费及根据“必须、合理、小额、从简”原则列支的洽谈费。

3. 按财政部门规定允许在成本开支的其它费用。

以上各项费用由成本列支。其余部分按规定缴纳国家能源交通重点建设基金及国家预算调节基金后，作为职工技协专项资金并入工会经费，用于发展工会和技协事业及对职工技协有贡献的技协会员的表彰奖励。

第十五条 职工技协科技实体的管理费和留利分配

1. 职工技协兴办的科技实体一律按营业额的1%上交管理费（区、县、局公司工会技协和天津市总工会技协办公室各0.5%）。

2. 科技实体的留利分配：实体开办一年后，在生产稳定、经济效益较好的前提下，主办单位可从其税后留利中先提取不低于20%作为职工技协专项资金，用于推动职工技协活动；其余留给实体做“三金分配”，其中：生产发展基金不得低于50%，福利基金不低于25%，其余为奖励基金。

第十六条 科技实体管理费的使用范围。

1. 提交上级主管部门的行政管理费；

2. 拨补下级主管部门的行政管理费；

3. 用于科技实体主管部门的编制人员的工资、福利、办公费、差旅费和会议费（行政经费的开支标准参照市财政局统一规定）；

4. 可用于科技实体新产品试制失败净损失的适当补偿；

5. 适当补助试验研究性科技实体收支相抵后的经费差额；

6. 为推动发展科技实体工作所需的组织活动费用；

7. 可用于主管、主办单位工会技协直接从事科技实体管理人员的误餐费、临时加班费；管理费的年终结余按规定缴纳所得税。

所得额计算公式：当年收入的行政管理费－当年按规定范围开支的金额＝纳税的所得额。

附则：

第十七条 本办法自发布之日起生效，此前津工发（1987）59号、津工发（1990）75号文同时废止。

天津市总工会资料，1991年

二十九、天津市总工会群众经济工作条例，1991年5月21日

为了进一步贯彻落实党的全心全意依靠工人阶级的指导思想，在实现十年规划和“八五”计划中，更好地组织发动职工，有效地调动职工群众的积极性和创造性，充分发挥工人阶级的主力军作用。在总结党的十一届三中全会以来，适应改革开放和经济建设的新形势、新要求，群众经济工作创造的新鲜经验的基础上，特制定此条例。

群众经济工作地位和作用

第一条 群众经济工作是动员和组织职工群众，坚持以经济建设为中心，通过各种行之有效的群众活动，推动社会生产发展，促进经济效益和社会效益的提高；是代表和反映职工群众对改革开放和经济建设的意见、建议、呼声和要求的一项重要的群众工作。

第二条 群众经济工作是推动各项经济建设任务完成的重要手段之一，应在加强法律、行政、

政治等各种手段推动经济工作的同时，不断加强群众经济工作，以利于更好地挖掘、发挥全体职工的智慧和创造力，搞活经济工作，为社会提供更多更好的商品和服务，确保各项任务的完成。

第三条　工会是群众经济工作的主要组织者。群众经济工作是工会组织履行四项社会职能的重要体现，它是具有最广泛群众性的有中国特色的活动，其根本宗旨是：调动、保护职工的积极性和创造性，并使其得以充分、合理地发挥到经济建设中去，这有利于促进社会主义物质文明和精神文明建设。在企、事业基层单位中，做好群众经济工作，是实现依靠群众办企业，保证职工群众行使当家作主权利的重要措施。

群众经济工作任务与方法

第四条　在经济体制改革和经济建设中参政议政。

1. 积极主动参与本地区、本系统、本单位经济体制改革和经济技术发展等方面有关法律、法规、政策的制定，代表反映职工呼声和要求。

2. 定期分析研究经济形势，提出对策，主动向有关部门提供情况和建议。企、事业基层单位要充分利用每年召开职代会时机，组织职工代表围绕企业制定全年经营目标，审议好工厂方针和经济指标，发动职工献计出力。工会作为职代会执行机构要作好日常组织职工代表参与企业生产经营活动。工会专业委员会也要紧紧围绕生产经营中出现的难题搞好调研工作，并提出群众经济工作的目标及措施。区、县、局、市级工会每季度要研究、分析本地区、本系统及本市的经济形势，提出群众经济工作的重点和对策。

3. 对本地区、本系统、本单位的经济工作重点及职工关心的热点进行调研，写出调研或专题报告，代表职工提出意见及建议，及时提供党政领导及有关部门，为正确决策提供依据。

第五条　组织开展社会主义劳动竞赛活动。

1. 劳动竞赛是开展群众经济工作的重要手段，是《宪法》和《企业法》予以肯定的。这一活动有利于充分调动职工群众的积极性，促进劳动生产率和经济效益提高，保证全面完成企业生产经营和国民经济计划。

2. 劳动竞赛活动要坚持“互相学习、互相帮助、取长补短、共同提高”和“实事求是、讲求实效、立足基层、创新发展”的原则，以促进社会主义物质文明和精神文明建设、培养造就“四有”职工队伍，提高企业、职工素质为目的。

3. 劳动竞赛活动的内容要坚持从实际出发，紧紧围绕本地区、本行业、本企业经济工作中的重点、难点、弱点确定竞赛的具体内容。在当前应以完善企业承包经营责任制，搞活大、中型企业、增强企业活力，摆脱企业困境及上质量、增品种、创效益等为竞赛重点，注重发挥每个职工的特长，在各行各业组织包括经营管理人员在内的各类人员广泛深入地开展。

4. 加强对劳动竞赛活动的管理工作，要坚持分类指导、典型引路、以点带面、推动一般的工作方法。制定竞赛成果考核办法必须经过行政有关部门认可，并列入企业经济指标考核体系。要按照物质奖励与精神鼓励相结合的原则，管好用好行政划拨的竞赛奖励基金，做好劳动竞赛奖励工作。

第六条 开展班组升级竞赛，促进企业整体素质提高。

1. 同行政密切配合，在各行各业广泛开展创合格班组、信得过班组，先进班组等形式的班组升级工作，确定每年班组升级目标，协同有关部门加强企业班组管理，配备充实班组“六大员”，建立健全班组基础管理，推动班组工作上等级。

2. 积极配合行政有关部门做好班组长的定期培训工作，搞好班组的劳动竞赛活动，提高班组素质和应变能力。

3. 区、县、局及市级工会搞好班组建设、班组升级等方面工作的调研，帮助协调班组工作中存在问题，交流推广班组工作经验和成果。

第七条 组织开展各种群众性技术活动。

1. 大力开展合理化建议和技术改进活动。工会要密切配合行政做好合理化建议活动的日常组织工作，围绕企业不同时期生产经营的方针和目标，抓住影响经济效益的关键问题和薄弱环节，发动职工有的放矢地开展。活动中要注重研究提高职工提合理化建议质量，做好合理化建议的征集、整理及转报有关部门、督促采纳落实工作。区县局各级工会要做好合理化建议活动典型经验的总结推广，帮助协调、解决基层开展合理化建议工作中遇到的问题和困难，督促行政按照有关规定落实合建奖励兑现工作。

2. 各行各业基层工会组织要配合行政有关部门共同组织职工定期开展岗位练兵、技术比武、操作表演活动，及时总结推广先进操作法、工作法，区县局和市工会要配合有关部门抓好重点工种的岗位培训、练兵比武活动，下力量总结、推广具有普遍应用价值的操作法、工作法。

3. 围绕企业生产经营中遇到的关键问题和技术难点，基层工会组织各方面的能工巧匠开展技术攻关、技术协作活动。区县局、市工会组织开展好跨地区、行业、企业的调研服务和技术攻关、协作活动。

第八条 持续不断地开展评比选树、学赶先进活动。

1. 评比、选树、学赶先进活动是调动职工积极性的重要措施，也是工会组织的传统性工作。这项活动的重点应该放在弘扬先进人物精神，组织广大职工向先进人物学习上。要通过多种形式广为宣传和推广，使先进人物所展现的工人阶级风貌对全社会产生导向作用，成为社会的精神财富。

2. 工会要做好评选先进的具体工作和先进人物的管理工作。评先活动要坚持充分发扬民主，确保评选的先进人物具有先进性和群众性。工会要积极督促协助有关部门为先进人物解决生活、工作、学习中的困难，并监督、检查有关先进人物有关待遇的政策、规定落实情况，为先进人物发挥桥梁、带头、骨干作用创造条件。

3. 发挥先进队伍人才荟集的优势，组织先进人物对企业的困难、对改革开放和经济发展中的问题进行调研服务活动。通过多种形式将离、退休劳模和先进人物组织起来，以利于更好地发挥他们的作用。

群众经济工作组织建设和基本制度

第九条 各级工会都要建立劳动竞赛委员会。作为群众经济工作的领导机构，各级竞赛委员会主任应由行政领导担任，副主任应由党委领导和工会主席担任，成员应由党政工团及有关行政部门负责人组成。竞赛办公室可设在工会，竞赛经费按国家有关规定由行政拨给，根据活动需要，不足部分由行政予以支持解决。市级劳动竞赛委员会办公室设在天津市总工会经济保护部。

第十条 劳动竞赛办公室主任职责是：定期通报经济形势及竞赛活动情况，确定竞赛任务，研究制定竞赛工作目标及措施，协调竞赛活动中各环节各部门关系，交流经验和成果，指导推动活动开展。

第十一条 上级竞赛委员会对下级负有指导、协调、服务、解难等任务，下级委员会要定期将竞赛活动成果及存在问题向上级委员会通报，一般情况下，上级对下级不应下达指令性工作任务。

第十二条 建立经济技术信息报告制度，定期上报的信息有：经济指标完成情况、经济形势分析及问题、群众经济工作成果经验典型等，各级工会都要制定每季度向上级工会通报信息制度，天津市总工会每季度召开信息交流工作协调会。

第十三条 加强干部培训，提高经济工作素质，从事群众经济工作干部应熟悉国家有关方针、政策、法规，具有群众经济工作专业的基本理论和基本技能，掌握中等专业的企业管理知识及现代化管理基本理论和基本技能，具有调查研究、分析问题和参与经济决策的基本能力，区县局、市级的经济干部还应具有培训基层工会经济干部和骨干的能力，实行一级培训一级，每年要制订落实培训计划。

加强对群众经济工作的领导

第十四条 各级工会要主动争取同级党委加强对群众经济工作的领导，每年要定期专题汇报群众经济工作，在产业工人集中的局和企业选择、配备工会主席时，要考虑懂得经济和企业经营管理的人选。

第十五条 各级工会要在独立负责地开展好群众经济工作的同时，主动争取各级行政对群众经济工作的指导和支持。在研究实施经济工作任务时，对群众经济工作提出建议和工作重点，使之与行政经济工作密切结合相辅相成，争取行政帮助解决开展群众经济工作中遇到的困难，支持工会经济干部工作。

第十六条 各级工会主要领导要注意加强研究群众经济工作，懂得有关法律、法规及业务知识并给予准确及时的领导，对重大活动的开展，重大问题的调研要直接组织参与，配备得力干部充实群众经济工作部门，区县局工会生产部部长调动要征求上级工会意见，并采取措施保持群众经济工作干部的相对稳定，积极解决经济干部自身及工作中遇到的困难和问题。

第十七条 上级工会应将群众经济工作作用发挥如何作为考核下级工会的重要内容，并采取措施逐步提高群众经济工作水平。区县局级以上各层次群众经济工作要逐步由活动型向参与型、指导型转变，在改革开放和经济发展中逐步加重参政议政工作的份量，提高参政议政的水平。

附则

第十八条 本条例适用于本市建立工会组织的企、事业单位及驻津单位。

第十九条 本条例解释权隶属天津市总工会经济保护部。

天津市总工会资料，1991 年

三十、天津市工会参加职工伤亡事故调查处理的暂行规定，1992 年 6 月 4 日

第一条 为了及时掌握职工伤亡事故情况，在事故报告、调查处理工作中落实工会的监督检查职责；积极采取防范措施，保证安全生产，根据国家和《天津市企业职工伤亡事故报告处理办法》，特制定本规定。

第二条 本规定适用于天津市辖内的一切工会组织。

第三条 各级工会组织，必须按照国家和地方有关规定，监督行政对职工在生产劳动过程中发生的伤亡事故进行登记、统计、报告并参加调查处理。

第四条 企业（基层）工会主席，应对本单位工会组织贯彻执行本规定负责。

第五条 发生重伤、死亡和急性中毒事故单位的工会组织，要会同行政方面积极组织抢救伤员、保护现场。

第六条 伤亡事故发生后，工会小组和车间工会有责任协助负伤者或最先发现人立即报告有关行政负责人员和企业工会。

在发生重伤事故、死亡事故、重大事故，立即将事故概况（事故发生时间、地点、初步原因分析、伤亡情况、伤亡者姓名、年龄、工种等）用电话或其它快速办法报告上级工会，各级工会再逐级快速上报。

重伤事故上报至主管局或所属区县工会。死亡事故、重大死亡事故、急性中毒事故和重伤三人以上（含三人）的多人事故，由区、县、局工会上报至天津市总工会。

第七条 工会参加职工伤亡事故调查处理，应进行原因分析，确定事故责任。依照《企业职工伤亡事故分类标准》（GB6441—86），确定事故类别和主要原因。

轻伤事故：车间工会或工会劳动保护监督检查员参加由车间负责人组织的事故调查，并督促车间行政将调查结果报企业工会。

重伤事故：企业工会或派工会劳动保护监督检查员参加由企业负责人组织的事故调查组、共同进行调查处理。

死亡事故、重伤三人以上（含三人）的多人事故和急性中毒事故，除企业工会组织参加事故调查外，所辖区、县、局工会应派人参加调查处理，天津市总工会可派员参加。重大死亡事故调查处理，天津市总工会派员参加。

第八条　工会参加事故调查，应协助并督促有关方面尽快查明原因、拟定改进措施，按照“三不放过”的原则办事。

第九条　在处理事故时，各级工会都应认真履行好监督检查职责，促使行政方面按照各级安全生产责任制的规定，正确确定事故的直接责任者、领导责任者和主要责任者，并提出处理意见。

第十条　企业工会和上级工会对造成重大伤亡事故的责任者，应责请行政根据有关规定严肃处理，必要时，有权代表职工和家属向检察机关和法院提出控告，追究其法律责任。

第十一条　事故调查处理完毕后，企业工会应督促行政及时将《职工伤亡事故调查报告书》报上级工会。重伤事故和急性中毒事故的调查报告书，报至区、县、局工会；死亡事故、重伤三人以上（含三人）的多人事故和重大死亡事故的报告书，报至天津市总工会。区、县、局工会可直接向天津市总工会负责上报。

第十二条　企业工会负责监督企业行政在《职工伤亡事故调查报告书》中提出的改进措施的落实情况。在改进措施完成后，工会主席应会同厂长检查验收并签字盖章，以书面形式报上级工会组织。

第十三条　伤亡事故中的负伤人员，在事故发生后的一个月内如有死亡，企业工会应督促企业行政按死亡事故报告程序立即向上级工会组织补报。

第十四条　企业发生伤亡事故，如有隐瞒虚报或故意迟延不报的，企业工会和上级工会除责成其补报外，有权要求对责任者给予纪律处分。情节严重的，有权要求追究其法律责任。

在调查处理伤亡事故中，对玩忽职守、滥用职权、徇私舞弊、打击报复者，企业工会和上级工会应要求有关部门追究其及相关人员的责任。

第十五条　事故处理结案后，企业工会应督促行政方面向全体职工宣布对有关人员的处理决定。对有意拖延或拒绝执行的，企业工会及上级工会应要求其上级主管部门追究有关领导人责任。

第十六条　在外地区、外企业作业的职工发生事故后，由本市派出单位进行调查处理，其工会组织亦应派员参加事故调查处理。

第十七条　各级职工代表大会对同级工会执行本规定情况进行监督检查。

第十八条　事业单位参加职工伤亡事故的调查处理，可参照本规定执行。

第十九条　本规定由天津市总工会负责解释。

第二十条　本规定自发布之日起实行。

天津市总工会资料，1992年

第二章 工会友好交流资料

第一节 接待外国及港澳台代表团（1988 ~ 2008 年）

年 限	内 容
1988	2 月 6 日，应中华全国总工会邀请，日本 7 人到津访问。团长加滕茂
	4 月 10 日至 4 月 12，应中华全国总工会邀请，民主德国工会宣教代表团 3 人到津访问。团长汉斯尤根
	4 月 16 ~ 17 日，应中华全国总工会邀请，瑞典工业安全联合委员会代表团 2 人到津访问。团长英格瓦尔
	4 月 30 日至 5 月 3 日，应中华全国总工会邀请，日本全电通九州国际连带友好之 520 人到津访问。团长岛定雄
	6 月 17 日至 6 月 19 日，应中华全国总工会邀请，法国总工会干部讲学访问代表团 1 人到津服务。团长佛朗索瓦兹
	6 月 23 日至 6 月 25 日，应中华全国总工会邀请，苏联产业工会代表团 5 人到津访问。团长伊哈尔洛娃
	7 月 9 日至 7 月 19 日，应天津市总工会邀请，日本三重县劳协友好代表团 4 人到津访问。团长静永俊雄
	7 月 15 日至 7 月 16 日，应中华全国总工会邀请，朝鲜职业总同盟代表团 4 人到津访问。团长金风柱
	7 月 21 日至 8 月 20 日，应天津市总工会邀请，日本三泗地区劳协代表团 1 人到津访问。团长冈兴三
	8 月 1 日至 8 月 8 日，应中华全国总工会邀请，日本三重县劳协教师组合代表 15 人到津访问。团长酒井付美雄
	8 月 12 日至 8 月 15 日，应中华全国总工会邀请，墨西哥工会代表团 3 人到津访问。团长拉乌尔
	8 月 26 日至 8 月 28 日，应中华全国总工会邀请，巴基斯坦工会联合会 3 人到津访问。团长阿图拉·汗
	8 月 27 日至 8 月 29 日，应中华全国总工会邀请，西班牙工人委员会联合会代表团 1 人到津访问。团长萨尔塞
	8 月 28 日至 8 月 29 日，应中华全国总工会邀请，日本劳动笔友会第四次访华代表团 19 人到津访问。团长矢加部胜美
	10 月 23 日至 10 月 25 日应中华全国总工会邀请，出席中国工会十二大的港澳工会团 19 人到津访问。团长李泽天

续表

年 限	内 容
1988	10月25日至10月26日，应教育工会邀请，国际自由教师工会联合会代表团4人到津访问。团长雷德·范·利尤文
	11月6日至11月8日，应中华全国总工会邀请，荷兰工会总联合会主席约翰夫妇到津访问
1989	5月14日至5月16日，应天津市总工会邀请，香港高级公务员工会李树铭到津访问
	6月1日至6月3日，应中华全国总工会邀请，纳米比亚全国工人工会代表团2人到津访问。团长穆雷米
	7月2日至7月4日，应中华全国总工会邀请请，蒙古工会报刊编辑甘鲍尔德到津访问
	10月14日至10月15日，应中华全国总工会邀请，布隆迪工联代表团2人到津访问。团长万森.库布维马纳
	10月27日至10月30日，应中华全国总工会邀请，国际劳工局劳动与生活条件统计团拉索到津访问
	11月05日至11月7日，应中华全国总工会邀请，朝鲜职业总同盟代表团5人到津访问。团长金英男
	12月27日至12月28日，应交流中心邀请，香港九广铁路职工工会参观团9人到津访问。团长张世林
1990	2月12日至2月13日，应中华全国总工会邀请，利比亚生产者总会代表团3人到津访问。团长阿拉甘比
	3月29日至3月30日，应中华全国总工会邀请，西德艾伯基金会代表贝克尔到津访问
	4月24日至4月25日，应中华全国总工会邀请请，加蓬工会联合会代表团2人到津访问。团长阿里尼.马丹
	4月29日至4月30日，应中华全国总工会邀请，叙利亚农民联合会代表团3人到津访问。团长穆斯塔法.阿伊德
	5月15日至5月16日，应中华全国总工会邀请请，坦桑尼亚工会代表团2人到津访问。团长布鲁诺.姆潘戈
	5月30日至5月31日，应中华全国总工会邀请，朝鲜革新者代表团5人到津访问。团长朴日满
	6月16日至6月18日，应中华全国总工会邀请，苏联工会代表团4人到津访问。团长基雅什科
	6月18日至6月19日，应中华全国总工会邀请，日本全港湾工会代表团5人到津访问。团长水上贤治
	8月26日，应天津市总工会邀请，日本友人金山秀信夫妇到津访问
	9月5日至9月7日，应中华全国总工会邀请，蒙古工会代表团6人到津访问。团长巴特巴雅尔
	9月29日，应天津市总工会邀请，日本友人寺村道生到津访问
	10月5日，应天津市总工会邀请，日本友人李万之等5人到津访问
	11月6日，应天津市总工会邀请，日本全递信代表团5人到津访问。团长犹原信男
	11月23日，应中华全国总工会邀请，日本千叶县教职员代表团21人到津访问。团长鹈饲恚雄
	11月26日，应天津市总工会邀请，日本友人山濑孝雄到津访问
	12月10日，应天津市总工会邀请，日本电视录像公司7人到津访问

续表

年 限	内 容
1991	5月10日至5月11日，应中华全国总工会邀请，日本经营劳动教育专家代表团2人到津访问。团长奥井礼喜
	5月8日，应中华全国总工会邀请，塞拉利昂劳工大会代表团2人到津访问。团长易卜拉欣兰利
	5月14日至5月22日，应天津市总工会邀请，日本神户九州乒乓球代表队16人到津访问
	6月23日至6月26日，应中华全国总工会邀请，印度全国工人法律顾问代表团4人到津访问。团长科拉
	7月6日至7月7日，应中华全国总工会邀请，巴西．乌拉圭总工会代表团3人到津访问
	9月16日至9月17日，应中华全国总工会邀请，博茨瓦纳工会联合会代表团2人到津访问。团长巴依皮迪
	10月11日至10月13日，应中华全国总工会邀请，蒙古工会联合会代表团4人到津访问。团长斯巴雅尔巴特
	10月30日至11月2日，应中华全国总工会邀请，老挝工会干部考察团5人到津访问。团长苏法利
	11月6日至11月8日，应中华全国总工会邀请，保加利亚独立工联代表团3人到津访问。团长斯维塔斯达尔
	11月22日至11月25日，应中华全国总工会邀请，古巴工会代表团2人到津访问。团长贝尔纳
1992	2月11日至2月12日，应北京市总工会邀请，俄罗斯莫斯科工会联合会代表团4人到津访问。团长耶夫根尼．奥森金
	2月13日至2月14日，应中华全国总工会邀请，日本全电通九州地方本部代表团5人到津访问。团长饭仓则昭
	2月11日，应市友协邀请，日本代表团4人到津访问
	3月18日至3月19日，应中华全国总工会邀请，独联体跨国工会中心代表团7人到津访问。团长安东诺夫
	4月10日至4月12日，应中华全国总工会邀请，蒙古工会联合会代表团4人到津访问。团长钦巴特
	4月18日至4月24日，应天津市总工会邀请，日本安达义直代表团3人到津访问。团长安达义直
	4月25日至4月28日，应天津市总工会邀请，日本九州劳动者国际团结友好之船570人到津访问。团长岛定雄
	4月29日至5月1日，应中华全国总工会邀请，赞比亚工会代表团2人到津访问。团长希滕德勒
	5月11日至5月12日，应广东省总邀请，日本联合兵库金属工会代表团6人到津访问。团长村上靖夫
	6月1日至6月7日，应天津市总工会邀请，日本全日通四日市分会OB会友好团20人到津访问。团长饭田丰
	月31日至8月9日，应天津市总工会邀请，日本全电通兵库东支部友好代表团13人到津访问。团长安达义直
	9月18日至9月20日，应中华全国总工会邀请，坦桑尼亚工会代表团拉马达尼到津访问

续表

年　限	内　容
1992	10月15日至10月18日，应天津市总工会邀请，日本全递信劳组兵库地区本部代表团3人到津访问。团长西田直胜
	10月19日至10月24日，应天津市总工会邀请，日本全电通九州地方本部足球代表团25人到津访问。团长藤家澄夫
	10月23日至10月24日，应上海市总工会邀请，俄罗斯列宁格勒工会理事会代表团5人到津访问。团长爱丽谢娃
	10月1日，应武汉市总工会邀请，日本福冈代表团2人到津访问。团长松田留吉
	12月4日至12月6日，应天津市总工会邀请，日本神户乒乓球代表团6人到津访问
	12月22日至12月23日，应中华全国总工会邀请，韩国劳动总同盟代表团7人到津访问。团长金京旭
	12月27日至1月5日，应天津市总工会邀请，日本友人冈兴三等3人到津访问
1993	2月22日至2月23日，应中华全国总工会邀请，国际基督教海事协会代表团到津访问。团长陈舜传
	3月14日至3月16日，应中华全国总工会邀请，罗马尼亚“博爱”独立工联代表团米哈伊尔到津访问
	4月14日至4月22日，应天津市总工会邀请，日本全递信兵库地区本部代表团5人到津访问。团长福本龙司
	6月24日，应天津市总工会邀请，日本神户友协代表团20人到津访问
	11月6日至11月8日，应北京市总工会邀请，日本小松制作所工会代表团7人到津访问。团长清泽博
	12月1日至12月3日，应中华全国总工会邀请，白俄罗斯工会代表团5人到津访问。团长瓦西姆
1994	1月2至7日，应天津市总工会邀请，日本四日市市立西陵中学校校长冈兴三到津访问
	1月24日，应天津市总工会邀请，日本全日通劳组四日市分会友好代表团12人到津访问
	4月14至15日，应中华全国总工会邀请，日本全日铁道工会总联合会代表团5人到津访问。团长福原太郎
	4月17至25日，应天津市总工会邀请，韩国仁川港运劳动组合访华团6人到津访问。团长李康熙
	4月18至20日，应北京总工会邀请，韩国劳动组合总联盟汉城特别市地城本部代表团5人到津访问。团长郑星熔
	4月20至21日，应中华全国总工会邀请，世界工联代表团2人到津访问。团长扎利科夫
	4月22至25日，应中华全国总工会邀请，法国总工会刊物《工人生活》摄影记者乔治·阿真斯赫克到津访问
	5月9至11日，应中华全国总工会邀请，西班牙运输、电信联合会代表团4人到津访问
	5月12至15日，应中华全国总工会邀请，巴基斯坦全国工会联合会代表团2人到津访问。团长贾米尔，阿赫迈德
	5月12至16日，应天津市总工会邀请，日本全电通劳动组合九洲地方本部代表团6人到津访问。团长舍川武彦

续表

年限	内容
1994	5月16日，应中华全国总工会邀请，日本全日本橡胶产业工会总联合26人到津访问。团长山本义治
	6月15至21日，应天津市总工会邀请，韩国韩国港运劳动联合联盟代表团6人到津访问。团长金俊祥
	6月19至26日，应天津市总工会邀请，日本全递信劳动组合兵库地区本部执行委员长福本隆司一行2人访问了天津
	7月29日，应天津市总工会邀请，日本连合三泗地域协议会访华团一行6人来中国进行一周访问
	8月17日，应天津市总工会邀请，日本中央劳福协会长片冈利男等3人来津参加天津市总工会津工城市信用社迁址典礼
	8月18日，应中华全国总工会邀请，阿塞拜疆工会总联合会主席萨塔尔·梅赫巴里耶夫一行4人来津访问
	8月27日，应中华全国总工会邀请，孟加拉国民族主义工会主席坎德尔阿里为团长的一行2人来津为时一周的访问
	12月2日，应全国总工会邀请，古巴工人中央工会总书记彼得罗·罗斯一行2人在中华全国总工会书记处书记肖振邦同志的陪同下来津访问
	12月31日，应天津市总工会邀请，日本四日市西陵中学校长冈兴三先生来津进行为时8天的访问
1995	2月9日，应中华全国总工会邀请，日本富士通工会第四次“青春之船”先遣团一行5人抵津参观访问
	2月20日，应天津市总工会邀请，韩国劳总仁川本部代表团一行6人抵津参观访问
	3月23日，应天津市总工会邀请，日本互助会九州支部访华团一行25人抵津参观访问
	6月10日，应中华全国总工会和交流中心的邀请，日本联合千叶友好访华团一行23人抵津参观访问
	7月18日，应中华全国总工会邀请，叙利亚工人工会总联合会代表团一行4人抵津参观访问
	10月30日，应中华全国总工会邀请，日本四日市西陵中学访华团一行21人抵津参观访问
	8月20日，应中华全国总工会邀请，乌兹别克斯坦卡拉卡乐帕科克共和国工会联合会代表团一行6人抵津考察访问
	8月25日，应天津市总工会邀请，日本兵库劳动金库访华团一行5人抵津参观访问
	10月4日，应中华全国总工会邀请，世界劳联代表团一行4人抵津进行友好访问
	10月22日，应中华全国总工会邀请，香港本地高级公务员协会理事会代表团一行14人抵津参观访问
	10月25日，应中国职工对外交流中心邀请，日本生活协同组合联合会访华团一行3人抵津参观访问
	10月30日，应天津市总工会邀请，日本全电通九州地方本部访华团一行6人抵津参观访问
	11月20日，应天津市总工会邀请，韩国仁川港运劳动组合代表团一行6人抵津进行友好访问
	12月22日，应中华全国总工会邀请，日本劳动研究机构代表团一行3人抵津参观考察

续表

年限	内容
1995	12月23日，应天津市总工会邀请，日本三重县四日市教育代表团一行11人访问天津
1996	4月26日，应天津市总工会邀请，日本全递兵库前委员长西田直胜先生一行7人对天津、北京西安、苏州、上海等地进行为期九天的友好访问，天津市人大常委会副主任、天津市总工会主席潘义清会见了代表团
	5月4日，应天津市总工会邀请，以韩国劳总仁川本部常务副议长襄相益为团长的代表团一行6人，对天津、北京、西安、上海等地进行为期十五天的友好访问。天津市人大常委会副主任、天津市总工会主席潘义清会见了代表团
	5月29日，应中国石化工会的邀请，以日本橡胶产业工会联合会书记长泽田芳彦为团长的代表团一行22人对津进行了为期三天的友好访问
	6月10日，应天津市总工会邀请，以韩国劳动组合总联盟副委员长、全国港运劳动组合联盟委员长吴文焕先生为团长的代表团一行6人对天津、北京、吉林进行了为期7天的友好访问。天津市人大常委会、天津市总工会主席潘义清会见了代表团
	8月6日，应中国海员工会的邀请，以秘书长塞兰德为团长的国际海员福利委员会代表团一行3人来津进行友好访问并考察了天津港和新港国际海员俱乐部
	8月14日，应天津市总工会邀请，以俄罗斯赤塔州工会主席古诺年科为团长的代表团一行6人来我国进行了为期七天的友好访问。天津市人大常委会副主任、天津市总工会主席潘义清会见了代表团
	8月16日，应中国职工对外交流中心的邀请，以日本滋贺生活协调组合理事长细谷单尔为团长的代表团一行4人对天津市职工消费合作社进行了参观考察。天津市总工会副主席苏兰洲会见了代表团
	8月16日，应北京市总工会邀请，以越南劳动者总联合会执委会主席团委员、越共河内市委常委、河内市劳动者联合会主席陈光交为团长的代表团一行4人对天津市进行了友好访问。天津市总工会副主席李淑珍会见了代表团
	8月19日，应天津市总工会邀请，以日本三重县市市立三龙中学校长冈兴三为团长的四日市教育代表团一行12人对我国进行了为期5天的友好访问
	9月29日，应天津市总工会邀请，以日本生活协同组合神户消费合作社组合长理事木村正仁为团长的代表团一行2人对津进行了为期五天的友好访问并参加了天津市职工消费合作社配送中心开业典礼。天津市市长张立昌，中华全国总工会副主席李奇生，天津市人大常委会副主任、天津市总工会主席潘义清分别会见了代表团
	10月20日，应上海市总工会邀请，以总书记达尼埃尔·布朗为团长的法国总工会罗纳—阿尔卑斯大臣工会代表团一行5人对津进行了友好访问。天津市总工会副主席李淑珍会见了代表团
	11月4日，应天津市总工会邀请，以韩国劳总仁川本部副议长黄昌培先生为团长的经济贸易代表团一行4人对津进行了经济贸易交流。天津市人大常委会副主任、天津市总工会主席潘义清会见了代表团
	11月26日，应中国职工对外交流中心的邀请，以日本滋贺生协理事长细谷卓尔为团长的代表团一行17人对天津市进行了考察访问。天津市人大常委会副主任、天津市总工会主席潘义清会见了代表团

续表

年限	内容
1996	12月22日，应天津市总工会邀请，日本四日市市立三龙中学校长冈兴三先生1人对天津及山东进行了友好访问。天津市人大常委会副主任、天津市总工会主席潘义清会见了冈兴三
1997	1月22日，应中华全国总工会的邀请，以山田阳一为团长的日本国际劳动财团代表一行3人抵津进行为期3天的参观访问。在津期间参观了开发区、消费合作社配送中心、职业技术师范学院。天津市总工会副主席李淑珍会见了代表团
	2月13日，应天津市总工会的邀请，日本四日市中小企业考察团抵津进行为期三天的参观访问
	3月20日，应天津市总工会的邀请，以日本共济会九州支部副支部长岛宏雄为团长的访问团一行5人抵津进行为期3天的参观访问。来访主要是共同商讨11月组织“日中国际交流友好之翼”访华团有关事宜
	3月30日，应中华全国总工会邀请，以克里斯托夫·任为团长的国际商业店员、职员和技术雇员联合会代表团一行2人抵津进行为期两天的参观访问。天津市总工会副主席李淑珍会见代表团
	4月10日，应中华全国总工会邀请，以穆汉默德为团长的马来西亚民事雇员工会组织代表团一行5人抵津进行历时3天的参观访问
	4月17日，应中华全国总工会邀请，以事务局长明石洋一为团长的日本JR联合工作访问团一行2人抵津进行为期3天的参观访问。天津市总工会副主席李淑珍会见代表团
	4月22日，应天津市总工会邀请，以日本全电通兵库县支部执行委员长细井一良先生为团长的访华团一行13人到天津、北京、广州等地进行为期7天的访问。天津市人大常委会副主任、市总工会主席潘义清会见代表团
	5月1日，应中华全国总工会邀请，香港工会“五一”参观团一行20人，澳门工会联合会及部分社团组成的澳门工会“五一”代表团一行15人抵津参观访问
	5月6日，应天津市总工会的邀请，日本兵库劳动金库访华团一行4人抵津进行为期5天的参观访问
	5月7日，应天津市总工会邀请，以日本全电通九洲地方本部书记长舍川邦宏为团长的代表团一行7人抵天津、北京、重庆、武汉等地进行为期八天的参观访问。天津市人大常委会副主任、天津市总工会主席潘义清会见代表团
	5月13日，以山本兼正为团长的日本都市清扫关西组第5次访华团一行19人拜会了天津市总工会。市总工会副主席李淑珍会见代表团
	5月19日，应天津市总工会的邀请，以日置敏彦为团长的日本三泗地区工会代表团一行7人抵天津、北京、上海、苏州进行为期五天的参观访问。天津市人大常委会副主任、天津市总工会主席潘义清会见代表团
	5月22日，应天津市总工会的邀请，以韩国京畿银行劳动组合委员长孙锡台为团长的代表团一行6人抵天津、桂林、深圳等地进行为期7天的参观访问。天津市人大常委会副主任、天津市总工会主席潘义清会见代表团
	5月24日，应天津市总工会的邀请，以韩国仁川港劳动组合委员长李康熙为团长的代表团一行19人抵天津、北京、西安等地进行为期7天的参观访问。天津市人大常委会副主任、天津市总工会主席潘义清会见代表团

续表

年限	内容
1997	7月18日，应中国职工对外交流中心的邀请，以细谷卓尔为团长的日本、中国消费合作社研究会访华团一行9人抵天津进行为期3天的参观访问
	8月13日，应天津市总工会的邀请，以俄罗斯赤塔州工会执行委委员罗奇金·维克多·瓦西里耶维奇为团长的代表团一行6人抵天津、北京、北戴河等地进行为期7天的参观访问。天津市人大副主任、天津市总工会主席潘义清会见代表团
	8月18日，应天津市总工会的邀请，以日本泗日市市三龙中学校长冈兴三为团长的日本泗日市市教育代表团一行11人抵重庆、武汉、上海等地进行为期七天的友好访问
	8月19日，应中国职工对外交流中心的邀请，澳门工联会访津团一行1人抵津进行为期2天的访问
	8月21日，应中华全国总工会邀请，以副会长河内山大作为团长的日本工会总联合会代表团一行3人抵津进行为期2天的访问。天津市人大常委会副主任、天津市总工会主席潘义清会见代表团
	8月28日，应中国海员工会的邀请，新加坡高级海员工会和新加坡海员组织联合代表团一行6人抵津进行为期3天的参观访问。天津市总工会副主席李淑珍会见代表团
	9月21日，应中国职工对外交流中心的邀请，日本考察研修团一行1人抵津考察赴日研修生
	9月24日，应中华全国总工会邀请，以国际自由工联亚太区域组织主席肯·道格拉斯为团长的国际自由工联亚太区域组织代表团一行8人抵津参观访问。天津市人大常委会副主任、天津市总工会主席潘义清会见代表团
	9月26日，应中国职工对外交流中心的邀请，日本消费合作社访华交流团一行12人抵津进行参观访问
	10月1日，应天津市总工会邀请，日本九州共济会访华团一行3人抵津参观访问
	10月7日，应中国职工对外交流中心的邀请，日本消费合作社研修会第二次访华团一行7人抵津进行为期2天的参观访问
	10月28日，应中华全国总工会邀请，以卡夫曼为团长的美国工会代表团一行4人抵津进行为期3天的参观访问。天津市总工会副主席李淑珍会见代表团
	11月1日，应天津市总工会邀请，以副支部长岛定雄先生为团长的日本“日中国际交流友好之翼”访华团一行276人抵天津、北京、西安、上海、苏州等地进行为期六天的参观访问。天津市人大副主任、天津市总工会主席潘义清会见代表团
1998	1月7日，应中华全国总工会的邀请，以香港工联会副理事长林淑仪为团长的工联会经济考察团一行10人抵津进行为期3天的参观访问。天津市总工会副主席李淑珍会见代表团。代表团在津期间参观了消费合作社、住房合作社、保险合作社并游览了市容
	3月25日，应天津市总工会的邀请，以日本电气通信共济会九州支部副支部长岛定雄先生为团长的日本电气通信共济会九州支部访华团一行6人抵津及桂林、上海进行为期5天的访问。该团在津期间与天津市总工会领导在第二工人文化宫参加植树活动并举行植树纪念碑揭幕仪式。天津市人大常委会副主任、天津市总工会主席潘义清会见代表团
	3月27日，应中华全国总工会邀请，以金永男副委员长为团长的朝鲜职业总同盟代表团一行4人抵津进行为期3天的参观访问。代表团在津期间参观了开发区和消费合作社并游览了市容。天津市人大常委会副主任、天津市总工会主席潘义清会见代表团

续表

年 限	内 容
1998	6月1日，应江苏省总的邀请，以日本连合爱知事务局长须贺正为团长的日本连合爱知劳福协共同代表团一行9人抵津访问
	6月1日，应中华全国总工会邀请，日本橡胶劳联第九次访华团一行24人抵津国际轮胎公司、地毯厂进行为期2天的参观访问。天津市总工会副主席李淑珍会见代表团
	7月5日，应中华全国总工会的邀请，以俄罗斯农工综合体工会主席亚历山大·达维多夫为团长的代表团一行4人抵津开发区参观访问。中共天津市委常委、天津市总工会主席孙宝树会见代表团
	7月25日，应中华全国总工会的邀请，日本国际劳动财团讲学团一行4人抵津举行为期三天的讲座，讲座内容为日本的劳动关系、集体谈判、签订集体合同以及解决劳动争议和建立健全劳动法制等。中共天津市委常委、天津市总工会主席孙宝树会见代表团
	8月5日，应天津市总工会邀请，以日本四日市市桥北中学校长冈兴三为团长的代表团一行13人抵津、辽宁、吉林、大连、北京进行为期5天的友好访问。中共天津市委常委、市总工会主席孙宝树会见代表团
	8月6日，中国非洲经济管理官员培训班代表团一行24人抵津开发区参观访问
	8月23日，应中国职工对外交流中心的邀请，香港第一标准薪级公务员评议会访问团一行12人抵津进行为期3天的参观访问。中共天津市委常委、天津市总工会主席孙宝树会见代表团
	9月19日，应天津市总工会邀请，以日本全递信劳动组合兵库地区本部前委员长西田直胜为团长的代表团一行5人抵我国上海、桂林等地进行为期7天的参观访问
	9月28日，应中华全国总工会邀请，以埃及工人工会总联合会主席穆罕默德·拉希德为团长的代表团一行5人抵津开发区和消费合作社参观访问。中共天津市委常委、天津市总工会主席孙宝树会见代表团
	10月20日，应中华全国总工会邀请，澳门工会参加中国工会十三大来宾团一行10人抵津进行为期2天的参观访问。代表团在津期间参观了开发区、周邓纪念馆。天津市总工会副主席李淑珍会见代表团
	11月10日，以柴野泰为团长的日本NTT九州支社访中团一行8人拜会天津市总工会。中共天津市委常委、天津市总工会主席孙宝树会见代表团。天津市总工会副主席李淑珍参加了会见
	11月10日，应中华全国总工会的邀请，以杨戈东诺卡为团长的摩尔多瓦工会联合会代表团一行4人抵津进行2天的参观访问。代表团参观了开发区及梅兰日兰公司。天津市总工会副主席李淑珍会见代表团
	11月14日，应中华全国总工会邀请，以议长河内山大作为团长的日本化学能源矿山工会协议会代表团一行9人抵津参观访问。在津期间，代表团参观了环球磁卡公司。中共天津市委常委、天津市总工会主席孙宝树会见代表团，天津市总工会副主席李淑珍参加了会见
	11月20日，应天津市总工会邀请，日本三重县友人代表团一行12人抵津进行为期四天的参观访问。天津市总工会副主席李淑珍会见代表团
	12月11日，应中国职工对外交流中心的邀请，以藤冈武义为团长的日本生协联中日消费合作社研讨会。中共天津市委常委、工会主席孙宝树会见代表团。天津市总工会副主席李淑珍参加会见

续表

年　限	内　容
1998	12月18日，应天津市总工会的邀请，日本友人寺村道生及夫人一行2人抵天津、北京进行为期3天的访问。中共天津市委常委、天津市总工会主席孙宝树会见日本友人，天津市总工会副主席李淑珍参加会见
1999	1月6日，应中华全国总工会的邀请，以总书记扎利科夫为团长的世界工联代表团一行4人抵津进行为期2天的参观访问。中共天津市委常委、天津市总工会主席孙宝树会见代表团，天津市总工会副主席李淑珍参加了会见
	1月20日，应中华全国总工会的邀请，以前日本全电通劳动组合九州地方本部执行委员长阪仓则昭先生为团长的代表团一行6人抵津进行为期3天的友好访问。中共天津市委常委、天津市总工会主席孙宝树会见代表团。天津市总工会各位副主席陪同参加会见。天津市总工会副主席李淑珍与代表团就今后双方友好交流方案进行了会谈
	3月5日，应中华全国总工会邀请，以日本电气通信共济会九州支部副支部长岛定雄先生为团长的代表团一行5人抵津进行为期7天的友好访问。天津市总工会副主席李淑珍会见代表团并就今后双方的友好交流事宜进行了磋商。
	4月5日，应天津市总工会的邀请，以韩国劳动组合联盟仁川市本部议长黄顺绿为团长的代表团一行4人抵天津、北京、杭州、上海等地进行为期8天的参观访问。中共天津市委常委、天津市总工会主席孙宝树会见代表团，天津市总工会各位主席参加会见
	4月8日，应中华全国总工会的邀请，国际劳工组织东亚多功能工作队工人活动高级专家高木君代一行2人抵津进行为期2天的参观访问。天津市总工会副主席李淑珍会见代表团
	5月30日，应中华全国总工会的邀请，以私铁总联书记长野俊次先生为团长的日本私铁总联第四次访华团一行4人抵津参观访问。天津市总工会副主席李淑珍会见代表团
	6月18日，应天津市总工会的邀请，以寺村道先生为团长的日本代表团一行13人抵津，进行为期4天的访问。天津市总工会副主席李淑珍会见代表团
	6月22日，应广西自治区工会的邀请，由越南海防市劳动联盟主席阮春宝率领的海防市劳联代表团一行7人抵津参观访问。中共天津市委常委、天津市总工会主席孙宝树会见代表团，天津市总工会副主席李淑珍与代表团进行了座谈，双方初步达成了建立友好交流关系的意向。
	6月29日，应天津市总工会的邀请，以NTT劳动组合福冈县支部执行委员长末原精二为团长的日本NTT九州地区劳动组合访中团一行10人抵津进行为期8天的参观访问。中共天津市委常委、天津市总工会主席孙宝树及全体副主席会见代表团
	7月17日，应中国农林工会全国委员会的邀请，以金义俠为团长的朝鲜农业勤劳者同盟代表团一行人抵津进行为期4天的参观访问。天津市总工会副主席李淑珍会见代表团
	8月1日，应天津市总工会的邀请，日本四日市市教育代表团一行7人抵津进行为期6天的参观访问。天津市总工会副主席李淑珍会见代表团
	9月15日，应中国职工对外交流中心的邀请，以美国搪瓷学会创始人吾德饶·卡本特先生为团长的搪瓷学会访华团一行30人抵津进行参观访问。代表团成员来自美国、加拿大、英国等7个国家。天津市总工会副主席李淑珍会见代表团
	10月2日，应中华全国总工会的邀请，以香港工联会副理事长丁锦源为团长的香港工会国庆观礼团一行19人抵津，进行为期2天的参观访问。天津市总工会副主席李淑珍会见代表团

续表

年 限	内 容
1999	11月19日，应中华全国总工会的邀请，以俄罗斯赤塔州工会主席古诺年科为团长的俄罗斯赤塔州工会代表团一行7人抵津，进行为期7天的参观访问。中共天津市委常委、天津市总工会主席孙宝树会见代表团。天津市总工会各位副主席参加会见
2000	2月27～28日，应中华全国总工会的邀请，以总书记比尔·乔丹为团长的国际自由工联高级代表团一行5人抵津参观访问。中共天津市委常委、天津市总工会主席孙宝树会见代表团。代表团在津期间参观了开发区、宝成锅炉集团和中美史克有限公司
	5月16～23日，应天津市总工会的邀请，以越南海防市劳动联盟副主席武代玉为团长的越南代表团一行7人抵津参观访问。中共天津市委常委、天津市总工会主席孙宝树会见代表团。
	6月2～3日，应中华全国总工会的邀请，日本橡胶工会联合会代表团一行28人抵津参观了相关企业
	6月5～12日，应天津市总工会的邀请，以日本NTT劳动组合冲绳县支部委员长屋良宣正为团长的日本NTT劳动组合九州地区各支部青年、妇女干部代表团一行11人抵我国进行友好访问。中共天津市委常委、天津市总工会主席孙宝树会见代表团。
	6月27～28日，应天津河西区总工会的邀请，以越南海防市劳动联盟副主席阮文昂为团长的越南代表团一行9人抵津参观访问。中共天津市委常委、天津市总工会主席孙宝树会见代表团
	8月5～11日，应天津市总工会的邀请，以日本友人冈兴三办为团长的日本四日市教育工作者代表团一行12人抵津参观访问。中共天津市委常委、天津市总工会主席孙宝树会见代表团。代表团还访问了内蒙古、大同等地
	8月15～21日，应天津市总工会的邀请，韩国京仁港运劳动组合委员会崔正范一行4人抵津参观访问。天津市总工会副主席李淑珍会见代表团。代表团一行还顺访了青岛、北京等地
	9月9～16日，应中华全国总工会的邀请，日本国际劳动财团劳动问题考察组一行4人抵津专题了解考察国有、私营、三资企业工会工作情况。天津市总工会副主席刘凤山会见代表团
2002	5月21～29日，应天津市总工会的邀请，以越南海防市劳动联盟常委陶元孝为团长的越南海防市劳动联盟代表团一行11人来津进行友好访问。天津市总工会副主席张子鹏会见代表团全体成员
	6月4～5日，应中国能源化学工会的邀请，日本橡胶工会联合会代表团一行十三人抵津参观访问。天津市总工会副主席赵洪莉会见代表团
	8月23～25日，应中华全国总工会的邀请，由全印度工会大会、印度工会中心、印度全国工大组成的三人联合代表团抵津参观访问。天津市总工会副主席李泮祥会见代表团
	8月30日至9月4日，应天津市总工会的邀请，以日本联合三泗地域协议会议长刘滕逸美为团长的出席纪念中国邦交正常化30周年、中日地方工会友好联谊活动的日本三泗地区劳中心代表团一行3人抵天津、北京、西安进行友好交流活动。天津市总工会副主席张子鹏会见代表团，全体副主席参加会见
	9月3日，应中国海员工会和中国职工对外交流中心的邀请，台湾中华海员总工会代表团一行10人抵津参观考察

续表

年　限	内　容
2002	9月14日，应中国职工对外交流中心的邀请，美国陶瓷、音乐、版画艺术访华团一行14人抵津参观访问
	10月16～18日，应中华全国总工会的邀请，以哈萨克斯坦工会联合会主席西雅兹别克.穆加舍夫为团长的哈工联代表团一行10人抵津参观访问。天津市总工会副主席李泮祥会见代表团
	11月22日，应中国职工对外交流中心的邀请，日本中央劳福协访华团一行5人抵津参观访问。天津市总工会副主席安亭洲、赵洪莉会见了代表团
	11月30日，应天津市总工会、消费合作社的邀请，日本长野县生活协同组合联合会代表团一行9人抵京、津、沪参观访问。天津市总工会副主席安亭洲、赵洪莉分别会见了代表团
	11月30日至12月4日，应天津市总工会、消费合作社的邀请，日本长野县生活协同组合连合会代表团一行9人抵京、津、沪参观访问。天津市总工会副主席安亭洲、赵洪莉分别会见了代表团
2003	3月27～28日，应中华全国总工会的邀请，以瑞典职员总工会副主席、瑞典职员五金工会主席玛利.克伦茨为团长的瑞典工会代表团一行3人抵津参观访问。天津市总工会副主席赵洪莉会见代表团
	9月16～18日，应天津市总工会的邀请，以台湾中华联合总工会理事长吴海瑞先生为团长的代表团一行3人抵津参观访问。中共天津市委常委、天津市总工会主席散襄军，天津市总工会副主席赵洪莉会见代表团一行
	10月8～15日，应天津市总工会的邀请，韩国劳动组合总联盟仁川广域市本部代表团一行9人抵津参观访问。中共天津市委常委、天津市总工会主席散襄军会见代表团全体成员，天津市总工会副主席张子鹏、李泮祥、安亭洲、刘凤山、王连金参加会见
	10月21日，应天津市政府的邀请，日本神户市工会代表团抵津参加天津－神户建立友好城市30周年纪念活动。中共天津市委常委、工会主席散襄军会见代表团全体成员，天津市总工会副主席张子鹏、李泮祥、安亭洲、刘凤山、王连金参加会见
2004	3～5日，应天津市总工会的邀请，以小俣佑二为团长的日本NTT劳动组合九州各支部代表团一行五人抵津参观访问。中共天津市委常委、天津市总工会主席散襄军会见代表团并出席双方建立友好交流关系的签字仪式，副主席赵洪莉代表天津市总工会签署友好交流关系协议书。天津市总工会有关负责人参加会见并出席签字仪式
	7月22日，应中华全国总工会的邀请，以联合会长森清为团长的日本工会总联合会代表团一行3人抵津参观访问。中共天津市委常委、天津市总工会主席散襄军会见代表团一行。天津市总工会副主席李泮祥、赵洪莉参加会见
	11月11～12日，应中国能源化学工会的邀请，以日本化学能源矿山劳协副议长铃木辰男为团长的日本化学能源矿山劳协代表团一行5人抵津参观访问。天津市总工会副主席赵洪莉会见代表团一行
	11月12日，应邀出席中国职工对外交流中心暨中国职工交流中心成立20周年纪念活动的日本、韩国、法国、港澳台以及各省市的中外嘉宾200人抵津参观访问。中共天津市委常委、天津市总工会主席散襄军会见中外嘉宾，天津市总工会副主席张子鹏、李泮祥、安亭洲、刘凤山、王连金、赵洪莉参加会见

续表

年 限	内 容
2004	11月18日，应天津市总工会的邀请，以日本伊藤忠（中国）集团有限公司董事长佐佐木聪吉为团长的代表团一行3人抵津参观访问。中共天津市委常委、天津市总工会主席散襄军会见代表团一行，天津市总工会副主席安亭洲、赵洪莉参加会见
2005	1月10～17日，应天津市总工会的邀请，韩国劳动组合联盟仁川广域市本部代表团一行10人抵津参观访问。中共天津市委常委、天津市总工会主席散襄军会见代表团一行。天津市总工会副主席张子鹏、李泮祥、安亭洲、刘凤山、王连金、赵洪莉参加会见
	1月19日，应中华全国总工会的邀请，美国旧金山劳工班事会主席、美国服务雇员工会加州分会主席莫尼抵津参观访问。天津市总工会副主席赵洪莉会见来访的客人
	4月13～14日，应中华全国总工会的邀请，以副会长小柳正治为团长的日本化学能源工联石油部会代表团一行11人专程抵津参观访问
	7月6日，天津市总工会副主席赵洪莉会见台湾中华民国总工会理事长林惠官一行
	7月17日，应天津市总工会的邀请，以理事长吴海瑞先生为团长的台湾中华联合总工会模范劳工代表团一行34人抵津参加“2005年天津市首届两岸劳模职业技能研习营”活动。中共天津市委常委、天津市总工会主席散襄军会见了代表团一行并出席了研习营开营仪式。天津市总工会副主席张子鹏、李泮祥、安亭洲、王连金、赵洪莉等领导同志出席了开营仪式以及相关的活动
	7月15日，天津市总工会副主席张子鹏会见了西班牙阿斯图利亚斯大区工人委员会和西班牙阿斯图利亚斯大区劳动者总联盟代表团，并代表天津市总工会分别与其签署了友好交流协议书。天津市总工会副主席赵洪莉出席了签字仪式
	7月27～29日，应中华全国总工会的邀请，以日本交通运输工会协议会国际局长森崎龙太郎为团长的日本交通运输工会协议会代表团一行4人抵津参观访问。天津市总工会副主席赵洪莉会见了代表团成员
	8月11日，天津市总工会副主席赵洪莉会见美国联邦参议员哈格尔助手帕特丽希亚·戴森女士
	8月20日，应中华全国总工会邀请，以主席于尔根·彼得斯为团长的德国五金工会代表团一行9人抵津参观访问。中共天津市委常委、天津市总工会主席散襄军会见了代表团一行。天津市总工会副主席张子鹏、赵洪莉出席了会见活动
	8月23日，应中华全国总工会和中国教科文卫体工会的邀请，以日本兵库县教职员工会委员长田治米政美为团长的日本兵库县日中友好教育文化交流代表团一行117人抵华参观访问。天津市总工会副主席赵洪莉在京会见了代表团主要领导成员
	8月23～25日，应中华全国总工会邀请，以蒙古工会总联合会主席索德诺夫木道尔吉为团长的蒙工联代表团一行7人抵津参观访问。中共天津市委常委、天津市总工会主席散襄军会见了代表团一行。天津市总工会副主席张子鹏、李泮祥、赵洪莉出席了会见活动
	10月3日，应天津市总工会和市职工消费合作社的邀请，日本川泷株式会社代表团一行抵津参观访问。中共天津市委常委、天津市总工会主席散襄军会见了代表团一行。天津市总工会副主席赵洪莉一同参加了会见
	10月17日，应中华全国总工会邀请，非洲葡语国家工会领导人抵津参观访问。中共天津市委常委、天津市总工会主席散襄军会见了代表团一行。天津市总工会副主席张子鹏、赵洪莉一同参加了会见

续表

年限	内容
2005	11月24日，应中华全国总工会邀请，印尼工会大会、尼泊尔民主工会总联合会、尼泊尔工会总联合会、菲律宾自由工人联合会、锡兰劳工联合会、斯里兰卡种植园工会、锡兰工会联合会等四国七家工会领导人一行14人抵津参观访问。中共天津市委常委、天津市总工会主席散襄军会见了代表团一行。天津市总工会副主席张子鹏、李泮祥参加了会见
	12月9～10日，应中国职工对外交流中心的邀请，以日本富士通工会书记长外園幸二为团长的日本富士通工会2006年“青春之船”先遣团一行7人抵津考察访问。天津市总工会副主席赵洪莉会见了先遣团一行
	12月19日，应中华全国总工会邀请，哈萨克斯坦工联、吉尔吉斯斯坦工联、塔吉克斯坦工联、土库曼斯坦全国工会中心和乌兹别克斯坦工联等五国工会领导人一行15人，来华参加中华全国总工会举办的以“工会与社会保障”为主题的《中国－中亚国家工会研讨会》，专程来天津参观访问。中共天津市委常委、天津市总工会主席散襄军会见了中亚五国工会领导人。天津市总工会副主席张子鹏、赵洪莉出席了会见
2006	3月2日，应中华全国总工会的邀请，马拉维工会大会代表团抵津参观访问。中共天津市委常委、天津市总工会主席散襄军亲切会见了以马拉维工会大会总书记奥斯丁·卡里曼奇拉为团长的马拉维工会大会代表团一行。天津市总工会副主席赵洪莉参加会见
	3月23日，巴西、阿根廷、乌拉圭、巴拉圭、智利和玻利维亚六国工会组织的领导人在北京参加中华全国总工会举办的以“工会维权机制建设”为主题的“中国—南美国家工会研讨会”期间专程来津考察工会工作。中共天津市委常委、天津市总工会主席散襄军亲切会见了来访的六国工会组织领导人。天津市总工会副主席张子鹏、赵洪莉参加会见。客人在津期间参观了天津市总工会联合服务中心、信息中心、困难职工帮扶中心并游览了市容
	4月20～22日，应天津市总工会和天津通信公司工会邀请，日本NTT劳动组合兵库县总支部和连合神户地域协议会代表团一行14人抵津访问交流。中共天津市委常委、天津市总工会主席散襄军会见了代表团成员。天津市总工会和通信工会有关负责人参加了会见
	5月3～6日，应中华全国总工会和中国职工对外交流中心的邀请，日本富士通工会“青春之船”访华团一行511人于3日乘船抵津，6日从天津离境。代表团在津期间，参观了天津钢管公司并与职工举行了文艺交流活动，游览了市容和古文化街
	5月14～15日，应中华全国总工会的邀请，朝鲜职业总同盟代表团一行6人抵津进行友好访问。天津市总工会副主席张子鹏会见了代表团，赵洪莉副主席参加会见。代表团在津期间，参观了职工联合服务中心、信息中心、困难职工帮扶中心和天津经济技术开发区
	6月15～22日，应天津市总工会和天津港（集团）有限公司工会邀请，以委员长崔正范为团长的韩国仁川港运劳动组合代表团一行11人，来天津、辽宁、吉林等地访问交流。16日晚，中共天津市委常委、天津市总工会主席散襄军会见了代表团，天津市总工会副主席、天津港工会有关负责人参加了会见
	6月19日，天津市总工会副主席赵洪莉会见了日本富士通天株式会社劳动组合执行委员长石浦好雄一行
	7月24日，应中华全国总工会邀请，比利时工会代表团抵津参观访问。天津市总工会副主席赵洪莉会见了代表团

续表

年 限	内 容
2006	7月27～29日，应中华全国总工会邀请，哈萨克斯坦工会联合会代表团抵津参观访问。中共天津市委常委、天津市总工会主席散襄军会见了代表团一行，天津市总工会副主席张子鹏、李泮祥参加会见。代表团在津期间先后参观了职工联合服务中心、信息中心、困难职工帮扶中心和集装箱码头并与天津港（集团）有限公司、开发区保税区工会进行了座谈
	8月14日，应中华全国总工会邀请，乍得工会联合会代表团抵津参观访问。中共天津市委常委、天津市总工会主席散襄军会见了代表团一行。天津市总工会副主席赵洪莉参加会见。代表团在津期间参观了市职工联合服务中心、信息中心、困难职工帮扶中心和一汽丰田汽车有限公司，并游览了市容
2007	1月25日至2月1日，应天津市总工会的邀请，韩国劳动组合总联盟仁川地域本部代表团一行9人抵津进行友好访问。25日晚，中共天津市委常委、天津市总工会主席散襄军会见了代表团一行。天津市总工会副主席刘凤山、李泮祥、崔金和、高炜和黄淑玲参加会见
	2月6日，应中国职工对外交流中心的邀请，日本中国企业经营管理者考察团一行5人抵津参观访问。考察团在津期间，参观考察了天津市职工联合服务中心、信息中心、困难职工帮扶中心、天津利民糖果食品公司和津工超市
	4月13～15日，应天津市总工会邀请，新加坡总理公署部长林文兴先生一行4人抵津考察。中共天津市委常委、天津市总工会主席散襄军会见了林文兴先生一行。津工集团董事长安亭洲，天津市总工会副主席、津工集团总裁崔金和参加会见
	4月25日，应中华全国总工会邀请，前来北京参加“中国——拉美安第斯国家工会研讨会”的拉美五国工会主要领导人专程来津参观考察天津工会工作。中共天津市委常委、天津市总工会主席散襄军亲切会见了来访的外国客人。天津市总工会副主席赵洪莉参加会见
	5月14～15日，以日本全国金属机械制造工会爱知地方本部执行委员长篠崎敏男为团长的日本JAM爱知缔结友好交流协议友好访华团一行10人，抵津参观访问
	6月7日，日本橡胶劳联代表团一行17人抵津参观访问。天津市总工会副主席赵洪莉会见了代表团成员
	8月14～15日，应中华全国总工会邀请，由布基纳法索劳工总联合会总书记萨尼翁·托雷、布基纳法索劳动者工会联合会总书记纳马·马马杜和布基纳法索劳动者全国联合会总书记韦德拉奥果·洛朗等6人组成的布基纳法索工会联合代表团抵津参观访问。天津市总工会党组副书记、副主席刘凤山会见了代表团一行，赵洪莉副主席参加会见
	8月30日，应中华全国总工会邀请，以东盟工会理事会总书记德莫克里托·门多萨为首的来自菲律宾、马来西亚、泰国、印度尼西亚、越南、老挝、柬埔寨和新加坡等东盟国家的全国性工会组织主要领导人一行29人来华参加中华全国总工会举办的“中国—东盟国家工会领导人研讨会”。研讨会期间，专程赴津参观访问。天津市总工会党组副书记、副主席刘凤山会见了代表团一行，天津市总工会副主席赵洪莉，天津市总工会常委、办公室主任郝志斌参加会见
	9月10～11日，应中华全国总工会的邀请，尼日尔工会联合代表团抵津进行友好访问。天津市总工会副主席刘凤山、赵洪莉会见了代表团一行
	10月19日，应中华全国总工会的邀请，中美洲国家工会联合代表团一行27人抵津进行友好访问。天津市总工会党组副书记、副主席刘凤山，天津市总工会副主席赵洪莉会见了代表团一行

续表

年 限	内 容
2008	5月6日，突尼斯劳工总联合会代表团一行4人抵津参观访问。天津市人大常委会副主任、天津市总工会主席邢明军会见代表团。天津市总工会副主席赵洪莉参加会见
	10日，韩国仁川港运劳动组合代表团一行12人抵津进行友好访问交流。天津市人大常委会副主任、天津市总工会主席邢明军会见代表团成员。天津市总工会副主席赵洪莉、崔金和参加会见
	9月16日，非洲国家工会领导人研修班一行26人抵津参观访问。天津市总工会副主席崔金和会见了代表团一行
	11月5日，日本荣电株式会社、荣电劳组第24次友好访华团一行5人抵津参观访问。天津市总工会副主席李泮祥会见了代表团一行
	11月18日，国际工会联合会总书记盖·瑞德一行3人抵津参观访问。天津市人大常委会副主任、天津市总工会主席邢明军会见了代表团一行。天津市总工会副主席刘凤山、李泮祥参加会见

第二节 代表团访问考察（1994 ~ 2008年）

年 限	内 容
1994	4月10 ~ 20日，应日本中央劳福协的邀请，天津市总工会苏兰洲副主席随中华全国总工会访日代表团赴日考察访问。在日期间考察了日本工会企事业发展情况，并就双方工会间进一步开展合作与交流交换了意见
	4月12 ~ 19日，应日本全递信劳动组合兵库地区本部的邀请，以天津市总工会副主席李大亚为团长的天津市总工会访日代表团一行5人赴日进行友好访问。在日期间，双方交流了工会工作，协商了双方文化、体育交流方案，商讨了选派研修生赴日学习等事宜
	9月19日，应日本全电通五州地方本部的邀请，以市人大常委会副主任、天津市总工会主席潘义清为团长的天津市工会代表团对日本进行了为期一周的友好访问
	11月13日，应韩国仁川港运劳动组合邀请，以天津市总工会副主席李淑珍为团长的天津市工会代表团访问了韩国
1995	7月15日，应韩国全国港运劳动组合联盟的邀请，以天津市总工会副主席张子鹏为团长的天津市总工会代表团一行6人对韩国进行了为期7天的友好访问
	10月3日，应日本连合三泗地域协议会的邀请，以天津市总工会副主席张淑华为团长的天津市工会代表团一行6人对日本进行了为期7天的友好访问
	10月19日，应韩国劳动组合总联盟仁川本部的邀请，以天津市总工会副主席李大亚为团长的天津市工会代表团一行6人对韩国进行了为期7天的友好访问
	12月1日，应法国总工会的邀请，天津市总工会主席潘义清率领中国工会代表团一行三人出席了法国总工会第四十五次全国代表大会
1996	4月14日，应日本兵库劳动金库的邀请，以天津市总工会副主席苏兰洲为团长的天津市工会代表团一行6人对日本进行了历时7天的友好访问

续表

年限	内容
1996	4月18日，应日本全电通劳动组合九州地方本部的邀请，以天津市总工会副主席李淑珍为团长的天津市工会代表团一行6人对日本进行了为期7天的友好访问
	5月27日，应韩国劳动组合总联盟仁川地域本部的邀请，以天津市总工会国际部副部长李晓春为团长的天津市工会代表团一行3人对韩国进行了为期8天的考察访问
	5月28日，根据建设部文件精神，中华全国总工会组成由15人组成的代表团，参加在土耳其举行的联合国“人居二”大会非政府论坛会议。天津市总工会职工住房合作社经理李昆随团出访
	6月15日，应韩国京畿银行劳动组合的邀请，以天津市总工会副主席李泮祥为团长的天津市工会代表团一行6人对韩国进行了为期7天的友好访问
	6月19日，应俄罗斯赤塔州工会的邀请，以天津市总工会主席潘义清为团长的天津市工会代表团一行5人对俄罗斯进行了为期7天的友好访问
	7月20日，应日本生活协同组合神户消费合作社邀请，以天津市总工会职工消费合作社经理卢代盛为团长的天津市总工会代表团一行3人对日本进行了为期14天的考察访问
	7月25日，中华全国总工会组织由25人组成的代表团赴加拿大进行了为期16天的劳动关系培训，天津飞轮有限公司主席郭增梅随团出访
	11月2日，中华全国总工会组织由八人组成的代表团对香港、澳门进行了为期8天的友好访问。天津市总工会副主席李淑珍任该团团长
1997	1月16日，应韩国仁川港劳动组合的邀请，以天津港务局工会主席黑锦国为团长的天津工会访韩代表团一行6人历时7天出访韩国
	1月21日，应日本南里贸易株式会社的邀请，天津新港豆乃木酒吧董事长夏庆成等2人赴日参加董事会
	4月26日，天津市总工会副主席王连金随天津贸促分会代表团赴法国参加为期18天的“巴黎国际博览会”活动
	6月2日，应韩国劳动组合总联盟仁川地域本部的邀请，以天津市总工会退管会常务副主任张淑华为团长的天津工会出访韩国代表团一行6人对韩国进行为期7天的友好访问
	7月16日，应韩国全国港运劳动组合联盟的邀请，以天津市总工会副主席刘凤山为团长的天津工会访韩代表团一行5人对韩国进行为期七天的友好访问
	7月23日，应俄罗斯赤塔州工会的邀请，以天津市总工会副主席张子鹏为团长的天津工会代表团一行6人对俄罗斯进行了为期7天的友好访问
	9月24日，应日本国际劳动财团的邀请，天津开发区工会主席孙胜随中华全国总工会中国工会青年干部考察团赴日进行为期14天的考察活动
	9月29日，应意大利劳盟的邀请，天津铁厂工会主席张维升随中华全国总工会中国工会工作者工会业务考察团赴意执行为期14天的工会业务考察任务
	10月2日，应国际合作社同盟的邀请，天津市人大常委会副主任、天津市总工会主席潘义清随中国工会职工消费合作社代表团赴英国、瑞典、意大利等国家执行为期18天的职工消费合作社考察任务
	10月7日，应日本日中技能者交流中心的邀请，津研修生张钢、高茂东赴日本进行为期15个月的研修交流任务

续表

年　限	内　容
1997	11月10日，应韩国国会议员、仁川港运劳动组合委员长李康熙的邀请，以天津市总工会国际部部长李晓春为团长的天津市工会干部考察团一行15人赴韩国进行为期七天的考察工会组织状况和劳动关系情况
	11日，应瑞典五金工会的邀请，天津开发区工会组宣部部长张同国随中国工会劳动关系考察团赴瑞典进行为期3天的执行劳动关系考察任务
	11月16日，应日本日中技能者交流中心的邀请，天津塘沽区特斯阀公司车间主任张廉义随中国企业管理者考察团赴日企业进行为期14天的考察
1998	5月1日，应日本日中技能交流中心的邀请，经天津市总工会常委会决定，同意派天津交通饭店张国政、刘明雪两位面点师赴日本进行为期1天的研修任务
	5月6日，应日本化学能源矿山工会协议会和新加坡职工总会的邀请，天津市第一轻工业总公司工会主席杨克明随中华全国总工会“中国工会代表团”赴日本、新加坡进行为期10天的友好访问
	5月13日，应日本全国电气通信劳动组合兵库县支部执行委员长细井一良的邀请，以天津市邮电工会主席张云水为团长的天津市工会干部代表团一行6人赴日本进行为期7天的友好访问
	6月1日，应日本全递信兵库地区本部的邀请，以天津市总工会副主席李泮祥为团长的天津市工会干部代表团一行5人赴日本进行为期7天的友好访问
	6月10日，应日本电气通信劳动组合九州地方本部执行委员长饭仓则昭的邀请，以天津市总工会主席潘义清为团长的天津市工会干部代表团一行10人赴日本进行为期七天的友好访问
	6月16日，天津市总工会副主席王连金以天津皮皮件厂厂长名义随中国轻工总会考察团赴澳大利亚、新西兰进行为期15天考察皮革工业和经贸洽谈活动
	7月15日，应俄罗斯赤塔州工会的邀请，以天津市总工会副主席安亭洲为团长的天津市工会干部代表团一行6人赴俄罗斯进行为期7天的友好访问
	9月7日，应卢森堡总工会的邀请，天津市总工会副主席李淑珍随中华全国总工会第二批中国工会干部考察团赴卢进行为期15天的劳动关系考察
	11月28日，应日本全纤同盟工会的邀请，天津开发区工会副主席张青彦随中华全国总工会“中国产业工会代表团”赴日本进行为期7天的考察交流活动
1999	5月15日，应西班牙工人委员会和工人总联盟、葡萄牙总工会的邀请，天津市总工会办公室副主任李子星随中华全国总工会中国工会劳动关系考察团一行10人赴西、葡进行为期13天的劳动关系考察
	5月20日，应法国农林工会的邀请，天津市园林局工会主席蒋万和随中华全国总工会中国农林工会代表团一行15人赴法国进行为期10天的访问
	6月1日，应日本连合三泗地域协会的邀请，天津市总工会副主席李淑珍和国际部部长李晓春一行2人赴日本参加日本三泗地区劳动中心成立50周年庆祝大会和活动
	6月7日，应韩国劳动组合总联盟仁川市本部的邀请，以天津市开发区工会副主席张青彦为团长的工会干部考察团一行9人赴韩进行为期8天的考察访问
	6月18日，应法国社会保障技术咨询公司的邀请，以天津市总工会副主席刘凤山为团长的天津市总工会考察团一行3人赴法国进行为期3天的考察，主要考察职工互助保险业务及洽谈合作事宜

续表

年限	内容
1999	9月15日，应国际建筑工会的邀请，天津建工集团总工会主席孙明随中华全国总工会中国建筑工会代表团一行5人赴日本、澳大利亚、马来西亚进行为期12天的考察访问
	10月17日，应日本连合三泗地域协议会和三泗地区劳动中心的邀请，以天津市总工会主席孙宝树为团长的天津工会访日代表团一行5人进行为期8天的友好访问
	10月25日，应新加坡职工总会和马来西亚职工总会的邀请，天津开发区办公室主任许连波和研究室副主任吴寅秋2人随中国工会劳动关系考察团一行23人赴新、马执行劳动关系考察任务
	11月17日，应英国高德海外发展有限公司的邀请，天津市旅游局工会主席逯九玲随中华全国总工会"中国工会现代企业制度赴英培训团"一行26人赴英国执行工会业务考察培训业务
	12月13日，应俄罗斯独立工联和社会与劳动关系学院的邀请，天津汽车工业（集团）有限公司工会副主席蔡振华随中华全国总工会"中国大型国有企业工会领导人考察团"一行9人赴俄进行友好访问
	12月18日，应越南海防市劳动联盟的邀请，以天津市总工会副主席张子鹏为团长的天津市工会访越代表团一行6人抵越进行友好访问
2000	5月22～29日，应日本NTT劳动组合福冈县支部的邀请，以天津市总工会副主席王连金为团长的天津市工会访日代表团一行10人，赴日本进行了为期8天的友好访问
	19～26日，应韩国劳动组合仁川本部的邀请，以天津市总工会副主席安亭洲为团长的天津市工会访韩代表团一行6人赴韩进行了为期8天的友好访问
	7月10～18日，应韩国仁川市市长和仁川市工会的邀请，天津市开发区工会副主席李忡为团长的天津市工会代表团一行15人赴韩进行了为期八天的考察访问
	7月20～29日，应俄罗斯赤塔州工会的邀请，以天津市总工会副主席李泮祥为团长的天津市工会代表团一行7人赴俄进行了友好访问
	8月26日至9月11日，应国际劳工局工人局的邀请，天津市总工会副主席李淑珍率中国工会工作者赴菲律宾、马来西亚、毛里求斯进行了为期16天的考察访问
	9月18日至10月2日，应全波兰工会协议会，马耳他总工会的邀请，中共天津市委常委、天津市总工会主席孙宝树同志随中国工会代表团一行4人赴波兰、马耳他进行了为期14天的考察访问
	10月16～22日，应香港教育工作者联会和澳门中华教育会的邀请，以天津市教育工会主席秦砖为团长的天津市教育工会代表团一行12人赴港澳进行了为期7天的考察访问
	10月22～29日，应日本金属工会协议会的邀请，天津医药集团有限公司工会副主席李洪刚随中国产业企业工会干部考察团赴日进行了为期7天的考察访问
	11月3～10日，应香港工联会和澳门工联总会的邀请，天津市总工会女工部部长刘宝桧随中华全国总工会女职工工作者代表团一行12人赴港澳进行了为期七天的友好访问
	11月15～22日，应日本NTT劳动组合福冈县支部的邀请，以天津市总工会副主席刘凤山为团长的天津市工会青年、妇女干部代表团一行11人赴日进行了为期8天的友好访问
	11月25日至12月2日，应韩国劳动组合仁川本部的邀请，以天津市总工会经保部部长杨东来为团长的天津市部分乡镇街工会干部访韩考察团一行12人赴韩进行了为期八天的考察访问
2002	3月15～23日，应越南海防市劳动者联合会的邀请，天津市工会代表团一行9人赴越南进行了友好访问

续表

年 限	内 容
2002	4月6～13日，应韩国劳动组合总联盟仁川广域市本部的邀请，以天津市总工会副主席王连金为团长的天津市工会代表团一行6人赴韩国进行友好访问
	4月7～21日，应卢森堡工会的邀请，天津市总工会副主席李泮祥随中国工会代表团赴卢森堡进行工会业务考察
	4月11～16日，应日本NTT劳动组合兵库县支部的邀请，经天津市总工会常委会研究，同意以天津电信工会主席董苏敏为团长的天津电信工会代表团一行6人赴日进行友好访问
	4月16～22日，应香港工联会和澳门工联会的邀请，以天津市总工会经保部部长杨东来为团长的天津市劳动模范代表团一行11人赴港澳考察访问
	4月20～26日，应香港教育工作者联会和澳门中华教育会的邀请，以市教育工会副主席王家林为团长的天津市教育工会代表团一行9人赴港澳进行考察访问
	4月27至5月6日，应古巴工人中央工会的邀请，天津市总工会副主席赵洪莉随中国工会代表团赴古巴进行友好访问并出席古巴“五一”庆祝活动
	4月30日至5月12日，应美国2002年芝加哥超级市场博览会组委会的邀请，以市消费合作总社经理卢代盛为组长的考察小组一行2人赴美进行工作考察
	5月13～20日，应日本长野县生活协同组合连合会的邀请，以天津市总工会副主席安亭洲为团长的天津市工会代表团一行6人赴日本进行考察访问
	5月13～28日，应澳大利亚墨尔本市政府和新西兰惠灵顿市政府的邀请，以中共天津市委常委、天津市总工会主席散襄军为团长的天津市工会代表团一行12人赴澳、新进行友好访问和工作交流
	5月21～28日，应日本兵库县教职员组合的邀请，以天津市教育工会主席秦砖为团长的天津市教育工会代表团一行12人赴日进行友好访问
	7月6～13日，应日本工会总联合会等单位的邀请，天津市总工会法律部副部长王金声等3人随中国工会基层干部和劳模代表团赴日参加中日两国工会庆祝中日邦交正常化30周年友好交流活动
	7月7～20日，应日本日中技能者交流中心的邀请，天津市总工会消费合作总社派2人随中华全国总工会团组赴日进行综合物流行业业务交流活动
	7月17～24日，应日本川泷株式会社的邀请，天津市总工会赴日考察团一行12人赴日进行工作考察
	9月10～21日，应德国符腾堡地区工会联合会的邀请，天津市工会干部代表团一行9人应邀赴德国进行为期12天的考察访问
	9月17～24日，应日本中协力促进会的邀请，天津工会基层工会干部代表团一行11人应邀赴日本进行交流访问
	10月5～17日，应澳大利亚墨尔本政府和墨尔本皇家理工学院的邀请，以天津市总工会副主席张子鹏为团长的工会考察团一行6人赴澳考察访问
	10月28日，应韩国京红港运劳动组合和日本日中协力促进会的邀请，天津市工会代表团一行11人访问了韩、日。应日本NTT劳动组合福冈县支部的邀请，以天津市总工会副主席赵洪莉为团长的天津市总工会代表团一行6人访问日本

续表

年限	内容
2002	12月12～23日，应瑞典、丹麦五金工会的邀请，天津市总工会办公室主任张和凯同志随中国工会劳动关系考察团赴瑞典、丹麦进行劳动关系考察任务
	12月13～25日，应台湾省中华联合会的邀请，天津市总工会副主席刘凤山率天津市工会代表团一行12人赴台访问交流
2003	3月6～13日，应日本兵库县教职员组合和韩国劳动联合总联盟仁川广域市本部的邀请，天津市总工会副主席赵洪莉等2人赴日、韩进行友好访问
	3月8～14日，应日本日中协力促进会邀请，天津市津工超市有限责任公司考察团一行4人赴日考察访问
	8月14～20日，应日本日中协力促进会的邀请，天津区县工会干部代表团一行12人赴日本交流访问
	9月3～14日，应韩国仁川市工会和日本兵库县工会的邀请，以中共天津市委常委、天津市总工会主席散襄军为团长的天津市工会代表团一行5人应邀访问韩国、日本。此次访问是天津市工会和韩国、日本工会定期友好交流的一项重要外事活动，继续保持和加强了天津市工会与韩国、日本工会高层间的联系和交往，进一步增进了了解、加深了友谊、促进了交流与合作
	10月4～17日，应德国拜恩州服务行业工会的邀请，天津市工会代表团一行11人赴德国进行交流访问
	10月5～14日，应澳大利亚墨尔本市政府和工会的邀请，以天津市总工会副主席李泮祥为团长的天津市工会代表团一行20人赴澳大利亚进行交流访问
	10月30日至11月10日，应台湾中华联合总工会的邀请，以天津市总工会副主席张子鹏为团长的天津工会代表团一行15人赴台访问
	11月9～19日，应德国拜恩州服务行业工会的邀请，以天津市总工会副主席安亭洲为团长的天津工会代表团一行10人赴德国进行交流访问
	11月24日至12月2日，应日本兵库县教职员组合的邀请，以天津市总工会常委、办公室主任张和凯为团长的天津市工会代表团一行41人赴日本进行交流访问
	11月30日至12月15日，应卢森堡总工会和法国总工会农林工会的邀请，天津市总工会副主席刘凤山，天津市总工会常委、组织部部长张仁海随中华全国总工会代表团出访
2004	2月5～17日，应澳大利亚墨尔本市政府和墨尔本市工会的邀请，天津市工会代表团一行20人赴澳培训交流
	5月8～18日，应日本日中协力促进会和韩国仁川市工会的邀请，天津市经审、财务干部代表团一行16人赴日本、韩国访问
	5月9～16日，应日本连合三重三泗地域协议会的邀请，以天津市总工会副主席刘凤山为团长的天津市工会代表团一行6人赴日本访问
	5月16～26日，应日本日中协力促进会和韩国劳动组合总联盟仁川广域市地域本部的邀请，以天津市总工会副主席李泮祥为团长的天津市工会代表团一行10人赴日本、韩国访问
	5月17～26日，应俄罗斯独立工会联合会和全波兰工会协议会的邀请，天津市总工会副主席赵洪莉随中国工会代表团赴俄罗斯、波兰进行友好访问

续表

年 限	内 容
2004	5月23日至6月4日，应澳大利亚墨尔本市政府和墨尔本市工会的邀请，以天津市总工会副主席安亭洲为团长的天津市工会代表团一行14人赴澳大利亚访问
	6月5月29日至6月13日，应德国柏林教育协会的邀请，天津市教育工会代表团一行16人应邀访问德国
	6月20～30日，应台湾中华联合总工会的邀请，以天津市总工会副主席王连金为团长的天津市工会代表团一行11人应邀访台
	6月25日至7月9日，应德国魏玛包豪斯大学的邀请，天津市城建系统工会代表团一行22人应邀访问德国
	7月21日至8月4日，以天津市总工会副主席张子鹏为团长的天津市工会代表团一行11人，应德国萨克森州工会联合会和西班牙中小企业工会联合会的邀请访问德国、西班牙
	9月10～21日，应日本日中协力促进会和韩国劳动组合总联盟仁川广域市本部的邀请，天津市工会代表团一行14人访问日本、韩国
	10月10～22日，应澳大利亚墨尔本市政府和市工会的邀请，以天津市总工会常委、办公室主任张和凯为团长的天津市工会代表团一行12人访问澳大利亚
	10月12～23日，应日本兵库县教职员组合和韩国仁川市工会的邀请，天津市教育工会代表团一行16人访问日本、韩国
	11月28日至12月3日，应日本伊藤忠商事株式会社的邀请，天津市津工超市有限公司考察小组赴日本进行为期6天的工作考察
2005	1月8～19日，应台湾中华联合总工会的邀请，天津市劳动模范代表团一行16人赴台湾进行了访问交流
	3月8～14日，应日本日中协力促进会邀请，天津市津工超市有限责任公司考察团一行4人赴日考察访问
	5月15～26日，应台湾中华联合总工会的邀请，天津市工会职业培训代表团一行6人赴台考察访问
	6月17～30日，应德国教育及科学工会的邀请，天津市工会理论研究会代表团一行14人访问德国
	6月18～27日，应日本日中协力促进会和韩国仁川市工会的邀请，天津市工会干部代表团一行7人应邀访问日本、韩国
	6月22日至7月5日，应德国工会联合会莱茵河下游分会的邀请，天津市工会劳服事业代表团一行7人应邀访问德国
	7月11～24日，应德国服务行业工会的邀请，天津市工会干部代表团一行16人访问德国
	7月18～29日，应台湾中华联合总工会的邀请，以天津市总工会副主席安亭洲为团长的天津市工会干部代表团一行9人赴台访问交流
	10月24日至11月4日，应澳大利亚墨尔本市政府、墨尔本市工会和新加坡职工总会的邀请，以天津市总工会副主席王连金为团长的天津市工会代表团一行17人赴澳大利亚、新加坡进行访问交流活动

续表

年 限	内 容
2005	10月26日至11月4日，应韩国劳动组合仁川市本部和日本NTT劳动组合兵库县总支部的邀请，以天津市总工会副主席张子鹏为团长的天津市工会代表团一行5人，赴韩国、日本进行访问交流活动
	10月31日至11月7日，应日本川泷株式会社的邀请，天津市总工会职工消费合作社考察小组一行三人赴日进行工作考察和建立合资企业的洽谈
	11月14～25日，应瑞典工业职员工会和丹麦HK工会的邀请，以天津市总工会副主席赵洪莉为团长的天津市工会代表团一行9人赴瑞典、丹麦考察访问
	12月3～17日，应联合国国际劳工组织的邀请，天津市总工会副主席刘凤山随同中国工会代表团赴意大利、奥地利参加经济全球化形势下维护职工权益的策略研讨班
2006	1月15～23日，应台湾中华联合总工会的邀请，以天津市总工会副主席李泮祥为团长的天津市工会干部代表团一行9人应邀赴台进行交流访问
	3月18～26日，应法国总工会下属农林工会的邀请，天津市总工会副主席李泮祥随中国农林水利工会代表团赴法国进行友好访问
	5月24日至6月4日，应西班牙阿斯图利亚斯大区劳动者总同盟和葡萄牙工人总联盟的邀请，以天津市总工会副主席安亭洲为团长的天津市工会干部代表团一行5人，赴西班牙、葡萄牙进行考察访问
	5月29日至6月10日，应美国加利福尼亚州政府和加拿大伯纳比市政府的邀请，中共天津市委常委、天津市总工会主席散襄军率天津市工会代表团一行5人赴美国、加拿大进行访问交流
	7月28日至8月3日，应韩国劳动组合仁川市本部的邀请，天津市工会代表团一行9人赴韩国进行友好访问
	8月19～31日，应澳大利亚墨尔本市政府、工会和新加坡职工总会的邀请，以天津市总工会副主席刘凤山为团长的天津市工会代表团一行21人赴澳大利亚、新加坡进行考察访问
	9月4～17日，天津市总工会副主席王连金随国家安全生产监督管理总局代表团前往南非、泰国并途经埃及进行安全生产管理考察
2007	1月16～26日，应台湾中华联合总工会的邀请，以天津市总工会副主席赵洪莉为团长的天津市工会赴台交流团一行11人应邀赴台进行交流访问
	1月16～26日，应台湾中华联合总工会的邀请，天津市劳动模范代表团一行8人应邀赴台进行交流访问
	4月14～29日，应国际劳工组织都灵培训中心的邀请，天津市总工会副主席李泮祥随中国工会代表团赴意大利、德国参加了研讨考察活动
	10月29日，应美国内华达州政府、圣伯纳迪诺工会和加拿大BC省政府的邀请，以天津市总工会副主席赵洪莉为团长的天津市工会代表团一行4人赴美国、加拿大进行交流访问
	11月7日至18日，应美国内华达州政府、圣伯纳迪诺工会和加拿大BC省政府的邀请，以天津市总工会副主席崔金和为团长的天津市工会代表团一行5人赴美国、加拿大进行访问交流活动
	11月18日至29日，应拉美工人中央工会和秘鲁总工会的邀请，天津市总工会副主席刘凤山随中华全国总工会代表团，途径英国赴委内瑞拉、秘鲁进行友好访问

续表

年 限	内 容
2007	11月26日至12月7日，应澳大利亚墨尔本市政府、维多利亚州工会和新加坡职工总会的邀请，以天津市总工会副主席高炜为团长的天津市工会代表团一行15人赴澳大利亚、新加坡进行访问交流活动
	12月10～20日，应西班牙阿斯图利亚斯大区劳动者总同盟和葡萄牙全国总工会的邀请，以天津市总工会副主席黄淑玲为团长的天津市工会代表团赴西班牙、葡萄牙考察访问
2008	1月21～31日，应澳大利亚墨尔本市政府、维多利亚州工会和新西兰怀多摩市政府的邀请，以天津市总工会常委、市教育工会主席李子星为团长的天津市教育工会代表团一行9人，赴澳大利亚和新西兰进行考察交流
	5月12～21日，以天津市总工会副主席崔金和为团长的天津市工会干部代表团一行10人赴日本、韩国进行访问交流

第三章 天津市工会志历史研究重要参考资料和节目索引

1. 天津市档案馆保存的国民党天津市政府社会局档案。

2. 天津市档案馆保存的国民党天津市政府二类档案。

3. 天津市档案馆保存的国民党市政府档案。

4. 天津市档案馆保存的有关工运方面的档案。

5. 天津市历史博物馆保存的《工人小报》创刊号1926年1月25日出版，《工人生活》八、九、十合刊1926年1月15日出版，及一些历史文献、传单和回忆录等。

6. 南京中国第二历史档案馆保存的有关档案。

7. 唐山档案馆保存的河北省委和顺直省委的档案。

8. 河北邮政管理局档案全宗435、497、782、790、791、1026、1427、1750卷。

9. 天津市三条石历史博物馆保存的档案。

10.《天津益世报》1916～1948年。

11.《天津大公报》1916～1948年。

12.《天津庸报》1939～1942年。

13.《南开日刊》1919年6～8月。

14.《红旗》第24、25、27、44、70、73期。

15.《天津历史资料》第1～20期，天津历史研究所编印（内部资料）。

16.天津图书馆保存的《津门杂记》卷中。

17.《天津地下党文件汇编》1945～1948年。

18.《天津内文史资料选辑》第5、6、10、17、19、39辑，天津文史资料研究委员会编，天津人民出版社出版。

19.《天津邮工运动史料》第一辑，天津邮政局工会编，天津社科院出版社1995年11月出版。

20.《天津工运史资料》1983～1990年，天津市总工会工运史研究室编印。

21.《天津文史丛刊》第6辑，天津文史馆编印。

22.《天津党史通讯》1982～1989年，中共天津市委党史资料征集委员会编印。

23.《马克思主义在天津早期传播》，中共天津市委党史资料征集委员会编，天津人民出版社1989年1月出版。

24.《二十世纪的天津概况》日本中国驻屯军司令部编，侯振彤译，天津地方史志编委会编，1909年9月在日本出版发行。

25.《天津简史》天津社科院历史研究所编，天津人民出版社1987年出版。

26.《天津近代史》来新夏主编，南开大学出版社1987年3月出版。

27.《五卅运动在天津》中共天津市委党史资料征集委员会、天津市总工会、天津市历史博物馆合编，中共党史资料出版社1987年8月出版。

28.《邓颖超与天津早期妇女运动》中共天津市委党史资料征集委员会、天津市妇女联合会合编，中国妇女出版社1987年3月出版。

29.《沦陷时的天津》天津市政协文史资料委员会会编，1992年10月出版。

30.《平津唐点线委员会》中共天津市委党史资料征集委员会会编，中共党史资料出版社1988年11月出版。

31.《天津历史的转折》——原国民党人员的回忆，天津市政协文史资料研究委员会杨大辛、方兆麟编，1989年1月出版。

32.《天津学运史料》中共天津市委党史研究室编，天津内古籍出版社1996年9月出版。

33.《中国工人阶级历史状况》第一辑第一册，中国社会科学院近代史研究所刘明达主编，中共中央党校出版社，1985年11月出版。

34.《天津海关十年报告》1912～1921年，1922～1931年。

35.《中共天津党史大事记》中共天津市委党史资料征集委员会编，天津人民出版社1991年6月出版。

36.《新民主主义革命时期天津工人运动记事》天津市总工会工运史研究室、天津社科院历史研究所合编。

37.《解放战争时期天津工人运动资料汇编》天津市总工会工运史研究室编印。

38.《天津电信史料》第二辑，天津邮电管理局编印。

39. 天津市总工会研究室保存的老工人回忆材料合记录。

40.《河西党史资料汇编》中共河西区委党史资料征集组编。

41.《河东党史资料汇编》中共河东区委党史资料征集组编。

42.《洋务运动在天津》政协天津市河东区委文史资料委员会编，1994 年出版。

43.《北方地区工人运动资料选编》中国革命博物馆编，北京出版社 1981 年 9 月出版。

44.《战斗在天津的中国共产党人》中共天津党史资料征集委员会编、天津人民出版社 1991 年 6 月出版。

45. 部分工厂的档案资料、党史资料、工运史资料、厂史及老工人回忆材料。

46. 天津市总工会办公室卷 1949 年。

47. 天津市总工会资料，1949 ~ 1992 年。

48.《天津日报》，1949 ~ 1991 年。

49. 天津市档案局保存的天津市总工会档案（1949 ~ 1966 年）。

50. 天津市总工会档案筹委会，1949 年 11 月。

51. 天津市总工会档案党组，1950 年 1 月。

52. 天津市劳动局永久卷，1950 年。

53. 天津市总工会档案，1952 年。

54.《天津工人报》，1952 ~ 1990 年。

55. 天津市总工会档案馆保存的天津市总工会档案（1967 ~ 1993 年）。

56. 天津市总工会研究室资料，1989 年。

57. 天津市总工会女工部资料，1989 年。

58. 天津市总工会财务部资料，1990 年卷。

59.《天津接管史录》上卷，北京中共党史出版社 1991 年。

60. 天津市卫生局工会资料 1991 年。

61. 天津市总工会生活保险部资料，1991 年。

62. 天津市总工会组织部 1992 年。

63.《刘少奇在天津》中共天津市委党史资料征集委员会编，天津人民出版社 1993 年。

64.《当代工会》1995 年第二期。

65. 天津市总工会国际部资料，1996 年。

66. 图片资料来源天津市总工会研究室。

67. 天津工运（1994 ~ 2008 年）

68. 工会工作回眸（2001 ~ 2006 年）

69. 天津工人报（2007 ~ 2008 年）

后 记

《天津市志·工会志》(1866～2008年)编纂工作从2006年5月份正式启动，到2014年5月份完成初稿，2016年8月送天津市地方志办公室审定，历时10年，得以出版发行。

本志书的编纂工作是在中共天津市总工会党组直接领导下有序进行的。按照国务院《地方志工作条例》和天津市人民政府《批转市地志办关于〈天津通志〉第二轮编修工作规划的通知》、天津市地方志编修委员会办公室《关于启动〈工会志〉编修工作的函》精神，由天津市总工会研究室做了修志机构设置、制定修志工作规划、抽调工作人员、汇集资料等编纂前期工作。2013年10月，天津市总工会调整充实了机构和编修人员，进一步明确了具体任务，全面启动编纂工作。此期间，进行了设计志书框架结构、撰写初稿等实质性编修工作，使编修工作全面展开，并最终成稿。

天津市总工会高度重视修志工作，多次召开专题会议，要求各部门把修志工作当作一项重要政治任务来完成，把修志工作列入重要议事议程，并在人力、物力、财力上给予保障，提供办公设施，为修志工作创造良好的条件。

《天津市志·工会志》有着广泛的群众基础，各区县局工会为志书提供了丰富历史资料，志书凝聚了广大工会干部和工会积极分子的心血和辛勤劳动。

《天津市志·工会志》得到天津市地方志办公室的大力指导和帮助。

市地方志办公室有关领导亲自检查指导修志工作，提出了许多很好的具体指导意见，并对修志人员进行了知识培训和工作帮助。

天津市总工会修志工作人员，不负天津市总工会党组和全市工会干部重托，刻苦学习，努力钻研，勤奋工作，克服困难，查阅大量档案资料，收集工运史料，为更好的完成志书任务，深入基层，具体指导区县专稿编写，努力做到尽职、尽责、尽心、尽力。

值此本志书出版之际，向关心和支持志书编纂出版工作的各级领导、工会工作者、社会各界人士，向直接参与资料收集、志稿撰写、志稿评审修改的领导和同志们，致以衷心的感谢。

《天津市志·工会志》（1866～2008年）是天津有史以来第一部全面记述天津工人运动历史及现状的志书，时间跨度约150年，内容覆盖面宽，史料收集难度较大，加之我们水平有限，虽竭尽全力，仍难免有错漏和不完善之处，敬请读者指正。

天津市总工会修志办公室

2017年5月